5 bonnes raisons de télécharger Le Robert & Collins anglais essentiel

- → Votre dictionnaire toujours disponible, même hors connexion Internet
- → L'accès à la bonne traduction en un clic
- → La prononciation des mots en anglais
- → Une consultation facile, rapide et intuitive : hypertexte généralisé pour naviguer d'un mot à l'autre, suggestion de mots en cas de saisie erronée
- → Un accès direct au dictionnaire depuis vos documents Word

Comment télécharger votre dictionnaire sur PC ?

Rendez-vous sur **https://activation.lerobert.com/rc-poche-anglais** et téléchargez Le Robert & Collins anglais essentiel, votre dictionnaire numérique.

Téléchargez le logiciel avant le 31/12/2026 et uniquement depuis la page https://activation.lerobert.com/rc-poche-anglais.

Compatible Windows 7/8/8.1/10. 300 Mo disponibles sur le disque dur.
Une connexion Internet est nécessaire pour télécharger et activer le logiciel. Il vous appartient de vous assurer, sans recours possible pour Le Robert, que les caractéristiques techniques de votre équipement sont conformes aux configurations requises pour télécharger et utiliser votre dictionnaire numérique Le Robert & Collins anglais essentiel. Les équipements et les frais de télécommunication permettant l'accès à votre dictionnaire sont à votre charge exclusive. Vous êtes responsable de la sécurisation de votre équipement permettant l'accès à votre dictionnaire. Votre dictionnaire est destiné à un usage personnel. Ces dictionnaires ne peuvent être ni remboursés, ni remplacés, ni échangés. Une fois activé, le dictionnaire est installé sur votre ordinateur et consultable hors ligne. Les contenus intégrés à votre dictionnaire sont des créations originales protégées en France par les lois sur la propriété intellectuelle ainsi qu'à l'étranger par les conventions internationales relatives au droit d'auteur. Le Robert est titulaire exclusif des droits d'exploitation attachés à ces contenus. En cas de problème, contactez notre service Relation clients à la rubrique AIDE sur www.lerobert.com.

Le Robert & Collins

POCHE ANGLAIS

Direction éditoriale : Dominique LE FUR

Rédaction : Frances ILLINGWORTH, Laurence LARROCHE, Annie MÉTAIS

Secrétariat de rédaction et correction : Élisabeth HUAULT, Silke ZIMMERMANN, Anne-Marie LENTAIGNE, Méryem PUILL-CHÂTILLON, Muriel ZARKA-RICHARD

Informatique éditoriale : Sébastien PETTOELLO, Simon DELIÈGE

Direction technique et mise en page : Maud DUBOURG avec Nadine NOYELLE

Texte établi à partir de **Le Robert et Collins Compact Plus** par : Jean-François ALLAIN, Martyn BACK, Harry CAMPBELL, Sabine CITRON, Michela CLARI, Daphne DAY, Phyllis GAUTIER, Janet GOUGH, Dominique LE FUR, Christian SÁLZÉDO

Nouvelle édition 2020.

92, avenue de France 75013 PARIS
www.lerobert.com

ISBN 978-2-32101-486-7 (poche)
ISBN 978-2-32101-490-4 (poche +)

AVANT-PROPOS

Le *Robert & Collins Poche* présente, dans un format pratique et maniable, tous les points forts des dictionnaires *Robert & Collins*. Reflet fidèle de l'anglais et du français d'aujourd'hui, il s'appuie, comme tous nos dictionnaires, sur un vaste corpus de textes contemporains afin de garantir un traitement complet du "cœur" de chaque langue.

Cette nouvelle édition présente des centaines de mots et d'expressions entrés récemment dans les deux langues. De nombreuses notes sur l'anglais britannique et américain spécialement destinées aux francophones viennent compléter les articles bilingues. Elles renseignent sur des usages, des constructions ou des prononciations difficiles et alertent sur les pièges et les faux amis. De riches annexes apportent de précieuses informations : aide-mémoire sur les verbes irréguliers et les différences entre anglais britannique et américain, guide de conversation, modèles de lettres et de CV, mémo sur les chiffres et les unités de mesure, grammaire complète.

Nous espérons que cet ouvrage s'avèrera un précieux outil de communication et qu'il vous permettra de vous exprimer avec précision dans toutes les situations.

Bonne lecture !

L'éditeur

PHONETIC TRANSCRIPTION OF FRENCH

VOWELS

[i]	il, vie, lyre
[e]	blé, jouer
[ɛ]	lait, jouet, merci
[a]	plat, patte
[ɑ]	bas, pâte
[ɔ]	mort, donner
[o]	mot, dôme, eau, gauche
[u]	genou, roue
[y]	rue, vêtu
[ø]	peu, deux
[œ]	peur, meuble
[ə]	le, premier
[ɛ̃]	matin, plein
[ɑ̃]	sans, vent
[ɔ̃]	bon, ombre
[œ̃]	lundi, brun

SEMI-CONSONANTS

[j]	yeux, paille, pied
[w]	oui, nouer
[ɥ]	huile, lui

CONSONANTS

[p]	père, soupe
[t]	terre, vite
[k]	cou, qui, sac, képi
[b]	bon, robe
[d]	dans, aide
[g]	gare, bague
[f]	feu, neuf, photo
[s]	sale, celui, ça, dessous, tasse, nation
[ʃ]	chat, tache
[v]	vous, rêve
[z]	zéro, maison, rose
[ʒ]	je, gilet, geôle
[l]	lent, sol
[ʀ]	rue, venir
[m]	main, femme
[n]	nous, tonne, animal
[ɲ]	agneau, vigne
[h]	hop ! (exclamative)
[']	haricot (no liaison)
[ŋ]	words borrowed from English: camping
[x]	words borrowed from Spanish or Arabic: jota

TRANSCRIPTION PHONÉTIQUE DE L'ANGLAIS

VOYELLES ET DIPHTONGUES

[iː]	bead, see
[ɑː]	bard, calm
[ɔː]	born, cork
[uː]	boon, fool
[ɜː]	burn, fern, work
[ɪ]	sit, pity
[e]	set, less
[æ]	sat, apple
[ʌ]	fun, come
[ɒ]	fond, wash
[ʊ]	full, soot
[ə]	composer, above
[eɪ]	bay, fate
[aɪ]	buy, lie
[ɔɪ]	boy, voice
[əʊ]	no, ago
[aʊ]	now, plough
[ɪə]	tier, beer
[ɛə]	tare, fair
[ʊə]	tour

CONSONNES

[p]	pat, pope
[b]	bat, baby
[t]	tab, strut
[d]	dab, mended
[k]	cot, kiss, chord
[g]	got, agog
[f]	fine, raffle
[v]	vine, river
[s]	pots, sit, rice
[z]	pods, buzz
[θ]	thin, maths
[ð]	this, other
[ʃ]	ship, sugar
[ʒ]	measure
[tʃ]	chance
[dʒ]	just, edge
[l]	little, place
[r]	ran, stirring
[m]	ram, mummy
[n]	ran, nut
[ŋ]	rang, bank
[h]	hat, reheat
[j]	yet, million
[w]	wet, bewail
[x]	loch

DIVERS

[ʳ]	représente un [r] entendu s'il forme une liaison avec la voyelle du mot suivant
[ˈ]	accent tonique
[ˌ]	accent secondaire

ABRÉVIATIONS / ABBREVIATIONS

ABRÉVIATIONS		ABBREVIATIONS
abréviation	**abrév, abbr**	abbreviation
adjective	**adj**	adjective
administration	**Admin**	administration
adverbe	**adv**	adverb
agriculture	**Agric**	agriculture
anatomie	**Anat**	anatomy
architecture	**Archit**	architecture
article	**art**	article
astrologie	**Astrol**	astrology
astronomie	**Astron**	astronomy
attribut	**attrib**	predicative
australien, Australie	**Austral**	Australian, Australia
automobile	**Auto**	automobile
auxiliaire	**aux**	auxiliary
aviation	**Aviat**	aviation
belge, Belgique	**Belg**	Belgian, Belgium
biologie	**Bio**	biology
botanique	**Bot**	botany
britannique, Grande-Bretagne	**Brit**	British, Great Britain
canadien, Canada	**Can**	Canadian, Canada
chimie	**Chim, Chem**	chemistry
cinéma	**Ciné, Cine**	cinema
mots composés	**comp**	compound, in compounds
comparatif	**compar**	comparative
comptabilité	**Comptab**	accounting
conjonction	**conj**	conjunction
construction	**Constr**	building trade
cuisine	**Culin**	cookery
défini	**déf, def**	definite
démonstratif	**dém, dem**	demonstrative
écologie	**Écol, Ecol**	ecology
économie	**Écon, Econ**	economics
électricité électronique	**Élec, Elec**	electricity electronics
surtout	**esp**	especially
euphémisme	**euph**	euphemism
exclamation	**excl**	exclamation
féminin	**f**	feminine
figuré	**fig**	figuratively
finance	**Fin**	finance
formel, langue soignée	**frm**	formal language
généralement	**gén, gen**	generally
géographie	**Géog, Geog**	geography

géologie	**Géol, Geol**	geology
grammaire	**Gram**	grammar
gymnastique	**Gym**	gymnastics
suisse, Suisse	**Helv**	Swiss, Switzerland
histoire	**Hist**	history
humoristique	**hum**	humorous
impersonnel	**impers**	impersonal
indéfini	**indéf, indef**	indefinite
indicatif	**indic**	indicative
indirect	**indir**	indirect
infinitif	**infin**	infinitive
inséparable	**insep**	inseparable
interjection	**interj**	interjection
interrogatif	**interrog**	interrogative
invariable	**inv**	invariable
irlandais, Irlande	**Ir**	Irish, Ireland
ironique	**iro**	ironic
linguistique	**Ling**	linguistics
littéral, au sens propre	**lit**	literally
littéraire	**littér, liter**	literary
littérature	**Littérat, Literat**	literature
locution	**loc**	locution
masculin	**m**	masculine
mathématiques	**Math**	mathematics
médecine	**Méd, Med**	medicine
météorologie	**Météo, Meteo**	meteorology
militaire	**Mil**	military
musique	**Mus**	music
mythologie	**Mythol**	mythology
nom	**n**	noun
nautique	**Naut**	nautical, naval
négatif	**nég, neg**	negative
nom féminin	**nf**	feminine noun
nom masculin	**nm**	masculine noun
nom masculin et féminin	**nmf**	masculine and feminine noun
nom masculin, féminin	**nm, f**	masculine, feminine noun
non comptable	**NonC**	uncountable
nom pluriel	**npl**	plural noun
numéral	**num**	numerical
néo-zélandais, Nouvelle-Zélande	**NZ**	New Zealander, New Zealand
emploi réfléchi	**o.s.**	oneself
parlement	**Parl**	parliament
péjoratif	**péj, pej**	pejorative
personnel	**pers**	personal
philosophie	**Philo**	philosophy
photography	**Photo**	photography

pluriel	**pl**	plural
politique	**Pol**	politics
possessif	**poss**	possessive
préfixe	**préf, pref**	prefix
préposition	**prép, prep**	preposition
présent	**prés, pres**	present
prétérit	**prét, pret**	preterite
pronom	**pron**	pronoun
proverbe	**Prov**	proverb
psychiatrie, psychologie	**Psych**	psychiatry, psychology
participe passé	**ptp**	past participle
quelque chose	**qch**	something
quelqu'un	**qn**	somebody, someone
marque déposée	**®**	registered trademark
chemin de fer	**Rail**	rail(way)
religion	**Rel**	religion
relatif	**rel**	relative
quelqu'un	**sb**	somebody, someone
école	**Scol**	school
écossais, Écosse	**Scot**	Scottish, Scotland
séparable	**sep**	separable
singulier	**sg**	singular
terme de spécialiste	**SPÉC, SPEC**	specialist term
quelque chose	**sth**	something
subjonctif	**subj**	subjunctive
superlatif	**superl**	superlative
technique	**Tech**	technical
télécommunication	**Téléc, Telec**	telecommunications
télévision	**TV**	television
typographie	**Typo**	typography
université	**Univ**	university
américain, États-Unis	**US**	American, United States
verbe	**vb**	verb
verbe intransitif	**vi**	intransitive verb
verbe pronominal	**vpr**	pronominal verb
verbe transitif	**vt**	transitive verb
verbe transitif et intransitif	**vti**	transitive and intransitive verb
verbe transitif indirect	**vt indir**	indirect transitive verb
zoologie	**Zool**	zoology
langage familier ou argot	*	informal language or slang
langage très familier	**	very informal language
langage vulgaire	***	offensive language
emploi vieilli	†	old-fashioned term or expression

DICTIONNAIRE FRANÇAIS-ANGLAIS

FRENCH-ENGLISH DICTIONARY

aA

A [ɑ] **1** nm (= lettre) A ■ **de A à Z** from A to Z ■ **prouver** ou **démontrer qch par A + B** to prove sth conclusively **2** nf (abrév de **autoroute**) ■ **l'A10** the A10 motorway BR ou highway US

à [a] prép
à + le = au, à + les = aux

a (lieu : position) in ■ **habiter à Paris/au Canada** to live in Paris/in Canada ■ **je suis à la cuisine** I'm in the kitchen ■ **vivre à Paros** to live on Paros ■ **habiter au 4ᵉ étage** to live on the 4th floor ■ **j'habite au 26 de la rue Pasteur** I live at number 26 rue Pasteur ■ **être à l'école** [élève] to be at school ; (de passage) to be at the school ■ **être à l'hôpital** [malade] to be in hospital ; (en visite) to be at the hospital

b (lieu : direction) to ■ **aller à Lille/au Canada/aux Açores** to go to Lille/to Canada/to the Azores ■ **aller au marché/au théâtre/au bureau** to go to the market/the theatre/the office ■ **aller à l'école** [élève] to go to school ; (en visite) to go to the school ■ **entrez au salon** come into the lounge

c (lieu : provenance) from ■ **je l'ai eu à la bibliothèque** I got it from the library

d (temps) at ; (époque) in ■ **à 6 heures** at 6 o'clock ■ **je vous verrai à Noël** I'll see you at Christmas ■ **au Moyen Âge** in the Middle Ages ■ **je n'étais pas là à leur arrivée** I wasn't there when they arrived

e (= jusqu'à) to ■ **de Paris à Londres** from Paris to London ■ **du lundi au vendredi** from Monday to Friday ■ **à la semaine prochaine !** see you next week! ■ **on a fait 8 à 9 kilomètres** we did 8 or 9 kilometres

f (distance) ■ **Paris est à 400 km de Londres** Paris is 400km from London ■ **c'est à cinq minutes** it's five minutes away

g (appartenance) ■ **c'est à moi** it's mine ■ **ce livre est à Luc** this book is Luc's ■ **à qui est ce stylo ?** whose pen is this? ■ **c'est une amie à eux** she is a friend of theirs

h (responsabilité) ■ **c'était à toi d'y aller** it was up to you to go ■ **ce n'est pas à moi de décider** it's not for me to decide

i (dédicace) to ■ **à mon fils, pour ses 20 ans** to my son, on his 20th birthday ■ **à Julie !** (toast) to Julie!

j (ordre de passage) ■ **à toi !** your turn! ; (Échecs, Dames) your move! ■ **c'est à qui ?** (dans un jeu) whose turn is it? ; (dans une file d'attente) who's next?

k (au nombre de) ■ **nous y sommes allés à cinq/plusieurs** five/several of us went ■ **à trois, nous irons plus vite** it'll be quicker if three of us do it ■ **nous n'entrerons jamais à six dans sa voiture** the six of us will never get into his car

l (= par) ■ **faire du 90 à l'heure** to do 90km an hour ■ **être payé au mois** to be paid monthly ■ **gagner 2 à 1** to win by 2 goals to 1

m (= avec) with ■ **robe à manches** dress with sleeves ■ **un enfant aux yeux bleus** a child with blue eyes ■ **couper qch au couteau** to cut sth with a knife ■ **il l'a joué au piano** he played it on the piano

n (+ infinitif) to ■ **je n'ai rien à lire** I have nothing to read ■ **lourd à porter** heavy to carry

o (manière) ■ **cuisiné à la japonaise** cooked Japanese-style

AB **a** (abrév de **agriculture biologique**) *label certifying produce is organic* **b** (abrév de **assez bien**) quite good, ≈ C +

abaisser [abese] **1** vt to lower ; [+ levier] (= tirer) to pull down ; (= pousser) to push down ; [+ siège] to put down **2** **s'abaisser** vpr (= s'humilier) ■ **je ne m'abaisserai pas à lui présenter des excuses** I won't stoop so low as to apologize to him

abandon [abɑ̃dɔ̃] nm (= renonciation) giving up ; (Sport) withdrawal (*de* from) ■ **jardin à l'~** neglected garden ■ **laisser qch à l'~** to neglect sth

abandonné, e [abɑ̃dɔne] adj [maison] deserted ; [route, usine] disused

abandonner [abɑ̃dɔne] **1** vt **a** (= délaisser) to abandon ■ **je t'abandonne** (en prenant congé) I'm off ■ **le soldat a abandonné son poste** the soldier deserted his post ■ **~ qn à son (triste) sort** to leave sb to their fate **b** [+ matière] to drop ; [+ droit, privilège] to give up ■ **le joueur a dû ~** the player had to retire ■ **~ la partie** to give up the fight ■ **j'abandonne !** I give up! **c** (Informatique) to abort **2** **s'abandonner** vpr ■ **s'~ à** [+ passion, joie] to give o.s. up to ; [+ paresse, désespoir] to give way to ■ **s'~ à la rêverie** to slip into daydreams

abasourdi, e [abazuʀdi] adj stunned

abat-jour (pl **~s**) [abaʒuʀ] nm lampshade

abats [aba] nmpl [de volaille] giblets ; [de bœuf, porc] offal

abattement [abatmɑ̃] nm **a** (= rabais) reduction ; (fiscal) tax allowance **b** (= dépression) dejection

abattoir [abatwaʀ] nm abattoir

abattre [abatʀ] 1 vt a [+ mur] to pull down ; [+ arbre] to cut down ; [+ avion] to shoot down b (= tuer) to shoot ; [+ animal de boucherie] to slaughter c [mauvaise nouvelle, échec] to demoralize ■ **ne te laisse pas ~** don't let things get you down 2 **s'abattre** vpr [pluie] to beat down ; [ennemi, oiseau de proie] to swoop down ; [coups] to rain down

abattu, e [abaty] adj (= déprimé) downcast

abbaye [abei] nf abbey

abbé [abe] nm [d'abbaye] abbot ; (= prêtre) priest

abcès [apsɛ] nm abscess

abdiquer [abdike] vi [roi] to abdicate

abdomen [abdɔmɛn] nm abdomen

abdominal, e (mpl **-aux**) [abdɔminal, o] 1 adj abdominal 2 **abdominaux** nmpl abdominals ■ **faire des abdominaux** (au sol) to do situps

abdos* [abdo] nmpl (abrév de **abdominaux**) abs* ► **abdos-fessiers** abs and glutes*

abeille [abɛj] nf bee

aberrant, e [abeʀɑ̃, ɑ̃t] adj [conduite] aberrant ; [histoire] absurd

aberration [abeʀasjɔ̃] nf aberration

abîme [abim] nm (= gouffre) abyss

abîmé, e [abime] adj damaged

abîmer [abime] 1 vt (= endommager) to damage 2 **s'abîmer** vpr to get damaged ; [fruit] to go bad ■ **s'~ les yeux** to strain one's eyes

abject, e [abʒɛkt] adj despicable ■ **être ~ envers qn** to behave despicably towards sb

aboiements [abwamɑ̃] nmpl barking *sg*

abolir [abɔliʀ] vt to abolish

abolition [abɔlisjɔ̃] nf abolition

abominable [abɔminabl] adj abominable ; (sens affaibli) awful

abominablement [abɔminabləmɑ̃] adv ■ **~ cher/laid** dreadfully expensive/ugly

abondamment [abɔ̃damɑ̃] adv [rincer] thoroughly ; [illustré] lavishly ■ **manger/boire ~** to eat/drink a great amount

abondance [abɔ̃dɑ̃s] nf a (= profusion) abundance ■ **des fruits en ~** an abundance of fruit b (= richesse) affluence ■ **vivre dans l'~** to have an affluent lifestyle

abondant, e [abɔ̃dɑ̃, ɑ̃t] adj [documentation, bibliographie] extensive ; [récolte] abundant ; [réserves] plentiful ; [végétation] lush ; [chevelure] thick ; [pluies] heavy ■ **recevoir un ~ courrier** to receive a large quantity of mail

abonder [abɔ̃de] vi (= être nombreux) to abound ■ **les erreurs abondent dans ce devoir** this essay is full of mistakes

abonné, e [abɔne] 1 adj ■ **être ~ à un journal** to have a subscription to a paper ■ **être ~ au câble** to have cable 2 nm,f [de journal, magazine, télévision] subscriber ; [de gaz, électricité] consumer ; [de transports, matchs, spectacles] season-ticket holder

abonnement [abɔnmɑ̃] nm (à un journal, un magazine) subscription ; (pour transports, matchs, spectacles) season ticket ■ **prendre un ~ à un journal** to take out a subscription to a paper ■ **(coût de l')~** (au téléphone) rental ; (au gaz, à l'électricité) standing charge

abonner (s') [abɔne] vpr (à un journal) to subscribe (*à* to) ; (pour transports, matchs, théâtre) to buy a season ticket (*à* for) ■ **s'abonner au câble** to get cable television ■ **s'abonner à Internet** to get connected to the Internet

abord [abɔʀ] 1 nm ■ **au premier ~** at first sight ■ **d'~** (= en premier lieu) first ; (= au commencement) at first ; (introduisant une restriction) for a start ■ **allons d'~ chez le boucher** let's go to the butcher's first ■ **d'~, il n'a même pas 18 ans** for a start, he's not even 18 2 **abords** nmpl (= environs) surroundings ■ **aux ~s de** [de lieu] in the area around

abordable [abɔʀdabl] adj [prix] reasonable ; [marchandise, menu] affordable

aborder [abɔʀde] 1 vt a (= arriver à) to reach ■ **les coureurs abordent la ligne droite** the runners are coming into the home straight b [+ personne] to approach c [+ sujet] to broach ; [+ problème] to tackle d [+ bateau] to board ; (= heurter) to collide with 2 vi [bateau] to land ■ **ils ont abordé à Carnac** they landed at Carnac

aborigène [abɔʀiʒɛn] nmf [d'Australie] Aborigine

aboutir [abutiʀ] vi a (= réussir) to succeed ■ **ses efforts n'ont pas abouti** his efforts have come to nothing b (= arriver à) to end up ■ **les négociations n'ont abouti à rien** the negotiations have come to nothing

aboyer [abwaje] vi [chien] to bark (*après* at)

abréger [abʀeʒe] vt [+ vie, visite, texte] to shorten ; [+ conversation, vacances] to cut short ; [+ mot] to abbreviate ■ **~ les souffrances de qn** to put an end to sb's suffering ■ **version abrégée** [de livre] abridged version ■ **abrège !*** get to the point!

abréviation [abʀevjasjɔ̃] nf abbreviation

abri [abʀi] nm (= refuge) shelter ■ **être/mettre à l'~** (des intempéries) to be/put under cover ■ **être à l'~ de** [+ pluie, vent, soleil] to be sheltered from ; [+ danger] to be safe from ■ **personne n'est à l'~ d'une erreur** we all make mistakes ■ **se mettre à l'~** to shelter

Abribus® [abʀibys] nm bus shelter

abricot [abʀiko] nm apricot

abricotier [abʀikɔtje] nm apricot tree

abriter [abʀite] 1 vt a (= protéger, héberger) to shelter (*de* from) b (= accueillir) to house ▪ **ce bâtiment abrite nos bureaux** the building houses our offices 2 **s'abriter** vpr to shelter (*de* from)

abroger [abʀɔʒe] vt to abrogate

abrupt, e [abʀypt] adj a [pente] steep ; [falaise] sheer b [personne, ton, manières] abrupt

abruti, e [abʀyti] 1 adj a (= hébété) stunned (*de* with) b (* = bête) idiotic 2 nm,f * idiot

abrutir [abʀytiʀ] 1 vt a (= abêtir) to stupefy b (= fatiguer) to wear out ▪ **leur professeur les abrutit de travail** their teacher grinds them down with work 2 **s'abrutir** vpr ▪ **s'~ à regarder la télévision** to go brain-dead* watching too much television

absence [apsɑ̃s] nf absence (*à* from) ▪ **en mon ~, c'est lui qui fait la cuisine** he does the cooking when I'm not there

absent, e [apsɑ̃, ɑ̃t] 1 adj a [personne] away (*de* from) ▪ **être ~ de son travail** to be absent from work ▪ **il est ~ de Paris en ce moment** he's not in Paris at the moment b (= distrait) [air] vacant 2 nm,f (= élève) absentee ▪ **les ~s ont toujours tort** it's always the people who aren't there that get the blame

absentéisme [apsɑ̃teism] nm absenteeism ; (Scol) truancy

absenter (s') [apsɑ̃te] vpr ▪ **s'absenter quelques instants** to go out for a few moments ▪ **j'ai dû m'absenter une semaine** I had to go away for a week ▪ **je m'étais absenté de Paris** I was not in Paris

absolu, e [apsɔly] 1 adj absolute ▪ **c'est une règle ~e** it's an unbreakable rule 2 nm ▪ **dans l'~** in the absolute

absolument [apsɔlymɑ̃] adv absolutely ▪ **il veut ~ revenir** he's determined to come back

absorbant, e [apsɔʀbɑ̃, ɑ̃t] adj [matière] absorbent

absorber [apsɔʀbe] vt a (= s'imbiber de) to absorb b [+ personne] ▪ **mon travail m'absorbe beaucoup** my work takes up a lot of my time ▪ **absorbé par sa lecture, il ne m'a pas entendu** he was engrossed in his book and he didn't hear me c [+ médicament] to take ; [+ aliment, boisson] to swallow

abstenir (s') [apstəniʀ] vpr a [électeur] to abstain b ▪ **s'abstenir de qch/de faire qch** to refrain from sth/from doing sth

abstention [apstɑ̃sjɔ̃] nf (dans un vote) abstention ; (= non-intervention) non-participation

abstentionniste [apstɑ̃sjɔnist] nmf nonvoter

abstrait, e [apstʀɛ, ɛt] adj abstract

absurde [apsyʀd] adj absurd

absurdité [apsyʀdite] nf absurdity ▪ **dire des ~s** to talk nonsense

abus [aby] nm abuse ▪ **~ d'alcool** alcohol abuse ▪ **nous avons fait quelques ~ hier soir** we overdid things last night ▸ **abus de confiance** (Droit) breach of trust; (= escroquerie) confidence trick ▸ **abus de pouvoir** abuse of power ▸ **abus sexuels** sexual abuse

abuser [abyze] **abuser de** vt indir [+ situation, crédulité] to exploit ; [+ autorité, hospitalité, amabilité, confiance] to abuse ▪ **~ de ses forces** to overexert o.s. ▪ **il ne faut pas ~ des médicaments** you shouldn't take too many medicines ▪ **je ne voudrais pas ~** I don't want to impose ▪ **alors là, tu abuses !** now you're going too far! ▪ **~ d'une femme** to take advantage of a woman

abusif, -ive [abyzif, iv] adj [pratique, usage] improper ; [mère, père] over-possessive ; [prix, punition] excessive

acabit [akabi] nm ▪ **ils sont tous du même ~** they're all much the same ▪ **des gens de cet ~** people like that

acacia [akasja] nm (= faux acacia) false acacia ; (dans les pays chauds) acacia

académicien, -ienne [akademisjɛ̃, jɛn] nm,f [de l'Académie française] *member of the Académie française*

académie [akademi] nf (= circonscription) *regional education authority* ▪ **l'Académie (française)** the Académie française

académique [akademik] adj academic ; (de l'Académie française) of the Académie française ; (Scol) of the regional education authority

acajou [akaʒu] nm mahogany

acarien [akaʀjɛ̃] nm dust mite

accablant, e [akɑblɑ̃, ɑ̃t] adj [chaleur, preuve] oppressive

accabler [akɑble] vt a [chaleur, fatigue] to overwhelm ▪ **accablé de chagrin** overwhelmed with grief b [témoignage, déposition] to condemn c (= faire subir) ▪ **~ qn de reproches** to heap reproaches on sb ▪ **~ qn d'impôts/de travail** to overburden sb with taxes/with work

accalmie [akalmi] nf lull ; (après orage) calm spell

accaparer [akapaʀe] vt to monopolize ; [+ marché, vente] to corner ▪ **les enfants l'accaparent** the children take up all her time and energy

accéder [aksede] **accéder à** vt indir a [+ lieu] to reach ; [+ indépendance] to attain ; [+ échelon] to rise to ; [+ trône] to accede to

■ **on accède au château par le jardin** access to the castle is through the garden ■ **~ à la propriété** to become a homeowner **b** [+ requête, prière] to grant ; [+ demande] to comply with **c** (Informatique) to access

accélérateur [akseleʀatœʀ] nm accelerator ■ **donner un coup d'~** to accelerate

accélération [akseleʀasjɔ̃] nf acceleration

accéléré [akseleʀe] nm ■ **faire défiler un film en ~** to fast-forward a film

accélérer [akseleʀe] **1** vt [+ rythme] to accelerate ; [+ processus, travail] to speed up ■ **~ le mouvement** to get things moving **2** vi to accelerate **3** **s'accélérer** vpr [rythme] to accelerate ; [pouls] to quicken ; [événements] to gather pace

accent [aksɑ̃] nm **a** (= prononciation) accent **b** (sur lettre) accent ■ **e ~ grave/aigu** e grave/acute ■ **~ circonflexe** circumflex **c** ■ **mettre l'~ sur** [+ problème, phénomène] to place the emphasis on

accentuation [aksɑ̃tɥasjɔ̃] nf **a** [de lettre] accentuation **b** [de contraste] emphasizing ; [d'inégalités] increase

accentuer [aksɑ̃tɥe] **1** vt to accentuate ; [+ goût] to bring out ; [+ syllabe] to stress **2** **s'accentuer** vpr [tendance, contraste, traits, inégalités] to become more marked

acceptable [aksɛptabl] adj acceptable ; [travail] satisfactory

accepter [aksɛpte] vt **a** [+ offre] to accept ■ **acceptez-vous les chèques ?** do you take cheques? ■ **elle accepte tout de sa fille** she puts up with anything from her daughter ■ **elle a été bien acceptée dans le club** she's been well received at the club **b** (= être d'accord) to agree (*de faire qch* to do sth) ■ **je n'accepterai pas que tu partes** I won't let you leave

accès [aksɛ] nm **a** (= possibilité d'approche) access *NonC* ■ **d'~ facile** [lieu] accessible ; [personne] approachable ■ **d'~ difficile** [lieu] hard to get to ; [personne] not very approachable **b** (= entrée) entrance **c** [de colère, folie] fit ; [de fièvre] attack **d** (Informatique) access

accessibilité [aksesibilite] nf accessibility

accessible [aksesibl] adj [lieu] accessible (*à* to) ; [personne] approachable ; [but] attainable ; [auteur] easily understood ; [prix] affordable

accessoire [akseswaʀ] **1** adj of secondary importance **2** nm accessory ; (Théâtre) prop

accessoiriser [akseswaʀize] vt [+ tailleur, costume] to accessorize

accident [aksidɑ̃] nm accident ■ **~ de voiture** car accident ■ **~ d'avion** plane crash ■ **~ de la circulation** ou **de la route** road accident ■ **~ du travail** accident at work ■ **~ cardiaque** heart attack

accidenté, e [aksidɑ̃te] **1** adj **a** [région] hilly ; [terrain] uneven **b** [véhicule] damaged **2** nm,f ■ **les ~s de la route** road accident victims

accidentel, -elle [aksidɑ̃tɛl] adj accidental

accidentellement [aksidɑ̃tɛlmɑ̃] adv **a** (= par hasard) accidentally **b** [mourir] in an accident

accidentogène [aksidɑ̃tɔʒɛn] adj [carrefour, route] bad for accidents ■ **la vitesse est un facteur ~** speed is a contributory factor in accidents

acclamations [aklamasjɔ̃] nfpl cheers ■ **il est entré sous les ~ du public** he was cheered as he came in

acclamer [aklame] vt to cheer

acclimater [aklimate] **1** vt to acclimatize **2** **s'acclimater** vpr to become acclimatized

accolade [akɔlad] nf (Typo) curly bracket ■ **donner l'~ à qn** to embrace sb

accommoder [akɔmɔde] **1** vt [+ plat] to prepare ■ **~ les restes** to use up the leftovers **2** **s'accommoder** vpr (= supporter) ■ **s'~ de** to put up with

> ⚠ **accommoder** ne se traduit pas par **to** ***accommodate***, dont le sens principal est « loger, contenir ».

accompagnateur, -trice [akɔ̃paɲatœʀ, tʀis] nm,f (= musicien) accompanist ; (= guide) guide ; [de sortie scolaire] accompanying adult ; [de voyage organisé] courier

accompagnement [akɔ̃paɲmɑ̃] nm **a** (Mus) accompaniment **b** (Culin) accompaniment ■ **(servi) en ~ de** served with

accompagner [akɔ̃paɲe] **1** vt to accompany ■ **être accompagné de** ou **par qn** to be with sb **2** **s'accompagner** vpr **a** ■ **s'~ de** to be accompanied by **b** (Mus) ■ **s'~ à** to accompany o.s. on

accomplir [akɔ̃pliʀ] **1** vt [+ devoir, tâche, mission] to carry out ; [+ exploit] to perform **2** **s'accomplir** vpr (= se réaliser) to come true

accord [akɔʀ] nm **a** (= entente) agreement ; (= concorde) harmony ■ **être d'~** to agree ■ **se mettre** ou **tomber d'~ avec qn** to agree with sb ■ **il est d'~ pour nous aider** he's willing to help us ■ **c'est d'~** all right ■ **c'est d'~ pour demain** it's OK for tomorrow* ■ **d'~ !** OK!* ■ **alors là, (je ne suis) pas d'~ !*** no way!* ■ **en ~ avec vos instructions** in accordance with your instructions **b** (= traité) agreement ■ **passer un ~ avec qn** to make an agreement with sb **c** (= permission) consent **d** [d'adjectif, participe] agreement **e** (= notes) chord ; (= réglage) tuning

accordéon [akɔrdeɔ̃] nm accordion ▪ **en ~*** [voiture] crumpled up ; [pantalon, chaussette] wrinkled

accorder [akɔrde] **1** vt **a** [+ faveur, permission] to grant ; [+ importance, valeur] to attach ▪ **pouvez-vous m'~ quelques minutes ?** can you spare me a few minutes? **b** [+ instrument] to tune **c** ▪ **(faire) ~ un verbe/un adjectif** to make a verb/an adjective agree **2** **s'accorder** vpr **a** (= se mettre d'accord) to agree ▪ **ils s'accordent à dire que...** they agree that... **b** [couleurs] to go together **c** [mot] to agree

accoster [akɔste] **1** vt [+ personne] to accost **2** vi [navire] to berth

accouchement [akuʃmɑ̃] nm birth ▪ **~ naturel** natural childbirth

accoucher [akuʃe] vi to have a baby ▪ **elle accouchera en octobre** her baby is due in October ▪ **accouche !‡** spit it out!‡

accouder (s') [akude] vpr to lean on one's elbows ▪ **il était accoudé à la fenêtre** he was leaning on the windowsill

accoudoir [akudwar] nm armrest

accouplement [akupləmɑ̃] nm (= copulation) mating

accoupler (s') [akuple] vpr to mate

accourir [akurir] vi to rush up (*à, vers* to)

accoutrement [akutrəmɑ̃] nm (péj) getup*

accoutrer (s') [akutre] vpr (péj) to get o.s. up* (*de* in)

accoutumance [akutymɑ̃s] nf (= habitude) habituation (*à* to) ; (= besoin) addiction (*à* to)

accoutumer [akutyme] **1** vt ▪ **~ qn à qch/à faire qch** to get sb used to sth/to doing sth **2** **s'accoutumer** vpr ▪ **s'~ à qch** to get used to sth

accro* [akro] adj ▪ **être ~** to be hooked* (*à* on)

accroc [akro] nm (= déchirure) tear ▪ **sans ~(s)** [se dérouler] without a hitch

accrochage [akrɔʃaʒ] nm **a** (= collision) collision **b** (= dispute) brush ; (plus sérieux) clash

accrocher [akrɔʃe] **1** vt **a** [+ chapeau, tableau] to hang (*à* on) **b** (accidentellement) [+ vêtement] to catch (*à* on) ; [+ voiture] to hit **2** vi (* = s'intéresser) ▪ **j'ai tout de suite accroché** I got into it straight away* **3** **s'accrocher** vpr **a** (= se cramponner) to hang on ▪ **s'~ à** to cling to **b** (* = être tenace) [malade] to cling on ; [étudiant] to stick at it* **c** [voitures] to hit each other **d** (= se disputer) to have an argument ; (plus sérieux) to clash

accrocheur, -euse [akrɔʃœr, øz] adj [titre] eye-catching ; [slogan] catchy ; [personne] resolute

accroissement [akrwasmɑ̃] nm increase (*de* in) ; [de nombre, production] growth (*de* in)

accroître [akrwatr] vt, **s'accroître** vpr to increase

accroupir (s') [akrupir] vpr to squat ▪ **il était accroupi** he was sitting on his haunches

accueil [akœj] nm **a** (= réception) welcome ; [de film, idée] reception ▪ **faire bon ~ à** to welcome ▪ **faire mauvais ~ à qn** to make sb feel unwelcome ▪ **le projet a reçu un ~ favorable** the plan was favourably received **b** (= bureau) reception

accueillant, e [akœjɑ̃, ɑ̃t] adj welcoming

accueillir [akœjir] vt **a** (= aller chercher) to meet ; (= recevoir) to welcome ; (= héberger) to accommodate ▪ **il m'a bien accueilli** he made me very welcome **b** [+ film, nouvelle] to receive ▪ **être bien/mal accueilli** to be well/badly received

accumulation [akymylasjɔ̃] nf accumulation ; [d'erreurs] series

accumuler [akymyle] **1** vt to accumulate ▪ **les intérêts accumulés** the interest accrued ▪ **le retard accumulé** the delay that has built up **2** **s'accumuler** vpr to pile up

accusatif [akyzatif] nm accusative case

accusation [akyzasjɔ̃] nf accusation ; (Droit) charge ▪ **lancer une ~ contre** to make an accusation against ▪ **l'~** (= ministère public) the prosecution

accusé, e [akyze] **1** adj (= marqué) marked **2** nm,f accused **3** comp ▸ **accusé de réception** acknowledgement of receipt

accuser [akyze] **1** vt **a** [+ personne] to accuse (*de* of) ▪ **~ de** (Droit) to charge with **b** (= rendre responsable) to blame (*de* for) **c** ▪ **~ le coup** to stagger under the blow ▪ **~ réception de qch** to acknowledge receipt of sth **2** **s'accuser** vpr ▪ **s'~ de qch/d'avoir fait qch** [personne] to admit to sth/to having done sth

acerbe [asɛrb] adj caustic

acéré, e [asere] adj sharp ; [critique] scathing

acérola, acerola [aserɔla] nm acerola

achalandé, e [aʃalɑ̃de] adj ▪ **bien ~** well-stocked

acharné, e [aʃarne] adj [concurrence] fierce ; [travail, efforts] unremitting ; [travailleur] determined ; [défenseur, partisan] staunch

acharnement [aʃarnəmɑ̃] nm [de combattant] fierceness ; (au travail) determination ▪ **avec ~** [travailler] furiously ; [défendre] staunchly

acharner (s') [aʃarne] vpr ▪ **s'acharner sur** [+ victime] to pursue mercilessly ▪ **il s'acharne inutilement** he's wasting his efforts

achat [aʃa] nm purchase ▪ **faire un ~** to make a purchase ▪ **faire des ~s** to shop ▪ **faire ses ~s (de Noël)** to do one's (Christmas) shopping ▪ **~s en ligne** e-shopping

acheminer [aʃ(ə)mine] **1** vt to dispatch (*vers* to) **2** **s'acheminer** vpr ▪ **s'~ vers** [+ endroit] to make one's way towards

acheter [aʃ(ə)te] vt **a** to buy ▪ **~ qch à qn** (à un vendeur) to buy sth from sb ; (pour qn) to buy sth for sb ▪ **je me suis acheté une montre** I bought myself a watch **b** (en corrompant) [+ personne] to bribe

acheteur, -euse [aʃ(ə)tœʀ, øz] nm,f buyer

achever [aʃ(ə)ve] **1** vt **a** (= terminer) to finish **b** (= tuer, fatiguer) to finish off* **2** **s'achever** vpr (= se terminer) to end (*par, sur* with)

> ⚠ **achever** ne se traduit pas par ***to achieve***, dont le sens principal est « accomplir, réussir ».

acide [asid] adj, nm acid ▪ **~ aminé** amino acid

acidulé, e [asidyle] adj [goût] tangy ; [propos] caustic

acier [asje] nm steel ▪ **~ inoxydable** stainless steel

acné [akne] nf acne ▪ **~ juvénile** teenage acne

acolyte [akɔlit] nm (péj = associé) associate

acompte [akɔ̃t] nm (= arrhes) deposit ; (sur somme due) down payment

> ⚠ **acompte** ne se traduit pas par ***account***, qui a le sens de « compte ».

Açores [asɔʀ] nfpl ▪ **les ~** the Azores

à-côté (pl **~s**) [akote] nm (= gain) extra

à-coup (pl **~s**) [aku] nm jolt ▪ **par ~s** by fits and starts

acouphènes [akufɛn] nmpl tinnitus

acoustique [akustik] **1** adj acoustic **2** nf acoustics *sg*

acquéreur [akeʀœʀ] nm buyer ▪ **se porter ~ de qch** to buy sth

acquérir [akeʀiʀ] vt to acquire ; [+ réputation, importance, valeur, célébrité] to gain

acquiescer [akjese] vi to agree ▪ **il acquiesça d'un signe de tête** he nodded in agreement

acquis, e [aki, iz] **1** adj [fait] established ▪ **tenir qch pour ~** (comme allant de soi) to take sth for granted **2** nm (= avantage) asset ; (= connaissances) knowledge

acquisition [akizisjɔ̃] nf acquisition ▪ **faire l'~ de qch** to acquire sth

acquit [aki] nm ▪ **par ~ de conscience** to set one's mind at rest

acquittement [akitmɑ̃] nm **a** [d'accusé] acquittal ▪ **verdict d'~** verdict of not guilty **b** [de facture] payment ; [de dette] settlement

acquitter [akite] **1** vt [+ accusé] to acquit **2** **s'acquitter** vpr ▪ **s'~ de** [+ dette] to pay ; [+ dette morale, devoir] to discharge ; [+ promesse, obligation, fonction] to fulfil ; [+ tâche] to carry out

âcre [ɑkʀ] adj acrid

acrobate [akʀɔbat] nmf acrobat

acrobatie [akʀɔbasi] nf (= tour) acrobatic feat ; (= art) acrobatics *sg* ▪ **faire des ~s** to perform acrobatics

acrobatique [akʀɔbatik] adj acrobatic

Acropole [akʀɔpɔl] nf ▪ **l'~** the Acropolis

acrosport [akʀospɔʀ] nm acrobatic gymnastics *sg*

acrylique [akʀilik] adj, nm acrylic

acte [akt] nm **a** (= action) action ▪ **passer à l'~** to act ; (après menace) to put one's threats into action **b** [de notaire] deed ; [d'état civil] certificate ▸ **acte d'accusation** bill of indictment ▸ **acte de décès** death certificate ▸ **acte de naissance** birth certificate ▸ **acte notarié** deed executed by notary ▸ **acte de vente** bill of sale **c** (= partie de pièce de théâtre) act

acteur [aktœʀ] nm (= comédien) actor ; (fig) player ▪ **~ de cinéma** film actor ▪ **~ de théâtre** stage actor

actif, -ive [aktif, iv] **1** adj active ; [population] working ▪ **entrer dans la vie active** to begin one's working life **2** nm **a** (Gram) active voice ▪ **à l'~** in the active voice **b** (Fin) assets ▪ **il a plusieurs crimes à son ~** he has already committed several crimes ▪ **elle a trois records du monde à son ~** she has three world records to her credit

action [aksjɔ̃] nf **a** (= acte) action ▪ **faire une bonne ~** to do a good deed ▪ **commettre une mauvaise ~** to do something wrong ▪ **passer à l'~** to take action ▪ **mettre en ~** [+ mécanisme] to set going ; [+ plan] to put into action ▪ **l'~ humanitaire** humanitarian aid **b** [d'éléments naturels, médicament] effect ▪ **sous l'~ du gel** under the action of frost **c** (Droit) action ▪ **~ en diffamation** libel action **d** (Sport) ▪ **revoyons l'~** let's have an action replay **e** (Fin) share

actionnaire [aksjɔnɛʀ] nmf shareholder

actionner [aksjɔne] vt [+ levier, manette] to operate

activer [aktive] **1** vt [+ travaux] to speed up ; [+ dispositif] to set going **2** vi (* = se dépêcher) ▪ **active ! tu vas rater ton train** get a move on!* you'll miss your train **3** **s'activer** vpr (= s'affairer) to bustle about

activisme [aktivism] nm activism

activiste [aktivist] adj, nmf activist

activité [aktivite] nf **a** activity ▪ **elle déborde d'~** she's incredibly active ▪ **être en ~** [volcan] to be active **b** (= emploi) job ▪ **~ profes-**

sionnelle occupation **c** [d'entreprise] business ■ **notre ~ principale est l'informatique** our main business is computing

actrice [aktʀis] nf actress

actualiser [aktɥalize] vt [+ ouvrage, règlement] to update ; [+ salaires] to review

actualité [aktɥalite] **1** nf ■ **l'~** (= événements) current events ■ **l'~ sportive** the sports news ■ **cette pièce est toujours d'~** this play is still relevant today **2** **actualités** nfpl (TV) ■ **les ~s** the news

> ⚠ **actualité** ne se traduit pas par ***actuality***.

actuel, -elle [aktɥɛl] adj **a** (= présent) present ■ **à l'heure actuelle** at the present time ■ **à l'époque actuelle** nowadays **b** [livre, problème] topical

> ⚠ **actuel** ne se traduit pas par ***actual***, qui a le sens de « réel ».

actuellement [aktɥɛlmɑ̃] adv at the moment

> ⚠ **actuellement** ne se traduit pas par ***actually***, qui signifie « en fait, vraiment ».

acuponcteur, -trice, acupuncteur, -trice [akypɔ̃ktœʀ, tʀis] nm,f acupuncturist

adage [adaʒ] nm (= maxime) saying

adaptateur [adaptatœʀ] nm (= dispositif) adapter

adaptation [adaptasjɔ̃] nf adaptation (à to) ■ **capacité** ou **faculté d'~** adaptability (à to)

adapter [adapte] **1** vt **a** [+ conduite, méthode] to adapt (à to) ; [+ roman, pièce] to adapt (*pour* for) **b** [+ mécanisme] to fit **c** ■ **être adapté à** to be suited to ■ **mesures adaptées à la situation** measures suited to the situation **2** **s'adapter** vpr **a** (= s'habituer) to adapt (o.s.) (à to) **b** [objet, prise] ■ **s'~ à** ou **sur qch** to fit sth

additif [aditif] nm (= substance) additive

addition [adisjɔ̃] nf **a** (= calcul) addition ■ **faire une ~** to do a sum **b** (= facture) bill

additionner [adisjɔne] **1** vt to add up ■ **additionné d'un peu d'eau** with a little water added **2** **s'additionner** vpr to add up

adepte [adɛpt] nmf [de doctrine] follower ; [d'activité] enthusiast

> ⚠ **adepte** ne se traduit pas par ***adept***, qui signifie « expert ».

adéquat, e [adekwa(t), at] adj appropriate

adhérent, e [adeʀɑ̃, ɑ̃t] nm,f member ■ **carte d'~** membership card

adhérer [adeʀe] **adhérer à** vt indir **a** (= coller) to stick to ■ **~ à la route** [pneu] to grip the road **b** (= devenir membre de) to join

adhésif, -ive [adezif, iv] adj, nm adhesive

adhésion [adezjɔ̃] nf **a** (= accord) support (à for) **b** (= fait d'être membre) membership (à to) ■ **ils ont demandé leur ~ à l'UE** they've applied for EU membership

ad hoc [adɔk] adj inv **a** (= approprié) appropriate **b** (= nommé spécialement) ad hoc

adieu (pl **~x**) [adjø] **1** nm goodbye ■ **dire ~ à** to say goodbye to ■ **repas/visite d'~** farewell meal/visit ■ **~ la tranquillité !** goodbye to peace and quiet! ■ **tu peux dire ~ à ton argent !** you can kiss your money goodbye!* **2** **adieux** nmpl farewells ■ **faire ses ~x (à qn)** to say one's farewells (to sb)

adjectif [adʒɛktif] nm adjective ■ **~ qualificatif** qualifying adjective

adjoint, e [adʒwɛ̃, wɛ̃t] adj, nm,f deputy

adjudant, e [adʒydɑ̃, ɑ̃t] nm,f warrant officer

adjuger [adʒyʒe] **1** vt (aux enchères) to sell (à to) ■ **une fois, deux fois, trois fois, adjugé !** going, going, gone! **2** **s'adjuger** vpr [+ place, titre] to win ; (= s'approprier) to take for o.s.

admettre [admɛtʀ] vt **a** to admit ■ **il a été admis à l'hôpital** he was admitted to hospital ■ **les chiens ne sont pas admis dans le magasin** (sur écriteau) no dogs allowed **b** (à un examen) to pass ■ **il a été admis au concours** he passed the exam **c** [+ excuses, raisons, thèse] to accept **d** (= supposer) to suppose ■ **admettons !** if you say so! ■ **admettons qu'il ne l'ait pas fait exprès** let's say he didn't do it on purpose **e** (= tolérer) to allow ■ **je n'admets pas qu'il se conduise ainsi** I won't allow him to behave like that ■ **règle qui n'admet aucune exception** rule which admits of no exception

administrateur, -trice [administʀatœʀ, tʀis] nm,f administrator ; [de banque, entreprise] director ; [de fondation] trustee ■ **~ système(s)** systems administrator

administratif, -ive [administʀatif, iv] adj administrative

administration [administʀasjɔ̃] nf **a** (= gestion) management ; [de pays, commune] running ■ **être placé sous ~ judiciaire** to go into receivership ■ **sous ~ de l'ONU** under UN administration **b** (= service public) public service ■ **l'Administration** ≈ the Civil Service ■ **être** ou **travailler dans l'~** to work in the public services

administrer [administʀe] vt **a** (= gérer) to manage ; [+ fondation] to administer ; [+ pays, commune] to run **b** (= donner) to administer

admirable [admiʀabl] adj admirable

admirablement [admiʀabləmɑ̃] adv admirably

admirateur, -trice [admiʀatœʀ, tʀis] nm,f admirer

admiratif, -ive [admiʀatif, iv] adj admiring ▪ **d'un air ~** admiringly

admiration [admiʀasjɔ̃] nf admiration ▪ **être en ~ devant** to be filled with admiration for

admirer [admiʀe] vt to admire

admis, e [admi, admiz] ptp de **admettre**

admissible [admisibl] adj a (= acceptable) acceptable b (= qui a réussi à l'écrit) *eligible to sit the oral part of an exam*

admission [admisjɔ̃] nf (dans un lieu, club) admission (*à* to)

ADN [adeɛn] nm (abrév de **acide désoxyribonucléique**) DNA

ado* [ado] nmf (abrév de **adolescent, e**) teenager

adolescence [adɔlesɑ̃s] nf adolescence

adolescent, e [adɔlesɑ̃, ɑ̃t] nm,f adolescent, teenager

adonner (s') [adɔne] vpr ▪ **s'adonner à** [+ art, études, sport, passe-temps] to devote o.s. to ; [+ pratiques] to indulge in

adopter [adɔpte] vt a to adopt ▪ **elle a su se faire ~ par ses nouveaux collègues** she's got her new colleagues to accept her b [+ loi, motion] to pass

adoptif, -ive [adɔptif, iv] adj ▪ **enfant ~** adopted child, ≈ foster child ▪ **parent ~** adoptive parent

adoption [adɔpsjɔ̃] nf a [d'enfant] adoption ▪ **pays d'~** adoptive country b [de loi, motion] passing

adorable [adɔʀabl] adj [personne] adorable ; [robe, village] lovely

adoration [adɔʀasjɔ̃] nf adoration ▪ **être en ~ devant** to worship

adorer [adɔʀe] vt to adore

adosser (s') [adose] vpr ▪ **s'adosser à** ou **contre qch** [personne] to lean back against sth

adoucir [adusiʀ] 1 vt [+ saveur] to make milder ; (avec sucre) to sweeten ; [+ peau] to soften ; [+ personne] to mellow 2 **s'adoucir** vpr [voix, couleur, peau] to soften ; [personne] to mellow ▪ **la température s'est adoucie** the weather has got milder

adoucissant [adusisɑ̃] nm fabric conditioner

adoucisseur [adusisœʀ] nm ▪ **~ (d'eau)** water softener

adrénaline [adʀenalin] nf adrenalin

adresse [adʀɛs] nf a (= domicile) address ▪ **partir sans laisser d'~** to go without leaving a forwarding address ▪ **je connais quelques bonnes ~s de restaurants** I know some good restaurants to go to ▪ **~ électronique/IP** e-mail/IP address b (= habileté) skill ▪ **jeu d'~** game of skill

adresser [adʀese] 1 vt a [+ lettre, remarque] to address ▪ **~ un reproche à** to level a reproach at ▪ **~ un compliment à** to pay a compliment to ▪ **~ un sourire à qn** to smile at sb ▪ **~ la parole à qn** to speak to sb b (= envoyer) to send c [+ problème, marché] to address 2 **s'adresser** vpr ▪ **s'~ à** (= parler à) to speak to ; (= aller trouver) to go and see ; (dans une administration) to apply to ; (= viser) to be aimed at ▪ **il s'adresse à un public féminin** [auteur] he writes for a female readership ▪ **adressez-vous au secrétariat** enquire at the office ▪ **et cela s'adresse aussi à vous !** and that goes for you too!

Adriatique [adʀijatik] adj f, nf ▪ **(mer) ~** Adriatic (Sea)

adroit, e [adʀwa, wat] adj (= habile) skilful ; (= subtil) clever ▪ **~ de ses mains** clever with one's hands

ADSL [adeɛsɛl] nm (abrév de **Asynchronous Digital Subscriber Line**) ADSL

adulescent, e [adylɛsɑ̃, ɑ̃t] adj, nm,f adultescent

adulte [adylt] 1 adj [animal, plante] fully-grown ; [attitude, comportement] adult ▪ **un homme ~** an adult man 2 nmf adult

adultère [adyltɛʀ] nm (= acte) adultery

adverbe [advɛʀb] nm adverb

adversaire [advɛʀsɛʀ] nmf adversary ; [de théorie, traité] opponent

adverse [advɛʀs] adj opposing ▪ **la partie ~** the other side

aération [aeʀasjɔ̃] nf [de pièce, literie] airing ; (= circulation d'air) ventilation

aéré, e [aeʀe] adj [pièce] airy ; [texte] well spaced out ; → **centre**

aérer [aeʀe] 1 vt [+ pièce, literie] to air 2 **s'aérer** vpr [personne] to get some fresh air

aérien, -ienne [aeʀjɛ̃, jɛn] adj [attaque, espace, droit] air ; [navigation, photographie] aerial

aérobic [aeʀɔbik] nf aerobics *sg*

aéro-club (pl **~s**) [aeʀoklœb] nm flying club

aérodrome [aeʀodʀom] nm aerodrome BR, airdrome US

aérodynamique [aeʀodinamik] adj aerodynamic

aérogare [aeʀogaʀ] nf air terminal

aéroglisseur [aeʀoglisœʀ] nm hovercraft

aéronautique [aeʀonotik] 1 adj [équipement, ingénieur] aeronautical ▪ **construction/constructeur ~** aircraft construction/builder ▪ **l'industrie ~** the aviation industry 2 nf aeronautics *sg*

aérophagie [aeʀɔfaʒi] nf ▪ **il a** ou **fait de l'~** he suffers from wind

aéroport [aeʀɔpɔʀ] nm airport

aéroporter [aeʀɔpɔʀte] vt to airlift

aérosol [aeʀɔsɔl] nm aerosol ▪ **déodorant/peinture en ~** spray deodorant/paint

aérothermie [aeʀotɛʀmi] nf aerothermy

affaiblir [afebliʀ] **1** vt to weaken **2** **s'affaiblir** vpr [personne, autorité] to weaken ; [vue] to grow dim

affaire [afɛʀ] **1** nf **a** (= problème, question) matter ▪ **c'est une ~ de goût** it's a matter of taste ▪ **j'ai une ~ urgente à régler** I've got some urgent business to deal with ▪ **comment je fais ? – c'est ton ~ !** what do I do? – that's your problem! ▪ **la belle ~ !** big deal! ▪ **il en a fait toute une ~** he made a dreadful fuss about it ▪ **tirer qn d'~** to help sb out ▪ **il est tiré d'~** he's come through **b** ▪ **avoir ~ à** [+ personne] (= s'occuper de) to be dealing with ; (= être reçu ou examiné par) to be dealt with by ▪ **nous avons ~ à un dangereux criminel** we are dealing with a dangerous criminal ▪ **tu auras ~ à moi !** you'll be hearing from me! ▪ **cet ordinateur fera l'~** this computer will do fine ▪ **cet employé ne fait pas l'~** this employee won't do for the job **c** (= faits connus du public) affair ; (= scandale) scandal ▪ **l'~ Dreyfus** the Dreyfus affair ▪ **l'~ du sang contaminé** the contaminated blood scandal **d** (Droit, Police) case **e** (= transaction) deal ; (= achat avantageux) bargain ▪ **une bonne ~** a bargain ▪ **faire une ~** to get a bargain ▪ **faire ~ avec qn** to clinch a deal with sb **f** (= entreprise) business **2** **affaires** nfpl **a** (= intérêts publics et privés) affairs ▪ **les Affaires étrangères** Foreign Affairs ▪ **occupe-toi** ou **mêle-toi de tes ~s !** mind your own business! **b** (= activités commerciales) business *sg* ▪ **être dans les ~s** to be in business ▪ **d'~s** [repas, voyage, relations] business **c** (= vêtements, objets personnels) things ▪ **mes ~s de tennis** my tennis things

affairer (s') [afeʀe] vpr to busy o.s.

affaisser (s') [afese] vpr **a** [route, sol] to subside ; [corps, poutre] to sag ; [plancher] to cave in **b** [personne] to collapse

affaler (s') [afale] vpr (= tomber) to collapse ▪ **affalé dans un fauteuil** slumped in an armchair

affamé, e [afame] adj starving

affamer [afame] vt to starve

affectation [afɛktasjɔ̃] nf **a** (à un usage) allocation (à to) **b** (à un poste) appointment ; (dans une région, un pays) posting ▪ **rejoindre son ~** to take up one's posting **c** (= manque de naturel) affectation ▪ **avec ~** affectedly

affecté, e [afɛkte] adj affected

affecter [afɛkte] vt **a** (= feindre) to affect ▪ **~ de faire qch** to pretend to do sth **b** (= destiner) to allocate (à to) ▪ **~ des crédits à la recherche** to allocate funds to research **c** (à une fonction, un bureau) to appoint ; (à une région, un pays) to post (à to) **d** (= affliger) to affect

affectif, -ive [afɛktif, iv] adj emotional

affection [afɛksjɔ̃] nf **a** (= tendresse) affection ▪ **avoir de l'~ pour qn** to be fond of sb ▪ **se prendre d'~ pour qn** to become fond of sb **b** (= maladie) ailment

affectueusement [afɛktɥøzmɑ̃] adv affectionately ▪ **~ vôtre** yours affectionately

affectueux, -euse [afɛktɥø, øz] adj affectionate

affichage [afiʃaʒ] nm **a** [d'affiche, résultats] posting ▪ **« ~ interdit »** "post no bills" **b** (sur écran) display ▪ **montre à ~ numérique** digital watch

affiche [afiʃ] nf poster ; (officielle) public notice ▪ **ce spectacle est resté à l'~ plus d'un an** the show ran for over a year

afficher [afiʃe] **1** vt to display ; [+ résultats] to put up ▪ **« défense d'~ »** "post no bills" ▪ **~ ses opinions politiques** to make no secret of one's political views **2** **s'afficher** vpr (= apparaître) to be displayed ▪ **un menu s'affiche à l'écran** a menu is displayed on the screen

affilé, e [afile] **1** adj [outil, couteau] sharp **2** **d'affilée** loc adv in a row

affiler [afile] vt to sharpen

affiner [afine] **1** vt **a** (= rendre plus subtil) to refine ; [+ sens] to sharpen **b** [+ taille, hanches] to slim down ; [+ chevilles] to make slender **2** **s'affiner** vpr **a** (= devenir plus subtil) to become more refined ; [odorat, goût] to become sharper **b** [taille] to become slimmer ; [visage] to get thinner

affinité [afinite] nf affinity ▪ **avoir des ~s avec qn** to have a natural affinity with sb

affirmatif, -ive [afiʀmatif, iv] **1** adj affirmative **2** **affirmative** nf ▪ **répondre par l'affirmative** to answer yes

affirmation [afiʀmasjɔ̃] nf assertion

affirmer [afiʀme] **1** vt (= proclamer) to assert ▪ **il affirme que c'est de votre faute** he maintains that it is your fault **2** **s'affirmer** vpr to assert o.s. ▪ **talent/personnalité qui s'affirme** talent/personality which is asserting itself

affligeant, e [afliʒɑ̃, ɑ̃t] adj (= triste) distressing ; (= déplorable) pathetic

affliger [afliʒe] vt **a** (= attrister) to distress **b** ▪ **être affligé de** [+ maladie] to be afflicted with

affluence [aflyɑ̃s] nf ▪ **les heures d'~** [de trains, circulation] the rush hour

> ⚠ **affluence** ne se traduit pas par le mot anglais ***affluence***, qui signifie « richesse ».

affluent [aflyɑ̃] nm tributary

> ⚠ **affluent** ne se traduit pas par le mot anglais ***affluent***, qui signifie « riche ».

affluer [aflye] vi [fluide, sang] to rush (*à, vers* to) ; [foule] to flock ▪ **les dons affluaient de partout** donations came flooding in from all over

afflux [afly] nm inrush ▪ **~ de capitaux** capital inflow ▪ **~ de main-d'œuvre** labour influx

affolant, e [afɔlɑ̃, ɑ̃t] adj (= effrayant) frightening

affolé, e [afɔle] adj (= effrayé) panic-stricken ▪ **air ~** look of panic

affolement [afɔlmɑ̃] nm (= effroi) panic ▪ **pas d'~ !** don't panic!

affoler [afɔle] **1** vt (= effrayer) to throw into a panic **2** **s'affoler** vpr [personne] to panic

affranchir [afʀɑ̃ʃiʀ] **1** vt **a** (avec des timbres) to put a stamp ou stamps on ▪ **lettre affranchie** stamped letter **b** (= libérer) to free **2** **s'affranchir** vpr ▪ **s'~ de** to free o.s. from

affranchissement [afʀɑ̃ʃismɑ̃] nm (avec des timbres) stamping ; (= prix payé) postage

affréter [afʀete] vt to charter

affreusement [afʀøzmɑ̃] adv **a** (= horriblement) horribly **b** (= très) terribly

affreux, -euse [afʀø, øz] adj (= très laid) hideous ; (= abominable) dreadful

affriolant, e [afʀijɔlɑ̃, ɑ̃t] adj [perspective, programme] exciting ; [femme, vêtement] alluring

affront [afʀɔ̃] nm (= insulte) affront

affrontement [afʀɔ̃tmɑ̃] nm confrontation

affronter [afʀɔ̃te] **1** vt [+ adversaire, danger] to confront ▪ **~ la mort** to face death ▪ **~ le mauvais temps** to brave the bad weather **2** **s'affronter** vpr [adversaires] to confront each other

affût [afy] nm ▪ **être à l'~** to be lying in wait ▪ **être à l'~ de qch** (fig) to be on the lookout for sth

affûté, e [afyte] adj [couteau] sharpened ; [argument] well-honed ; [artiste] superb ▪ **il est très ~ physiquement** he is in top physical form

affûter [afyte] vt to sharpen

afghan, e [afgɑ̃, an] **1** adj Afghan **2** **Afghan(e)** nm,f Afghan

Afghanistan [afganistɑ̃] nm Afghanistan

afin [afɛ̃] **afin de, afin que** loc prép, loc conj in order to/that ▪ **~ que nous le sachions** in order that we should know

a fortiori [afɔʀsjɔʀi] loc adv all the more

africain, e [afʀikɛ̃, ɛn] **1** adj African **2** **Africain(e)** nm,f African

afrikaans [afʀikɑ̃s] nm, adj inv Afrikaans

afrikaner [afʀikanɛʀ] nmf Afrikaner

Afrique [afʀik] nf Africa ▪ **l'~ du Nord** North Africa ▪ **l'~ du Sud** South Africa ▪ **l'~ noire** black Africa

after [aftœʀ] nm after party

AG* [aʒe] nf (abrév de **assemblée générale**) (annuelle) AGM ; (extraordinaire) EGM

agaçant, e [agasɑ̃, ɑ̃t] adj irritating

agacement [agasmɑ̃] nm irritation

agacer [agase] vt (= énerver) to irritate ▪ **ça m'agace !** it's getting on my nerves!

âge [ɑʒ] nm **a** age ▪ **quel ~ avez-vous ?** how old are you? ▪ **à l'~ de 8 ans** at the age of 8 ▪ **ils sont du même ~** they're the same age ▪ **il fait plus vieux que son ~** he looks older than he is ▪ **j'ai passé l'~** I'm too old for that ▪ **être en ~ de se marier** to be old enough to get married ▪ **c'est l'~ bête** ou **ingrat** it's an awkward age ▸ **l'âge adulte** adulthood ▸ **l'âge mûr** maturity ▸ **l'âge d'or** the golden age ▸ **l'âge de raison** the age of reason **b** (= ère) age ▪ **l'~ de la pierre/du bronze** the Stone/Bronze Age

âgé, e [ɑʒe] adj ▪ **être ~** to be old ▪ **être ~ de 9 ans** to be 9 years old ▪ **enfant ~ de 4 ans** 4-year-old child ▪ **les personnes ~es** the elderly

agence [aʒɑ̃s] nf (= succursale) branch ; (= locaux) office ; (= organisme) agency ▸ **agence immobilière** estate agent's BR, real estate agency US ▸ **agence matrimoniale** marriage bureau ▸ **Agence nationale pour l'emploi** (anciennement) ≈ job centre BR ▸ **agence de voyages** travel agency

agencer [aʒɑ̃se] vt **a** [+ éléments, phrase] to put together **b** [+ local] to lay out

agenda [aʒɛ̃da] nm (= carnet) diary BR, datebook US ▸ **agenda électronique** electronic organizer

> ⚠ **agenda** ne se traduit pas par le mot anglais ***agenda***, qui signifie « ordre du jour ».

agenouiller (s') [aʒ(ə)nuje] vpr to kneel (down) ▪ **être agenouillé** to be kneeling

agent, e [aʒɑ̃, ɑ̃t] **1** nm,f **a** ▪ **~ (de police)** policeman, policewoman ▪ **~ de la circulation** ≈ traffic policeman (ou -woman) ▪ **pardon monsieur l'~** excuse me, officer ▪ **elle est agent(e) (de police)** she's a policewoman **b** (= représentant) agent ▸ **agent d'assurances** insurance agent ▸ **agent immobilier** estate agent BR, real estate agent US ▸ **agent de publicité** advertising agent ▸ **agent secret** secret agent **2** nm (Gram,

Sciences) agent ► **agent conversationnel** chatbot

agglomération [aglɔmeʀasjɔ̃] nf (= ville) town ▪ **l'~ parisienne** Paris and its suburbs ▪ **la vitesse est limitée à 50 km/h en ~** the speed limit is 50km/h in built-up areas

aggloméré [aglɔmeʀe] nm (= bois) chipboard, Masonite® US

aggravation [agʀavasjɔ̃] nf worsening ; [d'impôt, chômage] increase

aggraver [agʀave] **1** vt to make worse ; (= renforcer) to increase ▪ **tu aggraves ton cas** you're making things worse for yourself **2** **s'aggraver** vpr to get worse ; (= se renforcer) to increase ▪ **le chômage s'est fortement aggravé** there has been a sharp increase in unemployment

agile [aʒil] adj agile

agilité [aʒilite] nf agility

agios [aʒjo] nmpl (= frais) (bank) charges

agir [aʒiʀ] **1** vi **a** (= faire qch) to act ; (= se comporter) to behave ▪ **il a bien/mal agi envers sa mère** he behaved well/badly towards his mother **b** [médicament] to act **2** **s'agir** vpr impers ▪ **il s'agit de faire vite** we must act quickly ▪ **de quoi s'agit-il ?** what's it about? ▪ **il ne s'agit pas d'argent** it's not a question of money

agissements [aʒismɑ̃] nmpl (péj) activities ▪ **surveiller les ~ de qn** to keep an eye on what sb is up to*

agitation [aʒitasjɔ̃] nf **a** (= bougeotte) restlessness ; (= trouble) agitation **b** [de lieu, rue] hustle and bustle **c** (Pol) unrest

agité, e [aʒite] adj **a** [personne] (= ayant la bougeotte) restless ; (= troublé) agitated **b** [mer] rough ; [vie] hectic ; [nuit] restless ▪ **avoir le sommeil ~** to toss and turn in one's sleep

agiter [aʒite] **1** vt **a** [+ bras] to wave ; [+ queue] to wag ; [+ liquide] to shake **b** (= inquiéter) to trouble **2** **s'agiter** vpr [malade] to be agitated ; [enfant, élève] to fidget

agneau (pl **~x**) [aɲo] nm lamb

agonie [agɔni] nf death pangs ▪ **être à l'~** to be dying ▪ **longue ~** slow death

agoniser [agɔnize] vi to be dying

agrafe [agʀaf] nf [de vêtement] hook and eye ; [de papiers] staple ; (en chirurgie) clip

agrafer [agʀafe] vt [+ vêtement] to fasten ; [+ papiers] to staple

agrafeuse [agʀaføz] nf stapler

agrandir [agʀɑ̃diʀ] **1** vt to extend ; [+ trou] to make bigger ; [+ écart] to increase ; [+ photographie] to enlarge **2** **s'agrandir** vpr [ville, famille, écart] to grow ; [trou] to get bigger

agrandissement [agʀɑ̃dismɑ̃] nm [de local] extension ; [de ville] expansion ; (Photo) enlargement

agréable [agʀeabl] adj nice ▪ **~ à voir** nice to see ▪ **~ à vivre** [personne] easy to live with

agréablement [agʀeabləmɑ̃] adv pleasantly

agréé, e [agʀee] adj [bureau, infirmière] registered ; [fournisseur] authorized

agréer [agʀee] vt (frm : formule épistolaire) ▪ **veuillez ~, Monsieur** ou **je vous prie d'~, Monsieur, l'expression de mes sentiments distingués** yours sincerely

agrégateur [agʀegatœʀ] nm (Informatique) aggregator

agrégation [agʀegasjɔ̃] nf *high-level teaching qualification*

agréger [agʀeʒe] vt [+ particules] to aggregate ; [+ données, résultats] to combine, to aggregate ▪ **s'~ à un groupe** to incorporate o.s. into a group

agrément [agʀemɑ̃] nm **a** charm ▪ **faire un voyage d'~** to go on a pleasure trip **b** (frm = consentement) consent

agrémenter [agʀemɑ̃te] vt ▪ **~ qch de** (= décorer) to embellish sth with ▪ **~ un récit d'anecdotes** to enliven a story with anecdotes

agrès [agʀɛ] nmpl (Sport) apparatus *sg*

agresser [agʀese] vt to attack ▪ **il s'est senti agressé** he felt he was under attack

agresseur, -euse [agʀesœʀ, øz] nm,f attacker

agressif, -ive [agʀesif, iv] adj aggressive (envers towards) ▪ **d'un ton ~** aggressively

agression [agʀesjɔ̃] nf attack ; (dans la rue) mugging ▪ **être victime d'une ~** to be mugged

agressivement [agʀesivmɑ̃] adv aggressively

agressivité [agʀesivite] nf aggressiveness

agribusiness [agʀibiznɛs] nm agribusiness, agrobusiness

agricole [agʀikɔl] adj agricultural

agriculteur, -trice [agʀikyltœʀ, tʀis] nm,f farmer

agriculture [agʀikyltyʀ] nf agriculture

agripper [agʀipe] **1** vt to grab **2** **s'agripper** vpr ▪ **s'~ à qch** to cling on to sth

agritourisme [agʀituʀism] nm agri(-)tourism

agroalimentaire [agʀoalimɑ̃tɛʀ] **1** adj [industrie] food-processing ▪ **produits ~s** processed foodstuffs **2** nm ▪ **l'~** the food-processing industry

agrobusiness [agʀobiznɛs] nm ⇒ **agribusiness**

agrocarburant [agʀokaʀbyʀɑ̃] nm biofuel

agro-industrie (pl ~**s**) [agʀoɛ̃dystʀi] nf agribusiness

agronome [agʀɔnɔm] nmf agronomist ▪ **ingénieur ~** agricultural engineer

agrume [agʀym] nm citrus fruit

aguets (aux) [agɛ] loc adv on the look-out

aguicher [agiʃe] vt to entice

aguicheur, -euse [agiʃœʀ, øz] **1** adj enticing **2** nm,f (= personne) tease

ah [ɑ] excl oh! ▪ **ah bon ou oui ?** is that so? ▪ **ah non** certainly not ▪ **ah ! j'allais oublier** oh! I nearly forgot ▪ **ah, ah ! je t'y prends** aha! I've caught you at it

ahuri, e [ayʀi] adj (= stupéfait) stunned

ahurissant, e [ayʀisɑ̃, ɑ̃t] adj astounding

aide [ɛd] **1** nf **a** (= assistance) help ▪ **apporter son ~ à qn** to help sb ▪ **à l'~ !** help! ▪ **à l'~ de** with ▪ **ouvrir qch à l'~ d'un couteau** to open sth with a knife **b** (en équipement, en argent, etc) aid ▪ **l'~ humanitaire** humanitarian aid ▸ **aide judiciaire** legal aid ▸ **aide sociale** social security BR, welfare US **2** nmf (= personne) assistant ▸ **aide familiale, aide ménagère** (= personne) home help BR, home helper US

aide-mémoire (pl ~**(s)**) [ɛdmemwaʀ] nm aide-mémoire

aider [ede] **1** vt to help ▪ **~ qn à faire qch** to help sb (to do sth) ▪ **je me suis fait ~ par mon frère** I got my brother to help me **2** vi to help ▪ **ça aide à passer le temps** it helps pass the time **3** **s'aider** vpr ▪ **s'~ de** to use

aide-soignant, e (mpl **aides-soignants**) [ɛdswanjɑ̃, ɑ̃t] nm,f nursing auxiliary BR, nurse's aide US

aie [ɛ] vb → **avoir**

aïe [aj] excl (douleur) ouch! ▪ **~ ~ ~ !** (contrariété) dear oh dear!

aïeul [ajœl] nm (littér) grandfather ▪ **les ~s** the grandparents

aïeule [ajœl] nf (littér) grandmother

aïeux [ajø] nmpl (littér) forefathers

aigle [ɛgl] nm (= oiseau) eagle

aigre [ɛgʀ] adj [goût, odeur] sour

aigre-doux, aigre-douce (mpl **aigres-doux**, fpl **aigres-douces**) [ɛgʀədu, dus] adj [sauce] sweet and sour ; [fruit, propos] bitter-sweet

aigreur [ɛgʀœʀ] **1** nf **a** [de goût, odeur] sourness **b** (= acrimonie) sharpness **2** **aigreurs** nfpl ▪ **avoir des ~s (d'estomac)** to have heartburn

aigri, e [egʀi] adj embittered

aigu, -uë [egy] adj **a** [son] high-pitched **b** [crise, douleur] acute

aiguillage [egɥijaʒ] nm (Rail) points BR, switch US

aiguille [egɥij] nf needle ; [de balance] pointer ; [de clocher] spire ; (= cime) peak ▪ **~ à coudre/à tricoter** sewing/knitting needle ▪ **la petite/grande ~** [d'horloge] the hour/minute hand

aiguiller [egɥije] vt (= orienter) to direct

aiguilleur [egɥijœʀ] nm ▪ **~ du ciel** air-traffic controller

aiguiser [egize] vt **a** [+ couteau, outil] to sharpen **b** [+ appétit] to whet ; [+ sens] to excite

ail [aj] nm garlic

aile [ɛl] nf wing ; [de moulin] sail ; [de voiture] wing BR, fender US ▪ **l'~ dure du parti** the hardliners in the party

ailé, e [ele] adj winged

aileron [ɛlʀɔ̃] nm [de poisson] fin ; [d'avion] aileron

ailier, -ière [elje, ɛʀ] nm,f winger

aille [aj] vb → **aller**

ailleurs [ajœʀ] adv somewhere else ▪ **nulle part ~** nowhere else ▪ **partout ~** everywhere else ▪ **il a l'esprit ~** his thoughts are elsewhere ▪ **par ~** (= autrement) otherwise ; (= en outre) moreover ▪ **d'~** besides ▪ **lui non plus d'~** neither does (ou is, has, etc) he, for that matter

aimable [ɛmabl] adj (= gentil) kind ▪ **tu es bien ~ de m'avoir attendu** it was very kind of you to wait for me ▪ **c'est très ~ à vous** ou **de votre part** it's very kind of you

aimablement [ɛmabləmɑ̃] adv kindly ; [répondre, recevoir] nicely ; [refuser] politely

aimant¹ [ɛmɑ̃] nm magnet

aimant², e [ɛmɑ̃, ɑ̃t] adj loving

aimer [eme] **1** vt **a** (d'amour) to love ; (d'amitié, goût) to like ▪ **~ bien** to like ▪ **il l'aime à la folie** he's crazy about her* ▪ **elle n'aime pas qu'il sorte le soir** she doesn't like him going out at night ▪ **~ faire qch** to like doing sth ou to do sth **b** ♦ **aimer... assez/autant/mieux** ▪ **il aimerait autant ne pas sortir aujourd'hui** he'd just as soon not go out today ▪ **j'aimerais autant que ce soit elle qui m'écrive** I'd rather it was she who wrote to me ▪ **j'aime mieux ça !*** (ton menaçant) I'm pleased to hear it! ; (soulagement) what a relief! ▪ **on lui apporte des fleurs, elle aimerait mieux des livres** they bring her flowers but she'd rather have books ▪ **elle aime assez bavarder avec les voisins** she enjoys chatting with the neighbours **c** (au conditionnel) (= vouloir) ▪ **elle aimerait bien aller se promener** she'd like to go for a walk ▪ **j'aimerais vraiment venir** I'd love to come **2** **s'aimer** vpr to love each other

aine [ɛn] nf groin

aîné, e [ene] **1** adj (= plus âgé) older ; (= le plus âgé) oldest **2** nm **a** [de famille] ■ **l'~ (des garçons)** the oldest boy ■ **mon ~** (= frère) my older brother ; (= fils) my eldest son **b** (relation d'âge) ■ **il est mon ~** he's older than me ■ **il est mon ~ de deux ans** he's two years older than me **3** **aînée** nf **a** [de famille] ■ **l'~e des filles** the oldest girl ■ **mon ~e** (= sœur) my older sister ; (= fille) my eldest daughter **b** (relation d'âge) ■ **elle est mon ~e** she's older than me ■ **elle est mon ~e de deux ans** she's two years older than me

ainsi [ɛ̃si] adv **a** (= de cette façon) this way ■ **je préfère agir ~** I prefer to do it this way ■ **il faut procéder ~** you have to proceed as follows ■ **~ que** (avec verbe) as ; (avec nom) as well as ■ **~ que nous le disions hier** (littér) as we were saying yesterday ■ **pour ~ dire** so to speak ■ **et ~ de suite** and so on **b** (= en conséquence) thus ; (= donc) so ■ **~ tu vas partir !** so, you're leaving!

aïoli [ajɔli] nm garlic mayonnaise

air [ɛʀ] nm **a** (= gaz, espace) air ; (= brise) breeze ; (= courant d'air) draught BR, draft US ■ **on manque d'~ ici** it's stuffy in here ■ **sortir prendre l'~** to go out for some fresh air ■ **regarder en l'~** to look up ■ **en plein ~** [piscine, spectacle, cirque] open-air ; [jouer] outdoors ■ **de plein ~** [activité, jeux] outdoor ■ **en l'~** [paroles, promesses] empty ■ **flanquer*** ou **foutre‡ tout en l'~** (= jeter) to chuck* it all away ; (= gâcher) to ruin everything ■ **ce contretemps a fichu en l'~ mon week-end*** this stupid business has completely messed up my weekend* ▸ **air conditionné** air conditioning **b** (= apparence, manière) air ■ **d'un ~ décidé** in a resolute manner ■ **ils ont un ~ de famille** there's a family likeness between them ■ **elle a l'~ d'une enfant** she looks like a child ■ **ça m'a l'~ d'être assez facile** it looks fairly easy to me ■ **il a eu l'~ de ne pas comprendre** he looked as if he didn't understand **c** (= expression) look ■ **prendre un ~ entendu** to put on a knowing air **d** (= mélodie) tune ; [d'opéra] aria

airbag® [ɛʀbag] nm air bag

aire [ɛʀ] nf (= zone) area ▸ **aire d'atterrissage** landing strip ▸ **aire de jeux** playground ▸ **aire de repos** (sur autoroute) rest area ▸ **aire de service** service station ▸ **aire de stationnement** parking area

airelle [ɛʀɛl] nf (= baie) cranberry

aisance [ɛzɑ̃s] nf **a** (= facilité) ease **b** (= richesse) affluence ■ **vivre dans l'~** to be comfortably off

aise [ɛz] nf ■ **être à l'~** to be comfortable ■ **être mal à l'~** to be uncomfortable ■ **mettez-vous à l'~** ou **à votre ~** make yourself comfortable

aisé, e [eze] adj **a** (= facile) easy **b** (= riche) well-to-do

aisément [ezemɑ̃] adv easily

aisselle [ɛsɛl] nf armpit

ajourner [aʒuʀne] vt [+ assemblée] to adjourn ; [+ réunion, décision, rendez-vous] to put off

ajout [aʒu] nm [de texte] addition

ajouter [aʒute] **1** vt to add **2** **s'ajouter** vpr ■ **s'~ à** to add to ■ **à ces dépenses viennent s'~ les impôts** on top of these expenses there are taxes

ajusté, e [aʒyste] adj [vêtement] tight-fitting

ajuster [aʒyste] vt **a** [+ ceinture] to adjust ; [+ cravate] to straighten ; [+ vêtement] to alter **b** (= adapter) [+ tuyau] to fit (*à* into) **c** (= viser) ■ **~ son tir** to adjust one's aim

alarmant, e [alaʀmɑ̃, ɑ̃t] adj alarming

alarme [alaʀm] nf (= signal de danger, inquiétude) alarm ■ **donner** ou **sonner l'~** to give ou sound the alarm

alarmer [alaʀme] **1** vt to alarm **2** **s'alarmer** vpr to become alarmed (*de, pour* about, at) ■ **il n'a aucune raison de s'~** he has no cause for alarm

alarmiste [alaʀmist] adj, nmf alarmist

Alaska [alaska] nm Alaska

albanais, e [albanɛ, ɛz] **1** adj Albanian **2** **Albanais(e)** nm,f Albanian

Albanie [albani] nf Albania

albâtre [albɑtʀ] nm alabaster

albatros [albatʀos] nm (= oiseau) albatross

albinos [albinos] adj, nmf albino

album [albɔm] nm (= livre, disque) album ■ **~ (de) photos/de timbres** photo/stamp album

albumine [albymin] nf albumin

alcool [alkɔl] nm **a** (= boisson) alcohol *NonC* ■ **l'~ au volant** drinking and driving ■ **le cognac est un ~** cognac is a spirit ■ **~ de prune/poire** plum/pear brandy ■ **bière/boisson sans ~** non-alcoholic beer/drink **b** (Chim) alcohol ■ **~ à brûler** methylated spirits ■ **~ à 90°** surgical spirit

alcoolémie [alkɔlemi] nf alcohol level

alcoolique [alkɔlik] adj, nmf alcoholic

alcoolisé, e [alkɔlize] adj ■ **boissons ~es/non ~es** alcoholic/soft drinks

alcoolisme [alkɔlism] nm alcoholism

alcootest® [alkɔtɛst] nm (= épreuve) breath test ■ **ils m'ont fait un ~** they breathalysed me

alcopop [alkopɔp] nm alcopop

alcôve [alkov] nf alcove

aléa [alea] nm ■ **les ~s de l'existence** the vagaries of life

aléatoire [aleatwaʀ] adj a (= risqué) uncertain b (Math) random

alentours [alɑ̃tuʀ] nmpl (= environs) surroundings ▪ **aux ~ de** around

alerte [alɛʀt] 1 adj [personne] nimble ; [esprit] alert ; [vieillard] spry 2 nf a (= signal de danger) alert ▪ **donner l'~** to give the alert ▪ **~ à la bombe** bomb scare ▪ **~ aérienne** air raid warning b (= avertissement) warning sign 3 excl watch out!

alerter [alɛʀte] vt (= donner l'alarme à) to alert ; (= informer) to inform ; (= prévenir) to warn

alexandrin [alɛksɑ̃dʀɛ̃] nm (= vers) alexandrine

alfalfa [alfalfa] nm alfalfa

algèbre [alʒɛbʀ] nf algebra

Alger [alʒe] n Algiers

Algérie [alʒeʀi] nf Algeria

algérien, -ienne [alʒeʀjɛ̃, jɛn] 1 adj Algerian 2 **Algérien(ne)** nm,f Algerian

algues [alg] nfpl (de mer) seaweed *NonC* ; (d'eau douce) algae

alias [aljas] adv, nm alias

alibi [alibi] nm alibi

aliénation [aljenasjɔ̃] nf alienation ▪ **~ (mentale)** (Méd) insanity

aliéné, e [aljene] nm,f insane person

aliéner [aljene] 1 vt (Droit = céder) to alienate ; [+ droits] to give up 2 **s'aliéner** vpr [+ partisans, opinion publique] to alienate

alignement [aliɲ(ə)mɑ̃] nm alignment ▪ **ils demandent l'~ de leurs salaires sur ceux des techniciens** they are asking for their salaries to be brought into line with those of the technicians

aligner [aliɲe] 1 vt [+ objets] to align (*sur* with) ; [+ chiffres] to string together ▪ **il n'arrivait pas à ~ deux mots** he couldn't string two words together* 2 **s'aligner** vpr ▪ **s'~ sur** [+ politique] to follow the line on ; [+ pays, parti] to align o.s. with

aliment [alimɑ̃] nm food ▪ **~s pour chiens/chats** dog/cat food

alimentaire [alimɑ̃tɛʀ] adj [aide, hygiène] food ; [besoins] dietary ; [habitudes] eating

alimentation [alimɑ̃tasjɔ̃] nf a (= régime) diet b (Commerce) ▪ **l'~** the food trade ▪ **magasin d'~** food shop, grocery store US ▪ **rayon ~** food section c [de personne, chaudière] feeding ; [de moteur] supplying ▪ **l'~ en eau des grandes villes** the supply of water to large towns

alimenter [alimɑ̃te] 1 vt a [+ personne, animal] to feed b [+ chaudière] to feed ; [+ compte bancaire] to put money into ▪ **~ une ville en gaz/électricité** to supply a town with gas/electricity c [+ conversation] to keep going ; [+ curiosité] to feed ; [+ rumeurs, soupçons] to fuel 2 **s'alimenter** vpr to eat

alinéa [alinea] nm (= passage) paragraph

aliter (s') [alite] vpr to take to one's bed ▪ **alité** in bed ; (pour longtemps) bedridden

alkékenge [alkekɑ̃ʒ] nm Chinese lantern, winter ou ground cherry

Allah [ala] nm Allah

allaiter [alete] vt [femme] to breast-feed ; [animal] to suckle

alléchant, e [aleʃɑ̃, ɑ̃t] adj tempting

allécher [aleʃe] vt to tempt

allée [ale] nf [de forêt, jardin, parc] path ; [de ville] avenue ; (menant à une maison) drive ; [de cinéma, autobus] aisle ▪ **~s et venues** comings and goings ▪ **cela l'oblige à de constantes ~s et venues** this means he has to keep shuttling back and forth

allégation [a(l)legasjɔ̃] nf allegation

allégé, e [aleʒe] adj low-fat

allègement, allégement [alɛʒmɑ̃] nm a [de fardeau, véhicule] lightening b (= réduction) reduction (*de* in) ; [de contrôles] easing ; [de formalités] simplification ▪ **allégement de la dette** debt relief

alléger [aleʒe] vt a (= rendre moins lourd) to make lighter b (= réduire) to reduce ; [+ contrôles] to ease ; [+ formalités] to simplify ▪ **~ les effectifs** (Scol) to reduce class sizes ▪ **~ les programmes scolaires** to cut the number of subjects on the school syllabus

allégorie [a(l)legɔʀi] nf allegory

allégrement, allègrement [a(l)lɛgʀəmɑ̃] adv cheerfully ▪ **le coût de l'opération dépasse ~ les 50 millions** the cost of the operation is well over 50 million

allégresse [a(l)legʀɛs] nf joy ▪ **ce fut l'~ générale** there was general rejoicing

Allemagne [almaɲ] nf Germany ▪ **l'ex-Allemagne de l'Ouest/de l'Est** the former West/East Germany

allemand, e [almɑ̃, ɑ̃d] 1 adj German 2 nm (= langue) German 3 **Allemand(e)** nm,f German

aller [ale]

1 vi a (déplacement) to go ▪ **où vas-tu ?** where are you going? ▪ **vas-y !** go on! ▪ **allons-y !** let's go! ▪ **~ quelque part en voiture** to drive somewhere ▪ **~ quelque part en avion** to fly somewhere ▪ **~ à** to go to ▪ **~ à l'école** to go to school ▪ **~ en France** to go to France

♦ **aller et venir** (entre deux endroits) to come and go ; (dans une pièce) to pace up and down ▪ **je ne suis jamais allé à New York** I've never been to New York

b (évolution) ■ **~ en empirant** to get worse and worse ■ **~ en augmentant** to keep increasing

c (= durer) ■ **l'abonnement va jusqu'en juin** the subscription lasts till June ■ **la période qui va du 22 mai au 15 juillet** the period from 22 May to 15 July

d (état, santé) ■ **comment allez-vous ?** how are you? ■ **il va bien** he's fine ■ **il va mal** he's in a bad way ■ **comment ça va ? – ça va** how are you doing? – fine ■ **ça va mieux maintenant** I'm feeling better now ■ **non mais ça va pas !*** are you out of your mind?* ■ **comment vont les affaires ?** how's business? ■ **ça va mal en Russie** Russia is in a bad way ■ **l'économie va mieux** the economy is doing better

e (= convenir) ■ **ça ira comme ça ?** is it all right like that? ■ **~ avec** to go well with ■ **~ bien ensemble** [couleurs, styles] to go well together ; [personnes] to make a nice couple

♦ **aller à qn** (forme, mesure) to fit sb ; (style, genre) to suit sb ■ **rendez-vous demain 4 heures ? – ça me va*** tomorrow at 4? – OK, fine*

f (exclamations) ■ **allez !, allons !** go on! ■ **allez la France !** come on France! ■ **allons, allons, il ne faut pas pleurer** come on, don't cry ■ **allez-y, c'est votre tour** go on, it's your turn ■ **ça va !** (= assez) that's enough! ; (= d'accord) OK, OK!*

2 vb impers ■ **il en va de même pour tous les autres** the same goes for all the others

3 vb aux **a** (futur) ■ **il va descendre dans une minute** he'll come down in a minute ■ **je vais le faire tout de suite** I'll do it right away ■ **tu vas être en retard** you're going to be late

b (intention) ■ **il est allé se renseigner** he's gone to get some information ■ **~ voir qn à l'hôpital** to go and visit sb in hospital

c (loc) ■ **n'allez pas vous imaginer que...** don't you go imagining that... ■ **allez savoir* !** who knows?

4 **s'en aller** vpr **a** (= partir) to go ■ **elle s'en va en vacances demain** she is going on holiday tomorrow ■ **va-t'en !** go away!

b (= disparaître) [tache] to come off ; (sur tissu) to come out

5 nm **a** (= billet) single (ticket) BR, one-way ticket US ■ **~ et retour** return (ticket) BR, round-trip ticket US

b (= trajet) outward journey ■ **j'ai fait plusieurs ~s et retours entre chez moi et la pharmacie** I made several trips to the chemist's

---

allergène [alɛʀʒɛn] **1** adj allergenic ■ **non ~** antiallergenic **2** nm allergen

allergie [alɛʀʒi] nf allergy ■ **faire une ~** to be allergic (*à* to)

allergique [alɛʀʒik] adj allergic (*à* to)

aller-retour [alєʀtuʀ] nm ⇒ **aller et retour**

alliage [aljaʒ] nm alloy

alliance [aljɑ̃s] nf **a** (= coalition) alliance ■ **faire** ou **conclure une ~ avec un pays** to enter into an alliance with a country ■ **oncle par ~** uncle by marriage **b** (= bague) wedding ring

allié, e [alje] **1** adj [pays, forces] allied **2** nm,f ally

allier [alje] **1** vt (= associer) to combine **2** **s'allier** vpr to become allies ■ **la France s'est alliée à l'Angleterre** France became allied to England

alligator [aligatɔʀ] nm alligator

allô [alo] excl hello!

allocation [alɔkasjɔ̃] nf (= somme) allowance ▸ **allocation (de) chômage** job seeker's allowance *NonC* BR, unemployment insurance *NonC* US ▸ **allocations familiales** (= argent) ≈ child benefit BR, ≈ welfare US ▸ **allocation logement** ≈ housing benefit ▸ **allocation de retour à l'emploi** job seeker's allowance *NonC* BR, unemployment insurance *NonC* US

allocution [a(l)lɔkysjɔ̃] nf short speech ■ **~ télévisée** short televised speech

allongé, e [alɔ̃ʒe] adj **a** (= étendu) ■ **être ~** to be lying down (*sur* on) ■ **il était ~ sur le dos** he was lying on his back **b** (= long) long ; (= étiré) elongated

allonger [alɔ̃ʒe] **1** vt **a** [+ vêtement] to lengthen (*de* by) ; [+ délai, durée] to extend **b** [+ bras, jambe] to stretch out **c** [+ sauce] to thin down **2** vi [jours] to get longer **3** **s'allonger** vpr **a** (= devenir plus long) to get longer **b** (= s'étendre) to lie down

allouer [alwe] vt [+ argent] to allocate ; [+ indemnité] to grant ; [+ temps] to allot

allumage [alymaʒ] nm [de voiture] ignition

allumé, e* [alyme] adj (= fou) crazy*

allume-cigare (pl **~s**) [alymsigaʀ] nm cigarette lighter

allume-gaz [alymgɑz] nm inv gas lighter

allumer [alyme] **1** vt **a** [+ feu, bougie, poêle, cigare] to light **b** [+ électricité, lampe, radio] to turn on ■ **laisse la lumière allumée** leave the light on **c** (= éclairer) ■ **~ une pièce** to turn the lights on in a room **d** (* = aguicher) to tease **2** **s'allumer** vpr [lumière, radiateur] to come on ■ **ça s'allume comment ?** how do you switch it on?

allumette [alymɛt] nf match

allumeuse* [alymøz] nf ■ **c'est une ~** she's a real tease

allure [alyʀ] nf a (= vitesse) speed ; [de piéton] pace ▪ **à toute ~** [rouler] at top speed ; [réciter, dîner] as fast as one can b (= démarche) walk ; (* = aspect) look ▪ **avoir de l'~** to have style ▪ **avoir une drôle d'~** to look odd ▪ **ça a pas d'~ !*** (Can) that's nonsense!

allusion [a(l)lyzjɔ̃] nf (= référence) allusion (à to) ; (avec sous-entendu) hint (à at) ▪ **faire ~ à** to allude to

alors [alɔʀ] 1 adv a (= à cette époque) at that time ▪ **le ministre d'~** the minister at that time b (= en conséquence) then ▪ **vous ne voulez pas de mon aide ? ~ je vous laisse** you don't want my help? I'll leave you to it then ▪ **~ tu viens (oui ou non) ?** well, are you coming (or not)? ▪ **~ ça, ça m'étonne** now that really does surprise me ▪ **~ là je ne peux pas vous répondre** well that I really can't tell you ▪ **il pleut – et ~ ?** it's raining – so?* 2 **alors que** loc conj (= bien que) though

alouette [alwɛt] nf lark

alourdir [aluʀdiʀ] 1 vt to make heavy ; [+ véhicule] to weigh down 2 **s'alourdir** vpr [personne, paupières] to become heavy ▪ **le bilan s'est encore alourdi** the death toll has risen again

aloyau [alwajo] nm sirloin

alpaguer‡ [alpage] vt to collar*

Alpes [alp] nfpl ▪ **les ~** the Alps

alphabet [alfabɛ] nm alphabet

alphabétique [alfabetik] adj alphabetical ▪ **par ordre ~** in alphabetical order

alphabétisation [alfabetizasjɔ̃] nf ▪ **campagne d'~** literacy campaign ▪ **taux d'~** literacy rate

alphabétiser [alfabetize] vt [+ pays] to eliminate illiteracy in ; [+ population] to teach how to read and write

alpin, e [alpɛ̃, in] adj alpine

alpinisme [alpinism] nm mountaineering

alpiniste [alpinist] nmf mountaineer

alsacien, -ienne [alzasjɛ̃, jɛn] 1 adj Alsatian 2 **Alsacien(ne)** nm,f Alsatian

altercation [altɛʀkasjɔ̃] nf altercation

alterconsommation [altɛʀkɔ̃sɔmasjɔ̃] nf alternative consumption

altérer [alteʀe] 1 vt a (= abîmer) to affect b (= modifier) to alter 2 **s'altérer** vpr [visage] to change ; [relations, santé] to deteriorate

altermondialisation [altɛʀmɔ̃djalizasjɔ̃] nf alter-globalisation

altermondialisme [altɛʀmɔ̃djalism] nm alter-globalism

altermondialiste [altɛʀmɔ̃djalist] nmf alter-globalist

alternance [altɛʀnɑ̃s] nf alternation ▪ **l'~ politique** the alternation of two parties in government ▪ **faire qch en ~** to take it in turns to do sth ▪ **les deux pièces sont jouées en ~** the two plays are performed alternately

alternateur [altɛʀnatœʀ] nm alternator

alternatif, -ive [altɛʀnatif, iv] 1 adj a (= périodique, successif) alternating b [médecine] alternative 2 nf alternative

alterner [altɛʀne] vti to alternate

Altesse [altɛs] nf (= titre) ▪ **votre ~** your Highness ▪ **Son ~ Royale** His ou Her Royal Highness

altimètre [altimɛtʀ] nm altimeter

altitude [altityd] nf altitude ; (par rapport au sol) height ▪ **à 2 800 mètres d'~** at an altitude of 2,800 metres ▪ **en ~** at high altitude ▪ **perdre/prendre de l'~** to lose/gain altitude

alu* [aly] nm abrév de **aluminium**

aluminium [alyminjɔm] nm aluminium BR, aluminum US

alvéole [alveɔl] nf ou m [de ruche] cell

Alzheimer [alzajmœʀ] nm ▪ **maladie d'~** Alzheimer's disease

amabilité [amabilite] nf kindness ▪ **auriez-vous l'~ de... ?** would you be so kind as to...?

amadouer [amadwe] vt (= enjôler) to coax ; (= apaiser) to mollify

amaigrir [amegʀiʀ] vt ▪ **je l'ai trouvé très amaigri** I thought he looked much thinner

amaigrissant, e [amegʀisɑ̃, ɑ̃t] adj slimming BR, reducing US

amaigrissement [amegʀismɑ̃] nm a (pathologique) [de corps] loss of weight b (volontaire) slimming ▪ **clinique d'~** slimming clinic, fat farm* ▪ **centre d'~** (pour adolescents) fat camp ; → **cure**[1]

amalgame [amalgam] nm amalgam ▪ **il ne faut pas faire l'~ entre parti de droite et parti fasciste** you shouldn't lump the right-wing and fascist parties together

amalgamer [amalgame] vt (= mélanger) to combine ; (= confondre) to confuse

amande [amɑ̃d] nf (= fruit) almond

amandier [amɑ̃dje] nm almond tree

amant [amɑ̃] nm lover

AMAP [amap] nf (abrév de **Association pour le maintien d'une agriculture paysanne**) *French association promoting community-supported agriculture*

amarre [amaʀ] nf rope *(for mooring)* ▪ **les ~s** the moorings

amarrer [amaʀe] vt [+ navire] to moor

amas [amɑ] nm mass

amasser [amɑse] 1 vt to amass 2 **s'amasser** vpr [foule] to gather

amateur, -trice [amatœʀ, tʀis] nm,f **a** (= non-professionnel) amateur ■ **photographe ~** amateur photographer ■ **travail d'~** amateurish work **b** (= connaisseur) ■ **~ d'art/de musique** art/music lover

Amazone [amazon] nf (= rivière) Amazon

Amazonie [amazɔni] nf ■ **l'~** Amazonia

ambassade [ɑ̃basad] nf embassy ■ **l'~ de France** the French Embassy

ambassadeur, -drice [ɑ̃basadœʀ, dʀis] nm,f (= homme) ambassador (*auprès de* to) ; (= femme) ambassadress (*auprès de* to) ■ **~ de bonne volonté** (Unesco) ambassador of good will

ambiance [ɑ̃bjɑ̃s] nf atmosphere ■ **il y a de l'~ !*** there's a great atmosphere here!* ■ **mettre de l'~** to liven things up*

ambiant, e [ɑ̃bjɑ̃, jɑ̃t] adj [air] surrounding ; [température] ambient

ambigu, -uë [ɑ̃bigy] adj ambiguous

ambiguïté [ɑ̃bigɥite] nf ambiguity

ambitieux, -ieuse [ɑ̃bisjø, jøz] **1** adj ambitious **2** nm,f ambitious person

ambition [ɑ̃bisjɔ̃] nf ambition ■ **il a l'~ ou il a pour ~ de devenir...** it's his ambition to become...

ambivalent, e [ɑ̃bivalɑ̃, ɑ̃t] adj ambivalent

ambre [ɑ̃bʀ] nm amber

ambulance [ɑ̃bylɑ̃s] nf ambulance

ambulancier, -ière [ɑ̃bylɑ̃sje, jɛʀ] nm,f (= conducteur) ambulance driver ; (= infirmier) ambulance man (ou woman)

ambulant, e [ɑ̃bylɑ̃, ɑ̃t] adj [comédien, musicien] itinerant ; [cirque, théâtre] travelling

ambulatoire [ɑ̃bylatwaʀ] adj (Méd) [soins, consultation] outpatient *avant n*, ambulatory (SPÉC) ■ **chirurgie (en) ~** outpatient ou day surgery

âme [ɑm] nf soul ■ **il a trouvé l'~ sœur** he has found a soul mate ■ **ce film n'est pas pour les ~s sensibles** this film is not for the squeamish

amélioration [ameljɔʀasjɔ̃] nf improvement (*de* in) ■ **apporter des ~s à** to carry out improvements to

améliorer [ameljɔʀe] vt, **s'améliorer** vpr to improve

aménagement [amenaʒmɑ̃] nm **a** [de locaux] fitting-out ; [de région] development ■ **l'~ du territoire** national and regional development **b** (= ajustement) adjustment ■ **~ du temps de travail** (= réforme) reform of working hours ; (= gestion) flexible time management

aménager [amenaʒe] vt **a** [+ locaux] to fit out ; [+ parc] to lay out ; [+ territoire] to develop ■ **~ une chambre en bureau** to convert a bedroom into a study **b** (= modifier) to adjust ■ **horaire aménagé** (au travail) flexible working hours ; (à l'école) flexible timetable

amende [amɑ̃d] nf fine ■ **il a eu 500 € d'~** he got a €500 fine

amendement [amɑ̃dmɑ̃] nm [de loi] amendment

amender [amɑ̃de] vt [+ loi] to amend ; [+ conduite] to improve ; [+ terre] to enrich

amener [am(ə)ne] **1** vt **a** to bring **b** (= inciter) to lead ■ **~ qn à faire qch** [circonstances] to lead sb to do sth ; [personne] to get sb to do sth **2** **s'amener** vpr* ■ **amène-toi !** get over here!* ■ **tu t'amènes ?** get a move on!*

amenuiser (s') [amənɥize] vpr [avance, espoir, ressources] to dwindle ; [chances] to grow slimmer ; [risque, différences] to diminish

amer, -ère [amɛʀ] adj bitter

américain, e [ameʀikɛ̃, ɛn] **1** adj American **2** nm (= langue) American English **3** **Américain(e)** nm,f American

américanisation [ameʀikanizasjɔ̃] nf Americanization

américaniser (s') [ameʀikanize] vpr to become Americanized

américanisme [ameʀikanism] nm Americanism

amérindien, -ienne [ameʀɛ̃djɛ̃, jɛn] **1** adj Amerindian **2** **Amérindien(ne)** nm,f Amerindian

Amérique [ameʀik] nf ■ **l'~** America ■ **~ centrale/latine** Central/Latin America ■ **~ du Nord/du Sud** North/South America

amertume [amɛʀtym] nf bitterness

améthyste [ametist] nf amethyst

ameublement [amœbləmɑ̃] nm (= meubles) furniture ; (= action) furnishing

ameuter [amøte] vt [+ curieux, passants] to draw a crowd of ■ **tu n'as pas besoin d'~ tout le quartier !*** you don't have to tell the whole neighbourhood!

ami, e [ami] **1** nm,f **a** friend ■ **~ d'enfance** childhood friend ■ **~ intime** close friend ■ **ajouter qn à sa liste d'~s** (Réseaux sociaux) to friend sb ■ **supprimer qn de sa liste d'~s** (Réseaux sociaux) to defriend sb **b** (= compagnon) boyfriend ; (= compagne) girlfriend **2** adj friendly ■ **être très ~ avec qn** to be great friends with sb

amiable [amjabl] **à l'amiable** loc adj, loc adv [divorce, solution] amicable ■ **accord ou règlement à l'~** out-of-court settlement ■ **régler une affaire à l'~** to settle a difference out of court

amiante [amjɑ̃t] nm asbestos

amical, e (mpl **-aux**) [amikal, o] adj friendly

amicalement [amikalmɑ̃] adv in a friendly way ▪ **(bien) ~, Pierre** kind regards, Pierre

amidon [amidɔ̃] nm starch

amincir [amɛ̃siʀ] vt to make thinner ▪ **cette robe l'amincit** this dress makes her look slimmer

amincissant, e [amɛ̃sisɑ̃, ɑ̃t] adj slimming BR, reducing US

amiral (pl **-aux**) [amiʀal, o] nm admiral

amitié [amitje] nf friendship ▪ **se lier d' ~ avec qn** to make friends with sb ▪ **~s, Marie** kind regards, Marie ▪ **elle vous fait ses ~s** she sends her best wishes

ammoniaque [amɔnjak] nf (liquide) ammonia

amnésie [amnezi] nf amnesia

amnésique [amnezik] adj amnesic

amnistie [amnisti] nf amnesty

amnistier [amnistje] vt [+ personne] to grant an amnesty to

amocher* [amɔʃe] vt [+ objet, personne] to mess up* ; [+ véhicule] to bash up*

amoindrir [amwɛ̃dʀiʀ] vt [+ autorité] to weaken ; [+ personne] (physiquement) to make weaker ; (moralement, mentalement) to diminish

amonceler [amɔ̃s(ə)le] **1** vt [+ choses, document, preuves] to pile up ; [+ richesses] to amass **2** **s'amonceler** vpr to pile up ; [nuages] to bank up

amont [amɔ̃] nm [de cours d'eau] upper reaches ▪ **en ~** (rivière) upstream ▪ **en ~ de** upstream of ; (fig) before

amoral, e (mpl **-aux**) [amɔʀal, o] adj amoral

amorce [amɔʀs] nf **a** [d'hameçon] bait **b** [de cartouche] cap **c** (= début) beginning

amorcer [amɔʀse] vt **a** [+ hameçon, ligne] to bait **b** [+ travaux] to begin ; [+ réformes, évolution] to initiate ; [+ dialogue, négociations] to start ; [+ virage] to go into

amorphe [amɔʀf] adj [personne] passive

amortir [amɔʀtiʀ] vt **a** [+ choc] to absorb ; [+ chute] to cushion ; [+ bruit] to deaden **b** [+ matériel] to write off the cost of

amortissement [amɔʀtismɑ̃] nm (= provision comptable) reserve for depreciation

amortisseur [amɔʀtisœʀ] nm shock absorber

amour [amuʀ] nm **a** (= sentiment) love ▪ **j'ai rencontré le grand ~** I have met the love of my life ▪ **lettre/mariage/roman d' ~** love letter/match/story ▪ **~ fou** wild passion ▪ **faire qch avec ~** to do sth with loving care ▪ **tomber en ~** (Can) to fall in love **b** (= acte) ▪ **faire l' ~** to make love **c** (= personne) love ▪ **à tes ~s !*** (quand on trinque) here's to you! **d** (= terme d'affection) ▪ **mon ~** my love ▪ **cet enfant est un ~** that child's a darling

amouracher (s') [amuʀaʃe] vpr (péj) ▪ **s'amouracher de** to become infatuated with

amoureusement [amuʀøzmɑ̃] adv lovingly

amoureux, -euse [amuʀø, øz] **1** adj **a** [personne] in love (*de* with) ▪ **tomber ~** to fall in love (*de* with) **b** (= d'amour) love ▪ **vie amoureuse** love life **2** nm,f lover ▪ **un ~ de la nature** a nature-lover

amour-propre (pl **amours-propres**) [amuʀpʀɔpʀ] nm self-esteem

amovible [amɔvibl] adj removable

ampère [ɑ̃pɛʀ] nm amp

amphétamine [ɑ̃fetamin] nf amphetamine

amphi* [ɑ̃fi] nm abrév de **amphithéâtre**

amphithéâtre [ɑ̃fiteɑtʀ] nm amphitheatre BR, amphitheater US ; (Univ) lecture hall

amphore [ɑ̃fɔʀ] nf amphora

ample [ɑ̃pl] adj [manteau] loose-fitting ; [jupe] full ▪ **veuillez m'envoyer de plus ~s renseignements sur...** please send me further information about...

amplement [ɑ̃pləmɑ̃] adv [mériter] fully ▪ **ça suffit ~** that's more than enough

ampleur [ɑ̃plœʀ] nf **a** [de crise, problème, dégâts] scale ; [de sujet, projet] scope ▪ **de grande/faible ~** large-/small-scale ▪ **ces manifestations prennent de l' ~** the demonstrations are increasing in scale **b** [de vêtement] fullness

ampli* [ɑ̃pli] nm (abrév de **amplificateur**) amp*

amplificateur [ɑ̃plifikatœʀ] nm amplifier

amplifier [ɑ̃plifje] **1** vt **a** [+ tendance] to accentuate ; [+ mouvement, échanges] to cause to develop **b** [+ son, courant] to amplify **2** **s'amplifier** vpr (= se développer) to develop ; (= s'aggraver) to get worse

amplitude [ɑ̃plityd] nf **a** (Astron, Physique) amplitude **b** [de températures] range

ampoule [ɑ̃pul] nf **a** (électrique) bulb ▪ **~ à vis** screw-fitting bulb ▪ **~ à baïonnette** bayonet bulb **b** [de médicament] phial **c** (à la main, au pied) blister

amputer [ɑ̃pyte] vt [+ membre] to amputate ; (fig) to cut back (*de* by)

amusant, e [amyzɑ̃, ɑ̃t] adj (= distrayant) entertaining ; (= drôle) amusing

amuse-bouche (pl **~s**) [amyzbuʃ] nm appetizer

amuse-gueule (pl **~s**) [amyzgœl] nm appetizer

amusement [amyzmɑ̃] nm **a** (= divertissement) amusement *NonC* **b** (= activité) pastime

amuser [amyze] **1** vt to amuse ▪ **si vous croyez que ces réunions m'amusent !** if you think I enjoy these meetings! **2 s'amuser** vpr **a** (= jouer) to play **b** (= se divertir) to have fun ; (= rire) to have a good laugh ▪ **nous nous sommes bien amusés** we had a great time* ▪ **c'était juste pour s'~** it was just for fun

amygdales [amidal] nfpl tonsils ▪ **se faire opérer des ~** to have one's tonsils out

an [ɑ̃] nm year ▪ **un enfant de six ans** a six-year-old child ▪ **il a 22 ans** he's 22 ▪ **le jour** ou **le premier de l'an** New Year's Day

anabolisant [anabɔlizɑ̃] nm anabolic steroid

anachronique [anakʀɔnik] adj anachronistic

anagramme [anagʀam] nf anagram

analgésique [analʒezik] adj, nm analgesic

analogie [analɔʒi] nf analogy

analogique [analɔʒik] adj analogical

analogue [analɔg] adj analogous (*à* to)

analphabète [analfabɛt] adj, nmf illiterate

analphabétisme [analfabetism] nm illiteracy

analyse [analiz] nf **a** (= examen) analysis ▪ **faire l'~ de** to analyze **b** (médicale) test ▪ **~ de sang/d'urine** blood/urine test **c** (Psych) analysis

analyser [analize] vt to analyze ; [+ sang, urine] to test

analyste [analist] nmf analyst ▪ **~ financier/de marché** financial/market analyst

ananas [anana(s)] nm pineapple

anarchie [anaʀʃi] nf anarchy

anarchique [anaʀʃik] adj anarchic ▪ **de façon** ou **manière ~** anarchically

anarchiste [anaʀʃist] **1** adj anarchistic **2** nmf anarchist

anatomie [anatɔmi] nf anatomy

anatomique [anatɔmik] adj anatomical

ancêtre [ɑ̃sɛtʀ] nmf ancestor

anchoïade [ɑ̃ʃɔjad] nf anchovy paste

anchois [ɑ̃ʃwa] nm anchovy

ancien, -ienne [ɑ̃sjɛ̃, jɛn] **1** adj **a** (= vieux) old ; [objet d'art] antique ▪ **dans l'~ temps** in the olden days **b** (= précédent) former ▪ **son ~ patron** his former boss ▸ **ancien combattant** war veteran **2** nm,f **a** (= personne expérimentée) senior person **b** (= élève) former pupil **c** ▪ **à l'ancienne** made in the traditional way

> ⚠ **ancien** se traduit par le mot anglais ***ancient*** uniquement au sens de « très ancien, antique ».

anciennement [ɑ̃sjɛnmɑ̃] adv (= autrefois) formerly

ancienneté [ɑ̃sjɛnte] nf **a** (= durée de service) length of service ; (= privilèges obtenus) seniority ▪ **à l'~** by seniority **b** [de maison, objet d'art] age

ancre [ɑ̃kʀ] nf anchor ▪ **jeter l'~** to drop anchor

ancrer [ɑ̃kʀe] vt to anchor ▪ **cette croyance est ancrée dans les mentalités** this is a deeply-rooted belief

Andalousie [ɑ̃daluzi] nf Andalusia

Andes [ɑ̃d] nfpl ▪ **les ~** the Andes

Andorre [ɑ̃dɔʀ] nf Andorra

andouille [ɑ̃duj] nf **a** (= saucisse) *sausage made of chitterlings, eaten cold* **b** (* = imbécile) dummy* ▪ **faire l'~** to act the fool

andouillette [ɑ̃dujɛt] nf *sausage made of chitterlings, eaten hot*

androgyne [ɑ̃dʀɔʒin] adj androgynous

androïde [ɑ̃dʀɔid] nmf android

âne [ɑn] nm **a** donkey **b** (* = personne) ass*

anéantir [aneɑ̃tiʀ] vt **a** (= détruire) to destroy **b** [chagrin] to crush ▪ **la nouvelle l'a anéanti** the news completely broke him

anecdote [anɛkdɔt] nf anecdote

anémie [anemi] nf (Méd) anaemia BR, anemia US

anémié, e [anemje] adj (Méd) anaemic BR, anemic US

anémone [anemɔn] nf anemone

ânerie [ɑnʀi] nf (= parole) stupid remark ▪ **arrête de dire des ~s !** stop talking nonsense!

ânesse [ɑnɛs] nf female donkey

anesthésie [anɛstezi] nf (= opération) anaesthetic BR, anesthetic US ▪ **sous ~** under anaesthetic

anesthésier [anɛstezje] vt to anaesthetize BR, to anesthetize US

aneth [anɛt] nm dill

ange [ɑ̃ʒ] nm angel ▪ **oui mon ~** yes, darling ▪ **avoir une patience d'~** to have the patience of a saint ▪ **être aux ~s** to be in seventh heaven ▸ **ange gardien** guardian angel

angine [ɑ̃ʒin] nf (= amygdalite) tonsillitis ; (= pharyngite) pharyngitis ▪ **~ de poitrine** angina

anglais, e [ɑ̃glɛ, ɛz] **1** adj English **2** nm **a** ▪ **Anglais** Englishman ▪ **les Anglais** English people ; (abusivement) (= Britanniques) British people **b** (= langue) English ▪ **parler ~** to speak English **3 Anglaise** nf Englishwoman

angle [ɑ̃gl] nm **a** [de meuble, rue] corner ▪ **à l'~ de ces deux rues** on the corner of these two streets ▪ **le magasin qui fait l'~** the shop on the corner ▸ **angle mort** blind spot **b** (Math) angle **c** (= aspect) angle ■ **voir qch sous un autre ~** to see sth from another angle ■ **changer d'~ d'attaque** to take on a new approach

Angleterre [ɑ̃glətɛʀ] nf England ; (abusivement) (= Grande-Bretagne) Britain

anglican, e [ɑ̃glikɑ̃, an] adj, nm,f Anglican

anglicisme [ɑ̃glisism] nm Anglicism

angliciste [ɑ̃glisist] nmf (= étudiant) student of English *(language and civilization)* ; (= spécialiste) English specialist

anglo-normand, e (mpl **~s**) [ɑ̃glonɔʀmɑ̃, ɑ̃d] adj Anglo-Norman ; voir aussi **île**

anglophone [ɑ̃glɔfɔn] **1** adj [personne] English-speaking ; [littérature] in English **2** nmf English speaker

anglo-saxon, -onne (mpl **~s**) [ɑ̃glosaksɔ̃, ɔn] adj Anglo-Saxon

angoissant, e [ɑ̃gwasɑ̃, ɑ̃t] adj [situation, silence] stressful

angoisse [ɑ̃gwas] nf anguish ■ **crises d'~** anxiety attacks ■ **~ existentielle** angst ■ **c'est l'~*** it's nerve-racking

angoissé, e [ɑ̃gwase] adj [geste, visage, voix] anguished ; [question, silence] agonized ; [personne] distressed

angoisser [ɑ̃gwase] vt (= inquiéter) to distress

angora [ɑ̃gɔʀa] adj, nm angora

anguille [ɑ̃gij] nf eel

anguleux, -euse [ɑ̃gylø, øz] adj [menton, visage] angular

anicroche [anikʀɔʃ] nf hitch ■ **sans ~s** [se passer] without a hitch

animal, e (mpl **-aux**) [animal, o] **1** adj animal **2** nm animal ■ **~ de compagnie** pet

animalerie [animalʀi] nf animal shop BR ou store US

animalier, -ière [animalje, jɛʀ] adj [film, photo] wildlife ■ **parc ~** safari park

animateur, -trice [animatœʀ, tʀis] nm,f [de spectacle, émission de jeux] host ; [d'émission culturelle] presenter ; [de camp de vacances] activity leader ■ **~ (de) radio** radio presenter

animation [animasjɔ̃] nf **a** [de quartier, discussion] liveliness ; [de rue, bureau] hustle and bustle ■ **mettre de l'~** to liven things up **b** (= activités) activities ■ **chargé de l'~ culturelle/sportive** in charge of cultural/sports activities **c** (Ciné) animation

animatronique [animatʀɔnik] nm (Ciné) animatronic character ■ **animation avec ~s** animatronics

animé[1], anime [anime] nm anime

animé[2], e [anime] adj [rue, quartier, discussion] lively ; → **dessin**

animer [anime] **1** vt **a** [+ spectacle, émission de jeux] to host ; [+ émission culturelle] to present ; [+ discussion, réunion] to lead **b** [+ ville, soirée, conversation] to liven up **2** **s'animer** vpr [personne, rue] to come to life ; [conversation] to become animated ; [match] to liven up ; [yeux, traits] to light up

animosité [animozite] nf animosity (*contre* towards, against)

anis [ani(s)] nm (= plante) anise ; (= graines) aniseed

ankyloser (s') [ɑ̃kiloze] vpr to stiffen up

annales [anal] nfpl annals ■ **ça restera dans les ~*** that'll go down in history

anneau (pl **~x**) [ano] nm (= cercle, bague) ring ; (= boucle d'oreille) hoop earring ; [de chaîne] link ■ **exercices aux ~x** (Sport) ring exercises

année [ane] nf year ■ **payé à l'~** paid annually ■ **l'~ universitaire** the academic year ■ **l'~ académique** (Can, Helv) the academic year ■ **de première/deuxième ~** (Scol, Univ) first-/second-year ■ **~ de naissance** year of birth ■ **les ~s 60** the sixties ▸ **année bissextile** leap year ▸ **année civile** calendar year

annexe [anɛks] **1** adj [considérations] secondary ; [budget, revenu] supplementary ■ **frais ~s** incidental expenses **2** nf **a** (= pièces complémentaires) appendix ■ **en ~** in the appendix **b** (= bâtiment) annex

annexer [anɛkse] vt [+ territoire] to annex

annexion [anɛksjɔ̃] nf annexation

annihiler [aniile] vt [+ efforts] to wreck ; [+ espoirs, résistance] to destroy ; [+ personne] to crush

anniversaire [anivɛʀsɛʀ] nm [de naissance] birthday ; [d'événement, mariage, mort] anniversary ■ **bon** ou **joyeux ~ !** happy birthday! ■ **cadeau/carte d'~** birthday present/card

> ⚠ **anniversaire** se traduit par ***anniversary*** uniquement au sens de « commémoration ».

annonce [anɔ̃s] nf **a** (= publicité) advertisement ■ **petites ~s** classified advertisements ■ **passer une ~ (dans un journal)** to put an advertisement in a paper **b** [d'accord, décision, résultat] announcement **c** (Cartes) declaration ; (Bridge) bid

annoncer [anɔ̃se] **1** vt **a** [+ fait, décision, nouvelle] to announce ■ **~ à qn que...** to tell sb that... ■ **je lui ai annoncé la nouvelle** I told her the news **b** [+ pluie, détérioration] to forecast **c** [signe avant-coureur] to herald ; [sonnerie, pas] to announce ■ **les nuages qui annoncent une tempête** clouds that herald a storm ■ **ça n'annonce rien de bon** it bodes ill **d** [+ personne] to announce ■ **qui dois-je ~ ?** what name shall I say? **e** (Cartes) to declare ; (Bridge) to bid **2** **s'annoncer** vpr **a** [situation] ■ **comment est-ce que ça s'annonce ?** how is it looking? ■ **ça s'annonce bien** it looks promising **b** [événement, crise] to approach **c** (= donner son nom) to announce o.s.

annonceur [anɔ̃sœʀ] nm (= publicitaire) advertiser

annotation [anɔtasjɔ̃] nf annotation

annoter [anɔte] vt to annotate

annuaire [anɥɛʀ] nm [d'organisme] yearbook ; [de téléphone] phone book ■ **~ électronique** electronic directory

annuel, -elle [anɥɛl] adj annual

annuellement [anɥɛlmɑ̃] adv annually

annuité [anɥite] nf annual payment

annulaire [anylɛʀ] nm ring finger

annulation [anylasjɔ̃] nf [de contrat] invalidation ; [de jugement, décision] quashing ; [de réservation, commande] cancellation ; [d'élection, acte, examen] nullification ; [de mariage] annulment

annuler [anyle] vt [+ contrat] to invalidate ; [+ jugement, décision] to quash ; [+ élection, examen] to nullify ; [+ mariage] to annul ; [+ réservation, commande] to cancel ■ **annule et remplace** supersedes

anodin, e [anɔdɛ̃, in] adj [détail] trivial ; [propos] innocuous ■ **s'il a dit cela, ce n'est pas ~** if he said that, he meant something by it

anomalie [anɔmali] nf anomaly ; (biologique) abnormality ; (technique) technical fault

anonymat [anɔnima] nm anonymity ■ **garder** ou **conserver l'~** to remain anonymous

anonyme [anɔnim] adj [auteur] anonymous ; (= impersonnel) impersonal ; → **société**

anorak [anɔʀak] nm anorak

anorexie [anɔʀɛksi] nf anorexia

anorexique [anɔʀɛksik] adj, nmf anorexic

anormal, e (mpl **-aux**) [anɔʀmal, o] adj **a** (Sciences, Méd) abnormal ; [situation, comportement] unusual **b** (= injuste) unfair ■ **il est ~ que...** it's not fair that...

anormalement [anɔʀmalmɑ̃] adv [chaud, grand] abnormally

ANPE [aɛnpe] nf (abrév de **Agence nationale pour l'emploi**) (anciennement) ≈ job centre

anse [ɑ̃s] nf [de panier, tasse] handle ; (Géog) cove

antalgique [ɑ̃talʒik] adj, nm analgesic

antarctique [ɑ̃taʀktik] **1** adj [région] Antarctic ■ **l'océan Antarctique** the Antarctic Ocean **2** **l'Antarctique** nm (= océan) the Antarctic ; (= continent) Antarctica

antécédent [ɑ̃tesedɑ̃] **1** nm [de mot] antecedent **2** **antécédents** nmpl past history ; (Méd) medical history

antenne [ɑ̃tɛn] nf **a** [d'insecte] antenna **b** (Radio, TV) aerial ■ **~ parabolique** satellite dish ■ **~ relais** relay antenna ■ **nous devons bientôt rendre l'~** we have to go back to the studio soon ■ **hors ~** off the air ■ **être/passer à l'~** to be/go on the air **c** (= succursale) branch

antépisode [ɑ̃tepizɔd] nm (Can) prequel

antérieur, e [ɑ̃teʀjœʀ] adj **a** [époque, situation] previous ■ **cette décision était ~e à son départ** that decision was taken prior to his departure **b** [partie] front ■ **membre ~** forelimb

antérieurement [ɑ̃teʀjœʀmɑ̃] adv earlier ■ **~ à** prior to

anthologie [ɑ̃tɔlɔʒi] nf anthology

anthropologie [ɑ̃tʀɔpɔlɔʒi] nf anthropology

anthropologue [ɑ̃tʀɔpɔlɔg] nmf anthropologist

anthropophage [ɑ̃tʀɔpɔfaʒ] **1** adj cannibalistic **2** nmf cannibal

anti(-) [ɑ̃ti] préf anti- ■ **loi anticasseurs** *law against looting* ■ **flash anti-yeux rouges** flash with red-eye reduction feature

antiadhésif, -ive [ɑ̃tiadezif, iv] adj [poêle, revêtement] non-stick

antiaérien, -ienne [ɑ̃tiaeʀjɛ̃, jɛn] adj [batterie, missile] anti-aircraft ; [abri] air-raid

antiallergène [ɑ̃tialɛʀʒɛn] adj antiallergenic

antiatomique [ɑ̃tiatɔmik] adj ■ **abri ~** fallout shelter

antibactérien, -ienne [ɑ̃tibakteʀjɛ̃, ɛn] adj antibacterial

antibiotique [ɑ̃tibjɔtik] adj, nm antibiotic ■ **être/mettre sous ~s** to be/put on antibiotics

antibrouillard [ɑ̃tibʀujaʀ] adj, nm ■ **(phare) ~** fog lamp BR, fog light US

anticalcaire [ɑ̃tikalkɛʀ] adj anti-scale

anticapitaliste [ɑ̃tikapitalist] adj, nmf anticapitalist

antichambre [ɑ̃tiʃɑ̃bʀ] nf antechamber

anticipation [ɑ̃tisipasjɔ̃] nf ■ **roman/film d'~** science-fiction novel/film

anticipé, e [ɑ̃tisipe] adj [élections, retraite] early ■ **remboursement ~** repayment before due date ■ **avec mes remerciements ~s** thanking you in advance

anticiper [ɑ̃tisipe] **1** vi (= prévoir) to anticipate ; (en racontant) to jump ahead ■ **il anticipe bien** (sur les balles) he's got good anticipation ■ **~ sur** [+ récit, rapport] to anticipate

■ **sans vouloir ~ sur ce que je dirai tout à l'heure** without wishing to go into what I'll be saying later **2** vt to anticipate

anticoagulant, e [ɑ̃tikɔagylɑ̃, ɑ̃t] adj, nm anticoagulant

anticonformiste [ɑ̃tikɔ̃fɔʀmist] adj, nmf nonconformist

anticonstitutionnel, -elle [ɑ̃tikɔ̃stitysjɔnɛl] adj unconstitutional

anticorps [ɑ̃tikɔʀ] nm antibody

anticyclone [ɑ̃tisiklon] nm anticyclone

antidater [ɑ̃tidate] vt to backdate

antidépresseur [ɑ̃tidepʀesœʀ] adj m, nm antidepressant

antidopage [ɑ̃tidɔpaʒ] adj [loi, contrôle] antidoping

antidote [ɑ̃tidɔt] nm antidote (*contre, de* for, against)

antidouleur [ɑ̃tidulœʀ] adj inv [médicament, traitement] painkilling

antiémeute(s) [ɑ̃tiemøt] adj [police, brigade, unité] riot

antieuropéen, -enne [ɑ̃tiøʀɔpeɛ̃, ɛn] adj anti-European

antigel [ɑ̃tiʒɛl] adj inv, nm antifreeze

anti-inflammatoire [ɑ̃tiɛ̃flamatwaʀ] adj, nm anti-inflammatory

antijeu [ɑ̃tiʒø] nm foul play

antillais, e [ɑ̃tijɛ, ɛz] **1** adj West Indian **2** **Antillais(e)** nm,f West Indian

Antilles [ɑ̃tij] nfpl ■ **les ~** the West Indies ■ **la mer des ~** the Caribbean Sea

antilope [ɑ̃tilɔp] nf antelope

antimilitariste [ɑ̃timilitaʀist] adj, nmf antimilitarist

antimite [ɑ̃timit] **1** adj moth **2** nm moth repellent

antimoustique [ɑ̃timustik] adj, nm ■ **(produit) ~** mosquito repellent

antinucléaire [ɑ̃tinykleɛʀ] adj antinuclear

antiparasite [ɑ̃tipaʀazit] adj anti-interference ■ **dispositif ~** suppressor

antipathie [ɑ̃tipati] nf antipathy ■ **avoir de l'~ pour qn** to dislike sb

antipathique [ɑ̃tipatik] adj [personne] unpleasant ■ **il m'est ~** I don't like him

antipelliculaire [ɑ̃tipelikylɛʀ] adj antidandruff

antipode [ɑ̃tipɔd] nm ■ **les ~s** the antipodes ■ **votre théorie est aux ~s de la mienne** our theories are poles apart

antipoison [ɑ̃tipwazɔ̃] adj inv ■ **centre ~** treatment centre for poisoning cases

antipollution [ɑ̃tipɔlysjɔ̃] adj inv antipollution

antiquaire [ɑ̃tikɛʀ] nmf antique dealer

antique [ɑ̃tik] adj ancient

antiquité [ɑ̃tikite] nf **a** (= période) ■ **l'Antiquité** antiquity **b** (= objet ancien) antique ■ **~s** (= œuvres de l'Antiquité) antiquities ■ **magasin d'~s** antique shop

antirides [ɑ̃tiʀid] adj antiwrinkle

antirouille [ɑ̃tiʀuj] adj inv antirust

antisèche* [ɑ̃tisɛʃ] nf cheat sheet, crib sheet*

antisémite [ɑ̃tisemit] **1** adj anti-Semitic **2** nmf anti-Semite

antisémitisme [ɑ̃tisemitism] nm anti-Semitism

antiseptique [ɑ̃tisɛptik] adj, nm antiseptic

antisismique [ɑ̃tisismik] adj quakeproof

antispam [ɑ̃tispam] adj, nm ■ **(logiciel) ~** spam filter

antisystème [ɑ̃tisistɛm] adj inv anti-establishment

antitabac [ɑ̃titaba] adj inv ■ **campagne ~** antismoking campaign

antithèse [ɑ̃titɛz] nf antithesis

antivirus [ɑ̃tiviʀys] nm (Méd) antiviral drug ; (Informatique) antivirus

antivol [ɑ̃tivɔl] nm, adj inv ■ **(dispositif) ~** [de cycle] lock ; (sur volant de voiture) steering lock

antonyme [ɑ̃tɔnim] nm antonym

antre [ɑ̃tʀ] nm den

anus [anys] nm anus

Anvers [ɑ̃vɛʀ] n Antwerp

anxiété [ɑ̃ksjete] nf anxiety ■ **avec ~** anxiously

anxieusement [ɑ̃ksjøzmɑ̃] adv anxiously

anxieux, -ieuse [ɑ̃ksjø, jøz] **1** adj [personne, regard] anxious **2** nm,f worrier

anxiogène [ɑ̃ksjɔʒɛn] adj [situation, effet] stressful

anxiolytique [ɑ̃ksjɔlitik] **1** adj tranquillizing **2** nm tranquillizer

AOC [aose] nf (abrév de **appellation d'origine contrôlée**) ■ **fromage/vin ~** AOC cheese/wine *(with a guarantee of origin)*

août [u(t)] nm August ; pour loc voir **septembre**

aoûtien, -ienne [ausjɛ̃, jɛn] nm,f August holiday-maker BR ou vacationer US

apache [apaʃ] **1** adj (= indien) Apache **2** **Apache** nmf Apache

apaisant, e [apɛzɑ̃, ɑ̃t] adj [musique, silence, crème] soothing ; [discours] conciliatory

apaiser [apeze] **1** vt **a** [+ personne, foule, animal] to calm down **b** [+ faim] to appease ; [+ soif] to slake ; [+ conscience] to salve ;

[+ scrupules] to allay ; [+ douleur] to soothe ▪ **pour ~ les esprits** to calm people down **2** **s'apaiser** vpr **a** [personne, animal] to calm down **b** [tempête, douleur] to die down

apanage [apanaʒ] nm (= privilège) privilege ▪ **avoir l'~ de qch** to have the exclusive right to sth

apartheid [apaʀtɛd] nm apartheid

apathie [apati] nf apathy

apathique [apatik] adj apathetic

apatride [apatʀid] **1** adj stateless **2** nmf stateless person

apercevoir [apɛʀsəvwaʀ] **1** vt to see ; (brièvement) to catch sight of **2** **s'apercevoir** vpr [personnes] to see each other ▪ **s'~ de qch** (= voir) to notice sth ; (= se rendre compte de) to realise sth ▪ **s'~ que** (= voir) to notice that ; (= se rendre compte que) to realise that

aperçu [apɛʀsy] nm **a** (= idée générale) general survey ▪ **cela vous donnera un bon ~ de ce que vous allez visiter** that will give you a good idea of what you are about to visit **b** (Informatique) ▪ **~ avant impression** print preview

apéritif [apeʀitif] nm aperitif ▪ **prendre l'~** to have an aperitif ▪ **venez prendre l'~** come for drinks

apéro* [apeʀo] nm (abrév de **apéritif**) aperitif

apesanteur [apəzɑ̃tœʀ] nf weightlessness ▪ **être en (état d')~** to be weightless

aphone [afɔn] adj ▪ **je suis presque ~ d'avoir tant crié** I've nearly lost my voice from shouting so much

aphrodisiaque [afʀɔdizjak] adj, nm aphrodisiac

aphte [aft] nm ulcer

à-pic [apik] nm cliff

apiculture [apikyltyʀ] nf beekeeping

apitoyer [apitwaje] **1** vt to move to pity ▪ **regard/sourire apitoyé** pitying look/smile **2** **s'apitoyer** vpr ▪ **s'~ sur qn** ou **le sort de qn** to feel sorry for sb ▪ **s'~ sur son propre sort** to feel sorry for o.s.

ap. J.-C. (abrév de **après Jésus-Christ**) AD

aplanir [aplaniʀ] vt [+ terrain, surface] to level ; [+ difficultés] to iron out

aplati, e [aplati] adj [forme, objet, nez] flat

aplatir [aplatiʀ] vt [+ objet] to flatten ; [+ cheveux] to smooth down ; [+ surface] to flatten out

aplomb [aplɔ̃] nm **a** (= assurance) composure ; (= insolence) nerve* ▪ **tu ne manques pas d'~ !** you've got a nerve*! **b** ▪ **être d'~** [objet] to be balanced ; [mur] to be plumb ▪ **ne pas être d'~** [mur] to be out of plumb ▪ **ça va te remettre d'~*** that'll put you back on your feet again

apnée [apne] nf ▪ **être en ~** to be holding one's breath ▪ **plonger en ~** to free dive

apocalypse [apɔkalips] nf apocalypse ▪ **paysage/vision d'~** apocalyptic landscape/vision

apogée [apɔʒe] nm [de carrière, art, mouvement] peak ▪ **être à son ~** to reach its peak ▪ **à l'~ de sa gloire/carrière** at the height of his (ou her) fame/career

apoplexie [apɔplɛksi] nf apoplexy ▪ **attaque d'~** stroke

a posteriori [apɔsteʀjɔʀi] loc adv, loc adj after the event

apostrophe [apɔstʀɔf] nf **a** (= interpellation) rude remark *(shouted at sb)* **b** (derrière une lettre) apostrophe

apostropher [apɔstʀɔfe] **1** vt (= interpeller) to shout at **2** **s'apostropher** vpr to shout at each other

apothéose [apɔteoz] nf **a** (= consécration) apotheosis **b** [de spectacle] grand finale

apôtre [apotʀ] nm apostle

app* [ap] nf (abrév de **application**) (Informatique) app

Appalaches [apalaʃ] nmpl ▪ **les (monts) ~** the Appalachian Mountains

apparaître [apaʀɛtʀ] vi (= se montrer) to appear (à to) ; [fièvre, boutons] to break out

apparat [apaʀa] nm ▪ **d'~** [dîner, habit, discours] ceremonial

appareil [apaʀɛj] nm **a** (= machine, instrument) piece of apparatus ; (électrique, ménager) appliance ; (= poste de radio, de télévision) set ; (Photo) camera ▸ **appareil électroménager** household appliance ▸ **appareil photo** camera **b** (= téléphone) phone ▪ **qui est à l'~ ?** who's speaking? ▪ **Patrick à l'~** Patrick speaking **c** (= avion) aircraft *inv* **d** (auditif) hearing aid ; (de contention dentaire) brace ; (* = dentier) dentures **e** (Anat) ▪ **~ digestif/respiratoire** digestive/respiratory system **f** (Gym) ▪ **~s** apparatus *sg* ▪ **exercices aux ~s** exercises on the apparatus

appareiller [apaʀeje] vi [navire] to cast off

apparemment [apaʀamɑ̃] adv apparently

apparence [apaʀɑ̃s] nf appearance ▪ **homme d'~** ou **à l'~ sévère** stern-looking man ▪ **sauver les ~s** to keep up appearances

apparent, e [apaʀɑ̃, ɑ̃t] adj **a** (= visible) obvious ▪ **sans raison ~e** for no obvious reason ▪ **plafond avec poutres ~es** ceiling with exposed beams **b** (= superficiel) ▪ **sous son ~e gentillesse** beneath his kind-hearted façade

apparenté, e [apaʀɑ̃te] adj (= de la même famille) related ; (= semblable) similar (à to)

apparenter (s') [apaʀɑ̃te] vpr ▪ **s'apparenter à** (= ressembler à) to be similar to

apparition [apaʀisjɔ̃] nf a (= manifestation) appearance ; [de boutons, fièvre] outbreak ▪ **faire son ~** to appear ▪ **il n'a fait qu'une courte ~** he only made a brief appearance b (= vision) apparition

appartement [apaʀtəmɑ̃] nm a [de maison, immeuble] flat BR, apartment US ; → **plante** b ▪ **~s** [de château] apartments

appartenance [apaʀtənɑ̃s] nf (à une famille, un ensemble, un parti) membership (à of) ▪ **leur sentiment d'~ à cette nation** their sense of belonging to the nation

appartenir [apaʀtəniʀ] **appartenir à** vt indir to belong to

appât [apɑ] nm (Pêche) bait ▪ **l'~ du gain** the lure of gain

appâter [apɑte] vt [+ poissons, gibier, personne] to lure ; [+ piège, hameçon] to bait

appauvrir (s') [apovʀiʀ] vpr [personne, sol, pays] to grow poorer ; [langue] to become impoverished

appel [apɛl] nm a (= cri) call ▪ **~ à l'aide** ou **au secours** call for help b (= sollicitation) call ▪ **~ aux armes** call to arms ▪ **lancer un ~ au calme** to appeal for calm ▪ **manifestation à l'~ d'une organisation** demonstration called by an organization ▪ **faire un ~ de phares** to flash one's headlights ▪ **faire ~ à** (= invoquer) to appeal to ; (= avoir recours à) to call on ▪ **faire ~ au bon sens/à la générosité de qn** to appeal to sb's common sense/ generosity ▪ **faire ~ à ses souvenirs** to call up one's memories ▪ **faire ~ à l'armée** to call out the army ▪ **on a dû faire ~ aux pompiers** they had to call the fire brigade ▪ **ça fait ~ d'air** there's a draught BR ou draft US ▪ **cela crée un ~ d'air pour les migrants/les entreprises** it's a pull factor for migrants/ companies ▸ **appel d'offres** invitation to tender ▪ **lancer un ~ d'offres pour qch** to invite tenders for sth, to put sth out to tender c ▪ **faire l'~** (Scol) to call the register BR, to take attendance US ; (Mil) to call the roll d (= recours en justice) appeal ▪ **faire ~** to lodge an appeal ▪ **sans ~** [décision] final e ▪ **~ (téléphonique)** call ▪ **~ indésirable** nuisance call ▪ **~ vidéo** video call

appelé [ap(ə)le] nm (Mil) conscript

appeler [ap(ə)le] 1 vt a (= interpeller, faire venir, au téléphone) to call ▪ **~ le nom de qn** to call out sb's name ▪ **~ qn à l'aide** ou **au secours** to call to sb for help ▪ **le patron l'a fait ~** the boss sent for him ▪ **j'appelle votre attention sur ce problème** I call your attention to this problem ▪ **~ un chat un chat** to call a spade a spade b (= désigner) ▪ **~ qn à** [+ poste] to appoint sb to ▪ **la méthode est appelée à se généraliser** the method looks set to become widely used c (Informatique) [+ fichier] to call 2 vi (= crier) to call out ▪ **~ à l'aide** ou **au secours** to call for help 3 **s'appeler** vpr a (= être nommé) to be called ▪ **il s'appelle Paul** his name is Paul ▪ **comment ça s'appelle en français ?** what's that called in French? b [personnes] ▪ **on s'appelle ce soir (au téléphone)** you ring me or I'll ring you this evening

appellation [apelasjɔ̃] nf appellation ▪ **~ d'origine** label of origin ▪ **~ (d'origine) contrôlée** *label guaranteeing the origin of wine and cheese*

appendice [apɛ̃dis] nm appendix

appendicite [apɛ̃disit] nf appendicitis ▪ **se faire opérer de l'~** to have one's appendix out

appentis [apɑ̃ti] nm (= bâtiment) lean-to

appesantir (s') [apəzɑ̃tiʀ] vpr ▪ **s'appesantir sur un sujet** to dwell at length on a subject

appétissant, e [apetisɑ̃, ɑ̃t] adj [nourriture] appetizing ▪ **peu ~** unappetizing

appétit [apeti] nm appetite ▪ **avoir de l'~** ou **bon ~** to have a hearty appetite ▪ **bon ~ !** (hôte) bon appétit! ; (serveur) enjoy your meal!

applaudir [aplodiʀ] 1 vt to applaud ▪ **applaudissons notre sympathique gagnant** let's give the winner a big hand 2 vi to clap

applaudissements [aplodismɑ̃] nmpl applause *NonC*, clapping *NonC*

appli [apli] nf (Informatique) app ▪ **~ Web** webapp

applicable [aplikabl] adj applicable ▪ **être ~ à** to apply to

applicateur [aplikatœʀ] nm applicator

application [aplikasjɔ̃] nf a [de peinture, pommade] application ▪ **renouveler l'~ tous les jours** apply every day b [de peine, loi] enforcement ; [de règlement, décision] implementation ▪ **mettre en ~** [+ décision] to implement ; [+ loi] to enforce c (= attention) application ▪ **travailler avec ~** to work diligently d (Informatique) application

applique [aplik] nf (= lampe) wall light

appliqué, e [aplike] adj a [personne] hardworking ; [écriture] careful b [linguistique, mathématiques] applied

appliquer [aplike] 1 vt a [+ peinture, pommade] to apply (*sur* to) b [+ règlement, décision] to implement ; [+ peine, loi] to enforce ; [+ méthode] to use 2 **s'appliquer** vpr a (= concerner) ▪ **s'~ à** to apply to b (= s'acharner) ▪ **s'~ à faire qch** to make every effort to do sth ▪ **applique-toi !** make an effort!

appliquette [aplikɛt] nf (Internet) applet

appoint [apwɛ̃] nm **a** (= monnaie) ▪ **l'~** the right money ▪ **« prière de faire l'~ »** "exact change only please" **b** ▪ **radiateur d'~** extra heater

apport [apɔʀ] nm (= contribution) contribution

apporter [apɔʀte] vt to bring ; [+ preuve, solution] to provide ▪ **apporte-le-moi** bring it to me ▪ **apporte-le-lui** take it to him ▪ **leur enseignement m'a beaucoup apporté** I got a lot out of their teaching ▪ **c'est le genre de commentaire qui n'apporte rien** it's the sort of comment that doesn't help

apposer [apoze] vt (frm) [+ sceau, plaque] to affix ; [+ signature] to append (frm)

apposition [apozisjɔ̃] nf [de mots] apposition

appréciable [apʀesjabl] adj **a** (= assez important) appreciable ▪ **un nombre ~ de gens** a good many people **b** [qualité, situation] pleasant ▪ **c'est ~ de pouvoir se lever tard** it's nice to be able to get up late

appréciation [apʀesjasjɔ̃] nf **a** [de distance, importance] estimation **b** (= jugement) ▪ **je laisse cela à votre ~** I leave you to judge for yourself ▪ **les ~s du professeur sur un élève** the teacher's assessment of a pupil **c** [de monnaie] appreciation

apprécier [apʀesje] **1** vt **a** [+ distance, importance] to estimate **b** (= aimer) [+ qualité, repas] to appreciate ▪ **~ qn** to like sb ▪ **je n'apprécie guère votre attitude** I don't like your attitude ▪ **il n'a pas apprécié !** he didn't like that one bit! **2** **s'apprécier** vpr **a** (= s'estimer) to like each other **b** [monnaie] to appreciate

appréhender [apʀeɑ̃de] vt **a** (= arrêter) to apprehend **b** (= redouter) to dread ▪ **~ (de faire) qch** to dread (doing) sth

appréhension [apʀeɑ̃sjɔ̃] nf (= crainte) apprehension ▪ **envisager qch avec ~** to be apprehensive about sth

apprendre [apʀɑ̃dʀ] vt **a** [+ leçon, métier] to learn ▪ **~ à lire/à nager** to learn to read/to swim ▪ **~ à connaître qn** to get to know sb ▪ **il apprend vite** he's a quick learner **b** [+ nouvelle] to hear ; [+ événement, fait] to hear of ▪ **j'ai appris hier que...** I heard yesterday that... **c** (= annoncer) ▪ **~ qch à qn** to tell sb sth ▪ **vous ne m'apprenez rien !** you haven't told me anything I didn't know already! **d** (= enseigner) ▪ **~ qch à qn** to teach sb sth, to teach sth to sb ▪ **~ à qn à faire qch** to teach sb to do sth ▪ **ça lui apprendra !** that'll teach him a lesson!

apprenti, e [apʀɑ̃ti] nm,f [de métier] apprentice ; (= débutant) beginner

apprentissage [apʀɑ̃tisaʒ] nm (= formation) apprenticeship ▪ **l'~ de l'anglais/de la lecture** learning English/to read ▪ **être en ~** to be an apprentice (*chez* to) ▪ **centre d'~** training school ▪ **~ mobile** m-learning

apprêter [apʀete] **1** vt [+ nourriture] to prepare **2** **s'apprêter** vpr **a** ▪ **s'~ à faire qch** (= se préparer) to get ready to do sth **b** (= faire sa toilette) to get ready

appris, e [apʀi, apʀiz] ptp de **apprendre**

apprivoisé, e [apʀivwaze] adj tame

apprivoiser [apʀivwaze] vt [+ animal, personne difficile] to tame ; [+ personne timide] to bring out of his (ou her) shell

approbateur, -trice [apʀɔbatœʀ, tʀis] adj approving

approbation [apʀɔbasjɔ̃] nf approval

approche [apʀɔʃ] nf **a** (= arrivée) ▪ **à l'~ de l'hiver** as winter approached ▪ **à l'~ de la cinquantaine, il...** as he approached fifty, he... **b** (= façon d'envisager) approach (*de* to)

approcher [apʀɔʃe] **1** vt **a** [+ objet] to bring nearer ▪ **~ une table d'une fenêtre** to move a table near to a window **b** [+ personne] to approach ▪ **~ de** [+ lieu] to approach ▪ **nous approchons du but** we're getting there ▪ **il approche de la cinquantaine** he's getting on for BR ou going on US fifty **2** vi to approach ▪ **le jour approche où...** the day is near when... ▪ **approchez !** come closer! **3** **s'approcher** vpr to approach ▪ **il s'est approché pour me parler** he came up to speak to me ▪ **ne t'approche pas de moi** don't come near me ▪ **approche-toi !** come here!

approfondi, e [apʀɔfɔ̃di] adj [connaissances, étude] thorough

approfondir [apʀɔfɔ̃diʀ] vt [+ question] to go into ; [+ connaissances] to improve

approprié, e [apʀɔpʀije] adj appropriate

approprier (s') [apʀɔpʀije] vpr [+ bien, droit] to appropriate

approuver [apʀuve] vt **a** (= être d'accord avec) to approve of ▪ **il a démissionné et je l'approuve** he resigned, and I think he was right to **b** [+ comptes, médicament, procès-verbal, nomination] to approve

approvisionnement [apʀɔvizjɔnmɑ̃] nm (= action) supplying (*en* of)

approvisionner [apʀɔvizjɔne] **1** vt [+ magasin, commerçant] to supply (*en* with) ; [+ compte bancaire] to pay money into **2** **s'approvisionner** vpr to stock up (*en* with) ▪ **je m'approvisionne au supermarché** I shop at the supermarket

approximatif, -ive [apʀɔksimatif, iv] adj [calcul, traduction] rough ; [nombre, prix] approximate ▪ **parler un français ~** to speak broken French

approximativement [apʀɔksimativmɑ̃] adv [calculer, évaluer] roughly ; [compter] approximately

appui [apɥi] nm support ▪ **prendre ~ sur** [personne] to lean on ; [objet] to rest on ▪ **avec preuves à l'~** with evidence to back this up

appuie-tête (pl **~s**) [apɥitɛt] nm [de voiture] headrest

appuyer [apɥije] **1** vt **a** [+ objet, coudes] to lean **b** (= presser) to press **c** [+ personne, candidature] to back **2** vi (= presser) to press ▪ **~ sur** [+ bouton] to press ; [+ gâchette] to pull ▪ **~ sur le champignon*** to step on the gas* **3** **s'appuyer** vpr **a** (= s'accoter) ▪ **s'~ sur/contre** to lean on/against **b** (= compter) ▪ **s'~ sur** [+ personne, autorité] to lean on ▪ **s'~ sur des découvertes récentes pour démontrer...** to use recent discoveries to demonstrate...

âpre [ɑpʀ] adj [goût] acrid ; [son, voix] harsh ; [discussion] difficult ; [concurrence] fierce

après [apʀɛ]

1 prép **a** after ▪ **venez ~ 8 heures** come after 8 ▪ **il est entré ~ elle** he came in after her ▪ **jour ~ jour** day after day ▪ **sa famille passe ~ ses malades** his family comes second to his patients ▪ **~ vous, je vous en prie** after you ▪ **le chien court ~ sa balle** the dog's running after his ball ▪ **~ avoir lu ta lettre, j'ai téléphoné à maman** when I'd read your letter, I phoned mother ▪ **~ manger** after eating ▪ **~ que je l'ai quittée, elle a ouvert une bouteille de champagne** after I left her she opened a bottle of champagne ▪ **~ coup** later ▪ **et ~ ?** (pour savoir la suite) and then what? ; (pour marquer l'indifférence) so what?* ▪ **~ tout** after all

b (* = contre, à la poursuite de) at ▪ **il est furieux ~ eux** he's mad at them* ▪ **il est toujours ~ elle** (harcèlement) he's always on at her*

c ▪ **scénario d'~ un roman de Balzac** screenplay adapted from a novel by Balzac ▪ **d'~ lui** according to him ▪ **d'~ moi** in my opinion ▪ **d'~ ce qu'il a dit** from what he said

2 adv **a** (temps) (= ensuite) afterwards ; (= ensuite dans une série) next ; (= plus tard) later ▪ **longtemps ~** a long time afterwards ▪ **le film ne dure qu'une heure, qu'allons-nous faire ~ ?** the film only lasts an hour, what are we going to do afterwards? ▪ **~, je veux faire un tour de manège** next I want to go on the merry-go-round ▪ **la semaine d'~** the following week ▪ **deux jours ~** two days later

b (lieu) ▪ **tu vois la poste ? sa maison est juste ~** do you see the post office? his house is a bit further on ▪ **c'est la rue d'~** it's the next street along

c (ordre) ▪ **qu'est-ce qui vient ~ ?** what next?

après-demain [apʀɛd(ə)mɛ̃] adv the day after tomorrow

après-guerre (pl **~s**) [apʀɛgɛʀ] nm ▪ **l'~** the post-war years ▪ **d'~** post-war

après-midi [apʀɛmidi] nm ou f afternoon ▪ **dans l'~** in the afternoon

après-rasage (pl **~s**) [apʀɛʀɑzaʒ] adj inv aftershave

après-shampo(o)ing (pl **~s**) [apʀɛʃɑ̃pwɛ̃] nm (hair) conditioner

après-ski (pl **~(s)**) [apʀɛski] nm (= chaussure) snow boot

après-soleil [apʀɛsɔlɛj] adj inv after-sun

après-vente [apʀɛvɑ̃t] adj inv ▪ **service ~** after-sales service

a priori [apʀijɔʀi] **1** adv at first sight ▪ **tu es libre samedi ? – ~ oui** are you free on Saturday? – I should be **2** nm inv prejudice ▪ **avoir des ~** to be prejudiced ▪ **sans ~** with an open mind

à-propos [apʀɔpo] nm (= présence d'esprit) presence of mind

apte [apt] adj ▪ **~ à (faire) qch** capable of (doing) sth ▪ **~ (au service)** (Mil) fit for service

aptitude [aptityd] nf (= faculté) ability ; (= don) gift ▪ **test d'~** aptitude test ▪ **avoir de grandes ~s** to be very gifted

aquarelle [akwaʀɛl] nf (= technique) watercolours BR, watercolors US ; (= tableau) watercolour BR, watercolor US

aquarium [akwaʀjɔm] nm aquarium

aquatique [akwatik] adj [plante, oiseau] aquatic ▪ **parc ~** water park

aqueduc [ak(ə)dyk] nm (pour eau) aqueduct

arabe [aʀab] **1** adj [nation, peuple] Arab ; [art, langue, littérature] Arabic **2** nm (= langue) Arabic **3** **Arabe** nm Arab **4** **Arabe** nf Arab woman (ou girl)

Arabie [aʀabi] nf Arabia ▪ **~ Saoudite** Saudi Arabia

arachide [aʀaʃid] nf peanut

araignée [aʀeɲe] nf spider ▪ **~ de mer** spider crab

arbitrage [aʀbitʀaʒ] nm **a** (dans différend) arbitration **b** (Boxe, Football, Rugby) refereeing ; (Hockey, Tennis) umpiring

arbitraire [aʀbitʀɛʀ] adj arbitrary

arbitre [aʀbitʀ] nm **a** (Boxe, Football, Rugby) referee ; (Hockey, Tennis) umpire ▪ **faire l'~** to referee ou umpire **b** (= conciliateur) arbiter

arbitrer [aʀbitʀe] vt **a** [+ conflit] to arbitrate **b** (Boxe, Football, Rugby) to referee ; (Hockey, Tennis) to umpire

arboré, e [aʀbɔʀe] adj [région] wooded ; [jardin] planted with trees

arborer [aʀbɔʀe] vt [+ sourire] to wear ; [+ air] to display ; [+ décoration] to sport

arborescence [aʀbɔʀesɑ̃s] nf (Ling, Math) tree (diagram) ; (Informatique) tree (structure)

arboriculteur, -trice [aʀbɔʀikyltœʀ, tʀis] nm,f tree grower

arbre [aʀbʀ] nm tree ■ **~ fruitier/d'ornement** fruit/ornamental tree ▸ **arbre à cames** camshaft ▸ **arbre généalogique** family tree ▸ **arbre de Noël** Christmas tree

arbuste [aʀbyst] nm shrub

arc [aʀk] nm (= arme) bow ; (Archit) arch ▸ **arc de cercle** arc of a circle ▸ **arc de triomphe** triumphal arch

arcade [aʀkad] nf arch ■ **il a une entaille à l'~ sourcilière** he's got a cut over his eye

arc-boutant (pl **arcs-boutants**) [aʀkbutɑ̃] nm flying buttress

arc-bouter (s') [aʀkbute] vpr to lean (*à, contre* against, *sur* on)

arc-en-ciel (pl **arcs-en-ciel**) [aʀkɑ̃sjɛl] nm rainbow

archaïque [aʀkaik] adj archaic

arche [aʀʃ] nf (= voûte) arch ■ **l'~ de Noé** Noah's Ark

archéologie [aʀkeɔlɔʒi] nf archaeology BR, archeology US

archéologique [aʀkeɔlɔʒik] adj archaeological BR, archeological US

archéologue [aʀkeɔlɔg] nmf archaeologist BR, archeologist US

archet [aʀʃɛ] nm bow

archevêque [aʀʃəvɛk] nm archbishop

archi* [aʀʃi] préf (= extrêmement) incredibly ■ **archibondé, archicomble, archiplein** chock-a-block* ■ **archiconnu** incredibly well-known

archipel [aʀʃipɛl] nm archipelago

architecte [aʀʃitɛkt] nmf architect

architectural, e (mpl **-aux**) [aʀʃitɛktyʀal, o] adj architectural

architecture [aʀʃitɛktyʀ] nf architecture ; (fig) structure

archiver [aʀʃive] vt to archive

archives [aʀʃiv] nfpl archives ■ **je vais chercher dans mes ~** I'll look through my files

arctique [aʀktik] **1** adj [région] Arctic ▸ **l'océan (glacial) Arctique** the Arctic ocean **2** **l'Arctique** nm the Arctic

ardent, e [aʀdɑ̃, ɑ̃t] adj [partisan] ardent

ardeur [aʀdœʀ] nf ardour BR, ardor US ; [de partisan] zeal ■ **son ~ au travail** his enthusiasm for work

ardoise [aʀdwaz] nf (= matière) slate ; (* = dette) unpaid bill

ardu, e [aʀdy] adj [travail] arduous ; [problème] difficult

are [aʀ] nm 100m²

ARE nf (abrév de **allocation de retour à l'emploi**) → **allocation**

arène [aʀɛn] nf **a** (= piste) arena **b** ■ **~s** (Archit) amphitheatre BR, amphitheater US

arête [aʀɛt] nf **a** [de poisson] bone **b** [de cube, pierre] edge ; [de toit] ridge

argent [aʀʒɑ̃] nm **a** money *NonC* ■ **il l'a fait pour l'~** he did it for money ■ **jeter l'~ par les fenêtres** to throw money down the drain ■ **l'~ ne fait pas le bonheur** (Prov) money can't buy happiness ▸ **argent comptant** cash ■ **prendre qch pour ~ comptant** to take sth at face value ▸ **argent de poche** pocket money ▸ **argent liquide** cash **b** (= métal, couleur) silver ■ **en ~, d'~** silver

argenté, e [aʀʒɑ̃te] adj [couleur, cheveux] silvery ■ **en métal ~** [couverts] silver-plated

argenterie [aʀʒɑ̃tʀi] nf silverware

argentin, e [aʀʒɑ̃tɛ̃, in] **1** adj (= d'Argentine) Argentinian BR, Argentinian US **2** **Argentin(e)** nm,f Argentinian BR, Argentinian US

Argentine [aʀʒɑ̃tin] nf Argentina

argile [aʀʒil] nf clay

argot [aʀgo] nm slang ■ **~ de métier** jargon

argotique [aʀgɔtik] adj (= de l'argot) slang ; (= très familier) slangy

argument [aʀgymɑ̃] nm argument ■ **~ de vente** selling point

argumentaire [aʀgymɑ̃tɛʀ] nm argument ; (Commerce) sales leaflet ou blurb

argumentation [aʀgymɑ̃tasjɔ̃] nf argumentation

argumenter [aʀgymɑ̃te] vi (= donner des raisons) to argue (*sur* about)

aride [aʀid] adj dry ; [sol] arid

aristocrate [aʀistɔkʀat] nmf aristocrat

aristocratie [aʀistɔkʀasi] nf aristocracy

aristocratique [aʀistɔkʀatik] adj aristocratic

arithmétique [aʀitmetik] **1** nf (= science) arithmetic **2** adj arithmetical

armagnac [aʀmaɲak] nm Armagnac

armateur [aʀmatœʀ] nm shipowner

armature [aʀmatyʀ] nf [de tente, parapluie] frame ■ **soutien-gorge à ~** underwired bra

arme [aʀm] **1** nf (= instrument) weapon ; (= fusil, revolver) gun ■ **l'~ du crime** the murder weapon ■ **avoir l'~ nucléaire** to have nuclear weapons ■ **aux ~s !** to arms! ■ **~ à double tranchant** double-edged weapon ■ **prendre les ~s** (= se soulever) to rise up in arms ; (pour défendre son pays) to take up arms ▪ **faire ses premières ~s** to begin one's career ▸ **arme blanche** knife ▸ **arme à feu** firearm ▸ **armes de destruction massive** weapons of mass destruction **2** **armes** nfpl (= blason) coat of arms

> ⚠ Au singulier, **arme** ne se traduit pas par *arm*.

armé, e [aʀme] **1** adj armed (*de* with) ▪ **être bien ~ pour faire qch/contre qch** to be well-equipped to do sth/against sth **2** **armée** nf army ▪ **être à l'~e** to be doing one's military service ▸ **l'armée de l'air** the Air Force ▸ **armée de métier** professional army ▸ **l'armée de terre** the Army

armement [aʀməmɑ̃] nm (= armes) arms ▪ **la limitation des ~s** arms limitation

Arménie [aʀmeni] nf Armenia

arménien, -ienne [aʀmenjɛ̃, jɛn] **1** adj Armenian **2** nm (= langue) Armenian **3** **Arménien(ne)** nm,f Armenian

armer [aʀme] **1** vt **a** to arm (*de* with, *contre* against) **b** [+ fusil] to cock ; [+ appareil photo] to wind on **2** **s'armer** vpr to arm o.s. (*de* with, *contre* against) ▪ **s'~ de courage** to summon up one's courage ▪ **il faut s'~ de patience** you have to be patient

armistice [aʀmistis] nm armistice ▪ **l'Armistice** (= fête) Armistice Day

armoire [aʀmwaʀ] nf cupboard ; (= penderie) wardrobe ▸ **armoire à glace** wardrobe with a mirror; (* = homme) great big guy* ▸ **armoire à pharmacie** medicine cabinet

armoiries [aʀmwaʀi] nfpl coat of arms

armure [aʀmyʀ] nf suit of armour

ARN [aɛʀɛn] nm (abrév de **acide ribonucléique**) RNA

arnaque* [aʀnak] nf con* ▪ **c'est de l'~** it's a rip-off*

arnaquer* [aʀnake] vt to swindle ▪ **je me suis fait ~ de 200 €** I was cheated out of €200

arnaqueur, -euse* [aʀnakœʀ, øz] nm,f con artist*

arobase [aʀɔbɑz] nf (symbole) at sign ; (prononcé) at

aromate [aʀɔmat] nm (= herbe) herb ; (= épice) spice

aromathérapie [aʀɔmateʀapi] nf aromatherapy

aromatique [aʀɔmatik] adj aromatic

aromatiser [aʀɔmatize] vt to flavour BR, to flavor US ▪ **aromatisé à la vanille** vanilla-flavoured

arôme, arome [aʀom] nm [de plat, café, vin] aroma ; (= goût) flavour BR, flavor US ; (ajouté à un aliment) flavouring BR, flavoring US

arpège [aʀpɛʒ] nm arpeggio

arpenter [aʀpɑ̃te] vt [+ pièce, couloir] to pace up and down

arqué, e [aʀke] adj [objet, sourcils] arched ▪ **il a les jambes ~es** he's bandy-legged

arrache-pied (d') [aʀaʃpje] loc adv [travailler] flat out

arracher [aʀaʃe] **1** vt **a** [+ légume] to lift ; [+ plante] to pull up ; [+ cheveux, poil, clou] to pull out ; [+ dent] to take out ▪ **je vais me faire ~ une dent** I'm going to have a tooth out **b** [+ chemise, membre] to tear off ; [+ affiche] to tear down ; [+ feuille, page] to tear out (*de* of) ▪ **je vais lui ~ les yeux** I'll scratch his eyes out **c** (= prendre) ▪ **~ à qn** [+ portefeuille, arme] to snatch from sb ▪ **~ des larmes/un cri à qn** to make sb cry/cry out **d** ▪ **~ qn à** [+ famille, pays] to tear sb away from ; [+ sommeil, rêve] to drag sb out of ; [+ mort] to snatch sb from **2** **s'arracher** vpr ▪ **s'~ les cheveux** to tear one's hair out ▪ **on s'arrache leur dernier CD** everybody is desperate to get hold of their latest CD

arrangeant, e [aʀɑ̃ʒɑ̃, ɑ̃t] adj accommodating

arrangement [aʀɑ̃ʒmɑ̃] nm **a** (= accord) arrangement ▪ **arriver** ou **parvenir à un ~** to come to an arrangement **b** (Mus) arrangement

arranger [aʀɑ̃ʒe] **1** vt **a** (= disposer) to arrange ; [+ coiffure] to tidy up ▪ **~ sa cravate/sa jupe** to straighten one's tie/skirt **b** (= organiser) to arrange **c** [+ différend] to settle ▪ **tout est arrangé** everything is settled ▪ **et il est en retard, ce qui n'arrange rien !** and he's late, which doesn't help! **d** (= contenter) to suit ▪ **ça ne m'arrange pas tellement** it doesn't really suit me **e** (= réparer) to fix **f** (Mus) to arrange **2** **s'arranger** vpr **a** (= se mettre d'accord) to come to an arrangement **b** [querelle] to be settled ; [santé, temps] to get better ▪ **tout va s'~** everything will work out all right **c** (= se débrouiller) to manage ▪ **arrangez-vous comme vous voudrez mais je les veux demain** I don't mind how you do it but I want them for tomorrow

arrestation [aʀɛstasjɔ̃] nf arrest ▪ **ils ont procédé à une douzaine d'~s** they made a dozen arrests ▪ **en état d'~** under arrest

arrêt [aʀɛ] nm **a** [de machine, véhicule, croissance] stopping ▪ **attendez l'~ complet du train** wait until the train has come to a complete stop ▪ **cinq minutes d'~** a five-minute stop ▪ **être à l'~** [véhicule] to be stationary ▪ **faire un ~** [train] to stop ▪ **rester** ou **tomber en ~** [chien] to point ; (*devant* at) [personne] to stop short (*devant* of) ▪ **sans ~** [travailler, pleuvoir] without stopping ; [se produire, se détraquer] constantly ▸ **arrêt de jeu** stoppage ▪ **jouer les ~s de jeu** to play injury time ▸ **arrêt (de) maladie** sick leave ▪ **être en ~ maladie** to be on sick leave ▸ **arrêt de travail** (= grève) stoppage; (= congé de maladie) sick leave; (= certificat) medical certificate **b** (= lieu) stop ▪ **~ d'autobus** bus stop **c** (= décision juridique) judgment

arrêté [aʀete] nm order ▪ **~ municipal** ≈ bylaw

arrêter [aʀete] **1** vt **a** (= stopper) to stop ▪ **arrêtez-moi près de la poste** drop me off by the post office ▪ **on n'arrête pas le progrès !** the wonders of modern science! **b** [+ études, compétition, sport] to give up ▪ **on a dû ~ les travaux à cause de la neige** we had to stop work because of the snow **c** (= faire prisonnier) to arrest ▪ **je vous arrête !** you're under arrest! **d** [+ malade] to give sick leave to ▪ **elle est arrêtée depuis trois semaines** she's been on sick leave for three weeks **2** vi to stop ▪ **~ de fumer** to stop smoking ▪ **il n'arrête pas de critiquer tout le monde** he never stops criticizing people ▪ **arrête !** stop it! **3** **s'arrêter** vpr **a** to stop ▪ **s'~ net** to stop suddenly ▪ **sans s'~** without stopping ▪ **s'~ de manger/fumer** to stop eating/smoking **b** ▪ **s'~ sur** [choix, regard] to fall on ▪ **s'~ à des détails** to worry about details ▪ **arrêtons-nous un instant sur ce tableau** let us pause over this picture for a moment

arrhes [aʀ] nfpl deposit

arrière [aʀjɛʀ] **1** nm **a** [de voiture] back ; [de train] rear **b** (= joueur) fullback ▪ **~ gauche/droit** (Football) left/right back ; (Basket) left/right guard **c** ▪ **rester en ~** to lag behind ▪ **regarder en ~** to look back ▪ **faire un pas en ~** to step back ▪ **se pencher en ~** to lean back ▪ **revenir en ~** to go back ; (dans ses pensées) to look back **2** adj inv ▪ **roue/feu ~** rear wheel/light ▪ **siège ~** [de voiture] back seat ; [de moto] pillion ; → **marche**

arriéré, e [aʀjeʀe] **1** adj [région, pays] backward ; [méthodes] out-of-date **2** nm (= paiement) arrears

arrière-boutique (pl **~s**) [aʀjɛʀbutik] nf ▪ **l'~** the back of the shop

arrière-goût (pl **~s**) [aʀjɛʀgu] nm aftertaste

arrière-grand-mère (pl **arrière-grands-mères**) [aʀjɛʀgʀɑ̃mɛʀ] nf great-grandmother

arrière-grand-père (pl **arrière-grands-pères**) [aʀjɛʀgʀɑ̃pɛʀ] nm great-grandfather

arrière-grands-parents [aʀjɛʀgʀɑ̃paʀɑ̃] nmpl great-grandparents

arrière-pays [aʀjɛʀpei] nm inv hinterland ▪ **dans l'~ niçois** in the countryside inland of Nice

arrière-pensée (pl **~s**) [aʀjɛʀpɑ̃se] nf ulterior motive ▪ **je l'ai dit sans ~** I had no ulterior motive when I said it

arrière-petite-fille (pl **arrière-petites-filles**) [aʀjɛʀpətitfij] nf great-granddaughter

arrière-petit-fils (pl **arrière-petits-fils**) [aʀjɛʀpətifis] nm great-grandson

arrière-petits-enfants [aʀjɛʀpətizɑ̃fɑ̃] nmpl great-grandchildren

arrière-plan (pl **~s**) [aʀjɛʀplɑ̃] nm background ▪ **à l'~** in the background

arrière-saison (pl **~s**) [aʀjɛʀsɛzɔ̃] nf end of autumn BR, late fall US

arrière-train (pl **~s**) [aʀjɛʀtʀɛ̃] nm hindquarters

arrimer [aʀime] vt (sur bateau) to stow

arrivage [aʀivaʒ] nm [de marchandises] consignment

arrivant, e [aʀivɑ̃, ɑ̃t] nm,f ▪ **nouvel ~** newcomer

arrivée [aʀive] nf **a** arrival ; [de course, coureur] finish ▪ **contactez-nous à votre ~ à l'aéroport** contact us when you arrive at the airport ▪ **j'irai l'attendre à l'~ du train** I'll go and get him at the station ▪ **à leur ~ au pouvoir** when they came to power **b** (= robinet) ▪ **~ d'air/d'eau/de gaz** air/water/gas inlet

arriver [aʀive] **1** vi **a** (au terme d'un voyage) to arrive ▪ **~ à** [+ ville] to get to ▪ **~ en France** to arrive in France ▪ **nous sommes arrivés** we're here ▪ **réveille-toi, on arrive !** wake up, we're almost there! ▪ **~ le premier** (dans une course) to come in first ; (à une soirée, une réception) to arrive first ▪ **les premiers arrivés** the first to arrive **b** [saison, nuit, véhicule] to come ▪ **~ en courant** to run up ▪ **j'arrive !** I'm coming! ▪ **le train arrive en gare** the train is coming into the station ▪ **l'air arrive par ce trou** the air comes in through this hole **c** (= atteindre) ▪ **~ à** to reach ▪ **le lierre arrive jusqu'au 1er étage** the ivy goes up to the 1st floor ▪ **l'eau lui arrivait (jusqu')aux genoux** the water came up to his knees ▪ **et le problème des salaires ? – j'y arrive** and what about the wages problems? – I'm just coming to that ▪ **il ne t'arrive pas à la cheville** he can't hold a candle to you ▪ **~ au pouvoir** to come to power **d** (= réussir) ▪ **~ à** to manage to ▪ **pour ~ à lui faire comprendre qu'il a tort** to get him to understand he's wrong ▪ **je n'arrive pas à faire ce devoir** I can't do this exercise ▪ **je n'y arrive pas** I can't manage it ▪ **~ à ses fins** to achieve one's ends ▪ **il n'arrivera jamais à rien** he'll never achieve anything **e** (= socialement) to succeed ▪ **il se croit arrivé** he thinks he's arrived* **f** (= se produire) to happen ▪ **ce sont des choses qui arrivent** these things happen ▪ **tu n'oublies jamais ? – ça m'arrive** don't you ever forget? – yes, sometimes ▪ **cela ne m'arrivera plus !** I won't let it happen again! **g**

■ **en ~ à** (= finir par) to come to ■ **c'est triste d'en ~ là** it's sad to be reduced to that **2** vb impers ■ **il lui est arrivé un accident** he's had an accident ■ **quoi qu'il arrive** whatever happens ■ **il m'arrive d'oublier** I sometimes forget ■ **il peut lui ~ de se tromper** she does occasionally make a mistake ■ **il m'est arrivé plusieurs fois de le voir** I have seen him ou it several times

arriviste [aʀivist] nmf careerist ; (social) social climber

arrobase [aʀɔbɑz] nf → **arobase**

arrogance [aʀɔgɑ̃s] nf arrogance

arrogant, e [aʀɔgɑ̃, ɑ̃t] adj arrogant

arrondi, e [aʀɔ̃di] adj round

arrondir [aʀɔ̃diʀ] **1** vt **a** [+ objet, contour] to make round ; [+ rebord, angle] to round off ■ **~ les angles** (fig) to smooth things over **b** [+ somme, nombre] to round off ■ **~ au franc inférieur/supérieur** to round down/up to the nearest franc ■ **~ ses fins de mois** to supplement one's income **2** **s'arrondir** vpr [taille, ventre, personne] to fill out

arrondissement [aʀɔ̃dismɑ̃] nm district

arroser [aʀoze] vt **a** [+ plante, terre] to water ; [+ champ] to spray ; [+ rôti] to baste ■ **~ qch d'essence** to pour petrol BR ou gasoline US over sth ■ **se faire ~*** to get drenched **b** [fleuve] to water **c** * [+ événement, succès] to drink to ■ **après un repas bien arrosé** after a meal washed down with plenty of wine ■ **tu as gagné, ça s'arrose !** you've won - that calls for a drink!

arrosoir [aʀozwaʀ] nm watering can

arsenal (pl **-aux**) [aʀsənal, o] nm arsenal

arsenic [aʀsənik] nm arsenic

art [aʀ] nm **a** (= esthétique, technique) art ■ **livre/critique d'~** art book/critic ■ **le septième ~** cinema ► **art déco** Art Deco ► **l'art dramatique** drama ► **art nouveau** Art Nouveau ► **arts graphiques** graphic arts ► **arts martiaux** martial arts ► **les arts plastiques** the visual arts **b** (= adresse) skill ■ **c'est tout un ~** it's quite an art ■ **il a l'~ de dire des bêtises** he has a talent for talking nonsense

Arte [aʀte] n *Franco-German cultural television channel*

artère [aʀtɛʀ] nf [de corps] artery ■ **(grande) ~** (= route) main road

arthrite [aʀtʀit] nf arthritis ■ **avoir de l'~** to have arthritis

arthrose [aʀtʀoz] nf osteoarthritis

artichaut [aʀtiʃo] nm artichoke

article [aʀtikl] nm **a** (= produit) item ■ **faire l'~** (pour vendre qch) to give the sales pitch ► **articles de bureau** office accessories ► **articles de mode** fashion accessories ► **articles de sport** (= vêtements) sportswear; (= objets) sports equipment ► **articles de toilette** toiletries **b** [de journal] article ; [de dictionnaire] entry **c** (= chapitre) point ; [de loi, traité] article **d** (= déterminant) article **e** ■ **à l'~ de la mort** at death's door

articulation [aʀtikylasjɔ̃] nf **a** [d'os] joint ; [de pièces] articulation **b** (= prononciation) articulation

articulé, e [aʀtikyle] adj [objet] jointed ; [poupée] poseable

articuler [aʀtikyle] vt **a** (= prononcer clairement) to articulate ■ **il articule mal** he doesn't articulate clearly ■ **articule !** speak clearly! **b** [+ idées] to link

artifice [aʀtifis] nm trick ■ **sans ~(s)** [présentation] simple ; [s'exprimer] straightforwardly

artificiel, -ielle [aʀtifisjɛl] adj artificial ; [fibre] man-made

artificier [aʀtifisje] nm (= fabricant) firework manufacturer ; (= pyrotechnicien) pyrotechnician ; (pour désamorçage) bomb disposal expert

artillerie [aʀtijʀi] nf artillery ■ **~ lourde** heavy artillery

artisan [aʀtizɑ̃] nm **a** (= patron) artisan ■ **~ boulanger** baker **b** [d'accord, politique, victoire] architect ■ **~ de la paix** peacemaker

artisanal, e (mpl **-aux**) [aʀtizanal, o] adj [production] traditional ■ **entreprise ~e** small company ■ **foire ~e** craft fair ■ **bombe de fabrication ~e** home-made bomb ■ **produits artisanaux** handicrafts

artisanat [aʀtizana] nm ■ **l'~ local** local handicrafts ■ **l'~ d'art** arts and crafts

artiste [aʀtist] nmf artist ; (= interprète) performer ■ **~ de cinéma** film actor ou actress ■ **~ peintre** artist

artistique [aʀtistik] adj artistic

art-thérapie [aʀteʀapi] nf art therapy

arum [aʀɔm] nm arum lily

as [ɑs] nm ace ■ **être plein aux as*** to be loaded* ■ **un as de la route** a crack driver

ascendance [asɑ̃dɑ̃s] nf (généalogique) ancestry

ascendant, e [asɑ̃dɑ̃, ɑ̃t] **1** adj [mouvement] upward **2** nm **a** (= influence) ascendancy (*sur* over) ■ **subir l'~ de qn** to be under sb's influence **b** (= famille) ■ **~s** ancestors **c** (Astrol) ascendant

ascenseur [asɑ̃sœʀ] nm lift BR, elevator US ; (Informatique) scroll bar

ascension [asɑ̃sjɔ̃] nf ascent ; (sociale) rise ■ **l'Ascension** the Ascension ; (= jour férié) Ascension Day ■ **faire l'~ d'une montagne** to climb a mountain

ascensionnel, -elle [asɑ̃sjɔnɛl] adj → **parachute**

aseptisé, e [asɛptize] adj [univers, images] sanitized

ashkénaze [aʃkenɑz] 1 adj Ashkenazi 2 nmf Ashkenazi (Jew)

asiatique [azjatik] 1 adj Asian ■ **le Sud-Est ~** South-East Asia ■ **la communauté ~ de Paris** the Far Eastern community in Paris 2 **Asiatique** nmf Asian

Asie [azi] nf Asia ■ **~ Mineure** Asia Minor ■ **~ centrale** Central Asia

asile [azil] nm a (= institution) ■ **~ psychiatrique** mental home b (= refuge) refuge ; (dans une église) sanctuary ■ **demander l'~ politique** to seek political asylum ■ **droit d'~** (politique) right of asylum

asocial, e (mpl **-iaux**) [asɔsjal, jo] 1 adj [comportement] antisocial 2 nm,f social misfit

aspartame [aspaʀtam] nm aspartame

aspect [aspɛ] nm a (= allure) appearance b [de question] aspect ■ **vu sous cet ~** seen from that angle ■ **j'ai examiné le problème sous tous ses ~s** I considered all aspects of the problem

> ⚠ Au sens de « allure » ou « vue », **aspect** ne se traduit pas par le mot anglais ***aspect***.

asperge [aspɛʀʒ] nf asparagus

asperger [aspɛʀʒe] vt [+ surface] to spray ; [+ personne] to splash (*de* with) ■ **s'~ le visage** to splash one's face with water

aspérité [aspeʀite] nf (= partie saillante) bump

asphalte [asfalt] nm asphalt

asphyxie [asfiksi] nf suffocation ; (Méd) asphyxia

asphyxier [asfiksje] 1 vt [+ personne] to suffocate ; [+ économie] to stifle ■ **mourir asphyxié** to die of suffocation 2 **s'asphyxier** vpr (accident) to suffocate

aspic [aspik] nm a (= serpent) asp b (= plat en gelée) ■ **~ de volaille** chicken in aspic

aspirateur [aspiʀatœʀ] nm (domestique) vacuum cleaner ■ **passer l'~** to vacuum

aspiration [aspiʀasjɔ̃] nf (= ambition) aspiration (*à* for, after) ; (= souhait) desire (*à* for)

aspiré, e [aspiʀe] adj ■ **h ~** aspirate h

aspirer [aspiʀe] 1 vt [+ air, odeur] to inhale ; [+ liquide] to suck up ; [+ site web, données] to download (illegally) 2 **aspirer à** vt indir [+ honneur, titre] to aspire to ; [+ genre de vie, tranquillité] to desire

aspirine [aspiʀin] nf aspirin ■ **(comprimé** ou **cachet d')~** aspirin

assagir (s') [asaʒiʀ] vpr [personne] to quieten BR ou quiet US down

assaillant, e [asajɑ̃, ɑ̃t] nm,f assailant

assaillir [asajiʀ] vt to assail ■ **assailli de questions** bombarded with questions

assainir [aseniʀ] vt [+ quartier, logement] to clean up ; [+ marécage] to drain ; [+ air, eau] to purify ; [+ finances, marché] to stabilize

assaisonnement [asɛzɔnmɑ̃] nm seasoning

assaisonner [asɛzɔne] vt (avec sel, poivre, épices) to season (*de, avec* with) ; (avec vinaigrette, citron) to dress (*de, avec* with)

assassin [asasɛ̃] nm murderer ; [d'homme politique] assassin ■ **à l'~ !** murder!

assassinat [asasina] nm murder ; [d'homme politique] assassination

assassiner [asasine] vt to murder ; [+ homme politique] to assassinate

assaut [aso] nm assault ■ **donner l'~ à, monter à l'~ de** to launch an attack on ■ **à l'~ !** charge! ■ **prendre d'~** [armée] to take by storm ■ **les librairies étaient prises d'~** the bookshops were besieged

assécher [aseʃe] 1 vt [+ terrain] (avec pompe) to drain ; [vent, évaporation] to dry out ; [+ réservoir] [évaporation] to dry up 2 **s'assécher** vpr [cours d'eau, réservoir] to dry up

ASSEDIC [asedik] nfpl (abrév de **Association pour l'emploi dans l'industrie et le commerce**) *organization managing unemployment insurance payments*

assemblage [asɑ̃blaʒ] nm a (= action) assembling b [de couleurs, choses, personnes] collection

assemblée [asɑ̃ble] nf gathering ; (= réunion convoquée) meeting ; (politique) assembly ■ **~ générale** general meeting ■ **l'Assemblée (nationale)** the French National Assembly ■ **l'Assemblée parlementaire européenne** the European Parliament

assembler [asɑ̃ble] 1 vt a [+ données] to gather b [+ meuble, machine, puzzle] to assemble ; [+ pull, robe] to sew together ; [+ couleurs, sons] to put together 2 **s'assembler** vpr [foule] to gather

assener, asséner [asene] vt ■ **~ un coup à qn** to deal sb a blow

asseoir [aswaʀ] 1 vt a ■ **~ qn** (personne debout) to sit sb down ; (personne couchée) to sit sb up ■ **~ un enfant sur ses genoux** to sit a child on one's knee ■ **faire ~ ses invités** to ask one's guests to sit down b [+ réputation, autorité] to establish 2 **s'asseoir** vpr [personne debout] to sit down ; [personne couchée] to sit up

assermenté, e [asɛʀmɑ̃te] adj on oath

asservir [asɛʀviʀ] vt [+ personne] to enslave ; [+ pays] to subjugate

assesseur [asesœʀ] nm assessor

assez [ase] adv a (= suffisamment) enough ▪ **tu as ~ mangé** you've eaten enough ▪ **c'est bien ~ grand** it's quite big enough ▪ **il est ~ idiot pour refuser !** he's stupid enough to refuse! ▪ **ça a ~ duré !** this has gone on long enough! ▪ **~ parlé !** that's enough talk! ▪ **~ de** enough ▪ **avez-vous acheté ~ de pain/d'oranges ?** have you bought enough bread/oranges? ▪ **en avoir ~** to have had enough ▪ **j'en ai (plus qu')~ de tes jérémiades*** I've had (more than) enough of your moaning b (= plutôt) quite ▪ **la situation est ~ inquiétante** the situation is quite worrying

assidu, e [asidy] adj [client, lecteur] regular ; [travail] diligent ▪ **élève/employé ~** pupil/employee with a good attendance record

assiduité [asidɥite] nf (= ponctualité) regularity ▪ **son ~ aux cours** his regular attendance at classes

assiéger [asjeʒe] vt to besiege

assiette [asjɛt] nf a (= plat) plate ▪ **il n'est pas dans son ~ aujourd'hui*** he's not feeling himself today ▪ **~ creuse/plate** soup/dinner plate ▪ **~ à dessert/à soupe** dessert/soup plate ▸ **assiette de charcuterie** assorted cold meats ▸ **assiette composée** mixed salad *(of cold meats and vegetables)* b ▪ **~ fiscale** ou **de l'impôt/de la TVA** tax/VAT base

assigner [asiɲe] vt a (= attribuer) to assign b [+ limite] to set (à to) ▪ **~ un objectif à qn** to set sb a goal c (= citer) ▪ **~ qn (à comparaître)** to summons sb ▪ **~ qn à résidence** to put sb under house arrest

assimilation [asimilasjɔ̃] nf assimilation

assimilé, e [asimile] adj (= similaire) similar ▪ **farines et produits ~s** flour and related products

assimiler [asimile] vt a (= absorber) to assimilate b ▪ **~ qn/qch à** to compare sb/sth to ; (= classer comme) to put sb/sth into the same category as

assis, e [asi, iz] adj sitting ▪ **être ~** to be sitting down ▪ **nous étions bien/mal ~** (sur des chaises) we had comfortable/uncomfortable seats ; (par terre) we were very comfortably/uncomfortably seated ▪ **nous sommes restés ~ pendant des heures** we sat for hours ▪ **reste ~ !** don't get up! ▪ **~ !** (à un chien) sit!

assises [asiz] nfpl [de tribunal] assizes ; (= congrès) conference

assistanat [asistana] nm a (= enseignement) assistantship b (= soutien) support ; (péj) mollycoddling ; (= aide financière) assistance ; (péj) handouts

assistance [asistɑ̃s] nf a (= assemblée) audience b (= aide) assistance ▪ **prêter ~ à qn** to give sb assistance ▸ **l'Assistance publique** ≈ the health and social security services ▸ **assistance technique** technical aid

> ⚠ Dans le sens de « public », **assistance** ne se traduit pas par le mot anglais ***assistance***.

assistant, e [asistɑ̃, ɑ̃t] nm,f (= aide) assistant ; (Univ) ≈ assistant lecturer BR, ≈ teaching assistant US ▪ **~ (de langue)** language assistant ▸ **assistante maternelle** child minder BR ▸ **assistante sociale** social worker

assisté, e [asiste] nm,f ▪ **les ~s** (recevant une aide financière) people on benefit BR ou welfare US ▪ **il a une mentalité d'~** he can't do anything for himself

assister [asiste] 1 vt (= aider) to assist ; (financièrement) to give aid to 2 vt indir ▪ **~ à** [+ cérémonie, conférence, messe] to attend ; [+ match, spectacle] to be at ; [+ dispute] to witness ▪ **il a assisté à l'accouchement de sa femme** he was there when his wife had the baby ▪ **on assiste à une augmentation de la violence** violence is on the increase

> ⚠ **assister à** ne se traduit pas par ***to assist at***.

associatif, -ive [asɔsjatif, iv] adj ▪ **le mouvement ~** associations ▪ **la vie associative** community life

association [asɔsjasjɔ̃] nf association ; [de couleurs, intérêts] combination ▪ **~ de consommateurs** consumer group

associé, e [asɔsje] nm,f associate ▪ **~ principal** senior partner

associer [asɔsje] 1 vt to associate ; (= allier) to combine 2 **s'associer** vpr a [entreprises] to form a partnership ▪ **s'~ à** ou **avec** to join with b ▪ **s'~ à** [+ projet] to join in ; [+ douleur] to share in

assoiffé, e [aswafe] adj thirsty

assombrir [asɔ̃bʀiʀ] 1 vt (= obscurcir) to darken 2 **s'assombrir** vpr a [ciel, pièce, couleur] to darken b [personne] to become gloomy ; [visage, regard] to cloud over

assommant, e* [asɔmɑ̃, ɑ̃t] adj (= ennuyeux) deadly boring*

assommer [asɔme] vt [+ animal] to stun ; [+ personne] to knock out ; (moralement) to crush ; (* = ennuyer) to bore stiff*

assorti, e [asɔʀti] adj a (= en harmonie) ▪ **un couple bien/mal ~** a well-/badly-matched couple ▪ **être ~ à** to match ▪ **chemise avec cravate ~e** shirt with matching tie b [bonbons] assorted ▪ **« hors-d'œuvre ~s »** "assortment of hors d'œuvres"

assortiment [asɔʀtimɑ̃] nm assortment

assortir [asɔʀtiʀ] vt (= accorder) to match (à to)

assoupir (s') [asupiʀ] vpr to doze off

assouplir [asupliʀ] vt [+ cuir, membre, corps] to make supple ; [+ règlements, mesures] to relax ▪ **~ les horaires** to produce a more flexible timetable

assouplissant [asuplisɑ̃] nm fabric softener

assouplissement [asuplismɑ̃] nm ▪ **faire des exercices d'~** to limber up ▪ **l'~ de la politique monétaire** the relaxing of monetary policy ▪ **~ quantitatif** (Écon) quantitative easing

assourdir [asuʀdiʀ] vt a (= rendre sourd) to deafen b (= amortir) to deaden

assourdissant, e [asuʀdisɑ̃, ɑ̃t] adj deafening

assouvir [asuviʀ] vt to satisfy

assujetti, e [asyʒeti] adj [peuple] subjugated ▪ **~ à** subject to ▪ **~ à l'impôt** liable to tax

assumer [asyme] 1 vt [+ responsabilité, rôle] to assume ; [+ tâche] to take on ; [+ rôle] to fulfil ; [+ frais] to meet ▪ **tu as voulu te marier, alors assume !** you wanted to get married, so you'll just have to take the consequences! 2 **s'assumer** vpr to come to terms with o.s.

assurance [asyʀɑ̃s] nf a (= contrat) insurance ▪ **contrat d'~** insurance policy ▪ **prendre une ~ contre qch** to take out insurance against sth ▸ **assurance automobile** car insurance ▸ **assurance chômage** unemployment insurance ▸ **assurance maladie** health insurance ▸ **assurance tous risques** comprehensive insurance ▸ **assurance vie** life insurance ▸ **assurance vieillesse** pension scheme b (= garantie) assurance ▪ **il veut avoir l'~ que tout se passera bien** he wants to be sure that everything will go well ▪ **veuillez agréer l'~ de ma considération distinguée** ou **de mes sentiments dévoués** yours faithfully c (= confiance en soi) self-assurance ▪ **avoir de l'~** to be self-assured ▪ **prendre de l'~** to gain self-assurance ▪ **parler avec ~** to speak confidently

assuré, e [asyʀe] 1 adj a [fortune, avenir] assured b [air, démarche] confident ; [voix, main, pas] steady ▪ **mal ~** [voix] shaky 2 nm,f policyholder ▪ **~ social** *person paying social security contributions*

assurer [asyʀe] 1 vt a (= affirmer) to assure ▪ **~ à qn que...** to assure sb that... ▪ **cela vaut la peine, je vous assure** it's worth it, I assure you b (par contrat) to insure c (= garantir) to ensure ; [+ avenir, fortune] to secure ; [+ revenu] to provide d [+ contrôles, travaux] to carry out ▪ **l'avion qui assure la liaison entre Genève et Aberdeen** the plane that operates between Geneva and Aberdeen 2 vi (* = être à la hauteur) to be very good ▪ **je n'assure pas du tout en allemand** I'm absolutely useless* at German 3 **s'assurer** vpr a (= vérifier) ▪ **s'~ que/de qch** to make sure that/of sth ▪ **je vais m'en ~** I'll make sure b (= contracter une assurance) to insure o.s. ▪ **s'~ sur la vie** to take out life insurance

assureur, -euse [asyʀœʀ, øz] 1 nm,f (= agent) insurance agent 2 nm (= société) insurance company

astérisque [asteʀisk] nm asterisk

astéroïde [asteʀɔid] nm asteroid

asthmatique [asmatik] adj, nmf asthmatic

asthme [asm] nm asthma

asticot [astiko] nm maggot

asticoter* [astikɔte] vt to needle

astigmate [astigmat] adj astigmatic

astiquer [astike] vt to polish

astre [astʀ] nm star

astreignant, e [astʀɛɲɑ̃, ɑ̃t] adj [travail] demanding

astreindre (s') [astʀɛ̃dʀ] vpr ▪ **s'astreindre à faire qch** to force o.s. to do sth

astrologie [astʀɔlɔʒi] nf astrology

astrologue [astʀɔlɔg] nmf astrologer

astronaute [astʀonot] nmf astronaut

astronome [astʀɔnɔm] nmf astronomer

astronomie [astʀɔnɔmi] nf astronomy

astuce [astys] nf (= truc) trick ▪ **c'est ça l'~ !** that's the clever part!

astucieux, -ieuse [astysjø, jøz] adj clever

asymétrique [asimetʀik] adj asymmetrical

atchoum [atʃum] excl atishoo!

atelier [atəlje] nm workshop ; [d'artiste] studio ▪ **~ de fabrication** workshop ▪ **les enfants travaillent en ~s** the children work in small groups

athée [ate] 1 adj atheistic 2 nmf atheist

athénée [atene] nm (Belg = lycée) ≈ secondary school BR, ≈ high school US

Athènes [atɛn] n Athens

athlète [atlɛt] nmf athlete

athlétique [atletik] adj athletic

athlétisme [atletism] nm athletics *NonC* BR, track and field events US

atlantique [atlɑ̃tik] 1 adj Atlantic 2 nm ▪ **l'Atlantique** the Atlantic

atlas [atlɑs] nm (= livre) atlas

atmosphère [atmɔsfɛʀ] nf atmosphere

atmosphérique [atmɔsfeʀik] adj atmospheric

atoll [atɔl] nm atoll

atome [atom] nm atom ▪ **avoir des ~s crochus avec qn** to hit it off with sb*

atomique [atɔmik] adj atomic

atomiseur [atɔmizœʀ] nm spray

atout [atu] nm a (Cartes) trump ■ **on jouait ~ cœur** hearts were trumps b (= avantage) asset

âtre [ɑtʀ] nm hearth

atroce [atʀɔs] adj atrocious ; [douleur] excruciating ; [mort, sort, vengeance] terrible

atrocement [atʀɔsmɑ̃] adv atrociously ; [mauvais, ennuyeux] excruciatingly

atrocité [atʀɔsite] nf atrocity ; [de spectacle] ghastliness ■ **dire des ~s sur qn** to say awful things about sb

atrophie [atʀɔfi] nf atrophy

atrophié, e [atʀɔfje] adj atrophied

atrophier (s') [atʀɔfje] vpr [membres, muscle] to waste away ; (fig) to degenerate

attabler (s') [atable] vpr (pour manger) to sit down at the table ■ **s'attabler à la terrasse d'un café** to sit at a table outside a café

attachant, e [ataʃɑ̃, ɑ̃t] adj [enfant] endearing

attache [ataʃ] nf a (en ficelle) piece of string ; (en métal) clip ; (= courroie) strap b (= lien) tie ■ **avoir des ~s dans une région** to have family ties in a region

attaché, e [ataʃe] 1 adj (= lié d'affection) ■ **~ à** attached to ■ **pays très ~ à son indépendance** country that sets great store by its independence 2 nm,f attaché ▸ **attaché culturel** cultural attaché ▸ **attaché de presse** press attaché

attaché-case (pl **attachés-cases**) [ataʃekɛz] nm attaché case

attachement [ataʃmɑ̃] nm attachment (à to) ; (à une politique, à une cause) commitment (à to)

attacher [ataʃe] 1 vt a [+ animal, plante, prisonnier] to tie up ; (plusieurs choses ensemble) to tie together ; [+ papiers] to attach ■ **~ une étiquette à une valise** to tie a label onto a case ■ **est-ce bien attaché ?** is it securely tied? b [+ ceinture, robe] to fasten ; [+ lacets, chaussures] to tie ; [+ fermeture, bouton] to do up c (= attribuer) to attach ■ **~ de la valeur à qch** to attach great value to sth 2 vi [plat] to stick ■ **poêle qui n'attache pas** non-stick frying pan 3 **s'attacher** vpr a to fasten ■ **ça s'attache derrière** it fastens at the back b ■ **s'~ à** (= se prendre d'affection pour) to become attached to

attaquant, e [atakɑ̃, ɑ̃t] nm,f attacker

attaque [atak] nf attack (*contre, de* on) ; [de banque, train, magasin] raid ■ **à l'~ !** attack! ■ **passer à l'~** to move onto the attack ■ **avoir une ~** (cardiaque) to have a heart attack ; (hémorragie cérébrale) to have a stroke ■ **d'~*** on form ■ **se sentir d'~ pour faire qch** to feel up to doing sth ▸ **attaque aérienne** air raid ▸ **attaque à main armée** hold-up

attaquer [atake] 1 vt a to attack ■ **~ qn en justice** to take sb to court b [+ difficulté] to tackle ; [+ discours] to launch into ; [+ dossier, projet] to start work on ■ **il a attaqué les hors-d'œuvre*** he got going on* the hors d'œuvres 2 **s'attaquer** vpr ■ **s'~ à** to attack ■ **s'~ à plus fort que soi** to take on someone who is more than one's match

attarder (s') [ataʀde] vpr to linger behind ■ **s'attarder chez des amis** to stay on at friends' ■ **je ne m'attarderai pas sur le sujet** I won't dwell on that

atteindre [atɛ̃dʀ] vt a to reach ; [pierre, balle, tireur] to hit ■ **~ son but** [personne] to reach one's goal ■ **cette tour atteint 30 mètres** the tower is 30 metres high b (= toucher psychologiquement) to affect ■ **il a été atteint dans son amour-propre** his pride has been hurt

atteint, e [atɛ̃, ɛ̃t] 1 adj a (= malade) [personne] ill ; [organe] affected ■ **être ~ de leucémie** to be suffering from leukaemia b (* = fou) touched* 2 **atteinte** nf (= préjudice) attack ■ **~e à la vie privée** invasion of privacy ■ **porter ~e à la réputation de qn** to damage sb's reputation ■ **hors d'~e** out of reach ; (fig) beyond reach ■ **hors d'~e de** [+ projectile] out of range of

attelage [at(ə)laʒ] nm (= équipage de chevaux) team

atteler [at(ə)le] 1 vt [+ cheval] to harness ; [+ bœuf] to yoke ; [+ charrette, remorque] to hitch up 2 **s'atteler** vpr ■ **s'~ à** [+ travail] to get down to

attenant, e [at(ə)nɑ̃, ɑ̃t] adj (= contigu) adjoining ■ **la maison ~e à la mienne** the house next door

attendre [atɑ̃dʀ] 1 vt a [personne] to wait for ■ **attends la fin du film** wait until the film is over ■ **nous attendons qu'il vienne** we are waiting for him to come ■ **il est venu m'~ à la gare** he came to meet me at the station ■ **j'attends le week-end avec impatience** I'm looking forward to the weekend ■ **j'ai attendu deux heures** I waited for two hours ■ **attendez un peu !** wait a second! ; (menace) just you wait! ■ **en attendant** (= pendant ce temps) in the meantime ; (= en dépit de cela) all the same ■ **en attendant qu'il revienne, je vais vite faire une course** while I'm waiting for him to come back I'm going to go down to the shop b (= escompter) to expect ■ **~ qch de qn/qch** to expect sth from sb/sth ■ **j'attendais mieux de cet élève** I expected better of this pupil c ■ **~ un enfant** ou **un bébé** to be expecting a baby d ■ **~ après** * [+ chose] to be in a hurry for ; [+ personne] to be waiting for ■ **l'argent que je t'ai prêté, je n'attends pas après** I'm not desperate for the money I lent you ■ **je n'attends pas après lui !** I can get along without him! **2** vi to wait ■ **attends, je vais t'expliquer** wait, let me explain ■ **vous attendez ou vous voulez rappeler plus tard ?** will you hold or do you want to call back later? ■ **tu peux toujours ~ !** you'll be lucky! ■ **ce travail peut ~** this work can wait ■ **faire ~ qn** to keep sb waiting ■ **se faire ~** to be a long time coming ■ **leur riposte ne se fit pas ~** they didn't take long to retaliate **3** **s'attendre** vpr ■ **s'~ à qch** to expect sth ■ **avec lui on peut s'~ à tout** you never know what to expect with him ■ **il fallait s'y ~** it was to be expected

⚠ **attendre** ne se traduit pas par **to** ***attend***, qui signifie « assister à ».

attendri, e [atɑ̃dʀi] adj [air, regard] tender

attendrir [atɑ̃dʀiʀ] **1** vt [+ personne] to move ■ **il s'est laissé ~ par ses prières** her pleadings made him relent **2** **s'attendrir** vpr to be moved (*sur* by)

attendrissant, e [atɑ̃dʀisɑ̃, ɑ̃t] adj moving

attendu, e [atɑ̃dy] adj (= prévu) expected ■ **être très ~** to be eagerly awaited

attentat [atɑ̃ta] nm (politique) assassination attempt ; (contre un bâtiment) attack (*contre* on) ▸ **attentat à la bombe** bomb attack ▸ **attentat à la pudeur** indecent assault ▸ **attentat à la voiture piégée** car-bombing

attente [atɑ̃t] nf **a** (= expectative) wait ■ **dans l'~ de vos nouvelles** looking forward to hearing from you ■ **il y a 10 minutes d'~** there's a 10-minute wait ■ **le projet est en ~** the project is on hold ■ **laisser un dossier en ~** to leave a file pending ■ **mettre qn en ~** (au téléphone) to put sb on hold **b** (= espoir) expectation ■ **répondre à l'~** ou **aux ~s de qn** to come up to sb's expectations ■ **contre toute ~** contrary to all expectations

attentif, -ive [atɑ̃tif, iv] adj **a** (= vigilant) [personne, air] attentive ■ **écouter d'une oreille attentive** to listen attentively ■ **être ~ à tout ce qui se passe** to pay attention to everything that's going on ■ **sois donc ~ !** pay attention! **b** [examen] careful

attention [atɑ̃sjɔ̃] nf **a** (= concentration) attention ; (= soin) care ■ **avec ~** [écouter, examiner] carefully ■ **« à l'~ de M. Dupont »** "for the attention of Mr Dupont" ■ **votre candidature a retenu notre ~** we considered your application carefully ■ **prêter ~ à** to pay attention to ■ **faire ~** (= prendre garde) to be careful ■ **faire ~ à** (= remarquer) to pay attention to ■ **faire bien** ou **très ~** to pay careful attention ■ **ne faites pas ~ à lui** pay no attention to him ■ **fais ~ à ne pas trop manger** be careful you don't eat too much ■ **fais bien ~ à toi** (= sois vigilant) be careful ■ **~ !** watch out! ■ **~ ! tu vas tomber** watch out! you're going to fall **b** (= prévenance) attention ■ **être plein d'~s pour qn** to be very attentive towards sb ■ **quelle charmante ~ !** how very thoughtful!

attentionné, e [atɑ̃sjɔne] adj (= prévenant) thoughtful (*pour, avec* towards)

attentivement [atɑ̃tivmɑ̃] adv [lire, écouter] attentively ; [examiner] carefully

atténuer [atenɥe] **1** vt **a** [+ douleur] to alleviate ; [+ propos, reproches] to tone down ; [+ rides] to smooth out **b** [+ coup, effets, couleur, son] to soften **2** **s'atténuer** vpr [douleur, sensation] to die down ; [bruit, couleur] to soften

atterrer [ateʀe] vt to appal BR, to appall US ■ **air atterré** look of utter dismay

atterrir [ateʀiʀ] vi to land ■ **~ dans un village perdu*** to land up* BR ou land* US in a village in the middle of nowhere ■ **le travail a finalement atterri sur mon bureau*** the work finally landed on my desk

atterrissage [ateʀisaʒ] nm landing ■ **à l'~** at the moment of landing ■ **~ forcé/en catastrophe** emergency/crash landing

attestation [atɛstasjɔ̃] nf certificate

attester [atɛste] vt to testify to ■ **~ que...** to testify that... ■ **~ l'innocence de qn** to prove sb's innocence ■ **comme en attestent les sondages** as the polls show ■ **mot non attesté dans les dictionnaires** word not attested by dictionaries

attirail [atiʀaj] nm gear* ■ **~ de pêche** fishing tackle

attirance [atiʀɑ̃s] nf attraction ■ **éprouver de l'~ pour** to be attracted to

attirant, e [atiʀɑ̃, ɑ̃t] adj attractive

attirer [atiʀe] vt **a** (= faire venir) to attract ; (en appâtant) to lure ■ **il m'attira dans un coin** he drew me into a corner ■ **~ qn dans un piège** to lure sb into a trap ■ **~ l'attention de qn sur qch** to draw sb's attention to sth **b** [pays, projet] to appeal to ; [personne] to attract ■ **être attiré par** to be attracted to **c** (= causer) ■ **tu vas t'~ des ennuis** you're going to cause trouble for yourself ■ **s'~ des critiques** to attract criticism

attiser [atize] vt **a** (avec tisonnier) to poke ; (en éventant) to fan **b** [+ curiosité, haine] to stir ; [+ convoitise] to arouse ; [+ désir] to stir up

attitré, e [atitʀe] adj (= habituel) regular

attitude [atityd] nf attitude ; (= maintien) bearing

attouchement [atuʃmɑ̃] nm touching *NonC* ■ **se livrer à des ~s sur qn** to fondle sb ; (sans consentement) to interfere with sb

attractif, -ive [atʀaktif, iv] adj attractive

attraction [atʀaksjɔ̃] nf **a** attraction ▪ **~ universelle** gravitation **b** (= partie d'un spectacle) number

attrait [atʀɛ] nm appeal

attrape-nigaud* (pl **~s**) [atʀapnigo] nm con*

attraper [atʀape] vt **a** (= saisir) to catch ▪ **tu vas ~ froid** you'll catch cold ▪ **j'ai attrapé un rhume** I've caught a cold ▪ **j'ai attrapé mal à la gorge** I've got a sore throat ▪ **il a attrapé un coup de soleil** he got sunburnt **b** (* = gronder) to tell off* ▪ **se faire ~** to be told off*

attrape-touriste (pl **~s**) [atʀaptuʀist] nm tourist trap

attrayant, e [atʀɛjɑ̃, ɑ̃t] adj attractive

attribuer [atʀibɥe] vt **a** [+ prix] to award ; [+ place, rôle, part] to allocate (*à* to) **b** [+ faute, invention, mérite] to attribute (*à* to) ▪ **à quoi attribuez-vous cet échec ?** what do you put this failure down to?

attribut [atʀiby] nm (= caractéristique, symbole) attribute ▪ **adjectif ~** predicative adjective

attribution [atʀibysjɔ̃] **1** nf [de prix] awarding ; [de place, rôle, part] allocation **2** **attributions** nfpl (= pouvoirs) remit ▪ **cela n'entre pas dans mes ~s** that's not part of my remit

attrister [atʀiste] vt to sadden

attroupement [atʀupmɑ̃] nm crowd

attrouper (s') [atʀupe] vpr to form a crowd

atypique [atipik] adj atypical

au [o] → **à**

aubaine [obɛn] nf godsend ; (financière) windfall

aube [ob] nf (= lever du jour) dawn ▪ **à l'~** at dawn

aubépine [obepin] nf hawthorn

auberge [obɛʀʒ] nf inn ▪ **~ de jeunesse** youth hostel

aubergine [obɛʀʒin] nf aubergine BR, eggplant US

aubergiste [obɛʀʒist] nmf [d'hôtel] hotel-keeper ; [d'auberge] innkeeper

aubette [obɛt] nf (Belg) bus shelter

auburn [obœʀn] adj inv auburn

aucun, e [okœ̃, yn] **1** adj **a** (négatif) no, not any ▪ **il n'a ~e preuve** he has no proof, he doesn't have any proof **b** (interrogatif, positif) any ▪ **il lit plus qu'~ autre enfant** he reads more than any other child **2** pron **a** (négatif) none ▪ **~ de ses enfants ne lui ressemble** none of his children are like him ▪ **il n'aime ~ de ces films** he doesn't like any of these films **b** (interrogatif, positif) any ▪ **il aime ses chiens plus qu'~ de ses enfants** he is fonder of his dogs than of any of his children

audace [odas] nf (= témérité) daring ; (= effronterie) audacity ▪ **avoir l'~ de** to dare to

audacieux, -ieuse [odasjø, jøz] adj bold

au-dehors [odəɔʀ] adv → **dehors**

au-delà [od(ə)la] adv → **delà**

au-dessous [od(ə)su] adv → **dessous**

au-dessus [od(ə)sy] adv → **dessus**

audible [odibl] adj audible

audience [odjɑ̃s] nf **a** (= public) audience ▪ **faire de l'~** to attract a large audience ▪ **cette série a battu tous les records d'~** the series has broken all viewing (ou listening) records **b** (= séance) hearing **c** (= entretien) audience

audimat® [odimat] nm inv (= taux d'écoute) ratings ▪ **faire de l'~** to have good ratings

audio [odjo] adj inv audio

audioconférence [odjokɔ̃feʀɑ̃s] nf audio conference

audiodescription [odjodɛskʀipsjɔ̃] nf audio description

audioguide [odjogid] nm audio guide (player)

audiovision [odjovizjɔ̃] nf audio description

audiovisuel, -elle [odjovizɥɛl] **1** adj audiovisual **2** nm ▪ **l'~** (= équipement) audiovisual aids ; (= méthodes) audiovisual techniques ; (= radio et télévision) radio and television

audit [odit] nm (= contrôle) audit

auditeur, -trice [oditœʀ, tʀis] nm,f listener ▸ **auditeur libre** *person who registers to sit in on lectures*, auditor US

auditif, -ive [oditif, iv] adj auditory ▪ **troubles ~s** hearing problems

audition [odisjɔ̃] nf **a** (= essai) audition ▪ **passer une ~** to audition **b** (= ouïe) hearing

auditoire [oditwaʀ] nm audience

auditorium [oditɔʀjɔm] nm auditorium

augmentation [ɔgmɑ̃tasjɔ̃] nf increase (*de* in) ▪ **~ (de salaire)** pay rise BR ou raise US

augmenté, e [ɔgmɑ̃te] adj [édition] enlarged ; [réalité] augmented ▪ **homme ~** enhanced man

augmenter [ɔgmɑ̃te] **1** vt to increase ▪ **~ les prix de 10 %** to increase prices by 10% ▪ **~ qn (de 100 €)** to increase sb's salary (by €100) **2** vi to increase

augure [ogyʀ] nm ▪ **c'est de bon/mauvais ~** this augurs well/badly

aujourd'hui [oʒuʀdɥi] adv today ▪ **ça ne date pas d'~** [objet] it's not exactly new ; [situation, attitude] it's nothing new ▪ **les jeunes d'~** the young people of today

aumône [omon] nf (= don) alms ▪ **demander l'~** to beg for alms ; (fig) to beg

auparavant [opaʀavɑ̃] adv (= d'abord) beforehand

auprès [opʀɛ] adv ▪ **~ de** (= aux côtés de) with ; (= dans l'opinion de) in the opinion of ▪ **faire une demande ~ des autorités** to apply to the authorities ▪ **rester ~ d'un malade** to stay with a sick person ▪ **il passe pour un incompétent ~ de ses collègues** his colleagues regard him as incompetent

auquel [okɛl] → **lequel**

aura(s), aurai(s), aurait [ɔʀa, ɔʀɛ] vb → **avoir**

auréole [ɔʀeɔl] nf a (= couronne) halo b (= tache) ring

auriculaire [ɔʀikylɛʀ] nm little finger

aurore [ɔʀɔʀ] nf (= lever du jour) dawn ▪ **se lever aux ~s** to get up at the crack of dawn

ausculter [ɔskylte] vt to sound the chest of ▪ **le médecin m'a ausculté** the doctor listened to my chest

aussi [osi] 1 adv a (= également) too, also ▪ **il parle ~ l'anglais** he also speaks English ▪ **faites bon voyage – vous ~** have a good journey – you too ▪ **il travaille bien et moi ~** he works well and so do I b (comparaison) ▪ **aussi... que** as... as ▪ **~ grand que** as tall as ▪ **~ vite que possible** as quickly as possible c (= si, tellement) so ▪ **je ne te savais pas ~ bête** I didn't think you were so stupid ▪ **~ idiot que ça puisse paraître** silly though it may seem d ▪ **~ bien** (= tout autant) just as well 2 conj (conséquence) therefore

aussitôt [osito] adv straight away ▪ **~ après son retour** straight after his return ▪ **~ arrivé, il s'attabla** as soon as he arrived he sat down at the table ▪ **~ dit, ~ fait** no sooner said than done ▪ **~ que** as soon as

austère [ostɛʀ] adj austere

austérité [osteʀite] nf austerity

austral, e (mpl **~s**) [ɔstʀal] adj southern

Australie [ostʀali] nf Australia

australien, -ienne [ostʀaljɛ̃, jɛn] 1 adj Australian 2 **Australien(ne)** nm,f Australian

autant [otɑ̃] adv

a (comparaison) as much ▪ **il mange toujours ~** he eats as much as ever ▪ **il travaille toujours ~** he works as hard as ever ▪ **~ que possible** as much as possible ▪ **~ de** (quantité) as much ; (nombre) as many ▪ **il n'y a pas ~ de neige que l'année dernière** there isn't as much snow as last year ▪ **nous avons ~ de médailles qu'eux** we have as many medals as they have ▪ **ils ont ~ de talent l'un que l'autre** they are both equally talented

b (= tant) ▪ **~ de** (quantité) so much ; (nombre) so many ▪ **elle ne pensait pas qu'il aurait ~ de succès** she never thought that he would have so much success ▪ **vous invitez toujours ~ de gens ?** do you always invite so many people?

c **en... autant** (= la même chose) the same ▪ **je ne peux pas en dire ~** I can't say the same for myself ▪ **il en a fait ~** he did the same

d (= il est préférable de) ▪ **~ prévenir la police** it would be as well to tell the police

e (loc) ▪ **~ que je sache** as far as I know ▪ **~ pour moi !** my mistake! ▪ **c'est d'~ plus dangereux qu'il n'y a pas de parapet** it's all the more dangerous since there is no parapet

autel [otɛl] nm altar

auteur, e [otœʀ] nm,f [de texte, roman] author ; [d'opéra] composer ; [de crime, coup d'État] perpetrator ▪ **l'~ de ce canular** the hoaxer ▪ **l'~ de ce tableau** the artist who painted the picture ▪ **cinéma d'~** art-house films ▸ **auteur-compositeur(-interprète)** singer-songwriter ▸ **auteur dramatique** playwright

authenticité [otɑ̃tisite] nf [d'œuvre, document] authenticity

authentification [otɑ̃tifikasjɔ̃] nf authentication

authentifier [otɑ̃tifje] vt to authenticate

authentique [otɑ̃tik] adj authentic ▪ **un ~ Van Gogh** a genuine Van Gogh

autisme [otism] nm autism

autiste [otist] adj, nmf autistic

auto [oto] nf car ▸ **autos tamponneuses** bumper cars

auto(-) [oto] préf self- ▪ **autoadhésif** self-adhesive

autoapprentissage [otoapʀɑ̃tisaʒ] nm self-training

autobiographie [otobjɔgʀafi] nf autobiography

autobiographique [otobjɔgʀafik] adj autobiographical

autobronzant, e [otobʀɔ̃zɑ̃, ɑ̃t] 1 adj self-tanning 2 nm self-tanning cream

autobus [ɔtɔbys] nm bus ▪ **~ scolaire** (Can) school bus

autocar [ɔtɔkaʀ] nm coach BR, bus US

autocensure [otosɑ̃syʀ] nf self-censorship

autochtone [ɔtɔktɔn] 1 adj native 2 nmf native

autocollant, e [otokɔlɑ̃, ɑ̃t] 1 adj self-adhesive 2 nm sticker

autocritique [otokritik] nf self-criticism ▪ **faire son ~** to criticize o.s.

autocuiseur [otokɥizœʀ] nm pressure cooker

autodéfense [otodefɑ̃s] nf self-defence

autodestruction [otodɛstʀyksjɔ̃] nf self-destruction

autodétruire (s') [otodetʀɥiʀ] vpr [bande] to self-destruct ; [personne] to destroy o.s.

autodidacte [otodidakt] 1 adj self-taught 2 nmf self-taught person

autodiscipline [otodisiplin] nf self-discipline

auto(-)école (pl **~s**) [otoekɔl] nf driving school ▪ **moniteur d'~** driving instructor

autoentrepreneur, -euse [otoɑ̃tʀəpʀənœʀ, øz] nm,f self-employed businessman (ou businesswoman)

autoévaluation [otoevalɥasjɔ̃] nf self-assessment

autofocus [otofɔkys] adj, nm autofocus

automate [ɔtɔmat] nm automaton

automatique [ɔtɔmatik] adj automatic ; → **distributeur**

automatiquement [ɔtɔmatikmɑ̃] adv automatically

automatiser [ɔtɔmatize] vt to automate

automatisme [ɔtɔmatism] nm automatism ▪ **acquérir des ~s** to learn to do things automatically

automne [ɔtɔn] nm autumn BR, fall US ▪ **en ~** in the autumn BR, in the fall US

automobile [ɔtɔmɔbil] 1 nf (= voiture) motor car BR, automobile US ▪ **l'~** (= industrie) the car industry 2 adj [course, sport] motor ; [assurance, industrie] car

automobiliste [ɔtɔmɔbilist] nmf driver

autoneige [otonɛʒ] nf (Can) snowmobile

autonome [ɔtɔnɔm] adj a [territoire] autonomous b [personne] self-sufficient c [véhicule] self-drive

autonomie [ɔtɔnɔmi] nf autonomy ; [de véhicule] range ▪ **~ en communication** [de téléphone] talk time ▪ **~ en veille** [d'appareil] standby time

autopartage [otopaʀtaʒ] nm (= location de voiture) car share (scheme) ▪ **voiture en ~** car-share car

autoportrait [otopɔʀtʀɛ] nm self-portrait

autopsie [ɔtɔpsi] nf autopsy ▪ **pratiquer une ~** to carry out an autopsy (*sur* on)

autoradio [otoʀadjo] nm car radio

autorisation [ɔtɔʀizasjɔ̃] nf (= permission) permission ; (officielle) authorization ; (= permis) permit ▪ **avoir l'~ de faire qch** to have permission to do sth ; (officiellement) to be authorized to do sth

autorisé, e [ɔtɔʀize] adj [opinion] authoritative ; [milieux, source] official

autoriser [ɔtɔʀize] 1 vt (= permettre) to authorize ▪ **~ qn à faire qch** to give sb permission to do sth ; (officiellement) to authorize sb to do sth 2 **s'autoriser** vpr (= se permettre) ▪ **s'~ un cigare de temps en temps** to allow o.s. a cigar from time to time

autoritaire [ɔtɔʀitɛʀ] adj authoritarian

autorité [ɔtɔʀite] 1 nf authority (*sur* over) ▪ **il n'a aucune ~ sur ses élèves** he has no control over his pupils ▪ **l'une des grandes ~s en la matière** one of the great authorities on the subject ▪ **faire ~** to be authoritative 2 **les autorités** nfpl the authorities ▪ **les ~s judiciaires** the judicial authorities

autoroute [otoʀut] nf motorway BR, highway US ▸ **autoroutes de l'information** information highways ▸ **autoroute à péage** toll motorway BR, turnpike US

autoroutier, -ière [otoʀutje, jɛʀ] adj motorway BR, highway US

autosatisfaction [otosatisfaksjɔ̃] nf self-satisfaction

auto-stop [otostɔp] nm hitch-hiking ▪ **pour rentrer, il a fait de l'~** he hitched* home ▪ **j'ai pris quelqu'un en ~** I picked up a hitch-hiker

auto-stoppeur, -euse (mpl **~s**) [otostɔpœʀ, øz] nm,f hitch-hiker

autotest [ototɛst] nm self test

autour [otuʀ] adv around ▪ **tout ~** all around ▪ **maison avec un jardin ~** house surrounded by a garden ▪ **~ de** around ▪ **il regarda ~ de lui** he looked around

autre [otʀ]

1 adj indéf other ▪ **je préfère l'~ robe** I prefer the other dress ▪ **c'est un ~ problème** that's another problem ▪ **ils ont un (tout) ~ point de vue** they have a (completely) different point of view ▪ **elle a deux ~s enfants** she has two other children ▪ **il y a beaucoup d'~s solutions** there are many other solutions ▪ **~ chose, Madame ?** anything else, madam? ▪ **de l'~ côté de la rue** on the other side of the street ▪ **l'~ jour** the other day ▪ **parlons d'~ chose** let's talk about something else ▪ **ah ~ chose ! j'ai oublié de vous dire que...** oh, one more thing! I forgot to tell you that...

2 pron indéf a (= qui est différent) ▪ **aucun ~** nobody else ▪ **les deux ~s** the other two ▪ **prendre qn pour un ~** to mistake sb for sb else ▪ **et l'~* il vient avec nous ?** what about him, is he coming with us? ▪ **d'~s**

others ■ **il en a vu d'~s !** he's seen worse! ■ **à d'~s !*** a likely story!
b (= qui vient en plus) ■ **donnez-m'en un ~** give me another one ■ **quoi d'~ ?** what else? ■ **quelqu'un d'~** somebody else ■ **personne d'~** nobody else
c (marque une opposition) ■ **l'~** the other one ■ **les ~s** the others ■ **il se moque de l'opinion des ~s** he doesn't care what other people think

autrefois [otʀəfwa] adv in the past ■ **d'~** of the past

autrement [otʀəmɑ̃] adv a (= différemment) differently ■ **il faut s'y prendre ~** we'll have to go about it differently ■ **comment aller à Londres ~ que par le train ?** how can we get to London other than by train? ■ **il n'y a pas moyen de faire ~** it's impossible to do otherwise ■ **il n'a pas pu faire ~ que de me voir** he couldn't help seeing me ■ **~ dit** (= en d'autres mots) in other words b (= sinon) otherwise ■ **travaille bien, ~ tu auras de mes nouvelles !** work hard, otherwise you'll be hearing a few things from me!

Autriche [otʀiʃ] nf Austria

autrichien, -ienne [otʀiʃjɛ̃, jɛn] 1 adj Austrian 2 **Autrichien(ne)** nm,f Austrian

autruche [otʀyʃ] nf ostrich

autrui [otʀɥi] pron others ■ **respecter le bien d'~** to respect other people's property

auvent [ovɑ̃] nm [de maison] canopy ; [de tente] awning

aux [o] → à

auxiliaire [ɔksiljɛʀ] 1 adj auxiliary ■ **mémoire ~** additional memory 2 nmf (= assistant) assistant 3 nm auxiliary

av. a (abrév de **avenue**) Ave b (abrév de **avant**) ■ **en 300 ~ J.-C.** in 300 BC

avachi, e [avaʃi] adj a [chaussure, vêtement] misshapen b [personne] ■ **~ sur son bureau** slumped over his desk

avait [avɛ] vb → **avoir**

aval (pl ~s) [aval] nm a (= autorisation) authorization b [de cours d'eau] water downstream ■ **en ~** [de cours d'eau] downstream ■ **les opérations en ~ de la production** post-production operations

avalanche [avalɑ̃ʃ] nf [de neige, réclamations] avalanche ; [de coups] shower ; [de compliments] flood

avaler [avale] vt to swallow ■ **~ la fumée** [fumeur] to inhale ■ **~ son café à petites gorgées** to sip one's coffee ■ **il a avalé de travers** it went down the wrong way ■ **il n'a rien avalé depuis deux jours** he hasn't eaten a thing for two days ■ **la machine a avalé ma carte de crédit** the machine swallowed up my credit card ■ **on lui ferait ~ n'importe quoi** (= croire) he would swallow anything

avance [avɑ̃s] 1 nf a (= progression, acompte) advance ■ **faire une ~ de 300 € à qn** to advance sb €300 b (sur un concurrent) lead ■ **avoir/prendre de l'~ sur qn** to have/take the lead over sb ■ **il a un an d'~** [élève] he's a year ahead ■ **il est en ~ pour son âge** he's advanced for his age ■ **leur pays est en ~ dans le domaine scientifique** their country leads in the field of science ■ **il était très en ~ sur son temps** he was well ahead of his time ■ **nous sommes en ~ sur le programme** we're ahead of schedule c (sur un horaire) ■ **avoir de l'~** to be ahead of schedule ■ **le train a dix minutes d'~** the train is ten minutes early ■ **arriver avec cinq minutes d'~** to arrive five minutes early ■ **en ~** early ■ **être en ~ d'une heure** to be an hour early ■ **à l'~, d'~** in advance ■ **un mois à l'~** one month in advance ■ **payable à l'~ ou d'~** payable in advance ■ **merci d'~** thanks (in anticipation) 2 **avances** nfpl (galantes) advances ■ **faire des ~s à qn** to make advances to sb

avancé, e [avɑ̃se] 1 adj [élève, civilisation, technique] advanced ■ **il est très ~ dans son travail** he's well ahead with his work ■ **elle a travaillé jusqu'à une heure ~e de la nuit** she worked late into the night ■ **être d'un âge ~** to be getting on in years ■ **nous voilà bien ~s !*** a fat lot of good that's done us!* 2 **avancée** nf a (= progression) advance b (= surplomb) overhang

avancement [avɑ̃smɑ̃] nm a (= promotion) promotion ■ **avoir de l'~** to be promoted b [de travaux] progress

avancer [avɑ̃se] 1 vt a [+ objet, tête] to move forward ; [+ main] to hold out ■ **~ une pendule** to put a clock forward b [+ opinion, hypothèse] to advance c [+ date, départ] to bring forward d [+ travail] to speed up ■ **est-ce que cela vous avancera si je vous aide ?** will it speed things up for you if I help? ■ **cela t'avancera à quoi de courir ?** what good will it do you to run? ■ **cela ne t'avancera à rien de crier** shouting won't get you anywhere e [+ argent] to advance ; (= prêter) to lend 2 vi a (dans l'espace) to advance ■ **il avança d'un pas** he took a step forward ■ **mais avance donc !** move on will you! b (= progresser) to make progress ■ **faire ~** [+ science, recherche] to further ■ **et les travaux, ça avance ?*** how's the work coming on?* ■ **son livre n'avance guère** he's not making much headway with his book ■ **tout cela n'avance à rien** that doesn't get us any further c [montre, horloge] to be fast ■ **ma montre avance de dix minutes** my watch is ten minutes fast d [cap, promontoire] to jut out (*dans* into) ; [menton] to protrude **3** **s'avancer** vpr **a** (= aller en avant) to move forward ■ **il s'avança vers nous** he came towards us **b** (= s'engager) to commit o.s.

avant [avɑ̃]

1 prép **a** before ■ **il est parti ~ la fin** he left before the end ■ **sa maison est juste ~ la poste** his house is just before the post office ■ **peu ~ mon mariage** shortly before I got married

♦ **avant de** + infinitif before ■ **il a téléphoné ~ de partir** he phoned before he left

♦ **avant que** + subj before ■ **je veux lire sa lettre ~ qu'elle ne l'envoie** I want to read her letter before she sends it ■ **n'envoyez pas cette lettre ~ que je l'aie lue** don't send the letter until I have read it

b (durée) for ■ **il n'arrivera pas ~ une demi-heure** he won't be here for another half hour yet ■ **on ne le reverra pas ~ longtemps** we won't see him again for a long time ■ **~ peu** shortly

c (priorité) before ; (dans une liste, un classement) ahead of ■ **~ tout** (= ce qui est le plus important) above all ; (= tout d'abord) first

2 adv **a** (= auparavant) first ■ **le voyage sera long, mangez ~** it's going to be a long journey so have something to eat first ■ **la semaine d'~** the previous week

b (= autrefois) ■ **~, c'était très beau ici** it used to be very beautiful here ■ **~, je n'aimais pas la physique** I didn't use to like physics

c (durée) before ■ **quelques mois ~** some months before ■ **bien ~** long before

d (lieu) ■ **tu vois la boulangerie ? le fleuriste est juste ~** you see the baker's? the florist's is just this side of it ■ **en ~** [mouvement] forward ■ **la voiture fit un bond en ~** the car lurched forward ■ **en ~, marche !** forward march! ■ **partez en ~, on vous rejoindra** you go on ahead, we'll catch up with you

3 nm **a** (= partie antérieure) front ■ **à l'~** in the front ■ **voyager à l'~ du train** to travel in the front section of the train

b (= joueur) forward

4 adj inv (= antérieur) front ■ **les sièges ~** the front seats

avantage [avɑ̃taʒ] nm **a** (= intérêt) advantage ■ **tourner une situation à son ~** to turn the situation to one's advantage **b** (= supériorité) advantage ■ **avoir l'~** to have the advantage (*sur* over) **c** (= gain) benefit ■ **~s en nature** fringe benefits ■ **~s sociaux** benefits

avantager [avɑ̃taʒe] vt **a** (= donner un avantage à) to give an advantage to ■ **il a été avantagé par rapport à ses frères** he has been given an advantage over his brothers **b** (= mettre en valeur) to flatter

avantageux, -euse [avɑ̃taʒø, øz] adj **a** [affaire] worthwhile ; [prix] attractive ■ **en grands paquets, c'est plus ~** large packets are better value **b** [portrait, robe] flattering

avant-bras [avɑ̃bʀɑ] nm inv forearm

avant-centre (pl **avants-centres**) [avɑ̃sɑ̃tʀ] nm centre-forward BR, center-forward US

avant-coureur (pl **~s**) [avɑ̃kuʀœʀ] adj m ■ **signe ~** forerunner

avant-dernier, -ière (mpl **~s**) [avɑ̃dɛʀnje, jɛʀ] adj, nm,f last but one

avant-garde (pl **~s**) [avɑ̃gaʀd] nf **a** [d'armée] vanguard **b** [d'artistes, politiques] avant-garde ■ **être à l'~ de** to be in the vanguard of ■ **d'~** avant-garde

avant-goût (pl **~s**) [avɑ̃gu] nm foretaste

avant-hier [avɑ̃tjɛʀ] adv the day before yesterday

avant-première (pl **~s**) [avɑ̃pʀəmjɛʀ] nf preview ■ **j'ai vu le film en ~** I saw a preview of the film

avant-propos [avɑ̃pʀɔpo] nm inv foreword

avant-veille (pl **~s**) [avɑ̃vɛj] nf ■ **l'~** two days before ■ **c'était l'~ de Noël** it was two days before Christmas

avare [avaʀ] **1** adj [personne] miserly ■ **~ de compliments** sparing with compliments **2** nmf miser

avarice [avaʀis] nf miserliness

avarie [avaʀi] nf damage *NonC*

avarié, e [avaʀje] adj ■ **cette viande est ~e** this meat has gone bad

avatar [avataʀ] nm **a** (= difficulté) problem **b** (= personnage) avatar **c** (= manifestation) ■ **le dernier ~ de qch** the latest manifestation of sth

avec [avɛk] **1** prép with ■ **son mariage ~ Marc a duré huit ans** her marriage to Marc lasted eight years ■ **elle est ~ Robert** (= elle le fréquente) she's going out with Robert ■ **et ~ ça, madame ?** (dans un magasin) would you like anything else? ■ **il est très gentil ~ moi** he's very kind to me ■ **parler ~ colère** to speak angrily **2** adv* ■ **tiens mes gants, je ne peux pas conduire ~** hold my gloves, I can't drive with them on ■ **il faudra bien faire ~** he (ou we, etc) will have to make do

avenant [av(ə)nɑ̃] nm **a** [de police d'assurance] endorsement ; [de contrat] amendment (à to) ■ **faire un ~ à** [+ police d'assurance] to endorse ; [+ contrat] to amend **b** ♦ **à l'avenant** ■ **la maison était luxueuse, et le mobilier était à l'~** the house was luxurious, and the furniture was equally so

avènement [avɛnmɑ̃] nm advent ; [de roi] accession (à to)

avenir [av(ə)niʀ] nm future ▪ **à l'~** in future ▪ **dans un proche ~** in the near future ▪ **elle m'a prédit mon ~** she told my fortune ▪ **l'~ le dira** time will tell ▪ **il a de l'~** he has a good future ▪ **métier d'~** job with a future

Avent [avɑ̃] nm ▪ **l'~** Advent

aventure [avɑ̃tyʀ] nf **a** adventure ▪ **film d'~s** adventure film **b** (= liaison amoureuse) affair ▪ **avoir une ~ avec qn** to have an affair with sb

aventurer (s') [avɑ̃tyʀe] vpr to venture ▪ **s'aventurer à faire qch** to venture to do sth

aventureux, -euse [avɑ̃tyʀø, øz] adj adventurous ; [projet, entreprise] risky

aventurier [avɑ̃tyʀje] nm adventurer

aventurière [avɑ̃tyʀjɛʀ] nf adventuress

avenue [av(ə)ny] nf avenue

avérer (s') [aveʀe] vpr ▪ **il s'avère que...** it turns out that... ▪ **ce remède s'est avéré inefficace** this remedy proved to be ineffective

averse [avɛʀs] nf shower

averti, e [avɛʀti] adj [public] informed ▪ **~ de** [+ problèmes] aware of

avertir [avɛʀtiʀ] vt (= prévenir) to inform ; (= mettre en garde) to warn ▪ **avertissez-moi dès que possible** let me know as soon as possible

avertissement [avɛʀtismɑ̃] nm **a** warning (à to) ; (à joueur) caution **b** (= préface) foreword

> ⚠ **avertissement** ne se traduit pas par ***advertisement***, qui signifie « publicité ».

avertisseur [avɛʀtisœʀ] nm (= klaxon) horn

aveu (pl **~x**) [avø] nm confession ▪ **passer aux ~x** to make a confession ▪ **je dois vous faire un ~** I have a confession to make

aveuglant, e [avœglɑ̃, ɑ̃t] adj [lumière] blinding

aveugle [avœgl] **1** adj blind ; [violence] random ▪ **devenir ~** to go blind ▪ **~ d'un œil** blind in one eye ▪ **avoir une confiance ~ en qn** to have blind faith in sb **2** nm blind man ▪ **les ~s** the blind **3** nf blind woman

aveuglément [avœglemɑ̃] adv blindly

aveugler [avœgle] vt to blind

aveuglette [avœglɛt] **à l'aveuglette** loc adv ▪ **avancer à l'~** to grope along ▪ **descendre à l'~** to grope one's way down

aviateur, -trice [avjatœʀ, tʀis] nm,f aviator

aviation [avjasjɔ̃] nf **a** (= corps d'armée) air force **b** (= activité) ▪ **l'~** flying **c** (= secteur) aviation

aviculture [avikyltyʀ] nf poultry farming

avide [avid] adj (= cupide) greedy ; [lecteur] avid ▪ **~ de** [+ pouvoir, honneurs, connaissances] hungry for ▪ **~ de sang** bloodthirsty

avidité [avidite] nf (= passion) eagerness ; (= cupidité, voracité) greed ▪ **lire avec ~** to read avidly ▪ **manger avec ~** to eat greedily

avilir [aviliʀ] **1** vt [+ personne] to demean **2** **s'avilir** vpr [personne] to demean o.s.

avion [avjɔ̃] nm plane ▪ **ils sont venus en ~** they came by plane ▪ **par ~** (sur lettre) by airmail ▸ **avion de chasse** fighter plane ▸ **avion de ligne** airliner ▸ **avion à réaction** jet

aviron [aviʀɔ̃] nm **a** (= rame) oar **b** (= sport) ▪ **l'~** rowing ▪ **faire de l'~** to row

avis [avi] nm **a** (= opinion) opinion ▪ **les ~ sont partagés** opinion is divided ▪ **être du même ~ que qn, être de l'~ de qn** to be of the same opinion as sb ▪ **on ne te demande pas ton ~ !** who asked you? ▪ **je ne suis pas de votre ~** I don't agree ▪ **à mon ~** in my opinion **b** (= conseil) advice *NonC* **c** (= notification) notice ▪ **~ de débit** debit advice ▪ **jusqu'à nouvel ~** until further notice ▪ **sauf ~ contraire** unless otherwise informed ▪ **~ aux amateurs !*** any takers?* ▪ **~ de réception** acknowledgement of receipt ▪ **lancer un ~ de recherche** (pour criminel) to issue a description of a wanted person ; (pour disparu) to issue a description of a missing person

> ⚠ **avis** ne se traduit pas par ***advice***, qui signifie « conseil ».

avisé, e [avize] adj ▪ **être bien/mal ~ de faire qch** to be well-advised/ill-advised to do sth

aviser [avize] **1** vt (= avertir) to notify ▪ **il ne m'en a pas avisé** he didn't notify me **2** vi ▪ **nous aviserons sur place** we'll see once we're there **3** **s'aviser** vpr ▪ **et ne t'avise pas d'aller lui dire !** and don't you dare go and tell him!

avocat, e [avɔka, at] **1** nm,f **a** (= juriste) lawyer **b** (= défenseur) advocate ▪ **se faire l'~ d'une cause** to champion a cause ▪ **se faire l'~ du diable** to play devil's advocate ▸ **avocat de la défense** counsel for the defence ▸ **avocat général** counsel for the prosecution **2** nm (= fruit) avocado

avoine [avwan] nf oats

avoir [avwaʀ]

1 vt **a** to have ▪ **j'ai trois frères** I have ou I've got three brothers ▪ **il n'avait pas d'argent** he had no money ou didn't have any money ▪ **il a la rougeole** he's got measles ▪ **il a eu la rougeole à dix ans** he had measles when he was ten ▪ **qu'est-ce que tu as ?**

what's wrong with you? ▪ **qu'est-ce qu'il a à pleurer ?** what's he crying for? ▪ **il avait les mains qui tremblaient** his hands were shaking

b (= obtenir, attraper) to get ▪ **ils ont fini par ~ le coupable** they got the culprit in the end ▪ **je t'aurai !** I'll get you!*

c (= porter) [+ vêtements] to wear ▪ **il avait un pantalon beige** he was wearing beige trousers ▪ **la femme qui a le corsage bleu** the woman in the blue blouse

d (dimensions) to be ▪ **~ 3 mètres de haut** to be 3 metres high

e (âge) (= avoir) to be ; (= atteindre) to turn ▪ **il a dix ans** he is ten ▪ **elle venait d'~ 38 ans** she had just turned 38

f (* = duper) ▪ **je t'ai bien eu !** got you there!* ▪ **se faire ~** (par escroc) to be had* ; (par un plaisantin) to be fooled

2 vb aux ▪ **hier, j'ai mangé trois bananes** yesterday, I ate three bananas ▪ **as-tu faim ? – non, j'ai mangé trois bananes** are you hungry? – no, I've eaten three bananas ▪ **je n'ai pas encore fini** I haven't finished yet ▪ **nous aurons terminé demain** we'll have finished tomorrow ▪ **si je l'avais vu** if I had seen him

♦ **avoir à** + infinitif (= devoir) ▪ **qu'as-tu à faire ?** what have you got to do? ▪ **tu n'as qu'à me téléphoner demain** just give me a ring tomorrow ▪ **tu n'avais qu'à ne pas y aller** you shouldn't have gone in the first place ▪ **s'il n'est pas content, il n'a qu'à partir** if he doesn't like it, he can always leave

3 vb impers **il y a** a (gén, + nom singulier) there is ; (+ nom pluriel) there are ▪ **il y a un homme à la porte** there's a man at the door ▪ **il y a des gens qui attendent** there are people waiting ▪ **qu'est-ce qu'il y a ?** what's the matter? ▪ **qu'est-ce qu'il y a eu ?** what's happened?

♦ **il y en a** (antécédent singulier) there is some ; (antécédent pluriel) there are some ▪ **j'achète du pain ? – non, il y en a encore** shall I buy some bread? – no, there's some left ▪ **il y en a qui disent...** there are those who say...

b (temps) ▪ **il y a dix ans que je le connais** I've known him for ten years ▪ **il y avait longtemps qu'elle désirait le rencontrer** she had wanted to meet him for a long time ▪ **il est né il y a tout juste un an** he was born just one year ago ▪ **il y a dix jours que nous sommes rentrés** we got back ten days ago

c (distance) ▪ **il y a 10 km d'ici à Paris** it is 10km from here to Paris ▪ **combien y a-t-il d'ici à Lille ?** how far is it from here to Lille?

4 **avoirs** nmpl (Fin) assets ▪ **~s criminels** criminal assets

---

avoisinant, e [avwazinɑ̃, ɑ̃t] adj neighbouring BR, neighboring US ▪ **dans les rues ~es** in the nearby streets

avortement [avɔʀtəmɑ̃] nm abortion ▪ **campagne contre l'~** anti-abortion campaign

avorter [avɔʀte] vi a [femme] ▪ **(se faire) ~** to have an abortion b [tentative] to fail ▪ **faire ~ un projet** to wreck a plan

avouer [avwe] 1 vt [+ amour] to confess ; [+ crime] to confess to ; [+ faiblesse, vice] to admit to ▪ **~ avoir menti** to admit that one has lied ▪ **~ que...** to admit that... ▪ **elle est douée, je l'avoue** she is gifted, I must admit 2 vi [coupable] to confess 3 **s'avouer** vpr ▪ **s'~ coupable** to admit one's guilt ▪ **s'~ vaincu** to admit defeat

avril [avʀil] nm April ; pour loc voir **septembre**

axe [aks] nm a (= route) trunk road BR, main highway US ▪ **les grands ~s routiers** the main roads b (Math) axis

axer [akse] vt ▪ **~ qch sur/autour de** to centre BR ou center US sth on/around

⚠ **axer** ne se traduit pas par ***to axe***, qui signifie « couper à la hache ».

ayant droit (pl **ayants droit**) [ɛjɑ̃dʀwa] nm [de prestation, pension] eligible party

ayatollah [ajatɔla] nm ayatollah ▪ **les ~s de la morale** moral zealots

azalée [azale] nf azalea

AZERTY [azɛʀti] adj inv ▪ **clavier ~** ≈ French keyboard

azimut [azimyt] nm ▪ **tous ~s** (= dans toutes les directions) everywhere ; [d'offensive, campagne] all-out ; [réformes] wholesale

azimuté, e* [azimyte] adj crazy

azote [azɔt] nm nitrogen

azur [azyʀ] nm (littér = couleur) sky blue

azyme [azim] adj unleavened

bB

B.A.-BA [beaba] nm ■ **le ~** the ABC

baba* [baba] **1** nm **a** (= gâteau) baba **b** (= hippy) ■ **~ cool** ≈ hippy **2** adj ■ **j'en suis resté ~** I was flabbergasted

babillard [babijaʀ] nm (Can) notice board

babiole [babjɔl] nf (= vétille) trifle

bâbord [bɑbɔʀ] nm port (side) ■ **à ~** on the port side

baby(-)foot (pl **~s**) [babifut] nm (= jeu) table football

baby-sitter (pl **~s**) [babisitœʀ] nmf babysitter

baby-sitting (pl **~s**) [babisitiŋ] nm babysitting ■ **faire du ~** to baby-sit

bac[1] [bak] nm **a** (= bateau) ferry ; (pour voitures) car-ferry **b** (= récipient) tub ; [d'évier] sink ; [de courrier, imprimante] tray ▸ **bac à douche** shower tray ▸ **bac (à fleurs)** tub ▸ **bac à glace** ice-tray ▸ **bac à légumes** vegetable compartment ▸ **bac à sable** (lit) sandpit BR, sandbox US; (fig) sandbox

bac[2] [bak] (abrév de **baccalauréat**) nm **a** (en France) baccalauréat ■ **formation ~ + 3** ≈ 3 years' higher education **b** (au Canada) (= licence) ≈ BA

baccalauréat [bakalɔʀea] nm **a** (en France) baccalauréat **b** (au Canada) (= licence) ≈ BA

bâche [bɑʃ] nf (= toile) canvas cover ; [de piscine] cover

bachelier, -ière [baʃəlje, jɛʀ] nm,f *person who has passed the baccalauréat*

bachot* [baʃo] nm ⇒ **baccalauréat** ; → **boîte**

bachoter [baʃɔte] vi (Scol) to cram (for an exam)

bâcler [bɑkle] vt [+ travail] to botch ■ **c'est du travail bâclé** it's slapdash work

bacon [bekɔn] nm (= lard) bacon

bactérie [bakteʀi] nf bacterium ■ **~s** bacteria

badge [badʒ] nm badge ; (pour visiteur) visitor's badge ; (= carte électronique) swipe card

badger [badʒe] vi to badge, to swipe one's badge

badiane [badjan] nf star anise

badigeonner [badiʒɔne] vt [+ mur intérieur] to paint ; [+ mur extérieur] to whitewash BR ; [+ plaie, gorge] to paint (à, avec with)

badminton [badmintɔn] nm badminton

baffe* [baf] nf slap ■ **recevoir une ~** to get slapped

baffle [bafl] nm (de chaîne hi-fi) speaker

bafouer [bafwe] vt to flout

bafouiller [bafuje] vi to stammer

bâfrer‡ [bɑfʀe] vi to guzzle*

bagage [bagaʒ] nm **a** (= valises) ■ **~s** luggage *NonC*, baggage *NonC* ■ **faire ses ~s** to pack (one's bags) **b** (= valise) bag ■ **~ à main** piece of hand luggage **c** (= diplômes) qualifications

bagagiste [bagaʒist] nmf baggage handler

bagarre* [bagaʀ] nf **a** ■ **la ~** fighting ■ **il cherche la ~** he's looking for a fight **b** (= rixe) fight

bagarrer (se)* [bagaʀe] vpr to fight

bagarreur, -euse* [bagaʀœʀ, øz] adj (= batailleur) ■ **il est ~** he's always getting into fights

bagatelle [bagatɛl] nf **a** little thing ■ **perdre son temps à des ~s** to fritter away one's time on little things **b** (= somme) trifling sum

Bagdad [bagdad] n Baghdad

bagnard [baɲaʀ] nm convict

bagne [baɲ] nm (= prison) penal colony ; (= peine) hard labour ■ **c'est le ~ !*** it's slavery!

bagnole* [baɲɔl] nf car

bagou(t)* [bagu] nm ■ **avoir du ~** to have the gift of the gab

bague [bag] nf ring ; (Tech) collar

baguette [bagɛt] nf **a** (= bâton) stick ■ **~s** (pour manger) chopsticks ■ **~ de chef d'orchestre** baton ■ **mener qn à la ~** to rule sb with a rod of iron ▸ **baguette magique** magic wand ▸ **baguette de tambour** drumstick **b** (= pain) baguette

bah [bɑ] excl (indifférence) pooh! ; (doute) well!

bahut [bay] nm **a** (= buffet) sideboard **b** (* Scol) school

baie [bɛ] nf **a** (= anse) bay **b** ■ **~ vitrée** (= fenêtre) plate glass window **c** (= fruit) berry

baignade [bɛɲad] nf swimming ■ **« ~ interdite »** "no swimming"

baigner [beɲe] **1** vt [+ bébé, chien] to bath BR, to bathe US ; [+ pieds, visage, yeux] to bathe **2** vi ■ **la victime baignait dans son sang** the victim was lying in a pool of blood ■ **ça baigne !*** great!* **3** **se baigner** vpr (dans la mer, une piscine) to go swimming ; (dans une baignoire) to have a bath

baigneur, -euse [bɛɲœʀ, øz] nm,f swimmer

baignoire [bɛɲwaʀ] nf bath, tub US

bail (pl **baux**) [baj, bo] nm lease ▪ **ça fait un ~ que je ne l'ai pas vu !*** I haven't seen him for ages!

bâillement [bɑjmɑ̃] nm yawn

bâiller [bɑje] vi a [personne] to yawn b [col, chaussure] to be too loose

bailleur, bailleresse [bajœʀ, bajʀɛs] nm,f [de local] lessor ▪ **~ de fonds** backer

bâillonner [bɑjɔne] vt to gag

bain [bɛ̃] nm (dans une baignoire) bath ; (dans une piscine, la mer) swim ▪ **~ de boue** mud bath ▪ **prendre un ~** (dans une baignoire) to have a bath ; (dans la mer, une piscine) to have a swim ▪ **~ moussant** bubble bath ▪ **prendre un ~ de soleil** to sunbathe ▪ **se (re)mettre dans le ~*** to get (back) into the swing of things

bain-marie (pl **bains-marie**) [bɛ̃maʀi] nm bain-marie ▪ **réchauffer une boîte de conserve au ~** to heat a tin up by standing it in simmering water

baïonnette [bajɔnɛt] nf bayonet

baiser [beze] 1 nm kiss ▪ **bons ~s** (en fin de lettre) love ▪ **donner un ~ à qn** to give sb a kiss 2 vt a (frm) [+ main, visage, sol] to kiss b (‡ : sexuellement) to screw‡ c (‡ = tromper, vaincre) to have* ▪ **il s'est fait ~** he was really had* 3 vi ‡ to screw‡

baisse [bɛs] nf fall (*de* in) ; [de popularité] decline (*de* in) ▪ **être en ~** [prix, chômage, actions] to be going down ; [niveau, natalité] to be falling ; [popularité] to be declining ▪ **la production est en ~ de 8 % par rapport à l'année dernière** production is 8% down on last year

baisser [bese] 1 vt a to lower ▪ **~ la tête** to bend one's head ; (de honte) to hang one's head ▪ **~ les yeux** to look down ▪ **~ les bras** (fig) to give up b [+ chauffage, éclairage, radio, son] to turn down ; [+ voix] to lower 2 vi a [température, prix, baromètre] to fall ; [marée] to go out ; [réserves, provisions] to run low ; [popularité] to decline ▪ **faire ~ la tension/le chômage** to reduce tension/unemployment b [vue, forces, santé] to fail 3 **se baisser** vpr (pour ramasser) to bend down ; (pour éviter) to duck

bal (pl **~s**) [bal] nm (= réunion) dance ; (habillé) ball ▪ **aller au ~** to go dancing ▸ **bal costumé** fancy dress ball BR, costume ball US ▸ **bal masqué** masked ball ▸ **bal populaire** ≈ local dance

balade* [balad] nf (à pied) walk ; (en voiture) drive ; (à vélo) ride ; (en bateau) trip ▪ **faire une ~** to go for a walk (ou a drive, etc)

balader* [balade] 1 vt a (= promener) to take for a walk ; (en voiture) to take for a drive ou a ride b ▪ **~ qn*** (= le tromper) to string sb along* ; (Sport) to outclass sb ▪ **ils nous ont baladés pendant la première mi-temps** they walked all over us* in the first half 2 **se balader** vpr (à pied) to go for a walk ▪ **la lettre s'est baladée de bureau en bureau** the letter was sent from one office to another ▪ **des câbles se baladent partout** there are cables trailing all over the place

baladeur [baladœʀ] nm Walkman®, personal stereo

baladodiffusion [baladodifyzjɔ̃] nf podcasting

balai [balɛ] nm broom ; [d'essuie-glace] blade ▪ **donner un coup de ~** to sweep the floor ▪ **du ~ !*** clear off!* ▪ **il a 80 ~s‡** he's 80

balance [balɑ̃s] nf a (= instrument) scales b (= équilibre) balance ▸ **balance commerciale, balance des paiements** balance of trade, balance of payments c (Astron) ▪ **la Balance** Libra ▪ **être Balance** to be Libra ou a Libran

> ⚠ **balance** ne se traduit pas toujours par le mot anglais ***balance***, qui signifie principalement « équilibre ».

balancer [balɑ̃se] 1 vt a [+ chose, bras, jambe] to swing ; [+ bébé] to rock ; (sur une balançoire) to push b (* = lancer) to chuck* c (= se débarrasser de) to chuck out* 2 **se balancer** vpr [bras, jambes] to swing ; [bateau] to rock, to sway ; (sur une balançoire) to swing ▪ **ne te balance pas sur ta chaise !** don't tip your chair back! ▪ **je m'en balance‡** (= m'en fiche) I don't give a damn*

balançoire [balɑ̃swaʀ] nf (suspendue) swing ; (sur pivot) seesaw ▪ **faire de la ~** to have a go on a swing (ou a seesaw)

balayage [balɛjaʒ] nm (= nettoyage) sweeping ; (Élec, Radio) scanning ▪ **se faire faire un ~** (cheveux) to have highlights put in one's hair

balayer [baleje] vt a [+ poussière, feuilles mortes] to sweep up b (= nettoyer) to sweep (out) c (= chasser) [+ feuilles mortes] to sweep away ; [+ obstacles] to brush aside d [phares, vent] to sweep across ; [regard] to sweep over ; [radar] to scan

balayeur, -euse [balɛjœʀ, øz] nm,f road sweeper BR, street sweeper US

balbutier [balbysje] vi to stammer

balcon [balkɔ̃] nm (= terrasse) balcony ▪ **premier/deuxième ~** (Théâtre) lower/upper circle

balconnet [balkɔnɛ] nm ▪ **(soutien-gorge à) ~** half-cup bra

Bâle [bɑl] n Basel

Baléares [baleaʀ] nfpl ▪ **les (îles) ~** the Balearics

baleine [balɛn] nf a (= animal) whale b ▪ **~ de parapluie** umbrella rib

balèze‡ [balɛz] adj (= musclé) brawny ; (= excellent) terrific*

balise [baliz] nf a (pour bateaux) marker buoy ; (pour avions) beacon ▪ **~ de détresse** distress beacon b (Informatique) tag

baliser [balize] 1 vt a to mark out b (Informatique) tag 2 vi (‡ = avoir peur) to be scared

Balkans [balkɑ̃] nmpl ▪ **les ~** the Balkans

ballade [balad] nf (= poème long) ballad

ballant, e [balɑ̃, ɑ̃t] adj ▪ **les bras ~s** with arms dangling

balle [bal] nf a (= projectile) bullet ▪ **~ à blanc** blank b (= ballon) ball ▪ **~ de ping-pong** ping-pong ball ▪ **jouer à la ~** to play (with a) ball ▪ **c'est de la ~ !*** it's fab!* c (Sport = coup) shot ▪ **~ de jeu/match/set** game/match/set point ▪ **~ de service** service ball d * (= euro) ▪ **à deux ~s** [argument, plaisanterie] pathetic*

ballerine [bal(ə)ʀin] nf (= danseuse) ballerina ; (= chaussure) ballet shoe

ballet [balɛ] nm (= spectacle) ballet

ballon [balɔ̃] nm a (= balle) ball ▪ **~ de football** football BR, soccer ball US ▪ **~ de rugby** rugby ball ▪ **~ (de baudruche)** balloon b (= montgolfière) balloon c (* = Alcootest) ▪ **souffler dans le ~** to take a breath test

ballonné, e [balɔne] adj [ventre] bloated ▪ **je suis ~** I feel bloated

ballot [balo] nm a (= paquet) bundle b (* = nigaud) nitwit*

ballottage [balɔtaʒ] nm (dans une élection) ▪ **il y a ~** there will have to be a second ballot

ballotter [balɔte] 1 vi [objet] to roll around ; [poitrine] to bounce 2 vt [+ personne] to shake about ; [+ bateau] to toss (about)

balnéaire [balneɛʀ] adj → **station**

balsamique [balzamik] adj balsamic

balte [balt] adj Baltic ▪ **les pays ~s** the Baltic States

Baltique [baltik] nf ▪ **la ~** the Baltic

balustrade [balystʀad] nf (= garde-fou) railing

bambin* [bɑ̃bɛ̃] nm small child

bambou [bɑ̃bu] nm bamboo

ban [bɑ̃] nm a [de mariage] ▪ **~s** banns b ▪ **mettre au ~ de la société** to ostracize

banal, e (mpl **~s**) [banal] adj a (= sans originalité) banal ▪ **un personnage peu ~** an unusual character b (= courant) commonplace ▪ **une grippe ~e** a common-or-garden case of flu

banaliser [banalize] 1 vt a (= rendre courant) to make commonplace b ▪ **voiture banalisée** unmarked police car 2 **se banaliser** vpr [pratiques] to become commonplace ; [violence] to become routine

banalité [banalite] nf a (= caractère) banality ▪ **d'une ~ affligeante** appallingly trite b (= propos) platitude

banane [banan] nf a (= fruit) banana b (* = sac) bumbag* BR, fanny pack* US

bananier [bananje] nm (= arbre) banana tree

banc [bɑ̃] 1 nm a (= siège) seat ▪ **~ public** park bench ▸ **banc des accusés** dock ▸ **banc d'église** pew b [de poissons] school 2 comp ▸ **banc d'essai** test bench ▸ **banc d'huîtres** oyster bed ▸ **banc de sable** sandbank

bancaire [bɑ̃kɛʀ] adj [système] banking ▪ **chèque ~** (bank) cheque BR ou check US

bancal, e (mpl **~s**) [bɑ̃kal] adj [table, chaise] wobbly

bandage [bɑ̃daʒ] nm bandage

bandant, e‡ [bɑ̃dɑ̃, ɑ̃t] adj [film, livre] sexy* ▪ **elle est vachement ~e** she's a real turn-on‡ ▪ **ce n'est pas très ~** it's not exactly thrilling

bande [bɑ̃d] nf a (= ruban) strip ; (Ciné) film ; [de magnétophone] tape ▪ **la ~ de Gaza** the Gaza strip ▸ **bande dessinée** comic strip ; (= livre) comic book ▸ **bande magnétique** magnetic tape ▸ **bande originale** [de film] (original) soundtrack b (= dessin, motif) stripe c (Radio) ▪ **~ (de fréquence)** waveband d (= groupe) group ▪ **une ~ d'amis** a group of friends ▪ **~ d'imbéciles !** you're a bunch of fools!* e (= gang) gang ▪ **faire ~ à part** to go off on one's own

bande-annonce (pl **bandes-annonces**) [bɑ̃danɔ̃s] nf [de film] trailer

bandeau (pl **~x**) [bɑ̃do] nm (= ruban) headband ; (pour les yeux) blindfold ▪ **avoir un ~ sur l'œil** to wear an eye patch

bander [bɑ̃de] 1 vt a [+ genou, plaie] to bandage ▪ **les yeux bandés** blindfolded b [+ arc] to bend ; [+ muscles] to tense 2 vi (‡ : sexuellement) to have a hard-on‡

banderole [bɑ̃dʀɔl] nf banderole

bande-son (pl **bandes-son**) [bɑ̃dsɔ̃] nf [de film] soundtrack

bandit [bɑ̃di] nm (= brigand) bandit ; (= escroc) crook

bandoulière [bɑ̃duljɛʀ] nf shoulder strap ▪ **en ~** slung across the shoulder

banlieue [bɑ̃ljø] nf suburbs ▪ **Paris et sa ~** Greater Paris ▪ **habiter en ~** to live in the suburbs ▪ **de ~** [maison] suburban ; [train] commuter

banlieusard, e [bɑ̃ljøzaʀ, aʀd] nm,f commuter

bannière [banjɛʀ] nf (= drapeau) banner ▪ **la ~ étoilée** the Star-Spangled Banner

bannir [baniʀ] vt [+ mot, sujet, aliment] to banish ; [+ usage] to prohibit

banque [bɑ̃k] nf bank ▪ **il a de l'argent à la ~** he's got money in the bank ▪ **~ du sang/d'organes** blood/organ bank ▪ **~ de données** data bank ▪ **~ en ligne** e-banking

banqueroute [bɑ̃kʀut] nf bankruptcy ▪ **faire ~** to go bankrupt

banquet [bɑ̃kɛ] nm banquet

banquette [bɑ̃kɛt] nf bench seat

banquier [bɑ̃kje] nm banker

banquise [bɑ̃kiz] nf ice field

baobab [baɔbab] nm baobab

baptême [batɛm] nm (= sacrement) baptism ; (= cérémonie) christening ; [de navire] naming ▸ **baptême de l'air** maiden flight ▸ **baptême de plongée** first dive

baptiser [batize] vt **a** (Rel) to baptize **b** [+ navire, rue] to name **c** (= surnommer) to christen

baquer (se)* [bake] vpr (= se baigner) to go for a dip*

bar [baʀ] nm bar ▪ **~ à vin(s)** wine bar ▪ **~ à desserts/salades** dessert/salad bar ▸ **bar à ongles** nail bar

baragouiner* [baʀagwine] vt ▪ **il baragouine un peu l'espagnol** he can speak Spanish after a fashion ▪ **qu'est-ce qu'il baragouine ?** what's he jabbering on about?*

baraque [baʀak] nf **a** (= cabane) shed ▪ **~ foraine** fairground stall **b** (* = maison) place*

baraqué, e* [baʀake] adj well-built

baraquement [baʀakmɑ̃] nm (Mil) camp

baratin* [baʀatɛ̃] nm (= boniment) sweet talk* ; (commercial) sales talk

baratiner* [baʀatine] vt ▪ **~ qn** (= amadouer) to sweet-talk sb* ; (= draguer) to chat sb up* BR, to feed sb some lines* US

barbant, e* [baʀbɑ̃, ɑ̃t] adj boring

barbare [baʀbaʀ] **1** adj (péj) [mœurs, crime] barbaric **2** nm barbarian

barbe [baʀb] nf beard ▪ **porter la ~** to have a beard ▪ **il faut que j'y retourne, quelle ~ !*** I've got to go back - what a drag!* ▸ **barbe à papa** candy-floss BR, cotton candy US

barbecue [baʀbəkju] nm barbecue ▪ **faire un ~** to have a barbecue

barbelé, e [baʀbəle] adj, nm ▪ **(fil de fer) ~** barbed wire *NonC* ▪ **les ~s** the barbed wire fence

barber* [baʀbe] vt ▪ **ça me barbe** it bores me to tears*

barbouiller [baʀbuje] vt **a** (= couvrir, salir) to smear (*de* with), to cover (*de* with, in) ▪ **tout barbouillé de chocolat** covered in chocolate **b** ▪ **être barbouillé***, ▪ **avoir l'estomac barbouillé*** to feel queasy

barbu, e [baʀby] **1** adj [personne] bearded **2** nm man with a beard

Barcelone [baʀsəlɔn] n Barcelona

barda* [baʀda] nm gear* ; (Mil) kit

barder* [baʀde] vb impers ▪ **ça va ~** all hell is going to break loose*

barème [baʀɛm] nm (= table de référence) table ; (= tarif) price list ▪ **~ de correction** (Scol) marking BR ou grading US scheme

barge[1] [baʀʒ] nf (= bateau) barge

barge[2]* [baʀʒ] adj crazy

baril [baʀi(l)] nm [de pétrole, vin] barrel ; [de poudre] keg ; [de lessive] drum

bariolé, e [baʀjɔle] adj [vêtement, tissu] rainbow-coloured

barjo(t)* [baʀʒo] adj crazy

barmaid [baʀmɛd] nf barmaid

barman [baʀman] (pl **~s** ou **barmen** [baʀmɛn]) nm barman

baromètre [baʀɔmɛtʀ] nm barometer

baron [baʀɔ̃] nm baron

baronne [baʀɔn] nf baroness

baroque [baʀɔk] adj, nm baroque

baroudeur, -euse [baʀudœʀ, øz] nm,f ▪ **c'est un ~** he travels from one trouble spot to the next

barque [baʀk] nf small boat ▪ **~ à moteur** (small) motorboat ▪ **~ de pêche** small fishing boat

barquette [baʀkɛt] nf **a** (= tarte) tartlet **b** (= récipient) container ; (pour fruits) punnet

barrage [baʀaʒ] nm **a** [de rivière, lac] dam ▪ **~ de retenue** flood barrier **b** (= barrière) barrier ▪ **~ de police** roadblock ; (= cordon d'agents) police cordon

barre [baʀ] nf **a** (= tige) bar ; (de fer) rod, bar ▪ **j'ai un coup de ~*** I feel shattered* ▸ **barre de céréales** muesli BR ou granola US bar ▸ **barre chocolatée** bar of chocolate BR, candy bar US ▸ **barre latérale** (= Informatique) sidebar ▸ **barre de menu** menu bar ▸ **barre d'outils** tool bar **b** (Danse) barre ▪ **~s asymétriques/parallèles** asymmetric/parallel bars ▪ **~ fixe** horizontal bar **c** [de navire] helm ; [de petit bateau] tiller ▪ **être à la** ou **tenir la ~** (lit, fig) to be at the helm **d** (Droit) ▪ **être appelé à la ~** to be called as a witness **e** (= trait) line ; (du t, f) cross ▪ **~ oblique** slash **f** (= niveau) mark ▪ **franchir la ~ des 10 %** to pass the 10% mark ▪ **vous placez la ~ trop haut** you set your standards too high **g** (= douleur) pain ▪ **j'ai une ~ sur la poitrine** my chest feels tight

barré, e* [baʀe] adj **a** (= engagé) ▪ **il/c'est mal ~** he's/it's off to a bad start ▪ **il est mal ~ pour avoir son examen** his chances of passing the exam are slim **b** (* = fou) crazy, nuts* ▪ **c'est un film bien ~** it's a really wacky* film

barreau (pl ~x) [baʀo] nm **a** [d'échelle] rung ; [de cage, fenêtre] bar ▪ **être derrière les ~x** [prisonnier] to be behind bars **b** (Droit) bar

barrer [baʀe] **1** vt **a** [+ porte] to bar ; [+ chemin, route] (par accident) to block ; (pour travaux, par la police) to close ▪ **~ le passage** ou **la route à qn** to stand in sb's way **b** [+ mot, phrase] to cross out **2** vi (Naut) to steer **3** **se barrer*** vpr [personne] to clear off* ▪ **il s'est barré de chez lui** he walked out on his family*

barrette [baʀɛt] nf (pour cheveux) slide BR, barrette US

barricade [baʀikad] nf barricade

barricader [baʀikade] **1** vt to barricade **2** **se barricader** vpr to barricade o.s. ▪ **se ~ chez soi** to lock o.s. in

barrière [baʀjɛʀ] nf (= obstacle) barrier ; (= clôture) fence ; (= porte) gate ▪ **~ (de passage à niveau)** level BR ou grade US crossing gate

barrir [baʀiʀ] vi [éléphant] to trumpet

baryton [baʀitɔ̃] adj, nm baritone

bas[1], basse[1] [bɑ, bɑs] **1** adj **a** (= peu élevé) low ; [ciel] overcast ; [maison] low-roofed ▪ **les branches basses d'un arbre** the lower branches of a tree ▪ **un enfant en ~ âge** a small child **b** (= grave) [voix] deep **c** (Géog) ▪ **le Bas Languedoc** Lower Languedoc **2** adv **a** low ▪ **mets tes livres plus ~** put your books lower down ▪ **ma maison est plus ~ dans la rue** my house is further down the street ▪ **voir plus ~** see below ▪ **mettre ~** to give birth ▪ **à ~ le fascisme !** down with fascism! **b** (= doucement) [parler] softly ▪ **parler tout ~** to speak in a very low voice ▪ **mettez la radio plus ~** turn the radio down **3** nm [de page, escalier, mur] foot ; [de visage] lower part ; [de jupe, pantalon] bottom ▪ **j'ai mal dans le ~ du dos** I've got a pain in my lower back ▪ **l'équipe se retrouve au ~ du classement** the team is at the bottom of the league ▪ **de ~ en haut** from the bottom up ▪ **il la contempla de ~ en haut** he looked her up and down ▪ **en ~** (dans une maison) downstairs ▪ **la tête en ~** upside down ▪ **le supermarché d'en ~ vend du pain** the supermarket below sells bread ▪ **le bruit vient d'en ~** the noise is coming from downstairs ▪ **du ~** [de dents, mâchoire] lower ▪ **l'étagère du ~** the bottom shelf ▪ **en ~ de** at the bottom of ▪ **il m'attend en ~ de l'immeuble** he's waiting for me outside the building

bas[2] [bɑ] nm stocking

basalte [bazalt] nm basalt

basané, e [bazane] adj dark-skinned

bas-côté (pl **~s**) [bɑkote] nm **a** [de route] verge BR, shoulder US **b** [d'église] side aisle

bascule [baskyl] nf **a** (= balance) [de marchandises] weighing machine ; [de personne] scales **b** (= balançoire) seesaw ▪ **cheval/fauteuil à ~** rocking horse/chair

basculer [baskyle] vi **a** [personne, objet] to fall over ▪ **faire ~** [+ personne] to knock off balance **b** [match] to take a sudden turn ▪ **ma vie a basculé** my life was turned upside down **c** (Informatique) to toggle

base [bɑz] nf **a** (= lieu) base ▪ **~ navale/aérienne** naval/air base **b** (= fondement) basis ▪ **les ~s de l'accord** the basis of the agreement ▪ **il a des ~s solides en anglais** he has a good grounding in English ▪ **cocktail à ~ de gin** gin-based cocktail ▪ **de ~** basic ▸ **base de données** database

baser [bɑze] **1** vt to base (*sur* on) **2** **se baser** vpr ▪ **se ~ sur** to base one's judgment on ▪ **sur quoi vous basez-vous ?** what is the basis of your argument?

bas-fond (pl **~s**) [bɑfɔ̃] nm (= haut-fond) shallow

basilic [bazilik] nm (= plante) basil

basilique [bazilik] nf basilica

basket [baskɛt] nm **a** (= sport) basketball **b** (= chaussures) ▪ **~s** trainers BR, sneakers US ; (pour joueur) basketball boots BR, high-tops US ▪ **être à l'aise dans ses ~s*** to be at ease with o.s.

> ⚠ **basket** ne se traduit pas par le mot anglais ***basket***, qui signifie « panier ».

basket(-)ball (pl **~s**) [baskɛtbol] nm basketball

basketteur, -euse [basketœʀ, øz] nm,f basketball player

basque [bask] **1** adj Basque ▪ **le Pays ~** the Basque Country **2** nm (= langue) Basque **3** **Basque** nmf Basque

bas-relief (pl **~s**) [bɑʀəljɛf] nm bas relief

basse[2] [bɑs] nf (= chanteur, instrument) bass

basse-cour (pl **basses-cours**) [bɑskuʀ] nf (= lieu) farmyard

basset [basɛ] nm basset hound

bassin [basɛ̃] nm **a** (= pièce d'eau) ornamental lake ; (plus petit) pond ; [de piscine] pool ; [de fontaine] basin ; [de port] dock ▪ **~ de retenue** reservoir **b** (= région) basin ▸ **le Bassin parisien** the Paris Basin **c** (Anat) pelvis

bassine [basin] nf (= cuvette) bowl

bassiste [basist] nmf (= guitariste) bass guitarist

bastion [bastjɔ̃] nm bastion

baston‡ [bastɔ̃] nf ou m fight ▪ **il va y avoir de la ~** things are going to get nasty

bastonner (se)‡ [bastɔne] vpr to fight

bas-ventre (pl **~s**) [bɑvɑ̃tʀ] nm groin ; (= abdomen) lower abdomen

bât [bɑ] nm [de mule, âne] packsaddle ▪ **c'est là que le ~ blesse** there's the rub

bataille [bataj] nf **a** (Mil) battle ; (= rixe, querelle) fight ▪ **~ navale** (Mil) naval battle ; (= jeu) battleships **b** (Cartes) beggar-my-neighbour

bataillon [batajɔ̃] nm (Mil) battalion

bâtard [bɑtaʀ] nm **a** (= chien) mongrel **b** (= pain) (short) loaf of bread

bateau (pl **~x**) [bato] **1** nm boat ; (grand) ship ▪ **~ à moteur/à rames/à voiles** motor/rowing/sailing boat ▪ **faire du ~** (à voiles) to go sailing ; (à rames, à moteur) to go boating ▪ **mener qn en ~** (fig) to take sb for a ride* ▸ **bateau de pêche** fishing boat ▸ **bateau de plaisance** yacht ▸ **bateau à vapeur** steamer **2** adj inv (* = banal) hackneyed

bateau-mouche (pl **bateaux-mouches**) [batomuʃ] nm river boat

bâti, e [bɑti] adj ▪ **être bien ~** [personne] to be well-built ▪ **terrain ~/non ~** developed/undeveloped site

bâtiment [bɑtimɑ̃] nm **a** (= édifice) building ▪ **le ~** (= industrie) the building trade **b** (= navire) ship

bâtir [bɑtiʀ] vt to build (*sur* on) ▪ **(se) faire ~ une maison** to have a house built

bâtisse [bɑtis] nf (= maison) building

bâton [bɑtɔ̃] nm **a** stick ; [d'agent de police] baton ▪ **~ de rouge (à lèvres)** lipstick ▪ **~ de ski** ski pole ▪ **il m'a mis des ~s dans les roues** he put a spoke in my wheel **b** (= trait) vertical stroke **c** (* = million de centimes) ten thousand francs

bâtonnet [bɑtɔnɛ] nm stick ▪ **~ glacé** ice pop

battage [bataʒ] nm ▪ **faire du ~ autour de qch/qn** to give sth/sb a lot of hype*

battant, e [batɑ̃, ɑ̃t] **1** nm ▪ **~ (de porte)** (left-hand ou right-hand) door *(of a double door)* ▪ **porte à double ~ ou à deux ~s** double door(s) **2** nm,f (= personne) fighter

batte [bat] nf [de base-ball, cricket] bat

battement [batmɑ̃] nm **a** [d'ailes] flapping *NonC* ; [de cils] fluttering *NonC* ▪ **~s de jambes** leg movements **b** [de cœur] beat **c** ▪ **vingt minutes de ~** (= pause) a twenty-minute break ; (= temps libre) two minutes to spare

batterie [batʀi] nf **a** (= percussions) drum kit ▪ **Luc à la ~** Luc on drums **b** (= pile) battery **c** ▪ **~ de cuisine** kitchen utensils **d** (Agric) ▪ **poulets de ~** battery hens

batteur, -euse [batœʀ, øz] **1** nm,f (= musicien) drummer ; (Cricket) batsman (ou -woman) ; (Baseball) batter **2** nm (= ustensile) whisk

battre [batʀ] **1** vt **a** to beat ; [+ blanc d'œuf] to whisk ; [+ crème] to whip ; [+ cartes] to shuffle ▪ **femmes battues** battered women ▪ **se faire ~** (= vaincre) to be beaten ▪ **~ qn à plate(s) couture(s)** to beat sb hands down ▪ **~ son plein** [saison touristique] to be at its height ; [fête] to be going full swing **b** [+ record] to break **2** vt indir ▪ **~ des mains** to clap one's hands ▪ **l'oiseau bat des ailes** the bird is flapping its wings ▪ **~ de l'aile** (fig) to be in a bad way **3** vi [cœur] to beat ; [porte, volets] to bang ; [voile, drapeau] to flap ▪ **le cœur battant** with pounding heart **4** **se battre** vpr to fight ▪ **notre équipe s'est bien battue** our team put up a good fight

battue [baty] nf (Chasse) beat ; (pour retrouver qn) search

baudruche [bodʀyʃ] nf (= caoutchouc) rubber ; → **ballon**

baume [bom] nm balm ▪ **ça lui a mis du ~ au cœur** it was a great comfort to him

baux [bo] nmpl de **bail**

bavard, e [bavaʀ, aʀd] adj ▪ **elle est ~e** she talks all the time ▪ **il est ~ comme une pie** he's a real chatterbox

bavardage [bavaʀdaʒ] nm (= papotage) chatting ; (= jacasserie) chattering ▪ **~s** (= commérages) gossiping

bavarder [bavaʀde] vi (= papoter) to chat ; (= jacasser) to chatter ; (= commérer) to gossip

bave [bav] nf [de personne] dribble ; [d'animal] slaver ; [de chien enragé] foam

baver [bave] vi [personne] to dribble ; [animal] to slobber ; [chien enragé] to foam at the mouth ; [stylo] to leak ▪ **en ~*** to have a hard time of it*

bavette [bavɛt] nf [d'enfant] bib

bavoir [bavwaʀ] nm bib

bavure [bavyʀ] nf (= tache) smudge ▪ **~ policière** police blunder

bazar [bazaʀ] nm **a** (= magasin) general store ; (oriental) bazaar **b** (* = effets personnels) stuff* *NonC* **c** (* = désordre) ▪ **quel ~ !** what a shambles!* ▪ **il y a du ~ dans ta chambre** your room's a mess ▪ **ils ont fichu le ~ en classe** they caused havoc in the classroom ▪ **et tout le ~** and all the rest

bazarder* [bazaʀde] vt to get rid of

BCBG [besebeʒe] adj abrév de **bon chic bon genre**

BCE [beseə] nf (abrév de **Banque centrale européenne**) ECB

BD [bede] nf (abrév de **bande dessinée**) (dans un journal) comic strip ; (= livre) comic book

béat, e [bea, at] adj [sourire, air] blissful ; [optimisme, admiration] blind ▪ **être ~ d'admiration** to be struck dumb with admiration

beau, belle [bo, bɛl] (mpl **~x** [bo]) **1** adj **a** beautiful ; [homme] good-looking ▪ **il est ~ garçon** he's good-looking ▪ **se faire ~** to get dressed up ▪ **il a fait du ~ travail** he did a beautiful job ▪ **les ~x quartiers** the smart part of town **b** (moralement) ▪ **un ~ geste** a noble act ▪ **ce n'est pas ~ de mentir** it isn't nice to tell lies **c** (= agréable) [voyage, journée] lovely **d** (= réussi) successful ▪ **elle a fait une belle carrière** she had a successful career ▪ **c'est le plus ~ jour de ma vie !** this is the best day of my life! **e** (= grand) [revenu, profit] handsome ; [brûlure, peur] nasty ▪ **il a attrapé une belle bronchite** he's got a bad chest infection ▪ **c'est un ~ menteur** he's a terrible liar **f** (loc) ▪ **avoir ~** ▪ **on a ~ faire, ils n'apprennent rien** no matter what you do, they don't learn anything ▪ **il a eu ~ essayer, il n'a pas réussi** despite his efforts, he was unsuccessful ▪ **bel et bien** really ▪ **cet homme a bel et bien existé** the man really did exist **2** nm ▪ **être au ~ fixe** [baromètre] to be set fair ; [relations] to be excellent ▪ **faire le ~** [chien] to sit up and beg **3** **belle** nf **a** (= femme) ▪ **ma belle !*** sweetheart! **b** (= partie décisive) decider ▪ **on fait la belle ?** shall we play a decider? **c** (* = action, parole) ▪ **il en a fait de belles quand il était jeune** he was a bit wild when he was young ▪ **en apprendre de belles sur qn** to hear things about sb

beaucoup [boku] adv

(modifiant verbe) a lot ; (modifiant adverbe) much ▪ **pas ~** not much ▪ **~ plus rapide** much quicker ▪ **elle travaille ~ trop** she works far too much ▪ **~ pensent que...** a lot of people think that... ▪ **~ d'entre eux** a lot ou many of them ▪ **c'est déjà ~** it's quite something ▪ **c'est ~ dire** that's an exaggeration ▪ **~ de** (quantité) a lot of ▪ **~ de monde** a lot of people ▪ **avec ~ de soin** with great care ▪ **il en reste ~/il n'en reste pas ~** there is a lot left/there isn't much left ▪ **il a eu ~ de chance** he's been very lucky ▪ **pas ~ de** (quantité) not much ; (nombre) not many ▪ **de ~** by far ▪ **de ~ la meilleure** by far the best ▪ **il préférerait de ~ s'en aller** he'd much rather leave

beauf* [bof] nm **a** (= beau-frère) brother-in-law **b** (péj) *vulgar and narrow-minded Frenchman*

beau-fils (pl **beaux-fils**) [bofis] nm (= gendre) son-in-law ; (d'un remariage) stepson

beau-frère (pl **beaux-frères**) [bofʀɛʀ] nm brother-in-law

beau-père (pl **beaux-pères**) [bopɛʀ] nm (= père du conjoint) father-in-law ; (= nouveau mari de la mère) stepfather

beauté [bote] nf beauty ; [d'homme] handsomeness ▪ **se (re)faire une ~** to do one's face* ▪ **finir en ~** to end with a flourish

beaux [bo] adj mpl → **beau**

beaux-arts [bozaʀ] nmpl ▪ **les ~** fine arts ▪ **il fait les ~** (= école) he's at art college

beaux-parents [bopaʀɑ̃] nmpl in-laws*

bébé [bebe] nm baby ▪ **~ éléphant/girafe** baby elephant/giraffe ▪ **bébé-éprouvette** test-tube baby

bec [bɛk] nm **a** [d'oiseau] beak ▪ **coup de ~** peck **b** [de carafe] lip ; [de théière] spout ; [de flûte, trompette] mouthpiece **c** (* = bouche) mouth ▪ **clouer le ~ à qn** to shut sb up* **d** (Can) (* = bisou) kiss

bécane* [bekan] nf (= vélo, moto) bike ; (= ordinateur) computer

bécasse [bekas] nf (= oiseau) woodcock ; (* = sotte) silly goose*

béchamel [beʃamɛl] nf ▪ **(sauce) ~** béchamel (sauce)

bêche [bɛʃ] nf spade

bêcher [beʃe] vt to dig

bécoter (se)* [bekɔte] vpr to smooch*

bedaine* [bədɛn] nf paunch

bédé* [bede] nf ⇒ **BD**

bédo* [bedo] nm (Drogue) joint*

bée [be] adj f ▪ **rester bouche ~** (d'admiration) to be lost in wonder ; (de surprise) to be flabbergasted(*devant* at)

bégayer [begeje] vi to stammer

bégonia [begɔnja] nm begonia

bègue [bɛg] adj, nmf ▪ **être ~** to have a stutter

béguin* [begɛ̃] nm ▪ **avoir le ~ pour qn** to have a crush on sb*

beige [bɛʒ] adj, nm beige

beigne* [bɛɲ] nf (= gifle) slap ▪ **donner une ~ à qn** to slap sb

beignet [bɛɲɛ] nm [de fruits, légumes] fritter ; (= pâte frite) doughnut ▪ **~s de crevettes** prawn crackers

bel [bɛl] adj → **beau**

bêler [bele] vi to bleat

belette [bəlɛt] nf weasel

belge [bɛlʒ] **1** adj Belgian **2** **Belge** nmf Belgian

Belgique [bɛlʒik] nf Belgium

bélier [belje] nm ram ▪ **le Bélier** (Astron) Aries ▪ **être Bélier** to be Aries

belle [bɛl] adj, nf → **beau**

belle-fille (pl **belles-filles**) [bɛlfij] nf (= bru) daughter-in-law ; (d'un remariage) stepdaughter

belle-mère (pl **belles-mères**) [bɛlmɛʀ] nf (= mère du conjoint) mother-in-law ; (= nouvelle épouse du père) stepmother

belle-sœur (pl **belles-sœurs**) [bɛlsœʀ] nf sister-in-law

belliqueux, -euse [belikø, øz] adj [humeur, personne] aggressive ; [peuple] warlike

belote [bəlɔt] nf (= jeu) belote *(card game popular in France)*

bémol [bemɔl] nm flat ▪ **si ~** B flat

ben* [bɛ̃] adv well ▪ **~ oui/non** well, yes/no ▪ **~ quoi ?** so what? ▪ **eh ~** well

bénéfice [benefis] nm **a** (financier) profit ▪ **réaliser de gros ~s** to make big profits **b** (= avantage) advantage ▪ **concert donné au ~ des aveugles** concert given in aid of the blind

> ⚠ Au sens financier, **bénéfice** ne se traduit pas par ***benefit***, qui signifie principalement « avantage ».

bénéficiaire [benefisjɛʀ] **1** adj [opération] profitable **2** nmf beneficiary ; [de chèque] payee

bénéficier [benefisje] vt indir **a bénéficier de** to have ; [+ remise] to get ; [+ situation, mesure] to benefit from ▪ **~ d'un non-lieu** to be discharged ▪ **faire ~ qn de certains avantages** to enable sb to enjoy certain advantages **b bénéficier à** (= profiter à) to benefit

bénéfique [benefik] adj [effet, aspect] beneficial

Benelux [benelyks] nm ▪ **le ~** Benelux

bénévole [benevɔl] **1** adj voluntary **2** nmf volunteer

> ⚠ **bénévole** ne se traduit pas par ***benevolent***, qui signifie « bienveillant ».

bénin, -igne [benɛ̃, iɲ] adj [accident, maladie] minor ; [tumeur] benign

bénir [beniʀ] vt (Rel) to bless ; (= remercier) to be eternally grateful to

bénit, e [beni, it] adj [pain] consecrated ; [eau] holy

benjamin, e [bɛ̃ʒamɛ̃, in] nm,f [de famille] youngest child ; (Sport) ≈ junior *(12-13 years old)*

benne [bɛn] nf [de camion] (basculante) tipper ; (amovible) skip ▪ **mettre à la ~** to throw away

BEP [beəpe] nm (abrév de **brevet d'études professionnelles**) *technical school certificate*

BEPC [beəpese] nm (abrév de **brevet d'études du premier cycle**) *exam taken at the age of 16*

béquille [bekij] nf **a** [d'infirme] crutch ▪ **marcher avec des ~s** to walk on crutches **b** [de motocyclette] stand

berceau (pl **~x**) [bɛʀso] nm [de bébé] cradle ; (= place en crèche) day-care place

bercer [bɛʀse] vt to rock

berceuse [bɛʀsøz] nf (= chanson) lullaby

béret [beʀɛ] nm beret

bergamote [bɛʀgamɔt] nf bergamot orange ▪ **thé à la ~** Earl Grey tea

berge [bɛʀʒ] nf [de rivière] bank ▪ **il a 50 ~s*** he's 50 years old

berger [bɛʀʒe] nm shepherd ▪ **(chien de) ~** sheepdog ▪ **~ allemand** German shepherd, Alsatian BR

bergerie [bɛʀʒəʀi] nf sheepfold

berk* [bɛʀk] excl yuk!*

Berlin [bɛʀlɛ̃] n Berlin

berlingot [bɛʀlɛ̃go] nm **a** (= bonbon) ≈ boiled sweet BR, ≈ piece of hard candy US **b** (= emballage) carton ; (pour shampooing) sachet

berlinois, e [bɛʀlinwa, waz] **1** adj of ou from Berlin **2** **Berlinois(e)** nm,f Berliner

berlue* [bɛʀly] nf ▪ **t'as la ~ !** you must be seeing things!

bermuda [bɛʀmyda] nm Bermuda shorts

Bermudes [bɛʀmyd] nfpl Bermuda

bernache [bɛʀnaʃ] nf (= oie) barnacle goose

berne [bɛʀn] nf ▪ **en ~** [drapeau] at half-mast ; [croissance, secteur] sluggish

berner [bɛʀne] vt to fool

berzingue* [bɛʀzɛ̃g] loc adv ▪ **à tout(e) ~** flat out*

besace [bəzas] nf bag

besogne [bəzɔɲ] nf (= travail) work *NonC*, job ▪ **aller vite en ~** to be hasty

besoin [bəzwɛ̃] nm **a** need (de for) ▪ **nos ~s en énergie** our energy requirements ▪ **éprouver le ~ de faire qch** to feel the need to do sth ▪ **en cas de ~** if the need arises ▪ **être dans le ~** to be in need ▪ **au ~** if necessary ▪ **avoir ~ de** to need ▪ **je n'ai pas ~ de vous rappeler que...** there's no need for me to remind you that... **b** ▪ **faire ses ~s** [personne] to relieve o.s. BR ; [animal domestique] to do its business

bestial, e (mpl **-iaux**) [bɛstjal, jo] adj [personne, plaisir] bestial

bestiaux [bɛstjo] nmpl livestock

bestiole* [bɛstjɔl] nf (= animal) creature ; (= insecte) creepy-crawly*

bêta[1] [bɛta] adj inv, nm inv beta ▪ **version ~** [de logiciel] beta version

bêta[2]**, -asse*** [bɛta, ɑs] nm,f ▪ **gros ~ !** big silly!*

bétail [betaj] nm livestock ; (= bovins, fig) cattle

bête [bɛt] **1** nf **a** (= animal) animal ; (= insecte) insect ■ **~ (sauvage)** (wild) animal ■ **on s'est éclatés comme des ~s*** we had a whale of a time* ■ **c'est ma ~ noire** (chose) that's my pet hate ; (personne) I just can't stand him **b** (= personne bestiale) beast **2** adj **a** (= stupide) stupid ■ **que je suis ~ !** how stupid of me! ■ **ce n'est pas ~** that's not a bad idea **b** (= simple) ■ **c'est tout ~** it's dead* simple

bêtement [bɛtmɑ̃] adv stupidly ■ **tout ~** quite simply

bêtise [betiz] nf **a** (= stupidité) stupidity **b** (= action stupide) silly thing ; (= erreur) blunder ■ **ne dis pas de ~s** don't talk nonsense ■ **ne faites pas de ~s, les enfants** don't get up to any mischief, children ■ **faire une ~** (= action stupide, suicide) to do something stupid **c** (= bagatelle) ■ **ils se disputent sans arrêt pour des ~s** they're forever arguing over trifles

bêtisier [betizje] nm collection of out-takes

béton [betɔ̃] nm concrete ■ **~ armé** reinforced concrete ■ **en ~** concrete ■ **(en) ~*** [alibi, argument] cast-iron

bétonner [betɔne] **1** vt to concrete ■ **ils bétonnent nos côtes** our coastline is disappearing under concrete **2** vi (Sport) to play defensively

betterave [bɛtʀav] nf ■ **~ (rouge)** beetroot BR, beet US

beu [bø] nf ⇒ **beuh**

beugler [bøgle] vi **a** [vache] to moo ; [taureau] to bellow **b** [radio, TV] to blare

beu(h) [bø] nf (* Drogue) weed*

beur [bœʀ] **1** nmf *second-generation North African living in France* **2** adj [culture, musique] *of second-generation North Africans living in France*

beurre [bœʀ] nm butter ■ **~ demi-sel** slightly salted butter ■ **~ de cacao/de cacahuètes** (= substance végétale) cocoa/peanut butter ■ **au ~** [plat] (cooked) in butter ; [pâtisserie] made with butter ■ **faire son ~*** to make a packet*

beurré, e‡ [bœʀe] adj (= ivre) plastered‡

beurrer [bœʀe] vt to butter ■ **tartine beurrée** slice of bread and butter

beurrier [bœʀje] nm butter dish

beuverie [bøvʀi] nf drinking bout

bévue [bevy] nf blunder ■ **commettre une ~** to make a blunder

biais [bjɛ] nm (= moyen) way ■ **par le ~ de** (= par l'intermédiaire de) through ; (= au moyen de) by means of

biaisé, e [bjeze] adj biased

biathlète [biatlɛt] nmf biathlete

bibelot [biblo] nm (sans valeur) knick-knack ; (de valeur) ornament

biberon [bibʀɔ̃] nm feeding bottle ■ **l'heure du ~** feeding time ■ **nourrir au ~** to bottle-feed

bible [bibl] nf bible ■ **la Bible** the Bible

bibliographie [biblijɔgʀafi] nf bibliography

bibliophile [biblijɔfil] nmf booklover

bibliothécaire [biblijɔtekɛʀ] nmf librarian

bibliothèque [biblijɔtɛk] nf (= édifice, pièce) library ; (= meuble) bookcase

bicarbonate [bikaʀbɔnat] nm bicarbonate ■ **~ de soude** bicarbonate of soda

bicentenaire [bisɑ̃t(ə)nɛʀ] nm bicentenary

biceps [bisɛps] nm biceps

biche [biʃ] nf doe ■ **ma ~** (terme d'affection) darling

bichonner [biʃɔne] **1** vt [+ personne] to pamper **2** **se bichonner** vpr to preen o.s.

bic® [bik] nm ■ **(pointe) ~** ball-point pen

bicolore [bikɔlɔʀ] adj two-colour BR, two-color US

bicoque* [bikɔk] nf (péj) dump* ■ **ils ont une petite ~ au bord de la mer** (hum) they've got a little place at the seaside

bicross [bikʀɔs] nm (= vélo) ≈ mountain bike ; (= sport) ≈ mountain biking

bicyclette [bisiklɛt] nf (= véhicule) bicycle ■ **aller au travail à ou en ~** to cycle to work ■ **faire de la ~** to go cycling

bidasse* [bidas] nm (= conscrit) soldier

bide* [bid] nm **a** (= ventre) belly* ■ **avoir du ~** to have a potbelly **b** (= échec) flop*

bidet [bidɛ] nm (= cuvette) bidet

bidon [bidɔ̃] **1** nm **a** (= récipient) can **b** (* = ventre) belly* **2** adj inv * [prétexte] phoney* BR, phony* US ; [élection] rigged

bidonner (se)* [bidɔne] vpr to laugh one's head off*

bidonville [bidɔ̃vil] nm shanty town

bidouillage* [bidujaʒ] nm, **bidouille*** [biduj] nf ■ **c'est du ~** it's just been cobbled together

bidouiller* [biduje] vt **a** (= réparer) to tinker with ; [informaticien] to hack up **b** (péj = truquer) to fiddle with

bidule* [bidyl] nm (= machin) thingumajig*

bien [bjɛ̃]

1 adv **a** well ■ **nous avons ~ travaillé aujourd'hui** we've done some good work today ■ **cette porte ne ferme pas ~** this door doesn't shut properly ■ **il parle ~ l'anglais** he speaks good English ■ **si je me rap-**

pelle ~ if I remember rightly ▪ **il peut très ~ le faire** he's perfectly capable of doing it ▪ **aller ~** to be well ▪ **comment vas-tu ? – très ~ merci** how are you? – fine, thanks ▪ **vous avez ~ fait** you did the right thing ▪ **il a ~ fait de partir** he was quite right to go ▪ **vous faites ~ de me le dire !** you did well to tell me! ▪ **ça commence à ~ faire !*** this is getting beyond a joke!

b (exprimant le degré) (= très) very ; (= beaucoup) very much ▪ **~ mieux** much better ▪ **~ souvent** quite often ▪ **nous sommes ~ contents de vous voir** we're very glad to see you ▪ **les enfants se sont ~ amusés** the children had a great time ▪ **j'espère ~ !** I should hope so! ▪ **où peut-il ~ être ?** where on earth can he be?

c (= effectivement) definitely ▪ **j'avais ~ dit que je ne viendrais pas** I definitely said that I wouldn't come ▪ **c'est ~ à ton frère que je pensais** yes, it was your brother I was thinking of ▪ **c'est ~ mon manteau ?** this is my coat, isn't it?

d (= correctement) ▪ **écoute-moi ~** listen to me carefully ▪ **faîtes un trou ~ au milieu** drill a hole right in the centre ▪ **c'est ~ compris ?** is that quite clear?

e (= volontiers) ▪ **je mangerais ~ un morceau** I'd like a bite to eat ▪ **j'irais ~ mais j'ai cours** I'd like to go but I've got a class

f (= au moins) at least ▪ **il y a ~ trois jours que je ne l'ai pas vu** I haven't seen him for at least three days

g (loc)

♦ **bien du, bien de la, bien des** a lot of ▪ **elle a eu ~ du mal à le trouver** she had a lot of difficulty finding it ▪ **je connais ~ des gens qui auraient protesté** I know a lot of people who would have protested

♦ **bien que** although ▪ **~ que je ne puisse pas venir** although I can't come

♦ **bien sûr** of course ▪ **~ sûr qu'il viendra !** of course he'll come!

♦ **bien fait !*** serves you (ou him, etc) right!

2 adj inv a (= satisfaisant) good ▪ **elle est très ~ comme secrétaire** she's a very good secretary ▪ **ce serait ~ s'il venait** it would be good if he came ▪ **~ !** (approbation) good! ; (pour changer de sujet) all right!

b (= en bonne forme) well ▪ **je ne me sens pas ~** I don't feel well

c (= beau) [femme] pretty ; [homme] good-looking ; [chose] nice

d (= à l'aise) ▪ **on est ~ ici** it's nice here ▪ **je suis ~ dans ce fauteuil** I'm very comfortable in this chair

e (= convenable) nice ; (moralement) right ▪ **c'est pas ~ de dire ça** it's not nice to say that ▪ **c'est un type ~*** he's a good guy*

3 nm a (= ce qui est bon) good ▪ **c'est pour ton ~ !** it's for your own good! ▪ **faire du ~ à qn** to do sb good ▪ **ça fait du ~ de se confier** it's good to talk ▪ **dire du ~ de qn** to speak well of sb ▪ **on dit beaucoup de ~ de ce restaurant** this restaurant has a very good name

b (= possession) possession ▪ **~s** (= marchandises) goods ▸ **biens de consommation** consumer goods ▸ **biens d'équipement** capital goods ▸ **biens immobiliers** real estate

bien-être [bjɛ̃nɛtʀ] nm inv (physique, psychologique) well-being ; (matériel) comfort

bienfaisant, e [bjɛ̃fəzɑ̃, ɑ̃t] adj beneficial

bienfait [bjɛ̃fɛ] nm (= faveur) kindness ▪ **les ~s d'un traitement** the beneficial effects of a course of treatment

bienfaiteur, -trice [bjɛ̃fɛtœʀ, tʀis] nm,f benefactor

bien-fondé (pl **~s**) [bjɛ̃fɔ̃de] nm [d'opinion, assertion] validity

bien-pensant, e (mpl **~s**) [bjɛ̃pɑ̃sɑ̃, ɑ̃t] nm,f(péj) right-thinking

bientôt [bjɛ̃to] adv soon ▪ **à ~ !** see you soon! ▪ **on est ~ arrivé** we'll soon be there ▪ **il est ~ minuit** it's nearly midnight

bienveillance [bjɛ̃vɛjɑ̃s] nf kindness (*envers* to) ▪ **avec ~** kindly

bienveillant, e [bjɛ̃vɛjɑ̃, ɑ̃t] adj kindly

bienvenu, e [bjɛ̃v(ə)ny] **1** adj ▪ **remarque ~e** apposite remark **2** nm,f ▪ **soyez le ~** you're very welcome ▪ **une tasse de café serait la ~e** a cup of coffee would be welcome **3** **bienvenue** nf welcome ▪ **souhaiter la ~e à qn** to welcome sb ▪ **~e !** welcome!

bière[1] [bjɛʀ] nf (= boisson) beer ▪ **~ blonde** ≈ lager ▪ **~ brune** ≈ brown ale

bière[2] [bjɛʀ] nf (= cercueil) coffin

biffer [bife] vt to cross out

bifteck [biftɛk] nm steak

bifurcation [bifyʀkasjɔ̃] nf [de route, voie ferrée] fork

bifurquer [bifyʀke] vi a [route, voie ferrée] to fork b [véhicule] to turn off (*vers, sur* for, towards) ▪ **~ sur la droite** to turn right

bigleux, -euse* [biglø, øz] adj (= myope) short-sighted ▪ **quel ~ tu fais !** you need glasses!

bijou (pl **~x**) [biʒu] nm jewel ; (= chef-d'œuvre) gem

bijouterie [biʒutʀi] nf (= boutique) jeweller's BR, jeweler's US

bijoutier, -ière [biʒutje, jɛʀ] nm,f jeweller BR, jeweler US

bikini® [bikini] nm bikini®

bilan [bilɑ̃] nm **a** [de comptes] balance sheet **b** (= évaluation) assessment ; (= résultats) results ▪ **faire le ~ d'une situation** to take stock of a situation **c** (= nombre de morts) death toll **d** (Méd) ▪ **~ (de santé)** checkup

bile [bil] nf bile ▪ **se faire de la ~ (pour)*** to worry o.s. sick (about)*

biler (se)* [bile] vpr (gén nég) to worry o.s. sick* (*pour* about) ▪ **ne vous bilez pas !** don't get all worked up!*

bilingue [bilɛ̃g] adj bilingual

billard [bijaʀ] nm (= jeu) billiards *sg* ; (= table) billiard table ▪ **faire une partie de ~** to play billiards ▪ **passer sur le ~*** to have an operation

bille [bij] nf [d'enfant] marble ; [de billard] billiard ball ▪ **déodorant à ~** roll-on deodorant ; → **roulement, stylo**

billet [bijɛ] nm **a** (= ticket) ticket **b** (= argent) note BR, bill US ▪ **~ de 100 euros** 100-euro note ▸ **billet de banque** banknote

billetterie [bijɛtʀi] nf [d'argent] cash dispenser ; [de tickets] (= machine) ticket machine ; (= guichet) ticket office

bimédia [bimedja] adj [produit, service] print and digital

binaire [binɛʀ] adj binary

biner [bine] vt to hoe

bio* [bjo] **1** nf abrév de **biologie** **2** adj abrév de **biologique**

biocarburant [bjokaʀbyʀɑ̃] nm biofuel

biodéchets [bjodeʃɛ] nmpl biowaste *(NonC)*

biodégradable [bjodegʀadabl] adj biodegradable

biodiésel, biodiesel [bjodjezɛl] nm biodiesel

biodiversité [bjodivɛʀsite] nf biodiversity

biogaz [bjogaz] nm biogas

biographie [bjɔgʀafi] nf biography

biographique [bjɔgʀafik] adj biographical

biologie [bjɔlɔʒi] nf biology

biologique [bjɔlɔʒik] adj biological ; [agriculture, aliments] organic ; (= non-polluant) eco-friendly

⚠ Dans le sens de « écologique », **biologique** ne se traduit pas par ***biological.***

biologiste [bjɔlɔʒist] nmf biologist

biomasse [bjɔmas] nf biomass

biométrique [bjɔmetʀik] adj biometric

biomolécule [bjomɔlekyl] nf biomolecule

biopic [bjɔpik] nm biopic*

biopsie [bjɔpsi] nf biopsy

biosécurité [bjosekyʀite] nf biosecurity

biosphère [bjɔsfɛʀ] nf biosphere

bioterroriste [bjotɛʀɔʀist] nmf bioterrorist

biothèque [bjɔtɛk] nf biobank

bip [bip] nm **a** (= son) (court) beep ; (continu) beeping ▪ **faire ~** to beep ▪ **parlez après le ~ (sonore)** speak after the tone **b** (= appareil) pager

bipède [bipɛd] adj, nm biped

biper[1] [bipe] vt to page

biper[2] [bipœʀ] nm (radiomessagerie) pager

bipolaire [bipɔlɛʀ] adj bipolar

bis [bis] **1** adv ▪ **~ !** encore! ▪ **12 ~** 12a **2** nm (Théâtre) encore

biscornu, e [biskɔʀny] adj [forme, maison] crooked ; [idée, esprit, raisonnement] quirky

biscotte [biskɔt] nf *toasted bread*

biscuit [biskɥi] nm (= gâteau sec) biscuit BR, cookie US ▪ **~ salé** cracker

bise[1] [biz] nf (= vent) North wind

bise[2] [biz] nf (= baiser) kiss ▪ **faire une** ou **la ~ à qn** to kiss sb ▪ **grosses ~s** (sur lettre) lots of love

biseau (pl **~x**) [bizo] nm (= bord) bevel ▪ **en ~** bevelled

bisexuel, -elle [bisɛksɥɛl] adj, nm,f bisexual

bison [bizɔ̃] nm bison

bisou* [bizu] nm kiss ▪ **faire un ~ à qn** to give sb a kiss ▪ **gros ~s** (sur lettre) lots of love (*de* from)

Bisounours [bizunuʀs] nmpl ▪ **on n'est pas chez les** ou **au pays des ~*** this isn't la-la land*

bisque [bisk] nf bisque *(kind of soup)*

bisseur, -euse [bisœʀ, øz] nm,f (Belg) *pupil who is repeating (*ou *has repeated) a year at school*, repeater US

bissextile [bisɛkstil] adj f ▪ **année ~** leap year

bistouri [bistuʀi] nm surgical knife

bistro(t)* [bistʀo] nm (= café) ≈ bar

bistronomie [bistʀɔnɔmi] nf *bistro-style fine dining*

bit [bit] nm (Informatique) bit

bitcoin [bitkɔjn] nm bitcoin

bitume [bitym] nm bitumen ; (= revêtement) asphalt

bitumé, e [bityme] adj [route] asphalt

bitumineux, -euse [bitym(in)ø, øz] adj bituminous ▪ **sables ~** oil sands

biture‡ [bityʀ] nf ▪ **prendre une ~** to get drunk ou plastered‡

bivouac [bivwak] nm bivouac

bivouaquer [bivwake] vi to bivouac

bizarre [bizaʀ] adj strange

bizarrement [bizaʀmɑ̃] adv strangely ▪ **~, il n'a rien dit** strangely enough, he said nothing

bizarrerie [bizaʀʀi] nf strangeness ▪ **~s** [de langue, règlement, système] peculiarities

bizarroïde* [bizaʀɔid] adj weird

bizut, e [bizy(t), yt] nm,f (arg Scol) freshman (ou -woman), first-year student, fresher BR

bizutage [bizytaʒ] nm ragging BR, hazing US *(of new student)*

bizuter [bizyte] vt to rag BR, to haze US *(new student)*

blabla(bla)* [blabla(bla)] 1 nm twaddle* 2 interj blah blah blah*

black* [blak] nmf black person

black-out [blakaut] nm blackout ▪ **faire le ~ sur qch** to impose a news blackout on sth

blague* [blag] nf (= histoire, plaisanterie) joke ; (= farce) practical joke ▪ **faire une ~ à qn** to play a joke on sb ▪ **sans ~ ?** you're kidding!* ▪ **ne me raconte pas de ~s !** you're having BR ou putting US me on!*

blaguer* [blage] vi to be joking (*sur* about)

blagueur, -euse [blagœʀ, øz] 1 adj ▪ **il est (très) ~** he's really good fun 2 nm,f joker

blaireau (pl **~x**) [blɛʀo] nm a (= animal) badger b (pour barbe) shaving brush c (**, péj) nerd* (péj)

blairer‡ [bleʀe] vt ▪ **je ne peux pas le ~** I hate his guts‡

blâme [blɑm] nm (= réprimande, punition) reprimand ▪ **donner un ~ à qn** to reprimand sb

blâmer [blɑme] vt (= désavouer) to blame ; (= réprimander) to reprimand

blanc, blanche [blɑ̃, blɑ̃ʃ] 1 adj a (couleur) white ▪ **~ cassé** off-white ; → **arme** b [page, bulletin de vote] blank ; [papier non quadrillé] plain ▪ **il a rendu copie blanche** he handed in a blank paper ▪ **voter ~** to return a blank vote ; → **carte** c [année] lost ; [opération] break-even 2 nm a (= couleur) white b (= linge) ▪ **le ~** whites c (= espace non écrit, non enregistré) blank ▪ **il y a eu un ~ (dans la conversation)** there was a lull in the conversation ▪ **il faut laisser le nom en ~** the name must be left blank d (= vin) white wine e ▪ **~ (d'œuf)** egg white ▪ **~ (de poulet)** breast of chicken f (= personne) ▪ **un Blanc** a white man ▪ **les Blancs** white people 3 **blanche** nf a (= femme) ▪ **une Blanche** a white woman b (Mus) minim BR, half-note US

blanchâtre [blɑ̃ʃɑtʀ] adj whitish

blancheur [blɑ̃ʃœʀ] nf whiteness

blanchir [blɑ̃ʃiʀ] 1 vt a to whiten ; [+ linge, argent] to launder b [+ personne, réputation] to clear 2 vi [personne, cheveux] to turn white

blanchisserie [blɑ̃ʃisʀi] nf laundry

blanquette [blɑ̃kɛt] nf a (Culin) ▪ **~ de veau** blanquette of veal *(veal in white sauce)* b (= vin) *sparkling white wine*

blasé, e [blɑze] adj blasé

blason [blɑzɔ̃] nm (= armoiries) coat of arms

blasphématoire [blasfematwaʀ] adj [parole] blasphemous

blasphème [blasfɛm] nm blasphemy

blasphémer [blasfeme] vti to blaspheme

blatte [blat] nf cockroach

blaze‡ [blaʒ] nm (= nez) beak‡, hooter‡ BR ; (= nom) name, handle (arg)

blazer [blazɛʀ] nm blazer

blé [ble] nm a (= céréale) wheat b (‡ = argent) dough‡

bled* [blɛd] nm (= village) village

blême [blɛm] adj [teint] pallid ; [lumière] pale ▪ **~ de rage** white with rage

blêmir [blemiʀ] vi [personne] to turn pale ▪ **~ de colère** to go white with rage

blennorragie [blenɔʀaʒi] nf gonorrhoea

blessant, e [blesɑ̃, ɑ̃t] adj (= offensant) hurtful

blessé, e [blese] 1 adj hurt ; (plus sérieusement) injured ▪ **être ~ à la tête** to have a head injury 2 nm,f casualty ▪ **les ~s** (dans un accident) the injured ▪ **l'accident a fait dix ~s** ten people were injured in the accident ▸ **blessé grave** seriously injured person ▸ **blessé léger** slightly injured person

blesser [blese] 1 vt to hurt ; (plus sérieusement) to injure ▪ **il a été blessé d'un coup de couteau** he received a knife wound ▪ **mes chaussures me blessent les pieds** my shoes hurt 2 **se blesser** vpr to hurt o.s. ; (plus sérieusement) to injure o.s. ▪ **il s'est blessé en tombant** he fell and hurt himself ▪ **il s'est blessé (à) la jambe** he hurt his leg

blessure [blesyʀ] nf (accidentelle) injury ; (intentionnelle, morale) wound

blet, blette [blɛ, blɛt] adj [fruit] overripe

blettes [blɛt] nfpl (Swiss) chard

bleu, e [blø] 1 adj a (couleur) blue ; → **peur** b (= meurtri) bruised c [steak] very rare 2 nm a (= couleur) blue b (sur la peau) bruise ▪ **se faire un ~ au bras** to bruise one's arm c (= vêtement) ▪ **~(s) de travail** overalls d (= fromage) blue cheese

bleuet [bløɛ] nm cornflower ; (Can = baie) blueberry

bleuté, e [bløte] adj [reflet] bluish ; [verre] blue-tinted

blinde [blɛ̃d] loc adv ▪ **à toute ~*** flat out* ▪ **ça coûte une ~*** it costs an arm and a leg*

blindé, e [blɛ̃de] **1** adj [division, engin] armoured ; [porte] reinforced ; [voiture, verre] bulletproof ; (* = comble) packed ; (* = endurci) hardened **2** nm tank

blinder [blɛ̃de] vt **a** [+ porte] to reinforce **b** (* = endurcir) to make immune (*contre* to)

bling-bling* [bliŋbliŋ] adj inv (péj) flashy

blizzard [blizaʀ] nm blizzard

bloc [blɔk] nm **a** [de pierre, marbre, bois] block ▪ **fait d'un seul ~** made in one piece **b** [de papier] pad ▪ **~ de papier à lettres** writing pad **c** (= groupe) group ; (Pol) bloc **d** (Can = pâté de maisons) block (of houses) **e** (Méd) ▪ **~ opératoire** operating theatre **f** (loc) ▪ **serrer** ou **visser qch à ~** to screw sth up as tight as possible ▪ **en ~** [acheter, vendre] as a whole ; [refuser, nier] point-blank

blocage [blɔkaʒ] nm **a** [de prix, salaires, compte bancaire] freezing **b** (psychologique) block ▪ **avoir** ou **faire un ~** to have a mental block

bloc-notes (pl **blocs-notes**) [blɔknɔt] nm (= cahier) note pad

blocus [blɔkys] nm blockade ▪ **faire le ~ de** to blockade

blog [blɔg] nm blog ▪ **~ vidéo** vlog, video blog

blogosphère [blɔgɔsfɛʀ] nf blogosphere

bloguer [blɔge] vi to blog

blogueur, -euse [blɔgœʀ, øz] nm,f blogger

blond, blonde [blɔ̃, blɔ̃d] **1** adj [cheveux] fair ; [personne] fair-haired ; [blé, sable] golden ▪ **~ cendré** ash-blond **2** nm (= homme) fair-haired man **3** **blonde** nf **a** (= femme) blonde ▪ **c'est une fausse ~e** she's not a real blonde **b** (= bière) ≈ lager **c** (= cigarette) Virginia cigarette **d** (Can* = petite amie) girlfriend

blondir [blɔ̃diʀ] **1** vi [cheveux] to go fairer ▪ **faire ~ des oignons** to fry onions lightly (until they are transparent) **2** vt [+ cheveux, poils] to bleach

bloquer [blɔke] **1** vt **a** (accidentellement) to jam ▪ **être bloqué par un accident** to be held up by an accident ▪ **je suis bloqué chez moi** I'm stuck at home ▪ **je suis bloqué** (physiquement) I can't move **b** (volontairement) [+ objet en mouvement] to stop ; (Sport) [+ ballon] to block ; [+ roue] (avec une cale) to put a block under ; (avec une pierre) to wedge ; [+ porte] (avec une cale) to wedge **c** (= obstruer) to block **d** [+ crédit, salaires] to freeze **e** (= réserver) [+ date, heure] to set **f** (psychologiquement) ▪ **ça me bloque d'être devant un auditoire** I freeze if I have to speak in public **2** vi (Belg :* = réviser) to swot* BR **3** **se bloquer** vpr [porte, frein, machine] to jam ; [genou, roue] to lock ; [clé] to get stuck ; (psychologiquement) to have a mental block

bloqueur[1], -euse [blɔkœʀ, øz] nm,f **a** (Belg) swot* BR **b** (Football américain) blocker

bloqueur[2] [blɔkœʀ] nm ▪ **~ de publicité** ad blocker

blottir (se) [blɔtiʀ] vpr to curl up ▪ **se blottir contre qn** to snuggle up to sb ▪ **se blottir dans les bras de qn** to nestle in sb's arms ▪ **blottis les uns contre les autres** huddled together

blouse [bluz] nf (= tablier) overall ; (= chemisier) blouse ; [de médecin] white coat

blouson [bluzɔ̃] nm jacket

bluff* [blœf] nm bluff ▪ **c'est du ~** ou **un coup de ~ !** he's (ou they're, etc) just bluffing!

bluffant, e* [blœfɑ̃, ɑ̃t] adj [produit, résultat, spectacle] amazing

bluffer* [blœfe] vi to bluff

blush [blœʃ] nm blusher

boa [bɔa] nm boa

bob [bɔb] nm (= chapeau) cotton sunhat

bobard* [bɔbaʀ] nm fib*

bobettes* [bɔbɛt] nfpl (Can = sous-vêtements) underwear

bobine [bɔbin] nf [de fil] bobbin ; [de machine à coudre] spool ; (Élec) coil ▪ **tu en fais une drôle de ~ !*** you look a bit put out!*

bobo[1] [bobo] nm(langage enfantin) (= plaie) sore ; (= coupure) cut ▪ **avoir ~** to be hurt, to have a pain ▪ **il n'y a pas eu de ~** there was no harm done

bobo[2] [bobo] nmf (abrév de **bourgeois bohème**) *middle-class person who leads a Bohemian lifestyle*

bocal (pl **-aux**) [bɔkal, o] nm jar ▪ **~ à poissons rouges** goldfish bowl ▪ **mettre en bocaux** to bottle

bœuf (pl **~s**) [bœf, bø] nm (= bête) ox ; (de boucherie) bullock ; (= viande) beef ▪ **~ mode** stewed beef with carrots

> ⚠ **bœuf** se traduit par ***beef*** uniquement dans le sens de « viande ».

bof [bɔf] excl ▪ **il est beau ! – ~** he's good-looking! – do you think so? ▪ **ça t'a plu ? – ~** did you like it? – not really

bogue [bɔg] nm (Informatique) bug

bogué, e [bɔge] adj (Informatique) bug-ridden

boguer [bɔge] vi to malfunction

bohème [bɔɛm] adj Bohemian

bohémien, -ienne [bɔemjɛ̃, jɛn] nm,f (= gitan) gipsy

boire [bwaʀ] **1** vt **a** to drink ▪ **offrir à ~ à qn** to get sb a drink ▪ **~ à la santé de qn** to drink to sb's health ▪ **~ la tasse*** (en nageant) to swallow a mouthful of water ▪ **~ les paroles de qn** to drink in sb's words **b** (= absorber) to soak up **2** vi to drink ▪ **~ comme un trou*** to drink like a fish

bois [bwɑ] nm **a** (= forêt, matériau) wood ▪ **chaise en ~** wooden chair ▪ **touchons du ~ !*** touch wood!* BR, knock on wood!* US ▸ **bois de chauffage** firewood ▸ **bois mort** deadwood **b** [de cerf] antler **c** (= instruments) ▪ **les ~** the woodwind

boisé, e [bwɑze] adj [région, parc] wooded

boiserie(s) [bwɑzʀi] nf(pl) panelling BR, paneling US

boisson [bwasɔ̃] nf drink

boîte [bwat] nf **a** (= récipient) box ; (en métal) tin ; [de conserves] can, tin BR ▪ **des tomates en ~** canned ou tinned BR tomatoes ▸ **boîte d'allumettes** box of matches ▸ **boîte de conserve** tin BR ou can US of food ▸ **boîte crânienne** cranium ▸ **boîte de dialogue** dialog box ▸ **boîte d'envoi** [de courriels] outbox ▸ **boîte à gants** glove compartment ▸ **boîte à ou aux lettres** (publique) post box BR, mailbox US; (privée) letterbox BR, mailbox US ▪ **mettre une lettre à la ~ (aux lettres)** to post BR ou mail US a letter ▸ **boîte à lettres électronique** electronic mailbox ▸ **boîte à outils** toolbox ▸ **boîte postale** PO Box ▸ **boîte de réception** [de courriels] inbox ▸ **boîte de vitesses** gearbox ▸ **boîte vocale** voice mail *NonC* **b** (* = cabaret) nightclub ▪ **sortir en ~** to go clubbing* ▸ **boîte de nuit** nightclub **c** (* = lieu de travail, firme) company ; (* = école) school

boiter [bwate] vi to limp

boiteux, -euse [bwatø, øz] adj [personne, explication] lame ; [compromis, raisonnement] shaky

boîtier [bwatje] nm case ; (pour appareil photo) body

bol [bɔl] nm bowl ▪ **prendre un (bon) ~ d'air** to get a breath of fresh air

bolide [bɔlid] nm racing car ▪ **passer comme un ~** to go by at top speed

Bolivie [bɔlivi] nf Bolivia

bolivien, -ienne [bɔlivjɛ̃, jɛn] **1** adj Bolivian **2** **Bolivien(ne)** nm,f Bolivian

bolognaise [bɔlɔɲɛz] adj f, nf [sauce] bolognese ▪ **spaghetti (à la) ~** spaghetti bolognese

boloss(e)* [bɔlɔs] **1** adj lame* **2** nmf loser*

bombardement [bɔ̃baʀdəmɑ̃] nm (avec bombes) bombing ; (avec obus) shelling

bombarder [bɔ̃baʀde] vt (avec bombes) to bomb ; (avec obus) to shell ▪ **~ de** [+ tomates] to pelt with ; [+ questions, appels] to bombard with

bombasse* [bɔ̃bas] nf stunner*, knockout*

bombe [bɔ̃b] nf **a** (= engin explosif) bomb ▪ **c'est de la ~ !*** awesome!* ▸ **bombe atomique** atom bomb ▸ **bombe H** H-bomb ▸ **bombe à retardement** time bomb ▸ **bombe sexuelle*** sex bomb* **b** (= atomiseur) spray ▪ **déodorant/insecticide en ~** deodorant/insect spray **c** (Équitation) riding hat

bombé, e [bɔ̃be] adj [forme] rounded

bomber [bɔ̃be] vt **a** ▪ **~ le torse** ou **la poitrine** to stick out one's chest **b** (Peinture) to spray

bon, bonne [bɔ̃, bɔn] **1** adj **a** good ▪ **une bonne idée** a good idea ▪ **être ~ en anglais** to be good at English ▪ **~ pour la santé** good for your health ▪ **pour de ~** (= définitivement) for good ; (= vraiment) really **b** (= agréable) nice ▪ **un ~ petit vin** a nice little wine ▪ **l'eau est bonne** (pour nager) the water's warm ▪ **elle est bien bonne celle-là !** that's a good one! ▪ **j'en connais une bien bonne** here's a good one ▪ **tu en as de bonnes, toi !*** you're kidding!* **c** (= charitable) kind **d** (= utilisable) okay ; [billet, timbre] valid ▪ **ce yaourt est encore ~** this yoghurt is still okay ▪ **la balle est bonne** (Tennis) the ball is in ▪ **cette eau est-elle bonne à boire ?** is this water all right to drink? ▪ **c'est ~ à savoir** that's useful to know ▪ **c'est toujours ~ à prendre** it's better than nothing ▪ **ce drap est tout juste ~ à faire des mouchoirs** this sheet is only fit to be made into handkerchiefs ▪ **c'est ~ à jeter** it needs throwing out **e** (= correct) [réponse, calcul] right ▪ **au ~ moment** at the right time **f** (= gros) good ▪ **un ~ kilomètre** a good kilometre ▪ **une bonne semaine** a good week ▪ **ça fait un ~ bout de chemin !** that's quite a distance! ▪ **après un ~ moment** after quite some time ▪ **une bonne moitié** at least half **g** (souhaits) ▪ **bonne année !** happy New Year! ▪ **bonne chance !** good luck! ▪ **~ courage !** good luck! ▪ **~ voyage !** safe journey! ▪ **bonnes vacances !** have a good holiday! BR ou vacation! US **2** adv ▪ **sentir ~** to smell nice ▪ **il fait ~ ici** it's nice here ; (= d'accord) all right! ; (énervement) right! **3** nm **a** (= personne) ▪ **les ~s et les méchants** (dans western, conte de fées) the good guys and the bad guys* **b** (= aspect positif) ▪ **avoir du ~** to have its advantages ▪ **il y a du ~ et du mauvais dans ce projet** this project has its good and bad points **c** (= formulaire) slip ; (= coupon d'échange) voucher ▸ **bon de commande** order form, purchase order ▸ **bon de réduction** money-off coupon ▸ **bon du Trésor** Government Treasury bill **4** **bonne** nf (= servante) maid ▪ **je ne suis pas ta bonne !** I'm not your slave! **5** comp ▸ **bon à rien, bonne à rien** nm,f good-for-nothing ▸ **bon chic bon genre** adj [personne] chic but conservative ▸ **bonne femme** (péj) woman ▸ **bonne sœur*** nun

bonbon [bɔ̃bɔ̃] nm sweet BR, piece of candy US ▸ **bonbon à la menthe** mint

bonbonne [bɔ̃bɔn] nf (à usage industriel) carboy ▪ **~ de gaz** gas bottle

bonbonnière [bɔ̃bɔnjɛʀ] nf (= boîte) sweet BR ou candy US box

bond [bɔ̃] nm leap ▪ **se lever d'un ~** to leap up ▪ **la science a fait un grand ~ en avant** science has taken a great leap forward

bonde [bɔ̃d] nf [d'évier, baignoire] plug ; [de tonneau] bung

bondé, e [bɔ̃de] adj packed

bondir [bɔ̃diʀ] vi (= sauter) [homme, animal] to jump up ▪ **~ de joie** to jump for joy ▪ **cela me fait ~ !*** it makes my blood boil!* ▪ **~ sur sa proie** to pounce on one's prey

bonheur [bɔnœʀ] nm **a** (= félicité) happiness ▪ **faire le ~ de qn** to make sb happy ▪ **alors, tu as trouvé ton ~ ?** so, did you find what you wanted? ▪ **le ~ des uns fait le malheur des autres** (Prov) one man's meat is another man's poison *(Prov)* **b** (= chance) luck ▪ **porter ~ à qn** to bring sb luck ▪ **ça porte ~ de...** it's lucky to... ▪ **par ~** luckily

bonhomme [bɔnɔm] (pl **bonshommes** [bɔ̃zɔm]) nm (* = homme) guy* ▪ **dessiner des bonshommes** to draw little men ▸ **bonhomme de neige** snowman

boniche* [bɔniʃ] nf (péj) maid ▪ **je ne suis pas ta ~ !** I'm not your slave!

bonifier (se) [bɔnifje] vpr to improve

bonjour [bɔ̃ʒuʀ] nm hello ; (matin) good morning ; (après-midi) good afternoon ▪ **si tu l'invites, ~ l'ambiance !*** if you invite him, it'll ruin the atmosphere! ▪ **pour l'ouvrir, ~ !*** there's no way to get it open

bonnement [bɔnmɑ̃] **tout bonnement** loc adv just

bonnet [bɔnɛ] nm **a** (= chapeau) woolly hat ▪ **c'est ~ blanc et blanc ~** it's the same thing ▸ **bonnet de bain** bathing cap **b** [de soutien-gorge] cup

bonsoir [bɔ̃swaʀ] nm (en arrivant) good evening ; (en partant, en se couchant) good night

bonté [bɔ̃te] nf kindness ▪ **auriez-vous la ~ de m'aider ?** would you be so kind as to help me?

bonus [bɔnys] nm (Assurances) no-claims bonus ; [de DVD] extra ; (= avantage) plus

bonze [bɔ̃z] nm Buddhist monk

boom [bum] nm (= expansion) boom ▪ **être en plein ~*** (= en plein travail) to be really busy

boomerang [bumʀɑ̃g] nm boomerang

booster [buste] vt [+ économie, ventes] to boost ; [+ moteur] to soup up*

bord [bɔʀ] nm **a** edge ; [de route] side ; [de rivière] bank ; [de cratère, verre, tasse] rim ▪ **au ~ du lac/de la rivière** by the lake/the river ▪ **au ~ de la mer** at the seaside ▪ **au ~ ou sur le ~ de la route** by the roadside ▪ **le verre était rempli jusqu'au ~ ou à ras ~** the glass was full to the brim ▪ **au ~ du désespoir/des larmes** on the verge of despair/of tears ▪ **il est un peu sadique sur les ~s*** he's a bit of a sadist **b** [de chapeau] brim **c** [de bateau] side ▪ **jeter qn/qch par-dessus ~** to throw sb/sth overboard ▪ **à ~** (d'un avion, d'un bateau) on board

bordeaux [bɔʀdo] **1** nm (= vin) Bordeaux **2** adj inv (couleur) maroon

bordel‡ [bɔʀdɛl] nm (= hôtel) brothel ; (= chaos) mess ▪ **mettre le ~** to create havoc ▪ **arrête de gueuler, ~ !** stop shouting for Christ's sake!

bordélique‡ [bɔʀdelik] adj chaotic

border [bɔʀde] vt **a** (= longer) to line ▪ **l'allée était bordée de fleurs** the path was bordered with flowers **b** [+ personne, couverture] to tuck in

bordereau (pl **~x**) [bɔʀdəʀo] nm (= formulaire) note ; (= relevé) statement ▸ **bordereau de livraison** delivery note

bordure [bɔʀdyʀ] nf (= bord) edge ; [de gazon, fleurs] border ▪ **~ de trottoir** kerb BR, curb US ▪ **en ~ de route** [maison, champ, arbre] by the roadside

boréal, e (mpl **-aux**) [bɔʀeal, o] adj ▪ **l'aurore ~e** the aurora borealis

borgne [bɔʀɲ] adj [personne] blind in one eye

borne [bɔʀn] nf **a** (kilométrique) kilometre-marker, ≈ milestone ; [de terrain] boundary marker ▪ **~ d'incendie** fire hydrant ▪ **dépasser les ~s** to go too far **b** (* = kilomètre) kilometre **c** (= écran) terminal

borné, e [bɔʀne] adj [personne] narrow-minded

borner [bɔʀne] **1** vt [+ terrain] to mark out **2** **se borner** vpr ▪ **se ~ à faire qch/à qch** (= se limiter à) [personne] to confine o.s. to doing sth/to sth

bosniaque [bɔsnjak] **1** adj Bosnian **2** **Bosniaque** nmf Bosnian

Bosnie [bɔsni] nf Bosnia

boson [bozɔ̃] nm ▪ **~ de Higgs** the Higgs boson

bosquet [bɔskɛ] nm grove

bosse [bɔs] nf bump ; [de chameau, bossu] hump ▪ **avoir la ~ des maths*** to be good at maths

bosser* [bɔse] **1** vi (= travailler) to work **2** vt [+ examen] to cram for

bosseur, -euse* [bɔsœʀ, øz] nm,f hard worker

bossu, e [bɔsy] 1 adj [personne] hunchbacked 2 nm,f hunchback

bot[1] [bo] adj m ▪ **pied ~** club-foot

bot[2] [bot] nm bot ▪ **~ conversationnel** chatbot

botanique [bɔtanik] 1 adj botanical 2 nf botany

botte [bɔt] nf a (= chaussure) boot ▪ **~ de caoutchouc** wellington BR, rubber boot US ▪ **~ de cheval** riding boot ▪ **être droit dans ses ~s** to be unyielding ▪ **lécher les ~s de qn*** to lick sb's boots b [de fleurs, légumes] bunch ; [de foin] bundle

botter [bɔte] 1 vt a (* = plaire) ▪ **ça me botte** I like that b ▪ **~ les fesses de qn*** to give sb a kick up the backside‡ 2 vi (Rugby) to kick ▪ **~ en touche** (lit) to kick the ball into touch ; (fig) to duck the issue

bottillon [bɔtijɔ̃] nm ankle boot ; [de bébé] bootee

bottine [bɔtin] nf ankle boot

Bottin® [bɔtɛ̃] nm phone book ▪ **le ~ mondain** ≈ Who's Who

bouc [buk] nm (= animal) billy goat ; (= barbe) goatee beard ▪ **~ émissaire** scapegoat

boucan* [bukɑ̃] nm racket* ▪ **faire du ~** to make a racket*

bouche [buʃ] nf mouth ▪ **faire la fine ~** to turn one's nose up ▪ **de ~ à oreille** by word of mouth ▸ **bouche d'égout** manhole ▸ **bouche d'incendie** fire hydrant ▸ **bouche de métro** metro entrance

bouché, e[1] [buʃe] adj a (= obstrué) blocked ▪ **j'ai le nez ~** my nose is blocked b (* = stupide) [personne] stupid

bouche-à-bouche [buʃabuʃ] nm inv ▪ **faire du ~ à qn** to give sb mouth-to-mouth resuscitation BR ou respiration US

bouchée[2] [buʃe] nf a (= quantité) mouthful ▪ **pour une ~ de pain** for a song ▪ **mettre les ~s doubles** to put on a spurt b (Culin) ▪ **~ à la reine** *vol-au-vent filled with chopped sweetbreads in a rich sauce*

boucher[1] [buʃe] 1 vt a [+ bouteille] to cork b [+ trou, fente] to fill in ; [+ fuite] to stop c [+ lavabo] to block up ▪ **~ le passage** to be in the way ▪ **~ la vue** to block the view 2 **se boucher** vpr [évier] to get blocked ▪ **se ~ le nez** to hold one's nose ▪ **se ~ les oreilles** to put one's hands over one's ears

boucher[2]**, -ère** [buʃe, ɛʀ] nm,f butcher

boucherie [buʃʀi] nf (= magasin) butcher's shop ▪ **~ charcuterie** butcher's shop and delicatessen

bouchon [buʃɔ̃] nm a (en liège) cork ; (en plastique) stopper ; [de bidon, réservoir] cap ▪ **~s d'oreille** earplugs b (Pêche) float c (= embouteillage) traffic jam ▪ **un ~ de 12 km** a 12-km tailback

bouchonner [buʃɔne] 1 vt [+ cheval] to rub down 2 vi ▪ **ça bouchonne** there's a traffic jam

boucle [bukl] nf [de ceinture, soulier] buckle ; [de cheveux] curl ; [de ruban, rivière] loop ▪ **être dans la ~** (informé) to be in the loop ▸ **boucle d'oreille** earring

bouclé, e [bukle] adj [cheveux] curly

boucler [bukle] 1 vt a [+ ceinture] to buckle ▪ **~ sa valise** to close one's suitcase ▪ **tu vas la ~ !‡** will you shut up!‡ b [+ budget] to balance ; [+ article] to finish c (* = enfermer) to lock up d [+ quartier] to seal off 2 vi [cheveux] to curl

bouclier [buklije] nm shield

bouddhisme [budism] nm Buddhism

bouddhiste [budist] adj, nmf Buddhist

bouder [bude] 1 vi to sulk 2 vt [+ personne] to refuse to talk to ▪ **le public a boudé sa pièce** hardly anybody went to see his play

boudeur, -euse [budœʀ, øz] adj sulky

boudin [budɛ̃] nm a ▪ **~ (noir)** ≈ black pudding BR, ≈ blood sausage US b (* péj = fille) fatty‡

boudiné, e [budine] adj ▪ **elle était ~e dans sa robe** she was bursting out of her dress

boue [bu] nf mud

bouée [bwe] nf (de signalisation) buoy ; (d'enfant) rubber ring ▪ **~ de sauvetage** lifebelt ; (fig) lifeline

boueux, -euse [bwø, øz] adj muddy

bouffant, e [bufɑ̃, ɑ̃t] adj [manche] full ; [pantalon] baggy

bouffe‡ [buf] nf food ▪ **faire la ~** to do the cooking

bouffée [bufe] nf [de parfum] whiff ; [de pipe, cigarette] puff ▪ **une ~ d'air pur** a breath of fresh air ▪ **~ de chaleur** hot flush BR ou flash US

bouffer‡ [bufe] vt to eat ; (= engloutir) to gobble up* ▪ **je l'aurais bouffé !** I could have murdered him! ▪ **il ne faut pas se laisser ~ par son travail** you shouldn't let your work take up all your time and energy

bouffi, e [bufi] adj puffy

bouffon [bufɔ̃] nm a (= pitre) buffoon ▪ **le ~ du roi** the court jester b (* = idiot) nerd*

bougeoir [buʒwaʀ] nm candle-holder

bougeotte* [buʒɔt] nf ▪ **avoir la ~** (= voyager) to be always on the move ; (= remuer) to fidget

bouger [buʒe] **1** vi **a** (= remuer) to move ▪ **il n'a pas bougé (de chez lui)** he stayed in ▪ **c'est une ville qui bouge** it's a lively town **b** (= changer) to change ▪ **les couleurs ne bougeront pas** the colours won't fade **2** vt [+ objet] to move ▪ **il n'a pas bougé le petit doigt** he didn't lift a finger to help **3** **se bouger*** vpr ▪ **bouge-toi de là !** shift over!* ▪ **si tu veux trouver du travail, il faut que tu te bouges** if you want to find a job, you'd better get a move on*

bougie [buʒi] nf (= chandelle) candle ; [de voiture] spark plug

bougon, -onne [bugɔ̃, ɔn] adj grumpy

bougre* [bugʀ] nm ▪ **pauvre ~** poor devil* ▪ **~ d'idiot !** stupid idiot!*

bouillabaisse [bujabɛs] nf bouillabaisse

bouillant, e [bujɑ̃, ɑ̃t] adj boiling ; [tempérament] fiery

bouille* [buj] nf (= visage) face

bouillie [buji] nf [de bébé] baby's cereal ▪ **réduire en ~** [+ légumes, fruits] to reduce to a pulp ; [+ adversaire] to beat to a pulp

bouillir [bujiʀ] vi to boil ▪ **faire ~ de l'eau** to boil water ▪ **~ à gros bouillons** to boil fast ▪ **~ d'impatience** to seethe with impatience

bouilloire [bujwaʀ] nf kettle

bouillon [bujɔ̃] nm (= soupe) stock ▪ **~ de légumes** vegetable stock

bouillonner [bujɔne] vi [liquide chaud] to bubble ; [torrent] to foam ; [idées] to bubble up

bouillotte [bujɔt] nf hot-water bottle

boulanger [bulɑ̃ʒe] nm baker

boulangère [bulɑ̃ʒɛʀ] nf woman baker

boulangerie [bulɑ̃ʒʀi] nf (= magasin) bakery ▪ **boulangerie-pâtisserie** bread and pastry shop

boule [bul] nf **a** ball ; (Boules) bowl ▪ **jouer aux ~s** to play bowls ▪ **roulé en ~** [animal] curled up in a ball ; [paquet] rolled up in a ball ▪ **ça me met en ~*** it drives me mad ▪ **avoir la ~ au ventre** to have a knot in one's stomach ▸ **boule à ou de neige** (= bibelot) snow glass ball ▸ **boule de neige** snowball ▪ **faire ~ de neige** to snowball ▸ **boule Quies®** wax earplug **b** (* = grosseur) lump ▪ **j'ai les ~s‡** (= furieux) I'm really mad* ▪ **ça fout les ~s‡** (= ça angoisse) it's really scary* ; (= ça énerve) it's damn annoying‡ **c** (* = tête) ▪ **perdre la ~** to go bonkers‡ ▪ **coup de ~‡** headbutt

bouleau (pl **~x**) [bulo] nm silver birch

bouledogue [buldɔg] nm bulldog

boulet [bulɛ] nm ▪ **~ (de canon)** cannonball ▪ **quel ~ celui-là !*** he's such a drag!*

boulette [bulɛt] nf **a** [de papier] pellet ; (Culin) meatball **b** (* = bévue) blunder

boulevard [bulvaʀ] nm boulevard ▪ **comédie de ~** light comedy

bouleversant, e [bulvɛʀsɑ̃, ɑ̃t] adj very moving

bouleversement [bulvɛʀsəmɑ̃] nm [d'habitudes, vie politique] disruption ▪ **ce fut un vrai ~** it was a real upheaval

bouleverser [bulvɛʀse] vt **a** (= émouvoir) to move deeply ; (= causer un choc à) to shatter **b** [+ plan, habitude] to disrupt

boulimie [bulimi] nf bulimia ▪ **il fait de la ~*** he's bulimic

boulimique [bulimik] adj, nmf bulimic

boulon [bulɔ̃] nm bolt

boulot* [bulo] nm **a** (= travail) work *NonC* ▪ **elle a fait du bon ~** she's done a good job ▪ **se mettre au ~** to get down to work ▪ **allez, au ~ !** OK, let's get cracking!* **b** (= emploi) job ▪ **petits ~s** casual work **c** (= lieu de travail) work *NonC* ▪ **je sors du ~ à 18 h** I finish work at 6 o'clock

boum [bum] **1** excl (chute) bang! ; (explosion) boom! **2** nm (= explosion) bang **3** nf (* = fête) party

bouquet [bukɛ] nm **a** [de fleurs] bunch of flowers ; (composé, grand) bouquet ▪ **~ d'arbres** clump of trees ▪ **~ garni** bouquet garni *(bunch of mixed herbs)* **b** [de feu d'artifice] finale *(in a firework display)* ▪ **c'est le ~ !*** that takes the cake!* **c** [de vin] bouquet **d** (TV) multichannel package

bouquin* [bukɛ̃] nm book

bouquiner* [bukine] vti to read

bouquiniste [bukinist] nmf secondhand bookseller *(esp along the Seine in Paris)*

bourde* [buʀd] nf (= gaffe) blunder ▪ **faire une ~** to make a blunder

bourdon [buʀdɔ̃] nm (= insecte) bumblebee ▪ **avoir le ~*** to have the blues*

bourdonnement [buʀdɔnmɑ̃] nm [d'insecte] buzzing *NonC* ; [d'avion] drone *NonC* ▪ **j'ai des ~s d'oreilles** my ears are buzzing

bourdonner [buʀdɔne] vi [insecte] to buzz

bourg [buʀ] nm market town ; (petit) village

bourgade [buʀgad] nf small town

bourgeois, e [buʀʒwa, waz] **1** adj middle-class ; (péj) [préjugé, goûts] bourgeois **2** nm,f middle-class person

bourgeoisie [buʀʒwazi] nf ▪ **la ~** the middle class ▪ **la petite/grande ~** the lower/upper middle class

bourgeon [buʀʒɔ̃] nm [de fleur, feuille] bud

bourgeonner [buʀʒɔne] vi [arbre, plante] to bud

bourgogne [buʀgɔɲ] **1** nm (= vin) burgundy **2** **la Bourgogne** nf Burgundy

bourguignon, -onne [buʀgiɲɔ̃, ɔn] adj Burgundian ▪ **bœuf ~** beef stewed in red wine

bourlinguer [buʀlɛ̃ge] vi (= naviguer) to sail ; (* = voyager) to travel around a lot ▪ **il a bourlingué dans tout l'hémisphère sud** he has travelled all over the southern hemisphere

bourrasque [buʀask] nf gust of wind

bourratif, -ive [buʀatif, iv] adj stodgy

bourre [buʀ] nf [de coussin] stuffing ▪ **à la ~**‡ (= en retard) late ; (= pressé) pushed for time*

bourré, e [buʀe] adj **a** [salle, compartiment] packed (*de* with) ; [sac] crammed (*de* with) ▪ **devoir ~ de fautes** exercise riddled with mistakes ▪ **il est ~ de complexes** he's got loads of hang-ups* **b** (‡ = ivre) sloshed‡

bourreau (pl **~x**) [buʀo] nm (= tortionnaire) torturer ; (Hist) executioner

bourrelet [buʀlɛ] nm ▪ **~ (de graisse)** roll of fat

bourrer [buʀe] vt [+ coussin] to stuff ; [+ pipe] to fill ; [+ valise] to cram full ▪ **~ un sac de papiers** to cram papers into a bag ▪ **~ les urnes** (Pol) to stuff the ballot box ▪ **ne te bourre pas de gâteaux** don't stuff* yourself with cakes ▪ **~ qn de coups** to beat sb up ▪ **se ~ la gueule**‡ (= se soûler) to get sloshed‡

bourrique [buʀik] nf **a** (= âne) donkey **b** (* = têtu) pigheaded* person ▪ **faire tourner qn en ~** to drive sb up the wall*

bourru, e [buʀy] adj [personne, air] surly ; [voix] gruff

bourse [buʀs] nf **a** (= porte-monnaie) purse **b** (= marché boursier) ▪ **la Bourse** the Stock Exchange **c** ▪ **~ (d'études)** (Univ) grant

boursier, -ière [buʀsje, jɛʀ] **1** adj **a** ▪ **étudiant ~** grant holder **b** (Bourse) stock-exchange ▪ **marché ~** stock market ▪ **valeurs boursières** stocks and shares **2** nm,f (= étudiant) grant holder

boursouflé, e [buʀsufle] adj [visage] puffy ; [main] swollen

bousculade [buskylad] nf (= remous) crush

bousculer [buskyle] **1** vt **a** [+ personne] (= pousser) to jostle ; (= heurter) to bump into ; (= presser) to rush **b** [+ habitudes, emploi du temps] to upset **2** **se bousculer** vpr (= se heurter) to jostle each other ▪ **les idées se bousculaient dans sa tête** his head was buzzing with ideas

bouse [buz] nf cow pat

bousiller* [buzije] vt [+ appareil, moteur] to wreck ; [+ voiture] to smash up* ▪ **se ~ la santé** to ruin one's health

boussole [busɔl] nf compass ▪ **perdre la ~*** to go off one's head

bout [bu] nm **a** (= extrémité, fin) end ; [de nez, langue, canne] tip ▪ **~ du doigt** fingertip ▪ **du ~ des doigts** [effleurer, pianoter] with one's fingertips ▪ **~ du sein** nipple ▪ **à l'autre ~ du couloir** at the other end of the corridor ▪ **tenir le bon ~*** (= être sur la bonne voie) to be on the right track ▪ **mettre ~ à ~** [+ tuyaux] to lay end to end ; [+ phrases] to put together ▸ **bout filtre** filter tip **b** (= morceau) piece ▪ **un ~ de terrain** a plot of land ▪ **jusqu'à Paris, cela fait un ~ de chemin** it's quite a long way to Paris ▪ **il est resté un bon ~ de temps** he stayed quite some time ▪ **mettre les ~s**‡ to skedaddle* **c** (loc) ▪ **à ~ portant** point-blank ▪ **au ~ du compte** all things considered ▪ **lire un livre de ~ en ~** ou **d'un ~ à l'autre** to read a book from cover to cover ▪ **être à ~** (= fatigué) to be exhausted ; (= en colère) to have had enough ▪ **pousser qn à ~** to push sb to the limit ▪ **être à ~ d'arguments** to have run out of arguments ▪ **à ~ de forces** exhausted ▪ **être à ~ de souffle** to be out of breath ▪ **à ~ de bras** at arm's length ▪ **au ~ de** (dans l'espace) at the end of ; (dans le temps) after ▪ **la poste est tout au ~ du village** the post office is at the far end of the village ▪ **il est parti au ~ de trois minutes** he left after three minutes ▪ **être au ~ du rouleau*** to be exhausted ▪ **nous sommes restés jusqu'au ~** we stayed right to the end ▪ **il faut aller jusqu'au ~ de ce qu'on entreprend** if you take something on you must see it through ▪ **j'ai son nom sur le ~ de la langue** his name is on the tip of my tongue ▪ **il sait sa leçon sur le ~ des doigts** he knows his lesson backwards

boutade [butad] nf witticism ; (= plaisanterie) joke

boute-en-train [butɑ̃tʀɛ̃] nm inv live wire*

bouteille [butɛj] nf bottle ; [de gaz] cylinder ▪ **boire à la ~** to drink from the bottle ▪ **~ de vin** (= récipient) wine bottle ; (= contenu) bottle of wine

boutique [butik] nf shop ; [de grand couturier] boutique

bouton [butɔ̃] nm **a** [de vêtement] button ▪ **~ de manchette** cufflink **b** (électrique) switch ; [de porte, radio] knob **c** [de fleur] bud ▪ **~ de rose** rosebud **d** (sur la peau) spot

bouton-d'or (pl **boutons-d'or**) [butɔ̃dɔʀ] nm buttercup

boutonner [butɔne] vt, **se boutonner** vpr [vêtement] to button

boutonneux, -euse [butɔnø, øz] adj pimply

boutonnière [butɔnjɛʀ] nf (Couture) buttonhole

bouton-pression (pl **boutons-pressions**) [butɔ̃pʀesjɔ̃] nm snap fastener

bouture [butyʀ] nf cutting

bouvreuil [buvʀœj] nm bullfinch

bovin, e [bɔvɛ̃, in] **1** adj **■ l'élevage ~** cattle farming **■ viande ~e** beef **2** nm bovine **■ ~s** cattle

bowling [buliŋ] nm (= jeu) bowling ; (= salle) bowling alley **■ faire un ~** to go bowling

box [bɔks] nm [d'écurie] loose box ; (= garage) lock-up **■ ~ des accusés** dock

boxe [bɔks] nf boxing **■ faire de la ~** to box

boxer[1] [bɔkse] vi to box

boxer[2] [bɔksɛʀ] nm boxer *(dog)*

boxeur, -euse [bɔksœʀ, øz] nm,f boxer

box-office (pl **~s**) [bɔksɔfis] nm box office **■ film en tête du ~** box-office hit

boyau (pl **~x**) [bwajo] nm **a** (= intestins) **■ ~x** guts **b** [de bicyclette] tubeless tyre BR ou tire US

boycott [bɔjkɔt], **boycottage** [bɔjkɔtaʒ] nm boycott

boycotter [bɔjkɔte] vt to boycott

BP [bepe] (abrév de **boîte postale**) PO Box

bracelet [bʀaslɛ] nm [de poignet] bracelet ; [de bras] bangle ; [de montre] strap

bracelet-montre (pl **bracelets-montres**) [bʀaslɛmɔ̃tʀ] nm wristwatch

braconner [bʀakɔne] vi to poach

braconnier, -ière [bʀakɔnje, jɛʀ] nm,f poacher

brader [bʀade] vt (= vendre à prix réduit) to sell cut-price BR ou cut-rate US ; (= se débarrasser de) to sell off

braderie [bʀadʀi] nf (= magasin) discount centre ; (= marché) market *(held once or twice a year, where goods are sold at reduced prices)*

braguette [bʀagɛt] nf [de pantalon] flies

brahmane [bʀɑman] nm Brahmin

braillard, e* [bʀɑjaʀ, aʀd] **1** adj bawling **2** nm,f bawler

braille [bʀɑj] nm Braille

brailler* [bʀɑje] vi (= crier) to bawl **■ il faisait ~ sa radio** he had his radio on full blast

braire [bʀɛʀ] vi to bray

braise [bʀɛz] nf [de feu] **■ la ~, les ~s** the embers

brancard [bʀɑ̃kaʀ] nm (= civière) stretcher

brancardier, -ière [bʀɑ̃kaʀdje, jɛʀ] nm,f stretcher-bearer

branchages [bʀɑ̃ʃaʒ] nmpl branches

branche [bʀɑ̃ʃ] nf branch ; [de compas] leg **■ il s'est orienté vers une ~ technique** he's specialized in technical subjects **■ la ~ politique/militaire de l'organisation** the political/military arm of the organization

branché, e* [bʀɑ̃ʃe] adj **a** (= dans le vent) trendy **b** (= enthousiasmé) **■ elle est très ~e jazz/informatique** she's really into* jazz/computers

branchement [bʀɑ̃ʃmɑ̃] nm **a** (= fils connectés) connection **b** (= action) [d'appareil à gaz, tuyau] connecting ; [d'eau, gaz, électricité, réseau] linking up

brancher [bʀɑ̃ʃe] **1** vt **a** [+ appareil électrique] to plug in **b** [+ appareil à gaz, tuyau, eau, gaz, électricité] to connect **c** (= orienter) **■ ~ qn sur un sujet** to start sb off on a subject **d** (* = intéresser) **■ ça ne me branche pas** [idée, matière scolaire] it doesn't grab me* ; [musique, activité] it doesn't do anything for me* **■ ça te brancherait d'aller au ciné ?** do you fancy going to see a film?* **2 se brancher** vpr (= se connecter) **■ ça se branche où ?** where does this plug in? **■ se ~ sur un réseau/Internet** to get onto a network/the Internet

branchies [bʀɑ̃ʃi] nfpl gills

branchouille* [bʀɑ̃ʃuj] adj (hum, péj) very now*

brandade [bʀɑ̃dad] nf **■ ~ (de morue)** brandade *(dish made with cod)*

brandir [bʀɑ̃diʀ] vt to brandish

branlant, e [bʀɑ̃lɑ̃, ɑ̃t] adj [de dent] loose ; [escalier, meuble] rickety

branle-bas [bʀɑ̃lbɑ] nm inv commotion **■ ç'a été le ~ de combat** it was action stations

braquage [bʀakaʒ] nm (= hold-up) stick-up*

braquer [bʀake] **1** vt **a** (= diriger) **■ ~ une arme sur** to point a weapon at **■ ~ un télescope/un projecteur sur** to train a telescope/a spotlight on **■ tous les regards étaient braqués sur eux** all eyes were upon them **b** [+ banque, personne] to hold up **2** vi (= conducteur) to turn the (steering) wheel **■ ~ bien/mal** [voiture] to have a good/bad lock **3 se braquer** vpr to dig one's heels in **■ se ~ contre qch** to set one's face against sth

braqueur, -euse* [bʀakœʀ, øz] nm,f [de banque] bank robber

bras [bʀɑ] nm arm ; [de fleuve] branch **■ se donner le ~** to link arms **■ ~ dessus, ~ dessous** arm in arm **■ les ~ croisés** with one's arms folded **■ rester les ~ croisés** (fig) to sit idly by **■ tendre** ou **allonger le ~ vers qch** to reach out for sth **■ en ~ de chemise** in shirt sleeves **■ avoir le ~ long** to have a long arm **■ à ~ ouverts** with open arms **■ avoir** ou **se retrouver avec qch/qn sur les ~*** to be landed* with sth/sb **■ faire un ~ d'honneur à qn** to put two fingers up at sb* BR, to give sb the finger* US ► **bras droit** (fig) right-hand man ► **bras de fer** (= jeu) arm-wrestling *NonC* ► **bras de mer** sound

brasier [bʀɑzje] nm (= incendie) blaze

brassage [bʀasaʒ] nm a [de bière] brewing b [de cultures] mixing

brassard [bʀasaʀ] nm armband

brasse [bʀas] nf (= nage) ▪ **~ (coulée)** breaststroke ▪ **nager la ~** to swim breast-stroke

brasser [bʀase] vt a (= remuer) to stir ; (= mélanger) to mix ▪ **ils brassent beaucoup d'argent** they handle a lot of money b [+ bière] to brew

brasserie [bʀasʀi] nf a (= café) brasserie *(large bar serving food)* b (= fabrique) brewery

brassière [bʀasjɛʀ] nf a [de bébé] vest BR, undershirt US b (= soutien-gorge) bra top

brave [bʀav] adj a (= courageux) brave b (= bon) good ; (= honnête) decent ▪ **ce sont de ~s gens** they're decent people ▪ **il est bien ~** he's a good sort

braver [bʀave] vt [+ personne] to stand up to ; [+ autorité, tabou, règle] to defy ; [+ danger, mort] to brave

bravo [bʀavo] 1 excl (= félicitations) bravo! ; (= approbation) hear! hear! ; (iro) well done! 2 nm cheer ▪ **un grand ~ pour... !** let's hear it for...!

break [bʀɛk] nm a (= voiture) estate (car) BR, station wagon US b (Tennis) break ▪ **balle de ~** break point

breaker [bʀɛke] vt (Tennis) to break ▪ **il s'est fait ~ d'entrée de jeu** he had his serve broken at the outset

brebis [bʀəbi] nf ewe ▪ **~ galeuse** black sheep

brèche [bʀɛʃ] nf [de mur] breach

bredouille [bʀəduj] adj empty-handed

bredouiller [bʀəduje] vti to stammer

bref, brève [bʀɛf, ɛv] 1 adj brief ; [voyelle, syllabe] short 2 adv ▪ **(enfin) ~** (= pour résumer) in short ; (= donc) anyway ▪ **en ~** in short

brésilien, -ienne [bʀeziljɛ̃, jɛn] 1 adj Brazilian 2 **Brésilien(ne)** nm,f Brazilian

Bretagne [bʀətaɲ] nf Brittany

bretelle [bʀətɛl] nf a [de soutien-gorge, robe] strap ; [de fusil] sling ▪ **~s** [de pantalon] braces BR, suspenders US ▪ **robe à ~s** strappy dress b (= route) slip road BR, on (ou off) ramp US

breton, -onne [bʀətɔ̃, ɔn] 1 adj Breton 2 nm (= langue) Breton 3 **Breton(ne)** nm,f Breton

breuvage [bʀœvaʒ] nm beverage

brève [bʀɛv] adj → **bref**

brevet [bʀəvɛ] nm a (= diplôme) diploma ▪ **~ (des collèges)** *exam taken at the age of 16* ▸ **brevet d'études professionnelles** *technical school certificate* ▸ **brevet informatique et internet** *certificate of competence in ICT* ▸ **brevet de technicien supérieur** *vocational training certificate taken after the age of 18* b [de pilote] licence c ▪ **~ (d'invention)** patent

breveter [bʀəv(ə)te] vt [+ invention] to patent ▪ **faire ~ qch** to take out a patent for sth

bribe [bʀib] nf (= fragment) ▪ **~s de conversation** snatches of conversation

bribes [bʀib] nfpl ▪ **~ de conversation** snatches of conversation

> ⚠ **bribes** ne se traduit pas par le mot anglais ***bribes***, qui signifie « pots-de-vin ».

bric-à-brac [bʀikabʀak] nm inv (= objets) bric-a-brac

bricolage [bʀikɔlaʒ] nm a (= passe-temps) do-it-yourself b (= réparation) ▪ **c'est du ~** it's a rush job*

bricole* [bʀikɔl] nf (= babiole) trifle ▪ **je lui ai acheté une petite ~ pour son anniversaire** I bought him a little something for his birthday ▪ **il va lui arriver des ~s** he's going to run into trouble

bricoler [bʀikɔle] 1 vi (menus travaux) to do odd jobs 2 vt (= mal réparer) to tinker with ; (= fabriquer) to cobble together

bricoleur [bʀikɔlœʀ] nm handyman, do-it-yourselfer* ▪ **il est ~** he's good with his hands

bricoleuse [bʀikɔløz] nf handywoman, do-it-yourselfer* ▪ **elle est ~** she's good with her hands

bride [bʀid] nf a [de cheval] bridle ▪ **laisser la ~ sur le cou à qn** to give sb a free hand b [de chaussure] strap

bridé, e [bʀide] adj ▪ **avoir les yeux ~s** to have slanting eyes

brider [bʀide] vt [+ imagination, liberté] to curb ; [+ personne] to keep in check

bridge [bʀidʒ] nm (dents) bridge

brief [bʀif] nm briefing

briefer [bʀife] vt to brief

brièvement [bʀijɛvmɑ̃] adv briefly

brigade [bʀigad] nf (Police) squad ▸ **brigade des mœurs** Vice Squad

brigadier, -ière [bʀigadje, jɛʀ] nm,f (Police) ≈ sergeant

brigand [bʀigɑ̃] nm (péj = filou) crook

briguer [bʀige] vt [+ poste] to bid for ; [+ honneur, faveur] to crave ; [+ suffrages] to canvass

brillamment [bʀijamɑ̃] adv brilliantly ▪ **réussir ~ un examen** to pass an exam with flying colours

brillant, e [bʀijɑ̃, ɑ̃t] **1** adj **a** (= luisant) shiny ; (= étincelant) sparkling ; [couleur] bright **b** (= remarquable, intelligent) brilliant ▪ **ce n'est pas ~** [travail] it's not wonderful ; [situation] it's far from satisfactory **2** nm (= diamant) brilliant

briller [bʀije] vi to shine ; [diamant, eau, yeux] to sparkle ▪ **faire ~ ses chaussures** to polish one's shoes ▪ **~ par son absence** to be conspicuous by one's absence

brimades [bʀimad] nfpl harassment

brimer [bʀime] vt to bully ▪ **il se sent brimé** he feels he's being got at* BR ou gotten at* US

brin [bʀɛ̃] nm [d'herbe] blade ; [de mimosa, muguet] sprig ; [de paille] wisp ; [de corde, fil, laine] strand ▪ **faire un ~ de toilette** to have a quick wash

brindille [bʀɛ̃dij] nf twig

bringue* [bʀɛ̃g] nf **a** (= personne) ▪ **grande ~** beanpole* **b** ▪ **faire la ~** to have a wild time

bringuebaler* [bʀɛ̃g(ə)bale] vi (avec bruit) to rattle

brio [bʀijo] nm (= virtuosité) brilliance ; (Mus) brio

brioche [bʀijɔʃ] nf brioche ▪ **il a de la ~*** he's got a bit of a tummy*

brique [bʀik] nf **a** [de construction] brick ▪ **mur de ou en ~(s)** brick wall **b** [de lait] carton **c** ▪ **~ logicielle** software unit **d** (* = dix mille francs ou euros) ▪ **une ~** ten thousand francs (ou euros)

briquer [bʀike] vt to polish up

briquet [bʀikɛ] nm cigarette lighter

brise [bʀiz] nf breeze

brisé, e [bʀize] adj broken ▪ **~ (de chagrin)** brokenhearted

brise-glace (pl ~s) [bʀizglas] nm icebreaker

briser [bʀize] **1** vt to break ; [+ carrière, vie] to ruin ; [+ amitié] to put an end to ▪ **~ qch en mille morceaux** to smash sth to smithereens **2** **se briser** vpr to break

bristol [bʀistɔl] nm (= papier) Bristol board ▪ **fiche Bristol** card

britannique [bʀitanik] **1** adj British **2** **Britannique** nmf Briton, Britisher US ▪ **les Britanniques** the British

brocante [bʀɔkɑ̃t] nf (= commerce) secondhand trade ; (= magasin) secondhand shop

brocanteur, -euse [bʀɔkɑ̃tœʀ, øz] nm,f secondhand goods dealer

broche [bʀɔʃ] nf **a** (= bijou) brooch **b** (Culin) spit ▪ **faire cuire à la ~** to spit-roast

broché, e [bʀɔʃe] adj ▪ **livre ~** paperback

brochet [bʀɔʃɛ] nm (= poisson) pike

brochette [bʀɔʃɛt] nf (= ustensile) skewer ; (= plat) kebab ▪ **~ de personnalités** bunch of VIPs

brochure [bʀɔʃyʀ] nf brochure

brocoli [bʀɔkɔli] nm broccoli

broder [bʀɔde] **1** vt to embroider **2** vi (= exagérer) to embroider ; (= trop développer) to elaborate

broderie [bʀɔdʀi] nf (= art) embroidery ; (= objet) piece of embroidery

bronca [bʀɔ̃ka] nf (dans une arène) cheering ; (= huées de mécontentement) booing

broncher [bʀɔ̃ʃe] vi ▪ **personne n'osait ~** no one dared say a word ▪ **sans ~** meekly

bronches [bʀɔ̃ʃ] nfpl bronchial tubes ▪ **se faire souffler dans les ~*** to get hauled over the coals*

bronchite [bʀɔ̃ʃit] nf bronchitis NonC ▪ **j'ai une ~** I've got bronchitis

bronzage [bʀɔ̃zaʒ] nm tan

bronze [bʀɔ̃z] nm bronze

bronzé, e [bʀɔ̃ze] adj tanned

bronzer [bʀɔ̃ze] vi to get a tan ▪ **je bronze vite** I tan easily

brosse [bʀɔs] nf **a** (= ustensile) brush ; [de peintre] paintbrush ▸ **brosse à cheveux** hairbrush ▸ **brosse à dents** toothbrush **b** (Coiffure) ▪ **avoir les cheveux en ~** to have a crew cut

brosser [bʀɔse] **1** vt **a** to brush ; (= nettoyer) to scrub **b** (= peindre) to paint ▪ **~ le portrait de qn** to paint sb's portrait **2** **se brosser** vpr ▪ **se ~ les dents** to brush ou clean one's teeth ▪ **se ~ les cheveux** to brush one's hair

brou [bʀu] nm ▪ **~ de noix** walnut stain

brouette [bʀuɛt] nf wheelbarrow

brouhaha [bʀuaa] nm (= tintamarre) hubbub

brouillard [bʀujaʀ] nm (dense) fog ; (léger) mist ▪ **il y a du ~** it's foggy

brouillasser [bʀujase] vb impers to drizzle

brouille [bʀuj] nf quarrel

brouillé, e [bʀuje] adj ▪ **être ~ avec qn** to have fallen out with sb

brouiller [bʀuje] **1** vt **a** [+ contour, vue] to blur ; [+ idées] to mix up ▪ **~ les pistes ou cartes** to confuse the issue **b** (Radio) (volontairement) to jam ; (par accident) to cause interference to ; (TV) to scramble **2** **se brouiller** vpr **a** [vue] to become blurred ; [souvenirs, idées] to become confused **b** (= se fâcher) ▪ **se ~ avec qn** to fall out with sb

brouillon, -onne [bʀujɔ̃, ɔn] **1** adj messy **2** nm rough draft

broussaille [bʀusaj] nf ▪ **~s** scrub ▪ **sourcils en ~** bushy eyebrows

brousse [bʀus] nf ▪ **la ~** the bush

brouter [bʀute] **1** vt [+ herbe] to graze on **2** vi [animal] to graze

broutille [bʀutij] nf (= bagatelle) trifle

broyer [bʀwaje] vt [+ aliments, grain] to grind ; [+ membre] to crush ■ **~ du noir** to feel gloomy

bru [bʀy] nf daughter-in-law

brugnon [bʀyɲɔ̃] nm nectarine

bruine [bʀɥin] nf fine drizzle

bruiner [bʀɥine] vb impers to drizzle

bruit [bʀɥi] nm a (= son) sound ; (désagréable) noise ■ **j'ai entendu un ~** I heard a noise ■ **un ~ de pas** the sound of footsteps ■ **~ de fond** background noise ■ **il y a trop de ~** there's too much noise ■ **sans ~** without a sound ■ **faire du ~** [objet, machine] to make a noise ; [personne] to be noisy b (= agitation) ■ **beaucoup de ~ pour rien** a lot of fuss about nothing ■ **faire grand ~** [affaire, déclaration] to cause a stir c (= nouvelle) rumour ■ **c'est un ~ qui court** it's a rumour that's going around

bruitage [bʀɥitaʒ] nm sound effects

brûlant, e [bʀylɑ̃, ɑ̃t] adj [objet] red-hot ; [plat] piping hot ; [liquide] boiling hot

brûlé [bʀyle] nm ■ **ça sent le ~** there's a smell of burning ; (fig) there's trouble brewing

brûle-pourpoint (à) [bʀylpuʀpwɛ̃] loc adv point-blank

brûler [bʀyle] 1 vt a to burn ; [eau bouillante] to scald ; [+ maison, village] to burn down ■ **être brûlé vif** to be burnt to death ■ **j'ai les yeux qui me brûlent** my eyes are smarting b (= ignorer) ■ **~ un stop** to ignore a stop sign ■ **~ un feu rouge** to go through a red light BR, to run a red light US ■ **~ les étapes** (= trop se précipiter) to cut corners 2 vi a to burn ; [maison, forêt] to be on fire ■ **j'ai laissé ~ le rôti** I burnt the roast b (= être très chaud) to be burning ■ **ne touche pas, ça brûle** don't touch that, you'll burn yourself c ■ **~ d'impatience** to seethe with impatience 3 **se brûler** vpr to burn o.s. ; (= s'ébouillanter) to scald o.s. ■ **je me suis brûlé la langue** I burnt my tongue

brûleur [bʀylœʀ] nm (= dispositif) burner

brûlure [bʀylyʀ] nf (= lésion) burn ; (= sensation) burning sensation ■ **~s d'estomac** heartburn *NonC*

brume [bʀym] nf (légère) mist ; (de chaleur) haze ; (sur mer) fog

brumeux, -euse [bʀymø, øz] adj misty

brumisateur® [bʀymizatœʀ] nm spray

brun, brune [bʀœ̃, bʀyn] 1 adj [yeux, couleur] brown ; [cheveux, peau, tabac, bière] dark ■ **il est ~** (cheveux) he's got dark hair 2 nm (= couleur) brown ; (= homme) dark-haired man 3 **brune** nf a (= bière) dark beer b (= cigarette) *cigarette made of dark tobacco* c (= femme) brunette

brunir [bʀyniʀ] vi [personne, peau] to get a tan

brushing [bʀœʃiŋ] nm blow-dry ■ **se faire un ~** to blow-dry one's hair

> ⚠ **brushing** ne se traduit pas par le mot anglais ***brushing***.

brusque [bʀysk] adj a [personne, manières, geste] brusque ; [ton] curt b [départ, changement] abrupt ; [virage] sharp ; [envie] sudden

brusquement [bʀyskəmɑ̃] adv a (= sèchement) brusquely b (= subitement) suddenly

brusquer [bʀyske] vt to rush

brusquerie [bʀyskəʀi] nf brusqueness

brut, e [bʀyt] 1 adj a [pétrole, minerai] crude ■ **à l'état ~** [matière] untreated ■ **informations à l'état ~** raw data b [champagne] brut ; [cidre] dry c [bénéfice, poids, salaire] gross ■ **2 500 € ~s par mois** €2,500 gross per month 2 **brute** nf brute ■ **tu es une grosse ~e !*** you're a big bully!

brutal, e (mpl **-aux**) [bʀytal, o] adj a [personne, caractère] brutal ; [jeu] rough b [mort, changement] sudden ; [choc, coup] brutal

brutalement [bʀytalmɑ̃] adv a (= violemment) brutally b (= subitement) suddenly

brutaliser [bʀytalize] vt [+ personne] to ill-treat ; (physiquement) to beat

brutalité [bʀytalite] nf (= violence) violence ; (plus cruelle) brutality ■ **~s policières** police brutality

Bruxelles [bʀy(k)sɛl] n Brussels

bruxellois, e [bʀy(k)sɛlwa, waz] 1 adj of ou from Brussels 2 **Bruxellois(e)** nm,f inhabitant ou native of Brussels

bruyamment [bʀɥijamɑ̃] adv [rire, parler] loudly

bruyant, e [bʀɥijɑ̃, ɑ̃t] adj noisy ; [rire] loud

bruyère [bʀyjɛʀ] nf (= plante) heather

BTP [betepe] nmpl (abrév de **bâtiment et travaux publics**) *public buildings and works sector*

BTS [beteɛs] nm (abrév de **brevet de technicien supérieur**) *vocational training certificate taken after the age of 18*

bu, e [by] ptp de **boire**

buanderie [bɥɑ̃dʀi] nf laundry

bûche [byʃ] nf [de bois] log ■ **~ de Noël** Yule log

bûcher¹ [byʃe] nm (funéraire) funeral pyre ; (= supplice) stake

bûcher²* [byʃe] 1 vt (= travailler) to bone up on*, to swot up* BR 2 vi to swot* BR, to cram US

bûcheron, -onne [byʃʀɔ̃, ɔn] nm,f woodcutter

bûcheur, -euse* [byʃœʀ, øz] nm,f slogger*

bucolique [bykɔlik] adj bucolic

budget [bydʒɛ] nm budget ▪ **vacances pour petits ~s** low-budget holidays ▪ **film à gros ~** big-budget film

budgétaire [bydʒetɛʀ] adj [dépenses, crise, politique] budget

budgéter [bydʒete] vt, **budgétiser** [bydʒetize] vt to budget for

buée [bɥe] nf [d'haleine, eau chaude] steam ; (sur vitre, miroir) mist

buffet [byfɛ] nm a (= meuble) sideboard b [de réception] buffet ▪ **~ de gare** station buffet

buffle [byfl] nm buffalo

bug [bœg] nm (Informatique) bug ▪ **le ~ de l'an 2000** the millennium bug

buis [bɥi] nm box

buisson [bɥisɔ̃] nm bush

bulbe [bylb] nm [de plante] bulb

bulgare [bylgaʀ] 1 adj Bulgarian 2 nm (= langue) Bulgarian 3 **Bulgare** nmf Bulgarian

Bulgarie [bylgaʀi] nf Bulgaria

bulldozer [buldozɛʀ] nm bulldozer

bulle [byl] nf a bubble ▪ **faire des ~s** [liquide] to bubble ▪ **~ d'air** air bubble b [de bande dessinée] balloon ▪ **la ~ Internet** the Internet ou dot.com bubble c (= espace protégé) cocoon

bulletin [byltɛ̃] nm a (= communiqué, magazine) bulletin ; (= formulaire) form ; (= billet) ticket ; (Scol) report ▸ **bulletin d'information** news bulletin ▸ **bulletin météorologique** weather forecast ▸ **bulletin de salaire** pay-slip ▸ **bulletin de santé** medical bulletin b (Pol) ▪ **~ de vote** ballot paper ▪ **~ nul** spoiled ou spoilt BR ballot paper

bureau (pl **~x**) [byʀo] nm a (= meuble) desk ; (sur écran d'ordinateur) desktop b (= cabinet de travail) study c (= lieu de travail, pièce) office ▪ **pendant les heures de ~** during office hours ▪ **nos ~x seront fermés** the office will be closed ▸ **bureau de change** bureau de change BR, foreign exchange office US ▸ **bureau de poste** post office ▸ **bureau de tabac** tobacconist's BR, tobacco shop US *(selling stamps and newspapers)* ▸ **bureau de vote** polling station

bureaucrate [byʀokʀat] nmf bureaucrat

bureaucratie [byʀokʀasi] nf bureaucracy

bureautique [byʀotik] nf office automation

burka [buʀka] nf ⇒ **burqa**

burlesque [byʀlɛsk] adj (= ridicule) ludicrous

burqa, burka [buʀka] nf burkha

bus [bys] nm bus ▪ **j'irai en ~** I'll go by bus

buste [byst] nm (= torse) chest ; (= seins, sculpture) bust

bustier [bystje] nm bustier

but [by(t)] nm a (= objectif) aim, goal ▪ **aller droit au ~** to come straight to the point ▪ **nous touchons au ~** the end is in sight ▪ **à ~ non lucratif** non-profit-making BR, non-profit US ▪ **de ~ en blanc** point-blank b (= intention) aim ▪ **dans le ~ de faire qch** with the aim of doing sth c (Sport) goal

butane [bytan] nm butane ; (à usage domestique) Calor Gas®

buté, e [byte] adj [personne, air] stubborn

buter [byte] 1 vi ▪ **~ contre qch** (= trébucher) to stumble over sth ; (= cogner) to bang against sth ▪ **~ sur un mot** to stumble over a word 2 vt (‡ = tuer) to bump off‡ 3 **se buter** vpr to dig one's heels in

buteur, -euse [bytœʀ, øz] nm,f (Sport) striker

butin [bytɛ̃] nm [de voleur] loot

butiner [bytine] vi [insecte] to gather pollen ; (Can) [internaute] to browse

butineur [bytinœʀ] nm (Can : Internet) browser

butte [byt] nf mound ▪ **être en ~ à** [+ difficultés] to be exposed to

buvable [byvabl] adj drinkable ▪ **ampoule ~** phial to be taken orally

buvait [byvɛ] vb → **boire**

buvard [byvaʀ] nm (= papier) blotting paper *NonC*

buvette [byvɛt] nf (= café) refreshment room ; (en plein air) refreshment stall

buveur, -euse [byvœʀ, øz] nm,f drinker

buzz [bœz] nm hype* ▪ **créer** ou **faire le ~** to create hype*

cC

c', ç' [s] pron ⇒ **ce**

ça [sa] pron dém a (= objet proche) this ; (= objet moins proche) that ▪ **qu'est-ce que c'est que ~, par terre ?** what's that on the floor? b (= ce qui a été dit) that, it ▪ **flexibilité, qu'est-ce que ~ veut dire ?** flexibility, what does that mean? ▪ **~ m'agace** it gets on my nerves ▪ **~ ne fait rien** it doesn't matter ▪ **~ alors !** goodness! ▪ **c'est ~** that's right ▪ **j'ai cinq jours de congé, c'est déjà ~** I've got five days off, that's something at least c ▪ **j'ai vu Pierre Borel – qui ~ ?** I saw Pierre Borel – who? ▪ **quand ~ ?** when was that? ▪ **où ~ ?** where was that? ▪ **~ y est, il a signé le contrat** that's it, he's signed the contract ▪ **~ y est, il a cassé le verre** there you are, he's broken the glass

çà [sa] adv ▪ **~ et là** here and there

cabale [kabal] nf (= complot) conspiracy

caban [kabɑ̃] nm reefer jacket

cabane [kaban] nf hut ; (pour outils, animaux) shed

cabaret [kabaʀɛ] nm (= boîte de nuit) cabaret club

cabas [kabɑ] nm (= sac) shopping bag

cabillaud [kabijo] nm cod

cabine [kabin] nf [de bateau, véhicule spatial] cabin ; [de train, grue] cab ; [de laboratoire de langues] booth ; (à la piscine) cubicle ▸ **cabine de douche** shower cubicle BR ou stall US ▸ **cabine d'essayage** fitting room ▸ **cabine de pilotage** cockpit; (dans avion de ligne) flight deck ▸ **cabine téléphonique** telephone booth

cabinet [kabinɛ] 1 nm a [de médecin, dentiste] surgery BR, office US ; [de notaire, avocat] office ▸ **cabinet d'architectes** firm of architects b (= gouvernement) cabinet ; (= collaborateurs) staff 2 **cabinets** nmpl (= toilettes) toilet, bathroom US 3 comp ▸ **cabinet de toilette** bathroom

câble [kɑbl] nm cable ▪ **la télévision par ~** cable (television) ▪ **le ~** cable (television)

câblé, e [kɑble] adj [chaîne, réseau] cable *avant n*

cabossé, e [kabɔse] adj battered

cabosser [kabɔse] vt to dent

cabot* [kabo] nm (= chien) mutt*

cabotin, e [kabɔtɛ̃, in] adj ▪ **il est très ~** he's a real show-off

cabrer (se) [kɑbʀe] vpr [cheval] to rear (up) ; [personne] to rebel

cabriole [kabʀijɔl] nf [d'enfant, cabri] caper ▪ **faire des ~s** to caper about

cabriolet [kabʀijɔlɛ] nm (= voiture décapotable) convertible

caca* [kaka] nm poo* BR, poop* US ▪ **faire ~** to do a poo* BR ou a poop* US ▸ **caca d'oie** (= couleur) greenish-yellow

cacahuète [kakawɛt] nf peanut ▪ **il est payé des ~s*** he earns peanuts*

cacao [kakao] nm cocoa

cachalot [kaʃalo] nm sperm whale

cache [kaʃ] nf ▪ **~ d'armes** arms cache

cache[1] [kaʃ] nm (Ciné, Photo) mask ; (Informatique) cache

cache[2] [kaʃ] nf ▪ **~ d'armes** arms cache

cache-cache [kaʃkaʃ] nm inv hide-and-seek ▪ **jouer à ~** to play hide-and-seek

cachemire [kaʃmiʀ] nm (= laine) cashmere ▪ **écharpe en ~** cashmere scarf

cacher [kaʃe] 1 vt to hide ▪ **~ qch à qn** to hide sth from sb ▪ **les arbres nous cachent le fleuve** we can't see the river because of the trees ▪ **son silence cache quelque chose** there's something he's keeping quiet about ▪ **pour ne rien vous ~** to be perfectly honest with you 2 **se cacher** vpr a (= se dissimuler) to hide ▪ **faire qch sans se ~** to do sth openly ▪ **je ne m'en cache pas** I make no secret of it b (= être caché) [personne] to be hiding ; [malfaiteur, évadé] to be in hiding

cachet [kaʃɛ] nm a (= comprimé) tablet ▪ **un ~ d'aspirine** an aspirin b (= timbre) ▪ **~ (de la poste)** postmark c (= caractère) character d (= rétribution) fee

cacheter [kaʃte] vt to seal

cachette [kaʃɛt] nf hiding-place ▪ **en ~** secretly ▪ **en ~ de qn** behind sb's back

cachot [kaʃo] nm (= prison) dungeon ▪ **trois jours de ~** three days' solitary confinement

cachotterie [kaʃɔtʀi] nf ▪ **faire des ~s** to be secretive

cachottier, -ière [kaʃɔtje, jɛʀ] adj secretive

cacophonie [kakɔfɔni] nf cacophony

cactus [kaktys] nm inv cactus

c.-à-d. (abrév de **c'est-à-dire**) i.e.

cadastre [kadastʀ] nm (= registre) property register ; (= service) land registry

cadavre [kadɑvʀ] nm (humain) body, corpse ; (animal) carcass ▪ **un ~ ambulant** a living corpse

caddie [kadi] nm a ® (= chariot) shopping trolley BR, (grocery) cart US b (Golf) caddie

⚠ **caddie** ne se traduit par le mot anglais ***caddie*** que pour le golf.

cadeau (pl ~x) [kado] nm present, gift ▪ **faire un ~ à qn** to give sb a present ou gift ▪ **~ de Noël** Christmas present ▪ **en ~** as a present ; (Commerce) as a free gift ▪ **faire ~ de qch à qn** to give sb sth ▪ **ils ne font pas de ~*** they don't let you off lightly

cadenas [kadna] nm padlock

cadenasser [kadnase] vt to padlock

cadence [kadɑ̃s] nf a (= rythme) rhythm ▪ **marquer la ~** to beat out the rhythm ▪ **en ~** in time b (= vitesse, taux) rate ▪ **à la ~ de 10 par jour** at the rate of 10 a day

cadet, -ette [kadɛ, ɛt] 1 adj (de deux) younger ; (de plusieurs) youngest 2 nm a [de famille] ▪ **le ~** the youngest child b (relation d'âge) ▪ **il est de deux ans mon ~** he's two years younger than me ▪ **c'est le ~ de mes soucis** that's the least of my worries 3 **cadette** nf a [de famille] ▪ **la ~te** the youngest child ▪ **la ~te des filles** the youngest girl b (relation d'âge) ▪ **elle est ma ~te de deux ans** she's two years younger than me

cadran [kadʀɑ̃] nm dial ▸ **cadran solaire** sundial

cadre [kɑdʀ] nm a [de tableau, porte, bicyclette] frame b (= décor) setting ; (= entourage) surroundings ▪ **quel ~ magnifique !** what a magnificent setting! ▪ **~ de vie** living environment c (= contexte) framework ▪ **dans le ~ de** within the framework of d (= limites) scope ▪ **cette décision sort du ~ de notre accord** this decision is beyond the scope of our agreement e (= responsable) manager ▪ **les ~s** management ▪ **~ moyen/supérieur** middle/senior manager

cadrer [kɑdʀe] 1 vi (= coïncider) to tally 2 vt (Ciné, Photo) to frame

cadreur [kɑdʀœʀ] nm cameraman

cadreuse [kɑdʀøz] nf camerawoman

caduc, caduque [kadyk] adj a ▪ **à feuilles caduques** deciduous b (= périmé) lapsed

cafard [kafaʀ] nm a (= insecte) cockroach b (* = mélancolie) ▪ **avoir le ~** to be feeling down

café [kafe] nm a (= boisson) coffee ▸ **café crème** ≈ cappuccino ▸ **café au lait** milky coffee ▸ **café liégeois** coffee sundae b (= lieu) café

caféine [kafein] nf caffeine

cafétéria [kafeteʀja] nf cafeteria

café-théâtre (pl **cafés-théâtres**) [kafeteɑtʀ] nm (= endroit) small theatre BR ou theater US

cafetière [kaftjɛʀ] nf (= pot) coffeepot ; (= machine) coffee-maker ▪ **~ électrique** electric coffee-maker

cafouillage [kafujaʒ] nm shambles *sg* ▪ **un ~ technique** a hitch

cafouiller* [kafuje] vi [candidat] to get into a muddle ; [organisation] to be in a mess

cage [kaʒ] nf (pour animaux) cage ▸ **cage d'ascenseur** lift BR ou elevator US shaft ▸ **cage d'escalier** stairwell ▸ **cage à lapins** rabbit hutch ▸ **cage à oiseaux** birdcage ▸ **cage thoracique** ribcage

cageot [kaʒo] nm [de légumes, fruits] crate

cagette [kaʒɛt] nf [de légumes, fruits] crate

cagibi [kaʒibi] nm (= débarras) boxroom BR, storage room US

cagneux, -euse [kaɲø, øz] adj ▪ **genoux ~** knock knees

cagnotte [kaɲɔt] nf kitty

cagoule [kagul] nf [de bandit] hood ; (= passe-montagne) balaclava

cahier [kaje] nm notebook ▸ **cahier d'appel** register ▸ **cahier de brouillon** jotter BR, notebook (for rough drafts) US ▸ **cahier (d'exercices)** exercise book ▸ **cahier de textes** homework diary

cahot [kao] nm (= secousse) jolt

cahoter [kaɔte] vi [véhicule] to trundle along

caille [kaj] nf (= oiseau) quail

cailler [kaje] 1 vi a [lait] to curdle b (‡ = avoir froid) to be freezing ▪ **ça caille** it's freezing 2 **se cailler** vpr (‡ = avoir froid) to be freezing

caillera‡ [kajʀa] nf chav‡ BR, punk‡ US

caillot [kajo] nm blood clot

caillou (pl ~x) [kaju] nm stone

Caire [kɛʀ] nm ▪ **Le ~** Cairo

caisse [kɛs] 1 nf a (pour emballage) box ; [de fruits, légumes] crate ; [de bouteilles] case ▪ **en faire des ~s*** to make a big deal of things* ▸ **caisse à outils** toolbox b (Fin = tiroir) till ▪ **tenir la ~** to be the cashier ▸ **caisse enregistreuse** cash register c (= guichet) [de boutique] till ; [de supermarché] check-out d (= établissement, bureau) office ▸ **caisse d'épargne** savings bank ▸ **caisse de retraite** pension fund e (* = voiture) motor* BR, auto* US 2 comp ▸ **caisse claire** snare drum ▸ **caisse de résonance** resonance chamber ▪ **servir de ~ de résonance** (fig) to serve as an echo chamber

caissier, -ière [kesje, jɛʀ] nm,f [de supermarché] check-out assistant BR, checker US ; [de cinéma] person in the box office

caisson [kɛsɔ̃] nm (sous l'eau) diving bell

cajoler [kaʒɔle] vt to cuddle

cajou [kaʒu] nm ▪ **noix de ~** cashew nut

cake [kɛk] nm fruit cake

cal [kal] nm callus

calamar [kalamaʀ] nm squid

calamité [kalamite] nf disaster

calcaire [kalkɛʀ] **1** adj **a** [roche, plateau, relief] limestone **b** [sol, terrain] chalky ; [eau] hard **2** nm limestone ; [de bouilloire] limescale BR, scale US

calciné, e [kalsine] adj [débris, os] charred ; [rôti] burned to a cinder

calcium [kalsjɔm] nm calcium

calcul [kalkyl] nm **a** (= opération) calculation ; (= exercice scolaire) sum ■ **se tromper dans ses ~s** to make a mistake in one's calculations **b** (= discipline) ■ **le ~** arithmetic ■ **~ mental** mental arithmetic **c** (= estimation) ■ **d'après mes ~s** by my reckoning **d** (Méd) stone ■ **~ rénal** kidney stone

calculateur, -trice [kalkylatœʀ, tʀis] **1** adj (= intéressé) calculating **2** **calculatrice** nf pocket calculator

calculer [kalkyle] **1** vt **a** [+ prix, quantité, surface] to calculate **b** [+ chances, conséquences] to weigh up ■ **~ que...** to calculate that... **c** [+ geste, effets] to calculate ; [+ action] to plan ■ **mal ~ son coup** to miscalculate ■ **je ne le calcule même pas*** [+ personne] I take no notice of him **2** vi ■ **il calcule vite** he works things out quickly

calculette [kalkylɛt] nf pocket calculator

cale [kal] nf **a** (= soute) hold **b** (= coin) wedge

calé, e* [kale] adj [personne] brilliant* ■ **être ~ en chimie** to be brilliant* at chemistry

calèche [kalɛʃ] nf horse-drawn carriage

caleçon [kalsɔ̃] nm **a** [d'homme] boxer shorts ■ **trois ~s** three pairs of boxer shorts ▸ **caleçon de bain** swimming trunks **b** [de femme] leggings

calembour [kalɑ̃buʀ] nm pun

calendrier [kalɑ̃dʀije] nm (= jours et mois) calendar ; (= programme) schedule

cale-pied (pl ~s) [kalpje] nm [de vélo] toe clip

calepin [kalpɛ̃] nm notebook

caler [kale] **1** vt **a** [+ meuble, roue] to put a wedge under **b** (= appuyer) ■ **~ qn/qch contre qch** to prop sb/sth up against sth **2** vi **a** [véhicule, moteur, conducteur] to stall **b*** (= être bloqué) to be stuck ; (= abandonner) to give up ■ **il a calé avant le dessert** he gave up before the dessert

calfeutrer [kalføtʀe] **1** vt to draughtproof BR ou draftproof US **2** **se calfeutrer** vpr to shut o.s. away

calibre [kalibʀ] nm (= diamètre) calibre BR, caliber US ; [de tuyau, câble] diameter ; [d'œufs, fruits] grade ■ **de gros ~** [pistolet] large-bore ■ **son père est d'un autre ~** his father is a man of a different calibre

calibrer [kalibʀe] vt [+ œufs, fruits] to grade ; [+ cylindre, fusil] to calibrate

Californie [kalifɔʀni] nf California

califourchon (à) [kalifuʀʃɔ̃] loc adj, loc adv astride

câlin, e [kɑlɛ̃, in] **1** adj affectionate **2** nm cuddle ■ **faire un ~ à qn** to give sb a cuddle

câliner [kɑline] vt to cuddle

calmant [kalmɑ̃] nm (= tranquillisant) tranquillizer ; (= sédatif) sedative ; (= antidouleur) painkiller

calmar [kalmaʀ] nm squid

calme [kalm] **1** adj quiet ; [personne, mer] calm ; (= paisible) peaceful **2** nm **a** (= sang-froid) composure ■ **garder son ~** to keep calm **b** (= tranquillité) peace and quiet ; [d'endroit] peacefulness ■ **il me faut du ~ pour travailler** I need peace and quiet to work ■ **du ~ !** (= restez tranquille) calm down! ; (= pas de panique) keep calm!

calmement [kalməmɑ̃] adv calmly

calmer [kalme] **1** vt **a** [+ personne] to calm down **b** [+ douleur] to ease ; [+ faim] to satisfy ; [+ soif] to quench ; [+ ardeur] to cool ■ **ça calme !*** that'll bring you back down to earth* **2** **se calmer** vpr **a** [personne] to calm down ; [tempête] to die down **b** [inquiétude, douleur] to ease

calomnie [kalɔmni] nf slander *NonC* ; (écrite) libel

calomnier [kalɔmnje] vt to slander ; (par écrit) to libel

calorie [kalɔʀi] nf calorie

calorique [kalɔrik] adj (diététique) calorie ■ **valeur ~** calorific value

calque [kalk] nm **a** (= dessin) tracing ■ **(papier) ~** tracing paper **b** (Ling) loan translation

calquer [kalke] vt (= copier) to copy exactly

calvaire [kalvɛʀ] nm calvary ■ **c'est un vrai ~*** it's a nightmare*

calvitie [kalvisi] nf baldness *NonC*

camaïeu [kamajø] nm ■ **un ~ de roses** various shades of pink

camarade [kamaʀad] nmf friend ■ **le ~ Durand** (Pol) comrade Durand ■ **~ de classe** classmate ■ **~ d'école** school friend ■ **~ de jeu** playmate

camaraderie [kamaʀadʀi] nf companionship

Cambodge [kɑ̃bɔdʒ] nm ■ **le ~** Cambodia

cambodgien, -ienne [kɑ̃bɔdʒjɛ̃, jɛn] **1** adj Cambodian **2** **Cambodgien(ne)** nm,f Cambodian

cambouis [kɑ̃bwi] nm dirty oil ▪ **mettre les mains dans le ~** (fig) to get one's hands dirty

cambré, e [kɑ̃bʀe] adj ▪ **être ~** to have a hollow back

cambriolage [kɑ̃bʀijɔlaʒ] nm burglary

cambrioler [kɑ̃bʀijɔle] vt to burgle BR, to burglarize US

cambrioleur, -euse [kɑ̃bʀijɔlœʀ, øz] nm,f burglar

cambrousse* [kɑ̃bʀus] nf (= campagne) country ▪ **en pleine ~** out in the sticks*

came[1] [kam] nf → **arbre**

came[2]* [kam] nf (= drogue) dope*

camé, e* [kame] nm,f junkie*

caméléon [kameleɔ̃] nm chameleon

camélia [kamelja] nm camellia

camelote* [kamlɔt] nf ▪ **c'est de la ~** it's junk*

camembert [kamɑ̃bɛʀ] nm a (= fromage) Camembert b (* = graphique) pie chart

camer (se)* [kame] vpr to take drugs

caméra [kameʀa] nf camera ; [d'amateur] cine-camera BR, movie camera US ▸ **caméra numérique** digicam ▸ **caméra sportive** action camera ▸ **caméra de (vidéo)surveillance** CCTV camera, security camera ▸ **caméra vidéo** video camera

caméraman, cameraman [kameʀaman] (pl **~s** ou **cameramen** [kameʀamɛn]) nm cameraman

Cameroun [kamʀun] nm ▪ **le ~** Cameroon

camerounais, e [kamʀunɛ, ɛz] 1 adj Cameroonian 2 **Camerounais(e)** nm,f Cameroonian

caméscope [kameskɔp] nm camcorder

camion [kamjɔ̃] nm lorry BR, truck ▪ **~ de déménagement** removal BR ou moving US van

camionnette [kamjɔnɛt] nf van BR, small truck US

camionneur [kamjɔnœʀ] nm (= chauffeur) lorry BR ou truck driver

camion-restaurant (pl **camions-restaurants**) [kamjɔ̃ʀɛstɔʀɑ̃] nm food truck

camisole [kamizɔl] nf ▪ **~ de force** straitjacket

camomille [kamɔmij] nf (= plante) camomile ; (= infusion) camomile tea

camouflage [kamuflaʒ] nm camouflage ▪ **tenue de ~** camouflage fatigues

camoufler [kamufle] vt (Mil) to camouflage ; (= déguiser) to disguise ▪ **~ un crime en accident** to make a crime look like an accident

camp [kɑ̃] nm camp ; (Jeux, Sport) side ▪ **faire un ~ d'une semaine** to go on a camp for a week ▸ **camp de concentration** concentration camp ▸ **camp de travail** labour BR ou labor US camp

campagnard, e [kɑ̃paɲaʀ, aʀd] adj [vie, manières] country

campagne [kɑ̃paɲ] nf a (= habitat) country ; (= paysage) countryside ▪ **la ~ anglaise** the English countryside ▪ **à la ~** in the country b (= action) campaign ▪ **faire ~ pour un candidat** to canvass for a candidate ▸ **campagne électorale** election campaign ▸ **campagne publicitaire** ou **de publicité** publicity campaign

campanule [kɑ̃panyl] nf campanula

campement [kɑ̃pmɑ̃] nm (= lieu) camp

camper [kɑ̃pe] 1 vi to camp ▪ **~ sur ses positions** to stand one's ground 2 vt [+ caractère, personnage] to portray

campeur, -euse [kɑ̃pœʀ, øz] nm,f camper

camphre [kɑ̃fʀ] nm camphor

camping [kɑ̃piŋ] nm a (= activité) ▪ **le ~** camping ▪ **faire du ~** to go camping ▪ **faire du ~ sauvage** to camp in the wild b (= lieu) campsite

camping-car (pl **~s**) [kɑ̃piŋkaʀ] nm camper

camping-gaz® [kɑ̃piŋgɑz] nm inv camp stove

campus [kɑ̃pys] nm campus

Canada [kanada] nm Canada ▪ **au ~** in Canada

canadien, -ienne [kanadjɛ̃, jɛn] 1 adj Canadian 2 **Canadien(ne)** nm,f Canadian 3 **canadienne** nf (= veste) fur-lined jacket ; (= tente) ridge tent

canaille [kanɑj] nf (= escroc) crook

canal (pl **-aux**) [kanal, o] nm a (artificiel) canal ; (= détroit) channel ▪ **le ~ de Panama/Suez** the Panama/Suez Canal b (TV) channel ▸ **Canal Plus, Canal +** *French pay TV channel*

canalisation [kanalizasjɔ̃] nf (= tuyau) pipe

canaliser [kanalize] vt a [+ cours d'eau] to canalize b [+ foule, énergie] to channel

canapé [kanape] nm a (= meuble) settee ▪ **~ convertible** sofa bed b (pour apéritif) canapé

canapé-lit (pl **canapés-lits**) [kanapeli] nm sofa bed

canaque [kanak] 1 adj Kanak 2 **Canaque** nmf Kanak

canard [kanaʀ] nm a (= oiseau) duck ▸ **canard laqué** Peking duck b (* = journal) rag*

canari [kanaʀi] nm, adj inv canary ▪ **jaune ~** canary yellow

Canaries [kanaʀi] nfpl ▪ **les (îles) ~** the Canary Islands

cancan [kɑ̃kɑ̃] nm a (= racontar) ▪ **~s** gossip b (= danse) cancan

cancaner [kɑ̃kane] vi to gossip

cancer [kɑ̃sɛʀ] nm a (= maladie) cancer ■ **avoir un ~ du sein/du poumon** to have breast/lung cancer b (Astrol) ■ **le Cancer** Cancer ■ **il est Cancer** he's Cancer

cancéreux, -euse [kɑ̃seʀø, øz] adj [tumeur] cancerous

cancérigène [kɑ̃seʀiʒɛn] adj carcinogenic

cancérologie [kɑ̃seʀɔlɔʒi] nf (= recherche) cancer research ; (= section) cancer ward

cancérologue [kɑ̃seʀɔlɔg] nmf cancer specialist

cancre [kɑ̃kʀ] nm (péj = élève) dunce

candélabre [kɑ̃delɑbʀ] nm candelabra

candeur [kɑ̃dœʀ] nf ingenuousness

> ⚠ **candeur** ne se traduit pas par ***candour***, qui signifie « franchise ».

candidat, e [kɑ̃dida, at] nm,f candidate (à at) ; (à un poste) applicant (à for) ■ **se porter ~ à un poste** to apply for a job

candidater [kɑ̃didate] vi to apply (à for)

candidature [kɑ̃didatyʀ] nf (dans une élection) candidacy ; (à un poste) application (à for) ■ **~ spontanée** unsolicited application ■ **poser sa ~ à un poste** to apply for a job

candide [kɑ̃did] adj ingenuous

> ⚠ **candide** ne se traduit pas par ***candid***, qui signifie « franc ».

cane [kan] nf (female) duck

caneton [kantɔ̃] nm duckling

canette [kanɛt] nf a ■ **~ (de bière)** (= bouteille) bottle of beer ; (= boîte) can of beer b [de machine à coudre] spool

canevas [kanvɑ] nm (Couture) canvas

caniche [kaniʃ] nm poodle

caniculaire [kanikylɛʀ] adj scorching

canicule [kanikyl] nf heatwave ■ **quelle ~ !** it's boiling!

canif [kanif] nm penknife

canin, e [kanɛ̃, in] 1 adj canine 2 **canine** nf (= dent) canine ; [de vampire] fang

caniveau (pl **~x**) [kanivo] nm gutter

cannabis [kanabis] nm cannabis

canne [kan] nf (= bâton) (walking) stick ▸ **canne à pêche** fishing rod ▸ **canne à sucre** sugar cane

cannelle [kanɛl] nf cinnamon

cannibale [kanibal] nmf cannibal

cannibalisme [kanibalism] nm cannibalism

canoë [kanɔe] nm a (= bateau) canoe b (= sport) canoeing ■ **faire du ~** to go canoeing

canoë-kayak [kanɔekajak] nm inv ■ **faire du ~** to go canoeing

canon [kanɔ̃] 1 nm a (= arme) gun ; (Hist) cannon b [de revolver, fusil] barrel c (Mus) canon ■ **chanter en ~** to sing in a round d (= norme) canon 2 adj inv ■ **elle/il est ~*** she/he's gorgeous*

canoniser [kanɔnize] vt to canonize

canot [kano] nm (= barque) dinghy ▸ **canot pneumatique** rubber dinghy ▸ **canot de sauvetage** lifeboat

cantatrice [kɑ̃tatʀis] nf opera singer

cantine [kɑ̃tin] nf (= réfectoire) canteen ■ **manger à la ~** to eat in the canteen ; [élève] to have school meals

cantique [kɑ̃tik] nm hymn

canton [kɑ̃tɔ̃] nm canton

cantonade [kɑ̃tɔnad] nf ■ **« c'est à qui ? » dit-elle à la ~** "whose is this?" she asked the assembled company

cantonal, e (mpl **-aux**) [kɑ̃tɔnal, o] 1 adj cantonal 2 **les cantonales** nfpl the cantonal elections

cantonner [kɑ̃tɔne] 1 vt a (= reléguer) ■ **~ qn à ou dans un rôle** to restrict sb to a role b (Mil) to station ; (chez l'habitant) to billet (*chez* on) 2 **se cantonner** vpr ■ **se ~ à ou dans** to confine o.s. to

cantonnier [kɑ̃tɔnje] nm (= ouvrier) roadman

canular [kanylaʀ] nm hoax

canyon [kanjɔ̃, kanjɔn] nm canyon ▸ **le Grand Canyon** the Grand Canyon

CAO [seao] nf (abrév de **conception assistée par ordinateur**) CAD

caoutchouc [kautʃu] nm a (= matière) rubber ■ **en ~** rubber b (= plante) rubber plant

caoutchouteux, -euse [kautʃutø, øz] adj rubbery

CAP [seape] nm (abrév de **certificat d'aptitude professionnelle**) *vocational training certificate*

cap [kap] nm a (Géog) cape ■ **le ~ Horn** Cape Horn ■ **le ~ de Bonne-Espérance** the Cape of Good Hope ■ **Le Cap** Cape Town ■ **dépasser** ou **franchir le ~ des 50 millions** to pass the 50-million mark b (= direction) course ■ **mettre le ~ sur** to head for

capable [kapabl] adj capable ■ **~ de faire qch** capable of doing sth ■ **tu n'en es pas ~** you're not up to it ■ **il est ~ de tout** he's capable of anything

capacité [kapasite] nf a (= contenance) capacity b (= aptitude) ability ■ **~s intellectuelles** intellectual abilities

cape [kap] nf (courte) cape ; (longue) cloak ■ **un film de ~ et d'épée** a swashbuckler

capé, e [kape] adj [joueur] capped

CAPES [kapes] nm (abrév de **certificat d'aptitude au professorat de l'enseignement secondaire**) *secondary school teacher's diploma*

capillaire [kapilɛʀ] adj ▪ **soins ~s** hair care ▪ **lotion ~** hair lotion

capillotracté, e [kapilotʀakte] adj (hum) far-fetched

capitaine [kapitɛn] nm captain ; [d'armée de l'air] flight lieutenant BR, captain US

capital, e (mpl **-aux**) [kapital, o] **1** adj **a** (= principal) major ▪ **d'une importance ~e** of major importance **b** (= essentiel) essential **c** (Droit) ▪ **peine ~e** capital punishment **2** nm capital ▪ **capitaux** capital ▪ **la fuite des capitaux** the flight of capital **3** **capitale** nf capital

capitaliser [kapitalize] vti to capitalize (*sur* on)

capitalisme [kapitalism] nm capitalism

capitaliste [kapitalist] adj, nmf capitalist

capiteux, -euse [kapitø, øz] adj heady

Capitole [kapitɔl] nm ▪ **le ~** the Capitol

capitonné, e [kapitɔne] adj padded

capituler [kapityle] vi to surrender (*devant* to)

caporal (pl **-aux**) [kapɔʀal, o] nm lance corporal BR, private first class US

capot [kapo] nm [de voiture] bonnet BR, hood US

capote [kapɔt] nf **a** [de voiture] top **b** (* = préservatif) condom

capoter [kapɔte] vi [négociations, projet] to founder

câpre [kɑpʀ] nf caper

caprice [kapʀis] nm **a** (= lubie) whim **b** [d'enfant] tantrum ▪ **faire un ~** to throw a tantrum

capricieux, -ieuse [kapʀisjø, jøz] adj capricious ; [appareil] temperamental

Capricorne [kapʀikɔʀn] nm Capricorn ▪ **il est ~** he's (a) Capricorn

capsule [kapsyl] nf [de bouteille] cap

captcha [kaptʃa] nm captcha

capter [kapte] vt [+ énergie, cours d'eau] to harness ; [+ lumière] to catch ; [+ attention] to capture ; (TV, Radio) to pick up

captif, -ive [kaptif, iv] adj, nm,f captive

captivant, e [kaptivɑ̃, ɑ̃t] adj fascinating

captiver [kaptive] vt to fascinate

captivité [kaptivite] nf captivity

capture [kaptyʀ] nf (= action) capture ▪ **~ d'écran** screenshot ▪ **~ de site** site capture

capturer [kaptyʀe] vt **a** [+ personne, animal] to catch **b** [+ écran, image] to capture

capuche [kapyʃ] nf hood

capuchon [kapyʃɔ̃] nm **a** [de vêtement] hood ; [de moine] cowl **b** [de stylo, tube] cap

capucine [kapysin] nf nasturtium

Cap-Vert [kapvɛʀ] nm ▪ **le ~** Cape Verde

caquet* [kakɛ] nm ▪ **rabattre** ou **rabaisser le ~ de qn** to take sb down a peg

caqueter [kakte] vi [poule] to cackle

car[1] [kaʀ] nm bus, coach BR ▪ **~ de police** police van ▪ **~ de ramassage scolaire** school bus

car[2] [kaʀ] conj because

carabine [kaʀabin] nf rifle

carabiné, e* [kaʀabine] adj [fièvre] raging ; [rhume] stinking* ; [migraine] terrible

caracoler [kaʀakɔle] vi ▪ **~ en tête** to be well ahead of the others ▪ **il caracole en tête des sondages** he's riding high in the polls

caractère [kaʀaktɛʀ] nm **a** (= tempérament) character ▪ **avoir bon/mauvais ~** to be good-/bad-tempered ▪ **il a un sale ~** ou **un ~ de cochon*** he's an awkward so-and-so* **b** (= cachet) character ▪ **la maison a du ~** the house has got character **c** (= lettre) character ▪ **en gros/petits ~s** in large/small letters **d** (= genre) nature ▪ **une conversation à ~ privé** a private conversation

caractériel, -elle [kaʀakteʀjɛl] adj ▪ **il est un peu ~** he's got personality problems

caractériser [kaʀakteʀize] vt to characterize ▪ **avec l'enthousiasme qui le caractérise** with his characteristic enthusiasm

caractéristique [kaʀakteʀistik] adj, nf characteristic

carafe [kaʀaf] nf (= récipient) decanter ; [d'eau, vin ordinaire] carafe

caraïbe [kaʀaib] **1** adj Caribbean **2** **les Caraïbes** nfpl the Caribbean ▪ **la mer des Caraïbes** the Caribbean

carambolage [kaʀɑ̃bɔlaʒ] nm [de voitures] pile-up

caramel [kaʀamɛl] nm (= sucre fondu) caramel ; (= bonbon) (mou) caramel ; (dur) toffee

carapace [kaʀapas] nf shell

carapater (se)* [kaʀapate] vpr to run off

carat [kaʀa] nm carat

caravane [kaʀavan] nf **a** (= véhicule) caravan BR, trailer US **b** (= convoi) caravan

caravaning [kaʀavaniŋ] nm ▪ **faire du ~** to go caravanning BR, to go on vacation in an RV US

carbone [kaʀbɔn] nm carbon

carbonique [kaʀbɔnik] adj → **gaz, neige**

carbonisé, e [kaʀbɔnize] adj [arbre, restes] charred ; [rôti] burnt to a cinder ▪ **il est mort ~** he was burned to death

carburant [karbyrɑ̃] nm fuel

carburateur [karbyratœr] nm carburettor BR, carburetor US

carburer* [karbyre] vi ■ **elle carbure aux amphétamines/au café** she lives on amphetamines/on coffee

carcan [karkɑ̃] nm (= contrainte) straitjacket

carcasse [karkas] nf [d'animal] carcass ; [de bâtiment] shell ■ **pneu à ~ radiale** radial tyre

carcéral, e (mpl **-aux**) [karseral, o] adj prison ■ **l'univers ~** prison life

cardiaque [kardjak] adj cardiac ■ **être ~** to have a heart condition

cardigan [kardigɑ̃] nm cardigan

cardinal, e (mpl **-aux**) [kardinal, o] **1** adj [nombre] cardinal **2** nm (Rel) cardinal

cardiologue [kardjɔlɔg] nmf heart specialist

cardiovasculaire [kardjovaskylɛr] adj cardiovascular

Carême [karɛm] nm (= période) ■ **le ~** Lent

carence [karɑ̃s] nf **a** (Méd) deficiency **b** (= défaut) shortcoming

caresse [karɛs] nf (= câlinerie) caress ; (à un animal) stroke ■ **faire des ~s à** [+ personne] to caress ; [+ animal] to stroke

caresser [karese] vt to stroke ; [+ espoir] to entertain

cargaison [kargɛzɔ̃] nf cargo

cargo [kargo] nm cargo ship

caricatural, e (mpl **-aux**) [karikatyral, o] adj [manière] ridiculous ; [description, interprétation] caricatured ■ **une image ~e** a caricature

caricature [karikatyr] nf (= dessin, description) caricature ; (politique) cartoon ■ **faire la ~ de** to caricature

carie [kari] nf [de dent] ■ **la ~ dentaire** tooth decay ■ **j'ai une ~** I have a cavity

carillon [karijɔ̃] nm [d'église] (= cloches) bells ; [d'horloge, sonnette d'entrée] chime

carillonner [karijɔne] **1** vi [cloches] to ring ; (à toute volée) to peal out **2** vt [+ nouvelle] to broadcast

caritatif, -ive [karitatif, iv] adj ■ **association** ou **organisation caritative** charity

carlingue [karlɛ̃g] nf [d'avion] cabin

carnage [karnaʒ] nm carnage

carnaval (pl **~s**) [karnaval] nm (= fête) carnival

carnet [karnɛ] nm (= calepin) notebook ▸ **carnet d'adresses** address book ▸ **carnet de chèques** chequebook BR, checkbook US ▸ **carnet de notes** [d'élève] school report BR, report card US ▸ **carnet de tickets** 10 tickets ▸ **carnet de timbres** book of stamps

carnivore [karnivɔr] **1** adj carnivorous **2** nm carnivore

carotide [karɔtid] nf carotid

carotte [karɔt] nf carrot

carpe [karp] nf (= poisson) carp

carpette [karpɛt] nf (= tapis) rug

carré, e [kare] **1** adj square ■ **mètre/kilomètre ~** square metre/kilometre **2** nm square ; (dans un train) group of four seats ■ **avoir une coupe au ~** to have one's hair in a bob ■ **4 au ~** 4 squared ■ **un ~ d'as** four aces

carreau (pl **~x**) [karo] nm **a** (par terre, au mur) tile ■ **se tenir à ~*** to keep one's nose clean* **b** (= vitre) (window) pane ■ **faire les ~x** to clean the windows **c** (sur un tissu) check ; (sur du papier) square ■ **à ~x** [tissu] checked ; [papier] squared **d** (Cartes) diamond

carrefour [karfur] nm crossroads *sg*

carrelage [karlaʒ] nm (= carreaux) tiles ■ **laver le ~** to wash the floor

carreler [karle] vt [+ mur, sol] to tile

carrément [karemɑ̃] adv straight out ■ **il est ~ nul*** he's completely useless*

carrière [karjɛr] nf **a** (= profession) career ■ **militaire de ~** career soldier ■ **faire ~ dans l'enseignement** to make one's career in teaching **b** [de roches] quarry

carriériste [karjerist] nmf careerist

carriole [karjɔl] nf (= charrette) cart

carrossable [karɔsabl] adj [route] passable

carrosse [karɔs] nm horse-drawn coach

carrosserie [karɔsri] nf (= coque) body ■ **atelier de ~** body shop

carrousel [karuzɛl] nm **a** (Équitation) carousel **b** [de diapositives] Carousel® ; [de bagages] conveyor belt **c** (Belg = manège) merry-go-round

carrure [karyr] nf **a** (= largeur d'épaules) build **b** (= envergure) calibre BR, caliber US

cartable [kartabl] nm (à poignée) schoolbag ; (à bretelles) satchel ■ **~ électronique** *e-learning package designed for schoolchildren*

carte [kart] nf **a** card ■ **~ à jouer** playing card ■ **tirer les ~s à qn** to read sb's cards ■ **donner ~ blanche à qn** to give sb a free hand ▸ **carte bancaire** bank card ▸ **Carte bleue**® Visa card® *(functioning as a debit card)* ▸ **carte de crédit** credit card ▸ **carte d'embarquement** boarding card ou pass ▸ **carte d'étudiant** student card ▸ **carte grise** *car registration papers* ▸ **carte d'identité** identity card ▸ **carte heuristique** ou **mentale** mind map ▸ **carte modem** modem card ▸ **carte postale** postcard ▸ **carte à puce** smart card ▸ **carte de séjour** residence permit ▸ **carte téléphonique** ou **de téléphone**

ca

phonecard ▸ **carte verte** [de véhicule] green card BR, certificate of insurance US ▸ **carte de visite** visiting card ▸ **carte de vœux** greetings card BR, greeting card US b [de pays, région] map ; [de mer, ciel, météo] chart ▸ **la carte scolaire** *map of school catchment areas* c (au restaurant) menu ▪ **on prend le menu ou la ~ ?** shall we have the set menu or shall we eat à la carte? ▪ **à la ~** [repas] à la carte ; [voyage] tailor-made ; [service] personalized ; [télévision] on demand ▸ **carte des vins** wine list

cartel [kaʀtɛl] nm cartel

carter [kaʀtɛʀ] nm [de voiture] sump BR, oilpan US

carte-réponse (pl **cartes-réponses**) [kaʀt(ə)ʀepɔ̃s] nf reply card

cartésien, -ienne [kaʀtezjɛ̃, jɛn] adj, nm,f Cartesian ▪ **elle est très cartésienne** she's very rational

cartilage [kaʀtilaʒ] nm cartilage ; [de viande] gristle

cartomancien, -ienne [kaʀtɔmɑ̃sjɛ̃, jɛn] nm,f fortune-teller *(who uses cards)*

carton [kaʀtɔ̃] nm a (= matière) cardboard ▪ **de** ou **en ~** cardboard ▪ **faire un ~*** to do brilliantly* ▸ **carton d'invitation** invitation card ▸ **carton jaune** (Football) yellow card ▸ **carton rouge** (Football) red card b (= boîte) (cardboard) box

cartonné, e [kaʀtɔne] adj [livre] hardback

carton-pâte [kaʀtɔ̃pɑt] nm pasteboard ▪ **en ~** cardboard

cartouche [kaʀtuʃ] nf cartridge ; [de cigarettes] carton

cas [kɑ] nm case ▪ **~ social** person with social problems ▪ **c'est vraiment un ~ !** he's (ou she's) a real case!* ▪ **c'est (bien) le ~ de le dire !** you said it! ▪ **au ~ où il pleuvrait** in case it rains ▪ **je prends un parapluie au ~ où*** I'm taking an umbrella just in case ▪ **en aucun ~** under no circumstances ▪ **en tout ~** anyway ▪ **le ~ échéant** if need be ▪ **en ~ de besoin** if need be ▪ **en ~ d'urgence** in an emergency ▸ **cas de conscience** moral dilemma ▸ **cas de figure** scenario

casanier, -ière [kazanje, jɛʀ] adj ▪ **il est très ~** he's a real homebody*

cascade [kaskad] nf a [d'eau] waterfall b (= acrobatie) stunt

cascadeur, -euse [kaskadœʀ, øz] nm,f [de film] stuntman ; (femme) stuntwoman

case [kɑz] nf a (sur papier, échiquier) square ; [de formulaire] box ▪ **il lui manque une ~*** he's got a screw loose* b (= hutte) hut

caser* [kɑze] 1 vt [+ objets] to shove* ; [+ fille] to find a husband for ; [+ garçon] to find a wife for ; (= pourvoir d'une situation) to find a job for 2 **se caser** vpr [célibataire] to find a partner

caserne [kazɛʀn] nf barracks ▪ **~ de pompiers** fire station

cash* [kaʃ] adv ▪ **payer ~** to pay cash ; (* : fig) to pay for it

casher [kaʃɛʀ] adj inv kosher

casier [kɑzje] nm (= compartiment) compartment ; (fermant à clé) locker ; [de courrier] pigeonhole BR, mail box US ▸ **casier à bouteilles** bottle rack ▸ **casier judiciaire** criminal record ▪ **il a un ~ vierge** he has a clean record

casino [kazino] nm casino

Caspienne [kaspjɛn] adj f, nf ▪ **la (mer) ~** the Caspian Sea

casque [kask] nm a [de soldat, alpiniste] helmet ; [de motocycliste] crash helmet ; [d'ouvrier] hard hat ▸ **les Casques bleus** the blue berets b (pour sécher les cheveux) hair-drier c (à écouteurs) headphones

casquer* [kaske] vti to fork out*

casquette [kaskɛt] nf cap

casse* [kɑs] 1 nf [de voitures] scrapyard ▪ **bon pour la ~** fit for the scrapheap 2 nm ▪ **faire un ~** to do a robbery

cassé, e [kɑse] adj [voix] cracked

casse-bonbons [kɑsbɔ̃bɔ̃]* adj inv ▪ **il est/c'est ~** he's/it's a pain*

casse-cou* (pl **~(s)**) [kɑsku] nmf daredevil

casse-croûte (pl **~(s)**) [kɑskʀut] nm (= repas) snack

casse-gueule‡ (pl **~(s)**) [kɑsgœl] adj dangerous

casse-noix [kɑsnwa] nm inv nutcrackers BR, nutcracker US

casse-pieds* [kɑspje] adj inv ▪ **ce qu'elle est ~ !** she's such a pain!*

casser [kɑse] 1 vt a to break ; [+ noix] to crack ▪ **~ qch en deux/en morceaux** to break sth in two/into pieces ▪ **~ les prix** to slash prices ▪ **~ la croûte*** ou **la graine*** to have something to eat ▪ **~ la figure*** ou **la gueule‡ à qn** to smash sb's face in* ▪ **~ les pieds à qn*** (= irriter) to get on sb's nerves ; (= ennuyer) to bore sb stiff ▪ **il nous les casse !‡** he's a pain in the neck!* ▪ **il nous casse les oreilles*** he makes a terrible racket ▪ **tu en auras pour 100 € à tout ~*** (= tout au plus) that'll cost you €100 at the most b (= annuler) [+ jugement] to quash 2 vi a (= se briser) [objet] to break b (= rompre) [couple] to split up 3 **se casser** vpr a to break ▪ **la tasse s'est cassée en tombant** the cup broke when it fell ▪ **l'anse s'est cassée** the handle came off ▪ **se ~ la jambe** to break one's leg ▪ **se ~ la figure*** ou **la**

gueule‡ (= tomber) to fall flat on one's face ; (= faire faillite) to go bankrupt ▪ **se ~ le nez** (= trouver porte close) to find no one in ▪ **il ne s'est pas cassé pour écrire cet article*** he didn't exactly overexert himself writing this article ▪ **il ne s'est pas cassé la tête* !** he didn't exactly overexert himself! b (‡ = partir) to split‡ ▪ **casse-toi !** get lost!‡

casserole [kasʀɔl] nf (= ustensile) saucepan

casse-tête (pl **~s**) [kɑstɛt] nm (= problème difficile) headache ; (= jeu) brain-teaser

cassette [kasɛt] nf (= bande) cassette ▸ **cassette vidéo** video

casseur [kɑsœʀ] nm (dans manifestation) rioter

cassis [kasis] nm blackcurrant ; (= liqueur) cassis

cassoulet [kasulɛ] nm cassoulet *(meat and bean casserole, a specialty of SW France)*

cassure [kɑsyʀ] nf break

castagner (se)‡ [kastaɲe] vpr to fight

castagnettes [kastaɲɛt] nfpl castanets

caste [kast] nf caste

castor [kastɔʀ] nm beaver

castrer [kastʀe] vt [+ homme, animal mâle] to castrate ; [+ animal femelle] to spay ; [+ cheval] to geld

cataclysme [kataklism] nm cataclysm

catacombes [katakɔ̃b] nfpl catacombs

catalan, e [katalɑ̃, an] 1 adj Catalan 2 nm (= langue) Catalan 3 **Catalan(e)** nm,f Catalan

Catalogne [katalɔɲ] nf Catalonia

catalogue [katalɔg] nm catalogue, catalog US

cataloguer [katalɔge] vt [+ livres] to catalogue, to catalog US ; [+ personne] to label

catalytique [katalitik] adj → **pot**

catamaran [katamaʀɑ̃] nm (= voilier) catamaran

cataplasme [kataplasm] nm poultice

cataracte [kataʀakt] nf cataract

catastrophe [katastʀɔf] nf disaster ▪ **atterrir en ~** to make an emergency landing ▪ **partir en ~** to leave in a terrible rush

catastrophé, e [katastʀɔfe] adj appalled

catastrophique [katastʀɔfik] adj disastrous

catch [katʃ] nm wrestling

catéchisme [kateʃism] nm catechism

catégorie [kategɔʀi] nf category ; (Boxe, Hôtellerie) class

catégorique [kategɔʀik] adj categorical

catégoriquement [kategɔʀikmɑ̃] adv categorically ; [refuser] point-blank

cathédrale [katedʀal] nf cathedral

catho* [kato] adj, nmf abrév de **catholique**

catholicisme [katɔlisism] nm (Roman) Catholicism

catholique [katɔlik] 1 adj (Roman) Catholic ▪ **pas très ~*** a bit fishy* 2 nmf (Roman) Catholic

ca

cauchemar [koʃmaʀ] nm nightmare ▪ **faire des ~s** to have nightmares

causant, e* [kozɑ̃, ɑ̃t] adj talkative ▪ **il n'est pas très ~** he's not very talkative

cause [koz] nf a (= raison) cause ▪ **pour la bonne ~** for a good cause ▪ **fermé pour ~ de maladie** closed on account of illness ▪ **et pour ~ !** and for good reason! b (Droit) case c (loc) ▪ **à ~ de** because of ▪ **mettre en ~** [+ innocence, nécessité, capacité] to call into question ▪ **remettre en ~** [+ principe, tradition] to question

causer [koze] 1 vt a (= provoquer) to cause ▪ **~ des ennuis à qn** to cause trouble for sb b (= parler de) ▪ **~ politique/travail** to talk politics/shop 2 vi (= parler) to talk (*de* about)

causette* [kozɛt] nf ▪ **faire la ~** to have a chat

caustique [kostik] adj caustic

caution [kosjɔ̃] nf a (pour appartement, véhicule loué) deposit b (Droit) bail ▪ **libérer qn sous ~** to release sb on bail ▪ **payer la ~ de qn** to stand BR ou put up US bail for sb c (= personne) guarantor ▪ **se porter ~ pour qn** to stand surety for sb

> ⚠ **caution** ne se traduit pas par le mot anglais ***caution***, qui signifie « prudence, avertissement ».

cautionner [kosjɔne] vt (= soutenir) to give one's backing to

cavalcade [kavalkad] nf (= course) stampede

cavale* [kaval] nf ▪ **être en ~** to be on the run

cavaler* [kavale] vi to rush

cavalerie [kavalʀi] nf cavalry

cavalier, -ière [kavalje, jɛʀ] 1 nm,f a (Équitation) rider ▪ **faire ~ seul** to go it alone b (= danseur) partner 2 nm (Échecs) knight 3 adj (= impertinent) cavalier

cave [kav] nf cellar

> ⚠ **cave** ne se traduit pas par **cave**, qui signifie « caverne, grotte ».

caveau (pl **~x**) [kavo] nm (= sépulture) vault

caverne [kavɛʀn] nf cave

caviar [kavjaʀ] nm caviar

caviste [kavist] n (= responsable de cave) cellarman (ou woman) ; (= marchand de vin) wine merchant

cavité [kavite] nf cavity

CB [sibi] nf (abrév de **Citizens' Band**) ▪ **la CB** CB radio

CCP [sesepe] nm (abrév de **compte chèque postal**) post office account

CD [sede] nm (abrév de **compact disc**) CD

CDD [sedede] nm (abrév de **contrat à durée déterminée**) fixed-term contract

CDI [sedei] nm (abrév de **contrat à durée indéterminée**) permanent contract

CDIser [sedeize] vt [+ salarié] to give a permanent employment contract to ▪ **ils m'ont CDIsé** they've made my job permanent

CD-ROM [sedeʀɔm] nm inv (abrév de **compact disc read-only memory**) CD-ROM

CE [seə] **1** nm abrév de **cours élémentaire** **2** nf (abrév de **Communauté européenne**) EC

ce [sə]

1 adj dém (proche) this ; (moins proche) that ▪ **je ne vois rien avec ces lunettes** I can't see a thing with these glasses ▪ **ce chapeau lui va bien** that hat suits him ▪ **ce Paul Durat est un drôle de personnage !** that Paul Durat is quite a character! ▪ **venez cet après-midi** come this afternoon ▪ **ces années furent les plus heureuses de ma vie** those were the happiest years of my life ▪ **cette nuit** (qui vient) tonight ; (passée) last night

2 pron dém

♦ **ce qui** what ; (reprenant une proposition) which ▪ **ce qui est important, c'est...** what really matters is... ▪ **nous n'avons pas de jardin, ce qui est dommage** we haven't got a garden, which is a pity

♦ **ce que** what ; (reprenant une proposition) which ▪ **elle fait ce qu'on lui dit** she does what she is told ▪ **il pleut beaucoup, ce que j'aime bien** it rains a lot, which I like ▪ **à ce qu'on dit** from what they say ▪ **on ne s'attendait pas à ce qu'il parle** they were not expecting him to speak ▪ **ce qu'elle joue bien !** she's such a good player! ▪ **ce qu'il m'agace !** he's so annoying! ▪ **tout ce que je sais** all (that) I know

ceci [səsi] pron dém this ▪ **à ~ près que...** except that...

cécité [sesite] nf blindness ▪ **atteint de ~** blind

céder [sede] **1** vt **a** (= donner) to give up ▪ **~ qch à qn** to let sb have sth ▪ **~ le passage à qn** to give way to sb ▪ **« cédez le passage »** "give way" **b** (= vendre) to sell **2** vi **a** (= capituler) to give in **b** (= se rompre) to give way

cédérom [sedeʀɔm] nm CD-ROM

Cedex [sedɛks] nm (abrév de **courrier d'entreprise à distribution exceptionnelle**) *postcode used for express business service*

cédille [sedij] nf cedilla

cèdre [sɛdʀ] nm cedar

CEE [seəə] nf (abrév de **Communauté économique européenne**) EEC

cégep [seʒɛp] nm (Can) (abrév de **Collège d'enseignement général et professionnel**) ≈ sixth-form college BR, ≈ junior college US

CEI [seəi] nf (abrév de **Communauté des États indépendants**) CIS

ceinture [sɛ̃tyʀ] nf **a** belt ▪ **se serrer la ~*** to tighten one's belt ▸ **ceinture de sauvetage** lifebelt BR, life preserver US ▸ **ceinture de sécurité** seat belt **b** (= taille) waist ; [de vêtement] waistband

ceinturon [sɛ̃tyʀɔ̃] nm (wide) belt

cela [s(ə)la] pron dém **a** (objet proche) this ; (objet moins proche) that **b** (sujet du verbe) it ; (ce qui a été dit) that ▪ **flexibilité, qu'est-ce que ~ veut dire ?** flexibility, what does that mean? ▪ **c'est ~** that's right ▪ **~ dit** that said ▪ **~ m'agace** it gets on my nerves ▪ **quand/où ~ ?** when/where was that? ▪ **il y a deux jours de ~** two days ago

célèbre [selɛbʀ] adj famous

célébrer [selebʀe] vt to celebrate

célébrissime [selɛbʀisim] adj very famous

célébrité [selebʀite] nf **a** (= renommée) fame **b** (= personne) celebrity

céleri [sɛlʀi] nm ▪ **~ (en branches)** celery ▪ **céleri(-rave)** celeriac

céleste [selɛst] adj (= du ciel) celestial

célibat [seliba] nm [d'homme, femme] single life ; (par abstinence) celibacy

célibataire [selibatɛʀ] **1** adj single ; [prêtre] celibate ▪ **mère/père ~** single mother/father **2** nm single man **3** nf single woman

⚠ **célibataire** ne se traduit par *celibate* que lorsqu'on parle de prêtre.

celle [sɛl] pron dém → **celui**

celle-ci [sɛlsi] pron dém → **celui-ci**

celle-là [sɛlla] pron dém → **celui-là**

cellier [selje] nm storeroom *(for wine and food)*

cellophane® [selɔfan] nf Cellophane® ▪ **sous ~** wrapped in Cellophane®

cellulaire [selylɛʀ] adj **a** (Bio, Téléc) cellular **b** ▪ **voiture** ou **fourgon ~** prison van

cellule [selyl] nf cell ▸ **cellule familiale** family unit ▸ **cellule photoélectrique** photoelectric cell

cellulite [selylit] nf (= graisse) cellulite

cellulose [selyloz] nf cellulose

Celsius [sɛlsjys] nm ▪ **degré ~** degree Celsius

celte [sɛlt] **1** adj Celtic **2** **Celte** nmf Celt

celtique [sɛltik] adj Celtic

celui, celle [səlɥi, sɛl] (mpl **ceux** [sø] fpl **celles** [sɛl]) pron dém ▪ **je n'aime pas cette version, celle de Piaf est meilleure** I don't like this version, the one by Piaf is better ▪ **l'horloge de la mairie et celle de la gare** the town-hall clock and the one at the station ▪ **pour ceux d'entre vous qui...** for those of you who... ▪ **ses romans sont ceux qui se vendent le mieux** his novels are the ones that sell best ▪ **donnez-lui la balle rouge, c'est celle qu'il préfère** give him the red ball, that's the one he likes best ▪ **~ dont je t'ai parlé** the one I told you about ▪ **ceux dont je t'ai parlé** the ones I told you about

celui-ci [səlɥisi] pron dém this one ▪ **ceux-ci, celles-ci** these (ones) ▪ **lequel voulez-vous ?** – **~** which one would you like? – this one ▪ **celles-ci sont moins chères** these (ones) are cheaper ▪ **elle écrivit à son frère, ~ ne répondit pas** she wrote to her brother - he did not answer

celui-là [səlɥila] pron dém that one ▪ **ceux-là, celles-là** those (ones) ▪ **lequel voulez-vous, celui-ci ? – non, ~** which one would you like, this one? – no, that one ▪ **celles-là sont moins chères** those (ones) are cheaper ▪ **il a vraiment de la chance, ~ !** that guy* certainly has a lot of luck! ▪ **elle est bien bonne, celle-là !** that's a bit much!

cendre [sɑ̃dʀ] nf **a** (= substance) ash **b** [de mort] ▪ **~s** ashes ▪ **le mercredi des Cendres** Ash Wednesday

cendré, e [sɑ̃dʀe] adj ▪ **gris/blond ~** ash grey/blond

cendrier [sɑ̃dʀije] nm [de fumeur] ashtray

Cendrillon [sɑ̃dʀijɔ̃] nf Cinderella

cène [sɛn] nf **a** ▪ **la Cène** the Last Supper **b** (= communion protestante) Communion

cenne [sɛn] nf (Can = pièce d'un cent, sou) cent

censé, e [sɑ̃se] adj ▪ **être ~ faire qch** to be supposed to do sth

censure [sɑ̃syʀ] nf (Ciné, Presse) censorship

censurer [sɑ̃syʀe] vt [+ artiste, œuvre] to censor

> ⚠ **censurer** ne se traduit pas par ***to censure***, qui signifie « critiquer ».

cent [sɑ̃] **1** adj a hundred ▪ **quatre ~ treize** four hundred and thirteen ▪ **sept ~ un** seven hundred and one ▪ **~ chaises** a hundred chairs ▪ **en l'an treize ~** in the year thirteen hundred ▪ **courir un ~ mètres** to run a one-hundred-metre race ▪ **la guerre de Cent Ans** the Hundred Years' War ▪ **faire les ~ pas** to pace up and down ▪ **je te l'ai dit ~ fois** I've told you a hundred times **2** nm **a** (= nombre) a hundred ▪ **multiplier par ~** to multiply by a hundred ▪ **pour ~** per cent ▪ **cinq pour ~** five per cent ▪ **~ pour ~** a hundred per cent **b** (= partie de l'euro) cent

centaine [sɑ̃tɛn] nf **a** (= environ cent) ▪ **une ~ de** about a hundred ▪ **plusieurs ~s (de)** several hundred ▪ **des ~s de personnes** hundreds of people **b** (= cent unités) hundred

centenaire [sɑ̃t(ə)nɛʀ] **1** adj hundred-year-old *avant n* ▪ **cet arbre est ~** this tree is a hundred years old **2** nmf (= personne) centenarian **3** nm (= anniversaire) centenary

centième [sɑ̃tjɛm] adj, nm hundredth ; pour loc voir **sixième**

centigrade [sɑ̃tigʀad] adj centigrade

centilitre [sɑ̃tilitʀ] nm centilitre BR, centiliter US

centime [sɑ̃tim] nm centime ▪ **je n'ai pas un ~** I haven't got a penny BR ou a cent US

centimètre [sɑ̃timɛtʀ] nm **a** (= mesure) centimetre BR, centimeter US **b** (= ruban) tape measure

central, e (mpl **-aux**) [sɑ̃tʀal, o] **1** adj central ▪ **l'Amérique/l'Asie ~e** Central America/Asia **2** nm ▪ **~ (téléphonique)** (telephone) exchange **3** **centrale** nf power station ▸ **centrale électrique** power station ▸ **centrale nucléaire** nuclear power station

centraliser [sɑ̃tʀalize] vt to centralize

centre [sɑ̃tʀ] nm centre BR, center US ▪ **il habite en plein ~** he lives right in the centre ▪ **~ gauche/droit** (Pol) centre left/right ▸ **centre aéré** day centre ▸ **centre d'appels** call centre ▸ **centre commercial** shopping centre ▸ **centre culturel** arts centre ▸ **centre de documentation et d'information** (school) library ▸ **centre de gravité** centre of gravity ▸ **centre de loisirs** leisure centre

centrer [sɑ̃tʀe] vt to centre BR, to center US ▪ **le sujet est mal centré sur la photo** the subject of the photo is off-centre BR ou off-center US ▪ **être centré sur** [débat, politique] to focus on

centre-ville (pl **centres-villes**) [sɑ̃tʀəvil] nm town ou city centre BR ou center US ▪ **au ~** in the town ou city centre

centrifuge [sɑ̃tʀifyʒ] adj centrifugal

centrifugeuse [sɑ̃tʀifyʒøz] nf (de cuisine) juice extractor

centriste [sɑ̃tʀist] adj, nmf centrist

centuple [sɑ̃typl] nm ▪ **au ~** a hundredfold

cep [sɛp] nm ▪ **~ (de vigne)** (vine) stock

cépage [sepaʒ] nm (variety of) grape

cèpe [sɛp] nm cep *(kind of wild mushroom)*

cependant [s(ə)pɑ̃dɑ̃] conj however

céramique [seʀamik] nf ceramic ▪ **vase en ~** ceramic ou pottery vase

cercle [sɛʀkl] nm circle ▪ **entourer d'un ~** to circle ▪ **un ~ d'amis** a circle of friends ▸ **cercle polaire** polar circle ▪ **~ polaire arctique/antarctique** Arctic/Antarctic Circle ▸ **cercle vicieux** vicious circle

cercueil [sɛʀkœj] nm coffin, casket US

céréale [seʀeal] nf cereal ▪ **~s** (pour petit-déjeuner) cereal

cérébral, e (mpl **-aux**) [seʀebʀal, o] adj (Méd) cerebral ; [travail] mental

cérémonie [seʀemɔni] nf ceremony ▪ **sans ~** [recevoir] informally ; [proposer] unceremoniously ▪ **ne fais pas tant de ~s** there's no need to be so formal

cérémonieux, -ieuse [seʀemɔnjø, jøz] adj [ton, accueil] ceremonious

cerf [sɛʀ] nm stag

cerf-volant (pl **cerfs-volants**) [sɛʀvɔlɑ̃] nm (= jouet) kite ▪ **jouer au ~** to fly a kite

cerise [s(ə)ʀiz] nf cherry

cerisier [s(ə)ʀizje] nm (= arbre) cherry tree ; (= bois) cherry wood

cerne [sɛʀn] nm ring

cerné, e [sɛʀne] adj ▪ **avoir les yeux ~s** to have rings ou shadows under one's eyes

cerner [sɛʀne] vt a (= entourer) to surround b [+ problème] to identify ; [+ personne] to figure out

certain, e [sɛʀtɛ̃, ɛn] 1 adj a (= convaincu) [personne] sure, certain ▪ **elle est ~e qu'ils viendront** she's sure ou certain they'll come b (= incontestable) certain ; [date] definite ▪ **il a fait des progrès ~s** he has made definite progress ▪ **la victoire est ~e** victory is assured ▪ **c'est ~** there's no doubt about it c (= plus ou moins défini : avant le nom) ▪ **un certain...** a (certain)... ▪ **un ~ M. Leblanc vous a demandé** a Mr Leblanc was asking for you ▪ **au bout d'un ~ temps** after a while ▪ **dans une ~e mesure** to a certain extent ▪ **jusqu'à un ~ point** up to a point ▪ **un ~ nombre** a number of things d (intensif : avant le nom) some ▪ **cela demande un ~ courage** it takes some courage ▪ **une personne d'un ~ âge** an elderly person e ▪ **~s** (= quelques) some, certain ▪ **dans ~s cas** in some ou certain cases 2 **certains** pron indéf pl (= personnes) some people ; (= choses) some ▪ **dans ~s de ces cas** in some of these cases ▪ **~s disent que...** some people say that... ▪ **~s d'entre vous** some of you

certainement [sɛʀtɛnmɑ̃] adv (= probablement) most probably ; (= bien sûr) certainly

certes [sɛʀt] adv certainly

certificat [sɛʀtifika] nm certificate ▸ **certificat d'aptitude professionnelle** vocational training certificate ▸ **certificat médical** medical certificate

certifié, e [sɛʀtifje] adj ▪ **professeur ~** *qualified secondary school* BR ou *high-school* US *teacher, holder of the CAPES*

certifier [sɛʀtifje] vt ▪ **~ qch à qn** (= assurer) to assure sb of sth ▪ **copie certifiée conforme (à l'original)** certified copy

certitude [sɛʀtityd] nf certainty ▪ **avoir la ~ de qch/de faire** to be certain ou sure of sth/of doing

cerveau (pl **~x**) [sɛʀvo] nm brain ▪ **c'était le ~ de l'affaire** he was the brains behind the job

cervelle [sɛʀvɛl] nf brain ; (= viande) brains

cervical, e (mpl **-aux**) [sɛʀvikal, o] adj cervical

cervicalgie [sɛʀvikalʒi] nf neck pain ▪ **~ des textos** text neck

CES [seəɛs] nm[seəɛs] (abrév de **collège d'enseignement secondaire**) secondary school BR, junior high school US

ces [se] pron dém → **ce**

César [sezaʀ] nm Caesar ; (= récompense) *French film award*

césarienne [sezaʀjɛn] nf Caesarean ▪ **ils lui ont fait une ~** they gave her a Caesarean

cesse [sɛs] **sans cesse** loc adv (= tout le temps) constantly ▪ **elle est sans ~ après lui** she nags him constantly

cesser [sese] vti to stop ▪ **~ de faire qch** to stop doing sth ▪ **il n'a pas cessé de pleuvoir** it hasn't stopped raining ; (frm) he's constantly bothering me ▪ **faire ~** to stop

cessez-le-feu [sesel(ə)fø] nm inv ceasefire

cession [sesjɔ̃] nf transfer

c'est-à-dire [sɛtadiʀ] conj (= à savoir) that is, i.e. ▪ **je ne l'ai pas – ~ ?** I haven't got it – what do you mean? ▪ **tu viendras ? – ~ que j'ai du travail** will you come? – well, actually I've got some work to do

cet [sɛt] adj dém → **ce**

cétacé [setase] nm cetacean

cette [sɛt] adj dém → **ce**

ceux [sø] pron dém → **celui**

cf [seɛf] (abrév de **confer**) cf

chacal (pl **~s**) [ʃakal] nm jackal

chacun, e [ʃakœ̃, yn] pron indéf a (d'un ensemble bien défini) each ▪ **~ d'entre eux** each of them ▪ **ils me donnèrent ~ 10 €** each of them gave me €10 ▪ **il leur a donné (à) ~ 10 €** he gave them €10 each b (= tout le monde) everyone, everybody ▪ **comme ~ sait** as everyone ou everybody knows ▪ **~ son tour !** wait your turn! ▪ **~ son goût** ou **ses goûts**

each to his own ■ **~ pour soi** every man for himself

chagrin [ʃagʀɛ̃] nm (= affliction) grief ■ **avoir un ~ d'amour** to be disappointed in love ■ **avoir du ~** to be sad

chahut [ʃay] nm (= tapage) uproar ■ **faire du ~** to create an uproar

chahuter [ʃayte] **1** vi (= faire les fous) to mess around **2** vt **a** [+ professeur] to play up ■ **il se fait ~ par ses élèves** his pupils create mayhem in his class **b** [+ emploi du temps] to disrupt

chaîne [ʃɛn] nf **a** (de métal) chain **b** (= ensemble, suite) chain ; [de montagnes] range ■ **des catastrophes en ~** a series of disasters ▸ **chaîne de blocs** (Fin) blockchain **c** (Industrie) ■ **travailler à la ~** to work on an assembly line **d** (TV) channel ■ **~ câblée** cable channel ■ **~ payante ou à péage** pay TV channel **e** ■ **~ (stéréo)** stereo system ■ **~ compacte** mini-system ■ **~ hi-fi** hi-fi system

chaînon [ʃɛnɔ̃] nm link

chair [ʃɛʀ] nf flesh ■ **en ~ et en os** in the flesh ■ **avoir la ~ de poule** to have goose pimples ▸ **chair à saucisse** sausage meat

chaire [ʃɛʀ] nf **a** (= estrade) [de prédicateur] pulpit ; [de professeur] rostrum **b** (= poste universitaire) chair

chaise [ʃɛz] nf chair ■ **avoir le cul‡ entre deux ~s** to be caught between two stools ▸ **chaise électrique** electric chair ▸ **chaise haute** highchair ▸ **chaise longue** deckchair

châle [ʃɑl] nm shawl

chalet [ʃalɛ] nm chalet

chaleur [ʃalœʀ] nf **a** (= température) heat ; (modérée) warmth ■ **quelle ~ !** isn't it hot! ■ **les grandes ~s** the hot weather **b** [d'accueil] warmth **c** ■ **en ~** [femelle] on BR ou in US heat

chaleureux, -euse [ʃalœʀø, øz] adj warm

chaloupe [ʃalup] nf launch

chalumeau (pl **~x**) [ʃalymo] nm (= outil) blowtorch

chalutier [ʃalytje] nm (= bateau) trawler

chamailler (se) [ʃamaje] vpr to squabble

chamallow® [ʃamalo] nm marshmallow

chambardement* [ʃɑ̃baʀdəmɑ̃] nm upheaval

chambouler* [ʃɑ̃bule] vt [+ maison] to turn upside down ; [+ personne] to shatter ; [+ projets] to upset

chambranle [ʃɑ̃bʀɑ̃l] nm [de porte] door frame ; [de fenêtre] window frame

chambre [ʃɑ̃bʀ] **1** nf **a** (pour dormir) bedroom ■ **~ à un lit/deux lits** single/twin room ■ **~ pour deux personnes** double room ■ **~ individuelle** single room ■ **faire ~ à part** to sleep in separate rooms ■ **~ d'amis** spare room ■ **~ de bonne** (sous les toits) garret ■ **~ à coucher** bedroom ■ **~ d'hôte** ≈ bed and breakfast ■ **~ d'hôtel** hotel room **b** (Pol) House ▸ **chambre de commerce** Chamber of Commerce ▸ **la Chambre des députés** the Chamber of Deputies **2** comp ▸ **chambre à air** inner tube ▸ **chambre froide** cold room ▸ **chambre à gaz** gas chamber ▸ **chambre noire** darkroom

chambrer [ʃɑ̃bʀe] vt **a** [+ vin] to bring to room temperature **b** (* = taquiner) to tease

chameau (pl **~x**) [ʃamo] nm **a** (= animal) camel **b** (* = femme) cow‡

chamois [ʃamwa] **1** nm (= animal) chamois **2** adj inv (= couleur) buff(-coloured BR ou US colored)

champ [ʃɑ̃] nm field ■ **~ de blé** field of wheat ■ **laisser le ~ libre à qn** to leave the field clear for sb ▸ **champ de bataille** battlefield ▸ **champ de courses** racecourse

champagne [ʃɑ̃paɲ] nm champagne

champêtre [ʃɑ̃pɛtʀ] adj rural ; [bal, fête] village

champignon [ʃɑ̃piɲɔ̃] nm mushroom ; (vénéneux) toadstool ; (Bot, Méd) fungus ■ **aller aux ~s** to go mushroom-picking ■ **appuyer sur le ~*** to step on it* ▸ **champignon de Paris** cultivated mushroom

champion, -ionne [ʃɑ̃pjɔ̃, jɔn] nm,f champion ■ **~ du monde** world champion ■ **~ du monde de boxe** world boxing champion

championnat [ʃɑ̃pjɔna] nm championship

chance [ʃɑ̃s] nf **a** (= bonne fortune, hasard) luck ■ **avec un peu de ~** with a bit of luck ■ **par ~** luckily ■ **pas de ~ !** hard luck! ■ **un coup de ~** a stroke of luck ■ **tu as de la ~ (d'y aller)** you're lucky (to be going) ■ **il n'a pas de ~** he's unlucky ■ **courir ou tenter sa ~** to try one's luck **b** (= possibilité de succès) chance ■ **donner sa ~ à qn** to give sb his chance ■ **c'est la ~ de ma (ou sa, etc) vie** it's the opportunity of a lifetime ■ **elle a des ~s (de gagner)** she stands a good chance (of winning) ■ **il n'a aucune ~** he hasn't got ou doesn't stand a chance ■ **elle a une ~ sur deux de s'en sortir** she's got a fifty-fifty chance of pulling through

> ⚠ Dans le sens de « hasard, bonne fortune », **chance** ne se traduit pas par le mot anglais ***chance***.

chanceler [ʃɑ̃s(ə)le] vi [personne] to stagger ; [objet] to wobble ■ **il s'avança en chancelant** he staggered forward

chancelier, -ière [ʃɑ̃səlje, jɛʀ] nm,f (en Allemagne, Autriche) chancellor ; [d'ambassade] secretary ■ **~ des universités** (Belg, Can)

≈ chief education officer BR, ≈ director of education BR, ≈ commissioner of education US

chanceux, -euse [ʃɑ̃sø, øz] adj lucky

chandail [ʃɑ̃daj] nm sweater

Chandeleur [ʃɑ̃dlœʀ] nf ▪ **la ~** Candlemas

chandelier [ʃɑ̃dəlje] nm (à une branche) candlestick ; (à plusieurs branches) candelabra

> ⚠ **chandelier** ne se traduit pas par le mot anglais ***chandelier***, qui signifie « lustre ».

chandelle [ʃɑ̃dɛl] nf (= bougie) candle ▪ **un dîner aux ~s** a candlelit dinner

change [ʃɑ̃ʒ] nm [de devises] exchange ▪ **le ~ est avantageux** the exchange rate is favourable ▪ **gagner/perdre au ~** to gain/lose on the deal

changeant, e [ʃɑ̃ʒɑ̃, ɑ̃t] adj changing ; [temps] changeable

changement [ʃɑ̃ʒmɑ̃] nm change ▪ **il n'aime pas le ~** he doesn't like change ▪ **il y a eu du ~** things have changed ▪ **le ~ de température** the change in temperature ▪ **j'ai trois ~s** (en métro, bus) I have to change three times ▪ **~ d'air** change of air ▪ **~ de décor** (fig) change of scene ▪ **~ de vitesse** (= dispositif) gears

> ⚠ Le mot **changement** n'existe pas en anglais.

changer [ʃɑ̃ʒe] **1** vt **a** to change ▪ **ce chapeau la change** that hat makes her look different ▪ **~ un malade** to change a patient ▪ **~ un bébé** to change a baby's nappy BR ou diaper US ▪ **une promenade lui changera les idées** a walk will take his mind off things ▪ **ils vont en Italie, ça les changera de l'Angleterre !** they're going to Italy, it will make a change for them after England! ▪ **~ 100 € en livres** to change €100 into pounds ▪ **~ de** to change ▪ **~ d'adresse/de voiture** to change one's address/car ▪ **~ d'avis** ou **d'idée** to change one's mind ▪ **~ de train/compartiment** to change trains/compartments ▪ **j'ai besoin de ~ d'air** I need a change of air ▪ **changeons de sujet** let's change the subject ▪ **~ de place avec qn** to change places with sb **b** (= déplacer) ▪ **~ qn/qch de place** to move sb/sth (to a different place) **c** (= transformer) ▪ **~ qch/qn en** to turn sth/sb into **2** vi to change ▪ **il n'a pas du tout changé** he hasn't changed at all ▪ **pour ~ !** that makes a change! ▪ **ça change des films à l'eau de rose** it makes a change from sentimental films **3** **se changer** vpr **a** (= mettre d'autres vêtements) to change **b** (= se transformer) ▪ **se ~ en** to turn into

chanson [ʃɑ̃sɔ̃] nf song

chansonnier [ʃɑ̃sɔnje] nm (= artiste) cabaret singer

chant [ʃɑ̃] nm **a** (= action) [de personne, oiseau] singing ; (= mélodie habituelle) song ; [de coq] crowing ▪ **cours/professeur de ~** singing lesson/teacher **b** (= chanson) song ▸ **chant de Noël** (Christmas) carol

chantage [ʃɑ̃taʒ] nm blackmail ▪ **faire du ~ à qn** to blackmail sb

chanter [ʃɑ̃te] **1** vt to sing ▪ **qu'est-ce qu'il nous chante là ?** (= raconte) what's he on about now?* **2** vi **a** to sing ; [coq] to crow **b** (chantage) ▪ **faire ~ qn** to blackmail sb **c** (* = plaire) ▪ **si ça te chante** if you feel like it

chanteur, -euse [ʃɑ̃tœʀ, øz] nm,f singer

chantier [ʃɑ̃tje] nm (Constr) building site ▪ **il a deux livres en ~** he's working on two books ▸ **chantier naval** shipyard

chantilly [ʃɑ̃tiji] nf ▪ **(crème) ~** whipped cream

chantonner [ʃɑ̃tɔne] vti to hum

chanvre [ʃɑ̃vʀ] nm hemp

chaos [kao] nm chaos

chaotique [kaɔtik] adj chaotic

chaparder* [ʃapaʀde] vti to pilfer

chapeau (pl **~x**) [ʃapo] nm (= coiffure) hat ▪ **~, mon vieux !*** well done, mate!* ▪ **démarrer sur les ~x de roues*** to shoot off at top speed ▸ **chapeau haut-de-forme** top hat ▸ **chapeau melon** bowler hat BR, derby US

chapeauter [ʃapote] vt (= superviser) to head

chapelet [ʃaplɛ] nm rosary ▪ **réciter** ou **dire son ~** to say a rosary ▪ **un ~ de** (= succession) a string of

chapelle [ʃapɛl] nf chapel

chapelure [ʃaplyʀ] nf dried breadcrumbs

chapiteau (pl **~x**) [ʃapito] nm **a** [de colonne] capital **b** [de cirque] big top

chapitrage [ʃapitʀaʒ] nm [de DVD] scene selection

chapitre [ʃapitʀ] nm **a** [de livre] chapter **b** (= sujet) subject ▪ **sur ce ~** on that subject **c** (Rel) chapter

chapon [ʃapɔ̃] nm capon

chaque [ʃak] adj indéf every ; (= chacun en particulier) each ▪ **~ jour** every day ▪ **elle avait choisi pour ~ enfant un cadeau différent** she had chosen a different present for each child ▪ **~ chose en son temps** everything in its own time

char [ʃaʀ] nm **a** (= tank) tank ▸ **char d'assaut, char de combat** tank **b** [de carnaval] float **c** (Can* = voiture) car

charabia* [ʃaʀabja] nm gobbledygook*

charade [ʃaʀad] nf riddle

charbon [ʃaʀbɔ̃] nm (= combustible) coal *NonC* ▪ **être sur des ~s ardents** to be like a cat on hot bricks ▸ **charbon de bois** charcoal

charcutage [ʃaʀkytaʒ] nm ▪ **~ électoral** gerrymandering

charcuter* [ʃaʀkyte] vt to butcher*

charcuterie [ʃaʀkytʀi] nf (= magasin) *pork butcher's shop and delicatessen* ; (= produits) cooked pork meats

charcutier, -ière [ʃaʀkytje, jɛʀ] nm,f pork butcher

chardon [ʃaʀdɔ̃] nm (= plante) thistle

chardonneret [ʃaʀdɔnʀɛ] nm goldfinch

charentaise [ʃaʀɑ̃tɛz] nf carpet slipper

charge [ʃaʀʒ] **1** nf **a** (= fardeau) load ; (fig) burden ▸ **charge mentale** mental work load **b** (Admin) office **c** (= responsabilité) ▪ **il a sa mère à (sa) ~** he has a dependent mother ▪ **enfants à ~** dependent children ▪ **être à la ~ de qn** [frais, réparations] to be payable by sb ▪ **prendre en ~** [+ frais, remboursement, personne] to take care of ▪ **se prendre en ~** to take responsibility for oneself **d** (Droit) charge **e** (= attaque) charge **f** [d'explosifs, électrique] charge **2** **charges** nfpl (financières) expenses ; [de locataire] maintenance charges ; [d'employeur] contributions ▪ **~s fiscales** taxes ▪ **~s sociales** social security contributions

chargé, e [ʃaʀʒe] adj **a** [personne, véhicule] loaded (*de* with) ▪ **un mot ~ de sens** a word heavy with meaning **b** (= responsable de) ▪ **être ~ de** to be responsible for **c** [emploi du temps] full **d** [style] overelaborate **e** [arme] loaded

chargement [ʃaʀʒəmɑ̃] nm **a** (= action) loading **b** (= marchandises) load ; [de navire] freight

charger [ʃaʀʒe] **1** vt **a** (= remplir) to load ; [+ batterie] to charge ; (Informatique) to upload **b** (= donner une responsabilité) ▪ **~ qn de (faire) qch** to give sb the responsibility of (doing) sth ▪ **il m'a chargé d'un petit travail** he gave me a little job to do ▪ **il m'a chargé de vous transmettre ses amitiés** he asked me to give you his regards **2** **se charger** vpr ▪ **se ~ de** [+ tâche] to see to ▪ **c'est lui qui se chargera de faire les réservations** he'll deal with the reservations ▪ **je m'en charge** I'll see to it

chargeur [ʃaʀʒœʀ] nm [d'arme] magazine ; [de batterie] charger

chariot [ʃaʀjo] nm (à roulettes) trolley BR, cart US ▸ **chariot à bagages** luggage trolley BR ou cart US

charismatique [kaʀismatik] adj charismatic

charisme [kaʀism] nm charisma

charitable [ʃaʀitabl] adj kind

charité [ʃaʀite] nf (Rel) charity ; (= gentillesse) kindness ▪ **faire la ~ à** to give (something) to

charlatan [ʃaʀlatɑ̃] nm charlatan

charlotte [ʃaʀlɔt] nf (= gâteau) charlotte ; (= coiffure) mobcap

charmant, e [ʃaʀmɑ̃, ɑ̃t] adj **a** (= aimable) charming **b** (= ravissant) lovely

charme [ʃaʀm] nm **a** (= attrait) charm ▪ **faire du ~ à qn** to use one's charm on sb **b** (= envoûtement) spell ▪ **être sous le ~ de qn** to be under sb's spell

charmer [ʃaʀme] vt to charm

charmeur, -euse [ʃaʀmœʀ, øz] **1** nm,f charmer ▪ **~ de serpents** snake charmer **2** adj [personne] charming ; [sourire] winning

charnel, -elle [ʃaʀnɛl] adj carnal

charnière [ʃaʀnjɛʀ] nf [de porte, fenêtre] hinge ▪ **époque ~** pivotal period

charnu, e [ʃaʀny] adj [lèvres] fleshy

charogne [ʃaʀɔɲ] nf (= cadavre) decaying carcass ▪ **~s** carrion *NonC*

charpente [ʃaʀpɑ̃t] nf [de construction] frame

charpentier, -ière [ʃaʀpɑ̃tje, jɛʀ] nm,f carpenter

charrette [ʃaʀɛt] nf (= char) cart

charrier [ʃaʀje] **1** vt **a** (= entraîner) to carry along **b** (* = taquiner) to tease **2** vi (* = exagérer) to go too far

charrue [ʃaʀy] nf plough BR, plow US ▪ **mettre la ~ avant les bœufs** to put the cart before the horse

charte [ʃaʀt] nf (= convention) charter

charter [ʃaʀtɛʀ] **1** nm (= vol) charter flight ; (= avion) charter plane **2** adj inv charter

chas [ʃɑ] nm eye *(of needle)*

chasse¹ [ʃas] nf **a** hunting ▪ **aller à la ~** to go hunting ▪ **la ~ est ouverte/fermée** it's the open/close season BR, it's open/closed season US ▪ **qui va à la ~ perd sa place** (Prov) he who leaves his place loses it ▸ **chasse à courre** (= sport) hunting with hounds ▸ **chasse gardée** (fig) exclusive preserve ou domain ▸ **chasse aux sorcières** witch hunt ▸ **chasse au trésor** treasure hunt **b** (= poursuite) chase ▪ **prendre en ~** to give chase to

chasse² [ʃas] nf ▪ **~ d'eau** (toilet) flush ▪ **tirer la ~** to flush the toilet

chassé-croisé (pl **chassés-croisés**) [ʃasekʀwaze] nm ▪ **avec tous ces chassés-croisés, nous ne nous sommes pas vus depuis six mois** with all these to-ings and fro-ings we haven't seen each other for six months

■ **une période de chassés-croisés sur les routes** a period of heavy two-way traffic

chasse-neige (pl **~(s)**) [ʃasnɛʒ] nm snowplough BR, snowplow US ■ **descendre (une pente) en ~** to snowplough BR ou snowplow US down a slope

chasser [ʃase] 1 vt a (pour tuer) to hunt b [+ importun, animal, ennemi] to chase out ; [+ touristes, clients] to drive away ; [+ nuages, pluie] to drive c (= dissiper) to dispel ; [+ idée] to dismiss 2 vi (= aller à la chasse) to go hunting

> ⚠ **chasser** ne se traduit par *to chase* que dans le sens de « courir après ».

chasseur, -euse [ʃasœʀ, øz] 1 nm,f hunter ■ **chasseur-cueilleur** hunter-gatherer 2 nm a (= avion) fighter b (= garçon d'hôtel) porter

châssis [ʃɑsi] nm a [de véhicule] chassis b [de fenêtre] frame

chaste [ʃast] adj chaste ; (hum) [oreilles] delicate

chasuble [ʃazybl] nf chasuble ■ **robe ~** pinafore dress

chat¹ [ʃa] nm cat ■ **il n'y avait pas un ~ dehors** (= personne) there wasn't a soul outside ■ **avoir un ~ dans la gorge** to have a frog in one's throat ■ **j'ai d'autres ~s à fouetter** I've got other fish to fry ■ **quand le ~ n'est pas là les souris dansent** (Prov) when the cat's away the mice will play *(Prov)* ▸ **chat de gouttière** ordinary cat ▸ **chat sauvage** wildcat

chat² [tʃat] nm (Internet) chat

châtaigne [ʃatɛɲ] nf (= fruit) (sweet) chestnut ■ **il lui a filé une ~*** (= coup) he belted him one*

châtaignier [ʃateɲe] nm (= arbre) (sweet) chestnut tree ; (= bois) chestnut

châtain [ʃatɛ̃] adj m [cheveux] chestnut (brown)

château (pl **~x**) [ʃato] nm (= forteresse) castle ; (= résidence royale) palace ; (en France) château ▸ **château d'eau** water tower ▸ **château fort** castle

châtié, e [ʃatje] adj [langage] refined

châtier [ʃatje] vt (littér) to chastise

châtiment [ʃatimɑ̃] nm punishment

chaton [ʃatɔ̃] nm a (= animal) kitten b (= fleur) catkin

chatouille* [ʃatuj] nf tickle ■ **faire des ~s à qn** to tickle sb ■ **craindre les ~s** to be ticklish

chatouiller [ʃatuje] vt to tickle

chatouilleux, -euse [ʃatujø, øz] adj ticklish ; (= susceptible) touchy

chatoyant, e [ʃatwajɑ̃, ɑ̃t] adj glistening ; [étoffe] shimmering

châtrer [ʃɑtʀe] vt [+ taureau, cheval] to geld ; [+ chat] to neuter ; [+ homme] to castrate

chatte [ʃat] nf (= animal) (female) cat ; (** = sexe féminin) pussy**, fanny** BR

chatter [tʃate] vi to chat *(on the Net)*

chaud, chaude [ʃo, ʃod] 1 adj a warm ; (très chaud) hot ■ **repas ~** hot meal b [partisan] strong ■ **je n'étais pas très ~* pour le faire** I wasn't very keen on doing it c (* = sensuel) [personne, tempérament] hot ■ **quartier ~*** red-light district d (= difficile) ■ **les endroits ~s de la ville** the city's trouble spots ■ **les points ~s du globe** the world's hot spots ■ **la rentrée sera ~e** there's going to be a lot of social unrest in the autumn 2 nm ■ **restez donc au ~** stay in the warm ■ **garder un plat au ~** to keep a dish warm 3 adv ■ **avoir ~** to be warm ; (très chaud) to be hot ■ **j'ai eu ~ !*** (= de la chance) I had a narrow escape ■ **il fait ~** it's hot ■ **ça ne me fait ni ~ ni froid** I couldn't care less ■ **manger ~** to have a hot meal ■ **« servir ~ »** "serve hot"

chaudière [ʃodjɛʀ] nf boiler

chaudron [ʃodʀɔ̃] nm cauldron

chauffage [ʃofaʒ] nm heating ■ **~ au gaz/à l'électricité** gas/electric heating ■ **~ central** central heating

chauffant, e [ʃofɑ̃, ɑ̃t] adj [surface, élément] heating

chauffard* [ʃofaʀ] nm (péj) reckless driver

chauffe-eau [ʃofo] nm inv water-heater ; (électrique) immersion heater

chauffe-plat (pl **~s**) [ʃofpla] nm hot plate

chauffer [ʃofe] 1 vt a to heat ; [soleil] to warm ; [soleil brûlant] to make hot ■ **faire ~** [+ soupe] to heat up ; [+ eau du thé] to boil ■ **mets l'eau à ~** (dans une bouilloire) put the kettle on b [+ salle, public] to warm up 2 vi a [aliment] to be heating up ; [eau du thé] to be boiling b (= devenir chaud) [moteur] to warm up ; [four] to heat up c (= devenir trop chaud) to overheat d (= donner de la chaleur) ■ **le soleil chauffe** the sun's really hot ■ **le poêle chauffe bien** the stove gives out a lot of heat ■ **ça chauffe*** (= il y a de la bagarre) things are getting heated ■ **ça va ~ !*** sparks will fly! 3 **se chauffer** vpr (près du feu) to warm o.s. ■ **se ~ au soleil** to warm o.s. in the sun ■ **se ~ au bois/charbon** to use wood/coal for heating ■ **se ~ à l'électricité** to have electric heating

chauffeur [ʃofœʀ] nm driver ; (privé) chauffeur ■ **~ d'autobus/de taxi** bus/taxi driver ■ **~ de camion** lorry BR ou truck driver ■ **sans ~** [véhicule] self-drive

chaume [ʃom] nm thatch

chaumière [ʃomjɛʀ] nf cottage ; (à toit de chaume) thatched cottage

chaussée [ʃose] nf (= route) road

chausse-pied (pl **~s**) [ʃospje] nm shoehorn

chausser [ʃose] **1** vt [+ chaussures, lunettes, skis] to put on **2** vi ▪ **~ du 40** to take size 40 in shoes **3** **se chausser** vpr to put one's shoes on

chaussette [ʃosɛt] nf sock

chausson [ʃosɔ̃] nm **a** (= pantoufle) slipper ; [de bébé] bootee ; [de danseur] ballet shoe **b** (= viennoiserie) turnover ▪ **~ aux pommes** apple turnover

chaussure [ʃosyʀ] nf shoe ▪ **rayon ~s** footwear department ▪ **~s de ski** ski boots ▪ **~s de sport** sports shoes ▪ **trouver ~ à son pied** to find a suitable match

chauve [ʃov] adj bald

chauve-souris (pl **chauves-souris**) [ʃovsuʀi] nf bat

chauvin, e [ʃovɛ̃, in] adj (= nationaliste) chauvinistic

chauvinisme [ʃovinism] nm (= nationalisme) chauvinism

chaux [ʃo] nf lime ▪ **blanchi à la ~** whitewashed

chavirer [ʃaviʀe] vi [bateau] to capsize

check-up [(t)ʃɛkœp] nm inv check-up

chef[1] [ʃɛf] nmf **a** (= patron) boss ; [de tribu] chief(tain) ▪ **elle se débrouille comme un ~** she's doing a brilliant* job ▪ **ingénieur en ~** chief engineer **b** [d'expédition, révolte, syndicat] leader ▸ **chef de bord** [de navire] skipper ▸ **chef d'entreprise** company director ▸ **chef d'établissement** head teacher ▸ **chef d'État** head of state ▪ **le ~ de l'État** the Head of State ▸ **chef de famille** head of the family; (Admin) householder ▸ **chef de file** leader ▸ **chef de gare** station master ▸ **chef de gouvernement** head of government ▸ **chef d'orchestre** conductor; (jazz) band leader ▸ **chef de service** departmental head **c** (= cuisinier) chef

chef[2] [ʃɛf] nm **a** (Droit) ▪ **~ d'accusation** charge **b** ▪ **de son propre ~** on his own initiative

chef-d'œuvre (pl **chefs-d'œuvre**) [ʃɛdœvʀ] nm masterpiece

chef-lieu (pl **chefs-lieux**) [ʃɛfljø] nm ≈ county town

chelem [ʃlɛm] nm ▪ **le grand ~** the grand slam

chelou, e* [ʃəlu] adj shady*, dodgy*

chemin [ʃ(ə)mɛ̃] nm **a** path ; (= route) lane ; (= piste) track ▸ **chemin d'accès** (Informatique) access path ▸ **chemin de fer** railway BR, railroad US ▸ **chemin de ronde** rampart walk **b** (= trajet, direction) way (*de* to) ▪ **demander son ~** to ask one's way ▪ **ils ont fait tout le ~ à pied/en bicyclette** they walked/cycled the whole way ▪ **en ~** on the way ▪ **cette idée a fait son ~** this idea has gained ground ▪ **être sur le bon ~** to be on the right track ▪ **ne t'arrête pas en si bon ~ !** don't stop now when you're doing so well ▪ **tous les ~s mènent à Rome** (Prov) all roads lead to Rome *(Prov)* ▸ **le chemin de croix** the Way of the Cross

cheminée [ʃ(ə)mine] nf **a** (extérieure) chimney ; [de paquebot, locomotive] funnel **b** (intérieure) fireplace ; (= encadrement) mantelpiece

cheminement [ʃ(ə)minmɑ̃] nm [de caravane, marcheurs] progress ; [d'idées, pensée] development

cheminot [ʃ(ə)mino] nm railwayman BR, railroad man US ▪ **grève des ~s** rail strike

chemise [ʃ(ə)miz] nf **a** [d'homme] shirt ▸ **chemise de nuit** [de femme] nightdress **b** (= dossier) folder

chemisette [ʃ(ə)mizɛt] nf short-sleeved shirt

chemisier [ʃ(ə)mizje] nm (= vêtement) blouse

chenal (pl **-aux**) [ʃənal, o] nm channel

chêne [ʃɛn] nm oak

chenet [ʃ(ə)nɛ] nm firedog

chenil [ʃ(ə)nil] nm kennels BR, kennel US

chenille [ʃ(ə)nij] nf (animal, pour véhicules) caterpillar ▪ **véhicule à ~s** tracked vehicle

cheptel [ʃɛptɛl] nm livestock

chèque [ʃɛk] nm cheque BR, check US ▪ **faire/toucher un ~** to write/cash a cheque ▪ **~ de 100 €** cheque for €100 ▸ **chèque-repas**® **chèque-restaurant**® luncheon voucher BR, meal ticket US ▸ **chèque-cadeau** gift token ▸ **chèque en blanc** blank cheque ▸ **chèque postal** *cheque drawn on a post office account* ▸ **chèque sans provision** bad cheque ▸ **chèque (de) voyage** traveller's cheque

chéquier [ʃekje] nm chequebook BR, checkbook US

cher, chère[1] [ʃɛʀ] **1** adj **a** (= coûteux) expensive ▪ **c'est vraiment pas ~ !** it's really cheap! ▪ **la vie est chère à Paris** Paris is an expensive place to live **b** (= aimé) dear (à to) ; (avant le nom) dear ▪ **(mes) ~s auditeurs** dear listeners ▪ **~s tous** (sur lettre) dear all **2** nm,f (frm ou hum) ▪ **mon ~, ma chère** my dear **3** adv [valoir, coûter, payer] a lot ▪ **ça s'est vendu ~** it fetched a high price ▪ **je l'ai eu pour pas ~*** I got it cheap* ▪ **je donnerais ~ pour savoir ce qu'il fait** I'd give anything to know what he's doing ▪ **son imprudence lui a coûté ~** his rashness cost him dear BR or a great deal US

chercher [ʃɛʀʃe] vt **a** to look for ; [+ tranquillité, gloire] to seek ; (dans un dictionnaire, un horaire) to look up ; [+ nom, terme oublié]

ch

to try to remember ■ **il cherchait ses mots** he was struggling to find the right words ■ **~ la petite bête** to split hairs ■ **il l'a bien cherché** (= l'a mérité) he asked for it ■ **tu me cherches ?*** (= veux des ennuis) are you looking for trouble? **b** (= prendre, acheter) ■ **aller ~ qch** to go for sth ■ **aller ~ qn** to go to get sb ■ **il est venu le ~ à la gare** he came to meet him at the station ■ **aller ~ les enfants à l'école** to pick up the children from school **c** (= essayer) ■ **~ à faire qch** to try to do sth

chercheur, -euse [ʃɛʀʃœʀ, øz] nm,f (= scientifique) researcher ■ **~ d'or** gold digger

chère[2] [ʃɛʀ] nf ■ **aimer la bonne ~** to love one's food

chéri, e [ʃeʀi] **1** adj darling ■ **maman ~e** dear mummy **2** nm,f darling ■ **mon ~** darling

chérot* [ʃeʀo] adj m (= coûteux) expensive

chérubin [ʃeʀybɛ̃] nm cherub

chétif, -ive [ʃetif, iv] adj scrawny

cheval (pl **-aux**) [ʃ(ə)val, o] nm **a** (= animal) horse ; (= viande) horsemeat ■ **faire du ~** to go horse-riding ■ **monter sur ses grands chevaux** to get on one's high horse ■ **à ~** on horseback ■ **à ~ sur** astride ■ **à ~ sur deux mois** running from one month into the next ▸ **cheval d'arçons** horse ▸ **cheval à bascule** rocking horse ▸ **cheval de course** racehorse ▸ **cheval de trait** draught horse BR, draft horse US **b** (puissance) horsepower *NonC* ■ **elle fait combien de chevaux ?** what horsepower is it?

chevalerie [ʃ(ə)valʀi] nf chivalry

chevalet [ʃ(ə)valɛ] nm [de peintre] easel

chevalier [ʃ(ə)valje] nm knight

chevalière [ʃ(ə)valjɛʀ] nf signet ring

chevaucher [ʃ(ə)voʃe] **1** vt [+ cheval, âne] to be astride ; [+ chaise] to sit astride **2** **se chevaucher** vpr to overlap

chevelu, e [ʃəv(ə)ly] adj [personne] hairy

chevelure [ʃəv(ə)lyʀ] nf (= cheveux) hair *NonC*

chevet [ʃ(ə)vɛ] nm [de lit] bedhead ■ **au ~ de qn** at sb's bedside

cheveu (pl **~x**) [ʃ(ə)vø] nm hair ■ **~x** (= chevelure) hair *NonC* ■ **une femme aux ~x blonds/frisés** a woman with fair/curly hair ■ **avoir un ~ sur la langue** to have a lisp ■ **tiré par les ~x** [histoire] far-fetched

cheville [ʃ(ə)vij] nf **a** [de pied] ankle ■ **aucun ne lui arrive à la ~** he's head and shoulders above the others **b** (en bois) peg ; (pour vis) Rawlplug®

chèvre [ʃɛvʀ] **1** nf goat **2** nm (= fromage) goat's cheese

chevreau (pl **~x**) [ʃəvʀo] nm kid

chèvrefeuille [ʃɛvʀəfœj] nm honeysuckle

chevreuil [ʃəvʀœj] nm roe deer ; (= viande) venison

chevron [ʃəvʀɔ̃] nm (= poutre) rafter ■ **à ~s** (= motif) herringbone

chevronné, e [ʃəvʀɔne] adj experienced

chevrotine [ʃəvʀɔtin] nf buckshot *NonC*

chewing-gum (pl **~s**) [ʃwiŋgɔm] nm chewing gum *NonC*

chez [ʃe] prép **a** (à la maison) ■ **~ soi** at home ■ **nous rentrons ~ nous** we are going home ■ **faites comme ~ vous !** make yourself at home! ■ **~ nous au Canada** (là-bas) back (home) in Canada ; (ici) here in Canada ■ **c'est une coutume (bien) de ~ nous** it is one of our typical local customs ■ **c'est nul de ~ nul** it's complete rubbish* **b** ■ **~ qn** (maison) at sb's house ; (appartement) at sb's flat BR ou apartment US ■ **près de ~ nous** near our house ■ **~ moi, c'est tout petit** my place is tiny ■ **venez ~ moi** come to my place ■ **la personne ~ qui j'ai habité** the person I lived with ■ **~ M. Lebrun** (sur une adresse) c/o Mr Lebrun **c** (avec nom de métier) ■ **~ l'épicier** at the grocer's ■ **il va ~ le dentiste** he's going to the dentist's **d** (dans un groupe) among ■ **~ les Romains** among the Romans ■ **~ les fourmis/le singe** in ants/monkeys **e** (avec personne) ■ **c'est rare ~ un enfant de cet âge** it's rare in a child of that age ■ **~ lui, c'est une habitude** it's a habit with him

chez-soi [ʃeswa] nm inv home

chialer* [ʃjale] vi (= pleurer) to cry

chiant, e* [ʃjɑ̃, ʃjɑ̃t] adj (= ennuyeux) boring ■ **il est ~** he's a real pain*

chic [ʃik] **1** nm style ■ **avoir le ~ pour faire qch** to have the knack of doing sth **2** adj inv **a** (= élégant, de la bonne société) smart **b** (* = gentil) nice ■ **c'est une ~ fille** she's a nice girl **3** excl ■ **~ (alors) !*** great!*

chiche[1] [ʃiʃ] adj → **pois**

chiche[2] [ʃiʃ] adj **a** (= mesquin) mean **b** (* = capable) ■ **tu n'es pas ~ (de le faire)** you wouldn't dare (do it) ■ **~ ? – ~ !** are you on?* – you're on!*

chichi* [ʃiʃi] nm **a** ■ **faire des ~s** ou **du ~** to make a fuss ■ **sans ~(s)** informally **b** (= beignet) ≈ doughnut

chicorée [ʃikɔʀe] nf chicory

chié, e* [ʃje] adj (= qui exagère) ■ **il est ~** he's a pain in the arse* BR ou ass* US

chien [ʃjɛ̃] nm dog ■ **quel temps de ~ !** what foul weather! ■ **une vie de ~*** a dog's life ■ **comme un ~** [traiter] like a dog ▸ **chien d'aveugle** guide dog ▸ **chien de berger** sheepdog ▸ **chien de chasse** gun dog ▸ **chien de garde** guard dog ▸ **chien poli-**

cier police dog ▸ chien de race pedigree dog ▸ chien de traîneau husky

chiendent [ʃjɛ̃dɑ̃] nm couch grass

chien-loup (pl **chiens-loups**) [ʃjɛ̃lu] nm wolfhound

chienne [ʃjɛn] nf bitch ▪ **c'est une ~** it's a she ▪ **~ de vie !*** it's a dog's life!

chier* [ʃje] vi (= déféquer) to shit* ▪ **faire ~ qn** to piss sb off*

chiffon [ʃifɔ̃] nm (usagé) rag ; (pour essuyer) duster BR, dust cloth US ▪ **donner un coup de ~ à qch, passer un coup de ~ sur qch** to give sth a wipe

chiffonner [ʃifɔne] vt [+ papier] to crumple ; [+ étoffe] to crease ▪ **ça me chiffonne*** (= contrarier) it bothers me

chiffre [ʃifʀ] nm figure ; (= nombre) number ; (= montant) total ▪ **donne-moi un ~ entre 1 et 8** give me a number between 1 and 8 ▪ **~ arabe/romain** Arab/Roman numeral ▪ **numéro de 7 ~s** 7-figure number ▪ **je n'ai pas les ~s en tête** I can't recall the figures ▪ **les ~s du chômage** the number of unemployed ▸ chiffre (d'affaires) turnover

chiffré, e [ʃifʀe] adj [message] coded ▪ **des données ~es** detailed facts and figures

chiffrer [ʃifʀe] **1** vt [+ dépenses, dommages] to assess **2** **se chiffrer à** vpr to come to

chignon [ʃiɲɔ̃] nm bun ▪ **se faire un ~** to put one's hair into a bun

Chili [ʃili] nm Chile

chilien, -ienne [ʃiljɛ̃, jɛn] **1** adj Chilean **2** **Chilien(ne)** nm,f Chilean

chimère [ʃimɛʀ] nf (= illusion) dream

chimie [ʃimi] nf chemistry

chimiothérapie [ʃimjoteʀapi] nf chemotherapy

chimique [ʃimik] adj chemical ; → **produit**

chimiste [ʃimist] nmf chemist *(scientist)*

chimpanzé [ʃɛ̃pɑ̃ze] nm chimpanzee

Chine [ʃin] nf China ▪ **la République populaire de ~** the People's Republic of China

chiné, e [ʃine] adj mottled

chiner [ʃine] vi to hunt for antiques

chinois, e [ʃinwa, waz] **1** adj Chinese ; → **ombre** **2** nm **a** (= langue) Chinese ▪ **c'est du ~*** it's all Greek to me* **b** ▪ **Chinois** Chinese man ▪ **les Chinois** the Chinese **3** **Chinoise** nf Chinese woman

chiot [ʃjo] nm puppy

chiottes* [ʃjɔt] nfpl bog* BR, john* US

chiper* [ʃipe] vt to pinch*

chipoter* [ʃipɔte] vi (sur la nourriture) to pick at one's food ▪ **vous n'allez pas ~ pour 2 € !** you're not going to quibble about €2!

chips [ʃips] nfpl crisps BR, chips US

> ⚠ **chips** ne se traduit par ***chips*** qu'en anglais américain. En anglais britannique, ***chips*** signifie « frites ».

chiqué* [ʃike] nm (= bluff) ▪ **c'est du ~** it's all a pretence

chiquenaude [ʃiknod] nf (= pichenette) flick

chirurgical, e (mpl **-aux**) [ʃiʀyʀʒikal, o] adj surgical

chirurgie [ʃiʀyʀʒi] nf surgery *(science)* ▪ **~ esthétique** cosmetic surgery

chirurgien, -ienne [ʃiʀyʀʒjɛ̃, jɛn] nm,f surgeon ▪ **chirurgien-dentiste** dental surgeon

chlore [klɔʀ] nm chlorine

chloroforme [klɔʀɔfɔʀm] nm chloroform

chlorophylle [klɔʀɔfil] nf chlorophyll

chnoque* [ʃnɔk] nm ▪ **vieux ~** old fart*

choc [ʃɔk] nm **a** (= heurt) impact ▪ **~ pétrolier** oil crisis ▪ **sous le ~** under the impact ▪ **de ~** [troupe, traitement] shock **b** (= collision) crash **c** (= émotion) shock ▪ **~ opératoire** postoperative shock ▪ **il est encore sous le ~** ou **en état de ~** (à l'annonce d'une nouvelle) he's still in a state of shock ; (après un accident) he's still in shock

chocolat [ʃɔkɔla] nm chocolate ▪ **mousse/crème au ~** chocolate mousse/cream ▪ **~ au lait/aux noisettes** milk/hazelnut chocolate ▸ chocolat à croquer plain chocolate ▸ chocolat liégeois chocolate sundae ▸ chocolat noir dark chocolate ▸ chocolat en poudre drinking chocolate

chocolaté, e [ʃɔkɔlate] adj chocolate-flavoured BR ou -flavored US

chocottes* [ʃɔkɔt] nfpl ▪ **avoir les ~** to have the jitters*

chœur [kœʀ] nm (= chanteurs) choir ; [d'opéra, de théâtre] chorus ; (= endroit) choir ▪ **en ~** in chorus ▪ **tous en ~ !** all together now!

choisi, e [ʃwazi] adj (= raffiné) carefully chosen

choisir [ʃwaziʀ] vt to choose ▪ **choisissez une carte/un chiffre** pick a card/a number ▪ **~ de faire qch** to choose to do sth

choix [ʃwa] nm choice ▪ **je n'avais pas le ~** I had no choice ▪ **avoir le ~** to have the choice ▪ **laisser le ~ à qn** to leave sb (free) to choose (*de faire qch* to do sth) ▪ **il y a du ~** there is a big choice ▪ **~ de** (= échantillonnage) selection of ▪ **de ~** (= de qualité) choice ▪ **de premier ~** [viande] prime ▪ **de second ~** low-quality ; [viande] class two BR, market grade US ▪ **« dessert au ~ »** "choice of desserts"

choléra [kɔleʀa] nm cholera

cholestérol [kɔlɛsteʀɔl] nm cholesterol

chômage [ʃomaʒ] nm unemployment ▪ **être au ~** to be unemployed ▪ **toucher le ~*** to be on the dole* BR, to be on welfare US ▪ **~ de longue durée** long-term unemployment ▪ **mettre en ~ technique** to lay off *(temporarily)*

chômer [ʃome] vi ▪ **on n'a pas chômé** we didn't just sit around doing nothing

chômeur, -euse [ʃomœʀ, øz] nm,f unemployed person ▪ **les ~s** the unemployed ▪ **les ~s de longue durée** the long-term unemployed

chope [ʃɔp] nf tankard

choper* [ʃɔpe] vt (= attraper) to catch

choquant, e [ʃɔkɑ̃, ɑ̃t] adj shocking

choquer [ʃɔke] vt a (= scandaliser) to shock ; (plus fort) to appal b (= commotionner) to shake up

chorale [kɔʀal] nf choir

chorégraphe [kɔʀegʀaf] nmf choreographer

chorégraphie [kɔʀegʀafi] nf choreography

choriste [kɔʀist] nmf [d'église] choir member ; [d'opéra] member of the chorus

chose [ʃoz] nf thing ▪ **je viens de penser à une ~** I've just thought of something ▪ **il a un tas de ~s à faire** he has a lot of things to do ▪ **voilà une bonne ~ de faite** that's one thing out of the way ▪ **avant toute ~** above all else ▪ **de deux ~s l'une : soit..., soit...** there are two possibilities: either..., or... ▪ **ce sont des ~s qui arrivent** these things happen ▪ **mettons les ~s au point** let's get things straight ▪ **parler de ~s et d'autres** to talk about this and that ▪ **il a très bien pris la ~** he took it very well ▪ **ils font bien les ~s** they really do things properly ▪ **~ promise, ~ due** (Prov) promises are made to be kept

chou (pl **~x**) [ʃu] nm a (= légume) cabbage ▪ **ça me prend le ~*** it's doing my head in* ► **chou de Bruxelles** Brussels sprout b (= gâteau) choux bun ► **chou à la crème** cream-puff c (= forme d'adresse) ▪ **mon ~** darling

chouchou, -te [ʃuʃu, ut] 1 nm,f (* = favori) pet 2 nm (= élastique) scrunchy

chouchouter* [ʃuʃute] vt to pamper

choucroute [ʃukʀut] nf sauerkraut

chouette[1]* [ʃwɛt] 1 adj great* 2 excl ▪ **~ (alors) !** great!*

chouette[2] [ʃwɛt] nf (= animal) owl

chou-fleur (pl **choux-fleurs**) [ʃuflœʀ] nm cauliflower

chouraver* [ʃuʀave], **chourer*** [ʃuʀe] vt to pinch*

choyer [ʃwaje] vt to pamper

chrétien, -ienne [kʀetjɛ̃, jɛn] adj, nm,f Christian

Christ [kʀist] nm ▪ **le ~** Christ

christianisme [kʀistjanism] nm Christianity

chrome [kʀom] nm (Chim) chromium ▪ **les ~s** [de voiture] the chrome

chromé, e [kʀome] adj [métal, objet] chrome

chromosome [kʀomozom] nm chromosome

chronique [kʀɔnik] 1 adj chronic 2 nf (Littérat) chronicle ; (Presse) column

chroniqueur, -euse [kʀɔnikœʀ, øz] nm,f columnist ▪ **~ sportif** sports editor

chronologie [kʀɔnɔlɔʒi] nf chronology

chronologique [kʀɔnɔlɔʒik] adj chronological

chronomètre [kʀɔnɔmɛtʀ] nm stopwatch

chronométrer [kʀɔnɔmetʀe] vt to time

chronophage [kʀonofaʒ] adj time-consuming

chrysanthème [kʀizɑ̃tɛm] nm chrysanthemum

chtarbé, e* [ʃtaʀbe] adj crazy, cracked* ▪ **t'es complètement ~ !** you're off your rocker!*

CHU [seaʃy] nm (abrév de **centre hospitalier universitaire**) teaching ou university hospital

chuchotement [ʃyʃɔtmɑ̃] nm whispering *NonC*

chuchoter [ʃyʃɔte] vti to whisper

chut [ʃyt] excl sh!

chute [ʃyt] nf a fall ▪ **faire une ~ de 3 mètres/mortelle** to fall 3 metres/to one's death ▪ **faire une ~ de cheval** to fall off a horse ▪ **être en ~ libre** [économie, ventes] to be in free fall b [de cheveux] loss ; [de feuilles] falling c ▪ **~ (d'eau)** waterfall ▪ **de fortes ~s de pluie/neige** heavy rainfall/snowfalls d (= déchet) offcut e [d'histoire drôle] punch line

chuter [ʃyte] vi to fall

Chypre [ʃipʀ] n Cyprus ▪ **à ~** in Cyprus

chypriote [ʃipʀiɔt] 1 adj Cypriot 2 **Chypriote** nmf Cypriot

ci [si] adv ▪ **ce livre-ci** this book ▪ **cette table-ci** this table ▪ **ces tables-ci** these tables ▪ **à cette heure-ci** at this time ; (= à l'heure actuelle) by now ▪ **ces jours-ci** (avenir) in the next few days ; (passé) in the last few days ; (présent) these days ▪ **de-ci de-là** here and there

ci-après [siapʀɛ] adv below

cible [sibl] nf target ▪ **être la ~ de** to be a target for

cibler [sible] vt [+ clients] to target ▪ **produit mal ciblé** product not targeted at the right market

ciboulette [sibulɛt] nf chives

cicatrice [sikatʀis] nf scar

cicatriser [sikatʀize] vi, **se cicatriser** vpr to heal up

ci-contre [sikɔ̃tʀ] adv opposite

CICR [seiseɛʀ] nm (abrév de **Comité international de la Croix-Rouge**) International Committee of the Red Cross

ci-dessous [sidəsu] adv below

ci-dessus [sidəsy] adv above

cidre [sidʀ] nm cider ▪ **~ bouché** *fine bottled cider*

Cie (abrév de **compagnie**) Co

ciel [sjɛl] (pl littér **cieux** [sjø]) nm (= espace) sky ; (Rel) heaven ▪ **vers le ~** skywards ▪ **à ~ ouvert** [mine] opencast BR, open cut US

cierge [sjɛʀʒ] nm (= bougie) candle

cieux [sjø] pl de **ciel**

cigale [sigal] nf cicada

cigare [sigaʀ] nm cigar

cigarette [sigaʀɛt] nf (à fumer) cigarette ▪ **~ bout filtre** filter-tipped cigarette

ci-gît [siʒi] adv here lies

cigogne [sigɔɲ] nf (= oiseau) stork

ci-inclus, e [siɛ̃kly, yz] adj enclosed

ci-joint, e (mpl **~s**) [siʒwɛ̃] **1** adj enclosed ; (avec courriel) attached **2** adv ▪ **vous trouverez ci-joint...** please find enclosed...

cil [sil] nm [d'œil] eyelash

ciller [sije] vi ▪ **~ (des yeux)** to blink (one's eyes) ▪ **il n'a pas cillé** he didn't bat an eyelid

cimaise [simɛz] nf (pour tableaux) picture rail

cime [sim] nf [de montagne] summit ; (= pic) peak ; [d'arbre] top

ciment [simɑ̃] nm cement

cimenter [simɑ̃te] vt to cement

cimetière [simtjɛʀ] nm [de ville] cemetery ; [d'église] graveyard ▪ **~ de voitures** scrapyard

ciné* [sine] nm (abrév de **cinéma**) cinema ; (= salle) cinema BR, movie theater US ▪ **se faire un ~*** to go to the cinema BR ou the movies US

cinéaste [sineast] nmf film-maker ; (connu) film director

ciné(-)club (pl **~s**) [sineklœb] nm film society

cinéma [sinema] nm **a** (= art, industrie) cinema ; (= salle) cinema BR, movie theater US ▪ **faire du ~** to be a film actor (ou actress) ▪ **de ~** [studio, acteur] film ; [projecteur, écran] cinema ▪ **aller au ~** to go to the cinema ou movies US ▸ **cinéma d'art et d'essai** (= salle) art house **b** (* = simagrées) ▪ **c'est du ~** it's all an act ▪ **arrête ton ~ !** give it a rest!* ▪ **faire tout un ~** to make a real fuss

cinémathèque [sinematɛk] nf film archive ; (= salle) film theatre BR, movie theater US

cinéphile [sinefil] **1** adj ▪ **il est très ~** he loves the cinema **2** nmf film enthusiast

cinglant, e [sɛ̃glɑ̃, ɑ̃t] adj (= acerbe) scathing

cinglé, e* [sɛ̃gle] **1** adj crazy* **2** nm,f nut*

cingler [sɛ̃gle] vt [personne, pluie] to lash ; [vent, pluie, branche] to sting

cinoche* [sinɔʃ] nm (= salle) cinema BR, movie theater US ▪ **aller au ~** to go to the cinema BR ou movies US

cinq [sɛ̃k] nombre five ; pour loc voir **six**

cinquantaine [sɛ̃kɑ̃tɛn] nf about fifty ▪ **il a la ~** he's about fifty

cinquante [sɛ̃kɑ̃t] nombre fifty ; pour loc voir **soixante**

cinquantenaire [sɛ̃kɑ̃tnɛʀ] nm (= anniversaire) fiftieth anniversary

cinquantième [sɛ̃kɑ̃tjɛm] adj, nmf fiftieth ; pour loc voir **sixième**

cinquième [sɛ̃kjɛm] **1** adj, nmf fifth **2** nf **a** (Scol) ≈ second year BR, ≈ seventh grade US **b** (Auto) fifth gear **c** (TV) ▪ **la Cinquième** *French cultural TV channel broadcasting in the afternoon* ; pour autres loc voir **sixième**

cintre [sɛ̃tʀ] nm (= porte-manteau) coathanger

cintré, e [sɛ̃tʀe] adj [veste, manteau] fitted

cirage [siʀaʒ] nm (= produit) polish ▪ **être dans le ~*** to be a bit woozy*

circoncis [siʀkɔ̃si] adj circumcised

circonférence [siʀkɔ̃feʀɑ̃s] nf circumference

circonflexe [siʀkɔ̃flɛks] adj ▪ **accent ~** circumflex

circonscription [siʀkɔ̃skʀipsjɔ̃] nf ▪ **~ (électorale)** constituency BR, district US

circonscrire [siʀkɔ̃skʀiʀ] vt [+ feu, épidémie] to contain ; [+ sujet] to define

circonspect, e [siʀkɔ̃spɛ(kt), ɛkt] adj [personne] circumspect ; [silence, remarque] cautious

circonstance [siʀkɔ̃stɑ̃s] nf circumstance ▪ **en pareille ~** in such circumstances ▪ **étant donné les ~s** given the circumstances ▪ **~s atténuantes** extenuating circumstances

circonstanciel, -ielle [siʀkɔ̃stɑ̃sjɛl] adj (Gram) adverbial

circuit [siʀkɥi] nm **a** (= itinéraire touristique) tour ▪ **il y a un très joli ~ à travers bois** there's a very nice walk through the woods **b** (Sport) circuit ▪ **~ automobile** race circuit **c** (Élec) circuit ▪ **mettre hors ~** [+ appareil] to disconnect ; [+ personne] to push aside ▪ **~ électrique** electrical circuit ; [de jouet] track ▪ **~ imprimé** printed circuit ▪ **~ intégré** integrated circuit **d** (Écon) circuit ▪ **j'achète**

mes légumes en ~ court I buy my vegetables direct from the producer

circulaire [siʀkylɛʀ] adj, nf circular

circulation [siʀkylasjɔ̃] nf [d'air, sang, argent] circulation ; [de marchandises, travailleurs] movement ; [de voitures] traffic ▪ **avoir une bonne/mauvaise ~** (Méd) to have good/poor circulation ▪ **mettre en ~** [+ argent] to put into circulation ▪ **disparaître de la ~** to be out of circulation ; → **accident**

circuler [siʀkyle] vi a to circulate ▪ **faire ~** [+ document] to circulate ; [+ bruits] to spread b [voiture] to go ; [train, bus] to run ; [plat, lettre] to be passed round ▪ **faire ~** [+ plat, pétition] to pass round

cire [siʀ] nf wax ; (pour meubles, parquets) polish ▪ **~ d'abeille** beeswax ▪ **s'épiler les jambes à la ~** to wax one's legs

ciré [siʀe] nm oilskin

cirer [siʀe] vt to polish ▪ **j'en ai rien à ~**‡ I don't give a damn‡ ▪ **~ les pompes de qn*** to lick sb's boots* ; → **toile**

cireur, -euse [siʀœʀ, øz] nm,f [de chaussures] shoe-shiner

cirque [siʀk] nm a circus b (* = embarras) ▪ **quel ~ pour garer sa voiture ici !** it's such a performance* finding somewhere to park around here! ▪ **arrête ton ~ !** give it a rest!* c (Géog) cirque

cirrhose [siʀoz] nf cirrhosis

cisailler [sizɑje] vt [+ métal] to cut ; [+ branches] to clip

ciseau (pl **~x**) [sizo] nm a ▪ **(paire de) ~x** (pair of) scissors ▪ **~x à ongles** nail scissors b (pour bois, pierre) chisel

ciseler [siz(ə)le] vt to chisel

Cisjordanie [sisʒɔʀdani] nf ▪ **la ~** the West Bank

citadelle [sitadɛl] nf citadel

citadin, e [sitadɛ̃, in] 1 adj town ; [de grande ville] city 2 nm,f city dweller

citation [sitasjɔ̃] nf a [d'auteur] quotation ▪ **« fin de ~ »** "unquote" b ▪ **~ à comparaître** (à accusé) summons to appear ; (à témoin) subpoena

cité [site] nf (= grande ville) city ; (= petite ville) town ; (= immeubles) housing estate BR, project US ▸ **cité-dortoir** dormitory BR ou bedroom US town ▸ **cité universitaire** halls of residence

> ⚠ **cité** ne se traduit par ***city*** que dans le sens de « grande ville ».

citer [site] vt a [+ texte, exemples, faits] to quote ▪ **il n'a pas pu ~ trois pièces de Sartre** he couldn't name three plays by Sartre ▪ **~ (en exemple)** to hold up as an example b (Droit) ▪ **~ (à comparaître)** [+ accusé] to summon to appear ; [+ témoin] to subpoena

citerne [sitɛʀn] nf tank

citoyen, -yenne [sitwajɛ̃, jɛn] 1 adj (= faisant preuve de civisme) socially aware ; (= de citoyens) citizens' 2 nm,f citizen

citoyenneté [sitwajɛnte] nf citizenship

citron [sitʀɔ̃] 1 nm lemon ▪ **un ~ pressé** a freshly-squeezed lemon juice ▪ **~ vert** lime 2 adj inv lemon ▪ **jaune ~** lemon-yellow

citronnade [sitʀɔnad] nf still lemonade BR, lemonade US

citronnier [sitʀɔnje] nm lemon tree

citrouille [sitʀuj] nf pumpkin

civet [sivɛ] nm stew ▪ **~ de lapin** rabbit stew

civière [sivjɛʀ] nf stretcher

civil, e [sivil] 1 adj a [guerre, mariage] civil b (= non militaire) civilian 2 nm civilian ▪ **policier en ~** plain-clothes policeman ▪ **soldat en ~** soldier in civilian clothes ▪ **dans le ~** in civilian life

civilement [sivilmɑ̃] adv (Droit) ▪ **être ~ responsable** to be legally responsible

civilisation [sivilizasjɔ̃] nf civilization

civilisé, e [sivilize] adj civilized

civiliser [sivilize] vt to civilize

civique [sivik] adj civic ; → **instruction**

civisme [sivism] nm public-spiritedness

cl (abrév de **centilitre**) cl

clac [klak] excl [de porte] slam! ; [d'élastique, stylo] snap!

clair, e [klɛʀ] 1 adj a (= lumineux) bright b [teint, couleur] light ; [tissu, robe] light-coloured BR ou light-colored US ▪ **bleu ~** light blue c [eau, son] clear ▪ **d'une voix ~e** in a clear voice d (= évident) clear ▪ **c'est ~ et net** it's perfectly clear ▪ **il est ~ qu'il se trompe** it is clear that he's mistaken ▪ **c'est ~ comme de l'eau de roche** it's crystal-clear ▪ **il passe le plus ~ de son temps à rêver** he spends most of his time daydreaming 2 adv ▪ **il fait ~** it's light ▪ **voir ~** to see well ▪ **maintenant j'y vois plus ~** now I've got a better idea 3 nm ▪ **il faut tirer cette affaire au ~** we must get to the bottom of this ▪ **mettre les choses au ~** to make things clear ▪ **mettre les choses au ~ avec qn** to get things straight with sb ▪ **en ~** (= c'est-à-dire) to put it plainly ; [émission] unscrambled ▸ **clair de lune** moonlight

clairement [klɛʀmɑ̃] adv clearly

clairière [klɛʀjɛʀ] nf clearing

clairon [klɛʀɔ̃] nm (= instrument) bugle

claironner [klɛʀɔne] vt [+ succès, nouvelle] to shout from the rooftops

clairsemé, e [klɛʀsəme] adj [arbres, maisons, applaudissements] scattered ; [gazon, cheveux, population] sparse

clairvoyant, e [klɛʀvwajɑ̃, ɑ̃t] adj clearsighted

clamer [klame] vt to proclaim

clameur [klamœʀ] nf clamour

clampin* [klɑ̃pɛ̃] nm guy*, bloke* BR ▪ **n'importe quel ~** any Tom, Dick or Harry

clan [klɑ̃] nm clan ▪ **esprit de ~** clannishness

clandestin, e [klɑ̃dɛstɛ̃, in] adj clandestine ; [revue, organisation] underground *avant n* ; [travailleur, immigré] illegal ▪ **passager ~** stowaway

clandestinité [klɑ̃dɛstinite] nf ▪ **dans la ~** [vivre] underground ; [travailler] clandestinely

clapier [klapje] nm (à lapins) hutch

claque [klak] nf **a** (= gifle) slap ▪ **donner** ou **flanquer* une ~ à qn** to slap sb ▪ **il en a sa ~*** he's fed up to the back teeth* BR ou to the teeth* US **b** (Théâtre) claque ▪ **faire la ~** to cheer

claqué, e* [klake] adj (= fatigué) dead beat*

claquement [klakmɑ̃] nm **a** (= bruit répété) [de porte] banging *NonC* ; [de talons] clicking *NonC* ; [de dents] chattering *NonC* ; [de drapeau] flapping *NonC* **b** (= bruit isolé) bang ▪ **la corde cassa avec un ~ sec** the rope broke with a sharp snap

claquer [klake] **1** vi **a** [porte, volet] to bang ; [drapeau] to flap **b** (= produire un bruit) ▪ **~ des doigts** to snap one's fingers ▪ **il claquait des dents** his teeth were chattering **c** (= casser) to snap **d** * [télévision, moteur, lampe] to conk out* ; (‡ = mourir) to kick the bucket‡ **2** vt **a** ▪ **~ la porte** to slam the door ▪ **il m'a claqué la porte au nez** he slammed the door in my face **b** ‡ [+ argent] to blow* **3** **se claquer** vpr ▪ **se ~ un muscle** to pull a muscle

claquettes [klakɛt] nfpl tap-dancing ▪ **faire des ~** to tap-dance

clarifier [klaʀifje] vt to clarify

clarinette [klaʀinɛt] nf clarinet

clarté [klaʀte] nf **a** (= lumière) light **b** (= luminosité) [de pièce, jour, ciel] brightness ; [d'eau, son, verre] clearness **c** [d'explication, pensée, conférencier] clarity

clash [klæʃ] nm clash ▪ **aller au ~** to clash

clasher* [klaʃe] **1** vi to clash ▪ **ca va ~ !** it's going to kick off! **2** vt [+ personne] to lay into*

classe [klɑs] **1** nf **a** class ▪ **les ~s moyennes** the middle classes ▪ **compartiment de 1re/2e ~** 1st/2nd class compartment ▪ **voyager en 1re ~** to travel 1st class ▪ **~ affaires/économique** business/economy class ▪ **artiste de grande ~** artist of great distinction ▪ **de ~ internationale** of international class ▪ **elle a de la ~** she's got class **b** (= élèves) class ; (= année d'études) year ▪ **il est en ~ de 6e** ≈ he is in the 1st year BR ou 5th grade US ▪ **partir en ~ de neige** ≈ to go on a school ski trip ▸ **classe inversée** flipped ou inverted classroom **c** (= cours) class ▪ **aller en ~** to go to school ▪ **il est en ~** (en cours) he is in class **d** (= salle de cours) classroom ; (d'une classe particulière) form room BR, homeroom US **2** adj inv (* = chic) classy*

classé, e [klɑse] adj [monument] listed BR ; (Sport) ranked

classement [klɑsmɑ̃] nm **a** [de papiers, documents] filing ▪ **j'ai fait du ~ toute la journée** I've spent all day filing **b** (= rang) [d'élève] place BR ou rank US (in class) ; [de coureur] placing ; [de joueur] rank **c** (= liste) [d'élèves] class list (in order of merit) ; [de coureurs] finishing list ; [d'équipes] league table ▪ **~ général** overall rankings

classer [klɑse] **1** vt **a** (= ranger) [+ papiers] to file ; [+ livres] to classify **b** (= classifier) [+ animaux, plantes] to classify **c** [+ élève] to grade ; [+ joueur] to rank **d** [+ affaire, dossier] to close ▪ **c'est une affaire classée** the matter is closed **2** **se classer** vpr ▪ **se ~ premier/parmi les premiers** to come BR ou come in US first/among the first

classeur [klɑsœʀ] nm (= meuble) filing cabinet ; (= dossier) file ; [de tableur] spreadsheet ▪ **~ à anneaux** ring binder

classification [klasifikasjɔ̃] nf classification ▪ **ce romancier échappe à toute ~** this novelist is in a class of his own

classifier [klasifje] vt to classify

classique [klasik] **1** adj **a** classic ▪ **c'est le coup ~ !*** it's the usual story **b** [art, langue, musique] classical ▪ **lettres ~s** *French with Latin and Greek* **2** nm **a** (= ouvrage) classic **b** ▪ **le ~** (= musique) classical music

clause [kloz] nf clause

claustrophobe [klostʀɔfɔb] adj claustrophobic

clavarder [klavaʀde] vi (Can : Internet) to chat

clavecin [klav(ə)sɛ̃] nm harpsichord

clavicule [klavikyl] nf collarbone

clavier [klavje] nm keyboard ; [de télécommande, téléphone] keypad

claviériste [klavjerist] nmf (Mus) keyboardist, keyboard player

clé [kle] **1** nf **a** [de serrure, pendule] key ▪ **mettre la ~ sous la porte** ou **le paillasson** (= faire faillite) to shut up shop ▪ **il y aura une restructuration avec des licenciements à la ~** the company is being restructured, which will mean redundancies ▪ **prix ~s en main** [voiture] price on the road ▪ **sous ~** under lock and key ▸ **clé de contact** ignition key ; → **fermer** **b** (Tech) spanner BR, wrench US ▸ **clé à molette** monkey wrench **c** [de gamme] clef **d** [de mystère, réussite, rêve] key (*de* to) **2** adj [industrie, mot, position, rôle] key

clean* [klin] adj inv **a** (= soigné) [personne] wholesome-looking ; [vêtements] smart ; [décor] stark **b** (Drogue) clean

clef [kle] nf ⇒ **clé**

clématite [klematit] nf clematis

clémence [klemɑ̃s] nf clemency ; [de juge] leniency

clément, e [klemɑ̃, ɑ̃t] adj [temps] mild ; [personne] lenient

clémentine [klemɑ̃tin] nf clementine

clerc [klɛʀ] nm ▪ **~ de notaire** notary's clerk

clergé [klɛʀʒe] nm clergy

clic [klik] nm click ▪ **le menu s'ouvre d'un ~ de souris** the menu opens with a mouse click

cliché [kliʃe] nm (= lieu commun) cliché ; (Photo) negative

client, e [klijɑ̃, ɑ̃t] nm,f [de magasin, restaurant] customer ; [d'avocat] client ; [d'hôtel] guest ; [de taxi] passenger ; (Informatique) client

clientèle [klijɑ̃tɛl] nf [de restaurant, hôtel, coiffeur] clientele ; [de magasin] customers ; [d'avocat] clients ; [de médecin] patients

cligner [kliɲe] vt ▪ **~ des yeux** to blink ▪ **~ de l'œil** to wink (*en direction de* at)

clignotant, e [kliɲɔtɑ̃, ɑ̃t] **1** adj (= intermittent) flashing **2** nm (Auto) indicator ▪ **mettre son ~** to indicate BR, to put one's turn signal on US ▪ **tous les ~s sont allumés** (fig) all the warning signs are flashing

clignoter [kliɲɔte] vi [étoile, guirlande] to twinkle ; [feux de détresse] to flash

climat [klima] nm climate

climatique [klimatik] adj climatic ▪ **changement/migrant ~** climate change/migrant

climatisation [klimatizasjɔ̃] nf air conditioning

climatisé, e [klimatize] adj air-conditioned

climatiseur [klimatizœʀ] nm air conditioner

climatosceptique [klimatɔsɛptik] nmf climate change sceptic

clin [klɛ̃] nm ▪ **faire un ~ d'œil** to wink (*à* at) ▪ **en un ~ d'œil** in a flash

clinique [klinik] nf (= établissement) private hospital

clinquant, e [klɛ̃kɑ̃, ɑ̃t] adj flashy

clip [klip] nm **a** (= boucle d'oreille) clip-on earring **b** ▪ **~ (vidéo)** video*

cliquer [klike] vi (Informatique) to click ▪ **~ deux fois** to double-click

cliquetis [klik(ə)ti] nm [de chaînes] clanking *NonC* ; [de couverts] clinking *NonC* ▪ **on entend un ~ dans le moteur** the engine's pinking

clitoris [klitɔʀis] nm clitoris

clivage [klivaʒ] nm [de groupes, partis] split

clivant, e [klivɑ̃, ɑ̃t] adj divisive ▪ **sujet ~** wedge issue

clochard, e [klɔʃaʀ, aʀd] nm,f down-and-out

clochardiser (se) [klɔʃaʀdize] vpr [personne] to become a down-and-out

cloche [klɔʃ] **1** nf **a** [d'église] bell **b** (* = imbécile) idiot **2** adj (* = idiot) ▪ **qu'il est ~ ce type !** what an idiot!

cloche-pied (à) [klɔʃpje] loc adv ▪ **sauter à cloche-pied** to hop

clocher¹ [klɔʃe] nm (en pointe) steeple ; (carré) bell tower

clocher²* [klɔʃe] vi ▪ **qu'est-ce qui cloche ?** what's up (with you)?* ▪ **il y a quelque chose qui cloche** there's something not quite right

clochette [klɔʃɛt] nf small bell ; [de fleur] bell

cloison [klwazɔ̃] nf partition ▪ **~ mobile** screen

cloisonner [klwazɔne] vt [+ pièce] to partition off ; [+ activités, secteurs] to compartmentalize

cloître [klwatʀ] nm cloister

cloîtrer (se) [klwatʀe] vpr (= s'enfermer) to shut o.s. away ▪ **il est resté cloîtré dans sa chambre pendant deux jours** he stayed shut away in his room for two days

clonage [klonaʒ] nm cloning

clone [klon] nm clone

cloner [klone] vt to clone

clope* [klɔp] nf (= cigarette) fag* BR

clopinettes* [klɔpinɛt] nfpl ▪ **travailler pour/gagner des ~** to work for/earn peanuts*

cloque [klɔk] nf blister

clore [klɔʀ] vt [+ débat, compte] to close ; [+ livre, discours, spectacle] to end ▪ **la séance est close** the meeting is over ▪ **l'incident est clos** the matter is closed

clos, close [klo, kloz] adj [yeux] closed ; [espace] enclosed ; → **huis**

clôture [klotyʀ] nf **a** (= barrière) fence **b** [de congrès, compte, scrutin] closing ; [d'inscriptions] closing date (*de* for) ▪ **séance/date de ~** closing session/date

clôturer [klotyʀe] vt [+ débats, compte, festival] to close ; [+ jardin, champ] to enclose

clou [klu] **1** nm nail ▪ **c'est le ~ du spectacle** it's the star attraction ▸ **clou de girofle** clove **2** nmpl (= passage pour piétons) ▪ **traver-**

ser dans les ~s to cross at the pedestrian crossing ■ **des ~s !*** no way!*

clouer [klue] vt a [+ planches, caisse, tapis] to nail down b (= immobiliser) ■ **ça l'a cloué sur place** it left him rooted to the spot ■ **il est cloué au lit/dans un fauteuil roulant** he's confined to bed/a wheelchair

clouté, e [klute] adj [ceinture] studded ; [chaussures] hobnailed ; → **passage**

clown [klun] nm clown ■ **faire le ~** to clown around ■ **c'est un vrai ~** he's a real comic

club [klœb] nm club ■ **~ de gymnastique** gym ■ **~ du troisième âge** club for retired people ■ **~ de vacances** holiday centre BR, vacation center US

CM [seɛm] nm ■ **CM1** *fourth year in primary school* ■ **CM2** *fifth year in primary school*

cm (abrév de **centimètre**) cm

CMU [seɛmy] nf (abrév de **couverture maladie universelle**) *free health care for people on low incomes*

CNDP [seɛndepe] nm (abrév de **Centre national de documentation pédagogique**) *national teachers' resource centre*

CNED [knɛd] nm (abrév de **Centre national d'enseignement à distance**) *national centre for distance learning*

CNRS [seɛnɛʀɛs] nm (abrév de **Centre national de la recherche scientifique**) *French scientific research institute*

coagulation [kɔagylasjɔ̃] nf coagulation

coaguler [kɔagyle] vti, **se coaguler** vpr [sang] to clot

coalition [kɔalisjɔ̃] nf coalition

coasser [kɔase] vi to croak

cobaye [kɔbaj] nm guinea-pig

cobra [kɔbʀa] nm cobra

coca [kɔka] nm (abrév de **Coca-Cola**®) Coke®

cocaïne [kɔkain] nf cocaine

cocasse [kɔkas] adj funny

coccinelle [kɔksinɛl] nf ladybird BR, ladybug US

coccyx [kɔksis] nm coccyx, tailbone

cocher [kɔʃe] vt (au crayon) to check off ■ **~ toutes les cases** (lit, fig) to tick BR ou check US all the boxes

cochère [kɔʃɛʀ] adj f → **porte**

cochon, -onne [kɔʃɔ̃, ɔn] 1 adj a [chanson, histoire] dirty b (* = sale) ■ **il est ~** (sur lui) he's filthy ; (dans son travail) he's a messy worker 2 nm a (= animal) pig ; (* = viande) pork *NonC* ■ **~ d'Inde** guinea-pig ■ **~ de lait** sucking-pig b (sale, vicieux) dirty pig‡ ■ **il mange/écrit comme un ~** he's a messy eater/writer ■ **petit ~ !** you messy thing! 3 **cochonne** nf * (sale) dirty pig* ; (vicieuse) dirty cow‡

cochonner* [kɔʃɔne] vt [+ travail] to botch ; [+ vêtements, page] to mess up

cochonnerie* [kɔʃɔnʀi] nf (= marchandise) rubbish *NonC* ; (= plaisanterie) dirty joke ■ **manger des ~s** to eat junk food

cocker [kɔkɛʀ] nm cocker spaniel

cockpit [kɔkpit] nm cockpit

cocktail [kɔktɛl] nm (= réunion) cocktail party ; (= boisson) cocktail ■ **~ de fruits/de crevettes** fruit/prawn cocktail ■ **~ Molotov** Molotov cocktail

cocon [kɔkɔ̃] nm cocoon

cocorico [kɔkɔʀiko] nm [de coq] cock-a-doodle-do ; (fig) triumphant cheer

cocotier [kɔkɔtje] nm coconut palm

cocotte [kɔkɔ] nf a (= marmite) casserole dish ■ **faire un poulet à la ~** to casserole a chicken ▸ **cocotte-minute**® pressure cooker b (langage enfantin = poule) hen ■ **(ma) ~*** pet* ▸ **cocotte en papier** paper hen

cocu, e* [kɔky] 1 adj deceived ■ **elle l'a fait ~** she was unfaithful to him 2 nm deceived husband

code [kɔd] nm a code ■ **le Code civil** the civil code, ≈ common law ■ **Code de la route** highway code ■ **il a eu le ~, mais pas la conduite** he passed the written test but failed on the driving ■ **~ secret** secret code ■ **~ confidentiel** PIN number ■ **~ génétique** genetic code ▸ **code postal** postcode BR, zip code US ▸ **code QR** QR code b [de voiture] ■ **~s** dipped headlights BR, low beams US ■ **se mettre en ~(s)** to dip one's headlights BR, to put on the low beams US

codé, e [kɔde] adj [message] coded ; [émission] encrypted

code-barre(s) (pl **codes-barres**) [kɔdbaʀ] nm bar code

codec [kɔdek] nm (Informatique) codec

coder [kɔde] vt to code

codétenu, e [kodet(ə)ny] nm,f fellow prisoner

codeur, -euse [kɔdœʀ, øz] 1 nm,f (= personne) coder 2 nm (= machine) coder

coefficient [kɔefisjɑ̃] nm coefficient ■ **cette matière est à ~ trois** (Scol) marks BR ou grades US in this subject are weighted by a factor of three

coentreprise [koɑ̃tʀəpʀiz] nf joint venture

coéquipier, -ière [koekipje, jɛʀ] nm,f team mate

coercition [kɔɛʀsisjɔ̃] nf coercion

cœur [kœʀ] 1 nm a heart ■ **il travaille mais le ~ n'y est pas** he does the work but his heart isn't in it ■ **d'un ~ léger** light-heartedly ■ **serrer qn contre son ~** to hold sb to one's heart ▪ **avoir le ~ malade** to have a weak heart ▪ **avoir bon ~** to be kind-hearted ▪ **il a un ~ d'or** he has a heart of gold ▪ **il n'a pas de ~** he's really heartless ▪ **je n'ai pas le ~ à rire** I don't feel like laughing ▪ **avoir le ~ gros** ou **serré** to have a heavy heart ▪ **je veux en avoir le ~ net** I want to be clear in my own mind ▪ **je vais lui dire ce que j'ai sur le ~** (ce que je pense de lui) I'm going to give him a piece of my mind ▪ **avoir à ~ de faire qch** to be very keen to do sth ▪ **prendre les choses à ~** to take things to heart ▪ **c'est un sujet qui me tient vraiment à ~** it's an issue I feel very strongly about ▪ **opération à ~ ouvert** open-heart surgery ▪ **s'en donner à ~ joie** (= s'amuser) to have a whale of a time* ; (= se moquer) to have a field day ♦ **de bon cœur** [manger, rire] heartily ; [faire, accepter] willingly ♦ **de tout cœur** [remercier, souhaiter] from the bottom of one's heart ▪ **avoir un coup de ~ pour qch** to fall in love with sth ♦ **par cœur** [réciter, apprendre] by heart ▪ **connaître par ~** [+ endroit] to know like the back of one's hand ▪ **tes arguments, je les connais par ~ !** I know your arguments inside out! ▪ **savoir qch par ~** to know sth off by heart **b** (= terme d'affection) ▪ **mon ~** sweetheart **c** (Cartes) heart ▪ **roi de ~** king of hearts **2** comp ▸ **cœur d'artichaut** artichoke heart ▸ **cœur de palmier** heart of palm

coexister [kɔɛgziste] vi to coexist

coffre [kɔfʀ] nm **a** (= meuble) chest **b** [de voiture] boot BR, trunk US **c** [de banque, hôtel] safe ; (individuel) safe deposit box

coffre-fort (pl **coffres-forts**) [kɔfʀəfɔʀ] nm safe

coffrer* [kɔfʀe] vt to throw in jail

coffret [kɔfʀɛ] nm casket ; [de disques, livres] (= contenant) box ; (= contenu) boxed set ▪ **~ à bijoux** jewel box

cogestion [koʒɛstjɔ̃] nf joint management

cogiter [kɔʒite] vi (hum) to cogitate

cognac [kɔɲak] nm cognac

cogner [kɔɲe] **1** vt **a** (= heurter) to knock **b** (‡ = battre) to beat up **2** vi **a** [personne] ▪ **~ sur** [+ clou, piquet] to hammer on ; [+ mur] to knock on ▪ **~ à la porte/au plafond** to knock at the door/on the ceiling ▪ **~ sur qn*** to lay into sb* **b** [volet, branche] to bang ; [grêle] to drum **3** **se cogner** vpr ▪ **se ~ la tête/le genou contre un poteau** to bang one's head/knee on a post ▪ **se ~ dessus*** (= se battre) to lay into each other*

cognitif, -ive [kɔgnitif, iv] adj cognitive

cohabitation [kɔabitasjɔ̃] nf (Pol) cohabitation

cohabiter [kɔabite] vi to live together ; (Pol) to cohabit

cohérence [kɔeʀɑ̃s] nf coherence

cohérent, e [kɔeʀɑ̃, ɑ̃t] adj [ensemble, stratégie] coherent ▪ **sois ~ (avec toi-même)** be true to yourself

cohésion [kɔezjɔ̃] nf cohesion

cohue [kɔy] nf ▪ **c'était la ~ à l'entrée** there was such a crush at the entrance

coiffant, e [kwafɑ̃, ɑ̃t] adj [gel, mousse] hair

coiffé, e [kwafe] adj ▪ **il est toujours bien/mal ~** his hair always looks nice/a mess ▪ **il était ~ en arrière** he had his hair brushed back

coiffer [kwafe] **1** vt ▪ **~ qn** to do sb's hair ▪ **se faire ~ par qn** to have one's hair done by sb ▪ **~ qn à l'arrivée** ou **au poteau*** to pip sb at the post* BR, to nose sb out* US **2** **se coiffer** vpr (= se peigner) to do one's hair

coiffeur [kwafœʀ] nm hairdresser

coiffeuse [kwaføz] nf (= personne) hairdresser ; (= meuble) dressing table

coiffure [kwafyʀ] nf (= façon d'être peigné) hairstyle ▪ **la ~** (= métier) hairdressing

coin [kwɛ̃] nm **a** (= angle) corner ▪ **la boulangerie fait le ~** the bakery is right on the corner ▪ **regarder/surveiller qn du ~ de l'œil** to look at/watch sb out of the corner of one's eye ▪ **au ~ du feu** by the fireside **b** [de village, maison] part ▪ **~ bureau** work area ▪ **coin-repas** dining area ▪ **rester dans son ~** to keep to oneself ; → **petit** **c** (= région) area ▪ **les gens du ~** the local people ▪ **je ne suis pas du ~** I'm not from around here ▪ **un ~ perdu** ou **paumé*** a place miles from anywhere ▪ **des quatre ~s du pays** from all over the country

coincé, e* [kwɛ̃se] adj [personne] uptight*

coincer [kwɛ̃se] **1** vt **a** (intentionnellement) to wedge ; (accidentellement) [+ tiroir, fermeture éclair] to jam ▪ **le tiroir est coincé** the drawer is stuck ▪ **nous étions coincés dans l'ascenseur** we were stuck in the lift ▪ **je suis coincé au bureau** I'm stuck at the office **b** * [+ voleur] to nab* ; [+ faussaire, fraudeur] to catch up with ▪ **je me suis fait ~ sur cette question** I was caught out on that question **2** vi [porte, tiroir] to stick **3** **se coincer** vpr [fermeture, tiroir] to jam ▪ **se ~ le doigt dans une porte** to catch one's finger in a door ▪ **se ~ une vertèbre*** to trap a nerve in one's spine

coïncidence [kɔɛ̃sidɑ̃s] nf coincidence

coïncider [kɔɛ̃side] vi [surfaces, opinions, dates] to coincide ; [témoignages] to tally

coin-coin [kwɛ̃kwɛ̃] nm inv [de canard] quack ▪ **~ !** quack! quack!

coing [kwɛ̃] nm quince

coït [kɔit] nm coitus

col [kɔl] nm a [de chemise, manteau] collar ▪ **pull à ~ rond** round-neck pullover ▸ **col roulé** polo neck BR, turtleneck US ▸ **col en V** V-neck b (Géog) pass c ▪ **elle s'est cassé le ~ du fémur** she has broken her hip ▪ **~ de l'utérus** cervix

colère [kɔlɛʀ] nf anger ▪ **être/se mettre en ~** to be/get angry ▪ **piquer une ~** to throw a tantrum

coléreux, -euse [kɔleʀø, øz], **colérique** [kɔleʀik] adj quick-tempered

colin [kɔlɛ̃] nm (= merlu) hake

colin-maillard [kɔlɛ̃majaʀ] nm blind man's buff

colique [kɔlik] nf a (= diarrhée) diarrhoea ▪ **avoir la ~** to have diarrhoea b (= douleur) ▪ **être pris de violentes ~s** to have violent stomach pains

colis [kɔli] nm parcel

collabo* [kɔ(l)labo] nmf (abrév de **collaborateur, -trice**) (péj) collaborator

collaborateur, -trice [kɔ(l)labɔʀatœʀ, tʀis] nm,f [de collègue] colleague ; [de journal] contributor ; [d'ennemi] collaborator

collaboratif, -ive [kɔlabɔʀatif, iv] adj [logiciel, travail, encyclopédie] collaborative

collaboration [kɔ(l)labɔʀasjɔ̃] nf collaboration (*à* on) ; (à un journal) contribution (*à* to) ▪ **en ~ avec** in collaboration with

collaborer [kɔ(l)labɔʀe] vi to collaborate ▪ **~ à** [+ travail, livre] to collaborate on ; [+ journal] to contribute to

collage [kɔlaʒ] nm (Art) collage

collagène [kɔlaʒɛn] nm collagen

collant, e [kɔlɑ̃, ɑ̃t] 1 adj (= ajusté) tight-fitting ; (= poisseux) sticky ▪ **être ~*** [importun] to cling 2 nm (= bas) tights BR, pantyhose US ; [de danseuse] tights

collapsologie [kɔlapsɔlɔʒi] nf collapsology

collapsologue [kɔlapsɔlɔg] nmf collapsologist

collatéral, e (mpl **-aux**) [kɔ(l)lateʀal, o] adj collateral

collation [kɔlasjɔ̃] nf light meal

colle [kɔl] nf a (= matière) glue b (* = question) ▪ **là, vous me posez une ~** you've stumped me there* c (= retenue) detention ; (= examen blanc) mock oral exam ▪ **mettre une ~ à qn** to put sb in detention

collecte [kɔlɛkt] nf collection ▪ **~ de fonds** fund-raising event

collecter [kɔlɛkte] vt to collect

collecticiel [kɔlɛktisjɛl] nm groupware

collectif, -ive [kɔlɛktif, iv] adj [travail, responsabilité, punition] collective ; [sport] team ; [billet] group ; [hystérie, licenciements] mass *avant n*

collection [kɔlɛksjɔ̃] nf a collection ▪ **objet/timbre de ~** collector's item/stamp ▪ **faire (la) ~ de** to collect ▪ **voiture de ~** classic car b [de livres] series ▪ **il a toute la ~ des Astérix** he's got the complete set of Asterix

collectionner [kɔlɛksjɔne] vt to collect

collectionneur, -euse [kɔlɛksjɔnœʀ, øz] nm,f collector

collectivement [kɔlɛktivmɑ̃] adv collectively

collectivité [kɔlɛktivite] nf ▪ **la ~** the community ▪ **les ~s locales** the local authorities ▪ **~ d'outre-mer** *French overseas territory*

collège [kɔlɛʒ] nm a (= école) secondary school BR, junior high school US ▪ **~ d'enseignement général et professionnel** (Can) ≈ sixth-form college BR, ≈ junior college US b (Pol, Rel = assemblée) college

collégien [kɔleʒjɛ̃] nm schoolboy

collégienne [kɔleʒjɛn] nf schoolgirl

collègue [kɔ(l)lɛg] nmf colleague ▪ **un ~ de travail/bureau** a colleague from work/the office

coller [kɔle] 1 vt a to stick ; [+ affiche] to stick up (*à*, *sur* on) ; [+ enveloppe] to stick down ; [+ papier peint] to hang ; (Informatique) to paste ▪ **~ qch à ou sur qch** to stick sth onto sth b (= appliquer) ▪ **~ son oreille à la porte/son nez contre la vitre** to press one's ear against the door/one's nose against the window c (* = mettre) to stick* d (* = donner) to give ▪ **il m'a collé une contravention** he gave me a fine e (= consigner) to put in detention f (* = suivre) [+ personne] to cling to 2 vi (= être poisseux) to be sticky ; (= adhérer) to stick (*à* to) ▪ **ça ne colle pas entre eux*** they aren't getting along ▪ **il y a quelque chose qui ne colle pas*** there's something wrong 3 **se coller** vpr ▪ **se ~ à qn** [danseur] to cling to sb ; [importun] to stick to sb like glue ▪ **se ~ contre un mur** to flatten oneself against a wall

collet [kɔlɛ] nm (= piège) snare ▪ **mettre la main au ~ de qn** to collar sb

collier [kɔlje] nm a [de femme] necklace ; [de chien, chat] collar b ▪ **~ (de barbe)** beard *(along the line of the jaw)*

colline [kɔlin] nf hill

collision [kɔlizjɔ̃] nf collision ▪ **entrer en ~** to crash ▪ **~ en chaîne** pile-up

colloque [kɔ(l)lɔk] nm colloquium

collusion [kɔlyzjɔ̃] nf (= complicité) collusion (*avec* with, *entre* between)

collutoire [kɔlytwaʀ] nm oral medication *NonC* ; (en bombe) throat spray

colmater [kɔlmate] vt [+ fissure, trou] to fill in

colo* [kɔlɔ] nf (abrév de **colonie de vacances**) → **colonie**

coloc* [kɔlɔk] **1** nmf abrév de **colocataire** **2** nf abrév de **colocation**

colocataire [kolɔkatɛʀ] nmf (d'appartement) flatmate BR, roommate US ; (de maison) housemate

colocation [kolɔkasjɔ̃] nf (d'appartement) flat-sharing ; (de maison) house-sharing

colombage [kɔlɔ̃baʒ] nm ▪ **maison à ~(s)** half-timbered house

colombe [kɔlɔ̃b] nf dove

Colombie [kɔlɔ̃bi] nf Colombia

colombien, -ienne [kɔlɔ̃bjɛ̃, jɛn] **1** adj Colombian **2** **Colombien(ne)** nm,f Colombian

colon [kɔlɔ̃] nm (= pionnier) colonist

côlon [kolɔ̃] nm (= intestin) colon

colonel [kɔlɔnɛl] nm [d'armée de terre] colonel ; [d'armée de l'air] group captain BR, colonel US

colonial, e (mpl **-iaux**) [kɔlɔnjal, jo] adj colonial

colonialiste [kɔlɔnjalist] adj, nmf colonialist

colonie [kɔlɔni] nf colony ▪ **~ de vacances** ≈ children's holiday camp BR, ≈ summer camp US

colonisation [kɔlɔnizasjɔ̃] nf colonization

coloniser [kɔlɔnize] vt to colonize

colonne [kɔlɔn] nf column ▸ **colonne vertébrale** (lit) spine; (fig) backbone

colorant [kɔlɔʀɑ̃] nm colouring BR ou coloring US agent ; (pour textiles) dye

coloration [kɔlɔʀasjɔ̃] nf (= nuance) colouring BR, coloring US

coloré, e [kɔlɔʀe] adj [objet] coloured BR, colored US

colorer [kɔlɔʀe] vt to colour BR, to color US ▪ **~ qch en bleu** to colour sth blue

coloriage [kɔlɔʀjaʒ] nm (= action) colouring *NonC* BR, coloring *NonC* US ; (= dessin) coloured BR ou colored US drawing ▪ **faire du ~** ou **des ~s** to do some colouring in

colorier [kɔlɔʀje] vt to colour BR ou color US in

coloris [kɔlɔʀi] nm colour BR, color US

colossal, e (mpl **-aux**) [kɔlɔsal, o] adj colossal

colosse [kɔlɔs] nm colossus

colporter [kɔlpɔʀte] vt [+ marchandises, ragots] to hawk

coltiner (se)* [kɔltine] vpr [+ colis] to lug around* ; [+ travail, personne] to get stuck with* ▪ **il va falloir se coltiner ta sœur** we'll have to put up with your sister

colvert [kɔlvɛʀ] nm mallard

colza [kɔlza] nm rape

COM [kɔm] nf (abrév de **collectivité d'outre-mer**) *French overseas territory*

coma [kɔma] nm coma ▪ **être/tomber dans le ~** to be in/go into a coma

comater* [kɔmate] vi to doze

combat [kɔ̃ba] nm **a** (Mil) battle ▪ **les ~s continuent** the fighting goes on ▪ **~ aérien/naval** air/naval battle ▪ **de ~** combat ▪ **mort au ~** killed in action **b** (= action offensive) struggle ▪ **la vie est un ~ quotidien** life is a daily struggle **c** (Sport) fight ▪ **~ de boxe/de catch** boxing/wrestling match

combatif, combattif, -ive [kɔ̃batif, iv] adj [personne] with a fighting spirit ; [esprit, humeur] fighting

combativité, combattivité [kɔ̃bativite] nf fighting spirit

combattant, e [kɔ̃batɑ̃, ɑ̃t] nm,f [de guerre] combatant ; [de bagarre] brawler ; → **ancien**

combattre [kɔ̃batʀ] vti to fight ; [+ théorie, politique, inflation, vice] to combat ; [+ maladie] [malade] to fight against

combava [kɔ̃bava] nm kaffir lime

combien [kɔ̃bjɛ̃]

1 adv **a** ▪ **~ de** (quantité) how much ; (nombre) how many ▪ **~ de bouteilles veux-tu ?** how many bottles do you want? ▪ **depuis ~ de temps travaillez-vous ici ?** how long have you been working here? ▪ **~ de fois ?** (fréquence) how often? ▪ **~ sont-ils ?** how many of them are there?

b (frm = à quel point) ▪ **c'est étonnant de voir ~ il a changé** it's amazing to see how much he has changed

c (= avec mesure) ▪ **ça fait ~ ?*** how much is it? ▪ **~ pèse ce colis ?** how much does this parcel weigh? ▪ **~ mesures-tu ?** how tall are you? ▪ **ça fait ~ de haut ?** how high is it?

2 nm * ▪ **on est le ~ ?** what's the date? ▪ **il y en a tous les ~ ?** (fréquence) [de trains, bus] how often do they run?

combinaison [kɔ̃binɛzɔ̃] nf **a** (= mélange) combination **b** [de femme] slip ; [d'aviateur] flying suit ; [de motard] motorcycle suit ▪ **~ de ski** ski-suit ▪ **~ de plongée** wetsuit ▪ **~ spatiale** spacesuit

combine* [kɔ̃bin] nf (= astuce) trick ▪ **toutes leurs ~s** all their little schemes

combiné [kɔ̃bine] nm [de téléphone] handset

combiner [kɔ̃bine] **1** vt **a** (= grouper) to combine (*à, avec* with) **b** [+ mauvais coup] to devise ; [+ horaires, emploi du temps] to plan **2** **se combiner** vpr [éléments] to combine

comble [kɔ̃bl] **1** adj [pièce, autobus] packed **2** nm **a** (= degré extrême) height ▪ **c'est le ~ du ridicule !** that's the height of absurdity!

▪ **au ~ du désespoir** in the depths of despair ▪ **c'est le** ou **un ~ !** that's the last straw! ▪ **le ~, c'est qu'il est parti sans payer** and to top it all* he left without paying **b** (= charpente) ▪ **les ~s** the attic

combler [kɔ̃ble] vt **a** [+ trou] to fill in **b** [+ déficit] to make good ; [+ lacune] to fill ▪ **~ son retard** to make up lost time **c** [+ personne] ▪ **je suis comblé !** I couldn't wish for anything more! **d** (= couvrir) ▪ **~ qn de cadeaux** to shower sb with gifts

combustible [kɔ̃bystibl] **1** adj combustible **2** nm fuel

comédie [kɔmedi] nf **a** (Théâtre) comedy ▪ **~ dramatique** drama **b** (= simulation) ▪ **jouer la ~** to put on an act **c** (* = histoires) ▪ **faire la ~** to make a fuss ▸ **comédie musicale** musical

comédien, -ienne [kɔmedjɛ̃, jɛn] **1** nm actor ▪ **quel ~ tu fais !** you're always putting it on!* **2** **comédienne** nf actress

> ⚠ **comédien** ne se traduit pas par ***comedian***, qui a le sens de « comique ».

comédon [kɔmedɔ̃] nm blackhead

comestible [kɔmɛstibl] adj edible

comète [kɔmɛt] nf comet

comics [kɔmiks] nmpl comic (book)

coming out [kɔmiŋaut] nm ▪ **faire son ~** [homosexuel] to come out

comique [kɔmik] **1** adj [acteur, film, genre] comic ▪ **c'était vraiment ~** it was really comical **2** nmf (= artiste) comic

comité [kɔmite] nm committee ▪ **se réunir en petit ~** to meet in a small group ; (petite réception) to have a small get-together ▸ **comité d'entreprise** works council

commandant, e [kɔmɑ̃dɑ̃, ɑ̃t] nm,f commander ▪ **« oui mon ~ »** "yes Sir" ▸ **commandant de bord** captain

commande [kɔmɑ̃d] nf **a** [de produit] order ▪ **passer (une) ~** to place an order (*de* for) **b** [d'œuvre artistique] commission **c** [d'avion, appareil] ▪ **les ~s** the controls ▪ **à ~ vocale** voice-activated ▪ **être aux/prendre les ~s** to be in/take control **d** (Informatique) command

> ⚠ **commande** ne se traduit par ***command*** que dans le sens informatique.

commandement [kɔmɑ̃dmɑ̃] nm command ; (Rel) commandment ▪ **prendre le ~ de** to take command of

commander [kɔmɑ̃de] vt **a** (= ordonner) to order ▪ **~ à qn de faire qch** to order sb to do sth **b** [+ marchandise, repas, boisson] to order ; (à un artiste) to commission ▪ **avez-vous déjà commandé ?** (au café) have you ordered? **c** [+ armée, navire, attaque] to command ▪ **je n'aime pas qu'on me commande** I don't like to be ordered about ▪ **à la maison, c'est elle qui commande** she's the boss* at home **d** (= actionner) to control

commanditer [kɔmɑ̃dite] vt (= financer) to finance ▪ **ceux qui ont commandité l'attentat** the people behind the attack

commando [kɔmɑ̃do] nm commando

comme [kɔm]

1 conj **a** (cause) as ▪ **~ il pleuvait, j'ai pris la voiture** as it was raining I took the car

b (= en tant que) as ▪ **nous l'avons eu ~ président** we had him as president

c (comparaison) like ▪ **il veut une moto ~ celle de son frère** he wants a motorbike like his brother's ▪ **c'est un métier ~ les autres** it's just like any other job ▪ **il pense ~ nous** he thinks as we do, he thinks like us ▪ **faites ~ vous voulez** do as you like ▪ **il écrit ~ il parle** he writes the way he speaks ▪ **il était ~ fasciné par ces oiseaux** he seemed fascinated by these birds

♦ **comme ça, comme cela** (= ainsi) like that ▪ **il a pêché un saumon ~ ça !** he caught a salmon this big! ▪ **on a vu un film ~ ça !** we saw a great* film! ▪ **je l'ai enfermé, ~ ça il ne peut pas nous suivre** I locked him in - that way he can't follow us ▪ **c'est ~ ça et pas autrement** that's just the way it is ▪ **alors, ~ ça, vous nous quittez ?** so you're leaving us just like that?

♦ **comme ci comme ça** so-so*

♦ **comme il faut** properly ▪ **mange ~ il faut** eat properly ▪ **c'est quelqu'un de très ~ il faut*** he's very proper

♦ **comme si** as if ▪ **il se conduit ~ si de rien n'était** he behaves as if nothing had happened ▪ **~ si nous ne le savions pas !** as if we didn't know! ▪ **elle est gentille ~ tout** she's so nice

d (= tel que) like ▪ **les fleurs ~ la rose et l'iris** flowers like roses and irises ▪ **bête ~ il est...** stupid as he is...

2 adv ▪ **~ ils sont bruyants !** they're so noisy! ▪ **~ il fait beau !** isn't it a lovely day!

commémoration [kɔmemɔʀasjɔ̃] nf commemoration

commémorer [kɔmemɔʀe] vt to commemorate

commencement [kɔmɑ̃smɑ̃] nm (= début) beginning ; (= départ) start

commencer [kɔmɑ̃se] **1** vt **a** [+ travail, repas] to begin, to start ▪ **je vais ~ le judo** I'm going to take up judo **b** [+ bouteille, produit] to open **c** [chose] to begin ▪ **la phrase qui commence le chapitre** the opening sentence of the chapter **2** vi to begin, to start ▪ **tu ne vas pas ~ !** (ton irrité) don't start! ▪ **ça commence bien !** that's a good start! ▪ **pour ~** to begin ou start with ▪ **~ à (ou de) faire qch** to begin ou start to do sth ▪ **il commençait à s'inquiéter** he was beginning to get nervous ▪ **je commence à en avoir assez !** I've had just about enough! ▪ **~ par qch/par faire qch** to begin ou start with sth/by doing sth

comment [kɔmɑ̃] adv **a** (= de quelle façon) how ▪ **~ a-t-il fait ?** how did he do it? ▪ **~ s'appelle-t-il ?** what's his name? ▪ **~ vas-tu ?** how are you? ▪ **~ est-il, ce type ?*** what sort of guy* is he? ▪ **~ faire ?** how shall we do it? ▪ **~ se fait-il que... ?** how is it that...? **b** (répétition, surprise) ▪ **~ ?** I beg your pardon? ▪ **~ ça ?** what do you mean?

commentaire [kɔmɑ̃tɛʀ] nm **a** (= remarque) comment ▪ **faire des ~s sur qch** to comment on sth **b** (Radio, TV, Scol) commentary

commentateur, -trice [kɔmɑ̃tatœʀ, tʀis] nm,f commentator

commenter [kɔmɑ̃te] vt to comment on ; [+ match] to commentate on ; [+ cérémonie officielle] to provide the commentary for

commérages [kɔmeʀaʒ] nmpl gossip *NonC*

commerçant, e [kɔmɛʀsɑ̃, ɑ̃t] **1** adj [quartier, rue] shopping *avant n* ▪ **rue très ~e** busy shopping street **2** nmf shopkeeper

commerce [kɔmɛʀs] nm **a** (= magasin) shop **b** ▪ **le ~** (= activité) trade ▪ **~ extérieur/international** foreign/international trade ▪ **~ de gros/détail** wholesale/retail trade ▪ **~ électronique** e-commerce ▪ **faire du ~ (avec)** to trade (with) ▪ **ça se trouve dans le ~** you can buy it (ou them) in the shops

> ⚠ **commerce** ne se traduit que très rarement par le mot anglais ***commerce***.

commercial, e (mpl **-iaux**) [kɔmɛʀsjal, jo] **1** adj commercial ; [déficit, guerre] trade ▪ **anglais ~** business English **2** nm (marketing) marketing man ; (ventes) salesman

commercialiser [kɔmɛʀsjalize] vt to market

commère [kɔmɛʀ] nf (péj = bavarde) gossip

commettre [kɔmɛtʀ] vt [+ crime, injustice] to commit ; [+ erreur] to make

commissaire [kɔmisɛʀ] nmf **a** ▪ **~ (de police)** ≈ (police) superintendent BR, ≈ (police) captain US **b** [de commission] commission member ▸ **commissaire aux comptes** auditor ▸ **commissaire européen** European Commissioner

commissaire-priseur, -euse (mpl **commissaires-priseurs**) [kɔmisɛʀpʀizœʀ, øz] nm,f auctioneer

commissariat [kɔmisaʀja] nm ▪ **~ (de police)** police station

commission [kɔmisjɔ̃] nf **a** (= bureau nommé) commission ▸ **Commission européenne** European Commission **b** (= message) message ▪ **est-ce qu'on vous a fait la ~ ?** were you given the message? **c** (= course) errand ▪ **faire des ~s** to run errands **d** (= emplettes) ▪ **~s** shopping ▪ **faire les/des ~s** to do the/some shopping **e** (= pourcentage) commission

commissure [kɔmisyʀ] nf [de lèvres] corner

commode [kɔmɔd] **1** adj **a** (= pratique) convenient **b** (= facile) ▪ **ce n'est pas ~** it's not easy (*à faire* to do) ▪ **il n'est pas ~** (= difficile) he's really awkward **2** nf (= meuble) chest of drawers

commotion [komosjɔ̃] nf ▪ **~ cérébrale** concussion

> ⚠ **commotion** ne se traduit pas par le mot anglais ***commotion***.

commun, e[1] [kɔmœ̃, yn] adj common ; [décision, effort, réunion] joint ▪ **d'un ~ accord** of one accord ; [pièce, cuisine] communal ▪ **le jardin est ~ aux deux maisons** the garden is shared by the two houses ▪ **un ami ~** a mutual friend ▪ **Paul et Luc n'ont rien en ~** Paul and Luc have nothing in common ▪ **mettre ses ressources en ~** to pool one's resources ▪ **peu ~** uncommon ; → **lieu**

communal, e (mpl **-aux**) [kɔmynal, o] adj council BR, community US ; [fête, école] local

communautaire [kɔmynotɛʀ] adj (Pol) Community

communautarisme [kɔmynotaʀism] nm communitarism

communauté [kɔmynote] nf community ▪ **la Communauté économique européenne** the European Economic Community ▪ **la Communauté des États indépendants** the Commonwealth of Independent States ▪ **vivre en ~** to live in a commune

commune[2] [kɔmyn] nf (= ville) town ; (= village) village ; (= administration) town council

communément [kɔmynemɑ̃] adv commonly

communiant, e [kɔmynjɑ̃, jɑ̃t] nm,f ▪ **(premier/première) communiant(e)** young boy/girl making his/her first communion

communicatif, -ive [kɔmynikatif, iv] adj [rire, ennui] infectious ; [personne] communicative

communication [kɔmynikasjɔ̃] nf **a** (= relation) communication ▪ **être/entrer en ~ avec** [+ ami, société savante] to be/get in contact with ▪ **moyens de ~** means of communication ▪ **conseiller en ~** communications consultant **b** (= message) message ; (à une conférence) paper **c** ▪ **~ (téléphonique)** phone call ▪ **être en ~** to be on the phone (*avec qn* to sb) ▪ **je n'ai pas pu avoir la ~** I couldn't get through

communion [kɔmynjɔ̃] nf (Rel, fig) communion

communiqué [kɔmynike] nm communiqué ▪ **~ de presse** press release

communiquer [kɔmynike] **1** vt [+ nouvelle, renseignement, peur] to pass on ; [+ dossier, document] to give ; [+ mouvement] to transmit **2** vi [pièces, salles] to communicate ▪ **pièces qui communiquent** connecting rooms

communisme [kɔmynism] nm communism

communiste [kɔmynist] adj, nmf communist

commutateur [kɔmytatœʀ] nm switch

compact, e [kɔ̃pakt] **1** adj [substance] dense ; [véhicule, appareil, meuble] compact ▪ **disque ~, compact-disc®** compact disc ; → **chaîne** **2** nm (= disque) compact disc

compagne [kɔ̃paɲ] nf companion ; (= petite amie) girlfriend

compagnie [kɔ̃paɲi] nf company ▪ **en ~ de** with ▪ **tenir ~ à qn** to keep sb company ▪ **~ aérienne** airline company

compagnon [kɔ̃paɲɔ̃] nm (= camarade) companion ; (= petit ami) boyfriend

comparable [kɔ̃paʀabl] adj comparable (*à* to) ▪ **ce n'est pas ~** there's no comparison

comparaison [kɔ̃paʀɛzɔ̃] nf comparison (*à* to) ▪ **faire une ~ entre X et Y** to compare X and Y ▪ **en ~ (de)** in comparison (with) ▪ **c'est sans ~ avec...** it cannot be compared with...

comparaître [kɔ̃paʀɛtʀ] vi (Droit) to appear in court

comparateur [kɔ̃paʀatœʀ] nm ▪ **~ de prix** shopbot

comparatif, -ive [kɔ̃paʀatif, iv] **1** adj [publicité] comparative ▪ **essai ~** comparison test **2** nm comparative

comparé, e [kɔ̃paʀe] adj [étude, littérature] comparative

comparer [kɔ̃paʀe] vt (= confronter) to compare (*à, avec* with)

comparse [kɔ̃paʀs] nmf (= acteur) walk-on ; (péj) stooge*

compartiment [kɔ̃paʀtimɑ̃] nm compartment ▪ **~ à glace** freezer compartment

comparution [kɔ̃paʀysjɔ̃] nf appearance in court

compas [kɔ̃pɑ] nm pair of compasses ; [de navigation] compass ▪ **~ à pointes sèches** dividers

compassé, e [kɔ̃pɑse] adj (= guindé) formal

compassion [kɔ̃pɑsjɔ̃] nf compassion

compatibilité [kɔ̃patibilite] nf compatibility

compatible [kɔ̃patibl] **1** adj compatible **2** nm (= ordinateur) compatible computer

compatir [kɔ̃patiʀ] vi to sympathize

compatriote [kɔ̃patʀijɔt] nmf compatriot

compensation [kɔ̃pɑ̃sasjɔ̃] nf (= dédommagement) compensation ▪ **en ~ de qch** in compensation for sth

compenser [kɔ̃pɑ̃se] vt to compensate for

compétence [kɔ̃petɑ̃s] nf **a** (= expérience) competence (*en* in) ▪ **avoir des ~s** to be competent **b** [de tribunal] competence ▪ **ce n'est pas de ma ~** that's not my area

compétent, e [kɔ̃petɑ̃, ɑ̃t] adj **a** (= capable) competent (*en* in) ▪ **je ne suis pas ~ pour vous répondre** I'm not qualified to answer **b** (= concerné) relevant ; (Droit) competent

compétiteur, -trice [kɔ̃petitœʀ, tʀis] nm,f competitor

compétitif, -ive [kɔ̃petitif, iv] adj competitive

compétition [kɔ̃petisjɔ̃] nf **a** (Sport = activité) ▪ **j'ai fait du ski de ~** I did competitive skiing ▪ **la ~ automobile** motor racing **b** (= épreuve) ▪ **~ sportive** sporting event ▪ **une ~ automobile** a motor-racing event **c** (= rivalité) competition *NonC* ▪ **être en ~** to be competing

compiler [kɔ̃pile] vt to compile

complaire (se) [kɔ̃plɛʀ] vpr ▪ **se complaire dans qch/à faire qch** to take pleasure in sth/in doing sth

complaisant, e [kɔ̃plɛzɑ̃, ɑ̃t] adj **a** (= obligeant) kind ; (= arrangeant) accommodating **b** (= trop indulgent) indulgent **c** (= suffisant) self-satisfied

complément [kɔ̃plemɑ̃] nm complement ; (= reste) rest ▪ **~ d'information** additional information *NonC* ▪ **~ d'objet direct/indirect** direct/indirect object ▪ **~ de nom** possessive phrase

complémentaire [kɔ̃plemɑ̃tɛʀ] adj complementary ; (= additionnel) supplementary

complémenter [kɔ̃plemɑ̃te] vt [+ alimentation] to supplement

complet, -ète [kɔ̃plɛ, ɛt] **1** adj complete ; (= exhaustif) comprehensive ; [autobus, train] full ▪ **il reste encore trois jours ~s** there are still three full days to go ▪ **l'aviron est un sport très ~** rowing exercises your whole body ▪ **« complet »** (écriteau) [hôtel] "no vacancies" ; [parking] "full" ; [cinéma] "sold out" ; [match] "ground full" ; → **pension, riz** **2** nm **a** (= costume) ▪ **complet(-veston)** suit **b** ▪ **maintenant que nous sommes**

au ~ now that we are all here ■ **le groupe au grand ~** the whole group

complètement [kɔ̃plɛtmɑ̃] adv completely

compléter [kɔ̃plete] vt [+ somme, effectifs] to make up ; [+ mobilier, collection, dossier] to complete ; [+ connaissances, collection] to supplement ; [+ mobilier, garde-robe] to add to

complexe [kɔ̃plɛks] **1** adj complex **2** nm **a** (Psych) complex ■ **~ d'infériorité** inferiority complex ■ **être bourré de ~s*** to have loads of hang-ups* **b** (= ensemble) complex ■ **~ hôtelier** hotel complex

complexé, e [kɔ̃plɛkse] adj ■ **être très ~** to be very hung-up*

complexer [kɔ̃plɛkse] vt ■ **ça le complexe terriblement** it gives him a terrible complex

complexité [kɔ̃plɛksite] nf complexity

complication [kɔ̃plikasjɔ̃] nf (= complexité) complexity ■ **~s** (pendant maladie) complications ■ **faire des ~s** to make life difficult

complice [kɔ̃plis] **1** adj **a** ■ **être ~ de qch** to be a party to sth **b** [regard, sourire] knowing **2** nmf **a** (= criminel) accomplice **b** [de farce, projet] partner

complicité [kɔ̃plisite] nf **a** (= participation à délit) complicity ■ **accusé de ~ de vol** accused of aiding and abetting a theft **b** (= bonne entente) ■ **la ~ qui existe entre eux** the rapport they have

compliment [kɔ̃plimɑ̃] nm compliment ■ **faire un ~ à qn** to pay sb a compliment ■ **mes ~s !** well done!

complimenter [kɔ̃plimɑ̃te] vt (= féliciter) to congratulate (*pour, sur, de* on) ; (= louanger) to compliment (*pour, sur, de* on)

compliqué, e [kɔ̃plike] adj complicated ■ **il ne m'écoute jamais, c'est pas ~ !*** it's quite simple, he never listens to a word I say!

compliquer [kɔ̃plike] **1** vt to complicate **2** **se compliquer** vpr [situation, problème] to become complicated ■ **ça se complique** things are getting complicated ■ **se ~ l'existence** to make life difficult for o.s.

complot [kɔ̃plo] nm plot

comploter [kɔ̃plɔte] vti to plot ■ **qu'est-ce que vous complotez ?*** what are you up to?*

comportement [kɔ̃pɔʀtəmɑ̃] nm behaviour BR, behavior US

comporter [kɔ̃pɔʀte] **1** vt **a** (= consister en) to comprise **b** [+ inconvénients, risques] to involve **2** **se comporter** vpr to behave (*avec* to) ■ **notre équipe s'est très bien comportée** our team played very well

composant [kɔ̃pozɑ̃] nm component

composante [kɔ̃pozɑ̃t] nf component

composé, e [kɔ̃poze] **1** adj compound *avant n* ; [salade] mixed ; → **passé** **2** nm compound

composer [kɔ̃poze] **1** vt **a** [+ plat] to make ; [+ équipe sportive] to put together ; [+ musique] to compose ; [+ bouquet] to arrange **b** [+ numéro de téléphone] to dial ■ **j'ai dû ~ le mauvais numéro** I must have misdialled [+ code] to enter **c** (= constituer) to make up ; [+ assemblée] to form **2** **se composer** vpr ■ **se ~ de, être composé de** to comprise ■ **notre équipe est composée à 70 % de femmes** 70% of our team are women

compositeur, -trice [kɔ̃pozitœʀ, tʀis] nm,f (= musicien) composer

composition [kɔ̃pozisjɔ̃] nf **a** (= confection) [d'assemblée] formation ; [d'équipe sportive] selection ; [de bouquet] arranging ; [de symphonie] composition ■ **une œuvre de ma ~** a work of my own composition **b** (= œuvre musicale, picturale) composition **c** (= constituants) composition ■ **quelle est la ~ de l'équipe ?** who is on the team? **d** (= examen) test ■ **~ française** (= rédaction) French essay

compost [kɔ̃pɔst] nm compost

composter [kɔ̃pɔste] vt (= dater) to date stamp ; (= poinçonner) to punch ; (Agric) to compost

composteur [kɔ̃pɔstœʀ] nm **a** (= timbre dateur) date stamp ; (= poinçon) ticket punching machine **b** (= bac pour compost) compost bin

compote [kɔ̃pɔt] nf stewed fruit ■ **~ de pommes** stewed apples ■ **j'ai les jambes en ~*** (de fatigue) my legs are killing me*

compréhensible [kɔ̃pʀeɑ̃sibl] adj (= clair) comprehensible ; (= concevable) understandable

compréhensif, -ive [kɔ̃pʀeɑ̃sif, iv] adj (= tolérant) understanding

> ⚠ **compréhensif** ne se traduit pas par ***comprehensive***, qui signifie « complet ».

compréhension [kɔ̃pʀeɑ̃sjɔ̃] nf (= indulgence, intelligence) understanding ■ **~ orale/écrite** listening/reading comprehension

comprendre [kɔ̃pʀɑ̃dʀ] vt **a** (= être composé de) to comprise ; (= avoir, inclure) to include ■ **le loyer ne comprend pas le chauffage** the rent doesn't include heating **b** [+ problème, langue, plaisanterie] to understand ■ **vous m'avez mal compris** you've misunderstood me ■ **il ne comprend pas la plaisanterie** he can't take a joke ■ **se faire ~** to make o.s. understood ■ **tu comprends, ce que je veux c'est...** you see, what I want is...

compresse [kɔ̃pʀɛs] nf compress

compresser [kɔ̃pʀese] vt [+ gaz, données] to compress

compression [kɔ̃pʀesjɔ̃] nf [de gaz] compression ; [de dépenses, personnel] reduction (de in)

comprimé [kɔ̃pʀime] nm tablet

comprimer [kɔ̃pʀime] vt to compress

compris, e [kɔ̃pʀi, iz] adj a (= inclus) ▪ **50 € emballage ~/non ~** €50 including/not including packaging ▪ **service ~/non ~** service included/not included ▪ **tout ~** all in ▪ **700 € y ~ l'électricité** €700 including electricity b (= situé) ▪ **être ~ entre** to be between c (= d'accord) ▪ **tu t'y mets tout de suite, ~ !** start right away, OK?

compromettant, e [kɔ̃pʀɔmetɑ̃, ɑ̃t] adj compromising

compromettre [kɔ̃pʀɔmɛtʀ] 1 vt to compromise 2 **se compromettre** vpr (= s'avancer) to commit o.s. ; (= se discréditer) to compromise o.s.

compromis, e [kɔ̃pʀɔmi, iz] 1 adj ▪ **être ~** [personne, réputation] to be compromised ; [avenir, projet, chances] to be jeopardized ▪ **un ministre serait ~ dans cette affaire** a minister is alleged to be involved in the affair 2 nm compromise ▪ **trouver un ~** to reach a compromise

comptabiliser [kɔ̃tabilize] vt to count

comptabilité [kɔ̃tabilite] nf (= science, profession) accountancy ; (d'une petite entreprise) book-keeping ; (= comptes) accounts

comptable [kɔ̃tabl] nmf accountant

comptant [kɔ̃tɑ̃] 1 adv [payer] cash ; [acheter] for cash 2 nm (= argent) cash ; → **argent**

compte [kɔ̃t] nm a (= calcul) ▪ **faire le ~ des erreurs** to count the mistakes ▪ **faire le ~ des dépenses** to calculate the expenditure ▪ **prendre qch en ~** to take sth into account ▸ **compte à rebours** countdown b (= nombre exact) ▪ **le ~ y est** (paiement) that's the right amount ; (inventaire) that's the right number c (Comptab) account ▪ **faire ses ~s** to do one's accounts ▪ **tenir les ~s** to do the accounts d (Banque) account ▪ **~ en banque** bank account ▸ **compte chèque postal** post office account ▸ **compte chèque, compte courant** current BR ou checking US account e (= facture) invoice ; [d'hôtel, restaurant] bill BR, check US ▪ **mettez-le sur mon ~** put it on my bill f (= dû) ▪ **il y a trouvé son ~** he did well out of it ▪ **son ~ est bon** his number's up* g (= explication) ▪ **demander des ~s à qn** to ask sb for an explanation ▪ **je n'ai de ~s à rendre à personne** I'm accountable to nobody ▪ **rendre ~ de qch à qn** to give sb an account of sth ▸ **compte rendu** account h (loc) ▪ **tout ~ fait** all things considered ▪ **se rendre ~ de qch/que** (= réaliser) to realize sth/that ▪ **il a osé dire ça, tu te rends ~ !** he dared say that - can you believe it! ▪ **tenir ~ de qn/qch** to take sb/sth into account ▪ **il n'a pas tenu ~ de nos avertissements** he didn't take any notice of our warnings ▪ **travailler** ou **être à son ~** to be self-employed ▪ **faire le ~ rendu d'une réunion** to give an account of a meeting

compte-goutte (pl **~s**) [kɔ̃tgut] nm (= pipette) dropper ▪ **au ~** [distribuer] sparingly ; [sortir] in dribs and drabs

compter [kɔ̃te] 1 vt a (= calculer) to count ▪ **ses jours sont comptés** he hasn't long to live b (= prévoir) to reckon ▪ **j'ai compté qu'il nous en fallait 10** I reckoned we'd need 10 ▪ **je compte 150 grammes de pâtes par personne** I allow 150 grams of pasta per person ▪ **il faut bien ~ 10 jours** you must allow at least 10 days c (= inclure) to include ▪ **nous étions dix, sans ~ le professeur** there were ten of us, not counting the teacher ▪ **la ville compte quelques très belles églises** the town has some very beautiful churches d (= facturer) to charge for ▪ **~ qch à qn** to charge sb for sth e (= avoir l'intention de) to intend to ; (= s'attendre à) to expect to ▪ **j'y compte bien !** I should hope so! 2 vi a to count ▪ **il sait ~ jusqu'à 10** he can count up to 10 ▪ **il ne sait pas du tout ~** he's totally innumerate ▪ **c'est le résultat qui compte** it's the result that counts ▪ **sa mère compte beaucoup pour lui** his mother is very important to him ▪ **à ~ de** as from ▪ **nous comptons sur vous pour demain** we're expecting you tomorrow ▪ **ne comptez pas sur moi** (pour agir) don't count on me ; (pour participer) you can count me out ▪ **ne comptez pas trop là-dessus** don't count on it b (= être économe) to economize ▪ **dépenser sans ~** to spend extravagantly c (= figurer) ▪ **~ parmi** to rank among

compteur [kɔ̃tœʀ] nm meter ▪ **~ d'eau/électrique/à gaz** water/electricity/gas meter ▪ **~ (kilométrique)** milometer BR, odometer US ▪ **~ (de vitesse)** speedometer ▪ **vin au ~** *wine served by the bottle in a bar or restaurant, with customers paying only for the amount they drink* ▪ **elle a plusieurs victoires au ~** she has several victories to her name

comptine [kɔ̃tin] nf nursery rhyme

comptoir [kɔ̃twaʀ] nm [de magasin] counter ; [de bar] bar

comte [kɔ̃t] nm count

comtesse [kɔ̃tɛs] nf countess

con, conne‡ [kɔ̃, kɔn] 1 adj (= stupide) damned‡ ou bloody‡ BR stupid 2 nm,f (= crétin) damn fool‡ ▪ **faire le ~** to mess around*

conard‡ [kɔnaʀ] nm stupid bastard‡

conasse‡ [kɔnas] nf silly bitch‡

concasser [kɔ̃kase] vt to crush

concave [kɔ̃kav] adj concave

concéder [kɔ̃sede] vt to grant ; [+ point, but, corner] to concede

concentration [kɔ̃sɑ̃tʀasjɔ̃] nf concentration

concentré, e [kɔ̃sɑ̃tʀe] **1** adj **a** [personne] ▪ **être ~** to be concentrating hard **b** [acide] concentrated ; [lait] condensed **2** nm ▪ **~ de tomates** tomato purée

concentrer [kɔ̃sɑ̃tʀe] vt, **se concentrer** vpr to concentrate

concept [kɔ̃sɛpt] nm concept

concepteur, -trice [kɔ̃sɛptœʀ, tʀis] nm,f designer

conception [kɔ̃sɛpsjɔ̃] nf [d'enfant, projet] conception ; [de produit] design ▪ **~ assistée par ordinateur** computer-aided design

concernant [kɔ̃sɛʀnɑ̃] prép with regard to

concerner [kɔ̃sɛʀne] vt ▪ **cela ne vous concerne pas** (= ce n'est pas votre affaire) it's no concern of yours ; (= on ne parle pas de vous) it's not about you ; (= ça n'a pas d'incidence sur vous) it doesn't affect you ▪ **je ne me sens pas concerné par sa remarque** I don't feel his remark applies to me

concert [kɔ̃sɛʀ] nm concert ▪ **en ~** in concert

concertation [kɔ̃sɛʀtasjɔ̃] nf (= échange de vues) dialogue

concerter (se) [kɔ̃sɛʀte] vpr to consult each other

concertiste [kɔ̃sɛʀtist] nmf concert performer

concerto [kɔ̃sɛʀto] nm concerto

concession [kɔ̃sesjɔ̃] nf concession ▪ **faire des ~s** to make concessions

concessionnaire [kɔ̃sesjɔnɛʀ] nmf (= marchand agréé) dealer ▪ **~ automobile** car dealer

concevoir [kɔ̃s(ə)vwaʀ] vt **a** (= penser) to imagine **b** [+ voiture, produit] to design ; [+ solution, projet] to devise **c** (= envisager) ▪ **voilà comment je conçois la chose** that's how I see it **d** (= comprendre) to understand **e** [+ enfant] to conceive

concierge [kɔ̃sjɛʀʒ] nmf [d'immeuble] caretaker ; [d'hôtel] porter ; (en France) concierge

conciliant, e [kɔ̃siljɑ̃, jɑ̃t] adj conciliatory

concilier [kɔ̃silje] vt (= rendre compatible) to reconcile

concis, e [kɔ̃si, iz] adj concise ▪ **en termes ~** concisely

concision [kɔ̃sizjɔ̃] nf concision

concitoyen, -yenne [kɔ̃sitwajɛ̃, jɛn] nm,f fellow citizen

concluant, e [kɔ̃klyɑ̃, ɑ̃t] adj conclusive

conclure [kɔ̃klyʀ] vt to conclude ▪ **marché conclu !** it's a deal! ▪ **j'en conclus que...** I therefore conclude that...

conclusion [kɔ̃klyzjɔ̃] nf conclusion ; [de discours] close ▪ **~s** [d'enquête, rapport] findings ▪ **en ~** in conclusion

concocter* [kɔ̃kɔkte] vt to concoct

concombre [kɔ̃kɔ̃bʀ] nm cucumber

concordance [kɔ̃kɔʀdɑ̃s] nf [de témoignages] agreement ; [de résultats] similarity

concorder [kɔ̃kɔʀde] vi [faits, dates, témoignages] to tally ; [idées] to coincide

concourir [kɔ̃kuʀiʀ] **1** vi [concurrent] to compete **2** vt indir ▪ **~ à qch/à faire qch** [circonstances] to contribute to sth/to doing sth

concours [kɔ̃kuʀ] nm **a** (= jeu, compétition) competition ; (= examen) competitive examination ▪ **~ de beauté** beauty contest ▪ **~ d'entrée (à)** competitive entrance examination (for) ▪ **être présenté hors ~** to be shown outside the competition *(because of outstanding merit)* **b** (= participation) help ▪ **prêter son ~ à qch** to lend one's support to sth **c** ▪ **~ de circonstances** combination of circumstances

concret, -ète [kɔ̃kʀɛ, ɛt] adj [situation, détail, objet] concrete ; [avantage, problème] real

concrètement [kɔ̃kʀɛtmɑ̃] adv in concrete terms

concrétiser [kɔ̃kʀetize] **1** vt ▪ **~ un projet** to make a project happen **2** vi (Sport = marquer) to score **3** **se concrétiser** vpr [espoir, projet] to materialize ▪ **ses promesses/menaces ne se sont pas concrétisées** his promises/threats didn't come to anything

concubin, e [kɔ̃kybɛ̃, in] nm,f common-law husband (ou wife)

concubinage [kɔ̃kybinaʒ] nm cohabitation ▪ **ils vivent en ~** they're living together

concurrence [kɔ̃kyʀɑ̃s] nf competition ▪ **prix défiant toute ~** unbeatable price ▪ **faire ~ à qn, être en ~ avec qn** to be in competition with sb

> ⚠ **concurrence** ne se traduit pas par le mot anglais *concurrence*.

concurrencer [kɔ̃kyʀɑ̃se] vt to compete with ▪ **leurs produits risquent de ~ les nôtres** their products could well pose a serious threat to ours

concurrent, e [kɔ̃kyʀɑ̃, ɑ̃t] nm,f (Commerce, Sport) competitor ; [de concours] candidate

concurrentiel, -elle [kɔ̃kyʀɑ̃sjɛl] adj (Commerce) competitive

condamnation [kɔ̃danasjɔ̃] nf **a** (Droit) (= action) sentencing ; (= peine) sentence ▪ **il a trois ~s à son actif** he already has three convictions ■ **~ à perpétuité** life sentence b [de livre, idée] condemnation

condamné, e [kɔ̃dane] nm,f convict ■ **un ~ à mort** a condemned man

condamner [kɔ̃dane] vt a [+ coupable] to sentence (à to, *pour* for) ■ **~ qn à mort/pour meurtre** to sentence sb to death/for murder ■ **condamné pour vol** convicted of theft ■ **le malade est condamné** there is no hope for the patient b [+ livre, idées, personne] to condemn c (= obliger) ■ **~ à** [+ silence, attente] to condemn to d [+ porte, fenêtre] to block ; (avec briques) to brick up ; (avec planches) to board up

condensation [kɔ̃dɑ̃sasjɔ̃] nf condensation

condensé, e [kɔ̃dɑ̃se] adj condensed

condenser [kɔ̃dɑ̃se] vt to condense

condescendant, e [kɔ̃desɑ̃dɑ̃, ɑ̃t] adj condescending (*avec, envers* to, towards)

condiment [kɔ̃dimɑ̃] nm seasoning

condition [kɔ̃disjɔ̃] nf a condition ■ **~ préalable** prerequisite ■ **il ne remplit pas les ~s requises** he doesn't fulfil the requirements ■ **à une ~** on one condition ■ **tu peux rester, à ~ d'être sage** you can stay provided (that) ou so long as you're good ■ **en bonne ~** in good condition ■ **en mauvaise ~ (physique)** out of condition ■ **~s de travail/vie** working/living conditions ■ **dans ces ~s, je refuse** under these conditions, I refuse b (Commerce) ■ **~s de paiement** terms (of payment) ■ **~s générales de vente** terms and conditions

conditionnel, -elle [kɔ̃disjɔnɛl] adj, nm conditional ■ **au ~** in the conditional

conditionnement [kɔ̃disjɔnmɑ̃] nm (= emballage) packaging ; [d'une personne] conditioning

conditionner [kɔ̃disjɔne] vt (= emballer) to package ; (= influencer) to condition

condoléances [kɔ̃dɔleɑ̃s] nfpl condolences ■ **toutes mes ~** please accept my deepest sympathy ■ **lettre de ~** letter of condolence

conducteur, -trice [kɔ̃dyktœʀ, tʀis] nm,f (Auto, Rail) driver ; [de machine] operator

> ⚠ **conducteur** ne se traduit pas par ***conductor***, qui signifie « chef d'orchestre » ou « contrôleur ».

conduire [kɔ̃dɥiʀ] 1 vt a (= emmener) ■ **~ un enfant à l'école/chez le médecin** to take a child to school/to the doctor b (= guider) to lead c [+ véhicule] to drive ; [+ embarcation] to steer ■ **il conduit bien/mal** (Auto) he is a good/bad driver d (= mener) ■ **où conduit ce chemin ?** where does this road lead ou go? e [+ travaux] to supervise ; [+ négociations, enquête] to lead f [+ chaleur, électricité] to conduct 2 **se conduire** vpr [personne] to behave

conduit [kɔ̃dɥi] nm (Tech) conduit ■ **~ d'aération** air duct ■ **~ auditif** auditory canal

conduite [kɔ̃dɥit] nf a [de véhicule] driving ■ **~ accompagnée** *driving as a learner accompanied by an experienced driver* ■ **~ en état d'ivresse** drink driving ■ **en Angleterre la ~ est à gauche** in England you drive on the left b [de négociations, enquête] conducting c (= comportement) behaviour ; (Scol) conduct d (= tuyau) pipe ■ **~ d'eau/de gaz** water/gas main

cône [kon] nm cone

confection [kɔ̃fɛksjɔ̃] nf a [d'appareil, vêtement] making ■ **un plat de ma ~** a dish that I prepared myself b (Habillement) ■ **la ~** (= activité) the clothing industry ; (= vêtements) ready-made clothes

confectionner [kɔ̃fɛksjɔne] vt [+ mets] to prepare ; [+ appareil, vêtement] to make

confédération [kɔ̃fedeʀasjɔ̃] nf confederation ■ **la Confédération helvétique** the Swiss Confederation

conférence [kɔ̃feʀɑ̃s] nf a (= exposé) lecture ■ **faire une ~ sur qch** to give a lecture on sth b (= réunion) conference ■ **~ au sommet** summit (meeting) ■ **~ de presse** press conference

> ⚠ Au sens de « discours », **conférence** ne se traduit pas par ***conference***.

conférencier, -ière [kɔ̃feʀɑ̃sje, jɛʀ] nm,f speaker

conférer [kɔ̃feʀe] vt [+ dignité] to confer (*à* on) ; [+ dignité] to impart (*à* to)

confesser [kɔ̃fese] 1 vt [+ péchés, erreur] to confess ■ **~ qn** (Rel) to hear sb's confession 2 **se confesser** vpr ■ **se ~ à** to confess to

confession [kɔ̃fesjɔ̃] nf a (= aveu) confession b (= religion) denomination

confessionnel, -elle [kɔ̃fesjɔnɛl] adj denominational

confettis [kɔ̃feti] nmpl confetti *NonC*

confiance [kɔ̃fjɑ̃s] nf (en l'honnêteté de qn) trust ; (en la valeur de qn, le succès de qch, la solidité d'un appareil) faith (*en* in) ■ **avoir ~ en, faire ~ à** to trust ■ **c'est l'homme de ~ du ministre** he's the minister's right-hand man ■ **~ en soi** self-confidence

confiant, e [kɔ̃fjɑ̃, jɑ̃t] adj a (= assuré) confident b (= sans défiance) confiding

confidence [kɔ̃fidɑ̃s] nf ■ **je vais vous faire une ~** let me tell you a secret ■ **faire des ~s à qn** to confide in sb

confident, e [kɔ̃fidɑ̃, ɑ̃t] nm,f (= homme) confidant ; (= femme) confidante

confidentialité [kɔ̃fidɑ̃sjalite] nf confidentiality

confidentiel, -ielle [kɔ̃fidɑ̃sjɛl] adj confidential

confier [kɔ̃fje] 1 vt a (= dire) to confide (*à* to) b (= laisser) ▪ **~ qn/qch à qn** to entrust sb/sth to sb's care 2 **se confier** vpr ▪ **se ~ à qn** to confide in sb

configuration [kɔ̃figyʀasjɔ̃] nf configuration

configurer [kɔ̃figyʀe] vt (Informatique) to configure

confiné, e [kɔ̃fine] adj [atmosphère] enclosed

confins [kɔ̃fɛ̃] nmpl ▪ **aux ~ de la Bretagne et de la Normandie/du rêve et de la réalité** on the borders of Brittany and Normandy/dream and reality

confirmation [kɔ̃fiʀmasjɔ̃] nf confirmation

confirmé, e [kɔ̃fiʀme] adj (professionnellement) experienced

confirmer [kɔ̃fiʀme] vt to confirm ▪ **il m'a confirmé que...** he confirmed that...

confiserie [kɔ̃fizʀi] nf (= magasin) sweetshop BR, candy store US ; (= bonbon) sweet BR, candy *NonC* US

confiseur, -euse [kɔ̃fizœʀ, øz] nm,f confectioner

confisquer [kɔ̃fiske] vt to confiscate

confit, e [kɔ̃fi, it] 1 adj [fruit] candied 2 nm ▪ **~ d'oie/de canard** goose/duck confit

confiture [kɔ̃fityʀ] nf jam

conflictuel, -elle [kɔ̃fliktɥɛl] adj [intérêts] conflicting ▪ **situation conflictuelle** situation of conflict

conflit [kɔ̃fli] nm conflict ▪ **entrer en ~ avec qn** to come into conflict with sb ▪ **~ de générations** generation gap

confondre [kɔ̃fɔ̃dʀ] vt a [+ choses, dates] to confuse ▪ **~ qch/qn avec qch/qn d'autre** to mistake sth/sb for sth/sb else b (= déconcerter) to astound

conforme [kɔ̃fɔʀm] adj ▪ **ce n'est pas ~ à l'original** it does not match the original ▪ **être ~ aux normes de sécurité** to conform to ou meet safety standards

conformément [kɔ̃fɔʀmemɑ̃] adv ▪ **~ à** in accordance with

conformer (se) [kɔ̃fɔʀme] vpr ▪ **se conformer à** to conform to

conformisme [kɔ̃fɔʀmism] nm conformism

conformiste [kɔ̃fɔʀmist] adj, nmf conformist

conformité [kɔ̃fɔʀmite] nf ▪ **en ~ avec le plan prévu** in accordance with the proposed plan ▪ **sa conduite est en ~ avec ses idées** his conduct is in keeping with his ideas

confort [kɔ̃fɔʀ] nm comfort ▪ **avec tout le ~ moderne** with all modern conveniences ou mod cons BR

confortable [kɔ̃fɔʀtabl] adj comfortable

confortablement [kɔ̃fɔʀtabləmɑ̃] adv comfortably

conforter [kɔ̃fɔʀte] vt ▪ **ceci me conforte dans mon analyse** this backs up my analysis

confrère [kɔ̃fʀɛʀ] nm (profession) colleague ; (association) fellow member

confrontation [kɔ̃fʀɔ̃tasjɔ̃] nf a [d'opinions, personnes] confrontation b (= conflit) clash

confronter [kɔ̃fʀɔ̃te] vt [+ opinions, personnes] to confront ; [+ textes] to compare ▪ **être confronté à** to be confronted with

confus, e [kɔ̃fy, yz] adj a (= peu clair) confused b (= honteux) embarrassed ▪ **je suis ~ !** (= désolé) I'm so sorry!

confusion [kɔ̃fyzjɔ̃] nf a (= désordre) confusion ▪ **cela peut prêter à ~** this can lead to confusion ▪ **mettre** ou **jeter la ~ dans les esprits** to throw people into confusion ou disarray b (= honte) embarrassment

congé [kɔ̃ʒe] nm a (= vacances) holiday BR, vacation US ; (= arrêt momentané, Mil) leave *NonC* ▪ **c'est son jour de ~** it's his day off ▪ **j'ai pris deux semaines de ~ à Noël** I took two weeks off at Christmas ▪ **en ~** on holiday BR ou vacation US ▸ **congé (de) maladie** sick leave ▸ **congé (de) maternité** maternity leave ▸ **congés payés** (annual) paid holidays BR ou vacation US ou leave b (= adieu) ▪ **prendre ~** to take one's leave (*de qn* of sb)

congédier [kɔ̃ʒedje] vt to dismiss

congélateur [kɔ̃ʒelatœʀ] nm freezer

congélation [kɔ̃ʒelasjɔ̃] nf freezing

congeler [kɔ̃ʒ(ə)le] vt [+ aliments] to freeze

congénital, e (mpl **-aux**) [kɔ̃ʒenital, o] adj congenital

congestion [kɔ̃ʒɛstjɔ̃] nf congestion ▪ **~ (cérébrale)** stroke ▪ **~ (pulmonaire)** congestion of the lungs

Congo [kɔ̃gɔ] nm ▪ **le ~** (= pays, fleuve) the Congo ▪ **la République démocratique du ~** the Democratic Republic of Congo

congolais, e [kɔ̃gɔlɛ, ɛz] 1 adj Congolese 2 **Congolais(e)** nm,f Congolese

congre [kɔ̃gʀ] nm conger (eel)

congrégation [kɔ̃gʀegasjɔ̃] nf (Rel) congregation

congrès [kɔ̃gʀɛ] nm congress

conifère [kɔnifɛʀ] nm conifer

conique [kɔnik] adj conical

conjecture [kɔ̃ʒɛktyʀ] nf conjecture ▪ **se perdre en ~s** to lose o.s. in conjectures

conjoint, e [kɔ̃ʒwɛ̃, wɛ̃t] nm,f (= époux) spouse ▪ **les (deux) ~s** the husband and wife

conjonction [kɔ̃ʒɔ̃ksjɔ̃] nf conjunction ▪ **~ de coordination** coordinating conjunction

conjonctivite [kɔ̃ʒɔ̃ktivit] nf conjunctivitis ▪ **il a une ~** he's got conjunctivitis

conjoncture [kɔ̃ʒɔ̃ktyʀ] nf situation

conjoncturel, -elle [kɔ̃ʒɔ̃ktyʀɛl] adj [chômage] cyclical ; [difficulté, raisons, situation] economic

conjugaison [kɔ̃ʒygɛzɔ̃] nf (Gram) conjugation ▪ **tableaux de ~** conjugation tables

conjugal, e (mpl **-aux**) [kɔ̃ʒygal, o] adj [amour, devoir] conjugal ▪ **vie ~e** married life

conjugateur [kɔ̃ʒygatœʀ] nm → **conjugueur**

conjuguer [kɔ̃ʒyge] vt (Gram) to conjugate ▪ **ce verbe se conjugue avec « avoir »** this verb is conjugated with "avoir"

conjugueur [kɔ̃ʒygœʀ] nm (verb) conjugator

connaissance [kɔnɛsɑ̃s] **1** nf **a** (= savoir) ▪ **la ~** knowledge **b** (= personne) acquaintance ▪ **faire de nouvelles ~s** to meet new people **c** (= conscience, lucidité) consciousness ▪ **être sans ~** to be unconscious ▪ **perdre/reprendre ~** to lose/regain consciousness ▪ **à ma ~** as far as I know ▪ **en (toute) ~ de cause** with full knowledge of the facts, to make sb's acquaintance ▪ **faire la ~ de qn** to meet sb **2 connaissances** nfpl (= choses connues) knowledge ▪ **avoir des ~s en** to have some knowledge of

connaisseur, -euse [kɔnɛsœʀ, øz] nm,f connoisseur (*en* of) ▪ **être ~ en vins** to be a connoisseur of wines

connaître [kɔnɛtʀ] **1** vt **a** to know ▪ **connais-tu un bon restaurant ?** do you know of a good restaurant? ▪ **~ qn de vue/nom/réputation** to know sb by sight/name/reputation ▪ **il l'a connu à l'université** he met ou knew him at university ▪ **vous connaissez la dernière (nouvelle) ?** have you heard the latest (news)? ▪ **il n'y connaît rien** he doesn't know anything ou a thing about it ▪ **faire ~ qn à qn** to introduce sb to sb ▪ **se faire ~** (par le succès) to make a name for o.s. **b** [+ faim, privations] to know ; [+ humiliations] to experience ▪ **le pays connaît une crise économique grave** the country is going through a serious economic crisis ; [+ succès] to enjoy ▪ **~ un échec** to fail **2 se connaître** vpr **a** ▪ **se ~ (soi-même)** to know o.s. **b** (= se rencontrer) to meet **c** ▪ **s'y ~ en qch** to know (a lot) about sth

connard* [kɔnaʀ] nm → **conard**

connasse* [kɔnas] nf → **conasse**

conne* [kɔn] adj f, nf → **con**

connecté, e [kɔnɛkte] adj [montre, TV, etc] connected

connecter [kɔnɛkte] **1** vt (Élec, Informatique) to connect (*à* to, *avec* with) **2 se connecter** vpr (à un serveur) to log on (*à* to) ▪ **se ~ sur Internet** to log onto ou into the Internet

connectique [kɔnɛktik] nf (= connecteurs) connectors

connectivité [kɔnɛktivite] nf connectivity

connerie* [kɔnʀi] nf ▪ **arrête de dire des ~s** stop talking crap* ▪ **il a encore fait une ~** he's gone and done another bloody thing*

connexion [kɔnɛksjɔ̃] nf connection

connotation [kɔnɔtasjɔ̃] nf connotation

connu, e [kɔny] adj (= célèbre) well-known

conquérir [kɔ̃keʀiʀ] vt [+ pays] to conquer ; [+ part de marché] to capture ; [+ femme] to win ; [+ public] to win over

conquête [kɔ̃kɛt] nf conquest ▪ **partir à la ~ de** to set out to conquer

conquis, e [kɔ̃ki, kiz] ptp de **conquérir**

consacré, e [kɔ̃sakʀe] adj ▪ **c'est l'expression ~e** it's the accepted way of saying it ▪ **selon la formule ~e** as the expression goes

consacrer [kɔ̃sakʀe] vt **a** ▪ **~ à** (= dédier à) to devote to ▪ **~ son temps à faire qch** to devote one's time to doing sth ▪ **pouvez-vous me ~ un instant ?** can you spare me a moment? ▪ **se ~ à qch** to devote o.s. to sth **b** (Rel) to consecrate

consciemment [kɔ̃sjamɑ̃] adv consciously

conscience [kɔ̃sjɑ̃s] nf **a** consciousness ▪ **avoir ~ que...** to be aware that... ▪ **prendre ~ de qch** to become aware of sth ▪ **perdre/reprendre ~** to lose/regain consciousness ▪ **la pleine ~** mindfulness **b** (= faculté morale) conscience ▪ **avoir la ~ tranquille** to have a clear conscience ▪ **avoir qch sur la ~** to have sth on one's conscience ▪ **se donner bonne ~** to ease one's conscience **c** ▪ **~ professionnelle** conscientiousness

consciencieux, -ieuse [kɔ̃sjɑ̃sjø, jøz] adj conscientious

conscient, e [kɔ̃sjɑ̃, jɑ̃t] adj conscious ; (= lucide) [personne] lucid ▪ **~ de/que** conscious ou aware of/that

conscription [kɔ̃skʀipsjɔ̃] nf conscription, draft US

conscrit [kɔ̃skʀi] nm conscript, draftee US

consécration [kɔ̃sekʀasjɔ̃] nf **a** (Rel) consecration **b** [de coutume, droit, artiste] establishment

consécutif, -ive [kɔ̃sekytif, iv] adj (= successif) consecutive ▪ **elle a remporté trois victoires consécutives** she had three wins in a row

conseil [kɔ̃sɛj] nm **a** (= recommandation) piece of advice ▪ **donner des ~s à qn** to give sb some advice ▪ **demander ~ à qn** to ask sb's advice **b** (= personne) consultant (*en* in) ▪ **~ juridique** legal consultant ou adviser ▪ **ingénieur-conseil** engineering consultant **c** (= activité professionnelle) consultancy ▪ **cabinet** ou **société de ~** consultancy ou consulting firm **d** (= assemblée) board ▸ **conseil d'administration** [de société anonyme] board of directors ▸ **conseil de classe** staff meeting *(to discuss the progress of individual members of a class)* ▸ **conseil de discipline** (Scol) disciplinary committee ▸ **Conseil de l'Europe** Council of Europe ▸ **Conseil des ministres** council of ministers ▸ **conseil municipal** town council ▸ **Conseil de sécurité** Security Council

conseiller[1] [kɔ̃seje] vt (= recommander) to recommend (*à qn* to sb) ▪ **~ à qn de faire qch** to advise sb to do sth ▪ **il est conseillé aux parents de...** parents are advised to... ▪ **il a été bien/mal conseillé** he has been given good/bad advice

conseiller[2]**, -ère** [kɔ̃seje, ɛʀ] nm,f **a** (= expert) consultant (*en* in) **b** (Admin, Pol) councillor ▸ **conseiller municipal** town councillor BR, city council man US ▸ **conseiller d'orientation** (Scol) careers adviser BR, (school) counselor US

consensuel, -elle [kɔ̃sɑ̃sɥɛl] adj [gouvernement] consensus ; [volonté, société, accord] consensual

consensus [kɔ̃sɛ̃sys] nm consensus

consentant, e [kɔ̃sɑ̃tɑ̃, ɑ̃t] adj [partenaire, victime] willing ▪ **entre adultes ~s** between consenting adults

consentement [kɔ̃sɑ̃tmɑ̃] nm consent

consentir [kɔ̃sɑ̃tiʀ] **1** vi (= accepter) to agree ▪ **~ à faire qch** to agree to do sth **2** vt (= accorder) to grant

conséquence [kɔ̃sekɑ̃s] nf consequence ▪ **sans ~** (= sans suite fâcheuse) without repercussions ; (= sans importance) of no consequence ▪ **en ~** (= donc) consequently ; (= comme il convient) accordingly

conséquent, e [kɔ̃sekɑ̃, ɑ̃t] adj (= important) sizeable ▪ **par ~** consequently

conservateur, -trice [kɔ̃sɛʀvatœʀ, tʀis] **1** adj conservative ; (Pol) Conservative **2** nm,f **a** [de musée] curator **b** (Pol) conservative ; (en Grande-Bretagne, au Canada) Conservative **3** nm (= produit chimique) preservative

conservation [kɔ̃sɛʀvasjɔ̃] nf [d'aliments, monuments] preserving ▪ **date limite de ~** [d'aliments] best-before date

conservatoire [kɔ̃sɛʀvatwaʀ] nm (= école) school *(of music, drama, etc)*

conserve [kɔ̃sɛʀv] nf ▪ **les ~s** (en boîtes) canned food(s) ; (en bocaux) preserves ▪ **en ~** (= en boîtier) tinned ; (= en bocaux) bottled ▪ **mettre en ~** to can

conserver [kɔ̃sɛʀve] **1** vt **a** to keep ; [+ usage] to keep up ; [+ espoir, droits, titre] to retain ▪ **~ son calme** to keep calm **b** (= maintenir en bon état) to preserve ; [+ santé] to maintain ▪ **bien conservé pour son âge** well-preserved for one's age **2** **se conserver** vpr [aliments] to keep

conserverie [kɔ̃sɛʀvəʀi] nf (= usine) canning factory

considérable [kɔ̃sideʀabl] adj [somme, nombre] considerable ; [rôle] major ; [dégâts] significant

considérablement [kɔ̃sideʀabləmɑ̃] adv considerably

considération [kɔ̃sideʀasjɔ̃] nf **a** consideration ▪ **prendre qch en ~** to take sth into consideration **b** (= observation) ▪ **~s** reflections **c** (= respect) respect

considérer [kɔ̃sideʀe] vt to consider ▪ **tout bien considéré** all things considered ▪ **je le considère comme mon fils** I think of him as my son ▪ **je considère qu'il a raison** I think that he is right ▪ **il est très bien considéré au bureau** people think a lot of him at the office

consigne [kɔ̃siɲ] nf **a** (= instructions) instructions **b** (pour les bagages) left-luggage (office) BR, checkroom US ▪ **~ automatique** left-luggage lockers **c** (= somme remboursable) deposit

consigné, e [kɔ̃siɲe] adj [bouteille, emballage] returnable

consigner [kɔ̃siɲe] vt (= enregistrer) to record ▪ **~ qch par écrit** to put sth down in writing

consistance [kɔ̃sistɑ̃s] nf [de sauce] consistency ▪ **manquer de ~** [sauce] to be thin ; [personnage, film] to lack substance ▪ **sans ~** [caractère] colourless

consistant, e [kɔ̃sistɑ̃, ɑ̃t] adj [repas] substantial ; [mélange, peinture] thick

> **consistant** ne se traduit pas par ***consistent***, qui signifie « cohérent ».

consister [kɔ̃siste] vt indir ▪ **~ en** to consist of ▪ **en quoi consiste votre travail ?** what does your work consist of? ▪ **~ à faire qch** to consist in doing sth

consœur [kɔ̃sœʀ] nf (woman) colleague

consolation [kɔ̃sɔlasjɔ̃] nf comfort *NonC* ▪ **lot** ou **prix de ~** consolation prize

console [kɔ̃sɔl] nf console ▸ **console de jeu** games console

consoler [kɔ̃sɔle] vt to console ▪ **si ça peut te consoler...** if it is any consolation to you...

consolider [kɔ̃sɔlide] vt [+ mur, meuble] to reinforce ; [+ fracture] to set ; [+ amitié, parti] to consolidate ; [+ monnaie] to strengthen

consommable [kɔ̃sɔmabl] nm consumable

consommateur, -trice [kɔ̃sɔmatœʀ, tʀis] nm,f (= acheteur) consumer ; (= client d'un café) customer

consommation [kɔ̃sɔmasjɔ̃] nf a consumption ▪ **faire une grande ~ de** to get through a lot of ▪ **de ~** [biens, société] consumer ▪ **article** ou **produit de ~ courante** staple b (dans un café) drink

consommé [kɔ̃sɔme] nm (= potage) consommé

consommer [kɔ̃sɔme] vt a [+ nourriture] to eat ; [+ boissons] to drink b [+ combustible, matière première] to use ▪ **elle consomme beaucoup d'essence** [voiture] it uses a lot of petrol c [+ mariage] to consummate

consonance [kɔ̃sɔnɑ̃s] nf ▪ **un nom aux ~s étrangères** a foreign-sounding name

consonne [kɔ̃sɔn] nf consonant

conspiration [kɔ̃spiʀasjɔ̃] nf conspiracy

conspirationniste [kɔ̃spirasjɔnist] adj conspiracy *avant n*

conspirer [kɔ̃spiʀe] vi (= comploter) to conspire

constamment [kɔ̃stamɑ̃] adv constantly

constance [kɔ̃stɑ̃s] nf constancy ▪ **travailler avec ~** to work steadfastly

constant, e [kɔ̃stɑ̃, ɑ̃t] 1 adj constant 2 **constante** nf (= donnée) constant ; (= caractéristique) permanent feature

constat [kɔ̃sta] nm a (= constatation) observation b ▪ **~ (d'huissier)** affidavit drawn up by a bailiff ▪ **~ (d'accident)** (accident) report ▪ **~ (à l')amiable** *jointly-agreed statement for insurance purposes*

constatation [kɔ̃statasjɔ̃] nf (= observation) observation ▪ **~s** [d'enquête] findings ▪ **c'est une simple ~ et non un reproche** it's just a statement of fact, not a criticism

constater [kɔ̃state] vt (= remarquer) to notice ▪ **vous pouvez ~ par vous-même** you can see for yourself

constellation [kɔ̃stelasjɔ̃] nf constellation

consternant, e [kɔ̃stɛʀnɑ̃, ɑ̃t] adj disquieting ▪ **d'une bêtise ~e** incredibly stupid

consternation [kɔ̃stɛʀnasjɔ̃] nf consternation

consterner [kɔ̃stɛʀne] vt to dismay ▪ **air consterné** air of dismay

constipation [kɔ̃stipasjɔ̃] nf constipation

constipé, e [kɔ̃stipe] adj constipated

constituer [kɔ̃stitɥe] vt a [+ comité] to set up ; [+ gouvernement, société] to form ; [+ collection] to build up b (= être, représenter) to constitute ▪ **ceci constitue un délit** that constitutes an offence

constitution [kɔ̃stitysjɔ̃] nf a [de comité] setting-up ; [de gouvernement, société] forming b (= éléments) composition c (Pol) constitution

constitutionnel, -elle [kɔ̃stitysjɔnɛl] adj constitutional

constricteur [kɔ̃stʀiktœʀ], **constrictor** [kɔ̃stʀiktɔʀ] adj m, nm ▪ **(boa) ~** (boa) constrictor

constructeur, -trice [kɔ̃stʀyktœʀ, tʀis] nm,f (= fabricant) manufacturer ; (= bâtisseur) builder ▪ **~ automobile** car manufacturer

constructible [kɔ̃stʀyktibl] adj ▪ **terrain ~** building land ▪ **terrain non ~** *land where no building is permitted*

constructif, -ive [kɔ̃stʀyktif, iv] adj constructive

construction [kɔ̃stʀyksjɔ̃] nf a (= action) construction ▪ **la ~ navale** the shipbuilding industry ▪ **matériaux de ~** building materials ▪ **en ~** under construction b [de phrase] structure c (= bâtiment) building

construire [kɔ̃stʀɥiʀ] 1 vt to build ; [+ phrase] to construct ▪ **ils font ~** they're having a house built 2 **se construire** vpr ▪ **ça se construit avec le subjonctif** [verbe] it takes the subjunctive

consul [kɔ̃syl] nm consul

consulat [kɔ̃syla] nm consulate

consultant, e [kɔ̃syltɑ̃, ɑ̃t] nm,f (= conseiller) consultant

consultation [kɔ̃syltasjɔ̃] nf (= séance : chez le médecin, un expert) consultation ▪ **les heures de ~** [de médecin] consulting ou surgery BR hours

consulter [kɔ̃sylte] 1 vt to consult 2 vi [médecin] to hold surgery BR, to be in the office US 3 **se consulter** vpr (= s'entretenir) to confer

consumer [kɔ̃syme] 1 vt to consume 2 **se consumer** vpr a (= brûler) to burn b (littér = dépérir) to waste away (*de* with)

consumérisme [kɔ̃symeʀism] nm consumerism

contact [kɔ̃takt] nm a (= toucher, rapport) contact ▪ **dès le premier ~, ils...** from their first meeting, they... ▪ **entrer en ~** to get in touch ; (Aviat, Mil, Radio) to make contact ▪ **mettre en ~** [+ objets] to bring into contact ; [+ personnes] to put in touch ▪ **garder le ~** ou **rester en ~ avec qn** to keep in touch with sb ▪ **perdre (le) ~** to lose contact ou touch ▪ **perdre le ~** (Aviat, Mil, Radio) to lose contact ▪ **prendre ~** to get in contact ou in touch ▪ **au ~ de l'air** on contact with air ▪ **au ~ des jeunes** through his contact with young people

♦ **sans contact** [carte bancaire, transaction] contactless, wave and pay ▪ **payer sans ~** to pay with contactless, to wave and pay **b** (Élec) contact ▪ **faux ~** loose connection ▪ **mettre/couper le ~** (en voiture) to switch on/switch off the ignition

contacter [kɔ̃takte] vt to get in touch with

contagieux, -ieuse [kɔ̃taʒjø, jøz] adj infectious

contamination [kɔ̃taminasjɔ̃] nf contamination

contaminer [kɔ̃tamine] vt to contaminate

conte [kɔ̃t] nm (= récit) story ▪ **~ de fées** fairy tale

contempler [kɔ̃tɑ̃ple] vt to contemplate

contemporain, e [kɔ̃tɑ̃pɔʀɛ̃, ɛn] adj, nm contemporary

contenance [kɔ̃t(ə)nɑ̃s] nf **a** (= capacité) capacity **b** (= attitude) ▪ **pour se donner une ~** to try to appear at ease ▪ **perdre ~** to lose one's composure

contenant [kɔ̃t(ə)nɑ̃] nm container

conteneur [kɔ̃t(ə)nœʀ] nm container ▪ **~ de tri sélectif** recycling bin

contenir [kɔ̃t(ə)niʀ] **1** vt **a** [récipient] to hold ; [cinéma, avion] to seat **b** (= renfermer) to contain **c** [+ colère] to contain ; [+ larmes] to hold back ; [+ foule] to keep back **2** **se contenir** vpr to contain o.s.

content, e [kɔ̃tɑ̃, ɑ̃t] adj pleased, happy ▪ **être ~ de soi** to be pleased with o.s. ▪ **je suis très ~ d'être ici** I'm very glad to be here

contenter [kɔ̃tɑ̃te] **1** vt to satisfy ▪ **facile à ~** easy to please **2** **se contenter** vpr ▪ **se ~ de qch/de faire qch** to content o.s. with sth/with doing sth ▪ **se ~ de peu** to be content with very little ▪ **il se contenta de sourire** he merely smiled

contentieux [kɔ̃tɑ̃sjø] nm (= litige) dispute ; (Commerce) litigation ; (= service) legal department

contenu, e [kɔ̃t(ə)ny] nm [de récipient, dossier] contents ; [de loi, texte] content

conter [kɔ̃te] vt [+ histoire] to recount

contestable [kɔ̃tɛstabl] adj questionable

contestataire [kɔ̃tɛstatɛʀ] adj, nmf rebel

contestation [kɔ̃tɛstasjɔ̃] nf (= objection) dispute ▪ **il n'y a aucune ~ possible** it's beyond dispute

conteste [kɔ̃tɛst] nm ▪ **sans ~** unquestionably

contester [kɔ̃tɛste] **1** vt [+ droit, compétence] to contest ; [+ légitimité, fait] to question ; [+ décision] to challenge **2** vi to protest ▪ **il ne conteste jamais** he never questions anything

conteur, -euse [kɔ̃tœʀ, øz] nm,f (= écrivain) writer ; (= narrateur) storyteller

contexte [kɔ̃tɛkst] nm context

contigu, -uë [kɔ̃tigy] adj [maison, pièce, jardin] adjoining ▪ **être ~ à qch** to be next to sth

continent [kɔ̃tinɑ̃] nm continent ; (par rapport à une île) mainland

continental, e (mpl **-aux**) [kɔ̃tinɑ̃tal, o] adj [région, climat] continental ; (opposé à côtier, insulaire) mainland

contingent [kɔ̃tɛ̃ʒɑ̃] nm **a** (= soldats) contingent **b** (= quota) quota

continu, e [kɔ̃tiny] adj continuous ▪ **en ~** continuously

continuation [kɔ̃tinɥasjɔ̃] nf continuation ▪ **bonne ~ !** all the best!

continuel, -elle [kɔ̃tinɥɛl] adj (= continu) continuous ; (= très fréquent) continual

continuellement [kɔ̃tinɥɛlmɑ̃] adv (= sans interruption) continuously ; (= très fréquemment) continually

continuer [kɔ̃tinɥe] **1** vt **a** [+ travaux, politique] to continue (with) **b** [+ route] to continue **2** vi to continue ▪ **~ de** ou **à faire qch** to continue doing sth

continuité [kɔ̃tinɥite] nf [de politique, tradition] continuation ; [d'action] continuity

contondant, e [kɔ̃tɔ̃dɑ̃, ɑ̃t] adj [instrument] blunt

contorsion [kɔ̃tɔʀsjɔ̃] nf contortion

contorsionner (se) [kɔ̃tɔʀsjɔne] vpr [acrobate] to contort o.s.

contour [kɔ̃tuʀ] nm outline

contourner [kɔ̃tuʀne] vt [+ ville] to bypass ; [+ véhicule] to walk (ou drive, etc) round ; [+ règle, difficulté] to get round

contraceptif, -ive [kɔ̃tʀasɛptif, iv] adj, nm contraceptive

contraception [kɔ̃tʀasɛpsjɔ̃] nf contraception ▪ **moyens de ~** methods of contraception

contracté, e [kɔ̃tʀakte] adj (= tendu) tense

contracter[1] [kɔ̃tʀakte] **1** vt [+ muscle] to tense **2** **se contracter** vpr [muscle] to tense up ; [traits, visage] to tense ; [personne] to become tense ; (Physique) to contract

contracter[2] [kɔ̃tʀakte] vt [+ maladie] to contract ; [+ obligation] to incur ▪ **~ une assurance** to take out an insurance policy

contraction [kɔ̃tʀaksjɔ̃] nf **a** (= action, spasme) contraction **b** (= résumé) ▪ **~ de texte** summary

contractuel, -elle [kɔ̃tʀaktɥɛl] **1** adj [obligation] contractual ; [emploi] under contract *attrib* ; [clause] contract *avant n*, in the contract *attrib* **2** nm ≈ traffic warden BR, ≈ traffic policeman US **3** **contractuelle** nf ≈ traffic warden BR, ≈ meter maid* US

contracture [kɔ̃traktyr] nf ▪ **~ musculaire** cramp

contradiction [kɔ̃tradiksjɔ̃] nf contradiction ▪ **leurs témoignages sont en ~** their testimonies contradict each other ▪ **je ne supporte pas la ~** I can't bear to be contradicted

contradictoire [kɔ̃tradiktwar] adj [idées, théories, récits] contradictory ▪ **débat ~** debate

contraignant, e [kɔ̃trɛɲɑ̃, ɑ̃t] adj [obligation] binding ▪ **des horaires de travail très ~s** very inconvenient working hours

contraindre [kɔ̃trɛ̃dr] vt ▪ **~ qn à faire qch** to force sb to do sth

contrainte [kɔ̃trɛ̃t] nf constraint ▪ **agir sous la ~** to act under duress ▪ **~ budgétaire** budget constraint ▪ **sans ~ de temps** with no time limit

contraire [kɔ̃trɛr] **1** adj **a** [sens, effet, mouvement] opposite ; [vent] contrary ▪ **dans le cas ~** otherwise ▪ **c'est ~ à mes principes** it is against my principles **b** [opinions, intérêts] conflicting **2** nm [de mot, concept] opposite ▪ **au ~** on the contrary ▪ **(bien) au ~** quite the reverse

contrairement [kɔ̃trɛrmɑ̃] adv ▪ **~ à** contrary to ▪ **~ aux autres...** (dans une comparaison) unlike the others...

contralto [kɔ̃tralto] nm contralto

contrariant, e [kɔ̃trarjɑ̃, jɑ̃t] adj [personne] awkward ; [incident] annoying

contrarier [kɔ̃trarje] vt **a** (= irriter) to annoy ; (= ennuyer) to bother **b** (= gêner) [+ projets] to frustrate ; [+ amour] to thwart

contrariété [kɔ̃trarjete] nf (= irritation) annoyance ▪ **j'ai eu beaucoup de ~s ces derniers temps** I've had a lot of annoying little problems lately

contraste [kɔ̃trast] nm contrast ▪ **par ~** by contrast

contraster [kɔ̃traste] vti to contrast

contrat [kɔ̃tra] nm (= convention, document) contract ; (= accord) agreement ▪ **~ d'assurance** insurance policy ▪ **~ à durée déterminée/indéterminée** fixed-term/permanent contract ▪ **~ de travail** employment contract

contravention [kɔ̃travɑ̃sjɔ̃] nf (pour infraction au code) fine ; (pour stationnement interdit) parking ticket

contre [kɔ̃tr] **1** prép **a** against ▪ **s'appuyer ~ un arbre** to lean against a tree ▪ **il la serrait ~ lui** he clasped her to him ▪ **elle s'assit (tout) ~ lui** she sat down (right) next to him ▪ **se battre/voter ~ qn** to fight/vote against sb ▪ **Poitiers ~ Lyon** (Sport) Poitiers versus Lyon ▪ **être en colère ~ qn** to be angry with sb ▪ **sirop ~ la toux** cough mixture ▪ **s'assurer ~ l'incendie** to insure (o.s.) against fire **b** (échange) (in exchange) for ▪ **échanger qch ~** to exchange sth for **c** (proportion, rapport) to ▪ **9 voix ~ 4** 9 votes to 4 ▪ **à 100 ~ 1** at 100 to 1 **2** adv ▪ **il a voté ~** he voted against it ▪ **je suis ~** I'm against it ▪ **par ~** on the other hand

contre-attaque [kɔ̃tratak] nf counterattack

contre-attaquer [kɔ̃tratake] vi to counterattack

contrebalancer [kɔ̃trəbalɑ̃se] vt [poids] to counterbalance ; (= égaler, compenser) to offset

contrebande [kɔ̃trəbɑ̃d] nf (= activité) smuggling ; (= marchandises) contraband

contrebandier, -ière [kɔ̃trəbɑ̃dje, jɛr] nm,f smuggler

contrebas [kɔ̃trəba] nm ▪ **en ~** below

contrebasse [kɔ̃trəbas] nf (= instrument) double bass

contrecarrer [kɔ̃trəkare] vt [+ projets] to thwart

contrecœur (à) [kɔ̃trəkœr] loc adv reluctantly

contrecoup [kɔ̃trəku] nm (= répercussion) repercussions ▪ **par ~** as an indirect consequence

contre-courant (à) [kɔ̃trəkurɑ̃] loc adv against the current

contredire [kɔ̃trədir] **1** vt [personne] to contradict ; [faits] to be at variance with **2** **se contredire** vpr [personne] to contradict o.s. ; [témoins, témoignages] to contradict each other

contrée [kɔ̃tre] nf(littér) (= pays) land ; (= région) region

contre-exemple [kɔ̃trɛgzɑ̃pl] nm counterexample

contrefaçon [kɔ̃trəfasɔ̃] nf [de produit] imitation ; [de billets, signature] forgery

contrefaire [kɔ̃trəfɛr] vt **a** (= imiter) to imitate **b** [+ voix, écriture] to disguise **c** (= falsifier) to counterfeit

contreficher (se)* [kɔ̃trəfiʃe] vpr ▪ **je m'en contrefiche** I don't give a damn‡

contrefort [kɔ̃trəfɔr] nm **a** (Archit) buttress **b** [de montagnes] ▪ **~s** foothills

contre-indication [kɔ̃trɛ̃dikasjɔ̃] nf contraindication

contre-indiqué, e [kɔ̃trɛ̃dike] adj ▪ **c'est ~** it is not recommended

contremaître [kɔ̃trəmɛtr] nm foreman

contre-offensive [kɔ̃tʀɔfɑ̃siv] nf counteroffensive

contre-ordre, contrordre [kɔ̃tʀɔʀdʀ] nm counter order ▪ **sauf ~** unless otherwise directed

contrepartie [kɔ̃tʀəpaʀti] nf (= compensation) compensation ▪ **en ~** (= en échange, en retour) in return ; (= en compensation) in compensation

contre-performance [kɔ̃tʀəpɛʀfɔʀmɑ̃s] nf (Sport, Écon) poor performance

contre-pied [kɔ̃tʀəpje] nm ▪ **prendre le ~** (d'une opinion) to take the opposite view ; (d'une action) to take the opposite course ▪ **à ~** (Sport) on the wrong foot

contreplaqué [kɔ̃tʀəplake] nm plywood

contrepoids [kɔ̃tʀəpwɑ] nm counterweight ; [d'acrobate] balancing-pole ▪ **faire ~** to act as a counterbalance

contre-pouvoir [kɔ̃tʀəpuvwaʀ] nm opposition force

contre-productif, -ive [kɔ̃tʀəpʀɔdyktif, iv] adj counter-productive

contrer [kɔ̃tʀe] **1** vt [+ personne, menées] to counter (*par* by) ; (Cartes) to double **2** vi (Cartes) to double

contresens [kɔ̃tʀəsɑ̃s] nm **a** (= erreur) misinterpretation ; (de traduction) mistranslation ; (= absurdité) nonsense *NonC*, piece of nonsense **b** ▪ **à ~** (sur route) the wrong way

contretemps [kɔ̃tʀətɑ̃] nm **a** (= complication, retard) hitch **b** ▪ **à ~** off the beat ; (fig) at the wrong moment

contrevenant, e [kɔ̃tʀəv(ə)nɑ̃, ɑ̃t] nm,f offender

contribuable [kɔ̃tʀibɥabl] nmf taxpayer

contribuer [kɔ̃tʀibɥe] vt indir ▪ **~ à** [+ résultat, effet] to contribute to ; [+ effort, dépense] to contribute towards

contributif, -ive [kɔ̃tʀibytif, iv] adj ▪ **encyclopédie contributive** user-generated encyclopedia ▪ **logiciel ~** shareware

contribution [kɔ̃tʀibysjɔ̃] nf **a** (= participation) contribution ▪ **mettre qn à ~** to call upon sb's services ▪ **apporter sa ~ à qch** to make one's contribution to sth **b** (= impôts) ▪ **~s directes/indirectes** direct/indirect taxation

contrôle [kɔ̃tʀol] nm **a** (= vérification) check ▪ **~ d'identité** identity check ▪ **~ de police** police check ▪ **le ~ des passeports** passport control **b** [d'opérations, gestion] supervision ; [de prix, loyers] controlling ▪ **sous ~ médical** under medical supervision ▪ **~ des naissances** birth control ▪ **~ technique** [de véhicule] MOT BR, inspection US **c** (= maîtrise) control ▪ **~ de soi** self-control ▪ **garder/perdre le ~ de son véhicule** to remain in/lose control of one's vehicle ▪ **sous ~ étranger** [territoire] under foreign control **d** (= épreuve) (written) test ▪ **~ des connaissances** assessment ▪ **le ~ continu** continuous assessment

contrôler [kɔ̃tʀole] **1** vt **a** (= vérifier) to check ; [+ billets, passeports, comptes] to inspect ; [+ connaissances] to test **b** [+ opérations, gestion] to supervise ; [+ prix, loyers] to control **c** [+ véhicule, situation, pays] to be in control of **2** **se contrôler** vpr to control o.s.

contrôleur, -euse [kɔ̃tʀolœʀ, øz] nm,f (dans le train, le métro, le bus) ticket inspector ▪ **~ aérien** air-traffic controller

contrordre [kɔ̃tʀɔʀdʀ] nm ⇒ **contre-ordre**

controverse [kɔ̃tʀɔvɛʀs] nf controversy ▪ **prêter à ~** to be debatable

controversé, e [kɔ̃tʀɔvɛʀse] adj ▪ **(très) ~** [théorie, question] much debated

contusion [kɔ̃tyzjɔ̃] nf bruise

convaincant, e [kɔ̃vɛ̃kɑ̃, ɑ̃t] adj convincing

convaincre [kɔ̃vɛ̃kʀ] vt [+ personne sceptique] to convince (*de qch* of sth) ; [+ personne hésitante] to persuade (*de faire qch* to do sth) ▪ **se laisser ~** to let o.s. be persuaded

convaincu, e [kɔ̃vɛ̃ky] adj convinced ▪ **d'un ton ~** with conviction

convalescence [kɔ̃valesɑ̃s] nf convalescence ▪ **être en ~** to be convalescing

convalescent, e [kɔ̃valesɑ̃, ɑ̃t] adj, nm,f convalescent

convecteur [kɔ̃vɛktœʀ] nm convector heater

convenable [kɔ̃vnabl] adj **a** (= approprié) suitable **b** [personne, famille] respectable ▪ **peu ~** inappropriate **c** [de voir] adequate ; [salaire, logement] decent

convenance [kɔ̃vnɑ̃s] **1** nf ▪ **choisissez un jour à votre ~** choose a day to suit you ▪ **pour ~s personnelles** for personal reasons **2** **les convenances** nfpl (= étiquette) the proprieties ▪ **c'est contraire aux ~s** it is not socially acceptable

convenir [kɔ̃vniʀ] **1** vt ▪ **~ que...** to agree that... ▪ **il est convenu que...** it is agreed that... **2** vt indir **a** **convenir à** to suit ▪ **ça me convient tout à fait** it suits me fine **b** **convenir de** (= s'accorder sur) to agree on ▪ **comme convenu** as agreed **3** vb impers ▪ **il convient de...** (= il vaut mieux) it is advisable to...

convention [kɔ̃vɑ̃sjɔ̃] nf convention ; (= pacte) agreement ▪ **~ collective** collective agreement

conventionné, e [kɔ̃vɑ̃sjɔne] adj [établissement, médecin] *linked to the state health scheme*

conventionnel, -elle [kɔ̃vɑ̃sjɔnɛl] adj conventional

convergent, e [kɔ̃vɛʀʒɑ̃, ɑ̃t] adj convergent

converger [kɔ̃vɛʀʒe] vi to converge ▪ **~ sur** [regards] to focus on

conversation [kɔ̃vɛʀsasjɔ̃] nf conversation ▪ **en (grande) ~ avec** (deep) in conversation with ▪ **dans la ~ courante** in everyday speech

conversion [kɔ̃vɛʀsjɔ̃] nf conversion

convertible [kɔ̃vɛʀtibl] **1** adj convertible (*en* into) **2** nm (= canapé) sofa bed

convertir [kɔ̃vɛʀtiʀ] **1** vt **a** (à une religion) to convert (*à* to) ; (à une théorie) to win over **b** (= transformer) to convert (*en* into) **2** **se convertir** vpr (à une religion) to convert

convertisseur [kɔ̃vɛʀtisœʀ] nm converter

convexe [kɔ̃vɛks] adj convex

conviction [kɔ̃viksjɔ̃] nf conviction ▪ **j'en ai la ~** I'm convinced of it

conviendra [kɔ̃vjɛ̃dʀa] vb → **convenir**

convier [kɔ̃vje] vt(frm) ▪ **~ à** [+ soirée, concert] to invite to

convive [kɔ̃viv] nmf guest *(at a meal)*

convivial, e (mpl **-iaux**) [kɔ̃vivjal, jo] adj [ambiance, lieu] convivial ; (Informatique) user-friendly

convivialité [kɔ̃vivjalite] nf (= rapports) social interaction ; (= jovialité) conviviality ; (Informatique) user-friendliness

convocation [kɔ̃vɔkasjɔ̃] nf **a** [d'assemblée] convening ; [de témoin, subordonné] summoning **b** (= lettre, carte) (written) notification to attend ; (Droit) summons

convoi [kɔ̃vwa] nm [de véhicules, navires, prisonniers] convoy

convoiter [kɔ̃vwate] vt to covet

convoitise [kɔ̃vwatiz] nf (= désir) longing ▪ **regarder avec ~** to cast covetous looks at

convoquer [kɔ̃vɔke] vt [+ assemblée] to convene ; [+ témoin, subordonné] to summon ▪ **j'ai été convoqué à dix heures (pour mon oral)** I've been asked to attend at ten o'clock (for my oral) ▪ **le chef m'a convoqué** the boss sent for me

convoyer [kɔ̃vwaje] vt (= escorter) to escort ; (= transporter) to convey

convoyeur [kɔ̃vwajœʀ] nm (= tapis roulant) conveyor ▪ **~ de fonds** security guard

convulsion [kɔ̃vylsjɔ̃] nf convulsion

cookie [kuki] nm (Internet) cookie

cool* [kul] adj cool*

coopératif, -ive [k(ɔ)ɔpeʀatif, iv] **1** adj cooperative **2** **coopérative** nf (= organisme) cooperative ; (= magasin) co-op

coopération [kɔɔpeʀasjɔ̃] nf **a** (= collaboration) cooperation **b** (Pol) overseas development work

coopérer [kɔɔpeʀe] vi to cooperate

coordination [kɔɔʀdinasjɔ̃] nf coordination

coordonné, e [kɔɔʀdɔne] **1** adj coordinated **2** **coordonnées** nfpl **a** (Math) coordinates **b** [de personne] ▪ **donnez-moi vos ~es** can I have your name and address please?

CO

coordonner [kɔɔʀdɔne] vt to coordinate

copain* [kɔpɛ̃] nm (= ami) friend ▪ **son (petit) ~** (= amoureux) her boyfriend ▪ **ils sont très ~s** they're great friends

coparentalité [kopaʀɑ̃talite] nf co-parenting

copeau (pl **~x**) [kɔpo] nm [de bois, fromage, chocolat] shaving

Copenhague [kɔpənag] n Copenhagen

copie [kɔpi] nf **a** [de diplôme, film] copy ; [d'œuvre d'art] reproduction ▪ **~ certifiée conforme** certified copy ▪ **~ papier** (Informatique) hard copy **b** (= reproduction frauduleuse) fake **c** (= devoir) paper ▪ **rendre ~ blanche** to hand in a blank sheet of paper

copier [kɔpje] vti to copy (*sur* from)

copieur, -euse [kɔpjœʀ, øz] **1** nm,f (= élève) cheat **2** nm (= machine) copier

copieux, -ieuse [kɔpjø, jøz] adj [repas] copious ; [portion] generous

copilote [kopilɔt] nmf (en avion) copilot ; (en voiture) navigator

copinaute* [kɔpinot] nmf internet ou online friend

copine* [kɔpin] nf (= amie) friend ; (= amoureuse) girlfriend ▪ **elles sont très ~s** they're great friends

copropriétaire [kopʀɔpʀijetɛʀ] nmf joint owner

copropriété [kopʀɔpʀijete] nf joint ownership ▪ **immeuble en ~** jointly owned building

coq [kɔk] nm cock ▪ **être comme un ~ en pâte** to live the life of Riley* ▪ **passer du ~ à l'âne** to jump from one subject to another ▸ **coq au vin** coq au vin

coquard* [kɔkaʀ] nm black eye

coque [kɔk] nf **a** [de bateau] hull **b** [de noix, amande] shell ▪ **œuf à la ~** boiled egg **c** (= mollusque) cockle

coquelicot [kɔkliko] nm poppy

coqueluche [kɔklyʃ] nf whooping cough ▪ **être la ~ de*** to be the idol of

coquet, -ette [kɔkɛ, ɛt] adj **a** [personne] ▪ **elle est ~te** she likes to look nice **b** [logement] charming **c** * [somme d'argent, revenu] tidy*

coquetier [kɔk(ə)tje] nm egg cup

coquillage [kɔkijaʒ] nm (= mollusque) shellfish *NonC* ; (= coquille) shell

coquille [kɔkij] nf **a** [de mollusque, œuf, noix] shell ▸ **coquille Saint-Jacques** scallop **b** (Typo) misprint, typo*

coquillettes [kɔkijɛt] nfpl pasta shells

coquin, e [kɔkɛ̃, in] **1** adj **a** (= malicieux) [enfant, air] mischievous **b** (= polisson) saucy **2** nm,f (= enfant) rascal

cor [kɔʀ] nm **a** (= instrument) horn ▪ **~ de chasse** hunting horn ▪ **réclamer qch/qn à ~ et à cri** to clamour for sth/sb **b** (au pied) corn

corail (pl **-aux**) [kɔʀaj, o] **1** nm coral **2** adj inv coral pink ▪ **train Corail®** ≈ express (train)

Coran [kɔʀɑ̃] nm ▪ **le ~** the Koran

coranique [kɔʀanik] adj Koranic

corbeau (pl **~x**) [kɔʀbo] nm (= oiseau) crow

corbeille [kɔʀbɛj] nf **a** (= panier) basket ; (Informatique) bin ▸ **corbeille à pain** bread-basket ▸ **corbeille à papier(s)** wastepaper bin **b** (Théâtre) (dress) circle

corbillard [kɔʀbijaʀ] nm hearse

cordage [kɔʀdaʒ] nm **a** ▪ **~s** rigging **b** [de raquette de tennis] strings

corde [kɔʀd] nf **a** (= câble) rope ▪ **grimper** ou **monter à la ~** to climb a rope ▪ **avoir plusieurs ~s à son arc** to have more than one string to one's bow ▪ **c'est dans ses ~s** it's right up his street BR ou alley US ▪ **il pleut** ou **il tombe des ~s*** it's pouring with rain ▸ **corde à linge** clothes line ▸ **corde à sauter** skipping rope, jump rope US ▸ **cordes vocales** vocal cords **b** (sur instrument de musique, raquette) string ▪ **instruments à ~s** stringed instruments ▪ **les ~s** the strings ▪ **quatuor à ~s** string quartet **c** (Courses) rails ▪ **à la ~** on the inside

cordée [kɔʀde] nf [d'alpinistes] roped party ▪ **premier de ~** leader

cordial, e (mpl **-iaux**) [kɔʀdjal, jo] adj warm

cordialement [kɔʀdjalmɑ̃] adv [recevoir] warmly ▪ **il le détestait ~** he heartily detested him ▪ **~** (en fin de lettre) kind regards

cordillère [kɔʀdijɛʀ] nf mountain range ▪ **la ~ des Andes** the Andes cordillera

cordon [kɔʀdɔ̃] nm [de rideau] cord ; [de sac, bourse] string ; [de chaussures] lace ▪ **tenir les ~s de la bourse** to hold the purse strings ▸ **cordon ombilical** umbilical cord

cordonnerie [kɔʀdɔnʀi] nf (= boutique) shoe-repair shop

cordonnier, -ière [kɔʀdɔnje, jɛʀ] nm,f shoe-repairer

Corée [kɔʀe] nf Korea ▪ **~ du Sud/du Nord** South/North Korea

coréen, -éenne [kɔʀeɛ̃, eɛn] **1** adj Korean **2** nm (= langue) Korean **3** **Coréen(ne)** nm,f Korean

coriace [kɔʀjas] adj tough

coriandre [kɔʀjɑ̃dʀ] nf coriander

cormoran [kɔʀmɔʀɑ̃] nm cormorant

corne [kɔʀn] nf **a** horn ; [de cerf] antler ▪ **à ~s** horned **b** [de page] dog-ear

cornée [kɔʀne] nf cornea

corneille [kɔʀnɛj] nf crow

cornemuse [kɔʀnəmyz] nf bagpipes

corner[1] [kɔʀne] vt [+ page] to turn down the corner of

corner[2] [kɔʀnɛʀ] nm (Football) corner kick

cornet [kɔʀnɛ] nm ▪ **~ (en papier)** paper cone ▪ **~ de frites** ≈ bag of chips ▪ **~ de glace** ice-cream cone

corniche [kɔʀniʃ] nf [de montagne] ledge ; (= route) coast road

cornichon [kɔʀniʃɔ̃] nm gherkin BR, pickle US ; (* = personne) nitwit*

Cornouailles [kɔʀnwaj] nf ▪ **la ~** Cornwall

corollaire [kɔʀɔlɛʀ] nm corollary

corolle [kɔʀɔl] nf corolla

corporation [kɔʀpɔʀasjɔ̃] nf corporate body

corporel, -elle [kɔʀpɔʀɛl] adj [châtiment] corporal ; [besoin] bodily ▪ **lait ~** body lotion

corps [kɔʀ] nm **a** body ; (= cadavre) corpse ▪ **robe près du ~** close-fitting dress ▪ **~ gras** fat ▪ **se jeter** ou **se lancer à ~ perdu dans une entreprise** to throw o.s. wholeheartedly into a venture ▪ **prendre ~** to take shape ▸ **corps à corps** clinch ▪ **se battre au ~ à ~** to fight hand-to-hand **b** [d'article, ouvrage] main body ; [de meuble] main part **c** (Mil) corps ▪ **le ~ enseignant/médical** the teaching/medical profession ▸ **corps d'armée** army corps ▸ **corps de métier** trade association

corpulent, e [kɔʀpylɑ̃, ɑ̃t] adj stout

correct, e [kɔʀɛkt] adj **a** [phrase] correct ; [emploi, fonctionnement] proper **b** [tenue] proper **c** (= courtois) polite **d** (= honnête) correct **e** [repas, hôtel, salaire] reasonable

correctement [kɔʀɛktəmɑ̃] adv properly ; [évaluer] accurately ; [rémunérer] decently

correcteur, -trice [kɔʀɛktœʀ, tʀis] **1** nm,f [d'examen] examiner **2** nm ▪ **~ d'orthographe** ou **orthographique** spellchecker ▪ **~ liquide** correcting fluid

correction [kɔʀɛksjɔ̃] nf **a** (= action) [de manuscrit] correction ; [d'examen] marking BR, grading US ▪ **faire des ~s sur un texte** to correct a text **b** (= châtiment) (corporal) punishment ▪ **recevoir une bonne ~** to get a good hiding*

correctionnel, -elle [kɔʀɛksjɔnɛl] adj ▪ **tribunal ~** ≈ magistrate's court *(dealing with criminal matters)*

corrélation [kɔrelasjɔ̃] nf correlation ▪ **être en ~ étroite avec** to be closely related to

correspondance [kɔrɛspɔ̃dɑ̃s] nf **a** (= échange, lettres) correspondence **b** (Transports) connection ▪ **l'autobus n'assure pas la ~ avec le train** the bus does not connect with the train

correspondant, e [kɔrɛspɔ̃dɑ̃, ɑ̃t] **1** adj corresponding (*à* to) **2** nm,f **a** correspondent ; [d'élève] penfriend ▪ **de notre ~ permanent à Londres** from our correspondent in London **b** (Téléc) ▪ **le numéro de votre ~ a changé** the number you have dialled has changed ▪ **nous recherchons votre ~** we are trying to connect you

correspondre [kɔrɛspɔ̃dr] **1** vi (= écrire) to correspond **2** vt indir ▪ **~ à** (= être équivalent) to correspond to ; (= s'accorder avec) [+ goûts] to suit ; [+ capacités, description] to fit ▪ **sa version des faits ne correspond pas à la réalité** his version of the facts doesn't tally with what really happened

corrida [kɔrida] nf bullfight

corridor [kɔridɔr] nm corridor

corrigé [kɔriʒe] nm [d'exercice] correct version

corriger [kɔriʒe] vt **a** to correct ; [+ examen] to mark BR, to grade US ; [+ manières] to improve **b** (= punir) to thrash

corroborer [kɔrɔbɔre] vt to corroborate

corrompre [kɔrɔ̃pr] vt to corrupt ; (= soudoyer) to bribe

corrompu, e [kɔrɔ̃py] adj corrupt

corrosif, -ive [kɔrozif, iv] adj corrosive ; [ironie, œuvre, écrivain] caustic

corrosion [kɔrozjɔ̃] nf corrosion

corruption [kɔrypsjɔ̃] nf corruption ; (en soudoyant) bribery

corsage [kɔrsaʒ] nm (= chemisier) blouse ; [de robe] bodice

corsaire [kɔrsɛr] nm **a** (Hist) (= marin, navire) privateer ; (= pirate) pirate **b** ▪ **(pantalon) ~** breeches

corse [kɔrs] **1** adj Corsican **2** **Corse** nmf Corsican **3** **Corse** nf Corsica

corsé, e [kɔrse] adj **a** [vin] full-bodied ; [café] strong **b** [histoire] spicy **c** * [addition] steep* ; [exercice] tough

corset [kɔrsɛ] nm corset

cortège [kɔrtɛʒ] nm [de fête, manifestants] procession ; (officiel) cortège

cortisone [kɔrtizɔn] nf cortisone

corvée [kɔrve] nf (Mil = travail) fatigue ▪ **être de ~** to be on fatigue ▪ **être de ~ de vaisselle*** to be on dishwashing duty ▪ **quelle ~ !** what a chore!

cosmétique [kɔsmetik] adj, nm cosmetic

cosmique [kɔsmik] adj cosmic

cosmonaute [kɔsmɔnot] nmf cosmonaut

cosmopolite [kɔsmɔpɔlit] adj cosmopolitan

cosmos [kɔsmos] nm ▪ **le ~** (= l'univers) the cosmos ; (= l'espace) space

cosplay [kɔsplɛ] nm cosplay

cossu, e [kɔsy] adj [maison] grand ; [quartier] wealthy

costar(d)* [kɔstar] nm suit

costaud, e* [kɔsto, od] adj strong ▪ **c'est ~ comme voiture** it's a sturdy car

costume [kɔstym] nm **a** (= complet) suit **b** (régional, d'acteur) costume

> ⚠ Au sens de « complet », **costume** ne se traduit pas par le mot anglais ***costume***.

cotation [kɔtasjɔ̃] nf ▪ **~ en Bourse** listing on the stock exchange

cote [kɔt] nf **a** [de valeur boursière] quotation ; [de voiture d'occasion] quoted value ; (aux courses) odds (*de* on) **b** (= popularité) rating ▪ **avoir la ~*** to be very popular (*auprès de* with) ; to be highly rated (*auprès de* by) ▪ **~ de popularité** popularity rating **c** (pour classement) classification mark

côte [kot] nf **a** (Anat) rib ▪ **~ à ~** side by side **b** (Boucherie) chop ; [de bœuf] rib **c** [de chou, tissu] rib ▪ **veste à ~s** ribbed jacket **d** (= pente) slope **e** (= littoral) coast ; (= ligne du littoral) coastline ▪ **la Côte (d'Azur)** the (French) Riviera ▸ **la Côte d'Ivoire** the Ivory Coast

coté, e [kɔte] adj **a** ▪ **~ en Bourse** quoted on the stock exchange ▪ **être ~ (à l'Argus)** [voiture] to be listed *(in the secondhand car directory)* **b** (= apprécié) ▪ **être très ~** to be highly rated

côté [kote] nm **a** side ▪ **être couché sur le ~** to be lying on one's side ▪ **il a sauté de l'autre ~ du ruisseau** he jumped across the stream ▪ **de l'autre ~ de la barrière** on the other side of the fence ▪ **une chambre ~ rue** a bedroom overlooking the street ▪ **il a un ~ sympathique** there's a likeable side to him ▪ **par certains ~s** in some ways ▪ **(du) ~ santé tout va bien** healthwise everything is fine ▪ **du ~ paternel** on his father's side **b** (direction) ▪ **de ce côté-ci** this way ▪ **de ce côté-là** that way ▪ **de l'autre ~** the other way ▪ **nous habitons du ~ de la poste** we live near the post office ▪ **ils se dirigeaient du ~ de l'église** they were heading towards the church ▪ **venir de tous ~s** to come from all directions **c** (loc) ♦ **à côté** (proximité) nearby ; (= pièce ou maison adjacente) next door ; (= en comparaison) in comparison ▪ **nos voisins d'à ~** our next-door neighbours ▪ **les bombes sont tombées à ~** the bombs fell wide ▪ **je suis tombé à ~** (= me suis trompé) I got it all wrong ♦ **à côté de** (= à proximité de) next to ; (= en comparaison de) compared to ▪ **à ~ de la cible** wide of the target ▪ **on passe à ~ de beaucoup de choses en ne voyageant pas** you miss a lot by not travelling ▪ **leur maison est grande à ~ de la nôtre** their house is big compared to ours ♦ **aux côtés de** (à proximité de, avec) by the side of ; [travailler, s'engager] alongside ♦ **de côté** [regarder, se tourner, faire un pas] sideways ; [mettre, garder] aside ▪ **mettre de l'argent de ~** to put money by ▪ **laisser qn/qch de ~** (= à l'écart) to leave sb/sth out

coteau (pl **~x**) [kɔto] nm (= colline) hill ; (= versant) slope

côtelé, e [kot(ə)le] adj → **velours**

côtelette [kotlɛt] nf cutlet

côtier, -ière [kotje, jɛʀ] adj coastal ; [pêche] inshore

cotisation [kɔtizasjɔ̃] nf (à un club, syndicat) subscription ; (à la retraite, une mutuelle) contributions ▪ **~s sociales** social security contributions

cotiser [kɔtize] **1** vi (dans un club) to pay one's subscription ; (à la Sécurité sociale) to pay one's contributions (à to) **2** **se cotiser** vpr to club together

coton [kɔtɔ̃] nm cotton ▪ **~ hydrophile** cotton wool BR, absorbent cotton US ▪ **robe de** ou **en ~** cotton dress ▪ **j'ai les jambes en ~** my legs feel like jelly ▪ **c'est ~*** it's tricky*

Coton-tige® (pl **Cotons-tiges**) [kɔtɔ̃tiʒ] nm cotton bud BR, Q-tip® US

côtoyer [kotwaje] **1** vt (= fréquenter) to mix with **2** **se côtoyer** vpr [individus] to mix

cou [ku] nm neck ▪ **porter qch au ~** ou **autour du ~** to wear sth round one's neck ▪ **sauter** ou **se jeter au ~ de qn** to throw one's arms around sb's neck

couchant [kuʃɑ̃] **1** adj ▪ **soleil ~** setting sun **2** nm (= ouest) west

couche [kuʃ] nf **a** layer ; [de peinture] coat ▪ **en tenir une ~*** to be really thick* ▪ **la ~ d'ozone** the ozone layer ▪ **~s sociales** social strata **b** [de bébé] nappy BR, diaper US

couché, e [kuʃe] adj (= étendu) lying down ; (au lit) in bed ▪ **Rex, ~ !** lie down, Rex!

couche-culotte (pl **couches-culottes**) [kuʃkylɔt] nf disposable nappy BR ou diaper US

coucher [kuʃe] **1** vt **a** (= mettre au lit) to put to bed **b** (= étendre) [+ blessé] to lay down ; [+ bouteille] to lay on its side ▪ **il y a un arbre couché en travers de la route** there's a tree lying across the road **2** vi **a** (= passer la nuit) to sleep ▪ **nous couchions chez des amis** we were staying with friends **b** (= avoir des rapports sexuels) ▪ **~ avec qn** to sleep with sb **3** **se coucher** vpr **a** (= aller au lit) to go to bed **b** (= s'étendre) to lie down **c** [soleil, lune] to set **4** nm ▪ **à prendre au ~** [médicament] to be taken at bedtime ► **coucher de soleil** sunset

couche-tard* [kuʃtaʀ] nmf inv night owl*

couche-tôt* [kuʃto] nmf inv ▪ **c'est un ~** he always goes to bed early

couchette [kuʃɛt] nf (dans un train) berth ; [de marin] bunk

couci-couça* [kusikusa] adv so-so*

coucou [kuku] **1** nm (= oiseau) cuckoo ; (= pendule) cuckoo clock **2** excl (à cache-cache) peek-a-boo! ; (= bonjour) hello!

coude [kud] nm **a** elbow ▪ **se serrer les ~s** to stick together ▪ **donner un coup de ~ à qn** (légèrement) to give sb a nudge ; (plus brutalement) to elbow sb ▪ **être au ~ à ~** [coureurs, candidats] to be neck and neck **b** [de rivière, route, tuyau, barre] bend

coudre [kudʀ] **1** vt to sew ; [+ pièce, bouton] to sew on ; [+ plaie] to sew up **2** vi to sew

Coué [kwe] n ▪ **il faut pratiquer** ou **utiliser la méthode ~** you need to try self-persuasion

couette [kwɛt] nf **a** [de cheveux] ▪ **~s** bunches **b** (= couverture) duvet

couffin [kufɛ̃] nm [de bébé] Moses basket

couille‡ [kuj] nf (= testicule) ball‡ ▪ **avoir des ~s** (courage) to have balls‡

couillu, e‡ [kujy] adj ballsy‡

couiner* [kwine] vi [porc, freins] to squeal ; [souris] to squeak ; [porte, ressort] to creak

coulant, e [kulɑ̃, ɑ̃t] adj **a** [pâte, fromage] runny **b** (* = indulgent) [personne] easy-going

coulée [kule] nf ▪ **~ de lave** lava flow ▪ **~ de boue** mudslide

couler [kule] **1** vi **a** [liquide, fromage] to run ; [sang, larmes, rivière] to flow ; [bougie] to drip ▪ **~ à flots** [vin, champagne] to be flowing freely ▪ **~ de source** (= s'enchaîner) to follow naturally ▪ **faire ~** [+ eau, bain] to run ▪ **ça a fait ~ beaucoup d'encre** (fig) it has caused a lot of ink to flow **b** (= fuir) to leak ▪ **il a le nez qui coule** he's got a runny nose **c** [bateau, personne] to sink ; [entreprise] to go under **2** vt **a** [+ métal, statue, cloche] to cast **b** (= passer) ▪ **~ des jours heureux** to have a happy time **c** [+ bateau] to sink ; [+ entreprise] to wreck **3** **se couler** vpr ▪ **se ~ dans/à travers** to slip into/through ▪ **se la ~ douce*** (= avoir la belle vie) to have an easy time of it*

couleur [kulœʀ] **1** nf **a** colour BR, color US ▪ **une robe de ~ bleue** a blue dress ▪ **de ~ sombre** dark-coloured ▪ **homme/femme de ~** coloured man/woman ▪ **film en ~s** colour film ▪ **la ~, les ~s** (= linge) coloureds ▪ **se faire faire une ~** to have one's hair coloured ■ **avoir des ~s** [personne] to have a good colour ■ **tu as pris des ~s** (bronzage) you've got a tan ■ **ces costumes font très ~ locale** these costumes give plenty of local colour **b** (Cartes) suit **2** adj inv ■ **~ prune** plum-coloured BR ou colored US

couleuvre [kulœvʀ] nf grass snake

coulissant, e [kulisɑ̃, ɑ̃t] adj [porte, panneau] sliding ■ **ceinture ~e** drawstring belt

coulisse [kulis] nf (Théâtre : gén pluriel) wings ■ **en ~, dans les ~s** (Théâtre) in the wings ; (fig) behind the scenes

coulisser [kulise] vi to slide

couloir [kulwaʀ] nm [de bâtiment] corridor BR, hall US ; [d'avion, train] aisle ; [de piscine, bus] lane ■ **~ aérien** air (traffic) lane ■ **bruits de ~(s)** rumours

coup [ku] nm **a** (= heurt, choc) blow ■ **il a pris un ~ sur la tête** (= il s'est cogné) he banged his head ; (= on l'a frappé) he was hit on the head ■ **donner des ~s dans la porte** to bang on the door ■ **ça lui a fichu un ~*** it's given him a shock ■ **~ dur** hard blow ■ **il m'a donné un ~** he hit me ■ **~s et blessures** assault and battery **b** (Sport, Jeux de balle) stroke ; (Boxe) punch ; (Échecs) move ; (aux dés) throw ■ **~ droit** (Tennis) drive ■ **~ bas** blow below the belt ■ **~ franc** (Football, Rugby) free kick ; (Basket) free-throw shot **c** [d'arme à feu] shot **d** (= habileté) ■ **attraper** ou **prendre le ~** to get the knack **e** (= bruit) knock ■ **les douze ~s de minuit** the twelve strokes of midnight **f** (= événement) ■ **~ de chance** ou **de bol*** stroke of luck **g** (= action) [de cambrioleurs] job* ■ **il a raté son ~** he blew it* ■ **~ monté** set-up* ■ **il nous fait le ~ chaque fois** he always does that **h** (* = fois) time ■ **à tous les ~s** every time ■ **du même ~** at the same time ■ **pleurer un bon ~** to have a good cry **i** (* = boisson) ■ **aller boire un ~** to go and have something to drink ; (au café) to go for a drink ■ **il a bu un ~ de trop** he's had one too many* **j** (loc) ■ **en mettre un ~*** to pull out all the stops* ♦ **à coup sûr** definitely ♦ **après coup** afterwards ♦ **dans le coup** ■ **être dans le ~** (impliqué) to be in on it* ; (au courant) to know all about it ■ **mettre qn dans le ~** to get sb involved ♦ **du coup** as a result ♦ **d'un seul coup** (= soudain) all at once ; (= en une seule fois) in one go ♦ **du premier coup** [reconnaître, voir] straight away ■ **il a eu son permis de conduire du premier ~** he passed his driving test first time ♦ **sous le coup de** ■ **il l'a fait sous le ~ de la colère** he did it in a fit of anger ♦ **coup sur coup** in quick succession ♦ **sur le coup** [mourir] outright ■ **sur le ~ je n'ai pas compris** at the time I didn't understand ♦ **tout à coup, tout d'un coup** all of a sudden ♦ **valoir le coup** ■ **ça vaut le ~** it's worth it ■ **c'est un film qui vaut le ~** the film is worth seeing

coupable [kupabl] **1** adj guilty ; [faiblesse] reprehensible **2** nmf culprit

coupant, e [kupɑ̃, ɑ̃t] adj sharp

coupe[1] [kup] nf **a** (à dessert, à glace) dish ■ **une ~ de champagne** a glass of champagne **b** (Sport) ■ **la ~ du monde** the World Cup ■ **la ~ de France de football** the French football BR ou soccer US cup

coupe[2] [kup] nf **a** (= façon d'être coupé) cut ■ **~ (de cheveux)** (hair)cut **b** (= dessin) section **c** (= réduction) cut ■ **faire des ~s dans qch** to make cuts in sth ■ **faire des ~s claires** ou **sombres dans qch** to make drastic cuts in sth **d** ■ **être sous la ~ de qn** [personne] to be under sb's thumb

coupé [kupe] nm (= voiture) coupé

coupe-coupe [kupkup] nm inv machete

coupe-faim (pl **~(s)**) [kupfɛ̃] nm appetite suppressant

coupe-feu (pl **~x**) [kupfø] nm ■ **porte ~** fire door

coupe-gorge (pl **~s**) [kupgɔʀʒ] nm (= rue) dangerous back-alley

coupe-ongle (pl **~s**) [kupɔ̃gl] nm nail clippers

coupe-papier (pl **~(s)**) [kuppapje] nm paper knife

couper [kupe] **1** vt **a** (= sectionner) to cut ; [+ bois] to chop ; [+ arbre] to cut down ; [+ rôti] to carve ■ **~ qch en morceaux** to cut sth into pieces ■ **~ qch en deux** to cut sth in two ■ **couper-coller** (Informatique) to cut and paste ■ **se faire ~ les cheveux** to get one's hair cut ■ **~ les cheveux en quatre** to split hairs **b** [+ vêtement] to cut out **c** [+ passages inutiles, émission] to cut **d** [+ eau, gaz, courant] to cut off ; (au compteur) to turn off ; [+ communications, téléphone] to cut off ■ **~ le contact** (Auto) to switch off the ignition ■ **~ l'appétit à qn** to spoil sb's appetite ■ **~ la respiration à qn** to wind sb ■ **~ la parole à qn** [personne] to cut sb short **e** [+ voyage] to break ; [+ journée] to break up **f** (= isoler) ■ **~ qn de qch** to cut sb off from sth **g** (= traverser) [ligne] to intersect ; [route] to cut across **h** [+ lait, vin] (à table) to add water to ; [+ vin] (à la production) to blend **2** vt indir ■ **tu n'y couperas pas** (tu n'y échapperas pas) you won't get out of it **3** vi **a** [couteau, verre] to cut **b** (= prendre un raccourci) ■ **~ à travers champs** to cut across country **c** (Cartes) (= diviser le jeu) to cut ; (= jouer atout) to trump ■ **~ à trèfle** to trump clubs **4** **se couper** vpr to cut o.s. ■ **se ~ les cheveux/les ongles** to cut one's hair/nails

coupe-vent (pl **~(s)**) [kupvɑ̃] nm (= vêtement) windcheater BR, windbreaker US

couple [kupl] nm couple ; (= patineurs, animaux) pair ▪ **ils ont des problèmes de ~** things aren't going well between them

couplet [kuplɛ] nm (= strophe) verse

coupole [kupɔl] nf (Archit) dome

coupon [kupɔ̃] nm a (= reste de tissu) remnant b (= billet de transport) ▪ **~ hebdomadaire/mensuel** ≈ weekly/monthly pass c ▪ **~ de réduction** coupon

coupon-réponse (pl **coupons-réponse**) [kupɔ̃ʀepɔ̃s] nm reply coupon

coupure [kupyʀ] nf a cut ▪ **~ (de courant)** power cut b ▪ **~ de presse** (newspaper) cutting c (= billet de banque) note BR, bill US d (= arrêt, pause) break ▪ **~ publicitaire** commercial break

cour [kuʀ] nf a [de bâtiment] courtyard ▪ **~ de récréation** playground b (= tribunal) court ▪ **la Cour suprême** the Supreme Court ▸ **cour d'appel** ≈ Court of Appeal, ≈ appellate court US ▸ **cour de cassation** Court of Cassation; (final) Court of Appeal ▸ **cour martiale** court martial ▪ **passer en ~ martiale** to be court-martialled c [de roi] court ▪ **à la ~** at court ▪ **faire la ~ à une femme** to court a woman

courage [kuʀaʒ] nm a (= bravoure) courage ▪ **avoir du ~** to be brave b (= ardeur) ▪ **je voudrais finir ce travail, mais je ne m'en sens pas le ~** I'd like to get this work finished, but I don't feel up to it ▪ **~ ! nous y sommes presque !** take heart! we're almost there! ▪ **perdre ~** to lose heart ▪ **reprendre ~** to take fresh heart

courageusement [kuʀaʒøzmɑ̃] adv bravely

courageux, -euse [kuʀaʒø, øz] adj brave

couramment [kuʀamɑ̃] adv (parler une langue) fluently ▪ **~ employé** commonly used ▪ **ça se dit ~** it's a common expression

courant, e [kuʀɑ̃, ɑ̃t] 1 adj a [dépenses] everyday ; [modèle, taille] standard b (= fréquent) common 2 nm a [de cours d'eau, mer, atmosphère] current ▪ **~ d'air** draught BR, draft US ▪ **il y a trop de ~** the current's too strong b (= mouvement) movement ▪ **le ~ surréaliste** the surrealist movement c (Élec) current ▪ **couper le ~** to cut off the power ▪ **le ~ ne passe pas entre nous** we don't get on d (= cours) ▪ **je dois le voir dans le ~ de la semaine** I'm to see him some time during the week ▪ **dans le ~ de la conversation** in the course of the conversation ▪ **le projet doit être fini ~ mai** the project is due to finish some time in May e ▪ **être au ~ de qch** to know about sth ▪ **mettre qn au ~ de qch** to tell sb about sth ▪ **tenir qn au ~ de qch** to keep sb informed of sth

courbature [kuʀbatyʀ] nf ache ▪ **je suis plein de ~s** I'm aching all over

courbe [kuʀb] 1 adj curved 2 nf curve

courber [kuʀbe] 1 vt (= pencher) ▪ **~ la tête** to bow one's head 2 **se courber** vpr [personne] (pour entrer, passer) to bend down ; (signe de déférence) to bow ▪ **se ~ en deux** to bend double

coureur, -euse [kuʀœʀ, øz] 1 nm,f runner ▪ **~ automobile** racing driver ▪ **~ cycliste** racing cyclist 2 nm (péj) ▪ **~ (de jupons)** womanizer

courge [kuʀʒ] nf (= plante, fruit) gourd ; (Culin) marrow BR, squash US

courgette [kuʀʒɛt] nf courgette BR, zucchini US

courir [kuʀiʀ] 1 vi a to run ; (Auto, Cyclisme) to race ▪ **entrer/sortir en courant** to run in/out b (= se précipiter) to rush ▪ **~ chez le docteur** to rush to the doctor's ▪ **tu peux toujours ~ !*** you can whistle for it!* ▪ **~ à la catastrophe** to be rushing headlong into disaster ▪ **~ après qn** to run after sb ▪ **~ sur le système** ou **le haricot à qn*** to get on sb's nerves* c (= se répandre) ▪ **le bruit court que...** rumour has it that... ▪ **laisse ~ !*** forget it!* 2 vt a (Sport) [+ épreuve] to compete in b (= s'exposer à) ▪ **~ de grands dangers** to be in great danger ▪ **~ un risque** to run a risk c [+ magasins] to go round ▪ **des gens comme lui, ça ne court pas les rues*** there aren't many like him d (= fréquenter) ▪ **~ les filles** to chase the girls

couronne [kuʀɔn] nf a [de roi, pape] crown ▪ **la ~ d'Angleterre** the English crown ▪ **~ (funéraire** ou **mortuaire)** (fleurs) (funeral) wreath ▪ **~ de lauriers** laurel wreath ▪ **~ d'épines** crown of thorns b [de dent] crown c (= monnaie) crown

couronnement [kuʀɔnmɑ̃] nm [de roi, empereur] coronation ; [de carrière, œuvre] crowning achievement

couronner [kuʀɔne] vt to crown ▪ **on le couronna roi** he was crowned king ▪ **et pour ~ le tout** (iro) and to cap it all ▪ **ses efforts ont été couronnés de succès** his efforts were crowned with success

courre [kuʀ] vt → **chasse**

courriel [kuʀjɛl] nm e-mail

courrier [kuʀje] nm a (= lettres reçues) mail ; (= lettres à écrire) letters ▪ **~ électronique** e-mail ▪ **envoyer qch par ~ électronique** to e-mail sth ▪ **~ indésirable** spam ▪ **envoi de ~s indésirables** spamming b (= rubrique) column ▪ **~ du cœur** problem page ▪ **~ des lecteurs** letters to the Editor

> ⚠ **courrier** ne se traduit pas par ***courier***, qui signifie « coursier, guide ».

courroie [kuʀwa] nf (= attache) strap ; (Tech) belt ▪ **~ de transmission** driving belt

cours [kuʀ] nm **a** (= leçon) class ; (Univ) lecture ▪ **il donne des ~ à l'université** he lectures at the university ▪ **je ne ferai pas ~ demain** I won't be teaching tomorrow ▪ **j'ai (un) ~ d'histoire à quatorze heures** I've got a history class at two o'clock ▪ **~ du soir** (pluriel) evening classes ▪ **~ par correspondance** correspondence course ▪ **donner/prendre des ~ particuliers** to give/have private lessons **b** (= enseignement) ▪ **~ préparatoire/élémentaire/moyen** *first/second or third/fourth or fifth year in primary school* **c** (= établissement) school **d** [de rivière] ▪ **descendre le ~ de la Seine** to go down the Seine ▸ **cours d'eau** watercourse **e** [de valeurs, matières premières] price ; [de devises] rate ▪ **avoir ~** [monnaie] to be legal tender ▪ **~ du change** foreign exchange rate **f** (= déroulement) course ▪ **donner libre ~ à** [+ imagination] to give free rein to ; [+ joie, sentiment] to give vent to ▪ **au ~ de** during ▪ **en ~** [année] current ; [affaires, essais] in progress ▪ **c'est en ~ de réparation** it's being repaired ▪ **en ~ de route** on the way

course [kuʀs] nf **a** (= action de courir) running ▪ **c'est la ~*** it's a race against the clock **b** (= discipline) racing ▪ **la ~ (à pied)** running ▪ **faire la ~ avec qn** to race with sb ▸ **course de haies** hurdling *NonC* **c** (= compétition) race ▪ **les ~s** [de chevaux] horse racing ▸ **course automobile** motor race ▸ **course d'obstacles** (Sport) obstacle race; (Équitation) steeplechase **d** (pour l'obtention de qch) race ▪ **la ~ aux armements** the arms race **e** (en taxi) ride ; (= prix) fare **f** (= commission) errand ▪ **faire une ~** to get something from the shops BR ou stores US ▪ **faire les ~s** to do the shopping

> ⚠ **course** ne se traduit pas par le mot anglais *course*.

coursier, -ière [kuʀsje, jɛʀ] nm,f courier ; (à moto) dispatch rider

court[1], e [kuʀ, kuʀt] **1** adj short ▪ **la journée m'a paru ~e** the day seemed to go very quickly ▪ **tirer à la ~e paille** to draw straws **2** adv ▪ **elle s'habille très ~** she wears very short skirts ▪ **avoir les cheveux coupés ~** to have short hair ▪ **couper ~ à** [+ débat, rumeur, critiques] to put a stop to ▪ **prendre qn de ~** to catch sb unawares ▪ **être à ~ de qch** to be short of sth ▪ **appelez-moi Bob tout ~** just call me Bob

court[2] [kuʀ] nm (Sport) court ▪ **~ de tennis/badminton** tennis/badminton court

court-bouillon (pl **courts-bouillons**) [kuʀbujɔ̃] nm court-bouillon ▪ **au ~** in a court-bouillon

court-circuit (pl **courts-circuits**) [kuʀsiʀkɥi] nm short-circuit

court-circuiter [kuʀsiʀkɥite] vt (Élec) to short-circuit ; [+ personne, service] to bypass

court-courrier (pl **courts-courriers**) [kuʀkuʀje] **1** adj [vol] short-haul *avant n* **2** nm (= avion) short-range aircraft

CO

courtier, -ière [kuʀtje, jɛʀ] nm,f broker ▪ **~ en assurances** insurance broker

courtiser [kuʀtize] vt [+ femme] to court

court-jus* (pl **courts-jus**) [kuʀʒy] nm short-circuit

court-métrage (pl **courts-métrages**) [kuʀmetʀaʒ] nm → **métrage**

courtois, e [kuʀtwa, waz] adj courteous

courtoisie [kuʀtwazi] nf courtesy

couru, e [kuʀy] adj **a** [restaurant, spectacle] popular **b** ▪ **c'est ~ (d'avance)*** it's a foregone conclusion

couscous [kuskus] nm couscous

cousin, e [kuzɛ̃, in] nm,f cousin ▪ **~ germain** first cousin

coussin [kusɛ̃] nm cushion ▪ **~ d'air** air cushion

cousu, e [kuzy] adj sewn ▪ **c'est ~ de fil blanc** (fig) it's so obvious

coût [ku] nm cost ▪ **le ~ de la vie** the cost of living ▪ **à bas ~** [compagnie aérienne, vol] low cost, budget

coûtant [kutɑ̃] adj m ▪ **prix ~** cost price

couteau (pl **~x**) [kuto] nm knife ▪ **~ à beurre/huîtres** butter/oyster knife ▪ **être à couteau(x) tiré(s)** to be at daggers drawn ▪ **remuer** ou **retourner le ~ dans la plaie** to twist the knife in the wound ▸ **couteau de cuisine** kitchen knife

coûter [kute] vti to cost ▪ **combien ça coûte ?** how much is it? ▪ **ça coûte cher ?** is it expensive? ▪ **ça m'a coûté 10 €** it cost me €10 ▪ **ça coûte une fortune** ou **les yeux de la tête*** ou **un bras*** it costs a fortune ou an arm and a leg* ▪ **ça va lui ~ cher** [erreur, impertinence] it will cost him dearly ▪ **ça ne coûte rien d'essayer** it costs nothing to try ▪ **ça lui a coûté la vie** it cost him his life ▪ **coûte que coûte** at all costs

coûteux, -euse [kutø, øz] adj costly

coutume [kutym] nf custom ▪ **comme de ~** as usual

couture [kutyʀ] nf **a** (= action, ouvrage) sewing ; (= profession) dressmaking ▪ **faire de la ~** to sew ; → **haut** **b** (= points) seam

couturier [kutyʀje] nm (= personne) fashion designer ▪ **grand ~** top designer

couturière [kutyʀjɛʀ] nf (= personne) dressmaker

couvent [kuvɑ̃] nm **a** [de sœurs] convent ; [de moines] monastery ▪ **entrer au ~** to enter a convent **b** (= internat) convent school

couver [kuve] **1** vi [feu] to smoulder ; [émeute] to be brewing **2** vt **a** [poule] to sit on **b** [+ enfant] to cosset ▪ **il couve quelque chose** (maladie) he's sickening for something

couvercle [kuvɛʀkl] nm lid ; [d'aérosol] top

couvert, e [kuvɛʀ, ɛʀt] **1** adj **a** (= habillé) ▪ **tu n'es pas assez ~** you're not dressed warmly enough **b** ▪ **~ de** [+ boutons, taches] covered in ou with ▪ **~ de bleus** covered in bruises **c** [ciel] overcast ; → **mot** **d** [piscine, court de tennis] indoor **2** nm **a** (= ustensiles) place setting ▪ **des ~s en plastique** plastic knives and forks **b** (à table) ▪ **mettre le ~** to lay the table ▪ **mets un ~ de plus** lay another place

couverture [kuvɛʀtyʀ] nf **a** (literie) blanket ▪ **~ chauffante** ou **électrique** electric blanket **b** [de cahier, livre] cover ; (= jaquette) dust cover **c** (= protection) cover ▪ **~ sociale** social security cover

couveuse [kuvøz] nf [de bébé] incubator ▪ **être en ~** to be in an incubator

couvre-feu (pl **~x**) [kuvʀəfø] nm curfew

couvre-lit (pl **~s**) [kuvʀəli] nm bedspread

couvre-livre (pl **~s**) [kuvʀəlivʀ] nm book cover

couvre-pied (pl **~s**) [kuvʀəpje] nm quilt

couvrir [kuvʀiʀ] **1** vt **a** to cover (*de, avec* with) ▪ **couvre bien les enfants** wrap the children up well ▪ **~ qn** (dans une affaire) to cover up for sb ▪ **~ qn de cadeaux** to shower sb with gifts ▪ **~ qn de baisers** to cover sb with kisses ▪ **~ qn d'éloges** to heap praise on sb **b** (= masquer) [+ son, voix] to drown out **2** **se couvrir** vpr **a** ▪ **se ~ de fleurs/feuilles** [arbre] to come into bloom/leaf ▪ **se ~ de ridicule** to bring ridicule upon o.s. **b** (= s'habiller) to cover up **c** (= se protéger) to cover o.s. **d** [ciel] to cloud over ▪ **le temps se couvre** it's clouding over

covoiturage [kovwatyʀaʒ] nm car sharing

covoiturer [kovwatyʀe] vi to car-share

cow-boy (pl **~s**) [kobɔj] nm cowboy

coyote [kɔjɔt] nm coyote

CP [sepe] nm (abrév de **cours préparatoire**) *first year in primary school*

CPI [sepei] nf (abrév de **Cour pénale internationale**) ICC

CQFD [sekyɛfde] (abrév de **ce qu'il fallait démontrer**) QED

crabe [kʀɑb] nm crab

crac [kʀak] excl [de bois, glace] crack ; [d'étoffe] rip

crac-crac [kʀakkʀak] loc ▪ **faire ~*** to have it off*

crachat [kʀaʃa] nm spit *NonC*

craché, e* [kʀaʃe] adj ▪ **c'est son père tout ~** he's the spitting image of his father

cracher [kʀaʃe] **1** vi to spit ▪ **~ sur qn** to spit at sb ; (fig) to despise sb ▪ **il ne crache pas sur le caviar*** he doesn't turn his nose up at caviar ▪ **~ dans la soupe*** to bite the hand that feeds you **2** vt **a** [sang] to spit ; [+ bouchée] to spit out **b** [cheminée, volcan] to belch

cracheur, -euse [kʀaʃœʀ, øz] nm,f ▪ **~ de feu** ou **de flammes** fire-eater

crachin [kʀaʃɛ̃] nm drizzle

crack[1]* [kʀak] nm (= personne) ace ▪ **un ~ en informatique** an ace at computing

crack[2] [kʀak] nm (Drogue) crack

crade⁑ [kʀad], **cradingue**⁑ [kʀadɛ̃g], **crado(s)**⁑ [kʀado(s)] adj scuzzy⁑

craie [kʀɛ] nf chalk ▪ **à la ~** in chalk

craignait [kʀɛɲɛ] vb → **craindre**

craindre [kʀɛ̃dʀ] **1** vt [personne] to be afraid of ▪ **~ de faire qch** to be afraid of doing sth ▪ **il craint de se faire mal** he's afraid of hurting himself ▪ **je crains d'avoir bientôt à partir** I'm afraid I'll have to leave soon ▪ **~ que...** to be afraid that... ▪ **je crains qu'il (n')attrape froid** I'm afraid he'll catch cold ▪ **~ pour** [+ vie, réputation] to fear for ▪ **~ le froid** [plante] to be easily damaged by cold **2** vi (**, péj) ▪ **il craint, ce type** that guy's a real creep* ▪ **ça craint dans ce quartier** this is a really shady* area

crainte [kʀɛ̃t] nf (= peur) fear ▪ **sans ~** [affronter, parler] fearlessly ▪ **de ~ que...** fearing that...

craintif, -ive [kʀɛ̃tif, iv] adj timid

cramé, e* [kʀame] **1** adj burnt **2** nm ▪ **ça sent le ~** I can smell burning

cramer⁑ [kʀame] **1** vi [maison] to go up in flames ; [papier, rôti] to burn **2** vt to burn

cramoisi, e [kʀamwazi] adj crimson

crampe [kʀɑ̃p] nf cramp ▪ **avoir une ~ au mollet** to have cramp BR ou a cramp US in one's calf ▪ **avoir des ~s d'estomac** to have stomach cramps

crampon [kʀɑ̃pɔ̃] nm [de chaussures] stud ; [d'alpiniste] crampon

cramponner (se) [kʀɑ̃pɔne] vpr (pour ne pas tomber) to hold on ▪ **se cramponner à** [+ branche, volant] to clutch ; [+ personne, vie, espoir] to cling to

cran [kʀɑ̃] nm **a** [de pièce dentée, crémaillère] notch ; [d'arme à feu] catch ; [de ceinture, courroie] hole ▪ **~ de sûreté** safety catch ▪ **(couteau à) ~ d'arrêt** flick-knife ▪ **monter/descendre d'un ~** (dans la hiérarchie) to move up/come down a rung ▪ **être à ~** to be very edgy **b** [de cheveux] wave **c** (* = courage) ▪ **il faut du ~ pour faire ça** you need guts* to do that sort of thing

crâne [kʀɑn] nm skull ▪ **avoir mal au ~*** to have a headache ▪ **n'avoir rien dans le ~*** to be empty-headed

> ⚠ **crâne** ne se traduit pas par ***crane***, qui signifie « grue ».

crâner* [kʀɑne] vi to show off*

crâneur, -euse* [kʀɑnœʀ, øz] nm,f show-off*

crânien, -ienne [kʀɑnjɛ̃, jɛn] adj → **boîte**

crapahuter* [kʀapayte] vi (= randonner) ▪ **on a crapahuté dans la montagne toute la journée** we trudged through the mountains all day

crapaud [kʀapo] nm (= animal) toad

crapule [kʀapyl] nf crook

craqueler [kʀakle] vt, **se craqueler** vpr to crack

craquement [kʀakmɑ̃] nm crack ; [de plancher, boiserie] creak ; [de feuilles sèches] crackle

craquer [kʀake] **1** vi **a** [parquet] to creak ; [feuilles mortes, disque] to crackle **b** (= céder) [collant] to rip ; [bois] to crack ▪ **ma veste craque aux coutures** my jacket is coming apart at the seams ; → **plein** **c** [accusé, malade] to collapse ▪ **j'ai craqué*** (fou) I cracked up* ; (enthousiasmé) I couldn't resist it (ou them ou him, etc) **2** vt **a** [+ pantalon] to rip **b** ▪ **~ une allumette** to strike a match

crash [kʀaʃ] nm crash

crasher (se)* [kʀaʃe] vpr to crash ▪ **se crasher à moto** to crash one's motorbike

crasse [kʀas] nf (= saleté) grime ▪ **faire une ~ à qn*** (= sale tour) to play a dirty trick on sb*

crasseux, -euse [kʀasø, øz] adj grimy

cratère [kʀatɛʀ] nm crater

cravache [kʀavaʃ] nf riding crop

cravate [kʀavat] nf tie

crawl [kʀol] nm (= nage) crawl ▪ **nager le ~** to do the crawl

crayon [kʀɛjɔ̃] nm **a** pencil ▪ **écrivez cela au ~** write that in pencil ▸ **crayon de couleur** crayon ▸ **crayon feutre** felt-tip pen ▸ **crayon à lèvres** lip pencil ▸ **crayon noir ou à papier** lead pencil ▸ **crayon optique** light pen ▸ **crayon pour les yeux** eyeliner pencil **b** (= matière) crayon

CRDP [seɛʀdepe] nm (abrév de **Centre régional de documentation pédagogique**) *national teachers' resource centre*

créance [kʀeɑ̃s] nf debt

créancier, -ière [kʀeɑ̃sje, jɛʀ] nm,f creditor

créateur, -trice [kʀeatœʀ, tʀis] nm,f creator ; (= artiste) designer ▪ **~ de mode** fashion designer

créatif, -ive [kʀeatif, iv] adj creative

création [kʀeasjɔ̃] nf creation ; [d'entreprise] setting up ▪ **il y a eu 200 ~s d'emplois** 200 jobs were created

créativité [kʀeativite] nf creativity

créature [kʀeatyʀ] nf creature

crécelle [kʀesɛl] nf rattle

crèche [kʀɛʃ] nf **a** (= établissement) crèche **b** (de Noël) crib BR, crèche US

crédibilité [kʀedibilite] nf credibility (*auprès de* with)

crédible [kʀedibl] adj credible ▪ **peu ~** unconvincing

crédit [kʀedi] nm **a** (= paiement différé) credit ▪ **faire ~ à qn** to give sb credit ▪ **acheter/vendre qch à ~** to buy/sell sth on credit **b** (= prêt) loan ▪ **~ immobilier** mortgage **c** (= excédent d'un compte) credit ▪ **vous avez 1 500 € à votre ~** you are €1,500 in credit **d** (gén pluriel) (= fonds) ▪ **~s** funds **e** (= confiance) credit ; (= réputation) reputation ▪ **ça donne du ~ à ce qu'il affirme** that lends credence to what he says

crédit-bail (pl **crédits-bails**) [kʀedibaj] nm (= système) leasing ; (= contrat) lease

créditer [kʀedite] vt ▪ **~ un compte de** [+ somme] to credit an account with

créditeur, -trice [kʀeditœʀ, tʀis] adj ▪ **leur compte est ~** their account is in credit

credo [kʀedo] nm (= principes) credo

crédule [kʀedyl] adj credulous

crédulité [kʀedylite] nf credulity

créer [kʀee] vt to create ▪ **~ des ennuis/difficultés à qn** to create problems/difficulties for sb

crémaillère [kʀemajɛʀ] nf **a** [de cheminée] *hook for kettle* ; → **pendre** **b** (Rail, Tech) rack

crémation [kʀemasjɔ̃] nf cremation

crématoire [kʀematwaʀ] **1** adj crematory **2** nm crematorium

crématorium [kʀematɔʀjɔm] nm crematorium

crème [kʀɛm] **1** nf cream ; (= peau sur le lait) skin ; (= entremets) cream dessert ▪ **~ d'asperges** (= potage) cream of asparagus (soup) ▪ **fraises à la ~** strawberries and cream ▪ **gâteau à la ~** cream cake ▸ **crème anglaise** *thin custard made with eggs* ▸ **crème (au) caramel** crème caramel ▸ **crème fouettée** (sweetened) whipped cream ▸ **crème fraîche** crème fraîche ▸ **crème glacée** ice cream ▸ **crème pâtissière** confectioner's custard ▸ **crème renversée** cup custard **2** adj inv cream **3** nm (= café au lait) coffee with milk

crémerie [kʀɛmʀi] nf *shop selling dairy products*

crémeux, -euse [kʀemø, øz] adj creamy

créneau (pl **~x**) [kʀeno] nm **a** [de rempart] ▪ **les ~x** the battlements **b** ▪ **faire un ~** [conducteur] to parallel park **c** (dans un marché, un emploi du temps) gap ▪ **~ (horaire)** (TV) (time) slot

créole [kʀeɔl] **1** adj creole **2** nm (= langue) Creole **3** nmf Creole **4** nf (= boucle d'oreille) hoop earring

crêpe[1] [kʀɛp] nf (= galette) pancake BR, crêpe

crêpe[2] [kʀɛp] nm **a** (= tissu, caoutchouc) crepe **b** (de deuil) black mourning crepe

crêper [kʀepe] **1** vt [+ cheveux] to backcomb **2** **se crêper** vpr ▪ **se ~ le chignon*** to tear each other's hair out

crêperie [kʀɛpʀi] nf crêperie

crépi [kʀepi] nm roughcast

crépir [kʀepiʀ] vt to roughcast

crépiter [kʀepite] vi [feu, électricité] to crackle ; [bougie, friture] to sputter ; [flashs] to go off ▪ **les applaudissements crépitèrent** there was a ripple of applause

crépon [kʀepɔ̃] nm → **papier**

crépu, e [kʀepy] adj [cheveux] frizzy

crépuscule [kʀepyskyl] nm dusk ▪ **au ~** at dusk

crescendo [kʀeʃɛndo] adv, nm ▪ **aller ~** [vacarme, acclamations] to rise in a crescendo ; [colère, émotion] to grow ever greater

cresson [kʀesɔ̃] nm watercress

Crète [kʀɛt] nf Crete

crête [kʀɛt] nf **a** [de coq] comb ; [d'oiseau] crest **b** [de toit, montagne] ridge ; [de vague] crest

crétin, e [kʀetɛ̃, in] nm,f (péj) cretin*

creuser [kʀøze] **1** vt **a** [+ bois, falaise] to hollow out ; [+ sol, roc] to dig a hole in ; [+ puits, tranchée, trou, tunnel] to dig ▪ **la promenade, ça creuse*** walking gives you a real appetite **b** [+ problème, sujet] to go into ▪ **c'est une idée à ~** it's an idea worth pursuing **2** **se creuser** vpr [joues, visage] to become gaunt ; [écart] to widen ▪ **se ~ (la cervelle** ou **la tête)*** to rack one's brains

creuset [kʀøzɛ] nm crucible ; (= lieu de brassage) melting pot

creux, creuse [kʀø, kʀøz] **1** adj **a** [objet, joues, paroles] hollow **b** (= sans activité) slack ▪ **les heures creuses** (métro, électricité, téléphone) off-peak periods ▪ **période creuse** slack period ; (Tourisme) low season **2** nm **a** (= cavité) hole ▪ **avoir un ~*** to feel hungry **b** (= dépression) hollow ▪ **ça tient dans le ~ de la main** it's small enough to hold in your hand ▪ **au ~ des reins** in the small of one's back **c** (= activité réduite) slack period ▪ **j'ai un ~ entre 12 et 13 h** I'm free between midday and one o'clock

crevaison [kʀəvɛzɔ̃] nf flat tyre BR ou tire US

crevant, e* [kʀəvɑ̃, ɑ̃t] adj (= fatigant) gruelling

crevasse [kʀəvas] nf [de sol, peau] crack ; [de glacier] crevasse

crevassé, e [kʀəvase] adj [sol] cracked ; [mains, peau] chapped

crève* [kʀɛv] nf ▪ **j'ai la ~** I've got a bad cold

crevé, e [kʀəve] adj **a** [pneu] punctured ▪ **j'ai un pneu ~** I've got a flat tyre BR ou tire US **b** (* = fatigué) exhausted

crever [kʀəve] **1** vt **a** [+ pneu] to puncture ; [+ ballon] to burst ▪ **~ un œil à qn** to poke sb's eye out ▪ **ça crève les yeux** it's as plain as the nose on your face **b** (* = exténuer) ▪ **~ qn** [personne] to wear sb out **2** vi **a** [fruit, sac, abcès] to burst ▪ **~ de jalousie** to be sick with jealousy ▪ **~ d'envie de faire qch** to be dying to do sth* **b** (* = mourir) to die ▪ **on crève de chaud ici** it's boiling in here* ▪ **je crève de faim** I'm starving* ▪ **je crève de soif** I'm dying of thirst* **c** [automobiliste] to have a flat tyre BR ou tire US ; [pneu] to go flat **3** **se crever** vpr (* = se fatiguer) to kill o.s.* (*à faire qch* doing sth)

crevette [kʀəvɛt] nf ▪ **~ (rose)** prawn ▪ **~ grise** shrimp

cri [kʀi] nm **a** [de personne] cry ; (très fort) scream ; (ton aigu) shriek ▪ **pousser des ~s (de joie/triomphe)** to cry out (in joy/triumph) ▪ **~ du cœur** cry from the heart **b** [d'animal] noise ; [d'oiseau] call ; [de cochon] squeal **c** (loc) ▪ **c'est le dernier ~** it's the latest thing ▪ **un ordinateur dernier ~** a state-of-the-art computer

criant, e [kʀijɑ̃, ɑ̃t] adj striking

criard, e [kʀijaʀ, aʀd] adj [couleurs, vêtement] loud

crible [kʀibl] nm riddle ▪ **passer au ~** (fig) to examine closely

criblé, e [kʀible] adj ▪ **~ de** [+ balles, trous] riddled with ▪ **~ de dettes** crippled by debt

cribler [kʀible] vt ▪ **~ qch/qn de balles** to riddle sth/sb with bullets

cric [kʀik] nm (car) jack ▪ **soulever qch au ~** to jack sth up

cricket [kʀikɛt] nm cricket

criée [kʀije] nf (= salle) fish market ▪ **(vente à la) ~** (sale by) auction

crier [kʀije] **1** vi **a** [personne] to shout ; (très fort) to scream ; (ton aigu) to shriek ; (de peur, de douleur) to cry out ▪ **« oh non ! » cria-t-il** "oh no!", he cried **b** [oiseau, singe] to call ; [mouette] to cry ; [souris] to squeak **c** (avec préposition) ▪ **~ contre** ou **après* qn** to nag sb ▪ **~ au scandale** to call it a scandal **2**

vt [+ ordre, injures] to shout ; [+ indignation] to express ; [+ innocence] to protest ■ **sans ~ gare** without warning

> ⚠ **crier** ne se traduit que rarement par *to cry*.

crime [kʀim] nm a (= meurtre) murder ■ **la victime/l'arme du ~** the murder victim/weapon ■ **~ passionnel** crime of passion b (= délit grave) crime ■ **~ de guerre** war crime ■ **~ contre l'humanité** crime against humanity ■ **il est parti avant l'heure ? ce n'est pas un ~ !** he left early? well, that's hardly a crime!

criminalité [kʀiminalite] nf (= actes criminels) crime ■ **la grande/petite ~** serious/petty crime

criminel, -elle [kʀiminɛl] 1 adj criminal 2 nm,f (= meurtrier) murderer ; [de délit grave] criminal

crin [kʀɛ̃] nm [de cheval] hair *NonC* ; → **gant**

crinière [kʀinjɛʀ] nf mane

crique [kʀik] nf cove

criquet [kʀikɛ] nm locust ; (= sauterelle) grasshopper

crise [kʀiz] nf a [d'appendicite, asthme, rhumatisme] attack ■ **~ d'épilepsie** epileptic fit ▸ **crise cardiaque** heart attack ▸ **crise de foie** bad attack of indigestion b [de colère, rage, jalousie] fit ■ **la ~ (de rire) !*** what a scream!* ■ **piquer une** ou **sa ~*** to fly off the handle ▸ **crise de nerfs** fit of hysterics c (= bouleversement) crisis ■ **~ économique/d'identité** economic/identity crisis ■ **en (état de) ~** in (a state of) crisis

criser* [kʀize] vi to fly off the handle*

crispation [kʀispasjɔ̃] nf a (= spasme) twitch ■ **des ~s nerveuses** nervous twitching b (= tension) tension

crispé, e [kʀispe] adj tense

crisper [kʀispe] 1 vt (* = agacer) ■ **~ qn** to get on sb's nerves* 2 **se crisper** vpr [visage] to tense ; [sourire] to become strained ; [poings] to clench ; [personne] to become tense ■ **ses mains se crispèrent sur le volant** he clutched the wheel

crissement [kʀismɑ̃] nm [de neige, gravier] crunch *NonC* ; [de pneus, freins] screech *NonC*

crisser [kʀise] vi [neige, gravier] to crunch ; [pneus, freins] to screech ; [plume] to scratch ; [craie] to squeak

cristal (pl **-aux**) [kʀistal, o] nm crystal ■ **de** ou **en ~** crystal ■ **à cristaux liquides** liquid crystal

cristallin, e [kʀistalɛ̃, in] 1 adj (= limpide) crystal-clear 2 nm crystalline lens

cristallisé, e [kʀistalize] adj [sucre] (coarse) granulated

cristalliser [kʀistalize] vti, **se cristalliser** vpr to crystallize

critère [kʀitɛʀ] nm criterion ■ **~s de sélection** selection criteria

critique [kʀitik] 1 adj critical ■ **il s'est montré très ~ (au sujet de...)** he was very critical (of...) 2 nf a (= blâme) criticism ■ **il ne supporte pas la ~** he can't take criticism ; [de livre, spectacle] review ■ **la ~ littéraire** literary criticism b (= personnes) ■ **la ~** the critics 3 nmf (= commentateur) critic

critiquer [kʀitike] vt (= blâmer) to criticize

croasser [kʀɔase] vi to caw

croate [kʀɔat] 1 adj Croatian 2 nm (= langue) Croatian 3 **Croate** nmf Croatian

Croatie [kʀɔasi] nf Croatia

croc [kʀo] nm (= dent) fang ■ **montrer les ~s** [animal] to bare its teeth ■ **avoir les ~s*** to be starving*

croc-en-jambe (pl **crocs-en-jambe**) [kʀɔkɑ̃ʒɑ̃b] nm ■ **faire un ~ à qn** to trip sb up

croche [kʀɔʃ] nf (= note) quaver BR, eighth (note) US ■ **double ~** semiquaver BR, sixteenth (note) US

croche-patte* (pl **~s**) [kʀɔʃpat] nm ■ **faire un ~ à qn** to trip sb up

croche-pied (pl **~s**) [kʀɔʃpje] nm ■ **faire un ~ à qn** to trip sb up

crochet [kʀɔʃɛ] nm a (= fer recourbé) hook ■ **vivre aux ~s de qn*** to sponge off sb* b (= aiguille) crochet hook ; (= technique) crochet ■ **faire du ~** to crochet c (Boxe) ■ **~ du gauche/du droit** left/right hook d [de voyage] detour ■ **on a fait un ~ par Caen** we made a detour through Caen e (= parenthèse) square bracket ■ **entre ~s** in square brackets

crocheter [kʀɔʃte] vt a [+ serrure] to pick ; [+ porte] to pick the lock of b [+ napperon, vêtement] to crochet

crochu, e [kʀɔʃy] adj [nez] hooked ; [mains, doigts] claw-like ; → **atome**

crocodile [kʀɔkɔdil] nm crocodile ■ **sac en ~** crocodile handbag

crocus [kʀɔkys] nm crocus

croire [kʀwaʀ] 1 vt a to believe ■ **je veux bien le ~** I can well believe it ■ **on l'a cru mort** he was believed to be dead b (= penser) to think ■ **elle croyait avoir perdu son sac** she thought she had lost her bag ■ **je crois que oui** I think so ■ **je crois que non** I don't think so ■ **il n'est pas là ? – je crois que si** isn't he in? – yes I think he is ■ **je la croyais avec vous** I thought she was with you ■ **on croirait une hirondelle** it looks like a swallow ■ **on croirait entendre une clarinette** it sounds like a clarinet 2 vt indir a ■ **~ à** to believe in ■ **on**

cr

a cru d'abord à un accident at first they thought it was accident ▪ **veuillez ~ à mes sentiments dévoués** yours sincerely **b** ▪ **~ en** to believe in ▪ **~ en Dieu** to believe in God ▪ **il n'en croyait pas ses oreilles** he couldn't believe his ears **3** **se croire** vpr ▪ **se ~ malin** to think one is clever ▪ **elle se croit tout permis** she thinks she can get away with anything ▪ **on se croirait en été** you'd almost think it was summer ▪ **il s'y croit*** he thinks he's really something*

croisade [kʀwazad] nf crusade ▪ **partir en ~ contre/pour** to launch a crusade against/for

croisement [kʀwazmɑ̃] nm **a** (= carrefour) crossroads **b** [de races] crossbreeding *NonC* ; (= résultat) cross

croiser [kʀwaze] **1** vt **a** [+ bras, jambes, fils] to cross ▪ **les jambes croisées** cross-legged ▪ **croisons les doigts !** fingers crossed! **b** (= couper) [+ route, ligne] to cross **c** [+ véhicule, passant] to pass ▪ **j'ai croisé Jean dans la rue** I saw Jean in the street ▪ **son regard croisa le mien** his eyes met mine **d** [+ races] to crossbreed **2** vi [bateau] to cruise **3** **se croiser** vpr **a** [chemins, lignes] to cross ; [regards] to meet **b** [personnes, véhicules] to pass each other

croisière [kʀwazjɛʀ] nf cruise ▪ **faire une ~** to go on a cruise ▪ **régime** ou **rythme** ou **vitesse de ~** cruising speed

croissance [kʀwasɑ̃s] nf growth

croissant¹ [kʀwasɑ̃] nm **a** (= forme) crescent ▪ **~ de lune** crescent moon **b** (= viennoiserie) croissant

croissant², e [kʀwasɑ̃, ɑ̃t] adj [succès, nombre, tension] growing ▪ **aller ~** to grow ; [bruit] to grow louder

croître [kʀwatʀ] vi to grow ▪ **~ en nombre/volume** to increase in number/volume

croix [kʀwa] nf cross ▪ **~ gammée** swastika ▪ **mettre les bras en ~** to stretch one's arms out sideways ▪ **faire** ou **mettre une ~ devant un nom** to put a cross by a name

Croix-Rouge [kʀwaʀuʒ] nf ▪ **la ~** the Red Cross

cromesquis [kʀɔmɛski] nm croquette

croquant, e [kʀɔkɑ̃, ɑ̃t] adj [salade] crisp ; [fruit, biscuit] crunchy

croque [kʀɔk] nm ⇒ **croque-monsieur**

croque-madame [kʀɔkmadam] nm inv *toasted ham and cheese sandwich with a fried egg on top*

croque-monsieur [kʀɔkməsjø] nm inv *toasted ham and cheese sandwich*

croquer [kʀɔke] **1** vt [+ biscuits, noisettes, bonbons] to crunch ; [+ fruit] to bite into **2** vi **a** [fruit] to be crunchy ; [salade] to be crisp **b** (= mordre) ▪ **~ dans une pomme** to bite into an apple ▪ **~ la vie à pleines dents** to live life to the full

croquette [kʀɔkɛt] nf croquette ▪ **~s pour chiens/chats** dry dog food/cat food

croquis [kʀɔki] nm sketch

cross [kʀɔs] nm (= course) cross-country run ; (= sport) cross-country running

crosse [kʀɔs] nf [de fusil] butt ; [de revolver] grip ▪ **~ de hockey** hockey stick

crotte [kʀɔt] **1** nf [de brebis, lapin, souris] dropping ▪ **~ de nez*** bogey‡ BR, booger‡ US ▪ **c'est plein de ~s de chien** it's covered in dog mess **2** excl * oh heck!*

crotté, e [kʀɔte] adj muddy

crottin [kʀɔtɛ̃] nm **a** [de cheval] manure *NonC* **b** (= fromage) *small, round goat's milk cheese*

croulant* [kʀulɑ̃] nm(péj) ▪ **vieux ~** old fogey‡

crouler [kʀule] vi [maison, mur] to collapse ▪ **la salle croulait sous les applaudissements** the auditorium resounded with applause ▪ **ils croulent sous les dettes** they are crippled by debts

croupe [kʀup] nf [de cheval] croup ▪ **monter en ~** to ride pillion

croupi, e [kʀupi] adj stagnant

croupier, -ière [kʀupje, jɛʀ] nm,f croupier

croupion [kʀupjɔ̃] nm [de volaille] parson's nose BR, pope's nose US ▪ **parlement ~** rump parliament

croupir [kʀupiʀ] vi [eau] to stagnate ▪ **~ en prison** to rot in prison

croustillant, e [kʀustijɑ̃, ɑ̃t] adj **a** [aliment] crisp **b** (= grivois) spicy

croustiller [kʀustije] vi to be crisp

croûte [kʀut] nf **a** [de pain, pâté] crust ; [de fromage] rind ▪ **la ~ terrestre** the earth's crust **b** (sur plaie) scab ▪ **sac en ~ de cuir** hide bag **c** (péj = tableau) lousy painting

croûton [kʀutɔ̃] nm (= bout du pain) crust ; (frit) crouton ▪ **(vieux) ~** (*, péj) old fuddy-duddy*

croyance [kʀwajɑ̃s] nf belief

croyant, e [kʀwajɑ̃, ɑ̃t] **1** adj ▪ **être ~** to be a believer **2** nm,f believer

CRS [seɛʀɛs] (abrév de **Compagnie républicaine de sécurité**) nm ≈ member of the riot police ▪ **les ~** ≈ the riot police

cru¹, e¹ [kʀy] adj **a** (= non cuit) raw **b** [lumière, couleur] harsh **c** (= franc) blunt **d** (= choquant) crude

cru² [kʀy] nm **a** (= vignoble) vineyard ▪ **du ~** local **b** (= vin) wine ▪ **un grand ~** a great wine

cru³ [kʀy] ptp de **croire**

crû [kʀy] ptp de **croître**

cruauté [kʀyote] nf cruelty (*envers* to)

cruche [kʀyʃ] nf **a** (= récipient) jug BR, pitcher US **b** (* = imbécile) twit*

crucial, e (mpl **-iaux**) [kʀysjal, jo] adj crucial

crucifier [kʀysifje] vt to crucify

crucifix [kʀysifi] nm crucifix

cruciverbiste [kʀysivɛʀbist] nmf crossword-puzzle enthusiast

crudités [kʀydite] nfpl mixed raw vegetables

crue[2] [kʀy] nf (= montée des eaux) rise in the water level ; (= inondation) flood ▪ **en ~** in spate

cruel, -elle [kʀyɛl] adj cruel (*envers* towards) ; [manque] desperate

cruellement [kʀyɛlmɑ̃] adv **a** (= méchamment) cruelly **b** [déçu] bitterly ; [éprouvé] greatly ▪ **manquer ~ de qch** to be desperately short of sth

crûment [kʀymɑ̃] adv (= nettement) bluntly ; (= grossièrement) crudely

crustacé [kʀystase] nm crustacean ▪ **~s** (cuisinés) seafood

cryogénie [kʀijɔʒeni] nf cryogenics *sg*

crypte [kʀipt] nf crypt

crypter [kʀipte] vt to encrypt ▪ **chaîne/émission cryptée** encrypted channel/programme

cryptodevise [kʀiptodeviz] nf cryptocurrency

cryptogramme [kʀipt] nm cryptogram ; [de carte bancaire] card security code, card verification number, CVV

cryptomonnaie [kʀiptomɔnɛ] nf cryptocurrency

CSG [seɛsʒe] nf (abrév de **contribution sociale généralisée**) *supplementary social security contribution*

Cuba [kyba] n Cuba ▪ **à ~** in Cuba

cubain, e [kybɛ̃, ɛn] **1** adj Cuban **2** **Cubain(e)** nm,f Cuban

cube [kyb] **1** nm cube ; [de jeu] building block **2** adj ▪ **centimètre/mètre ~** cubic centimetre/metre

cubique [kybik] adj cubic

cubisme [kybism] nm Cubism

cubiste [kybist] adj, nmf Cubist

cubitus [kybitys] nm ulna

cucu(l)* [kyky] adj [personne] silly ; [film, livre] corny*

cueillette [kœjɛt] nf [de fleurs, fruits] picking

cueillir [kœjiʀ] vt [+ fleurs, fruits] to pick

cuillère, cuiller [kɥijɛʀ] nf (= ustensile) spoon ; (= contenu) spoonful ▪ **petite ~, ~ à café** teaspoon ▪ **une ~ à café de sirop** a teaspoonful of cough mixture ▪ **~ à soupe** soup spoon ; (pour mesurer) tablespoon

cuillerée [kɥijʀe] nf spoonful ▪ **~ à soupe** tablespoonful ▪ **~ à café** teaspoonful

cuir [kɥiʀ] nm leather ; (sur animal vivant) hide ▪ **de** ou **en ~** leather ▸ **cuir chevelu** scalp

cuirasse [kɥiʀas] nf [de chevalier] breastplate ; (fig) armour BR, armor US

cuirassé [kɥiʀase] nm battleship

cuire [kɥiʀ] **1** vt ▪ **(faire) ~** to cook ▪ **~ au four** [+ pain, gâteau, pommes] to bake ; [+ viande] to roast ; [+ pommes de terre] (avec matière grasse) to roast ; (sans matière grasse) to bake ▪ **~ qch à la vapeur/au gril/à la poêle** to steam/grill/fry sth ▪ **~ au beurre/à l'huile** to cook in butter/in oil ▪ **faire trop ~ qch** to overcook sth **2** vi [aliment] to cook ▪ **on cuit ici !*** it's boiling* in here!

cuisant, e [kɥizɑ̃, ɑ̃t] adj [défaite, échec, souvenir] bitter

cuisine [kɥizin] nf **a** (= pièce) kitchen **b** (= art culinaire) cookery ; (= préparation) cooking ▪ **la ~ française** French cooking ▪ **faire la ~** to do the cooking ▪ **il sait bien faire la ~** he's a good cook ▪ **une ~ épicée** spicy food ▸ **cuisine de rue** street food

cuisiner [kɥizine] vti to cook ▪ **il cuisine bien** he's a good cook

cuisinier, -ière [kɥizinje, jɛʀ] **1** nm,f cook **2** **cuisinière** nf (à gaz, électrique) stove, cooker BR

cuissardes [kɥisaʀd] nfpl [de pêcheur] waders ; [de femme] thigh boots

cuisse [kɥis] nf thigh ▪ **~ de poulet** chicken leg ▪ **~s de grenouilles** frogs' legs

cuisson [kɥisɔ̃] nf [d'aliments] cooking ; [de pain, gâteau] baking ; [de gigot] roasting ▪ **temps de ~** cooking time ▪ **~ à la vapeur/au four** steam/oven cooking

cuit, e [kɥi, kɥit] **1** adj **a** [aliment, plat] cooked ; [viande] done *attrib* ; [pomme] baked ▪ **bien ~** well done ▪ **trop ~** overdone ▪ **pas assez ~** underdone ▪ **~ à point** (= peu saignant) medium-cooked ▪ **il attend toujours que ça lui tombe tout ~ (dans le bec)*** he expects everything to be handed to him on a plate **b** (* = perdu) ▪ **il est ~** he's had it* ▪ **c'est ~ (pour ce soir)** we've had it (for tonight)* **2** **cuite**‡ nf ▪ **prendre une ~e** to get plastered‡

cuiter (se)‡ [kɥite] vpr to get plastered‡

cuivre [kɥivʀ] nm **a** ▪ **~ (rouge)** copper ▪ **~ jaune** brass **b** ▪ **~s** (= ustensiles) (de ~) copper ; (de cuivre jaune) brasses **c** (= instrument) ▪ **les ~s** the brass section

cuivré, e [kɥivʀe] adj [reflets] coppery ; [teint] bronzed

cul [ky] nm **a** (‡ = postérieur) bum* BR, butt‡ US **b** [de bouteille] bottom ▪ **~ sec !** bottoms up!*

culasse [kylas] nf **a** [de moteur] cylinder head **b** [de canon, fusil] breech

culbute [kylbyt] nf ▪ **faire une ~** (cabriole) to turn a somersault ; (chute) to take a tumble

cul-de-sac (pl **culs-de-sac**) [kyd(ə)sak] nm (= rue) cul-de-sac ; (fig) blind alley

culinaire [kylinɛʀ] adj culinary ▪ **l'art ~** cookery

culminant, e [kylminɑ̃, ɑ̃t] adj ▪ **point ~** [de montagne] peak ; [de carrière, crise] height ▪ **c'est le point ~ du Jura** it's the highest peak in the Jura

culminer [kylmine] vi **a** [sommet] ▪ **le Mont-Blanc culmine à 4 807 mètres** Mont Blanc is 4,807 metres high **b** [salaire, bénéfice, récession] to peak (à at) **c** [astre] to reach its highest point

culot [kylo] nm **a** (* = effronterie) nerve* ▪ **il a du ~** he's got a nerve* **b** [d'ampoule] cap

culotte [kylɔt] nf (= slip) pants BR, panties US ▪ **c'est elle qui porte la ~** she wears the trousers ▪ **faire dans sa ~** (= uriner) to wet oneself ▸ **culotte de cheval** riding breeches; (aux hanches) saddlebags ▸ **culotte(s) courte(s)** short trousers

culotté, e* [kylɔte] adj (= effronté) cheeky* BR, sassy* US

culpabilisant, e [kylpabilizɑ̃, ɑ̃t] adj [discours, idée] guilt-producing ▪ **c'est un peu ~ de laisser les enfants seuls** you feel a bit guilty about leaving the children on their own

culpabiliser [kylpabilize] **1** vt ▪ **~ qn** to make sb feel guilty **2** **(se) culpabiliser** vi, vpr to feel guilty

culpabilité [kylpabilite] nf guilt

culte [kylt] **1** nm **a** (= vénération) worship ▪ **~ de la personnalité** personality cult **b** (= pratiques) form of worship ▪ **le ~ catholique** Catholic religious practice ▪ **lieu de ~** place of worship **c** (= office protestant) service **2** adj [film, livre] cult

cultivateur, -trice [kyltivatœʀ, tʀis] nm,f farmer

cultivé, e [kyltive] adj (= instruit) cultured

cultiver [kyltive] **1** vt **a** [+ champ] to cultivate **b** [+ céréales, légumes, vigne] to grow **c** [+ don, image, amitié] to cultivate **2** **se cultiver** vpr to improve one's mind

cultuel, -elle [kyltɥɛl] adj ▪ **édifice ~** place of worship ▪ **association cultuelle** religious organization

culture [kyltyʀ] **1** nf **a** (= connaissances) ▪ **la ~** culture ▪ **~ générale** general knowledge ▸ **culture physique** physical training **b** [de champ] cultivation ; [de légumes] growing **c** (= espèce cultivée) crop **d** (en laboratoire) culture **2** **cultures** nfpl (= terres cultivées) arable land

culturel, -elle [kyltyʀɛl] adj cultural

culturisme [kyltyʀism] nm body-building

culturiste [kyltyʀist] nmf body-builder

cumin [kymɛ̃] nm cumin

cumul [kymyl] nm ▪ **pour limiter le ~ des mandats** in order to limit the number of mandates that may be held at one time ▪ **avec ~ de peines** (Droit) sentences to run concurrently

cumuler [kymyle] vt [+ fonctions] to hold concurrently ; [+ salaires] to draw concurrently ▪ **intérêts cumulés** interests accrued

cupide [kypid] adj greedy

cupidité [kypidite] nf greed

curare [kyʀaʀ] nm curare

curateur, -trice [kyʀatœʀ, tʀis] nm,f [de mineur, aliéné] guardian ; [de succession] trustee, administrator ; [de musée, galerie] curator

curatif, -ive [kyʀatif, iv] adj curative

cure [kyʀ] nf **a** (= traitement) course of treatment ▪ **faire une ~ (thermale) à Vichy** to take the waters at Vichy ▪ **faire une ~ de sommeil** to have sleep therapy **b** (= consommation) diet ▪ **faire une ~ de fruits** to go on a fruit diet

curé [kyʀe] nm parish priest

cure-dent (pl **~s**) [kyʀdɑ̃] nm toothpick

curer (se) [kyʀe] vpr ▪ **se curer les dents/le nez** to pick one's teeth/nose ▪ **se curer les ongles/oreilles** to clean one's nails/ears

curieux, -ieuse [kyʀjø, jøz] **1** adj curious ▪ **je serais ~ de voir/savoir** I'd be interested to see/know ▪ **ce qui est ~, c'est que...** the curious thing is that... **2** nm,f (= badaud) onlooker

curiosité [kyʀjozite] nf curiosity ▪ **la ~ est un vilain défaut** (Prov) curiosity killed the cat *(Prov)*

curiste [kyʀist] nmf person taking the waters *(at a spa)*

curriculum vitæ [kyʀikylɔm(vite)] nm inv curriculum vitae BR, résumé US

curry [kyʀi] nm curry ▪ **poulet au ~** chicken curry

curseur [kyʀsœʀ] nm [de règle, ordinateur] cursor

cursus [kyʀsys] nm (Univ) ≈ degree course ; [de carrière] career path

cutané, e [kytane] adj skin

cutter [kœtœʀ] nm (petit) craft knife ; (gros) Stanley knife®

cuve [kyv] nf [de fermentation, teinture] vat ; [de mazout, eau] tank

cuvée [kyve] nf (= cru, année) vintage ; [d'étudiants, films] crop

cuver [kyve] vti ▪ **~ (son vin)*** to sleep it off*

cuvette [kyvɛt] nf basin ; (pour la toilette) washbowl ; [de WC] pan

CV [seve] nm **a** (abrév de **curriculum vitæ**) CV **b** (abrév de **cheval-vapeur**) hp

cyanure [sjanyʀ] nm cyanide

cyber(-) [sibɛʀ] préf cyber

cyberattaque [sibɛratak] nf cyberattack

cybercafé [sibɛʀkafe] nm cybercafé

cybercriminalité [sibɛʀkʀiminalite] nf cybercrime

cyberculture [sibɛrkyltyr] nf cyberculture

cyberdélinquance [sibɛrdelɛ̃kɑ̃s] nf cybercrime

cyberespace [sibɛʀɛspas] nm cyberspace

cyberespionnage [sibɛʀɛspjɔnaʒ] nm cyberespionage, cyberspying

cyberfraude [sibɛʀfʀod] nf cyberfraud

cyberharcèlement [sibɛʀarsɛlmɑ̃] nm cyberbullying, cyberstalking

cyberintimidation [sibɛrɛ̃timidasjɔ̃] nf cyberbullying

cybermarchand [sibɛʀmaʀʃɑ̃] nm cyberstore, cybershop

cybernaute [sibɛʀnot] nmf cybernaut

cybersécurité [sibɛʀsekyʀite] nf cybersecurity

cyborg [sibɔʀg] nmf cyborg

cyclable [siklabl] adj ▪ **piste ~** cycle track

cycle [sikl] nm **a** (= vélo) cycle ▪ **magasin de ~s** cycle shop **b** (= processus) cycle ▪ **~ menstruel** menstrual cycle ▪ **premier ~** (Scol) *first four years of secondary education* (Univ) ≈ first and second year ▪ **second** ou **deuxième ~** (Scol) *last three years of secondary education* (Univ) ≈ Final Honours ▪ **troisième ~** (Univ) ≈ postgraduate studies

cyclique [siklik] adj cyclical

cyclisme [siklism] nm cycling ▪ **faire du ~** to go cycling

cycliste [siklist] **1** adj ▪ **course/champion ~** cycle race/champion ▪ **coureur ~** racing cyclist **2** nmf cyclist **3** nm (= short) cycling shorts

cyclomoteur [siklomɔtœʀ] nm moped

cyclone [siklon] nm (= typhon) cyclone ; (= basse pression) zone of low pressure

cyclotourisme [sikloturism] nm ▪ **faire du ~** to go on a cycling holiday

cygne [siɲ] nm swan

cylindre [silɛ̃dʀ] nm cylinder ; (= rouleau) roller ▪ **une 6 ~s** a 6-cylinder car

cylindrée [silɛ̃dʀe] nf capacity ▪ **une grosse/petite ~** a big-engined/small-engined car

cymbale [sɛ̃bal] nf cymbal

cynique [sinik] adj cynical

cynisme [sinism] nm cynicism

cyprès [sipʀɛ] nm cypress

cystite [sistit] nf cystitis *NonC* ▪ **avoir une ~** to have cystitis

dD

d' [d] → **de**

d'abord [dabɔʀ] loc adv → **abord**

d'accord [dakɔʀ] loc adv, loc adj → **accord**

dactylo [daktilo] nf (= personne) typist

dada [dada] nm **a** (langage enfantin = cheval) horsey **b** (* = passe-temps) hobby

dahlia [dalja] nm dahlia

daigner [deɲe] vt to deign ■ **il n'a pas daigné répondre** he didn't deign to reply

daim [dɛ̃] nm **a** deer ; (mâle) buck **b** (= cuir) suede ■ **chaussures en ~** suede shoes

dais [dɛ] nm canopy

dalle [dal] nf (= pavement) paving stone ; (Constr) slab ; [de tombe] tombstone ■ **avoir ou crever la ~**‡ (= avoir faim) to be starving ■ **j'y pige que ~**‡ I don't get it*

dalmatien [dalmasjɛ̃] nm (= chien) Dalmatian

daltonien, -ienne [daltɔnjɛ̃, jɛn] adj colour-blind BR, color-blind US

dame [dam] nf **a** (= femme) lady ■ **il y a une ~ qui vous attend** there is a lady waiting for you ■ **la finale ~s** (Sport) the women's final ▸ **dame de compagnie** (lady's) companion ▸ **dame d'honneur** lady-in-waiting **b** (Cartes, Échecs) queen ; (Dames) crown ■ **jouer aux ~s** to play draughts BR or checkers US

damer [dame] vt **a** [+ terre, neige] to pack **b** ■ **~ le pion à qn** to get the better of sb

dameuse [damøz] nf (Ski) snow groomer

damier [damje] nm (Dames) draughtboard BR, checkerboard US ■ **à ~** [motif] chequered BR, checkered US

damner [dɑne] vt to damn

dandiner (se) [dɑ̃dine] vpr to waddle ■ **marcher en se dandinant** to waddle along

Danemark [danmaʀk] nm Denmark

danger [dɑ̃ʒe] nm danger ■ **courir un ~** to run a risk ■ **en cas de ~** in case of emergency ■ **sans ~** [opération, expérience] safe ■ **cet automobiliste est un ~ public** that driver is a danger to the public ■ **être en ~** to be in danger ■ **mettre en ~** [+ personne] to put in danger ; [+ vie] to endanger ; [+ réputation, carrière] to jeopardize ■ **il est en ~ de mort** he is in danger of his life

dangereusement [dɑ̃ʒʀøzmɑ̃] adv dangerously

dangereux, -euse [dɑ̃ʒʀø, øz] adj dangerous ; [opération] risky

danois, e [danwa, waz] **1** adj Danish **2** nm (= langue) Danish **3** **Danois(e)** nm,f Dane

dans [dɑ̃] prép

a (lieu : position) in ■ **mon livre est ~ le tiroir** my book is in the drawer ■ **il a plu ~ toute la France** there has been rain throughout France ■ **ils ont voyagé ~ le même train** they travelled on the same train

b (lieu : mouvement) into ■ **mettre qch ~ un tiroir** to put sth into a drawer ■ **verser du vin ~ un verre** to pour wine into a glass ■ **jeter l'eau sale ~ l'évier** to pour the dirty water down the sink

c (lieu : origine) out of ■ **prendre qch ~ un tiroir** to take sth out of a drawer ■ **boire du café ~ un verre** to drink coffee out of a glass

d (temps) in ■ **~ ma jeunesse** in my youth ■ **il part ~ une semaine** he's leaving in a week ■ **je l'attends ~ la matinée** I'm expecting him some time this morning ■ **~ combien de temps serez-vous prêt ?** how long will it be before you are ready?

e (= dans les limites de) within ■ **~ un périmètre très restreint** within a very restricted radius

f ■ **~ les** (= environ) about ■ **cela coûte ~ les 50 €** it costs about €50 ■ **il a ~ les 30 ans** he's about 30

danse [dɑ̃s] nf dance ; (= action) dancing ■ **~ classique** ballet ■ **professeur de ~** dance teacher

danser [dɑ̃se] vti to dance ■ **elle danse bien** she's a good dancer ■ **faire ~ qn** to dance with sb ■ **~ un rock** to jive

danseur, -euse [dɑ̃sœʀ, øz] nm,f dancer ■ **~ classique** ou **de ballet** ballet dancer ■ **~ étoile** principal dancer ■ **danseuse étoile** prima ballerina

Danube [danyb] nm Danube

dard [daʀ] nm [d'animal] sting

dare-dare* [dardaʀ] loc adv double-quick*

darne [daʀn] nf [de poisson] steak

daron [daʀɔ̃](arg jeunes) **1** nm father, old man* **2** **darons** nmpl parents

daronne [daʀɔn] nf (arg jeunes) mother, old woman‡

darwinisme [daʀwinism] nm Darwinism

date [dat] nf date ■ **~ de naissance** date of birth ■ **à quelle ~ cela s'est-il produit ?** on what date did that happen? ■ **à cette date-là il était déjà mort** by then he was already dead ▪ **cet événement fait ~ dans l'histoire** this event is a milestone in history ▪ **de longue ~** [amitié] long-standing ▸ **date limite** deadline ▪ **~ limite de consommation** use-by date ▪ **~ limite de fraîcheur** ou **de conservation** best-before date

dater [date] **1** vt to date ▪ **lettre datée du 6** letter dated the 6th **2** vi **a** ▪ **~ de** (= remonter à) to date back to ▪ **à ~ de demain** from tomorrow ▪ **de quand date votre dernière rencontre ?** when did you last meet? **b** (= être démodé) to be dated

datte [dat] nf (= fruit) date

dattier [datje] nm date palm

daube [dob] nf **a** (Culin) casserole ▪ **bœuf en ~** beef casserole **b** (= nullité) ▪ **c'est de la ~**‡ it's crap‡

dauber‡ [dobe] vi (= puer) to stink ▪ **ça daube ici !** it stinks in here!

dauphin [dofɛ̃] nm **a** (= animal) dolphin **b** (= successeur) heir apparent

daurade [dɔʀad] nf sea bream

davantage [davɑ̃taʒ] adv **a** (= plus) more (*que* than) ▪ **bien/encore ~** much/even more ▪ **je n'en sais pas ~** I don't know any more about it ▪ **~ de** more ▪ **vouloir ~ de temps** to want more time **b** (= plus longtemps) longer (*que* than) **c** (= de plus en plus) more and more

de [də]

1 prép de + le = du ; de + les = des ; de devient d' devant une voyelle ou un h muet. **a** (provenance) from ▪ **s'échapper de** to escape from ▪ **il arrive du Japon** he has just arrived from Japan ▪ **je l'ai vu en sortant de la maison** I saw him as I was coming out of the house

b (lieu) in ▪ **les magasins de Londres** the shops in London ▪ **les voisins du 2e étage** the neighbours on the 2nd floor

c (destination) to ▪ **l'avion de Bruxelles** the plane to Brussels

d (appartenance) of ▪ **les oreilles du lapin** the rabbit's ears ▪ **la maison de David** David's house ▪ **un ami de mon père** a friend of my father's ▪ **la porte de la maison** the door of the house ▪ **la maison de nos amis** our friends' house ▪ **la loge de l'actrice** the actress's dressing-room ▪ **le pied de la table** the table leg ▪ **les romanciers du 20e siècle** 20th-century novelists

e (contenu) of ▪ **une bouteille de vin** a bottle of wine ▪ **une pincée de sel** a pinch of salt

f (matière) ▪ **un vase de cristal** a crystal vase ▪ **une table de chêne** an oak table

g (agent) by ▪ **un concerto de Brahms** a concerto by Brahms ▪ **c'est de qui ?** who is it by? ▪ **un film de Fellini** a Fellini film ▪ **ce poème n'est pas de moi** I didn't write the poem

h (= par) ▪ **il gagne 90 € de l'heure** he earns €90 an hour

i (= durant) ▪ **de jour/nuit** during the day/night ▪ **3 heures du matin** 3 o'clock in the morning ▪ **je ne l'ai pas vu de la soirée** I haven't seen him all evening

j (avec mesure, âge, durée etc) ▪ **une pièce de 6 m²** a room 6 metres square ▪ **un enfant de 5 ans** a 5-year-old child ▪ **un voyage de trois jours** a three-day journey

♦ **de... à** from... to ▪ **de chez moi à la gare, il y a 5 km** it's 5km from my house to the station ▪ **du 2 au 7 mai** from 2 to 7 May

2 art **a** (affirmation) ▪ **au déjeuner, nous avons eu du poulet** we had chicken for lunch ▪ **j'ai des voisins charmants** I've got lovely neighbours ▪ **il portait des lunettes** he was wearing glasses ▪ **il a joué du Chopin** he played Chopin ▪ **j'ai acheté des pommes** I bought some apples

b (interrogation, hypothèse) ▪ **accepteriez-vous du liquide ?** would you take cash? ▪ **as-tu de l'argent ?** have you got any money? ▪ **si tu achètes du vin, j'en prendrai aussi** if you buy some wine, I'll buy some too ▪ **s'il y a des problèmes** if there are any problems

c ♦ **pas... de...** not any..., no... ▪ **je n'ai pas de voisins** I haven't got any neighbours ▪ **il n'y a pas de pain** there isn't any bread, there's no bread

dé [de] nm **a** ▪ **~ (à coudre)** thimble **b** (Jeux) dice ▪ **jouer aux ~s** to play dice ▪ **couper des carottes en ~s** to dice carrots

DEA [deəɑ] nm (abrév de **diplôme d'études approfondies**) *postgraduate diploma taken before completing a PhD*

dealeur, -euse nm,f, **dealer** [dilœʀ] nm (Drogue) drug dealer

déambuler [deɑ̃byle] vi to stroll

débâcle [debɑkl] nf [d'armée] rout ; [de régime] collapse ; [de glaces] breaking up

déballer [debale] vt [+ objets] to unpack

débandade [debɑ̃dad] nf (= déroute) headlong flight ; (= dispersion) scattering

débander [debɑ̃de] **1** vt ▪ **~ les yeux de qn** to remove a blindfold from sb's eyes **2** vi (‡ : sexuellement) to lose one's hard-on‡

débarbouiller [debaʀbuje] **1** vt to wash *(quickly)* **2** **se débarbouiller** vpr to wash one's face

débarcadère [debaʀkadɛʀ] nm landing stage

débardeur [debaʀdœʀ] nm (= T-shirt) sleeveless T-shirt

débarquement [debaʀkəmɑ̃] nm landing ▪ **le ~** (Hist : en Normandie) the Normandy landings

débarquer [debaʀke] **1** vt to land **2** vi **a** [passagers] to disembark (*de* from) ; [troupes] to land ▪ **tu débarques !*** (= tu n'es pas au courant) where have you been?* **b** (* = arriver subitement) to turn up

débarras [debaʀɑ] nm cupboard ▪ **bon ~ !** good riddance!

débarrasser [debaʀɑse] **1** vt [+ local] to clear (*de* of) ▪ **~ (la table)** to clear the table ▪ **~ qn de** [+ fardeau, manteau] to relieve sb of **2** **se débarrasser** vpr ▪ **se ~ de** [+ objet, personne] to get rid of

débat [deba] nm (= discussion) discussion ; (= polémique) debate ▪ **~s** (Droit, Pol = séance) proceedings

débattre [debatʀ] **1** vt to discuss ▪ **1 000 € à ~** (petite annonce) €1,000 or nearest offer **2** vt indir ▪ **~ de** ou **sur** to discuss **3** **se débattre** vpr (= se démener) to struggle

débauche [deboʃ] nf **a** (= vice) debauchery ▪ **mener une vie de ~** to lead a life of debauchery **b** (= abondance) ▪ **~ de** wealth of ▪ **une ~ de couleurs** a riot of colour

débaucher [deboʃe] vt **a** (d'une autre entreprise) to poach (*de* from) **b** (= licencier) to lay off

débile [debil] **1** adj **a** (= faible) feeble **b** (* = stupide) [personne] moronic* ; [film, raisonnement] pathetic* **2** nmf ▪ **~ mental** retarded person ▪ **~ léger/profond** slightly/severely retarded person ▪ **quel ~, celui-là !** what a moron!*

débiner* [debine] **1** vt (= dénigrer) to run down **2** **se débiner** vpr (= se sauver) to clear off*

débit [debi] **1** nm **a** (Fin) debit **b** [de fleuve] (rate of) flow ; [de gaz, électricité, machine] output ; [d'eau] pressure **c** (= élocution) delivery ▪ **elle a un sacré ~*** she's a great talker* **2** comp ▸ **débit de boissons** (Admin) drinking establishment ▸ **débit de tabac** tobacconist's BR, tobacco shop US

débiter [debite] vt **a** [+ personne, compte] to debit ▪ **j'ai été débité de 300 €** €300 has been debited from my account **b** [+ marchandises] to sell **c** [usine, machine] to produce **d** (péj = dire) to utter **e** (= découper) to cut up

débiteur, -trice [debitœʀ, tʀis] **1** adj [compte, solde] debit **2** nm,f debtor

déblayer [debleje] vt (= retirer) to clear away ; [+ endroit, terrain] to clear ▪ **~ le terrain** to clear the ground

débloquer [deblɔke] **1** vt **a** [+ crédits] to release ; [+ prix] to unfreeze ; [+ compte] to free **b** [+ machine] to unjam ; [+ écrou] to release **2** vi (* = dire des bêtises) to talk nonsense ; (= être fou) to be off one's rocker*

déboires [debwaʀ] nmpl (= déceptions) disappointments ; (= échecs) setbacks ; (= ennuis) trials

déboiser [debwaze] vt [+ montagne, région] to deforest ; [+ forêt] to clear of trees

déboîter [debwate] **1** vi [voiture] to change lanes **2** **se déboîter** vpr ▪ **se ~ l'épaule** to dislocate one's shoulder

débonnaire [debɔnɛʀ] adj easy-going

débordant, e [debɔʀdɑ̃, ɑ̃t] adj [joie] unbounded ; [imagination] overactive ▪ **~ de vie** bursting with vitality

débordé, e [debɔʀde] adj ▪ **~ (de travail)** snowed under with work

débordement [debɔʀdəmɑ̃] **1** nm **a** [de joie, violence] outburst ; [d'énergie] burst **b** (Sport, Mil) outflanking **2** **débordements** nmpl (= excès) excesses (dans une manifestation) ▪ **afin d'éviter les ~s** to prevent things from getting out of hand

déborder [debɔʀde] **1** vi **a** [récipient, liquide] to overflow ; [fleuve] to burst its banks ; [liquide bouillant] to boil over **b** ▪ **~ de joie/de vie** to be bursting with joy/vitality ▪ **~ d'imagination** to be full of imagination **2** vt (= dépasser) to extend beyond ▪ **cette remarque déborde le cadre du sujet** that remark goes beyond the subject in hand

débouché [debuʃe] nm (= marché, créneau) outlet ; (= carrière) opening

déboucher [debuʃe] **1** vt **a** [+ lavabo, tuyau] to unblock **b** [+ bouteille de vin] to uncork ; [+ tube] to take the top off **2** vi to emerge (*de* from) ▪ **~ sur** ou **dans** [rue] to run into ; [voiture] to come out onto ▪ **ne ~ sur rien** to lead nowhere

débouler [debule] **1** vi (= surgir) [personne, animal] to appear suddenly ; [voiture] to come out of nowhere ▪ **~ chez qn** to turn up at sb's home **2** vt (* = dévaler) to charge down ▪ **~ l'escalier** to come charging down the stairs*

débourser [debuʀse] vt to pay out

déboussoler* [debusɔle] vt to disorientate ▪ **il est complètement déboussolé** he is completely lost

debout [d(ə)bu] adv, adj inv **a** [personne] (= en position verticale) standing ; (= levé) up ▪ **être** ou **se tenir ~** to stand ▪ **se mettre ~** to stand up ▪ **je préfère rester ~** I prefer to stand ▪ **hier, nous sommes restés ~ jusqu'à minuit** yesterday we stayed up till midnight ▪ **je ne tiens plus ~** I'm ready to drop* ▪ **~ !** get up! **b** [bouteille, meuble] standing up(right) ▪ **mettre qch ~** to stand sth up ▪ **tenir ~** [objet] to stay upright **c** [édifice,

de

mur] standing *attrib* ■ **son histoire ne tient pas ~** his story doesn't make sense

débouter [debute] vt ■ **~ qn de sa plainte** ≈ to dismiss sb's case

déboutonner [debutɔne] vt to unbutton

débraillé, e [debʀɑje] adj [tenue, personne] untidy

débrancher [debʀɑ̃ʃe] vt [+ appareil électrique] to unplug ; [+ prise] to pull out ; [+ téléphone] to disconnect ; [+ malade]* to switch off* ■ **débranche un peu, tu veux ?*** why don't you give it a break?*

débrayage [debʀɛjaʒ] nm a (= grève) stoppage b [de moteur] ■ **au ~** when you let the clutch in

débrayer [debʀeje] vi a [conducteur] to disengage the clutch b (= faire grève) to stop work

débriefer [debʀife] vt to debrief

débris [debʀi] nmpl (= morceaux) fragments ; (= décombres) debris *sg*

débrouillard, e [debʀujaʀ, aʀd] adj resourceful

débrouillardise [debʀujaʀdiz], **débrouille*** [debʀuj] nf resourcefulness

débrouiller [debʀuje] 1 vt [+ affaire, problème] to sort out ; [+ énigme] to unravel 2 **se débrouiller** vpr to manage ■ **il s'est débrouillé pour obtenir des billets** he managed to get tickets ■ **il m'a laissé me ~ tout seul** he left me to cope alone ■ **elle se débrouille en allemand*** she can get by in German ■ **elle se débrouille bien*** (= elle gagne bien sa vie) she does well for herself

débroussailler [debʀusɑje] vt [+ terrain] to clear

débroussailleuse [debʀusɑjøz] nf edge trimmer

débusquer [debyske] vt to drive out

début [deby] 1 nm beginning ■ **au ~ du mois prochain** at the beginning of next month ■ **~ mai** at the beginning of May ■ **dès le ~** from the start ■ **du ~ à la fin** from start to finish ■ **en ~ de soirée** early on in the evening ■ **au ~** (= d'abord) at first 2 **débuts** nmpl ■ **à mes ~s** when I started ■ **faire ses ~s sur la scène** to make one's début on the stage

débutant, e [debytɑ̃, ɑ̃t] nm,f beginner ■ **cours pour ~s** beginners' course

débuter [debyte] 1 vi a [personne] to start out ■ **il a débuté comme livreur** he started his working life as a delivery boy b [livre, concert, manifestation] to start, to begin (*par* with) 2 vt to start (*par* with)

deçà [dəsa] **en deçà de** loc adv (= de ce côté-ci de) on this side of ; [+ limite, prévisions] below

décacheter [dekaʃ(ə)te] vt [+ lettre] to open

décadence [dekadɑ̃s] nf (= processus) decline ; (= état) decadence ■ **tomber en ~** to fall into decline

décadent, e [dekadɑ̃, ɑ̃t] adj decadent

décaféiné, e [dekafeine] 1 adj decaffeinated 2 nm decaffeinated coffee

décalage [dekalaʒ] nm (= écart) gap ; (dans le temps) interval ■ **le ~ horaire entre l'est et l'ouest des USA** the time difference between the east and west of the USA ■ **je supporte mal le ~ horaire** I suffer from jet lag ■ **ses créations sont en ~ avec son époque** his designs are out of step with the times

décalcomanie [dekalkɔmani] nf transfer

décaler [dekale] 1 vt a (= avancer) to bring forward ; (= retarder) to put back ■ **décalé d'une heure** (= avancé) brought forward an hour ; (= retardé) put back an hour b (= rapprocher) to move forward ; (= reculer) to move back ■ **décale le tableau (de 20 cm) vers la droite** move the picture (20cm) to the right ■ **il est complètement décalé par rapport à la réalité** he's completely out of touch with reality 2 **se décaler** vpr ■ **décalez-vous d'un rang** move forward (ou back) a row ■ **décalez-vous d'une place** move up a seat

décalquer [dekalke] vt (avec papier transparent) to trace ; (par pression, à chaud) to transfer ■ **je suis décalqué*** (= exténué) I'm shattered*

décamper [dekɑ̃pe] vi to clear out*

décanter [dekɑ̃te] 1 vt [+ liquide, vin] to allow to settle 2 **se décanter** vpr [liquide, vin] to settle ; [idées] to become clear ■ **attends que la situation se décante** wait until the situation becomes clearer

décapant, e [dekapɑ̃, ɑ̃t] 1 adj caustic 2 nm (= abrasif) scouring agent ; (pour peinture, vernis) paint stripper

décaper [dekape] vt (à l'abrasif) to scour ; [+ peinture] to strip

décapiter [dekapite] vt to behead ; (accidentellement) to decapitate

décapotable [dekapɔtabl] adj, nf ■ **(voiture) ~** convertible

décapsuler [dekapsyle] vt to take the top off

décapsuleur [dekapsylœʀ] nm bottle-opener

décarcasser (se)* [dekaʀkase] vpr to go to a lot of trouble (*pour faire qch* to do sth)

décathlon [dekatlɔ̃] nm decathlon

décati, e [dekati] adj [vieillard] decrepit

décéder [desede] vi (avec auxiliaire être) to die ■ **M. Leblanc, décédé le 14 mai** Mr Leblanc, who died on 14 May

déceler [des(ə)le] vt (= repérer) to detect

décembre [desɑ̃bʀ] nm December ; pour loc voir **septembre**

décence [desɑ̃s] nf decency

décennie [deseni] nf decade

décent, e [desɑ̃, ɑ̃t] adj decent ; [prix] reasonable

décentralisation [desɑ̃tʀalizasjɔ̃] nf decentralization

décentraliser [desɑ̃tʀalize] vt to decentralize

déception [desɛpsjɔ̃] nf disappointment

> ⚠ **déception** ne se traduit pas par *deception*, qui signifie « tromperie ».

décerner [desɛʀne] vt [+ prix, titre] to award

décès [desɛ] nm death

décevant, e [des(ə)vɑ̃, ɑ̃t] adj disappointing

décevoir [des(ə)vwaʀ] vt to disappoint

> ⚠ **décevoir** ne se traduit pas par *to deceive*, qui signifie « tromper ».

déchaîné, e [deʃene] adj [flots, éléments] raging ; [personne, foule] wild

déchaîner [deʃene] **1** vt [+ violence, passions, colère] to unleash ; [+ enthousiasme] to arouse ▪ **~ les huées/les rires** to raise a storm of booing/laughter **2** **se déchaîner** vpr [fureur, passions] to explode ; [personne] to fly into a rage ; [foule] to go wild ▪ **la presse se déchaîna contre lui** the press railed against him ▪ **la tempête se déchaînait** the storm was raging

déchanter [deʃɑ̃te] vi to become disillusioned

décharge [deʃaʀʒ] nf **a** ▪ **~ (électrique)** electrical discharge ▪ **il a pris une ~ dans les doigts** he got an electric shock in his fingers **b** (= salve) volley of shots **c** (= dépôt) ▪ **~ (publique** ou **municipale)** rubbish tip

décharger [deʃaʀʒe] **1** vt **a** [+ véhicule, animal, bagages] to unload (*de* from) ▪ **~ qn de** [+ responsabilité, fonction, tâche] to relieve sb of **b** [+ arme] (= tirer) to discharge ▪ **il déchargea son revolver sur la foule** he emptied his revolver into the crowd **2** **se décharger** vpr **a** [pile, batterie] to run down **b** ▪ **se ~ de** [+ responsabilité, problème] to offload (*sur qn* onto sb)

décharné, e [deʃaʀne] adj emaciated

déchaussé, e [deʃose] adj [personne] barefoot(ed)

déchausser [deʃose] **1** vt ▪ **~ qn** to take sb's shoes off **2** vi (Ski) to lose one's skis **3** **se déchausser** vpr [personne] to take one's shoes off ; [dent] to come loose

dèche* [dɛʃ] nf ▪ **on est dans la ~** (= ruinés) we're flat broke*

déchéance [deʃeɑ̃s] nf (morale) decay ; (physique) degeneration ▪ **~ de nationalité** (Jur) deprivation of nationality

déchet [deʃɛ] **1** nm [de viande, tissu, métal] scrap **2** **déchets** nmpl waste *NonC* ▪ **~s radioactifs/toxiques** radioactive/toxic waste

déchétarien, -ienne [deʃetaʀjɛ̃, jɛn] nm,f freegan

déchiffrer [deʃifʀe] vt [+ écriture, message] to decipher ; [+ code] to decode ; [+ partition] to sight-read

déchiqueté, e [deʃikte] adj [relief, côte] jagged

déchiqueter [deʃikte] vt to tear to pieces ▪ **elle a été déchiquetée par l'explosion** she was blown to pieces by the explosion

déchirant, e [deʃiʀɑ̃, ɑ̃t] adj heartrending

déchirement [deʃiʀmɑ̃] nm **a** [de muscle, tendon] tearing **b** (= peine) wrench

déchirer [deʃiʀe] **1** vt [+ papier] to tear up ; [+ vêtement] to tear ; (= arracher) to tear out (*de* from) ; (= ouvrir) to tear open ▪ **les dissensions continuent à ~ le pays** dissension is still tearing the country apart **2** **se déchirer** vpr [vêtement] to tear ▪ **se ~ un muscle** to tear a muscle

déchirure [deʃiʀyʀ] nf [de tissu] tear ▪ **se faire une ~ musculaire** to tear a muscle

déchu, e [deʃy] adj [président, champion] deposed ▪ **être ~ de ses droits** to be deprived of one's rights

décibel [desibɛl] nm decibel

décidé, e [deside] adj **a** (= résolu, volontaire) determined ▪ **maintenant je suis ~** now I have made up my mind ▪ **il est bien ~ à agir** he is determined to act **b** (= fixé) ▪ **bon, c'est ~** right, that's settled then

décidément [desidemɑ̃] adv ▪ **~, tu m'ennuies aujourd'hui !** you're really annoying me today

> ⚠ **décidément** ne se traduit pas par *decidedly*, qui signifie « vraiment ».

décider [deside] **1** vt **a** (= déterminer, établir) ▪ **~ qch** to decide on sth ▪ **~ que** to decide that ▪ **~ de faire qch** to decide to do sth **b** (= persuader) [personne] to persuade ; [conseil, événement] to decide ▪ **~ qn à faire qch** to persuade sb to do sth **2** **se décider** vpr [personne] to make up one's mind ▪ **se ~ à faire qch** to make up one's mind to do sth

décimal, e (mpl **-aux**) [desimal, o] **1** adj decimal **2** **décimale** nf decimal place

décimer [desime] vt to decimate

décimètre [desimɛtʀ] nm decimetre BR, decimeter US

décisif, -ive [desizif, iv] adj decisive ▪ **le facteur ~** the deciding factor ; → **jeu**

de

décision [desizjɔ̃] nf decision ▪ **prendre une ~** to take ou make a decision ▪ **prendre la ~ de faire qch** to take ou make the decision to do sth ▪ **par ~ de justice** by court order

décisionnaire [desizjɔnɛʀ] **1** adj decision-making **2** nmf decision-maker

déclamer [deklame] vt to declaim

déclaration [deklaʀasjɔ̃] nf **a** (= proclamation) declaration ; (= discours, commentaire) statement ▪ **je n'ai aucune ~ à faire** I have no comment to make ▪ **Déclaration (universelle) des droits de l'homme** (Universal) Declaration of Human Rights ▪ **faire une** ou **sa ~ à qn** (amoureux) to declare one's love to sb **b** [de naissance, décès] registration ; [de vol, perte] notification ▪ **~ de guerre** declaration of war ▪ **~ d'impôts** ou **de revenus** (formulaire) tax return ▪ **faire sa ~ d'impôts** to fill in one's tax return

déclaré, e [deklaʀe] adj [opinion] professed ; [athée, révolutionnaire, intention] declared ; [ennemi] sworn ; [travailleur] registered ▪ **revenus non ~s** undeclared income

déclarer [deklaʀe] **1** vt **a** (= annoncer, proclamer) to declare ▪ **~ son amour à qn** to declare one's love to sb ▪ **~ la guerre à une nation/à la pollution** to declare war on a nation/on pollution ▪ **~ qn coupable/innocent** to find sb guilty/innocent **b** [+ naissance, décès] to register ; [+ marchandises, revenus, employés] to declare **2** **se déclarer** vpr **a** (= se prononcer) ▪ **se ~ satisfait** to declare o.s. satisfied ▪ **il s'est déclaré prêt à signer ce document** he said he was ready to sign the document **b** [incendie, épidémie] to break out **c** [amoureux] to declare one's love

déclenchement [deklɑ̃ʃmɑ̃] nm **a** [de mécanisme] release ; [de sonnerie, alarme] setting off **b** [d'insurrection] starting ; [de guerre, grève, polémique] triggering off ; [d'accouchement] inducement

déclencher [deklɑ̃ʃe] **1** vt **a** [+ mécanisme] to release ; [+ sonnerie, alarme] to set off ▪ **ce bouton déclenche l'ouverture de la porte** this button opens the door **b** [+ insurrection] to start ; [+ guerre, polémique] to trigger off ; [+ accouchement] to induce ▪ **~ une grève** [meneur] to start a strike ; [incident] to trigger off a strike **c** (Mil) [+ attaque] to launch **2** **se déclencher** vpr [mécanisme] to release itself ; [sonnerie, alarme] to go off ; [grève] to start

déclic [deklik] nm (= bruit) click ▪ **ça a été le ~** (mentalement) it triggered something off in my (ou his, etc) mind

déclin [deklɛ̃] nm [d'activité économique] decline (*de* in) ; [de parti] decline (*de* of) ; [de malade, santé, vue] deterioration ▪ **être sur le ~** to be in decline

déclinaison [deklinɛzɔ̃] nf [de mot] declension

décliner [dekline] **1** vt **a** [+ offre, invitation] to decline ▪ **la direction décline toute responsabilité en cas de perte ou de vol** the management accepts no responsibility for loss or theft of articles **b** [+ mot] to decline **c** (frm) ▪ **~ son identité** to give one's personal particulars **2** vi **a** (= s'affaiblir) to decline ; [malade, santé, vue] to deteriorate ; [forces, beauté, popularité] to wane **b** [jour] to draw to a close

déco [deko] **1** adj inv (abrév de **décoratif**) → **art** **2** nf* abrév de **décoration**

décocher [dekɔʃe] vt [+ flèche] to shoot ; [+ coup de poing] to throw ; [+ œillade, sourire] to flash ; [+ remarque] to fire

décodage [dekɔdaʒ] nm decoding

décoder [dekɔde] vt to decode

décodeur [dekɔdœʀ] nm decoder

décoiffer [dekwafe] vt ▪ **~ qn** to mess up sb's hair ▪ **je suis toute décoiffée** my hair is in a mess ▪ **ça décoiffe !*** it really takes your breath away!

décoincer [dekwɛ̃se] **1** vt to loosen ▪ **~ qn*** to help sb to shake off their hang-ups* **2** **se décoincer** vpr [objet] to come loose ; * [personne] to shake off one's hang-ups*

déçoit [deswa] vb → **décevoir**

décollage [dekɔlaʒ] nm [d'avion] takeoff ; [de fusée] lift-off ▪ **au ~** at takeoff

décoller [dekɔle] **1** vt (= enlever) to unstick **2** vi [avion, pays, industrie] to take off ; [fusée] to lift off (*de* from) **3** **se décoller** vpr to come unstuck ; [papier peint] to peel

décolleté, e [dekɔlte] **1** adj [robe] low-cut ▪ **robe ~e dans le dos** dress cut low at the back **2** nm [de robe] low neckline ; [de femme] bare neck and shoulders ; (plongeant) cleavage ▪ **~ en pointe** V-neck ▪ **~ rond** round-neck

décolorant, e [dekɔlɔʀɑ̃, ɑ̃t] **1** adj bleaching **2** nm bleaching agent

décoloré, e [dekɔlɔʀe] adj [cheveux] bleached ▪ **une blonde ~e** a peroxide blonde

décolorer [dekɔlɔʀe] vt to discolour BR, to discolor US ; [+ tissu] to fade ; [+ cheveux] to lighten ; (en blond) to bleach

décombres [dekɔ̃bʀ] nmpl rubble

décommander [dekɔmɑ̃de] **1** vt [+ marchandise] to cancel (an order for) ; [+ invités] to put off ; [+ invitation] to cancel **2** **se décommander** vpr to cancel one's appointment

décomplexé, e [dekɔ̃plɛkse] adj comfortable with o.s.

décomposer [dekɔ̃poze] **1** vt **a** [+ phrase, problème] to break down ▪ **le professeur de danse a décomposé le mouvement devant nous** the dance teacher went through the movement slowly for us **b** (= altérer) ▪ **il était décomposé** he looked distraught **c** [+ viande] to cause to decompose **2** **se décomposer** vpr **a** [viande, cadavre] to decompose ; [société] to break down ; [visage] to fall **b** (= être constitué) ▪ **se ~ en trois parties** to be divided into three parts

décomposition [dekɔ̃pozisjɔ̃] nf (= pourriture) decomposition ; [de société] breakdown ▪ **cadavre en ~** corpse in a state of decomposition

décompresser* [dekɔ̃pʀese] vi (= se détendre) to unwind*

décompte [dekɔ̃t] nm (= calcul) detailed account ▪ **faire le ~ des points** to count up the points ▪ **faire le ~ des voix** to count the votes

déconcentrer [dekɔ̃sɑ̃tʀe] **1** vt [+ personne] ▪ **ça m'a déconcentré** it made me lose my concentration **2** **se déconcentrer** vpr to lose one's concentration

déconcertant, e [dekɔ̃sɛʀtɑ̃, ɑ̃t] adj disconcerting

déconcerter [dekɔ̃sɛʀte] vt to disconcert

décongeler [dekɔ̃ʒ(ə)le] vti to defrost

déconnecter [dekɔnɛkte] **1** vt [+ appareil] to disconnect ▪ **il est complètement déconnecté de la réalité** he's completely out of touch with reality **2** vi * [personne] to switch off*

déconner‡ [dekɔne] vi (= faire des bêtises) to mess around* ; (= dire des bêtises) to talk nonsense ; (= plaisanter) to joke ; [machine] to act up*

déconnexion [dekɔnɛksjɔ̃] nf disconnection

déconseiller [dekɔ̃seje] vt ▪ **~ qch à qn/à qn de faire qch** to advise sb against sth/sb against doing sth ▪ **c'est déconseillé** it's not advisable

déconsidérer [dekɔ̃sideʀe] vt to discredit ▪ **il s'est déconsidéré en agissant ainsi** he has discredited himself by doing this

décontamination [dekɔ̃taminasjɔ̃] nf decontamination

décontaminer [dekɔ̃tamine] vt to decontaminate

décontenancer [dekɔ̃t(ə)nɑ̃se] vt to disconcert

décontracté, e [dekɔ̃tʀakte] adj **a** [muscles, corps] relaxed **b** [personne, atmosphère, attitude] relaxed ; (= sans-gêne) offhand ; [vêtements, style] casual

décontracter (se) vpr [dekɔ̃tʀakte] to relax

décontraction [dekɔ̃tʀaksjɔ̃] nf **a** [de muscle, corps] relaxation **b** (= désinvolture) ▪ **sa ~ m'a étonné** I was amazed that he was so relaxed

décor [dekɔʀ] nm **a** (Théâtre) ▪ **le ~, les ~s** the scenery *NonC* ▪ **~ de cinéma** film set **b** (= paysage) scenery ; (= arrière-plan) setting ; (= intérieur de maison) décor *NonC*

décorateur, -trice [dekɔʀatœʀ, tʀis] nm,f (au théâtre, au cinéma) set designer ; (d'intérieurs) interior decorator

décoratif, -ive [dekɔʀatif, iv] adj decorative

décoration [dekɔʀasjɔ̃] nf decoration ▪ **~s de Noël** Christmas decorations

décorer [dekɔʀe] vt to decorate (*de* with)

décortiquer [dekɔʀtike] vt [+ crevettes, amandes] to shell ; [+ texte] to dissect

décorum [dekɔʀɔm] nm decorum

découcher [dekuʃe] vi to spend the night away from home

découdre [dekudʀ] **1** vt [+ vêtement] to take the stitches out of ; [+ bouton] to take off ; [+ couture] to take out **2** **se découdre** vpr [vêtement] to come unstitched ; [bouton] to come off ; [couture] to come apart

découler [dekule] vi to follow (*de* from)

découpage [dekupaʒ] nm **a** [de papier, gâteau] cutting ; [de viande] carving **b** (= image) cut-out ▪ **faire des ~s** to make cut-out figures

découper [dekupe] vt to cut ; [+ viande, volaille] to carve ; [+ papier, tissu] to cut up ; [+ images] to cut out

décourageant, e [dekuʀaʒɑ̃, ɑ̃t] adj disheartening

décourager [dekuʀaʒe] **1** vt to discourage ▪ **~ qn de qch/de faire qch** to put sb off sth/doing sth **2** **se décourager** vpr to lose heart

décousu, e [dekuzy] adj **a** (vêtement) unstitched ▪ **ton bouton est ~** your button is coming off **b** [idées] disconnected ; [paroles] disjointed ; [conversation] desultory

découvert, e[1] [dekuvɛʀ, ɛʀt] **1** adj (= mis à nu) bare ▪ **en terrain ~** in open country **2** nm (Banque) overdraft ▪ **j'ai un ~ de 700 €** I'm €700 overdrawn ▪ **mon compte est à ~** my account is overdrawn

découverte[2] [dekuvɛʀt] nf discovery ▪ **partir à la ~ de** [+ site, région] to visit ; [+ trésor] to go in search of

découvrir [dekuvʀiʀ] **1** vt **a** (= trouver) to discover ▪ **faire ~ la musique à qn** to introduce sb to music **b** [+ casserole] to take the lid off ; [+ poitrine, tête] to bare **2** **se découvrir** vpr **a** (= ôter son chapeau) to take

de

off one's hat ; (= perdre ses couvertures) to throw off the bedclothes **b** [ciel, temps] to clear

décrasser [dekʀase] vt to clean ; (en frottant) to scrub

décrépit, e [dekʀepi, it] adj [personne] decrepit ; [maison, mur] dilapidated

décret [dekʀɛ] nm decree

décréter [dekʀete] vt [+ état d'urgence] to declare ■ **elle a décrété qu'elle n'irait pas** she has decided that she won't go

décrire [dekʀiʀ] vt to describe ■ **l'oiseau décrivait des cercles au-dessus de nos têtes** the bird circled overhead

décrochage [dekʀɔʃaʒ] nm **a** [de tableau, rideau] taking down ; [de wagon] uncoupling **b** ■ **élève en situation de ~ scolaire** (absentéisme) regular absentee (abandon) school dropout

décrocher [dekʀɔʃe] **1** vt **a** [+ tableau, rideau] to take down ; [+ wagon] to uncouple **b** [+ téléphone] to pick up ■ **quand j'ai décroché** when I answered **c** * [+ prix, contrat, poste] to get ■ **~ le gros lot** to hit the jackpot **2** vi **a** (* Drogue) to come off **b** [élève] to drop out ; (= cesser d'écouter) to switch off **c** (Fin) [action, cours] to to fall **3** **se décrocher** vpr to fall down

décrocheur, -euse [dekʀɔʃœʀ, øz] nm,f (Scol, Univ) dropout

décroiser [dekʀwaze] vt [+ jambes] to uncross ; [+ bras] to unfold

décroissance [dekʀwasɑ̃s] nf (= diminution) decrease (*de* in) ; (Écon) de-growth

décroissant, e [dekʀwasɑ̃, ɑ̃t] adj decreasing ■ **par ordre ~** in descending order

décroître [dekʀwatʀ] vi to decrease ; [popularité] to decline ; [vitesse] to drop ; [bruit] to die away ; [lumière] to fade

décrue [dekʀy] nf [d'eaux, rivière] drop in level ■ **la ~ a commencé** the water level has started to drop

décrypter [dekʀipte] vt [+ message, code] to decipher ; (Informatique, TV) to decrypt

déçu, e [desy] adj disappointed

décupler [dekyple] vti to increase tenfold ■ **la colère décuplait ses forces** anger gave him the strength of ten

décycler [desikle] vt [+ déchets] to downcycle

dédaigner [dedeɲe] vt **a** (= mépriser) to scorn ■ **il ne dédaigne pas un verre de vin de temps à autre** he's not averse to the occasional glass of wine **b** [+ offre] to spurn

dédaigneux, -euse [dedɛɲø, øz] adj [personne, air] scornful

dédain [dedɛ̃] nm contempt

dédale [dedal] nm maze

dedans [dədɑ̃] **1** adv inside ■ **elle cherche son sac, tout son argent est ~** she is looking for her bag - it's got all her money in it ■ **en ~** (= à l'intérieur) inside ; (= vers l'intérieur) inwards ■ **marcher les pieds en ~** to walk with one's toes turned in **2** nm [d'objet, bâtiment] inside ■ **du ~ on n'entend rien** when you're inside you can't hear a sound

dédiaboliser [dedjabɔlize] vt [+ personne, parti] to undemonize

dédicace [dedikas] nf dedication

dédicacer [dedikase] vt (= signer) to sign (*à qn* for sb) ; (= dédier) to dedicate (*à* to)

dédié, e [dedje] adj (Informatique) dedicated

dédier [dedje] vt to dedicate

dédire (se) [dediʀ] vpr **a** (= manquer à ses engagements) to go back on one's word **b** (= se rétracter) to retract

dédommagement [dedɔmaʒmɑ̃] nm compensation ■ **en ~,...** as compensation,...

dédommager [dedɔmaʒe] vt to compensate (*de* for)

dédramatiser [dedʀamatize] vt [+ problème] to play down ; [+ débat] to take the heat out of

déductible [dedyktibl] adj [somme] deductible (*de* from) ■ **~ du revenu imposable** tax-deductible

déduction [dedyksjɔ̃] nf deduction ■ **~ faite de** after deducting

déduire [dedɥiʀ] vt [+ somme] to deduct (*de* from) ; (= conclure) to deduce

deejay [di(d)ʒɛ] nm DJ, deejay

déesse [deɛs] nf goddess

défaillance [defajɑ̃s] nf **a** (= faiblesse) weakness ■ **avoir une ~** to feel faint ■ **~ cardiaque** heart failure **b** (= mauvais fonctionnement) fault (*de* in)

défaillant, e [defajɑ̃, ɑ̃t] adj **a** [santé, mémoire] failing **b** (= tremblant) faltering **c** (= près de s'évanouir) faint (*de* with) **d** [matériel, installation] faulty

défaillir [defajiʀ] vi **a** (= s'évanouir) to faint **b** [forces, mémoire] to fail ; [courage, volonté] to falter

défaire [defɛʀ] **1** vt to undo ; [+ valise] to unpack ■ **~ le lit** (pour changer les draps) to strip the bed **2** **se défaire** vpr [nœud, coiffure, couture] to come undone ■ **se ~ de** [+ gêneur] to get rid of ; [+ habitude] to break

défait, e[1] [defɛ, ɛt] adj **a** [visage] haggard **b** [lit] unmade

défaite[2] [defɛt] nf defeat

défaitiste [defetist] adj, nmf defeatist

défaut [defo] nm a [de métal, verre, système] flaw ; [de machine, personne] fault ; [de caractère] defect (*de* in) ▪ **sans ~** flawless ▪ **~ de fabrication** manufacturing defect ▪ **~ de prononciation** speech defect b ▪ **faire ~** [temps, argent] to be lacking ▪ **si ma mémoire ne me fait pas ~** if my memory serves me right ▪ **à ~ de vin,...** if there's no wine,... ▪ **une table ovale, ou, à ~, ronde** an oval table, or, failing that, a round one ▪ **prendre qn en ~** to catch sb out ▪ **le lecteur par ~** (Informatique) the default drive

défavorable [defavɔʀabl] adj unfavourable BR, unfavorable US

défavorisé, e [defavɔʀize] adj [milieu, personne] underprivileged ; [région, pays] disadvantaged

défavoriser [defavɔʀize] vt [décision, loi] to penalize ; [défaut, timidité] to put at a disadvantage

défection [defɛksjɔ̃] nf [d'amis, alliés politiques] defection

défectueux, -euse [defɛktɥø, øz] adj faulty

défendeur, -deresse [defɑ̃dœʀ, dʀɛs] nm,f (Droit) defendant

défendre [defɑ̃dʀ] 1 vt a (= protéger) to defend ; (= soutenir) to stand up for ; [+ cause] to champion b (= interdire) ▪ **~ qch à qn** to forbid sb sth ▪ **~ à qn de faire qch** to forbid sb to do sth ▪ **il est défendu de fumer** smoking is not allowed 2 **se défendre** vpr a (= se protéger) to defend o.s. b (* = se débrouiller) to manage ▪ **elle se défend au tennis/au piano** she's not bad at tennis/on the piano c (= se justifier) ▪ **son point de vue se défend** his point of view is quite tenable ▪ **ça se défend !** (raisonnement) it hangs together

> ⚠ Au sens de « interdire », **défendre** ne se traduit pas par ***to defend***.

défense [defɑ̃s] nf a (gén) defence BR, defense US ▪ **prendre la ~ de qn** to stand up for sb ▪ **sans ~** (= faible) defenceless b (= protection) protection ▪ **la ~ de l'emploi** job protection c (= interdiction) ▪ **~ d'entrer** "no entrance" ▪ **« ~ de fumer/stationner »** "no smoking/parking" d [d'éléphant, sanglier] tusk

défenseur [defɑ̃sœʀ] nmf defender ; [de cause] champion ▪ **~ de l'environnement** conservationist

défensif, -ive [defɑ̃sif, iv] 1 adj defensive 2 **défensive** nf ▪ **être sur la défensive** to be on the defensive

déférence [defeʀɑ̃s] nf deference ▪ **par ~ pour** in deference to

déférer [defeʀe] vt ▪ **~ un coupable devant la justice** to hand a guilty person over to the law

déferlement [defɛʀləmɑ̃] nm [de vagues] breaking ; [de violence] surge ; [de touristes] flood

déferler [defɛʀle] vi [vagues] to break ▪ **la violence déferla sur le pays** violence swept through the country ▪ **la foule déferla dans la rue** the crowd flooded into the street

défi [defi] nm challenge ; (= bravade) defiance ▪ **relever un ~** to take up a challenge ▪ **mettre qn au ~ de faire qch** to challenge sb to do sth

déficience [defisjɑ̃s] nf deficiency ▪ **~ immunitaire** immunodeficiency

déficient, e [defisjɑ̃, jɑ̃t] adj (Méd) deficient ; [raisonnement] weak ; [matériel] faulty

déficit [defisit] nm deficit ▪ **être en ~** to be in deficit

déficitaire [defisitɛʀ] adj (Fin) in deficit

défier [defje] vt a [+ adversaire] to challenge ▪ **~ qn de faire qch** to defy sb to do sth b [+ autorité, adversité] to defy ▪ **à des prix défiant toute concurrence** at absolutely unbeatable prices

défigurer [defigyʀe] vt [blessure, maladie] to disfigure ; [+ paysage] to spoil

défilé [defile] nm a (= cortège) procession ; (= manifestation) march ; (militaire) march-past ▪ **~ de mode** fashion show b [de visiteurs] stream c (en montagne) gorge

défiler [defile] 1 vi a [soldats] to march past ; [manifestants] to march (*devant* past) b [bande magnétique] to unreel ▪ **faire ~ un document** (Informatique) to scroll through a document ▪ **faire ~ vers le bas/le haut** (Informatique) to scroll down/up ▪ **les visiteurs défilaient devant le mausolée** the visitors filed past the mausoleum 2 **se défiler** vpr ▪ **il s'est défilé** (= se dérober) he wriggled out of it

défini, e [defini] adj a (= déterminé) precise b (Gram) ▪ **article ~** definite article

définir [definiʀ] vt to define ; [+ conditions] to specify

définitif, -ive [definitif, iv] 1 adj final ; [mesure, fermeture] permanent ; [refus] definite 2 **en définitive** loc adv (= à la fin) eventually ; (= somme toute) in fact

définition [definisjɔ̃] nf definition ; [de mots croisés] clue ▪ **télévision haute ~** high-definition television

définitivement [definitivmɑ̃] adv [partir, exclure, s'installer] for good

> ⚠ **définitivement** ne se traduit pas par ***definitively***, qui signifie « avec certitude, de façon absolue ».

défiscalisation [defiskalizasjɔ̃] nf tax exemption

défiscaliser [defiskalize] vt to exempt from taxation

déflagration [deflagʀasjɔ̃] nf explosion

déflation [deflasjɔ̃] nf deflation

défoncé, e [defɔ̃se] adj a [canapé, fauteuil] sagging ; [chemin, route] full of potholes *attrib* b (* = drogué) high*

défoncer [defɔ̃se] 1 vt [+ porte, clôture] to smash in 2 **se défoncer** vpr* a (= travailler dur) to work like a dog* b (= se droguer) to get high* (*à* on)

déforestation [defɔʀɛstasjɔ̃] nf deforestation

déformant, e [defɔʀmɑ̃, ɑ̃t] adj [miroir] distorting

déformation [defɔʀmasjɔ̃] nf a [d'objet, métal] distortion ; [de bois] warping ■ **par ~ professionnelle** because of the job one does b (Méd) deformation

déformer [defɔʀme] 1 vt [+ objet, métal] to bend ; [+ chaussures, vêtements] to stretch ; [+ corps] to deform ; [+ image, vérité, pensée] to distort 2 **se déformer** vpr [objet] to be bent ; [bois] to warp ; [vêtement] to lose its shape

défouler [defule] 1 vt ■ **ça (me) défoule** it helps me to unwind 2 **se défouler** vpr to let off steam* ■ **se ~ sur qn/qch** to take it out on sb/sth

défouloir [defulwaʀ] nm ■ **c'est un ~** it's a way to let off steam*

défragmenter [defʀagmɑ̃te] vt to defragment

défraîchi, e [defʀeʃi] adj [article] shopsoiled ; [fleur, couleur] faded ; [tissu] worn

défraiement [defʀɛmɑ̃] nm payment of expenses

défrayer [defʀeje] vt a (= payer) ■ **~ qn** to pay sb's expenses b ■ **~ la chronique** to be widely talked about

défricher [defʀiʃe] vt [+ forêt, terrain] to clear ■ **~ le terrain** (fig) to prepare the ground

défroisser [defʀwase] vt to smooth out

défunt, e [defœ̃, œ̃t] 1 adj (frm) [personne] late ■ **son ~ père** his late father 2 nm,f ■ **le ~** the deceased

dégagé, e [degaʒe] adj a [route, ciel] clear ; [espace] open ; [vue] uninterrupted ; [front, nuque] bare b [ton] airy

dégager [degaʒe] 1 vt a (= libérer) to free ; [+ crédits] to release *(for a specific purpose)* b [+ passage, table, nez] to clear ■ **dégage !*** clear off!* c [+ odeur, fumée, chaleur] to give off 2 **se dégager** vpr a [personne] to get free (*de* from) ■ **se ~ de** [+ obligation] to release o.s. from b [ciel, rue, nez] to clear c [odeur, fumée, gaz, chaleur] to be given off ; [impression] to emanate (*de* from)

dégagisme [degaʒism] nm *rejection of the ruling political class*

dégaine* [degɛn] nf ■ **il a une drôle de ~** he's got an odd look about him

dégainer [degene] vi to draw one's gun

dégarni, e [degaʀni] adj [front, arbre, rayon] bare ■ **il est un peu ~ sur le dessus** he's a bit thin on top

dégarnir (se) [degaʀniʀ] vpr [personne] to go bald ; [arbre] to lose its leaves ; [rayons] to be cleared

dégât [degɑ] nm damage *NonC* ■ **faire beaucoup de ~s** to do a lot of damage ; [alcool] to do a lot of harm

dégazer [degɑze] vi [navire] to empty its tanks

dégel [deʒɛl] nm thaw

dégeler [deʒ(ə)le] 1 vt ■ **pour ~ l'atmosphère** to break the ice 2 vi [lac] to thaw out ■ **faire ~** [+ aliment] to thaw

dégénéré, e [deʒeneʀe] adj, nm,f degenerate

dégénérer [deʒeneʀe] vi to degenerate (*en* into) ■ **ça a rapidement dégénéré** [débat, manifestation] it soon got out of hand

dégingandé, e [deʒɛ̃gɑ̃de] adj gangling

dégivrage [deʒivʀaʒ] nm [de réfrigérateur] defrosting ; [de pare-brise] de-icing ■ **~ automatique** auto-defrost

dégivrer [deʒivʀe] vt [+ réfrigérateur] to defrost ; [+ pare-brise] to de-ice

déglingué, e* [deglɛ̃ge] adj [mécanisme] kaput* ■ **une voiture toute ~e** a ramshackle car

déglutir [deglytiʀ] vti to swallow

dégommer* [degɔme] vt [+ avion] to down* ; [+ quille] to knock flying* ; [+ bille] to knock out of the way ; [+ cible sur écran] to zap* ; [+ cible sur stand de tir] to hit ; (= tuer) to bump off* ; (= licencier) to fire*

dégonflé, e [degɔ̃fle] 1 adj [pneu] flat 2 nm,f (* = lâche) chicken*

dégonfler [degɔ̃fle] 1 vt [+ pneu, ballon] to deflate 2 vi ■ **ses jambes ont dégonflé** the swelling in his legs has gone down 3 **se dégonfler** vpr a [ballon, pneu] to deflate b (* = avoir peur) to chicken out*

dégot(t)er* [degɔte] vt (= trouver) to dig up*

dégouliner [deguline] vi (en filet) to trickle ; (goutte à goutte) to drip ■ **je dégoulinais (de sueur)*** I was dripping with sweat

dégourdi, e* [deguʀdi] adj (= malin) smart

dégourdir [deguʀdiʀ] **1** vt [+ membres] (ankylosés) to bring the circulation back to ; (gelés) to warm up **2** **se dégourdir** vpr ■ **se ~ (les jambes)** to stretch one's legs

dégoût [degu] nm disgust *NonC* (*pour*, *de* for) ■ **avoir du ~ pour** to feel disgust for ■ **il a fait une grimace de ~** he screwed up his face in disgust

dégoûtant, e [degutɑ̃, ɑ̃t] **1** adj disgusting **2** nm,f (= personne sale) pig* ■ **espèce de vieux ~ !*** you dirty old man!*

dégoûté, e [degute] adj ■ **je suis ~ !** (lassé) I'm sick and tired of it! ■ **~ de la vie** weary of life

dégoûter [degute] vt (= écœurer) to disgust ■ **~ qn de qch** (= ôter l'envie de) to put sb right off sth

dégradant, e [degʀadɑ̃, ɑ̃t] adj degrading

dégradation [degʀadasjɔ̃] nf **a** [de bâtiment] damage ; [de relations, situation, santé] deterioration **b** (= dégâts) ■ **~s** damage *NonC*

dégradé [degʀade] nm [de couleurs] gradation ; (coiffure) layered cut ■ **un ~ de rouges** a gradation of reds

dégrader [degʀade] **1** vt **a** (= détériorer) to damage **b** (= avilir) to degrade **2** **se dégrader** vpr [relations, situation, santé, bâtiment] to deteriorate

dégrafer [degʀafe] **1** vt to unfasten ; [+ papiers] to unstaple **2** **se dégrafer** vpr [vêtement, collier] to come undone

dégraissage [degʀɛsaʒ] nm [d'effectifs] cutback (*de* in)

dégraisser [degʀese] vt [+ personnel, effectifs] to cut back

degré [dəgʀe] nm degree ; (= stade de développement) stage ; (= échelon) grade ■ **par ~s** by degrees ■ **~ Fahrenheit/Celsius** degree Fahrenheit/Celsius ■ **du cognac à 40 ~s** 70° proof cognac ■ **~ de parenté** degree of kinship ■ **prendre qch au premier ~** to take sth literally

dégressif, -ive [degʀesif, iv] adj [impôt] degressive ■ **appliquer un tarif ~** to use a sliding scale of charges

dégrèvement [degʀɛvmɑ̃] nm ■ **~ fiscal** tax relief

dégriffé, e [degʀife] adj ■ **robe ~e** unlabelled designer dress

dégringolade [degʀɛ̃gɔlad] nf [de personne, objet] fall ; [de prix, firme] tumble ; [de cours, monnaie] collapse ■ **après son divorce, ça a été la ~** after his divorce he went downhill

dégringoler [degʀɛ̃gɔle] **1** vi [personne, objet] to tumble down ; [monnaie, prix] to take a tumble ■ **il a dégringolé jusqu'en bas** he tumbled all the way down ■ **il a dégringolé à la 15e place** he tumbled to 15th place **2** vt (en courant) to tear down ; (en tombant) to tumble down

dégrossir [degʀosiʀ] vt [+ bois] to trim ; [+ projet, travail] to do the spadework on ■ **individu mal dégrossi** coarse individual

déguenillé, e [deg(ə)nije] adj ragged

déguerpir [degɛʀpiʀ] vi to clear off*

dégueulasse‡ [degœlas] adj disgusting ; [temps] lousy* ■ **c'est ~ de faire ça** that's a rotten* thing to do ■ **il a vraiment été ~ avec elle** he was really rotten* to her

dégueulasser‡ [degœlase] vt to mess up*

dégueuler‡ [degœle] vti to throw up*

déguisé, e [degize] adj [personne] (pour tromper) in disguise *attrib* ; (pour s'amuser) in fancy dress **BR**, in costume **US** ■ **~ en Zorro** dressed up as Zorro

déguisement [degizmɑ̃] nm (pour tromper) disguise ; (pour s'amuser) fancy dress **BR**, costume **US**

déguiser [degize] **1** vt [+ voix, pensée] to disguise ; [+ poupée, enfant] to dress up (*en* as) **2** **se déguiser** vpr (pour tromper) to disguise o.s. ; (pour s'amuser) to dress up (*en* as)

> ⚠ Au sens de « costumer », **déguiser** ne se traduit pas par ***to disguise***.

dégustation [degystasjɔ̃] nf [de coquillages, fromages] sampling ■ **une ~ de vin(s)** a wine-tasting session

déguster [degyste] **1** vt [+ vins] to taste ; [+ coquillages, fromages] to sample ; [+ repas, café] to enjoy **2** vi (* = souffrir) ■ **il a dégusté !** he didn't half have a rough time!*

déhancher (se) [deɑ̃ʃe] vpr (en marchant) to sway one's hips ; (immobile) to stand with one's weight on one hip

dehors [dəɔʀ] **1** adv (= à l'extérieur) outside ; (= pas chez soi) out ■ **je serai ~ toute la journée** I'll be out all day ■ **cela ne se voit pas de ~** it can't be seen from the outside ■ **passez par ~ pour aller au jardin** go round the outside of the house to get to the garden ■ **jeter** ou **mettre** ou **foutre**‡ **qn ~** to chuck‡ sb out ; [patron] to fire* sb ■ **en ~ de** outside ; (= excepté) apart from ■ **il a voulu rester en ~ de cette affaire** he didn't want to get involved **2** nm (= extérieur) outside ■ **on n'entend pas les bruits du ~** you can't hear the noise from outside ■ **au-dehors** outside ■ **défense de se pencher au-dehors** "don't lean out" **3** nmpl ■ **sous des ~ aimables, il est dur** under his friendly exterior, he's a hard man

déjà [deʒa] adv **a** already ■ **il a ~ fini** he has already finished ■ **~ à cette époque** even then **b** (= auparavant) before ■ **je suis sûr de l'avoir ~ rencontré** I'm sure I've met him before **c** (intensif) ■ **1 000 €, c'est ~ pas**

mal* €1,000, that's not bad at all ▪ **c'est combien, ~ ?** how much is it again? ; → **ores**

déjanté, e* [deʒɑ̃te] adj crazy ▪ **tu es complètement ~ !** you're off your rocker*!

déjeunatoire [deʒønatwaʀ] adj ▪ **cocktail ~** buffet lunch with drinks

déjeuner [deʒœne] **1** vi **a** (à midi) to have lunch ▪ **inviter qn à ~** to invite sb to lunch **b** (le matin) to have a breakfast **2** nm **a** (= repas de midi) lunch ▪ **~ d'affaires** business lunch ▪ **prendre son ~** to have lunch ▪ **j'ai eu du poulet au ~** I had chicken for lunch **b** (= petit-déjeuner) breakfast

déjouer [deʒwe] vt [+ complot, plan] to thwart ; [+ surveillance] to elude

delà [dəla] **1** adv ▪ **au-delà** beyond ▪ **au-delà il y a l'Italie** beyond that is Italy ▪ **vous avez droit à dix bouteilles mais au-delà vous payez une taxe** you're entitled to ten bottles but above that you pay duty ▪ **au-delà de** [+ lieu, frontière] beyond ; [+ somme, limite] over **2** nm ▪ **l'au-delà** the beyond

délabré, e [delɑbʀe] adj [bâtiment] dilapidated

délacer [delase] vt [+ chaussures] to undo

délai [delɛ] nm **a** (= temps accordé) time limit ▪ **vous êtes dans les ~s** you're within the time limit ▪ **c'est un ~ trop court pour...** it's too short a time for... ▪ **respecter** ou **tenir les ~s** to meet the deadline ▪ **dans les plus brefs ~s, dans les meilleurs ~s** as soon as possible ▪ **il faut payer avant le 15, dernier ~** it must be paid by the 15th at the latest ▪ **~ de livraison** delivery time ▪ **~ de prescription** (Jur) (statutory) limitation period ▪ **~ de réflexion** (avant réponse) time to think **b** (= sursis) extension

> ⚠ **délai** ne se traduit pas par ***delay***, qui signifie « retard ».

délaisser [delese] vt (= négliger) to neglect

délassement [delɑsmɑ̃] nm relaxation

délasser [delɑse] **1** vt [+ membres] to refresh ▪ **un bon bain, ça délasse** a good bath is very relaxing **2** **se délasser** vpr (= se détendre) to relax (*en faisant qch* by doing sth)

délateur, -trice [delatœʀ, tʀis] nm,f (frm) informer

délation [delasjɔ̃] nf (frm) denouncement

délavé, e [delave] adj [tissu] faded ; [inscription] washed-out ; [jeans] prewashed

délayer [deleje] vt [+ couleur] to thin down ; [+ farine, poudre] to mix (*dans* with) ; (péj) [+ exposé] to pad out

délecter (se) [delɛkte] vpr ▪ **se délecter de qch/à faire qch** to delight in sth/in doing sth

délégation [delegasjɔ̃] nf delegation

délégué, e [delege] **1** adj ▪ **producteur ~** associate producer ▪ **~ à qch** responsible for sth **2** nm,f (= représentant) representative ; (à une réunion, une conférence) delegate ▪ **~ de classe/de parents d'élèves** class/parents' representative ▪ **~ à la protection des données personnelles** data protection officer

déléguer [delege] vt to delegate (*à* to)

délester [delɛste] vt [+ navire, ballon] to remove ballast from ▪ **on a délesté la route nationale** a diversion has been set up to relieve traffic congestion on the main road

Delhi [dɛli] n Delhi

délibération [delibeʀasjɔ̃] nf deliberation

délibéré, e [delibeʀe] adj (= intentionnel) deliberate ▪ **de manière ~e** deliberately

délibérément [delibeʀemɑ̃] adv (= volontairement) deliberately

délibérer [delibeʀe] vi to deliberate (*sur* over, upon)

délicat, e [delika, at] adj **a** delicate ; [mets] dainty ▪ **c'était une attention ~e de sa part** it was very thoughtful of him **b** (= plein de tact) tactful (*envers* to, towards) ▪ **des procédés peu ~s** unscrupulous methods **c** (= exigeant) fussy ▪ **faire le ~** (nourriture) to be fussy

délicatement [delikatmɑ̃] adv delicately

délicatesse [delikatɛs] nf delicacy ; (= tact) tact ▪ **manquer de ~** to be tactless ▪ **il prit le vase avec ~** he delicately picked up the vase

délice [delis] nm (= plaisir) delight ▪ **ce dessert est un vrai ~** this dessert is quite delicious

délicieux, -ieuse [delisjø, jøz] adj [fruit, goût] delicious ; (= charmant) charming

délimiter [delimite] vt [+ terrain, frontière, sujet, rôle] to delimit ; [+ responsabilités, attributions] to determine

délinquance [delɛ̃kɑ̃s] nf crime ▪ **la petite/la grande ~** petty/serious crime ▪ **~ juvénile** juvenile delinquency

délinquant, e [delɛ̃kɑ̃, ɑ̃t] nm,f delinquent

délirant, e [deliʀɑ̃, ɑ̃t] adj **a** [public] frenzied **b** [idée, architecture] extraordinary ; [prix, propos, projet] outrageous ; [comédie, film] whacky*

délire [deliʀ] nm **a** [de malade] delirium ▪ **c'est du ~ !*** (= extravagant) it's sheer madness! **b** (= frénésie) frenzy ▪ **une foule en ~** a frenzied crowd

délirer [deliʀe] vi [malade] to be delirious ▪ **il délire !*** he's out of his mind!*

délit [deli] nm offence ▪ **commettre un ~** to commit an offence ▪ **~ d'initié** insider dealing ▪ **être poursuivi pour ~ d'opinion** to be prosecuted for one's beliefs ▪ **il a été arrêté**

pour ~ de faciès they arrested him because of the colour of his skin ; → **flagrant**

délivrance [delivʀɑ̃s] nf a [de prisonniers] release b (= soulagement) relief c [de document] issue

délivrer [delivʀe] vt a [+ prisonnier] to set free ■ **~ qn de** [+ rival, crainte] to rid sb of ; [+ obligation] to free sb from b [+ passeport, reçu, ordonnance] to issue ; [+ médicament] to dispense

> ⚠ **délivrer** se traduit rarement par **to *deliver***, qui signifie « secourir, sauver ».

délocalisation [delɔkalizasjɔ̃] nf relocation

délocaliser [delɔkalize] vt to relocate

déloger [delɔʒe] vt [+ locataire] to throw out ; [+ fugitif] to flush out ; [+ objet] to dislodge (*de* from)

déloyal, e (mpl **-aux**) [delwajal, o] adj [ami, conduite] disloyal (*envers* towards) ; [adversaire] underhand ■ **concurrence ~e** unfair competition

delta [dɛlta] nm delta

deltaplane® [dɛltaplan] nm (= appareil) hang-glider ; (= sport) hang-gliding ■ **faire du ~** to go hang-gliding

déluge [delyʒ] nm (= pluie) deluge ; [de larmes, paroles, injures] flood ; [de compliments, coups] shower

déluré, e [delyʀe] adj (= débrouillard) smart ; (= impertinent) forward

démago* [demago] 1 adj abrév de **démagogique** 2 nmf abrév de **démagogue**

démagogie [demagɔʒi] nf demagogy ■ **ils font de la ~** they're just trying to win support

démagogue [demagɔg] 1 nmf demagogue 2 adj ■ **être ~** to be a demagogue

demain [d(ə)mɛ̃] adv tomorrow ■ **à ~ !** see you tomorrow! ■ **le monde de ~** tomorrow's world

demande [d(ə)mɑ̃d] nf a (= requête) request (*de qch* for sth) ; [d'autorisation, naturalisation] application ; [de dédommagement] claim (*de* for) ; [de renseignement] enquiry ■ **faire une ~ de remboursement** to make a claim for reimbursement (*à qn* to sb) ■ **~ d'asile** application for asylum ■ **« ~s d'emploi »** (rubrique de journal) "situations wanted" ■ **~ (en mariage)** proposal (of marriage) ■ **à la ~ de qn** at sb's request ■ **à la ~, sur ~** on request b (Écon) ■ **la ~** demand (*de* for)

demandé, e [d(ə)mɑ̃de] adj in demand ■ **être très ~** to be very much in demand

demander [d(ə)mɑ̃de] 1 vt a to ask for ; [+ indemnité] to claim ■ **~ qch à qn** to ask sb for sth ■ **~ un service à qn** to ask sb a favour ■ **~ à voir qn à qn** to ask to see sb ■ **~ à qn de faire qch** to ask sb to do sth ■ **on le demande au téléphone** he is wanted on the phone ■ **il ne demande qu'à apprendre** all he wants is to learn ■ **je ne demande pas mieux !** I'll be only too pleased! ■ **il ne faut pas trop lui en ~ !** you mustn't ask too much of him! ■ **ils demandent trois vendeuses** (par annonce) they are advertising for three shop assistants b [+ médecin, prêtre] to send for c (= s'enquérir de) to ask ■ **~ l'heure à qn** to ask sb the time ■ **~ un renseignement à qn** to ask sb for some information ■ **je ne t'ai rien demandé !** I didn't ask you! d (= nécessiter) to require ■ **ça demande un effort** it requires an effort 2 **se demander** vpr to wonder ■ **je me demandais si...** I was wondering whether...

> ⚠ **demander** ne se traduit pas par **to *demand***, qui signifie « exiger ».

demandeur, -euse [d(ə)mɑ̃dœʀ, øz] nm,f ■ **~ d'emploi** job seeker ■ **~ d'asile** asylum seeker

démangeaisons [demɑ̃ʒɛzɔ̃] nfpl ■ **avoir des ~** to be itching ■ **j'ai des ~ dans le dos** my back is itching

démanger [demɑ̃ʒe] vt (= gratter) ■ **ça me démange** it itches ■ **ça me démangeait de lui dire** I was itching to tell him

démanteler [demɑ̃t(ə)le] vt [+ armes, centrale nucléaire] to dismantle ; [+ gang, réseau] to break up

démaquillant, e [demakijɑ̃, ɑ̃t] 1 adj ■ **lait** ou **lotion démaquillant(e)** make-up remover 2 nm make-up remover

démaquiller (se) [demakije] vpr to take one's make-up off

démarcation [demaʀkasjɔ̃] nf demarcation (*entre* between)

démarchage [demaʀʃaʒ] nm (= vente) door-to-door selling ■ **~ électoral** canvassing ■ **~ téléphonique** telephone selling

démarche [demaʀʃ] nf a (= façon de marcher) walk ■ **avoir une ~ pesante** to walk heavily b (= intervention) step ■ **entreprendre des ~s auprès d'un service** to apply to a department c (intellectuelle) reasoning

démarcher [demaʀʃe] vt [+ clients] to canvass

démarque [demaʀk] nf [d'article] markdown

démarquer [demaʀke] 1 vt (= solder) to mark down ; (= retirer l'étiquette de) to remove the designer label from 2 **se démarquer** vpr ■ **se ~ de** (= marquer sa différence avec) to distinguish o.s. from

démarrage [demaʀaʒ] nm a (de voiture) ■ **il a calé au ~** he stalled as he moved off ■ **~ en côte** hill start b (= début) start

démarrer [demaʀe] vi [moteur, conducteur] to start ; [véhicule] to move off ; [campagne, projet] to get going ▪ **~ en trombe** to shoot off ▪ **faire ~** [+ véhicule] to start

démarreur [demaʀœʀ] nm [de voiture] starter

démasquer [demaske] vt to unmask

dématérialisation [dematerjalizasjɔ̃] nf dematerialization ; [de documents] going paperless ▪ **la ~ des factures** the move to paperless invoices

dématérialisé, e [dematerjalize] adj [documents, factures] paperless ; [économie] virtual ; [produit numérique, musique] online

dématérialiser (se) [dematerjalize] vpr [transaction] to dematerialize ▪ **les frontières de l'Europe se dématérialisent** Europe's borders are becoming less and less visible

démêlant [demɛlɑ̃] nm hair conditioner

démêler [demele] vt **a** [+ ficelle, écheveau, cheveux] to untangle **b** [+ problème, situation] to sort out ▪ **~ le vrai du faux** to sort out the truth from the lies

démêlés [demele] nmpl (= ennuis) problems

démembrement [demɑ̃bʀəmɑ̃] nm [de pays, empire] break-up

déménagement [demenaʒmɑ̃] nm (= changement de domicile, de bureau) move

déménager [demenaʒe] **1** vt [+ meubles, affaires] to move ; [+ maison, pièce] to move the furniture out of **2** vi to move

déménageur, -euse [demenaʒœʀ, øz] **1** nm,f removal man (ou woman) BR, furniture mover US **2** **déménageuse** nf (Helv = véhicule) removal van

démence [demɑ̃s] nf (Méd) dementia ; (Droit) mental disorder, madness ▪ **c'est de la ~ !** it's madness!

démener (se) [dem(ə)ne] vpr to exert o.s. ▪ **il faut que tu te démènes si tu veux des billets** you'll have to get a move on* if you want tickets

dément, e [demɑ̃, ɑ̃t] adj (= fou) mad ; (= incroyable) incredible ; (* = extravagant) [prix, projet] mad

démenti [demɑ̃ti] nm (= déclaration) denial ▪ **opposer un ~ à** to deny formally

démentiel, -ielle [demɑ̃sjɛl] adj [projet, prix] crazy

démentir [demɑ̃tiʀ] vt **a** [personne] [+ nouvelle, rumeur] to deny **b** [faits] [+ témoignage] to refute ; [+ apparences] to belie

démerder (se)* [demɛʀde] vpr (= se débrouiller) to manage ▪ **elle se démerde (pas mal) au ski** she's pretty good at skiing ▪ **qu'il se démerde tout seul !** just leave him to it!

démesure [dem(ə)zyʀ] nf [de personnage, projet] excessiveness

démesuré, e [dem(ə)zyʀe] adj huge ; (= excessif) excessive

démettre [demɛtʀ] **1** vt ▪ **~ qn de ses fonctions** to dismiss sb from his duties **2** **se démettre** vpr (= se disloquer) ▪ **se ~ le poignet** to dislocate one's wrist

demeure [d(ə)mœʀ] nf (= maison) residence ▪ **mettre qn en ~ de faire qch** to instruct sb to do sth

demeuré, e* [d(ə)mœʀe] **1** adj (= fou) half-witted **2** nm,f half-wit

demeurer [d(ə)mœʀe] vi **a** (avec auxiliaire avoir) (= vivre) to live **b** (avec auxiliaire être) (frm = rester) to remain ▪ **~ fidèle** to remain faithful

demi, e [d(ə)mi] **1** adj ▪ **un kilo et ~** one and a half kilos ▪ **à six heures et ~e** at half past six ▪ **deux fois et ~e plus grand** two and a half times greater **2** préf ▪ **une demi-livre** half a pound ▪ **un demi-verre** half a glass **3** nm **a** (= bière) glass of beer, ≈ half-pint **b** (Sport) half-back ▪ **~ de mêlée** (Rugby) scrum half **4** **demie** nf ▪ **on part à la ~e** we're leaving at half past **5** **à demi** loc adv half ▪ **il n'était qu'à ~ rassuré** he was only half reassured

demi-bouteille [d(ə)mibutɛj] nf half-bottle

demi-cercle [d(ə)misɛʀkl] nm semicircle

demi-douzaine [d(ə)miduzɛn] nf ▪ **une ~** half-a-dozen

demi-écrémé [dəmiekʀeme] adj m semi-skimmed

demi-finale [d(ə)mifinal] nf semifinal ▪ **arriver en ~** to reach the semifinals

demi-finaliste [d(ə)mifinalist] nmf semifinalist

demi-frère [d(ə)mifʀɛʀ] nm half-brother

demi-heure [d(ə)mijœʀ, dəmjœʀ] nf ▪ **une ~** half an hour

demi-journée [d(ə)miʒuʀne] nf ▪ **une ~** half a day ▪ **il travaille deux ~s par semaine** he works two half-days a week

démilitariser [demilitaʀize] vt to demilitarize

demi-litre [d(ə)militʀ] nm ▪ **un ~ (de)** half a litre (of)

demi-mesure [d(ə)mim(ə)zyʀ] nf (= compromis) half-measure ▪ **elle n'aime pas les ~s** she doesn't do things by halves

demi-mot [d(ə)mimo] nm ▪ **ils se comprenaient à ~** they didn't have to spell things out to each other

déminage [deminaʒ] nm mine clearance

déminer [demine] vt to clear of mines

demi-pension [d(ə)mipɑ̃sjɔ̃] nf (à l'hôtel, à l'école) half-board ▪ **être en ~** [élève] to take school lunches

demi-pensionnaire [d(ə)mipɑ̃sjɔnɛʀ] nmf day pupil ▪ **être ~** to take school lunches

demi-sel [d(ə)misɛl] adj inv slightly salted

demi-sœur [d(ə)misœʀ] nf half-sister

démission [demisjɔ̃] nf (d'un poste) resignation ; (de ses responsabilités) abdication ▪ **donner sa ~** to hand in one's resignation

démissionner [demisjɔne] vi [employé] to resign ; (= abandonner) to give up

demi-tarif [d(ə)mitaʀif] nm half-price ; (Transports) half-fare ▪ **voyager à ~** to travel half-fare

demi-tour [d(ə)mituʀ] nm about-turn ; (sur la route) U-turn ▪ **faire ~** to do a U-turn

démobilisation [demɔbilizasjɔ̃] nf (Mil) demobilization

démocrate [demɔkʀat] **1** adj democratic **2** nmf democrat

démocratie [demɔkʀasi] nf democracy

démocratique [demɔkʀatik] adj democratic

démocratiquement [demɔkʀatikmɑ̃] adv democratically

démocratiser [demɔkʀatize] **1** vt to democratize **2** **se démocratiser** vpr to become more democratic

démodé, e [demɔde] adj old-fashioned

démoder (se) [demɔde] vpr [vêtement, style] to go out of fashion

démographie [demɔgʀafi] nf demography ▪ **~ galopante** massive population growth

démographique [demɔgʀafik] adj demographic ▪ **poussée ~** increase in population

demoiselle [d(ə)mwazɛl] nf (jeune) young lady ; (d'un certain âge) single lady ▸ **demoiselle de compagnie** lady's companion ▸ **demoiselle d'honneur** (à un mariage) bridesmaid; (d'une reine) maid of honour

démolir [demɔliʀ] vt **a** [+ maison, quartier] to demolish **b** (= abîmer) [+ jouet, radio, voiture] to wreck **c** * [+ personne] (= frapper) to bash up* BR ; (= critiquer) to tear to pieces

démolition [demɔlisjɔ̃] nf [d'immeuble, quartier] demolition

démon [demɔ̃] nm demon

démonstratif, -ive [demɔ̃stʀatif, iv] adj demonstrative

démonstration [demɔ̃stʀasjɔ̃] nf **a** demonstration ; [de théorème] proof ▪ **faire une ~** to give a demonstration ▪ **disquette de ~** demo disk **b** [de joie, tendresse] show

démonté, e [demɔ̃te] adj [mer] raging

démonter [demɔ̃te] vt **a** [+ étagères, tente] to take down ; [+ moteur, arme] to strip down ; [+ armoire, appareil] to take to pieces ; [+ pneu, porte] to take off **b** (= déconcerter) to disconcert ▪ **il ne se laisse jamais ~** he never gets flustered

démontrer [demɔ̃tʀe] vt to demonstrate ; [+ théorème] to prove ; (= faire ressortir) to show

démoralisant, e [demɔʀalizɑ̃, ɑ̃t] adj demoralizing

démoraliser [demɔʀalize] **1** vt to demoralize **2** **se démoraliser** vpr to lose heart

démordre [demɔʀdʀ] vi ▪ **il ne veut pas en ~** he won't budge an inch

démotiver [demɔtive] vt to demotivate ▪ **je suis totalement démotivé** I am completely demotivated

démouler [demule] vt [+ gâteau] to turn out

démuni, e [demyni] adj **a** (= sans ressources) destitute ; (= sans défense) powerless (*devant* in the face of) **b** (= privé de) ▪ **~ de** without

démystifier [demistifje] vt to demystify

dénationaliser [denasjɔnalize] vt to denationalize

dénaturer [denatyʀe] vt **a** [+ vérité, faits] to distort ; [+ propos] to twist **b** [+ alcool, substance alimentaire] to denature ; [+ goût, aliment] to alter completely

déneiger [deneʒe] vt to clear of snow

déni [deni] nm denial ▪ **~ de service** (Internet) denial of service

dénicher* [deniʃe] vt (= trouver) to discover

denier [dənje] nm ▪ **les ~s publics** ou **de l'État** public monies

dénier [denje] vt **a** [+ responsabilité] to deny **b** (= refuser) ▪ **~ qch à qn** to refuse sb sth

dénigrer [denigʀe] vt to denigrate

dénivelé [deniv(ə)le] nm difference in height

dénivellation [denivelasjɔ̃] nf (= pente) slope ; (= différence de niveau) difference in level ou altitude

dénombrable [denɔ̃bʀabl] adj countable

dénombrer [denɔ̃bʀe] vt (= compter) to count ; (= énumérer) to list ▪ **on dénombre trois morts et cinq blessés** there are three dead and five wounded

dénominateur [denɔminatœʀ] nm denominator ▪ **(plus petit) ~ commun** (lowest) common denominator

dénomination [denɔminasjɔ̃] nf (= nom) designation

dénommé, e [denɔme] adj ▪ **le ~ X** (parfois péj) a certain X

dénoncer [denɔ̃se] **1** vt **a** [+ coupable] to denounce ; [+ forfait, abus] to expose ▪ **~ qn à la police** to inform against sb **b** (= signaler publiquement) [+ danger, injustice] to point

de

out **2** **se dénoncer** vpr [criminel] to give o.s. up

dénonciation [denɔ̃sjasjɔ̃] nf [de criminel] denunciation ; [de forfait, abus] exposure *NonC*

dénoter [denɔte] vt (= révéler) to indicate

dénouement [denumɑ̃] nm [d'affaire, aventure] outcome ▪ **~ heureux** [de film] happy ending

dénouer [denwe] **1** vt **a** [+ nœud, lien] to untie ; [+ cravate, cheveux] to undo ▪ **elle avait les cheveux dénoués** she had her hair loose **b** [+ situation] to resolve **2** **se dénouer** vpr [lien, nœud] to come undone

dénoyauter [denwajote] vt to stone BR, to pit US

denrée [dɑ̃ʀe] nf commodity ▪ **~s alimentaires** foodstuffs ▪ **~s périssables** perishable foodstuffs

dense [dɑ̃s] adj dense ; [circulation] heavy

densité [dɑ̃site] nf density ; [de circulation] heaviness

dent [dɑ̃] nf **a** [d'homme, animal] tooth ▪ **~s du haut/de devant** upper/front teeth ▪ **~ de lait/de sagesse** milk/wisdom tooth ▪ **avoir la ~ dure** to be scathing (*envers* about) ▪ **avoir une ~ contre qn** to hold a grudge against sb ▪ **avoir les ~s longues** (= être ambitieux) to be very ambitious **b** [de fourche, fourchette] prong ; [de râteau, scie, peigne] tooth ▪ **en ~s de scie** [montagne] jagged ▪ **carrière en ~s de scie** switchback career

dentaire [dɑ̃tɛʀ] adj dental

dentelé, e [dɑ̃t(ə)le] adj jagged ; [timbre] perforated ; [feuille] dentate

dentelle [dɑ̃tɛl] nf lace *NonC* ▪ **de** ou **en ~** lace ▪ **il ne fait pas dans la ~*** he's not fussy about details

dentier [dɑ̃tje] nm dentures *pl*

dentifrice [dɑ̃tifʀis] nm toothpaste

dentiste [dɑ̃tist] nmf dentist

dénuder [denyde] **1** vt to strip **2** **se dénuder** vpr **a** [personne] to strip **b** [arbre] to become bare

dénué, e [denɥe] adj ▪ **~ de** devoid of ▪ **~ d'intérêt** devoid of interest ▪ **~ de tout fondement** completely unfounded

dénuement [denymɑ̃] nm destitution

déodorant [deɔdɔʀɑ̃] nm deodorant

déontologie [deɔ̃tɔlɔʒi] nf professional code of ethics

dépannage [depanaʒ] nm [de véhicule, appareil] repair ▪ **service de ~** (pour véhicules) breakdown service ; (pour appareils) repair service

dépanner [depane] vt **a** [+ véhicule, appareil] to repair ▪ **~ qn** [+ automobiliste] to repair sb's car **b** (* = tirer d'embarras) to help out

dépanneur [depanœʀ] nm **a** (= personne) repairman ; (pour voitures) breakdown mechanic **b** (Can = épicerie) convenience store

dépanneuse [depanøz] nf breakdown lorry BR, tow truck US

dépareillé, e [depaʀeje] adj [collection] incomplete ; [objet] odd

départ [depaʀ] nm **a** [de voyageur, véhicule, excursion] departure ▪ **le ~ est à huit heures** the train (ou coach, etc) leaves at eight o'clock ▪ **peu après mon ~ de l'hôtel** soon after I had left the hotel **b** (Sport) start ▪ **un faux ~** a false start ▪ **prendre un bon/mauvais ~** to get off to a good/bad start **c** [de salarié, ministre] departure ▪ **indemnité de ~** severance pay ▪ **~ à la retraite** retirement **d** [de processus, transformation] start ▪ **au ~** at the start ▪ **salaire de ~** starting salary

départager [depaʀtaʒe] vt [+ concurrents] to decide between ; [+ votes] to decide

département [depaʀtəmɑ̃] nm department ; (= division du territoire) département ▪ **~ d'outre-mer** French overseas département

départemental, e (mpl **-aux**) [depaʀtəmɑ̃tal, o] adj *of a département* ▪ **(route) ~e** secondary road

dépassé, e [depɑse] adj (= périmé) out of date ; (= désorienté) out of one's depth *attrib* ▪ **il est complètement ~ par les événements** he's completely overwhelmed

dépassement [depɑsmɑ̃] nm **a** [de véhicule] overtaking BR *NonC*, passing US *NonC* **b** [de limite, prix] exceeding ▪ **~ d'honoraires** charge exceeding the statutory fee

dépasser [depɑse] **1** vt **a** (= aller plus loin que) to pass ; [+ véhicule, personne] to pass, to overtake BR ▪ **il a dépassé les bornes** ou **la mesure** he has really gone too far ▪ **les mots ont dû ~ sa pensée** he must have got carried away **b** (= excéder) to exceed ▪ **~ qch en hauteur/largeur** to be higher ou taller/wider than sth ▪ **la réunion ne devrait pas ~ trois heures** the meeting shouldn't last longer than three hours ▪ **les résultats ont dépassé notre attente** the results exceeded our expectations ▪ **cela dépasse toutes mes espérances** it is beyond my wildest dreams **c** (= surpasser) [+ rival] to outmatch ▪ **~ qn en intelligence** to be more intelligent than sb **d** (= dérouter) ▪ **ça me dépasse !** it is beyond me! **2** vi (= faire saillie) to stick out ; [jupon] to show (*de, sous* below) ; [chemise] to be hanging out (*de* of) **3** **se dépasser** vpr to excel o.s.

dépaysé, e [depeize] adj disoriented

dépayser [depeize] vt **a** (= désorienter) to disorientate **b** (= changer agréablement) ■ **ça nous a dépaysés** it gave us a change of scenery

dépecer [depəse] vt [boucher] to cut up ; [fauve] to tear limb from limb

dépêche [depɛʃ] nf dispatch ■ **~ (télégraphique)** telegram ■ **~ (d'agence)** (agency) story

dépêcher (se) [depeʃe] vpr to hurry ■ **dépêche-toi !** hurry up! ■ **se dépêcher de faire qch** to hurry to do sth

dépeindre [depɛ̃dʀ] vt to depict

dépénaliser [depenalize] vt to decriminalize

dépendance [depɑ̃dɑ̃s] nf **a** (= asservissement) subordination (*à l'égard de* to) ■ **être sous la ~ de qn** to be subordinate to sb **b** (= bâtiment) outbuilding **c** (Hist, Pol = territoire) dependency **d** (à une drogue, à l'alcool) dependency (*à* on) ; addiction (*à* to)

dépendant, e [depɑ̃dɑ̃, ɑ̃t] adj **a** (= non autonome) dependent (*de* (up)on) **b** [drogué] addicted (*à* to)

dépendre [depɑ̃dʀ] vt indir ■ **~ de** [employé] to be answerable to ; [territoire] to be a dependency of ; [décision, résultat, phénomène] to depend on ■ **~ (financièrement) de ses parents** to be financially dependent on one's parents ■ **ça dépend** it depends

> ⚠ Au sens de « être sous l'autorité de », **dépendre de** ne se traduit pas par **to** ***depend on***.

dépens [depɑ̃] **aux dépens de** loc prép at the expense of ■ **je l'ai appris à mes ~** I learnt this to my cost

dépense [depɑ̃s] nf **a** spending *NonC* ■ **j'hésite, c'est une grosse ~** I can't decide, it's a lot of money ■ **~s publiques/de santé** public/health spending ou expenditure ■ **ne pas regarder à la ~** to spare no expense **b** [d'électricité] consumption

dépenser [depɑ̃se] **1** vt **a** [+ argent] to spend (*pour* on) ; [+ électricité] to use **b** [+ forces, énergie] to expend **2** **se dépenser** vpr to exert o.s.

dépensier, -ière [depɑ̃sje, jɛʀ] adj extravagant

dépérir [depeʀiʀ] vi [personne] to waste away ; [plante] to wither

dépersonnaliser [depɛʀsɔnalize] **1** vt to depersonalize **2** **se dépersonnaliser** vpr [relations, ville] to become depersonalized

dépêtrer (se) [depetʀe] vpr ■ **se dépêtrer de** to extricate o.s. from

dépeupler (se) [depœple] vpr [région, ville] to become depopulated

déphasé, e [defɑze] adj (= désorienté) out of phase

dépilatoire [depilatwaʀ] adj hair-removing

dépistage [depistaʒ] nm [de maladie, virus, dopage] screening (*de* for) ■ **test de ~ du sida** AIDS test

dépister [depiste] vt [+ maladie, virus, dopage] to detect ; (= faire passer un test à) to screen

dépit [depi] **1** nm pique ■ **il l'a fait par ~** he did it in a fit of pique **2** **en dépit de** loc prép in spite of, despite ■ **en ~ du bon sens** any old how

dépité, e [depite] adj piqued

déplacé, e [deplase] adj [intervention] misplaced ; [remarque] uncalled-for

déplacement [deplasmɑ̃] nm **a** (= voyage) trip ■ **être en ~ (pour affaires)** to be away on business **b** [d'objet, meuble] moving ; [d'os, organe] displacement

déplacer [deplase] **1** vt [+ objet, meuble] to move **2** **se déplacer** vpr **a** [personne, animal, air] to move **b** (= se déranger) [médecin] to come out ■ **il ne s'est même pas déplacé pour le mariage de sa sœur** he didn't even bother to go to his sister's wedding **c** (= voyager) to travel **d** ■ **se ~ une vertèbre** to slip a disc

déplaire [deplɛʀ] vt indir ■ **~ à qn** to be disliked by sb ■ **cette ville me déplaît** I don't like this town ■ **ça ne me déplairait pas de le faire** I wouldn't mind doing it

déplaisant, e [deplɛzɑ̃, ɑ̃t] adj disagreeable

dépliant [deplijɑ̃] nm (= prospectus) leaflet

déplier [deplije] vt to unfold ■ **~ les jambes** to stretch one's legs out

déploiement [deplwamɑ̃] nm [de troupes] deployment ; [de richesses, forces] display

déplorable [deplɔʀabl] adj deplorable

déplorer [deplɔʀe] vt (= trouver fâcheux) to deplore ■ **~ que...** to find it deplorable that...

déployer [deplwaje] vt **a** [+ carte, tissu] to open out ; [+ voile, drapeau] to unfurl ; [+ ailes] to spread **b** [+ troupes, forces de police] to deploy **c** [+ richesses, forces] to display ; [+ efforts, énergie] to expend

déplumé, e [deplyme] adj **a** [oiseau] featherless **b** (* = chauve) bald

déplumer (se) [deplyme] vpr [oiseau] to moult ; [personne]* to lose one's hair

dépolluer [depɔlɥe] vt to clean up

déportation [depɔʀtasjɔ̃] nf (= exil) deportation ; (= internement) imprisonment (in a concentration camp) ■ **il est mort en ~** he died in a Nazi concentration camp

de

déporté, e [depɔʀte] nm,f (= exilé) deportee ; (= interné) prisoner (in a concentration camp)

déporter [depɔʀte] **1** vt **a** (= exiler) to deport ; (= interner) to send to a concentration camp **b** (= faire dévier) to carry off course ▪ **le vent l'a déporté** the wind blew him off course **2** **se déporter** vpr to swerve

déposer [depoze] **1** vt **a** (= poser) to put down ▪ **~ les armes** to lay down one's arms **b** (= laisser) [+ chose] to leave ; [+ personne] to drop ▪ **je te dépose à la gare** I'll drop you off at the station ▪ **est-ce que je peux vous ~ quelque part ?** can I drop you anywhere? **c** [+ argent] to deposit ▪ **~ de l'argent sur un compte** to deposit money in an account **d** [+ plainte] to lodge ; [+ réclamation] to file ; [+ brevet] to register ; [+ projet de loi] to bring in ▪ **~ son bilan** to go into voluntary liquidation **2** vi (Droit) to give evidence **3** **se déposer** vpr [poussière, sédiments] to settle

dépositaire [depozitɛʀ] nmf **a** (= agent commercial) agent (*de* for) ▪ **~ exclusif** sole agent (*de* for) **b** [d'objet confié] depository

déposition [depozisjɔ̃] nf ▪ **faire une ~** (à un procès) to give evidence ; (écrite) to write a statement

déposséder [depɔsede] vt ▪ **~ qn de qch** [+ terres] to dispossess sb of sth ; [+ biens] to deprive sb of sth

dépôt [depo] nm **a** [d'argent, valeurs] deposit(ing) ▪ **~ de bilan** (voluntary) liquidation **b** (= en garantie, sur un compte) deposit ▪ **verser un ~** to put down a deposit **c** [de liquide, lie] deposit ▪ **~ de tartre** fur BR *NonC* **d** (= entrepôt) warehouse ; [d'autobus, trains] depot ▸ **dépôt d'ordures** rubbish tip BR, garbage dump US

dépotoir [depɔtwaʀ] nm (= décharge) dumping ground

dépôt-vente (pl **dépôts-ventes**) [depovɑ̃t] nm secondhand shop BR ou store US *(where items are sold on commission)*

dépouille [depuj] nf (= cadavre) ▪ **~ (mortelle)** (mortal) remains

dépouillé, e [depuje] adj [décor] bare ; [style] bald

dépouillement [depujmɑ̃] nm **a** [de documents] going through ▪ **le ~ du scrutin** counting the votes **b** (= sobriété) sobriety

dépouiller [depuje] vt **a** [+ documents, courrier] to go through ▪ **~ un scrutin** to count the votes **b** ▪ **~ qn/qch de** to strip sb/sth of **c** [+ lapin] to skin

dépourvu, e [depuʀvy] **1** adj ▪ **~ de** lacking in ; [+ méchanceté, mauvaises intentions] without ▪ **ce récit n'est pas ~ d'intérêt** this story is not without interest **2** **au dépourvu** loc adv ▪ **prendre qn au ~** to catch sb off their guard

dépoussiérer [depusjeʀe] vt to dust

dépravé, e [depʀave] adj depraved

déprécier [depʀesje] **1** vt (= dénigrer) to belittle **2** **se déprécier** vpr [monnaie, objet] to depreciate ; [personne] to belittle o.s.

déprédations [depʀedasjɔ̃] nfpl ▪ **commettre des ~** to cause damage

dépressif, -ive [depʀesif, iv] adj, nm,f depressive

dépression [depʀesjɔ̃] nf **a** ▪ **~ (atmosphérique)** (atmospheric) depression ▪ **une ~ centrée sur le nord** an area of low pressure in the north **b** (= état nerveux) depression ▪ **elle fait de la ~** she suffers from depression ▪ **il a fait une ~ (nerveuse)** he had a nervous breakdown **c** ▪ **~ (économique)** (economic) depression **d** ▪ **~ (de terrain)** depression

dépressurisation [depʀesyʀizasjɔ̃] nf depressurization ▪ **en cas de ~ de la cabine** should the pressure drop in the cabin

déprimant, e [depʀimɑ̃, ɑ̃t] adj depressing

déprime* [depʀim] nf depression ▪ **faire de la ~** to be depressed

déprimé, e [depʀime] adj depressed

déprimer [depʀime] **1** vt to depress **2** vi * to be depressed

déprotéger [depʀɔteʒe] vt (Informatique) to remove the write protection from

depuis [dəpɥi]

1 prép **a** (durée) for ▪ **il est malade ~ une semaine** he has been ill for a week ▪ **il était malade ~ une semaine** he had been ill for a week ▪ **elle cherche du travail ~ plus d'un mois** she's been looking for a job for over a month ▪ **~ combien de temps travaillez-vous ici ? – ~ cinq ans** how long have you been working here? – five years ▪ **tu le connais ~ longtemps ?** have you known him long?

b (point de départ dans le temps) since ▪ **il attend ~ ce matin** he has been waiting since this morning ▪ **~ qu'il habite ici, il n'a cessé de se plaindre** he hasn't stopped complaining since he came to live here ▪ **~ quand le connaissez-vous ?** how long have you known him? ▪ **je le connais ~ peu** I haven't known him long

c (lieu) (= à partir de) from ▪ **le concert est retransmis ~ Paris** the concert is broadcast from Paris ▪ **j'ai mal au cœur ~ Dijon** I've been feeling sick since Dijon

2 adv since then ▪ **~, nous sommes sans nouvelles** since then we have had no news

députation [depytasjɔ̃] nf [de député] post of deputy ▪ **se présenter à la ~** to stand BR ou run US for parliament

député [depyte] nm (au parlement) deputy ; (en Grande-Bretagne) Member of Parliament ▪ **elle a été élue ~ de Metz** she has been elected as deputy for Metz ▪ **~ européen** Member of the European Parliament

déraciner [deʀasine] vt to uproot

déradicalisation [deʀadikalizsjɔ̃] nf deradicalization

déradicaliser [deʀadikalize] vt to deradicalize

déraillement [deʀɑjmɑ̃] nm derailment

dérailler [deʀɑje] vi a [train] to derail ▪ **faire ~** [+ train, négociations] to derail b (* = divaguer) to talk nonsense ▪ **tu dérailles !** (= tu es fou) you're nuts!*

dérailleur [deʀɑjœʀ] nm [de bicyclette] derailleur

déraisonnable [deʀɛzɔnabl] adj unreasonable

dérangé, e [deʀɑ̃ʒe] adj ▪ **il a l'estomac ~** he has an upset stomach ▪ **il a le cerveau ou l'esprit ~** he's deranged

dérangeant, e [deʀɑ̃ʒɑ̃, ɑ̃t] adj disturbing

dérangement [deʀɑ̃ʒmɑ̃] nm a (= gêne) trouble ▪ **mes excuses pour le ~** my apologies for the inconvenience b (= déplacement) ▪ **pour vous éviter un autre ~** to save you another trip c ▪ **en ~** [machine, téléphone] out of order

déranger [deʀɑ̃ʒe] 1 vt a [+ papiers, affaires] to disturb b (= importuner) to disturb ▪ **je ne vous dérange pas ?** I hope I'm not disturbing you? ▪ **ne me dérangez pas toutes les cinq minutes** don't come bothering me every five minutes ▪ **ça vous dérange si je fume ?** do you mind if I smoke? ▪ **ses films dérangent** his films are disturbing c [+ projets, routine] to disrupt 2 **se déranger** vpr a [médecin, réparateur] to come out ▪ **ne vous dérangez pas pour moi** (= s'embarrasser) don't go to any inconvenience on my account b (pour une démarche, une visite) ▪ **j'ai dû me ~ plusieurs fois** I had to go several times ▪ **je me suis dérangé pour rien, c'était fermé** it was a wasted trip - it was closed

dérapage [deʀapaʒ] nm a [de véhicule] skid ; (Ski) side-slipping b [de prix] unexpected increase ; (= propos incontrôlés) provocative remarks

déraper [deʀape] vi a [véhicule] to skid ; [piéton, semelles] to slip ; (Ski) to sideslip ▪ **ça dérape** [chaussée] it's slippery b [prix, salaires] to soar ; [conversation] to veer onto slippery ground

dératisation [deʀatizasjɔ̃] nf rat extermination

déréglé, e [deʀegle] adj [mécanisme] out of order *attrib* ; [temps] unsettled

dérèglement [deʀɛgləmɑ̃] nm [de machine] disturbance ▪ **~ hormonal** hormonal imbalance

déréglementer [deʀɛgləmɑ̃te] vt to deregulate

dérégler [deʀegle] 1 vt [+ mécanisme, système] to upset ; [+ machine] to affect the working of ; [+ temps] to affect 2 **se dérégler** vpr [mécanisme, machine, appareil] to go wrong

déréguler [deʀegyle] vt to deregulate

dérider [deʀide] 1 vt [+ personne] to brighten up 2 **se dérider** vpr [personne] to cheer up

dérision [deʀizjɔ̃] nf derision ▪ **tourner en ~** (= ridiculiser) to ridicule

dérisoire [deʀizwaʀ] adj derisory

dérivatif [deʀivatif] nm distraction

dérivation [deʀivasjɔ̃] nf a [de circuit électrique] shunt b [de mot] derivation

dérive [deʀiv] nf a (= déviation) drift ▪ **à la ~** adrift ▪ **partir à la ~** (fig) to go drifting off b (= dispositif sur bateau) centre-board BR, center-board US c (= évolution) drift ▪ **~ totalitaire** drift towards totalitarianism

dérivé, e [deʀive] 1 adj derived ▪ **produit ~** by-product 2 nm derivative ; (= produit) by-product

dériver [deʀive] 1 vt a [+ mot, produit] to derive b (Élec) to shunt 2 vt indir ▪ **~ de** to derive from 3 vi [bateau, avion, conversation] to drift (*sur* onto)

dériveur [deʀivœʀ] nm (= bateau) sailing dinghy *(with centre-board)*

dermatologie [dɛʀmatɔlɔʒi] nf dermatology

dermatologique [dɛʀmatɔlɔʒik] adj dermatological

dermatologue [dɛʀmatɔlɔg] nmf dermatologist

dermographe [dɛʀmɔgʀaf] nm tattoo machine

dernier, -ière [dɛʀnje, jɛʀ] 1 adj a (dans le temps, dans une hiérarchie) last ▪ **arriver ~** to come in last ▪ **le mois ~** last month ▪ **ces ~s jours** over the last few days ▪ **ces ~s incidents** these latest incidents ▪ **c'est du ~ chic** it's the last word in elegance b (= le plus haut, le plus bas, le plus lointain) ▪ **le ~ étage** the top floor ▪ **le ~ rang** the back row ▪ **la dernière marche de l'escalier** (en bas) the bottom step ; (en haut) the top step ▪ **les trois ~s jours** the last three days 2 nm,f last

▪ **sortir le ~** to leave last ▪ **les ~s arrivés** the last ones to arrive ▪ **son (petit) ~** her youngest child ▪ **il est le ~ de sa classe** he's at the bottom of the class ▪ **le ~ des imbéciles** (péj) an absolute imbecile ▪ **ce ~, cette dernière** the latter ▪ **Luc, Marc et Jean étaient là et ce ~ a dit que...** Luc, Marc and Jean were there, and Jean said that... **3** **dernière** nf **a** (Théâtre) last performance **b** (* = nouvelle) ▪ **vous connaissez la dernière ?** have you heard the latest? **4** **en dernier** loc adv last

dernièrement [dɛʀnjɛʀmɑ̃] adv (= il y a peu de temps) recently ; (= ces derniers temps) lately

dernier-né, dernière-née (mpl **derniers-nés**) [dɛʀnjene, dɛʀnjɛʀne] nm,f (= enfant) youngest child ▪ **le ~ de leurs logiciels** the latest in their line of software

dérobé, e [deʀɔbe] **1** adj [escalier, porte] secret **2** **à la dérobée** loc adv secretly ▪ **regarder qch à la ~e** to sneak a look at sth

dérober [deʀɔbe] **1** vt **a** (= voler) to steal ▪ **~ qch à qn** to steal sth from sb **b** (= cacher) ▪ **~ qch à la vue de qn** to conceal sth from sb **2** **se dérober** vpr **a** (= refuser d'assumer) to shy away (à from) ▪ **je lui ai posé la question mais il s'est dérobé** I put the question to him but he side-stepped it **b** [sol, genoux] to give way

dérogation [deʀɔgasjɔ̃] nf special dispensation

déroger [deʀɔʒe] vi (= enfreindre) ▪ **~ à qch** to go against sth ▪ **~ aux règles** to depart from the rules

dérouiller [deʀuje] **1** vt ▪ **je vais me ~ les jambes** I'm going to stretch my legs **2** vi (‡ = souffrir) to have a hard time of it

déroulable [deʀulabl] adj [liste, menu] scrollable

déroulant, e [deʀulɑ̃, ɑ̃t] adj [liste, menu] pull-down *avant n*, drop-down *avant n*

déroulement [deʀulmɑ̃] nm ▪ **pendant le ~ des opérations** during the course of the operations ▪ **veiller au bon ~ des élections** to make sure the elections go smoothly

dérouler [deʀule] **1** vt [+ fil, bobine, pellicule] to unwind ; [+ cordage] to uncoil ; [+ tapis] to roll out ; [+ store] to roll down (Informatique) ▪ **~ vers le bas/le haut** [+ menu] to scroll down/up **2** **se dérouler** vpr **a** (= avoir lieu) to take place **b** (= progresser) [histoire] to unfold **c** (= se passer) to go ▪ **la manifestation s'est déroulée dans le calme** the demonstration went peacefully **d** [fil, bobine, pellicule] to unwind

déroutant, e [deʀutɑ̃, ɑ̃t] adj disconcerting

déroute [deʀut] nf [d'armée, équipe] rout ; [de régime, entreprise] collapse ▪ **mettre en ~** [+ armée, adversaire] to rout

dérouter [deʀute] vt [+ avion, navire] to reroute ; [+ personne] to disconcert

derrick [deʀik] nm derrick

derrière [dɛʀjɛʀ] **1** prép behind ▪ **passe ~ la maison** go round the back of the house ▪ **marcher l'un ~ l'autre** to walk one behind the other ▪ **dire du mal ~ le dos de qn** to say (unkind) things behind sb's back ▪ **il faut toujours être ~ lui** ou **son dos** you've always got to keep an eye on him ; → **idée** **2** adv behind ▪ **on l'a laissé (loin) ~** we have left him (a long way) behind ▪ **il a préféré monter ~** (voiture) he preferred to sit in the back ▪ **chemisier qui se boutonne ~** blouse which does up at the back ▪ **regarde ~** (derrière un objet) look behind it **3** nm **a** [de personne] bottom ; [d'animal] hindquarters ▪ **donner un coup de pied au ~ à qn** to give sb a kick up the backside* **b** [d'objet, tête, maison] back ▪ **roue de ~** back wheel ▪ **c'est fermé, passe par-derrière** it's locked, go in the back way ▪ **attaquer par-derrière** to attack from behind ▪ **dire du mal de qn par-derrière** to say unkind things behind sb's back ; → **patte**

des [de] → **de**

dès [dɛ] prép **a** (dans le temps) from ▪ **~ le début** from the start ▪ **il a été remplacé ~ son départ** he was replaced as soon as he left ▪ **~ que** as soon as ▪ **~ qu'il aura fini il viendra** he'll come as soon as he's finished **b** (dans l'espace) ▪ **~ l'entrée on voit que c'est très beau** you can see how lovely it is as soon as you walk in the door

désabusé, e [dezabyze] adj [personne, air] disenchanted ▪ **d'un ton ~** in a disillusioned voice

désaccord [dezakɔʀ] nm (= divergence) (entre personnes, points de vue) disagreement ; (entre intérêts) conflict

désaccordé, e [dezakɔʀde] adj [instrument] out of tune

désactiver [dezaktive] vt (Informatique) to disable

désaffecté, e [dezafɛkte] adj [usine, gare] disused ; [église] deconsecrated

désaffection [dezafɛksjɔ̃] nf loss of interest (*pour* in) ; (Pol) disaffection (*pour* with)

désagréable [dezagʀeabl] adj unpleasant

désagréger (se) [dezagʀeʒe] vpr to break up ; [roche] to crumble

désagréments [dezagʀemɑ̃] nmpl (= inconvénients) trouble *NonC* ▪ **ça m'a valu bien des ~** it gave me a great deal of trouble

désaltérant, e [dezalteʀɑ̃, ɑ̃t] adj thirst-quenching

désaltérer (se) [dezalteʀe] vpr to quench one's thirst

désamorcer [dezamɔʀse] vt [+ bombe, situation, crise] to defuse ; [+ mouvement de revendication] to forestall

désappointé, e [dezapwɛ̃te] adj disappointed

désapprobateur, -trice [dezapʀɔbatœʀ, tʀis] adj disapproving

désapprobation [dezapʀɔbasjɔ̃] nf disapproval

désapprouver [dezapʀuve] vt [+ acte, conduite] to disapprove of

désarçonner [dezaʀsɔne] vt to throw

désarmant, e [dezaʀmɑ̃, ɑ̃t] adj disarming

désarmé, e [dezaʀme] adj (fig) helpless (*devant* before)

désarmement [dezaʀməmɑ̃] nm [de pays] disarmament

désarmer [dezaʀme] vt (= priver d'armes, décontenancer) to disarm

désarroi [dezaʀwa] nm [de personne] feeling of helplessness ▪ **être en plein ~** (= être troublé) to be utterly distraught

désastre [dezastʀ] nm disaster ▪ **courir au ~** to be heading for disaster

désastreux, -euse [dezastʀø, øz] adj [décision, récolte, influence] disastrous ; [bilan, conditions] terrible

désavantage [dezavɑ̃taʒ] nm disadvantage

désavantager [dezavɑ̃taʒe] vt to put at a disadvantage ▪ **cela désavantage les plus pauvres** this penalizes the very poor ▪ **les couches sociales les plus désavantagées** the most disadvantaged sectors of society

désaveu [dezavø] nm (= reniement) rejection

désavouer [dezavwe] vt to disown

désaxé, e [dezakse] **1** adj [personne] unhinged **2** nm,f lunatic

descendance [desɑ̃dɑ̃s] nf (= enfants) descendants ▪ **avoir une nombreuse ~** to have lots of children

descendant, e [desɑ̃dɑ̃, ɑ̃t] **1** adj ▪ **marée ~e** ebb tide **2** nm,f descendant

descendre [desɑ̃dʀ] **1** vi (avec auxiliaire être) **a** (= aller vers le bas) to go down ; (venir d'en haut) to come down (*à, vers* to, *dans* into) ▪ **aidez-la à ~** (de sa chaise) help her down ; (dans l'escalier) help her downstairs ▪ **~ à pied/à bicyclette** to walk/cycle down ▪ **~ en courant** to run down ▪ **~ à Marseille** to go down to Marseilles ▪ **~ de** [+ toit, échelle, arbre] to come down from ▪ **fais ~ le chien du fauteuil** get the dog off the chair **b** (d'un moyen de transport) ▪ **~ de voiture** to get out of the car ▪ **~ de cheval** to dismount ▪ **~ de bicyclette** to get off one's bicycle ▪ **vous descendez à la prochaine ?** are you getting off at the next stop? **c** [habits, cheveux] ▪ **~ à** ou **jusqu'à** to come down to **d** [colline, route] ▪ **~ en pente douce** to slope gently down ▪ **~ en pente raide** to drop away sharply **e** [soleil] to go down ▪ **le brouillard descend sur la vallée** the fog is coming down over the valley **f** (= baisser) to fall ; [mer, marée] to go out ▪ **l'équipe est descendue en seconde division** the team has gone down into the second division **2** **descendre de** vt indir (= avoir pour ancêtre) to be descended from **3** vt (avec auxiliaire avoir) **a** [+ escalier, colline, pente] to go down ▪ **~ une rivière en canoë** to go down a river in a canoe **b** [+ valise] to get down ; [+ meuble, poubelles] to take down ▪ **tu peux me ~ mes lunettes ?** can you bring my glasses down for me? **c** (= baisser) to lower ; [+ store] to pull down **d*** (= tuer) to do in* ; (= critiquer) to shoot down in flames **e** (* = boire) to down* ▪ **qu'est-ce qu'il descend !** he drinks like a fish!*

descente [desɑ̃t] nf **a** (= action) descent ▪ **la ~** (Ski) the downhill race ▪ **~ en rappel** (Alpinisme) abseiling ▪ **accueillir qn à la ~ du train** to meet sb off the train **b** [de police] raid **c** (= partie descendante) (downward) slope ▪ **freiner dans les ~s** to brake going downhill

descriptif, -ive [dɛskʀiptif, iv] **1** adj descriptive **2** nm (= brochure) brochure ; [de travaux] specifications

description [dɛskʀipsjɔ̃] nf description ▪ **faire la ~ de** to describe

désélectionner [deselɛksjɔne] vt to deselect

désemparé, e [dezɑ̃paʀe] adj helpless

désemplir [dezɑ̃pliʀ] vi ▪ **le magasin ne désemplit jamais** the shop is never empty

désencerclement [dezɑ̃sɛʀkləmɑ̃] nm → **grenade**

désenchanté, e [dezɑ̃ʃɑ̃te] adj disillusioned

désenchantement [dezɑ̃ʃɑ̃tmɑ̃] nm disillusionment

désendettement [dezɑ̃dɛtmɑ̃] nm ▪ **le ~ du pays** the reduction of the country's debt

désenfler [dezɑ̃fle] vi to go down

désengagement [dezɑ̃gaʒmɑ̃] nm withdrawal ▪ **le ~ de l'État** (financier) the withdrawal of state funding

désengager (se) [dezɑ̃gaʒe] vpr to withdraw (*de* from)

désensabler [dezɑ̃sable] vt [+ voiture] to dig out of the sand ; [+ chenal] to dredge

désensibiliser [desɑ̃sibilize] vt to desensitize

déséquilibre [dezekilibʀ] nm (= inégalité) imbalance ; (mental, nerveux) unbalance ▪ **être en ~** [objet] to be unsteady

déséquilibré, e [dezekilibʀe] **1** adj [budget] unbalanced ; [esprit] disordered **2** nm,f mentally disturbed person

déséquilibrer [dezekilibʀe] vt to throw off balance ; [+ esprit, personne] to unbalance

désert, e [dezɛʀ, ɛʀt] **1** adj deserted ; → **île** **2** nm desert ▪ **~ culturel/médical** cultural/medical desert

déserter [dezɛʀte] vti to desert

déserteur [dezɛʀtœʀ] nm deserter

désertification [dezɛʀtifikasjɔ̃] nf desertification ; [de campagnes, région] depopulation

désertifier (se) [dezɛʀtifje] vpr (= devenir aride) to turn into a desert ; (= perdre sa population) to become depopulated

désertion [dezɛʀsjɔ̃] nf desertion

désertique [dezɛʀtik] adj desert *avant n* ; (= aride) barren ▪ **une zone ~** an area of desert

désespérant, e [dezɛspeʀɑ̃, ɑ̃t] adj [lenteur, nouvelle, bêtise] appalling ; [enfant] hopeless

désespéré, e [dezɛspeʀe] adj desperate ; [cas] hopeless ▪ **appel/regard ~** cry/look of despair

désespérément [dezɛspeʀemɑ̃] adv (= avec acharnement) desperately

désespérer [dezɛspeʀe] **1** vt to drive to despair **2** vi to despair **3** **désespérer de** vt indir to despair of ▪ **~ de faire qch** to despair of doing sth **4** **se désespérer** vpr to despair

désespoir [dezɛspwaʀ] nm despair ▪ **il fait le ~ de ses parents** he is the despair of his parents ▪ **être au ~** to be in despair ▪ **en ~ de cause** in desperation

déshabillé [dezabije] nm négligé

déshabiller [dezabije] **1** vt to undress **2** **se déshabiller** vpr to undress ; (* = ôter son manteau, sa veste) to take off one's coat

désherbant [dezɛʀbɑ̃] nm weed-killer

désherber [dezɛʀbe] vt to weed

déshérité, e [dezeʀite] adj [quartier, région] deprived ; [famille, population] destitute

déshériter [dezeʀite] vt to disinherit

déshonneur [dezɔnœʀ] nm disgrace

déshonorant, e [dezɔnɔʀɑ̃, ɑ̃t] adj degrading ▪ **être éboueur, ce n'est pas ~ !** there's nothing wrong with being a dustman!

déshonorer [dezɔnɔʀe] **1** vt to be a disgrace to **2** **se déshonorer** vpr to disgrace o.s.

déshydraté, e [dezidʀate] adj dehydrated

déshydrater (se) [dezidʀate] vpr to dehydrate

design [dizajn] **1** nm ▪ **le ~** (= style) the designer look ▪ **le ~ industriel** industrial design **2** adj inv designer *avant n*

désignation [deziɲasjɔ̃] nf (= appellation) name ; (= élection) naming

designer [dizajnœʀ] nmf (= décorateur) designer

désigner [deziɲe] vt **a** (= montrer) to point out ▪ **~ qn du doigt** to point sb out **b** (= nommer) to appoint **c** (= dénommer) to refer to ▪ **~ qn par son nom** to refer to sb by name

désillusion [dezi(l)lyzjɔ̃] nf disillusion

désimlocker [desimlɔke] vt [+ téléphone portable] to unlock

désincarcérer [dezɛ̃kaʀseʀe] vt [+ accidenté] to free *(from a wrecked vehicle)*

désincrustant, e [dezɛ̃kʀystɑ̃, ɑ̃t] adj [crème, masque] cleansing

désinfectant, e [dezɛ̃fɛktɑ̃, ɑ̃t] adj, nm disinfectant

désinfecter [dezɛ̃fɛkte] vt to disinfect

désinfection [dezɛ̃fɛksjɔ̃] nf disinfection

désinformation [dezɛ̃fɔʀmasjɔ̃] nf disinformation

désinscrire (se) [dezɛ̃skʀiʀ] vpr to unsubscribe

désinstaller [dezɛ̃stale] vt to uninstall

désintégration [dezɛ̃tegʀasjɔ̃] nf [de groupe] splitting-up ; [de matière, d'atome] disintegration

désintégrer (se) [dezɛ̃tegʀe] vpr [groupe] to split up ; [roche] to crumble ; [fusée] to self-destruct

désintéressé, e [dezɛ̃teʀese] adj (= généreux) unselfish ; (= impartial) disinterested

désintéresser (se) [dezɛ̃teʀese] vpr ▪ **se désintéresser de** to lose interest in

désintérêt [dezɛ̃teʀɛ] nm lack of interest (*pour* in)

désintoxication [dezɛ̃tɔksikasjɔ̃] nf detoxification ▪ **il fait une** ou **est en cure de ~** he's in detox*

désintoxiquer [dezɛ̃tɔksike] vt [+ alcoolique] to treat for alcoholism ; [+ drogué] to treat for drug addiction

désinvestir [dezɛ̃vɛstiʀ] **1** vi (Écon) to disinvest (*de* from) **2** **se désinvestir** vpr to lose interest (*de* in)

désinvolte [dezɛ̃vɔlt] adj casual

désinvolture [dezɛ̃vɔltyʀ] nf casualness ▪ **avec ~** casually

désir [deziʀ] nm **a** (= souhait) wish (*de qch* for sth) ▪ **le ~ de faire qch** the desire to do sth ▪ **prendre ses ~s pour des réalités** to indulge in wishful thinking **b** (= convoitise, sensualité) desire

désirer [deziʀe] vt **a** (= vouloir) to want ▪ **~ faire qch** to want to do sth ▪ **que désirez-vous ?** (dans un magasin) can I help you? ▪ **son travail laisse à ~** his work leaves something to be desired **b** (sexuellement) to desire

désireux, -euse [deziʀø, øz] adj ▪ **~ de faire qch** anxious to do sth

désistement [dezistəmɑ̃] nm withdrawal

désister (se) [deziste] vpr to withdraw (*en faveur de qn* in sb's favour)

désobéir [dezɔbeiʀ] vi to disobey ▪ **~ à qn/à un ordre** to disobey sb/an order

désobéissant, e [dezɔbeisɑ̃, ɑ̃t] adj disobedient

désobligeant, e [dezɔbliʒɑ̃, ɑ̃t] adj disagreeable

désodorisant, e [dezɔdɔʀizɑ̃, ɑ̃t] **1** adj deodorizing ▪ **bombe ~e** air freshener **2** nm air freshener

désœuvré, e [dezœvʀe] adj idle

désolant, e [dezɔlɑ̃, ɑ̃t] adj [nouvelle, situation, spectacle] distressing

désolé, e [dezɔle] adj **a** [personne, air] sorry ▪ **(je suis) ~ de vous avoir dérangé** (I'm) sorry to have disturbed you ▪ **~, je dois partir** sorry, I have to go **b** [endroit] desolate

désoler [dezɔle] vt (= affliger) to distress ▪ **cet enfant me désole !** I despair of that child!

désolidariser [desɔlidaʀize] **1** vt to separate **2** **se désolidariser** vpr ▪ **se ~ de** [+ personne] to dissociate o.s. from

désopilant, e [dezɔpilɑ̃, ɑ̃t] adj hilarious

désordonné, e [dezɔʀdɔne] adj [personne] untidy ; [mouvements] uncoordinated ; [esprit] disorganized

désordre [dezɔʀdʀ] nm **a** [de pièce, vêtements] untidiness ▪ **quel ~ !** what a mess! ▪ **mettre du ~ dans une pièce** to mess up a room ▪ **être en ~** [pièce, affaires] to be untidy **b** (= agitation) disorder

désorganisation [dezɔʀganizasjɔ̃] nf disorganization

désorganiser [dezɔʀganize] vt to disorganize ; [+ service] to disrupt

désorienter [dezɔʀjɑ̃te] vt (= égarer) to disorientate ; (= déconcerter) to bewilder

désormais [dezɔʀmɛ] adv (au présent) from now on ; (au passé) from then on

désosser [dezɔse] vt [+ viande] to bone

despote [dɛspɔt] nm despot

despotisme [dɛspɔtism] nm despotism

desquels, desquelles [dekɛl] → **lequel**

DESS [deəɛsɛs] nm (abrév de **diplôme d'études supérieures spécialisées**) *one-year postgraduate diploma in an applied subject*

dessécher [deseʃe] **1** vt [+ terre, végétation] to parch ; [+ plante, feuille] to wither ▪ **le vent dessèche la peau** the wind dries the skin ▪ **lèvres desséchées** parched lips **2** **se dessécher** vpr [terre] to dry out ; [plante, feuille] to wither ; [aliments] to go dry ; [peau] to get dry

dessein [desɛ̃] nm (littér = intention) intention ; (= projet) plan ▪ **c'est dans ce ~ que...** it is with this in mind that... ▪ **faire qch à ~** to do sth on purpose

desseller [desele] vt to unsaddle

desserré, e [deseʀe] adj loose

desserrer [deseʀe] **1** vt [+ nœud, ceinture, écrou] to loosen ; [+ poing, dents] to unclench ; [+ frein] to release ; [+ étreinte] to relax ▪ **il n'a pas desserré les dents de toute la soirée** he didn't open his mouth all evening **2** **se desserrer** vpr to come loose

dessert [desɛʀ] nm dessert ▪ **qu'est-ce qu'il y a en** ou **comme ~ ?** what's for dessert?

desservir [desɛʀviʀ] vt **a** [+ table] to clear away **b** [+ personne, cause] to do a disservice to ; [+ intérêts] to harm **c** (Transports) to serve ▪ **ville bien desservie** town with good public transport

dessin [desɛ̃] nm **a** (= image) drawing ▸ **dessin animé** cartoon (film) ▸ **dessin humoristique** cartoon *(in a newspaper or magazine)* **b** (= art) ▪ **le ~** drawing ▪ **professeur de ~** art teacher ▸ **dessin industriel** draughtsmanship BR, draftsmanship US **c** (= motif) pattern

dessinateur, -trice [desinatœʀ, tʀis] nm,f (industriel) (= homme) draughtsman BR, draftsman US ; (= femme) draughtswoman BR, draftswoman US ▪ **il est ~** (= artiste) he draws ▸ **dessinateur humoristique** cartoonist

dessiner [desine] **1** vt **a** to draw **b** (= concevoir) [+ véhicule, meuble] to design ; [+ maison] to draw ; [+ jardin] to lay out **2** **se dessiner** vpr [tendance] to become apparent ▪ **un sourire se dessina sur ses lèvres** a smile played over his lips

dessoûler* [desule] vti to sober up ▪ **il n'a pas dessoûlé depuis deux jours** he's been drunk for the past two days

dessous [d(ə)su] **1** adv (= sous) underneath ; (= plus bas) below ▪ **mettez votre valise ~** put your suitcase underneath ▪ **retirer qch de ~ la table** to get sth from under the table ▪ **en ~** (= sous) underneath ; (= plus bas) below ▪ **en ~ de** below **2** nm **a** [d'objet] bottom ; [de pied] sole ; [de tapis] back ▪ **du ~** [feuille, drap] bottom ▪ **les voisins du ~** the people downstairs ▪ **à l'étage du ~** on the floor below ▪ **au-dessous** below ; (= à l'étage inférieur) downstairs ▪ **au-dessous de** below ▪ **les enfants au-dessous de 7 ans ne paient**

pas children under 7 don't pay ■ **20° au-dessous de zéro** 20° below zero ■ **il est au-dessous de tout !** he's the absolute limit! **b** (Habillement) undergarment ■ **les ~** underwear

dessous-de-plat [d(ə)sud(ə)pla] nm inv table mat *(for hot serving dishes)*

dessous-de-table [d(ə)sud(ə)tabl] nm inv bribe

dessous-de-verre [d(ə)sud(ə)vɛʀ] nm inv coaster

dessus [d(ə)sy] **1** adv [poser, monter] on top ; [coller, écrire] on it ; (= plus haut) above ■ **montez ~** [+ tabouret, échelle] get up on it ■ **passez par-dessus** go over it ■ **il lui a tapé/tiré ~** he hit him/shot at him **2** nm **a** [d'objet, pied, tête] top ■ **du ~** [feuille, drap] top ■ **les voisins du ~** the people upstairs ■ **à l'étage du ~** on the floor above ■ **au-dessus** above ; (= à l'étage supérieur) upstairs ■ **au-dessus de** (= plus haut que) above ; (= sur) on top of ; [+ prix, limite] over ■ **20° au-dessus de zéro** 20° above zero ■ **c'est au-dessus de mes forces** it's too much for me ■ **être au-dessus de tout soupçon** to be above suspicion **b** (dans une confrontation) ■ **avoir/prendre le ~** to have/get the upper hand ■ **reprendre le ~** to get over it

dessus-de-lit [d(ə)syd(ə)li] nm inv bedspread

déstabiliser [destabilize] vt to destabilize

destin [dɛstɛ̃] nm (= fatalité) fate ; (= avenir) destiny

destinataire [dɛstinatɛʀ] nmf [de lettre] addressee ; [de marchandise] consignee ; [de mandat] payee

destination [dɛstinasjɔ̃] nf (= direction) destination ■ **arriver à ~** to reach one's destination ■ **train/vol 702 à ~ de Paris** train number 702/flight 702 to Paris

destiné, e[1] [dɛstine] adj **a** (= prévu pour) ■ **~ à faire qch** intended to do sth ■ **ce livre est ~ aux enfants** this book is intended for children **b** (= voué à) ■ **~ à faire qch** destined to do sth ■ **il était ~ à une brillante carrière** he was destined for a brilliant career

destinée[2] [dɛstine] nf (= fatalité) fate ; (= avenir) destiny

destiner [dɛstine] **1** vt **a** (= attribuer) ■ **cette lettre ne t'était pas destinée** the letter was not meant for you **b** (= affecter) ■ **les fonds seront destinés à la recherche** the money will be used for research **2** **se destiner** vpr ■ **il se destine à l'enseignement** he intends to go into teaching

destituer [dɛstitɥe] vt [+ ministre] to dismiss ; [+ roi] to depose ■ **~ qn de ses fonctions** to relieve sb of his duties

destructeur, -trice [dɛstʀyktœʀ, tʀis] adj destructive

destruction [dɛstʀyksjɔ̃] nf destruction *NonC*

déstructurer [destʀyktyʀe] vt [+ société, organisation] to dismantle

désuet, -ète [dezɥɛ, ɛt] adj outdated

désuétude [desɥetyd] nf ■ **tomber en ~** [loi] to fall into abeyance ; [expression, coutume] to fall into disuse

désuni, e [dezyni] adj [couple, famille] divided ; [amants] estranged

détachable [detaʃabl] adj detachable

détachant [detaʃɑ̃] nm stain remover

détaché, e [detaʃe] adj **a** (= indifférent) detached ■ **« peut-être », dit-il d'un ton ~** "maybe", he said with detachment ■ **elle a pris un air ~** she assumed an indifferent air **b** [travailleur] on temporary assignment (*auprès de* to), on secondment BR (*auprès de* to)

détachement [detaʃmɑ̃] nm **a** (= indifférence) detachment (*envers, à l'égard de* from) **b** [de soldats] detachment **c** [de fonctionnaire] ■ **être en ~** to be on a temporary assignment

détacher [detaʃe] **1** vt **a** (= délier) to untie ; [+ wagon, remorque] to take off **b** [+ vêtement] to undo **c** [+ peau, papier collé] to remove (*de* from) ; [+ reçu, bon] to tear out (*de* of) ■ **il ne pouvait ~ son regard du spectacle** he could not take his eyes off what was happening **d** (à un ministère, une organisation) to assign temporarily (*à* to) **e** [+ lettres] to separate ; [+ syllabes, mots] to articulate **2** **se détacher** vpr **a** (= se délier) to free o.s. (*de* from) ; [barque] to come untied (*de* from) **b** [ceinture, lacet, ficelle] to come undone **c** [fruit, peau, papier collé] to come off ; [page, épingle] to come out **d** [coureur] to pull ou break away (*de* from) **e** (= ressortir) to stand out (*sur* against)

détail [detaj] nm **a** (= particularité) detail ■ **dans les moindres ~s** in minute detail ■ **entrer dans les ~s** to go into detail ■ **en ~, dans le ~** in detail **b** [de facture, compte] breakdown **c** (Commerce) retail ■ **vendre au ~** [+ marchandise, vin] to (sell) retail ; [+ articles, couverts] to sell separately

détaillant, e [detajɑ̃, ɑ̃t] nm,f retailer

détaillé, e [detaje] adj detailed ; [facture] itemized

détailler [detaje] vt [+ plan d'action, raisons] to explain in detail ; [+ facture] to itemize

détaler [detale] vi [lapin] to bolt ; [personne]* to clear off*

détartrant [detaʀtʀɑ̃] nm descaling agent

détartrer [detaʀtʀe] vt [+ dents] to scale (and polish) ; [+ lave-vaisselle, WC] to remove limescale from

détaxer [detakse] vt (= réduire) to reduce the tax on ; (= supprimer) to remove the tax on ▪ **produits détaxés** duty-free ou tax-free goods

détecter [detɛkte] vt to detect

détecteur [detɛktœʀ] nm detector ▪ **~ de mensonges/de fumée** lie/smoke detector ▪ **~ de fatigue** [de véhicule] (driver) drowsiness detector

détection [detɛksjɔ̃] nf detection

détective [detɛktiv] nm ▪ **~ (privé)** private detective

déteindre [detɛ̃dʀ] vi (au lavage) [étoffe] to lose its colour ; [couleur] to run (*sur* into) ▪ **le pantalon a déteint sur la chemise** some of the colour has come out of the trousers onto the shirt ▪ **elle a déteint sur sa fille** something of her character rubbed off on her daughter

dételer [det(ə)le] vt [+ chevaux] to unharness

détendre [detɑ̃dʀ] 1 vt [+ ressort] to release ; [+ corde] to loosen ; [+ corps, esprit] to relax ▪ **il n'arrivait pas à ~ l'atmosphère** he couldn't ease the tense atmosphere 2 **se détendre** vpr a [visage, personne] to relax ; [atmosphère] to become less tense b [ressort] to lose its tension ; [corde] to become slack

détendu, e [detɑ̃dy] adj [personne, visage, atmosphère] relaxed

détenir [det(ə)niʀ] vt to hold ; [+ prisonnier] to detain ▪ **~ le pouvoir** to be in power

détente [detɑ̃t] nf a (= délassement) relaxation ▪ **avoir besoin de ~** to need to relax ▪ **la ~** (Pol) détente b [de sauteur] spring c (= gâchette) trigger

détenteur, -trice [detɑ̃tœʀ, tʀis] nm,f holder

détention [detɑ̃sjɔ̃] nf a (= captivité) detention ▪ **en ~ préventive** ou **provisoire** remanded in custody b [de drogue, arme] possession ; [de titre, bien] holding

détenu, e [det(ə)ny] nm,f prisoner

détergent [detɛʀʒɑ̃] nm detergent

détérioration [deteʀjɔʀasjɔ̃] nf deterioration (*de* in) ; [d'objet] damage (*de* to)

détériorer [deteʀjɔʀe] 1 vt to damage 2 **se détériorer** vpr to deteriorate

déterminant, e [detɛʀminɑ̃, ɑ̃t] 1 adj (= décisif) determining *avant n* 2 nm (= article) determiner

détermination [detɛʀminasjɔ̃] nf a (= résolution) determination b [de cause, quantité] determining

déterminé, e [detɛʀmine] adj a (= résolu) [personne, air] determined b (= précis) [but, intentions] specific ; [quantité, distance, date] given

déterminer [detɛʀmine] vt to determine

déterrer [deteʀe] vt to dig up

détestable [detɛstabl] adj [personne] detestable ; [attitude] appalling ; [habitude, caractère] foul

détester [detɛste] vt to hate ▪ **elle déteste attendre** she hates having to wait

détiendra [detjɛ̃dʀa] vb → **détenir**

détonateur [detɔnatœʀ] nm detonator ▪ **être le ~ de** (fig) to trigger off

détonation [detɔnasjɔ̃] nf (= bruit) bang

détonner [detɔne] vi [couleurs] to clash ; [meuble, bâtiment, personne] to be out of place

détour [detuʀ] nm (= déviation) detour ▪ **faire un ~** to make a detour (*par* via)

détourné, e [detuʀne] adj [chemin, moyen] roundabout

détournement [detuʀnəmɑ̃] nm [de rivière] diversion ▪ **~ d'avion** hijacking ▪ **~ de clic** clickjacking* ▪ **~ de fonds** embezzlement ▪ **~ de mineur** corruption of a minor

détourner [detuʀne] 1 vt a [+ route, ruisseau, circulation] to divert ; [pirate de l'air] to hijack ; [+ soupçon] to divert (*sur* on to) ▪ **~ l'attention de qn** to distract sb's attention ▪ **~ la conversation** to change the subject ▪ **~ les yeux** ou **le regard** to look away b (= écarter) ▪ **~ qn de qn** to put sb off sb ▪ **~ qn du droit chemin** to lead sb astray c [+ loi, réglementation] to twist d [+ fonds] to embezzle 2 **se détourner** vpr to turn away (*de* from)

détox [detɔks] adj 1 adj (abrév de **détoxifiant**) detoxifying, detox*, cleansing ▪ **régime ~** detox* diet 2 nf detox ▪ **~ digitale** digital detox

détoxifier [detɔksifje] vt to detoxify

détracteur, -trice [detʀaktœʀ, tʀis] nm,f detractor

détraqué, e [detʀake] adj [machine] broken down ; [personne]* cracked* ; [nerfs, santé] shaky ; [estomac] upset

détraquer [detʀake] 1 vt [+ machine] to put out of order ; [+ estomac] to upset ; [+ nerfs] to shake up 2 **se détraquer** vpr [machine] to break down

détremper [detʀɑ̃pe] vt [+ terre, pain] to soak ▪ **chemins détrempés** waterlogged paths

détresse [detʀɛs] nf distress ▪ **bateau/avion en ~** boat/plane in distress ▪ **signal de ~** distress signal ; → **feu**

détriment [detʀimɑ̃] **au détriment de** loc adv to the detriment of

détritus [detʀity(s)] nmpl litter *NonC*

détroit [detʀwa] nm strait ▪ **le ~ de Gibraltar** the Strait of Gibraltar

détromper [detʀɔ̃pe] **1** vt [+ personne] to disabuse (*de* of) **2** **se détromper** vpr ▪ **détrompez-vous, il n'est pas venu** you're quite mistaken, he didn't come ▪ **si tu crois que je vais accepter, détrompe-toi !** if you think I'm going to accept, you've got another think coming*

détrôner [detʀone] vt [+ champion] to oust ; [+ mode, produit] to supplant

détruire [detʀɥiʀ] vt to destroy ; [+ santé, réputation] to ruin

dette [dɛt] nf debt ▪ **avoir des ~s** to be in debt ▪ **avoir 10 000 € de ~s** to be €10,000 in debt ▪ **la ~ publique** ou **de l'État** the national debt

DEUG [døg] nm (abrév de **diplôme d'études universitaires générales**) *diploma taken after two years at university*

deuil [dœj] nm (= perte) bereavement ; (= affliction) mourning *NonC* ▪ **en ~** in mourning

deux [dø] nombre **a** two ▪ **les ~ yeux** both eyes ▪ **montrez-moi les ~** show me both of them ▪ **~ fois** twice ▪ **tous les ~ mois** every other month ▪ **lui et les maths, ça fait ~ !*** he hasn't got a clue about maths! ▪ **~ précautions valent mieux qu'une** (Prov) better safe than sorry *(Prov)* **b** (= quelques) ▪ **c'est à ~ minutes d'ici** it's just a couple of minutes from here ▪ **vous y serez en ~ secondes** you'll be there in no time **c** (= deuxième) second ▪ **le ~ janvier** the second of January ▪ **volume/acte ~** volume/act two ; pour autres loc voir **six**

deuxième [døzjɛm] adj, nmf second ; pour loc voir **sixième**

deuxièmement [døzjɛmmɑ̃] adv secondly

deux-pièces [døpjɛs] nm inv **a** (= maillot) two-piece (swimsuit) **b** (= appartement) two-room flat BR ou apartment US

deux-points [døpwɛ̃] nm inv colon

deux-roues [døʀu] nm inv two-wheeled vehicle

devait [d(ə)vɛ] vb → **devoir**

dévaler [devale] vt (en courant) to hurtle down ; (en tombant) to tumble down

dévaliser [devalize] vt [+ maison] to burgle, to burglarize US ; [+ banque] to rob ▪ **~ qn** to strip sb of what he has on him ▪ **~ un magasin** [clients] to buy up a shop

dévaloriser [devalɔʀize] **1** vt [+ marchandises, collection] to reduce the value of ; [+ monnaie, diplôme] to undermine the value of ; (= rabaisser) to put down **2** **se dévaloriser** vpr [monnaie, marchandise] to fall in value ; [personne] to run o.s. down

dévaluation [devalɥasjɔ̃] nf devaluation

dévaluer [devalɥe] vt [+ monnaie, métier, diplôme] to devalue ; [+ rôle, statut] to undermine

devancer [d(ə)vɑ̃se] vt **a** (= distancer) to get ahead of ▪ **il m'a devancé de trois minutes/points** he beat me by three minutes/points **b** (= précéder) to arrive before ▪ **j'allais le faire mais il m'a devancé** I was going to do it but he got there first

devant [d(ə)vɑ̃] **1** prép **a** (gén) in front of ; (= le long de) past ▪ **il est passé ~ moi sans me voir** he walked past me without seeing me ▪ **elle est passée ~ moi chez le boucher** she pushed (in) in front of me at the butcher's ▪ **ne dis pas cela ~ les enfants** don't say that in front of the children **b** (= en avant de : distance) ahead of ▪ **il est loin ~ nous** he is a long way ahead of us ▪ **avoir du temps ~ soi** to have time to spare ▪ **il a toute la vie ~ lui** he has his whole life ahead of him **c** (= face à) faced with ; (= étant donné) in view of ▪ **~ la gravité de la situation** in view of the gravity of the situation **2** adv **a** (en face) in front ▪ **vous êtes juste ~** you're right in front of it ▪ **vous êtes passé ~** you came past it ▪ **corsage qui se boutonne ~** blouse which buttons up at the front ▪ **tu as mis ton pull ~ derrière** you've put your sweater on back-to-front BR ou backwards US **b** (= en avant) ahead ▪ **il est loin ~** he's a long way ahead ▪ **il a préféré monter ~** (en voiture) he preferred to sit in the front ▪ **passe ~, je te rejoindrai** go on ahead and I'll catch up with you ▪ **passez ~, je ne suis pas pressé** you go first, I'm in no hurry **3** nm front ▪ **de ~** [roue, porte] front ▪ **je suis allé au-devant de lui** I went to meet him ▪ **aller au-devant des ennuis** to be asking for trouble ▪ **aller au-devant des désirs de qn** to anticipate sb's wishes ▪ **prendre les ~s** (initiative) to take the initiative

devanture [d(ə)vɑ̃tyʀ] nf **a** (= vitrine) shop ou store US window ▪ **en ~** in the window **b** (= façade) (shop ou store) front

dévastateur, -trice [devastatœʀ, tʀis] adj devastating ; [passion] destructive

dévasté, e [devaste] adj devastated ; [maison] ruined ; [visage] ravaged

dévaster [devaste] vt to devastate

déveine* [devɛn] nf ▪ **quelle ~ !** what rotten luck!*

développement [dev(ə)lɔpmɑ̃] nm **a** (gén) development ▪ **un secteur en plein ~** a fast-developing sector ▪ **cette affaire pourrait connaître de nouveaux ~s** there could be some new developments in this affair **b** [de photos] developing **c** [de bicyclette] ▪ **choisir un grand/petit ~** to choose a high/low gear

développer [dev(ə)lɔpe] **1** vt to develop ■ **envoyer une pellicule à ~** to send a film to be developed **2** **se développer** vpr to develop ; [habitude, procédé] to spread

devenir [dəv(ə)niʀ] vi **a** (= passer d'un état à un autre) to become ■ **~ médecin** to become a doctor ■ **il est devenu tout rouge** he went quite red ■ **~ vieux/grand** to grow old/tall **b** (= advenir de) ■ **et Chantal, qu'est-ce qu'elle devient ?** what's Chantal up to these days? ■ **qu'étais-tu devenu ? nous te cherchions partout** where were you? we were looking for you everywhere ■ **qu'allons-nous ~ ?** what will become of us?

dévergondé, e [devɛʀgɔ̃de] adj shameless

déverrouiller [deveʀuje] vt **a** [+ porte] (avec un verrou) to unbolt ; (avec une serrure) to unlock **b** [+ mécanisme] to release

déverser [devɛʀse] **1** vt [+ sable, ordures] to tip out **2** **se déverser** vpr [liquide] to pour out

dévêtir [devetiʀ] **1** vt to undress **2** **se dévêtir** vpr to get undressed

déviant, e [devjɑ̃, jɑ̃t] **1** adj [comportement] deviant **2** nm,f ■ **~ sexuel** sexual deviant

déviation [devjasjɔ̃] nf **a** [de projectile, navire, aiguille aimantée] deviation ; [de circulation] diversion **b** (= détour obligatoire) diversion BR, detour US

dévider [devide] vt [+ pelote, bobine] to unwind ; [+ cordage, câble] to unreel

dévier [devje] **1** vi **a** [aiguille magnétique] to deviate ; [bateau, projectile] to veer off course **b** [conversation] to turn (*sur* to) **2** vt [+ route, circulation] to divert BR, to detour US ; [+ projectile, coup, ballon] to deflect

devin, devineresse [dəvɛ̃, dəvin(ə)ʀɛs] nm,f soothsayer ■ **je ne suis pas ~ !** I can't see into the future!

deviner [d(ə)vine] vt **a** [+ secret, raison] to guess ; [+ avenir] to foresee ■ **devine qui** guess who **b** (= apercevoir) to make out

devinette [d(ə)vinɛt] nf riddle ■ **poser une ~ à qn** to ask sb a riddle ■ **jouer aux ~s** to play at riddles

devis [d(ə)vi] nm estimate

dévisager [devizaʒe] vt to stare at

devise [dəviz] nf **a** (= monnaie) currency ■ **payer en ~s** to pay in foreign currency **b** (= formule) motto

dévisser [devise] **1** vt to unscrew ■ **se ~ le cou** to crane one's neck **2** vi [alpiniste] to fall

dévoiler [devwale] vt to reveal

devoir [d(ə)vwaʀ]

1 vt to owe ■ **~ qch à qn** to owe sb sth ■ **elle lui doit 200 €** she owes him €200 ■ **je dois à mes parents d'avoir réussi** I owe my success to my parents ■ **il lui doit bien cela !** it's the least he can do for him! ■ **à qui doit-on la découverte du radium ?** who discovered radium? ■ **il ne veut rien ~ à personne** he doesn't want to be indebted to anyone

2 vb aux **a** (obligation) ■ **je ne peux pas aller au cinéma, je dois travailler** I can't go to the cinema, I've got to work ■ **si je rentre tard, je dois téléphoner à ma mère** if I stay out late, I have to phone my mother ■ **je dois téléphoner à ma mère !** I must phone my mother! ■ **David a cru ~ accepter** David thought he should agree

b (conseil) ■ **tu devrais t'habiller plus chaudement** you should dress more warmly ■ **il aurait dû la prévenir** he should have warned her

c (fatalité) ■ **nos chemins devaient se croiser un jour ou l'autre** our paths were bound to cross some time ■ **cela devait arriver !** it was bound to happen! ■ **elle ne devait pas les revoir vivants** she was never to see them alive again

d (prévision) ■ **elle doit vous téléphoner demain** she's going to ring you tomorrow ■ **son train doit arriver dans cinq minutes** his train is due to arrive in five minutes ■ **Lise devait partir à six heures mais la réunion s'est prolongée** Lise was due to leave at six but the meeting went on longer

e (hypothèse) ■ **il a dû se tromper de chemin** he must have lost his way ■ **ça devrait pouvoir se faire** it should be feasible ■ **il ne doit pas faire chaud en hiver** it can't be warm in winter

3 **se devoir** vpr ■ **nous nous devons de le lui dire** it is our duty to tell him ■ **j'en ai informé mon chef, comme il se doit** I informed my boss, of course

4 nm **a** (= obligation) duty ■ **faire son ~** to do one's duty ■ **agir par ~** to act from a sense of duty ■ **se faire un ~ de faire qch** to make it one's duty to do sth

b (Scol = dissertation) essay ■ **faire ses ~s** to do one's homework ■ **~s de vacances** holiday homework ■ **~ surveillé** ou **sur table** written test

dévolution [devɔlysjɔ̃] nf devolution

dévorant, e [devɔʀɑ̃, ɑ̃t] adj [passion] consuming

dévorer [devɔʀe] vt **a** [+ nourriture, livre] to devour ■ **cet enfant dévore !** this child has a huge appetite! **b** [jalousie, maladie] to consume ■ **dévoré par l'ambition** consumed with ambition

dévot, e [devo, ɔt] adj devout

dévotion [devosjɔ̃] nf (= piété) devoutness

dévoué, e [devwe] adj devoted (*à* to)

dévouement [devumɑ̃] nm devotion ▪ **elle a fait preuve d'un grand ~ pour lui** she was very devoted to him

dévouer (se) [devwe] vpr a (= se sacrifier) to sacrifice o.s. b (= se consacrer à) ▪ **se dévouer à qn/qch** to devote o.s. to sb/sth

dextérité [dɛksteʀite] nf skill ▪ **avec ~** skilfully

dézipper [dezipe] vt [+ fichier, vêtement] to unzip

diabète [djabɛt] nm diabetes *sg* ▪ **avoir du ~** to have diabetes

diabétique [djabetik] adj, nmf diabetic

diable [djɑbl] nm a (= démon) devil ▪ **le ~** the Devil ▪ **où/pourquoi diable... ?** where/why the devil*...? ▪ **envoyer qn au ~** to tell sb to go to the devil* ▪ **au ~ l'avarice !** hang the expense! b (* = enfant) devil ▪ **pauvre ~*** (= personne) poor devil

diablotin [djɑblɔtɛ̃] nm imp ; (= pétard) Christmas cracker BR, favor US

diabolique [djabɔlik] adj devilish

diaboliser [djabɔlize] vt [+ personne, État] to demonize

diabolo [djabɔlo] nm (= boisson) ▪ **~ menthe** mint cordial and lemonade

diadème [djadɛm] nm diadem

diagnostic [djagnɔstik] nm diagnosis

diagnostiquer [djagnɔstike] vt to diagnose

diagonale [djagɔnal] nf diagonal ▪ **en ~** diagonally ▪ **lire qch en ~** to skim through sth

diagramme [djagʀam] nm (= schéma) diagram ; (= graphique) chart ▪ **~ à barres** bar chart ▪ **~ en secteurs** pie chart

dialecte [djalɛkt] nm dialect

dialogue [djalɔg] nm dialogue BR, dialog US

dialoguer [djalɔge] vi to talk ▪ **~ avec un ordinateur** to interact with a computer

dialyse [djaliz] nf dialysis ▪ **être en ~** to be on dialysis

diamant [djamɑ̃] nm diamond

diamètre [djamɛtʀ] nm diameter ▪ **10 m de ~** 10m in diameter

diapason [djapazɔ̃] nm (en métal) tuning fork ▪ **il s'est vite mis au ~** he soon got in step with the others

diaphragme [djafʀagm] nm diaphragm ; [d'appareil photo] aperture

diapo* [djapo] nf abrév de **diapositive**

diaporama [djapɔʀama] nm slide show

diapositive [djapozitiv] nf slide

diarrhée [djaʀe] nf diarrhoea *NonC*, diarrhea US *NonC* ▪ **avoir la ~** to have diarrhoea

diaspora [djaspɔʀa] nf diaspora

dico* [diko] nm abrév de **dictionnaire**

dictateur [diktatœʀ] nm dictator

dictature [diktatyʀ] nf dictatorship

dictée [dikte] nf dictation

dicter [dikte] vt [+ lettre, action] to dictate

diction [diksjɔ̃] nf (= débit) diction ; (= art) elocution

dictionnaire [diksjɔnɛʀ] nm dictionary

dicton [diktɔ̃] nm saying

didacticiel [didaktisjɛl] nm educational software *NonC*

didactique [didaktik] adj [ouvrage] educational ; [exposé, style] didactic ▪ **matériel ~** teaching aids

dièse [djɛz] nm hash mark ; (Mus) sharp ▪ **sol ~** G sharp

diesel [djezɛl] nm diesel

diète [djɛt] nf (= jeûne) starvation diet ▪ **il est à la ~** he has been put on a starvation diet

diététicien, -ienne [djetetisjɛ̃, jɛn] nm,f dietician

diététique [djetetik] 1 adj health-food *avant n* 2 nf dietetics *sg*

dieu (pl ~x) [djø] nm god ▪ **Dieu** God ▪ **le bon Dieu** the good Lord ▪ **on lui donnerait le bon Dieu sans confession** he looks as if butter wouldn't melt in his mouth ▪ **mon Dieu !** my God! ▪ **Dieu seul le sait** God only knows ▪ **Dieu merci, il n'a pas plu** it didn't rain, thank goodness

diffamation [difamasjɔ̃] nf (en paroles) slander ; (par écrit) libel ▪ **campagne de ~** smear campaign

diffamatoire [difamatwaʀ] adj defamatory ; [propos] slanderous ; [écrit] libellous

différé [difeʀe] nm (pre-)recorded programme ▪ **le match sera retransmis en ~** the match will be broadcast at a later time

différemment [difeʀamɑ̃] adv differently

différence [difeʀɑ̃s] nf difference (*de* in) ▪ **ne pas faire de ~** to make no distinction

différencier [difeʀɑ̃sje] vt to differentiate

différend [difeʀɑ̃] nm difference of opinion

différent, e [difeʀɑ̃, ɑ̃t] adj a (= dissemblable) different (*de* from) b (avant le nom) (= divers) various

différer [difeʀe] 1 vi to differ (*de* from, *en*, *par* in) 2 vt [+ jugement, paiement, départ] to defer

difficile [difisil] adj a difficult ▪ **il nous est ~ de prendre une décision** it is difficult for us to make a decision ▪ **~ à faire** difficult to do b (= exigeant) hard to please *attrib* ▪ **un enfant ~** a difficult child ▪ **être ~ sur la**

nourriture to be fussy about one's food c [banlieue, quartier] tough

difficilement [difisilmɑ̃] adv [marcher, s'exprimer] with difficulty ▪ **c'est ~ croyable** it's difficult to believe

difficulté [difikylte] nf difficulty ▪ **avoir des ~s pour faire qch** to have difficulty doing sth ▪ **avoir des ~s financières** to be in financial difficulties ▪ **cela ne présente aucune ~** that is no problem ▪ **être en ~** [personne] to find o.s. in difficulties ; [entreprise] to be having problems ▪ **navire en ~** ship in distress

difforme [difɔʀm] adj deformed

diffus, e [dify, yz] adj diffuse

diffuser [difyze] 1 vt a [+ lumière, chaleur] to diffuse b [+ rumeur, nouvelle] to spread c (Radio, TV) to broadcast ▪ **~ en direct sur Internet** to livestream d [+ livres, revues, tracts] to distribute ▪ **ce magazine est diffusé à 80 000 exemplaires** this magazine has a circulation of 80,000 2 **se diffuser** vpr [chaleur, lumière] to be diffused ; [rumeur, nouvelle] to spread

diffuseur [difyzœʀ] nm (= distributeur) distributor ▪ **~ de parfum** room fragrance diffuser

diffusion [difyzjɔ̃] nf a [de lumière, chaleur] diffusion b [de rumeur, nouvelle] spreading c (Radio, TV) broadcasting ▪ **~ en direct sur Internet** livestreaming d [de livres, revues] distribution ; [de journaux] circulation

digérer [diʒeʀe] vt to digest ▪ **je n'ai jamais digéré* ce qu'il m'avait dit** what he said still rankles with me

digeste [diʒɛst] adj [aliment] easily digestible

digestif, -ive [diʒɛstif, iv] 1 adj digestive 2 nm (= liqueur) liqueur

digestion [diʒɛstjɔ̃] nf digestion

digicode® [diʒikɔd] nm door code

digital, e[1] (mpl **-aux**) [diʒital, o] adj digital

digitale[2] [diʒital] nf (= fleur) foxglove

digne [diɲ] adj a (= auguste) dignified b (= à la hauteur) worthy ▪ **~ de** worthy of ▪ **~ de ce nom** worthy of the name ▪ **~ de foi** trustworthy

dignement [diɲ(ə)mɑ̃] adv (= noblement) with dignity

dignitaire [diɲitɛʀ] nm dignitary

dignité [diɲite] nf dignity ▪ **manquer de ~** to be undignified

digression [digʀesjɔ̃] nf digression

digue [dig] nf dyke ; (pour protéger la côte) sea wall

dilapider [dilapide] vt [+ héritage, fortune] to squander ; [+ fonds publics, biens] to embezzle

dilatation [dilatasjɔ̃] nf [de pupille, vaisseau] dilation ; [de gaz, liquide] expansion

dilater [dilate] 1 vt [+ pupille, vaisseau] to dilate ; [+ gaz, liquide] to cause to expand 2 **se dilater** vpr [pupille, narine] to dilate ; [gaz, liquide] to expand

dilemme [dilɛm] nm dilemma

di

dilettante [diletɑ̃t] nmf dilettante ▪ **faire qch en ~** to dabble in sth

diluer [dilɥe] vt to dilute ; [+ peinture] to thin

diluvien, -ienne [dilyvjɛ̃, jɛn] adj [pluie] torrential

dimanche [dimɑ̃ʃ] nm Sunday ▪ **le ~ de Pâques** Easter Sunday ▪ **mettre ses habits du ~** to put on one's Sunday best ; pour autres loc voir **samedi**

dimension [dimɑ̃sjɔ̃] nf a (= taille) size ▪ **avoir la même ~** to be the same size ▪ **de grande ~** large-sized ▪ **de petite ~** small-sized b (= mesures) ▪ **~s** dimensions ▪ **quelles sont les ~s de la pièce ?** what are the measurements of the room? c (= importance) ▪ **une entreprise de ~ internationale** a company of international standing d (= valeur physique) dimension ▪ **en 3 ~s** 3-dimensional

diminué, e [diminɥe] adj ▪ **il est très ~ depuis son accident** he's not the man he was since his accident

diminuer [diminɥe] 1 vt (= réduire) to reduce 2 vi [violence, intérêt, ardeur] to diminish ; [lumière] to fade ; [bruit] to die down ; [pluie] to let up ; [effectifs, valeur, pression] to decrease ; [provisions] to run low ; [forces] to decline ; [jours] to get shorter

diminutif [diminytif] nm (= petit nom) pet name

diminution [diminysjɔ̃] nf a reduction ▪ **une ~ du nombre des accidents** a decrease in the number of accidents ▪ **être en nette ~** to be falling rapidly b [de violence, intensité] diminishing ; [de lumière, bruit] fading

dinde [dɛ̃d] nf (= animal) turkey

dindon [dɛ̃dɔ̃] nm turkey ▪ **être le ~ de la farce*** to be the fall guy*

dindonneau (pl **~x**) [dɛ̃dɔno] nm turkey

dîner [dine] 1 vi a (le soir) to have dinner b (Can, Belg = déjeuner) to have lunch 2 nm a (= repas du soir) dinner b (Can, Belg = déjeuner) lunch

dînette [dinɛt] nf ▪ **jouer à la ~** to play at having a tea party

dingue* [dɛ̃g] adj [personne] nuts* ▪ **tu verrais les prix, c'est ~ !** you should see the prices, they're crazy!

dinosaure [dinɔzɔʀ] nm dinosaur

dioxine [diɔksin] nf dioxin

dioxyde [diɔksid] nm dioxide

diphtérie [difteʀi] nf diphtheria

diphtongue [diftɔ̃g] nf diphthong

diplomate [diplɔmat] **1** adj diplomatic **2** nmf diplomat

diplomatie [diplɔmasi] nf diplomacy

diplomatique [diplɔmatik] adj diplomatic

diplôme [diplom] nm (= titre) diploma ; (Univ) ≈ degree ▪ **avoir des ~s** to have qualifications

diplômé, e [diplome] adj qualified ▪ **il est ~ d'Harvard** he has a Harvard degree

dire [diʀ] **1** vt **a** to say ; [+ mensonges, nouvelle, nom] to tell ▪ **~ qch à qn** to say sth to sb, to tell sb sth ▪ **~ bonjour à qn** to say hello to sb, to tell sb hello US ▪ **comment dit-on ça en anglais ?** how do you say that in English? ▪ **il dit qu'il nous a écrit** he says that he wrote to us ▪ **j'ai quelque chose à vous ~** there's something I want to tell you ▪ **je vous l'avais bien dit !** I told you so! ▪ **dites-lui de venir ce soir** tell him to come tonight ▪ **on dit que...** people say that... ▪ **venez bientôt, disons demain** come soon, let's say tomorrow ▪ **je ne vous le fais pas ~ !** you said it! ▪ **~ des bêtises** to talk nonsense ♦ **ceci dit, cela dit** having said that **b** (= penser) to think ▪ **qu'est-ce que tu dis de ça ?** what do you think about that? ▪ **que diriez-vous d'une promenade ?** how about a walk? ▪ **on dirait qu'il va pleuvoir** it looks like rain ▪ **on dirait du poulet** it tastes like chicken **c** (= objecter) ▪ **je n'ai rien à ~ sur son travail** I can't complain about his work ▪ **il n'y a pas à ~*** there's no doubt about it **d** (= évoquer) ▪ **ce nom me dit quelque chose** the name rings a bell ▪ **Lucien Josse ? ça ne me dit rien du tout** Lucien Josse? I've never heard of him **e** (= plaire) ▪ **ça vous dit de sortir ?** do you feel like going out? ▪ **ça ne me dit rien** I don't feel like it **f** (loc) ▪ **dis Papa, quand est-ce qu'on part ?** when are we going, daddy? ▪ **dites donc !** (= à propos) by the way ; (= holà) hey! ▪ **ça lui a rapporté 100 000 € – ben dis donc !*** that earned him €100,000 – goodness me! ▪ **c'est moi qui vous le dis** take my word for it ▪ **c'est vous qui le dites** that's what you say ♦ **vouloir dire** (= signifier) to mean ▪ **cette phrase ne veut rien ~** this sentence doesn't mean anything ▪ **que veux-tu ~ par là ?** what do you mean? **2** **se dire** vpr **a** (= penser) to think to o.s. ▪ **je me suis dit que c'était dommage** I thought to myself it was a pity **b** (= se prétendre) to claim to be ▪ **il se dit malade** he claims to be ill **c** (mutuellement) ▪ **elles se sont dit au revoir** they said goodbye **d** (= être exprimé) ▪ **ça ne se dit pas** (inusité) you don't say that ; (impoli) it's not polite ▪ **comment ça se dit en français ?** how do you say that in French?

direct, e [diʀɛkt] **1** adj direct ; [train] nonstop **2** nm **a** (= train) express train **b** (Radio, TV) ▪ **c'est du ~** it's live ▪ **émission en ~** live broadcast

directement [diʀɛktəmɑ̃] adv directly ▪ **il est allé se coucher ~** he went straight to bed

directeur, -trice [diʀɛktœʀ, tʀis] nm,f [de banque, usine] manager ▪ **~ général** (au conseil d'administration) managing director ▪ **~ des ressources humaines/commercial** human resources/sales manager ▪ **~ (d'école)** headmaster, principal US ▪ **directrice (d'école)** headmistress, principal US ▸ **directeur de thèse** supervisor BR, dissertation director US

direction [diʀɛksjɔ̃] nf **a** (= sens) direction ▪ **dans quelle ~ est-il parti ?** which way did he go? ▪ **prendre la ~ Châtelet** (en métro) take the line that goes to Châtelet ▪ **train en ~ de...** train for... **b** [d'entreprise, théâtre] management ; [de journal, pays, parti] running ; [d'orchestre] conducting ; [d'opération, manœuvre] supervision ▪ **prendre la ~ de** [+ usine, entreprise] to become manager of ; [+ équipe, travaux] to take charge of ▪ **orchestre placé sous la ~ de Luc Petit** orchestra conducted by Luc Petit **c** (= personnel) management ; [de journal] editorial board ▪ **la ~ générale** the general management **d** [de voiture] steering ▪ **~ assistée** power steering

> ⚠ Un seul des sens de **direction** se traduit par le mot anglais ***direction***.

directive [diʀɛktiv] nf directive

directrice [diʀɛktʀis] nf → **directeur**

dirigeable [diʀiʒabl] adj, nm ▪ **(ballon) ~** airship

dirigeant, e [diʀiʒɑ̃, ɑ̃t] **1** adj [classe] ruling **2** nm,f [de parti, syndicat, pays] leader ▪ **~ d'entreprise** company director

diriger [diʀiʒe] **1** vt **a** [+ service, journal] to run ; [+ entreprise, théâtre] to manage ; [+ pays, parti] to lead ; [+ orchestre] to conduct **b** [+ opération, manœuvre, acteurs] to direct ; [+ recherches, travaux] to supervise ; [+ enquête, débat] to conduct **c** [+ voiture, bateau] to steer ; [+ avion] to pilot **d** (= braquer) ▪ **~ une arme/un télescope sur qn/qch** to point a weapon/a telescope at sb/sth ▪ **~ une lampe de poche sur qch** to shine a torch on sth **2** **se diriger** vpr ▪ **se ~ vers** (= aller vers) to make for ▪ **se ~ vers les sciences** [étudiant] to specialize in science ; (= se guider) to find one's way

disait [dizɛ] vb → **dire**

discernement [disɛʀnəmɑ̃] nm (= sagesse) discernment ▪ **agir sans ~** to act without proper judgment

discerner [disɛʀne] vt **a** [+ forme] to discern ; [+ bruit, nuance] to detect **b** (= différencier) to distinguish (*de* from)

disciple [disipl] nm disciple

discipline [disiplin] nf discipline ; (Sport) sport ▪ **c'est le meilleur dans sa ~** he's the best in his field ; → **conseil**

discipliné, e [disipline] adj disciplined

discontinu, e [diskɔ̃tiny] adj [trait, ligne blanche] broken ; [bruit, effort] intermittent

discordant, e [diskɔʀdɑ̃, ɑ̃t] adj [opinions, témoignages] conflicting ; [sons, couleurs] discordant ; [voix] harsh

discorde [diskɔʀd] nf discord ▪ **mettre** ou **semer la ~** to sow discord (*chez, parmi* among)

discothèque [diskɔtɛk] nf (= club) discotheque ; (= collection) record collection ; (= bâtiment) record library

discounteur [diskuntœʀ] nm discounter

discours [diskuʀ] nm **a** speech ▪ **faire** ou **prononcer un ~** to make a speech ▪ **tous ces beaux ~ n'y changeront rien** (péj) all these fine words won't make any difference ▪ **au ~ direct/indirect** in direct/indirect speech **b** (= idées exprimées) ▪ **changer de ~** to change one's position ▪ **il m'a déjà tenu ce ~** he's already told me that

discrédit [diskʀedi] nm discredit ▪ **jeter le ~ sur qch/qn** to discredit sth/sb

discréditer [diskʀedite] **1** vt to discredit **2** **se discréditer** vpr [personne] to bring discredit upon o.s. (*aux yeux de qn, auprès de qn* in sb's eyes)

discret, -ète [diskʀɛ, ɛt] adj discreet

discrètement [diskʀɛtmɑ̃] adv discreetly

discrétion [diskʀesjɔ̃] nf **a** [de personne] discretion **b** ▪ **vin/pain à ~** as much wine/bread as you want

discrimination [diskʀiminasjɔ̃] nf discrimination (*contre, à l'égard de, envers* against)

discriminatoire [diskʀiminatwaʀ] adj [mesures] discriminatory

disculper [diskylpe] **1** vt to exonerate (*de* from) **2** **se disculper** vpr to exonerate o.s. (*auprès de qn* in sb's eyes)

discussion [diskysjɔ̃] nf discussion ; (= altercation) disagreement

discutable [diskytabl] adj debatable ; [goût] doubtful

discutailler* [diskytaje] vi(péj) (= bavarder) to chat (away), to natter (away)* BR ; (= débattre sans fin) to argue (*sur* over) ; (= ergoter) to wrangle, to quibble (*sur* over)

discute* [diskyt] nf ▪ **taper la ~** to have a chin-wag*

discuté, e [diskyte] adj ▪ **très ~** [ministre, théorie] very controversial ▪ **une question très ~e** a much debated question

discuter [diskyte] **1** vt (= contester) to question ▪ **ça se discute** that's debatable **2** vi **a** (= parler) to talk (*avec* with) ; (= parlementer) to argue (*avec* with) ▪ **~ de** ou **sur qch** to discuss sth ▪ **~ politique/affaires** to discuss politics/business ▪ **on ne peut pas ~ avec lui !** you just can't argue with him! **b** (= protester) to argue ▪ **suivez-moi sans ~** follow me and don't argue

diseuse [dizøz] nf ▪ **~ de bonne aventure** fortune-teller

disgrâce [disgʀɑs] nf (= défaveur) disgrace ▪ **tomber en ~** to fall into disgrace

disgracieux, -ieuse [disgʀasjø, jøz] adj [visage, objet] ugly ; [geste, démarche] awkward

disjoncter [disʒɔ̃kte] vi ▪ **ça a disjoncté** the trip-switch has gone ▪ **il disjoncte*** he's cracking up*

disjoncteur [disʒɔ̃ktœʀ] nm circuit breaker

disloquer (se) [dislɔke] vpr **a** ▪ **se disloquer le bras** to dislocate one's arm **b** [meuble] to come apart ; [empire] to break up

disparaître [dispaʀɛtʀ] vi (= ne plus être visible) to disappear ; (= mourir) [personne] to die ; [race, civilisation] to die out ▪ **il a disparu de la circulation*** he dropped out of circulation ▪ **~ en mer** to be lost at sea ▪ **faire ~** [+ document] to get rid of ; [+ tache, trace] to remove ; [+ personne] to eliminate

disparate [dispaʀat] adj [couple, couleurs] badly matched

disparité [dispaʀite] nf disparity (*de* in) ; [d'objets, couleurs] mismatch *NonC*

disparition [dispaʀisjɔ̃] nf **a** [de personne, tache] disappearance **b** (= mort, perte) [de personne] death ; [d'espèce] extinction ; [de coutume, langue] disappearance ▪ **en voie de ~** [espèce] endangered ; [civilisation, langue, tradition, métier] dying

disparu, e [dispaʀy] **1** adj [monde, époque] bygone ; [bonheur, jeunesse] lost ; [coutume, langue] dead ; [espèce] extinct ; (= dont on est sans nouvelles) missing ▪ **il a été porté ~** [soldat] he has been reported missing **2** nm,f (= mort) dead person ; (= dont on a perdu la trace) missing person

dispensaire [dispɑ̃sɛʀ] nm health centre BR ou center US

dispense [dispɑ̃s] nf (= permission) special permission ▪ **les élèves demandent une ~ de cours le samedi** the pupils have asked for

di

permission not to attend classes on Saturday

dispenser [dispɑ̃se] vt **a** (= exempter) to exempt (*de faire qch* from doing sth, *de qch* from sth) ■ **je vous dispense de vos réflexions** I can do without your comments ■ **il est dispensé de gymnastique** he's excused from gym **b** [+ bienfaits, lumière] to dispense ; [+ enseignement, soins] to give

dispersé, e [dispɛʀse] adj [habitat, famille] scattered

disperser [dispɛʀse] **1** vt [+ papiers, foule, cendres de qn] to scatter **2** **se disperser** vpr [foule] to scatter ; [brouillard] to clear ■ **ne vous dispersez pas trop !** don't attempt to do too many things at once!

disponibilité [disponibilite] nf **a** [de choses, personne] availability **b** ■ **mettre en ~** [+ fonctionnaire] to free from duty temporarily ; [+ officier] to place on reserve

disponible [disponibl] adj (= libre) available ■ **il n'y a plus une seule place ~** there's not a single seat left ■ **elle est toujours ~ pour écouter ses étudiants** she's always ready to listen to her students

disposé, e [dispoze] adj ■ **être ~/peu ~ à faire qch** to be willing/unwilling to do sth ■ **bien/mal ~ à l'égard de** ou **envers qn** well-disposed/ill-disposed towards sb

disposer [dispoze] **1** vt (= arranger) to arrange **2** **disposer de** vt indir [+ somme d'argent] to have at one's disposal ; [+ matériel, voiture] to have the use of ■ **il disposait de quelques heures pour visiter Lille** he had a few hours free in which to visit Lille ■ **avec les moyens dont il dispose** with the means at his disposal **3** **se disposer** vpr ■ **se ~ à faire qch** (= se préparer à) to prepare to do sth

> ⚠ **disposer de** ne se traduit pas par **to** ***dispose of***, qui signifie « se débarrasser de ».

dispositif [dispozitif] nm **a** (= mécanisme) device **b** (= moyens prévus) ■ **~ de contrôle/défense** control/defence system ■ **un important ~ de sécurité a été mis en place** a major security operation has been mounted

disposition [dispozisjɔ̃] **1** nf **a** (= arrangement) arrangement ; [de pièces d'une maison] layout **b** (= usage) ■ **mettre qch/être à la ~ de qn** to put sth/be at sb's disposal ■ **je me tiens à votre entière ~** I am entirely at your disposal **c** (= mesure) measure ■ **~s** (= préparatifs) arrangements ; (= précautions) measures ■ **prendre des** ou **ses ~s pour que qch soit fait** to make arrangements for sth to be done **d** (= manière d'être) mood ■ **être dans de bonnes ~s** to be in a good mood **e** (= tendance) tendency (*à* to) ■ **avoir une ~ au rhumatisme** to have a tendency to rheumatism **f** [de contrat] clause **2** **dispositions** nfpl (= aptitudes) aptitude ■ **avoir des ~s pour la musique/les langues** to have a gift for music/languages

disproportionné, e [dispʀɔpɔʀsjɔne] adj disproportionate (*par rapport à, avec* to)

dispute [dispyt] nf argument

disputé, e [dispyte] adj ■ **très ~** [match] close ; [course, élection] hotly contested

disputer [dispyte] **1** vt **a** (= contester) ■ **~ qch à qn** to fight with sb over sth **b** [+ combat] to fight ; [+ match] to play **c** (= gronder) ■ **se faire ~ par qn** to get a telling-off* from sb **2** **se disputer** vpr (= se quereller) to argue ; (= se brouiller) to fall out ■ **se ~ qch** to fight over sth

disquaire [diskɛʀ] nmf (= commerçant) record dealer

disqualifier [diskalifje] vt (Sport) to disqualify

disque [disk] nm disc ; (Sport) discus ; [d'ordinateur] disk ; (vinyle) record ▸ **disque compact** compact disc ▸ **disque dur** hard disk

disquette [diskɛt] nf diskette

disséminer [disemine] vt [+ graines] to scatter ; [+ idées] to disseminate ■ **les points de vente sont très disséminés** the sales outlets are scattered over a wide area

dissension [disɑ̃sjɔ̃] nf dissension

disséquer [diseke] vt to dissect

dissertation [disɛʀtasjɔ̃] nf essay

dissident, e [disidɑ̃, ɑ̃t] adj, nm,f dissident

dissimuler [disimyle] **1** vt to conceal (*à qn* from sb) **2** **se dissimuler** vpr to hide

dissipé, e [disipe] adj [élève] undisciplined

dissiper [disipe] **1** vt **a** [+ soupçon, crainte] to dispel ; [+ malentendu] to clear up **b** [+ camarades de classe] to distract **2** **se dissiper** vpr **a** [brouillard, nuages] to clear ; [inquiétude] to vanish ; [malaise, fatigue] to disappear **b** [élève] to misbehave

dissocier [disɔsje] **1** vt to dissociate **2** **se dissocier** vpr [éléments, groupe, équipe] to break up ■ **se ~ de** (= se désolidariser) to dissociate from o.s.

dissolu, e [disɔly] adj dissolute

dissolution [disɔlysjɔ̃] nf **a** [d'assemblée, gouvernement, mariage, parti] dissolution **b** [de substance] dissolving

dissolvant [disɔlvɑ̃] nm (= produit) solvent ; (pour les ongles) nail polish remover

dissoudre [disudʀ] **1** vt to dissolve **2** **se dissoudre** vpr **a** (dans un liquide) to dissolve **b** [association] to disband

dissuader [disɥade] vt [personne] to dissuade (*de qch* from sth, *de faire qch* from doing sth) ; [circonstances] to deter (*de faire qch* from doing sth)

dissuasif, -ive [disɥazif, iv] adj [argument] dissuasive ; [armes, mesures] deterrent ; [prix] prohibitive

dissuasion [disɥazjɔ̃] nf dissuasion ▪ **de ~** [mesures, force, stratégie] deterrent

distance [distɑ̃s] nf **a** (= éloignement) distance ▪ **à quelle ~ est la gare ?** how far away is the station? ▪ **habiter à quelques kilomètres de ~** to live a few kilometres away (*de* from) ▪ **communication/vol longue ~** long-distance call/flight ▪ **garder ses ~s** to keep one's distance (*vis-à-vis de* from) ▪ **prendre ses ~s** (fig) to stand aloof (*à l'égard de* from) ▪ **à ~** from a distance ▪ **tenir qn à ~** to keep sb at a distance **b** (= écart) gap

distancer [distɑ̃se] vt [+ coureur, voiture] to outdistance ; [+ concurrent, élève] to outstrip ▪ **se laisser** ou **se faire ~** to be outdistanced (ou outstripped) (*par* by)

distanciation [distɑ̃sjasjɔ̃] nf distance ▪ **sa ~ par rapport aux événements** the way he has distanced himself from events

distanciel, -ielle [distɑ̃sjɛl] **1** adj [formation, enseignement] distance *avant n* **2** nm ▪ **formation en ~** distance learning

distancier (se) [distɑ̃sje] vpr to distance o.s. (*de* from)

distant, e [distɑ̃, ɑ̃t] adj distant ▪ **il s'est montré très ~** he was very distant ▪ **deux villes ~es de 10 km** two towns 10km apart

distendre [distɑ̃dʀ] **1** vt [+ peau] to distend ; [+ corde, pull, col] to stretch **2** **se distendre** vpr [lien] to slacken ; [ventre, peau] to become distended

distillation [distilasjɔ̃] nf distillation

distiller [distile] vt to distil

distillerie [distilʀi] nf (= usine) distillery

distinct, e [distɛ̃(kt), ɛ̃kt] adj distinct (*de* from)

distinctement [distɛ̃ktəmɑ̃] adv distinctly

distinctif, -ive [distɛ̃ktif, iv] adj distinctive

distinction [distɛ̃ksjɔ̃] nf distinction ▪ **faire la ~ entre** to make a distinction between

distingué, e [distɛ̃ge] adj distinguished

distinguer [distɛ̃ge] **1** vt to distinguish (*de* ou *d'avec* from) ; (= apercevoir) to spot ▪ **les deux sœurs sont difficiles à ~ (l'une de l'autre)** the two sisters are difficult to tell apart **2** **se distinguer** vpr to distinguish o.s. ▪ **il s'est particulièrement distingué en maths** [étudiant] he has done particularly well in maths

distorsion [distɔʀsjɔ̃] nf distortion ; (entre des chiffres, salaires, taux) imbalance (*entre* between)

distraction [distʀaksjɔ̃] nf **a** (= inattention) absent-mindedness **b** (= passe-temps) leisure activity ▪ **ça manque de ~** there's not much in the way of entertainment

distraire [distʀɛʀ] **1** vt **a** (= divertir) to entertain **b** (= déranger) to distract (*de* from) ▪ **se laisser facilement ~ de son travail** to be easily distracted from one's work **2** **se distraire** vpr to amuse o.s. ▪ **je vais au cinéma, j'ai besoin de me ~** I'm going to the cinema, I need to take my mind off things

distrait, e [distʀɛ, ɛt] adj absent-minded ▪ **d'une oreille ~e** with only half an ear

distrayant, e [distʀɛjɑ̃, ɑ̃t] adj entertaining

distribuer [distʀibɥe] vt to distribute ; [+ courrier] to deliver ; [+ cartes] to deal

distributeur, -trice [distʀibytœʀ, tʀis] **1** nm,f [de films] distributor **2** nm [de savon, papier absorbant] dispenser ▪ **~ (automatique)** vending machine ▪ **~ (automatique) de billets** cash dispenser

distribution [distʀibysjɔ̃] nf **a** distribution ; [de cartes] deal ; [de courrier] delivery ; [de tract] leafleting ▪ **~ des prix** prize giving ▪ **la grande ~** (= magasins) large stores **b** (= acteurs) cast **c** [d'eau, électricité] supply

district [distʀikt] nm district

dit, e [di, dit] adj **a** (= appelé) ▪ **Jean Petit, ~ le Chacal** Jean Petit, also known as the Jackal ▪ **une émission ~e culturelle** a so-called cultural programme **b** (= fixé) ▪ **à l'heure ~e** at the appointed time

dithyrambique [ditiʀɑ̃bik] adj [commentaire] laudatory

diurétique [djyʀetik] adj, nm diuretic

divaguer [divage] vi (= délirer) to ramble ; (= dire des bêtises) to rave

divan [divɑ̃] nm divan ; [de psychanalyste] couch

divergence [divɛʀʒɑ̃s] nf difference

divergent, e [divɛʀʒɑ̃, ɑ̃t] adj [opinions, témoignages] differing

diverger [divɛʀʒe] vi **a** [opinions] to differ **b** [chemins, rayons] to diverge

divers, e [divɛʀ, ɛʀs] adj **a** (pluriel) (= varié) [couleurs, opinions] various ; (= différent) [sens d'un mot, moments, occupations] different ▪ **frais ~** miscellaneous expenses **b** (pluriel) (= plusieurs) various

diversification [divɛʀsifikasjɔ̃] nf diversification

diversifier [divɛʀsifje] **1** vt [+ méthodes, exercices] to vary ; [+ activités, production] to diversify **2** **se diversifier** vpr [entreprise] to diversify ; [activités] to be diversified

di

diversion [divɛʀsjɔ̃] nf diversion ▪ **faire ~** to create a diversion

diversité [divɛʀsite] nf (= variété) variety

divertir [divɛʀtiʀ] **1** vt to amuse **2** **se divertir** vpr to amuse o.s.

divertissant, e [divɛʀtisɑ̃, ɑ̃t] adj (= qui fait rire) amusing ; (= qui occupe agréablement) entertaining

divertissement [divɛʀtismɑ̃] nm entertainment ▪ **la boxe est un ~ populaire** boxing is a popular form of entertainment

dividende [dividɑ̃d] nm dividend

divin, e [divɛ̃, in] adj divine

diviniser [divinize] vt to deify

divinité [divinite] nf (= dieu) deity

diviser [divize] **1** vt to divide (*en, par* in, by) ; [+ gâteau] to cut up ▪ **~ une somme entre plusieurs personnes** to share a sum among several people ▪ **une famille divisée** a broken family **2** **se diviser** vpr **a** [groupe] to split up (*en* into) ; [cellules] to divide **b** [route] to fork ▪ **ce livre se divise en plusieurs chapitres** this book is divided into several chapters

division [divizjɔ̃] nf division ▪ **faire une ~** to do a division ▪ **club de première ~** first division club

divorce [divɔʀs] nm divorce ▪ **demander le ~** to ask for a divorce

divorcé, e [divɔʀse] adj divorced (*de* from)

divorcer [divɔʀse] vi to get divorced

divulgâcher [divylgaʃe] vt (Can) [+ film, intrigue] to spoil

divulguer [divylge] vt to divulge

dix [dis] nombre ten ▪ **elle a eu ~ sur ~** [élève] she got ten out of ten ; pour autres loc voir **six**

dix-huit [dizɥit] nombre eighteen ; pour autres loc voir **six**

dix-huitième [dizɥitjɛm] adj, nmf eighteenth ▪ **un fauteuil fin ~** a late eighteenth-century armchair ; pour autres loc voir **sixième**

dixième [dizjɛm] adj, nmf tenth ; pour loc voir **sixième**

dix-neuf [diznœf] nombre nineteen ; pour loc voir **six**

dix-neuvième [diznœvjɛm] adj, nmf nineteenth ▪ **les romans du ~** nineteenth-century novels ; pour autres loc voir **sixième**

dix-sept [di(s)sɛt] nombre seventeen ; pour loc voir **six**

dix-septième [di(s)sɛtjɛm] adj, nmf seventeenth ▪ **les auteurs du ~** seventeenth-century writers ; pour autres loc voir **sixième**

dizaine [dizɛn] nf (= dix) ten ; (= environ dix) about ten ▪ **des ~s et des ~s de fois** over and over again

djihad [dʒi(j)ad] nm jihad, jehad ▪ **le Djihad islamique** Islamic Jihad

djihadisme [dʒiadism] nm jihadism

djihadiste [dʒi(j)adist] nmf jihadist

dl (abrév de **décilitre**) dl

DLC [deɛlse] nf (abrév de **date limite de consommation**) UBD *(use-by date)*

DLUO [deɛlyo] nf (abrév de **date limite d'utilisation optimale**) BBD *(best-before date, best-by date)*

DNB [deɛnbe] nm (abrév de **diplôme national du brevet**) *school certificate taken at approx. 16 years*

do [do] nm inv (= note) C ; (en chantant la gamme) doh

doberman [dɔbɛʀman] nm Doberman pinscher

doc* [dɔk] nf abrév de **documentation**

docile [dɔsil] adj docile

docilité [dɔsilite] nf docility

dock [dɔk] nm (= bassin) dock ; (Informatique) docking station, dock

docte [dɔkt] adj (littér ou hum) learned

docteur [dɔktœʀ] nmf doctor (*ès, en* of) ▪ **le ~ Lebrun** Dr Lebrun ▪ **aller chez le ~** to go to the doctor

doctorat [dɔktɔʀa] nm doctorate (*ès, en* in) ▪ **~ d'État** doctorate

doctrine [dɔktʀin] nf doctrine

docudrame [dɔkydʀam] nm docudrama

document [dɔkymɑ̃] nm document ▪ **~s d'archives** (Ciné, TV) archive footage *NonC*

documentaire [dɔkymɑ̃tɛʀ] nm documentary

documentaliste [dɔkymɑ̃talist] nmf (Presse, TV) researcher ; (Scol) librarian

documentariste [dɔkymɑ̃taʀist] nmf documentary maker

documentation [dɔkymɑ̃tasjɔ̃] nf documentation

documenter (se) [dɔkymɑ̃te] vpr to gather material (*sur* on, about)

dodeliner [dɔd(ə)line] vi ▪ **il dodelinait de la tête** his head was nodding gently

dodo [dodo] nm(langage enfantin) ▪ **il fait ~** he's sleeping ▪ **aller au ~** ou **aller faire ~** to go to beddy-byes

dodu, e [dɔdy] adj [volaille] plump ; [enfant] chubby

dogmatique [dɔgmatik] adj dogmatic

dogme [dɔgm] nm dogma

doigt [dwa] nm finger ; [d'animal] digit ▪ **~ de pied** toe ▪ **le petit ~** the little finger ▪ **montrer qn du ~** to point sb out ; (fig) to point the finger at sb ▪ **un ~ de whisky/vodka** a finger of whisky/vodka ▪ **avec lui, ils obéissent au ~ et à l'œil** with him, they have to toe the line ▪ **se mettre le ~ dans l'œil (jusqu'au coude)*** to be kidding o.s.* ▪ **il n'a pas levé** ou **bougé le petit ~ pour nous aider** he didn't lift a finger to help us ▪ **filer** ou **glisser entre les ~s de qn** to slip through sb's fingers ▪ **il a gagné les ~s dans le nez*** he won hands down* ▪ **être à deux ~s** ou **un ~ de faire qch** to come very close to doing sth

doigté [dwate] nm **a** (Mus) fingering **b** (= tact) tact ▪ **avoir du ~** to be tactful

doit [dwa] vb → **devoir**

dollar [dɔlaʀ] nm dollar

DOM [dɔm] nm (abrév de **département d'outre-mer**) *French overseas department*

domaine [dɔmɛn] nm **a** (= propriété) estate **b** (= sphère) field ▪ **dans tous les ~s** in every field

dôme [dom] nm dome

domestique [dɔmɛstik] **1** nmf servant **2** adj [animal, travaux] domestic ; [soucis, querelle] family ▪ **accidents ~s** accidents in the home ▪ **déchets ~s** kitchen waste

domestiquer [dɔmɛstike] vt [+ animal] to domesticate

domicile [dɔmisil] nm place of residence ▪ **~ conjugal** marital home ▪ **travailler à ~** to work from home ▪ **jouer à ~** (Sport) to play at home

domicilier [dɔmisilje] vt ▪ **être domicilié** to live (à in)

dominant, e [dɔminɑ̃, ɑ̃t] **1** adj dominant ; [idéologie, opinion] prevailing *avant n* ; [trait, préoccupation] main *avant n* ; [position] leading *avant n* **2** **dominante** nf (= caractéristique) dominant characteristic ; (= couleur) dominant colour

domination [dɔminasjɔ̃] nf domination ▪ **les pays sous (la) ~ britannique** countries under British rule

dominer [dɔmine] **1** vt **a** to dominate ; [+ adversaire, concurrent] to outclass ; [+ sentiment] to control ; [+ sujet] to master ▪ **se laisser ~ par ses passions** to let o.s. be ruled by one's passions ▪ **se faire ~ par l'équipe adverse** to be outclassed by the opposing team **b** (= surplomber) to overlook **2** vi **a** [nation] to hold sway ; [équipe sportive] to be on top **b** [caractère, défaut, qualité] to predominate ; [idée, théorie] to prevail ▪ **c'est le jaune qui domine** the predominant colour is yellow **3** **se dominer** vpr to control o.s.

dominicain, e [dɔminikɛ̃, ɛn] **1** adj Dominican ▪ **République ~e** Dominican Republic **2** **Dominicain(e)** nm,f Dominican

dominical, e (mpl **-aux**) [dɔminikal, o] adj Sunday

Dominique [dɔminik] nf (= île) ▪ **la ~** Dominica

domino [dɔmino] nm domino ▪ **jouer aux ~s** to play dominoes

dommage [dɔmaʒ] **1** nm (= préjudice) harm *NonC* ▪ **s'en tirer sans ~(s)** to escape unharmed ▪ **(c'est) ~ !, (quel) ~ !** what a pity! ▪ **~ que tu ne puisses pas venir** it's a pity you can't come **2** **dommages** nmpl (= ravages) damage *NonC* ► **dommage(s) corporel(s)** physical injury ► **dommages et intérêts** damages

dommages-intérêts [dɔmaʒɛ̃teʀɛ] nmpl damages

domotique [dɔmɔtik] nf home automation

dompter [dɔ̃(p)te] vt [+ fauve, nature, fleuve] to tame ; [+ cheval] to break in ; [+ sentiments, passions] to control

dompteur, -euse [dɔ̃(p)tœʀ, øz] nm,f tamer

DOM-ROM [dɔmʀɔm] nmpl (à partir de 2003) (abrév de **départements et régions d'outre-mer**) *French overseas departments and regions*

DOM-TOM [dɔmtɔm] nmpl (jusqu'en 2003) (abrév de **départements et territoires d'outre-mer**) *French overseas departments and territories*

don [dɔ̃] nm **a** (= aptitude) gift ▪ **avoir des ~s** to be gifted ▪ **elle a le ~ de m'énerver** she has a knack of getting on my nerves **b** (= offrande) donation ▪ **~ du sang** blood donation ▪ **faire ~ de** [+ fortune, maison] to donate

donation [dɔnasjɔ̃] nf (Droit) ≈ settlement

donc [dɔ̃ ou dɔ̃k] conj **a** so ▪ **je n'étais pas d'accord, ~ j'ai refusé** I didn't agree so I refused ▪ **je disais ~ que...** so, as I was saying... **b** (de renforcement) ▪ **allons ~ !** come on! ▪ **tais-toi ~ !** do be quiet! ▪ **dis ~** (introduit une question) tell me ; (introduit un avertissement) look... ; (ton indigné) well really... ▪ **tiens ~ !** well, well!

dongle [dɔ̃gl] nm dongle

donjon [dɔ̃ʒɔ̃] nm keep

donné, e [dɔne] **1** adj **a** [lieu, date] given ▪ **étant ~ la situation** given the situation ▪ **étant ~ que** given that **b** (* = pas cher) cheap **2** **données** nfpl data ▪ **il nous manque quelques ~es** we haven't got all the data ▪ **~es personnelles** personal data

donner [dɔne] **1** vt **a** to give ▪ **~ qch à qn** to give sth to sb, to give sb sth ▪ **~ à boire à qn** to give sb something to drink ▪ **~ son corps à la science** to donate one's body to science ▪ **~ quelque chose à faire à qn** to give sb something to do ▪ **~ ses chaussures à ressemeler** to take one's shoes to be resoled **b** (= céder) [+ vieux vêtements] to give away ▪ **~ sa place à une dame** to give up one's seat to a lady **c** (= distribuer) [+ cartes] to deal ▪ **c'est à vous de ~** (les cartes) it's your deal **d** (= indiquer) to give ; [+ sujet de devoir, tempo] to set ▪ **pouvez-vous me ~ l'heure ?** can you tell me the time? **e** (= causer) [+ plaisir, courage] to give ; [+ peine, mal] to cause ▪ **ça donne faim** it makes you hungry ▪ **~ le vertige à qn** to make sb giddy **f** (= organiser) [+ réception, bal] to give **g** (= attribuer) ▪ **quel âge lui donnez-vous ?** how old would you say he was? ▪ **je lui donne 50 ans** I'd say he was 50 **h** (= produire) [+ fruits, récolte] to yield ; [+ résultat] to produce ▪ **cette méthode ne donne rien** this method is totally ineffective ▪ **qu'est-ce que ça donne ?*** how's it going? **2** vi ▪ **je ne sais plus où ~ de la tête** I don't know which way to turn ▪ **~ sur** [pièce, porte] to open onto ; [fenêtre] to overlook **3** **se donner** vpr **a** (= se consacrer) ▪ **se ~ à** to devote o.s. to ▪ **il s'est donné à fond** he gave his all **b** (= échanger) ▪ **ils se donnaient des baisers** they were kissing each other **c** (à soi-même) ▪ **donne-toi un coup de peigne** give your hair a comb ▪ **se ~ bien du mal** to go to a lot of trouble ▪ **il s'est donné la peine de me prévenir** he took the trouble to warn me ▪ **se ~ bonne conscience** to ease one's conscience ▪ **s'en ~ à cœur joie** to have a whale of a time*

donneur, -euse [dɔnœʀ, øz] nm,f [d'organe] donor ▪ **~ de sang** blood donor

dont [dɔ̃] pron rel

a (indique la possession, la qualité, etc) whose ▪ **la femme ~ vous apercevez le chapeau** the woman whose hat you can see

b (indiquant la partie d'un tout) ▪ **il y a eu plusieurs blessés, ~ son frère** there were several casualties, including his brother ▪ **ils ont trois filles ~ deux sont mariées** they have three daughters, of whom two are married

c (indique la manière, la provenance) ▪ **la façon ~ elle marche/s'habille** the way she walks/dresses ▪ **la classe sociale ~ elle est issue** the social class she came from

d (provenant d'un complément prépositionnel d'adjectif, de verbe : voir aussi les adjectifs et verbes en question) ▪ **l'outil ~ il se sert** the tool he is using ▪ **la maladie ~ elle souffre** the illness she suffers from ▪ **l'accident ~ il a été responsable** the accident he was responsible for ou for which he was responsible

dopage [dɔpaʒ] nm [d'athlète] illegal drug use

doper [dɔpe] **1** vt [+ athlète, cheval] to dope ; [+ économie, ventes] to boost **2** **se doper** vpr to take drugs ▪ **il se dope aux amphétamines** he takes amphetamines

dorade [dɔʀad] nf sea bream

doré, e [dɔʀe] adj **a** (= couvert d'une dorure) gilded **b** [peau] bronzed ; [blé, cheveux, lumière] golden

dorénavant [dɔʀenavɑ̃] adv from now on

dorer [dɔʀe] **1** vt **a** (= couvrir d'or) to gild **b** [+ peau] to tan ▪ **se ~ au soleil** to sunbathe **2** vi [rôti] to brown ▪ **faire ~ un poulet** to brown a chicken

d'ores et déjà [dɔʀzedeʒa] loc adv → **ores**

dorloter [dɔʀlɔte] vt to pamper

dormeur, -euse [dɔʀmœʀ, øz] nm,f sleeper ▪ **c'est un gros ~** he likes his sleep

dormir [dɔʀmiʀ] vi **a** to sleep ; (= être en train de dormir) to be asleep ▪ **parler en dormant** to talk in one's sleep ▪ **avoir envie de ~** to feel sleepy ▪ **ça m'empêche de ~** [café] it keeps me awake ; [soucis] I'm losing sleep over it ▪ **je dors debout** I'm asleep on my feet ▪ **une histoire à ~ debout** a cock-and-bull story ▪ **~ comme un loir** ou **une souche** to sleep like a log ▪ **il dort à poings fermés** he is sound asleep **b** [eau] to be still ; [argent, capital] to lie idle ▪ **voilà six ans que le projet dort dans un tiroir** the project has been lying dormant for six years

dortoir [dɔʀtwaʀ] nm dormitory

dorure [dɔʀyʀ] nf gilt

dos [do] nm **a** back ; [de livre] spine ▪ **couché sur le ~** lying on one's (ou its) back ▪ **écrire au ~ d'une enveloppe** to write on the back of an envelope ▪ **robe décolletée dans le ~** low-backed dress ▪ **« voir au ~ »** "see over" ▪ **le chat fait le gros ~** the cat is arching its back ▪ **il s'est mis tout le monde à ~** he has turned everybody against him ▪ **être ~ à ~** to be back to back ▪ **il n'y va pas avec le ~ de la cuiller*** he certainly doesn't do things by halves ▪ **faire qch dans le ~ de qn** to do sth behind sb's back ▪ **j'ai toujours mon patron sur le ~** my boss is always standing over me ▪ **tourner le ~ à** to turn one's back on ▪ **dès qu'il a le ~ tourné** as soon as his back is turned **b** (= nage) ▪ **~ crawlé** backstroke

dosage [dozaʒ] nm [d'ingrédient, élément] measuring out ; [de remède] dosage ▪ **se tromper dans le ~ de qch** to mix sth in the wrong proportions

dos-d'âne [dodan] nm inv hump

dose [doz] nf **a** [de médicament] dose **b** (= proportion) amount ▪ **forcer la ~** (fig) to overdo it ▪ **pour faire cela, il faut une cer-**

taine ~ de courage you need quite a lot of courage to do that

doser [doze] vt **a** [+ ingrédient, élément] to measure out ; [+ remède] to measure out a dose of **b** [+ mélange] to proportion correctly ▪ **gélules dosées à 100 mg** 100mg capsules

doseur [dozœʀ] nm measure ▪ **bouchon ~** measuring cap

dossard [dosaʀ] nm (Sport) number *(worn by competitor)*

dossier [dosje] nm **a** [de siège] back **b** (= documents) file ▪ **~ médical** medical records ▪ **~ scolaire** school record ▪ **être sélectionné sur ~** to be selected on the basis of one's application **c** (= question à traiter) issue ; (Scol, Univ = travail de recherche) project **d** (Presse = article) special report **e** (= classeur) file

dot [dɔt] nf dowry

doter [dɔte] vt ▪ **~ qn/qch de** (= pourvoir de) to equip sb/sth with

douane [dwan] nf customs ▪ **poste** ou **bureau de ~** customs house ▪ **passer (à) la ~** to go through customs ▪ **droits de ~** duty

douanier, -ière [dwanje, jɛʀ] nm,f customs officer

doublage [dublaʒ] nm [de film] dubbing ▪ **le ~ d'un acteur** (rôle) using a double for an actor

double [dubl] **1** adj double ▪ **faire qch en ~ exemplaire** to make two copies of sth ▪ **faire ~ emploi** to be redundant ▪ **fermer une porte à ~ tour** to double-lock a door ▪ **enfermer qn à ~ tour** to put sb under lock and key ▪ **à ~ tranchant** double-edged ▸ **double décimètre** ruler *(measuring 20cm)* ▸ **double page** double page spread **2** nm **a** (= quantité) ▪ **gagner le ~ (de qn)** to earn twice as much (as sb) ▪ **il pèse le ~ de toi** he weighs twice as much as you do **b** [de facture, acte] copy ; [de personne] double ▪ **mettre une couverture en ~** to put a blanket on double ▪ **il a toutes les photos en ~** he has copies of all the photos **c** (Sport) doubles ▪ **le ~ dames/mixte** the ladies'/mixed doubles ▪ **faire un ~, jouer en ~** to play a doubles match **3** adv [payer, compter] double

double-clic (pl **doubles-clics**) [dubləklik] nm double-click (*sur* on)

double-cliquer [dubləklike] vi to double-click (*sur* on)

doubler [duble] **1** vt **a** to double **b** [étudiant] [+ classe, année] to repeat **c** [+ film] to dub ; [+ acteur] (= remplacer) to act as an understudy for ; (dans une scène dangereuse) to stand in for **d** [+ boîte, veste] to line (*de* with) **e** [+ véhicule] to overtake BR **2** vi **a** (= augmenter) to double ▪ **~ de volume/valeur** to double in size/value **b** [véhicule] to overtake BR

doublure [dublyʀ] nf **a** (= étoffe) lining **b** (au théâtre) understudy ; (au cinéma) stand-in ; (pour scènes dangereuses) stuntman (ou stuntwoman)

douce [dus] adj f, nf → **doux**

doucement [dusmɑ̃] **1** adv **a** gently ▪ **allez-y ~ !** easy does it!* **b** (= lentement) slowly ; [démarrer] smoothly **2** excl easy!

doucereux, -euse [dus(ə)ʀø, øz] adj (péj) [ton, paroles] sugary ; [personne, manières] suave

douceur [dusœʀ] nf [de peau, tissu, voix, lumière] softness ; [de temps, fromage] mildness ; [de caractère, personne, sourire, geste] gentleness ▪ **c'est un homme d'une grande ~** he's a very gentle man ▪ **prendre qn par la ~** (pour convaincre) to use gentle persuasion on sb ▪ **en ~** [démarrage] smooth ; [démarrer] smoothly ; [commencer, manœuvrer] gently

douche [duʃ] nf shower ▪ **prendre une ~** to have ou take a shower ▪ **il est sous la ~** he's in the shower ▸ **douche (à l')italienne** Italian shower ▸ **douche pluie** rain shower

doucher (se) [duʃe] vpr to have ou take a shower

douchette [duʃɛt] nf [de douche] shower rose ; (= pour codes-barres) bar-code reader

doudou [dudu] nm(langage enfantin) (morceau de tissu) ≈ security blanket ; (peluche) ≈ cuddly toy

doudoune [dudun] **1** nf (= anorak) down jacket **2** nfpl (* = seins) boobs*, breast

doué, e [dwe] adj **a** (= talentueux) gifted (*en* in) ▪ **être ~ pour** to be good at **b** (= pourvu de) ▪ **~ de** endowed with

douille [duj] nf [de cartouche] cartridge ; [de fil électrique] socket

douillet, -ette [dujɛ, ɛt] adj **a** [personne] soft (péj) **b** (= confortable) cosy

douleur [dulœʀ] nf (physique) pain ; (morale) grief

douloureux, -euse [duluʀø, øz] adj painful ; [regard, expression] pained

doute [dut] nm doubt ▪ **être dans le ~** to be doubtful ▪ **avoir des ~s sur** ou **au sujet de qch/qn** to have one's doubts about sth/sb ▪ **mettre en ~** [+ affirmation, honnêteté de qn] to question ▪ **sans ~** (= sûrement) no doubt ; (= probablement) probably ▪ **sans aucun ~** without a doubt

douter [dute] **1** **douter de** vt indir to doubt ; [+ réussite] to be doubtful of ▪ **je doute qu'il vienne** I doubt if he'll come ▪ **il ne doute de**

rien ! he's got some nerve!* ▪ **il doute de lui** he has feelings of self-doubt **2** **se douter** vpr ▪ **se ~ de qch** to suspect sth ▪ **il ne se doutait pas qu'elle serait là** he had no idea she would be there

> ⚠ **douter de qch** ne se traduit pas par ***to doubt sth***.

douteux, -euse [dutø, øz] adj **a** (= incertain) doubtful ▪ **d'origine douteuse** of doubtful origin **b** (péj) [propreté, qualité, mœurs] dubious ▪ **d'un goût ~** in dubious taste

Douvres [duvʀ] n Dover

doux, douce [du, dus] **1** adj **a** [peau, tissu] soft **b** [eau] (= non calcaire) soft ; (= non salée) fresh **c** [temps, climat, températures] mild ; [brise, chaleur] gentle ▪ **il fait ~ aujourd'hui** it's mild today **d** [vin] sweet ; [moutarde, tabac, piment] mild **e** [musique] sweet ; [voix, lumière] soft **f** (= modéré) ▪ **en pente douce** gently sloping ; → **médecine** **g** [caractère, manières, personne] gentle **2** **en douce*** loc adv on the quiet*

douzaine [duzɛn] nf (= douze) dozen ▪ **une ~** (= environ douze) about twelve ▪ **une ~ d'huîtres** a dozen oysters ▪ **il y a une ~ d'années** about twelve years ago

douze [duz] nombre twelve ; pour loc voir **six**

douzième [duzjɛm] adj, nmf twelfth ; pour loc voir **sixième**

doyen, -yenne [dwajɛ̃, jɛn] nm,f (Univ) ≈ dean ; [d'équipe, groupe] most senior member

DPO [depeo] nmf (abrév de **data protection officer**) DPO

draconien, -ienne [dʀakɔnjɛ̃, jɛn] adj draconian

dragée [dʀaʒe] nf (= friandise) sugared almond ; (= médicament) sugar-coated pill

dragon [dʀagɔ̃] nm dragon

drague* [dʀag] nf ▪ **il/elle y va pour la ~** he/she goes there to try and pick girls/boys up*

draguer [dʀage] **1** vt **a** [+ rivière, port, canal] to dredge ; [+ mines] to sweep **b** (pour séduire) * ▪ **~ qn** to try and pick sb up* ▪ **elle s'est fait ~ par un mec** some guy tried to pick her up* **2** vi * to try and pick up* girls (ou guys)

dragueur, -euse* [dʀagœʀ, øz] nm,f ▪ **c'est un sacré ~** he's a great one for trying to pick up* girls ▪ **quelle dragueuse !** she's always trying to pick up* guys

drain [dʀɛ̃] nm (Méd) drain ▪ **poser un ~ à qn** to insert a drain in sb

drainer [dʀene] vt **a** [+ sol, plaie] to drain **b** [+ main-d'œuvre, capitaux] to bring in ; [+ public, clientèle] to attract

dramatique [dʀamatik] **1** adj **a** (= tragique) tragic ▪ **ce n'est pas ~ !** it's not the end of the world! **b** (Théâtre) ▪ **artiste ~** stage actor (ou actress) ▪ **auteur ~** playwright ; → **art, comédie** **2** nf (TV) (television) play

> ⚠ Lorsque l'adjectif **dramatique** signifie « tragique », il ne se traduit jamais par ***dramatic***.

dramatiser [dʀamatize] vi ▪ **il ne faut pas ~** you shouldn't dramatize things

dramaturge [dʀamatyʀʒ] nmf playwright

drame [dʀam] nm (Théâtre) drama ; (= événement tragique) tragedy ▪ **ce n'est pas un ~ !** it's not the end of the world! ; → **auteur**

drap [dʀa] nm **a** (= pièce de tissu) ▪ **~ (de lit)** sheet ▪ **~ de bain** bath sheet ▪ **être dans de beaux** ou **sales ~s** to be in a right mess* **b** (= tissu) woollen cloth

drapeau (pl **~x**) [dʀapo] nm flag ▪ **le ~ tricolore** the (French) tricolour

drap-housse (pl **draps-housses**) [dʀaus] nm fitted sheet

dressage [dʀesaʒ] nm [d'animal sauvage] taming ; [de jeune cheval] breaking in ; (pour le cirque) training

dresser [dʀese] **1** vt **a** [+ inventaire, liste, plan] to draw up **b** [+ échafaudage, barrière, tente] to put up ▪ **~ le couvert** ou **la table** to lay ou set the table **c** [+ tête] to raise ▪ **~ l'oreille** to prick up one's ears ▪ **~ ses oreilles** [chien] to prick up its ears ▪ **une histoire à faire ~ les cheveux sur la tête** a tale to make your hair stand on end **d** (= braquer) ▪ **~ qn contre** to set sb against **e** [+ animal sauvage] to tame ; [+ jeune cheval] to break (in) ; (pour le cirque) to train **2** **se dresser** vpr **a** (debout) to stand up ; (assis) to sit up straight ▪ **se ~ sur la pointe des pieds** to stand on tiptoe **b** [oreille] to prick up **c** [statue, bâtiment, obstacle] to stand **d** (= s'insurger) to rise up (*contre, face à* against)

> ⚠ **dresser** ne se traduit pas par ***to dress***, qui signifie « habiller ».

DRH [deɛʀaʃ] **1** nf (abrév de **direction des ressources humaines**) HR department **2** nmf (abrév de **directeur, -trice des ressources humaines**) HR manager

dribbler [dʀible] **1** vi to dribble **2** vt [+ joueur] to dribble past

driver [dʀajve, dʀive] **1** vt [jockey] to drive **2** vi (Golf) to drive

drogue [dʀɔg] nf drug ▪ **la ~** drugs ▪ **une ~ dure/douce** a hard/soft drug ▸ **drogue des violeurs** date rape drug

drogué, e [dʀɔge] nm,f drug addict

droguer [dʀɔge] **1** vt to drug **2** **se droguer** vpr **a** (de stupéfiants) to take drugs ■ **se ~ à la cocaïne** to take cocaine **b** (de médicaments) to dose o.s. up (*de* with)

droguerie [dʀɔgʀi] nf (= magasin) hardware shop

droit¹, e¹ [dʀwa, dʀwat] **1** adj right ■ **du côté ~** on the right-hand side ; → **bras** **2** **droite** nf **a** (opposé à la gauche) ■ **la ~e** the right ■ **à ~e** on the right ; (direction) to the right ■ **le tiroir de ~e** the right-hand drawer ■ **à ~e de la fenêtre** to the right of the window ■ **de ~e à gauche** from right to left **b** (Pol) ■ **la ~e** the right wing ■ **candidat/idées de ~e** right-wing candidate/ideas ■ **un homme de ~e** a man of the right

droit², e² [dʀwa, dʀwat] **1** adj **a** (= non courbe, non penché) straight ■ **ça fait 4 km en ligne ~e** it's 4km as the crow flies ■ **tiens ta tasse ~e** hold your cup straight ■ **être** ou **se tenir ~ comme un i** to stand bolt upright ■ **tiens-toi ~** (debout) stand up straight ; (assis) sit up straight **b** (= honnête, loyal) [personne] upright **2** **droite** nf (= ligne) straight line **3** adv straight ■ **aller/marcher ~ devant soi** to go/walk straight ahead ■ **c'est ~ devant vous** it's right in front of you ■ **aller ~ au but** ou **au fait** to go straight to the point

droit³ [dʀwa] nm **a** (= prérogative) right ■ **avoir le ~ de faire qch** to be allowed to do sth ; (autorisation juridique) to have the right to do sth ■ **avoir ~ à** [+ allocation] to be entitled to ■ **il a eu ~ à une bonne raclée*** (hum) he got a good hiding* ■ **cette carte vous donne ~ à des places gratuites** this card entitles you to free seats ■ **de quel ~ est-il entré ?** what right did he have to come in? ▸ **droit d'asile** right of asylum ▸ **les droits de l'homme** human rights ▸ **le droit de vote** the right to vote **b** (Droit) ■ **le ~** law ■ **~ civil/pénal** civil/criminal law **c** (= taxe) ■ **~ d'entrée** entrance fee ■ **~s d'inscription** enrolment fee ■ **~s d'auteur** (= rémunération) royalties ▸ **droits de douane** customs duties ▸ **droits de succession** inheritance tax

droit-de-l'hommiste (pl **~s**) [dʀwad(ə)lɔmist] **1** adj human rights *avant n* **2** nmf human rights activist

droitier, -ière [dʀwatje, jɛʀ] adj (= non gaucher) right-handed

drôle [dʀol] adj **a** (= amusant, bizarre) funny ■ **tu es ~, je ne pouvais pourtant pas l'insulter !** you must be joking - I could hardly insult him! ■ **avoir un ~ d'air** to look funny ■ **un ~ de type** a strange guy ■ **ça me fait (tout) ~ (de le voir)*** it gives me a funny feeling (to see him) **b** (* : intensif) ■ **de ~s de progrès** fantastic* progress ■ **une ~ de correction** a hell of a punishment*

drôlement [dʀolmɑ̃] adv **a** (= bizarrement) strangely ■ **il m'a regardé ~** he gave me a strange ou funny look **b** * [bon, sage, froid] terribly ■ **il a ~ changé** he's changed an awful lot* ■ **ça lui a fait ~ plaisir** it pleased him no end*

drôlerie [dʀolʀi] nf funniness ■ **c'est d'une ~ !** it's so funny!

dromadaire [dʀɔmadɛʀ] nm dromedary

du [dy] prép, art → **de**

dû, due [dy] **1** adj **a** (= à restituer) owing ; (= arrivé à échéance) due **b** ■ **~ à** (= à cause de) due to ■ **ces troubles sont dus à...** these troubles are due to... **2** nm due ; (= somme) dues

dubitatif, -ive [dybitatif, iv] adj doubtful ■ **d'un air ~** doubtfully

Dublin [dyblɛ̃] n Dublin

dublinois, e [dyblinwa, waz] **1** adj of ou from Dublin **2** **Dublinois(e)** nm,f Dubliner

duc [dyk] nm duke

duchesse [dyʃɛs] nf (= noble) duchess

duel [dɥɛl] nm duel ■ **se battre en ~** to fight a duel (*avec* with)

dûment [dymɑ̃] adv duly

dumping [dœmpiŋ] nm dumping ■ **faire du ~** to dump goods

dune [dyn] nf dune ■ **~ de sable** sand dune

Dunkerque [dœ̃kɛʀk] n Dunkirk

duo [dɥo] nm (= chanson) duet ; (= spectacle) duo ■ **chanter en ~** to sing a duet

dupe [dyp] adj ■ **être ~ (de)** to be taken in (by)

duper [dype] vt to dupe

duplex [dyplɛks] nm **a** (= appartement) split-level apartment **b** ■ **(émission en) ~** link-up

duplicata (pl **~(s)**) [dyplikata] nm duplicate

dupliquer [dyplike] vt to duplicate

dur, e [dyʀ] **1** adj **a** (gén) hard ; [col, brosse] stiff ; [viande] tough ■ **être ~ avec** ou **envers qn** to be hard on sb ■ **être ~ d'oreille** to be hard of hearing ■ **~ à manier/croire** hard to handle/believe ■ **c'est un enfant très ~** he's a very difficult child ■ **il nous mène la vie ~e** he gives us a hard time **b** [climat, punition, critique] harsh ; [leçon] hard ■ **le plus ~ est passé** the worst is over **2** adv * [travailler, frapper] hard **3** nm * ■ **c'est un ~** he's a tough guy* ■ **c'est un ~ à cuire** he's a tough nut* ■ **jouer les ~s** to act tough **4** **à la dure** loc adv ■ **être élevé à la ~e** to be brought up the hard way

durable [dyʀabl] adj lasting ; [emploi] long-term

durant [dyʀɑ̃] prép (= pendant) for ; (= au cours de) during ■ **des années ~** for years and years

durcir [dyʀsiʀ] **1** vt [+ attitude] to harden ; [+ embargo, sanctions] to tighten **2** **se durcir** vpr [colle, visage] to harden ; [conflit] to become more serious

durée [dyʀe] nf [de spectacle, opération] length ; [de bail] term ; [de pile, ampoule] life ▪ **la ~ légale du travail** statutory working hours ▪ **pendant la ~ des réparations** while repairs are being carried out ▪ **de courte ~** [séjour] short ; [bonheur, répit] short-lived ▪ **(de) longue ~** [chômage] long-term ; [pile] long-life

durement [dyʀmɑ̃] adv **a** (= sévèrement, brutalement) harshly **b** [éprouvé, ressenti] sorely ▪ **la région a été ~ touchée par la crise** the region was hard hit by the recession

durer [dyʀe] vi to last (*durant* for) ▪ **la fête a duré toute la nuit/jusqu'au matin** the party went on all night/until morning ▪ **ça fait deux mois que ça dure** it has been going on for two months

dureté [dyʀte] nf **a** (gén) hardness ; [de brosse] stiffness ; [de viande] toughness **b** (= sévérité) hardness ; [de loi, critique, punition, climat] harshness ▪ **traiter qn avec ~** to treat sb harshly

durillon [dyʀijɔ̃] nm callus

durit(e) [dyʀit] nf (radiator) hose ▪ **il a pété une ~*** he flipped his lid*

duvet [dyvɛ] nm **a** [de fruit, oiseau, joues] down **b** (= sac de couchage) sleeping bag

> ⚠ **duvet** ne se traduit pas par le mot anglais ***duvet***, qui signifie « couette ».

duveteux, -euse [dyv(ə)tø, øz] adj downy

DVD [devede] nm (abrév de **digital versatile disc**) DVD ▪ **lecteur ~** DVD drive

dynamique [dinamik] adj dynamic

dynamiser [dinamize] vt [+ économie, marché] to stimulate ; [+ image de marque] to make more dynamic

dynamisme [dinamism] nm dynamism

dynamite [dinamit] nf dynamite ▪ **faire sauter qch à la ~** to blow sth up with dynamite

dynamiter [dinamite] vt to dynamite ; (fig) to destroy

dynamo [dinamo] nf dynamo

dynastie [dinasti] nf dynasty

dysenterie [disɑ̃tʀi] nf dysentery

dysfonctionnement [disfɔ̃ksjɔnmɑ̃] nm ▪ **il y a eu quelques ~s** there were some problems

dyslexie [dislɛksi] nf dyslexia

dyslexique [dislɛksik] adj, nmf dyslexic

dysorthographique [dizɔʀtɔgʀafik] adj [personne] suffering from spelling disorders, dysorthographic *(SPEC)*

eE

eau (pl **~x**) [o] nf water ; (= pluie) rain ▪ **sans ~** [alcool] neat ▪ **passer qch sous l' ~** to give sth a quick rinse ▪ **se mettre à l' ~** (= nager) to get into the water ▪ **notre projet est tombé à l' ~** our project has fallen through ▪ **prendre l' ~** to let in water ▪ **roman à l' ~ de rose** sentimental novel ▪ **dans ces ~x-là*** or thereabouts ▸ **eau de Cologne** eau de Cologne ▸ **eau courante** running water ▸ **eau douce** fresh water ▸ **les Eaux et Forêts** ≈ the Forestry Commission BR, ≈ the Forest Service US ▸ **eau gazeuse** sparkling mineral water ▸ **eau de javel** bleach ▸ **eau de mer** sea water ▸ **eau minérale** mineral water ▸ **eau oxygénée** hydrogen peroxide ▸ **eau plate** still water ▸ **eau de pluie** rainwater ▸ **eau potable** drinking water ▸ **eau du robinet** tap water ▸ **eau salée** salt water ▸ **eau de source** spring water ▸ **eau de toilette** eau de toilette

eau-de-vie (pl **eaux-de-vie**) [od(ə)vi] nf eau de vie ▪ **cerises à l' ~** cherries in brandy

eau-forte (pl **eaux-fortes**) [ofɔʀt] nf etching

ébahi, e [ebai] adj dumbfounded

ébats [eba] nmpl frolics ▪ **~ amoureux** lovemaking

ébauche [eboʃ] nf [de livre, projet] outline ; [de tableau, dessin] sketch

ébaucher [eboʃe] vt [+ livre, plan, tableau] to sketch out ; [+ programme d'action] to outline ▪ **~ un sourire** to give a faint smile ▪ **~ un geste** to start to make a movement

ébène [ebɛn] nf ebony

ébéniste [ebenist] nmf cabinetmaker

éberlué, e [ebɛʀlɥe] adj flabbergasted

éblouir [ebluiʀ] vt to dazzle

éblouissant, e [ebluisɑ̃, ɑ̃t] adj dazzling

éborgner [ebɔʀɲe] vt ▪ **~ qn** to poke sb's eye out

éboueur [ebwœʀ] nm binman BR, garbage man US

ébouillanter [ebujɑ̃te] **1** vt to scald ; [+ théière] to warm **2** **s'ébouillanter** vpr to scald o.s.

éboulement [ebulmɑ̃] nm [de falaise] collapsing ▪ **~ de terrain** landslide

ébouler (s') [ebule] vpr [falaise] to collapse

éboulis [ebuli] nm [de rochers] mass of fallen rocks ; [de terre] mass of fallen earth

ébouriffé, e [ebuʀife] adj [cheveux, personne] dishevelled ; [plumes, poils] ruffled

ébranler [ebʀɑle] **1** vt to shake **2** **s'ébranler** vpr [train, cortège] to move off

ébréché, e [ebʀeʃe] adj [assiette] chipped ▪ **la lame est ~e** the blade has got a nick in it

ébriété [ebʀijete] nf ▪ **en état d' ~** inebriated

ébrouer (s') [ebʀue] vpr [oiseau, chien] to shake itself ; [cheval] to snort

ébruiter [ebʀɥite] **1** vt [+ nouvelle, rumeur] to spread **2** **s'ébruiter** vpr ▪ **l'affaire s'est ébruitée** news of the affair got out

ébullition [ebylisjɔ̃] nf ▪ **portez à ~** bring to the boil ▪ **être en ~** [liquide] to be boiling ; [ville, pays, maison] to be in turmoil

écaille [ekɑj] nf scale ; [de tortue, huître] shell ; [de peinture] flake ▪ **lunettes à monture d' ~** tortoiseshell glasses

écaillé, e [ekɑje] adj [peinture, surface, baignoire] chipped ; [façade] peeling

écailler[1] [ekɑje] **1** vt [+ poisson] to scale ; [+ huîtres] to open ; [+ peinture] to chip **2** **s'écailler** vpr [peinture] to flake ; [vernis à ongles] to chip

écailler[2], **-ère** [ekɑje, ɛʀ] nm,f (= marchand) oyster seller ; (= restaurateur) *owner of an oyster bar*

écarlate [ekaʀlat] adj scarlet ▪ **devenir ~** to turn scarlet (*de* with)

écarquiller [ekaʀkije] vt ▪ **~ les yeux** to stare wide-eyed (*devant* at)

écart [ekaʀ] nm **a** (entre objets, dates) gap ; (entre chiffres, températures) difference ; (entre explications) discrepancy ▪ **l' ~ de prix entre les deux modèles** the difference in price between the two models ▪ **ils ont 11 ans d' ~** there are 11 years between them **b** ▪ **faire un ~** [cheval] to shy ; [voiture] to swerve ▪ **faire le grand ~** to do the splits **c** ▪ **être à l' ~** [hameau] to be isolated ▪ **mettre qn à l' ~** (= empêcher de participer) to keep sb on the sidelines ▪ **rester à l' ~** (= ne pas approcher) to stay in the background ; (= ne pas participer) to stay on the sidelines ▪ **ils habitent un peu à l' ~ du village** they live just outside the village ▪ **tenir qn à l' ~ d'une affaire** to keep sb out of a deal

écarté, e [ekaʀte] adj [lieu, hameau] remote ; [yeux] set far apart ; [de dents] gappy ; [jambes] apart

écartement [ekaʀtəmɑ̃] nm gap

écarter [ekaʀte] **1** vt **a** (= séparer) [+ objets] to move apart ; [+ bras, jambes, doigts] to spread ; [+ rideaux] to draw **b** (= rejeter) [+ idée, candidature] to dismiss ; [+ personne]

E

to remove (*de* from) c (= éloigner) [+ meuble] to move away ; [+ personne] to push back (*de* from) 2 **s'écarter** vpr a [foule] to draw aside b (= s'éloigner) to step back (*de* from) ■ **s'~ de sa route** to stray from one's path ■ **s'~ du droit chemin** to wander from the straight and narrow ■ **s'~ du sujet** to get off the subject

ecchymose [ekimoz] nf bruise

ecclésiastique [eklezjastik] nm ecclesiastic

échafaud [eʃafo] nm (pour l'exécution) scaffold ■ **monter à l'~** to mount the scaffold

échafaudage [eʃafodaʒ] nm scaffolding *NonC*

échafauder [eʃafode] vt [+ projet, théorie] to construct ; [+ histoire] to make up

échalote [eʃalɔt] nf shallot

échancré, e [eʃɑ̃kʀe] adj ■ **une robe très ~e** a dress with a plunging neckline ■ **une robe ~e dans le dos** a dress cut low in the back

échancrure [eʃɑ̃kʀyʀ] nf [de robe] neckline

échange [eʃɑ̃ʒ] nm a exchange ; (= troc) swap ■ **~ de vues** exchange of views ■ **~ scolaire** school exchange ■ **~s commerciaux** trade ■ **en ~** in exchange ; (= pour compenser) to make up for it ■ **en ~ de** in exchange for b (Tennis, Ping-Pong) rally

échangeable [eʃɑ̃ʒabl] adj exchangeable (*contre* for)

échanger [eʃɑ̃ʒe] vt to exchange (*contre* for) ■ **ils ont échangé leurs adresses** they exchanged addresses

échangeur [eʃɑ̃ʒœʀ] nm (= route) interchange

échantillon [eʃɑ̃tijɔ̃] nm sample ; (pour tester) tester

échappatoire [eʃapatwaʀ] nf (= faux-fuyant) way out

échappement [eʃapmɑ̃] nm a [de voiture] exhaust b (Informatique) escape

échapper [eʃape] 1 vi to escape ■ **~ des mains de qn** to slip out of sb's hands ■ **il l'a échappé belle** he had a narrow escape ■ **~ à** [+ danger, punition, mort] to escape ; [+ poursuivants] to escape from ; [+ obligations, responsabilités] to evade ; [+ corvée] to get out of ■ **tu ne m'échapperas pas !** you won't get away from me! ■ **son nom m'échappe** his name escapes me ■ **ce détail m'avait échappé** this detail had escaped my notice ■ **ce qu'il a dit m'a échappé** (= je n'ai pas compris) I didn't understand what he said ■ **ça m'a échappé** (parole malheureuse) it just slipped out ■ **laisser ~** [+ gros mot, cri] to let out ; [+ objet] to drop ; [+ occasion] to let slip ; [+ détail] to overlook ■ **laisser ~ un prisonnier** to let a prisoner escape 2 **s'échapper** vpr a [prisonnier] to escape (*de* from) ; [cheval] to get out (*de* of) ■ **l'oiseau s'est échappé de sa cage** the bird escaped from its cage ■ **j'ai pu m'~ de bonne heure** I managed to get away early b [gaz] to escape ■ **s'~ de** [odeur] to come from ; [flammes] to come out of

écharde [eʃaʀd] nf splinter

écharpe [eʃaʀp] nf (= cache-nez) scarf ; [de maire] sash ■ **avoir le bras en ~** to have one's arm in a sling

écharper [eʃaʀpe] vt to tear to pieces ■ **se faire ~** to be torn to pieces

échasse [eʃas] nf (= bâton) stilt ■ **marcher avec des ~s** to walk on stilts

échauder [eʃode] vt (= faire réfléchir) ■ **~ qn** to teach sb a lesson

échauffement [eʃofmɑ̃] nm (Sport) warm-up

échauffer [eʃofe] 1 vt [+ moteur, machine] to overheat ■ **les esprits étaient échauffés** people were getting worked up* ■ **tu commences à m'~* les oreilles** you're getting on my nerves 2 **s'échauffer** vpr a (Sport) to warm up b (= s'animer) [personne] to get worked up*

échéance [eʃeɑ̃s] nf [de délai] expiry date ; [d'emprunt] redemption date ; [de loyer] date of payment ; [de facture, dette] due date ■ **venir à ~** to fall due ■ **à longue ~** in the long run ■ **à brève ~** before long

échéancier [eʃeɑ̃sje] nm [d'emprunt] schedule of repayments ; [de travaux] schedule

échec [eʃɛk] 1 nm a (= insuccès) failure ■ **subir un ~** to suffer a setback ■ **après l'~ des négociations** after negotiations broke down ■ **l'~ scolaire** academic failure b (Échecs) ■ **~ au roi !** check! ■ **~ et mat** checkmate 2 **échecs** nmpl (= activité) chess ■ **jeu d'~s** chess set ■ **jouer aux ~s** to play chess

échelle [eʃɛl] nf a (= objet) ladder ■ **faire la courte ~ à qn** to give sb a leg up b (= dimension) scale ■ **à l'~ 1/100 000** on a scale of 1 to 100,000 ■ **à l'~ mondiale** on a worldwide scale c (= gradation, hiérarchie) scale ■ **être au sommet de l'~** to be at the top of the ladder ► **échelle de Richter** Richter scale ► **échelle de valeurs** scale of values

échelon [eʃ(ə)lɔ̃] nm a [d'échelle] rung ; [d'hiérarchie] grade ■ **grimper rapidement les ~s** to climb the career ladder quickly b (= niveau) level ■ **à l'~ national** at the national level

échelonner [eʃ(ə)lɔne] vt a [+ objets] to space out (*sur* over) ■ **les policiers sont échelonnés tout au long du parcours** the police are positioned at intervals all along the route b [+ paiements] to spread out (*sur* over) ; [+ congés, vacances] to stagger (*sur* over)

écheveau (pl **~x**) [eʃ(ə)vo] nm [de laine] skein

échevelé, e [eʃəv(ə)le] adj **a** (= décoiffé) ▪ **il était tout ~** his hair was dishevelled **b** [danse, rythme] frenzied

échine [eʃin] nf [de porc] loin

échiner (s') [eʃine] vpr ▪ **s'échiner à répéter qch** to wear o.s. out repeating sth

échiquier [eʃikje] nm (Échecs) chessboard ▪ **l'~ politique** the political scene

écho [eko] nm **a** [de son] echo ▪ **il y a de l'~** there's an echo ▪ **avez-vous eu des ~s de la réunion ?** did you get any inkling of what went on at the meeting? **b** (Presse) ▪ **~s** (= rubrique) gossip column

échographie [ekografi] nf (= examen) ultrasound scan ▪ **passer une ~** to have an ultrasound scan

échouer [eʃwe] **1** vi **a** [personne, tentative, plan] to fail ▪ **~ à un examen** to fail an exam ▪ **faire ~** [+ complot] to foil ; [+ projet] to ruin **b** (= aboutir) to end up **2** **s'échouer** vpr [bateau] to run aground ; [baleine] to be beached ▪ **bateau échoué** boat lying high and dry

échu, e [eʃy] adj ▪ **intérêts ~s** outstanding interest ▪ **à terme ~** at the expiry date

éclabousser [eklabuse] vt to splash ▪ **~ de sang** to spatter with blood

éclaboussure [eklabusyʀ] nf [de boue] splash ; [de sang] spatter

éclair [eklɛʀ] **1** nm **a** [de foudre] flash of lightning ▪ **des ~s** lightning ▪ **passer comme un ~** to flash past **b** [de génie, intelligence] flash ▪ **ses yeux lançaient des ~s** her eyes blazed with anger **c** (= gâteau) éclair **2** adj inv [attaque, partie, victoire] lightning ▪ **voyage ~** flying visit

éclairage [eklɛʀaʒ] nm (artificiel) lighting ▪ **apporter un nouvel ~ sur qch** to throw new light on sth

éclaircie [eklɛʀsi] nf (Météo) sunny spell

éclaircir [eklɛʀsiʀ] **1** vt **a** [+ teinte] to lighten ; [+ pièce] to brighten up ; [+ teint] to brighten **b** [+ soupe] to thin down **c** [+ mystère] to clear up ; [+ question, situation] to clarify **2** **s'éclaircir** vpr **a** [ciel] to clear ; [temps] to clear up ▪ **s'~ la voix** to clear one's throat **b** [cheveux] to thin **c** [idées, situation] to become clearer

éclaircissement [eklɛʀsismɑ̃] nm (= explication) explanation ▪ **j'exige des ~s** I demand some explanation

éclairé, e [ekleʀe] adj [public, avis, despote] enlightened

éclairer [ekleʀe] **1** vt **a** [lampe] to light up ; [soleil] to shine down on ▪ **une seule fenêtre était éclairée** there was a light in only one window ▪ **un sourire éclaira son visage** a smile lit up his face ▪ **bien éclairé** well-lit **b** [+ problème, situation, texte] to throw light on **c** ▪ **~ qn** (en montrant le chemin) to light the way for sb ; (= renseigner) to enlighten sb(*sur* about) **2** vi ▪ **~ bien/mal** to give a good/poor light **3** **s'éclairer** vpr **a** ▪ **s'~ à la bougie** to use candlelight ▪ **prends une lampe pour t'~** take a lamp to light the way **b** [visage] to light up

éclaireur [eklɛʀœʀ] nm scout ▪ **partir en ~** to go and scout around ; (fig) to go on ahead

éclaireuse [eklɛʀøz] nf girl guide BR ou scout US

éclat [ekla] nm **a** [de grenade, pierre, os, verre] fragment ; [de bois] splinter ▪ **~ d'obus** piece of shrapnel **b** [de lumière, soleil] brightness ; [de diamant, yeux, sourire] sparkle ; [de teint, beauté] radiance **c** [de cérémonie, époque] splendour BR, splendor US ▪ **coup d'~** (= exploit) glorious feat **d** (= bruit) ▪ **~s de voix** shouts ▪ **j'ai entendu des ~s de rire** I heard people laughing

éclatant, e [eklatɑ̃, ɑ̃t] adj [lumière] brilliant ; [couleur] bright ; [soleil] blazing ; [blancheur, sourire, succès] dazzling ; [teint, beauté] radiant

éclater [eklate] **1** vi **a** (= exploser) to burst ; [verre] to shatter ; [parti, structures familiales] to break up ▪ **faire ~** [+ pétard] to let off ; [+ ballon, tuyau] to burst **b** [incendie, épidémie, guerre] to break out ; [orage, scandale] to break **c** [vérité] to shine out ▪ **laisser ~ sa joie** to give free rein to one's joy **d** (= se mettre en colère) to explode with rage ▪ **~ de rire** to burst out laughing ▪ **~ en sanglots** to burst into tears **2** **s'éclater** vpr (* = se défouler) to have a ball*

éclipse [eklips] nf eclipse

éclipser [eklipse] **1** vt to eclipse **2** **s'éclipser** vpr [personne] to slip away

éclore [eklɔʀ] vi **a** [fleur] to open **b** [œuf, poussin, larve] to hatch

écluse [eklyz] nf lock

écocitoyen, -yenne [ekositwajɛ̃, jɛn] nm,f eco-citizen

écoconduite [ekokɔ̃dɥit] nf ecodriving

écoconstruction [ekokɔ̃stʀyksjɔ̃] nf eco-construction

écoemballage [ekoɑ̃balaʒ] nm eco-packaging

écœurant, e [ekœʀɑ̃, ɑ̃t] adj **a** [nourriture sucrée] sickly **b** [conduite] disgusting ; [personne] loathsome ; [richesse] obscene ; [talent] sickening

écœurer [ekœʀe] vt ▪ **~ qn** [gâteau, boisson sucrée] to make sb feel sick ; [conduite, personne] to disgust sb ; [chance] to make sb sick

ec

école [ekɔl] nf **a** school ▪ **aller à l'~** [élève] to go to school ▪ **grande ~** *prestigious higher education institute with competitive entrance examination* ▪ **être à bonne ~** to be in good hands ▪ **faire ~** [personne] to acquire a following ; [théorie] to gain widespread acceptance ▪ **faire l'~ buissonnière** to play truant BR ou hooky US ▸ **école des Beaux-Arts** ≈ art college ▸ **école militaire** military academy **b** (= enseignement) education ; (= système scolaire) school system ▪ **l'~ laïque** secular state education

écolier [ekɔlje] nm schoolboy

écolière [ekɔljɛʀ] nf schoolgirl

écolo* [ekɔlo] **1** adj (abrév de **écologique**) [personne] ecology-minded **2** nmf (abrév de **écologiste**) ecologist

écologie [ekɔlɔʒi] nf ecology

écologique [ekɔlɔʒik] adj ecological ; [produit] ecofriendly

écologiste [ekɔlɔʒist] **1** adj green **2** nmf (= partisan) ecologist

éconduire [ekɔ̃dɥiʀ] vt [+ soupirant] to reject ; [+ solliciteur] to turn away

économe [ekɔnɔm] adj thrifty ▪ **elle est très ~** she's very careful with money

économie [ekɔnɔmi] **1** nf **a** (= science) economics *sg* ; (= système) economy ▪ **~ dirigée** state-controlled economy ▪ **~ de marché** free market economy ▪ **~ circulaire** circular economy ▪ **~ de partage** sharing economy **b** (= gain) saving ▪ **faire une ~ de temps** to save time **2** **économies** nfpl (= gains) savings ▪ **faire des ~s** to save up ▪ **faire des ~s de chauffage** to economize on heating

économique [ekɔnɔmik] adj **a** (= de l'économie) economic **b** (= bon marché) economical ; [voiture] fuel-efficient ▪ **classe ~** (en avion) economy class

économiquement [ekɔnɔmikmɑ̃] adv economically ▪ **les ~ faibles** the lower-income groups

économiser [ekɔnɔmize] **1** vt [+ électricité] to economize on ; [+ énergie, temps] to save ; [+ argent] to save up ▪ **~ ses forces** to save one's strength **2** vi ▪ **~ sur le chauffage** to economize on heating

économiseur [ekɔnɔmizœʀ] nm ▪ **~ d'écran** screen saver ▪ **~ d'eau** water-saving tap BR ou faucet US head

écopâturage [ekopatyʀaʒ] nm ecopasture

écoper [ekɔpe] vti **a** (en bateau) to bail out **b** (= prendre) ▪ **~ de trois ans de prison*** to get sent down* for three years ▪ **c'est moi qui ai écopé** I was the one that took the rap*

écoproduit [ekopʀɔdɥi] nm eco-product

écorce [ekɔʀs] nf [d'arbre] bark ; [d'orange] peel ▪ **l'~ terrestre** the earth's crust

écorcher [ekɔʀʃe] vt **a** (= égratigner) to graze ▪ **il s'est écorché les genoux** he grazed his knees **b** [+ mot, nom] to mispronounce

écoresponsable [ekoʀɛspɔ̃sabl] adj [pratique, solution] environmentally responsible

écosabotage [ekosabɔtaʒ] nm ecotage

écossais, e [ekɔsɛ, ɛz] **1** adj Scottish ; [tissu] tartan **2** **Écossais** nm Scot ▪ **les Écossais** the Scots **3** **Écossaise** nf Scot

Écosse [ekɔs] nf Scotland

écosser [ekɔse] vt to shell

écosystème [ekosistɛm] nm ecosystem

écotaxe [ekotaks] nf ecotax

écotourisme [ekotuʀism] nm ecotourism

écouler [ekule] **1** vt [+ marchandises, drogue] to sell ; [+ faux billets] to dispose of **2** **s'écouler** vpr **a** [liquide] to flow out **b** [temps] to pass

écourter [ekuʀte] vt to shorten

écoute [ekut] nf **a** listening (*de* to) ▪ **être à l'~ de qn** to listen to sb ▪ **être à l'~ de France Inter** to be listening to France Inter ▪ **heures de grande ~** (Radio) peak listening hours ; (TV) peak viewing hours ▪ **indice d'~** audience ratings **b** ▪ **mettre qn sur ~** to tap sb's phone

écouter [ekute] **1** vt to listen to ▪ **écoute !** listen! ▪ **je suis allé ~ sa conférence** I went to hear his lecture ▪ **~ aux portes** to eavesdrop ▪ **faire ~ un disque à qn** to play sb a record **2** **s'écouter** vpr ▪ **elle s'écoute trop** [malade] she coddles herself ▪ **si je m'écoutais je n'irais pas** if I were to take my own advice I wouldn't go ▪ **il aime s'~ parler** he loves the sound of his own voice

écouteur [ekutœʀ] nm [de téléphone] receiver ▪ **~s** (= casque) earphones

écovolontaire [ekovɔlɔ̃tɛʀ] nmf eco-volunteer

écrabouiller* [ekʀabuje] vt to crush

écran [ekʀɑ̃] nm screen ▪ **télévision grand ~** large-screen television ▪ **le petit ~** (= la télévision) the small screen ▪ **une vedette du petit ~** a television star ▪ **le grand ~** (= le cinéma) the big screen ▪ **une vedette du grand ~** a film star ▸ **écran plat** flatscreen ▸ **écran total** total sunblock ▸ **écran de visualisation** display screen ; → **tactile**

écrasant, e [ekʀɑzɑ̃, ɑ̃t] adj overwhelming ; [impôts, mépris, poids] crushing ; [majorité, victoire] landslide *avant n*

écraser [ekʀɑze] **1** vt **a** to crush ; [+ mouche] to squash ; [+ mégot] to stub out ; (en purée) to mash ; (en aplatissant) to flatten ; (en piétinant) to trample down ▪ **vous m'écrasez les pieds !** you're standing on my feet! ▪ **notre équipe s'est fait ~** we were hammered* **b**

[voiture, train] to run over ■ **il s'est fait ~ par une voiture** he was run over by a car **c** [+ données, fichiers] to overwrite **2** **s'écraser** vpr **a** [avion, voiture] to crash ; [objet, corps] to be crushed **b** (‡ = ne pas protester) to keep quiet

écrémé, e [ekʀeme] adj [lait] skimmed

écrevisse [ekʀəvis] nf crayfish BR, crawfish US

écrier (s') [ekʀije] vpr to exclaim

écrin [ekʀɛ̃] nm case ; [de bijoux] casket

écrire [ekʀiʀ] **1** vt to write ; (= orthographier) to spell ; (= inscrire, marquer) to write down ■ **je lui ai écrit que je venais** I wrote and told him I would be coming **2** vi to write ■ **vous écrivez très mal** your writing is really bad **3** **s'écrire** vpr **a** [personnes] to write to each other **b** ■ **comment ça s'écrit ?** how do you spell it?

écrit, e [ekʀi, it] **1** adj ■ **épreuve ~e** written exam **2** nm (= ouvrage) piece of writing ; (= examen) written exam ■ **par ~** in writing

écriteau (pl **~x**) [ekʀito] nm notice

écriture [ekʀityʀ] nf (= activité) writing *NonC* ; (= façon d'écrire) handwriting

écrivain [ekʀivɛ̃] nm writer ▸ **écrivain public** public letter-writer

écrivait [ekʀivɛ] vb → **écrire**

écrou [ekʀu] nm (Tech) nut

écrouer [ekʀue] vt (= incarcérer) to imprison

écrouler (s') [ekʀule] vpr to collapse ■ **s'écrouler de fatigue** to be overcome with tiredness

écru, e [ekʀy] adj [tissu] raw ; [vêtement] ecru

écueil [ekœj] nm reef ; (= piège, danger) pitfall

éculé, e [ekyle] adj [chaussure] down-at-heel ; [plaisanterie] old ; [mot] overused

écume [ekym] nf [de mer, bouche, bière] foam ; [de confiture, bouillon] scum ; [de cheval] lather

écumer [ekyme] **1** vt [+ bouillon, confiture] to skim **2** vi [bouche] to froth ; [cheval] to lather ■ **~ de rage** to foam at the mouth

écureuil [ekyʀœj] nm squirrel ■ **~ gris/roux** grey/red squirrel

écurie [ekyʀi] nf stable ■ **~ de course** racing stable

écusson [ekysɔ̃] nm (= insigne) badge ; (= armoiries) escutcheon

écuyère [ekɥijɛʀ] nf rider ■ **~ de cirque** circus rider

eczéma [ɛgzema] nm eczema ■ **avoir de l'~** to have eczema

édenté, e [edɑ̃te] adj (totalement) toothless

EDF [ədeɛf] nf (abrév de **Électricité de France**) French Electricity Board

édicter [edikte] vt [+ loi] to decree

édifiant, e [edifjɑ̃, jɑ̃t] adj edifying

édifice [edifis] nm building

édifier [edifje] vt **a** (= construire) to build **b** (moralement) to edify

Édimbourg [edɛ̃buʀ] n Edinburgh

édit [edi] nm edict

éditer [edite] vt **a** (= publier) to publish **b** (= annoter, présenter) to edit

éditeur, -trice [editœʀ, tʀis] **1** nm,f (= annotateur) editor **2** nm **a** (qui publie) publisher **b** (Informatique) ■ **~ de textes** text editor

édition [edisjɔ̃] nf **a** [de livre, journal] edition ■ **~ spéciale** [de journal] special edition ; [de magazine] special issue ■ **notre ~ de 13 heures** our 1 o'clock news bulletin **b** [de texte] edition **c** (= action de publier) publishing ; [de disques] production **d** (Informatique) editing

éditorial (mpl **-iaux**) [editɔʀjal, jo] nm editorial

éditorialiste [editɔʀjalist] nmf leader writer

édredon [edʀədɔ̃] nm eiderdown

éducateur, -trice [edykatœʀ, tʀis] nm,f teacher ; [de maison de jeunes] youth worker

éducatif, -ive [edykatif, iv] adj educational ■ **système ~** education system

éducation [edykasjɔ̃] nf **a** (= enseignement) education ▸ **l'Éducation nationale** (= système) state education; (= ministère) ≈ Department for Education and Employment BR, ≈ Department of Education US ▸ **éducation physique et sportive** physical education ▸ **éducation sexuelle** sex education **b** (= manières) manners ■ **manquer d'~** to have bad manners ■ **sans ~** ill-mannered

édulcorant [edylkɔʀɑ̃] nm sweetener ■ **sans ~** unsweetened

édulcorer [edylkɔʀe] vt [+ doctrine, propos] to water down ; [+ texte osé] to tone down ■ **une version édulcorée des thèses de l'extrême droite** a toned-down version of the ideas of the far right

éduquer [edyke] vt (à l'école) to educate ; (à la maison) to bring up ; [+ goût, œil, oreille] to train ■ **bien/mal éduqué** well/badly brought up

effacé, e [efase] adj [personne] unassuming

effacement [efasmɑ̃] nm **a** (= suppression) erasing **b** [de personne modeste] unassuming manner

effacer [efase] **1** vt (= enlever) to erase ; (avec une gomme) to rub out ; (sur ordinateur) to delete **2** **s'effacer** vpr **a** (= disparaître) to fade **b** (= se faire discret) to keep in the background ; (= se retirer) to withdraw ■ **s'~ devant qn** to step aside in favour of sb

effaceur [efasœʀ] nm ▪ **~ d'encre** ink eraser pen

effarant, e [efaʀɑ̃, ɑ̃t] adj [prix] outrageous ; [bêtise] astounding

effaré, e [efaʀe] adj ▪ **son regard ~** his look of alarm

effarer [efaʀe] vt to alarm ▪ **cette bêtise m'effare** I find such stupidity most alarming ▪ **je suis effaré par l'ampleur du déficit** I'm alarmed by the size of the deficit

effaroucher [efaʀuʃe] **1** vt to frighten ; (= choquer) to shock **2 s'effaroucher** vpr [animal, personne] to take fright (*de* at) ; (par pudeur) to be shocked (*de* by)

effectif, -ive [efɛktif, iv] **1** adj real **2** nm [d'armée] strength *NonC* ; [de classe, parti] size ; [d'entreprise] staff ▪ **augmenter ses ~s** [parti, lycée] to increase its numbers ; [entreprise] to increase its workforce

effectivement [efɛktivmɑ̃] adv **a** (= en effet) yes ▪ **tu t'es trompé – ~** you made a mistake – yes, I did ▪ **c'est ~ plus rapide** yes, it's certainly faster **b** (= vraiment) actually ▪ **les heures ~ travaillées** the hours actually worked

> ⚠ **effectivement** ne se traduit pas par ***effectively***, qui signifie « efficacement » ou « en réalité ».

effectuer [efɛktɥe] vt to carry out ; [+ mouvement, geste, paiement, trajet] to make

efféminé, e [efemine] adj effeminate

effervescence [efɛʀvesɑ̃s] nf (= agitation) agitation ▪ **être en ~** to be bubbling with excitement

effervescent, e [efɛʀvesɑ̃, ɑ̃t] adj [comprimé] effervescent

effet [efɛ] **1** nm **a** (= résultat) effect ▪ **avoir pour ~ de faire qch** to have the effect of doing sth ▪ **faire ~** [médicament] to take effect ▪ **être sans ~** to have no effect ▪ **prendre ~ le 2 juin** to take effect from 2 June ▸ **effet de serre** greenhouse effect **b** (= impression) impression ▪ **ça fait mauvais ~** it doesn't look good ▪ **quel ~ ça te fait d'être revenu ?** how does it feel to be back? ▪ **ça m'a fait un drôle d'~ de le revoir après si longtemps** it felt really strange seeing him again after so long ▪ **cela m'a fait de l'~ de le voir dans cet état** it really affected me to see him in that state **c** (= artifice, procédé) effect ▪ **~ de style** stylistic effect ▪ **~ d'optique** visual effect ▪ **~s spéciaux** special effects **d** (Sport) spin ▪ **donner de l'~ à une balle** to put spin on a ball **e** (= valeur) ▪ **~ de commerce** bill of exchange **2 en effet** loc adv ▪ **cela me plaît beaucoup, en ~** yes, I like it very much ▪ **tu ne travaillais pas ? – en ~** you weren't working? – no, I wasn't **3** **effets** nmpl (= affaires, vêtements) things ▪ **~s personnels** personal effects

efficace [efikas] adj [remède, mesure] effective ; [personne, machine] efficient

efficacement [efikasmɑ̃] adv efficiently

efficacité [efikasite] nf [de remède, mesure] effectiveness ; [de personne, machine] efficiency

effigie [efiʒi] nf effigy ▪ **à l'~ de** bearing the effigy of

effilé, e [efile] adj [doigt, silhouette] slender ; [lame] thin ▪ **amandes ~es** flaked almonds

effilocher (s') [efilɔʃe] vpr to fray

effleurement [eflœʀmɑ̃] nm **a** (= frôlement) light touch **b** (Informatique) touch ▪ **écran/touche à ~** touch-sensitive screen/key

effleurer [eflœʀe] vt (= frôler) to brush against ; [+ écran tactile] to touch ; [+ sujet] to touch on ▪ **ça ne m'a pas effleuré** it didn't cross my mind

effluent [eflyɑ̃] nm effluent ▪ **~s radioactifs** radioactive effluent *NonC*

effondré, e [efɔ̃dʀe] adj (= abattu) shattered ▪ **les parents ~s** the grief-stricken parents

effondrement [efɔ̃dʀəmɑ̃] nm collapse

effondrer (s') [efɔ̃dʀe] vpr to collapse ; [espoirs] to be dashed ; [rêves] to come to nothing

efforcer (s') [efɔʀse] vpr ▪ **s'efforcer de faire qch** to try hard to do sth

effort [efɔʀ] nm effort ▪ **faire un ~** to make an effort ▪ **faire de gros ~s pour réussir** to try very hard to succeed ▪ **encore un ~ !** come on, you're nearly there! ▪ **sans ~** effortlessly

effraction [efʀaksjɔ̃] nf breaking and entering ▪ **entrer par ~** to break in

effrayant, e [efʀɛjɑ̃, ɑ̃t] adj (= qui fait peur) frightening ; (= alarmant) alarming

effrayé, e [efʀeje] adj frightened ▪ **il me regarda d'un air ~** he looked at me in alarm

effrayer [efʀeje] **1** vt (= faire peur à) to frighten **2 s'effrayer** vpr to be frightened (*de* of)

effréné, e [efʀene] adj wild

effriter [efʀite] **1** vt [+ biscuit] to crumble **2 s'effriter** vpr [roche, majorité électorale] to crumble ; [monnaie] to decline in value ; [fortune, valeurs boursières] to dwindle

effroi [efʀwa] nm terror ▪ **saisi d'~** terror-stricken

effronté, e [efʀɔ̃te] **1** adj insolent **2** nm,f insolent person ▪ **petit ~ !** you cheeky little thing!

effrontément [efʀɔ̃temɑ̃] adv [mentir] brazenly ; [sourire] impudently

effronterie [efʀɔ̃tʀi] nf [de réponse, personne] insolence

effroyable [efʀwajabl] adj appalling

effroyablement [efʀwajabləmɑ̃] adv appallingly

effusion [efyzjɔ̃] nf ▪ **~ de sang** bloodshed

égal, e (mpl **-aux**) [egal, o] **1** adj **a** (= de même valeur) equal (*à* to) ▪ **à prix ~** for the same price ▪ **Tours et Paris sont à ~e distance d'Orléans** Tours and Paris are the same distance from Orléans ▪ **ça m'est ~** (= je n'y attache pas d'importance) I don't mind ; (= je m'en fiche) I don't care **b** (= sans variation) ▪ **de caractère ~** even-tempered **2** nm,f equal ▪ **nous parlions d'~ à ~** we talked to each other as equals ▪ **sans ~** unequalled

également [egalmɑ̃] adv (= aussi) also ▪ **elle lui a ~ parlé** (elle aussi) she also spoke to him ; (à lui aussi) she spoke to him as well

égaler [egale] vt [+ personne, record] to equal (*en* in) ▪ **2 plus 2 égalent 4** 2 plus 2 equals 4

égalisation [egalizasjɔ̃] nf (Sport) equalization BR, tying US ▪ **c'est l'~ !** they've scored the equalizer BR ou the tying goal US!

égaliser [egalize] **1** vt [+ cheveux] to straighten up ; [+ sol, revenus] to level out **2** vi (Sport) to equalize BR, to tie US

égalitaire [egalitɛʀ] adj egalitarian

égalité [egalite] nf [d'hommes] equality ; (Math) identity ▪ **comparatif d'~** comparative of similar degree ▪ **~ des chances** equal opportunities ▪ **« ~ ! »** (Tennis) "deuce!" ▪ **être à ~** (après un but) to be equal ; (en fin de match) to draw BR, to tie US ; (Tennis) to be at deuce

égard [egaʀ] nm **a** ▪ **à cet ~** in this respect ▪ **à certains ~s** in certain respects ▪ **il est très critique à l'~ de ses collègues** he's very critical of his colleagues ▪ **son attitude à mon ~** his attitude towards me **b** ▪ **~s** consideration ▪ **être plein d'~s pour qn** to be very considerate towards sb ▪ **par ~ pour** out of consideration for

égaré, e [egaʀe] adj **a** [voyageur] lost **b** [air, regard] wild

égarement [egaʀmɑ̃] **1** nm (= trouble) distraction ▪ **dans un moment d'~** in a moment of distraction **2 égarements** nmpl (littér = dérèglements) aberrations ▪ **elle est revenue de ses ~s** she's seen the error of her ways

égarer [egaʀe] **1** vt **a** [+ objet] to mislay **b** [+ enquêteurs] to mislead **2 s'égarer** vpr [voyageur] to lose one's way ; [animal, colis, lettre] to get lost ; [discussion, auteur] to wander from the point

égayer [egeje] vt [+ personne] to cheer up ; [+ pièce] to brighten up ; [+ conversation] to enliven

Égée [eʒe] adj ▪ **la mer ~** the Aegean Sea

égérie [eʒeʀi] nf [de poète] muse

égide [eʒid] nf ▪ **sous l'~ de** under the aegis of

églantine [eglɑ̃tin] nf wild rose

église [egliz] nf church ▪ **aller à l'~** to go to church ▪ **il est à l'~** (pour l'office) he's at church ▪ **se marier à l'~** to get married in church ▪ **l'Église** the Church

ego [ego] nm inv ego

égocentrique [egosɑ̃tʀik] adj egocentric

égoïsme [egɔism] nm selfishness

égoïste [egɔist] **1** adj selfish **2** nmf selfish person

égorger [egɔʀʒe] vt to slit the throat of

égosiller (s') [egozije] vpr (= crier) to shout o.s. hoarse ; (= chanter) to sing at the top of one's voice

égout [egu] nm sewer ▪ **eaux d'~** sewage

égoutter [egute] **1** vt [+ légumes] to strain ; [+ linge] (en le tordant) to wring out ; [+ fromage] to drain **2 s'égoutter** vi, vpr [vaisselle] to drain ; [linge, eau] to drip ▪ **ne l'essore pas, laisse-le (s')~** don't wring it out, leave it to drip dry

égouttoir [egutwaʀ] nm (intégré à l'évier) draining BR ou drain US board ; (mobile) drainer ; [de légumes] colander

égratigner [egʀatiɲe] vt [+ peau] to scratch ; (en tombant) to graze ▪ **il s'est égratigné le genou** he grazed his knee

égratignure [egʀatiɲyʀ] nf scratch ; (après chute) graze

Égypte [eʒipt] nf Egypt

égyptien, -ienne [eʒipsjɛ̃, jɛn] **1** adj Egyptian **2 Égyptien(ne)** nm,f Egyptian

eh [e] excl hey! ▪ **eh oui !** I'm afraid so! ▪ **eh non !** I'm afraid not! ▪ **eh bien** well

éhonté, e [eɔ̃te] adj shameless

EI [əi] nm (abrév de **État islamique**) IS

éjaculer [eʒakyle] vi to ejaculate

éjecter [eʒɛkte] vt **a** to eject ▪ **le choc l'a éjecté de la voiture** he was thrown out of the car by the impact **b** (* = congédier) to sack* ; (* = expulser) to kick out*

élaboration [elabɔʀasjɔ̃] nf elaboration

élaboré, e [elabɔʀe] adj elaborate

élaborer [elabɔʀe] vt to elaborate ; [+ document] to draw up

élaguer [elage] vt to prune

élan [elɑ̃] nm **a** (= vitesse acquise) momentum ▪ **prendre son ~** to take a run up **b** [d'enthousiasme, colère, tendresse] surge ▪ **dans un ~ de générosité** in a surge of generosity **c**

ef

(= dynamisme) boost ▪ **donner un nouvel ~ à une politique** to give new impetus to a policy d (= animal) moose

élancé, e [elɑ̃se] adj slender

élancement [elɑ̃smɑ̃] nm sharp pain

élancer (s') [elɑ̃se] vpr (= prendre son élan) to take a run up ▪ **s'élancer à la poursuite de qn** to rush off in pursuit of sb ▪ **s'élancer vers qn** to dash towards sb

élargir [elaʀʒiʀ] 1 vt a [+ rue] to widen ; [+ vêtement, chaussures] to stretch ; [+ robe] (= en cousant) to let out b [+ débat, connaissances] to broaden ▪ **~ son horizon** to widen one's horizons 2 **s'élargir** vpr [vêtement] to stretch ; [route] to widen

élasticité [elastisite] nf elasticity ; [de principes, règlement] flexibility

élastique [elastik] 1 adj elastic ; [principes, règlement] flexible 2 nm a (de bureau) rubber band b (pour couture, jeu, etc) elastic *NonC* ; (Sport) bungee cord

élastomère [elastɔmɛʀ] nm elastomer ▪ **en ~** man-made

Eldorado [ɛldoʀado] nm El Dorado

électeur, -trice [elɛktœʀ, tʀis] nm,f voter ; (dans une circonscription) constituent

élection [elɛksjɔ̃] nf election ▪ **se présenter aux ~s** to stand BR or run US as a candidate in the election ▪ **~s législatives** legislative elections, ≈ general election ▪ **~ présidentielle** presidential election

électoral, e (mpl **-aux**) [elɛktɔʀal, o] adj [campagne, réunion, affiche] election

électoralisme [elɛktɔʀalism] nm electioneering

électoraliste [elɛktɔʀalist] adj electioneering

électorat [elɛktɔʀa] nm (= électeurs) electorate ; (dans une circonscription) constituency ▪ **l'~ socialiste** the voters for the socialist party

électricien, -ienne [elɛktʀisjɛ̃, jɛn] nm,f electrician

électricité [elɛktʀisite] nf electricity ▪ **allumer l'~** to switch the light on ▪ **refaire l'~ d'une maison** to rewire a house ▸ **électricité statique** static

électrifier [elɛktʀifje] vt to electrify

électrique [elɛktʀik] adj electric

électrocardiogramme [elɛktʀokaʀdjɔgʀam] nm electrocardiogram

électrochoc [elɛktʀoʃɔk] nm ▪ **on lui a fait des ~s** he was given electric shock treatment

électrocuter (s') [elɛktʀɔkyte] vpr to electrocute o.s.

électrode [elɛktʀɔd] nf electrode

électroencéphalogramme [elɛktʀoɑ̃sefalɔgʀam] nm electroencephalogram

électroménager [elɛktʀomenaʒe] 1 adj ▪ **appareil ~** electrical appliance 2 nm ▪ **l'~** (= appareils) electrical appliances

électron [elɛktʀɔ̃] nm electron

électronicien, -ienne [elɛktʀɔnisjɛ̃, jɛn] nm,f electronics engineer

électronique [elɛktʀɔnik] 1 adj electronic ▪ **microscope ~** electron microscope ▪ **industrie ~** electronics industry ; → **adresse, courrier** 2 nf electronics *sg*

électrophone [elɛktʀɔfɔn] nm record player

électrostimulation [elɛktʀɔstimylasjɔ̃] nf electro-stimulation

élégamment [elegamɑ̃] adv elegantly

élégance [elegɑ̃s] nf elegance

élégant, e [elegɑ̃, ɑ̃t] adj elegant

élément [elemɑ̃] nm a element ▪ **les ~s** (naturels) the elements ▪ **quand on parle d'électronique il est dans son ~*** when you talk about electronics he's in his element ▸ **éléments de langage** stock phrases b (= meuble) unit ▪ **~s de cuisine** kitchen units c (= fait) fact d (= individu) ▪ **bons et mauvais ~s** good and bad elements ▪ **c'est le meilleur ~ de ma classe** he's the best in my class

élémentaire [elemɑ̃tɛʀ] adj elementary

éléphant [elefɑ̃] nm elephant ▸ **éléphant de mer** elephant seal

élevage [el(ə)vaʒ] nm a [d'animaux] farming ; [d'animaux de race] breeding ▪ **faire de l'~** to farm cattle ▪ **truite d'~** farmed trout b (= ferme) [de bétail] cattle farm ▪ **~ de poulets** poultry farm ▪ **~ de chiens** breeding kennels

élève [elɛv] nmf pupil ; [de grande école] student

élevé, e [el(ə)ve] adj a (= haut) high ▪ **peu ~** low b (= éduqué) ▪ **bien ~** well-mannered ▪ **mal ~** bad-mannered

élever [el(ə)ve] 1 vt a [+ enfant] to bring up b [+ animaux] to farm ; [+ animaux de race] to breed ; [+ abeilles] to keep c [+ mur, statue] to erect ; [+ objections] to raise d [+ objet] to lift ; [+ niveau, taux, voix] to raise ; [+ débat] to raise the tone of 2 **s'élever** vpr a to rise ; [avion] to go up ; [oiseau] to fly up b (= protester) ▪ **s'~ contre** to rise up against c (= se monter) ▪ **s'~ à** [prix, pertes] to total

éleveur, -euse [el(ə)vœʀ, øz] nm,f [de bétail] cattle farmer ▪ **~ de chevaux** horse breeder ▪ **~ de volailles** poultry farmer

elfe [ɛlf] nm elf

elfique [ɛlfik] adj elfish, elvish

éligibilité [eliʒibilite] nf eligibility (à for)

éligible [eliʒibl] adj eligible (à for)

élimé, e [elime] adj [vêtement, tissu] threadbare ▪ **chemise ~e au col** shirt with a frayed collar

élimer (s') [elime] vpr [vêtement, tissu] to become threadbare

élimination [eliminasjɔ̃] nf elimination ▪ **procéder par ~** to work by a process of elimination

éliminatoire [eliminatwaʀ] **1** adj [épreuve, match] qualifying ; [note, temps] disqualifying **2** **éliminatoires** nfpl qualifying rounds ; (Sport) heats

éliminer [elimine] vt to eliminate ▪ **boire fait ~** drinking cleans out the system

élire [eliʀ] vt to elect ▪ **il a été élu président** he was elected president ▪ **~ domicile** to take up residence

élite [elit] nf elite ▪ **d'~** [école, troupe] élite ▪ **tireur d'~** crack shot

élitiste [elitist] adj, nmf elitist

élixir [eliksiʀ] nm elixir ▪ **~ de longue vie** elixir of life ▪ **~ d'amour** love potion

elle [ɛl] pron pers **a** (sujet) (= personne) she ; (= animal) she, it ; (= chose) it ▪ **~s** they ▪ **~ est journaliste** she is a journalist ▪ **prends cette chaise, ~ est plus confortable** have this chair - it's more comfortable ▪ **~, ~ n'aurait jamais fait ça** she would never have done that ▪ **c'est ~ qui me l'a dit** she was the one who told me ▪ **Alice est-elle rentrée ?** is Alice back? **b** (objet) (= personne) her ; (= animal) her, it ; (= chose) it ▪ **~s** them ▪ **c'est à ~ que je veux parler** it's her I want to speak to ▪ **ce livre est à ~** this book belongs to her ▪ **un ami à ~** a friend of hers ▪ **~ a une maison à ~** she has a house of her own ▪ **~ ne pense qu'à ~** she only thinks of herself ▪ **ces livres sont à ~s** these books belong to them **c** (comparaisons) her ▪ **il est plus grand qu'~** he is taller than she is ou than her ▪ **je le connais aussi bien qu'~** (aussi bien que je la connais) I know him as well as I know her ; (aussi bien qu'elle le connaît) I know him as well as she does ▪ **ne faites pas comme ~s** don't do the same as them

elle-même (pl **elles-mêmes**) [ɛlmɛm] pron herself ▪ **elles-mêmes** themselves

élocution [elɔkysjɔ̃] nf (= débit) delivery ; (= clarté) diction ▪ **défaut d'~** speech impediment

éloge [elɔʒ] nm praise ▪ **digne d'~** praiseworthy ▪ **faire l'~ de** to praise

élogieux, -ieuse [elɔʒjø, jøz] adj laudatory

éloigné, e [elwaɲe] adj distant ▪ **se tenir ~ du feu** to keep away from the fire ▪ **être ~ de** to be far from ▪ **~ de 3 km** 3km away ▪ **sa version est très ~e de la vérité** his version is very far from the truth

éloigner [elwaɲe] **1** vt **a** [+ objet] to move away (*de* from) **b** [+ personne] to take away (*de* from) ; (= exiler, écarter) to send away (*de* from) ▪ **pour ~ les moustiques** to keep the mosquitoes away ▪ **~ qn de** [+ être aimé, compagnons] to estrange sb from **c** [+ crainte, danger, soupçons] to remove (*de* from) **2** **s'éloigner** vpr to go away ; [objet, véhicule en mouvement] to move away ▪ **ne t'éloigne pas trop** don't go too far away ▪ **vous vous éloignez du sujet** you're getting off the subject ▪ **éloignez-vous, ça risque d'éclater !** stand back, it might explode!

élongation [elɔ̃gasjɔ̃] nf ▪ **je me suis fait une ~ (à la jambe)** I've pulled a muscle (in my leg)

éloquence [elɔkɑ̃s] nf eloquence ▪ **avec ~** eloquently

éloquent, e [elɔkɑ̃, ɑ̃t] adj eloquent ; [silence] meaningful ▪ **ces chiffres sont ~s** the figures speak for themselves

élu, e [ely] nm,f (= député) ≈ member of parliament ; (= conseiller) councillor ▪ **les nouveaux ~s** the newly elected members ▪ **les ~s locaux** the local councillors ▪ **les citoyens et leurs ~s** the citizens and their elected representatives

élucider [elyside] vt to elucidate

éluder [elyde] vt to evade

Élysée [elize] nm ▪ **l'~** the Élysée palace *(official residence of the French President)*

émacié, e [emasje] adj emaciated

e-mail [imɛl] nm e-mail

émail (pl **-aux**) [emaj, o] nm enamel ▪ **en ~** enamelled

émanations [emanasjɔ̃] nfpl (= odeurs) smells ▪ **~ toxiques** toxic fumes

émancipation [emɑ̃sipasjɔ̃] nf emancipation

émancipé, e [emɑ̃sipe] adj emancipated

émanciper (s') [emɑ̃sipe] vpr [personne] to become emancipated

émaner [emane] **émaner de** vt indir to come from ▪ **le charme qui émane d'elle** the charm she exudes

emballage [ɑ̃balaʒ] nm (= boîte, carton) package ; (= papier) wrapping *NonC* ▪ **sous ~ plastique** plastic-wrapped

emballer [ɑ̃bale] **1** vt **a** [+ objet] to pack ; (dans du papier) to wrap ▪ **emballé sous vide** vacuum-packed **b** (* = plaire à) ▪ **ça m'a vraiment emballé** I thought it was great* **2** **s'emballer** vpr **a** * [personne] (d'enthousiasme) to get carried away* ; (de colère) to fly off the handle* **b** [cheval] to bolt **c** [économie, monnaie] to race out of control

embarcadère [ɑ̃baʀkadɛʀ] nm landing stage

embarcation [ɑ̃baʀkasjɔ̃] nf small boat

embardée [ɑ̃baʀde] nf ▪ **faire une ~** [voiture] to swerve ; [bateau] to yaw

embargo [ɑ̃baʀgo] nm embargo

embarqué, e [ɑ̃baʀke] adj [équipement] on-board ; [journaliste] embedded

embarquement [ɑ̃baʀkəmɑ̃] nm a [de marchandises] loading b [de passagers] boarding ▪ **carte d'~** boarding pass

embarquer [ɑ̃baʀke] 1 vt a [+ passagers] to embark b [+ cargaison] to load c (* = emporter) to cart off* ▪ **se faire ~ par la police** to get picked up by the police* d (* = entraîner) ▪ **~ qn dans** to get sb mixed up in 2 vi a (= monter à bord) to go on board b (= partir en voyage) to sail 3 **s'embarquer** vpr a (= monter à bord) to go on board b ▪ **s'~ dans*** [+ aventure, affaire] to embark on ; [+ affaire louche] to get mixed up in

embarras [ɑ̃baʀa] nm (= gêne) embarrassment ▪ **avoir l'~ du choix** to be spoilt for choice ▪ **être dans l'~** (dans un dilemme) to be in a quandary ; (problèmes financiers) to be in financial difficulties

embarrassant, e [ɑ̃baʀasɑ̃, ɑ̃t] adj [situation] embarrassing ; [problème] awkward ; [paquets] cumbersome

embarrassé, e [ɑ̃baʀase] adj (= gêné) embarrassed ▪ **je serais bien ~ de choisir entre les deux** I'd be hard put to choose between the two

embarrasser [ɑ̃baʀase] 1 vt a [paquets] to clutter b (= gêner) to embarrass ▪ **sa demande m'embarrasse** his request puts me in an awkward position 2 **s'embarrasser** vpr (= se soucier) to trouble o.s. (*de* about) ▪ **il ne s'embarrasse pas de scrupules** he doesn't let scruples get in his way

embauche [ɑ̃boʃ] nf (= action d'embaucher) hiring ; (= travail disponible) vacancies ▪ **pour faciliter l'~ des jeunes** to ensure that more young people get jobs ▪ **entretien d'~** job interview

embaucher [ɑ̃boʃe] vt to hire ▪ **je t'embauche pour nettoyer les carreaux** I'll put you to work cleaning the windows

embaumer [ɑ̃bome] 1 vt a (= avoir l'odeur de) to smell of b (= parfumer) ▪ **le lilas embaumait l'air** the scent of lilac filled in the air c [+ cadavre] to embalm 2 vi to smell lovely

embellie [ɑ̃beli] nf [de temps, situation] slight improvement

embellir [ɑ̃beliʀ] 1 vt [+ personne, jardin, ville] to make more attractive ; [+ vérité, récit] to embellish 2 vi [femme] to get more attractive ; [homme] to get better-looking

embêtant, e* [ɑ̃bɛtɑ̃, ɑ̃t] adj annoying ; [situation, problème] awkward

embêté, e [ɑ̃bete] adj ▪ **je suis très ~** I just don't know what to do ▪ **elle a eu l'air ~ quand je lui ai demandé** she looked embarrassed when I asked her

embêtement [ɑ̃bɛtmɑ̃] nm problem ▪ **causer des ~s à qn** to cause problems for sb

embêter [ɑ̃bete] 1 vt a (= gêner, importuner) to bother b (= irriter) to annoy c (= lasser) to bore 2 **s'embêter** vpr a (= s'ennuyer) to be bored b (= s'embarrasser) to bother o.s. (*à faire* doing) ▪ **ne t'embête pas avec ça** don't bother about that ▪ **il ne s'embête pas !** (= il a de la chance) he does all right for himself!* ; (= il ne se gêne pas) he's got a nerve!*

emblée (d') [ɑ̃ble] loc adv at once

emblématique [ɑ̃blematik] adj emblematic ; (fig) symbolic ▪ **c'est la figure ~ de l'opposition** he's the figurehead of the opposition

emblème [ɑ̃blɛm] nm emblem

embobiner* [ɑ̃bɔbine] vt a (= enjôler) to get round* b (= duper) to hoodwink

emboîter [ɑ̃bwate] 1 vt [+ pièces] to fit together ▪ **~ qch dans** to fit sth into 2 **s'emboîter** vpr [pièces] to fit together

embonpoint [ɑ̃bɔ̃pwɛ̃] nm stoutness ▪ **avoir de l'~** to be rather stout

embouché, e [ɑ̃buʃe] adj ▪ **mal ~** (= grossier) foul-mouthed ; (= de mauvaise humeur) in a foul mood

embouchure [ɑ̃buʃyʀ] nf a [de fleuve] mouth b [d'instrument] mouthpiece

embourber (s') [ɑ̃buʀbe] vpr [voiture] to get stuck in the mud

embout [ɑ̃bu] nm [de tuyau] nozzle

embouteillage [ɑ̃butɛjaʒ] nm (Auto) traffic jam

emboutir [ɑ̃butiʀ] vt (= endommager) to crash into ▪ **il s'est fait ~ par une voiture** he was hit by another car

embranchement [ɑ̃bʀɑ̃ʃmɑ̃] nm junction ▪ **à l'~ des deux routes** where the road forks

embraser (s') [ɑ̃bʀɑze] vpr [maison] to blaze up ; [ciel] to be set ablaze ; [pays] to be thrown into turmoil

embrasser [ɑ̃bʀase] 1 vt a to kiss ▪ **je t'embrasse** (en fin de lettre) with love ; (au téléphone) take care! b (frm) [+ cause] to embrace 2 **s'embrasser** vpr to kiss

⚠ Dans le sens de « donner un baiser à », **embrasser** ne se traduit pas par ***to embrace***.

embrasure [ɑ̃bʀɑzyʀ] nf ▪ **dans l'~ de la porte** in the doorway ▪ **dans l'~ de la fenêtre** in the window

embrayage [ɑ̃bʀɛjaʒ] nm (= mécanisme) clutch

embrayer [ɑ̃bʀeje] vi [conducteur] to let out BR the clutch, to clutch US ▪ **~ sur un sujet** to switch to a subject

embrigader [ɑ̃bʀigade] vt (= endoctriner) to indoctrinate ; (= recruter) to recruit (*dans* into)

embringuer‡ [ɑ̃bʀɛ̃ge] vt to mix up ▪ **il s'est laissé ~ dans une sale histoire** he got himself mixed up in some nasty business

embrocher [ɑ̃bʀɔʃe] vt (sur broche) to put on a spit ; (sur brochette) to skewer ▪ **~ qn** (avec une épée) to run sb through ▪ **il m'a embroché avec son parapluie** he jabbed me with his umbrella

embrouillamini* [ɑ̃bʀujamini] nm muddle

embrouille* [ɑ̃bʀuj] nf ▪ **il y a de l'~ là-dessous** there's something funny going on ▪ **toutes ces ~s** all this carry-on*

embrouillé, e [ɑ̃bʀuje] adj muddled

embrouiller [ɑ̃bʀuje] **1** vt [+ fils] to tangle ; [+ personne] to confuse **2** **s'embrouiller** vpr to get in a muddle

embruns [ɑ̃bʀœ̃] nmpl sea spray *NonC*

embryon [ɑ̃bʀijɔ̃] nm embryo ▪ **à l'état d'~** in embryo

embryonnaire [ɑ̃bʀijɔnɛʀ] adj embryonic ▪ **à l'état ~** in embryo

embûche [ɑ̃byʃ] nf pitfall ▪ **semé d'~s** full of pitfalls

embué, e [ɑ̃bɥe] adj [vitre] misted-up ▪ **yeux ~s de larmes** eyes misted with tears

embuscade [ɑ̃byskad] nf ambush ▪ **tendre une ~ à qn** to lay an ambush for sb ▪ **tomber dans une ~** to fall into an ambush

embusqué, e [ɑ̃byske] adj ▪ **être ~** [soldat] to lie in ambush ▪ **tireur ~** sniper

embusquer (s') [ɑ̃byske] vpr to lie in ambush

éméché, e* [emeʃe] adj tipsy*

émeraude [em(ə)ʀod] nf, adj inv emerald

émergent, e [emɛʀʒɑ̃, ɑ̃t] adj emergent

émerger [emɛʀʒe] vi (= apparaître) to emerge (*de* from) ; (* = se réveiller) to surface

émeri [em(ə)ʀi] nm emery ▪ **papier ~** emery paper

émérite [emeʀit] adj (= remarquable) outstanding ▪ **professeur ~** emeritus professor

émerveiller [emɛʀveje] **1** vt to fill with wonder **2** **s'émerveiller** vpr ▪ **s'~ de** to marvel at

émetteur, -trice [emetœʀ, tʀis] (Radio) **1** adj transmitting **2** nm transmitter

émettre [emɛtʀ] **1** vt **a** [+ lumière, son, radiation] to emit ; [+ odeur] to give off **b** (Radio, TV) to transmit **c** [+ monnaie, actions, emprunt] to issue **d** [+ idée, hypothèse] to put forward ; [+ doute] to express **2** vi (Radio, TV) to broadcast

émeute [emøt] nf riot

émeutier, -ière [emøtje, jɛʀ] nm,f rioter

émietter [emjete] vt [+ pain, terre] to crumble

émigrant, e [emigʀɑ̃, ɑ̃t] nm,f emigrant

émigration [emigʀasjɔ̃] nf emigration

émigré, e [emigʀe] nm,f exile

émigrer [emigʀe] vi to emigrate

émincé [emɛ̃se] nm (= plat) émincé ▪ **~ de veau** *dish made with finely sliced veal*

émincer [emɛ̃se] vt to slice thinly

éminent, e [eminɑ̃, ɑ̃t] adj eminent ▪ **mon ~ collègue** my learned colleague

émir [emiʀ] nm emir

émirat [emiʀa] nm emirate ► **les Émirats arabes unis** the United Arab Emirates

émis, e [emi, emiz] ptp de **émettre**

émissaire [emisɛʀ] nm emissary

émission [emisjɔ̃] nf **a** (= programme) programme BR, program US ▪ **~ télévisée/de radio** television/radio programme **b** [de son, lumière, signaux] emission **c** [de monnaie, actions, emprunt] issue

emmagasiner [ɑ̃magazine] vt (= amasser) to store up ; [+ chaleur] to store ; [+ connaissances] to amass

emmanchure [ɑ̃mɑ̃ʃyʀ] nf armhole

emmêler [ɑ̃mele] **1** vt [+ cheveux, fil] to tangle **2** **s'emmêler** vpr [corde, cheveux] to tangle ▪ **s'~ les pieds dans le tapis** to trip over the rug ▪ **s'~ dans ses explications** to get in a muddle trying to explain things ▪ **s'~ les pinceaux*** to get all confused

emménager [ɑ̃menaʒe] vi to move in ▪ **~ dans** to move into

emmener [ɑ̃m(ə)ne] vt [+ personne] to take ; (comme otage) to take away ▪ **~ qn au cinéma** to take sb to the cinema ▪ **voulez-vous que je vous emmène ?** (en voiture) would you like a lift BR ou ride US?

emmerdant, e‡ [ɑ̃mɛʀdɑ̃, ɑ̃t] adj **a** (= irritant, gênant) bloody annoying‡ **b** (= ennuyeux) bloody boring‡

emmerde‡ [ɑ̃mɛʀd] nf ⇒ **emmerdement**

emmerdement‡ [ɑ̃mɛʀdəmɑ̃] nm hassle* ▪ **ça risque de m'attirer des ~s** it's likely to get me into trouble

em

emmerder* [ɑ̃mɛʀde] **1** vt ▪ **~ qn** (= irriter) to get on sb's nerves ; (= contrarier) to bother sb ; (= lasser) to bore the pants off sb* **2** **s'emmerder** vpr (= s'ennuyer) to be bored stiff* ; (= s'embarrasser) to put o.s. out ▪ **ne t'emmerde pas avec ça** don't worry about that

emmerdeur, -euse* [ɑ̃mɛʀdœʀ, øz] nm,f pain in the neck*

emmitoufler (s') [ɑ̃mitufle] vpr to wrap o.s. up

émoi [emwa] nm (littér = trouble) emotion ; (de joie) excitement ; (= tumulte) commotion ▪ **la rue était en ~** the street was in turmoil

émoji [emɔʒi] nm emoji

émoluments [emɔlymɑ̃] nmpl [d'officier ministériel] fees ; [d'employé] pay

émonder [emɔ̃de] vt [+ arbre] to prune ; [+ amandes] to blanch

émoticône [emɔtikon] nm emoticon

émotif, -ive [emɔtif, iv] adj emotional

émotion [emosjɔ̃] nf (= sentiment) emotion ; (= peur) fright ▪ **ce scandale a suscité une vive ~ dans le pays** this scandal has caused a real stir in the country ▪ **pour nous remettre de nos ~s...** to get over all the excitement...

émotionnel, -elle [emosjɔnɛl] adj emotional

émotionnellement [emɔsjɔnɛlmɑ̃] adv emotionally

émotivité [emɔtivite] nf emotionality ▪ **d'une grande ~** very emotional

émoussé, e [emuse] adj [couteau] blunt ; [goût, sensibilité] dulled

émousser (s') [emuse] vpr [intérêt] to wane ; [talent] to lose its fine edge

émoustiller* [emustije] vt to tantalize

émouvant, e [emuvɑ̃, ɑ̃t] adj (nuance de compassion) moving ; (nuance d'admiration) stirring

émouvoir [emuvwaʀ] **1** vt [+ personne] to move ; (= perturber, effrayer) to disturb **2** **s'émouvoir** vpr to be moved ; (= être perturbé) to be disturbed ▪ **il ne s'émeut de rien** nothing upsets him

empailler [ɑ̃paje] vt [+ animal] to stuff ; [+ chaise] to bottom (with straw)

empaler [ɑ̃pale] **1** vt (= supplicier) to impale **2** **s'empaler** vpr to impale o.s.

empaqueter [ɑ̃pakte] vt to wrap up ; (= conditionner) to pack

emparer (s') [ɑ̃paʀe] vpr **a** ▪ **s'emparer de** [+ objet] to grab ; [+ ville, pouvoir, otage] to seize **b** ▪ **s'emparer de** [jalousie, colère, remords] to take hold of ▪ **la peur s'est emparée d'elle** she suddenly became afraid

empâter (s') [ɑ̃pate] vpr [personne, silhouette, visage] to thicken out

empathie [ɑ̃pati] nf empathy

empêchement [ɑ̃pɛʃmɑ̃] nm (= obstacle) unexpected difficulty ▪ **il n'est pas venu, il a eu un ~** he couldn't come - something cropped up ▪ **en cas d'~** if there's a hitch

empêcher [ɑ̃peʃe] **1** vt **a** [+ chose, action] to prevent, to stop ▪ **~ que qch se produise, ~ qch de se produire** to prevent sth from happening ▪ **~ que qn fasse qch** ou **qn de faire qch** to prevent sb from doing sth ▪ **s'il veut le faire, on ne peut pas l'en ~** if he wants to do it, we can't stop him **b** ▪ **il n'empêche qu'il a tort** all the same, he's wrong ▪ **j'ai peut-être tort, n'empêche, il a un certain culot !*** maybe I'm wrong, but even so he's got a nerve!* **2** **s'empêcher** vpr ▪ **il n'a pas pu s'~ de rire** he couldn't help laughing ▪ **je n'ai pas pu m'en ~** I couldn't help it

empereur [ɑ̃pʀœʀ] nm emperor

empester [ɑ̃pɛste] vt (= sentir) to stink of ; [+ pièce] to stink out (*de* with) ▪ **ça empeste ici** it stinks in here

empêtrer (s') [ɑ̃petʀe] vpr ▪ **s'empêtrer dans** to get tangled up in ; [+ mensonges] to get o.s. tangled up in ▪ **s'empêtrer dans des explications** to tie o.s. up in knots trying to explain*

emphase [ɑ̃fɑz] nf (= solennité) pomposity ▪ **avec ~** pompously

empiéter [ɑ̃pjete] **empiéter sur** vt indir to encroach on

empiffrer (s')* [ɑ̃pifʀe] vpr to stuff o.s.* (*de* with)

empiler [ɑ̃pile] **1** vt (= mettre en pile) to pile up **2** **s'empiler** vpr (= s'amonceler) to be piled up

empire [ɑ̃piʀ] nm empire

empirer [ɑ̃piʀe] **1** vi to get worse **2** vt to make worse

empirique [ɑ̃piʀik] adj empirical

emplacement [ɑ̃plasmɑ̃] nm (= site) site ; [de parking] parking space ▪ **à** ou **sur l'~ d'une ancienne cité romaine** on the site of an ancient Roman city

emplâtre [ɑ̃platʀ] nm plaster

emplette [ɑ̃plɛt] nf ▪ **faire des ~s** to do some shopping

emploi [ɑ̃plwa] nm **a** (= poste, travail) job ▪ **l'~** (Écon) employment ▪ **être sans ~** to be unemployed ▪ **avoir le physique** ou **la tête de l'~*** to look the part **b** (= usage) use ▸ **emploi du temps** timetable BR, schedule US

employé, e [ɑ̃plwaje] nm,f employee ▪ **~ de banque** bank employee ▪ **~ de bureau/municipal** office/council worker

employer [ɑ̃plwaje] vt a (= utiliser) to use ▪ **~ son temps à faire qch/à qch** to spend one's time doing sth/on sth ▪ **bien ~** [+ temps, argent] to make good use of b [+ main-d'œuvre] to employ

employeur, -euse [ɑ̃plwajœʀ, øz] nm,f employer

empocher* [ɑ̃pɔʃe] vt [+ argent] to pocket ; [+ prix] to carry off ; [+ médaille] to win

empoigner [ɑ̃pwaɲe] vt (= saisir) to grab

empoisonner [ɑ̃pwazɔne] 1 vt a ▪ **~ qn** [assassin] to poison sb ; [aliments avariés] to give sb food poisoning b [+ relations, vie politique] to poison ; [+ air] to stink out c ▪ **~ qn*** [gêneur, situation] to get on sb's nerves 2 **s'empoisonner** vpr (volontairement) to poison o.s. ; (par intoxication alimentaire) to get food poisoning

emportement [ɑ̃pɔʀtəmɑ̃] nm anger *NonC* ▪ **avec ~** angrily

emporter [ɑ̃pɔʀte] 1 vt a (= prendre avec soi) to take ▪ **plats chauds/boissons à ~** takeaway BR ou take-out US hot meals/drinks b (= enlever) to take away c [courant, vent] to carry along ▪ **emporté par son imagination/enthousiasme** carried away by his imagination/enthusiasm d [+ jambe, bras] to take off ; [+ cheminée, toit] to blow off ; [+ pont, berge] to carry away ; [maladie] to carry off e [+ prix] to carry off f ▪ **l'~ (sur)** [personne] to get the upper hand (over) ; [solution, méthode] to prevail (over) 2 **s'emporter** vpr (= s'irriter) to lose one's temper (*contre* with)

empoté, e* [ɑ̃pɔte] 1 adj awkward 2 nm,f awkward lump*

empreint, e[1] [ɑ̃pʀɛ̃, ɛ̃t] adj ▪ **~ de** [+ nostalgie, mélancolie] tinged with ▪ **~ de mystère/poésie** with a certain mysterious/poetic quality

empreinte[2] [ɑ̃pʀɛ̃t] nf a [d'animal] track ▪ **~ (de pas)** footprint ▪ **~s (digitales)** (finger)prints b (= influence) mark

empressement [ɑ̃pʀesmɑ̃] nm a (= hâte) eagerness ▪ **avec ~** eagerly b (= prévenance) attentiveness ▪ **avec ~** attentively

empresser (s') [ɑ̃pʀese] vpr a (= se hâter) ▪ **s'empresser de faire qch** to hasten to do sth b (= s'activer) ▪ **s'empresser auprès de** [+ blessé, invité] to surround with attentions ; [+ femme courtisée] to dance attendance upon

emprise [ɑ̃pʀiz] nf (= influence) ascendancy (*sur* over) ▪ **sous l'~ de la colère** in the grip of anger ▪ **sous l'~ de l'alcool** under the influence of alcohol

emprisonnement [ɑ̃pʀizɔnmɑ̃] nm imprisonment ▪ **condamné à 10 ans d'~** sentenced to 10 years in prison

emprisonner [ɑ̃pʀizɔne] vt to imprison

emprunt [ɑ̃pʀœ̃] nm a (= demande, somme) loan ▪ **faire un ~** to take out a loan b (= terme) loan word ▪ **c'est un ~ à l'anglais** it's a loan word from English ▪ **d'~** [nom, autorité] assumed

emprunté, e [ɑ̃pʀœ̃te] adj [air, personne] awkward

emprunter [ɑ̃pʀœ̃te] vt a [+ argent, objet, idée] to borrow (*à* from) ▪ **mot emprunté à l'anglais** loan word from English b [+ escalier, route] to take ; [+ itinéraire] to follow

emprunteur, -euse [ɑ̃pʀœ̃tœʀ, øz] nm,f borrower

ému, e [emy] adj [personne] (compassion) moved ; (gratitude) touched ; (timidité, peur) nervous ▪ **dit-il d'une voix ~e** he said with emotion

émulation [emylasjɔ̃] nf emulation

émule [emyl] nmf (= imitateur) emulator ; (= égal) equal ▪ **il fait des ~s** people emulate him

émulsion [emylsjɔ̃] nf emulsion

em

en [ɑ̃]

1 prép a (lieu : situation) in ▪ **vivre en France/Normandie** to live in France/Normandy ▪ **être en ville** to be in town ▪ **il voyage en Grèce/Corse** he's travelling around Greece/Corsica

b (lieu : mouvement) to ▪ **aller** ou **partir en Angleterre/Normandie** to go to England/Normandy ▪ **aller en ville** to go (in)to town

c (temps) in ▪ **en été** in summer ▪ **en mars 1999** in March 1999 ▪ **il peut le faire en trois jours** he can do it in three days ▪ **en semaine** during the week

d (moyen de transport) by ▪ **en train** by train ▪ **faire une promenade en bateau** to go for a trip in a boat ▪ **aller à Londres en avion** to fly to London

e (= chez) ▪ **ce que j'aime en lui, c'est son courage** what I like about him is his courage

f (= habillé de) in ▪ **être en blanc** to be dressed in white ▪ **la femme en manteau de fourrure** the woman in the fur coat ▪ **il était en pyjama** he was in his pyjamas

g (description, composition) in ▪ **une pièce en trois actes** a play in three acts ▪ **c'est écrit en anglais** it's written in English ▪ **nous avons le même article en vert** we have the same item in green ▪ **le plat est en argent** the dish is made of silver ▪ **une bague en or** a gold ring ▪ **une jupe en soie** a silk skirt h (= comme un) ■ **agir en tyran** to act like a tyrant ■ **je le lui ai donné en souvenir** I gave it to him as a souvenir

i (= dans le domaine de) ■ **en politique** in politics ■ **être bon en géographie** to be good at geography ■ **diplôme en droit/histoire** law/history degree

j (mesure) in ■ **compter en euros** to calculate in euros

k ♦ **en** + participe présent ■ **il s'est coupé en essayant d'ouvrir une boîte** he cut himself trying to open a tin ■ **j'ai écrit une lettre en vous attendant** I wrote a letter while I was waiting for you ■ **il m'a regardé en fronçant les sourcils** he looked at me with a frown ■ **monter en courant** to run up ■ **en disant cela, il s'est fait des ennemis** he made enemies by saying that

2 pron a (lieu) ■ **quand va-t-il à Nice ? –il en revient** when is he off to Nice? – he's just come back

b (cause) ■ **je suis si inquiet que je n'en dors pas** I am so worried that I can't sleep ■ **en mourir** to die of it

c (quantitatif) ■ **voulez-vous des pommes ? il y en a encore** would you like some apples? there are still some left ■ **le vin est bon mais il n'y en a pas beaucoup** the wine is good but there isn't much of it ■ **il n'y en a plus** (antécédent non comptable) there isn't any left ; (antécédent pluriel) there aren't any left

d (objet) ■ **rendez-moi mon stylo, j'en ai besoin** give me back my pen - I need it ■ **qu'est-ce que tu en feras ?** what will you do with it (ou them)? ■ **je t'en donne 100 €** I'll give you €100 for it

e (stade) ■ **en être à la page 19** to be on page 19 ■ **où en est-il dans ses études ?** how far has he got with his studies? ■ **je ne sais plus où j'en suis** I'm completely lost

ENA [ena] nf (abrév de **École nationale d'administration**) *prestigious college training senior civil servants*

en-avant [ɑ̃navɑ̃] nm inv (Rugby) knock-on

encadré [ɑ̃kadʀe] nm box

encadrement [ɑ̃kadʀəmɑ̃] nm a [de porte, fenêtre] frame ■ **il se tenait dans l'~ de la porte** he stood in the doorway b (= cadre) frame c [d'étudiants, recrues] training

encadrer [ɑ̃kadʀe] vt a [+ tableau] to frame ■ **je ne peux pas l'~**‡ I can't stand* him b [+ étudiants, recrues] to train ; [+ équipe sportive, employés] to manage c [+ cour, plaine, visage] to frame ■ **l'accusé, encadré de deux gendarmes** the accused, flanked by two policemen

encaissé, e [ɑ̃kese] adj [rivière, route] steep-sided

encaissement [ɑ̃kɛsmɑ̃] nm [d'argent, loyer] receipt ; [de facture] receipt of payment (*de* for) ; [de chèque] cashing

encaisser [ɑ̃kese] vt a [+ argent, loyer] to receive ; [+ chèque] to cash b * [+ coups, affront, défaite] to take ■ **je ne peux pas ~ ce type** I can't stand* that guy

encart [ɑ̃kaʀ] nm insert ■ **~ publicitaire** publicity insert

en-cas [ɑ̃ka] nm inv (= nourriture) snack

encastrable [ɑ̃kastʀabl] adj [four, lave-vaisselle] slot-in

encastré, e [ɑ̃kastʀe] adj [four, placard] built-in

encastrer [ɑ̃kastʀe] **1** vt (dans un mur) to embed (*dans* in(to)) **2** **s'encastrer** vpr ■ **la voiture s'est encastrée sous le train** the car jammed itself underneath the train

encaustique [ɑ̃kostik] nf wax polish

enceinte[1] [ɑ̃sɛ̃t] adj f pregnant ■ **tomber ~** to get pregnant ■ **~ de cinq mois** five months pregnant ■ **j'étais ~ de Paul** (= Paul était le bébé) I was expecting Paul

enceinte[2] [ɑ̃sɛ̃t] nf a (= mur) wall b (= espace clos) enclosure ■ **dans l'~ de la ville** inside the town c ■ **~ (acoustique)** speaker

encens [ɑ̃sɑ̃] nm incense

encenser [ɑ̃sɑ̃se] vt (= louanger) to heap praise on

encéphalogramme [ɑ̃sefalɔgʀam] nm encephalogram

encercler [ɑ̃sɛʀkle] vt to surround

enchaînement [ɑ̃ʃɛnmɑ̃] nm a [de circonstances] sequence b (Danse) enchaînement ; (Gym) sequence of movements

enchaîner [ɑ̃ʃene] **1** vt a (= lier) to chain up ■ **~ qn à un arbre** to chain sb to a tree b [+ paragraphes, pensées, mots] to link **2** vi (Ciné, Théâtre) to move on (to the next scene) ■ **Paul enchaîna : « d'abord... »** Paul went on: "first..." **3** **s'enchaîner** vpr to follow on from each other

enchanté, e [ɑ̃ʃɑ̃te] adj a (= ravi) delighted (*de* with) ■ **~ (de vous connaître)** pleased to meet you b [forêt, demeure] enchanted

enchantement [ɑ̃ʃɑ̃tmɑ̃] nm enchantment ■ **comme par ~** as if by magic ■ **ce spectacle fut un ~** it was an enchanting sight

enchanter [ɑ̃ʃɑ̃te] vt ■ **ça ne m'enchante guère** it doesn't exactly thrill me

enchère [ɑ̃ʃɛʀ] **1** nf bid ■ **faire une ~** to make a bid ■ **faire monter les ~s** to raise the bidding **2** **enchères** nfpl ■ **mettre qch aux ~s** to put sth up for auction ■ **vendre aux ~s** to sell by auction

enchevêtrer (s') [ɑ̃ʃ(ə)vetʀe] vpr a [ficelles, branches] to become entangled b [situations, paroles, idées] to become confused

enclave [ɑ̃klav] nf enclave

enclencher [ɑ̃klɑ̃ʃe] 1 vt [+ mécanisme] to engage ; [+ affaire, processus] to set in motion 2 **s'enclencher** vpr [mécanisme] to engage ; [processus] to get under way

enclin, e [ɑ̃klɛ̃, in] adj ▪ **~ à qch/à faire qch** inclined to sth/to do sth ▪ **peu ~ à** little inclined to

enclos [ɑ̃klo] nm (= terrain, clôture) enclosure ; [de chevaux] paddock ; [de moutons] pen

encoche [ɑ̃kɔʃ] nf notch ▪ **faire une ~ à** ou **sur qch** to make a notch in sth

encoder [ɑ̃kɔde] vt to encode

encolure [ɑ̃kɔlyʀ] nf [de cheval, personne, robe] neck ; (= taille) collar size ▪ **~ en V** V-neck

encombrant, e [ɑ̃kɔ̃bʀɑ̃, ɑ̃t] adj [paquet] cumbersome ; [présence] burdensome

encombre [ɑ̃kɔ̃bʀ] **sans encombre** loc adv without incident

encombré, e [ɑ̃kɔ̃bʀe] adj a [pièce] cluttered (up) ; [lignes téléphoniques] overloaded ▪ **table ~e de papiers** table cluttered with papers ▪ **les bras ~s de paquets** his arms laden with parcels b [espace aérien, route, bronches] congested

encombrement [ɑ̃kɔ̃bʀəmɑ̃] nm a (= embouteillage) traffic jam b (= volume) bulk ; (= taille) size

encombrer [ɑ̃kɔ̃bʀe] vt [+ pièce] to clutter up (*de* with) ; [+ couloir] to obstruct (*de* with) ; [+ lignes téléphoniques] to jam ▪ **ces boîtes m'encombrent** these boxes are in my way

encontre [ɑ̃kɔ̃tʀ] **à l'encontre de** loc prép (= contre) against ▪ **aller à l'~ de** [+ décision, faits] to go against

encore [ɑ̃kɔʀ] adv

a (= toujours) still ▪ **il restait ~ quelques personnes** there were still a few people left ▪ **ça ne s'était ~ jamais vu** it had never happened before

b ▪ **pas ~** not yet ▪ **il n'est pas ~ prêt** he's not ready yet

c (= pas plus tard que) only ▪ **il me le disait hier ~** he was saying that to me only yesterday

d (= de nouveau) again ▪ **~ une fois** one more time ▪ **il a ~ laissé la porte ouverte** he has left the door open again ▪ **quoi ~ ?** what is it this time?

e (= de plus, en plus) more ▪ **~ une tasse ?** another cup? ▪ **~ un peu de thé ?** more tea? ▪ **j'en veux ~** I want some more ▪ **~ un mot, avant de terminer** one more word before I finish ▪ **que te faut-il ~ ?** what else do you want? ▪ **pendant ~ deux jours** for two more days

f (avec compar) even ▪ **il fait ~ plus froid qu'hier** it's even colder than yesterday ▪ **~ autant** as much again

g (restrictif) ▪ **il en est capable, ~ faut-il qu'il le fasse** he's capable, but whether he does it or not is another matter ▪ **on t'en donnera peut-être 10 €, et ~** they might give you €10 for it, if that ▪ **si ~ je savais où ça se trouve** if only I knew where it was

encourageant, e [ɑ̃kuʀaʒɑ̃, ɑ̃t] adj encouraging

encouragement [ɑ̃kuʀaʒmɑ̃] nm encouragement

encourager [ɑ̃kuʀaʒe] vt to encourage (*à faire* to do) ; [+ équipe] to cheer

encourir [ɑ̃kuʀiʀ] vt to incur

encrasser (s') [ɑ̃kʀase] vpr to get dirty ; [arme] to foul up ; [cheminée, bougie de moteur] to soot up

encre [ɑ̃kʀ] nf ink ▪ **écrire à l'~** to write in ink ▪ **calmars à l'~** squid cooked in ink ▸ **encre de Chine** Indian BR ou India US ink

encrier [ɑ̃kʀije] nm (= bouteille) inkpot BR, ink bottle US ; (décoratif) inkstand

encroûter (s')* [ɑ̃kʀute] vpr [personne] to get into a rut ▪ **s'encroûter dans** [+ habitudes] to become entrenched in

encyclopédie [ɑ̃siklɔpedi] nf encyclopedia

encyclopédique [ɑ̃siklɔpedik] adj encyclopedic

endémique [ɑ̃demik] adj endemic

endetté, e [ɑ̃dete] adj in debt *attrib* ▪ **très ~** heavily in debt ▪ **l'un des pays les plus ~s** one of the biggest debtor countries

endettement [ɑ̃dɛtmɑ̃] nm debt

endetter (s') [ɑ̃dete] vpr to get into debt

endiguer [ɑ̃dige] vt a [+ fleuve] to dyke up b [+ foule, invasion] to hold back ; [+ révolte, sentiments, progrès] to check ; [+ inflation, chômage] to curb

endive [ɑ̃div] nf chicory BR *NonC*, endive US ▪ **cinq ~s** five heads of chicory BR, five endives US

endolori, e [ɑ̃dɔlɔʀi] adj painful

endommager [ɑ̃dɔmaʒe] vt to damage

endormi, e [ɑ̃dɔʀmi] adj sleeping ; (= apathique) sluggish ; (= engourdi) numb ▪ **à moitié ~** half asleep

endormir [ɑ̃dɔʀmiʀ] 1 vt a [somnifère, discours] to send to sleep ▪ **j'ai eu du mal à l'~** I had a job getting him off to sleep b (= anesthésier) to put to sleep c [+ douleur] to deaden **2** **s'endormir** vpr **a** [personne] to fall asleep **b** (= se relâcher) to slacken off

endosser [ɑ̃dose] vt **a** [+ responsabilité] to shoulder (*de* for) **b** (Fin) to endorse

endroit [ɑ̃dʀwa] nm **a** (= lieu) place ▪ **à quel ~ ?** where? ▪ **à l'~ où** (at the place) where ▪ **de/vers l'~ où** from/to where ▪ **par ~s** in places **b** (= bon côté) right side ▪ **à l'~** [objet posé] the right way round, the right way around US ; (verticalement) the right way up ▪ **remets tes chaussettes à l'~** put your socks on the right way out

enduire [ɑ̃dɥiʀ] **1** vt ▪ **~ une surface de** to coat a surface with **2** **s'enduire** vpr ▪ **s'~ de crème** to cover o.s. with cream

enduit [ɑ̃dɥi] nm (pour recouvrir, lisser) coating ; (pour boucher) filler

endurance [ɑ̃dyʀɑ̃s] nf stamina ▪ **course d'~** [de voitures, motos] endurance race ; [de coureur à pied] long-distance race

endurcir [ɑ̃dyʀsiʀ] **1** vt (physiquement) to toughen ; (psychologiquement) to harden **2** **s'endurcir** vpr (physiquement) to become tough ; (moralement) to become hardened

endurer [ɑ̃dyʀe] vt to endure

énergétique [enɛʀʒetik] adj energy *avant n* ▪ **aliment très ~** high-energy food

énergie [enɛʀʒi] nf energy ▪ **avec ~** energetically ▪ **source d'~** source of energy ▪ **~ électrique/nucléaire/solaire** electrical/nuclear/solar energy ▪ **~s nouvelles/renouvelables** new/renewable energy sources

énergique [enɛʀʒik] adj energetic ; [refus, protestation, intervention] forceful ; [mesures] strong

énergiquement [enɛʀʒikmɑ̃] adv [agir, parler] energetically ; [refuser] emphatically ; [condamner] vigorously

énergivore [enɛʀʒivɔʀ] adj [secteur, activité, produit] energy-guzzling

énergumène [enɛʀgymɛn] nmf bizarre individual

énervant, e [enɛʀvɑ̃, ɑ̃t] adj irritating

énervé, e [enɛʀve] adj (= agacé) irritated ; (= agité) nervous

énervement [enɛʀvəmɑ̃] nm (= agacement) irritation ; (= agitation) nervousness

énerver [enɛʀve] **1** vt ▪ **~ qn** (= agiter) to overexcite sb ; (= agacer) to irritate sb **2** **s'énerver** vpr to get excited*

enfance [ɑ̃fɑ̃s] nf childhood ▪ **petite ~** infancy ▪ **l'~ déshéritée** deprived children

enfant [ɑ̃fɑ̃] nmf child ; (= garçon) boy ; (= fille) girl ▪ **ne faites pas l'~** don't be so childish ▸ **enfant de chœur** altar boy ▸ **enfant naturel** natural child ▸ **enfant unique** only child

enfantin, e [ɑ̃fɑ̃tɛ̃, in] adj (= de l'enfance) childlike ; (= puéril) childish ▪ **c'est ~** (= facile) it's child's play*

enfer [ɑ̃fɛʀ] nm ▪ **l'~** hell ▪ **cette vie est un ~** it's a hellish life ▪ **d'~*** (= super) great* ▪ **la pièce est menée à un rythme d'~** the play goes along at a furious pace

enfermement [ɑ̃fɛʀməmɑ̃] nm confinement

enfermer [ɑ̃fɛʀme] **1** vt (= mettre sous clé) to lock up ; (par erreur) to lock in ; [+ animaux] to shut up ▪ **ne reste pas enfermé par ce beau temps** don't stay indoors in this lovely weather **2** **s'enfermer** vpr to shut o.s. in ▪ **il s'est enfermé dans sa chambre** he shut himself away in his room ▪ **je me suis enfermé !** (à l'intérieur) I've locked myself in! ; (à l'extérieur) I've locked myself out! ▪ **s'~ à clé** to lock o.s. away ▪ **s'~ dans** [+ mutisme] to retreat into ; [+ rôle, attitude] to stick to

enfiler [ɑ̃file] **1** vt **a** [+ aiguille, perles] to thread ▪ **~ des anneaux sur une tringle** to slip rings onto a rod **b** [+ vêtement] to put on **2** **s'enfiler*** vpr [+ alcool] to knock back* ; [+ nourriture] to wolf down*

enfin [ɑ̃fɛ̃] adv **a** (= à la fin, finalement) at last ▪ **~, ils se sont décidés !** they've made up their minds at last! **b** (= en dernier lieu) finally ▪ **~, je voudrais te remercier pour...** finally, I'd like to thank you for... **c** (= en conclusion) in a word **d** (= ou plutôt) well **e** (valeur exclamative) ▪ **~ ! que veux-tu y faire !** still, what can you do! ▪ **(mais) ~ ! je viens de te le dire !** but I've just told you!

enflammer [ɑ̃flɑme] **1** vt **a** [+ bois] to set fire to **b** [+ foule] to inflame ; [+ imagination] to fire **2** **s'enflammer** vpr **a** (= prendre feu) to catch fire **b** [imagination] to be fired ; [foule, plaie] to inflame

enflé, e [ɑ̃fle] adj [membre] swollen

enfler [ɑ̃fle] vi [membre] to swell up

enfoncer [ɑ̃fɔ̃se] **1** vt **a** (= faire pénétrer) [+ pieu, clou] to drive in ; [+ épingle, punaise] to stick in ▪ **~ un couteau dans qch** to stick a knife into sth **b** (= mettre) ▪ **~ les mains dans ses poches** to thrust one's hands into one's pockets ▪ **~ son chapeau jusqu'aux yeux** to pull one's hat down over one's eyes **c** [+ porte] to break down ▪ **le devant de sa voiture a été enfoncé** the front of his car has been smashed in **2** **s'enfoncer** vpr **a** [lame, projectile] ▪ **s'~ dans** to plunge into **b** (= disparaître : dans l'eau, la vase, etc) to sink (*dans* into, in) ▪ **s'~ dans** [+ forêt, rue, brume] to disappear into ▪ **à mentir, tu ne fais que t'~ davantage** by lying, you're just getting yourself into deeper and deeper water **c** (= céder) to give way **d** (= faire pénétrer) ▪ **s'~ une aiguille dans la main** to stick a needle into one's hand ▪ **enfoncez-vous bien ça dans le crâne*** now get this into your head

enfouir [ɑ̃fwiʀ] **1** vt to bury **2** **s'enfouir** vpr ▪ **s'~ dans/sous** to bury o.s. (ou itself) in/under

enfouissement [ɑ̃fwismɑ̃] nm burying ▪ **site d'~ de déchets industriels** landfill site for industrial waste

enfourcher [ɑ̃fuʀʃe] vt [+ cheval, bicyclette] to get on

enfourner [ɑ̃fuʀne] vt **a** [+ plat] to put in the oven ; [+ poterie] to put in the kiln **b** (* = avaler) to wolf down

enfreindre [ɑ̃fʀɛ̃dʀ] vt to infringe

enfuir (s') [ɑ̃fɥiʀ] vpr to run away (*de* from)

enfumer [ɑ̃fyme] vt [+ pièce] to fill with smoke ; [+ personne, animal] to smoke out ▪ **atmosphère/pièce enfumée** smoky atmosphere/room

engagé, e [ɑ̃gaʒe] **1** adj (politiquement) (politically) committed **2** nm (= soldat) enlisted man ▪ **~ volontaire** volunteer

engageant, e [ɑ̃gaʒɑ̃, ɑ̃t] adj [air, sourire, proposition] appealing ; [repas, gâteau] tempting

engagement [ɑ̃gaʒmɑ̃] nm **a** (= promesse) commitment ▪ **~s financiers** financial commitments ▪ **prendre l'~ de** to make a commitment to **b** [d'employé] taking on **c** (= prise de position) commitment (*dans* to)

engager [ɑ̃gaʒe] **1** vt **a** (= lier) to commit ▪ **ça n'engage à rien** it doesn't commit you to anything ▪ **les frais engagés** the expenses incurred **b** [+ employé] to take on ; [+ artiste] to engage **c** (= encourager) ▪ **~ qn à faire qch** to urge sb to do sth **d** (= introduire) to insert **e** [+ discussion] to start ; [+ négociations] to enter into ; [+ procédure] to institute **f** [+ recrues] to enlist **2** **s'engager** vpr **a** (= promettre) to commit o.s. ▪ **s'~ à faire qch** to commit o.s. to doing sth ▪ **sais-tu à quoi tu t'engages ?** do you know what you're letting yourself in for? **b** ▪ **s'~ dans** [véhicule, piéton] to turn into ▪ **je m'étais déjà engagé (dans la rue)** (automobiliste) I had already pulled out (into the street) **c** (Sport) to enter (*dans* for) **d** [recrues] to enlist ▪ **s'~ dans l'armée de l'air** to join the air force **e** (politiquement) to commit o.s.

engelure [ɑ̃ʒ(ə)lyʀ] nf chilblain

engendrer [ɑ̃ʒɑ̃dʀe] vt to create

engin [ɑ̃ʒɛ̃] nm (= machine) machine ; (= avion) aircraft ; (= missile) missile ▸ **engin blindé** armoured vehicle ▸ **engin explosif** explosive device ▸ **engin spatial** spacecraft

> ⚠ **engin** ne se traduit pas par *engine*, qui signifie « moteur ».

englober [ɑ̃glɔbe] vt (= inclure) to include

engloutir [ɑ̃glutiʀ] vt [+ nourriture] to wolf down ; [mer, tremblement de terre] to swallow up

engoncé, e [ɑ̃gɔ̃se] adj ▪ **~ dans ses vêtements** (looking) cramped in his clothes

engouement [ɑ̃gumɑ̃] nm fad

engouffrer (s') [ɑ̃gufʀe] vpr [vent] to rush ▪ **s'engouffrer dans un tunnel/dans une rue** to disappear into a tunnel/up a street ▪ **s'engouffrer dans une voiture** to dive into a car

engourdi, e [ɑ̃guʀdi] adj numb ▪ **~ par le froid** numb with cold

engrais [ɑ̃gʀɛ] nm (chimique) fertilizer ; (animal) manure

engraisser [ɑ̃gʀese] **1** vt to fatten up **2** vi [personne]* to get fatter

engranger [ɑ̃gʀɑ̃ʒe] vt [+ moisson] to gather in ; [+ bénéfices] to reap ; [+ connaissances] to amass

engrenage [ɑ̃gʀənaʒ] nm gears ▪ **quand on est pris dans l'~** (fig) when one is caught up in the system ▪ **l'~ de la violence/de la drogue** the spiral of violence/drug-taking

engueulade‡ [ɑ̃gœlad] nf (= dispute) row ; (= réprimande) bawling out‡ ▪ **avoir une ~ avec qn** to have a row with sb ▪ **passer une ~ à qn** to bawl sb out‡

engueuler‡ [ɑ̃gœle] **1** vt ▪ **~ qn** to bawl sb out‡ ▪ **se faire ~** to get bawled out‡ **2** **s'engueuler** vpr to have a row

enguirlander* [ɑ̃giʀlɑ̃de] vt ▪ **~ qn** to give sb a telling-off* ▪ **se faire ~** to get a telling-off*

énième [ɛnjɛm] adj (Math) n.th ; (fig)* umpteenth

énigmatique [enigmatik] adj enigmatic

énigme [enigm] nf (= mystère) enigma ; (= jeu) riddle

enivrer [ɑ̃nivʀe] **1** vt to intoxicate ▪ **le parfum m'enivrait** I was intoxicated by the perfume **2** **s'enivrer** vpr to get intoxicated

enjambée [ɑ̃ʒɑ̃be] nf stride ▪ **faire de grandes ~s** to take big strides

enjamber [ɑ̃ʒɑ̃be] vt [+ obstacle] to step over ; [+ fossé] to step across ; [pont] to span

enjeu (pl **~x**) [ɑ̃ʒø] nm [de pari] stake ▪ **quel est le véritable ~ de ces élections ?** what is really at stake in these elections? ▪ **l'~ économique est énorme** there's a lot at stake in terms of the economy

enjôler [ɑ̃ʒole] vt to seduce

enjôleur, -euse [ɑ̃ʒolœʀ, øz] adj [sourire, paroles] winning

enjoliver [ɑ̃ʒɔlive] vt to embellish

enjoliveur [ɑ̃ʒɔlivœʀ] nm [de voiture] hub cap

enjoué, e [ɑ̃ʒwe] adj cheerful ▪ **d'un ton ~** cheerfully

enlacer [ɑ̃lase] **1** vt (= étreindre) to embrace ▪ **il enlaça sa cavalière** he put his arm round his partner's waist **2** **s'enlacer** vpr [amants] to embrace

enlaidir [ɑ̃lediʀ] **1** vt [+ personne] to make look ugly ; [+ paysage] to deface **2** vi [personne] to become ugly **3** **s'enlaidir** vpr to make o.s. look ugly

enlèvement [ɑ̃lɛvmɑ̃] nm **a** [de personne] kidnapping **b** [de marchandises, ordures] collection

enlever [ɑ̃l(ə)ve] **1** vt **a** to remove ▪ **enlève tes mains de tes poches/de là** take your hands out of your pockets/off there **b** ▪ **~ à qn** [+ objet, argent] to take (away) from sb ▪ **ça n'enlève rien à son mérite** that doesn't in any way detract from his worth ▪ **ça lui a enlevé tout espoir** it made him lose all hope **c** [+ objet, meuble] to take away ; [+ ordures] to collect ; [+ voiture en infraction] to tow away **d** (= kidnapper) to kidnap **2** **s'enlever** vpr [tache, peinture, peau, écorce] to come off ▪ **comment est-ce que ça s'enlève ?** [étiquette, housse] how do you remove it?

enliser (s') [ɑ̃lize] vpr **a** (dans le sable, la boue) to get stuck **b** (dans les détails) to get bogged down ▪ **en mentant, tu t'enlises davantage** you're getting in deeper and deeper water with your lies

enneigé, e [ɑ̃neʒe] adj [pente, montagne] snow-covered ; [sommet] snow-capped ; [maison, col, route] snowbound

ennemi, e [ɛn(ə)mi] nm,f enemy ▪ **se faire des ~s** to make enemies (for o.s.) ▪ **être ~ de qch** to be opposed to sth

ennui [ɑ̃nɥi] nm **a** (= désœuvrement) boredom ; (= monotonie) tedium ▪ **c'est à mourir d'~** it's enough to bore you to tears **b** (= tracas) problem ▪ **il a eu des ~s avec la police** he's been in trouble with the police ▪ **~s d'argent** money worries ▪ **faire** ou **causer des ~s à qn** to make trouble for sb ▪ **ça peut lui attirer des ~s** that could get him into trouble ▪ **l'~, c'est que...** the trouble is that...

ennuyé, e [ɑ̃nɥije] adj (= contrarié) annoyed (*de* at, about)

ennuyer [ɑ̃nɥije] **1** vt **a** (= lasser) to bore **b** (= contrarier) to bother ▪ **ça m'ennuie de te le dire, mais...** I'm sorry to have to tell you but... ▪ **si cela ne vous ennuie pas trop** if it wouldn't put you to any trouble **c** (= irriter) ▪ **~ qn** to annoy sb ▪ **tu m'ennuies avec tes questions** I'm tired of your questions **2** **s'ennuyer** vpr to be bored (*de*, *à* with) ▪ **s'~ à mourir** to be bored to tears

ennuyeux, -euse [ɑ̃nɥijø, øz] adj (= lassant) boring ; (= qui importune) annoying

énoncé [enɔ̃se] nm [de sujet scolaire, loi] wording ; [de problème] terms

énoncer [enɔ̃se] vt [+ idée] to express ; [+ faits, conditions] to state

énorme [enɔʀm] adj enormous ▪ **ça lui a fait un bien ~** it's done him a great deal of good ▪ **il a accepté, c'est déjà ~** he has accepted and that's quite something ▪ **c'est ~ !*** (= extraordinaire) it's awesome!*

énormément [enɔʀmemɑ̃] adv enormously ▪ **ça m'a ~ déçu** I was tremendously disappointed by it ▪ **il boit ~** he drinks an enormous amount ▪ **~ de** [d'argent, eau, bruit] an enormous amount of ▪ **~ de gens** a great many people

énormité [enɔʀmite] nf **a** [de poids, somme] hugeness ; [de demande, injustice] enormity **b** (= propos inconvenant) outrageous remark ; (= erreur) howler*

enquête [ɑ̃kɛt] nf inquiry ; [de police] investigation ; (= sondage, étude) survey ▪ **faire une ~** [police] to make an investigation ; (sur un sujet) to do a survey

enquêter [ɑ̃kete] vi [juge] to hold an inquiry (*sur* into) ; [police] to investigate ▪ **ils enquêtent sur sa disparition** they're investigating his disappearance

enquêteur[1], -euse [ɑ̃kɛtœʀ, øz] nm,f (Police) officer in charge of ou leading the investigation ▪ **les ~s poursuivent leurs recherches** the police are continuing their investigations

enquêteur[2], -trice [ɑ̃kɛtœʀ, tʀis] nm,f (Comm, Sociol) investigator ; (pour sondage) pollster, interviewer

enquiquiner* [ɑ̃kikine] **1** vt (= importuner) to annoy ; (= lasser) to bore **2** **s'enquiquiner** vpr (= se morfondre) to be bored ▪ **s'~ à faire** (= se donner du mal) to go to a heck of a lot of trouble to do*

enraciner (s') [ɑ̃ʀasine] vpr [arbre, préjugé] to take root ▪ **solidement enraciné** [préjugé] deep-rooted

enragé, e [ɑ̃ʀaʒe] adj **a** [animal] rabid **b** * [chasseur, joueur] keen

enrager [ɑ̃ʀaʒe] vi **a** ▪ **faire ~ qn*** (= taquiner) to tease sb ; (= importuner) to pester sb **b** (frm) to be furious

enrayer [ɑ̃ʀeje] **1** vt [+ maladie, chômage, inflation] to check ; [+ machine, arme] to jam **2** **s'enrayer** vpr [machine, arme] to jam

enregistrement [ɑ̃ʀ(ə)ʒistʀəmɑ̃] nm **a** [de son, images] recording **b** ▪ **~ des bagages** (à l'aéroport) check-in ▪ **se présenter à l'~** to go to the check-in desk

enregistrer [ɑ̃ʀ(ə)ʒistʀe] vt **a** [+ son, film] to record **b** [+ acte, demande] to register ; [+ commande] to enter **c** [+ profit, perte] to show **d** (= constater) ▪ **la plus forte hausse enregistrée** the biggest rise on record **e** (= mémoriser) [+ information] to take in **f** ▪ **(faire) ~ ses bagages** (à l'aéroport) to check in BR ou check US one's luggage

enrhumé, e [ɑ̃ʀyme] adj ▪ **être ~** to have a cold ▪ **je suis un peu/très ~** I have a bit of a cold/a bad cold

enrhumer (s') [ɑ̃ʀyme] vpr to catch a cold

enrichir [ɑ̃ʀiʃiʀ] **1** vt [+ esprit, langue, collection] to enrich ; (financièrement) to make rich **2** **s'enrichir** vpr (financièrement) to get rich ; [collection] to be enriched (*de* with)

enrichissant, e [ɑ̃ʀiʃisɑ̃, ɑ̃t] adj enriching

enrobé, e [ɑ̃ʀɔbe] adj [personne] plump

enrober [ɑ̃ʀɔbe] vt [+ bonbon, biscuit] to coat (*de* with) ; [+ paroles] to wrap up (*de* in)

enrôler (s') [ɑ̃ʀole] vpr (Mil) to enlist

enroué, e [ɑ̃ʀwe] adj hoarse

enrouler [ɑ̃ʀule] **1** vt [+ tapis] to roll up ; [+ corde, ruban, fil] to wind (*sur, autour de* round) **2** **s'enrouler** vpr [serpent] to coil up ; [film, fil] to wind ▪ **s'~ dans une couverture** to wrap o.s. up in a blanket

ENS [əɛnɛs] nf (abrév de **École normale supérieure**) *grande école for training of teachers*

ensabler (s') [ɑ̃sɑble] vpr [port] to silt up ; [bateau] to run aground

ensanglanté, e [ɑ̃sɑ̃glɑ̃te] adj [visage, vêtement] covered with blood

enseignant, e [ɑ̃sɛɲɑ̃, ɑ̃t] nm,f teacher

enseigne [ɑ̃sɛɲ] nf shop sign ▪ **~ lumineuse** neon sign

enseignement [ɑ̃sɛɲ(ə)mɑ̃] nm **a** (= cours, système scolaire) education ▪ **~ des langues** language teaching ▪ **~ à distance** distance learning ▪ **~ professionnel** professional training ▪ **~ technique** technical education ▪ **~ primaire/secondaire** primary/secondary education ▪ **~ supérieur** higher education **b** (= carrière) ▪ **l'~** teaching ▪ **être dans l'~** to be a teacher **c** (donné par l'expérience) lesson ▪ **on peut en tirer plusieurs ~s** we can draw several lessons from it

enseigner [ɑ̃seɲe] vt to teach ▪ **~ qch à qn** to teach sb sth ▪ **~ à qn à faire qch** to teach sb how to do sth

ensemble [ɑ̃sɑ̃bl] **1** nm **a** (= totalité) ▪ **l'~ du personnel** the whole staff ▪ **dans l'~** on the whole ▪ **examiner la question dans son ~** to examine the question as a whole ▪ **d'~** [vision, vue] overall **b** (= groupement) set ; [de meubles] suite ▪ **grand ~** high-rise estate **c** (= vêtement) outfit ▪ **~ pantalon** trouser suit **d** [de musiciens] ensemble **e** (Math) set **2** adv together ▪ **tous ~** all together ▪ **aller bien ~** [couple] to be well-matched

ensevelir [ɑ̃səv(ə)liʀ] vt to bury

ensoleillé, e [ɑ̃sɔleje] adj sunny

ensorceler [ɑ̃sɔʀsəle] vt to bewitch

ensuite [ɑ̃sɥit] adv then ▪ **je le reçois d'abord et je vous verrai ~** I'll meet him first and then I'll see you

ensuivre (s') [ɑ̃sɥivʀ] vpr ▪ **il s'ensuit que** it follows that ▪ **et tout ce qui s'ensuit** and all that goes with it

ensuqué, e* [ɑ̃syke] adj droopy

ENT [əɛnte] nm (abrév de **espace numérique de travail**) VLE *(virtual learning environment)*

entaille [ɑ̃tɑj] nf (sur le corps) cut ; (sur un objet) notch

entailler [ɑ̃taje] vt [+ corps] to cut ; [+ objet] to notch ▪ **s'~ la main** to cut one's hand

entamer [ɑ̃tame] vt **a** to start ; [+ poursuites] to institute ▪ **la boîte est à peine entamée** the box has hardly been touched **b** [+ optimisme, moral] to wear down

entartrer (s') [ɑ̃taʀtʀe] vpr [chaudière, tuyau, bouilloire] to get covered with scale ; [de dents] to get covered in tartar

entasser [ɑ̃tɑse] **1** vt to pile up (*sur* onto) ; [+ personnes, objets] to cram (*dans* into) **2** **s'entasser** vpr to pile up ; [personnes] to cram (*dans* into)

entendre [ɑ̃tɑ̃dʀ] **1** vt **a** [+ voix, bruit] to hear ▪ **il entend mal de l'oreille droite** he can't hear very well with his right ear ▪ **j'entendais quelqu'un parler** I could hear somebody talking ▪ **tu vas être sage, tu entends !** (menace) you're to be good, do you hear! **b** (par ouï-dire) ▪ **~ parler de qn/qch** to hear of sb/sth ▪ **il ne veut pas en ~ parler** he won't hear of it ▪ **~ dire que...** to hear it said that... **c** (= écouter) to listen to ▪ **à l'~, c'est lui qui a tout fait** to hear him talk you'd think he had done everything ▪ **il ne veut rien ~** he just won't listen ▪ **si ça continue, il va m'~ !** if he doesn't stop I'll give him a piece of my mind! **d** (frm = comprendre) to understand ▪ **laisser ~ à qn que...** to give sb to understand that... **e** (frm = vouloir) to intend ▪ **j'entends bien y aller** I certainly intend to go ▪ **faites comme vous l'entendez** do as you see fit **f** (= vouloir dire) to mean ▪ **qu'entendez-vous par là ?** what do you mean by that? **2** **s'entendre** vpr **a** (= être en bons termes) to get on **b** (= être d'accord) to agree **c** (= se comprendre) ▪ **entendons-nous bien !** let's be quite clear about this! **d** (= être entendu) ▪ **le bruit s'entendait depuis la route** the noise could be heard from the road ▪ **on ne s'entend plus ici** you can't hear yourself think in here

en

entendu, e [ɑ̃tɑ̃dy] **1** adj **a** (= convenu) agreed ▪ **~ !** agreed! **b** (= complice) ▪ **d'un air ~** knowingly **2** **bien entendu** loc adv (= évidemment) of course

entente [ɑ̃tɑ̃t] nf understanding ▪ **vivre en bonne ~** to live in harmony

enterrement [ɑ̃tɛʀmɑ̃] nm (= action) burial ; (= cérémonie) funeral ▪ **faire** ou **avoir une tête d'~*** to look gloomy

enterrer [ɑ̃teʀe] vt to bury ; [+ projet] to forget about ; [+ scandale] to hush up ▪ **~ sa vie de garçon** to have a stag party

en-tête (pl **~s**) [ɑ̃tɛt] nm heading ▪ **papier à lettres à ~** headed notepaper

entêté, e [ɑ̃tete] adj stubborn

entêtement [ɑ̃tɛtmɑ̃] nm stubbornness

entêter (s') [ɑ̃tete] vpr to persist (*dans qch* in sth, *à faire qch* in doing sth)

enthousiasme [ɑ̃tuzjasm] nm enthusiasm

enthousiasmer (s') [ɑ̃tuzjasme] vpr to get enthusiastic (*pour* about)

enthousiaste [ɑ̃tuzjast] **1** adj enthusiastic (*de* about) **2** nmf enthusiast

enticher (s') [ɑ̃tiʃe] vpr (frm, péj) ▪ **s'enticher de** [+ personne] to become infatuated with ; [+ activité, théorie] to get completely hooked* on

entier, -ière [ɑ̃tje, jɛʀ] **1** adj **a** (= total) whole ▪ **boire une bouteille entière** to drink a whole bottle ▪ **des heures entières** for hours on end ▪ **dans la France entière** throughout France ▪ **le pays tout ~** the whole country **b** (= intact) [objet] intact ▪ **c'est un miracle qu'il en soit sorti ~** it's a miracle he escaped in one piece **c** [liberté, confiance] absolute ; [satisfaction] complete **d** [personne, caractère] uncompromising **2** nm ▪ **boire une bouteille en ~** to drink a whole bottle ▪ **lire un livre en ~** to read the whole of a book

entièrement [ɑ̃tjɛʀmɑ̃] adv completely

entonner [ɑ̃tɔne] vt [+ chanson, hymne] to start singing

entonnoir [ɑ̃tɔnwaʀ] nm funnel

entorse [ɑ̃tɔʀs] nf sprain ▪ **se faire une ~ au poignet** to sprain one's wrist ▪ **faire une ~ au règlement** to bend the rules

entortiller [ɑ̃tɔʀtije] **1** vt **a** [+ ruban] to twist **b** (* = enjôler) to get round **2** **s'entortiller** vpr [liane] to twist

entourage [ɑ̃tuʀaʒ] nm (= compagnie) circle ; [de roi, président] entourage ▪ **les gens de son ~** people around him

entourer [ɑ̃tuʀe] **1** vt **a** (= mettre autour) ▪ **~ de** to surround with ▪ **~ un champ d'une clôture** to put a fence round a field **b** (= être autour) to surround ▪ **le monde qui nous entoure** the world around us **c** (= soutenir) to rally round **2** **s'entourer** vpr ▪ **s'~ de** [+ amis, luxe] to surround o.s. with

entourloupe* [ɑ̃tuʀlup] nf mean trick ▪ **faire une ~ à qn** to play a mean trick on sb

entracte [ɑ̃tʀakt] nm (= pause) interval

entraide [ɑ̃tʀɛd] nf mutual aid

entraider (s') [ɑ̃tʀede] vpr to help one another

entrailles [ɑ̃tʀɑj] nfpl [d'animal] entrails ▪ **les ~ de la terre** the bowels of the earth

entrain [ɑ̃tʀɛ̃] nm ▪ **être plein d'~** to have plenty of drive ▪ **avec ~** enthusiastically ▪ **sans ~** [travailler] half-heartedly

entraînant, e [ɑ̃tʀɛnɑ̃, ɑ̃t] adj [musique] stirring ; [rythme] brisk

entraînement [ɑ̃tʀɛnmɑ̃] nm training ▪ **manquer d'~** to be out of training

entraîner [ɑ̃tʀene] **1** vt **a** [+ athlète, cheval] to train (*à* for) **b** (= causer) to bring about ; (= impliquer) to entail **c** (= emmener) [+ personne] to take **d** (= influencer) to lead ▪ **se laisser ~ par ses camarades** to let o.s. be led by one's friends **e** [rythme] to carry along ; [passion, enthousiasme] to carry away ▪ **se laisser ~** to get carried away **f** (= charrier) to carry along ▪ **le courant les a entraînés vers les rapides** the current swept them along towards the rapids **2** **s'entraîner** vpr to practise (*à faire qch* doing sth) ; [sportif] to train (*à qch* for sth)

entraîneur, -euse [ɑ̃tʀɛnœʀ, øz] **1** nm,f (Sport) trainer **2** **entraîneuse** nf [de bar] hostess

entrant, e [ɑ̃tʀɑ̃, ɑ̃t] adj [appel téléphonique, étudiant, ministre] incoming

entrapercevoir [ɑ̃tʀapɛʀsəvwaʀ] vt to catch a (brief) glimpse of

entrave [ɑ̃tʀav] nf (= obstacle) hindrance (*à* to)

entraver [ɑ̃tʀave] vt [+ circulation] to hold up ; [+ mouvements] to hamper ; [+ action, plans, processus] to impede

entre [ɑ̃tʀ] prép **a** between ▪ **~ nous** between you and me **b** (= parmi) ▪ **l'un d'~ eux** one of them ▪ **plusieurs d'~ nous** several of us ▪ **nous sommes ~ nous** ou **~ amis** we're among friends ▪ **ils préfèrent rester ~ eux** they prefer to keep themselves to themselves ▪ **~ autres** (choses) among other things ; (personnes) among others

entrebâillé, e [ɑ̃tʀəbɑje] adj ajar

entrechoquer (s') [ɑ̃tʀəʃɔke] vpr to knock together ; [verres] to clink ; [de dents] to chatter

entrecôte [ɑ̃tʀəkot] nf entrecôte steak

entrecouper [ɑ̃tʀəkupe] vt ▪ **~ de** [+ citations, publicités] to intersperse with

entrecroiser [ɑ̃tʀəkʀwaze] vt, **s'entrecroiser** vpr [fils, branches] to intertwine ; [lignes, routes] to intersect

entre-deux-guerres [ɑ̃tʀədøgɛʀ] nm inv ▪ **l'~** the interwar years

entrée [ɑ̃tʀe] nf a (= arrivée) entry ▪ **à son ~, tous se sont tus** when he came in, everybody fell silent ▪ **faire son ~ dans le salon** to enter the lounge b [comédien] ▪ **faire/rater son ~** to make/miss one's entrance c (= accès) entry (*de, dans* to) ▪ **l'~ est payante** there is an admission charge ▪ **« ~ »** (sur pancarte) "way in" ▪ **« ~ libre »** (dans musée) "admission free" ▪ **« ~ interdite »** "no entry" d (= billet) ticket ▪ **ils ont fait 10 000 ~s** they sold 10,000 tickets e (= porte, portail, vestibule) entrance ▸ **entrée des artistes** stage door f (= plat) first course g [de dictionnaire] headword BR, entry word US h (Informatique) input ▪ **entrée-sortie** input-output

entrefaites [ɑ̃tʀəfɛt] **sur ces entrefaites** loc adv at that moment

entrefilet [ɑ̃tʀəfilɛ] nm (= petit article) paragraph

entrejambe [ɑ̃tʀəʒɑ̃b] nm crotch

entrelacer [ɑ̃tʀəlase] vt, **s'entrelacer** vpr to intertwine

entremets [ɑ̃tʀəmɛ] nm dessert

entreposer [ɑ̃tʀəpoze] vt to store

entrepôt [ɑ̃tʀəpo] nm warehouse

entreprendre [ɑ̃tʀəpʀɑ̃dʀ] vt (= commencer) to start ; [+ démarche] to set about ; [+ recherches] to undertake ▪ **~ de faire qch** to undertake to do sth

entrepreneur [ɑ̃tʀəpʀənœʀ, øz] **-euse** nm,f a (en menuiserie, etc) contractor b (= brasseur d'affaires) entrepreneur

entrepreneurial, e (mpl **-iaux**) [ɑ̃tʀəpʀənœʀjal, jo] adj entrepreneurial

entrepris, e [ɑ̃tʀəpʀi, pʀiz] ptp de **entreprendre**

entreprise [ɑ̃tʀəpʀiz] nf (= firme) company ▪ **~ familiale** family business ▪ **~ de service public** public utility ▪ **le monde de l'~** the business world

entrer [ɑ̃tʀe]

1 vi a to go (ou to come) in ▪ **~ dans** [+ pièce, jardin] to go (ou come) into ; [+ voiture] to get into ▪ **~ en gare** to come into the station ▪ **~ en courant** to run in ▪ **ils sont entrés par la fenêtre** they got in by the window ▪ **la balle est entrée dans le poumon** the bullet went into the lung ▪ **l'eau entre par le toit** the water comes in through the roof ▪ **sans ~ dans les détails** without going into details

♦ **laisser entrer** to let in ▪ **laisser ~ qn dans** to let sb into ▪ **faire ~** [+ accusé, témoin] to bring in ; [+ invité, visiteur] to show in

b [marchandises, devises] to enter

♦ **faire entrer** (en fraude) to smuggle in ▪ **~ dans un système** (légalement) to enter a system ; (illégalement) to hack into a system

c (= tenir) to go in ▪ **ça n'entre pas dans la boîte** it won't go into the box ▪ **nous n'entrerons jamais tous dans ta voiture** we'll never all get into your car

d (= devenir membre) ▪ **~ dans** [+ parti, entreprise, armée] to join ▪ **~ au lycée** to go to secondary school

e (= heurter) ▪ **~ dans** [+ arbre, poteau] to crash into

f (= être une composante) ▪ **~ dans** [+ catégorie] to fall into ; [+ mélange] to go into ▪ **tous ces frais entrent dans le prix de revient** all these costs go to make up the cost price

g (= commencer à être) ▪ **~ dans** [+ phase, période] to enter ▪ **~ dans une colère noire** to get into a towering rage ▪ **~ dans la vie active** to begin one's working life

2 vt a (= faire entrer) ▪ **comment allez-vous ~ cette armoire dans la chambre ?** how are you going to get that wardrobe into the bedroom?

b [+ données] to key in

entre-temps [ɑ̃tʀətɑ̃] adv meanwhile

entretenir [ɑ̃tʀət(ə)niʀ] 1 vt a [+ propriété, route, machine] to maintain ; [+ jardin] to look after ▪ **maison bien entretenue** (propre et rangée) well-kept house b (financièrement) to support ▪ **c'est une femme entretenue** she's a kept woman c [+ relations] to have ; [+ correspondance] to keep up 2 **s'entretenir** vpr (= converser) to talk ▪ **s'~ avec qn** to speak to sb (*de* about)

> ⚠ **entretenir** ne se traduit pas par **to *entertain***, qui signifie « amuser » ou « recevoir ».

entretien [ɑ̃tʀətjɛ̃] nm a (= conversation) conversation ; (= entrevue) interview ▪ **~(s)** (Pol) talks ▪ **~ d'embauche** job interview ▪ **passer un ~** to have an interview b [de jardin, maison, route] upkeep ; [de machine, voiture] maintenance ▪ **agent d'~** cleaning operative

entretuer (s') [ɑ̃tʀətɥe] vpr to kill one another

entrevoir [ɑ̃tʀəvwaʀ] vt a (= voir indistinctement) to make out ; [+ solutions, complications] to foresee b (= apercevoir brièvement) to catch a glimpse of ; [+ visiteur] to see briefly

entrevue [ɑ̃tʀəvy] nf (= discussion) meeting ; (= audience) interview ■ **deuxième ~** (pour un poste) callback

entrouvert, e [ɑ̃tʀuvɛʀ, ɛʀt] adj half-open ; [lèvres] parted

entrouvrir [ɑ̃tʀuvʀiʀ] vt, **s'entrouvrir** vpr to half-open

entuber‡ [ɑ̃tybe] vt (= duper) to con‡ ■ **se faire ~** to be conned‡

énumération [enymeʀasjɔ̃] nf enumeration

énumérer [enymeʀe] vt to enumerate

env. (abrév de **environ**) approx.

envahir [ɑ̃vaiʀ] vt to invade ; [sentiment] to overcome ■ **le jardin est envahi par les orties** the garden is overrun with nettles ■ **leurs produits envahissent notre marché** our market is being flooded with their products

envahissant, e [ɑ̃vaisɑ̃, ɑ̃t] adj [personne] intrusive

envahisseur [ɑ̃vaisœʀ] nm invader

enveloppe [ɑ̃v(ə)lɔp] nf **a** [de lettre] envelope ■ **~ autocollante** self-sealing envelope ■ **sous ~** [envoyer] under cover **b** (= crédits) budget

envelopper [ɑ̃v(ə)lɔpe] **1** vt **a** [+ objet, enfant] to wrap ■ **elle est assez enveloppée** (hum) she's well-padded* **b** [brume] to shroud **2** **s'envelopper** vpr (dans une couverture, un châle) to wrap o.s.

envenimer (s') [ɑ̃v(ə)nime] vpr [blessure, plaie] to get infected ; [querelle, situation] to grow more bitter

envergure [ɑ̃vɛʀgyʀ] nf **a** [d'oiseau, avion] wingspan ; [de voile] breadth **b** [de personne] calibre ; [d'entreprise] scale ■ **prendre de l'~** [entreprise, projet] to expand ■ **d'~, de grande ~** [auteur, politicien] of great stature ; [projet, réforme] far-reaching ; [opération] ambitious

enverra [ɑ̃vɛʀa] vb → **envoyer**

envers [ɑ̃vɛʀ] **1** nm [d'étoffe, vêtement] wrong side ; [de papier] back ; [de médaille] reverse side ■ **à l'~** (verticalement) upside down ; (dans l'ordre inverse) backwards ; (devant derrière) back to front ; (dedans dehors) on inside out ■ **tout marche à l'~** everything is going wrong ■ **faire qch à l'~** (= mal) to do sth all wrong ■ **la faire à l'~ à qn**‡ to shaft sb‡ **2** prép to ■ **cruel ~ qn** cruel to sb ■ **~ et contre tout** despite all opposition

enviable [ɑ̃vjabl] adj enviable ■ **peu ~** unenviable

envie [ɑ̃vi] nf **a** (= inclination) ■ **avoir ~ de qch** to feel like sth ■ **avoir ~ de faire qch** to feel like doing sth ■ **avoir bien ~ de faire qch** to have a good mind to do sth ■ **ce gâteau me fait ~** I like the look of that cake **b** (euph) ■ **être pris d'une ~ pressante** to be desperate for the toilet **c** (= convoitise) envy **d** (* : sur la peau) birthmark

envier [ɑ̃vje] vt [+ personne, bonheur] to envy ■ **ce pays n'a rien à ~ au nôtre** (il est mieux) that country has no cause to be jealous of us ; (il est aussi mauvais) that country is just as badly off as we are

envieux, -ieuse [ɑ̃vjø, jøz] **1** adj envious **2** nm,f ■ **faire des ~** to arouse envy

environ [ɑ̃viʀɔ̃] **1** adv about **2** **les environs** nmpl [de ville] the surroundings ; (= la banlieue) the outskirts ■ **qu'y a-t-il à voir dans les ~s ?** what is there to see around here? ■ **aux ~s de** [+ ville] around ■ **aux ~ de 3 heures** some time around 3 o'clock

environnant, e [ɑ̃viʀɔnɑ̃, ɑ̃t] adj surrounding

environnement [ɑ̃viʀɔnmɑ̃] nm environment ■ **~ familial** family background

environnemental, e (mpl **-aux**) [ɑ̃viʀɔnmɑ̃tal, o] adj environmental

environnementaliste [ɑ̃viʀɔnmɑ̃talist] nmf environmentalist

environner [ɑ̃viʀɔne] vt to surround

envisager [ɑ̃vizaʒe] vt to envisage ■ **~ de faire qch** to be thinking of doing sth

envoi [ɑ̃vwa] nm **a** (= action) sending ■ **coup d'~** (Sport) kick-off ; [de festival] opening **b** (= colis) parcel

envol [ɑ̃vɔl] nm [d'avion] takeoff ■ **prendre son ~** [oiseau] to take flight ; (fig) to take off

envoler (s') [ɑ̃vɔle] vpr **a** [oiseau] to fly away ; [avion, voyageur] to take off **b** [chapeau] to be blown off ; [feuille, papiers] to blow away **c** [espoirs] to vanish ; [portefeuille, personne]* to vanish into thin air

envoûtant, e [ɑ̃vutɑ̃, ɑ̃t] adj entrancing

envoûter [ɑ̃vute] vt to cast a spell on

envoyé, e [ɑ̃vwaje] nm,f (politique) envoy ; (= journaliste) correspondent ■ **~ spécial** (= journaliste) special correspondent

envoyer [ɑ̃vwaje] **1** vt **a** to send ; [+ candidature] to send in ■ **envoie-moi un mot** drop me a line* **b** (en vacances, en courses) to send (off) (*chez, auprès de* to) ; [+ émissaire, troupes] to send out ■ **~ chercher qn/qch** to send for sb/sth ■ **~ promener qn*** to send sb packing* ■ **il a tout envoyé promener*** he chucked the whole thing in **c** (= lancer) to throw ; [+ obus] to fire ; [+ signaux] to send out ■ **~ des baisers à qn** to blow sb kisses ■ **~ des coups de pied/poing à qn** to kick/punch sb ■ **ça envoie (du lourd** ou **du bois** ou **du pâté) !*** it blows you away!* **2** **s'envoyer**‡ vpr [+ bouteille] to knock back* ; [+ nourriture] to scoff* ; (sexuellement) to have it off BR ou get off US with* ■ **s'~ en l'air** to have it off* BR, to get some* US

éolien, -ienne [eɔljɛ̃, jɛn] 1 adj wind *avant n* 2 **éolienne** nf windmill

épagneul, e [epaɲœl] nm,f spaniel ■ **~ breton** Brittany spaniel

épais, -aisse [epɛ, ɛs] adj thick ■ **~ de 5 cm** 5cm thick

épaisseur [epɛsœʀ] nf thickness ■ **la neige a un mètre d'~** the snow is a metre deep

épaissir [epesiʀ] vti, **s'épaissir** vpr [substance, brouillard] to thicken ■ **le mystère s'épaissit** the plot thickens

épancher (s') [epɑ̃ʃe] vpr [personne] to open one's heart (*auprès de* to)

épandre [epɑ̃dʀ] vt [+ fumier] to spread

épanoui, e [epanwi] adj [visage, sourire] radiant ■ **c'est quelqu'un de très ~** [personne] he's very much at one with himself

épanouir (s') [epanwiʀ] vpr [fleur] to bloom ; [personne] to blossom

épanouissant, e [epanwisɑ̃, ɑ̃t] adj fulfilling

épargnant, e [epaʀɲɑ̃, ɑ̃t] nm,f saver ■ **petits ~s** small investors

épargne [epaʀɲ] nf (= somme) savings ■ **l'~** (= action) saving ■ **épargne-logement** home-buyers' savings scheme

épargner [epaʀɲe] vt a (= économiser) to save b (= éviter) ■ **~ qch à qn** to spare sb sth ■ **je vous épargne les détails** I'll spare you the details c [+ ennemi] to spare

éparpiller [epaʀpije] 1 vt (= disperser) to scatter 2 **s'éparpiller** vpr [feuilles, foule] to scatter ■ **il s'éparpille beaucoup trop** [personne] he spreads himself too thin

épars, e [epaʀ, aʀs] adj (littér) scattered

épatant, e [epatɑ̃, ɑ̃t] adj splendid*

épaté, e [epate] adj [nez] flat

épater [epate] vt (= étonner) to amaze ; (= impressionner) to impress

épaule [epol] nf shoulder ■ **large d'~s** broad-shouldered ■ **~ d'agneau** shoulder of lamb ■ **donner un coup d'~ à qn** to knock sb with one's shoulder

épauler [epole] vt a [+ personne] to back up b [+ fusil] to raise ■ **il épaula puis tira** he raised his rifle and fired

épaulette [epolɛt] nf (Mil) epaulette ; (= rembourrage) shoulder pad

épave [epav] nf wreck

épeautre [epotʀ] nm spelt

épée [epe] nf sword ■ **~ de Damoclès** Sword of Damocles

épeler [ep(ə)le] vt [+ mot] to spell

éperdu, e [epɛʀdy] adj [personne, regard] distraught ; [amour] passionate ; [fuite] frantic

éperdument [epɛʀdymɑ̃] adv [aimer] passionately ■ **je m'en moque ~** I couldn't care less

éperon [ep(ə)ʀɔ̃] nm spur

éperonner [ep(ə)ʀɔne] vt [+ cheval] to spur on

épervier [epɛʀvje] nm sparrowhawk

éphémère [efemɛʀ] adj [bonheur, succès] fleeting ; [mouvement, règne, publication] short-lived ; [magasin, restaurant] pop-up

épi [epi] nm [de blé, maïs] ear ; [de cheveux] tuft

épice [epis] nf spice

épicé, e [epise] adj spicy

épicerie [episʀi] nf (= magasin) grocery ; (= nourriture) groceries ■ **aller à l'~** to go to the grocer's ■ **~ fine** delicatessen

épicier, -ière [episje, jɛʀ] nm,f grocer

épidémie [epidemi] nf epidemic ■ **~ de grippe** flu epidemic

épiderme [epidɛʀm] nm skin

épier [epje] vt [+ personne] to spy on ; [+ gestes] to watch closely

épieu [epjø] nm spear

épigraphe [epigʀaf] nf epigraph

épilation [epilasjɔ̃] nf removal of unwanted hair ; [de sourcils] plucking ■ **~ à la cire** waxing

épilatoire [epilatwaʀ] adj depilatory

épilepsie [epilɛpsi] nf epilepsy

épiler [epile] 1 vt [+ jambes] to remove the hair from ; [+ sourcils] to pluck 2 **s'épiler** vpr ■ **s'~ les jambes** to remove the hair from one's legs ■ **s'~ les sourcils** to pluck one's eyebrows

épilogue [epilɔg] nm (Littérat) epilogue ; (fig) conclusion

épinards [epinaʀ] nmpl spinach *NonC*

épine [epin] nf [de buisson, rose] thorn ; [d'hérisson, oursin] spine ; [de porc-épic] quill ■ **~ dorsale** backbone

épineux, -euse [epinø, øz] adj [plante, problème] thorny ; [situation] tricky

épingle [epɛ̃gl] nf pin ■ **~ à cheveux** hairpin ■ **~ de nourrice** ou **de sûreté** safety pin

épingler [epɛ̃gle] vt a (= attacher) to pin (on) (*à, sur* to) b (* = arrêter) to nab* ■ **se faire ~** to get nabbed*

épinière [epinjɛʀ] adj f ■ **moelle ~** spinal cord

Épiphanie [epifani] nf ■ **l'~** Epiphany, Twelfth Night

épique [epik] adj epic

épisode [epizɔd] nm episode ■ **roman/film à ~s** serialized novel/film ■ **~ dépressif/infectieux** depressive/infectious phase

épisodique [epizɔdik] adj [événement] occasional ▪ **de façon ~** occasionally

épitaphe [epitaf] nf epitaph

épithète [epitɛt] **1** nm ▪ **(adjectif) ~** attributive adjective **2** nf (= qualificatif) epithet

éploré, e [eplɔʀe] adj tearful

éplucher [eplyʃe] vt **a** [+ fruits, légumes] to peel ; [+ salade, radis] to clean **b** [+ journaux, comptes] to go over with a fine-tooth comb

épluchures [eplyʃyʀ] nfpl peelings

éponge [epɔ̃ʒ] nf **a** sponge ▪ **passer un coup d'~ sur qch** to wipe sth with a sponge ▪ **~ végétale** loofah BR, luffa US **b** ▪ **(tissu) ~** towelling

éponger [epɔ̃ʒe] vt [+ liquide] to sponge up ; [+ plancher, visage] to mop ; [+ dette] to soak up ▪ **s'~ le front** to mop one's brow

épopée [epɔpe] nf epic

époque [epɔk] nf time ; (= période historique) era ; (Art, Géol) period ▪ **les chansons de l'~** the songs of the time ▪ **j'étais jeune à l'~** I was young at the time ▪ **à cette époque(-là)** at that time ▪ **à l'~ des Grecs** at the time of the Greeks ▪ **documents d'~** contemporary historical documents ▪ **instruments/meubles d'~** period instruments/furniture

époumoner (s') [epumɔne] vpr to shout o.s. hoarse

épouse [epuz] nf wife

épouser [epuze] vt **a** [+ personne] to marry ; [+ cause] to take up **b** [vêtement] to hug

épousseter [epuste] vt [+ meubles] to dust

époustouflant, e* [epustuflɑ̃, ɑ̃t] adj amazing

époustoufler* [epustufle] vt to stagger

épouvantable [epuvɑ̃tabl] adj dreadful ▪ **il a un caractère ~** he has a foul temper

épouvantail [epuvɑ̃taj] nm (à oiseaux) scarecrow

épouvante [epuvɑ̃t] nf terror ▪ **roman/film d'~** horror story/film

épouvanter [epuvɑ̃te] vt to terrify

époux [epu] nm husband ▪ **les ~** the married couple

éprendre (s') [epʀɑ̃dʀ] vpr ▪ **s'éprendre de** to fall in love with

épreuve [epʀœv] nf **a** (= essai, examen) test ▪ **~ orale/écrite** oral/written test ▪ **~ de force** trial of strength **b** (Sport) event ▪ **~ contre la montre** time trial ▪ **~ d'endurance** endurance test **c** (= malheur) ordeal **d** (Photo) print ; (Typo) proof ▪ **mettre à l'~** to put to the test ▪ **à l'~ du feu** fireproof ▪ **à toute ~** [amitié, foi] staunch ; [courage] unfailing

éprouvant, e [epʀuvɑ̃, ɑ̃t] adj [travail, climat] trying

éprouver [epʀuve] vt **a** [+ sensation, sentiment] to feel **b** [+ difficultés] to meet with **c** (frm = affliger) to afflict ▪ **très éprouvé par la maladie** sorely afflicted by illness (frm)

éprouvette [epʀuvɛt] nf test tube

EPS [əpeɛs] nf (abrév de **éducation physique et sportive**) PE

épuisant, e [epɥizɑ̃, ɑ̃t] adj exhausting

épuisé, e [epɥize] adj [personne, cheval] exhausted ; [article] sold out *attrib* ; [livre] out of print

épuisement [epɥizmɑ̃] nm exhaustion ▪ **jusqu'à ~ des stocks** while stocks last ▪ **dans un grand état d'~** in a state of complete exhaustion

épuiser [epɥize] **1** vt to exhaust **2** **s'épuiser** vpr [réserves] to run out ; [personne] to exhaust o.s. (*à faire qch* doing sth)

épuisette [epɥizɛt] nf (à crevettes) shrimping net

épuration [epyʀasjɔ̃] nf ▪ **station d'~ des eaux** water purification plant

équateur [ekwatœʀ] nm equator ▪ **l'Équateur** (= pays) Ecuador

équation [ekwasjɔ̃] nf equation ▪ **cela ne rentre pas dans l'~** that doesn't come into the equation

équatorial, e (mpl **-iaux**) [ekwatɔʀjal, jo] adj equatorial

équatorien, -ienne [ekwatɔʀjɛ̃, jɛn] **1** adj Ecuadorian **2** **Équatorien(ne)** nm,f Ecuadorian

équerre [ekɛʀ] nf (pour tracer) (set) square

équestre [ekɛstʀ] adj [statue, sport] equestrian ▪ **centre ~** riding school

équeuter [ekøte] vt [+ cerises] to remove the stalk from ; [+ fraises] to hull

équilibre [ekilibʀ] nm **a** balance ▪ **perdre/garder l'~** to lose/keep one's balance ▪ **se tenir** ou **être en ~ (sur)** [personne] to balance (on) ; [objet] to be balanced (on) **b** ▪ **~ (mental)** (mental) equilibrium **c** (Sciences) equilibrium

équilibré, e [ekilibʀe] adj [personne, régime alimentaire] well-balanced

équilibrer [ekilibʀe] vt **a** (= mettre en équilibre, harmoniser) to balance **b** (= contrebalancer) to counterbalance

équilibriste [ekilibʀist] nmf tightrope walker

équinoxe [ekinɔks] nm equinox

équipage [ekipaʒ] nm [d'avion, bateau] crew

équipe [ekip] nf team ▪ **sport d'~** team game ▪ **l'~ de jour** [d'usine] the day shift ▪ **travailler en** ou **par ~s** (en usine) to work in shifts ▪ **faire ~ avec** to team up with

équipement [ekipmɑ̃] nm a (= matériel) equipment b (= aménagement) ▪ **~ hôtelier** hotel facilities ▪ **~s collectifs** [de ville, région] community facilities

équiper [ekipe] 1 vt to equip (*de* with) ▪ **~ une machine d'un dispositif de sécurité** to fit a machine with a safety device 2 **s'équiper** vpr to equip o.s. (*de, en* with)

équipier, -ière [ekipje, jɛʀ] nm,f (Sport) team member ; (dans la restauration rapide) fast food employee

équitable [ekitabl] adj fair

équitation [ekitasjɔ̃] nf horse-riding ▪ **faire de l'~** to go horse-riding ▪ **école d'~** riding school

équité [ekite] nf equity

équivalence [ekivalɑ̃s] nf equivalence

équivalent, e [ekivalɑ̃, ɑ̃t] 1 adj equivalent (à to) 2 nm equivalent

équivaloir [ekivalwaʀ] vi to be equivalent (*à* to) ▪ **ça équivaut à dire que...** it amounts to saying that...

équivaut [ekivo] vb → **équivaloir**

équivoque [ekivɔk] 1 adj (= ambigu) ambiguous ; (= louche) dubious 2 nf (= ambiguïté) ambiguity ; (= incertitude) doubt ▪ **conduite sans ~** unequivocal behaviour ▪ **pour lever l'~** to remove any doubt

érable [eʀabl] nm maple

érafler [eʀɑfle] vt to scratch

éraflure [eʀɑflyʀ] nf scratch

éraillé, e [eʀɑje] adj [voix] hoarse

ère [ɛʀ] nf era ▪ **400 avant notre ~** 400 BC ▪ **en l'an 1600 de notre ~** in the year 1600 AD

érection [eʀɛksjɔ̃] nf erection

éreintant, e [eʀɛ̃tɑ̃, ɑ̃t] adj [travail] exhausting

éreinter [eʀɛ̃te] vt a (= épuiser) to wear out b (= critiquer) to pull to pieces

érémiste [ˈeʀemist] nmf *person receiving welfare payment*, ≈ person on income support BR, ≈ person on welfare US

ergonome [ɛʀgɔnɔm] nmf ergonomist

ergonomique [ɛʀgɔnɔmik] adj ergonomic

ergoter [ɛʀgɔte] vi to quibble (*sur* about)

ergothérapeute [ɛʀgoteʀapøt] nmf occupational therapist

ergothérapie [ɛʀgoteʀapi] nf occupational therapy

ériger [eʀiʒe] vt (frm) [+ monument, bâtiment] to erect ▪ **~ le dogmatisme en vertu** to make a virtue of dogmatism ▪ **~ un criminel en héros** to set a criminal up as a hero

ermite [ɛʀmit] nm hermit

éroder [eʀɔde] vt to erode

érogène [eʀɔʒɛn] adj erogenous

érosion [eʀozjɔ̃] nf erosion

érotique [eʀɔtik] adj erotic

érotisme [eʀɔtism] nm eroticism

errant, e [eʀɑ̃, ɑ̃t] adj wandering ▪ **chien ~** stray dog

erratum [eʀatɔm] (pl **errata** [eʀata]) nm erratum

errer [eʀe] vi (= se promener) to wander

erreur [eʀœʀ] nf mistake, error ▪ **~ de calcul** mistake in calculation ▪ **~ de traduction** mistranslation ▪ **~ de jugement** error of judgment ▪ **~ judiciaire** miscarriage of justice ▪ **sauf ~** unless I'm mistaken ▪ **par ~** by mistake ▪ **commettre** ou **faire une ~** to make a mistake (*sur* about) ▪ **faire ~** to be wrong ▪ **vous faites ~** (au téléphone) you've got the wrong number ▪ **l'~ est humaine** to err is human ▪ **~s de jeunesse** youthful indiscretions

erroné, e [eʀɔne] adj erroneous

ersatz [ɛʀzats] nm ersatz ▪ **~ de café** ersatz coffee

érudit, e [eʀydi, it] 1 adj erudite 2 nm,f scholar

éruption [eʀypsjɔ̃] nf a (Géol) eruption ▪ **entrer en ~** to erupt b (Méd) ▪ **~ de boutons** outbreak of spots ▪ **~ cutanée** skin rash c (= manifestation) ▪ **~ de violence** outbreak of violence

érythème [eʀitɛm] nm rash ▪ **~ fessier** nappy BR ou diaper US rash ▪ **~ solaire** sunburn

esbroufe* [ɛsbʀuf] nf ▪ **faire de l'~** to show off

escabeau (pl **~x**) [ɛskabo] nm (= échelle) stepladder

escadrille [ɛskadʀij] nf ≈ squadron

escadron [ɛskadʀɔ̃] nm squadron

escalade [ɛskalad] nf a (= action de gravir, sport) climbing ▪ **faire de l'~** to go climbing b (= aggravation) escalation ▪ **pour éviter l'~** to stop things getting out of control

escalader [ɛskalade] vt to climb

escalator [ɛskalatɔʀ] nm escalator

escale [ɛskal] nf a (= endroit) (en bateau) port of call ; (en avion) stop ▪ **faire ~ à** [bateau] to call at ; [avion] to stop over at b (= temps d'arrêt) (en bateau) call ; (en avion) stop(over) ▪ **vol sans ~** nonstop flight

escalier [ɛskalje] nm (= marches) stairs ; (= cage) staircase ▸ **escalier mécanique** ou **roulant** escalator

escalope [ɛskalɔp] nf escalope

escamotable [ɛskamɔtabl] adj [antenne] retractable ; [lit, siège] collapsible ; [escalier] foldaway

escamoter [ɛskamɔte] vt **a** [+ cartes, accessoire] to conjure away **b** [+ difficulté] to get round ; [+ question] to dodge ; [+ mot, repas] to skip

escapade [ɛskapad] nf ▪ **faire une ~** [enfant] to run away ▪ **on a fait une petite ~ ce week-end** we went for a little trip this weekend

escargot [ɛskaʀgo] nm snail ; (* = lambin) slowcoach* BR, slowpoke* US ▪ **avancer comme un ~** to go at a snail's pace

escarmouche [ɛskaʀmuʃ] nf skirmish

escarpé, e [ɛskaʀpe] adj steep

escarre [ɛskaʀ] nf bedsore

escient [esjɑ̃] nm ▪ **à bon ~** advisedly ▪ **à mauvais ~** ill-advisedly

esclaffer (s') [ɛsklafe] vpr to burst out laughing

esclandre [ɛsklɑ̃dʀ] nm scandal ▪ **faire** ou **causer un ~** to cause a scandal

esclavage [ɛsklavaʒ] nm slavery ▪ **réduire en ~** to enslave

esclavagiste [ɛsklavaʒist] **1** adj proslavery ▪ **États ~s** slave states **2** nmf person in favour of slavery ; (fig) slave driver

esclave [ɛsklav] nmf slave ▪ **être ~ de la mode/d'une habitude** to be a slave of fashion/to habit

escompte [ɛskɔ̃t] nm discount

escompter [ɛskɔ̃te] vt **a** (= s'attendre à) to expect ▪ **~ faire qch** to expect to do sth **b** (Banque) to discount

escorte [ɛskɔʀt] nf escort ▪ **sous bonne ~** under escort

escorter [ɛskɔʀte] vt to escort

escrime [ɛskʀim] nf fencing ▪ **faire de l'~** to fence

escrimer (s') [ɛskʀime] vpr ▪ **s'escrimer à faire qch** to wear o.s. out doing sth ▪ **s'escrimer sur qch** to struggle away at sth

escrimeur, -euse [ɛskʀimœʀ, øz] nm,f fencer

escroc [ɛskʀo] nm swindler

escroquer [ɛskʀɔke] vt to swindle ▪ **~ qn de qch** to swindle sb out of sth ▪ **se faire ~** to be swindled

escroquerie [ɛskʀɔkʀi] nf swindle ; (Droit) fraud ▪ **5 € pour un café, c'est de l'~** €5 for a coffee is a real rip-off*

ésotérique [ezɔteʀik] adj esoteric

ésotérisme [ezɔteʀism] nm esotericism

espace [ɛspas] nm space ▪ **avoir assez d'~ pour bouger/vivre** to have enough room to move/live ▪ **l'Espace économique européen** the European Economic Area ▪ **en l'~ de trois minutes** within three minutes ▸ **espace numérique virtuel** virtual learning environment ▸ **espaces verts** parks

espacé, e [ɛspase] adj [arbres, objets] spaced out ▪ **ses visites sont très ~es ces temps-ci** his visits are few and far between these days

espacer [ɛspase] **1** vt to space out **2** **s'espacer** vpr [visites, symptômes] to become less frequent

espadon [ɛspadɔ̃] nm swordfish

espadrille [ɛspadʀij] nf espadrille

Espagne [ɛspaɲ] nf Spain

espagnol, e [ɛspaɲɔl] **1** adj Spanish **2** nm **a** (= langue) Spanish **b** ▪ **Espagnol** Spaniard ▪ **les Espagnols** the Spanish **3** **Espagnole** nf Spanish woman

espalier [ɛspalje] nm espalier ▪ **arbre en ~** espaliered tree

ESPE [əɛspeə] nf (abrév de **École supérieure du professorat et de l'éducation**) *teacher training college*

espèce [ɛspɛs] **1** nf **a** [d'animal, plante] species ▪ **~ humaine** human race **b** (= sorte) kind ▪ **c'est une ~ de boîte** it's a kind of box ▪ **~ de maladroit !** you clumsy oaf!* **2** **espèces** nfpl [argent] cash

espérance [ɛspeʀɑ̃s] nf hope ▪ **ça a dépassé toutes nos ~s** it was far more than we'd hoped for ▸ **espérance de vie** life expectancy

espérer [ɛspeʀe] vt to hope for ▪ **~ réussir** to hope to succeed ▪ **~ que** to hope that ▪ **viendra-t-il ? – j'espère (bien)** will he come? – I (certainly) hope so

espiègle [ɛspjɛgl] adj mischievous

espièglerie [ɛspjɛgləʀi] nf **a** (= caractère) mischievousness **b** (= tour) piece of mischief

espiogiciel [ɛspjɔʒisjɛl] nm spyware

espion, -ionne [ɛspjɔ̃, jɔn] nm,f spy

espionnage [ɛspjɔnaʒ] nm espionage ▪ **film/roman d'~** spy film/novel ▪ **~ industriel** industrial espionage

espionner [ɛspjɔne] vt to spy on

esplanade [ɛsplanad] nf esplanade

espoir [ɛspwaʀ] nm **a** hope ▪ **avoir l'~ que** to be hopeful that ▪ **reprendre ~** to begin to feel hopeful again ▪ **sans ~** [amour, situation] hopeless **b** (= personne) ▪ **un jeune ~ du ski/de la chanson** a young hopeful of the skiing/singing world

e-sport [ispɔʀ] nm e-sport, electronic sport

e-sportif, -ive [ispɔʀtif, iv] nm,f (= homme) e-sportsman ; (= femme) e-sportswoman

esprit [ɛspʀi] nm **a** (= pensée) mind ▪ **avoir l'~ large** to be broad-minded ▪ **avoir l'~ mal tourné** to have a dirty mind ▪ **avoir**

l'~ d'analyse/critique to have an analytical/critical mind ▪ **il a l'~ ailleurs** his mind is on other things ▪ **ça ne m'était pas venu à l'~** I didn't think about that ▪ **un des plus grands ~s du siècle** one of the greatest minds of the century ▪ **les grands ~s se rencontrent** great minds think alike **b** (= humour) wit ▪ **avoir de l'~** to be witty **c** (Rel, Spiritisme) spirit ▸ **l'Esprit saint** the Holy Spirit **d** (= attitude) ▪ **avoir mauvais ~** to be negative about things ▸ **esprit de compétition** competitive spirit ▸ **esprit d'équipe** team spirit ▸ **esprit de famille** family feeling

esquimau, -aude (mpl **~x**) [ɛskimo, od] **1** adj Eskimo **2** nm ® (= glace) choc-ice BR, ice-cream bar US **3** **Esquimau(de)** nm,f Eskimo

esquinter* [ɛskɛ̃te] **1** vt [+ objet] to mess up* ; [+ voiture] to smash up **2** **s'esquinter** vpr ▪ **s'~ le bras** to hurt one's arm ▪ **s'~ les yeux (à lire)** to strain one's eyes (reading) ▪ **s'~ la santé (à faire qch)** to ruin one's health (by doing sth)

esquisse [ɛskis] nf sketch

esquisser [ɛskise] vt to sketch ▪ **~ un geste** to make a vague gesture

esquive [ɛskiv] nf (Boxe, Escrime) dodge ; (fig) side-stepping

esquiver [ɛskive] **1** vt [+ coup, question] to dodge ; [+ difficulté] to skirt round **2** **s'esquiver** vpr to slip away

essai [esɛ] nm **a** (= tentative) try ▪ **coup d'~** first attempt ▪ **faire plusieurs ~s** to have several tries **b** (= test) test ▪ **~s nucléaires** nuclear tests ▪ **~s** (sur voiture, avion) trials ▪ **être à l'~** to be on trial ▪ **prendre qn à l'~** to take sb on for a trial period **c** (Rugby) try ▪ **marquer un ~** to score a try **d** (écrit) essay

essaim [esɛ̃] nm swarm

essayage [esɛjaʒ] nm → **cabine**

essayer [eseje] vt to try out ; [+ voiture] to test ; [+ vêtement] to try on ; [+ méthode] to try ▪ **~ de faire qch** to try to do sth ▪ **essaie un peu pour voir !*** (si tu l'oses) just you try!*

essayiste [esejist] nmf essayist

essence [esɑ̃s] nf **a** (= carburant) petrol BR, gas US ▪ **~ ordinaire** two-star petrol BR, regular gas US ▪ **~ sans plomb** unleaded petrol BR ou gas US ▪ **~ de térébenthine** turpentine ▪ **à ~** petrol-driven BR, gasoline-powered US **b** [de plantes, question, doctrine] essence **c** (= espèce d'arbre) species

essentiel, -elle [esɑ̃sjɛl] **1** adj essential **2** nm ▪ **l'~** (= objets nécessaires) the essentials ▪ **c'est l'~** that's the main thing ▪ **l'~ de** the main part of ▪ **l'~ de leur temps** the best part of their time

essentiellement [esɑ̃sjɛlmɑ̃] adv essentially

essieu (pl **~x**) [esjø] nm axle

essor [esɔʀ] nm [d'oiseau, imagination] flight ; [d'entreprise, pays] rapid development ; [d'art, civilisation] blossoming ▪ **prendre son ~** [oiseau] to soar up into the sky ; [entreprise] to develop rapidly

essorage [esɔʀaʒ] nm (à la main) wringing out ; (par la force centrifuge) spin-drying ▪ **mettre sur la position « ~ »** to put on "spin"

essorer [esɔʀe] vt (à la main) to wring out ; (par la force centrifuge) to spin-dry

essoreuse [esɔʀøz] nf (à tambour) spin-dryer ▪ **~ à salade** salad spinner

essouffler [esufle] **1** vt to make breathless ▪ **il était essoufflé** he was out of breath **2** **s'essouffler** vpr [coureur] to get out of breath ; [reprise, grève] to run out of steam

essuie [esɥi] nm (Belg) (pour les mains) hand towel ; (= serviette de bain) bath towel ; (= torchon) cloth

essuie-glace (pl **~s**) [esɥiglas] nm windscreen BR ou windshield US wiper

essuie-main(s) (pl **essuie-mains**) [esɥimɛ̃] nm hand towel

essuie-tout [esɥitu] nm inv kitchen paper BR, paper towels US

essuyer [esɥije] **1** vt **a** (= nettoyer) to wipe ; [+ surface poussiéreuse] to dust ; [+ liquide] to wipe up ▪ **~ la vaisselle** to dry the dishes **b** [+ pertes, reproches, échec] to endure ; [+ refus] to meet with ; [+ tempête] to weather **2** **s'essuyer** vpr [personne] to dry o.s. ▪ **s'~ les mains/les pieds** (nettoyer) to wipe one's hands/feet ; (sécher) to dry one's hands/feet

est [ɛst] **1** nm east ▪ **un vent d'~** an east wind ▪ **le soleil se lève à l'~** the sun rises in the east ▪ **à l'~ de** to the east of ▪ **l'~ (de la France)** the East (of France) ▪ **les pays de l'Est** the Eastern countries **2** adj inv [région, partie, versant, côte] eastern ; [côté, paroi] east

est-allemand, e (mpl **~s**) [ɛstalmɑ̃, ɑ̃d] **1** adj East German **2** **Est-Allemand(e)** nm,f East German

estampe [ɛstɑ̃p] nf (= image) print

esthète [ɛstɛt] nmf aesthete BR, esthete US

esthéticien, -ienne [ɛstetisjɛ̃, jɛn] nm,f [de salon de beauté] beautician

esthétique [ɛstetik] **1** adj aesthetic BR, esthetic US ; (= beau) attractive **2** nf (= apparence) aesthetic BR, esthetic US

estimation [ɛstimasjɔ̃] nf [d'objet, propriété] valuation ; [de dégâts, prix, distance, quantité] estimation ; (= chiffre donné) estimate ▪ **~s** (= prévisions) projections

es

estime [ɛstim] nf (= considération) esteem ▪ **il a baissé dans mon ~** he has gone down in my estimation ▪ **avoir de l'~ pour qn** to have respect for sb

estimer [ɛstime] vt **a** [+ objet, propriété] to assess ; [+ dégâts] to estimate (à at) ▪ **cette bague est estimée à 3 000 €** this ring is valued at €3,000 **b** [+ prix, distance, quantité] to estimate ▪ **les pertes sont estimées à 2 000 morts** 2,000 people are estimated to have died **c** [+ personne] to respect **d** (= considérer) ▪ **~ que...** to consider that... ▪ **j'estime qu'il est de mon devoir de...** I consider it my duty to... ▪ **s'~ heureux d'avoir/que** to consider o.s. fortunate to have/that

estival, e (mpl **-aux**) [ɛstival, o] adj summer ; [temps, température] summery

estivalier, -ière [ɛstivalje, jɛʀ] nm,f summer festival goer

estivant, e [ɛstivɑ̃, ɑ̃t] nm,f summer visitor

estomac [ɛstɔma] nm stomach ▪ **avoir mal à l'~** to have a stomach ache ▪ **partir l'~ vide** to set off on an empty stomach

estomper [ɛstɔ̃pe] **1** vt [+ dessin] to shade off ; [+ contours, souvenir] to blur **2 s'estomper** vpr [contours, souvenir] to fade ; [différences] to become less marked

estourbir* [ɛstuʀbiʀ] vt (= assommer) to stun

estrade [ɛstʀad] nf platform

estragon [ɛstʀagɔ̃] nm tarragon

estropier [ɛstʀɔpje] vt [+ personne] to cripple ; [+ nom] to mutilate

estuaire [ɛstɥɛʀ] nm estuary

esturgeon [ɛstyʀʒɔ̃] nm sturgeon

et [e] conj **a** and ▪ **j'ai payé et je suis parti** I paid and left ▪ **je n'ai rien vu, et toi ?** I didn't see anything, what about you? ▪ **une belle et grande maison** a beautiful, big house **b** (valeur emphatique) ▪ **et alors ?** (= peu importe) so what?* ▪ **et moi alors ?** and what about me then? ▪ **et moi, je peux venir ?** can I come too? ▪ **et ces livres que tu devais me prêter ?** and what's happened to those books that you were supposed to lend me?

étable [etabl] nf cowshed

établi [etabli] nm workbench

établir [etabliʀ] **1** vt to establish ; [+ usine] to set up ; [+ gouvernement] to form ; [+ réputation] to base (*sur* on) ; [+ liste, devis, plans] to draw up ; [+ facture, chèque] to make out **2 s'établir** vpr **a** [jeune couple] to settle ; [usine] to be set up **b** (= prendre un emploi) ▪ **s'~ à son compte** to set up one's own business **c** [amitié, contacts] to develop

établissement [etablismɑ̃] nm **a** (= bâtiment, société) establishment ; (= institution) institution ▪ **~ (scolaire)** school ▪ **~ pénitentiaire** prison ▪ **~ bancaire** bank **b** (= mise en place) establishing ; [de liste] drawing up

étage [etaʒ] nm **a** [de bâtiment] floor ▪ **au premier ~** (en France) on the first floor BR, on the second floor US ▪ **maison à deux ~s** three-storeyed BR ou three-storied US house ▪ **à l'~** upstairs **b** [de fusée] stage ; [de gâteau] tier

étagère [etaʒɛʀ] nf shelf

étain [etɛ̃] nm (= minerai) tin ; (= matière travaillée) pewter

étal (pl **~s**) [etal] nm [de boucherie, marché] stall

étalage [etalaʒ] nm (= devanture) shop window ; (= tréteaux) stall ; (= articles exposés) display ▪ **faire ~ de** [+ connaissances, luxe] to flaunt

étalement [etalmɑ̃] nm spreading ; [de journal, tissu] spreading out (*sur* on) ; [de vacances] staggering (*sur* over)

étaler [etale] **1** vt **a** [+ papiers, objets] to spread (*sur* over) ; [+ journal, tissu] to spread out (*sur* on) **b** [+ beurre, colle] to spread (*sur* on) ; [+ peinture, crème] to apply ; [+ pâte] to roll out **c** [+ paiements, travaux] to spread (*sur* over) ; [+ vacances] to stagger (*sur* over) **d** [+ luxe, savoir, richesse] to flaunt **2 s'étaler** vpr **a** [plaine, cultures] to spread out ▪ **le titre s'étale sur trois colonnes** the headline is spread across three columns ▪ **les paiements s'étalent sur quatre mois** payments are spread over a period of four months **b** (= se vautrer) to sprawl ; (= prendre de la place) to spread o.s. **c** (* = tomber) ▪ **s'~ (par terre)** to fall flat on the ground

étalon [etalɔ̃] nm **a** (= cheval) stallion **b** (= mesure) standard ▪ **étalon-or** gold standard

étalonner [etalɔne] vt **a** (= graduer) to calibrate **b** (= vérifier) to standardize **c** [+ test] to set the standards for

étanche [etɑ̃ʃ] adj [vêtements, montre] waterproof ; [bateau, compartiment] watertight ▪ **~ à l'air** airtight

étanchéité [etɑ̃ʃeite] nf (à l'eau) [de bateau, compartiment] watertightness ▪ **pour assurer son ~** [de vêtement, montre] to make it waterproof ▪ **~ (à l'air)** airtightness

étang [etɑ̃] nm pond

étape [etap] nf (= phase) stage ; (= lieu d'arrêt) stop ▪ **faire ~ à** to stop off at

état [eta] **1** nm **a** [de personne] state ▪ **bon ~ général** good general state of health ▪ **~ de santé** health ▪ **en ~ d'ivresse** ou **d'ébriété** under the influence of alcohol ▪ **il n'est pas en ~ de le faire** he's in no fit state to do it ▪ **être dans tous ses ~s** to be in a terrible state ▪ **il n'était pas dans son ~ nor-**

mal he wasn't his usual self ▸ **états d'âme** (= scrupules) scruples; (= hésitation) doubts ▸ **état d'esprit** frame of mind **b** [d'objet, article d'occasion] condition ▪ **en bon/mauvais ~** in good/bad condition ▪ **remettre en ~** [+ voiture] to repair ; [+ maison] to renovate ▪ **à l'~ neuf** as good as new **c** [de chose abstraite, substance] state ▪ **dans l'~ actuel des choses** as things stand at present ▸ **état d'urgence** state of emergency **d** (= nation) ▪ **État** state ▸ **coup d'État** coup **2** comp ▸ **l'état civil** the registry office BR, the Public Records Office US ▸ **état des lieux** inventory of fixtures

état-major (pl **états-majors**) [etamaʒɔʀ] nm **a** (= officiers) staff ; (= bureaux) staff headquarters **b** [de parti politique] administrative staff

États-Unis [etazyni] nmpl ▪ **les ~ (d'Amérique)** the United States (of America)

étau (pl **~x**) [eto] nm vice

étayer [eteje] vt [+ mur] to prop up ; [+ théorie] to support

etc. [ɛtseteʀa] loc (abrév de **et cætera**) etc

été[1] [ete] nm summer ▪ **~ indien** Indian summer ▪ **en ~** in summer ▪ **jour d'~** summer's day ▪ **résidence d'~** summer residence

été[2] [ete] ptp de **être**

éteindre [etɛ̃dʀ] **1** vt **a** [+ gaz, lampe, chauffage, radio] to switch off ▪ **éteins dans la cuisine** switch off the lights in the kitchen **b** [+ cigarette, incendie, poêle] to put out ; [+ bougie] to blow out **2** **s'éteindre** vpr **a** [cigarette, feu, gaz] to go out **b** [mourant] to pass away

étendard [etɑ̃daʀ] nm standard

étendoir [etɑ̃dwaʀ] nm (= corde) clothes line ; (sur pied) clotheshorse

étendre [etɑ̃dʀ] **1** vt **a** [+ journal, tissu] to spread out ; [+ tapis, pâte] to roll out ; [+ ailes] to spread ; [+ bras, jambes, blessé] to stretch out ; [+ linge] to hang out **b*** [+ adversaire] (= frapper, vaincre) to floor ▪ **se faire ~** [candidat] to flunk it* ▪ **il s'est fait ~ en anglais** he flunked* his English exam **c** [+ pouvoirs, action] to extend (*à* to) ; [+ connaissances, cercle d'amis] to broaden **d** [+ vin] to dilute ; [+ sauce] to thin (*de* with) ▪ **étendu d'eau** [alcool] watered down **2** **s'étendre** vpr **a** (= s'allonger) to lie down **b** [côte, cortège, vacances] to stretch (*jusqu'à* as far as, to, *sur* over) **c** [épidémie, feu, ville] to spread ; [pouvoirs, connaissances] to increase **d** (insister) to elaborate

étendu, e[1] [etɑ̃dy] adj **a** [ville] sprawling ; [domaine] large ; [connaissances, pouvoirs, vocabulaire] extensive **b** [personne, jambes] stretched out

étendue[2] [etɑ̃dy] nf **a** (= surface) expanse ▪ **sur une ~ de 16 km** over an area of 16km ▸ **étendue d'eau** expanse of water **b** (= durée) length **c** [de pouvoir, dégâts, connaissances] extent

éternel, -elle [etɛʀnɛl] adj eternal ▪ **c'est un ~ insatisfait** he's never happy with anything

éternellement [etɛʀnɛlmɑ̃] adv eternally ; [attendre] [jeune] forever

éterniser (s') [etɛʀnize] vpr [situation, débat, attente] to drag on ; [visiteur] to stay too long ▪ **on ne peut pas s'éterniser ici** we can't stay here for ever ▪ **ne nous éternisons pas sur ce sujet** let's not dwell forever on that subject

éternité [etɛʀnite] nf eternity ▪ **cela fait une ~ que je ne l'ai pas vu** it's ages since I last saw him

éternuement [etɛʀnymɑ̃] nm sneeze

éternuer [etɛʀnɥe] vi to sneeze

éther [etɛʀ] nm ether

Éthiopie [etjɔpi] nf Ethiopia

éthiopien, -ienne [etjɔpjɛ̃, jɛn] **1** adj Ethiopian **2** **Éthiopien(ne)** nm,f Ethiopian

éthique [etik] **1** adj ethical **2** nf (Philo) ethics *sg* ; (= code moral) code of ethics

ethnie [ɛtni] nf ethnic group

ethnique [ɛtnik] adj ethnic

ethnologie [ɛtnɔlɔʒi] nf ethnology

ethnologue [ɛtnɔlɔg] nmf ethnologist

éthylique [etilik] **1** adj [coma] alcoholic ; [délire] alcohol-induced ▪ **alcool ~** ethyl alcohol **2** nmf alcoholic

éthylotest [etilɔtɛst] nm breath test

étincelant, e [etɛ̃s(ə)lɑ̃, ɑ̃t] adj [lame, métal] gleaming ; [étoile] twinkling ; [diamant] sparkling ▪ **~ de propreté** sparkling clean

étinceler [etɛ̃s(ə)le] vi [lame, métal] to gleam ; [étoile] to twinkle ; [diamant] to sparkle

étincelle [etɛ̃sɛl] nf **a** [de feu, génie] spark ▪ **~ de génie** spark of genius **b** [de lame, regard] flash ▪ **jeter** ou **lancer des ~s** to flash

étioler (s') [etjɔle] vpr [plante] to wilt ; [personne] to decline

étiopathe [etjopat] nmf etiopath

étiopathie [etjopati] nf etiopathy

étiqueter [etik(ə)te] vt to label

étiquette [etikɛt] nf **a** label ; [de prix] price tag ▪ **mettre une ~ à qn** to label sb **b** (= protocole) ▪ **l'~** etiquette

étirement [etiʀmɑ̃] nm stretching ▪ **faire des ~s** to do stretching exercises

étirer [etiʀe] **1** vt to stretch **2** **s'étirer** vpr [personne] to stretch ; [convoi, route] to stretch out

étoffe [etɔf] nf material ▪ **avoir l'~ de** to have the makings of

étoffer [etɔfe] vt [+ discours, personnage] to fill out

étoile [etwal] nf star ▪ **avec des ~s dans les yeux** [contempler] starry-eyed ▪ **à la belle ~** under the stars ▪ **un trois-étoiles** (= restaurant) a three-star restaurant ; (= hôtel) a three-star hotel ▸ **étoile filante** shooting star ▸ **étoile de mer** starfish

étoilé, e [etwale] adj [nuit, ciel] starry

étonnant, e [etɔnɑ̃, ɑ̃t] adj a (= surprenant) surprising ▪ **cela n'a rien d'~** there's nothing surprising about that b (= remarquable) amazing

étonné, e [etɔne] adj surprised ▪ **il a pris un air ~** ou **a fait l'~** he acted surprised

étonnement [etɔnmɑ̃] nm surprise

étonner [etɔne] 1 vt to surprise ▪ **ça m'étonne que…** I am surprised that… ▪ **ça m'étonnerait** I'd be very surprised ▪ **tu m'étonnes !*** (iro) you don't say!* (iro) 2 **s'étonner** vpr to be surprised (*de qch* at sth) ▪ **je m'étonne que…** I am surprised that… ▪ **il ne faut pas s'~ si** it's hardly surprising that

étouffant, e [etufɑ̃, ɑ̃t] adj stifling

étouffée [etufe] **à l'étouffée** loc adj, loc adv [poisson, légumes, viande] stewed ▪ **cuire à l'~** to stew

étouffer [etufe] 1 vt a [assassin, chaleur] to suffocate ; [sanglots, aliment] to choke ▪ **mourir étouffé** to die of suffocation ▪ **ce n'est pas la politesse qui l'étouffe !** politeness is not his forte! b [+ bruit] to muffle ; [+ bâillement, sanglots, cris] to stifle ▪ **rires étouffés** suppressed laughter c [+ scandale, affaire] to hush up ; [+ rumeur, flammes] to smother ; [+ révolte] to suppress 2 vi (= être mal à l'aise) to feel stifled ▪ **on étouffe dans cette pièce** it's stifling in here 3 **s'étouffer** vpr to suffocate ▪ **s'~ en mangeant** to choke on something

étourderie [eturdəri] nf (= caractère) absent-mindedness ▪ **(faute d')~** careless mistake

étourdi, e [eturdi] 1 adj absent-minded 2 nm,f scatterbrain

étourdir [eturdir] vt a (= assommer) to stun b ▪ **~ qn** [bruit] to deafen sb ; [succès, vin] to go to sb's head

étourdissement [eturdismɑ̃] nm (= vertige) dizzy spell

étrange [etrɑ̃ʒ] adj strange ▪ **cela n'a rien d'~** there is nothing strange about that

étrangement [etrɑ̃ʒmɑ̃] adv (= étonnamment) surprisingly

étranger, -ère [etrɑ̃ʒe, ɛr] 1 adj a [pays, politique, affaires] foreign b (= inconnu, extérieur) strange (à to) ▪ **son visage ne m'est pas ~** his face is not unfamiliar to me 2 nm,f a (d'un autre pays) foreigner ; (péj, Admin) alien b (= inconnu) stranger 3 nm (= pays) ▪ **l'~** foreign countries ▪ **à l'~** abroad

étrangler [etrɑ̃gle] 1 vt [+ personne] to strangle ▪ **mourir étranglé (par son écharpe)** to be strangled (by one's scarf) ▪ **voix étranglée par l'émotion** voice choking with emotion 2 **s'étrangler** vpr (= se tuer) to strangle o.s. ▪ **s'~ de rire/colère** to choke with laughter/anger ▪ **s'~ en mangeant** to choke on something

être [ɛtr]

1 vb copule a to be ▪ **il était fatigué** he was tired ▪ **elle est traductrice** she's a translator ▪ **nous sommes dix à vouloir partir** ten of us want to go ▪ **serez-vous des nôtres demain ?** will you be coming tomorrow?
b (date) ▪ **on est le 12 janvier** it's 12 January ▪ **quel jour sommes-nous ?** (date) what's the date today? ; (jour) what day is it today?

2 vb aux a (passif) to be ▪ **il est soutenu par son patron** he is backed up by his boss
b (temps composés) to have ▪ **il est parti hier** he left yesterday ▪ **est-il déjà passé ?** has he been already? ▪ **nous étions montés** we had gone upstairs
c (verbes pronominaux) ▪ **elle s'était endormie** she had fallen asleep ▪ **ils se sont regardés avec méfiance** they looked at each other suspiciously

3 vi a to be ▪ **le meilleur homme qui soit** the kindest man imaginable ▪ **le village est à 10 km d'ici** the village is 10km from here
b (= aller) ▪ **il n'avait jamais été à Londres** he'd never been to London ▪ **j'ai été en Italie l'an dernier** I went to Italy last year

4 vb impers

♦ **il est** it is ▪ **il est étrange que…** it's odd that… ▪ **il était 8 heures quand il est arrivé** it was 8 o'clock when he arrived ▪ **quelle heure est-il ?** what time is it? ▪ **il était une fois…** once upon a time there was…

♦ **c'est, ce sont** + nom ou pronom ▪ **c'est le médecin** (en désignant) that's the doctor ; (au téléphone, à la porte) it's the doctor ▪ **ce sont de bons souvenirs** they are happy memories ▪ **qui a crié ? – c'est lui** who shouted? – he did ou it was him

♦ **c'est** + adj it is ▪ **c'est impossible** it's impossible ▪ **c'était formidable** it was wonderful ▪ **c'est vrai** that's true ▪ **un hôtel pas cher, c'est difficile à trouver** it's not easy to find a cheap hotel

♦ **c'est... qui** ▪ **c'est eux** ou **ce sont eux qui mentaient** they are the ones who were lying ▪ **c'est le vent qui a emporté la toiture** it was the wind that blew the roof off

♦ **c'est... que** ▪ **c'est ici que je l'ai trouvé** this is where I found it ▪ **c'était elle que je voulais rencontrer** it was her I wanted to meet

♦ **c'est que** (pour expliquer) ▪ **quand il écrit, c'est qu'il a besoin d'argent** when he writes, it's because he needs money

♦ **est-ce que ?** ▪ **est-ce que c'est vrai ?** is it true? ▪ **est-ce que vous saviez ?** did you know? ▪ **est-ce que tu m'entends ?** can you hear me? ▪ **quand est-ce que ce sera réparé ?** when will it be fixed? ; → **n'est-ce pas**

5 nm **a** (= créature) being ▪ **~ humain** human being ▪ **~ vivant** living being **b** (= individu) person ▪ **un ~ cher** a loved one ▪ **c'était un ~ merveilleux** he was a wonderful person

étreindre [etʀɛ̃dʀ] vt (frm) (dans ses bras) [+ ami] to embrace ; (avec les mains) to grip

étrenner [etʀene] vt to use (ou wear, etc) for the first time

étrennes [etʀɛn] nfpl *present or money given at the end of the year*

étrier [etʀije] nm stirrup

étriller [etʀije] vt [+ cheval] to curry-comb

étriper [etʀipe] vt [+ volaille] to draw ; [+ poisson] to gut ▪ **ils vont nous ~ !** they'll have our guts for garters!*

étriqué, e [etʀike] adj [habit] tight ; [esprit, vie] narrow

étroit, e [etʀwa, wat] **1** adj **a** narrow ; [vêtement, chaussure] tight ▪ **être ~ d'esprit** to be narrow-minded **b** [liens, collaboration, surveillance] close **2** **à l'étroit** loc adj, loc adv cramped ▪ **vivre** ou **être logé à l'~** to live in cramped conditions ▪ **être à l'~ dans ses vêtements** to be wearing clothes that are too small

étroitement [etʀwatmɑ̃] adv [lié] [surveiller] closely

étude [etyd] **1** nf **a** (= action) study ▪ **ce projet est à l'~** this project is under consideration ▪ **~ de marché** market research *NonC* **b** ▪ **(salle d')~** study room ▪ **être en ~** to have a study period **c** (= bureau) office ; (= charge, clientèle) practice **2** **études** nfpl studies ▪ **~s secondaires/supérieures** secondary/higher education ▪ **faire des ~s de droit** to study law ▪ **quand je faisais mes ~s** when I was studying

étudiant, e [etydjɑ̃, jɑ̃t] nm,f student ▪ **~ en médecine/en lettres** medical/arts student

étudié, e [etydje] adj [prix] competitive ▪ **c'est ~ pour*** (= conçu) that's what it's for

étudier [etydje] vt to study

étui [etɥi] nm [de violon, cigares] case ; [de parapluie] cover ; [de revolver] holster ▪ **~ à lunettes** spectacle case

étuvée [etyve] **à l'étuvée** loc adj, loc adv [poisson, légumes, viande] braised ▪ **cuire à l'~** to braise

EU (abrév de **États-Unis**) US

eu, e [y] ptp de **avoir**

eucalyptus [økaliptys] nm eucalyptus

eugénisme [øʒenism] nm eugenics *sg*

euh [ø] excl er

euphémisme [øfemism] nm euphemism

euphorie [øfɔʀi] nf euphoria

euphorique [øfɔʀik] adj euphoric

eurasien, -ienne [øʀazjɛ̃, jɛn] **1** adj Eurasian **2** **Eurasien(ne)** nm,f Eurasian

euro [øʀo] nm (= monnaie) euro

eurodéputé [øʀodepyte] nm Euro-MP

Europe [øʀɔp] nf Europe ▪ **l'~ centrale/occidentale** central/Western Europe ▪ **l'~ de l'est** Eastern Europe ▪ **l'~ des quinze** the fifteen countries of the European Union ▪ **l'~ politique** political union in Europe

européen, -éenne [øʀɔpeɛ̃, eɛn] **1** adj European ▪ **les (élections) européennes** the European elections **2** **Européen(ne)** nm,f European

européiste [øʀɔpeist] adj, nmf pro-European

europhile [øʀofil] adj, nmf Europhile

europhobe [øʀofɔb] **1** adj Europhobic **2** nmf Europhobic person

eurosceptique [øʀosɛptik] adj, nmf Eurosceptic

Eurostar® [øʀɔstaʀ] nm Eurostar® ▪ **voyager en ~** to travel by Eurostar

Eurovision [øʀɔvizjɔ̃] nf Eurovision

euthanasie [øtanazi] nf euthanasia

euthanasier [øtanazje] vt to euthanize

eux [ø] pron pers **a** (sujet) they ▪ **nous y allons, ~ non** ou **pas ~** we are going but they aren't **b** (objet) them ▪ **les aider, ~ ? jamais !** help them? never! ▪ **cette maison est-elle à ~ ?** does this house belong to them?, is this house theirs? ▪ **ils ne pensent qu'à ~, ces égoïstes** those selfish people only think of themselves

eux-mêmes [ømɛm] pron themselves

évacuation [evakɥasjɔ̃] nf [de pays, personnes] evacuation ; [de liquide] draining ▪ **procéder à l'~ de** to evacuate

évacuer [evakɥe] vt [+ lieu, population] to evacuate ▪ **faire ~** [+ lieu] to clear

évadé, e [evade] nm,f escaped prisoner

évader (s') [evade] vpr [prisonnier] to escape (*de* from) ▪ **s'évader de la réalité** to escape from reality ▪ **la musique me permet de m'évader** music is an escape for me

évaluation [evalɥasjɔ̃] nf assessment ; (= expertise) valuation

évaluer [evalɥe] vt to assess ; [+ maison, bijou] to value (*à* at) ▪ **on évalue à 60 000 le nombre des réfugiés** the number of refugees is estimated at 60,000 ▪ **j'ai mal évalué la distance** I misjudged the distance

évangéliser [evɑ̃ʒelize] vt to evangelize

Évangile [evɑ̃ʒil] nm ▪ **l'~** the Gospel

évanouir (s') [evanwiʀ] vpr [personne] to faint ; [rêves, apparition, craintes] to vanish

évanouissement [evanwismɑ̃] nm blackout

évaporation [evapɔʀasjɔ̃] nf evaporation

évaporer (s') [evapɔʀe] vpr to evaporate ; (* = disparaître) to vanish ou disappear (into thin air)

évasé, e [evɑze] adj [jupe, pantalon] flared

évasif, -ive [evazif, iv] adj evasive

évasion [evazjɔ̃] nf escape (*de* from) ▸ **évasion des capitaux** flight of capital ▸ **évasion fiscale** tax avoidance

éveil [evɛj] nm ▪ **être en ~** [personne] to be on the alert ; [sens] to be alert

éveillé, e [eveje] adj [enfant, esprit, air] alert ; (= à l'état de veille) wide-awake

éveiller [eveje] **1** vt **a** (= réveiller) to waken **b** [+ curiosité, sentiment, souvenirs] to awaken ; [+ passion] to kindle ; [+ attention] to attract ; [+ soupçons] to arouse **2** **s'éveiller** vpr **a** (= se réveiller) to wake up **b** [sentiment, curiosité, soupçons] to be aroused ; [amour] to be born

événement, évènement [evɛnmɑ̃] nm event ▪ **l'~ de la semaine** the main story of the week ▪ **faire** ou **créer l'~** [personne, film] to be big news

événementiel, -ielle [evɛnmɑ̃sjɛl] **1** adj factual **2** nm (= spectacles, manifestations) events *pl*

éventail [evɑ̃taj] nm **a** (= instrument) fan ▪ **en ~** [objet] fan-shaped **b** [de produits, prix, mesures] range

éventaire [evɑ̃tɛʀ] nm (= étalage) stall

éventer [evɑ̃te] **1** vt (= rafraîchir) to air ; (avec un éventail) to fan **2** **s'éventer** vpr **a** [boisson gazeuse] to go flat ; [vin, parfum] to go stale **b** (avec éventail) to fan o.s.

éventrer [evɑ̃tʀe] vt **a** (avec un couteau) to disembowel ; (d'un coup de corne) to gore **b** [+ boîte, sac] to tear open ; [+ coffre] to smash open ; [+ matelas] to rip open

éventualité [evɑ̃tɥalite] nf (= hypothèse) possibility ▪ **dans l'~ d'un refus de sa part** should he refuse ▪ **pour parer à toute ~** to guard against all eventualities

éventuel, -elle [evɑ̃tɥɛl] adj possible

> ⚠ **éventuel** ne se traduit pas par ***eventual***, qui signifie « final ».

éventuellement [evɑ̃tɥɛlmɑ̃] adv possibly ▪ **~, nous pourrions...** we could possibly... ▪ **~ je prendrai ma voiture** if necessary I'll take my car

> ⚠ **éventuellement** ne se traduit pas par ***eventually***, qui signifie « finalement ».

évêque [evɛk] nm bishop

évertuer (s') [evɛʀtɥe] vpr ▪ **s'évertuer à faire qch** to strive to do sth

évidemment [evidamɑ̃] adv obviously ▪ **bien ~** of course

> ⚠ **évidemment** ne se traduit pas par ***evidently***, qui signifie « apparemment ».

évidence [evidɑ̃s] nf **a** (= caractère) evidence ▪ **se rendre à l'~** to bow to the evidence ▪ **nier l'~** to deny the facts **b** (= fait) obvious fact **c** ▪ **(être) en ~** (to be) in evidence ▪ **mettre en ~** (= souligner) to bring to the fore ; [+ objet] to put in a prominent position ▪ **la lettre était bien en ~** the letter was there for all to see

évident, e [evidɑ̃, ɑ̃t] adj (= manifeste) obvious, evident ; (= certain) obvious ▪ **ce n'est pas ~ !*** (= pas facile) it's not that easy!

> ⚠ Au sens de « certain » ou « simple », **évident** ne se traduit pas par ***evident***.

évider [evide] vt to hollow out ; [+ pomme] to core

évier [evje] nm sink

évincer [evɛ̃se] vt [+ concurrent] to supplant

éviter [evite] **1** vt to avoid ▪ **~ de faire qch** to avoid doing sth ▪ **évite de m'interrompre** try not to interrupt me ▪ **~ qch à qn** to save sb sth ▪ **ça lui a évité d'avoir à se déplacer** that saved him the bother of going **2** **s'éviter** vpr (= se fuir) to avoid each other

évocation [evɔkasjɔ̃] nf ▪ **la simple ~ de cette question** the mere mention of this issue ▪ **pouvoir** ou **puissance d'~ d'un mot** evocative power of a word

évolué, e [evɔlɥe] adj advanced ; [personne] broad-minded ; [langage informatique] high-level

évoluer [evɔlɥe] vi **a** (= changer) to evolve ; [personne, goûts] to change ; [maladie, tumeur] to develop ▪ **voyons comment les choses vont ~** let's wait and see how things develop ▪ **faire ~** [+ logiciel] to upgrade **b** [danseur] to move ▪ **le monde dans lequel il évolue** the world in which he moves

évolutif, -ive [evɔlytif, iv] adj [maladie] progressive ; [poste] with potential ; (Informatique) upgradable

évolution [evɔlysjɔ̃] **1** nf evolution ; [de goûts] change ; [de maladie, tumeur] development **2** **évolutions** nfpl (= mouvements) movements

évolutionnisme [evɔlysjɔnism] nm evolutionism

évoquer [evɔke] vt **a** (= remémorer) to recall ; (= faire penser à) to call to mind **b** (= aborder) to bring up

ex* [ɛks] nmf ex*

ex. (abrév de **exemple**) eg

ex- [ɛks] préf ex- ▪ **l'ex-URSS** the former Soviet Union

exacerber [ɛgzasɛʀbe] **1** vt [+ douleur, problème, tensions] to exacerbate ; [+ passion, concurrence] to intensify ▪ **sensibilité exacerbée** heightened sensibility **2** **s'exacerber** vpr [concurrence, passion, polémique] to become more intense ; [tensions] to increase

exact, e [ɛgza(kt), ɛgzakt(ə)] adj **a** exact ; [compte rendu, donnée] accurate ▪ **c'est l'~e vérité** that's the absolute truth ▪ **l'heure ~e** the exact time **b** [réponse, calcul] correct ▪ **est-il ~ que... ?** is it true that...? ▪ **ce n'est pas tout à fait ~** that's not altogether correct ▪ **~ !** exactly! **c** (= ponctuel) punctual

exactement [ɛgzaktəmɑ̃] adv exactly ▪ **c'est à 57 km ~** it's exactly 57km away

exactions [ɛgzaksjɔ̃] nfpl (= abus de pouvoir) abuses of power ; (= violences) acts of violence

exactitude [ɛgzaktityd] nf **a** [de reproduction, donnée, pendule] accuracy **b** [de définition, réponse, calcul] correctness **c** [de dimension, nombre, valeur] exactness **d** (= ponctualité) punctuality

ex æquo [ɛgzeko] **1** adj inv ▪ **ils sont ~** they tied **2** adv ▪ **être premier ~** to tie for first place

exagération [ɛgzaʒeʀasjɔ̃] nf exaggeration

exagéré, e [ɛgzaʒeʀe] adj (= excessif) excessive ▪ **accorder une importance ~e à** to exaggerate the importance of ▪ **il serait ~ de dire ça** it would be an exaggeration to say that

exagérément [ɛgzaʒeʀemɑ̃] adv excessively

exagérer [ɛgzaʒeʀe] **1** vt to exaggerate ▪ **n'exagérons rien !** let's not exaggerate! **2** vi ▪ **tu as deux heures de retard, tu exagères !** you're two hours late, this is just not on!* ▪ **quand même il exagère !** he's gone too far! ▪ **sans ~, ça a duré trois heures** without any exaggeration, it lasted three hours

exalté, e [ɛgzalte] **1** adj [imagination] vivid **2** nm,f (= impétueux) hothead ; (= fanatique) fanatic

exalter [ɛgzalte] vt **a** [+ personne] to excite ; [+ esprit, imagination] to fire **b** (= glorifier) to exalt

exam* [ɛgzam] nm (abrév de **examen**) exam

examen [ɛgzamɛ̃] nm **a** (Scol) exam ▪ **~ écrit/oral** written/oral examination ▪ **passer un ~** to take an exam ▸ **examen blanc** mock exam BR, practice test US **b** ▪ **~ (médical)** [de patient] (medical) examination ▪ **se faire faire des ~s** to have some tests done **c** (= analyse) examination ▪ **la question est à l'~** the matter is under consideration **d** (Droit) ▪ **mettre qn en ~** to indict sb ▪ **mise en ~** indictment

examinateur, -trice [ɛgzaminatœʀ, tʀis] nm,f examiner

examiner [ɛgzamine] vt **a** (= analyser) to examine ; [+ question, demande, cas] to look into ; [+ projet de loi] to discuss **b** (= regarder) to examine ; [+ ciel, horizon] to scan ▪ **se faire ~ par un spécialiste** to be examined by a specialist

exaspérant, e [ɛgzaspeʀɑ̃, ɑ̃t] adj exasperating

exaspérer [ɛgzaspeʀe] vt to exasperate

exaucer [ɛgzose] vt [+ vœu, prière] to grant ▪ **~ qn** to grant sb's wish

excédent [ɛksedɑ̃] nm surplus ▪ **~ de poids/bagages** excess weight/baggage ▪ **~ commercial** trade surplus

excédentaire [ɛksedɑ̃tɛʀ] adj [production] excess ; [budget] surplus ; [balance commerciale] positive

excéder [ɛksede] vt **a** [+ longueur, prix, pouvoir] to exceed ▪ **l'apprentissage n'excède pas trois ans** the apprenticeship doesn't last more than three years **b** (= agacer) to exasperate

excellence [ɛkselɑ̃s] nf **a** excellence ▪ **par ~** par excellence **b** ▪ **Son Excellence** His (ou Her) Excellency

excellent, e [ɛkselɑ̃, ɑ̃t] adj excellent

exceller [ɛksele] vi to excel (*dans* ou *en qch* at ou in sth, *à faire* in doing)

excentré, e [ɛksɑ̃tʀe] adj [quartier, région] outlying

excentrique [ɛksɑ̃tʀik] adj, nmf eccentric

excepté, e [ɛksɛpte] **1** adj ▪ **il n'a plus de famille sa mère ~e** he has no family left except his mother **2** prép except

exception [ɛksɛpsjɔ̃] nf exception ▪ **à quelques ~s près** with a few exceptions ▪ **~ faite de, à l'~ de** except for ▪ **d'~** [tribunal, régime, mesure] special

exceptionnel, -elle [ɛksɛpsjɔnɛl] adj exceptional ▪ **offre ~le** (Commerce) special offer

exceptionnellement [ɛksɛpsjɔnɛlmɑ̃] adv exceptionally ▪ **~, je vous recevrai lundi** just this once I will see you on Monday

excès [ɛksɛ] nm excess ; [de marchandises, produits] surplus ▪ **~ de zèle** overzealousness ▪ **tomber dans l'~ inverse** to go to the opposite extreme ▪ **faire des ~ de table** to eat too much ▪ **à l'~** to excess ▪ **généreux à l'~** overgenerous ▸ **excès de vitesse** breaking the speed limit

excessif, -ive [ɛksesif, iv] adj excessive ▪ **50 €, ce n'est vraiment pas ~ !** €50 isn't what you'd call expensive! ▪ **elle est excessive** she takes everything to extremes

excessivement [ɛksesivmɑ̃] adv excessively ; [difficile, grave] extremely

excitant, e [ɛksitɑ̃, ɑ̃t] **1** adj **a** (= enthousiasmant) exciting **b** (= stimulant) stimulating **c** (sexuellement) sexy **2** nm stimulant

excitation [ɛksitasjɔ̃] nf **a** excitement ▪ **~ (sexuelle)** (sexual) excitement **b** [de nerf, muscle] excitation

excité, e [ɛksite] **1** adj **a** (* = enthousiasmé) excited ▪ **il ne semblait pas très ~ à l'idée de me revoir** he didn't seem too thrilled at the idea of seeing me again ▪ **~ comme une puce** all excited **b** (= nerveux) [enfant] overexcited **c** (* = irrité) worked up **2** nm,f* (= impétueux) hothead ; (= fanatique) fanatic

exciter [ɛksite] **1** vt **a** [+ intérêt, désir] to arouse ; [+ curiosité] to excite ; [+ imagination] to stimulate **b** (= rendre nerveux) ▪ **~ un animal/un enfant** to get an animal/a child excited ▪ **le café, ça m'excite trop** coffee makes me too nervous **c** (sexuellement) to arouse **d** (= encourager) to spur on ▪ **~ qn contre qn** to set sb against sb **e** [+ nerf, muscle] to excite **2 s'exciter** vpr to get excited (*à propos de* about, over) ; (= devenir nerveux) to get worked up*

exclamation [ɛksklamasjɔ̃] nf exclamation

exclamer (s') [ɛksklame] vpr to exclaim

exclu, e [ɛkskly] **1** adj **a** [personne] excluded **b** (= hors de question) ▪ **c'est tout à fait ~** it's completely out of the question ▪ **il n'est pas ~ que...** it is not impossible that... ▪ **une défaite n'est pas ~e** defeat cannot be ruled out **c** (= excepté) ▪ **tous les jours, mardi ~** every day, except Tuesday **2** nm,f ▪ **les ~s (de la société)** victims of social exclusion ▪ **les ~s de la croissance économique** those left out of the economic boom

exclure [ɛksklyʀ] vt **a** (= renvoyer) to expel ; (temporairement) to suspend **b** [+ solution] to exclude ; [+ hypothèse] to dismiss

exclusif, -ive [ɛksklyzif, iv] adj exclusive ; [représentant] sole ▪ **dans le but ~ de faire...** with the sole aim of doing...

exclusion [ɛksklyzjɔ̃] nf (= expulsion) expulsion ; (temporaire) suspension (*de* from) ▪ **l'~ (sociale)** social exclusion ▪ **à l'~ de** (= sauf) with the exception of

exclusivement [ɛksklyzivmɑ̃] adv (= seulement) exclusively ▪ **~ réservé au personnel** reserved for staff only

exclusivité [ɛksklyzivite] nf **a** (Commerce) exclusive rights **b** (= reportage) exclusive ; (à sensation) scoop ▪ **en ~ dans notre journal** exclusive to our paper ▪ **ce film passe en ~ à...** this film is showing only at...

excréments [ɛkskʀemɑ̃] nmpl excrement *NonC*

excursion [ɛkskyʀsjɔ̃] nf (en car) excursion ; (en voiture, à vélo) trip ▪ **~ en mer** boat trip ▪ **partir en ~, faire une ~** (en car) to go on an excursion ; (en voiture, à vélo) to go on a trip

excuse [ɛkskyz] **1** nf excuse **2 excuses** nfpl (= regrets) apology ▪ **faire des ~s, présenter ses ~s** to apologize ▪ **je vous dois des ~s** I owe you an apology

excuser [ɛkskyze] **1** vt **a** (= pardonner) to forgive ▪ **veuillez ~ mon retard** please forgive me for being late ▪ **excusez-moi** (je suis désolé) I'm sorry ; (pour demander quelque chose) excuse me **b** (= justifier, dispenser) to excuse ▪ **cette explication n'excuse rien** this explanation is no excuse ▪ **se faire ~** to ask to be excused **2 s'excuser** vpr to apologize (*de qch* for sth, *auprès de qn* to sb) ▪ **je m'excuse de vous déranger** sorry to bother you

exécrable [ɛgzekʀabl] adj execrable

exécrer [ɛgzekʀe] vt to loathe

exécutable [ɛgzekytabl] nm (Informatique) executable

exécuter [ɛgzekyte] vt **a** [+ plan, ordre, mouvement, mission] to carry out ; [+ travail] to do ; [+ tâche] to perform ; (Informatique) [+ programme] to run **b** [+ tableau] to paint ; [+ morceau de musique] to perform **c** (= tuer) to execute

exécutif, -ive [ɛgzekytif, iv] **1** adj executive **2** nm ▪ **l'~** the executive

exécution [ɛgzekysjɔ̃] nf **a** [de plan, ordre, mouvement, mission, tâche] carrying out ▪ **mettre à ~** [+ projet, menaces] to carry out **b** [de tableau] painting ; [de morceau de musique] performance **c** (= mise à mort) execution

exemplaire [ɛgzɑ̃plɛʀ] **1** adj exemplary **2** nm copy ▪ **en deux ~s** in duplicate

exemplarité [ɛgzɑ̃plaʀite] nf exemplary nature ▪ **les politiques ont un devoir d'~** politicians have a duty to lead by example

exemple [ɛgzɑ̃pl] nm example ▪ **citer qn/qch en ~** to quote sb/sth as an example ▪ **donner l'~** to set an example ▪ **prendre ~ sur qn** to take sb as a model ▪ **par ~** (explicatif) for example ▪ **ça par ~ !** (surprise) well I never!

exemplier [ɛgzɑ̃plije] nm (pour exposé) handout

exempt, e [ɛgzɑ̃, ɑ̃(p)t] adj ▪ **~ de** exempt from ; [+ dangers] free from ▪ **~ de taxes** tax-free ▪ **~ de TVA** zero-rated for VAT

exempter [ɛgzɑ̃(p)te] vt (= dispenser) to exempt (*de* from)

exercer [ɛgzɛʀse] **1** vt **a** [+ métier] to have ; [+ fonction] to fulfil ▪ **il exerce encore** he's still practising **b** [+ droit, pouvoir] to exercise (*sur* over) ; [+ contrôle, influence, pression] to exert (*sur* on) **c** [+ corps, mémoire, voix] to train (*à* to, for) **2** **s'exercer** vpr [personne] to practise ▪ **s'~ à** [+ technique, mouvement] to practise ▪ **s'~ à faire qch** to train o.s. to do sth

exercice [ɛgzɛʀsis] nm **a** exercise ▪ **~ de style** (littéraire) stylistic composition ▪ **faire de l'~** to do some exercise **b** [de pouvoir] exercise ; [de métier] practice ▪ **dans l'~ de ses fonctions** in the exercise of his duties ▪ **être en ~** [médecin] to be in practice ; [juge, fonctionnaire] to be in office **c** (= période) year

exerciseur [ɛgzɛʀsizœʀ] nm exercise machine ; (pour poitrine) chest expander

exfiltrer [ɛksfiltʀe] vt to exfiltrate

exfoliant, e [ɛksfɔljɑ̃, jɑ̃t] adj exfoliating

exhaler [ɛgzale] vt (littér) [+ odeur, vapeur] to give off ; (= souffler) to exhale

exhausteur [ɛgzostœʀ] nm ▪ **~ de goût** ou **de saveur** flavour enhancer

exhaustif, -ive [ɛgzostif, iv] adj exhaustive

exhiber [ɛgzibe] **1** vt [+ animal] to exhibit ; (péj) [+ partie du corps] to show off ; [+ savoir, richesse] to display **2** **s'exhiber** vpr (péj = parader) to parade around ; [exhibitionniste] to expose o.s.

exhibitionniste [ɛgzibisjɔnist] nmf exhibitionist

exhorter [ɛgzɔʀte] vt to urge (*à faire qch* to do sth) ▪ **~ qn à la patience** to urge sb to be patient

exhumer [ɛgzyme] vt [+ corps] to exhume ; [+ ruines, vestiges] to excavate ; [+ faits, livre] to unearth

exigeant, e [ɛgziʒɑ̃, ɑ̃t] adj [client, hôte, professeur, travail] demanding

exigence [ɛgziʒɑ̃s] nf **a** (= caractère) high expectations ▪ **il est d'une ~ !** he's so demanding! **b** (= revendication, condition) demand ▪ **~s (salariales)** salary expectations

exiger [ɛgziʒe] vt **a** (= réclamer) to demand (*qch de qn* sth of ou from sb) ▪ **j'exige que vous le fassiez** I insist that you do it **b** (= nécessiter) to require

exigible [ɛgziʒibl] adj [dette] payable ▪ **~ le 15 mai** payable on 15 May

exigu, -uë [ɛgzigy] adj [lieu] cramped

exil [ɛgzil] nm exile ▪ **en ~** [personne] in exile ▪ **envoyer qn en ~** to send sb into exile

exilé, e [ɛgzile] nm,f exile ▪ **~ fiscal** tax exile

exiler [ɛgzile] **1** vt to exile **2** **s'exiler** vpr to go into exile ▪ **s'~ à la campagne** to bury o.s. in the country

existant, e [ɛgzistɑ̃, ɑ̃t] adj existing

existence [ɛgzistɑ̃s] nf existence ▪ **dans l'~** in life

existentiel, -ielle [ɛgzistɑ̃sjɛl] adj existential

exister [ɛgziste] **1** vi **a** (= vivre, être réel) to exist ▪ **le bonheur ça existe** there is such a thing as happiness **b** (= se trouver) ▪ **ce modèle existe-t-il en rose ?** is this model available in pink? **2** vb impers (= il y a) ▪ **il existe** + nom singulier there is ; + nom pluriel there are ▪ **il n'existe pas de meilleur café** there is no better coffee

ex nihilo [ɛksniilo] adv ex nihilo

exo* [ɛgzo] nm (abrév de **exercice**) exercise

exode [ɛgzɔd] nm exodus ▪ **~ rural** rural exodus ▪ **~ des cerveaux** brain drain ▪ **~ des capitaux** flight of capital

exonération [ɛgzɔneʀasjɔ̃] nf ▪ **~ fiscale** ou **d'impôt** tax exemption

exonéré, e [ɛgzɔneʀe] adj ▪ **~ d'impôts** free of tax

exoplanète [ɛgzoplanɛt] nf exoplanet

exorbitant, e [ɛgzɔʀbitɑ̃, ɑ̃t] adj exorbitant

exorbité, e [ɛgzɔʀbite] adj [yeux] bulging

exorciste [ɛgzɔʀsist] nmf exorcist

exotique [ɛgzɔtik] adj exotic

expansif, -ive [ɛkspɑ̃sif, iv] adj (de caractère) outgoing

expansion [ɛkspɑ̃sjɔ̃] nf (= extension) expansion ▪ **économie en pleine ~** booming economy

expansionniste [ɛkspɑ̃sjɔnist] adj (Pol, péj) expansionist

expatrié, e [ɛkspatʀije] nm,f expatriate

expatrier [ɛkspatʀije] **1** vt to expatriate **2** **s'expatrier** vpr to leave one's country

expectative [ɛkspɛktativ] nf ▪ **être dans l'~** (incertitude) to be still waiting ; (attente prudente) to wait and see

expédient [ɛkspedjɑ̃] nm expedient ▪ **vivre d'~s** [personne] to live by one's wits

expédier [ɛkspedje] vt a [+ lettre, paquet] to send ▪ **~ par bateau** [+ lettres, colis] to send surface mail ; [+ matières premières] to ship ▪ **je l'ai expédié en vacances chez sa grand-mère*** I sent him off to his grandmother's for the holidays b [+ client, visiteur] to dismiss ; [+ affaire] to dispose of ▪ **~ son déjeuner en cinq minutes** to polish off* one's lunch in five minutes

expéditeur, -trice [ɛkspeditœʀ, tʀis] nm,f [de courrier] sender ; [de marchandises] shipper

expéditif, -ive [ɛkspeditif, iv] adj [méthode] expeditious

expédition [ɛkspedisjɔ̃] nf a (= voyage) expedition b [de lettre, colis, renforts] dispatch ; (par bateau) shipping

expérience [ɛkspeʀjɑ̃s] nf a (= pratique) experience ▪ **sans ~** inexperienced ▪ **savoir par ~** to know from experience ▪ **il a une longue ~ de l'enseignement** he has a lot of teaching experience b (= essai scientifique) experiment

⚠ Dans le sens de « essai, expérimentation », **expérience** ne se traduit pas par ***experience***.

expérimental, e (mpl **-aux**) [ɛkspeʀimɑ̃tal, o] adj experimental ▪ **à titre ~** on an experimental basis

expérimenté, e [ɛkspeʀimɑ̃te] adj experienced

expérimenter [ɛkspeʀimɑ̃te] vt a (= vivre) to experience b [+ appareil] to test ; [+ remède] to experiment with ; [+ méthode] to test out

expert, e [ɛkspɛʀ, ɛʀt] 1 adj expert ▪ **être ~ en la matière** to be an expert in the subject 2 nm,f expert (*en* in, at) ; (Assurances) assessor

expert-comptable, experte-comptable [ɛkspɛʀkɔ̃tabl, ɛkspɛʀtkɔ̃tabl] (mpl **experts-comptables**) nm,f chartered accountant BR, certified public accountant US

expertise [ɛkspɛʀtiz] nf a [de bijou] valuation ; [de dégâts] assessment b (= compétence) expertise

expertiser [ɛkspɛʀtize] vt [+ bijou] to value ; [+ dégâts] to assess

expier [ɛkspje] vt [+ péchés, crime] to expiate

expiration [ɛkspiʀasjɔ̃] nf a (= terme) ▪ **venir à ~** to expire ▪ **à l'~ du délai** when the deadline expires b (= respiration) exhalation

expirer [ɛkspiʀe] 1 vt [+ air] to breathe out 2 vi a [délai, passeport] to expire b (= respirer) to breathe out

explicatif, -ive [ɛksplikatif, iv] adj explanatory

explication [ɛksplikasjɔ̃] nf a explanation (*de* of) ▪ **j'exige des ~s !** I demand an explanation! b (= discussion) discussion ; (= dispute) argument c (Scol) ▪ **~ de texte** critical analysis of a text

explicite [ɛksplisit] adj explicit ; [personne] clear

expliquer [ɛksplike] 1 vt a to explain ▪ **il m'a expliqué comment faire** he explained how to do it b (= élève) [+ texte] to analyse 2 **s'expliquer** vpr a (= donner des précisions) to explain o.s. ▪ **je m'explique** let me explain ▪ **s'~ sur ses projets** to explain one's plans b (= comprendre) to understand ▪ **je ne m'explique pas bien qu'il soit parti** I can't understand why he should have left c (= être compréhensible) ▪ **leur attitude s'explique : ils n'ont pas reçu notre lettre** that explains their attitude: they didn't get our letter ▪ **tout s'explique !** it's all clear now! d (= parler clairement) ▪ **s'~ bien/mal** to express o.s. well/badly ▪ **je me suis peut-être mal expliqué** perhaps I didn't make myself clear e ▪ **s'~ avec qn** (= discuter) to have a talk with sb ; (= se disputer) to have it out with sb*

exploit [ɛksplwa] nm exploit ; (sportif) achievement

exploitant, e [ɛksplwatɑ̃, ɑ̃t] nm,f a (= fermier) ▪ **~ (agricole)** farmer ▪ **petit ~ (agricole)** small farmer b (Ciné) (= propriétaire) cinema owner ; (= gérant) cinema manager

exploitation [ɛksplwatasjɔ̃] nf a (= entreprise) ▪ **~ familiale** family business ▪ **~ (agricole)** farm b (= abus) exploitation ▪ **l'~ de l'homme par l'homme** man's exploitation of man c [de gisement, sol] exploitation ; [de terres] farming ; [d'idée, situation, renseignement] using

exploiter [ɛksplwate] vt to exploit ; [+ sol, terres] to farm ; [+ don] to make use of

explorateur, -trice [ɛksplɔʀatœʀ, tʀis] nm,f (= personne) explorer

exploration [ɛksplɔʀasjɔ̃] nf exploration

explorer [ɛksplɔʀe] vt to explore

exploser [ɛksploze] 1 vi a [bombe, chaudière] to explode ▪ **faire ~** [+ bombe] to explode ; [+ bâtiment, voiture] to blow up ▪ **~ (de colère)** to explode (with anger) b [chômage, demande, production, prix] to rocket 2 vt a (* = abîmer) to smash up* ▪ **je vais lui ~ la tête !** I'm going to smash his face in!* ▪ **je suis complètement explosé** (= exténué) I'm shattered* b * [+ adversaire] to thrash* c * [+ budget] to burst

explosif, -ive [ɛksplozif, iv] 1 adj a [charge, situation] explosive ; [dossier] highly sensitive b [joueur] explosive 2 nm explosive

explosion [ɛksplozjɔ̃] nf explosion

explosivité [ɛksplozivite] nf [de situation] explosiveness ; [de joueur] explosive power

expo* [ɛkspo] nf abrév de **exposition**

export [ɛkspɔʀ] nm (Commerce, Informatique) export

exportateur, -trice [ɛkspɔʀtatœʀ, tʀis] **1** adj exporting **2** nm,f exporter

exportation [ɛkspɔʀtasjɔ̃] nf export ▪ **faire de l' ~** to be in the export business ▪ **produit d' ~** export product

exporter [ɛkspɔʀte] vt to export

exposant, -ante [ɛkspozɑ̃, ɑ̃t] nm,f [de foire, salon] exhibitor

exposé [ɛkspoze] nm account ; (= conférence) talk ; (devoir scolaire) presentation ▪ **faire un ~ oral sur** to give a presentation on

exposer [ɛkspoze] **1** vt **a** [+ marchandises] to display ; [+ tableaux] to exhibit ▪ **elle expose dans cette galerie** she exhibits her work at that gallery ▪ **les œuvres exposées** the works on show **b** [+ faits, raisons] to state ; [+ griefs] to air ; [+ idées, théories] to set out **c** [+ personne] to expose (*à* to) ; [+ vie, réputation] to risk **d** (= orienter) to expose ▪ **maison exposée au sud** house facing south **2** **s'exposer** vpr to expose o.s.

exposition [ɛkspozisjɔ̃] nf **a** (= foire, salon) exhibition ▸ **l'Exposition universelle** the World Fair **b** [de photo] exposure **c** [de maison] aspect

exprès[1] [ɛkspʀɛ] adv (= spécialement) specially ; (= intentionnellement) on purpose ▪ **il ne l'a pas fait ~** he didn't do it on purpose ▪ **c'est fait ~** it's meant to be like that

exprès[2]**, -esse** [ɛkspʀɛs] **1** adj [interdiction, ordre] express **2** nm, adj inv ▪ **(lettre/colis) ~** express BR ou special delivery US letter/parcel ▪ **envoyer qch en ~** to send sth by express post BR ou special delivery US

express [ɛkspʀɛs] adj, nm **a** ▪ **(train) ~** fast train **b** (= café) espresso

expressément [ɛkspʀesemɑ̃] adv [dire, interdire] expressly

expressif, -ive [ɛkspʀesif, iv] adj expressive

expression [ɛkspʀesjɔ̃] nf expression ▪ **~ corporelle** music and movement ▪ **~ toute faite** stock phrase

expressionnisme [ɛkspʀesjɔnism] nm expressionism

expressionniste [ɛkspʀesjɔnist] adj, nmf expressionist

expresso [ɛkspʀeso] nm (= café) espresso

exprimer [ɛkspʀime] **1** vt to express **2** **s'exprimer** vpr [personne] to express o.s. ; [talent] to express itself ▪ **si je peux m' ~ ainsi** if I may put it like that

exproprier [ɛkspʀɔpʀije] vt ▪ **ils ont été expropriés** their property has been expropriated

expulser [ɛkspylse] vt [+ élève, étranger] to expel (*de* from) ; [+ locataire] to evict (*de* from) ; [+ joueur] to send off

expulsion [ɛkspylsjɔ̃] nf [d'élève, étranger] expulsion (*de* from) ; [de locataire] eviction (*de* from) ; [de joueur] sending off

exquis, -ise [ɛkski, iz] adj exquisite

extase [ɛkstɑz] nf ecstasy ▪ **il est en ~ devant sa fille** he goes into raptures over his daughter ▪ **tomber en ~ devant un tableau** to go into ecstasies at before a painting

extasier (s') [ɛkstɑzje] vpr to go into raptures (*devant, sur* over)

extensible [ɛkstɑ̃sibl] adj [matière] extensible

extensif, -ive [ɛkstɑ̃sif, iv] adj [agriculture] extensive

extension [ɛkstɑ̃sjɔ̃] nf **a** [de ressort, membre] stretching ▪ **être en ~** [personne] to be stretching ; [bras] to be stretched out **b** [d'épidémie, grève, incendie] spreading ; [de domaine] expansion ; [de pouvoirs, loi, sens] extension (*à* to) ▪ **par ~** by extension

exténuant, e [ɛkstenɥɑ̃, ɑ̃t] adj exhausting

exténué, e [ɛkstenɥe] adj exhausted

extérieur, e [ɛksteʀjœʀ] **1** adj **a** [paroi, escalier, collaborateur] outside ; [cour, boulevard] outer ; [décoration] exterior **b** (à l'individu) [monde, influences] outside **c** (= étranger) external ; [commerce, politique, nouvelles] foreign **2** nm **a** [d'objet, maison] outside, exterior ▪ **à l' ~** (= au dehors) outside ; (= hors de chez soi) to work outside the home ▪ **jouer à l' ~** to play an away match **b** ▪ **l' ~** (autour de soi) the outside world ; (= pays étrangers) foreign countries **c** (Ciné) outdoor shot ▪ **tourner en ~** to shoot outdoors

extérieurement [ɛksteʀjœʀmɑ̃] adv **a** (= du dehors) externally **b** (= en apparence) outwardly

extérioriser [ɛksteʀjɔʀize] vt [+ sentiment] to express

exterminer [ɛkstɛʀmine] vt to exterminate

externalisation [ɛkstɛʀnalizasjɔ̃] nf outsourcing

externaliser [ɛkstɛʀnalize] vt [+ activité, service] to outsource

externat [ɛkstɛʀna] nm (= école) day school

externe [ɛkstɛʀn] **1** adj [surface] external, outer ; [candidature, recrutement] external **2** nmf (= élève) day pupil ▪ **~ (des hôpitaux)** non-resident student at a teaching hospital, extern US

extincteur [ɛkstɛ̃ktœʀ] nm fire extinguisher

extinction [ɛkstɛ̃ksjɔ̃] nf extinction ▪ **avoir une ~ de voix** to have lost one's voice ▪ **espèce en voie d'~** endangered species

extirper [ɛkstiʀpe] **1** vt ▪ **elle a extirpé un chéquier de son sac** she pulled a chequebook out of her bag ▪ **~ qn de son lit** to drag sb out of bed **2** **s'extirper** vpr ▪ **s'~ de** to drag o.s. out of

extorquer [ɛkstɔʀke] vt to extort (*à qn* from sb)

extorsion [ɛkstɔʀsjɔ̃] nf extortion ▪ **~ de fonds** extortion of money

extra [ɛkstʀa] **1** nm (= serveur) catering assistant ; (= gâterie) treat **2** adj inv (= supérieur) first-rate ; (* = excellent) great*

extraconjugal, e (mpl **-aux**) [ɛkstʀakɔ̃ʒygal, o] adj extramarital

extrader [ɛkstʀade] vt to extradite

extradition [ɛkstʀadisjɔ̃] nf extradition

extrafin, e [ɛkstʀafɛ̃, fin] adj [haricots, petits pois] superfine

extraire [ɛkstʀɛʀ] vt to extract (*de* from) ; [+ charbon] to mine ▪ **~ de** [+ placard, poche] to take out of ▪ **passage extrait d'un livre** passage taken from a book

extrait [ɛkstʀɛ] nm **a** [de discours, journal] extract ; [de film, livre, chanson] excerpt ▪ **~ de naissance** birth certificate ▪ **~ de compte** abstract of accounts **b** [de plante] extract ▪ **~ de vanille** vanilla essence

extraordinaire [ɛkstʀaɔʀdinɛʀ] adj extraordinary

extra-plat, e [ɛkstʀapla, at] adj [télévision, montre, calculatrice] slimline ; [écran] flat

extrapoler [ɛkstʀapɔle] vti to extrapolate (*à partir de* from)

extrascolaire [ɛkstʀaskɔlɛʀ] adj [activités] extracurricular

extraterrestre [ɛkstʀateʀɛstʀ] adj, nmf extraterrestrial

extravagant, e [ɛkstʀavagɑ̃, ɑ̃t] adj [idée, théorie] extravagant ; [prix] outrageous

extraverti, e [ɛkstʀavɛʀti] adj, nm,f extrovert

extrême [ɛkstʀɛm] **1** adj extreme ▪ **l'~ droite/gauche** (Pol) the far right/left ▪ **c'est avec un plaisir ~ que...** it is with the greatest pleasure that... ▪ **d'une difficulté ~** extremely difficult **2** nm (= opposé) extreme ▪ **passer d'un ~ à l'autre** to go from one extreme to the other

extrêmement [ɛkstʀɛmmɑ̃] adv extremely

Extrême-Orient [ɛkstʀɛmɔʀjɑ̃] nm inv Far East

extrémiste [ɛkstʀemist] adj, nmf extremist

extrémité [ɛkstʀemite] nf (= bout) end ; [d'objet mince] tip ▪ **~s** (= pieds et mains) extremities

exubérant, e [ɛgzybeʀɑ̃, ɑ̃t] adj exuberant

exulter [ɛgzylte] vi to exult

fF

F [ɛf] nm a (= appartement) ▪ **un F2** a 2-roomed flat BR ou apartment US b (abrév de **franc**) F

fa [fa] nm inv (Mus) F ; (en chantant la gamme) fa

fablab [fablab] nm (abrév de **fabrication laboratory**) fab lab

fable [fabl] nf (= histoire) fable

fabricant, e [fabʀikɑ̃, ɑ̃t] nm,f manufacturer

fabrication [fabʀikasjɔ̃] nf (industrielle) manufacture ; (artisanale, personnelle) making ▪ **la ~ en série** mass production ▪ **de ~ française** made in France

fabrique [fabʀik] nf (= établissement) factory

> ⚠ **fabrique** ne se traduit pas par *fabric*, qui signifie « tissu ».

fabriquer [fabʀike] vt (industriellement) to manufacture ; (de façon artisanale, chez soi) to make ; [+ cellules, anticorps] to produce ▪ **~ en série** to mass-produce ▪ **qu'est-ce qu'il fabrique ?*** what on earth is he up to?*

fabuleux, -euse [fabylø, øz] adj fabulous

fac* [fak] nf abrév de **faculté**

façade [fasad] nf [de maison] façade ; [de magasin] front ▪ **la ~ ouest** the west wall

face [fas] nf a face ; (= côté) [d'objet] side ▪ **~ A/B** [de disque] A-/B-side ▪ **faire ~** to face up to things ▪ **faire ~ à** [+ épreuve, adversaire, obligation] to face up to ; [+ dette, engagement] to meet b (loc) ▪ **en ~** (= de l'autre côté de la rue) across the street ▪ **le trottoir d'en ~** the opposite pavement ▪ **il faut regarder la réalité en ~** one must face facts ▪ **en ~ de** (= en vis-à-vis de) opposite ; (= en présence de) in front of ▪ **l'un en ~ de l'autre** opposite ou facing each other ▪ **~ à** facing ▪ **~ à ces problèmes** faced with such problems ▪ **~ à ~** [lieux, objets] opposite each other ; [personnes, animaux] face to face

face-à-face [fasafas] nm inv (= rencontre) face-to-face meeting

facette [fasɛt] nf facet ▪ **à ~s** [caractère, personnage] multi-faceted ▪ **étudier un problème sous toutes ses ~s** to examine a problem from every angle

fâché, e [faʃe] adj a (= en colère) angry (*contre* with) ▪ **elle a l'air fâché(e)** she looks angry b (= brouillé) ▪ **ils sont ~s** they have fallen out

fâcher (se) [faʃe] vpr a (= se mettre en colère) to get angry (*contre* with) b (= se brouiller) to quarrel

fâcheux, -euse [faʃø, øz] adj (= regrettable) unfortunate

facho* [faʃo] adj, nmf fascist

fachosphère [faʃɔsfɛʀ] nf *online community of extreme-right individuals and groups*

faciès [fasjɛs] nm (= visage) features

facile [fasil] 1 adj easy ▪ **un livre ~ à lire** an easy book to read ▪ **il est ~ de...** it's easy to... ▪ **~ d'accès** easy to get to ▪ **c'est ~ à dire !** that's easy to say! ▪ **il est ~ à vivre** he's easy to get along with 2 adv* (= facilement) easily ; (= au moins) at least

facilement [fasilmɑ̃] adv easily ; (* = au moins) at least ▪ **on met ~ dix jours** it takes at least ten days

facilité [fasilite] 1 nf a (= simplicité) easiness ▪ **d'une grande ~ d'emploi** [outil] very easy to use ; [logiciel] very user-friendly b (= aisance) ease ; [d'expression] fluency ▪ **la ~ avec laquelle il a appris le piano** the ease with which he learnt the piano ▪ **cet élève a beaucoup de ~** this pupil has great ability 2 comp ▸ **facilités de paiement** easy terms

faciliter [fasilite] vt to make easier ▪ **pour lui ~ la tâche** to make his work easier

façon [fasɔ̃] nf (= manière) way ▪ **sa ~ d'agir** the way he behaves ▪ **c'est une ~ de parler** it's just a figure of speech ▪ **d'une certaine ~** in a way ▪ **d'une ~ générale** generally speaking ▪ **d'une ~ ou d'une autre** one way or another ▪ **de ~ à ne pas le déranger** so as not to disturb him ▪ **de toute ~** in any case ▪ **en voilà des ~s !** what a way to behave!

façonner [fasɔne] vt a [+ matière] to shape b [+ objet] (industriellement) to manufacture ; (artisanalement) to make c [+ caractère, personne] to mould BR, to mold US

fac-similé (pl ~s) [faksimile] nm facsimile

facteur [faktœʀ] nm a (Poste) postman BR, mailman US b (= élément) factor ▪ **~ de risque** risk factor

faction [faksjɔ̃] nf (= groupe) faction

factrice [faktʀis] nf (Poste) postwoman BR, mailwoman US

factuel, -elle [faktɥɛl] adj factual

facturation [faktyʀasjɔ̃] nf (= opération) invoicing ▪ **~ détaillée** itemized billing

facture [faktyʀ] nf (= note) bill ; (Commerce) invoice ▪ **~ d'électricité/de téléphone** electricity/(tele)phone bill ▪ **payer la ~** to foot the bill

facturer [faktyʀe] vt (= établir une facture pour) to invoice ; (= compter) to charge for ▪ **~ qch 200 € (à qn)** to charge (sb) €200 for sth

facturette [faktyʀɛt] nf credit card slip

facultatif, -ive [fakyltatif, iv] adj optional

faculté [fakylte] nf a [d'université] faculty ▪ **la ~ des sciences** the Science Faculty b (= université) university ▪ **quand j'étais à la** ou **en ~** when I was at university c (= don) faculty ▪ **avoir une grande ~ de concentration** to have great powers of concentration ▪ **avoir toutes ses ~s** to be in full possession of one's faculties

fade [fad] adj [nourriture] tasteless ; [goût] bland ; [couleur, personnalité] dull

> ⚠ **fade** ne se traduit pas par le mot anglais **fade**, qui signifie « passer, s'effacer ».

fadette [fadɛt] nf mobile phone BR ou cell phone US records

fagot [fago] nm bundle of sticks

fagoté, e* [fagɔte] adj ▪ **il est drôlement ~** he's very oddly dressed

faiblard, e* [fɛblaʀ, aʀd] adj (physiquement) weak ; (intellectuellement) feeble

faible [fɛbl] 1 adj weak ; [lumière] dim ; [bruit, odeur, espoir] faint ; [vent] light ; [rendement, revenu] low ; [quantité] small ; [débit] slow ; [différence, avantage] slight ; [majorité] narrow ▪ **il est ~ en français** he's weak in French 2 nm (= penchant) weakness ▪ **il a un ~ pour le chocolat** he has a weakness for chocolate

faiblement [fɛbləmɑ̃] adv a (= sans énergie) weakly b (= peu) [éclairer] dimly ▪ **~ radioactif** slightly radioactive

faiblesse [fɛblɛs] nf a (physique, morale) weakness ▪ **avoir la ~ d'accepter** to be weak enough to agree b (= niveau peu élevé) ▪ **la ~ de la demande** the low level of demand c (= défaut) weak point ▪ **le film présente quelques ~s** the film has several weak points

faiblir [febliʀ] vi [malade, pouls] to get weaker ; [forces, courage] to fail ; [bruit] to die down ; [lumière] to dim ; [vent] to drop ; [espoir] to diminish ; [de demande] to weaken

faïence [fajɑ̃s] nf (= objets) ceramics ▪ **carreau de ~** ceramic tile

faille [faj] 1 nf a (= crevasse) fault b (= point faible) flaw 2 vb → **falloir**

faillible [fajibl] adj fallible

faillir [fajiʀ] vi (avec infinitif) ▪ **j'ai failli tomber** I almost fell ▪ **il a failli le frapper** he almost hit him

faillite [fajit] nf (Commerce) bankruptcy ▪ **en ~** [entreprise] bankrupt ▪ **faire ~** to go bankrupt

faim [fɛ̃] nf hunger ▪ **j'ai une ~ de loup** ou **une de ces ~s*** I'm starving* ▪ **manger à sa ~** to eat one's fill

fainéant, e [fɛneɑ̃, ɑ̃t] 1 adj idle 2 nm,f idler

fainéantise [fɛneɑ̃tiz] nf idleness

faire [fɛʀ]

1 vt a to do ▪ **que fais-tu ce soir ?** what are you doing tonight? ▪ **qu'est-ce que tu fais dans la vie ?** what do you do (for a living)? ▪ **que voulez-vous qu'on y fasse ?** what can be done about it? ▪ **~ la chambre** to do the room ▪ **~ 10 km** to do 10km ▪ **qu'avez-vous fait de votre sac ?** what have you done with your bag? ▪ **~ de l'allemand** to do German ▪ **~ l'école hôtelière** to go to a catering school

♦ **ne faire que** ▪ **il ne fait que se plaindre** he's always complaining ▪ **il ne fait que bavarder** he won't stop chattering ▪ **je ne fais que passer** I'm just passing

b (= créer, préparer, fabriquer) to make ▪ **~ un film** to make a film ▪ **~ de la confiture** to make jam

c (= constituer) ▪ **c'est ce qui fait tout son charme** that's what makes him so charming

d (Sport) [+ football, tennis, rugby] to play ; [+ sport de combat] to do ▪ **~ du sport** to do sport ▪ **~ du judo** to do judo ▪ **~ de la boxe** to box

e (Mus = jouer) to play ▪ **~ du piano/du violon** to play the piano/the violin

f (Méd) [+ diabète, attaque] to have ▪ **~ de la tension** to have high blood pressure

g (= chercher dans) ▪ **il a fait toute la ville pour en trouver** he's been all over town looking for some

h (= vendre) ▪ **nous ne faisons pas cette marque** we don't stock that make ▪ **je vous le fais à 70 €** I'll let you have it for €70

i (= mesurer, peser, coûter) to be ▪ **la cuisine fait 6 mètres de large** the kitchen is 6 metres wide ▪ **deux et deux font quatre** two and two is four

j (= importer) ▪ **qu'est-ce que cela peut bien te ~ ?** what's it to you? ▪ **qu'est-ce que ça fait ?** so what?* ▪ **cela ne vous ferait rien de sortir ?** would you mind leaving the room?

k (= imiter) ▪ **il a fait celui qui ne comprenait pas** he pretended not to understand ▪ **ne fais pas l'idiot** don't be so stupid

l (= être, servir de) [personne] to be ; [acteur] to play ; [objet] to be used as ▪ **tu fais l'arbitre ?** will you be referee? ▪ **cet hôtel fait aussi restaurant** the hotel has its own restaurant ▪ **quel imbécile je fais !** what a fool I am! ▪ **il fera un bon avocat** he'll make a good lawyer

m (= dire) to say ▪ **« vraiment ? » fit-il** "really?", he said ▪ **le chat fait miaou** the cat goes miaow n (Gram) ■ **canal fait canaux au pluriel** the plural of "canal" is "canaux"

2 vi **a** (remplaçant un autre verbe) to do ■ **as-tu payé la note ? – non, c'est lui qui l'a fait** did you pay the bill? – no, he did ■ **puis-je téléphoner ? – faites, je vous en prie** could I use the phone? – yes, of course

b (= agir) ■ **faites vite !** be quick! ■ **faites comme chez vous** make yourself at home

c (= paraître) to look ■ **ce vase fait bien sur la table** the vase looks nice on the table ■ **~ vieux** to look old ■ **~ jeune** to look young

d (* : besoins naturels) [personne] to go ; [animal] to do its business

3 vb impers **a** **cela** ou **ça fait... que** ■ **cela fait très longtemps que je ne l'ai pas vu** I haven't seen him for a very long time, it's a long time since I saw him ■ **ça fait trois ans qu'il est parti** it's three years since he left, he's been gone for three years

b ■ **ça va le ~*** that should do it ■ **ça le fait !*** it's OK!

4 vb aux **a** (= pousser à) to make ■ **ça m'a fait pleurer** it made me cry ■ **ce genre de musique me fait dormir** that kind of music puts me to sleep ■ **j'ai fait démarrer la voiture** I got the car started ■ **~ réparer une montre** to have a watch repaired

♦ **faire faire** ■ **~ ~ qch par qn** to get sth made (ou done) by sb ■ **~ ~ qch à qn** to get sb to do (ou to make) sth ; (en le forçant) to make sb do (ou make) sth

b (= aider à) ■ **~ traverser la rue à un aveugle** to help a blind man across the road ■ **~ manger un patient** to feed a patient

c (= laisser) ■ **~ entrer qn** (qn que l'on attendait) to let sb in ; (qn que l'on n'attendait pas) to ask sb in ■ **~ venir le médecin** to call the doctor

5 **se faire** vpr **a** (= être fait) ■ **si ça doit se ~, ça se fera sans moi** if it's going to happen, it'll happen without me ■ **comment se fait-il qu'il soit absent ?** how come he's not here?*

b (= être convenable, courant) ■ **ça se fait d'offrir des fleurs à un homme ?** is it OK to give flowers to a man? ■ **cela ne se fait pas** it's not done

c (loc)

♦ **se faire** + infinitif ■ **il se faisait apporter le journal tous les matins** he had the paper brought to him every morning ■ **fais-toi expliquer le règlement** get someone to explain the rules to you ■ **se ~ couper les cheveux** to have one's hair cut ■ **il s'est fait attaquer par deux jeunes** he was attacked by two youths

♦ **se faire à** (= s'habituer à) to get used to ■ **il ne se fait pas au climat** he can't get used to the climate

♦ **s'en faire** to worry ■ **ne t'en fais pas** don't worry ■ **il ne s'en fait pas !** he's got a nerve!

♦ **il se fait que** ■ **il pourrait se ~ qu'il pleuve** it might rain

faire-part [fɛʀpaʀ] nm inv announcement ■ **~ de naissance/décès** birth/death announcement ■ **~ de mariage** wedding invitation

faisable [fəzabl] adj feasible

faisait [f(ə)zɛ] vb → **faire**

faisan [fəzɑ̃] nm pheasant

faisceau (pl **~x**) [fɛso] nm beam ■ **~ lumineux** beam of light

fait, faite [fɛ, fɛt] **1** adj **a** (= constitué) ■ **tout ~** ready-made ■ **bien ~** [femme] shapely ; [homme] well-built ■ **c'est bien ~ pour toi !** it serves you right! ■ **être ~ pour** to be made for ■ **ils sont ~s l'un pour l'autre** they are made for each other ■ **c'est ~ pour*** that's what it's for ■ **ce discours n'est pas ~ pour le rassurer** this sort of speech isn't likely to reassure him ■ **il n'est pas ~ pour être professeur** he's not cut out to be a teacher **b** (= fini) ■ **c'est toujours ça de ~** that's one thing out of the way **c** [fromage] ripe **2** nm **a** (= acte) ■ **le ~ de manger/bouger** eating/moving ■ **~s et gestes** actions **b** (= événement) event ; (= donnée) fact ; (= phénomène) phenomenon ■ **aucun ~ nouveau n'est survenu** no new facts have come to light ■ **les ~s qui lui sont reprochés** the charges against him ■ **prendre ~ et cause pour qn** to take up the cudgels for sb ■ **de ~** [gouvernement, dictature] de facto ; (= en fait) in fact ■ **de ce ~** for this reason **3** comp ▸ **fait accompli** fait accompli ▸ **fait divers** (= nouvelle) news item ■ **« ~s divers »** "news in brief" ▸ **fait de société** social issue **4** **au fait** loc adv (= à propos) by the way ■ **en venir au ~** to get to the point ■ **au ~ de** (= au courant) informed of **5** **en fait** loc adv in fact

faîte [fɛt] nm [d'arbre] top ; [de maison] rooftop ■ **au ~ de sa gloire** at the height of his fame

falaise [falɛz] nf cliff

fallacieux, -ieuse [fa(l)lasjø, jøz] adj [prétexte, promesse] false ; [arguments, raisonnement] fallacious

falloir [falwaʀ] vb impers

a (besoin) ■ **il faut de l'argent pour faire cela** you need money to do that ■ **il t'en faudrait combien ?** how many (ou much) do you you need? ■ **il me le faut absolument** I absolutely must have it ■ **il me faudrait trois steaks, s'il vous plaît** I'd like three steaks, please

♦ **s'il le faut, s'il le fallait** if necessary ▪ **il faut du temps pour faire cela** it takes time to do that ▪ **il n'en faut pas beaucoup pour qu'il se mette à pleurer** it doesn't take much to make him cry

b (obligation) ▪ **tu pars déjà ? – il le faut** are you leaving already? – I have to ▪ **je le ferais s'il le fallait** I'd do it if I had to

♦ **falloir** + infinitif ▪ **faut-il réserver à l'avance ?** do you have to book in advance? ▪ **il faudra lui dire** we'll have to tell him ▪ **il a fallu le faire** we had to do it

♦ **falloir que** + subj ▪ **il faut que je parte !** I must go! ▪ **il faut que vous veniez nous voir à Toulouse !** you must come and see us in Toulouse! ▪ **il va ~ qu'il parte bientôt** he'll have to go soon

c (probabilité, hypothèse) ▪ **il faut être fou pour parler comme ça** you (ou he, etc) must be mad to talk like that ▪ **il ne faut pas être intelligent pour dire ça** that's a pretty stupid thing to say ▪ **il faut être désespéré pour commettre un tel acte** you have to be desperate to do something like that

d (fatalité) ▪ **il a fallu qu'il arrive à ce moment-là** of course, he had to arrive just then ▪ **il fallait bien que ça arrive** it had to happen ▪ **il faut toujours qu'elle trouve des excuses** she always has to find some excuse

e (suggestion, exhortation) ▪ **il faut voir ce spectacle** this show must be seen ▪ **il faut voir !** (réserve) we'll have to see! ▪ **il s'est mis en colère – il faut le comprendre** he got angry – that's understandable

f (regret, réprimande) ▪ **il fallait me le dire** you should have told me ▪ **des fleurs ! il ne fallait pas !** flowers! you shouldn't have!

g (exclamations) ▪ **il faut voir comment il s'habille !** you should see the clothes he wears! ▪ **faut le faire !** * (admiratif) that takes some doing! ; (péj) that takes some beating!

h ♦ **s'en falloir de** ▪ **j'ai raté le train, il s'en est fallu de 5 minutes** I missed the train by 5 minutes ▪ **elle ne l'a pas injurié, mais il s'en est fallu de peu** she very nearly insulted him

falsifier [falsifje] vt to falsify ; [+ signature] to forge

famé, e [fame] adj ▪ **mal ~** disreputable

famélique [famelik] adj scrawny

fameux, -euse [famø, øz] adj a (= célèbre) famous b (* = excellent) excellent ▪ **pas ~** [mets, travail, temps] not very good

familial, e (mpl **-iaux**) [familjal, jo] 1 adj family 2 **familiale** nf estate car BR, station wagon US

familiariser (se) [familjaʀize] vpr ▪ **se familiariser avec** [+ méthode] to familiarize o.s. with

familiarité [familjaʀite] 1 nf a (= désinvolture) (over)familiarity b (= habitude) ▪ **~ avec** [+ langue, auteur, méthode] familiarity with 2 **familiarités** nfpl (= privautés) familiarities

familier, -ière [familje, jɛʀ] 1 adj a (= bien connu) familiar ▪ **sa voix m'est familière** his voice is familiar b (= désinvolte) [personne] (over)familiar ; [manières] offhand c (= non recherché) [style, registre] informal ▪ **expression familière** colloquialism 2 nm [de club, théâtre] regular visitor (*de* to)

familièrement [familjɛʀmɑ̃] adv [se conduire] familiarly ; [s'exprimer] informally ▪ **comme on dit ~** as you say colloquially

famille [famij] nf family ▪ **~ éloignée/proche** distant/close relatives ▪ **on a prévenu la ~** the next of kin have been informed ▪ **~ nombreuse** large family ▪ **~ d'accueil** host family ▪ **~ de placement** foster family ▪ **ils sont de la même ~ politique** they're of the same political persuasion ▪ **de ~** [réunion, dîner] family ▪ **c'est de ~** it runs in the family ▪ **il vaut mieux régler ce problème en ~** it's best to sort this problem out within the family ▪ **passer ses vacances en ~** to spend one's holidays with the family

famine [famin] nf (= épidémie) famine

fan* [fan] nmf (= admirateur) fan

fana* [fana] adj, nmf (abrév de **fanatique**) fanatic ▪ **~ de ski** skiing fanatic ▪ **~ d'informatique/de cinéma** computer nerd/cinema buff*

fanatique [fanatik] 1 adj fanatical (*de* about) 2 nmf fanatic

fanatiser [fanatize] vt to make fanatical

fanatisme [fanatism] nm fanaticism

fané, e [fane] adj [fleur, bouquet] wilted

faner (se) [fane] vpr to wilt

fanes [fan] nfpl [de légume] tops ▪ **~ de carottes** carrot tops

fanfare [fɑ̃faʀ] nf (= orchestre) brass band ; (= musique) fanfare

fanfaronner [fɑ̃faʀɔne] vi to brag

fanfreluches [fɑ̃fʀəlyʃ] nfpl trimmings

fantaisie [fɑ̃tezi] nf a (= caprice) whim ▪ **je me suis payé une petite ~** (bibelot, bijou) I bought myself a little present b (= imagination) imagination ▪ **manquer de ~** [personne] to be unimaginative

fantaisiste [fɑ̃tezist] adj a [explication] fanciful ; [horaires] unpredictable b [personne] (= bizarre) eccentric

fantasme [fɑ̃tasm] nm fantasy

fantasmer [fɑ̃tasme] vi to fantasize (*sur* about)

fantastique [fɑ̃tastik] adj a (= excellent) fantastic* ; (= énorme, incroyable) incredible b (= étrange) [atmosphère] eerie ▪ **roman ~** fantasy ▪ **film ~** fantasy film

fantôme [fɑ̃tom] 1 nm (= spectre) ghost 2 adj ▪ **bateau ~** ghost ship ▪ **cabinet ~** shadow cabinet ▪ **société ~** bogus company

fan(-)zone [fanzon] nf fanzone

faon [fɑ̃] nm (= animal) fawn

FAQ [fak, ɛfɑky] nf (abrév de **foire aux questions**) FAQ

faramineux, -euse* [faʀaminø, øz] adj [prix] astronomical* ; [bêtise, projet] fantastic*

farce [faʀs] nf a (= tour) practical joke ▪ **faire une ~ à qn** to play a practical joke on sb ▪ **~s (et) attrapes** (= objets) (assorted) tricks b (= comédie) farce ▪ **ce procès est une ~** this trial is a farce c (Culin) filling ; (dans une volaille) stuffing

farceur, -euse [faʀsœʀ, øz] adj ▪ **il est très ~** he likes playing tricks

farcir [faʀsiʀ] 1 vt (Culin) to stuff ▪ **tomates farcies** stuffed tomatoes 2 **se farcir** vpr * [+ lessive, travail, personne] to get landed with* ; [+ gâteaux] to scoff* BR

fard [faʀ] nm ▪ **~ à joues** blusher ▪ **~ à paupières** eye shadow

fardeau (pl **~x**) [faʀdo] nm load ; (fig) burden

farfelu, e* [faʀfəly] adj [idée, projet] harebrained ; [personne, conduite] scatty* BR

farfouiller* [faʀfuje] vi to rummage about

farine [faʀin] nf [de blé] flour

fariner [faʀine] vt to flour

farineux, -euse [faʀinø, øz] adj floury ; [pomme] dry

farniente [faʀnjɛnte] nm lazing about

farouche [faʀuʃ] adj a (= timide) shy b [volonté] unshakeable ; [partisan] staunch ; [haine] bitter

fart [faʀt] nm ski wax

farter [faʀte] vt [+ skis] to wax

fascicule [fasikyl] nm instalment *(of publication)*

fascinant, e [fasinɑ̃, ɑ̃t] adj fascinating

fascination [fasinasjɔ̃] nf fascination

fasciner [fasine] vt to fascinate

fascisme [faʃism] nm fascism

fasciste [faʃist] adj, nmf fascist

fasse [fas] vb → **faire**

faste [fast] nm splendour BR, splendor US

fast-food (pl **~s**) [fastfud] nm fast-food restaurant

fastidieux, -ieuse [fastidjø, jøz] adj tedious

> ⚠ **fastidieux** ne se traduit pas par ***fastidious***, qui signifie « méticuleux ».

fastueux, -euse [fastɥø, øz] adj luxurious ▪ **réception fastueuse** lavish reception

fatal, e (mpl **~s**) [fatal] adj a (= funeste) [accident, issue, coup] fatal ▪ **être ~ à qn** [accident] to kill sb ; [erreur] to prove fatal to sb b (= inévitable) ▪ **c'était ~** it was bound to happen

fatalement [fatalmɑ̃] adv (= inévitablement) inevitably

> ⚠ **fatalement** ne se traduit pas par ***fatally***, qui signifie « mortellement ».

fataliste [fatalist] 1 adj fatalistic 2 nmf fatalist

fatalité [fatalite] nf (= destin) fate ▪ **c'est la ~** it's fate ▪ **le chômage est-il une ~ ?** is unemployment inevitable?

fatigant, e [fatigɑ̃, ɑ̃t] adj (= épuisant) tiring ; (= agaçant) tiresome

fatigue [fatig] nf [de personne] tiredness ▪ **tomber** ou **être mort de ~** to be exhausted

fatigué, e [fatige] adj tired ; [cœur] strained ; [moteur, habits] worn

fatiguer [fatige] 1 vt a (physiquement) ▪ **~ qn** [maladie, effort, études] to make sb tired ▪ **ça fatigue les yeux/le moteur** it puts a strain on the eyes/the engine b (= agacer) to annoy ; (= lasser) to wear out ▪ **tu commences à me ~** you're beginning to annoy me 2 vi [moteur] to labour BR, to labor US ; [personne] to grow tired ▪ **je commence à ~** I'm starting to feel tired 3 **se fatiguer** vpr to get tired ▪ **il ne s'est pas trop fatigué** (iro) he didn't overdo it

faubourg [fobuʀ] nm (inner) suburb

fauché, e* [foʃe] adj (= sans argent) hard up*

faucher [foʃe] vt a [+ blé] to reap ; [+ herbe] to cut b [vent] to flatten ; [véhicule] to knock down c (* = voler) to pinch*

faucheuse [foʃøz] nf (= machine) reaper

faucille [fosij] nf sickle

faucon [fokɔ̃] nm falcon

faudra [fodʀa] vb → **falloir**

faufiler (se) [fofile] vpr ▪ **se faufiler entre** to dodge in and out of ▪ **se faufiler entre les chaises** to squeeze between the rows of seats ▪ **se faufiler entre les voitures** to dodge in and out of the traffic

faune [fon] nf wildlife ▪ **la ~ et la flore de l'île** the flora and fauna of the island

faussaire [fosɛʀ] nmf forger

fausse [fos] adj f → **faux**

faussement [fosmɑ̃] adv wrongfully ▪ **~ intéressé** pretending to be interested

fausser [fose] vt [+ jugement] to distort ; [+ clé] to bend ; [+ serrure] to damage ▪ **~ compagnie à qn** to give sb the slip

faut [fo] → **falloir**

faute [fot] nf **a** (= erreur) mistake ▪ **faire ou commettre une ~** to make a mistake ▸ **faute de français** grammatical mistake *(in French)* ▸ **faute de frappe** typing error ▸ **faute de goût** error of taste ▸ **faute d'impression** misprint ▸ **faute d'orthographe** spelling mistake **b** (= mauvaise action) misdeed ; (Droit) offence ▪ **commettre une ~** to commit a misdemeanour ▪ **prendre qn en ~** to catch sb out ▸ **faute grave** (professionnelle) gross misconduct *(NonC)* ▸ **faute professionnelle** professional misconduct *NonC* **c** (Sport) foul ; (Tennis) fault ▪ **le joueur a fait une ~** the player committed a foul ▪ **~ !** (pour un joueur) foul! ; (pour la balle) fault! ▪ **~ directe** (Tennis) unforced error **d** (= responsabilité) fault ▪ **par sa ~** because of him ▪ **c'est (de) sa ~** it's his fault **e** ▪ **~ de** (= par manque de) through lack of ▪ **~ d'argent** for want of money ▪ **~ de temps** for lack of time ▪ **~ de mieux** for want of anything better ▪ **~ de quoi** otherwise

fauteuil [fotœj] nm armchair ; [de président] chair ; [de théâtre, académicien] seat ▸ **fauteuil roulant** wheelchair

fauteur, -trice [fotœʀ, tʀis] nm,f ▪ **~ de troubles** troublemaker

fautif, -ive [fotif, iv] adj **a** guilty ; [conducteur] at fault *attrib* **b** [citation] inaccurate ▪ **le texte est très ~** the text is full of mistakes

fauve [fov] nm (= animal) wildcat ; (= bête sauvage) wild animal

faux[1], fausse [fo, fos] **1** adj **a** (= artificiel, non fondé, mensonger) false ; [billet, documents, signature] forged ; [marbre, bijoux] imitation ; [tableau, fourrure] fake ; [médecin, policier] bogus ▪ **fausse pièce** forged coin **b** (= inexact) [calcul, numéro, rue] wrong ; [idée] mistaken ; [affirmation] untrue ; [instrument de musique, voix] out of tune ▪ **ce que tu dis est ~** what you're saying is untrue ▪ **faire fausse route** to take the wrong road ; (fig) to be on the wrong track ▪ **être sur une fausse piste** to be on the wrong track ▪ **faire un ~ pas** to stumble ▸ **fausse note** (Mus) wrong note; (fig) sour note **c** (= fourbe) deceitful ▸ **faux ami** false friend ▸ **faux cul**‡, **faux jeton*** two-faced individual **2** nm (= contrefaçon) forgery ▪ **~ en écriture** false entry **3** adv [chanter, jouer] out of tune **4** comp ▸ **faux bond** ▪ **faire ~ bond à qn** to let sb down ▸ **fausse couche** ▪ **faire une fausse couche** to have a miscarriage ▸ **faux départ** false start ▸ **faux frais** extras ▸ **faux mouvement** awkward movement ▸ **faux nez** (= postiche) false nose; (Internet) sock puppet ▸ **faux nom** assumed name ▸ **faux plat** slight incline ▸ **faux pli** crease ▸ **faux problème** non-issue ▸ **faux sens** mistranslation ▸ **faux témoignage** (= déposition mensongère) false evidence *NonC*; (= délit) perjury

faux[2] [fo] nf (= outil) scythe

faux-filet (pl **~s**) [fofilɛ] nm sirloin

faux-fuyant (pl **~s**) [fofɥijɑ̃] nm prevarication ▪ **user de ~s** to evade the issue

faux-monnayeur (pl **~s**) [fomɔnɛjœʀ] nm counterfeiter

faveur [favœʀ] nf favour BR, favor US ▪ **fais-moi une ~** do me a favour ▪ **de ~** [prix, taux] special ▪ **traitement de ~** preferential treatment ▪ **en ~ de** for ▪ **en ma/sa ~** in my/his (ou her) favour

favorable [favɔʀabl] adj **a** [moment, occasion] right ; [terrain, position, vent] favourable BR, favorable US ▪ **le change nous est ~** the exchange rate is in our favour **b** [personne] ▪ **être ~ à** to be favourable to

favorablement [favɔʀabləmɑ̃] adv favourably BR, favorably US

favori, -ite [favɔʀi, it] **1** adj, nm,f favourite BR, favorite US ▪ **c'est le grand ~ de la course** (Sport) he's the hot favourite for the race **2** nm (Internet) bookmark

favoriser [favɔʀize] vt **a** (= avantager) to favour BR, to favor US ▪ **les classes les plus favorisées** the most favoured classes **b** (= faciliter) to make easier

favoritisme [favɔʀitism] nm favouritism BR, favoritism US

fax [faks] nm (= machine) fax machine ; (= document) fax ▪ **envoyer qch par ~** to send sth by fax

faxer [fakse] vt to fax

fayot, -ote [fajo, ɔt] **1** nm,f (‡ = lèche-bottes) crawler* **2** nm (* = haricot) bean

FB abrév de **franc belge**

fébrile [febʀil] adj feverish

fécal, e (mpl **-aux**) [fekal, o] adj ▪ **matières ~es** faeces

fécond, e [fekɔ̃, ɔ̃d] adj **a** (= non stérile) fertile **b** [sujet, idée] fruitful

fécondation [fekɔ̃dasjɔ̃] nf [de femme] impregnation ; [d'animal] fertilization ; [de fleur] pollination ▪ **~ in vitro** in vitro fertilization

féconder [fekɔ̃de] vt [+ femme] to impregnate ; [+ animal] to fertilize ; [+ fleur] to pollinate

fécondité [fekɔ̃dite] nf fertility ; [de terre, idée] richness

féculent [fekylɑ̃] nm starchy food *NonC*

fédéral, e (mpl **-aux**) [fedeʀal, o] adj federal

fédération [fedeʀasjɔ̃] nf federation

fédérer [fedeʀe] vt to federate

fée [fe] nf fairy

feeling [filiŋ] nm feeling ■ **faire qch au ~** to do sth intuitively

féerie [fe(e)ʀi] nf enchantment

féerique [fe(e)ʀik] adj magical

feignant, e [fɛɲɑ̃, ɑ̃t] **1** adj idle **2** nm,f idler

feindre [fɛ̃dʀ] vt (= simuler) to feign ■ **il a feint de ne pas comprendre** he pretended not to understand

feint, e [fɛ̃, fɛ̃t] **1** adj [émotion, maladie] feigned ■ **non ~** genuine **2** **feinte** nf (= manœuvre) dummy move ; (Football, Rugby) dummy BR, fake US ; (Boxe, Escrime) feint

feinter [fɛ̃te] vti (Football, Rugby) to dummy BR ou fake US

fêlé, e [fele] adj [assiette] cracked ■ **tu es complètement ~ !*** you're completely nuts!*

fêler (se) [fele] vpr to crack

félicitations [felisitasjɔ̃] nfpl congratulations (*pour* on)

féliciter [felisite] **1** vt to congratulate (*qn de* ou *sur qch* sb on sth) ■ **je vous félicite !** congratulations! **2** **se féliciter** vpr to be very glad (*de* about) ■ **se ~ d'une décision** to welcome a decision

félin [felɛ̃] nm feline ■ **les grands ~s** the big cats

fêlure [felyʀ] nf crack

femelle [fəmɛl] adj, nf female

féminin, e [feminɛ̃, in] **1** adj feminine ; [hormone, population, sexe] female ; [mode, magazine, équipe] women's ■ **ses conquêtes ~es** his conquests **2** nm feminine ■ **au ~** in the feminine

féminiser [feminize] **1** vt to feminize **2** **se féminiser** vpr ■ **la profession se féminise** an increasing number of women are entering the profession

féminisme [feminism] nm feminism

féministe [feminist] adj, nmf feminist

féminité [feminite] nf femininity

femme [fam] nf woman ; (= épouse) wife ■ **c'est la ~ de sa vie** she is the love of his life ■ **~ médecin** woman doctor ■ **professeur ~** female teacher ■ **~ battue** battered woman ▸ **femme d'affaires** businesswoman ▸ **femme de chambre** (dans un hôtel) chambermaid; (de qn) (lady's) maid ▸ **la femme au foyer** the housewife ▸ **femme d'intérieur** ■ **c'est une ~ d'intérieur** she's very houseproud ▸ **femme de lettres** woman of letters ▸ **femme de ménage** cleaning lady ▸ **femme de service** (nettoyage) cleaner; (cantine) dinner lady

fémur [femyʀ] nm thighbone

fendiller (se) [fɑ̃dije] vpr [plâtre, porcelaine, terre] to craze ; [bois] to spring ; [lèvres, peau] to chap

fendre [fɑ̃dʀ] **1** vt (= couper en deux) to split ■ **~ du bois** to chop wood ■ **ça me fend le cœur** ou **l'âme** it breaks my heart **2** **se fendre** vpr **a** (= se fissurer) to crack ■ **il s'est fendu le crâne** he has cracked his skull open ■ **se ~ la pipe*** ou **la poire*** ou **la gueule*** (= rire) to laugh one's head off* ; (= s'amuser) to have a good laugh **b*** ■ **se ~ de** [+ somme] to shell out* ; [+ cadeau] to lash out on* ■ **il ne s'est pas fendu !** he didn't exactly break himself!*

fe

fendu, e [fɑ̃dy] adj [veste] with a vent ; [jupe] slit

fenêtre [f(ə)nɛtʀ] nf window ; [de formulaire] space ■ **regarder/sauter par la ~** to look/jump out of the window ■ **se mettre à la ~** to go to the window ▸ **fenêtre active** active window ▸ **fenêtre à guillotine** sash window ▸ **fenêtre de lancement** launch window ▸ **fenêtre pop-up** ou **intruse** pop-up window

fenouil [fənuj] nm fennel

fente [fɑ̃t] nf **a** [de mur, terre, rocher] crack ; [de bois] split **b** [de boîte à lettres, tirelire] slot ; [de jupe] slit ; [de veste] vent

féodal, e (mpl **-aux**) [feɔdal, o] adj feudal

fer [fɛʀ] **1** nm **a** (= métal) iron ■ **volonté de ~** iron will **b** [de cheval] shoe ; [de chaussure] steel tip **c** (pour repasser) iron ■ **donner un coup de ~ à qch** to give sth an iron **2** comp ▸ **fer à cheval** horseshoe ▸ **fer forgé** wrought iron ▸ **fer à lisser** (hair) straighteners ▸ **fer à repasser** iron ▸ **fer à souder** soldering iron ▸ **fer à vapeur** steam iron

fera [f(ə)ʀa] vb → **faire**

fer-blanc (pl **fers-blancs**) [fɛʀblɑ̃] nm tin ■ **une boîte en ~** a tin

férié, e [feʀje] adj ■ **jour ~** public holiday ■ **le lundi suivant est ~** the following Monday is a holiday

ferme[1] [fɛʀm] **1** adj firm ■ **« prix : 200 000 € ~ »** "price: €200,000 (not negotiable)" **2** adv **a** (* : intensif) [travailler, cogner] hard ■ **s'ennuyer ~** to be bored stiff* **b** ■ **condamné à sept ans (de prison) ~** sentenced to seven years imprisonment without remission

ferme[2] [fɛʀm] nf (= domaine) farm ; (= habitation) farmhouse ■ **~ éolienne/marine** wind/fish farm ■ **~ de serveurs** (Informatique) server farm

fermé, e [fɛʀme] adj **a** closed ; [porte, magasin, valise] shut ; [espace] closed-in ; [voiture] locked ; [robinet] off *attrib* ■ **la porte est ~e à clé** the door is locked ■ **la station est ~e au**

public the station is closed to the public **b** [milieu, club] exclusive **c** [visage, air] impenetrable ; [personne] uncommunicative

fermement [fɛʀməmɑ̃] adv firmly

fermenter [fɛʀmɑ̃te] vi to ferment

fermer [fɛʀme] **1** vt (gén) to close ; [+ manteau, gilet] to do up ; [+ chemin, passage] to block ; [+ accès] to close off ; [+ gaz, électricité, eau, robinet] to turn off ▪ **~ à clé** [+ porte, chambre] to lock ▪ **~ la porte au nez de qn** to shut the door in sb's face ▪ **on ferme !** closing time! ▪ **on ferme en juillet** we're closed in July ▪ **la ferme !‡ , fermela !‡** shut up!‡ ▪ **je n'ai pas fermé l'œil de la nuit** I didn't get a wink of sleep ▪ **~ boutique** to close down **2** vi **a** [fenêtre, porte, boîte] to close ▪ **la boîte ferme mal** the box doesn't close properly ▪ **ce robinet ferme mal** this tap doesn't turn off properly **b** [magasin] (le soir) to close ; (définitivement, pour les vacances) to close down ▪ **ça ferme à 7 heures** they close at 7 o'clock

fermette [fɛʀmɛt] nf (small) farmhouse

fermeture [fɛʀmətyʀ] **1** nf **a** [de magasin, musée, aéroport] closing ▪ **~ annuelle** annual closure ; (sur la devanture) closed for the holidays ▪ **à (l'heure de) la ~** at closing time ▪ **« ~ pour travaux »** "closed for refurbishment" ▪ **« ne pas gêner la ~ des portes »** "do not obstruct the doors (when closing)" **b** (= cessation d'activité) [de magasin, restaurant, école] closure ▪ **~ définitive** permanent closure **c** (= mécanisme) fastener **2** comp ▸ fermeture éclair® zip (fastener) BR, zipper US

fermier, -ière [fɛʀmje, jɛʀ] **1** adj ▪ **poulet ~** ≈ free-range chicken **2** nm,f (= cultivateur) farmer

fermoir [fɛʀmwaʀ] nm [de livre, collier, sac] clasp

féroce [feʀɔs] adj fierce ; [répression, critique] savage ; [appétit] ravenous

ferraille [feʀɑj] nf **a** (= déchets de fer) scrap (iron) ▪ **tas de ~** scrap heap **b** (* = monnaie) small ou loose change

ferré, e [feʀe] adj **a** [canne, bâton] steel-tipped ; [chaussure] hobnailed ; [cheval] shod **b** (* = calé) clued up* (*en, sur* about) ▪ **être ~ sur un sujet** to know a subject inside out

ferrer [feʀe] vt **a** [+ cheval] to shoe ; [+ chaussure] to nail **b** [+ poisson] to strike

ferroviaire [feʀɔvjɛʀ] adj [réseau, trafic] railway BR, railroad US ; [transport] rail

ferry (pl **ferries**) [feʀi] nm abrév de **ferry-boat**

ferry-boat (pl **~s**) [feʀibot] nm [de voitures] (car) ferry ; [de trains] (train) ferry

fertile [fɛʀtil] adj fertile

fertilité [fɛʀtilite] nf fertility

fervent, e [fɛʀvɑ̃, ɑ̃t] adj fervent

ferveur [fɛʀvœʀ] nf fervour BR, fervor US ▪ **avec ~** fervently

fesse [fɛs] nf buttock ▪ **les ~s** the bottom

fessée [fese] nf spanking ▪ **donner une ~ à qn** to smack sb's bottom

fessier [fesje] adj m [muscles] buttock

festin [fɛstɛ̃] nm feast

festival (pl **~s**) [fɛstival] nm festival

festivalier, -ière [festivalje, jɛʀ] nm,f festival-goer

festivités [fɛstivite] nfpl festivities

fête [fɛt] nf **a** (= commémoration) (religieuse) feast ; (civile) holiday ▸ fête légale public holiday ▸ la fête des Mères Mother's Day ▸ fête nationale national holiday ▸ la fête des Pères Father's Day ▸ la fête des Rois Twelfth Night ▸ la fête du Travail Labour Day **b** (= jour du prénom) saint's day **c** (= congé) holiday ▪ **les ~s (de fin d'année)** the (Christmas and New Year) holidays **d** (= foire, kermesse) fair ▪ **~ de la bière** beer festival ▸ fête foraine fun fair ▸ fête de village village fête **e** (= réception) party ▪ **~ de famille** family celebration ▪ **faire une ~ (pour son anniversaire,** etc**)** to have a (birthday, etc) party ▪ **faire la ~** to live it up* ▪ **ça va être ta ~‡** you've got it coming to you*

fêter [fete] vt [+ anniversaire, victoire] to celebrate ; [+ personne] to fête ▪ **il faut ~ cela !** this calls for a celebration!

fétiche [fetiʃ] nm fetish ; (= mascotte) mascot ▪ **son acteur ~** his favourite actor

fétu [fety] nm ▪ **~ (de paille)** wisp of straw

feu [fø] nm **a** (= flammes, incendie) fire ▪ **faire du ~** to make a fire ▪ **mettre le ~ à qch** to set fire to sth ▪ **prendre ~** to catch fire ▪ **au ~ !** fire! ▪ **il y a le ~** there's a fire ▪ **il n'y a pas le ~ !*** no panic!* ▪ **la région est à ~ et à sang** the region is being torn apart by war ▪ **sa maison était en ~** his house was on fire ▸ feu d'artifice firework display ▸ feu de camp campfire ▸ feu de cheminée (= flambée) fire ▸ feu de joie bonfire **b** (pour un fumeur) ▪ **vous avez du ~ ?** have you got a light? ▪ **donner du ~ à qn** to give sb a light **c** (= brûleur) burner ; (= plaque électrique) ring BR, burner US ▪ **faire cuire à ~ doux** to cook on a low heat ; (au four) to cook in a low oven ▪ **faire cuire à ~ vif** to cook on a high heat ; (au four) to cook in a hot oven **d** (= tir) ▪ **~ !** fire! ▪ **faire ~** to fire ▪ **être pris entre deux ~x** to be caught in the crossfire ▪ **coup de ~** shot **e** (= signal lumineux) light ▪ **le ~ était au rouge** the lights were on red ▪ **s'arrêter aux ~x** to stop at the lights ▸ feu antibrouillard fog light ▸ feu arrière tail light ▸ feux de croisement dipped headlights

BR, low beams US ▸ **feux de détresse** hazard warning lights ▸ **feu orange** amber light BR, yellow light US ▸ **feu de position** sidelight ▸ **feux de recul** reversing lights BR, back-up lights US ▸ **feu rouge** (= couleur) red light; (= objet) traffic light ▸ **feux de route** headlights on full beam ▸ **feux de signalisation** ou **tricolores** traffic lights ▸ **feu de stop** brake light ▸ **feu vert** green light ▪ **donner le ~ vert à qn** to give sb the go-ahead f ▪ **mise à ~** [d'explosif, bombe] setting off ▪ **au moment de la mise à ~ de la fusée** at blast-off

feuillage [fœjaʒ] nm (sur l'arbre) foliage *NonC* ; (coupé) greenery *NonC*

feuille [fœj] 1 nf a [d'arbre, plante] leaf ▪ **~ de laurier** bay leaf b [de papier, plastique, acier] sheet ▪ **les ~s d'un cahier** the leaves of an exercise book ▪ **~ de style** (Informatique) style sheet 2 comp ▸ **feuille d'impôt** tax form ▸ **feuille de maladie** *form given by doctor to patient for forwarding to the Social Security* ▸ **feuille de paie** pay slip ▸ **feuille de route** roadmap ▸ **feuille de soins** *form given by doctor to patient for forwarding to the Social Security* ▸ **feuille volante** loose sheet

feuilleté, e [fœjte] 1 adj → **pâte** 2 nm ≈ Danish pastry ▪ **~ au jambon** ham pastry

feuilleter [fœjte] vt [+ pages, livre] to leaf through ; (= lire rapidement) to skim through

feuilleton [fœjtɔ̃] nm serial ▪ **~ télévisé** soap

feutre [føtʀ] nm (= matière) felt ; (= stylo) felt-tip pen

feutré, e [føtʀe] adj a [lainage] matted b [atmosphère, bruit] muffled ▪ **marcher à pas ~s** to pad along

fève [fɛv] nf a (= légume) broad bean ▪ **~ de cacao** cocoa bean b [de galette] charm *(hidden in cake for Twelfth Night)*

février [fevʀije] nm February ; pour loc voir **septembre**

FF (abrév de **franc français**) FF

fiabilité [fjabilite] nf reliability

fiable [fjabl] adj reliable

fiançailles [fjɑ̃sɑj] nfpl engagement

fiancé, e [fjɑ̃se] 1 adj engaged 2 nm (= homme) fiancé ▪ **les ~s** (= couple) the engaged couple 3 **fiancée** nf fiancée

fiancer (se) [fjɑ̃se] vpr to get engaged (avec, à to)

fiasco [fjasko] nm fiasco

fibre [fibʀ] nf fibre BR, fiber US ▪ **~ de verre** fibreglass BR, fiberglass US ▪ **~ optique** (= câble) optical fibre ▪ **riche en ~s (alimentaires)** high in (dietary) fibre

fibré, e [fibʀe] adj [immeuble, foyer] fitted with fibre optics

ficeler [fis(ə)le] vt [+ paquet, rôti] to tie up

ficelle [fisɛl] nf (= matière) string ; (= morceau) piece of string ; (= pain) stick (of French bread)

fiche [fiʃ] nf a (= carte) index card ; (= feuille) slip ; (= formulaire) form ▪ **~ d'inscription** enrolment form ▸ **fiche d'état civil** *record of civil status,* ≈ birth and marriage certificate ▸ **fiche de paie** pay slip b (= cheville, broche) pin ; (= prise électrique) plug

ficher[1] [fiʃe] vt [+ renseignements] to file ; [+ suspects] to put on file

fe

ficher[2]* [fiʃe] (ptp **fichu**) 1 vt a (= faire) to do ▪ **qu'est-ce qu'il fiche ?** what on earth is he doing? ▪ **j'en ai rien à fiche, de leurs histoires** I couldn't care less what they're up to* b (= mettre) to put ▪ **ça fiche tout par terre** (fig) that messes everything up ▪ **ça m'a fichu en colère** that made me really mad* ▪ **~ le camp** to clear off* 2 **se ficher** vpr a ▪ **je me suis fichu dedans** (= me suis trompé) I (really) boobed‡ b ▪ **se ~ de qn** (= rire de) to make fun of sb ; (= raconter des histoires à) to pull sb's leg ▪ **se ~ de qch** to make fun of sth ▪ **se ~ de qn/de qch/de faire qch** (= être indifférent) not to give a damn about sb/about sth/about doing sth* ▪ **je m'en fiche pas mal !** I couldn't care less!

fichier [fiʃje] nm file ▪ **~ d'adresses** mailing list

fichu, e* [fiʃy] adj a (avant le nom) (= mauvais) ▪ **il a un ~ caractère** he's got a rotten* temper ▪ **~ téléphone !** that damn phone!* b (= perdu, détruit) done for* c (= bâti) ▪ **elle est bien ~e** she's got a nice body ▪ **c'est bien ~, cette table pliante** that folding table is well designed d ▪ **être mal ~** ou **pas bien ~** [malade] to feel rotten* e (= capable) ▪ **il est ~ d'y aller, tel que je le connais** knowing him he's quite capable of going ▪ **il n'est même pas ~ de réparer ça** he can't mend the darned thing*

fictif, -ive [fiktif, iv] adj fictitious

fiction [fiksjɔ̃] nf fiction ; (= film de télévision) TV drama

fidèle [fidɛl] 1 adj a (= loyal) faithful b (= habituel) [lecteur, client, spectateur] regular c (= exact) [récit, portrait, traduction] accurate 2 nmf (Rel) believer ▪ **les ~s** (= croyants) the faithful

fidéliser [fidelize] vt ▪ **~ un public** to build up a loyal audience ▪ **~ sa clientèle** to build up customer loyalty

fidélité [fidelite] nf (= loyauté) faithfulness ▪ **la ~ (conjugale)** fidelity

Fidji [fidʒi] nfpl ▪ **les (îles) ~** Fiji

fiduciaire [fidysjɛʀ] adj ▪ **monnaie ~** paper money

fief [fjɛf] nm (Hist) fief ; [de parti] stronghold

fiente [fjɑ̃t] nf [d'oiseau] droppings

fier, fière [fjɛʀ] adj proud

fier (se) [fje] vpr ▪ **se fier à** to trust ; [+ destin, hasard] to trust to

fierté [fjɛʀte] nf pride

fièvre [fjɛvʀ] nf a (= température) temperature ▪ **avoir (de) la ~/beaucoup de ~** to have a temperature/a high temperature ▪ **avoir 39 de ~** to have a temperature of 104(°F) ou 39(°C) b (= maladie) fever ▪ **~ jaune/typhoïde** yellow/typhoid fever

fiévreux, -euse [fjevʀø, øz] adj feverish

figé, e [fiʒe] adj [attitude, sourire] fixed ; [forme, expression] set

figer [fiʒe] vi, **se figer** vpr [sauce, huile] to congeal ; [sourire, regard, visage] to freeze

fignoler* [fiɲɔle] vt (= soigner) to put the finishing touches to

figue [fig] nf fig

figuier [figje] nm fig tree

figurant, e [figyʀɑ̃, ɑ̃t] nm,f [de film] extra ; [de pièce] walk-on

figuratif, -ive [figyʀatif, iv] adj (Art) representational

figuration [figyʀasjɔ̃] nf ▪ **faire de la ~** (Théâtre) to do walk-on parts ; (Ciné) to work as an extra

figure [figyʀ] nf a (= visage, mine) face b (= personnage) figure ▪ **les grandes ~s de l'histoire** the great figures of history c (image, en danse, en patinage) figure ▪ **~ géométrique** geometrical figure ▪ **prendre ~** to take shape

figuré, e [figyʀe] adj [sens] figurative

figurer [figyʀe] 1 vi (= être mentionné) to appear ▪ **~ sur une liste/dans l'annuaire** to appear on a list/in the directory 2 **se figurer** vpr to imagine ▪ **je ne tiens pas à y aller, figure-toi !** believe it or not, I've no particular desire to go!

figurine [figyʀin] nf figurine

fil [fil] 1 nm a (= brin) [de coton, nylon] thread ; [de laine] yarn ; [de cuivre, acier] wire ; [de marionnette, haricot] string ; [d'araignée] silk ; [d'appareil électrique] cord ► **fil à coudre** (sewing) thread ► **fil dentaire** dental floss ► **fil de discussion** (Internet) discussion thread ► **fil électrique** electric wire ► **fil de fer** wire ► **fil de fer barbelé** barbed wire b (téléphone) ▪ **coup de ~*** (phone) call ▪ **donner** ou **passer un coup de ~ à qn** to give sb a call ▪ **il faut que je passe un coup de ~** I've got to make a phone call c (loc) ▪ **au ~ des jours/des années** as the days/years go (ou went) by ▪ **ne tenir qu'à un ~** to hang by a thread ▪ **de ~ en aiguille** one thing leading to another 2 comp ► **fil conducteur** [de récit] main theme

filament [filamɑ̃] nm filament

filandreux, -euse [filɑ̃dʀø, øz] adj [viande, légume] stringy

filante [filɑ̃t] adj f → **étoile**

filature [filatyʀ] nf a (= usine) mill b (= surveillance) ▪ **prendre qn en ~** to shadow sb

file [fil] nf [de personnes, objets] line ; [de voie] lane ▪ **~ (d'attente)** queue BR, line US ▪ **faire la ~** (Can, Belg) to queue BR, to stand in line US ▪ **prendre la ~ de gauche** [véhicule] to move into the left-hand lane ▪ **se garer en double ~** to double-park ▪ **en ~ indienne** in single file

filer [file] 1 vt a [+ laine, coton, acier, verre] to spin b (= suivre) to tail* c ▪ **le navire file 20 nœuds** the ship is doing 20 knots d (* = donner) to give ▪ **~ qch à qn** to give sb sth ▪ **~ un coup de poing à qn** to punch sb e [+ collant] to get a run in 2 vi a (* = courir, passer) [personne] to dash ; [temps] to fly (by) ▪ **~ à la poste** to dash to the post office b (* = s'en aller) to go off ▪ **le voleur avait déjà filé** the thief had already made off* ▪ **il faut que je file** I must dash c [collant] to run

filet [filɛ] nm a [d'eau, sang] trickle b [de poisson] fillet ; [de viande] fillet BR ou filet US steak c (Pêche, Sport) net ▪ **~ de pêche/de sécurité** fishing/safety net ▪ **coup de ~** haul

filial, e[1] (mpl **-iaux**) [filjal, jo] adj filial

filiale[2] [filjal] nf ▪ **(société) ~** subsidiary (company)

filière [filjɛʀ] nf a [de carrière] path ; [d'administration] channels ▪ **il a suivi la ~ classique pour devenir professeur** he followed the classic route into teaching b (= domaine d'études spécifique) course ▪ **~s scientifiques/artistiques** science/arts courses c (= réseau) network d (= secteur d'activité) industry ▪ **~ agroalimentaire** food-processing industry

filiforme [filifɔʀm] adj threadlike ; [corps] lanky

filigrane [filigʀan] nm [de papier, billet] watermark ▪ **être en ~** (fig) to be implicit

filin [filɛ̃] nm rope

fille [fij] nf a (dans une famille) daughter b (= enfant) girl ; (= femme) woman

fillette [fijɛt] nf (= petite fille) (little) girl ▪ **rayon ~s** girls' department

filleul [fijœl] nm godson

filleule [fijœl] nf goddaughter

film [film] nm a (= pellicule, œuvre) film ▪ **~ d'animation** animated film ▪ **le ~ d'avant-garde** (= genre) avant-garde films ▪ **~ biographique** biopic* ▪ **~ d'épouvante** ou

d'horreur horror film ▪ **~ policier** detective film **b** (= mince couche) film ▪ **~ alimentaire** Clingfilm® BR, Saran Wrap® US

filmer [filme] vt **a** (Ciné) to film **b** (= emballer) to shrinkwrap

filon [filɔ̃] nm [de minerai] seam ▪ **c'est un bon ~*** there's a lot of money to be made in it

filou [filu] nm crook

fils [fis] nm son ▪ **M. Martin ~** young Mr Martin ▪ **le ~ Martin** the Martin boy

filtre [filtʀ] nm filter ; [de cigarette] filter tip ▪ **~ solaire** sunscreen ▪ **~ d'appels** call screening

filtrer [filtʀe] **1** vt [+ liquide, lumière, son] to filter ; [+ appels téléphoniques] to screen **2** vi [information] to filter through ▪ **rien n'a filtré de leur conversation** none of their conversation got out

fin[1], fine [fɛ̃, fin] **1** adj **a** fine ; (= mince) thin ; [taille, doigt, jambe] slender ▪ **petits pois très ~s** top-quality garden peas **b** (= raffiné) [lingerie, silhouette, membres] delicate ; [traits, visage, or] fine ; [produits, aliments] top-quality ▪ **vins ~s** fine wines **c** (= très sensible) [vue, ouïe] sharp ; [goût, odorat] discriminating **d** (= subtil) [personne] astute ; [esprit, observation] sharp ; [allusion, nuance] subtle ▪ **il n'est pas très ~** he's not very bright ▪ **ce n'est pas très ~ de sa part** that's not very clever of him ▪ **tu as l'air ~ !** you look a right idiot!* **e** (avant le nom) (= habile) ▪ **~ connaisseur** connoisseur ▪ **~ stratège** expert strategist **f** (Can = gentil, aimable) nice **2** adv [moudre, tailler] finely ▪ **~ prêt** all ready **3** comp ▸ fines herbes fines herbes

fin[2] [fɛ̃] nf **a** end ▪ **« Fin »** [de film, roman] "The End" ▪ **~ juin, à la ~ (de) juin** at the end of June ▪ **à la ~ il a réussi à se décider** in the end he managed to make up his mind ▪ **en ~ d'après-midi** in the late afternoon ▪ **sans ~** [discussion, guerre] endless ; [errer, tourner] endlessly ▪ **un chômeur en ~ de droits** *an unemployed person no longer entitled to benefit* ▪ **prendre ~** [réunion] to come to an end ; [contrat] to expire(*le* on) ▪ **toucher à** ou **tirer à sa ~** to be coming to an end ▪ **mettre ~ à** to put an end to ▪ **en ~ de compte** (= tout bien considéré) at the end of the day ; (= en conclusion) finally ▸ fin de semaine weekend ▸ fin de série end-of-line stock *NonC* **b** (= but) ▪ **il est arrivé à ses ~s** he achieved his aim ▪ **à cette ~** to this end

final, e (mpl **~s** ou **-aux**) [final, o] **1** adj final **2** **finale** nf (Sport) final ▪ **demi-finale** semifinal

finalement [finalmɑ̃] adv (= à la fin) in the end, finally ; (= en fin de compte) after all ▪ **ce n'est pas si mal ~** it's not so bad after all

> ⚠ Au sens de « en fin de compte », **finalement** ne se traduit pas par ***finally***.

finaliser [finalize] vt (= achever) to finalize

finaliste [finalist] nmf finalist

finalité [finalite] nf (= but) aim ; (= fonction) purpose

finance [finɑ̃s] **1** nf finance ▪ **le monde de la ~** the financial world **2** **finances** nfpl finances ▪ **~s publiques** public funds

financement [finɑ̃smɑ̃] nm financing ▪ **~ participatif** ou **communautaire** crowdfunding

financer [finɑ̃se] vt to finance

financiarisation [finɑ̃sjaʀizasjɔ̃] nf financialization

financiariser [finɑ̃sjaʀize] vt to financialize

financier, -ière [finɑ̃sje, jɛʀ] **1** adj financial **2** nm (= personne) financier

financièrement [finɑ̃sjɛʀmɑ̃] adv financially

finement [finmɑ̃] adv [ciselé, brodé] finely

finesse [finɛs] **1** nf **a** (= minceur) [de cheveux, poudre, pointe] fineness ; [de taille] slenderness ; [de couche, papier] thinness **b** (= raffinement) delicacy **c** (= sensibilité) [de sens] sharpness **d** (= subtilité) [d'esprit, observation] subtlety **2** **finesses** nfpl [de langue, art] finer points

fini, e [fini] ptp de **finir**

finir [finiʀ] **1** vt **a** to finish ; [+ discours, affaire] to end **b** (= arrêter) to stop (*de faire qch* doing sth) **2** vi **a** (= se terminer) to finish ▪ **tout cela va mal ~** it will all end in disaster ▪ **et pour ~** and finally **b** [personne] to end up ▪ **il finira mal** he will come to a bad end ▪ **il a fini directeur/en prison** he ended up as director/in prison ▪ **~ troisième** to finish third ▪ **il a fini par se décider** he eventually made up his mind **c** ▪ **en ~ avec qch/qn** to be done with sth/sb ▪ **qui n'en finit pas, à n'en plus ~** [route, discussion] endless

finissant, e [finisɑ̃, ɑ̃t] nm,f (Can = étudiant en fin d'études) final year student

finlandais, e [fɛ̃lɑ̃dɛ, ɛz] **1** adj Finnish **2** nm (= langue) Finnish **3** **Finlandais(e)** nm,f Finn

Finlande [fɛ̃lɑ̃d] nf Finland

finnois, e [finwa, waz] **1** adj Finnish **2** nm (= langue) Finnish

fioul [fjul] nm (= carburant) fuel oil ▪ **~ domestique** heating oil

firme [fiʀm] nf firm

fisc [fisk] nm ≈ Inland Revenue BR, ≈ Internal Revenue Service US ▪ **avoir des ennuis avec le ~** to have tax problems

fiscal, e (mpl **-aux**) [fiskal, o] adj fiscal ; [abattement, avantage] tax

fiscaliser [fiskalize] vt [+ revenus] to make subject to tax ; [+ prestation sociale] to fund by taxation

fiscalité [fiskalite] nf (= système) tax system ; (= impôts) taxes

fission [fisjɔ̃] nf fission

fissure [fisyʀ] nf crack

fissurer (se) [fisyʀe] vpr to crack

fiston* [fistɔ̃] nm son

fitness [fitnɛs] nm (= sport) fitness ▪ **salle de ~** gym

fixation [fiksasjɔ̃] nf a (= obsession) fixation ▪ **faire une ~ sur qch** to have a fixation about sth b (= attache) fastening ▪ **~s (de sécurité)** [de ski] (safety) bindings

fixe [fiks] 1 adj a [point, panneau, regard] fixed ; [personnel] permanent ; [emploi] steady b (= prédéterminé) [revenu] fixed ; [jour, date] set 2 nm (= téléphone) landline (phone)

fixement [fiksəmɑ̃] adv [regarder] fixedly

fixer [fikse] 1 vt a (= attacher) to fix (à, *sur* to) b (= déterminer) [+ date, prix, impôt, délai] to set ; [+ règle, principe, conditions] to lay down ▪ **je ne suis pas encore fixé sur ce que je ferai** I haven't made up my mind what to do yet ▪ **tous les regards étaient fixés sur lui** all eyes were on him ▪ **~ son attention sur** to focus one's attention on ▪ **être fixé sur le compte de qn** to be wise to sb* 2 **se fixer** vpr a (= s'installer) to settle ▪ **il s'est fixé à Lyon** he settled in Lyon b (= s'assigner) ▪ **se ~ un objectif** to set o.s. a target

fjord [fjɔʀ(d)] nm fjord

flacon [flakɔ̃] nm (small) bottle

flagrant, e [flagʀɑ̃, ɑ̃t] adj [mensonge] blatant ; [erreur, injustice] glaring ▪ **prendre qn en ~ délit** to catch sb in the act

flair [flɛʀ] nm [de chien] sense of smell ; [de personne] intuition

flairer [fleʀe] vt a (= humer) to smell b (= deviner) to sense ▪ **~ le danger** to sense danger

flamand, e [flamɑ̃, ɑ̃d] 1 adj Flemish 2 nm (= langue) Flemish 3 **Flamand(e)** nm,f ▪ **les Flamands** the Flemish

flamant [flamɑ̃] nm ▪ **~ (rose)** flamingo

flambant [flɑ̃bɑ̃, ɑ̃t] adj inv ▪ **~ neuf** brand new

flambeau (pl **~x**) [flɑ̃bo] nm (= torche) (flaming) torch ▪ **reprendre le ~** (fig) to take up the torch

flambée [flɑ̃be] nf a (= feu) ▪ **faire une ~ dans la cheminée** to light a fire in the fireplace b [de violence] outburst ; [de cours, prix] explosion

flamber [flɑ̃be] 1 vi a [bois] to burn ; [feu] to blaze b [cours, prix, Bourse] to rocket c * [personne] to play for high stakes 2 vt [+ aliment] to flambé

flambeur, -euse* [flɑ̃bœʀ, øz] nm,f big-time gambler

flamme [flɑm] nf [de feu] flame ▪ **être en ~s, être la proie des ~s** to be on fire ▪ **la ~ olympique** the Olympic flame

flan [flɑ̃] nm (= crème) custard tart ▪ **c'est du ~ !*** it's a load of rubbish!*

> ⚠ **flan** ne se traduit pas par le mot anglais ***flan***.

flanc [flɑ̃] nm [d'animal] flank ; [de montagne] side ▪ **à ~ de coteau** ou **de colline** on the hillside ▪ **tirer au ~*** to skive* BR

flancher* [flɑ̃ʃe] vi ▪ **c'est le moral qui a flanché** he lost his nerve ▪ **ce n'est pas le moment de ~** this is no time for weakness

Flandre [flɑ̃dʀ] nf ▪ **la ~, les ~s** Flanders

flanelle [flanɛl] nf (= tissu) flannel

flâner [flɑne] vi to stroll

flanquer [flɑ̃ke] vt a (* = jeter) ▪ **~ qch par terre** to fling sth to the ground ; [+ projet] to mess sth up ▪ **~ qn à la porte** to chuck sb out* ; (= licencier) to fire sb b (* = donner) ▪ **~ une gifle à qn** to give sb a slap c ▪ **flanqué de ses gardes du corps** flanked by his bodyguards

flaque [flak] nf ▪ **~ de sang/d'huile** pool of blood/oil ▪ **~ d'eau** puddle

flash (pl **~s** ou **~es**) [flaʃ] nm a (Photo) flash b ▪ **~ (d'informations)** (Radio, TV) newsflash ▪ **~ publicitaire** commercial break

flashcode [flaʃkɔd] nm QR code

flasher [flaʃe] 1 vi (* = avoir le coup de foudre) ▪ **j'ai flashé pour** ou **sur cette robe** I fell in love with this dress ▪ **elle a tout de suite flashé sur lui** she was attracted to him straight away 2 vt [+ code QR] to flash ▪ **se faire ~*** [conducteur] to be caught by a speed trap

flasque [flask] adj [peau] flabby

flatter [flate] 1 vt to flatter 2 **se flatter** vpr ▪ **se ~ de qch** to pride o.s. on sth

flatterie [flatʀi] nf flattery *NonC*

flatteur, -euse [flatœʀ, øz] 1 adj flattering 2 nm,f flatterer

fléau (pl **~x**) [fleo] nm (= calamité) scourge

flèche [flɛʃ] nf arrow ; [d'église] spire ▪ **monter en ~** [prix] to rocket ▪ **partir comme une ~** to be off like a shot

fléché, e [fleʃe] adj ▪ **parcours ~** course signposted with arrows

fléchette [fleʃɛt] nf dart ▪ **jouer aux ~s** to play darts

fléchir [fleʃiʀ] 1 vt (= plier) to bend ; [+ articulation] to flex 2 vi (= céder) to yield

flegmatique [flɛgmatik] adj phlegmatic

flegme [flɛgm] nm composure ▪ **le ~ britannique** (hum) the British stiff upper lip

flemmard, e* [flemaʀ, aʀd] **1** adj lazy **2** nm,f lazybones

flemme* [flɛm] nf laziness ■ **j'ai la ~ de le faire** I can't be bothered

flétan [fletɑ̃] nm halibut

flétrir (se) [fletʀiʀ] vpr [fleur] to wilt ; [peau] to become wizened

fleur [flœʀ] nf flower ; [d'arbre] blossom ■ **en ~(s)** [plante] in bloom ; [arbre] in blossom ■ **papier à ~s** flowery paper ■ **lancer des ~s à qn** (fig) to shower praise on sb ▸ **fleur de lys** (= symbole) fleur-de-lis ▸ **fleur d'oranger** orange blossom ■ **(eau de) ~ d'oranger** orange flower water

fleuret [flœʀɛ] nm (= épée) foil

fleuri, e [flœʀi] adj [fleur] in bloom ; [branche] in blossom ; [jardin, pré] in flower ; [tissu, papier] flowery

fleurir [flœʀiʀ] vi [arbre] to blossom ; [fleur] to bloom

fleuriste [flœʀist] nmf (= personne) florist ; (= boutique) florist's

fleuve [flœv] **1** nm river *(flowing into the sea)* ■ **~ de boue/de lave** river of mud/of lava **2** adj inv [discours, film] marathon

flexibiliser [flɛksibilize] vt to make more flexible

flexibilité [flɛksibilite] nf flexibility

flexible [flɛksibl] adj flexible ; [branche, roseau] pliable

flexion [flɛksjɔ̃] nf **a** [de membre] bending *NonC* ■ **faites quelques ~s** do a few knee-bends **b** [de mot] inflection

flexisécurité [flɛksisekyʀite] nf flexicurity

flexitarien, -ienne [flɛksitaʀjɛ̃, jɛn] adj, nm,f flexitarian

flic* [flik] nm cop*

flicaille‡ [flikɑj] nf ■ **la ~** the fuzz‡

flingue‡ [flɛ̃g] nm gun

flinguer‡ [flɛ̃ge] vt (= tuer) to gun down

flipper[1] [flipœʀ] nm (= billard électrique) pinball machine

flipper[2]* [flipe] vi (= être déprimé) to feel down* ; (= avoir peur) to be scared stiff*

fliquer‡ [flike] vt **a** [police] [+ quartier] to bring the cops* into **b** [+ personne] to keep under close surveillance ■ **ma mère n'arrête pas de me ~** my mother watches my every move

flirt [flœʀt] nm (= amourette) flirtation ; (= amoureux) boyfriend ; (= amoureuse) girlfriend

> ⚠ **flirt** ne se traduit pas par le mot anglais ***flirt***, qui désigne une personne.

flirter [flœʀte] vi to flirt

flocon [flɔkɔ̃] nm ■ **~ de neige** snowflake ■ **~s d'avoine** oat flakes ■ **~s de pommes de terre** instant mashed potato mix

flop* [flɔp] nm flop*

flopée* [flɔpe] nf ■ **une ~ de** loads of*

floraison [flɔʀɛzɔ̃] nf (= épanouissement) flowering ; (= époque) flowering time

flore [flɔʀ] nf flora

Florence [flɔʀɑ̃s] n (= ville) Florence

florentin, e [flɔʀɑ̃tɛ̃, in] **1** adj Florentine **2** **Florentin(e)** nm,f Florentine

florilège [flɔʀilɛʒ] nm anthology

florin [flɔʀɛ̃] nm guilder

florissant, e [flɔʀisɑ̃, ɑ̃t] adj [pays, économie, théorie] flourishing ; [santé] blooming

flot [flo] nm **a** [de véhicules, paroles, informations] stream ; [de souvenirs, larmes, lettres] flood ■ **l'argent coule à ~s** there's plenty of money around **b** [de lac, mer] ■ **~s** waves ■ **remettre à ~** [+ bateau] to refloat ; [+ entreprise] to bring back onto an even keel

flottaison [flɔtɛzɔ̃] nf ■ **(ligne de) ~** waterline

flottant, e [flɔtɑ̃, ɑ̃t] adj [cheveux] flowing ; [vêtement] loose

flotte [flɔt] nf **a** [de navires, avions] fleet **b*** (= pluie) rain ; (= eau) water

flottement [flɔtmɑ̃] nm **a** (= hésitation) hesitation **b** (= relâchement) imprecision

flotter [flɔte] **1** vi **a** (sur l'eau) to float **b** [drapeau] to fly ■ **~ au vent** to flap in the wind **c** (= être trop grand) [vêtement] to hang loose ■ **il flotte dans ses vêtements** his clothes are too big for him **2** vb impers (* = pleuvoir) to rain

flotteur [flɔtœʀ] nm float

flottille [flɔtij] nf [de bateaux] flotilla

flou, e [flu] **1** adj **a** [de dessin, trait, photo] blurred ; [image, contour] hazy **b** [idée, pensée, théorie] woolly ■ **logique ~e** fuzzy logic **2** nm [de photo, tableau] fuzziness ; [de contours] haziness ■ **~ juridique** vagueness of the law

flouter [flute] vt [+ image] to blur

fluctuation [flyktɥasjɔ̃] nf [de prix] fluctuation ; [d'opinion publique] swing (*de* in)

fluctuer [flyktɥe] vi to fluctuate

fluide [flɥid] **1** adj [substance] fluid ■ **la circulation est ~** the traffic is moving freely **2** nm **a** (= gaz, liquide) fluid **b** (= pouvoir) (mysterious) power

fluidité [flɥidite] nf [de circulation] free flow

fluo* [flyo] adj inv abrév de **fluorescent**

fluor [flyɔʀ] nm fluorine ■ **dentifrice au ~** fluoride toothpaste

fluoré, e [flyɔʀe] adj [dentifrice] fluoride ; [eau] fluoridated

fl

fluorescent, e [flyʀesɑ̃, ɑ̃t] adj fluorescent

flûte [flyt] **1** nf **a** (= instrument) flute ▸ **flûte à bec** recorder ▸ **flûte de Pan** panpipes ▸ **flûte traversière** flute **b** (= verre) flute (glass) **2** excl * drat!*

flûtiste [flytist] nmf flautist, flutist US

fluvial, e (mpl **-iaux**) [flyvjal, jo] adj [eaux, pêche, navigation] river

flux [fly] nm **a** [de personnes] influx ▪ **~ de capitaux** capital flow ▪ **~ monétaire** flow of money **b** (= marée) ▪ **le ~ et le reflux** the ebb and flow **c** (Physique) flux ▪ **~ magnétique** magnetic flux **d** ▪ **~ de données** (Informatique) data flow ▪ **~ RSS** (Internet) RSS feed

FM [ɛfɛm] nf (abrév de **fréquence modulée**) FM

FMI [ɛfɛmi] nm (abrév de **Fonds monétaire international**) IMF

foc [fɔk] nm jib

focaliser (se) [fɔkalize] vpr [personne] to focus (*sur* on) ; [attention] to be focused (*sur* on)

focus [fɔkys] nm (Photo) focus ▪ **faire un ~ sur** [+ problème, thème] to focus on

fœtus [fetys] nm foetus BR, fetus US

foi [fwa] nf faith ▪ **digne de ~** reliable ▪ **être de bonne ~** to be sincere ▪ **tu es de mauvaise ~** you're being dishonest

foie [fwa] nm liver ▪ **~ gras** foie gras

foin [fwɛ̃] nm hay

foire [fwaʀ] nf (= marché, fête foraine) fair ; (= exposition commerciale) trade fair ▪ **foire-exposition** expo ▪ **faire la ~*** to have a ball*

foirer* [fwaʀe] **1** vi [projet] to fall through **2** vt (‡ = rater) to flunk*

foireux, -euse‡ [fwaʀø, øz] adj [idée, projet] useless

fois [fwa] nf time ▪ **une ~** once ▪ **deux ~** twice ▪ **trois ~** three times ▪ **une ~, deux ~, trois ~, adjugé !** (aux enchères) going, going, gone! ▪ **cette fois-ci** this time ▪ **autant de ~ que** as often as ▪ **payer en plusieurs ~** to pay in several instalments ▪ **une ~ tous les deux jours** every second day ▪ **quatre ~ plus d'eau/de voitures** four times as much water/as many cars ▪ **quatre ~ moins de voitures** a quarter the number of cars ▪ **3 ~ 5** 3 times 5 ▪ **3 ~ 5 font 15** 3 times 5 is 15 ▪ **il était une fois...** once upon a time there was... ▪ **en une ~** in one go ▪ **une ~ pour toutes** once and for all ▪ **une ~ qu'il sera parti** once he has left ▪ **des ~*** (= parfois) sometimes ▪ **à la ~** at the same time ▪ **il était à la ~ grand et gros** he was both tall and fat

foisonner [fwazɔne] vi [idées, erreurs] to abound ▪ **un texte foisonnant d'idées** a text packed with ideas

fol [fɔl] adj m → **fou**

folie [fɔli] nf **a** (= maladie) insanity ▪ **~ meurtrière** killing frenzy ▪ **aimer qn à la ~** to be madly in love with sb **b** (= erreur, dépense) extravagance ▪ **vous avez fait des ~s en achetant ce cadeau** you have been far too extravagant in buying this present

folk [fɔlk] **1** nm folk music **2** adj folk

folklo* [fɔlklo] adj (abrév de **folklorique**) (= excentrique) weird ▪ **c'est très ~ chez eux** they're a crazy bunch

folklore [fɔlklɔʀ] nm folklore

folklorique [fɔlklɔʀik] adj folk

folle [fɔl] adj f, nf → **fou**

follement [fɔlmɑ̃] adv madly ▪ **~ amoureux** madly in love

foncé, e [fɔ̃se] adj dark

foncer[1] [fɔ̃se] vi **a** (* = aller à vive allure) [conducteur, voiture] to tear along* ; [coureur] to charge along* ; (dans un travail) to get a move on* ▪ **maintenant, il faut que je fonce** I must dash now **b** (= se précipiter) to charge (*vers* at, *dans* into) ▪ **le camion a foncé sur moi** the truck drove straight at me

foncer[2] [fɔ̃se] vi [couleur, cheveux] to go darker

fonceur, -euse* [fɔ̃sœʀ, øz] nm,f go-getter*

foncier, -ière [fɔ̃sje, jɛʀ] adj **a** [impôt] property **b** [qualité, différence] basic

fonction [fɔ̃ksjɔ̃] nf **a** function ▪ **remplir une ~** to fulfil a function ▪ **en ~ de** according to **b** (= métier) office ▪ **~s** (= tâches) duties ▪ **entrer en ~(s), prendre ses ~s** [employé] to take up one's post ; [maire, président] to take office ▪ **la ~ publique** the civil service ▪ **logement de ~** [de concierge, fonctionnaire] on-site accommodation *(with low or free rent)* ▪ **voiture de ~** company car

fonctionnaire [fɔ̃ksjɔnɛʀ] nmf state employee ; (dans l'administration) civil servant ▪ **haut ~** high-ranking civil servant

fonctionnalité [fɔ̃ksjɔnalite] nf practicality ; (Informatique) functionality

fonctionnel, -elle [fɔ̃ksjɔnɛl] adj functional

fonctionnement [fɔ̃ksjɔnmɑ̃] nm [d'appareil, organisme] functioning ; [d'entreprise, institution] running ▪ **pour assurer le bon ~ du service** to ensure the smooth running of the department

fonctionner [fɔ̃ksjɔne] vi [mécanisme, machine] to work ▪ **faire ~** [+ machine] to operate

fond [fɔ̃] **1** nm **a** [de récipient, vallée, jardin] bottom ; [de pièce] back ▪ **tomber au ~ de l'eau** to fall to the bottom of the river (ou lake, etc) ▪ **le ~ de la gorge** the back of the throat ▪ **l'épave repose par 10 mètres**

de ~ the wreck is lying 10 metres down ▪ **les grands ~s** the ocean depths ▪ **au ~ de la boutique** at the back of the shop ▪ **toucher le ~** (dans l'eau) to touch the bottom ; (= être déprimé) to hit rock bottom **b** (= contenu) content ▪ **c'est là le ~ du problème** that's the core of the problem ▪ **problème de ~** basic problem ▪ **article de ~** feature article **c** (= arrière-plan) background ▪ **~ sonore** ou **musical** background music **d** (Sport) ▪ **le ~** long-distance running ▪ **de ~** [course, coureur] long-distance **e** [de pantalon] seat **f** (loc) ▪ **de ~ en comble** [fouiller] from top to bottom ; [détruire] completely ▪ **au ~, dans le ~** (= en fait) basically ▪ **à ~** [visser] tightly ; [étudier] thoroughly ▪ **respirer à ~** to breathe deeply **2** comp ▸ **fond d'artichaut** artichoke heart ▸ **fond d'écran** wallpaper ▸ **les fonds marins** the sea bed ▸ **fond de teint** foundation (cream)

fondamental, e (mpl **-aux**) [fɔ̃damɑ̃tal, o] adj fundamental

fondamentalement [fɔ̃damɑ̃talmɑ̃] adv [vrai, faux] fundamentally ; [modifier, opposer] radically

fondamentalisme [fɔ̃damɑ̃talism] nm fundamentalism

fondamentaliste [fɔ̃damɑ̃talist] adj, nmf fundamentalist

fondant [fɔ̃dɑ̃] nm **fondant au chocolat** chocolate fondant cake

fondateur, -trice [fɔ̃datœʀ, tʀis] nm,f founder

fondation [fɔ̃dasjɔ̃] nf foundation

fondé, e [fɔ̃de] adj [crainte, réclamation] justified ▪ **non ~** groundless

fondement [fɔ̃dmɑ̃] nm (= base) foundation ▪ **sans ~** unfounded

fonder [fɔ̃de] **1** vt **a** to found ; [+ famille] to start ▪ **« maison fondée en 1850 »** "Established 1850" **b** (= justifier) [+ réclamation] to justify **2** **se fonder** vpr ▪ **se ~ sur** [personne] to go by ; [théorie, décision] to be based on

fondre [fɔ̃dʀ] vi **a** (à la chaleur) to melt ; (dans l'eau) to dissolve ▪ **faire ~** [+ beurre, neige] to melt ; [+ sel, sucre] to dissolve ▪ **~ en larmes** to burst into tears **b** (* = maigrir) to slim down

fonds [fɔ̃] nm **a** ▪ **~ de commerce** business **b** [de musée, bibliothèque] collection **c** (= organisme) ▪ **~ de pension** pension fund **d** (pluriel) (= argent) money ; (= capital) capital ; (pour une dépense précise) funds ▪ **~ publics** (= recettes de l'État) public funds

fondu, e [fɔ̃dy] **1** adj ▪ **neige ~e** slush **2** **fondue** nf ▪ **~e (savoyarde)** cheese fondue ▪ **~e bourguignonne** *fondue made with cubes of meat dipped in boiling oil*

fontaine [fɔ̃tɛn] nf (ornementale) fountain ▸ **fontaine à eau** (= distributeur) water fountain

fonte [fɔ̃t] nf **a** [de neige] melting ▪ **à la ~ des neiges** when the snow melts **b** (= métal) cast iron ▪ **en ~** [tuyau, radiateur] cast-iron

fonts [fɔ̃] nmpl ▪ **~ baptismaux** (baptismal) font

foot* [fut] nm abrév de **football**

football [futbol] nm football BR, soccer ▪ **~ américain** American football BR, football US ▪ **jouer au ~** to play football

footballeur, -euse [futbolœʀ, øz] nm,f footballer

footeux, -euse* [futø, øz] nm,f (= joueur) football ou soccer player ; (= amateur) football ou soccer enthusiast

footing [futiŋ] nm jogging *NonC* ▪ **faire du ~** to go jogging

forain, e [fɔʀɛ̃, ɛn] **1** adj → **fête** **2** nm stallholder ▪ **les ~s** (fête foraine) fairground people

force [fɔʀs] **1** nf **a** (= vigueur) strength ▪ **avoir de la ~** to be strong ▪ **je n'ai plus la ~ de parler** I have no strength left to talk ▪ **affirmer avec ~** to state firmly ▪ **se hisser à la ~ des poignets** to pull oneself up by one's bootstraps ▸ **force de caractère** strength of character **b** (= violence) force ▪ **vent de ~ 4** force 4 wind **c** (= ressources physiques) ▪ **~s** strength ▪ **c'est au-dessus de mes ~s** it's too much for me ▪ **frapper de toutes ses ~s** to hit as hard as one can **d** (Mil) ▪ **~s** forces ▪ **d'importantes ~s de police** large numbers of police ▸ **les forces armées** the armed forces ▸ **forces d'intervention** rapid deployment force ▸ **les forces de l'ordre** the police **e** (Physique) force ▪ **~ de gravité** force of gravity **f** (loc) ▪ **à ~ de chercher on va bien trouver** if we keep on looking we'll find it eventually ▪ **à ~, tu vas le casser** you'll end up breaking it ▪ **arriver** ou **venir en ~** to arrive in force **2** comp ▸ **force de dissuasion** deterrent power ▸ **force de frappe** strike force

forcé, e [fɔʀse] adj forced ▪ **atterrissage ~** emergency landing ▪ **c'est ~ !** it's inevitable

forcément [fɔʀsemɑ̃] adv inevitably ▪ **il le savait ~** he obviously knew ▪ **c'est voué à l'échec – pas ~** it's bound to fail – not necessarily

forcené, e [fɔʀsəne] nm,f maniac

forcer [fɔʀse] **1** vt **a** (= contraindre) to force ▪ **~ qn à faire qch** to force sb to do sth **b** [+ coffre, serrure, barrage] to force ; [+ porte, tiroir] to force open ▪ **~ le passage** to force one's way through **c** [+ fruits, plantes] to force ; [+ talent, voix] to strain ▪ **il a forcé la dose*** he overdid it **2** vi to overdo it ▪ **il avait**

un peu trop forcé sur l'alcool* he'd had a few too many* **3** **se forcer** vpr to force o.s. (*pour faire qch* to do sth)

forcing [fɔʀsiŋ] nm ▪ **faire le ~** to pile on the pressure ▪ **faire du ~ auprès de qn** to put the pressure on sb

> ⚠ **forcing** ne se traduit pas par le mot anglais ***forcing***.

forcir [fɔʀsiʀ] vi [personne] to broaden out

forer [fɔʀe] vt to drill

forestier, -ière [fɔʀɛstje, jɛʀ] adj [région, chemin] forest

foret [fɔʀɛ] nm (= outil) drill

forêt [fɔʀɛ] nf forest ▪ **~ vierge** virgin forest ▪ **~ pluviale/tropicale** rain/tropical forest

forêt-noire (pl **forêts-noires**) [fɔʀɛnwaʀ] nf **a** (= gâteau) Black Forest gâteau **b** ▪ **la Forêt-Noire** the Black Forest

forfait [fɔʀfɛ] nm **a** (= prix fixe) fixed price ; (= prix tout compris) all-inclusive price ; (= ensemble de prestations) package ; [de téléphone] price plan ; [de ski] ski-pass ▪ **~ hospitalier** *daily charge for receiving inpatient hospital care* **b** (= abandon) withdrawal ▪ **déclarer ~** [sportif] to withdraw ; (fig) to give up

forfaitaire [fɔʀfɛtɛʀ] adj (= fixe) [somme] fixed ; (= tout compris) inclusive ▪ **prix ~** fixed price

forge [fɔʀʒ] nf forge

forger [fɔʀʒe] vt **a** [+ métal, liens] to forge **b** [+ caractère] to form

formaliser [fɔʀmalize] **1** vt to formalize **2** **se formaliser** vpr to take offence (*de* at)

formaliste [fɔʀmalist] adj (péj) formalistic

formalité [fɔʀmalite] nf formality ▪ **les ~s à accomplir** the necessary procedures

format [fɔʀma] nm format ; [d'objet] size ▪ **enveloppe grand ~** large envelope

formatage [fɔʀmataʒ] nm (Informatique) formatting ; (fig) moulding

formater [fɔʀmate] vt (Informatique) to format ▪ **ils sont formatés par les médias** they are moulded by the media

formateur, -trice [fɔʀmatœʀ, tʀis] **1** adj formative **2** nm,f trainer

formation [fɔʀmasjɔ̃] nf **a** (= développement) formation **b** (= apprentissage) training ; (= stage, cours) training course ▪ **il a reçu une ~ littéraire** he received a literary education ▪ **je suis juriste de ~** I trained as a lawyer ▪ **~ professionnelle** vocational training ▪ **~ permanente** continuing education ▪ **~ continue** in-house training ▪ **~ en alternance** [d'élève en apprentissage] *school course combined with work experience* **c** (= groupe) formation ▪ **~ musicale** music group ▪ **~ politique** political formation

forme [fɔʀm] nf **a** (= apparence) shape ▪ **en ~ de poire** pear-shaped ▪ **prendre ~** [statue, projet] to take shape ▪ **sous ~ de comprimés** in tablet form **b** (= style, genre) form ▪ **mettre en ~** [+ idées] to formulate **c** (physique) form ▪ **être en (pleine** ou **grande) ~** to be on top form ; (physiquement) to be very fit

formé, e [fɔʀme] adj **a** [jeune fille] fully developed **b** [mer] choppy **c** ▪ **bien ~** [phrase, XML] well formed

formel, -elle [fɔʀmɛl] adj **a** (= catégorique) definite ▪ **interdiction ~le d'en parler à quiconque** you mustn't talk about this to anyone ▪ **je suis ~ !** I'm absolutely sure! **b** (qui concerne la forme) formal

> ⚠ Au sens de « catégorique », **formel** ne se traduit pas par le mot anglais ***formal***.

formellement [fɔʀmɛlmɑ̃] adv [démentir, contester] categorically ; [identifier] positively ; [interdire] strictly

> ⚠ Au sens de « catégoriquement », **formellement** ne se traduit pas par le mot anglais ***formally***.

former [fɔʀme] **1** vt **a** to form ; [+ équipe] to set up ▪ **ça forme un tout** this forms a whole ▪ **ils forment un beau couple** they make a nice couple ▪ **ça forme un rond** it makes a circle **b** (= éduquer) to train ; [+ caractère, goût] to form **2** **se former** vpr **a** (= se développer) to form **b** (= apprendre un métier) to train o.s. ; (= éduquer son caractère) to educate o.s.

formidable [fɔʀmidabl] adj **a** (= très important) [obstacle, bruit] tremendous **b** (= très bien) great* **c** (* = incroyable) incredible

formulaire [fɔʀmylɛʀ] nm (à remplir) form ▪ **~ de demande** application form

formulation [fɔʀmylasjɔ̃] nf formulation

formule [fɔʀmyl] nf **a** (Chim, Math) formula ▪ **une (voiture de) ~ 1** a Formula-One car **b** (= expression) phrase ; (magique) formula ▪ **~ de politesse** (en fin de lettre) letter ending **c** (= méthode) system ▪ **~ de paiement** method of payment ▪ **~ de vacances** holiday schedule

formuler [fɔʀmyle] vt [+ plainte, requête] to make ; [+ critiques, sentiment] to express ▪ **il a mal formulé sa question** he didn't phrase his question very well

fort, e [fɔʀ, fɔʀt] **1** adj **a** strong ▪ **c'est plus ~ que moi** I can't help it ▪ **c'est une ~e tête** he (ou she) is a rebel **b** (= gros) [personne, poitrine] large ; [hanches] broad **c** (= intense) [bruit, voix] loud ; [dégoût, crainte] great ; [douleur, chaleur] intense ; [fièvre] high ; [pente] steep ; [secousse, coup] hard ; [houle, pluies] heavy ■ **mer très ~e** very rough sea ■ **c'est trop ~ !*** (= excessif) that's going too far! d (= important : avant le nom) [somme, dose] large ; [baisse, différence, augmentation] big ; [consommation] high e (= doué) good (*en* at) ■ **être ~ sur un sujet** to be good at a subject 2 adv a (= intensément) [lancer, serrer, souffler, frapper] hard ■ **sentir ~** to have a strong smell ■ **respirez bien ~** take a deep breath b (= bruyamment) loudly ■ **parlez plus ~** speak up ■ **mets la radio moins ~** turn the radio down ■ **mets la radio plus ~** turn the radio up c (= très : frm) very ■ **c'est ~ bon** it is exceedingly good ■ **~ bien** [de dessiné, dit, conservé] extremely well ■ **je peux ~ bien m'en passer** I can quite easily do without it 3 nm a (= forteresse) fort b (= spécialité) forte ■ **l'amabilité n'est pas son ~** kindness is not his strong point c ■ **au plus ~ de...** at the height of...

fortement [fɔʀtəmɑ̃] adv [conseiller] [marqué, attiré] strongly ; [serrer] tightly

forteresse [fɔʀtəʀɛs] nf fortress

fortifiant [fɔʀtifjɑ̃] nm (= médicament) tonic

fortifier [fɔʀtifje] vt to strengthen ; [+ ville] to fortify

fortiori [fɔʀsjɔʀi] → **a fortiori**

fortuit, e [fɔʀtɥi, it] adj fortuitous

fortune [fɔʀtyn] nf (= richesse) fortune ■ **faire ~** to make one's fortune ■ **de ~** [moyen, réparation, installation] makeshift

fortuné, e [fɔʀtyne] adj (= riche) wealthy

> ⚠ **fortuné** ne se traduit pas par **fortunate**.

forum [fɔʀɔm] nm (= place, colloque) forum ▸ **forum de discussion** (Internet) message board

fosse [fos] nf (= trou) pit ; (= tombe) grave ▸ **fosse commune** communal grave ▸ **fosse d'orchestre** orchestra pit ▸ **fosse septique** septic tank

fossé [fose] nm ditch ; (fig) gulf ■ **~ numérique** digital divide ■ **le ~ entre les générations** the generation gap

fossette [fosɛt] nf dimple

fossile [fosil] nm, adj fossil

fou, folle [fu, fɔl] (devant voyelle ou h muet : **fol**) 1 adj a mad ■ **~ furieux** raving mad ; [amour, joie, espoir] insane ; [idée, désir, tentative, dépense] crazy ; [imagination] wild ■ **avoir le ~ rire** to have the giggles ■ **c'est à devenir ~** it's enough to drive you mad ■ **~ de colère/de joie** out of one's mind with anger/with joy ■ **amoureux ~ (de)** madly in love (with) ■ **elle est folle de lui** she's mad* about him b (* = énorme) [courage, énergie, succès, peur] tremendous ■ **j'ai eu un mal ~ pour venir** I had a terrible job* getting here ■ **tu as mis un temps ~** it took you ages* ■ **gagner un argent ~** to earn loads of money* ■ **il y a un monde ~** it's terribly crowded ■ **c'est ~ ce qu'il a changé** it's incredible how much he has changed c [véhicule] runaway ; [mèche de cheveux] unruly 2 nm a lunatic ■ **travailler comme un ~** to work like mad* ■ **arrêtez de faire les ~s** stop messing about* b (* = fanatique) fanatic ■ **c'est un ~ de jazz/tennis** he's a jazz/tennis fanatic c (Échecs) bishop 3 **folle** nf lunatic

foudre [fudʀ] nf lightning ■ **frappé par la ~** struck by lightning ■ **ce fut le coup de ~** it was love at first sight

foudroyant, e [fudʀwajɑ̃, ɑ̃t] adj [progrès, vitesse, attaque] lightning ; [poison, maladie] violent ; [mort] instant

foudroyer [fudʀwaje] vt [foudre] to strike ; [coup de feu, maladie] to strike down ■ **~ qn du regard** to glare at sb

fouet [fwɛ] nm (= cravache) whip ; (= ustensile de cuisine) whisk ■ **coup de ~** lash ; (fig) boost ■ **donner un coup de ~ à l'économie** to give the economy a boost

fouetter [fwete] vt to whip ; [+ blanc d'œuf] to whisk

fougère [fuʒɛʀ] nf fern

fougue [fug] nf [de personne] spirit ; [de discours, attaque] fieriness ■ **plein de ~** fiery ■ **avec ~** spiritedly

fougueux, -euse [fugø, øz] adj [tempérament, cheval] fiery

fouille [fuj] 1 nf [de personne, maison, bagages] searching ■ **~ corporelle** body search 2 **fouilles** nfpl (archéologiques) excavation(s) ■ **faire des ~s** to carry out excavations

fouiller [fuje] 1 vt [+ pièce, mémoire, personne] to search ; [+ poches] to go through ; [+ terrain] to excavate ■ **étude très fouillée** very detailed study 2 vi ■ **~ dans** [+ tiroir, armoire] to rummage in ; [+ poches, bagages] to go through

fouillis [fuji] nm [de papiers, objets] jumble

fouine [fwin] nf (= animal) stone marten

fouiner [fwine] vi to nose around

foulard [fulaʀ] nm scarf ■ **~ islamique** chador

foule [ful] nf crowd ; (péj = populace) mob ■ **une ~ de** [+ livres, questions] loads* of

foulée [fule] nf stride ■ **courir à petites ~s** to jog along

fouler (se) [fule] vpr ■ **se fouler la cheville** to sprain one's ankle ■ **il ne se foule pas beaucoup*** he doesn't exactly strain himself

foulure [fulyʀ] nf sprain

four [fuʀ] nm **a** [de boulangerie, cuisinière] oven ; [de potier] kiln ; [d'usine] furnace ▪ **~ à micro-ondes** microwave oven **b** (= échec) flop **c** (= gâteau) ▪ **(petit) ~** small pastry

fourbe [fuʀb] adj deceitful

fourbu, e [fuʀby] adj exhausted

fourche [fuʀʃ] nf fork

fourchette [fuʀʃɛt] nf **a** (pour manger) fork ▪ **il a un bon coup de ~** he has a hearty appetite **b** (= amplitude) ▪ **~ d'âge** age bracket ▪ **~ de prix** price range

fourchu, e [fuʀʃy] adj [langue, branche] forked ▪ **cheveux ~s** split ends

fourgon [fuʀgɔ̃] nm (large) van ▪ **~ blindé** armoured van ▪ **~ cellulaire** police van BR, patrol wagon US

fourgonnette [fuʀgɔnɛt] nf delivery van

fourguer* [fuʀge] vt (= vendre) to flog* (*à* to) ; (= donner) to unload (*à* onto)

fourmi [fuʀmi] nf ant ▪ **avoir des ~s dans les jambes** to have pins and needles in one's legs

fourmilière [fuʀmiljɛʀ] nf (= monticule) ant hill

fourmillement [fuʀmijmɑ̃] **1** nm [d'insectes, personnes] swarming ▪ **un ~ d'idées** a welter of ideas **2** **fourmillements** nmpl (= picotement) pins and needles

fourmiller [fuʀmije] vi [insectes, personnes] to swarm ▪ **~ de** [+ insectes, personnes] to be swarming with ; [+ idées, erreurs] to be teeming with

fournaise [fuʀnɛz] nf (= feu) blaze ; (= endroit surchauffé) oven

fourneau (pl **~x**) [fuʀno] nm stove

fournée [fuʀne] nf batch

fourni, e [fuʀni] adj [cheveux] thick ; [barbe, sourcils] bushy

fournir [fuʀniʀ] **1** vt **a** (= procurer) to supply ; [+ pièce d'identité] to produce ; [+ prétexte, exemple] to give ▪ **~ qch à qn** to provide sb with sth ▪ **~ du travail à qn** to provide sb with work **b** [+ effort] to put in ; [+ prestation] to give **2** **se fournir** vpr to provide o.s. (*de* with) ▪ **je me fournis toujours chez le même épicier** I always shop at the same grocer's

fournisseur [fuʀnisœʀ] nm supplier ; (= détaillant) retailer ▸ fournisseur d'accès (à Internet) (Internet) service provider

fournitures [fuʀnityʀ] nfpl ▪ **~ (de bureau)** office supplies ▪ **~ scolaires** school stationery

> ⚠ **fournitures** ne se traduit pas par ***furniture***, qui signifie « meubles ».

fourrage [fuʀaʒ] nm fodder

fourré[1] [fuʀe] nm thicket

fourré[2]**, e** [fuʀe] adj [bonbon, chocolat] filled ; [manteau, gants] fur-lined ; (= molletonné) fleecy-lined ▪ **gâteau ~ à la crème** cream cake ▸ coup fourré underhand trick

fourreau (pl **~x**) [fuʀo] nm [d'épée] sheath ▪ **(robe) ~** sheath dress

fourrer [fuʀe] **1** vt **a** (* = mettre) to stick* ▪ **où ai-je pu le ~ ?** where on earth did I put it?* **b** [+ gâteau] to fill **2** **se fourrer** vpr* ▪ **il ne savait plus où se ~** he didn't know where to put himself ▪ **il est toujours fourré chez eux** he's always round at their place

fourre-tout [fuʀtu] nm inv (= sac) holdall

fourrière [fuʀjɛʀ] nf [de voitures] pound ; [de chiens] dog pound ▪ **emmener une voiture à la ~** to tow away a car

fourrure [fuʀyʀ] nf (= pelage) coat ; (= matériau, manteau) fur

fourvoyer [fuʀvwaje] **1** vt ▪ **~ qn** to mislead sb **2** **se fourvoyer** vpr to go astray

foutaise‡ [futɛz] nf ▪ **(c'est de la) ~ !** (that's) bullshit!‡

foutoir‡ [futwaʀ] nm shambles *sg* ▪ **sa chambre est un vrai ~** his bedroom is a pigsty

foutraque* [futʀak] adj quirky, wacky*

foutre‡ [futʀ] **1** vt **a** (= faire) to do ▪ **il n'a rien foutu de la journée** he hasn't done a damned‡ thing all day ▪ **qu'est-ce que ça peut me ~ ?** what the hell do I care?‡ **b** (= mettre) ▪ **~ qn à la porte** to give sb the boot* ▪ **ça fout tout par terre** that screws everything up‡ ▪ **ça la fout mal** it looks pretty bad* **c** ▪ **~ le camp** [personne] to piss off‡ ; [bouton, rimmel, vis] to come off ▪ **fous-moi le camp !** get lost!‡ ▪ **tout fout le camp** everything's falling apart **2** **se foutre** vpr **a** (= se moquer) ▪ **se ~ de qn/qch** to take the mickey* out of sb/sth ; (= être indifférent) not to give a damn about sb/sth‡ ▪ **se ~ de qn** (= dépasser les bornes) to mess* sb about ▪ **ça, je m'en fous pas mal** I couldn't give a damn‡ about that **b** ▪ **va te faire ~ !**‡ fuck off!‡

foutu, e‡ [futy] adj **a** (avant le nom : intensif) [objet, appareil] damned‡ ; (= mauvais) [temps, pays, travail] damned awful‡ **b** [malade, vêtement] done for* *attrib* ; [appareil] buggered‡ BR ▪ **il est ~** he's had it* **c** (= bâti, conçu) ▪ **bien ~** well-made ▪ **mal ~** badly-made ▪ **elle est bien ~e** she's got a nice body **d** (= malade) ▪ **être mal ~** to feel lousy* **e** (= capable) ▪ **il est ~ de le faire** he's liable to go and do it ▪ **il est même pas ~ de réparer ça** he can't even mend the damned thing‡

fox-terrier (pl **~s**) [fɔkstɛʀje] nm fox terrier

foyer [fwaje] nm **a** (= maison) home ; (= famille) family ▪ **~ fiscal** household, *as defined for tax purposes* **b** (= âtre) hearth **c** (= résidence) [de vieillards] home ; [de jeunes] hostel ■ ~ **socio-éducatif** community home **d** (= lieu de réunion) club ; [de théâtre] foyer **e** ■ ~ **de** [+ incendie, agitation] centre of ; [+ lumière, infection] source of

fracas [fʀaka] nm [d'objet qui tombe] crash ; [de train, tonnerre, vagues] roar

fracassant, e [fʀakasɑ̃, ɑ̃t] adj [déclaration] sensational ; [succès] resounding

fracasser [fʀakase] vt [+ objet, mâchoire, épaule] to shatter ; [+ porte] to smash down

fraction [fʀaksjɔ̃] nf fraction ; [de groupe, somme, terrain] (small) part ■ **en une ~ de seconde** in a split second

fractionner [fʀaksjɔne] vt to divide (up)

fracturation [fʀaktyʀasjɔ̃] nf ■ ~ **hydraulique** fracking

fracture [fʀaktyʀ] nf fracture ; (fig) split ■ ~ **du crâne** fractured skull ■ **la ~ numérique** the digital divide ■ **la ~ sociale** the gap between the haves and the have-nots

fracturer [fʀaktyʀe] vt to fracture ; [+ coffre-fort, porte] to break open

fragile [fʀaʒil] adj fragile ; [organe, peau, tissu, équilibre] delicate ; [surface, revêtement] easily damaged ■ **« attention ~ »** (sur étiquette) "fragile, handle with care"

fragiliser [fʀaʒilize] vt [+ position, secteur, personne] to weaken ; [+ régime politique] to undermine

fragilité [fʀaʒilite] nf fragility ; [d'organe, peau] delicacy ; [de construction] flimsiness

fragment [fʀagmɑ̃] nm [de vase, roche, os, papier] fragment ; [de vitre] bit ; [de conversation] snatch

fragmenter [fʀagmɑ̃te] vt [+ matière] to break up ; [+ étude, travail] to divide (up) ; [+ disque dur] to fragment

fraîche [fʀɛʃ] adj, nf → **frais**

fraîchement [fʀɛʃmɑ̃] adv **a** (= récemment) newly ■ ~ **arrivé** just arrived **b** (= froidement) coolly

fraîcheur [fʀɛʃœʀ] nf coolness ; [d'aliment, sentiment, teint] freshness ■ **la ~ du soir** the cool of the evening

frais[1], fraîche [fʀɛ, fʀɛʃ] **1** adj **a** (= non chaud) fresh ; (= légèrement froid) cool **b** (= récent) recent ; [peinture] wet **2** adv ■ **il fait ~** (agréable) it's cool ; (froid) it's chilly ■ **« servir ~ »** "serve chilled" ■ **mettre au ~** [+ aliment, boisson] to put in a cool place

frais[2] [fʀɛ] nmpl (= débours) expenses ; (facturés) charges ■ **tous ~ compris** inclusive of all costs ■ **avoir de gros ~** to have heavy outgoings ■ **se mettre en ~** to go to great expense ■ **rentrer dans ses ~** to recover one's expenses ■ **à ses ~** at one's own expense ▸ **frais d'agence** agency fees ▸ **frais de déplacement** travelling expenses ▸ **frais divers** miscellaneous expenses ▸ **frais d'entretien** [de jardin, maison] (cost of) upkeep; [de machine, équipement] maintenance costs ▸ **frais d'envoi, frais d'expédition** forwarding charges ▸ **frais financiers** interest charges; [de crédit] loan charges ▸ **frais fixes** fixed charges ▸ **frais de fonctionnement** running costs ▸ **frais de garde** [d'enfant] childminding costs ▸ **frais généraux** overheads BR, overhead US ▸ **frais d'hospitalisation** hospital fees ▸ **frais d'hôtel** hotel expenses ▸ **frais d'inscription** registration fees ▸ **frais médicaux** medical expenses ▸ **frais de notaire** legal fees ▸ **frais de port et d'emballage** postage and packing ▸ **frais réels** allowable expenses ▸ **frais de scolarité** (Scol) school fees BR, tuition fees US; (Univ) tuition fees ▸ **frais de transport** transportation costs

fraise [fʀɛz] nf (= fruit) strawberry ■ ~ **des bois** wild strawberry

fraisier [fʀezje] nm (= plante) strawberry plant

framboise [fʀɑ̃bwaz] nf raspberry

framboisier [fʀɑ̃bwazje] nm (= plante) raspberry bush

franc[1], franche [fʀɑ̃, fʀɑ̃ʃ] adj **a** (= loyal) frank ■ **pour être ~ avec vous** to be frank with you **b** ■ **(livré) ~ de port** [marchandises] carriage-paid ; [paquet] postage paid

franc[2] [fʀɑ̃] nm (= monnaie) franc

français, e [fʀɑ̃sɛ, ɛz] **1** adj French **2** nm **a** (= langue) French **b** ■ **Français** Frenchman ■ **les Français** the French ■ **le Français moyen** the average Frenchman **3** **Française** nf Frenchwoman

France [fʀɑ̃s] nf France ■ **ambassade de ~** French embassy

Francfort [fʀɑ̃kfɔʀ] n Frankfurt ■ **Francfort-sur-le-Main** Frankfurt am Main

franche [fʀɑ̃ʃ] adj → **franc**

franchement [fʀɑ̃ʃmɑ̃] adv **a** (= honnêtement) frankly ■ **pour vous parler ~** to be frank with you **b** (= sans ambiguïté) clearly ; (= nettement) definitely ■ **dis-moi ~ ce que tu veux** tell me straight out what you want **c** (intensif) really ■ **ça m'a ~ dégoûté** it really disgusted me

franchir [fʀɑ̃ʃiʀ] vt [+ obstacle] to get over ; [+ rivière, ligne d'arrivée, seuil] to cross ; [+ porte] to go through ; [+ distance] to cover ; [+ mur du son] to break through ; [+ limite] to overstep

franchise [fʀɑ̃ʃiz] nf **a** [de personne] frankness ■ **en toute ~** quite frankly **b** (= exemption) ■ **importer qch en ~** to import sth

fr

duty-free ■ « ~ postale » ≈ official paid c [d'assurances] excess BR, deductible US d (Commerce) franchise ■ magasin en ~ franchised shop BR ou store US

> ⚠ Au sens de « sincérité », **franchise** ne se traduit pas par le mot anglais ***franchise***.

francilien, -ienne [frɑ̃siljɛ̃, jɛn] 1 adj from the Île-de-France 2 **Francilien(ne)** nm,f inhabitant of the Île-de-France

franc-jeu [frɑ̃ʒø] nm fair-play ■ **jouer ~** to play fair

franc-maçon, -onne (mpl **francs-maçons**, fpl **franc-maçonnes**) [frɑ̃masɔ̃, ɔn] nm,f freemason

franco [frɑ̃ko] adv ■ **~ de port** carriage-paid

franco-canadien, -ienne [frɑ̃kokanadjɛ̃, jɛn] adj, nm,f French Canadian

francophile [frɑ̃kɔfil] adj, nmf francophile

francophone [frɑ̃kɔfɔn] 1 adj French-speaking 2 nmf French speaker

francophonie [frɑ̃kɔfɔni] nf French-speaking world

franc-parler [frɑ̃parle] nm inv outspokenness ■ **avoir son ~** to speak one's mind

franc-tireur, -euse (mpl **francs-tireurs**) [frɑ̃tirœr, øz] nm,f (= combattant) irregular ; (= isolé) sniper ; (fig) maverick

frange [frɑ̃ʒ] nf a [de tissu] fringe ; [de cheveux] fringe BR, bangs US b (= minorité) fringe (group)

frangin* [frɑ̃ʒɛ̃] nm brother

frangine* [frɑ̃ʒin] nf sister

frangipane [frɑ̃ʒipan] nf almond paste

franquette* [frɑ̃kɛt] **à la bonne franquette** loc adv ■ **ce sera à la bonne ~** (repas) it'll be a simple meal

frappant, e [frapɑ̃, ɑ̃t] adj striking

frappe [frap] nf a (militaire) (military) strike ■ **~ aérienne** airstrike b [de boxeur] punch ; [de footballeur] kick ; [de joueur de tennis] stroke

frappé, e [frape] adj a (= saisi) ■ **j'ai été (très) ~ de voir que...** I was (quite) amazed to see that... b [champagne, café] iced

frapper [frape] 1 vt a (= cogner) (avec le poing, un projectile) to strike ; (avec un couteau) to stab ■ **~ qn à coups de poing/de pied** to punch/kick sb b [maladie] to strike (down) ; [coïncidence, détail] to strike ■ **frappé par le malheur** stricken by misfortune ■ **~ l'imagination** to catch the imagination ■ **ce qui me frappe** what strikes me c [mesures, impôts] to hit d [+ monnaie, médaille] to strike 2 vi to strike ■ **~ dans ses mains** to clap one's hands ■ **~ à la porte** to knock at the door ■ **on a frappé** there was a knock at the door ■ **~ fort** to hit hard

fraternel, -elle [fratɛrnɛl] adj brotherly

fraterniser [fratɛrnize] vi [pays, personnes] to fraternize

fraternité [fratɛrnite] nf (= amitié) fraternity *NonC*

fratricide [fratrisid] adj fratricidal

fraude [frod] nf fraud ■ **en ~** [fabriquer, vendre] fraudulently ■ **passer qch/faire passer qn en ~** to smuggle sth/sb in ■ **~ électorale** electoral fraud ■ **~ fiscale** tax evasion

frauder [frode] 1 vt to defraud ■ **~ le fisc** to evade taxation 2 vi to cheat ■ **il fraude souvent dans l'autobus** he often takes the bus without paying

fraudeur, -euse [frodœr, øz] nm,f person guilty of fraud ; (à la douane) smuggler ; (envers le fisc) tax evader ; (dans les transports) fare dodger

frauduleux, -euse [frodylø, øz] adj [pratiques, concurrence] fraudulent

frayer (se) [freje] vpr ■ **se frayer un passage (dans la foule)** to force one's way through (the crowd)

frayeur [frɛjœr] nf fright

fredonner [frədɔne] vt to hum

free-lance (pl **~s**) [frilɑ̃s] nmf freelance ■ **travailler en ~** to work freelance

freezer [frizœr] nm freezer compartment

frégate [fregat] nf frigate

frein [frɛ̃] nm brake ■ **donner un coup de ~** to brake ■ **donner un coup de ~ à** [+ dépenses, inflation] to curb ▸ **frein à main** handbrake

freinage [frenaʒ] nm braking

freiner [frene] 1 vt to slow down ; [+ dépenses, inflation, chômage] to curb ; [+ enthousiasme] to put a damper on 2 vi to brake ; (à ski, en patins) to slow down

frêle [frɛl] adj [tige] fragile ; [personne, corps, voix] frail

frelon [frəlɔ̃] nm hornet

frémir [fremir] vi a (d'horreur) to shudder ; (de fièvre) to shiver ; (de colère) to shake b [eau chaude] to simmer

frêne [frɛn] nm ash

frénésie [frenezi] nf frenzy

frénétique [frenetik] adj [applaudissements, rythme] frenzied ; [activité] frantic

fréquemment [frekamɑ̃] adv frequently

fréquence [frekɑ̃s] nf frequency

fréquent, e [frekɑ̃, ɑ̃t] adj frequent ■ **il est ~ de voir...** it is not uncommon to see...

fréquentable [frekɑ̃tabl] adj ■ **c'est quelqu'un de pas très ~** he's a bit of a dubious character

fréquentation [frekɑ̃tasjɔ̃] **1** nf (= action) ▪ **la ~ des églises** church attendance ▪ **la ~ des salles de cinéma augmente** the number of people going to the cinema is rising **2** **fréquentations** nfpl (= relations) ▪ **il a de mauvaises ~s** he's in with a bad crowd

fréquenté, e [frekɑ̃te] adj [lieu, établissement] busy ▪ **c'est un établissement bien/mal ~** the right/wrong kind of people go there

fréquenter [frekɑ̃te] **1** vt **a** [+ école, musée] to go to ; [+ lieu, milieu] to frequent **b** [+ voisins] to do things with ▪ **~ la bonne société** to move in fashionable circles ▪ **il les fréquente peu** he doesn't see them very often **2** **se fréquenter** vpr [amoureux] to go out together

frère [frɛr] nm brother ; (= moine) brother

fresque [frɛsk] nf fresco

fret [frɛ(t)] nm **a** (= prix) freightage ; (en camion) carriage **b** (= cargaison) freight ; (de camion) load

frétiller [fretije] vi to wriggle

friand, e [frijɑ̃, ɑ̃d] **1** adj ▪ **~ de** fond of **2** nm (à la viande) ≈ sausage roll BR

friandises [frijɑ̃diz] nfpl sweet things

fric* [frik] nm (= argent) money ▪ **il a beaucoup de ~** he's loaded*

fricadelle [frikadɛl], **fricandelle** [frikɑ̃dɛl] nf (Belg) *minced* BR *ou ground* US *meat formed into a sausage shape*

fricassée [frikase] nf fricassee

friche [friʃ] nf fallow land *NonC* ▪ **être en ~** [terre] to lie fallow ▪ **~ industrielle** industrial wasteland

fricoter* [frikɔte] **1** vt to cook up* ▪ **qu'est-ce qu'il fricote ?** what's he up to?* **2** vi ▪ **~ avec qn** (= avoir une liaison) to sleep with sb

friction [friksjɔ̃] nf **a** (= désaccord) friction **b** (= massage) rubdown

frictionner [friksjɔne] vt to rub

frigidaire® [friʒidɛr] nm refrigerator ▪ **au ~** in the refrigerator

frigide [friʒid] adj frigid

frigo* [frigo] nm fridge

frigorifié, e* [frigɔrifje] adj ▪ **être ~** (= avoir froid) to be frozen stiff

frigorifique [frigɔrifik] adj [camion, wagon] refrigerated

frileux, -euse [frilø, øz] adj **a** [personne] sensitive to the cold ▪ **il est très ~** he feels the cold **b** (= trop prudent) overcautious

frime* [frim] nf ▪ **c'est de la ~** it's all put on*

frimer* [frime] vi to show off*

frimeur, -euse* [frimœr, øz] nm,f show-off*

frimousse [frimus] nf sweet little face ; (= émoticone) emoticon

fringale* [frɛ̃gal] nf ▪ **j'ai une de ces ~s !** I'm ravenous*

fringant, e [frɛ̃gɑ̃, ɑ̃t] adj [cheval] frisky ; [personne, allure] dashing

fringuer (se)* [frɛ̃ge] vpr to get dressed ; (élégamment) to do o.s. up* ▪ **bien/mal fringué** well-/badly-dressed

fringues* [frɛ̃g] nfpl clothes

friper [fripe] vt, **se friper** vpr to crumple

friperie [fripri] nf (= boutique) secondhand clothes shop

fripes* [frip] nfpl (d'occasion) secondhand clothes

fripouille [fripuj] nf (péj) scoundrel

friqué, e‡ [frike] adj rich

frire [frir] vti ▪ **(faire) ~** to fry ; (en friteuse) to deep-fry

frise [friz] nf frieze

frisé, e [frize] adj [cheveux] curly ; [personne] curly-haired

friser [frize] **1** vt **a** [+ cheveux] to curl **b** [+ catastrophe, mort] to be within a hair's breadth of ; [+ insolence, ridicule] to verge on ▪ **~ la soixantaine** to be getting on for sixty **2** vi [cheveux] to be curly ; [personne] to have curly hair

frisette [frizɛt] nf **a** (= cheveux) little curl **b** (= lambris) panel

frisquet, -ette* [friskɛ, ɛt] adj [vent] chilly ▪ **il fait ~** it's chilly

frisson [frisɔ̃] nm [de froid, fièvre] shiver ; [de répulsion, peur] shudder

frissonner [frisɔne] vi (de peur) to quake ; (d'horreur) to shudder ; (de fièvre, froid) to shiver (de with)

frit, e [fri, frit] **1** adj fried **2** **frite** nf ▪ **(pommes) ~es** French fries, chips BR

friture [frityr] nf (= graisse) fat *(for frying)* ; (= poisson, mets) fried fish *NonC* ▪ **ça sent la ~** it smells of fried food ▪ **il y a de la ~ sur la ligne*** there's interference on the line

frivole [frivɔl] adj [personne, occupation] frivolous

frivolité [frivɔlite] nf frivolity

froc* [frɔk] nm (= pantalon) trousers, pants US

froid, e [frwa, frwad] **1** adj cold ▪ **il fait ~** it's cold ▪ **garder la tête ~e** to keep a cool head **2** nm **a** ▪ **le ~** the cold ▪ **j'ai ~** I'm cold ▪ **j'ai ~ aux pieds** my feet are cold ▪ **il fait ~** it's cold ▪ **« laver** ou **lavage à ~ »** "wash in cold water" **b** (= brouille) ▪ **nous sommes en ~** things are a bit strained between us

froidement [frwadmɑ̃] adv [accueillir, remercier] coldly ; [calculer, réfléchir] coolly ; [tuer] in cold blood

froideur [frwadœr] nf coldness

fr

froisser [fʀwase] **1** vt **a** [+ tissu, papier] to crumple **b** [+ personne] to hurt **2** **se froisser** vpr [personne] to take offence (*de* at) ▪ **se ~ un muscle** to strain a muscle

frôler [fʀole] vt **a** (= toucher) to brush against ▪ **~ la catastrophe** to come within a hair's breadth of a catastrophe ▪ **~ la victoire** to come close to victory **b** (= confiner à) to border on

fromage [fʀɔmaʒ] nm cheese ▸ **fromage blanc** fromage blanc ▸ **fromage de chèvre** goat's milk cheese ▸ **fromage frais** fromage frais

fromager, -ère [fʀɔmaʒe, ɛʀ] **1** adj [industrie, production] cheese **2** nm,f (= commerçant) cheese seller

fromagerie [fʀɔmaʒʀi] nf (= fabrique) cheese dairy ; (= magasin) cheese shop ; (= rayon) cheese counter

froment [fʀɔmɑ̃] nm wheat

froncement [fʀɔ̃smɑ̃] nm ▪ **~ de sourcils** frown

froncer [fʀɔ̃se] vt (Couture) to gather ▪ **~ les sourcils** to frown

fronde [fʀɔ̃d] nf **a** (= arme) sling ; (= jouet) catapult BR, slingshot US **b** (= révolte) revolt

frondeur, -euse [fʀɔ̃dœʀ, øz] adj rebellious

front [fʀɔ̃] **1** nm **a** (de personne) forehead **b** (Mil, Pol, Météo) front ▪ **tué au ~** killed in action ▪ **attaquer qn de ~** to attack sb head-on ▪ **faire ~ aux difficultés** to face up to the difficulties **2** comp ▸ **front de mer** sea front

frontal, e (mpl **-aux**) [fʀɔ̃tal, o] adj ▪ **choc ~** head-on crash

frontalier, -ière [fʀɔ̃talje, jɛʀ] adj [ville, zone] border *avant n*

frontière [fʀɔ̃tjɛʀ] **1** nf border ▪ **~ naturelle** natural boundary **2** adj inv ▪ **ville/zone ~** border town/zone

frontispice [fʀɔ̃tispis] nm frontispiece

frontiste [fʀɔ̃tist] **1** adj (= du Front National) National Front **2** nmf National Front supporter

frottement [fʀɔtmɑ̃] nm rubbing ; (Tech) friction

frotter [fʀɔte] **1** vt **a** [+ peau] to rub ▪ **frotte tes mains avec du savon** scrub your hands with soap ▪ **~ une allumette** to strike a match **b** (pour nettoyer) [+ cuivres, meubles, chaussures] to shine ; [+ plancher, casserole, linge] to scrub **2** vi to rub ▪ **la porte frotte (contre le plancher)** the door is rubbing (against the floor) **3** **se frotter** vpr **a** (= se laver) to rub o.s. ▪ **se ~ les mains** to rub one's hands **b** (= attaquer) ▪ **se ~ à qn** to cross swords with sb

frotteur [fʀɔtœʀ] nm (sexuel) frotteur

frottis [fʀɔti] nm (Méd) smear

froussard, e* [fʀusaʀ, aʀd] nm,f (péj) chicken*, coward

frousse* [fʀus] nf ▪ **avoir la ~** to be scared stiff*

fructifier [fʀyktifje] vi [investissement] to yield a profit ▪ **faire ~ son argent** to make one's money work for one

fructueux, -euse [fʀyktɥø, øz] adj [collaboration, recherches] fruitful ; [commerce] profitable

frugal, e (mpl **-aux**) [fʀygal, o] adj frugal

fruit [fʀɥi] nm fruit ▪ **il y a des ~s/trois ~s dans la coupe** there is some fruit/there are three pieces of fruit in the bowl ▪ **porter ses ~s** to bear fruit ▸ **fruits confits** candied fruits ▸ **fruits de mer** seafood ▸ **fruit de la passion** passion fruit ▸ **fruits rouges** red berries ▸ **fruit sec** dried fruit

fruité, e [fʀɥite] adj fruity

fruitier, -ière [fʀɥitje, jɛʀ] **1** adj fruit ▪ **arbre ~** fruit tree **2** nm,f (= marchand de fruits) fruit seller

fruste [fʀyst] adj coarse

frustrant, e [fʀystʀɑ̃, ɑ̃t] adj frustrating

frustration [fʀystʀasjɔ̃] nf frustration

frustré, e [fʀystʀe] adj frustrated

frustrer [fʀystʀe] vt **a** (= priver) ▪ **~ qn de** to deprive sb of **b** [+ attente, espoir] to thwart **c** (Psych) to frustrate

FS (abrév de **franc suisse**) SF

fuel [fjul] nm (= carburant) fuel oil ▪ **~ domestique** heating oil

fugace [fygas] adj fleeting

fugitif, -ive [fyʒitif, iv] nm,f fugitive

fugue [fyg] nf **a** (= fuite) ▪ **faire une ~** to run away **b** (Mus) fugue

fuguer [fyge] vi to run away

fuir [fɥiʀ] **1** vt [+ personne, danger] to avoid ; [+ responsabilité] to evade ; [+ lieu] to flee from **2** vi **a** [prisonnier] to escape **b** [récipient, robinet, liquide, gaz] to leak

fuite [fɥit] nf **a** [de fugitif] flight ▪ **~ des capitaux** flight of capital ▪ **~ des cerveaux** brain drain ▪ **prendre la ~** [personne] to run away ; [conducteur, voiture] to drive away **b** (= perte de liquide) leakage ▪ **~ de gaz/d'huile** gas/oil leak **c** (= indiscrétion) leak **d** (= trou) [de récipient, tuyau] leak

fuiter [fɥite] vi [information] to leak

fulgurant, e [fylgyʀɑ̃, ɑ̃t] adj [vitesse, progrès] lightning ; [succès, carrière] dazzling ; [ascension] meteoric

fumasse* [fymas] adj livid*

fumé, e[1] [fyme] adj smoked ▪ **verres ~s** [de lunettes] tinted lenses

fume-cigarette (pl **~s**) [fymsigaʀɛt] nm cigarette holder

fumée² [fyme] nf [de combustion] smoke ▪ **la ~ ne vous gêne pas ?** do you mind my smoking? ▪ **~s** [d'usine] fumes

fumer [fyme] **1** vi to smoke ; [soupe] to steam **2** vt to smoke ▪ **~ la cigarette/la pipe** to smoke cigarettes/a pipe

fumeur, -euse [fymœʀ, øz] nm,f smoker ▪ **(compartiment) ~s** smoking compartment BR ou car US ▪ **~ ou non-fumeur ?** smoking or non-smoking?

fumier [fymje] nm **a** (= engrais) manure **b** (‡ péj = salaud) bastard‡

fumigène [fymiʒɛn] adj [grenade] smoke

funambule [fynɑ̃byl] nmf tightrope walker

funèbre [fynɛbʀ] adj **a** (= de l'enterrement) funeral **b** [ton, silence] funereal ; [atmosphère, décor] gloomy

funérailles [fyneʀɑj] nfpl funeral

funéraire [fyneʀɛʀ] adj funerary

funiculaire [fynikylɛʀ] nm funicular railway

fur [fyʀ] **au fur et à mesure** loc adv [classer, nettoyer] as one goes along ; [dépenser] as fast as one earns ▪ **donnez-les-nous au ~ et à mesure que vous les recevez** give them to us as you receive them

furet [fyʀɛ] nm (= animal) ferret

fureter [fyʀ(ə)te] vi (= regarder) to nose about ; (= fouiller) to rummage about

fureur [fyʀœʀ] nf fury ▪ **faire ~** to be all the rage

furie [fyʀi] nf **a** (= mégère) shrew **b** (= violence, colère) fury ▪ **en ~** [personne] in a rage ; [mer] raging

furieux, -ieuse [fyʀjø, jøz] adj (= en colère) furious (*contre* with, at)

furoncle [fyʀɔ̃kl] nm boil

furtif, -ive [fyʀtif, iv] adj furtive ▪ **avion ~** stealth bomber

furtivement [fyʀtivmɑ̃] adv furtively

fusain [fyzɛ̃] nm (= crayon) charcoal crayon

fuseau (pl **~x**) [fyzo] nm **a** ▪ **(pantalon) ~, ~x** stretch ski pants BR, stirrup pants US **b** ▪ **~ horaire** time zone

fusée [fyze] nf (space) rocket ► **fusée de détresse** distress rocket

fuselage [fyz(ə)laʒ] nm fuselage

fuselé, e [fyz(ə)le] adj [jambes] spindly ; [colonne] spindle-shaped ; [doigts] tapering

fuser [fyze] vi [cris, rires] to burst forth ; [questions] to come from all sides ▪ **les plaisanteries fusaient** the jokes came thick and fast

fusible [fyzibl] nm fuse ▪ **les ~s ont sauté** the fuses have blown

fu

fusil [fyzi] nm (de guerre, à canon rayé) rifle ; (de chasse, à canon lisse) shotgun ► **fusil à air comprimé** airgun ► **fusil à canon scié** sawn-off BR ou sawed-off US shotgun ► **fusil de chasse** shotgun

fusillade [fyzijad] nf (= bruit) shooting *NonC* ; (= combat) shoot-out

fusiller [fyzije] vt (= exécuter) to shoot

fusil-mitrailleur (pl **fusils-mitrailleurs**) [fyzimitʀɑjœʀ] nm machine gun

fusion [fyzjɔ̃] nf **a** [de métal] melting ▪ **en ~** molten **b** (Physique, Bio) fusion ▪ **~ nucléaire** nuclear fusion **c** [de partis] merging ; [de sociétés] merger

fusionner [fyzjɔne] vti to merge

fût [fy] nm **a** [d'arbre] trunk **b** (= tonneau) barrel

futé, e [fyte] adj crafty ▪ **il n'est pas très ~** he's not very bright

futile [fytil] adj [tentative] futile ; [occupation, propos] trivial ; [personne] frivolous

futur, e [fytyʀ] **1** adj (= prochain) future ▪ **les ~s époux** the bride-and-groom-to-be ▪ **~ directeur** future director **2** nm **a** (= avenir) future **b** (Gram) ▪ **le ~** the future tense

futuriste [fytyʀist] adj futuristic

fuyait [fɥiɛ] vb → **fuir**

fuyant, e [fɥijɑ̃, ɑ̃t] adj [regard, air] evasive ; [menton, front] receding

fuyard, e [fɥijaʀ, aʀd] nm,f runaway

gG

g (abrév de **gramme**) g

gabardine [gabaʀdin] nf gabardine

gabarit [gabaʀi] nm **a** (= dimension) size **b** * [de personne] (= taille) size ; (= valeur) calibre BR, caliber US **c** (= maquette) template

Gabon [gabɔ̃] nm Gabon

gabonais, e [gabɔnɛ, ɛz] **1** adj Gabonese **2** **Gabonais(e)** nm,f Gabonese

gâcher [gɑʃe] vt to waste ; [+ jeunesse, séjour, chances] to ruin

gâchette [gaʃɛt] nf [d'arme] trigger ■ **appuyer sur la ~** to pull the trigger

gâchis [gɑʃi] nm (= gaspillage) waste *NonC*

gadelle [gadɛl] nf (Can) currant ■ **~ rouge** redcurrant ■ **~ noire** blackcurrant

gadget [gadʒɛt] nm (= ustensile) gadget

gadgétiser [gadʒetize] vt to equip with gadgets

gadoue [gadu] nf (= boue) mud ; (= neige) slush

gaélique [gaelik] adj, nm Gaelic

GAFAM [gafam] nmpl (abrév de **Google, Apple, Facebook, Amazon, Microsoft**) GAFAM

gaffe [gaf] nf (= bévue) blunder ■ **faire une ~** (action) to make a blunder ; (parole) to say the wrong thing ■ **désolé, j'avais pas fait ~*** sorry, I wasn't paying attention ■ **fais ~ !*** watch out!

gaffer [gafe] vi (bévue) to blunder ; (paroles) to say the wrong thing ■ **j'ai gaffé ?** did I say the wrong thing?

gag [gag] nm joke ; [de comique] gag

gaga* [gaga] adj [vieillard] gaga*

gage [gaʒ] nm **a** (à un créancier, arbitre) security ■ **mettre qch en ~** to pawn sth ■ **laisser qch en ~** to leave sth as (a) security **b** (= garantie) guarantee **c** (= témoignage) proof *NonC* ■ **en ~ de notre amitié** as a token ou in token of our friendship **d** (Jeux) forfeit

gageure [gaʒyʀ] nf challenge

gagnant, e [gaɲɑ̃, ɑ̃t] **1** adj [numéro, combinaison] winning ■ **c'est gagnant-gagnant** it's a win-win situation (ou solution) **2** nm,f winner

gagner [gaɲe] **1** vt **a** (= acquérir par le travail) to earn ■ **elle gagne bien sa vie** she earns a good living ■ **~ de l'argent** (par le travail) to earn ; (dans une affaire) to make money **b** (= mériter) to earn **c** [+ prix, compétition] to win ■ **~ le gros lot** to hit the jackpot **d** (= obtenir) to gain ; [+ parts de marché, confiance] to win ■ **chercher à ~ du temps** (= temporiser) to play for time ■ **~ du terrain** to gain ground ■ **~ de la place** to save space ■ **c'est toujours ça de gagné !** that's always something! ■ **~ qn à sa cause** to win sb over **e** (= augmenter de) ■ **~ dix centimètres** [plante, enfant] to grow ten centimetres ■ **l'indice CAC 40 gagne 4 points** the CAC 40 index is up 4 points **f** (= envahir) to spread to **g** (= atteindre) to reach **2** vi **a** (= être vainqueur) to win ■ **~ aux courses** to win on the horses ■ **~ haut la main** to win hands down **b** (= trouver un avantage) ■ **qu'est-ce que j'y gagne ?** what do I get out of it? ■ **elle y a gagné, elle a gagné au change** she ended up better off

gagneur, -euse [gaɲœʀ, øz] nm,f (= battant) go-getter*

gai, e [ge] adj **a** (= joyeux) cheerful ; [couleur, pièce] bright ■ **on annonce une nouvelle grève, c'est ~ !** there's going to be another strike - just what we needed! ■ **un ~ luron** a cheerful fellow **b** (= ivre) merry

gaiement [gemɑ̃] adv (= joyeusement) cheerfully ■ **allons-y ~ !** come on then, let's get on with it!

gaieté [gete] nf cheerfulness ; [de couleur] brightness ■ **plein de ~** cheerful ■ **ce n'est pas de ~ de cœur qu'il a accepté** it was with some reluctance that he accepted

gaillard [gajaʀ] nm **a** (= costaud) ■ **(grand** ou **beau) ~** strapping fellow **b** (* = type) guy* ■ **toi, mon ~, je t'ai à l'œil !** I've got my eye on you, chum!*

gain [gɛ̃] nm **a** [de société] profit ; (au jeu) winnings **b** (= lucre) ■ **le ~** gain **c** (= économie) saving ■ **le ~ de place est énorme** it saves a considerable amount of space **d** (= accroissement) gain ■ **~ de productivité** productivity gain **e** ■ **avoir** ou **obtenir ~ de cause** (Droit) to win the case ; (fig) to be proved right

gaine [gɛn] nf **a** (= vêtement) girdle **b** (= fourreau) sheath ■ **~ d'aération** ou **de ventilation** ventilation shaft

gainer [gene] vt to cover ; [+ fil électrique] to sheathe ■ **jambes gainées de soie** legs sheathed in silk

gaîté [gete] nf ⇒ **gaieté**

gala [gala] nm gala ■ **soirée de ~** gala evening

galant, e [galɑ̃, ɑ̃t] adj **a** (= courtois) polite ■ **c'est un ~ homme** he is a gentleman **b** ■ **en ~e compagnie** [homme] with a lady friend ; [femme] with a gentleman friend ■ **rendez-vous ~** tryst

galaxie [galaksi] nf galaxy ; (= monde, domaine) world

galbe [galb] nm [de meuble, mollet] curve

gale [gal] nf scabies ; [de chien, chat] mange ; [de mouton] scab ▪ **je n'ai pas la ~ !*** I haven't got the plague!

galère [galɛʀ] nf (= bateau) galley ▪ **quelle ~ !*, c'est (la) ~ !*** what a drag!*

galérer* [galeʀe] vi (= avoir des difficultés) to have a lot of hassle*

galerie [galʀi] nf a [de mine] level b (= magasin) gallery ▸ **galerie d'art** art gallery ▸ **galerie marchande** shopping mall c (Théâtre) circle d [de voiture] roof rack

galet [galɛ] nm (= pierre) pebble ▪ **plage de ~s** shingle beach

galette [galɛt] nf (= gâteau) *round, flat biscuit* ; (= crêpe) pancake ▪ **~ des Rois** *cake eaten in France on Twelfth Night*

galipette* [galipɛt] nf (= cabriole) somersault ▪ **faire des ~s** (cabrioles) to do somersaults

Galles [gal] nfpl → **pays**

gallicisme [ga(l)lisism] nm (= idiotisme) French idiom ; (dans une langue étrangère) (= calque) Gallicism

gallois, e [galwa, waz] 1 adj Welsh 2 nm a (= langue) Welsh b ▪ **Gallois** Welshman ▪ **les Gallois** the Welsh 3 **Galloise** nf Welshwoman

galoche* [galɔʃ] nf (= baiser) French kiss*

galocher* [galɔʃe] vt to French kiss*

galon [galɔ̃] nm (Couture) braid *NonC* ; (Mil) stripe

galop [galo] nm gallop ▪ **partir au ~** [cheval] to set off at a gallop ; [personne] to go off like a shot ▸ **galop d'essai** trial gallop; (fig) trial run

galoper [galɔpe] vi [cheval] to gallop ; [imagination] to run wild ; [enfant] to run ▪ **j'ai galopé toute la journée !*** I've been rushing around all day!

galopin* [galɔpɛ̃] nm (= polisson) urchin ▪ **petit ~ !** you little rascal!

galvaniser [galvanize] vt to galvanize

galvaudé, e [galvode] adj [expression] hackneyed ; [mot] overused

gambader [gɑ̃bade] vi [animal] to gambol ; [personne, enfant] to caper (about)

gambas [gɑ̃bas] nfpl Mediterranean prawns

gamberger* [gɑ̃bɛʀʒe] vi (= réfléchir) to think hard ; (= se faire du souci) to brood

gamelle [gamɛl] nf [d'ouvrier, campeur] billy can ; [de chien] bowl ▪ **(se) prendre une ~*** to come a cropper* BR

gameur, -euse [gɛmœʀ, øz] nm,f gamer

gamin, e [gamɛ̃, in] nm,f (= enfant) kid*

gaminerie [gaminʀi] nf (= espièglerie) playfulness *NonC* ; (= puérilité) childishness *NonC* ▪ **arrête tes ~s** stop being so childish

gamme [gam] nf a [de couleurs, articles] range ▪ **haut de ~** upmarket ▪ **bas de ~** downmarket b (Mus) scale ▪ **faire des ~s** to practise scales

gammée [game] nf, adj f → **croix**

gang [gɑ̃g] nm gang

ganglion [gɑ̃glijɔ̃] nm ganglion ▪ **il a des ~s** he has swollen glands

gangrène [gɑ̃gʀɛn] nf gangrene

gangster [gɑ̃gstɛʀ] nm (= criminel) gangster

gant [gɑ̃] nm glove ▪ **cette robe lui va comme un ~** that dress fits her like a glove ▪ **prendre des ~s avec qn** to go carefully with sb ▸ **gants de boxe** boxing gloves ▸ **gant de crin** massage glove ▸ **gant de toilette** ≈ facecloth BR, ≈ wash cloth US

garage [gaʀaʒ] nm garage

garagiste [gaʀaʒist] nmf (= propriétaire) garage owner ; (= mécanicien) garage mechanic ▪ **emmener sa voiture chez le ~** to take one's car to the garage

garant, e [gaʀɑ̃, ɑ̃t] nm,f (= personne) guarantor (*de* for) ; (= chose) guarantee ▪ **se porter ~ de qch** to vouch for sth

garantie [gaʀɑ̃ti] nf a guarantee ; (= gage) security ▪ **sous ~** under guarantee b [de police d'assurance] cover *NonC*

garantir [gaʀɑ̃tiʀ] vt (= assurer) to guarantee ; [+ emprunt] to secure ▪ **je te garantis que ça ne se passera pas comme ça !*** I can assure you things won't turn out like that!

garce* [gaʀs] nf (péj = méchante) bitch*

garçon [gaʀsɔ̃] nm a (= enfant, fils) boy ▪ **tu es un grand ~ maintenant** you're a big boy now ▪ **~ manqué** tomboy b (= jeune homme) young man ▪ **il est beau** ou **joli ~** he's good-looking ▸ **garçon d'honneur** best man c (= serveur) ▪ **~ de café** waiter

garçonnet [gaʀsɔnɛ] nm small boy ▪ **taille ~** boy's size

garde¹ [gaʀd] nf a (= surveillance) ▪ **confier qch/qn à la ~ de qn** to entrust sth/sb to sb's care ▸ **garde à vue** ≈ police custody ▪ **être mis** ou **placé en ~ à vue** ≈ to be kept in police custody b (après divorce) custody ▪ **elle a eu la ~ des enfants** she got custody of the children c (= veille) ▪ **être de ~** to be on duty ▪ **pharmacie de ~** duty chemist BR ou pharmacist US d (= groupe, escorte) guard ▸ **garde d'honneur** guard of honour ▸ **garde républicaine** Republican Guard e (loc) ▪ **mettre qn en ~** to warn sb ▪ **mise en ~** warning ▪ **prendre ~ de** ou **à ne pas faire qch** to be careful not to do sth ▪ **être/se**

tenir sur ses ~s to be/stay on one's guard ■ **monter la ~** [soldat] to mount guard

garde[2] [gaʀd] nm [de locaux, prisonnier] guard ; [de domaine, château] warden BR, keeper US ; [de jardin public] keeper ▸ **garde champêtre** rural policeman ▸ **garde du corps** bodyguard ▸ **garde forestier** forest warden BR, (park) ranger US ▸ **Garde des Sceaux** French Minister of Justice

garde-à-vous [gaʀdavu] nm inv ■ **~ !** attention! ■ **se mettre au ~** to stand to attention

garde-boue [gaʀdəbu] nm inv mudguard BR, fender US

garde-corps [gaʀdəkɔʀ] nm inv (en fer) railing ; (en pierre) parapet

garde-côte [gaʀdəkot] nmf (= personne) coastguard

garde-fou (pl **~s**) [gaʀdəfu] nm (en fer) railing ; (en pierre) parapet ; (fig) safeguard

garde-malade (pl **gardes-malades**) [gaʀd(ə)malad] nmf home nurse

garde-manger [gaʀd(ə)mɑ̃ʒe] nm inv (= armoire) meat safe BR, cooler US ; (= pièce) pantry

garde-meuble (pl **~s**) [gaʀdəmœbl] nm storehouse

garde-pêche[1] (pl **gardes-pêches**) [gaʀdəpɛʃ] nmf (= personne) water bailiff BR, fish and game warden US

garde-pêche[2] (pl **~s**) [gaʀdəpɛʃ] nm (= frégate) fisheries protection vessel

garder [gaʀde] 1 vt a to keep ■ **gardez la monnaie** keep the change ■ **~ qn à déjeuner** to have sb stay for lunch ■ **~ les yeux baissés** to keep one's eyes down ■ **gardez cela pour vous** keep it to yourself ■ **il a gardé toutes ses facultés** ou **toute sa tête** he still has all his faculties ■ **~ son calme/le silence** to keep calm/silent ■ **~ un bon souvenir de qch** to have happy memories of sth ■ **~ espoir** to keep hoping b (= surveiller) to look after ; [+ prisonnier, frontière, porte] to guard ■ **~ des enfants** (métier) to be a child minder BR ou daycare worker US 2 **se garder** vpr a [de denrées] to keep b ■ **se ~ de faire qch** to be careful not to do sth

garderie [gaʀdəʀi] nf (jeunes enfants) day nursery BR, daycare center US ; (à l'école) *childminding service for working parents*

garde-robe (pl **~s**) [gaʀdəʀɔb] nf (= habits) wardrobe

gardian [gaʀdjɑ̃] nm herdsman *(in the Camargue)*

gardien, -ienne [gaʀdjɛ̃, jɛn] nm,f [de prisonnier, locaux] guard ; [de propriété, château] warden BR, keeper US ; [d'hôtel] night porter ; [de jardin public, zoo] keeper ; [d'immeuble] caretaker ▸ **gardien de but** goalkeeper ▸ **gardienne d'enfants** child minder BR, daycare worker US ▸ **gardien de musée** museum attendant ▸ **gardien de nuit** night watchman ▸ **gardien de la paix** policeman ▸ **gardien de prison** prison officer

gare[1] [gaʀ] nf station ■ **le train entre en ~** the train is coming in ■ **roman/littérature de ~** (péj) pulp novel/literature ▸ **gare de marchandises** goods BR ou freight US station ▸ **gare routière** [d'autocars] coach BR ou bus US station

gare[2]* [gaʀ] excl ■ **~ à toi !** watch it!*

garer [gaʀe] 1 vt [+ véhicule] to park 2 **se garer** vpr a (= stationner) to park b (= se ranger de côté) to pull over

gargote [gaʀgɔt] nf cheap restaurant

gargouille [gaʀguj] nf gargoyle

gargouiller [gaʀguje] vi [eau] to gurgle ; [intestin] to rumble

garnement [gaʀnəmɑ̃] nm scamp ■ **petit ~ !** you little rascal!

garni, e [gaʀni] adj [plat, viande] served with vegetables

garnir [gaʀniʀ] vt a (= équiper) ■ **~ de** to fit out with b (= doubler) to line (*de* with) ; (= couvrir) to cover c (= remplir) to fill (*de* with) ; (= rembourrer) to pad ; [+ réfrigérateur] to stock (*de* with) d (= décorer) [+ vêtement] to trim (*de* with) ; [+ aliment] to garnish (*de* with) ■ **~ une table de fleurs** to decorate a table with flowers

garnison [gaʀnizɔ̃] nf (= troupes) garrison ■ **être en ~ à** to be stationed at

garniture [gaʀnityʀ] nf [de robe, chapeau] trimming *NonC* ; (= légumes) vegetables ; [de vol-au-vent] filling ■ **~ d'embrayage/de frein** clutch/brake lining

garrocher* [gaʀɔʃe] (= Can) 1 vt (= lancer) to chuck* 2 **se garrocher** vpr to rush

garrot [gaʀo] nm (Méd) tourniquet ■ **poser un ~** to apply a tourniquet

garrotter [gaʀɔte] vt (= attacher) to tie up

gars* [gɑ] nm (= enfant) boy ; (= adulte) guy*

gaspillage [gaspijaʒ] nm waste

gaspiller [gaspije] vt to waste

gastrique [gastʀik] adj gastric

gastroentérite [gastʀoɑ̃teʀit] nf gastroenteritis *NonC*

gastronome [gastʀɔnɔm] nmf gourmet

gastronomie [gastʀɔnɔmi] nf gastronomy

gastronomique [gastʀɔnɔmik] adj gastronomic ; → **menu**

gâté, e [gɑte] adj [enfant, fruit] spoilt ; [dent] bad

gâteau (pl **~x**) [gɑto] nm (= pâtisserie) cake ■ **~ d'anniversaire** birthday cake ■ **c'est du ~*** it's a piece of cake* ▸ **gâteaux (à) apéri-**

tif (small) savoury biscuits ▸ **gâteaux secs** biscuits BR, cookies US

gâter [gɑte] **1** vt **a** [+ paysage, plaisir] to ruin ▪ **et, ce qui ne gâte rien, elle est jolie** and she's pretty, which is an added bonus **b** [+ enfant] to spoil ▪ **il pleut, on est gâté !** (iro) just our luck! - it's raining! ▪ **il n'est pas gâté par la nature** he hasn't been blessed by nature **2** **se gâter** vpr [temps, ambiance, relations] to take a turn for the worse

gâteux, -euse* [gɑtø, øz] adj (= sénile) senile

gauche [goʃ] **1** adj **a** (opposé à droit) left ▪ **du côté ~** on the left-hand side **b** (= maladroit) awkward **2** nf **a** (= côté) ▪ **la ~** the left, the left-hand side ▪ **à ~** on the left, to the left ▪ **le tiroir de ~** the left-hand drawer ▪ **rouler à ~** ou **sur la ~** to drive on the left ▪ **de ~ à droite** from left to right ; pour autres loc voir **droit** **b** (Pol) ▪ **la ~** the left ▪ **homme de ~** left-winger ▪ **candidat de ~** left-wing candidate

gaucher, -ère [goʃe, ɛʀ] adj left-handed

gauchisme [goʃism] nm leftism

gauchiste [goʃist] adj, nmf leftist

gaufre [gofʀ] nf (= gâteau) waffle

gaufrer [gofʀe] **1** vt (en relief) to emboss ▪ **papier gaufré** embossed paper **2** **se gaufrer*** vpr (= tomber) to take a tumble ; (= échouer) to fail miserably

gaufrette [gofʀɛt] nf wafer

gauler* [gole] vt ▪ **il s'est fait ~*** he got caught

gaulois, e [golwa, waz] **1** adj Gallic ▪ **esprit ~** bawdy Gallic humour **2** **Gaulois(e)** nm,f Gaul

gaver [gave] **1** vt [+ animal] to force-feed ; [+ personne] to fill up (*de* with) ▪ **ça me gave*** it really hacks me off* **2** **se gaver** vpr ▪ **se ~ de** [+ nourriture] to stuff o.s. with

gay* [gɛ] adj, nm gay

gaz [gɑz] nm inv **a** gas ▪ **se chauffer au ~** to have gas heating ▪ **faire la cuisine au ~** to cook with gas ▪ **avoir des ~** to have wind ▸ **gaz carbonique** carbon dioxide ▸ **gaz d'échappement** exhaust ▸ **gaz à effet de serre** greenhouse effect gas ▸ **gaz lacrymogène** teargas ▸ **gaz de schiste** shale gas **b** (Can = essence) petrol BR, gas US

Gaza [gaza] n ▪ **la bande de ~** the Gaza Strip

gaze [gɑz] nf gauze

gazelle [gazɛl] nf gazelle

gazer [gɑze] **1** vi ▪ **ça gaze ?*** (affaires, santé) how's things?* **2** vt (Mil) to gas

gazeux, -euse [gɑzø, øz] adj gaseous ▪ **boisson gazeuse** fizzy drink BR, soda US

gazinière [gɑzinjɛʀ] nf gas cooker

gazoduc [gɑzodyk] nm gas main

gazole [gazɔl] nm diesel oil

gazon [gɑzɔ̃] nm (= pelouse) lawn ▪ **le ~** (= herbe) the grass

gazonner [gɑzɔne] vt [+ talus, terrain] to plant with grass

gazouiller [gazuje] vi [oiseau] to chirp, to twitter ; [ruisseau] to babble ; [bébé] to gurgle

GDF [ʒedeɛf] nm (abrév de **Gaz de France**) *French gas company*

geai [ʒɛ] nm jay

géant, e [ʒeɑ̃, ɑ̃t] **1** adj [objet, animal, plante] gigantic ; [écran] giant ▪ **c'est ~ !*** it's great!* **2** nm giant

GED [ʒɛd] nf (abrév de **gestion électronique de documents**) EDM *(electronic document management)*

geindre [ʒɛ̃dʀ] vi to moan (*de* with)

gel [ʒɛl] nm **a** (= temps) frost **b** [de salaires, programme] freeze **c** (= substance) gel ▪ **~ coiffant** hair styling gel

gélatine [ʒelatin] nf gelatine

gélatineux, -euse [ʒelatinø, øz] adj gelatinous

gelé, e [ʒ(ə)le] **1** adj frozen ; [membre] frostbitten **2** **gelée** nf **a** (= gel) frost **b** [de fruits, viande] jelly ▪ **~e royale** royal jelly

geler [ʒ(ə)le] **1** vt to freeze ; [+ terres agricoles] to set aside **2** **se geler** vpr (* = avoir froid) to freeze ▪ **on se gèle ici** it's freezing here **3** vi **a** (gén) to freeze ; [récoltes] to be hit by frost **b** (= avoir froid) to be freezing ▪ **on gèle ici** it's freezing here **4** vb impers ▪ **il gèle** it's freezing

gélule [ʒelyl] nf capsule

Gémeaux [ʒemo] nmpl ▪ **les ~** Gemini ▪ **il est ~** he's (a) Gemini

gémir [ʒemiʀ] vi **a** (= geindre) to groan ▪ **~ sur son sort** to bemoan one's fate **b** [ressort, gonds, plancher] to creak ; [vent] to moan

gémissement [ʒemismɑ̃] nm groan ; (prolongé) groaning *NonC* ; [de vent] moaning *NonC*

gênant, e [ʒɛnɑ̃, ɑ̃t] adj **a** (= irritant) annoying ▪ **ce n'est pas ~** it's OK **b** (= embarrassant) awkward

gencive [ʒɑ̃siv] nf gum

gendarme [ʒɑ̃daʀm] nm policeman ▪ **jouer aux ~s et aux voleurs** to play cops and robbers ▸ **gendarme couché** speed bump

gendarmerie [ʒɑ̃daʀməʀi] nf police ; (= bureaux) police station

gendre [ʒɑ̃dʀ] nm son-in-law

gène [ʒɛn] nm gene

gêne [ʒɛn] nf **a** (= malaise physique) discomfort ▪ **~ respiratoire** respiratory problems **b** (= dérangement) trouble **c** (= manque d'argent) financial difficulties **d** (= confusion, trouble) embarrassment

gêné, e [ʒene] adj **a** (= à court d'argent) short of money *attrib* **b** (= embarrassé) embarrassed ; [silence] awkward ▪ **il n'est pas ~ !** he's got a nerve!* **c** (physiquement) uncomfortable

généalogie [ʒenealɔʒi] nf genealogy

généalogique [ʒenealɔʒik] adj genealogical

gêner [ʒene] **1** vt **a** (= déranger) [bruit] to bother ; [vêtement étroit, obstacle] to hamper ▪ **cela vous gêne-t-il si je fume ?** do you mind if I smoke? ▪ **et alors, ça te gêne ?*** so what?* ▪ **~ la circulation** to hold up the traffic **b** (= mettre mal à l'aise) to make feel uncomfortable ▪ **ça me gêne de vous dire ça mais...** I hate to tell you but... **2** **se gêner** vpr (= se contraindre) to put o.s. out ▪ **ne vous gênez pas pour moi** don't mind me ▪ **ne vous gênez pas !** (iro) do you mind!

général, e (mpl **-aux**) [ʒeneʀal, o] **1** adj general ▪ **d'une façon** ou **manière ~e** in general ▪ **dans l'intérêt ~** in the common interest ▪ **à la surprise ~e** to everyone's surprise ▪ **à la demande ~e** in response to popular demand **2** nm [d'armée] general ▪ **oui mon ~** yes sir **3** **en général** loc adv (= habituellement) usually ; (= de façon générale) in general

généralement [ʒeneʀalmɑ̃] adv generally

généralisation [ʒeneʀalizasjɔ̃] nf (= déduction) generalization

généraliser [ʒeneʀalize] **1** vt [+ méthode] to bring into general use **2** vi (= globaliser) to generalize **3** **se généraliser** vpr [infection, conflit] to spread ; [procédé] to become widespread ▪ **crise généralisée** general crisis

généraliste [ʒeneʀalist] adj, nmf ▪ **(médecin) ~** general practitioner

généralités [ʒeneʀalite] nfpl (= introduction) general points ; (péj = banalités) general remarks

générateur [ʒeneʀatœʀ] nm generator

génération [ʒeneʀasjɔ̃] nf generation

générer [ʒeneʀe] vt to generate

généreux, -euse [ʒeneʀø, øz] adj **a** generous **b** [sentiment, idée] noble **c** [poitrine] ample ▪ **formes généreuses** generous curves

générique [ʒeneʀik] **1** adj generic ; [produit] unbranded **2** nm (Ciné) credits

générosité [ʒeneʀozite] nf generosity ▪ **avec ~** generously

genèse [ʒənɛz] nf genesis ▪ **la Genèse** Genesis

genêt [ʒ(ə)nɛ] nm (= plante) broom ▪ **~s** broom

génétique [ʒenetik] **1** adj genetic **2** nf genetics *sg*

génétiquement [ʒenetikmɑ̃] adv genetically ; → **organisme**

Genève [ʒ(ə)nɛv] n Geneva

génial, e (mpl **-iaux**) [ʒenjal, jo] adj **a** [écrivain] of genius ; [plan, idée, invention] inspired **b** (* = formidable) great*

> ⚠ **génial** ne se traduit pas par le mot anglais ***genial***, qui signifie « cordial ».

génie [ʒeni] nm **a** (= aptitude, personne) genius ▪ **idée de ~** brilliant idea **b** (Mil) ▪ **le ~** ≈ the Engineers **c** (= technique) engineering ► **génie civil/mécanique** civil/mechanical engineering ► **génie génétique** genetic engineering

genièvre [ʒənjɛvʀ] nm juniper berry

génisse [ʒenis] nf heifer

génital, e (mpl **-aux**) [ʒenital, o] adj genital ▪ **parties ~es** genitals

génitif [ʒenitif] nm genitive ▪ **au ~** in the genitive

génocide [ʒenɔsid] nm genocide

génois, e [ʒenwa, waz] **1** adj Genoese **2** **Génois(e)** nm,f Genoese **3** **génoise** nf (= gâteau) sponge cake

genou (pl **~x**) [ʒ(ə)nu] nm knee ▪ **prendre qn sur ses ~x** to take sb on one's lap ▪ **il m'a donné un coup de ~ dans le ventre** he kneed me in the stomach ▪ **faire du ~ à qn*** to play footsie with sb* ▪ **il était à ~x** he was kneeling ▪ **se mettre à ~x** to kneel down ▪ **être sur les ~x** [personne] to be ready to drop

genouillère [ʒ(ə)nujɛʀ] nf (Sport) kneepad

genre [ʒɑ̃ʀ] nm **a** (= espèce) kind, type ▪ **elle n'est pas du ~ à se laisser faire** she's not the kind to let people push her around ▪ **c'est bien son ~ !** that's just like him! ▪ **ce qui se fait de mieux dans le ~** the best of its kind ▪ **réparations en tout ~** ou **en tous ~s** all kinds of repairs undertaken ▪ **des remarques de ce ~** comments like that ► **le genre humain** the human race **b** (= allure) ▪ **avoir bon/mauvais ~** to look respectable/disreputable ▪ **je n'aime pas son ~** I don't like his style **c** (= style artistique) genre **d** (Gram, Sociologie) gender

genré, e [ʒɑ̃ʀe] adj gendered

gens [ʒɑ̃] nmpl people ▪ **les ~ de la ville** the townsfolk ► **les gens du voyage** (= gitans) travellers

gentil, -ille [ʒɑ̃ti, ij] adj **a** (= aimable) kind, nice (*avec*, *pour* to) ▪ **c'est ~ à toi** ou **de ta part de...** it's very kind of you to... ▪ **sois ~, va me le chercher** be a dear and go and get it for me **b** (= sage) good

> ⚠ **gentil** ne se traduit pas par ***gentle***, qui signifie « doux ».

ge

gentilhommière [ʒɑ̃tijɔmjɛʀ] nf country house

gentillesse [ʒɑ̃tijɛs] nf kindness ▪ **auriez-vous la ~ de faire...** would you be so kind as to do...

gentiment [ʒɑ̃timɑ̃] adv kindly

gentrifier [ʒɑ̃tʀifje] **1** vt to gentrify **2** **se gentrifier** vpr to become gentrified

géoblocage [ʒeoblɔkaʒ] nm geo-blocking

géobloqué, e [ʒeoblɔke] adj geo-blocked

géographie [ʒeɔgʀafi] nf geography

géographique [ʒeɔgʀafik] adj geographical

géolocalisation [ʒeɔlɔkalizasjɔ̃] nf geolocalization

géolocaliser [ʒeɔlɔkalize] vt to geolocalize

géologie [ʒeɔlɔʒi] nf geology

géologique [ʒeɔlɔʒik] adj geological

géologue [ʒeɔlɔg] nmf geologist

géomètre [ʒeɔmɛtʀ] nmf (= arpenteur) surveyor

géométrie [ʒeɔmetʀi] nf geometry

géométrique [ʒeɔmetʀik] adj geometric

géospatial, e (mpl **-iaux**) [ʒeospasjal, o] adj geospatial

géothermique [ʒeotɛʀmik] adj geothermal

gérable [ʒeʀabl] adj manageable ▪ **difficilement ~** hard to handle

géranium [ʒeʀanjɔm] nm geranium

gérant, e [ʒeʀɑ̃, ɑ̃t] nm,f manager

gerbe [ʒɛʀb] nf [de blé] sheaf ; [de fleurs] spray ; [d'étincelles] shower ▪ **j'ai la ~*** I want to puke‡

gerber* [ʒɛʀbe] vi (= vomir) to throw up‡, to puke‡

gercé, e [ʒɛʀse] adj chapped

gérer [ʒeʀe] vt to manage ; [+ crise] to handle

germain, e [ʒɛʀmɛ̃, ɛn] adj → **cousin**

germanique [ʒɛʀmanik] adj Germanic

germe [ʒɛʀm] nm germ ; [de pomme de terre] sprout ▪ **~s de blé** wheatgerm *NonC* ▪ **~s de soja** bean sprouts

germer [ʒɛʀme] vi [bulbe] to sprout ; [graine] to germinate ; [idée] to form

gérondif [ʒeʀɔ̃dif] nm gerund

gésier [ʒezje] nm gizzard

gésir [ʒeziʀ] vi to lie

gestation [ʒɛstasjɔ̃] nf gestation ▪ **être en ~** [roman, projet] to be in the pipeline ▪ **~ pour autrui** gestational surrogacy

geste [ʒɛst] nm gesture ▪ **pas un ~ ou je tire !** one move and I'll shoot! ▪ **il parlait en faisant de grands ~s** he waved his hands about as he spoke ▪ **faire un ~ de la main** to gesture with one's hand ▪ **s'exprimer par ~s** to use one's hands to express o.s. ▪ **~ politique** political gesture ▪ **beau ~** noble gesture

gesticuler [ʒɛstikyle] vi to gesticulate

gestion [ʒɛstjɔ̃] nf management ; [de pays] running ▪ **~ des stocks** inventory US ou stock BR control ▪ **~ de base de données** database management

gestionnaire [ʒɛstjɔnɛʀ] **1** nmf administrator **2** nm (= logiciel) manager ▪ **~ de fichiers** file manager

geyser [ʒɛzɛʀ] nm geyser

ghetto [geto] nm ghetto

gibier [ʒibje] nm game ▪ **~ à plume** game birds

giboulée [ʒibule] nf sudden downpour ▪ **~ de mars** ≈ April shower

giboyeux, -euse [ʒibwajø, øz] adj [pays, forêt] abounding in game

GIC [ʒeise] nm (abrév de **grand invalide civil**) disabled person

gicler [ʒikle] vi (= jaillir) to spurt

gifle [ʒifl] nf slap in the face

gifler [ʒifle] vt to slap

gigantesque [ʒigɑ̃tɛsk] adj huge

gigogne [ʒigɔɲ] adj → **lit, table**

gigolo* [ʒigɔlo] nm gigolo

gigot [ʒigo] nm ▪ **~ d'agneau** leg of lamb

gigoter* [ʒigɔte] vi to wriggle

gilet [ʒilɛ] nm (de complet) waistcoat BR, vest US ; (= cardigan) cardigan ▪ **~ pare-balles** bulletproof jacket ▪ **~ de sauvetage** life jacket ; (en avion) life vest

gin [dʒin] nm gin ▪ **~ tonic** gin and tonic

gingembre [ʒɛ̃ʒɑ̃bʀ] nm ginger

ginseng [ʒinsɛŋ] nm ginseng

girafe [ʒiʀaf] nf giraffe

giratoire [ʒiʀatwaʀ] adj → **sens**

girofle [ʒiʀɔfl] nm clove

girouette [ʒiʀwɛt] nf weather vane

gisait, gisaient [ʒizɛ] vb → **gésir**

gisement [ʒizmɑ̃] nm deposit ▪ **~ de pétrole** oilfield ▪ **~ d'emplois** source of employment

gisent [ʒiz], **gît** [ʒi] vb → **gésir**

gitan, e [ʒitɑ̃, an] **1** adj gipsy **2** **Gitan(e)** nm,f gipsy

gîte [ʒit] nm **a** (= abri) shelter ▪ **le ~ et le couvert** board and lodging BR ▸ **gîte d'étape** accommodation ▸ **gîte (rural)** gîte **b** (Boucherie) topside BR, bottom round US

givre [ʒivʀ] nm (= gelée blanche) frost

givré, e [ʒivʀe] adj **a** ▪ **orange ~e** orange sorbet served in the orange skin **b** (* = fou) nuts*

glace [glas] nf **a** (= eau congelée) ice *NonC* ▪ **briser** ou **rompre la ~** to break the ice ▪ **rester de ~** to remain unmoved **b** (= dessert) ice cream ▪ **~ au café** coffee ice cream **c** (= miroir) mirror ; (= vitre) window

glacé, e [glase] adj [neige, lac, mains] frozen ; [vent, eau, chambre] icy ; [boisson] ice-cold ; [accueil, attitude, sourire] frosty ; [café, thé] iced ; [papier] glossy

glacer [glase] vt **a** [+ personne, membres] to freeze **b** ▪ **~ qn** (= intimider) to turn sb cold **c** [+ gâteau] to ice BR, to frost US

glaciaire [glasjɛʀ] adj [période, calotte] ice ; [relief, vallée, érosion] glacial

glacial, e (mpl **~s** ou **glaciaux**) [glasjal, jo] adj [froid] icy ; [accueil, silence, regard] frosty ▪ **d'un ton ~** frostily

glacier [glasje] nm **a** (Géog) glacier **b** (= fabricant) ice-cream maker ; (= vendeur) ice-cream man

glacière [glasjɛʀ] nf cool box BR, cooler US

glaçon [glasɔ̃] nm [de toit] icicle ; [de boisson] ice cube ▪ **avec ou sans ~s ?** (boisson) with or without ice?

glaïeul [glajœl] nm gladiolus ▪ **des ~s** gladioli

glaise [glɛz] nf clay

glaive [glɛv] nm two-edged sword

glamour* [glamuʀ] adj [personne, tenue] glamorous ; [émission] glitzy*

gland [glɑ̃] nm [de chêne] acorn ; (Anat) glans ; (= ornement) tassel

glande [glɑ̃d] nf gland

glander‡ [glɑ̃de] vi (= traînailler) to fart around‡ BR, to screw around‡ US

glandeur, -euse‡ [glɑ̃dœʀ, øz], **glandu, e**‡ [glɑ̃dy] nm,f ▪ **c'est un vrai ~** he's a lazy slob‡

glaner [glane] vt to glean

glapir [glapiʀ] vi to yelp

glas [glɑ] nm knell *NonC*

glauque* [glok] adj [quartier, hôtel] shabby ; [atmosphère] murky ; [individu] shifty*

glissade [glisad] nf (par jeu) slide ; (= chute) slip

glissant, e [glisɑ̃, ɑ̃t] adj slippery

glisse [glis] nf ▪ **sports de ~** *sports which involve sliding or gliding (eg skiing, surfing, skating)*

glissement [glismɑ̃] nm ▪ **~ électoral (à gauche)** electoral swing (to the left) ▪ **~ de sens** shift in meaning ▸ **glissement de terrain** landslide

glisser [glise] **1** vi **a** (= avancer) to slide along ; [voilier, patineurs] to glide along ▪ **ses doigts glissaient sur les touches** his fingers slid over the keys **b** (= tomber) to slide ▪ **il s'est laissé ~ le long du mur** he slid down the wall **c** (= déraper) [personne, objet] to slip ; [véhicule, pneus] to skid **d** (= être glissant) to be slippery **e** (= s'échapper) ▪ **~ des mains** to slip out of one's hands **2** vt (= introduire) to slip ▪ **il me glissa un billet dans la main** he slipped a note into my hand ▪ **~ un mot à l'oreille de qn** to whisper a word in sb's ear ▪ **glisser-déposer** to drag and drop **3** **se glisser** vpr [personne, animal] ▪ **se ~ quelque part** to slip somewhere ▪ **le chien s'est glissé sous le lit** the dog crept under the bed ▪ **une erreur s'est glissée dans le texte** there's a mistake in the text

glissière [glisjɛʀ] nf slide ▪ **~ de sécurité** (sur une route) crash barrier

global, e (mpl **-aux**) [glɔbal, o] adj [somme] total ; [résultat, idée] overall ; [perspective, vue] global

globalement [glɔbalmɑ̃] adv (= en bloc) globally ; (= pris dans son ensemble) taken as a whole ▪ **les résultats sont ~ encourageants** by and large, the results are encouraging

globalisation [glɔbalizasjɔ̃] nf globalization

globe [glɔb] nm **a** globe ▪ **le ~ terrestre** the globe ▪ **faire le tour du ~** to go around the world **b** (pour recouvrir) glass cover

globule [glɔbyl] nm ▪ **~s rouges/blancs** red/white cells

gloire [glwaʀ] nf **a** (= renommée) fame ; [de vedette] stardom ▪ **elle a eu son heure de ~** she has had her hour of glory ▪ **ce n'est pas la ~*** it's nothing to write home about* ▪ **tirer ~ de qch** to revel in sth **b** (= louange) praise ▪ **à la ~ de** in praise of

glorieux, -ieuse [glɔʀjø, jøz] adj glorious ▪ **ce n'est pas très ~ !** it's nothing to be proud of!

glorifier [glɔʀifje] **1** vt to extol **2** vpr ▪ **se ~ de** to glory in

gloriole [glɔʀjɔl] nf misplaced vanity

glossaire [glɔsɛʀ] nm glossary

glousser [gluse] vi [poule] to cluck ; (péj) [personne] to chuckle

glouton, -onne [glutɔ̃, ɔn] nm,f glutton

gluant, e [glyɑ̃, ɑ̃t] adj [substance] sticky

glucide [glysid] nm carbohydrate

glucose [glykoz] nm glucose

gluten [glytɛn] nm gluten

glycémie [glisemi] nf ▪ **taux de ~** blood sugar level

glycérine [gliseʀin] nf glycerine

glycine [glisin] nf (= plante) wisteria

glyphosate [glifozat] nm glyphosate

gnagnagna* [ɲaɲaɲa] excl blah blah blah*

gnangnan* [ɲɑ̃ɲɑ̃] adj inv [film, roman] silly

gnou [gnu] nm gnu, wildebeest

gl

Go (abrév de **gigaoctet**) Gb

goal [gol] nm goalkeeper

gobelet [gɔblɛ] nm cup

gober [gɔbe] vt [+ huître, œuf] to swallow whole ; * [+ mensonge, histoire] to swallow hook, line and sinker

godasse* [gɔdas] nf shoe

goéland [gɔelɑ̃] nm seagull

goélette [gɔelɛt] nf schooner

gogo* [gogo] nm (= personne crédule) sucker* ♦ **à gogo** (= en abondance) galore

goinfre* [gwɛ̃fʀ] adj, nmf ▪ **il est ~** ▪ **c'est un ~** he's greedy

goinfrer (se)* [gwɛ̃fʀe] vpr to stuff o.s.*

goitre [gwatʀ] nm goitre

golf [gɔlf] nm golf ▪ **(terrain de) ~** golf course ▪ **jouer au ~** to play golf

golfe [gɔlf] nm gulf ; (petit) bay ▪ **le ~ de Gascogne** the Bay of Biscay ▪ **les États du Golfe** the Gulf States

gommage [gɔmaʒ] nm (= exfoliation) exfoliation ▪ **se faire un ~** (visage) to use a facial scrub ; (corps) to use a body scrub

gomme [gɔm] nf (pour effacer) rubber BR, eraser US

gommer [gɔme] vt [+ mot, trait] to rub out ; [+ souvenir] to erase

gond [gɔ̃] nm hinge ▪ **sortir de ses ~s** to fly off the handle

gondole [gɔ̃dɔl] nf (= bateau) gondola

gondoler [gɔ̃dɔle] 1 vi [papier] to crinkle ; [planche] to warp ; [tôle] to buckle 2 **se gondoler** vpr (* = rire) to split one's sides laughing*

gonflable [gɔ̃flabl] adj inflatable

gonflé, e [gɔ̃fle] adj [pieds] swollen ; [yeux] puffy ; [ventre] bloated ▪ **il est ~ !*** (= culotté) he's got a nerve!*

gonfler [gɔ̃fle] 1 vt a (avec une pompe) to pump up ; (en soufflant) to blow up b (= dilater) to swell ▪ **il nous gonfle !*** he's a pain in the neck* c [+ prix, résultat] to inflate ; (= exagérer) to exaggerate 2 vi (= enfler) to swell ; [pâte] to rise

gonflette* [gɔ̃flɛt] nf body building

gong [gɔ̃(g)] nm gong ; (Boxe) bell

gonzesse‡ [gɔ̃zɛs] nf (péj) girl

googler [gugle], **googliser** [guglize] vt to Google®

gorge [gɔʀʒ] nf a (= cou, gosier) throat ; (= poitrine) breast b (= vallée, défilé) gorge

gorgé, e¹ [gɔʀʒe] adj ▪ **la terre est ~e d'eau** the earth is saturated with water

gorgée² [gɔʀʒe] nf mouthful

gorille [gɔʀij] nm gorilla ; (* = garde du corps) bodyguard

gosse* [gɔs] nmf kid* ▪ **sale ~** little brat* ▪ **il est beau ~** he's good-looking

gosser* [gɔse] (Can) 1 vt [+ bois] to carve ; (= déranger) to bother 2 vi to mess around*

gothique [gɔtik] adj Gothic

gouache [gwaʃ] nf gouache

goudron [gudʀɔ̃] nm tar

goudronner [gudʀɔne] vt to tar

gouffre [gufʀ] nm gulf ▪ **c'est un ~ (financier)** it just swallows up money ▪ **nous sommes au bord du ~** we are on the edge of the abyss

goujat [guʒa] nm boor

goulet [gulɛ] nm ▪ **~ d'étranglement** bottleneck

goulot [gulo] nm [de bouteille] neck ▪ **boire au ~** to drink out of the bottle

goulu, e [guly] adj [personne] greedy

goupille [gupij] nf pin

goupiller (se)* [gupije] vpr (= s'arranger) ▪ **comment ça se goupille pour demain ?** what's the plan for tomorrow? ▪ **ça s'est bien/mal goupillé, notre plan** our plan came off*/didn't come off*

gourde [guʀd] nf a [d'eau] water bottle b (* = empoté) dope*

gourdin [guʀdɛ̃] nm club

gourer (se)‡ [guʀe] vpr to boob* BR, to goof up‡ US ▪ **se gourer de jour** to get the day wrong

gourmand, e [guʀmɑ̃, ɑ̃d] adj [personne] greedy

gourmandise [guʀmɑ̃diz] nf fondness for food ; (péj) greed

gourmet [guʀmɛ] nm gourmet

gourmette [guʀmɛt] nf chain bracelet

gourou [guʀu] nm guru

gousse [gus] nf [de vanille, petits pois] pod ; [d'ail] clove

goût [gu] nm taste ▪ **ça a bon/mauvais ~** it tastes nice/nasty ▪ **la soupe a un drôle de ~** the soup tastes funny ▪ **ça a un ~ de fraise** it tastes of strawberries ▪ **donner du ~ à qch** [épice, condiment] to add flavour to sth ▪ **de bon ~** tasteful ▪ **de mauvais ~** tasteless ▪ **il a le ~ du risque** he likes taking risks ▪ **prendre ~ à qch** to get ou acquire a taste for sth ▪ **elle a repris ~ à la vie** she has started to enjoy life again ▪ **à mon/son ~** for my/his taste ▪ **avoir des ~s de luxe** to have expensive tastes ▪ **ou quelque chose dans ce goût-là*** or something of that sort ▪ **des ~s et des couleurs (on ne discute pas)** (Prov) there's no accounting for taste(s)

goûter¹ [gute] 1 vt a [+ aliment] to taste b [+ repos] to enjoy 2 vi (= faire une collation) to have an afternoon snack 3 vt indir ▪ **~ à**

to taste ▪ **il y a à peine goûté** he's hardly touched it

goûter² [gute] nm [d'enfants] afternoon snack ; [d'adultes] afternoon tea

goutte [gut] nf [de liquide] drop ▪ **suer à grosses ~s** to be running with sweat ▪ **il est tombé quelques ~s** there were a few drops of rain ▪ **il pleut à grosses ~s** it's raining heavily ▪ **du lait ? – une ~** milk? – just a drop ▪ **c'est la ~ (d'eau) qui fait déborder le vase** it's the last straw

goutte-à-goutte [gutagut] nm inv drip BR, IV US

gouttelette [gut(ə)lɛt] nf droplet

goutter [gute] vi to drip

gouttière [gutjɛʀ] nf (horizontale) gutter ; (verticale) drainpipe

gouvernail [guvɛʀnaj] nm (= pale) rudder ; (= barre) tiller

gouvernance [guvɛʀnɑ̃s] nf governance

gouvernante [guvɛʀnɑ̃t] nf governess

gouvernement [guvɛʀnəmɑ̃] nm (= régime) government ; (= ensemble des ministres) Cabinet ▪ **il est au ~** he's a member of the government

gouvernemental, e (mpl **-aux**) [guvɛʀnəmɑ̃tal, o] adj [organe, politique] government ▪ **l'équipe ~e** the government

gouverner [guvɛʀne] vt **a** (Pol) to govern **b** [+ bateau] to steer

gouverneur, e [guvɛʀnœʀ] nm,f governor

GPA [ʒepea] nf (abrév de **gestation pour autrui**) GS

GPL [ʒepeɛl] nm (abrév de **gaz de pétrole liquéfié**) LPG

GPS [ʒepeɛs] nm abrév de **global positioning system** ▪ **(système) ~** GPS (system), satnav (system)

GR [ʒeɛʀ] nm (abrév de **(sentier de) grande randonnée**) way-marked route

Graal [gʀɑl] nm (Rel) Grail ▪ **la quête du ~** the quest for the Holy Grail

grabuge* [gʀabyʒ] nm ▪ **faire du ~** to create havoc

grâce [gʀɑs] **1** nf **a** (= charme) grace ▪ **faire qch de bonne/mauvaise ~** to do sth with good/bad grace **b** (= miséricorde) mercy ; (Droit) pardon ▪ **demander ~** to beg for mercy ▪ **de ~** for pity's sake ▪ **je vous fais ~ des détails** I'll spare you the details ▪ **donner le coup de ~** to give the coup de grâce **c** (Rel) grace **2** **grâce à** loc prép thanks to

gracier [gʀasje] vt to grant a pardon to

gracieux, -ieuse [gʀasjø, jøz] adj (= élégant) graceful

grade [gʀad] nm (Admin, Mil) rank ▪ **monter en ~** to be promoted

gradins [gʀadɛ̃] nmpl [de stade] terraces

gradué, e [gʀadɥe] adj [exercices] graded ; [règle, thermomètre] graduated

graduel, -elle [gʀadɥɛl] adj gradual

graduer [gʀadɥe] vt [+ difficultés, efforts] to step up gradually ; [+ règle, thermomètre] to graduate

graff [gʀaf] nm graffiti *NonC*

graffer [gʀafe] vti to cover with graffiti

graffiteur, -euse [gʀafitœʀ, øz] nm,f graffitist ; (= artiste) graffiti artist

graffiti [gʀafiti] nm graffiti *NonC*

grain [gʀɛ̃] nm **a** grain ; [de poussière] speck ; [de café] bean ▪ **café en ~s** coffee beans ▪ **~ de raisin** grape ▪ **~ de poivre** peppercorn ▪ **mettre son ~ de sel*** to put in one's two penn'orth BR ou cents US* ▪ **un ~ de** [+ fantaisie] a touch of ; [+ bon sens] a grain of ▪ **il a un ~*** he's a bit touched* ▸ **grain de beauté** mole **b** (en mer) squall

graine [gʀɛn] nf seed

grainothèque [gʀɛnɔtɛk] nf (conservatoire) seed bank ; (pour échange) seed library

graisse [gʀɛs] nf fat ; (= lubrifiant) grease

graisser [gʀese] vt (= lubrifier) to grease ▪ **~ la patte à qn*** to grease sb's palm*

graisseux, -euse [gʀɛsø, øz] adj greasy

grammaire [gʀamɛʀ] nf grammar ▪ **faute de ~** grammatical mistake

grammatical, e (mpl **-aux**) [gʀamatikal, o] adj grammatical

gramme [gʀam] nm gram(me)

grand, e [gʀɑ̃, gʀɑ̃d] **1** adj **a** (= de haute taille) tall **b** (= plus âgé) ▪ **son ~ frère** his older ou big* brother ▪ **quand il sera ~** when he grows up ▪ **il est assez ~ pour savoir** he's old enough to know ▪ **tu es ~/grande maintenant** you're a big boy/girl now ▸ **grande personne** grown-up **c** (en dimensions) big, large ; (= long) long ; (= large) wide ▪ **l'amour avec un ~ A** love with a capital L **d** (= important) great ; [ville, travail] big ; [nombre, quantité] large ; [bruit, cri] loud ; [froid, chaleur] intense ; [vent] strong ; [danger, plaisir, pauvreté] great **e** (= puissant) [pays, firme, industriel] leading ▪ **c'est la ~e nouvelle du jour** it's the main news of the day ▪ **un ~ vin/homme** a great wine/man **f** (intensif) [travailleur, ami] great ; [buveur, fumeur] heavy ; [mangeur] big **g** (= exagéré) ▪ **faire de ~es phrases** to voice high-flown sentiments ▪ **tous ces ~s discours** all these high-flown speeches **2** adv **a** (en taille) ▪ **ces sandales chaussent ~** these sandals are big-fitting BR ou run large US **b** (= largement) ▪ **la fenêtre était grand(e) ouverte** the window was wide open ▪ **il a vu trop ~** he was over-ambitious ■ **faire les choses en ~** to do things on a large scale **3** nm **a** (= élève) senior boy ■ **jeu pour petits et ~s** game for old and young alike **b** (terme d'affection) ■ **viens, mon ~*** come here, son **c** (= personne puissante) ■ **les ~s de ce monde** men in high places **4** **grande** nf **a** (= élève) senior girl **b** (terme d'affection) ■ **ma ~e*** (my) dear

> ⚠ **grand** ne se traduit pratiquement jamais par le mot anglais ***grand***, qui signifie « grandiose ».

grand-angle (pl **grands-angles**) [gʀɑ̃tɑ̃gl, gʀɑ̃zɑ̃gl] nm wide-angle lens

grand-chose [gʀɑ̃ʃoz] pron indéf ■ **pas ~** not much ■ **cela ne vaut pas ~** it's not worth much

Grande-Bretagne [gʀɑ̃dbʀətaɲ] nf Great Britain

grandeur [gʀɑ̃dœʀ] nf (= dimension) size ■ **~ nature** [statue] life-size ; [expérience] in real conditions

grandiloquent, e [gʀɑ̃dilɔkɑ̃, ɑ̃t] adj grandiloquent

grandiose [gʀɑ̃djoz] adj [œuvre, spectacle] magnificent ; [paysage] spectacular

grandir [gʀɑ̃diʀ] **1** vi to grow ; (= vieillir) to grow up ; [bruit] to grow louder ; [firme] to expand ■ **il a grandi de 10 cm** he has grown 10cm **2** vt ■ **ces chaussures te grandissent** those shoes make you look taller

grand-mère (pl **grands-mères**) [gʀɑ̃mɛʀ] nf grandmother

grand-oncle (pl **grands-oncles**) [gʀɑ̃tɔ̃kl, gʀɑ̃zɔ̃kl] nm great-uncle

grand-père (pl **grands-pères**) [gʀɑ̃pɛʀ] nm grandfather

grand-rue (pl **~s**) [gʀɑ̃ʀy] nf ■ **la ~** the high street BR, main street US

grands-parents [gʀɑ̃paʀɑ̃] nmpl grandparents

grand-tante (pl **grands-tantes**) [gʀɑ̃tɑ̃t] nf great-aunt

grand-voile (pl **grands-voiles**) [gʀɑ̃vwal] nf mainsail

grange [gʀɑ̃ʒ] nf barn

granit(e) [gʀanit] nm granite

granitique [gʀanitik] adj granite

granulaire [gʀanylɛʀ] adj granular

granularité [gʀanylaʀite] nf granularity

granule [gʀanyl] nm granule ; (= médicament) small pill

granulé [gʀanyle] nm granule

granuleux, -euse [gʀanylø, øz] adj [surface] gritty

graphie [gʀafi] nf written form

graphique [gʀafik] **1** adj graphic **2** nm (= courbe) graph ■ **~ en barres** bar chart ■ **~ à secteurs** pie chart

graphisme [gʀafism] nm (= technique) graphic arts ; (= style) style of drawing

graphiste [gʀafist] nmf graphic designer

graphite [gʀafit] nm graphite

graphologie [gʀafɔlɔʒi] nf graphology

grappe [gʀap] nf [de fleurs] cluster ■ **~ de raisin** bunch of grapes

> ⚠ **grappe** ne se traduit pas par ***grape***, qui signifie « grain de raisin ».

grappin [gʀapɛ̃] nm [de bateau] grapnel ■ **mettre le ~ sur qn*** to grab sb

gras, grasse [gʀɑ, gʀɑs] **1** adj **a** [substance, aliment] fatty ; [crème pour la peau] rich **b** [personne, animal, bébé] fat ; [volaille] plump **c** [mains, cheveux, surface] greasy **d** ■ **faire la grasse matinée** to have a lie-in **2** nm **a** [de viande] fat **b** (Typo) ■ **en (caractères) ~** in bold (type) **3** adv ■ **manger ~** to eat fatty foods

grassouillet, -ette* [gʀasujɛ, ɛt] adj plump

gratifiant, e [gʀatifjɑ̃, jɑ̃t] adj rewarding

gratin [gʀatɛ̃] nm (= plat) gratin ■ **~ dauphinois** *potatoes cooked in cream with a crispy topping* ■ **le ~*** (= haute société) the upper crust*

gratiné, e [gʀatine] adj **a** (Culin) au gratin **b** * [épreuve] stiff ; [plaisanterie] outrageous

gratis* [gʀatis] adj, adv free

gratitude [gʀatityd] nf gratitude

grattage [gʀataʒ] nm (Jeux) ■ **j'ai gagné au ~** I won on the scratch cards

gratte-ciel (pl **~(s)**) [gʀatsjɛl] nm skyscraper

gratter [gʀate] **1** vt **a** (avec un ongle, une pointe) to scratch ; (avec un outil) to scrape ; [+ guitare] to strum ; [+ allumette] to strike **b** [+ tache] to scratch off **c** (= irriter) ■ **ça me gratte** I've got an itch **2** vi **a** ■ **ça gratte !** it's really itchy! **b** (* = écrire) to scribble **3** **se gratter** vpr to scratch (o.s.) ■ **se ~ la tête** to scratch one's head

grattoir [gʀatwaʀ] nm scraper

gratuiciel [gʀatɥisjɛl] nm freeware

gratuit, e [gʀatɥi, ɥit] adj **a** (= non payant) free **b** [insulte, violence] gratuitous

gratuité [gʀatɥite] nf ■ **grâce à la ~ de l'éducation** thanks to free education

> ⚠ **gratuité** ne se traduit pas par ***gratuity***, qui signifie « pourboire ».

gratuitement [gʀatɥitmɑ̃] adv **a** (= gratis) free (of charge) **b** (= sans raison) [agir] gratuitously

gravats [gʀavɑ] nmpl rubble

grave [gʀav] adj **a** (= solennel) solemn **b** (= important, alarmant) serious ■ **ce n'est pas ~ !** it doesn't matter! **c** [note] low ; [son, voix] deep ; → **accent**

gravement [gʀavmɑ̃] adv [blesser, offenser] seriously ■ **être ~ malade** to be gravely ill

graver [gʀave] vt **a** [+ signe, inscription, médaille] to engrave **b** [+ disque] to cut ; [+ CD] to burn

gravier [gʀavje] nm (= caillou) bit of gravel ■ **allée de ~** gravel path

gravillon [gʀavijɔ̃] nm bit of gravel ■ **« ~s »** (sur route) "loose chippings"

gravir [gʀaviʀ] vt to climb

gravissime [gʀavisim] adj extremely serious

gravitationnel, -elle [gʀavitasjɔnɛl] adj gravitational ■ **la force ~le** the force of gravity ■ **ondes ~les** gravitational waves

gravité [gʀavite] nf **a** [de problème, situation, blessure] seriousness ■ **c'est un accident sans ~** it was a minor accident **b** [d'air, ton] gravity **c** (Physique) gravity

graviter [gʀavite] vi ■ **~ autour de** [astre] to revolve round ; [personne] to hang around

gravure [gʀavyʀ] nf **a** (= estampe) engraving **b** (dans une revue) plate ; (au mur) print

gré [gʀe] nm ■ **bon ~ mal ~** whether you (ou they, etc) like it or not ■ **il le fera de ~ ou de force** he'll do it whether he likes it or not ■ **de son plein ~** of one's own free will

grec, grecque [gʀɛk] **1** adj Greek **2** nm (= langue) Greek **3** **Grec(que)** nm,f Greek

Grèce [gʀɛs] nf Greece

gréco-romain, e (mpl **~s**) [gʀekoʀɔmɛ̃, ɛn] adj Graeco-Roman BR, Greco-Roman US

gréement [gʀemɑ̃] nm rigging ■ **les vieux ~s** (= voiliers) old sailing ships

greffe [gʀɛf] nf **a** [d'organe] transplant ; [de tissu] graft **b** [d'arbre] (= action) grafting ; (= pousse) graft

greffer [gʀefe] vt [+ organe] to transplant ; [+ tissu, arbre] to graft

greffier, -ière [gʀefje, jɛʀ] nm,f clerk (of the court)

grège [gʀɛʒ] adj [soie] raw

grêle[1] [gʀɛl] adj [jambes, tige] spindly

grêle[2] [gʀɛl] nf hail ■ **averse de ~** hailstorm

grêlé, e [gʀele] adj [visage] pockmarked

grêler [gʀele] vb impers ■ **il grêle** it is hailing

grêlon [gʀɛlɔ̃] nm hailstone

grelot [gʀəlo] nm (small) bell

grelotter [gʀəlɔte] vi to shiver (*de* with)

grenade [gʀənad] nf **a** (= fruit) pomegranate **b** (= explosif) grenade ■ **~ lacrymogène** teargas grenade ■ **~ de désencerclement** stingball grenade

grenadine [gʀənadin] nf (= sirop) grenadine

grenat [gʀəna] **1** adj inv dark red **2** nm (= pierre) garnet

grenier [gʀənje] nm attic ; (pour le grain) loft ■ **~ à blé** granary

grenouille [gʀənuj] nf frog

grenu, e [gʀəny] adj [peau] coarse-grained ; [cuir] grained

grès [gʀɛ] nm **a** (= pierre) sandstone **b** (Poterie) stoneware

grésillement [gʀezijmɑ̃] nm [de friture] sizzling ; [de poste de radio] crackling

grésiller [gʀezije] vi [friture] to sizzle ; [poste de radio] to crackle

grève [gʀɛv] nf **a** (= arrêt du travail) strike ■ **se mettre en ~** to go on strike ■ **être en ~, faire ~** to be on strike ■ **~ de la faim** hunger strike ■ **faire la ~ du zèle** to work to rule **b** (= rivage) shore

gréviste [gʀevist] nmf striker

gribouiller [gʀibuje] vt (= écrire) to scribble ; (= dessiner) to scrawl

gribouillis [gʀibuji] nm (= écriture) scribble ; (= dessin) doodle

grief [gʀijɛf] nm grievance

grièvement [gʀijɛvmɑ̃] adv ■ **~ blessé** seriously injured

griffe [gʀif] nf **a** [de mammifère, oiseau] claw ■ **rentrer/sortir ses ~s** to draw in/show one's claws ■ **coup de ~** scratch ; (fig) dig **b** (= signature) signature

griffé, e [gʀife] adj [accessoire, vêtement] designer *avant n*

griffer [gʀife] vt [chat] to scratch

griffon [gʀifɔ̃] nm (= chien) griffon ; (= monstre) griffin

griffonner [gʀifɔne] vt (= écrire) to scribble

grignoter [gʀiɲɔte] **1** vt **a** (= manger) to nibble **b** (= réduire) to erode gradually **2** vi (= manger peu) to pick at one's food ■ **~ entre les repas** to snack between meals

gril [gʀil] nm grill pan ■ **faire cuire au ~** to grill

grillade [gʀijad] nf (= viande) grilled meat

grillage [gʀijaʒ] nm (= treillis) wire netting *NonC* ; (= clôture) wire fencing *NonC*

grille [gʀij] nf **a** (= clôture) railings ; (= portail) gate ; [de cellule, fenêtre] bars ; [d'égout] grating **b** [de salaires, tarifs] scale ■ **~ de mots croisés** crossword puzzle grid ■ **~ de loto** loto card

grille-pain [gʀijpɛ̃] (pl **~s**) nm toaster

griller [gʀije] **1** vt **a** [+ pain, amandes] to toast ; [+ poisson, viande] to grill, to broil US ; [+ café, châtaignes] to roast **b** [+ visage, corps] to burn **c** [+ plantes, cultures] to scorch **d** [+ fusible, ampoule] to blow **e** (* = ne pas respecter) ■ **~ un feu rouge** to go through a red light ▪ ~ **un stop** to fail to stop *(at a stop sign)* ▪ ~ **les étapes** to go too far too fast **2** vi ▪ **faire** ~ [+ pain] to toast ; [+ viande] to grill

grillon [gʀijɔ̃] nm cricket

grimace [gʀimas] nf grimace ; (pour faire rire) funny face ▪ **faire des ~s** to make faces ▪ **il a fait la ~ quand il a appris la décision** he pulled a long face when he heard the decision

grimacer [gʀimase] vi (= sourire) to grin sardonically ▪ ~ **(de douleur)** to wince ▪ ~ **(de dégoût)** to pull a wry face (in disgust) ▪ ~ **(sous l'effort)** to screw one's face up (with the effort)

grimer [gʀime] **1** vt to make up **2** **se grimer** vpr to make o.s. up

grimpant, e [gʀɛ̃pɑ̃, ɑ̃t] adj ▪ **plante ~e** climbing plant

grimper [gʀɛ̃pe] **1** vi **a** [personne, animal] to climb (up) ▪ ~ **aux arbres** to climb trees ▪ **allez, grimpe !** (dans une voiture) come on, get in! **b** [route, plante] to climb ▪ **ça grimpe dur** it's a stiff climb **c** * [fièvre, prix] to soar **2** vt [+ montagne, côte] to climb

grimpeur, -euse [gʀɛ̃pœʀ, øz] nm,f (= varappeur) rock-climber ; (= cycliste) hill specialist

grincement [gʀɛ̃smɑ̃] nm [d'objet métallique] grating ; [de plancher, porte, ressort] creaking ; [de freins] squealing ▪ **il y aura des ~s de dents** there will be gnashing of teeth

grincer [gʀɛ̃se] vi [objet métallique] to grate ; [plancher, porte, ressort] to creak ; [freins] to squeal ▪ ~ **des dents** to grind one's teeth

grincheux, -euse [gʀɛ̃ʃø, øz] adj grumpy

gringalet [gʀɛ̃galɛ] nm (péj) ▪ **(petit) ~** puny little thing

griotte [gʀijɔt] nf (= cerise) morello (cherry)

grippal, e (mpl **-aux**) [gʀipal, o] adj flu ▪ **pour états grippaux** for flu

grippe [gʀip] nf flu ▪ **avoir la ~** to have flu ▪ ~ **intestinale** gastric flu ▪ **prendre qn/qch en ~** to take a sudden dislike to sb/sth

grippé, e [gʀipe] adj ▪ **il est ~** he's got flu

gris, e [gʀi, gʀiz] **1** adj **a** grey BR, gray US ▪ **gris-bleu** blue-grey ▪ **il fait ~** it's a grey day **b** (= morne) colourless BR, colorless US **c** (= éméché) tipsy* **2** nm grey BR, gray US

grisaille [gʀizɑj] nf [de temps, paysage] greyness BR, grayness US

grisant, e [gʀizɑ̃, ɑ̃t] adj exhilarating

grisâtre [gʀizɑtʀ] adj greyish BR, grayish US

griser [gʀize] vt [alcool, vitesse] to intoxicate

grisonnant, e [gʀizɔnɑ̃, ɑ̃t] adj greying BR, graying US

grive [gʀiv] nf thrush

grivois, e [gʀivwa, waz] adj saucy

Groenland [gʀɔɛnlɑ̃d] nm Greenland

grog [gʀɔg] nm ≈ toddy *(made with rum)*

groggy* [gʀɔgi] adj inv (= assommé) groggy ▪ **être ~** (de fatigue) to be completely washed out

grogne* [gʀɔɲ] nf ▪ **la ~ des syndicats** the simmering discontent in the unions

grognement [gʀɔɲmɑ̃] nm [de personne] grunt ; [de cochon] grunting *NonC* ; [d'ours, chien] growling *NonC*

grogner [gʀɔɲe] vi to grunt ; [ours, chien] to growl ; (= se plaindre) to grumble

grognon, -onne [gʀɔɲɔ̃, ɔn] adj [air] grumpy ; [enfant] grouchy

groin [gʀwɛ̃] nm snout

> ⚠ **groin** ne se traduit pas par ***groin***, qui signifie « aine ».

grommeler [gʀɔm(ə)le] vi to mutter to o.s.

grondement [gʀɔ̃dmɑ̃] nm [de canon, orage] rumbling *NonC* ; [de torrent] roar ; [de chien] growling *NonC*

gronder [gʀɔ̃de] **1** vt (= réprimander) to tell off **2** vi [canon, orage] to rumble ; [torrent] to roar ; [chien] to growl

groom [gʀum] nm bellboy

gros, grosse [gʀo, gʀos] **1** adj **a** (dimension) big, large ; [personne, ventre, bébé] fat ; [lèvres, corde, pull] thick ; [chaussures, averse] heavy ► **grosse caisse** (= instrument) bass drum ► **gros plan** (Photo) close-up ► **gros sel** cooking salt **b** (= important) [travail, problème, erreur, appétit] big ; [somme, entreprise] large ; [progrès] great ; [dégâts] extensive ; [rhume] bad ▪ **pendant les grosses chaleurs** in the hottest part of the summer ▪ **il a un ~ appétit** he has a big appetite ► **gros bonnet*** bigwig* **c** (= sonore) [soupir] deep ; [voix] booming **d** (intensif) ▪ **un ~ buveur** a heavy drinker ▪ **un ~ mangeur** a big eater ▪ ~ **nigaud !*** you big ninny!* **e** (= rude) [drap, plaisanterie, traits] coarse ► **gros mot** swearword **f** (loc) ▪ **faire les ~ yeux (à un enfant)** to glower (at a child) ▪ **c'est une grosse tête*** he's brainy* ▪ **avoir la grosse tête*** to be big-headed **2** nm **a** (= personne) fat man ▪ **un petit ~*** a fat little man **b** (= principal) ▪ **le ~ du travail est fait** the bulk of the work is done ▪ **j'ai fait le plus ~** I've done the bulk of it **c** (Commerce) ▪ **le commerce de ~** the wholesale business ▪ **prix de ~** wholesale price **3** **grosse** nf (= personne) fat woman **4** adv **a** (dimension) ▪ **écrire ~** to write in large letters **b** (= beaucoup) ▪ **il risque ~** he's risking a lot ▪ **il y a ~ à parier que...** it's a safe bet that... **5** **en gros** loc adv (= en grosses lettres) in big letters ; (= approximativement) roughly ▪ **acheter en ~** to buy wholesale

groseille [gʀozɛj] nf ▪ ~ **(rouge)** red currant

grossesse [gʀosɛs] nf pregnancy

grosseur [gʀosœʀ] nf a [d'objet] size ; [de fil, bâton] thickness b (= tumeur) lump

grossier, -ière [gʀosje, jɛʀ] adj a [matière] coarse ; [ornement, imitation, ruse] crude ; [dessin, estimation] rough b [manières] unrefined ; [plaisanterie, traits du visage] coarse ; [erreur] stupid c [personne] rude (*envers* to)

grossièreté [gʀosjɛʀte] nf a (= insolence) rudeness b (= vulgarité) coarseness ▪ **une ~** a coarse remark

grossir [gʀosiʀ] 1 vi [personne] to put on weight ; [fruit] to swell ; [tumeur] to get bigger ▪ **j'ai grossi de trois kilos** I've put on three kilos 2 vt a (= faire paraître plus gros) to make look fatter b [microscope] to magnify

grossissant, e [gʀosisɑ̃, ɑ̃t] adj [verre] magnifying

grossiste [gʀosist] nmf wholesaler

grosso modo [gʀosomɔdo] adv roughly

grotesque [gʀɔtɛsk] adj (= ridicule) ridiculous

grotte [gʀɔt] nf cave

groufie [gʀufi] nm wefie

grouiller [gʀuje] 1 vi ▪ **~ de** [+ monde, insectes] to be swarming with 2 **se grouiller** vpr * to get a move on*

groupe [gʀup] nm group ; [de touristes] party ; [de musiciens] band, group ▪ **~ de rock** rock group ou band ▪ **travailler en ~** to work in a group ▸ **groupe de presse** publishing conglomerate ▸ **groupe de pression** pressure group ▸ **groupe sanguin** blood group

groupement [gʀupmɑ̃] nm (= groupe) group ; (= organisation) organization

grouper [gʀupe] 1 vt to group (together) ; [+ efforts, ressources, moyens] to pool 2 **se grouper** vpr [foule] to gather ; (= se coaliser) to form a group ▪ **restez groupés** keep together

groupuscule [gʀupyskyl] nm small group

grue [gʀy] nf (= oiseau, engin) crane

gruger [gʀyʒe] vt ▪ **se faire ~** (= se faire duper) to be duped ; (= se faire escroquer) to be swindled

grumeau (pl **~x**) [gʀymo] nm [de sauce] lump

gruyère [gʀyjɛʀ] nm gruyère BR, Swiss cheese US

Guadeloupe [gwadlup] nf Guadeloupe

guadeloupéen, -éenne [gwadlupeɛ̃, eɛn] 1 adj Guadelupian 2 **Guadeloupéen(ne)** nm,f inhabitant ou native of Guadeloupe

Guatemala [gwatemala] nm Guatemala

gué [ge] nm ford ▪ **passer une rivière à ~** to ford a river

guenille [gənij] nf rag ▪ **en ~s** in rags

guenon [gənɔ̃] nf (= animal) female monkey

guépard [gepaʀ] nm cheetah

guêpe [gɛp] nf wasp

guêpier [gepje] nm (= piège) trap

guère [gɛʀ] adv ▪ **ne... ~** (= pas beaucoup) not much ; (= pas souvent) hardly ever ; (= pas longtemps) not long ▪ **il n'y a ~ plus de 2 km** there is not much more than 2km to go ▪ **il n'en reste plus ~** there's hardly any left ▪ **il n'y a ~ que lui qui...** he's about the only one who...

guéridon [geʀidɔ̃] nm pedestal table

guérilla [geʀija] nf guerrilla war

guérilléro [geʀijeʀo] nm guerrilla

guérir [geʀiʀ] 1 vt to cure 2 vi [malade, maladie] to get better ; [blessure] to heal ▪ **il est guéri (de son angine)** he has recovered (from his throat infection)

guérison [geʀizɔ̃] nf [de malade] recovery ; [de membre, plaie] healing *NonC*

guérisseur, -euse [geʀisœʀ, øz] nm,f healer

Guernesey [gɛʀn(ə)zɛ] nf Guernsey

guerre [gɛʀ] nf a (= conflit) war ▪ **être en ~** to be at war ▪ **correspondant/criminel de ~** war correspondent/criminal ▪ **~ civile/sainte** civil/holy war ▸ **la Première/Deuxième Guerre mondiale** the First/Second World War ▸ **guerre froide** cold war ▸ **la guerre du Golfe** the Gulf War ▸ **la guerre de Sécession** the American Civil War b (= technique) warfare ▪ **la ~ psychologique** psychological warfare

guerrier, -ière [gɛʀje, jɛʀ] nm,f warrior

guet [gɛ] nm ▪ **faire le ~** to be on the lookout

guet-apens (pl **guets-apens**) [gɛtapɑ̃] nm (= embuscade) ambush ; (fig) trap ▪ **tomber dans un ~** to be caught in an ambush ; (fig) to fall into a trap

guetter [gete] vt a (= épier) to watch b (= attendre) to watch out for c (= menacer) to threaten ▪ **la crise cardiaque le guette** he's heading for a heart attack

guetteur, -euse [getœʀ, øz] nm,f (Mil, Naut) lookout

gueulante‡ [gœlɑ̃t] nf ▪ **pousser une ~** to kick up a stink*

gueule [gœl] nf a (‡ = figure) face ▪ **avoir une sale ~** [aliment] to look horrible ▪ **faire la ~** to sulk ▪ **faire la ~ à qn** to be in a huff* with sb ▪ **il a fait une sale ~ quand il a appris la nouvelle** he didn't half pull a face when he heard the news* ▪ **avoir la ~ de bois** to have a hangover ▪ **(ferme) ta ~ !** shut your trap!‡ b [d'animal] mouth ▪ **se jeter dans la ~ du loup** to throw o.s. into the lion's jaws

gueuler‡ [gœle] vi (= crier) to shout ; (= parler, chanter fort) to bawl ; (= protester) to kick up a stink*

gr

gueuleton* [gœltɔ̃] nm slap-up meal*

gui [gi] nm mistletoe

guibol(l)e* [gibɔl] nf (= jambe) leg

guichet [giʃɛ] nm (= comptoir) window ; [de banque, poste] counter ; [de théâtre] box office ▪ **~ automatique (de banque)** cash dispenser

guichetier, -ière [giʃ(ə)tje, jɛʀ] nm,f [de banque] counter clerk

guide [gid] **1** nm (= livre) guide(book) ▪ **~ touristique** tourist guide **2** nmf (= personne) guide ▪ **~ de montagne** mountain guide

guider [gide] vt (= conduire) to guide

guidon [gidɔ̃] nm handlebars

guignol [giɲɔl] nm **a** (= spectacle) puppet show **b** (péj = personne) clown ▪ **faire le ~** to act the clown

guillemet [gijmɛ] nm quotation mark ▪ **entre ~s** in quotes ▪ **ouvrez/fermez les ~s** quote/unquote ▪ **les gens intellos entre ~s** so-called intellectuals

guilleret, -ette [gijʀɛ, ɛt] adj (= enjoué) perky

guillotine [gijɔtin] nf guillotine

guimauve [gimov] nf (= friandise) marshmallow

guimbarde [gɛ̃baʀd] nf (= instrument) Jew's harp ▪ **(vieille) ~*** (= voiture) jalopy

guindé, e [gɛ̃de] adj [personne, air] stiff ; [style] stilted

Guinée [gine] nf Guinea

Guinée-Bissau [ginebiso] nf Guinea-Bissau

guinéen, -éenne [gineɛ̃, eɛn] **1** adj Guinean **2** **Guinéen(ne)** nm,f Guinean

guinguette [gɛ̃gɛt] nf *open-air café with a dance floor*

guirlande [giʀlɑ̃d] nf [de fleurs] garland ▪ **~ de Noël** tinsel garland

guise [giz] nf ▪ **n'en faire qu'à sa ~** to do as one pleases ▪ **en ~ de** by way of

guitare [gitaʀ] nf guitar ▪ **~ électrique** electric guitar ▪ **~ acoustique** ou **sèche** acoustic guitar ▪ **jouer de la ~** to play the guitar

guitariste [gitaʀist] nmf guitarist

guyanais, e [gɥijanɛ, ɛz] **1** adj Guyanese **2** **Guyanais(e)** nm,f Guyanese

Guyane [gɥijan] nf Guiana ▪ **~ britannique** (British) Guyana

gym* [ʒim] nf (abrév de **gymnastique**) gym ; (Scol) PE ▪ **faire de la ~** (chez soi) to do exercises

gymnase [ʒimnɑz] nm **a** (Sport) gym **b** (Helv = lycée) secondary school BR, high school US

gymnaste [ʒimnast] nmf gymnast

gymnastique [ʒimnastik] nf gymnastics *sg* ▸ **gymnastique au sol** floor exercises

gynécologie [ʒinekɔlɔʒi] nf gynaecology BR, gynecology US

gynécologue [ʒinekɔlɔg] nmf gynaecologist BR, gynecologist US ▪ **~ obstétricien** obstetrician

gyrophare [ʒiʀofaʀ] nm revolving light *(on vehicle)*

gyropode [ʒiʀɔpɔd] nm gyropod, Segway®

gyroroue [ʒiʀɔʀu] nm self-balancing scooter

gyroskate [ʒiʀɔskɛt] nm hoverboard

hH

habile [abil] adj skilful BR, skillful US ; [manœuvre] clever ■ **il est ~ de ses mains** he's good with his hands

habilement [abilmɑ̃] adv skilfully BR, skillfully US ; [répondre, dissimuler] cleverly

habileté [abilte] nf **a** [de personne] skill (*à faire* at doing) **b** [de tactique, manœuvre] skilfulness BR, skillfulness US

habilité, e [abilite] adj authorized (*à* to)

habillé, e [abije] adj (= chic) smart

habiller [abije] **1** vt **a** (= vêtir) to dress (*de* in) **b** [+ fauteuil, livre] to cover (*de* with) **2** **s'habiller** vpr to get dressed ; (élégamment) to dress up ■ **comment t'habilles-tu ce soir ?** what are you wearing tonight? ■ **s'~ chaudement** to dress warmly

habit [abi] **1** nm **a** (= costume) outfit **b** (= jaquette) morning coat ; (= queue-de-pie) tails **c** (Rel) habit **2** **habits** nmpl clothes

> ⚠ **habit** ne se traduit pas par ***habit***, qui signifie « habitude ».

habitable [abitabl] adj habitable ■ **35 m² ~s ou de surface** ~ 35 m² living space

habitacle [abitakl] nm [de voiture] passenger compartment ; [d'avion] cockpit

habitant, e [abitɑ̃, ɑ̃t] nm,f [de maison] occupant ; [de ville, pays] inhabitant ■ **les ~s du village** the people who live in the village ■ **on peut loger chez l'~** accommodation is available in local people's homes

habitat [abita] nm habitat

habitation [abitasjɔ̃] nf (= bâtiment) house

habité, e [abite] adj [maison] occupied ; [planète, région] inhabited

habiter [abite] **1** vt **a** to live in ; [+ planète] to live on ■ **cette région était habitée par les Celtes** this region was inhabited by the Celts **b** [sentiment] to haunt **2** vi to live ■ **~ à la campagne** to live in the country ■ **il habite 17 rue Leblanc** he lives at number 17 rue Leblanc ■ **il ne sait plus où il habite*** he hasn't got a clue what's going on*

habitude [abityd] **1** nf habit ■ **avoir/prendre l'~ de faire qch** to be/get used to doing sth ■ **prendre de mauvaises ~s** to get into bad habits ■ **ce n'est pas dans ses ~s de faire cela** he doesn't usually do that ■ **j'ai l'~ !** I'm used to it! ■ **par ~** out of habit **2** **d'habitude** loc adv usually ■ **c'est meilleur que d'~** it's better than usual ■ **comme d'~** as usual

habitué, e [abitɥe] nm,f [de maison, musée, bibliothèque] regular visitor ; [de café, hôtel] regular customer

habituel, -elle [abitɥɛl] adj usual

habituellement [abitɥɛlmɑ̃] adv usually

habituer [abitɥe] **1** vt ■ **~ qn à (faire) qch** to get sb used to (doing) sth ■ **être habitué à (faire) qch** to be used to (doing) sth **2** **s'habituer** vpr ■ **s'~ à (faire) qch** to get used to (doing) sth

hache ['aʃ] nf axe BR, ax US

haché, e ['aʃe] adj **a** [viande] minced BR, ground US ■ **bifteck ~** mince BR, ground beef US **b** [phrases] broken

hacher ['aʃe] vt (au couteau) to chop ; (avec un appareil) to mince BR, to grind US ■ **~ menu** to chop finely

hachich ['aʃiʃ] nm hashish

hachis ['aʃi] nm [de légumes] chopped vegetables ; [de viande] mince BR, ground meat US ▸ **hachis Parmentier** ≈ shepherd's pie

hachisch ['aʃiʃ] nm hashish

hachoir ['aʃwaʀ] nm (= couteau) chopper ; (= appareil) mincer BR, grinder US

hachures ['aʃyʀ] nfpl hatching

hacktiviste ['aktivist] nmf hacktivist*

hagard, e ['agaʀ, aʀd] adj [yeux] wild ; [visage, air] distraught

haie ['ɛ] nf **a** (= clôture) hedge ■ **faire une ~ d'honneur** to form a guard of honour **b** (pour coureurs) hurdle ; (pour chevaux) fence ■ **110 mètres ~s** 110 metres hurdles

haillons ['ɑjɔ̃] nmpl rags

haine ['ɛn] nf hatred ■ **j'avais vraiment la ~*** I was so angry

haineux, -euse ['ɛnø, øz] adj [propos, personne] full of hatred ■ **regard ~** look of hatred

haïr ['aiʀ] vt to hate

haïssable ['aisabl] adj hateful

Haïti [aiti] nm Haiti

haïtien, -ienne [aisjɛ̃, jɛn] **1** adj Haitian **2** **Haïtien(ne)** nm,f Haitian

hal(l)al ['alal] adj inv hal(l)al

hâle ['ɑl] nm suntan

hâlé, e ['ɑle] adj suntanned

haleine [alɛn] nf breath ■ **être hors d'~** to be out of breath ■ **avoir mauvaise ~** to have bad breath ■ **tenir qn en ~** (incertitude) to keep sb in suspense ■ **travail de longue ~** long-term job

haletant, e ['al(ə)tɑ̃, ɑ̃t] adj panting

H

haleter ['al(ə)te] vi to pant

hall ['ol] nm [d'immeuble] hall ; [d'hôtel, cinéma] foyer ; [de gare, université] concourse ▸ **hall d'arrivée/des départs** arrivals/departure lounge

halle ['al] **1** nf (= marché) covered market **2** **halles** nfpl covered market ; (alimentation en gros) central food market

hallucinant, e [a(l)lysinɑ̃, ɑ̃t] adj incredible

hallucination [a(l)lysinasjɔ̃] nf hallucination ▪ **avoir des ~s** to hallucinate

halluciner* [a(l)lysine] vi ▪ **j'hallucine !** I must be seeing things!

hallucinogène [a(l)lysinɔʒɛn] adj hallucinogenic

halo ['alo] nm halo

halogène [alɔʒɛn] adj halogen

halte ['alt] nf (= pause) break ▪ **faire une ~** to stop (à in) ▪ **~ !** stop! ; (Mil) halt!

halte-garderie (pl **haltes-garderies**) ['alt(ə)gaʀdəʀi] nf crèche

haltère [altɛʀ] nm (à boules) dumbbell ; (à disques) barbell ▪ **faire des ~s** to do weight lifting

haltérophile [alteʀɔfil] nmf weight lifter

haltérophilie [alteʀɔfili] nf weight lifting ▪ **faire de l'~** to do weight lifting

hamac ['amak] nm hammock

hamburger ['ɑ̃buʀgœʀ] nm hamburger

hameau (pl **~x**) ['amo] nm hamlet

hameçon [amsɔ̃] nm fish hook

hameçonnage [amsɔnaʒ] nm (Internet) phishing

hamster ['amstɛʀ] nm hamster

hanche ['ɑ̃ʃ] nf hip

hand* ['ɑ̃d] nm handball

handball ['ɑ̃dbal] nm handball

handicap ['ɑ̃dikap] nm handicap ▪ **avoir un sérieux ~** to be seriously handicapped

handicapé, e ['ɑ̃dikape] **1** adj disabled ▪ **très ~** severely handicapped **2** nm,f disabled person ▸ **handicapé mental** mentally handicapped person ▸ **handicapé moteur** person with motor disability ▸ **handicapé physique** physically handicapped person

hangar ['ɑ̃gaʀ] nm [de marchandises] warehouse ; [de matériel] shed ; [d'avions] hangar

hanneton ['an(ə)tɔ̃] nm cockchafer

hanter ['ɑ̃te] vt to haunt ▪ **maison hantée** haunted house

hantise ['ɑ̃tiz] nf obsessive fear ▪ **avoir la ~ de la maladie** to have an obsessive fear of illness

happer ['ape] vt (avec la gueule, le bec) to snap up ; (avec la main) to snatch ▪ **être happé par une voiture** to be hit by a car

haptique [aptik] **1** adj haptic **2** nf haptics *sg*

harangue ['aʀɑ̃g] nf harangue

haranguer ['aʀɑ̃ge] vt to harangue

haras ['aʀɑ] nm stud farm

harassé, e ['aʀase] adj exhausted

> ⚠ **harassé** ne se traduit pas par ***harassed***, qui signifie « harcelé ».

harcèlement ['aʀsɛlmɑ̃] nm harassment ▪ **~ psychologique/sexuel** psychological/sexual harassment ▪ **~ de groupe** ou **collectif** mobbing ▪ **~ en ligne** cyberstalking

harceler ['aʀsəle] vt **a** [+ personne] to harass ▪ **elle a été harcelée de coups de téléphone anonymes** she has been plagued by anonymous phone calls **b** [+ ennemi] to harry

hardi, e ['aʀdi] adj daring

hardware ['aʀdwɛʀ] nm hardware

hareng ['aʀɑ̃] nm herring ▸ **hareng saur** kipper

hargne ['aʀɲ] nf **a** (= colère) spiteful anger **b** (= ténacité) fierce determination

hargneux, -euse ['aʀɲø, øz] adj [personne, caractère] bad-tempered ; [animal] vicious

haricot ['aʀiko] nm bean ▸ **haricot blanc** haricot bean ▸ **haricot à rame** runner bean ▸ **haricot rouge** red kidney bean ▸ **haricot sec** dried bean ▸ **haricot vert** French bean

harissa ['aʀisa, aʀisa] nf harissa *(hot chilli sauce)*

harki ['aʀki] nm *Algerian soldier loyal to the French during the Algerian War of Independence*

harmonica [aʀmɔnika] nm harmonica

harmonie [aʀmɔni] nf **a** harmony ▪ **en ~ avec** in harmony with **b** (= fanfare) wind band

harmonieusement [aʀmɔnjøzmɑ̃] adv harmoniously

harmonieux, -ieuse [aʀmɔnjø, jøz] adj harmonious

harmoniser [aʀmɔnize] vt to harmonize ▪ **il faut ~ nos règlements avec les normes européennes** we must bring our rules into line with European regulations

harnachement ['aʀnaʃmɑ̃] nm [de cheval de monte] tack ; * [de personne] gear*

harnacher ['aʀnaʃe] **1** vt [+ cheval de monte] to saddle up ; [+ cheval de trait] to harness **2** **se harnacher** vpr [alpiniste, parachutiste] to put one's harness on

harnais ['aʀnɛ] nm harness ; [de cheval de monte] tack

harpe ['aʀp] nf harp

harpon ['aʀpɔ̃] nm harpoon

harponner ['aʀpɔne] vt **a** [+ poisson] to harpoon **b*** [+ malfaiteur] to collar* ; [+ passant, voisin] to buttonhole*

hasard ['azaʀ] nm **a** (= événement fortuit) ▪ **un ~ heureux/malheureux** a piece of luck/of bad luck ▪ **quel ~ de vous rencontrer ici !** what a coincidence meeting you here! ▪ **on l'a retrouvé par le plus grand des ~s** it was quite by chance that they found him **b** (= destin) ▪ **le ~** chance **c** (loc) ▪ **au ~** [tirer, choisir] at random ▪ **j'ai répondu au ~** I gave an answer off the top of my head* ▪ **à tout ~** (= en cas de besoin) just in case ; (= espérant trouver ce qu'on cherche) on the off chance ▪ **à tout ~ est-ce que tu aurais ses coordonnées ?** would you by any chance have his contact details? ▪ **par ~** by chance ▪ **si par ~ tu le vois** if you happen to see him ▪ **je passais par ~** I happened to be passing by ▪ **comme par ~, il était absent** he just happened to be away

> ⚠ **hasard** ne se traduit pas par *hazard*, qui signifie « risque ».

hasarder ['azaʀde] **1** vt [+ remarque, hypothèse] to hazard **2 se hasarder** vpr ▪ **se ~ dans un endroit dangereux** to venture into a dangerous place ▪ **se ~ à faire qch** to risk doing sth

hasardeux, -euse ['azaʀdø, øz] adj [entreprise] hazardous

hasch* ['aʃ] nm hash*

haschisch ['aʃiʃ] nm hashish

hâte ['ɑt] nf haste ▪ **à la ~** hurriedly ▪ **avoir ~ de faire qch** to be eager to do sth

hâter ['ɑte] **1** vt [+ départ] to bring forward ▪ **~ le pas** to quicken one's pace **2 se hâter** vpr to hurry ▪ **se ~ de faire qch** to hurry to do sth

hâtif, -ive ['ɑtif, iv] adj **a** [développement] precocious ; [fruit, saison] early **b** [décision, jugement] hasty ▪ **ne tirons pas de conclusions hâtives** let's not jump to conclusions

hauban ['obɑ̃] nm (Naut) shroud ; [de pont] stay ▪ **pont à ~s** cable-stayed bridge

hausse ['os] nf rise (*de* in) ▪ **~ de salaire** pay rise BR ou raise US ▪ **être en ~** to be going up

hausser ['ose] vt to raise ▪ **~ les épaules** to shrug

haut, e ['o, 'ot] **1** adj high ; [herbe, arbre, édifice] tall ▪ **un mur ~ de 3 mètres** a wall 3 metres high ▪ **une pièce ~e de plafond** a room with a high ceiling **2** nm **a** (= hauteur) ▪ **le mur a 3 mètres de ~** the wall is 3 metres high ▪ **combien fait-il de ~ ?** how high is it? ▪ **prendre qn de ~** to look down on sb ▪ **de ~ en bas** [couvrir, fouiller] from top to bottom ▪ **regarder qn de ~ en bas** to look sb up and down ; [se lire] vertically ▪ **du ~** [tiroir, étagère, dents] top ; (= de l'étage supérieur) upstairs ▪ **du ~ d'un arbre** from the top of a tree ▪ **d'en ~** (= de l'étage supérieur) upstairs ▪ **en ~** (= au sommet) at the top ; (= à l'étage supérieur) upstairs ▪ **écris l'adresse en ~ à gauche** write the address in the top left-hand corner ▪ **en ~ de** at the top of **b** (= partie supérieure) top ; [de du visage] top part **c** (= vêtement) top **3** comp ▸ **haut en couleur** (= pittoresque) colourful ▸ **la haute couture** haute couture ▸ **haut lieu** ▪ **un ~ lieu de la musique** a Mecca for music **4 hauts** nmpl ▪ **des ~s et des bas** ups and downs **5** adv **a** [monter, sauter, voler] high ▪ **mettez vos livres plus ~** put your books higher up ▪ **~ les mains !** hands up! ▪ **des gens ~ placés** people in high places ▪ **voir plus ~** (dans un texte) see above **b** (= fort) ▪ **lire/penser tout ~** to read/think aloud ▪ **mettez la radio plus ~** turn up the radio

hautain, e ['otɛ̃, ɛn] adj haughty

hautbois ['obwɑ] nm (= instrument) oboe

haut-de-forme (pl **hauts-de-forme**) ['od(ə)fɔʀm] nm top hat

haute-fidélité (pl **hautes-fidélités**) ['otfidelite] adj [chaîne, son] high-fidelity

hauteur ['otœʀ] nf **a** (= taille) height ; [de son] pitch ▪ **un mur d'une ~ de 4 mètres** a wall 4 metres high ▪ **prendre de la ~** to gain height ▪ **à ~ des yeux** at eye level ▪ **arriver à la ~ de qn** to draw level with sb ▪ **un accident à la ~ de Tours** an accident near Tours ▪ **il ne se sent pas à la ~*** he doesn't feel up to it* **b** (= colline) hill

haut-le-cœur ['ol(ə)kœʀ] nm inv ▪ **avoir un ~** to retch

haut-parleur (pl **~s**) ['opaʀlœʀ] nm speaker

havre ['avʀ] nm haven ▪ **~ de paix** haven of peace

Hawaï [awai] n Hawaii

hawaïen, -ïenne [awajɛ̃, jɛn] adj Hawaiian

Haye ['ɛ] nf ▪ **La ~** The Hague

hayon ['ɛjɔ̃] nm [de voiture] tailgate

hé ['e] excl (pour appeler) hey! ▪ **~ ! ~ !** well, well!

hebdo* [ɛbdo] nm weekly

hebdomadaire [ɛbdɔmadɛʀ] adj, nm weekly

hébergement [ebɛʀʒəmɑ̃] nm accommodation ▪ **le prix comprend l'~** the price includes accommodation

héberger [ebɛʀʒe] vt (= loger) to house ; [+ ami] to put up ; [+ touristes] to accommodate

hébergeur [ebɛʀʒœʀ] nm (Internet) host

hébété, e [ebete] adj (= étourdi) dazed ; [regard, air] vacant

hébraïque [ebʀaik] adj Hebrew

hébreu (pl **~x**) [ebʀø] adj m, nm Hebrew ▪ **pour moi, c'est de l'~*** it's all Greek to me!*

HEC [aʃese] nf (abrév de **Hautes études commerciales**) *top French business school*

hécatombe [ekatɔ̃b] nf (= tuerie) slaughter ; (sur les routes) carnage

hectare [ɛktaʀ] nm hectare

hégémonie [eʒemɔni] nf hegemony

hein* [ɛ̃] excl (= quoi ?) what? ▪ **qu'est-ce que tu vas faire, ~ ?** what are you going to do then, eh?* ▪ **ça suffit, ~ !** that's enough, OK?*

hélas [elɑs] excl unfortunately ▪ **~ oui/non !** I'm afraid so/not! ▪ **~, ils n'ont pas pu en profiter** unfortunately they were unable to reap the benefits

héler ['ele] vt to hail

hélice [elis] nf [d'avion, bateau] propeller

hélicoptère [elikɔptɛʀ] nm helicopter

hélitreuiller [elitʀœje] vt to winch (up) into a helicopter

hélium [eljɔm] nm helium

helvétique [ɛlvetik] adj Swiss

helvétisme [ɛlvetism] nm Swiss idiom

hématome [ematom] nm bruise

hémicycle [emisikl] nm ▪ **l'~** (= Assemblée nationale) the French National Assembly

hémiplégie [emipleʒi] nf hemiplegia

hémiplégique [emipleʒik] adj, nmf hemiplegic

hémisphère [emisfɛʀ] nm hemisphere

hémoglobine [emɔglɔbin] nf haemoglobin BR, hemoglobin US

hémophile [emɔfil] nm haemophiliac BR, hemophiliac US

hémorragie [emɔʀaʒi] nf a [de sang] haemorrhage BR, hemorrhage US ▪ **il a eu une ~ interne** he suffered internal bleeding ▸ **hémorragie cérébrale** brain haemorrhage b [de capitaux] massive drain ; [de cadres, chercheurs] mass exodus

hémorroïdes [emɔʀɔid] nfpl haemorrhoids BR, hemorrhoids US ▪ **avoir des ~** to have piles

henné ['ene] nm henna ▪ **se faire un ~** to henna one's hair

hennir ['eniʀ] vi to neigh

hep ['ɛp] excl hey!

hépatite [epatit] nf hepatitis

herbe [ɛʀb] nf a (= plante) grass *NonC* ▪ **le jardin est envahi par les (mauvaises) ~s** the garden is overrun with weeds b (comestible, médicale) herb ▪ **~s de Provence** ≈ mixed herbs c (* = drogue) grass*

> ⚠ **herbe** ne se traduit par ***herb*** que dans le sens culinaire ou médical.

herbicide [ɛʀbisid] nm weedkiller

herbier [ɛʀbje] nm (= collection) collection of dried flowers

herbivore [ɛʀbivɔʀ] adj herbivorous

herboriste [ɛʀbɔʀist] nmf herbalist

héréditaire [eʀeditɛʀ] adj hereditary ▪ **c'est ~** it runs in the family

hérédité [eʀedite] nf heredity *NonC*

hérésie [eʀezi] nf (Rel) heresy ; (fig) sacrilege

hérétique [eʀetik] nmf heretic

hérisser ['eʀise] vt ▪ **~ qn** (= mettre en colère) to get sb's back up*

hérisson ['eʀisɔ̃] nm hedgehog

héritage [eʀitaʒ] nm [d'argent, biens] inheritance ; [de coutumes] heritage ▪ **faire un ~** to come into an inheritance ▪ **laisser qch en ~ à qn** to leave sth to sb

hériter [eʀite] vt to inherit ▪ **elle a hérité de son oncle** she inherited her uncle's property

héritier [eʀitje] nm heir (*de* to)

héritière [eʀitjɛʀ] nf heiress (*de* to)

hermétique [ɛʀmetik] adj a (à l'air) airtight ; (à l'eau) watertight b ▪ **visage ~** impenetrable expression ▪ **être ~ à** to be impervious to c (= obscur) abstruse

hermétiquement [ɛʀmetikmɑ̃] adv hermetically ▪ **pièce ~ close** sealed room

hermine [ɛʀmin] nf (brune) stoat ; (blanche) ermine

hernie ['ɛʀni] nf hernia ▸ **hernie discale** slipped disc

héroïne [eʀɔin] nf a (= femme) heroine b (= drogue) heroin

héroïnomane [eʀɔinɔman] nmf heroin addict

héroïque [eʀɔik] adj heroic

héroïquement [eʀɔikmɑ̃] adv heroically

héroïsme [eʀɔism] nm heroism

héron ['eʀɔ̃] nm heron

héros ['eʀo] nm hero ▪ **mourir en ~** to die a hero's death

herpès [ɛʀpɛs] nm herpes ▪ **avoir de l'~** (autour de la bouche) to have a cold sore

hertz [ɛʀts] nm hertz

hertzien, -ienne [ɛʀtsjɛ̃, jɛn] adj [ondes] Hertzian ; [antenne, chaîne, diffusion] terrestrial

hésitant, e [ezitɑ̃, ɑ̃t] adj hesitant

hésitation [ezitasjɔ̃] nf hesitation ▪ **après bien des ~s** after much hesitation ▪ **il a eu un moment d'~** he hesitated for a moment

hésiter [ezite] vi to hesitate ▪ **tu y vas ? – j'hésite** are you going? – I'm not sure

hétéro* [eteʀo] adj, nmf straight*

hétéroclite [eteʀɔklit] adj [architecture, œuvre] heterogeneous ; [objets] ill-assorted

hétérogène [eteʀɔʒɛn] adj heterogeneous

hétérosexualité [eteʀosɛksɥalite] nf heterosexuality

hétérosexuel, -elle [eteʀosɛksɥɛl] adj, nm,f heterosexual

hêtre ['ɛtʀ] nm (= arbre) beech tree ; (= bois) beech

heure [œʀ] nf a (= 60 minutes) hour ▪ **il a parlé des ~s** he spoke for hours ▪ **~ de cours** lesson ▪ **pendant les ~s de bureau** during office hours ▪ **gagner 15 € de l'~** to earn €15 an hour ▪ **24 ~s sur 24** 24 hours a day ▪ **c'est à une ~ de Paris** it's an hour from Paris b (sur une montre) time ▪ **quelle ~ est-il ?** what time is it? ▪ **avez-vous l'~ ?** have you got the time? ▪ **il est six ~s** it's six o'clock ▪ **il est six ~s dix** it's ten past BR ou after US six ▪ **il est six ~s moins dix** it's ten to BR ou of US six ▪ **dix ~s du matin/du soir** ten in the morning/at night ▪ **dix ~s du soir** ten at night ▪ **à 16 ~s 30** at 4.30 pm ▪ **demain, à la première ~** first thing in the morning c (= moment) time ▪ **c'est l'~ d'aller au lit !** it's time for bed! ▪ **passer à l'~ d'été/d'hiver** to put the clocks forward/back ▪ **l'~ du déjeuner** lunchtime ▪ **aux ~s des repas** at mealtimes ▪ **~s d'ouverture** opening times d (loc) ▪ **de bonne ~** (dans la journée) early ▪ **à l'~** [être, arriver] on time ▪ **mettre sa montre à l'~** to put one's watch right ▪ **faire du 100 à l'~** to do 100 km an hour ▪ **à toute ~** at any time ▪ **repas chauds à toute ~** hot meals all day

heureusement [øʀøzmɑ̃] adv luckily ▪ **~ pour lui !** luckily for him! ▪ **~ qu'il est parti** thank goodness he's gone

heureux, -euse [øʀø, øz] adj a happy ▪ **~ comme un poisson dans l'eau** happy as a lark ▪ **par un ~ hasard** by a happy coincidence ▪ **attendre un ~ événement** to be expecting a happy event b (= satisfait) pleased ▪ **M. et Mme Durand sont ~ de vous annoncer...** Mr and Mrs Durand are pleased to announce... c (= chanceux) lucky ▪ **encore ~ que je m'en sois souvenu !*** it's just as well I remembered! d [décision, choix] fortunate

heuristique [øʀistik] adj → **carte**

heurt ['œʀ] nm (= conflit) clash ▪ **se passer sans ~s** to go off smoothly

heurter ['œʀte] 1 vt a (= cogner) [+ objet] to hit ; [+ personne] to collide with ; [+ voiture] to bump into ▪ **la voiture a heurté un arbre** the car ran into a tree b (= choquer) [+ personne] to offend ; [+ bon goût, bon sens] to go against ; [+ amour-propre] to injure 2 **se heurter** vpr a (= s'entrechoquer) to collide b (= s'opposer) to clash c (= rencontrer) ▪ **se ~ à un problème** to come up against a problem

hexagonal, e (mpl **-aux**) [ɛgzagɔnal, o] adj a (Math) hexagonal b (= français) national ; (péj) chauvinistic

hexagone [ɛgzagɔn] nm a (Math) hexagon b ▪ **l'Hexagone** France

hiberner [ibɛʀne] vi to hibernate

hibou (pl **~x**) ['ibu] nm owl

hideux, -euse ['idø, øz] adj hideous

hier [jɛʀ] adv yesterday ▪ **~ soir** yesterday evening

hiérarchie ['jeʀaʀʃi] nf hierarchy ; (= supérieurs) superiors

hiérarchique ['jeʀaʀʃik] adj hierarchical ▪ **supérieur ~** superior

hiérarchiquement ['jeʀaʀʃikmɑ̃] adv hierarchically

hiérarchiser ['jeʀaʀʃize] vt a [+ tâches] to prioritize b ▪ **société hiérarchisée** hierarchical society

hiéroglyphe ['jeʀɔglif] nm hieroglyphic

hi-fi ['ifi] adj, nf inv hi-fi

hilare [ilaʀ] adj beaming

hilarité [ilaʀite] nf hilarity ▪ **déclencher l'~ générale** to cause great hilarity

Himalaya [imalaja] nm ▪ **l'~** the Himalayas

hindou, e [ɛ̃du] adj, nm,f Hindu

hippie ['ipi] adj, nmf hippy

hippique [ipik] adj horse

hippocampe [ipɔkɑ̃p] nm sea horse

hippodrome [ipodʀom] nm racecourse BR, racetrack US

hippopotame [ipɔpɔtam] nm hippopotamus

hippy (pl **hippies**) ['ipi] adj, nmf hippy

hirondelle [iʀɔ̃dɛl] nf swallow

hirsute [iʀsyt] adj [personne] shaggy-haired ; [barbe] shaggy

hispanique [ispanik] adj Hispanic

hispanophone [ispanɔfɔn] 1 adj Spanish-speaking ; [littérature] Spanish-language 2 nmf Spanish speaker

hisser ['ise] 1 vt to hoist 2 **se hisser** vpr to heave o.s. up ▪ **se ~ sur la pointe des pieds** to stand on tiptoe

histoire [istwaʀ] nf a (= science, événements) ▪ **l'~** history ▪ **l'~ de l'art** art history b (= récit, mensonge) story ▪ **~ d'amour** love story ▪ **~ drôle** funny story ▪ **c'est une ~ de fous !** it's absolutely crazy! ▪ **qu'est-ce que c'est que cette ~ ?** just what is all this about? ▪ **tu me racontes des ~s** you're pulling my leg c (* = affaire, incident) ▪ **il vient de lui arriver une drôle d'~** something funny has just happened to him ▪ **ils se sont disputés pour une ~ d'argent** they quarrelled about money ▪ **faire des ~s à qn** to make

he

trouble for sb ▪ **sans ~s** [personne] ordinary ; [vie, enfance] uneventful ▪ **~ de faire** just to do ▪ **~ de rire** just for a laugh **d** (= complications) fuss ▪ **quelle ~ pour si peu !** what a fuss over so little!* ▪ **faire tout un tas d'~s** to make a whole lot of fuss

historien, -ienne [istɔʀjɛ̃, jɛn] nm,f historian

historique [istɔʀik] **1** adj [étude, roman] historical ; [personnage, événement, monument] historic **2** nm history ▪ **~ de consultation** (Informatique) list of previous lookups

hit* ['it] nm hit*

hit-parade (pl **~s**) ['itpaʀad] nm ▪ **le ~** the charts ▪ **premier au ~** number one in the charts

HIV [aʃive] nm (abrév de **human immunodeficiency virus**) HIV

hiver [ivɛʀ] nm winter ▪ **en ~** in winter

hivernal, e (mpl **-aux**) [ivɛʀnal, o] adj (= de l'hiver) winter ; (= comme en hiver) wintry

HLM ['aʃɛlɛm] nm ou f inv (abrév de **habitation à loyer modéré**) (= appartement) ≈ council flat BR, ≈ public housing unit US ; (= immeuble) ≈ council flats BR, ≈ housing project US

hocher ['ɔʃe] vt ▪ **~ la tête** (affirmativement) to nod ; (négativement) to shake one's head

hochet ['ɔʃɛ] nm rattle

hockey ['ɔkɛ] nm hockey ▪ **faire du ~** to play hockey ▸ **hockey sur gazon** hockey BR, field hockey US ▸ **hockey sur glace** ice hockey

hockeyeur, -euse ['ɔkɛjœʀ, øz] nm,f hockey player

hold-up ['ɔldœp] nm inv hold-up ▪ **faire un ~** to stage a hold-up

hollandais, e ['ɔ(l)lɑ̃dɛ, ɛz] **1** adj Dutch **2** nm **a** (= langue) Dutch **b** (= personne) ▪ **Hollandais** Dutchman ▪ **les Hollandais** the Dutch **3** **Hollandaise** nf Dutchwoman

Hollande ['ɔ(l)lɑ̃d] nf Holland

holocauste [ɔlokost] nm (= sacrifice) sacrifice ▪ **l'Holocauste** the Holocaust

hologramme [ɔlɔgʀam] nm hologram

homard ['ɔmaʀ] nm lobster

homéopathe [ɔmeɔpat] nmf homeopath

homéopathie [ɔmeɔpati] nf homeopathy

homicide [ɔmisid] nm (= crime) murder ▸ **homicide involontaire** manslaughter ▸ **homicide volontaire** murder

hommage [ɔmaʒ] **1** nm (= marque d'estime) tribute ▪ **rendre ~ à** to pay tribute to **2** **hommages** nmpl (frm) respects ▪ **mes ~s, Madame** my humble respects, madam

homme [ɔm] nm man ▪ **vêtements d'~** men's clothes ▪ **métier d'~** male profession ▪ **rayon ~s** menswear department ▪ **parler d'~ à ~** to have a man-to-man talk ▪ **un ~ averti en vaut deux** (Prov) forewarned is forearmed *(Prov)* ▸ **homme d'affaires** businessman ▸ **homme des cavernes** caveman ▸ **homme d'État** statesman ▸ **homme politique** politician

homme-grenouille (pl **hommes-grenouilles**) [ɔmgʀənuj] nm frogman

homo* [omo] adj, nm gay

homogène [ɔmɔʒɛn] adj homogeneous

homographe [ɔmɔgʀaf] nm homograph

homologue [ɔmɔlɔg] nmf (= personne) counterpart

homologuer [ɔmɔlɔge] vt [+ record] to ratify ; [+ appareil, établissement] to approve ▪ **record homologué** official record

homonyme [ɔmɔnim] nm (= mot) homonym ; (= personne) namesake

homoparental, e (mpl **-aux**) [ɔmɔpaʀɑ̃tal, o] adj homoparental, same-sex

homophobie [ɔmɔfɔbi] nf homophobia

homosexualité [ɔmɔsɛksɥalite] nf homosexuality

homosexuel, -elle [ɔmɔsɛksɥɛl] adj, nm,f homosexual

Honduras ['ɔ̃dyʀas] nm Honduras

Hong kong ['ɔ̃g kɔ̃g] n Hong Kong

Hongrie ['ɔ̃gʀi] nf Hungary

hongrois, e ['ɔ̃gʀwa, waz] **1** adj Hungarian **2** nm (= langue) Hungarian **3** **Hongrois(e)** nm,f Hungarian

honnête [ɔnɛt] adj **a** (= intègre, sincère) honest ▪ **ce sont d'~s gens** they are decent people **b** [prix, résultats] fair ; [repas] reasonable

honnêtement [ɔnɛtmɑ̃] adv **a** honestly ▪ **~, qu'en penses-tu ?** be honest, what do you think? **b** (= correctement) reasonably ▪ **il gagne ~ sa vie** he makes a decent living

honnêteté [ɔnɛtte] nf honesty ▪ **en toute ~** in all honesty

honneur [ɔnœʀ] nm **a** honour BR, honor US ▪ **invité d'~** guest of honour ▪ **votre Honneur** Your Honour ▪ **en l'~ de** in honour of **b** (= mérite) credit ▪ **c'est tout à son ~** it does him credit ▪ **faire ~ à** [+ sa famille] to be a credit to ; [+ repas] to do justice to **c** (formules de politesse) ▪ **j'ai l'~ de vous informer...** I am writing to inform you... ▪ **à vous l'~** after you

honorable [ɔnɔʀabl] adj **a** (= respectable) honourable BR, honorable US **b** [notes, résultats] respectable

honorablement [ɔnɔʀabləmɑ̃] adv **a** (= de façon respectable) honourably BR, honorably US **b** (= assez bien) decently ▪ **il gagne ~ sa vie** he makes a decent living

honoraire [ɔnɔʀɛʀ] **1** adj [membre, président] honorary **2** **honoraires** nmpl fees

honorer [ɔnɔʀe] vt **a** to honour BR, to honor US (*de* with) ■ **je suis très honoré** I am greatly honoured **b** (= faire honneur à) to do credit to

honte ['ɔ̃t] nf shame ■ **c'est une ~ !** it's disgraceful! ■ **c'est la ~ !*** it's awful!* ■ **à ma grande ~** to my great shame ■ **avoir ~ (de)** to be ashamed (of) ■ **tu me fais ~ !** you make me feel so ashamed!

honteux, -euse ['ɔ̃tø, øz] adj **a** (= déshonorant) shameful ; (= scandaleux) disgraceful **b** (= qui a honte) ashamed (*de* of)

hôpital (pl **-aux**) [ɔpital, o] nm hospital ■ **être à l'~** (en visite) to be at the hospital ; [patient] to be in hospital BR, to be in the hospital US

hoquet ['ɔkɛ] nm ■ **avoir le ~** to have the hiccups

horaire [ɔʀɛʀ] **1** nm **a** [de bus, train] timetable BR, schedule US ; [de bateau, vols] schedule **b** [d'élèves] timetable ; [de personnel] working hours ■ **~s de bureau** office hours ■ **avoir des ~s flexibles** to have flexible working hours **2** adj hourly

horde ['ɔʀd] nf horde

horizon [ɔʀizɔ̃] nm horizon ■ **la ligne d'~** the horizon ■ **un bateau à l'~** a boat on the horizon ■ **ça lui a ouvert de nouveaux ~s** it opened up new horizons for him ■ **changer d'~** to have a change of scenery ■ **venir d'~s divers** to come from different backgrounds

horizontal, e (mpl **-aux**) [ɔʀizɔ̃tal, o] **1** adj horizontal **2** **horizontale** nf horizontal ■ **placer qch à l'~e** to put sth in a horizontal position

horizontalement [ɔʀizɔ̃talmɑ̃] adv horizontally ; (dans mots croisés) across

horloge [ɔʀlɔʒ] nf clock ▸ **l'horloge parlante** the speaking clock BR, Time US

horlogerie [ɔʀlɔʒʀi] nf (= secteur) watchmaking

hormis ['ɔʀmi] prép (frm) apart from

hormonal, e (mpl **-aux**) [ɔʀmɔnal, o] adj hormonal ■ **traitement ~** hormone treatment

hormone [ɔʀmɔn] nf hormone

horodateur [ɔʀɔdatœʀ] nm [de parking] ticket machine

horoscope [ɔʀɔskɔp] nm horoscope

horreur [ɔʀœʀ] nf horror ■ **je me suis aperçu avec ~ que...** to my horror I realized that... ■ **c'est une ~** [objet] it's hideous ■ **quelle ~ !** how dreadful! ■ **avoir ~ de** to detest ■ **dire des ~s sur qn** to say dreadful things about sb

horrible [ɔʀibl] adj **a** horrible ■ **il a été ~ avec moi** he was horrible to me **b** [chaleur, peur, temps] terrible

horrifier [ɔʀifje] vt to horrify

horripiler [ɔʀipile] vt to exasperate

hors ['ɔʀ] prép ■ **~ de** (position) outside ; (mouvement) out of ■ **~ d'ici !** get out of here! ■ **être ~ de soi** to be beside o.s. ■ **cette remarque l'a mise ~ d'elle** this remark enraged her ▸ **hors jeu** [joueur] offside; [ballon] out of play ▸ (Informatique) **hors ligne** off line ▸ **hors pair** outstanding

hors-bord ['ɔʀbɔʀ] nm (= bateau) speedboat

hors-d'œuvre ['ɔʀdœvʀ] nm inv hors d'œuvre ■ **~ variés** assorted hors d'œuvre

hors-jeu ['ɔʀʒø] nm offside ; voir aussi **hors**

hors-la-loi ['ɔʀlalwa] nmf inv outlaw

hors-piste ['ɔʀpist] nm inv off-piste skiing ■ **faire du ~** to ski off piste

hors-série ['ɔʀseʀi] nm (= magazine) special edition

hortensia [ɔʀtɑ̃sja] nm hydrangea

horticulture [ɔʀtikyltyʀ] nf horticulture

hospice [ɔspis] nm [de vieillards] old people's home

hospitalier, -ière [ɔspitalje, jɛʀ] adj **a** (= d'hôpital) hospital ■ **centre ~** hospital **b** (= accueillant) hospitable

hospitalisation [ɔspitalizasjɔ̃] nf hospitalization ■ **~ à domicile** home medical care

hospitaliser [ɔspitalize] vt to hospitalize ■ **il a été hospitalisé** he was admitted to hospital

hospitalité [ɔspitalite] nf hospitality

hostie [ɔsti] nf host

hostile [ɔstil] adj hostile (*à* to)

hostilité [ɔstilite] nf hostility ■ **reprendre les ~s** to re-open hostilities

hot(-)dog (pl **~s**) ['ɔtdɔg] nm hot dog

hôte [ot] **1** nm (qui reçoit) host **2** nmf (= invité) guest

hôtel [ɔtɛl] nm hotel ■ **loger à l'~** to stay at a hotel ▸ **hôtel particulier** town house ▸ **hôtel de ville** town hall

hôtelier, -ière [ɔtəlje, jɛʀ] **1** adj hotel ■ **école hôtelière** catering school **2** nm,f hotel-keeper

hôtellerie [ɔtɛlʀi] nf (= profession) hotel business ; (= matière enseignée) hotel management

hôtel-restaurant (pl **hôtels-restaurants**) [ɔtɛlʀɛstɔʀɑ̃] nm hotel with restaurant

hôtesse [otɛs] nf (= maîtresse de maison) hostess ▸ **hôtesse d'accueil** [d'hôtel, bureau] receptionist; [d'exposition, colloque] hostess ▸ **hôtesse de caisse** check-out assistant BR, checker US ▸ **hôtesse de l'air** flight attendant, air hostess BR

hotline ['ɔtlajn] nf technical support

hotte ['ɔt] nf **a** (= panier) basket *(carried on the back)* ; [de Père Noël] sack **b** ▪ **~ aspirante** extractor hood

hou ['u] excl boo!

houblon ['ublɔ̃] nm (= plante) hop ; (dans la bière) hops

houille ['uj] nf coal

houle ['ul] nf swell

houlette ['ulɛt] nf ▪ **sous la ~ de** under the leadership of

houleux, -euse ['ulø, øz] adj [mer, séance] stormy

houlomoteur, -trice ['ulomɔtœʀ, tʀis] adj wave *avant n*

hourra ['uʀa] excl hurrah!

houspiller ['uspije] vt to scold

housse ['us] nf cover ▪ **~ de couette** quilt cover

houx ['u] nm holly

hovercraft [ɔvœʀkʀaft] nm hovercraft

HT (abrév de **hors taxes**) exclusive of VAT

hublot ['yblo] nm [de bateau] porthole ; [d'avion, machine à laver] window

huche ['yʃ] nf (= coffre) chest ▸ **huche à pain** bread bin

huées ['ɥe] nfpl (de dérision) boos ▪ **il est sorti de scène sous les ~ du public** he was booed off the stage

huer ['ɥe] vt to boo

huile [ɥil] nf **a** oil ▪ **à l'~** in oil ▪ **vérifier le niveau d'~** [de voiture] to check the oil ▪ **~ d'arachide** groundnut BR ou peanut US oil ▪ **~ d'olive** olive oil ▪ **~ solaire** suntan oil **b** (* = notable) bigwig* **c** (= tableau, technique) oil painting ▪ **peint à l'~** painted in oils

huiler [ɥile] vt to oil

huileux, -euse [ɥilø, øz] adj oily

huis [ɥi] nm ▪ **à ~ clos** in camera

huissier [ɥisje] nm [de justice] ≈ bailiff

huit ['ɥi(t)] nombre eight ▪ **~ jours** (= une semaine) a week ▪ **lundi en ~** a week on BR ou from US Monday ; pour autres loc voir **six**

huitième ['ɥitjɛm] **1** adj, nmf eighth **2** nf (Scol) *penultimate class of primary school,* fifth grade US **3** **huitièmes** nmpl (Sport) ▪ **être en ~s de finale** to be in the last sixteen ; pour autres loc voir **sixième**

huître [ɥitʀ] nf oyster ; (péj) dimwit* ▪ **il a le QI d'une ~** he has the IQ of a cabbage

humain, e [ymɛ̃, ɛn] **1** adj human ; (= compatissant) humane **2** nm human being

humanisme [ymanism] nm humanism

humanitaire [ymanitɛʀ] adj humanitarian

humanité [ymanite] nf **a** (= genre humain) ▪ **l'~** humanity **b** (= bonté) humaneness

humble [œ̃bl(ə)] adj humble

humecter [ymɛkte] vt [+ linge, herbe] to dampen ; [+ front] to moisten

humer ['yme] vt [+ plat] to smell ; [+ air, parfum] to breathe in

humérus [ymeʀys] nm humerus

humeur [ymœʀ] nf **a** (momentanée) mood ▪ **être de bonne/mauvaise ~** to be in a good/bad mood ▪ **il est d'une ~ massacrante** he's in a foul mood **b** (= tempérament) temper ▪ **d'~ égale** even-tempered **c** (= irritation) ▪ **mouvement d'~** fit of bad temper

humide [ymid] adj damp ; [région ou climat chaud] humid

humidité [ymidite] nf [d'air, climat] humidity ; (froide) dampness ▪ **taches d'~** damp patches

humiliant, e [ymiljɑ̃, jɑ̃t] adj humiliating

humiliation [ymiljasjɔ̃] nf humiliation

humilier [ymilje] vt to humiliate

humilité [ymilite] nf humility

humoriste [ymɔʀist] nmf humorist

humoristique [ymɔʀistik] adj humorous ; → **dessin**

humour [ymuʀ] nm humour BR, humor US ▪ **avoir de l'~** to have a sense of humour ▪ **faire de l'~** to try to be funny ▸ **humour noir** black humour

humus [ymys] nm humus

humusation [ymyzasjɔ̃] nf human composting

huppé, e ['ype] adj **a** [oiseau] crested **b** (* = riche) posh*

hurlement ['yʀləmɑ̃] nm [de loup, chien] howl ; [de vent] howling *NonC* ; [de sirènes] wailing *NonC* ▪ **pousser des ~s** (de douleur, de rage) to howl ; (de joie) to whoop

hurler ['yʀle] **1** vi **a** [personne] to scream ; (de rage) to roar ▪ **~ de rire** to roar with laughter **b** [chien, vent] to howl ; [sirène] to wail ; [radio] to blare **2** vt to yell

hutte ['yt] nf hut

hybride [ibʀid] adj, nm hybrid

hydratant, e [idʀatɑ̃, ɑ̃t] adj moisturizing

hydrate [idʀat] nm hydrate

hydrater [idʀate] **1** vt to hydrate ; [+ peau] to moisturize **2** **s'hydrater** vpr (= boire) to take lots of fluids

hydraulique [idʀolik] adj hydraulic

hydravion [idʀavjɔ̃] nm seaplane

hydrocarbure [idʀokaʀbyʀ] nm hydrocarbon

hydroélectrique [idʀoelɛktʀik] adj hydroelectric

hydrogène [idʀɔʒɛn] nm hydrogen

hydroglisseur [idʀoglisœʀ] nm jet-foil

hydrolienne [idʀɔljɛn] nf marine current turbine
hyène [jɛn] nf hyena
hygiène [iʒjɛn] nf hygiene ▪ **pour une meilleure ~ de vie** for a healthier life ▪ **~ alimentaire/corporelle** food/personal hygiene
hygiénique [iʒjenik] adj hygienic ; → **papier, serviette**
hymne [imn] nm hymn ► **hymne national** national anthem
hyper(-) [ipɛʀ] préf hyper ; (* = très) really ▪ **hyper-riche** mega* rich
hyperactif, -ive [ipɛʀaktif, iv] adj hyperactive
hyperappel [ipɛʀapɛl] nm hypercall
hypercalorique [ipɛʀkalɔʀik] adj high-calorie *avant n*
hyperconnectivité [ipɛʀkɔnɛktivite] nf hyperconnectivity
hyperlien [ipɛʀljɛ̃] nm hyperlink
hypermarché [ipɛʀmaʀʃe] nm hypermarket
hypermétrope [ipɛʀmetʀɔp] adj longsighted
hypernerveux, -euse [ipɛʀnɛʀvø, øz] adj very highly BR ou high US strung
hypersensible [ipɛʀsɑ̃sibl] adj hypersensitive
hypertension [ipɛʀtɑ̃sjɔ̃] nf (artérielle) high blood pressure ▪ **faire de l'~** to suffer from high blood pressure
hypertexte [ipɛʀtɛkst] nm hypertext ; → **lien**
hypertrophie [ipɛʀtʀɔfi] nf hypertrophy ; [de ville, secteur] overdevelopment
hypertrophié, e [ipɛʀtʀɔfje] adj [muscle] abnormally enlarged ; [bureaucratie, secteur] overdeveloped
hypnose [ipnoz] nf hypnosis
hypnotique [ipnɔtik] adj hypnotic
hypnotiser [ipnɔtize] vt to hypnotize
hypocondriaque [ipɔkɔ̃dʀijak] adj, nmf hypochondriac
hypocrisie [ipɔkʀizi] nf hypocrisy
hypocrite [ipɔkʀit] **1** adj hypocritical **2** nmf hypocrite
hypodermique [ipɔdɛʀmik] adj hypodermic
hypoglycémie [ipoglisemi] nf hypoglycaemia BR, hypoglycemia US
hypotension [ipotɑ̃sjɔ̃] nf low blood pressure ▪ **faire de l'~** to suffer from low blood pressure
hypoténuse [ipɔtenyz] nf hypotenuse
hypothalamus [ipɔtalamys] nm hypothalamus
hypothèque [ipɔtɛk] nf mortgage
hypothéquer [ipɔteke] vt to mortgage
hypothermie [ipɔtɛʀmi] nf hypothermia
hypothèse [ipɔtɛz] nf hypothesis ▪ **l'~ du suicide n'a pas été écartée** the possibility of suicide has not been ruled out ▪ **dans l'~ où...** in the event that... ▪ **dans la pire des ~s** at worst
hystérie [isteʀi] nf (Méd) hysteria ▪ **c'était l'~ dans le public** the audience went wild
hystérique [isteʀik] adj hysterical

i

ibérique [iberik] adj Iberian

iceberg [ajsbɛrg] nm iceberg

ici [isi] adv a (dans l'espace) here ▪ **c'est à 10 minutes d'~** it's 10 minutes away ▪ **ils ne sont pas d'~** they aren't from around here ▪ **les gens d'~** the people here ▪ **par ~** (= dans la région) around here ▪ **passez par ~** come this way ▪ **~ même** on this very spot ▪ **c'est ~ que...** this is where... ▪ **~ Chantal Barry** (au téléphone) Chantal Barry speaking ▪ **~ et là** here and there b (dans le temps) ▪ **jusqu'~** until now ▪ **d'~ la fin de la semaine** by the end of the week ▪ **d'~ peu** before long ▪ **d'~ là** before then

icône [ikon] nf icon

iconographie [ikɔnɔgrafi] nf (= étude) iconography ; (= images) illustrations

idéal, e (mpl **~s** ou **idéaux**) [ideal, o] adj, nm ideal ▪ **l'~ serait qu'elle l'épouse** the ideal thing would be for her to marry him ▪ **ce n'est pas l'~** it's not ideal

idéaliste [idealist] 1 adj idealistic 2 nmf idealist

idée [ide] nf a idea ▪ **avoir une ~ derrière la tête** to have something at the back of one's mind ▪ **tu te fais des ~s** you're imagining things ▪ **quelle ~ !** the idea! ▪ **il a de ces ~s !** the things he thinks up! ▪ **avoir les ~s larges** to be broad-minded ▪ **donner à qn/se faire une ~ de** to give sb/get an idea of ▪ **je n'en ai pas la moindre ~** I haven't the faintest idea ▸ **idée fixe** idée fixe ▸ **idées noires** black thoughts ▸ **idée reçue** generally held belief b (= esprit) ▪ **cela ne lui viendrait jamais à l'~** it would never occur to him ▪ **il s'est mis dans l'~ de...** he took it into his head to...

idem [idɛm] adv ditto

identifiant [idɑ̃tifjɑ̃] nm (= nom d'utilisateur) login ; (= code numérique) identifier

identification [idɑ̃tifikasjɔ̃] nf identification (à with)

identifier [idɑ̃tifje] 1 vt to identify (à with) 2 **s'identifier** vpr (sur un site) to identify o.s. ▪ **s'~ à** to identify with

identique [idɑ̃tik] adj identical (à to)

identitaire [idɑ̃titɛr] adj ▪ **crise ~** identity crisis ▪ **sentiment ~** sense of identity

identité [idɑ̃tite] nf identity

idéogramme [ideɔgram] nm ideogram

idéologie [ideɔlɔʒi] nf ideology

idéologique [ideɔlɔʒik] adj ideological

idiomatique [idjɔmatik] adj idiomatic

idiot, e [idjo, idjɔt] 1 adj stupid 2 nm,f idiot ▪ **ne fais pas l'~*** stop acting stupid*

idiotie [idjɔsi] nf idiocy ▪ **ne dis pas d'~s !** don't talk rubbish! ▪ **ne va pas voir ces ~s** don't go and see such trash

idole [idɔl] nf idol

idyllique [idilik] adj idyllic

if [if] nm yew

igloo [iglu] nm igloo

ignare [iɲar] (péj) 1 adj ignorant 2 nmf ignoramus

ignoble [iɲɔbl] adj vile

ignorance [iɲɔrɑ̃s] nf ignorance

ignorant, e [iɲɔrɑ̃, ɑ̃t] 1 adj ignorant ▪ **~ de** unaware of 2 nm,f ignoramus

ignorer [iɲɔre] vt a (= ne pas connaître) not to know ; [+ incident, fait] to be unaware of ▪ **j'ignore comment/si...** I don't know how/if... ▪ **il ignore la souffrance** he has never experienced suffering b [+ personne, avertissement] to ignore

> ⚠ Au sens de « ne pas connaître » ou « ne pas savoir », **ignorer** ne se traduit pas par ***to ignore***.

iguane [igwan] nm iguana

il [il] pron pers a he ; (= chose, animal ou bébé dont on ignore le sexe) it ▪ **ils** they ▪ **il était journaliste** he was a journalist ▪ **ne touche pas ce chien, peut-être qu'il mord** don't touch this dog - it might bite ▪ **est-il rentré ?** is he back? ▪ **le courrier est-il arrivé ?** has the mail come? b (impersonnel) it ▪ **il fait beau** it's a fine day ▪ **il faut que je le fasse** I've got to do it

île [il] nf island ▪ **~ déserte** desert island ▸ **les îles Anglo-Normandes** the Channel Islands ▸ **les îles Britanniques** the British Isles ▸ **l'île de Man** the Isle of Man ▸ **l'île Maurice** Mauritius

Île-de-France [ildəfrɑ̃s] nf ▪ **l'~** *Paris and the surrounding departments*

iliaque [iljak] adj ▪ **os ~** hipbone

illégal, e (mpl **-aux**) [i(l)legal, o] adj illegal

illégalité [ilegalite] nf illegality

illégitime [i(l)leʒitim] adj a [enfant, gouvernement] illegitimate b [prétention, revendication] unjustified

illettré, e [i(l)letre] adj illiterate

illicite [i(l)lisit] adj illicit

illimité, e [i(l)limite] adj [moyens, ressources] unlimited ; [confiance] unbounded ; [congé, durée] indefinite

illisible [i(l)lizibl] adj (= indéchiffrable) illegible ; [fichier informatique] unreadable

illogique [i(l)lɔʒik] adj illogical

illumination [i(l)lyminasjɔ̃] nf a (= éclairage) lighting ▪ **les ~s de Noël** the Christmas lights b (= inspiration) flash of inspiration

illuminer [i(l)lymine] 1 vt to light up 2 **s'illuminer** vpr [rue, vitrine] to be lit up ; [visage] to light up

illusion [i(l)lyzjɔ̃] nf illusion ▪ **~ d'optique** optical illusion ▪ **tu te fais des ~s** you're deluding yourself

illusionniste [i(l)lyzjɔnist] nmf conjurer

illusoire [i(l)lyzwaʀ] adj (= trompeur) illusory

illustrateur, -trice [i(l)lystʀatœʀ, tʀis] nm,f illustrator

illustration [i(l)lystʀasjɔ̃] nf illustration

illustre [i(l)lystʀ] adj illustrious

illustré, e [i(l)lystʀe] 1 adj illustrated 2 nm (= journal) comic

illustrer [i(l)lystʀe] 1 vt to illustrate 2 **s'illustrer** vpr [personne] to become famous

îlot [ilo] nm small island ▪ **~ de verdure** oasis of greenery

ils [il] pron pers → **il**

image [imaʒ] nf a picture b (= métaphore) image c (= reflet) reflection ; (Physique) image ▪ **~ virtuelle** virtual image ▪ **~ de synthèse** computer-generated image d (= vision mentale) image ▸ **image de marque** public image

imagé, e [imaʒe] adj vivid

imagerie [imaʒʀi] nf ▪ **~ par résonance magnétique/par ultrasons** magnetic resonance/ultrasound imaging

imagiciel [imaʒisjɛl] nm graphics software

imaginaire [imaʒinɛʀ] adj imaginary

imaginatif, -ive [imaʒinatif, iv] adj imaginative

imagination [imaʒinasjɔ̃] nf imagination ▪ **avoir de l'~** to be imaginative

imaginer [imaʒine] 1 vt a to imagine ▪ **tu imagines la scène !** you can imagine the scene! ▪ **je l'imaginais plus vieux** I pictured him as being older b (= inventer) to devise 2 **s'imaginer** vpr to imagine ▪ **si tu t'imagines que je vais te laisser faire !** don't think I'm going to let you get away with that!

imbattable [ɛ̃batabl] adj unbeatable

imbécile [ɛ̃besil] nmf idiot ▪ **ne fais pas l'~*** stop acting stupid*

imbécil(l)ité [ɛ̃besilite] nf idiocy ▪ **tu racontes des ~s** you're talking nonsense

imberbe [ɛ̃bɛʀb] adj beardless

imbiber [ɛ̃bibe] 1 vt ▪ **~ qch de qch** to soak sth with sth 2 **s'imbiber** vpr ▪ **s'~ de** to become soaked with

imbriquer (s') [ɛ̃bʀike] vpr [problèmes, affaires] to be linked ; [plaques] to overlap ; [lego] to fit together

imbu, e [ɛ̃by] adj ▪ **~ de lui-même** ou **de sa personne** full of himself

imbuvable [ɛ̃byvabl] adj [boisson] undrinkable ; [personne]* unbearable

imitateur, -trice [imitatœʀ, tʀis] nm,f (= comique) imitator ; [de voix, personne] impersonator

imitation [imitasjɔ̃] nf (= reproduction, copie) imitation ; [de personnage célèbre] impersonation

imiter [imite] vt a to imitate ; [+ personnage célèbre] to impersonate ▪ **il se leva et tout le monde l'imita** he got up and everybody did likewise b [+ signature] to forge c (= avoir l'aspect de) to look like

immaculé, e [imakyle] adj spotless

immangeable [ɛ̃mɑ̃ʒabl] adj disgusting

immatriculation [imatʀikylasjɔ̃] nf registration

immatriculer [imatʀikyle] vt [+ véhicule] to register ▪ **voiture immatriculée dans le Vaucluse** car with a Vaucluse registration BR ou with a Vaucluse license plate US

immature [imatyʀ] adj immature

immédiat, e [imedja, jat] adj immediate

immédiatement [imedjatmɑ̃] adv immediately

immense [i(m)mɑ̃s] adj [espace, désert] vast ; [foule, fortune, pays] huge ; [personne] gigantic ; [succès, talent, chagrin] tremendous

immerger [imɛʀʒe] vt to immerse

immeuble [imœbl] nm building ▸ **immeuble d'habitation** block of flats BR, apartment building US

immigration [imigʀasjɔ̃] nf immigration ▪ **~ clandestine** illegal immigration

immigré, e [imigʀe] adj, nm,f immigrant ▪ **~ clandestin** illegal immigrant

immigrer [imigʀe] vi to immigrate

imminent, e [iminɑ̃, ɑ̃t] adj imminent

immiscer (s') [imise] vpr ▪ **s'immiscer dans** to interfere in

immobile [i(m)mɔbil] adj motionless ; [visage] immobile ▪ **rester ~** to stay still

immobilier, -ière [imɔbilje, jɛʀ] 1 adj ▪ **marché ~** property market ; → **agent, bien** 2 nm ▪ **l'~** (= commerce) the property business ;

(= biens) property ▪ **les prix de l'~** property prices

immobiliser [imɔbilize] **1** vt to immobilize ▪ **avions immobilisés par la neige** planes grounded by snow **2** **s'immobiliser** vpr [personne] to stop ; [véhicule] to come to a halt

immobilisme [imɔbilism] nm [de gouvernement, entreprise] failure to act

immobilité [imɔbilite] nf stillness ▪ **le médecin lui a ordonné l'~ complète** the doctor ordered him not to move at all

immodéré, e [imɔdeʀe] adj immoderate

immoler [imɔle] **1** vt (= sacrifier) to sacrifice (à to) **2** **s'immoler** vpr to sacrifice o.s. ▪ **s'~ par le feu** to set fire to o.s.

immonde [i(m)mɔ̃d] adj [taudis] squalid ; [crime] hideous ; [personne] (= laid) hideous ; (= ignoble) vile

immondices [i(m)mɔ̃dis] nfpl filth *NonC*

immoral, e (mpl **-aux**) [i(m)mɔʀal, o] adj immoral

immortaliser [imɔʀtalize] vt to immortalize

immortel, -elle [imɔʀtɛl] **1** adj immortal **2** **Immortel(le)** nm,f *member of the Académie française*

immuable [imɥabl] adj immutable

immuniser [imynize] vt to immunize ▪ **je suis immunisé** (fig) it no longer has any effect on me

immunitaire [imynitɛʀ] adj immune ; [défenses] immunological

immunité [imynite] nf immunity

immunodéficience [imynodefisjɑ̃s] nf immunodeficiency

impact [ɛ̃pakt] nm impact ▪ **~s de balles** bullet holes

impacter [ɛ̃pakte] vt [+ résultats, situation] to impact on

impair, e [ɛ̃pɛʀ] adj odd ; [page] odd-numbered

imparable [ɛ̃paʀabl] adj **a** [coup, tir] unstoppable **b** [argument, logique] unanswerable

impardonnable [ɛ̃paʀdɔnabl] adj unforgivable

imparfait, e [ɛ̃paʀfɛ, ɛt] **1** adj imperfect **2** nm (= temps) imperfect tense

impartial, e (mpl **-iaux**) [ɛ̃paʀsjal, jo] adj impartial

impasse [ɛ̃pɑs] nf **a** (= rue) cul-de-sac **b** (= situation sans issue) impasse ▪ **être dans l'~** to have reached an impasse ▪ **faire l'~ sur qch** to choose to overlook sth

impassible [ɛ̃pasibl] adj impassive

impatience [ɛ̃pasjɑ̃s] nf impatience

impatient, e [ɛ̃pasjɑ̃, jɑ̃t] adj impatient ▪ **~ de faire qch** eager to do sth ▪ **je suis si ~ de vous revoir** I can't wait to see you again

impatienter (s') [ɛ̃pasjɑ̃te] vpr to get impatient

impayable* [ɛ̃pɛjabl] adj priceless*

impayé, e [ɛ̃peje] adj unpaid

impeccable [ɛ̃pekabl] adj impeccable ▪ **parler un français ~** to speak perfect French ▪ **~ !*** great!*

impénétrable [ɛ̃penetʀabl] adj [mystère, desseins] impenetrable ; [personnage, visage, air] inscrutable

impensable [ɛ̃pɑ̃sabl] adj unthinkable

imper* [ɛ̃pɛʀ] nm raincoat

impératif, -ive [ɛ̃peʀatif, iv] **1** adj [besoin, consigne] urgent ; [ton] commanding ▪ **il est ~ que...** it is absolutely essential that... **2** nm (= mode) imperative mood ▪ **à l'~** in the imperative (mood)

impérativement [ɛ̃peʀativmɑ̃] adv ▪ **les personnes âgées doivent ~ se faire vacciner** it is imperative that old people get vaccinated

impératrice [ɛ̃peʀatʀis] nf empress

imperceptible [ɛ̃pɛʀsɛptibl] adj imperceptible (à to)

imperfection [ɛ̃pɛʀfɛksjɔ̃] nf imperfection ; [d'ouvrage, dispositif] defect ; [de peau] blemish

impérial, e (mpl **-iaux**) [ɛ̃peʀjal, jo] adj imperial

impérialisme [ɛ̃peʀjalism] nm imperialism

impérialiste [ɛ̃peʀjalist] adj, nmf imperialist

impérieux, -ieuse [ɛ̃peʀjø, jøz] adj [personne, ton] imperious ; [besoin, nécessité] urgent

imperméabiliser [ɛ̃pɛʀmeabilize] vt to waterproof

imperméable [ɛ̃pɛʀmeabl] **1** adj [terrain, roches] impermeable ; [revêtement, tissu] waterproof **2** nm (= manteau) raincoat

impersonnel, -elle [ɛ̃pɛʀsɔnɛl] adj impersonal

impertinence [ɛ̃pɛʀtinɑ̃s] nf cheek

impertinent, e [ɛ̃pɛʀtinɑ̃, ɑ̃t] adj cheeky

imperturbable [ɛ̃pɛʀtyʀbabl] adj ▪ **rester ~** to remain calm

impétueux, -euse [ɛ̃petɥø, øz] adj [caractère, jeunesse] impetuous ; [torrent, vent] raging

impitoyable [ɛ̃pitwajabl] adj merciless

implacable [ɛ̃plakabl] adj implacable

implant [ɛ̃plɑ̃] nm implant ▪ **~ capillaire** hair graft

implanter [ɛ̃plɑ̃te] **1** vt [+ usage, mode] to introduce ; [+ usine, industrie] to set up ▪ **la gauche est bien implantée ici** the left is well-established here **2** **s'implanter** vpr [usine, industrie] to be set up ; [parti politique] to become established

implication [ɛ̃plikasjɔ̃] nf implication

implicite [ɛ̃plisit] adj implicit

impliquer [ɛ̃plike] **1** vt **a** (= supposer) to imply **b** (= nécessiter) to entail **c** (= mettre en cause) ▪ **~ qn dans** to involve sb in **2** **s'impliquer** vpr ▪ **s'~ dans un projet** to get involved in a project ▪ **s'~ beaucoup dans qch** to put a lot into sth

implorer [ɛ̃plɔʀe] vt (= supplier) to implore

imploser [ɛ̃ploze] vi to implode

implosion [ɛ̃plozjɔ̃] nf implosion

impoli, e [ɛ̃pɔli] adj rude (*envers* to)

impolitesse [ɛ̃pɔlitɛs] nf rudeness (*envers* to)

impopulaire [ɛ̃pɔpylɛʀ] adj unpopular (*auprès de* with)

importance [ɛ̃pɔʀtɑ̃s] nf **a** importance ▪ **ça a beaucoup d'~ pour moi** it's very important to me ▪ **accorder beaucoup/peu d'~ à qch** to attach a lot of/little importance to sth ▪ **c'est sans ~, ça n'a pas d'~** it doesn't matter ▪ **prendre de l'~** to become more important ▪ **se donner de l'~** to act important **b** [de somme, effectifs] size ; [de dégâts, désastre, retard] extent

important, e [ɛ̃pɔʀtɑ̃, ɑ̃t] **1** adj **a** important **b** [somme] large ; [différence] big ; [retard] considerable ; [dégâts] extensive **2** nm ▪ **l'~ est de...** the important thing is to... **3** nm,f ▪ **faire l'important(e)** (péj) to act important

> ⚠ Lorsque **important** réfère à une grande quantité, il ne se traduit pas par ***important***.

importateur, -trice [ɛ̃pɔʀtatœʀ, tʀis] **1** adj importing ▪ **pays ~ de blé** wheat-importing country **2** nm,f importer

importation [ɛ̃pɔʀtasjɔ̃] nf import ▪ **produits d'~** imported products

importer[1] [ɛ̃pɔʀte] vt to import (*de* from)

importer[2] [ɛ̃pɔʀte] vi (= être important) to matter (*à* to) ♦ **peu importe** it doesn't matter ♦ **n'importe comment** anyhow ▪ **il a fait cela n'importe comment !** he did it any old how* BR ou any which way* US ♦ **n'importe lequel** any (one) ▪ **n'importe lequel d'entre nous** any one of us ▪ **il cherche un emploi, mais pas n'importe lequel** he's looking for a job, but not just any job ♦ **n'importe où** anywhere ♦ **n'importe quelle heure, n'importe quand** any time ▪ **venez à n'importe quelle heure** come at any time ♦ **n'importe qui** anybody, anyone ▪ **ce n'est pas n'importe qui** he's not just anybody ♦ **n'importe quoi** anything ▪ **il fait/dit n'importe quoi !*** he has no idea what he's doing!/saying!

import-export [ɛ̃pɔʀɛkspɔʀ] nm import-export

importun, e [ɛ̃pɔʀtœ̃, yn] **1** adj (frm) [présence] troublesome ; [visite] ill-timed **2** nm,f troublesome individual

importuner [ɛ̃pɔʀtyne] vt to bother

imposable [ɛ̃pozabl] adj [personne, revenu] taxable

imposant, e [ɛ̃pozɑ̃, ɑ̃t] adj **a** (= majestueux) imposing **b** (= impressionnant) impressive

imposer [ɛ̃poze] **1** vt **a** [+ règle, conditions] to lay down ▪ **~ ses idées/sa présence à qn** to force one's ideas/one's company on sb ▪ **la décision leur a été imposée par les événements** the decision was forced on them by events ▪ **il/sa conduite impose le respect** he/his behaviour compels respect **b** (= taxer) to tax **c** ▪ **il en impose** he's an impressive individual **2** **s'imposer** vpr **a** (= être nécessaire) to be essential ▪ **ces mesures ne s'imposaient pas** these measures were unnecessary **b** (= montrer sa supériorité) to assert o.s. ▪ **le skieur s'est imposé dans le slalom géant** the skier won the giant slalom event **c** (= être importun) ▪ **je ne voudrais pas m'~** I don't want to impose

imposition [ɛ̃pozisjɔ̃] nf (Fin) taxation

impossibilité [ɛ̃pɔsibilite] nf impossibility ▪ **être dans l'~ de faire qch** to be unable to do sth

impossible [ɛ̃pɔsibl] **1** adj impossible (*à* to) ▪ **cela m'est ~** it's impossible for me to do it ▪ **ce n'est pas ~** (= c'est probable) it may well be the case ▪ **elle a des horaires ~s** she has terrible hours **2** nm ▪ **demander/tenter l'~** to ask for/attempt the impossible ▪ **je ferai l'~ (pour venir)** I'll do my utmost (to come)

imposteur [ɛ̃pɔstœʀ] nm impostor

impôt [ɛ̃po] nm (= taxe) tax ▪ **je paie plus de 2 000 € d'~s** I pay more than €2,000 in tax ▪ **~ direct/indirect** direct/indirect tax ▸ **impôt de solidarité sur la fortune** wealth tax ▸ **impôts locaux** local taxes ▸ **impôt sur le revenu** income tax ▸ **impôt sur les sociétés** corporation tax

impotent, e [ɛ̃pɔtɑ̃, ɑ̃t] adj disabled

> ⚠ **impotent** ne se traduit pas par le mot anglais ***impotent***, qui signifie « impuissant ».

impraticable [ɛ̃pʀatikabl] adj [route, piste] impassable

imprécis, e [ɛ̃pʀesi, iz] adj vague ; [tir] inaccurate

imprégner [ɛ̃pʀeɲe] **1** vt **a** (de liquide) to soak (*de* with) ; [+ pièce, air] to fill (*de* with) **b** [+ esprit] to imbue (*de* with) **2** **s'imprégner** vpr ▪ **s' ~ de** (de liquide) to become soaked with ; [pièce, air] to be filled with ; [élèves] to become imbued with

imprenable [ɛ̃pʀənabl] adj [forteresse] impregnable ▪ **vue ~** unrestricted view

imprésario [ɛ̃pʀesaʀjo] nm [d'acteur, chanteur] manager ; [de troupe de théâtre, ballet] impresario

impression [ɛ̃pʀesjɔ̃] nf **a** impression ▪ **quelles sont vos ~s sur la réunion ?** what did you think of the meeting? ▪ **faire bonne/mauvaise ~** to make a good/bad impression ▪ **avoir l' ~ que...** to have a feeling that... **b** [de texte, tissu, motif] printing

impressionnant, e [ɛ̃pʀesjɔnɑ̃, ɑ̃t] adj impressive ; (= effrayant) frightening

impressionner [ɛ̃pʀesjɔne] vt **a** to impress ▪ **ne te laisse pas ~** don't let yourself be overawed **b** (= effrayer) to frighten **c** [+ pellicule, photo] to expose

impressionnisme [ɛ̃pʀesjɔnism] nm impressionism

impressionniste [ɛ̃pʀesjɔnist] adj, nmf impressionist

imprévisible [ɛ̃pʀevizibl] adj unforeseeable ; [personne] unpredictable

imprévoyant, e [ɛ̃pʀevwajɑ̃, ɑ̃t] adj lacking in foresight ; (en matière d'argent) improvident

imprévu, e [ɛ̃pʀevy] **1** adj unexpected ; [dépenses] unforeseen **2** nm ▪ **j'aime l' ~** I like the unexpected ▪ **sauf ~** unless anything unexpected happens

imprimante [ɛ̃pʀimɑ̃t] nf printer ▪ **~ à jet d'encre/3D** ink-jet/3D printer

imprimé, e [ɛ̃pʀime] **1** adj printed **2** nm **a** (= formulaire) form ▪ **~ publicitaire** advertising leaflet **b** (= tissu) printed material

imprimer [ɛ̃pʀime] vt **a** [+ livre, tissu] to print **b** [+ impulsion] to transmit

imprimerie [ɛ̃pʀimʀi] nf (= firme, usine) printing works ▪ **l' ~** (= technique) printing ▪ **en caractères** ou **lettres d' ~** in block capitals

imprimeur [ɛ̃pʀimœʀ] nm printer

improbable [ɛ̃pʀɔbabl] adj unlikely ; [film] out of nowhere

improductif, -ive [ɛ̃pʀɔdyktif, iv] adj unproductive

impromptu, e [ɛ̃pʀɔ̃pty] adj, nm impromptu

imprononçable [ɛ̃pʀɔnɔ̃sabl] adj unpronounceable

impropre [ɛ̃pʀɔpʀ] adj [terme] inappropriate ▪ **~ à** unsuitable for

improvisation [ɛ̃pʀɔvizasjɔ̃] nf improvisation ▪ **faire une ~** to improvise

improvisé, e [ɛ̃pʀɔvize] adj [pique-nique, représentation] impromptu ; [discours] off-the-cuff

improviser [ɛ̃pʀɔvize] vti to improvise ▪ **être menuisier, ça ne s'improvise pas** you don't just suddenly become a carpenter

improviste [ɛ̃pʀɔvist] **à l'improviste** loc adv unexpectedly

imprudence [ɛ̃pʀydɑ̃s] nf **a** [de conducteur, geste, action] carelessness **b** (= action, propos) ▪ **(ne fais) pas d' ~s** don't do anything foolish

imprudent, e [ɛ̃pʀydɑ̃, ɑ̃t] adj careless

impudent, e [ɛ̃pydɑ̃, ɑ̃t] (frm) adj brazen

impudique [ɛ̃pydik] adj shameless

impuissance [ɛ̃pɥisɑ̃s] nf powerlessness ; (sexuelle) impotence ▪ **réduire qn à l' ~** to render sb powerless

impuissant, e [ɛ̃pɥisɑ̃, ɑ̃t] adj powerless (*à* to) ; (sexuellement) impotent

impulsif, -ive [ɛ̃pylsif, iv] adj impulsive

impulsion [ɛ̃pylsjɔ̃] nf **a** impulse ▪ **achat d' ~** impulse buying **b** (= élan) impetus ▪ **sous l' ~ de leurs chefs** spurred on by their leaders

impunément [ɛ̃pynemɑ̃] adv with impunity

impunité [ɛ̃pynite] nf impunity ▪ **en toute ~** with complete impunity

impur, e [ɛ̃pyʀ] adj impure ; (Rel) unclean

impureté [ɛ̃pyʀte] nf impurity

imputer [ɛ̃pyte] vt **a** (= attribuer à) ▪ **~ à** to impute to **b** (Fin) ▪ **~ à** ou **sur** to charge to

imputrescible [ɛ̃pytʀesibl] adj rotproof

inabordable [inabɔʀdabl] adj [prix] prohibitive ; [produit] terribly expensive

inacceptable [inaksɛptabl] adj unacceptable

inaccessible [inaksesibl] adj inaccessible

inachevé, e [inaʃ(ə)ve] adj unfinished

inactif, -ive [inaktif, iv] adj inactive ; [population] non-working

inaction [inaksjɔ̃] nf inactivity

inadapté, e [inadapte] adj [personne, enfance] maladjusted ; [outil, moyens] unsuitable (*à* for)

inadéquat, e [inadekwa(t), kwat] adj inadequate

inadmissible [inadmisibl] adj intolerable ; [propos] unacceptable

inadvertance [inadvɛʀtɑ̃s] nf ▪ **par ~** inadvertently

inaltérable [inalteʀabl] adj **a** [métal, substance] stable **b** [sentiments] unchanging ; [principes, espoir] steadfast

inamovible [inamɔvibl] adj [juge, fonctionnaire] irremovable

inanimé, e [inanime] adj [matière] inanimate ; [personne, corps] unconscious

inanition [inanisjɔ̃] nf ▪ **tomber/mourir d'~** to faint with/die of hunger

inaperçu, e [inapɛʀsy] adj ▪ **passer ~** to go unnoticed

inapproprié, e [inapʀɔpʀije] adj inappropriate

inapte [inapt] adj ▪ **~ à certains travaux** unsuited to certain kinds of work ▪ **~ (au service)** (Mil) unfit (for military service)

inaptitude [inaptityd] nf incapacity (*à qch* for sth, *à faire qch* for doing sth)

inarticulé, e [inaʀtikyle] adj inarticulate

inassouvi, e [inasuvi] adj [haine, colère, désir] unappeased

inatteignable [inatɛɲabl] adj [objet] unreachable ; [but, objectif] unachievable

inattendu, e [inatɑ̃dy] adj unexpected

inattention [inatɑ̃sjɔ̃] nf lack of attention ▪ **moment d'~** momentary lapse of concentration

inaudible [inodibl] adj inaudible

inauguration [inogyʀasjɔ̃] nf [de monument, plaque] unveiling ; [de bâtiment, exposition] opening ▪ **cérémonie/discours d'~** inaugural ceremony/lecture

inaugurer [inogyʀe] vt **a** [+ monument, plaque] to unveil ; [+ bâtiment, exposition] to open **b** [+ politique, période] to inaugurate

inavouable [inavwabl] adj [procédé, motifs] shameful

incalculable [ɛ̃kalkylabl] adj incalculable ▪ **un nombre ~ de** countless numbers of

incandescent, e [ɛ̃kɑ̃desɑ̃, ɑ̃t] adj white-hot

incantation [ɛ̃kɑ̃tasjɔ̃] nf incantation

incapable [ɛ̃kapabl] **1** adj ▪ **~ de faire qch** (par nature) incapable of doing sth ; (= dans l'impossibilité de) unable to do sth **2** nmf ▪ **c'est un ~** he's useless*

incapacité [ɛ̃kapasite] nf **a** ▪ **~ de ou à faire qch** inability to do sth ▪ **être dans l'~ de faire qch** to be unable to do sth **b** (= invalidité) disability ▪ **~ de travail** industrial disablement

incarcération [ɛ̃kaʀseʀasjɔ̃] nf imprisonment

incarcéré, e [ɛ̃kaʀseʀe] adj (dans une voiture) trapped in a wrecked car ; voir aussi **incarcérer**

incarcérer [ɛ̃kaʀseʀe] vt to incarcerate

incarner [ɛ̃kaʀne] vt [personne, œuvre] to embody ; [acteur] to play

incassable [ɛ̃kɑsabl] adj unbreakable

incendiaire [ɛ̃sɑ̃djɛʀ] **1** nmf arsonist **2** adj [balle, bombe] incendiary ; [discours, article] inflammatory ; [lettre d'amour, œillade] passionate

incendie [ɛ̃sɑ̃di] nm fire ▪ **~ criminel** arson *NonC* ▪ **~ de forêt** forest fire

incendier [ɛ̃sɑ̃dje] vt **a** [+ bâtiment] to burn down ; [+ voiture, ville, forêt] to burn **b** (* = réprimander) ▪ **~ qn** to give sb a thorough telling-off* BR

incertain, e [ɛ̃sɛʀtɛ̃, ɛn] adj uncertain

incertitude [ɛ̃sɛʀtityd] nf uncertainty ▪ **être dans l'~** to feel uncertain

incessamment [ɛ̃sesamɑ̃] adv shortly

> ⚠ **incessamment** ne se traduit pas par ***incessantly***, qui signifie « sans arrêt ».

incessant, e [ɛ̃sesɑ̃, ɑ̃t] adj constant

inceste [ɛ̃sɛst] nm incest

incestueux, -euse [ɛ̃sɛstɥø, øz] adj [relations, personne] incestuous

inchangé, e [ɛ̃ʃɑ̃ʒe] adj unchanged

incidemment [ɛ̃sidamɑ̃] adv in passing

incidence [ɛ̃sidɑ̃s] nf (= conséquence) effect ▪ **avoir une ~ sur** to affect

incident [ɛ̃sidɑ̃] nm incident ▪ **l'~ est clos** that's the end of the matter ▪ **se dérouler sans ~(s)** to go off without incident ▪ **~ diplomatique** diplomatic incident ▪ **~ de parcours** minor setback ▪ **~ technique** technical hitch

incinérer [ɛ̃sineʀe] vt to incinerate ; (au crématorium) to cremate

inciser [ɛ̃size] vt to make an incision in ; [+ abcès] to lance

incisif, -ive [ɛ̃sizif, iv] **1** adj [ton, style] cutting **2** **incisive** nf (= dent) incisor

incitation [ɛ̃sitasjɔ̃] nf (au meurtre, à la révolte) incitement (*à* to) ; (à l'effort, au travail) incentive (*à* to, *à faire qch* to do sth) ▪ **~ à la haine raciale** incitement to racial hatred ▪ **~ financière/fiscale** financial/tax incentive

inciter [ɛ̃site] vt ▪ **~ qn à faire qch** to encourage sb to do sth ▪ **cela les incite à la violence** that incites them to violence

inclassable [ɛ̃klɑsabl] adj unclassifiable

inclinaison [ɛ̃klinɛzɔ̃] nf **a** (= pente) incline ; [de toit] slope **b** [de tête] tilt

inclination [ɛ̃klinasjɔ̃] nf (= penchant) inclination

incliné, e [ɛ̃kline] adj [toit] sloping ; [mur] leaning ; [siège] tilted

incliner [ɛ̃kline] **1** vt [+ bouteille, dossier de siège] to tilt ▪ **~ la tête** to tilt one's head ; (pour saluer) to give a slight bow **2** **s'incliner** vpr **a** [personne] to bow (*devant* before) ;

(= accepter) to bow to ▪ **Marseille s'est incliné devant Saint-Étienne 2 buts à 3** Marseilles lost to Saint-Étienne by 2 goals to 3 **b** [arbre] to bend over ; [mur] to lean ; [toit] to be sloping

inclure [ɛ̃klyʀ] vt to include ; (= joindre à un envoi) to enclose

inclus, e [ɛ̃kly, yz] adj **a** (= joint à un envoi) enclosed **b** (= compris) included ▪ **jusqu'au 3e chapitre ~** up to and including the 3rd chapter

incognito [ɛ̃kɔɲito] adv incognito

incohérence [ɛ̃kɔeʀɑ̃s] nf inconsistency

incohérent, e [ɛ̃kɔeʀɑ̃, ɑ̃t] adj [gestes, propos] incoherent ; [comportement, politique] inconsistent

incollable [ɛ̃kɔlabl] adj ▪ **riz ~** non-stick rice ▪ **il est ~*** [candidat] he's got all the answers

incolore [ɛ̃kɔlɔʀ] adj [liquide] colourless ; [verre, vernis] clear ; [cirage] neutral

incomber [ɛ̃kɔ̃be] **incomber à** vt indir (frm) [devoirs, responsabilité] to be incumbent upon ▪ **il vous incombe de...** it is your responsibility to...

incommensurable [ɛ̃kɔmɑ̃syʀabl] adj (= immense) huge

incommoder [ɛ̃kɔmɔde] vt [bruit] to disturb ; [odeur, chaleur] to bother

incomparable [ɛ̃kɔ̃paʀabl] adj incomparable

incompatibilité [ɛ̃kɔ̃patibilite] nf incompatibility ▪ **il y a ~ d'humeur entre les membres de cette équipe** the members of this team are temperamentally incompatible

incompatible [ɛ̃kɔ̃patibl] adj incompatible

incompétence [ɛ̃kɔ̃petɑ̃s] nf incompetence

incompétent, e [ɛ̃kɔ̃petɑ̃, ɑ̃t] adj, nm,f incompetent

incomplet, -ète [ɛ̃kɔ̃plɛ, ɛt] adj incomplete

incompréhensible [ɛ̃kɔ̃pʀeɑ̃sibl] adj incomprehensible

incompréhension [ɛ̃kɔ̃pʀeɑ̃sjɔ̃] nf lack of understanding

incompris, e [ɛ̃kɔ̃pʀi, iz] adj misunderstood ▪ **je suis un ~** nobody understands me

inconcevable [ɛ̃kɔ̃s(ə)vabl] adj inconceivable

inconditionnel, -elle [ɛ̃kɔ̃disjɔnɛl] **1** adj unconditional ; [appui] wholehearted **2** nm,f [d'homme politique, doctrine] ardent supporter ; [d'écrivain, chanteur] ardent admirer ▪ **les ~s des sports d'hiver** winter sports enthusiasts

inconfortable [ɛ̃kɔ̃fɔʀtabl] adj **a** [maison, meuble, position] uncomfortable **b** [situation] awkward

incongru, e [ɛ̃kɔ̃gʀy] adj **a** [attitude, bruit] unseemly ; [remarque] inappropriate **b** [objet] incongruous ; [situation] strange

inconnu, e [ɛ̃kɔny] **1** adj unknown (*de* to) ; [odeur, sensation] unfamiliar **2** nm,f stranger **3** nm ▪ **l'~** the unknown **4** **inconnue** nf (= élément) unknown factor ; (Math) unknown

inconsciemment [ɛ̃kɔ̃sjamɑ̃] adv unconsciously

inconscience [ɛ̃kɔ̃sjɑ̃s] nf **a** (physique) unconsciousness **b** (morale) thoughtlessness ▪ **c'est de l'~ !** that's sheer madness!

inconscient, e [ɛ̃kɔ̃sjɑ̃, jɑ̃t] **1** adj (= évanoui, machinal) unconscious ; (= subconscient) subconscious ; (= irréfléchi) thoughtless ▪ **~ de** unaware of **2** nm (Psych) ▪ **l'~** the unconscious

inconsidéré, e [ɛ̃kɔ̃sideʀe] adj [action, promesse] rash ; [propos] thoughtless

inconsistant, e [ɛ̃kɔ̃sistɑ̃, ɑ̃t] adj [argumentation, intrigue] weak ; [personne] colourless BR, colorless US

> ⚠ **inconsistant** ne se traduit pas par ***inconsistent***, qui signifie « inconstant » ou « incohérent ».

inconsolable [ɛ̃kɔ̃sɔlabl] adj inconsolable

inconstant, e [ɛ̃kɔ̃stɑ̃, ɑ̃t] adj fickle

inconstitutionnel, -elle [ɛ̃kɔ̃stitysjɔnɛl] adj unconstitutional

incontestable [ɛ̃kɔ̃tɛstabl] adj indisputable

incontestablement [ɛ̃kɔ̃tɛstabləmɑ̃] adv unquestionably

incontesté, e [ɛ̃kɔ̃tɛste] adj undisputed

incontinent, e [ɛ̃kɔ̃tinɑ̃, ɑ̃t] adj [personne] incontinent

incontournable [ɛ̃kɔ̃tuʀnabl] adj [réalité, fait] inescapable ; [personnage, interlocuteur] key *avant n* ; [œuvre d'art] major ▪ **ce film est un ~** this film is a must see

incontrôlable [ɛ̃kɔ̃tʀolabl] adj (= irrépressible) uncontrollable

inconvenant, e [ɛ̃kɔ̃v(ə)nɑ̃, ɑ̃t] adj improper

inconvénient [ɛ̃kɔ̃venjɑ̃] nm drawback ▪ **les avantages et les ~s** the advantages and disadvantages ▪ **l'~ c'est que...** the one drawback is that... ▪ **si vous n'y voyez pas d'inconvénient...** if you have no objections...

> ⚠ **inconvénient** ne se traduit pas par ***inconvenient***, qui signifie « inopportun, peu pratique ».

incorporer [ɛ̃kɔʀpɔʀe] vt **a** [+ substance, aliment] to mix (*à, avec* with, into) **b** (= intégrer) to incorporate (*dans* into) ▪ **appareil photo**

avec flash incorporé camera with built-in flash

incorrect, e [ɛ̃kɔʀɛkt] adj **a** [terme] incorrect ; [interprétation] faulty **b** (= impoli) rude (*avec* to)

incorrection [ɛ̃kɔʀɛksjɔ̃] nf **a** (= terme impropre) impropriety **b** (= attitude inconvenante) improper behaviour BR ou behavior US

incorrigible [ɛ̃kɔʀiʒibl] adj incorrigible

incorruptible [ɛ̃kɔʀyptibl] adj incorruptible

incrédule [ɛ̃kʀedyl] adj incredulous ■ **d'un air ~** incredulously

increvable [ɛ̃kʀəvabl] adj **a** [pneu] puncture-proof **b** * [personne] tireless ; [moteur] indestructible

incriminer [ɛ̃kʀimine] vt [+ personne] to incriminate

incroyable [ɛ̃kʀwajabl] adj incredible

incruster [ɛ̃kʀyste] **1** vt (Art) ■ **incrusté de** inlaid with **2 s'incruster** vpr **a** ■ **s'~ dans** to become ingrained in **b** * [invité] to take root ■ **il s'est incrusté sur la photo/ma photo** he photobombed the picture/me

incubation [ɛ̃kybasjɔ̃] nf incubation

inculper [ɛ̃kylpe] vt to charge (*de* with)

inculquer [ɛ̃kylke] vt ■ **~ qch à qn** to instil BR ou instill US sth into sb

inculte [ɛ̃kylt] adj **a** [terre] unfarmable **b** [personne] uneducated

incurable [ɛ̃kyʀabl] adj incurable

incursion [ɛ̃kyʀsjɔ̃] nf foray (*en, dans* into)

incurvé, e [ɛ̃kyʀve] adj curved

Inde [ɛ̃d] nf India

indécelable [ɛ̃des(ə)labl] adj undetectable

indécence [ɛ̃desɑ̃s] nf [de tenue, geste] indecency ; [de luxe] obscenity

indécent, e [ɛ̃desɑ̃, ɑ̃t] adj **a** [tenue, geste] indecent **b** [luxe] obscene

indéchiffrable [ɛ̃deʃifʀabl] adj indecipherable ; [personne, regard] inscrutable

indécis, e [ɛ̃desi, iz] **1** adj **a** [personne] (par nature) indecisive ; (temporairement) undecided (*sur, quant à* about) **b** [sourire] vague ; [contour] indistinct **2** nm,f (dans une élection) floating voter

indéfendable [ɛ̃defɑ̃dabl] adj indefensible

indéfini, e [ɛ̃defini] adj [quantité, durée] indeterminate ; (Gram) indefinite

indéfiniment [ɛ̃definimɑ̃] adv indefinitely

indéfinissable [ɛ̃definisabl] adj indefinable

indélébile [ɛ̃delebil] adj indelible

indélicat, e [ɛ̃delika, at] adj (= grossier) tactless ; (= malhonnête) dishonest

indemne [ɛ̃dɛmn] adj unscathed

indemniser [ɛ̃dɛmnize] vt (d'une perte) to compensate (*de* for) ; (de frais) to reimburse (*de* for)

indemnité [ɛ̃dɛmnite] nf (= dédommagement) compensation *NonC* ; [de frais] allowance ▸ **indemnité de chômage** unemployment benefit ▸ **indemnité de licenciement** redundancy money

indémodable [ɛ̃demɔdabl] adj [livre] classic ■ **des vêtements ~s** clothes that will never go out of fashion

indéniable [ɛ̃denjabl] adj undeniable ■ **c'est ~** there's no doubt about it

indépendamment [ɛ̃depɑ̃damɑ̃] adv independently ■ **~ de** irrespective of

indépendance [ɛ̃depɑ̃dɑ̃s] nf independence (*par rapport à* from)

indépendant, e [ɛ̃depɑ̃dɑ̃, ɑ̃t] adj independent ; [chambre] self-contained ■ **travailleur ~** self-employed person

indépendantiste [ɛ̃depɑ̃dɑ̃tist] adj ■ **le mouvement/le parti ~** the independence movement/party ■ **le leader ~** the leader of the independence movement

indéracinable [ɛ̃deʀasinabl] adj [sentiment] ineradicable

indescriptible [ɛ̃dɛskʀiptibl] adj indescribable

indésirable [ɛ̃deziʀabl] adj, nmf undesirable ■ **effets ~s** [de médicament] side effects ; → **courrier**

indestructible [ɛ̃dɛstʀyktibl] adj indestructible

indétectable [ɛ̃detɛktabl] adj undetectable

indéterminé, e [ɛ̃detɛʀmine] adj **a** [date, cause, nature] unspecified ; [forme, longueur, quantité] indeterminate **b** [impression, sentiment] vague ; [contours, goût] indeterminable

index [ɛ̃dɛks] nm **a** (= doigt) index finger **b** (= liste alphabétique) index

indexé, e [ɛ̃dɛkse] adj [prix] indexed (*sur* to) ■ **salaire ~ sur l'inflation** salary index-linked to inflation

indicateur, -trice [ɛ̃dikatœʀ, tʀis] **1** nm,f (police) informer **2** nm (= compteur, cadran) gauge ; (Écon, Fin) indicator

indicatif [ɛ̃dikatif] nm **a** (= mélodie) theme tune ■ **~ téléphonique** dialling code BR **b** (Gram) the indicative ■ **à l'~** in the indicative

indication [ɛ̃dikasjɔ̃] nf **a** (= renseignement) information *NonC* **b** (= mention) ■ **sans ~ de date/de prix** without a date stamp/price label **c** (= directive) instruction ■ **sauf ~ contraire** unless otherwise stated **d** ■ **~s** [de médicament] indications

indice [ɛ̃dis] nm a (= élément d'information) clue b (Sciences, Écon) index ▪ **~ du coût de la vie** cost of living index ▪ **~ d'écoute** audience rating ▪ **~ des prix** price index

indien, -ienne [ɛ̃djɛ̃, jɛn] 1 adj Indian 2 **Indien(ne)** nm,f (d'Inde) Indian ; (d'Amérique) Native American

indifféremment [ɛ̃difeʀamɑ̃] adv indiscriminately ▪ **fonctionner ~ au gaz ou à l'électricité** to run on either gas or electricity

indifférence [ɛ̃difeʀɑ̃s] nf indifference (à, *pour* to)

indifférent, e [ɛ̃difeʀɑ̃, ɑ̃t] adj indifferent (à to, towards) ▪ **leur souffrance ne peut laisser personne ~** it's impossible to be unmoved by their suffering

indigène [ɛ̃diʒɛn] 1 nmf native ; (hum = personne du pays) local 2 adj [coutume] native ; [animal, plante] indigenous ; [population] local

indigent, e [ɛ̃diʒɑ̃, ɑ̃t] 1 adj a (matériellement) destitute b [film] poor 2 nm,f pauper ▪ **les ~s** the destitute

indigeste [ɛ̃diʒɛst] adj indigestible ; [livre] heavy going

indigestion [ɛ̃diʒɛstjɔ̃] nf indigestion *NonC* ▪ **j'ai une ~ de films policiers** I've been watching too many detective films

indignation [ɛ̃diɲasjɔ̃] nf indignation

indigne [ɛ̃diɲ] adj a ▪ **~ de** [+ amitié, confiance, personne] unworthy of ▪ **c'est ~ de vous** [travail, emploi] it's beneath you ; [conduite, attitude] it's unworthy of you b [mère] unworthy

indigné, e [ɛ̃diɲe] adj indignant

indigner [ɛ̃diɲe] 1 vt ▪ **~ qn** to make sb indignant 2 **s'indigner** vpr to get indignant (*de* about)

indiqué, e [ɛ̃dike] adj a (= conseillé) advisable b [médicament, traitement] appropriate ▪ **pour ce travail M. Legrand est tout ~** Mr Legrand is the obvious choice for the job

indiquer [ɛ̃dike] vt a (= désigner) to point out ▪ **~ le chemin à qn** to give directions to sb b [flèche, voyant, écriteau] to show c (= dire) to tell d [+ heure, date, rendez-vous] to give e (= dénoter) to indicate

indirect, e [ɛ̃diʀɛkt] adj indirect ▪ **d'une manière ~e** in a roundabout way

indirectement [ɛ̃diʀɛktəmɑ̃] adv indirectly ; [savoir, apprendre] in a roundabout way

indiscipliné, e [ɛ̃disipline] adj undisciplined

indiscret, -ète [ɛ̃diskʀɛ, ɛt] adj a (= trop curieux) [personne] inquisitive ; [question] indiscreet ▪ **à l'abri des regards ~s** away from prying eyes b (= bavard) indiscreet

indiscrétion [ɛ̃diskʀesjɔ̃] nf a (= curiosité) inquisitiveness ▪ **sans ~, combien l'avez-vous payé ?** would you mind if I asked how much you paid for it? b (= parole, action) indiscretion

indiscutable [ɛ̃diskytabl] adj indisputable

indiscutablement [ɛ̃diskytabləmɑ̃] adv unquestionably

indispensable [ɛ̃dispɑ̃sabl] adj indispensable ▪ **ces outils/précautions sont ~s** these tools/precautions are essential ▪ **savoir se rendre ~** to make o.s. indispensable

indisponible [ɛ̃dispɔnibl] adj not available

indisposé, e [ɛ̃dispoze] adj indisposed

indissociable [ɛ̃disɔsjabl] adj indissociable (*de* from)

indissoluble [ɛ̃disɔlybl] adj indissoluble

indistinct, e [ɛ̃distɛ̃(kt), ɛ̃kt] adj indistinct

individu [ɛ̃dividy] nm individual

individualiste [ɛ̃dividɥalist] 1 adj individualistic 2 nmf individualist

individuel, -elle [ɛ̃dividɥɛl] adj individual ; [responsabilité, ordinateur] personal ▪ **chambre individuelle** single room

indivisible [ɛ̃divizibl] adj indivisible

indolent, e [ɛ̃dɔlɑ̃, ɑ̃t] adj [personne] idle ; [air, geste, regard] indolent

indolore [ɛ̃dɔlɔʀ] adj painless

indomptable [ɛ̃dɔ̃(p)tabl] adj [animal] untameable ; [caractère, volonté] invincible

Indonésie [ɛ̃dɔnezi] nf Indonesia

indonésien, -ienne [ɛ̃dɔnezjɛ̃, jɛn] 1 adj Indonesian 2 **Indonésien(ne)** nm,f Indonesian

indu, e [ɛ̃dy] adj ▪ **à une heure ~e** at some ungodly hour

indubitable [ɛ̃dybitabl] adj [preuve] indubitable ▪ **c'est ~** there is no doubt about it

induire [ɛ̃dɥiʀ] vt a ▪ **~ qn en erreur** to mislead sb b (= occasionner) to lead to

indulgence [ɛ̃dylʒɑ̃s] nf [de critique] indulgence ; [de juge, examinateur, parent] leniency

indulgent, e [ɛ̃dylʒɑ̃, ɑ̃t] adj [parent, juge, examinateur] lenient (*envers* towards) ; [critique, regard] indulgent

industrialisation [ɛ̃dystʀijalizasjɔ̃] nf industrialization

industrialisé, e [ɛ̃dystʀijalize] adj industrialized

industrialiser [ɛ̃dystʀijalize] 1 vt to industrialize 2 **s'industrialiser** vpr to become industrialized

industrie [ɛ̃dystʀi] nf industry ▪ **l'~ automobile** the car ou automobile US industry

industriel, -elle [ɛ̃dystʀijɛl] **1** adj industrial ; [pain, pâtisserie] factory-baked **2** nm industrialist

inébranlable [inebʀɑ̃labl] adj [foi, résolution] unshakeable ; [conviction] steadfast

inédit, e [inedi, it] adj **a** [livre] previously unpublished ; [film] previously unreleased **b** (= nouveau) new

inefficace [inefikas] adj [remède, mesure] ineffective ; [employé, machine] inefficient

inefficacité [inefikasite] nf [de remède, mesure] ineffectiveness ; [d'employé, machine] inefficiency

inégal, e (mpl **-aux**) [inegal, o] adj **a** (= différent, disproportionné) unequal **b** [sol, répartition] uneven ; [sportif] erratic ▪ **de qualité ~e** of varying quality

inégalé, e [inegale] adj [record] unequalled ; [charme, beauté] unrivalled

inégalitaire [inegalitɛʀ] adj unequal

inégalité [inegalite] nf **a** (= différence) inequality **b** [de sol, répartition] unevenness

inéligible [ineliʒibl] adj ineligible

inéluctable [inelyktabl] adj inescapable

inepte [inɛpt] adj inept

ineptie [inɛpsi] nf (= caractère inepte) ineptitude ▪ **dire des ~s** to talk nonsense

inépuisable [inepɥizabl] adj inexhaustible ▪ **il est ~ sur ce sujet** he could talk for ever on that subject

inerte [inɛʀt] adj (= inanimé) lifeless ; (= sans réaction) passive ; [gaz] inert

inertie [inɛʀsi] nf inertia

inespéré, e [inɛspeʀe] adj unexpected

inesthétique [inɛstetik] adj [construction, cicatrice] unsightly

inestimable [inɛstimabl] adj [objet, tableau] priceless ; [aide] invaluable

inévitable [inevitabl] adj [accident] unavoidable ▪ **c'était ~ !** it was inevitable!

inévitablement [inevitabləmɑ̃] adv inevitably

inexact, e [inɛgza(kt), akt] adj inaccurate ▪ **non, c'est ~** no, that's wrong

inexcusable [inɛkskyzabl] adj [faute, action] inexcusable ▪ **vous êtes ~** you had no excuse (for doing that)

inexistant, e [inɛgzistɑ̃, ɑ̃t] adj nonexistent ▪ **quant à son mari, il est ~** (péj) as for her husband, he's a complete nonentity

inexorable [inɛgzɔʀabl] adj inexorable

inexpérience [inɛkspeʀjɑ̃s] nf inexperience

inexpérimenté, e [inɛkspeʀimɑ̃te] adj inexperienced

inexplicable [inɛksplikabl(ə)] adj inexplicable

inexpliqué, e [inɛksplike] adj unexplained

inexploitable [inɛksplwatabl] adj unexploitable ; [filon] unworkable

inexpressif, -ive [inɛkspʀesif, iv] adj expressionless

inexprimable [inɛkspʀimabl] adj inexpressible

in extremis [inɛkstʀemis] loc adv at the last minute

inextricable [inɛkstʀikabl] adj inextricable

infaillible [ɛ̃fajibl] adj [méthode, remède, personne] infallible ; [instinct] unerring

infaisable [ɛ̃fəzabl] adj impossible, impracticable

infâme [ɛ̃fɑm] adj [action] unspeakable ; [personne] despicable ; [nourriture, taudis] disgusting

infanterie [ɛ̃fɑ̃tʀi] nf infantry

infantile [ɛ̃fɑ̃til] adj (= puéril) childish ▪ **maladies ~s** childhood illnesses

infantiliser [ɛ̃fɑ̃tilize] vt to infantilize

infarctus [ɛ̃faʀktys] nm coronary ▪ **~ du myocarde** coronary thrombosis

infatigable [ɛ̃fatigabl] adj tireless

infect, e [ɛ̃fɛkt] adj [goût, nourriture] revolting ; [temps, odeur] foul

infecter [ɛ̃fɛkte] **1** vt [+ eau] to contaminate ; [+ personne] to infect **2** **s'infecter** vpr [plaie] to become infected

infectieux, -ieuse [ɛ̃fɛksjø, jøz] adj infectious

infection [ɛ̃fɛksjɔ̃] nf infection ; (= puanteur) stench

inférieur, e [ɛ̃feʀjœʀ] **1** adj **a** (dans l'espace, dans une hiérarchie) lower **b** [qualité] inferior (à to) ; [nombre, quantité] smaller ▪ **il habite à l'étage ~** he lives on the floor below ▪ **les notes ~es à 10** marks below 10 **2** nm,f inferior

infériorité [ɛ̃feʀjɔʀite] nf inferiority

infernal, e (mpl **-aux**) [ɛ̃fɛʀnal, o] adj [bruit, chaleur] infernal ; [allure, cadence] furious ; [enfant] impossible

infester [ɛ̃fɛste] vt to infest ▪ **infesté de moustiques** infested with mosquitoes

infichu, e* [ɛ̃fiʃy] adj ▪ **~ de faire qch** totally incapable of doing sth ▪ **je suis ~ de me rappeler où je l'ai mis** I can't remember where the hell I put it*

infidèle [ɛ̃fidɛl] **1** adj unfaithful (*à qn* to sb) **2** nmf (Rel) infidel

infidélité [ɛ̃fidelite] nf infidelity (à to)

infiltration [ɛ̃filtʀasjɔ̃] nf [d'espions] infiltration ; [de liquide] seepage ▪ **il y a des ~s dans la cave** water is leaking into the cellar

infiltrer [ɛ̃filtʀe] **1** vt [+ groupe, réseau] to infiltrate **2** **s'infiltrer** vpr [liquide] to seep in ; [lumière] to filter through ; [espions, idées] to infiltrate

infime [ɛ̃fim] adj tiny

infini, e [ɛ̃fini] **1** adj infinite **2** nm ▪ **l'~** (Math, Photo) infinity ▪ **à l'~** [multiplier] to infinity ; [faire varier] infinitely

infiniment [ɛ̃finimɑ̃] adv **a** (= immensément) infinitely **b** (= très, beaucoup) extremely

infinité [ɛ̃finite] nf infinity

infinitif, -ive [ɛ̃finitif, iv] adj, nm infinitive ▪ **à l'~** in the infinitive

infirme [ɛ̃fiʀm] **1** adj disabled ; (avec l'âge) infirm **2** nmf disabled person

infirmer [ɛ̃fiʀme] vt (= démentir) to invalidate ; (Droit) [+ jugement] to quash

infirmerie [ɛ̃fiʀməʀi] nf infirmary ; [d'école] sickroom

infirmier, -ière [ɛ̃fiʀmje, jɛʀ] nm,f nurse

infirmité [ɛ̃fiʀmite] nf disability

inflammable [ɛ̃flamabl] adj inflammable

inflammation [ɛ̃flamasjɔ̃] nf inflammation

inflammatoire [ɛ̃flamatwaʀ] adj inflammatory

inflation [ɛ̃flasjɔ̃] nf inflation

inflationniste [ɛ̃flasjɔnist] adj inflationary

inflexible [ɛ̃flɛksibl] adj inflexible

inflexion [ɛ̃flɛksjɔ̃] nf [de voix, courbe] inflexion

infliger [ɛ̃fliʒe] vt [+ défaite, punition, supplice] to inflict (*à* on) ; [+ amende] to impose (*à* on)

influençable [ɛ̃flyɑ̃sabl] adj easily influenced

influence [ɛ̃flyɑ̃s] nf influence ; [de médicament] effect ▪ **avoir beaucoup d'~ sur qn** to have a lot of influence with sb

influencer [ɛ̃flyɑ̃se] vt to influence ▪ **ne te laisse pas ~** don't let yourself be influenced

influenceur [ɛ̃flyɑ̃sœʀ] nm (Internet) influencer

influent, e [ɛ̃flyɑ̃, ɑ̃t] adj influential

influer [ɛ̃flye] **influer sur** vt indir to influence

info* [ɛ̃fo] nf (abrév de **information**) (= renseignement) info* ▪ **les ~s** (Presse, TV) the news

infobulle [ɛ̃fobyl] nf (Informatique) help bubble

infographie® [ɛ̃fɔgʀafi] nf computer graphics

infographiste [ɛ̃fogʀafist] nmf computer graphics artist

infonuage [ɛ̃fonyaʒ] nm (Can) (Internet) cloud

informateur, -trice [ɛ̃fɔʀmatœʀ, tʀis] nm,f informant ; (Police) informer ; (Presse) source

informaticien, -ienne [ɛ̃fɔʀmatisjɛ̃, jɛn] nm,f computer scientist, IT specialist

information [ɛ̃fɔʀmasjɔ̃] nf **a** (= renseignement) piece of information ▪ **je n'ai aucune ~ à ce sujet** I have no information on that subject **b** (Presse, TV) news item ▪ **les ~s** the news **c** ▪ **~ judiciaire** inquiry

informatique [ɛ̃fɔʀmatik] **1** nf computing ; (= sujet d'études) computer studies ▪ **il travaille dans l'~** he's in computers **2** adj computer

informatisation [ɛ̃fɔʀmatizasjɔ̃] nf computerization

informatiser [ɛ̃fɔʀmatize] **1** vt to computerize **2** **s'informatiser** vpr [entreprise] to have computers installed ; [activité] to become computerized

informe [ɛ̃fɔʀm] adj shapeless

informel, -elle [ɛ̃fɔʀmɛl] adj informal

informer [ɛ̃fɔʀme] **1** vt to inform ▪ **~ qn de qch** to inform sb of sth **2** **s'informer** vpr ▪ **j'essaie de m'~** I try and keep informed

infortuné, e [ɛ̃fɔʀtyne] adj [personne] hapless

info-spectacle [ɛ̃fospɛktakl] nm media spectacle

infraction [ɛ̃fʀaksjɔ̃] nf (= délit) offence ▪ **~ à** [+ loi, règlement] breach of ▪ **être en ~** [automobiliste] to be committing an offence

infranchissable [ɛ̃fʀɑ̃ʃisabl] adj impassable ; [obstacle] insurmountable

infrarouge [ɛ̃fʀaʀuʒ] adj, nm infrared

infrastructure [ɛ̃fʀastʀyktyʀ] nf infrastructure

infréquentable [ɛ̃fʀekɑ̃tabl] adj ▪ **ce sont des gens ~s** they're people you don't want anything to do with

infroissable [ɛ̃fʀwasabl] adj crease-resistant

infructueux, -euse [ɛ̃fʀyktɥø, øz] adj unsuccessful

infuser [ɛ̃fyze] vi ▪ **(faire) ~** [+ tisane] to infuse ; [+ thé] to brew

infusion [ɛ̃fyzjɔ̃] nf herb tea ▪ **~ de tilleul** lime tea

ingénier (s') [ɛ̃ʒenje] vpr ▪ **s'ingénier à faire qch** to do one's utmost to do sth

ingénierie [ɛ̃ʒeniʀi] nf engineering ▪ **~ inverse** reverse engineering

ingénieur [ɛ̃ʒenjœʀ] nm engineer ▪ **~ agronome** agricultural engineer ▪ **~ système** systems engineer ▪ **~ du son** sound engineer

ingénieux, -ieuse [ɛ̃ʒenjø, jøz] adj clever

ingénu, e [ɛ̃ʒeny] adj ingenuous

ingérable [ɛ̃ʒeʀabl] adj unmanageable

ingérence [ɛ̃ʒeʀɑ̃s] nf interference ▪ **le devoir d'~** the duty to intervene

ingrat, e [ɛ̃gʀa, at] **1** adj [personne] ungrateful (*envers* towards) ; [tâche, métier, sujet] unrewarding ; [visage] unprepossessing **2** nm,f ▪ **tu n'es qu'un ~ !** how ungrateful of you!

ingratitude [ɛ̃gʀatityd] nf ingratitude (*envers* towards)

ingrédient [ɛ̃gʀedjɑ̃] nm ingredient

ingurgiter [ɛ̃gyʀʒite] vt to swallow ▪ **faire ~ des connaissances à qn** to stuff knowledge into sb

inhabitable [inabitabl] adj uninhabitable

inhabité, e [inabite] adj [région] uninhabited ; [maison] unoccupied

> ⚠ **inhabité** ne se traduit pas par ***inhabited***, qui signifie « habité ».

inhabituel, -elle [inabitɥɛl] adj unusual

inhalation [inalasjɔ̃] nf inhalation ▪ **faire des ~s** to use steam inhalations

inhaler [inale] vt to inhale

inhérent, e [ineʀɑ̃, ɑ̃t] adj inherent (*à* in)

inhibition [inibisjɔ̃] nf inhibition

inhospitalier, -ière [inɔspitalje, jɛʀ] adj inhospitable

inhumain, e [inymɛ̃, ɛn] adj inhuman

inhumation [inymasjɔ̃] nf burial

inhumer [inyme] vt to bury

inimaginable [inimaʒinabl] adj unimaginable ▪ **c'est ~ ce qu'il peut être têtu !** he's unbelievably stubborn!

inimitable [inimitabl] adj inimitable

ininflammable [inɛ̃flamabl] adj nonflammable

inintelligible [inɛ̃teliʒibl] adj unintelligible

inintéressant, e [inɛ̃teʀesɑ̃, ɑ̃t] adj uninteresting

ininterrompu, e [inɛ̃teʀɔ̃py] adj [suite, file de voitures] unbroken ; [flot] nonstop ; [effort, travail] unremitting

inique [inik] adj iniquitous

initial, e (mpl **-iaux**) [inisjal, jo] **1** adj initial **2** **initiale** nf initial

initialiser [inisjalize] vt (Informatique) to initialize

initiation [inisjasjɔ̃] nf initiation (*à* into) ▪ **stage d'~ à l'informatique** introductory course in computing

initiative [inisjativ] nf initiative ▪ **prendre l'~ de faire qch** to take the initiative in doing sth ▪ **de sa propre ~** on his own initiative

initié, e [inisje] nm,f ▪ **les ~s** the initiated

initier [inisje] **1** vt to initiate (*à* into) ▪ **~ qn aux joies de la voile** to introduce sb to the joys of sailing **2** **s'initier** vpr ▪ **s'~ à** to become initiated to ▪ **j'aimerais m'~ au russe** I'd like to learn some Russian

injecter [ɛ̃ʒɛkte] vt to inject (*dans* into)

injection [ɛ̃ʒɛksjɔ̃] nf injection ▪ **il s'est fait une ~ d'insuline** he injected himself with insulin ▪ **moteur à ~** fuel-injection engine

injoignable [ɛ̃ʒwaɲabl] adj ▪ **il était ~** it was impossible to contact him

injure [ɛ̃ʒyʀ] nf (= insulte) term of abuse ▪ **bordée d'~s** stream of abuse

> ⚠ **injure** ne se traduit pas par ***injury***, qui signifie « blessure ».

injurier [ɛ̃ʒyʀje] vt to abuse

> ⚠ **injurier** ne se traduit pas par ***to injure***, qui signifie « blesser ».

injurieux, -ieuse [ɛ̃ʒyʀjø, jøz] adj offensive

injuste [ɛ̃ʒyst] adj unfair (*avec, envers* to)

injustice [ɛ̃ʒystis] nf (= iniquité) injustice ; (= partialité) unfairness

injustifié, e [ɛ̃ʒystifje] adj unjustified

inlassable [ɛ̃lɑsabl] adj tireless

inlassablement [ɛ̃lɑsabləmɑ̃] adv [répéter] endlessly

inné, e [i(n)ne] adj innate

innocence [inɔsɑ̃s] nf innocence

innocent, e [inɔsɑ̃, ɑ̃t] **1** adj innocent (*de* of) ; [remarque, farce] harmless **2** nm,f (Droit) innocent person ▪ **ne fais pas l'~** don't act the innocent

innocenter [inɔsɑ̃te] vt to clear (*de* of)

innocuité [inɔkɥite] nf (frm) harmlessness

innombrable [i(n)nɔ̃bʀabl] adj [détails, variétés] innumerable ; [foule] vast

innommable [i(n)nɔmabl] adj [conduite, action] unspeakable ; [nourriture] foul

innovant, e [inɔvɑ̃, ɑ̃t] adj innovative

innovation [inɔvasjɔ̃] nf innovation

innover [inɔve] vi to innovate

inoccupé, e [inɔkype] adj [appartement] unoccupied ; [siège, poste] vacant

inoculer [inɔkyle] vt ▪ **~ qch à qn** (volontairement) to inoculate sb with sth ; (accidentellement) to infect sb with sth

inodore [inɔdɔʀ] adj [gaz] odourless

inoffensif, -ive [inɔfɑ̃sif, iv] adj harmless

inondation [inɔ̃dasjɔ̃] nf flood

inonder [inɔ̃de] vt (= submerger) to flood ▪ **inondé de soleil** bathed in sunshine ▪ **inondé de larmes** [visage] streaming with tears

inopérable [inɔpeʀabl] adj inoperable

inopiné, e [inɔpine] adj unexpected

inopportun, e [inɔpɔʀtœ̃, yn] adj [remarque] ill-timed ▪ **le moment est ~** it's not the right moment

inoubliable [inublijabl] adj unforgettable

inouï, e [inwi] adj [vitesse, audace, force] incredible

inox [inɔks] nm (abrév de **inoxydable**) stainless steel

inoxydable [inɔksidabl] adj [acier, alliage] stainless ; [objet] stainless steel

inquiet, inquiète [ɛ̃kjɛ, ɛ̃kjɛt] adj [personne] worried ; [regard] uneasy

inquiétant, e [ɛ̃kjetɑ̃, ɑ̃t] adj [situation, tendance] worrying ; [phénomène, propos, personnage] disturbing

inquiéter [ɛ̃kjete] 1 vt to worry ▪ **la santé de mon fils m'inquiète** I'm worried about my son's health ▪ **il n'a pas été inquiété par la police** he wasn't bothered by the police 2 **s'inquiéter** vpr a (= s'alarmer) to worry ▪ **il n'y a pas de quoi s'~** there's nothing to worry about b (= s'enquérir) ▪ **s'~ de** to inquire about c (= se soucier) ▪ **sans s'~ de savoir si...** without bothering to find out if...

inquiétude [ɛ̃kjetyd] nf anxiety ▪ **soyez sans ~** have no fear

inquisiteur, -trice [ɛ̃kizitœʀ, tʀis] 1 adj inquisitive 2 nm inquisitor

insaisissable [ɛ̃sezisabl] adj [fugitif, ennemi] elusive

insalubre [ɛ̃salybʀ] adj [climat] unhealthy ; [logement] unfit for habitation

insatiable [ɛ̃sasjabl] adj insatiable

insatisfait, e [ɛ̃satisfɛ, ɛt] adj [personne] dissatisfied (*de* with) ; [désir, passion] unsatisfied ▪ **c'est un éternel ~** he's never satisfied

inscription [ɛ̃skʀipsjɔ̃] nf a (= texte) inscription b (= enregistrement) registration (*à* at) ▪ **dossier d'~** (Univ) admission form ▪ **droits d'~** registration fees

> ⚠ Lorsqu'il désigne l'action d'inscrire, **inscription** ne se traduit pas par le mot anglais ***inscription***.

inscrire [ɛ̃skʀiʀ] 1 vt a [+ nom, date] to note down ; [+ but] to score b [+ étudiant] to register ▪ **~ qn sur une liste d'attente** to put sb on a waiting list ▪ **~ un enfant à l'école** to put a child's name down for school 2 **s'inscrire** vpr a [personne] to register (*à* at) ▪ **s'~ à un parti/club** to join a party/club ▪ **je me suis inscrit pour des cours du soir** I've enrolled for some evening classes b (= apparaître) to come up (*sur* on) c (= s'insérer) ▪ **cette mesure s'inscrit dans un ensemble** the measure is part of a package

inscrit, e [ɛ̃skʀi, it] 1 adj [étudiant, candidat, électeur] registered 2 nm,f (= électeur) registered elector

insecte [ɛ̃sɛkt] nm insect

insecticide [ɛ̃sɛktisid] nm insecticide

insécurité [ɛ̃sekyʀite] nf insecurity

insémination [ɛ̃seminasjɔ̃] nf insemination ▪ **~ artificielle** artificial insemination

insensé, e [ɛ̃sɑ̃se] adj crazy

insensibiliser [ɛ̃sɑ̃sibilize] vt to anaesthetize BR, to anesthetize US

insensible [ɛ̃sɑ̃sibl] adj a (moralement) insensitive (*à* to) ; (physiquement) numb ▪ **il n'est pas resté ~ à son charme** he was not impervious to her charm b (= imperceptible) imperceptible

inséparable [ɛ̃sepaʀabl] adj inseparable (*de* from)

insérer [ɛ̃seʀe] 1 vt [+ feuillet, clause, objet] to insert (*dans* into) ▪ **~ une annonce dans un journal** to put an ad in a newspaper 2 **s'insérer** vpr (= faire partie de) ▪ **s'~ dans** to fit into

insertion [ɛ̃sɛʀsjɔ̃] nf insertion ▪ **l'~ (sociale)** social integration

insidieux, -ieuse [ɛ̃sidjø, jøz] adj [maladie] insidious ▪ **une question insidieuse** a trick question

insigne [ɛ̃siɲ] nm (= cocarde) badge

insignifiant, e [ɛ̃siɲifjɑ̃, jɑ̃t] adj a [personne, œuvre] insignificant b [somme, détail, propos] trivial

insinuer [ɛ̃sinɥe] 1 vt to insinuate ▪ **que voulez-vous ~ ?** what are you insinuating? 2 **s'insinuer** vpr ▪ **s'~ dans** [personne] to worm one's way into ; [eau, odeur] to seep into

insipide [ɛ̃sipid] adj a [plat, boisson] tasteless b (= ennuyeux) insipid

insistance [ɛ̃sistɑ̃s] nf insistence ▪ **avec ~** insistently

insistant, e [ɛ̃sistɑ̃, ɑ̃t] adj insistent

insister [ɛ̃siste] vi a ▪ **~ sur** [+ sujet, détail] to stress ▪ **frottez en insistant bien sur les taches** rub hard, paying particular attention to stains b (= s'obstiner) to be insistent ▪ **il insiste pour vous parler** he insists on talking to you ▪ **j'ai dit non, n'insistez pas !** I said no, don't pester me!

insolation [ɛ̃sɔlasjɔ̃] nf (= malaise) sunstroke *NonC* ▪ **attraper une ~** to get sunstroke

insolence [ɛ̃sɔlɑ̃s] nf insolence *NonC* ▪ **avec ~** insolently

insolent, e [ɛ̃sɔlɑ̃, ɑ̃t] adj (= impertinent) insolent ▪ **tu es un ~ !** you're being cheeky!

insolite [ɛ̃sɔlit] adj unusual

insoluble [ɛ̃sɔlybl] adj insoluble

insolvable [ɛ̃sɔlvabl] adj insolvent

insomniaque [ɛ̃sɔmnjak] adj insomniac ▪ **il est ~** he's an insomniac

insomnie [ɛ̃sɔmni] nf insomnia *NonC* ▪ **ses ~s** his insomnia

insonoriser [ɛ̃sɔnɔʀize] vt to soundproof

insouciance [ɛ̃susjɑ̃s] nf ▪ **son ~** the fact that he didn't (ou doesn't) seem to care

insouciant, e [ɛ̃susjɑ̃, jɑ̃t] adj carefree

insoumis, e [ɛ̃sumi, iz] **1** adj [caractère, enfant] rebellious ; [tribu, région] undefeated **2** nm (= soldat) draft-dodger

insoutenable [ɛ̃sut(ə)nabl] adj (= insupportable) unbearable

inspecter [ɛ̃spɛkte] vt to inspect

inspecteur, -trice [ɛ̃spɛktœʀ, tʀis] nm,f inspector ▪ **~ des impôts** tax inspector ▪ **~ de police** ≈ detective BR, ≈ police lieutenant US ▪ **~ d'Académie** chief education officer ▪ **~ du travail** health and safety officer

inspection [ɛ̃spɛksjɔ̃] nf **a** (= examen) inspection **b** (= fonction) ▪ **~ académique** school inspectors ▪ **~ du travail** Health and Safety Executive

inspiration [ɛ̃spiʀasjɔ̃] nf inspiration ▪ **je manque d'~** I don't feel very inspired

inspiré, e [ɛ̃spiʀe] adj inspired

inspirer [ɛ̃spiʀe] **1** vt to inspire ▪ **~ qch à qn** [+ sentiment, confiance] to inspire sb with sth **2** vi (= respirer) to breathe in **3** **s'inspirer** vpr ▪ **s'~ de** [artiste] to draw one's inspiration from ; [mode, tableau, loi] to be inspired by

instabilité [ɛ̃stabilite] nf instability

instable [ɛ̃stabl] adj unstable ; [meuble] unsteady ; [temps] unsettled

installateur, -trice [ɛ̃stalatœʀ, tʀis] nm,f fitter ▪ **~ de cuisine** kitchen fitter

installation [ɛ̃stalasjɔ̃] nf **a** [de chauffage, téléphone] installation ; [de rideaux, étagère] putting up **b** [d'artisan, commerçant] setting up **c** (= emménagement) settling in **d** (= équipement) (gén pluriel) fittings ; (= usine) plant *NonC* ▪ **~s sportives** sports facilities ▪ **~ électrique** wiring

installer [ɛ̃stale] **1** vt **a** (= mettre en service) to put in **b** (= aménager) to fit out **c** (Informatique) to install **2** **s'installer** vpr **a** [artisan, commerçant] to set o.s. up (*comme* as) ; [dentiste, médecin] to set up one's practice ▪ **s'~ à son compte** to set up on one's own **b** (= aller vivre) to settle ; (= emménager) to settle in **c** (sur un siège, à un emplacement) to settle down **d** [grève, maladie] to take hold

installeur [ɛ̃stalœʀ] nm [de logiciel] installer

instamment [ɛ̃stamɑ̃] adv insistently

instance [ɛ̃stɑ̃s] nf **a** (= autorité) authority **b** ▪ **l'affaire est en ~** the matter is pending ▪ **être en ~ de divorce** to be waiting for a divorce

instant [ɛ̃stɑ̃] nm moment ▪ **j'ai cru (pendant) un ~ que** I thought for a moment that ▪ **un ~ !** wait a moment! ▪ **dans un ~** in a moment ▪ **on me l'apprend à l'~** I've just heard about it ▪ **d'un ~ à l'autre** any minute now ▪ **pour l'~** for the time being

instantané, e [ɛ̃stɑ̃tane] **1** adj [lait, café] instant ; [mort, réponse, effet] instantaneous **2** nm snapshot

instantanément [ɛ̃stɑ̃tanemɑ̃] adv instantaneously

instar [ɛ̃staʀ] **à l'instar de** loc prép (frm) like

instaurer [ɛ̃stɔʀe] vt [+ usage, pratique] to institute ; [+ paix, régime, dialogue] to establish ; [+ quotas, taxe] to introduce ; [+ couvre-feu, état d'urgence] to impose

instinct [ɛ̃stɛ̃] nm instinct ▪ **il l'a fait d'~** he did it instinctively ▪ **~ de conservation** instinct of self-preservation

instinctif, -ive [ɛ̃stɛ̃ktif, iv] adj instinctive

instinctivement [ɛ̃stɛ̃ktivmɑ̃] adv instinctively

instit* [ɛ̃stit] nmf (abrév de **instituteur, -trice**) primary school teacher

instituer [ɛ̃stitɥe] vt [+ règle, pratique] to institute ; [+ relations commerciales] to establish

institut [ɛ̃stity] nm institute ▪ **~ de sondage** polling organization ▪ **~ de beauté** beauty salon ou parlor US ▸ **Institut universitaire de formation des maîtres** teacher training college

instituteur, -trice [ɛ̃stitytœʀ, tʀis] nm,f primary school teacher

institution [ɛ̃stitysjɔ̃] nf (= organisation) institution ; (= école) private school

institutionnel, -elle [ɛ̃stitysjɔnɛl] adj institutional

instructeur, -trice [ɛ̃stʀyktœʀ, tʀis] nm,f (= moniteur) instructor ▪ **juge ~** examining magistrate

instructif, -ive [ɛ̃stʀyktif, iv] adj instructive

instruction [ɛ̃stʀyksjɔ̃] nf **a** (= éducation) education ▪ **~ civique** civics *sg* ▪ **~ religieuse** religious education **b** (Droit) *pre-trial investigation of a case* **c** ▪ **~s** (= directives, mode d'emploi) instructions

instruire [ɛ̃stʀɥiʀ] **1** vt **a** (= former) to teach **b** (Droit) to conduct an investigation into **2** **s'instruire** vpr to educate o.s.

instruit, e [ɛ̃stʀɥi, it] adj educated

instrument [ɛ̃stʀymɑ̃] nm instrument ▪ **~ de musique/de mesure/à vent** musical/measuring/wind instrument

instrumentiste [ɛ̃stʀymɑ̃tist] nmf instrumentalist

insu [ɛ̃sy] nm ▪ **à l'~ de qn** without sb knowing ▪ **à mon (**ou **ton,** etc**) ~** (= inconsciemment) without me (ou you, etc) knowing it

insubordination [ɛ̃sybɔʀdinasjɔ̃] nf insubordination

insuffisance [ɛ̃syfizɑ̃s] nf **a** (= médiocrité, manque) inadequacy **b** ▪ **~ cardiaque** cardiac insufficiency *NonC* ▪ **~ rénale/respiratoire** kidney/respiratory failure

insuffisant, e [ɛ̃syfizɑ̃, ɑ̃t] adj **a** (en quantité) insufficient **b** (en qualité) inadequate ; (Scol : sur une copie) poor

insulaire [ɛ̃sylɛʀ] adj [administration, population] island ; [conception, attitude] insular

insuline [ɛ̃sylin] nf insulin

insulte [ɛ̃sylt] nf insult

insulter [ɛ̃sylte] **1** vt to insult **2 s'insulter** vpr to insult one another

insupportable [ɛ̃sypɔʀtabl] adj unbearable

insurgé [ɛ̃syʀʒe] nm rebel

insurger (s') [ɛ̃syʀʒe] vpr to rebel

insurmontable [ɛ̃syʀmɔ̃tabl] adj [difficulté, obstacle] insurmountable ; [dégoût] impossible to get over

insurrection [ɛ̃syʀɛksjɔ̃] nf insurrection ; (fig) revolt

intact, e [ɛ̃takt] adj intact *attrib*

intarissable [ɛ̃taʀisabl] adj inexhaustible ▪ **il est ~** he could talk for ever (*sur* about)

intégral, e (mpl **-aux**) [ɛ̃tegʀal, o] **1** adj full ▪ **version ~e** [de film] uncut version ▪ **« texte ~ »** "unabridged" **2 intégrale** nf (Mus) complete works

intégralement [ɛ̃tegʀalmɑ̃] adv in full

intégralité [ɛ̃tegʀalite] nf whole ▪ **l'~ de mon salaire** the whole of my salary ▪ **dans son ~** in full

intégration [ɛ̃tegʀasjɔ̃] nf integration

intègre [ɛ̃tɛgʀ] adj ▪ **un juge ~** a judge of great integrity ▪ **être ~** to have integrity

intégré, e [ɛ̃tegʀe] adj [circuit, système] integrated ; [lecteur CD-ROM] built-in ▪ **cuisine ~e** fitted kitchen

intégrer [ɛ̃tegʀe] **1** vt (= inclure) to integrate (*à, dans* into) **2 s'intégrer** vpr to become integrated (*à, dans* into) ; (dans le paysage) to fit

intégriste [ɛ̃tegʀist] adj, nmf fundamentalist

intégrité [ɛ̃tegʀite] nf integrity

intellect [ɛ̃telɛkt] nm intellect

intellectuel, -elle [ɛ̃telɛktɥɛl] **1** adj intellectual ; [fatigue] mental **2** nm,f intellectual

intellectuellement [ɛ̃telɛktɥɛlmɑ̃] adv intellectually

intelligence [ɛ̃teliʒɑ̃s] nf intelligence ▪ **~ artificielle** artificial intelligence ▪ **vivre en bonne/mauvaise ~ avec qn** to be on good/bad terms with sb

intelligent, e [ɛ̃teliʒɑ̃, ɑ̃t] adj intelligent ; [ville, téléphone] smart ▪ **c'est ~ !** (iro) very clever! (iro)

intelligible [ɛ̃teliʒibl] adj intelligible ▪ **à haute et ~ voix** loudly and clearly

intello* [ɛ̃telo] adj, nmf intellectual

intempéries [ɛ̃tɑ̃peʀi] nfpl bad weather

intempestif, -ive [ɛ̃tɑ̃pɛstif, iv] adj untimely

intenable [ɛ̃t(ə)nabl] adj [chaleur, situation] unbearable ; [position, théorie] untenable

intendance [ɛ̃tɑ̃dɑ̃s] nf [d'école] school administration ▪ **les problèmes d'~** the day-to-day problems of running a house (ou a company)

intense [ɛ̃tɑ̃s] adj intense ; [froid, douleur] severe

intensif, -ive [ɛ̃tɑ̃sif, iv] adj intensive

intensifier [ɛ̃tɑ̃sifje] **1** vt to intensify **2 s'intensifier** vpr to intensify

intensité [ɛ̃tɑ̃site] nf intensity ; [de froid, douleur] severity

intensivement [ɛ̃tɑ̃sivmɑ̃] adv intensively

intenter [ɛ̃tɑ̃te] vt ▪ **~ un procès à qn** to take sb to court

intention [ɛ̃tɑ̃sjɔ̃] nf **a** intention ▪ **c'est l'~ qui compte** it's the thought that counts ▪ **avoir l'~ de faire qch** to intend to do sth ▪ **dans l'~ de faire qch** with the intention of doing sth **b** ▪ **à l'~ de qn** [cadeau, lettre] for sb ; [fête] in sb's honour

intentionné, e [ɛ̃tɑ̃sjɔne] adj ▪ **bien ~** well-meaning ▪ **mal ~** ill-intentioned

intentionnel, -elle [ɛ̃tɑ̃sjɔnɛl] adj intentional

interactif, -ive [ɛ̃tɛʀaktif, iv] adj interactive

interaction [ɛ̃tɛʀaksjɔ̃] nf interaction

interactivité [ɛ̃tɛʀaktivite] nf interactivity

intercalaire [ɛ̃tɛʀkalɛʀ] nm (= feuillet) insert ; (= fiche) divider

intercaler [ɛ̃tɛʀkale] **1** vt to insert **2 s'intercaler** vpr ▪ **s'~ entre** to come in between

intercéder [ɛ̃tɛʀsede] vi to intercede (*en faveur de qn* on behalf of sb, *auprès de qn* with sb)

intercepter [ɛ̃tɛʀsɛpte] vt to intercept

interchangeable [ɛ̃tɛʀʃɑ̃ʒabl] adj interchangeable

interclasse [ɛ̃tɛʀklas], **intercours** [ɛ̃tɛʀkuʀ] nm break *(between classes)* ▪ **à l'intercours** during the break

interclasser [ɛ̃tɛʀklɑse] vt to collate

interdiction [ɛ̃tɛʀdiksjɔ̃] nf ban (*de faire qch* on doing sth) ▪ **« ~ de stationner »** "no parking" ▸ **interdiction de séjour** *order denying former prisoner access to specified places*

interdire [ɛ̃tɛʀdiʀ] vt a (= prohiber) to forbid ; [+ stationnement, circulation] to prohibit ; [+ film, réunion, journal] to ban ▪ **~ l'alcool à qn** to forbid sb to drink ▪ **~ à qn de faire qch** to forbid sb to do sth b (= empêcher) to prevent ▪ **son état de santé lui interdit de voyager** his state of health prevents him from travelling

interdit, e [ɛ̃tɛʀdi, it] adj a (= non autorisé) banned ▪ **film ~ aux moins de 18 ans** ≈ 18 (film) BR, ≈ NC-17 film US ▪ **« stationnement ~ »** "no parking" ▪ **il est strictement ~ de...** it is strictly prohibited to... b (= stupéfait) dumbfounded

intéressant, e [ɛ̃teʀesɑ̃, ɑ̃t] adj a (= captivant) interesting ▪ **il faut toujours qu'il fasse son ~** he always has to draw attention to himself b [d'offre, affaire, prix] attractive

⚠ Dans le sens financier, **intéressant** ne se traduit jamais par ***interesting***.

intéressé, e [ɛ̃teʀese] adj a (= en cause) concerned ▪ **les ~s** the interested parties b (= qui cherche son intérêt personnel) [personne] self-interested ; [visite] motivated by self-interest

intéressement [ɛ̃teʀɛsmɑ̃] nm (= système) profit-sharing scheme

intéresser [ɛ̃teʀese] 1 vt a (= captiver) to interest ▪ **ça m'intéresserait de le faire** I would be interested in doing it ▪ **ça ne m'intéresse pas** I'm not interested b (= concerner) to concern 2 **s'intéresser** vpr ▪ **s'~ à qch/qn** to be interested in sth/sb

intérêt [ɛ̃teʀɛ] nm a interest ▪ **ce film est sans aucun ~** the film is devoid of interest ▪ **ce n'est pas dans leur ~ de le faire** it is not in their interest to do it ▪ **il a (tout) ~ à accepter** it's in his interest to accept ▪ **tu as ~ à te taire !** you'd better shut up! ▪ **il a des ~s dans l'affaire** he has a financial interest in the deal b (= recherche d'avantage personnel) self-interest c (= importance) importance

interface [ɛ̃tɛʀfas] nf interface

interfacer [ɛ̃tɛʀfase] vt, **s'interfacer** vpr to interface (*avec* with)

interférence [ɛ̃tɛʀfeʀɑ̃s] nf interference

interférer [ɛ̃tɛʀfeʀe] vi to interfere

intérieur, e [ɛ̃teʀjœʀ] 1 adj a [paroi, escalier] interior ; [cour] inner ; [mer] inland ; [poche] inside b [monde, voix] inner c (= national) domestic 2 nm a inside ▪ **à l'~ (de)** inside ▪ **fermé/vu de l'~** locked/viewed from the inside b [de pays, décor] interior

intérieurement [ɛ̃teʀjœʀmɑ̃] adv inwardly

intérim [ɛ̃teʀim] nm a (= période) interim period ▪ **président/ministre par ~** interim president/minister b (= travail) temping ▪ **faire de l'~** to temp

intérimaire [ɛ̃teʀimɛʀ] 1 adj temporary ; [directeur, ministre] interim 2 nmf temporary worker ; (= secrétaire) temp

interjection [ɛ̃tɛʀʒɛksjɔ̃] nf interjection

interligne [ɛ̃tɛʀliɲ] nm space between the lines ▪ **double ~** double spacing

interlocuteur, -trice [ɛ̃tɛʀlɔkytœʀ, tʀis] nm,f (dans une négociation) negotiator ▪ **son/mon ~** (gén) the person he/I was speaking to

interloqué, e [ɛ̃tɛʀlɔke] adj taken aback

interlude [ɛ̃tɛʀlyd] nm interlude

intermède [ɛ̃tɛʀmɛd] nm interlude

intermédiaire [ɛ̃tɛʀmedjɛʀ] 1 adj [niveau, choix, position] intermediate ▪ **solution ~** compromise 2 nm intermediary ; (dans le commerce) middleman ▪ **par l'~ de qn** through sb

interminable [ɛ̃tɛʀminabl] adj neverending

intermittence [ɛ̃tɛʀmitɑ̃s] nf ▪ **par ~** [travailler] sporadically ; [pleuvoir] on and off

intermittent, e [ɛ̃tɛʀmitɑ̃, ɑ̃t] adj intermittent ; [travail] sporadic

internalisation [ɛ̃tɛʀnalizasjɔ̃] nf insourcing

internaliser [ɛ̃tɛʀnalize] vt to insource

internat [ɛ̃tɛʀna] nm a (= école) boarding school b (à l'hôpital) hospital training *(as a doctor)*

international, e (mpl **-aux**) [ɛ̃tɛʀnasjɔnal, o] 1 adj international 2 nm,f (Sport) international player

internationaliser [ɛ̃tɛʀnasjɔnalize] 1 vt to internationalize 2 **s'internationaliser** vpr [entreprise, production] to go international ; [crise] to become international

internaute [ɛ̃tɛʀnot] nmf Internet surfer

interne [ɛ̃tɛʀn] 1 adj internal 2 nmf a (= élève) boarder b ▪ **~ (des hôpitaux)** house doctor BR, houseman BR, intern US

interner [ɛ̃tɛʀne] vt (Pol) to intern ; (dans un hôpital psychiatrique) to institutionalize

Internet, internet [ɛ̃tɛʀnɛt] nm ▪ **~** ▪ **l'internet** Internet, the internet ▪ **sur ~** on the Internet ▪ **l'internet des objets (connectés)** the internet of things

interpeller [ɛ̃tɛʀpəle] vt a (= appeler) to call out to b (au cours d'un débat) to question c (Police) to take in for questioning d ▪ **ça m'interpelle** I can relate to that

interphone [ɛ̃tɛʀfɔn] nm intercom

interposé, e [ɛ̃tɛʀpoze] adj ▪ **par personne ~e** through an intermediary

interposer (s') [ɛ̃tɛʀpoze] vpr to intervene

interprétariat [ɛ̃tɛʀpʀetaʀja] nm interpreting

interprétation [ɛ̃tɛʀpʀetasjɔ̃] nf **a** [de pièce, film] performance ; [de musique] interpretation **b** (= explication) interpretation **c** (= métier d'interprète) interpreting

interprète [ɛ̃tɛʀpʀɛt] nmf **a** (= musicien, acteur) performer ; (= chanteur) singer **b** (= traducteur) interpreter

interpréter [ɛ̃tɛʀpʀete] vt **a** [+ musique, rôle] to play ; [+ chanson] to sing **b** (= comprendre, traduire) to interpret ▪ **il a mal interprété mes paroles** he misinterpreted my words

interprofession [ɛ̃tɛʀpʀɔfesjɔ̃] nf joint-trade organization

interrogateur, -trice [ɛ̃teʀɔgatœʀ, tʀis] adj [regard] inquiring ▪ **d'un ton ~** inquiringly

interrogatif, -ive [ɛ̃teʀɔgatif, iv] adj [forme verbale] interrogative

interrogation [ɛ̃teʀɔgasjɔ̃] nf **a** [de témoin] questioning **b** ▪ **~ (écrite)** test BR, quiz US **c** (= question) question

interrogatoire [ɛ̃teʀɔgatwaʀ] nm (Police) questioning ; (au tribunal) cross-examination

interrogé, e [ɛ̃teʀɔʒe] **1** adj ▪ **55% des personnes ~es** 55% of those polled **2** nm,f respondent

interrogeable [ɛ̃teʀɔʒabl] adj ▪ **répondeur ~ à distance** answering machine with a remote access facility

interroger [ɛ̃teʀɔʒe] **1** vt **a** to question ; (pour obtenir un renseignement) to ask ; (Police) to interview ; (sondage) to poll **b** [élève] to examine **c** [+ base de données] to query ; [+ répondeur] to check calls on **2** **s'interroger** vpr to wonder (*sur* about)

interrompre [ɛ̃teʀɔ̃pʀ] **1** vt to interrupt ; [+ études, négociations, traitement] to break off **2** **s'interrompre** vpr [personne, conversation] to break off

interrupteur [ɛ̃teʀyptœʀ] nm switch

interruption [ɛ̃teʀypsjɔ̃] nf (= action) interruption ; (= pause) break (*de* in) ; [de négociations] breaking off ▪ **~ (volontaire) de grossesse** termination ▪ **sans ~** [parler] without a break ; [pleuvoir] continuously

intersection [ɛ̃tɛʀsɛksjɔ̃] nf [de routes] intersection US, junction BR

interstice [ɛ̃tɛʀstis] nm crack

interurbain, e [ɛ̃tɛʀyʀbɛ̃, ɛn] adj interurban

intervalle [ɛ̃tɛʀval] nm (= espace) space ; (= temps) interval ▪ **ils sont nés à trois mois d'~** they were born three months apart

intervenant, e [ɛ̃tɛʀvənɑ̃, ɑ̃t] nm,f (= conférencier) contributor

intervenir [ɛ̃tɛʀvəniʀ] vi **a** (= entrer en action) to intervene ; (= faire une conférence) to give a talk **b** [événement] to occur ; [accord] to be reached ; [élément nouveau] to arise

intervention [ɛ̃tɛʀvɑ̃sjɔ̃] nf **a** intervention ; (= discours) speech **b** (= opération chirurgicale) operation

interventionniste [ɛ̃tɛʀvɑ̃sjɔnist] adj, nmf interventionist

intervertir [ɛ̃tɛʀvɛʀtiʀ] vt to reverse the order of ▪ **~ les rôles** to reverse roles

interview [ɛ̃tɛʀvju] nf interview

interviewer[1] [ɛ̃tɛʀvjuve] vt to interview

interviewer[2], intervieweur, -euse [ɛ̃tɛʀvjuvœʀ, øz] nm,f (= journaliste) interviewer

intestin [ɛ̃tɛstɛ̃] nm intestine ▪ **~ grêle** small intestine ▪ **gros ~** large intestine

intestinal, e (mpl **-aux**) [ɛ̃tɛstinal, o] adj intestinal

intime [ɛ̃tim] adj **a** [hygiène] personal ; [vie] private ; [salon, atmosphère] cosy **b** [relation, rapport] intimate ; [ami] close **c** [nature, sentiment] innermost ▪ **j'ai l'~ conviction que...** I'm absolutely convinced that...

intimement [ɛ̃timmɑ̃] adj intimately ▪ **~ persuadé** firmly convinced

intimider [ɛ̃timide] vt to intimidate

intimité [ɛ̃timite] nf **a** (= vie privée) privacy ▪ **dans la plus stricte ~** in the strictest privacy **b** (= familiarité) intimacy **c** [d'atmosphère, salon] cosiness

intitulé [ɛ̃tityle] nm title

intituler [ɛ̃tityle] **1** vt to title **2** **s'intituler** vpr to be titled

intolérable [ɛ̃tɔleʀabl] adj intolerable ; [douleur] unbearable

intolérance [ɛ̃tɔleʀɑ̃s] nf intolerance

intolérant, e [ɛ̃tɔleʀɑ̃, ɑ̃t] adj intolerant

intonation [ɛ̃tɔnasjɔ̃] nf intonation

intouchable [ɛ̃tuʃabl] adj, nmf untouchable

intox* [ɛ̃tɔks] nf (abrév de **intoxication**) (Pol) brainwashing ; (= désinformation) disinformation

intoxication [ɛ̃tɔksikasjɔ̃] nf poisoning *NonC* ▪ **~ alimentaire** food poisoning *NonC*

intoxiquer [ɛ̃tɔksike] **1** vt [substance] to poison **2** **s'intoxiquer** vpr to be poisoned

⚠ **intoxiquer** ne se traduit pas par **to intoxicate**, qui signifie « enivrer ».

intraduisible [ɛ̃tʀadɥizibl] adj untranslatable

intraitable [ɛ̃tʀɛtabl] adj uncompromising

intra-muros [ɛ̃tʀamyʀos] adv ▪ **habiter ~** to live inside the town ▪ **Paris ~** inner Paris

intramusculaire [ɛ̃tʀamyskylɛʀ] adj intramuscular

intranet [ɛ̃tʀanɛt] nm intranet

intransigeant, e [ɛ̃tʀɑ̃ziʒɑ̃, ɑ̃t] adj [personne, attitude] intransigent

intransitif, -ive [ɛ̃tʀɑ̃zitif, iv] adj intransitive

intraveineux, -euse [ɛ̃tʀavɛnø, øz] 1 adj intravenous 2 **intraveineuse** nf intravenous injection

intrépide [ɛ̃tʀepid] adj intrepid

intrigant, e [ɛ̃tʀigɑ̃, ɑ̃t] nm,f schemer

intrigue [ɛ̃tʀig] nf (= manœuvre) intrigue ; [de film, roman] plot

intriguer [ɛ̃tʀige] 1 vt to puzzle 2 vi to scheme

intrinsèque [ɛ̃tʀɛ̃sɛk] adj intrinsic

introduction [ɛ̃tʀɔdyksjɔ̃] nf a introduction b [d'objet] insertion c (= lancement) launching

introduire [ɛ̃tʀɔdɥiʀ] 1 vt a (= faire entrer) [+ objet] to insert ; [+ visiteur] to show in b [+ mode] to launch ; [+ idées nouvelles] to bring in c (= présenter) to introduce (*auprès de* to) 2 **s'introduire** vpr ▪ **s'~ dans une pièce** to get into a room ▪ **s'~ chez qn par effraction** to break into sb's home

introspection [ɛ̃tʀɔspɛksjɔ̃] nf introspection

introuvable [ɛ̃tʀuvabl] adj ▪ **il reste ~** he has still not been found ▪ **ces meubles sont ~s aujourd'hui** furniture like this is impossible to find these days

introverti, e [ɛ̃tʀɔvɛʀti] 1 adj introverted 2 nm,f introvert

intrus, e [ɛ̃tʀy, yz] nm,f intruder ; → **fenêtre**

intrusif, -ive [ɛ̃tʀyzif, iv] adj intrusive

intrusion [ɛ̃tʀyzjɔ̃] nf intrusion

intuber [ɛ̃tybe] vt (Méd) to intubate

intuitif, -ive [ɛ̃tɥitif, iv] adj intuitive

intuition [ɛ̃tɥisjɔ̃] nf intuition

inusable [inyzabl] adj hard-wearing

inusité, e [inyzite] adj uncommon

inutile [inytil] adj a (= qui ne sert à rien) useless ; [efforts, démarche] pointless ▪ **~ d'insister !** there's no point insisting! b (= superflu) unnecessary ▪ **~ de vous dire que je ne suis pas resté** needless to say I didn't stay ▪ **vous voulez de l'aide ? – non, c'est ~** do you want some help? – no, there's no need

inutilisable [inytilizabl] adj unusable

invaincu, e [ɛ̃vɛ̃ky] adj undefeated

invalide [ɛ̃valid] 1 nmf disabled person ▪ **~ de guerre** (= homme) disabled ex-serviceman ; (= femme) disabled ex-servicewoman 2 adj disabled

invalidité [ɛ̃validite] nf disability

invariable [ɛ̃vaʀjabl] adj invariable

invasion [ɛ̃vazjɔ̃] nf invasion

invectiver [ɛ̃vɛktive] vt to hurl abuse at

invendable [ɛ̃vɑ̃dabl] adj unsaleable

inventaire [ɛ̃vɑ̃tɛʀ] nm a inventory b [de marchandises] stocklist BR, inventory US ▪ **faire l'~** to do the stocktaking BR ou inventory US

inventer [ɛ̃vɑ̃te] vt to invent ; [+ moyen, procédé] to devise ; [+ jeu, mot] to make up

inventeur, -trice [ɛ̃vɑ̃tœʀ, tʀis] nm,f inventor

inventif, -ive [ɛ̃vɑ̃tif, iv] adj inventive

invention [ɛ̃vɑ̃sjɔ̃] nf invention ; (= ingéniosité) inventiveness ▪ **un cocktail de mon ~** a cocktail of my own creation

inventivité [ɛ̃vɑ̃tivite] nf inventiveness

inverse [ɛ̃vɛʀs] 1 adj opposite ; [ordre] reverse ; (Math) inverse ▪ **arriver en sens ~** to arrive from the opposite direction ▪ **dans le sens ~ des aiguilles d'une montre** anticlockwise BR, counterclockwise US 2 nm ▪ **l'~** the opposite

inversement [ɛ̃vɛʀsəmɑ̃] adv conversely ; (Math) inversely ▪ **... et ~** ... and vice versa

inverser [ɛ̃vɛʀse] vt to reverse

inversion [ɛ̃vɛʀsjɔ̃] nf inversion

invertébré, e [ɛ̃vɛʀtebʀe] adj, nm invertebrate

investigation [ɛ̃vɛstigasjɔ̃] nf investigation

investiguer [ɛ̃vɛstige] vi ▪ **~ sur** to investigate

investir [ɛ̃vɛstiʀ] 1 vt a [+ capital] to invest b [armée, police] to surround 2 **s'investir** vpr ▪ **(beaucoup) s'~ dans** to put a lot into

investissement [ɛ̃vɛstismɑ̃] nm investment

investisseur, -euse [ɛ̃vɛstisœʀ, øz] nm,f investor

investiture [ɛ̃vɛstityʀ] nf [de candidat] nomination

invétéré, e [ɛ̃veteʀe] adj [fumeur, joueur] inveterate

invincible [ɛ̃vɛ̃sibl] adj invincible

inviolable [ɛ̃vjɔlabl] adj [droit] inviolable ; [serrure] burglar-proof

invisible [ɛ̃vizibl] adj invisible (*à* to)

invitation [ɛ̃vitasjɔ̃] nf invitation ▪ **sur son ~** at his invitation

invité, e [ɛ̃vite] nm,f guest

inviter [ɛ̃vite] vt to invite (*à* to) ▪ **c'est moi qui invite** (= qui paie) it's on me*

invivable [ɛ̃vivabl] adj unbearable

involontaire [ɛ̃vɔlɔ̃tɛʀ] adj [sourire, mouvement] involuntary ; [faute] unintentional

invoquer [ɛ̃vɔke] vt [+ argument] to put forward ; [+ dieu] to call upon ; [+ jeunesse, ignorance] to plead

invraisemblable [ɛ̃vʀɛsɑ̃blabl] adj [histoire, nouvelle] unlikely ; (= inouï) incredible

invulnérable [ɛ̃vylneʀabl] adj invulnerable

iode [jɔd] nm iodine

ion [jɔ̃] nm ion

iota [jɔta] nm inv iota ▪ **il n'a pas bougé d'un ~** he didn't move an inch

IRA [iʀa] nf (abrév de **Irish Republican Army**) IRA

irait [iʀɛ] vb → **aller**

Irak [iʀak] nm Iraq

irakien, -ienne [iʀakjɛ̃, jɛn] **1** adj Iraqi **2** **Irakien(ne)** nm,f Iraqi

Iran [iʀɑ̃] nm Iran

iranien, -ienne [iʀanjɛ̃, jɛn] **1** adj Iranian **2** **Iranien(ne)** nm,f Iranian

Iraq [iʀak] nm Iraq

irascible [iʀasibl] adj short-tempered

iris [iʀis] nm iris

irisé, e [iʀize] adj iridescent

irlandais, e [iʀlɑ̃dɛ, ɛz] **1** adj Irish **2** nm **a** (= langue) Irish **b** ▪ **Irlandais** Irishman ▪ **les Irlandais** the Irish ▪ **les Irlandais du Nord** the Northern Irish **3** **Irlandaise** nf Irishwoman

Irlande [iʀlɑ̃d] nf Ireland ▪ **l'~ du Nord/Sud** Northern/Southern Ireland

ironie [iʀɔni] nf irony

ironique [iʀɔnik] adj ironic

irradiation [iʀadjasjɔ̃] nf (Physique) irradiation

irradier [iʀadje] **1** vt (Physique) to irradiate **2** vi [lumière, douleur] to radiate

irrationnel, -elle [iʀasjɔnɛl] adj irrational

irréalisable [iʀealizabl] adj [projet] impracticable

irréaliste [iʀealist] adj unrealistic

irrecevable [iʀəs(ə)vabl] adj **a** (= inacceptable) [argument, demande] unacceptable **b** (Droit) inadmissible

irrécupérable [iʀekypeʀabl] adj (= irréparable) irreparable ▪ **il est ~** [personne] he's beyond redemption

irréductible [iʀedyktibl] adj [volonté, opposition, ennemi] implacable ▪ **les ~s du parti** the hard core of the party

irréel, -elle [iʀeɛl] adj unreal

irréfléchi, e [iʀefleʃi] adj [paroles, action] thoughtless ; [personne] impulsive

irréfutable [iʀefytabl] adj [preuve, logique] irrefutable

irrégularité [iʀegylaʀite] nf irregularity ; [de terrain, qualité, résultats] unevenness

irrégulier, -ière [iʀegylje, jɛʀ] adj irregular ; [qualité, résultats] uneven ; [élève, athlète] erratic ▪ **étranger en situation irrégulière** foreign national whose papers are not in order

irrémédiable [iʀemedjabl] adj (= irréparable) irreparable

irremplaçable [iʀɑ̃plasabl] adj irreplaceable

irréparable [iʀepaʀabl] adj **a** [objet] beyond repair *attrib* **b** [dommage, perte] irreparable

irrépressible [iʀepʀesibl] adj irrepressible

irréprochable [iʀepʀɔʃabl] adj [travail] perfect ; [moralité, conduite] irreproachable

irrésistible [iʀezistibl] adj irresistible ; (= amusant) hilarious

irrespectueux, -euse [iʀɛspɛktɥø, øz] adj disrespectful (*envers* to, towards)

irrespirable [iʀɛspiʀabl] adj unbreathable

irresponsabilité [iʀɛspɔ̃sabilite] nf irresponsibility

irresponsable [iʀɛspɔ̃sabl] **1** adj irresponsible **2** nmf ▪ **c'est un ~ !** he's totally irresponsible!

irrévérencieux, -ieuse [iʀeveʀɑ̃sjø, jøz] adj irreverent (*envers, à l'égard de* towards)

irréversible [iʀevɛʀsibl] adj irreversible

irrigation [iʀigasjɔ̃] nf irrigation

irriguer [iʀige] vt to irrigate

irritable [iʀitabl] adj irritable

irritation [iʀitasjɔ̃] nf irritation

irriter [iʀite] vt to irritate

irruption [iʀypsjɔ̃] nf [de nouvelles technologies, doctrine] sudden emergence ▪ **faire ~ dans une pièce** to burst into a room

ischiojambier [iskjoʒɑ̃bje] nm hamstring muscle

Islam [islam] nm ▪ **l'~** Islam

islamique [islamik] adj Islamic

islamiste [islamist] **1** adj Islamic **2** nmf Islamist

islamophobe [islamɔfɔb] adj Islamophobic

islamophobie [islamɔfɔbi] nf Islamophobia

islandais, e [islɑ̃dɛ, ɛz] **1** adj Icelandic **2** **Islandais(e)** nm,f Icelander

Islande [islɑ̃d] nf Iceland

isolant, e [izɔlɑ̃, ɑ̃t] **1** adj insulating **2** nm insulator ▪ **~ phonique** soundproofing material

isolation [izɔlasjɔ̃] nf insulation ▪ **~ phonique** soundproofing ▪ **~ thermique** heat insulation

> ⚠ **isolation** ne se traduit pas par le mot ***isolation***, qui signifie « isolement ».

isolé, e [izɔle] adj **a** (= seul) isolated ▪ **vivre ~** to live in isolation ▪ **phrase ~e de son contexte** sentence taken out of context **b** (en électricité) insulated

isolement [izɔlmɑ̃] nm (= solitude) isolation ; [de câble] insulation

isolément [izɔlemɑ̃] adv in isolation ▪ **chaque élément pris ~** each element considered separately

isoler [izɔle] **1** vt **a** to isolate ; [+ lieu] to cut off **b** (contre le froid, en électricité) to insulate ; (contre le bruit) to soundproof **2** **s'isoler** vpr to isolate o.s.

isoloir [izɔlwaʀ] nm polling booth

isotherme [izɔtɛʀm] adj ▪ **sac ~** cool bag

Israël [isʀaɛl] nm Israel

israélien, -ienne [isʀaeljɛ̃, jɛn] **1** adj Israeli **2** **Israélien(ne)** nm,f Israeli

israélite [isʀaelit] **1** adj Jewish **2** nmf Jew

issu, e[1] [isy] adj ▪ **être ~ de** (= résulter de) to stem from ; [+ milieu familial] to come from

issue[2] [isy] nf **a** (= sortie) exit ▪ **~ de secours** emergency exit **b** (= solution) way out **c** (= fin) outcome ▪ **à l'~ de** at the end of

> ⚠ **issue** ne se traduit pas par le mot anglais ***issue***, qui signifie entre autres « question, numéro, résultat ».

Istanbul [istɑ̃bul] n Istanbul

isthme [ism] nm isthmus

Italie [itali] nf Italy

italien, -ienne [italjɛ̃, jɛn] **1** adj Italian **2** nm (= langue) Italian **3** **Italien(ne)** nm,f Italian

italique [italik] nm italics ▪ **en ~(s)** in italics

itinéraire [itineʀɛʀ] nm route ▪ **~ bis** ou **de délestage** alternative route

itinérance [itineʀɑ̃s] nf (Télec) roaming

itinérant, e [itineʀɑ̃, ɑ̃t] **1** adj travelling ; [bibliothèque] mobile **2** nm,f (Can = SDF) homeless person

IUT [iyte] nm (abrév de **Institut universitaire de technologie**) ≈ polytechnic BR, ≈ technical school ou institute US

IVG [iveʒe] nf (abrév de **interruption volontaire de grossesse**) termination

ivoire [ivwaʀ] nm ivory ; [de dent] dentine

ivoirien, -ienne [ivwaʀjɛ̃, jɛn] **1** adj of ou from the Ivory Coast **2** **Ivoirien(ne)** nm,f Ivorian

ivre [ivʀ] adj drunk ▪ **~ mort** blind drunk

ivresse [ivʀɛs] nf (= ébriété) drunkenness ▪ **l'~ de la vitesse** the thrill of speed

ivrogne [ivʀɔɲ] nmf drunkard

j J

j' [ʒ] → **je**
J [ʒi] nm ▪ **le jour J** D-day
jacasser [ʒakase] vi to chatter
jachère [ʒaʃɛʀ] nf ▪ **laisser une terre en ~** to let a piece of land lie fallow
jacinthe [ʒasɛ̃t] nf hyacinth
jackpot [(d)ʒakpɔt] nm jackpot ; (= machine) slot machine ▪ **toucher le ~*** to hit the jackpot
jacuzzi® [ʒakyzi] nm Jacuzzi®
jade [ʒad] nm jade
jadis [ʒɑdis] adv in times past
jaguar [ʒagwaʀ] nm jaguar
jaillir [ʒajiʀ] vi **a** [liquide, sang] to gush out ; [larmes] to flow ; [flammes] to shoot up ; [étincelles] to fly out ; [cris, rires] to ring out **b** [personne] to spring out ; [voiture] to shoot out
jais [ʒɛ] nm jet ▪ **cheveux de ~** jet-black hair
jalon [ʒalɔ̃] nm **a** (= piquet) pole **b** (= point de référence) landmark ▪ **poser les premiers ~s de qch** to prepare the ground for sth
jalonner [ʒalɔne] vt **a** (pour tracer) to mark out **b** (= border) to line ▪ **sa vie a été jalonnée de drames** there was a succession of tragedies in his life
jalousie [ʒaluzi] nf jealousy
jaloux, -ouse [ʒalu, uz] **1** adj jealous **2** nm ▪ **faire des ~** to make people jealous
jamaïcain, e [ʒamaikɛ̃, ɛn] **1** adj Jamaican **2** **Jamaïcain(e)** nm,f Jamaican
Jamaïque [ʒamaik] nf Jamaica
jamais [ʒamɛ] adv (= un jour, une fois) ever ▪ **avez-vous ~ vu ça ?** have you ever seen such a thing? ▪ **c'est le plus grand que j'aie ~ vu** it's the biggest I've ever seen ▪ **presque ~** hardly ever ▪ **à (tout) ~** for ever ▪ **ne... ~** never ▪ **il n'a ~ avoué** he never confessed ▪ **~ je n'ai vu un homme si égoïste** I've never seen such a selfish man ▪ **plus ~, ~ plus** never again ▪ **je ne lui ai plus ~ parlé** I never spoke to him again ▪ **si ~ tu recommences, gare à toi !** don't ever do that again or you'll be in trouble! ▪ **viendrez-vous ? – ~ de la vie !** will you come? – never!
jambe [ʒɑ̃b] nf leg ▪ **ça me fait une belle ~ !** a fat lot of good that does me!* ▪ **elle ne tient plus sur ses ~s** she can hardly stand ▪ **prendre ses ~s à son cou** to take to one's heels
jambon [ʒɑ̃bɔ̃] nm ham ▪ **un jambon-beurre*** a ham sandwich *(made from baguette)* ▸ **jambon blanc, jambon de Paris** boiled ham ▸ **jambon cru** cured ham
jante [ʒɑ̃t] nf rim
janvier [ʒɑ̃vje] nm January ; pour loc voir **septembre**
Japon [ʒapɔ̃] nm Japan
japonais, e [ʒapɔnɛ, ɛz] **1** adj Japanese **2** nm (= langue) Japanese **3** **Japonais(e)** nm,f Japanese
japper [ʒape] vi to yap
jaquette [ʒakɛt] nf **a** [d'homme] morning coat **b** [de livre] jacket
jardin [ʒaʀdɛ̃] nm garden ▪ **c'est mon ~ secret** those are my private secrets ▸ **jardin botanique** botanical garden ▸ **jardin d'enfants** kindergarten ▸ **jardin potager** vegetable garden ▸ **jardin public** park ▸ **jardin zoologique** zoological gardens
jardinage [ʒaʀdinaʒ] nm gardening ▪ **faire du ~** to do some gardening
jardiner [ʒaʀdine] vi to garden
jardinerie [ʒaʀdinʀi] nf garden centre
jardinier, -ière [ʒaʀdinje, jɛʀ] **1** nm,f gardener **2** **jardinière** nf **a** (= caisse) window box **b** ▪ **jardinière (de légumes)** mixed vegetables
jargon [ʒaʀgɔ̃] nm **a** (= langue professionnelle) jargon *NonC* **b** (= baragouin) gibberish *NonC*
jarret [ʒaʀɛ] nm back of knee ▪ **~ de veau** knuckle of veal
jarretelle [ʒaʀtɛl] nf suspender BR, garter US
jarretière [ʒaʀtjɛʀ] nf garter
jaser [ʒɑze] vi (= médire) to gossip
jasmin [ʒasmɛ̃] nm jasmine
jatte [ʒat] nf bowl
jauge [ʒoʒ] nf (= instrument) gauge ▸ **jauge d'essence** petrol gauge ▸ **jauge d'huile** dipstick
jauger [ʒoʒe] vt [+ personne] to size up ▪ **il le jaugea du regard** he looked him up and down
jaunâtre [ʒonɑtʀ] adj yellowish
jaune [ʒon] **1** adj yellow ▪ **~ d'or** golden yellow **2** nm (= couleur) yellow ; [d'œuf] egg yolk
jaunir [ʒoniʀ] vti to turn yellow ▪ **photos jaunies** yellowed photos
jaunisse [ʒonis] nf jaundice
java [ʒava] nf popular waltz ▪ **faire la ~*** to live it up*
Javel [ʒavɛl] nf ▪ **eau de ~** bleach
javelot [ʒavlo] nm javelin

jazz [dʒɑz] nm jazz

J.-C. (abrév de **Jésus-Christ**) ▪ **en 300 av./ap.** ~ in 300 BC/AD

je, j' [ʒ(ə)] pron pers I ▪ **je sais** I know ▪ **j'aime ça** I like that

jean [dʒin] nm (= tissu) denim ; (= vêtement) jeans

je-m'en-foutiste* (pl ~s) [ʒ(ə)mɑ̃futist] **1** adj don't-give-a-damn* **2** nmf don't-give-a-damn type*

jerrycan, jerricane [(d)ʒeʀikan] nm jerry can

Jersey [ʒɛʀzɛ] nf Jersey

Jérusalem [ʒeʀyzalɛm] n Jerusalem

jésuite [ʒezɥit] adj, nm Jesuit

Jésus [ʒezy] nm Jesus ▪ **le petit ~** baby Jesus

Jésus-Christ [ʒezykʀi(st)] nm Jesus Christ ▪ **en 300 avant/après ~** in 300 BC/AD

jet¹ [ʒɛ] nm jet ; [de sang] spurt ▪ **premier ~** [de lettre, livre] rough draft ► **jet d'eau** (= fontaine) fountain

jet² [dʒɛt] nm (= avion) jet

jetable [ʒ(ə)tabl] adj disposable ▪ **la mode ~** fast fashion

jeté, e* [ʒ(ə)te] adj (= fou) crazy*

jetée [ʒ(ə)te] nf jetty ; (grande) pier

jeter [ʒ(ə)te] **1** vt **a** (= lancer) to throw ▪ **~ qch à qn** to throw sth to sb ; (agressivement) to throw sth at sb ▪ **~ dehors** to throw out ▪ **~ qch par la fenêtre** to throw sth out of the window ▪ **elle lui jeta un regard plein de mépris** she cast a withering look at him **b** (= mettre au rebut) to throw away ▪ **~ qch à la poubelle** to throw sth in the dustbin **c** [+ fondations, bases] to lay **d** [+ lueur] to give out ; [+ ombre] to cast ; [+ cri] to utter ▪ **sa remarque a jeté un froid** his remark put a damper on things ▪ **elle en jette, cette voiture !*** that's some car!* **2** **se jeter** vpr **a** (= s'élancer) ▪ **se ~ par la fenêtre** to throw o.s. out of the window ▪ **se ~ à l'eau** to jump into the water ; (fig) to take the plunge ▪ **se ~ dans les bras/aux pieds de qn** to throw o.s. into sb's arms/at sb's feet ▪ **se ~ sur** [+ personne] to rush at ; [+ téléphone] to rush to **b** [rivière] to flow (*dans* into) **c** [+ projectiles] to throw at each other

jeton [ʒ(ə)tɔ̃] nm token ; [de jeu] counter ; [de roulette] chip ▪ **avoir les ~s*** to have the jitters*

jet-ski (pl ~s) [dʒɛtski] nm jet-ski

jeu (pl ~x) [ʒø] nm **a** game ▪ **~ d'adresse** game of skill ▪ **~ de cartes** card game ▪ **~ de plateau** board game ▪ **ce n'est pas du ~*** that's not fair ► **jeu décisif** (Tennis) tie-break ► **jeux d'eau** fountains ► **jeu électronique** electronic game ► **jeu d'évasion** escape game ► **jeu de hasard** game of chance ► **jeu de mots** play on words ► **jeu de l'oie** ≈ snakes and ladders ► **Jeux olympiques** Olympic Games ▪ **les Jeux olympiques d'hiver** the Winter Olympics ► **jeu de piste** treasure hunt ► **jeu de rôles** role play ► **jeu de société** (avec dés, pions) board game ► **jeu télévisé** television game; (avec questions) quiz show ► **jeu vidéo** video game **b** (= fait de jouer) ▪ **le ~** play ▪ **c'est un ~ d'enfant** it's child's play **c** (Casino) gambling ▪ **il a perdu toute sa fortune au ~** he has gambled away his entire fortune **d** [d'acteur] acting ; [de sportif] game ; [de musicien] technique **e** (= espace) play ▪ **la vis a du ~** the screw has worked loose **f** [de clés, échecs] set ; [de cartes] pack BR, deck US **g** ▪ **entrer en ~** to come into play ▪ **être en ~** (= en cause) to be at stake ▪ **remettre en ~** [+ balle] to throw in

jeudi [ʒødi] nm Thursday ▪ **le ~ de l'Ascension** Ascension Day ; pour autres loc voir **samedi**

jeun [ʒœ̃] nm ▪ **être à ~** (= n'avoir rien mangé) to have eaten nothing ; (= n'avoir rien bu) to have drunk nothing ▪ **à prendre à ~** to be taken on an empty stomach

jeune [ʒœn] **1** adj **a** young ▪ **il est plus ~ que moi de cinq ans** he's five years younger than me ▪ **il fait plus ~ que son âge** he doesn't look his age ► **jeune femme** young woman ► **jeune fille** girl ► **jeunes gens** young people; (= garçons) boys ► **jeune homme** young man ► **les jeunes mariés** the newlyweds **b** [apparence, visage] youthful ; [couleur, vêtement] young **c** (= cadet) younger ▪ **mon plus ~ frère** my youngest brother **2** nmf youngster ▪ **une bande de ~s** a gang of youths ▪ **les ~s d'aujourd'hui** young people today **3** nf girl **4** adv ▪ **s'habiller ~** to dress young

jeûne [ʒøn] nm fast

jeûner [ʒøne] vi to fast

jeunesse [ʒœnɛs] nf **a** (= période) youth ▪ **dans ma ~** in my youth **b** (= personnes jeunes) young people ▪ **livres pour la ~** books for young people

jeuniste [ʒønist] adj (= en faveur des jeunes) pro-youth ; (= contre les jeunes) anti-youth

jihadisme [dʒiadism] nm ⇒ **djihadisme**

jilbab [ʒilbab] n jilbab

JO [ʒio] nmpl (abrév de **Jeux olympiques**) Olympics

joaillerie [ʒɔajʀi] nf **a** (= magasin) jeweller's BR ou jeweler's US (shop) **b** (= travail) jewellery BR ou jewelry US making

jockey [ʒɔkɛ] nm jockey

joggeur, -euse [dʒɔgœʀ, øz] nm,f jogger

jogging [dʒɔgiŋ] nm **a** (= sport) jogging ▪ **faire du ~** to go jogging **b** (= survêtement) jogging suit

joie [ʒwa] nf joy ▪ **à ma grande ~** to my great delight ▪ **fou de ~** wild with joy ▪ **quand aurons-nous la ~ de vous revoir ?** when shall we have the pleasure of seeing you again? ▪ **~ de vivre** joie de vivre ▪ **c'est pas la ~ !*** it's no fun!

joignable [ʒwaɲabl] adj ▪ **être difficilement ~** to be difficult to contact ▪ **il est ~ à tous moments** he can be contacted at any time

joindre [ʒwɛ̃dʀ] **1** vt **a** (= contacter) to get in touch with **b** (= ajouter) to add (*à* to) ; (= inclure) to enclose (*à* with) ▪ **~ l'utile à l'agréable** to combine business with pleasure **c** (= relier) to join ▪ **les mains jointes** with his (ou her, etc) hands together ▪ **~ les deux bouts*** to make ends meet **2** **se joindre** vpr ▪ **se ~ à** [+ personne] to join ; [+ discussion] to join in

joint [ʒwɛ̃] nm **a** (= articulation) joint ; [de robinet] washer ; (= ligne de jonction) join ▪ **~ d'étanchéité** seal **b** (* Drogue) joint*

jointure [ʒwɛ̃tyʀ] nf joint ; (= ligne de jonction) join

joker [(d)ʒɔkɛʀ] nm (aux cartes) joker ; (Informatique) wild card

joli, e [ʒɔli] adj **a** [femme, chanson, objet] pretty ; [promenade, appartement] nice ▪ **il est ~ garçon** he's quite good-looking ▪ **tout ça c'est bien ~ mais...** that's all very well but... ▪ **vous avez fait du ~ !** you've made a fine mess of things! **b** [revenu, profit, résultat] nice ; [somme] tidy

jonc [ʒɔ̃] nm (= plante) rush

joncher [ʒɔ̃ʃe] vt [papiers] to litter ; [cadavres, détritus, fleurs] to be strewn over

jonction [ʒɔ̃ksjɔ̃] nf junction

jongler [ʒɔ̃gle] vi to juggle

jongleur, -euse [ʒɔ̃glœʀ, øz] nm,f juggler

jonquille [ʒɔ̃kij] nf daffodil

Jordanie [ʒɔʀdani] nf Jordan

jordanien, -ienne [ʒɔʀdanjɛ̃, jɛn] **1** adj Jordanian **2** **Jordanien(ne)** nm,f Jordanian

jouabilité [ʒuabilite] nf [de jeu vidéo] playability

jouable [ʒwabl] adj playable ▪ **ce sera difficile, mais c'est ~** [projet] it'll be difficult, but it's worth a try

jouasse‡ [ʒwas] adj ▪ **il n'était pas ~ !** he wasn't too thrilled!

joue [ʒu] nf cheek ▪ **~ contre ~** cheek to cheek ▪ **mettre en ~** to take aim at

jouer [ʒwe] **1** vi **a** to play ▪ **faire qch pour ~** to do sth for fun ▪ **à qui de ~ ?** whose go is it? ▪ **bien joué !** (fig) well done! ▪ **elle jouait avec son collier** she was fiddling with her necklace ▪ **~ à la poupée** to play with dolls ▪ **~ au ping-pong/aux échecs** to play table tennis/chess ▪ **à quoi joues-tu ?** what are you playing at? ▪ **~ d'un instrument** to play an instrument ▪ **~ du piano** to play the piano **b** (pour de l'argent) to gamble ▪ **~ aux courses** to bet on the horses **c** [acteur, musicien] to play ▪ **il joue dans « Hamlet »** he's in "Hamlet" ▪ **elle joue très bien** (actrice) she acts very well **d** (= intervenir) ▪ **l'âge ne joue pas** age doesn't come into it ▪ **cet élément a joué en ma faveur** this factor worked in my favour ▪ **il a fait ~ ses appuis politiques pour obtenir ce poste** he made use of his political connections to get this post **2** vt **a** [+ application, jeu, rôle] to play ▪ **il joue une pièce de Brecht** he's in a play by Brecht ▪ **on joue « Macbeth » ce soir** "Macbeth" is on this evening ▪ **~ les victimes** to play the victim ▪ **il faut ~ le jeu** you've got to play the game ▪ **~ un tour à qn** to play a trick on sb **b** (au casino) to stake ; (aux courses) to bet (*sur* on) **3** **se jouer** vpr **a** (= être joué) ▪ **ce jeu se joue à quatre** this is a game for four people ▪ **la pièce se joue au théâtre des Mathurins** the play is on at the théâtre des Mathurins **b** (= être décidé) ▪ **tout va se ~ demain** everything will be decided tomorrow ▪ **c'est l'avenir de l'entreprise qui se joue** the future of the company is at stake **c** (= se moquer) ▪ **se ~ de qn** to deceive sb ▪ **se ~ des difficultés** to make light of the difficulties

jouet [ʒwɛ] nm [d'enfant] toy ▪ **être le ~ des événements** to be at the mercy of events

joueur, joueuse [ʒwœʀ, ʒwøz] nm,f player ; (aux jeux d'argent) gambler ▪ **~ de golf** golfer ▪ **~ de cornemuse** piper ▪ **être mauvais ~** to be a bad loser

joufflu, e [ʒufly] adj chubby

joug [ʒu] nm yoke

jouir [ʒwiʀ] **1** vi (* sexuellement) to come‡ **2** **jouir de** vt indir to enjoy ▪ **la région jouit d'un bon climat** the region has a good climate

joujou* (pl ~x) [ʒuʒu] nm toy ▪ **faire ~ avec** to play with

jour [ʒuʀ] nm **a** day ▪ **trois fois par ~** three times a day ▪ **c'est à deux ~s de marche** it's a two-day walk ▪ **quel ~ sommes-nous ?** what day is it today? ▪ **le ~ J** D-day ▪ **un ~ il lui a écrit** one day he wrote to her ▪ **aux beaux ~s** in the summertime ▪ **il a fait très beau ces ~s-ci** the weather's been very nice lately ▪ **elle doit arriver ces ~s-ci** she'll be here any day now ▪ **jusqu'à la fin de mes ~s** until I die ▪ **c'est le ~ et la nuit !** there is no comparison ▪ **être/mettre à ~** to be/bring up to date ▪ **au ~ d'aujourd'hui** in this day and age ▪ **de ~** [équipe, service] day ; [voyager] by day ▪ **de nos ~s** these days ▪ **~ et nuit** day and night ▪ **tous les ~s** every day ▪ **dans la vie de tous les ~s** in everyday life ▪ **un beau ~** (passé) one fine day ; (futur) one of these days ▪ **un de ces ~s** one of these days ▪ **à un de ces ~s !** see you again sometime! ▪ **vivre au ~ le ~** (= sans souci) to live from day to day ; (= pauvrement) to live from hand to mouth ▪ **il y a deux ans ~ pour ~** two years ago to the day ▪ **de ~ en ~** day by day ▪ **on l'attend d'un ~ à l'autre** he's expected any day now ▪ **du ~ au lendemain** overnight ▸ **le jour de l'An** New Year's Day ▸ **jour férié** public holiday ▸ **le jour de Noël** Christmas Day ▸ **le jour des Rois** Twelfth Night **b** (= lumière, éclairage) light ▪ **il fait ~** it's light ▪ **je fais ça le ~** I do it during the day ▪ **au petit ~** at dawn **c** (= naissance) ▪ **donner le ~ à** to give birth to

journal (pl **-aux**) [ʒuʀnal, o] nm **a** (Presse) newspaper ; (= bulletin) journal ▸ **le Journal officiel** *official bulletin giving details of laws and official announcements* **b** (= émission) news bulletin ▪ **le ~ de 20 h** the 8 o'clock news ▸ **journal télévisé** television news **c** (intime) diary ▸ **journal de bord** log

> ⚠ **journal** ne se traduit par le mot anglais ***journal*** que dans le sens de « revue spécialisée, bulletin ».

journalier, -ière [ʒuʀnalje, jɛʀ] adj daily *avant n*

journalisme [ʒuʀnalism] nm journalism

journaliste [ʒuʀnalist] nmf journalist ▸ **journaliste sportif** sports correspondent

journalistique [ʒuʀnalistik] adj journalistic

journée [ʒuʀne] nf day ▪ **dans** ou **pendant la ~** during the day ▪ **passer sa ~ à faire qch** to spend the day doing sth ▪ **~ de travail** day's work ▪ **faire la ~ continue** [personne] to work over lunch

jouxter [ʒukste] vt to be next to

jovial, e (mpl **joviaux** ou **~s**) [ʒɔvjal, jo] adj jovial

joyau (pl **~x**) [ʒwajo] nm jewel ▪ **les ~x de la couronne** the crown jewels

joyeusement [ʒwajøzmɑ̃] adv [célébrer] joyfully ; [accepter] gladly ▪ **ils reprirent ~ le travail** they cheerfully went back to work

joyeux, -euse [ʒwajø, øz] adj [personne] cheerful ; [cris, musique] joyful ▪ **joyeuses Pâques !** Happy Easter!

JT [ʒite] nm (abrév de **journal télévisé**) television news

jubiler [ʒybile] vi to be jubilant

jucher (se) [ʒyʃe] vpr to perch ▪ **juchée sur les épaules de son père** perched on her father's shoulders

judaïque [ʒydaik] adj [loi] Judaic ; [religion] Jewish

judaïsme [ʒydaism] nm Judaism

judas [ʒyda] nm [de porte] spyhole

judiciaire [ʒydisjɛʀ] adj judicial ; [poursuites] legal ; → **casier, erreur, police**

judicieux, -ieuse [ʒydisjø, jøz] adj judicious ; [conseils] wise

judo [ʒydo] nm judo ▪ **faire du ~** to do judo

juge [ʒyʒ] nm judge ▪ **oui, Monsieur le Juge** yes, your Honour ▪ **madame le ~ Ledoux** Mrs Justice Ledoux ▸ **juge d'instruction** examining magistrate ▸ **juge de ligne** line judge ▸ **juge de touche** (Rugby) touch judge; (Football) linesman

jugé [ʒyʒe] **au jugé** loc adv by guesswork ; [tirer] blind

jugement [ʒyʒmɑ̃] nm **a** [d'affaire criminelle] sentence ; [d'affaire civile] decision ▪ **passer en ~** [personne] to stand trial **b** (= opinion, discernement) judgment ▪ **~ de valeur** value judgment ▪ **porter un ~ sur** to pass judgment on ▪ **le Jugement dernier** the Last Judgment

jugeote* [ʒyʒɔt] nf common sense

juger [ʒyʒe] vt **a** to judge ; [+ accusé] to try ▪ **à vous de ~** it's up to you to judge **b** (= estimer) ▪ **~ qch/qn ridicule** to consider sth/sb ridiculous ▪ **~ que** to consider that ▪ **je n'ai pas jugé utile de le prévenir** I didn't think it was worth telling him ▪ **à en ~ par qch** judging by sth

juguler [ʒygyle] vt [+ inflation] to curb

juif, juive [ʒɥif, ʒɥiv] **1** adj Jewish **2** nm,f Jew

juillet [ʒɥijɛ] nm July ; pour loc voir **septembre**

juin [ʒɥɛ̃] nm June ; pour loc voir **septembre**

juive [ʒɥiv] adj f, nf → **juif**

juke-box (pl **~es**) [ʒykbɔks] nm jukebox

jumeau, -elle (mpl **~x**) [ʒymo, ɛl] **1** adj [frère, sœur] twin ▪ **maison jumelle** semi-detached house BR, duplex US **2** nm,f twin **3** **jumelles** nfpl ▪ **(paire de) jumelles** (pair of) binoculars

jumelé, e [ʒym(ə)le] adj ▪ **être ~ avec** [ville] to be twinned with

jumelle [ʒymɛl] adj, nf → **jumeau**

jument [ʒymɑ̃] nf mare

jungle [ʒœ̃gl] nf jungle

junior [ʒynjɔʀ] adj, nmf junior

junte [ʒœ̃t] nf junta

jupe [ʒyp] nf skirt ▪ **~ crayon/tulipe** pen/tulip skirt

jupe-culotte (pl **jupes-culottes**) [ʒypkylɔt] nf culottes

jupon [ʒypɔ̃] nm petticoat

Jura [ʒyʀa] nm ▪ **le ~** the Jura

juré, e [ʒyʀe] **1** adj ■ **ennemi ~** sworn enemy **2** nm,f juror

jurer [ʒyʀe] **1** vt (= promettre) to swear (*de* to) ■ **je jure que je me vengerai** I swear I'll get my revenge ■ **jure-moi que tu reviendras** swear you'll come back ■ **ah ! je vous jure !** honestly! ■ **on ne jure plus que par ce nouveau remède** everyone swears by this new medicine **2** vi **a** (= pester) to swear **b** [couleurs] to clash **3** **se jurer** vpr to vow ■ **je me suis juré de ne jamais recommencer** I vowed I'd never do it again

juridiction [ʒyʀidiksjɔ̃] nf (= compétence) jurisdiction ; (= tribunal) court of law

juridique [ʒyʀidik] adj legal

jurisprudence [ʒyʀispʀydɑ̃s] nf (= décisions) precedents ■ **faire ~** to set a precedent

juriste [ʒyʀist] nmf (= auteur, légiste) jurist ; (= praticien) lawyer

juron [ʒyʀɔ̃] nm swearword

jury [ʒyʀi] nm jury ; (à un concours, pour un prix) panel of judges

jus [ʒy] nm **a** (= liquide) juice ■ **~ de fruit** fruit juice ■ **~ de viande** meat juices **b** (* = café) coffee ■ **c'est du ~ de chaussette** it's like dishwater **c** (* = courant) juice* ■ **prendre le ~** to get a shock

jusque [ʒysk(ə)] prép **a** (lieu) ■ **j'ai couru jusqu'à la maison** I ran all the way home ■ **accompagner qn ~ chez lui** to take sb home ■ **j'ai marché jusqu'au village** I walked as far as the village ■ **ils sont montés jusqu'à 2 000 mètres** they climbed up to 2,000 metres ■ **il avait de la neige jusqu'aux genoux** he had snow up to his knees ■ **jusqu'où ?** how far? ■ **jusqu'ici** up to here ■ **jusque-là** up to there ■ **j'en ai jusque-là !** I'm sick and tired of it! **b** (temps) ■ **jusqu'à, jusqu'en** until ■ **jusqu'à quand ?** until when? ■ **marchez jusqu'à ce que vous arriviez à la mairie** keep going until you get to the town hall ■ **rester jusqu'au bout** to stay till the end ■ **de la Révolution jusqu'à nos jours** from the Revolution to the present day ■ **jusqu'au moment où** until ■ **jusqu'à présent, jusqu'à maintenant** up to now ■ **jusqu'ici** until now ■ **jusque-là** until then **c** (limite) ■ **jusqu'à 20 kg** up to 20 kg ■ **aller jusqu'à faire qch** to go so far as to do sth ■ **jusqu'à un certain point** up to a point **d** (= y compris) even

justaucorps [ʒystokɔʀ] nm [de gymnaste] leotard

juste [ʒyst] **1** adj **a** [personne, notation] fair (*envers* to) ; [sentence, cause] just **b** [revendication, fierté] just ; [colère] justifiable ■ **à ~ titre** rightly ■ **il en est fier, et à ~ titre** he's proud of it and rightly so **c** (= précis) right ; [appareil, montre] accurate ■ **à 6 heures ~s** at 6 o'clock sharp* **d** [raisonnement] sound ; [remarque] apt ■ **très ~ !** good point! ■ **c'est ~** that's right **e** [note, voix] true ; [instrument] in tune **f** [vêtement, chaussures] tight ■ **1 kg pour six, c'est un peu ~** 1 kg for six people is not really enough ■ **elle n'a pas raté son train mais c'était ~** she didn't miss her train but it was a close thing **2** adv **a** [compter, viser] accurately ; [de viner] correctly ; [chanter] in tune ■ **tomber ~** (= deviner) to be right ; [calculs] to come out right **b** (= exactement) just ■ **~ au-dessus** just above ■ **~ à temps** just in time ■ **~ au moment où je suis entré** just when I came in ■ **j'arrive ~** I've only just arrived ■ **3 kg ~** 3 kg exactly ■ **que veut-il au ~ ?** what exactly does he want? **c** (= seulement) just ■ **tout ~** (= seulement) only just ; (= à peine) hardly

justement [ʒystəmɑ̃] adv **a** (= précisément) just ■ **on parlait ~ de vous** we were just talking about you ■ **tu n'étais pas obligé d'accepter – si, ~ !** you didn't have to agree – that's the problem, I did have to! **b** (= avec justesse) rightly

justesse [ʒystɛs] nf **a** (= exactitude) accuracy **b** [de note, voix, instrument] accuracy **c** [d'idée, raisonnement] soundness ; [de remarque] appropriateness **d** ■ **gagner de ~** to win by a narrow margin ■ **il a eu son examen de ~** he only just passed his exam

justice [ʒystis] nf **a** justice ■ **passer en ~** to stand trial ■ **traîner qn en ~** to take sb to court ■ **décision de ~** judicial decision ■ **demander/obtenir ~** to demand/obtain justice **b** (= loi) ■ **la ~** the law

justifiable [ʒystifjabl] adj justifiable ■ **cela n'est pas ~** that is unjustifiable

justificatif, -ive [ʒystifikatif, iv] **1** adj [document] supporting **2** nm (= pièce officielle) written proof ; (= reçu) receipt

justification [ʒystifikasjɔ̃] nf (= explication) justification

justifier [ʒystifje] **1** vt to justify ■ **rien ne justifie cette colère** such anger is quite unjustified **2** **se justifier** vpr to justify o.s.

jute [ʒyt] nm jute

juteux, -euse [ʒytø, øz] adj **a** [fruit] juicy **b** * [affaire] lucrative

juvénile [ʒyvenil] adj youthful ; [délinquance] juvenile

juxtaposer [ʒykstapoze] vt to juxtapose

kK

K 7 [kasɛt] nf (abrév de **cassette**) cassette

kabyle [kabil] **1** adj Kabyle **2** nm (= langue) Kabyle **3** **Kabyle** nmf Kabyle

Kabylie [kabili] nf Kabylia

kaki [kaki] **1** adj inv khaki **2** nm (= fruit) persimmon

kaléidoscope [kaleidɔskɔp] nm kaleidoscope

kamikaze [kamikaz] **1** nm kamikaze **2** adj ▪ **opération ~** kamikaze mission ▪ **il est ~*** he has a death wish ▪ **ce serait ~ !** it would be suicide!

kanak, e [kanak] adj Kanak

kangourou [kɑ̃guʀu] nm kangaroo

kaput* [kaput] adj [personne] shattered* ; [machine] kaput*

karaoké [kaʀaɔke] nm karaoke

karaté [kaʀate] nm karate

kart [kaʀt] nm go-cart

karting [kaʀtiŋ] nm go-carting ▪ **faire du ~** to go-cart

kascher [kaʃɛʀ] adj kosher

kayak [kajak] nm **a** (= bateau) kayak **b** (= sport) canoeing ▪ **faire du ~** to go canoeing

kayakiste [kajakist] nmf kayaker

kebab [kebab] nm kebab

kéké* [keke] nmf poser* ▪ **faire le ~** to pose*

kendo [kɛndo] nm kendo

Kenya [kenja] nm Kenya

képi [kepi] nm kepi

kermesse [kɛʀmɛs] nf (= fête populaire) fair ; (= fête de charité) charity fête

kérosène [keʀozɛn] nm [d'avion] kerosene ; [de jet] jet fuel ; [de fusée] rocket fuel

ketchup [kɛtʃœp] nm ketchup

keuf‡ [kœf] nm cop*

kg (abrév de **kilogramme**) kg

khmer, -ère [kmɛʀ] **1** adj Khmer **2** **Khmer** nm Khmer ▪ **les Khmers rouges** the Khmer Rouge

khôl [kol] nm kohl

kibboutz [kibuts] nm inv kibbutz

kick [kik] nm kick-starter ▪ **démarrer au ~** to kick-start

kidnapper [kidnape] vt to kidnap

kidnappeur, -euse [kidnapœʀ, øz] nm,f kidnapper

kidnapping [kidnapiŋ] nm kidnapping

kif(f)er‡ [kife] **1** vi ▪ **ça me fait ~** it turns me on* **2** vt ▪ **~ qch** to get a kick out of sth* ▪ **je peux pas le ~** I can't stand him

kif-kif* [kifkif] adj inv ▪ **c'est ~** it's all the same

kilo [kilo] nm kilo

kilogramme [kilɔgʀam] nm kilogramme

kilométrage [kilɔmetʀaʒ] nm ≈ mileage

kilomètre [kilɔmɛtʀ] nm kilometre BR, kilometer US ▪ **200 ~s à l'heure** 200 kilometres an hour ▪ **des ~s de** [+ pellicule] rolls and rolls of ; [+ tissu] yards and yards of

kilomètre-heure (pl **kilomètres-heure**) [kilɔmɛtʀœʀ] nm kilometres per hour ▪ **120 kilomètres-heure** 120 kilometres per hour

kilométrique [kilɔmetʀik] adj ▪ **borne ~** ≈ milestone ▪ **distance ~** distance in kilometres BR ou kilometers US

kilo-octet (pl **~s**) [kiloɔktɛ] nm kilobyte

kilowatt [kilowat] nm kilowatt

kilt [kilt] nm kilt ; (pour femme) pleated skirt

kimono [kimɔno] nm kimono

kiné* [kine], **kinési*** [kinezi] nmf physio*

kinésithérapeute [kineziteʀapøt] nmf physiotherapist BR, physical therapist US

kiosque [kjɔsk] nm [de jardin] summerhouse ▪ **~ à musique** bandstand ▪ **~ à journaux** newspaper kiosk ▪ **en vente en ~** on sale at newsstands

kir [kiʀ] nm kir *(white wine with blackcurrant liqueur)*

kit [kit] nm kit ▪ **en ~** in kit form

kitch [kitʃ] adj inv, nm kitsch

kitchenette [kitʃ(ə)nɛt] nf kitchenette

kitesurf [kaitsœʀf] nm kite surfing

kitsch [kitʃ] adj inv, nm kitsch

kiwi [kiwi] nm **a** (= fruit) kiwi fruit **b** (= oiseau) kiwi

klaxon® [klaksɔn] nm horn ▪ **coup de ~** hoot ; (léger) toot

klaxonner [klaksɔne] **1** vi to hoot one's horn ; (doucement) to toot the horn **2** vt ▪ **~ qn** to hoot at sb

Kleenex® [klinɛks] nm tissue

kleptomane [klɛptɔman] adj, nmf kleptomaniac

km (abrév de **kilomètre**) km

km/h (abrév de **kilomètres/heure**) km/h

KO [kao] **1** nm (Boxe) KO ▪ **perdre par KO** to be knocked out ▪ **gagner par KO** to win by a knockout ▪ **mettre KO** to knock out ▪ **être KO** to be out for the count **2** adj (* = fatigué) shattered*

Ko (abrév de **kilo-octet**) kb

koala [kɔala] nm koala

kop [kɔp] nm (Sport) kop

kosovar [kɔsɔvaʀ] **1** adj Kosovar **2** **Kosovar** nmf Kosovar

Kosovo [kɔsɔvo] nm Kosovo

Koweït [kɔwɛt] nm Kuwait

koweïtien, -ienne [kɔwɛtjɛ̃, jɛn] **1** adj Kuwaiti **2** **Koweïtien(ne)** nm,f Kuwaiti

krach [kʀak] nm crash ▪ **~ boursier** stock market crash

kumquat [kɔmkwat] nm kumquat

kung-fu [kuŋfu] nm inv (= art) kung fu ▪ **il est ~** he does kung fu

kurde [kyʀd] **1** adj Kurdish **2** **Kurde** nmf Kurd

kW (abrév de **kilowatt**) kW

K-way® [kawɛ] nm cagoule

kyste [kist] nm cyst

L

l' [l] → **le**

la¹ [la] → **le**

la² [la] nm inv (Mus) A ; (en chantant la gamme) lah

là [la] adv

a there ▪ **je le vois ~, sur la table** I can see it over there, on the table ▪ **c'est ~ que je suis né** that's where I was born ▪ **de ~** from there ▪ **passez par ~** go that way

b (= ici) here ▪ **n'ayez pas peur, je suis ~** don't be afraid, I'm here ▪ **M. Roche n'est pas ~** Mr Roche isn't in

c (dans le temps) then ▪ **c'est ~ qu'il a compris que...** that was when he realized that...

d (= à ce stade) ▪ **je n'en suis pas encore ~** I haven't got that far yet ; (péj) I haven't come to that yet

e (intensif) ▪ **que me racontes-tu ~ ?** what on earth are you saying? ▪ **~, ils exagèrent !** now they're really going too far!

f ▪ **ce...-là, cette...-là** that... ▪ **ce jour-là** that day ▪ **ces...-là** those... ▪ **ces gens-là** those people ; voir aussi **celui-là, celle-là**

là-bas [laba] adv over there

label [labɛl] nm label ▪ **~ de qualité** quality label

labo* [labo] nm (abrév de **laboratoire**) lab*

laboratoire [labɔʀatwaʀ] nm laboratory ▪ **~ d'analyses (médicales)** (medical) analysis laboratory ▪ **~ d'idées** think tank

laborieux, -ieuse [labɔʀjø, jøz] adj [recherches, style] laborious ▪ **il s'exprimait dans un français ~** his French was very laboured

labourer [labuʀe] vt (avec une charrue) to plough BR, to plow US

labrador [labʀadɔʀ] nm (= chien) Labrador

labyrinthe [labiʀɛ̃t] nm maze

lac [lak] nm lake ▪ **le ~ Léman** Lake Geneva ▪ **les Grands Lacs** the Great Lakes

lacer [lase] vt to tie

lacérer [laseʀe] vt to tear to shreds ; [+ corps, visage] to lacerate

lacet [lasɛ] nm [de chaussure, botte] lace ▪ **chaussures à ~s** lace-up shoes ▪ **en ~s** [de route] winding

lâche [lɑʃ] **1** adj **a** (= peu courageux) cowardly **b** [corde] slack ; [nœud, vêtement] loose **c** [discipline, morale] lax **2** nmf coward

lâcher [lɑʃe] vt **a** [+ main, proie, personne] to let go of ; [+ bombes] to drop ; [+ pigeon, ballon, frein] to release ; [+ juron] to come out with ▪ **~ un chien sur qn** to set a dog on sb ▪ **~ prise** to let go ▪ **lâche-moi les baskets !*** get off my back!* **b** (= abandonner) to walk out on ▪ **il nous a lâchés en plein travail** he walked out on us right in the middle of the work

lâcheté [lɑʃte] nf cowardice

laconique [lakɔnik] adj [personne, réponse] laconic

lacunaire [lakynɛʀ] adj incomplete

lacune [lakyn] nf [de texte, connaissances] gap ▪ **elle a de grosses ~s en histoire** there are big gaps in her knowledge of history

lacustre [lakystʀ] adj ▪ **cité ~** lakeside village (on piles)

là-dedans [lad(ə)dɑ̃] adv inside ▪ **il y a du vrai ~** there's some truth in that

là-dessous [lad(ə)su] adv under there ▪ **il y a quelque chose ~** (fig) there's something odd about it

là-dessus [lad(ə)sy] adv (= sur cet objet) on there ; (= sur ces mots) at that point ; (= à ce sujet) on that point

lagon [lagɔ̃] nm lagoon

lagune [lagyn] nf lagoon

là-haut [lao] adv up there ; (= à l'étage) upstairs

laïc [laik] adj, nm ⇒ **laïque**

laid, e [lɛ, lɛd] adj ugly

laideur [lɛdœʀ] nf ugliness

lainage [lɛnaʒ] nm **a** (= vêtement) woollen ou woolen US garment **b** (= étoffe) woollen material

laine [lɛn] nf wool ▸ **laine de verre** glass wool ▸ **laine vierge** new wool

laïque [laik] adj secular ▪ **l'école ~** (en France) state education

laisse [lɛs] nf [de chien] lead ▪ **tenir en ~** to keep on a lead

laisser [lese] **1** vt to leave ▪ **~ sa clé au voisin** to leave one's key with the neighbour ▪ **laisse-lui du gâteau** leave him some cake ▪ **il m'a laissé ce vase pour 50 €** he let me have this vase for €50 ▪ **laissez, je vais le faire** leave that, I'll do it ▪ **~ la porte ouverte** to leave the door open **2** vb aux to let ▪ **~ qn faire qch** to let sb do sth ▪ **laisse-le faire** (à sa manière) let him do it his own way ▪ **on ne va pas le ~ faire sans réagir !** we're not going to let him get away with that! **3** **se laisser** vpr ▪ **se ~ persuader** to let o.s. be persuaded ▪ **il ne faut pas se ~ décourager** you mustn't let yourself become discouraged ▪ **se ~ aller** to let o.s. go ▪ **je n'ai pas l'intention de me ~ faire** I'm not going to let myself be pushed around

laisser-aller [leseale] nm inv [de travail, langage, vêtements] sloppiness

laisser-faire [lesefɛʀ] nm inv (Écon) laissez-faire

laissés-pour-compte [lesepuʀkɔ̃t] nmpl ▪ **les ~ de la société** society's rejects ▪ **ce sont les ~ de la reprise économique** the economic recovery has left these people out in the cold

laissez-passer [lesepɑse] nm inv pass

lait [lɛ] nm **a** milk ▪ **~ concentré sucré** condensed milk ▪ **~ entier** whole milk ▪ **~ en poudre** powdered milk **b** (cosmétique) lotion ▪ **~ solaire** sun lotion

laitage [lɛtaʒ] nm dairy product

laitier, -ière [letje, jɛʀ] **1** adj dairy **2** nm (= livreur) milkman ; (= vendeur) dairyman **3** **laitière** nf (= livreuse) milkwoman ; (= vendeuse) dairywoman ; (= vache) dairy cow

laiton [lɛtɔ̃] nm brass

laitue [lety] nf lettuce

lama [lama] nm (= animal) llama ; (= religieux) lama

lambda [lɑ̃bda] nm inv (= lettre) lambda ▪ **le citoyen/consommateur ~** the average citizen/consumer

lambeau (pl **~x**) [lɑ̃bo] nm [de papier, tissu] scrap ▪ **en ~x** in tatters

lambiner [lɑ̃bine] vi to dawdle

lambris [lɑ̃bʀi] nm (en bois) panelling *NonC*

lame [lam] nf **a** [de couteau, scie] blade ▪ **~ de rasoir** razor blade **b** (= bande) strip ▪ **~ de parquet** floorboard **c** (= vague) wave ▸ **lame de fond** (lit) ground swell *NonC*

lamelle [lamɛl] nf (small) strip

lamentable [lamɑ̃tabl] adj appalling

lamentations [lamɑ̃tasjɔ̃] nfpl (= cris) wailing *NonC* ; (= jérémiades) moaning *NonC*

lamenter (se) [lamɑ̃te] vpr to moan (*sur* about)

laminer [lamine] vt [+ métal] to laminate ▪ **ils ont été laminés aux dernières élections** they were practically wiped out in the last election

lampadaire [lɑ̃padɛʀ] nm [d'intérieur] standard lamp ; [de rue] street lamp

lampe [lɑ̃p] nf lamp ▸ **lampe de chevet** bedside lamp ▸ **lampe électrique** torch BR, flashlight US ▸ **lampe de poche** torch BR, flashlight US

lampion [lɑ̃pjɔ̃] nm Chinese lantern

lance [lɑ̃s] nf **a** (= arme) spear **b** (= tuyau) ▪ **~ d'arrosage/à incendie** garden/fire hose

lancée [lɑ̃se] nf ▪ **continuer sur sa ~** to keep going

lance-grenade(s) (pl **lance-grenades**) [lɑ̃sgʀənad] nm grenade launcher

lancement [lɑ̃smɑ̃] nm [d'entreprise, campagne] launching ; [de fusée, produit] launch

lance-missile(s) (pl **lance-missiles**) [lɑ̃smisil] nm missile launcher

lance-pierre (pl **~s**) [lɑ̃spjɛʀ] nm catapult ▪ **manger avec un ~*** to grab a quick bite to eat*

lancer [lɑ̃se] **1** vt **a** (= jeter) to throw ▪ **~ qch à qn** to throw sth to sb ; (agressivement) to throw sth at sb ▪ **~ le poids** (Sport) to put the shot **b** [+ flèche, obus] to fire ; [+ bombe] to drop ; [+ fusée, torpille] to launch ▪ **elle lui lança un coup d'œil furieux** she darted a furious glance at him **c** [+ accusations, injures] to hurl (*à* at) ; [+ mandat d'arrêt] to issue ; [+ appel] to launch ; [+ SOS, signal] to send out ▪ **~ un cri** to cry out ▪ **~ une alerte** to blow the whistle **d** [+ navire, projet, attaque] to launch ; [+ processus, discussion] to start ; [+ emprunt] to issue ; [+ idée] to come up with **e** (= faire connaître) to launch ▪ **c'est ce film qui l'a lancé** it was this film that launched his career **f** (Informatique) [+ application, programme] to launch ▪ **~ une impression** to print **2** **se lancer** vpr **a** [+ balle] to throw to each other ; [+ injures, accusations] to exchange **b** (= sauter) to leap ; (= se précipiter) to rush **c** (= s'engager) ▪ **se ~ dans** [+ aventure, travaux] to embark on ; [+ discussion] to launch into ; [+ métier, politique] to go into **3** nm (Sport) throw ▪ **~ franc** free throw ▪ **le ~ du disque/du javelot** the discus/javelin ▪ **le ~ du poids** putting the shot ▪ **pêche au ~** casting

lance-roquette(s) (pl **lance-roquettes**) [lɑ̃sʀɔkɛt] nm rocket launcher

lanceur, -euse [lɑ̃sœʀ, øz] **1** nm,f (Sport) thrower ▸ **lanceur d'alerte** whistle-blower **2** nm ▪ **~ de satellites** satellite launcher ▪ **~ de balles de défense** rubber bullet launcher

lancinant, e [lɑ̃sinɑ̃, ɑ̃t] adj **a** [douleur] shooting **b** [souvenir, musique] haunting ; [question] nagging

landau [lɑ̃do] nm [d'enfant] pram BR, baby carriage US

lande [lɑ̃d] nf moor

langage [lɑ̃gaʒ] nm language ▸ **langage machine** machine language ▸ **langage de programmation** programming language ▪ **~ de requête** ou **d'interrogation** query language ▸ **langage des signes** sign language

langer [lɑ̃ʒe] vt to change ▪ **table à ~** changing table

langoureux, -euse [lɑ̃guʀø, øz] adj languorous

langouste [lɑ̃gust] nf lobster

langoustine [lɑ̃gustin] nf langoustine

langue [lɑ̃g] nf **a** (= organe) tongue ▪ **tirer la ~** to stick out one's tongue ▪ **il n'a pas la ~ dans sa poche** he's never at a loss for words ▪ **je donne ma ~ au chat !** I give in! ▪ **je l'ai sur le bout de la ~** it's on the tip of my tongue ▪ **je ne voudrais pas être mauvaise ~ mais...** I don't want to gossip but... **b** (= langage) language ▪ **~ étrangère** foreign language ▪ **~ maternelle** mother tongue **c** ▪ **~ de terre** strip of land

languette [lɑ̃gɛt] nf [de cuir] tongue

lanière [lanjɛʀ] nf [de cuir] strap ; [de tissu] strip ▪ **découper qch en ~s** to cut sth into strips

lanterne [lɑ̃tɛʀn] nf lantern ▪ **éclairer la ~ de qn** to enlighten sb

laper [lape] vt to lap up

lapider [lapide] vt (= tuer) to stone to death

lapin [lapɛ̃] nm (= animal) rabbit ; (= fourrure) rabbit skin ▪ **mon ~** my lamb ▪ **poser un ~ à qn*** to stand sb up*

laps [laps] nm ▪ **~ de temps** period of time

lapsus [lapsys] nm (parlé) slip of the tongue ; (écrit) slip of the pen

laque [lak] nf (= vernis) lacquer ; (pour les cheveux) hairspray ; (= peinture) gloss paint

laquelle [lakɛl] → **lequel**

lard [laʀ] nm (= gras) pork fat ; (= viande) bacon ▪ **un gros ~**‡ a fat lump‡

lardon [laʀdɔ̃] nm ▪ **petits ~s** diced bacon

large [laʀʒ] **1** adj **a** (= grand) wide ; [dos, nez, front, sourire] broad ; [jupe] full ; [chemise] loose-fitting ; [pantalon] baggy ▪ **~ de 3 mètres** 3 metres wide **b** [choix, gamme, public] wide ; [majorité] big **c** (= tolérant) ▪ **il a les idées ~s** he's very broad-minded **2** adv ▪ **calculer ~** to allow a bit extra **3** nm **a** (= largeur) ▪ **une avenue de 8 mètres de ~** an avenue 8 metres wide **b** (= haute mer) ▪ **le ~** the open sea ▪ **au ~ de Calais** off Calais ▪ **prendre le ~*** to clear off*

> ⚠ **large** ne se traduit pas par le mot anglais *large*.

largement [laʀʒəmɑ̃] adv **a** [répandre, diffuser] widely **b** (= amplement, de beaucoup) greatly ▪ **vous avez ~ le temps** you have plenty of time ▪ **c'est ~ suffisant** that's plenty **c** (= au moins) at least

largeur [laʀʒœʀ] nf width ; [de dos, nez, front] breadth ▪ **~ d'esprit** broad-mindedness

larguer [laʀge] vt **a** [+ voile] to let out ▪ **~ les amarres** to cast off **b** [+ parachutiste, bombe, vivres] to drop **c** (* = se débarrasser de) to drop ; [+ petit ami] to dump*

larme [laʀm] nf tear ▪ **en ~s** in tears ▪ **avoir les ~s aux yeux** to have tears in one's eyes

larmoyant, e [laʀmwajɑ̃, ɑ̃t] adj teary

larve [laʀv] nf larva ; (= personne) worm

laryngite [laʀɛ̃ʒit] nf laryngitis *NonC* ▪ **il a une ~** he's got laryngitis

larynx [laʀɛ̃ks] nm larynx

las, lasse [lɑ, lɑs] adj (frm) weary ▪ **~ de faire qch** tired of doing sth

lasagnes [lazaɲ] nfpl lasagne

lascif, -ive [lasif, iv] adj lascivious

laser [lazɛʀ] nm laser ▪ **disque/rayon ~** laser disc/beam

lassant, e [lɑsɑ̃, ɑ̃t] adj tiresome

lasser [lɑse] **1** vt to tire **2** **se lasser** vpr ▪ **se ~ de qch/de faire qch** to grow tired of sth/of doing sth

lassitude [lɑsityd] nf weariness *NonC*

lasso [laso] nm lasso ▪ **prendre au ~** to lasso

latent, e [latɑ̃, ɑ̃t] adj latent ▪ **à l'état ~** latent

latéral, e (mpl **-aux**) [lateʀal, o] adj side

latex [latɛks] nm inv latex

latin, e [latɛ̃, in] **1** adj Latin **2** nm (= langue) Latin

latino-américain, e (mpl **~s**) [latinoameʀikɛ̃, ɛn] **1** adj Latin-American **2** **Latino-Américain(e)** nm,f Latin-American

latitude [latityd] nf **a** (= position) latitude ▪ **Paris est à 48° de ~ nord** Paris is situated at latitude 48° north **b** (= liberté) ▪ **avoir toute ~ pour faire qch** to have a free hand to do sth

latte [lat] nf [de plancher] board ; [de sommier, store] slat

lauréat, e [lɔʀea, at] nm,f prize-winner

laurier [lɔʀje] nm (= arbre) bay tree ▪ **feuille de ~** bay leaf ▪ **se reposer sur ses ~s** to rest on one's laurels

lavable [lavabl] adj washable ▪ **~ en machine** machine-washable

lavabo [lavabo] **1** nm washbasin BR, washbowl US **2** nmpl ▪ **les ~s** the toilets

lavage [lavaʒ] nm wash ▪ **ça a rétréci au ~** it shrunk in the wash ▪ **on lui a fait un ~ d'estomac** he had his stomach pumped ▸ **lavage de cerveau** brainwashing

lavande [lavɑ̃d] nf lavender

lave [lav] nf lava *NonC*

lave-auto (pl **~s**) [lavoto] nm (Can) car wash

lave-glace (pl **~s**) [lavglas] nm windscreen BR ou windshield US washer

lave-linge (pl **~(s)**) [lavlɛ̃ʒ] nm washing machine

lavement [lavmɑ̃] nm enema

laver [lave] **1** vt **a** (= nettoyer) to wash ; [+ plaie] to clean **b** [+ affront] to avenge ; [+ péchés] to expiate ▪ **~ qn d'une accusation** to clear sb of an accusation **2** **se laver** vpr **a** [personne] to wash ▪ **se ~ la figure/les mains** to wash one's face/one's hands ▪ **se ~ les dents** to clean one's teeth **b** [vêtement, tissu] ▪ **ça se lave en machine** it's machine-washable ▪ **ça se lave à la main** it has to be hand-washed

laverie [lavʀi] nf laundry ▪ **~ (automatique)** Launderette® BR, Laundromat® US

laveur, -euse [lavœʀ, øz] **1** nm,f ▪ **~ de carreaux** window cleaner **2** **laveuse** nf (Can = lave-linge) washing machine

lave-vaisselle (pl **~(s)**) [lavvɛsɛl] nm dishwasher

laxatif, -ive [laksatif, iv] adj, nm laxative

laxisme [laksism] nm spinelessness

laxiste [laksist] adj lax

layette [lɛjɛt] nf baby clothes

LBD [ɛlbede] nm (abrév de **lanceur de balles de défense**) → **lanceur**

le, la, les [lə, la, le]

1 art **a** the ▪ **le propriétaire de la voiture** the owner of the car ▪ **les parcs de la ville** the parks in the town ▪ **l'hiver 2008** the winter of 2008 ▪ **il est parti le 5 mai** he left on 5 May

b (= par) a ▪ **20 € le mètre** €20 a metre

c ▪ **j'aime la musique** I like music ▪ **le thé et le café sont chers** tea and coffee are expensive ▪ **l'hiver dernier** last winter ▪ **il ne travaille pas le samedi** he doesn't work on Saturdays

d (possession) ▪ **il s'est cassé la jambe** he broke his leg ▪ **il a les cheveux noirs** he has black hair

2 pron **a** (= chose, animal dont on ignore le sexe) it ; (= homme, enfant ou animal mâle) him ; (= femme, enfant ou animal femelle) her ▪ **les** them ▪ **une araignée ! tue-la !** a spider! kill it! ▪ **je ne le connais pas** I don't know him ▪ **regarde-le, il est en pyjama** look at him, he's in his pyjamas ▪ **appelle-les !** call them!

b (= cela) it ▪ **il ne l'envisage plus** he's no longer considering it ▪ **demande-le-lui** ask him

leader, leadeur, -euse [lidœʀ, øz] nm,f leader

leadership [lidœʀʃip] nm [de parti] leadership ; [d'entreprise] leading position ; (= dirigeants) leaders ▪ **ils ont pris le ~ dans ce secteur** they have taken the lead in this sector

lèche-botte* (pl **~s**) [lɛʃbɔt] nmf bootlicker*

lécher [leʃe] vt (= sucer) to lick ; [vagues] to lap against ▪ **~ les bottes à qn*** to lick sb's boots*

lèche-vitrine* [lɛʃvitʀin] nm inv window-shopping ▪ **faire du ~** to go window-shopping

leçon [l(ə)sɔ̃] nf lesson ; (= devoirs) homework *NonC* ▪ **~s particulières** private lessons ▪ **faire la ~ à qn** (= le réprimander) to give sb a lecture ▪ **que cela te serve de ~** let that be a lesson to you

lecteur, -trice [lɛktœʀ, tʀis] **1** nm,f **a** [de livre, magazine] reader **b** (à l'université) foreign language assistant **2** nm ▪ **~ de cassettes/de CD** cassette/CD player ▪ **~ de disquettes/de CD-ROM** disk/CD-ROM drive ▪ **~ optique** optical scanner

lecture [lɛktyʀ] nf **a** reading ▪ **faire la ~ à qn** to read to sb ▪ **apportez-moi de la ~** bring me something to read **b** [de CD, cassette, disque dur] ▪ **appuyer sur ~** press "play" ▪ **en ~ seule** read-only

> ⚠ **lecture** ne se traduit pas par le mot anglais ***lecture***.

légal, e (mpl **-aux**) [legal, o] adj legal ; → **fête, médecine**

légaliser [legalize] vt to legalize

légalité [legalite] nf legality ▪ **en toute ~** quite legally

légendaire [leʒɑ̃dɛʀ] adj legendary

légende [leʒɑ̃d] nf **a** (= histoire, mythe) legend ▪ **~ urbaine** urban myth ou legend **b** [de dessin] caption ; [de carte] key

léger, -ère [leʒe, ɛʀ] **1** adj **a** (= de faible poids, délicat) light ; [cuisine] low-fat ▪ **il est parti d'un pas ~** he walked away with a spring in his step **b** [brise, accent, amélioration] slight ; [bruit] faint ; [thé] weak ; [vin, coup] light ; [blessure] minor ; [punition, tabac] mild **c** [preuve, argument] flimsy **2** adv ▪ **manger ~** to avoid fatty foods **3** **à la légère** loc adv [parler, agir] thoughtlessly ▪ **il prend toujours tout à la légère** he never takes anything seriously

légèrement [leʒɛʀmɑ̃] adv **a** [maquillé, parfumé] lightly **b** (= un peu) slightly

légèreté [leʒɛʀte] nf **a** [d'objet, style, repas] lightness **b** [de punition] mildness **c** [de conduite, propos] thoughtlessness

légiférer [leʒifeʀe] vi to legislate (*en matière de* on)

légion [leʒjɔ̃] nf legion ▪ **la Légion (étrangère)** the Foreign Legion ▪ **Légion d'honneur** Legion of Honour

légionnaire [leʒjɔnɛʀ] nm legionnaire

législateur, -trice [leʒislatœʀ, tʀis] nm,f (= personne) legislator

législatif, -ive [leʒislatif, iv] **1** adj legislative **2** nfpl ■ **les législatives** the general election

législation [leʒislasjɔ̃] nf legislation

légitime [leʒitim] adj legitimate ; [union, épouse] lawful ; [colère] justified ■ **en état de ~ défense** in self-defence

légitimer [leʒitime] vt to legitimate

légitimité [leʒitimite] nf legitimacy

léguer [lege] vt to bequeath ; [+ tradition] to hand down

légume [legym] **1** nm vegetable ■ **~s secs** pulses ■ **~s verts** green vegetables **2** nf (= personne) ■ **grosse ~*** bigwig*

lémurien [lemyʀjɛ̃] nm lemur

lendemain [lɑ̃dmɛ̃] nm ■ **le ~** the next day ■ **le ~ de son arrivée** the day after his arrival ■ **le ~ matin** the next morning ■ **au ~ des élections** just after the election ■ **sans ~** short-lived

lent, e[1] [lɑ̃, lɑ̃t] adj slow

lente[2] [lɑ̃t] nf [de pou] nit

lentement [lɑ̃tmɑ̃] adv slowly

lenteur [lɑ̃tœʀ] nf slowness

lentille [lɑ̃tij] nf **a** (= graine) lentil **b** (optique) lens ▸ **lentilles de contact** contact lenses

léopard [leɔpaʀ] nm leopard

LEP [ɛləpe, lɛp] nm abrév de **lycée d'enseignement professionnel** → **lycée**

lèpre [lɛpʀ] nf leprosy

lequel, laquelle [ləkɛl, lakɛl] pron **a** (relatif, personne : sujet) who ; (personne : objet) whom ; (chose) which ■ **j'ai écrit au directeur, ~ n'a jamais répondu** I wrote to the manager, who never answered ■ **c'est un problème auquel je n'avais pas pensé** that's a problem I hadn't thought of **b** (interrogatif) which ■ **dans ~ de ces hôtels avez-vous logé ?** which of these hotels did you stay in? ■ **donnez-moi deux melons – lesquels ?** give me two melons – which ones?

les [le] → **le**

lesbienne [lɛsbjɛn] nf lesbian

léser [leze] vt [+ personne] to wrong

lésiner [lezine] vi ■ **ne pas ~ sur les moyens** to use all the means at one's disposal ; (pour mariage, repas) to pull out all the stops*

lésion [lezjɔ̃] nf lesion

lessive [lesiv] nf **a** (= poudre) washing powder BR, laundry detergent US ; (= liquide) liquid detergent **b** (= lavage, linge) washing *NonC* ■ **faire la ~** to do the washing

lessiver [lesive] vt **a** (= laver) to wash **b** (* = fatiguer) to tire out ■ **être lessivé** to be dead-beat*

lest [lɛst] nm ballast ■ **lâcher du ~** (fig) to make concessions

leste [lɛst] adj **a** (= agile) nimble **b** (= grivois) risqué

lester [lɛste] vt **a** (= garnir de lest) to ballast **b** (* = remplir) [+ poches] to fill

létal, e (mpl **-aux**) [letal, o] adj lethal

léthargique [letaʀʒik] adj lethargic

lettre [lɛtʀ] **1** nf letter ■ **~ d'amour** love letter ■ **en toutes ~s** in full ■ **prendre qch au pied de la ~** to take sth literally ▸ **lettre de change** bill of exchange **2** **lettres** nfpl **a** (= littérature) literature **b** (Univ, Scol) arts subjects ; (= français) French ■ **~s classiques** classics *sg* ■ **~s modernes** French

lettré, e [letʀe] **1** adj well-read **2** nm,f man (ou woman) of letters

leucémie [løsemi] nf leukaemia BR, leukemia US

leur [lœʀ] **1** pron pers them ■ **je le ~ ai dit** I told them ■ **il ~ est facile de le faire** it is easy for them to do it **2** adj poss their ■ **~ jardin est très beau** their garden is very beautiful **3** pron poss ■ **le ~, la ~, les ~s** theirs ■ **les ~s** (= famille) their family ■ **ils y ont mis du ~** they pulled their weight

leurre [lœʀ] nm (= illusion) delusion ; (= piège) trap ; (Pêche) lure ; (Chasse, Mil) decoy

leurrer [lœʀe] **1** vt [+ personne] to delude **2** vpr to delude o.s. ■ **ne vous leurrez pas** don't delude yourself

levain [ləvɛ̃] nm leaven ■ **pain au ~** leavened bread

levant [ləvɑ̃] **1** nm (= est) east **2** adj ■ **soleil ~** rising sun

levé, e[1] [l(ə)ve] adj (= sorti du lit) ■ **être ~** to be up

levée[2] [l(ə)ve] nf [de courrier] collection

lever [l(ə)ve] **1** vt **a** (= soulever) to lift ; [+ bras, tête] to raise ; [+ vitre] to wind up ■ **levez la main** put your hand up ■ **~ les yeux** to look up ■ **~ l'ancre** to weigh anchor ■ **~ les yeux au ciel** to raise one's eyes heavenwards ■ **~ son verre à la santé de qn** to raise one's glass to sb **b** [+ blocus] to raise ; [+ séance, audience] to bring to an end ; [+ interdiction, sanctions] to lift **c** (‡ = séduire) to pick up* **d** (= sortir du lit) to get up **2** vi [plante, blé] to come up ; [pâte] to rise **3** **se lever** vpr **a** (= se mettre debout) to stand up ■ **se ~ de table/de sa chaise** to get down from the table/get up from one's chair **b** (= sortir du lit) to get up ■ **se ~ du pied gauche** to get out of bed on the wrong side **c** [soleil, lune] to rise ; [jour] to break ; [vent] to get up ; [rideau] to go up ■ **ça se lève** the weather is clearing **4** nm ■ **~ de soleil** sunrise ■ **le ~ du jour** daybreak ■ **prenez trois comprimés au ~** (= réveil) take three tablets when you get up

lève-tard [lɛvtaʀ] nmf inv late riser

lève-tôt [lɛvto] nmf inv early riser

lève-vitre (pl **~s**) [lɛvvitʀ] nm window winder ■ **~ électrique** electric window

levier [ləvje] nm lever ■ **~ de changement de vitesse** gear lever BR, gearshift US

lévitation [levitasjɔ̃] nf levitation

lèvre [lɛvʀ] nf lip ■ **le sourire aux ~s** with a smile on one's lips

lévrier [levʀije] nm greyhound

levure [l(ə)vyʀ] nf yeast ■ **~ chimique** baking powder

lexical, e (mpl **-aux**) [lɛksikal, o] adj lexical

lexique [lɛksik] nm (= ouvrage) glossary ; (= mots) lexicon

lézard [lezaʀ] nm (= animal) lizard ; (= peau) lizard skin

lézarder* [lezaʀde] **1** vi to bask in the sun **2** **se lézarder** vpr to crack

liaison [ljɛzɔ̃] nf **a** (amoureuse) affair **b** (= contact) ■ **assurer la ~ entre les différents services** to liaise between the different departments ■ **être en ~ avec qn** to be in contact with sb **c** (= communication) link ■ **~ aérienne/ferroviaire** air/rail link **d** (entre des mots) liaison ■ **faire la ~** to make a liaison

liane [ljan] nf creeper

liasse [ljas] nf [de billets] wad ; [de papiers] bundle

Liban [libɑ̃] nm Lebanon

libanais, e [libanɛ, ɛz] **1** adj Lebanese **2** **Libanais(e)** nm,f Lebanese

libeller [libele] vt [+ chèque] to make out (*à l'ordre de* to) ■ **sa lettre était ainsi libellée** so went his letter

libellule [libelyl] nf dragonfly

libéral, e (mpl **-aux**) [libeʀal, o] **1** adj **a** (Pol) Liberal **b** ■ **économie ~e** free-market economy ; → **profession** **c** (= tolérant) liberal **2** nm,f (Pol) Liberal

libéralisation [libeʀalizasjɔ̃] nf liberalization

libéraliser [libeʀalize] vt to liberalize

libéralisme [libeʀalism] nm liberalism

libération [libeʀasjɔ̃] nf liberation ; [de prisonnier, otage] release ■ **la Libération** the Liberation *(of France after WW2)* ■ **la ~ de la femme** Women's Liberation ■ **la ~ des prix** price deregulation

libéré, e [libeʀe] adj liberated

libérer [libeʀe] **1** vt **a** [+ prisonnier, otage] to release ; [+ pays, peuple, ville] to liberate **b** ■ **~ qn de** [+ liens, dette] to free sb from ; [+ promesse] to release sb from **c** [+ appartement] to vacate ; [+ étagère] to clear ■ **~ le passage** to clear the way **d** [+ prix] to deregulate **e** [+ énergie, gaz] to release **2** **se libérer** vpr **a** (de ses liens) to free o.s. ; (= se rendre disponible) to make o.s. available **b** [appartement] to become vacant ; [place, poste] to become available

libéro [libeʀo] nm libero

liberté [libɛʀte] nf **a** freedom ■ **être/remettre en ~** to be/set free ■ **~ de la presse** freedom of the press ■ **~ d'expression** freedom of thought ■ **~, égalité, fraternité** liberty, equality, fraternity **b** (= loisir) free time ■ **moments de ~** free moments **c** (= latitude) ■ **prendre la ~ de faire qch** to take the liberty of doing sth ■ **prendre des ~s avec** to take liberties with

libido [libido] nf libido

libraire [libʀɛʀ] nmf bookseller

librairie [libʀeʀi] nf bookshop BR, bookstore US

> ⚠ **librairie** ne se traduit pas par ***library***, qui signifie « bibliothèque ».

libre [libʀ] adj **a** (= sans contrainte) free ; (= non marié) unattached ■ **~ de faire qch** free to do sth ■ **donner ~ cours à sa colère** to give free rein to one's anger **b** [passage, voie] clear ; [taxi] for hire ; [personne, place, salle] free ; [toilettes] vacant ■ **êtes-vous ~ ce soir ?** are you free this evening? ■ **poste ~** vacancy ■ **heure ~** ou **de ~*** (Scol) free period **c** [enseignement] private and Roman Catholic

libre-échange (pl **libres-échanges**) [libʀeʃɑ̃ʒ] nm free trade

libre-service (pl **libres-services**) [libʀəsɛʀvis] nm (= restaurant) self-service restaurant ; (= magasin) self-service store

Libye [libi] nf Libya

licence [lisɑ̃s] nf **a** (= diplôme) degree ■ **~ ès lettres** Arts degree **b** (= autorisation) licence BR, license US ; (Sport) membership card ■ **~ globale** (Internet) blanket licence *(for content downloaded or streamed over the internet)*

> ⚠ Dans le sens de « diplôme », **licence** ne se traduit pas par le mot anglais ***licence***.

licencié, e [lisɑ̃sje] **1** adj graduate ■ **elle est ~e** she is a graduate **2** nm,f ■ **~ ès lettres/en droit** arts/law graduate

licenciement [lisɑ̃simɑ̃] nm redundancy ; (pour faute professionnelle) dismissal ■ **~ économique** lay-off

licencier [lisɑ̃sje] vt to lay off ; (pour faute) to dismiss

licencieux, -ieuse [lisɑ̃sjø, jøz] adj (littér) licentious

lichen [likɛn] nm lichen

licite [lisit] adj lawful

licorne [likɔʀn] nf unicorn

lie [li] nf [de vin] sediment ■ **la ~ de l'humanité** the scum of the earth

lié, e [lje] adj ■ **être très ~ avec qn** to be very close to sb

liège [ljɛʒ] nm cork ■ **bouchon de ~** cork

liégeois, e [ljeʒwa, az] adj → **café**

lien [ljɛ̃] nm **a** (= attache) bond **b** (= corrélation) link ■ **avoir un ~ de parenté avec qn** to be related to sb ▸ **lien hypertexte** hyperlink

lier [lje] **1** vt **a** (= attacher) to tie (à to) **b** (= relier) to link **c** (= unir) to unite ■ **l'amitié qui les lie** the friendship which unites them ■ **~ amitié/conversation** to strike up a friendship/a conversation **d** [contrat, promesse] to bind **e** [+ sauce] to thicken **2** **se lier** vpr ■ **se ~ d'amitié avec qn** to strike up a friendship with sb ■ **il ne se lie pas facilement** he doesn't make friends easily

lierre [ljɛʀ] nm ivy

liesse [ljɛs] nf ■ **en ~** jubilant

lieu[1] (pl **~x**) [ljø] **1** nm **a** place ■ **~ de naissance** (Admin) place of birth ■ **sur le ~ de travail** in the workplace ■ **en ~ sûr** in a safe place **b** (loc) ■ **au ~ de** instead of ■ **tu devrais téléphoner au ~ d'écrire** you should phone instead of writing ■ **avoir ~** to take place ■ **en premier ~** in the first place ■ **en dernier ~** lastly ♦ **tenir lieu de** ■ **elle lui a tenu ~ de mère** she was like a mother to him ■ **ce manteau tient ~ de couverture** this overcoat serves as a blanket ▸ **lieu commun** cliché ▸ **lieu de passage** (entre régions) crossroads; (dans un bâtiment) place where there's a lot of coming and going ▸ **lieu de rendez-vous** meeting place **2** **lieux** nmpl (= locaux) premises ■ **les ~x du crime/de l'accident** the scene of the crime/the accident

lieu[2] [ljø] nm (= poisson) ■ **~ jaune** pollack ■ **~ noir** coley

lieu-dit (pl **lieux-dits**) [ljødi] nm place

lieutenant, e [ljøt(ə)nɑ̃, ɑ̃t] nm,f (armée de terre) lieutenant BR, first lieutenant US; (armée de l'air) flying officer BR, first lieutenant US ■ **oui, mon ~ !** yes sir!

lieutenant-colonel, lieutenante-colonelle (mpl **lieutenants-colonels**) [ljøt(ə)nɑ̃kɔlɔnɛl] nm,f (armée de terre) lieutenant colonel; (armée de l'air) wing commander BR, lieutenant colonel US

lièvre [ljɛvʀ] nm hare

lifting [liftiŋ] nm face-lift ■ **se faire faire un ~** to have a face-lift

ligament [ligamɑ̃] nm ligament ■ **~ croisé** cruciate ligament

light [lajt] adj inv [boisson, chocolat] diet

ligne [liɲ] nf **a** line ; (= rangée) row ■ **aller à la ~** to start a new paragraph ■ **se mettre en ~** to line up ■ **les grandes ~s d'un programme** the broad outline of a programme ■ **entrer en ~ de compte** to be taken into account ■ **~ d'arrivée** finishing line ■ **~ droite** straight line ■ **franchir la ~ jaune** ou **rouge** to overstep the mark ■ **il m'a menti sur toute la ~** he lied to me all along the line ▸ **ligne continue** [de route] solid line ▸ **ligne de touche** sideline; (Football, Rugby) touchline **b** [de meuble, voiture] lines ■ **elle a la ~** she's got a nice figure ■ **garder la ~** to keep one's figure **c** (= liaison) ■ **~ d'autobus** (= service) bus service ■ **~ aérienne** (= compagnie) airline ■ **~ de chemin de fer** railway BR ou railroad US line ■ **les grandes ~s** (= voies) main lines **d** (Téléc) line ■ **vous êtes en ~** (au téléphone) you're through now ■ **merci de rester en ~** please hold the line **e** (Informatique) ■ **en ~** on-line ■ **apprentissage en ~** e-learning ■ **mettre en ~** to put online

lignée [liɲe] nf (= famille) line ■ **dans la ~ des grands romanciers** in the tradition of the great novelists

ligoter [ligɔte] vt [+ personne] to bind hand and foot ■ **~ qn à un arbre** to tie sb to a tree

ligue [lig] nf league

liguer (se) [lige] vpr to league (*contre* against)

liker [lajke] vt (Réseaux sociaux) to like

likes [lajks] nmpl (Réseaux sociaux) likes

lilas [lila] nm, adj inv lilac

limace [limas] nf slug

limande [limɑ̃d] nf dab ■ **limande-sole** lemon sole

lime [lim] nf (= outil) file ■ **~ à ongles** nail file

limer [lime] vt [+ ongles] to file ; [+ métal] to file down ; [+ aspérité] to file off

limier [limje] nm (= chien) bloodhound ; (= détective) sleuth

limitation [limitasjɔ̃] nf limitation ■ **~ de vitesse** speed limit

limite [limit] **1** nf limit ; [de pays, jardin] boundary ■ **ma patience a des ~s !** there's a limit to my patience! ■ **sans ~(s)** [patience, joie, confiance] boundless ; [pouvoir] unlimited ■ **à la ~, j'accepterais 100 €, mais pas moins** at a pinch, I'd take €100 but no less ■ **c'est à la ~ de l'insolence** it verges on insolence **2** adj **a** (= extrême) ■ **cas ~** borderline case ■ **âge/hauteur ~** maximum age/height **b** (* = juste) ■ **elle a réussi son examen, mais c'était ~** she passed her exam, but only just ■ **l'acoustique était ~** the acoustics were OK but only just **3** adv (* = presque) ■ **c'est ~ raciste** it's borderline racist

li

limité, e [limite] adj (= réduit) limited ▪ **je n'ai qu'une confiance ~e en lui** I only trust him so far ▪ **il est un peu ~*** (intellectuellement) he's not very bright

limiter [limite] 1 vt to limit (à to) ▪ **la vitesse est limitée à 50 km/h** the speed limit is 50km/h 2 **se limiter** vpr a [personne] ▪ **je me limite à cinq cigarettes par jour** I only allow myself five cigarettes a day b [connaissances, sanctions] ▪ **se ~ à** to be limited to

limitrophe [limitʀɔf] adj neighbouring

limoger [limɔʒe] vt to dismiss

limon [limɔ̃] nm silt

limonade [limɔnad] nf lemonade

limousine [limuzin] nf (= voiture) limousine

limpide [lɛ̃pid] adj clear

lin [lɛ̃] nm (= plante, fibre) flax ; (= tissu) linen

linceul [lɛ̃sœl] nm shroud

linéaire [lineɛʀ] adj linear

linge [lɛ̃ʒ] nm a (= draps, serviettes) linen ; (= sous-vêtements) underwear b (= lessive) ▪ **le ~** the washing c (= morceau de tissu) cloth d (Helv = serviette de toilette) towel

lingerie [lɛ̃ʒʀi] nf (= sous-vêtements) lingerie

lingette [lɛ̃ʒɛt] nf towelette

lingot [lɛ̃go] nm ▪ **~ (d'or)** (gold) ingot

linguiste [lɛ̃gɥist] nmf linguist

linguistique [lɛ̃gɥistik] 1 nf linguistics *sg* 2 adj linguistic ; [barrière, politique] language *avant n*

lino* [lino] nm (abrév de **linoléum**) lino

lion [ljɔ̃] nm a (= animal) lion b (Astron) ▪ **le Lion** Leo ▪ **il est Lion** he's a Leo

lionceau (pl **~x**) [ljɔ̃so] nm lion cub

lionne [ljɔn] nf lioness

lipide [lipid] nm lipid

liquéfier (se) [likefje] vpr to liquefy

liqueur [likœʀ] nf (= boisson) liqueur

liquidation [likidasjɔ̃] nf [de dettes, compte] settlement ; [de société] liquidation ; [de stock] clearance

liquide [likid] 1 adj liquid ; [sauce, peinture] runny 2 nm a (= substance) liquid ▪ **~ vaisselle*** washing-up liquid BR, dish soap US b (= argent) cash ▪ **payer en ~** to pay cash

liquider [likide] vt a [+ dettes, compte] to settle ; [+ société, stock] to liquidate b (‡ = tuer) to liquidate c (* = finir) to finish off

liquidités [likidite] nfpl liquid assets

liquoreux, -euse [likɔʀø, øz] adj [vin] syrupy

lire[1] [liʀ] 1 vt to read ▪ **il sait ~ l'heure** he can tell the time ▪ **elle m'a lu les lignes de la main** she read my palm 2 **se lire** vpr ▪ **ce roman se lit facilement** the novel is easy to read ▪ **la peur se lisait dans ses yeux** fear showed in his eyes

lire[2] [liʀ] nf (= argent) lira

lis [lis] nm lily

lisait [lizɛ] vb → **lire**

Lisbonne [lisbɔn] n Lisbon

liseré [liz(ə)ʀe] nm border

liseuse [lizøz] nf [de livres électroniques] e-reader

lisible [lizibl] adj [écriture] legible

lisière [lizjɛʀ] nf edge ▪ **à la ~ de** on the edge of

lisse [lis] adj [peau, surface, cheveux] smooth ; [pneu] bald

lisser [lise] vt [+ cheveux] to smooth ; [+ papier, drap froissé] to smooth out ; [+ résultats, variations, prix] to even out

lisseur [lisœʀ] nm (hair) straighteners *pl*

liste [list] nf list ▪ **faire** ou **dresser une ~** to make ou draw up a list ▪ **faire la ~ de** to draw up a list of ▪ **~ des courses** shopping list ▪ **être inscrit sur les ~s électorales** to be on the electoral roll ▸ **liste d'attente** waiting list ▸ **liste de mariage** wedding list ▸ **liste noire** blacklist ▸ **liste rouge** ▪ **il est sur ~ rouge** he's ex-directory BR, he's unlisted US

listing [listiŋ] nm printout

lit [li] nm a (= meuble) bed ▪ **~ d'une personne** ou **à une place** single bed ▪ **~ de deux personnes** ou **à deux places** double bed ▪ **être au ~** to be in bed ▪ **aller au ~** to go to bed ▪ **mettre un enfant au ~** to put a child to bed ▪ **au ~, les enfants !** off to bed children! ▸ **lit de camp** camp bed BR, cot US ▸ **lit d'enfant** cot ▸ **lit gigogne** pullout bed ▸ **lits superposés** bunk beds b [de rivière] bed

litchi [litʃi] nm lychee

literie [litʀi] nf bedding

lithographie [litɔgʀafi] nf (= technique) lithography ; (= image) lithograph

litière [litjɛʀ] nf litter *NonC* ; (pour cheval) bedding

litige [litiʒ] nm (= conflit) dispute ; (= procès) lawsuit ▪ **être en ~** (en conflit) to be in dispute ; (en procès) to be in litigation

litigieux, -ieuse [litiʒjø, jøz] adj [point] contentious ; [document] controversial ▪ **cas ~** contentious issue

litote [litɔt] nf understatement

litre [litʀ] nm (= mesure) litre BR, liter US

littéraire [liteʀɛʀ] adj literary ▪ **faire des études ~s** to study literature

littéral, e (mpl **-aux**) [liteʀal, o] adj literal

littéralement [liteʀalmɑ̃] adv literally

littérature [liteʀatyʀ] nf literature ; (= profession) writing

littoral (pl **-aux**) [litɔʀal, o] nm coast

Lituanie [litɥani] nf Lithuania

lituanien, -ienne [litɥanjɛ̃, jɛn] **1** adj Lithuanian **2** **Lituanien(ne)** nm,f Lithuanian

liturgie [lityʀʒi] nf liturgy

live* [lajv] adj inv [spectacle] live ▪ **partir en ~*** (= dégénérer) to go arse up‡ ; (= s'énerver) to go up the wall*

livide [livid] adj pallid ; (de peur) white

livraison [livʀɛzɔ̃] nf delivery ▪ **~ à domicile** home delivery

livre¹ [livʀ] nm book ▪ **~ de géographie** geography book ▸ **livre audio** audiobook ▸ **livre de classe** schoolbook ▸ **livre de cuisine** cookbook ▸ **livre électronique** e-book ▸ **livre de poche** paperback

livre² [livʀ] nf **a** (= poids) half a kilo ; (Can) pound **b** (= monnaie) pound ▪ **~ sterling** pound sterling

livrel [livʀɛl] nm e-book

livrer [livʀe] **1** vt **a** [+ commande, marchandises] to deliver ▪ **se faire ~ qch** to have sth delivered **b** (à la police, à l'ennemi) to hand over (*à* to) ▪ **être livré à soi-même** to be left to one's own devices **c** [+ secret] to tell **2** **se livrer** vpr **a** (= se rendre) to give o.s. up (*à* to) **b** (= se confier) to open up **c** ▪ **se ~ à** [+ analyse, expérience] to do ; [+ recherches, étude] to carry out

livresque [livʀɛsk] adj [connaissances] academic

livret [livʀɛ] nm **a** (Mus) libretto **b** (= carnet) **livret de caisse d'épargne** bankbook ▸ **livret de famille** *records of marriage, divorce, births and deaths* ▸ **livret scolaire** school report

livreur [livʀœʀ] nm delivery man

livreuse [livʀøz] nf delivery woman

LMD [ɛlɛmde] nm (abrév de **licence-master-doctorat**) *Bachelor-Master-Doctorate*

lob [lɔb] nm (Tennis) lob ▪ **faire un ~** to hit a lob

lobby (pl **lobbies**) [lɔbi] nm (Pol) lobby

lobbying [lɔbiiŋ] nm lobbying ▪ **faire du ~** to lobby (*auprès de* with)

lobe [lɔb] nm ▪ **~ de l'oreille** earlobe

lober [lɔbe] vti to lob

local, e (mpl **-aux**) [lɔkal, o] **1** adj local ▪ **averses ~es** scattered showers **2** nm (= salle) premises **3** **locaux** nmpl (= bureaux) offices

localisation [lɔkalizasjɔ̃] nf location ▪ **système de ~ par satellite** satellite locating system

localisé, e [lɔkalize] adj localized

localiser [lɔkalize] vt (= repérer) to locate

localité [lɔkalite] nf (= ville) town ; (= village) village

locataire [lɔkatɛʀ] nmf tenant ; (habitant avec le propriétaire) lodger

location [lɔkasjɔ̃] nf **a** (par le locataire) [de maison, terrain] renting ; [de matériel, voiture] rental ▪ **prendre en ~** to rent **b** (par le propriétaire) [de maison, terrain] renting out ; [de matériel, véhicule] renting ▪ **« ~ de voitures »** "car rental" ▪ **contrat de ~** [de logement] lease

> ⚠ **location** ne se traduit pas par le mot anglais *location*.

location-vente (pl **locations-ventes**) [lɔkasjɔ̃vɑ̃t] nf instalment BR ou installment US plan

locavore [lɔkavɔʀ] nmf locavore *(person who eats locally-sourced foods)*

locomotive [lɔkɔmɔtiv] nf (= engin) locomotive ; (fig) driving force

locution [lɔkysjɔ̃] nf phrase

loft [lɔft] nm loft

logarithme [lɔgaʀitm] nm logarithm

loge [lɔʒ] nf **a** [de concierge, francs-maçons] lodge **b** [d'artiste] dressing room ; [de spectateur] box ▪ **être aux premières ~s** (fig) to have a ringside seat

logement [lɔʒmɑ̃] nm **a** (= appartement) flat BR, apartment US ▪ **~s sociaux** ≈ social housing **b** (= hébergement) ▪ **le ~** housing ▪ **la crise du ~** the housing crisis

loger [lɔʒe] **1** vi (= vivre) to live ; (temporairement) to stay ▪ **~ chez l'habitant** to stay with the local people **2** vt to accommodate ; [+ amis] to put up **3** **se loger** vpr to find somewhere to live ▪ **il a trouvé à se ~ chez un ami** a friend put him up

logeur [lɔʒœʀ] nm landlord

logeuse [lɔʒøz] nf landlady

logiciel [lɔʒisjɛl] nm piece of software ▪ **~ espion** spyware ▪ **~ gratuit** ou **libre** freeware *NonC* ▪ **~s de jeu** game software *NonC* ▪ **~ de navigation** browser ▪ **~ partagé** shareware program ▪ **~ de rançon** ransomware ▪ **il faut changer de ~** (fig) we need to change our paradigm

logique [lɔʒik] **1** nf logic ▪ **en toute ~** logically **2** adj **a** (= qui fait sens) logical ▪ **tu n'es pas ~ !** you're not being logical! **b** (= normal, juste) ▪ **c'est toujours moi qui fais tout, ce n'est pas ~ !** I'm the one who does everything, it's not fair!

logiquement [lɔʒikmɑ̃] adv **a** (= rationnellement) logically **b** (= normalement) ▪ **~, il devrait faire beau** the weather should be good

logistique [lɔʒistik] nf logistics *sg*

logo [lɔgo] nm logo

loguer (se) [lɔge] vpr to log on

loi [lwa] nf law ▪ **la ~** the law ▪ **la ~ du silence** the law of silence ▪ **faire la ~** to lay down the law

loin [lwɛ̃] adv **a** (en distance) far ▪ **c'est assez ~ d'ici** it's quite a long way from here ▪ **plus ~** further ▪ **il est ~ derrière** he's a long way behind ▪ **au ~** in the distance ▪ **de ~** from a distance ; (pour insister) by far ▪ **c'est celui que je préfère, et de ~** it's by far the one I prefer ▪ **il est doué, il ira ~** he's very gifted, he'll go far ▪ **tu vas trop ~ !** you're going too far! ▪ **~ de là** (fig) far from it ▪ **il n'est pas ~ de 10 heures** it's getting on for 10 o'clock ▪ **il leur doit pas ~ de 1 000 €** he owes them not far off €1,000 **b** (dans le temps) ▪ **c'est ~ tout ça !** that was a long time ago! ▪ **Noël est encore ~** Christmas is still a long way off

lointain, e [lwɛ̃tɛ̃, ɛn] **1** adj distant **2** nm ▪ **dans le ~** in the distance

loir [lwaʀ] nm dormouse

loisir [lwaziʀ] nm **a** (= temps libre) leisure *NonC* ▪ **pendant mes heures de ~** in my spare time **b** (= activités) ▪ **~s** leisure activities

LOL [lɔl] interj (abrév de **laugh out loud**) LOL

lombaire [lɔ̃bɛʀ] nf lumbar vertebra

lombalgie [lɔ̃balʒi] nf lumbago

londonien, -ienne [lɔ̃dɔnjɛ̃, jɛn] **1** adj London *avant n* **2** **Londonien(ne)** nm,f Londoner

Londres [lɔ̃dʀ] n London

long, longue [lɔ̃, lɔ̃g] **1** adj long ; [amitié] long-standing ▪ **un pont ~ de 30 mètres** a bridge 30 metres long ▪ **cinq heures, c'est ~** five hours is a long time ▪ **il n'a pas fait ~ feu à la tête du service** he didn't last long as head of department ▪ **c'est ~ à faire** it takes a long time **2** adv ▪ **en dire ~** [attitude] to speak volumes ; [regard] to be eloquent **3** nm ▪ **un bateau de 7 mètres de ~** a boat 7 metres long ▪ **(tout) le ~ de la route** (all) along the road ▪ **tout au ~ de sa carrière** throughout his career ▪ **de ~ en large** back and forth ▪ **en ~ et en large** in great detail **4** **à la longue** loc adv ▪ **à la longue, ça a fini par coûter cher** in the long run it turned out very expensive ▪ **à la longue, il va s'user** it will wear out eventually

long-courrier (pl **~s**) [lɔ̃kuʀje] **1** adj [avion, vol] long-haul, long distance **2** nm (= avion) long-haul aircraft ; (= bateau) ocean liner

longer [lɔ̃ʒe] vt **a** [mur, sentier] to run alongside **b** [personne, voiture] to go along

longévité [lɔ̃ʒevite] nf **a** (= longue vie) longevity **b** (= durée de vie) life expectancy

longiligne [lɔ̃ʒiliɲ] adj [personne] tall and slender

longitude [lɔ̃ʒityd] nf longitude ▪ **à** ou **par 50° de ~ ouest** at 50° longitude west

longtemps [lɔ̃tɑ̃] adv for a long time ; (phrase négative ou interrogative) for long ▪ **pendant ~** for a long time ▪ **~ avant/après** long before/after ▪ **je n'en ai pas pour ~** I won't be long ▪ **il a mis ~** it took him a long time ▪ **tu peux le garder aussi ~ que tu veux** you can keep it as long as you want ▪ **il habite ici depuis ~, ça fait** ou **il y a ~ qu'il habite ici** he has been living here for a long time

longue [lɔ̃g] adj, nf → **long**

longuement [lɔ̃gmɑ̃] adv (= longtemps) for a long time ; (= en détail) at length

longueur [lɔ̃gœʀ] nf length ▪ **la pièce fait trois mètres de ~** the room is three metres long ▪ **ce film/livre a des ~s** parts of this film/book are overlong ▪ **à ~ de journée** all day long ▪ **avoir une ~ d'avance (sur qn)** to be one length ahead (of sb) ; (fig) to be ahead (of sb) ▸ **longueur d'onde** wavelength ▪ **nous ne sommes pas sur la même ~ d'onde** we're not on the same wavelength

longue-vue (pl **longues-vues**) [lɔ̃gvy] nf telescope

look* [luk] nm look

looping [lupiŋ] nm ▪ **faire des ~s** to loop the loop

lopin [lɔpɛ̃] nm ▪ **~ de terre** plot of land

loquace [lɔkas] adj talkative

loque [lɔk] nf **a** (= vêtements) ▪ **~s** rags **b** (= personne) wreck

loquet [lɔkɛ] nm latch

lorgner* [lɔʀɲe] vt (avec concupiscence) to ogle* ; [+ poste, héritage] to have one's eye on

lors [lɔʀ] **lors de** loc prép (= au moment de) at the time of ; (= durant) during

lorsque [lɔʀsk(ə)] conj when ▪ **lorsqu'il entrera** when he comes in

losange [lɔzɑ̃ʒ] nm diamond

lot [lo] nm **a** (à la loterie) prize ▪ **le gros ~** the jackpot **b** (= portion) share **c** [de tablettes de chocolat, cassettes] pack ; [de draps, vaisselle] set ; (aux enchères) lot ; (Informatique) batch ▪ **dans le ~, il n'y avait que deux candidats valables** in the whole batch there were only two worthwhile applicants **d** (= destin) lot

loterie [lɔtʀi] nf lottery ; (dans une kermesse) raffle ▪ **gagner à la ~** to win the lottery

loti, e [lɔti] adj ▪ **être mal ~** to be badly off ▪ **être bien ~** to be well-off

lotion [losjɔ̃] nf lotion

lotissement [lɔtismɑ̃] nm (= maisons) housing estate ; (= parcelle) plot

loto [lɔto] nm (= jeu de société) lotto ; (= loterie) national lottery ▪ **gagner au ~** to win the Lottery

lotte [lɔt] nf monkfish
louable [lwabl] adj praiseworthy
louange [lwɑ̃ʒ] nf praise ▪ **chanter les ~s de qn** to sing sb's praises
loubard, e* [lubaʀ, aʀd] nm,f hooligan
loucedé (en)* [ɑ̃lusde] loc adv on the quiet, on the q.t.*
louche[1] [luʃ] adj [individu] shady ; [histoire, conduite, acte] dubious ; [bar, hôtel] seedy ▪ **c'est ~ !** very suspicious!
louche[2] [luʃ] nf ladle
loucher [luʃe] vi to squint ▪ **~ sur*** [+ poste, héritage] to have one's eye on
louer [lwe] vt **a** [propriétaire] [+ logement] to rent out ; [+ équipement, véhicule] to hire out BR **b** [locataire] [+ logement] to rent ; [+ équipement, véhicule] to hire BR ; [+ place] to reserve ▪ **à ~** [appartement, bureau] to let BR, for rent US **c** (= faire l'éloge de) to praise ▪ **Dieu soit loué !** thank God!
loueur [lwœʀ] nm (= entreprise) rental company
loufoque* [lufɔk] adj zany*
Louisiane [lwizjan] nf Louisiana
loup [lu] nm **a** (= carnassier) wolf **b** (= poisson) bass **c** (= masque) eye mask
loupe [lup] nf magnifying glass ▪ **examiner qch à la ~** to look at sth through a magnifying glass ; (fig) to examine sth in great detail
louper* [lupe] **1** vt **a** [+ occasion, train, personne] to miss **b** [+ travail, gâteau] to make a mess of ; [+ examen] to flunk* ▪ **il a loupé son coup** he bungled it **2** **se louper*** vpr **a** (= ne pas se rencontrer) to miss each other **b** (= rater son suicide) to bungle one's suicide attempt
loup-garou (pl **loups-garous**) [lugaʀu] nm werewolf
lourd, e [luʀ, luʀd] **1** adj **a** heavy ; [plaisanterie] unsubtle ; [faute] serious ▪ **j'ai les jambes ~es** my legs feel heavy ▪ **j'ai la tête ~e** my head feels fuzzy ▪ **tu es un peu ~*** you're just not funny ▪ **c'est du ~ !*** it's heavy stuff! **b** (temps) ▪ **il fait ~** the weather is close **2** adv * ▪ **il n'en fait pas/ne gagne pas ~** he doesn't do/earn much
lourdement [luʀdəmɑ̃] adv heavily ▪ **se tromper ~** to make a big mistake ▪ **insister ~ sur qch** to insist strenuously on sth
lourdeur [luʀdœʀ] nf [d'objet, responsabilité] weight ; [de démarche, style] heaviness ▪ **les ~s administratives** administrative red tape ▪ **avoir des ~s d'estomac** to have indigestion
loutre [lutʀ] nf (= animal) otter
louve [luv] nf she-wolf
louveteau (pl **~x**) [luv(ə)to] nm **a** (= animal) wolf cub **b** (= scout) cub scout
louvoyer [luvwaje] vi **a** (Naut) to tack **b** (= tergiverser) to dither
lover (se) [lɔve] vpr [serpent] to coil up ; [personne] to curl up
low cost [lokɔst] adj inv low-cost
loyal, e (mpl **-aux**) [lwajal, o] adj **a** (= fidèle) loyal **b** (= honnête) fair
loyalement [lwajalmɑ̃] adv [agir] fairly ; [servir] loyally ; [se battre] cleanly
loyaliste [lwajalist] adj, nmf loyalist
loyauté [lwajote] nf (= fidélité) loyalty ; (= honnêteté) fairness
loyer [lwaje] nm rent
LP [ɛlpe] nm abrév de **lycée professionnel**
LSD [ɛlɛsde] nm LSD
lubie [lybi] nf whim
lubrifiant [lybʀifjɑ̃] nm lubricant
lubrifier [lybʀifje] vt to lubricate
lubrique [lybʀik] adj [personne, regard] lecherous
lucarne [lykaʀn] nf skylight ; (en saillie) dormer window
lucide [lysid] adj lucid ; [accidenté] conscious
lucidité [lysidite] nf lucidity
luciole [lysjɔl] nf firefly
lucratif, -ive [lykʀatif, iv] adj lucrative ▪ **association à but non ~** non-profit-making organization
ludiciel [lydisjɛl] nm computer game
ludique [lydik] adj ▪ **activité ~** (Scol) play activity ▪ **il veut que l'émission soit plus ~** he wants the programme to be more entertaining
ludo-éducatif, -ive (mpl **~s**) [lydoedykatif, iv] adj ▪ **CD ~** edutainment CD
ludospace [lydɔspas] nm MPV, multi-purpose vehicle
ludothèque [lydɔtɛk] nf games library
lueur [lɥœʀ] nf **a** [d'étoile, lune, lampe] faint light ; [de braises] glow *NonC* ▪ **à la ~ d'une bougie** by candlelight **b** [de colère] gleam ; [d'intelligence, espoir] glimmer
luge [lyʒ] nf sledge BR, sled US ▪ **faire de la ~** to sledge BR, to sled US
lugubre [lygybʀ] adj [pensée, ambiance] gloomy ; [paysage] dreary ; [musique, cri] mournful
lui [lɥi] **1** pron pers (= personne ou animal mâle) him ; (= personne ou animal femelle) her ; (= chose, animal dont on ne connaît pas le sexe) it ▪ **je le ~ ai dit** (à un homme) I told him ; (à une femme) I told her **2** pron m **a** (objet) (= personne) him ; (= animal) him, it ; (= chose) it ▪ **c'est à ~ que je veux parler** it's him I

lo

want to speak to ▪ **ce livre est à ~** this book belongs to him ▪ **un ami à ~** a friend of his ▪ **il a une maison à ~** he has a house of his own ▪ **il ne pense qu'à ~** he only thinks of himself **b** (sujet) (= personne) he ; (= animal) he, it ; (= chose) it ▪ **elle est vendeuse, ~ est maçon** she's a saleswoman and he's a bricklayer ▪ **elle est venue mais pas ~** she came but he didn't ▪ **il n'aurait jamais fait ça, ~** he would never have done that ▪ **si j'étais ~, j'accepterais** if I were him I would accept **c** (comparaisons) him ▪ **elle est plus mince que ~** she is slimmer than him ▪ **je ne la connais pas aussi bien que ~** (que je le connais) I don't know her as well as him ; (qu'il la connaît) I don't know her as well as he does

lui-même [lɥimɛm] pron himself

luire [lɥiʀ] vi [métal] to shine ; [surface mouillée] to glisten ▪ **yeux qui luisent de colère** eyes gleaming with anger

luisant, e [lɥizɑ̃, ɑ̃t] adj [métal] shining ; [surface mouillée] glistening ▪ **front ~ de sueur** forehead glistening with sweat ▪ **yeux ~s de fièvre** eyes bright with fever

lumbago [lɔ̃bago] nm lumbago

lumière [lymjɛʀ] nf light ▪ **la ~ du jour** daylight ▪ **il y a de la ~ dans sa chambre** there's a light on in his room ▪ **ce n'est pas une ~** (personne) he's no genius

luminaire [lyminɛʀ] nm light ▪ **magasin de ~s** lighting shop

lumineux, -euse [lyminø, øz] adj **a** luminous ; [fontaine, enseigne] illuminated **b** [teint] radiant ; [ciel, couleur] luminous ; [pièce, appartement] bright

luminosité [lyminozite] nf **a** [de teint] radiance ; [de ciel, couleur] luminosity **b** (Photo, Sciences) luminosity

lump [lœ̃p] nm lumpfish

lunaire [lynɛʀ] adj lunar ; [visage] moonlike ▪ **roche ~** moon rock

lunatique [lynatik] adj moody

> ⚠ **lunatique** ne se traduit pas par *lunatic*, qui signifie « fou ».

lundi [lœ̃di] nm Monday ▪ **le ~ de Pâques/de Pentecôte** Easter/Whit Monday ; pour autres loc voir **samedi**

lune [lyn] nf moon ▪ **pleine ~** full moon ▪ **être dans la ~** to have one's head in the clouds ▸ **lune de miel** honeymoon

luné, e* [lyne] adj ▪ **être bien/mal ~** to be in a good/bad mood

lunette [lynɛt] **1** nf (= télescope) telescope ; [de fusil] sights **2** **lunettes** nfpl glasses ; (de protection) goggles ▸ **lunettes de soleil** sunglasses

lustre [lystʀ] nm **a** (= luminaire) chandelier **b** [d'objet, personne, cérémonie] lustre BR, luster US

lustrer [lystʀe] vt (= faire briller) to shine

luth [lyt] nm lute

luthier, -ière [lytje, jɛʀ] nm,f stringed-instrument maker

lutin [lytɛ̃] nm imp

lutrin [lytʀɛ̃] nm (sur pied) lectern ; (sur table) book-rest

lutte [lyt] nf **a** (= combat) struggle ▪ **la ~ antidrogue** the fight against drugs ▸ **lutte des classes** class struggle **b** (= sport) wrestling

lutter [lyte] vi to fight ▪ **~ contre un incendie** to fight a fire ▪ **~ pour ses droits** to fight for one's rights

lutteur, -euse [lytœʀ, øz] nm,f (Sport) wrestler

luxe [lyks] nm luxury ▪ **voiture de ~** luxury car ▪ **boutique de ~** shop selling luxury goods ▪ **un ~ de détails** a wealth of detail

Luxembourg [lyksɑ̃buʀ] nm Luxembourg

luxembourgeois, e [lyksɑ̃buʀʒwa, waz] **1** adj of ou from Luxembourg **2** **Luxembourgeois(e)** nm,f inhabitant ou native of Luxembourg

luxer (se) [lykse] vpr ▪ **se luxer l'épaule** to dislocate a shoulder

luxueux, -euse [lyksɥø, øz] adj luxurious

luxure [lyksyʀ] nf lust

luxuriant, e [lyksyʀjɑ̃, jɑ̃t] adj [végétation] luxuriant

lycée [lise] nm ≈ secondary school BR, ≈ high school US ▪ **~ d'enseignement professionnel** *secondary school for vocational training*

lycéen, -éenne [liseɛ̃, eɛn] nm,f secondary school BR ou high school US student

Lycra® [likʀa] nm Lycra®

lymphatique [lɛ̃fatik] adj **a** (Bio) lymphatic **b** (= flegmatique) lethargic

lynchage [lɛ̃ʃaʒ] nm (= exécution, pendaison) lynching ; (= coups) beating ▪ **il a fait l'objet d'un ~ médiatique** he was torn to pieces by the media

lyncher [lɛ̃ʃe] vt (= tuer, pendre) to lynch

lynx [lɛ̃ks] nm lynx

lyonnais, e [ljɔnɛ, ɛz] **1** adj of ou from Lyon **2** **Lyonnais(e)** nm,f inhabitant ou native of Lyon

lyrique [liʀik] adj **a** (Poésie) lyric **b** [répertoire, ténor] operatic ▪ **l'art ~** opera **c** (= exalté) lyrical

lyrisme [liʀism] nm lyricism

lys [lis] nm lily

mM

M. (abrév de **Monsieur**) Mr

m' [m] → **me**

ma [ma] adj poss → **mon**

macabre [makɑbʀ] adj macabre

macadam [makadam] nm [de goudron] tarmac® BR, blacktop US

macaron [makaʀɔ̃] nm **a** (= gâteau) macaroon **b** (= autocollant) sticker

macédoine [masedwan] nf ▪ **~ de légumes** diced mixed vegetables ▪ **~ de fruits** fruit salad ; (en boîte) fruit cocktail

macérer [maseʀe] vti ▪ **(faire) ~** to macerate ▪ **laisser ~ qn*** to let sb stew in his own juice*

mâcher [mɑʃe] vt to chew ▪ **il faut lui ~ tout le travail** you have to do half his work for him ▪ **il ne mâche pas ses mots** he doesn't mince his words

machin* [maʃɛ̃] nm **a** (= chose) thing ▪ **passe-moi le ~** give me the thingy* **b** (= personne) ▪ **Machin** what's-his-name*

machinal, e (mpl **-aux**) [maʃinal, o] adj automatic

machinalement [maʃinalmɑ̃] adv (= automatiquement) automatically ; (= instinctivement) unconsciously

machination [maʃinasjɔ̃] nf plot

machine [maʃin] nf **a** (= appareil) machine ▪ **fait à la ~** machine-made ▸ **machine à calculer** calculating machine ▸ **machine à coudre** sewing machine ▸ **machine à écrire** typewriter ▸ **machine à pain** breadmaker ▸ **machine à sous** slot machine **b** ▪ **~ (à laver)** (washing) machine ▪ **laver qch en** ou **à la ~** to wash sth in the machine **c** (= organisation) machinery **d** [de navire] engine ▪ **faire ~ arrière** (fig) to back-pedal **e** (= personne) ▪ **Machine*** what's-her-name*

machine-outil [maʃinuti] (pl **machines-outils**) nf machine tool

machiniste [maʃinist] nmf **a** (Théâtre) scene shifter ; (Ciné) grip **b** (= conducteur) driver ▪ **« faire signe au ~ »** ≈ "request stop"

machisme [ma(t)ʃism] nm male chauvinism

machiste [ma(t)ʃist] adj male chauvinist

macho* [matʃo] **1** adj [comportement] macho ▪ **il est ~** he's a male chauvinist* **2** nm male chauvinist

mâchoire [mɑʃwaʀ] nf jaw

mâchonner [mɑʃɔne] vt to chew

mâchouiller* [mɑʃuje] vt to chew on

maçon [masɔ̃] nm builder ; (qui travaille la pierre) mason ; (qui pose les briques) bricklayer

maçonnerie [masɔnʀi] nf (= travaux) building ; [de pierres] masonry ; [de briques] brickwork

maçonnique [masɔnik] adj Masonic

macramé [makʀame] nm macramé

macrobiotique [makʀɔbjɔtik] **1** adj macrobiotic **2** nf macrobiotics *sg*

macroéconomie [makʀoekɔnɔmi] nf macroeconomics *sg*

maculer [makyle] vt to stain (*de* with)

Madagascar [madagaskaʀ] n Madagascar

Madame [madam] (pl **Mesdames** [medam]) nf **a** (avec nom de famille) Mrs ▪ **~ Dubois va vous recevoir** Mrs ou Ms Dubois will see you **b** ▪ **merci, ~** thank you ; (au restaurant, à l'hôtel) thank you, madam ▪ **~ !** (en classe) please Miss! ▪ **Mesdames** (devant un auditoire) ladies ▪ **Mesdames, Mesdemoiselles, Messieurs** ladies and gentlemen **c** (avec titre) ▪ **~ la Présidente, je proteste** Madam Chairman, I object **d** (en début de lettre) ▪ **~** Dear Madam ▪ **Chère ~** Dear Mrs ou Ms *+ nom de famille*

madeleine [madlɛn] nf madeleine

Mademoiselle [madmwazɛl] (pl **Mesdemoiselles** [medmwazɛl]) nf **a** (avec nom de famille) Miss ▪ **~ Dubois va vous recevoir** Miss ou Ms Dubois will see you **b** ▪ **merci, ~** thank you ▪ **~, vous avez oublié quelque chose** excuse me, you've left something **c** (en début de lettre) ▪ **~** Dear Madam ▪ **Chère ~** Dear Miss ou Ms *+ nom de famille*

madère [madɛʀ] **1** nm Madeira **2** **Madère** n Madeira

madrassa(h) [madʀasa] nf madrasah

Madrid [madʀid] n Madrid

madrier [madʀije] nm beam

maf(f)ia [mafja] nf ▪ **la Mafia** the Mafia

maf(f)ieux, -ieuse [mafjø, jøz] **1** adj Mafia ▪ **pratiques mafieuses** Mafia-like practices **2** nm,f mafioso

magasin [magazɛ̃] nm **a** shop ▪ **grand ~** (= supermarché) department store ▪ **faire les ~s** to go shopping **b** (= entrepôt) warehouse **c** [de fusil, appareil photo] magazine

magasinage [magazinaʒ] nm (Can) shopping

magasiner [magazine] vi (Can) to go shopping

magasinier, -ière [magazinje, jɛʀ] nm,f [d'usine] storekeeper ; [d'entrepôt] warehouseman (ou woman)

magazine [magazin] nm magazine

mage [maʒ] nm ▪ **les Rois ~s** the Wise Men

Maghreb [magʀɛb] nm ▪ **le ~** North Africa

maghrébin, e [magʀebɛ̃, in] **1** adj of ou from North Africa **2** **Maghrébin(e)** nm,f North African

magicien, -ienne [maʒisjɛ̃, jɛn] nm,f magician

magie [maʒi] nf magic ▪ **comme par ~** as if by magic ▪ **faire de la ~** [prestidigitateur] to perform magic tricks

magique [maʒik] adj magic ; (= enchanteur) magical

magistral, e (mpl **-aux**) [maʒistʀal, o] adj **a** [œuvre] masterly ; [réussite, démonstration] brilliant **b** ▪ **cours ~** (Univ) lecture

magistrat, e [maʒistʀa, at] nm,f magistrate ; (= juge) judge

magistrature [maʒistʀatyʀ] nf (Droit) magistrature ▪ **entrer dans la ~** (= devenir juge) to be appointed a judge

magma [magma] nm magma ; (= mélange) jumble

magnanime [maɲanim] adj magnanimous

magnat [magna] nm magnate ▪ **~ de la presse** press baron

magner (se)‡ [maɲe] vpr to get a move on*

magnésium [maɲezjɔm] nm magnesium

magnétique [maɲetik] adj magnetic

magnétisme [maɲetism] nm magnetism

magnéto* [maɲeto] nm abrév de **magnétophone**

magnétophone [maɲetɔfɔn] nm tape recorder

magnétoscope [maɲetɔskɔp] nm video recorder ▪ **enregistrer au ~** to video

magnifique [maɲifik] adj magnificent

magnitude [maɲityd] nf magnitude

magnolia [maɲɔlja] nm magnolia

magot* [mago] nm (= somme) pile of money ; (= argent volé) loot

magouille* [maguj] nf scheming ▪ **~s financières** financial wheeling and dealing*

magouiller* [maguje] **1** vi to wheel and deal* ▪ **il a dû ~ pour avoir le permis de construire** he had to do a bit of wheeling and dealing* to get planning permission **2** vt ▪ **qu'est-ce qu'il magouille ?** what's he up to?*

magret [magʀɛ] nm ▪ **~ de canard** duck breast

mai [mɛ] nm May ; pour loc voir **septembre**

maigre [mɛgʀ] adj **a** (= mince) thin ▪ **~ comme un clou** thin as a rake **b** [viande] lean ; [fromage] low-fat **c** (= peu important) meagre ; [espoir, chances] slim ; [végétation] thin

maigreur [mɛgʀœʀ] nf [de personne, animal] thinness

maigrichon, -onne* [megʀiʃɔ̃, ɔn] adj skinny

maigrir [megʀiʀ] vi to lose weight ▪ **il a maigri de 5 kg** he has lost 5kg

mail [mel] nm e-mail

mailing [meliŋ] nm mailing

maille [mɑj] nf **a** (de tricot) stitch **b** [de filet] mesh ▪ **passer à travers les ~s du filet** to slip through the net

maillon [mɑjɔ̃] nm link

maillot [majo] nm vest ; [de danseur] leotard ; [de footballeur] shirt ; [de coureur, basketteur] singlet ▪ **~ jaune** yellow jersey ▸ **maillot de bain** [d'homme] swimming trunks; [de femme] swimsuit ▪ **~ (de bain) une pièce/deux pièces** one-piece/two-piece swimsuit ▸ **maillot de corps** vest BR, undershirt US

main [mɛ̃] nf hand ▪ **donne-moi la ~ pour traverser** give me your hand while we're crossing ▪ **se tenir par la ~** to hold hands ▪ **il entra le chapeau à la ~** he came in with his hat in his hand ▪ **il me salua de la ~** he waved to me ▪ **demander la ~ de qn** to ask for sb's hand in marriage ▪ **~ dans la ~** hand in hand ▪ **les ~s vides** empty-handed ▪ **les ~s en l'air !, haut les ~s !** hands up! ▪ **une ~ de fer dans un gant de velours** an iron hand in a velvet glove ▪ **diriger d'une ~ de fer** to rule with an iron fist ▪ **il n'y va pas de ~ morte** he doesn't pull his punches ▪ **faire ~ basse sur qch** to help o.s. to sth ▪ **être entre les ~s de qn** to be in sb's hands ▪ **donner un coup de ~ à qn** to give sb a hand ▪ **j'en mettrais ma ~ au feu** I'd stake my life on it ▪ **prendre qn/qch en ~** to take sb/sth in hand ▪ **fait (à la) ~** handmade ▪ **cousu (à la) ~** hand-sewn ▪ **il me l'a remis en ~s propres** he gave it to me personally ▸ **main courante** (= câble) handrail ▪ **faire établir une ~ courante** (Police) to notify the police of a complaint

main-d'œuvre (pl **mains-d'œuvre**) [mɛ̃dœvʀ] nf (= travail) labour BR, labor US ; (= personnes) workforce

maint, mainte [mɛ̃, mɛ̃t] adj indéf (frm, + nom singulier) numerous ▪ **à ~es reprises** time and time again

maintenance [mɛ̃t(ə)nɑ̃s] nf maintenance

maintenant [mɛ̃t(ə)nɑ̃] adv **a** (= à présent, ceci dit) now ▪ **c'est ~ ou jamais** it's now or never ▪ **il doit être arrivé ~** he must have arrived by now ▪ **~ que...** now that... **b** (= de nos jours) today ▪ **les jeunes de ~** young people today

maintenir [mɛ̃t(ə)niʀ] **1** vt **a** (= soutenir) to support **b** (= garder) to keep ; [+ décision, candidature] to maintain ■ **~ qn en vie** to keep sb alive **c** (= affirmer) to maintain **2** **se maintenir** vpr [temps] to hold ; [amélioration] to persist ■ **se ~ en bonne santé** to keep in good health

maintien [mɛ̃tjɛ̃] nm **a** [de tradition] maintenance ■ **assurer le ~ de l'ordre** to maintain law and order **b** (= soutien) support **c** (= posture) bearing

maire [mɛʀ] nmf (= homme) mayor ; (= femme) mayoress

mairie [meʀi] nf (= bâtiment) town hall ; (= administration) town council

mais [mɛ] **1** conj **a** but ■ **il est gros ~ souple** he's big, but supple **b** (renforcement) ■ **tu me crois ? – ~ oui** do you believe me? – of course ■ **~ je te jure que c'est vrai !** but I swear it's true! ■ **~ enfin, tu vas te taire ?*** look here, are you going to shut up?* **2** nm ■ **il n'y a pas de ~ qui tienne** there are no buts about it

maïs [mais] nm maize BR, corn US ; (en conserve) sweetcorn

maison [mɛzɔ̃] **1** nf **a** (= bâtiment) house ▸ **maison d'arrêt** prison ▸ **la Maison Blanche** the White House ▸ **maison de campagne** house in the country ▸ **maison de repos** convalescent home ▸ **maison de retraite** old people's home **b** (= foyer) home ■ **rester à la ~** to stay at home ■ **rentrer à la ~** to go home **c** (= entreprise) company ▸ **maison de disques** record company ▸ **maison d'édition** publishing house **2** adj inv [gâteau, confiture] home-made ■ **est-ce que c'est fait ~ ?** do you make it yourself?

maisonnette [mɛzɔnɛt] nf small house

maître, maîtresse [mɛtʀ, mɛtʀɛs] **1** nm **a** (= patron) master ■ **rester ~ de soi** to keep one's self-control ▸ **maître chanteur** blackmailer ▸ **maître d'hôtel** [d'hôtel, restaurant] head waiter ▸ **maître de maison** host ▸ **maître nageur** swimming teacher **b** (= enseignant) ■ **~ (d'école)** teacher ▸ **maître auxiliaire** non-certified teacher ▸ **maître de conférences** ≈ lecturer BR, ≈ assistant professor US **c** (= titre) ■ **Maître** *term of address to lawyers, etc* **2** **maîtresse** nf **a** (= amante) mistress **b** (= enseignante) ■ **maîtresse (d'école)** teacher **c** **maîtresse de maison** hostess **3** adj (= principal) main ; [carte] master ■ **c'est son œuvre maîtresse** it's his masterwork

maîtrise [metʀiz] nf **a** [de domaine] mastery ; [de langue] command ; [de dépenses, inflation] control ■ **~ de soi** (= sang-froid) self-control **b** (= habileté) skill **c** (= diplôme) ≈ master's degree

maîtriser [metʀize] **1** vt **a** [+ adversaire] to overcome ; [+ inflation] to curb ■ **nous maîtrisons la situation** the situation is under control **b** [+ langue, technique] to master **2** **se maîtriser** vpr to control o.s.

majesté [maʒɛste] nf majesty ■ **Sa Majesté** (= roi) His Majesty ; (= reine) Her Majesty

majestueux, -euse [maʒɛstɥø, øz] adj majestic

majeur, e [maʒœʀ] **1** adj **a** (= important) major ■ **la ~e partie de** the majority of **b** (Droit) of age *attrib* ■ **il n'est pas encore ~** he's not yet of age **c** (Mus) major ■ **en sol ~** in G major **2** nm (= doigt) middle finger

major [maʒɔʀ] nm **a** (= sous-officier) ≈ warrant officer **b** (= premier) ■ **être ~ de promotion** ≈ to be first in one's year

majoration [maʒɔʀasjɔ̃] nf increase (*de* in)

majorer [maʒɔʀe] vt to increase (*de* by)

majorette [maʒɔʀɛt] nf majorette

majoritaire [maʒɔʀitɛʀ] adj ■ **les femmes sont ~s dans cette profession** women are in the majority in this profession ■ **ils sont ~s à l'assemblée** they are the majority party

majorité [maʒɔʀite] nf **a** majority ■ **groupe composé en ~ de...** group mainly composed of... ■ **dans la ~ des cas** in the majority of cases ■ **la ~ des retraités** most retired people **b** (= parti majoritaire) party in power **c** (= âge légal) ■ **jusqu'à sa ~** until he comes of age

Majorque [maʒɔʀk] n Majorca

majuscule [maʒyskyl] **1** adj capital ■ **A ~** capital A **2** nf (= lettre) capital letter

mal [mal] (pl **maux** [mo])

1 adv **a** (= de façon défectueuse) badly ; [entretenu] poorly ■ **ce travail est ~ fait** this work hasn't been done properly ■ **cette porte ferme ~** this door doesn't shut properly ■ **j'ai ~ dormi** I didn't sleep well ■ **il parle ~ l'anglais** his English is poor ■ **~ en point** in a bad way

b [se conduire] badly

c (= avec difficulté) ■ **il respire ~** he has difficulty in breathing

d ■ **pas ~** quite well ■ **il ne s'est pas ~ débrouillé** he managed quite well ■ **pas ~ de** quite a lot of

2 adj inv **a** (= contraire à la morale) wrong ■ **c'est ~ de mentir** it is wrong to lie

b (= malade) ill ■ **se sentir ~** (= avoir un vertige) to feel faint

c (= mal à l'aise) uncomfortable

d ■ **pas ~** (= assez joli) quite nice

3 nm **a** ■ **le ~** evil ■ **distinguer le bien du ~** to tell right from wrong ■ **dire du ~ de** to speak ill of b (= souffrance) pain ; (= maladie) illness ▪ **faire du ~ à qn** to harm sb ▪ **maux d'estomac** stomach pains ▪ **je suis tombé – tu as ~ ?** I've fallen – does it hurt? ▪ **avoir ~ partout** to be aching all over ▪ **avoir ~ à la gorge** to have a sore throat ▪ **avoir ~ à la tête** to have a headache ▪ **j'ai ~ au dos** I've got backache ▪ **faire ~ (à)** to hurt ▪ **ces chaussures me font ~ aux pieds** these shoes hurt my feet ▪ **se faire ~** to hurt o.s. ▪ **se faire ~ au genou** to hurt one's knee ▪ **ça me fait ~ au cœur** it breaks my heart ▪ **avoir le ~ de mer** to be seasick ▪ **avoir le ~ du pays** to be homesick

c (= dommage) harm ▪ **il n'y a pas de ~ à ça** there's no harm in that ▪ **vouloir du ~ à qn** to wish sb ill

d (= difficulté) ▪ **j'ai du ~** I find it hard ▪ **avoir du ~ à faire qch** to have trouble doing sth ▪ **donner du ~ à qn** to give sb trouble ▪ **se donner du ~ pour faire qch** to take trouble over sth

malade [malad] **1** adj a [personne] ill ; [organe, plante] diseased ▪ **être ~ du cœur** to have heart trouble ▪ **tomber ~** to fall ill ▪ **j'ai été ~** (= j'ai vomi) I was sick ▪ **être ~ d'inquiétude** to be sick with worry b (= fou) mad **2** nmf a sick person ; (d'un médecin) patient ▸ **malade mental** mentally ill person b (* = fou) maniac* ▪ **il conduit comme un ~** he drives like a maniac*

maladie [maladi] nf illness ; [de plante] disease ▪ **tu ne vas pas en faire une ~ !*** don't get in such a state over it! ▸ **maladie mentale** mental illness ▸ **maladie orpheline** orphan disease ▸ **maladie de peau** skin disease ▸ **maladie sexuellement transmissible** sexually transmitted disease ▸ **maladie de la vache folle** mad cow disease

maladif, -ive [maladif, iv] adj a [personne] sickly b [obsession, peur] pathological ▪ **il est d'une timidité maladive** he's pathologically shy

maladresse [maladʀɛs] nf a (= gaucherie, indélicatesse) clumsiness b (= bévue) blunder ▪ **~s de style** awkward turns of phrase

maladroit, e [maladʀwa, wat] adj a (= malhabile) clumsy b (= inconsidéré) tactless

malaise [malɛz] nm a (= étourdissement) dizzy spell ▪ **~ cardiaque** mild heart attack ▪ **avoir un ~** to feel faint b (= trouble) uneasiness ▪ **il y a comme un ~*** there seems to be a bit of a problem c (= crise) unrest

Malaisie [malɛzi] nf Malaysia

malaisien, -ienne [malɛzjɛ̃, jɛn] **1** adj Malaysian **2** **Malaisien(ne)** nm,f Malaysian

malaria [malaʀja] nf malaria *NonC*

malaxer [malakse] vt [+ argile, pâte] to knead ; [+ muscle] to massage ; [+ beurre] to cream

malbouffe* [malbuf] nf unhealthy eating

malchance [malʃɑ̃s] nf bad luck ▪ **j'ai eu la ~ de...** I had the misfortune to... ▪ **par ~** as ill luck would have it

malchanceux, -euse [malʃɑ̃sø, øz] adj unlucky

Maldives [maldiv] nfpl ▪ **les ~** the Maldives

mâle [mɑl] **1** adj male ; (= viril) manly **2** nm male

malédiction [malediksjɔ̃] nf curse

maléfice [malefis] nm evil spell

maléfique [malefik] adj evil

malencontreusement [malɑ̃kɔ̃tʀøzmɑ̃] adv [arriver] at the wrong moment

malencontreux, -euse [malɑ̃kɔ̃tʀø, øz] adj unfortunate ; [geste] awkward

malentendants [malɑ̃tɑ̃dɑ̃] nmpl ▪ **les ~** hearing-impaired people

malentendu [malɑ̃tɑ̃dy] nm misunderstanding

malfaçon [malfasɔ̃] nf fault *(due to poor workmanship)*

malfaisant, e [malfəzɑ̃, ɑ̃t] adj [personne, influence] evil

malfaiteur [malfɛtœʀ] nm criminal

malformation [malfɔʀmasjɔ̃] nf malformation

malgache [malgaʃ] **1** adj Malagasy **2** **Malgache** nmf Malagasy

malgré [malgʀe] prép in spite of ▪ **j'ai signé ce contrat ~ moi** (en hésitant) I signed the contract against my better judgment ; (contraint et forcé) I signed the contract against my will ▪ **il est devenu célèbre ~ lui** he became famous in spite of himself ▪ **~ tout** (= en dépit de tout) in spite of everything ; (= quand même) all the same

malhabile [malabil] adj clumsy

malheur [malœʀ] nm a (= événement pénible) misfortune ▪ **un ~ est si vite arrivé** accidents happen so easily ▪ **si par malheur...** if by some mischance... ▪ **faire un ~** (= avoir un gros succès) to be a big hit ▪ **il a eu le ~ de dire que cela ne lui plaisait pas** he made the big mistake of saying he didn't like it ▪ **de ~*** (= maudit) wretched b ▪ **le ~** (= la malchance) misfortune ▪ **dans son ~** amid all his misfortune ▪ **le ~ a voulu qu'un policier le voie** as ill luck would have it a policeman saw him

malheureusement [maløʀøzmɑ̃] adv unfortunately

malheureux, -euse [maløʀø, øz] **1** adj **a** (= triste) unhappy ■ **rendre qn ~** to make sb unhappy **b** (= regrettable) unfortunate ■ **pour un mot ~** because of an unfortunate remark **c** (après le nom) (= malchanceux) [candidat, tentative] unsuccessful **d** (avant le nom) (= insignifiant) wretched ■ **toute une histoire pour quelques ~ euros** all that fuss about a few wretched euros **2** nm,f (= infortuné) poor wretch ; (= indigent) needy person

malhonnête [malɔnɛt] adj (= déloyal) dishonest

malhonnêtement [malɔnɛtmɑ̃] adv dishonestly

malhonnêteté [malɔnɛtte] nf dishonesty

Mali [mali] nm Mali

malice [malis] nf **a** (= espièglerie) mischievousness **b** (= méchanceté) malice

malicieusement [malisjøzmɑ̃] adv mischievously

> ⚠ **malicieusement** ne se traduit pas par ***maliciously***, qui signifie « avec malveillance ».

malicieux, -ieuse [malisjø, jøz] adj mischievous

> ⚠ **malicieux** ne se traduit pas par ***malicious***, qui signifie « malveillant ».

malien, -ienne [maljɛ̃, jɛn] **1** adj Malian **2** **Malien(ne)** nm,f Malian

malin, maligne, maline* [malɛ̃, maliɲ, malin] **1** adj **a** (= astucieux) smart ; (= rusé) crafty ■ **il est ~ comme un singe** [adulte] he's a crafty old devil* ■ **c'est ~ !** oh, very clever! **b** (= mauvais) ■ **prendre un ~ plaisir à faire qch** to take malicious pleasure in doing sth **c** (Méd) malignant **2** nm,f ■ **c'est un petit ~** he's a crafty one ■ **ne fais pas le ~*** don't try to show off

malingre [malɛ̃gʀ] adj puny

malle [mal] nf **a** (= valise) trunk ■ **ils se sont fait la ~‡** they've cleared off* **b** [de voiture] boot BR, trunk US

malléable [maleabl] adj malleable

mallette [malɛt] nf **a** (= valise) small suitcase ; (= porte-documents) briefcase **b** (Belg = cartable) schoolbag

malmener [malməne] vt (= brutaliser) to manhandle ■ **être malmené par la critique** to be given a rough ride by the critics

malnutrition [malnytʀisjɔ̃] nf malnutrition

malodorant, e [malɔdɔʀɑ̃, ɑ̃t] adj smelly

malotru [malɔtʀy] nm lout

Malouines [malwin] nfpl ■ **les ~** the Falkland Islands

malpoli, e [malpɔli] adj impolite

malpropre [malpʀɔpʀ] adj (= sale) dirty

malsain, e [malsɛ̃, ɛn] adj unhealthy ; [film] sick

malt [malt] nm malt ■ **whisky pur ~** malt whisky

maltais, e [maltɛ, ɛz] **1** adj Maltese **2** **Maltais(e)** nm,f Maltese

Malte [malt] nf Malta

maltraitance [maltʀɛtɑ̃s] nf ■ **~ d'enfants** ill-treatment of children ; (sexuelle) child abuse

maltraiter [maltʀete] vt **a** (= brutaliser) to ill-treat ; [+ enfant] to abuse **b** [+ langue, grammaire] to misuse **c** (= critiquer) to tear apart

malus [malys] nm surcharge *(for vehicle insurance)*

malveillant, e [malvɛjɑ̃, ɑ̃t] adj malevolent

malvenu, e [malvəny] adj (= déplacé) inappropriate

malversations [malvɛʀsasjɔ̃] nfpl embezzlement *NonC*

malvoyant, e [malvwajɑ̃, ɑ̃t] nm,f person who is partially sighted ■ **les ~s** the partially sighted

maman [mamɑ̃] nf mum* BR, mom* US

mamelle [mamɛl] nf teat

mamie* [mami] nf (= grand-mère) granny*

mammifère [mamifɛʀ] nm mammal

mammouth [mamut] nm mammoth

manager¹, manageur, -euse [manadʒœʀ, øz] nm,f manager ; [d'acteur] agent

manager² [mana(d)ʒe] vt to manage

Manche [mɑ̃ʃ] nf ■ **la ~** (= mer) the English Channel

manche¹ [mɑ̃ʃ] nf **a** [de vêtement] sleeve ■ **à ~s courtes/longues** short-/long-sleeved ■ **sans ~s** sleeveless ■ **faire la ~*** [artiste] to perform in the streets **b** (= partie) round ; (Tennis) set

manche² [mɑ̃ʃ] nm [d'outil] handle ▸ **manche à balai** [d'avion] joystick

manchette [mɑ̃ʃɛt] nf **a** [de chemise] cuff **b** (= titre) headline

manchon [mɑ̃ʃɔ̃] nm **a** (pour les mains) muff **b** [de volaille] ■ **~s de canard** duck wings *(preserved in fat)*

manchot, e [mɑ̃ʃo, ɔt] **1** nm,f ■ **il est ~** (= n'a qu'un bras) he's only got one arm **2** nm (= animal) penguin

mandarine [mɑ̃daʀin] nf satsuma

mandat [mɑ̃da] nm **a** (= fonction) mandate ■ **la durée du ~ présidentiel** the president's term of office **b** ■ **~ postal** money order **c**

(Droit) ▪ **~ d'arrêt** ≈ warrant for arrest ▪ **~ de perquisition** search warrant

mandoline [mɑ̃dɔlin] nf mandolin

manège [manɛʒ] nm **a** [de fête foraine] fairground attraction ; (de chevaux de bois) merry-go-round **b** [d'équitation] indoor school **c** (= agissements) game

manette [manɛt] nf lever ▪ **~ des gaz** throttle lever ▪ **~ de jeux** joystick

manga [mɑ̃ga] nm manga

mangeable [mɑ̃ʒabl] adj edible

mangeoire [mɑ̃ʒwaʀ] nf trough

manger [mɑ̃ʒe] **1** vt **a** to eat ▪ **donner à ~ à qn** to feed sb ▪ **faire ~ qch à qn** to give sb sth to eat ▪ **on mange bien/mal ici** the food is good/bad here ▪ **~ au restaurant** to eat out ▪ **c'est l'heure de ~** (midi) it's lunchtime ; (soir) it's dinnertime ▪ **inviter qn à ~** to invite sb for a meal **b** [+ fortune, économies] to squander ▪ **~ ses mots** to swallow one's words **2** **se manger** vpr ▪ **est-ce que ça se mange ?** can you eat it? ▪ **ce plat se mange très chaud** this dish should be eaten piping hot

mangeur, -euse [mɑ̃ʒœʀ, øz] nm,f eater ▪ **c'est un gros ~ de pain** he eats a lot of bread

mangue [mɑ̃g] nf mango

maniable [manjabl] adj **a** [objet, taille] manageable ; [véhicule] manoeuvrable **b** [personne] impressionable

maniaque [manjak] **1** adj [personne] fussy **2** nmf **a** (= fou) maniac **b** (= fanatique) fanatic

manie [mani] nf **a** (= habitude) odd habit ▪ **avoir ses petites ~s** to have one's little ways **b** (= obsession) mania

maniement [manimɑ̃] nm handling ▪ **d'un ~ difficile** difficult to handle

manier [manje] vt to handle ▪ **savoir ~ l'ironie** to make skilful use of irony

manière [manjɛʀ] **1** nf (= façon) way ▪ **sa ~ d'agir/de parler** the way he behaves/speaks ▪ **il le fera à sa ~** he'll do it his own way ▪ **employer la ~ forte** to use strong-arm methods ▪ **de cette ~** in this way ▪ **de quelle ~ as-tu fait cela ?** how did you do that? ▪ **de toute ~** in any case ▪ **d'une ~ générale** generally speaking ▪ **de telle ~ que...** in such a way that... ▪ **de ~ à faire** so as to do ▪ **de ~ à ce que nous arrivions à l'heure** so that we get there on time **2** **manières** nfpl manners ▪ **en voilà des ~s !** what a way to behave! ▪ **faire des ~s** (chichis) to make a fuss

maniéré, e [manjeʀe] adj (= affecté) affected

manif* [manif] nf demo*

manifestant, e [manifɛstɑ̃, ɑ̃t] nm,f demonstrator

manifestation [manifɛstasjɔ̃] nf **a** (= protestation) demonstration **b** (culturelle, sportive) event **c** [de sentiment] expression ; [de maladie] (= apparition) appearance

> ⚠ Au sens de « réunion », **manifestation** ne se traduit pas par le mot anglais ***manifestation***.

manifeste [manifɛst] **1** adj [vérité, injustice] manifest ; [sentiment, différence] obvious **2** nm manifesto

manifestement [manifɛstəmɑ̃] adv obviously

manifester [manifɛste] **1** vt to show **2** vi (= protester) to demonstrate **3** **se manifester** vpr **a** [émotion] to express itself ; [phénomène] to appear ▪ **cette maladie se manifeste par l'apparition de boutons** the appearance of a rash is the first symptom of this disease **b** (par écrit, par téléphone) to get in touch ; [candidat, témoin] to come forward

manigancer [manigɑ̃se] vt to plot ▪ **qu'est-ce qu'il manigance maintenant ?** what's he up to now?

manigances [manigɑ̃s] nfpl schemes

manioc [manjɔk] nm manioc

manip* [manip] nf abrév de **manipulation**

manipulateur, -trice [manipylatœʀ, tʀis] **1** adj [personne] manipulative **2** nm,f **a** (= technicien) technician ▪ **~ radio** radiographer **b** (= malhonnête) manipulator

manipulation [manipylasjɔ̃] nf **a** (= maniement) handling **b** [de personnes] manipulation *NonC* ▪ **~s électorales** vote-rigging

manipuler [manipyle] vt **a** [+ objet, produit] to handle **b** [+ personnes] to manipulate ; [+ statistiques] to doctor

Manitoba [manitɔba] nm Manitoba

manivelle [manivɛl] nf handle ; [de voiture] crank

mannequin [mankɛ̃] nm **a** (= personne) model **b** (= objet) dummy

manœuvre [manœvʀ] **1** nf manoeuvre BR, maneuver US ; (= machination) ploy ▪ **fausse ~** (fig) wrong move ▪ **être en ~s** to be on manoeuvres ▪ **~s électorales** vote-catching ploys **2** nm labourer

manœuvrer [manœvʀe] **1** vt **a** [+ véhicule] to manoeuvre BR, to maneuver US ; [+ machine] to operate **b** [+ personne] to manipulate **2** vi to manoeuvre BR, to maneuver US

manoir [manwaʀ] nm manor house

manque [mɑ̃k] nm **a** lack ▪ **par ~ de** through lack of ▸ **manque à gagner** loss of earnings **b** (= lacune) gap **c** ▪ **être en ~** to be suffering from withdrawal symptoms

manqué, e [mɑ̃ke] adj [essai] failed ; [occasion] wasted

manquement [mɑ̃kmɑ̃] nm(frm) ▪ **~ à** [+ règle] breach of ▪ **~ au devoir** dereliction of duty ▪ **~ au respect des droits de l'homme** breach of human rights

manquer [mɑ̃ke] **1** vt **a** [+ but, occasion, personne, train] to miss ▪ **c'est un film à ne pas ~** it's a film that's not to be missed **b** [+ photo, gâteau] to spoil **c** (= être absent de) to miss **2** vt indir ▪ **~ de qch** to lack sth ▪ **ils ne manquent de rien** they want for nothing ▪ **on manque d'air ici** there's no air in here ▪ **tu ne manques pas de culot !*** you've got some nerve!* ▪ **elle a manqué de se faire écraser** she nearly got run over **3** vi **a** (= faire défaut) to be lacking ▪ **les occasions ne manquent pas** there is no shortage of opportunities ▪ **ce qui lui manque, c'est l'imagination** what he lacks is imagination **b** (= être absent) to be absent **c** (= être regretté) ▪ **il nous manque** we miss him **4** vb impers ▪ **il manque un pied à la chaise** there's a leg missing from the chair ▪ **il manque dix personnes** (= elles ont disparu) there are ten people missing ; (= on en a besoin) we are ten people short ▪ **il ne manquait plus que ça !** that's all we needed! **5** **se manquer** vpr (à un rendez-vous) to miss each other

mansardé, e [mɑ̃saʀde] adj [chambre] attic *avant n* ▪ **la chambre est ~e** the room has a sloping ceiling

manteau (pl **~x**) [mɑ̃to] nm **a** (= vêtement) coat **b** [de neige] blanket

mantra [mɑ̃tʀa] nm mantra

manucure [manykyʀ] **1** nmf (= personne) manicurist **2** nf (= soins) manicure

manuel, -elle [manɥɛl] **1** adj manual **2** nm,f ▪ **ce n'est pas un ~** he's not very good with his hands **3** nm (= livre) manual ▸ **manuel scolaire** textbook

manufacture [manyfaktyʀ] nf **a** (= usine) factory **b** (= fabrication) manufacture

manu militari [manymilitaʀi] adv by force

manuscrit, e [manyskʀi, it] **1** adj (= écrit à la main) handwritten **2** nm manuscript

manutention [manytɑ̃sjɔ̃] nf (= opération) handling

manutentionnaire [manytɑ̃sjɔnɛʀ] nmf packer

mappemonde [mapmɔ̃d] nf (= carte) map of the world ; (= sphère) globe

maquereau (pl **~x**) [makʀo] nm **a** (= poisson) mackerel **b** (‡ = proxénète) pimp

maquette [makɛt] nf model ; (= mise en page) layout

maquettiste [maketist] nmf [de modèles réduits] model maker ; [de livre] graphic designer

maquillage [makijaʒ] nm (= cosmétiques) make-up

maquiller [makije] **1** vt **a** [+ visage, personne] to make up ▪ **très maquillé** heavily made-up **b** [+ vérité, faits] to fake ; [+ résultats, chiffres] to massage ; [+ voiture] to disguise ▪ **le meurtre avait été maquillé en accident** the murder had been made to look like an accident **2** **se maquiller** vpr to put on one's make-up

maquilleur, -euse [makijœʀ, øz] nm,f make-up artist

maquis [maki] nm scrub ; (deuxième Guerre mondiale) maquis ▪ **prendre le ~** to go underground

marabout [maʀabu] nm **a** (= oiseau) marabou **b** (= sorcier) marabout ; (= envoûteur) witch doctor

maraîcher, -ère [maʀeʃe, ɛʀ] **1** nm,f market gardener BR, truck farmer US **2** adj ▪ **culture maraîchère** market gardening *NonC* BR, truck farming *NonC* US

marais [maʀɛ] nm (= terrain) marsh ▪ **~ salant** salt marsh

marasme [maʀasm] nm slump

marathon [maʀatɔ̃] nm marathon

marathonien, -ienne [maʀatɔnjɛ̃, jɛn] nm,f marathon runner

maraude [maʀod] nf **a** (= mission, ronde) patrol ▪ **taxi en ~** cruising ou prowling taxi **b** (= vol) thieving

marauder [maʀode] vi [personne] to pilfer ; [taxi] to cruise for fares

marbre [maʀbʀ] nm **a** (= pierre) marble ▪ **rester de ~** to remain stony-faced **b** (= statue) marble statue

marbré, e [maʀbʀe] adj [papier] marbled ; [peau] blotchy ▪ **gâteau ~** marble cake

marc [maʀ] nm (= eau-de-vie) marc brandy ▪ **~ de café** (coffee) grounds

marchand, e [maʀʃɑ̃, ɑ̃d] **1** adj [valeur] market ; [rue] shopping *avant n* **2** nm,f (= boutiquier) shopkeeper ; (sur un marché) stallholder ; [de vins, fruits] merchant ; [de meubles, cycles] dealer ▸ **marchand ambulant** door-to-door salesman ▸ **marchand de glaces** ice cream vendor ▸ **marchand de journaux** newsagent BR, newsdealer US ▸ **marchand de légumes** greengrocer BR, produce dealer US ▸ **marchand des quatre saisons** *stallholder selling fresh fruit and vegetables* ▸ **marchand de sommeil** (péj) slum landlord, slumlord* US

marchandage [maʀʃɑ̃daʒ] nm haggling

marchander [maʀʃɑ̃de] vi to haggle

marchandise [maʀʃɑ̃diz] nf (= article) commodity ■ **~s** goods

marche [maʀʃ] nf **a** (= activité, Sport) walking ■ **il fait de la ~** he goes walking ■ **chaussures de ~** walking shoes **b** (= trajet) walk ■ **le village est à deux heures de ~ d'ici** the village is a two-hour walk from here **c** (= procession, musique) march ▸ **marche blanche** *peaceful demonstration commemorating victims of violence* **d** (= fonctionnement) running ■ **en bon état de ~** in good working order ■ **~/arrêt** on/off ■ **être en ~** [moteur] to be running ; [machine] to be on ■ **mettre en ~** [+ moteur, voiture] to start ; [+ machine] to turn on ■ **j'ai pris le bus en ~** I jumped onto the bus while it was moving **e** [d'événements, opérations] course ; [d'histoire, temps] march **f** [d'escalier] step **g** **marche arrière** (sur voiture) reverse ■ **entrer/sortir en ~ arrière** to reverse in/out ■ **faire ~ arrière** to reverse ; (fig) to back-pedal

marché [maʀʃe] nm **a** market ■ **~ aux fleurs** flower market ■ **aller faire son ~** to go to the market ; (plus général) to go shopping ▸ **marché aux puces** flea market ▸ **le marché unique européen** the single European market **b** (= transaction, contrat) deal ■ **conclure un ~ avec qn** to make a deal with sb ■ **~ conclu !** it's a deal! **c** ■ **bon ~** cheap ■ **faire du ~ noir** to buy and sell on the black market

marchepied [maʀʃəpje] nm [de train] step

marcher [maʀʃe] vi **a** to walk ; [soldats] to march ■ **~ dans une flaque d'eau** to step in a puddle ■ **~ sur les pieds de qn** to tread on sb's toes **b** (* = être dupe) ■ **on lui raconte n'importe quoi et il marche** you can tell him anything and he'll swallow it* ■ **il n'a pas voulu ~ dans la combine** he didn't want to be involved in the affair ■ **faire ~ qn** to pull sb's leg **c** (= fonctionner) to work ; (= fonctionner bien) to go well ■ **faire ~** [+ appareil] to work ■ **ça marche à l'électricité** it's electric ■ **le film a bien marché en Europe** the film was a big success in Europe ■ **ça marche pour lundi** Monday is fine

marcheur, -euse [maʀʃœʀ, øz] nm,f walker

mardi [maʀdi] nm Tuesday ■ **Mardi gras** Shrove Tuesday, Mardi Gras ; pour autres loc voir **samedi**

mare [maʀ] nf **a** (= étang) pond **b** (= flaque) pool

> ⚠ **mare** ne se traduit pas par le mot anglais *mare*, qui signifie « jument ».

marécage [maʀekaʒ] nm marsh

marécageux, -euse [maʀekaʒø, øz] adj [terrain, zone] marshy

maréchal (pl **-aux**) [maʀeʃal, o] nm marshal

marée [maʀe] nf [de mer] tide ■ **à ~ haute/basse** at high/low tide ■ **~ noire** oil slick ■ **~ humaine** great flood of people

marelle [maʀɛl] nf (= jeu) hopscotch

margarine [maʀgaʀin] nf margarine

marge [maʀʒ] nf **a** [de feuille] margin ■ **en ~** in the margin ■ **vivre en ~ de la société** to live on the fringe of society **b** (= latitude) ■ **il y a de la ~** (du temps) there's time to spare ; (de l'espace) there's plenty of room ▸ **marge bénéficiaire** profit margin ▸ **marge d'erreur** margin of error ▸ **marge de manœuvre** room to manoeuvre

marginal, e (mpl **-aux**) [maʀʒinal, o] **1** adj **a** (= secondaire) marginal **b** (= non conformiste) unconventional **2** nm,f (= déshérité) dropout ; (= non-conformiste) unconventional figure

marginaliser [maʀʒinalize] **1** vt to marginalize **2** **se marginaliser** vpr to become marginalized

marguerite [maʀgəʀit] nf (= fleur) daisy

mari [maʀi] nm husband

mariage [maʀjaʒ] nm **a** (= cérémonie) wedding ■ **~ civil/religieux** civil/church wedding ■ **~ arrangé** arranged marriage **b** (= institution, union) marriage ■ **ils ont fêté leurs 20 ans de ~** they celebrated their 20th wedding anniversary ■ **il l'a demandée en ~** he asked if he could marry her ■ **faire un ~ d'amour** to marry for love **c** [de couleurs, matières] blend

marié, e [maʀje] **1** adj married **2** nm groom ■ **les ~s** the bride and groom **3** **mariée** nf bride

marier [maʀje] **1** vt **a** [maire, prêtre] to marry **b** [+ couleurs, saveurs, styles] to blend **2** **se marier** vpr **a** [personne] to get married (*avec* to) **b** [couleurs, saveurs, styles] to blend ■ **le rose se marie très bien avec le noir** pink goes very well with black

marihuana, marijuana [maʀiʀwana] nf marijuana

marin, e[1] [maʀɛ̃, in] **1** adj [air] sea ; [carte] nautical ; [faune, flore] marine **2** nm sailor ■ **~ pêcheur** fisherman

marina [maʀina] nf marina

marinade [maʀinad] nf marinade

marine[2] [maʀin] **1** nf **a** (= flotte, administration) navy ■ **~ marchande** merchant navy **b** (= tableau) seascape **2** nm (= soldat) Marine **3** adj inv (couleur) navy blue

mariner [maʀine] vi **a** to marinade ■ **faire ~** to marinade **b** (* = attendre) to hang about* ■ **~ en prison** to stew* in prison ■ **faire ~ qn** to let sb stew*

maringouin [maʀɛ̃gwɛ̃] nm (Can) mosquito

mariolle* [marjɔl] nm ■ **c'est un ~** (qui plaisante) he's a bit of a joker ; (incompétent) he's a bungling idiot* ■ **fais pas le ~ !** stop trying to be clever!

marionnette [marjɔnɛt] nf (= pantin) puppet ■ **spectacle de ~s** puppet show

maritime [maritim] adj a [climat, province] maritime ; [ville] seaside b [navigation] maritime ; [commerce, droit] shipping

mark [mark] nm mark

marketing [markətiŋ] nm marketing ■ **~ téléphonique** telemarketing

marmaille* [marmaj] nf gang of kids ■ **toute la ~ était là** (péj) the whole brood was there

marmelade [marməlad] nf stewed fruit ■ **~ de poires** stewed pears ■ **~ d'oranges** marmalade ■ **avoir le nez en ~** to have one's nose reduced to a pulp

marmite [marmit] nf pot

marmonner [marmɔne] vti to mutter

marmot* [marmo] nm kid

marmotte [marmɔt] nf marmot

marmotter [marmɔte] vti to mutter

Maroc [marɔk] nm Morocco

marocain, e [marɔkɛ̃, ɛn] 1 adj Moroccan 2 **Marocain(e)** nm,f Moroccan

maroquin [marɔkɛ̃] nm (= cuir) morocco leather

maroquinerie [marɔkinri] nf (= boutique) shop selling fine leather goods ; (= articles) fine leather goods

maroquinier [marɔkinje] nm (= marchand) dealer in fine leather goods ; (= fabricant) leather craftsman

marquant, e [markɑ̃, ɑ̃t] adj [figure, événement] outstanding ; [souvenir] vivid

marque [mark] nf a (= repère, trace) mark ; (= preuve) token ■ **~s de doigts** fingermarks ■ **il portait des ~s de coups** he showed signs of having been beaten b [d'or, argent] hallmark c [de nourriture, produits chimiques] brand ; [d'automobiles, produits manufacturés] make ■ **produits de ~** high-class products ■ **visiteur de ~** important visitor ▸ **marque déposée** registered trademark d (= décompte de points) ■ **la ~** the score e (Sport) ■ **à vos ~s ! prêts ! partez !** on your marks! get set! go!

marqué, e [marke] adj (= accentué) marked

marque-page (pl **~s**) [mark(ə)paʒ] nm bookmark

marquer [marke] vt a (par un signe distinctif) to mark (*de* with) ; [+ bétail] to brand b [thermomètre, horloge] to show ; [balance] to register c (= écrire) to write down d (= affecter) to affect ■ **ça m'a beaucoup marqué** it made a deep impression on me e (Sport) [+ joueur] to mark ; [+ but, essai] to score ■ **~ les points** to keep the score

marqueterie [markɛtri] nf marquetry

marqueur [markœr] nm (= stylo) marker pen ; (Méd) tracer

marquis [marki] nm marquis

marquise [markiz] nf a (= noble) marchioness b (= tente de jardin) marquee BR, garden tent US

marraine [marɛn] nf [d'enfant] godmother ; [de navire] christener

marrant, e* [marɑ̃, ɑ̃t] adj funny ■ **tu es ~, toi ! comment je vais faire sans voiture ?** come on! what am I going to do without a car?

marre‡ [mar] adv ■ **en avoir ~** to be fed up* (*de* with) ■ **il y en a ~ !** that's enough!

marrer (se)‡ [mare] vpr to laugh ■ **on s'est bien marrés !** (= on a ri) we had a good laugh!* ; (= on s'est bien amusés) we had a great time!

marron [marɔ̃] 1 nm a (= fruit) chestnut ■ **~s chauds** roast chestnuts ▸ **marron glacé** marron glacé b (= couleur) brown c (‡ = coup) thump 2 adj inv (= couleur) brown

marronnier [marɔnje] nm chestnut tree

mars [mars] nm March ; pour loc voir **septembre**

marseillais, e [marsɛjɛ, ɛz] 1 adj of ou from Marseilles 2 **Marseillais(e)** nm,f inhabitant ou native of Marseilles 3 nf ■ **la Marseillaise** the Marseillaise *(French National Anthem)*

Marseille [marsɛj] n Marseille(s)

marsupial (mpl **-iaux**) [marsypjal, jo] nm marsupial

marteau (pl **~x**) [marto] nm (= outil) hammer ; [de président, juge] gavel ■ **donner un coup de ~ sur qch** to hit sth with a hammer ■ **tu es ~ !*** you're nuts!*

marteau-piqueur (pl **marteaux-piqueurs**) [martopikœr] nm pneumatic drill

marteler [martəle] vt to hammer ; [+ thème, message] to drum out

martial, e (mpl **-iaux**) [marsjal, jo] adj [art] martial

martien, -ienne [marsjɛ̃, jɛn] nm,f Martian

martiniquais, e [martinikɛ, ɛz] 1 adj of ou from Martinique 2 **Martiniquais(e)** nm,f inhabitant ou native of Martinique

Martinique [martinik] nf Martinique

martin-pêcheur (pl **martins-pêcheurs**) [martɛ̃pɛʃœr] nm kingfisher

martre [martr] nf marten

martyr, e[1] [martir] 1 adj martyred ■ **enfant ~** battered child 2 nm,f martyr

martyre² [maʀtiʀ] nm martyrdom

martyriser [maʀtiʀize] vt [+ personne, animal] to torture ; [+ élève] to bully

marxisme [maʀksism] nm Marxism

marxiste [maʀksist] adj, nmf Marxist

mas [mɑ(s)] nm *house in Provence*

mascara [maskaʀa] nm mascara

mascarade [maskaʀad] nf (= tromperie) masquerade

mascotte [maskɔt] nf mascot

masculin, e [maskylɛ̃, in] 1 adj a (= d'homme) male ; [mode] men's ; [femme, silhouette] masculine ▪ **l'équipe ~e** the men's team b (Gram) masculine 2 nm masculine

maso* [mazo] 1 adj masochistic 2 nmf masochist

masochisme [mazɔʃism] nm masochism

masochiste [mazɔʃist] 1 adj masochistic 2 nmf masochist

masque [mask] nm a mask ▪ **~ de plongée** diving mask ▪ **~ à gaz** gas mask ▪ **~ à oxygène** oxygen mask ▪ **avoir le ~*** to sulk b (= cosmétique) face pack ▪ **~ de beauté/nettoyant** beauty/cleansing mask

masqué, e [maske] adj [bandit] masked ; [personne déguisée] wearing a mask ▪ **s'avancer ~** (fig) to hide one's hand ; → **bal**

masquer [maske] vt to mask (*à qn* from sb) ; [+ lumière] to screen ; [+ vue] to block out

massacre [masakʀ] nm massacre ▪ **envoyer des soldats au ~** to send soldiers to the slaughter ▪ **faire un ~*** [spectacle, chanteur] to be a roaring success*

massacrer [masakʀe] vt a [+ personnes] to massacre b * [+ opéra, pièce] to murder ; [+ travail] to make a mess of c (* = vaincre) [+ adversaire] to massacre

massage [masaʒ] nm massage ▪ **faire un ~ à qn** to give sb a massage

masse [mas] nf a (= volume) mass ▪ **~ de nuages** bank of clouds ▪ **~ d'air** air mass ▪ **taillé dans la ~** carved from the block ▪ **tomber comme une ~** to slump down in a heap ▪ **des ~s de*** (= beaucoup de) masses of ▪ **tu as aimé ce film ? – pas des ~s !*** did you like that film? – not much! ▪ **en ~** [exécutions, production] mass *avant n* ▪ **ils sont venus en ~ à son concert** people flocked to his concert b (= foule) ▪ **les ~s** the masses ▪ **tourisme/production de ~** mass tourism/production c (Élec) earth BR, ground US ▪ **mettre à la ~** to earth BR, to ground US d (= maillet) sledgehammer

masser [mase] 1 vt a [+ personne, muscle] to massage ▪ **se faire ~** to have a massage b (= grouper) to gather together ; [+ troupes] to mass 2 **se masser** vpr a [personne] ▪ **se ~ la cheville** to massage one's ankle b [foule] to gather

masseur [masœʀ] nm masseur

masseuse [masøz] nf masseuse

massif, -ive [masif, iv] 1 adj a [meuble, bâtiment, porte] massive ; [personne] sturdily built b [or, bois] solid c [afflux, bombardements, dose] massive ; [arrestations, licenciements] mass *avant n* 2 nm a (montagneux) massif ▪ **le Massif central** the Massif Central b [d'arbres] clump ▪ **~ de fleurs** flower bed

mass media [masmedja] nmpl mass media

massothérapie [masoteʀapi] nf massage therapy

massue [masy] nf club

master¹ [mastɛʀ] nm ≈ master's degree *(two-year postgraduate qualification)*

master² [mastœʀ, mastɛʀ] nm (= bande mère) master tape

mastère [mastɛʀ] nm ≈ master's degree

mastériser [masteʀize] vt [+ disque] to master

mastic [mastik] nm [de vitrier] putty ; [de menuisier] filler

mastiquer [mastike] vt (= mâcher) to chew

masturber (se) [mastyʀbe] vpr to masturbate

mat'* [mat] nm abrév de **matin**

mat¹ [mat] adj inv (Échecs) ▪ **être ~** to be in checkmate

mat², e [mat] adj (= sans éclat) matt ; [bruit] dull ; [peau, teint] dark

mât [mɑ] nm [de bateau] mast

match [matʃ] nm (Sport) match ▪ **~ aller/retour** first-leg/return match ▪ **~ nul** tie ▪ **faire ~ nul** they tied

matelas [mat(ə)lɑ] nm mattress ▪ **~ pneumatique** (= lit) air bed ; (de plage) Lilo® BR, air mattress US

matelassé, e [mat(ə)lase] adj quilted

matelot [mat(ə)lo] nm sailor

mater [mate] vt a [+ rebelles] to subdue ; [+ révolution] to suppress ; [+ enfant] to take in hand b (‡ = regarder) to eye up*

matérialiser [mateʀjalize (se)] vpr to materialize

matérialiste [mateʀjalist] adj materialistic

matériau (pl **~x**) [mateʀjo] nm material ▪ **~x de construction** building materials

matériel, -elle [mateʀjɛl] 1 adj a [dégâts, monde, confort, aide] material b (= financier) financial c [organisation, obstacles] practical **2** nm equipment *NonC* ; (= documentation) material ■ **~ de bureau** office equipment ■ **~ informatique** hardware

matériellement [materjɛlmɑ̃] adv **a** (= physiquement) physically **b** (= financièrement) financially

maternel, -elle [matɛʀnɛl] **1** adj [instinct, amour] maternal ; [geste, soin] motherly ■ **lait ~** mother's milk ■ **mon grand-père (du côté) ~** my grandfather on my mother's side **2** **maternelle** nf (= école) nursery school ■ **en ~le** at nursery school

maternité [matɛʀnite] nf **a** (= hôpital) maternity hospital **b** (= état de mère) maternity ; (= grossesse) pregnancy

mathématicien, -ienne [matematisjɛ̃, jɛn] nm,f mathematician

mathématique [matematik] **1** adj mathematical **2** **mathématiques** nfpl mathematics *sg*

math(s)* [mat] nfpl (abrév de **mathématiques**) maths* BR, math* US

matière [matjɛʀ] nf **a** (= substance) ■ **la ~** matter ■ **~s dangereuses** hazardous materials ▸ **matière(s) grasse(s)** fat ■ **yaourt à 15% de ~ grasse** yoghurt with 15% fat content ▸ **matière grise** grey BR ou gray US matter ▸ **matière première** raw material **b** (= discipline) subject ■ **il est très ignorant en la ~** he is completely ignorant on the subject ■ **il y a là ~ à réflexion** this is a matter for serious thought

Matignon [matiɲɔ̃] nm *the offices of the French Prime Minister*

matin [matɛ̃] nm morning ■ **2 heures du ~** 2 am ■ **du ~ au soir** from morning till night ■ **je ne travaille que le ~** I only work in the morning ■ **de bon ~** early in the morning ■ **nous avons parlé jusqu'au petit ~** we talked into the small hours

matinal, e (mpl **-aux**) [matinal, o] **1** adj **a** [tâches, toilette] morning ■ **gelée ~e** early-morning frost ■ **à cette heure ~e** at this early hour **b** [personne] ■ **être ~** to be an early riser ■ **il est bien ~ aujourd'hui** he's up early today **2** **matinale** nf (Radio, TV) morning show

matinée [matine] nf **a** (= matin) morning ■ **demain dans la ~** sometime tomorrow morning ■ **en début/fin de ~** at the beginning/end of the morning **b** (Ciné, Théâtre) matinée

matos* [matos] nm equipment *NonC*

matou [matu] nm tomcat

matraquage [matʀakaʒ] nm (par les médias) plugging ■ **~ publicitaire** media hype*

matraque [matʀak] nf [de police] baton

matraquer [matʀake] vt **a** [police] to beat up *(with a truncheon)* **b** [+ chanson, produit, publicité] to plug ; [+ public] to bombard (*de* with)

matricule [matʀikyl] nm reference number ; [de soldat] regimental number

matrimonial, e (mpl **-iaux**) [matʀimɔnjal, jo] adj matrimonial ; → **agence**

mature [matyʀ] adj [personne, marché] mature

maturité [matyʀite] nf **a** [de personne] maturity ■ **arriver à ~** [fruit] to become ripe ; [idée] to come to maturity **b** (Helv = baccalauréat) ≈ A-levels BR, ≈ high school diploma US

maudire [modiʀ] vt to curse

maudit, e* [modi, it] adj (= fichu) (avant le nom) blasted*

maugréer [mogʀee] vi to grumble (*contre* about)

maure, mauresque [mɔʀ, mɔʀɛsk] adj Moorish

Maurice [mɔʀis] n ■ **(île) ~** Mauritius

mauricien, -ienne [mɔʀisjɛ̃, jɛn] **1** adj Mauritian **2** **Mauricien(ne)** nm,f Mauritian

mausolée [mozɔle] nm mausoleum

maussade [mosad] adj [personne] sullen ; [ciel, temps] gloomy ■ **d'un air ~** sullenly

mauvais, e [mɔvɛ, ɛz] adj **a** bad (*en* at) ; [excuse] poor ; [mer] rough ■ **un ~ contact** a faulty connection ■ **la balle est ~e** the ball is out ■ **il fait ~ aujourd'hui** the weather's bad today **b** (= faux) wrong ■ **il roulait sur le ~ côté de la route** he was driving on the wrong side of the road **c** (= méchant) [sourire, regard] nasty ; [personne, joie] malicious ■ **faire un ~ coup** to play a mean trick (*à qn* on sb)

mauve [mov] adj, nm mauve

mauviette [movjɛt] nf wimp*

maux [mo] nmpl → **mal**

maxi [maksi] **1** préf ■ **maxi(-)** maxi **2** adj inv (* = maximum) maximum

maximal, e (mpl **-aux**) [maksimal, o] adj maximum

maxime [maksim] nf maxim

maximum [maksimɔm] **1** adj maximum **2** nm maximum ; (= peine) maximum sentence ■ **faire le ~** to do one's utmost (*pour* to) ■ **au ~** at the maximum **3** adv at the maximum ■ **j'en ai pour deux heures ~** I'll be two hours at the maximum ■ **à six heures ~** at six o'clock at the latest

mayonnaise [majɔnɛz] nf mayonnaise ■ **œufs ~** eggs mayonnaise

mazout [mazut] nm heating oil ■ **poêle à ~** oil-fired stove

m-commerce [ɛmkɔmɛʀs] nm m-commerce

MDR (abrév de **mort de rire**) LOL

me, m' [m(ə)] pron pers **a** (objet) me ▪ **me voyez-vous ?** can you see me? ▪ **elle m'attend** she is waiting for me ▪ **il me l'a donné** he gave it to me **b** (réfléchi) myself ▪ **je me regardais dans le miroir** I was looking at myself in the mirror

méandre [meɑ̃dʀ] nm [de fleuve] meander ▪ **les ~s de l'administration** the maze of the administrative system

mec* [mɛk] nm **a** (= homme) guy* **b** (= compagnon) ▪ **son ~** her man*

mécanicien, -ienne [mekanisjɛ̃, jɛn] nm,f **a** [de voitures] mechanic **b** [d'avion, bateau] engineer **c** [de train] train driver BR, engineer US

mécanique [mekanik] **1** adj mechanical ; [jouet] clockwork ▪ **avoir des ennuis ~s** (sur voiture) to have engine trouble **2** nf **a** (= activité, discipline) mechanical engineering ; (= science, fonctionnement) mechanics *sg* **b** (= mécanisme) ▪ **c'est une belle ~** this car is a fine piece of engineering

> ⚠ **mécanique** ne se traduit pas par ***mechanic***, qui signifie « mécanicien ».

mécanisation [mekanizasjɔ̃] nf mechanization

mécanisme [mekanism] nm mechanism

mécano* [mekano] nm abrév de **mécanicien**

mécénat [mesena] nm patronage ▪ **~ d'entreprise** corporate sponsorship

mécène [mesɛn] nm patron

méchamment [meʃamɑ̃] adv **a** (= cruellement) spitefully **b** (* = très) really

méchanceté [meʃɑ̃ste] nf **a** (= caractère) nastiness ▪ **faire qch par ~** to do sth out of spite **b** (= action) nasty action ; (= parole) nasty remark ▪ **dire des ~s à qn** to say nasty things to sb

méchant, e [meʃɑ̃, ɑ̃t] **1** adj **a** [personne] nasty ; [enfant] naughty ; [intention] malicious **b** (= dangereux) ▪ **ce n'est pas bien ~*** it's nothing to worry about **2** nm,f ▪ **les ~s** (dans un film) the bad guys*

mèche [mɛʃ] nf **a** [de cheveux] tuft of hair ; (sur le front) lock of hair ▪ **se faire faire des ~s** to have highlights put in one's hair **b** [de bougie, briquet, lampe] wick ; [de bombe] fuse **c** [de perceuse] bit **d** ▪ **vendre la ~** to give the game away* ▪ **être de ~ avec qn*** to be in cahoots with sb*

méchoui [meʃwi] nm (= repas) *barbecue of a whole roast sheep*

méconnaissable [mekɔnɛsabl] adj unrecognizable

méconnu, e [mekɔny] adj [talent, génie] unrecognized ; [musicien, écrivain] underrated

mécontent, e [mekɔ̃tɑ̃, ɑ̃t] adj (= insatisfait) dissatisfied (*de* with) ; (= contrarié) annoyed (*de* with) ▪ **je ne suis pas ~ de cette voiture** I'm quite happy with this car

mécontentement [mekɔ̃tɑ̃tmɑ̃] nm discontent ; (= déplaisir) dissatisfaction ; (= irritation) annoyance ▪ **motif de ~** cause for dissatisfaction ▪ **provoquer un vif ~** to cause considerable discontent (*chez* among)

mécontenter [mekɔ̃tɑ̃te] vt to displease

Mecque [mɛk] nf ▪ **La ~** Mecca

médaille [medaj] nf **a** (= pièce, décoration) medal ▪ **elle est ~ d'argent** she's a silver medallist **b** (= bijou) medallion **c** [de chien] identification disc

médaillé, e [medaje] **1** adj decorated *(with a medal)* ; [sportif] holding a medal **2** nm,f medal-holder ▪ **il est ~ olympique** he is an Olympic medallist

médaillon [medajɔ̃] nm **a** (= bijou) locket **b** (= portrait, viande) medallion

médecin [med(ə)sɛ̃] nm doctor ▪ **votre ~ traitant** your doctor ▸ **médecin de famille** family practitioner ▸ **médecin généraliste** general practitioner, GP ▸ **médecin légiste** forensic scientist

médecine [med(ə)sin] nf medicine ▸ **médecine douce** alternative medicine ▸ **médecine légale** forensic medicine ▸ **médecine du travail** occupational medicine

médersa [medɛʀsa] nf ⇒ **madrassa(h)**

média [medja] nm medium ▪ **les ~s** the media

médiateur, -trice [medjatœʀ, tʀis] nm,f mediator ; (entre partenaires sociaux) arbitrator

médiathèque [medjatɛk] nf multimedia library

médiatique [medjatik] adj [image, battage] media *avant n* ▪ **c'est quelqu'un de très ~** he comes across really well in the media

médiatisation [medjatizasjɔ̃] nf media coverage

médiatiser [medjatize] vt ▪ **cet événement a été très médiatisé** the event was given a lot of media coverage

médical, e (mpl **-aux**) [medikal, o] adj medical

médicaliser [medikalize] vt to medicalize

médicament [medikamɑ̃] nm medicine

médicinal, e (mpl **-aux**) [medisinal, o] adj [plante, substance] medicinal

médicolégal, e (mpl **-aux**) [medikolegal, o] adj [expert, rapport] forensic ▪ **expertise ~e** forensic examination ▪ **institut ~** mortuary *(where autopsies and forensic examinations are carried out)*

médiéval, e (mpl **-aux**) [medjeval, o] adj medieval

médiocre [medjɔkʀ] adj mediocre ; [résultats, revenu] poor

médire [mediʀ] vi to say nasty things

médisant, e [medizɑ̃, ɑ̃t] adj [personne] malicious

méditation [meditasjɔ̃] nf meditation

méditer [medite] **1** vt [+ projet, vengeance] to plan **2** vi to meditate ▪ **~ sur qch** to ponder over sth

Méditerranée [mediteʀane] nf ▪ **la ~** the Mediterranean

méditerranéen, -éenne [mediteʀaneɛ̃, eɛn] **1** adj Mediterranean **2** **Méditerranéen(ne)** nm,f inhabitant of a Mediterranean country

médium [medjɔm] nm medium

médius [medjys] nm middle finger

méduse [medyz] nf (= animal) jellyfish

méduser [medyze] vt to transfix

meeting [mitiŋ] nm meeting ▸ **meeting aérien** air show

méfait [mefɛ] **1** nm wrongdoing **2** **méfaits** nmpl (= ravages) ravages

méfiance [mefjɑ̃s] nf mistrust ▪ **regarder qn/qch avec ~** to look at sb/sth suspiciously

méfiant, e [mefjɑ̃, jɑ̃t] adj [personne] mistrustful ▪ **air ~** look of mistrust

méfier (se) [mefje] vpr **a** (= ne pas avoir confiance) ▪ **se méfier de qn/qch** not to trust sb/sth ▪ **je me méfie de lui** I don't trust him **b** (= faire attention) to be careful

mégabit [megabit] nm megabit

mégadonnées [megadɔne] nfpl (Internet) big data

mégalo* [megalo] adj abrév de **mégalomane**

mégalomane [megalɔman] adj, nmf [personne] megalomaniac

mégaoctet (pl **~s**) [megaɔktɛ] nm megabyte

mégarde [megaʀd] nf ▪ **par ~** accidentally

mégère [meʒɛʀ] nf ▪ **c'est une ~** she's always nagging

mégot* [mego] nm cigarette butt

mégoter* [megɔte] vi to skimp

meilleur, e [mɛjœʀ] **1** adj **a** (compar) better (*que* than, *en* at) ▪ **avoir ~ goût** [aliment] to taste better ▪ **ce gâteau est ~ avec du rhum** this cake tastes better with rum ▪ **~ marché** cheaper **b** (superl) ▪ **le ~, la ~e** the best ▪ **la ~e de toutes** the best of all ▪ **le ~ des deux** the better of the two ▪ **le ~ marché** the cheapest ▪ **~s vœux** best wishes **2** adv ▪ **il fait ~ qu'hier** it's better weather than yesterday ▪ **sentir ~** to smell better **3** nm,f (= personne) ▪ **le ~, la ~e** the best one ▪ **que le ~ gagne** may the best man win **4** nm (= partie, chose) ▪ **le ~** the best ▪ **garder le ~ pour la fin** to keep the best till last **5** **meilleure** nf ▪ **ça, c'est la ~e !*** that's the best one yet!

mél [mel] nm (abrév de **message électronique**) email

mélancolie [melɑ̃kɔli] nf melancholy

mélancolique [melɑ̃kɔlik] adj melancholy

Mélanésie [melanezi] nf Melanesia

mélange [melɑ̃ʒ] nm **a** (= opération) mixing ; [de vins, tabacs] blending **b** (= résultat) mixture ; [de vins, tabacs, cafés] blend

mélanger [melɑ̃ʒe] **1** vt **a** to mix ; [+ couleurs, parfums, tabacs] to blend ; [+ cartes] to shuffle **b** (= confondre) to mix up ▪ **tu mélanges tout !** you're getting it all mixed up! **2** **se mélanger** vpr to mix

mélangeur [melɑ̃ʒœʀ] nm (= robinet) mixer tap BR, mixing faucet US

Melba [mɛlba] adj inv ▪ **pêche ~** peach Melba

mêlée [mele] nf **a** (= bataille) ▪ **~ générale** free-for-all **b** (Rugby) scrum

mêler [mele] **1** vt **a** (= unir) to mix (*de*, *à* with) ▪ **joie mêlée de remords** pleasure tinged with remorse **b** (= impliquer) ▪ **~ qn à** to involve sb in **2** **se mêler** vpr **a** [odeurs, voix] to mingle ; [cultures, races] to mix ▪ **se ~ à** [+ foule] to mingle with ; [+ conversation] to join in **b** ▪ **se ~ de** (= s'occuper de) to get involved in ; (= s'ingérer dans) to interfere with ▪ **mêle-toi de ce qui te regarde !, mêle-toi de tes oignons !*** mind your own business! ▪ **de quoi je me mêle !*** what business is it of yours?

mélèze [melɛz] nm larch

méli-mélo* (pl **mélis-mélos**) [melimelo] nm [de situation] mess ; [d'objets] jumble

mélo* [melo] **1** adj sentimental **2** nm melodrama

mélodie [melɔdi] nf melody

mélodieux, -ieuse [melɔdjø, jøz] adj melodious

mélodramatique [melɔdʀamatik] adj melodramatic

mélodrame [melɔdʀam] nm melodrama

mélomane [melɔman] **1** adj ▪ **être ~** to be a music lover **2** nmf music lover

melon [m(ə)lɔ̃] nm **a** (Bot) melon **b** ▪ **(chapeau) ~** bowler hat BR, derby hat US ▪ **attraper le ~*** to get bigheaded*

membrane [mɑ̃bʀan] nf membrane

membre [mɑ̃bʀ] nm **a** [de corps] limb **b** [de famille, groupe] member ▪ **devenir ~ d'un club** to join a club ▪ **États ~s de l'Union européenne** member states of the European Union

mème [mɛm] nm (Internet) meme

même [mɛm]

1 adj **a** (= identique : avant le nom) same (*que* as) ▪ **en ~ temps que** at the same time as

b (= exact, personnifié) very ▪ **ce sont ses paroles ~s** those are his very words ▪ **il est la gentillesse ~** he is kindness itself

2 pron indéf ▪ **le ~, la ~** the same (*que* as) ▪ **la réaction n'a pas été la ~ qu'à Paris** the reaction was not the same as in Paris ▪ **elle a acheté le ~ que moi** she bought the same one as me

3 adv **a** even ▪ **ils sont tous malades, ~ les enfants** they are all ill, even the children ▪ **il n'a ~ pas de quoi écrire** he hasn't even got anything to write with ▪ **elle ne me parle ~ plus** she no longer even speaks to me ▪ **~ si** even if

b (= précisément) ▪ **aujourd'hui ~** this very day ▪ **ici ~** in this very place

c (loc)

♦ **à même** ▪ **coucher à ~ le sol** to lie on the bare ground ▪ **à ~ la peau** next to the skin ▪ **être à ~ de faire qch** to be able to do sth

♦ **de même** ▪ **il fera de ~** he'll do the same ▪ **il en est de ~ pour moi** it's the same for me

♦ **quand même, tout de même** (= en dépit de cela) all the same ▪ **merci quand ~** thanks all the same ▪ **tout de ~, tu exagères !** honestly, you're going a bit far! ▪ **ah tout de ~** ou **quand ~, tu te décides !** at last you've made up your mind!

mémé* [meme] nf (= grand-mère) grandma ; (= vieille dame) granny*

mémento [memɛ̃to] nm (= aide-mémoire) summary

mémère* [memɛʀ] nf granny*

mémoire[1] [memwaʀ] nf memory ▪ **citer de ~** to quote from memory ▪ **avoir de la ~** to have a good memory ▪ **si j'ai bonne ~** if I remember right ▪ **avoir la ~ courte** to have a short memory ▪ **avoir une ~ d'éléphant** to have a memory like an elephant ▪ **avoir une ~ de poisson rouge, avoir la ~ comme une passoire** to have a memory like a goldfish ▪ **à la ~ de** to the memory of ▪ **mettre qch en ~** (Informatique) to store sth ▸ **mémoire morte** read-only memory ▸ **mémoire tampon** buffer memory ▸ **mémoire vive** random access memory

mémoire[2] [memwaʀ] **1** nm (= rapport) report ; (= exposé) paper ▪ **~ de maîtrise** ≈ master's thesis **2** **mémoires** nmpl (= souvenirs) memoirs

mémorable [memɔʀabl] adj memorable

mémorial (pl **-iaux**) [memɔʀjal, jo] nm memorial

mémoriser [memɔʀize] vt to memorize

menaçant, e [mənasɑ̃, ɑ̃t] adj threatening

menace [mənas] nf threat ▪ **signer sous la ~** to sign under duress ▪ **sous la ~ d'un couteau** at knifepoint

menacer [mənase] **1** vt **a** (= faire peur à) to threaten (*de faire* to do) ▪ **~ qn de mort** to threaten sb with death ▪ **cette chaise menace de se casser** this chair looks like it will break **b** [+ équilibre, projet] to jeopardize ▪ **espèces menacées** endangered species **2** vi [grève, guerre] to loom large ▪ **la pluie menace** it looks like rain

ménage [menaʒ] nm **a** (= nettoyage) housework ▪ **faire le ~** to do the housework ▪ **faire le ~ dans ses archives** to tidy one's files ▪ **faire des ~s** to work as a cleaning woman **b** (= couple) couple ; (= famille) household ▪ **~ à trois** ménage à trois ▪ **se mettre en ~ avec qn** to set up house with sb **c** ▪ **faire bon ~** to go together well

ménagement [menaʒmɑ̃] nm ▪ **avec ~** considerately ▪ **sans ~** [annoncer] bluntly ▪ **traiter qn sans ~** (= avec brutalité) to manhandle sb

ménager[1], -ère [menaʒe, ɛʀ] **1** adj [ustensiles, appareils] household ▪ **travaux ~s** housework **2** **ménagère** nf **a** (= femme d'intérieur) housewife **b** (= couverts) canteen of cutlery

ménager[2] [menaʒe] **1** vt **a** (= traiter avec prudence) [+ personne] to handle carefully ; [+ appareil] to go easy on ▪ **afin de ~ les susceptibilités** so as not to offend people's sensibilities **b** (= épargner) ▪ **~ ses forces** to save one's strength ▪ **il n'a pas ménagé ses efforts** he spared no effort **c** [+ entretien, rencontre] to arrange ; [+ espace] to make ▪ **il nous ménage une surprise** he's got a surprise in store for us **2** **se ménager** vpr (= ne pas abuser de ses forces) to take it easy

ménagerie [menaʒʀi] nf menagerie

mendiant, e [mɑ̃djɑ̃, jɑ̃t] nm,f beggar

mendicité [mɑ̃disite] nf begging ▪ **être réduit à la ~** to be reduced to begging

mendier [mɑ̃dje] vi to beg

mener [m(ə)ne] vt **a** (= conduire) to lead ; (= accompagner) to take ▪ **cette route mène à Chartres** this road goes to Chartres ▪ **cela ne mène à rien** this won't get us anywhere ▪ **~ qn par le bout du nez** to lead sb by the nose **b** [+ débats] to chair ; [+ affaires] to run **c** (= être en tête) to lead ■ **il mène 3 jeux à 1** he's leading 3 games to 1 **d** [+ vie] to lead ; [+ lutte, conversation] to carry on ; [+ enquête] to carry out ■ **~ qch à bien** to see sth through ■ **~ la vie dure à qn** to rule sb with an iron hand

meneur, -euse [mənœʀ, øz] nm,f (= chef) leader ; (Sport) team leader

menhir [meniʀ] nm standing stone

méninges [menɛ̃ʒ] nfpl ■ **se creuser les ~*** to rack one's brains

méningite [menɛ̃ʒit] nf meningitis *NonC*

ménopause [menopoz] nf menopause

ménorah [menɔʀa] nf menorah

menottes [mənɔt] nfpl handcuffs ■ **passer les ~ à qn** to handcuff sb

mensonge [mɑ̃sɔ̃ʒ] nm lie ■ **dire des ~s** to tell lies

mensonger, -ère [mɑ̃sɔ̃ʒe, ɛʀ] adj false ; [publicité] misleading

menstruel, -elle [mɑ̃stʀyɛl] adj menstrual

mensualiser [mɑ̃sɥalize] vt [+ employé, impôts] to pay on a monthly basis

mensualité [mɑ̃sɥalite] nf (= traite) monthly payment ; (= salaire) monthly salary

mensuel, -elle [mɑ̃sɥɛl] **1** adj monthly **2** nm monthly magazine

mensurations [mɑ̃syʀasjɔ̃] nfpl vital statistics

mental, e (mpl **-aux**) [mɑ̃tal, o] adj mental

mentalité [mɑ̃talite] nf mentality ■ **jolie ~ !** what an attitude!

menteur, -euse [mɑ̃tœʀ, øz] nm,f liar

menthe [mɑ̃t] nf mint ■ **à la ~** mint ■ **une ~ à l'eau** a glass of peppermint cordial

menthol [mɑ̃tɔl] nm menthol

mention [mɑ̃sjɔ̃] nf **a** (= note brève) mention ■ **faire ~ de** to mention **b** (= annotation) note ■ **« rayer la ~ inutile »** "delete as appropriate" **c** (Scol, Univ) grade ■ **être reçu avec ~** to pass with distinction

> ⚠ Quand on parle d'examen, **mention** ne se traduit pas par le mot anglais *mention*.

mentionner [mɑ̃sjɔne] vt to mention

mentir [mɑ̃tiʀ] vi to lie (*à* to, *sur* about) ■ **sans ~** honestly

menton [mɑ̃tɔ̃] nm chin

menu[1] [məny] nm menu ; (à prix fixe) set menu ■ **qu'y a-t-il au ~ ?** what's on the menu? ■ **au ~ de l'émission, il y a...** lined up for you on the programme BR ou program US is... ► **menu déroulant** pull-down menu ► **menu gastronomique** gourmet menu

menu[2]**, e** [məny] adj **a** [personne] slim ; [morceaux] tiny **b** [difficultés, incidents] minor ; [détail] minute ■ **raconter qch par le ~** to relate sth in great detail

menuiserie [mənɥizʀi] nf **a** (= métier) joinery ; (dans le bâtiment) carpentry **b** (= atelier) joiner's workshop

menuisier, -ière [mənɥizje, jɛʀ] nm,f joiner ; (dans le bâtiment) carpenter

méprendre (se) [mepʀɑ̃dʀ] vpr to be mistaken (*sur* about)

mépris [mepʀi] nm contempt ■ **avoir du ~ pour qn** to despise sb ■ **au ~ des lois** regardless of the law

méprisable [mepʀizabl] adj despicable

méprisant, e [mepʀizɑ̃, ɑ̃t] adj contemptuous

méprise [mepʀiz] nf mistake

mépriser [mepʀize] vt [+ personne] to despise ; [+ danger, conseils] to scorn

mer [mɛʀ] nf sea ; (= côte) seaside ■ **en ~** at sea ■ **prendre la ~** to put out to sea ■ **la ~ est basse** the tide is low ■ **ce n'est pas la ~ à boire !*** it's no big deal! ► **la mer Morte** the Dead Sea ► **la mer Noire** the Black Sea ► **la mer du Nord** the North Sea ► **la mer Rouge** the Red Sea

mercenaire [mɛʀsənɛʀ] nmf mercenary

mercerie [mɛʀsəʀi] nf (= boutique) haberdasher's shop BR, notions store US ; (= articles) haberdashery BR, notions US

merci [mɛʀsi] **1** excl, nm thank you (*de, pour* for) ■ **~ beaucoup** thank you very much ■ **~ d'avoir répondu** thank you for replying ■ **dire ~ à qn** to say thank you to sb ■ **du lait ? – (oui) ~** some milk? – (yes) please ■ **non ~** no thank you **2** nf (= pitié) mercy ■ **sans ~** [concurrence] merciless ; [guerre, lutte] ruthless ■ **à la ~ de qn** at sb's mercy ■ **tout le monde est à la ~ d'une erreur** anyone can make a mistake

> ⚠ **merci** ne se traduit pas par *mercy*, qui signifie « pitié ».

mercier, -ière [mɛʀsje, jɛʀ] nm,f haberdasher BR, notions dealer US

mercredi [mɛʀkʀədi] nm Wednesday ■ **~ des Cendres** Ash Wednesday ; pour autres loc voir **samedi**

mercure [mɛʀkyʀ] nm mercury

merde* [mɛʀd] **1** nf **a** (= excrément) shit* ; (= crotte) turd* **b** (= chose sans valeur) crap* ■ **quelle voiture de ~ !** what a shitty car!* **c** (= ennuis) ■ **on est dans la ~** we're really in the shit* ■ **ils sont venus pour foutre la**

~ they came to cause trouble **2** excl shit!* ; (= bonne chance) good luck!

merder** [mɛʀde] vi [personne] to cock up* ■ **le projet a merdé du début à la fin** the project was a bloody** BR ou goddamn* US mess from start to finish ■ **j'ai merdé à l'écrit** I fucked up** the written paper

merdeux, -euse** [mɛʀdø, øz] nm,f twerp*

merdier** [mɛʀdje] nm (= situation) fuck-up** ; (= désordre) shambles *sg* ■ **être dans un beau ~** to be really in the shit** ■ **c'est le ~ dans ses dossiers** his files are an absolute shambles

merdique* [mɛʀdik] adj pathetic

mère [mɛʀ] nf mother ▸ **mère célibataire** single mother ▸ **mère de famille** mother ▸ **mère poule*** mother hen ▸ **Mère supérieure** Mother Superior

merguez [mɛʀgɛz] nf merguez sausage

méridien [meʀidjɛ̃] nm meridian

méridional, e (mpl **-aux**) [meʀidjɔnal, o] **1** adj southern ; (= du sud de la France) Southern French **2** **Méridional(e)** nm,f (= du sud de la France) Southern Frenchman (ou Frenchwoman)

meringue [məʀɛ̃g] nf meringue

merise [məʀiz] nf wild cherry

merisier [məʀizje] nm (= arbre) wild cherry tree ; (= bois) cherry

mérite [meʀit] nm (= vertu) merit ; (= respect accordé) credit ■ **tout le ~ lui revient** he deserves all the credit ■ **elle a bien du ~ de le supporter** she deserves a lot of credit for putting up with him ■ **promotion au ~** promotion on merit

mériter [meʀite] vt to deserve ; (= exiger) to call for ■ **repos bien mérité** well-deserved rest ■ **cela mérite réflexion** this calls for careful thought

merlan [mɛʀlɑ̃] nm whiting

merle [mɛʀl] nm blackbird

merlu [mɛʀly] nm hake

mérule [meʀyl] nm dry rot fungus

merveille [mɛʀvɛj] nf (= chose exceptionnelle) marvel ■ **regarde ma bague – quelle ~ !** look at my ring – it's beautiful! ■ **faire des ~s** to work wonders ■ **à ~** marvellously ■ **se porter à ~** to be in excellent health

merveilleusement [mɛʀvɛjøzmɑ̃] adv wonderfully

merveilleux, -euse [mɛʀvɛjø, øz] adj wonderful ; (= surnaturel) magic

mes [me] adj poss → **mon**

mésange [mezɑ̃ʒ] nf tit

mésaventure [mezavɑ̃tyʀ] nf misfortune

Mesdames [medam] nfpl → **Madame**

Mesdemoiselles [medmwazɛl] nfpl → **Mademoiselle**

mésentente [mezɑ̃tɑ̃t] nf (= désaccord) disagreement ; (= incompréhension) misunderstanding

mesquin, e [mɛskɛ̃, in] adj (= avare) stingy ; (= vil) petty

mesquinerie [mɛskinʀi] nf (= bassesse) pettiness ; (= avarice) stinginess

message [mesaʒ] nm message ■ **~ d'erreur** (Informatique) error message ■ **~ publicitaire** advertisement ■ **~ vocal** voice mail

messager, -ère [mesaʒe, ɛʀ] nm,f messenger

messagerie [mesaʒʀi] nf ■ **~ électronique** electronic mail ; (Internet) bulletin board ■ **~ instantanée** instant messaging ou messenger ■ **~ vocale** voicemail ■ **il était sur ~** he was on voicemail

messe [mɛs] nf mass ■ **aller à la ~** to go to mass ■ **~ de minuit** midnight mass

> ⚠ **messe** ne se traduit pas par *mess*, qui signifie « désordre ».

messie [mesi] nm messiah

Messieurs [mesjø] nmpl → **Monsieur**

mesure [m(ə)zyʀ] nf **a** (= disposition, moyen) measure ■ **par ~ d'hygiène** in the interest of hygiene ■ **il faut prendre les ~s nécessaires pour...** the necessary steps must be taken to... ■ **être en ~ de faire qch** to be in a position to do sth **b** (= évaluation, dimension) measurement ■ **appareil de ~** measuring instrument ■ **prendre les ~s de qn** to take sb's measurements ■ **c'est du sur-mesure** it's made to measure ■ **le résultat n'est pas à la ~ de nos espérances** the result is not up to our expectations ■ **cela ne me gêne pas outre ~** that doesn't bother me overmuch **c** (= unité, récipient) measure **d** (= modération) moderation **e** (= cadence) time ; (= division) bar ■ **en ~** in time **f** (loc) ■ **dans la ~ du possible** as far as possible ■ **dans la ~ où** inasmuch as ■ **dans une certaine ~** to some extent ■ **il les pliait et me les passait au fur et à ~** he folded them and handed them to me one by one ■ **au fur et à ~ que** as

mesuré, e [məzyʀe] adj [pas] measured ; [personne, ton, propos] moderate

mesurer [məzyʀe] **1** vt **a** to measure ■ **cette pièce mesure 3 mètres sur 10** this room measures 3 metres by 10 ■ **il mesure 1 mètre 80** [personne] he's 1 metre 80 tall ; [objet] (en longueur) it's 1 metre 80 long ; (en hauteur) it's 1 metre 80 high **b** (= évaluer) to assess **c** (= modérer) ■ **~ ses paroles** (= savoir rester poli) to moderate one's language ; (= être prudent) to weigh one's words **2** **se**

mesurer vpr ■ **se ~ à qn** to pit o.s. against sb

métal (pl **-aux**) [metal, o] nm metal

métallique [metalik] adj metallic ; (= en métal) metal

métallisé, e [metalize] adj metallic

métallurgie [metalyʀʒi] nf (= industrie) metallurgical industry ; (= technique, travail) metallurgy

métallurgiste [metalyʀʒist] nm **a** (= ouvrier) steelworker **b** (= industriel) metallurgist

métamorphose [metamɔʀfoz] nf metamorphosis

métamorphoser [metamɔʀfoze] **1** vt to transform (*en* into) ■ **son succès l'a métamorphosé** his success has completely transformed him **2** **se métamorphoser** vpr to be transformed (*en* into)

métaphore [metafɔʀ] nf metaphor

métaphysique [metafizik] **1** adj metaphysical **2** nf metaphysics *sg*

métastase [metastɑz] nf metastasis ■ **il a des ~s** he's got secondaries

météo [meteo] **1** adj abrév de **météorologique** **2** nf **a** (= science) meteorology **b** (= bulletin) weather forecast ■ **la ~ marine** the shipping forecast

météore [meteɔʀ] nm meteor

météorite [meteɔʀit] nm ou f meteorite

météorologie [meteɔʀɔlɔʒi] nf meteorology

météorologique [meteɔʀɔlɔʒik] adj [phénomène, observation] meteorological ; [conditions, prévisions, bulletin] weather

météorologiste [meteɔʀɔlɔʒist], **météorologue** [meteɔʀɔlɔg] nmf meteorologist

méthane [metan] nm methane

méthode [metɔd] nf **a** (= moyen) method **b** (= livre) manual

méthodique [metɔdik] adj methodical

méthodologie [metɔdɔlɔʒi] nf methodology

méticuleux, -euse [metikylø, øz] adj meticulous

métier [metje] nm **a** (= travail) job ; (commercial) trade ; (artisanal) craft ; (intellectuel) profession ■ **les ~s du livre** the publishing industry ■ **il est du ~** he is in the trade **b** (= expérience) experience **c** **métier à tisser** loom

métis, -isse [metis] nm,f (= personne) person of mixed race

métissé, e [metise] adj [population] mixed ■ **une culture ~e** an ethnically diverse culture

métrage [metʀaʒ] nm **a** [de tissu] length **b** (Ciné) ■ **court/long ~** short/feature film

mètre [mɛtʀ] nm **a** metre BR, meter US ▸ **mètre carré/cube** square/cubic metre **b** (= instrument) metre BR ou meter US rule ■ **~ à ruban** tape measure

métro [metʀo] nm underground BR, subway US ; (= station) underground BR ou subway US station ■ **~ aérien** elevated railway ■ **le dernier ~** the last train

métronome [metʀɔnɔm] nm metronome

métropole [metʀɔpɔl] nf **a** (= ville) metropolis **b** ■ **la Métropole** France *(as opposed to overseas territories)*

métrosexuel, -elle [metʀɔsɛksɥɛl] adj, nm,f metrosexual

mets [mɛ] nm (frm) dish

mettable [metabl] adj wearable

metteur, -euse [metœʀ, øz] nm,f ■ **~ en scène** director

mettre [mɛtʀ]

1 vt **a** (= placer) to put ■ **mets le chat dehors** put the cat out ■ **~ qch debout** to stand sth up ■ **où mets-tu tes verres ?** where do you keep your glasses? ■ **~ qch à cuire** to put sth on to cook ■ **~ du linge à sécher** to hang washing out to dry

b (= revêtir) to put on ; (= porter) to wear ■ **mets-lui son chapeau** put his hat on ■ **elle met toujours des talons hauts** she always wears high heels

c (= consacrer) to take ■ **j'ai mis deux heures à le faire** I took two hours to do it ■ **je suis prêt à ~ 100 €** I'm willing to give €100

d (= faire fonctionner) to put on ■ **~ le chauffage/les informations** to put the heating/the news on ■ **~ le réveil à 7 heures** to set the alarm for 7 o'clock

e (= installer) [+ eau] to lay on ; [+ chauffage central] to instal ; [+ étagères, rideaux] to put up ; [+ moquette] to lay

f (= écrire) to say ■ **il met qu'il est bien arrivé** he says that he arrived safely

g (= supposer) ■ **mettons que je me sois trompé** let's say I've got it wrong

2 **se mettre** vpr **a** (= se placer) [objet] to go ■ **mets-toi là** (debout) stand there ; (assis) sit there ■ **se ~ à l'ombre** to go into the shade ■ **il s'est mis dans une situation délicate** he's put himself in an awkward situation

b (= s'habiller) ■ **se ~ en short** to put on a pair of shorts ■ **se ~ une robe** to put on a dress ■ **elle n'a plus rien à se ~** she's got nothing left to wear

c (= se tacher de) ■ **il s'est mis de l'encre sur les doigts** he's got ink on his fingers d (= se grouper) ▪ **ils se sont mis à plusieurs pour pousser la voiture** several of them joined forces to push the car ▪ **ils se sont mis à plusieurs pour lui acheter un cadeau** they clubbed together to buy her a present

e (= commencer) to start ▪ **s'y ~** to get down to it ▪ **se ~ à qch** [+ activité] to take up sth ▪ **se ~ à faire qch** to start doing sth

meuble [mœbl] **1** nm piece of furniture ▪ **les ~s** the furniture *NonC* ▪ **~ de rangement** storage unit **2** adj [terre, sol] soft

meublé, e [mœble] **1** adj furnished ▪ **non ~** unfurnished **2** nm (= appartement) furnished apartment ▪ **habiter en ~** to live in furnished accommodation

meubler [mœble] vt [+ pièce, appartement] to furnish (*de* with) ; [+ loisirs] to fill (*de* with) ▪ **~ la conversation** to keep the conversation going

meuf* [mœf] nf woman ▪ **sa ~** his girlfriend

meugler [møgle] vi to moo

meule [møl] nf **a** (à moudre) millstone ; (à aiguiser) grindstone **b** ▪ **~ de foin** haystack **c** (de fromage) round **d** (* = motocyclette) bike

meuler [møle] vt to grind down

meurt [mœʀ] vb → **mourir**

meurtre [mœʀtʀ] nm murder

meurtrier, -ière [mœʀtʀije, ijɛʀ] **1** nm murderer **2** **meurtrière** nf **a** (= criminelle) murderess **b** [de mur] arrow slit **3** adj [arme, combat] deadly ; [épidémie] fatal

meurtrir [mœʀtʀiʀ] vt [+ chair, fruit] to bruise

meute [møt] nf pack

mexicain, e [mɛksikɛ̃, ɛn] **1** adj Mexican **2** **Mexicain(e)** nm,f Mexican

Mexico [mɛksiko] n Mexico City

Mexique [mɛksik] nm Mexico

mezzanine [mɛdzanin] nf mezzanine

mi [mi] nm (Mus) E ; (en chantant la gamme) mi

mi- [mi] préf ▪ **la mi-janvier** the middle of January ▪ **à mi-cuisson** halfway through cooking

miam-miam* [mjammjam] excl yum-yum!*

miaulement [mjolmɑ̃] nm meowing

miauler [mjole] vi to meow

mi-bas [mibɑ] nm inv knee-high

miche [miʃ] **1** nf [de pain] round loaf **2** **miches*** nfpl (= fesses) bum* BR, butt* US

mi-chemin [miʃ(ə)mɛ̃] **à mi-chemin** loc adv halfway there ▪ **à ~ entre...** halfway between...

mi-clos, e [miklo, kloz] adj half-closed

micmac* [mikmak] nm (= confusion) mix-up

micro [mikʀo] nm **a** (= microphone) microphone **b** (= ordinateur) microcomputer

microbe [mikʀɔb] nm germ

microbiote [mikʀobjɔt] nm microbiota

microblog [mikʀoblɔg] nm microblog

microclimat [mikʀoklima] nm microclimate

microcosme [mikʀɔkɔsm] nm microcosm

microéconomie [mikʀoekɔnɔmi] nf microeconomics *sg*

microfibre [mikʀofibʀ] nf microfibre

microfiction [mikʀofiksjɔ̃] nf flash fiction

microfilm [mikʀofilm] nm microfilm

micro-informatique [mikʀoɛ̃fɔʀmatik] nf microcomputing

micro-ondes [mikʀoɔ̃d] nm inv (= four) microwave ▪ **four à ~** microwave (oven)

micro-ordinateur (pl **~s**) [mikʀoɔʀdinatœʀ] nm microcomputer

microphone [mikʀɔfɔn] nm microphone

microprocesseur [mikʀopʀɔsesœʀ] nm microprocessor

microscope [mikʀɔskɔp] nm microscope ▪ **examiner qch au ~** to examine sth under a microscope

microscopique [mikʀɔskɔpik] adj microscopic

micro-trottoir (pl **micros-trottoirs**) [mikʀotʀɔtwaʀ] nm ▪ **faire un ~** to interview people in the street

midi [midi] nm **a** (= heure) 12 o'clock ▪ **~ dix** 10 past 12 **b** (= période du déjeuner) lunchtime ; (= mi-journée) midday ▪ **tous les ~s** every lunchtime ▪ **le repas de ~** the midday meal **c** (= sud) ▪ **le Midi** the South of France

mie [mi] nf soft part (of the bread) ; → **pain**

miel [mjɛl] nm honey

mielleux, -euse [mjelø, øz] adj [personne] slimy ; [paroles, ton] honeyed

mien, mienne [mjɛ̃, mjɛn] pron poss ▪ **le ~, la mienne, les ~s** mine ▪ **les ~s** (= ma famille) my family

miette [mjɛt] nf crumb ▪ **il ne perdait pas une ~ de la conversation** he didn't miss a scrap of the conversation ▪ **mettre** ou **réduire qch en ~s** to smash sth to bits

mieux [mjø]

1 adv **a** (compar) better (*que* than) ▪ **aller ~** to be better ▪ **la ~ habillée des deux** the better dressed of the two ▪ **plus il s'entraîne, ~ il joue** the more he practises the better he plays ▪ **espérer ~** to hope for better things ▪ **tu ferais ~ de te taire** you'd better shut up* ▪ **de ~ en ~** better and better

b (superl) ▪ **c'est ici qu'il dort le ~** this is where he sleeps best

2 adj inv **a** better ▪ **le ~, la ~, les ~** (de plusieurs) the best ; (de deux) the better ▪ **ils seraient ~ à la campagne** they would be better off in the country ▪ **c'est ce qui se fait de ~** it's the best there is ▪ **tu n'as rien de ~ à faire ?** haven't you got anything better to do?

b (= plus beau) better looking ▪ **elle est ~ avec les cheveux longs** she looks better with her hair long ▪ **c'est son frère, en ~** he's like his brother only better looking

3 nm **a** ▪ **le ~ serait de...** the best thing would be to... ▪ **j'ai fait pour le ~** I did it for the best ▪ **faire de son ~** to do one's best

♦ **au mieux** at best ▪ **il sera là au ~ à midi** he'll be there by midday at the earliest ▪ **faites au ~** do what you think best

b (= progrès) improvement

mièvre [mjɛvʀ] adj soppy ; [personne] insipid

mi-figue mi-raisin [mifigmiʀɛzɛ̃] adj inv [sourire, remarque] wry ; [accueil] mixed

mignon, -onne [miɲɔ̃, ɔn] adj (= joli) cute ; (= gentil) nice

migraine [migʀɛn] nf migraine ; (= mal de tête) headache

migrant, e [migʀɑ̃, ɑ̃t] adj, nm,f migrant

migrateur, -trice [migʀatœʀ, tʀis] adj migratory

migration [migʀasjɔ̃] nf migration

migrer [migʀe] vi to migrate

mi-hauteur [mihotœʀ] **à mi-hauteur** loc adv halfway up (ou down)

mijoter [miʒɔte] **1** vt **a** (= préparer avec soin) to cook lovingly **b** (* = tramer) to cook up* **2** vi [plat, soupe] to simmer

milice [milis] nf militia

milicien, -ienne [milisjɛ̃, jɛn] nm,f militiaman (ou woman)

milieu (pl ~x) [miljø] nm **a** (= centre) middle ▪ **je prends celui du ~** I'll take the one in the middle ▪ **~ de terrain** midfield player ▪ **en plein ~ de** right in the middle of ▪ **en ~ de matinée** mid-morning ▪ **au ~** in the middle ▪ **au ~ de** in the middle of ; (= parmi) among ▪ **au beau ~ de** right in the middle of ▪ **il faut trouver le juste ~** we must find a happy medium **b** (= environnement) environment ; (Chim, Physique) medium **c** (= groupe restreint) circle ; (= provenance) background ▪ **les ~x financiers** financial circles ▪ **il vient d'un ~ très modeste** he comes from a very humble background **d** (Crime) ▪ **le ~** the underworld

militaire [militɛʀ] **1** adj military **2** nmf soldier

militant, e [militɑ̃, ɑ̃t] adj, nm,f militant

militariste [militaʀist] **1** adj militaristic **2** nmf militarist

militer [milite] vi to be a militant ▪ **~ pour les droits de l'homme** to campaign for human rights

mille[1] [mil] **1** adj inv **a** (= nombre) a thousand ▪ **~ un** a thousand and one ▪ **trois ~** three thousand ▪ **deux ~ neuf cents** two thousand nine hundred ▪ **l'an deux ~** the year two thousand **b** (= beaucoup de) ▪ **je le lui ai dit ~ fois** I've told him a thousand times ▪ **~ excuses** I'm terribly sorry ▪ **le vase était en ~ morceaux** the vase was in smithereens **2** nm inv **a** (= nombre) a thousand **b** [de cible] ▪ **mettre dans le ~** to score a bull's-eye ; (fig) to be bang on target*

mille[2] [mil] nm (Can = 1 609 m) mile ▪ **~ marin** nautical mile

millefeuille [milfœj] nm (= gâteau) ≈ cream slice BR, ≈ napoleon US ; (= salé) millefeuille

millénaire [milenɛʀ] nm millennium

millénarisme [milenaʀism] nm millenarianism

millepatte nm, **mille-pattes** nm inv [milpat] centipede

millésime [milezim] nm [de vin] year

millésimé, e [milezime] adj vintage ▪ **bouteille ~e** bottle of vintage wine

millet [mijɛ] nm millet

milliard [miljaʀ] nm billion ▪ **un ~ de personnes** a billion people ▪ **10 ~s d'euros** 10 billion euros

milliardaire [miljaʀdɛʀ] nmf multimillionaire

millième [miljɛm] adj, nm thousandth

millier [milje] nm (= mille) thousand ; (= environ mille) about a thousand ▪ **par ~s** in their thousands

milligramme [miligʀam] nm milligramme

millilitre [mililitʀ] nm millilitre BR, milliliter US

millimètre [milimɛtʀ] nm millimetre BR, millimeter US

millimétré, e [milimetʀe] adj **a** [papier] graduated *(in millimetres)* **b** (= précis) [passe, tir] right on target

million [miljɔ̃] nombre million ▪ **2 ~s d'euros** 2 million euros

millionnaire [miljɔnɛʀ] nmf millionaire

mi-long, mi-longue [milɔ̃, milɔ̃g] adj [manteau, jupe] calf-length ; [cheveux] shoulder-length

mime [mim] nm **a** (= personne) mime artist **b** (= art, action) mime

mimer [mime] vt to mime ; (= singer) to mimic

mi

mimétisme [mimetism] nm mimicry

mimi* [mimi] 1 nm (langage enfantin = baiser) little kiss ; (= câlin) cuddle ▪ **faire des ~s à qn** to kiss and cuddle sb 2 adj inv (= mignon) cute

mimique [mimik] nf a (= grimace comique) comical expression ▪ **ce singe a de drôles de ~s !** that monkey makes such funny faces! b (= gestes) gesticulations

> ⚠ **mimique** ne se traduit pas par *mimic*, qui signifie « imitateur ».

mimosa [mimoza] nm mimosa

minable [minabl] 1 adj a (= décrépit) shabby b (= médiocre) pathetic* ; [salaire, vie] miserable 2 nmf dead loss*

minaret [minaʀɛ] nm minaret

minauder [minode] vi to simper

mince [mɛ̃s] 1 adj a (= peu épais) thin ; [personne] slim b [profit] slender ; [chances] slim ▪ **ce n'est pas une ~ affaire** it's no easy task 2 excl * (contrariété) drat!* ; (admiration) wow!*

> ⚠ **mince** ne se traduit pas par le mot anglais *mince*, qui signifie « viande hachée ».

minceur [mɛ̃sœʀ] nf thinness ; [de personne] slimness ▪ **régime ~** slimming diet

mincir [mɛ̃siʀ] 1 vi to get slimmer 2 vt ▪ **cette robe te mincit** this dress makes you look slimmer

mine[1] [min] nf (= physionomie) expression ▪ **ne fais pas cette mine-là** stop making that face ▪ **avoir bonne/mauvaise ~** to look/not to look well ▪ **tu as bonne ~ maintenant !** now you look a complete idiot! ▪ **faire ~ de faire qch** to pretend to do sth

mine[2] [min] nf a (= gisement, source, explosif) mine ▪ **cette bibliothèque est une ~** this library is a real treasure-trove ▸ **mine d'or** gold mine ▸ **mine de charbon** coalmine ▸ **mine à ciel ouvert** opencast mine b [de crayon] lead

miner [mine] vt a (= garnir d'explosifs) to mine b [+ société, santé] to undermine ▪ **miné par l'inquiétude** worn down by anxiety

minerai [minʀɛ] nm ore ▪ **~ de fer** iron ore

minéral, e (mpl **-aux**) [mineʀal, o] 1 adj mineral ; [chimie] inorganic 2 nm mineral

minéralogique [mineʀalɔʒik] adj a ▪ **numéro ~** registration BR ou license US number ; → **plaque** b (Géol) mineralogical

minerve [minɛʀv] nf surgical collar

minet* [minɛ] nm (= jeune homme) young trendy* BR

minette* [minɛt] nf (= jeune fille) cute chick*

mineur[1]**, e** [minœʀ] 1 adj minor ▪ **être ~** to be under age 2 nm,f minor

mineur[2] [minœʀ] nm (= ouvrier) miner ▪ **~ de fond** miner at the pit face

mini [mini] 1 adj inv a ▪ **la mode ~** the fashion for minis b (= très petit) ▪ **c'est ~ chez eux*** they've got a tiny little place 2 nm inv ▪ **elle s'habille en ~** she wears minis 3 préf ▪ **mini(-)** mini ▪ **mini-conférence de presse** mini press-conference

miniature [minjatyʀ] nf, adj miniature

miniaturiser [minjatyʀize] vt to miniaturize

minibar [minibaʀ] nm (= réfrigérateur) minibar ; (= chariot) refreshments trolley BR ou cart

minibus [minibys] nm minibus

minicassette [minikasɛt] nf minicassette

minichaîne [miniʃɛn] nf mini music system

minier, -ière [minje, jɛʀ] adj mining

minigolf [minigɔlf] nm (= jeu) mini-golf, crazy-golf ; (= lieu) mini-golf ou crazy-golf course

minijupe [miniʒyp] nf miniskirt

minimal, e (mpl **-aux**) [minimal, o] adj (= minimum) minimum

minimaliste [minimalist] adj minimalistic

minime [minim] 1 adj minimal 2 nmf (Sport) junior *(13-15 years)*

minimiser [minimize] vt [+ risque, rôle] to minimize ; [+ incident, importance] to play down

minimum [minimɔm] 1 adj, nm minimum ▪ **en un ~ de temps** in the shortest time possible ▪ **il faut quand même travailler un ~** you still have to do a minimum amount of work ▪ **dépenses réduites au ~** expenditure cut down to the minimum ▪ **au ~** at least 2 adv at least

mini-ordinateur (pl **~s**) [miniɔʀdinatœʀ] nm minicomputer

ministère [ministɛʀ] nm a (= département) ministry ▪ **~ de l'Agriculture** Ministry of Agriculture ▪ **~ de la Défense** Ministry of Defence BR, Department of Defense US b (Droit) ▪ **le ~ public** (= partie) the Prosecution ; (= service) the public prosecutor's office

ministériel, -elle [ministeʀjɛl] adj [crise, remaniement] cabinet

ministre [ministʀ] 1 nmf [de gouvernement] minister ▪ **Premier ~** Prime Minister ▪ **~ de l'Agriculture** minister of Agriculture 2 nm (Rel : protestant) minister

minorer [minɔʀe] vt [+ taux] to cut (*de* by) ; [+ incident, importance] to play down

minoritaire [minɔʀitɛʀ] adj minority *avant n* ▪ **ils sont ~s** they are a minority

minorité [minɔʀite] nf minority ■ **être en ~** to be in the minority ■ **des jeunes issus des ~s** young people from minority backgrounds

Minorque [minɔʀk] nf Minorca

minoterie [minɔtʀi] nf (usine) flour-mill

minou* [minu] nm (langage enfantin = chat) pussy* ; (= sexe féminin) pussy**

minuit [minɥi] nm midnight ■ **~ vingt** twenty past midnight

minuscule [minyskyl] **1** adj **a** (= très petit) minuscule **b** [lettre] small **2** nf ■ **en ~s** in small letters

minute [minyt] nf minute ■ **une ~ de silence** a minute's silence ■ **une ~, j'arrive !** just a minute, I'm coming! ■ **elle va arriver d'une ~ à l'autre** she'll be here any minute now

minuter [minyte] vt to time ■ **dans son emploi du temps tout est minuté** everything's timed down to the last second in his timetable

minuterie [minytʀi] nf [de lumière] time switch ; [de four, bombe] timer

minuteur [minytœʀ] nm timer

minutie [minysi] nf [de personne, travail] meticulousness

minutieux, -ieuse [minysjø, jøz] adj [personne, soin] meticulous ; [dessin] minutely detailed

mioche* [mjɔʃ] nmf kid*

mirabelle [miʀabɛl] nf (= prune) yellow cherry plum

miracle [miʀɑkl] **1** nm miracle ■ **faire des ~s** to work miracles ■ **par ~** miraculously **2** adj inv ■ **solution/remède ~** miracle solution/cure

miraculeux, -euse [miʀakylø, øz] adj miraculous

mirage [miʀaʒ] nm mirage

mirobolant, e* [miʀɔbɔlɑ̃, ɑ̃t] adj [contrat, salaire] fantastic ; [résultats] brilliant

miroir [miʀwaʀ] nm mirror ■ **un roman n'est jamais le ~ de la réalité** a novel is never a true reflection of reality ▸ **miroir déformant** distorting mirror

miroiter [miʀwate] vi to sparkle ■ **il lui a fait ~ les avantages du poste** he described in glowing terms the advantages of the job

mis, e [mi, miz] ptp de **mettre**

misanthrope [mizɑ̃tʀɔp] nmf misanthropist

mise [miz] **1** nf (= enjeu) stake ▸ **mise de fonds** capital outlay **2** comp ▸ **mise en page** layout ■ **se faire faire une ~ en plis** to have one's hair set ▸ **mise au point** (Photo) focusing; (Tech) adjustment; (= explication) clarification ▸ **mise en scène** (Ciné, Théâtre) production

miser [mize] vt **a** (= parier) [+ argent] to bet (*sur* on) ■ **~ sur un cheval** to bet on a horse **b** (= compter sur) ■ **~ sur** to bank on

misérable [mizeʀabl] adj **a** (= pauvre) [famille, personne] destitute ; [logement] seedy ; [vêtements] shabby ; [existence, conditions] miserable **b** [salaire] miserable

misère [mizɛʀ] nf **a** (= pauvreté) extreme poverty ■ **être dans la ~** to be destitute ■ **salaire de ~** starvation wage **b** ■ **~s*** (= ennuis) problems ■ **faire des ~s à qn*** to be nasty to sb

miséricorde [mizeʀikɔʀd] nf mercy

misogyne [mizɔʒin] adj misogynous

missile [misil] nm missile

mission [misjɔ̃] nf mission ; [d'intérimaire] assignment

missionnaire [misjɔnɛʀ] nmf missionary

mistral [mistʀal] nm mistral

mite [mit] nf clothes moth

mité, e [mite] adj moth-eaten

mi-temps [mitɑ̃] **1** nf inv **a** (= moitié) half ■ **la troisième ~** the post-match celebrations **b** (= repos) half-time ■ **à la ~** at half-time **2** nm ■ **avoir un ~** to work part-time ■ **à ~** part-time

miteux, -euse [mitø, øz] adj [lieu] seedy ; [vêtement, personne] shabby

mitigé, e [mitiʒe] adj [accueil, enthousiasme] half-hearted ; [sentiments] mixed

mitonner [mitɔne] vt (avec soin) to cook with loving care

mitoyen, -yenne [mitwajɛ̃, jɛn] adj [bâtiments] adjoining ■ **mur ~** party wall ■ **maisons mitoyennes** semi-detached houses

mitrailler [mitʀɑje] vt **a** [soldat] to machine-gun ■ **~ qn de questions** to bombard sb with questions **b** (* = photographier) to take shot after shot of

mitraillette [mitʀɑjɛt] nf submachine gun

mitrailleuse [mitʀɑjøz] nf machine gun

mi-voix [mivwa] **à mi-voix** loc adv in a low voice

mixage [miksaʒ] nm sound mixing

mixer[1] [mikse] vt [+ son, image] to mix ; [+ aliments] to blend

mixer[2], mixeur [miksœʀ] nm blender

mixte [mikst] adj **a** (= de races, sexes différents) mixed ; [école] coeducational **b** [tribunal, commission] joint

mixture [mikstyʀ] nf concoction

MJC [ɛmʒise] nf (abrév de **maison des jeunes et de la culture**) ≈ community arts centre

Mlle (abrév de **Mademoiselle**) Miss

Mlles abrév de **Mesdemoiselles**

MM (abrév de **Messieurs**) Messrs

mm (abrév de **millimètre**) mm

Mme (abrév de **Madame**) Mrs

Mmes abrév de **Mesdames**

MMS [ɛmɛmɛs] nm (abrév de **Multimedia Messaging Service**) MMS

mnémotechnique [mnemotɛknik] **1** adj mnemonic **2** nf mnemonics *sg*

Mo (abrév de **mégaoctet**) Mb

mobile [mɔbil] **1** adj **a** (= qui bouge) moving **b** (= qui peut bouger) movable **c** [main-d'œuvre, téléphone] mobile **2** nm **a** (= motif) motive (*de* for) **b** (= objet) mobile **c** (= téléphone) mobile (phone)

mobilier, -ière [mɔbilje, jɛʀ] **1** adj [propriété, bien] movable **2** nm (= ameublement) furniture ▪ **~ de bureau** office furniture

mobilisation [mɔbilizasjɔ̃] nf mobilization

mobiliser [mɔbilize] **1** vt to mobilize **2 se mobiliser** vpr to join forces

mobilité [mɔbilite] nf mobility

mobinaute [mɔbinot] nmf mobile Internet user

mobylette® [mɔbilɛt] nf moped

mocassin [mɔkasɛ̃] nm moccasin

moche* [mɔʃ] adj **a** (= laid) ugly **b** (= méchant) rotten* ▪ **c'est ~ ce qu'il a fait** that was a nasty thing he did ▪ **il a fait ~ aujourd'hui** the weather was bad today

modal, e (mpl **-aux**) [mɔdal, o] **1** adj modal **2** nm (= verbe) modal verb

modaliser [mɔdalize] vt [+ discours] to add modality to

modalité [mɔdalite] nf **a** (= méthode) method ▪ **~s de paiement** methods of payment **b** ▪ **adverbe de ~** modal adverb

mode¹ [mɔd] nf fashion ▪ **c'est la dernière ~** it's the latest fashion ▪ **c'est passé de ~** [vêtement] it's gone out of fashion ; [pratique] it's outdated ▪ **c'est la ~ des talons hauts** high heels are in fashion ▪ **à la ~** fashionable ▪ **être habillé à la ~** to be fashionably dressed

mode² [mɔd] nm **a** (= moyen) mode ▸ **mode de transport** mode of transport ▸ **mode de vie** way of life ▸ **mode de scrutin** voting system ▸ **mode d'emploi** (= feuillet) instructions **b** (Gram) mood

modèle [mɔdɛl] **1** nm model ; (= exemple) example ▪ **son courage devrait nous servir de ~** his courage should be an example to us ▪ **prendre qn pour ~** to model o.s. upon sb ▸ **modèle déposé** registered design ▸ **modèle réduit** small-scale model **2** adj [enfant, mari, usine] model

modeler [mɔd(ə)le] vt to model (*sur* on) ; [+ corps, caractère] to shape

modélisme [mɔdelism] nm model making

modem [mɔdɛm] nm modem

modérateur, -trice [mɔdeʀatœʀ, tʀis] nm,f (Internet) moderator

modération [mɔdeʀasjɔ̃] nf (= retenue) moderation ▪ **avec ~** [consommer] in moderation

modéré, e [mɔdeʀe] adj moderate

modérer [mɔdeʀe] **1** vt [+ colère, passion] to restrain ; [+ ambitions, exigences] to moderate ; [+ dépenses] to curb ▪ **modérez vos propos !** mind your language! **2 se modérer** vpr to restrain o.s.

moderne [mɔdɛʀn] adj modern ▪ **la femme ~** the woman of today

modernisation [mɔdɛʀnizasjɔ̃] nf modernization

moderniser [mɔdɛʀnize] **1** vt to modernize **2 se moderniser** vpr to be modernized

modernité [mɔdɛʀnite] nf modernity

modeste [mɔdɛst] adj modest ▪ **faire le ~** to put on a show of modesty

modestie [mɔdɛsti] nf modesty ▪ **en toute ~** with all modesty ▪ **fausse ~** false modesty

modeux, -euse* [mɔdø, øz] nm,f fashionista*

modification [mɔdifikasjɔ̃] nf modification ▪ **apporter des ~s à** to modify

modifier [mɔdifje] **1** vt to modify **2 se modifier** vpr to change

modique [mɔdik] adj modest

modulable [mɔdylabl] adj [espace] adjustable ; [horaire, prêt] flexible

modulaire [mɔdylɛʀ] adj modular

modulation [mɔdylasjɔ̃] nf modulation ▪ **~ de fréquence** frequency modulation

module [mɔdyl] nm module

moduler [mɔdyle] vt [+ voix] to modulate ; [+ tarifs, horaires] to adjust

moelle [mwal] nf marrow ▪ **~ épinière** spinal cord

moelleux, -euse [mwalø, øz] adj [tapis, lit] soft ; [viande] tender ; [gâteau] moist ; [vin] sweet

mœurs [mœʀ(s)] nfpl **a** [de peuple] customs ; [de milieu social] lifestyle ▪ **c'est entré dans les ~** it's become normal practice ▪ **l'évolution des ~** changes in the way people think **b** [d'animaux] habits **c** (= morale) ▪ **affaire de ~** sex case

Mohican [mɔikɑ̃] nm Mohican

moi [mwa] pron pers **a** (sujet) me ▪ **qui a fait cela ? – ~** who did this? – I did ou me ▪ **mon mari et ~** my husband and I ▪ **c'est ~ qui l'ai fait** I did it **b** (objet) me ▪ **donne-moi ton livre** give me your book ▪ **donne-le-moi** give it to me ▪ **c'est ~ qu'elle veut voir** it's me she wants to see ■ **à ~ !** (= au secours) help! ; (dans un jeu) my turn! **c** (comparaisons) me ■ **il est plus grand que ~** he is taller than me ou than I am ■ **il l'aime plus que ~** (plus qu'il ne m'aime) he loves her more than me ; (plus que je ne l'aime) he loves her more than I do

moignon [mwaɲɔ̃] nm stump

moi-même [mwamɛm] pron myself

moindre [mwɛ̃dʀ] adj **a** (compar) (= moins grand) less ; (= inférieur) lower ■ **c'est un ~ mal** it's the lesser evil **b** (superl) ■ **le ~, la ~, les ~s** the least ; (de deux) the lesser ■ **le ~ bruit** the slightest noise ■ **pas la ~ idée** not the slightest idea ■ **merci – c'est la ~ des choses !** thank you – not at all! ■ **il n'a pas fait le ~ commentaire** he didn't make a single comment

moine [mwan] nm monk

moineau (pl **~x**) [mwano] nm sparrow

moins [mwɛ̃]

1 adv **a** (compar) less ■ **beaucoup ~** much less ■ **trois fois ~** three times less ■ **c'est deux fois ~ grand** it's half the size ■ **il fait ~ chaud ici** it's not as hot in here

♦ **moins... que** less... than ■ **il est ~ intelligent qu'elle** he's less intelligent than her ■ **c'est ~ grand que je ne croyais** it's not as big as I thought it was ■ **il travaille ~ que vous** he doesn't work as hard as you

♦ **moins de** + nom non comptable less ■ **je mange ~ de pain qu'avant** I eat less bread than I used to

♦ **moins de** + nom comptable ■ **il y aura ~ de monde demain** there'll be fewer people tomorrow, there'll be less people tomorrow ■ **les enfants de ~ de quatre ans** children under four ■ **il était un peu ~ de 6 heures** it was just before 6 o'clock ■ **la frontière est à ~ de 3 km** the border is less than 3km away

♦ **moins... moins** the less... the less ■ **~ je mange, ~ j'ai d'appétit** the less I eat, the less hungry I feel

♦ **moins... plus** the less... the more

♦ **à moins** ■ **il jouera, à ~ d'un imprévu** he'll be playing unless something unexpected happens ■ **à ~ de faire une bêtise, il devrait gagner** unless he does something silly he should win ■ **à ~ qu'il ne vienne** unless he comes

♦ **de moins** ■ **il gagne 500 euros de ~ qu'elle** he earns 500 euros less than she does ■ **vous avez cinq ans de ~ qu'elle** you're five years younger than her

♦ **de moins en moins** less and less ■ **il a de ~ en ~ de clients** he has fewer and fewer customers

♦ **en moins** ■ **il y a trois verres en ~** there are three glasses missing ■ **ça me fera du travail en ~ !** that'll be less work for me!

b (superl)

♦ **le moins, la moins, les moins** (de plusieurs) the least ; (de deux) the less ■ **c'est le ~ doué de mes élèves** he's the least gifted of my pupils

♦ **le moins** + vb the least ■ **c'est celle que j'aime le ~** it's the one I like the least ■ **c'est le ~ qu'on puisse dire !** that's putting it mildly!

♦ **le moins possible** as little as possible

2 prép **a** (soustraction, nombre négatif) minus **b** (heure) to ■ **il est 4 heures ~ 5** it's 5 to 4

3 loc adv

♦ **au moins** at least

♦ **du moins** (restriction) at least

♦ **pour le moins** to say the least

moiré, e [mwaʀe] adj [tissu, papier peint] moiré ; [papier] marbled

mois [mwa] nm **a** month ■ **au ~ de janvier** in January ■ **un bébé de 6 ~** a 6-month-old baby ■ **trois ~ de loyer** three months' rent **b** (= salaire) monthly pay

moisi, e [mwazi] **1** adj mouldy **2** nm mould *NonC* ■ **ça sent le ~** it smells musty

moisir [mwaziʀ] vi **a** (= se gâter) to go mouldy **b** [personne] (dans une prison, une entreprise) to rot ; (= attendre) to hang around

moisissure [mwazisyʀ] nf mould *NonC*

moisson [mwasɔ̃] nf harvest ■ **faire la ~** to harvest ■ **la ~ de médailles a été excellente** they got a good crop of medals

moissonner [mwasɔne] vt to harvest ; [+ récompenses] to carry off ; [+ renseignements] to gather

moissonneuse [mwasɔnøz] nf (= machine) harvester ■ **moissonneuse-batteuse** combine harvester

moite [mwat] adj [peau, mains] sweaty ; [chaleur] sticky

moitié [mwatje] nf half ■ **quelle est la ~ de 40 ?** what is half of 40? ■ **la ~ des habitants** half the inhabitants ■ **~ anglais, ~ français** half-English, half-French ■ **réduire de ~** to reduce by half ■ **faire moitié-moitié** to go halves ■ **il a fait le travail à ~** he has only half done the work ■ **à ~ prix** at half-price

moka [mɔka] nm **a** (= gâteau) mocha cake **b** (= café) mocha coffee

molaire [mɔlɛʀ] nf molar

molécule [mɔlekyl] nf molecule

molester [mɔlɛste] vt to manhandle

mollasson, -onne* [mɔlasɔ̃, ɔn] (péj) **1** adj slow **2** nm,f great lump*

molle [mɔl] adj f → **mou**

mollement [mɔlmɑ̃] adv [tomber] softly ; [défendre, protester] feebly

mollet¹ [mɔlɛ] adj m [œuf] soft-boiled

mollet² [mɔlɛ] nm calf

molletonné, e [mɔltɔne] adj quilted

mollir [mɔliʀ] vi **a** [substance] to soften **b** [père, créancier] to relent ; [courage] to flag **c** [vent] to die down

mollo* [mɔlo] adv ▪ **vas-y ~ !** take it easy!*

mollusque [mɔlysk] nm mollusc ; (*, péj) great lump*

molosse [mɔlɔs] nm (= chien) big ferocious dog

môme* [mom] nmf (= enfant) kid*

moment [mɔmɑ̃] nm **a** (= court instant) moment ▪ **je n'en ai que pour un petit ~** it'll only take me a moment ▪ **un ~, il arrive !** just a moment, he's coming! **b** (= long-temps) while ▪ **je ne l'ai pas vu depuis un ~** I haven't seen him for a while **c** (= période, occasion) time ▪ **à quel ~ est-ce arrivé ?** when did this happen? ▪ **il a passé un mauvais ~** he had a rough time ▪ **n'attends pas le dernier ~** don't wait till the last minute ▪ **ce n'est pas le (bon) ~** this is not the right time ▪ **c'est le ~ ou jamais** it's now or never ▪ **en ce ~** at the moment ▪ **par ~s** now and then ▪ **pour le ~** for the moment ▪ **sur le ~** at the time ▪ **à ce moment-là** (temps) at that time ; (circonstance) in that case ▪ **au ~ de l'accident** at the time of the accident ▪ **au ~ où j'allais partir** just as I was about to leave **d** ▪ **du ~ que** (= pourvu que) as long as

momentané, e [mɔmɑ̃tane] adj momentary

momentanément [mɔmɑ̃tanemɑ̃] adv momentarily

momie [mɔmi] nf mummy

mon, ma [mɔ̃, ma] (pl **mes** [me]) adj poss my ▪ **~ fils et ma fille** my son and daughter

Monaco [mɔnako] nm Monaco

monarchie [mɔnaʀʃi] nf monarchy

monarchiste [mɔnaʀʃist] adj, nmf monarchist

monarque [mɔnaʀk] nm monarch

monastère [mɔnastɛʀ] nm monastery

mondain, e [mɔ̃dɛ̃, ɛn] adj [réunion, vie] society ▪ **chronique ~e** gossip column

monde [mɔ̃d] nm **a** world ▪ **dans le ~ entier** all over the world ▪ **l'autre ~** the next world ▪ **se faire tout un ~ de qch** to get worked up about sth ▪ **le meilleur athlète du ~** the best athlete in the world ▪ **pas le moins du ~ !** not at all! ▪ **venir au ~** to be born ▪ **mettre un enfant au ~** to bring a child into the world **b** (= gens) people ▪ **il y a du ~ ou beaucoup de ~** there's quite a crowd ▪ **il y avait un ~ fou*** the place was packed ▪ **ce week-end nous avons du ~** we have people coming this weekend **c** ▪ **femme du ~** society woman ▪ **se conduire en parfait homme du ~** to be a perfect gentleman

mondial, e (mpl **-iaux**) [mɔ̃djal, jo] **1** adj [guerre, population, production] world *avant n* ; [épidémie, crise] worldwide *avant n* **2** nm ▪ **le Mondial** the World Cup

mondialement [mɔ̃djalmɑ̃] adv throughout the world

mondialisation [mɔ̃djalizasjɔ̃] nf globalization

mondialiser [mɔ̃djalize] **1** vt to globalize **2** **se mondialiser** vpr [économie, offre] to become globalized ▪ **ce phénomène se mondialise** this is becoming a worldwide phenomenon

monégasque [mɔnegask] **1** adj of ou from Monaco **2** **Monégasque** nmf person from ou inhabitant of Monaco

monétaire [mɔnetɛʀ] adj monetary ▪ **le marché ~** the money market

moniteur, -trice [mɔnitœʀ] **1** nm,f (= instructeur) instructor ; [de colonie de vacances] supervisor BR, camp counselor US ▪ **~ d'auto-école** driving instructor **2** nm (= appareil, écran) monitor

monnaie [mɔnɛ] nf **a** (= espèces, devises) currency ▪ **c'est ~ courante** [fait, événement] it's a common occurrence ▸ **monnaie unique** single currency **b** (= appoint, pièces) change ▪ **faire de la ~** to get some change ▪ **faire la ~ de 50 €** to get change for a 50-euro note

monnayer [mɔneje] vt [+ titres] to convert into cash ▪ **~ ses capacités** to make money from one's abilities ▪ **~ son silence** to sell one's silence

monochrome [mɔnokʀom] adj monochrome

monocorde [mɔnɔkɔʀd] adj [voix, ton] monotonous

monologue [mɔnɔlɔg] nm monologue

mononucléose [mɔnonykleoz] nf ▪ **~ infectieuse** glandular fever BR, mono* US

monoparental, e (mpl **-aux**) [mɔnopaʀɑ̃tal, o] adj ▪ **famille ~e** single-parent family

monopole [mɔnɔpɔl] nm monopoly ▪ **avoir le ~ de** to have the monopoly of ; [+ vérité, savoir] to have a monopoly on

monopoliser [mɔnɔpɔlize] vt to monopolize

monoroue [mɔnɔʀu] nm self-balancing ou electric unicycle

monoski [mɔnoski] nm monoski ▪ **faire du ~** to go monoskiing

monospace [mɔnɔspas] nm people carrier BR, minivan US

monotone [mɔnɔtɔn] adj monotonous

monotonie [mɔnɔtɔni] nf monotony

Monseigneur [mɔ̃sɛɲœʀ] (pl **Messeigneurs** [mesɛɲœʀ]) nm (à évêque) Your Lordship ; (à prince) Your Highness

monsieur [məsjø] (pl **messieurs** [mesjø]) nm **a** (avec nom de famille) Mr **b** ▪ **merci, Monsieur** thank you ; (au restaurant) thank you sir ▪ **Monsieur !** (en classe) please sir! ▪ **Messieurs** (devant un auditoire) gentlemen ▪ **Messieurs Dames** (devant un auditoire) ladies and gentlemen **c** (avec titre) ▪ **Monsieur le Président, je proteste** Mr Chairman, I object **d** (en début de lettre) ▪ **Monsieur** Dear Sir ▪ **Cher Monsieur** Dear Mr *+ nom de famille* **e** (= homme) gentleman

monstre [mɔ̃stʀ] **1** nm monster ▪ **c'est un ~** (laid) he's really ugly **2** adj (* = important) massive ▪ **j'ai un boulot ~** I've got loads* of work to do ▪ **succès ~** runaway success

monstrueux, -euse [mɔ̃stʀyø, øz] adj **a** [personne, bâtiment] hideous **b** [crime] monstrous **c** * [erreur, bruit] horrendous

mont [mɔ̃] nm mountain ▪ **être toujours par ~s et par vaux*** to be always on the move* ▸ **le mont Blanc** Mont Blanc

montage [mɔ̃taʒ] nm **a** [d'appareil] assembly **b** [de film] editing ▪ **~ photographique** photomontage

montagnard, e [mɔ̃taɲaʀ, aʀd] nm,f mountain dweller

montagne [mɔ̃taɲ] nf mountain ▪ **vivre à la ~** to live in the mountains ▪ **une ~ de** (fig) a mountain of ▸ **montagnes russes** roller-coaster

montant, e [mɔ̃tɑ̃, ɑ̃t] **1** adj [mouvement] upward ; [col] high **2** nm **a** (= somme) sum total ▪ **chèque d'un ~ de 500 €** cheque for €500 **b** [d'échelle, fenêtre] upright

monte-charge (pl **~s**) [mɔ̃tʃaʀʒ] nm hoist

montée [mɔ̃te] nf **a** (= augmentation) rise (*de* in) **b** [de ballon, avion] ascent **c** (= escalade) climb **d** (= pente) uphill slope

monte-plat (pl **~s**) [mɔ̃tpla] nm dumbwaiter

monter [mɔ̃te] **1** vi (avec auxiliaire être) **a** to go up ▪ **~ en courant/titubant** to run/stagger up ▪ **~ dans sa chambre** to go up to one's room ▪ **monte me voir** come up and see me ▪ **~ aux arbres** to climb trees ▪ **~ sur** [+ table, toit] to climb onto ; [+ bicyclette] to get on **b** (dans un véhicule) ▪ **~ en voiture** to get into a car ▪ **~ dans un avion** to get on an aircraft ▪ **~ à bord** to go on board ▪ **tu sais ~ à bicyclette ?** can you ride a bicycle? ▪ **~ à cheval** (= faire de l'équitation) to ride **c** (= s'élever) to rise ; [avion] to climb ; [mer, marée] to come in ; [voix] to go up ▪ **la vase lui montait jusqu'aux genoux** the mud came right up to his knees ▪ **le chemin monte en lacets** the path winds upwards ▪ **une odeur montait de la cave** there was a smell coming from the cellar ▪ **le ton monte** the discussion is getting heated ▪ **~ à la tête à qn** [vin, succès] to go to sb's head **2** vt **a** (= gravir) to go up ▪ **~ l'escalier en courant** to run upstairs **b** (= porter) to take up ▪ **montez-lui son petit-déjeuner** take his breakfast up to him **c** [+ cheval] to ride **d** [+ son] to turn up **e** (= exciter) ▪ **~ qn contre qn** to set sb against sb ▪ **~ la tête à qn** to get sb worked up **f** [+ machine] to assemble ; [+ tente] to pitch ; [+ film] to edit ; [+ robe] to sew together **g** [+ pièce de théâtre] to put on ; [+ affaire, campagne] to set up **h** [+ diamant, perle] to mount **3** **se monter** vpr ▪ **se ~ à** [+ prix] to amount to

montgolfière [mɔ̃gɔlfjɛʀ] nf hot-air balloon

monticule [mɔ̃tikyl] nm mound

montre [mɔ̃tʀ] nf watch ▪ **j'ai mis deux heures ~ en main** it took me exactly two hours ▸ **montre-bracelet** wrist watch ▸ **montre connectée** smartwatch

Montréal [mɔ̃ʀeal] n Montreal

montrer [mɔ̃tʀe] **1** vt to show (*à* to) ; (par un geste) to point to ; (= faire remarquer) to point out (*à* to) ▪ **je l'ai ici – montre !** I've got it here – show me! **2** **se montrer** vpr **a** (= être vu) to appear ▪ **elle ne s'est pas montrée au dîner** she didn't appear at dinner ▪ **il n'aime pas se ~ avec elle** he doesn't like to be seen with her **b** (= s'avérer) ▪ **il s'est montré très désagréable** he was very unpleasant

monture [mɔ̃tyʀ] nf **a** [de lunettes] frame **b** (= cheval) mount

monument [mɔnymɑ̃] nm monument ▪ **~ aux morts** war memorial ▪ **~ historique** ancient monument

monumental, e (mpl **-aux**) [mɔnymɑ̃tal, o] adj monumental ▪ **d'une bêtise ~e** incredibly stupid

mooc, MOOC [muk] nm (abrév de **massive open online course**) mooc

moquer (se) [mɔke] vpr **a** ▪ **se moquer de** (= ridiculiser) to make fun of ▪ **vous vous moquez du monde !** you've got a nerve! ▪ **du champagne ? ils ne se sont pas moqués de vous !*** champagne? they really treat you right!* **b** (= être indifférent) ▪ **je m'en moque** I don't care

moquerie [mɔkʀi] nf (= sarcasme) mockery *NonC*

moquette [mɔkɛt] nf (= tapis) carpet

moqueur, -euse [mɔkœʀ, øz] adj [remarque, sourire] mocking

moral, e (mpl **-aux**) [mɔʀal, o] **1** adj moral **2** nm (= état d'esprit) morale ▪ **avoir le ~** to be in good spirits ▪ **ne pas avoir le ~** to be in low spirits ▪ **remonter le ~ de qn** to cheer sb up

3 **morale** nf **a** (= mœurs) morals ; (= valeurs traditionnelles) morality ▪ **faire la ~e à qn** to lecture sb **b** [de fable, histoire] moral

moralisateur, -trice [mɔʀalizatœʀ, tʀis] adj sanctimonious

moralité [mɔʀalite] nf **a** (= mœurs) morals **b** [d'histoire] moral ▪ **~ : il ne faut jamais mentir !** the moral is: never tell lies!

moratoire [mɔʀatwaʀ] nm moratorium

morbide [mɔʀbid] adj morbid

morceau (pl ~x) [mɔʀso] nm **a** (= bout) piece ; [de sucre] lump ▪ **manger un ~** to have a bite to eat ▪ **couper en ~x** to cut into pieces ▪ **mettre qch en ~x** to pull sth to pieces **b** (= œuvre) piece ; (= extrait) passage

morceler [mɔʀsəle] vt to divide up

mordant, e [mɔʀdɑ̃, ɑ̃t] adj **a** (= caustique) scathing **b** [froid] biting

mordicus* [mɔʀdikys] adv stubbornly

mordiller [mɔʀdije] vt to nibble at

mordoré, e [mɔʀdɔʀe] adj bronze

mordre [mɔʀdʀ] **1** vt **a** ▪ **il s'est fait ~ à la jambe par un chien** a dog bit him on the leg **b** [+ ligne blanche] to go over **2** **mordre sur** vt indir [+ vacances] to eat into ; [+ espace] to encroach onto **3** vi to bite (*dans* into) ▪ **ça mord ?** are the fish biting?

mordu, e [mɔʀdy] **1** adj **a** (* = amoureux) smitten **b** (* = fanatique) ▪ **~ de jazz** crazy* about jazz **2** nm,f (* = fanatique) enthusiast ▪ **~ de voile** sailing enthusiast ▪ **~ informatique** computer buff*

morfondre (se) [mɔʀfɔ̃dʀ] vpr to languish

morgue [mɔʀg] nf [de police] morgue ; [d'hôpital] mortuary

moribond, e [mɔʀibɔ̃, ɔ̃d] **1** adj [personne] dying ; [institution] moribund **2** nm,f dying man (ou woman)

morille [mɔʀij] nf morel

morne [mɔʀn] adj [personne, visage] glum ; [temps] gloomy ; [paysage] dull

morose [mɔʀoz] adj [humeur, personne, ton] morose

morphine [mɔʀfin] nf morphine

morphologie [mɔʀfɔlɔʒi] nf morphology

mors [mɔʀ] nm bit

morse[1] [mɔʀs] nm (= animal) walrus

morse[2] [mɔʀs] nm (= code) Morse (code)

morsure [mɔʀsyʀ] nf bite

mort, e [mɔʀ, mɔʀt] **1** adj dead ▪ **~ au combat** killed in action ▪ **~ de fatigue** dead tired ▪ **~ de peur** frightened to death ▪ **~ de rire** doubled up with laughter **2** nm ▪ **les ~s** the dead ▪ **il y a eu un ~** one person was killed ▪ **faire le ~** to pretend to be dead **3** nf death ▪ **trouver la ~ dans un accident** to be killed in an accident ▪ **se donner la ~** to take one's own life ▪ **à la ~ de sa mère** when his mother died ▪ **la ~ dans l'âme** with a heavy heart ▪ **il m'en veut à ~** he hates me for it ▪ **freiner à ~*** to jam on the brakes

mortadelle [mɔʀtadɛl] nf mortadella

mortalité [mɔʀtalite] nf mortality ▪ **~ infantile** infant mortality

mortel, -elle [mɔʀtɛl] adj **a** (= qui meurt) mortal **b** (= entraînant la mort) fatal ; [poison] deadly **c** [pâleur, silence] deadly ; [ennemi] mortal **d** (* = ennuyeux) deadly

mortellement [mɔʀtɛlmɑ̃] adv mortally ▪ **~ blessé** mortally wounded ; (dans un accident) fatally injured ▪ **~ ennuyeux** deadly boring

morte-saison (pl **mortes-saisons**) [mɔʀt(ə)sɛzɔ̃] nf off-season ▪ **à la ~** in the off-season

mortier [mɔʀtje] nm mortar

mort-né, mort-née (mpl **~s**, fpl **~es**) [mɔʀne] adj stillborn

mortuaire [mɔʀtɥɛʀ] adj [cérémonie] funeral

mort-vivant, mort-vivante [mɔʀvivɑ̃, mɔʀtvivɑ̃t] nm,f undead ▪ **les morts-vivants** the undead

morue [mɔʀy] nf (= poisson) cod

morve [mɔʀv] nf snot*

morveux, -euse [mɔʀvø, øz] **1** adj [enfant] snotty(-nosed)* **2** nm,f (‡ = enfant) nasty little brat*

mosaïque [mɔzaik] nf mosaic ; [d'idées, peuples] medley

Moscou [mɔsku] n Moscow

moscovite [mɔskɔvit] adj of ou from Moscow

mosquée [mɔske] nf mosque

mot [mo] nm **a** (= terme) word ▪ **à ~s couverts** in veiled terms ▪ **en un ~** in a word ▪ **~ à ~** word for word ▪ **c'est du ~ à ~** it's a word-for-word translation ▪ **avoir le dernier ~** to have the last word ▪ **je vais lui dire deux ~s !** I'll give him a piece of my mind! ▪ **prendre qn au ~** to take sb at his word ▪ **bon ~** witty remark ▸ **mots croisés** crossword ▸ **mot-dièse** hashtag ▸ **mots fléchés** crossword *(with clues given inside the boxes)* ▸ **mot-outil** grammatical word ▸ **mot de passe** password **b** (= courte lettre) note ▪ **~ d'excuse** [d'élève] absence note

motard, e [mɔtaʀ, aʀd] nm,f motorcyclist ; (= policier) motorcycle policeman (ou policewoman)

motel [mɔtɛl] nm motel

moteur, -trice [mɔtœʀ, tʀis] **1** nm (= appareil) engine ; (électrique) motor ▪ **à ~** power-driven ▪ **~ de recherche** search engine ▪ **être le ~ de qch** (fig) to be the driving force behind sth **2** adj [nerf, troubles] motor ■ **force motrice** driving force

motif [mɔtif] nm **a** (= raison) motive (*de* for) ; (= but) purpose ■ **~ d'inquiétude** cause for concern **b** (= ornement) motif ■ **tissu à ~s** patterned material

motion [mosjɔ̃] nf motion ■ **voter la ~ de censure** to pass a vote of no confidence

motivation [mɔtivasjɔ̃] nf motivation ; (= raison) motive (*de* for) ■ **lettre de ~** covering letter

motiver [mɔtive] vt **a** (= justifier) to justify **b** (= pousser à agir) to motivate

moto [moto] nf **a** (= véhicule) motorbike ■ **je viendrai à** ou **en ~** I'll come on my bike* ▸ **moto de course** racing motorcycle ▸ **moto-taxi** motorcycle taxi ▸ **moto de trial** trail bike BR, dirt bike US **b** (= activité) motorcycling ■ **faire de la ~** to ride a motorbike

moto(-)cross [motokʀɔs] nm inv (= sport) motocross ; (= épreuve) motocross race

motoculteur [mɔtɔkyltœʀ] nm motorized cultivator

motocyclette [mɔtɔsiklɛt] nf motorcycle

motocyclisme [mɔtɔsiklism] nm motorcycle racing

motocycliste [mɔtɔsiklist] nmf motorcyclist

motoneige [motonɛʒ] nf snow-bike

motorisé, e [mɔtɔʀize] adj [patrouille] motorized ■ **tu es ~ ?* sinon je te ramène** have you got any transport? if not I'll drop you home

motoriste [mɔtɔʀist] nm (= constructeur) engine manufacturer

mot-outil (pl **mots-outils**) [mouti] nm grammatical word

motrice [mɔtʀis] adj → **moteur**

motricité [mɔtʀisite] nf motivity

motte [mɔt] nf [de terre] lump ; [de beurre] block

mou, molle [mu, mɔl] adj soft ; [geste, poignée de main] limp ; (de caractère) spineless ■ **j'ai les jambes molles** my legs feel weak

mouchard, e* [muʃaʀ, aʀd] nm,f (= rapporteur) sneak*

moucharder* [muʃaʀde] **1** vt [enfant] to sneak on* ; [indicateur] to inform on **2** vi to tell tales

mouche [muʃ] nf **a** (= insecte) fly ■ **quelle ~ te pique ?** what's got into you? **b** ■ **faire ~** [tireur] to score a bull's-eye ; [remarque] to hit home

moucher [muʃe] **1** vt **a** ■ **~ (le nez de) qn** to blow sb's nose **b** (* = remettre à sa place) ■ **~ qn** to put sb in his place **c** [+ chandelle] to snuff out **2** **se moucher** vpr to blow one's nose

moucheron [muʃʀɔ̃] nm small fly

moucheté, e [muʃ(ə)te] adj [œuf] speckled ; [animal] spotted

mouchoir [muʃwaʀ] nm handkerchief ■ **~ en papier** tissue

moudre [mudʀ] vt to grind

moue [mu] nf pout ■ **faire la ~** (= faire la grimace) to pull a face

mouette [mwɛt] nf seagull

mouffette [mufɛt] nf skunk

moufle [mufl] nf mitten

mouflet, -ette* [muflɛ, ɛt] nm,f kid*

mouflon [muflɔ̃] nm mouflon

mouillage [mujaʒ] nm (= abri) anchorage

mouillé, e [muje] adj wet

mouiller [muje] **1** vt ■ **~ qch** [+ humecter] to dampen sth ; (accidentellement) to get sth wet ■ **se faire ~** to get wet ■ **~ l'ancre** to drop anchor **2** **se mouiller** vpr **a** (= se tremper) to get o.s. wet ■ **se ~ les pieds** to get one's feet wet **b*** (= prendre des risques) to commit o.s. ; (= se compromettre) to get involved

mouillette [mujɛt] nf finger of bread

moulage [mulaʒ] nm (= reproduction) cast

moulant, e [mulɑ̃, ɑ̃t] adj tight-fitting

moule[1] [mul] nm (= forme) mould BR, mold US ▸ **moule à gâteaux** cake tin BR, cake pan US ▸ **moule à tarte** pie dish

moule[2] [mul] nf mussel ■ **~s marinières** moules marinières

mouler [mule] vt [+ statue, buste] to cast

moulin [mulɛ̃] nm mill ■ **~ à paroles** chatterbox ▸ **moulin à café/poivre** coffee/pepper mill ▸ **moulin à vent** windmill

moulinette® [mulinɛt] nf vegetable mill

moulu, e [muly] adj **a** [café, poivre] ground **b** (* = fatigué) dead-beat*

moulure [mulyʀ] nf moulding BR, molding US

moumoune* [mumun] adj (Can = peureux) timid

moumoute* [mumut] nf (= postiche pour hommes) toupee

mourant, e [muʀɑ̃, ɑ̃t] adj ■ **il est ~** he's dying

mourir [muʀiʀ] vi to die ; [civilisation, coutume, feu] to die out ■ **~ assassiné** to be murdered ■ **s'ennuyer à ~** to be bored to death ■ **plus bête que lui, tu meurs !*** he's as stupid as they come!* ■ **~ de froid** (lit) to die of exposure ■ **on meurt de froid ici** it's freezing in here ■ **je meurs de sommeil** I'm dead on my feet ■ **~ de faim** to starve to death ; (= avoir très faim) to be starving ▪ **~ de soif** to die of thirst ; (= avoir très soif) to be parched ▪ **il meurt d'envie de le faire** he's dying to do it

mouron [muʀɔ̃] nm ▪ **se faire du ~*** to worry o.s. sick*

mourra [muʀʀa] vb → **mourir**

mousquetaire [muskətɛʀ] nm musketeer

mousse[1] [mus] nf **a** (= plante) moss **b** [de bière, café, lait] froth ; [de savon] lather ▸ **mousse à raser** shaving foam **c** (= plat) mousse ▪ **~ au chocolat** chocolate mousse **d** (= caoutchouc) foam rubber

mousse[2] [mus] nm (= marin) ship's boy

mousseline [muslin] nf (= coton) muslin ; (= soie) chiffon

mousser [muse] vi [bière] to froth ; [savon, shampooing] to lather ▪ **se faire ~*** to blow one's own trumpet

mousseur [musœʀ] nm water-saving tap BR ou faucet US head

mousseux, -euse [musø, øz] **1** adj [vin] sparkling ; [bière, chocolat] frothy **2** nm sparkling wine

mousson [musɔ̃] nf monsoon

moustache [mustaʃ] nf moustache ▪ **~s** [d'animal] whiskers ▪ **avoir de la ~** to have a moustache

moustachu, e [mustaʃy] adj with a moustache

moustiquaire [mustikɛʀ] nf mosquito net

moustique [mustik] nm mosquito ▪ **~ tigre** tiger mosquito

moutard* [mutaʀ] nm brat*

moutarde [mutaʀd] **1** nf mustard ▪ **il a senti la ~ lui monter au nez** he felt his temper flaring **2** adj inv mustard

mouton [mutɔ̃] **1** nm **a** (= animal) sheep ▪ **revenons à nos ~s** let's get back to the subject **b** (= viande) mutton **c** (= peau) sheepskin **2** **moutons** nmpl (sur la mer) white horses BR, white caps US ; (sur le plancher) fluff

mouvance [muvɑ̃s] nf ▪ **au sein de la ~ écologiste** among the different ecological parties

mouvant, e [muvɑ̃, ɑ̃t] adj [situation] unsettled ; [frontières, terrain] shifting

mouvement [muvmɑ̃] nm **a** movement ▪ **~s de gymnastique** physical exercises ▪ **il approuva d'un ~ de tête** he gave a nod of approval ▪ **~ de grève** strike action *NonC* ▪ **se mettre en ~** to set off **b** (= impulsion) ▪ **dans un ~ de colère** in a fit of anger **c** (= activité) ▪ **il n'y a pas beaucoup de ~ le dimanche** not much happens on Sundays

mouvementé, e [muvmɑ̃te] adj [vie] eventful ; [séance] stormy

mouvoir [muvwaʀ] **1** vt [+ motiver] to drive **2** **se mouvoir** vpr to move

moyen[1]**, -yenne** [mwajɛ̃, jɛn] **1** adj **a** (= ni grand ni petit) [taille] medium ; [ville, maison] medium-sized **b** (= courant, médiocre) average ▪ **le Français ~** the average Frenchman **c** (d'après des calculs) average **2** **moyenne** nf average ▪ **la moyenne d'âge** the average age ▪ **avoir la moyenne** (à un devoir) to get fifty per cent ; (à un examen) to get a pass ▪ **en moyenne** on average

moyen[2] [mwajɛ̃] **1** nm (= procédé, manière) way ▪ **c'est le seul ~ de s'en sortir** it's the only way out ▪ **par quel ~ allez-vous le convaincre ?** how will you manage to convince him? ▪ **employer les grands ~s** to resort to drastic measures ▪ **il a trouvé le ~ de se perdre** he managed to get lost ▪ **au ~ de** by means of ▪ **~ de communication/production** means of communication/production ▪ **pas ~ d'avoir une réponse claire !** there's no way you can get a clear answer! **2** **moyens** nmpl **a** (= capacités intellectuelles, physiques) ▪ **ça lui a fait perdre tous ses ~s** it left him completely at a loss ▪ **par ses propres ~s** [réussir] all by oneself ▪ **ils ont dû rentrer par leurs propres ~s** they had to make their own way home **b** (= ressources financières) means ▪ **il a les ~s** he can afford it ▪ **il vit au-dessus de ses ~s** he lives beyond his means

Moyen Âge [mwajɛnɑʒ] nm ▪ **le ~** the Middle Ages

moyenâgeux, -euse [mwajɛnɑʒø, øz] adj **a** [ville, costumes] medieval **b** (péj) [pratiques, théorie] antiquated

moyennant [mwajɛnɑ̃] prép [+ argent] for ; [+ service] in return for ; [+ travail, effort] with ▪ **~ finances** for a fee ▪ **~ quoi** in return for which

moyennement [mwajɛnmɑ̃] adv ▪ **c'est ~ bon** it's pretty average ▪ **c'est ~ intéressant** it's not that interesting

Moyen-Orient [mwajɛnɔʀjɑ̃] nm ▪ **le ~** the Middle East ▪ **les pays du ~** Middle Eastern countries

moyeu (pl **~x**) [mwajø] nm [de roue] hub

Mozambique [mɔzɑ̃bik] nm Mozambique

MP [ɛmpe] nm (abrév de **message privé**) PM ▪ **envoyer un MP à qn** to PM sb

MP3 [ɛmpetʀwa] nm MP3 ▪ **lecteur ~** MP3 player

MST [ɛmɛste] nf (abrév de **maladie sexuellement transmissible**) STD

mû, mue[1] [my] ptp de **mouvoir**

mue[2] [my] nf [d'oiseau] moulting BR, molting US ; [de serpent] sloughing ▪ **la ~ intervient vers 14 ans** [de voix] the voice breaks BR ou changes US at about 14 years of age

muer [mɥe] vi [oiseau, mammifère] to moult BR, to molt US ; [serpent] to slough ▪ **sa voix mue, il mue** his voice is breaking BR ou changing US

muesli [mysli] nm muesli

muet, muette [mɥɛ, mɥɛt] **1** adj **a** mute ▪ **~ de peur** dumb with fear ▪ **rester ~** to remain silent **b** [film, cinéma] silent ; [rôle] non-speaking **2** nm,f mute

mufle [myfl] nm **a** [de bovin] muffle **b** (* = goujat) lout

mugir [myʒiʀ] vi **a** [vache] to moo ; [bœuf] to bellow **b** [vent] to howl

muguet [mygɛ] nm lily of the valley

mulâtre, mulâtresse [mylɑtʀ, mylɑtʀɛs] nm,f mulatto

mule [myl] nf **a** (= animal) female mule **b** (= pantoufle) mule

mulet [mylɛ] nm **a** (= mammifère) male mule **b** (= poisson) mullet

mulot [mylo] nm field mouse

multicolore [myltikɔlɔʀ] adj multicoloured BR, many-colored US

multicoque [myltikɔk] nm multihull

multiculturel, -elle [myltikyltyʀɛl] adj multicultural

multifonction [myltifɔ̃ksjɔ̃] adj multifunction ; (Informatique) multitasking

multimédia [myltimedja] adj, nm multimedia

multinational, e (mpl **-aux**) [myltinasjɔnal, o] **1** adj multinational **2** **multinationale** nf multinational

multiplateforme [myltiplatfɔʀm] adj cross-platform *avant n*

multiple [myltipl] **1** adj (= nombreux) numerous ; [fracture, choix] multiple ▪ **à de ~s reprises** time and again **2** nm multiple

multiplication [myltiplikasjɔ̃] nf multiplication ; (= prolifération) increase in the number of

multiplier [myltiplije] **1** vt to multiply (*par* by) ▪ **les autorités multiplient les appels au calme** the authorities are issuing repeated appeals for calm **2** **se multiplier** vpr to multiply

multiprocesseur [myltipʀɔsesœʀ] nm multiprocessor

multipropriété [myltipʀɔpʀijete] nf time-sharing

multiracial, e (mpl **-iaux**) [myltiʀasjal, jo] adj multiracial

multisalles [myltisal] adj ▪ **(cinéma** ou **complexe) ~** multiplex cinema

multitâche [myltitɑʃ] adj multifunction ; (Informatique) multitasking ▪ **être ~** to multitask

multitude [myltityd] nf ▪ **une ~ de** a vast number of

municipal, e (mpl **-aux**) [mynisipal, o] **1** adj municipal **2** **municipales** nfpl ▪ **les ~es** the local elections

municipalité [mynisipalite] nf **a** (= ville) town **b** (= conseil) town council

munir [myniʀ] **1** vt ▪ **~ de** to equip with **2** **se munir** vpr ▪ **se ~ de** [+ papiers] to take with one ; [+ argent, nourriture] to take a supply of

munitions [mynisjɔ̃] nfpl ammunition *NonC*, munitions

muqueuse [mykøz] nf mucous membrane

mur [myʀ] nm wall ▪ **faire le ~*** to go over the wall ▪ **franchir le ~ du son** to break the sound barrier ▸ **le mur de Berlin** the Berlin Wall ▸ **mur pare-feu** (Internet) firewall ▸ **mur payant** paywall

mûr, e[1] [myʀ] adj **a** [fruit, projet] ripe ▪ **après ~e réflexion** after much thought **b** (= sensé) mature ; (= âgé) middle-aged

muraille [myʀɑj] nf wall ▪ **la Grande Muraille de Chine** the Great Wall of China

mural, e (mpl **-aux**) [myʀal, o] adj wall ▪ **peinture ~e** mural

mûre[2] [myʀ] nf blackberry

murer [myʀe] **1** vt [+ ouverture] to wall up ; [+ personne] to wall in **2** **se murer** vpr (chez soi) to shut o.s. away ▪ **se ~ dans son silence** to lock o.s. in silence

murge* [myʀʒ] nf ▪ **se prendre une ~** (= se soûler) to get blind drunk*, to get pissed* BR

murger (se)* [myʀʒe] vpr (= se soûler) to get blind drunk*, to get pissed* BR

mûrier [myʀje] nm blackberry bush

mûrir [myʀiʀ] vi [fruit] to ripen ; [idée, personne] to mature

murmure [myʀmyʀ] nm murmur

murmurer [myʀmyʀe] vti to murmur

musaraigne [myzaʀɛɲ] nf shrew

muscade [myskad] nf nutmeg

muscat [myska] nm **a** (= raisin) muscat grape **b** (= vin) muscat

muscle [myskl] nm muscle

musclé, e [myskle] adj **a** [corps, personne] muscular **b** [interrogatoire] violent ; [intervention] forceful

muscler [myskle] **1** vt to develop the muscles of **2** **se muscler** vpr [personne] to develop one's muscles

musculaire [myskylɛʀ] adj [force] muscular ▪ **fibre ~** muscle fibre

musculation [myskylasjɔ̃] nf body building ▪ **faire de la ~** to do body building

muse [myz] nf Muse

museau (pl **~x**) [myzo] nm [de chien] muzzle ; [de bovin] muffle ; [de porc] snout

musée [myze] nm [d'art, peinture] art gallery ; (technique, scientifique) museum ▪ **~ de cire** wax museum

museler [myz(ə)le] vt to muzzle

muséum [myzeɔm] nm natural history museum

musher [mœʃœʀ] nmf (dog) musher

mushing [mœʃiŋ] nm (dog) mushing

musical, e (mpl **-aux**) [myzikal, o] adj music *avant n*

music-hall (pl **~s**) [myzikol] nm (= lieu) music hall ▪ **spectacle de ~** variety show

musicien, -ienne [myzisjɛ̃, jɛn] nm,f musician

musique [myzik] nf music ▪ **~ classique** classical music ▪ **qui a écrit la ~ du film ?** who wrote the film score? ▸ musique de chambre chamber music

musulman, e [myzylmɑ̃, an] adj, nm,f Muslim

mutation [mytasjɔ̃] nf **a** (= transfert) transfer **b** (= changement) transformation ; [d'animal, cellule] mutation

muter [myte] vt to transfer

mutiler [mytile] vt to mutilate

mutinerie [mytinʀi] nf [de soldats, marins] mutiny ; [de prisonniers] riot

mutisme [mytism] nm (= silence) silence

mutuel, -elle [mytɥɛl] **1** adj mutual **2** **mutuelle** nf mutual society

mutuellement [mytɥɛlmɑ̃] adv one another

mycose [mikoz] nf fungal disease

mygale [migal] nf trap-door spider

myopathie [mjɔpati] nf ≈ muscular dystrophy

myope [mjɔp] adj short-sighted

myopie [mjɔpi] nf short-sightedness

myosotis [mjɔzɔtis] nm forget-me-not

myrtille [miʀtij] nf bilberry BR, blueberry US

mystère [mistɛʀ] nm mystery

mystérieux, -ieuse [misteʀjø, jøz] adj mysterious ; (= cachottier) secretive

mystifier [mistifje] vt to deceive

mystique [mistik] **1** adj mystical **2** nmf (= personne) mystic

mythe [mit] nm myth

mythique [mitik] adj mythical ; [acteur, concert] legendary

mytho* [mito] adj, nmf abrév de **mythomane**

mythologie [mitɔlɔʒi] nf mythology

mythologique [mitɔlɔʒik] adj mythological

mythomane [mitɔman] adj, nmf ▪ **elle est un peu ~** she has a tendency to embroider the truth

nN

n' [n] → **ne**
NAC [nak] nmpl (abrév de **nouveaux animaux de compagnie**) exotic pets
nacelle [nasɛl] nf [de montgolfière] gondola
nacre [nakʀ] nf mother-of-pearl
nacré, e [nakʀe] adj pearly
nage [naʒ] nf **a** (= activité) swimming ; (= manière) stroke ▪ **100 mètres ~ libre** 100 metres freestyle ▪ **traverser une rivière à la ~** to swim across a river **b** ▪ **être en ~** to be sweating
nageoire [naʒwaʀ] nf [de poisson] fin ; [de phoque, dauphin] flipper
nager [naʒe] **1** vi **a** to swim ; [objet] to float ▪ **~ dans le bonheur** to be overjoyed ▪ **il nage dans ses vêtements** his clothes are miles too big for him **b** (* = ne rien comprendre) to be at sea* **2** vt to swim
nageur, -euse [naʒœʀ, øz] nm,f swimmer
naguère [nagɛʀ] adv (frm = autrefois) formerly
naïf, naïve [naif, naiv] adj naïve
nain, e [nɛ̃, nɛn] adj, nm,f dwarf
naissance [nɛsɑ̃s] nf **a** birth ▪ **il est aveugle de ~** he has been blind from birth ▪ **français de ~** French by birth ▪ **donner ~ à** [+ enfant] to give birth to ; [+ rumeurs, mouvement] to give rise to **b** [de rivière] source ; [de cou] base ; [de cheveux] roots
naissant, e [nɛsɑ̃, ɑ̃t] adj [calvitie] incipient ; [passion, industrie, démocratie] burgeoning ▪ **une barbe ~e** the beginnings of a beard
naître [nɛtʀ] vi **a** to be born ▪ **il n'est pas né d'hier** ou **de la dernière pluie** he wasn't born yesterday **b** [sentiment, difficultés] to arise ; [ville, industrie] to spring up ▪ **faire ~** [+ soupçons, désir] to arouse ▪ **~ de** to spring from
naïveté [naivte] nf naïvety
nana* [nana] nf (= femme) woman ; (= petite amie) girlfriend
nanorobot [nanoʀɔbo] nm nanobot
nanotechnologie [nanotɛknɔlɔʒi] nf nanotechnology
nanti, e [nɑ̃ti] **1** adj rich **2** nmpl ▪ **les ~s** the rich
nantir [nɑ̃tiʀ] **1** vt (= munir) ▪ **~ qn de** to provide sb with ▪ **nanti de** equipped with **2** **se nantir** vpr ▪ **se ~ de** to equip o.s. with
naphtaline [naftalin] nf (= antimite) mothballs
nappe [nap] nf **a** [de table] tablecloth **b** (= couche) layer ; [d'eau] expanse ; [de brouillard] blanket ; [de pétrole, mazout] slick ▸ **nappe phréatique** water table, ground water *NonC*
napper [nape] vt to top (*de* with) ▪ **nappé de chocolat** topped with chocolate
napperon [napʀɔ̃] nm (pour vase, lampe) mat
narcisse [naʀsis] nm (= fleur) narcissus
narcissique [naʀsisik] adj narcissistic
narcotique [naʀkɔtik] adj, nm narcotic
narcotrafic [naʀkotʀafik] nm drug trafficking
narcotrafiquant, e [naʀkotʀafikɑ̃, ɑ̃t] nm,f drug trafficker
narguer [naʀge] vt **a** [+ personne] to scoff at **b** [+ danger] to scorn
narine [naʀin] nf nostril
narquois, e [naʀkwa, waz] adj mocking
narrateur, -trice [naʀatœʀ, tʀis] nm,f narrator
narration [naʀasjɔ̃] nf narration
nasal, e (mpl **-aux**) [nazal, o] adj nasal
nase‡ [nɑz] adj (= hors d'usage) bust* *attrib* ; (= exténué) shattered* ; (= nul) useless
naseau (pl **~x**) [nazo] nm nostril
nasillard, e [nazijaʀ, aʀd] adj [voix] nasal
nasse [nɑs] nf (de pêche) fish trap
natal, e (mpl **~s**) [natal] adj native ▪ **ma maison ~e** the house where I was born
natalité [natalite] nf birth rate ▪ **taux de ~** birth rate
natation [natasjɔ̃] nf swimming ▪ **faire de la ~** to go swimming
natif, -ive [natif, iv] adj, nm,f native ▪ **je suis ~ de Nice** I was born in Nice ▪ **~ numérique** digital native, millennial ▪ **les ~s du Lion** people born under the sign of Leo
nation [nasjɔ̃] nf nation ▪ **les Nations unies** the United Nations
national, e (mpl **-aux**) [nasjɔnal, o] adj national ; [économie, monnaie] domestic ▪ **(route) ~e** ≈ A road BR, ≈ state highway US
nationalisation [nasjɔnalizasjɔ̃] nf nationalization
nationaliser [nasjɔnalize] vt to nationalize
nationalisme [nasjɔnalism] nm nationalism
nationaliste [nasjɔnalist] adj, nmf nationalist
nationalité [nasjɔnalite] nf nationality ▪ **de ~ française** French
natte [nat] nf (= tresse) plait BR, braid US ▪ **se faire des ~s** to plait BR ou braid US one's hair

natter [nate] vt [+ cheveux] to plait BR, to braid US

naturalisation [natyʀalizasjɔ̃] nf **a** [de personne] naturalization **b** [d'animaux morts] stuffing

naturaliser [natyʀalize] vt **a** [+ personne] to naturalize ▪ **se faire ~ français** to be granted French citizenship **b** [+ animal mort] to stuff

nature [natyʀ] **1** nf **a** nature ▪ **plus grand que ~** larger than life ▪ **arrogant de ~** arrogant by nature ► **nature morte** still life **b** (= campagne) countryside ▪ **elle aime la ~** she loves the countryside ▪ **lâcher qn dans la ~*** to send sb off without any directions **c** (= sorte) kind ▪ **il y a un problème – de quelle ~ ?** there's a problem – what kind of problem? ▪ **en ~** in kind **2** adj inv **a** [café] black ; [thé] without milk, black ; [crêpe, omelette, riz] plain ; [yaourt] natural, plain **b** (* = sans artifice) [personne] natural

> ⚠ Au sens de « campagne », **nature** ne se traduit pas par le mot anglais ***nature***.

naturel, -elle [natyʀɛl] **1** adj natural ▪ **je vous remercie ! – c'est tout ~** thank you! – you're welcome! **2** nm **a** (= caractère) nature ▪ **être d'un ~ optimiste** to be naturally optimistic **b** (= absence d'affectation) naturalness ▪ **il manque de ~** he's not very natural ▪ **au ~** [thon] in brine

naturellement [natyʀɛlmɑ̃] adv naturally

naturisme [natyʀism] nm (= nudisme) naturism

naturiste [natyʀist] adj, nmf (= nudiste) naturist

naufrage [nofʀaʒ] nm **a** [de bateau] wreck ▪ **faire ~** [bateau] to be wrecked ; [personne] to be shipwrecked **b** [de projet, pays] foundering ; [d'entreprise] collapse

naufragé, e [nofʀaʒe] nm,f shipwrecked person ; (sur une île) castaway

nauséabond, e [nozeabɔ̃, ɔ̃d] adj nauseating

nausée [noze] nf (= sensation) nausea *NonC* ▪ **avoir la ~** to feel sick

nauséeux, -euse [nozeø, øz] adj sickening

nautique [notik] adj ▪ **club ~** watersports centre ▪ **sports ~s** water sports ▪ **salon ~** boat show

naval, e (mpl **~s**) [naval] adj [bataille, base] naval ; [industrie] shipbuilding ; → **chantier, construction**

navet [navɛ] nm **a** (= légume) turnip **b** (* = film) third-rate film

navette [navɛt] nf **a** (= service de transport) shuttle service ▪ **faire la ~ entre** [banlieusard, homme d'affaires] to commute between ; [véhicule] to operate a shuttle service between **b** (= véhicule) shuttle ▪ **~ spatiale** space shuttle

navigable [navigabl] adj [rivière] navigable

navigateur, -trice [navigatœʀ, tʀis] **1** nm,f (= marin) sailor **2** nm (Informatique) browser

navigation [navigasjɔ̃] nf (= pilotage) navigation *NonC* ▪ **~ sur Internet** browsing the Internet ► **navigation de plaisance** pleasure boating

naviguer [navige] vi [bateau, marin] to sail ; [avion, pilote] to fly ▪ **~ sur Internet** to surf the Internet

navire [naviʀ] nm ship ► **navire de guerre** warship

navrant, e [navʀɑ̃, ɑ̃t] adj (= attristant) distressing ; (= regrettable) unfortunate ▪ **tu es ~ !** you're hopeless!

navré, e [navʀe] adj sorry (*de* to)

navrer [navʀe] vt (= consterner) to dismay

naze* [nɑz] adj ⇒ **nase**

nazi, e [nazi] adj, nm,f Nazi

nazisme [nazism] nm Nazism

NB [ɛnbe] nm (abrév de **nota bene**) NB

NBIC [ɛnbeise] nfpl (abrév de **nanotechnologies, biotechnologies, sciences de l'information et sciences cognitives**) NBIC

ne [nə] adv (négatif) ▪ **je ne sais pas** I don't know ▪ **il n'habite plus ici** he doesn't live here any more ▪ **il n'a rien dit** he didn't say anything ▪ **personne n'a compris** nobody understood ▪ **ne... que** only ▪ **elle n'a confiance qu'en nous** she only trusts us

né, e [ne] adj **a** [femme mariée] née ▪ **Mme Durand, ~e Dupont** Mme Durand née Dupont **b** ▪ **acteur-né** born actor

néanmoins [neɑ̃mwɛ̃] adv nevertheless

néant [neɑ̃] nm ▪ **le ~** nothingness *NonC* ▪ **signes particuliers : ~** distinguishing marks: none

Nebraska [nebʀaska] nm Nebraska

nébuleux, -euse [nebylø, øz] **1** adj [projet, idée, discours] nebulous **2** **nébuleuse** nf (Astron) nebula

nécessaire [nesesɛʀ] **1** adj necessary ▪ **il est ~ de le faire** it needs to be done ▪ **il est ~ que vous le fassiez** you need to do it ▪ **avoir le temps ~ pour faire qch** to have the time to do sth **2** nm ▪ **emporter le strict ~** to take the bare necessities ▪ **faire le ~** to do what is necessary ► **nécessaire de couture** sewing kit

nécessairement [nesesɛʀmɑ̃] adv necessarily ▪ **pas ~** not necessarily

nécessité [nesesite] nf necessity ▪ **je n'en vois pas la ~** I don't see the need for it ▪ **je l'ai fait par ~** I did it because I had to

nécessiter [nesesite] vt to require

nécrologique [nekʀɔlɔʒik] adj obituary

nécropole [nekʀɔpɔl] nf necropolis

nectar [nɛktaʀ] nm nectar

nectarine [nɛktaʀin] nf nectarine

néerlandais, e [neɛʀlɑ̃dɛ, ɛz] **1** adj Dutch **2** nm **a** (= langue) Dutch **b** ▪ **Néerlandais** Dutchman ▪ **les Néerlandais** the Dutch **3** **Néerlandaise** nf Dutch woman

nef [nɛf] nf [d'église] nave

néfaste [nefast] adj (= nuisible) harmful

négatif, -ive [negatif, iv] **1** adj, nm negative **2** **négative** nf ▪ **répondre par la négative** to reply in the negative

négation [negasjɔ̃] nf negation ; (dans une phrase) negative

négligé, e [negliʒe] **1** adj [personne, tenue] slovenly ; [travail] careless **2** nm (= déshabillé) négligée

négligeable [negliʒabl] adj negligible ▪ **non ~** significant

négligence [negliʒɑ̃s] nf **a** (= manque de soin) negligence **b** (= faute) act of negligence

négligent, e [negliʒɑ̃, ɑ̃t] adj **a** (= sans soin) negligent **b** (= nonchalant) casual

négliger [negliʒe] **1** vt to neglect ; [+ conseil] to pay no attention to ▪ **~ de faire qch** to neglect to do sth **2** **se négliger** vpr (sa santé) to neglect o.s. ; (sa tenue) to neglect one's appearance

négoce [negɔs] nm (= commerce) trade (*de* in)

négociable [negɔsjabl] adj negotiable

négociant, e [negɔsjɑ̃, jɑ̃t] nm,f merchant ▪ **~ en vins** wine merchant

négociation [negɔsjasjɔ̃] nf negotiation

négocier [negɔsje] vti to negotiate

nègre [nɛgʀ] nm **a** (injurieux) Negro **b** (= écrivain) ghost writer

neige [nɛʒ] nf snow ▪ **aller à la ~*** to go on a skiing holiday ▪ **battre des blancs en ~** to whisk egg whites to form stiff peaks ▸ **neige carbonique** dry ice ▸ **neige fondue** (= pluie) sleet; (par terre) slush

neiger [neʒe] vb impers to snow ▪ **il neige** it's snowing

nem [nɛm] nm Vietnamese spring roll

nénette* [nenɛt] nf (= jeune femme) chick‡

nénuphar [nenyfaʀ] nm water lily

néo-calédonien, -ienne [neokaledɔnjɛ̃, jɛn] **1** adj New Caledonian **2** **Néo-Calédonien(ne)** nm,f New Caledonian

néologisme [neɔlɔʒism] nm neologism

néon [neɔ̃] nm **a** (= gaz) neon **b** (= éclairage) neon lighting *NonC*

néonazi, e [neonazi] adj, nm,f neo-Nazi

néophyte [neɔfit] nmf novice

néo-zélandais, e [neozelɑ̃dɛ, ɛz] **1** adj New Zealand ▪ **il est ~** he's from New Zealand **2** **Néo-Zélandais(e)** nm,f New Zealander

Népal [nepal] nm Nepal

nerf [nɛʀ] nm **a** nerve ▪ **avoir les ~s fragiles** to be highly strung BR ou high-strung US ▪ **avoir les ~s à vif** to be very edgy ▪ **taper sur les ~s à qn*** to get on sb's nerves ▪ **allons, du ~ !** come on, buck up!* **b** [de viande] ▪ **~s** gristle *NonC*

nerveux, -euse [nɛʀvø, øz] adj **a** [dépression, fatigue, système] nervous ; [cellule, centre] nerve **b** (= agité) nervous **c** [moteur, voiture] responsive ; [style] energetic **d** (= sec) wiry

nervosité [nɛʀvozite] nf nervousness

nervure [nɛʀvyʀ] nf [de feuille] vein

n'est-ce pas [nɛspɑ] adv ▪ **il est fort, ~ ?** he's strong, isn't he? ▪ **il ne travaille pas, ~ ?** he doesn't work, does he? ▪ **elle aime les fleurs, ~ ?** she likes flowers, doesn't she? ▪ **tu iras, ~ ?** you will go, won't you? ▪ **~ que c'est difficile ?** it's difficult, isn't it?

Net [nɛt] nm ▪ **le ~** the Net

net, nette [nɛt] **1** adj **a** [surface, ongles] clean ; [intérieur, copie] neat **b** [bénéfice, prix, poids] net **c** (= écriture, souvenir) clear ; [refus] flat *avant n* ; [situation, position] clear-cut ; [ligne, contour, image] sharp ; [cassure, coupure] clean ▪ **ce type n'est pas très ~*** that guy's slightly odd **d** (= marqué) marked **2** adv **a** [s'arrêter] dead ▪ **se casser ~** to snap in two ▪ **il a été tué ~** he was killed instantly **b** (Commerce) net

nétiquette [netikɛt] nf netiquette

nettement [nɛtmɑ̃] adv **a** (= clairement) clearly **b** [s'améliorer, se différencier] distinctly ; [préférer] definitely ▪ **coûter ~ moins cher** to cost much less ▪ **ils sont ~ moins nombreux** there are far fewer of them

netteté [nɛtte] nf **a** (= propreté) neatness **b** (= clarté) clarity ; [d'écriture] clearness

nettoyage [netwajaʒ] nm cleaning ▪ **un ~ complet** a thorough cleanup ▪ **ils ont fait du ~ dans l'entreprise** they've got rid of the deadwood in this company ▸ **nettoyage à sec** dry cleaning

nettoyer [netwaje] vt to clean ▪ **~ à sec** to dry-clean

neuf[1] [nœf] nombre nine ; pour loc voir **six**

neuf[2], **neuve** [nœf, nœv] **1** adj new ▪ **tout ~** brand new **2** nm new ▪ **quoi de ~ ?** what's new? ▪ **remettre** ou **refaire qch à ~** to make sth as good as new

neurologie [nøʀɔlɔʒi] nf neurology

neurologique [nøʀɔlɔʒik] adj neurological

neurologue [nøʀɔlɔg] nmf neurologist

neurone [nøʀɔn] nm neuron

neutraliser [nøtʀalize] vt to neutralize ; [+ agresseur] to overpower

neutralité [nøtʀalite] nf neutrality

neutre [nøtʀ] adj neutral ; [genre] neuter

neutron [nøtʀɔ̃] nm neutron

neuve [nœv] adj → **neuf**

neuvième [nœvjɛm] adj, nmf ninth ; pour loc voir **sixième**

neveu (pl ~x) [n(ə)vø] nm nephew

névralgie [nevʀalʒi] nf neuralgia *NonC* ; (= mal de tête) headache

névrose [nevʀoz] nf neurosis

névrosé, e [nevʀoze] adj neurotic

New York [njujɔʀk] n New York ▪ **l'État de ~** New York State

new-yorkais, e [njujɔʀkɛ, ɛz] 1 adj New-York 2 **New-Yorkais(e)** nm,f New Yorker

nez [ne] nm nose ▪ **où est mon sac ? – sous ton ~ !** where's my bag? – right under your nose! ▪ **je n'ai pas mis le ~ dehors hier** I didn't go out yesterday ▪ **elle m'a ri/fermé la porte au ~** she laughed/shut the door in my face ▪ **se trouver ~ à ~ avec qn** to find o.s. face to face with sb

ni [ni] conj (après négation) or ▪ **sans amour ni affection** without love or affection ♦ **ni... ni** neither... nor ▪ **il ne pouvait ni parler ni entendre** he could neither speak nor hear ▪ **ni l'un ni l'autre** neither of them ▪ **il n'a dit ni oui ni non** he didn't say either yes or no

niais, niaise [njɛ, njɛz] adj silly

niaiserie [njɛzʀi] nf a (= caractère) silliness b ▪ **dire des ~s** to talk rubbish ▪ **ils regardent des ~s à la télé** they're watching some rubbish on TV

niche [niʃ] nf a [de chien] kennel b (= alcôve) niche c (Commerce, École) niche

nicher [niʃe] 1 vi [oiseau] to nest 2 **se nicher** vpr [village, maison] to nestle

nickel [nikɛl] 1 nm nickel 2 adj (* = impeccable) spotless

niçois, e [niswa, waz] adj of ou from Nice

nicotine [nikɔtin] nf nicotine

nid [ni] nm nest ▸ **nid-de-poule** pothole

nièce [njɛs] nf niece

nier [nje] vt to deny ▪ **il nie les avoir vus** he denies having seen them

nigaud, e [nigo, od] nm,f simpleton

Niger [niʒɛʀ] nm Niger

Nigéria [niʒeʀja] nm Nigeria

night-club (pl ~s) [najtklœb] nm nightclub

Nil [nil] nm ▪ **le ~** the Nile

n'importe [nɛ̃pɔʀt(ə)] → **importer**

nippon, -on(n)e [nipɔ̃, ɔn] adj Japanese

niqab [nikab] nm niqab

nirvana [niʀvana] nm nirvana

nitrate [nitʀat] nm nitrate

nitroglycérine [nitʀogliseʀin] nf nitroglycerine

niveau (pl ~x) [nivo] nm a level ▪ **au-dessus du ~ de la mer** above sea level ▪ **de ~ (avec)** level (with) ▪ **au ~ européen** at the European level ▪ **athlète de haut ~** top athlete ▪ **des candidats ayant le ~ licence** candidates at degree level ▪ **la neige m'arrivait au ~ des genoux** the snow came up to my knees ▪ **il s'arrêta au ~ du village** he stopped once he got to the village ▸ **niveau social** social standing ▸ **niveau de vie** standard of living b [de connaissances, études] standard ▪ **cet élève a un bon ~** this pupil's work is of a high standard ▪ **il n'est pas au ~** he isn't up to standard

niveler [niv(ə)le] vt [+ surface] to level ; [+ fortunes, conditions sociales] to level out ▪ **~ par le bas** to level down

nivellement [nivɛlmɑ̃] nm [de surface] levelling ; [de fortunes, conditions sociales] levelling out ▪ **~ par le bas** levelling down

Nobel [nɔbɛl] nm ▪ **le prix ~** the Nobel prize

nobéliser [nɔbelize] vt to award the Nobel prize to

noble [nɔbl] 1 adj noble 2 nm nobleman ▪ **les ~s** the nobility 3 nf noblewoman

noblesse [nɔblɛs] nf nobility

noce [nɔs] nf (= cérémonie) wedding ▪ **repas de ~s** wedding banquet ▪ **~s d'argent/d'or** silver/golden wedding ▪ **faire la ~*** to live it up*

nocif, -ive [nɔsif, iv] adj harmful (*pour* to)

noctambule [nɔktɑ̃byl] nmf night owl

nocturne [nɔktyʀn] 1 adj [animal] nocturnal ; [visite, sortie] night ▪ **la vie ~** nightlife 2 nf (Sport) evening fixture ▪ **ouvert en ~** [magasin] open late

Noël [nɔɛl] nm Christmas ▪ **joyeux ~ !** merry ou happy Christmas!

nœud [nø] nm a knot ; (ornemental) bow ▪ **faire son ~ de cravate** to knot one's tie ▸ **nœud papillon** bow tie b ▪ **le ~ de** [de problème, débat] the crux of

noir, e [nwaʀ] 1 adj a black ▪ **c'est écrit ~ sur blanc** it is in black and white ▪ **regarder qn d'un œil ~** to give sb a black look b (= obscur) dark ▪ **la rue était ~e de monde** the street was teeming with people c (= policier) ▪ **roman ~** thriller ▪ **film ~** film noir 2 nm a (= couleur) black ▪ **en ~ et blanc** black and white ▪ **il voit tout en ~** he sees the black side of everything ▪ **elle avait du ~ sur le menton** she had a black mark on her chin **b** (= obscurité) dark ■ **dans le ~** in the dark **c** ■ **travailler au ~** to work illegally ■ **embaucher qn au ~** to hire sb without declaring him **3** **Noir(e)** nm,f black person ■ **les Noirs américains** black Americans **4** **noire** nf (= note) crotchet BR, quarter note US

noirâtre [nwaʀɑtʀ] adj blackish

noircir [nwaʀsiʀ] **1** vt **a** [fumée] to blacken ; [encre, charbon] to dirty **b** (= colorer) to blacken **2** vi to go black

noise [nwaz] nf ■ **chercher ~ ou des ~s à qn** to try to pick a quarrel with sb

noisetier [nwaz(ə)tje] nm hazel tree

noisette [nwazɛt] **1** nf **a** (= fruit) hazelnut **b** [de beurre] knob **2** adj inv [couleur, yeux] hazel

noix [nwa] nf (= fruit à coque) nut ; (= fruit du noyer) walnut ■ **à la ~*** pathetic* ▸ **noix de beurre** knob of butter ▸ **noix de cajou** cashew nut ▸ **noix de coco** coconut ▸ **noix de muscade** nutmeg

nom [nɔ̃] nm **a** name ■ **~ et prénom** surname and first name ■ **un homme du ~ de Dupont** a man called Dupont ■ **je le connais de ~** I know him by name ■ **en mon ~** in my name ■ **~ d'un chien !** heck!* ■ **~ de Dieu !‡** God damn it!‡ ■ **parler au ~ de qn** to speak on behalf of sb ▸ **nom de famille** surname ▸ **nom de jeune fille** maiden name **b** (Gram) noun ▸ **nom commun/propre** common/proper noun

nomade [nɔmad] **1** adj nomadic ■ **produits ~s** mobile devices **2** nmf nomad

nombre [nɔ̃bʀ] nm number ■ **dans bon ~ de pays** in a good many countries ■ **les gagnants sont au ~ de trois** there are three winners

nombreux, -euse [nɔ̃bʀø, øz] adj many ; [foule, assistance] large ■ **de ~ accidents** many accidents ■ **les cambriolages sont très ~ ici** there are a great many burglaries here ■ **peu ~** few ■ **le public était moins ~ hier** there were fewer spectators yesterday ■ **ils étaient plus ~ que nous** there were more of them than of us

nombril [nɔ̃bʀi(l)] nm navel

nomenclature [nɔmɑ̃klatyʀ] nf (= liste) list

nominal, e (mpl **-aux**) [nɔminal, o] adj nominal ; [groupe, phrase] noun *avant n* ■ **liste ~e** list of names

nominatif, -ive [nɔminatif, iv] adj ■ **liste nominative** list of names ■ **carte nominative** non-transferable card ■ **l'invitation n'est pas nominative** the invitation doesn't specify a name

nomination [nɔminasjɔ̃] nf nomination (*à* to) ■ **~ aux Oscars** Oscar nomination

nominé, e [nɔmine] adj [film, acteur, auteur] nominated (*à* for)

nommer [nɔme] **1** vt **a** [+ fonctionnaire] to appoint (*à* to) ; [+ candidat] to nominate **b** (= appeler, citer) to name ■ **un homme nommé Martin** a man named Martin **2** **se nommer** vpr (= s'appeler) to be called ■ **il se nomme Paul** his name is Paul

nomophobe [nomofɔb] nmf mobile phone BR ou cellphone US addict

nomophobie [nomofɔbi] nf nomophobia, mobile phone BR ou cellphone US addiction

non [nɔ̃]

1 adv **a** (réponse négative) no ■ **faire ~ de la tête** to shake one's head

b (remplaçant une proposition) ■ **est-ce que c'est nécessaire ? – je pense que ~** is that necessary? – I don't think so ■ **je crains que ~** I'm afraid not ■ **je lui ai demandé s'il aimait le chocolat, il m'a répondu que ~** I asked him if he liked chocolate and he said he didn't ■ **je le crois – moi ~** I believe him – well, I don't ■ **il se demandait s'il irait ou ~** he wondered whether to go or not ■ **ah ~ !** certainly not!

c (= pas) not ■ **c'est de la paresse et ~ de la prudence** it's laziness, not caution ■ **~ loin d'ici** not far from here ■ **toutes les places ~ réservées** all the unreserved seats

d ■ **~ plus** neither ■ **nous ne l'avons pas vu – nous ~ plus** we didn't see him – neither did we ■ **il n'a pas compris lui ~ plus** he didn't understand either

2 nm inv no ■ **il y a eu 30 ~** there were 30 noes

non-agression [nɔnagʀesjɔ̃] nf nonaggression

nonante [nɔnɑ̃t] nombre (Belg, Helv) ninety ; pour loc voir **soixante**

non-assistance [nɔnasistɑ̃s] nf ■ **~ à personne en danger** failure to assist a person in danger

nonchalance [nɔ̃ʃalɑ̃s] nf nonchalance

nonchalant, e [nɔ̃ʃalɑ̃, ɑ̃t] adj nonchalant

non-conformiste [nɔ̃kɔ̃fɔʀmist] adj nonconformist

non-fumeur, -euse [nɔ̃fymœʀ, øz] nm,f non-smoker ■ **compartiment ~s** non-smoking compartment BR ou car US

non-lieu (pl **~x**) [nɔ̃ljø] nm ■ **bénéficier d'un ~** to have one's case dismissed for lack of evidence

non-prolifération [nɔ̃pʀɔliferasjɔ̃] nf nonproliferation

non-respect [nɔ̃ʀɛspɛ] nm [d'engagement, règle] failure to respect

non-sens [nɔ̃sɑ̃s] nm inv (= absurdité) piece of nonsense ; (= erreur de traduction) unclear translation

non-stop [nɔnstɔp] adj inv, nmf inv non-stop

non-violence [nɔ̃vjɔlɑ̃s] nf nonviolence

non-voyant, e [nɔ̃vwajɑ̃, ɑ̃t] nm,f visually handicapped person

nord [nɔʀ] **1** nm north ▪ **le vent du ~** the north wind ▪ **au ~ de** north of ▪ **pays du ~** northern countries ▪ **l'Europe du ~** Northern Europe ▪ **le Nord** the North of France ▪ **le Grand Nord** the far North **2** adj inv northern ; [côté, paroi] north

nord-africain, e (mpl **~s**) [nɔʀafʀikɛ̃, ɛn] **1** adj North African **2** **Nord-Africain(e)** nm,f North African

nord-américain, e [nɔʀameʀikɛ̃, ɛn] adj North American

nord-est [nɔʀɛst] **1** nm northeast ▪ **au ~ de** north-east of **2** adj inv north-east ; [banlieue] north-eastern

nordique [nɔʀdik] adj Nordic

nord-ouest [nɔʀwɛst] **1** nm northwest ▪ **au nord-est de** north-west of **2** adj inv north-west ; [banlieue] north-western

normal, e (mpl **-aux**) [nɔʀmal, o] **1** adj normal ▪ **c'est ~ !** (= correct, logique) it's quite natural! ▪ **ce n'est pas ~** (= c'est bizarre) there must be something wrong ; (= ce n'est pas juste) that's not right **2** **normale** nf (= moyenne) average ▪ **revenir à la ~e** to get back to normal

normalement [nɔʀmalmɑ̃] adv normally ▪ **~, il devrait être là demain** he should be here tomorrow

normalisation [nɔʀmalizasjɔ̃] nf **a** [de situation, relations] normalization **b** [de produit] standardization

normaliser [nɔʀmalize] **1** vt **a** [+ situation, relations] to normalize **b** [+ produit] to standardize **2** **se normaliser** vpr to get back to normal

normalité [nɔʀmalite] nf normality

normand, e [nɔʀmɑ̃, ɑ̃d] **1** adj **a** (= de Normandie) Normandy **b** (= des Normands) Norman **2** **Normand(e)** nm,f **a** (de Normandie) *person from Normandy* **b** (Hist) Norman

Normandie [nɔʀmɑ̃di] nf Normandy

normatif, -ive [nɔʀmatif, iv] adj normative

norme [nɔʀm] nf norm ; [de production] standard ▪ **hors ~s** [personnage] unconventional

Norvège [nɔʀvɛʒ] nf Norway

norvégien, -ienne [nɔʀveʒjɛ̃, jɛn] **1** adj Norwegian **2** **Norvégien(ne)** nm,f Norwegian

nos [no] adj poss → **notre**

nostalgie [nɔstalʒi] nf nostalgia ▪ **avoir la ~ de...** to feel nostalgic for...

nostalgique [nɔstalʒik] adj nostalgic

notable [nɔtabl] adj, nm notable

notaire [nɔtɛʀ] nmf notary

notamment [nɔtamɑ̃] adv in particular

notation [nɔtasjɔ̃] nf **a** (= symboles, système) notation **b** [de devoir] marking BR, grading US

note [nɔt] nf **a** note ▪ **prendre des ~s** to take notes ▪ **une ~ de tristesse** a note of sadness **b** (= appréciation chiffrée) mark BR, grade US ▪ **mettre une ~ à** [+ dissertation] to mark BR, to grade US ; [+ élève] to give a mark to BR, to grade US **c** (= facture) bill ; [de restaurant, hôtel] bill BR, check US

> ⚠ Dans un contexte scolaire et au sens de « facture », **note** ne se traduit pas par le mot anglais ***note***.

noter [nɔte] vt **a** (= inscrire) to write down **b** (= remarquer) to notice ▪ **notez bien que je n'ai rien dit** note that I didn't say anything **c** [+ devoir] to mark BR, to grade US ; [+ élève] to give a mark to BR, to grade US

notice [nɔtis] nf (= mode d'emploi) instructions

> ⚠ **notice** ne se traduit pas par le mot anglais ***notice***, qui signifie « avis, préavis, délai ».

notifier [nɔtifje] vt ▪ **~ qch à qn** to notify sb of sth

notion [nosjɔ̃] nf **a** (= conscience) notion ▪ **perdre la ~ du temps** to lose track of the time **b** (= connaissance) ▪ **~s** basic knowledge

notoire [nɔtwaʀ] adj [criminel, méchanceté] notorious ; [fait, vérité] well-known

notoirement [nɔtwaʀmɑ̃] adv [insuffisant] manifestly ▪ **~ connu pour** notorious for

notoriété [nɔtɔʀjete] nf fame ▪ **c'est de ~ publique** that's common knowledge

notre (pl **nos**) [nɔtʀ, no] adj poss our ▪ **~ fils et ~ fille** our son and daughter

nôtre [notʀ] pron poss ▪ **le ~, la ~, les ~s** ours ▪ **ce n'est pas la ~** it's not ours ▪ **les ~s** (= famille) our family ▪ **j'espère que vous serez des ~s ce soir** I hope you will join us tonight

nouer [nwe] **1** vt **a** (= faire un nœud avec) to tie ▪ **avoir la gorge nouée** to have a lump in one's throat **b** (= entourer d'une ficelle) to tie up **c** [+ relations] to strike up ; [+ amitié] to form **2** **se nouer** vpr ▪ **sa gorge se noua** a lump came to his throat

noueux, -euse [nwø, øz] adj gnarled

nougat [nuga] nm nougat

nouille [nuj] nf **a** ▪ **~s** (italiennes) pasta ; (chinoises) noodles **b** (* = imbécile) idiot

nounou* [nunu] nf nanny

nounours [nunuʀs] nm (langage enfantin) teddy bear

nourrice [nuʀis] nf (= gardienne) childminder

nourrir [nuʀiʀ] **1** vt **a** [+ animal, personne] to feed ; [+ peau] to nourish ▪ **~ au biberon** to bottle-feed ▪ **~ au sein** to breast-feed **b** [+ espoir, illusion] to cherish ; [+ haine] to feel **2** vi to be nourishing **3** **se nourrir** vpr to eat ▪ **se ~ de** to live on

nourrissant, e [nuʀisɑ̃, ɑ̃t] adj nourishing

nourrisson [nuʀisɔ̃] nm infant

nourriture [nuʀityʀ] nf food ; (= régime) diet ▪ **~ pour animaux** pet food

nous [nu] pron pers **a** (sujet) we ▪ **~ vous écrirons** we'll write to you ▪ **eux ont accepté, pas ~** they agreed but we didn't ▪ **~, ~ le connaissons bien – ~ aussi** we know him well – so do we **b** (objet) us ▪ **écoutez-nous** listen to us ▪ **c'est ~ qu'elle veut voir** it's us she wants to see **c** (dans comparaisons) us ▪ **il est aussi fort que ~** he is as strong as us or as we are ▪ **faites comme ~** do the same as us, do as we do ▪ **il l'aime que ~** (plus qu'il ne nous aime) he loves her more than us ; (plus que nous ne l'aimons) he loves her more than we do **d** (verbe pronominal) ▪ **~ ~ sommes bien amusés** we had a good time ▪ **~ ~ connaissons depuis le lycée** we have known each other since we were at school

nous-mêmes [numɛm] pron ourselves

nouveau, nouvelle [nuvo, nuvɛl] (mpl **~x**) **1** adj **a** new ▪ **tout ~** brand-new ▸ **Nouvel An** New Year ▸ **nouveau venu, nouvelle venue** newcomer **b** (= autre, supplémentaire) another ▪ **il y a eu un ~ tremblement de terre** there has been another earthquake **2** nm **a** (= homme) new man ; (= élève) new boy **b** (= nouveauté) ▪ **y a-t-il du ~ à ce sujet ?** is there anything new on this? ▪ **à ~** again ▪ **de ~** again **3** **nouvelle** nf **a** (= femme) new woman ; (= élève) new girl **b** (= information) news *NonC* ▪ **une nouvelle** a piece of news ▪ **une bonne nouvelle** some good news ▪ **les nouvelles** (dans les médias) the news *NonC* ▪ **avez-vous de ses nouvelles ?** have you heard from him? ▪ **il ne donne plus de ses nouvelles** you never hear from him any more **c** (= court récit) short story

> ⚠ **nouvelle** ne se traduit pas par *novel*, qui signifie « roman ».

nouveau-né, nouveau-née (mpl **~s**, fpl **~es**) [nuvone] nm,f newborn baby

nouveauté [nuvote] nf **a** (= objet) new thing ; (= disque) new release ; (= livre) new title ▪ **les ~s du printemps** (= vêtements) new spring fashions **b** (= caractéristique) novelty ▪ **l'attrait de la ~** the charm of novelty ▪ **ce n'est pas une ~ !** that's nothing new!

nouvel, nouvelle [nuvɛl] adj m, nm,f ⇒ **nouveau**

Nouvelle-Calédonie [nuvɛlkaledɔni] nf New Caledonia

Nouvelle-Orléans [nuvɛlɔʀleɑ̃] nf ▪ **La ~** New Orleans

Nouvelle-Zélande [nuvɛlzelɑ̃d] nf New Zealand

novateur, -trice [nɔvatœʀ, tʀis] adj innovative

novembre [nɔvɑ̃bʀ] nm November ; pour loc voir **septembre**

novice [nɔvis] nmf novice

noyade [nwajad] nf drowning

noyau (pl **~x**) [nwajo] nm **a** [de fruit] stone ; [de cellule, atome] nucleus **b** [de fidèles, manifestants, opposants] small group ▪ **~ dur** hard core

noyauter [nwajote] vt to infiltrate

noyé, e [nwaje] nm,f drowned person

noyer[1] [nwaje] nm (= arbre) walnut tree ; (= bois) walnut

noyer[2] [nwaje] **1** vt to drown ; [+ moteur] to flood ▪ **les yeux noyés de larmes** eyes brimming with tears ▪ **noyé dans la brume** shrouded in mist ▪ **~ son chagrin dans l'alcool** to drown one's sorrows **2** **se noyer** vpr to drown ▪ **se ~ dans les détails** to get bogged down in details ▪ **se ~ dans la foule** to disappear into the crowd ▪ **se ~ dans un verre d'eau** to make a mountain out of a molehill

NPA [ɛnpea] nmpl (abrév de **numéro postal d'acheminement**) postcode BR, zip code US

nu, e [ny] **1** adj **a** (= sans vêtements) naked ▪ **tout nu** stark naked ▪ **pieds nus** barefoot ▪ **la tête nue** bareheaded **b** [mur, fil électrique] bare ▪ **mettre à nu** [+ fil électrique] to strip **2** nm nude

nuage [nɥaʒ] nm cloud ▪ **le Nuage, le ~** (Internet) the cloud ▪ **juste un ~ de lait** just a drop of milk ▪ **sans ~s** [ciel] cloudless ; [bonheur] unclouded

nuageux, -euse [nɥaʒø, øz] adj [temps, ciel] cloudy

nuance [nɥɑ̃s] nf **a** [de couleur] shade ▪ **~ de sens** nuance ▪ **sans ~** unsubtle **b** (= différence) slight difference **c** [de tristesse, ironie] touch

nuancé, e [nɥɑ̃se] adj [opinion] qualified ; [attitude] balanced

nuancer [nɥɑ̃se] vt [+ propos] to qualify

nucléaire [nykleɛʀ] **1** adj nuclear **2** nm ▪ **le ~** nuclear energy

nudiste [nydist] adj, nmf nudist

nudité [nydite] nf [de personne] nudity ; [de mur] bareness

nuée [nɥe] nf [d'insectes] cloud ; [de personnes] horde

nues [ny] nfpl ▪ **porter qn aux ~** to praise sb to the skies ▪ **tomber des ~** to be completely taken aback

nuire [nɥiʀ] **nuire à** vt indir [+ personne, santé, réputation] to harm ; [+ action] to prejudice

nuisances [nɥizɑ̃s] nfpl nuisance *NonC* ▪ **~ sonores** noise pollution

nuisible [nɥizibl] adj harmful (*à* to) ▪ **(animaux) ~s** pests

nuit [nɥi] nf night ▪ **il fait ~ (noire)** it's (pitch) dark ▪ **il fait ~ à 5 heures** it gets dark at 5 o'clock ▪ **rentrer avant la ~** to come home before dark ▪ **bonne ~ !** goodnight! ▪ **~ blanche** sleepless night ▪ **travailler la ~** to work at night ▪ **~ et jour** night and day ▪ **cette ~** (passée) last night ; (qui vient) tonight ▪ **de ~** [service, garde, infirmière] night ; [voyager] by night ▪ **elle est de ~ cette semaine** she's working nights this week ▸ **nuit de noces** wedding night ▸ **nuit de Noël** Christmas Eve

nul, nulle [nyl] **1** adj indéf **a** (= aucun) no ▪ **sans ~ doute** without any doubt ▪ **nulle part** nowhere ▪ **il ne l'a trouvé nulle part** he couldn't find it anywhere **b** [résultat, différence, risque] nil ; [testament, bulletin de vote] null and void **c** (= peu doué) useless (*en* at) **2** nm,f (* = imbécile) idiot **3** pron indéf no one

nullement [nylmɑ̃] adv not at all

nullité [nylite] nf **a** [de document] nullity ▪ **frapper de ~** to render void **b** (= médiocrité) uselessness ▪ **ce film est d'une ~ affligeante** the film is absolutely dreadful **c** (= personne) waste of space

numéral, e (mpl **-aux**) [nymeʀal, o] adj, nm numeral

numérique [nymeʀik] **1** adj numerical ; [affichage, son, télévision] digital **2** nm ▪ **le ~** digital technology

numériser [nymeʀize] vt to digitize

numéro [nymeʀo] nm **a** number ▪ **j'habite au ~ 6** I live at number 6 ▪ **appeler en ~ caché** (Télec) to call on a hidden number ▪ **le ~ un du textile** the number one textile producer ▸ **numéro d'immatriculation** registration BR ou license US number ▸ **numéro de téléphone** telephone number ▸ **numéro vert**® Freefone® BR ou toll-free US number **b** [de journal, magazine] issue **c** [de spectacle] act **d** (= personne) ▪ **c'est un sacré ~ !*** what a character!

numérotation [nymeʀɔtasjɔ̃] nf numbering ▪ **~ téléphonique** telephone number system ▪ **~ à 10 chiffres** 10-digit dialling

numéroter [nymeʀɔte] vt to number

nu-pieds [nypje] nm (= sandale) flip-flop BR, thong US

nuptial, e (mpl **-iaux**) [nypsjal, jo] adj [marche, cérémonie] wedding ; [lit, chambre] bridal

nuque [nyk] nf nape of the neck

nutrithérapie [nutʀiteʀapi] nf nutritional therapy

nutritif, -ive [nytʀitif, iv] adj **a** (= nourrissant) nourishing **b** [besoins, fonction] nutritive

nutritionniste [nytʀisjɔnist] nmf nutritionist

nylon® [nilɔ̃] nm nylon

nymphe [nɛ̃f] nf nymph

nymphéa [nɛ̃fea] nm water lily

nymphomane [nɛ̃fɔman] adj, nf nymphomaniac

oO

oasis [ɔazis] nf oasis

obéir [ɔbeiʀ] vt indir ▪ **~ à** to obey ; [+ critère] to meet

obéissant, e [ɔbeisɑ̃, ɑ̃t] adj obedient

obélisque [ɔbelisk] nm (= monument) obelisk

obèse [ɔbɛz] **1** adj obese **2** nmf obese person

obésité [ɔbezite] nf obesity

objecteur [ɔbʒɛktœʀ] nm ▪ **~ de conscience** conscientious objector

objectif, -ive [ɔbʒɛktif, iv] **1** adj objective **2** nm **a** (= but, cible) objective **b** [de caméra, télescope] lens

objection [ɔbʒɛksjɔ̃] nf objection

objectivité [ɔbʒɛktivite] nf objectivity ▪ **juger en toute ~** to judge with complete objectivity

objet [ɔbʒɛ] nm **a** (= chose) object ▪ **femme-objet** sex object ▸ **objets trouvés** lost property (office) BR, lost and found US ▸ **objets de valeur** valuables **b** [de désir, mépris] object ; [de discussion, recherches] subject ▪ **faire** ou **être l'~ de** [+ discussion, recherches] to be the subject of ; [+ surveillance, enquête] to be subjected to **c** (= but) purpose

obligation [ɔbligasjɔ̃] **1** nf **a** (= contrainte) obligation ▪ **avoir l'~ de faire qch** to be obliged to do sth **b** (= titre) bond **2** **obligations** nfpl (= devoirs) obligations ; (= engagements) commitments ▪ **faire face à ses ~s** (financières) to meet one's liabilities

obligatoire [ɔbligatwaʀ] adj **a** (= à caractère d'obligation) compulsory **b** (* = inévitable) inevitable

obligatoirement [ɔbligatwaʀmɑ̃] adv **a** (= nécessairement) ▪ **il doit ~ passer une visite médicale** he's got to have a medical examination **b** (* = forcément) inevitably

obligé, e [ɔbliʒe] adj **a** ▪ **je suis ~ de vous laisser** I must leave you ▪ **tu n'es pas ~ de le faire** you don't have to do it **b** (= inévitable) inevitable ▪ **c'était ~ !** it had to happen! **c** (= indispensable) necessary **d** (= redevable) ▪ **être ~ à qn** to be obliged ou indebted to sb (*de qch* for sth)

> ⚠ **obligé** ne se traduit par ***obliged*** que dans le sens de « redevable ».

obligeance [ɔbliʒɑ̃s] nf ▪ **avoir l'~ de faire qch** to be kind enough to do sth

obliger [ɔbliʒe] vt ▪ **~ qn à faire qch** [règlement, autorités] to require sb to do sth ; [circonstances, agresseur] to oblige sb to do sth

oblique [ɔblik] adj oblique ; [regard] sidelong

obliquer [ɔblike] vi to turn off ▪ **~ à droite** to bear right

oblitérer [ɔbliteʀe] vt [+ timbre] to cancel

obnubiler [ɔbnybile] vt to obsess ▪ **obnubilé par** obsessed with

obscène [ɔpsɛn] adj obscene

obscénité [ɔpsenite] nf obscenity

obscur, e [ɔpskyʀ] adj **a** (= sombre) dark **b** (= incompréhensible, méconnu) obscure **c** [pressentiment] vague

> ⚠ Au sens de « sombre », **obscur** ne se traduit pas par ***obscure***.

obscurcir [ɔpskyʀsiʀ] **1** vt (= assombrir) to darken **2** **s'obscurcir** vpr [ciel, regard] to darken

obscurité [ɔpskyʀite] nf **a** [de nuit] darkness ▪ **dans l'~** in the dark **b** (= anonymat) obscurity

obsédé, e [ɔpsede] nm,f obsessive ▸ **obsédé sexuel** sex maniac

obséder [ɔpsede] vt to obsess

obsèques [ɔpsɛk] nfpl funeral

obséquieux, -ieuse [ɔpsekjø, jøz] adj obsequious

observateur, -trice [ɔpsɛʀvatœʀ, tʀis] **1** adj observant **2** nm,f observer

observation [ɔpsɛʀvasjɔ̃] nf **a** (= remarque) observation ; (= objection) remark ▪ **~s du professeur** teacher's comments **b** [de règle] observance **c** (= surveillance) observation ▪ **en ~** (à l'hôpital) under observation

observatoire [ɔpsɛʀvatwaʀ] nm (Astron) observatory ; (Écon) research institute

observer [ɔpsɛʀve] **1** vt to observe ; [+ adversaire, proie] to watch ; (au microscope) to examine ▪ **je vous ferai ~ que...** I'd like to point out that... **2** **s'observer** vpr (mutuellement) to observe each other

obsession [ɔpsesjɔ̃] nf obsession

obsessionnel, -elle [ɔpsesjɔnɛl] adj obsessive, obsessional

obsolescence [ɔpsɔlesɑ̃s] nf obsolescence ▪ **~ programmée** planned obsolescence

obsolète [ɔpsɔlɛt] adj obsolete

obstacle [ɔpstakl] nm obstacle ; (Équitation) fence ▪ **faire ~ à un projet** to hinder a project

obstétricien, -ienne [ɔpstetRisjɛ̃, jɛn] nm,f obstetrician

obstétrique [ɔpstetRik] nf obstetrics *sg*

obstination [ɔpstinasjɔ̃] nf obstinacy

obstiné, e [ɔpstine] adj [personne, caractère] obstinate ; [refus, silence] stubborn

obstiner (s') [ɔpstine] vpr to persist (*à faire* in doing)

obstruction [ɔpstRyksjɔ̃] nf obstruction ▪ **faire de l'~** (Pol) to obstruct legislation ; (Sport) to obstruct

obstruer [ɔpstRye] vt to block

obtempérer [ɔptɑ̃peRe] vt indir ▪ **~ (à)** to obey

obtenir [ɔptəniR] vt a (= se procurer) to get b [+ résultat, température] to obtain ; [+ total] to reach

obtention [ɔptɑ̃sjɔ̃] nf obtaining ▪ **pour l'~ du visa** to obtain the visa ▪ **mélangez le tout jusqu'à ~ d'une pâte onctueuse** mix everything together until the mixture is smooth

obtiendra [ɔptjɛ̃dRa] vb → **obtenir**

obturer [ɔptyRe] vt to block

obtus, e [ɔpty, yz] adj obtuse

obus [ɔby] nm shell

occase* [ɔkɑz] nf abrév de **occasion**

occasion [ɔkazjɔ̃] nf a (= circonstance) occasion ▪ **à plusieurs ~s** on several occasions ▪ **à l'~ de** on the occasion of b (= conjoncture favorable) opportunity ▪ **avoir l'~ de faire qch** to have the opportunity to do sth ▪ **sauter sur l'~** to seize the opportunity ▪ **à l'~** some time ▪ **par la même ~** at the same time c (= bonne affaire) bargain ▪ **d'~** secondhand

> ⚠ **occasion** ne se traduit par le mot anglais ***occasion*** que dans le sens de « circonstance ».

occasionnel, -elle [ɔkazjɔnɛl] adj occasional ; [travaux, emploi] casual

occasionner [ɔkazjɔne] vt to cause

Occident [ɔksidɑ̃] nm ▪ **l'~** the West

occidental, e (mpl **-aux**) [ɔksidɑ̃tal, o] 1 adj western 2 **Occidental(e)** nm,f Westerner

occulte [ɔkylt] adj a (= surnaturel) occult b (= secret) [financement, fonds] secret

occulter [ɔkylte] vt to conceal

occupant, e [ɔkypɑ̃, ɑ̃t] nm,f occupant

occupation [ɔkypasjɔ̃] nf a occupation b [de logement] occupancy

occupé, e [ɔkype] adj a (= affairé) busy b [ligne téléphonique] engaged BR, busy US ; [toilettes] occupied ; [places, sièges] taken ▪ **ça sonne ~** it's engaged BR ou busy US c [pays, usine] occupied

occuper [ɔkype] 1 vt a [+ appartement, place, pays, loisirs] to occupy b [+ poste, fonction, rang] to hold c [+ personne] to keep busy 2 **s'occuper** vpr a ▪ **s'~ de qch** (= se charger de) to deal with sth ; (= être chargé de) to be in charge of sth ▪ **ne t'occupe pas de ça, c'est leur problème** don't worry about that, it's their problem ▪ **occupe-toi de tes affaires*** ou **de tes oignons* !** mind your own business! b ▪ **s'~ de qn** [+ enfants, malades] to look after sb ; [+ client] to attend to sb ▪ **est-ce qu'on s'occupe de vous, Madame ?** are you being served? c (= s'affairer) to occupy o.s. ▪ **il y a de quoi s'~** there is plenty to do

occurrence [ɔkyRɑ̃s] nf ▪ **en l'~** as it happens

OCDE [ɔsedeə] nf (abrév de **Organisation de coopération et de développement économique**) OECD

océan [ɔseɑ̃] nm ocean

Océanie [ɔseani] nf ▪ **l'~** Oceania

océanique [ɔseanik] adj oceanic

OCR [ɔseɛR] nf (abrév de **optical character recognition**) *OCR*

ocre [ɔkR] nm, adj inv ochre

octane [ɔktan] nm octane

octave [ɔktav] nf octave

octet [ɔktɛ] nm byte

octobre [ɔktɔbR] nm October ; pour loc voir **septembre**

octogénaire [ɔktɔʒenɛR] adj, nmf octogenarian

octogonal, e (mpl **-aux**) [ɔktɔgɔnal, o] adj octagonal

octogone [ɔktɔgɔn] nm octagon

octroyer [ɔktRwaje] 1 vt (frm) to grant (*à* to) ; [+ bourse] to give (*à* to) 2 **s'octroyer** vpr [+ droit, pouvoirs] to claim ; [+ augmentation] to give o.s. ; [+ vacances] to allow o.s.

oculaire [ɔkylɛR] adj ocular

oculiste [ɔkylist] nmf eye specialist

ode [ɔd] nf ode

odeur [ɔdœR] nf smell ▪ **sans ~** odourless BR, odorless US ▪ **~ de renfermé** musty smell ▪ **avoir une mauvaise ~** to smell bad

odieux, -ieuse [ɔdjø, jøz] adj a (= personne) horrible (*avec* to) b [crime] odious

odorant, e [ɔdɔRɑ̃, ɑ̃t] adj scented ; [herbes, essences] aromatic

odorat [ɔdɔRa] nm sense of smell ▪ **avoir l'~ fin** to have a keen sense of smell

odyssée [ɔdise] nf odyssey

œdème [edɛm] nm oedema

œil [œj] (pl **yeux** [jø]) nm **a** (= organe) eye ▪ **il a les yeux bleus** he has blue eyes ▪ **avoir un ~ au beurre noir*** to have a black eye ▪ **je l'ai vu de mes yeux** I saw it with my own eyes ▪ **regarde-moi dans les yeux** look me in the eye ▪ **coûter les yeux de la tête** to cost a fortune ▪ **mon ~ !**‡ (= je n'y crois pas) my eye!* ▪ **les yeux fermés** (= avec confiance) with complete confidence ▪ **ouvrir des yeux ronds** ou **de grands yeux** to stare wide-eyed ▪ **à l'~*** (= gratuitement) for nothing **b** (= regard) ▪ **il le regardait d'un ~ mauvais** he gave him a nasty look ▪ **faire de l'~ à qn*** to make eyes at sb ▪ **je vous ai à l'~ !** I've got my eye on you! ▪ **jeter un coup d'~ à** to glance at **c** (= jugement) ▪ **aux yeux de l'opinion publique** in the eyes of the public ▪ **à mes yeux** in my opinion

œillade [œjad] nf wink ▪ **décocher une ~ à qn** to wink at sb

œillères [œjɛʀ] nfpl [de cheval] blinkers ▪ **avoir des ~** (fig) to be blinkered

œillet [œjɛ] nm (= fleur) carnation

œnologue [enɔlɔg] nmf oenologist

œsophage [ezɔfaʒ] nm oesophagus BR, esophagus US

œuf (pl **~s**) [œf, ø] nm **a** [d'animal] egg ▪ **va te faire cuire un ~ !*** get lost!* ▸ **œufs brouillés** scrambled eggs ▸ **œuf à la coque** soft-boiled egg ▸ **œuf dur** hard-boiled egg ▸ **œuf de Pâques** Easter egg ▸ **œuf sur le plat** ou **au plat** fried egg ▸ **œuf poché** poached egg **b** (= télécabine) egg-shaped cable car

œuvre [œvʀ] nf **a** (= travail achevé, livre, tableau) work ; (= ensemble d'une production) works ▪ **se mettre à l'~** to get down to work ▪ **mettre en ~** [+ moyens] to make use of ▪ **~ d'art** work of art **b** (= organisation) ▪ **~ (de bienfaisance)** charity

offense [ɔfɑ̃s] nf (= affront) insult

offenser [ɔfɑ̃se] **1** vt to offend **2** **s'offenser** vpr to take offence (*de qch* at sth)

offensif, -ive [ɔfɑ̃sif, iv] **1** adj (Mil) offensive **2** **offensive** nf offensive ▪ **passer à l'offensive** to go on the offensive

offert, e [ɔfɛʀ, ɔfɛʀt] ptp de **offrir**

office [ɔfis] nm **a** office ▪ **faire ~ de** [personne] to act as ; [objet] to serve as ▪ **~ du tourisme** tourist office **b** (= messe) service **c** ▪ **d'~** [nommer, inscrire] automatically ▪ **avocat commis d'~** ≈ legal-aid lawyer

officialiser [ɔfisjalize] vt to make official

officiel, -elle [ɔfisjɛl] adj, nm,f official

officier[1]**, -ière** [ɔfisje, jɛʀ] nm,f officer ▪ **~ de police** senior police officer

officier[2] [ɔfisje] vi to officiate

officieux, -ieuse [ɔfisjø, jøz] adj unofficial

> ⚠ **officieux** ne se traduit pas par ***officious***, qui signifie « trop zélé ».

offrande [ɔfʀɑ̃d] nf (= don) offering ; (pendant la messe) offertory

offrant [ɔfʀɑ̃] nm ▪ **au plus ~** to the highest bidder

offre [ɔfʀ] nf offer ; (aux enchères) bid ▪ **l'~ et la demande** supply and demand ▪ **il m'a fait une ~** he made me an offer ▪ **~ spéciale** special offer ▪ **~s d'emploi** (dans un journal) job advertisements ▪ **l'~ gratuite/payante** (Internet, Audiovisuel) free/paid-for content

offrir [ɔfʀiʀ] **1** vt **a** (= donner) to give (*à* to) ▪ **il nous a offert à boire** (au café) he bought us a drink ▪ **c'est moi qui offre !** [+ tournée] it's my round! ; [+ repas] this is on me! **b** (= proposer) to offer **c** [+ spectacle, image] to offer ; [+ avantage, inconvénient] to have **2** **s'offrir** vpr **a** (= se présenter) ▪ **s'~ aux regards** [spectacle] to present itself ▪ **il a saisi l'occasion qui s'offrait à lui** he seized the opportunity presented to him ▪ **s'~ pour faire qch** to offer to do sth **b** (= se payer) to treat o.s. to

> ⚠ Dans le sens de « donner en cadeau », **offrir** ne se traduit pas par ***to offer***.

offusquer [ɔfyske] **1** vt to offend **2** **s'offusquer** vpr to take offence (*de* at)

ogive [ɔʒiv] nf **a** [de voûte] diagonal rib **b** [de missile] nose cone ▸ **ogive nucléaire** nuclear warhead

OGM [oʒeɛm] nm (abrév de **organisme génétiquement modifié**) GMO

ogre [ɔgʀ] nm ogre

oh [o] excl oh! ▪ **oh là là !** (surprise) oh my goodness! ; (consternation) oh dear!

oie [wa] nf goose

oignon [ɔɲɔ̃] nm **a** (= légume) onion ; (= bulbe de fleur) bulb ▪ **petits ~s** pickling onions **b** (Méd) bunion

oiseau (pl **~x**) [wazo] nm (= animal) bird ▪ **trouver l'~ rare** to find the man (ou woman) in a million ▸ **oiseau de proie** bird of prey

oiseux, -euse [wazø, øz] adj pointless

oisif, -ive [wazif, iv] adj idle

oisiveté [wazivte] nf idleness

OK* [oke] excl OK*

oléoduc [ɔleɔdyk] nm oil pipeline

olfactif, -ive [ɔlfaktif, iv] adj olfactory

oligoélément [ɔligoelemɑ̃] nm trace element

olive [ɔliv] **1** nf olive **2** adj inv olive-green

olivier [ɔlivje] nm (= arbre) olive tree ; (= bois) olive wood

OLP [ɔɛlpe] nf (abrév de **Organisation de libération de la Palestine**) PLO

olympique [ɔlɛ̃pik] adj Olympic

ombilical, e (mpl **-aux**) [ɔ̃bilikal, o] adj umbilical

ombragé, e [ɔ̃bʀaʒe] adj shady

ombre [ɔ̃bʀ] nf **a** (= obscurité) shade *NonC* ; [de personne, objet] shadow ▪ **25° à l'~** 25° in the shade ▪ **faire de l'~ à qn** (fig) to overshadow sb ▸ **ombres chinoises** shadow theatre ▸ **ombre à paupières** eye shadow **b** (= anonymat) ▪ **rester dans l'~** [artiste] to remain in obscurity ; [meneur] to keep in the background **c** (= soupçon) ▪ **ça ne fait pas l'~ d'un doute** there's not the shadow of a doubt ▪ **sans l'~ d'une hésitation** without a moment's hesitation

ombrelle [ɔ̃bʀɛl] nf parasol

oméga [ɔmega] **1** nm inv omega **2** nmpl ▪ **~(s) 3/6** omega 3/6 (fatty acids)

omelette [ɔmlɛt] nf omelette ▪ **~ aux champignons** mushroom omelette ▪ **~ norvégienne** baked Alaska

omettre [ɔmɛtʀ] vt to leave out ▪ **~ de faire qch** to omit to do sth

omission [ɔmisjɔ̃] nf omission

omnibus [ɔmnibys] nm (= train) local train

omniprésent, e [ɔmnipʀezɑ̃, ɑ̃t] adj omnipresent

omnisports [ɔmnispɔʀ] adj inv [terrain] general-purpose ▪ **salle ~** games hall ▪ **palais ~** sports centre

omnivore [ɔmnivɔʀ] **1** adj omnivorous **2** nm omnivore

omoplate [ɔmɔplat] nf shoulder blade

on [ɔ̃] pron **a** (= quelqu'un) someone ▪ **on vous demande au téléphone** there's someone on the phone for you ▪ **on ne nous a pas demandé notre avis** nobody asked our opinion ▪ **on les attendait** they were expected **b** (= nous) we ▪ **on est partis** we left **c** (= les gens) people ▪ **en Chine on mange avec des baguettes** in China people eat with chopsticks **d** (généralisations) you ▪ **on ne pense jamais à tout** you can't think of everything

oncle [ɔ̃kl] nm uncle

onctueux, -euse [ɔ̃ktɥø, øz] adj **a** [crème] smooth **b** [manières, voix] unctuous

onde [ɔ̃d] nf wave ▪ **~ de choc** shock wave ▪ **sur les ~s et dans la presse** on the radio and in the press

ondée [ɔ̃de] nf shower

on-dit [ɔ̃di] nm inv rumour ▪ **ce ne sont que des ~** it's only hearsay

ondulation [ɔ̃dylasjɔ̃] nf [de vagues, blés, terrain] undulation ▪ **~s** [de cheveux] waves

ondulé, e [ɔ̃dyle] adj [cheveux] wavy ; [carton, tôle] corrugated

onéreux, -euse [ɔneʀø, øz] adj expensive

ONG [ɔɛnʒe] nf (abrév de **organisation non gouvernementale**) NGO

ongle [ɔ̃gl] nm [de personne] nail ▪ **~ de pied** toenail ▪ **se faire les ~s** to do one's nails

onglet [ɔ̃glɛ] nm **a** [de livre] (dépassant) tab ; (en creux) thumb index **b** (Informatique) thumbnail ; (Internet) tab **c** (= viande) *prime cut of beef*

onirique [ɔniʀik] adj dreamlike

onomatopée [ɔnɔmatɔpe] nf onomatopoeia

ont [ɔ̃] vb → **avoir**

ONU [ɔny] nf (abrév de **Organisation des Nations unies**) ▪ **l'~** the UN

onusien, -ienne [ɔnyzjɛ̃, jɛn] **1** adj UN *avant n* **2** nm,f UN official

onyx [ɔniks] nm onyx

onze ['ɔ̃z] nombre eleven ▪ **le 11 Novembre** Armistice Day ; pour autres loc voir **six**

onzième ['ɔ̃zjɛm] adj, nmf eleventh ; pour loc voir **sixième**

OPA [ɔpea] nf (abrév de **offre publique d'achat**) takeover bid BR, tender offer US

opale [ɔpal] nf opal

opaque [ɔpak] adj opaque ; [brouillard, nuit] impenetrable

OPEP [ɔpɛp] nf (abrév de **Organisation des pays exportateurs de pétrole**) OPEC

opéra [ɔpeʀa] nm opera ; (= édifice) opera house

opérateur, -trice [ɔpeʀatœʀ, tʀis] **1** nm ▪ **~ (de téléphonie mobile)** network provider **2** nm,f operator ▸ **opérateur de saisie** keyboarder

opération [ɔpeʀasjɔ̃] nf **a** operation ▪ **tu as fini tes ~s ?** (= calculs) have you done your sums? **b** (= tractation) transaction ▪ **~s de Bourse** stock-exchange transactions

opérationnel, -elle [ɔpeʀasjɔnɛl] adj operational

opercule [ɔpɛʀkyl] nm (de protection) protective cover ; [de pot de crème, carton de lait] seal

opérer [ɔpeʀe] **1** vt **a** [+ malade] to operate on (*de* for) ▪ **se faire ~** to have an operation **b** (= exécuter) to make ; [+ transformation, réforme] to carry out **2** vi [remède, charme, cambrioleur] to work **3** **s'opérer** vpr (= se produire) to take place

opérette [ɔpeʀɛt] nf operetta

ophtalmologiste [ɔftalmɔlɔʒist], **ophtalmologue** [ɔftalmɔlɔg] nmf ophthalmologist

opiniâtre [ɔpinjɑtʀ] adj stubborn

opinion [ɔpinjɔ̃] nf (= jugement, conviction, idée) opinion (*sur* about) ▪ **se faire une ~** to form an opinion ▪ **avoir une bonne/mauvaise ~ de qn** to have a good/bad opinion of sb ▪ **~s politiques** political beliefs ▪ **l'~ publique** public opinion

opium [ɔpjɔm] nm opium

opportun, e [ɔpɔʀtœ̃, yn] adj [visite, remarque] timely

opportuniste [ɔpɔʀtynist] **1** adj [personne] opportunist **2** nmf opportunist

opportunité [ɔpɔʀtynite] nf **a** [de mesure, démarche] (qui vient au bon moment) timeliness ; (qui est appropriée) appropriateness **b** (= occasion) opportunity

opposant, e [ɔpozɑ̃, ɑ̃t] nm,f opponent (*à* of)

opposé, e [ɔpoze] **1** adj **a** [rive, direction] opposite ; [parti, équipe] opposing **b** [intérêts, forces, opinions] conflicting ; [caractères] opposite **c** (= hostile) ▪ **~ à** opposed to **2** nm ▪ **l'~** the opposite ▪ **à l'~** (= dans l'autre direction) the opposite way (*de* from) ▪ **ils sont vraiment à l'~ l'un de l'autre** they are totally unalike

opposer [ɔpoze] **1** vt **a** [+ équipes, joueurs] to bring together ; [+ rivaux, pays] to bring into conflict (*à* with) ; [+ idées, personnages, couleurs] to contrast (*à* with) **b** [+ raisons] to put forward (*à* to) ▪ **il nous a opposé une résistance farouche** he fiercely resisted us **2** **s'opposer** vpr **a** [équipes, joueurs] to confront each other ; [rivaux, partis] to clash (*à* with) ; [opinions, théories] to conflict **b** (= se dresser contre) ▪ **s'~ à** [+ parents] to rebel against ; [+ mesure, mariage, progrès] to oppose ▪ **je m'oppose formellement à ce que vous y alliez** I am not going to allow you to go

opposition [ɔpozisjɔ̃] nf **a** opposition (*à* to) ▪ **faire ~ à** [+ chèque] to stop **b** [d'idées, intérêts] conflict ▪ **par ~ à** as opposed to

oppressant, e [ɔpʀesɑ̃, ɑ̃t] adj oppressive

oppresser [ɔpʀese] vt to oppress

oppresseur [ɔpʀesœʀ] nm oppressor

oppression [ɔpʀesjɔ̃] nf (= asservissement) oppression ; (= malaise) feeling of oppression

opprimé, e [ɔpʀime] adj, nm,f oppressed

opprimer [ɔpʀime] vt to oppress

opter [ɔpte] vi ▪ **~ pour** to opt for

opticien, -ienne [ɔptisjɛ̃, jɛn] nm,f dispensing optician

optimal, e (mpl **-aux**) [ɔptimal, o] adj optimal

optimisation [ɔptimizasjɔ̃] nf optimization ▪ **~ fiscale** tax optimization

optimiser [ɔptimize] vt to optimize

optimisme [ɔptimism] nm optimism

optimiste [ɔptimist] **1** adj optimistic **2** nmf optimist

optimum (pl **~s** ou **optima**) [ɔptimɔm, a] **1** nm optimum **2** adj optimum

option [ɔpsjɔ̃] nf **a** (= choix) option ▪ **matière à ~** optional subject BR, elective US **b** (= accessoire auto) optional extra

optionnel, -elle [ɔpsjɔnɛl] adj optional

optique [ɔptik] **1** adj optical ; [nerf] optic **2** nf **a** (= science, lentilles) optics *sg* **b** (= point de vue) perspective

opulent, e [ɔpylɑ̃, ɑ̃t] adj **a** [pays, personne] wealthy **b** [formes] full ; [poitrine] ample

or[1] [ɔʀ] nm gold ▪ **bijoux en or massif** solid gold jewellery ▪ **en or** [objet] gold ; [occasion] golden ; [mari, sujet] marvellous ▪ **c'est une affaire en or** (achat) it's a real bargain ; (commerce, magasin) it's a gold mine

or[2] [ɔʀ] conj **a** (mise en relief) ▪ **or, ce jour-là, il n'était pas là** now, on that particular day, he wasn't there ▪ **il m'a téléphoné hier, or je pensais justement à lui** he phoned me yesterday, and it just so happened that I'd been thinking about him **b** (opposition) but

orage [ɔʀaʒ] nm (= tempête) thunderstorm

orageux, -euse [ɔʀaʒø, øz] adj **a** [ciel, temps] stormy **b** [vie, discussion] turbulent

oral, e (mpl **-aux**) [ɔʀal, o] **1** adj oral **2** nm (= examen) oral ▪ **il est meilleur à l'~ qu'à l'écrit** his oral work is better than his written work

orange [ɔʀɑ̃ʒ] **1** nf orange **2** nm (= couleur) orange ▪ **le feu était à l'~** the lights were on amber BR, the light was yellow US **3** adj inv orange

orangé, e [ɔʀɑ̃ʒe] adj orangey

orangeade [ɔʀɑ̃ʒad] nf orange squash

oranger [ɔʀɑ̃ʒe] nm orange tree ; → **fleur**

orang-outan(g) (pl **orangs-outan(g)s**) [ɔʀɑ̃utɑ̃] nm orang-outang

orateur, -trice [ɔʀatœʀ, tʀis] nm,f speaker

orbite [ɔʀbit] nf **a** [d'yeux] eye-socket **b** (Astron, Physique) orbit ▪ **être sur ~** to be in orbit ▪ **mettre sur ~** to put into orbit ; (fig) to launch

orchestre [ɔʀkɛstʀ] nm **a** [de musique classique, bal] orchestra ; [de jazz] band ▪ **~ de chambre** chamber orchestra ▪ **~ symphonique** symphony orchestra **b** (= emplacement de théâtre) stalls BR, orchestra US

orchestrer [ɔʀkɛstʀe] vt to orchestrate

orchidée [ɔʀkide] nf orchid

ordinaire [ɔʀdinɛʀ] **1** adj **a** (= habituel) ordinary ▪ **un personnage peu ~** an unusual character **b** [vin] ordinary ; [qualité] standard ▪ **un vin très ~** a very indifferent wine **2** nm ▪ **ça sort de l'~** it's out of the ordinary ▪ **d'~** ordinarily

ordinal, e (mpl **-aux**) [ɔʀdinal, o] **1** adj ordinal **2** nm ordinal number

ordinateur [ɔʀdinatœʀ] nm computer ▪ **~ de bureau** desktop computer

ordonnance [ɔʀdɔnɑ̃s] nf **a** [de médicaments] prescription ▪ **faire une ~** to write a prescription ▪ **sur ~** on prescription ▪ **médicament vendu sans ~** over-the-counter medicine **b** (= arrêté) order

ordonné, e [ɔʀdɔne] adj [enfant, maison] tidy

ordonner [ɔʀdɔne] vt **a** (= arranger) to organize **b** (= commander) ▪ **~ à qn de faire qch** to order sb to do sth **c** [+ prêtre] to ordain

ordre [ɔʀdʀ] nm **a** order ▪ **par ~ alphabétique** in alphabetical order ▪ **dans l'~** in order ▪ **pour des motifs d'~ personnel** for reasons of a personal nature ▪ **un chiffre de l'~ de 2 millions** a figure of the order of 2 million ▪ **donnez-nous un ~ de grandeur** give us a rough estimate ▪ **l'~ public** law and order ▪ **tout est rentré dans l'~** everything is back to normal again ▪ **donner à qn l'~ de faire qch** to order sb to do sth ▪ **être aux ~s de qn** to be at sb's disposal ▪ **les ~s** (religieux) holy orders **b** (= bonne organisation) tidiness ▪ **mettre de l'~ dans** to tidy up ▪ **en ~** [tiroir, maison, bureau] tidy **c** ▪ **à l'~ de** (Fin) payable to **d** ▪ **~ du jour** agenda ▪ **être à l'~ du jour** to be on the agenda ; (= être d'actualité) to be topical

ordure [ɔʀdyʀ] **1** nf (* = personne) swine* **2** **ordures** nfpl (= détritus) rubbish *NonC* BR, garbage *NonC* US

ordurier, -ière [ɔʀdyʀje, jɛʀ] adj [propos] filthy

oreille [ɔʀɛj] nf ear ▪ **tirer les ~s à qn** (fig) to give sb a good telling off* ▪ **avoir l'~ fine** to have keen hearing ▪ **avoir de l'~** to have a good ear ▪ **dire qch à l'~ de qn** to whisper sth in sb's ear

oreiller [ɔʀeje] nm pillow

oreillette [ɔʀɛjɛt] nf [de téléphone portable, baladeur] earphone

oreillons [ɔʀɛjɔ̃] nmpl ▪ **les ~** mumps

ores [ɔʀ] adv ▪ **d'~ et déjà** already

orfèvre [ɔʀfɛvʀ] nmf (d'argent) silversmith ; (d'or) goldsmith ▪ **il est ~ en la matière** he's an expert (on the subject)

orfèvrerie [ɔʀfɛvʀəʀi] nf (= art, commerce) silversmith's (ou goldsmith's) trade

organe [ɔʀgan] nm **a** (du corps) organ ▪ **~s génitaux** genitals **b** (= organisme) organization **c** (= journal) mouthpiece

organigramme [ɔʀganigʀam] nm organization chart ; (Informatique) flow chart

organique [ɔʀganik] adj organic

organisateur, -trice [ɔʀganizatœʀ, tʀis] nm,f organizer

organisation [ɔʀganizasjɔ̃] nf organization ▪ **il manque d'~** he's not very organized ▪ **~ humanitaire** humanitarian organization

organisationnel, -elle [ɔʀganizasjɔnɛl] adj [problème, moyens] organizational

organisé, e [ɔʀganize] adj organized ; → **voyage**

organiser [ɔʀganize] **1** vt to organize ▪ **j'organise une petite fête** I'm having a little party **2** **s'organiser** vpr [personne] to organize o.s.

organiseur [ɔʀganizœʀ] nm personal organizer

organisme [ɔʀganism] nm **a** (= corps) body ; (animal, végétal) organism ▪ **~ génétiquement modifié** genetically modified organism **b** (= institution) organization

orgasme [ɔʀgasm] nm orgasm

orge [ɔʀʒ] nm barley

orgie [ɔʀʒi] nf orgy

orgue [ɔʀg] **1** nm organ ▸ **orgue de Barbarie** barrel organ **2** **orgues** nfpl organ

orgueil [ɔʀgœj] nm pride

orgueilleux, -euse [ɔʀgøjø, øz] adj proud

Orient [ɔʀjɑ̃] nm ▪ **l'~** the East ▪ **tapis d'~** Oriental rug

oriental, e (mpl **-aux**) [ɔʀjɑ̃tal, o] adj **a** (= de l'est) eastern **b** (= de l'Orient) oriental

orientation [ɔʀjɑ̃tasjɔ̃] nf **a** (Scol) ▪ **l'~ professionnelle** careers advice ▪ **l'~ scolaire** advice on courses to be followed **b** [de maison] aspect ; [de phare, antenne] direction **c** (= tendance) trend ; [de magazine] leanings

orienté, e [ɔʀjɑ̃te] adj (= disposé) ▪ **~ au sud** facing south ▪ **bien/mal ~** well/badly positioned

orienter [ɔʀjɑ̃te] **1** vt **a** [+ lampe, rétroviseur, antenne] to adjust ▪ **~ qch vers qch** to turn sth towards sth **b** [+ touristes, voyageurs] to direct (*vers* to) ; [+ enquête, recherches] to direct (*vers* towards) ▪ **il a été orienté vers un lycée professionnel** he was advised to go to a technical college **2** **s'orienter** vpr **a** (= se repérer) to find one's bearings **b** ▪ **s' ~ vers** [parti, société] to move towards ; [étudiant] to specialize in

orifice [ɔʀifis] nm opening

origami [ɔʀigami] nm origami

origan [ɔʀigɑ̃] nm oregano

originaire [ɔʀiʒinɛʀ] adj ▪ **il est ~ de Lille** he is from Lille

original, e (mpl **-aux**) [ɔʀiʒinal, o] **1** adj **a** original **b** (= bizarre) odd **2** nm,f (= excentrique) eccentric **3** nm [d'œuvre] original

originalité [ɔʀiʒinalite] nf (= nouveauté) originality

origine [ɔʀiʒin] nf origin ▪ **avoir pour ~** to be caused by ▪ **d' ~** of origin ; [langue, pays] native ; [emballage, pneus] original ▪ **d' ~ française** of French origin ▪ **à l' ~** originally ▪ **être à l' ~ de** to be the cause of ; [+ projet, attentat] to be behind

ORL [ɔɛʀɛl] nmf (abrév de **oto-rhino-laryngologiste**) ENT specialist

orme [ɔʀm] nm elm

ornement [ɔʀnəmɑ̃] nm ornament ▪ **plante d' ~** ornamental plant

orner [ɔʀne] vt to decorate (*de* with)

ornière [ɔʀnjɛʀ] nf rut

ornithologie [ɔʀnitɔlɔʒi] nf ornithology

orphelin, e [ɔʀfəlɛ̃, in] **1** adj orphaned ; → **maladie** **2** nm,f orphan

orphelinat [ɔʀfəlina] nm orphanage

orteil [ɔʀtɛj] nm toe ▪ **gros ~** big toe

orthodontiste [ɔʀtodɔ̃tist] nmf orthodontist

orthodoxe [ɔʀtɔdɔks] **1** adj Orthodox ▪ **pas très ~** [méthode, pratiques] rather unorthodox **2** nmf (Rel) Orthodox

orthographe [ɔʀtɔgʀaf] nf spelling

orthographier [ɔʀtɔgʀafje] vt to spell ▪ **mal orthographié** wrongly spelt

orthographique [ɔʀtɔgʀafik] adj spelling *avant n*

orthopédique [ɔʀtɔpedik] adj orthopaedic BR, orthopedic US

orthopédiste [ɔʀtɔpedist] nmf orthopaedist BR, orthopedist US

orthophonie [ɔʀtɔfɔni] nf (= traitement) speech therapy

orthophoniste [ɔʀtɔfɔnist] nmf speech therapist

ortie [ɔʀti] nf stinging nettle

os (pl **os**) [ɔs, o] nm **a** bone ▸ **os à moelle** marrowbone **b** (* = problème) snag

oscar [ɔskaʀ] nm (Ciné) Oscar (*de* for)

oscillation [ɔsilasjɔ̃] nf oscillation ; [de cours, taux, opinion] fluctuation (*de* in)

osciller [ɔsile] vi to oscillate ▪ **~ entre** (= hésiter) to waver between ; [prix, température] to fluctuate between

osé, e [oze] adj daring

oseille [ozɛj] nf **a** (= plante) sorrel **b** (* = argent) dough*

oser [oze] vt to dare ▪ **~ faire qch** to dare to do sth ▪ **si j'ose dire** if I may say so ▪ **j'ose espérer que...** I hope that...

osier [ozje] nm (= fibres) wicker *NonC*

Oslo [ɔslo] n Oslo

ossature [ɔsatyʀ] nf [de corps] frame ; [d'appareil, discours] framework

osselets [ɔslɛ] nmpl jacks

ossements [ɔsmɑ̃] nmpl bones

osseux, -euse [ɔsø, øz] adj **a** [greffe, tissu, maladie] bone **b** [main, visage] bony

ostensible [ɔstɑ̃sibl] adj conspicuous

> ⚠ **ostensible** ne se traduit pas par le mot anglais ***ostensible***, qui signifie « prétendu ».

ostensiblement [ɔstɑ̃sibləmɑ̃] adv conspicuously

ostentation [ɔstɑ̃tasjɔ̃] nf ostentation

ostentatoire [ɔstɑ̃tatwaʀ] adj (littér) ostentatious ▪ **port ~ de signes religieux** wearing of visible religious symbols

ostéopathe [ɔsteɔpat] nmf osteopath

ostéoporose [ɔsteɔpɔʀoz] nf osteoporosis

ostréiculture [ɔstʀeikyltyʀ] nf oyster-farming

otage [ɔtaʒ] nm hostage ▪ **prendre qn en ~** to take sb hostage

OTAN [ɔtɑ̃] nf (abrév de **Organisation du traité de l'Atlantique Nord**) NATO

otarie [ɔtaʀi] nf sea-lion

ôte-agrafe (pl **~s**) [otagʀaf] nm staple remover

ôter [ote] vt **a** (= enlever) to take off (*de* from) **b** [+ somme] to take away ▪ **5 ôté de 8 égale 3** 5 from 8 equals 3 **c** (= prendre) ▪ **~ qch à qn** to take sth away from sb ▪ **~ à qn ses illusions** to rob sb of his illusions

otite [ɔtit] nf ear infection

oto(-)rhino(-)laryngologiste (pl ~s) [ɔtɔʀinolaʀɛ̃gɔlɔʒist] nmf ear, nose and throat specialist

ou [u] conj or ▪ **ou... ou** either... or ▪ **ou il est malade ou il est fou** either he's sick or he's crazy

où [u] 1 pron a (lieu) where ▪ **la ville ~ j'habite** the town where I live ▪ **le tiroir ~ tu a pris le livre** the drawer you took the book out of ▪ **l'endroit d'~ je viens** the place I come from b (temps) ▪ **le jour ~ je l'ai rencontré** the day I met him 2 adv rel where ▪ **j'irai ~ il veut** I'll go where he wants ▪ **je ne sais pas d'~ il vient** I don't know where he comes from ▪ **d'~ ma méfiance** hence my wariness ▪ **~ que tu ailles** wherever you go 3 adv interrog where ▪ **d'~ viens-tu ?** where have you come from? ▪ **~ en êtes-vous ?** (dans un travail) where have you got to? ; (dans un couple, une négociation, etc) how do things stand?

ouais* ['wɛ] excl yeah*

ouate ['wat] nf cotton wool BR, cotton US ; (pour rembourrage) wadding

oubli [ubli] nm a (= omission) oversight b ▪ **tomber dans l'~** to sink into oblivion ▪ **le droit à l'~** (Internet) the right to be forgotten

oublier [ublije] vt to forget ; (= omettre) [+ virgule, phrase] to leave out ▪ **j'ai oublié mon parapluie dans le train** I left my umbrella on the train ▪ **~ de faire qch** to forget to do sth ▪ **tu as oublié de laver une vitre** you've missed a pane ▪ **on l'a oublié sur la liste** he's been left off the list ▪ **oublie-moi !*** leave me alone!

oubliettes [ublijɛt] nfpl oubliettes

ouest [wɛst] 1 nm a (= point cardinal) west ▪ **un vent d'~** a westerly wind ▪ **le soleil se couche à l'~** the sun sets in the west ▪ **à l'~ de** to the west of b ▪ **l'Ouest** the West 2 adj inv [région, partie, versant, côte] western ; [côté, paroi] west

ouf ['uf] excl phew

Ouganda [ugɑ̃da] nm Uganda

ougandais, e [ugɑ̃dɛ, ɛz] 1 adj Ugandan 2 **Ougandais(e)** nm,f Ugandan

oui ['wi] 1 adv a yes ▪ **faire ~ de la tête** to nod ▪ **ah ~ ?** really? b (remplaçant une proposition) ▪ **est-il chez lui ? – je pense que ~** is he at home? – I think so c (intensif) ▪ **tu vas arrêter de pleurer, ~ ?** will you stop crying? ▪ **tu te dépêches, ~ ou non ?** will you please hurry up? 2 nm inv yes ; (= vote) yes vote ▪ **pleurer pour un ~ ou pour un non** to cry over the slightest thing

ouï-dire ['widiʀ] nm inv ▪ **par ~** by hearsay

ouïe [wi] nf hearing *NonC* ▪ **être tout ~** to be all ears

ouïes [wi] nfpl [de poisson] gills

ouragan [uʀagɑ̃] nm hurricane

ourlet [uʀlɛ] nm (Couture) hem ▪ **faire un ~ à** to hem

ours [uʀs] nm bear ▪ **~ en peluche** teddy bear ▸ **ours blanc, ours polaire** polar bear ▸ **ours brun** brown bear

ourse [uʀs] nf (= animal) she-bear ▪ **la Grande Ourse** (= constellation) the Great Bear

oursin [uʀsɛ̃] nm sea urchin

ourson [uʀsɔ̃] nm bear cub

outarde [utaʀd] nf bustard ; (Can = bernache) Canada goose

outil [uti] nm tool ▪ **~ pédagogique** teaching aid ▪ **il maîtrise bien l'~ informatique** he's good with computers

outillage [utijaʒ] nm tools

outrage [utʀaʒ] nm insult ▸ **outrage à magistrat** contempt of court ▸ **outrage à la pudeur** gross indecency

outrance [utʀɑ̃s] nf excess ▪ **à ~** [urbanisation, automatisation] excessive ; [raffiné] excessively

outrancier, -ière [utʀɑ̃sje, jɛʀ] adj [personne, propos] extreme

outre[1] [utʀ] nf goatskin *(for carrying wine or water)*

outre[2] [utʀ] prép (= en plus de) as well as ▪ **passer ~** to carry on regardless ▪ **en ~** moreover ▪ **pas ~ mesure** not particularly

outré, e [utʀe] adj a (= indigné) outraged b (= exagéré) exaggerated

outre-Atlantique [utʀatlɑ̃tik] adv across the Atlantic

outre-Manche [utʀəmɑ̃ʃ] adv across the Channel

outre-mer [utʀəmɛʀ] adv overseas

outrepasser [utʀəpɑse] vt [+ droits] to go beyond ; [+ pouvoir, ordres] to exceed ; [+ limites] to overstep

outre-Rhin [utʀəʀɛ̃] adv across the Rhine

ouvert, e [uvɛʀ, ɛʀt] adj open (à to) ▪ **laisser le gaz ~** to leave the gas on

ouvertement [uvɛʀtəmɑ̃] adv openly

ouverture [uvɛʀtyʀ] nf a opening ; [de porte fermée à clé, verrou] unlocking ▪ **il a demandé l'~ d'une enquête** he has requested an enquiry ▪ **cérémonie d'~** opening ceremony b ▪ **~s** (= propositions) overtures ▪ **faire des ~s à qn** to make overtures to sb c (= tolérance) ▪ **~ d'esprit** open-mindedness d (Mus) overture e (Photo) aperture

ouvrable [uvʀabl] adj ▪ **jour ~** weekday ▪ **heures ~s** business hours

ouvrage [uvʀaʒ] nm a (= livre) book b (= travail) work ▪ **se mettre à l'~** to set to work

ouvré, e [uvʀe] adj ▪ **jour ~** working day

ouvre-boîte (pl **~s**) [uvʀəbwat] nm can opener

ouvre-bouteille (pl **~s**) [uvʀəbutɛj] nm bottle opener

ouvreur, -euse [uvʀœʀ, øz] nm,f [de cinéma, théâtre] usher ; (femme) usherette

ouvrier, -ière [uvʀije, ijɛʀ] 1 nm,f worker ▸ **ouvrier agricole** farm worker ▸ **ouvrier qualifié** skilled workman ▸ **ouvrier spécialisé** semiskilled worker 2 adj [éducation, quartier] working-class ; [questions, mouvement] labour

ouvrir [uvʀiʀ] 1 vt to open (à to) ; [+ verrou, porte fermée à clé] to unlock ; [+ veste] to undo ; [+ horizons, perspectives] to open up ; [+ eau, gaz] to turn on ▪ **~ la voie** to lead the way ▪ **~ le feu** to open fire ▪ **~ l'œil** (fig) to keep one's eyes open ▪ **ça m'a ouvert l'appétit** that whetted my appetite 2 vi to open ▪ **on a frappé, va ~ !** there's someone at the door, go and open it! 3 **s'ouvrir** vpr a to open ▪ **pays qui s'ouvre sur le monde extérieur** country which is opening up to the outside world b (= se blesser) ▪ **s'~ l'arcade sourcilière** to get a cut over one's eye ▪ **s'~ les veines** to slash one's wrists c (= se confier) ▪ **s'~ à qn** to open up to sb

ovaire [ɔvɛʀ] nm ovary

ovale [ɔval] adj, nm oval

ovation [ɔvasjɔ̃] nf ovation ▪ **faire une ~ à qn** to give sb an ovation

ovationner [ɔvasjɔne] vt ▪ **~ qn** to give sb an ovation

overdose [ɔvœʀdoz] nf overdose

ovins [ɔvɛ̃] nmpl sheep

ovni [ɔvni] nm (abrév de **objet volant non identifié**) UFO ▪ **c'est un véritable ~** (fig) it's like something from another planet

ovuler [ɔvyle] vi to ovulate

oxydation [ɔksidasjɔ̃] nf oxidization

oxyde [ɔksid] nm oxide ▪ **~ de carbone** carbon monoxide

oxyder [ɔkside] 1 vt to oxidize 2 **s'oxyder** vpr to become oxidized

oxygène [ɔksiʒɛn] nm oxygen ▪ **je sors, j'ai besoin d'~** I'm going out, I need some fresh air

oxygéner [ɔksiʒene] 1 vt to oxygenate ; [+ cheveux] to peroxide 2 **s'oxygéner** vpr to get some fresh air

ozone [ozon] nm ozone ▪ **la couche d'~** the ozone layer

pP

PAC [pak] nf (abrév de **politique agricole commune**) CAP

pacha [paʃa] nm pasha ■ **vivre comme un ~** [to live in the lap of luxury]

pachyderme [paʃidɛʀm] nm elephant

pacifier [pasifje] vt to pacify

pacifique [pasifik] 1 adj [coexistence, intentions] peaceful ; [personne, peuple] peace-loving 2 nm ■ **l'océan Pacifique, le Pacifique** the Pacific

pacifiste [pasifist] nmf pacifist

pack [pak] nm pack

packageur [paka(d)ʒœʀ] nm packager

pacotille [pakɔtij] nf cheap junk* ■ **de ~** cheap

PACS [paks] nm (abrév de **pacte civil de solidarité**) *contract for people in long-term relationship,* ≈ civil partnership

pacsé, e [pakse] nm,f ≈ civil partner

pacser (se) [pakse] vpr to sign a PACS contract

pacson‡ [paksɔ̃] nm packet

pacte [pakt] nm pact

pactiser [paktize] vi (péj = se liguer) to make a deal ■ **~ avec l'ennemi** to collude with the enemy

pactole* [paktɔl] nm (= argent) fortune

paddle [padøl] nm (Sport) stand-up paddle-boarding

pagaie [pagɛ] nf paddle

pagaille* [pagaj] nf mess ■ **mettre/semer la ~** to mess things up ■ **il y en a en ~*** (= beaucoup) there are loads* of them

pagayer [pageje] vi to paddle

page[1] [paʒ] nf page ■ **(à la) ~ 35** (on) page 35 ■ **~ suivante/précédente** (sur écran) page down/up ■ **être à la ~** to be with it* ▸ **page d'accueil** home page ▸ **page d'atterrissage** landing page ▸ **page blanche** blank page ▸ **page de garde** flyleaf ▸ **page de publicité** commercial break

page[2] [paʒ] nm page (boy)

pagne [paɲ] nm (en tissu) loincloth

pagode [pagɔd] nf pagoda

paie [pɛ] nf pay ■ **feuille de ~** payslip ■ **toucher sa ~** to be paid

paiement [pɛmɑ̃] nm payment (de for)

païen, -ïenne [pajɛ̃, jɛn] adj, nm,f pagan

paillasse [pajas] nf a (= matelas) straw mattress b [d'évier] draining board, drainboard US

paillasson [pajasɔ̃] nm doormat

paille [pɑj] nf straw ■ **chapeau de ~** straw hat ■ **boire avec une ~** to drink through a straw ■ **être sur la ~*** to be penniless ▸ **paille de fer** steel wool

paillé, e [pɑje] adj [chaise] straw-bottomed

paillette [pɑjɛt] nf a (sur vêtement) sequin b [d'or] speck ; [de lessive, savon] flake

paillote [pɑjɔt] nf straw hut

pain [pɛ̃] nm a bread *NonC* ■ **on a du ~ sur la planche*** we've got a lot to do ▸ **pain complet** wholemeal BR ou wholewheat US bread ▸ **pain d'épice(s)** gingerbread ▸ **pain grillé** toast ▸ **pain de mie** sandwich bread ▸ **pain perdu** French toast b (= miche) loaf c [de cire, savon] bar

pair[1] [pɛʀ] nm a (= dignitaire, égal) peer ■ **de ~ à ~** peer-to-peer b ■ **aller de ~ avec** to go hand in hand with ■ **travailler au ~** to work as an au pair ■ **jeune fille au ~** au pair (girl)

pair[2], e[1] [pɛʀ] adj [nombre] even ■ **jours ~s** even dates

paire[2] [pɛʀ] nf pair ■ **c'est une autre ~ de manches*** that's another kettle of fish

paisible [pezibl] adj quiet

paître [pɛtʀ] vi to graze ■ **envoyer ~ qn**‡ to send sb packing*

paix [pɛ] nf peace ■ **faire la ~ avec qn** to make up with sb ■ **laisser qn en ~** to leave sb alone ■ **fiche-moi la ~ !*** stop pestering me!

Pakistan [pakistɑ̃] nm Pakistan

pakistanais, e [pakistanɛ, ɛz] 1 adj Pakistani 2 **Pakistanais(e)** nm,f Pakistani

palabrer [palabʀe] vi (= bavarder) to chat away ; (= parlementer) to argue endlessly

palace [palas] nm luxury hotel

palais [palɛ] nm a (= édifice) palace ▸ **palais des congrès** convention centre ▸ **Palais de justice** law courts ▸ **Palais des sports** sports stadium b (dans la bouche) palate ■ **avoir le ~ fin** to have a discerning palate

palan [palɑ̃] nm hoist

pale [pal] nf [d'hélice] blade

pâle [pɑl] adj pale ■ **~ comme un linge** as white as a sheet

paléontologie [paleɔ̃tɔlɔʒi] nf palaeontology BR, paleontology US

Palestine [palɛstin] nf Palestine

palestinien, -ienne [palɛstinjɛ̃, jɛn] 1 adj Palestinian 2 **Palestinien(ne)** nm,f Palestinian

palette [palɛt] nf **a** (Peinture) palette **b** [de produits, services] range

pâleur [pɑlœʀ] nf paleness

palier [palje] nm **a** [d'escalier] landing **b** (= étape) stage ; [de graphique] plateau

pâlir [pɑliʀ] vi [personne] to go pale ▪ **faire ~ qn d'envie** to make sb green with envy

palissade [palisad] nf boarding

palliatif [paljatif] adj, nm palliative (à to, for)

pallier [palje] vt [+ manque] to compensate for

palmarès [palmaʀɛs] nm (= classement) [de lauréats] (list of) prizewinners ; [de sportifs] (list of) medal winners ; [de chansons] charts ▪ **il a de nombreuses victoires à son ~** he has a number of victories to his credit

palme [palm] nf **a** (= feuille) palm leaf **b** (= distinction) prize ▪ **remporter la ~** to win ▪ **~s académiques** *decoration for services to education in France* **c** [de nageur] flipper

palmé, e [palme] adj **a** [pieds] webbed ; [oiseau] web-footed **b** [acteur, film, réalisateur] Golden Palm winning *avant n*

palmeraie [palməʀɛ] nf palm grove

palmier [palmje] nm palm tree

palombe [palɔ̃b] nf woodpigeon

pâlot, -otte* [pɑlo, ɔt] adj a bit pale

palourde [paluʀd] nf clam

palper [palpe] vt [+ objet] to feel ; (Méd) to palpate

palpitant, e [palpitɑ̃, ɑ̃t] adj (= passionnant) exciting

palpitations [palpitasjɔ̃] nfpl ▪ **avoir des ~** to have palpitations

palpiter [palpite] vi [cœur] to race

paludisme [palydism] nm malaria

pâmer (se) [pɑme] vpr ▪ **se pâmer devant qch** to swoon over sth ▪ **se pâmer d'admiration** to be overcome with admiration

pamphlet [pɑ̃flɛ] nm satirical tract

pamplemousse [pɑ̃pləmus] nm grapefruit

pan[1] [pɑ̃] nm [d'économie, industrie] area ; [de société] section ▸ **pan de chemise** shirt-tail ▸ **pan de mur** section of wall

pan[2] [pɑ̃] excl (coup de feu) bang!

panacée [panase] nf panacea

panache [panaʃ] nm **a** (= plumet) [de fumée] plume **b** (= brio) panache

panaché, e [panaʃe] **1** adj **a** [fleur] many-coloured BR, many-colored US **b** [glace] mixed-flavour BR, mixed-flavor US ; [salade] mixed **2** nm (= boisson) shandy

panade‡ [panad] nf ▪ **on est dans la ~** we're in a real mess*

Panama [panama] nm ▪ **le ~** Panama

panard‡ [panaʀ] nm foot

panaris [panaʀi] nm whitlow

pan-bagnat (pl **pans-bagnats**) [pɑ̃baɲa] nm sandwich *(with tomatoes, lettuce, hard-boiled eggs, tuna and anchovies, seasoned with olive oil)*

pancarte [pɑ̃kaʀt] nf sign ; (sur la route) road-sign

pancréas [pɑ̃kʀeɑs] nm pancreas

panda [pɑ̃da] nm panda

pandémie [pɑ̃demi] nf pandemic (disease)

pané, e [pane] adj breaded, coated with breadcrumbs

panier [panje] nm basket ; (Internet) (shopping) basket BR ou cart US ▪ **mettre qch au ~** to throw sth out ▸ **panier bio** (= produits) organic food box ▸ **panier à provisions** shopping basket

panier-repas (pl **paniers-repas**) [panjeʀəpa] nm packed lunch

panique [panik] **1** nf panic ▪ **pris de ~** panic-stricken ▪ **pas de ~ !*** don't panic! **2** adj ▪ **peur ~** panic

paniquer [panike] **1** vt ▪ **~ qn** to put the wind up sb* **2** vi to panic

panne [pan] nf breakdown ▪ **~ de courant** power failure ▪ **tomber en ~** [machine] to break down ▪ **je suis tombé en ~** (en voiture) my car has broken down ▪ **je suis tombé en ~ sèche** ou **en ~ d'essence** I have run out of petrol BR ou gas US

panneau (pl **~x**) [pano] nm (= surface) panel ; (= écriteau) sign ▪ **tomber dans le ~*** to fall for it* ▸ **panneau d'affichage** notice board BR, bulletin board US; (pour publicité) billboard ▸ **panneau de configuration** control panel ▸ **panneau indicateur** signpost ▸ **panneau publicitaire** billboard ▸ **panneau de signalisation (routière)** roadsign

panoplie [panɔpli] nf **a** (= jouet) outfit **b** (= gamme) range

panorama [panɔʀama] nm panorama

panoramique [panɔʀamik] adj [photo, vue] panoramic ; [écran] wide ; [restaurant] with a panoramic view

pansement [pɑ̃smɑ̃] nm (= bandage) bandage ; (= sparadrap) plaster BR, Band Aid®

panser [pɑ̃se] vt **a** [+ plaie] to dress ; [+ blessé] to dress the wounds of **b** [+ cheval] to groom

pantacourt [pɑ̃takuʀ] nm (pair of) pedal pushers

pantalon [pɑ̃talɔ̃] nm trousers BR, pants US ▪ **~ de pyjama** pyjama BR ou pajama US bottoms

panthéon [pɑ̃teɔ̃] nm pantheon

panthéoniser [pɑ̃teonize] vt (lit) to lay to rest in the Panthéon ; (fig) to induct into the Hall of Fame

panthère [pɑ̃tɛʀ] nf panther

pantin [pɑ̃tɛ̃] nm (= jouet) jumping jack ; (péj = personne) puppet

pantoufle [pɑ̃tufl] nf slipper

PAO [peao] nf (abrév de **publication assistée par ordinateur**) DTP

paon [pɑ̃] nm peacock

papa [papa] nm dad* ; (langage enfantin) daddy*

papauté [papote] nf papacy

pape [pap] nm pope

paperasse [papʀas] nf ▪ **~(s)** (= documents) bumf* BR ▪ **j'ai de la ~ à faire** I've got some paperwork to do

paperasserie [papʀasʀi] nf (= travail) paperwork ▪ **~ administrative** red tape

papeterie [papɛtʀi] nf (= magasin) stationer's (shop) ; (= articles) stationery

papi [papi] nm grandad*, grandpa*

papier [papje] nm paper ; (= article de presse) article ; (= formulaire) form ▪ **~s (d'identité)** (identity) papers ▸ **papier alu***, **papier aluminium** tinfoil ▸ **papier cadeau** wrapping paper ▸ **papier calque** tracing paper ▸ **papier à cigarettes** cigarette paper ▸ **papier crépon** crêpe paper ▸ **papiers gras** litter ▸ **papier hygiénique** toilet paper ▸ **papier journal** newspaper ▸ **papier à lettres** writing paper ▸ **papier peint** wallpaper ▸ **papier toilette** toilet paper ▸ **papier de verre** sandpaper

papille [papij] nf ▪ **~s (gustatives)** taste buds

papillon [papijɔ̃] nm **a** (= insecte) butterfly ▪ **~ de nuit** moth **b** (* = autocollant) sticker **c** ▪ **(brasse) ~** (= nage) butterfly (stroke)

papotage [papɔtaʒ] nm idle chatter *NonC*

papoter [papɔte] vi to chatter

paprika [papʀika] nm paprika

papyrus [papiʀys] nm papyrus

pâque [pɑk] nf ▪ **la ~ juive** Passover

paquebot [pak(ə)bo] nm liner

pâquerette [pɑkʀɛt] nf daisy

Pâques [pɑk] nm, nfpl Easter ▪ **joyeuses ~ !** Happy Easter!

paquet [pakɛ] nm **a** (= emballage) packet BR, package US ; [de cigarettes] packet, pack US **b** (= colis) parcel ▪ **mettre le ~*** (effort) to pull out all the stops **c** [de mesures] package ▪ **~ fiscal** fiscal package

paquet-cadeau (pl **paquets-cadeaux**) [pakɛkado] nm giftwrapped parcel

par [paʀ] prép **a** (agent) by ▪ **le carreau a été cassé ~ un enfant** the pane was broken by a child **b** (moyen, manière) by ▪ **~ le train/la poste** by train/mail ▪ **communiquer ~ Internet** to communicate via the Internet ▪ **obtenir qch ~ la ruse** to obtain sth through cunning **c** (cause) ▪ **faire qch ~ plaisir** to do sth for pleasure ▪ **~ habitude** out of habit **d** (lieu, direction) (= en passant par) by ; (= en traversant) through ; (avec nom propre) via ▪ **~ où est-il venu ?** which way did he come? **e** (distribution) ▪ **gagner tant ~ mois** to earn so much a month ▪ **trois fois ~ jour** three times a day ▪ **marcher deux ~ deux** to walk in twos **f** (= pendant) ▪ **~ une belle nuit d'été** on a beautiful summer night ▪ **ne restez pas dehors ~ ce froid** don't stay out in this cold

paraben, parabène [paʀabɛn] nm paraben

parabole [paʀabɔl] nf **a** (= figure) parabola **b** (dans la Bible) parable **c** (= antenne) satellite dish

parabolique [paʀabɔlik] adj ▪ **antenne ~** satellite dish

parachute [paʀaʃyt] nm parachute ▪ **descendre en ~** to parachute down ▪ **faire du ~ ascensionnel** (tiré par une voiture) to go parascending ; (tiré par un bateau) to go parasailing ▪ **~ doré** golden parachute

parachuter [paʀaʃyte] vt to parachute ▪ **~ qn à un poste** to pitchfork sb into a job

parachutisme [paʀaʃytism] nm parachuting ▪ **~ ascensionnel** (avec voiture) parascending

parachutiste [paʀaʃytist] nmf (Sport) parachutist ; (Mil) paratrooper

parade [paʀad] nf **a** (= spectacle) parade ▪ **de ~** [uniforme, épée] ceremonial **b** (Escrime, Boxe) parry ; (fig) answer

parader [paʀade] vi (péj) to strut about

paradis [paʀadi] nm heaven

paradisiaque [paʀadizjak] adj heavenly

paradoxal, e (mpl **-aux**) [paʀadɔksal, o] adj paradoxical

paradoxalement [paʀadɔksalmɑ̃] adv paradoxically

paradoxe [paʀadɔks] nm paradox

paraffine [paʀafin] nf (solide) paraffin wax

parages [paʀaʒ] nmpl ▪ **dans les ~** (= dans la région) in the area ▪ **est-ce que Sylvie est dans les ~ ?*** is Sylvie about?

paragraphe [paʀagʀaf] nm paragraph

paraître [paʀɛtʀ] **1** vi **a** (= se montrer) to appear **b** (= sembler) to seem **c** [journal, livre] to be published **d** (= se faire remarquer) to be noticed **2** vb impers ▪ **il va se marier, paraît-il** ou **à ce qu'il paraît** apparently he's getting married ▪ **il paraît que non** apparently not

parallèle [paʀalɛl] **1** adj **a** parallel (à to) **b** [marché, police, économie] unofficial ; [médecine] alternative ; [vie] separate **2** nf parallel **3** nm parallel ▪ **établir un ~ entre X et Y** to draw a parallel between X and Y

paralympiques [paʀalɛ̃pik] adj, mpl ▪ **les Jeux ~** the Paralympics

paralyser [paʀalize] vt to paralyze ▪ **paralysé** paralyzed

paralysie [paʀalizi] nf paralysis

paramédical, e (mpl **-aux**) [paʀamedikal, o] adj paramedical

paramètre [paʀamɛtʀ] nm parameter

parano* [paʀano] adj paranoid

paranoïaque [paʀanɔjak] adj, nmf paranoid

paranormal, e (mpl **-aux**) [paʀanɔʀmal, o] adj paranormal

parapente [paʀapɑ̃t] nm (= sport) ▪ **le ~** paragliding ▪ **faire du ~** to go paragliding

parapet [paʀapɛ] nm parapet

parapher [paʀafe] vt to initial

paraphrase [paʀafʀɑz] nf paraphrase ▪ **faire de la ~** to paraphrase

paraplégique [paʀapleʒik] adj, nmf paraplegic

parapluie [paʀaplɥi] nm umbrella

parasismique [paʀasismik] adj quakeproof

parasite [paʀazit] **1** nm parasite **2** **parasites** nmpl (Radio, TV) interference

parasol [paʀasɔl] nm parasol

paratonnerre [paʀatɔnɛʀ] nm lightning conductor ou rod US

paravent [paʀavɑ̃] nm screen

parc [paʀk] nm **a** (= jardin public) park ; [de château] grounds ▸ **parc d'attractions** amusement park ▸ **parc de loisirs** leisure park ▸ **parc naturel** nature reserve **b** [de bébé] playpen **c** (= ensemble) stock ▪ **~ automobile** number of vehicles on the road

parcelle [paʀsɛl] nf [de terrain] parcel

parce que [paʀs(ə)kə] conj because

parchemin [paʀʃəmɛ̃] nm parchment

parcimonie [paʀsimɔni] nf ▪ **avec ~** sparingly

par-ci par-là [paʀsipaʀla] adv here and there

parcmètre [paʀkmɛtʀ] nm parking meter

parcourir [paʀkuʀiʀ] vt **a** [+ trajet, distance] to cover ; [+ lieu] to go all over ; [+ pays] to travel up and down **b** (= regarder rapidement) to glance through

parcours [paʀkuʀ] nm **a** (= trajet) journey ; (= itinéraire) route ; [de fleuve] course ▪ **son ~ politique** his political career ▪ **~ du combattant** (fig) obstacle course ▪ **être en fin de ~** (fig) to be at the end of the road ▪ **faire un ~ sans faute** (Équitation) to have a clear round ; (dans un jeu) to get all the answers right ▪ **jusqu'à présent, il a réussi un ~ sans faute** (dans sa carrière, etc) up to now, he hasn't put a foot wrong ▸ **parcours de santé** fitness trail **b** ▪ **~ de golf** (= terrain) golf course

par-delà [paʀdəla] prép beyond

par-derrière [paʀdɛʀjɛʀ] adv [passer] round the back ; [attaquer, emboutir] from behind

par-dessous [paʀd(ə)su] prép, adv underneath

par-dessus [paʀd(ə)sy] **1** prép over ▪ **~ tout** above all ▪ **en avoir ~ la tête*** to be fed up to the back teeth* ▪ **~ le marché*** on top of all that **2** adv over

pardessus [paʀdəsy] nm overcoat

par-devant [paʀd(ə)vɑ̃] **1** prép ▪ **~ notaire** before a lawyer **2** adv [passer] round the front ; [attaquer, emboutir] from the front

pardon [paʀdɔ̃] nm (= grâce) forgiveness ▪ **demander ~ à qn d'avoir fait qch** to apologize to sb for doing sth ▪ **oh ~ !** oh, (I'm) sorry ▪ **c'est Maud – ~ ?** it's Maud – pardon?

pardonner [paʀdɔne] **1** vt to forgive ▪ **~ (qch) à qn** to forgive sb (for sth) ▪ **~ à qn d'avoir fait qch** to forgive sb for doing sth ▪ **on lui pardonne tout** he gets away with everything **2** vi ▪ **c'est une erreur qui ne pardonne pas** it's a fatal mistake

paré, e [paʀe] adj (= prêt) ready

pare-balle(s) (pl **pare-balles**) [paʀbal] adj bulletproof

parebrise nm, **pare-brise** nm inv [paʀbʀiz] windscreen BR, windshield US

parechoc nm, **pare-chocs** [paʀʃɔk] nm inv [de voiture] bumper BR, fender US

pare-feu [paʀfø] nm inv **a** (en forêt) firebreak ; [de foyer] fireguard **b** (Internet) firewall

pareil, -eille [paʀɛj] **1** adj **a** (= identique) the same (*que, à* as) **b** (= tel) such (a) ▪ **en ~ cas** in such a case **2** nm,f ▪ **ne pas avoir son ~ (ou sa pareille)** to be second to none ▪ **sans ~** unequalled **3** adv [s'habiller] the same ▪ **faire ~** to do the same thing (*que* as)

parent, e [paʀɑ̃, ɑ̃t] **1** nm,f **a** (= personne apparentée) relative ▪ **nous sommes ~s par alliance** we are related by marriage **b** (= géniteur) parent **2** adj related **3** **parents** nmpl (= père et mère) parents ▪ **~s biologiques** birth parents

parental, e (mpl **-aux**) [paʀɑ̃tal, o] adj parental

parenté [paʀɑ̃te] nf (= rapport) relationship

parenthèse [paʀɑ̃tɛz] nf (= signe) parenthesis ; (= digression) digression ▪ **entre ~s** in brackets ; (fig) incidentally ▪ **mettre sa carrière entre ~s** to put one's career on hold

parer [paʀe] **1** vt **a** (= orner) to adorn **b** (= habiller) to dress **c** [+ coup, attaque] to parry **2** **parer à** vt indir [+ inconvénient] to deal with ; [+ éventualité] to prepare for ▪ **~ au plus pressé** to attend to the most urgent things first

pare-soleil [paʀsɔlɛj] nm inv [de voiture] sun visor

paresse [paʀɛs] nf [de personne] laziness

paresser [paʀese] vi to laze about

paresseux, -euse [paʀesø, øz] adj lazy

parfaire [paʀfɛʀ] vt [+ connaissances] to perfect

parfait, e [paʀfɛ, ɛt] **1** adj (= impeccable) perfect ; (péj) [crétin, crapule] utter **2** nm (Culin) parfait

parfaitement [paʀfɛtmɑ̃] adv **a** (= très bien, tout à fait) perfectly ▪ **cela m'est ~ égal** it makes absolutely no difference to me **b** (= absolument) absolutely ▪ **tu as fait ce tableau tout seul ? – ~ !** you did this picture all on your own? – I certainly did!

parfois [paʀfwa] adv sometimes

parfum [paʀfœ̃] nm **a** (= liquide) perfume **b** [de fleur, herbe] scent ; [de tabac, café, savon] smell ; [de vin] bouquet ; [de glace] flavour BR, flavor US ▪ **être au ~*** to be in the know*

parfumé, e [paʀfyme] adj [savon] scented ; [air, fleur, vin, fruit] fragrant ; [bougie] perfumed ▪ **~ au citron** [glace] lemon-flavour BR ou lemon-flavor US ; [savon] lemon-scented

parfumer [paʀfyme] **1** vt [fleurs] to perfume ; [café, tabac] to fill with its aroma ; (Culin) to flavour BR, to flavor US (*à* with) **2** **se parfumer** vpr to wear perfume

parfumerie [paʀfymʀi] nf (= boutique) perfume shop ; (= produits) perfumes

pari [paʀi] nm bet ▪ **faire un ~** to make a bet

paria [paʀja] nm outcast

parier [paʀje] vt to bet ▪ **je l'aurais parié** I might have known ▪ **~ aux courses** to bet on the races

parieur, -ieuse [paʀjœʀ, jøz] nm,f punter

Paris [paʀi] n Paris

parisien, -ienne [paʀizjɛ̃, jɛn] **1** adj Paris *avant n*, of Paris ; [société, goûts, ambiance] Parisian **2** **Parisien(ne)** nm,f Parisian

parité [paʀite] nf parity ; (entre hommes et femmes) equal representation

parjure [paʀʒyʀ] nm betrayal

parka [paʀka] nf ou m parka

parking [paʀkiŋ] nm car park BR, parking lot US

> ⚠ **parking** ne se traduit pas par le mot anglais *parking*.

Parkinson [paʀkinsɔn] n ▪ **la maladie de ~** Parkinson's disease

parkour [paʀkuʀ] nm parkour

parlable* [paʀlabl] adj (Can) ▪ **il n'est pas ~ en ce moment** it's not possible to talk to him at the moment

parlant, e [paʀlɑ̃, ɑ̃t] adj **a** ▪ **les films ~s** the talkies **b** [exemple] eloquent ▪ **les chiffres sont ~s** the figures speak for themselves

parlement [paʀləmɑ̃] nm parliament

parlementaire [paʀləmɑ̃tɛʀ] **1** adj parliamentary **2** nmf member of Parliament

parlementer [paʀləmɑ̃te] vi (= négocier) to negotiate

parler [paʀle] **1** vi **a** to speak ▪ **scientifiquement parlant** scientifically speaking ▪ **n'en parlons plus !** let's forget about it! ▪ **sans ~ de...** not to mention... ▪ **~ de qch à qn** to speak to sb about sth ▪ **tu parles !*** come off it!* **b** (= faire la conversation, avouer) to talk (*à*, *avec* to, *de* about) ▪ **~ de la pluie et du beau temps** to talk about this and that ▪ **de quoi ça parle, ton livre ?** what is your book about? ▪ **~ de faire qch** to talk about doing sth **2** vt **a** [+ langue] to speak ▪ **~ (l')anglais** to speak English **b** (avec qn) to talk ▪ **~ politique** to talk politics **3** **se parler** vpr to talk to each other

parloir [paʀlwaʀ] nm visiting room

parmentier [paʀmɑ̃tje] nm ▪ **~ de canard** duck pie ; voir aussi **hachis**

parmesan [paʀməzɑ̃] nm Parmesan

parmi [paʀmi] prép among

parodie [paʀɔdi] nf parody

parodier [paʀɔdje] vt to parody

paroi [paʀwa] nf wall ▪ **~ rocheuse** rock face

paroisse [paʀwas] nf parish

paroissien, -ienne [paʀwasjɛ̃, jɛn] nm,f parishioner

parole [paʀɔl] **1** nf **a** (= mot, promesse) word ▪ **ce sont des ~s en l'air** it's just idle talk ▪ **tenir ~** to keep one's word ▪ **je l'ai cru sur ~** I took his word for it ▪ **ma ~ !*** (upon) my word! **b** (= faculté d'expression) speech **c** (dans un débat, une discussion) ▪ **vous avez la ~** it's your turn to speak ▪ **prendre la ~** to speak **2** **paroles** nfpl [de chanson] words, lyrics

parolier, -ière [paʀɔlje, jɛʀ] nm,f lyric writer

paroxysme [paʀɔksism] nm [de crise, sentiment] height ▪ **atteindre son ~** to reach a climax

parquer [paʀke] vt [+ moutons, bétail] to pen up ; (péj) [+ personnes] to pack in ▪ **on les parquait dans des réserves** they were herded into reservations

parquet [paʀkɛ] nm **a** (= plancher) wooden floor **b** (Droit) public prosecutor's department

parrain [paʀɛ̃] nm **a** (Rel, Mafia) godfather **b** (qui aide financièrement) sponsor ; [d'œuvre, fondation] patron

parrainer [paʀene] vt (= aider financièrement) to sponsor ; [+ œuvre, fondation, association] to be the patron of

parsemé, e [paʀsəme] adj ▪ **un ciel ~ d'étoiles** a star-studded sky ▪ **un champ ~ de fleurs** a field dotted with flowers

part [paʀ] nf (dans un partage) share ; (= portion) portion ; (= tranche) slice ▪ **~ de marché** market share ♦ **à part** (= de côté) on one side ; (= séparément) separately ; (= excepté) apart from ; (= exceptionnel) special ♦ **autre part** somewhere else ♦ **d'autre part** (= de plus) moreover ▪ **d'une part... d'autre ~** on the one hand... on the other hand ♦ **de la part de** (provenance) from ; (= au nom de) on behalf of ▪ **c'est gentil de sa ~** that's nice of him ▪ **c'est de la ~ de qui ?** (au téléphone) who shall I say is calling? ♦ **de toutes parts** from all sides ♦ **pour ma part** for my part ♦ **faire part de qch à qn** to announce sth to sb ♦ **prendre part à** [+ travail, débat] to take part in ; [+ manifestation] to join in

partage [paʀtaʒ] nm **a** (= division) division ; [de gâteau] cutting **b** [de butin, héritage] sharing out ▪ **~ de fichiers** file sharing ▪ **~ du travail** job sharing

partagé, e [paʀtaʒe] adj [avis, opinion] divided

partager [paʀtaʒe] **1** vt **a** (= fractionner) to divide up ▪ **~ en deux** to divide sth in two **b** (= répartir) [+ butin, gâteau] to share out ; [+ frais] to share **c** (= avoir en commun) to share ▪ **amour partagé** mutual love **2** **se partager** vpr **a** (= partager son temps) ▪ **se ~ entre** to divide one's time between **b** (= se distribuer) ▪ **nous nous sommes partagé le travail** we shared the work between us

partant, e [paʀtɑ̃, ɑ̃t] **1** nm,f (= coureur) starter ; (= cheval) runner **2** adj ▪ **je suis ~** count me in ▪ **être ~ pour qch** to be up for sth

partenaire [paʀtənɛʀ] nmf partner ▪ **les ~s sociaux** ≈ unions and management ▪ **~ de PACS** ≈ civil partner

partenariat [paʀtənaʀja] nm partnership

parterre [paʀtɛʀ] nm **a** (= plate-bande) flowerbed **b** (= public) stalls BR, orchestra US

parti [paʀti] nm **a** (= groupe) party **b** (= choix) option ▪ **prendre le ~ de faire qch** to make up one's mind to do sth ▪ **prendre le ~ de qn, prendre ~ pour qn** to stand up for sb ▪ **prendre ~** to take a stand ▪ **prendre son ~ de qch** to come to terms with sth ▪ **avoir un ~ pris** to be prejudiced **c** (= personne à marier) match **d** (= avantage) ▪ **tirer ~ de** to take advantage of

partial, e (mpl **-iaux**) [paʀsjal, jo] adj biased

partialité [paʀsjalite] nf bias

participant, e [paʀtisipɑ̃, ɑ̃t] nm,f (à un concours, une course) entrant (*à* in) ; (à un débat, un projet) participant (*à* in)

participation [paʀtisipasjɔ̃] nf **a** (= action) participation (*à* in) ; [+ aventure, complot] involvement (*à* in) **b** (= détention d'actions) interest ▪ **~ aux bénéfices** profit-sharing **c** (financière) contribution

participe [paʀtisip] nm participle ▪ **~ passé/présent** past/present participle

participer [paʀtisipe] vt indir ▪ **~ à** to take part in ; [+ aventure, complot] to be involved in ; [+ frais, dépenses] to share in ▪ **~ en classe** to take an active part in class

particularité [paʀtikylaʀite] nf feature

particule [paʀtikyl] nf particle ▸ **particules fines** fine particulate matter

particulier, -ière [paʀtikylje, jɛʀ] **1** adj **a** (= spécifique) [aspect, cas] particular ; [trait, style, manière de parler] characteristic **b** (= exceptionnel) exceptional **c** (= étrange) odd **d** (= privé) private **2** nm (= personne) private individual **3** **en particulier** loc adv in particular

particulièrement [paʀtikyljɛʀmɑ̃] adv particularly

partie [paʀti] nf **a** part ▪ **une bonne ~ du travail** a large part of the work ▪ **la majeure ~ du pays** most of the country ▪ **en ~** partly ▪ **en grande** ou **majeure ~** largely ▪ **faire ~ de** [+ ensemble, risques] to be part of ; [+ club, catégorie, famille] to belong to ; [+ élus, gagnants] to be one of **b** (Cartes, Sport) game **c** [de contrat] party ; [de procès] litigant ▪ **se constituer ~ civile** *to associate in a court action with the public prosecutor* **d** ▪ **prendre qn à ~** to take sb to task

partiel, -elle [paʀsjɛl] **1** adj partial ; → **temps** **2** nm (= examen) mid-term exam

partir [paʀtiʀ] vi **a** (= aller, quitter un lieu) to leave ; (= s'éloigner) to go away ▪ **quand partez-vous pour Paris ?** when are you leaving for Paris? ▪ **il est parti acheter du pain** he has gone to buy some bread ▪ **~ en voyage** to go on a trip ▪ **~ en courant** to run off ♦ **partir de** [personne] to leave ; [chemin] to lead from ▪ **il est parti de rien** he started from nothing **b** [moteur] to start ; [train] to leave **c** [fusée] to go up ; [coup de feu] to go off **d** (= être engagé) ▪ **mal/bien ~** to get off to a bad/good start ▪ **il est bien parti pour gagner** he seems all set to win **e** [tache] to come out ; [douleur, boutons, odeur] to go

■ **faire ~** [+ tache] to remove ; [+ odeur] to get rid of **f** ■ **à ~ de** from ■ **à ~ de maintenant** from now on

partisan, e [paʀtizɑ̃, an] **1** adj (= partial) partisan ■ **être ~ de qch** to be in favour BR ou favor US of sth **2** nm,f supporter

partition [paʀtisjɔ̃] nf **a** [de musique] score **b** (= division) partition

partitionner [paʀtisjɔne] vt [+ disque dur] to partition

partout [paʀtu] adv everywhere ■ **avoir mal ~** to ache all over ■ **2 ~** (Sport) 2 all

parure [paʀyʀ] nf (= bijoux) jewels ■ **~ de lit** set of bed linen

parution [paʀysjɔ̃] nf publication

parvenir [paʀvəniʀ] vt indir ■ **~ à qn/qch** to reach sb/sth ■ **faire ~ qch à qn** to send sth to sb ■ **~ à faire qch** to manage to do sth

parvenu, e [paʀvəny] nm,f (péj) parvenu

parvis [paʀvi] nm square

pas[1] [pɑ] **1** nm **a** step ; (= bruit) footstep ■ **faire un ~ en arrière/en avant** to step back/forward ■ **revenir** ou **retourner sur ses ~** to retrace one's steps ■ **marcher à grands ~** to stride along ■ **~ à ~** step by step ■ **~ de danse** dance step ■ **faire le(s) premier(s) ~** to take the initiative ■ **à ~ de loup** stealthily **b** (= vitesse) pace ; (Mil) step ■ **marcher d'un bon ~** to walk at a brisk pace ■ **marcher au ~** to march ■ **au ~ de course** at a run **c** (= démarche) tread ■ **d'un ~ lourd** with a heavy tread **2** comp ► **le pas de la porte** the doorstep ► **pas japonais** garden stepping stones

pas[2] [pɑ] adv de négation

a ♦ **ne… pas** not ■ **ce n'est ~ vrai, c'est ~ vrai*** it's not true ■ **il n'est ~ allé à l'école** he didn't go to school ■ **ne me parle ~ sur ce ton** don't speak to me like that ■ **il m'a dit de ne ~ le faire** he told me not to do it ■ **il n'y avait ~ plus de 20 personnes** there were no more than 20 people there

b (indiquant ou renforçant opposition) ■ **elle travaille, (mais) lui ~** she works, but he doesn't ■ **il aime ça, ~ toi ?** he likes it, don't you?

c (dans réponses négatives) not ■ **qui l'a prévenu ? – ~ moi** who told him? – not me ■ **~ de sucre, merci !** no sugar, thanks! ■ **~ du tout** not at all

d (devant adjectif, pronom) ■ **une situation ~ ordinaire** an unusual situation ■ **~ un n'est venu** not one came

passable [pasabl] adj (sur copie) fair ■ **mention ~** ≈ pass

passablement [pɑsabləmɑ̃] adv (= assez) rather

passade [pɑsad] nf passing fancy

passage [pɑsaʒ] nm **a** (= venue) ■ **guetter le ~ du facteur** to watch for the postman ■ **lors d'un récent ~ à Paris** on a recent trip to Paris ■ **il est de ~ à Nancy** he is in Nancy at the moment ■ **on se retourne sur son ~** people turn round and look when he goes past **b** (= transfert) ■ **le ~ de l'enfance à l'adolescence** the transition from childhood to adolescence **c** (= lieu, rue) passage ■ **va plus loin, tu gênes le ~** move along, you're blocking the way ► **passage clouté** ou **(pour) piétons** pedestrian crossing ► **passage à niveau** level crossing BR, grade crossing US ► **passage souterrain** underpass **d** [de livre, symphonie] passage **e** (= traversée) crossing

passager, -ère [pɑsaʒe, ɛʀ] **1** adj [malaise, bonheur] brief ; [inconvénient] temporary **2** nm,f passenger ■ **~ clandestin** stowaway

passant, e [pɑsɑ̃, ɑ̃t] nm,f passer-by

passation [pɑsasjɔ̃] nf ■ **~ de pouvoirs** transfer of power

passe[1] [pɑs] nf **a** (Sport) pass ■ **faire une ~** to pass (à to) **b** (prostituée) ■ **c'est 50 € la ~** it is €50 a time **c** ■ **être en ~ de faire qch** to be on one's way to doing sth ■ **traverser une mauvaise ~** to be having a rough time

passe[2]* [pɑs] nm abrév de **passe-partout**

passé, e [pɑse] **1** adj **a** (= dernier) last ■ **au cours des semaines ~es** over the last few weeks **b** (= révolu) past ■ **il a 60 ans ~s** he's over 60 ■ **il est 8 heures ~es** it's past 8 o'clock **c** (= fané) faded **2** nm **a** past ■ **c'est du ~** it's all in the past now **b** (Gram) past tense ■ **~ composé** perfect ■ **~ simple** past historic **3** prép after

passe-montagne (pl **~s**) [pɑsmɔ̃taɲ] nm balaclava

passe-partout [pɑspaʀtu] **1** adj inv [tenue] for all occasions ; [formule] all-purpose **2** nm inv (= clé) master key

passe-passe [pɑspɑs] nm inv ■ **tour de ~** trick

passeport [pɑspɔʀ] nm passport

passer [pɑse]

1 vi (avec aux être) **a** (d'un endroit à un autre) to go ■ **l'autobus vient de ~** the bus has just gone past ■ **les camions ne passent pas dans notre rue** lorries don't go along our street ■ **~ en courant** to run past ■ **la Seine passe à Paris** the Seine flows through Paris ■ **~ à table** to sit down to eat ■ **~ d'un extrême à l'autre** to go from one extreme to the other ■ **le travail passe avant tout**

pa

work comes first ■ **~ en première** (en voiture) to go into first ■ **par où êtes-vous passé ?** which way did you come?

♦ **laisser passer** [+ air, lumière] to let in ; [+ personne, procession] to let through ; [+ erreur, occasion] to miss

b (= chez quelqu'un) to call in ■ **je ne fais que ~** I can't stay long ■ **est-ce que le facteur est passé ?** has the postman been? ■ **~ prendre** ou **chercher qn** to call for sb ■ **~ voir qn** to call on sb

♦ **en passant** (= sur le chemin) on the way ; (= dans la conversation) in passing

c (= franchir un obstacle) to get through ■ **ça passe ?** (en manœuvrant) have I got enough room?

d (= s'écouler) [temps] to go by ■ **toute sa fortune y est passée*** he spent all his fortune on it

e (Scol) ■ **il est passé de justesse à l'examen** he only just passed the exam ■ **il est passé dans la classe supérieure** he's moved up to the next class BR, he's been promoted to the next grade US

f (= devenir) to become ■ **~ directeur** to become director

g [film, émission, personne] to be on ■ **~ à la radio** to be on the radio

h [douleur] to pass ; [orage] to blow over ; [colère] to subside ; [mode] to die out

i (Cartes) to pass

j (= être pris pour) ■ **il pourrait ~ pour un Allemand** you could take him for a German ■ **se faire ~ pour** to pass o.s. off as

k (= ne pas s'appesantir) ■ **passons** let's say no more about it

2 vt (avec aux avoir) a [+ frontière] to cross ; [+ porte, douane] to go through

b (= donner, transmettre) to give ; [+ consigne, message] to pass on ; [de ballon] to pass ■ **passe-moi une cigarette** give me a cigarette ■ **je vous passe M. Duroy** [standard] I'm putting you through to Mr Duroy ; (= je lui passe l'appareil) here's Mr Duroy

c (= mettre) [+ vêtement] to put on ■ **~ la tête à la porte** to poke one's head round the door ■ **~ la main par l'ouverture** to put one's hand through the opening

d (= dépasser) [+ gare, maison] to pass

e (= omettre) ■ **~ son tour** to miss one's turn

f (= permettre) ■ **on lui passe tout** [+ bêtises] he gets away with anything ■ **passez-moi l'expression** if you'll pardon the expression

g [+ examen, permis] to take ; [+ visite médicale] to have

h [+ temps, vacances] to spend ■ **~ sa vie à faire** to spend one's life doing ■ **pour ~ le temps** to pass the time

i [+ film, diapositives] to show ; [+ disque] to play

j [+ commande] to place ; [+ accord] to reach

k (à la passoire) to sieve

l (= appliquer) ■ **~ une couche de peinture sur qch** to give sth a coat of paint ■ **elle s'est passé de la crème solaire sur les épaules** she put some sun cream on her shoulders

m (avec un instrument) ■ **~ le balai/l'aspirateur dans une pièce** to sweep/vacuum a room

3 **se passer** vpr a (= avoir lieu) to happen ■ **tout s'est bien passé** everything went off smoothly ■ **ça ne se passera pas comme ça !** I won't stand for that!

b (se transmettre) [+ ballon] to pass to each other ; [+ notes de cours, plat] to pass around

c ♦ **se passer de** [+ chose] to do without ; [+ personne] to manage without

---

passerelle [pasʀɛl] nf (= pont) footbridge ; (= pont d'un bateau) bridge ; (d'embarquement) gangway ; (fig) bridge ; (Informatique) gateway

passe-temps [pastɑ̃] nm inv hobby

passeur, -euse [pasœʀ, øz] nm,f (Sport) passer ; [de frontière] smuggler ; [de rivière] ferryman (ou -woman), boatman (ou -woman)

passible [pasibl] adj ■ **~ d'une amende** [personne] liable to a fine ; [délit] punishable by a fine

passif, -ive [pasif, iv] **1** adj passive **2** nm a (= mode) passive b (financier) liabilities

passion [pasjɔ̃] nf passion

passionnant, e [pasjɔnɑ̃, ɑ̃t] adj [personne] fascinating ; [livre, film] gripping ; [métier, match] exciting

passionné, e [pasjɔne] **1** adj [personne, tempérament, haine] passionate ; [débat] heated ■ **être ~ de qch** to have a passion for sth **2** nm,f (= amateur) enthusiast ■ **un ~ de jazz** a jazz enthusiast ■ **un(e) passionné(e) d'oiseaux** a birder

passionnel, -elle [pasjɔnɛl] adj passionate ■ **crime ~** crime of passion

passionnément [pasjɔnemɑ̃] adv passionately

passionner [pasjɔne] **1** vt [mystère, sujet] to fascinate ; [livre, match] to grip **2** **se passionner** vpr ■ **se ~ pour** [+ sport, science] to have a passion for ; [+ métier, sujet] to be deeply interested in

passoire [paswaʀ] nf sieve ; [de thé] strainer ; [de légumes] colander

pastel [pastɛl] nm, adj inv pastel

pastèque [pastɛk] nf watermelon

pasteur [pastœʀ] nmf (= ministre) minister

pasteuriser [pastœʀize] vt to pasteurize

pastiche [pastiʃ] nm pastiche

pastille [pastij] nf lozenge ▪ **~s pour la gorge** throat lozenges

pastis [pastis] nm (= boisson) pastis

patate* [patat] nf (= pomme de terre) potato

pataud, e [pato, od] adj clumsy

pataugeoire [patoʒwaʀ] nf paddling pool

patauger [patoʒe] vi (dans l'eau) to paddle

pâte [pɑt] nf **a** (à tarte) pastry ; (à gâteaux) mixture ; (à pain) dough ; (à frire) batter ▸ **pâte brisée** shortcrust ou pie crust pastry ▸ **pâte feuilletée** puff pastry ▸ **pâte sablée** sablé BR ou sugar crust US pastry **b** ▪ **~s** pasta **c** (= substance) paste ▸ **pâte d'amandes** marzipan ▸ **pâte de fruits** fruit jelly ▸ **pâte à modeler** modelling clay, Plasticine®

pâté [pɑte] nm **a** (Culin) pâté **b** (= tache d'encre) blot **c** ▪ **~ de maisons** block *(of houses)* **d** ▪ **~ (de sable)** sandcastle

pâtée [pɑte] nf ▪ **~ pour chiens** dog food

patelin* [patlɛ̃] nm village

patella [patela] nf (Anat) patella

patent, e [patɑ̃, ɑ̃t] adj obvious

patenter [patɑ̃te] vt (Can) (= breveter) to patent ; (= bricoler) to knock up* ; (= rafistoler) to patch up

patère [patɛʀ] nf (= portemanteau) peg

paternaliste [patɛʀnalist] adj paternalistic

paternel, -elle [patɛʀnɛl] **1** adj paternal ▪ **du côté ~** on one's father's side **2** nm (‡ = père) old man*

paternité [patɛʀnite] nf paternity ▪ **il s'attribue la ~ de cette découverte** he claims to be the one who made the discovery

pâteux, -euse [pɑtø, øz] adj pasty ; [langue] coated

pathétique [patetik] adj (= émouvant) moving ; (= affligeant) pathetic

> ⚠ Au sens de « émouvant », **pathétique** ne se traduit pas par ***pathetic***.

pathologique [patɔlɔʒik] adj pathological

patibulaire [patibylɛʀ] adj [personnage] sinister-looking

patidou [patidu] nm harlequin squash

patiemment [pasjamɑ̃] adv patiently

patience [pasjɑ̃s] nf **a** patience ▪ **~, j'arrive !** wait a minute, I'm coming! **b** (Cartes) game of patience BR ou solitaire US

patient, e [pasjɑ̃, jɑ̃t] adj, nm,f patient

patienter [pasjɑ̃te] vi to wait

patin [patɛ̃] nm **a** [de patineur] skate ▸ **patins à glace** ice-skates ▪ **faire du ~ à glace** to go ice-skating ▸ **patins en ligne** roller blades ▪ **faire du ~ en ligne** to go rollerblading ▸ **patins à roulettes** roller skates ▪ **faire du ~ à roulettes** to go roller-skating **b** (* = baiser) French kiss* ▪ **rouler un ~ à qn*** to French kiss sb*

patinage [patinaʒ] nm skating ▪ **~ artistique** figure skating ▪ **~ sur glace** ice skating

patine [patin] nf (naturelle) patina ; (artificielle) sheen

patiner [patine] **1** vi **a** (Sport) to skate **b** [roue] to spin **2** vt [+ bronze, meuble] to give a patina to

patinette [patinɛt] nf scooter

patineur, -euse [patinœʀ, øz] nm,f skater

patinoire [patinwaʀ] nf skating ou ice rink

pâtir [pɑtiʀ] vi (littér) to suffer (*de* because of, on account of)

pâtisserie [pɑtisʀi] nf **a** (= magasin) cake shop ; (= gâteau) cake **b** (= activité) cake-making

pâtissier, -ière [pɑtisje, jɛʀ] nm,f pastry-cook, ≈ confectioner ; → **crème**

patois [patwa] nm patois

patraque* [patʀak] adj off-colour* BR, peaked* US

patriarche [patʀijaʀʃ] nm patriarch

patrie [patʀi] nf (= pays) native land

patrimoine [patʀimwan] nm inheritance ; (= biens) property ; (culturel, naturel) heritage

patriote [patʀijɔt] nmf patriot

patriotique [patʀijɔtik] adj patriotic

patron, -onne [patʀɔ̃, ɔn] **1** nm,f **a** (= propriétaire) owner ; (= gérant) boss ; (= employeur) employer **b** (Rel) patron saint **2** nm (Couture) pattern

patronal, e (mpl **-aux**) [patʀɔnal, o] adj employer's

patronat [patʀɔna] nm employers

patrouille [patʀuj] nf patrol

patte [pat] nf **a** (= jambe d'animal) leg ; (= pied) [de chat, chien] paw ; [d'oiseau] foot ▪ **~s de devant** forelegs ▪ **~s de derrière** hindlegs ▪ **pantalon ~s d'éléphant** flares **b** (‡ = jambe) leg **c** (= style) style

pâturage [pɑtyʀaʒ] nm pasture

paume [pom] nf [de main] palm

paumé, e‡ [pome] **1** adj (dans un lieu, une explication) lost ; [endroit] godforsaken **2** nm,f misfit

paumer‡ [pome] **1** vt to lose **2** **se paumer** vpr to get lost

paupière [popjɛʀ] nf eyelid

pause [poz] nf break ; (en parlant) pause ▪ **faire une ~** (= se reposer) to have a break ▪ **pause-café** coffee break

pauvre [povʀ] **1** adj poor ▪ **~ en oxygène** low in oxygen ▪ **~ petit !** poor thing! ▪ **~ type !*** (= crétin) stupid idiot!* **2** nmf **a** (= misérable) ▪ **les ~s** the poor **b** ▪ **le ~ !** the poor thing!

pauvreté [povʀəte] nf poverty

pavaner (se) [pavane] vpr to strut about

pavé, e [pave] **1** adj [cour, rue] cobbled **2** nm **a** [de chaussée, cour] cobblestone **b** (* = livre épais) massive tome **c** (Informatique) ▪ **~ numérique** numeric keypad ; → **tactile**

pavillon [pavijɔ̃] nm **a** (= villa) house ; [d'hôpital] ward **b** (= drapeau) flag

pavot [pavo] nm poppy

payable [pɛjabl] adj payable ▪ **~ en trois fois** [somme] payable in three instalments

payant, e [pɛjɑ̃, ɑ̃t] adj [spectateur] paying ▪ **ce spectacle est ~** you have to pay to get in to this show

payer [peje] **1** vt **a** to pay ; [+ travail, maison, marchandise, faute, crime] to pay for ▪ **il me le paiera !** he'll pay for this! **b** (= offrir) ▪ **~ qch à qn** to buy sth for sb ▪ **~ à boire à qn** to buy sb a drink **2** vi [effort, tactique] to pay off ; [métier] to be well-paid **3** **se payer** vpr (= s'offrir) to treat o.s. to ▪ **se ~ la tête de qn** (= ridiculiser) to make fun of sb ; (= tromper) to take sb for a ride*

payeur, -euse [pɛjœʀ, øz] nm,f payer ▪ **mauvais ~** bad debtor

pays [pei] nm country ; (= région) region ▪ **les gens du ~** the local people ▸ **le pays Basque** the Basque Country ▸ **le pays de Galles** Wales

paysage [peizaʒ] nm **a** landscape **b** (= situation) scene ▪ **dans le ~ audiovisuel français** in French broadcasting

paysagiste [peizaʒist] nmf [de parcs] landscape gardener

paysan, -anne [peizɑ̃, an] **1** adj [monde, problème] farming ; [vie, coutumes] country **2** nm,f farmer

Pays-Bas [peiba] nmpl ▪ **les ~** the Netherlands

PC [pese] nm **a** abrév de **parti communiste** **b** (abrév de **personal computer**) PC

PCB [pesebe] nm (abrév de **polychlorobiphényle**) *PCB*

PCV [peseve] nm ▪ **appeler en ~** to make a reverse-charge call BR, to call collect US

PDG [pedeʒe] nm inv (abrév de **président-directeur général**) chairman and managing director BR, chief executive officer US

péage [peaʒ] nm (= droit) toll ; (= poste) tollbooth ▪ **autoroute à ~** toll motorway BR, turnpike US

peau (pl **~x**) [po] nf **a** skin ▪ **maladie de ~** skin disease ▪ **risquer sa ~*** to risk one's neck* ▪ **être bien/mal dans sa ~** to be a happy/an unhappy person **b** (= cuir) hide ; (= fourrure) pelt ▪ **vêtements de ~** leather clothes ▸ **peau de vache*** (= homme) bastard‡ ; (= femme) bitch‡

peaufiner [pofine] vt to put the finishing touches to

Peau-Rouge (pl **Peaux-Rouges**) [poʀuʒ] nmf Red Indian

pécan [pekɑ̃] nm ▪ **(noix de) ~** pecan (nut)

pêche [pɛʃ] **1** nf **a** (= fruit) peach ▪ **avoir la ~*** to be on form **b** (= activité) fishing ▪ **~ à la ligne** (en rivière) angling ▪ **aller à la ~** to go fishing **2** adj peach-coloured BR ou peach-colored US

péché [peʃe] nm sin ▪ **commettre un ~** to sin ▸ **péché capital** deadly sin

pécher [peʃe] vi to sin

pêcher[1] [peʃe] **1** vt (= être pêcheur de) to fish for ; (= attraper) to catch ▪ **où as-tu été ~ cette idée ?*** where did you dig that idea up from?* **2** vi to fish, to go fishing

pêcher[2] [peʃe] nm (= arbre) peach tree

pécheur, pécheresse [peʃœʀ, peʃʀɛs] nm,f sinner

pêcheur [pɛʃœʀ] nm fisherman ; (à la ligne) angler

pectoral, e (mpl **-aux**) [pɛktɔʀal, o] **1** adj **a** (= du buste) pectoral **b** [sirop, pastille] cough **2** nm pectoral muscle

pécule [pekyl] nm nest egg

pécuniaire [pekynjɛʀ] adj financial

pédagogie [pedagɔʒi] nf (= art d'enseigner) teaching skills

pédagogique [pedagɔʒik] adj educational ; [stage] teacher-training

pédagogue [pedagɔg] nmf (= professeur) teacher ▪ **il est bon ~** he's a good teacher

pédale [pedal] nf **a** pedal **b** (**, péj = homosexuel) queer‡

pédaler [pedale] vi to pedal

pédalo® [pedalo] nm pedalo ▪ **faire du ~** to go out in a pedalo

pédant, e [pedɑ̃, ɑ̃t] adj pedantic

pédé‡ [pede] nm queer‡

pédestre [pedɛstʀ] adj ▪ **circuit ~** walk ▪ **sentier ~** footpath

pédiatre [pedjatʀ] nmf paediatrician BR, pediatrician US

pédiatrie [pedjatʀi] nf paediatrics *sg* BR, pediatrics *sg* US

pédicure [pedikyʀ] nmf chiropodist

pedigree [pedigʀe] nm pedigree

pédocriminalité [pedokʀiminalite] nf child abuse

pédophile [pedɔfil] nm pedophile US, paedophile BR

pègre [pɛgʀ] nf underworld

peignait [pɛɲɛ] vb → **peindre**

peigne [pɛɲ] nm comb ▪ **passer qch au ~ fin** to go through sth with a fine-tooth comb ▪ **se donner un coup de ~** to run a comb through one's hair

peigner [peɲe] **1** vt [+ cheveux] to comb **2** **se peigner** vpr to comb one's hair

peignoir [pɛɲwaʀ] nm dressing gown ▪ **~ (de bain)** bathrobe

peinard, e* [pɛnaʀ, aʀd] adj [travail, vie] cushy* ; [coin] quiet ▪ **on va être ~s** we'll have a bit of peace

peindre [pɛ̃dʀ] vt to paint ; (= décrire) to depict ▪ **~ qch en jaune** to paint sth yellow

peine [pɛn] **1** nf **a** (= chagrin) sorrow ▪ **avoir de la ~** to be sad ▪ **faire de la ~ à qn** to upset sb **b** (= effort) effort ▪ **se donner de la ~ pour faire qch** to go to a lot of trouble to do sth ▪ **c'est ~ perdue** it's a waste of time ▪ **est-ce que c'est ou ça vaut la ~ d'y aller ?** is it worth going? ▪ **ce n'est pas la ~** don't bother **c** (= difficulté) difficulty ▪ **j'ai eu de la ~ à le faire** I found it difficult to do **d** (Droit) sentence ▪ **~ capitale** capital punishment ▪ **~ de prison** prison sentence **2** **à peine** loc adv hardly ▪ **il gagne à ~ de quoi vivre** he hardly earns enough to live on ▪ **il est à ~ 2 heures** it's only just 2 o'clock ▪ **il était à ~ rentré qu'il a dû ressortir** he had only just got in when he had to go out again

peiner [pene] **1** vi [personne] to struggle ; [moteur] to labour BR, to labor US **2** vt to sadden ▪ **j'ai été peiné de l'apprendre** I was sad to hear it

peint, e [pɛ̃, pɛ̃t] ptp de **peindre**

peintre [pɛ̃tʀ] nmf painter ▪ **~ en bâtiment** painter and decorator

peinture [pɛ̃tyʀ] nf (= action, art, ouvrage) painting ; (= matière) paint ▸ **peinture à l'huile** oil-based paint; (= technique) oil painting

péjoratif, -ive [peʒɔʀatif, iv] adj derogatory

Pékin [pekɛ̃] n Beijing

pelage [pəlaʒ] nm [d'animal] coat

pelé, e [pəle] adj [animal] hairless ; [terrain, montagne] bare

pêle-mêle [pɛlmɛl] adv any old how

peler [pəle] vti to peel ▪ **je pèle dans le dos** my back is peeling

pèlerin [pɛlʀɛ̃] nm pilgrim

pèlerinage [pɛlʀinaʒ] nm (= voyage) pilgrimage ▪ **faire un ~ à Lourdes** to go on a pilgrimage to Lourdes

pélican [pelikɑ̃] nm pelican

pelle [pɛl] nf **a** shovel ; [d'enfant] spade ▪ **il y en a à la ~** there are loads of them* ▸ **pelle mécanique** mechanical digger ▸ **pelle à tarte** cake slice **b** (* = baiser) French kiss* ▪ **rouler une ~ à qn*** to French kiss sb*

pelletée [pɛlte] nf shovelful ▪ **des ~s de** masses of

pelleter [pɛlte] vt to shovel up ▪ **~ des nuages** (Can = rêvasser) to daydream

pellicule [pelikyl] **1** nf film **2** **pellicules** nfpl (= dans les cheveux) dandruff *NonC*

pelote [p(ə)lɔt] nf **a** [de laine] ball **b** (Sport) ▪ **~ (basque)** pelota

peloter* [p(ə)lɔte] vt to feel up*

peloton [p(ə)lɔtɔ̃] nm [de pompiers, gendarmes] squad ; [de cyclistes] bunch ▪ **~ de tête** leaders ▸ **peloton d'exécution** firing squad

pelotonner (se) [p(ə)lɔtɔne] vpr to curl (o.s.) up ▪ **se pelotonner contre qn** to snuggle up to sb

pelouse [p(ə)luz] nf lawn ; (Football, Rugby) field

peluche [p(ə)lyʃ] nf **a** (= poil) bit of fluff **b** ▪ **(jouet en) ~** soft toy ▪ **lapin en ~** stuffed rabbit ; → **ours**

pelure [p(ə)lyʀ] nf (= épluchure) peel *NonC* ; [d'oignon] skin

pénal, e (mpl **-aux**) [penal, o] adj criminal

pénaliser [penalize] vt to penalize

pénalité [penalite] nf (= sanction) penalty ▪ **coup de pied de ~** (Football, Rugby) penalty (kick)

pénaltouche [penaltuʃ] nf (Rugby) penalty kicked to touch

penalty (pl **penalties**) [penalti] nm (Football = coup de pied) penalty (kick) ▪ **tirer un ~** to take a penalty kick

penaud, e [pəno, od] adj sheepish

penchant [pɑ̃ʃɑ̃] nm (= tendance) tendency ; (= faible) liking (*pour* for)

penché, e [pɑ̃ʃe] adj [tableau] lopsided ; [poteau, arbre] leaning ; [écriture] sloping ; [tête] tilted

pencher [pɑ̃ʃe] **1** vt [+ meuble, bouteille] to tip up ▪ **~ la tête** (en avant) to bend one's head forward ; (sur le côté) to tilt one's head **2** vi **a** [mur, arbre] to lean ; [navire] to list ; [objet en déséquilibre] to tilt **b** (= être porté à) ▪ **~ pour** to lean towards **3** **se pencher** vpr (= s'incliner) to lean over ; (= se baisser) to bend down ▪ **se ~ en avant** to lean forward

pendaison [pɑ̃dɛzɔ̃] nf hanging ▪ **~ de crémaillère** house-warming party

pe

pendant[1], e [pɑ̃dɑ̃, ɑ̃t] adj [bras, jambes] dangling ; [langue] hanging out

pendant[2] [pɑ̃dɑ̃] nm ▪ **~ (d'oreille)** drop earring

pendant[3] [pɑ̃dɑ̃] **1** prép (durée) for ; (= au cours de) during ▪ **~ ce temps-là** in the meantime **2** **pendant que** loc conj while

pendentif [pɑ̃dɑ̃tif] nm pendant

penderie [pɑ̃dʀi] nf wardrobe

pendouiller* [pɑ̃duje] vi to dangle

pendre [pɑ̃dʀ] **1** vt to hang ; [+ tableau] to hang up (*à* on) ; [+ lustre] to hang (up) (*à* from) ▪ **~ la crémaillère** to have a housewarming party **2** vi **a** (= être suspendu) to hang **b** [jambes] to dangle ; [bras, robe] to hang ; [langue] to hang out **3** **se pendre** vpr (= se tuer) to hang o.s.

pendule [pɑ̃dyl] **1** nf clock **2** nm pendulum

pénétration [penetʀasjɔ̃] nf (= action) penetration

pénétrer [penetʀe] **1** vi to enter ▪ **faire ~ une crème** to rub a cream in ▪ **~ dans** [personne, véhicule] to enter ; [air, liquide] to come into ; [crème, balle] to penetrate ▪ **des voleurs ont pénétré dans la maison** thieves broke into the house **2** vt **a** [froid, air] to penetrate ; [odeur] to fill ; [liquide] to soak through **b** [+ mystère, secret] to fathom **c** (sexuellement) to penetrate

pénible [penibl] adj **a** [travail, voyage] hard ; [personne] tiresome **b** [séparation, moment] painful ; [nouvelle, spectacle] sad

péniche [peniʃ] nf barge

pénicilline [penisilin] nf penicillin

péninsulaire [penɛ̃sylɛʀ] adj peninsular

péninsule [penɛ̃syl] nf peninsula

pénis [penis] nm penis

pénitence [penitɑ̃s] nf (= peine) penance ▪ **faire ~** to repent

pénitencier [penitɑ̃sje] nm prison

pénitentiaire [penitɑ̃sjɛʀ] adj penitentiary ▪ **établissement ~** prison

pénombre [penɔ̃bʀ] nf half-light

pense-bête (pl **~s**) [pɑ̃sbɛt] nm reminder

pensée [pɑ̃se] nf **a** thought ▪ **à la ~ de faire qch** at the thought of doing sth ▪ **se représenter qch en ~** to conjure up a mental picture of sth **b** (= fleur) pansy

penser [pɑ̃se] **1** vi to think ▪ **façon de ~** way of thinking ▪ **ça me fait ~ qu'il ne m'a toujours pas répondu** that reminds me that he still hasn't replied ▪ **il vient ? – penses-tu !** is he coming? – you must be joking!* ▪ **~ à** (= songer à) to think about ; (= prévoir) to think of ; (= se rappeler) to remember ▪ **fais-m'y ~** remind me **2** vt to think (*de* of, about) ▪ **je pense comme toi** I agree with you ▪ **je pense que oui/non** I think/don't think so ▪ **~ faire qch** (= avoir l'intention de) to be thinking of doing sth

pensif, -ive [pɑ̃sif, iv] adj thoughtful ▪ **d'un air ~** pensively

pension [pɑ̃sjɔ̃] nf **a** (= allocation) pension ▸ **pension alimentaire** [de personne divorcée] alimony **b** (= hôtel) boarding house ▸ **pension de famille** ≈ boarding house **c** (= école) (boarding) school ▪ **mettre qn en ~** to send sb to boarding school **d** (= hébergement) board and lodging ▪ **~ complète** full board

pensionnaire [pɑ̃sjɔnɛʀ] nmf (= élève) boarder ; (dans une famille) lodger

> ⚠ **pensionnaire** ne se traduit pas par ***pensioner***, qui signifie « retraité ».

pensionnat [pɑ̃sjɔna] nm boarding school

pentagone [pɛ̃tagɔn] nm pentagon ▪ **le Pentagone** the Pentagon

pente [pɑ̃t] nf slope ▪ **en ~** sloping ▪ **être en ~ douce/raide** to slope gently/steeply

Pentecôte [pɑ̃tkot] nf Whit ▪ **lundi de ~** Whit Monday

pénurie [penyʀi] nf shortage

people [pipəl] adj inv ▪ **magazine ~** celebrity magazine ▪ **émission ~** programme with celebrity guests

pépé* [pepe] nm grandad*

pépère* [pepɛʀ] adj [vie] quiet ; [travail] easy

pépier [pepje] vi to chirp

pépin [pepɛ̃] nm **a** [de fruit] pip ▪ **sans ~s** seedless **b** (* = ennui) snag ▪ **avoir un ~** to hit a snag

pépinière [pepinjɛʀ] nf tree nursery

pépiniériste [pepinjeʀist] **1** nm nurseryman **2** nf nurserywoman

pépite [pepit] nf [d'or] nugget ▪ **~s de chocolat** chocolate chips

péquenaud, e‡ [pɛkno, od] nm,f country bumpkin

perçant, e [pɛʀsɑ̃, ɑ̃t] adj [cri, voix, regard] piercing ; [froid] bitter ; [vue] keen

percée [pɛʀse] nf breakthrough

percepteur, -trice [pɛʀsɛptœʀ, tʀis] nm,f tax collector

perceptible [pɛʀsɛptibl] adj [son, ironie] perceptible (*à* to)

perception [pɛʀsɛpsjɔ̃] nf **a** (= sens) perception **b** [d'impôt, amende, péage] collection ; (= bureau) tax office

percer [pɛʀse] **1** vt **a** (= perforer) to pierce ; (avec perceuse) to drill through ; [+ coffre-fort] to break open ; [+ abcès] to lance **b** [+ fenêtre, ouverture] to make ; [+ tunnel] to bore (*dans* through) **c** [+ mystère] to penetrate **2** vi **a** [soleil] to come out ; [dent] to come through **b** [sentiment, émotion] to show **c** (= réussir) to make a name for o.s.

perceuse [pɛʀsøz] nf drill

percevoir [pɛʀsəvwaʀ] vt **a** [+ objet, son, couleur] to perceive ; [+ nuance, changement] to detect ; [+ douleur, émotion] to feel **b** [+ taxe, loyer] to collect **c** [+ indemnité, revenu] to be paid

perche [pɛʀʃ] nf **a** (= poisson) perch **b** (= bâton) pole ■ **(grande) ~*** (= personne) beanpole* BR, string bean* US

perché, e [pɛʀʃe] adj ■ **voix haut ~e** high-pitched voice ■ **un village ~ sur la montagne** a village set high up ou perched in the mountains

percher [pɛʀʃe] vi, **se percher** vpr to perch

perchoir [pɛʀʃwaʀ] nm perch ; [de volailles] roost

percolateur [pɛʀkɔlatœʀ] nm coffee machine

percussion [pɛʀkysjɔ̃] nf percussion ■ **les ~s** (= instruments) the percussion

percussionniste [pɛʀkysjɔnist] nmf percussionist

percutant, e [pɛʀkytɑ̃, ɑ̃t] adj [slogan, titre] snappy ; [argument, discours] powerful

percuter [pɛʀkyte] **1** vt to strike ; [conducteur, véhicule] to smash into **2** vi (* = comprendre) to twig*

perdant, e [pɛʀdɑ̃, ɑ̃t] **1** adj [numéro, cheval] losing **2** nm,f loser ■ **être mauvais ~** to be a bad loser

perdre [pɛʀdʀ(ə)] **1** vt **a** to lose ; [+ habitude] to get out of ■ **le Président perd trois points dans le dernier sondage** the President is down three points in the latest poll ■ **~ l'appétit/la mémoire** to lose one's appetite/one's memory ■ **il perd son pantalon** his trousers are falling down ■ **il ne perd pas le nord*** he keeps his wits about him ■ **~ les pédales*** to crack up* ■ **~ la tête** (= s'affoler) to lose one's head ; [vieillard] to lose one's marbles* **b** [+ temps, peine, argent] to waste (*à qch* on sth) **c** (= manquer) to miss **d** (= porter préjudice à) to ruin ■ **ta bonté te perdra !** (iro) you're too kind! (iro) **2** vi to lose ■ **vous y perdez** (dans une transaction) you lose by it **3** **se perdre** vpr **a** (= s'égarer) to get lost ■ **se ~ dans les détails** to get bogged down in details **b** (= disparaître) to disappear ; [coutume] to be dying out

perdreau (pl **~x**) [pɛʀdʀo] nm partridge

perdrix [pɛʀdʀi] nf partridge

perdu, e [pɛʀdy] adj **a** lost ; [balle, chien] stray ■ **~ dans ses pensées** lost in thought **b** ■ **il est ~** [malade] there's no hope for him ; (= ruiné, acculé) he's done for **c** [occasion, temps] wasted ■ **à ses moments ~s** in his spare time **d** [endroit] out-of-the-way

perdurer [pɛʀdyʀe] vi (frm) [situation] to continue ; [tradition, phénomène] to endure

père [pɛʀ] nm father ■ **de ~ en fils** from father to son ■ **il est ~ de famille** he's a father ► **le père Noël** Father Christmas

péremption [peʀɑ̃psjɔ̃] nf (Droit) limitation period ■ **date de ~** [d'aliment] sell-by date

péremptoire [peʀɑ̃ptwaʀ] adj [argument, ton] peremptory

pérenne [peʀɛn] adj [solution] long-term *avant n* ; [institution, financement] sustainable

pérennité [peʀenite] nf [d'institution, goûts] durability ; [de tradition] continuity

perfection [pɛʀfɛksjɔ̃] nf perfection ■ **à la ~** to perfection

perfectionné, e [pɛʀfɛksjɔne] adj sophisticated

perfectionnement [pɛʀfɛksjɔnmɑ̃] nm improvement (*de* in) ■ **des cours de ~ en anglais** an advanced English course ■ **les derniers ~s techniques** the latest technical developments

perfectionner [pɛʀfɛksjɔne] vt, **se perfectionner** vpr to improve ■ **se ~ en anglais** to improve one's English

perfectionniste [pɛʀfɛksjɔnist] **1** nmf perfectionist **2** adj ■ **être ~** to be a perfectionist

perfide [pɛʀfid] adj (littér) treacherous

perforer [pɛʀfɔʀe] vt to pierce ; (Méd) to perforate

performance [pɛʀfɔʀmɑ̃s] nf **a** [de voiture, économie, industrie] performance *NonC* **b** (= exploit) feat

performant, e [pɛʀfɔʀmɑ̃, ɑ̃t] adj [machine, voiture] high-performance *avant n* ; [entreprise, économie] successful ; [administrateur, procédé] effective

perfusion [pɛʀfyzjɔ̃] nf drip BR, IV US ■ **être sous ~** to be on a drip BR ou an IV US

péridurale [peʀidyʀal] nf epidural

péril [peʀil] nm (littér) peril ■ **au ~ de sa vie** at the risk of one's life ■ **mettre en ~** to imperil

périlleux, -euse [peʀijø, øz] adj perilous

périmé, e [peʀime] adj [billet, bon] out-of-date ; [nourriture] past its use-by date ■ **ce passeport est ~** this passport has expired

périmètre [peʀimɛtʀ] nm perimeter ; (= zone) area

période [peʀjɔd] nf **a** period ■ **~ d'essai** trial period ■ **elle a traversé une ~ difficile** she has been through a difficult patch **b** (Sport) ■ **première/seconde ~** first/second half

pe

périodique [perjɔdik] **1** adj periodic **2** nm (= journal) periodical

péripétie [peripesi] nf (= épisode) event ▪ **plein de ~s** eventful

périphérie [peʀifeʀi] nf (= limite) periphery ; (= banlieue) outskirts

périphérique [peʀifeʀik] **1** adj peripheral ; [quartier] outlying **2** nm **a** (Informatique) peripheral **b** ▪ **(boulevard) ~** ring road BR, beltway US

périphrase [peʀifʀɑz] nf circumlocution

périple [peʀipl] nm (par mer) voyage ; (par terre) tour

périr [peʀiʀ] vi (littér) to perish

périssable [peʀisabl] adj perishable

péritel® [peʀitɛl] adj f, nf ▪ **(prise) ~** SCART (socket)

perle [pɛʀl] nf **a** (de nacre) pearl ; (de bois, de verre) bead ▪ **~ de culture** cultured pearl **b** (= personne, chose de valeur) gem ▪ **~ rare** gem **c** (= erreur) howler

permaculture [pɛʀmakyltyʀ] nf permaculture

permalien [pɛʀmaljɛ̃] nm permalink

permanence [pɛʀmanɑ̃s] nf **a** (= durée) permanence ▪ **en ~** all the time **b** (= service) ▪ **être de ~** to be on duty ▪ **une ~ est assurée le dimanche** there is someone on duty on Sundays **c** (Scol) ▪ **heure de ~** private study period

permanent, e [pɛʀmanɑ̃, ɑ̃t] **1** adj permanent ; [armée, comité] standing *avant n* ; [spectacle, angoisse] continuous ; [conflit, effort] ongoing **2** **permanente** nf (Coiffure) perm ▪ **se faire faire une ~e** to have one's hair permed

perméable [pɛʀmeabl] adj **a** (Physique) permeable (*à* to) **b** (= ouvert) [frontière] open (*à* to) ▪ **~ à** [personne] receptive to

permettre [pɛʀmɛtʀ] **1** vt ▪ **~ à qn de faire qch** [personne] to allow sb to do sth ▪ **il se croit tout permis** he thinks he can do what he likes ▪ **ce diplôme va lui ~ de trouver du travail** this qualification will enable him to find a job ▪ **vous permettez ?** may I? ▪ **vous permettez que je fume ?** do you mind if I smoke? **2** **se permettre** vpr **a** (financièrement) ▪ **je ne peux pas me ~ d'acheter ce manteau** I can't afford to buy this coat **b** [+ grossièreté, plaisanterie] to dare to make ▪ **je me permettrai de vous faire remarquer que...** I'd like to point out (to you) that...

permis [pɛʀmi] nm permit, licence ▪ **~ de chasse** hunting licence ▪ **~ (de conduire)** driving licence BR, driver's license US ▪ **~ de construire** planning permission *NonC* ▪ **~ de séjour** residence permit ▪ **~ de travail** work permit

permission [pɛʀmisjɔ̃] nf **a** (= autorisation) permission ▪ **demander la ~** to ask permission (*de* to) ▪ **je lui ai demandé la ~** I asked his permission **b** (Mil = congé) leave

permuter [pɛʀmyte] **1** vt to change round ; (Math) to permutate **2** vi to change (seats ou positions ou jobs, etc)

pernicieux, -ieuse [pɛʀnisjø, jøz] adj pernicious

Pérou [peʀu] nm Peru

perpendiculaire [pɛʀpɑ̃dikylɛʀ] adj, nf perpendicular (*à* to)

perpétrer [pɛʀpetʀe] vt to perpetrate

perpétuel, -elle [pɛʀpetɥɛl] adj perpetual

perpétuellement [pɛʀpetɥɛlmɑ̃] adv (= constamment) constantly

perpétuer [pɛʀpetɥe] **1** vt to perpetuate **2** **se perpétuer** vpr [usage, abus] to be perpetuated

perpétuité [pɛʀpetɥite] nf perpetuity ▪ **être condamné à ~** to be sentenced to life imprisonment

perplexe [pɛʀplɛks] adj perplexed

perquisition [pɛʀkizisjɔ̃] nf search

perquisitionner [pɛʀkizisjɔne] **1** vi to carry out a search **2** vt to search

perron [peʀɔ̃] nm steps

perroquet [peʀɔkɛ] nm parrot

perruche [peʀyʃ] nf budgerigar

perruque [peʀyk] nf wig

persan, e [pɛʀsɑ̃, an] adj Persian

persécuter [pɛʀsekyte] vt (= opprimer) to persecute ; (= harceler) to harass

persécution [pɛʀsekysjɔ̃] nf (= oppression) persecution ; (= harcèlement) harassment

persévérance [pɛʀseveʀɑ̃s] nf perseverance

persévérant, e [pɛʀseveʀɑ̃, ɑ̃t] adj persevering

persévérer [pɛʀseveʀe] vi to persevere ▪ **~ dans** [+ effort, recherches] to persevere with ; [+ erreur, voie] to persevere in

persienne [pɛʀsjɛn] nf (louvred) shutter

persil [pɛʀsi] nm parsley

persillé, e [pɛʀsije] adj [plat] sprinkled with chopped parsley ; [viande] marbled ; [fromage] veined

persistance [pɛʀsistɑ̃s] nf persistence (*à faire* in doing)

persistant, e [pɛʀsistɑ̃, ɑ̃t] adj persistent ; [feuilles] evergreen

persister [pɛʀsiste] vi [fièvre, douleur, odeur] to linger ; [symptôme, personne] to persist ; [doute] to remain ▪ **~ à faire qch** to persist in doing sth ■ **je persiste à croire que...** I still believe that...

personnage [pɛʀsɔnaʒ] nm (= individu, rôle) character ■ **~ influent/haut placé** influential/highly placed person

personnalisable [pɛʀsɔnalizabl] adj customizable

personnaliser [pɛʀsɔnalize] vt to personalize ; [+ voiture, appartement] to give a personal touch to

personnalité [pɛʀsɔnalite] nf personality

personne [pɛʀsɔn] **1** nf person ■ **deux ~s** two people ■ **grande ~** adult ■ **trois gâteaux/30 € par ~** three cakes/€30 each ■ **je l'ai vu en ~** I saw him in person ■ **je m'en occupe en ~** I'll see to it personally ■ **à la première ~** in the first person ▸ **personne âgée** elderly person ■ **les ~s âgées** the elderly **2** pron **a** (avec une négation) no one, nobody ■ **~ ne l'a vu** no one ou nobody saw him ■ **il n'a vu ~ d'autre** he didn't see anyone ou anybody else ■ **presque ~** hardly anyone ou anybody **b** (= quelqu'un) anyone, anybody ■ **elle le sait mieux que ~** she knows that better than anyone ou anybody

personnel, -elle [pɛʀsɔnɛl] **1** adj **a** (= particulier, privé) personal ; [appel téléphonique] private **b** (= égoïste) selfish **2** nm staff ■ **manquer de ~** to be short-staffed

personnellement [pɛʀsɔnɛlmɑ̃] adv personally

personnifier [pɛʀsɔnifje] vt to personify

perspective [pɛʀspɛktiv] nf **a** (Art) perspective **b** (= vue) view ; (fig) viewpoint ■ **dans une ~ historique** from a historical viewpoint **c** (= possibilité) prospect ■ **il y a du travail en ~** there's a lot of work ahead ■ **des ~s d'avenir** future prospects

perspicace [pɛʀspikas] adj clear-sighted

perspicacité [pɛʀspikasite] nf clear-sightedness

persuader [pɛʀsɥade] vt (= convaincre) to convince (*qn de qch* sb of sth) ■ **~ qn de faire qch** to persuade sb to do sth ■ **j'en suis persuadé** I'm quite sure (of it)

persuasif, -ive [pɛʀsɥazif, iv] adj persuasive

persuasion [pɛʀsɥazjɔ̃] nf persuasion

perte [pɛʀt] nf **a** loss ■ **vendre à ~** to sell at a loss ■ **être en ~ de vitesse** [entreprise, vedette] to be going downhill **b** (= ruine) ruin ■ **il court à sa ~** he is on the road to ruin **c** (= gaspillage) waste **d** ♦ **à perte de vue** as far as the eye can see

pertinemment [pɛʀtinamɑ̃] adv ■ **savoir ~ que...** to know for a fact that...

pertinent, e [pɛʀtinɑ̃, ɑ̃t] adj pertinent

perturbateur, -trice [pɛʀtyʀbatœʀ, tʀis] **1** adj disruptive **2** nm,f troublemaker **3** nm ■ **~ endocrinien** endocrine disruptor

perturbation [pɛʀtyʀbasjɔ̃] nf disruption ■ **semer la ~ dans** to disrupt ■ **~ (atmosphérique)** (atmospheric) disturbance

perturber [pɛʀtyʀbe] vt **a** [+ fonctionnement, circulation] to disrupt **b** (= déstabiliser) [+ personne] to upset

péruvien, -ienne [peʀyvjɛ̃, jɛn] **1** adj Peruvian **2** **Péruvien(ne)** nm,f Peruvian

pervenche [pɛʀvɑ̃ʃ] nf (= fleur) periwinkle ; (* = contractuelle) female traffic warden BR, meter maid US

pervers, e [pɛʀvɛʀ, ɛʀs] **1** adj (= diabolique) perverse ; (= vicieux) perverted **2** nm,f pervert

perversion [pɛʀvɛʀsjɔ̃] nf perversion

perversité [pɛʀvɛʀsite] nf perversity

pervertir [pɛʀvɛʀtiʀ] vt (= dépraver) to corrupt ; (= altérer) to pervert

pesant, e [pəzɑ̃, ɑ̃t] adj heavy ; [présence] burdensome

pesanteur [pəzɑ̃tœʀ] nf **a** (Physique) gravity **b** (= lourdeur) heaviness

pèse-personne (pl **~s**) [pɛzpɛʀsɔn] nm scales

peser [pəze] **1** vt to weigh ■ **~ le pour et le contre** to weigh the pros and cons **2** vi **a** to weigh ■ **~ lourd** to be heavy **b** (= appuyer) to press ■ **toute la responsabilité pèse sur ses épaules** all the responsibility is on his shoulders ■ **la solitude lui pèse** solitude is getting him down* **3** **se peser** vpr to weigh o.s.

pe

pessimisme [pesimism] nm pessimism

pessimiste [pesimist] **1** adj pessimistic (*sur* about) **2** nmf pessimist

peste [pɛst] nf plague ; (péj = personne) pest

pester [pɛste] vi to curse ■ **~ contre qn/qch** to curse sb/sth

pesticide [pɛstisid] nm pesticide

pestilentiel, -elle [pɛstilɑ̃sjɛl] adj stinking

pet* [pɛ] nm (= gaz) fart*

pétale [petal] nm petal

pétanque [petɑ̃k] nf petanque *(type of bowls played in the South of France)*

pétarader [petaʀade] vi to backfire

pétard [petaʀ] nm **a** (= feu d'artifice) banger BR **b** (* = revolver) gun **c** (* = derrière) bottom* **d** (* Drogue) joint*

petchi [petʃi] nm (Helv) shambles *sg* ■ **semer le ~** to create havoc

pète* [pɛt] nm (= coup) bash ■ **prendre un ~** to take a knock ■ **avoir un ~ au casque** to be a bit flaky*

pété, e* [pete] adj (= ivre) plastered*

péter [pete] **1** vi **a** * [personne] to fart* **b** * [tuyau, ballon] to burst ; [ficelle] to snap **2** vt * [+ appareil, verre] to break ; [+ ficelle] to snap

pétillant, e [petijɑ̃, ɑ̃t] adj sparkling

pétiller [petije] vi [feu] to crackle ; [champagne, eau, yeux] to sparkle (*de* with)

petit, e [p(ə)ti, it] **1** adj **a** (dimension) small ; (plus positif) little ▪ **un joli ~ jardin** a pretty little garden ▪ **se faire tout ~** to keep a low profile **b** (= jeune) little ▪ **quand il était ~** when he was little ▪ **un ~ Anglais** an English boy ▪ **~ garçon** little boy **c** (= cadet) little **d** [promenade, voyage] short ▪ **il en a pour une ~e heure** it will take him an hour at the most **e** (= miniature, jouet) toy ▪ **un ~ train** a toy train **f** [bruit, cri] faint ; [coup, tape] gentle **g** [commerçant, entreprise, groupe] small ; [opération, détail] minor ; [amélioration, changement, inconvénient] slight ; [espoir, chance] faint ; [cadeau] little **h** (nuance affective) ▪ **vous prendrez bien un ~ verre ?** you'll have a little drink, won't you? ▪ **un ~ coin tranquille** a nice quiet spot **2** **petit à petit** loc adv little by little **3** nm **a** (= enfant) little boy ▪ **les ~s** the children **b** (Scol) junior (boy) **c** (= jeune animal) ▪ **~s** young ▪ **la chatte et ses ~s** the cat and her kittens **4** **petite** nf (= enfant) little girl **5** comp ▸ **petit ami** boyfriend ▸ **petite amie** girlfriend ▸ breakfast ▸ **petit pain** ≈ bread roll ▸ **petit pois** pea

petit-déjeuner (pl **petits-déjeuners**) [pətidеʒœne] nm breakfast ▪ **~ anglai/ontinental** English/continental breakfast ▪ **prendre le ~** to have breakfast

petite-fille (pl **petites-filles**) [p(ə)titfij] nf granddaughter

petit-fils (pl **petits-fils**) [p(ə)tifis] nm grandson

pétition [petisjɔ̃] nf petition ▪ **faire signer une ~** to set up a petition

petit-nègre [pətinɛɡʀ] nm (péj) pidgin French

petits-enfants [p(ə)tizɑ̃fɑ̃] nmpl grandchildren

petit-suisse (pl **petits-suisses**) [p(ə)tisɥis] nm *kind of cream cheese eaten as a dessert*

pétoche* [petɔʃ] nf ▪ **avoir la ~** to be scared stiff*

pétoncle [petɔ̃kl] nm queen scallop

pétri, e [petʀi] adj ▪ **~ d'orgueil** filled with pride

pétrifier [petʀifje] vt [+ personne] to paralyze ▪ **être pétrifié (de terreur)** to be petrified

pétrin [petʀɛ̃] nm **a** (* = ennui) mess* ▪ **être dans le ~** to be in a mess* **b** (Boulangerie) kneading trough

pétrir [petʀiʀ] vt to knead

pétrole [petʀɔl] nm oil ▪ **~ brut** crude oil

> ⚠ **pétrole** ne se traduit pas par ***petrol***, qui signifie « essence ».

pétrolier, -ière [petʀɔlje, jɛʀ] **1** adj [industrie, produits] petroleum ; [port, société] oil **2** nm (= navire) oil tanker

pétulant, e [petylɑ̃, ɑ̃t] adj exuberant

> ⚠ **pétulant** ne se traduit pas par ***petulant***, qui signifie « irritable, irrité ».

peu [pø]

1 adv **a** (= pas beaucoup) not much ▪ **il mange ~** he doesn't eat much ▪ **il lit assez ~** he doesn't read very much ▪ **il lit très ~** he reads very little

♦ **peu de** (quantité) not much ; (nombre) not many ▪ **nous avons eu ~ de temps** we didn't have much time ▪ **nous avons eu très ~ de pluie** we've had very little rain ▪ **~ de gens connaissent cet endroit** not many people know this place ▪ **il est ici pour ~ de temps** he's not staying long

b (= pas très) not very ▪ **c'est ~ probable** it's not very likely ▪ **ils sont trop ~ nombreux** there are too few of them

c (= pas longtemps) shortly ▪ **elle est arrivée ~ après** she arrived shortly afterwards

d (= rarement) ▪ **ils se voient ~** they don't see each other very often ▪ **elle sort ~** she doesn't go out much

♦ **peu à peu** little by little

♦ **à peu près** about

♦ **de peu** just ▪ **il l'a battu de ~** he just beat him

2 pron indéf ▪ **bien ~ le savent** very few people know ▪ **~ d'entre eux sont restés** not many of them stayed

3 nm

♦ **un (petit) peu** a bit, a little ▪ **il te ressemble un ~** he looks a bit like you ▪ **restez encore un ~** stay a bit longer ▪ **un ~ trop** a bit too much ▪ **il y a un ~ moins de bruit** it is a little less noisy ▪ **donnez-m'en juste un petit ~** just give me a little bit ▪ **elle va un tout petit ~ mieux** she's a little bit better ▪ **il y a un ~ plus d'un an** just over a year ago ▪ **on trouve ce produit un ~ partout** you can get this product just about anywhere

♦ **un peu de** a little, a bit of ▪ **un ~ de silence, s'il vous plaît !** can we have a bit of quiet please!

peuple [pœpl] nm **a** (= communauté) people **b** (= prolétariat) ▪ **le ~** the people

peupler [pœple] vt to populate ▪ **très/peu peuplé** densely/sparsely populated ▪ **peuplé de** populated with

peuplier [pøplije] nm poplar tree

peur [pœʀ] nf fear ▪ **prendre ~** to take fright ▪ **il a eu une ~ bleue** he had a bad fright ▪ **avoir ~** to be frightened (*de* of) ▪ **n'ayez pas ~** (craindre) don't be afraid ; (s'inquiéter) don't worry ▪ **j'ai bien ~/très ~ qu'il ne pleuve** I'm afraid/very much afraid it's going to rain ▪ **il va échouer ? – j'en ai (bien) ~** is he going to fail? – I'm afraid he is ▪ **faire ~ à qn** (= intimider) to frighten sb ; (= causer une frayeur à) to give sb a fright ▪ **de ~ de faire qch** for fear of doing sth

peureux, -euse [pøʀø, øz] adj fearful

peut [pø] vb → **pouvoir**

peut-être [pøtɛtʀ] adv perhaps, maybe ▪ **il est ~ parti, ~ est-il parti** maybe he's gone ▪ **il n'est ~ pas beau mais il est intelligent** he may not be handsome but he is clever ▪ **~ bien** it could well be ▪ **~ pas** perhaps ou maybe not ▪ **~ que...** perhaps... ▪ **~ que oui** perhaps so

peuvent [pœv] vb → **pouvoir**

phablette [fablɛt] nf phablet

phacochère [fakɔʃɛʀ] nm warthog

phalange [falɑ̃ʒ] nf [de doigt] phalanx

phallique [falik] adj phallic

phallocrate [falɔkʀat] nm (male) chauvinist

phallus [falys] nm phallus

pharaon [faʀaɔ̃] nm Pharaoh

phare [faʀ] **1** nm **a** (= tour) lighthouse **b** [de voiture] headlight ▪ **~ antibrouillard** fog lamp ou light US ▪ **rouler en (pleins) ~s** to drive with one's headlights on full beam BR ou with high beams on US **2** adj inv [entreprise, secteur] leading

pharmaceutique [faʀmasøtik] adj pharmaceutical

pharmacie [faʀmasi] nf **a** (= magasin, discipline) pharmacy **b** ▪ **(armoire à) ~** medicine cabinet

pharmacien, -ienne [faʀmasjɛ̃, jɛn] nm,f pharmacist

pharyngite [faʀɛ̃ʒit] nf pharyngitis *NonC* ▪ **avoir une ~** to have pharyngitis

pharynx [faʀɛ̃ks] nm pharynx

phase [fɑz] nf **a** phase ▪ **~ terminale** (Méd) terminal stage ▪ **être en ~** [personnes] to be on the same wavelength **b** (Élec) live wire

phasme [fasm] nm stick insect

phénoménal, e (mpl **-aux**) [fenɔmenal, o] adj phenomenal

phénomène [fenɔmɛn] nm **a** phenomenon ▪ **~s** phenomena ▪ **~ de société** social phenomenon **b** (* = personne) character*

philanthrope [filɑ̃tʀɔp] nmf philanthropist

philatélie [filateli] nf philately, stamp collecting

philatéliste [filatelist] nmf philatelist

philharmonique [filaʀmɔnik] adj philharmonic

philippin, e [filipɛ̃, in] **1** adj Philippine **2** **Philippin(e)** nm,f Filipino

Philippines [filipin] nfpl ▪ **les ~** the Philippines

philo* [filo] nf abrév de **philosophie**

philologie [filɔlɔʒi] nf philology

philosophe [filɔzɔf] **1** nmf philosopher **2** adj philosophical

philosophie [filɔzɔfi] nf philosophy ▪ **il l'a accepté avec ~** he was philosophical about it

philosophique [filɔzɔfik] adj philosophical

philtre [filtʀ] nm philtre ▪ **~ d'amour** love potion

phlébite [flebit] nf phlebitis

phobie [fɔbi] nf phobia ▪ **avoir la ~ de** to have a phobia about

phonétique [fɔnetik] **1** nf phonetics *sg* **2** adj phonetic

phoque [fɔk] nm seal

phosphate [fɔsfat] nm phosphate

phosphore [fɔsfɔʀ] nm phosphorus

phosphorescent, e [fɔsfɔʀesɑ̃, ɑ̃t] adj luminous

photo [fɔto] nf (abrév de **photographie**) **a** (= image) photo ▪ **faire une ~ de qn/qch, prendre qn/qch en ~** to take a photo of sb/sth ▪ **~ d'identité** passport photo **b** (= art) photography

photocopie [fɔtɔkɔpi] nf photocopy

photocopier [fɔtɔkɔpje] vt to photocopy ▪ **~ qch en trois exemplaires** to make three photocopies of sth

photocopieur [fɔtɔkɔpjœʀ] nm, **photocopieuse** [fɔtɔkɔpjøz] nf photocopier

photogénique [fɔtɔʒenik] adj photogenic

photographe [fɔtɔgʀaf] nmf (= artiste) photographer ; (= commerçant) camera dealer ▪ **~ de mode** fashion photographer

> ⚠ **photographe** ne se traduit pas par ***photograph***, qui signifie « photographie ».

photographie [fɔtɔgʀafi] nf **a** (= art) photography **b** (= image) photograph

photographier [fɔtɔgʀafje] vt to take a photo of ▪ **se faire ~** to have one's photograph taken

photographique [fɔtɔgʀafik] adj photographic

pe

photojournaliste [fɔtoʒuʀnalism] nmf photojournalist

Photomaton® [fɔtɔmatɔ̃] nm automatic photo booth

photoreporteur, -trice [fɔtoʀəpɔʀtœʀ, tʀis] nm,f, **photoreporter** [fɔtoʀəpɔʀtœʀ] nmf photojournalist

photoshoper [fɔtoʃɔpe] vt to Photoshop

phrase [fʀɑz] nf **a** (Gram) sentence ■ **~ toute faite** stock phrase **b** (Mus) phrase

> ⚠ Le sens le plus courant de **phrase** se traduit par ***sentence***.

phréatique [fʀeatik] adj → **nappe**

physiatre [fizjatʀ] nmf (Can) physiatrist

physiatrie [fizjatʀi] nf (Can) physiatry

physicien, -ienne [fizisjɛ̃, jɛn] nm,f physicist

> ⚠ **physicien** ne se traduit pas par ***physician***, qui signifie « médecin ».

physiologie [fizjɔlɔʒi] nf physiology

physiologique [fizjɔlɔʒik] adj physiological

physionomie [fizjɔnɔmi] nf (= traits du visage) facial appearance *NonC* ; (= aspect) appearance

physionomiste [fizjɔnɔmist] adj ■ **il est très ~** he has a very good memory for faces

physique [fizik] **1** adj physical **2** nm (= aspect) physical appearance ; (= stature, corps) physique ■ **avoir le ~ de l'emploi** to look the part **3** nf physics *sg*

physiquement [fizikmɑ̃] adv physically ■ **il est plutôt bien ~** he's quite attractive

phytosanitaire [fitosanitɛʀ] adj ■ **produit ~** plant ou crop protection product

phytothérapie [fitoteʀapi] nf herbal medicine

piaffer [pjafe] vi [cheval] to stamp ■ **~ d'impatience** to be champing at the bit

piailler [pjɑje] vi [oiseau] to cheep ; [enfant]* to whine

pianiste [pjanist] nmf pianist

piano [pjano] nm piano ■ **~ droit/à queue** upright/grand piano

pianoter [pjanɔte] vi (= tapoter) to drum one's fingers ; (sur un clavier) to tap away

piastre [pjastʀ] nf (* Can) dollar

piaule* [pjol] nf room

PIB [peibe] nm (abrév de **produit intérieur brut**) GDP

pic [pik] nm **a** [de montagne, courbe] peak ■ **~ de fréquentation** [de site web] peak traffic ; [de lieu] peak visitor numbers ♦ **à pic** [rochers] sheer ; [chemin] steep ■ **couler à ~** to sink straight to the bottom ■ **arriver** ou **tomber à ~*** to come just at the right time **b** (= pioche) pickaxe ■ **~ à glace** ice pick **c** (= oiseau) ■ **pic(-vert)** (green) woodpecker

pichet [piʃɛ] nm pitcher

pickpocket [pikpɔkɛt] nm pickpocket

picoler* [pikɔle] vi to booze*

picorer [pikɔʀe] vi to peck ; (= manger très peu) to nibble

picotement [pikɔtmɑ̃] nm [de peau, membres] tingling ; [de gorge] tickle ■ **j'ai des ~s dans les yeux** my eyes are stinging

picoter [pikɔte] vi [gorge] to tickle ; [peau] to tingle ; [yeux] to sting

pictogramme [piktɔgʀam] nm pictogram

pie [pi] **1** nf magpie **2** adj inv [cheval] piebald

pièce [pjɛs] nf **a** (= fragment, unité, objet) piece ■ **se vendre à la ~** to be sold separately ■ **2 € ~** €2 each ■ **travail à la ~** piecework ▸ **pièce de collection** collector's item ▸ **pièce à conviction** exhibit ▸ **pièce montée** (à un mariage) ≈ wedding cake *(made of caramelized profiteroles piled up into a pyramid)* **b** [de machine, voiture] component ■ **~s de rechange** ou **détachées** spare parts **c** [de maison] room ■ **un deux-pièces** a two-room apartment US ou flat BR ▸ **pièce à vivre** living room **d** [de théâtre] ■ **~ (de théâtre)** play **e** ■ **~ (de monnaie)** coin ■ **une ~ de 2 euros** a 2-euro coin **f** (= document) paper ▸ **pièce d'identité** identity paper ▸ **pièces justificatives** written proof **g** (Couture) patch

pied [pje] nm **a** [de personne, animal] foot ■ **avoir ~** [nageur] to be able to touch the bottom ■ **avoir le ~ marin** to be a good sailor ■ **avoir les ~s sur terre** to have one's feet firmly on the ground ■ **faire des ~s et des mains pour obtenir qch*** to move heaven and earth to get sth ■ **ça lui fera les ~s*** that'll teach him* ■ **mettre les ~s chez qn** to set foot in sb's house ■ **mettre les ~s dans le plat*** to put one's foot in it ■ **coup de ~** kick ■ **donner un coup de ~ à** ou **dans** to kick ■ **à ~** on foot ■ **aller quelque part à ~** to walk somewhere ■ **à ~s joints** with one's feet together ■ **remplacer qn au ~ levé** to stand in for sb at a moment's notice ■ **comme un ~*** really badly ■ **faire un ~ de nez à qn** to thumb one's nose at sb ■ **c'est le ~ !*** it's brilliant!* **b** [d'arbre, colline, lit, mur] foot ; [de table] leg ; [d'appareil photo] tripod ; [de lampe] base ; [de verre] stem ♦ **au pied de la lettre** literally ■ **être au ~ du mur** (fig) to have one's back to the wall ■ **mettre qch sur ~** to set sth up **c** (Agric) [de salade, tomate] plant ■ **~ de vigne** vine **d** (Poésie) foot

pied-à-terre [pjetatɛʀ] nm inv pied-à-terre

pied-de-biche (pl **pieds-de-biche**) [pjed(ə)biʃ] nm (= arrache-clous) nail extractor

pied-de-poule (pl **pieds-de-poule**) [pjed(ə)pul] nm hound's-tooth check *NonC*

piédestal (pl **-aux**) [pjedɛstal, o] nm pedestal

pied-noir (pl **pieds-noirs**) [pjenwaʀ] nmf *French colonial born in Algeria*

piège [pjɛʒ] nm trap ; (= fosse) pit ; (= collet) snare ; (dans une dictée, une traduction) pitfall ▪ **prendre au ~** to trap ▪ **tendre un ~ (à qn)** to set a trap (for sb)

piégé, e [pjeʒe] adj ▪ **lettre ~e** letter bomb ▪ **voiture ~e** car bomb

piéger [pjeʒe] vt a to trap ; (par une question) to trick b (avec des explosifs) to booby-trap

piégeux, -euse [pjeʒø,øz] adj [question] tricky

piercing [piʀsiŋ] nm body piercing ▪ **il a un ~ au nez** he has a pierced nose

pierre [pjɛʀ] nf stone ▪ **maison en ~** house built of stone ▪ **faire d'une ~ deux coups** to kill two birds with one stone ▸ **pierre ponce** pumice stone ▸ **pierre précieuse** precious stone ▸ **pierre tombale** tombstone

pierreries [pjɛʀʀi] nfpl precious stones

piété [pjete] nf piety

piétiner [pjetine] 1 vi a (= trépigner) to stamp (one's feet) b (= ne pas avancer) [personne] to stand about ; [discussion, projet] to make no progress 2 vt [+ sol] to trample on ; [+ parterres, fleurs] to tread on

piéton, -onne [pjetɔ̃, ɔn] adj, nm,f pedestrian ; → **passage**

piétonnier, -ière [pjetɔnje, jɛʀ] adj pedestrian

piètre [pjɛtʀ] adj (frm) very poor ; [excuse] lame

pieu (pl **~x**) [pjø] nm a (= poteau) stake b (‡ = lit) bed

pieuvre [pjœvʀ] nf octopus

pieux, pieuse [pjø, pjøz] adj pious ▪ **~ mensonge** white lie

pif‡ [pif] nm (= nez) conk‡ BR, schnozzle‡ US ▪ **au ~** [répondre, choisir] at random ▪ **j'ai dit ça au ~** I was just guessing

pif(f)er‡ [pife] vt ▪ **je ne peux pas le ~** I can't stand ou stick* BR him

pige [piʒ] nf a (‡ = année) ▪ **il a 50 ~s** he's 50 b ▪ **faire des ~s pour un journal** to do freelance work for a newspaper

pigeon [piʒɔ̃] nm a (= oiseau) pigeon ▸ **pigeon voyageur** carrier pigeon b (* = dupe) sucker‡

pigeonnant, e [piʒɔnɑ̃, ɑ̃t] adj ▪ **soutien-gorge ~** uplift bra

pigeonnier [piʒɔnje] nm pigeon loft

piger‡ [piʒe] 1 vt to understand 2 vi to get it*

pigiste [piʒist] nmf (= journaliste) freelance journalist

pigment [pigmɑ̃] nm pigment

pignon [piɲɔ̃] nm a [de bâtiment] gable ▪ **avoir ~ sur rue** to be well-established b (= petite roue) pinion c ▪ **~ (de pin)** pine kernel

pile [pil] 1 nf a (= tas) pile b [de pont] support c (électrique) battery ▪ **à ~(s)** battery-operated d [de pièce] ▪ **~ ou face ?** heads or tails? ▪ **tirer à ~ ou face pour savoir si...** to toss up to find out if... 2 adv (* = exactement) ▪ **tomber ~** (= au bon moment) [personne] to turn up* just at the right moment ; [chose] to come just at the right time ▪ **il est 11 heures ~** it's 11 o'clock exactly

piler [pile] 1 vt [+ glace, graines] to crush 2 vi (* = freiner) to slam on the brakes

pilier [pilje] nm pillar ; [d'organisation, parti] mainstay ▸ **pilier de bar** barfly*

pillage [pijaʒ] nm [de ville] plundering ; [de magasin, maison] looting

pillard, e [pijaʀ, aʀd] nm,f looter

piller [pije] vt [+ ville] to pillage ; [+ magasin, maison] to loot

pilon [pilɔ̃] nm (= instrument) pestle ; [de poulet] drumstick

pilonner [pilɔne] vt (Mil) to shell ; [+ livres] to pulp

pilotage [pilɔtaʒ] nm [d'avion] flying ; [de bateau] piloting

pilote [pilɔt] nmf a [d'avion, bateau] pilot ; [de voiture] driver ▸ **pilote automatique** automatic pilot ▸ **pilote automobile** ou **de course** racing driver ▸ **pilote de chasse** fighter pilot ▸ **pilote de ligne** airline pilot b (en apposition) (= expérimental) [école, ferme] experimental ; [projet, usine] pilot

piloter [pilɔte] vt [+ avion, navire] to pilot ▪ **~ qn** (fig) to show sb round

pilotis [pilɔti] nm pile

pilule [pilyl] nf pill ▪ **prendre la ~** (contraceptive) to be on the pill

pimbêche [pɛ̃bɛʃ] nf stuck-up thing*

piment [pimɑ̃] nm a (= plante) pepper ▪ **~ rouge** chilli b (fig = attrait) spice

pimenté, e [pimɑ̃te] adj [plat] spicy

pimpant, e [pɛ̃pɑ̃, ɑ̃t] adj spruce

pin [pɛ̃] nm (= arbre) pine tree ; (= bois) pine

pinacle [pinakl] nm pinnacle ▪ **porter qn au ~** to praise sb to the skies

pinailler* [pinɑje] vi to split hairs

pinard‡ [pinaʀ] nm wine

pince [pɛ̃s] nf a (= outil) ▪ **~(s)** pliers ▸ **pince à cheveux** hair clip ▸ **pince à épiler** tweezers ▸ **pince à linge** clothes peg BR, clothespin US ► **pince à vélo** bicycle clip **b** [de crabe, homard] pincer **c** (Couture) dart ▪ **pantalon à ~s** front-pleated trousers

pincé, e[1] [pɛ̃se] adj [personne, air, sourire] stiff

pinceau (pl **~x**) [pɛ̃so] nm brush ; (Peinture) paintbrush

pincée[2] [pɛ̃se] nf [de sel, poivre] pinch

pincer [pɛ̃se] **1** vt **a** (accidentellement, pour faire mal) to pinch **b** (= tenir, serrer) to grip **c** [+ cordes de guitare] to pluck **d** (* = arrêter, prendre) to catch **2** **se pincer** vpr ▪ **se ~ le doigt dans une porte** to catch one's finger in a door ▪ **se ~ le nez** to hold one's nose

pincettes [pɛ̃sɛt] nfpl (pour le feu) tongs

pinède [pinɛd] nf pine forest

pingouin [pɛ̃gwɛ̃] nm auk ; (= manchot) penguin

ping-pong [piŋpɔ̃g] nm inv table tennis

pingre [pɛ̃gʀ] adj stingy

pinson [pɛ̃sɔ̃] nm chaffinch

pintade [pɛ̃tad] nf guinea-fowl

pinte [pɛ̃t] nf pint

pinté, e‡ [pɛ̃te] adj smashed‡, plastered‡

pinter (se)‡ [pɛ̃te] vpr to booze*

pioche [pjɔʃ] nf pickaxe

piocher [pjɔʃe] **1** vt [+ terre] to pickaxe ; (Jeux) [+ carte, domino] to take (from the pile) **2** vi (= creuser) to dig (with a pick)

piolet [pjɔlɛ] nm ice axe

pion, pionne [pjɔ̃, pjɔn] **1** nm,f (* Scol) (= surveillant) supervisor **2** nm (Échecs) pawn ; (Dames) draught BR, checker US

pionnier, -ière [pjɔnje, jɛʀ] nm,f pioneer ; [de nouvelles technologies] early adopter

pipe [pip] nf (à fumer) pipe ▪ **fumer la ~** to smoke a pipe

pipi* [pipi] nm wee-wee (langage enfantin) ▪ **faire ~** to have a pee*

piquant, e [pikɑ̃, ɑ̃t] **1** adj **a** [barbe] prickly ; [tige] thorny **b** [goût, sauce, moutarde] hot **c** [air, froid] biting **d** [détail] surprising **2** nm [d'hérisson, oursin] spine ; [de chardon] prickle ▪ **l'anecdote ne manque pas de ~** it's quite a funny story

pique [pik] **1** nf (= arme) pike ; (= parole blessante) cutting remark **2** nm (= carte) spade ; (= couleur) spades

piqué, e [pike] **1** adj (= aigre) [vin] sour ▪ **pas ~ des vers*** ou **des hannetons*** (= excellent) brilliant ; (= excentrique) wild* **2** nm (en avion) ▪ **descendre en ~** to dive

pique-assiette* (pl **~s**) [pikasjɛt] nmf scrounger*

pique-nique (pl **~s**) [piknik] nm picnic ▪ **faire un ~** to have a picnic

pique-niquer [piknike] vi to have a picnic

piquer [pike] **1** vt **a** [guêpe, ortie] to sting ; [moustique, serpent] to bite ; (avec une épingle) to prick ; [barbe] to prickle ; (Méd) to give an injection to ▪ **faire ~ un chien** to have a dog put down ▪ **la fumée me pique les yeux** the smoke is making my eyes sting **b** (Couture) ▪ **~ qch (à la machine)** to machine-stitch sth **c** [+ curiosité, intérêt] to arouse **d** (* = faire) ▪ **~ un sprint** to sprint ▪ **~ une crise** to throw a fit **e** (* = voler) to pinch* (*à qn* from sb) **2** vi **a** [avion] to go into a dive ; [oiseau] to swoop down ▪ **~ du nez** [avion] to nosedive ; (de sommeil) to nod off* **b** [moutarde, radis] to be hot ; [vin] to have a sour taste **c** (= brûler) to sting ▪ **j'ai les yeux qui piquent** my eyes are stinging **3** **se piquer** vpr **a** (= se blesser) (avec une aiguille) to prick o.s. ; (dans les orties) to get stung **b** [drogué] to shoot up

piquet [pikɛ] nm (= pieu) post ; [de tente] peg ▪ **~ de grève** picket line

piqûre [pikyʀ] nf **a** [d'insecte, moustique] bite ; [de guêpe, ortie] sting **b** (Méd) injection ▪ **faire une ~ à qn** to give sb an injection **c** (Couture) stitch

piratage [piʀataʒ] nm [de données, vidéo] pirating ▪ **~ (informatique)** (computer) hacking

pirate [piʀat] adj, nm pirate ▪ **~ de l'air** hijacker ▪ **~ informatique** hacker

pirater [piʀate] vt [+ disque, logiciel] to make a pirate copy of ; [+ ordinateur] to hack into

piraterie [piʀatʀi] nf piracy

pire [piʀ] **1** adj **a** (compar) worse ▪ **c'est ~ que tout** it's the worst thing you can imagine ▪ **c'est de ~ en ~** it's getting worse and worse **b** (superl) ▪ **le ~, la ~** the worst **2** nm ▪ **le ~** the worst ▪ **je m'attends au ~** I expect the worst

pirogue [piʀɔg] nf dugout

pirouette [piʀwɛt] nf [de danseuse, cheval] pirouette ▪ **répondre par une ~** to cleverly side-step the question

pis[1] [pi] nm [de vache] udder

pis[2] [pi] (littér) adj, adv worse

pis-aller [pizale] nm inv stopgap

piscicole [pisikɔl] adj fish *avant n*

pisciculture [pisikyltyʀ] nf fish breeding

piscine [pisin] nf swimming pool ; [de réacteur nucléaire] cooling pond

piscinier [pisinje], **pisciniste** [pisinist] nm swimming pool specialist ou manufacturer

pissenlit [pisɑ̃li] nm dandelion

pisser‡ [pise] vi (= uriner) to pee* ; (= couler) to gush

pistache [pistaʃ] nf pistachio

piste [pist] nf a (= traces, sentier) track ▪ **perdre la ~** to lose the trail ▪ **être sur la bonne ~** to be on the right track ▸ **piste cyclable** cycle path b (= indice) lead c [d'hippodrome] course ; [de circuit automobile, stade] track ; [de patinage] rink ; [de danse] dance floor ; [de cirque] ring d (Ski) piste ; [de ski de fond] trail e [d'aéroport] runway f [de magnétophone] track

pistil [pistil] nm pistil

pistolet [pistɔlɛ] nm (= arme) gun ▸ **pistolet à peinture** spray gun

piston [pistɔ̃] nm a (Tech) piston b (* = aide) string-pulling* ▪ **avoir du ~** to have friends in the right places* c (= instrument de musique) cornet

pistonner* [pistɔne] vt to pull strings for*

pitaya [pitaja] nm dragon fruit, strawberry pear

piteux, -euse [pitø, øz] adj (= honteux) shamefaced ▪ **en ~ état** in a sorry state

pitié [pitje] nf pity ▪ **avoir ~ de qn** (= le plaindre) to feel pity for sb ; (= être charitable) to take pity on sb ▪ **~ !** have mercy! ; (* = assez) for goodness' sake!*

piton [pitɔ̃] nm a (à anneau) eye ; (à crochet) hook ; (Alpinisme) peg b (= sommet) peak

pitonner [pitɔne] (Can) 1 vi a (= zapper) to channel-hop b (= taper) to keyboard ▪ **~ sur un clavier** to tap away on a keyboard 2 vt [+ numéro de téléphone] to dial

pitonneuse [pitɔnøz] nf (Can = télécommande) zapper*

pitoyable [pitwajabl] adj pitiful

pitre [pitʀ] nm clown ▪ **faire le ~** to clown around

pittoresque [pitɔʀɛsk] adj [site] picturesque ; [personnage, récit, détail] colourful BR, colorful US

pivert [pivɛʀ] nm green woodpecker

pivoine [pivwan] nf peony

pivot [pivo] nm pivot ; (= chose essentielle) linchpin ; [de dent] post

pivoter [pivɔte] vi [porte, siège] to revolve

pixel [piksɛl] nm pixel

pixéliser [pikselize] vt to pixelate

pizza [pidza] nf pizza ▪ **~ américaine** deep-pan pizza

pizzeria [pidzeʀja] nf pizzeria

placage [plakaʒ] nm a (en bois) veneer b (Rugby) tackle

placard [plakaʀ] nm a (= armoire) cupboard ▪ **mettre qn au ~** to sideline sb b ▪ **~ publicitaire** display advertisement

placarder [plakaʀde] vt [+ affiche] to put up

placardiser [plakaʀdize] vt [+ personne] to sideline

place [plas] nf a (= esplanade) square ▪ **la ~ du marché** the market square b (= emplacement) place ; (assise) seat ▪ **changer qch de ~** to move sth ▪ **laisser sa ~ à qn** to give up one's seat to sb ▪ **prendre la ~ de qn** to take sb's place ; (= remplacer qn) to take over from sb ▪ **~ d'honneur** place of honour ▪ **~ de parking** parking space c (= espace) room ▪ **prendre de la ~** to take up a lot of room ▪ **faire de la ~** to make room ▪ **j'ai trois ~s dans ma voiture** I've room for three in my car d (= billet) seat ▪ **payer ~ entière** (au cinéma) to pay full price ; (dans le bus) to pay full fare e (= rang) ▪ **Marseille est à la première ~ du championnat** Marseille holds first place in the championship ▪ **l'entreprise occupe la seconde ~ sur le marché des ordinateurs** the company ranks second in the computer market f (= emploi) job ▪ **une ~ de serveuse** a job as a waitress g (Mil) ▪ **~ forte** fortified town h (Fin) ▪ **~ boursière** stock market i (locutions) ♦ **à la place (de)** (= en échange) instead (of) ▪ **se mettre à la ~ de qn** to put o.s. in sb's shoes ▪ **cette lampe n'est pas à sa ~** this lamp isn't in the right place ▪ **remettre qch à sa ~** to put sth back where it belongs ▪ **remettre qn à sa ~** to put sb in his place ▪ **à votre ~** if I were you ♦ **en place** ▪ **il ne tient pas en ~** he's always fidgeting ▪ **mettre en ~** [+ mécanisme, dispositif] to install ♦ **sur place** ▪ **être/se rendre sur ~** to be/to go there ▪ **(à consommer) sur ~ ou à emporter ?** sit in or take away?

placement [plasmɑ̃] nm a (financier) investment b [d'employés] placing

placenta [plasɛ̃ta] nm placenta

placer [plase] 1 vt a [+ objet, personne] to put ; [+ invité, spectateur] to seat b [+ remarque, plaisanterie] to get in ▪ **il n'a pas pu ~ un mot** he couldn't get a word in (edgeways) c [+ ouvrier, malade, écolier] to place d (= vendre) to sell e (à la Bourse) to invest ; (à la caisse d'épargne) to deposit 2 **se placer** vpr (debout) to stand ; (assis) to sit

placide [plasid] adj placid

placoplatre [plakoplɑtʀ] nm plasterboard

plafond [plafɔ̃] 1 adj inv [âge, prix] maximum 2 nm a [de salle] ceiling b (= limite) ceiling ▸ **plafond de verre** glass ceiling

plafonner [plafɔne] 1 vi [écolier, salaire, ventes] to have reached a ceiling 2 vt [+ salaires, loyers] to put an upper limit on

plage [plaʒ] 1 nf a [de mer, rivière, lac] beach ▪ **~ de sable/de galets** sandy/pebble beach b ▪ **~ (horaire)** (time) slot ▪ **~ musicale** musical interval ▪ **~ publicitaire** commercial break c [de disque] track 2 comp ▸ **plage arrière** [de voiture] parcel shelf

pi

plagiat [plaʒja] nm plagiarism

plaid [plɛd] nm (= couverture) car rug, lap robe US

plaider [plede] vti to plead ■ **~ coupable/non coupable** to plead guilty/not guilty ■ **~ la cause de qn**, **~ pour** ou **en faveur de qn/qch** (fig) to speak in favour of sb/sth

plaideur, -euse [plɛdœʀ, øz] nm,f litigant

plaidoirie [plɛdwaʀi] nf speech for the defence

plaidoyer [plɛdwaje] nm speech for the defence ; (fig) defence

plaie [plɛ] nf (physique, morale) wound ■ **quelle ~ !*** (= personne) he's such a nuisance! ; (= chose) what a nuisance!

plaignant, e [plɛɲɑ̃, ɑ̃t] nm,f plaintiff

plaindre [plɛ̃dʀ] **1** vt [+ personne] to feel sorry for ■ **elle n'est pas à ~** she's got nothing to complain about **2** **se plaindre** vpr (= protester) to complain (*de* about) ; (= gémir) to moan ■ **se ~ de** [+ maux de tête, etc] to complain of

plaine [plɛn] nf plain

plain-pied [plɛ̃pje] **de plain-pied** loc adj, loc adv [maison] (built) at street-level ■ **entrer de ~ dans le sujet** to come straight to the point

plainte [plɛ̃t] nf **a** (= doléance) complaint ■ **porter ~ contre qn** to register a complaint against sb **b** (= gémissement) moan

plaintif, -ive [plɛ̃tif, iv] adj plaintive

plaire [plɛʀ] **1** vi **a** (= être apprécié) ■ **ce garçon me plaît** I like that boy ■ **ce livre m'a beaucoup plu** I enjoyed that book a lot ■ **le désir de ~** the desire to please **b** (= convenir à) ■ **ça te plairait d'aller au théâtre ?** would you like to go to the theatre? ■ **je fais ce qui me plaît** I do as I please **2** vb impers ■ **s'il te plaît, s'il vous plaît** please **3** **se plaire** vpr ■ **il se plaît à Londres** he likes being in London

plaisance [plɛzɑ̃s] nf ■ **la (navigation de) ~** boating

plaisancier, -ière [plɛzɑ̃sje, jɛʀ] **1** nm yachtsman **2** nf (= femme) yachtswoman

plaisant, e [plɛzɑ̃, ɑ̃t] adj **a** (= agréable) pleasant **b** (= amusant) amusing

plaisanter [plɛzɑ̃te] vi to joke (*sur* about) ■ **vous plaisantez !** you must be joking! ■ **on ne plaisante pas avec cela** this is no laughing matter

plaisanterie [plɛzɑ̃tʀi] nf (= blague) joke (*sur* about) ■ **il ne comprend pas la ~** he can't take a joke

plaisantin [plɛzɑ̃tɛ̃] nm (= blagueur) joker

plaisir [pleziʀ] nm pleasure ■ **j'ai le ~ de vous annoncer que...** I am pleased to inform you that... ■ **par ~, pour le ~** for pleasure ; [bricoler, peindre] as a hobby ■ **faire ~ à qn** to please sb ■ **son cadeau m'a fait ~** I was very pleased with his present

plan¹ [plɑ̃] nm **a** [de maison, dissertation] plan ; [de ville, région] map ■ **faire un ~** to draw a plan **b** (= surface) plane ▸ **plan d'eau** lake ▸ **plan de travail** worktop **c** (Ciné, Photo) shot ■ **premier ~** foreground ■ **au premier ~** in the foreground ■ **personnalité de premier ~** key figure **d** (= niveau) level ■ **au ~ national/international** at the national/international level ■ **sur le ~ intellectuel** intellectually speaking **e** (= projet, programme) plan ■ **laisser en ~*** [+ personne] to leave in the lurch ; [+ affaires, projet, travail] to drop ▸ **plan d'épargne-logement** *savings plan for property purchase* **f** (* = idée) idea ■ **avoir un ~ restau/ciné** to be planning on eating out/going to see a film

plan², e [plɑ̃, plan] adj **a** (= plat) flat **b** (Math) plane

planche [plɑ̃ʃ] **1** nf **a** (en bois) plank ■ **faire la ~** to float on one's back ▸ **planche à dessin** drawing board ▸ **planche à repasser** ironing board ▸ **planche à roulettes** skateboard ■ **faire de la ~ à roulettes** to go skateboarding ▸ **planche à voile** windsurfing board ■ **faire de la ~ à voile** to go windsurfing **b** (= illustration) plate **2** **les planches** nfpl (= scène) the stage *NonC*

plancher¹ [plɑ̃ʃe] nm **a** (= sol) floor **b** (= limite) lower limit

plancher²* [plɑ̃ʃe] vi (= travailler) ■ **~ sur un rapport** to work on a report

plancton [plɑ̃ktɔ̃] nm plankton

planer [plane] vi **a** [oiseau, avion] to glide ; [brume, fumée] to hang **b** [danger, soupçons] ■ **~ sur** to hang over ■ **laisser ~ le doute (sur)** to allow some doubt to remain (about) **c** * [personne] to have one's head in the clouds ; * [drogué] to be high*

planétaire [planetɛʀ] adj (= des planètes) planetary ; (= mondial) global

planète [planɛt] nf planet ■ **sur toute la ~** all over the world

planeur [planœʀ] nm glider

planifier [planifje] vt to plan

planning [planiŋ] nm schedule ■ **~ familial** family planning

planque* [plɑ̃k] nf (= cachette) hideaway ; (= travail tranquille) cushy number*

planquer⁑ [plɑ̃ke] **1** vt to hide **2** **se planquer** vpr to hide

plant [plɑ̃] nm [de légume] seedling ; [de fleur] bedding plant

plantage* [plɑ̃taʒ] nm [d'ordinateur] crash

plantaire [plɑ̃tɛʀ] adj → **voûte**

plantation [plɑ̃tasjɔ̃] nf [d'arbres, café, coton] plantation

plante [plɑ̃t] nf **a** (= végétal) plant ▸ **plante d'appartement, plante verte** house plant **b** ▪ **~ des pieds** sole

planter [plɑ̃te] **1** vt **a** [+ plante, graine] to plant ; [+ jardin] to put plants in ▪ **avenue plantée d'arbres** tree-lined avenue **b** [+ clou] to hammer in ; [+ pieu] to drive in ▪ **se ~ une épine dans le doigt** to get a thorn stuck in one's finger **c** (* = laisser sur place) ▪ **~ qn là** to leave sb standing there ▪ **ne restez pas planté là à ne rien faire !** don't just stand there doing nothing! **d** ▪ **~ le décor** (pour une histoire) to set the scene **2** vi [ordinateur]* to crash **3** **se planter*** vpr **a** (= se tromper) to mess up* ▪ **il s'est planté dans ses calculs** he got his calculations wrong **b** [automobiliste, ordinateur] to crash

plantureux, -euse [plɑ̃tyʀø, øz] adj [femme] buxom ; [poitrine] ample

plaque [plak] **1** nf **a** [de métal, verre, verglas] sheet ; [de marbre, chocolat, beurre] slab ▸ **plaque chauffante** hotplate ▸ **plaque tournante** hub **b** (portant une inscription) plaque ▪ **~ de rue** street sign ▪ **il est à côté de la ~*** he hasn't got a clue* ▸ **plaque d'immatriculation** ou **minéralogique** number plate **2** comp ▸ **plaque dentaire** dental plaque

plaqué, e [plake] **1** adj [bijou] plated **2** nm plate ▪ **c'est du ~ or** it's gold-plated

plaquer [plake] vt **a** [+ bois] to veneer ; [+ bijoux] to plate **b** ⁑ [+ fiancé, époux] to ditch* ▪ **elle a tout plaqué pour le suivre** she gave up everything to be with him **c** [+ cheveux] to plaster down **d** (Rugby) to tackle **e** [+ accord] to play

plaquette [plakɛt] nf [de métal] plaque ; [de chocolat] bar ; [de pilules] bubble pack ; [de beurre] pack BR, ≈ stick US ▪ **~ de frein** brake pad

plasma [plasma] nm plasma

plastic [plastik] nm plastic explosive

plastifié, e [plastifje] adj plastic-coated

plastique [plastik] adj, nm plastic ▪ **en ~** plastic

plastiquer [plastike] vt to blow up

plat, plate [pla, plat] **1** adj flat ; [style] dull **2** nm **a** (= récipient, mets) dish ; (= partie du repas) course ▪ **il en a fait tout un ~*** he made a song and dance about it* ▸ **plat cuisiné** (chez un traiteur) ready-made meal ▸ **plat de résistance** main course **b** (= partie plate) flat (part) ▪ **course de ~** flat race ▪ **mettre qch à ~** to lay sth down flat ▪ **être à ~** [pneu, batterie] to be flat ; * [personne] to be run down **c** (en plongeant) ▪ **faire un ~** to do a belly flop

platane [platan] nm plane tree

plateau (pl **~x**) [plato] nm **a** tray ▪ **~ de fromages** cheeseboard ▪ **~ de fruits de mer** seafood platter **b** [de balance] pan **c** (= surface plane) plateau ▪ **arriver à un ~** to reach a plateau **d** (Ciné, TV) set

plateau-repas (pl **plateaux-repas**) [platoʀəpa] nm tray meal

platebande, plate-bande (pl **plates-bandes**) [platbɑ̃d] nf (de fleurs) flower bed

plateforme, plate-forme (pl **plates-formes**) [platfɔʀm] nf platform ▪ **~ (de forage)** oil rig

platine[1] [platin] nm platinum

platine[2] [platin] nf [d'électrophone] turntable ▪ **~ laser** CD player

platitude [platityd] nf (= propos) platitude

platonique [platɔnik] adj [amour] platonic

plâtre [plɑtʀ] nm **a** (= matière) plaster **b** (= objet) plaster cast

plâtrer [plɑtʀe] vt [+ mur] to plaster ; [+ membre] to set in plaster

plâtrier [plɑtʀije] nm plasterer

plausible [plozibl] adj plausible

play-back [plɛbak] nm inv lip-synching ▪ **chanter en ~** to lip-synch

plébiscite [plebisit] nm plebiscite

pléiade [plejad] nf ▪ **une ~ d'artistes** a whole host of stars

plein, pleine [plɛ̃, plɛn] **1** adj **a** (= rempli) full ▪ **~ à craquer** crammed full ♦ **plein de** full of ; [taches] covered in ▪ **il a des bonbons ~ les poches** his pockets are full of sweets ▪ **en avoir ~ le dos* de qch** be sick and tired of sth* ♦ **en plein** + nom in the middle of ▪ **en ~ hiver** in the middle of winter ▪ **en ~ jour** in broad daylight ▪ **en ~e poitrine** right in the chest ▪ **en ~ dans l'œil** right in the eye ▪ **j'ai marché en ~ dedans** I stepped right in it **b** [confiance, satisfaction] complete ▪ **avoir les ~s pouvoirs** to have full powers ▪ **heurter qch de ~ fouet** to crash headlong into sth **c** (= enceinte) pregnant **2** adv (* = beaucoup) ▪ **tu as des romans ? – j'en ai ~** have you any novels? – I've got loads ▪ **~ de** lots of **3** nm [d'essence] ▪ **faire le ~** to fill up ▪ **le ~, s'il vous plaît** fill it up please

plein-temps (pl **pleins-temps**) [plɛ̃tɑ̃] nm (= emploi) full-time job

plénitude [plenityd] nf (= bonheur) fulfilment

pléonasme [pleɔnasm] nm pleonasm

pléthorique [pletɔʀik] adj [offre] excess ▪ **avoir des effectifs ~s** [école] to have overcrowded classes ; [entreprise] to have excess staff

pleurer [plœʀe] **1** vi **a** [personne] to cry ; [yeux] to water ▪ **~ de rire** to laugh until one cries ▪ **~ de joie** to cry for joy ▪ **~ comme une**

Madeleine to cry one's eyes out **b** ▪ **~ sur** to lament (over) **2** vt [+ personne] to mourn (for) ; [+ chose] to bemoan

pleurésie [plœʀezi] nf pleurisy

pleureur [plœʀœʀ] adj → **saule**

pleurnicher [plœʀniʃe] vi to snivel*, to whine

pleurs [plœʀ] nmpl ▪ **en ~** in tears

pleutre [pløtʀ] (littér) **1** adj cowardly **2** nm coward

pleuvait [pløvɛ] vb → **pleuvoir**

pleuvoir [pløvwaʀ] **1** vb impers ▪ **il pleut** it's raining ▪ **il pleut à torrents** ou **à verse, il pleut des cordes** it's pouring with rain **2** vi [coups, projectiles] to rain down ; [critiques, invitations] to shower down

pli [pli] nm **a** fold ; [de genou, bras] bend ; [de bouche, yeux] crease ; [de front] line ; (Couture) pleat ▪ **son manteau est plein de ~s** his coat is all creased **b** (= habitude) ▪ **c'est un ~ à prendre !** you get used to it! **c** (= enveloppe) envelope ; (= lettre) letter **d** (Cartes) trick ▪ **faire un ~** to take a trick

pliant, e [plijɑ̃, ɑ̃t] **1** adj folding **2** nm campstool

plier [plije] **1** vt **a** [+ papier, tissu] to fold **b** [+ lit, table, tente] to fold up ▪ **~ bagage** to pack up (and go) **c** [+ branche, genou, bras] to bend ▪ **être plié (de rire)** to be doubled up with laughter **2** vi **a** [arbre, branche] to bend **b** (= céder) to give in **3** **se plier** vpr **a** [meuble, objet] to fold **b** ▪ **se ~ à** [+ règle, discipline] to submit o.s. to ; [+ désirs, caprices de qn] to give in to

plinthe [plɛ̃t] nf (au bas d'un mur) skirting board

plissé, e [plise] adj [jupe] pleated ; [peau] wrinkled

plisser [plise] vt **a** [+ jupe] to pleat **b** [+ lèvres, bouche] to pucker up ; [+ yeux] to screw up ; [+ nez] to wrinkle ▪ **~ le front** to knit one's brow

plomb [plɔ̃] nm **a** (= métal) lead ▪ **sans ~** [essence] unleaded ▪ **il n'a pas de ~ dans la cervelle*** he's featherbrained **b** (Chasse) lead shot *NonC* ▪ **avoir du ~ dans l'aile*** to be in a bad way **c** (Pêche) sinker **d** (= fusible) fuse

plombage [plɔ̃baʒ] nm [de dent] filling

plomber [plɔ̃be] vt **a** [+ dent] to fill **b** [+ projet] to hamper ; [+ comptes] to be a drain on ▪ **ça a plombé l'ambiance*** it spoiled the fun

plomberie [plɔ̃bʀi] nf plumbing

plombier [plɔ̃bje] nm plumber

plonge* [plɔ̃ʒ] nf ▪ **faire la ~** to do the washing-up

plongé, e[1] [plɔ̃ʒe] adj ▪ **~ dans** [+ obscurité] plunged in ; [+ méditation, pensées] deep in

plongeant, e [plɔ̃ʒɑ̃, ɑ̃t] adj [décolleté, tir] plunging ; [vue] from above

plongée[2] [plɔ̃ʒe] nf (= activité) diving ▪ **faire de la ~ (sous-marine)** to go diving

plongeoir [plɔ̃ʒwaʀ] nm diving board

plongeon [plɔ̃ʒɔ̃] nm dive ▪ **faire un ~** [nageur] to dive ; [gardien de but] to make a dive

plonger [plɔ̃ʒe] **1** vi [personne, sous-marin] to dive (*dans* into, *sur* onto) ; [avion, oiseau] to swoop ; [gardien de but] to make a dive ; [prix, valeurs] to plummet **2** vt ▪ **~ qn dans** [+ obscurité, désespoir] to plunge sb into ▪ **il plongea son regard dans le mien** he looked deeply into my eyes **3** **se plonger** vpr ▪ **se ~ dans** [+ études, lecture] to throw o.s. into ; [+ dossier, eau, bain] to plunge into

plongeur, -euse [plɔ̃ʒœʀ, øz] nm,f **a** (Sport) diver **b** [de restaurant] dishwasher

plouc* [pluk] nm (péj = paysan) country bumpkin

ployer [plwaje] (littér) vi [branche, dos] to bend ; [genoux, jambes] to give way

plu [ply] ptp de **pleuvoir, plaire**

pluie [plɥi] nf rain ▪ **sous la ~** in the rain ▪ **~ fine** drizzle ▪ **~s acides** acid rain ▪ **faire la ~ et le beau temps** to call the shots*

plumage [plymaʒ] nm plumage *NonC*

plumard‡ [plymaʀ] nm bed

plume [plym] nf **a** [d'oiseau] feather **b** (pour écrire) [d'oiseau] quill ; (en acier) nib

plumeau (pl **~x**) [plymo] nm feather duster

plumer [plyme] vt **a** [+ volaille] to pluck **b** * [+ personne] to fleece*

plupart [plypaʀ] nf ▪ **la ~ des gens** most people ▪ **pour la ~** mostly ▪ **la ~ du temps** most of the time

pluralisme [plyʀalism] nm pluralism

pluriel, -elle [plyʀjɛl] **1** adj plural ▪ **la gauche plurielle** (Pol) the French left *(made up of different left-wing tendencies)* **2** nm plural ▪ **au ~** in the plural ▪ **la première personne du ~** the first person plural

plus [ply]

1 adv de négation

♦ **ne... plus** not any more ▪ **il ne la voit ~** he doesn't see her any more ▪ **je ne reviendrai ~/plus jamais** I won't/I'll never come back again ▪ **il n'est ~ là** he isn't here any-more ▪ **il n'a ~ aucun ami** he hasn't a single friend left

♦ **plus de** + nom ▪ **elle ne veut ~ de pain** she doesn't want any more bread ▪ **elle n'a ~ d'argent** she's got no money left

♦ **plus que** only ▪ **~ que 5 km** only another 5km

♦ **il n'y a plus** ▪ **il n'y a ~ rien** there's nothing left ▪ **il n'y a ~ personne** there's nobody left

2 adv de comparaison **a** (avec verbe) more ▪ **il devrait lire ~** he should read more

b (avec adjectif ou adverbe court) ▪ **ce fauteuil est ~ large** this chair is wider ▪ **il court ~ vite qu'elle** he runs faster than her ▪ **elle est ~ jolie** she's prettier ▪ **il est ~ mince** he's slimmer ▪ **il est ~ malin** he's more cunning

c (avec adjectif ou adverbe long) ▪ **il est ~ compétent que moi** he is more competent than me ▪ **beaucoup ~ facilement** much more easily

♦ **plus de** (= davantage de) more ; (= plus que) over ▪ **~ de pain** more bread ▪ **il roulait à ~ de 100 km/h** he was driving at more than ou over 100km per hour ▪ **les ~ de 30 ans** the over 30s

♦ **à plus tard !, à plus !*** see you later!

♦ **de plus** (= en outre) moreover ▪ **il y a dix personnes de ~ qu'hier** there are ten more people than yesterday

♦ **de plus en plus** more and more ▪ **aller de ~ en ~ vite** to go faster and faster

♦ **en plus** ▪ **les frais d'envoi sont en ~** postal charges are not included ▪ **on nous a donné deux verres en ~** we were given two extra glasses ▪ **en ~ de cela** on top of that ▪ **je cherche le même genre de maison en ~ grand** I'm looking for the same kind of house only bigger

♦ **plus... moins** the more... the less ▪ **~ on le connaît, moins on l'apprécie** the more you get to know him, the less you like him

♦ **plus... plus** the more... the more ▪ **~ il en a, ~ il en veut** the more he has, the more he wants

♦ **plus ou moins** more or less

3 adv superl

♦ **le plus** + vb most ▪ **ce qui m'a le ~ frappé** what struck me most

♦ **le plus** + adj ou adv court ▪ **c'est le ~ grand peintre qui ait jamais vécu** he is the greatest painter that ever lived ▪ **le moment le ~ drôle du film** the funniest bit of the film ▪ **c'est le ~ gros** he's the biggest ▪ **c'est la partie la ~ ennuyeuse** it's the most boring part ▪ **le ~ petit des deux** the smaller of the two

♦ **le plus** + adj ou adv long ▪ **c'est le ~ intéressant** it's the most interesting ▪ **le ~ beau des deux** the more beautiful of the two

♦ **le plus de** + nom the most ▪ **ce qui m'a donné le ~ de mal** the thing I had most difficulty with

♦ **le plus... possible** as... as possible ▪ **prends-en le ~ possible** take as much (ou as many) as possible

♦ **(tout) au plus** at the (very) most

4 conj plus ▪ **deux ~ deux font quatre** two plus two make four

5 nm **a** (Math) ▪ **(signe) ~** plus (sign)

b (= avantage) plus

plusieurs [plyzjœʀ] **1** adj indéf pl several ▪ **ils sont ~ à vouloir venir** several of them want to come ▪ **payer en ~ fois** to pay in instalments **2** pron indéf pl several (people) ▪ **~ d'entre eux** several of them

plus-que-parfait [plyskəpaʀfɛ] nm pluperfect

plus-value (pl **~s**) [plyvaly] nf (= accroissement de valeur) increase in value ; (= excédent) profit

plutonium [plytɔnjɔm] nm plutonium

plutôt [plyto] adv **a** (= de préférence) rather ; (= à la place) instead ▪ **~ que de me regarder, viens m'aider** instead of just watching me, come and help **b** (= plus exactement) rather ▪ **... ou ~, c'est ce qu'il pense** ... or rather that's what he thinks **c** (= assez) quite

pluvieux, -ieuse [plyvjø, øz] adj rainy

PME [peɛmə] nf inv (abrév de **petite et moyenne entreprise**) small (ou medium-sized) business

PMU [peɛmy] nm (abrév de **Pari mutuel urbain**) pari-mutuel, ≈ tote*

PNB [peɛnbe] nm (abrév de **Produit national brut**) GNP

pneu [pnø] nm [de véhicule] tyre **BR**, tire **US**

pneumatique [pnømatik] adj (= gonflable) inflatable

pneumonie [pnømɔni] nf pneumonia *NonC*

poche¹ [pɔʃ] nf pocket ▪ **avoir des ~s sous les yeux** to have bags under one's eyes ▪ **se remplir les ~s*** to line one's pockets ▪ **c'est dans la ~ !*** it's in the bag!* ▪ **connaître un endroit comme sa ~** to know a place like the back of one's hand ▪ **de ~** [collection, livre] paperback ; [couteau, mouchoir] pocket

poche² [pɔʃ] nm (= livre) paperback

pocher [pɔʃe] vt [+ œuf, poisson] to poach ▪ **avoir un œil poché** to have a black eye

pochette [pɔʃɛt] nf (= mouchoir) pocket handkerchief ; (= sac) clutch bag ; [de timbres, photos] wallet ; [de disque] sleeve

pochoir [pɔʃwaʀ] nm stencil ▪ **peindre qch au ~** to stencil sth

podcast [pɔdkast] nm podcast

podcaster [pɔdkaste] vt to podcast

podiatre [pɔdjatʀ] nmf (Can) podiatrist

podiatrie [pɔdjatʀ] nf (Can) podiatry
podiffusion [pɔdifyzjɔ̃] nf (Helv) podcasting
podium [pɔdjɔm] nm (= estrade) podium ; [de défilé de mode] catwalk
poêle[1] [pwal] nf ▪ **~ (à frire)** frying pan
poêle[2] [pwal] nm stove ▪ **~ à mazout** oil stove
poème [pɔɛm] nm poem
poésie [pɔezi] nf (= art, qualité) poetry ; (= poème) poem
poète [pɔɛt] nmf poet
poétique [pɔetik] adj poetic
pognon‡ [pɔɲɔ̃] nm dough‡
poids [pwɑ] nm a weight ▪ **prendre/perdre du ~** to put on/to lose weight ▪ **vendu au ~** sold by weight ▪ **il ne fait vraiment pas le ~** he really doesn't measure up ▪ **argument de ~** weighty argument ▸ **poids lourd** (= boxeur) heavyweight; (= camion) heavy goods vehicle b (Sport) shot ▪ **lancer le ~** to put(t) the shot
poignant, e [pwaɲɑ̃, ɑ̃t] adj [spectacle] harrowing ; [témoignage] poignant
poignard [pwaɲaʀ] nm dagger ▪ **on l'a tué à coups de ~** he was stabbed to death
poignarder [pwaɲaʀde] vt to stab
poigne [pwaɲ] nf (= autorité) firm-handedness ▪ **à ~** [personne, gouvernement] firm-handed
poignée [pwaɲe] nf a (= quantité) handful ; [de billets de banque] fistful ; (= petit nombre) handful b [de porte, tiroir, valise] handle c ▪ **~ de main** handshake ▪ **échanger une ~ de main** to shake hands
poignet [pwaɲɛ] nm (= os) wrist ; [de vêtement] cuff
poil [pwal] nm a [de personne, animal] hair ; (= pelage) coat ▪ **animal à ~ court/long** short-haired/long-haired animal ▪ **à ~**‡ (= nu) stark naked ▪ **se mettre à ~** to strip off ▪ **avoir un ~ dans la main*** to be bone-idle* ▪ **être de bon/de mauvais ~*** to be in a good/bad mood ▪ **au ~*** (= formidable) great* ▪ **ça me va au ~*** it suits me fine* b [de brosse à dents, pinceau] bristle ; [de tapis, étoffe] strand c (* = un petit peu) ▪ **un ~ plus grand** a bit bigger ▪ **il s'en est fallu d'un ~** it was a close thing
poiler (se)‡ [pwale] vpr to kill o.s. laughing*
poilu, e [pwaly] adj hairy
poinçon [pwɛ̃sɔ̃] nm a [de graveur] style b (= estampille) hallmark
poinçonner [pwɛ̃sɔne] vt [+ pièce d'orfèvrerie] to hallmark ; [+ billet] to punch a hole in
poing [pwɛ̃] nm fist ▪ **taper du ~ sur la table** to bang one's fist on the table ▪ **il est entré, revolver au ~** he came in carrying a revolver ▪ **donner un coup de ~ à qn** to punch sb

point [pwɛ̃] nm

a point ▪ **gagner aux ~s** (Boxe) to win on points ▪ **ils sont d'accord sur ce ~** they agree on this point ▪ **avoir des ~s communs** to have things in common ▸ **point faible** weak point ▸ **point fort** strong point

b (= endroit) place ; (Astron, Math) point ▪ **revenir à son ~ de départ** to come back to where one started ▸ **points cardinaux** cardinal points ▸ **point chaud** trouble spot ▸ **point culminant** peak ▸ **point de vente** sales outlet ▸ **point de vue** (= opinion) point of view ▪ **du ~ de vue moral** from a moral point of view

c (Mus, sur i) dot ; (= ponctuation) full stop BR, period US ; (= petite tache) spot ▪ **mettre les ~s sur les i** (fig) to spell it out ▪ **tu n'iras pas, un ~ c'est tout** you're not going and that's all there is to it ▸ **point com** dot-com ▪ **une (entreprise) ~ com** a dotcom ▸ **point d'exclamation** exclamation mark BR ou point US ▸ **point final** full stop BR, period US ▸ **point d'interrogation** question mark ▸ **point noir** (= comédon) blackhead; (= problème) problem ▸ **points de suspension** suspension points; (en dictant) dot, dot, dot

d (Scol) ▪ **bon ~** good mark *(for conduct, etc)* (fig) plus

e [de couture, tricot] stitch ▸ **points (de suture)** stitches

f (= stade, moment) ▪ **nous en sommes toujours au même ~** we're no further forward

g (loc) ▪ **à tout ~** in every way ▪ **je ne pensais pas qu'il était nerveux à ce ~** I didn't think he was that nervous ▪ **elles se ressemblent à tel ~ qu'on pourrait les confondre** they look so alike that you could easily mistake one for the other

♦ **à point (nommé)** [arriver, venir] just at the right moment

♦ **au point mort** [voiture] in neutral ; [de négociations, affaires] at a standstill

♦ **au plus haut point** [détester, admirer] intensely

♦ **jusqu'à un certain point** up to a point

♦ **faire le point** (Naut) to take a bearing ▪ **faire le ~ de la situation** to take stock of the situation

♦ **à point** [fruit] just ripe ; [fromage] just right for eating ; [viande] medium

♦ **au point** ▪ **ce n'est pas encore au ~** it isn't quite up to scratch yet ▪ **mettre au ~** [+ photo, caméra] to focus ; [+ stratégie, technique] to perfect ; [+ médicament, système] to develop ▪ **mise au ~** (= explication, correction) clarification

♦ **être sur le point de faire qch** to be about to do sth

pointe [pwɛ̃t] nf **a** [d'aiguille, épée] point ; [de flèche, lance] head ; [de couteau, crayon, clocher] tip ▪ **en ~** [barbe, col] pointed ▪ **décolleté en ~** V-neckline ▪ **entrer sur la ~ des pieds** to tiptoe in **b** (= clou) tack ; [de chaussure de football] stud ; [d'alpiniste] spike **c** (= allusion ironique) pointed remark **d** (= petite quantité) ▪ **une ~ d'ail/d'ironie** a hint of garlic/of irony **e** (= maximum) peak ▪ **à la ~ du progrès** in the the front line of progress ▪ **de ~** [industrie] high-tech ; [technique] cutting-edge ▪ **heure de ~** [de circulation] rush hour

pointer [pwɛ̃te] **1** vt **a** (= cocher) to tick off **b** [+ fusil] to point (*vers, sur* at) **c** [+ erreurs, incohérences, risques] to point out **2** vi [employé] (à l'arrivée) to clock in ; (au départ) to clock out ▪ **~ à l'ANPE** ou **à Pôle emploi** to sign on **3** **se pointer*** vpr (= arriver) to turn up*

pointillé [pwɛ̃tije] nm (= trait) dotted line ▪ **en ~** dotted

pointilleux, -euse [pwɛ̃tijø, øz] adj pernickety (*sur* about)

pointu, e [pwɛ̃ty] adj **a** (= en forme de pointe) pointed ; (= aiguisé) sharp **b** ▪ **accent ~** *accent of the Paris area* **c** [analyse] in-depth ; [sujet] specialized

pointure [pwɛ̃tyʀ] nf size ▪ **quelle est votre ~ ?** what size are you?

point-virgule (pl **points-virgules**) [pwɛ̃viʀgyl] nm semi-colon

poire [pwaʀ] nf **a** (= fruit) pear ▪ **couper la ~ en deux** (fig) to meet halfway **b** (* = dupe) ▪ **(bonne) ~** sucker*

poireau (pl **~x**) [pwaʀo] nm leek

poireauter* [pwaʀote] vi to hang about*

poirier [pwaʀje] nm (= arbre) pear tree ▪ **faire le ~** (= acrobatie) to do a headstand

pois [pwɑ] nm **a** (= légume) pea ▪ **petits ~** garden peas ▸ **pois chiche** chickpea **b** (Habillement) dot ▪ **robe à ~** polka dot dress

poison [pwazɔ̃] nm poison

poisse‡ [pwas] nf rotten luck* ▪ **avoir la ~** to have rotten luck*

poisseux, -euse [pwasø, øz] adj sticky

poisson [pwasɔ̃] nm **a** fish ▪ **deux ~s** two fish ▪ **être comme un ~ dans l'eau** to be in one's element ▸ **poisson d'avril !** April fool! ▸ **poisson rouge** goldfish **b** (Astron) ▪ **les Poissons** Pisces

poissonnerie [pwasɔnʀi] nf (= boutique) fish shop

poissonnier, -ière [pwasɔnje, jɛʀ] nm,f fishmonger BR, fish merchant US

poitrine [pwatʀin] nf chest ; (= seins) bust ; (Culin) [de veau, mouton] breast ; [de porc] belly ▪ **elle n'a pas de ~** she's flat-chested

poivre [pwavʀ] nm pepper ▪ **~ gris** ou **noir** black pepper ▪ **~ en grains** whole pepper ▪ **~ et sel** [cheveux] pepper-and-salt

poivré, e [pwavʀe] adj [plat, odeur] peppery

poivrier [pwavʀije] nm (= récipient) pepperpot

poivron [pwavʀɔ̃] nm (sweet) pepper ▪ **~ vert/rouge** green/red pepper

poivrot, e* [pwavʀo, ɔt] nm,f drunkard

poker [pɔkɛʀ] nm (= jeu) poker

polaire [pɔlɛʀ] **1** adj polar ▪ **froid ~** arctic cold **2** nf (= vêtement) fleece jacket (ou sweatshirt, etc)

polar* [pɔlaʀ] nm (= roman) detective novel, whodun(n)it* ; (= film) detective film, whodun(n)it*

pôle [pol] nm **a** pole ▪ **le ~ Nord/Sud** the North/South Pole **b** (= centre) ▪ **~ universitaire** university centre ▪ **~ d'attraction** magnet ▸ **Pôle emploi** *French national employment office,* ≈ job centre

polémique [pɔlemik] **1** adj [écrit, article] polemical **2** nf controversy (*sur* about, over)

polémiquer [pɔlemike] vi to argue (*sur* about)

poli, e [pɔli] adj **a** [personne, refus, silence] polite ▪ **ce n'est pas ~ de parler la bouche pleine** it's bad manners to talk with your mouth full **b** [bois, métal] polished ; [caillou] smooth

police [pɔlis] nf **a** (= corps) police *NonC* ▪ **la ~ est à ses trousses** the police are after him ▸ **police judiciaire** ≈ Criminal Investigation Department ▸ **police municipale** ≈ local police ▸ **police secours** ≈ emergency services **b** (= maintien de l'ordre) ▪ **faire la ~** to keep law and order **c** (Assurances) insurance policy **d** (Typo, Informatique) ▪ **~ (de caractères)** font

policier, -ière [pɔlisje, jɛʀ] **1** adj [chien, enquête, régime] police ; [film, roman] detective **2** nm (= agent) police officer ▪ **femme ~** woman police officer

poliment [pɔlimɑ̃] adv politely

polio [pɔljo] nf polio

polir [pɔliʀ] vt to polish

polisson, -onne [pɔlisɔ̃, ɔn] **1** adj naughty **2** nm,f (= enfant) little rascal

politesse [pɔlitɛs] nf politeness ▪ **par ~** to be polite ▪ **ce serait la moindre des ~s** it's the least you (ou he, etc) can do

politicien, -ienne [pɔlitisjɛ̃, jɛn] **1** adj (péj) [manœuvre, querelle] (petty) political ▪ **la politique politicienne** politicking **2** nm,f politician

politique [pɔlitik] 1 adj political 2 nf a (= science, carrière) politics *sg* ■ **faire de la ~** (métier) to be in politics b (= ligne de conduite, mesures) policy ; (= manière de gouverner) policies ■ **~ agricole commune** Common Agricultural Policy

pollen [pɔlɛn] nm pollen

polluant, e [pɔlɥɑ̃, ɑ̃t] 1 adj polluting ■ **non ~** non-polluting 2 nm pollutant

polluer [pɔlɥe] vt to pollute

pollueur, -euse [pɔlɥœʀ, øz] nm,f (= industrie, personne) polluter

pollupostage [pɔlypɔstaʒ] nm spamming

pollution [pɔlysjɔ̃] nf pollution ■ **~ de l'air** air pollution

polo [pɔlo] nm a (Sport) polo b (= chemise) polo shirt

Pologne [pɔlɔɲ] nf Poland

polonais, e [pɔlɔnɛ, ɛz] 1 adj Polish 2 nm (= langue) Polish 3 **Polonais(e)** nm,f Pole

poltron, -onne [pɔltʀɔ̃, ɔn] nm,f coward

polyamide [pɔliamid] nm polyamide

polyclinique [pɔliklinik] nf private general hospital

polycopier [pɔlikɔpje] vt to duplicate

polyester [pɔliɛstɛʀ] nm polyester

polygamie [pɔligami] nf polygamy

polyglotte [pɔliglɔt] adj, nmf polyglot

polyhandicap [pɔliɑ̃dikap] nm multiple disabilities *pl*

polyinsaturé, e [pɔliɛ̃satyʀe] adj polyunsaturated

Polynésie [pɔlinezi] nf Polynesia ■ **la ~ française** French Polynesia

polynésien, -ienne [pɔlinezjɛ̃, jɛn] 1 adj Polynesian 2 **Polynésien(ne)** nm,f Polynesian

polystyrène [pɔlistiʀɛn] nm polystyrene ■ **~ expansé** expanded polystyrene

polytechnicien, -ienne [pɔlitɛknisjɛ̃, jɛn] nm,f *student or ex-student of the École polytechnique*

polytechnique [pɔlitɛknik] adj, nf ■ **Polytechnique, l'École ~** *prestigious French engineering school*

polyvalent, e [pɔlivalɑ̃, ɑ̃t] 1 adj [salle] multipurpose ; [personne] versatile 2 **polyvalente** nf (Can) *secondary school teaching academic and vocational subjects*

pommade [pɔmad] nf (pour la peau) ointment

pomme [pɔm] nf a (= fruit) apple ; (= pomme de terre) potato ■ **tomber dans les ~s*** to faint ▸ **pomme d'Adam** Adam's apple ▸ **pommes frites** French fries ▸ **pommes paille** straw potatoes, ≈ shoestring fries ou potatoes US ▸ **pomme de pin** fir cone ▸ **pomme de terre** potato ▸ **pommes vapeur** boiled potatoes b [d'arrosoir] rose ■ **~ de douche** showerhead

pommelé, e [pɔm(ə)le] adj [cheval] dappled ; [ciel] full of fleecy clouds

pommette [pɔmɛt] nf cheekbone

pommier [pɔmje] nm apple tree

pompe [pɔ̃p] 1 nf a (= machine) pump ■ **j'ai eu un coup de ~*** I felt drained ■ **à toute ~*** flat out* ▸ **pompe à essence** (= distributeur) petrol BR ou gas(oline) US pump; (= station) petrol BR ou gas US station b (* = chaussure) shoe c (= exercice) ■ **faire des ~s** to do press-ups BR ou push-ups US d (= solennité) pomp ■ **en grande ~** with great pomp 2 comp ▸ **pompes funèbres** undertaker's ■ **entreprise de ~s funèbres** funeral director's BR, funeral parlor US

pomper [pɔ̃pe] vt a [+ air, liquide] to pump ; (= évacuer) to pump out ; (= faire monter) to pump up b (* = copier) to crib* (*sur* from)

pompette* [pɔ̃pɛt] adj tipsy*

pompeux, -euse [pɔ̃pø, øz] adj pompous

pompier, -ière [pɔ̃pje, jɛʀ] 1 adj (péj) [style, écrivain] pompous 2 nm,f (= personne) firefighter ■ **appeler les ~s** to call the fire brigade BR ou department US

pompiste [pɔ̃pist] nmf petrol pump BR ou gas station US attendant

pom-pom girl [pɔmpɔmgœʀl] (pl **~s** [pɔmpɔmgœʀlz]) nf cheerleader

pompon [pɔ̃pɔ̃] nm pompom ■ **c'est le ~ !*** it's the last straw!

pomponner (se) [pɔ̃pɔne] vpr to get dressed up

ponce [pɔ̃s] adj ■ **pierre ~** pumice stone

poncer [pɔ̃se] vt to sand

ponceuse [pɔ̃søz] nf sander

ponction [pɔ̃ksjɔ̃] nf a (lombaire) puncture ; (pulmonaire) tapping b [d'argent] draining

ponctualité [pɔ̃ktɥalite] nf punctuality

ponctuation [pɔ̃ktɥasjɔ̃] nf punctuation

ponctuel, -elle [pɔ̃ktɥɛl] adj a (= à l'heure) punctual b (= ciblé) selective ; [problème] isolated

> ⚠ **ponctuel** ne se traduit par ***punctual*** que dans le sens de « qui est à l'heure ».

ponctuer [pɔ̃ktɥe] vt to punctuate (*de* with)

pondéré, e [pɔ̃deʀe] adj a [personne, attitude] level-headed b ■ **indice ~** weighted index

pondre [pɔ̃dʀ] vt [+ œuf] to lay ; (* = écrire) [+ texte] to produce ■ **il pond deux romans par an** he churns out* two novels every year

poney [pɔnɛ] nm pony ▪ **faire du ~** to go pony riding

pont [pɔ̃] nm **a** bridge ▪ **coucher sous les ~s** to sleep rough ▪ **couper les ~s avec qn** to sever all links with sb ▸ **pont aérien** airlift ▸ **pont suspendu** suspension bridge **b** (sur bateau) deck **c** (dans garage) ramp **d** (= vacances) extra day(s) off *(taken between two public holidays or a public holiday and a weekend)* ▪ **faire le ~** to make a long weekend of it

ponte[1] [pɔ̃t] nf laying (of eggs)

ponte[2]* [pɔ̃t] nm bigwig*

pont-levis (pl **ponts-levis**) [pɔ̃l(ə)vi] nm drawbridge

ponton [pɔ̃tɔ̃] nm (= plate-forme) pontoon

pop [pɔp] **1** adj inv [musique, art] pop **2** nf pop music

pop(-)corn (pl ~s) [pɔpkɔʀn] nm popcorn

pope [pɔp] nm Orthodox priest

popote* [pɔpɔt] nf (= cuisine) ▪ **faire la ~** to cook

populaire [pɔpylɛʀ] adj **a** (= gén) popular ▪ **très ~ auprès des jeunes** very popular with young people **b** (= ouvrier) working-class ▪ **les classes ~s** the working classes **c** [mot, expression] vernacular ; (= familier) slang

populariser [pɔpylaʀize] vt to popularize

popularité [pɔpylaʀite] nf popularity

population [pɔpylasjɔ̃] nf population ▪ **~ active** working population

porc [pɔʀ] nm **a** (= animal) pig ; (= viande) pork ; (= peau) pigskin **b** (* = homme) pig*

porcelaine [pɔʀsəlɛn] nf (= matière) porcelain

porc-épic (pl **porcs-épics**) [pɔʀkepik] nm porcupine

porche [pɔʀʃ] nm porch

porcherie [pɔʀʃəʀi] nf pigsty

porcin, e [pɔʀsɛ̃, in] adj ▪ **l'élevage ~** pig breeding ▪ **race ~e** breed of pig

pore [pɔʀ] nm pore

poreux, -euse [pɔʀø, øz] adj porous

porno* [pɔʀno] adj (abrév de **pornographique**) porn*

pornographie [pɔʀnɔgʀafi] nf pornography

pornographique [pɔʀnɔgʀafik] adj pornographic

port [pɔʀ] nm **a** (= bassin) harbour BR, harbor US ; (commercial) port ; (= ville) port ▸ **port fluvial** river port ▸ **port de pêche** fishing port ▸ **port de plaisance** (= bassin) marina **b** (Informatique) port (Informatique) ▪ **~ USB** USB port **c** (= fait de porter) [d'armes] carrying ▪ **le ~ du casque est obligatoire sur le chantier** hard hats must be worn on the building site **d** (= prix) (poste) postage ; (transport) carriage

portable [pɔʀtabl] **1** adj [vêtement] wearable ; (= portatif) portable ; [téléphone] mobile **2** nm (= ordinateur) laptop ; (= téléphone) mobile*

portail [pɔʀtaj] nm gate ; (Internet) gateway

portant, e [pɔʀtɑ̃, ɑ̃t] adj ▪ **être bien/mal ~** to be in good/poor health

portatif, -ive [pɔʀtatif, iv] adj portable

porte [pɔʀt] nf **a** [de maison, voiture, meuble] door ; [de jardin, stade, ville] gate ▪ **une 5 ~s** a 5-door car ▪ **ce n'est pas la ~ à côté*** it's not exactly on our (ou my, etc) doorstep ▪ **mettre** ou **flanquer qn à la ~*** (licencier) to fire sb* ; (éjecter) to boot* sb out ▪ **j'ai trouvé ~ close** (maison) no one answered the door ; (magasin, bâtiment public) it was closed ▪ **journée ~(s) ouverte(s)** open day BR, open house US ▸ **porte cochère** carriage entrance ▸ **porte d'entrée** front door **b** [d'aéroport] gate

porte-à-faux [pɔʀtafo] nm inv ▪ **en ~** [mur, construction] slanting ; [personne] in an awkward position

porte-à-porte [pɔʀtapɔʀt] nm inv ▪ **faire du ~** (= vendre) to be a door-to-door salesman

porte-avion(s) (pl **porte-avions**) [pɔʀtavjɔ̃] nm aircraft carrier

porte-bagage(s) (pl **porte-bagages**) [pɔʀt(ə)bagaʒ] nm rack

porte-bébé (pl ~s) [pɔʀt(ə)bebe] nm (= nacelle) carrycot BR ; (à bretelles) baby sling

porte-bonheur [pɔʀt(ə)bɔnœʀ] nm inv lucky charm

porte-carte(s) (pl **porte-cartes**) [pɔʀt(ə)kaʀt] nm [de papiers d'identité] card holder

porte-clé(s) (pl **porte-clés**) [pɔʀt(ə)kle] nm key ring

porte-conteneur(s) (pl **porte-conteneurs**) [pɔʀt(ə)kɔ̃t(ə)nœʀ] nm container ship

porte-document(s) (pl **porte-documents**) [pɔʀt(ə)dɔkymɑ̃] nm briefcase

portée [pɔʀte] nf **a** (= distance) reach ; [de fusil, radar, missile] range ▪ **à ~ de (la) main** at hand ▪ **à la ~ de toutes les bourses** within everyone's means ▪ **être à la ~ de qn** (intellectuellement) to be understandable to sb ▪ **hors de ~** out of reach ; (fig) beyond reach **b** [de parole, écrit] impact ; [d'acte] consequences **c** (Mus) stave **d** (= bébés) litter

porte-fenêtre (pl **portes-fenêtres**) [pɔʀt(ə)fənɛtʀ] nf French window BR ou door US

portefeuille [pɔʀtəfœj] nm [d'argent] wallet ; (Assurances, Pol) portfolio

portemanteau (pl **~x**) [pɔʀt(ə)mɑ̃to] nm (= cintre) coat hanger ; (accroché au mur) coat rack ; (sur pied) hat stand

porte(-)monnaie (pl **~s**) [pɔʀt(ə)mɔnɛ] nm purse BR, coin purse US ; (pour homme) wallet

porte-parole (pl **~(s)**) [pɔʀt(ə)paʀɔl] nmf spokesperson

porte(-)plume (pl **~s**) [pɔʀtəplym] nm penholder

porte-poussière (pl **~(s)**) [pɔʀt(ə)pusjɛʀ] nm (Can) dustpan

porter [pɔʀte] **1** vt **a** [+ parapluie, paquet, valise] to carry ; [+ responsabilité] to bear **b** (= apporter) to take ▪ **~ qch à qn** to take sth to sb ▪ **~ une œuvre à l'écran/à la scène** to make a film/stage a play based on a work **c** [+ vêtement, bague, lunettes] to wear ; [+ barbe] to have ; [+ nom, trace, inscription, date] to bear **d** (= inscrire) to put down ▪ **se faire ~ malade** to go sick ▪ **porté disparu** reported missing **e** [+ graines, fruit] to bear ▪ **~ ses fruits** to bear fruit **f** (= inciter) ▪ **~ qn à faire qch** to lead sb to do sth ▪ **tout (nous) porte à croire que...** everything leads us to believe that... **2** vi **a** [bruit, voix, canon] to carry **b** [reproche, coup] to hit home **c** [poids] ▪ **~ sur** to be supported by **3** **porter sur** vt indir [débat, cours] to be about ; [revendications, objection] to concern **4** **se porter** vpr **a** [personne] ▪ **se ~ bien/mal** to be well/unwell **b** ▪ **se ~ candidat** to run as a candidate **c** [vêtement] ▪ **les jupes se portent très courtes** the fashion is for very short skirts ▪ **ça ne se porte plus** that's out of fashion

porte-savon (pl **~s**) [pɔʀt(ə)savɔ̃] nm soapdish

porte-serviette(s) (pl **porte-serviettes**) [pɔʀt(ə)sɛʀvjɛt] nm towel rail

porteur, -euse [pɔʀtœʀ, øz] **1** adj [mur] load-bearing ▪ **thème ~** key theme ▪ **marché ~** growth market **2** nm,f **a** [de valise, colis] porter ; [de message] messenger ; [de chèque] bearer ; [de titre, actions] holder **b** (Méd) carrier

porte-voix [pɔʀtəvwɑ] nm inv megaphone

portier [pɔʀtje] nm porter

portière [pɔʀtjɛʀ] nf [de véhicule] door

portillon [pɔʀtijɔ̃] nm gate ; [de métro] barrier

portion [pɔʀsjɔ̃] nf portion

porto [pɔʀto] nm port

portrait [pɔʀtʀɛ] nm **a** (= peinture) portrait ; (= photo) photograph ▪ **c'est tout le ~ de son père** he's the spitting image of his father **b** (= description) [de personne] description ; [de situation] picture ▪ **faire le ~ de qn** to paint a portrait of sb

portrait-robot (pl **portraits-robots**) [pɔʀtʀɛʀɔbo] nm Photofit®

portuaire [pɔʀtɥɛʀ] adj harbour BR, harbor US

portugais, e [pɔʀtygɛ, ɛz] **1** adj Portuguese **2** nm (= langue) Portuguese **3** **Portugais(e)** nm,f Portuguese

Portugal [pɔʀtygal] nm Portugal

pose [poz] nf **a** [de moquette, serrure] fitting **b** (= attitude) pose ▪ **prendre une ~** to strike a pose **c** (Photo = vue) exposure

posé, e [poze] adj [personne] level-headed

poser [poze] **1** vt **a** (= placer) [+ objet] to put down ; (debout) to stand ▪ **~ une échelle contre un mur** to lean a ladder against a wall **b** (= installer) [+ carrelage, moquette] to lay ; [+ vitre] to put in ; [+ serrure] to fit ; [+ bombe] to plant **c** [+ chiffres] ▪ **je pose 4 et je retiens 3** put down 4 and carry 3 **d** [+ condition] to set ; [+ question] to ask ▪ **~ sa candidature à un poste** to apply for a post **2** vi (pour portrait) to sit ; (= se pavaner) to show off **3** **se poser** vpr **a** [insecte, oiseau, avion] to land ▪ **son regard s'est posé sur elle** his eyes fell on her **b** [question, problème] to arise

poseur, -euse [pozœʀ, øz] nm,f (péj) show-off

positif, -ive [pozitif, iv] adj positive

position [pozisjɔ̃] nf **a** position ; [de navire] bearings ▪ **arriver en première/deuxième/dernière ~** to come first/second/last ▪ **en ~ allongée/assise** in a reclining/sitting position ▪ **être dans une ~ délicate** to be in a difficult position **b** (= attitude) stance ▪ **prendre ~ en faveur de qch** to come down in favour of sth ▪ **prise de ~** stand

positionner [pozisjɔne] **1** vt to position **2** **se positionner** vpr to position o.s.

positiver [pozitive] vi to think positive

posologie [pozɔlɔʒi] nf directions for use

posséder [pɔsede] vt **a** to have ; [+ bien, maison] to own **b** (= bien connaître) [+ langue] to have a good command of **c** (* = duper) to take in*

possesseur [pɔsesœʀ] nmf [de bien] owner ; [de diplôme, titre] holder

possessif, -ive [pɔsesif, iv] adj possessive

possession [pɔsesjɔ̃] nf **a** [de bien] ownership ; [de diplôme, titre] holding ▪ **être en ~ de qch** to be in possession of sth **b** (= chose possédée) possession

possibilité [pɔsibilite] **1** nf possibility **2** **possibilités** nfpl (= moyens) means ; (= potentiel) potential

possible [pɔsibl] **1** adj possible ▪ **si ~** if possible ▪ **c'est (bien) ~/très ~** possibly/very possibly ▪ **venez aussi vite/aussitôt que ~** come as quickly/as soon as possible ▪ **venez le plus vite/tôt ~** come as quickly/as soon as you can ■ **un bruit pas ~*** an incredible racket* ■ **c'est pas ~ !*** (étonnant) well I never!* ■ **il est ~ qu'il vienne** he might come **2** nm ■ **faire (tout) son ~** to do one's utmost (*pour* to, *pour que* to make sure that)

post [pɔst] nm (Internet) post

postal, e (mpl **-aux**) [pɔstal, o] adj [service, taxe] postal ; [train] mail ; [colis] sent by mail

poste[1] [pɔst] nf **a** (= administration, bureau) post office **b** (= service postal) mail ■ **envoyer qch par la ~** to send sth by post ■ **mettre une lettre à la ~** to post a letter ▸ **poste restante** poste restante BR, general delivery US

poste[2] [pɔst] nm **a** (= emplacement) post ▸ **poste frontière** border post ▸ **poste de pilotage** cockpit ▸ **poste de travail** (Informatique) work station; (= emploi) job **b** ■ **~ (de police)** (police) station ■ **il a passé la nuit au ~** he spent the night in the cells **c** (= emploi) job ; [de fonctionnaire] post ■ **il a trouvé un ~ de bibliothécaire** he has found a job as a librarian **d** (Radio, TV) set ■ **~ de radio/de télévision** radio/television **e** (Téléc = ligne) extension

posté, e [pɔste] adj ■ **travail ~** shift work

poster[1] [pɔste] **1** vt **a** [+ lettre] to post BR, to mail US ■ **~ un message sur un blog** to post a message on a blog **b** [+ sentinelle] to post **2** **se poster** vpr to take up a position

poster[2] [pɔstɛʀ] nm (= affiche) poster

postérieur, e [pɔsteʀjœʀ] **1** adj **a** [date, document] later ; [événement] subsequent ■ **l'événement est ~ à 1850** the event took place after 1850 **b** [membre] hind **2** nm * behind*

postérieurement [pɔsteʀjœʀmɑ̃] adv subsequently ■ **~ à** after

posteriori [pɔsteʀjɔʀi] → **a posteriori**

postérité [pɔsteʀite] nf (= descendants) descendants ; (= avenir) posterity ■ **passer à la ~** to go down in history

post-factuel, -elle [pɔstfaktɥɛl] adj post-truth

posthume [pɔstym] adj posthumous ■ **à titre ~** posthumously

postiche [pɔstiʃ] **1** adj false **2** nm (pour homme) toupee ; (pour femme) hairpiece

postier, -ière [pɔstje, jɛʀ] nm,f post office worker

postillonner* [pɔstijɔne] vi to splutter

post-scriptum [pɔstskʀiptɔm] nm inv postscript

post-traumatique [pɔsttʀomatik] adj post-traumatic

postulant, e [pɔstylɑ̃, ɑ̃t] nm,f applicant

postuler [pɔstyle] vi ■ **~ à** ou **pour un emploi** to apply for a job

posture [pɔstyʀ] nf (lit) position ; (fig) posture

post-vérité [pɔstveʀite] nf (euph) post-truth politics

pot [po] **1** nm **a** (en verre) jar ; (en terre) pot ■ **petit ~ (pour bébé)** jar of baby food ■ **~ à confiture** jamjar ■ **tourner autour du ~** to beat about the bush ▸ **pot de chambre** chamberpot ▸ **pot de colle** (péj = personne) leech ▸ **pot de fleurs** (= récipient) flowerpot; (= fleurs) pot plant **b*** (= boisson) drink ; (= réunion) drinks party **c** (* = chance) luck ■ **avoir du ~** to be lucky **2** comp ▸ **pot d'échappement** exhaust pipe ▸ **pot catalytique** catalytic converter

potable [pɔtabl] adj drinkable ; (* = acceptable) passable ■ **eau ~** drinking water

potage [pɔtaʒ] nm soup

potager, -ère [pɔtaʒe, ɛʀ] **1** adj [plante] edible ■ **jardin ~** vegetable garden **2** nm vegetable garden

potasser* [pɔtase] vt to swot up (on)* BR

potassium [pɔtasjɔm] nm potassium

pot-au-feu [potofø] nm inv hotpot *(made with beef)*

pot-de-vin (pl **pots-de-vin**) [pod(ə)vɛ̃] nm bribe

pote* [pɔt] nm pal*

poteau (pl **~x**) [pɔto] nm (= pilier) post ■ **~ électrique/télégraphique** electricity/telegraph pole ■ **~ indicateur** signpost

potelé, e [pɔt(ə)le] adj [enfant] chubby ; [bras] plump

potence [pɔtɑ̃s] nf **a** (= gibet) gallows *sg* **b** (= support) bracket

potentiel, -ielle [pɔtɑ̃sjɛl] adj, nm potential

poterie [pɔtʀi] nf (= atelier, art) pottery ; (= objet) piece of pottery

potiche [pɔtiʃ] nf oriental vase ; (péj = prête-nom) figurehead

potier, -ière [pɔtje, jɛʀ] nm,f potter

potin* [pɔtɛ̃] **1** nm (= vacarme) racket* **2** **potins** nmpl (= commérages) gossip

potion [posjɔ̃] nf potion

potiron [pɔtiʀɔ̃] nm pumpkin

pot-pourri (pl **pots-pourris**) [popuʀi] nm [de fleurs] pot pourri ; [de chansons] medley

pou (pl **~x**) [pu] nm louse

poubelle [pubɛl] nf dustbin BR, garbage can US ■ **mettre qch à la ~** to put sth in the dustbin BR ou garbage can US ■ **~ de tri sélectif** recycling bin

pouce [pus] nm [de main] thumb ; [de pied] big toe ■ **se tourner les ~s** to twiddle one's thumbs ■ **faire du ~*** (Can) to hitch*

poucer* [puse] vi (Can) to hitch-hike

poudre [pudʀ] nf powder ■ **en ~** [lait, œufs] powdered ■ **c'est de la ~ aux yeux** it's all just for show ■ **lessive en ~** washing powder

poudrerie [pudʀəʀi] nf (Can) blizzard

poudreux, -euse [pudʀø, øz] **1** adj (= poussiéreux) dusty **2** **poudreuse** nf (= neige) powder snow

poudrier [pudʀije] nm (powder) compact

poudrière [pudʀijɛʀ] nf (= situation explosive) powder keg

pouf [puf] nm pouffe

pouffer [pufe] vi ■ **~ (de rire)** to burst out laughing

pouilleux, -euse [pujø, øz] adj (= sordide) seedy

poulailler [pulɑje] nm henhouse ; (* = galerie, au théâtre) gallery

poulain [pulɛ̃] nm (= animal) colt ; (= protégé) protégé

poule [pul] nf **a** (= animal) hen ; (= viande) fowl ▸ **poule mouillée** (= lâche) coward **b** (Rugby) group

poulet [pulɛ] nm **a** (= animal, viande) chicken **b** (‡ = policier) cop‡

pouliche [puliʃ] nf filly

poulie [puli] nf pulley

poulpe [pulp] nm octopus

pouls [pu] nm pulse ■ **prendre le ~ à qn** to take sb's pulse

poumon [pumɔ̃] nm lung

poupe [pup] nf [de bateau] stern

poupée [pupe] nf (= jouet) doll ■ **elle joue à la ~** she's playing with her doll(s)

pouponner [pupɔne] vi ■ **elle/il adore ~** she/he loves to look after the kids (ou her/his son, etc)

pouponnière [pupɔnjɛʀ] nf day nursery

pour [puʀ]

1 prép **a** (= gén) for ■ **je suis ~ !*** I'm all for it!* ■ **partir ~ l'Espagne** to leave for Spain ■ **~ le moment** for the moment ■ **tu en as ~ combien de temps ?** how long are you going to be? ■ **il est petit ~ son âge** he is small for his age ■ **c'est bon ~ la santé** it's good for you ■ **pastilles ~ la gorge** throat tablets

♦ **pour cent** per cent

♦ **pour** + infinitif to ■ **creuser ~ trouver de l'eau** to dig to find water ■ **je n'ai rien dit ~ ne pas le blesser** I didn't say anything so as not to hurt him

♦ **pour que** + subj so that ■ **écris vite ta lettre ~ qu'elle parte ce soir** write your letter quickly so that it will go this evening

b (cause) ■ **être condamné ~ vol** to be convicted of theft ■ **elle a été punie ~ avoir menti** she was punished for lying ■ **il est connu ~ sa générosité** he is known for his generosity

c (= concernant) ■ **~ moi, elle était déjà au courant** if you ask me, she already knew ■ **le plombier est venu ~ la chaudière** the plumber came about the boiler

d (avec des sommes) ■ **il l'a eu ~ 10 €** he got it for €10 ■ **j'en ai eu ~ 5 € de photocopies** it cost me €5 to do the photocopies

e (= comme) as ■ **prendre qn ~ femme** to take sb as one's wife ■ **il a son cousin ~ adjoint** he has his cousin as his deputy

2 nm ■ **le ~ et le contre** the arguments for and against

pourboire [puʀbwaʀ] nm tip ■ **10 € de ~** a €10 franc tip

pourcentage [puʀsɑ̃taʒ] nm percentage ; (= commission) commission

pourchasser [puʀʃase] vt to pursue

pourparlers [puʀpaʀle] nmpl talks ■ **être en ~ avec qn** to be having talks with sb

pourpre [puʀpʀ] adj, nm crimson

pourquoi [puʀkwa] **1** conj, adv why ■ **~ est-il venu ?** why did he come? ■ **~ pas ?** why not? **2** nm inv (= raison) reason (*de* for) ■ **le ~ et le comment** the whys and wherefores

pourrait [puʀɛ] vb → **pouvoir**

pourri, e [puʀi] adj rotten ; [viande, œuf] bad ; → **pot**

pourriel [puʀjɛl] nm (Can) spam

pourrir [puʀiʀ] **1** vi [fruit] to go rotten ; [bois] to rot ; [œuf] to go bad **2** vt **a** [+ fruit] to rot **b** (= gâter) [+ enfant] to spoil rotten ; (= corrompre) to corrupt

pourriture [puʀityʀ] nf rot ; (‡ péj = homme) swine‡ ; (= femme) bitch‡

poursuite [puʀsɥit] **1** nf **a** [de voleur, animal, bonheur, gloire] pursuit (*de* of) ■ **se lancer à la ~ de qn** to chase after sb ■ **~ en voiture** car chase **b** (= continuation) continuation **2** **poursuites** nfpl legal proceedings

poursuivant, e [puʀsɥivɑ̃, ɑ̃t] nm,f (= ennemi) pursuer

poursuivre [puʀsɥivʀ] **1** vt **a** [+ fugitif, rêve] to pursue ; [+ but, idéal] to strive towards **b** (= harceler) to hound **c** (= continuer) to continue **d** ■ **~ qn (en justice)** (au pénal) to prosecute sb ; (au civil) to sue sb **2** vi (= continuer) to go on **3** **se poursuivre** vpr (= continuer) to go on

pourtant [puʀtɑ̃] adv yet ■ **frêle et ~ résistant** frail but resilient ■ **on lui a ~ dit de faire attention** we did tell him to be careful

pourtour [puʀtuʀ] nm surround

pourvoir [puʀvwaʀ] **1** vt **a** ▪ **~ qn de qch** to provide sb with sth **b** [+ poste] to fill **2** **pourvoir à** vt indir [+ éventualité, besoins] to provide for

pourvoyeur, -euse [puʀvwajœʀ, øz] nm,f supplier

pourvu que [puʀvykə] loc adv (souhait) let's hope ; (condition) provided that

pousse [pus] nf (= bourgeon) shoot ▪ **~s de bambou** bamboo shoots

poussé, e[1] [puse] adj [études] advanced ; [interrogatoire] intensive

pousse-café* (pl **~s**) [puskafe] nm liqueur

poussée[2] [puse] nf **a** (= pression) [de foule] pressure ; (Archit, Physique) thrust *NonC* **b** [d'acné] attack ▪ **~ de fièvre** sudden high temperature

pousse-pousse [puspus] nm inv rickshaw

pousser [puse] **1** vt **a** (gén) to push ; [+ verrou] to slide ; [+ objet gênant, pion] to move ; [vent] to blow **b** [+ moteur, voiture] to drive hard ; [+ chauffage] to turn up **c** (= motiver) ▪ **~ qn à faire qch** [faim, curiosité] to drive sb to do sth ; [personne] to press sb to do sth ▪ **~ qn au désespoir** to drive sb to despair **d** (= poursuivre) to continue ▪ **~ la plaisanterie un peu loin** to take the joke a bit too far ▪ **~ qn à bout** to push sb to breaking point **e** [+ cri, hurlement] to give ; [+ soupir] to heave **2** vi **a** [plante, barbe, enfant] to grow ; [dent] to come through ▪ **faire ~ qch** to grow ▪ **il se laisse ~ la barbe** he's growing a beard **b** (= exercer une pression, faire un effort) to push **c** (= aller) to go on ▪ **nous allons ~ un peu plus avant** we're going to go on a bit further ▪ **~ jusqu'à Lyon** to go on as far as Lyon **d** (* = exagérer) to go too far **3** **se pousser** vpr (= se déplacer) to move

poussette [pusɛt] nf (pour enfant) pushchair BR, stroller US

poussière [pusjɛʀ] nf dust ▪ **tomber en ~** to crumble into dust ▪ **100 € et des ~s*** just over €100

poussiéreux, -euse [pusjeʀø, øz] adj dusty ; (fig) fusty

poussif, -ive [pusif, iv] adj [moteur] wheezing

poussin [pusɛ̃] nm **a** (= animal) chick **b** (Sport) junior

poutre [putʀ] nf beam ▪ **~s apparentes** exposed beams

poutrelle [putʀɛl] nf (en métal) girder

pouvoir [puvwaʀ]

1 vb aux **a** (permission) ▪ **tu peux le garder si tu veux** you can keep it if you like ▪ **tu peux très bien ne pas venir** you don't have to come ▪ **elle ne pourra lui rendre visite qu'une fois par semaine** she'll only be able to visit him once a week

b (demande) ▪ **puis-je emprunter votre stylo ?** could I borrow your pen? ▪ **tu peux m'ouvrir la porte, s'il te plaît ?** can you ou could you open the door for me, please?

c (possibilité) ▪ **il n'a pas pu venir** he couldn't come ▪ **il ne pourra plus jamais marcher** he will never be able to walk again ▪ **j'ai essayé de le joindre, mais je n'ai pas pu** I tried to get in touch with him but I didn't manage to

d (éventualité, hypothèse) ▪ **ça peut laisser une cicatrice** it might leave a scar ▪ **ça aurait pu être un voleur !** it could ou might have been a burglar! ▪ **il a très bien pu entrer sans qu'on le voie** he could very well have come in without anyone seeing him ▪ **qu'est-ce qu'il peut bien faire ?** what can he be doing?

e (suggestion) could ▪ **je pourrais venir te chercher** I could come and pick you up ▪ **tu aurais pu me dire ça plus tôt !** you could have told me sooner!

2 vb impers ▪ **il peut pleuvoir** it may rain ▪ **il pourrait pleuvoir** it might rain

3 vt can ▪ **il fait ce qu'il peut** he does what he can ▪ **que puis-je pour vous ?** what can I do for you? ▪ **désolé, mais je n'y peux rien** I'm sorry, but there's nothing I can do about it ▪ **je n'en peux plus** (fatigue) I'm worn out ; (énervement) I've had enough

4 **se pouvoir** vpr ▪ **ça se peut*** it's possible ▪ **tu crois qu'il va pleuvoir ? – ça se pourrait bien** do you think it's going to rain? – it might ▪ **il se peut qu'elle vienne** she may come ▪ **il se pourrait bien qu'il pleuve** it might ou could well rain

5 nm power ▪ **il fera tout ce qui est en son ~** he will do everything in his power ▪ **~ central** central government ▪ **le parti au ~** the party in power ▪ **prendre le ~** (illégalement) to seize power ▪ **le ~ exécutif/judiciaire** executive/judicial power ▪ **~ d'achat** purchasing power

pragmatique [pʀagmatik] adj pragmatic

pragmatisme [pʀagmatism] nm pragmatism

prairie [pʀeʀi] nf meadow

praline [pʀalin] nf (à la cacahuète) peanut brittle ; (Belg = chocolat) chocolate

praliné, e [pʀaline] adj [glace, crème] praline

praticable [pʀatikabl] adj [chemin] passable

praticien, -ienne [pʀatisjɛ̃, jɛn] nm,f practitioner

pratiquant, e [pʀatikɑ̃, ɑ̃t] adj practising, practicing US

po

pratique [pʀatik] **1** adj practical ; [instrument] handy ▪ **c'est très ~, j'habite à côté du bureau** it's very convenient, I live next door to the office **2** nf **a** (= application, procédé) practice ▪ **dans la ~** in practice ▪ **mettre qch en ~** to put sth into practice **b** (= expérience) practical experience **c** [de médecine, sport] practising

pratiquement [pʀatikmɑ̃] adv (= en pratique, en réalité) in practice ; (= presque) practically ▪ **~ pas/jamais** hardly/hardly ever

pratiquer [pʀatike] **1** vt **a** [+ charité, religion, profession] to practise BR, to practice US ; [+ football, golf] to play **b** [+ ouverture, trou] to make ; [+ intervention] to carry out **c** [+ méthode, système] to use **2** vi **a** [croyant] to practise BR ou practice US one's religion **b** [médecin] to be in practice

⚠ **pratiquer** ne se traduit par toujours par ***to practice***.

pré [pʀe] nm meadow

préadolescent, e [pʀeadɔlesɑ̃, ɑ̃t] **1** adj preadolescent, pre-teenage **2** nmf preadolescent, pre-teenager

préalable [pʀealabl] **1** adj [condition, étude] preliminary ; [accord, avis] prior **2** nm (= condition) precondition ▪ **au ~** first

préambule [pʀeɑ̃byl] nm [de discours, loi] preamble (*de* to) ; (= prélude) prelude (*à* to)

préau (pl **~x**) [pʀeo] nm [d'école] covered playground

préavis [pʀeavi] nm notice ▪ **~ de grève** strike notice

précaire [pʀekɛʀ] adj precarious ; [emploi] insecure

précarité [pʀekaʀite] nf precariousness ▪ **la ~ de l'emploi** lack of job security

précaution [pʀekosjɔ̃] nf **a** (= disposition) precaution ▪ **prendre des** ou **ses ~s** to take precautions ▪ **~s d'emploi** (pour médicament) precautions for use **b** (= prudence) caution ▪ **avec ~** cautiously ▪ **par ~** as a precaution ▪ **le principe de ~** the precautionary principle

précautionneux, -euse [pʀekosjɔnø, øz] adj (= prudent) cautious ; (= soigneux) careful

précédemment [pʀesedamɑ̃] adv previously

précédent, e [pʀesedɑ̃, ɑ̃t] **1** adj previous ▪ **le jour/mois ~** the previous day/month **2** nm precedent ▪ **sans ~** unprecedented

⚠ L'adjectif **précédent** ne se traduit pas par ***precedent***.

précéder [pʀesede] vt to precede ; (dans une carrière, une découverte) to get ahead of ▪ **il m'a précédé de cinq minutes** he got there five minutes before me ▪ **dans le mois qui a précédé son départ** in the month leading up to his departure

précepte [pʀesɛpt] nm precept

préchauffe* [pʀeʃof] n ▪ **se faire une ~*** to preload*

prêcher [pʀeʃe] **1** vt **a** [+ personne] to preach to **b** [+ modération, non-violence, tolérance] to advocate **2** vi to preach

précieusement [pʀesjøzmɑ̃] adv (= soigneusement) carefully

précieux, -ieuse [pʀesjø, jøz] adj **a** (= de valeur, affecté) precious **b** (= très utile) invaluable (*à* to) **c** (= cher) valued

précipice [pʀesipis] nm precipice ; (fig) abyss

précipitamment [pʀesipitamɑ̃] adv hurriedly

précipitation [pʀesipitasjɔ̃] **1** nf (= hâte) haste **2** **précipitations** nfpl (= pluies) rainfall

précipité, e [pʀesipite] adj [départ, décision] hasty

précipiter [pʀesipite] **1** vt **a** (= projeter) to throw **b** (= hâter) [+ événement] to precipitate ; [+ départ] to hasten **2** **se précipiter** vpr **a** [personne] ▪ **se ~ dans le vide** to hurl o.s. into space ▪ **se ~ du haut d'une falaise** to jump off a cliff ▪ **se ~ vers/sur** to rush towards/at **b** (= se dépêcher) to hurry

précis, e [pʀesi, iz] adj precise ; [calcul, instrument, tir, montre] accurate ; [fait, raison, but] particular ; [souvenir] clear ; [contours] distinct ▪ **rien de ~** nothing in particular

précisément [pʀesizemɑ̃] adv **a** [décrire] accurately ; [définir, déterminer, expliquer] clearly ▪ **ou plus ~** or more precisely **b** (= justement) precisely **c** (= exactement) exactly

préciser [pʀesize] **1** vt [+ idée, intention] to make clear ; [+ fait, point] to be more specific about ▪ **je vous préciserai la date plus tard** I'll let you know the exact date later ▪ **il a précisé que...** he explained that... **2** **se préciser** vpr [idée] to take shape ; [danger, intention] to become clear

précision [pʀesizjɔ̃] nf **a** precision ; [de description] accuracy ; [de contours] distinctness **b** (= détail) ▪ **j'aimerais vous demander une ~** I'd like to ask you to explain one thing ▪ **il n'a donné aucune ~** he didn't go into any detail

précoce [pʀekɔs] adj early ; [calvitie, sénilité] premature ; [enfant] precocious

préconçu, e [pʀekɔ̃sy] adj preconceived

préconiser [pʀekɔnize] vt [+ remède] to recommend ; [+ méthode, mode de vie, solution] to advocate

précurseur [prekyrsœr] nmf (= personne) forerunner

prédateur [predatœr] nm predator

prédécesseur [predesesœr] nmf predecessor

prédestiner [predɛstine] vt to predestine (*à qch* for sth, *à faire qch* to do sth)

prédicateur, -trice [predikatœr, tris] nm,f preacher

prédictible [prediktibl] adj predictable

prédiction [prediksjɔ̃] nf prediction

prédilection [predilɛksjɔ̃] nf predilection ▪ **avoir une ~ pour qch** to be partial to sth ▪ **de ~** favourite

prédire [predir] vt to predict (*à qn* for sb) ; [prophète] to foretell

prédisposition [predispozisjɔ̃] nf predisposition (*à qch* to sth) ▪ **elle avait des ~s pour la peinture** she showed a talent for painting

prédominance [predɔminɑ̃s] nf predominance ▪ **population à ~ protestante** predominantly Protestant population

prédominant, e [predɔminɑ̃, ɑ̃t] adj predominant ; [avis, impression] prevailing

prédominer [predɔmine] vi to predominate ; [avis, impression] to prevail

préenregistrer [preɑ̃r(ə)ʒistre] vt [+ son, émission] to pre-record ▪ **vous pouvez ~ vos bagages** you can check in your luggage in advance

préfabriqué, e [prefabrike] **1** adj prefabricated **2** nm (= construction) prefabricated building

préface [prefas] nf preface

préfectoral, e (mpl **-aux**) [prefɛktɔral, o] adj prefectorial

préfecture [prefɛktyr] nf prefecture ▪ **~ de police** police headquarters

préférable [preferabl] adj preferable (*à qch* to sth)

préféré, e [prefere] adj, nm,f favourite BR, favorite US

préférence [preferɑ̃s] nf preference ▪ **de ~** preferably

préférentiel, -ielle [preferɑ̃sjɛl] adj preferential

préférer [prefere] vt to prefer (*à* to) ▪ **je préfère aller au cinéma** I would rather go to the cinema ▪ **nous avons préféré attendre** we thought it better to wait

préfet, préfète [prefɛ, ɛt] nm,f prefect

préfixe [prefiks] nm prefix

préhistoire [preistwar] nf prehistory

préhistorique [preistɔrik] adj prehistoric

préinscription [preɛ̃skripsjɔ̃] nf (à l'université) preregistration (*à* at) ; (à un concours) preregistration (*à* for)

préinstallé, e [preɛ̃stale] adj (Informatique) preloaded, preinstalled

préjudice [preʒydis] nm (matériel, financier) loss ; (moral) harm *NonC* ▪ **subir un ~** (matériel) to sustain a loss ; (moral) to be wronged ▪ **porter ~ à qn** to do sb harm ; [décision] to be detrimental to sb

> ⚠ **préjudice** ne se traduit pas par ***prejudice***, qui signifie essentiellement « préjugé ».

préjugé [preʒyʒe] nm prejudice ▪ **avoir un ~ contre** to be prejudiced against ▪ **sans ~** unbiased

préjuger [preʒyʒe] **préjuger de** vt indir to prejudge

prélasser (se) [prelɑse] vpr (dans un fauteuil) to lounge ; (au soleil) to bask

prélavage [prelavaʒ] nm prewash

prélèvement [prelɛvmɑ̃] nm **a** [d'échantillon] taking *NonC* ; [d'organe] removal **b** [de somme] deduction ▪ **~ automatique** direct debit ▪ **~s obligatoires** tax and social security deductions

prélever [prel(ə)ve] vt **a** [+ échantillon, sang] to take (*sur* from) ; [+ organe] to remove **b** [+ somme] to deduct (*sur* from) **c** [+ impôt] to levy

préliminaire [preliminɛr] **1** adj preliminary **2** **préliminaires** nmpl preliminaries

prélude [prelyd] nm prelude (*à* to)

prématuré, e [prematyre] **1** adj premature **2** nm,f premature baby

préméditation [premeditasjɔ̃] nf premeditation ▪ **faire qch avec ~** to do sth deliberately

premier, -ière [prəmje, jɛr] **1** adj **a** (dans le temps, un ordre) first ; (en importance) leading ▪ **le ~ constructeur automobile européen** the leading European car manufacturer ▪ **il est toujours ~ en classe** he's always top of the class ▪ **il a été reçu ~ à l'examen** he came top in the exam **b** (= du bas) bottom ; (= du haut) top ; (= de devant) front ▪ **en première page** (Presse) on the front page **c** [cause, donnée, principe] basic ; [objectif] primary ; [état] initial, original **2** nm,f **a** (dans le temps, l'espace) first ▪ **parler/passer/arriver le ~** to speak/go/arrive first **b** (dans une hiérarchie) ▪ **il est le ~ de sa classe** he is top of his class **3** nm **a** ▪ **en ~** [arriver, parler] first ▪ **pour lui, la famille passe en ~** his family comes first **b** (= étage) first floor BR, second floor US **c** **le premier de l'an** New Year's Day **4** **première** nf **a** first ; (= vitesse) first gear **b** (Théâtre) first night ; (Ciné) première ▪ **c'est une première mondiale** it's a world first **c** (Aviat, Rail) first class ▪ **voyager en première** to travel first-class **d** ▪ **(classe de) première** ≈ lower sixth (form) BR, ≈ eleventh grade US

premièrement [pʀəmjɛʀmɑ̃] adv first

prémisse [pʀemis] nf premise

prémonition [pʀemɔnisjɔ̃] nf premonition

prémonitoire [pʀemɔnitwaʀ] adj premonitory

prémunir (se) [pʀemyniʀ] vpr to protect o.s. (*contre* from)

prenant, e [pʀənɑ̃, ɑ̃t] adj **a** (= captivant) compelling **b** (= qui prend du temps) time-consuming

prénatal, e (mpl **~s**) [pʀenatal] adj antenatal

prendre [pʀɑ̃dʀ]

1 vt **a** to take ▪ **il l'a pris dans le tiroir** he took it out of the drawer ▪ **il l'a bien/mal pris** he took it well/badly ▪ **c'est à ~ ou à laisser** take it or leave it ▪ **la réparation a pris des heures** the repair took hours ▪ **cela me prend tout mon temps** it takes up all my time

♦ **prendre qn/qch pour** (= considérer comme) to take sb/sth for ▪ **~ qch pour cible** to make sth a target

♦ **prendre sur soi** (= se maîtriser) to grin and bear it

b (= aller chercher) [+ chose] to get ▪ **(passer) ~ qn** to pick sb up

c (= s'emparer de, surprendre) to catch ▪ **se faire ~** [voleur] to be caught ▪ **qu'est-ce qui te prend ?*** what's the matter with you? ▪ **je vous y prends !** caught you!

d [+ aliment, boisson] to have ; [+ médicament] to take ▪ **prenez-vous du sucre ?** do you take sugar?

e (= acheter) to get ; (= réserver) to book ▪ **peux-tu me ~ du pain ?** can you get me some bread?

f [+ auto-stoppeur] to pick up

g (= noter) to write down ▪ **~ des notes** to take notes

h [+ air, ton] to put on

i (= faire payer) to charge ▪ **ce spécialiste prend très cher** this specialist charges very high fees

j (*) [+ coup] to get ▪ **il a pris la porte en pleine figure** the door hit him right in the face ▪ **il a pris pour les autres** he took the rap*

k (= manier) [+ personne] to handle ; [+ problème] to deal with

2 vi **a** [ciment] to set ; [mayonnaise] to thicken **b** (= réussir) [mouvement, mode] to catch on ▪ **avec moi, ça ne prend pas*** it doesn't work with me*

c [feu] to take ; (accidentellement) to start

3 se prendre vpr **a** (= se considérer) ▪ **pour qui se prend-il ?** who does he think he is? ▪ **se ~ au sérieux** to take o.s. seriously

b (= accrocher, coincer) to catch ▪ **mon manteau s'est pris dans la porte** my coat got caught in the door

c (loc)

♦ **s'en prendre à qn** to take it out on sb ; (= attaquer) to attack sb

♦ **s'y prendre** to go about it ▪ **il s'y est mal pris** he went about it the wrong way ▪ **il faut s'y ~ à l'avance** you have to do it in advance ▪ **savoir s'y ~ avec qn** to handle sb the right way

preneur, -euse [pʀənœʀ, øz] nm,f (= acheteur) buyer ▪ **trouver ~** to find a buyer ▪ **je suis ~** I'll take it

prénom [pʀenɔ̃] nm first name ; (Admin) forename, given name US

prénommer (se) [pʀenɔme] vpr to be called

préoccupation [pʀeɔkypasjɔ̃] nf **a** (= souci) worry **b** (= priorité) concern

préoccupé, e [pʀeɔkype] adj (= soucieux) worried

préoccuper [pʀeɔkype] **1** vt (= inquiéter) to worry **2 se préoccuper** vpr to worry (*de* about)

préparatifs [pʀepaʀatif] nmpl preparations (*de* for)

préparation [pʀepaʀasjɔ̃] nf preparation

préparatoire [pʀepaʀatwaʀ] adj [travail, conversation] preliminary ▪ **classe ~ (aux Grandes Écoles)** *class which prepares students for the entrance exams to the Grandes Écoles*

préparer [pʀepaʀe] **1** vt **a** (gén) to prepare ; [+ table] to lay ▪ **elle nous prépare une tasse de thé** she's making us a cup of tea ▪ **~ qn à qch/à faire qch** to prepare sb for sth/to do sth ; → **plat** **b** [+ examen] to study for **c** (= réserver) ▪ **~ une surprise à qn** to have a surprise in store for sb **2 se préparer** vpr **a** (= s'apprêter) to get ready ; (= se mettre en condition) to prepare (*à qch* for sth, *à faire qch* to do sth) **b** [orage] to be brewing

prépondérant, e [pʀepɔ̃deʀɑ̃, ɑ̃t] adj [rôle] dominating

préposé [pʀepoze] nm (= facteur) postman BR, mailman US ; [de vestiaire] attendant ▪ **~ à** in charge of

préposition [pʀepozisjɔ̃] nf preposition

préquel nm, **préquelle** nf [prekɛl] prequel

prérentrée [pReRɑ̃tRe] nf (Scol) *preparatory day for teachers before school term starts*

préretraite [pReR(ə)tRɛt] nf (= état) early retirement ▪ **partir en ~** to take early retirement

prérogative [pReRɔgativ] nf prerogative

près [pRɛ] adv (dans l'espace, dans le temps) close, near ▪ **c'est plus/moins ~ que je ne croyais** (espace) it's nearer than/further than I thought ; (temps) it's sooner than/further off than I thought ▪ **à un centimètre ~** to within about a centimetre ▪ **il n'est plus à 10 minutes ~** he can wait another 10 minutes ▪ **il voit mal de ~** he can't see very well close to ▪ **surveiller qn de ~** to keep a close watch on sb ♦ **près de** close to ▪ **elle est ~ de sa mère** (pour la soutenir) she's with her mother ▪ **il est ~ de minuit** it's close to midnight ▪ **il est ~ de la cinquantaine** he's nearly ou almost fifty ▪ **être ~ de ses sous*** to be tight-fisted ▪ **je ne suis pas ~ de partir** at this rate, I'm not likely to be going ▪ **je ne suis pas ~ de recommencer** I won't do that again in a hurry

présage [pRezaʒ] nm omen

présager [pRezaʒe] vt (= annoncer) to be a sign of ▪ **cela ne présage rien de bon** nothing good will come of it

presbyte [pRɛsbit] adj long-sighted BR, far-sighted US

presbytère [pRɛsbitɛR] nm presbytery

presbytie [pRɛsbisi] nf long-sightedness BR, far-sightedness US

prescription [pRɛskRipsjɔ̃] nf prescription ; (= recommandation) recommendation

prescrire [pRɛskRiR] vt (Méd, Droit) to prescribe ; [+ objet, méthode] to recommend ; [morale] to lay down

présence [pRezɑ̃s] nf presence ; (au bureau, à l'école) attendance ▪ **avoir de la ~** to have great presence ▪ **les forces/parties en ~** the opposing armies/parties ▪ **en ~ de** in the presence of ► **présence d'esprit** presence of mind

présent[1], **e** [pRezɑ̃, ɑ̃t] **1** adj present ▪ **gardez ceci ~ à l'esprit** keep this in mind ▪ **le ~ récit** this account **2** nm **a** (= époque) present **b** (Gram) present (tense) ▪ **au ~** in the present (tense) ▪ **~ de l'indicatif** present indicative **3** **à présent (que)** loc adv now (that)

présent[2] [pRezɑ̃] nm (littér = cadeau) gift

présentable [pRezɑ̃tabl] adj presentable

présentateur, -trice [pRezɑ̃tatœR, tRis] nm,f (Radio, TV) [de jeu, variétés] host ; [de débat] presenter ; [de nouvelles] newscaster

présentation [pRezɑ̃tasjɔ̃] nf **a** [de document, objet] presentation ▪ **sur ~ de** on presentation of **b** [de nouveau venu, conférencier] introduction ▪ **faire les ~s** to make the introductions

présentement [pRezɑ̃tmɑ̃] adv (Can = en ce moment) at present, presently US

présenter [pRezɑ̃te] **1** vt **a** [+ personne] to introduce (à to) ▪ **je vous présente ma femme** this is my wife **b** [+ billet, passeport] to show **c** [+ émission, jeu] to present **d** (= exposer) [+ problème] to explain ; [+ idées, travail] to present ▪ **présentez-lui cela avec tact** put it to him tactfully **e** [+ excuses, condoléances, félicitations] to offer **f** (= comporter) [+ avantage, intérêt] to have ; [+ risque, difficulté] to entail **g** [+ note, devis, projet de loi] to present ; [+ démission] to hand in ; [+ thèse] to submit ▪ **~ sa candidature à un poste** to apply for a job **2** **se présenter** vpr **a** (= paraître) to appear ▪ **je ne peux pas me ~ dans cette tenue** I can't appear dressed like this ▪ **se ~ chez qn** to go to sb's house **b** (= être candidat) ▪ **se ~ à** [+ examen] to take ; [+ concours] to go in for ; [+ élections] to stand BR, to run US **c** (= se faire connaître) to introduce o.s. (à to) **d** [occasion] to arise ; [difficulté] to crop up ▪ **l'affaire se présente bien/mal** things are looking good/aren't looking good

présentiel, -ielle [pRezɑ̃sjɛl] **1** adj [formation, enseignement] face-to-face *avant n*, classroom *avant n* **2** nm ▪ **formation en ~** face-to-face ou classroom learning

présentoir [pRezɑ̃twaR] nm display

préservatif [pRezɛRvatif] nm condom

> ⚠ **préservatif** ne se traduit pas par ***preservative***, qui signifie « agent conservateur ».

préservation [pRezɛRvasjɔ̃] nf preservation

préserver [pRezɛRve] vt to preserve ; [+ emploi, droits] to safeguard

présidence [pRezidɑ̃s] nf [de tribunal, État] presidency ; [de comité, réunion] chairmanship

président [pRezidɑ̃] nm **a** (Pol) president ▪ **Monsieur/Madame le ~** Mr/Madam President **b** [de conseil d'administration, commission, jury d'examen] chairman ; [de club, société savante] president ► **président-directeur général** chairman and managing director BR, chief executive officer US **c** [de tribunal] presiding judge ; [de jury] foreman

présidente [pRezidɑ̃t] nf **a** (Pol) president **b** [de conseil d'administration, commission, jury d'examen] chairwoman ; [de club, société savante] president **c** [de tribunal] presiding judge ; [de jury] forewoman

pr

présidentiable [pʀezidɑ̃sjabl] adj ▪ **être ~** to be a possible presidential candidate

présidentiel, -ielle [pʀezidɑ̃sjɛl] adj presidential

présider [pʀezide] **1** vt [+ tribunal, conseil, assemblée] to preside over ; [+ débat, séance] to chair **2** **présider à** vt indir [+ préparatifs] to direct ; [+ destinées] to rule over

présomption [pʀezɔ̃psjɔ̃] nf (= supposition) presumption ▪ **~ d'innocence** presumption of innocence

présomptueux, -euse [pʀezɔ̃ptɥø, øz] adj presumptuous

presque [pʀɛsk] adv **a** (contexte positif) almost ▪ **~ à chaque pas** at almost every step **b** (contexte négatif) hardly ▪ **~ personne/rien** hardly anyone/anything ▪ **ça n'arrive ~ jamais** it hardly ever happens

presqu'île [pʀɛskil] nf peninsula

pressant, e [pʀesɑ̃, ɑ̃t] adj [besoin, demande] urgent

presse [pʀɛs] nf press ▪ **~ à scandale** gutter press ▪ **la ~ féminine** women's magazines ▪ **avoir bonne/mauvaise ~** to be well/badly thought of

pressé, e [pʀese] adj **a** [personne] ▪ **être ~ (de faire qch)** to be in a hurry (to do sth) **b** (= urgent) urgent

presse-citron (pl **~s**) [pʀɛssitʀɔ̃] nm lemon squeezer

pressentiment [pʀesɑ̃timɑ̃] nm premonition

pressentir [pʀesɑ̃tiʀ] vt **a** [+ danger] to sense ▪ **~ que...** to have a feeling that... **b** [+ personne] ▪ **il a été pressenti pour le poste** he has been sounded out about taking the job

presse-papier(s) (pl **presse-papiers**) [pʀɛspapje] nm paperweight

presser [pʀese] **1** vt **a** [+ éponge, fruit] to squeeze ; [+ raisin] to press ▪ **un citron pressé** (= boisson) a glass of freshly-squeezed lemon juice **b** (= hâter) to speed up ▪ **~ le pas** ou **l'allure** to speed up **c** (= harceler) to put pressure on **2** vi (= être urgent) to be urgent ▪ **le temps presse** time is short ▪ **rien ne presse** there's no hurry **3** **se presser** vpr **a** (= se hâter) to hurry up **b** ▪ **la foule se pressait autour de lui** people crowded round him

pressing [pʀesiŋ] nm (= teinturerie) dry-cleaner's

pression [pʀesjɔ̃] nf **a** pressure ▪ **~ atmosphérique** atmospheric pressure ▪ **être sous ~** (excès de travail) to be under pressure ▪ **faire ~ sur qn (pour qu'il fasse qch)** to put pressure on sb (to do sth) **b** ▪ **bière ~** draught BR ou draft US beer ▪ **deux ~(s)*, s'il vous plaît** two beers, please

pressurer [pʀesyʀe] vt [+ fruit] to press ; [+ personne] to pressurize

pressurisé, e [pʀesyʀize] adj [cabine] pressurized

prestance [pʀɛstɑ̃s] nf presence

prestataire [pʀɛstatɛʀ] nm [d'allocations] person receiving benefits ▪ **~ de services** service provider

prestation [pʀɛstasjɔ̃] nf **a** (= allocation) benefit ▸ **prestations sociales** social security benefits BR, welfare payments US **b** [d'artiste, sportif] performance

prestidigitateur, -trice [pʀɛstidiʒitatœʀ, tʀis] nm,f conjurer

prestidigitation [pʀɛstidiʒitasjɔ̃] nf conjuring ▪ **tour de ~** conjuring trick

prestige [pʀɛstiʒ] nm prestige ▪ **de ~** [politique, opération] prestige

prestigieux, -ieuse [pʀɛstiʒjø, jøz] adj prestigious

présumer [pʀezyme] **1** vt to presume ▪ **le meurtrier présumé** the alleged killer **2** **présumer de** vt indir to overestimate

présupposé [pʀesypoze] nm presupposition

prêt¹, prête [pʀɛ, pʀɛt] adj **a** (= préparé) ready (*à qch* for sth, *à faire qch* to do sth) ▪ **il est ~ à tout** (criminel) he'll do anything **b** (= disposé) ▪ **~ à** willing to

prêt² [pʀɛ] nm (= somme) loan ▸ **prêt immobilier** ≈ mortgage

prêt-à-porter (pl **prêts-à-porter**) [pʀɛtapɔʀte] nm ready-to-wear clothes

prétendant [pʀetɑ̃dɑ̃] nm (= prince) pretender ; (= galant) suitor

prétendre [pʀetɑ̃dʀ] **1** vt **a** (= affirmer) to claim ▪ **il se prétend médecin** he claims he's a doctor ▪ **à ce qu'il prétend** according to what he says **b** (= avoir la prétention de) ▪ **tu ne prétends pas le faire tout seul ?** you don't imagine you can do it on your own? **2** **prétendre à** vt indir [+ honneurs, emploi] to aspire to

> ⚠ **prétendre** ne se traduit pas par ***to pretend***, qui signifie « faire semblant ».

prétendu, e [pʀetɑ̃dy] adj [ami, expert] so-called

prête-nom (pl **~s**) [pʀɛtnɔ̃] nm frontman

prétentieux, -ieuse [pʀetɑ̃sjø, jøz] adj pretentious

prétention [pʀetɑ̃sjɔ̃] nf **a** (= exigence) claim ▪ **avoir des ~s à** ou **sur** to lay claim to ▪ **écrire avec CV et ~s** write enclosing CV and stating expected salary **b** (= ambition) pretension ■ **sans ~** [maison, repas] unpretentious c (= vanité) pretentiousness

prêter [pʀete] 1 vt a [+ objet, argent] to lend ■ **~ qch à qn** to lend sth to sb b (= attribuer) to attribute c [+ aide, appui] to give ■ **~ main-forte à qn** to lend sb a hand ■ **~ attention à** to pay attention to ■ **~ l'oreille** to listen ■ **~ serment** to take an oath 2 **prêter à** vt indir ■ **sa conduite prête à rire** his behaviour is laughable 3 **se prêter** vpr a (= consentir) ■ **se ~ à** [+ expérience] to participate in b (= s'adapter) ■ **se ~ à qch** to lend itself to sth

prétérit [pʀeteʀit] nm preterite (tense) ■ **au ~** in the preterite (tense)

prêteur, -euse [pʀɛtœʀ, øz] 1 adj unselfish ■ **il n'est pas très ~** he doesn't like lending people things 2 nm,f lender ■ **~ sur gages** pawnbroker

prétexte [pʀetɛkst] nm pretext ■ **sous ~ d'aider son frère** on the pretext of helping his brother ■ **sous aucun ~** on no account

prétexter [pʀetɛkste] vt to give as a pretext ■ **en prétextant que...** on the pretext that...

prêtre [pʀɛtʀ] nm priest

preuve [pʀœv] nf proof ■ **jusqu'à ~ (du) contraire** until we find proof to the contrary ■ **c'est une ~ de bonne volonté** it's proof of his good intentions ■ **faire ~ de** to show ■ **faire ses ~s** [personne] to prove o.s. ; [technique] to prove its worth

prévaloir [pʀevalwaʀ] vi to prevail

prévenant, e [pʀev(ə)nɑ̃, ɑ̃t] adj considerate (*envers* to)

prévenir [pʀev(ə)niʀ] vt a (= avertir) to warn (*de qch* about sth) ; (= aviser) to inform (*de qch* about sth) ; [+ médecin, police] to call ■ **partir sans ~** to leave without warning b (= empêcher) to prevent c [+ désir] to anticipate ; [+ objection] to forestall

préventif, -ive [pʀevɑ̃tif, iv] adj [mesure, médecine] preventive

prévention [pʀevɑ̃sjɔ̃] nf prevention ■ **~ routière** road safety

prévenu, e [pʀev(ə)ny] nm,f (Droit) defendant

prévisible [pʀevizibl] adj [réaction, résultat, personne] predictable ; [événement, évolution] foreseeable

prévision [pʀevizjɔ̃] nf ■ **~s** (= prédictions) predictions ; (Fin, Météo) forecast ■ **en ~ de** in anticipation of

prévisionniste [pʀevizjɔnist] nmf (economic) forecaster

prévoir [pʀevwaʀ] vt a [+ événement, conséquence] to foresee ; [+ temps] to forecast ; [+ réaction, contretemps] to expect ■ **nous n'avions pas prévu qu'il refuserait** we hadn't anticipated that he'd refuse ■ **rien ne laissait ~ que...** there was nothing to suggest that... ■ **plus tôt que prévu** earlier than expected b (= projeter) to plan ■ **comme prévu** as planned ■ **je n'ai rien de prévu ce soir** I have nothing on this evening c (= préparer, envisager) to allow ■ **il vaut mieux ~ quelques bouteilles de plus** you'd better allow a few extra bottles ■ **tout est prévu pour l'arrivée de nos hôtes** we're all set for the arrival of our guests d (Droit) [loi, règlement] to make provision for

prévoyant, e [pʀevwajɑ̃, ɑ̃t] adj provident

prévu, e [pʀevy] ptp de **prévoir**

prier [pʀije] 1 vt a [+ Dieu, saint] to pray to b (= implorer) to beg ■ **il ne s'est pas fait ~** he was only too willing ■ **je vous en prie, je t'en prie** (= de grâce) please ; (= faites/fais donc) of course ; (= de rien) you're welcome c (= demander) to ask ■ **~ qn de faire qch** to ask sb to do sth ■ **je vous prie de sortir** will you please leave the room 2 vi to pray

prière [pʀijɛʀ] nf prayer ; (= demande) entreaty ■ **~ de...** please...

primaire [pʀimɛʀ] 1 adj a (gén) primary b (péj) [personne] simple-minded ; [raisonnement] simplistic 2 nm (= cycle) primary school

primat [pʀima] nm (Rel) primate

primate [pʀimat] nm (= animal) primate

primauté [pʀimote] nf primacy (*sur* over)

prime[1] [pʀim] nf a (= cadeau) ■ **donné en ~ avec qch** given away with sth b (= bonus) bonus ; (= indemnité) allowance ■ **~ de fin d'année** Christmas bonus ■ **~ de licenciement** redundancy payment c (Assurances, Bourse) premium

prime[2] [pʀim] adj (Math) prime ■ **de ~ abord** at first glance

primer [pʀime] 1 vt a (= surpasser) to prevail over b (= récompenser) to award a prize to 2 vi (= passer avant) to be of prime importance

primeur [pʀimœʀ] 1 nf ■ **avoir la ~ d'une nouvelle** to be the first to hear a piece of news 2 **primeurs** nfpl early fruit and vegetables

primevère [pʀimvɛʀ] nf primrose

primitif, -ive [pʀimitif, iv] adj primitive ; (= originel) original

primo [pʀimo] adv first

primoaccédant, e [pʀimoaksedɑ̃, ɑ̃t] nm,f ■ **~ (à la propriété)** first-time (home-)buyer

primordial, e (mpl **-iaux**) [pʀimɔʀdjal, jo] adj essential ; [rôle] key *avant n*

prince [pʀɛ̃s] nm prince ► **le Prince charmant** Prince Charming

princesse [pʀɛ̃sɛs] nf princess

princier, -ière [pʀɛ̃sje, jɛʀ] adj princely

principal, e (mpl **-aux**) [pʀɛ̃sipal, o] **1** adj main ; [personnage, rôle] leading **2** nm **a** [d'établissement scolaire] headmaster BR, principal US **b** (= chose importante) ▪ **c'est le ~** that's the main thing **3** **principale** nf **a** (= proposition) main clause **b** [d'établissement scolaire] headmistress BR, principal US

principalement [pʀɛ̃sipalmɑ̃] adv principally

principauté [pʀɛ̃sipote] nf principality

principe [pʀɛ̃sip] nm **a** (= règle) principle ▪ **avoir pour ~ de faire qch** to make it a principle to do sth ▪ **pour le ~, par ~** on principle ▪ **en ~** (= théoriquement) in principle **b** (= hypothèse) ▪ **partir du ~ que...** to work on the assumption that...

printanier, -ière [pʀɛ̃tanje, jɛʀ] adj spring *avant n* ; [atmosphère] spring-like

printemps [pʀɛ̃tɑ̃] nm spring ▪ **au ~** in spring ▸ **le printemps arabe** the Arab Spring

prioritaire [pʀijɔʀitɛʀ] adj [projet, opération] priority *avant n* ▪ **être ~** to have priority ; (sur la route) to have right of way

priorité [pʀijɔʀite] nf **a** priority ▪ **donner la ~ à qch** to give priority to sth **b** (sur la route) right of way (*sur* over) ▪ **~ à droite** (panneau) give way to the vehicles on your right

pris, prise[1] [pʀi, pʀiz] adj **a** (= occupé) [place] taken ; [personne] busy ▪ **avoir les mains ~es** to have one's hands full ▪ **~ de remords** overcome with remorse **b** [nez] blocked ; [gorge] hoarse

prise[2] [pʀiz] **1** nf **a** (= moyen d'empoigner) hold *NonC* ; (pour soulever, faire levier) purchase *NonC* ; (= influence) influence (*sur* over) ▪ **~ de judo** judo hold ▪ **donner ~ à** to give rise to ▪ **être aux ~s avec des difficultés** to be grappling with difficulties **b** (Chasse, Pêche) catch ; [de contrebande, drogue] seizure **c** ▪ **~ (de courant)** (mâle) plug ; (femelle, au mur) socket ▪ **~ multiple** adaptor **d** (= fait de prendre) ▪ **faire une ~ de sang à qn** to take a blood sample from sb **2** comp ▸ **prise d'air** air inlet ▸ **prise d'eau** water supply point ▸ **prise de son** sound recording ▸ **prise de vues** (Ciné, TV) filming

prisé, e [pʀize] adj (= apprécié) ▪ **très ~** highly prized

prisme [pʀism] nm prism

prison [pʀizɔ̃] nf prison ▪ **mettre qn en ~** to send sb to prison ▪ **faire de la ~** to go to ou be in prison

prisonnier, -ière [pʀizɔnje, jɛʀ] **1** adj [soldat] captive ▪ **être ~** (= enfermé) to be trapped **2** nm,f prisoner ▪ **faire qn ~** to take sb prisoner

privatif, -ive [pʀivatif, iv] adj (= privé) private ▪ **avec jardin ~** with private garden

privations [pʀivasjɔ̃] nfpl (= sacrifices) privation

privatisation [pʀivatizasjɔ̃] nf privatization

privatiser [pʀivatize] vt to privatize

privé, e [pʀive] **1** adj private ; [télévision, radio] independent **2** nm **a** ▪ **le ~** (= secteur) the private sector **b** (* = détective) private eye* **c** ▪ **en ~** in private

priver [pʀive] **1** vt ▪ **~ qn de qch** to deprive sb of sth ▪ **il a été privé de dessert** he wasn't allowed dessert **2** **se priver** vpr (par économie) to go without ▪ **se ~ de qch** to go without sth ▪ **il ne s'est pas privé de le dire** he didn't hesitate to say it

privilège [pʀivilɛʒ] nm privilege

privilégié, e [pʀivileʒje] **1** adj privileged **2** nm,f privileged person

privilégier [pʀivileʒje] vt to favour BR, to favor US

prix [pʀi] nm **a** [d'objet, produit] price ; [de location, transport] cost ▪ **à bas ~** [acheter, vendre] cheaply ▪ **ça n'a pas de ~** it's priceless ▪ **je vous fais un ~ (d'ami)** I'll let you have it cheap ▪ **il faut y mettre le ~** you have to be prepared to pay for it ▪ **c'est dans mes ~** that's within my price range ▪ **hors de ~** outrageously expensive ▪ **à tout ~** at all costs ▪ **à aucun ~** on no account ▪ **au ~ de grands sacrifices** after many sacrifices ▸ **prix coûtant** cost price ▸ **prix de détail** retail price ▸ **prix de gros** wholesale price ▸ **prix de revient** cost price ▸ **prix unitaire** unit price **b** (= récompense) prize ▪ **le ~ Nobel de la paix** the Nobel Peace Prize **c** (Courses) race ▪ **Grand Prix (automobile)** Grand Prix

proactif, -ive [pʀɔaktif, iv] adj proactive

probabilité [pʀɔbabilite] nf probability ▪ **selon toute ~** in all probability

probable [pʀɔbabl] adj probable ▪ **il est ~ qu'il gagnera** he'll probably win ▪ **il est peu ~ qu'il vienne** he's unlikely to come

probablement [pʀɔbabləmɑ̃] adv probably

probant, e [pʀɔbɑ̃, ɑ̃t] adj convincing

problématique [pʀɔblematik] **1** adj problematic **2** nf problem

problématiser [pʀɔblematize] vt to problematize

problème [pʀɔblɛm] nm problem ▪ **pas de ~ !*** no problem! ▪ **à ~s** [peau, enfant] problem *avant n*

procédé [pʀɔsede] nm **a** (= méthode) process **b** ▪ **~s** (= conduite) behaviour BR *NonC*, behavior US *NonC*

procéder [pʀɔsede] **1** vi to proceed ; (moralement) to behave **2** **procéder à** vt indir [+ enquête, expérience] to conduct ▪ **~ au vote** to take a vote

procédure [pʀɔsedyʀ] nf procedure

procès [pʀɔsɛ] nm proceedings ; [de cour d'assises] trial ▪ **intenter un ~ à qn** to start proceedings against sb ▪ **gagner/perdre son ~** to win/lose one's case

processeur [pʀɔsesœʀ] nm processor

procession [pʀɔsesjɔ̃] nf procession

processus [pʀɔsesys] nm process

procès-verbal (pl **procès-verbaux**) [pʀɔsɛvɛʀbal, o] nm (= compte rendu) minutes ; (de contravention) statement

prochain, e [pʀɔʃɛ̃, ɛn] **1** adj **a** (= suivant) next ▪ **lundi ~** next Monday ▪ **à la ~e !*** see you!* **b** (= proche) impending ; [mort] imminent **2** nm (= semblable) fellow man ; (Rel) neighbour BR, neighbor US

prochainement [pʀɔʃɛnmɑ̃] adv soon

proche [pʀɔʃ] **1** adj **a** (dans l'espace) nearby *avant n* ▪ **être (tout) ~** to be (very) near ▪ **le magasin le plus ~** the nearest shop **b** [mort, départ] imminent ▪ **dans un ~ avenir** in the near future ▪ **être ~** [fin, but] to be drawing near **c** [ami, parent] close (*de* to) **d** ▪ **~ de** (= semblable à) closely related to **2** **proches** nmpl close relations

Proche-Orient [pʀɔʃɔʀjɑ̃] nm ▪ **le ~** the Near East

proclamation [pʀɔklamasjɔ̃] nf [de résultats] announcement ; [d'indépendance] declaration

proclamer [pʀɔklame] vt [+ république, innocence] to proclaim ; [+ résultats] to announce

procréation [pʀɔkʀeasjɔ̃] nf (littér) procreation (littér), reproduction ▪ **~ médicale(ment) assistée** assisted reproduction

procuration [pʀɔkyʀasjɔ̃] nf (pour voter, représenter qn) proxy ▪ **par ~** by proxy

procurer [pʀɔkyʀe] **1** vt **a** (= faire obtenir) ▪ **~ qch à qn** to get sth for sb **b** [+ joie, ennuis] to bring **2** **se procurer** vpr to get

procureur [pʀɔkyʀœʀ] nmf ▪ **~ (de la République)** public prosecutor ▪ **~ général** public prosecutor *(in appeal courts)*

prodige [pʀɔdiʒ] **1** nm (= événement) wonder ; (= personne) prodigy **2** adj ▪ **enfant ~** child prodigy

prodigieux, -ieuse [pʀɔdiʒjø, jøz] adj prodigious

prodiguer [pʀɔdige] vt ▪ **~ des conseils à qn** to give sb lots of advice ▪ **~ des soins à qn** to lavish care on sb

producteur, -trice [pʀɔdyktœʀ, tʀis] **1** adj ▪ **pays ~ de pétrole** oil-producing country **2** nm,f producer

productif, -ive [pʀɔdyktif, iv] adj productive

production [pʀɔdyksjɔ̃] nf production

productivité [pʀɔdyktivite] nf productivity

produire [pʀɔdɥiʀ] **1** vt to produce ; [+ sensation] to cause ▪ **~ une bonne/mauvaise impression sur qn** to make a good/bad impression on sb **2** **se produire** vpr **a** (= survenir) to happen ; [cas] to come up **b** [acteur, chanteur] to perform

produit [pʀɔdɥi] nm product ; [de collecte] proceeds ▪ **~s** (agricoles) produce ; (industriels) goods ▸ **produits alimentaires** foodstuffs ▸ **produits de beauté** cosmetics ▸ **produit chimique** chemical ▸ **produit d'entretien** cleaning product ▸ **produit intérieur brut** gross domestic product ▸ **produit national brut** gross national product

proéminent, e [pʀɔeminɑ̃, ɑ̃t] adj prominent

prof* [pʀɔf] nmf abrév de **professeur**

profane [pʀɔfan] **1** adj **a** (= non spécialiste) ▪ **je suis ~ en la matière** I don't know much about the subject **b** (= non religieux) secular **2** nmf layman

profaner [pʀɔfane] vt **a** [+ sépulture] to desecrate **b** [+ souvenir, nom] to defile

proférer [pʀɔfeʀe] vt to utter

professer [pʀɔfese] vt to profess

professeur [pʀɔfesœʀ] nmf teacher ; (Univ) ≈ lecturer BR, ≈ instructor US ; (avec chaire) professor ▪ **~ de piano** piano teacher ▸ **professeur des écoles** primary school teacher

profession [pʀɔfesjɔ̃] nf (= métier) occupation ▪ **« sans ~ »** (Admin) "unemployed" ▸ **profession libérale** profession

professionnaliser [pʀɔfesjɔnalize] vt to professionalize

professionnalisme [pʀɔfesjɔnalism] nm professionalism

professionnel, -elle [pʀɔfesjɔnɛl] **1** adj **a** [activité, maladie] occupational ; [lycée] technical ; [secret] professional **b** [écrivain, sportif] professional **2** nm,f professional ▪ **les ~s du tourisme** people in the tourist industry

professorat [pʀɔfesɔʀa] nm ▪ **le ~** the teaching profession

profil [pʀɔfil] nm profile ; [d'édifice] outline ; [de voiture] line ▪ **de ~** in profile

profilé, e [pʀɔfile] adj streamlined

profiler [pʀɔfile] **1** vt (= rendre aérodynamique) to streamline **2** **se profiler** vpr to stand out (*sur, contre* against) ; [ennuis, solution] to emerge

pr

profileur, -euse [pʀɔfilœʀ, øz] nm,f profiler

profit [pʀɔfi] nm a (= gain) profit b (= avantage) benefit ▪ **tirer ~ de** [+ leçon, affaire] to benefit from ▪ **mettre à ~** [+ temps libre] to make the most of ▪ **collecte au ~ des aveugles** collection in aid of the blind

profitable [pʀɔfitabl] adj beneficial ▪ **le stage lui a été très ~** he got a lot out of the course

profiter [pʀɔfite] **profiter de** vt indir [+ situation, occasion, crédulité] to take advantage of ; [+ jeunesse, vacances] to make the most of ▪ **elle en a profité pour se sauver** she took advantage of the opportunity to slip away

profiteur, -euse [pʀɔfitœʀ, øz] nm,f profiteer

profond, e [pʀɔfɔ̃, ɔ̃d] 1 adj a deep ▪ **peu ~** [eau, vallée, puits] shallow ; [coupure] superficial ▪ **~ de 3 mètres** 3 metres deep b (= grand, extrême) deep ; [malaise, changement] profound c [cause, signification] underlying ▪ **la France ~e** (des campagnes) rural France d [réflexion, remarque] profound 2 adv [creuser] deep 3 nm ▪ **au plus ~ de** in the depths of

profondément [pʀɔfɔ̃demɑ̃] adv deeply ; [bouleversé, convaincu] utterly ; [différent, influencé] profoundly ; [dormir] soundly ; [creuser, pénétrer] deep

profondeur [pʀɔfɔ̃dœʀ] nf a depth ▪ **avoir 10 mètres de ~** to be 10 metres deep ▪ **à 10 mètres de ~** 10 metres down b [de personne, esprit, remarque] profundity ; [de sentiment] depth ▪ **en ~** [réformer] radically ; [nettoyage] thorough ; [réforme] radical

profusion [pʀɔfyzjɔ̃] nf [de fleurs] profusion ; [d'idées, conseils, lumière] abundance ▪ **nous en avons à ~** we've got plenty

progéniture [pʀɔʒenityʀ] nf offspring

progiciel [pʀɔʒisjɛl] nm software package

programmable [pʀɔgʀamabl] adj programmable ; [touche] user-definable

programmateur, -trice [pʀɔgʀamatœʀ, tʀis] 1 nm,f (Radio, TV) programme BR ou program US planner 2 nm (= appareil) time switch ; [de four] timer

programmation [pʀɔgʀamasjɔ̃] nf programming

programmatique [pʀɔgʀamatik] adj programmatic ▪ **document ~** policy document

programme [pʀɔgʀam] nm a (gén) programme BR, program US ▪ **au ~** on the programme ▪ **c'est tout un ~ !*** that'll take some doing! b (= brochure) [de radio, télévision] guide c (Scol) [de matière] syllabus ; [de classe, école] curriculum ▪ **les œuvres au ~** the set BR ou assigned US books d (= emploi du temps) timetable ▪ **j'ai un ~ très chargé** I have a very busy timetable e (Informatique) program

programmer [pʀɔgʀame] vt a [+ émission] to schedule ; [+ magnétoscope] to set ; [+ ordinateur] to program b (= prévoir, organiser) to plan

programmeur, -euse [pʀɔgʀamœʀ, øz] nm,f programmer

progrès [pʀɔgʀɛ] nm progress *NonC* ▪ **faire des ~** to make progress ▪ **les ~ de la médecine** advances in medicine ▪ **être en ~** [élève, résultats] to be improving

progresser [pʀɔgʀese] vi a [élève] to make progress b [ventes, chômage] to rise ; [criminalité, délinquance] to be on the increase ▪ **~ dans les sondages** to gain ground in the polls c [ennemi, science] to advance ; [maladie] to progress

progressif, -ive [pʀɔgʀesif, iv] adj progressive

progression [pʀɔgʀesjɔ̃] nf [d'élève, maladie] progress ; [d'ennemi, idées] advance ; [de racisme] growth ▪ **être en ~** [chiffre d'affaires, chômage] to be increasing

progressivement [pʀɔgʀesivmɑ̃] adv gradually

prohiber [pʀɔibe] vt to prohibit

prohibitif, -ive [pʀɔibitif, iv] adj [prix] prohibitive

prohibition [pʀɔibisjɔ̃] nf prohibition

proie [pʀwa] nf prey *NonC* ▪ **être la ~ de** to fall victim to ▪ **la maison était la ~ des flammes** the house was engulfed in flames ▪ **être en ~ à** [+ guerre, crise, difficultés] to be plagued by ; [+ doute] to be prey to ; [+ douleur, désespoir] to be racked by

projecteur [pʀɔʒɛktœʀ] nm a [de diapositives, film] projector b (= lumière) [de théâtre] spotlight ; [de monument public, stade] floodlight

projectile [pʀɔʒɛktil] nm projectile ; (= missile) missile

projection [pʀɔʒɛksjɔ̃] nf a [de film] screening b [de liquide, vapeur] discharge ; [de pierres] throwing *NonC* c (= prévision) forecast

projectionniste [pʀɔʒɛksjɔnist] nmf projectionist

projet [pʀɔʒɛ] nm a (= dessein, intention) plan ▪ **faire des ~s d'avenir** to make plans for the future b (= ébauche) [de maison, ville] plan ▪ **~ de loi** bill c (= travail en cours) project

projeter [pʀɔʒ(ə)te] vt a (= envisager) to plan (*de faire* to do) b [+ gravillons] to throw up ; [+ étincelles] to throw off c [+ ombre, reflet] to cast ; [+ film, diapositive] to show

prolétaire [pʀɔletɛʀ] nmf proletarian

prolétariat [pʀɔletaʀja] nm proletariat

proliférer [pʀɔlifeʀe] vi to proliferate

prolifique [pʀɔlifik] adj prolific

prologue [pʀɔlɔg] nm prologue (à to)

prolongation [pʀɔlɔ̃gasjɔ̃] nf **1** nf extension **2** **prolongations** nfpl (Sport) extra time *NonC* BR, overtime *NonC* US

prolongé, e [pʀɔlɔ̃ʒe] adj prolonged ■ **exposition ~e au soleil** prolonged exposure to the sun ■ **week-end ~** long weekend ■ **« pas d'utilisation ~e sans avis médical »** "not for prolonged use without medical advice"

prolongement [pʀɔlɔ̃ʒmɑ̃] nm **a** [de ligne de métro, route, période] extension ■ **cette rue est dans le ~ de l'autre** this street is the continuation of the other **b** (= suite) [d'affaire, politique] repercussion

prolonger [pʀɔlɔ̃ʒe] **1** vt to extend ; [+ vie] to prolong **2** **se prolonger** vpr [attente, situation] to go on ; [débat] to last

promenade [pʀɔm(ə)nad] nf **a** (à pied) walk ; (en voiture) drive ; (en vélo, à cheval) ride ■ **faire une ~** to go for a walk (ou drive, etc) ■ **ça n'a pas été une ~ de santé** it was no walk in the park, it was no picnic* **b** (= avenue) walk

promener [pʀɔm(ə)ne] **1** vt ■ **(emmener) ~ qn** to take sb for a walk ■ **~ le chien** to walk the dog ■ **~ son regard sur qch** to cast one's eyes over sth **2** **se promener** vpr (= aller en promenade) to go for a walk (ou drive, etc)

promeneur, -euse [pʀɔm(ə)nœʀ, øz] nm,f walker

promesse [pʀɔmɛs] nf promise ■ **~ de vente** sales agreement ■ **faire une ~** to make a promise ■ **manquer à/tenir sa ~** to break/to keep one's promise

prometteur, -euse [pʀɔmetœʀ, øz] adj promising

promettre [pʀɔmɛtʀ] **1** vt to promise (*de faire* to do) ■ **je lui ai promis un cadeau** I promised him a present ■ **cet enfant promet** this child shows promise ■ **ça promet !** (iro) that's a good start! (iro) **2** **se promettre** vpr (à soi-même) ■ **se ~ de faire qch** to resolve to do sth

promis, e [pʀɔmi, iz] adj **a** (= assuré) promised ■ **tu le feras ? – ~ !** you'll do it? – yes, I promise! **b** (= destiné) ■ **être ~ à un bel avenir** to be destined for great things

promiscuité [pʀɔmiskɥite] nf lack of privacy *NonC*

promontoire [pʀɔmɔ̃twaʀ] nm headland

promoteur, -trice [pʀɔmɔtœʀ, tʀis] nm,f (= instigateur) promoter ■ **~ (immobilier)** property developer

promotion [pʀɔmosjɔ̃] nf **a** (= avancement, encouragement) promotion **b** (Scol) year BR, class US **c** (= réclame) special offer ■ **en ~** on special offer

promotionnel, -elle [pʀɔmosjɔnɛl] adj ■ **offre ~le** special offer BR, special US

promouvoir [pʀɔmuvwaʀ] vt to promote ■ **il a été promu directeur** he was promoted to manager

prompt, prompte [pʀɔ̃(pt), pʀɔ̃(p)t] adj prompt

promulguer [pʀɔmylge] vt to promulgate

prôner [pʀone] vt to advocate

pronom [pʀɔnɔ̃] nm pronoun

pronominal, e (mpl **-aux**) [pʀɔnɔminal, o] adj pronominal ■ **(verbe) ~** reflexive (verb)

prononcé, e [pʀɔnɔ̃se] adj [accent, goût] strong

prononcer [pʀɔnɔ̃se] **1** vt **a** (= articuler) to pronounce ■ **mal ~ un mot** to mispronounce a word **b** (= dire) [+ parole, nom] to say ; [+ discours] to make **c** [+ sentence] to pass **2** **se prononcer** vpr (= se décider) to come to a decision (*sur* on, about) ; (= s'exprimer) to express an opinion (*sur* on)

prononciation [pʀɔnɔ̃sjasjɔ̃] nf pronunciation

pronostic [pʀɔnɔstik] nm forecast ; (Méd) prognosis ; (Courses) tip ■ **le ~ vital est engagé** it could be life-threatening

propagande [pʀɔpagɑ̃d] nf propaganda

propager [pʀɔpaʒe] **1** vt [+ nouvelle, maladie, rumeur] to spread **2** **se propager** vpr **a** (= se répandre) to spread **b** [onde] to be propagated **c** [espèce] to propagate

prophète [pʀɔfɛt] nm prophet

prophétie [pʀɔfesi] nf prophecy

propice [pʀɔpis] adj favourable BR, favorable US ■ **attendre le moment ~** to wait for the right moment ■ **un climat ~ à la négociation** an atmosphere conducive to negotiation

proportion [pʀɔpɔʀsjɔ̃] nf proportion ■ **hors de ~** out of proportion ■ **toute(s) ~(s) gardée(s)** relatively speaking ■ **il a un poste élevé et un salaire en ~** he has a top position and a correspondingly high salary

proportionné, e [pʀɔpɔʀsjɔne] adj ■ **~ à** proportionate to ■ **bien ~** well-proportioned

proportionnel, -elle [pʀɔpɔʀsjɔnɛl] **1** adj proportional ■ **~ à** in proportion to ■ **inversement ~ à** in inverse proportion to **2** **proportionnelle** nf proportional ■ **élu à la ~le** elected by proportional representation

propos [pʀɔpo] nm **a** (gén pluriel) words ■ **tenir des ~ désobligeants** to make offensive remarks **b** (littér = intention) intention ♦ **à propos** [arriver] at the right moment ; (= au fait) incidentally, by the way ♦ **à propos de** about ♦ **à ce propos** in this connection ♦ **hors de propos** irrelevant

pr

proposer [pʀɔpoze] **1** vt **a** (= suggérer) to suggest ▪ **~ qch à qn** to suggest sth to sb ▪ **je vous propose de passer me voir** I suggest you come round and see me **b** (= offrir) to offer ▪ **~ qch à qn** to offer sb sth ▪ **je lui ai proposé de la raccompagner** I offered to see her home **2** **se proposer** vpr **a** (= offrir ses services) to offer one's services **b** (= envisager) ▪ **se ~ de faire qch** to intend to do sth

> ⚠ Au sens de « offrir », **proposer** ne se traduit pas par ***to propose***.

proposition [pʀɔpozisjɔ̃] nf **a** (= suggestion) proposal ▪ **~ de loi** private bill, private member's bill BR ▪ **faire une ~ à qn** to make sb a proposition **b** (= phrase) clause

propre[1] [pʀɔpʀ] **1** adj **a** (= pas sali, nettoyé) clean **b** (= soigné) neat **c** [chien, chat] house-trained ; [enfant] toilet-trained ; [moteur, voiture, produit] clean **2** nm ▪ **recopier qch au ~** to copy sth out neatly ▪ **c'est du ~ !*** (comportement) what a way to behave!

> ⚠ **propre** ne se traduit pas par ***proper***, qui signifie « convenable » ou « véritable ».

propre[2] [pʀɔpʀ] **1** adj **a** (intensif possessif) own ▪ **il a sa ~ voiture** he's got his own car **b** (= spécifique) ▪ **~ à** characteristic of **c** (= qui convient) suitable (*à* for) ▪ **le mot ~** the right word **d** (= propice) ▪ **une musique ~ au recueillement** a type of music conducive to meditation **2** nm **a** (= qualité distinctive) ▪ **la parole est le ~ de l'homme** speech is the distinguishing feature of human beings **b** ▪ **au ~** (= non figuré) in the literal sense

> ⚠ **propre** ne se traduit pas par ***proper***, qui signifie « convenable » ou « véritable ».

proprement [pʀɔpʀəmɑ̃] adv **a** (= avec propreté) cleanly ; (= avec netteté) neatly **b** (= spécifiquement) ▪ **à ~ parler** strictly speaking ▪ **le village ~ dit** the actual village **c** (= vraiment) absolutely

propreté [pʀɔpʀəte] nf cleanliness ; [de travail, exécution] neatness

propriétaire [pʀɔpʀijetɛʀ] **1** nm owner ; [de location] landlord ▪ **~ terrien** landowner **2** nf owner ; [de location] landlady **3** adj [logiciel] proprietary

propriété [pʀɔpʀijete] nf **a** (= droit) ownership **b** (= immeuble, maison) property ; (= terres) land *NonC* ▸ **propriété privée** private property **c** (= qualité) property

propulser [pʀɔpylse] vt **a** [+ missile] to propel **b** (= projeter) to hurl

propulsion [pʀɔpylsjɔ̃] nf propulsion ▪ **à ~ nucléaire** nuclear-powered

prorata [pʀɔʀata] nm inv ▪ **au ~ de** in proportion to

proroger [pʀɔʀɔʒe] vt (= prolonger) [+ délai, durée] to extend ; (= reporter) [+ échéance] to defer

prosaïque [pʀozaik] adj mundane

proscrire [pʀɔskʀiʀ] vt **a** [+ activité, drogue] to ban ; [+ mot] to prohibit the use of **b** (= exiler) to banish

prose [pʀoz] nf prose

prospecter [pʀɔspɛkte] vt **a** (pour minerai) to prospect **b** [+ marché] to explore ; [+ région, clientèle] to canvass

prospection [pʀɔspɛksjɔ̃] nf **a** (minière) prospecting **b** [de marché] exploring ▪ **~ téléphonique** telephone canvassing

prospectus [pʀɔspɛktys] nm leaflet, flier

prospère [pʀɔspɛʀ] adj prosperous

prospérer [pʀɔspeʀe] vi [commerce, personne] to prosper ; [animal, plante] to thrive

prospérité [pʀɔspeʀite] nf prosperity

prostate [pʀɔstat] nf prostate

prosterner (se) [pʀɔstɛʀne] vpr to bow low (*devant* before)

prostituée [pʀɔstitɥe] nf prostitute

prostituer (se) [pʀɔstitɥe] vpr to prostitute o.s.

prostitution [pʀɔstitysjɔ̃] nf prostitution

prostré, e [pʀɔstʀe] adj prostrate

protagoniste [pʀɔtagɔnist] nmf protagonist

protecteur, -trice [pʀɔtɛktœʀ, tʀis] **1** adj **a** protective **b** [ton, air] patronizing **2** nm,f (= défenseur) protector

protection [pʀɔtɛksjɔ̃] nf **a** protection ▪ **prendre qn sous sa ~** to take sb under one's wing ▪ **de ~** [équipement, lunettes, mesures] protective **b** [de personne puissante, mécène] patronage

protectionnisme [pʀɔtɛksjɔnism] nm protectionism

protégé, e [pʀɔteʒe] **1** nm protégé **2** **protégée** nf protégée

protège-cahier (pl **~s**) [pʀɔtɛʒkaje] nm exercise-book cover

protéger [pʀɔteʒe] **1** vt to protect (*de, contre* from) **2** **se protéger** vpr to protect o.s. (*de* from, *contre* against)

protège-slip (pl **~s**) [pʀɔtɛʒslip] nm panty liner

protège-tibia (pl **~s**) [pʀɔtɛʒtibja] nm shin guard

protéine [pʀɔtein] nf protein

protestant, e [pʀɔtɛstɑ̃, ɑ̃t] adj, nm,f Protestant

protestantisme [prɔtɛstɑ̃tism] nm Protestantism

protestataire [prɔtɛstatɛʀ] nmf protester

protestation [prɔtɛstasjɔ̃] nf (= plainte) protest ■ **lettre/mouvement de ~** protest letter/movement

protester [prɔtɛste] vi to protest

prothèse [prɔtɛz] nf (= membre artificiel) artificial limb ■ **~ dentaire** false teeth ■ **~ auditive** hearing aid

protocolaire [prɔtɔkɔlɛʀ] adj [invitation, cérémonie] formal ■ **ce n'est pas très ~ !** it doesn't show much regard for protocol!

protocole [prɔtɔkɔl] nm **a** (Pol, Informatique) protocol **b** (= résolutions) agreement

prototype [prɔtɔtip] nm prototype

protubérance [prɔtybeʀɑ̃s] nf bulge

proue [pʀu] nf bow

prouesse [pʀuɛs] nf feat ■ **faire des ~s** to work miracles

prouver [pʀuve] vt to prove

provenance [pʀɔv(ə)nɑ̃s] nf origin ■ **j'ignore la ~ de cette lettre** I don't know where this letter came from ■ **en ~ de** from

provençal, e (mpl **-aux**) [pʀɔvɑ̃sal, o] **1** adj Provençal **2** nm (= dialecte) Provençal **3** **Provençal(e)** nm,f Provençal

Provence [pʀɔvɑ̃s] nf Provence

provenir [pʀɔv(ə)niʀ] **provenir de** vt indir (= venir de) to be from ; (= résulter de) to be the result of

proverbe [pʀɔvɛʀb] nm proverb

providence [pʀɔvidɑ̃s] nf (Rel) providence

providentiel, -ielle [pʀɔvidɑ̃sjɛl] adj providential

province [pʀɔvɛ̃s] nf (= région) province ■ **la ~** (hors Paris) the provinces ■ **ville de ~** provincial town

provincial, e (mpl **-iaux**) [pʀɔvɛ̃sjal, jo] adj, nm,f provincial

proviseur [pʀɔvizœʀ] nmf [de lycée] principal, head BR

provision [pʀɔvizjɔ̃] nf **a** (= réserve) supply ■ **faire des ~s de** to stock up with **b** (= vivres) ■ **~s** provisions ■ **faire ses ~s** to go shopping for groceries

provisoire [pʀɔvizwaʀ] adj temporary ; [gouvernement] interim *avant n*

provocant, e [pʀɔvɔkɑ̃, ɑ̃t] adj provocative

provocateur, -trice [pʀɔvɔkatœʀ, tʀis] **1** adj provocative **2** nm,f agitator

provocation [pʀɔvɔkasjɔ̃] nf provocation

provoquer [pʀɔvɔke] vt **a** (= défier) to provoke ■ **~ qn en duel** to challenge sb to a duel **b** (= causer) to cause ; [+ réaction, changement d'attitude] to bring about ; [+ colère, curiosité] to arouse ; [+ accouchement] to induce

proxénète [pʀɔksenɛt] nmf procurer

proximité [pʀɔksimite] nf (dans l'espace) proximity ■ **de ~** [emploi, services] community-based ■ **à ~** nearby ■ **à ~ de** close to

prude [pʀyd] **1** adj prudish **2** nf prude

prudemment [pʀydamɑ̃] adv [conduire] carefully ; [avancer, répondre] cautiously

prudence [pʀydɑ̃s] nf caution

prudent, e [pʀydɑ̃, ɑ̃t] adj **a** careful ■ **soyez ~ !** drive carefully! **b** (= sage) wise

prud'hommes [pʀydɔm] nmpl ■ **les ~** ≈ industrial tribunal BR, ≈ labor relations board US

prune [pʀyn] nf plum ■ **pour des ~s*** for nothing

> ⚠ **prune** ne se traduit pas par le mot anglais ***prune***, qui signifie « pruneau ».

pruneau (pl **~x**) [pʀyno] nm **a** (= fruit sec) prune **b** (‡ = balle) slug*

prunelle [pʀynɛl] nf (= pupille) pupil

prunier [pʀynje] nm plum tree

PS [peɛs] nm **a** (abrév de **parti socialiste**) *French political party* **b** (abrév de **post-scriptum**) PS

psaume [psom] nm psalm

pschitt [pʃit] **1** excl hiss ■ **faire ~** [projet] to go belly up* **2** nm (* = atomiseur) spray

pseudo- [psødo] préf pseudo-

pseudonyme [psødɔnim] nm [d'écrivain] pen name ; [de comédien] stage name

psychanalyse [psikanaliz] nf psychoanalysis

psychanalyste [psikanalist] nmf psychoanalyst

psychédélique [psikedelik] adj psychedelic

psychiatre [psikjatʀ] nmf psychiatrist

psychiatrie [psikjatʀi] nf psychiatry

psychiatrique [psikjatʀik] adj psychiatric

psychique [psiʃik] adj psychological

psychologie [psikɔlɔʒi] nf psychology ■ **il faut faire preuve de ~** you have to have good insight into people

psychologique [psikɔlɔʒik] adj psychological ■ **c'est ~ !** it's all in the mind!

psychologue [psikɔlɔg] **1** adj (= intuitif) ■ **il est/il n'est pas très ~** he's very/he's not very perceptive about people **2** nmf psychologist

psychomoteur, -trice [psikomɔtœʀ, tʀis] adj psychomotor

psychopathe [psikopat] nmf psychopath

psychose [psikoz] nf (Psych) psychosis ; (= obsession) obsessive fear ▪ **~ collective** collective hysteria

psychosomatique [psikosɔmatik] adj psychosomatic

psychothérapeute [psikoteʀapøt] nmf psychotherapist

psychothérapie [psikoteʀapi] nf psychotherapy

pu [py] ptp de **pouvoir**

puant, e [pɥɑ̃, ɑ̃t] adj stinking ; [personne, attitude] arrogant

puanteur [pɥɑ̃tœʀ] nf stink

pub[1] [pœb] nm (= bar) pub

pub[2]* [pyb] nf (= annonce) ad* ; (Ciné, TV) commercial ▪ **la ~** (métier) advertising ▪ **faire de la ~ pour qch** (Commerce) to advertise sth ; (= inciter à acheter) to plug sth*

pubère [pybɛʀ] adj pubescent

puberté [pybɛʀte] nf puberty

public, -ique [pyblik] **1** adj public ; [école, instruction] State *avant n*, public US **2** nm **a** (= population) ▪ **le ~** the (general) public **b** (= audience) audience ; [de livre, journal] readership ▪ **en ~** in public ▪ **le grand ~** the general public ▪ **film grand ~** film with mass appeal

publication [pyblikasjɔ̃] nf (= action) publishing ; (= écrit publié) publication ▪ **~ assistée par ordinateur** desktop publishing

publicitaire [pyblisitɛʀ] **1** adj advertising **2** nmf advertising executive

publicité [pyblisite] nf **a** (= méthode, profession) advertising ▪ **il travaille dans la ~** he's in advertising ▪ **faire de la ~ pour qch** (Commerce) to advertise sth ; (= inciter à acheter) to plug sth* ▪ **~ mensongère** misleading advertising **b** (= annonce) advertisement ; (Ciné, TV) commercial **c** (= révélations) publicity

publier [pyblije] vt to publish ; [de communiqué] to release

publi-information (pl **~s**) [pybliɛ̃fɔʀmasjɔ̃] nf (TV, Radio) infomercial ; (Presse) advertisement feature

publiquement [pyblikmɑ̃] adv publicly

puce [pys] nf **a** (= animal) flea ▪ **ça m'a mis la ~ à l'oreille** that got me thinking ▪ **oui, ma ~*** yes, pet* **b** (Informatique) silicon chip

pucer [pyse] vt (= animal) to microchip

pudeur [pydœʀ] nf **a** (concernant le corps) modesty **b** (= délicatesse) sense of propriety

pudibond, e [pydibɔ̃, ɔ̃d] adj prim and proper

pudique [pydik] adj **a** (= chaste) modest **b** (= discret) discreet

puer [pɥe] **1** vi to stink **2** vt to stink of

puéricultrice [pɥeʀikyltʀis] nf nursery nurse

puériculture [pɥeʀikyltyʀ] nf infant care

puéril, e [pɥeʀil] adj puerile

puis [pɥi] adv then ▪ **et ~** (= en outre) and besides

puiser [pɥize] vt [+ eau, exemple, inspiration] to draw (*dans* from) ▪ **~ dans ses économies** to dip into one's savings

puisque [pɥisk(ə)] conj since ▪ **~ c'est comme ça, je ne viendrai plus !** if that's how it is, I won't come anymore! ▪ **~ je te le dis !** I'm telling you!

puissance [pɥisɑ̃s] nf **a** Math, Pol power ▪ **10 ~ 4** 10 to the power of 4 ▪ **grande ~** (= pays) superpower ▪ **~ douce** soft power **b** (= force) strength **c** ▪ **en ~** [délinquant, dictateur] potential

puissant, e [pɥisɑ̃, ɑ̃t] adj powerful

puisse [pɥis] vb → **pouvoir**

puits [pɥi] nm [d'eau, pétrole] well ▸ **puits de mine** mine shaft ▸ **puits de pétrole** oil well

pull [pyl], **pull-over** (pl **pull-overs**) [pylɔvɛʀ] nm pullover

pulluler [pylyle] vi (= grouiller) to swarm ; [erreurs, contrefaçons] to abound

pulmonaire [pylmɔnɛʀ] adj pulmonary

pulpe [pylp] nf pulp

pulpeux, -euse [pylpø, øz] adj [lèvres] full ; [femme] curvaceous

pulsation [pylsasjɔ̃] nf pulsation ; (= battement) beat

pulser [pylse] **1** vt [+ air] to pulse **2** vi (* = être puissant) to have a real vibe*

pulsion [pylsjɔ̃] nf impulse

pulvériser [pylveʀize] vt **a** (= broyer) to reduce to powder **b** [+ liquide, insecticide] to spray **c** [+ adversaire] to demolish ; [+ record] to smash*

puma [pyma] nm puma

punaise [pynɛz] **1** nf **a** (= animal) bug **b** (= clou) drawing pin BR, thumbtack US **2** excl * (agacement) damn!* ; (surprise) well!

punch[1] [pɔ̃ʃ] nm punch

punch[2] [pœnʃ] nm (= énergie) punch

punir [pyniʀ] vt to punish ▪ **il a été puni de son imprudence** he suffered for his recklessness

punition [pynisjɔ̃] nf punishment

punk [pœ̃k] adj, nmf punk

pupille [pypij] **1** nf [d'œil] pupil **2** nmf (= enfant) ward ▪ **~ de l'État** child in local authority care

pupitre [pypitʀ] nm [d'écolier] desk ; [de musicien] music stand

pur, e [pyʀ] adj a pure ; [whisky, gin] straight ; [ciel] clear ■ **~ beurre** [gâteau] all butter b (= intensif) ■ **c'est de la folie ~e** it's utter madness ■ **du racisme ~ et simple** plain racism ■ **c'est par ~ hasard que je l'ai vu** I saw it by sheer chance

purée [pyʀe] nf purée ■ **~ (de pommes de terre)** mashed potatoes

purement [pyʀmɑ̃] adv purely ■ **~ et simplement** purely and simply

pureté [pyʀte] nf purity ; [d'air, eau] pureness ; [de traits] perfection ; [de voix] clarity

purgatoire [pyʀgatwaʀ] nm purgatory

purge [pyʀʒ] nf (Méd, Pol) purge ; [de radiateur] bleeding

purger [pyʀʒe] vt a (= vidanger) to bleed b [+ peine] to serve

purification [pyʀifikasjɔ̃] nf purification ■ **~ ethnique** ethnic cleansing

purifier [pyʀifje] 1 vt to purify 2 **se purifier** vpr to cleanse o.s.

purin [pyʀɛ̃] nm slurry

puriste [pyʀist] adj, nmf purist

puritain, e [pyʀitɛ̃, ɛn] 1 adj puritanical 2 nm,f puritan

pur-sang (pl **purs-sangs**) [pyʀsɑ̃] nm thoroughbred

pus [py] nm pus

pustule [pystyl] nf pustule

putain‡ [pytɛ̃] nf a (= prostituée) whore b (en exclamation, intensif) ■ **~ !** bloody hell!‡ BR, goddammit!‡ US ■ **cette ~ de voiture** this bloody‡ BR ou goddamn‡ US car

pute‡ [pyt] nf whore

putois [pytwa] nm polecat

putréfier (se) [pytʀefje] vpr to go rotten

putsch [putʃ] nm putsch

puzzle [pœzl] nm jigsaw

p.-v.* [peve] nm (abrév de **procès-verbal**) fine ; (pour stationnement interdit) parking ticket ; (pour excès de vitesse) speeding ticket

pygmée [pigme] adj, nmf pygmy

pyjama [piʒama] nm pyjamas BR, pajamas US

pylône [pilon] nm pylon

pyramidal, e (mpl **-aux**) [piʀamidal, o] adj pyramid-shaped

pyramide [piʀamid] nf pyramid

Pyrénées [piʀene] nfpl ■ **les ~** the Pyrenees

pyromane [piʀɔman] nmf arsonist

pyrotechnique [piʀɔtɛknik] adj ■ **spectacle ~** fireworks display

python [pitɔ̃] nm python

qQ

Qatar [kataʀ] nm Qatar

qatari, e [kataʀi] **1** adj Qatari **2** **Qatari(e)** nm,f Qatari ▪ **les Qataris** Qataris

QCM [kyseɛm] nm (abrév de **questionnaire à choix multiple**) multiple choice question paper

QG [kyʒe] nm (abrév de **quartier général**) HQ

QI [kyi] nm (abrév de **quotient intellectuel**) IQ

QR [kyɛʀ] nm abrév de **quick response** → **code**

qu' [k] → **que**

quad [kwad] nm quad bike

quadragénaire [k(w)adʀaʒenɛʀ] nmf forty-year-old man (ou woman)

quadriceps [k(w)adʀisɛps] nm quadriceps

quadrillé, e [kadʀije] adj [papier, feuille] squared

quadriller [kadʀije] vt [+ papier] to mark out in squares ; [+ ville, région] to comb

quadruple [k(w)adʀypl] adj, nm quadruple

quadrupler [k(w)adʀyple] vti to quadruple

quadruplés, -ées [k(w)adʀyple] nm,f pl quadruplets

quai [ke] nm [de port] quay ; [de gare] platform ; [de rivière] bank ▪ **être à ~** [bateau] to be alongside the quay ; [train] to be in the station

qualificatif, -ive [kalifikatif, iv] **1** adj [adjectif, épreuve] qualifying **2** nm (Gram) qualifier ; (= mot) term

qualification [kalifikasjɔ̃] nf **a** (Sport) ▪ **obtenir sa ~** to qualify ▪ **épreuves de ~** qualifying heats **b** (= aptitude) skill ; (= diplôme) qualification

qualifié, e [kalifje] adj (= compétent) qualified ; [main-d'œuvre, ouvrier] skilled ▪ **non ~** [main-d'œuvre, ouvrier] unskilled

qualifier [kalifje] **1** vt **a** [+ décrire] to describe (*de* as) **b** (Gram) to qualify **2** **se qualifier** vpr (Sport) to qualify (*pour* for)

qualitatif, -ive [kalitatif, iv] adj qualitative

qualité [kalite] nf **a** quality ▪ **de ~** [ouvrage, spectacle] quality *avant n* ▪ **de bonne/mauvaise ~** good/poor quality *avant n* **b** (= don) skill ▪ **~s de gestionnaire** management skills **c** (= fonction) ▪ **en sa ~ de maire** in his capacity as mayor

quand [kɑ̃] **1** conj when ▪ **~ elle m'a vu** when she saw me ▪ **~ ce sera fini** when it's finished ▪ **~ bien même** even if ; → **même** **2** adv when ▪ **dis-moi ~ tu pars** tell me when you're leaving ▪ **c'est pour ~ ?** (devoir) when is it for? ; (naissance) when is it to be?

quant [kɑ̃] adv ▪ **~ à** as for

quantifier [kɑ̃tifje] vt to quantify

quantique [k(w)ɑ̃tik] adj quantum *avant n* ▪ **physique ~** quantum physics

quantitatif, -ive [kɑ̃titatif, iv] adj quantitative

quantité [kɑ̃tite] nf **a** (= nombre, somme) quantity, amount ▪ **en grande/petite ~** in large/small quantities ou amounts **b** (= grand nombre) ▪ **(une) ~ de, des ~s de** a lot of ▪ **il y a des fruits en ~** fruit is in plentiful supply

quarantaine [kaʀɑ̃tɛn] nf **a** (= âge, nombre) about forty ; pour loc voir **soixantaine** **b** (= isolement) quarantine

quarante [kaʀɑ̃t] nombre forty ▪ **un quarante-cinq tours** (= disque) a single ; pour autres loc voir **soixante**

quarantième [kaʀɑ̃tjɛm] adj, nmf fortieth ; pour loc voir **soixantième**

quart [kaʀ] nm **a** (= fraction) quarter ▪ **un ~ de poulet** a quarter chicken ▪ **un ~ de vin** a quarter-litre carafe of wine ▪ **~s de finale** quarter finals ▪ **démarrer au ~ de tour** [moteur] to start (up) first time ; [personne]* to have a short fuse **b** (dans le temps) ▪ **~ d'heure** quarter of an hour ▪ **3 heures moins le ~** (a) quarter to ou of US 3 ▪ **3 heures et ~, 3 heures un ~** (a) quarter past ou after US 3 ▪ **passer un mauvais** ou **sale ~ d'heure** to have a hard time of it **c** (= veille) watch ▪ **être de ~** to keep the watch

quarté [k(w)aʀte] nm *French system of forecast betting on four horses in a race*

quartier [kaʀtje] nm **a** [de ville] neighbourhood BR, neighborhood US ▪ **~ commerçant** shopping area ▪ **le ~ chinois** the Chinese quarter ▪ **vous êtes du ~ ?** do you live around here? **b** [de bœuf] quarter ; [de fruit] piece ; [d'agrume] segment **c** (Mil) ▪ **~(s)** quarters ▪ **avoir ~(s) libre(s)** [soldat] to have leave from barracks ; [élèves, touristes] to be free (for a few hours) ▸ **quartier général** headquarters

quart-monde (pl **quarts-mondes**) [kaʀmɔ̃d] nm ▪ **le ~** (= démunis) the underclass ; (= pays) the Fourth World

quartz [kwaʀts] nm quartz

quasi- [kazi] préf near, quasi- ▪ **quasi-certitude** near certainty ▪ **la quasi-totalité des dépenses** almost all (of) the expenditure

quasiment [kazimɑ̃] adv (dans une affirmation) practically ■ **~ jamais** hardly ever ■ **il n'a ~ pas dormi** he hardly slept

quatorze [katɔʀz] nombre fourteen ■ **la guerre de ~** the First World War ■ **le ~ juillet** the Fourteenth of July *(French national holiday)* ; pour autres loc voir **six**

quatorzième [katɔʀzjɛm] adj inv, nmf fourteenth ; pour loc voir **sixième**

quatre [katʀ] nombre four ■ **marcher à ~ pattes** to walk on all fours ■ **descendre l'escalier ~ à ~** to rush down the stairs four at a time ■ **manger comme ~** to eat like a horse ■ **être tiré à ~ épingles** to be dressed up to the nines ■ **faire les ~ cents coups** to lead a wild life ■ **se mettre en ~ pour (aider) qn** to bend over backwards to help sb* ; pour autres loc voir **six**

quatre-quarts [kat(ʀə)kaʀ] nm inv pound cake

quatre-quatre [kat(ʀə)katʀ] adj inv, nmf inv four-wheel drive

quatre-vingt-dix [katʀəvɛ̃dis] adj inv, nm inv ninety

quatre-vingts [katʀəvɛ̃] adj inv, nm inv eighty

quatrième [katʀijɛm] **1** adj fourth ■ **faire qch en ~ vitesse** to do sth at top speed **2** nf (= vitesse) fourth gear ; (= classe) ≈ fourth year ; pour autres loc voir **sixième**

quatrièmement [katʀijɛmmɑ̃] adv fourthly ; pour loc voir **soixantièmement**

quatuor [kwatɥɔʀ] nm quartet(te)

qubit [kjubit] nm qubit

que [kə]

1 conj **a** (complétive) that ■ **elle sait ~ tu es prêt** she knows (that) you're ready ■ **je pense ~ oui** I think so ■ **je veux ~ Raoul vienne** I want Raoul to come ■ **j'aimerais qu'il vienne** I would like him to come

b ■ **si vous êtes sages et qu'il fait beau, nous sortirons** if you are good and (if) the weather is fine, we'll go out

c (hypothèse) whether ■ **il ira, qu'il le veuille ou non** he'll go whether he wants to or not

d (souhait) ■ **qu'il se taise !** I wish he would be quiet! ■ **eh bien, qu'il vienne !** all right, he can come!

2 adv ■ **~ tu es lent !** you're so slow! ■ **~ d'erreurs !** there are so many mistakes!

♦ **qu'est-ce que** (exclamatif) ■ **qu'est-ce qu'il est bête !** he's such an idiot! ■ **qu'est-ce qu'il joue bien !** doesn't he play well!

3 pron rel **a** (antécédent personne) ■ **la fille qu'il a rencontrée là-bas** the girl he met there ■ **le philosophe qu'il admirait** the philosopher whom he admired ■ **les ouvriers qu'ils vont licencier** the workers that ou who* they're going to sack

b (antécédent animal ou chose) ■ **j'ai déjà les livres qu'il m'a offerts** I've already got the books he gave me ■ **la raison qu'il a donnée** the reason (that ou which) he gave

c (en incise) ■ **un certain M. Leduc, ~ je ne connais pas, m'a appelé** a certain Mr Leduc, who* ou whom I don't know, called me ■ **la lettre, ~ j'ai postée lundi, est arrivée vendredi** the letter, which I posted on Monday, arrived on Friday

d (temps) when ■ **un jour ~ le soleil brillait** one day when the sun was shining

4 pron interrog what ■ **~ fais-tu ?** what are you doing? ■ **~ préfères-tu, de la compote ou une crème caramel ?** which would you prefer, stewed fruit or crème caramel?

♦ **qu'est-ce que** (interrogatif) what ■ **qu'est-ce ~ tu fais ?** what are you doing? ■ **qu'est-ce ~ tu préfères, du thé ou du café ?** which do you prefer, tea or coffee?

♦ **qu'est-ce qui** what ■ **qu'est-ce qui t'est arrivé ?** what happened to you?

Québec [kebɛk] **1** n (= ville) Quebec (City) **2** nm ■ **le ~** (= province) Quebec

québécisme [kebesism] nm *expression or word used in Quebec*

québécois, e [kebekwa, waz] **1** adj Quebec *avant n* ■ **il est ~** he's from Quebec **2** nm (= langue) Quebec French **3** **Québécois(e)** nm,f Québécois

quel, quelle [kɛl] **1** adj **a** (interrogatif, être animé) who ; (chose) what ■ **~ est cet auteur ?** who is that author? ■ **~les ont été les raisons de son départ ?** what were the reasons for his leaving? **b** (interrogatif discriminatif) which ■ **~ acteur préférez-vous ?** which actor do you prefer? ■ **~ est le vin le moins cher des trois ?** which wine is the cheapest of the three? **c** (exclamatif) what ■ **~le surprise !** what a surprise! ■ **~ courage !** what courage! **d** (relatif, être animé) whoever ; (chose) whatever ■ **~les que soient les conséquences** whatever the consequences may be ■ **~le que soit la personne qui vous répondra** whoever answers you ■ **les hommes, ~s qu'ils soient** all men, irrespective of who they are **2** pron interrog which ■ **des deux solutions ~le est celle que vous préférez ?** of the two solutions, which do you prefer?

quelconque [kɛlkɔ̃k] adj **a** (= n'importe quel) ■ **choisis un stylo ~ parmi ceux-là** choose any one of those pens ■ **pour une raison ~** for some reason ■ **avez-vous une ~ idée du prix ?** have you any idea of the price? **b** (= médiocre) poor ■ **il est très ~** (= pas très beau) he's not very good-looking at all

quelque [kɛlk(ə)]

1 adj indéf **a** (singulier) some ■ **il habite à ~ distance d'ici** he lives some distance from here ■ **je ne le vois plus depuis ~ temps** I haven't seen him for a while

♦ **quelque chose** something ■ **~ chose d'extraordinaire** something extraordinary ■ **~ chose d'autre** something else ■ **il y est pour ~ chose** he has got something to do with it ■ **je t'ai apporté un petit ~ chose** I've brought you a little something ■ **ça m'a fait ~ chose d'apprendre sa mort** I was upset when I heard he had died

♦ **quelque part** somewhere

♦ **quelque... que** (frm) whatever ■ **de ~ façon que l'on envisage le problème** whatever way you look at the problem

b (pluriel) ■ **~s** a few ■ **~s milliers** a few thousand ■ **20 kg et ~s*** a bit* over 20kg ■ **il doit être trois heures et ~s*** it must be a bit* after three

2 adv (= environ) about ■ **il y a ~ 20 ans qu'il enseigne ici** he has been teaching here for about 20 years

♦ **quelque peu** rather

quelquefois [kɛlkəfwa] adv sometimes

quelques-uns, -unes [kɛlkəzœ̃, yn] pron indéf pl some

quelqu'un [kɛlkœ̃] pron indéf **a** somebody, someone ; (avec interrogatif) anybody, anyone ■ **~ d'autre** somebody ou someone else ■ **c'est ~ de bien** she's a nice person ■ **il y a ~ ?** is there anybody there? **b** (intensif) ■ **c'est vraiment ~ cette fille** that girl's really something else*

quémander [kemɑ̃de] vt to beg for

qu'en-dira-t-on [kɑ̃diʀatɔ̃] nm inv ■ **le ~** gossip

quenelle [kənɛl] nf quenelle

querelle [kəʀɛl] nf quarrel ■ **chercher ~ à qn** to try to pick a quarrel with sb

quereller (se) [kəʀele] vpr to quarrel

quésaco* [kezako] adv what's that?

question [kɛstjɔ̃] nf **a** question ■ **~ piège** trick question ■ **~ subsidiaire** tiebreaker ■ **poser une ~ à qn** to ask sb a question ■ **il commence à se poser des ~s** he's beginning to wonder ■ **c'est une ~ de temps/d'habitude** it's a question of time/of habit ■ **la ~ n'est pas là, là n'est pas la ~** that's not the point **b** (* = en ce qui concerne) ■ **~ argent** as far as money goes ■ **~ bêtise, il se pose là !** he's a prize idiot! **c** (sujet) ■ **de quoi est-il ~ ?** what is it about? ■ **il est ~ de construire un nouvel hypermarché** there are plans to build a new hypermarket ■ **il n'en est pas ~ !, c'est hors de ~ !** that's out of the question! ♦ **en question** (= dont on parle) in question ■ **mettre** ou **remettre en ~** to question ■ **elle ne se remet jamais en ~** she never questions herself

questionnaire [kɛstjɔnɛʀ] nm questionnaire ■ **~ à choix multiple** multiple choice question paper

questionner [kɛstjɔne] vt [+ personne] to question ; [+ notion] to call into question

quête [kɛt] nf **a** (= collecte) collection ■ **faire la ~** (à l'église) to take the collection ; [artiste de rue] to go round with the hat **b** ■ **se mettre en ~ de** to go in search of

quetsche [kwɛtʃ] nf *kind of dark purple plum*

queue [kø] nf **a** [d'animal, avion, lettre] tail ; [de casserole, poêle] handle ; [de feuille, fruit, fleur] stalk ; [de colonne, train] rear ■ **être en ~ de peloton** to be at the back of the pack ■ **en ~ (de train)** at the rear of the train ■ **histoire sans ~ ni tête*** cock-and-bull story ■ **faire une ~ de poisson à qn** to cut in front of sb ► **queue de billard** billiard cue ► **queue-de-cheval** ponytail **b** (= file) queue BR, line US ■ **faire la ~** to queue (up) BR, to stand in line US ■ **à la ~ leu leu** in single file

queue-de-pie (pl **queues-de-pie**) [kød(ə)pi] nf (= habit) tail coat

qui [ki]

1 pron interrog **a** (sujet)

♦ **qui, qui est-ce qui** who ■ **~ l'a vu ?** who saw him? ■ **~, parmi les candidats, pourrait répondre ?** which of the candidates could reply?

♦ **qui ça ?** who?

b (objet) ■ **~ a-t-elle vu ?** who ou whom (frm) did she see? ■ **~ est-ce qu'il a embrassé ?** who did he kiss?

c (avec préposition) ■ **pour ~ ont-ils voté ?** who did they vote for?, for whom (frm) did they vote? ■ **chez ~ allez-vous ?** whose house are you going to?

♦ **c'est à qui ?** (possession) whose is it?

2 pron rel **a** (sujet) ■ **les amis ~ viennent ce soir sont américains** the friends (who ou that are) coming tonight are American ■ **j'ai rencontré Luc, ~ m'a raconté que...** I met Luc, who told me that... ■ **prends le plat ~ est sur la table** take the dish that ou which is on the table ■ **moi ~ espérais rentrer tôt !** and there I was thinking I was going to get home early!

b (avec préposition) ■ **le patron pour ~ il travaille** the employer (that ou who) he works for, the employer for whom (frm) he works

c (= celui qui) anyone who ▪ **ira ~ voudra** anyone who wants to go can go
♦ **qui que ce soit** anybody, anyone ▪ **j'interdis à ~ que ce soit d'entrer ici** I forbid anybody ou anyone to come in here

quiche [kiʃ] nf ▪ **~ lorraine** quiche Lorraine
quiconque [kikɔ̃k] 1 pron rel (= celui qui) whoever 2 pron indéf (= n'importe qui, personne) anyone, anybody ▪ **je le sais mieux que ~** I know better than anyone
quignon [kiɲɔ̃] nm ▪ **~ (de pain)** (= croûton) crust of bread ; (= morceau) hunk of bread
quille [kij] nf a (Jeux) skittle b [de bateau] keel c (*, Mil) ▪ **la ~** demob BR
quilleur, -euse [kijœʀ, øz] nm,f (Can) skittle player, ten-pin bowler
quincaillerie [kɛ̃kajʀi] nf (= métier, ustensiles) hardware ; (= magasin) hardware shop ; (= bijoux) cheap jewellery BR ou jewelry US
quinquagénaire [kɛ̃kaʒenɛʀ] nmf fifty-year-old man (ou woman)
quinquennat [kɛ̃kena] nm five year term (of office)
quinte [kɛ̃t] nf ▪ **~ (de toux)** coughing fit
quintuple [kɛ̃typl] adj, nm quintuple
quintuplés, -ées [kɛ̃typle] nm,f pl quintuplets
quinzaine [kɛ̃zɛn] nf (= nombre) about fifteen ▪ **une ~ (de jours)** (= deux semaines) two weeks ▪ **~ commerciale** two-week sale
quinze [kɛ̃z] nombre fifteen ▪ **dans ~ jours** in two weeks, in a fortnight BR ; pour autres loc voir **six**
quinzième [kɛ̃zjɛm] adj, nmf fifteenth ; pour loc voir **sixième**
quiproquo [kipʀɔko] nm (= sur une personne) mistake ; (= sur un sujet) misunderstanding
quittance [kitɑ̃s] nf receipt
quitte [kit] adj ▪ **être ~ envers qn** to be all square with sb ▪ **nous sommes ~s** we're quits* ▪ **nous en sommes ~s pour la peur** we got off with a fright ♦ **quitte à** ▪ **ils préfèrent rester chez eux, ~ à s'ennuyer** they prefer to stay at home even if it means getting bored ▪ **~ à aller au restaurant, autant en choisir un bon** if we're going to a restaurant, we might as well go to a good one
quitter [kite] 1 vt a to leave ▪ **si je le quitte des yeux une seconde** if I take my eyes off him for a second ▪ **ne quittez pas** (au téléphone) hold on a moment b (Informatique) to quit 2 **se quitter** vpr [couple] to split up ▪ **nous nous sommes quittés bons amis** we parted good friends ▪ **nous nous sommes quittés à 11 heures** we left each other at 11
qui-vive [kiviv] nm inv ▪ **être sur le ~** to be on the alert

quoi [kwa] pron

a (interrogatif) what ▪ **de ~ parles-tu ?, tu parles de ~ ?*** what are you talking about? ▪ **je ne sais ~ lui donner** I don't know what to give him ▪ **on joue ~ au cinéma ?*** what's on at the cinema? ▪ **en ~ est cette statue ?** what is this statue made of? ▪ **~ faire ?** what are we going to do? ▪ **~ encore ?** (exaspération) what is it now? ▪ **~ de neuf ?** what's new? ▪ **à ~ bon ?** what's the use? (*faire* of doing) ▪ **~ ! tu oses l'accuser ?** what! you dare to accuse him!
b (relatif) ▪ **je sais à ~ tu fais allusion** I know what you're referring to ▪ **as-tu de ~ écrire ?** have you got a pen? ▪ **emporter de ~ manger** to take something to eat ▪ **ils n'ont pas de ~ vivre** they haven't got enough to live on ▪ **il n'y a pas de ~ pleurer** there's nothing to cry about ▪ **merci beaucoup ! – il n'y a pas de ~** many thanks! – don't mention it ; → **sans**
c ▪ **~ qu'il arrive/qu'elle fasse** whatever happens/she does ▪ **~ qu'il en soit** be that as it may ▪ **si vous avez besoin de ~ que ce soit** if there's anything you need

quoique [kwak(ə)] conj although, though
quota [k(w)ɔta] nm quota
quotidien, -ienne [kɔtidjɛ̃, jɛn] 1 adj daily 2 nm a (= journal) daily paper b (= routine) ▪ **le ~** everyday life
quotient [kɔsjɑ̃] nm quotient ▪ **~ intellectuel** intelligence quotient

rR

rab* [Rab] nm [de nourriture] ▪ **est-ce qu'il y a du ~ ?** is there any more?
rabâcher [Rabɑʃe] vt to keep repeating
rabais [Rabɛ] nm reduction ▪ **il m'a fait un ~ de 10 € sur la robe** he knocked €10 off the price of the dress ▪ **au ~** [acheter, vendre] at a reduced price ; (péj) [acteur, journaliste] third-rate
rabaisser [Rabese] **1** vt **a** [+ personne, efforts, talent] to disparage **b** [+ prix] to reduce ▪ **il voulait 5 000 € par mois, mais il a dû ~ ses prétentions** he wanted €5,000 a month but he had to lower his sights **2** **se rabaisser** vpr to put o.s. down*
rabat [Raba] nm [de poche, enveloppe] flap
rabat-joie (pl **~(s)**) [Rabaʒwa] nm killjoy
rabattre [RabatR] **1** vt **a** [+ capot, couvercle] to close ; [+ couvertures] to throw back ; [+ col] to turn down ; [+ strapontin] to put up ; [+ jupe] to pull down ▪ **le vent rabat la fumée** the wind blows the smoke back down **b** [+ gibier] to drive **2** **se rabattre** vpr **a** [voiture, coureur] to cut in **b** ▪ **se ~ sur** to fall back on **c** [porte] to slam shut ▪ **le siège se rabat** the seat folds down
rabbin [Rabɛ̃] nm rabbi
rabibocher (se)* [Rabibɔʃe] vpr to make it up
râblé, e [Rɑble] adj stocky
rabot [Rabo] nm plane
raboter [Rabɔte] vt to plane down
rabougri, e [RabugRi] adj [plante] stunted ; [vieillard] wizened
rabrouer [RabRue] vt to shout at
racaille [Rakɑj] nf riffraff
raccommoder [Rakɔmɔde] **1** vt to mend **2** **se raccommoder*** vpr [personnes] to make it up
raccompagner [Rakɔ̃paɲe] vt to take back (*à* to) ▪ **~ qn (chez lui)** to take sb home ▪ **~ qn en voiture** to drive sb back ▪ **~ qn (jusqu')à la porte** to see sb to the door
raccord [RakɔR] nm **a** [de papier peint] join **b** (= pièce, joint) link
raccordement [RakɔRdəmɑ̃] nm connection ▪ **ils ont fait le ~** (au téléphone) they've connected the phone ; (à l'électricité) they've connected the electricity
raccorder [RakɔRde] vt to connect (*à* with, to) ▪ **~ qn au réseau** (téléphonique) to connect sb's phone ; (électrique) to connect sb to the mains
raccourci [RakuRsi] nm (= chemin) short cut ▪ **~ clavier, touche de ~** keyboard shortcut, hot key
raccourcir [RakuRsiR] **1** vt to shorten ▪ **ça raccourcit le trajet de 5 km** it knocks 5km off the journey **2** vi [jours] to grow shorter
raccrocher [RakRɔʃe] **1** vi (au téléphone) to hang up ▪ **~ au nez de qn*** to hang up on sb **2** vt [+ vêtement, tableau] to hang back up ; [+ combiné] to put down ▪ **j'avais mal raccroché** I hadn't put the receiver down properly **3** **se raccrocher** vpr ▪ **se ~ à** [+ branche, rampe] to grab hold of ; [+ espoir, personne] to hang on to
race [Ras] nf **a** (= ethnie) race ▪ **un individu de ~ blanche/noire** a white/black person **b** [d'animaux] breed ▪ **de ~** pedigree ; [cheval] thoroughbred
racé, e [Rase] adj [animal] pedigree ; [cheval] thoroughbred ; [voiture, voilier] sleek
rachat [Raʃa] nm [d'objet que l'on possédait avant] buying back ; [d'objet d'occasion] buying ▪ **~ d'entreprise par les salariés** employee buyout
racheter [Raʃ(ə)te] **1** vt **a** [+ objet que l'on possédait avant] to buy back ; [+ nouvel objet] to buy another ; [+ pain, lait] to buy some more ; [+ objet d'occasion] to buy (*à* off) ; [+ entreprise] to buy out **b** [+ péché, crime] to atone for ; [+ mauvaise conduite, faute] to make amends for **2** **se racheter** vpr ▪ **se ~ (aux yeux de qn)** to redeem o.s. (in sb's eyes)
rachitique [Raʃitik] adj (= maigre) puny ; [arbre, poulet] scraggy
racial, e (mpl **-iaux**) [Rasjal, jo] adj racial ; [émeutes] race *avant n*
racine [Rasin] nf root ▪ **prendre ~** to take root ▪ **~ carrée** square root
racisé, e [Rasize] adj [migrants, population] racialised
racisme [Rasism] nm racism
raciste [Rasist] adj, nmf racist
racket [Rakɛt] nm racketeering *NonC* ; (à l'école) *schoolchildren bullying other children for money*, etc
racketter [Rakete] vt to extort money from ▪ **il se fait ~ à l'école** children bully him into giving them things at school
raclée* [Rɑkle] nf thrashing
racler [Rɑkle] vt to scrape (*de* off) ; [+ tache, peinture] to scrape off ▪ **se ~ la gorge** to clear one's throat

raclette [ʀɑklɛt] nf a (= outil) scraper b (= plat) raclette *(melted cheese served with boiled potatoes and cold meats)*

racolage [ʀakɔlaʒ] nm soliciting ▪ **faire du ~** to solicit

racoler [ʀakɔle] vt [prostituée] to solicit for

racoleur, -euse [ʀakɔlœʀ, øz] adj [publicité] eye-catching ; [slogan politique] vote-catching

racontars [ʀakɔ̃taʀ] nmpl gossip *NonC*

raconter [ʀakɔ̃te] vt a [+ histoire] to tell ▪ **~ qch à qn** to tell sb sth ▪ **on raconte que...** people say that... ▪ **alors, raconte !** come on, tell me! b (= dire de mauvaise foi) ▪ **qu'est-ce que tu racontes ?** what on earth are you talking about? ▪ **il raconte n'importe quoi** he's talking nonsense ▪ **~ des histoires** to tell stories

radar [ʀadaʀ] nm radar ▪ **contrôle ~** (sur route) speed check

rade [ʀad] nf (= port) natural harbour BR ou harbor US ▪ **elle est restée en ~*** she was left stranded ▪ **tomber en ~*** to break down

radeau (pl **~x**) [ʀado] nm raft

radiateur [ʀadjatœʀ] nm heater ; (à eau, à huile, de voiture) radiator

radiation [ʀadjasjɔ̃] nf a (= rayons) radiation b (d'une liste) ▪ **on a demandé sa ~ du club** they want to withdraw his club membership

radical, e (mpl **-aux**) [ʀadikal, o] adj, nm,f radical

radicaliser [ʀadikalize] 1 vt [+ position, politique] to toughen 2 **se radicaliser** vpr to become more radical

radicalité [ʀadikalite] nf radicalism

radier [ʀadje] vt to strike off

radieux, -ieuse [ʀadjø, jøz] adj [sourire, personne] radiant ; [journée, temps] glorious

radin, e* [ʀadɛ̃, in] 1 adj stingy 2 nm,f skinflint

radio [ʀadjo] nf a (= poste, radiodiffusion) radio ▪ **passer à la ~** to be on the radio b (= station) radio station ▪ **~ numérique terrestre** digital terrestrial radio c (= radiographie) X-ray ▪ **passer une ~** to have an X-ray

radioactif, -ive [ʀadjoaktif, iv] adj radioactive

radioactivité [ʀadjoaktivite] nf radioactivity

radiographie [ʀadjɔgʀafi] nf a (= technique) radiography b (= photographie) X-ray

radioguidage [ʀadjogidaʒ] nm [d'avions] radio control ▪ **le ~ des automobilistes** broadcasting traffic reports to motorists

radiologique [ʀadjɔlɔʒik] adj radiological ▪ **examen ~** X-ray

radiologue [ʀadjɔlɔg] nmf radiologist

radiophonique [ʀadjɔfɔnik] adj radio

radio-réveil (pl **radios-réveils**) [ʀadjoʀevɛj] nm clock-radio

radiotélévisé, e [ʀadjotelevize] adj broadcast on radio and television

radiotélévision [ʀadjotelevizjɔ̃] nf radio and television

radiothérapeute [ʀadjoteʀapøt] nmf radiotherapist

radiothérapie [ʀadjoteʀapi] nf radiotherapy

radis [ʀadi] nm radish ▪ **je n'ai pas un ~*** I haven't got a penny to my name BR ou a cent* US

radium [ʀadjɔm] nm radium

radoter [ʀadɔte] vi (péj) to ramble on

radoucir (se) [ʀadusiʀ] vpr [personne] to calm down ; [voix] to soften ; [temps] to become milder

rafale [ʀafal] nf [de vent] gust ; [de pluie] sudden shower ; [de neige] flurry ; [de mitrailleuse] burst ; [de balles] volley

raffermir [ʀafɛʀmiʀ] 1 vt a [+ muscle, peau] to tone up ; [+ chair] to firm up b [+ marché, cours] to steady ; [+ courage, résolution] to strengthen 2 **se raffermir** vpr a [muscle] to harden ; [chair] to firm up b [autorité] to strengthen ; [marché, cours, voix] to become steadier

raffinage [ʀafinaʒ] nm refining

raffiné, e [ʀafine] adj refined

raffinement [ʀafinmɑ̃] nm refinement

raffiner [ʀafine] vt to refine

raffinerie [ʀafinʀi] nf refinery ▪ **~ de pétrole** oil refinery

raffoler [ʀafɔle] **raffoler de** vt indir to be mad about

raffut* [ʀafy] nm row ▪ **faire du ~** to make a row

rafistoler* [ʀafistɔle] vt to patch up

rafle [ʀɑfl] nf roundup

rafler* [ʀɑfle] vt [+ récompenses] to run off with ; (= voler) to swipe‡ ▪ **le film a raflé sept Oscars** the film scooped seven Oscars

rafraîchir [ʀafʀeʃiʀ] 1 vt a [+ air] to cool down ; [+ vin] to chill ; [+ boisson] to cool ; [+ haleine] to freshen b [+ visage, corps] to freshen up c (= désaltérer) to refresh d [+ appartement] to do up ; [+ connaissances] to brush up ▪ **~ la mémoire** ou **les idées de qn** to refresh sb's memory e [+ écran d'ordinateur] to refresh 2 **se rafraîchir** vpr (en se lavant) to freshen up ; (en buvant) to refresh o.s. ; [temps] to get cooler

rafraîchissant, e [RafRɛʃisɑ̃, ɑ̃t] adj refreshing

rafraîchissement [RafRɛʃismɑ̃] nm a (= boisson) cool drink b [de température] cooling

rafting [Raftiŋ] nm rafting ▪ **faire du ~** to go rafting

rage [Raʒ] nf a (= colère) rage ▪ **mettre qn en ~** to infuriate sb b ▪ **faire ~** [guerre, incendie, tempête] to rage c (= maladie) ▪ **la ~** rabies *sg* ▸ **rage de dents** raging toothache

rageant, e* [Raʒɑ̃, ɑ̃t] adj infuriating

rager [Raʒe] vi to fume ▪ **ça me fait ~ !** it makes me furious!

ragots* [Rago] nmpl gossip *NonC*

ragoût [Ragu] nm stew

raid [Rɛd] nm (Mil, Bourse) raid ▪ **~ aérien** air raid

raide [Rɛd] 1 adj a [personne, membre, étoffe] stiff ; [cheveux] straight b [pente, escalier] steep c (* = inacceptable) ▪ **c'est un peu ~ !** that's a bit much! d (* = osé) daring e (‡ = sans argent) broke* 2 adv a [monter, descendre] steeply b (= net) ▪ **tomber ~ mort** to fall down dead

raideur [Rɛdœr] nf [de corps, membre] stiffness

raidir [RediR] 1 vt [+ muscles] to tense 2 **se raidir** vpr [personne] (= perdre sa souplesse) to become stiff ; (= bander ses muscles) to stiffen

raie [Rɛ] nf a (= bande) stripe ; (= trait) line ▪ **la ~ des fesses*** the cleft between the buttocks b (dans les cheveux) parting BR, part US c (= poisson) skate

rail [Rɑj] nm rail ▪ **~ de sécurité** guardrail ▪ **~ (de coke)** line of coke

railler [Rɑje] vt (frm) [+ personne, chose] to scoff at

raillerie [RɑjRi] nf (frm) scoffing

rainure [RenyR] nf (longue) groove ; (courte) slot

raisin [Rɛzɛ̃] nm ▪ **du ~, des ~s** grapes ▸ **raisins secs** raisins

raison [Rɛzɔ̃] nf reason ▪ **il a perdu la ~** he has taken leave of his senses ▪ **pour quelles ~s l'avez-vous renvoyé ?** what were your reasons for firing him? ▪ **ce n'est pas une ~ !** that's no excuse! ▪ **se faire une ~** to accept it ▪ **avoir ~** to be right (*de faire qch* to do sth) ▪ **donner ~ à qn** [événement] to prove sb right ▪ **tu donnes toujours ~ à ta fille** you're always siding with your daughter ▪ **à ~ de 3 fois par semaine** 3 times a week ▪ **en ~ de** because of ▪ **rire sans ~** to laugh for no reason ▸ **raison d'être** raison d'être ▸ **raison sociale** corporate name

raisonnable [Rɛzɔnabl] adj reasonable ; [conseil, opinion] sensible

raisonnement [Rɛzɔnmɑ̃] nm a (= activité) reasoning *NonC* b (= argumentation) argument ▪ **j'ai du mal à suivre son ~** I'm having trouble following his argument

raisonner [Rɛzɔne] 1 vi a (= réfléchir) to reason (*sur* about) b (= argumenter) to argue (*sur* about) 2 vt [+ personne] to reason with 3 **se raisonner** vpr to reason with o.s.

rajeunir [Raʒœnir] 1 vt a ▪ **~ qn** [cure] to rejuvenate sb ; [repos, expérience] to make sb feel younger ; [soins de beauté, vêtement] to make sb look younger b [+ institution] to modernize ; [+ image de marque] to update 2 vi (= se sentir plus jeune) to feel younger ; (= paraître plus jeune) to look younger 3 **se rajeunir** vpr (= se prétendre moins âgé) to make o.s. younger than one is

rajouter [Raʒute] vt [+ du sucre] to add some more ; [+ un sucre] to add another ▪ **en ~*** to exaggerate

raku [Raku] nm raku

râle [Rɑl] nm [de blessé] groan ; [de mourant] death rattle

ralenti [Ralɑ̃ti] nm (Ciné) slow motion ▪ **régler le ~** (Auto) to adjust the idle ▪ **au ~** [filmer, projeter] in slow motion ▪ **tourner au ~** [machine] to idle ; [moteur] to tick over ▪ **l'usine tourne au ~** production at the factory has slowed down

ralentir [Ralɑ̃tiR] vti to slow down

ralentissement [Ralɑ̃tismɑ̃] nm slowing down ; (= embouteillage) tailback BR, hold-up US ▪ **un ~ de l'activité économique** a slowdown in economic activity

râler* [Rɑle] vi (= protester) to moan (*contre* ou *après* about)

râleur, -euse* [Rɑlœr, øz] nm,f moaner ▪ **quel ~ celui-là !** he never stops moaning!

ralliement [Ralimɑ̃] nm [de forces] rallying ▪ **après leur ~ au parti** after they joined the party ▪ **signe/cri de ~** rallying sign/cry ▪ **point de ~** rallying point

rallier [Ralje] 1 vt a [+ troupes] to rally ; [+ suffrages] to win ▪ **~ qn à son avis/sa cause** to win sb over to one's way of thinking/one's cause b (= rejoindre) to rejoin 2 **se rallier à** vpr [+ parti] to join ; [+ avis] to come round to ; [+ cause] to be won over to

rallonge [Ralɔ̃ʒ] nf a [de table] leaf ; [de fil électrique] extension lead ▪ **table à ~(s)** extendable table b (* = argent) extra money

rallonger [Ralɔ̃ʒe] 1 vt to lengthen ; [+ vacances, bâtiment] to extend ▪ **~ une robe de 2 cm** to let down a dress by 2cm 2 vi [jours] the get longer

rallumer [ʀalyme] **1** vt **a** [+ feu] to light again ; [+ cigarette] to relight ; [+ lampe] to switch on again ▪ **rallume, s'il te plaît** switch the lights on again please **b** [+ haine, querelle] to revive **2** **se rallumer** vpr [incendie] to flare up again ; [lampe] to come on again

rallye [ʀali] nm (Sport) rally

RAM [ʀam] nf (abrév de **Random Access Memory**) RAM

ramadan [ʀamadɑ̃] nm Ramadan ▪ **faire le ~** to observe Ramadan

ramancher* [ʀamɑ̃ʃe] vt (Can) to patch up

ramassage [ʀamɑsaʒ] nm [d'objets, poubelles] collection ▪ **~ scolaire** (= service) school bus service

ramasse* [ʀamas] nf ▪ **il est à la ~** (= fatigué) he's shattered* ; (= nul) he's hopeless* ; (= fou) he's crazy*

ramasser [ʀamɑse] **1** vt **a** [+ objet, personne] to pick up **b** [+ copies, cotisations, ordures] to collect **c** (= récolter) to gather ; [+ pommes de terre] to dig up **d** (= attraper) [+ coups, amende, mauvaise note]* to get **2** **se ramasser** vpr **a** (pour bondir) to crouch **b*** (= tomber) to fall over ; (= échouer) to come a cropper* BR, to take a flat beating US

ramassis [ʀamɑsi] nm ▪ **~ de** (voyous, mensonges) pack of

rambarde [ʀɑ̃baʀd] nf guardrail

rame [ʀam] nf **a** (= aviron) oar **b** ▪ **~ (de métro)** (underground BR ou subway US) train **c** [de feuilles] ream ; → **haricot**

rameau (pl ~x) [ʀamo] nm branch ▪ **(dimanche des) Rameaux** Palm Sunday

ramener [ʀam(ə)ne] **1** vt **a** [+ personne] (= faire revenir) to bring back ; (= raccompagner) to take back ▪ **~ qn à la vie** to revive sb ▪ **~ la conversation sur un sujet** to bring the conversation back to a subject ▪ **cela nous ramène 20 ans en arrière** it takes us back 20 years **b** (= tirer) ▪ **il a ramené la couverture sur lui** he pulled the blanket up ▪ **~ ses cheveux en arrière** to brush one's hair back **c** [+ paix, ordre] to restore **d** (= réduire à) ▪ **~ à** to reduce to **e** ▪ **la ~*** ▪ **~ sa fraise*** (= intervenir) to interfere ; (= protester) to kick up a fuss* **2** **se ramener*** vpr to turn up*

ramer [ʀame] vi **a** (Sport) to row **b** (* = avoir du mal) to struggle

rameur [ʀamœʀ] nm (= sportif) oarsman ; (= appareil) rowing machine

rameuse [ʀamøz] nf (= sportive) oarswoman

rameuter [ʀamøte] vt [+ foule, partisans] to gather together

ramification [ʀamifikasjɔ̃] nf [de branche, nerf] ramification ; [de voie ferrée] branch line ; [de réseau, organisation] branch

ramolli, e [ʀamɔli] adj [biscuit, beurre] soft

ramollir [ʀamɔliʀ] **1** vt [+ matière] to soften ; [climat] [+ personne] to enervate **2** **se ramollir** vi, vpr [beurre, argile] to go soft ; [personne] to go to seed

ramoner [ʀamɔne] vt to sweep

rampe [ʀɑ̃p] nf **a** (= voie d'accès) ramp ▸ **rampe de lancement** launching pad **b** [d'escalier] banister(s) **c** (= projecteurs de théâtre) ▪ **la ~** the footlights

ramper [ʀɑ̃pe] vi **a** [animal, homme] to crawl ; [plante] to creep **b** (péj = s'abaisser) to crawl (*devant* to)

rancard* [ʀɑ̃kaʀ] nm **a** (= rendez-vous) meeting ; [d'amoureux] date ▪ **j'ai ~ avec lui dans une heure** I'm meeting him in an hour **b** (= renseignement) tip

rancarder* [ʀɑ̃kaʀde] **1** vt (= renseigner) to tip off ▪ **il m'a rancardé sur le voyage** he told me about the trip **2** **se rancarder** vpr (= s'informer) ▪ **se ~ sur qch** to get information on sth

rancart* [ʀɑ̃kaʀ] nm ▪ **mettre au ~** [+ objet, idée, projet] to chuck out* ; [+ personne] to throw on the scrap heap*

rance [ʀɑ̃s] adj rancid

rancir [ʀɑ̃siʀ] vi to go rancid

rancœur [ʀɑ̃kœʀ] nf resentment *NonC*

rançon [ʀɑ̃sɔ̃] nf ransom ▪ **c'est la ~ de la gloire** that's the price of fame

rançongiciel [ʀɑ̃sɔ̃ʒisjɛl] nm ransomware

rancune [ʀɑ̃kyn] nf grudge ▪ **garder ~ à qn** to bear sb a grudge (*de qch* for sth) ▪ **sans ~ !** no hard feelings!

rancunier, -ière [ʀɑ̃kynje, jɛʀ] adj ▪ **être ~** to bear grudges

randonnée [ʀɑ̃dɔne] nf (à bicyclette) ride ▪ **~ (pédestre)** (courte, à la campagne) walk ; (longue, en montagne) hike ▪ **partir en ~** (courte) to go walking ; (longue) to go hiking ▪ **faire une ~ à ski** to go ski-touring ▪ **~ à cheval** pony trek ▪ **sentier de grande ~** hiking trail

randonner [ʀɑ̃dɔne] vi to go walking ; (en terrain accidenté) to go hiking

randonneur, -euse [ʀɑ̃dɔnœʀ, øz] nm,f hiker

rang [ʀɑ̃] nm **a** (= rangée) row ; (= file) line ; (Mil) rank ▪ **se mettre en ~s par quatre** to line up in fours **b** (Can) country road ▪ **les ~s** the country **c** (= condition) station ▪ **de haut ~** noble **d** (= grade, place) rank ▪ **ce pays se situe au troisième ~ mondial des exportateurs de pétrole** this country is the third largest oil exporter in the world

rangé, e[1] [ʀɑ̃ʒe] adj [appartement] tidy ; [vie] well-ordered

rangée[2] [ʀɑ̃ʒe] nf row

rangement [ʀɑ̃ʒmɑ̃] nm **a** (= action) [d'objets, linge] putting away ; [de pièce, meuble] tidying up ■ **faire du ~** to do some tidying up **b** (= placards) storage space ; → **meuble**

ranger [ʀɑ̃ʒe] **1** vt **a** (= pièce, maison) to tidy up **b** [+ papiers, vêtements] to put away ; [+ mots, chiffres] to arrange **2** **se ranger** vpr **a** [automobiliste] to pull in ; [piéton] to step aside **b** (= se mettre en rang) to line up **c** (= se rallier à) ■ **se ~ à** [+ avis] to come round to **d** * [escroc] to go straight ; [séducteur] to settle down

ranimer [ʀanime] vt [+ blessé, douleur, souvenir, conversation, querelle] to revive ; [+ feu, amour, haine, espoir] to rekindle ; [+ forces, ardeur] to renew

rap [ʀap] nm rap

rapace [ʀapas] nm bird of prey ; (péj) vulture

rapatrier [ʀapatʀije] vt [+ personne, capitaux] to repatriate

râpe [ʀɑp] nf (= ustensile de cuisine) grater ; (pour le bois) rasp

râpé, e [ʀɑpe] **1** adj **a** [veste] threadbare **b** [carottes, fromage] grated ■ **c'est ~ pour ce soir*** we've had it for tonight* **2** nm (= fromage) grated cheese

râper [ʀɑpe] vt [+ carottes, fromage] to grate

rapetisser [ʀap(ə)tise] vi to shrink

raphia [ʀafja] nm raffia

rapide [ʀapid] **1** adj fast ; [intervention, visite, calcul, recette, mouvement] quick **2** nm **a** (= train) express **b** [de cours d'eau] rapids

rapidement [ʀapidmɑ̃] adv quickly

rapidité [ʀapidite] nf speed ; [de réponse, geste, pouls, esprit] quickness ■ **avec ~** quickly

rapiécer [ʀapjese] vt to patch up

rappel [ʀapɛl] nm **a** [d'événement] reminder ; (= deuxième avis) reminder ; (= somme due) back pay *NonC* ; (= vaccination) booster ■ **~ des titres de l'actualité** summary of the day's headlines ■ **~ à l'ordre** call to order **b** [d'ambassadeur] recalling **c** (Théâtre) curtain call ; (à un concert) encore **d** (Alpinisme) ■ **descendre en ~** to abseil

rappeler [ʀap(ə)le] **1** vt **a** [+ personne, acteur, chien, courriel] to call back ; [+ réservistes, diplomate] to recall ■ **~ qn à l'ordre** to call sb to order **b** ■ **~ qch/qn à qn** (= remettre en mémoire) to remind sb of sth/sb ■ **rappelle-moi mon rendez-vous** remind me about my appointment **c** (= retéléphoner à) to phone back **2** **se rappeler** vpr to remember

rappeur, -euse [ʀapœʀ, øz] nm,f rapper

rappliquer* [ʀaplike] vi (= revenir) to come back ; (= arriver) to turn up*

rapport [ʀapɔʀ] nm **a** (= lien) connection ■ **les deux incidents n'ont aucun ~** the two incidents are not connected ■ **je ne vois pas le ~** I don't see the connection ■ **être en ~ avec qch** (= correspondre à) to be in keeping with sth ■ **être/se mettre en ~ avec qn** (= en contact) to be/get in touch with sb ■ **par ~ à** (= comparé à) in comparison with ; (= envers) with respect to ▸ **rapport de forces** (= équilibre) balance of power; (= conflit) power struggle **b** (= relation personnelle) ■ **~s relations** ■ **avoir de bons/mauvais ~s avec qn** to be on good/bad terms with sb **c** ■ **~ (sexuel)** sexual intercourse *NonC* ■ **~s protégés/non protégés** safe/unprotected sex **d** (= compte rendu) report **e** (= revenu) return **f** (Math, Tech) ratio ■ **c'est d'un bon ~ qualité-prix** it's good value for money

rapporter [ʀapɔʀte] **1** vt **a** (= apporter) [+ objet] to bring ou take back (*à* to) ; [chien] [+ gibier] to retrieve ■ **il prend les choses et il ne les rapporte jamais** he takes things and never brings them back ■ **je vais ~ ce CD au magasin** I'm going to take this CD back to the shop **b** [actions, terre] to yield ; [métier, vente] to bring in **c** (= faire un compte rendu de) [+ fait] to report ■ **il a rapporté à la maîtresse ce qu'avaient dit ses camarades** he told the teacher what his classmates had said **2** vi **a** [investissement] to give a good return ; [travail] to pay well **b** (= moucharder) to tell tales **3** **se rapporter** vpr ■ **se ~ à qch** to relate to sth

rapporteur, -euse [ʀapɔʀtœʀ, øz] **1** nm,f (= mouchard) telltale **2** nm **a** [de commission] rapporteur **b** (= instrument) protractor

rapproché, e [ʀapʀɔʃe] adj **a** (= proche) [échéance, objet, bruit] close ■ **surveillance ~e** close surveillance **b** (= répété) [incidents, grossesses] frequent ■ **des crises de plus en plus ~es** increasingly frequent crises ■ **trois explosions très ~es** three explosions in quick succession ■ **à intervalles ~s** in quick succession

rapprochement [ʀapʀɔʃmɑ̃] nm **a** (= action de rapprocher) [de partis, factions] bringing together ; [de points de vue, textes] comparison **b** (= action de se rapprocher) [d'ennemis, famille] reconciliation ; [de partis, factions] rapprochement **c** (= lien, rapport) parallel ■ **faire le ~ (entre)** to make the connection (between)

rapprocher [ʀapʀɔʃe] **1** vt **a** (= mettre plus près) to bring closer (*de* to) **b** (= réconcilier, réunir) to bring together ■ **~ qn de qn** to bring sb closer to sb **c** [+ indices, textes] (= confronter) to put side by side **2** **se rapprocher** vpr **a** [personne, échéance, orage] to

ra

get closer (*de* to) ▪ **pour se ~ de chez lui, il a changé d'emploi** to be nearer home he changed jobs **b** [personnes] to become closer ▪ **il s'est rapproché de ses parents** he became closer to his parents

rapt [Rapt] nm abduction

raquette [Rakɛt] nf **a** [de badminton, tennis, squash] racket ; [de ping-pong] bat **b** (à neige) snowshoe

rare [RɑR] adj **a** [objet, mot, cas, visites] rare ▪ **c'est ~ de le voir fatigué** you don't often see him tired ▪ **les ~s fois où...** on the rare occasions when... ; → **oiseau, perle** **b** [passants, voitures] few ▪ **il est l'un des ~s qui...** he's one of the few people who... **c** [nourriture, main-d'œuvre] scarce ; [cheveux] thin ; [végétation] sparse ▪ **se faire ~** [argent, légumes] to become scarce ▪ **vous vous faites ~** we haven't seen much of you recently **d** (= exceptionnel) exceptional ▪ **d'une ~ beauté** exceptionally beautiful

raréfier (se) [RaRefje] vpr [oxygène] to rarefy

rarement [RɑRmɑ̃] adv rarely

rareté [RɑRte] nf rarity ; [de vivres, argent] scarcity

rarissime [RaRisim] adj extremely rare

RAS [ɛRaɛs] interj (abrév de **rien à signaler**) nothing to report

ras, e [Rɑ, Rɑz] adj [poil, herbe] short ; [cheveux] close-cropped ; [tasse] full ▪ **à poil ~** [chien] short-haired ▪ **cheveux coupés ~** ou **à ~** hair cut short ▪ **pull ~ du cou** crew-neck sweater ▪ **j'en ai ~ le bol*** I'm sick to death of it* ▪ **à ~ bord(s)** to the brim ▪ **au ~ du sol/de l'eau** level with the ground/the water

raser [Rɑze] **1** vt **a** [+ barbe, cheveux] to shave off ; [+ menton, tête] to shave **b** (= effleurer) [projectile, véhicule] to scrape ; [oiseau, balle de tennis] to skim over ▪ **~ les murs** to hug the walls **c** (= démolir) to raze to the ground **d** (* = ennuyer) to bore **2** **se raser** vpr to shave ▪ **se ~ la tête/les jambes** to shave one's head/one's legs

ras-le-bol* [Rɑl(ə)bɔl] nm inv (= mécontentement) discontent

rasoir [RɑzwaR] **1** nm razor ▪ **~ électrique/jetable** electric/disposable razor **2** adj (* = ennuyeux) dead boring*

rassasier [Rasazje] (frm) vt [+ faim, curiosité, désirs] to satisfy ▪ **être rassasié** to be satisfied

rassemblement [Rasɑ̃bləmɑ̃] nm (= réunion, attroupement) gathering ; [de manifestants] rally

rassembler [Rasɑ̃ble] **1** vt **a** (= regrouper) to assemble ; [+ troupes] to muster ; [+ troupeau] to round up ; [+ objets épars, documents] to gather together **b** (= rallier) to rally **c** [+ idées, souvenirs] to collect ; [+ courage, forces] to summon up **2** **se rassembler** vpr to gather ; [soldats, participants] to assemble

rasseoir (se) [RaswaR] vpr to sit down again

rasséréné, e [RaseRene] adj serene

rassir [RasiR] vi, **se rassir** vpr to go stale

rassis, e [Rasi, iz] adj [pain] stale

rassurant, e [RasyRɑ̃, ɑ̃t] adj reassuring

rassurer [RasyRe] **1** vt to reassure ▪ **je ne suis pas très rassuré** (danger, situation inattendue) I feel rather uneasy ▪ **me voilà rassuré** that's put my mind at rest **2** **se rassurer** vpr to reassure o.s. ▪ **rassure-toi** don't worry

rat [Ra] nm rat ▪ **petit ~ de l'Opéra** *pupil of the Opéra de Paris ballet class*

ratage* [Rataʒ] nm (= échec) failure ▪ **son film a été un ~ complet** his film was a complete flop

ratatiné, e [Ratatine] adj [pomme] shrivelled ; [personne] wizened

ratatiner (se) [Ratatine] vpr [pomme] to shrivel up ; [personne] to become wizened

ratatouille [Ratatuj] nf ratatouille

rate [Rat] nf (= organe) spleen

raté, e [Rate] **1** adj [tentative, mariage, artiste] failed ; [vie] wasted ; [occasion] missed ▪ **ma mayonnaise/la dernière scène est complètement ~e** my mayonnaise/the last scene is a complete disaster **2** nm,f (* = personne) failure **3** nm **a** ▪ **avoir des ~s** [moteur] to backfire **b** (= difficulté) hiccup

râteau (pl **~x**) [Rɑto] nm rake ▪ **se prendre un ~*** (avec une fille, un garçon) to get blown out*

rater [Rate] **1** vi [projet, affaire] to fail ▪ **tout faire ~** to ruin everything ▪ **ça ne rate jamais !** it never fails! **2** vt **a** (= manquer) to miss ▪ **il n'en rate pas une !** (iro) he's always doing stupid things **b** (= ne pas réussir) [+ travail] to mess up ; [+ mayonnaise, plat, vie] to make a mess of ; [+ examen] to fail

ratification [Ratifikasjɔ̃] nf ratification

ratifier [Ratifje] vt to ratify

ration [Rasjɔ̃] nf ration ; [de soldat] rations ▪ **il a eu sa ~ d'épreuves** he had his share of trials

rationaliser [Rasjɔnalize] vt to rationalize

rationnel, -elle [Rasjɔnɛl] adj rational

rationnement [Rasjɔnmɑ̃] nm rationing

rationner [Rasjɔne] **1** vt to ration **2** **se rationner** vpr to ration o.s.

ratisser [Ratise] vt [+ gravier] to rake ; [+ feuilles] to rake up ; (Mil, Police) to comb ▪ **~ large** to cast the net wide

raton [ratɔ̃] nm ▪ **~ laveur** racoon

RATP [ɛratepe] nf (abrév de **Régie autonome des transports parisiens**) *the Paris city transport authority*

rattachement [rataʃmɑ] nm ▪ **demander son ~ à** to ask to be united with

rattacher [rataʃe] vt **a** [+ animal, prisonnier] to tie up again ; [+ ceinture, lacets, jupe] to do up (again) **b** [+ territoire] to incorporate (*à* into) ; [+ commune, service] to join (*à* to) ; [+ employé, fonctionnaire] to attach (*à* to) **c** [+ problème, question] to link (*à* with) **d** (= relier) [+ personne] to tie (*à* to)

rattrapage [ratrapaʒ] nm ▪ **~ scolaire** remedial classes ▪ **épreuve de ~** *additional exam for borderline cases* ▪ **session de ~** retakes

rattraper [ratrape] **1** vt **a** [+ animal échappé, prisonnier] to recapture **b** [+ objet, personne qui tombe] to catch **c** [+ erreur, parole malheureuse] to make up for **d** [+ temps perdu] to make up for ▪ **cet élève ne pourra jamais ~ son retard** this pupil will never be able to catch up **e** (= rejoindre) ▪ **~ qn** to catch sb up **2** **se rattraper** vpr **a** (= reprendre son équilibre) to stop o.s. falling ▪ **se ~ à la rampe/à qn** to catch hold of the banister/of sb to stop o.s. falling **b** (= compenser) to make up for it

rature [ratyr] nf deletion

raturer [ratyre] vt to delete

rauque [rok] adj hoarse

ravagé, e [ravaʒe] adj **a** [visage] haggard **b** (* = fou) nuts*

ravager [ravaʒe] vt to ravage ; [chagrin, soucis] to harrow

ravages [ravaʒ] nmpl ravages ▪ **faire des ~** [séducteur] to be a real heartbreaker ; [doctrine, drogue] to do a lot of harm ; [guerre] to wreak havoc

ravaler [ravale] vt **a** [+ façade, mur, immeuble] to clean **b** [+ larmes] to choke back ; [+ colère] to stifle **c** ▪ **~ qn au rang de** to bring sb down to the level of

ravi, e [ravi] adj (= enchanté) delighted

ravin [ravɛ̃] nm gully ; (encaissé) ravine

raviner [ravine] vt [+ visage, chemin] to furrow ; [+ versant] to gully

ravir [ravir] vt **a** (= charmer) to delight ▪ **cela lui va à ~** that suits her beautifully **b** (= enlever) ▪ **~ qch à qn** to rob sb of sth

raviser (se) [ravize] vpr to change one's mind

ravissant, e [ravisɑ̃, ɑ̃t] adj [beauté, femme, robe] ravishing ; [maison, tableau] beautiful

ravisseur, -euse [ravisœr, øz] nm,f kidnapper

ravitaillement [ravitajmɑ̃] nm **a** [d'armée, ville, navire] supplying (*en* with) ; [de coureurs, skieurs] getting fresh supplies to ; (en carburant) refuelling **b** (= provisions) supplies

ravitailler [ravitaje] **1** vt (en vivres, munitions) to provide with fresh supplies ; (en carburant) to refuel **2** **se ravitailler** vpr [ville, armée, coureurs, skieurs] to get fresh supplies ; [véhicule, avion] to refuel ; (= faire des courses) to stock up

raviver [ravive] vt [+ feu, sentiment, douleur] to revive ; [+ couleur] to brighten up

rayé, e [reje] adj **a** [tissu, pelage] striped **b** [surface, disque] scratched

rayer [reje] vt **a** (= érafler) to scratch **b** (= biffer) to cross out ▪ **~ une ville de la carte** to wipe a town off the map

rayon [rɛjɔ̃] nm **a** (= faisceau) ray ▸ **rayon laser** laser beam ▸ **rayon de soleil** ray of sunshine ▸ **rayons X** X-rays **b** [de cercle] radius ▪ **dans un ~ de 10 km** within a radius of 10km **c** [de roue] spoke **d** (= étagère) shelf **e** [de magasin] department ▪ **le ~ alimentation** the food department ▪ **ce n'est pas son ~*** that isn't his line ▪ **il en connaît un ~*** he knows masses about it* **f** [de ruche] honeycomb

rayonnages [rɛjɔnaʒ] nmpl shelving

rayonnant, e [rɛjɔnɑ̃, ɑ̃t] adj radiant (*de* with)

rayonnement [rɛjɔnmɑ̃] nm **a** [de culture, civilisation] influence ; [d'astre, personnalité, beauté] radiance **b** (= radiations) radiation

rayonner [rɛjɔne] vi **a** [influence, culture, bonheur, beauté] to shine forth ; [visage, personne] to be radiant (*de* with) **b** [chaleur, énergie, lumière] to radiate **c** ▪ **~ dans une région** [touristes] to tour around a region ; [cars] to service a region

rayure [rejyr] nf (= dessin) stripe ; (= éraflure) scratch ▪ **à ~s** striped

raz(-)de(-)marée [radmare] nm inv tidal wave ▪ **~ électoral** landslide election victory

razzia [ra(d)zja] nf raid

RDC abrév de **rez-de-chaussée**

ré [re] nm (Mus) D ; (en chantant la gamme) re

réacteur [reaktœr] nm [d'avion] jet engine ; (nucléaire) reactor

réaction [reaksjɔ̃] nf reaction ▪ **moteur à ~** jet engine ▪ **~ en chaîne** chain reaction

réactionnaire [reaksjɔnɛr] adj, nmf reactionary

réactiver [reaktive] vt [+ processus, projet] to revive ; [+ machine, système] to reactivate

réactualiser [reaktɥalize] vt to update

réadapter [readapte] vt, **se réadapter** vpr [+ personne] to readjust (*à* to)

ra

réagir [ReaʒiR] vi to react (*à* to, *contre* against) ; (= répondre) to respond (*à* to)

réalisable [Realizabl] adj [projet] feasible ; [rêve] attainable

réalisateur, -trice [RealizatœR, tRis] nm,f director

réalisation [Realizasjɔ̃] nf **a** [de projet] realization ; [d'exploit, œuvre] achievement **b** [de meuble, bijou] making ; [de sondage] carrying out **c** [de film] direction ; [d'émission] production

réaliser [Realize] **1** vt **a** [+ ambition, désir] to realize ; [+ exploit] to achieve ; [+ projet, étude, sondage] to carry out ■ **~ un rêve** to make a dream come true **b** [+ meuble, bijou] to make **c** (= comprendre) to realize **d** [+ film] to direct ; [+ émission] to produce **e** [+ bénéfice, économie] to make **2** **se réaliser** vpr [rêve, vœu] to come true ; [prédiction] to be fulfilled ■ **il s'est complètement réalisé dans son métier** he's completely fulfilled in his job

réalisme [Realism] nm realism

réaliste [Realist] **1** adj realistic ; [artiste] realist **2** nmf realist

réalité [Realite] nf reality ■ **~ augmentée/virtuelle** augmented/virtual reality ■ **devenu ~** to become a reality ■ **en ~** in reality

reality-show (pl **~s**) [Realitiʃo] nm studio discussion programme *(focusing on real-life dramas)*, reality show **US**

réaménager [Reamenaʒe] vt [+ site] to redevelop ; [+ appartement, bâtiment] to refurbish ; [+ horaires, service] to reorganize

réanimation [Reanimasjɔ̃] nf resuscitation ■ **être en ~** to be in intensive care

réanimer [Reanime] vt [+ personne] to resuscitate

réapparaître [ReapaRɛtR] vi to reappear

réapproprier (se) [ReapRɔpRije] vpr [+ bien] to take back ownership of ; [+ culture, espace, identité] to reclaim, to reappropriate

réarmer [ReaRme] vt **a** [+ pays] to rearm **b** [+ fusil] to reload ; [+ appareil photo] to wind on **c** [+ bateau] to refit

rebaisser [R(ə)bese] vi to fall again

rebaptiser [R(ə)batize] vt [+ rue] to rename ; [+ navire] to rechristen

rébarbatif, -ive [RebaRbatif, iv] adj (= rebutant) forbidding ; [style] off-putting

rebâtir [R(ə)bɑtiR] vt to rebuild

rebattre [R(ə)batR] vt ■ **il m'a rebattu les oreilles de son succès** he kept harping on about his success

rebelle [Rəbɛl] **1** adj [troupes, soldat] rebel ; [enfant, esprit] rebellious ; [mèche, cheveux] unruly **2** nmf rebel

rebeller (se) [R(ə)bele] vpr to rebel

rébellion [Rebeljɔ̃] nf rebellion

rebeu* [Rəbø] nm *second-generation North African living in France*

rebiffer (se)* [R(ə)bife] vpr [personne] to hit back (*contre* at)

reboisement [R(ə)bwɑzmɑ̃] nm reforestation

rebond [R(ə)bɔ̃] nm (sur le sol) bounce ; (contre un mur) rebound ■ **rattraper une balle au ~** to catch a ball on the bounce

rebondi, e [R(ə)bɔ̃di] adj [ventre] fat ; [joues, visage] chubby

rebondir [R(ə)bɔ̃diR] vi **a** (sur le sol) to bounce ; (contre un mur) to rebound ■ **faire ~ une balle** to bounce a ball **b** [procès] to be revived ; [action, intrigue] to get moving again **c** [économie, marché] to pick up again ■ **ça l'a aidé à ~ après son licenciement** it helped him get back on his feet again after he lost his job

rebondissement [R(ə)bɔ̃dismɑ̃] nm sudden new development (*de* in)

rebord [R(ə)bɔR] nm edge ; [d'assiette] rim ; [de puits] edge ■ **le ~ de la cheminée** the mantelpiece ■ **le ~ de la fenêtre** the windowsill

reboucher [R(ə)buʃe] vt [+ trou] to fill in again ; [+ bouteille] to recork

rebours (à) [R(ə)buR] loc adv [compter] backwards ; → **compte**

rebrousse-poil (à) [RəbRuspwal] loc adv the wrong way ■ **prendre qn à rebrousse-poil** to rub sb up the wrong way

rebrousser [R(ə)bRuse] vt ■ **~ chemin** to turn back

rébus [Rebys] nm rebus

rebut [Rəby] nm (= déchets) scrap ■ **mettre ou jeter au ~** to throw out ■ **le ~ de la société** (péj) the scum of society

rebutant, e [R(ə)bytɑ̃, ɑ̃t] adj (= dégoûtant) repellent ; (= décourageant) off-putting

rebuter [R(ə)byte] vt (= décourager) to put off ; (= répugner) to repel

recadrer [R(ə)kɑdRe] vt **a** [+ image, sujet] to reframe **b** [+ politique] to refocus ; [+ action, projet] to redefine the terms of

récalcitrant, e [RekalsitRɑ̃, ɑ̃t] adj [animal] stubborn ; [personne] recalcitrant ; [appareil] unmanageable

recalculer [R(ə)kalkyle] vt to recalculate

recaler [R(ə)kale] vt to fail ■ **se faire ~, être recalé** to fail

recapitaliser [Rəkapitalize] vt [+ entreprise] to recapitalize

récapitulatif, -ive [Rekapitylatif, iv] adj, nm summary

récapituler [Rekapityle] vt to recapitulate

recel [Rəsɛl] nm ▪ **~ (d'objets volés)** (= action) receiving (stolen goods) ; (= résultat) possession of stolen goods ▪ **~ de malfaiteur** harbouring a criminal

receler [R(ə)səle] vt [+ secret, erreur, trésor] to conceal

receleur, -euse [R(ə)səlœR, øz] nm,f receiver of stolen goods

récemment [Resamɑ̃] adv recently

recensement [R(ə)sɑ̃smɑ̃] nm census ; [d'objets] inventory ▪ **faire un ~** [de population] to take a census

recenser [R(ə)sɑ̃se] vt [+ population] to take a census of ; [+ objets, malades, victimes] to make a list of

récent, e [Resɑ̃, ɑ̃t] adj recent

recentrer [R(ə)sɑ̃tRe] vt [+ politique] to redefine ; [+ débat] to refocus

récepteur [ResɛptœR] nm receiver

réceptif, -ive [Resɛptif, iv] adj receptive (*à* to)

réception [Resɛpsjɔ̃] nf a (gén) reception b [de paquet, lettre] receipt ; → **accusé, accuser** c [de sauteur, parachutiste] landing

réceptionner [Resɛpsjɔne] 1 vt to receive 2 **se réceptionner** vpr (en tombant) to land

réceptionniste [Resɛpsjɔnist] nmf receptionist

récession [Resesjɔ̃] nf recession

recette [R(ə)sɛt] nf a [de cuisine, secret] recipe (*de* for) ; [de produit] formula b (= encaisse) takings c (= rentrées d'argent) ▪ **~s** receipts

receveur, -euse [R(ə)səvœR, øz] nm,f a [de greffe] recipient b ▪ **~ des contributions** tax collector ▪ **~ des postes** postmaster ▪ **receveuse des postes** postmistress

recevoir [R(ə)səvwaR] 1 vt a to receive ▪ **il a reçu un coup de poing dans la figure** he got punched in the face ▪ **~ la visite de qn** to receive a visit from sb ▪ **recevez, Monsieur (ou Madame), l'expression de mes sentiments distingués** (formule épistolaire) yours faithfully BR ou truly US b (en entrevue) to see ▪ **~ qn à dîner** to have sb to dinner ▪ **on est toujours bien reçu chez eux** they always make you feel welcome ▪ **les Dupont reçoivent beaucoup** the Duponts entertain a lot c ▪ **être reçu à un examen** to pass an exam 2 **se recevoir** vpr (= atterrir) to land

rechange [R(ə)ʃɑ̃ʒ] nm ▪ **de ~** [solution, politique] alternative ; [outil] spare ▪ **avoir du linge de ~** to have a change of clothes ; → **pièce**

réchapper [Reʃape] vi ▪ **~ de** ou **à** [+ accident, maladie] to come through

recharge [R(ə)ʃaRʒ] nf [de lessive, stylo, agenda] refill

rechargeable [R(ə)ʃaRʒabl] adj [stylo, briquet] refillable ; [batterie, carte à puce, pile] rechargeable

recharger [R(ə)ʃaRʒe] vt [+ arme, appareil photo] to reload ; [+ stylo, briquet] to refill ; [+ batterie, carte à puce, pile] to recharge ; [+ mobile] (en crédit) to top up ▪ **~ ses batteries** ou **ses accus*** to recharge one's batteries

réchaud [Reʃo] nm (portable) stove

réchauffement [Reʃofmɑ̃] nm warming ▪ **le ~ de la planète** global warming

réchauffer [Reʃofe] 1 vt a [+ aliment] to reheat b [+ personne] to warm up 2 vi ▪ **faire ~ qch** to reheat sth 3 **se réchauffer** vpr a [temps, température] to get warmer b [personne] to warm o.s. up

rêche [Rɛʃ] adj rough

recherche [R(ə)ʃɛRʃ] nf a (= quête) search (*de* for) ▪ **à la ~ de** in search of b (= étude) ▪ **la ~ (scientifique)** research ▪ **faire des ~s sur un sujet** to carry out research into a subject ▪ **faire de la ~** to do research c (= raffinement) studied elegance ; (péj = affectation) affectation

> ⚠ **recherche** ne se traduit que rarement par ***research***, qui désigne une activité intellectuelle, scientifique.

recherché, e [R(ə)ʃɛRʃe] adj a [objet] much sought-after b [style] mannered ; [expression] studied ; [vocabulaire] carefully chosen

rechercher [R(ə)ʃɛRʃe] vt a [+ objet égaré ou désiré, enfant perdu] to search for ; [+ coupable, témoin] to look for ; [+ cause d'accident] to try to determine ▪ **recherché pour meurtre** wanted for murder b [+ honneurs, compliment, compagnie] to seek ; [+ danger] to court c (= reprendre) [+ personne] to collect

> ⚠ **rechercher** ne se traduit que rarement par ***to research***, qui signifie « faire des recherches sur ».

recherchiste [Reʃɛʀʃist] nmf researcher

rechigner [R(ə)ʃiɲe] vi to balk (*à, devant qch* at sth, *à faire* at doing) ▪ **faire qch en rechignant** to do sth reluctantly

rechute [R(ə)ʃyt] nf relapse ▪ **faire une ~** to have a relapse

récidive [Residiv] nf second offence BR ou offense US

récidiver [Residive] vi [criminel] to reoffend ; (gén) to do it again

récidiviste [Residivist] nmf second offender ; (plusieurs répétitions) habitual offender

récif [Resif] nm reef

récipient [Resipjɑ̃] nm container

réciproque [ʀesipʀɔk] **1** adj reciprocal ▪ **il la détestait et c'était ~** he hated her and the feeling was mutual **2** nf ▪ **la ~** (= l'inverse) the opposite

réciproquement [ʀesipʀɔkmɑ̃] adv **a** (= l'un l'autre) each other, one another **b** (= vice versa) vice versa

récit [ʀesi] nm story ▪ **faire le ~ de** to give an account of

récital (pl **~s**) [ʀesital] nm recital

récitation [ʀesitasjɔ̃] nf recitation

réciter [ʀesite] vt to recite

réclamation [ʀeklɑmasjɔ̃] nf complaint ▪ **faire/déposer une ~** to make/lodge a complaint

réclame [ʀeklɑm] nf (= annonce) advertisement ▪ **la ~** (= publicité) advertising ▪ **faire de la ~ pour qch** to advertise sth ▪ **en ~** on (special) offer

réclamer [ʀeklɑme] **1** vt **a** (= demander) to ask for ▪ **il m'a réclamé à boire** he asked me for a drink **b** [+ dû, part] to claim ; [+ rançon] to demand **c** (= nécessiter) to require **2** **se réclamer** vpr ▪ **se ~ de** [+ théorie, principe] to claim to adhere to

reclasser [ʀ(ə)klɑse] vt **a** [+ salarié] to redeploy ; [+ chômeur] to place **b** [+ objet, dossier] to reclassify

reclus, e [ʀəkly, yz] **1** adj ▪ **il vit ~, il mène une vie ~e** he leads the life of a recluse **2** nm,f recluse

réclusion [ʀeklyzjɔ̃] nf ▪ **~ (criminelle)** imprisonment ▪ **~ à perpétuité** life imprisonment

recoiffer [ʀ(ə)kwafe] **1** vt ▪ **~ qn** to do sb's hair **2** **se recoiffer** vpr to do one's hair

recoin [ʀəkwɛ̃] nm nook ; (fig) innermost recess

recoller [ʀ(ə)kɔle] vt [+ étiquette, enveloppe] to restick ; [+ morceaux, vase] to stick back together

récoltant, e [ʀekɔltɑ̃, ɑ̃t] adj, nm,f ▪ **(propriétaire) ~** grower

récolte [ʀekɔlt] nf **a** (= activité) harvesting ▪ **faire la ~ des pommes de terre** to harvest potatoes **b** (= produit) [de blé, maïs] harvest ; [de pommes de terre, raisin, miel] crop ▪ **la ~ est maigre** (renseignements) I didn't get much information

récolter [ʀekɔlte] vt **a** [agriculteur] to harvest **b** [+ documents, signatures, argent] to collect ; [+ renseignements] to gather ; * [+ contravention, coups, mauvaise note] to get ; [+ suffrages, points, voix] to gain

recommandable [ʀ(ə)kɔmɑ̃dabl] adj commendable ▪ **peu ~** [personne] disreputable

recommandation [ʀ(ə)kɔmɑ̃dasjɔ̃] nf recommendation

recommandé, e [ʀ(ə)kɔmɑ̃de] adj **a** [lettre, paquet] recorded ; (avec valeur assurée) registered ▪ **envoyer qch en ~** to send sth recorded delivery **BR** ou by certified mail **US** ; (avec valeur assurée) to send sth by registered mail **b** (= conseillé) ▪ **il est ~ de...** it's advisable to...

recommander [ʀ(ə)kɔmɑ̃de] vt to recommend (*à* to) ▪ **~ à qn de faire qch** to advise sb to do sth

recommencer [ʀ(ə)kɔmɑ̃se] **1** vt to start again ▪ **~ à faire qch** to start to do sth again **2** vi [combat] to start up again ; [école] to start again ▪ **il m'a promis qu'il ne recommencerait plus** he promised he wouldn't do it again

récompense [ʀekɔ̃pɑ̃s] nf reward ; (= prix) award

récompenser [ʀekɔ̃pɑ̃se] vt to reward

réconciliation [ʀekɔ̃siljasjɔ̃] nf reconciliation

réconcilier [ʀekɔ̃silje] **1** vt to reconcile (*avec* with) **2** **se réconcilier** vpr to be ou become reconciled

reconduction [ʀ(ə)kɔ̃dyksjɔ̃] nf renewal ▪ **tacite ~** renewal by tacit agreement

reconduire [ʀ(ə)kɔ̃dɥiʀ] vt **a** (= raccompagner) ▪ **~ qn chez lui/à la gare** to take sb home/to the station ▪ **~ qn en voiture** to drive sb home ▪ **il m'a reconduit à la porte** he showed me to the door **b** [+ politique, bail] to renew

reconfigurer [ʀ(ə)kɔ̃figyʀe] vt to reconfigure

réconfort [ʀekɔ̃fɔʀ] nm comfort ▪ **avoir besoin de ~** to need comforting

réconfortant, e [ʀekɔ̃fɔʀtɑ̃, ɑ̃t] adj [paroles, présence] comforting

réconforter [ʀekɔ̃fɔʀte] vt [paroles, présence] to comfort ; [alcool, aliment] to fortify

reconnaissable [ʀ(ə)kɔnɛsabl] adj recognizable (*à* by, from)

reconnaissance [ʀ(ə)kɔnɛsɑ̃s] nf **a** gratitude ▪ **avoir de la ~ pour qn** to be grateful to sb **b** [d'État, diplôme] recognition **c** (= identification) recognition ▪ **~ faciale/vocale** facial/speech recognition **d** (= exploration) reconnaissance ▪ **envoyer en ~** to send out on reconnaissance

reconnaissant, e [ʀ(ə)kɔnɛsɑ̃, ɑ̃t] adj grateful (*à qn de qch* to sb for sth) ▪ **je vous serais ~ de me répondre rapidement** I would be grateful if you would reply quickly

reconnaître [ʀ(ə)kɔnɛtʀ] **1** vt **a** (gén) to recognize (*à* by) **b** (= admettre) to admit ▪ **il a reconnu s'être trompé** ou **qu'il s'était trompé** he admitted that he had made a mistake **c** (Droit) [+ enfant, dette] to acknowledge **d** (Mil) [+ terrain] to reconnoitre

2 **se reconnaître** vpr **a** (mutuellement) to recognize each other **b** (= se retrouver) to find one's way around **c** (= être reconnaissable) to be recognizable (*à* by)

reconnu, e [R(ə)kɔny] adj [auteur, diplôme] recognized

reconquérir [R(ə)kɔ̃keRiR] vt (Mil) to reconquer ; [+ personne, titre] to win back ; [+ dignité, liberté] to recover

reconsidérer [R(ə)kɔ̃sideRe] vt to reconsider

reconstituer [R(ə)kɔ̃stitɥe] vt **a** [+ parti, armée, association] to re-form ; [+ fortune, réserves] to build up again **b** [+ crime, faits] to reconstruct ; [+ décor] to recreate ; [+ texte] to reconstitute

reconstitution [R(ə)kɔ̃stitysjɔ̃] nf **a** [de parti, armée, association] re-forming ; [de fortune, réserves] rebuilding **b** [de crime, faits] reconstruction ; [de texte] reconstitution

reconstruction [R(ə)kɔ̃stRyksjɔ̃] nf [de maison, ville] rebuilding ; [de pays] reconstruction

reconstruire [R(ə)kɔ̃stRɥiR] vt [+ maison, ville] to rebuild ; [+ pays] to reconstruct

recontacter [R(ə)kɔ̃takte] vt ▪ **~ qn** to get in touch with sb again ▪ **je vous recontacterai quand j'aurai pris une décision** I'll get in touch with you again when I've made a decision

reconversion [R(ə)kɔ̃vɛRsjɔ̃] nf [d'usine] reconversion ; [de personnel] retraining

reconvertir [R(ə)kɔ̃vɛRtiR] **1** vt [+ personnel] to retrain ▪ **l'usine a été reconvertie en école** the factory has been converted into a school **2** **se reconvertir** vpr [personne] to move into a new type of employment ; [entreprise] to change activity ▪ **se ~ dans** [personne] to go into ; [entreprise] to move over into

recopier [R(ə)kɔpje] vt to copy out

record [R(ə)kɔR] nm, adj inv record ▪ **~ du monde** world record

recordman [R(ə)kɔRdman] (pl **recordmen** [R(ə)kɔRdmɛn]) nm record holder

> ⚠ Le mot ***recordman** n'existe pas en anglais.

recordwoman [R(ə)kɔRdwuman] (pl **recordwomen** [R(ə)kɔRdwumɛn]) nf record holder

> ⚠ Le mot ***recordwoman** n'existe pas en anglais.

recoucher [R(ə)kuʃe] **1** vt [+ enfant] to put back to bed **2** **se recoucher** vpr to go back to bed

recoudre [R(ə)kudR] vt [+ ourlet] to sew up again ; [+ bouton] to sew back on ; [+ plaie] to stitch up

recoupement [R(ə)kupmɑ̃] nm ▪ **par ~** by cross-checking

recouper [R(ə)kupe] **1** vt **a** (= couper à nouveau) to cut again ▪ **~ du pain** to cut some more bread **b** [témoignage] to confirm **2** **se recouper** vpr [faits] to confirm one another ; [chiffres, résultats] to add up

recourbé, e [R(ə)kuRbe] adj curved

recourir [R(ə)kuRiR] **recourir à** vt indir to resort to ; [+ personne] to turn to

recours [R(ə)kuR] nm recourse ; (Droit) appeal ▪ **en dernier ~** as a last resort ▪ **avoir ~ à** [+ mesure, solution] to resort to ; [+ personne] to turn to

recouvrer [R(ə)kuvRe] vt **a** [+ santé, vue, raison] to recover ; [+ liberté] to regain **b** [+ impôt] to collect

recouvrir [R(ə)kuvRiR] vt to cover (*de* in)

recracher [R(ə)kRaʃe] vt to spit out

récréation [RekReasjɔ̃] nf (Scol) break, recess US

recréer [R(ə)kRee] vt to recreate

récrimination [RekRiminasjɔ̃] nf recrimination

récrire [RekRiR] vt ⇒ **réécrire**

recroqueviller (se) [R(ə)kRɔk(ə)vije] vpr [feuille, fleur] to shrivel up ; [personne] to huddle o.s. up

recrudescence [R(ə)kRydesɑ̃s] nf outbreak

recrue [RəkRy] nf recruit

recrutement [R(ə)kRytmɑ̃] nm recruitment

recruter [R(ə)kRyte] vt to recruit

recruteur, -euse [R(ə)kRytœR, øz] nm,f (gén) recruiter ; (pour cadres) headhunter ; (Mil) recruiting officer

rectangle [Rɛktɑ̃gl] nm rectangle

rectangulaire [Rɛktɑ̃gylɛR] adj rectangular

recteur, -trice [Rɛktœr, tRis] nm,f ▪ **~ (d'académie)** ≈ chief education officer BR, ≈ commissioner of education US

rectificatif [Rɛktifikatif] nm ▪ **apporter un ~** to make a correction (*à* to)

rectifier [Rɛktifje] vt **a** [+ calcul, erreur] to rectify ; [+ paroles, texte, mauvaise position] to correct ; [+ facture] to amend **b** (= ajuster) to adjust

rectiligne [Rɛktiliɲ] adj straight ; [mouvement] rectilinear

recto [Rɛkto] nm front ▪ **~ verso** on both sides of the page

rectorat [RɛktɔRa] nm (= bureaux) education offices ; (= administration) education authority

reçu, e [R(ə)sy] **1** nm,f (= candidat) successful candidate **2** nm (= quittance) receipt

recueil [Rəkœj] nm collection

recueillir [R(ə)kœjiR] **1** vt **a** [+ argent, documents, liquide] to collect ; [+ suffrages] to win **b** [+ enfant, réfugié, animal] to take in **2** **se recueillir** vpr to meditate

recul [R(ə)kyl] nm **a** [d'armée] retreat ■ **avoir un mouvement de ~** to recoil (*devant* from) **b** [de civilisation, langue, épidémie] decline (*de* of) ; [d'investissements, prix, taux] fall (*de* in) ; (aux élections) setback **c** (= éloignement) distance ■ **prendre du ~** to step back ; (fig) to stand back(*par rapport à* from) **d** [d'arme à feu] recoil **e** (= déplacement) backward movement

reculé, e [R(ə)kyle] adj remote

reculer [R(ə)kyle] **1** vi **a** [personne] to move back ; (par peur) to back away ; [automobiliste, automobile] to reverse ; [armée] to retreat (*devant* from) ■ **~ de deux pas** to move back two paces ■ **faire ~** [+ ennemi, foule] to force back **b** (= renoncer) to back down ■ **~ devant la difficulté** to shrink from the difficulty ■ **je ne reculerai devant rien** I'll stop at nothing **c** (= diminuer) to be on the decline ; [eaux, incendie] to subside ■ **faire ~ l'inflation** to curb inflation **2** vt **a** [+ chaise, meuble, frontières] to push back **b** (dans le temps) to postpone **3** **se reculer** vpr to take a step back

reculons (à) [R(ə)kylɔ̃] loc adv [aller, marcher] backwards

récupération [RekypeRasjɔ̃] nf **a** [de sportif] recovery **b** [de ferraille, emballages] salvage ; [de chaleur, énergie, données] recovery ■ **matériaux de ~** salvaged materials **c** (Pol, péj) hijacking

récupérer [RekypeRe] **1** vt **a** [+ argent, objet prêté, forces] to get back ; (sur ordinateur) to retrieve ; (= aller chercher) to collect ; [+ sièges, voix] to win back **b** [+ ferraille, emballages] to salvage ; [+ chaleur, énergie] to recover **c** [+ journées de travail] to make up **d** (Pol, péj) to hijack **2** vi (après des efforts, une maladie) to recuperate

récurer [RekyRe] vt to scour

récurrence [RekyRɑ̃s] nf recurrence

récurrent, e [RekyRɑ̃, ɑ̃t] adj recurrent

récuser [Rekyze] vt [+ témoin, juré, témoignage] to challenge ; [+ accusation] to deny

recyclable [R(ə)siklabl] adj recyclable

recyclage [R(ə)siklaʒ] nm **a** [de déchets, papiers] recycling **b** [d'employé] retraining

recycler [R(ə)sikle] **1** vt [+ déchets, papier] to recycle ■ **~ par le haut** to upcycle **2** **se recycler** vpr [personne] (dans son domaine) to go on a refresher course ; (pour un nouveau métier) to retrain ■ **elle s'est recyclée dans la restauration** she changed direction and went into catering

recyclerie [Rəsikləri] nf recycling centre BR ou center US

rédacteur, -trice [RedaktœR, tRis] nm,f [de journal, magazine] sub-editor ; [d'article] writer ; [d'encyclopédie, dictionnaire] editor ► **rédacteur en chef** editor

rédaction [Redaksjɔ̃] nf **a** [de thèse, article] writing ; [d'encyclopédie, dictionnaire] compiling **b** (Presse = personnel) editorial staff **c** (Scol) essay

redécouvrir [R(ə)dekuvRiR] vt to rediscover

redéfinir [R(ə)definiR] vt to redefine

redemander [Rəd(ə)mɑ̃de] vt [+ information] to ask again for ; [+ aliment] to ask for more ; [+ bouteille] to ask for another

redémarrer [R(ə)demaRe] vi **a** [moteur] to start up again ; [véhicule] to move off again **b** [processus] to start again ; [économie] to get going again ; [croissance] to pick up again

redescendre [R(ə)desɑ̃dR] **1** vt (aux avoir) **a** [+ objet] to bring ou take down (again) ■ **redescends cette malle à la cave, je n'en ai plus besoin** take this trunk down to the cellar - I don't need it any more ■ **redescendez-moi le dossier quand vous viendrez me voir** bring the file back down for me when you come and see me **b** [+ escalier, côte] to go ou come down (again) **2** vi (aux être) **a** (d'une colline, d'un endroit élevé) to go ou come down (again) ; (dans l'escalier) to go ou come downstairs (again) ■ **~ de voiture** to get out of the car again **b** [ascenseur, avion, chemin] to go down again ; [baromètre, fièvre] to fall again

redevable [R(ə)dəvabl] adj ■ **être ~ à qn de qch/d'avoir fait qch** to be indebted to sb for sth/for having done sth

redevance [R(ə)dəvɑ̃s] nf (= impôt) tax ; (pour télévision) licence fee BR

redevenir [R(ə)dəv(ə)niR] vi to become again ■ **il est redevenu lui-même** he is his old self again

rédhibitoire [RedibitwaR] adj damning

rediffuser [R(ə)difyze] vt [+ émission] to repeat

rediffusion [R(ə)difyzjɔ̃] nf [d'émission] repeat

rédiger [Rediʒe] vt [+ article, lettre] to write ; [+ encyclopédie, dictionnaire] to compile ; [+ contrat] to draw up

redingote [R(ə)dɛ̃gɔt] nf fitted coat

redire [R(ə)diR] vt **a** to say again ; [+ histoire] to tell again ■ **~ qch à qn** to say sth to sb again **b** (= critiquer) ■ **avoir** ou **trouver à ~ à qch** to find fault with sth ■ **je ne vois rien à ~** I can't see anything wrong with that

redistributif, -ive [ʀ(ə)distʀibytif, iv] adj (Écon) redistributive

redistribution [ʀ(ə)distʀibysjɔ̃] nf [de richesses] redistribution

redite [ʀ(ə)dit] nf needless repetition

redondance [ʀ(ə)dɔ̃dɑ̃s] nf (= expression) unnecessary repetition

redondant, e [ʀ(ə)dɔ̃dɑ̃, ɑ̃t] adj redundant

redonner [ʀ(ə)dɔne] vt a (= rendre) to give back b (= donner de nouveau) to give again ; [+ pain, eau] to give some more

redoublant, e [ʀ(ə)dublɑ̃, ɑ̃t] nm,f *pupil who is repeating (ou has repeated) a year at school*

redoubler [ʀ(ə)duble] 1 vt a (= accroître) to increase b [+ syllabe] to reduplicate c ▪ **~ (une classe)** [élève] to repeat a year 2 vt indir ▪ **~ d'efforts** to increase one's efforts ▪ **~ de prudence/de vigilance** to be extra careful/vigilant ▪ **le vent redouble de violence** the wind is getting even stronger 3 vi to increase

redoutable [ʀ(ə)dutabl] adj [adversaire, concurrence, problème] formidable ▪ **elle est d'une efficacité ~** she's frighteningly efficient

redouter [ʀ(ə)dute] vt to dread

redressement [ʀ(ə)dʀɛsmɑ̃] nm [d'économie, entreprise] recovery ▪ **~ fiscal** tax adjustment

redresser [ʀ(ə)dʀese] 1 vt a [+ arbre, statue, poteau] to set upright ; [+ tôle cabossée] to straighten out ; [+ épaules] to straighten ; [+ tête] to lift up b [+ économie] to redress ; [+ entreprise déficitaire] to turn round ; [+ situation] to put right 2 **se redresser** vpr a (= assis) to sit up ; (= debout) to stand up straight ; (après s'être courbé) to straighten up b [pays, économie] to recover

réduc* [ʀedyk] nf abrév de **réduction**

réduction [ʀedyksjɔ̃] nf reduction (*de* in) ; (= tarif) concession ▪ **~ de salaire/d'impôts** wage/tax cut

réduire [ʀedɥiʀ] 1 vt to reduce ▪ **~ qch à** (= ramener à) to reduce sth to ; (= limiter à) to limit sth to ▪ **en être réduit à** to be reduced to ▪ **~ qn en esclavage** to reduce sb to slavery ▪ **~ qch en poudre** to reduce sth to a powder 2 vi [sauce] to reduce 3 **se réduire** vpr ▪ **se ~ à** [affaire, incident] to boil down to ; [quantité] to amount to

réduit, e [ʀedɥi, it] 1 adj a (= petit) small ; [vitesse] low ▪ **de taille ~e** small b [tarif, prix, taux] reduced 2 nm (= pièce) tiny room

redux [redyks] adj redux

rééchelonner [ʀeeʃ(ə)lɔne] vt [+ dette] to reschedule

réécrire [ʀeekʀiʀ] vt [+ roman, inscription] to rewrite ; [+ lettre] to write again

réédition [ʀeedisjɔ̃] nf [de livre] new edition

rééducation [ʀeedykasjɔ̃] nf [de malade, délinquant] rehabilitation ▪ **faire de la ~** to have physiotherapy

réel, -elle [ʀeɛl] adj real

réélire [ʀeeliʀ] vt to re-elect

réellement [ʀeɛlmɑ̃] adv really

ré-ensauvagement [ʀeɑ̃sovaʒmɑ̃] nm [de zone] rewilding

ré-ensauvager [ʀeɑ̃sovaʒe] vt [+ zone] to rewild

rééquilibrer [ʀeekilibʀe] vt [+ économie] to restabilize ; [+ budget, comptes, finances] to rebalance

réessayer [ʀeeseje] vt [+ vêtement] to try on again ▪ **je réessaierai plus tard** I'll try again later

réévaluer [ʀeevalɥe] vt a [+ salaire] (à la hausse) to upgrade ; (à la baisse) to downgrade b [+ situation] to reappraise

réexaminer [ʀeɛgzamine] vt [+ problème, candidature, décision] to reconsider

réexpédier [ʀeɛkspedje] vt a (= retourner, renvoyer) to send back b (= faire suivre) to forward

refaire [ʀ(ə)fɛʀ] 1 vt a (= recommencer) to do again ; [+ nœud, paquet] to do up again ▪ **elle a refait sa vie avec lui** she started a new life with him ▪ **tu refais toujours la même faute** you always make the same mistake ▪ **il refait du vélo** he has taken up cycling again ▪ **~ de la soupe** to make some more soup ▪ **se ~ une tasse de café** to make oneself another cup of coffee b (= retaper) [+ toit, route, mur] to repair ; [+ chambre] to redecorate ; [+ carrelage] to do again ▪ **se faire ~ le nez** to have a nose job* ▪ **~ qch à neuf** to do sth up like new 2 **se refaire** vpr ▪ **se ~ une santé** to recuperate ▪ **se ~ une beauté** to freshen up

réfection [ʀefɛksjɔ̃] nf repairing

réfectoire [ʀefɛktwaʀ] nm canteen

référence [ʀefeʀɑ̃s] nf reference ▪ **faire ~ à** to refer to ▪ **servir de ~** [chiffres, indice, taux] to be used as a benchmark ; [personne] to be a role model

référencer [ʀefeʀɑ̃se] vt to reference

référendum [ʀefeʀɛ̃dɔm] nm referendum ▪ **~ d'initiative citoyenne** ou **populaire** citizen initiated referendum

référer [ʀefeʀe] 1 **en référer à qn** vt indir to refer a matter to sb 2 **se référer** vpr ▪ **se ~ à** (= consulter) to consult ; (= faire référence à) to refer to

refermer [ʀ(ə)fɛʀme] 1 vt to shut again 2 **se refermer** vpr [plaie, fleur] to close up ; [fenêtre, porte] to shut

refiler* [R(ə)file] vt to give (*à qn* to sb) ▪ **il m'a refilé la rougeole** I've caught measles off him

réfléchi, e [Refleʃi] adj **a** [personne, air] thoughtful ▪ **tout bien ~** after careful consideration **b** [pronom, verbe] reflexive

réfléchir [RefleʃiR] **1** vi to think ▪ **il n'avait pas réfléchi qu'il ne pourrait pas venir** it hadn't occurred to him that he wouldn't be able to come **2** vt indir ▪ **~ à ou sur qch** to think about sth **3** vt [+ lumière, son] to reflect **4** **se réfléchir** vpr to be reflected

reflet [R(ə)flɛ] nm reflection ▪ **se faire faire des ~s** (dans les cheveux) to have one's hair highlighted

refléter [R(ə)flete] **1** vt to reflect **2** **se refléter** vpr to be reflected

refleurir [R(ə)flœRiR] vi to flower again

réflexe [Reflɛks] nm reflex ▪ **son premier ~ a été d'appeler la police** his first reaction was to call the police

réflexion [Reflɛksjɔ̃] nf **a** (= méditation) thought ▪ **ceci mérite ~** this is worth thinking about ▪ **~ faite, à la ~** on reflection **b** (= remarque) remark ▪ **on m'a fait des ~s sur son travail** people have complained to me about his work

réflexologie [Reflɛksɔlɔʒi] nf reflexology

refluer [R(ə)flye] vi [liquide] to flow back ; [marée] to go back ; [foule] to surge back

reflux [Rəfly] nm [de foule] backward surge ; [de marée] ebb ; → **flux**

reforestation [R(ə)fɔRɛstasjɔ̃] nf reforestation

reformater [R(ə)fɔRmate] vt to reformat

réformateur, -trice [RefɔRmatœR, tRis] nm,f reformer

réforme [RefɔRm] nf reform

réformé, e [RefɔRme] adj **a** (Rel) Reformed **b** [appelé] declared unfit for service ; [soldat] discharged

reformer (se) vpr [R(ə)fɔRme] to re-form

réformer [RefɔRme] **1** vt **a** (= changer) to reform **b** [+ appelé] to declare unfit for service ; [+ soldat] to discharge **2** **se réformer** vpr [institution] to reform itself

reformuler [R(ə)fɔRmyle] vt [+ proposition, théorie] to reformulate ; [+ demande, plainte] to change the wording of ; [+ question] to rephrase

refouler [R(ə)fule] vt **a** [+ envahisseur, manifestants] to drive back ; [+ immigrés] to turn back **b** [+ larmes] to hold back ; [+ désir, colère, souvenir] to repress

réfractaire [RefRaktɛR] adj **a** ▪ **~ à** [+ autorité, virus, influence] resistant to **b** [brique] fire *avant n*

refrain [R(ə)fRɛ̃] nm (en fin de couplet) chorus ; (= chanson) tune ▪ **c'est toujours le même ~*** it's always the same old story

refréner [R(ə)fRene] vt to curb

réfrigérateur [RefRiʒeRatœR] nm refrigerator

réfrigéré, e [RefRiʒeRe] adj [véhicule] refrigerated

refroidir [R(ə)fRwadiR] **1** vt **a** [+ nourriture] to cool down **b** (= calmer l'enthousiasme de) to put off **c** (* = tuer) to bump off* **2** vi (= cesser d'être trop chaud) to cool down ; (= devenir trop froid) to get cold ▪ **laisser ~** [+ plat] to leave to cool ; [+ moteur] to let cool **3** **se refroidir** vpr [plat, personne] to get cold ; [temps] to get cooler

refroidissement [R(ə)fRwadismɑ̃] nm [d'air, liquide] cooling ▪ **~ de la température** drop in temperature ▪ **on observe un ~ du temps** the weather is getting cooler ▪ **on note un ~ des relations entre les deux pays** relations between the two countries are cooling

refuge [R(ə)fyʒ] nm refuge ▪ **chercher/trouver ~** to seek/find refuge (*auprès de* with)

réfugié, e [Refyʒje] adj, nm,f refugee

réfugier (se) [Refyʒje] vpr to take refuge

refus [R(ə)fy] nm refusal ▪ **ce n'est pas de ~*** I wouldn't say no

refuser [R(ə)fyze] **1** vt **a** to refuse ; [+ racisme, inégalité] to refuse to accept ▪ **~ l'entrée à qn** to refuse admission to sb ▪ **on ne peut rien lui ~** you just can't say no to her ▪ **~ de faire qch** to refuse to do sth ▪ **la voiture refuse de démarrer** the car won't start **b** [+ client] to turn away ; [+ candidat] (à un examen) to fail ; (à un poste) to turn down **2** **se refuser** vpr **a** (= se priver de) ▪ **tu ne te refuses rien !** you certainly spoil yourself! **b** ▪ **se ~ à faire qch** to refuse to do sth

réfuter [Refyte] vt to refute

regagner [R(ə)gaɲe] vt **a** [+ amitié, confiance, parts de marché] to regain ; [+ argent perdu au jeu] to win back **b** [+ lieu] to go back to

regain [Rəgɛ̃] nm ▪ **un ~ d'intérêt/d'optimisme** renewed interest/optimism

régal (pl **~s**) [Regal] nm treat ▪ **ce gâteau est un ~ !** this cake is absolutely delicious!

> ⚠ **régal** ne se traduit pas par ***regal***, qui signifie « royal ».

régaler [Regale] **1** vt ▪ **~ qn** to treat sb to a delicious meal ▪ **c'est moi qui régale*** it's my treat **2** **se régaler** vpr (= bien manger) to have a delicious meal ; (= éprouver du plaisir) to have a wonderful time

regard [R(ə)gaR] nm **a** (= yeux) eyes ▪ **tous les ~s étaient fixés sur elle** all eyes were on her ▪ **il restait assis, le ~ perdu dans le vide** he was sitting there, staring into space **b**

(= coup d'œil, point de vue) look ■ **il lui lança un ~ noir** he shot him a black look ■ **porter un ~ critique sur qch** to take a critical look at sth **c** [d'égout] manhole

regardant, e [R(ə)gaRdɑ̃, ɑ̃t] adj **a** (= économe) careful with money **b** (= pointilleux) ■ **il n'est pas très ~ sur la propreté** he's not very particular about cleanliness

regarder [R(ə)gaRde] **1** vt **a** [+ paysage, scène] to look at ; [+ action en déroulement, film] to watch ■ **~ la télévision** to watch television ■ **regarde, il pleut** look, it's raining ■ **nous l'avons regardé faire** we watched him do it ■ **~ tomber la pluie** to watch the rain falling ■ **~ par la fenêtre** (du dedans) to look out of the window ; (du dehors) to look in through the window ■ **~ qn droit dans les yeux/bien en face** to look sb straight in the eye/straight in the face **b** [+ mot dans un dictionnaire] to look up ■ **regarde dans l'annuaire** look in the phone book **c** (= concerner) to concern ■ **cette affaire me regarde quand même un peu** this business does concern me a little ■ **cela ne le regarde pas** that's none of his business ■ **mêlez-vous de ce qui vous regarde** mind your own business **2** vt indir ■ **y ~ à deux fois avant de faire qch** to think twice before doing sth **3** **se regarder** vpr **a** (soi-même) to look at o.s. **b** (mutuellement) [personnes] to look at each other

> ⚠ **regarder** ne se traduit pas par ***to regard***, qui signifie « considérer ».

régate [Regat] nf regatta

régénérer [Reʒenere] vt to regenerate ; [+ personne, forces] to revive

régie [Reʒi] nf **a** (= société) ■ **~ (d'État)** state-owned company **b** (Ciné, Théâtre, TV) (= équipe) production department ; (= salle de contrôle) control room

régime [Reʒim] nm **a** (= système politique) system of government ; (= gouvernement) government ; (péj) régime **b** (= de Sécurité sociale) system **c** (matrimonial) ■ **se marier sous le ~ de la communauté/de la séparation de biens** to opt for a marriage settlement based on joint/separate ownership of property **d** (diététique) diet ■ **au ~** on a diet ■ **suivre un ~** to be on a diet **e** [de moteur] speed ■ **tourner à plein ~** [moteur] to run at top speed ; [usine] to run at full capacity **f** [de dattes, bananes] bunch

régiment [Reʒimɑ̃] nm regiment

région [Reʒjɔ̃] nf (gén) region ; (limitée) area ■ **la ~ parisienne** the Paris region ■ **en ~** in the provinces ■ **si vous passez dans la ~, allez les voir** if you are in the area, go and see them ■ **je ne suis pas de la ~** I'm not from around here

régional, e (mpl **-aux**) [Reʒjɔnal, o] adj regional

régir [ReʒiR] vt to govern

régisseur, -euse [Reʒisœr, øz] nm,f [de propriété] steward ; (Théâtre) stage manager

registre [Rəʒistr] nm **a** (= gén) register **b** (= ton) [de roman] mood

réglage [Reglaʒ] nm [d'appareil, siège] adjustment ; [de moteur] tuning

règle [Rɛgl] **1** nf **a** (= loi) rule ■ **c'est la ~ du jeu** those are the rules of the game ♦ **en règle** [comptabilité, papiers] in order ; [attaque, critique] all-out *avant n* ■ **je ne suis pas en ~** my papers are not in order ♦ **en règle générale** as a general rule **b** (= instrument) ruler **2** **règles** nfpl (= menstruation) period

réglé, e [Regle] adj [vie] well-ordered

règlement [Rɛgləmɑ̃] nm **a** (= réglementation) rules ■ **~ intérieur** [d'école] school rules **b** [d'affaire, conflit, facture] settlement ■ **~ de compte(s)** settling of scores ; (de gangsters) gangland killing

réglementaire [Rɛgləmɑ̃tɛR] adj [uniforme, taille] regulation *avant n* ■ **ça n'est pas très ~** that's really against the rules ■ **dispositions ~s** regulations

réglementation [Rɛgləmɑ̃tasjɔ̃] nf (= règles) regulations ; [de prix, loyers] regulation

réglementer [Rɛgləmɑ̃te] vt to regulate

régler [Regle] vt **a** [+ affaire, conflit, problème] to settle **b** [+ note, dette, compte] to settle ; [+ commerçant, créancier] to settle up with ■ **est-ce que je peux ~ par chèque ?** can I pay by cheque? ■ **j'ai un compte à ~ avec lui** I've got a bone to pick with him **c** [+ débit, machine] to regulate ; [+ allumage, ralenti, dossier] to adjust ; [+ moteur] to tune ; [+ réveil, thermostat] to set

réglisse [Reglis] nf ou m liquorice

règne [Rɛɲ] nm **a** [de roi, tyran] reign ■ **sous le ~ de** in the reign of **b** (= monde) ■ **~ animal/végétal** animal/plant kingdom

régner [Reɲe] vi **a** (= être sur le trône) to reign ; (= exercer sa domination) to rule (*sur* over) **b** [paix, silence, peur] to reign (*sur* over) ; [confiance] to prevail ■ **faire ~ l'ordre** to maintain law and order

regorger [R(ə)gɔRʒe] vi ■ **~ de** [région, pays] to abound in ; [maison, magasin] to be packed with

régresser [RegRese] vi [science, enfant] to regress ; [douleur, épidémie] to recede ; [chiffre d'affaires, ventes] to fall

régression [RegResjɔ̃] nf regression ■ **être en (voie de) ~** (= en diminution) to be on the decline

regret [R(ə)gRɛ] nm regret ▪ **j'ai le ~ ou je suis au ~ de vous informer que...** I regret to inform you that... ▪ **à mon grand ~** to my great regret ▪ **à ~** with regret

regrettable [R(ə)gRetabl] adj regrettable

regretter [R(ə)gRete] vt a [+ personne, pays natal, jeunesse] to miss ▪ **notre regretté président** our late lamented president b [+ décision, imprudence] to regret ▪ **je ne regrette rien** I have no regrets c (= être désolé) to be sorry ▪ **je regrette de vous avoir fait attendre** I'm sorry to have kept you waiting

regroupement [R(ə)gRupmɑ̃] nm a [d'objets, pièces de collection] bringing together ; [d'industries, partis, parcelles] grouping together ▪ **~s de sociétés** groupings of companies b (= fait de réunir de nouveau) [d'armée, personnes] reassembling ; [de bétail] rounding up again ▪ **~ familial** family reunification

regrouper [R(ə)gRupe] 1 vt [+ objets, partis, parcelles] to group together ; [+ territoires] to consolidate ; [+ services, classes] to merge 2 **se regrouper** vpr [personnes] to gather ; [entreprises] to group together

régulariser [RegylaRize] vt a [+ passeport, papiers] to sort out ▪ **~ sa situation** to get one's situation sorted out ; [immigré] to get one's papers in order b [+ respiration, rythme cardiaque] to regulate

régularité [RegylaRite] nf a regularity ; [de résultats] consistency ; [de vitesse, vent] steadiness ▪ **avec ~** [se produire] regularly ; [progresser] steadily b (= uniformité) [de répartition, couche, ligne] evenness

régulateur, -trice [RegylatœR, tRis] 1 adj regulating 2 nm,f (= personne) regulator 3 nm (Tech, fig) regulator ▪ **~ de vitesse/de température** speed/temperature control ou regulator

régulation [Regylasjɔ̃] nf regulation ▪ **~ des naissances** birth control

régulier, -ière [Regylje, jɛR] adj a (en fréquence, en force) regular ; [qualité, résultats] consistent ; [progrès, vitesse] steady ▪ **il est ~ dans son travail** he's a steady worker b (= uniforme) [répartition, couche, humeur] even ; [façade, traits] regular ; [écriture] neat c (= légal) in order *attrib* ▪ **être en situation régulière** to have one's papers in order d (= honnête) [opération, coup] above board *attrib* ; [personne] honest e [verbe, pluriel] regular

régulièrement [RegyljɛRmɑ̃] adv a (en fréquence) regularly b [répartir, disposer] evenly c [progresser] steadily

réhabilitation [Reabilitasjɔ̃] nf a (gén) rehabilitation b [de profession, art, idéologie] restoring to favour

réhabiliter [Reabilite] vt a (gén) to rehabilitate b [+ profession, art, idéologie] to bring back into favour

rehausser [Rəose] vt a [+ mur, clôture] to make higher ; [+ plafond, chaise] to raise b [+ beauté, couleur] to enhance ; [+ goût] to bring out

rehausseur [RəosœR] adj m, nm ▪ **~ de siège, siège ~** booster seat ▪ **~ de teint** radiance booster

réimpression [Reɛ̃pResjɔ̃] nf (= action) reprinting ; (= livre) reprint

réimprimer [Reɛ̃pRime] vt to reprint

rein [Rɛ̃] 1 nm (= organe) kidney 2 **reins** nmpl (= région) small of the back ▪ **avoir mal aux ~s** to have backache *(in the lower back)*

réincarnation [Reɛ̃kaRnasjɔ̃] nf reincarnation

réincarner (se) [Reɛ̃kaRne] vpr to be reincarnated (*en* as)

reine [Rɛn] nf queen ▪ **la ~ d'Angleterre** the Queen of England ▪ **la ~ mère** the Queen Mother ▪ **c'est la ~ des idiotes*** she's a prize idiot*

réinitialiser [Reinisjalize] vt (Informatique) to reboot

réinscriptible [Reɛ̃skRiptibl] adj [disque] rewriteable

réinsertion [Reɛ̃sɛRsjɔ̃] nf [de délinquant, handicapé] rehabilitation

réinstaller [Reɛ̃stale] 1 vt a [+ pièce, appartement] to refurnish ▪ **les bureaux ont été réinstallés à Paris** the offices were moved back to Paris b (= rétablir) ▪ **~ qn chez lui** to move sb back into their own home ▪ **~ qn dans ses fonctions** to give sb their job back 2 **se réinstaller** vpr (dans un fauteuil) to settle down again ; (dans une maison) to settle back ▪ **il s'est réinstallé à Paris** he's gone back to live in Paris ; [commerçant] he's set up in business again in Paris

réintégrer [Reɛ̃tegRe] vt a (= retourner à) to go back to b ▪ **~ qn (dans ses fonctions)** to restore sb to their former position

réinventer [Reɛ̃vɑ̃te] 1 vt to reinvent 2 **se réinventer** vpr to reinvent o.s.

réinvestir [Reɛ̃vɛstiR] vt [+ argent] to reinvest

réitérer [ReiteRe] vt to repeat

rejaillir [R(ə)ʒajiR] vi [liquide] to splash back (*sur* onto, at) ; [boue] to splash up (*sur* onto, at) ▪ **~ sur qn** [scandale, honte] to rebound on sb ; [gloire] to be reflected on sb

rejet [Rəʒɛ] nm a [de fumée, gaz, déchets] discharge b [d'offre, greffe] rejection ▪ **faire un ~** to reject a transplant c [de plante] shoot

rejeter [Rəʒ(ə)te, R(ə)ʒəte] vt **a** (= relancer) to throw back (à to) **b** [+ fumée, gaz, déchets] to discharge **c** (= offre, personne, greffe) to reject **d** (= faire porter) ▪ **~ une faute sur qn/qch** to put the blame on sb/sth ▪ **il rejette la responsabilité sur moi** he blames me **e** (= placer) ▪ **la préposition est rejetée à la fin** the preposition is put at the end ▪ **~ la tête en arrière** to throw one's head back

rejeton* [Rəʒ(ə)tɔ̃, R(ə)ʒətɔ̃] nm (= enfant) kid*

rejoindre [R(ə)ʒwɛ̃dR] **1** vt **a** [+ lieu] to get back to ; [+ route, personne] to join **b** (= rattraper) to catch up with **c** [+ parti] to join ; [+ point de vue] to agree with **2** **se rejoindre** vpr [routes] to join ; [idées] to concur ; [personnes] (sur point de vue) to agree

réjoui, e [Reʒwi] adj [air, mine] joyful

réjouir [ReʒwiR] **1** vt to delight ▪ **cette idée ne me réjouit guère** I don't find the thought particularly appealing **2** **se réjouir** vpr to be delighted (*de qch* about sth, *de faire* to do) ▪ **je me réjouis à l'avance de les voir** I am greatly looking forward to seeing them

réjouissances [Reʒwisɑ̃s] nfpl festivities

réjouissant, e [Reʒwisɑ̃, ɑ̃t] adj [histoire] amusing ; [nouvelle] cheering

relâche [Rəlɑʃ] nf [de théâtre] closure ▪ **faire ~** to be closed ▪ **sans ~** relentlessly

relâchement [R(ə)lɑʃmɑ̃] nm **a** [de muscle] relaxation **b** [de discipline, effort, mœurs] slackening ; [de surveillance] relaxation ; [d'attention] flagging

relâcher [R(ə)lɑʃe] **1** vt **a** [+ étreinte, muscle] to relax **b** [+ discipline, surveillance, effort] to relax **c** [+ prisonnier, otage, gibier] to release **2** **se relâcher** vpr **a** [muscle] to relax **b** [surveillance, discipline, mœurs] to become lax ; [attention] to flag ; [personne] to let up

relais [R(ə)lɛ] nm **a** (Sport) relay ▪ **~ 4 fois 100 mètres** 4 by 100 metres (relay) **b** (= relève) ▪ **passer le ~ à qn** to hand over to sb ▪ **prendre le ~ (de qn)** to take over (from sb) **c** ▪ **~ routier** transport café BR, truck stop US ▪ **ville ~** stopover **d** (Radio, Téléc) relay ; [de télévision] relay station

relance [Rəlɑ̃s] nf **a** [d'économie, emploi] boosting ; [de processus de paix] restarting ; (Écon) reflation **b** ▪ **lettre de ~** reminder

relancer [R(ə)lɑ̃se] vt **a** (= renvoyer) to throw back **b** [+ idée, projet] to revive ; [+ polémique, dialogue] to reopen ; [+ économie, emploi] to boost **c** [+ débiteur] to chase up ; [+ personne] to pester ▪ **~ un client par téléphone** to make a follow-up call to a customer **d** (Informatique) to rerun

relater [R(ə)late] vt (= raconter) to relate

relatif, -ive [R(ə)latif, iv] **1** adj relative (à to) **2** nm (= pronom) relative pronoun **3** **relative** nf (= proposition) relative clause

relation [R(ə)lasjɔ̃] **1** nf **a** (= rapport) relationship ▪ **c'est sans ~ avec...** it bears no relation to... **b** (= personne) acquaintance ▪ **avoir des ~s** to know the right people **2** **relations** nfpl relations ; (sur le plan personnel) relationship ▪ **~s publiques** public relations ▪ **avoir des ~s (sexuelles) avec qn** to have sexual relations with sb ▪ **être/entrer en ~(s) avec qn** to be/get in touch with sb

relationnel, -elle [R(ə)lasjɔnɛl] adj [base de données] relational ▪ **il a des problèmes ~s** he has problems relating to other people ▪ **ce poste réclame des qualités ~les** strong interpersonal skills are required for this post ▪ **le ~** human relations

relativement [R(ə)lativmɑ̃] adv relatively

relativiser [R(ə)lativize] vt to put into perspective ▪ **il faut ~** you have to put things into perspective

relativité [R(ə)lativite] nf relativity

relax(e)* [Rəlaks] adj [ambiance, personne] relaxed ; [tenue] casual ; [vacances] relaxing

relaxant, e [R(ə)laksɑ̃, ɑ̃t] adj relaxing

relaxation [R(ə)laksasjɔ̃] nf relaxation ▪ **faire de la ~** to do relaxation exercises

relaxer¹ [R(ə)lakse] vt, **se relaxer** vpr to relax

relaxer² [R(ə)lakse] vt (= acquitter) to acquit ; (= libérer) to release

relayer [R(ə)leje] **1** vt **a** [+ personne] to take over from **b** (TV, Radio) to relay ▪ **~ l'information** to pass the message on **2** **se relayer** vpr to take it in turns (*pour faire qch* to do sth)

relecture [R(ə)lɛktyR] nf rereading

relégable [R(ə)legabl] adj ▪ **être ~** to be in the relegation zone

relégation [R(ə)legasjɔ̃] nf (Sport) relegation

reléguer [R(ə)lege] vt to relegate (à to)

relent [Rəlɑ̃] nm stench *NonC* ▪ **ça a des ~s de racisme** it smacks of racism

relève [R(ə)lɛv] nf relief ▪ **la ~ de la garde** the changing of the guard ▪ **prendre la ~ de qn** to take over from sb

relevé, e [Rəl(ə)ve] **1** adj **a** [col] turned-up ; [virage] banked **b** [sauce, plat] spicy **2** nm [de dépenses] statement ▪ **faire le ~ du compteur** to read the meter ▪ **~ de compte** bank statement ▪ **~ d'identité bancaire** particulars of one's bank account

relever [Rəl(ə)ve, R(ə)ləve] **1** vt **a** [+ statue, meuble, chaise] to stand up again ; [+ personne] to help up ▪ **~ la tête** to raise one's head **b** [+ col] to turn up ; [+ jupe] to raise ; [+ cheveux] to put up ; [+ vitre de voiture] to wind up ; [+ store] to roll up ; [+ dossier] to put in the upright position **c** (= mettre plus haut, augmenter) to raise **d** [+ sauce, plat] to flavour *(with spices)* **e** [+ sentinelle] to relieve **f** [+ faute, contradiction, empreintes] to find **g** (= noter) [+ adresse, renseignement] to note down ; [+ compteur, gaz] to read **h** (= réagir à) to react to ▪ **il a dit un gros mot mais je n'ai pas relevé** he said a rude word but I didn't react ▪ **~ le défi** to take up the challenge **i** [+ copies, cahiers] to collect **j** ▪ **~ un fonctionnaire de ses fonctions** to relieve an official of his duties **2** vt indir **a** ▪ **~ de** (= se rétablir de) to recover from **b** (= être sous la tutelle de) to come under **3** **se relever** vpr **a** (= se remettre debout) to stand up ▪ **il l'a aidée à se ~** he helped her up **b** [strapontin] to tip up

relief [Rəljɛf] nm [de région] landscape, relief (SPÉC) ▪ **en ~** [motif] in relief ; [carte de visite] embossed ; [photographie, cinéma] three-dimensional ▪ **carte en ~** relief map ▪ **mettre en ~** [+ formes] to throw into relief ; [+ beauté, qualités] to set off ; [+ idée, intelligence] to bring out

relier [Rəlje] vt **a** [+ points, mots] to join together ; [+ câbles, faits] to connect ; [+ villes, idées] to link **b** [+ livre] to bind ▪ **livre relié** hardback book

religieux, -ieuse [R(ə)liʒjø, jøz] **1** adj religious ; [mariage, musique] church *avant n* **2** nm (= moine) monk **3** **religieuse** nf **a** (= nonne) nun **b** (= gâteau) iced cream puff

religion [R(ə)liʒjɔ̃] nf religion

relique [Rəlik] nf relic

relire [R(ə)liR] vt (= lire à nouveau) to reread ; (= vérifier) to read through

reliure [RəljyR] nf (= couverture) binding ; (= activité) bookbinding

relooker* [R(ə)luke] vt to give a new look to

> ⚠ Le verbe ***to relook** n'existe pas en anglais.

relu, e [r(ə)ly] ptp de **relire**

reluire [R(ə)lɥiR] vi to shine

reluisant, e [R(ə)lɥizɑ̃, ɑ̃t] adj [meubles, parquet, cuivres] shiny ▪ **~ de propreté** spotless ▪ **pas très ~** [avenir, résultat, situation] far from brilliant *attrib*

reluquer* [R(ə)lyke] vt [+ personne] to eye* ; [+ objet, poste] to have one's eye on

remaniement [R(ə)manimɑ̃] nm [de roman, discours] reworking ; [de plan, constitution] revision ; [de service] reorganization ▪ **~ ministériel** cabinet reshuffle

remanier [R(ə)manje] vt [+ roman, discours] to rework ; [+ plan, constitution] to revise ; [+ service] to reorganize ; [+ ministère] to reshuffle

remarier (se) [R(ə)maRje] vpr to remarry

remarquable [R(ə)maRkabl] adj remarkable

remarque [R(ə)maRk] nf remark ▪ **faire une ~ à qn** to make a comment to sb ; (critiquer) to criticize sb

remarqué, e [R(ə)maRke] adj [entrée, absence] conspicuous

remarquer [R(ə)maRke] **1** vt **a** (= apercevoir) to notice ▪ **il aime se faire ~** he likes to be noticed ▪ **il me fit ~ qu'il était tard** he pointed out to me that it was late **b** (= faire une remarque) to remark ▪ **ça m'est tout à fait égal, remarque !** I couldn't care less, mind you!* BR **2** **se remarquer** vpr [défaut, gêne] to be obvious ; [tache] to be noticeable

> ⚠ Dans le sens de « se rendre compte de, voir », **remarquer** ne se traduit pas par ***to remark.***

remblai [Rɑ̃blɛ] nm embankment

rembobiner [Rɑ̃bɔbine] vt to rewind

rembourrage [Rɑ̃buRaʒ] nm [de fauteuil, matelas] stuffing ; [de vêtement] padding

rembourré, e [Rɑ̃buRe] adj [+ fauteuil, matelas] stuffed ; [+ vêtement] padded ▪ **bien ~*** [+ personne] well-padded*

remboursement [Rɑ̃buRsəmɑ̃] nm [de dette, emprunt, créancier] repayment ; [de somme, frais médicaux] reimbursement

rembourser [Rɑ̃buRse] vt to reimburse ; [+ dette, emprunt] to repay ; [+ article acheté] to refund the price of ▪ **~ qn de qch** to reimburse sb for sth ▪ **je te rembourserai demain** I'll pay you back tomorrow ▪ **je me suis fait ~ mon repas/voyage** I got the cost of my meal/journey refunded

rembrunir (se) [Rɑ̃bRyniR] vpr [visage] to darken ; [personne] to stiffen

remède [R(ə)mɛd] nm (= médicament) medicine ; (= solution) cure

remédier [R(ə)medje] **remédier à** vt indir to remedy ; [+ difficulté] to find a solution for

remémorer (se) [R(ə)memɔRe] vpr to recall

remerciement [R(ə)mɛRsimɑ̃] nm thanks *pl* ▪ **~s** (dans un livre, film) acknowledgements ▪ **lettre de ~** thank-you letter ▪ **en ~, il m'a envoyé des fleurs** he sent me some flowers to thank me

remercier [R(ə)mɛRsje] vt **a** to thank (*de, pour* for) ▪ **je vous remercie** thank you **b** (euph = renvoyer) to dismiss *(from his job)*

remettre [R(ə)mɛtR] **1** vt **a** (= replacer) [+ objet] to put back **b** [+ vêtement, chapeau] to put back on **c** (= replacer dans une situation) ▪ **~ debout** [+ enfant] to stand back on his feet ; [+ objet] to stand up again ▪ **~ un appareil en marche** to restart a machine ▪ **~ une pendule à l'heure** to set a clock right **d** [+ lettre, paquet] to deliver ; [+ clés, rançon] to hand over ; [+ récompense] to present ; [+ devoir, démission] to hand in (*à* to) **e** [+ date, décision, réunion] to postpone (*à* until) **f** [+ vinaigre, sel] to add more ; [+ rouge à lèvres] to put on some more **g** [+ radio, chauffage] to switch on again ▪ **~ le contact** to turn the ignition on again **h** (* = se rappeler) to remember ▪ **je ne le remets pas** I can't place him **2** **se remettre** vpr **a** to remember ; (= recouvrer la santé) to recover (*de* from) **b** (= recommencer) ▪ **se ~ à faire qch** to start doing sth again ▪ **se ~ à qch** [+ activité, sport] to take up again ▪ **le temps s'est remis au beau** the weather has turned fine again ▪ **se ~ debout** to get back to one's feet **c** (= se confier) ▪ **je m'en remets à vous** I'll leave it up to you

remis, e [r(ə)mi, miz] ptp de **remettre**

remise [R(ə)miz] nf **a** [de lettre, paquet] delivery ; [de clés, rançon] handing over ; [de récompense] presentation ; [de devoir, rapport] handing in ▪ **~ des prix** (= cérémonie) prize-giving ceremony **b** (= rabais) discount ▪ **faire une ~ de 5% à qn** to give sb a 5% discount on sth **c** ▪ **~ de peine** reduction of sentence **d** (= local) shed

rémission [Remisjɔ̃] nf [de maladie] remission

remodeler [R(ə)mɔd(ə)le] vt [+ silhouette] to remodel ; [+ nez, joues] to reshape

remontant [R(ə)mɔ̃tɑ̃] nm tonic

remontée [R(ə)mɔ̃te] nf [de prix, taux d'intérêt] rise ; (dans un classement) recovery ▸ **remontée mécanique** ski-lift

remonte-pente (pl **~s**) [R(ə)mɔ̃tpɑ̃t] nm ski tow

remonter [R(ə)mɔ̃te] **1** vi (aux être) **a** (= monter à nouveau) to go ou come back up ▪ **il remonta à pied** he walked back up ▪ **remonte me voir** come back up and see me ▪ **~ en voiture** to get back into one's car **b** [prix, température] to rise again ; (dans un classement) to go back up ▪ **il remonte dans les sondages** he is going up again in the polls **c** (= retourner) to go back ▪ **~ à la source/cause** to go back to the source/cause ▪ **~ dans le temps** to go back in time ▪ **cette histoire remonte à plusieurs années** all this goes back several years **2** vt (aux avoir) **a** [+ objet] to take ou bring back up **b** [+ escalier, côte] to go ou come back up ▪ **~ l'escalier en courant** to run back upstairs ▪ **~ le courant/une rivière** (à la nage) to swim back upstream/up a river ; (en barque) to sail back upstream/up a river **c** [+ vitre de voiture] to wind up ; [+ store] to raise ; [+ pantalon, manche, chaussettes] to pull up **d** [+ montre, mécanisme] to wind up **e** [+ machine, moteur, meuble] to put together again **f** (= réconforter) [+ personne] to buck up* again ; → **moral**

remontoir [R(ə)mɔ̃twaR] nm [de montre] winder ; [de jouet, horloge] winding mechanism

remontrances [R(ə)mɔ̃tRɑ̃s] nfpl ▪ **faire des ~ à qn (au sujet de qch)** to remonstrate with sb (about sth)

remords [R(ə)mɔR] nm remorse *NonC* ▪ **avoir des ~** to feel remorse

remorque [R(ə)mɔRk] nf (= véhicule) trailer ▪ **prendre une voiture en ~** to tow a car

remorquer [R(ə)mɔRke] vt [+ bateau, voiture, caravane] to tow

remorqueur [R(ə)mɔRkœR] nm tug

remous [Rəmu] nm **a** [de bateau] backwash *NonC* ; [d'eau] eddy **b** (= agitation) stir *NonC* ▪ **faire des ~** to make waves, to cause quite a stir

rempailler [Rɑ̃pɑje] vt [+ chaise] to reseat

rempart [Rɑ̃paR] nm ▪ **~s** [de ville] ramparts ▪ **le dernier ~ contre** the last bastion against

remplaçant, e [Rɑ̃plasɑ̃, ɑ̃t] nm,f replacement ; (sportif) substitute ; (= enseignant) supply BR ou substitute US teacher

remplacement [Rɑ̃plasmɑ̃] nm **a** (= intérim) standing in (*de* for) ▪ **faire des ~s** [secrétaire] to do temporary work ; [professeur] to work as a supply BR ou substitute US teacher **b** (= substitution) replacement ▪ **en ~ de qch** in place of sth ▪ **solution de ~** alternative solution

remplacer [Rɑ̃plase] vt **a** (gén) to replace **b** (= assurer l'intérim de) to stand in for

rempli, e [Rɑ̃pli] adj full (*de* of)

remplir [Rɑ̃pliR] **1** vt **a** (= emplir) to fill (*de* with) ; [+ questionnaire] to fill in **b** [+ contrat, mission, conditions] to fulfil ; [+ rôle] to fill **2** **se remplir** vpr [récipient, salle] to fill (*de* with)

remplissage [Rɑ̃plisaʒ] nm [de tonneau, bassin] filling ▪ **faire du ~** to pad out one's work (ou speech, etc)

remporter [Rɑ̃pɔRte] vt **a** (= reprendre) to take away again **b** [+ gagner] to win ; [+ succès] to achieve

remuant, e [Rəmɥɑ̃, ɑ̃t] adj boisterous

remue-ménage [R(ə)mymenaʒ] nm inv (= bruit) commotion *NonC* ; (= activité) hustle and bustle *NonC*

remuer [Rəmɥe] **1** vt **a** (= bouger, déplacer) to move ; (= secouer) to shake ▪ **~ la queue** [chien] to wag its tail **b** (= brasser) [+ café, sauce] to stir ; [+ salade] to toss ▪ **~ ciel et terre pour** to move heaven and earth to **c** (= émouvoir) to move **2** vi [personne] to move ; [dent] to be loose **3** **se remuer** vpr **a** (= bouger) to move **b** (* = s'activer) to get a move on*

rémunération [ʀemyneʀasjɔ̃] nf payment

rémunérer [ʀemyneʀe] vt [+ personne] to pay ▪ **~ le travail de qn** to pay sb for their work

renâcler [ʀ(ə)nɑkle] vi [personne] to grumble ▪ **~ à faire qch** to do sth reluctantly

renaissance [ʀ(ə)nɛsɑ̃s] **1** nf rebirth ▪ **la Renaissance** the Renaissance **2** **Renaissance** adj inv [mobilier, style] Renaissance

renaître [ʀ(ə)nɛtʀ] vi **a** [joie, conflit] to spring up again ; [espoir, doute] to be revived ; [nature] to come back to life ▪ **faire ~** [+ sentiment, passé] to bring back ; [+ espoir] to revive **b** (= revivre) to come to life again

renard [ʀ(ə)naʀ] nm fox

renaturalisation [ʀənatyʀalizasjɔ̃] nf [de zone] renaturalization

renaturaliser [ʀənatyʀalize] vt [+ zone] to renaturalize

renchérir [ʀɑ̃ʃeʀiʀ] vi **a** (en paroles, en actes) to go one better ▪ **« et je n'en ai nul besoin, » renchérit-il** "and I don't need it in the least", he added **b** (sur l'offre de qn) to make a higher bid (*sur* than)

rencontre [ʀɑ̃kɔ̃tʀ] nf **a** [d'amis, diplomates] meeting ▪ **faire la ~ de qn** to meet sb ▪ **aller à la ~ de qn** to go and meet sb **b** [d'athlétisme] meeting ; (= match) fixture

rencontrer [ʀɑ̃kɔ̃tʀe] **1** vt **a** to meet **b** (= trouver) to find **c** [+ obstacle, difficulté, opposition] to encounter **d** (= heurter) to strike **2** **se rencontrer** vpr **a** [personnes] to meet **b** (= exister) to be found ▪ **une maladie qui se rencontre surtout chez les femmes** an illness found mainly in women

rendement [ʀɑ̃dmɑ̃] nm (= production) output ; (= productivité) productivity ; [d'investissement] return (*de* on)

rendez-vous [ʀɑ̃devu] nm inv appointment ; (d'amoureux) date ▪ **prendre ~ avec qn** to make an appointment with sb ▪ **donner ~ à qn** to arrange to meet sb ▪ **se donner ~** to arrange to meet ▪ **j'ai ~ à 10 heures** I have an appointment at 10 o'clock ▪ **prendre ~ chez le dentiste/coiffeur** to make a dental/hair appointment ▪ **sur ~** by appointment

rendormir (se) [ʀɑ̃dɔʀmiʀ] vpr to go back to sleep

rendre [ʀɑ̃dʀ] **1** vt **a** (= restituer) to give back ; (Scol) [+ copie] to hand in ▪ **~ la liberté à qn** to set sb free ▪ **~ les armes** to lay down one's arms **b** [+ jugement, arrêt] to render ; [+ verdict] to return **c** (= donner en retour) [+ invitation, salut, baiser] to return **d** (avec adjectif) to make ▪ **~ qn heureux** to make sb happy ▪ **~ qn fou** to drive sb mad **e** [+ expression, atmosphère] to render **f** (= vomir) to bring up **2** vi **a** (= vomir) to be sick **b** (= produire un effet) ▪ **ça rend mal sur la photo** it doesn't look very good in the photo **3** **se rendre** vpr **a** [soldat, criminel] to surrender ▪ **se ~ à l'évidence** to face facts **b** (= aller) ▪ **se ~ à** to go to **c** (avec adjectif) ▪ **se ~ utile/malade** to make o.s. useful/ill

rêne [ʀɛn] nf rein

renfermé, e [ʀɑ̃fɛʀme] **1** adj [personne] withdrawn **2** nm ▪ **ça sent le ~** it smells musty in here

renfermer [ʀɑ̃fɛʀme] vt (= contenir) to contain

renflé, e [ʀɑ̃fle] adj bulging

renflouer [ʀɑ̃flue] vt [+ navire, entreprise] to refloat ; [+ personne] to bail out ; [+ compte] to refill

renfoncement [ʀɑ̃fɔ̃smɑ̃] nm recess

renforcer [ʀɑ̃fɔʀse] **1** vt **a** [+ mur, équipe] to reinforce ; [+ régime, position, monnaie] to strengthen ; [+ paix, pouvoir] to consolidate **b** [+ argument, crainte, soupçon] to reinforce ▪ **~ qn dans une opinion** to confirm sb's opinion **c** [+ pression, effort, contrôle] to intensify ▪ **(cours d')anglais renforcé** remedial English (class) **2** **se renforcer** vpr [craintes, amitié] to strengthen ; [pression] to intensify

renfort [ʀɑ̃fɔʀ] nm help ▪ **~s** (Mil) reinforcements ▪ **envoyer qn en ~** to send sb to augment the numbers ; (Mil) to send sb as reinforcements

renfrogné, e [ʀɑ̃fʀɔɲe] adj sullen

rengaine [ʀɑ̃gɛn] nf (= chanson) old melody ▪ **c'est toujours la même ~*** it's always the same old refrain BR ou song* US

rengainer [ʀɑ̃gene] vt [+ épée] to sheathe ; [+ revolver] to put back in its holster

renier [ʀənje] vt [+ foi, opinion] to renounce ; [+ personne, œuvre, cause] to disown

renifler [ʀ(ə)nifle] **1** vt to sniff ; * [+ bonne affaire, arnaque] to sniff out* **2** vi [personne] to sniff

renne [ʀɛn] nm reindeer

renom [ʀənɔ̃] nm renown ▪ **de ~** renowned

renommé, e [ʀ(ə)nɔme] **1** adj renowned **2** **renommée** nf renown ▪ **de ~e mondiale** world-famous

renoncer [ʀ(ə)nɔ̃se] vt indir ▪ **~ à** [+ projet, habitude, personne] to give up ; [+ fonction, héritage, trône] to renounce ▪ **~ à un voyage** to give up the idea of a journey ▪ **~ à lutter/à comprendre** to give up struggling/trying to understand ■ **je renonce** I give up

renouer [ʀənwe] **1** vt [+ lacet, nœud] to tie again ; [+ cravate] to knot again ; [+ conversation, liaison] to resume **2** vi ■ **~ avec qn** to become friends with sb again ■ **~ avec une tradition** to revive a tradition ■ **~ avec le succès** to be successful again

renouveau (pl **~x**) [ʀ(ə)nuvo] nm revival

renouvelable [ʀ(ə)nuv(ə)labl] adj [bail, énergie] renewable

renouveler [ʀ(ə)nuv(ə)le] **1** vt **a** to renew **b** [+ expérience, exploit] to repeat **2** **se renouveler** vpr **a** [incident] to happen again **b** [auteur, peintre] to try something new

renouvellement [ʀ(ə)nuvɛlmɑ̃] nm renewal ; [d'expérience, exploit] repetition ; [d'incident] recurrence

rénovation [ʀenɔvasjɔ̃] nf **a** [de maison, quartier] renovation ; [de meuble] restoration **b** [de parti, institution] reform

rénover [ʀenɔve] vt **a** [+ maison, quartier] to renovate ; [+ meuble] to restore **b** [+ parti, institution] to reform

renseignement [ʀɑ̃sɛɲmɑ̃] nm **a** (= information) piece of information ■ **demander un ~ à qn** to ask sb for some information ■ **(service des) ~s** (Téléc) directory inquiries BR, information US **b** (Mil) intelligence *NonC* ■ **agent/service de ~s** intelligence agent/service

renseigner [ʀɑ̃seɲe] **1** vt to give information to ■ **j'ai été mal renseigné** I was given the wrong information **2** **se renseigner** vpr (= demander des renseignements) to ask for information (*sur* about) ; (= obtenir des renseignements) to find out (*sur* about)

rentabiliser [ʀɑ̃tabilize] vt [+ entreprise, activité] to make profitable ; [+ investissements] to secure a return on ; [+ équipements] to make cost-effective

rentabilité [ʀɑ̃tabilite] nf profitability

rentable [ʀɑ̃tabl] adj [entreprise, activité, investissement] profitable

rente [ʀɑ̃t] nf (= pension) annuity ; (fournie par la famille) allowance ■ **vivre de ses ~s** to live off one's private income

> ⚠ **rente** ne se traduit pas par ***rent***, qui signifie « loyer ».

rentier, -ière [ʀɑ̃tje, jɛʀ] nm,f person of independent means

rentrée [ʀɑ̃tʀe] nf **a** ■ **~ (scolaire** ou **des classes)** back-to-school period ■ **à partir de la ~ 2004** as from autumn 2004 ■ **la ~ parlementaire aura lieu cette semaine** the new session of parliament starts this week ■ **la ~ littéraire** the start of the literary season ■ **la mode de la ~** the autumn fashions **b** [d'acteur, sportif] comeback **c** (= retour) return **d** (d'argent) ■ **~s** income ■ **je compte sur une ~ d'argent très prochaine** I'm expecting some money very soon

rentrer [ʀɑ̃tʀe] **1** vi (aux être) **a** (= entrer de nouveau) to go (ou come) back in ■ **il commence à faire froid, rentrons !** it's getting cold, let's go in! **b** (à la maison) to go (ou come) back home ■ **les enfants rentrent de l'école à 17 heures** the children get back from school at 5 o'clock ■ **est-ce qu'il est rentré ?** is he back? ■ **~ à Paris** to come (ou go) back to Paris **c** (* = entrer) to go in ■ **il pleuvait, nous sommes rentrés dans un café** it was raining so we went into a café ■ **~ dans la police** to go into the police ■ **~ à l'université** to start university **d** (= reprendre l'école) to go back to school **e** (= tenir) to go in ■ **tout ça ne rentrera pas dans ta valise** that won't all go into your suitcase ■ **je ne rentre plus dans cette jupe** I can't get into this skirt any more **f** (= heurter) ■ **~ dans** to crash into **g** [argent] to come in ■ **l'argent ne rentre pas en ce moment** the money isn't coming in at the moment ■ **faire ~ les impôts** to collect the taxes **h*** [connaissances] ■ **les maths, ça ne rentre pas** I (ou he, etc) can't get the hang of maths* **i** ■ **~ dans ses frais** to recover one's expenses **2** vt (aux avoir) **a** [+ récolte, animaux] to get in ; [+ voiture, vélo] to put away **b** [+ train d'atterrissage] to raise ; [+ griffes] to draw in ; [+ chemise] to tuck in ■ **~ le ventre** to pull one's stomach in **c** [+ données] to enter **3** **se rentrer** vpr ■ **se ~ dedans** (= se heurter) to crash into each other

renverra [ʀɑ̃vɛʀa] vb → **renvoyer**

renversant, e* [ʀɑ̃vɛʀsɑ̃, ɑ̃t] adj staggering*

renverse [ʀɑ̃vɛʀs] nf ■ **tomber à la ~** to fall flat on one's back

renversé, e [ʀɑ̃vɛʀse] adj **a** (= à l'envers) [objet] upside down *attrib* ; [image] reversed ; → **crème** **b** (= stupéfait) ■ **être ~** to be staggered*

renverser [ʀɑ̃vɛʀse] **1** vt **a** [+ personne, chaise, vase, bouteille] to knock over ; [+ liquide] to spill ; [+ piéton] to run over **b** (= mettre à l'envers) to turn upside down **c** [+ gouvernement] to overthrow **d** (= pencher) ■ **~ la tête en arrière** to tip one's head back **2** **se renverser** vpr **a** ■ **se ~ en arrière** to lean back **b** [voiture, camion] to overturn ; [verre, vase] to fall over

renvoi [ʀɑ̃vwa] nm **a** [d'employé] dismissal ; [d'élève] (définitif) expulsion ; (temporaire) suspension **b** [de lettre, colis, cadeau] sending back **c** (à une date ultérieure) postponement **d** (= référence) cross-reference **e** (= rot) burp

renvoyer [ʀɑ̃vwaje] vt **a** [+ employé] to dismiss ; [+ élève] (définitivement) to expel ; (temporairement) to suspend **b** (= faire retourner, réexpédier) to send back **c** [+ balle] (au pied) to kick back ; (à la main) to throw back ; (Tennis) to return **d** (= référer) ▪ **~ qn à** [+ lecteur] to refer sb to **e** [+ lumière, image] to reflect ; [+ son] to echo

réorganisation [ʀeɔʀganizasjɔ̃] nf reorganization

réorganiser [ʀeɔʀganize] vt to reorganize

réorienter [ʀeɔʀjɑ̃te] vt [+ politique] to reorient ; [+ élève] to put into a new stream

réouverture [ʀeuvɛʀtyʀ] nf reopening

repaire [ʀ(ə)pɛʀ] nm den

répandre [ʀepɑ̃dʀ] **1** vt **a** [+ soupe, vin] to spill ; (volontairement) [+ sciure, sable] to spread **b** [+ chaleur] to give out ; [+ odeur] to give off **c** [+ nouvelle, mode, terreur] to spread **2** **se répandre** vpr **a** [liquide] to spill ▪ **se ~ en excuses** to apologize profusely **b** [chaleur, odeur] to spread (*dans* through) **c** [doctrine, mode, nouvelle] to spread (*dans* through) ; [pratique, opinion] to become widespread

répandu, e [ʀepɑ̃dy] adj [opinion, préjugé, méthode] widespread ▪ **profession peu ~e** rather unusual profession

réparable [ʀepaʀabl] adj [objet] repairable ; [erreur] which can be put right

reparaître [ʀ(ə)paʀɛtʀ] vi to reappear

réparateur, -trice [ʀepaʀatœʀ, tʀis] **1** adj [sommeil] refreshing **2** nm,f repairer

réparation [ʀepaʀasjɔ̃] nf **a** [de machine, montre, voiture] repairing ; (= résultat) repair ▪ **la voiture est en ~** the car is being repaired **b** [de tort] redress ▪ **obtenir ~** to obtain redress **c** (Football) ▪ **surface de ~** penalty area **d** (= dommages-intérêts) compensation

réparer [ʀepaʀe] vt **a** [+ machine, montre, voiture] to repair **b** [+ erreur] to correct ; [+ oubli, négligence] to rectify ; [+ tort] to put right

reparler [ʀ(ə)paʀle] **1** vi [accidenté, malade] to speak again ▪ **~ de qch** to talk about sth again ▪ **~ à qn** to speak to sb again **2** **se reparler** vpr to speak to each other again

répartie, repartie [ʀepaʀti] nf retort ▪ **avoir de la ~** ou **le sens de la ~** to be good at repartee

repartir [ʀ(ə)paʀtiʀ] vi [voyageur] to set off again ; [machine] to start up again ; [discussion] to get going again ; [économie] to pick up ▪ **~ chez soi** to go back home

répartir [ʀepaʀtiʀ] **1** vt **a** [+ ressources, travail, butin] to share out (*entre* among) ; [+ rôles, poids] to distribute (*entre* among) **b** (dans le temps) to spread (*sur* over) **2** **se répartir** vpr (= se partager) ▪ **ils se sont réparti le travail** they shared the work out among themselves

répartition [ʀepaʀtisjɔ̃] nf **a** [de ressources, travail, butin] sharing out *NonC* ; [de poids, rôles] distribution **b** (dans le temps) spreading *NonC*

repas [ʀ(ə)pɑ] nm meal ▪ **~ d'affaires** business lunch ▪ **~ de midi/du soir** midday/evening meal ▪ **~ de noces** wedding reception ▪ **faire trois ~ par jour** to have three meals a day ▪ **aux heures des ~** at mealtimes

repassage [ʀ(ə)pɑsaʒ] nm ironing ▪ **faire le ~** to do the ironing

repasser [ʀ(ə)pɑse] **1** vt **a** [+ vêtements] to iron **b** [+ examen, permis de conduire] to take again **c** [+ film] to show again ; [+ émission] to repeat ; [+ disque, chanson] to play again **d** (* = transmettre) [+ affaire, travail] to hand over ; [+ maladie] to pass on (*à qn* to sb) ▪ **je vous repasse le standard** I'll put you back through to the operator **e** [+ rivière, montagne, frontière] to cross again **2** vi **a** (= revenir, retourner) ▪ **je repasserai** I'll come back ▪ **si vous repassez par Paris** if you're passing through Paris again **b** (devant un même lieu) to go ou come past again **c** (= faire du repassage) to iron

repêchage [ʀ(ə)pɛʃaʒ] nm [de candidat] ▪ **épreuve/question de ~** exam/question to give candidates a second chance

repêcher [ʀ(ə)peʃe] vt **a** [+ objet, noyé] to recover **b** [+ candidat] to pass *(with less than the official pass mark)*

repeindre [ʀ(ə)pɛ̃dʀ] vt to repaint

repenser [ʀ(ə)pɑ̃se] vt to rethink

repentir [ʀ(ə)pɑ̃tiʀ] nm repentance *NonC*

repentir (se) [ʀ(ə)pɑ̃tiʀ] vpr **a** (Rel) to repent **b** (= regretter) ▪ **se repentir de qch/d'avoir fait qch** to regret sth/having done sth

répercussion [ʀepɛʀkysjɔ̃] nf repercussion (*sur, dans* on)

répercuter [ʀepɛʀkyte] **1** vt **a** [+ son] to echo **b** (= transmettre) ▪ **~ une augmentation sur le client** to pass an increase in cost on to the customer **2** **se répercuter** vpr ▪ **se ~ sur** to have repercussions on

repère [ʀ(ə)pɛʀ] nm (= marque) mark ; (= jalon, balise) marker ; (= monument, événement) landmark ; (= date) reference point ▪ **point de ~** point of reference ; (dans l'espace) landmark

repérer [ʀ(ə)peʀe] **1** vt [+ erreur, personne] to spot ; [+ endroit, chemin] to locate **2** **se repérer** vpr (= s'orienter) to find one's way around

répertoire [RepɛRtwaR] nm **a** (= carnet) notebook with alphabetical thumb index ; (= liste) (alphabetical) list **b** [de troupe, chanteur, musicien] repertoire **c** (Informatique) directory

répertorier [RepɛRtɔRje] vt [+ information] to list ; [+ cas] to record

répéter [Repete] **1** vt **a** (gén) to repeat ▪ **je te l'ai répété dix fois** I've told you that a dozen times ▪ **tentatives répétées de suicide** repeated suicide attempts **b** [+ pièce, symphonie] to rehearse ; [+ rôle, leçon] to learn **2** **se répéter** vpr **a** [personne] to repeat o.s. **b** [événement] to recur

répétitif, -ive [Repetitif, iv] adj repetitive

répétition [Repetisjɔ̃] nf **a** (= redite) repetition **b** [de pièce, symphonie] rehearsal ; [de rôle] learning ▪ **~ générale** (final) dress rehearsal

repeupler [R(ə)pœple] **1** vt [+ région] to repopulate (*de* with) **2** **se repeupler** vpr [région] to be repopulated ▪ **le village commence à se ~** people have started moving back into the village

repiquer [R(ə)pike] vt **a** [+ plante] to prick out ; [+ riz] to transplant **b** (= enregistrer) to record

répit [Repi] nm respite (frm) ▪ **sans ~** [travailler] continuously ; [combattre] relentlessly

replacer [R(ə)plase] vt (= remettre à sa place) to replace ▪ **il faut ~ les choses dans leur contexte** we must put things back in their context

replanter [R(ə)plɑ̃te] vt to replant

repli [Rəpli] nm **a** [de terrain, peau, tissu] fold (*de* in) **b** [d'armée] withdrawal

replier [R(ə)plije] **1** vt **a** [+ carte, journal, robe] to fold up ; [+ coin de feuille] to fold over ; [+ ailes] to fold ; [+ jambes] to tuck up ; [+ couteau] to close **b** [+ troupes] to withdraw **2** **se replier** vpr [soldats] to withdraw (*sur* to) ▪ **se ~ sur soi-même** to withdraw into oneself

réplique [Replik] nf **a** (= réponse) retort ▪ **argument sans ~** unanswerable argument **b** (Théâtre) line ▪ **donner la ~ à qn** (dans une scène) to play opposite sb ; [+ pour répéter] to give sb his ou her cue **c** (Art) replica

répliquer [Replike] **1** vt to reply **2** vi **a** (= répondre) to reply **b** (= contre-attaquer) to retaliate

répondeur [Repɔ̃dœR] nm answering machine

répondre [Repɔ̃dR] **1** vt to answer ▪ **il m'a répondu qu'il viendrait** he told me that he would come ▪ **réponds quelque chose, même si c'est faux** give an answer, even if it's wrong **2** vi **a** to answer ▪ **~ en hochant la tête** to nod in reply ▪ **~ à** [+ personne, question, besoin, signalement] to answer ; [+ salut] to return ; [+ normes, conditions, attente] to meet **b** (à la porte) to answer the door ; (au téléphone) to answer the telephone ▪ **ça ne répond pas** there's no answer **c** (= être impertinent) to answer back **d** [voiture, commandes, membres] to respond **3** **répondre de** vt indir [+ personne, honnêteté] to answer for ; [+ actes, décision] to be accountable for

réponse [Repɔ̃s] nf **a** (à demande, lettre, objection) reply ; (à prière, examen, problème) answer (*à* to) ▪ **en ~ à votre question** in answer to your question ▪ **avoir ~ à tout** to have an answer for everything **b** (= réaction) response

report [RəpɔR] nm [de match, procès] postponement ; [de décision, date] putting off

reportage [R(ə)pɔRtaʒ] nm report ▪ **~ en direct** live commentary

reporter[1] [R(ə)pɔRte] **1** vt **a** [+ match] to postpone ; [+ décision, date] to put off (*à* until) **b** (= copier) to copy out (*sur* on) **c** (= transférer) ▪ **~ son affection/son vote sur** to transfer one's affection/one's vote to **2** **se reporter** vpr (= se référer à) ▪ **se ~ à** to refer to

> ⚠ **reporter** ne se traduit pas par ***to report***, qui signifie « rapporter, signaler ».

reporter[2] [R(ə)pɔRtɛR] nm, **reporteur, -euse** nm,f reporter ▪ **grand ~** special correspondent

repos [R(ə)po] nm **a** (= détente) rest ▪ **prendre du ~** to have a rest ▪ **~ !** (Mil) stand at ease! **b** (= congé) ▪ **deux jours de ~ hebdomadaire** two days off a week **c** (= tranquillité) peace and quiet

reposant, e [R(ə)pozɑ̃, ɑ̃t] adj restful

reposer [R(ə)poze] **1** vt **a** [+ verre, livre] to put back down **b** [+ délasser, appuyer] to rest **c** [+ question] to repeat **2** vi **a** (= être enterré) to rest **b** ▪ **laisser ~** [+ pâte à pain] to leave to rise ; [+ pâte à crêpes] to leave to stand **c** ▪ **~ sur** [bâtiment] to be built on ; [supposition] to rest on **3** **se reposer** vpr **a** (= se délasser) to rest **b** (= s'en remettre) ▪ **se ~ sur qn** to rely on sb

repose-tête (pl **~s**) [R(ə)poztɛt] nm headrest

repoussant, e [R(ə)pusɑ̃, ɑ̃t] adj repulsive

repousser [R(ə)puse] **1** vt **a** [+ objet encombrant] to push out of the way ; [+ ennemi, attaque] to drive back ; [+ agresseur] to beat off **b** [+ tentation, projet de loi] to reject **c** [+ date, réunion] to put off (*à* until) **2** vi [feuilles, cheveux] to grow again

répréhensible [ʀepʀeɑ̃sibl] adj reprehensible

reprendre [ʀ(ə)pʀɑ̃dʀ] 1 vt a [+ ville, prisonnier] to recapture ; [+ objet prêté] to take back ▪ **~ sa place** to go back to one's seat ▪ **passer ~ qn** to go back ou come back for sb b [+ plat] to have some more c [+ espoir, forces] to regain ▪ **~ confiance/courage** to regain one's confidence/courage ▪ **~ haleine** ou **son souffle** to get one's breath back d [+ marchandise] to take back ; [+ fonds de commerce, entreprise] to take over e [+ travaux, études, lutte] to resume ; [+ lecture] to go back to ; [+ récit] to carry on with ; [+ promenade] to continue ▪ **~ la route** to set off again ▪ **~ le travail** (après maladie, grève) to go back to work ; (après le repas) to get back to work f (= attraper à nouveau) to catch again ▪ **on ne m'y reprendra plus** I won't let myself be caught out again g (= retoucher) [+ article, chapitre] to go over again ; [+ manteau] to alter h (= corriger) [+ personne] to correct 2 vi a [affaires] to pick up b [bruit, pluie, grève, école] to start again ▪ **je reprends lundi** [employé, étudiant] I'm going back on Monday c (= dire) ▪ **ce n'est pas moi, reprit-il** "it's not me", he went on 3 **se reprendre** vpr a (= se corriger) to correct o.s. b (= recommencer) ▪ **s'y ~ à plusieurs fois pour faire qch** to make several attempts to do sth c (= se ressaisir) to pull o.s. together

représailles [ʀ(ə)pʀezaj] nfpl reprisals ▪ **exercer des ~ contre qn** to take reprisals against sb

représentant, e [ʀ(ə)pʀezɑ̃tɑ̃, ɑ̃t] nm,f representative ▪ **~ de commerce** sales representative

représentatif, -ive [ʀ(ə)pʀezɑ̃tatif, iv] adj representative

représentation [ʀ(ə)pʀezɑ̃tasjɔ̃] nf a [d'objet, phénomène, faits] representation ; [de paysage, société] portrayal b [de pièce de théâtre] performance c (Pol) representation

représenter [ʀ(ə)pʀezɑ̃te] 1 vt a (= symboliser, signifier, agir au nom de) to represent ▪ **ce poste représente beaucoup pour moi** this job means a lot to me ▪ **ils représentent 12% de la population** they represent 12% of the population b [peintre, romancier] to depict ; [photographie] to show c [+ pièce de théâtre] to perform 2 **se représenter** vpr a (= s'imaginer) to imagine b (à une élection) to run again ▪ **se ~ à un examen** to retake an exam

répressif, -ive [ʀepʀesif, iv] adj repressive

répression [ʀepʀesjɔ̃] nf repression

réprimande [ʀepʀimɑ̃d] nf reprimand ▪ **faire des ~s à qn** to reprimand sb

réprimander [ʀepʀimɑ̃de] vt to reprimand

réprimer [ʀepʀime] vt [+ insurrection] to repress ; [+ rire, bâillement, colère] to suppress

repris [ʀ(ə)pʀi] nm ▪ **~ de justice** known criminal

reprise [ʀ(ə)pʀiz] nf a [d'activité, cours, hostilités] resumption ; [de pièce de théâtre] revival ; [de film] rerun ▪ **on espère une ~ des affaires** we're hoping that business will pick up again ▪ **~ économique** economic revival b (pour nouvel achat) trade-in c [de chaussette] darn ; [de drap, chemise] mend d ▪ **à deux/plusieurs ~s** two/several times

repriser [ʀ(ə)pʀize] vt [+ chaussette, lainage] to darn ; [+ collant, drap] to mend

réprobateur, -trice [ʀepʀɔbatœʀ, tʀis] adj reproachful

reproche [ʀ(ə)pʀɔʃ] nm reproach ▪ **faire des ~s à qn** to criticize sb ▪ **être sans ~** to be beyond reproach

reprocher [ʀ(ə)pʀɔʃe] 1 vt ▪ **~ qch à qn** to criticize sb for sth ▪ **~ à qn de faire qch** to criticize sb for doing sth ▪ **je ne te reproche rien** I'm not blaming you for anything ▪ **je ne vois rien à ~ à son travail** I can't find anything to criticize in his work 2 **se reprocher** vpr ▪ **je n'ai rien à me ~** I've nothing to be ashamed of

reproduction [ʀ(ə)pʀɔdyksjɔ̃] nf reproduction

reproduire [ʀ(ə)pʀɔdɥiʀ] 1 vt a (= restituer, copier) to reproduce b [+ erreur, expérience] to repeat 2 **se reproduire** vpr a [organisme] to reproduce b [phénomène] to happen again ; [erreur] to reappear

reprogrammer [ʀ(ə)pʀɔgʀame] vt [+ ordinateur, magnétoscope] to reprogram

reprotoxique [ʀepʀotɔksik] adj reprotoxic

réprouver [ʀepʀuve] vt to reprove

reptile [ʀɛptil] nm reptile

repu, e [ʀəpy] adj [animal] sated ; [personne] full

républicain, e [ʀepyblikɛ̃, ɛn] adj, nm,f republican

république [ʀepyblik] nf republic ▪ **la République française/d'Irlande** the French/Irish Republic

répudier [ʀepydje] vt [+ épouse] to repudiate

répugnance [ʀepyɲɑ̃s] nf a (= répulsion) ▪ **éprouver de la ~ pour** to loathe b (= hésitation) reluctance (*à faire qch* to do sth) ▪ **éprouver de la ~ à faire qch** to be reluctant to do sth

répugnant, e [ʀepyɲɑ̃, ɑ̃t] adj disgusting

répugner [ʀepyɲe] **répugner à** vt indir (= dégoûter) to repel ▪ **~ à faire qch** (= hésiter) to be reluctant to do sth

répulsion [Repylsjɔ̃] nf repulsion ▪ **éprouver de la ~ pour** to feel repulsion for

réputation [Repytasjɔ̃] nf reputation ▪ **avoir bonne/mauvaise ~** to have a good/bad reputation ▪ **connaître qn de ~** to know sb by repute ▪ **il a la ~ d'être avare** he has a reputation for being miserly

réputé, e [Repyte] adj (= célèbre) well-known ▪ **la ville est ~e pour sa cuisine** the town is renowned for its food

requérir [RəkeRiR] vt a (= nécessiter) to require b (= solliciter) to request c (Droit) [+ peine] to call for

requête [Rəkɛt] nf a (= demande) request ▪ **à** ou **sur la ~ de qn** at sb's request b (Informatique) query c (Droit) petition

requêter [Rəkete] vt [+ base de données, service] to query

requin [Rəkɛ̃] nm shark

requis, e [Rəki, iz] adj required ▪ **satisfaire aux conditions ~es** to meet the requirements

réquisition [Rekizisjɔ̃] nf [de personnes, matériel] requisitioning

réquisitionner [Rekizisjɔne] vt to requisition

réquisitoire [RekizitwaR] nm (= plaidoirie) summing-up for the prosecution

RER [ɛRøɛR] nm (abrév de **réseau express régional**) *train service between Paris and the suburbs*

résa* [Reza] nf (abrév de **réservation**) booking

rescapé, e [Rɛskape] nm,f survivor

rescousse [Rɛskus] nf ▪ **aller à la ~ de qn** to go to sb's rescue ▪ **appeler qn à la ~** to call to sb for help

réseau (pl **~x**) [Rezo] nm a network ▪ **~ routier/ferroviaire** road/rail network ▪ **~x sociaux** social networks ▪ **être en ~** (Informatique) [personnes, entreprises] to be on the network ▪ **travailler en ~** to work on a network b [de prostitution, trafiquants, terroristes] ring

réseauter [Rezote] vi to network

réservation [RezɛRvasjɔ̃] nf reservation ▪ **faire une ~** to make a reservation

réserve [RezɛRv] nf a (gén) reserve ▪ **faire des ~s de sucre** to get in a stock of sugar ▪ **garder qch en ~** to keep sth in reserve ▪ **officiers de ~** reserve officers ▪ **~ naturelle** nature reserve b (= restriction) reservation ▪ **émettre des ~s sur qch** to have reservations about sth ▪ **sans ~** [soutien, admiration] unreserved ; [approuver, accepter] unreservedly ▪ **sous ~ que** on condition that c [d'Indiens] reservation d (= pièce) storeroom

réservé, e [RezɛRve] adj (= discret) reserved

réserver [RezɛRve] 1 vt a (= mettre à part) [+ objets] to save, to reserve ; [+ place] to keep b (= louer) to reserve c [+ dangers, désagréments, joies] to have in store (à for) ▪ **ils nous ont réservé un accueil chaleureux** they gave us a warm welcome 2 **se réserver** vpr a (= prélever) to keep for o.s. ▪ **se ~ le droit de faire qch** to reserve the right to do sth b (= se ménager) to save o.s.

réservoir [RezɛRvwaR] nm (= cuve) tank ; (= plan d'eau) reservoir ▪ **~ d'essence** petrol BR ou gas US tank

résidence [Rezidɑ̃s] nf (= immeuble) block of residential flats BR, residential apartment building US ▪ **~ principale/secondaire** main/second home ▪ **en ~ surveillée** under house arrest ▸ **résidence universitaire** university halls of residence

résident, e [Rezidɑ̃, ɑ̃t] nm,f (= étranger) foreign national

résidentiel, -ielle [Rezidɑ̃sjɛl] adj (= cossu) [banlieue, quartier] affluent ; (= d'habitations) residential

> ⚠ Au sens de « cossu », **résidentiel** ne se traduit pas par ***residential***.

résider [Rezide] vi to reside ; [difficulté] to lie (*dans* in)

résidu [Rezidy] nm (= reste) residue *NonC* ; (= détritus) waste *NonC*

résignation [Reziɲasjɔ̃] nf resignation (à to)

résigné, e [Reziɲe] adj [air, geste, ton] resigned

résigner (se) [Reziɲe] vpr to resign o.s. (à to)

résilier [Rezilje] vt (à terme) to terminate ; (en cours) to cancel

résille [Rezij] nf (pour les cheveux) hairnet

résine [Rezin] nf resin

résineux [Rezinø] nm coniferous tree

résistance [Rezistɑ̃s] nf a (= opposition) resistance *NonC* (à, *contre* to) ▪ **la Résistance** (Hist) the (French) Resistance b (= endurance) stamina c [de réchaud, radiateur] element d (Physique) resistance

résistant, e [Rezistɑ̃, ɑ̃t] 1 adj [personne] tough ; [plante] hardy ; [tissu, vêtements] hard-wearing ▪ **~ à la chaleur** heatproof ▪ **~ aux chocs** shockproof 2 nm,f (Hist) (French) Resistance fighter

résister [Reziste] vt indir ▪ **~ à** to resist ; [+ fatigue, privations, douleur] to withstand ; [+ poids] to take ▪ **la porte a résisté** the door held ▪ **cette vaisselle résiste au feu** this crockery is heatproof

résolu, e [Rezɔly] adj [personne, ton, air] resolute ▪ **il est bien ~ à partir** he is determined to leave

résolument [rezɔlymɑ̃] adv resolutely

résolution [rezɔlysjɔ̃] nf a (= décision) resolution ▪ **prendre la ~ de faire qch** to make a resolution to do sth b (= énergie) resolve c (= solution) solution d [d'image] resolution

résonance [rezɔnɑ̃s] nf resonance *NonC* ; (fig) echo

résonner [rezɔne] vi [son] to resonate ; [pas] to resound ; [salle] to be resonant

résorber [rezɔrbe] vt [+ chômage, inflation] to bring down ; [+ déficit, surplus] to absorb

résoudre [rezudr] 1 vt (= trouver une solution à) to solve 2 **se résoudre** vpr ▪ **se ~ à faire qch** (= se décider) to decide to do sth ▪ **il n'a pas pu se ~ à la quitter** he couldn't bring himself to leave her

respect [rɛspɛ] nm a respect (*de, pour* for) ▪ **avoir du ~ pour qn** to respect sb ▪ **présentez mes ~s à votre femme** give my regards to your wife b ▪ **tenir qn en ~** to keep sb at bay

respectable [rɛspɛktabl] adj respectable

respecter [rɛspɛkte] vt [+ personne] to respect ; [+ interdiction, minute de silence] to observe ; [+ parole donnée, promesse] to keep ; [+ engagements] to honour ▪ **se faire ~** to be respected ▪ **faire ~ la loi** to enforce the law

respectif, -ive [rɛspɛktif, iv] adj respective

respectivement [rɛspɛktivmɑ̃] adv respectively ▪ **ils ont ~ 9 et 12 ans** they are 9 and 12 years old respectively

respectueux, -euse [rɛspɛktɥø, øz] adj respectful ▪ **veuillez agréer, Monsieur (ou Madame), mes salutations respectueuses** yours sincerely

respiration [rɛspirasjɔ̃] nf breathing ; (= souffle) breath

respiratoire [rɛspiratwar] adj respiratory

respirer [rɛspire] 1 vi a to breathe ▪ **~ profondément** to take a deep breath b (= se détendre) to get one's breath ; (= se rassurer) to breathe again 2 vt a (= inhaler) to breathe in b [+ calme, bonheur, santé] to radiate ; [+ honnêteté, franchise] to exude

resplendissant, e [rɛsplɑ̃disɑ̃, ɑ̃t] adj [personne, beauté] radiant ▪ **avoir une mine ~e** to look radiant ▪ **être ~ de santé** to be glowing with health

responsabiliser [rɛspɔ̃sabilize] vt ▪ **~ qn** to give sb a sense of responsibility

responsabilité [rɛspɔ̃sabilite] nf a (gén) responsibility ▪ **ces élèves sont sous ma ~** I'm responsible for these pupils ▪ **prendre ses ~s** to face up to one's responsibilities b (légale) liability (*de* for) ▸ **responsabilité civile** civil liability

responsable [rɛspɔ̃sabl] 1 adj responsible (*de* for, *devant qn* to sb) 2 nmf a (= coupable) person responsible b (= personne compétente) person in charge c (= dirigeant) official ▪ **~ politique** politician

resquiller* [rɛskije] vi (dans l'autobus, le métro) to sneak a free ride ; (à un match, au cinéma) to sneak in

ressac [rəsak] nm undertow

ressaisir (se) [r(ə)sezir] vpr to pull o.s. together

ressasser [r(ə)sase] vt [+ pensées, regrets] to keep turning over

ressemblance [r(ə)sɑ̃blɑ̃s] nf (= similitude visuelle) resemblance ; (= trait commun) similarity

ressemblant, e [r(ə)sɑ̃blɑ̃, ɑ̃t] adj lifelike

ressembler [r(ə)sɑ̃ble] 1 **ressembler à** vt indir (physiquement, visuellement) to look like ; (moralement, psychologiquement) to be like ▪ **cela ne te ressemble pas** that's not like you 2 **se ressembler** vpr (physiquement, visuellement) to look alike ; (moralement, par ses éléments) to be alike ▪ **ils se ressemblent comme deux gouttes d'eau** they're as like as two peas in a pod

ressentiment [r(ə)sɑ̃timɑ̃] nm resentment ▪ **éprouver du ~** to feel resentful (*à l'égard de* towards)

ressentir [r(ə)sɑ̃tir] vt to feel

resserrer [r(ə)sere] 1 vt a [+ vis] to tighten (up) ; [+ nœud, ceinture, étreinte] to tighten b [+ discipline] to tighten up ; [+ liens, amitié] to strengthen 2 **se resserrer** vpr a [nœud, étreinte] to tighten ; [chemin, vallée] to narrow b [liens affectifs] to grow stronger

resservir [r(ə)sɛrvir] 1 vt [+ plat] to serve up again (*à* to) ; [+ dîneur] to give another helping to 2 vi [vêtement usagé, outil] to be used again ▪ **ça peut toujours ~** it may come in handy again 3 **se resservir** vpr a [dîneur] to help o.s. again ▪ **se ~ de fromage/viande** to help o.s. to some more cheese/meat b (= réutiliser) ▪ **se ~ de** to use again

ressort [r(ə)sɔr] nm a (= pièce de métal) spring b (= énergie) spirit c (= compétence) ▪ **être du ~ de** to be ou fall within the competence of d ▪ **en dernier ~** (= en dernier recours) as a last resort

ressortir [r(ə)sɔrtir] 1 vi (aux être) a [personne] to go (ou come) (back) out ▪ **je suis ressorti faire des courses** I went out shopping again b [film] to be rereleased c (= contraster) to stand out (*sur* against) 2 **ressortir de** vt indir (= résulter de) ▪ **il ressort de tout cela que...** what emerges from all that is that... 3 vt (aux avoir) [+ vêtements d'hiver, outil] to take out again ; [+ film] to rerelease

ressortissant, e [ʀ(ə)sɔʀtisɑ̃, ɑ̃t] nm,f national

ressource [ʀ(ə)suʀs] nf resource ▪ **~s naturelles/pétrolières** natural/petroleum resources ▪ **une famille sans ~s** (financières) a family with no means of support

ressourcerie [ʀəsuʀsəʀi] nf reconditioning centre BR ou center US

ressurgir [ʀ(ə)syʀʒiʀ] vi to resurface

ressusciter [ʀesysite] 1 vi (aux être) [mort] to rise from the dead 2 vt (aux avoir) a [+ mourant] to resuscitate b [+ sentiment, passé, coutume] to revive

> ⚠ **ressusciter** ne se traduit pas par ***to resuscitate***, qui signifie « ranimer ».

restant, e [ʀɛstɑ̃, ɑ̃t] 1 adj remaining 2 nm a (= l'autre partie) ▪ **le ~ (de)** the rest (of) b (= ce qui est en trop) ▪ **un ~ de poulet/tissu** some left-over chicken/material

restau* [ʀɛsto] nm abrév de **restaurant**

restaurant [ʀɛstɔʀɑ̃] nm restaurant ▪ **manger au ~** to eat out ▸ **restaurant d'entreprise** staff canteen ▸ **restaurant universitaire** university cafeteria

restaurateur, -trice [ʀɛstɔʀatœʀ, tʀis] nm,f a (= aubergiste) restaurant owner b [de tableau] restorer

restauration [ʀɛstɔʀasjɔ̃] nf a (= rénovation) restoration b (= hôtellerie) catering ▪ **la ~ rapide** the fast-food industry

restaurer [ʀɛstɔʀe] 1 vt a (gén) to restore b (= nourrir) to feed 2 **se restaurer** vpr to have something to eat

reste [ʀɛst] 1 nm a (= l'autre partie) ▪ **le ~ (de)** the rest (of) ▸ **reste à charge** *proportion of medical expenses not reimbursed by social security and to be paid by the patient* ▸ **reste à vivre** disposable income b (= ce qui est en trop) ▪ **un ~ de fromage/de tissu** some left-over cheese/material c (Math) remainder 2 **restes** nmpl (= nourriture) leftovers ; (frm = dépouille mortelle) mortal remains 3 **du reste** loc adv besides

rester [ʀɛste] 1 vi a (dans un lieu, un état) to stay ▪ **~ immobile/chez soi** to stay still/at home ▪ **il ne peut pas ~ en place** he can't keep still ▪ **~ insensible à qch** to remain impervious to sth ▪ **~ debout** to stand ; (= ne pas se coucher) to stay up ▪ **je suis resté sur ma faim** (après un repas) I still felt hungry ; (à la fin d'une histoire, d'un film) I felt there was something missing ▪ **en ~ à** (= ne pas dépasser) to go no further than ▪ **restons-en là** let's leave it at that b (= subsister) to remain ▪ **c'est tout l'argent qui leur reste** that's all the money they have left c (= durer) to last d (* = mourir) ▪ **y ~** to die 2 vb impers ▪ **il reste encore un peu de pain** there's still a little bread left ▪ **il leur reste juste de quoi vivre** they have just enough left to live on ▪ **il me reste à faire ceci** I still have this to do ▪ **il ne me reste qu'à vous remercier** it only remains for me to thank you ▪ **reste à savoir si...** it remains to be seen if... ▪ **il n'en reste pas moins que...** the fact remains that...

> ⚠ **rester** ne se traduit pas par ***to rest***, qui signifie « se reposer ».

restituer [ʀɛstitɥe] vt a (= redonner) to return (*à qn* to sb) b [+ son] to reproduce ; [+ atmosphère] to recreate

restitution [ʀɛstitysjɔ̃] nf a [d'objet volé, argent] return b [de son] reproduction

resto* [ʀɛsto] nm (abrév de **restaurant**) restaurant ▪ **~ U** university cafeteria

restreindre [ʀɛstʀɛ̃dʀ] 1 vt to restrict 2 **se restreindre** vpr a (dans ses dépenses, sur la nourriture) to cut down b [champ d'action] to narrow

restreint, e [ʀɛstʀɛ̃, ɛ̃t] adj (= peu important) limited

restrictif, -ive [ʀɛstʀiktif, iv] adj restrictive

restriction [ʀɛstʀiksjɔ̃] nf a (= réduction) restriction b (= condition) qualification ▪ **sans ~** [soutien, attachement] unqualified ; [accepter, soutenir] unreservedly

restructuration [ʀəstʀyktyʀasjɔ̃] nf restructuring ▪ **notre groupe est en pleine ~** our company is going through a major restructuring (programme)

restructurer [ʀəstʀyktyʀe] vt to restructure

résultat [ʀezylta] nm a result ▪ **il essaya, sans ~, de le convaincre** he tried to convince him but to no effect b (= chiffres) figures

résulter [ʀezylte] 1 vi ▪ **~ de** to result from 2 vb impers ▪ **il résulte de tout ceci que...** the result of all this is that...

résumé [ʀezyme] nm summary ▪ **faire un ~ de** (oralement) to sum up ; (à l'écrit) to write a summary of ▪ **en ~** (= en bref) in brief ; (= pour conclure) to sum up

résumer [ʀezyme] 1 vt (= abréger) to summarize ; (= récapituler) to sum up 2 **se résumer** vpr a [personne] to sum up (one's ideas) b (= se réduire à) ▪ **se ~ à** to amount to

> ⚠ **résumer** ne se traduit pas par ***to resume***, qui signifie « reprendre ».

resurgir [ʀ(ə)syʀʒiʀ] vi to resurface

résurrection [ʀezyʀɛksjɔ̃] nf [de mort] resurrection

rétablir [ʀetabliʀ] 1 vt a to restore ; [+ fait, vérité] to re-establish b (= réintégrer) ▪ **~ qn dans ses fonctions** to reinstate sb in their post **2** **se rétablir** vpr **a** [personne, économie] to recover **b** [silence, calme] to return **c** (après perte d'équilibre) to regain one's balance

rétablissement [Retablismɑ̃] nm **a** restoration ; [de communications, relations diplomatiques] restoring ; [de fait, vérité] re-establishment ; [de cessez-le-feu] reinstatement **b** [de personne, économie] recovery ▪ **en vous souhaitant un prompt ~** hoping you will be better soon

retaper* [R(ə)tape] vt [+ maison] to do up ; [+ malade, personne fatiguée] to buck up*

retard [R(ə)taR] nm **a** (= décalage) delay ▪ **il doit combler son ~ en anglais** he has a lot of ground to make up in English ▪ **j'ai pris du ~ dans mes révisions** I have fallen behind in my revision ▪ **avoir deux secondes de ~ sur le champion** to be two seconds behind the champion **b** [de personne attendue] lateness *NonC* ▪ **avoir du ~** to be late ▪ **avoir deux heures de ~** to be two hours late ▪ **être en ~ (de deux heures)** to be (two hours) late ▪ **être en ~ sur le programme** to be behind schedule ▪ **j'ai du travail en ~** I'm behind with my work **c** [de pays, peuple] backwardness ▪ **il est en ~ pour son âge** he's backward for his age ▪ **être en ~ sur son temps** to be behind the times

retardataire [R(ə)taRdatɛR] nmf latecomer

retardement (à) [R(ə)taRdəmɑ̃] loc adj, loc adv [engin, torpille] with a timing device ; [comprendre, rire] after the event

retarder [R(ə)taRde] **1** vt (gén) to delay ; (= par rapport à un programme) [+ employé, élève] to hinder ; [+ date, montre] to put back ▪ **~ son départ d'une heure** to delay one's departure for an hour ▪ **~ l'horloge d'une heure** to put the clock back an hour **2** vi [montre] to be slow ▪ **je retarde (de 10 minutes)** my watch is (10 minutes) slow

retenir [Rət(ə)niR, R(ə)təniR] **1** vt **a** (= maintenir) to hold back ▪ **~ qn par le bras** to hold sb back by the arm **b** (= retarder) ▪ **j'ai été retenu** I was held up ▪ **si tu veux partir, je ne te retiens pas** if you want to leave, I won't hold you back **c** [+ liquide, odeur] to retain ; [+ chaleur] to keep in **d** [clou, nœud] to hold ▪ **un ruban retenait ses cheveux** her hair was tied up with a ribbon **e** ▪ **~ l'attention de qn** to hold sb's attention **f** [+ chambre, table, date] to reserve **g** (= se souvenir de) to remember **h** [+ cri, larmes, colère] to hold back ; [+ souffle, respiration] to hold **i** (Math) to carry ▪ **je pose 4 et je retiens 2** 4 down and carry 2 **j** (= prélever) to deduct (*sur* from) **k** (= accepter) to accept **2** **se retenir** vpr **a** (= s'accrocher) ▪ **se ~ à qch** to hold on to sth **b** (= s'abstenir) to stop o.s. (*de faire qch* doing sth) ; (de faire ses besoins naturels) to hold on ▪ **se ~ de faire qch** to hold back from doing sth

retentir [R(ə)tɑ̃tiR] vi **a** [sonnerie] to ring ; [cris] to ring out ; [tonnerre] to reverberate ; [explosion] to be heard **b** (= résonner de) ▪ **~ de** to ring with **c** (= affecter) ▪ **~ sur** to have an effect upon

retentissant, e [R(ə)tɑ̃tisɑ̃, ɑ̃t] adj **a** [son, voix] ringing *avant n* ; [choc, claque] resounding *avant n* **b** [échec, succès] resounding ; [scandale] tremendous

retentissement [R(ə)tɑ̃tismɑ̃] nm (= répercussion) repercussion ▪ **l'affaire a eu un énorme ~ médiatique** the affair created a media sensation

retenue [Rət(ə)ny] nf **a** (= prélèvement) deduction ▪ **~ à la source** *system of deducting income tax at source,* ≈ pay-as-you-earn system **BR** **b** (= modération) self-restraint **c** (Scol) detention

réticence [Retisɑ̃s] nf reluctance ▪ **avec ~** reluctantly

réticent, e [Retisɑ̃, ɑ̃t] adj (= hésitant) reluctant (*à faire qch* to do sth)

rétine [Retin] nf retina

retiré, e [R(ə)tiRe] adj [lieu] remote ▪ **il vivait ~ du reste du monde** he lived cut off from the rest of the world

retirer [R(ə)tiRe] **1** vt **a** [+ gants, lunettes, manteau] to take off ▪ **retire-lui ce couteau des mains** take that knife away from him ▪ **~ son permis (de conduire) à qn** to take away sb's driving licence **b** (= sortir) to take out (*de* of) ▪ **~ un plat du four** to take a dish out of the oven **c** [+ bagages, billets réservés] to collect ; [+ argent en dépôt] to withdraw (*de* from) **d** [+ candidature, accusation, plainte] to withdraw ▪ **je retire ce que j'ai dit** I take back what I said **e** (= obtenir) [+ avantages] to get (*de* from) **f** [+ photo] to reprint ▪ **faire ~ des photos** to have reprints of one's photographs done **2** **se retirer** vpr **a** (= partir, annuler sa candidature) to withdraw ; (= prendre sa retraite) to retire (*de* from) **b** [marée, mer, eaux d'inondation] to recede ; [armée] to withdraw

retombées [R(ə)tɔ̃be] nfpl **a** ▪ **~ radioactives** radioactive fallout *NonC* **b** (= répercussions) [de scandale] consequences ▪ **les ~ financières de l'opération** the financial spin-offs of the deal

retomber [R(ə)tɔ̃be] vi **a** [personne, pluie, neige] to fall again **b** (= redevenir) ▪ **~ amoureux/enceinte/malade** to fall in love/get pregnant/fall ill again **c** (= redescendre) [personne] to land ; [chose lancée, liquide] to come down ; [gâteau, soufflé] to collapse ; [abattant, capot] to fall back down **d** [cheveux, rideaux] to fall **e** (= échoir à) ▪ **la res-**

ponsabilité retombera sur toi the responsibility will fall on you ▪ **faire ~ sur qn la responsabilité de qch** to pass the responsibility for sth on to sb

retoquer [R(ə)tɔke] vt [+ loi, offre] to reject ; (à un examen) to fail, to flunk* ; (à un poste) to turn down

rétorquer [RetɔRke] vt to retort

rétorsion [RetɔRsjɔ̃] nf retortion ▪ **user de ~ envers un État** to retaliate against a state ; → **mesure**

retouche [R(ə)tuʃ] nf [de photo, peinture] touching up *NonC* ; [de texte, vêtement] alteration ▪ **faire une ~** (à une photo, une peinture) to do some touching up ; (à un vêtement) to make an alteration

retoucher [R(ə)tuʃe] vt [+ peinture, photo] to touch up ; [+ texte, vêtement] to alter

retour [R(ə)tuR] nm (= gén) return ; (= trajet) return journey ▪ **à votre ~, écrivez-nous** write to us when you get back ▪ **être de ~ (de)** to be back (from) ▪ **de ~ à la maison** back home ▪ **par ~ du courrier** by return of post ▪ **touche ~** (Informatique) return key ▸ **retour en arrière** (Ciné, Littérat) flashback; (= mesure rétrograde) retreat ▸ **retour en force** ▪ **il y a un ~ en force du racisme** racism is back with a vengeance ▪ **on assiste à un ~ en force de leur parti** their party is making a big comeback

retourner [R(ə)tuRne] **1** vt (aux avoir) **a** (= mettre dans l'autre sens) [+ caisse, seau] to turn upside down ; [+ matelas, carte, omelette] to turn over **b** [+ terre] to turn over **c** (= mettre l'intérieur à l'extérieur) [+ parapluie, sac, vêtement] to turn inside out **d** [+ compliment, lettre, marchandise] to return **e** (= bouleverser) [+ maison, pièce] to turn upside down ; [+ personne] to shake **f** (= tourner plusieurs fois) ▪ **~ une idée dans sa tête** to turn an idea over in one's mind **2** vi (aux être) (= aller à nouveau) to return, to go back (*à, en* to) ▪ **~ en arrière** ou **sur ses pas** to turn back ▪ **~ chez soi** to go back home **3** **se retourner** vpr **a** [personne couchée, automobiliste, véhicule] to turn over ; [bateau] to capsize ▪ **se ~ dans son lit toute la nuit** to toss and turn all night in bed **b** (= tourner la tête) to turn round ▪ **partir sans se ~** to leave without looking back **c** ▪ **se ~ contre qn** [personne] to turn against sb ; [acte, situation] to backfire on sb

retracer [R(ə)tRase] vt (= raconter) to relate

rétracter [RetRakte] **1** vt to retract **2** **se rétracter** vpr [antenne, griffes] to retract ▪ **il s'est rétracté** he withdrew what he had said

retrait [R(ə)tRɛ] nm **a** withdrawal ; [de bagages] collection ▪ **faire un ~ de 500 €** to withdraw €500 **b** ▪ **en ~ (par rapport à)** [bâtiment] set back (from) ▪ **rester en ~** [personne] to stay in the background

retraite [R(ə)tRɛt] nf **a** (= cessation de travail) retirement ▪ **être à la ~** to be retired ▪ **prendre sa ~** to retire ▪ **~ anticipée** early retirement **b** (= pension) pension ; → **caisse, maison** **c** [de soldats] retreat ▪ **battre en ~** to beat a retreat

retraité, e [R(ə)tRete] **1** adj [personne] retired **2** nm,f pensioner

retraitement [R(ə)tRɛtmɑ̃] nm reprocessing ▪ **usine de ~** (gén) recycling plant ▪ **usine de ~ des déchets nucléaires** nuclear reprocessing plant

retrancher [R(ə)tRɑ̃ʃe] vt [+ quantité] to take away (*de* from) ; [+ somme d'argent] to deduct ; [+ passage, mot] to remove (*de* from)

retransmettre [R(ə)tRɑ̃smɛtR] vt (Radio, TV) to broadcast ▪ **retransmis par satellite** relayed by satellite

retransmission [R(ə)tRɑ̃smisjɔ̃] nf (Radio, TV) broadcast

retravailler [R(ə)tRavaje] **1** vi (= recommencer le travail) to start work again **2** vt [+ discours, ouvrage] to work on again

rétrécir [RetResiR] **1** vi [laine, tissu] to shrink **2** **se rétrécir** vpr [rue, vallée] to become narrower ; [cercle d'amis] to grow smaller

rétribuer [RetRibɥe] vt [+ personne] to pay ▪ **~ le travail/les services de qn** to pay sb for their work/their services

rétribution [RetRibysjɔ̃] nf payment (*de* for)

> ⚠ **rétribution** ne se traduit pas par ***retribution***, qui signifie « châtiment ».

rétro[1]* [RetRo] nm abrév de **rétroviseur**

rétro[2] [RetRo] adj inv [mode, style] retro ; [robe] retro-style

rétroactif, -ive [RetRoaktif, iv] adj retroactive

rétrocompatible [RetRokɔ̃patibl] adj (Informatique) backward ou downward compatible

rétroéclairage [RetRoeklɛRaʒ] nm backlight(ing)

rétroéclairé, e [RetRoeklere] adj backlit

rétrograde [RetRɔgRad] adj (péj) [personne] reactionary ; [idées, mesures, politique] retrograde

rétrograder [RetRɔgRade] **1** vi [conducteur] to change down ; (dans une hiérarchie, un classement) to move down ; (= perdre son avance) to fall back **2** vt [+ officier, fonctionnaire] to demote

rétrolien [RetRoljɛ̃] nm trackback

rétropédaler [ʀetʀopedale] vi (lit, fig) to back-pedal

rétroprojecteur [ʀetʀopʀɔʒɛktœʀ] nm overhead projector

rétrospective [ʀetʀɔspɛktiv] nf (= exposition) retrospective ; (= films) season

rétrospectivement [ʀetʀɔspɛktivmɑ̃] adv in retrospect

retroussé, e [ʀ(ə)tʀuse] adj [nez] turned-up

retrousser [ʀ(ə)tʀuse] vt [+ jupe] to hitch up ; [+ pantalon, manches] to roll up

retrouvailles [ʀ(ə)tʀuvɑj] nfpl reunion

retrouver [ʀ(ə)tʀuve] 1 vt a (= récupérer) to find ; [+ forces, santé, calme] to regain ; [+ joie, situation, travail] to find again ▪ **on les a retrouvés vivants** they were found alive b (= rejoindre) to join c (= rencontrer) to find ▪ **on retrouve sans cesse les mêmes thèmes dans ses romans** the same themes are found everywhere in his novels 2 **se retrouver** vpr a (= se réunir) to meet ; (= se revoir après une absence) to meet again b (dans une situation) to find o.s. back ▪ **se ~ seul** to be left on one's own ▪ **il s'est retrouvé en prison/dans le fossé** he ended up in prison/in the ditch c ▪ **tout le monde s'y retrouve** (dans un partage, une négociation) nobody loses out ▪ **je ne m'y retrouve plus** (dans des dossiers) I'm completely lost ; (dans un désordre) I can't find anything

rétrovirus [ʀetʀoviʀys] nm retrovirus

rétroviseur [ʀetʀɔvizœʀ] nm rear-view mirror

retweet [ʀ(ə)twit] nm retweet

retweeter [ʀ(ə)twite] vti to retweet

réunification [ʀeynifikasjɔ̃] nf reunification

réunifier [ʀeynifje] vt, **se réunifier** vpr to reunify

Réunion [ʀeynjɔ̃] nf ▪ **la ~** Réunion

réunion [ʀeynjɔ̃] nf a (= séance) meeting ▪ **être en ~** to be at a meeting b [d'éléments] combination c ▪ **~ de famille** family gathering

réunionnais, e [ʀeynjɔnɛ, ɛz] 1 adj of ou from Réunion 2 **Réunionnais(e)** nm,f inhabitant ou native of Réunion

réunir [ʀeyniʀ] 1 vt a (= rassembler) to collect ; [+ fonds] to raise b (= cumuler) to combine ▪ **~ toutes les conditions** to meet all the requirements c [+ amis, famille] to get together ; [+ anciens amis] to reunite d (= raccorder, relier) to join 2 **se réunir** vpr a (= se rencontrer) to meet ▪ **se ~ entre amis** to get together with some friends b [entreprises] to merge ; [États] to unite

réussi, e [ʀeysi] adj good ▪ **c'était vraiment très ~** it really was a great success

réussir [ʀeysiʀ] 1 vi a [personne, affaire, projet] to succeed ; [manœuvre, ruse] to pay off ; (à un examen) to pass ▪ **il réussit bien en anglais/à l'école** he does well at English/at school ▪ **~ dans la vie** to succeed in life ▪ **tout lui réussit** everything goes right for him b ▪ **~ à faire qch** to succeed in doing sth c (= être bénéfique à) ▪ **~ à** to agree with ▪ **le curry ne me réussit pas** curry doesn't agree with me 2 vt a [+ entreprise, film, vie] to make a success of ▪ **~ sa carrière** to have a successful career ▪ **ce plat est difficile à ~** this dish is difficult to make b [+ examen] to pass

réussite [ʀeysit] nf a success ▪ **~ sociale/scolaire** social/academic success b (= jeu) patience BR, solitaire US ▪ **faire une ~** to play patience

réutilisable [ʀeytilizabl] adj reusable ▪ **emballage non ~** disposable packaging

réutiliser [ʀeytilize] vt to reuse

revaloriser [ʀ(ə)valɔʀize] vt [+ monnaie] to revalue ; [+ salaire] to raise

revanche [ʀ(ə)vɑ̃ʃ] 1 nf revenge ; (Sport) revenge match ; (Jeux) return game ▪ **prendre sa ~ (sur qn)** to take one's revenge (on sb) 2 **en revanche** loc adv on the other hand

rêvasser [ʀɛvase] vi to daydream

rêve [ʀɛv] nm dream ▪ **faire un ~** to have a dream ▪ **en ~** in a dream ▪ **la voiture/la femme de ses ~s** the car/the woman of his dreams ▪ **voiture/maison de ~** dream car/house ▪ **créature de ~** gorgeous creature

rêvé, e [ʀeve] adj ideal

revêche [ʀəvɛʃ] adj surly

réveil [ʀevɛj] nm a (= réveille-matin) alarm clock ▪ **mets le ~ à 8 heures** set the alarm for 8 o'clock b [de dormeur] waking up *NonC* ; (= retour à la réalité) awakening ▪ **à mon ~, j'ai vu qu'il était parti** when I woke up I found he was already gone

réveillé, e [ʀeveje] adj awake ▪ **il était mal ~** he was still half asleep

réveille-matin [ʀevɛjmatɛ̃] nm inv alarm clock

réveiller [ʀeveje] 1 vt a [+ dormeur] to wake up b [+ douleur physique] to start up again ; [+ douleur mentale] to revive ; [+ jalousie, rancune] to reawaken ; [+ souvenir] to awaken 2 **se réveiller** vpr a [dormeur] to wake up b [douleur] to return c [nature] to reawaken ; [volcan] to stir again

réveillon [ʀevɛjɔ̃] nm ▪ **~ (de Noël/du Nouvel An)** (= repas) Christmas Eve/New Year's Eve dinner ; (= fête) Christmas Eve/New Year's Eve party ; (= date) Christmas/New Year's Eve

réveillonner [revɛjɔne] vi to celebrate Christmas ou New Year's Eve *(with a dinner and a party)*

révélateur, -trice [revelatœr, tris] adj revealing

révélation [revelasjɔ̃] nf revelation

révéler [revele] **1** vt to reveal ; [+ artiste] [œuvre] to bring to fame **2** **se révéler** vpr **a** [vérité, talent, tendance] to be revealed **b** ■ **se ~ cruel/ambitieux** to show o.s. to be cruel/ambitious ■ **se ~ difficile/aisé** to prove difficult/easy

revenant, e [r(ə)vənɑ̃, ɑ̃t] nm,f ghost ■ **tiens, un ~ !*** hello stranger!*

revendeur, -euse [r(ə)vɑ̃dœr, øz] nm,f (= détaillant) retailer ■ **~ de drogue** drug dealer

revendication [r(ə)vɑ̃dikasjɔ̃] nf demand, claim ■ **~s sociales** workers' demands ■ **~s salariales/territoriales** wage/territorial claims ■ **mouvement de ~** protest movement

revendiquer [r(ə)vɑ̃dike] vt **a** [+ chose due, droits] to demand **b** [+ paternité, responsabilité] to claim ; [+ attentat] to claim responsibility for

revendre [r(ə)vɑ̃dr] vt to sell ; [+ actions, terres, filiale] to sell off ■ **avoir de l'énergie/de l'intelligence à ~** to have energy/brains to spare

revenir [rəv(ə)nir, r(ə)vənir]

1 vi **a** (= venir de nouveau) to come back ; [calme, ordre] to return ; [thème, idée] to recur

♦ **revenir à qn** [appétit, parole] to return to sb ; [souvenir, idée] to come back to sb

♦ **revenir à soi** [personne] to come to

b (= rentrer) to come back, to return ■ **en revenant de l'école** on the way back from school ■ **je reviens dans un instant** I'll be back in a minute ■ **je n'en reviens pas !** I can't get over it!

c (= retourner) ■ **~ en arrière** to go back

d (= cuire) ■ **faire ~** to brown

2 vt indir **a** **revenir sur** [+ affaire, problème] to go back over ; [+ promesse, décision] to go back on

b ♦ **revenir à** (= coûter) to come to ■ **ça revient cher** it's expensive

c ♦ **revenir à qch** (= équivaloir à) to amount to sth ■ **cela revient à dire que...** it amounts to saying that... ■ **ça revient au même** it comes to the same thing

d ♦ **revenir à qn** (= échoir à) [droit, honneur] to fall to sb ; [biens, somme d'argent] to come to sb

e ■ **il a une tête qui ne me revient pas*** I don't like the look of him

revente [r(ə)vɑ̃t] nf resale

revenu [rəv(ə)ny] nm [de particulier, domaine] income *NonC* (*de* from) ; [de capital, investissement] yield (*de* from, on)

rêver [reve] **1** vi to dream (*de*, *à* of, about) ; (= être distrait) to daydream ■ **~ de faire qch** to dream of doing sth ■ **des images qui font ~** pictures that fire the imagination ■ **non, mais je rêve !*** he (ou they, etc) can't be serious! **2** vt to dream

réverbère [revɛrbɛr] nm street lamp

réverbérer [revɛrbere] vt [+ son] to reverberate ; [+ chaleur, lumière] to reflect

révérence [reverɑ̃s] nf [d'homme] bow ; [de femme] curtsey ■ **faire une ~** [homme] to bow ; [femme] to curtsey

rêverie [rɛvri] nf daydream

revers [r(ə)vɛr] nm **a** [de main] back ; [d'étoffe] wrong side ; [de médaille, pièce d'argent] reverse ■ **c'est le ~ de la médaille** (fig) that's the other side of the coin **b** (Tennis) backhand **c** [de manteau, veste] lapel ; [de pantalon] turn-up **BR**, cuff **US** **d** (= coup du sort) setback

reverser [r(ə)vɛrse] vt [+ excédent, somme] to pay back

réversible [revɛrsibl] adj reversible

revêtement [r(ə)vɛtmɑ̃] nm [de route] surface ; [de mur extérieur] facing ; [de mur intérieur] covering ■ **~ de sol** flooring *NonC*

revêtir [r(ə)vetir] vt **a** [+ uniforme, habit] to put on **b** [+ caractère, apparence, forme] to take on

rêveur, -euse [rɛvœr, øz] **1** adj [air, personne] dreamy ■ **ça laisse ~** it makes you wonder **2** nm,f dreamer

reviendra [r(ə)vjɛ̃dra] vb → **revenir**

revient [rəvjɛ̃] nm → **prix**

revigorant, e [r(ə)vigɔrɑ̃, ɑ̃t] adj [vent, air frais] invigorating ; [repas, boisson] reviving

revigorer [r(ə)vigɔre] vt [vent, air frais] to invigorate ; [repas, boisson] to revive

revirement [r(ə)virmɑ̃] nm (= changement d'avis) change of mind ; [de tendance, situation] reversal

réviser [revize] vt **a** [+ matière scolaire] to revise **b** [+ texte, estimation] to revise ; [+ règlement, constitution, opinion] to review **c** [+ moteur, installation] to overhaul ; [+ voiture] to service

révision [revizjɔ̃] nf **a** [de matière scolaire, texte] revising ■ **je commence mes ~s lundi** I'm starting my revision on Monday **b** [de règlement, constitution] review **c** [de moteur,

re

installation] overhaul *NonC* ; [de voiture] service

révisionniste [Revizjɔnist] adj, nmf revisionist

revisser [R(ə)vise] vt to screw back again

revitalisant, e [R(ə)vitalizɑ̃, ɑ̃t] adj [crème, shampooing] revitalizing

revivre [R(ə)vivR] **1** vi **a** (= être ressuscité) to live again **b** (= être revigoré) to come alive again **c** ■ **faire ~** [+ mode, époque, usage] to revive **2** vt [+ passé, période] to relive

revoilà [R(ə)vwala] prép ■ **~ Paul !** here's Paul again! ■ **nous ~ à la maison/en France** here we are, back home/in France again

revoir [R(ə)vwaR] **1** vt **a** to see again ■ **filez, et qu'on ne vous revoie plus !** clear off, and don't show your face here again! ♦ **au revoir !** goodbye! ■ **dire au ~ à qn** to say goodbye to sb **b** [+ édition, leçons] to revise ; [+ position, stratégie] to review ■ **~ à la baisse/hausse** to revise downwards/upwards **2** **se revoir** vpr (réciproque) to see each other again

révoltant, e [Revɔltɑ̃, ɑ̃t] adj revolting

révolte [Revɔlt] nf revolt

révolté, e [Revɔlte] adj (= insurgé) rebellious ; (= outré) outraged

révolter [Revɔlte] **1** vt (= indigner) to revolt **2** **se révolter** vpr (= s'insurger) to revolt ; (= se cabrer) to rebel ; (= s'indigner) to be revolted

révolu, e [Revɔly] adj **a** [époque] past ■ **cette époque est ~e** that era is in the past **b** (= complété) ■ **avoir 20 ans ~s** to be over 20 years of age

révolution [Revɔlysjɔ̃] nf (= changement) revolution ■ **la Révolution (française)** the French Revolution ■ **ce nouveau produit constitue une véritable ~** this new product is truly revolutionary ■ **créer une petite ~** [idée, invention] to cause a stir

révolutionnaire [Revɔlysjɔnɛʀ] adj, nmf revolutionary

révolutionner [Revɔlysjɔne] vt **a** (= transformer radicalement) to revolutionize **b** (* = agiter) to stir up

révolver, revolver [Revɔlvɛʀ] nm (= pistolet) pistol ; (à barillet) revolver ■ **coup de revolver** pistol shot

révoquer [Revɔke] vt **a** [+ magistrat, fonctionnaire] to remove from office **b** [+ contrat, édit] to revoke

revouloir* [R(ə)vulwaR] vt [+ pain, café] to want more ; [+ orange, part de tarte] to want another

revue [R(ə)vy] nf **a** (= magazine) magazine ; (savante) review ■ **~ automobile/de mode** car/fashion magazine **b** (= spectacle de variétés) variety show **c** (= examen, parade) review ■ **passer en ~** (mentalement) to go over in one's mind ► **revue de presse** review of the press

révulsé, e [Revylse] adj [yeux] rolled upwards *attrib* ; [visage] contorted

révulser [Revylse] vt (= dégoûter) to disgust

rez-de-chaussée [Red(ə)ʃose] nm inv ground floor BR, first floor US ■ **au ~** on the ground BR ou first US floor

RH nf (abrév de **ressources humaines**) HR

Rh (abrév de **rhésus**) Rh

rhabiller [Rabije] **1** vt ■ **~ qn** to put sb's clothes back on **2** **se rhabiller** vpr to put one's clothes back on

rhésus [Rezys] nm rhesus ■ **~ positif/négatif** rhesus positive/negative

rhétorique [RetɔRik] **1** nf **a** rhetoric **b** (Belg Scol) final year, ≈ upper sixth (form) BR, ≈ twelfth grade US **2** adj rhetorical

Rhin [Rɛ̃] nm ■ **le ~** the Rhine

rhinocéros [RinɔseRɔs] nm rhinoceros

rhinopharyngite [RinofaRɛ̃ʒit] nf throat infection

rhododendron [Rɔdɔdɛ̃dRɔ̃] nm rhododendron

Rhône [Ron] nm (= fleuve) ■ **le ~** the (river) Rhone

rhubarbe [RybaRb] nf rhubarb

rhum [Rɔm] nm rum

rhumatisme [Rymatism] nm rheumatism *NonC*

rhumatologue [Rymatɔlɔg] nmf rheumatologist

rhume [Rym] nm cold ■ **~ des foins** hay fever

RIB [Rib] nm (abrév de **relevé d'identité bancaire**) *particulars of one's bank account*

ribambelle [Ribɑ̃bɛl] nf ■ **une ~ de** [+ enfants] a swarm of ; [+ objets] a row of

RIC [Rik] nm (abrév de **référendum d'initiative citoyenne**) → **référendum**

ricanement [Rikanmɑ̃] nm (méchant) sniggering *NonC* ; (sot) giggling *NonC*

ricaner [Rikane] vi (méchamment) to snigger ; (sottement) to giggle

riche [Riʃ] **1** adj **a** rich ■ **~ comme Crésus** fabulously rich ■ **~ en** [calories, gibier, monuments] rich in ■ **alimentation ~ en protéines** high-protein diet **b** [collection] large ■ **c'est une ~ idée*** it's a great idea* **2** nmf rich person ■ **les ~s** the rich

richement [Riʃmɑ̃] adv richly

richesse [Riʃɛs] **1** nf **a** [de pays, personne] wealth ■ **le tourisme est notre principale (source de) ~** tourism is our greatest asset **b** [de collection, sol, vocabulaire] richness **2**

richesses nfpl wealth ▪ **~s naturelles** natural resources

richissime [riʃisim] adj fabulously rich

ricochet [rikɔʃɛ] nm rebound ; [de balle de fusil] ricochet ; [de caillou sur l'eau] bounce ▪ **faire des ~s** to skim pebbles

rictus [riktys] nm grin ; (effrayant) snarl

ride [rid] nf [de peau, pomme] wrinkle ▪ **ce roman n'a pas pris une ~** this novel hasn't dated at all

ridé, e [ride] adj wrinkled

rideau (pl **~x**) [rido] nm curtain ; [de boutique] shutter

rider (se) [ride] vpr to become wrinkled

ridicule [ridikyl] **1** adj ridiculous **2** nm ▪ **se couvrir de ~** to make o.s. look ridiculous ▪ **tourner qn/qch en ~** to ridicule sb/sth

ridiculement [ridikylmɑ̃] adv ridiculously

ridiculiser [ridikylize] **1** vt to ridicule **2** **se ridiculiser** vpr to make o.s. look ridiculous

rien [rjɛ̃]

1 pron indéf **a** nothing ▪ **~ d'autre/de neuf** nothing else/new ▪ **il n'a ~ d'un politicien** he's got nothing of the politician about him ▪ **~ de tel qu'une bonne douche chaude !** there's nothing like a nice hot shower! ▪ **presque ~** hardly anything ▪ **~ à faire !** it's no good!

♦ **ne... rien** not... anything, nothing ▪ **il n'a ~ fait** he didn't do anything, he did nothing ▪ **il n'y a ~ à manger** there's nothing to eat ▪ **ça va, tu n'as ~ ?** are you OK? ▪ **pour lui, 50 km à vélo, ce n'est ~** cycling 50 kilometres is nothing for him ▪ **il n'est en ~ responsable de la situation** he's not in any way responsible for the situation ▪ **ce tableau ne ressemble en ~ au reste de son œuvre** this picture is nothing like his other works

b (= quelque chose) anything ▪ **je n'ai jamais ~ vu de pareil** I've never seen anything like it

♦ **de rien !** you're welcome! ▪ **il ne quitterait son pays pour ~ au monde** he wouldn't leave his country for anything

♦ **rien du tout** nothing at all

♦ **pour rien** (= inutilement) for nothing ▪ **pourquoi tu dis ça ? – pour ~** why do you say that? – no reason

♦ **rien que** (= seulement) just ▪ **je voudrais vous voir ~ qu'une minute** could I see you just for a minute? ▪ **~ que la chambre coûte déjà très cher** the room alone already costs a lot ▪ **~ que pour t'embêter*** just to annoy you

2 nm ▪ **un ~ l'effraie** the slightest thing frightens him ▪ **il pleure pour un ~** he cries at the slightest little thing ▪ **il s'inquiète pour un ~** he worries about the slightest little thing ▪ **il pourrait te casser le bras comme un ~*** he could break your arm, no trouble ▪ **en un ~ de temps** in no time

rieur, rieuse [r(i)jœr, r(i)jøz] adj cheerful

rigide [riʒid] adj **a** [armature, tige] rigid ; [col, carton] stiff **b** (= strict) rigid ; [classification, éducation] strict

rigidité [riʒidite] nf **a** [d'armature, tige] rigidity ; [de carton, col] stiffness **b** [de personne, règle, morale] rigidity ; [de classification, éducation] strictness

rigolade* [rigɔlad] nf (= amusement) ▪ **il aime la ~** he likes a bit of fun ▪ **quelle ~, quand il est entré !** what a laugh* when he came in! ▪ **démonter ça, c'est de la ~** taking it to pieces is child's play

rigoler* [rigɔle] vi **a** (= rire) to laugh **b** (= s'amuser) to have fun ▪ **on a bien rigolé** we had great fun **c** (= plaisanter) to joke ▪ **tu rigoles !** you're kidding!* ▪ **il ne faut pas ~ avec ce genre de maladie** an illness like this has to be taken seriously ▪ **j'ai dit ça pour ~** it was only a joke

rigolo, -ote* [rigɔlo, ɔt] **1** adj funny **2** nm,f (péj = fumiste) phoney*

rigoureux, -euse [rigurø, øz] adj **a** rigorous ; [maître, interdiction] strict **b** [hiver, climat] harsh

rigueur [rigœr] **1** nf **a** [de discipline] severity ; [de mesures, morale, raisonnement] rigour ; [de personne, définition] strictness ; [de climat, hiver] harshness **b** (économique) austerity **c** ▪ **tenir ~ à qn** to hold it against sb **2** **à la rigueur** loc adv at a pinch

rillettes [rijɛt] nfpl *potted meat or fish*

rime [rim] nf rhyme

rimer [rime] vi to rhyme ▪ **ça ne rime à rien !** it doesn't make any sense! ▪ **à quoi ça rime ?** what's the point of it?

rincé, e* [rɛ̃se] adj **a** (= trempé) drenched **b** (= fatigué) shattered, dead beat*

rincer [rɛ̃se] **1** vt to rinse **2** **se rincer** vpr ▪ **se ~ la bouche** to rinse out one's mouth ▪ **se ~ les mains/les cheveux** to rinse one's hands/one's hair ▪ **se ~ l'œil‡** to get an eyeful*

ring [riŋ] nm boxing ring

ringard, e* [rɛ̃gar, ard] adj (= dépassé) [personne] square* ; [vêtement] dowdy ; [film, chanson] corny* ; [décor] tacky*

RIP [rip] nm (abrév de **référendum d'initiative populaire**) → **référendum**

riposte [ripɔst] nf (= réponse) riposte ; (= contre-attaque) counterattack

riposter [ripɔste] **1** vi (= répondre) to answer back ; (= contre-attaquer) to retaliate **2** vt ▪ **~ que** to retort that

ri

rire [RiR] **1** vi **a** to laugh ■ **~ aux éclats** to roar with laughter ■ **~ aux larmes** to laugh until one cries ■ **c'est à mourir de ~** it's hilarious ■ **~ de** [+ personne, défaut, crainte] to laugh at ■ **rira bien qui rira le dernier** he who laughs last laughs longest BR ou best US *(Prov)* **b** (= plaisanter) to be joking ■ **vous voulez ~ !** you're joking! ■ **il a dit ça pour ~** he was only joking **2** nm (= façon de rire) laugh ■ **on entendait des ~s** we could hear laughter

risible [Rizibl] adj laughable

risque [Risk] nm risk ■ **le goût du ~** a taste for danger ■ **prendre des ~s** to take risks ■ **ce sont les ~s du métier** that's an occupational hazard ■ **au ~ de le mécontenter** at the risk of displeasing him ■ **à tes ~s et périls** at your own risk ■ **à ~** [groupe] high-risk ; [placement] risky ■ **prêt à haut ~** subprime (loan)

risqué, e [Riske] adj (= hasardeux) risky ; (= licencieux) risqué

risquer [Riske] **1** vt **a** [+ fortune, réputation, vie] to risk ■ **~ gros** to take a big risk ■ **~ le tout pour le tout** to risk the lot ■ **qu'est-ce qu'on risque ?** (= c'est sans danger) what have we got to lose? ■ **bien emballé, ce vase ne risque rien** packed like this the vase will be quite safe **b** [+ allusion, regard] to venture **c** (pour exprimer la possibilité) ■ **tu risques de le perdre** you might lose it ■ **il risque de pleuvoir** it could rain ■ **ça ne risque pas (d'arriver) !** there's no chance of that (happening)! ■ **il ne risque pas de gagner** he hasn't got much chance of winning **2** **se risquer** vpr ■ **se ~ à faire qch** to venture to do sth

rissoler [Risɔle] vt ■ **(faire) ~** to brown

ristourne [RistuRn] nf (sur achat) discount ■ **faire une ~ à qn** to give sb a discount

rite [Rit] nm rite ; (= habitude) ritual

rituel, -elle [Ritɥɛl] adj, nm ritual

rivage [Rivaʒ] nm shore

rival, e (mpl **-aux**) [Rival, o] adj, nm,f rival

rivaliser [Rivalize] vi ■ **~ avec** [personne] to rival ; [chose] to hold its own against

rivalité [Rivalite] nf rivalry

rive [Riv] nf [de mer, lac] shore ; [de rivière] bank

rivé, e [Rive] adj ■ **~ à** [+ bureau, travail] tied to ■ **les yeux ~s sur moi** (with) his eyes riveted on me

riverain, e [Riv(ə)Rɛ̃, ɛn] nm,f resident

rivière [RivjɛR] nf river ■ **~ de diamants** diamond necklace

rixe [Riks] nf brawl

riz [Ri] nm rice ■ **~ cantonais** fried rice ■ **~ au lait** rice pudding ■ **~ brun** ou **complet** brown rice

rizière [RizjɛR] nf paddy-field

RMI [ɛRɛmi] nm (abrév de **revenu minimum d'insertion**) ≈ income support BR, ≈ welfare US

RMiste, RMIste [ɛRɛmist] nmf *person receiving welfare payment,* ≈ person on income support BR, ≈ person on welfare US

RNT [ɛRɛnte] nf (abrév de **radio numérique terrestre**) digital terrestrial radio

robe [Rɔb] nf **a** [de femme] dress ; [de magistrat, prélat] robe ▸ **robe de chambre** dressing gown ▸ **robe de mariée** wedding dress ▸ **robe du soir** evening dress **b** [de cheval, fauve] coat **c** [de vin] colour BR, color US

robinet [Rɔbinɛ] nm tap BR, faucet US ■ **~ d'eau chaude/froide** hot/cold tap BR ou faucet US

robot [Rɔbo] nm robot ■ **~ ménager** ou **de cuisine** food processor ■ **~ conversationnel** chatbot

robotique [Rɔbɔtik] nf robotics *sg*

robotisation [Rɔbɔtizasjɔ̃] nf [d'atelier, usine] automation

robuste [Rɔbyst] adj robust ; [voiture] solid

roc [Rɔk] nm rock

rocade [Rɔkad] nf bypass

rocaille [Rɔkaj] nf **a** (= cailloux) loose stones **b** (= jardin) rockery

rocailleux, -euse [Rɔkajø, øz] adj [terrain] rocky ; [voix] harsh

roche [Rɔʃ] nf rock

rocher [Rɔʃe] nm rock

rocheux, -euse [Rɔʃø, øz] **1** adj rocky **2** **les (montagnes) Rocheuses** nfpl the Rocky Mountains

rock [Rɔk] **1** adj rock **2** nm (= musique) rock ; (= danse) jive ■ **danser le ~** to jive

rodage [Rɔdaʒ] nm [de véhicule, moteur] running in BR, breaking in US ■ **la voiture était en ~** the car was being run in BR ou broken in US ■ **on a dû prévoir une période de ~** (= mise au point) we had to allow some time to get up to speed

roder [Rɔde] vt [+ véhicule, moteur] to run in BR, to break in US ■ **ce spectacle est maintenant bien rodé** all the initial problems in the show have been ironed out ■ **il n'est pas encore rodé** [personne] he hasn't quite got the hang of it yet

rôder [Rode] vi (au hasard) to wander about ; (de façon suspecte) to loiter

rogne* [Rɔɲ] nf ■ **être/se mettre en ~** to be/get really mad

rogner [ʀɔɲe] **rogner sur** vt indir [+ dépense, prix, salaires] to cut back on

rognon [ʀɔɲɔ̃] nm kidney

roi [ʀwa] nm king ▪ **tu es vraiment le ~ (des imbéciles) !*** you really are a prize idiot!* ▪ **le jour des Rois** Twelfth Night ; (Rel) Epiphany

rôle [ʀol] nm role ▪ **premier ~** leading role ▪ **jouer un ~** [acteur, fait, circonstance] to play a part ▪ **quel a été son ~ dans cette affaire ?** what part did he play in this business? ▪ **avoir le beau ~** to have it easy

roller [ʀɔlœʀ] nm rollerblade ▪ **faire du ~** to go rollerblading

ROM [ʀɔm] nf (abrév de **Read Only Memory**) ROM

rom [ʀɔm] **1** adj Roma **2** **Rom** nmf Roma

romain, e [ʀɔmɛ̃, ɛn] **1** adj Roman **2** **Romain(e)** nm,f Roman

roman[1] [ʀɔmɑ̃] nm novel ▪ **~ d'amour/d'aventures** love/adventure story ▪ **~ policier** detective novel

roman[2]**, e** [ʀɔmɑ̃, an] adj (Archit) Romanesque ; (en Grande-Bretagne) Norman

> ⚠ **roman** ne se traduit pas par le mot anglais ***Roman***, qui signifie « romain ».

romancier, -ière [ʀɔmɑ̃sje, jɛʀ] nm,f novelist

romand, e [ʀɔmɑ̃, ɑ̃d] adj of French-speaking Switzerland

romanesque [ʀɔmanɛsk] adj **a** [aventures, histoire] fabulous **b** (de fiction) ▪ **œuvre ~** novel

> ⚠ **romanesque** ne se traduit pas par le mot anglais ***Romanesque***, qui désigne le style roman.

roman-feuilleton (pl **romans-feuilletons**) [ʀɔmɑ̃fœjtɔ̃] nm serialized novel

roman-photo (pl **romans-photos**) [ʀɔmɑ̃fɔto] nm photo romance

romantique [ʀɔmɑ̃tik] adj, nmf romantic

romantisme [ʀɔmɑ̃tism] nm (= esprit romantique) romanticism ▪ **le ~** (mouvement artistique) the Romantic Movement

romarin [ʀɔmaʀɛ̃] nm rosemary

Rome [ʀɔm] n Rome

rompre [ʀɔ̃pʀ] **1** vt to break ; [+ fiançailles, relations diplomatiques] to break off ; [+ solitude, isolement] to put an end to ; [+ équilibre] to upset ▪ **rompez (les rangs) !** (Mil) fall out! **2** vi **a** (= se séparer de) ▪ **~ avec qn/avec la tradition** to break with sb/with tradition **b** [corde, digue] to break

ronces [ʀɔ̃s] nfpl (= buissons) brambles

ronchon, -onne [ʀɔ̃ʃɔ̃, ɔn] **1** adj grumpy **2** nm,f grumbler

ronchonner [ʀɔ̃ʃɔne] vi to grumble (*après* at)

rond, e[1] [ʀɔ̃, ʀɔ̃d] **1** adj **a** round ; [femme, fesses] plump ; [poitrine] full ; [homme] tubby **b** (= net) round ▪ **ça fait un compte ~** it makes a round number **c** (* = soûl) drunk **2** nm **a** (= cercle) ring ▪ **~ de serviette** napkin ring ▪ **s'asseoir/danser en ~** to sit/dance in a circle ▪ **tourner en ~** (à pied) to walk round and round ; [enquête, discussion] to go round in circles **b** (* = argent) ▪ **~s** cash* *NonC* ▪ **il n'a plus un ~** he's broke* **3** adv ▪ **tourner ~** to run smoothly ▪ **ça ne tourne pas ~ chez elle*** she's got a screw loose* ▪ **ça fait 50 € tout ~** it comes to exactly €50

ronde[2] [ʀɔ̃d] nf **a** (= surveillance) patrol ▪ **faire sa ~** to be on patrol **b** (= danse) round ▪ **faire la ~** to dance round in a circle **c** (= note) semibreve BR, whole note US **d** ▪ **à 10 km à la ~** within a 10km radius ▪ **à des kilomètres à la ~** for miles around

rondelet, -ette [ʀɔ̃dlɛ, ɛt] adj [adulte] plumpish ; [enfant] chubby ; [somme] tidy

rondelle [ʀɔ̃dɛl] nf [de carotte, saucisson] slice ▪ **couper en ~s** to slice

rondeurs [ʀɔ̃dœʀ] nfpl ▪ **les ~ d'une femme** a woman's curves

rondouillard, e* [ʀɔ̃dujaʀ, aʀd] adj tubby

rond-point (pl **ronds-points**) [ʀɔ̃pwɛ̃] nm roundabout BR, traffic circle US

ronflant, e [ʀɔ̃flɑ̃, ɑ̃t] adj [discours] high-flown ; [titre] grand

ronflement [ʀɔ̃fləmɑ̃] nm [de dormeur] snoring *NonC*

ronfler [ʀɔ̃fle] vi [dormeur] to snore

ronger [ʀɔ̃ʒe] **1** vt **a** [souris] to gnaw away at ; [chien] to gnaw at ; [acide, rouille] to eat into ▪ **rongé par les vers** worm-eaten ▪ **~ son frein** to champ at the bit **b** [chagrin, pensée] to gnaw away at **2** **se ronger** vpr ▪ **se ~ les ongles** to bite one's nails

rongeur [ʀɔ̃ʒœʀ] nm rodent

ronronner [ʀɔ̃ʀɔne] vi to purr

rooibos [ʀɔibɔs] nm rooibos

roquet [ʀɔkɛ] nm (nasty little) dog

rosace [ʀozas] nf [de cathédrale] rose window

rosbif [ʀɔsbif] nm (= rôti) roast beef *NonC*

rose [ʀoz] **1** nf rose ▸ **rose des vents** compass rose **2** nm (= couleur) pink **3** adj pink ; [joues, teint] rosy ▪ **~ bonbon** candy pink ▪ **~ saumon** salmon pink ▪ **voir la vie en ~** to see life through rose-tinted glasses

rosé, e[1] [ʀoze] **1** adj [couleur] pinkish ; [vin] rosé **2** nm (= vin) rosé

roseau (pl **~x**) [ʀozo] nm reed

rosée² [ʀoze] nf dew

rosier [ʀozje] nm rosebush

rossignol [ʀɔsiɲɔl] nm (= oiseau) nightingale

rot [ʀo] nm burp

rotation [ʀɔtasjɔ̃] nf **a** (= mouvement) rotation ▪ **mouvement de ~** rotating movement **b** [de personnel, stocks] turnover

roter* [ʀɔte] vi to burp

rôti [ʀoti] nm joint

rotin [ʀɔtɛ̃] nm rattan

rôtir [ʀotiʀ] **1** vti to roast ▪ **faire ~** to roast ▸ **poulet rôti** roast chicken **2** **se rôtir** vpr ▪ **se ~ au soleil*** to bask in the sun

rôtissoire [ʀɔtiswaʀ] nf rotisserie

rotule [ʀɔtyl] nf kneecap ▪ **être sur les ~s*** to be dead beat*

rouage [ʀwaʒ] nm cogwheel ▪ **les ~s de l'État** the machinery of state

rouble [ʀubl] nm rouble

roucouler [ʀukule] vi [oiseau] to coo

roue [ʀu] nf wheel ; [d'engrenage] cogwheel ▪ **véhicule à deux ~s** two-wheeled vehicle ▪ **faire la ~** [paon] to spread its tail ; [gymnaste] to do a cartwheel ▪ **la grande ~** (= manège) the big wheel BR, the Ferris Wheel US ▪ **véhicule à 4 ~s motrices** 4-wheel drive vehicle ▸ **roue de secours** spare wheel BR ou tire US

rouer [ʀwe] vt ▪ **~ qn de coups** to give sb a beating

rouge [ʀuʒ] **1** adj red (*de* with) ▪ **~ comme une pivoine** ou **une écrevisse** ou **une tomate** as red as a beetroot **2** adv ▪ **voir ~** to see red **3** nm **a** (= couleur) red ▪ **passer au ~** [feu] to change to red ; [conducteur] to go through a red light **b** (= vin) red wine **c** (à joues) blusher ▸ **rouge à lèvres** lipstick

rougeâtre [ʀuʒɑtʀ] adj reddish

rougeaud, e [ʀuʒo, od] adj red-faced

rouge-gorge (pl **rouges-gorges**) [ʀuʒgɔʀʒ] nm robin

rougeole [ʀuʒɔl] nf ▪ **la ~** (the) measles *sg* ▪ **avoir la ~** to have measles

rougeoyer [ʀuʒwaje] vi [braises] to glow red

rougeur [ʀuʒœʀ] nf red blotch

rougir [ʀuʒiʀ] vi **a** (de honte, gêne) to blush (*de* with) ; (de plaisir, d'émotion) to flush (*de* with) ▪ **je n'ai pas à en ~** that is nothing for me to be ashamed of **b** (après un coup de soleil) to go red **c** [feuille] to go red ; [fraises, tomates] to turn red

rouille [ʀuj] **1** nf **a** rust **b** (= sauce) *spicy Provençal sauce eaten with fish* **2** adj inv rust-coloured

rouillé, e [ʀuje] adj **a** [objet, métal] rusty **b** [personne] (intellectuellement) rusty ; (physiquement) out of practice

rouiller [ʀuje] **1** vi to rust **2** vt to make rusty

roulant, e [ʀulɑ̃, ɑ̃t] adj [meuble] on wheels ; [trottoir] moving

rouleau (pl **~x**) [ʀulo] nm **a** (= cylindre, bande) roll ▸ **rouleau de printemps** spring roll **b** (= outil, ustensile, vague) roller ▸ **rouleau compresseur** steamroller ▸ **rouleau à pâtisserie** rolling pin

roulement [ʀulmɑ̃] **1** nm [d'équipe, ouvriers] rotation ▪ **pour le ménage, on fait un ~** we take it in turns to do the housework **2** comp ▸ **roulement à billes** ball bearings ▸ **roulement de tambour** drum roll ▸ **roulement de tonnerre** roll of thunder

rouler [ʀule] **1** vt **a** (= pousser, tourner) to roll ; [+ tapis, carte] to roll up ; [+ pâte] to roll out **b** (* = duper) to con‡ ; (sur le prix, le poids) to do* (*sur* over) ▪ **se faire ~** to be done* **c** ▪ **~ des mécaniques*** (en marchant) to swagger ; (= crâner) to show off ▪ **il a roulé sa bosse*** he's been around* ; → **patin, pelle** **2** vi **a** [voiture, train] to run ▪ **cette voiture a très peu/beaucoup roulé** this car has a very low/high mileage ▪ **le train roulait à 150 à l'heure** the train was doing 150 kilometres an hour **b** [passager, conducteur] to drive **c** [boule, dé, bateau] to roll ▪ **faire ~** to roll **d** (* = aller bien) ▪ **ça roule ?** how's things?* **e** ▪ **~ sur l'or** to be rolling in money* **3** **se rouler** vpr (sur une surface) to roll ▪ **se ~ par terre de rire** to fall about* laughing ▪ **se ~ dans une couverture/en boule** to roll o.s. up in a blanket/into a ball

roulette [ʀulɛt] nf **a** [de meuble] caster ▪ **fauteuil à ~s** armchair on casters ▪ **ça a marché comme sur des ~s*** it went very smoothly **b** [de dentiste] drill **c** (= jeu) roulette ▪ **~ russe** Russian roulette

roulis [ʀuli] nm rolling *NonC*

roulotte [ʀulɔt] nf caravan BR, trailer US

roumain, e [ʀumɛ̃, ɛn] **1** adj Romanian **2** nm (= langue) Romanian **3** **Roumain(e)** nm,f Romanian

Roumanie [ʀumani] nf Romania

round [ʀaund] nm (Boxe) round

roupiller* [ʀupije] vi to sleep

roupillon* [ʀupijɔ̃] nm snooze* ▪ **piquer** ou **faire un ~** to have a snooze*

rouquin, e [ʀukɛ̃, in] **1** adj [personne] ginger **2** nm,f redhead

rouspéter* [ʀuspete] vi to moan* (*après, contre* at)

rouspéteur, -euse* [ʀuspetœʀ, øz] nm,f moaner*

rousse [Rus] adj → **roux**

roussi [Rusi] nm ▪ **ça sent le ~** (le brûlé) there's a smell of burning ; (ennuis) I can smell trouble

route [Rut] nf **a** (= voie de communication) road ▪ **~ nationale/départementale** main/minor road ▪ **la ~ de Lyon** the road to Lyon ▪ **se mettre en ~, prendre la ~** to set off **b** (= chemin à suivre) way ▪ **indiquer la ~ à qn** to show the way to sb **c** (= ligne de communication) route ▪ **~ aérienne/maritime** air/sea route **d** (= trajet) trip ▪ **bonne ~ !** have a good trip! ▪ **il y a trois heures de ~** (en voiture) it's a three-hour drive ▪ **en ~** on the way **e** ▪ **mettre en ~** [+ machine, moteur] to start ; [+ processus, réforme] to set in motion **f** (= ligne de conduite) road ▪ **la ~ à suivre** the road to follow ▪ **être sur la bonne ~** to be on the right track

> ⚠ **route** ne se traduit pas par le mot anglais ***route***, qui signifie « itinéraire ».

routier, -ière [Rutje, jɛR] **1** adj [carte, circulation, transport] road **2** nm (= camionneur) long-distance truck driver ; (= restaurant) ≈ transport café BR, ≈ truckstop US **3 routière** nf (= camionneuse) long-distance truck driver ; (= voiture) touring car ; (= moto) road bike

routine [Rutin] nf routine ▪ **contrôle/opération de ~** routine check/operation

rouvrir [RuvRiR] vti to reopen

roux, rousse [Ru, Rus] **1** adj [cheveux, barbe] (foncé) red ; (clair) ginger ; [pelage, feuilles] reddish-brown ▪ **il est ~** he's got ginger (ou red) hair **2** nm,f redhead

royal, e (mpl **-aux**) [Rwajal, o] adj royal ; [cadeau, demeure, repas] fit for a king *attrib* ; [salaire] princely

royaliste [Rwajalist] adj, nmf royalist

royaume [Rwajom] nm kingdom

Royaume-Uni [Rwajomyni] nm ▪ **le ~** the United Kingdom

royauté [Rwajote] nf (= régime) monarchy ; (= fonction, dignité) kingship

RSA [ɛRɛsɑ] nm (abrév de **revenu de solidarité active**) ≈ income support BR, ≈ welfare US

RSVP [ɛRɛsvepe] (abrév de **répondez s'il vous plaît**) RSVP

RTT [ɛRtete] nf (abrév de **réduction du temps de travail**) reduction of working hours ▪ **être en ~** to be taking time off in lieu BR, to be taking comp time US

ruade [Rɥad] nf kick ▪ **décocher** ou **lancer une ~** to kick out

ruban [Rybɑ̃] nm ribbon ▸ **ruban adhésif** adhesive tape

rubéole [Rybeɔl] nf German measles *sg* ▪ **avoir la ~** to have German measles

rubis [Rybi] adj inv, nm ruby

rubrique [RybRik] nf **a** (= article, chronique) column ▪ **~ sportive/mondaine** sports/social column **b** (= catégorie, titre) heading

ruche [Ryʃ] nf (bee)hive

rude [Ryd] adj **a** [concurrence, métier, vie] tough ; [climat, hiver] harsh ▪ **être mis à ~ épreuve** [personne] to be severely tested ▪ **mes nerfs ont été mis à ~ épreuve** it was a great strain on my nerves **b** [surface] rough ; [voix] harsh ; [personne, caractère] hard ; [manières] rough

> ⚠ **rude** ne se traduit pas par le mot anglais ***rude***, qui signifie « impoli ».

rudement [Rydmɑ̃] adv **a** [heurter, tomber] hard ; [répondre] harshly ; [traiter] roughly **b** (* = très) really

rudesse [Rydɛs] nf [de personne] hardness ; [de manières] roughness ▪ **traiter qn avec ~** to treat sb roughly

rudimentaire [Rydimɑ̃tɛR] adj rudimentary

rudiments [Rydimɑ̃] nmpl [de discipline] rudiments ▪ **avoir quelques ~ de chimie** to have some basic knowledge of chemistry

rue [Ry] nf street ▪ **~ à sens unique** one-way street ▪ **être à la ~** to be on the streets ▪ **jeter qn à la ~** to throw sb out into the street

ruée [Rɥe] nf rush ▪ **la ~ vers l'or** the gold rush

ruelle [Rɥɛl] nf (= rue) alleyway

ruer [Rɥe] **1** vi [cheval] to kick out **2 se ruer** vpr ▪ **se ~ sur** [+ article en vente, nourriture, personne] to pounce on ; [+ emplois vacants] to pounce at ▪ **se ~ vers/dans/hors de** to dash towards/into/out of

rugby [Rygbi] nm rugby ▪ **~ à quinze/treize** Rugby Union/League

rugbyman [Rygbiman] (pl **rugbymen** [Rygbimɛn]) nm rugby player

> ⚠ Le mot ***rugbyman** n'existe pas en anglais.

rugir [RyʒiR] vi [fauve, mer, moteur] to roar ; [vent] to howl

rugissement [Ryʒismɑ̃] nm [de fauve, mer, moteur] roar ; [de vent, tempête] howl

rugosité [Rygozite] nf **a** [de surface, peau, tissu] roughness **b** (= aspérité) rough patch

rugueux, -euse [Rygø, øz] adj rough

ruine [Rɥin] nf ruin ▪ **10 euros, c'est pas la ~ !*** 10 euros won't break the bank!* ▪ **en ~(s)** in ruins

ruiner [Rɥine] **1** vt to ruin **2 se ruiner** vpr (= dépenser tout son argent) to ruin o.s. ; (= dépenser trop) to spend a fortune

ruineux, -euse [ʀɥinø, øz] adj [goûts] ruinously expensive

ruisseau (pl **~x**) [ʀɥiso] nm (= cours d'eau) stream

ruisseler [ʀɥis(ə)le] vi **a** (= couler) to stream **b** (= être couvert de liquide) ▪ **le mur ruisselait** there was water running down the wall ▪ **~ de sueur** [visage] to be dripping with sweat

rumeur [ʀymœʀ] nf **a** (= nouvelle imprécise) rumour ▪ **selon certaines ~s, elle...** rumour has it that she... **b** (= protestation) rumblings

ruminer [ʀymine] **1** vt **a** [animal] to ruminate **b** [+ chagrin] to brood over ; [+ vengeance] to ponder **2** vi to ruminate

rumsteck [ʀɔmstɛk] nm rumpsteak *NonC*

rupin, e‡ [ʀypɛ̃, in] **1** adj [appartement, quartier] plush* ; [personne] filthy rich‡ **2** nm,f rich person ▪ **les ~s** the rich

rupture [ʀyptyʀ] nf **a** [de relations diplomatiques, fiançailles] breaking off ; [de contrat] breach **b** (= séparation amoureuse) split **c** [de câble, branche, poutre] breaking ; [de digue, veine] bursting **d** (= solution de continuité) break ▪ **~ de rythme** break in rhythm ▪ **être en ~ de stock** to be out of stock

rural, e (mpl **-aux**) [ʀyʀal, o] adj rural

rurbain, e [ʀyʀbɛ̃, ɛn] **1** adj [population, area] rurban **2** nm,f rurbanite, *person who lives in the outer suburbs*

ruse [ʀyz] nf **a** (= adresse) cunning ; (pour tromper) trickery **b** (= subterfuge) trick

rusé, e [ʀyze] adj [personne] cunning ▪ **~ comme un renard** as cunning as a fox

ruser [ʀyze] vi (= être habile) to use cunning ; (pour tromper) to use trickery

russe [ʀys] **1** adj Russian ; → **montagne** **2** nm (= langue) Russian **3** **Russe** nmf Russian

Russie [ʀysi] nf Russia

rustine® [ʀystin] nf rubber repair patch *(for bicycle tyre)*

rustique [ʀystik] adj rustic

rustre [ʀystʀ] **1** nm brute **2** adj brutish

rut [ʀyt] nm ▪ **être en ~** [mâle] to be rutting ; [femelle] to be on BR ou in US heat

rythme [ʀitm] nm **a** (= cadence) rhythm ▪ **marquer le ~** to beat time ▪ **avoir le sens du ~** to have a sense of rhythm ▪ **en ~** in time to the music **b** [de production, respiration] rate ; [de travail, vie] pace ▪ **~ cardiaque** (rate of) heartbeat ▪ **à ce rythme-là,...** at that rate...

rythmé, e [ʀitme] adj rhythmical

rythmer [ʀitme] vt [+ phrase, prose, travail] to punctuate

rythmique [ʀitmik] adj rhythmical

sS

S (abrév de **Sud**) S
s (abrév de **seconde**) s
s' [s] → **se, si**
SA [ɛsa] nf (abrév de **société anonyme**) limited company ▪ **Raymond SA** Raymond Ltd BR, Raymond Inc. US
sa [sa] adj poss → **son**
sabbatique [sabatik] adj sabbatical
sable [sɑbl] nm sand ▪ **de ~** [dune] sand ; [plage] sandy ▪ **~s mouvants** quicksand
sablé, e [sɑble] adj, nm ▪ **(gâteau) ~** shortbread biscuit BR ou cookie US
sabler [sɑble] vt a [+ route] to sand b ▪ **~ le champagne** to celebrate with champagne
sablier [sɑblije] nm hourglass
saborder [sabɔʀde] 1 vt [+ entreprise] to wind up ; [+ bateau, négociations, projet] to scupper 2 **se saborder** vpr to scupper one's ship ; [candidat] to ruin one's chances ; [parti, entreprise] to wind itself up
sabot [sabo] nm a (= chaussure) clog b [d'animal] hoof ▪ **mettre un ~ à une voiture** to clamp a car
sabotage [sabɔtaʒ] nm a (= action) sabotage ; (= acte) act of sabotage b (= bâclage) botching
saboter [sabɔte] vt to sabotage ; (= bâcler) to botch
sabre [sɑbʀ] nm sabre BR, saber US
sac[1] [sak] nm a bag ; (de grande taille, en toile) sack ; (= cartable) (school)bag ▪ **~ (en) plastique** plastic bag ▪ **l'affaire est** ou **c'est dans le ~*** it's in the bag* ▸ **sac de couchage** sleeping bag ▸ **sac à dos** rucksack ▸ **sac à main** handbag, purse US ▸ **sac-poubelle** bin liner BR, garbage bag US ▸ **sac à provisions** shopping bag b (⁑ = 10 francs) ▪ **dix/trente ~s** one hundred/three hundred francs
sac[2] [sak] nm [de ville] sacking *NonC* ▪ **mettre à ~** [+ ville] to sack ; [+ maison, pièce] to ransack
saccade [sakad] nf jerk ▪ **avancer par ~s** to move along in fits and starts
saccadé, e [sakade] adj [démarche, gestes] jerky ; [débit, respiration] halting
saccage [sakaʒ] nm [de pièce, bâtiment] ransacking
saccager [sakaʒe] vt a (= dévaster) to wreck ; [+ forêt] to destroy b (= piller) [+ pays, ville] to sack
saccharine [sakaʀin] nf saccharine
Sacco® [sako] nm beanbag
sacerdoce [sasɛʀdɔs] nm (Rel) priesthood ; (fig) vocation
sache [saʃ] vb → **savoir**
sachet [saʃɛ] nm [de bonbons, thé] bag ; [de levure, sucre vanillé] sachet ; [de soupe] packet ▪ **thé en ~s** tea bags
sacoche [sakɔʃ] nf bag ; (de porte-bagages) pannier
sacre [sakʀ] nm a [de roi] coronation ; [d'évêque] consecration b (Can = juron) swearword
sacré, e [sakʀe] adj a (= saint, inviolable) sacred b (* = avant le nom) (= maudit) blasted* ▪ **c'est un ~ menteur** he's a terrible liar ▪ **il a un ~ culot** he's got a heck* of a nerve
sacrement [sakʀəmɑ̃] nm sacrament ▪ **recevoir les derniers ~s** to receive the last rites
sacrément* [sakʀemɑ̃] adv [froid, intéressant, laid] damned⁑
sacrer [sakʀe] vt [+ roi] to crown ; [+ évêque] to consecrate ▪ **il a été sacré champion du monde/meilleur joueur** he was crowned world champion/best player
sacrifice [sakʀifis] nm sacrifice ▪ **faire des ~s** to make sacrifices
sacrifier [sakʀifje] 1 vt to sacrifice ; (= abandonner) to give up 2 **se sacrifier** vpr to sacrifice o.s. ▪ **il ne reste qu'un chocolat... je me sacrifie !** (iro) there's only one chocolate left... I'll just have to eat it myself!
sacrilège [sakʀilɛʒ] 1 adj sacrilegious 2 nm sacrilege
sadique [sadik] 1 adj sadistic 2 nmf sadist
sadisme [sadism] nm sadism
sadomasochiste [sadomazɔʃist] 1 adj sadomasochistic 2 nmf sadomasochist
safari [safaʀi] nm safari ▪ **faire un ~** to go on safari
safari-photo (pl **safaris-photos**) [safaʀifɔto] nm photo safari
safran [safʀɑ̃] nm saffron
saga [saga] nf saga
sage [saʒ] 1 adj a (= avisé) wise ; [conseil] sound b [animal, enfant] good ▪ **~ comme une image** as good as gold 2 nm wise man
sage-femme (pl **sages-femmes**) [saʒfam] nf midwife
sagement [saʒmɑ̃] adv a (= avec bon sens) wisely b (= docilement) quietly
sagesse [saʒɛs] nf a (= bon sens) wisdom ▪ **faire preuve de ~** to be sensible b [d'enfant] good behaviour BR ou behavior US

Sagittaire [saʒitɛʀ] nm ▪ **le ~** Sagittarius ▪ **il est ~** he's a Sagittarius

Sahara [saaʀa] nm ▪ **le ~** the Sahara (desert)

saignant, e [sɛɲɑ̃, ɑ̃t] adj [entrecôte] rare ; [critique]* scathing

saignement [sɛɲmɑ̃] nm bleeding *NonC* ▪ **~ de nez** nosebleed

saigner [seɲe] **1** vi to bleed ▪ **~ du nez** to have a nosebleed **2** vt [+ animal] to kill *(by bleeding)* ▪ **~ qn à blanc** to bleed sb dry

saillant, e [sajɑ̃, ɑ̃t] adj **a** [menton, pommette, muscle, veine] prominent ; [yeux] bulging **b** [événement, point, trait] outstanding

saillie [saji] nf **a** (= aspérité) ▪ **faire ~** to jut out **b** (= accouplement) serving

sain, saine [sɛ̃, sɛn] adj **a** healthy ▪ **être/arriver ~ et sauf** to be/arrive safe and sound ▪ **s'en sortir ~ et sauf** to escape unharmed ▪ **être ~ d'esprit** to be of sound mind **b** [fondations, affaire, gestion] sound **c** (moralement) [lectures] wholesome

saint, sainte [sɛ̃, sɛ̃t] **1** adj **a** (= sacré) holy ▪ **toute la ~e journée*** the whole blessed day* ► **la Sainte Vierge** the Blessed Virgin **b** (devant prénom) Saint **c** [personne, vie] saintly **2** nm,f saint

saint-bernard (pl **saint(s)-bernard(s)**) [sɛ̃bɛʀnaʀ] nm (= chien) St Bernard

sainteté [sɛ̃tte] nf **a** [de personne] saintliness ; [de la Vierge, lieu] holiness ; [de mariage] sanctity **b** ▪ **Sa Sainteté (le pape)** His Holiness (the Pope)

Saint-Laurent [sɛ̃lɔʀɑ̃] nm ▪ **le ~** the St Lawrence

Saint-Pierre-et-Miquelon [sɛ̃pjɛʀemiklɔ̃] n Saint Pierre and Miquelon

Saint-Siège [sɛ̃sjɛʒ] nm ▪ **le ~** the Holy See

Saint-Sylvestre [sɛ̃silvɛstʀ] nf ▪ **la ~** New Year's Eve

saisie [sezi] nf **a** [de biens, documents, drogue] seizure **b** ▪ **~ de données** data capture ; (sur clavier) keyboarding

saisir [seziʀ] **1** vt **a** (= prendre) to take hold of ; (= s'emparer de) to seize **b** [+ occasion, prétexte, chance] to seize **c** [+ nom, mot] to catch ; [+ explications] to grasp ▪ **tu saisis ?*** do you get what I mean? **d** [peur] to grip **e** [+ biens, documents, drogue] to seize **f** [+ données] to capture ; (sur clavier) to key **2** **se saisir** vpr ▪ **se ~ de qch/qn** to seize sth/sb

saisissant, e [sezisɑ̃, ɑ̃t] adj [spectacle] gripping ; [contraste, ressemblance] striking ; [froid] biting

saison [sɛzɔ̃] nf season ▪ **en cette ~** at this time of year ▪ **la belle ~** the summer months ▪ **la ~ des pluies** the rainy season ▪ **haute/basse ~** high/low season ▪ **de ~** [fruits, légumes] seasonal ▪ **prendre ses vacances hors ~** to go on holiday in the low season

saisonnier, -ière [sɛzɔnje, jɛʀ] **1** adj seasonal **2** nm,f seasonal worker

sait [sɛ] vb → **savoir**

salace [salas] adj salacious

salade [salad] nf **a** (= plante) lettuce **b** (= plat) salad ▪ **~ de tomates/de fruits** tomato/fruit salad ▪ **haricots en ~** bean salad **c** ▪ **~s*** (= mensonges) stories*

saladier [saladje] nm salad bowl

salaire [salɛʀ] nm (mensuel, annuel) salary ; (journalier, hebdomadaire) wages ▪ **~ minimum** minimum wage ▪ **les petits/gros ~s** (= personnes) low-wage/high earners

salami [salami] nm salami

salant [salɑ̃] adj → **marais**

salarial, e (mpl **-iaux**) [salaʀjal, jo] adj wage *avant n* ▪ **cotisations ~es** employee contributions

salariat [salaʀja] nm (= salariés) wage-earners ▪ **le ~ et le patronat** employees and employers

salarié, e [salaʀje] **1** adj [travailleur] salaried ; [travail, emploi] paid ▪ **elle est ~e** she gets a salary **2** nm,f salaried employee

salaud‡ [salo] **1** nm bastard‡ **2** adj ▪ **il a été ~ avec elle** he was a real bastard to her‡

sale [sal] **1** adj **a** dirty **b** (* = avant le nom) (= mauvais) [affaire, maladie, habitude] nasty ; [temps] filthy ▪ **faire un ~ coup à qn** to play a dirty trick on sb ▪ **avoir une ~ tête*** (= sembler malade) to look awful ; (= sembler antipathique) to be nasty-looking **2** nm ▪ **mettre qch au ~** to put sth in the wash

salé, e [sale] adj **a** (= contenant du sel) salty ; (= additionné de sel) salted ; (= non sucré) savoury BR, savory US ; → **eau** **b** (* = grivois) spicy **c** * [punition] stiff ; [facture] steep

salement [salmɑ̃] adv **a** (= malproprement, bassement) dirtily **b** ‡ [dur, embêtant] damned‡

saler [sale] vt [+ plat, soupe] to put salt in ; (pour conserver, déneiger) to salt

saleté [salte] nf **a** [de lieu, personne] dirtiness **b** (= crasse, impureté) dirt *NonC* ▪ **faire des ~s** to make a mess **c** (* = chose sans valeur) piece of junk* **d** (* = obscénité) ▪ **dire des ~s** to say filthy things* **e** (* intensif) ▪ **~ de voiture/virus !** this blasted* car/virus!

salière [saljɛʀ] nf saltcellar BR, salt shaker US

salir [saliʀ] **1** vt **a** [+ objet, lieu] to make dirty **b** [+ réputation] to tarnish **2** **se salir** vpr [tissu, personne] to get dirty ▪ **le blanc se salit facilement** white shows the dirt

salissant, e [salisɑ̃, ɑ̃t] adj [étoffe] which shows the dirt ; [travail] messy

salive [saliv] nf saliva

saliver [salive] vi to salivate ; (péj) to drool

salle [sal] nf **a** [de café, musée] room ; [de château] hall ; [de restaurant] dining room ; [d'hôpital] ward ■ **en ~** [record, athlétisme] indoor ► **salle d'attente** waiting room ► **salle de bain(s)** bathroom ► **salle de classe** classroom ► **salle d'embarquement** departure lounge ► **salle des fêtes** village hall ► **salle de jeu** (pour enfants) playroom ► **salle à manger** dining room ► **salle d'opération** operating theatre BR ou room US ► **salle de séjour** living room **b** (= auditorium) auditorium ; (= public) audience ■ **faire ~ comble** to play to a full house ► **salle de cinéma** cinema BR, movie theater US ► **salle de concert** concert hall

salon [salɔ̃] nm **a** [de maison] living room ; [d'hôtel] lounge **b** (= meubles) living-room suite **c** (= exposition) exhibition ► **le Salon de l'Auto** the Motor Show ► **le Salon du livre** the Book Fair **d** (= cercle littéraire) salon **e** **salon de coiffure** hairdressing salon ► **salon de thé** tearoom

salop‡ [salo] nm ⇒ **salaud**

salope‡ [salɔp] nf (= déloyale, méchante) bitch‡ ; (= dévergondée) slut‡

saloperie‡ [salɔpʀi] nf **a** (= chose sans valeur) piece of junk* **b** (= mauvaise nourriture, impureté) muck* *NonC* **c** (= action) dirty trick ; (= parole) bitchy remark‡ ■ **faire une ~ à qn** to play a dirty trick on sb **d** (= obscénités) ■ **dire des ~s** to talk dirty*

salopette [salɔpɛt] nf [d'ouvrier] overalls ; [d'enfant, femme] dungarees

saluer [salɥe] vt **a** (= dire bonjour à) to greet ■ **~ qn d'un signe de tête** to nod (a greeting) to sb **b** (= dire au revoir à) to say goodbye to ■ **il salua (le public)** he bowed (to the audience) **c** [+ officier, drapeau] to salute **d** (= témoigner son respect pour) to salute ; [+ initiative] to welcome ; (= acclamer) to hail (*comme* as)

salut [saly] **1** nm **a** (de la main) wave ; (de la tête) nod ; (à officier) salute **b** (= sauvegarde) safety **c** (= rédemption) salvation **2** excl* (= bonjour) hi!* ; (= au revoir) bye!*

salutaire [salytɛʀ] adj [effet, choc, avertissement] salutary ; [remède] beneficial ■ **être ~ à qn** to be good for sb

salutation [salytasjɔ̃] nf greeting ■ **veuillez agréer** ou **recevoir mes ~s distinguées** yours sincerely

salve [salv] nf [d'artillerie] salvo ■ **une ~ d'applaudissements** a round of applause

samaritain, e [samaʀitɛ̃, ɛn] **1** adj Samaritan **2** **Samaritain(e)** nm,f Samaritan ■ **bon Samaritain** good Samaritan

samedi [samdi] nm Saturday ■ **nous irons ~** we'll go on Saturday ■ **le ~ j'ai cours de danse** I have a dance class on Saturdays ■ **nous sommes ~** it's Saturday ■ **le ~ 23 janvier** on Saturday 23 January ■ **~ matin/après-midi** Saturday morning/afternoon ■ **~ soir** Saturday evening ou night

SAMU [samy] nm (abrév de **Service d'assistance médicale d'urgence**) *emergency medical service* ■ **~ social** *mobile emergency medical service for homeless people*

sanction [sɑ̃ksjɔ̃] nf sanction ; (= punition) punishment ■ **prendre des ~s contre** ou **à l'encontre de** [+ pays] to impose sanctions against ; [+ joueur, club] to take disciplinary action against

sanctionner [sɑ̃ksjɔne] vt **a** [+ faute, personne] to punish ; [+ joueur, club sportif] to take disciplinary action against **b** (= consacrer) to sanction

sanctuaire [sɑ̃ktɥɛʀ] nm sanctuary

sandale [sɑ̃dal] nf sandal

sandball [sɑ̃dbal] nm beach handball

sandwich (pl **~es** ou **~s**) [sɑ̃dwi(t)ʃ] nm sandwich ■ **~ au jambon** ham sandwich ■ **pris en ~ (entre)*** sandwiched (between)

sandwicherie [sɑ̃dwi(t)ʃəʀi] nf sandwich bar

sang [sɑ̃] nm blood ■ **verser** ou **faire couler le ~** to shed blood ■ **en ~** covered in blood ■ **se faire du mauvais ~** to worry ■ **bon ~ !*** dammit!‡

sang-froid [sɑ̃fʀwa] nm inv calm ■ **garder/perdre son ~** to keep/lose one's cool* ■ **faire qch de ~** to do sth in cold blood

sanglant, e [sɑ̃glɑ̃, ɑ̃t] adj bloody

sangle [sɑ̃gl] nf strap ; [de selle] girth

sanglier [sɑ̃glije] nm wild boar

sanglot [sɑ̃glo] nm sob

sangloter [sɑ̃glɔte] vi to sob

sangsue [sɑ̃sy] nf leech

sanguin, e [sɑ̃gɛ̃, in] **1** adj blood **2** **sanguine** nf ■ **(orange) ~e** blood orange

sanguinaire [sɑ̃ginɛʀ] adj [personne] bloodthirsty ; [combat, dictature] bloody

sanitaire [sanitɛʀ] **1** adj **a** [services, mesures] health ; [conditions] sanitary **b** (Plomberie) ■ **appareil ~** sanitary appliance **2** **sanitaires** nmpl (= appareils) bathroom suite

sans [sɑ̃] **1** prép without ■ **ils sont ~ argent** they have no money ■ **repas à 30 € ~ le vin** meal at €30 not including wine ■ **je n'irai pas ~ être invité** I won't go without being invited ■ **il est entré ~ que je l'entende** he came in without my hearing him ■ **je le connais, ~ plus** I know him but no more than that ▪ **tu as aimé ce film ? – ~ plus** did you like the film? – it was all right (I suppose) ▪ **~ ça*** otherwise ▪ **~ faute** [téléphoner, prévenir] without fail ▪ **~ quoi*** otherwise **2** adv ▪ **votre parapluie ! vous alliez partir ~*** your umbrella! you were going to go off without it

sans-abri [sɑ̃zabʀi] nmf inv homeless person ▪ **les ~** the homeless

sans-emploi [sɑ̃zɑ̃plwa] nmf inv unemployed person ▪ **les ~** the unemployed

sans-faute [sɑ̃fot] nm inv (Équitation) clear round ; (Sport) faultless performance ▪ **faire un ~** (Équitation) to do a clear round ; (Sport) to put up a faultless performance ▪ **jusqu'à présent, il a réussi un ~** he hasn't put a foot wrong so far ; (dans un jeu avec questions) he has got all the answers right so far

sans-gêne [sɑ̃ʒɛn] **1** adj inv inconsiderate **2** nm inv lack of consideration

sans-papier(s) (pl **sans-papiers**) [sɑ̃papje] nmf undocumented immigrant US, *immigrant without proper identity or working papers*

santal [sɑ̃tal] nm ▪ **(bois de) ~** sandalwood

santé [sɑ̃te] nf health ▪ **en bonne/mauvaise ~** in good/bad health ▪ **les dépenses de ~** health spending ▪ **à votre ~ !, ~ !*** cheers! ▪ **boire à la ~ de qn** to drink to sb's health

santiag* [sɑ̃tjag] nm cowboy boot

saoul, e [su, sul] adj ⇒ **soûl, e**

saouler [sule] vt, **se saouler** vpr ⇒ **soûler**

saper [sape] **1** vt to undermine ▪ **~ le moral à qn*** to knock the stuffing out of sb* **2 se saper*** vpr (élégamment) to get all dressed up*

sapeur-pompier (pl **sapeurs-pompiers**) [sapœʀpɔ̃pje] nm firefighter

saphir [safiʀ] nm (= pierre) sapphire

sapin [sapɛ̃] nm (= arbre) fir tree ; (= bois) fir ▪ **~ de Noël** Christmas tree

saquer* [sake] vt ⇒ **sacquer**

sarcasme [saʀkasm] nm (= remarque) sarcastic remark

sarcastique [saʀkastik] adj sarcastic

sarcophage [saʀkɔfaʒ] nm sarcophagus

Sardaigne [saʀdɛɲ] nf Sardinia

sarde [saʀd] **1** adj Sardinian **2** nm (= langue) Sardinian **3 Sarde** nmf Sardinian

sardine [saʀdin] nf (= poisson) sardine

SARL [ɛsaɛʀɛl] nf (abrév de **société à responsabilité limitée**) limited liability company ▪ **Raymond ~** Raymond Ltd BR, Raymond Inc. US

sarment [saʀmɑ̃] nm ▪ **~ (de vigne)** vine shoot

sas [sɑs] nm (Espace, Naut) airlock ; [d'écluse] lock ; [de banque] double-entrance security door

Satan [satɑ̃] nm Satan

satané, e* [satane] adj blasted*

satellite [satelit] nm satellite ▪ **avoir le ~** to have satellite TV

satiété [sasjete] nf ▪ **boire à ~** to drink until one can drink no more ▪ **manger à ~** to eat one's fill

satin [satɛ̃] nm satin

satiné, e [satine] adj [aspect, tissu] satiny ; [peau] satin-smooth ; [papier, peinture] with a satin finish

satire [satiʀ] nf satire ▪ **faire la ~ de qch** to satirize sth

satirique [satiʀik] adj satirical

satisfaction [satisfaksjɔ̃] nf satisfaction ▪ **cet employé me donne toute** ou **entière ~** I'm completely satisfied with this employee

satisfaire [satisfɛʀ] **1** vt to satisfy ▪ **nous n'arrivons pas à ~ la demande** (Industrie) we can't keep up with demand **2 satisfaire à** vt indir [+ normes] to satisfy **3 se satisfaire** vpr ▪ **se ~ de** to be satisfied with ▪ **se ~ de peu** to be easily satisfied

satisfaisant, e [satisfəzɑ̃, ɑ̃t] adj (= acceptable) satisfactory ; (= qui fait plaisir) satisfying

satisfait, e [satisfɛ, ɛt] adj satisfied (*de* with) ▪ **« ~ ou remboursé »** "satisfaction or your money back"

saturation [satyʀasjɔ̃] nf saturation ▪ **arriver à ~** to reach saturation point

saturé, e [satyʀe] adj saturated ; [autoroute] heavily congested ; [standard, lignes téléphoniques] jammed

satyre [satiʀ] nm (Mythol) satyr ; (* = obsédé) sex maniac

sauce [sos] nf sauce ; [de salade] dressing ▪ **~ tomate** tomato sauce

saucer [sose] vt ▪ **se faire ~*** to get soaked

saucisse [sosis] nf sausage ▸ **saucisse de Francfort** frankfurter ▸ **saucisse de Strasbourg** *type of beef sausage*

saucisson [sosisɔ̃] nm sausage *(eaten cold in slices)*

saucissonner [sosisɔne] vt [+ livre, émission] to chop up ▪ **des films saucissonnés par la publicité** films constantly interrupted by commercials

sauf[1], sauve [sof, sov] adj [personne] unharmed ; [honneur] intact ▪ **il a eu la vie sauve** his life was spared ; → **sain**

sauf[2] [sof] prép (= à part) except ▪ **~ que** except that ▪ **~ si** unless ▪ **~ votre respect** with all due respect

sauf-conduit (pl **~s**) [sofkɔ̃dɥi] nm safe-conduct

sauge [soʒ] nf sage

saugrenu, e [sogʀəny] adj preposterous

saule [sol] nm willow ■ **~ pleureur** weeping willow

saumâtre [somɑtʀ] adj [eau] brackish ; [goût] briny ; [humeur, plaisanterie] nasty

saumon [somɔ̃] **1** nm salmon ■ **~ fumé** smoked salmon **2** adj inv salmon pink

saumure [somyʀ] nf brine

sauna [sona] nm sauna

saupoudrer [sopudʀe] vt to sprinkle (*de* with)

saurait [sɔʀɛ] vb → **savoir**

saut [so] nm jump ■ **faire un ~** to jump ■ **faire un ~ chez qn** to pop over* to sb's place ▸ **saut à l'élastique** bungee jumping ▸ **saut en hauteur** high jump ▸ **saut en longueur** long jump ▸ **saut d'obstacles** show jumping ▸ **saut de page** (Informatique) page break ▸ **saut à la perche** pole vaulting ▸ **saut périlleux** somersault

saute [sot] nf ■ **~ d'humeur** sudden change of mood

sauté, e [sote] **1** adj sauté **2** nm sauté

saute-mouton (pl **~s**) [sotmutɔ̃] nm ■ **jouer à ~** to play leapfrog

sauter [sote] **1** vi **a** to jump (*dans* into, *par-dessus* over) ■ **~ par la fenêtre** to jump out of the window ■ **~ à la corde** to skip BR, to jump rope US ■ **~ en parachute** to parachute ■ **~ de joie** to jump for joy **b** (= se précipiter) ■ **~ au cou de qn** to fly into sb's arms ■ **~ sur l'occasion** to jump at the chance ■ **il m'a sauté dessus** he pounced on me ■ **ça saute aux yeux !** it's obvious! **c** [bouchon] to pop out ; [chaîne de vélo] to come off ; * [classe, cours] to be cancelled **d** (= exploser) to blow up ; [fusible] to blow ■ **faire ~ qch** to blow sth up **e** (* = être renvoyé) to get fired ; [gouvernement] to get kicked out* **f** (Culin) ■ **faire ~** to sauté **2** vt **a** [+ obstacle, mur] to jump over **b** [+ étape, page, repas] to skip

sauterelle [sotʀɛl] nf grasshopper

sauteur, -euse [sotœʀ, øz] **1** nm,f (= athlète, cheval) jumper **2** **sauteuse** nf high-sided frying pan

sautiller [sotije] vi to hop ; [enfant] to skip

sauvage [sovaʒ] **1** adj **a** wild ; [peuplade] primitive **b** (= farouche) [personne] unsociable **c** [concurrence] unfair ; [urbanisation] unplanned ■ **faire du camping ~** (illégal) to camp on unauthorized sites ; (dans la nature) to camp in the wild **2** nmf **a** (= solitaire) recluse **b** (= indigène, brute) savage

sauvagement [sovaʒmɑ̃] adv [frapper, tuer] savagely

sauve [sov] adj f → **sauf**

sauvegarde [sovgaʀd] nf safeguarding ; [d'ordre public, paix] upholding ; (Informatique) saving ■ **copie de ~** (Informatique) backup copy

sauvegarder [sovgaʀde] vt to safeguard ; [+ ordre public, paix] to uphold ; (Informatique) to save

sauver [sove] **1** vt to save (*de* from) ; (= porter secours à) to rescue ■ **tu m'as sauvé la vie** you saved my life **2** **se sauver** vpr (= s'enfuir) to run away (*de* from) ; (* = partir) to be off* ■ **sauve qui peut !** run for your life!

sauvetage [sov(ə)taʒ] nm [de personnes, entreprise] rescue ■ **~ en mer/montagne** sea/mountain rescue ■ **de ~** [matériel, équipe, opération] rescue

sauveteur, -euse [sov(ə)tœʀ, øz] nm,f rescuer

sauvette (à la)* [sovɛt] loc adv hastily ■ **vendeur** ou **marchand à la sauvette** street hawker

sauveur [sovœʀ] nm saviour BR, savior US

savamment [savamɑ̃] adv [dosé, orchestré] skillfully

savane [savan] nf savannah

savant, e [savɑ̃, ɑ̃t] **1** adj **a** [personne, mot, société] learned **b** [arrangement, dosage, stratagème] clever **c** [chien, puce] performing **2** nm (Sciences) scientist

savate* [savat] nf (= pantoufle) slipper

saveur [savœʀ] nf flavour BR, flavor US

Savoie [savwa] nf ■ **la ~** (= région) Savoy

savoir [savwaʀ] **1** vt **a** to know ■ **je savais qu'elle était malade, je la savais malade** I knew (that) she was ill ■ **je n'en sais rien** I don't know ■ **il ment – qu'en savez-vous ?** he is lying – how do you know? ■ **il nous a fait ~ que...** he let us know that... ■ **en ~ long** to know a lot ■ **qui sait ?** who knows? ■ **je sais bien, mais...** I know, but... ■ **je ne sais où** goodness knows where ■ **il n'a rien voulu ~** he didn't want to know ■ **on ne sait jamais** you never know ■ **que je sache** as far as I know ■ **à ~** that is ■ **sans le ~** (= sans s'en rendre compte) without knowing ; (= sans le faire exprès) unwittingly **b** (avec infinitif) (= être capable de) to know how to ■ **il sait parler aux enfants** he knows how to talk to children ■ **il sait/ne sait pas nager** he can/can't swim **2** **se savoir** vpr ■ **il se savait très malade** he knew he was very ill ■ **ça finira bien par se ~** it'll get out in the end **3** nm ■ **le ~** knowledge

savoir-faire [savwaʀfɛʀ] nm inv know-how* ; (dans un métier) expertise

savoir-vivre [savwaʀvivʀ] nm inv manners

savon [savɔ̃] nm soap *NonC* ; (= morceau) bar of soap ■ **il m'a passé un ~*** he gave me a real telling-off*

savonnette [savɔnɛt] nf bar of soap

savourer [savuʀe] vt to savour BR, to savor US

savoureux, -euse [savuʀø, øz] adj [plat] delicious ; [anecdote] delightful

saxophone [saksɔfɔn] nm saxophone

saxophoniste [saksɔfɔnist] nmf saxophonist

scabreux, -euse [skabʀø, øz] adj (= indécent) shocking

scalpel [skalpɛl] nm scalpel

scalper [skalpe] vt to scalp

scandale [skɑ̃dal] nm a (= fait choquant, affaire) scandal ■ **c'est un ~ !** it's disgraceful! ■ **son livre a fait ~** his book caused a scandal ■ **journal à ~** scandal sheet b (= scène, tapage) scene ■ **faire un** ou **du ~** to make a scene

scandaleux, -euse [skɑ̃dalø, øz] adj scandalous

scandaliser [skɑ̃dalize] vt to scandalize

scander [skɑ̃de] vt [+ nom, slogan] to chant

scandinave [skɑ̃dinav] 1 adj Scandinavian 2 **Scandinave** nmf Scandinavian

Scandinavie [skɑ̃dinavi] nf Scandinavia

scanner[1] [skanɛʀ], **scanneur** [skanœʀ] nm scanner ■ **passer un ~** to have a scan

scanner[2] [skane] vt (Informatique) to scan

scaphandre [skafɑ̃dʀ] nm [de plongeur] diving suit

scaphandrier [skafɑ̃dʀije] nm deep-sea diver

scapula [skapyla] nf (Anat) scapula

scarabée [skaʀabe] nm beetle

scarole [skaʀɔl] nf escarole

scatologique [skatɔlɔʒik] adj scatological

sceau (pl **~x**) [so] nm (= cachet, estampille) seal ■ **porter le ~ du génie** to bear the mark of genius

sceller [sele] vt to seal

scénario [senaʀjo] nm scenario ; (Ciné = découpage et dialogues) screenplay

scénariste [senaʀist] nmf (Ciné) scriptwriter

scène [sɛn] nf a scene ■ **~ d'action/d'amour** (Ciné) action/love scene ■ **faire une ~** to make a scene ■ **~ de ménage** domestic fight b (= estrade) stage ■ **sur (la) ~** on stage ■ **entrer en ~** to come on stage ■ **mettre en ~** [+ pièce de théâtre, film] to direct

sceptique [sɛptik] 1 adj sceptical BR, skeptical US (*sur, quant à* about) ■ **ses arguments me laissent ~** his arguments don't convince me 2 nmf sceptic BR, skeptic US

schéma [ʃema] nm (= diagramme) diagram

schématique [ʃematik] adj [dessin] schematic ; (péj) oversimplified

schématiser [ʃematize] vt to schematize ; (péj) to oversimplify

schisme [ʃism] nm (Rel) schism ; (Pol) split

schizophrène [skizɔfʀɛn] adj, nmf schizophrenic

schizophrénie [skizɔfʀeni] nf schizophrenia

schlinguer‡ [ʃlɛ̃ge] vi to pong‡

sciatique [sjatik] 1 nf sciatica 2 adj sciatic

scie [si] nf (= outil) saw ■ **~ à métaux** hacksaw ■ **~ sauteuse** jigsaw

sciemment [sjamɑ̃] adv knowingly

science [sjɑ̃s] nf a (= domaine scientifique) science ■ **~s humaines** social sciences ■ **~s économiques** economics *sg* b (= érudition) knowledge

science-fiction [sjɑ̃sfiksjɔ̃] nf science fiction ■ **film/roman de ~** science fiction film/novel

scientifique [sjɑ̃tifik] 1 adj scientific 2 nmf scientist

scier [sje] vt [+ bois, métal] to saw ; [+ bûche] to saw up ■ **ça m'a scié !*** I was staggered!

scierie [siʀi] nf sawmill

Scilly [sili] n ■ **les îles ~** the Scilly Isles

scinder [sɛ̃de] vt, **se scinder** vpr to split up (*en* in, into)

scintiller [sɛ̃tije] vi [diamant, yeux] to sparkle ; [étoile, lumières] to twinkle

scission [sisjɔ̃] nf a (= schisme) split b [d'atome] fission

sciure [sjyʀ] nf sawdust

sclérose [skleʀoz] nf sclerosis ; (fig) ossification ▸ **sclérose en plaques** multiple sclerosis

sclérosé, e [skleʀoze] adj sclerotic ; (fig) ossified

scolaire [skɔlɛʀ] adj (Scol) school *avant n*

scolariser [skɔlaʀize] vt [+ enfant] to send to school

scolarité [skɔlaʀite] nf (= éducation) schooling ■ **il a eu une ~ difficile** he had difficulties at school

scoliose [skɔljoz] nf curvature of the spine

scoop [skup] nm (Presse) scoop

scooter [skutœʀ] nm scooter

score [skɔʀ] nm score

scorpion [skɔʀpjɔ̃] nm a (= animal) scorpion b (Astron) ■ **le Scorpion** Scorpio ■ **il est Scorpion** he's a Scorpio

scotch [skɔtʃ] nm a (= boisson) scotch b (= adhésif) ■ **Scotch®** Sellotape® BR, Scotch® tape US

scotcher [skɔtʃe] vt to sellotape BR, to stick with Scotch® tape US ▪ **il reste des heures scotché* devant la télévision** he spends hours glued to the television ▪ **je suis resté scotché*** (= stupéfait) I was flabbergasted

scout, e [skut] 1 adj [camp, mouvement] scout 2 nm (boy) scout 3 **scoute** nf (girl) scout

Scrabble® [skʀabl] nm Scrabble® ▪ **faire un ~** to play Scrabble®

script [skʀipt] nm script

scripte [skʀipt] nf (Ciné) continuity girl

scroller [skʀɔle] vt to scroll

scrupule [skʀypyl] nm scruple ▪ **avoir des ~s à faire qch** to have scruples about doing sth ▪ **sans ~s** [personne] unscrupulous

scrupuleux, -euse [skʀypylø, øz] adj [honnêteté, personne] scrupulous

scruter [skʀyte] vt [+ horizon] to scan ; [+ objet, personne] to scrutinize ; [+ pénombre] to peer into

scrutin [skʀytɛ̃] nm a (= vote) ballot ▪ **au troisième tour de ~** at the third ballot b (= élection) poll ▪ **le jour du ~** polling day ▪ **~ majoritaire à un tour** election decided on a first past the post basis ▪ **~ proportionnel** proportional representation

scud [skyd] nm (Mil) scud missile ▪ **se prendre un ~*** (= attaque verbale) to get read the riot act* BR, to get chewed out* US

sculpter [skylte] vt [+ marbre, statue] to sculpt ; [+ meuble, bois] to carve

sculpteur, -euse [skyltœʀ, øz] nm,f sculptor

sculpture [skyltyʀ] nf sculpture ▪ **faire de la ~** to sculpt ▪ **~ sur bois** woodcarving

SDF [ɛsdeɛf] nmf inv (abrév de **sans domicile fixe**) homeless person

S.E. (abrév de **Son Excellence**) HE

se [sə] pron a (réfléchi, singulier,) (indéfini) oneself ; (homme) himself ; (femme) herself ; (sujet non humain) itself ; (pluriel) themselves ▪ **se raser** to shave ▪ **se mouiller** to get wet ▪ **se brûler** to burn o.s. b (réciproque) each other, one another ▪ **deux personnes qui s'aiment** two people who love each other ou one another c (possessif) ▪ **se casser la jambe** to break one's leg ▪ **il se lave les mains** he is washing his hands d (passif) ▪ **cela se répare facilement** it can easily be repaired ▪ **cela se vend bien** it sells well

séance [seɑ̃s] nf a (= réunion, période) session ▪ **~ de travail/rééducation** working/physiotherapy session ▪ **la ~ est levée** the meeting is over b (Théâtre) performance ▪ **~ (de cinéma)** (= film) film ; (= projection) showing ▪ **première/dernière ~** first/last showing c (Bourse) day of trading

seau (pl **~x**) [so] nm bucket, pail US ▪ **~ à champagne/glace** champagne/ice bucket

sec, sèche [sɛk, sɛʃ] 1 adj a dry ; [fruit] dried b (= maigre) slender c [style] terse ; [réponse] curt ▪ **elle a été très sèche avec moi** she was very curt with me ▪ **donner un coup ~ sur qch** to give sth a sharp rap ▪ **« non », dit-il d'un ton ~** "no", he said curtly d (= sans eau) [whisky] neat 2 adv * [frapper] hard ▪ **il boit ~** he really knocks it back* ▪ **il est arrivé et reparti aussi ~** he arrived and left again just as quickly 3 nm ▪ **tenir** ou **conserver qch au ~** to keep sth in a dry place ▪ **être à ~** [puits, torrent] to be dry ; (* = être sans argent) to be broke* 4 **sèche*** nf (= cigarette) ciggy*

sécateur [sekatœʀ] nm (pair of) secateurs

sécession [sesesjɔ̃] nf secession ▪ **faire ~** to secede

sèche-cheveu(x) (pl **sèche-cheveux**) [sɛʃʃəvø] nm hairdryer

sèche-linge (pl **~(s)**) [sɛʃlɛ̃ʒ] nm (= machine) tumble-dryer

sèche-main(s) (pl **sèche-mains**) [sɛʃmɛ̃] nm hand-dryer

sèchement [sɛʃmɑ̃] adv [répondre] curtly

sécher [seʃe] 1 vt a to dry b * [+ cours] to skip* 2 vi a to dry ▪ **faire ~ du linge, mettre du linge à ~** (à l'intérieur) to put washing up to dry ; (à l'extérieur) to put washing out to dry b (= se déshydrater) to dry out c (* Scol) (= ne pas savoir répondre) to be stumped* 3 **se sécher** vpr to dry o.s. (off) ▪ **se ~ les cheveux/mains** to dry one's hair/hands

sécheresse [sɛʃʀɛs] nf a (= absence de pluie) drought b [de climat, sol, style, ton] dryness ; [de réponse] curtness

sécheuse [seʃøz] nf (Can : de linge) tumble dryer

séchoir [seʃwaʀ] nm (= appareil) dryer ▪ **~ à linge** (pliant) clothes-horse

second, e [s(ə)gɔ̃, ɔ̃d] 1 adj, nm,f second ▪ **il a été reçu ~** he came second 2 nm a (= adjoint) second in command b (= étage) second floor BR, third floor US c (en importance) ▪ **passer en ~** to take second place 3 **seconde** nf a (= unité de temps) second ▪ **(attends) une ~e !** just a second! b (Transports) second class ▪ **voyager en ~e** to travel second-class c ▪ **(classe de) ~e** fifth form BR *(in secondary school)* ≈ tenth grade US *(in high school)* d (= vitesse) second gear

secondaire [s(ə)gɔ̃dɛʀ] 1 adj secondary ▪ **effets ~s** side effects 2 nm (Scol) ▪ **le ~** secondary BR ou high-school US education

seconder [s(ə)gɔ̃de] vt to assist

secouer [s(ə)kwe] 1 vt a [+ gén] to shake ; [+ miettes, poussière, paresse] to shake off ; [+ passagers] [autocar] to shake about ; [bateau] to toss about ▪ **~ la tête** (pour dire oui) to nod (one's head) ; (pour dire non) to shake one's head **b** (= bousculer) ▪ **il ne travaille que lorsqu'on le secoue** he only works if you push him **2** **se secouer** vpr to shake o.s. ▪ **secoue-toi*** (= dépêche-toi) get a move on* ; (= fais un effort) make an effort

secourir [s(ə)kuʀiʀ] vt [+ blessé, pauvre] to help ; [+ alpiniste, skieur] to rescue

secourisme [s(ə)kuʀism] nm first aid

secouriste [s(ə)kuʀist] nmf first-aider

secours [s(ə)kuʀ] nm **a** (= aide) help ▪ **appeler au ~** to shout for help ▪ **au ~ !** help! ▪ **porter ~ à qn** to give sb help **b** (= vivres, argent) aid *NonC* **c** (= sauvetage) rescue ▪ **quand les ~ arrivèrent** when help arrived ▪ **premiers ~** first aid

secousse [s(ə)kus] nf **a** (= cahot) bump **b** (= choc) jolt ; (= traction) pull ▪ **~ sismique** earth tremor

secret, -ète [səkʀɛ, ɛt] **1** adj **a** secret ▪ **tenir qch ~** to keep sth secret **b** [personne] secretive **2** nm **a** (= chose tue) secret **b** (= discrétion, silence) secrecy ▪ **le ~ professionnel/bancaire** professional/bank secrecy ▪ **le ~ médical** medical confidentiality ▪ **garder le ~ sur qch** to remain silent about sth ▪ **en ~** in secret

secrétaire [s(ə)kʀetɛʀ] **1** nmf secretary ▸ **secrétaire de direction** personal assistant ▸ **secrétaire d'État** ≈ junior minister **US**; (= ministre des Affaires étrangères) Secretary of State **2** nm (= meuble) writing desk

secrétariat [s(ə)kʀetaʀja] nm **a** (= fonction officielle) post of secretary ▪ **~ d'État** post of junior minister **b** (= profession, travail) secretarial work **c** (= bureaux) [d'école] (secretary's) office ; [d'usine, administration] secretarial offices ; [d'organisation internationale] secretariat **d** (= personnel) secretarial staff

secrètement [səkʀɛtmɑ̃] adv secretly

sécréter [sekʀete] vt to secrete

sécrétion [sekʀesjɔ̃] nf secretion

sectaire [sɛktɛʀ] adj sectarian

secte [sɛkt] nf sect

secteur [sɛktœʀ] nm **a** sector ; (Admin) district ; (= zone, domaine) area ▪ **dans le ~*** (= ici) round here ; (= là-bas) round there ▪ **~ d'activité** branch of industry ▪ **~ primaire/secondaire/tertiaire** primary/secondary/tertiary sector **b** (= circuit électrique) ▪ **le ~** the mains (supply) ▪ **panne de ~** power cut ▪ **« fonctionne sur ~ »** "mains operated"

section [sɛksjɔ̃] nf **a** (Scol) ≈ course **b** (Pol) branch ; [de syndicat] group **c** [d'ouvrage, voie] section **d** (= diamètre) section **e** (Mil) platoon

sectionner [sɛksjɔne] vt (= couper) to sever

Sécu* [seky] nf (abrév de **Sécurité sociale**) ≈ NHS **BR**, ≈ Medicaid **US**

secundo [səgɔ̃do] adv secondly

sécurisant, e [sekyʀizɑ̃, ɑ̃t] adj reassuring

sécuriser [sekyʀize] vt [+ réseau, transaction] to secure ; [+ personne] to give a feeling of security to ▪ **paiement sécurisé** secure payment

sécurité [sekyʀite] nf **a** (= absence de danger) safety ; (= absence de troubles) security ▪ **la ~ de l'emploi** job security ▪ **être/se sentir en ~** to be/feel safe ▪ **mettre qch en ~** to put sth in a safe place ▸ **la sécurité routière** road safety ▸ **la Sécurité sociale** (pour la santé) ≈ the National Health Service **BR**, ≈ Medicaid **US**; (pour vieillesse, etc) ≈ the Social Security, ≈ Medicare **US** **b** (= mécanisme) safety catch ▪ **de ~** [dispositif] safety

sédater [sedate] vt to sedate

sédatif [sedatif] nm sedative

sédation [sedasjɔ̃] nf sedation

sédentaire [sedɑ̃tɛʀ] adj sedentary

sédiment [sedimɑ̃] nm sediment

séducteur, -trice [sedyktœʀ, tʀis] **1** nm seducer **2** **séductrice** nf seductress

séduction [sedyksjɔ̃] nf (= charme) charm ; (= action) seduction

séduire [sedɥiʀ] vt **a** (par son physique, son charme) to charm **b** [style, idée, projet] to appeal to

séduisant, e [sedɥizɑ̃, ɑ̃t] adj attractive

segment [sɛgmɑ̃] nm segment

segmenter [sɛgmɑ̃te] vt to segment

ségrégation [segʀegasjɔ̃] nf segregation

seiche [sɛʃ] nf cuttlefish

seigle [sɛgl] nm rye

seigneur [sɛɲœʀ] nm **a** (Hist) lord **b** (Rel) ▪ **le Seigneur** the Lord

sein [sɛ̃] nm breast ▪ **donner le ~ à un bébé** to breast-feed a baby ▪ **au ~ de** (= parmi) within

séisme [seism] nm earthquake

seize [sɛz] adj inv, nm inv sixteen ; pour loc voir **six**

seizième [sɛzjɛm] adj, nmf sixteenth ▪ **~s de finale** (Sport) first round *(of 5-round knockout competition)* ; pour autres loc voir **sixième**

séjour [seʒuʀ] nm **a** (= visite) stay ▪ **faire un ~ à l'étranger** to spend time abroad ▪ **elle a fait plusieurs ~s à l'hôpital** she has had several stays in hospital ▪ **il a fait un ~ linguistique en Irlande** he went to Ireland on a language course **b** (= salon) living room

séjourner [seʒuʀne] vi [personne] to stay (*chez* with)

sel [sɛl] nm **a** salt ▪ **sans ~** [biscottes, régime] salt-free ▸ **sels de bain** bath salts ▸ **sels minéraux** mineral salts **b** (= piquant) spice

sélectif, -ive [selɛktif, iv] adj selective

sélection [selɛksjɔ̃] nf selection ; (= équipe) team ; (Football, Rugby) line-up

sélectionner [selɛksjɔne] vt to select (*parmi* from) ▪ **il a été sélectionné trois fois en équipe nationale** he won three caps for his country

sélectionneur, -euse [selɛksjɔnœʀ, øz] nm,f (Sport) selector

self* [sɛlf] nm (= restaurant) self-service restaurant

selfie [sɛlfi] nm selfie

self-service (pl **~s**) [sɛlfsɛʀvis] nm (= restaurant) self-service restaurant

selle [sɛl] nf [de vélo, équitation] saddle ▪ **se mettre en ~** to mount

seller [sele] vt to saddle

sellerie [sɛlʀi] nf saddlery ; (= lieu) tack room

selon [s(ə)lɔ̃] prép according to ▪ **donner ~ ses moyens** to give according to one's means ▪ **c'est ~*** it (all) depends ▪ **~ moi** in my opinion ▪ **~ que** according to whether

semaine [s(ə)mɛn] nf week ▪ **en ~** during the week ▪ **louer à la ~** to let by the week ▪ **la ~ de 35 heures** the 35-hour (working) week

sémantique [semɑ̃tik] adj semantic

semblable [sɑ̃blabl] **1** adj **a** (= similaire) similar (à to) **b** (avant le nom) (= tel) such ▪ **de ~s erreurs sont inacceptables** such mistakes are unacceptable **2** nmf fellow creature ▪ **aimer son ~** to love one's fellow men

semblant [sɑ̃blɑ̃] nm ▪ **un ~ de calme/bonheur/vérité** a semblance of calm/happiness/truth ▪ **faire ~ (de faire qch)** to pretend (to do sth)

sembler [sɑ̃ble] **1** vb impers **a** (= paraître) to seem ▪ **il semblerait qu'il ne soit pas venu** it would seem that he didn't come ▪ **il a, semble-t-il, essayé de me contacter** apparently he tried to contact me **b** (= croire) ▪ **il me semble que** I think (that) ▪ **il me semble que oui/que non** I think so/I don't think so ▪ **il me semble vous l'avoir déjà dit** I think I've already told you ▪ **comme bon te semble** as you see fit **2** vi to seem ▪ **il semblait content** he seemed happy ▪ **mes arguments ne semblent pas l'avoir convaincu** apparently he has not been convinced by my arguments

semelle [s(ə)mɛl] nf [de chaussure] sole ; (intérieure) insole ▪ **il ne m'a pas quitté** ou **lâché d'une ~** he didn't leave me for a single second

semence [s(ə)mɑ̃s] nf (= graine) seed

semer [s(ə)me] vt **a** [+ discorde, graines] to sow ; [+ confusion, terreur] to spread **b** * [+ poursuivant] to shake off

semestre [s(ə)mɛstʀ] nm **a** (= période) half-year **b** (Univ) semester

semestriel, -ielle [s(ə)mɛstʀijɛl] adj **a** [assemblée] six-monthly ; [revue, bulletin] biannual ; [résultats] half-yearly **b** (Univ) [examen] end-of-semester ; [cours] one-semester

semi-liberté [səmilibɛʀte] nf [de prisonnier] ≈ partial release ▪ **les animaux vivent en ~** the animals live in relative liberty

séminaire [seminɛʀ] nm **a** (Rel) seminary **b** (= cours, colloque) seminar ▪ **~ en ligne** webinar

semi-remorque [səmiʀ(ə)mɔʀk] nm articulated lorry BR, trailer truck US

semis [s(ə)mi] nm (= plante) seedling

semoule [s(ə)mul] nf semolina

sénat [sena] nm senate

sénateur, -trice [senatœʀ, tʀis] nm,f senator

sénatorial, e (mpl **-iaux**) [senatɔʀjal, jo] **1** adj [commission] senatorial ; [mission, rapport] Senate **2** nfpl ▪ **les (élections) ~es** the senatorial elections ; (aux USA) the Senate elections

Sénégal [senegal] nm Senegal

sénégalais, e [senegalɛ, ɛz] **1** adj Senegalese **2** **Sénégalais(e)** nm,f Senegalese

sénile [senil] adj senile

sénilité [senilite] nf senility

senior [senjɔʀ] adj, nmf (Sport) senior

sens [sɑ̃s] nm **a** (= instinct, goût, vue, etc) sense ▪ **avoir le ~ du rythme/de l'humour** to have a sense of rhythm/of humour **b** (= signification) meaning ▪ **cela n'a pas de ~** that doesn't make sense ▪ **au ~ propre/figuré** in the literal figurative sense ▪ **en un (certain) ~** in a (certain) sense ▪ **à mon ~** to my mind **c** (= direction) direction ▪ **aller dans le bon/mauvais ~** to go the right/wrong way ▪ **mesurer qch dans le ~ de la longueur/largeur** to measure sth along its length/across its width ▪ **arriver en ~ contraire** ou **inverse** to arrive from the opposite direction ▪ **dans le ~ des aiguilles d'une montre** clockwise ▪ **dans le ~ inverse des aiguilles d'une montre** anticlockwise BR, counterclockwise US ▪ **il a retourné la boîte dans tous les ~** he turned the box this way and that ▪ **être/mettre ~ dessus dessous** to be/turn upside down ▸ **sens giratoire** roundabout BR, traffic circle US ▸ **sens interdit** one-way street ▸ **(rue à) sens unique** one-way street **d** ▪ **bon ~** common sense

sensation [sɑ̃sasjɔ̃] nf **a** (= perception) sensation ; (= impression) feeling ▪ **~ de liberté/puissance** feeling of freedom/power ▪ **j'ai la ~ de l'avoir déjà vu** I have a feeling I've seen

se

him before **b** (= effet) ▪ **faire ~** to cause a sensation ▪ **la presse à ~** the tabloid press

sensationnel, -elle [sɑ̃sasjɔnɛl] adj sensational

sensé, e [sɑ̃se] adj [question, personne] sensible

sensibilisé, e [sɑ̃sibilize] adj ▪ **~ à** sensitive to ▪ **~ aux problèmes sociaux** socially aware

sensibiliser [sɑ̃sibilize] vt ▪ **~ qn à qch** to make sb aware of sth ▪ **~ l'opinion publique à un problème** to make the public aware of a problem

sensibilité [sɑ̃sibilite] nf sensitivity

sensible [sɑ̃sibl] adj **a** [personne, organe, peau, baromètre] sensitive (*à* to) ▪ **déconseillé aux personnes ~s** not for the faint-hearted ▪ **être ~ de la gorge** to have a sensitive throat **b** (= significatif) noticeable **c** (= difficile) [dossier, secteur] sensitive ; [établissement scolaire, quartier] problem *avant n* ▪ **quartier ~** problem area

> ⚠ **sensible** ne se traduit pas par le mot anglais ***sensible***, qui signifie « raisonnable ».

sensiblement [sɑ̃sibləmɑ̃] adv **a** (= presque) approximately **b** (= notablement) noticeably

> ⚠ **sensiblement** ne se traduit pas par ***sensibly***, qui signifie « raisonnablement ».

sensiblerie [sɑ̃sibləʀi] nf (= sentimentalité) sentimentality ; (= impressionnabilité) squeamishness

sensualité [sɑ̃sɥalite] nf sensuality

sensuel, -elle [sɑ̃sɥɛl] adj sensual

sentence [sɑ̃tɑ̃s] nf (= verdict) sentence

sentencieux, -ieuse [sɑ̃tɑ̃sjø, jøz] adj sententious

sentier [sɑ̃tje] nm footpath ▪ **sortir des ~s battus** to go off the beaten track ▪ **~ de grande randonnée** hiking trail

sentiment [sɑ̃timɑ̃] nm feeling ▪ **prendre qn par les ~s** to appeal to sb's feelings ▪ **avoir le ~ que quelque chose va arriver** to have a feeling that something is going to happen ▪ **veuillez agréer, Monsieur, l'expression de mes ~s dévoués** yours sincerely

sentimental, e (mpl **-aux**) [sɑ̃timɑ̃tal, o] adj **a** [personne] romantic **b** [valeur, chanson, personne] sentimental **c** [aventure, vie] love *avant n* ▪ **il a des problèmes sentimentaux** he has problems with his love life

sentinelle [sɑ̃tinɛl] nf sentry

sentir [sɑ̃tiʀ] **1** vt **a** (par l'odorat) to smell ; (au goût) to taste ; (au contact) to feel ▪ **je ne sens plus mes doigts** (de froid) I have lost all sensation in my fingers **b** (= avoir une odeur) to smell ▪ **~ bon/mauvais** to smell good/bad ▪ **son manteau sent la fumée** his coat smells of smoke **c** (= dénoter) to smack of ▪ **des manières qui sentent le nouveau riche** manners that smack of the nouveau riche **d** (= annoncer) ▪ **ça sent l'orage** there's a storm in the air ▪ **ça sent le printemps** spring is in the air **e** (= avoir conscience de) [+ changement, fatigue] to feel ; [+ importance de qch] to be aware of ; [+ danger, difficulté] to sense ▪ **je sens que ça va mal se passer** I have a feeling there's going to be trouble ▪ **il m'a fait ~ que j'étais de trop** he let me know I wasn't wanted **f** (= supporter) ▪ **il ne peut pas le ~*** he can't stand him **2** **se sentir** vpr **a** [personne] ▪ **se ~ mal** (physiquement) to feel ill ; (psychologiquement) to be unhappy ▪ **se ~ bien/fatigué** to feel good/tired **b** (= se supporter) ▪ **ils ne peuvent pas se ~*** they can't stand each other

séparation [sepaʀasjɔ̃] nf **a** (= dissociation, divorce) separation **b** (= démarcation) division

séparatisme [sepaʀatism] nm separatism

séparatiste [sepaʀatist] adj, nmf separatist

séparé, e [sepaʀe] adj **a** (= distinct) separate **b** [personnes] separated (*de* from)

séparément [sepaʀemɑ̃] adv separately

séparer [sepaʀe] **1** vt **a** to separate (*de* from) ; [+ amis, alliés] to part ▪ **tout les sépare** they are worlds apart **b** (= diviser) [+ territoire] to divide **2** **se séparer** vpr **a** (= se défaire de) ▪ **se ~ de** [+ employé, objet personnel] to part with **b** [routes, branches] to divide ▪ **le fleuve/la route se sépare en deux** the river/the road forks **c** (= se quitter) [convives] to leave each other ; [époux] to separate

sept [sɛt] adj inv, nm inv seven ▪ **les ~ familles** (Cartes) Happy Families ; pour autres loc voir **six**

septante [sɛptɑ̃t] adj inv (Belg, Helv) seventy ; pour loc voir **soixante**

septembre [sɛptɑ̃bʀ] nm September ▪ **le mois de ~** the month of September ▪ **au mois de ~** in (the month of) September ▪ **nous avons rendez-vous le premier ~** we have an appointment on the first of September ▪ **en ~** in September ▪ **début/fin ~** at the beginning/end of September

septennat [sɛptena] nm seven-year term of office

septentrional, e (mpl **-aux**) [sɛptɑ̃tʀijɔnal, o] adj northern

septicémie [sɛptisemi] nf blood poisoning

septième [sɛtjɛm] adj, nm seventh ▪ **le ~ art** cinema ; pour autres loc voir **sixième**

septuagénaire [sɛptɥaʒenɛʀ] nmf seventy-year-old man (ou woman)

sépulcre [sepylkʀ] nm sepulchre BR, sepulcher US

sépulture [sepyltyʀ] nf (= lieu) burial place ; (= tombe) grave

séquelle [sekɛl] nf (souvent pluriel) [de maladie, accident] aftereffect ▪ **ça a laissé des ~s** [blessure, incident] it had serious consequences

séquence [sekɑ̃s] nf sequence

séquestrer [sekɛstʀe] vt a [+ personne] to confine illegally b (= saisir) [+ biens] to sequester

sera [s(ə)ʀa] vb → être

serbe [sɛʀb] 1 adj Serbian 2 nm (= langue) Serbian 3 **Serbe** nmf Serb

Serbie [sɛʀbi] nf Serbia ▪ **la République de ~** the Serbian Republic

serein, e [səʀɛ̃, ɛn] adj [âme, visage, personne] serene

sérénade [seʀenad] nf serenade

sérendipité [seʀɑ̃dipite] nf serendipity

sérénité [seʀenite] nf [d'âme, foi, visage] serenity

sergent, e [sɛʀʒɑ̃, ɑ̃t] nm,f (Mil) sergeant ▪ **sergent-chef** staff sergeant

série [seʀi] nf a (= suite) series ; [de clés, casseroles, volumes] set ▪ **fabriqué en ~** mass-produced ▪ **voiture de ~** standard car ▪ **numéro hors ~** (Presse) special issue ▪ **c'est la ~ noire** it's one disaster after another ▪ **toute une ~ de...** a series of... b (= émission) series ▪ **~ télévisée** television series c (= catégorie) class ; [de baccalauréat] option

sérieusement [seʀjøzmɑ̃] adv a (= consciencieusement) conscientiously b (= sans rire, gravement) seriously ▪ **(tu parles) ~ ?** are you serious? c (= vraiment) really ▪ **ça commence ~ à m'agacer** it's really beginning to annoy me

sérieux, -ieuse [seʀjø, jøz] 1 adj a (= grave, important, réfléchi) serious ▪ **vous n'êtes pas ~ !** you can't be serious! ▪ **il s'est marié – ~ ?*** he got married – really? ou you don't say! b (= digne de confiance) [personne, renseignement] reliable ; [proposition, acheteur] serious c (= consciencieux) [employé, élève] conscientious ; [travail, artisan] careful ▪ **ça ne fait pas très ~** it doesn't make a very good impression d (= convenable) [jeune homme, jeune fille] responsible e (intensif) [somme, différence] considerable ; [avance] strong 2 nm a (= gravité) seriousness ▪ **garder son ~** to keep a straight face ▪ **prendre qch/qn au ~** to take sth/sb seriously b (= fiabilité) [de personne] reliability ; [d'acquéreur, intentions] seriousness ; [d'employé, élève] conscientiousness

serin [s(ə)ʀɛ̃] nm (= oiseau) canary

seringue [s(ə)ʀɛ̃g] nf syringe

serment [sɛʀmɑ̃] nm a (solennel) oath ▪ **faire un ~** to take an oath ▪ **sous ~** under oath b (= promesse) pledge ▪ **je fais le ~ de ne plus jouer** I swear that I'll never gamble again

sermon [sɛʀmɔ̃] nm sermon

sermonner [sɛʀmɔne] vt to lecture

séronégatif, -ive [seʀonegatif, iv] adj (Méd) HIV negative

séropositif, -ive [seʀopozitif, iv] adj (Méd) HIV positive

serpent [sɛʀpɑ̃] nm snake ▸ **serpent à sonnettes** rattlesnake

serpenter [sɛʀpɑ̃te] vi [chemin, rivière] to snake

serpentin [sɛʀpɑ̃tɛ̃] nm (= ruban) streamer

serpillière [sɛʀpijɛʀ] nf floorcloth ▪ **passer la ~** to mop the floor

serre [sɛʀ] nf a (= abri) greenhouse b (= griffe) claw

serré, e [seʀe] adj a [chaussures, vêtement, bandage, nœud] tight b (= entassés) (tightly) packed ▪ **être ~s comme des sardines** to be packed like sardines c [écriture, mailles] close ; [virage] sharp ; [horaire] tight d (= contracté) [dents, poings] clenched ▪ **avoir la gorge ~e** to have a lump in one's throat e [partie, lutte, match] tight

serrer [seʀe] 1 vt a (= maintenir, presser) to grip ▪ **~ qn dans ses bras/contre son cœur** to clasp sb in one's arms/to one's chest ▪ **~ la main à qn** (= la donner) to shake hands with sb ▪ **se ~ la main** to shake hands b (= contracter) ▪ **~ le poing** to clench one's fist ▪ **~ les dents** to clench one's teeth ; (fig) to grit one's teeth c (= comprimer) to be too tight for ▪ **mon pantalon me serre** my trousers are too tight (for me) ▪ **cette jupe me serre à la taille** this skirt is too tight round the waist d [+ écrou, ceinture, lacet] to tighten e (= se tenir près de) (par-derrière) to keep close behind ; (latéralement) to squeeze (*contre* up against) f [+ objets alignés, lignes, mots] to put close together ▪ **~ les rangs** to close ranks 2 vi ▪ **~ à droite/gauche** to keep to the right/left 3 **se serrer** vpr (= se rapprocher) ▪ **se ~ contre qn** to huddle up against sb ; (tendrement) to cuddle up to sb ▪ **serrez-vous un peu** squeeze up a bit

serre-tête (pl **~(s)**) [sɛʀtɛt] nm (= bandeau) headband

serrure [seʀyʀ] nf lock

serrurier, -ière [seʀyʀje, jɛʀ] nm,f locksmith

sertir [sɛʀtiʀ] vt [+ pierre précieuse] to set

sérum [seʀɔm] nm ▪ **~ sanguin** blood serum ▪ **~ physiologique** physiological salt solution ▪ **~ de vérité** truth drug

servant, e [sɛʀvɑ̃, ɑ̃t] **1** adj ▪ **chevalier ~** escort **2** **servante** nf servant

serveur [sɛʀvœʀ] nm **a** [de restaurant] waiter ; [de bar] barman **b** (Sport) server **c** (Informatique) server ▪ **~ vocal** answering service

serveuse [sɛʀvøz] nf **a** [de restaurant] waitress ; [de bar] barmaid **b** (Sport) server

serviable [sɛʀvjabl] adj helpful

service [sɛʀvis] nm **a** service ▪ **un ~ d'autocars dessert ces localités** there is a coach service to these districts ▪ **offrir ses ~s à qn** to offer sb one's services ▪ **nos conseillers sont à votre ~** our advisers are at your service ▪ **en ~** [installation, usine] in service ▪ **hors ~** [appareil] out of order *attrib* ; * [personne] shattered* **b** (= travail) duty ▪ **~ de jour/nuit** day/night duty ▪ **être de ~** to be on duty ▪ **le ~ militaire** military service ▪ **le ~ civil** non-military national service ▪ **faire son ~** to do one's national service **c** (= département) department ; (= administration) service ▪ **les ~s publics** the public utilities ▸ **les services secrets** the secret service ▸ **les services sociaux** the social services ▸ **service d'ordre** (= manifestants) stewards **d** (= faveur, aide) service ▪ **rendre ~ à qn** (= aider qn) to do sb a service ; (= s'avérer utile) to be of use to sb **e** (à table, au restaurant) service ; (= pourboire) service charge ▪ **Marc fera le ~** Marc will serve ▪ **~ compris** service included **f** (= assortiment) set ▪ **~ de table** (= linge) set of table linen ; (= vaisselle) set of tableware ▪ **~ à café** coffee set **g** (Sport) serve ▪ **Tsonga au ~** Tsonga to serve

serviette [sɛʀvjɛt] nf **a** ▪ **~ (de toilette)** towel ▪ **~ (de table)** napkin ▸ **serviette(-)éponge** terry towel ▸ **serviette hygiénique** sanitary towel BR ou napkin US ▸ **serviette de plage** beach towel **b** (= cartable) briefcase

servile [sɛʀvil] adj [personne] servile ; [obéissance, imitation] slavish ; [flatterie] fawning

servir [sɛʀviʀ] **1** vt **a** [+ gén] to serve ; [+ dîneur] to wait on ▪ **on vous sert, Madame ?** are you being served? ▪ **ils voulaient de la neige, ils ont été servis !** they wanted snow - and they certainly weren't disappointed! ▪ **~ qch à qn** to help sb to sth ▪ **~ à boire à qn** to serve a drink to sb **b** (Cartes) to deal **2** vi (= être utile) ▪ **cette valise n'a jamais servi** this suitcase has never been used ▪ **ne jette pas cette boîte, ça peut toujours ~** don't throw that box away - it may still come in handy ▪ **~ à qn** to be of use to sb ▪ **~ à faire qch** to be used for doing sth ▪ **ça ne sert à rien** [objet] it's no use ; [démarche] there's no point ▪ **cela ne sert à rien de pleurer** it's no use crying ▪ **à quoi sert cet objet ?** what's this thing used for? ▪ **~ de** [personne] to act as ; [ustensile, objet] to serve as ▪ **elle lui a servi d'interprète** she acted as his interpreter **3** **se servir** vpr **a** (à table, dans une distribution) to help o.s. **b** ▪ **se ~ de** (= utiliser) to use

serviteur [sɛʀvitœʀ] nm servant

ses [se] adj poss → **son**

session [sesjɔ̃] nf session ▪ **la ~ de juin** (= examens) the June exams ▪ **la ~ de septembre** (de rattrapage) the September retakes

set [sɛt] nm **a** (Tennis) set **b** ▪ **~ (de table)** (= ensemble) set of tablemats ; (= napperon) tablemat

setter [setɛʀ] nm setter ▪ **~ irlandais** Irish setter

seuil [sœj] nm (= marche) doorstep ; (fig) threshold ▪ **~ de tolérance** threshold of tolerance ▪ **en dessous du ~ de pauvreté** below the poverty line ▪ **le dollar est passé sous le ~ des 2 €** the dollar fell below the 2 euro level

seul, e [sœl] **1** adj **a** (après le nom) (= non accompagné) alone ; (= isolé) lonely ▪ **se sentir (très) ~** to feel (very) lonely ▪ **il était tout ~ dans un coin** he was all by himself in a corner ▪ **parler à qn ~ à ~** to speak to sb in private **b** (avant le nom) (= unique) ▪ **un ~ homme/livre** (et non plusieurs) one man/book ; (à l'exception de tout autre) only one man/book ▪ **le ~ homme/livre** the only man/book ▪ **un ~ moment d'inattention** a single moment's lapse of concentration ▪ **il n'y avait pas une ~e maison** there wasn't a single house ▪ **une ~e fois** only once ▪ **d'un ~ coup** (= subitement) suddenly ▪ **à la ~e pensée de...** at the mere thought of... **c** (en apposition) only ▪ **~ le résultat compte** only the result counts **2** adv **a** (= sans compagnie) ▪ **parler/rire tout ~** to talk/laugh to oneself ▪ **vivre/travailler ~** to live/work alone **b** (= sans aide) by oneself ▪ **faire qch (tout) ~** to do sth (all) by oneself **3** nm,f ▪ **le ~ que j'aime** the only one I love ▪ **il n'en reste pas un ~** there isn't a single one left

seulement [sœlmɑ̃] adv **a** only ▪ **nous serons ~ quatre** there will only be four of us ▪ **je connais un bon restaurant, ~ il est cher** I know a good restaurant, only it's expensive **b** ▪ **non ~ il ne travaille pas mais il empêche les autres de travailler** not only does he not work but he stops the others working too ▪ **si ~** if only

sève [sɛv] nf [d'arbre] sap

sévère [sevɛʀ] adj severe ; [parent, éducation, ton] strict ; [verdict] harsh

sévérité [severite] nf severity ; [de parent, éducation, ton] strictness ; [de verdict] harshness

sévices [sevis] nmpl physical abuse *NonC* ▪ **être victime de ~** to be abused

sévir [seviʀ] vi **a** (= punir) to act ruthlessly ▪ **si vous continuez, je vais devoir ~** if you carry on, I shall have to punish you **b** [virus, pauvreté] to be rife

sevrer [səvʀe] vt [+ nourrisson, jeune animal] to wean ; [+ toxicomane] to wean off drugs

sexagénaire [sɛksaʒenɛʀ] nmf sixty-year-old man (ou woman)

sexe [sɛks] nm **a** sex ▪ **enfant de** ou **du ~ masculin/féminin** male/female child **b** (= organes génitaux) genitals ; (= verge) penis

sexer [sɛkse] vt to sex

sexisme [sɛksism] nm sexism

sexiste [sɛksist] adj, nmf sexist

sexologue [sɛksɔlɔg] nmf sexologist

sexter [sɛkste] vt to sext*

sexto* [sɛksto] nm sext* ▪ **envoyer un ~** ou **des ~s à qn** to sext sb

sextuplés, -ées [sɛkstyple] nmpl, nfpl sextuplets

sexualité [sɛksɥalite] nf sexuality

sexué, e [sɛksɥe] adj [animal, plante] sexed ; [reproduction] sexual

sexuel, -elle [sɛksɥɛl] adj sexual

sexy* [sɛksi] adj inv sexy*

seyant, e [sɛjɑ̃, ɑ̃t] adj becoming

Seychelles [seʃɛl] nfpl ▪ **les ~** the Seychelles

shampo(o)ing [ʃɑ̃pwɛ̃] nm (= lavage, produit) shampoo ▪ **faire un ~ à qn** to give sb a shampoo ▪ **se faire un ~** to shampoo one's hair

shérif [ʃeʀif] nm [de western] sheriff

shooter [ʃute] **1** vi (Football) to shoot **2 se shooter** vpr (* Drogue) to shoot up* (à with)

shopping [ʃɔpiŋ] nm shopping ▪ **faire du ~** to go shopping

short [ʃɔʀt] nm pair of shorts ▪ **être en ~** to be wearing shorts

si¹ [si]

1 conj **a** (hypothèse) if ▪ **si j'avais de l'argent, j'achèterais une voiture** if I had any money, I would buy a car ▪ **si seulement...** if only... ▪ **si j'avais su !** if only I had known! ▪ **et s'il refusait ?** and what if he refused? ▪ **et si tu lui téléphonais ?** how about phoning him?
b (interrogation indirecte) if, whether ▪ **il ignore si elle viendra** he doesn't know whether ou if she'll come (or not)
c (= comme) ▪ **tu imagines s'il était fier !** you can imagine how proud he was!
d ♦ **si ce n'est** apart from ▪ **il n'avait rien emporté, si ce n'est quelques biscuits** he had taken nothing with him apart from a few biscuits ▪ **elle va bien, si ce n'est qu'elle est très fatiguée** she's quite well apart from the fact that she is very tired

2 adv **a** (affirmatif) ▪ **vous ne venez pas ? – si/mais si** aren't you coming? – yes I am/of course I am ▪ **il n'a pas voulu, moi si** he didn't want to, but I did ▪ **il n'a pas écrit ? – il paraît/elle dit que si** hasn't he written? – yes, it seems/she says that he has
b (= tellement) (modifiant un attribut, un adverbe) so ; (modifiant une épithète) such ▪ **de si gentils amis** such kind friends ▪ **il parle si vite qu'on ne le comprend pas** he speaks so fast it's impossible to understand him
♦ **si bien que** so ▪ **on est parti en retard, si bien qu'on a raté le train** we left late so we missed the train
c (= aussi) as ▪ **elle n'est pas si timide que tu crois** she's not as shy as you think ▪ **ce n'est pas si simple** it's not as simple as that

si² [si] nm inv (Mus) B ; (en chantant la gamme) ti

siamois, e [sjamwa, waz] **1** adj [chat] Siamese ▪ **frères ~, sœurs ~es** Siamese twins **2** nm (= chat) Siamese

Sibérie [sibeʀi] nf Siberia

sibyllin, e [sibilɛ̃, in] adj [phrase, personne] cryptic

sicav [sikav] nf inv (abrév de **société d'investissement à capital variable**) (= fonds) unit trust BR, open-end investment trust US ; (= part) share in a unit trust BR ou an open-end investment trust US

Sicile [sisil] nf Sicily

sicilien, -ienne [sisiljɛ̃, jɛn] **1** adj Sicilian **2 Sicilien, ienne** nm,f Sicilian

sida [sida] nm (abrév de **syndrome d'immunodéficience acquise**) AIDS ▪ **avoir le ~** to have AIDS

side-car (pl **~s**) [sidkaʀ] nm (= habitacle) sidecar ; (= véhicule) motorcycle and sidecar

sidérer* [sideʀe] vt (= abasourdir) to stagger* ▪ **je suis sidéré par son intelligence/son insolence** I'm dumbfounded by his intelligence/his insolence

sidérurgie [sideʀyʀʒi] nf (= fabrication) (iron and) steel metallurgy ; (= industrie) (iron and) steel industry

sidérurgique [sideʀyʀʒik] adj [industrie] iron and steel

siècle [sjɛkl] nm **a** century ▪ **au 3ᵉ ~ avant/après Jésus-Christ** in the 3rd century BC/AD ▪ **il y a un ~** ou **des ~s que nous ne nous sommes vus*** it has been ages since we last saw each other **b** (= époque) age

siège [sjɛʒ] nm **a** (= meuble, fonction politique) seat **b** [d'entreprise] head office ; [de parti, organisation internationale] headquar-

se

ters ; [d'assemblée, tribunal] seat ▪ **~ social** registered office

siéger [sjeʒe] vi **a** [assemblée, tribunal] to be in session **b** ▪ **~ à** [+ conseil, comité] to sit ou be on

sien, sienne [sjɛ̃, sjɛn] **1** pron poss ▪ **le ~, la sienne, les ~s** [d'un homme] his ; [d'une femme] hers ; [d'une chose, animal] its own ; (indéfini) one's own **2** nmf **a** ▪ **y mettre du ~** to pull one's weight **b** ▪ **les ~s** (= famille) one's family **c** ▪ **il/elle a encore fait des siennes*** he/she has done it again*

sieste [sjɛst] nf nap ▪ **faire la ~** to have a nap

sifflement [sifləmɑ̃] nm [de personne, oiseau, train, vent] whistling *NonC* ; [de serpent, vapeur] hissing *NonC* ▪ **un ~ d'admiration** a whistle of admiration ▪ **~ d'oreilles** ringing in the ears

siffler [sifle] **1** vi to whistle ; [serpent, vapeur] to hiss ▪ **j'ai les oreilles qui sifflent** my ears are ringing **2** vt **a** [+ chien, personne] to whistle for ; [+ fille] to whistle at ; [+ départ, faute] to blow one's whistle for **b** (= huer) to boo ▪ **se faire ~** to get booed **c** [+ air, chanson] to whistle **d** (‡ = avaler) to guzzle*

sifflet [siflɛ] nm **a** (= instrument, son) whistle ▪ **coup de ~** whistle **b** (= huées) ▪ **~s** whistles of disapproval

siffloter [siflɔte] vti to whistle

sigle [sigl] nm abbreviation ; (= acronyme) acronym

signal (pl **-aux**) [siɲal, o] nm signal ; (= indice) sign ▪ **donner le ~ de** to give the signal for ▪ **à mon ~ ils se levèrent tous** when I gave the signal everyone got up ▪ **~ d'alarme** alarm ▪ **~ sonore** (de répondeur) tone

signalement [siɲalmɑ̃] nm [de personne, véhicule] description

signaler [siɲale] vt to indicate ; [écriteau, sonnerie] to signal ; [personne] [+ perte, vol] to report ; (= faire remarquer) to point out ▪ **signalez que vous allez tourner en tendant le bras** indicate that you are turning by putting out your arm ▪ **rien à ~** nothing to report

signalétique [siɲaletik] adj ▪ **fiche ~** identification sheet

signalisation [siɲalizasjɔ̃] nf (sur route) signs ; (sur voie ferrée) signals

signataire [siɲatɛʀ] adj, nmf signatory

signature [siɲatyʀ] nf signature ▪ **~ électronique** e-signature

signe [siɲ] nm **a** sign ▪ **s'exprimer par ~s** to use signs to communicate ▪ **faire (un) ~ à qn** to make a sign to sb ▪ **faire ~ à qn d'entrer** to motion sb in ▪ **de la tête, il m'a fait ~ de ne pas bouger** he shook his head to tell me not to move ▪ **faire ~ que oui** to nod ▪ **faire ~ que non** (de la tête) to shake one's head ▪ **faire le ~ de croix** to cross o.s. ▪ **en ~ de** as a sign of ▪ **de quel ~ es-tu ?** what's your sign? ▪ **c'est bon/mauvais ~** that's a good/bad sign ▪ **c'est ~ qu'il va pleuvoir** it shows that it's going to rain ▪ **il n'a plus jamais donné ~ de vie** we've never heard from him since **b** (= trait) mark ▪ **« ~s particuliers : néant »** "distinguishing marks: none"

signer [siɲe] **1** vt **a** [+ document, traité, œuvre d'art, sportif] to sign ▪ **elle signe « Malou »** she signs herself "Malou" **b** (= être l'auteur de) to make ▪ **elle vient de ~ son deuxième film** she's just made her second film **c** [+ artiste, sportif] to sign **2** **se signer** vpr (= faire le signe de croix) to cross o.s.

signet [siɲɛ] nm bookmark

significatif, -ive [siɲifikatif, iv] adj significant ; [geste] meaningful

signification [siɲifikasjɔ̃] nf **a** [de mot, symbole] meaning **b** [de fait, chiffres] significance *NonC*

signifier [siɲifje] vt **a** (= avoir pour sens) to mean ▪ **que signifie ce mot ?** what does this word mean? **b** (frm = faire connaître) to make known ▪ **~ ses intentions à qn** to make one's intentions known to sb **c** [+ décision judiciaire] to serve notice of (à on)

silence [silɑ̃s] nm **a** silence ▪ **un ~ de mort** a deathly silence ▪ **garder le ~** to keep silent ▪ **faire qch en ~** to do sth in silence ▪ **passer qch sous ~** to pass sth over in silence **b** (Mus) rest

silencieux, -ieuse [silɑ̃sjø, jøz] **1** adj silent ; [moteur, machine] quiet ▪ **mode ~** [de mobile] silent mode **2** nm [d'arme à feu] silencer ; [de pot d'échappement] silencer BR, muffler US

silex [silɛks] nm flint

silhouette [silwɛt] nf **a** (= contours) outline ; [de voiture] shape **b** (= ligne) figure

silicone [silikon] nf silicone

sillage [sijaʒ] nm [d'embarcation] wake ; [d'avion à réaction] vapour BR ou vapor US trail ▪ **dans le ~ de qn** in sb's wake

sillon [sijɔ̃] nm **a** [de champ] furrow **b** [de disque] groove

sillonner [sijɔne] vt **a** [avion, bateau, routes, éclairs] to criss-cross ▪ **les touristes qui sillonnent la France en été** the tourists who travel around France in the summer **b** [rides, ravins, crevasses] to furrow ▪ **visage sillonné de rides** face furrowed with wrinkles

silo [silo] nm (lit, fig) silo

simagrées [simagʀe] nfpl ▪ **faire des ~** to playact

similaire [similɛʀ] adj similar (à to)

similarité [similaʀite] nf similarity

similitude [similityd] nf similarity

simple [sɛ̃pl] **1** adj **a** simple ; [nœud, cornet de glace] single ■ **~ comme bonjour*** as easy as falling off a log* ■ **~ d'esprit** simple-minded **b** (= modeste) unpretentious **c** (= ordinaire) [particulier, salarié] ordinary **d** (valeur restrictive) ■ **une ~ formalité** a mere formality ■ **d'un ~ geste de la main** with just a movement of his hand **2** nm (Sport) singles ■ **~ messieurs/dames** men's/women's singles

simplement [sɛ̃pləmɑ̃] adv **a** (= sans sophistication) simply **b** (= seulement) just ■ **il suffisait de téléphoner, tout ~ !** all you had to do was phone! **c** (= facilement) easily

simplet, -ette [sɛ̃plɛ, ɛt] adj simple ; [question, raisonnement] simplistic

simplicité [sɛ̃plisite] nf simplicity ■ **décor d'une grande ~** very simple decor

simplifier [sɛ̃plifje] vt to simplify

simpliste [sɛ̃plist] adj (péj) simplistic

simulacre [simylakʀ] nm (péj) ■ **un ~ de justice** a pretence of justice ■ **un ~ de procès** a mockery of a trial

simulateur, -trice [simylatœʀ, tʀis] **1** nm,f pretender ; (= qui feint la maladie) malingerer **2** nm simulator ■ **~ de conduite/vol** driving/flight simulator

simulation [simylasjɔ̃] nf simulation

simuler [simyle] vt **a** (= reproduire) to simulate **b** (= feindre) [+ sentiment, attaque] to feign ■ **~ une maladie** to pretend to be ill

simultané, e [simyltane] adj simultaneous ■ **diffusion en ~** simultaneous broadcast

simultanément [simyltanemɑ̃] adv simultaneously

sincère [sɛ̃sɛʀ] adj sincere ■ **mes ~s condoléances** (formule épistolaire) my sincere condolences

sincèrement [sɛ̃sɛʀmɑ̃] adv **a** (= réellement) sincerely ; [aimer] truly **b** (= franchement) honestly ■ **~, vous feriez mieux de refuser** to be honest you'd be better off saying no

sincérité [sɛ̃seʀite] nf sincerity ■ **répondez-moi en toute ~** give me an honest answer

Singapour [sɛ̃gapuʀ] n Singapore

singe [sɛ̃ʒ] nm (à longue queue) monkey ; (à queue courte ou sans queue) ape ■ **faire le ~*** to monkey about

singer [sɛ̃ʒe] vt [+ démarche, personne] to ape

singularité [sɛ̃gylaʀite] nf (= particularité) singularity ■ **cet orchestre a pour ~** ou **présente la ~ de jouer sans chef** this orchestra is unusual in that it doesn't have a conductor

singulier, -ière [sɛ̃gylje, jɛʀ] **1** adj **a** (= étonnant, peu commun) remarkable **b** (= étrange) odd **c** (Gram) singular **2** nm (Gram) singular ■ **au ~** in the singular ■ **à la deuxième personne du ~** in the second person singular

singulièrement [sɛ̃gyljɛʀmɑ̃] adv **a** (= étrangement) strangely **b** (= beaucoup, très) ■ **cela leur complique ~ la tâche** that makes things particularly difficult for them ■ **il manque ~ d'imagination** he is singularly lacking in imagination

sinistre [sinistʀ] **1** adj sinister ; [voix, air] funereal ; [personne] (d'aspect) grim-looking ; [soirée, réunion] grim* ■ **tu es ~ ce soir !** you're in a very sombre mood tonight! ■ **un ~ imbécile** an absolute idiot **2** nm (= catastrophe) disaster ; (Assurances) accident

sinistré, e [sinistʀe] **1** adj [région, pays] stricken *avant n* ; [secteur économique] devastated ■ **zone ~e** disaster area **2** nm,f disaster victim

sinon [sinɔ̃] conj **a** (= autrement) otherwise ; (menaçant) or else **b** (= si ce n'est) if not **c** (= sauf) except ■ **je ne sais pas grand-chose, ~ qu'il a démissionné** I don't know much about it, except that he has resigned

sinophone [sinɔfɔn] **1** adj Chinese-speaking **2** nmf Chinese speaker

sinueux, -euse [sinɥø, øz] adj **a** [rivière, route, chemin] winding **b** [pensée, raisonnement] tortuous

sinuosités [sinɥozite] nfpl twists and turns

sinus [sinys] nm **a** (Anat) sinus **b** (Math) sine

sinusite [sinyzit] nf sinusitis *NonC* ■ **j'ai une ~** I've got sinusitis

siphon [sifɔ̃] nm siphon ; [d'évier, WC] U-bend

siphonné, e* [sifɔne] adj (= fou) crazy*

siphonner [sifɔne] vt [+ réservoir] to drain ; [+ voix] to siphon off

sirène [siʀɛn] nf **a** (d'alarme) siren ; (d'incendie) fire alarm **b** (= personnage) mermaid

sirop [siʀo] nm **a** (= médicament) syrup ■ **~ contre la toux** cough syrup **b** (= boisson) cordial ■ **~ de menthe** mint cordial BR ou beverage US ■ **~ d'érable** maple syrup

siroter* [siʀɔte] vt to sip

sismique [sismik] adj seismic

site [sit] nm **a** (= environnement) setting ■ **dans un ~ merveilleux** in a marvellous setting ■ **~ touristique** tourist spot **b** (= emplacement) site

sitôt [sito] adv (= dès que) ■ **~ couchée, elle s'endormit** as soon as she was in bed she fell asleep ■ **~ dit, ~ fait** no sooner said than done ■ **il ne recommencera pas de ~ !** he won't be doing that again for a while!

situation [sitɥasjɔ̃] nf **a** (= circonstances, emplacement) situation ■ **~ de famille** marital status ■ **étranger en ~ irrégulière** foreigner whose papers are not in order **b** (= emploi) post ▪ **il a une belle ~** he has an excellent job

situé, e [sitɥe] adj situated

situer [sitɥe] **1** vt **a** (= placer, construire) to situate **b** (= localiser) to find ; (= définir) [+ personne]* to place **2** **se situer** vpr (dans l'espace) to be situated ; (dans le temps) to take place ▪ **l'action se situe à Paris** the action takes place in Paris

six [sis] **1** adj cardinal inv six ▪ **ils sont ~ enfants** there are six children ▪ **~ mille personnes** six thousand people ▪ **il a ~ ans** he is six years old ▪ **il en reste ~** there are six left ▪ **il est ~ heures** it's six o'clock ▪ **il est trois heures moins ~** it is six minutes to three ▪ **il est trois heures ~** it is six minutes past ou after US three ▪ **ils sont venus tous les ~** all six of them came ▪ **ils vivent à ~ dans une seule pièce** there are six of them living in one room ▪ **entrer ~ par ~** to come in six at a time **2** adj ordinal inv ▪ **arriver le ~ septembre** to arrive on the sixth of September ▪ **Louis ~** Louis the Sixth ▪ **chapitre/page/numéro ~** chapter/page/number six **3** nm inv six ▪ **trente-six** thirty-six ▪ **c'est le ~ qui a gagné** number six has won ▪ **il habite au ~, rue de Paris** he lives at six, Rue de Paris ▪ **nous sommes le ~ aujourd'hui** it's the sixth today ▪ **le ~ de cœur** (Cartes) the six of hearts

sixième [sizjɛm] **1** adj sixth ▪ **trente-sixième** thirty-sixth **2** nmf sixth person ▪ **arriver ~** to come sixth **3** nm (= portion) sixth ; (= arrondissement) sixth arrondissement ; (= étage) sixth floor BR, seventh floor US ▪ **le ~ de la somme** a sixth of the sum **4** nf (Scol) ≈ first form BR, ≈ sixth grade US ▪ **entrer en (classe de) ~** ≈ to go into the first form BR ou sixth grade US ▪ **élève de ~** ≈ first form BR ou sixth-grade US pupil

skaï® [skaj] nm leatherette®

skate(-board) [skɛt(bɔʀd)] nm (= planche) skateboard ; (= activité) skateboarding ▪ **faire du ~** to skateboard

skatepark [skɛtpaʀk] nm skatepark

sketch (pl **~es**) [skɛtʃ] nm sketch

ski [ski] nm (= objet) ski ; (= sport) skiing ▪ **faire du ~** to ski ▪ **aller au ~*** to go skiing ▪ **chaussures/station de ~** ski boots/resort ▸ **ski alpin** ou **de piste** downhill skiing ▸ **ski de fond** cross-country skiing ▸ **ski nautique** water-skiing

skiable [skjabl] adj [neige, piste] skiable ▪ **ils ont un grand domaine ~** they have a lot of ski slopes

skier [skje] vi to ski

skieur, skieuse [skjœʀ, skjøz] nm,f skier ▪ **~ de fond** cross-country skier

skipper, skippeur, -euse [skipœʀ, øz] nm,f skipper

slalom [slalɔm] nm slalom ▪ **faire du ~** to slalom ▪ **faire du ~ entre les tables** (fig) to weave between the tables ▪ **~ géant** giant slalom

slalomer [slalɔme] vi (Sport) to slalom ▪ **il slalomait entre les voitures** he was weaving in and out of the traffic ▪ **le serveur slalomait entre les tables** the waiter was weaving between the tables

slalomeur, -euse [slalɔmœʀ, øz] nm,f slalom skier

slam [slam] nm (de poésie) slam

slamer [slame] vi to perform at a slam

slave [slav] **1** adj Slav ; [langue] Slavic **2** **Slave** nmf Slav

slip [slip] nm [d'homme] briefs ; [de femme] pants ▪ **deux ~s** [d'homme] two pairs of briefs ▪ **~ de bain** [d'homme] swimming trunks ; (bikini) bikini bottoms

> ⚠ **slip** ne se traduit pas par le mot anglais ***slip***, qui signifie « combinaison ».

slogan [slɔgɑ̃] nm slogan

slovaque [slɔvak] **1** adj Slovak **2** **Slovaque** nmf Slovak

Slovaquie [slɔvaki] nf Slovakia

slovène [slɔvɛn] **1** adj Slovene **2** **Slovène** nmf Slovene

Slovénie [slɔveni] nf Slovenia

slow [slo] nm (= danse) slow dance

smash [sma(t)ʃ] nm (Sport) smash ▪ **faire un ~** to smash the ball

SME [ɛsɛmə] nm (abrév de **système monétaire européen**) EMS

SMIC [smik] nm (abrév de **salaire minimum interprofessionnel de croissance**) guaranteed minimum wage

smoking [smɔkiŋ] nm (= costume) dinner suit BR, tuxedo US ; (= veston) dinner jacket

> ⚠ **smoking** ne se traduit pas par le mot anglais ***smoking***, qui désigne l'action de fumer.

SMS [ɛsɛmɛs] nm (abrév de **Short Message Service**) SMS ▪ **envoyer un ~ à qn** to send sb an SMS, to text sb

snack [snak], **snack-bar** (pl **snack-bars**) [snakbaʀ] nm snack bar

snacker [snake] vt to flash-cook

SNCF [ɛsɛnseɛf] nf (abrév de **Société nationale des chemins de fer français**) *French national railway company*

sniffer* [snife] vt [+ drogue] to sniff

snob [snɔb] **1** nmf snob **2** adj snobbish

snober [snɔbe] vt [+ personne] to snub

snobisme [snɔbism] nm snobbery

snowboard [snobɔʀd] nm snowboard ▪ **faire du ~** to snowboard

sobre [sɔbʀ] adj **a** (= qui mange et boit peu) abstemious ; (= qui ne boit pas d'alcool) teetotal ; (= qui n'est pas ivre) sober **b** [décor, style, tenue] sober

sobriété [sɔbʀijete] nf **a** (= fait de boire et manger peu) temperance ; (= fait de ne pas boire d'alcool) abstinence **b** [de style, éloquence] sobriety ; [de mise en scène, décor] simplicity

sobriquet [sɔbʀikɛ] nm nickname

sociable [sɔsjabl] adj sociable

social, e (mpl **-iaux**) [sɔsjal, jo] adj social ▪ **revendications ~es** workers' demands ▪ **conflit ~** industrial dispute

social-démocrate, sociale-démocrate (mpl **sociaux-démocrates**) [sɔsjaldemɔkʀat, sɔsjodemɔkʀat] adj, nm,f Social Democrat

socialiser [sɔsjalize] vt [+ personne] to socialize

socialisme [sɔsjalism] nm socialism

socialiste [sɔsjalist] adj, nmf socialist

sociétaire [sɔsjetɛʀ] nmf member *(of a society)*

société [sɔsjete] nf **a** (= groupe, communauté) society ▪ **la ~ de consommation/de loisirs** the consumer/leisure society ▪ **la haute ~** high society ▪ **la ~ civile** civil society **b** (= club) (littéraire) society ; (sportif) club **c** (= firme) company ▸ **société anonyme** ≈ limited company ▸ **société à responsabilité limitée** limited liability company

> ⚠ Dans le sens de « firme », **société** ne se traduit pas par ***society***.

socio* [sɔsjɔ] nf (abrév de **sociologie**) sociology

socioculturel, -elle [sɔsjokyltyʀɛl] adj sociocultural

sociologie [sɔsjɔlɔʒi] nf sociology

sociologique [sɔsjɔlɔʒik] adj sociological

sociologue [sɔsjɔlɔg] nmf sociologist

socioprofessionnel, -elle [sɔsjopʀɔfesjɔnɛl] adj socioprofessional

socle [sɔkl] nm [de statue, colonne] plinth ; [de lampe, vase] base

socquette [sɔkɛt] nf ankle BR ou bobby US sock

> ⚠ **socquette** ne se traduit pas par ***socket***, qui signifie « orbite, douille, prise de courant ».

soda [sɔda] nm (aromatisé) fizzy drink BR, soda US ; (= eau gazeuse) soda

sodium [sɔdjɔm] nm sodium

sœur [sœʀ] nf sister

sœurette* [sœʀɛt] nf little sister

sofa [sɔfa] nm sofa

software [sɔftwɛʀ] nm software

soi [swa] pron pers oneself ▪ **rester chez ~** to stay at home ▪ **cela va de ~** it goes without saying ▪ **en ~** (= intrinsèquement) in itself

soi-disant [swadizɑ̃] **1** adj inv so-called ▪ **un ~ poète** a so-called poet **2** adv supposedly ▪ **il était ~ parti à Rome** he had supposedly left for Rome

soie [swa] nf (= tissu) silk ▪ **en ~** silk *avant n*

soierie [swaʀi] nf (= tissu) silk

soif [swaf] nf thirst ▪ **avoir ~** to be thirsty ▪ **ça donne ~** it makes you thirsty ▪ **~ de** [+ connaissances, vengeance] thirst for

soigné, e [swaɲe] adj **a** [personne, chevelure] well-groomed ; [ongles] manicured ; [mains] well-cared-for **b** [travail, présentation] careful ; [jardin] well-kept

soigner [swaɲe] **1** vt **a** [+ personne] to look after ; [médecin] to treat ▪ **je soigne mes rhumatismes avec des pilules** I'm taking pills for my rheumatism ▪ **il faut te faire ~ !*** you need your head examined! **b** [+ tenue, travail, présentation] to take care over ; [+ image de marque] to be careful about **2** **se soigner** vpr **a** (= prendre des médicaments) to take medicine ▪ **soigne-toi bien** take good care of yourself **b** [maladie] ▪ **de nos jours, la tuberculose se soigne** these days tuberculosis can be treated

soigneur, -euse [swaɲœʀ, øz] nm,f (Zool) keeper, carer ; (Boxe) second

soigneusement [swaɲøzmɑ̃] adv carefully

soigneux, -euse [swaɲø, øz] adj **a** (= propre, ordonné) tidy **b** (= appliqué) careful

soi-même [swamɛm] pron oneself

soin [swɛ̃] **1** nm **a** (= application, responsabilité) care ▪ **faire qch avec (grand) ~** to do sth (very) carefully ▪ **prendre ~ de qn/qch** to take care of sb/sth ▪ **avoir** ou **prendre ~ de faire qch** to take care to do sth ▪ **confier à qn le ~ de faire qch** to entrust sb with the job of doing sth **b** (= traitement) ▪ **se faire faire un ~ du visage** (en institut) to have a facial **2** **soins** nmpl care *NonC* ; (= traitement) treatment *NonC* ▪ **~s de beauté** beauty care ▪ **le blessé a reçu les premiers ~s** the injured man has been given first aid ▪ **être aux petits ~s pour qn** to attend to sb's every need

soir [swaʀ] nm evening ▪ **repas/journal du ~** evening meal/paper ▪ **5 heures du ~** 5 o'clock in the afternoon, 5 pm ▪ **11 heures du ~** 11 o'clock at night, 11 pm ▪ **sortir le ~** to go out in the evening ▪ **ce ~** this evening

■ **tous les ~s** every evening ■ **hier ~** last night ■ **demain ~** tomorrow evening ■ **dimanche ~** Sunday evening ■ **la veille au ~** the previous evening

soirée [swaʀe] nf a (= soir) evening ■ **bonne ~ !** have a nice evening! b (= réception) party ■ **~ dansante** dance c (= séance de cinéma, de théâtre) evening performance

soit [swa(t)] 1 adv (frm = oui) very well 2 conj a (= ou) ■ **soit... ~** either... or ■ **~ l'un ~ l'autre** either one or the other b (= à savoir) that is to say c (en hypothèse) ■ **~ un rectangle ABCD** let ABCD be a rectangle ■ **soient deux triangles** given two triangles

soixantaine [swasɑ̃tɛn] nf a (= environ soixante) sixty or so ■ **une ~ de personnes/de livres** sixty or so people/books ■ **ils étaient une bonne ~** there were a good sixty of them ■ **il y a une ~ d'années** sixty or so years ago b (= âge) sixty ■ **un homme d'une ~ d'années** a man in his sixties ■ **elle a la ~** she's about sixty

soixante [swasɑ̃t] adj inv, nm inv sixty ■ **page ~** page sixty ■ **les années ~** the sixties ■ **~ et un** sixty-one ■ **~ et unième** sixty-first ■ **soixante-dix** seventy ■ **soixante-dixième** seventieth ■ **~ mille** sixty thousand ■ **le (numéro) ~** (jeu, rue) number sixty

soixantième [swasɑ̃tjɛm] adj, nm sixtieth ; pour loc voir **sixième**

soja [sɔʒa] nm soya ■ **graines de ~** soya beans

sol¹ [sɔl] nm ground ; (= plancher) floor ; (= revêtement) flooring *NonC* ; (= territoire, terrain) soil ■ **posé au ~** on the ground (ou floor) ■ **sur le ~ français** on French soil ■ **hors ~** [piscine] above-ground ; [culture, légumes] hydroponic ; (péj) [élu, politique] totally out of touch with reality

sol² [sɔl] nm inv [note] G ; (en chantant la gamme) so

solaire [sɔlɛʀ] adj [énergie, panneaux] solar ; [calculatrice] solar-powered ; [crème, filtre] sun *avant n*

solarium [sɔlaʀjɔm] nm solarium

soldat [sɔlda] nm soldier ■ **simple ~, ~ de 2e classe** (armée de terre) private ; (armée de l'air) aircraftman BR, basic airman US ■ **~ de plomb, petit ~** toy soldier

solde¹ [sɔld] nf pay (péj) ■ **être à la ~ de qn** to be in the pay of sb

solde² [sɔld] 1 nm a (= reliquat) balance ■ **pour ~ de tout compte** in settlement b (= rabais) ■ **acheter qch en ~** to buy sth at sale price ■ **article en ~** sale item ou article 2 nmpl ■ **les ~s** the sales ■ **faire les ~s** to go to the sales

solder [sɔlde] 1 vt a [+ compte] (= arrêter) to close ; (= acquitter) to settle b [+ marchandises] to sell off 2 **se solder** vpr ■ **se ~ par** [+ bénéfices, déficit] to show ; [+ échec, mort] to end in

sole [sɔl] nf (= poisson) sole

soleil [sɔlɛj] nm sun ■ **~ levant/couchant** rising/setting sun ■ **au ~** in the sun ■ **il y a du ~, il fait ~*** the sun's shining ■ **être en plein ~** to be right in the sun ■ **attraper** ou **prendre un coup de ~** to get sunburned ■ **j'ai un coup de ~ dans le dos** my back is sunburned

solennel, -elle [sɔlanɛl] adj solemn

solfège [sɔlfɛʒ] nm (= théorie) music theory

solidaire [sɔlidɛʀ] adj a [économie, tourisme] solidarity *avant n* ■ **être ~** [personne] to show solidarity ■ **être ~ de** [+ personne] to stand by ; [+ combat] to support b [mécanismes, pièces] interdependent

solidarité [sɔlidaʀite] nf [de personnes] solidarity ■ **cesser le travail par ~ avec les grévistes** to stop work in sympathy with the strikers

solide [sɔlid] 1 adj a solid ■ **~ comme un roc** as solid as a rock b [économie] strong ; [argument, connaissances] sound c (= vigoureux) [personne, jambes] sturdy ; [santé, cœur] sound ■ **il faut avoir les nerfs ~s** you need strong nerves d [appétit] hearty 2 nm solid

solidement [sɔlidmɑ̃] adv [fixer, tenir] firmly

solidifier [sɔlidifje] vt, **se solidifier** vpr to solidify

solidité [sɔlidite] nf solidity ; [de monnaie, économie] strength

soliste [sɔlist] nmf soloist

solitaire [sɔlitɛʀ] 1 adj a (= isolé, sans compagnie) solitary b (= désert) lonely 2 nmf loner ■ **elle a fait le tour du monde en ~** she sailed single-handed around the world 3 nm (= diamant, jeu) solitaire

solitude [sɔlityd] nf (= tranquillité) solitude ; (= manque de compagnie) loneliness ■ **aimer la ~** to like being on one's own

sollicitation [sɔlisitasjɔ̃] nf a (= démarche) appeal b (= impulsion) prompting ■ **l'engin répondait aux moindres ~s de son pilote** the craft responded to the slightest touch from the pilot

solliciter [sɔlisite] vt a [+ explication, faveur, audience] to seek (*de qn* from sb) b [+ personne, curiosité, sens] to appeal to ■ **il est très sollicité** he's very much in demand

sollicitude [sɔlisityd] nf concern *NonC* ■ **être** ou **se montrer plein de ~ envers qn** to be very attentive towards sb

solo [sɔlo] (pl **~s** ou **soli** [sɔli]) adj inv, nm solo ■ **jouer/chanter en ~** to play/sing a solo

solstice [sɔlstis] nm solstice

soluble [sɔlybl] adj soluble ■ **café ~** instant coffee

solution [sɔlysjɔ̃] nf solution ▪ **c'est une ~ de facilité** it's the easy way out

solutionner [sɔlysjɔne] vt to solve

solvable [sɔlvabl] adj [entreprise] solvent ; [personne] creditworthy

> ⚠ **solvable** ne se traduit pas par le mot anglais ***solvable***, qui signifie « résoluble ».

solvant [sɔlvɑ̃] nm solvent

Somalie [sɔmali] nf Somalia

somalien, -ienne [sɔmaljɛ̃, jɛn] **1** adj Somalian **2** **Somalien(ne)** nm,f Somalian

sombre [sɔ̃bʀ] adj **a** [nuit, pièce, couleur] dark ▪ **bleu/vert ~** dark blue/green **b** [personne, air, avenir] gloomy ; [période] dark **c** (valeur intensive) ▪ **~ idiot/brute** absolute idiot/brute ▪ **ils se sont disputés pour une ~ histoire d'argent** they argued over a sordid financial matter

sombrer [sɔ̃bʀe] vi [bateau] to sink ; [empire] to founder ; [entreprise] to collapse ▪ **~ dans** [+ désespoir, sommeil, oubli] to sink into

sommaire [sɔmɛʀ] **1** adj **a** [exposé, examen, description] brief ; [justice, procédure, exécution] summary **b** [connaissances, réparation] basic ; [décoration] minimal **2** nm summary ; [de revue] contents ▪ **au ~ de notre émission ce soir...** in our programme tonight...

sommation [sɔmasjɔ̃] nf (= injonction) demand ; (avant de faire feu) warning ▪ **tirer sans ~** to shoot without warning

somme¹ [sɔm] nm nap ▪ **faire un petit ~** to have a nap

somme² [sɔm] nf **a** (= quantité) amount ▪ **faire la ~ de** to add up **b** ▪ **~ (d'argent)** sum (of money) **c** (loc) ▪ **en ~** (= tout bien considéré) all in all ; (= bref) in short ▪ **~ toute** when all is said and done

sommeil [sɔmɛj] nm sleep ▪ **avoir ~** to be sleepy ▪ **tomber de ~** to be asleep on one's feet ▪ **avoir le ~ léger/profond** to be a light/heavy sleeper

sommeiller [sɔmeje] vi [personne] to doze ; [talent, nature] to lie dormant

sommelier [sɔməlje] nm wine waiter

sommelière [sɔməljɛʀ] nf wine waitress ; (Helv = serveuse) waitress

sommer [sɔme] vt ▪ **~ qn de faire qch** to command sb to do sth

sommet [sɔmɛ] nm **a** [de tour, arbre, pente, hiérarchie] top ; [de montagne] summit ; [de vague] crest ; [de crâne] crown ; [d'angle, figure] vertex ▪ **atteindre des ~s** [prix, taux] to reach record highs ; [bêtise, égoïsme] to reach new depths **b** (= montagne) summit **c** (= réunion) summit ▪ **au ~** [réunion, discussions] summit

sommier [sɔmje] nm [de lit] bed base

somnambule [sɔmnɑ̃byl] **1** nmf sleepwalker **2** adj ▪ **être ~** to sleepwalk

somnifère [sɔmnifɛʀ] nm (= pilule) sleeping pill

somnoler [sɔmnɔle] vi [personne] to doze ; [ville] to be sleepy

somptueusement [sɔ̃ptɥøzmɑ̃] adv [décorer, meubler] sumptuously ; [illustrer] lavishly

somptueux, -euse [sɔ̃ptɥø, øz] adj [habit, palais, décor] magnificent, sumptuous ; [cadeau, illustrations, repas, train de vie] lavish ▪ **tu es somptueuse ce soir** you look magnificent tonight

son¹, sa [sɔ̃, sa] (pl **ses** [se]) adj poss [d'un homme] his ; [d'une femme] her ; [d'objet, abstraction] its ; (indéfini) one's ; (avec quelqu'un, personne, chacun) his, her ▪ **~ père et sa mère** his (ou her) father and (his ou her) mother ▪ **il a ~ appartement à Paris** he's got his own flat in Paris ▪ **être satisfait de sa situation** to be satisfied with one's situation ▪ **personne ne sait comment finira sa vie** no-one knows how his life will end ▪ **quelqu'un a-t-il oublié sa veste ?** has someone left their jacket?

son² [sɔ̃] nm (= bruit) sound ▪ **elle dansait au ~ de l'accordéon** she was dancing to the accordion ▪ **elle tressaillit au ~ de sa voix** she started at the sound of his voice ▪ **(spectacle) ~ et lumière** son et lumière (show)

son³ [sɔ̃] nm (= céréale) bran

sonar [sɔnaʀ] nm sonar

sonate [sɔnat] nf sonata

sondage [sɔ̃daʒ] nm **a** (= enquête) poll ▪ **~ d'opinion** opinion poll ▪ **faire un ~** to conduct a survey (*auprès de* among) **b** (= forage) boring ; (Naut) sounding

sondagier, -ière [sɔ̃daʒje, jɛʀ] adj opinion poll *avant n*

sonde [sɔ̃d] nf **a** [de bateau] sounding line **b** (de forage) drill **c** (pour examen médical) probe ; (d'alimentation) feeding tube **d** (Météo) sonde ▪ **~ spatiale** space probe

sonder [sɔ̃de] vt **a** [+ personne] to sound out ; (par sondage d'opinion) to poll **b** (Naut) to sound ; [+ terrain] to drill

songe [sɔ̃ʒ] nm (littér) dream

songer [sɔ̃ʒe] **songer à** vt indir (= considérer) to think about ▪ **~ à se marier** ou **au mariage** to think of getting married ▪ **j'y ai sérieusement songé** I gave it some serious thought ▪ **songez-y** think it over ▪ **quand on songe à tout ce gaspillage** when you think of all this waste ▪ **inutile d'y ~** it's no use thinking about it ▪ **vous n'y songez pas !** you must be joking!

songeur, -euse [sɔ̃ʒœʀ, øz] adj pensive ▪ **cela me laisse ~** I just don't know what to think

sonné, e [sɔne] adj **a** ▪ **il est midi ~** it's past twelve ▪ **avoir trente ans bien ~s*** to be on the wrong side of thirty* **b** (* = assommé) groggy*

sonner [sɔne] **1** vt **a** [+ cloche] to ring ; [+ clairon, rassemblement, alarme] to sound ; [+ messe] to ring the bell for ▪ **~ l'heure** to strike the hour ▪ **se faire ~ les cloches*** to get a good telling-off* **b** [+ portier, infirmière] to ring for ▪ **on ne t'a pas sonné !*** nobody asked you! **c** (* = étourdir) to knock out ▪ **la nouvelle l'a sonné*** he was rather taken aback by the news **2** vi **a** [cloches, téléphone, visiteur] to ring ; [réveil] to go off ▪ **elle a mis le réveil à ~ à 7 heures** she set the alarm for 7 o'clock ▪ **on a sonné** the bell has just gone **b** ▪ **~ creux** [mur] to sound hollow ▪ **~ faux** to sound out of tune ; [rire, paroles] to ring false ▪ **~ bien** [nom] to sound good **c** [midi, minuit] to strike

sonnerie [sɔnʀi] nf [de sonnette, cloches] ringing ; [de portable] ringtone

sonnet [sɔnɛ] nm sonnet

sonnette [sɔnɛt] nf bell ▪ **tirer la ~ d'alarme** (fig) to sound the alarm

sono* [sɔno] nf (abrév de **sonorisation**) [de salle de conférences] PA system ; [de discothèque] sound system

sonore [sɔnɔʀ] adj **a** (= bruyant) resonant ; [baiser, gifle, rire] resounding **b** [niveau, onde, vibrations] sound ; → **fond**

sonoriser [sɔnɔʀize] vt [+ film] to dub ; [+ salle de conférences] to fit with a public address system

sonorité [sɔnɔʀite] nf tone

sont [sɔ̃] vb → **être**

sophistiqué, e [sɔfistike] adj sophisticated

soporifique [sɔpɔʀifik] **1** adj soporific **2** nm sleeping drug

soprane [sɔpʀan] nmf soprano

soprano [sɔpʀano] **1** nm (= voix) soprano **2** nmf (= personne) soprano

sorbet [sɔʀbɛ] nm sorbet

sorcellerie [sɔʀsɛlʀi] nf witchcraft

sorcier [sɔʀsje] **1** nm sorcerer **2** adj ▪ **ce n'est pas ~ !*** it's dead easy!*

sorcière [sɔʀsjɛʀ] nf witch

sordide [sɔʀdid] adj sordid ; [action, mentalité] base ; [conditions de vie] squalid

sort [sɔʀ] nm **a** (= condition) lot ▪ **être satisfait de son ~** to be happy with one's lot **b** (= destinée, hasard) fate ▪ **abandonner qn à son triste ~** to abandon sb to his sad fate ▪ **tirer au ~** to draw lots ▪ **tirer qch au ~** to draw lots for sth **c** [de sorcier] spell ▪ **jeter un ~ à qn** to put a spell on sb

sortable* [sɔʀtabl] adj ▪ **tu n'es pas ~ !** we (ou I) can't take you anywhere!

sorte [sɔʀt] nf (= espèce) sort ▪ **une ~ de** a sort of ▪ **toutes ~s de gens/choses** all sorts of people/things ▪ **des vêtements de toutes ~s** all sorts of clothes ▪ **en quelque ~** in a way ▪ **de (telle) ~ que** (= de façon à ce que) so that ; (= si bien que) so much so that ▪ **faire en ~ que** to see to it that ▪ **faites en ~ d'avoir fini demain** arrange things so that you finish tomorrow

sorteur, -euse [sɔʀtœʀ, øz] **1** nm,f (Can, Belg = fêtard) party-goer **2** nm (Belg = videur) bouncer

sortie [sɔʀti] nf **a** (= action, moment) [de personne] exit ; [de véhicule, bateau] departure ▪ **à la ~ des bureaux/théâtres** when the offices/theatres come out ▪ **sa mère l'attend à la ~ de l'école** his mother waits for him after school ▪ **retrouvons-nous à la ~ (du concert)** let's meet at the end (of the concert) ▪ **à sa ~ de prison** when he comes (ou came) out of prison **b** (= promenade) outing ; (le soir : au théâtre, au cinéma, etc) evening out ▪ **nous sommes de ~ ce soir** we're going out tonight **c** (= lieu) exit ▪ **~ d'autoroute** motorway BR ou highway US exit ▪ **~ de secours** emergency exit ▪ **sa maison se trouve à la ~ du village** his house is at the edge of the village **d** (= remarque drôle) sally **e** (= mise en vente) [de voiture, modèle] launching ; [de livre] publication ; [de disque, film] release **f** (= sommes dépensées) ▪ **~s** outgoings **g** (Informatique) output ▪ **~ papier** print-out **h** (Sport) ▪ **~ en touche** going into touch

sortilège [sɔʀtilɛʒ] nm spell

sortir [sɔʀtiʀ]

1 vi (aux être) **a** to go ou come out (*de* of) ▪ **mon père est sorti, puis-je prendre un message ?** my father is out, can I take a message? ▪ **~ en touche** [ballon] to go into touch ▪ **la balle est sortie** (Tennis) the ball is out ▪ **~ de chez qn** to go ou come out of sb's house ▪ **sors d'ici !** get out of here! ▪ **~ en courant** to run out ▪ **je sors à 6 heures** (du bureau, du lycée) I finish at 6 ▪ **~ du lit** to get out of bed ▪ **il sort d'une bronchite** he's just had a chest infection ▪ **laisser ~ qn (de)** to let sb out (of) ▪ **d'où sort cette revue ?** where has this magazine come from?

b (= quitter) ▪ **~ de** to leave ▪ **les voiliers sortaient du port** the sailing boats were leaving the harbour ▪ **il sort d'ici** he's just left ▪ **~ de table** to leave the table ▪ **Madame, est-ce que je peux ~ ?** (en classe) Miss, can

I be excused please? ■ **la voiture est sortie de la route** the car left ou came off the road ■ **on n'est pas sortis de l'auberge*** we're not out of the woods yet*

c (Informatique) ■ **~ de** [+ fichier informatique, application] to exit

d (pour se distraire) to go out ■ **~ dîner** to go out for dinner

e (relation amoureuse) ■ **~ avec qn** to go out with sb ■ **~ ensemble** to go out

f (= dépasser) to stick out ; [dent, plante] to come through ; [bouton] to appear

g (= être fabriqué, publié) to come out ; [disque, film] to be released

h (par hasard) [numéro, couleur, sujet d'examen] to come up

i (= s'écarter) ■ **~ du sujet** to get off the subject

j (= être issu) ■ **il sort de l'université de Perpignan** he went to the University of Perpignan

k (= résulter) ■ **~ de** to come of ■ **que va-t-il ~ de tout cela ?** what will come of all this?

2 vt (aux avoir) a to take out (*de* of) ; (= expulser) to throw out ■ **il a sorti un mouchoir de sa poche** he took a handkerchief out of his pocket ■ **~ qn de** (d'un lieu, d'une situation difficile) to get sb out of

b (= mettre en vente) to bring out

c (* = dire) to come out with* ■ **elle en a sorti une bien bonne** she came out with a good one*

3 **se sortir** vpr ■ **se ~ d'une situation difficile** to manage to get out of a difficult situation ■ **il s'en est sorti sans une égratignure** he came out of it without a scratch ■ **tu crois qu'il va s'en ~ ?** (malade) do you think he'll pull through? ; (en situation difficile) do you think he'll come through all right? ■ **avec son salaire, il ne peut pas s'en ~** he can't get by on what he earns ■ **va l'aider, il ne s'en sort pas** go and help him, he can't cope ■ **bravo, tu t'en es très bien sorti !** you've done really well!

SOS [ɛsoɛs] nm SOS ■ **~ Médecins** *emergency medical service*

sosie [sɔzi] nm (= personne) double ■ **c'est le ~ de son frère** he's the spitting image of his brother

sot, sotte [so, sɔt] adj silly

sottise [sɔtiz] nf a (= caractère) foolishness b (= parole, action) ■ **dire des ~s** to say silly things ■ **faire une ~** [adulte] to do a silly thing ■ **faire des ~s** [enfant] to be naughty

sou [su] nm ■ **il n'a pas le ~, il est sans le ~** he hasn't got a penny to his name ■ **~s*** (= argent) money

soubresaut [subʀəso] nm a [de véhicule] jolt b [de personne] start ■ **avoir un ~** to give a start

souche [suʃ] nf a [d'arbre] stump b [d'origine] ■ **elle est française de ~** she's of French origin c (= talon) counterfoil ■ **carnet à ~s** counterfoil book

souci [susi] nm a (= inquiétude) worry ■ **se faire du ~** to worry b (= préoccupation) concern ■ **avoir le ~ de bien faire** to be concerned about doing things well ■ **par ~ d'honnêteté** for honesty's sake c (= fleur) marigold

soucier [susje] 1 vt to worry 2 **se soucier** vpr ■ **se ~ de** to care about ■ **sans se ~ de leur réaction** without worrying about their reaction

soucieux, -ieuse [susjø, jøz] adj a (= inquiet) worried b ■ **être ~ de qch** to be concerned about sth ■ **être ~ de faire qch** to be anxious to do sth

soucoupe [sukup] nf saucer ▸ **soucoupe volante** flying saucer

soudain, e [sudɛ̃, ɛn] 1 adj sudden 2 adv suddenly

soudainement [sudɛnmɑ̃] adv suddenly

soude [sud] nf soda

soudé, e [sude] adj [équipe, famille] closely-knit

souder [sude] vt to weld ; (avec fil à souder) to solder

soudoyer [sudwaje] vt to bribe

soudure [sudyʀ] nf welding ; (avec fil à souder) soldering ; (= endroit) weld

souffle [sufl] 1 nm a (= expiration) breath ■ **pour jouer d'un instrument à vent, il faut du ~** you need a lot of breath to play a wind instrument b (= respiration) breathing ■ **avoir le ~ court** to be short of breath ■ **retenir son ~** to hold one's breath ■ **reprendre son ~** to get one's breath back ■ **couper le ~ à qn** to wind sb ; (fig) to take sb's breath away c [d'explosion] blast d (= vent) ■ **il n'y avait pas un ~ d'air** there was not a breath of air e (= force créatrice) inspiration 2 comp ▸ **souffle au cœur** heart murmur

soufflé [sufle] nm soufflé ■ **~ au fromage** cheese soufflé

souffler [sufle] 1 vi a [vent, personne] to blow ■ **~ sur une bougie (pour l'éteindre)** to blow out a candle ■ **~ dans le ballon*** (alcootest) to be breathalyzed b (= respirer avec peine) to puff and blow c (= se reposer) to get one's breath back ■ **laisser ~ qn** to let sb get his breath back 2 vt a [+ bougie] to blow out b [+ fumée] to blow c (* = prendre) ■ **~ qch à qn** to pinch sth from sb* d [bombe, explosion] to destroy e [+ réponse] to whisper (*à qn* to sb) ▪ **~ qch à l'oreille de qn** to whisper sth in sb's ear ▪ **il n'a pas soufflé mot** he didn't breathe a word f (* = étonner) to stagger* g (Tech) ▪ **~ le verre** to blow glass

soufflet [suflɛ] nm (pour le feu) bellows

souffleur, -euse [suflœʀ, øz] nm,f a (Théâtre) prompter b ▪ **~ de verre** glass-blower

souffrance [sufʀɑ̃s] nf suffering ▪ **en ~** [affaire, dossier] pending ▪ **la ~ au travail** occupational stress

souffrant, e [sufʀɑ̃, ɑ̃t] adj ill

souffre-douleur (pl **~(s)**) [sufʀədulœʀ] nmf punchbag

souffrir [sufʀiʀ] 1 vi a to suffer ▪ **faire ~ qn** (physiquement) to hurt sb ; (moralement) to make sb suffer ; [attitude, événement] to cause sb pain ▪ **mon bras me fait ~** my arm hurts ▪ **~ de rhumatismes/de la chaleur** to suffer from rheumatism/the heat ▪ **sa réputation en a souffert** his reputation suffered by it b (= éprouver de la difficulté) to have a hard time of it 2 vt a (= éprouver) ▪ **~ le martyre** to go through agonies b (= supporter) ▪ **il ne peut pas ~ cette fille/le mensonge** he can't stand that girl/lies

soufre [sufʀ] nm sulphur BR, sulfur US

souhait [swɛ] nm wish ▪ **à vos ~s !** bless you!

souhaitable [swɛtabl] adj desirable

souhaiter [swete] vt a [+ réussite, changements] to wish for ▪ **~ que** to hope that ▪ **à quelle heure souhaitez-vous partir ?** what time would you like to leave? b (= exprimer ses vœux) ▪ **~ la bonne année/bonne chance à qn** to wish sb a happy New Year/(the best of) luck ▪ **~ à qn de réussir** to wish sb success ▪ **je vous souhaite bien du plaisir !** (iro) best of luck to you!* (iro)

souiller [suje] vt (frm) [+ drap, vêtement] to soil ; [+ réputation] to sully

soûl, soûle [su, sul] adj drunk

soulagement [sulaʒmɑ̃] nm relief ▪ **à mon grand ~** to my great relief

soulager [sulaʒe] 1 vt to relieve ; [+ conscience] to ease ▪ **ça le soulage de s'étendre** it relieves the pain when he stretches out ▪ **pleure un bon coup, ça soulage !** have a good cry, it'll make you feel better! 2 **se soulager** vpr (euph = uriner) to relieve o.s.

soûler* [sule] 1 vt a (= rendre ivre) ▪ **~ qn** [personne] to get sb drunk ; [boisson] to make sb drunk b (= fatiguer) ▪ **~ qn** to make sb's head spin ▪ **ça me soûle ce truc !** it pisses me off‡ 2 **se soûler** vpr to get drunk ▪ **se ~ à la bière/au whisky** to get drunk on beer/on whisky

soulèvement [sulɛvmɑ̃] nm uprising

soulever [sul(ə)ve] 1 vt a [+ objet, malade, couvercle] to lift ▪ **cela me soulève le cœur** [odeur] it makes me feel sick b [+ poussière] to raise c [+ enthousiasme, colère] to arouse ; [+ protestations, problème, questions] to raise 2 **se soulever** vpr [personne] (= se lever) to lift o.s. up ; (= s'insurger) to rise up

soulier [sulje] nm shoe

souligner [suliɲe] vt a (d'un trait) to underline b (= accentuer) to emphasize c (= faire remarquer) to underline

soumettre [sumɛtʀ] 1 vt a [+ pays, peuple] to subject ; [+ rebelles] to put down ▪ **~ qn à** [+ traitement, régime, impôt] to subject sb to b (= présenter) [+ idée, cas, manuscrit] to submit (*à* to) 2 **se soumettre** vpr to submit (*à* to)

soumis, e [sumi, iz] adj [personne, air] submissive

soumission [sumisjɔ̃] nf submission (*à* to)

soupape [supap] nf valve ▪ **~ de sûreté** ou **de sécurité** safety valve

soupçon [supsɔ̃] nm a (= suspicion) suspicion ▪ **être au-dessus de tout ~** to be above all ou any suspicion ▪ **avoir des ~s (sur)** to have one's suspicions (about) b [d'assaisonnement, maquillage, vulgarité] hint ; [de vin, lait] drop

soupçonner [supsɔne] vt to suspect (*de* of) ▪ **je la soupçonne d'avoir menti** I suspect she's been lying

soupçonneux, -euse [supsɔnø, øz] adj suspicious

soupe [sup] nf soup ▪ **~ à l'oignon/de poisson** onion/fish soup ▪ **il est très ~ au lait** he flies off the handle easily ▸ **soupe de plastique** plastic soup ▸ **soupe populaire** soup kitchen

souper [supe] 1 nm supper ; (= dîner) dinner 2 vi to have supper ; (= dîner) to have dinner

soupeser [supəze] vt [+ objet] to feel the weight of

soupière [supjɛʀ] nf soup tureen

soupir [supiʀ] nm a sigh ▪ **pousser un ~** to heave a sigh b (Mus) crotchet rest BR, quarter-note rest US

soupirail (pl **-aux**) [supiʀaj, o] nm (small) basement window

soupirant [supiʀɑ̃] nm (vieilli ou hum) suitor

soupirer [supiʀe] vi to sigh

souple [supl] adj a supple ; [branche, tige, lame] flexible ; [brosse à dents, lentille] soft b (= adaptable) [personne, règlement, horaires] flexible

souplesse [suplɛs] nf a suppleness ; [de branche, tige, lame] flexibility b (= adaptabilité) flexibility

souplex [suplɛks] nm ground floor and basement apartment BR, first floor and basement apartment US

source [suʀs] nf a (= point d'eau) spring b [de revenus, énergie, inspiration] source ▪ **cette rivière prend sa ~ dans le Massif central** this river has its source in the Massif Central

sourcer [suʀse] vt [+ informations, données, produits, candidats] to source

sourcil [suʀsi] nm eyebrow

sourciller [suʀsije] vi ▪ **il n'a pas sourcillé** he didn't bat an eyelid

sourd, e [suʀ, suʀd] 1 adj a [personne] deaf ▪ **~ d'une oreille** deaf in one ear ▪ **être ~ comme un pot*** to be as deaf as a post ▪ **faire la ~e oreille** to turn a deaf ear (à to) ▪ **~ à** [+ conseils, prières] deaf to b [son, voix] muffled ; [douleur] dull ; [désir, inquiétude] gnawing ; [lutte] silent 2 nm,f deaf person ▪ **les ~s** the deaf

sourdine [suʀdin] nf [de trompette, violon] mute ▪ **jouer en ~** to play softly

sourd-muet, sourde-muette (mpl **sourds-muets**) [suʀmɥɛ, suʀd(ə)mɥɛt] 1 adj deaf-and-dumb 2 nm,f deaf-and-dumb person

souriant, e [suʀjɑ̃, jɑ̃t] adj [visage] smiling ; [personne] cheerful

sourire [suʀiʀ] 1 nm smile ▪ **avec le ~** [accueillir qn] with a smile ; [travailler] cheerfully ▪ **faire un ~ à qn** to give sb a smile 2 vi a to smile (*à qn* at sb) b ▪ **~ à qn** (= être favorable à) to smile on sb

souris [suʀi] nf (Zool, Informatique) mouse

sournois, e [suʀnwa, waz] adj [personne, air] sly ; [attaque, manœuvres] underhand ; [douleur, maladie] insidious

sous [su] 1 prép a under ▪ **nager ~ l'eau** to swim under water ▪ **se promener ~ la pluie** to take a walk in the rain ▪ **il est ~ calmants/antibiotiques** he's on tranquillizers/antibiotics b (= dans un délai de) within ▪ **~ peu** shortly c (Informatique) ▪ **travailler ~ Windows®** to work in Windows® 2 préf a (subordination) sub- ▪ **sous-catégorie** sub-category b (insuffisance) under ▪ **sous-industrialisé** underindustrialized

sous-alimenté, e [suzalimɑ̃te] adj undernourished

sous-bois [subwa] nm inv undergrowth

souscription [suskʀipsjɔ̃] nf subscription ; [de police d'assurance] taking out

souscrire [suskʀiʀ] 1 vt [+ abonnement, assurance] to take out 2 **souscrire à** vt indir to subscribe to ; [+ émission d'actions] to subscribe for

sous-développé, e [sudev(ə)lɔpe] adj underdeveloped

sous-effectif [suzefɛktif] nm understaffing ▪ **en ~** undermanned ; [entreprise, service] understaffed

sous-ensemble [suzɑ̃sɑ̃bl] nm subset

sous-entendre [suzɑ̃tɑ̃dʀ] vt to imply ▪ **qu'est-ce qu'il sous-entend par là ?** what's he trying to imply?

sous-entendu, e [suzɑ̃tɑ̃dy] 1 adj implied ▪ **il veut une personne jeune, ~ : plus jeune que moi** he wants a young person, meaning: younger than me 2 nm insinuation ; (sexuel) innuendo

sous-estimer [suzɛstime] vt to underestimate

sous-exposition [suzɛkspozisjɔ̃] nf underexposure

sous-homme [suzɔm] nm subhuman

sous-jacent, e [suʒasɑ̃, ɑ̃t] adj underlying

sous-louer [sulwe] vt to sublet

sous-marin, e [sumaʀɛ̃, in] 1 adj underwater ; [câble] undersea 2 nm submarine

sous-munitions [sumynisjɔ̃] nfpl cluster munitions

sous-officier, -ière [suzɔfisje, jɛʀ] nm,f non-commissioned officer

sous-payer [supeje] vt to underpay

sous-produit [supʀɔdɥi] nm (Industrie) byproduct

sous-pull [supyl] nm thin polo-neck jersey

sous-répertoire [suʀepɛʀtwaʀ] nm (Informatique) subdirectory

soussigné, e [susiɲe] adj, nm,f undersigned ▪ **je ~, Dupont Charles, déclare que...** I the undersigned, Charles Dupont, certify that...

sous-sol [susɔl] nm [de terre] subsoil ; [de bâtiment] basement

sous-titre [sutitʀ] nm [de journal, livre] subheading ; [de film] subtitle

sous-titrer [sutitʀe] vt to subtitle ▪ **en version originale sous-titrée** in the original version with subtitles

soustraction [sustʀaksjɔ̃] nf subtraction

soustraire [sustʀɛʀ] 1 vt a (= enlever) to subtract (*de* from) b (frm = dérober) to remove (à from) 2 **se soustraire** (frm) vpr ▪ **se ~ à** [+ obligation, corvée] to shirk ; [+ regards, vue] to conceal o.s. from

sous-traitant [sutʀɛtɑ̃] nm subcontractor

sous-traiter [sutʀete] vt to subcontract

sous-verre [suvɛʀ] nm (= encadrement) clip frame ; (= image encadrée) clip-framed picture

sous-vêtement [suvɛtmɑ̃] nm item of underwear ▪ **~s** underwear

soutane [sutan] nf cassock

soute [sut] nf [de navire] hold ▪ **~ (à bagages)** [de bateau, avion] baggage hold

soutenance [sut(ə)nɑ̃s] nf (Univ) [de thèse] viva BR, defense US

souteneur [sut(ə)nœʀ] nm (= proxénète) pimp

soutenir [sut(ə)niʀ] vt **a** (= servir d'appui, d'aide à) to support **b** [+ attention, effort] to keep up **c** [+ assaut, siège] to withstand ; [+ regard] to bear **d** (= affirmer) ▪ **il a soutenu jusqu'au bout qu'il était innocent** he maintained to the end that he was innocent ▪ **il m'a soutenu qu'il avait écrit** he swore that he'd written **e** (Univ) ▪ **~ sa thèse** to attend one's viva BR, to defend one's dissertation US

soutenu, e [sut(ə)ny] adj [style, langue] formal ; [attention, effort] sustained ; [couleur] bold

souterrain, e [suteʀɛ̃, ɛn] **1** adj underground **2** nm underground passage ; (pour piétons) underpass

soutien [sutjɛ̃] nm (= aide) support ▪ **~ financier** financial backing ▪ **cours de ~** (Scol) remedial course ▪ **~ psychologique** counselling BR, counseling US ▪ **apporter son ~ à qn/qch** to give sb/sth one's support ▪ **être ~ de famille** to be the main wage-earner in the family

soutien-gorge (pl **soutiens-gorge**) [sutjɛ̃gɔʀʒ] nm bra

soutirer [sutiʀe] vt ▪ **~ qch à qn** [+ argent] to squeeze sth out of sb ; [+ promesse] to worm sth out of sb

souvenir [suv(ə)niʀ] **1** nm **a** (= réminiscence) memory ▪ **garder un bon/mauvais ~ de** to have good/bad memories of ▪ **des ~s d'enfance** childhood memories ▪ **si mes ~s sont exacts** if my memory serves me right **b** (= objet à valeur sentimentale) keepsake ; (pour touristes) souvenir ▪ **photo ~** souvenir photo ▪ **garder qch en ~ (de qn)** to keep sth as a memento (of sb) ▪ **cette montre est un ~ de famille** this watch is a family heirloom **c** (= formule de politesse) ▪ **meilleur ~ de Rome** (sur une carte) greetings from Rome ▪ **mon bon ~ à Jean** remember me to Jean **2** **se souvenir** vpr to remember ▪ **se ~ de qn/qch** to remember sb/sth ▪ **se ~ d'avoir fait qch** to remember doing sth

> ⚠ **souvenir** ne se traduit par le mot anglais ***souvenir*** que lorsqu'il désigne un objet.

souvent [suvɑ̃] adv often ▪ **le plus ~, ça marche bien** more often than not it works well

souverain, e [suv(ə)ʀɛ̃, ɛn] **1** adj **a** [État] sovereign ; [assemblée, juge] supreme **b** [mépris] supreme **2** nm,f (= monarque) sovereign

souveraineté [suv(ə)ʀɛnte] nf sovereignty

souvient [suvjɛ̃] vb → **souvenir**

soviétique [sɔvjetik] **1** adj Soviet **2** **Soviétique** nmf Soviet

soyeux, -euse [swajø, øz] adj silky

soyons [swajɔ̃] vb → **être**

SPA [ɛspea] nf (abrév de **Société protectrice des animaux**) ≈ RSPCA BR, ≈ ASPCA US

space* [spɛs] adj far out*

spacieux, -ieuse [spasjø, jøz] adj spacious

spaghettis [spageti] nmpl spaghetti

spam [spam] nm spam

spammer [spame] vt to spam

sparadrap [spaʀadʀa] nm Band-Aid®, plaster BR

spasme [spasm] nm spasm

spatial, e (mpl **-iaux**) [spasjal, jo] adj (opposé à temporel) spatial ; (Espace) space *avant n*

spationaute [spasjonot] nmf astronaut

spatule [spatyl] nf **a** [de peintre, cuisinier] spatula **b** [de ski] tip

spécial, e (mpl **-iaux**) [spesjal, jo] adj **a** (= spécifique) special **b** (= bizarre) peculiar

spécialement [spesjalmɑ̃] adv (= plus particulièrement) especially ; (= exprès) specially ▪ **pas ~ intéressant** not especially interesting

spécialisé, e [spesjalize] adj specialized ▪ **être ~ dans** [personne] to be a specialist in ; [entreprise] to specialize in

spécialiser (se) [spesjalize] vpr to specialize

spécialiste [spesjalist] nmf specialist ▪ **c'est un ~ de la gaffe*** he's always putting his foot in it*

spécialité [spesjalite] nf speciality BR, specialty US ; (Univ = branche) special field ▪ **la ~ du chef** the chef's speciality

spécificité [spesifisite] nf specificity

spécifier [spesifje] vt to specify

spécifique [spesifik] adj specific

spécimen [spesimɛn] nm (= échantillon, exemple) specimen ; (= exemplaire publicitaire) sample copy ▪ **c'est un drôle de ~*** he's an odd character

spectacle [spɛktakl] nm **a** (= vue, tableau) sight ▪ **se donner en ~** to make a spectacle of o.s. **b** (= représentation) show ▪ **un ~ lyrique** an opera ▪ **aller au ~** to go to a show ▪ **le ~** (= industrie) show business ▪ **film à grand ~** blockbuster

spectaculaire [spɛktakylɛʀ] adj spectacular

spectateur, -trice [spɛktatœʀ, tʀis] nm,f [de film, pièce de théâtre] member of the audience ; [de sport] spectator ; [d'événement, accident] onlooker ▪ **les ~s** [de film, pièce] the audience

spectre [spɛktʀ] nm spectrum ; (= fantôme, menace) spectre, specter US

spéculateur, -trice [spekylatœʀ, tʀis] nm,f speculator

spéculatif, -ive [spekylatif, iv] adj speculative ▪ **fonds ~s** hedge funds

spéculation [spekylasjɔ̃] nf speculation ▪ **~ boursière** stock-market speculation

spéculer [spekyle] vi (Bourse) to speculate (*sur* in)

spéléologie [speleɔlɔʒi] nf (= exploration) potholing BR, spelunking US

spéléologue [speleɔlɔg] nmf (= explorateur) potholer BR, spelunker US

spermatozoïde [spɛʀmatɔzɔid] nm sperm

sperme [spɛʀm] nm sperm

sphère [sfɛʀ] nf sphere ▪ **il évolue dans les hautes ~s** he moves in influential circles

sphérique [sfeʀik] adj spherical

sphinx [sfɛ̃ks] nm sphinx

spirale [spiʀal] nf spiral ▪ **s'élever/tomber en ~** to spiral upwards/downwards

spiritisme [spiʀitism] nm spiritualism

spirituel, -elle [spiʀitɥɛl] adj **a** (= fin) witty **b** (= moral) spiritual

spiritueux [spiʀitɥø] nm spirit

splendeur [splɑ̃dœʀ] nf splendour BR, splendor US ▪ **quelle ~ !** it's magnificent!

splendide [splɑ̃did] adj gorgeous ; [soleil] glorious ; [réception, spectacle] splendid

spoiler* [spɔjle] vt [+ film] to spoil

spongieux, -ieuse [spɔ̃ʒjø, jøz] adj spongy

sponsor [spɔ̃sɔʀ] nm sponsor

sponsoriser [spɔ̃sɔʀize] vt to sponsor

spontané, e [spɔ̃tane] adj spontaneous ; [candidature, témoignage] unsolicited

spontanéité [spɔ̃taneite] nf spontaneity

sporadique [spɔʀadik] adj sporadic

sport [spɔʀ] **1** nm sport ▪ **faire du ~** to do sport ▪ **~ collectif/de compétition** team/competitive sport ▪ **aller aux ~s d'hiver** to go on a winter sports holiday ▪ **de ~** [vêtements, terrain, voiture] sports **2** adj inv [vêtement] casual

sportif, -ive [spɔʀtif, iv] **1** adj **a** [épreuve, journal, résultats] sports ▪ **pratiquer une activité sportive** to practise a sport **b** [personne] fond of sports *attrib* ; [allure] athletic **c** (= fair-play) sporting **2** nm sportsman **3** **sportive** nf sportswoman

spot [spɔt] nm **a** (= lampe) spotlight **b** ▪ **~ publicitaire** commercial

sprint [spʀint] nm sprint

square [skwaʀ] nm small public garden

squash [skwaʃ] nm squash

squatter¹ nm, **squatteur, -euse** [skwatœʀ, øz] nm,f squatter

squatter² [skwate] vt (= loger dans) to squat

squelette [skəlɛt] nm skeleton

squelettique [skəletik] adj [personne, arbre] scrawny

SRAS [sʀas] nm (abrév de **syndrome respiratoire aigu sévère**) SARS

stabiliser [stabilize] **1** vt [+ situation, prix] to stabilize ; [+ terrain] to consolidate **2** **se stabiliser** vpr [situation, cours] to stabilize ; [personne] (dans la vie) to settle down

stabilité [stabilite] nf stability

stable [stabl] adj stable

stade [stad] nm **a** (Sport) stadium **b** (= période, étape) stage ▪ **à ce ~** at this stage

stage [staʒ] nm training course, internship US ▪ **~ de formation (professionnelle)** vocational training course ▪ **~ en entreprise** work experience placement ▪ **faire** ou **suivre un ~** to go on a training course ▪ **faire un ~ d'informatique** to go on a computing course ; (sur son lieu de travail) to have in-house training in computing

> ⚠ **stage** ne se traduit pas par le mot anglais ***stage***, qui signifie « scène » ou « étape ».

stagiaire [staʒjɛʀ] nmf trainee, intern US

stagner [stagne] vi to stagnate

stalactite [stalaktit] nf stalactite

stalagmite [stalagmit] nf stalagmite

stand [stɑ̃d] nm [d'exposition] stand ▪ **~ (de tir)** [de foire] shooting range

standard [stɑ̃daʀ] **1** nm ▪ **~ téléphonique** switchboard **2** adj standard

standardiser [stɑ̃daʀdize] vt to standardize

standardiste [stɑ̃daʀdist] nmf switchboard operator

standing [stɑ̃diŋ] nm standing ▪ **immeuble de grand ~** block of luxury flats BR ou apartments US

star [staʀ] nf (Ciné) star ▪ **une ~ du journalisme/de la politique** a big name in journalism/in politics

stariser* [staʀize] vt [+ personne] to make into a star

starlette [staʀlɛt] nf starlet

starter [staRtɛR] nm a [de voiture] choke ▪ **mettre le ~** to pull the choke out b (Sport) starter

> ⚠ **starter** ne se traduit par le mot anglais ***starter*** que dans le sens sportif.

station [stasjɔ̃] nf a (Transports) ▪ **~ de métro** underground BR ou subway US station ▪ **~ d'autobus** bus stop ▪ **~ de taxis** taxi rank b (= poste, établissement) station ▪ **~ de radio** radio station ▪ **~ de travail** (Informatique) workstation ▪ **~ d'essence** petrol BR ou gas US station c (de vacances) resort ▪ **~ balnéaire** seaside resort ▪ **~ de ski** ou **de sports d'hiver** ski resort ▪ **~ thermale** thermal spa d (= posture) posture ▪ **la ~ debout lui est pénible** he finds standing upright painful

stationnaire [stasjɔnɛR] adj a [véhicule] stationary b [état] stable

stationnement [stasjɔnmɑ̃] nm a [de véhicule] parking ▪ **« ~ interdit »** "no parking" ▪ **en ~** [véhicule] parked b (Can = parking) car park BR, parking lot US

stationner [stasjɔne] vi (= être garé) to be parked ; (= se garer) to park

station-service (pl **stations-service(s)**) [stasjɔ̃sɛRvis] nf petrol BR ou gas US station

statique [statik] adj static

statistique [statistik] 1 nf (= donnée) statistic ▪ **la ~** (= science) statistics *sg* 2 adj statistical

statue [staty] nf statue

statuer [statɥe] vi ▪ **~ sur** to give a ruling on

statuette [statɥɛt] nf statuette

statu quo [statykwo] nm inv status quo

stature [statyR] nf (= taille) stature ; (= calibre) calibre BR, caliber US

statut [staty] 1 nm (= position) status 2 **statuts** nmpl (= règlement) statutes

Ste (abrév de **Sainte**) St

Sté abrév de **société**

steak [stɛk] nm steak ▪ **~ frites** steak and chips BR ou French fries US ▪ **~ haché** minced beef BR, ground beef US

sténo [steno] 1 nmf (abrév de **sténographe**) shorthand typist 2 nf (abrév de **sténographie**) shorthand ▪ **prendre une lettre en ~** to take a letter down in shorthand

sténodactylo [stenodaktilo] nmf shorthand typist

steppe [stɛp] nf steppe

stéréo [steReo] 1 nf (abrév de **stéréophonie**) stereo ▪ **en ~** in stereo 2 adj inv (abrév de **stéréophonique**) stereo

stéréophonie [steReɔfɔni] nf stereophony

stéréotype [steReɔtip] nm stereotype

stéréotypé, e [steReɔtipe] adj stereotyped

stérile [steRil] adj [personne, animal] sterile ; [terre, sol] barren ; [discussion, efforts] futile

stérilet [steRilɛ] nm IUD

stériliser [steRilize] vt to sterilize

stérilité [steRilite] nf [de personne, animal] sterility ; [de terre, sol] barrenness ; [de discussion, efforts] futility

sterling [stɛRliŋ] adj inv sterling

sternum [stɛRnɔm] nm breastbone

stéthoscope [stetɔskɔp] nm stethoscope

stévia [stevja] nm ou f stevia

steward [stiwaRt] nm steward

stick [stik] nm stick ▪ **déodorant en ~** stick deodorant

stigmate [stigmat] nm (= marque, Méd) mark ▪ **~s** (Rel) stigmata

stimulant, e [stimylɑ̃, ɑ̃t] 1 adj stimulating 2 nm (physique) stimulant ; (intellectuel) stimulus

stimulation [stimylasjɔ̃] nf stimulation

stimuler [stimyle] vt to stimulate

stipuler [stipyle] vt to stipulate

stock [stɔk] nm stock ▪ **faire des ~s** to stock up (*de* on)

stocker [stɔke] vt (= accumuler) to stock ; (= entreposer) to store ; (pour spéculer, amasser) to stockpile

stoïque [stɔik] adj stoical

stop [stɔp] 1 excl stop! ▪ **tu me diras ~ – ~ !** (en servant qn) say when – when! 2 nm a (= panneau) stop sign ; (= feu arrière) brakelight b (abrév de **auto-stop**) ▪ **faire du ~*** to hitchhike ▪ **il est rentré chez lui en ~** he hitched a lift home ▪ **j'ai pris deux personnes en ~** I picked up two hitchhikers

stopper [stɔpe] vti to stop

store [stɔR] nm [de fenêtre] (en plastique, bois, tissu) blind ; [de magasin] (en toile) awning ; (en métal) shutters

> ⚠ **store** ne se traduit pas par le mot anglais ***store***, qui signifie « magasin ».

STP [ɛstepe] (abrév de **s'il te plaît**) please

strabisme [stRabism] nm squinting BR

strapontin [stRapɔ̃tɛ̃] nm foldaway seat

strass [stRas] nm paste

stratagème [stRataʒɛm] nm stratagem

stratégie [stRateʒi] nf strategy

stratégique [stRateʒik] adj strategic

stress [stRɛs] nm stress

stressant, e [stRɛsɑ̃, ɑ̃t] adj stressful

stresser [stRese] 1 vt to put under stress ▪ **être stressé** to be under stress 2 **se stresser** vi, vpr to get stressed

stretching [stʀɛtʃiŋ] nm (Sport) ▪ **faire du ~** to do stretches ▪ **cours de ~** stretch class

strict, e [stʀikt] adj a strict ▪ **au sens ~ du terme** in the strict sense of the word ▪ **il est très ~ sur la ponctualité** he is a stickler for punctuality b [tenue] conservative ; [coiffure] severe c (= absolu) ▪ **le ~ nécessaire/minimum** the bare essentials/minimum ▪ **c'est son droit le plus ~** it is his most basic right ▪ **c'est la ~e vérité** it is the simple truth

strident, e [stʀidɑ̃, ɑ̃t] adj shrill

strie [stʀi] nf streak ; (en relief) ridge ; (en creux) groove

strié, e [stʀije] adj (de couleurs) streaked ; (en relief) ridged ; (en creux) grooved

string [stʀiŋ] nm G-string

strip(-)tease (pl **~s**) [stʀiptiz] nm striptease ▪ **faire un ~** to do a striptease

strophe [stʀɔf] nf (Littérat) verse

structure [stʀyktyʀ] nf structure ; (= organisme) organization

structurel, -elle [stʀyktyʀɛl] adj structural

structurer [stʀyktyʀe] vt to structure

stuc [styk] nm stucco

studieux, -ieuse [stydjø, jøz] adj [personne] studious ▪ **passer des vacances studieuses** to spend one's holidays studying

studio [stydjo] nm a (d'habitation) studio flat BR ou apartment US b [d'artiste, photographe, télévision] studio ▪ **tourner en ~** to film in the studio

stupéfaction [stypefaksjɔ̃] nf stupefaction ▪ **à la ~ générale** to everyone's amazement

stupéfait, e [stypefɛ, ɛt] adj astounded

stupéfiant, e [stypefjɑ̃, jɑ̃t] 1 adj (= étonnant) astounding 2 nm narcotic

stupéfier [stypefje] vt (= étonner) to astound

stupeur [stypœʀ] nf (= étonnement) astonishment

stupide [stypid] adj stupid

stupidité [stypidite] nf (= caractère) stupidity ▪ **dire/faire des ~s** to say/to do stupid things

style [stil] nm style ▪ **meubles de ~** period furniture ▪ **ou quelque chose de ce ~** or something along those lines ▸ **style de vie** lifestyle

stylisé, e [stilize] adj stylized

styliste [stilist] nmf (de mode) fashion designer

stylo [stilo] nm pen ▪ **stylo-bille, ~ à bille** ballpoint pen ▪ **~ à encre** ou **(à) plume** fountain pen ▪ **stylo-feutre** felt-tip pen

su, e [sy] ptp de **savoir**

subalterne [sybaltɛʀn] 1 adj [rôle] subordinate ; [employé, poste] junior 2 nmf subordinate

subconscient, e [sypkɔ̃sjɑ̃, jɑ̃t] adj, nm subconscious

subdiviser [sybdivize] vt to subdivide (*en* into)

subir [sybiʀ] vt a [+ affront, critique, dégâts] to suffer b [+ charme] to be under the influence of ; [+ influence] to be under ; [+ opération, interrogatoire, modification] to undergo ▪ **les prix ont subi une hausse importante** there has been a considerable increase in prices

subit, e [sybi, it] adj sudden

subitement [sybitmɑ̃] adv suddenly

subjectif, -ive [sybʒɛktif, iv] adj subjective

subjectivité [sybʒɛktivite] nf subjectivity

subjonctif, -ive [sybʒɔ̃ktif, iv] adj, nm subjunctive ▪ **au ~** in the subjunctive

subjuguer [sybʒyge] vt [+ auditoire] to captivate

sublime [syblim] adj sublime ; [personne] wonderful

submerger [sybmɛʀʒe] vt [+ terres, barque] to submerge ▪ **submergé de** [+ appels téléphoniques, commandes, travail] snowed under with

subordination [sybɔʀdinasjɔ̃] nf subordination

subordonné, e [sybɔʀdɔne] 1 adj subordinate (*à* to) ▪ **proposition ~e** subordinate clause 2 nm,f subordinate 3 **subordonnée** nf subordinate clause

subornation [sybɔʀnasjɔ̃] nf ▪ **~ de témoins** subornation of witnesses

subsaharien, -ienne [sybsaaʀjɛ̃, jɛn] adj [désert, pays] sub-Saharan ; → **Afrique**

subside [sybzid] nm (= subvention) grant

subsidiaire [sybzidjɛʀ] adj ▪ **question ~** tie-breaker

subsistance [sybzistɑ̃s] nf subsistence ▪ **assurer sa (propre) ~** to support o.s.

subsister [sybziste] vi a (= se nourrir, gagner sa vie) to subsist ▪ **ils ont tout juste de quoi ~** they have just enough to live on b (= rester) to remain ▪ **il subsiste un doute quant à…** there is still some doubt as to…

substance [sypstɑ̃s] nf substance ▪ **en ~** in substance

substantiel, -ielle [sypstɑ̃sjɛl] adj substantial

substantif [sypstɑ̃tif] nm noun

substituer [sypstitɥe] 1 vt (= remplacer) ▪ **~ qch/qn à** to substitute sth/sb for 2 **se substituer** vpr ▪ **se ~ à qn** (en l'évinçant) to substitute o.s. for sb ; (en le représentant) to substitute for sb

st

substitut [sypstity] nm **a** (= succédané) substitute (*de* for) **b** (= magistrat) deputy public prosecutor BR, assistant district attorney US

substitution [sypstitysjɔ̃] nf (intentionnelle) substitution ; (accidentelle) mix-up (*de* of, in) ■ **énergies de ~** alternative sources of energy

subterfuge [syptɛʀfyʒ] nm subterfuge

subtil, e [syptil] adj subtle

subtiliser [syptilize] vt (= dérober) to steal (*à qn* from sb)

subtilité [syptilite] nf subtlety

subvenir [sybvəniʀ] **subvenir à** vt indir [+ besoins] to provide for

subvention [sybvɑ̃sjɔ̃] nf grant ; (pour baisser les prix de vente) subsidy

subventionner [sybvɑ̃sjɔne] vt to grant funds to ; (pour baisser les prix de vente) to subsidize

subversif, -ive [sybvɛʀsif, iv] adj subversive

suc [syk] nm [de plante, fleur] sap ■ **~s digestifs** gastric juices

succédané [syksedane] nm (= substitut) substitute (*de* for)

succéder [syksede] **1** **succéder à** vt indir [+ directeur, roi] to succeed ; [+ période, chose, personne] to follow **2** **se succéder** vpr to follow one another ■ **les échecs se succédèrent** one failure followed another

succès [syksɛ] nm success ■ **avoir du ~** [pièce, artiste] to be a success ; [chanson] to be a hit ■ **avoir du ~ auprès des femmes** to be successful with women ■ **~ de librairie** bestseller ■ **sans ~** unsuccessfully ■ **film à ~** blockbuster*

successeur [syksesœʀ] nmf successor

successif, -ive [syksesif, iv] adj successive

succession [syksesjɔ̃] nf **a** (gén) succession ■ **prendre la ~ de** [+ ministre, directeur] to take over from **b** (= patrimoine) estate

succinct, e [syksɛ̃, ɛ̃t] adj [écrit] succinct ■ **soyez ~** be brief

succomber [sykɔ̃be] vi **a** (= mourir) to die ■ **~ à ses blessures** to die from one's injuries **b** (= être vaincu) to succumb (frm) (*à* to)

succulent, e [sykylɑ̃, ɑ̃t] adj delicious

succursale [sykyʀsal] nf branch

sucer [syse] vt to suck

sucette [sysɛt] nf **a** (= bonbon) lollipop **b** (= tétine) dummy BR, pacifier US

suçon* [sysɔ̃] nm love bite* BR, hickey* US ■ **faire un ~ à qn** to give sb a love bite BR ou a hickey US

sucre [sykʀ] nm sugar ■ **combien de ~s ?** how many sugars do you take? ■ **sans ~** [aliment] sugar-free ▸ **sucre glace** icing sugar BR, confectioners' sugar US ▸ **sucre en morceaux** lump sugar ▸ **sucre d'orge** (= substance) barley sugar; (= bâton) stick of barley sugar ▸ **sucre en poudre** fine granulated sugar, caster sugar BR ▸ **sucre roux** brown sugar

sucré, e [sykʀe] adj (naturellement) sweet ; (artificiellement) sweetened ■ **ce thé est trop ~** this tea is too sweet

sucrer [sykʀe] vt **a** [+ boisson] to sugar **b** (* = supprimer) ■ **~ son argent de poche à qn** to stop sb's pocket money ■ **il s'est fait ~ son permis de conduire** he had his driving licence taken away

sucrerie [sykʀəʀi] nf (= bonbon) sweet BR, candy US

sucrette® [sykʀɛt] nf artificial sweetener

sucrier [sykʀije] nm sugar bowl

sud [syd] **1** nm south ■ **un vent du ~** a southerly wind ■ **au ~** (situation) in the south ; (direction) to the south ■ **au ~ de** south of ■ **le ~ de la France** the South of France ■ **l'Italie du Sud** Southern Italy **2** adj inv southern ; [côté, paroi] south ■ **le Pacifique Sud** the South Pacific

sud-africain, e (mpl **~s**) [sydafʀikɛ̃, ɛn] **1** adj South African **2** **Sud-Africain(e)** nm,f South African

sud-américain, e (mpl **~s**) [sydameʀikɛ̃, ɛn] **1** adj South American **2** **Sud-Américain(e)** nm,f South American

sud-est [sydɛst] **1** nm south-east ■ **au ~ de** south-east of **2** adj inv south-east ; [banlieue] south-eastern

sudiste [sydist] nmf (Hist US) Southerner

sud-ouest [sydwɛst] **1** nm southwest ■ **au ~ de** south-west of Rome **2** adj inv south-west ; [banlieue] south-western ; [côte] south-west

Suède [sɥɛd] nf Sweden

suédois, e [sɥedwa, waz] **1** adj Swedish **2** nm (= langue) Swedish **3** **Suédois(e)** nm,f Swede

suer [sɥe] vi **a** (= transpirer) to sweat ■ **~ à grosses gouttes** to sweat profusely **b** ■ **tu me fais ~*** you're a pain in the neck* ■ **on se fait ~* ici** it's such a drag here* ■ **je me suis fait ~* à le réparer** I sweated blood to repair that

sueur [sɥœʀ] nf sweat *NonC* ■ **en ~** sweating ■ **donner des ~s froides à qn** to put sb in a cold sweat

Suez [sɥɛz] n Suez ■ **le canal de ~** the Suez Canal

suffire [syfiʀ] **1** vi to be enough ■ **ça suffit !** (agacé) that's enough! ■ **~ à qn** to be enough for sb **2** vb impers ■ **il suffit de s'inscrire** ou **que vous vous inscriviez pour devenir membre** all you have to do to become a member is sign up ▪ **il suffit d'un accord verbal pour conclure l'affaire** a verbal agreement is sufficient to conclude the matter ▪ **il suffit d'une fois : on n'est jamais trop prudent** once is enough - you can never be too careful **3** **se suffire** vpr ▪ **se ~ à soi-même** [pays, personne] to be self-sufficient

suffisamment [syfizamɑ̃] adv enough ▪ **~ fort/clair** strong/clear enough ▪ **~ de nourriture/d'argent** enough food/money ▪ **nous ne sommes pas ~ nombreux** there aren't enough of us

suffisant, e [syfizɑ̃, ɑ̃t] adj **a** (= adéquat) sufficient ; [résultats scolaires] satisfactory ▪ **500 €, c'est amplement ~** €500 is more than enough **b** (= prétentieux) smug

suffixe [syfiks] nm suffix

suffoquer [syfɔke] **1** vi to suffocate ▪ **~ de** [+ rage, indignation] to choke with **2** vt **a** [fumée] to suffocate ; [colère, joie] to choke **b** [nouvelle, comportement de qn] to stagger

suffrage [syfʀaʒ] nm (Pol = voix) vote ▪ **~ direct/universel** (= système) direct/universal suffrage ▪ **ce livre a recueilli tous les ~s** this book met with universal approval

suggérer [sygʒeʀe] vt to suggest ▪ **j'ai suggéré d'aller au cinéma/que nous allions au cinéma** I suggested going to the cinema/that we went to the cinema ▪ **elle lui a suggéré de voir un médecin** she suggested he should see a doctor

suggestif, -ive [sygʒɛstif, iv] adj suggestive

suggestion [sygʒɛstjɔ̃] nf suggestion

suicidaire [sɥisidɛʀ] adj suicidal

suicide [sɥisid] nm suicide

suicidé, e [sɥiside] nm,f (= personne) suicide

suicider (se) [sɥiside] vpr to commit suicide

suie [sɥi] nf soot

suinter [sɥɛ̃te] vi [eau] to seep ; [sève] to ooze ; [mur] to sweat ; [plaie] to weep

Suisse [sɥis] **1** nf (= pays) Switzerland ▪ **la ~ romande/alémanique** French-speaking/German-speaking Switzerland **2** nmf (= personne) Swiss

suisse [sɥis] adj Swiss ▪ **~ romand/allemand** Swiss French/German

suite [sɥit] nf **a** (= reste) rest ; (= nouvel épisode) following episode ; (= second roman, film) sequel ▪ **attendons la ~** (d'un repas) let's wait for the next course ; (d'un discours) let's see what comes next ; (d'un événement) let's see how it turns out ▪ **prendre la ~ de** [+ directeur] to take over from ▪ **~ à votre lettre/notre entretien** further to your letter/our conversation **b** (= aboutissement) result ▪ **~s** [de maladie] results ; [d'affaire, incident] consequences ▪ **la ~ logique de qch** the logical result of sth ▪ **il est mort des ~s d'un cancer** he died of cancer **c** (= succession) series **d** (= appartement) suite **e** (Mus) suite **f** (= escorte) suite **g** (loc) ♦ **à la suite** (= successivement) one after the other ▪ **à la ~ de** (= derrière) behind ; (= après) following ▪ **il est venu trois jours de ~** he came three days running ▪ **je reviens de ~*** (= immédiatement) I'll be right back ♦ **par la suite** afterwards ♦ **par suite de** as a result of

suivant, e [sɥivɑ̃, ɑ̃t] **1** adj following ; (dans une série) next ▪ **le mardi ~** the following Tuesday ▪ **« voir page ~e »** "see next page" **2** nm,f (= prochain) next one ▪ **(au) ~ !** next please! **3** prép (= selon) according to ; (= en fonction de) depending on ▪ **~ que...** according to whether...

suiveur, -euse [sɥivœʀ, øz] nm,f (Sport) (official) follower *(of a race)* ; (= imitateur) imitator ; (Réseaux sociaux) follower

suivi, e [sɥivi] **1** adj [travail] steady ; [correspondance] regular ; (= constant) [conversation, raisonnement] coherent **2** nm ▪ **assurer le ~ de** [+ affaire] to follow through ▪ **~ médical** aftercare

suivre [sɥivʀ] **1** vt **a** (gén) to follow ▪ **ralentis, je ne peux pas (te) ~** slow down, I can't keep up (with you) ▪ **faire ~ qn** (= surveiller) to have sb followed ▪ **le jour qui suivit son arrivée** the day after he arrived ▪ **~ un régime** to be on a diet ▪ **il est suivi par un médecin** he's seeing a doctor ▪ **« à ~ »** [feuilleton] "to be continued" **b** [+ classe, cours] (= être inscrit à) to attend **2** vi **a** [élève] (= être attentif) to pay attention ; (= assimiler le programme) to keep up **b** (= venir après) to follow ▪ **faire ~ son courrier** to have one's mail forwarded **3** **se suivre** vpr (dans une série) to follow each other ; (dans un ordre) to be in order ▪ **les pages ne se suivent pas** the pages are not in order

sujet, -ette [syʒɛ, ɛt] **1** adj ▪ **~ à** [+ mal de mer, sautes d'humeur] prone to ▪ **~ à caution** [renseignement, nouvelle] unreliable **2** nm,f (= gouverné) subject **3** nm **a** (= thème) subject ▪ **~ de conversation** topic of conversation ▪ **~ d'examen** examination question ▪ **votre dissertation est hors ~** your essay is off the point ▪ **au ~ de** about ▪ **à ce ~, je voulais vous dire que...** on that subject, I wanted to tell you that... ▪ **c'est à quel ~ ?** can I ask what it's about? **b** (= motif, cause) ▪ **~ de mécontentement/d'étonnement** grounds for dissatisfaction/surprise

sulfate [sylfat] nm sulphate

sulfurisé, e [sylfyʀize] adj ▪ **papier ~** greaseproof paper

sultan [syltɑ̃] nm sultan

summum [sɔ(m)mɔm] nm [d'hypocrisie, injustice] height

super [sypɛʀ] **1** nm (abrév de **supercarburant**) super **2** adj inv (* = sensationnel) great* **3** **super(-)*** préf ■ **super-cher** ultra-expensive ■ **il est super-sympa** he's really nice

superaliment [sypɛʀalimɑ̃] nm superfood *NonC*

superbe [sypɛʀb] adj superb ; [femme, enfant] beautiful ; [homme] handsome ■ **tu as une mine ~** you look wonderful

supercarburant [sypɛʀkaʀbyʀɑ̃] nm high-octane petrol BR, high-octane gasoline US

supercherie [sypɛʀʃəʀi] nf trick

superficie [sypɛʀfisi] nf (= aire) surface area ; (= surface) surface ■ **un appartement d'une ~ de 80 m²** an apartment of 80 square metres

superficiel, -ielle [sypɛʀfisjɛl] adj superficial

superflu, e [sypɛʀfly] adj **a** (= pas nécessaire) unnecessary **b** (= en trop) superfluous ; [kilos] surplus

supérieur, e [sypeʀjœʀ] **1** adj **a** (dans l'espace) upper ■ **le feu a pris dans les étages ~s** fire broke out on the upper floors **b** [vitesse, nombre] higher ; [classes sociales, échelons] upper ■ **passer dans la classe ~e** (Scol) to go up to the next class ■ **~ à** greater than ■ **~ à la moyenne** above average ; → **cadre, enseignement** **c** (en qualité, en nombre) superior (*à* to) **d** (= hautain) superior **2** nm,f superior **3** nm (= enseignement) ■ **le ~** higher education

supériorité [sypeʀjɔʀite] nf superiority

superlatif [sypɛʀlatif] nm superlative

supermarché [sypɛʀmaʀʃe] nm supermarket

superposer [sypɛʀpoze] vt **a** (= empiler) to stack **b** (= faire chevaucher) to superimpose (*à* on)

superproduction [sypɛʀpʀɔdyksjɔ̃] nf (Ciné) big-budget film

superpuissance [sypɛʀpɥisɑ̃s] nf superpower

supersonique [sypɛʀsɔnik] adj supersonic

superstitieux, -ieuse [sypɛʀstisjø, jøz] adj superstitious

superstition [sypɛʀstisjɔ̃] nf superstition

superviser [sypɛʀvize] vt to supervise

supplanter [syplɑ̃te] vt to supplant

suppléant, e [sypleɑ̃, ɑ̃t] **1** adj deputy ; [professeur] supply BR, substitute US **2** nm,f deputy ; (= professeur) supply BR ou substitute US teacher

suppléer [syplee] **suppléer à** vt indir [+ défaut, manque] to make up for

supplément [syplemɑ̃] nm (à payer) additional charge ■ **un ~ de travail/salaire** extra work/pay ■ **un ~ d'information** additional information ■ **le vin est en ~** wine is extra

supplémentaire [syplemɑ̃tɛʀ] adj additional ■ **accorder un délai ~** to allow additional time ■ **faire des/10 heures ~s** to do overtime/10 hours' overtime

suppliant, e [syplijɑ̃, ijɑ̃t] adj imploring

supplice [syplis] nm torture *NonC* ■ **être au ~** to be in agonies

supplicié, e [syplisje] nm,f torture victim

supplier [syplije] vt to beg (*de faire* to do) ■ **tais-toi, je t'en supplie !** will you please be quiet!

> ⚠ **supplier** ne se traduit pas par ***to supply***, qui signifie « fournir ».

support [sypɔʀ] nm **a** (pour maintenir) support **b** (= moyen) medium ■ **~ publicitaire** advertising medium ■ **~ pédagogique** teaching aid ■ **sur ~ papier** on paper ■ **~ numérique** digital media ■ **~ technique** technical support

supportable [sypɔʀtabl] adj [douleur, température] bearable ; [conduite] tolerable

supporter[1] [sypɔʀte] **1** vt **a** (= endurer) to bear ; [+ conduite] to tolerate ■ **je ne supporte pas qu'on me parle sur ce ton** I won't tolerate being spoken to in that tone of voice **b** (= résister à) [+ température, épreuve] to withstand ■ **verre qui supporte la chaleur** heatproof glass ■ **il ne supporte pas l'alcool** he can't take alcohol ■ **il ne supporte pas la chaleur** he can't bear the heat ■ **je ne supporte pas les épinards** (= ils me rendent malade) spinach doesn't agree with me **c** (= servir de base à, apporter son soutien à) to support **2** **se supporter** vpr ■ **ils ne peuvent pas se ~** they can't stand each other

> ⚠ Dans le sens de « tolérer », **supporter** ne se traduit pas par ***to support***.

supporteur, -trice [sypɔʀtœʀ, tʀis] nm,f, **supporter**[2] [sypɔʀtɛʀ] nm (Sport) supporter

supposer [sypoze] vt **a** to suppose ■ **en supposant que, à ~ que** supposing (that) **b** (= impliquer) to imply

supposition [sypozisjɔ̃] nf supposition

suppositoire [sypozitwaʀ] nm suppository

suppression [sypʀesjɔ̃] nf **a** [de mot] deletion ; [d'avantage, crédits] withdrawal ; [de loi, taxe] abolition ; [de libertés] suppression ; [de pauvreté, chômage, inégalités] elimination ■ **il y a eu 7 000 ~s d'emplois** 7,000 jobs were axed **b** [d'avion, train, vol] cancellation

supprimer [sypʀime] vt **a** [+ mot] to delete (*de* from) ; [+ obstacle] to remove ; [+ emploi, poste] to axe ; [+ crédits, avantage] to withdraw ; [+ loi, taxe] to abolish ; [+ libertés] to suppress ; [+ pauvreté, chômage, inégalités] to eliminate ■ **on lui a supprimé sa prime** he's had his bonus stopped **b** [+ avion, train, vol] to cancel **c** (= tuer) to eliminate

suppurer [sypyʀe] vi to suppurate

suprématie [sypʀemasi] nf supremacy

suprême [sypʀɛm] adj **a** [chef, autorité, cour] supreme **b** [raffinement] extreme ; [indifférence] sublime

sur [syʀ] prép **a** (position) on ; (avec mouvement) onto ; (= dans) in ; (= par-dessus) over ; (= au-dessus de) above ▪ **il y a une affiche ~ le mur** there's a poster on the wall ▪ **elle a jeté son sac ~ la table** she threw her bag onto the table ▪ **~ la place** in the square ▪ **un pont ~ la rivière** a bridge across the river **b** (direction) ▪ **tourner ~ la droite** to turn (to the) right ▪ **l'église est ~ votre gauche** the church is on your left ▪ **revenir ~ Paris** to return to Paris **c** (distance, période) over ▪ **s'étendre ~ 3 km** to spread over 3km ▪ **~ une période de trois mois** over a period of three months **d** (matière, sujet) on ▪ **des renseignements ~ la drogue** information on drug addiction ▪ **un roman ~ Louis XIV** a novel about Louis XIV **e** (rapport de proportion) out of ; (mesure) by ▪ **neuf fois ~ dix** nine times out of ten ▪ **il mérite 7 ~ 10** (Scol, Univ) he deserves 7 out of 10 ▪ **un jour ~ deux/trois** every other/third day ▪ **la cuisine fait 2 mètres ~ 3** the kitchen measures 2 metres by 3 **f** ▪ **~ ce, il est sorti** upon which he went out ▪ **~ ce, il faut que je vous quitte** and now I must leave you

sûr, e [syʀ] adj **a** ▪ **~ de** [+ résultats, succès] sure of ▪ **il n'est pas ~ de venir** he's not sure that he'll be able to come ▪ **~ de soi** sure of oneself ▪ **j'en étais ~ !** I knew it! ▪ **j'en suis ~ et certain** I'm positive **b** (= assuré) certain ▪ **il n'est pas ~ qu'elle aille au Maroc** it's not certain that she's going to Morocco ▪ **ça, c'est ~** that's for sure ▪ **à coup ~** definitely **c** (= sans danger) safe ; [investissement] sound ▪ **en lieu ~** in a safe place **d** (= digne de confiance) reliable

surbooké, e* [syʀbuke] adj overbooked

surcharge [syʀʃaʀʒ] nf (= poids en excédent) excess load ▪ **~ pondérale** excess weight ▪ **une ~ de travail** extra work

surcharger [syʀʃaʀʒe] vt to overload (*de* with) ▪ **emploi du temps surchargé** crowded timetable ▪ **classes surchargées** overcrowded classes

surchauffé, e [syʀʃofe] adj [pièce] overheated ▪ **les esprits étaient ~s** emotions were running very high

surclasser [syʀklɑse] vt **a** (= surpasser) to outclass **b** (Transports) ▪ **~ qn** to upgrade sb's seat ▪ **ils m'ont surclassé en première** they upgraded my seat to first class, they bumped me up* to first class

surcoût [syʀku] nm extra cost

surcroît [syʀkʀwa] nm ▪ **un ~ de travail/d'inquiétudes** extra work/worries ▪ **de ~** moreover

surdité [syʀdite] nf deafness

surdoué, e [syʀdwe] **1** adj [enfant] gifted **2** nm,f gifted child

surélever [syʀel(ə)ve] vt [+ étage, mur] to make higher

sûrement [syʀmɑ̃] adv **a** (= vraisemblablement) ▪ **tu connais ~ des gens importants** you must know some important people ▪ **il me trouve ~ trop sévère** he probably thinks I'm being too harsh **b** ▪ **~ pas** (= pas du tout) certainly not

surenchère [syʀɑ̃ʃɛʀ] nf (= enchère plus élevée) higher bid (*sur* than), counterbid (*sur* for)

surenchérir [syʀɑ̃ʃeʀiʀ] vi (dans une vente) to bid higher (*sur* than), to counterbid (*sur* for)

surendetté, e [syʀɑ̃dete] adj overburdened with debt

surentraînement [syʀɑ̃tʀɛnmɑ̃] nm overtraining

surestimer [syʀɛstime] **1** vt [+ personne, importance, forces] to overestimate **2** **se surestimer** vpr to overestimate one's abilities

sûreté [syʀte] nf (= sécurité) safety ▪ **être en ~** to be safe ▪ **mettre qn/qch en ~** to put sb/sth in a safe place

surévaluer [syʀevalɥe] vt [+ monnaie, coûts] to overvalue ; [+ difficultés, influence] to overestimate ▪ **l'euro est surévalué par rapport au dollar** the euro is overvalued against the dollar

surexcité, e [syʀɛksite] adj overexcited

surexposer [syʀɛkspoze] vt to overexpose

surexposition [syʀɛkspozisjɔ̃] nf overexposure

surf [sœʀf] nm (= activité) surfing ▪ **faire du ~** to go surfing ▪ **~ des neiges** snowboarding ▪ **faire du ~ des neiges** to go snowboarding

surface [syʀfas] nf **a** surface ; (= aire) surface area ▪ **refaire ~** to resurface ▸ **surface de réparation** (Football) penalty area **b** (Commerce) ▪ **grande ~** hypermarket

surfait, e [syʀfɛ, ɛt] adj [ouvrage, auteur] overrated

surfer [sœʀfe] vi (Sport) to go surfing ▪ **~ sur l'Internet** to surf the Internet

surfiler [syʀfile] vt (Couture) to oversew

surgelé, e [syʀʒəle] **1** adj deep-frozen ▪ **produits ~s** frozen foods **2** nm ▪ **les ~s** frozen foods

surgir [syʀʒiʀ] vi to appear suddenly ; [problèmes, difficultés] to arise

surhomme [syʀɔm] nm superman

surhumain, e [syʀymɛ̃, ɛn] adj superhuman

sur-le-champ [syʀləʃɑ̃] adv immediately

surlendemain [syʀlɑ̃d(ə)mɛ̃] nm ■ **le ~ de son arrivée** two days after his arrival ■ **il est mort le ~** he died two days later

surligner [syʀliɲe] vt to highlight

surligneur [syʀliɲœʀ] nm highlighter pen

surmenage [syʀmənaʒ] nm overwork

surmené, e [syʀməne] adj overworked

surmonter [syʀmɔ̃te] vt **a** (= être au-dessus de) to top ■ **surmonté d'un dôme** topped by a dome **b** [+ obstacle, dégoût, peur] to overcome

surnager [syʀnaʒe] vi [huile, objet] to float ; (fig) (= subsister) to linger on

surnaturel, -elle [syʀnatyʀɛl] adj, nm supernatural

surnom [syʀnɔ̃] nm nickname

> ⚠ **surnom** ne se traduit pas par ***surname***, qui signifie « nom de famille ».

surnombre [syʀnɔ̃bʀ] nm surplus ■ **en ~** [effectifs, personnel] surplus ■ **nous étions en ~** there were too many of us

surnommer [syʀnɔme] vt to nickname

surpasser [syʀpɑse] **1** vt to surpass **2** **se surpasser** vpr to surpass o.s.

surpêche [syʀpɛʃ] nf overfishing

surpeuplé, e [syʀpœple] adj overpopulated

sur(-)place [syʀplas] nm ■ **faire du ~** (en voiture) to move at a snail's pace ; [projet, négociations] to be getting nowhere

surplomber [syʀplɔ̃be] vt to overhang

surplus [syʀply] nm (= excédent) surplus *NonC* ■ **avoir des marchandises en ~** to have surplus goods

surpopulation [syʀpɔpylasjɔ̃] nf overpopulation

surprenant, e [syʀpʀənɑ̃, ɑ̃t] adj surprising

surprendre [syʀpʀɑ̃dʀ] vt **a** (= étonner) to surprise ■ **cela m'a agréablement surpris** I was pleasantly surprised **b** [+ conversation] to overhear ; [+ regard, sourire complice] to intercept **c** [+ ennemi, voleur] to surprise ; (par visite inopinée) [+ amis, voisins] to catch unawares **d** [pluie, marée] to catch out ■ **se laisser ~ par la nuit** to be overtaken by darkness

surpris, e[1] [syʀpʀi, iz] adj [air, regard] surprised (*de qch* at sth) ■ **~ de me voir là/que je sois encore là** surprised to see me there/that I was still there

surprise[2] [syʀpʀiz] nf surprise ■ **regarder qn avec ~** to look at sb in surprise ■ **à ma grande ~** much to my surprise ■ **faire une ~ à qn** to surprise sb ■ **quelle bonne ~ !** what a pleasant surprise! ■ **visite ~** surprise visit ■ **grève ~** lightning strike ■ **par ~** by surprise

surproduction [syʀpʀɔdyksjɔ̃] nf overproduction

surréagir [syʀʀeaʒiʀ] vi to overreact

surréaliste [syʀʀealist] **1** adj surrealist ; (= bizarre) surreal **2** nmf surrealist

surréservation (pl **~s**) [syʀʀezɛʀvasjɔ̃] nf overbooking

sursaut [syʀso] nm (= mouvement brusque) jump ■ **~ d'énergie** sudden burst of energy ■ **se réveiller en ~** to wake up with a jump

sursauter [syʀsote] vi to jump

surseoir [syʀswaʀ] vt indir ■ **~ à** [+ publication, délibération] to postpone ; [+ poursuites, jugement] to stay ■ **~ à l'exécution d'un condamné** to grant a stay of execution to a condemned man

sursis [syʀsi] nm **a** (Droit) ■ **il a eu deux ans avec ~** he was given a two-year suspended sentence **b** (= temps de répit) reprieve

surtout [syʀtu] adv **a** (= avant tout, d'abord) above all ; (= spécialement) especially ■ **rapide, efficace et ~ discret** quick, efficient and above all discreet ■ **il est assez timide, ~ avec les femmes** he's quite shy, especially with women ■ **~ que*** especially as **b** (intensif) ■ **~, n'en parle pas !** whatever you do, don't tell anybody! ■ **je ne veux ~ pas vous déranger** the last thing I want is to disturb you ■ **~ pas !** certainly not!

survécu [syʀveky] ptp de **survivre**

surveillance [syʀvɛjɑ̃s] nf **a** (= contrôle) supervision ■ **laisser un enfant sans ~** to leave a child unsupervised **b** (Mil, Police) surveillance ■ **sous ~ policière** under police surveillance **c** [d'examen] invigilation

surveillant, e [syʀvɛjɑ̃, ɑ̃t] nm,f [de prison] warder BR, guard US ; [d'usine, chantier, école] supervisor ; (aux examens) invigilator BR, proctor US

surveiller [syʀveje] **1** vt **a** [+ enfant, bagages, plat] to keep an eye on ; [+ prisonnier] to keep watch over **b** (= contrôler) to supervise ; [+ examen] to invigilate **c** (= épier) to watch ; [+ ennemi] to keep watch on **d** [+ sa ligne, sa tension] to watch **2** **se surveiller** vpr to watch oneself

> ⚠ **surveiller** ne se traduit pas par ***to survey***, qui signifie « passer en revue ».

survenir [syʀvəniʀ] vi [événement] to take place ; [incident, complications, retards] to arise ; [changements] to occur

survêtement [syʀvɛtmɑ̃] nm tracksuit

survie [syʀvi] nf survival ■ **de ~** [instinct, équipement] survival

survitaminé, e [syʀvitamine] adj [boisson] vitamin *avant n* ; (hum) [personne] pumped up* ; [moteur] souped-up*

survivalisme [syʀvivalism] nm survivalism

survivant, e [syʀvivɑ̃, ɑ̃t] **1** adj surviving **2** nm,f survivor

survivre [syʀvivʀ] vi to survive ▪ **~ à** [+ accident, maladie, humiliation] to survive ; [personne] to outlive

survol [syʀvɔl] nm ▪ **le ~ de** flying over ; [de livre] skimming through ; [de question] skimming

survoler [syʀvɔle] vt to fly over ; [+ livre] to skim through ; [+ question] to skim over

survolté, e [syʀvɔlte] adj [foule] overexcited ; [ambiance] highly charged

sus (en) [sy(s)] loc adv in addition (*de* to)

susceptibilité [sysɛptibilite] nf (= sensibilité) touchiness *NonC* ▪ **pour ne pas froisser les ~s** so as not to offend people's susceptibilities

susceptible [sysɛptibl] adj **a** (= ombrageux) touchy **b** (= de nature à) ▪ **ce texte est ~ d'être amélioré** ou **d'améliorations** this text is open to improvement ▪ **des conférences ~s de l'intéresser** lectures likely to be of interest to him

> ⚠ **susceptible** ne se traduit pas par le mot anglais ***susceptible***, qui signifie « prédisposé, sensible à ».

susciter [sysite] vt [+ admiration, intérêt, jalousies] to arouse ; [+ controverse, critiques] to give rise to

suspect, e [syspɛ(kt), ɛkt] **1** adj **a** [individu, conduite, colis] suspicious **b** (= douteux) [opinion, témoignage] suspect **2** nm,f suspect

suspecter [syspɛkte] vt to suspect ▪ **~ qn de faire qch** to suspect sb of doing sth

suspendre [syspɑ̃dʀ] **1** vt **a** [+ vêtements] to hang up ; [+ lampe, décoration] to hang (*à* from) ; [+ hamac] to sling up ▪ **~ qch à** [+ clou, portemanteau] to hang sth on **b** (= interrompre) to suspend ; [+ négociations, relations diplomatiques] to break off ; [+ séance] to adjourn **c** (= destituer) to suspend **2 se suspendre** vpr ▪ **se ~ à** [+ branche, barre] to hang from

suspendu, e [syspɑ̃dy] adj **a** (= accroché) ▪ **~ au plafond** hanging from the ceiling ▪ **~ dans le vide** suspended in mid air ▪ **être ~ aux lèvres de qn** to be hanging on sb's every word **b** [séance] adjourned ; [fonctionnaire] suspended

suspens [syspɑ̃] nm ▪ **en ~** [projet, travail] in abeyance

suspense [syspɛns, syspɑ̃s] nm suspense ▪ **film à ~** thriller

suspension [syspɑ̃sjɔ̃] nf (gén) suspension ; [de séance] adjournment ▪ **il a eu un an de ~ de permis** he had his driving licence suspended for a year ▪ **en ~** [particule, poussière] in suspension

suspicion [syspisjɔ̃] nf suspicion

susurrer [sysyʀe] vti to whisper

suture [sytyʀ] nf suture ▪ **point de ~** stitch

suturer [sytyʀe] vt to stitch up

svelte [svɛlt] adj slender

SVP [ɛsvepe] (abrév de **s'il vous plaît**) please

SVT [ɛsvete] nfpl (abrév de **sciences de la vie et de la terre**) → **science**

sweat [swit] nm abrév de **sweat-shirt**

sweat-shirt (pl **~s**) [switʃœʀt] nm sweatshirt ▪ **~ à capuche** hoodie*

syllabe [si(l)lab] nf syllable

sylviculture [silvikyltyʀ] nf forestry

symbole [sɛ̃bɔl] nm symbol

symbolique [sɛ̃bɔlik] adj symbolic ; (= très modique) [augmentation, amende] token ; [cotisation, contribution] nominal

symboliser [sɛ̃bɔlize] vt to symbolize

symétrie [simetʀi] nf symmetry

symétrique [simetʀik] adj symmetrical

sympa* [sɛ̃pa] adj (abrév de **sympathique**) nice ▪ **sois ~, prête-le-moi** be a pal* and lend it to me

sympathie [sɛ̃pati] nf **a** (= amitié) liking ▪ **avoir de la ~ pour qn** to like sb **b** (= compassion) sympathy ▪ **témoignages de ~** (pour deuil) expressions of sympathy **c** (= tendance) ▪ **il ne cache pas ses ~s communistes** he doesn't hide his communist sympathies

> ⚠ Dans le sens de « amitié », **sympathie** ne se traduit pas par ***sympathy***.

sympathique [sɛ̃patik] adj [personne] nice ; [accueil, soirée, ambiance] friendly ▪ **il m'est très ~** I think he's very nice

> ⚠ **sympathique** ne se traduit que rarement par ***sympathetic***, qui signifie essentiellement « compatissant ».

sympathisant, e [sɛ̃patizɑ̃, ɑ̃t] nm,f sympathizer

sympathiser [sɛ̃patize] vi (= se prendre d'amitié) to hit it off*

> ⚠ **sympathiser** ne se traduit pas par ***to sympathize***, qui signifie « compatir à ».

symphonie [sɛ̃fɔni] nf symphony

symphonique [sɛ̃fɔnik] adj symphonic

symposium [sɛ̃pozjɔm] nm symposium

symptomatique [sɛ̃ptɔmatik] adj symptomatic (*de* of)

symptôme [sɛ̃ptom] nm symptom

synagogue [sinagɔg] nf synagogue

synchrone [sɛ̃kʀon] adj synchronous

synchroniser [sɛ̃kʀɔnize] vt to synchronize

syncope [sɛ̃kɔp] nf (= évanouissement) blackout ▪ **avoir une ~, tomber en ~** to have a blackout

syndic [sɛ̃dik] nm ▪ **~ (de copropriété)** managing agent

syndical, e (mpl **-aux**) [sɛ̃dikal, o] adj (Industrie) trade-union *avant n*

syndicaliste [sɛ̃dikalist] nmf (= responsable d'un syndicat) trade unionist

syndicat [sɛ̃dika] nm [de travailleurs] trade union ; [d'employeurs] syndicate ▸ **syndicat d'initiative** tourist office

syndiqué, e [sɛ̃dike] adj belonging to a trade union ▪ **être ~** to be a union member

syndiquer [sɛ̃dike] **1** vt to unionize **2** **se syndiquer** vpr (= se grouper) to form a trade union ; (= adhérer) to join a trade union

syndrome [sɛ̃dʀom] nm syndrome ▸ **syndrome d'épuisement professionnel** burnout ▸ **syndrome de fatigue chronique** chronic fatigue syndrome ▸ **syndrome de choc toxique** toxic shock syndrome ▸ **syndrome de stress post-traumatique** post-traumatic stress disorder

synergie [sinɛʀʒi] nf synergy

synonyme [sinɔnim] **1** adj synonymous (*de* with) **2** nm synonym

syntagme [sɛ̃tagm] nm phrase ▪ **~ nominal/verbal** noun/verb phrase

syntaxe [sɛ̃taks] nf syntax

synthé* [sɛ̃te] nm (abrév de **synthétiseur**) synth*

synthèse [sɛ̃tɛz] nf synthesis ▪ **faire la ~ d'un exposé** to summarize the major points of a talk ▪ **de ~** [sucre, arôme] synthetic ; [image] computer-generated

synthétique [sɛ̃tetik] **1** adj **a** [textile, fibre] synthetic, man-made ; [résine, revêtement] synthetic ; [fourrure] fake **b** [exposé] that gives an overall picture ; [ouvrage] that takes a global perspective **2** nm ▪ **c'est du ~** it's synthetic

synthétiser [sɛ̃tetize] vt to synthesize

synthétiseur [sɛ̃tetizœʀ] nm synthesizer

syphilis [sifilis] nf syphilis

Syrie [siʀi] nf Syria

syrien, -ienne [siʀjɛ̃, jɛn] **1** adj Syrian **2** **Syrien(ne)** nm,f Syrian

systématique [sistematik] adj [opposition, classement, esprit] systematic ▪ **chaque fois qu'elle est invitée quelque part il l'est aussi, c'est ~** every time she's invited somewhere, he's automatically invited too

systématiquement [sistematikmɑ̃] adv systematically

système [sistɛm] nm system ▪ **il me tape ou court ou porte sur le ~*** he gets on my nerves* ▪ **recourir au ~ D** to rely on one's own resources ▸ **système d'exploitation** operating system ▸ **système immunitaire** immune system ▸ **système monétaire européen** European monetary system ▸ **système nerveux** nervous system ▸ **système solaire** solar system

tT

t' [t] → **te, tu**

ta [ta] adj poss your ; voir aussi **ton**

tabac [taba] nm (= plante, produit) tobacco ; (= café) cafe *(selling cigarettes etc)* ▪ **~ blond/brun** light/dark tobacco ▪ **passer qn à ~*** to beat sb up ▪ **faire un ~*** to be a big hit

tabagisme [tabaʒism] nm addiction to smoking

tabasser* [tabase] vt to beat up

tablar(d) [tablaʀ] nm (Helv) (= étagère) shelf

table [tabl] nf table ▪ **mettre/débarrasser la ~** to lay/to clear the table ▪ **sortir de ~** to leave the table ▪ **être à ~** to be eating ▪ **à ~ !** it's ready! ▪ **se mettre à ~** to sit down to eat ▪ **mettre qn sur ~ d'écoute** to bug sb's phone ▸ **table basse** coffee table ▸ **table de billard** billiard table ▸ **table de chevet** bedside table ▸ **table de cuisson** hob ▸ **tables gigognes** nest of tables ▸ **table à langer** changing table ▸ **table des matières** table of contents ▸ **table de multiplication** multiplication table ▸ **table de nuit** bedside table ▸ **table d'opération** operating table ▸ **table ronde** round table discussion

tableau (pl **~x**) [tablo] nm **a** (= peinture) painting **b** (= panneau) board ; (à l'école) blackboard ▸ **tableau d'affichage** notice board ▸ **tableau blanc interactif** interactive whiteboard ▸ **tableau de bord** [de voiture] dashboard; [d'avion, bateau] instrument panel **c** (= graphique) table

tabler [table] vt indir ▪ **~ sur qch** to count on sth

tablette [tablɛt] nf **a** [de chocolat] bar ; [de chewing-gum] stick **b** (= rayon) shelf **c** (= ordinateur) tablet

tabletter* [tablete] vt (Can) [+ projet, rapport] to shelve ; [+ personne] to sideline

tableur [tablœʀ] nm spreadsheet

tablier [tablije] nm apron ; (avec manches) overall

tabou, e [tabu] adj, nm taboo

tabouret [tabuʀɛ] nm stool

tabulation [tabylasjɔ̃] nf tabulation

tac [tak] **du tac au tac** loc adv ▪ **il lui a répondu du ~ au ~ que...** he replied without missing a beat that...

tache [taʃ] nf **a** (= salissure) stain ▪ **~ de graisse** grease stain ▪ **~ d'encre** (sur les doigts) ink stain ; (sur le papier) ink blot ▪ **tu t'es fait une ~** you've got a mark on your shirt (ou dress ou tie, etc) ▪ **faire ~ d'huile** to spread ▸ **tache de rousseur** freckle ▸ **tache de vin** (sur la peau) strawberry mark **b** [de fruit, peau] mark ; [de plumage, pelage] spot **c** (Peinture) spot

tâche [tɑʃ] nf task ▪ **être à la ~** to be on piecework

tacher [taʃe] **1** vt to stain ▪ **taché de sang** bloodstained **2** **se tacher** vpr [personne] to get stains on one's clothes ; [nappe, tissu] to get stained

tâcher [tɑʃe] vt indir ▪ **~ de faire qch** to try to do sth

tacheté, e [taʃ(ə)te] adj ▪ **pelage blanc ~ de brun** white coat with brown spots

tachycardie [takikaʀdi] nf tachycardia

tacite [tasit] adj tacit

tacitement [tasitmɑ̃] adv tacitly

taciturne [tasityʀn] adj taciturn

tacot* [tako] nm (vieux) (old) jalopy*

tact [takt] nm tact ▪ **avec ~** tactfully ▪ **avoir du ~** to be tactful ▪ **manquer de ~** to be tactless

tactile [taktil] adj tactile ▪ **écran ~** touch screen ▪ **pavé ~** touch pad, trackpad

tactique [taktik] **1** adj tactical **2** nf tactics *sg*

taf(fe)‡ [taf] nm (= travail) work

taffer‡ [tafe] vi to work

tag [tag] nm graffiti

taguer [tage] vti (= faire des graffiti) to tag ; (Internet) to tag

tagueur, -euse [tagœʀ, øz] nm,f tagger

Tahiti [taiti] nf Tahiti

tahitien, -ienne [taisjɛ̃, jɛn] **1** adj Tahitian **2** **Tahitien(ne)** nm,f Tahitian

taie [tɛ] nf ▪ **~ d'oreiller** pillowcase ▪ **~ de traversin** bolster case

taillader [tɑjade] vt to slash

taille [tɑj] nf **a** (= partie du corps) waist ▪ **avoir la ~ fine** to have a slim waist ▪ **ils se tenaient par la ~** they had their arms round each other's waists ▪ **pantalon ~ basse** hipsters **b** (= hauteur) height ▪ **de petite ~** small ; [personne] short **c** (= format) size ▪ **quelle ~ faites-vous ?** what's your size? ▪ **la ~ au-dessous/au-dessus** the next size down/up ▪ **ce pantalon n'est pas à sa ~** these trousers aren't his size ▪ **de ~** [erreur] serious ; [surprise, concession] big ; [difficulté, obstacle] huge ▪ **être de ~ à faire qch** to be quite capable of doing sth

taillé, e [taje] adj **a** (physiquement) ▪ **il est ~ en athlète** he's built like an athlete **b** (= fait pour) ▪ **~ pour qch** cut out for sth **c** (= coupé) ▪ **costume bien ~** well-cut suit

taille-crayon (pl **~s**) [tajkʀɛjɔ̃] nm pencil sharpener

tailler [taje] **1** vt **a** [+ pierre] to cut ; [+ bois, statue] to carve ; [+ crayon] to sharpen ; [+ arbre, vigne] to prune ; [+ haie, barbe] to trim ; [+ tissu] to cut out **b** [+ vêtement] to make **2** vi [vêtement] ▪ **~ petit/grand** to be cut on the small/large side **3** **se tailler*** vpr (= partir) to beat it* ▪ **j'ai envie de me ~ de cette boîte** I want to get out of this place

tailleur [tajœʀ] nm **a** (= costume) suit **b** (= couturier) tailor **c** ▪ **en ~** [assis, s'asseoir] cross-legged

taillis [taji] nm copse

tain [tɛ̃] nm [de miroir] silvering ▪ **glace sans ~** two-way mirror

taire [tɛʀ] **1** vi ▪ **faire ~** [+ témoin gênant, opposition] to silence ▪ **fais ~ les enfants** make the children keep quiet **2** **se taire** vpr **a** (= être silencieux) to be quiet ; (= arrêter de parler) to stop talking ▪ **taisez-vous !** be quiet! **b** (= s'abstenir de s'exprimer) to keep quiet

taiseux, -euse* [tɛzø, øz] adj taciturn, quiet

Taïwan [tajwan] n Taiwan

taïwanais, e [tajwanɛ, ɛz] **1** adj Taiwanese **2** **Taïwanais(e)** nm,f Taiwanese

talc [talk] nm [de toilette] talcum powder

talent [talɑ̃] nm talent ▪ **avoir du ~** to be talented ▪ **auteur de ~** talented author ▪ **encourager les jeunes ~s** to encourage young talent

talentueux, -euse [talɑ̃tɥø, øz] adj talented

talisman [talismɑ̃] nm talisman

talkie-walkie (pl **talkies-walkies**) [tokiwoki] nm walkie-talkie

TAL(N) [tal(n)] nm (abrév de **traitement automatique des langues (naturelles)**) NLP

talon [talɔ̃] nm **a** [de pied, chaussure] heel ▸ **talon d'Achille** Achilles' heel ▸ **talons aiguilles** stiletto BR ou spike US heels ▸ **talons hauts** high heels **b** [de chèque, carnet à souche] stub

talonner [talɔne] vt [+ fugitifs, coureurs] to be close behind ▪ **talonné par qn** hotly pursued by sb

talonnette [talɔnɛt] nf [de chaussure] heel-piece

talonneur, -euse [talɔnœʀ, øz] nm,f (Rugby) hooker

talus [taly] nm embankment

tambour [tɑ̃buʀ] nm **a** (= instrument, cylindre) drum **b** ▪ **(porte à) ~** revolving door

tambourin [tɑ̃buʀɛ̃] nm (= tambour de basque) tambourine ; (= tambour haut et étroit) tambourin

tambouriner [tɑ̃buʀine] vi (avec les doigts) ▪ **~ sur** to drum one's fingers on

tamis [tami] nm **a** (à farine) sieve ; (à sable) riddle **b** [de raquette] strings

Tamise [tamiz] nf ▪ **la ~** the Thames

tamisé, e [tamize] adj [lumière] subdued

tamiser [tamize] vt [+ farine] to sieve ; [+ sable] to riddle

tampon [tɑ̃pɔ̃] nm **a** (pour boucher) stopper ▪ **servir de ~ entre deux personnes** to act as a buffer between two people **b** (pour nettoyer une plaie) swab ▪ **~ (hygiénique)** tampon ▸ **tampon Jex**® Brillo pad® ▸ **tampon à récurer** scouring pad **c** (pour timbrer) stamp ▸ **tampon encreur** inking-pad

tamponner [tɑ̃pɔne] **1** vt **a** (= essuyer) to dab ; [+ plaie] to swab **b** (= heurter) to crash into **c** (avec un timbre) to stamp **2** **se tamponner** vpr **a** [+ yeux, visage] to dab **b** (= se heurter) to crash into each other

tam-tam (pl **~s**) [tamtam] nm tomtom

tandem [tɑ̃dɛm] nm **a** (= bicyclette) tandem **b** (= duo) pair ▪ **en ~** in tandem

tandis [tɑ̃di] adv ▪ **~ que** (simultanéité) while ; (contraste, opposition) whereas

tangent, e [tɑ̃ʒɑ̃, ɑ̃t] **1** adj **a** (Math) tangential (à to) **b** (* = juste) close **2** **tangente** nf tangent ▪ **prendre la ~e*** (= partir) to make o.s. scarce

Tanger [tɑ̃ʒe] n Tangier

tangible [tɑ̃ʒibl] adj tangible

tango [tɑ̃go] nm tango ▪ **danser le ~** to do the tango

tanguer [tɑ̃ge] vi [navire, avion] to pitch

tanière [tanjɛʀ] nf [d'animal] den ; [de solitaire] hideaway

tank [tɑ̃k] nm tank

tanner [tane] vt **a** [+ cuir] to tan ▪ **visage tanné** weather-beaten face **b** (* = harceler) to pester

tant [tɑ̃] adv

a (= tellement) (avec verbe) so much ▪ **il l'aime ~ !** he loves her so much!

♦ **tant de** + nom singulier so much ; + nom pluriel so many ▪ **comme ~ d'autres** like so many others

♦ **tant et si bien que** so much so that

b (quantité non précisée) so much ▪ **gagner ~ par mois** to earn so much a month

c (= autant) ▪ **ses œuvres ~ politiques que lyriques** both his political and his poetic works ▪ **il criait ~ qu'il pouvait** he shouted as loud as he could ■ **~ que ça ?** as much as that? ■ **pas ~ que ça** not that much ■ **ils essaient ~ bien que mal de conserver leur emploi** they're doing their best to keep their jobs ■ **la plupart se débrouillent ~ bien que mal avec leurs économies** most of them manage to get by on their savings

♦ **tant mieux** (= à la bonne heure) good ■ **~ mieux pour lui** good for him

♦ **tant pis** that's just too bad ■ **~ pis pour lui** that's just too bad for him

♦ **tant que** (= aussi longtemps que) as long as ; (= pendant que) while ■ **~ que tu n'auras pas fini tes devoirs, tu resteras à la maison** you can't go out until you've finished your homework ■ **~ que tu y es, achète aussi du pain** while you are at it, buy some bread as well ■ **~ qu'à faire, allons-y maintenant** we might as well go now

♦ **en tant que** as ■ **en ~ qu'ami de la famille** as a family friend

tante [tɑ̃t] nf a (= parente) aunt b (‡ = homosexuel) queer‡

tantinet* [tɑ̃tinɛ] nm ■ **un ~ ridicule** a tiny bit ridiculous

tantôt [tɑ̃to] adv a (= parfois) ■ **tantôt..., tantôt...** sometimes..., sometimes... b (= cet après-midi) this afternoon

taoïste [taoist] adj, nm,f Taoist

taon [tɑ̃] nm horsefly

tapage [tapaʒ] nm a (= vacarme) row ■ **faire du ~** to kick up* a row ▸ **tapage nocturne** disturbance *(at night)* b (= battage) fuss ■ **faire du ~ autour de qch** to make a fuss about sth

tape [tap] nf (= coup) slap ■ **il m'a donné une grande ~ dans le dos** he slapped me hard on the back

tape-à-l'œil [tapalœj] adj inv flashy

taper [tape] 1 vt a [+ enfant] to slap ; [+ tapis] to beat b (à la machine, sur un ordinateur) to type ■ **tapé à la machine** typed c (* = demander de l'argent à) to scrounge off* 2 vi a (= frapper) ■ **~ sur un clou** to hit a nail ■ **~ sur la table** to bang on the table ■ **~ sur qn*** to thump sb ; (= dire du mal de qn) to bad-mouth sb* ■ **~ à la porte** to knock on the door ■ **~ dans un ballon** to kick a ball about ■ **~ sur les nerfs** ou **le système de qn*** to get on sb's nerves* ■ **ça tape aujourd'hui !*** (soleil) it's scorching hot today! b (à la machine, sur un ordinateur) to type 3 **se taper‡** vpr [+ repas] to put away* ; [+ corvée, importun] to get landed with* ■ **on s'est tapé les 10 km à pied** we did the whole 10km on foot ■ **se ~ qn** (sexuellement) to have it off with sb‡

tapioca [tapjɔka] nm tapioca

tapir (se) [tapiʀ] vpr (= se cacher) to hide away

tapis [tapi] nm a [de sol] carpet ; (petit) rug ■ **envoyer qn au ~** to floor sb ▸ **tapis de bain** bathmat ▸ **tapis de jogging** treadmill ▸ **tapis roulant** (pour piétons) moving walkway; (pour bagages) carousel ▸ **tapis de sol** (Camping) groundsheet; (Gym) exercise mat ▸ **tapis de souris** (Informatique) mouse mat b [de table de jeu] covering

tapisser [tapise] vt a (de papier peint) to paper b (= recouvrir) to cover (*de* with)

tapisserie [tapisʀi] nf (= tenture) tapestry ; (= papier peint) wallpaper ■ **faire de la ~** to do tapestry work

tapissier, -ière [tapisje, jɛʀ] nm,f (pour fauteuils, etc) upholsterer ; (pour papiers peints) interior decorator

tapoter [tapɔte] 1 vt [+ baromètre] to tap ; [+ joue] to pat 2 vi ■ **~ sur** to tap on ; [+ clavier] to tap away at a keyboard

taquet [takɛ] nm ■ **il est au ~*** (va vite) he's going flat out* ; (au meilleur de sa forme) he's on top form

taquin, e [takɛ̃, in] adj teasing *avant n* ■ **il est très ~** he's a real tease

taquiner [takine] vt [personne] to tease

tarabiscoté, e [taʀabiskɔte] adj [meuble, style] overornate

tarama [taʀama] nm taramasalata

tard [taʀ] adv late ■ **il se fait ~** it's getting late ■ **plus ~** later ■ **remettre qch à plus ~** to put sth off ■ **au plus ~** at the latest

tarder [taʀde] vi a (= traîner) to delay ■ **~ à entreprendre qch** to delay starting sth ■ **ne tardez pas** don't delay b (= être lent à venir) ■ **sa réponse a trop tardé** he was too slow in replying ■ **il est 2 heures : ils ne vont pas ~** it's 2 o'clock - they won't be long now ■ **il n'a pas tardé à s'en apercevoir** it didn't take him long to notice

tardif, -ive [taʀdif, iv] adj late ; [regrets, remords] belated ■ **rentrer à une heure tardive** to come home late at night

tare [taʀ] nf (= défaut) defect

taré, e* [taʀe] 1 adj crazy 2 nm,f cretin*

tarif [taʀif] nm a (= tableau) price list b (= prix) rate ; (Transports) fare ■ **quels sont vos ~s ?** how much do you charge? ■ **billet plein ~** (Transports) full-fare ticket ; (Ciné, Théâtre) full-price ticket ■ **~ étudiant** (pour transports) student fare ; (pour loisirs) student concession ■ **~ réduit** (Transports) reduced fare ; (Ciné, Théâtre) concession

tarifer [taʀife] vt to fix the price ou rate for ■ **sexe tarifé** commercial ou paid sex

tarir [taRiR] **1** vi **a** [source] to dry up **b** [personne] ▪ **il ne tarit pas d'éloges sur elle** he can't stop singing her praises **2** **se tarir** vpr to dry up

tarot [taRo] nm tarot

tarte [taRt] **1** nf **a** (= pâtisserie) tart ▪ **~ aux pommes** apple tart ▪ **c'est pas de la ~*** it's not easy ▸ **tarte fine** *tart with a thin pastry base* ▸ **tarte Tatin** tarte Tatin, *upside-down apple tart* **b** (‡ = gifle) slap ▪ **flanquer une ~ à qn** to slap sb in the face **2** adj inv * frumpy

tartelette [taRtəlɛt] nf tartlet

tartinade [taRtinad] nf (Can) (= pâte à tartiner) spread

tartine [taRtin] nf (beurrée) piece of bread and butter ; (à la confiture) piece of bread and jam

tartiner [taRtine] vt to spread ▪ **fromage à ~** cheese spread ▪ **il en a tartiné plusieurs pages*** he went on about it for several pages

tartre [taRtR] nm [de dents] tartar ; [de chaudière, bouilloire] scale

tas [tɑ] nm pile ▪ **mettre en ~** to put in a pile ▪ **~ de crétins !*** you bunch of idiots!* ▪ **un ~ de, des ~ de*** (= beaucoup de) loads of* ▪ **dans le ~, tu trouveras bien un stylo qui marche** you'll find one pen that works ▪ **il s'est formé sur le ~** he was trained on the job

tasse [tɑs] nf cup ▪ **~ à café** coffee cup ▪ **~ de café** cup of coffee ▪ **ce n'est pas ma ~ de thé** (fig) it's not my cup of tea

tassé, e [tɑse] adj **a** ▪ **~s** (= serrés) [spectateurs, passagers] packed tight **b** ♦ **bien tassé*** [whisky] stiff ▪ **café bien ~** good strong coffee ▪ **trois kilos bien ~s** a good three kilos ▪ **il a 50 ans bien ~s** he's well over fifty

tassement [tɑsmɑ̃] nm **a** ▪ **~ de la colonne vertébrale** compression of the spine **b** (= diminution) ▪ **le ~ des voix en faveur du candidat** the drop in votes for the candidate ▪ **un ~ de l'activité économique** a downturn in economic activity

tasser [tɑse] **1** vt [+ sol, neige] to pack down ; [+ foin, paille] to pack ▪ **~ des vêtements/des personnes dans qch** to cram clothes/people into sth **2** **se tasser** vpr **a** [terrain] to subside ; [vieillard, corps] to shrink **b** (= se serrer) ▪ **on s'est tassé à dix dans la voiture** ten of us crammed into the car ▪ **tassez-vous, il y a encore de la place** squeeze up, there's still room **c** (* = s'arranger) to settle down

tâter [tɑte] **1** vt (= palper) to feel ▪ **~ le terrain** to find out how the land lies **2** **se tâter*** vpr (= hésiter) to hesitate

tatillon, -onne [tatijɔ̃, ɔn] adj finicky

tâtonnement [tɑtɔnmɑ̃] nm (= essai) ▪ **après bien des ~s** after a lot of trial and error

tâtonner [tɑtɔne] vi to grope around

tâtons (à) [tɑtɔ̃] loc adv ▪ **avancer à tâtons** to feel one's way along ▪ **chercher qch à tâtons** to grope around for sth

tatouage [tatwaʒ] nm (= dessin) tattoo

tatouer [tatwe] vt to tattoo ▪ **se faire ~ l'épaule** to have one's shoulder tattooed

taudis [todi] nm (= logement) hovel

taule‡ [tol] nf (= prison) jail ▪ **être en ~** to be inside* ▪ **il a fait de la ~** he's done time*

taupe [top] nf (= animal, espion) mole

taureau (pl **~x**) [tɔRo] nm **a** (= animal) bull ▪ **prendre le ~ par les cornes** to take the bull by the horns **b** (= signe) ▪ **le Taureau** Taurus ▪ **il est Taureau** he's a Taurus

tauromachie [tɔRɔmaʃi] nf bullfighting

taux [to] nm rate ; [de pollution, radioactivité] level ▪ **~ de change** exchange rate ▪ **~ d'intérêt** interest rate ▪ **~ de conversion** (Webmarketing) conversion rate

taverne [tavɛRn] nf tavern

taxe [taks] nf tax ; (à la douane) duty ▪ **hors ~s** [boutique, article] duty-free ; (sur facture) exclusive of VAT ▸ **taxe sur la valeur ajoutée** value-added BR ou sales US tax ▸ **taxe d'habitation** *local tax paid by residents,* ≈ council tax BR

taxer [takse] vt **a** [+ marchandises, service] to tax **b** (* = prendre) to pinch* ▪ **je peux te ~ une cigarette ?** can I pinch* a cigarette? ▪ **il m'a taxé 100 €** he got €100 out of me*

taxi [taksi] nm **a** (= voiture) taxi **b** (* = chauffeur) taxi driver

TB (abrév de **très bien**) VG

TBI [tebei] nm (abrév de **tableau blanc interactif**) interactive whiteboard

TCA [tesea] nm (abrév de **trouble du comportement alimentaire**) eating disorder

Tchad [tʃad] nm Chad

tchador [tʃadɔR] nm chador

tchao [tʃao] excl ciao!

tchèque [tʃɛk] **1** adj Czech **2** nm (= langue) Czech **3** **Tchèque** nmf Czech

Tchéquie [tʃeki] nf ▪ **la ~** the Czech Republic

Tchétchénie [tʃetʃeni] nf Chechnya

tchin-tchin* [tʃintʃin] excl cheers!

TD [tede] nmpl (abrév de **travaux dirigés**) tutorial

TDAH [tedeaaʃ] nm (abrév de **trouble du déficit de l'attention avec hyperactivité**) ADHD

te [tə] pron pers **a** (objet) you ▪ **il t'aime** he loves you ▪ **te l'a-t-il dit ?** did he tell you? **b** (réfléchi) yourself ▪ **tu t'es fait mal ?** did you hurt yourself? ▪ **comment te sens-tu ?** how do you feel? ▪ **va te laver les dents** go and brush your teeth

technicien, -ienne [tɛknisjɛ̃, jɛn] nm,f technician

technicolor® [tɛknikɔlɔʀ] nm Technicolor® ▪ **en ~** in Technicolor

technique [tɛknik] **1** adj technical ; voir aussi **chômage** **2** nf **a** (= méthode) technique **b** (= technologie) ▪ **la ~** technology **3** nm (= enseignement) technical training

techniquement [tɛknikmɑ̃] adv technically

techno [tɛkno] nf (= musique) techno

technocrate [tɛknɔkʀat] nmf technocrat

technologie [tɛknɔlɔʒi] nf technology ▪ **~ de l'information** information technology

technologique [tɛknɔlɔʒik] adj technological

technophile [tɛknofil] nmf technophile

technopole [tɛknɔpɔl] nf hub town for science and technology

teckel [tekɛl] nm dachshund

tee [ti] nm tee ▪ **partir du ~** to tee off

tee-shirt [tiʃœʀt] nm T-shirt

teigne [tɛɲ] nf **a** (= papillon) moth **b** (péj = homme) rat* ; (= femme) cow*

teigneux, -euse [tɛɲø, øz] adj ▪ **il est ~** (= acariâtre) he's a misery guts*

teindre [tɛ̃dʀ] vt to dye ▪ **se ~ (les cheveux)** to dye one's hair

teint, e [tɛ̃, tɛ̃t] **1** adj [cheveux, laine] dyed ▪ **elle est ~e** her hair is dyed **2** nm [de peau] complexion **3** **teinte** nf (= nuance) shade ; (= couleur) colour BR, color US

teinté, e [tɛ̃te] adj [crème, verre] tinted ▪ **discours ~ de racisme** speech tinged with racism

teinter [tɛ̃te] vt [+ papier, verre] to tint ; [+ meuble, bois] to stain

teinture [tɛ̃tyʀ] nf (= colorant) dye ▪ **~ d'iode** tincture of iodine

teinturerie [tɛ̃tyʀʀi] nf (= magasin) dry cleaner's

teinturier, -ière [tɛ̃tyʀje, jɛʀ] nm,f (qui nettoie) dry cleaner

tel, telle [tɛl] adj **a** (similitude) such ▪ **~ père, ~ fils** (Prov) like father like son ▪ **as-tu jamais rien vu de ~ ?** have you ever seen such a thing? **b** (avec conséquence) ▪ **ils ont eu de ~s ennuis avec leur voiture qu'ils l'ont vendue** they had such trouble with their car that they sold it ▪ **de ~le sorte que** so that **c** (indéfini) such-and-such ▪ **venez ~ jour à ~le heure** come on such-and-such a day at such-and-such a time **d** ♦ **un tel, une telle** such a ▪ **on n'a jamais vu une ~le cohue** you've never seen such a crush ♦ **tel que** like ▪ **les métaux ~s que l'or et le platine** metals like gold and platinum ♦ **tel quel, telle quelle*** as it is (ou was)

tél. (abrév de **téléphone**) tel.

télé* [tele] nf TV ▪ **à la ~** on TV

téléachat [teleaʃa] nm teleshopping *NonC*

télécabine [telekabin] nf cable car

télécarte® [telekaʀt] nf phonecard

téléchargement [teleʃaʀʒəmɑ̃] nm downloading

télécharger [teleʃaʀʒe] vti to download (*de, depuis* from)

télécommande [telekɔmɑ̃d] nf remote control

télécommunications [telekɔmynikasjɔ̃] nfpl telecommunications

téléconférence [telekɔ̃feʀɑ̃s] nf (= discussion) teleconference

télécopie [telekɔpi] nf fax

télécopieur [telekɔpjœʀ] nm fax

télédéclarer [teledeklaʀe] vt to submit online ▪ **~ ses revenus** to submit one's tax return online

téléenseignement [teleɑ̃sɛɲmɑ̃] nm distance learning

téléfilm [telefilm] nm TV film

télégénique [teleʒenik] adj telegenic

télégramme [telegʀam] nm telegram

télégraphier [telegʀafje] vt [+ message] to telegraph

téléguidage [telegidaʒ] nm remote control

téléguider [telegide] vt **a** [+ machine, véhicule] to operate by remote control ▪ **voiture téléguidée** remote-controlled car ▪ **missile téléguidé** guided missile **b** [+ complot, campagne] to mastermind

téléinformatique [teleɛ̃fɔʀmatik] nf telecomputing

téléjournal [teleʒuʀnal] nm (Helv) television news

télématique [telematik] **1** adj [service, serveur] data communications **2** nf telematics *sg*

téléobjectif [teleɔbʒɛktif] nm telephoto lens

télépathie [telepati] nf telepathy

télépéage [telepeaʒ] nm *motorway toll system based on electronic tagging of cars*

téléphérique [telefeʀik] nm cable car

téléphone [telefɔn] nm telephone, phone ; (* = numéro) phone number ▪ **avoir le ~** to have a phone ▪ **il est au ~** he's on the phone ▪ **coup de ~** phone call ▪ **passer un coup de ~ à qn** to phone sb ▸ **téléphone fixe** landline (phone) ▪ **appelle-moi sur mon ~ fixe**

te

call me on my landline ▸ **téléphone mobile** mobile phone ▸ **téléphone portable** portable phone ▸ **téléphone sans fil** cordless phone

téléphoner [telefɔne] **1** vi to phone ▪ **~ à qn** to phone sb ▪ **où est Martin ? – il téléphone** where's Martin? – he's on the phone **2** **se téléphoner** vpr to phone each other

téléphonie [telefɔni] nf telephony ▪ **~ mobile** mobile telephony

téléphonique [telefɔnik] adj telephone

téléréalité [teleʀealite] nf reality TV

téléroman [teleʀɔmɑ̃] nm (Can = feuilleton télévisé) television serial, soap (opera)

télescope [telɛskɔp] nm telescope

télescoper (se) [telɛskɔpe] vpr [véhicules] to concertina ; [souvenirs] to become confused

télescopique [telɛskɔpik] adj telescopic

télésiège [telesjɛʒ] nm chairlift

téléski [teleski] nm ski lift

téléspectateur, -trice [telespɛktatœʀ, tʀis] nm,f viewer

télésurveillance [telesyʀvɛjɑ̃s] nf electronic surveillance ▪ **caméra de ~** security camera

Télétel® [teletɛl] nm electronic telephone directory

télétexte [teletekst] nm Teletext®

télétravail [teletʀavaj] nm teleworking

télévente [televɑ̃t] nf telesales

téléverser [televɛʀse] vt to upload

télévisé, e [televize] adj televised

téléviser [televize] vt to televise

téléviseur [televizœʀ] nm television *(set)*

télévision [televizjɔ̃] nf television ▪ **à la ~** on television ▪ **passer à la ~** to be on television ▪ **~ par câble/satellite** cable/satellite television ▪ **~ de rattrapage** catch-up television

télévisuel, -elle [televizɥɛl] adj television

télex [telɛks] nm inv telex

telle [tɛl] adj → **tel**

tellement [tɛlmɑ̃] adv **a** (= si) so ; (avec compar) so much ▪ **j'étais ~ fatigué que je me suis couché immédiatement** I was so tired that I went straight to bed ▪ **~ plus fort** so much stronger **b** (= tant) so much ▪ **il a ~ insisté que...** he insisted so much that... ▪ **on ne le comprend pas ~ il parle vite** he talks so fast that you can't understand him ▪ **~ de** + nom singulier so much ; + nom pluriel so many ▪ **~ de temps** so much time ▪ **~ de gens** so many people **c** (loc) ▪ **il ne travaille pas ~** he doesn't work that much ▪ **tu aimes le cinéma ? – pas ~** do you like the cinema? – not particularly ▪ **ce n'est plus ~ à la mode** it's not really that fashionable any more

téméraire [temeʀɛʀ] adj rash

témoignage [temwaɲaʒ] nm **a** (en justice) evidence *NonC* **b** (= récit, rapport) account *(sur of)* **c** (= signe) token ▪ **en ~ de ma reconnaissance** as a token of my gratitude

témoigner [temwaɲe] **1** vi (au tribunal) to testify **2** vt ▪ **~ que** (= démontrer que) to show that ; (= attester que) to testify that **3** **témoigner de** vt indir (= confirmer) to testify to ; (= être le signe de) to show ▪ **tout cela témoigne de son intelligence** it all shows how intelligent he is

témoin [temwɛ̃] **1** nm **a** (= personne) witness ; [de marié] best man ▪ **~ à charge** witness for the prosecution ▪ **être ~ de** [+ crime, scène] to witness ▪ **il m'a pris à ~** he called on me to confirm what he said ▸ **les Témoins de Jéhovah** Jehovah's Witnesses **b** (Sport) baton **2** adj ▪ **appartement ~** show flat BR, model apartment US

tempe [tɑ̃p] nf temple

tempérament [tɑ̃peʀamɑ̃] nm (= nature) temperament ▪ **avoir du ~** to have a strong personality

température [tɑ̃peʀatyʀ] nf temperature ▪ **avoir de la ~** to have a temperature

tempéré, e [tɑ̃peʀe] adj [climat, zone] temperate

tempérer [tɑ̃peʀe] vt [+ froid, rigueur du climat] to temper ; [+ peine, douleur] to ease

tempête [tɑ̃pɛt] nf storm ▪ **~ de neige** snowstorm

temple [tɑ̃pl] nm temple ; (= église) Protestant church

tempo [tɛmpo] nm tempo

temporaire [tɑ̃pɔʀɛʀ] adj temporary

temporiser [tɑ̃pɔʀize] vi to play for time

temps [tɑ̃] nm **a** (qui passe) time ▪ **le ~ c'est de l'argent** time is money *(Prov)* ▪ **c'était le bon ~** those were the days ▪ **les premiers ~** at the beginning ▪ **par les ~ qui courent** these days ▪ **ces derniers ~** lately ▪ **ces temps-ci** these days ▪ **tout le ~** all the time ▪ **peu de ~ avant/après** shortly before/after ▪ **il est ~ de partir/qu'il parte** it's time to go/he went ▪ **avoir le ~ de faire qch** to have time to do sth ▪ **mettre du ~ à faire qch** to take time to do sth ▪ **cela prend trop de ~** it takes up too much time ▪ **prendre son ~ (pour faire qch)** to take one's time (to do sth) ▪ **à ~** in time ▪ **à plein ~** full-time ▪ **à ~ partiel** part-time ▪ **au ~ des Tudors** in Tudor times ▪ **dans le ~** (= autrefois) in the old days ▪ **de mon ~** in my time ▪ **de ~ à autre, de ~ en ~** from time to time ▪ **en ~ de guerre** in wartime ▪ **en ~ de crise** in times of crisis ▪ **en ce temps-là** at that time ▪ **en ~ normal** usually ▸ **temps libre** spare time **b** (= conditions atmosphériques) weather

■ **quel ~ fait-il ?** what's the weather like? ■ **il fait beau/mauvais ~** the weather's fine/bad **c** (= phase) ■ **l'opération s'est déroulée en trois ~** the operation was carried out in three phases ■ **marquer un ~ d'arrêt** to pause ■ **dans un premier ~** at first ■ **dans un deuxième ~** subsequently **d** (Mus) beat **e** [de verbe] tense

tenable [t(ə)nabl] adj [position] tenable

tenace [tənas] adj [personne] stubborn ; [rhume, toux, rumeur] persistent ; [croyance, préjugés] deep-seated ; [souvenir, rancune, parfum] lingering

ténacité [tenasite] nf [de personne] persistence

tenailles [t(ə)nɑj] nfpl [de menuisier, bricoleur] pliers ■ **être pris en ~ entre** to be torn between

tenancier, -ière [tənɑ̃sje, jɛʀ] nm,f [d'hôtel, bar, boîte] manager

tendance [tɑ̃dɑ̃s] nf **a** (= inclination) tendency ■ **avoir ~ à faire qch** to tend to do sth **b** (= évolution) trend ■ **~ à la hausse/baisse** upward/downward trend

tendancieux, -ieuse [tɑ̃dɑ̃sjø, jøz] adj tendentious

tendeur [tɑ̃dœʀ] nm [de porte-bagages] bungee

tendinite [tɑ̃dinit] nf tendinitis *NonC*

tendon [tɑ̃dɔ̃] nm tendon ■ **~ d'Achille** Achilles' tendon

tendre[1] [tɑ̃dʀ] **1** vt **a** [+ corde, câble] to tighten ; [+ muscles] to tense ■ **~ une bâche sur une remorque** to pull a tarpaulin over a trailer ■ **~ le cou** to crane one's neck ■ **~ l'oreille** to prick up one's ears **b** (= suspendre) [+ tapisserie, tenture] to hang **c** (= présenter) ■ **~ qch à qn** to hold sth out to sb ■ **~ la main à qn** (pour saluer) to hold out one's hand to sb ■ **~ la perche à qn** (fig) to throw sb a lifeline **d** ■ **~ un piège à qn** to set a trap for sb **2** **tendre à** vt indir (= avoir tendance à) to tend to **3** **se tendre** vpr [corde] to become taut ; [rapports] to become strained

tendre[2] [tɑ̃dʀ] adj **a** [pierre, bois] soft ; [haricots, viande] tender ■ **depuis sa plus ~ enfance** from his earliest days **b** (= affectueux) tender **c** [couleur] soft

tendrement [tɑ̃dʀəmɑ̃] adv tenderly

tendresse [tɑ̃dʀɛs] nf tenderness ■ **avoir de la ~ pour qn** to be fond of sb

tendu, e [tɑ̃dy] adj **a** [corde, toile] taut **b** (= nerveux) tense **c** (= en avant) ■ **les bras ~s** with outstretched arms ■ **s'avancer la main ~e** to come forward with one's hand held out **d** ■ **~ de** [+ velours, soie] hung with

ténèbres [tenɛbʀ] nfpl (littér) darkness

teneur [tənœʀ] nf **a** [de minerai, solution] content ■ **~ en matières grasses** fat content **b** [de traité, lettre] terms

tenir [t(ə)niʀ]

1 vt **a** (avec les mains) to hold ■ **~ qch à la main** to be holding sth ■ **~ qn par la main** to hold sb's hand

b (= maintenir dans un certain état) to keep ■ **le café le tient éveillé** coffee keeps him awake

c [+ hôtel, magasin, comptes] to keep

d (= détenir) to have ■ **nous le tenons !** we've got him!

e (= contrôler) [+ enfant, classe] to control

f [+ réunion, conférence] to hold

g (= occuper) [+ place, largeur] to take up ; [+ rôle] to have ■ **~ sa droite** [conducteur] to keep to the right

h (= résister à) ■ **~ l'alcool*** to be able to hold one's drink ■ **~ le coup** [personne] to survive ; [chose] to last

i [+ promesse, pari, planning] to keep to

j ■ **tiens !** (en donnant) here you are! ■ **tiens, voilà mon frère !** oh, there's my brother! ■ **tiens, tiens !** well, well!

2 vi **a** (= rester en place) to hold ; [objets empilés, échafaudage] to stay up ■ **il tient bien sur ses jambes** he's very steady on his legs

b (= durer) [mariage, fleurs] to last ■ **ça tient toujours, notre pique-nique ?*** is our picnic still on?

c (= résister) ■ **~ bon** to hold out ■ **il fait trop chaud, on ne tient plus ici** it's too hot - we can't stand it here any longer

d (= pouvoir être contenu) to fit (*dans* into)

3 vt indir **a** ■ **~ à** (= être attaché à) [+ réputation] to care about ; [+ objet, personne] to be fond of ; (= avoir pour cause) to be due to ■ **tu veux aller au cinéma ? – je n'y tiens pas** do you want to go to the cinema? – not particularly ■ **~ à faire qch/à ce que** to be anxious to do sth/that

b ■ **~ de** (= ressembler à) to take after

4 vb impers ■ **il ne tient qu'à vous de décider** it's up to you to decide ■ **qu'à cela ne tienne !** no problem!

5 vpr **a** (avec les mains) to hold ■ **se ~ à qch** to hold onto sth ■ **ils se tenaient par la main** they were holding hands

b (= être dans une position) ■ **se ~ debout** to be standing up ■ **se ~ droit** (debout) to stand up straight ; (assis) to sit up straight

c (= se conduire) to behave ■ **tiens-toi tranquille** keep still ■ **se ~ mal** (à table) to have bad table manners ; (en société) to behave badly

d [conférence, réunion] to be held

e [raisonnement] to hold together

f ▪ **s'en ~ à** (= se limiter à) to confine o.s. to ▪ **il aimerait savoir à quoi s'en ~** he'd like to know where he stands

tennis [tenis] 1 nm a (= sport) tennis ▪ **~ sur gazon** lawn tennis ▸ **tennis de table** table tennis b (= terrain) tennis court 2 nmpl (= chaussures) trainers BR, sneakers US

tennisman [tenisman] (pl **~s** ou **tennismen** [tenismɛn]) nm tennis player

⚠ Le mot ***tennisman** n'existe pas en anglais.

ténor [tenɔʀ] nm (= chanteur) tenor ; (fig) big name (*de* in)

tension [tɑ̃sjɔ̃] nf a (gén) tension b (artérielle) blood pressure ▪ **faire** ou **avoir de la ~** to have high blood pressure ▪ **avoir deux de ~*** to be as much use as a chocolate teapot* c (électrique) voltage

tentacule [tɑ̃takyl] nm tentacle

tentant, e [tɑ̃tɑ̃, ɑ̃t] adj tempting

tentation [tɑ̃tasjɔ̃] nf temptation

tentative [tɑ̃tativ] nf attempt ▪ **~ d'évasion/de suicide** escape/suicide attempt

tente [tɑ̃t] nf tent

tenter [tɑ̃te] vt a (= chercher à séduire) to tempt ▪ **se laisser ~ par une offre** to be tempted by an offer ▪ **être tenté de faire qch** to be tempted to do sth ▪ **tu peux venir si ça te tente** you can come if you feel like it b (= essayer) to try, to attempt (*de faire qch* to do sth) ▪ **~ le tout pour le tout** to risk one's all ▪ **~ sa chance** to try one's luck

tenture [tɑ̃tyʀ] nf a (= tapisserie) hanging b (= rideau) curtain

tenu, e[1] [t(ə)ny] adj a (= soigné) [maison] ▪ **bien ~** well-kept ▪ **mal ~** ill-kept b (= obligé) ▪ **être ~ de faire qch** to be obliged to do sth

ténu, e [teny] adj (frm) a [voix] thin b [espoir] faint

tenue[2] [t(ə)ny] nf a (= habillement) dress ▪ **en petite ~** scantily dressed ▸ **tenue de soirée** evening dress b (= uniforme) uniform ▪ **les policiers en ~** policemen in uniform c (= maintien) posture d (= manières) ▪ **avoir de la ~** to have good manners ▪ **allons ! un peu de ~ !** come on, behave yourself!

térébenthine [teʀebɑ̃tin] nf turpentine

tergiverser [tɛʀʒivɛʀse] vi to prevaricate

terme [tɛʀm] 1 nm a (= mot) term ▪ **en d'autres ~s** in other words b (= fin) end ▪ **mettre un ~ à qch** to put an end to sth ▪ **prévisions à court/moyen/long ~** short-term/medium-term/long-term forecasts ▪ **ce sera rentable à court/moyen/long ~** it will be profitable in the short/medium/long term ▪ **à ~** [naître] at term ▪ **arriver à ~** [délai, mandat, contrat] to expire ▪ **avant ~** [naître, accoucher] prematurely c [de loyer] (= date de paiement) date for payment 2 **termes** nmpl (= relations) ▪ **être en bons/mauvais ~s avec qn** to be on good/bad terms with sb

terminaison [tɛʀminɛzɔ̃] nf ending

terminal, e (mpl **-aux**) [tɛʀminal, o] 1 adj ▪ **malade en phase ~e** terminally ill patient 2 nm terminal 3 **terminale** nf (= classe) final year, ≈ upper sixth form BR, ≈ twelfth grade US ▪ **élève de ~e** ≈ upper sixth former BR, ≈ twelfth grader US

terminer [tɛʀmine] 1 vt to finish ▪ **en avoir terminé avec qch/qn** to be finished with sth/sb ▪ **pour ~ je dirais que...** to conclude I would say that... 2 **se terminer** vpr to end (*par, en* with, in)

terminologie [tɛʀminɔlɔʒi] nf terminology

terminus [tɛʀminys] nm terminus ▪ **~, tout le monde descend !** (last stop,) all change please!

termite [tɛʀmit] nm termite

ternaire [tɛʀnɛʀ] adj ternary

terne [tɛʀn] adj dull

ternir [tɛʀniʀ] 1 vt to tarnish 2 **se ternir** vpr to become tarnished

terrain [teʀɛ̃] nm a (= sol) ground ; (= terre) soil ▪ **gagner/perdre du ~** (fig) to gain/lose ground ▪ **aller sur le ~** (fig) to go out into in the field ▸ **terrain d'atterrissage** landing ground ▸ **terrain d'aviation** airfield ▸ **terrain de camping** campsite ▸ **terrain vague** waste ground *NonC* b (Football, Rugby) pitch ; (Courses, Golf) course ; (Basket, Handball) court c (= étendue de terre) land *NonC* ; (= parcelle) plot of land ; (à bâtir) site d (= domaine) ground ▪ **trouver un ~ d'entente** to find common ground

terrasse [teʀas] nf terrace ▪ **il était assis à la** ou **en ~** he was sitting outside

terrassement [teʀasmɑ̃] nm ▪ **travaux de ~** excavation work

terrasser [teʀase] vt [adversaire] to bring down ; [émotion, nouvelle] to overwhelm ; [maladie, crise cardiaque] to strike down

terre [tɛʀ] nf a (= planète) earth ; (= monde) world b (= matière) earth ; (pour la poterie) clay ; (= sol) ground ▪ **par ~** [s'allonger, poser] on the ground ; [tomber] to the ground ▪ **sous ~** underground ▪ **~ à ~** [personne] down-to-earth ; [préoccupations] mundane ▸ **terre battue** beaten earth; (Tennis) clay ▪ **jouer sur ~ battue** to play on a clay court ▸ **terre cuite** terracotta ▸ **terre glaise** clay c (= domaine) ▪ **~s** land *NonC* d (par opposition à mer) land *NonC* ▪ **sur la ~ ferme** on dry land

▪ **aller à ~** to go ashore **e** (= pays) land **f** (Élec) earth BR, ground US

terreau [teʀo] nm soil-based compost

terre-neuve [tɛʀnœv] nm inv (= chien) Newfoundland terrier

terre-plein (pl **~s**) [tɛʀplɛ̃] nm ▪ **~ central** central reservation BR, median strip US

terrer (se) [teʀe] vpr [criminel] to lie low ; [personne peu sociable] to hide away

terrestre [teʀɛstʀ] adj **a** (= de la terre) land ▪ **la surface ~** the earth's surface **b** (= d'ici-bas) earthly

terreur [teʀœʀ] nf terror *NonC*

terreux, -euse [teʀø, øz] adj **a** [semelles, chaussures] muddy ; [mains] grubby **b** [teint] sallow

terrible [teʀibl] adj **a** terrible ▪ **le plus ~, c'est que...** the most terrible thing about it is that... **b** [vent, force, bruit] terrific **c** (* = formidable) ▪ **ce film n'est pas ~** this film is nothing special

terriblement [teʀibləmɑ̃] adv terribly

terrien, -ienne [teʀjɛ̃, jɛn] **1** adj ▪ **propriétaire ~** landowner **2** nm Earthman **3** **terrienne** nf Earthwoman

terrier [tɛʀje] nm **a** [de lapin, taupe] burrow ; [de renard] earth **b** (= chien) terrier

terrifiant, e [teʀifjɑ̃, jɑ̃t] adj terrifying

terrifier [teʀifje] vt to terrify

terril [teʀi(l)] nm slag heap

terrine [teʀin] nf (Culin) terrine

territoire [teʀitwaʀ] nm territory ; [de département, commune] area ▪ **~s d'outre-mer** overseas territories

terroir [tɛʀwaʀ] nm (= région) region ▪ **produits du ~** local produce

terroriser [teʀɔʀize] vt to terrorize

terrorisme [teʀɔʀism] nm terrorism

terroriste [teʀɔʀist] adj, nmf terrorist

tertiaire [tɛʀsjɛʀ] adj tertiary

tertio [tɛʀsjo] adv thirdly

tertre [tɛʀtʀ] nm mound

tes [te] adj poss → **ton**

tesson [tesɔ̃] nm ▪ **~ de bouteille** piece of broken glass

test [tɛst] nm test ▪ **faire passer un ~ à qn** to give sb a test

testament [tɛstamɑ̃] nm **a** [document] will **b** (Rel) ▪ **l'Ancien/le Nouveau Testament** the Old/the New Testament

tester [tɛste] vt to test

testicule [tɛstikyl] nm testicle

test-match (pl **test-match(e)s**) [tɛstmatʃ] nm (Rugby) rugby international

tétaniser [tetanize] vt to tetanize ▪ **il était tétanisé de peur** he was paralyzed with fear

tétanos [tetanos] nm tetanus

tête [tɛt] nf **a** [de personne, animal] head ▪ **j'ai la ~ lourde** my head feels heavy ▪ **tomber la ~ la première** to fall headfirst ▪ **de la ~ aux pieds** from head to foot ▪ **j'en donnerais ma ~ à couper** I would stake my life on it ▪ **tenir ~ à qn/qch** to stand up to sb/sth ▪ **gagner d'une ~** [cheval] to win by a head ▪ **avoir la ~ dure** (= têtu) to be stubborn ▪ **donner un coup de ~ à qn** to headbutt sb ▪ **agir sur un coup de ~** to act on impulse ▪ **se prendre la ~*** to get into a state* ▸ **tête de mort** (= emblème) death's-head; (sur pavillon) skull and crossbones ▸ **tête de Turc** whipping boy **b** (= visage, expression) face ▪ **il a une bonne ~** he looks a decent sort ▪ **quand il a appris la nouvelle il a fait une drôle de ~ !** you should have seen his face when he heard the news! ▪ **faire la ~** to sulk **c** [de clou, marteau] head ; [d'arbre] top ▪ **~ d'ail** head of garlic **d** (= partie antérieure) head ▪ **on monte en ~ ou en queue ?** shall we get on at the front or the back? ▪ **à la ~ du cortège** at the head of the procession ▪ **être à la ~ d'un mouvement/d'une affaire** (= diriger) to head a movement/a business ▪ **être en/prendre la ~** (dans une compétition) to be in/to take the lead ▪ **être en ~ de liste** to come at the top of the list ▸ **tête de liste** (Pol) chief candidate *(in list system of voting)* ▸ **tête de lit** bedhead ▸ **tête de série** (Tennis) seeded player ▪ **il est ~ de série numéro 2** he's the number 2 seed **e** (= facultés mentales) ▪ **avoir toute sa ~** to have all one's faculties ▪ **où ai-je la ~ ?** whatever am I thinking of? ▪ **être ~ en l'air** to be a scatterbrain ▪ **avoir la ~ sur les épaules** to be level-headed ▪ **calculer qch de ~** to work sth out in one's head ▪ **n'en faire qu'à sa ~** to do as one pleases ▪ **j'y réfléchirai à ~ reposée** I'll think about it when I've got a quiet moment

tête-à-queue [tɛtakø] nm inv spin ▪ **faire un ~** [de voiture] to spin round

tête-à-tête [tɛtatɛt] nm inv (= conversation) tête-à-tête ▪ **discussion en ~** discussion in private ▪ **dîner en ~** to have dinner together

téter [tete] **1** vt [+ biberon, sein] to suck at **2** vi to feed

tétine [tetin] nf [de biberon] teat BR, nipple US ; (= sucette) dummy BR, pacifier US

têtu, e [tety] adj stubborn ▪ **~ comme une mule** as stubborn as a mule

teuf* [tœf] nf party ▪ **faire la ~** to party

texte [tɛkst] nm **a** text ; [d'acteur] lines ; [de chanson] lyrics ▪ **lire Shakespeare dans le ~** to read Shakespeare in the original ▸ **texte**

de loi (adopté) law; (en discussion) bill **b** (= fragment) passage

texter [tɛkste] vti to text

textile [tɛkstil] nm (= matière) textile ▪ **le ~** (= industrie) the textile industry

texto* [tɛksto] adv word for word

texto® [tɛksto] nm text message ▪ **envoyer un ~ à qn** to send a text message to sb, to text sb

textoter [tɛkstɔte] vti ⇒ **texter**

textuel, -elle [tɛkstɥɛl] adj **a** [traduction] literal ; [copie, citation] exact **b** (= du texte) textual

texture [tɛkstyʀ] nf texture

TF1 [teɛfœ̃] n (abrév de **Télévision française un**) *private French television channel*

TGV [teʒeve] nm (abrév de **train à grande vitesse**) high-speed train

thaïlandais, e [tajlɑ̃dɛ, ɛz] **1** adj Thai **2** **Thaïlandais(e)** nm,f Thai

Thaïlande [tailɑ̃d] nf Thailand

thalassothérapie [talasoteʀapi] nf thalassotherapy

thé [te] nm tea ▪ **~ au lait/nature** tea with milk/without milk ▪ **~ au citron/au jasmin** lemon/jasmine tea

théâtral, e (mpl **-aux**) [teɑtʀal, o] adj theatrical ; [rubrique, chronique, saison] theatre BR, theater US

théâtre [teɑtʀ] nm **a** theatre BR, theater US ▪ **faire du ~** (professionnellement) to be an actor ; (comme loisir) to do some acting ▪ **le ~ de boulevard** light comedies ▪ **de ~** [costumes, décors] stage ; [cours, festival] drama ▪ **coup de ~** dramatic turn of events **b** [d'événement, crime] scene

théière [tejɛʀ] nf teapot

thématique [tematik] adj thematic ; [chaîne de télévision] specialized

thème [tɛm] nm **a** (= sujet) theme **b** (= traduction) translation *(into a foreign language)*

théologie [teɔlɔʒi] nf theology

théologien, -ienne [teɔlɔʒjɛ̃, jɛn] nm,f theologian

théorème [teɔʀɛm] nm theorem

théorie [teɔʀi] nf theory ▪ **en ~** in theory

théorique [teɔʀik] adj theoretical

théoriquement [teɔʀikmɑ̃] adv theoretically

thérapeute [teʀapøt] nmf therapist

thérapie [teʀapi] nf therapy ▪ **~ génique** gene therapy

thermal, e (mpl **-aux**) [tɛʀmal, o] adj [source] thermal ▪ **faire une cure ~e** to take the waters ▪ **station ~e** spa

thermes [tɛʀm] nmpl (Hist) thermae ; (= établissement thermal) thermal baths

thermique [tɛʀmik] adj [énergie] thermal ▪ **moteur ~** heat engine

thermomètre [tɛʀmɔmɛtʀ] nm thermometer

thermos® [tɛʀmos] nm ou f ▪ **(bouteille) ~** Thermos® flask BR ou bottle US

thermostat [tɛʀmɔsta] nm thermostat ▪ **préchauffez le four, ~ 7** preheat the oven to gas mark 7

thésauriser [tezɔʀize] **1** vi to hoard money **2** vt to hoard

thèse [tɛz] nf thesis ▪ **~ de doctorat** PhD, doctoral thesis BR ou dissertation US ▪ **la ~ du suicide a été écartée** suicide has been ruled out

thon [tɔ̃] nm tuna ▪ **~ au naturel/à l'huile** tuna in brine/in oil

thoracique [tɔʀasik] adj ▪ **cage ~** rib cage

thorax [tɔʀaks] nm thorax

thrombose [tʀɔ̃boz] nf thrombosis ▪ **~ veineuse profonde** deep vein thrombosis, DVT

thym [tɛ̃] nm thyme

thyroïde [tiʀɔid] nf thyroid (gland)

Tibet [tibɛ] nm Tibet

tibétain, e [tibetɛ̃, ɛn] **1** adj Tibetan **2** **Tibétain(e)** nm,f Tibetan

tibia [tibja] nm (= os) shinbone ; (= partie de la jambe) shin

tic [tik] nm tic ; (= manie) mannerism

TICE [tis] nfpl (Can) (abrév de **technologies de l'information et de la communication pour l'éducation**) ICT

ticket [tikɛ] nm ticket ▸ **ticket de caisse** sales receipt

ticket-repas (pl **tickets-repas**) [tikɛʀəpa], **ticket-restaurant®** (pl **tickets-restaurant**) [tikeʀɛstɔʀɑ̃] nm luncheon voucher BR, ≈ meal ticket US

tic-tac [tiktak] nm inv ticking ▪ **faire ~** to tick

tiède [tjɛd] **1** adj **a** warm ; (désagréablement) lukewarm **b** [sentiment, accueil] lukewarm **2** adv ▪ **servir ~** (dans une recette) serve warm

tiédir [tjediʀ] vi **a** (= refroidir) to cool down **b** (= se réchauffer) to grow warmer

tien, tienne [tjɛ̃, tjɛn] **1** pron poss ▪ **le ~, la tienne, les ~s, les tiennes** yours ▪ **à la tienne !*** cheers! **2** nm ▪ **les ~s** (= ta famille) your family ; pour autres loc voir **sien**

tiendra [tjɛ̃dʀa] vb → **tenir**

tient [tjɛ̃] vb → **tenir**

tiercé [tjɛʀse] nm *French triple forecast system for horse-racing*

tiers [tjɛʀ] nm **a** (= fraction) third ■ **j'ai lu le** ou **un ~ du livre** I have read a third of the book **b** (Droit) third party ; (= étranger, inconnu) outsider

tiers-monde [tjɛʀmɔ̃d] nm ■ **le ~** the Third World

tifs* [tif] nmpl hair

tige [tiʒ] nf [de fleur, arbre] stem ; [de céréales, graminées] stalk

tignasse [tiɲas] nf (= chevelure mal peignée) mop of hair

tigre [tigʀ] nm tiger

tigresse [tigʀɛs] nf tigress

tilde [tild(e)] nm tilde

tilleul [tijœl] nm (= arbre) lime tree ; (= infusion) lime-blossom tea

timbale [tɛ̃bal] nf **a** (= instrument) kettledrum **b** (= gobelet) metal tumbler

timbre [tɛ̃bʀ] nm **a** (= vignette) stamp ■ **timbre(-poste)** stamp ■ **~ fiscal** revenue stamp ■ **~ antitabac** nicotine patch **b** [d'instrument, voix] timbre

timbré, e* [tɛ̃bʀe] adj (= fou) nuts*

timbrer [tɛ̃bʀe] vt [+ lettre, envoi] to stamp

timide [timid] adj **a** (= embarrassé) shy **b** (= hésitant) [critique, réforme] timid ; [politique, reprise économique] tentative

timidité [timidite] nf **a** (= embarras) shyness **b** [de critique, réponse, tentative] timidity

timoré, e [timɔʀe] adj [caractère, personne] fearful

tintamarre [tɛ̃tamaʀ] nm racket

tinter [tɛ̃te] vi [cloche, sonnette] to ring ; [clochette] to tinkle ; [objets métalliques, pièces de monnaie] to jingle

tintin* [tɛ̃tɛ̃] excl no way!*

tipi [tipi] nm teepee

tiquer [tike] vi [personne] to make a face ■ **il n'a pas tiqué** he didn't bat an eyelid

tir [tiʀ] nm **a** (= discipline) shooting ■ **~ au pistolet/à la carabine** pistol/rifle shooting ▸ **tir à l'arc** archery **b** (= action de tirer) firing *NonC* ■ **en position de ~** in firing position **c** (= feu, rafales) fire *NonC* **d** (Football) shot ■ **épreuve des ~s au but** penalty shoot-out **e** (= stand) ■ **~ (forain)** shooting gallery

tirade [tiʀad] nf (Théâtre) speech ; (péj) tirade

tirage [tiʀaʒ] nm **a** (Photo, Typo) (= action) printing ; (= épreuve) print **b** [de journal] circulation ; [de livre] print run **c** [de loterie] draw ▸ **tirage au sort** drawing lots ■ **le gagnant sera désigné par ~ au sort** the winner will be chosen by drawing lots

tirailler [tiʀɑje] vt [douleurs] to gnaw at ■ **être tiraillé entre plusieurs possibilités** to be torn between several possibilities

tiré, e [tiʀe] adj ■ **avoir les traits ~s** to look drawn ■ **~ à quatre épingles** dressed up to the nines* ■ **~ par les cheveux** (fig) far-fetched

tire-au-flanc* [tiʀoflɑ̃] nmf inv skiver* BR, shirker

tire-bouchon (pl **~s**) [tiʀbuʃɔ̃] nm corkscrew

tire-d'aile (à) [tiʀdɛl] loc adv ■ **passer à tire-d'aile** to pass by in full flight ■ **s'envoler à tire-d'aile** to take flight in a flurry of feathers

tire-fesses* [tiʀfɛs] nm inv ski tow

tirelire [tiʀliʀ] nf moneybox

tirer [tiʀe] **1** vt **a** (= amener vers soi, remorquer) to pull ; (vers le bas) to pull down ; (vers le haut) to pull up ; [+ rideaux] to draw ■ **~ les cheveux à qn** to pull sb's hair ■ **~ qn par la manche** to tug sb's sleeve **b** [+ épée, vin] to draw ■ **~ qn du lit** to get sb out of bed **c** (= obtenir) [+ conclusion, satisfaction] to draw (*de* from) ■ **on ne peut rien en ~** (enfant têtu) you can't do anything with him ; (personne qui refuse de parler) you can't get anything out of him **d** (= délivrer) ■ **~ qn de prison/d'une situation dangereuse** to get sb out of prison/of a dangerous situation **e** (indiquant l'origine) ■ **pièce tirée d'un roman** play taken from a novel ■ **l'opium est tiré du pavot** opium is obtained from poppies **f** (Jeux) [+ numéro] to draw ; [+ carte] to pick ■ **~ les cartes** to give a reading ■ **~ qch au sort** to draw lots for sth **g** (Photo, Typo) to print **h** [+ ligne, trait] to draw **i** [+ coup de feu, balle] to fire ; [+ flèche] to shoot **j** (Football) [+ corner, penalty] to take **2** vi **a** (= exercer une traction) to pull **b** (= faire feu) to fire ; (= se servir d'une arme à feu, viser) to shoot ■ **~ sur qn/qch** to shoot at sb/sth **c** (Football, Handball) to shoot **d** [cheminée, poêle] to draw **e** ■ **~ à sa fin** [journée] to be drawing to a close ; [épreuve] to be nearly over **3** vt indir ♦ **tirer sur** [+ corde, poignée] to pull on ; [+ pipe, cigarette] to puff at ■ **un vert qui tire sur le bleu** a bluish green **4** **se tirer** vpr **a** ■ **se ~ de** [+ danger, situation] to get o.s. out of ■ **s'en ~** (d'un accident) to escape unharmed ; [malade] to pull through ■ **il s'en est tiré avec une amende** he got off with a fine ■ **il s'en est tiré avec une jambe cassée** he got out of it with a broken leg **b** ■ **bien/mal se ~ de qch** [+ tâche] to handle sth well/badly **c** (‡ = déguerpir) to clear off* ■ **allez, on se tire** come on, let's be off

tiret [tiʀɛ] nm dash ; (= trait d'union) hyphen ▸ **tiret bas** underscore

tireur, -euse [tiʀœʀ, øz] nm,f (avec arme à feu) ■ **~ d'élite** marksman ■ **c'est un bon ~** he's a good shot

tiroir [tiʀwaʀ] nm drawer

tiroir-caisse (pl **tiroirs-caisses**) [tiʀwaʀkɛs] nm till, cash register

tisane [tizan] nf herbal tea

tisser [tise] vt to weave ; [+ liens] to forge ; [araignée] to spin

tissu [tisy] nm **a** (= étoffe) material ; [de mensonges, contradictions] tissue **b** (= cellules) tissue

titanesque [titanɛsk] adj titanic

titre [titʀ(ə)] **1** nm **a** title ▪ **les (gros) ~s** [de journal] the headlines ▪ **~ de propriété** title deed **b** (Bourse) security **c** (= diplôme) qualification **d** [d'or, argent] fineness ▪ **~ d'alcool** ou **alcoolique** alcohol content **e** ▪ **à ce ~** (= en cette qualité) as such ; (= pour cette raison) therefore ▪ **à ~ privé/personnel** in a private/personal capacity ▪ **à ~ permanent/provisoire** on a permanent/temporary basis ▪ **à ~ d'exemple** by way of example **2** comp ▸ **titre de transport** ticket

titrer [titʀe] vt **a** (Presse) to run as a headline ▪ **~ sur 5 colonnes : « Défaite de la droite »** to run a 5-column headline: "Defeat of the Right" **b** [alcool, vin] ▪ **~ 10°/38°** to be 10°/38° proof *(on the Gay Lussac scale)*, ≈ to be 17°/66° proof

titubant, e [titybɑ̃, ɑ̃t] adj staggering

tituber [titybe] vi to stagger

titulaire [titylɛʀ] **1** adj [professeur] (Scol) fully qualified ; (Univ) with tenure ▪ **être ~ de** [+ chaire, diplôme, compte] to hold **2** nmf [de permis, compte, passeport] holder ; [de poste] incumbent

titulariser [titylaʀize] vt [+ enseignant, fonctionnaire] to give a permanent appointment to ; [+ professeur d'université] to give tenure to ; [+ sportif] to pick

TMS [teɛmɛs] nmpl (abrév de **troubles musculo-squelettiques**) MSDs

toast [tost] nm **a** (= pain grillé) piece of toast **b** (= discours) toast ▪ **porter un ~ à qn** to drink a toast to sb

tobagonien, -ienne [tobagɔnjɛ̃, jɛn] **1** adj Tobagonian **2** **Tobagonien(ne)** nm,f Tobagonian

toboggan [tɔbɔgɑ̃] nm (= glissière, jeu) slide ; [de piscine] waterslide

> ⚠ **toboggan** ne se traduit pas par l'anglais ***toboggan***, qui signifie « traîneau ».

toc [tɔk] **1** nm (* = faux) ▪ **c'est du ~** it's a fake ▪ **en ~** [bijou] fake **2** excl ▪ **~, ~ !** knock knock! ▪ **et ~ !*** so there!*

tocsin [tɔksɛ̃] nm alarm bell ▪ **sonner le ~** to ring the alarm

Togo [tɔgo] nm Togo

toi [twa] pron pers **a** (sujet, objet) you ▪ **il a accepté, ~ non** ou **pas ~** he accepted but you didn't ▪ **qui l'a vu ? ~ ?** who saw him? did you? ▪ **il me connaît mieux que ~** (qu'il ne te connaît) he knows me better than you ; (que tu ne me connais) he knows me better than you do **b** (avec verbe pronominal) ▪ **assieds-toi !** sit down! ▪ **~, tais-toi !** you be quiet! **c** (avec préposition) you ▪ **je compte sur ~** I'm counting on you ▪ **cette maison est-elle à ~ ?** is this house yours?

toile [twal] nf **a** (= tissu) cloth *NonC* ; (grossière) canvas *NonC* ▸ **toile cirée** oilcloth **b** (= tableau) painting ▪ **une ~ de maître** an old master **c** ▪ **~ d'araignée** (gén) spider's web ; (dans une maison) cobweb **d** ▪ **la Toile** (= Internet) the Web

toilette [twalɛt] **1** nf **a** (= ablutions) ▪ **faire sa ~** to have a wash ▪ **faire un brin de ~** to have a quick wash ▪ **produits de ~** toiletries ; → **gant, trousse** **b** [d'animal] ▪ **faire sa ~** to wash itself **c** (= costume) outfit **2** **toilettes** nfpl (= WC) toilet, bathroom US ▪ **~s publiques** public lavatory, restroom US ▪ **où sont les ~s ?** (dans un lieu public) where's the toilet? ou the restroom? US

toi-même [twamɛm] pron yourself

toiser [twaze] vt to look up and down

toison [twazɔ̃] nf [de mouton] fleece

toit [twa] nm roof ▪ **~ de tuiles/d'ardoises** tiled/slate roof ▪ **voiture à ~ ouvrant** car with a sunroof ▪ **vivre sous le même ~** to live under the same roof

toiture [twatyʀ] nf roof

Tokyo [tɔkjo] n Tokyo

tôle [tol] nf **a** (= matériau) sheet metal *NonC* ▪ **~ ondulée** corrugated iron **b** ‡ ⇒ **taule**

tolérable [tɔleʀabl] adj tolerable ▪ **cette attitude n'est pas ~** this attitude is intolerable

tolérance [tɔleʀɑ̃s] nf tolerance (*à l'égard de, envers* toward(s)) ▪ **~ aux antibiotiques** antibiotic tolerance

tolérant, e [tɔleʀɑ̃, ɑ̃t] adj tolerant

tolérer [tɔleʀe] vt **a** (= ne pas sévir contre) to tolerate ; (= autoriser) to allow **b** (= supporter) [+ comportement, personne] to tolerate ; [+ douleur] to bear ▪ **il ne tolère pas qu'on le contredise** he won't tolerate being contradicted ▪ **il ne tolère pas l'alcool** he can't take alcohol

tollé [tɔ(l)le] nm outcry

tomate [tɔmat] nf tomato

tombale [tɔ̃bal] adj f ▪ **pierre ~** gravestone

tombant, e [tɔ̃bɑ̃, ɑ̃t] adj [épaules] sloping ; [moustache, paupières] drooping ; [oreilles de chien] floppy

tombe [tɔ̃b] nf grave ; (avec monument) tomb ▪ **aller sur la ~ de qn** to visit sb's grave

tombeau (pl **~x**) [tɔ̃bo] nm tomb

tombée [tɔ̃be] nf ■ **(à) la ~ de la nuit** (at) nightfall ■ **(à) la ~ du jour** (at) the close of the day

tomber [tɔ̃be]

1 vi **a** to fall (*dans* into) ; [échafaudage, mur] to fall down ; [cheveux] to fall out ■ **se laisser ~ dans un fauteuil** to fall into an armchair ■ **~ à l'eau** to fall into the water ; (fig) to fall through ■ **~ d'un arbre** to fall out of a tree ■ **~ d'une chaise/échelle** to fall off a chair/ladder ■ **~ de haut** to fall from a height ; (fig) to come down with a bump ■ **il est tombé sur la tête !*** he must be mad!

♦ **faire tomber** to knock down ; (en renversant) to knock over ; (en lâchant) to drop

♦ **laisser tomber** [+ objet, études] to drop ; [+ personne] to let down ■ **laisse ~ !*** forget it!

♦ **tomber sur** (= rencontrer par hasard) to run into ; (= trouver par hasard) to come across ■ **ils nous sont tombés dessus à huit contre trois** eight of them laid into the three of us* ■ **si ça se tombe*...** maybe...

b [neige, pluie] to fall ; [foudre] to strike ; [jour] to draw to a close ■ **la nuit tombe** it's getting dark

c [prix, nombre] to fall ; [colère] to die down ; [enthousiasme] to fall away ■ **ils sont tombés bien bas** they've sunk really low

d (= pendre) to hang ■ **les rideaux tombaient jusqu'au plancher** the curtains came down to the floor

e [date, choix, sort] to fall ; [verdict, sanction] to be pronounced ; [nouvelle] to come through

f (= arriver, se produire) ■ **bien/mal ~** (moment) to come at the right/wrong moment ; (chance) to be lucky/unlucky ■ **ça tombe bien** that's fortunate

2 vt (* = séduire) ■ **il les tombe toutes** he's a real ladykiller

tombeur* [tɔ̃bœʀ] nm (= don Juan) ladykiller

tombola [tɔ̃bɔla] nf tombola

tome [tɔm] nm (= volume) volume

ton¹, ta [tɔ̃, ta] (pl **tes** [te]) adj poss your ■ **~ fils et ta fille** your son and daughter

ton² [tɔ̃] nm **a** (= hauteur de la voix) pitch ; (= timbre) tone ; (= manière de parler) tone of voice ■ **d'un ~ sec** curtly ■ **hausser/baisser le ~** to raise/lower one's voice ■ **ne me parle pas sur ce ~ !** don't you talk to me like that! **b** (= intervalle) tone ; [de morceau] key **c** (= style) ■ **il est de bon ~ de...** it's considered polite to... ■ **donner le ~** to set the tone **d** (= couleur, nuance) tone ■ **~ sur ~** in matching tones

tonalité [tɔnalite] nf (Téléc) dialling tone BR, dial tone US

tondeuse [tɔ̃døz] nf (à cheveux) clippers ; (pour les moutons) shears ■ **~ (à gazon)** lawnmower ■ **passer la ~** to mow the lawn

tondre [tɔ̃dʀ] vt [+ mouton, toison] to shear ; [+ gazon] to mow ; [+ caniche] to clip ■ **~ qn** to cut sb's hair

tondu, e [tɔ̃dy] adj [cheveux, tête] closely-cropped ; [personne] with closely-cropped hair

tongs [tɔ̃g] nfpl flip-flops, thongs US

tonifier [tɔnifje] vt [+ muscles] to tone up ; [+ esprit, personne] to stimulate ; [+ peau] to tone

tonique [tɔnik] adj **a** [médicament, boisson] tonic ; [lotion] toning **b** [air, froid] bracing **c** [syllabe, voyelle] tonic ■ **accent ~** main stress

tonnage [tɔnaʒ] nm tonnage

tonne [tɔn] nf ton ■ **des ~s de*, une ~ de*** tons of*

tonneau (pl **~x**) [tɔno] nm **a** (= récipient) barrel ; (= contenu) barrelful **b** [de voiture] ■ **faire un ~** to roll over ■ **leur voiture a fait trois ~x** their car rolled over three times

tonnelle [tɔnɛl] nf arbour BR, arbor US

tonner [tɔne] vi **a** [canons, artillerie] to boom **b** [personne] to thunder

tonnerre [tɔnɛʀ] nm thunder ■ **coup de ~** thunderbolt ■ **un ~ d'applaudissements** thunderous applause

tonte [tɔ̃t] nf [de moutons] shearing ; [de gazon] mowing

tonton [tɔ̃tɔ̃] nm (langage enfantin) uncle

tonus [tɔnys] nm (= dynamisme) energy

top [tɔp] **1** nm **a** (= signal électrique) beep **b** ■ **le ~ 50** the top 50 (singles), ≈ the singles charts **c** (* = le mieux) ■ **c'est le ~ !** it's the best! ■ **être au ~** [athlète, chercheur] to be the best in one's field **2** adj ■ **~ secret** top secret ■ **être au ~ niveau*** [athlète, chercheur] to be at the top of one's field ► **top model** top model

toper [tɔpe] vi ■ **tope là !** it's a deal!*

topinambour [tɔpinɑ̃buʀ] nm Jerusalem artichoke

topographie [tɔpɔgʀafi] nf topography

toque [tɔk] nf (en fourrure) fur hat ; [de juge, jockey] cap ; [de cuisinier] hat

toqué, e* [tɔke] adj (= fou) crazy

torche [tɔʀʃ] nf (= flambeau) torch ■ **~ électrique** electric torch BR, flashlight US

torchon [tɔʀʃɔ̃] nm **a** cloth ; (à vaisselle) tea towel **b** (= devoir mal présenté) mess ; (= mauvais journal) rag

tordant, e* [tɔʀdɑ̃, ɑ̃t] adj hilarious

tordre [tɔʀdʀ] **1** vt **a** (entre ses mains) to wring ; (pour essorer) to wring out ; [+ bras, poignet] to twist **b** (= plier) [+ cuillère, branche de lunette] to bend **2** **se tordre** vpr **a** [personne] ▪ **se ~ de douleur** to be doubled up with pain ▪ **se ~ de rire** to be doubled up with laughter **b** (= se faire mal à) ▪ **se ~ le poignet/la cheville** to twist one's wrist/one's ankle

tordu, e [tɔʀdy] adj [nez, jambes] crooked ; [idée] weird ; [raisonnement] twisted ▪ **avoir l'esprit ~** to have a warped mind ▪ **il est (complètement) ~*** he's off his head*

tornade [tɔʀnad] nf tornado

torpeur [tɔʀpœʀ] nf torpor

torpille [tɔʀpij] nf torpedo

torréfier [tɔʀefje] vt [+ café, malt, cacao] to roast

torrent [tɔʀɑ̃] nm torrent ▪ **il pleut à ~s** it's pouring

torrentiel, -elle [tɔʀɑ̃sjɛl] adj torrential

torride [tɔʀid] adj torrid

torsade [tɔʀsad] nf [de fils, cheveux] twist ▪ **pull à ~s** cable-knit sweater

torse [tɔʀs] nm chest ; [de sculpture] torso ▪ **~ nu** stripped to the waist

tort [tɔʀ] nm **a** (= action, attitude blâmable) fault ▪ **ils ont tous les ~s de leur côté** the fault is entirely on their side ▪ **être en ~, être dans son ~** to be in the wrong ; (en voiture) to be at fault **b** (= dommage, préjudice) wrong ▪ **faire** ou **causer du ~ à qn** to harm sb **c** (loc) ▪ **avoir ~ (de faire qch)** to be wrong (to do sth) ▪ **donner ~ à qn** (= blâmer) to lay the blame on sb ; (= ne pas être d'accord avec) to disagree with sb ; [événements] to prove sb wrong ▪ **à ~** [soupçonner, accuser] wrongly ▪ **à ~ ou à raison** rightly or wrongly ▪ **dépenser à ~ et à travers** to spend money like water ▪ **parler à ~ et à travers** to talk a lot of rubbish*

torticolis [tɔʀtikɔli] nm stiff neck

tortiller [tɔʀtije] **1** vt [+ corde, mouchoir] to twist ; [+ cheveux, cravate, doigts] to twiddle **2** vi ▪ **il n'y a pas à ~*** there's no wriggling out of it **3** **se tortiller** vpr (en dansant) to wiggle ; (en se débattant) to wriggle ; (d'embarras, de douleur) to squirm

tortionnaire [tɔʀsjɔnɛʀ] nmf torturer

tortue [tɔʀty] nf **a** (terrestre) tortoise ▪ **~ d'eau douce** terrapin ▪ **~ de mer** turtle **b** (= personne lente) slowcoach BR, slowpoke US

tortueux, -euse [tɔʀtɥø, øz] adj **a** [chemin] winding **b** (péj) [esprit, raisonnement] tortuous

torture [tɔʀtyʀ] nf torture *NonC* ▪ **sous la ~** under torture

torturer [tɔʀtyʀe] vt [+ prisonnier, animal] to torture ▪ **le doute/le remords le torturait** he was racked with doubt/remorse

tôt [to] adv **a** (= de bonne heure) early **b** (= avant un moment déterminé ou prévu) soon, early ▪ **si tu étais venu une heure plus ~, tu l'aurais rencontré** if you'd come an hour sooner ou earlier you would have met him ▪ **ce n'est pas trop ~ !** and about time too!* ▪ **il peut venir jeudi au plus ~** Thursday is the earliest he can come ▪ **~ ou tard** sooner or later

total, e (mpl **-aux**) [tɔtal, o] **1** adj total ▪ **la longueur ~e de la voiture** the overall length of the car **2** nm total ▪ **faire le ~** to work out the total

totalement [tɔtalmɑ̃] adv totally

totaliser [tɔtalize] vt **a** (= additionner) to add up **b** (= avoir au total) to total

totalitaire [tɔtalitɛʀ] adj totalitarian

totalité [tɔtalite] nf ▪ **la ~ du livre/de la population** all the book/the population ▪ **la ~ de son salaire** his entire salary

toubib* [tubib] nmf doctor

toucan [tukɑ̃] nm toucan

touchant, e [tuʃɑ̃, ɑ̃t] adj touching

touche [tuʃ] nf **a** [de piano, ordinateur] key ; [de téléphone, télécommande] button **b** (= tache de couleur, note) touch ▪ **une ~ d'humour** a touch of humour ▪ **mettre la dernière ~** ou **la ~ finale à qch** to put the finishing touches to sth **c** (Pêche) bite ▪ **avoir** ou **faire une ~** to get a bite ; (* = séduire) to make a hit* **d** (Escrime) hit **e** (Sport) (= sortie) touch ; (= ligne) touchline ; (= remise en jeu) (Football, Handball) throw-in ; (Rugby) line-out ; (Basket) return to play ▪ **rester sur la ~** to stay on the bench ; (fig) to stay on the sidelines **f** (* = allure) ▪ **il a une de ces ~s !** you should see him, he's a sight!

touche-à-tout [tuʃatu] nmf inv, adj inv ▪ **c'est un ~, il est ~** (= enfant) he's into everything ; (= dilettante) he dabbles in everything

toucher [tuʃe] **1** vt **a** (= palper, être en contact avec, émouvoir) to touch ▪ **il me toucha l'épaule** he touched my shoulder ▪ **pas touche !*** hands off!* **b** (= être proche de) to adjoin ▪ **son jardin touche le nôtre** his garden adjoins ours **c** (= concerner) to concern ; (= affecter) to affect ▪ **le chômage touche surtout les jeunes** unemployment affects the young especially **d** (= atteindre) [+ adversaire, objectif] to hit ; [+ public] to reach **e** [+ prime, allocation, traitement] to get ; [+ chèque] to cash ; [+ tiercé, gros lot] to win ▪ **~ le chômage*** to be on the dole* **2** **toucher à** vt indir **a** to touch ; [+ règlement, loi, tradition] to meddle with ; [+ mécanisme] to tamper with ; (= concerner) [+ problème, domaine] to have to do with ▪ **tout ce qui touche à l'enseignement** everything to do with teaching **b** (= approcher de) ▪ **nous touchons au but** we're nearing our goal ▪ **l'hiver/la guerre touche à sa fin** winter/the war is drawing to a close **3** nm touch ; (= impression produite) feel ▪ **doux au ~** soft to the touch

touffe [tuf] nf [d'herbe, arbres] clump ; [de cheveux, poils] tuft

touffu, e [tufy] adj [barbe, sourcils] bushy ; [arbres] with thick foliage ; [haie, bois] thick

touiller* [tuje] vt [+ sauce, café] to stir ; [+ salade] to toss

toujours [tuʒuʀ] adv **a** (= tout le temps) always ▪ **les jeunes veulent ~ plus d'indépendance** young people want more and more independence ▪ **comme ~** as always ▪ **il est parti pour ~** he's gone forever **b** (= encore) still ▪ **ils n'ont ~ pas répondu** they still haven't replied ▪ **il est ~ aussi désagréable** he's still as unpleasant as ever **c** (intensif) anyway ▪ **écrivez ~, il vous répondra peut-être** write anyway - he might answer you ▪ **il était peut-être là, ~ est-il que je ne l'ai pas vu** he may well have been around, but the fact remains that I didn't see him ▪ **ça peut ~ servir** it might come in handy

toupet* [tupɛ] nm (= culot) nerve*, cheek* BR ▪ **il ne manque pas de ~ !** he's got a nerve!* ou cheek!* BR

toupie [tupi] nf (= jouet) spinning top

tour¹ [tuʀ] nf **a** (= édifice) tower ; (= immeuble très haut) tower block ▸ **tour de contrôle** control tower ▸ **la tour Eiffel** the Eiffel Tower ▸ **tour d'ivoire** ivory tower **b** (Échecs) castle, rook

tour² [tuʀ] nm **a** (= excursion, parcours) trip ; (= promenade) (à pied) walk ; (en voiture) drive ; (en vélo) ride ▪ **allons faire un ~ à pied** let's go for a walk **b** (dans un ordre, une succession) turn ▪ **à ton ~ de jouer** it's your turn ; (Échecs, Dames) it's your move ▪ **passer son ~** to miss one's turn ▪ **nous le faisons chacun à notre ~** we take it in turns ▪ **c'est au ~ de Marc de parler** it's Marc's turn to speak ▪ **à qui le ~ ?** whose turn is it? ▪ **à ~ de rôle** in turn ▪ **~ à ~** alternately **c** (Sport, Pol) round ▪ **élu au second ~** elected in the second round ▪ **~ de scrutin** ballot **d** (= circonférence) [de partie du corps] measurement ; [de tronc, colonne] girth ; [de surface] circumference ▪ **~ de cou** collar size ▪ **~ de hanches/taille** hip/waist measurement ▪ **faire le ~ de** [+ parc, pays, magasins] to go round ; [+ possibilités] to explore ; [+ problème] to consider from all angles ▪ **faire le ~ du monde** to go round the world ▸ **le Tour de France** the Tour de France ▸ **tour de piste** (Sport) lap **e** (= rotation) revolution ; [d'écrou, clé] turn ▪ **l'hélice a fait deux ~s** the propeller turned twice ▪ **donner un ~ de clé** to turn the key ▪ **faire un ~ de manège** to have a ride on a merry-go-round ▪ **faire un ~ sur soi-même** to spin round once ▪ **à ~ de bras** [frapper, taper] with all one's strength ; [composer, produire] prolifically ▪ **en un ~ de main** in no time at all **f** [de situation, conversation] turn ▪ **la situation prend un ~ dramatique** the situation is taking a dramatic turn **g** [de jongleur, prestidigitateur] trick ▪ **~ de cartes** card trick ▪ **jouer un ~ à qn** to play a trick on sb ▸ **tour de force** amazing feat **h** (= machine) lathe

tourbe [tuʀb] nf peat

tourbé, e [tuʀbe] adj [whisky] peaty

tourbeux, -euse [tuʀbø, øz] adj [terrain] peaty

tourbillon [tuʀbijɔ̃] nm **a** [de sable, neige, poussière] swirl ▪ **~ (de vent)** whirlwind **b** (dans l'eau) eddy ; (plus important) whirlpool

tourbillonner [tuʀbijɔne] vi to swirl ; [danseurs] to whirl round

tourisme [tuʀism] nm tourism ▪ **faire du ~ en Irlande** to go touring round Ireland ▪ **faire du ~ dans Paris** to go sightseeing in Paris ▪ **~ rural** ou **vert** green tourism

touriste [tuʀist] nmf tourist

touristique [tuʀistik] adj tourist *avant n* ▪ **route ~** scenic route ▪ **trop ~** touristy

tourmenté, e [tuʀmɑ̃te] adj **a** [personne, visage, esprit] tormented **b** [relief] rugged ; [formes, style, art] tortured **c** [vie] stormy ▪ **l'histoire ~e de ce pays** this country's turbulent history

tourmenter [tuʀmɑ̃te] **1** vt to torment **2** **se tourmenter** vpr to fret

tournage [tuʀnaʒ] nm (Ciné) shooting ▪ **être en ~ en Italie** to be filming in Italy

tournant, e [tuʀnɑ̃, ɑ̃t] **1** adj [fauteuil] swivel ; [scène, porte] revolving **2** nm **a** (= virage) bend **b** (= changement) turning point

tourne-disque (pl ~s) [tuʀnədisk] nm record player

tournedos [tuʀnədo] nm tournedos

tournée [tuʀne] nf **a** [d'artiste] tour ; [de facteur, représentant] round ▪ **être en ~** to be on tour ▪ **faire la ~ de** [+ magasins, musées, cafés] to go round **b** (= consommations) round

tourner [tuʀne] **1** vt **a** (= remuer, orienter) to turn ; [+ sauce] to stir ; [+ salade] to toss ▪ **~ la tête à droite/à gauche** to turn one's head to the right/to the left ▪ **quand il m'a vu, il a tourné la tête** when he saw me he looked away **b** [+ difficulté, règlement] to get round **c** [+ phrase, compliment] to turn ; [+ demande, lettre] to phrase **d** [+ scène] [cinéaste] to film ; [acteur] to act in ; [+ film] [cinéaste] to shoot ; [acteur] to make **2** vi **a** (gén) to turn ; [toupie] to spin ; [taximètre] to tick away ; [usine, moteur] to run ▪ **~ à gauche/droite** to turn left/right ▪ **faire ~ le moteur** to run the engine ▪ **j'ai la tête qui tourne** my head's spinning ▪ **tout s'est mis à ~ autour de moi** everything started to spin ▪ **~ de l'œil*** to pass out ▪ **~ autour de** to turn round ; [terre, roue] to go round ; [oiseau] to fly round ; [prix] to be around ou about BR ▪ **~ autour de qn** (par curiosité) to hover round sb **b** (= évoluer) ▪ **bien/mal ~** to turn out well/badly ▪ **~ au drame/au tragique** to take a dramatic/tragic turn **c** [lait] to turn sour **3** **se tourner** vpr **a** ▪ **se ~ vers qn/qch** to turn towards sb/sth ; (pour lui demander de l'aide) to turn to sb ▪ **se ~ vers une profession/la politique** to turn to a profession/to politics **b** (= se retourner) to turn round

tournesol [tuʀnəsɔl] nm sunflower

tournevis [tuʀnəvis] nm screwdriver

tourniquet [tuʀnikɛ] nm **a** (= barrière) turnstile **b** (= présentoir) revolving stand

tournis [tuʀni] nm ▪ **avoir le ~** to feel dizzy ▪ **donner le ~ à qn** to make sb feel dizzy

tournoi [tuʀnwa] nm tournament ▪ **le Tournoi des six nations** (Rugby) the Six Nations Championship

tournoyer [tuʀnwaje] vi [danseurs] to whirl round ; [eau, fumée] to swirl ; [oiseaux] to wheel ; [feuilles mortes] to swirl around ; [abeille, moustique] to fly around

tournure [tuʀnyʀ] nf **a** (= tour de phrase) turn of phrase **b** (= évolution) ▪ **la ~ que prenaient les événements** the way the situation was developing ▪ **prendre ~** to take shape

tour-opérateur (pl **~s**) [tuʀɔpeʀatœʀ] nm tour operator

tourte [tuʀt] nf pie

tourteau (pl **~x**) [tuʀto] nm (= crabe) common crab

tourtereau (pl **~x**) [tuʀtəʀo] nm (= oiseau) young turtledove ▪ **~x** (= amoureux) lovebirds

tourterelle [tuʀtəʀɛl] nf turtledove

tous [tu(s)] adj, pron → **tout**

Toussaint [tusɛ̃] nf ▪ **la ~** All Saints' Day

tousser [tuse] vi to cough

toussoter [tusɔte] vi to have a bit of a cough

tout, toute [tu, tut]
(mpl **tous**, fpl **~es** [tus, tut])

1 adj (= entier) ▪ **~ le** ▪ **~e la** all the ▪ **~ le reste** all the rest ▪ **pendant ~ le voyage** during the whole trip ▪ **il a plu ~e la nuit** it rained all night ▪ **il a dépensé ~ son argent** he has spent all his money

♦ **tout le monde** everybody, everyone

2 adj indéf

♦ **tout, toute** + nom singulier (= n'importe quel) any ▪ **à ~ âge** at any age

♦ **tous les, toutes les** + nom pluriel (= chaque) every ; (= la totalité des) all the ▪ **tous les jours** every day ▪ **tous les 10 mètres** every 10 metres ▪ **tous les enfants étaient à l'école** all the children were at school ▪ **tous les deux** both of them ▪ **tous les trois** all three of them ▪ **tous deux** both of them

3 pron indéf **a** (singulier) everything ▪ **il a ~ organisé** he organized everything ▪ **ses enfants mangent de ~** her children will eat anything ▪ **~ est bien qui finit bien** all's well that ends well ▪ **c'est ~ ce qu'il m'a dit** that's all he told me ▪ **c'est ~** that's all ▪ **ce sera ~ ?** will that be all?

♦ **en tout** (= au total) in all

♦ **en tout et pour tout** all in all

b (pluriel) ▪ **tous, ~es** all ▪ **ils sont tous arrivés** they have all arrived

4 adv **a** ♦ **tout** + adj (= très) very ; (= absolument) quite ; (= entièrement) all ▪ **une tout(e) jeune femme** a very young woman ▪ **c'est ~ naturel** it's quite natural ▪ **~ en bas/en haut de la colline** right at the bottom/the top of the hill ▪ **~ en laine** all wool ▪ **habillé ~ en noir** dressed all in black

b (= déjà) ▪ **~ prêt, ~ préparé** ready-made ▪ **phrases ~es faites** set phrases

c (loc)

♦ **tout en** + participe présent ▪ **~ en marchant** while walking

♦ **tout à fait** quite ▪ **ce n'est pas ~ à fait la même chose** it's not quite the same thing ▪ **vous êtes d'accord ? – ~ à fait !** do you agree? – absolutely!

♦ **tout à l'heure** (= plus tard) later ; (= peu avant) a short while ago ▪ **à ~ à l'heure !** see you later!

♦ **tout de suite** straightaway ▪ **à ~ de suite !** see you soon!

5 nm **a** (= ensemble) whole ▪ **ces éléments forment un ~** these elements make up a whole ▪ **jouer le ~ pour le ~** to stake one's all

b (= essentiel) ▪ **le ~, c'est de faire vite** the main thing is to be quick about it

c (loc) ▪ **pas du ~** not at all ▪ **je ne vois rien du ~** I can't see a thing ▪ **du ~ au ~** completely

toutefois [tutfwa] adv however ▪ **si ~ il est d'accord** if he agrees, that is

toutou* [tutu] nm (langage enfantin) doggy*

tout-puissant, toute-puissante (mpl **~s**) [tupɥisɑ̃, tutpɥisɑ̃t] adj omnipotent

tout-terrain [tuteʀɛ̃] **1** adj inv [voiture] four-wheel drive ▪ **vélo ~** mountain bike ▪ **moto ~** trail bike **2** nm inv ▪ **faire du ~** (en voiture) to go cross-country racing ; (en vélo) to go mountain-biking ; (en moto) to go trail-biking

toux [tu] nf cough

toxicomane [tɔksikɔman] nmf drug addict

toxine [tɔksin] nf toxin

toxique [tɔksik] adj toxic

TP [tepe] nmpl (abrév de **travaux pratiques**) (Univ) practical

TPE [tepeə] **1** nm (abrév de **terminal de paiement électronique**) EFTPOS **2** nf (abrév de **très petite entreprise**) *very small business (less than 10 employees)*

trac [tʀak] nm ▪ **avoir le ~** (en public) to have stage fright ; (aux examens) to be nervous

traçabilité [tʀasabilite] nf traceability

traçable [tʀasabl] adj traceable

tracas [tʀaka] nmpl worries

tracasser [tʀakase] vt, **se tracasser** vpr to worry

trace [tʀas] nf **a** (= marque) mark ; [de sang] trace ▪ **~s de freins** brake marks **b** (= empreinte) tracks ▪ **~s de doigt** (sur disque, meuble) finger marks ▪ **~s de pas** footprints ▪ **~s de pneus** tyre tracks ▪ **être sur les ~s de** [+ fugitif] to be on the trail of ▪ **perdre la ~ de qn** to lose track of sb ▪ **marcher sur les ~s de qn** (fig) to follow in sb's footsteps **c** (= indice) trace

tracé [tʀase] nm **a** (= plan) [de réseau routier ou ferroviaire, installations] layout **b** (= parcours) [de ligne de chemin de fer, autoroute] route ; [de rivière] course **c** [de dessin, écriture] line

tracer [tʀase] **1** vt **a** [+ trait, triangle, plan] to draw ; [+ chiffre, mot] to write **b** [+ route, piste] to open up ▪ **~ sa route** to pursue one's chosen path **2** vi (‡ = aller vite) to belt along*

trachée [tʀaʃe] nf windpipe

trachéite [tʀakeit] nf tracheitis *NonC* ▪ **avoir une ~** to have tracheitis

tract [tʀakt] nm leaflet

tractage [tʀaktaʒ] nm leafleting

tractations [tʀaktasjɔ̃] nfpl negotiations

tracter [tʀakte] **1** vt to tow **2** vi (= distribuer des tracts) to leaflet

tracteur [tʀaktœʀ] nm tractor

traction [tʀaksjɔ̃] nf **a** (= fait de tirer) traction ▪ **~ avant/arrière** (= voiture) front-wheel/rear-wheel drive **b** (Sport) ▪ **faire des ~s** (en se suspendant) to do pull-ups ; (au sol) to do push-ups

tradition [tʀadisjɔ̃] nf tradition

traditionnel, -elle [tʀadisjɔnɛl] adj traditional ; (= habituel) usual

traducteur, -trice [tʀadyktœʀ, tʀis] nm,f translator

traduction [tʀadyksjɔ̃] nf translation (*de* from, *en* into) ▪ **~ automatique** machine translation ▪ **ce mot a plusieurs ~s en anglais** this word can be translated in several ways in English

traduire [tʀadɥiʀ] **1** vt **a** (dans une autre langue) to translate (*en* into, *de* from) **b** (= exprimer) to convey **c** ▪ **~ qn en justice** to bring sb before the courts **2** **se traduire** vpr [mot, phrase] to translate ▪ **comment se traduit ce mot en anglais ?** how does this word translate into English? ▪ **cela s'est traduit par une baisse du pouvoir d'achat** the effect of this was a drop in buying power

trafic [tʀafik] nm **a** (= commerce clandestin) trafficking ▪ **faire du ~ d'armes** to be engaged in arms dealing ▪ **~ de stupéfiants** ou **de drogue** drug trafficking ▪ **faire du ~ de stupéfiants** ou **de drogue** to deal in drugs **b** (* = manigances) funny business* **c** (= circulation) traffic ▪ **~ aérien/ferroviaire** air/rail traffic

trafiquant, e [tʀafikɑ̃, ɑ̃t] nm,f trafficker ▪ **~ d'armes** arms dealer

trafiquer* [tʀafike] vt [+ vin] to doctor* ; [+ moteur, compteur] to tamper with ; [+ chiffres] to fiddle ▪ **mais qu'est-ce que tu trafiques ?** what are you up to?

tragédie [tʀaʒedi] nf tragedy

tragique [tʀaʒik] adj tragic

trahir [tʀaiʀ] **1** vt **a** to betray ; [+ promesse, engagement] to break **b** (= mal exprimer) to misrepresent ; [+ vérité] to distort **2** **se trahir** vpr to betray o.s.

trahison [tʀaizɔ̃] nf betrayal ; (Droit, Mil) treason

train [tʀɛ̃] **1** nm **a** train ▪ **~ de fret** ou **de marchandises/voyageurs** goods/passenger train ▪ **~ auto-couchettes** car-sleeper train ▪ **prendre le ~** to travel by train **b** (= allure) ▪ **aller bon ~** to make good progress ▪ **au ~ où il travaille** at the rate he's working **c** [de mesures, réformes] batch **d** ▪ **être en ~ de faire qch** to be doing sth ▪ **on l'a pris en ~ de voler** he was caught stealing **2** comp ▸ **train d'atterrissage** undercarriage ▸ **train de vie** lifestyle

traînant, e [tʀɛnɑ̃, ɑ̃t] adj [voix, accent] drawling

traîne [tʀɛn] nf **a** [de robe] train **b** (Pêche) dragnet ▪ **pêche à la ~** dragnet fishing ▪ **être à la ~*** (en retard, en arrière) to lag behind

traîneau (pl **~x**) [tʀɛno] nm sleigh

traînée [tʀene] nf **a** (laissée par un véhicule, un animal) tracks ; (sur un mur) streak ▪ **la nouvelle s'est répandue comme une ~ de poudre** the news spread like wildfire **b** (*‡* = femme) slut

traîner [tʀene] **1** vt **a** (= tirer, emmener) to drag ▪ **~ la jambe** ou **la patte*** to limp ▪ **~ qn dans la boue** (fig) to drag sb through the mud **b** (= subir) ▪ **elle traîne cette bronchite depuis janvier** this bronchitis has been with her since January **2** vi **a** [personne] (= rester en arrière) to lag behind ; (= aller lentement) to dawdle ; (péj = errer) to hang about ▪ **~ au lit** to lounge in bed **b** (= être éparpillé) to lie about ▪ **ne laisse pas ~ ton argent** don't leave your money lying about **c** (= durer trop longtemps) to drag on ▪ **~ en longueur** to drag on for ages **d** [robe, manteau] to trail ; [lacet] to drag **3** **se traîner** vpr **a** (= ramper) ▪ **se ~ par terre** to crawl on the ground **b** (= aller lentement) [personne fatiguée] to drag o.s. ; [train, voiture] to crawl along

traîneur, -euse [tʀɛnœʀ, øz] nm,f (péj = flâneur) idler ; (Can) (= désordonné) untidy person

train(-)train [tʀɛ̃tʀɛ̃] nm inv humdrum routine ▪ **le ~ quotidien** the humdrum routine of everyday life

traire [tʀɛʀ] vt [+ vache] to milk

trait [tʀɛ] **1** nm **a** (en dessinant) stroke ; (en soulignant, dans un graphique) line ▪ **dessiner qch à grands ~s** to make a rough sketch of sth ▪ **tirer** ou **tracer un ~** to draw a line ▪ **tirons un ~ sur cette affaire** let's put this business behind us ▸ **trait d'union** hyphen **b** (= élément caractéristique) trait **c** (= traction) ▪ **animal/cheval de ~** draught BR ou draft US animal/horse **d** (loc) ▪ **avoir ~ à** to be connected with ▪ **d'un ~** [dire] in one breath ; [boire] in one gulp ; [dormir] uninterruptedly **2** **traits** nmpl (= physionomie) features

traite [tʀɛt] nf **a** (= trafic) ▪ **~ des Noirs** slave trade ▪ **~ des Blanches** white slave trade **b** (= billet) bill **c** [de vache] milking **d** ▪ **d'une (seule) ~** [parcourir] in one go ; [dormir] uninterruptedly

traité [tʀete] nm **a** (= convention) treaty ▪ **~ de paix** peace treaty **b** (= livre) treatise

traitement [tʀɛtmɑ̃] nm **a** (= manière d'agir, thérapie) treatment ▪ **~ de faveur** preferential treatment ▪ **être sous ~** to be undergoing treatment **b** (= rémunération) salary **c** [de matières premières, déchets] processing ▪ **le ~ de l'information** data processing ▪ **~ de texte** (= technique) word processing ; (= logiciel) word processing package

traiter [tʀete] **1** vt **a** to treat ▪ **~ qn bien/mal/comme un chien** to treat sb well/badly/like a dog ▪ **~ qn*** (= l'insulter) to call sb names **b** [+ minerai, déchets, données] to process **c** (= qualifier) ▪ **~ qn de fou/menteur** to call sb a fool/a liar ▪ **~ qn de tous les noms** to call sb all the names under the sun **d** [+ question, thème] to treat **2** **traiter de** vt indir to deal with **3** vi (= négocier) to negotiate

traiteur [tʀɛtœʀ] nm caterer

traître, traîtresse [tʀɛtʀ, tʀɛtʀɛs] **1** adj treacherous ; [vin] deceptive ▪ **il n'a pas dit un ~ mot** he didn't breathe a word **2** nm traitor ▪ **prendre/attaquer qn en ~** to take/attack sb off-guard **3** **traîtresse** nf traitress

traîtrise [tʀɛtʀiz] nf treachery

trajectoire [tʀaʒɛktwaʀ] nf trajectory ; [de projectile] path ▪ **ils n'ont pas du tout la même ~ politique** they have pursued very different political careers

trajet [tʀaʒɛ] nm (= distance à parcourir) distance ; (= itinéraire) route ; (= parcours, voyage) trip ▪ **il a une heure de ~ pour se rendre à son travail** it takes him an hour to get to work ▪ **refaire le ~ en sens inverse** to walk (ou drive, etc) back

tram [tʀam] nm ⇒ **tramway**

trame [tʀam] nf **a** [de tissu] weft **b** [de roman] framework

tramer [tʀame] vt [+ évasion, coup d'État] to plot ; [+ complot] to hatch ▪ **il se trame quelque chose** there's something brewing

tramontane [tʀamɔ̃tan] nf tramontane *(cold north wind)*

trampoline [tʀɑ̃pɔlin] nm trampoline

trampoliniste [tʀɑ̃pɔlinist] nmf trampolinist

tramway [tʀamwɛ] nm (= moyen de transport) tram

tranchant, e [tʀɑ̃ʃɑ̃, ɑ̃t] **1** adj **a** [couteau, arête] sharp **b** [personne, ton] curt **2** nm ▪ **avec le ~ de la main** with the edge of one's hand

tranche [tʀɑ̃ʃ] nf **a** [de pain, jambon] slice ▪ **couper en ~s** to cut into slices **b** [de livre, pièce de monnaie] edge **c** (= section) section ; [de revenus, imposition, âge] bracket ▪ **~ horaire** (TV, Radio) time slot

tranchée [tʀɑ̃ʃe] nf trench

trancher [tʀɑ̃ʃe] **1** vt **a** [+ corde, nœud, lien] to cut ▪ **~ la tête à qn** to cut off sb's head **b** [+ question, difficulté] to settle ; (sans complément = décider) to take a decision **2** vi (= faire contraste) [couleur] to stand out clearly (*sur, avec* against) ; [trait, qualité] to contrast sharply (*sur, avec* with)

tranquille [tʀɑ̃kil] adj **a** quiet ▪ **rester/se tenir ~** to keep ou stay/be quiet ▪ **ferme la porte, tu seras plus ~ pour travailler** close the door, it'll be quieter for you to work ▪ **laisser qn ~** to leave sb in peace ▪ **lais-**

ser qch ~ to leave sth alone **b** (= sans souci) ▪ **être ~** to be easy in one's mind ▪ **soyez ~, tout ira bien** don't worry - everything will be all right ▪ **je ne suis pas ~ lorsqu'il est sur la route** I worry when he's out on the road **c** (* = facilement) easily

tranquillement [tʀɑ̃kilmɑ̃] adv **a** [jouer] quietly ; [affirmer, annoncer, attendre] calmly **b** [travailler, lire] in peace

tranquillisant [tʀɑ̃kilizɑ̃] nm tranquillizer

tranquilliser [tʀɑ̃kilize] **1** vt to reassure **2** **se tranquilliser** vpr ▪ **tranquillise-toi, il ne lui arrivera rien** calm down, nothing will happen to him

tranquillité [tʀɑ̃kilite] nf **a** quietness ; [de rivière, mer] calmness **b** (= paix) peace ▪ **je n'ai pas eu un seul moment de ~** I haven't had a moment's peace **c** ▪ **~ (d'esprit)** peace of mind ▪ **en toute ~** with complete peace of mind

transaction [tʀɑ̃zaksjɔ̃] nf transaction

transat [tʀɑ̃zat] **1** nm deckchair **2** nf transatlantic race ▪ **~ en solitaire** single-handed transatlantic race

transatlantique [tʀɑ̃zatlɑ̃tik] **1** adj transatlantic **2** nm (= paquebot) transatlantic liner

transcendant, e [tʀɑ̃sɑ̃dɑ̃, ɑ̃t] adj transcendent (littér) ▪ **ce n'est pas ~*** [film, livre] it's nothing special*

transcender [tʀɑ̃sɑ̃de] vt to transcend

transcoder [tʀɑ̃skɔde] vt (Informatique) [+ programme] to compile ; (TV) to transcode

transcription [tʀɑ̃skʀipsjɔ̃] nf transcription

transcrire [tʀɑ̃skʀiʀ] vt to transcribe

transe [tʀɑ̃s] nf (= état second) trance ▪ **être/entrer en ~** to be in/go into a trance

transférer [tʀɑ̃sfeʀe] vt to transfer (*à* to) ; (= faire suivre) to forward (*à* to)

transfert [tʀɑ̃sfɛʀ] nm transfer ▪ **~ d'appel** call forwarding

transformateur [tʀɑ̃sfɔʀmatœʀ] nm transformer

transformation [tʀɑ̃sfɔʀmasjɔ̃] nf **a** [de personne, caractère, pays] transformation ; [d'énergie, matière] conversion ▪ **subir des ~s** to undergo changes ; (plus radical) to be transformed **b** (Rugby) conversion

transformer [tʀɑ̃sfɔʀme] **1** vt **a** [+ personne, caractère, pays] to transform ; [+ matière première] to convert **b** (= convertir) ▪ **~ qn/qch en** to turn sb/sth into **c** (Rugby) [+ essai] to convert **2** **se transformer** vpr **a** (= changer, évoluer) to change **b** (= se métamorphoser) to be transformed ▪ **se ~ en** to turn into

transfuser [tʀɑ̃sfyze] vt [+ sang, liquide] to transfuse ; [+ malade] to give a blood transfusion to

transfusion [tʀɑ̃sfyzjɔ̃] nf ▪ **~ (sanguine)** (blood) transfusion ▪ **faire une ~ à qn** to give sb a blood transfusion

transgénérationnel, -elle [tʀɑ̃ʒeneʀasjɔnɛl] adj transgenerational

transgénique [tʀɑ̃sʒenik] adj transgenic

transgenre [tʀɑ̃sʒɑ̃ʀ] adj transgender

transgresser [tʀɑ̃sgʀese] vt [+ règle, code] to infringe ; [+ tabou] to break ; [+ ordre] to disobey

transhumance [tʀɑ̃zymɑ̃s] nf transhumance

transhumanisme [tʀɑ̃zymanism] nm transhumanism

transi, e [tʀɑ̃zi] adj ▪ **être ~ (de froid)** to be numb with cold

transiger [tʀɑ̃ziʒe] vi to compromise

transistor [tʀɑ̃zistɔʀ] nm transistor

transit [tʀɑ̃zit] nm transit ▪ **en ~** [marchandises, voyageurs] in transit ▪ **le ~ intestinal** digestion

transiter [tʀɑ̃zite] vi to pass in transit (*par* through)

transition [tʀɑ̃zisjɔ̃] nf transition ▪ **période/gouvernement de ~** transition period/government ▪ **~ énergétique** energy transition

translucide [tʀɑ̃slysid] adj translucent

transmettre [tʀɑ̃smɛtʀ] vt **a** (= léguer, communiquer) to pass on ; [+ lettre, colis] to forward ▪ **veuillez ~ mes amitiés à Paul** kindly give my best wishes to Paul ▪ **d'accord, je transmettrai*** OK, I'll pass on the message **b** [+ énergie, signal, maladie] to transmit ; (Radio, TV) to broadcast

transmis, e [tʀɑ̃smi, miz] ptp de **transmettre**

transmissible [tʀɑ̃smisibl] adj [maladie] transmittable

transmission [tʀɑ̃smisjɔ̃] nf **a** (= fait de léguer, de communiquer) passing on ▪ **la ~ du savoir** transmission of knowledge **b** [de signal, énergie, virus, données] transmission ; (Radio, TV) broadcasting ▪ **la ~** [de véhicule] the transmission ▪ **c'est de la ~ de pensée !** you (ou he, etc) must be telepathic!

transparaître [tʀɑ̃spaʀɛtʀ] vi to show through

transparence [tʀɑ̃spaʀɑ̃s] nf transparency ; [de négociations, comptes] openness ▪ **voir qch par ~** to see sth showing through

transparent, e [tʀɑ̃spaʀɑ̃, ɑ̃t] adj transparent ; [négociations, comptes] open

transpercer [tʀɑ̃spɛʀse] vt to pierce ; (d'un coup d'épée) to run through ; (d'un coup de couteau) to stab ; [balle, pluie, froid] to go through

transpiration [tʀɑ̃spiʀasjɔ̃] nf perspiration

transpirer [tʀɑ̃spiʀe] vi **a** [personne] to sweat ▪ **il transpire des mains/pieds** he has sweaty hands/feet **b** [affaire] to transpire

transplanter [tʀɑ̃splɑ̃te] vt to transplant

transport [tʀɑ̃spɔʀ] **1** nm transport ▪ **~ de fonds** transfer of funds ▪ **frais de ~** transport costs ▪ **entreprise de ~(s)** haulage company **2** **transports** nmpl transport ▪ **les ~s publics** ou **en commun** public transport ▪ **elle passe trois heures par jour dans les ~s en commun pour aller travailler** she spends three hours a day commuting to work

transporter [tʀɑ̃spɔʀte] vt (à la main, à dos) to carry ; (avec un véhicule) to transport ▪ **on l'a transporté d'urgence à l'hôpital** he was rushed to hospital

transporteur [tʀɑ̃spɔʀtœʀ] nm (= entrepreneur, entreprise) carrier ▪ **~ routier** road haulage contractor

transposer [tʀɑ̃spoze] vti to transpose ▪ **~ un roman à l'écran** to adapt a novel for the screen

transsexuel, -elle [tʀɑ̃(s)sɛksɥɛl] adj, nm,f transsexual

transvaser [tʀɑ̃svɑze] vt [+ liquide] to empty out

transversal, e (mpl **-aux**) [tʀɑ̃svɛʀsal, o] adj [coupe, pièce] cross ▪ **rue ~e** side street

trapèze [tʀapɛz] nm **a** (= figure) trapezium BR, trapezoid US **b** (Sport) trapeze

trapéziste [tʀapezist] nmf trapeze artist

trappe [tʀap] nf **a** (dans le plancher) trap door ; (d'accès, d'évacuation) hatch **b** (= piège) trap

trapu, e [tʀapy] adj squat

traquenard [tʀaknaʀ] nm trap ▪ **tomber dans un ~** to fall into a trap

traquer [tʀake] vt [+ gibier] to track down ; [journalistes, percepteur] to hound

traumatisant, e [tʀomatizɑ̃, ɑ̃t] adj traumatic

traumatiser [tʀomatize] vt to traumatize

traumatisme [tʀomatism] nm trauma ▪ **~ crânien** head injury

travail (pl **-aux**) [tʀavaj, o] nm **a** (= activité) ▪ **le ~** work ▪ **se mettre au ~** to get down to work ▪ **avoir du ~/beaucoup de ~** to have some work/a lot of work to do ▪ **horaire/vêtements de ~** work schedule/clothes ▪ **conditions/méthodes/déjeuner de ~** working conditions/methods/lunch ▪ **~ partagé** job sharing ▪ **espace de ~ partagé** shared workspace ▪ **~ précaire** casual labour **b** (= tâche) work *NonC*, job ; (= résultat) work *NonC* ▪ **tu as fait du beau ~** you've done a really good job ▪ **travaux** (dans une maison) work ; (sur la chaussée) roadworks ▸ **travaux dirigés** (Univ) tutorial ▸ **travaux forcés** hard labour ▸ **travaux manuels** (Scol) handicrafts ▸ **travaux ménagers** housework ▸ **travaux pratiques** (en classe) practical work; (en laboratoire) lab work BR, lab US ▸ **travaux publics** civil engineering **c** (= métier, profession) job ; (= situation) work *NonC*, job ▪ **être sans ~, ne pas avoir de ~** to be out of work **d** [de bois, cuir, fer] working **e** (= accouchement) labour BR, labor US ▪ **le ~ n'a pas encore commencé** she hasn't gone into labour yet

travaillé, e [tʀavaje] adj [style, phrases] polished ▪ **très ~** [bijou, meuble] finely-worked ; [bois] finely carved

travailler [tʀavaje] **1** vi **a** to work ▪ **va ~** go and do some work ▪ **fais ~ ta tête !** use your head! ▪ **~ 35 heures par semaine** to work a 35-hour week ▪ **sa femme travaille** his wife goes out to work **b** [métal, bois] to warp **2** vt **a** (= façonner, labourer) to work ; (= pétrir) to knead **b** (= potasser, améliorer) to work on ▪ **~ son anglais** to work on one's English ▪ **~ le chant/piano** to practise singing/the piano ▪ **~ à** [+ livre, projet] to work on ; (= s'efforcer d'obtenir) to work towards **c** [doutes, faits] to worry ▪ **cette idée le travaille** this idea is very much on his mind ▪ **travaillé par le remords/la jalousie** tormented by remorse/jealousy

travailleur, -euse [tʀavajœʀ, øz] **1** adj (= consciencieux) hard-working **2** nm,f worker ▸ **travailleur agricole** farm worker ▸ **travailleur indépendant** self-employed person

travailliste [tʀavajist] **1** adj Labour **2** nmf Labour Party member ▪ **les ~s** the Labour Party

traveller's chèque, traveller's check [tʀavlœʀ(s)ʃɛk] nm traveller's cheque BR, traveler's check US

travelling [tʀavliŋ] nm (Ciné) tracking ▪ **~ avant/arrière** tracking in/out

travelo* [tʀavlo] nm drag queen*

travers [tʀavɛʀ] nm **a** (= défaut) failing **b** (loc) ♦ **à travers** through ▪ **voir qn à ~ la vitre** to see sb through the window ▪ **on est passé à ~ champs** we cut across the fields ♦ **au travers (de)** through ♦ **de travers** (= pas droit) crooked ▪ **comprendre de ~** to misunderstand ▪ **marcher de ~** [ivrogne] to stagger along ▪ **regarder qn de ~** to look askance at sb ▪ **j'ai avalé de ~** it went down the wrong way ▪ **tout va de ~ chez eux en ce moment** everything is going wrong for them at the moment ♦ **en travers (de)** across

traversée [tʀavɛʀse] nf [de mer] crossing ; [de ville, forêt] going through ▪ **faire la ~ de Dieppe à Newhaven** to cross from Dieppe to Newhaven

traverser [tʀavɛʀse] vt **a** [personne, véhicule] to cross ; [+ ville, forêt] to go through ; [+ foule] to make one's way through ▪ **~ une rivière à la nage** to swim across a river **b** [tunnel] to cross under ; [pont, route] to cross **c** [projectile, eau] to go through ▪ **ça ne m'a jamais traversé l'esprit** it never crossed my mind **d** [+ période, crise] to go through ▪ **~ dans** [+ affaire malhonnête, crime] to be mixed up in

traversier [tʀavɛʀsje] nm (Can) ferryboat

traversin [tʀavɛʀsɛ̃] nm bolster

travesti [tʀavɛsti] nm transvestite

travestir [tʀavɛstiʀ] **1** vt **a** [+ personne] to dress up ▪ **~ un homme en femme** to dress a man up as a woman **b** [+ vérité, paroles] to misrepresent **2** **se travestir** vpr (pour un bal) to put on fancy dress ; (= s'habiller en femme) to dress as a woman

trébucher [tʀebyʃe] vi to stumble (*sur, contre* over) ▪ **faire ~ qn** to trip sb up

trèfle [tʀɛfl] nm **a** (= plante) clover ▪ **~ à quatre feuilles** four-leaf clover **b** (Cartes) clubs

treille [tʀɛj] nf (= tonnelle) vine arbour BR ou arbor US ; (= vigne) climbing vine

treillis [tʀeji] nm **a** (en bois) trellis ; (en métal) wire-mesh **b** (= tenue de combat) battledress

treize [tʀɛz] nombre thirteen ; pour loc voir **six**

treizième [tʀɛzjɛm] adj, nmf thirteenth ; pour loc voir **sixième**

trekking [tʀekiŋ] nm (= activité) trekking *NonC* ; (= randonnée) trek ▪ **faire un ~** to go on a trek ▪ **faire du ~** to go trekking

tréma [tʀema] nm dieresis

tremblant, e [tʀɑ̃blɑ̃, ɑ̃t] adj trembling (*de* with)

tremblement [tʀɑ̃bləmɑ̃] nm trembling *NonC* ▪ **et tout le ~*** the whole lot* ▸ **tremblement de terre** earthquake

trembler [tʀɑ̃ble] vi **a** to tremble ; (de froid, de fièvre) to shiver ; [menton] to quiver ▪ **la terre a encore tremblé en Arménie** there has been another earthquake in Armenia **b** (= avoir peur) ▪ **~ pour qn/qch** to fear for sb/sth

trémousser (se) [tʀemuse] vpr to wriggle

trempe [tʀɑ̃p] nf **a** ▪ **un homme de sa ~** a man of his calibre **b** (* = correction) ▪ **flanquer une ~ à qn** to give sb a good hiding*

trempé, e [tʀɑ̃pe] adj **a** (= mouillé) soaked ▪ **~ de sueur** soaked in sweat ▪ **~ jusqu'aux os** wet through **b** [acier, verre] tempered

tremper [tʀɑ̃pe] **1** vt **a** (= mouiller) to soak ▪ **se faire ~** to get soaked **b** [+ main, plume] to dip (*dans* into, in) ; [+ pain, biscuit] to dunk (*dans* in) **2** vi **a** [linge, lentilles, haricots] to soak ▪ **tes manches trempent dans ton assiette !** your sleeves are trailing in your plate! ▪ **faire ~** [+ linge, aliments] to soak **b** ▪ **~ dans** [+ affaire malhonnête, crime] to be mixed up in

tremplin [tʀɑ̃plɛ̃] nm [de piscine] diving-board ; [de gymnase] springboard ; (Ski) ski-jump

trentaine [tʀɑ̃tɛn] nf (= âge, nombre) about thirty ▪ **il a la ~** he's about thirty

trente [tʀɑ̃t] nombre thirty ▪ **les années ~** the thirties ▪ **un trente-trois tours** an LP ▪ **être/se mettre sur son ~ et un*** to be dressed up to the nines ; pour autres loc voir **soixante**

trente-six [tʀɑ̃tsis] nombre thirty-six ▪ **il n'y a pas ~ possibilités*** there aren't all that many choices ▪ **faire ~ choses à la fois*** to do a hundred things at once ; pour autres loc voir **trente**

trentième [tʀɑ̃tjɛm] adj, nmf thirtieth ; pour loc voir **sixième**

trépidant, e [tʀepidɑ̃, ɑ̃t] adj [rythme] pulsating ; [vie] hectic

trépied [tʀepje] nm tripod

trépigner [tʀepiɲe] vi to stamp one's feet ▪ **~ d'impatience** to stamp one's feet with impatience

très [tʀɛ] adv very ; (devant certains participes passés) greatly ▪ **~ intelligent/difficile** very intelligent/difficult ▪ **~ admiré** greatly admired ▪ **avoir ~ peur/faim** to be very frightened/hungry ▪ **j'ai ~ envie de le rencontrer** I would very much like to meet him ▪ **~ peu de gens** very few people ▪ **~ bien, si vous insistez** all right, if you insist

trésor [tʀezɔʀ] nm **a** treasure ▪ **course ou chasse au ~** treasure hunt ▪ **des ~s de patience** a wealth of patience **b** (= musée) treasure-house **c** ▪ **le Trésor (public)** ≈ the Treasury BR, ≈ the Treasury Department US **d** (affectif) ▪ **mon ~** darling

trésorerie [tʀezɔʀʀi] nf **a** (= bureaux) [d'association] accounts department **b** (= gestion) accounts **c** (= argent disponible) finances ▪ **difficultés de ~** cash flow problems

trésorier, -ière [tʀezɔʀje, jɛʀ] nm,f [de club, association] treasurer

tressaillement [tʀesajmɑ̃] nm (de plaisir) thrill ; (de peur) shudder ; (de douleur) wince

tressaillir [tʀesajiʀ] vi **a** (de plaisir) to quiver ; (de peur) to shudder ; (de douleur) to wince **b** (= sursauter) to give a start

tresse [tʀɛs] nf (= cheveux) plait, braid US ▪ **se faire des ~s** to plait ou braid US one's hair

tresser [tʀese] vt **a** [+ cheveux, rubans] to plait, to braid US ; [+ paille] to plait **b** [+ panier, guirlande] to weave

tréteau (pl **~x**) [tʀeto] nm (= support) trestle

treuil [tʀœj] nm winch

trêve [tʀɛv] nf **a** (Mil, Pol) truce **b** (= répit) rest ▪ **~ de plaisanteries,...** joking apart,...

tri [tRi] nm ▪ **faire le ~ de** to sort out ; [+ lettres, dossiers, linge] to sort ▪ **faire le ~ parmi des candidats** to choose between the different candidates ▪ **il faut faire le ~ dans ce qu'il raconte** you have to take what he says with a pinch of salt

triangle [tRijɑ̃gl] nm triangle ▸ **triangle de signalisation** warning triangle

triangulaire [tRijɑ̃gylɛR] adj triangular

triathlon [tRi(j)atlɔ̃] nm triathlon

tribal, e (mpl **-aux**) [tRibal, o] adj tribal

tribord [tRibɔR] nm starboard ▪ **à ~** to starboard

tribu [tRiby] nf tribe

tribulations [tRibylasjɔ̃] nfpl tribulations

tribunal (pl **-aux**) [tRibynal, o] nm court ▪ **porter une affaire devant les tribunaux** to bring a case before the courts ▸ **tribunal administratif** *tribunal dealing with internal disputes in the French civil service* ▸ **tribunal de commerce** commercial court ▸ **tribunal correctionnel** ≈ magistrates' court *(dealing with criminal matters)* ▸ **tribunal pour enfants** juvenile court

tribune [tRibyn] nf **a** (pour le public) [d'église, tribunal] gallery ; [de stade, champ de courses] stand **b** (pour un orateur) platform **c** (= débat) forum

> ⚠ **tribune** ne se traduit pas par le mot anglais ***tribune***, qui signifie « tribun ».

tribut [tRiby] nm tribute

tributaire [tRibytɛR] adj (= dépendant) ▪ **être ~ de** to be dependent on

triche* [tRiʃ] nf cheating *NonC*

tricher [tRiʃe] vi to cheat (*à* at, *sur* over)

tricherie [tRiʃRi] nf cheating *NonC*

tricheur, -euse [tRiʃœR, øz] nm,f cheat

tricolore [tRikɔlɔR] adj three-coloured BR, three-colored US ; (= aux couleurs françaises) red, white and blue ▪ **le drapeau ~** the tricolour ▪ **l'équipe ~** (Sport) the French team

tricot [tRiko] nm **a** (= vêtement) sweater ▪ **~ de corps** vest BR, undershirt US **b** (= technique, ouvrage) knitting *NonC* ▪ **faire du ~** to knit **c** (= tissu) knitted fabric

tricoter [tRikɔte] vti to knit ▪ **~ à la machine** to machine-knit

tricycle [tRisikl] nm tricycle

trier [tRije] vt to sort out ; [+ lettres, fiches, fruits] to sort ; [+ candidats] to select ; [+ lentilles] to pick over ▪ **triés sur le volet** handpicked

trieuse [tRijøz] nf (= machine) sorter ; [d'ordinateur, photocopieur] sorting machine

trilingue [tRilɛ̃g] adj trilingual

trilogie [tRilɔʒi] nf trilogy

trimbal(l)er* [tRɛ̃bale] vt [+ bagages, marchandises] to lug around* ; [+ personne] to trail along

trimer* [tRime] vi to slave away

trimestre [tRimɛstR] nm quarter ; (Scol) term ▪ **premier/second/troisième ~** (scolaire) autumn/winter/summer term

trimestriel, -elle [tRimɛstRijɛl] adj [publication, paiement] quarterly ; [bulletin scolaire, examen] end-of-term *avant n*

tringle [tRɛ̃gl] nf rod ▪ **~ à rideaux** curtain rod

trinquer [tRɛ̃ke] vi **a** (= porter un toast) to clink glasses ▪ **~ à qch** to drink to sth ▪ **~ à la santé de qn** to drink sb's health **b** (* = être puni) to take the rap*

trio [tRijo] nm trio

triomphal, e (mpl **-aux**) [tRijɔ̃fal, o] adj triumphant ; [marche] triumphal

triomphe [tRijɔ̃f] nm triumph ▪ **porter qn en ~** to carry sb in triumph ▪ **remporter** ou **faire un ~** to be a triumphant success

triompher [tRijɔ̃fe] vi to triumph ; [raison, idées] to prevail

trip* [tRip] nm (Drogue) trip ▪ **il est en plein ~** he's tripping ▪ **c'est pas mon ~** it's not my thing* ou my scene* ▪ **elle est dans son ~ végétarien** she's going through a vegetarian phase at the moment

tripal, e* (mpl **-aux**) [tRipal] adj ▪ **réaction ~e** gut reaction ▪ **c'est ~** it's a gut feeling

triper* [tRipe] vi (Drogue) to be tripping ▪ **~ sur qn/qch** to get off on sb/sth* ▪ **ça/il me fait ~** it/he blows my mind*

tripes [tRip] nfpl **a** (= plat) tripe **b** (* = boyaux) guts

triphtongue [tRiftɔ̃g] nf triphthong

triple [tRipl] **1** adj triple ▪ **faire qch en ~ exemplaire** to make three copies of sth ▪ **j'ai ce livre en ~** I've got three copies of this book ▸ **triple A** (Fin) triple A rating ▸ **triple saut** triple jump **2** nm ▪ **9 est le ~ de 3** 9 is three times 3 ▪ **gagner le ~ (de qn)** to earn three times as much (as sb) ▪ **c'est le ~ du prix normal** it's three times the normal price

tripler [tRiple] **1** vt to treble **2** vi to triple ▪ **~ de volume** to treble in volume

triplés, -ées [tRiple] nm,f pl triplets

tripoter* [tRipɔte] vt **a** [+ chose] to fiddle with **b** (sexuellement) to grope*

triptyque [tRiptik] nm (Art) triptych ; (= film, livre) trilogy

trisomie [tRizɔmi] nf ▪ **~ 21** Down's syndrome

trisomique [tRizɔmik] nmf ▪ **~ 21** person with Down's syndrome

triste [tʀist] adj sad ; [couleur, journée] dreary ; [paysage] bleak ■ **d'un air ~** sadly ■ **faire ~ mine** to cut a sorry figure ■ **un ~ individu** an unsavoury individual

tristesse [tʀistɛs] nf sadness

tristounet, -ette* [tʀistunɛ, ɛt], **tristoune*** [tʀistun] adj [temps, nouvelles] gloomy ■ **il avait l'air ~** he looked a bit down in the mouth*

triturer [tʀityʀe] vt [+ objet] to fiddle with ■ **se ~ la cervelle*** ou **les méninges*** to rack one's brains*

trivial, e (mpl **-iaux**) [tʀivjal, jo] adj a (= vulgaire) crude b (= commun) [objet, acte] mundane ; [détail] trivial

troc [tʀɔk] nm a (= système) barter ■ **faire du ~** to barter b (= échange) swap

troène [tʀɔɛn] nm privet

trognon [tʀɔɲɔ̃] nm [de fruit] core ; [de chou] stalk

trois [tʀwa] nombre three ■ **c'est ~ fois rien** [égratignure, cadeau] it's nothing at all ■ **ça coûte ~ fois rien** it costs next to nothing ■ **j'ai fait les ~ quarts du travail** I've done three-quarters of the work ■ **les ~ quarts des gens l'ignorent** most people don't know this ; pour autres loc voir **six**

troisième [tʀwazjɛm] 1 adj, nm,f third ■ **le ~ âge** senior citizens ■ **~ cycle** (Univ) graduate studies 2 nf a (Scol) fourth form BR, 8th grade US b (= vitesse) third (gear) ; pour autres loc voir **sixième**

troisièmement [tʀwazjɛmmɑ̃] adv third(ly) ; pour loc voir **sixièmement**

troll [tʀɔl] nm troll

trombe [tʀɔ̃b] nf ■ **des ~s d'eau** a downpour ■ **entrer/sortir/passer en ~** to sweep in/out/by like a whirlwind ■ **démarrer en ~** [voiture] to shoot off

trombinoscope* [tʀɔ̃binɔskɔp] nm [d'entreprise, assemblée] photo gallery ; (Univ) photo gallery, Facebook US

trombone [tʀɔ̃bɔn] nm a (= instrument) trombone ■ **~ à coulisse** slide trombone b (= agrafe) paper clip

trompe [tʀɔ̃p] nf [d'éléphant] trunk ▸ **trompes de Fallope** Fallopian tubes

trompe-l'œil [tʀɔ̃plœj] nm inv trompe-l'œil ■ **peinture en ~** trompe-l'œil painting

tromper [tʀɔ̃pe] 1 vt a (= duper) to deceive (*sur* about) ; [+ époux] to be unfaithful to ■ **elle trompait son mari avec le patron** she was having an affair with her boss behind her husband's back b (= déjouer) ■ **~ la vigilance de qn** (pour entrer ou sortir) to slip past sb c (= pallier) ■ **~ la faim/la soif** to stave off one's hunger/thirst ■ **pour ~ son ennui** to keep boredom at bay 2 **se tromper** vpr to make a mistake ■ **se ~ de 15 € dans un calcul** to be €15 out BR ou off US in one's calculations ■ **se ~ de route/chapeau** to take the wrong road/hat ■ **se ~ de jour/date** to get the day/date wrong ■ **se ~ d'adresse** to get the wrong address

tromperie [tʀɔ̃pʀi] nf deception

trompette [tʀɔ̃pɛt] nf trumpet

trompette-de-la-mort (pl **trompettes-de-la-mort**) [tʀɔ̃pɛtdəlamɔʀ] nf (= champignon) horn of plenty

trompettiste [tʀɔ̃petist] nmf trumpet player

trompeur, -euse [tʀɔ̃pœʀ, øz] adj [discours] deceitful ; [virage, apparences] deceptive

tronc [tʀɔ̃] 1 nm a [d'arbre, personne] trunk b (= boîte) collection box 2 comp ▸ **tronc commun** (Scol) common-core syllabus

tronche‡ [tʀɔ̃ʃ] nf (= visage) face ■ **faire** ou **tirer la ~** to sulk ■ **il a fait une de ces ~s !** you should have seen the look on his face!

tronçon [tʀɔ̃sɔ̃] nm [de phrase, texte] part ; [de route, voie ferrée] section

tronçonneuse [tʀɔ̃sɔnøz] nf chain saw

trône [tʀon] nm throne ■ **monter sur le ~** to come to the throne

trôner [tʀone] vi (= avoir la place d'honneur) [personne] to sit enthroned ; [chose] to have pride of place

tronquer [tʀɔ̃ke] vt [+ citation, texte] to truncate

trop [tʀo] adv

a (avec adverbe, adjectif) too ; (avec verbe) too much ■ **beaucoup** ou **bien ~** (avec verbe) far too much ; (avec adjectif) far too, much too ■ **en faire ~** (= exagérer) to go too far ■ **vous êtes ~ (nombreux)/trop peu (nombreux)** there are too many/too few of you ■ **il n'est pas ~ mécontent du résultat** he's not too unhappy with the result ■ **je n'en sais ~ rien** I don't really know ■ **elle est ~, ta copine !*** your girlfriend's too much!*

b (* = très) so ■ **elle est ~ jolie** she's so pretty

♦ **trop de** (quantité) too much ; (nombre) too many ■ **j'ai acheté ~ de pain/d'oranges** I've bought too much bread/too many oranges ■ **nous n'avons pas ~ de place chez nous** we haven't got very much room at our place

♦ **de trop, en trop** ■ **il y a une personne/deux personnes de ~** ou **en ~** there's one person/there are two people too many ■ **s'il y a du pain en ~, j'en emporterai** if there's any bread left over I'll take some away ■ **si je suis de ~, je peux m'en aller !** if I'm in the way I can always leave!

tr

trophée [tʀɔfe] nm trophy

tropical, e (mpl **-aux**) [tʀɔpikal, o] adj tropical

tropique [tʀɔpik] nm tropic ■ **sous les ~s** in the tropics

trop-plein (pl **~s**) [tʀoplɛ̃] nm excess ; (dans un réservoir) overflow

troquer [tʀɔke] vt (= échanger) to swap ; (Commerce) to trade (*contre, pour* for)

troquet* [tʀɔkɛ] nm café

trot [tʀo] nm trot ■ **aller au ~** to trot along ■ **vas-y, et au ~ !*** off you go, and be quick about it!

trotter [tʀɔte] vi to trot ; (= marcher à petits pas) to trot along ; (= marcher beaucoup) to run around ■ **un air/une idée qui me trotte dans la tête** a tune/an idea which keeps running through my head

trotteuse [tʀɔtøz] nf (= aiguille) second hand

trottiner [tʀɔtine] vi [personne] to trot along

trottinette [tʀɔtinɛt] nf scooter ■ **faire de la ~** to ride a scooter

trottoir [tʀɔtwaʀ] nm pavement BR, sidewalk US ■ **~ roulant** moving walkway ■ **faire le ~*** to be a streetwalker

trou [tʀu] nm **a** hole ■ **par le ~ de la serrure** through the keyhole ■ **faire un ~** to make a hole ; (avec des ciseaux, un couteau) to cut a hole ; (déchirure) he tear a hole ▸ **trou d'air** air pocket ▸ **trou de cigarette** cigarette burn **b** (= temps libre, lacune) gap ; (= déficit) deficit ■ **le ~ de la Sécurité sociale** the deficit in the Social Security budget ■ **j'ai eu un ~ (de mémoire)** my mind went blank **c** (péj = localité) hole* (péj) **d** (* = prison) slammer*

troublant, e [tʀublɑ̃, ɑ̃t] adj (= déconcertant) disturbing

trouble [tʀubl] **1** adj **a** [eau, vin] cloudy ; [photo] blurred **b** (= équivoque) shady **2** adv ■ **voir ~** to have blurred vision **3** nm **a** (= émeute) ■ **~s** unrest *NonC* **b** (= émoi affectif ou sensuel) inner turmoil ; (= gêne, perplexité) confusion **c** ■ **~s** (de santé) disorders ■ **~s du sommeil/de la personnalité** sleeping/personality disorders

trouble-fête (pl **~s**) [tʀubləfɛt] nmf spoilsport

troubler [tʀuble] **1** vt **a** [+ ordre, sommeil, silence] to disturb ; [+ représentation, réunion] to disrupt ; [+ jugement, esprit] to cloud ; [+ digestion] to upset **b** (= déconcerter, émouvoir) to disturb ; (= gêner) to confuse ; (= sexuellement) to arouse **c** [+ eau, vin] to make cloudy ; [+ image, vue] to blur **2 se troubler** vpr **a** [eau] to become cloudy ; [images, vue] to become blurred **b** (= perdre contenance) to become flustered ■ **sans se ~** calmly

troué, e [tʀue] **1** adj ■ **mon collant est ~** I've got a hole in my tights ■ **ce sac est ~** this bag has a hole ou holes in it **2 trouée** nf (dans la haie, les nuages) gap

trouer [tʀue] vt [+ vêtement] to make a hole ou holes in ; (= transpercer) to pierce

trouillard, e‡ [tʀujaʀ, aʀd] **1** adj cowardly **2** nm,f coward

trouille‡ [tʀuj] nf ■ **avoir la ~** to be scared stiff* ■ **flanquer** ou **ficher la ~ à qn** to scare sb stiff*

troupe [tʀup] nf **a** [de soldats] troop **b** ■ **~ (de théâtre)** (theatre ou drama) company

troupeau (pl **~x**) [tʀupo] nm herd ; [de moutons, chèvres] flock

trouple [tʀupl] nm throuple

trousse [tʀus] nf **a** (= étui) case ; [d'écolier] pencil case ■ **~ à outils** toolkit ■ **~ de toilette** sponge bag, washbag **b** ■ **avoir qn aux ~s** ou **à ses ~s** to have the police on one's tail

trousseau (pl **~x**) [tʀuso] nm [de mariée] trousseau ■ **~ de clés** bunch of keys

trouvaille [tʀuvɑj] nf (= objet) find ; (= idée, procédé) stroke of inspiration, brainwave BR

trouver [tʀuve] **1** vt **a** to find ■ **je ne le trouve pas** I can't find it ■ **je l'ai trouvé en train de pleurer** I found him crying ■ **mais qu'est-ce qu'elle lui trouve ?** what on earth does she see in him? ■ **j'ai trouvé !** (= je sais) I've got it!* ■ **où est-il allé ~ ça ?** where on earth did he get that idea from? ■ **ne pas ~ ses mots** to be at a loss for words ■ **~ que** to find that ■ **je trouve ça trop sucré** I find it too sweet ■ **comment tu le trouves ?** what do you think of him? ■ **vous trouvez ?** do you think so? **b** (= par hasard) to come across ; [+ idée] to hit on ■ **~ la mort dans un accident** to meet one's death in an accident **c** (= rendre visite à) ■ **aller/venir ~ qn** to go/come and see sb **2 se trouver** vpr **a** (= être dans une situation) to find o.s. ■ **je me suis trouvé dans l'impossibilité de répondre** I found myself unable to reply **b** (= être situé) to be ■ **où se trouve la poste ?** where is the post office? **c** (= se sentir) to feel ■ **se ~ bien** (dans un fauteuil, etc) to feel comfortable ■ **se ~ mal** (= s'évanouir) to faint **d** (= se juger) ■ **il se trouve beau dans son nouveau costume** he thinks he looks good in his new suit **e** (exprimant la coïncidence) ■ **se ~ être/avoir...** to happen to be/have... ■ **il s'est trouvé que j'étais là quand...** I happened to be there when... ■ **si ça se trouve*** maybe

truand [tʀyɑ̃] nm gangster

> ⚠ **truand** ne se traduit pas par ***truant***, qui signifie « élève faisant l'école buissonnière ».

truc* [tʀyk] nm a (= moyen, tour, trucage) trick ▪ **avoir le ~** to have the knack b (= chose, idée) thing ; (dont le nom échappe) thingumajig* ▪ **c'est quoi, ce truc-là ?** what's that thing? ▪ **le ski, c'est pas mon ~** skiing isn't my thing* ▪ **l'équitation, c'est son ~** he's really into* horseriding c (= personne) ▪ **Machin Truc** what's-his-name*

trucage [tʀykaʒ] nm (= effet spécial) special effect

truelle [tʀyɛl] nf trowel

truffe [tʀyf] nf a (= champignon, chocolat) truffle b [de chien] nose

truffer [tʀyfe] vt (Culin) to garnish with truffles ▪ **truffé de** [+ citations] peppered with ; [+ fautes] riddled with ; [+ pièges] bristling with

truie [tʀɥi] nf sow

truite [tʀɥit] nf trout *inv*

truquage [tʀykaʒ] nm (= effet spécial) special effect

truquer [tʀyke] vt [+ combat, élections, cartes] to fix* ; [+ dés] to load

trust [tʀœst] nm (= cartel) trust ; (= grande entreprise) corporation

truster [tʀœste] vt to monopolize

tsar [dzaʀ] nm tsar

T-shirt [tiʃœʀt] nm T-shirt

tsigane [tsigan] 1 adj (Hungarian) gypsy 2 **Tsigane** nmf Gypsy

TTC [tetese] (abrév de **toutes taxes comprises**) inclusive of tax

tu[1]**, t'*** [ty, t] 1 pron pers you ▪ **t'as* de la chance** you're lucky 2 nm ▪ **dire tu à qn** to address sb as "tu"

tu[2]**, e** [ty] ptp de **taire**

tuant, e* [tɥɑ̃, tɥɑ̃t] adj (= fatigant) exhausting ; (= énervant) exasperating

tuba [tyba] nm (= instrument de musique) tuba ; [de plongeur] snorkel

tube [tyb] nm a tube ▸ **tube digestif** digestive tract ▸ **tube de rouge (à lèvres)** lipstick b (* = chanson à succès) hit

tuberculeux, -euse [tybɛʀkylø, øz] nm,f tuberculosis patient

tuberculose [tybɛʀkyloz] nf tuberculosis

tubing [tybiŋ] nm (Sport) tubing

tué, e [tɥe] nm,f ▪ **il y a eu cinq ~s** there were five people killed

tuer [tɥe] 1 vt a to kill ▪ **~ qn à coups de pierre/de couteau** to stone/stab sb to death ▪ **~ qn d'une balle** to shoot sb dead ▪ **~ le temps** to kill time b (= exténuer) to exhaust 2 **se tuer** vpr a (l'un l'autre) to kill each other b (soi-même, par accident) to be killed ; (= se suicider) to kill o.s. ▪ **il s'est tué en voiture** he was killed in a car accident c (= s'épuiser) ▪ **se ~ au travail** to work o.s. to death ▪ **je me tue à te le dire !** I keep on telling you!

tuerie [tyʀi] nf slaughter ▪ **c'est une ~ !*** it's a killer!*

tue-tête (à) [tytɛt] loc adv at the top of one's voice

tueur, tueuse [tɥœʀ, tɥøz] nm,f killer ▪ **~ à gages** hired killer ▪ **~ en série** serial killer

tuile [tɥil] nf a [de toit] tile ▪ **toit de ~s** tiled roof ▸ **tuile aux amandes** *type of almond biscuit* b (* = coup de malchance) stroke of bad luck

tulipe [tylip] nf tulip

tulle [tyl] nm tulle

tuméfié, e [tymefje] adj swollen

tumeur [tymœʀ] nf tumour BR, tumor US ▪ **~ au cerveau** brain tumour

tumulte [tymylt] nm (= agitation) commotion ; [de voix] hubbub

tunique [tynik] nf tunic

Tunisie [tynizi] nf Tunisia

tunisien, -ienne [tynizjɛ̃, jɛn] 1 adj Tunisian 2 **Tunisien(ne)** nm,f Tunisian

tunnel [tynɛl] nm tunnel ▪ **le ~ sous la Manche** the Channel Tunnel ▪ **voir le bout du ~** (fig) to see the light at the end of the tunnel

turban [tyʀbɑ̃] nm turban

turbin* [tyʀbɛ̃] nm (= travail) work ▪ **aller au ~** to go off to work ▪ **se remettre au ~** to get back to the grind*

turbine [tyʀbin] nf turbine

turbo [tyʀbo] adj inv, nm turbo

turbot [tyʀbo] nm turbot

turbulences [tyʀbylɑ̃s] nfpl [avion] turbulence

turbulent, e [tyʀbylɑ̃, ɑ̃t] adj [enfant, élève] unruly

turc, turque [tyʀk] 1 adj Turkish ▪ **à la turque** (= accroupi, assis) cross-legged ; [cabinets] seatless 2 nm a (= personne) ▪ **Turc** Turk b (= langue) Turkish 3 **Turque** nf Turkish woman

turfiste [tyʀfist] nmf racegoer

turista* [tuʀista] nf ⇒ **tourista**

Turquie [tyʀki] nf Turkey

turquoise [tyʀkwaz] nf, adj inv turquoise

tutelle [tytɛl] nf a [d'enfant, adulte] guardianship ▪ **placer qn sous ~** to place sb in the care of a guardian b (= contrôle) supervision ▪ **pays sous la ~ de l'ONU** country under UN trusteeship

tuteur, -trice [tytœʀ, tʀis] 1 nm,f (= protecteur) guardian ; (= professeur) tutor 2 nm (= piquet) stake

tr

tutoriel [tytɔʀjɛl] nm (= logiciel) tutorial

tutoyer [tytwaje] vt ▪ **~ qn** to address sb as "tu"

tutu [tyty] nm tutu

tuyau (pl **~x**) [tɥijo] nm **a** pipe ▪ **c'est dans les ~x*** [projet] it's in the pipeline ▸ **tuyau d'alimentation** feeder pipe ▸ **tuyau d'arrosage** hosepipe ▸ **tuyau d'échappement** exhaust pipe **b** (* = conseil) tip

tuyauterie [tɥijɔtʀi] nf (= canalisations) piping *NonC*

TV [teve] nf (abrév de **télévision**) TV

TVA [tevea] nf (abrév de **taxe sur la valeur ajoutée**) VAT

TVHD [teve'aʃde] nf (abrév de **télévision haute définition**) HDTV

tweed [twid] nm tweed

tweet [twit] nm tweet

tweeter[1] [twite] vti to tweet

tweeter[2] [twitœʀ] nm (= haut-parleur) tweeter

twist [twist] nm (= danse) twist

Twitter® [twitœʀ] n Twitter® ▪ **gros buzz sur ~** Twitter storm ▪ **l'univers de ~** the Twitterverse* ▪ **utilisateur de ~** Twittterer

twittos [twitɔs] nmf inv Twittterer, Twitterati* ▪ **réunion de ~** tweetup*

twittosphère [twitɔsfɛʀ] nf ▪ **la ~** the Twittersphere*

tympan [tɛ̃pɑ̃] nm **a** [d'oreille] eardrum ▪ **bruit à vous déchirer les ~s** earsplitting noise **b** (Archit) tympanum

type [tip] **1** nm **a** (= genre, sorte) type ▪ **avoir le ~ oriental/nordique** to have Oriental/Nordic looks **b** (= exemple) ▪ **c'est le ~ même de l'intellectuel/du vieux garçon** he's the typical intellectual/bachelor **c** (* = individu) guy* **2** adj typical ; [lettre, contrat] standard ▪ **l'erreur/le politicien ~** the typical mistake/politician

typé, e [tipe] adj ▪ **une femme brune et très ~e** a dark, very foreign-looking woman ▪ **elle est allemande mais pas très ~e** she's German but she doesn't look typically German

typhoïde [tifɔid] nf typhoid

typhon [tifɔ̃] nm typhoon

typhus [tifys] nm typhus

typique [tipik] adj typical

typiquement [tipikmɑ̃] adv typically

typographie [tipɔgʀafi] nf typography

tyran [tiʀɑ̃] nm tyrant

tyrannie [tiʀani] nf tyranny

tyranniser [tiʀanize] vt to bully

tzigane [dzigan] adj, nmf ⇒ **tsigane**

uU

ubérisation [ybeʀizasjɔ̃] nf uberization
ubériser [ybeʀize] vt to uberize
ubuesque [ybyɛsk] adj (= grotesque) grotesque ; (Littérat) Ubuesque
uchronie [ykʀɔni] nf uchronia
UE [yə] nf (abrév de **Union européenne**) EU
ukrainien, -ienne [ykʀɛnjɛ̃, jɛn] **1** adj Ukrainian **2** **Ukrainien(ne)** nm,f Ukrainian
ulcère [ylsɛʀ] nm ulcer ▪ **~ à l'estomac** stomach ulcer
ULM [yɛlɛm] nm (abrév de **ultra-léger motorisé**) microlight
ulna [ylna] nm ulna
ultérieur, e [ylteʀjœʀ] adj later ▪ **à une date ~e** at a later date
ultérieurement [ylteʀjœʀmɑ̃] adv later
ultimatum [yltimatɔm] nm ultimatum ▪ **lancer un ~ à qn** to present sb with an ultimatum
ultime [yltim] adj [objectif] ultimate ; [tentative] last-ditch
ultime-passe [ytlimpas] nf (Sport) ultimate
ultra(-) [yltʀa] préf ▪ **ultracompact** [appareil photo, portable] ultracompact ▪ **ultraconservateur** ultraconservative ▪ **ultracourt** ultrashort ▪ **ultramoderne** [équipement] hi-tech ▪ **ultrasecret** top secret ▪ **ultrarapide** [bateau, ordinateur] high-speed *avant n*
ultrason [yltʀasɔ̃] nm ultrasonic sound ▪ **les ~s** ultrasound *NonC*
ultraviolet [yltʀavjɔlɛ] nm ultraviolet
un, une [œ̃, yn] **1** art a ▪ **un chien** a dog ▪ **une poupée** a doll ▪ **une idée** an idea ▪ **une autruche ne vole pas** ostriches don't fly ▪ **j'ai une de ces faims !*** I'm so hungry! **2** pron one ▪ **un seul** just one ▪ **l'un d'entre eux** one of them ▪ **l'un après l'autre** one after the other ▪ **un(e) à un(e), un(e) par un(e)** one by one ▪ **il a examiné les photos une à une** he examined the photos one by one ▪ **ajouter les œufs un par un** add the eggs one at a time ▪ **les uns... les autres** some people... others ▪ **l'un dans l'autre** (= tout bien considéré) all in all **3** adj num one ▪ **vingt et un ans** twenty-one years ▪ **il reviendra dans un an ou deux** he'll come back in a year or two ▪ **en deux mille un** in two thousand and one ▪ **passez un soir** drop in one evening **4** nm inv (= nombre) one ▪ **compter de un à cent** to count from one to a hundred **5** **la une** nf (Presse) the front page ▪ **cet accident a fait la une des journaux** the accident made the headlines
unanime [ynanim] adj unanimous
unanimement [ynanimmɑ̃] adv unanimously
unanimité [ynanimite] nf unanimity ▪ **élu à l'~** elected unanimously ▪ **cette décision a fait l'~** the decision was approved unanimously
UNESCO [ynɛsko] nf UNESCO
uni, e [yni] adj **a** [tissu, jupe, couleur] plain **b** [couple, famille] close
unification [ynifikasjɔ̃] nf unification
unifier [ynifje] vt to unify
uniforme [ynifɔʀm] **1** adj [surface] even ; [paysage, couleur] uniform **2** nm uniform
uniformément [ynifɔʀmemɑ̃] adv uniformly ; [répartir] evenly
uniformisation [ynifɔʀmizasjɔ̃] nf standardization
uniformiser [ynifɔʀmize] vt [+ mœurs, tarifs] to standardize
uniformité [ynifɔʀmite] nf [de terrain, surface] evenness ; [de style, vie, conduite, ciel, paysage] uniformity
unilatéral, e (mpl **-aux**) [ynilateʀal, o] adj unilateral
union [ynjɔ̃] nf (= alliance, mariage) union ; (= groupe) association ▪ **l'Union sportive de Caen** the Caen sports club ▪ **~ de consommateurs** consumers' association ▸ **Union européenne** European Union ▸ **l'union libre** cohabitation ▸ **l'Union soviétique** the Soviet Union
unique [ynik] adj **a** (= seul) only ▪ **c'est un fils ~** he's an only child ▪ **ce n'est pas un cas ~** this is not an isolated case ▪ **« places : prix ~ 8 € »** (dans un cinéma) "all seats €8" **b** (après nom = exceptionnel) [livre, talent] unique
uniquement [ynikmɑ̃] adv (= exclusivement) exclusively ▪ **il était venu ~ pour me voir** he had come just to see me
unir [yniʀ] **1** vt to unite (à with) ▪ **~ ses forces** to join forces **2** **s'unir** vpr [partis] to unite (à, avec with)
unisexe [ynisɛks] adj unisex
unitaire [ynitɛʀ] adj ▪ **prix ~** unit price
unité [ynite] nf **a** (= élément) unit ▸ **unité centrale** [d'ordinateur] central processing unit ▸ **unité d'enseignement** ou **de valeur** course credit ou unit **b** (= cohésion) unity
univers [ynivɛʀ] nm universe ; (= milieu, domaine) world ▪ **l'~ de la mode** the world of fashion
universel, -elle [ynivɛʀsɛl] adj universal
universellement [ynivɛʀsɛlmɑ̃] adv universally

universitaire [yniversitɛʀ] **1** adj [vie, diplôme] university *avant n* ; [études, carrière] academic **2** nmf academic

université [yniversite] nf university

urbain, e [yʀbɛ̃, ɛn] adj (= de la ville) urban

urbanisation [yʀbanizasjɔ̃] nf urbanization

urbaniser [yʀbanize] vt to urbanize ▪ **région fortement urbanisée** heavily built-up area

urbanisme [yʀbanism] nm town planning

urgence [yʀʒɑ̃s] nf **a** [de décision, départ, situation] urgency ▪ **il y a ~** it's urgent ▪ **il n'y a pas ~** there's no rush **b** (= cas urgent) emergency ▪ **service/salle des ~s** emergency department/ward **c** ▪ **d'~** [mesures, situation, aide] emergency *avant n* ▪ **transporté d'~ à l'hôpital** rushed to hospital ▪ **être opéré d'~** to have an emergency operation

urgent, e [yʀʒɑ̃, ɑ̃t] adj urgent

urgentissime [yʀʒɑ̃tisim] adj very urgent ▪ **ce n'est pas ~** it's not desperately urgent

urgentiste [yʀʒɑ̃tist] nmf (accident and) emergency physician

urinaire [yʀinɛʀ] adj urinary

urine [yʀin] nf urine

uriner [yʀine] vi to urinate

urinoir [yʀinwaʀ] nm urinal

URL [yɛʀɛl] nf (abrév de **Universal Resource Locator**) URL

urne [yʀn] nf **a** ▪ **~ (électorale)** ballot box ▪ **aller** ou **se rendre aux ~s** to go to the polls ▪ **le verdict des ~s** the result of the polls **b** (= vase) urn

URSS [yʀs] nf (Hist) (abrév de **Union des républiques socialistes soviétiques**) USSR

urticaire [yʀtikɛʀ] nf nettle rash

uruguayen, -yenne [yʀygwajɛ̃, jɛn] **1** adj Uruguayan **2** **Uruguayen(ne)** nm,f Uruguayan

us [ys] nmpl ▪ **les us et coutumes** habits and customs

US(A) [yɛs(a)] nmpl (abrév de **United States (of America)**) US(A) ▪ **aux ~** in the US(A)

usage [yzaʒ] nm **a** (= utilisation) use ▪ **l'~ de stupéfiants** drug use ▪ **à ~ externe** [médicament] for external use only ▪ **retrouver l'~ de la parole** to recover the power of speech ▪ **un manuel à l'~ des spécialistes** a manual for specialist use ▪ **hors d'~** [éclairage, installation] out of service ; [véhicule, machine à laver] broken down ▪ **faire ~ de** [+ force, procédé] to use ▪ **faire un mauvais ~ de qch** to make bad use of sth **b** (= coutume, habitude) custom ▪ **c'est l'~** it's the done thing ▪ **entrer dans l'~ (courant)** [mot] to come into common use ; [mœurs] to become common practice **c** [de la langue] ▪ **l'~** usage

> ⚠ **usage** ne se traduit par le mot anglais ***usage*** que dans le sens linguistique.

usagé, e [yzaʒe] adj (= d'occasion, qui ne peut plus être utilisé) used ; (= qui a beaucoup servi) [pneu, habits] worn

usager, -ère [yzaʒe, ɛʀ] nm,f user ▪ **les ~s des transports en commun** public transport users

USB [yɛsbe] nm (abrév de **Universal Serial Bus**) USB ▪ **port/connexion ~** USB port/connection ▪ **clé ~** USB key, flash drive

usé, e [yze] adj **a** [objet] worn **b** (= épuisé) worn-out

user [yze] **1** vt [+ vêtements, personne, forces] to wear out ; (= consommer) [+ essence, papier] to use **2** vi ▪ **~ de** (= utiliser) [+ pouvoir, droit] to exercise ; [+ charme, influence, liberté] to use **3** **s'user** vpr [tissu, vêtement] to wear out

usine [yzin] nf factory ▪ **travail en ~** factory work ▪ **~ d'armement** arms factory ▪ **~ de retraitement (des déchets nucléaires)** (nuclear waste) reprocessing plant

usité, e [yzite] adj common

ustensile [ystɑ̃sil] nm implement ▪ **~ (de cuisine)** (kitchen) utensil

usuel, -elle [yzɥɛl] adj everyday

usure [yzyʀ] nf [de vêtement] wear and tear ; [d'objet] wear

usurper [yzyʀpe] vt [+ pouvoir, honneur, nom] to usurp ▪ **sa réputation n'est pas usurpée** he well deserves his reputation

ut [yt] nm (= note) C

utérus [yteʀys] nm uterus

utile [ytil] adj useful ▪ **ça peut toujours être ~** it could always come in handy ▪ **puis-je vous être ~ ?** can I help?

utilement [ytilmɑ̃] adv usefully

utilisable [ytilizabl] adj usable ▪ **c'est ~ partout** it can be used everywhere

utilisateur, -trice [ytilizatœʀ, tʀis] nm,f user

utilisation [ytilizasjɔ̃] nf use ▪ **notice d'~** instructions for use

utiliser [ytilize] vt to use ▪ **« à ~ avant le... »** "use by..."

> ⚠ **utiliser** ne se traduit que rarement par ***to utilize***, qui est d'un registre soutenu.

utilitaire [ytilitɛʀ] **1** adj utilitarian **2** nm (= véhicule) utility van ; [d'ordinateur] utility

utilité [ytilite] nf usefulness ▪ **d'une grande ~** very useful ▪ **d'aucune ~** useless

utopie [ytɔpi] nf (= idéal) utopia ▪ **c'est de l'~ !** it's all pie in the sky!

utopique [ytɔpik] adj utopian

utopiste [ytɔpist] nmf utopian

UV [yve] nm (abrév de **ultraviolet**) ultraviolet ray ▪ **faire des (séances d')UV** to have sunbed sessions

vV

V [ve] nm ■ **col** ou **encolure en V** V-neck
va [va] → **aller**
vacances [vakɑ̃s] nfpl holiday(s) BR, vacation US ■ **en ~** on holiday BR ou vacation US
vacancier, -ière [vakɑ̃sje, jɛʀ] nm,f holidaymaker BR, vacationer US
vacant, e [vakɑ̃, ɑ̃t] adj vacant
vacarme [vakaʀm] nm racket ■ **faire du ~** to make a racket
vacataire [vakatɛʀ] nmf person on short-term contract ; (Univ) part-time lecturer
vacation [vakasjɔ̃] nf (= travail) supply work ■ **faire des ~s** to work on a short-term basis
vaccin [vaksɛ̃] nm vaccine
vaccination [vaksinasjɔ̃] nf vaccination ■ **~ contre l'hépatite B** hepatitis B vaccination
vacciner [vaksine] vt to vaccinate
vache [vaʃ] **1** nf **a** (= animal) cow ■ **maladie de la ~ folle** mad cow disease **b** (**, péj) (femme) cow** ; (homme) swine** ■ **ah la ~ !**** (surprise, admiration) wow!* **2** adj * rotten* ■ **il est ~** he's really rotten*
vachement* [vaʃmɑ̃] adv (= très) really
vacherie* [vaʃʀi] nf (= action) dirty trick* ; (= remarque) bitchy remark** ■ **faire une ~ à qn** to play a dirty trick on sb*
vaciller [vasije] vi [personne] to sway (to and fro) ; [flamme] to flicker
vadrouille [vadʀuj] nf **a** (* = balade) ■ **partir en ~** to go on a jaunt **b** (Can = balai) mop
vadrouiller* [vadʀuje] vi to rove around
va-et-vient [vaevjɛ̃] nm inv [de personnes, véhicules] comings and goings ■ **faire le ~ entre** to go backwards and forwards between
vagabond, e [vagabɔ̃, ɔ̃d] nm,f (= rôdeur) vagrant
vagabonder [vagabɔ̃de] vi [personne] to wander ; [imagination, esprit] to roam
vagin [vaʒɛ̃] nm vagina
vagissement [vaʒismɑ̃] nm wail
vague[1] [vag] **1** adj (= imprécis) vague **2** nm ■ **regarder dans le ~** to stare into space
vague[2] [vag] nf wave ■ **~ de chaleur** heat-wave ■ **~ de froid** cold spell
vaguement [vagmɑ̃] adv vaguely ■ **il était ~ question d'organiser une réunion** there was vague talk of planning a meeting

vain, e [vɛ̃, vɛn] adj (= infructueux) vain *avant n* ■ **en ~** in vain
vaincre [vɛ̃kʀ] vt **a** [+ concurrent] to beat ; [+ armée, ennemi] to defeat **b** [+ préjugé, maladie, sentiment] to overcome ; [+ chômage] to conquer
vaincu, e [vɛ̃ky] adj defeated ■ **s'avouer ~** to admit defeat
vainement [vɛnmɑ̃] adv in vain
vainqueur [vɛ̃kœʀ] nmf winner ; (à la guerre) victor ■ **il est sorti ~ des élections** he emerged victorious from the election
vaisseau (pl **~x**) [vɛso] nm **a** (= navire) ship **b** ■ **~ sanguin** blood vessel
vaisselier [vɛsəlje] nm (= meuble) dresser
vaisselle [vɛsɛl] nf (= plats) crockery ; (= plats à laver) dishes ■ **faire la ~** to do the dishes
valable [valabl] adj **a** (= valide, acceptable) valid **b** (= de qualité) [solution] worthwhile
valet [valɛ] nm **a** (= domestique) servant ▸ **valet de chambre** valet **b** (Cartes) jack
valeur [valœʀ] nf **a** value ■ **~ ajoutée** added value ■ **prendre de la ~** to go up in value ■ **accorder** ou **attacher de la ~ à qch** to value sth ■ **de ~** [bijou, meuble] valuable ■ **objets de ~** valuables ■ **mettre en ~** [+ détail] to highlight ; [+ yeux] to set off ; [+ objet décoratif] to show off to advantage ; [+ personne] to show to advantage **b** (= titre boursier) security
valide [valid] adj **a** [personne] able-bodied **b** [billet, carte d'identité] valid
valider [valide] vt [+ billet] to validate ; [+ document] to authenticate ; [+ décision] to ratify
validité [validite] nf validity
valise [valiz] nf suitcase ■ **faire sa ~** ou **ses ~s** to pack ; (= partir) to pack one's bags
vallée [vale] nf valley
vallonné, e [valɔne] adj undulating
valoir [valwaʀ] **1** vi **a** (gén) to be worth ■ **~ 1 000 €** to be worth €1,000 ■ **ça vaut combien ?** how much is it worth? ; (à un commerçant) how much is it? ■ **~ cher** to be worth a lot ■ **sa dernière pièce ne valait pas grand-chose** his last play wasn't particularly good ■ **ça ne vaut rien** (= ne coûte rien) it costs next to nothing ; (= n'est pas de qualité) it's no good ■ **ça valait le déplacement** it was worth a visit ■ **faire ~** [+ droit] to assert ; [+ argument] to put forward ■ **tu vaux mieux que lui** you're better than him **b** (conseil) ■ **il vaudrait mieux que vous refusiez** you'd better refuse ■ **ça vaut mieux comme ça** it's better that way ■ **avertis-le, ça vaut mieux** it would be better if you told him **c** (= équivaloir à) ■ **cette méthode en vaut une autre** it's as good a method as any ■ **rien ne vaut**

un bon bain chaud there's nothing like a nice warm bath **2** vt ▪ **~ qch à qn** to earn sb sth ▪ **l'inaction ne lui vaut rien** it isn't good for him to remain inactive **3** **se valoir** vpr (= être équivalent) ▪ **ces deux candidats se valent** there's not much to choose between the two applicants ▪ **ça se vaut*** it's all the same

valoriser [valɔʀize] vt [+ région, patrimoine, capital] to develop

valse [vals] nf waltz

valser [valse] vi (= danser) to waltz

valve [valv] nf valve

vampire [vɑ̃piʀ] nm vampire

van [van] nm (= véhicule) horsebox BR, horse trailer US

vandale [vɑ̃dal] nmf vandal

vandaliser [vɑ̃dalize] vt to vandalize

vandalisme [vɑ̃dalism] nm vandalism

vanille [vanij] nf vanilla ▪ **glace à la ~** vanilla ice cream

vanillé, e [vanije] adj [sucre, thé] vanilla *avant n*

vanité [vanite] nf (= fatuité) vanity

vaniteux, -euse [vanitø, øz] adj conceited

vanne [van] nf **a** [d'écluse] lock gate ; [de barrage, digue] floodgate ; [de canalisation] gate **b** (* = remarque) dig*

vanné, e* [vane] adj ▪ **je suis ~** I'm dead-beat*

vannerie [vanʀi] nf wickerwork

vantard, e [vɑ̃taʀ, aʀd] **1** adj boastful **2** nm,f boaster

vanter [vɑ̃te] **1** vt to praise ▪ **~ les mérites de qch** to praise sth **2** **se vanter** vpr to boast ▪ **se ~ de** to pride o.s. on ▪ **il n'y a pas de quoi se ~** there's nothing to boast about

vape [vap] nf (= vapotage) vaping

vapeur [vapœʀ] nf ▪ **~ (d'eau)** steam ▪ **train à ~** steam train ▪ **(cuit à la) ~** steamed

vaporisateur [vapɔʀizatœʀ] nm (à parfum) spray

vaporiser [vapɔʀize] vt to spray

vapote [vapote] nf ⇒ **vape**

vapoter [vapɔte] vi to smoke an e-cigarette (ou e-cigarettes), to vape

vapoteur, -euse [vapɔtœʀ, øz] nm,f e-cigarette smoker

vaquer [vake] vt indir ▪ **~ à ses occupations** to go about one's business

varappe [vaʀap] nf rock-climbing ▪ **faire de la ~** to go rock-climbing

varappeur, -euse [vaʀapœʀ, øz] nm,f rock-climber

vareuse [vaʀøz] nf [de pêcheur, marin] pea jacket

variable [vaʀjabl] **1** adj **a** (= susceptible de changer) variable ; [temps, humeur] changeable **b** (pluriel) (= varié) [résultats, réactions] varied **2** nf variable

variante [vaʀjɑ̃t] nf variant

variation [vaʀjasjɔ̃] nf variation (*de* in)

varice [vaʀis] nf varicose vein

varicelle [vaʀisɛl] nf chickenpox ▪ **il a la ~** he has chickenpox

varié, e [vaʀje] ptp de **varier** adj varied ; [produits, sujets, objets] various ▪ **hors-d'œuvre ~s** selection of hors d'œuvres

varier [vaʀje] vti to vary ▪ **pour ~ un peu** for a bit of a change ▪ **les tarifs varient selon les pays** prices vary from country to country

variété [vaʀjete] **1** nf variety **2** **variétés** nfpl (Music hall) variety show ; (Radio, TV = musique) light music *NonC* ▪ **émission de ~s** variety programme

variole [vaʀjɔl] nf smallpox

vase[1] [vɑz] nm (= pot) vase

vase[2] [vɑz] nf (= boue) mud

vaseux, -euse [vɑzø, øz] adj **a** (= boueux) muddy **b** (* = fatigué) in a daze **c** * [astuce, plaisanterie] pathetic*

vasistas [vazistɑs] nm [de fenêtre] fanlight

vaste [vast] adj vast ; [culture] immense ; [domaine, sujet, problème] wide-ranging

va-t-en-guerre [vatɑ̃gɛʀ] nm inv warmonger

Vatican [vatikɑ̃] nm ▪ **le ~** the Vatican

vaudeville [vod(ə)vil] nm vaudeville ▪ **ça tourne au ~** it's turning into a farce

vaurien, -ienne [voʀjɛ̃, jɛn] nm,f (= garnement) little devil*

vautour [votuʀ] nm vulture

vautrer (se) [votʀe] vpr **a** (= se rouler) to wallow **b** (= s'avachir) ▪ **se vautrer dans un fauteuil** to slouch in an armchair ▪ **vautré dans l'herbe** sprawling in the grass

va-vite (à la)* [avavit] loc adv in a rush

veau (pl **~x**) [vo] nm (= animal) calf ; (= viande) veal ; (= cuir) calfskin

vécu, e [veky] adj [histoire, aventure] real-life *avant n*

vedette [vədɛt] nf **a** (= personnage en vue) star ▪ **les ~s de l'écran/du cinéma** screen/film stars ▪ **mettre qn en ~** to put the spotlight on sb **b** (= embarcation) launch ; (militaire) patrol boat

véganisme [veganism] nm veganism

végétal, e (mpl **-aux**) [veʒetal, o] **1** adj [graisses, teintures, huiles] vegetable *avant n* ; [fibres, cellules] plant *avant n* **2** nm vegetable

végétalien, -ienne [veʒetaljɛ̃, jɛn] adj, nm,f vegan

végétalisé, e [veʒetalize] adj [toit, mur] green, planted

végétarien, -ienne [veʒetaʀjɛ̃, jɛn] adj, nm,f vegetarian

végétatif, -ive [veʒetatif, iv] adj vegetative

végétation [veʒetasjɔ̃] nf (= plantes) vegetation

végéter [veʒete] vi a [personne] to vegetate ; [affaire] to stagnate b [plante] to grow poorly

véhément, e [veemɑ̃, ɑ̃t] adj (littér) vehement ▪ **d'un ton ~** vehemently

véhicule [veikyl] nm vehicle

véhiculer [veikyle] vt to convey

veille [vɛj] nf a (= jour précédent) ▪ **la ~** the day before ▪ **la ~ de l'examen** the day before the exam ▪ **la ~ au soir** the previous evening ▪ **la ~ de Noël** Christmas Eve ▪ **à la ~ de** [+ guerre, révolution] on the eve of b (= garde) night watch c (= état) wakefulness ▪ **en ~** [machine, ordinateur] in sleep mode

veillée [veje] nf evening *(spent in company)* ; (funèbre) wake

veiller [veje] 1 vi (= ne pas se coucher) to stay up 2 vt [+ personne] to sit up with 3 vt indir ▪ **~ à** to look after ▪ **~ à ce que...** to see to it that... ▪ **~ sur** to watch over

veilleur [vɛjœʀ] nm ▪ **~ (de nuit)** (night) watchman

veilleuse [vɛjøz] nf a (= lampe) night light ; [de voiture] sidelight ▪ **se mettre en ~** [automobiliste] to put one's sidelights on b ▪ **~ de nuit** (= personne) watchwoman

veinard, e* [vɛnaʀ, aʀd] nm,f lucky devil*

veine [vɛn] nf a (Anat) vein b (* = chance) luck ▪ **avoir de la ~** to be lucky ▪ **il n'a pas de ~** (dans la vie) he has no luck ; (aujourd'hui) he's out of luck

Velcro® [vɛlkʀo] nm Velcro® ▪ **bande ~** Velcro strip

véliplanchiste [veliplɑ̃ʃist] nmf windsurfer

velléité [veleite] nf vague desire

vélo [velo] nm bike ▪ **~ d'appartement** exercise bike ▪ **~ de course/tout-terrain** racing/mountain bike ▪ **~s en libre-service** (= service) bike-sharing ▪ **être à** ou **en ~** to be on a bike ▪ **venir à** ou **en ~** to come by bike ▪ **je fais beaucoup de ~** I cycle a lot ▸ **vélo à assistance électrique** e-bike ▸ **vélo-taxi** pedicab, bike taxi

vélociste [velɔsist] nm (= magasin) bicycle ou cycle shop

vélodrome [velodʀom] nm velodrome

vélomoteur [velɔmɔtœʀ] nm moped

véloroute [velɔʀut] nf cycleway BR, bikeway US

velours [v(ə)luʀ] nm velvet ▪ **~ côtelé** cord

velouté [vəlute] nm (= potage) ▪ **~ de tomates** cream of tomato soup

Velux® [velyks] nm Velux® window

vendanger [vɑ̃dɑ̃ʒe] vi (= faire les vendanges) to pick the grapes

vendanges [vɑ̃dɑ̃ʒ] nfpl grape harvest ▪ **faire les ~** to pick the grapes

vendeur, -euse [vɑ̃dœʀ, øz] 1 nm,f (dans un magasin) shop assistant BR, salesclerk US ; (dans un grand magasin) sales assistant ▪ **~ de journaux** newsvendor BR, newspaper seller 2 nm (Droit) vendor ; (Écon) seller

vendre [vɑ̃dʀ] 1 vt to sell ▪ **~ qch à qn** to sell sb sth ▪ **« à ~ »** "for sale" 2 **se vendre** vpr [marchandise] to be sold ▪ **ça se vend bien** it sells well

vendredi [vɑ̃dʀədi] nm Friday ; pour loc voir **samedi**

vendu, e [vɑ̃dy] (péj) 1 adj (= corrompu) corrupt 2 nm (= traître) Judas

vénéneux, -euse [venenø, øz] adj poisonous

vénérable [veneʀabl] adj venerable

vénère‡ [venɛʀ] adj ▪ **j'étais ~ !** I was so pissed off!‡

vénérer [veneʀe] vt to venerate

vénérien, -ienne [veneʀjɛ̃, jɛn] adj venereal

Venezuela [venezɥɛla] nm Venezuela

vénézuélien, -ienne [venezɥeljɛ̃, jɛn] 1 adj Venezuelan 2 **Vénézuélien(ne)** nm,f Venezuelan

vengeance [vɑ̃ʒɑ̃s] nf revenge

venger [vɑ̃ʒe] 1 vt to avenge (*de* for) 2 **se venger** vpr to take one's revenge (*de* for) ▪ **venge-toi !** get your own back!

venimeux, -euse [vənimø, øz] adj venomous

venin [vənɛ̃] nm venom

venir [v(ə)niʀ] 1 vi to come ▪ **je viens !** I'm coming! ▪ **je viens dans un instant** I'll be there in a moment ▪ **comment est-il venu ? – en voiture** how did he get here? – by car ▪ **ça vient ?*** come on! ▪ **alors ce dossier, ça vient ?*** so when's that file going to be ready? ▪ **et ma bière ? – ça vient !** where's my beer? – it's coming! ▪ **et le budget ? – j'y viens** and the budget? – I'm coming to that ▪ **la semaine qui vient** the coming week ▪ **samedi qui vient** this Saturday ▪ **faire ~** [+ médecin, plombier] to call ▪ **tu nous as fait ~ pour rien** you got us to come for nothing ▪ **~ (jusqu')à** (= atteindre) (vers le haut) to come up to ; (vers le bas) to come down to ; (en longueur, en superficie) to reach ▪ **~ de** to come from ▪ **ils viennent de Paris** (en voyage) they're coming from Paris ; (origine) they are from Paris ▪ **les années à ~** the years to come ▪ **nous le saurons dans**

les jours à ~ we'll know in the next few days **2** **en venir à** vt indir ▪ **venons-en au fait** let's get to the point ▪ **en ~ aux mains** to come to blows ▪ **où voulez-vous en ~ ?** what are you getting at? ▪ **j'en viens à me demander si...** I'm beginning to wonder if... **3** vb aux ♦ **venir** + infinitif ▪ **je suis venu travailler** I have come to work ▪ **viens m'aider** come and help me ▪ **viens voir !** come and see! ▪ **après cela ne viens pas te plaindre !** and don't come complaining afterwards! ♦ **venir de** + infinitif to have just ▪ **il vient d'arriver** he has just arrived ▪ **elle venait de m'appeler** she had just called me

Venise [vəniz] n Venice

vent [vɑ̃] nm wind ▪ **il y a du ~** it's windy ▪ **c'est du ~*** it's just hot air* ▪ **être dans le ~*** to be trendy ▪ **avoir ~ de** to get wind of ▪ **être ~ debout contre qch** to be vehemently opposed to sth ▪ **coup de ~** (en mer) gale ▪ **entrer en coup de ~** to burst in ▪ **un ~ de panique** a wave of panic ▪ **(se) prendre un ~*** (= échouer) to come a cropper* ; (= être éconduit) to be blown off*

vente [vɑ̃t] nf sale ▪ **bureau de ~** sales office ▪ **service des ~s** sales department ▪ **en ~** on sale ▪ **être en ~ libre** to be freely available ▪ **mettre en ~** [+ produit] to put on sale ; [+ maison, objet personnel] to put up for sale ▸ **vente (aux enchères)** auction ▸ **vente de charité** jumble sale ▸ **vente par correspondance** mail-order selling ▸ **vente à domicile** door-to-door selling ▸ **vente publique** public sale

ventilateur [vɑ̃tilatœʀ] nm fan

ventilation [vɑ̃tilasjɔ̃] nf (= aération) ventilation

ventouse [vɑ̃tuz] nf **a** (pour déboucher) plunger ; (pour faire adhérer) suction pad BR ou disk US **b** [d'animal] sucker

ventre [vɑ̃tʀ] nm stomach ; [d'animal] belly ▪ **avoir du ~** to have a bit of a tummy* ▪ **avoir mal au ~** to have stomach ache

ventricule [vɑ̃tʀikyl] nm ventricle

venu, e[1] [v(ə)ny] adj ▪ **bien ~** [événement, remarque] timely ▪ **mal ~** [événement, question] untimely ▪ **sa remarque était plutôt mal ~e** his remark was rather uncalled-for ▪ **elle serait mal ~e de se plaindre** she is in no position to complain ▪ **le premier ~** (= arrivé) the first to come ▪ **ce n'est pas le premier ~** (fig) he isn't just anybody

venue[2] [v(ə)ny] nf [de personne] arrival ▪ **à l'occasion de la ~ de la reine** (dans le passé) when the queen visited ; (dans le futur) when the queen visits

ver [vɛʀ] nm worm ; [de viande, fruits, fromage] maggot ; [de bois] woodworm *NonC* ▸ **ver de terre** earthworm

véranda [veʀɑ̃da] nf veranda

verbaliser [vɛʀbalize] vti **a** [policier] ▪ **il (l')a verbalisé** he reported him **b** (= exprimer) to verbalize

verbe [vɛʀb] nm verb

verdâtre [vɛʀdɑtʀ] adj greenish

verdict [vɛʀdik(t)] nm verdict ▪ **rendre un ~** to return a verdict

verdoyant, e [vɛʀdwajɑ̃, ɑ̃t] adj green

verdure [vɛʀdyʀ] nf **a** (= végétation) greenery **b** (= salade) lettuce ; (= légumes verts) green vegetables

véreux, -euse [veʀø, øz] adj **a** [fruit] worm-eaten **b** [policier, financier] corrupt

verge [vɛʀʒ] nf (= pénis) penis

> ⚠ **verge** ne se traduit pas par le mot anglais ***verge***, qui signifie « bord ».

verger [vɛʀʒe] nm orchard

verglacé, e [vɛʀglase] adj icy

verglas [vɛʀglɑ] nm black ice

vergue [vɛʀg] nf (Naut) yard

véridique [veʀidik] adj truthful

vérificateur [veʀifikatœʀ] nm ▪ **~ orthographique** spellchecker

vérification [veʀifikasjɔ̃] nf (= contrôle) checking ; [de comptes] auditing ▪ **procéder à des ~s, effectuer des ~s** to carry out checks ▪ **~ d'identité** (Police) identity check

vérifier [veʀifje] vt **a** (= contrôler) to check **b** [+ soupçons, hypothèse] to confirm

véritable [veʀitabl] adj real

véritablement [veʀitabləmɑ̃] adv really

vérité [veʀite] nf truth ▪ **dire la ~** to tell the truth ▪ **en ~** (= en fait) in fact

verlan [vɛʀlɑ̃] nm back slang

vermifuge [vɛʀmifyʒ] nm (de-)worming treatment

vermine [vɛʀmin] nf vermin

vermoulu, e [vɛʀmuly] adj [bois] full of woodworm

verni, e [vɛʀni] ptp de **vernir** adj **a** (* = chanceux) lucky **b** ▪ **souliers ~s** patent shoes

vernir [vɛʀniʀ] vt [+ bois, tableau, cuir] to varnish ; [+ poterie] to glaze ; [+ ongles] to put nail varnish on

vernis [vɛʀni] nm [de bois, tableau] varnish ; [de poterie] glaze ▪ **~ (à ongles)** nail varnish

vernissage [vɛʀnisaʒ] nm **a** (= action) varnishing **b** (= exposition) private view

vérolé, e* [veʀɔle] adj (Informatique) infected by a virus

verre [vɛʀ] nm **a** (= substance, objet) glass ; [de lunettes] lens ▸ **verres de contact** contact lenses ▸ **verres correcteurs** corrective lenses ▸ **verre à pied** stemmed glass ▸ **verre à vin** wineglass **b** (= boisson) drink ■ **boire** ou **prendre un ~** to have a drink

verrière [vɛʀjɛʀ] nf **a** (= fenêtre) window **b** (= toit vitré) glass roof **c** (= paroi vitrée) glass wall

verrou [veʀu] nm [de porte] bolt ■ **as-tu mis le ~ ?** have you bolted the door? ■ **être sous les ~s** to be behind bars

verrouiller [veʀuje] vt to lock ■ **la police a verrouillé le quartier** the police cordoned off the area

verrue [veʀy] nf wart ■ **~ plantaire** verruca

vers[1] [vɛʀ] prép **a** (direction) towards, to ■ **la foule se dirigeait ~ la plage** the crowd was heading towards the beach **b** (= aux environs de) near ■ **c'est ~ Aix que nous avons eu une panne** it was somewhere near Aix that we broke down ■ **~ 2 000 mètres l'air est frais** at about 2,000 metres the air is cool **c** (temps : approximation) about ■ **~ quelle heure doit-il venir ?** about what time is he due? ■ **il est arrivé ~ 6 heures** he arrived at about 6 o'clock ■ **~ 1900** in around 1900

vers[2] [vɛʀ] nm (= ligne) line ■ **au 3e ~** in line 3 ■ **des ~** (= poésie) verse *NonC* ■ **~ libres** free verse

versant [vɛʀsɑ̃] nm [de vallée, toit] side ; [de massif] slopes

versatile [vɛʀsatil] adj changeable

> ⚠ **versatile** ne se traduit pas par le mot anglais ***versatile***, qui signifie « aux talents variés, polyvalent ».

Verseau [vɛʀso] nm ■ **le ~** Aquarius ■ **il est ~** he's Aquarius

versement [vɛʀsəmɑ̃] nm payment ; (échelonné) instalment, installment US ■ **je veux faire un ~ sur mon compte** I want to put some money into my account ■ **~ en espèces** cash deposit

verser [vɛʀse] vt **a** [+ liquide, grains] to pour (*dans* into, *sur* onto) **b** [+ larmes, sang] to shed **c** (= payer) to pay ■ **~ des arrhes** to put down a deposit **d** (= classer) ■ **~ une pièce à un dossier** to add an item to a file

verset [vɛʀsɛ] nm verse

version [vɛʀsjɔ̃] nf **a** (= traduction) translation *(into the mother tongue)* **b** (= variante) version ■ **film en ~ originale** film in the original version

versionner [vɛʀsjɔne] vt to version

verso [vɛʀso] nm back ■ **au ~** on the back of the page ■ **« voir au ~ »** "see over"

vert, verte [vɛʀ, vɛʀt] **1** adj **a** (= couleur) green ■ **avoir la main ~e** [jardinier] to have green fingers BR, to have a green thumb US **b** [fruit] unripe **c** (= à la campagne) ■ **tourisme ~** country holidays ■ **classe ~e** school camp **d** (= écologique) green ■ **le parti ~** the Green Party **2** nm **a** (= couleur) green ■ **~ olive** olive(-green) ■ **~ pomme** apple-green ■ **je suis passé au ~** (au feu) I moved off when the lights were on green ■ **le feu est passé au ~** the lights turned green **b** (= écologistes) ■ **les Verts** the Greens

vertébral, e (mpl **-aux**) [vɛʀtebʀal, o] adj → **colonne**

vertèbre [vɛʀtɛbʀ] nf vertebra ■ **se déplacer une ~** to slip a disc

vertement [vɛʀtəmɑ̃] adv [rappeler à l'ordre, répliquer] sharply ; [critiquer, réagir] strongly

vertical, e (mpl **-aux**) [vɛʀtikal, o] **1** adj vertical **2** **verticale** nf (= ligne) vertical line ■ **à la ~e** [s'élever, tomber] vertically

verticalement [vɛʀtikalmɑ̃] adv vertically

vertige [vɛʀtiʒ] nm **a** (= peur du vide) ■ **le ~** vertigo ■ **avoir le ~** to get dizzy **b** (= étourdissement) dizzy spell ■ **être pris de ~s** to get dizzy turns

vertigineux, -euse [vɛʀtiʒinø, øz] adj breathtaking ■ **une baisse vertigineuse** a dramatic fall

vertu [vɛʀty] nf **a** (= morale) virtue **b** (= propriété) property **c** ■ **en ~ de** in accordance with

vertueux, -euse [vɛʀtɥø, øz] adj virtuous

verveine [vɛʀvɛn] nf (= plante) verbena ; (= tisane) verbena tea

vessie [vesi] nf bladder

veste [vɛst] nf jacket ■ **~ droite/croisée** single-/double-breasted jacket ■ **retourner sa ~*** to change sides

vestiaire [vɛstjɛʀ] nm [de théâtre, restaurant] cloakroom ; [de stade, piscine] changing-room

vestibule [vɛstibyl] nm [de maison] hall ; [d'hôtel] lobby

vestige [vɛstiʒ] nm (= objet) relic ■ **~s** [de ville] remains

vestimentaire [vɛstimɑ̃tɛʀ] adj ■ **dépenses ~s** expenditure on clothes ■ **ses goûts ~s** his taste in clothes ■ **code ~** dress code

veston [vɛstɔ̃] nm jacket

vêtement [vɛtmɑ̃] nm **a** (= article d'habillement) garment ■ **~s** clothes ■ **~s de sport/de travail** sports/work clothes **b** (= rayon de magasin) ■ **~s de bébé** babywear *NonC* ■ **~s pour dames** ladies' wear *NonC* ■ **~s pour hommes** menswear *NonC* ■ **~s de ski** skiwear *NonC* ■ **~s de sport** sportswear *NonC* ■ **~s professionnels** workwear *NonC*

vétéran [veteʀɑ̃] nm veteran

vétérinaire [veteʀinɛʀ] nmf vet

vététiste, VTTiste [vetetist] nmf mountain biker

vêtir [vetiʀ] vt, **se vêtir** vpr to dress (*de* in)

veto [veto] nm veto ▪ **mettre** ou **opposer son ~ à qch** to veto sth

vêtu, e [vety] adj dressed ▪ **chaudement ~** warmly dressed ▪ **~ de bleu** wearing blue

vétuste [vetyst] adj dilapidated

veuf, veuve [vœf, vœv] **1** adj widowed **2** nm widower **3** **veuve** nf widow

vexant, e [vɛksɑ̃, ɑ̃t] adj [paroles] hurtful (*pour* to)

vexer [vɛkse] **1** vt (= offenser) to hurt ▪ **elle était vexée de n'avoir pas été informée** she was hurt that she hadn't been told **2** **se vexer** vpr to be hurt (*de* by) ▪ **se ~ facilement** to be easily offended

VF [veɛf] nf (abrév de **version française**) French version

via [vja] prép via

viable [vjabl] adj viable

viaduc [vjadyk] nm viaduct

viager [vjaʒe] nm (= rente) life annuity ; (= bien) *property mortgaged for a life annuity*

viande [vjɑ̃d] nf meat ▪ **~ de bœuf** beef ▪ **~ de porc** pork ▸ **viande hachée** mince BR, ground meat US

vibration [vibʀasjɔ̃] nf vibration

vibrer [vibʀe] vi to vibrate ▪ **faire ~ un auditoire** to thrill an audience

vibreur [vibʀœʀ] nm ▪ **mode ~** [de mobile] vibrate mode

vicaire [vikɛʀ] nm [de paroisse] curate

vice [vis] nm **a** (= défaut moral) vice **b** (= défectuosité) fault ▪ **~ de fabrication** manufacturing fault ▪ **~ de forme** technicality ▪ **~ de procédure** procedural error ▪ **~ caché** latent defect

vice-président [vispʀezidɑ̃] nm vice president ; [de comité] vice-chairman

vice-présidente [vispʀezidɑ̃t] nf vice president ; [de comité] vice-chairwoman

vice versa [visevɛʀsa] adv vice versa

vichy [viʃi] nm **a** (= tissu) gingham **b** ▪ **eau de Vichy** Vichy water ▪ **carottes ~** boiled carrots

vicié, e [visje] adj [atmosphère] polluted

vicieux, -ieuse [visjø, jøz] **1** adj **a** (= pervers) [personne] lecherous ; [air, regard, geste] licentious **b** (= sournois) [attaque, balle, coup, question] nasty ; → **cercle** **2** nm,f pervert

> ⚠ **vicieux** ne se traduit généralement pas par ***vicious***, qui signifie « méchant ».

victime [viktim] nf victim ▪ **il est mort, ~ d'une crise cardiaque** he died of a heart attack ▪ **l'incendie a fait de nombreuses ~s** the fire claimed many victims ▪ **l'attentat n'a pas fait de ~s** no one was hurt in the bomb attack

victoire [viktwaʀ] nf victory ; (Sport) win ▪ **crier** ou **chanter ~** to crow ▪ **ne criez pas ~ trop tôt** don't count your chickens before they're hatched

victorien, -ienne [viktɔʀjɛ̃, jɛn] adj Victorian

victorieux, -ieuse [viktɔʀjø, jøz] adj victorious ; [équipe] winning *avant n*

vidange [vidɑ̃ʒ] nf [de voiture] oil change ▪ **faire la ~** to change the oil

vidanger [vidɑ̃ʒe] vt **a** [+ réservoir, fosse d'aisance] to empty **b** [+ huile, eau] to drain

vide [vid] **1** adj empty ▪ **~ de sens** meaningless **2** nm **a** (= absence d'air) vacuum ▪ **emballé sous ~** vacuum-packed **b** (= trou) gap **c** (= abîme) drop ▪ **le ~** (= l'espace) the void ▪ **être au-dessus du ~** to be over a drop ▪ **tomber dans le ~** to fall **d** (= néant) emptiness ▪ **regarder dans le ~** to stare into space ▪ **faire le ~ autour de soi** to isolate o.s. ▪ **faire le ~ dans son esprit** to empty one's mind ▪ **parler dans le ~** (sans objet) to talk vacuously ; (personne n'écoute) to waste one's breath **e** (= manque) ▪ **son départ laisse un grand ~** his departure leaves a great void ▪ **~ juridique** legal loophole

vidé, e* [vide] adj (= fatigué) [personne] worn out

vidéo [video] adj, nf video ▪ **caméra/jeu ~** video camera/game ▪ **bande/cassette ~** video tape/cassette

vidéoblog [videoblɔg] nm vlog, video blog

vidéoblogueur, -euse [videoblɔgœʀ, øz] nm,f vlogger, video blogger

vidéocassette [videokasɛt] nf video cassette

vidéoclip [videoklip] nm (= chanson) video

vidéoclub [videoklœb] nm video club

vidéoconférence [videokɔ̃feʀɑ̃s] nf video conference

vidéodisque [videodisk] nm videodisk

vidéoprojecteur [videopʀɔʒɛktœʀ] nm video projector

vidéoprotection [videopʀɔtɛksjɔ̃] nf video surveillance

vide-ordures [vidɔʀdyʀ] nm inv rubbish BR ou garbage US chute

vidéosurveillance [videosyʀvɛjɑ̃s] nf video surveillance

vidéothèque [videɔtɛk] nf video library

vide-poche (pl **~s**) [vidpɔʃ] nm (= récipient) tidy ; [de voiture] side pocket

vider [vide] **1** vt **a** to empty ▪ **il a vidé son verre et est parti** he drained his glass and left ▪ **~ son sac*** to come out with it* **b** (= quitter) ▪ **~ les lieux** to leave the premises **c** [+ poisson, poulet] to gut **d** (* = expulser) to throw out **e** (* = épuiser) to wear out ▪ **ce travail m'a vidé** this work has worn me out **2 se vider** vpr to empty

videur [vidœʀ] nm [de boîte de nuit] bouncer*

vie [vi] nf life ▪ **~ sentimentale** love life ▪ **la ~ de famille** family life ▪ **dans la ~ courante** in everyday life ▪ **avoir la ~ facile** to have an easy life ▪ **mener la ~ dure à qn** to give sb a hard time ▪ **elle a refait sa ~ avec lui** she made a new life with him ▪ **c'est la belle ~ !** this is the life! ▪ **amis pour la ~** friends for life ▪ **le coût de la ~** (Écon) the cost of living ▪ **ils manifestent contre la ~ chère** they are demonstrating against the high cost of living ▪ **à ~** for life ▪ **condamné à la prison à ~** sentenced to life imprisonment ▪ **président (nommé) à ~** life president ▪ **en ~** alive ▪ **maintenir qn en ~** to keep sb alive

vieil [vjɛj] adj m → **vieux**

vieillard [vjɛjaʀ] nm old man

vieille [vjɛj] adj f, nf → **vieux**

vieillerie [vjɛjʀi] nf (= objet) old-fashioned thing ▪ **aimer les ~s** to like old things

vieillesse [vjɛjɛs] nf old age ▪ **mourir de ~** to die of old age

vieilli, e [vjeji] adj aged ; [mot, expression] old-fashioned ▪ **je l'ai trouvé ~** I thought he'd aged

vieillir [vjejiʀ] **1** vi **a** (= prendre de l'âge) [personne, maison] to grow old ; [population, vin] to age ▪ **il a bien vieilli** [personne] he has aged well **b** (= paraître plus vieux) to age ▪ **il a vieilli de 10 ans en quelques jours** he aged 10 years in a few days ▪ **il ne vieillit pas** he doesn't get any older **c** (= passer de mode) [auteur, mot, doctrine] to go out of fashion **2** vt ▪ **~ qn** [coiffure, maladie] to make sb look older

vieillissement [vjejismɑ̃] nm ageing

vieillot, -otte [vjɛjo, ɔt] adj (= démodé) antiquated

viennois, e [vjenwa, waz] adj ▪ **café/chocolat ~** coffee/hot chocolate with whipped cream

viennoiserie [vjenwazʀi] nf *sweet pastry*

vierge [vjɛʀʒ] **1** nf **a** (= pucelle) virgin ▪ **la (Sainte) Vierge** the (Blessed) Virgin **b** (= signe du zodiaque) ▪ **la Vierge** Virgo ▪ **il est Vierge** he's Virgo **2** adj **a** [personne] virgin *avant n* ▪ **rester/être ~** to remain/be a virgin **b** [feuille de papier, bande magnétique, disquette] blank ; [film] unexposed ; [casier judiciaire] clean ; [terre, neige] virgin *avant n*

Vierges [vjɛʀʒ] nfpl ▪ **les îles ~** the Virgin Islands

Viêtnam, Vietnam [vjɛtnam] nm Vietnam

vietnamien, -ienne [vjɛtnamjɛ̃, jɛn] **1** adj Vietnamese **2** nm (= langue) Vietnamese **3** **Vietnamien(ne)** nm,f Vietnamese

vieux, vieille, vieil [vjø, vjɛj] (mpl **vieux**) **1** adj old ▪ **il se fait ~** he's getting on ▪ **c'est un vieil hôtel** it's an old hotel ▪ **il est plus ~ que moi** he's older than me ▪ **c'est une histoire vieille de vingt ans** it's a story which goes back twenty years ▪ **~ papiers** wastepaper ▪ **la vieille génération** the older generation ▪ **c'est le ~ problème** it's the same old problem **2** nm (= personne) old man ▪ **les ~** old people ▪ **c'est de la musique de ~** that's music for old people ▪ **comment ça va, mon ~ ?*** how are you, mate* BR ou old buddy?* US ▪ **ça, mon ~, c'est ton problème !*** that's your problem mate* BR ou man* US ▪ **elle a pris un sacré coup de ~*** she has really aged **3 vieille** nf old woman ▪ **comment ça va, ma vieille ?*** how are you, old girl?* ▪ **ça, ma vieille, c'est de ta faute !*** that's your fault, my dear! **4** adv ▪ **vivre ~** to live to a great age **5** comp ▸ **vieille fille** old maid ▸ **vieux garçon** bachelor ▸ **vieux jeu** [idées] outmoded; [personne, vêtement] old-fashioned

vif, vive[1] [vif, viv] **1** adj **a** (= plein de vie) lively ; (= alerte) sharp ; [intelligence] keen ▪ **à l'esprit ~** quick-witted **b** [ton, propos] sharp ▪ **il s'est montré un peu ~ avec elle** he was rather sharp with her **c** [émotion, plaisirs, désir] intense ; [souvenirs, impression] vivid ; [déception] acute **d** (avant nom) [chagrin, regrets, satisfaction] deep ; [critiques, réprobation] severe ▪ **à vive allure** at a brisk pace ▪ **avec mes plus ~s remerciements** (formules de politesse) with grateful thanks **e** [lumière, éclat, couleur] bright ; [froid] biting ; [douleur, arête] sharp ; [vent] bitter ▪ **rouge ~** bright red **f** (= vivant) ▪ **être brûlé/enterré ~** to be burnt/buried alive ▪ **de vive voix** [communiquer, remercier] personally ▪ **il vous le dira de vive voix** he'll tell you himself **2** nm ▪ **à ~** [chair] bared ; [plaie] open ▪ **avoir les nerfs à ~** to have frayed nerves ▪ **entrer dans le ~ du sujet** to get to the heart of the matter ▪ **quelques réactions prises sur le ~** some on-the-spot reactions

vigilance [viʒilɑ̃s] nf vigilance ▪ **tromper la ~ de qn** to give sb the slip

vigilant, e [viʒilɑ̃, ɑ̃t] adj vigilant ▪ **sois plus ~ quand tu conduis** drive more carefully

vigile [viʒil] nm (= veilleur de nuit) night watchman ; [de police privée] vigilante

vigne [viɲ] nf (= plante) vine ; (= vignoble) vineyard ▸ **vigne vierge** Virginia creeper

vi

vigneron, -onne [viɲ(ə)ʀɔ̃, ɔn] nm,f wine grower

vignette [viɲɛt] nf **a** (= motif) vignette **b** (= timbre) label ; (sur un médicament) *price label on medicines for reimbursement by Social Security* ▪ **~ (automobile)** ≈ road tax disc BR, ≈ annual license tag US

vignoble [viɲɔbl] nm vineyard ▪ **le ~ bordelais** the vineyards of Bordeaux

vigoureux, -euse [viguʀø, øz] adj vigorous ; [corps] robust ; [protestations] strenuous

vigueur [vigœʀ] nf vigour BR, vigor US ; [de corps] robustness ▪ **protester avec ~** to protest vigorously ▪ **en ~** [loi, dispositions] in force ▪ **entrer en ~** to come into force

vilain, e [vilɛ̃, ɛn] **1** adj **a** (= laid) ugly ▪ **elle n'est pas ~e** she's not bad-looking ▪ **1 000 € d'augmentation, ce n'est pas ~*** a pay rise of €1,000 - that's not bad **b** (= mauvais) [temps] bad ; [odeur] nasty **c** (= grave) [blessure, affaire] nasty ▪ **une ~e plaie** a nasty wound **d** (= méchant) [pensée] wicked ; [enfant, conduite] naughty ▪ **c'est un ~ monsieur** he's a nasty customer ▪ **il a été ~** he was a bad boy ▪ **jouer un ~ tour à qn** to play a nasty trick on sb **2** nm bad boy ▪ **oh le ~ !** you're a bad boy! **3** **vilaine** nf bad girl ▪ **oh la ~e !** you're a bad girl!

villa [villa] nf (= maison de plaisance) villa ; (= pavillon) detached house

village [vilaʒ] nm village ▪ **~ de vacances** holiday BR ou vacation US village

villageois, e [vilaʒwa, waz] nm,f villager

ville [vil] nf **a** (= cité, habitants) town ; (plus importante) city ▪ **le plus grand cinéma de la ~** the biggest cinema in town ▪ **les gens de la ~** (= citadins) city folk ▪ **en ~, à la ~** in town ▪ **aller en ~** to go into town ▸ **ville champignon** mushroom town ▸ **ville nouvelle** new town **b** (= municipalité) ≈ local authority

ville-dortoir (pl **villes-dortoirs**) [vildɔʀtwaʀ] nf dormitory BR ou bedroom US town

villégiature [vi(l)leʒjatyʀ] nf ▪ **(lieu de) ~** resort

vin [vɛ̃] nm (= boisson) wine ▪ **~ blanc/rouge/rosé** white/red/rosé wine ▪ **~ ordinaire** ou **de table** table wine ▪ **grand ~** vintage wine ▸ **vin chaud** mulled wine ▸ **vin cuit** fortified wine ▸ **vin d'honneur** reception *(where wine is served)* ▸ **vin mousseux** sparkling wine

vinaigre [vinɛgʀ] nm vinegar

vinaigrette [vinɛgʀɛt] nf French dressing ▪ **tomates (en** ou **à la) ~** tomatoes in French dressing

vinaigrier [vinɛgʀije] nm (= flacon) vinegar bottle

vinasse* [vinas] nf plonk* BR, cheap wine

vindicte [vɛ̃dikt] nf ▪ **~ publique** public condemnation ; (Droit) prosecution and conviction ▪ **désigner qn à la ~ publique** ou **populaire** to expose sb to public condemnation

vingt [vɛ̃, vɛ̃t] nombre twenty ▪ **je te l'ai dit ~ fois** I've told you a hundred times ▪ **il a eu ~ sur ~** [élève] he got full marks ▸ **vingt-quatre heures** twenty-four hours ▪ **vingt-quatre heures sur vingt-quatre** round the clock ▸ **vingt et un** (= nombre) twenty-one ; pour autres loc voir **six**

vingtaine [vɛ̃tɛn] nf ▪ **une ~** about twenty ▪ **une ~ de personnes** about twenty people ▪ **un jeune homme d'une ~ d'années** a young man of about twenty

vingtième [vɛ̃tjɛm] adj, nm twentieth ▪ **au ~ siècle** in the twentieth century ; pour autres loc voir **sixième**

vinicole [vinikɔl] adj [industrie] wine *avant n* ; [région] wine-growing *avant n*

vinyle [vinil] nm **a** (= matière) vinyl **b** (= disque) record

viol [vjɔl] nm rape

violation [vjɔlasjɔ̃] nf violation ; [de droit] infringement ▪ **~ du secret professionnel** breach of professional secrecy ▪ **~ de domicile** forcible entry *(into a person's home)*

violemment [vjɔlamɑ̃] adv violently ; [critiquer] severely ; [protester] vigorously

violence [vjɔlɑ̃s] nf **a** violence ▪ **~ conjugale** domestic violence ▪ **~ verbale** verbal abuse **b** [de douleur] intensity ; [d'exercice, effort] strenuousness **c** (= acte) act of violence ▪ **l'enfant a subi des ~s** the child has suffered physical abuse ▪ **faire subir des ~s sexuelles à qn** to abuse sb sexually

violent, e [vjɔlɑ̃, ɑ̃t] adj violent ; [odeur, parfum] strong ; [couleur] harsh ; [pluie] heavy ; [sentiment, dégoût, douleur] intense ; [exercice, effort] strenuous ▪ **une ~e migraine** a severe migraine ▪ **c'est un ~** he's a violent man

violenter [vjɔlɑ̃te] vt [+ femme] to assault ▪ **elle a été violentée** she has been sexually assaulted

violer [vjɔle] vt **a** [+ traité, loi, constitution, cessez-le-feu] to violate ; [+ droit] to infringe **b** [+ sépulture] to desecrate **c** [+ personne] to rape ▪ **se faire ~** to be raped

violet, -ette [vjɔlɛ, ɛt] **1** adj, nm (= couleur) purple **2** **violette** nf (= fleur) violet

violeur, -euse [vjɔlœʀ, øz] nm,f rapist

violon [vjɔlɔ̃] nm violin

violoncelle [vjɔlɔ̃sɛl] nm cello

violoncelliste [vjɔlɔ̃selist] nmf cellist

violoniste [vjɔlɔnist] nmf violinist

vipère [vipɛʀ] nf adder

virage [viʀaʒ] nm a (= coude) bend ; [d'avion, coureur, skieur] turn ■ **~ en épingle à cheveux** hairpin bend b (= changement) ■ **amorcer un ~ à droite** to take a turn to the right ■ **un ~ à 180 degrés de la politique française** a U-turn in French politics

viral, e (mpl **-aux**) [viʀal, o] adj viral ■ **devenir ~** (Internet) to go viral

viralité [viʀalite] nf virality

virée* [viʀe] nf trip ; (à pied) walk ■ **on a fait une ~ en Espagne** we went on a trip round Spain ■ **faire une ~ dans les bars** to do* the bars ■ **leur ~ dans les pubs s'est mal terminée** their pub-crawl* ended badly

virement [viʀmɑ̃] nm ■ **~ (bancaire)** (bank) transfer ■ **faire un ~** to make a transfer

virer [viʀe] 1 vi (= changer de direction) to turn ■ **~ sur l'aile** [avion] to bank ■ **~ de bord** [bateau] to tack ■ **le bleu vire au violet** the blue is turning purple ■ **cette région a viré à droite** (Pol) this region has swung to the right 2 vt a [+ somme] to transfer ■ **~ 1 000 € sur un compte** to transfer €1,000 into an account b* (= expulser) to kick out* ; (= licencier) to fire* ■ **~ qn d'une réunion** to kick sb out of a meeting* c (* = jeter) to throw out

Virginie [viʀʒini] nf Virginia ■ **Virginie-Occidentale** West Virginia

virgule [viʀgyl] nf a (= ponctuation) comma b (Math) decimal point ■ **5 ~ 2** 5 point 2

viril, e [viʀil] adj [apparence] male ; [attitude, traits] masculine ■ **jeu ~** (Sport) lively play

virilité [viʀilite] nf [d'attributs, apparence, formes] masculinity ; [d'attitude, courage, langage, traits] manliness ; [de prouesses, amant] virility ■ **il se sent menacé dans sa ~** he feels his masculinity is being threatened

virtualité [viʀtɥalite] nf virtuality

virtuel, -elle [viʀtɥɛl] 1 adj a [image, monde, visite, etc] virtual ■ **mémoire/réalité virtuelle** virtual memory/reality b (= potentiel) potential 2 nm ■ **le ~** virtual reality

virtuose [viʀtɥoz] nmf (= musicien) virtuoso ; (= personne douée) master ■ **~ du violon** violin virtuoso

virtuosité [viʀtɥozite] nf virtuosity

virulence [viʀylɑ̃s] nf virulence ■ **avec ~** virulently

virulent, e [viʀylɑ̃, ɑ̃t] adj virulent

virus [viʀys] nm virus ■ **le ~ du sida** the Aids virus

vis [vis] nf screw

visa [viza] nm (= formule, sceau) stamp ; (sur un passeport) visa ■ **~ touristique** ou **de tourisme** tourist visa

visage [vizaʒ] nm face ■ **parler à ~ découvert** to speak openly

visagiste® [vizaʒist] nmf ■ **(coiffeur) ~** (hair) stylist ■ **(esthéticienne) ~** beautician

vis-à-vis [vizavi] 1 **vis-à-vis de** loc prép (= envers) towards ; (= à l'égard de) as regards ■ **ce serait délicat ~ de mon père** it would be a bit awkward as regards my father ■ **~ de cette proposition** with regard to this proposal 2 adv (= face à face) ■ **leurs maisons se font ~** their houses are opposite each other 3 nm inv a (= bâtiment) ■ **immeuble sans ~** building with an open outlook ■ **avoir une école pour ~** to have a school opposite ■ **des immeubles en ~** buildings facing each other b (= personne faisant face) person opposite ; (= homologue) opposite number

viscéral, e (mpl **-aux**) [viseʀal, o] adj visceral ; [haine, peur, besoin] deep-rooted ■ **réaction ~e** gut reaction

viscéralement [viseʀalmɑ̃] adv [attaché] passionately ; [hostile] instinctively

viscère [visɛʀ] nm organ ■ **~s** intestines

visée [vize] nf a (avec une arme) aiming *NonC* b (gén pluriel) (= dessein) ■ **avoir des ~s sur qn/qch** to have designs on sb/sth ■ **les ~s expansionnistes d'un pays** the expansionist aims of a country

viser [vize] 1 vt a [+ objectif, cible, effet, carrière] to aim at b [mesure] to be aimed at ■ **cette mesure vise tout le monde** everyone is affected by this measure ■ **il se sent visé** he feels he's being got at* c (‡ = regarder) to have a look at ■ **vise un peu ça !** just have a look at that! 2 vi a [tireur] to aim b (= ambitionner) ■ **~ haut** to set one's sights high 3 **viser à** vt indir (= avoir pour but de) ■ **~ à qch/à faire qch** to aim at sth/to do sth

viseur [vizœʀ] nm [d'arme] sights ; [de caméra, appareil photo] viewfinder

visibilité [vizibilite] nf visibility ■ **piloter sans ~** to fly blind

visible [vizibl] adj a (= qui peut être vu) visible ■ **~ à l'œil nu/au microscope** visible to the naked eye/under a microscope b (= évident, net) obvious ; [amélioration, progrès] clear ■ **sa déception était ~** his disappointment was obvious

visiblement [viziblәmɑ̃] adv visibly ■ **il était ~ inquiet** he was visibly worried

visière [vizjɛʀ] nf [de casquette] peak ; [de casque] visor ; (pour le soleil) eyeshade

vision [vizjɔ̃] nf a (= faculté) sight ; (= perception) vision b (= conception) view ■ **avoir une ~ globale** ou **d'ensemble d'un problème** to have a global view of a problem ■ **nous partageons la même ~ des choses** we see things the same way c (= image, apparition, mirage) vision ■ **tu as des ~s*** you're seeing things

visionnaire [vizjɔnɛʀ] adj, nmf visionary

visionner [vizjɔne] vt to view

visite [vizit] nf **a** (gén) visit ▪ **heures/jour de ~** ou **des ~s** visiting hours/day ▪ **la ~ du château a duré deux heures** it took two hours to visit the castle ▪ **~ accompagnée** ou **guidée** guided tour ▪ **une ~ de politesse** a courtesy call ▪ **être en ~ chez qn** to be on a visit to sb ▪ **je vais lui faire une petite ~** I'm going to call on him ▪ **avoir** ou **recevoir la ~ de qn** to have a visit from sb ▪ **en ~ officielle au Japon** on an official visit to Japan ▪ **nous attendons de la ~** we're expecting visitors ▪ **rendre ~ à qn** to visit sb **b** [de médecin à l'hôpital] ward round ▪ **~ (à domicile)** [de médecin de ville] house call ▪ **~ de contrôle** follow-up visit ▪ **passer à la ~ (médicale)** [recrue] to have a medical BR ou physical US examination

visiter [vizite] vt to visit ▪ **~ une maison** (à vendre) to view a house ▪ **il m'a fait ~ sa maison** he showed me round BR ou through US his house

visiteur, -euse [vizitœʀ, øz] nm,f visitor ▪ **les ~s** (Sport) the away team

vison [vizɔ̃] nm mink

visqueux, -euse [viskø, øz] adj [liquide] viscous ; [pâte, surface, objet] sticky

visser [vise] vt to screw on ▪ **vissé devant la télé*** glued* to the television

visualisation [vizɥalizasjɔ̃] nf visualization ; (Informatique) display

visualiser [vizɥalize] vt to visualize ; (Informatique) to display

visuel, -elle [vizɥɛl] adj visual ▪ **troubles ~s** eye trouble *NonC*

vit [vi] vb → **vivre**

vital, e (mpl **-aux**) [vital, o] adj vital

vitalité [vitalite] nf [de personne] energy ; [d'institution] vitality

vitamine [vitamin] nf vitamin

vite [vit] adv **a** quickly ; [rouler, marcher] fast ▪ **vous avez fait ~ pour venir** it didn't take you long to get here ▪ **fais ~ !** be quick about it! ▪ **eh, pas si ~ !*** hey, hold on a minute! ▪ **c'est ~ dit*** it's easily said ▪ **j'aurais plus ~ fait de l'écrire moi-même** it would have been quicker if I'd written it myself **b** (= bientôt) soon ▪ **elle sera ~ guérie** she'll soon be better ▪ **ce sera ~ fait** it won't take long **c** (= immédiatement) quick ▪ **lève-toi ~ !** get up quick! ▪ **va ~ voir !** go and see quick!

vitesse [vitɛs] nf **a** (= promptitude) speed ▪ **~ de croisière/de pointe** cruising/top speed ▪ **à la ~ de 60 km/h** at a speed of 60km/h ▪ **à quelle ~ allait-il ?** how fast was he going? ▪ **prendre de la ~** to gather speed ▪ **prendre qn de ~** (fig) to beat sb to it ▪ **à la ~ grand V*** at top speed ▪ **une Europe à deux ~s** a two-speed Europe ▪ **société/justice à deux ~s** two-tier society/justice system **b** (= mécanisme) gear ▪ **changer de ~** to change BR ou shift US gear ▪ **passer les ~s** to go through the gears ▪ **passer la ~ supérieure** (fig) to quicken the pace **c** (locutions) ♦ **en vitesse** quickly ▪ **faites-moi ça, et en ~ !** hurry up and do it! ▪ **on va prendre un verre en ~** we'll go for a quick drink ▪ **écrire un petit mot en ~** to scribble a hasty note ♦ **à toute vitesse, en quatrième vitesse** at full speed ▪ **il est arrivé en quatrième ~** ou **à toute ~** he came like a shot

viticulteur, -trice [vitikyltœʀ, tʀis] nm,f wine grower

viticulture [vitikyltyʀ] nf wine growing

vitrage [vitʀaʒ] nm (= vitres) windows ▪ **fenêtre à double ~** double-glazed window

vitrail (pl **-aux**) [vitʀaj, o] nm stained-glass window

vitre [vitʀ] nf [de fenêtre, vitrine] (window) pane ; [de voiture] window ▪ **poser une ~** to put in a window pane ▪ **laver** ou **faire les ~s** to clean the windows

vitré, e [vitʀe] adj [porte, cloison] glass

vitrier [vitʀije] nm glazier

vitrifier [vitʀifje] vt [+ parquet] to seal

vitrine [vitʀin] nf **a** (= devanture) shop window ▪ **en ~** in the window **b** (= meuble) (chez soi) display cabinet ; (au musée) showcase

vitrocéramique [vitʀoseʀamik] nf ▪ **table de cuisson en ~** ceramic hob

vivace [vivas] adj, nf ▪ **(plante) ~** perennial

vivacité [vivasite] nf liveliness ▪ **~ d'esprit** quick-wittedness ▪ **avec ~** [réagir, se déplacer] swiftly

vivant, e [vivɑ̃, ɑ̃t] **1** adj **a** (= en vie) living, alive *attrib* ▪ **il est encore ~** he's still alive **b** (= animé) lively **c** [témoignage, preuve] living **2** nm ▪ **de son ~** in his (ou her) lifetime

vive[2] [viv] excl ▪ **~ la France/l'amour !** long live France/love! ▪ **~ les vacances !** hurrah for the holidays!

vivement [vivmɑ̃] adv **a** (= avec brusquerie) sharply **b** [regretter, ressentir] deeply ; [désirer, intéresser] keenly ▪ **s'intéresser ~ à** to take a keen interest in **c** (marque un souhait) ▪ **~ les vacances !** I can't wait for the holidays! BR ou for vacation! US ▪ **~ que ce soit fini !** I'll be glad when it's all over!

vivifiant, e [vivifjɑ̃, jɑ̃t] adj invigorating

vivisection [vivisɛksjɔ̃] nf vivisection

vivoter [vivɔte] vi [personne] to live from hand to mouth ; [entreprise] to struggle along

vivre [vivʀ] **1** vi to live ▪ **quand l'ambulance est arrivée, il vivait encore** he was still alive when the ambulance arrived ▪ **il fait bon ~** it's good to be alive ▪ **se laisser ~** to live for the day ▪ **être facile/difficile à ~** to be easy/difficult to get on with ▪ **il faut ~ avec son temps** you've got to move with the times ▪ **~ au jour le jour** to live from hand to mouth ▪ **on vit bien en France** life is good in France ▪ **avoir (juste) de quoi ~** to have (just) enough to live on ▪ **il vit de sa peinture** he earns his living by painting ▪ **travailler pour ~** to work for a living ▪ **faire ~ qn** [personne] to support sb ▪ **je n'aime pas ce métier mais il me fait ~** I don't like this job but it pays the bills **2** vt **a** (= passer) to spend ▪ **~ des jours heureux** to spend happy days **b** [+ événement, guerre] to live through ▪ **~ sa vie** to live one's own life ▪ **il a mal vécu son divorce** he had a hard time of it when he got divorced **3** **vivres** nmpl supplies

vivrier, -ière [vivʀije, ijɛʀ] adj food producing *avant n*

VO [veo] nf (abrév de **version originale**) ▪ **film en VO** film in the original version ▪ **en VO sous-titrée** with subtitles

vocabulaire [vɔkabylɛʀ] nm vocabulary

vocal, e (mpl **-aux**) [vɔkal, o] adj vocal ▪ **synthèse ~e** voice synthesis ; → **serveur**

vocation [vɔkasjɔ̃] nf vocation ▪ **avoir/ne pas avoir la ~** to have/lack a vocation

vociférer [vɔsifeʀe] vti to shout ▪ **~ contre qn** to shout angrily at sb

vodka [vɔdka] nf vodka

vœu (pl **~x**) [vø] nm **a** (= promesse) vow ▪ **faire le ~ de faire qch** to vow to do sth ▪ **prononcer ses ~x** [religieux] to take one's vows **b** (= souhait) wish ▪ **faire un ~** to make a wish ▪ **tous nos ~x de prompt rétablissement** our best wishes for a speedy recovery ▪ **meilleurs ~x** (sur une carte) "Season's Greetings"

vogue [vɔg] nf (= popularité) fashion ▪ **être en ~** to be in fashion

voguer [vɔge] vi [embarcation] to sail

voici [vwasi] prép (pour présenter) here is, here are, this is, these are ▪ **~ mon bureau et voilà le vôtre** this is my office and that's yours ▪ **~ le livre que vous cherchiez** here's the book you were looking for ▪ **me/nous/le,** etc **~** here I am/we are/he is, etc ▪ **nous ~ arrivés** we've arrived ▪ **~ comment il faut faire** this is the way to do it

voie [vwa] **1** nf **a** (= chemin) way ; (= route, rue) road ; (= itinéraire) route ▪ **~s de communication** communication routes ▪ **~ sans issue** cul-de-sac ▪ **~ privée** private road ▪ **~ à double sens/à sens unique** two-way/one-way road ▪ **~ d'accès** access road ▪ **~ express** ou **rapide** expressway **b** (= partie d'une route) lane ▪ **~ réservée aux autobus/aux cyclistes** bus/cycle lane **c** (Rail) track ▪ **le train est annoncé sur la ~ 2** the train will arrive at platform 2 ▸ **voie ferrée** railway BR ou railroad US line **d** (Anat) ▪ **~s digestives/respiratoires** digestive/respiratory tract ▪ **par ~ orale** orally **e** (fig) way ▪ **ouvrir/montrer la ~** to open up/show the way ▪ **continuez sur cette ~** continue in this way ▪ **il est sur la bonne ~** he's on the right track ▪ **l'affaire est en bonne ~** things are going well ▪ **mettre qn sur la ~** to put sb on the right track ▪ **trouver sa ~** to find one's way in life ▪ **en ~ de réorganisation** undergoing reorganization ▪ **en ~ de guérison** getting better ▪ **en ~ d'achèvement** nearing completion **f** (= filière, moyen) ▪ **par la ~ hiérarchique/diplomatique** through official/diplomatic channels **2** comp ▸ **voie d'eau** leak ▸ **voie de fait** (= délit) assault (and battery) *NonC* ▸ **la Voie lactée** the Milky Way ▸ **la voie publique** the public highway ▸ **voie verte** cycleway BR, bikeway US

voilà [vwala] **1** prép **a** there is, there are, that is, those are ; (même sens que voici) here is, here are, this is, these are ▪ **voici mon bureau et ~ le vôtre** this is my office and that's yours ▪ **~ le livre que vous cherchiez** (je le tiens) here's the book you were looking for ; (il est là-bas) there's the book you were looking for ▪ **le ~, c'est lui** there he is ▪ **~ ce qu'il m'a dit/ce dont il s'agit** (je viens de le dire) that's what he told me/what it's all about ; (je vais le dire) this is what he told me/what it's all about ▪ **~ comment il faut faire** that's how it's done ▪ **nous y ~** (lieu) here we are ; (question délicate) now we're getting there ▪ **vous voulez des preuves, en ~** you want proof, well here you are **b** (pour résumer) ▪ **... et ~ pourquoi je n'ai pas pu le faire** ... and that's why I couldn't do it ▪ **~ ce que c'est de ne pas obéir** that's what happens when you don't do as you're told ▪ **en ~ une histoire !** what a story! ▪ **et ~ tout** and that's all there is to it **2** excl ▪ **~, c'est prêt !** it's ready! ▪ **~ ! j'arrive !** here I come! ▪ **~, tu l'as cassé !** there you are, you've broken it!

voilage [vwalaʒ] nm (= rideau) net curtain

voile[1] [vwal] nf **a** [de bateau] sail ▪ **faire ~ vers** to sail towards ▪ **mettre les ~s*** to clear off* **b** (= navigation) ▪ **la ~** sailing ▪ **faire de la ~** to sail ▪ **faire le tour du monde à la ~** to sail round the world

voile[2] [vwal] nm **a** veil ▪ **avoir un ~ devant les yeux** to have a film before one's eyes ▪ **~ au poumon** shadow on the lung **b** (= tissu) net *NonC*

voilé, e [vwale] adj **a** [lumière, ciel, soleil] hazy ; [regard] misty ; [photo] fogged ▪ **accusation à peine ~e** thinly veiled accusation **b** [roue] buckled

vi

voiler [vwale] **1** vt a (= cacher) to veil b [+ roue] to buckle **2** **se voiler** vpr a (= porter un voile) ■ **se ~ le visage** to wear a veil ■ **se ~ la face** (fig) to close one's eyes (*devant* to) b [soleil] to mist over ; [ciel] to grow misty ; [regard, yeux] to mist over c [roue] to buckle ; [planche] to warp

voilier [vwalje] nm (= navire à voiles) sailing ship ; (de plaisance) sailing boat BR, sailboat US

voir [vwaʀ]

1 vt a to see ■ **je l'ai vu de mes propres yeux** I saw it with my own eyes ■ **vous n'avez encore rien vu !** you ain't seen nothing yet!* ■ **voyons un peu comment tu fais** let's see how you do it ■ **il la voit beaucoup** he sees a lot of her ■ **c'est ce que nous verrons !** we'll see about that! ■ **c'est à vous de ~** (= de décider) it's up to you ■ **on aura tout vu !** we've seen everything now! ■ **aller ~** to go and see ■ **aller ~ qn à l'hôpital** to go and see sb in hospital ■ **faire ~** (= montrer) to show ■ **fais ~ !** let me have a look! ■ **passez me ~ quand vous serez à Paris** come and see me when you're in Paris ■ **je suis passé le ~** I went to see him ■ **à le ~, on ne lui donnerait pas 90 ans** to look at him, you wouldn't think he was 90

b (= pouvoir imaginer) ■ **est-ce que tu le vois ?** can you see it? ■ **je le vois mal habiter la banlieue** I can't see him living in the suburbs ■ **je vois ça d'ici** I can just imagine it ■ **je ne vois pas ce que vous voulez dire** I don't see what you mean ■ **il ne voit que son intérêt** he only considers his own interest

c (= examiner, étudier) [+ dossier] to look at

d (* = supporter) ■ **elle ne peut pas le ~** she can't stand him ■ **je l'ai assez vu !** I've had enough of him!

e (loc) ■ **qu'il aille se faire ~ !‡** he can go to hell!‡ ■ **essaie un peu, pour ~ !*** just you try! ■ **nous allons bien ~ !** we'll soon find out! ■ **on verra bien** we'll see ■ **nous n'avons pas la même façon de ~ les choses** we see things differently ■ **c'est un film à ~** it's a film worth seeing ■ **il n'a pas de goût, il n'y a qu'à ~ comment il s'habille** he's got no taste, you only have to look at the clothes he wears ■ **cela n'a rien à ~ avec...** this has got nothing to do with... ■ **cela a quelque chose à ~ avec...** this has got something to do with... ■ **son nouveau film ? rien à ~ avec les précédents** his new film? it's nothing like his previous work ■ **ça n'a rien à ~ !** that's got nothing to do with it! ■ **je n'ai rien à ~ dans cette affaire** this has nothing to do with me ■ **~ venir** (= attendre les événements) to wait and see ■ **j'ai quelques économies, ça me permettra de ~ venir*** I've got some money put by, it should be enough to see me through* ■ **je te vois venir*** I can see what you're leading up to ■ **si elle ne revient pas travailler lundi, elle va se faire mal ~** if she doesn't come back to work on Monday, it won't look too good

2 vi to see ■ **~ mal** to have trouble seeing ■ **on voit mal ici** it's difficult to see in here ■ **~ trouble** to have blurred vision ■ **un peu de patience, voyons !** (rappel à l'ordre) come on, be patient! ■ **voyons !** let's see now! ; (ton de reproche) oh, come on!

3 **se voir** vpr a (soi-même) to see o.s. ■ **se ~ dans une glace** to see o.s. in a mirror ■ **je me vois mal habiter là** I can't see myself living there somehow

b (mutuellement) to see each other ■ **ils se voient beaucoup** they see a lot of each other ■ **nous essaierons de nous ~ à Londres** we'll try to meet in London ■ **ils ne peuvent pas se ~*** they can't stand the sight of each other*

c (= se trouver) ■ **se ~ contraint de** to find o.s. forced to ■ **je me vois dans la triste obligation de...** I have the sad task of...

d (= être visible) [tache, couleur, sentiments] to show ■ **la tache ne se voit pas** the stain doesn't show

e (= se produire) ■ **cela se voit tous les jours** it happens every day ■ **cela ne s'est jamais vu !** it's unheard of!

voire [vwaʀ] adv(frm = et même) ■ **il faudrait attendre une semaine, ~ un mois** you would have to wait a week or even a month ■ **ce sera difficile, ~ impossible** it'll be difficult, if not impossible

voirie [vwaʀi] nf a (= enlèvement des ordures) refuse BR ou garbage US collection b (= entretien des routes) highway maintenance ; (= service administratif) roads department ■ **travaux de ~** road works

voisin, e [vwazɛ̃, in] **1** adj (= proche) neighbouring BR, neighboring US ■ **les maisons/rues ~es** the neighbouring houses/streets ■ **les pays ~s de la Suisse** the countries bordering on Switzerland **2** nm,f neighbour BR, neighbor US ■ **les ~s du dessus** the people above ■ **nos ~s de palier** the people who live across the landing ■ **un de mes ~s de table** one of the people next to me at table ■ **qui est ta ~e cette année ?** (en classe) who is sitting next to you this year?

voisinage [vwazinaʒ] nm a (= voisins) ■ **querelle de ~** quarrel between neighbours ■ **entretenir des relations de bon ~ avec qn** to be on neighbourly terms with sb b

(= environs) ▪ **se trouver dans le ~** to be in the vicinity

voiture [vwatyʀ] nf **a** (= automobile) car ▪ **ils sont venus en ~** they came by car ▪ **~ de course** racing car ▪ **~ de police** police car ▪ **~ de série** production car ▪ **~ de fonction, ~ de service** company car ▪ **~ de sport** sports car ▪ **~ de tourisme** saloon car BR, sedan US ▸ **voiture-bélier** car used for ram-raiding ▪ **vol à la voiture-bélier** ram-raiding **b** (= wagon) carriage BR, car US ▪ **~ de tête/queue** front/back carriage BR ou car US **c** (= véhicule attelé, poussé) cart ▪ **~ d'enfant** pram BR, baby carriage US

voix [vwɑ] nf **a** (= sons) voice ▪ **à ~ basse** in a low voice ▪ **à ~ haute, à haute ~** out loud ▪ **être** ou **rester sans ~** to be speechless (*devant* before, at) ▸ **voix off** (Théâtre) voice-off; (Ciné, TV) voice-over **b** (= opinion) voice ; (Pol = suffrage) vote ▪ **mettre qch aux ~** to put sth to the vote ▪ **la proposition a recueilli 30 ~** the proposal got 30 votes ▪ **avoir ~ au chapitre** to have a say in the matter **c** (Mus) voice ▪ **chanter à 2/3 ~** to sing in 2/3 parts ▪ **une fugue à 3 ~** a 3-part fugue **d** [de verbes] voice ▪ **à la ~ active/passive** in the active/passive voice

vol[1] [vɔl] nm [d'oiseau, avion] flight ▪ **faire un ~ plané** [oiseau] to glide through the air ; (= tomber) to fall flat on one's face ▪ **~ d'essai** test flight ▪ **~ régulier/charter** scheduled/charter flight ▪ **il y a 8 heures de ~ entre...** it's an 8-hour flight between... ▪ **heures/conditions de ~** flying hours/conditions ▪ **à ~ d'oiseau** as the crow flies ▪ **attraper qch au ~** [+ ballon, objet lancé] to catch sth in midair ▪ **saisir une occasion au ~** to leap at an opportunity ▪ **en (plein) ~** in (full) flight ▸ **vol libre** hang-gliding ▪ **pratiquer le ~ libre** to hang-glide ▸ **vol à voile** gliding ▪ **faire du ~ à voile** to go gliding

vol[2] [vɔl] nm (= délit) theft ▪ **c'est du ~ !** (fig) it's daylight robbery! ▸ **vol à l'arraché** bag-snatching ▸ **vol avec effraction** burglary ▸ **vol à l'étalage** shoplifting ▸ **vol à main armée** armed robbery ▸ **vol à la portière** carjacking ▸ **vol à la tire** pickpocketing *NonC*

volaille [vɔlaj] nf (= poulet) chicken ▪ **la ~** poultry

volant[1] [vɔlɑ̃] nm **a** [de voiture] steering wheel ▪ **être au ~** to be at the wheel ▪ **prendre le ~** to take the wheel **b** [de rideau, robe] flounce ▪ **jupe à ~s** flounced skirt **c** [de badminton] shuttlecock

volant[2], e [vɔlɑ̃, ɑ̃t] adj flying ▪ **le personnel ~** (Aviat) the flight staff ▪ **(brigade) ~e** (Police) flying squad

volatil, e[1] [vɔlatil] adj volatile

volatile[2] [vɔlatil] nm (= oiseau) bird

volatiliser (se) [vɔlatilize] vpr (= disparaître) to vanish into thin air

volcan [vɔlkɑ̃] nm volcano

volcanique [vɔlkanik] adj volcanic

volée [vɔle] nf **a** (= tir) volley ▪ **une ~ de coups** a volley of blows ▪ **donner/recevoir une bonne ~*** to give/get a sound thrashing **b** (Sport) volley ▪ **faire une ~** to volley

voler[1] [vɔle] vi to fly ▪ **~ de ses propres ailes** to stand on one's own two feet ▪ **~ en éclats** to smash into pieces ▪ **ça ne vole pas haut !*** [remarque, plaisanterie] it's pretty low-level! ▪ **~ au secours de qn** to fly to sb's assistance

voler[2] [vɔle] vt **a** [+ objet] to steal ▪ **~ de l'argent/une idée/un baiser à qn** to steal money/an idea/a kiss from sb ▪ **on m'a volé mon stylo** my pen has been stolen ▪ **il ne l'a pas volé !** (= il l'a mérité) he asked for it! ▪ **il ne l'a pas volée, cette médaille !** he worked hard for that medal! **b** [+ personne] (= dépouiller) to rob ; (= léser) to cheat

volet [vɔlɛ] nm **a** [de fenêtre] shutter **b** [d'avion] flap **c** [de feuillet, carte] section **d** [d'émission, plan d'action] part ▪ **le ~ social du traité** the social chapter of the treaty ▪ **le ~ agricole de l'accord** the section on agriculture in the agreement

voleur, -euse [vɔlœʀ, øz] nm,f (= malfaiteur) thief ; (= escroc) swindler ▪ **~ à l'étalage** shoplifter ▪ **au ~ !** stop thief! ▪ **~ de voitures** car thief

volière [vɔljɛʀ] nf (= cage) aviary

volley [vɔlɛ], **volley-ball** [vɔlɛbol] nm volleyball ▪ **jouer au volley-ball** to play volleyball

volontaire [vɔlɔ̃tɛʀ] **1** adj **a** (= voulu) voluntary ; [oubli] intentional **b** [personne] headstrong ; [expression, menton] determined **2** nmf volunteer ▪ **se porter ~ pour qch** to volunteer for sth

volontairement [vɔlɔ̃tɛʀmɑ̃] adv (= de son plein gré) voluntarily ; (= exprès) intentionally ▪ **il a dit ça ~** he said it on purpose

volontariat [vɔlɔ̃taʀja] nm ▪ **faire du ~** to do voluntary work

volonté [vɔlɔ̃te] nf **a** (= souhait) wish ; (= faculté) will ▪ **manifester la ~ de faire qch** to show one's intention of doing sth ▪ **respecter la ~ de qn** to respect sb's wishes ▪ **les dernières ~s de qn** sb's last wishes ▪ **~ de guérir/réussir** will to recover/succeed ▪ **« café à ~ »** "as much coffee as you like" ▪ **nous avons de l'eau à ~** we have plenty of water ▪ **vin à ~ pendant le repas** unlimited wine with the meal **b** (= caractère, énergie) willpower ▪ **avoir de la ~** to have willpower **c** ▪ **bonne ~** willingness ▪ **mauvaise ~** lack of goodwill ▪ **il met de la bonne/mauvaise**

~ **à faire son travail** he goes about his work with goodwill/grudgingly ▪ **il fait preuve de bonne/mauvaise ~** he has a positive/negative attitude

volontiers [vɔlɔ̃tje] adv **a** (= de bonne grâce) gladly ▪ **je l'aiderais ~** I would gladly help him ▪ **voulez-vous dîner chez nous ? – ~** would you like to eat with us? – I'd love to **b** (= naturellement) readily ▪ **on croit ~ que...** people are quite ready to believe that...

volt [vɔlt] nm volt

voltage [vɔltaʒ] nm voltage

volte-face [vɔltəfas] nf inv **a** ▪ **faire ~** (= se retourner) to turn round **b** (= changement d'opinion) U-turn ▪ **faire une ~** to do a U-turn

voltige [vɔltiʒ] nf (Équitation) trick riding ▪ **~ (aérienne)** aerobatics ▪ **faire de la ~** (Gym) to do acrobatics

voltiger [vɔltiʒe] vi to flutter about

volubile [vɔlybil] adj [personne] voluble

volume [vɔlym] nm volume ▪ **~ sonore** sound level ▪ **augmente le ~ de la radio** turn the radio up ▪ **pour donner du ~ à vos cheveux** to give body to your hair

volumineux, -euse [vɔlyminø, øz] adj bulky ; [courrier] voluminous

volupté [vɔlypte] nf (sensuelle) sensual delight

volute [vɔlyt] nf (Archit) scroll ; [de fumée] curl

vomir [vɔmiʀ] **1** vt [+ aliments, sang] to vomit **2** vi to be sick ▪ **il a vomi partout** he was sick everywhere ▪ **avoir envie de ~** to feel sick ▪ **ça donne envie de ~** it makes you sick

vomissement [vɔmismɑ̃] nm ▪ **il a été pris de ~s** he suddenly started vomiting

vomitoire [vɔmitwaʀ] adj ▪ **sac ~** sick bag

vorace [vɔʀas] adj voracious

vos [vo] adj poss your ; voir aussi **votre**

Vosges [voʒ] nfpl ▪ **les ~** the Vosges

votant, e [vɔtɑ̃, ɑ̃t] nm,f voter

vote [vɔt] nm vote (*de* for) ; [de loi, réforme] passing ; [de crédits] voting ▪ **après le ~ du budget** after the budget was voted ▪ **~ à bulletin secret** secret ballot ▪ **~ par procuration** proxy vote ▪ **~ blanc/nul** blank/spoilt ballot paper ▪ **procéder** ou **passer au ~** to take a vote

voter [vɔte] **1** vi to vote ▪ **~ à main levée** to vote by a show of hands ▪ **~ à droite** to vote for the right ▪ **~ libéral** to vote Liberal ▪ **j'ai voté blanc** I cast a blank vote **2** vt [+ projet de loi] to vote for ; [+ loi, réforme] to pass ; [+ crédits] to vote ▪ **~ la censure** to pass a vote of censure

votre (pl **vos**) [vɔtʀ, vo] adj poss your ▪ **un de vos livres** one of your books ; pour autres loc voir **son, ton**

vôtre [votʀ] **1** pron poss ▪ **le ~** ▪ **la ~** ▪ **les ~s** yours ▪ **ce sac n'est pas le ~** this bag isn't yours, this isn't your bag ▪ **nos enfants sont sortis avec les ~s** our children are out with yours ▪ **à la ~ !** cheers! ; pour autres loc voir **sien** **2** nmf **a** ▪ **j'espère que vous y mettrez du ~** I hope you'll do your part ; voir aussi **sien** **b** ▪ **les ~s** your family ▪ **nous ne pourrons pas être des ~s ce soir** we won't be able to join you tonight

vouer [vwe] **1** vt **a** (= promettre) to vow ▪ **il lui a voué un amour éternel** he vowed her eternal love **b** (= consacrer) to devote ▪ **~ son temps à ses études** to devote one's time to one's studies ▪ **c'est voué à l'échec** it's doomed to failure **2** **se vouer** vpr ▪ **se ~ à une cause** to devote o.s. to a cause

vouloir [vulwaʀ]

1 vt **a** to want ▪ **voulez-vous à boire ?** would you like something to drink? ▪ **je n'en veux plus** I don't want any more ▪ **sans le ~** unintentionally ▪ **~ faire qch** to want to do sth ▪ **il ne veut pas y aller** he doesn't want to go ▪ **il joue bien quand il veut** he plays well when he wants to ▪ **il voulait partir hier mais...** he intended to leave yesterday but... ▪ **je ne veux pas qu'il se croie obligé de...** I don't want him to feel obliged to... ▪ **que lui voulez-vous ?** what do you want with him? ▪ **j'en veux 500 €** I want €500 for it ▪ **~ que qn fasse qch/que qch se fasse** to want sb to do sth/sth to be done ▪ **je veux que tu viennes tout de suite** I want you to come at once ▪ **il veut absolument qu'elle parte** he is determined that she should leave ▪ **qu'il le veuille ou non** whether he likes it or not ▪ **ça va comme tu veux ?*** is everything all right? ▪ **comme tu veux** as you like ▪ **bon, comme tu voudras** all right, have it your own way ▪ **si tu veux** if you like ▪ **tu l'as voulu !** you asked for it! ▪ **tu l'auras voulu !** it'll have been your own fault ▪ **que veux-tu, c'est comme ça, on n'y peut rien !** what can you do? that's the way it is and there's nothing we can do about it ▪ **quand on veut, on peut** (Prov) where there's a will there's a way *(Prov)*

b (au conditionnel) ▪ **je voudrais un stylo** I would like a pen ▪ **je voudrais écrire** I would like to write ▪ **je voudrais qu'il m'écrive** I would like him to write to me ▪ **il aurait voulu être médecin** he would have liked to be a doctor ▪ **je voudrais bien voir ça !** I'd like to see that!

c (= consentir à) ▪ **ils n'ont pas voulu nous recevoir** they wouldn't see us

♦ **vouloir bien** ▪ **je veux bien le faire** (s'il le faut vraiment) I don't mind doing it ; (enthousiaste) I'm happy to do it ▪ **je veux bien qu'il vienne** (s'il le faut vraiment) I don't mind if he comes ; (il n'y a pas d'inconvénient) I'm quite happy for him to come ▪ **je voudrais bien y aller** I'd love to go ▪ **tu veux bien leur dire que...** would you please tell them that... ▪ **je veux bien encore un peu de café** I'd like some more coffee ▪ **encore un peu de thé ? – je veux bien** more tea? – yes, please ▪ **nous en parlerons plus tard, si vous le voulez bien** we'll talk about it later, if you don't mind ▪ **moi je veux bien, mais...** fair enough*, but...

d (demande polie) ▪ **voudriez-vous fermer la fenêtre ?** would you mind closing the window? ▪ **si vous voulez bien me suivre** this way, please

e (ordre) ▪ **veux-tu te taire !** will you be quiet! ▪ **veuillez quitter la pièce immédiatement** please leave the room at once

f (= essayer de) to try ▪ **elle voulut se lever mais elle retomba** she tried to get up but she fell back

g (= s'attendre à) to expect ▪ **comment voulez-vous que je sache ?** how should I know? ▪ **avec 500 € par mois, comment veux-tu qu'elle s'en sorte ?** how do you expect her to manage on €500 a month?

h (= requérir) (sujet chose) to require ▪ **l'usage veut que...** custom requires that... ▪ **comme le veut la tradition** according to tradition

i (loc)

♦ **en vouloir à** ▪ **en ~ à qn de qch** to hold sth against sb ▪ **il m'en veut beaucoup d'avoir fait cela** he holds a tremendous grudge against me for having done that ▪ **je m'en veux d'avoir accepté** I could kick myself* for agreeing ▪ **ne m'en veuillez pas** don't hold it against me ▪ **je ne t'en veux pas** I'm not angry with you

♦ **vouloir dire** to mean ▪ **qu'est-ce que ça veut dire ?** what does this mean?

2 vi ▪ **~ de qn/qch** to want sb/sth ▪ **je ne veux pas de lui comme chauffeur** I don't want him as a driver ▪ **je l'accompagnerai si elle veut de moi** I'll go with her if she'll have me

3 **se vouloir** vpr ▪ **ce journal se veut objectif** this newspaper claims to be unbiased ▪ **son discours se veut rassurant** what he says is meant to be reassuring

4 nm ▪ **tout dépend de son bon ~** it all depends on what he happens to decide

voulu, e [vuly] adj a (= requis) required ▪ **au moment ~** at the required moment ▪ **en temps ~** in due time ▪ **produire l'effet ~** to produce the desired effect b (= volontaire) deliberate ▪ **c'est ~** it's meant to be like that

vous [vu] 1 pron pers you ▪ **je ~ ai demandé de m'aider** I asked you to help me ▪ **c'est ~ qui avez raison** it's you who are right ▪ **~ tous écoutez-moi** listen to me all of you ▪ **je ~ connais, ~ !** I know you! ▪ **cette maison est-elle à ~ ?** does this house belong to you?, is this house yours? ▪ **de ~ à moi** between you and me ▪ **~ ne pensez qu'à ~** you think only of yourself (ou yourselves) ▪ **il me connaît mieux que ~** (mieux qu'il ne vous connaît) he knows me better than you ; (mieux que vous ne me connaissez) he knows me better than you do ▪ **asseyez-vous donc** do sit down 2 nm ▪ **dire ~ à qn** to call sb "vous"

vous-même (pl **~s**) [vumɛm] pron (singulier) yourself ; (pluriel) yourselves

voûte [vut] nf vault ; (= porche) archway ▸ **voûte plantaire** arch of the foot

voûté, e [vute] adj a [cave, plafond] vaulted b [dos] bent ; [personne] stooped ▪ **avoir le dos ~** to have a stoop

vouvoyer [vuvwaje] vt ▪ **~ qn** to address sb as "vous"

voyage [vwajaʒ] nm a journey ; (par mer) voyage ▪ **le(s) ~(s)** travelling BR, traveling US ▪ **les ~s le fatiguent** travelling tires him ▪ **le ~ l'a fatigué** the journey tired him ▪ **il est en ~** he's away ▪ **lors de notre ~ en Espagne** on our trip to Spain ▪ **~ aller/retour** outward/return journey ▪ **~ d'affaires/d'agrément** business/pleasure trip ▪ **faire un ~ autour du monde** to go round the world ▸ **voyage de noces** honeymoon ▸ **voyage organisé** package tour b (= course) trip ▪ **faire deux ~s pour transporter qch** to make two trips to transport sth

voyager [vwajaʒe] vi to travel ▪ **j'ai voyagé en avion/en 1re classe** I travelled by air/1st class ▪ **aimer ~** to like travelling

voyageur, -euse [vwajaʒœʀ, øz] nm,f traveller BR, traveler US

voyagiste [vwajaʒist] nm tour operator

voyant, e [vwajɑ̃, ɑ̃t] 1 adj [couleurs] loud 2 nm,f (= personne qui voit) sighted person ▪ **les ~s** the sighted 3 **voyante** nf ▪ **~e (extralucide)** clairvoyant 4 nm ▪ **~ (lumineux)** indicator light ; (d'alerte) warning light ▪ **~ d'essence/d'huile** petrol/oil light ▪ **tous les ~s sont au rouge** the situation is critical

voyelle [vwajɛl] nf vowel

voyeurisme [vwajœʀism] nm voyeurism

voyou [vwaju] nm a (= délinquant) lout b (= garnement, enfant) rascal ▪ **espèce de petit ~ !** you little rascal!

VPC [vepese] nf (abrév de **vente par correspondance**) mail-order selling

vrac [vʀak] **en vrac** loc adj, loc adv [choses] loose ; (= en désordre) in a jumble ▪ **« vin en ~ »** "bulk wine" ▪ **il a tout mis en ~ dans la valise** he stuffed everything into the case

vrai, e [vʀɛ] **1** adj **a** (après nom) (= exact) true ▪ **c'est pas ~ !*** (dénégation) it just isn't true! ; (surprise) I don't believe it! **b** (gén avant nom) (= réel) real ▪ **son ~ nom c'est Charles** his real name is Charles ▪ **ce sont ses ~s cheveux** that's his own hair ▪ **un ~ socialiste** a true socialist ▪ **c'est un ~ fou !** he's completely mad! **2** nm ▪ **le ~** the truth ▪ **il y a du ~ dans ce qu'il dit** there's some truth in what he says ▪ **il dit ~** he's right ▪ **à ~ dire, à dire ~** to tell the truth ▪ **en ~*** in real life ▪ **pour de ~*** really

vraiment [vʀɛmɑ̃] adv really ▪ **~, il exagère !** really, he's going too far! ▪ **vous trouvez ? – ah oui, ~ !** do you think so? – oh yes, definitely!

vraisemblable [vʀɛsɑ̃blabl] adj [hypothèse, situation, interprétation] likely ; [intrigue] convincing ▪ **peu ~** [excuse, histoire] unlikely

vraisemblablement [vʀɛsɑ̃blabləmɑ̃] adv probably

vrille [vʀij] nf (= acrobatie) spin ▪ **descendre en ~** [avion] to spiral downwards ▪ **partir en ~*** [personne] to go crazy ; [situation] to go pear-shaped*

vrombir [vʀɔ̃biʀ] vi [moteur] to roar ; [insecte] to buzz

VRP [veɛʀpe] nm (abrév de **voyageur, représentant, placier**) sales rep*

vs (abrév de **versus**) v

VTT [vetete] nm (abrév de **vélo tout-terrain**) mountain bike ▪ **faire du ~** to go for a ride on a mountain bike

VTTiste [vetetist] nmf ⇒ **vététiste**

vu, vue[1] [vy] **1** adj **a** (* = compris) ▪ **c'est vu ?** all right? ▪ **c'est tout vu !** it's a foregone conclusion **b** (= jugé) ▪ **c'était bien vu de sa part** what he said was spot-on* **c** (= considéré) ▪ **bien/mal vu** [personne] well/poorly thought of ▪ **il est mal vu du patron** the boss has a poor opinion of him ▪ **ici c'est bien/mal vu de porter une cravate** it's the done thing/it's not the done thing to wear a tie here **2** prép in view of ▪ **vu la situation, cela valait mieux** in view of the situation, it was better ▪ **vu que...*** in view of the fact that...

vue[2] [vy] **1** nf **a** (= sens, regard) sight ▪ **perdre la ~** to lose one's sight ▪ **troubles de la ~** eye trouble ▪ **il a une bonne ~** he has good eyesight ▪ **à première ~** at first sight ▪ **perdre qch/qn de ~** to lose sight of sth/sb ▪ **il ne faut pas perdre de ~ que...** we mustn't lose sight of the fact that... ▪ **il lui en a mis plein la ~*** he really impressed her **b** (= panorama) view ▪ **cette pièce a ~ sur la mer** this room has a sea view **c** (= spectacle) sight ▪ **la ~ du sang l'a fait s'évanouir** the sight of the blood made him faint ▪ **à la ~ de** at the sight of **d** (= image) view ▪ **des ~s de Paris** views of Paris **e** (= conception) view ▪ **donner une ~ d'ensemble** to give an overall view **f** (loc) ▪ **à ~** [piloter, atterrir] visually ; [atterrissage, navigation] visual ▪ **tirer à ~** to shoot on sight ▪ **naviguer à ~** to navigate visually ; (fig) to play it by ear ▪ **à ~ d'œil** (= par une estimation rapide) at a quick glance ▪ **il maigrit à ~ d'œil** he seems to be getting thinner by the minute* ▪ **à ~ de nez*** roughly* ▪ **je le connais de ~** I know him by sight ▪ **en ~** (= proche) in sight ▪ **(bien) en ~** (= en évidence) conspicuous ▪ **très en ~** (= célèbre) very much in the public eye ▪ **il a mis sa pancarte bien en ~** he put his placard in a prominent position ▪ **il s'entraîne en ~ du marathon/de devenir champion du monde** he's training with a view to the marathon/to becoming world champion **2** **vues** nfpl **a** (= opinion) views ▪ **exprimer ses ~s sur un sujet** to voice one's views on a subject **b** (= projet) plans ; (sur qn ou ses biens) designs ▪ **la société a des ~s sur cet immeuble** the company has its eye on that building ▪ **elle a des ~s sur lui** (pour un projet) she has her eye on him ; (= elle veut l'épouser) she has designs on him

vulgaire [vylgɛʀ] adj **a** (= grossier) vulgar **b** (= usuel, banal) common ▪ **nom ~** common name **c** (avant nom) (= quelconque) ordinary ▪ **c'est un ~ escroc** he's just a crook ▪ **un ~ bout de bois** an ordinary piece of wood

vulgairement [vylgɛʀmɑ̃] adv **a** (= grossièrement) vulgarly **b** (= couramment) commonly ▪ **ce fruit, ~ appelé...** this fruit, commonly known as...

vulgarisation [vylgaʀizasjɔ̃] nf popularization ▪ **ouvrage de ~ scientifique** popular scientific work

vulgariser [vylgaʀize] vt to popularize

vulgarité [vylgaʀite] nf vulgarity

vulnérable [vylneʀabl] adj vulnerable

vumètre [vymɛtʀ] nm recording level gauge

wW

wagon [vagɔ̃] nm (de voyageurs) carriage BR, car US ▸ **wagon de marchandises** goods wagon, freight car US

wagon-lit (pl **wagons-lits**) [vagɔ̃li] nm sleeper BR, Pullman US

wagon-restaurant (pl **wagons-restaurants**) [vagɔ̃ʀɛstɔʀɑ̃] nm restaurant car

wallon, -onne [walɔ̃, ɔn] **1** adj Walloon **2** nm (= langue) Walloon **3** **Wallon(ne)** nm,f Walloon

Wallonie [walɔni] nf *French-speaking part of Belgium*

water-polo [watɛʀpɔlo] nm water polo

watt [wat] nm watt

W.-C., WC [vese] nmpl toilet

web [wɛb] nm ▪ **le ~** the web ▸ **web-acheteur, -euse** nm,f web buyer

webinaire [wɛbinɛʀ] nm webinar

webzine [wɛbzin] nm webzine

week-end (pl **~s**) [wikɛnd] nm weekend ▪ **partir en ~** to go away for the weekend

western [wɛstɛʀn] nm western

whisky (pl **whiskies**) [wiski] nm whisky

wi(-)fi [wifi] nm inv Wi-Fi ▪ **borne ~** wireless hotspot

wishbone [wiʃbon] nm [de bateau, planche à voile] wishbone

xX

X, x [iks] nm ▪ **je te l'ai dit x fois** I've told you umpteen* times ▪ **plainte contre X** action against person or persons unknown ▪ **film (classé) X** 18 film BR, NC-17 film US

xénophobe [gzenɔfɔb] **1** adj xenophobic **2** nmf xenophobe

xénophobie [gzenɔfɔbi] nf xenophobia

xérès [gzeʀɛs] nm (= vin) sherry

xylophone [gzilɔfɔn] nm xylophone

yY

y [i] **1** adv (indiquant le lieu) there ▪ **restez-y** stay there ▪ **nous y avons passé deux jours** we spent two days there ▪ **avez-vous vu le film ? – j'y vais demain** have you seen the film? – I'm going to see it tomorrow ▪ **je n'y suis pour rien** it's nothing to do with me **2** pron it ▪ **réfléchissez-y** think about it ▪ **n'y pensez plus** forget it ▪ **à votre place, je ne m'y fierais pas** if I were you I wouldn't trust it

yacht ['jɔt] nm yacht

yaourt ['jauʀt] nm yogurt ▪ **~ nature/aux fruits** natural/fruit yogurt

yen ['jɛn] nm yen

yeux ['jø] pl de **œil**

yiddish ['jidiʃ] adj, nm Yiddish

yoga ['jɔga] nm yoga ▪ **faire du ~** to do yoga

yog(h)ourt ['jɔguʀt] nm ⇒ **yaourt**

yougoslave ['jugɔslav] **1** adj Yugoslav **2** **Yougoslave** nmf Yugoslav

Yougoslavie ['jugɔslavi] nf Yugoslavia

youpi ['jupi] excl yippee!

yourte [juʀt] n yurt

yo(-)yo® ['jojo] nm yo-yo

yucca ['juka] nm yucca

zZ

ZAC [zak] nf (abrév de **zone d'aménagement concerté**) urban development zone

ZAD [zad] nf **a** (abrév de **zone d'aménagement différé**) → **zone** **b** (abrév de **zone à défendre**) → **zone**

zadiste [zadist] nmf *green activist who occupies a site to prevent proposed construction*

zappette* [zapɛt] nf remote control, zapper*

zapper [zape] vi to channel-hop

zapping [zapiŋ] nm channel-hopping

zarbi‡ [zaʀbi] adj (= bizarre) weird

zèbre [zɛbʀ] nm (= animal) zebra

zébrure [zebʀyʀ] nf [d'animal] stripe ; (= éclair) streak

zèle [zɛl] nm zeal ▪ **avec ~** zealously ▪ **faire du ~** (péj) to be overzealous

zélé, e [zele] adj zealous

zen [zɛn] adj inv, nm Zen ▪ **rester ~*** (= serein) to remain unfazed*

zénith [zenit] nm zenith ▪ **le soleil est au ~** the sun is at its height

ZEP [zɛp] nf abrév de **zone d'éducation prioritaire** → **zone**

zéro [zeʀo] **1** nm **a** zero, nought BR ▪ **repartir de ~** to go back to square one ▪ **remettre à ~** [+ compteur, chronomètre] to reset ▪ **tout reprendre à ~** to start all over again ▪ **les avoir à ~‡** to be scared out of one's wits* **b** (Rugby, Football) zero, nil BR, nothing US ; (Tennis) love ▪ **~ partout à la mi-temps** no score at half time ▪ **gagner par deux (buts) à ~** to win two nil BR ou two nothing US **c** (* = personne) dead loss* **2** adj ▪ **~ heure trente** half past midnight ▪ **il a fait ~ faute à la dictée** he didn't make any mistakes at all in the dictation

zeste [zɛst] nm [de citron, orange] peel *NonC* ; (Culin) zest *NonC* ▪ **un ~ de** [d'ironie, folie] a touch of

zézaiement [zezɛmɑ̃] nm lisp

zézayer [zezeje] vi to lisp

zguègue‡ [zgɛg] nm prick‡

ZI [ʒɛdi] nf (abrév de **zone industrielle**) industrial estate BR ou park US

zigouiller‡ [ziguje] vt to do in*

zigzag [zigzag] nm zigzag ▪ **route en ~** winding road

zigzaguer [zigzage] vi to zigzag

Zimbabwe [zimbabwe] nm Zimbabwe

zinc [zɛ̃g] nm (= métal) zinc

zinzin* [zɛ̃zɛ̃] adj nuts*

zip® [zip] nm zip

zizanie [zizani] nf ▪ **semer la ~** to stir up ill-feeling

zizi* [zizi] nm (hum, langage enfantin) willy* BR, peter* US

zodiaque [zɔdjak] nm zodiac

zonard, e‡ [zonaʀ, aʀd] nm,f (= marginal) dropout*

zone [zon] nf **a** zone ; (Transports) travel zone ▪ **~ de haute/basse pression** area of high/low pressure ▪ **de troisième ~** (fig) third-rate ▸ **zone d'aménagement différé** *future development zone* ▸ **zone bleue** ≈ restricted parking zone ▸ **zone à défendre** *site occupied by green activists trying to stop proposed construction* ▸ **zone de dialogue** (Informatique) dialogue box ▸ **zone d'éducation prioritaire** *area targeted for special help in education* ▸ **zone franche** free zone ▸ **zone industrielle** industrial estate BR ou park US ▸ **zone piétonne** ou **piétonnière** pedestrian precinct ▸ **zone urbaine sensible** *priority zone for urban regeneration* ▸ **zone à urbaniser en priorité** urban development zone **b** ▪ **la ~*** (= quartiers pauvres) the slums ▪ **c'est la ~ !** it's the pits!*

zoner [zone] **1** vt to zone **2** vi ‡ [marginal] to bum around‡

zoo [zo(o)] nm zoo

zoologie [zɔɔlɔʒi] nf zoology

zoologique [zɔɔlɔʒik] adj zoological

zoom [zum] nm (= objectif) zoom lens ▪ **faire un ~ sur** to zoom in on

ZUP [zyp] nf abrév de **zone à urbaniser en priorité** → **zone**

ZUS [zys] nf abrév de **zone urbaine sensible** → **zone**

zut* [zyt] excl damn!* ▪ **et puis ~ à la fin ! j'abandonne !** what the heck*, I give up!

Annexes

Aide-mémoire **512**
Verbes irréguliers anglais 512
Anglais américain et anglais britannique 515

Guide de conversation **521**

Pièges à éviter **531**

Communication en situation **593**
Sms 593
Courriel 594
Lettre personnelle 597
Lettre officielle 599
Téléphone 601

Chiffres et unités **603**
Longueur 603
Capacité 603
Poids 604
Température 604
Monnaie 605
Heure 606
Nombres 608

Aide-mémoire

Verbes irréguliers anglais

infinitif	prétérit	participe passé
arise	arose	arisen
awake	awoke	awoken
be	was, were	been
bear	bore	borne
beat	beat	beaten
become	became	become
begin	began	begun
bend	bent	bent
bet	bet or betted	bet or betted
bid	bade or bid	bid or bidden
bind	bound	bound
bite	bit	bitten
bleed	bled	bled
blow	blew	blown
break	broke	broken
breed	bred	bred
bring	brought	brought
build	built	built
burn	burned or burnt	burned or burnt
burst	burst	burst
buy	bought	bought
can	could	–
cast	cast	cast
catch	caught	caught
choose	chose	chosen
cling	clung	clung
come	came	come
cost	cost or costed	cost or costed
creep	crept	crept
cut	cut	cut
deal	dealt	dealt
dig	dug	dug
dive	dived	dived
do	did	done
draw	drew	drawn
dream	dreamed or dreamt	dreamed or dreamt
drink	drank	drunk
drive	drove	driven
dwell	dwelled or dwelt	dwelled or dwelt
eat	ate	eaten
fall	fell	fallen
feed	fed	fed
feel	felt	felt
fight	fought	fought
find	found	found
flee	fled	fled
fling	flung	flung
fly	flew	flown
forbid	forbad(e)	forbidden
forget	forgot	forgotten
forsake	forsook	forsaken
freeze	froze	frozen
get	got	got, (US) gotten
gild	gilded	gilded or gilt
give	gave	given
go	went	gone

infinitif	prétérit	participe passé
grind	ground	ground
grow	grew	grown
hang	hung, (Jur) hanged	hung, (Jur) hanged
have	had	had
hear	heard	heard
hew	hewed	hewed or hewn
hide	hid	hidden
hit	hit	hit
hold	held	held
hurt	hurt	hurt
keep	kept	kept
kneel	knelt	knelt
know	knew	known
lay	laid	laid
lead	led	led
lean	leaned or leant	leaned or leant
leap	leaped or leapt	leaped or leapt
learn	learned or learnt	learned or learnt
leave	left	left
lend	lent	lent
let	let	let
lie	lay	lain
light	lit	lit
lose	lost	lost
make	made	made
may	might	–
mean	meant	meant
meet	met	met
mow	mowed	mown or mowed
pay	paid	paid
put	put	put

infinitif	prétérit	participe passé
quit	quitted	quitted
read [ri:d]	read [red]	read [red]
rid	rid	rid
ride	rode	ridden
ring	rang	rung
rise	rose	risen
run	ran	run
saw	sawed	sawed or sawn
say	said	said
see	saw	seen
seek	sought	sought
sell	sold	sold
send	sent	sent
set	set	set
sew	sewed	sewed or sewn
shake	shook	shaken
shear	sheared	sheared or shorn
shed	shed	shed
shine	shone	shone
shoe	shod	shod
shoot	shot	shot
show	showed	shown or showed
shrink	shrank	shrunk
shut	shut	shut
sing	sang	sung
sink	sank	sunk
sit	sat	sat
slay	slew	slain
sleep	slept	slept
slide	slid	slid
sling	slung	slung
slit	slit	slit

infinitif	prétérit	participe passé
smell	smelled or smelt	smelled or smelt
sow	sowed	sowed or sown
speak	spoke	spoken
speed	sped	sped
spell	spelled or spelt	spelled or spelt
spend	spent	spent
spill	spilled or spilt	spilled or spilt
spin	spun	spun
spit	spat	spat
split	split	split
spoil	spoiled or spoilt	spoiled or spoilt
spread	spread	spread
spring	sprang	sprung
stand	stood	stood
stave	stove or staved	stove or staved
steal	stole	stolen
stick	stuck	stuck
sting	stung	stung
stink	stank	stunk
stride	strode	stridden
strike	struck	struck
string	strung	strung
strive	strove	striven
swear	swore	sworn
sweep	swept	swept
swell	swelled	swollen
swim	swam	swum
swing	swung	swung
take	took	taken
teach	taught	taught
tear	tore	torn
tell	told	told
think	thought	thought
thrive	throve or thrived	thriven or thrived
throw	threw	thrown
thrust	thrust	thrust
tread	trod	trodden
wake	woke	woken or woke
wear	wore	worn
weave	wove or weaved	woven or weaved
weep	wept	wept
win	won	won
wind	wound	wound
wring	wrung	wrung
write	wrote	written

REMARQUE. Ne sont pas compris dans cette liste les verbes formés avec un préfixe. Pour leur conjugaison, se référer au verbe de base, ex. : pour *forbear* voir *bear*, pour *understand* voir *stand*.

Anglais américain et anglais britannique

Des millions de personnes communiquent en anglais à travers le monde, mais il existe des divergences assez nombreuses entre les deux variétés d'anglais les plus connues : l'anglais américain et l'anglais britannique. Ces divergences concernent principalement l'orthographe, mais elles se constatent également dans le vocabulaire et la syntaxe. Voici les principales :

Orthographe

Anglais britannique	Anglais américain
-**ae**-	-**e**-
anaesthetic	anesthetic
encyclopaedia	encyclopedia
paediatrician	pediatrician
-**ence**	-**ense**
defence	defense
offence	offense
licence *(nom et verbe)*	license *(nom et verbe)*
-**ize** *ou* -**ise**	-**ize** seulement
apologize *ou* apologise	apologize
organize *ou* organise	organize
-**l**-	-**ll**-
fulfilment	fulfillment
skilful	skillful
-**ll**-	-**l**-
travelling	traveling
travelled	traveled
jewellery	jewelry
marvellous	marvelous
-**moul**-	-**mol**-
mould	mold
smoulder	smolder
-**ogue**	-**og**
catalogue	catalog
dialogue	dialog

-our	**-or**
colour	color
favour	favor
honour	honor
neighbour	neighbor
-re	**-er**
centre	center
theatre	theater

Les différences signalées ci-dessus ne valent pas pour tous les mots ayant la même terminaison.
Ainsi, certains verbes se terminent toujours par *-ise* (ex. : *advise, promise, surprise*).

D'autres différences orthographiques ne relèvent d'aucune règle générale.
Ci-dessous quelques exemples.

Anglais britannique	Anglais américain
aluminium	aluminum
cheque *(nom)*	check *(nom)*
draught	draft
dyke	dike
grey	gray
moustache	mustache
kerb	curb
manoeuvre	maneuver
plough	plow
practice *(nom)*, practise *(verbe)*	practice *(nom et verbe)*
programme	program
pyjamas	pajamas
sceptic	skeptic
tyre	tire
whisky	whiskey

Vocabulaire

Certains mots existent dans les deux langues mais avec des sens complètement ou partiellement différents. D'autres mots n'appartiennent qu'à l'un des deux lexiques.
On notera que pour des raisons historiques, beaucoup de termes de l'industrie automobile et ferroviaire diffèrent dans les deux langues.
La liste ci-dessous ne prétend pas à l'exhaustivité mais réunit les mots les plus courants et les plus sujets à confusion.

Français	Anglais britannique	Anglais américain
addition	bill	check
agent immobilier	estate agent	real estate agent, realtor
aller *(billet)*	single (ticket)	one-way ticket
aller-retour	return (ticket)	round-trip ticket
antenne	aerial	antenna
appartement	flat	apartment
ascenseur	lift	elevator
aubergine	aubergine	eggplant
automne	autumn	fall
autoroute	motorway	freeway
auto-tamponneuse	dodgem	bumper-car
berline	saloon (car)	sedan
biscuit	biscuit	cookie
boîte de conserve	tin	can
boîte de vitesses	gearbox	transmission
bonbons	sweets	candy
bretelles	braces	suspenders
camion	lorry	truck
capot	bonnet	hood
chaussée	road	pavement
chaussures de tennis	tennis shoes	sneakers
chemin de fer	railway	railroad
chips	crisps	(potato) chips
cinéma	cinema	movies
coccinelle	ladybird	ladybug
code postal	postcode	zip code
coffre *(de voiture)*	boot	trunk
collants	tights	pantyhose
confiture	jam	jelly
couche *(de bébé)*	nappy	diaper
coupe-vent	windcheater	windbreaker
courgette	courgette	zucchini
CV	CV	résumé
déchets	rubbish	garbage, trash
éboueur	dustman	garbage collector
emporter (à) *(plat)*	to take away	to go
essence	petrol	gas, gasoline
facteur	postman	mailman
fermeture éclair	zip	zipper
file d'attente	queue	line
film *(de cinéma)*	film	movie
frites	chips	French fries
gant de toilette	face cloth, flannel	wash cloth
gilet *(de complet)*	waistcoat	vest
gomme	rubber	eraser

Français	Anglais britannique	Anglais américain
jarretelle	suspender	garter
lampe électrique	torch	flashlight
landau	pram	baby carriage
laverie automatique	Launderette ®	Laundromat ®
magasin	shop	store
maillot de corps	vest	undershirt
maman	mum	mom
métro	underground	subway
pantalon	trousers	pants
parebrise	windscreen	windshield
parechoc	bumper	fender
parking	car park	parking lot
pharmacie	chemist	pharmacy
placard	cupboard	closet
point final	full stop	period
portefeuille	wallet	billfold
poubelle	dustbin	garbage *ou* trash can
punaise	drawing pin	thumbtack
quelque part	somewhere	someplace
rez-de-chaussée	ground floor *	first floor *
robinet	tap	faucet
sac à main	handbag	purse
sac banane	waistbag, bum bag *(fam.)*	fanny bag *(fam.)*
sens inverse des aiguilles d'une montre (dans le)	anticlockwise	counter clockwiser
silencieux *(de voiture)*	muffler	silencer
surveillant *(à un examen)*	invigilator	proctor
téléphone portable	mobile phone	cell phone *ou* cellular phone
tétine	dummy	pacifier
trottoir	pavement	sidewalk
vacances	holiday	vacation
vendeur, -euse	shop assistant	sales clerk
voiture	car	automobile

* Les Britanniques et les Américains numérotent les étages différemment : pour les Britanniques, l'étage situé au niveau de la rue (rez-de-chaussée) est le *ground floor*, tandis que pour les Américains, c'est le *first floor*. Premier/deuxième/troisième étage se dit donc *first/second/third floor* en anglais et *second/third/fourth floor* en américain.
Pour aller au rez-de-chaussée avec un ascenseur, il faut appuyer sur le bouton **G** (ou **O**) en Grande-Bretagne et sur le **1** ou le **L** (pour Lobby) aux USA, mais on trouve aussi **G**.

Quelques expressions piégeuses

Il est très rare qu'un mot ou une expression ait des sens complètement opposés en anglais britannique et en anglais américain mais, dans certains cas, un manque de vigilance peut créer de gros embarras.
Ainsi *to wash up* signifie « faire la vaisselle » en anglais britannique mais « faire un brin de toilette » en anglais américain. Quand on est *pissed* en anglais britannique, on est complètement « ivre », alors qu'en anglais américain, on en a « ras le bol ».
Enfin, *to table a motion* signifie « déposer une motion » en anglais britannique mais « ajourner une motion » en anglais américain, ce qui a causé par le passé quelques problèmes diplomatiques.

Grammaire et syntaxe

- Il existe un certain nombre de différences dans l'usage des prépositions.

Ainsi, les Britanniques disent *at the weekend, five past two, in High Street, Monday to Friday, they left on Tuesday* et les Américains *on the weekend, five after two, on High Street, Monday through Friday, they left Tuesday*.

Certains verbes transitifs en anglais britannique sont transitifs indirects en anglais américain et vice versa. Ainsi les Britanniques disent *appeal against a decision, protest against something, visit somebody, meet somebody, provide somebody with something* et les Américains *appeal a decision, protest something, visit with somebody, meet with somebody, provide somebody something*.

- Le present perfect en anglais britannique correspond parfois au prétérit en anglais américain : les Britanniques disent *I've just done it*, les Américains *I just did it*.

- En anglais britannique, *have (got)* exprime la possession, *have (got) to* la nécessité, les formes avec *got* étant un peu familières ; en anglais américain, les formes avec *got* sont plus courantes et *got* est utilisé pour marquer l'insistance.

- Le participe passé de *get* est *got* en anglais britannique et *gotten* en anglais américain : *he's got very fat* (Brit), *he has gotten very fat* (US).

- Dans les propositions exprimant une suggestion ou un conseil, l'américain emploie le subjonctif (identique à l'infinitif sans *to*) là où l'anglais emploie le conditionnel : *they suggested that he should be informed* (Brit), *they suggested that he be informed* (US).

Prononciation

Comme l'illustre le grand standard de jazz *You say "tomato"* [tə'mɑːtəʊ] *and I say "tomato"* [tə'meɪtəʊ], les différences de prononciation entre l'anglais et l'américain sont très nombreuses. Mais aucune n'est véritablement formalisable.

On note toutefois que l'anglais américain a un ***a*** beaucoup plus ouvert que l'anglais britannique et qu'il a tendance à prononcer le ***r*** final là où il est pratiquement silencieux en anglais britannique ; le premier prononcera ***mother*** ['mʌðər] et le second ['mʌðəʳ].
Le déplacement de l'accent tonique explique également bon nombre de différences.

Voici quelques exemples, parmi les mots les plus courants.

Mot	Prononciation britannique	Prononciation américaine
advertisement	əd'vɜːtɪsmənt	ædvə'taɪzmənt
ballet	'bæleɪ	bæ'leɪ
barrage	'bærɑːʒ	bə'rɑʒ, 'bær.ɪdʒ
buoy	bɔɪ	buːi
clerk	klɑːk	klɜːrk
either	'aɪðəʳ	'iːðəʳ
fillet *(Brit)*, filet *(US)*	'fɪlɪt	fɪ'leɪ
garage	'gærɑːʒ	gə'rɑ(d)ʒ
laboratory	lə'bɒrətərɪ	'læbrətərɪ
leisure	'leʒəʳ	'liːʒəʳ
lieutenant	lef'tenənt	luː'tenənt
lychee	laɪ'tʃiː	'liːtʃi
pecan	'pɪkən	pə'kæn
privacy	'prɪvəsɪ	'praɪvəsɪ
resource	rɪ'sɔːs	'risɔrs
schedule	'ʃedjuːl	'skedjuːl
tube	tjuːb	tuːb
vase	vɑːz	veiz
z	zed	ziː

Malgré toutes ces différences avérées, l'interpolation de ces deux variétés d'anglais est constante et beaucoup de graphies, mots et expressions, se retrouvent des deux côtés de l'Atlantique. Le trait d'humour de George Bernard Shaw selon lequel les États-Unis et le Royaume-Uni étaient *two countries divided by a common language* a cependant la vie dure.

Guide de conversation

Les expressions qui suivent proposent des équivalences, non des traductions rigoureuses.

à la poste	posting things
Savez-vous s'il y a une poste par ici ?	Is there a post office around here?
Où est la boîte à lettres la plus proche ?	Where's the nearest postbox?
Où puis-je acheter des timbres ?	Where can I buy some stamps?
C'est pour envoyer en Angleterre.	I want to post this to England.
Il faut mettre un timbre à combien pour la France ?	How much is a stamp for a letter for France?
Au tarif normal ou au tarif réduit ?	First- or second-class mail?
Je voudrais envoyer de l'argent par la poste.	I'd like to send some money by post.
Ça va prendre combien de temps pour arriver ?	How long will it take to get there?
Quelle est l'heure de la dernière levée ?	When does the last post go?
Y a-t-il du courrier pour moi ?	Is there any mail for me?
Pourriez-vous le mettre à la poste pour moi ?	Could you post it for me?
Pourriez-vous me faire suivre mon courrier ?	Could you send on my mail?

au téléphone	telephoning
Où se trouve la cabine la plus proche ?	Where is the nearest phone box?
Où sont les annuaires téléphoniques ?	Where are the phone directories?
Je voudrais les renseignements.	I want Directory Inquiries.
Comment marche le téléphone ?	How does the telephone work?
Je voudrais téléphoner en Angleterre.	I want to make a phone call to England.
Quel est l'indicatif de Paris ?	What is the code for Paris?
Je désirerais le 05.76.43.27.80.	Could you get me 05.76.43.27.80?
(zéro cinq/soixante-seize/quarante-trois/vingt-sept/quatre-vingts)	(o five seven six four three two seven eight o)
Pourrais-je avoir le poste 302 ?	Could I have extension 302 (three o two) please?
Ne quittez pas.	Hold the line please.
Ça sonne occupé.	It's engaged.
Je n'arrive pas à obtenir son numéro.	I can't get through at all.
Ça ne sonne pas.	The number is not ringing.
J'ai fait un faux numéro.	I've got the wrong number.
Le téléphone est en dérangement.	The phone is out of order.
On a été coupé.	We were cut off.
Je réessaierai plus tard.	I'll try again later.
Pourrais-je parler à Monsieur Thomas ?	Could I speak to Mr Thomas?
Pourriez-vous me passer Bernard ?	Could you put me through to Bernard?
Qui est à l'appareil ?	Who's speaking?
Monsieur Lefèvre ? – Lui-même.	Mr Lefèvre? – Speaking.
Allô, Nadine à l'appareil.	Hello, this is Nadine speaking.
Je peux laisser un message ?	Can I leave a message?

la correspondance — writing letters

la correspondance	writing letters
Le 15 avril 2020	15th April 2020
Monsieur/Messieurs	Dear Sir/Dear Sirs
Cher Monsieur (ou Chère Madame, etc.)	Dear Mr (or Mrs etc) Smith
Chère Carole,	Dear Carole,
Je te remercie de ta lettre.	Thank you for your letter.
Merci de m'avoir écrit.	It was kind of you to write to me.
J'ai bien reçu ta gentille lettre.	I got your lovely letter.
J'ai l'honneur de vous informer que...	I am writing to inform you that...
Je vous écris pour confirmer notre conversation téléphonique.	I am writing to confirm my telephone call.
Suite à notre entretien téléphonique...	Following our telephone conversation...
Je suis désolé de ne pas avoir écrit plus tôt.	I'm sorry I haven't written before.
Je ne peux malheureusement pas accepter votre invitation.	I am sorry I cannot accept your invitation.
J'arriverai à 18 heures.	I shall be arriving at 6 p.m.
Nous vous attendrons à l'aéroport.	We'll be at the airport to meet you.
Dites-moi par quel train vous arriverez.	Let me know which train you'll be on.
Merci beaucoup d'avoir bien voulu me recevoir.	Thank you very much for having me to stay.
J'ai passé d'excellentes vacances.	I had a really good holiday.
Je joins une enveloppe timbrée à mon adresse.	I enclose a stamped addressed envelope.
Pourriez-vous nous le faire parvenir par retour du courrier ?	Could you let us have it by return of post?
Transmettez mes amitiés à Tim.	Please give my best wishes to Tim.
Dis bonjour à Sandra de ma part.	Say Hello to Sandra for me.
Bien des choses à Luc.	Tell Luc I was asking after him.
Jack se joint à moi pour vous envoyer notre meilleur souvenir.	Jack and I send you our very best wishes.
Maud me charge de vous dire que...	Maud has asked me to say that...
Embrassez le reste de la famille de ma part.	Give my love to the rest of the family.
J'arrête ici mon bavardage...	Must go now.
Grosses bises.	Love from
Claire	Claire
Affectueusement, Paul.	Much love from Paul.
À dimanche,	See you on Sunday,
Amitiés,	Yours,
Amanda	Amanda
Veuillez agréer l'assurance de ma considération distinguée,	Yours faithfully,
Samuel Bloggs	Samuel Bloggs
Dans l'attente du plaisir de vous voir bientôt, je vous prie de croire à mes sentiments les meilleurs,	Looking forward to seeing you soon, Yours sincerely,
Jack Austin	Jack Austin

la conversation	talking to people
Bonjour Monsieur (ou Madame, etc.)	Good morning (or Good afternoon)
Bonjour – Ça va ?	Hello – how are you?
Ça va, merci – et toi ?	Fine, thanks – how are you?
Au revoir.	Goodbye.
Salut – à bientôt.	Bye – see you soon.
À plus tard.	See you later.
À demain.	See you tomorrow.
Il faut que je me sauve.	I've got to go now.
Dites-lui bien des choses de ma part.	Give him/her my best wishes.
Lise te fait ses amitiés.	Lise sends you her love.
N'oublie pas de le lui dire. – Je n'y manquerai pas.	Do remember to tell him/her. – I certainly will.
Je ferai la commission à Joe.	I'll tell Joe you said so.
Je ne veux pas vous retenir.	Don't let me keep you.
Tu as des nouvelles de Jérôme ?	Have you any news of Jérôme?
Ça fait des siècles que je ne l'ai pas vu.	It's ages since I saw him.
Comment allez-vous ?	How are you keeping?
Je ne me sens pas très bien.	I don't feel too good.
Elle a été souffrante.	She's not been well.
Vous connaissez Paul Martin ?	Have you met Paul Martin?
Non, je ne crois pas.	No, I don't think I have.
Luc, je te présente Paul Martin.	Luc, this is Paul Martin.
Je me présente : je m'appelle Gilles Masson.	Let me introduce myself: my name is Gilles Masson.
Je suis ravi de vous rencontrer.	How nice to meet you.
On m'a beaucoup parlé de vous.	I've heard so much about you.
Je ne sais pas.	I don't know.
Je n'en sais rien du tout.	I don't know anything about it.
Qu'est-ce que tu veux dire, au juste ?	What do you mean by that?
Je n'ai pas saisi.	I didn't catch that.
Ah, je vois ce que tu veux dire.	Oh, I see what you mean.
D'où tiens-tu cela ?	How do you know all this?
Mettez-vous à ma place.	Put yourself in my place.
Comme je vous comprends.	I know how you feel.
Et vous aussi.	And the same to you.
C'est bizarre, mais...	It's a funny thing, but...
À dire vrai...	Well, the thing is...
En fait...	Well, as a matter of fact...
Maintenant que j'y pense...	Come to think of it...
Tu sais, le livre que tu m'avais prêté...	You know, that book you lent me...
Tiens ! écoute-ça !	Hey! Listen to this!
D'accord !	All right!
Je n'ai pas beaucoup de temps.	I've only got a minute.
On en reparlera plus tard.	Let's talk about it later.
Moi, je crois que...	If you want my opinion, I think...
Moi, à ta place...	If I were you...
Je ne peux pas me le permettre.	I just can't afford it.
Je n'ai pas les moyens de l'acheter.	I can't afford to buy it.
C'est impossible.	It can't be done.
Je suis très pressé.	I'm in a rush.

les questions	asking questions
Quelqu'un sait-il parler anglais ?	Does anyone here speak English?
Comment dit-on « escargot » en anglais ?	What's the French for "snail?"
Je ne sais pas le dire en anglais.	I don't know how to say it in French.
Pourriez-vous me dire...	I wonder if you could tell me...
Pourriez-vous répéter ce que vous venez de dire ?	Could you possibly repeat what you said?
Pourriez-vous le redire un peu plus lentement ?	Could you please say that a bit more slowly?
Excusez-moi de vous déranger, mais...	I'm sorry to bother you, but...
Vous serait-il possible de me le prêter ?	Could you possibly lend it to me?
Je peux emprunter votre stylo ?	Can I use your pen?
Vous permettez que j'ouvre la fenêtre ?	Would you mind if I opened the window?
Ça vous dérange si je fume ?	Do you mind if I smoke?
Pourriez-vous me passer le pain ?	May I have the bread please?
Seriez-vous assez aimable pour me l'écrire ?	Could you please write that down for me?
Vous permettez que j'y jette un coup d'œil ?	Would you let me have a look at it, please?
Vous pourriez baisser le son ?	Could you turn the volume down please?
Est-ce que j'ai laissé mon manteau ici, par hasard ?	Did I leave my coat here, by any chance?
Connaissez-vous quelqu'un qui peut...	Do you know anyone who can...
Tu lui diras quand tu le verras ?	Could you tell him when you see him?
Comment va votre mère ?	How's your mother?
Comment s'appelle ton frère ?	What's your brother's name?
Est-ce que je peux vous aider ?	Would you let me help?
Est-ce que je peux faire quelque chose d'autre pour vous ?	Is there anything else I can do to help?
Désirez-vous reprendre du café ?	Would you like some more coffee?
Puis-je prendre rendez-vous pour le rencontrer ?	May I make an appointment to see him?
Comment fait-on pour aller chez toi ?	How do I get to your place?
Ça prend combien de temps pour y aller ?	How long will it take to get there?
Vous serez chez vous demain ?	Will you be in tomorrow?
Pouvez-vous me dire comment on fait pour aller à l'hôtel ?	Can you tell me how to get to the hotel?
Vous avez l'heure juste ?	Have you got the right time?
C'est bien l'autobus pour...	Is this the right bus for...
Quand part le prochain train pour...	When's the next train to...
Qu'est-ce qu'il a ?	What's the matter with him ?
Qu'est-ce qu'elle a, ta voiture ?	What's the matter with your car?
Il y a quelque chose qui ne va pas ?	Is there anything wrong?
Ça coûte combien ?	How much does it cost?
Tu t'y connais, en voitures ?	Do you know anything about cars?
Qu'est-ce que tu en as fait ?	What have you done with it?
Vous savez conduire ?	Can you drive?

les remerciements — saying thank you

Merci beaucoup.	Thank you very much.
De rien.	Not at all.
Merci pour tout.	Thanks a lot for everything.
Merci pour le livre.	Thank you for the book.
Je vous remercie de nous avoir aidés.	Thank you for helping us.
Nous vous sommes très reconnaissants.	We are very grateful to you.
Merci quand même.	Thanks all the same.
Comment pourrais-je vous remercier ?	I can't thank you enough for it.
Il ne fallait pas vous déranger pour nous.	You shouldn't have gone to all this trouble.
Ça ne m'a pas du tout dérangé.	It was no trouble at all.
Remerciez Jean de ma part.	Will you please thank Jean for me.
C'était vraiment très gentil à vous.	It was very kind of you.
J'espère ne pas vous avoir trop dérangé.	I feel I've been a nuisance.
Quel cadeau magnifique.	What a marvellous present.
C'est juste ce que je voulais.	It's just what I wanted.
Je tiens à vous dire combien ça m'a plu.	I must say how much I liked it.
Ça me sera très utile.	It will come in very handy.

les excuses — apologizing

Excusez-moi.	Excuse me.
Je vous demande pardon.	I'm sorry.
Je suis désolé de l'avoir oublié.	I'm sorry I forgot about it.
Je suis navré de ce qui s'est passé.	I'm sorry about what happened.
Je vous prie de m'excuser pour...	I want to apologize for...
J'ai fait une bêtise.	I've done a silly thing.
Je ne l'ai pas fait exprès.	I didn't mean to do that.
Je ne le referai plus.	I'll never do it again.
J'ai vraiment honte.	I'm really ashamed.
Je vous ai fait perdre votre temps.	I've wasted your time.
Malheureusement, c'est cassé.	I'm afraid it's broken.
Ne m'en veuillez pas.	Don't hold it against me.
Il m'a forcé à le faire.	He made me do it.
C'est la faute de Mark.	It was Mark's fault.
Ce n'était pas de ma faute.	It wasn't my fault.
Je n'ai pas pu faire autrement.	I couldn't help it.
Il y a eu un malentendu.	There's been a misunderstanding.
Un petit malheur est arrivé.	There's been a slight accident.
Ne vous en faites pas.	Don't worry about it.
Non, non, ne vous excusez pas.	Please don't apologise.
Ça n'a vraiment aucune importance.	It doesn't matter at all.
Ça ne fait rien.	It's quite O.K.
Ça peut arriver à tout le monde.	It could happen to anybody.
Il n'y a pas de mal.	There's no harm done.
On n'y peut rien.	It can't be helped now.
N'en parlons plus.	Let's forget about it.
Je ne l'avais même pas remarqué.	I hadn't even noticed.

les hésitations	hesitation
Où voulez-vous en venir ?	What are you driving at?
Attendez, je ne vous suis pas.	I'm not sure I follow you.
J'aimerais attendre un peu pour voir ce qui va se passer.	I'd rather wait and see what happens.
Je n'arrive pas à me décider.	I just can't make up my mind.
On fait peut-être une bêtise.	We could be making a mistake.
Je ne sais pas trop quoi en penser.	I don't know what to say about it.
Je n'ai pas la moindre idée.	I don't have the faintest idea.
Je ne sais pas quelle conclusion en tirer.	I'm in two minds about it.
On ferait peut-être mieux d'y aller.	It might be better to go.
On en reparlera demain.	Let's sleep on it.
Il ne faut pas juger trop vite.	We shouldn't jump to conclusions.
Il ne faut rien précipiter.	Let's not do anything in a hurry.
Il n'est pas nécessaire de se décider tout de suite.	We don't need to decide right away.

les projets	making plans
Qu'est-ce qu'on pourrait faire ?	What is there to do?
Qu'est-ce que tu voudrais faire ?	What would you like to do?
Qu'est-ce qu'ils jouent au cinéma ?	What's on at the pictures?
Et si on allait au théâtre ?	How about going to the theatre?
Ça serait super !	That would be great!
J'ai pensé qu'on pourrait aller voir...	I thought we might go and see...
Quel genre de film aimes-tu ?	What kind of film do you like?
Tu préférerais voir une pièce ?	Would you rather go to a play?
Tout dépend de ce que vous aimez.	It depends on what you like.
Est-ce que cette idée vous plaît ?	What do you think of the idea?
Est-ce que ça te dit ?	Would you like to?
Ça ne me dit rien.	I'm not very keen.
Ça vous plairait de venir avec nous ?	Would you like to come with us?
Tu aimerais mieux aller ailleurs ?	Would you like to go anywhere else?
À moins que vous n'ayez quelque chose de mieux à proposer.	Unless there's something else you'd rather do.
Vous vous occupez des billets ?	Will you get the tickets?
On ferait mieux de se retrouver au cinéma.	We'd better meet at the cinema.
Maria peut venir avec nous ?	Can I bring Maria?
Je suis désolé, je ne peux pas.	I'm afraid I can't manage it.
Je suis pris.	I've got something else on.
Je n'ai pas le droit.	I'm not allowed to.
Je ne sais pas nager.	I can't swim.
J'ai trop de choses à faire.	I'm too busy.
Fais comme tu veux.	Do what you like.
Ça m'est égal.	I'm easy.
On ne pourrait pas le remettre à une autre fois ?	Can we make it another time?

des goûts et des couleurs… — likes and dislikes

Qu'avez-vous pensé du film ?	What did you think of the film?
Lequel préférez-vous ?	Which one do you prefer?
Vous avez déjà mangé des cuisses de grenouilles ?	Have you ever tasted frogs' legs?
Tiens, goûte !	Just taste this !
On dit que c'est très bon.	It's supposed to be very good.
Ce n'est pas mauvais.	It's not bad at all.
J'aimerais bien assister à un match de football.	I'd like to go to a football match.
C'est le rouge que j'aime le mieux.	I like the red one best.
J'aime beaucoup les dessins animés.	I really like cartoons.
J'aimerais nettement mieux aller à la piscine.	I'd much rather go swimming.
Ce genre de chose me plaît beaucoup.	I'm very fond of that sort of thing.
Avec grand plaisir !	I'd love to!
Les films comme ça, moi, j'adore.	I love films like that.
C'est fantastique !	It's fantastic!
Elle ne pense qu'au ski.	She thinks about nothing but skiing.
On m'a interdit le chocolat.	I'm not allowed chocolate.
Les oignons ne me réussissent pas.	Onions just don't agree with me.
Je n'aime plus les glaces comme avant.	I've gone off ice cream.
Ça ne m'emballe pas beaucoup.	I'm not very enthusiastic.
Je n'aime pas ce genre de livre.	It's not my kind of book.
Cette idée ne me plaît pas du tout.	I don't like the idea of it.
Je déteste ce genre de chose.	I don't like that sort of thing at all.
Les musées ne me tentent pas.	I'm not very keen on museums.
Ça ne m'enchante pas particulièrement.	I'm not so keen on that.
Ça n'était vraiment pas terrible.	It wasn't up to much.
On m'a dit que c'était exécrable.	I heard it was awful.
C'est vraiment dégueulasse !	It's absolutely foul!
C'est à vomir !	It really makes you sick.
J'en ai marre, de la télévision.	I'm fed up with television!
Je ne supporte pas le rock-and-roll.	I can't stand rock-and-roll.

l'indifférence — indifference

Bon, si ça te plaît, à toi.	If that's what you want to do.
Si tu y tiens absolument.	If that's what you really want.
Si ça peut te faire plaisir.	If you'd like that.
Ça m'est égal. Tu choisis.	I don't really mind. Whatever you like.
Si ça t'est égal.	If it's all the same to you.
Pour moi, c'est la même chose.	It doesn't make any difference.
Ça m'est parfaitement indifférent.	I don't care one way or the other.
Si tu veux ; moi, je m'en fiche.	It's all one to me what you do.
Et alors ?	So what?
Je m'en fiche complètement.	I couldn't care less.
Ça ne me regarde pas.	It's none of my business.

les désaccords — disagreeing

Ça ne marchera pas.	It won't work.
Attends, pas si vite !	Hold on a minute!
Rien à faire ! – Je ne marche pas !	No way! – it's just not on!
Ça me semble être une mauvaise idée.	I don't think much of that.
À mon avis, il ne faut pas le faire.	I wouldn't advise you to do that.
À ta place, je ne le ferais pas.	Take my advice and don't do it.
Il m'est impossible de le faire.	I couldn't possibly do that.
En fait, ça ne me dit rien du tout.	I'm not certain I'd want to.
Je ne suis pas du tout d'accord avec vous.	I totally disagree with you.
Je n'ose pas.	I daren't do it.
Je ne suis pas vraiment d'accord.	I'm not sure you're right.
Vous vous trompez complètement.	You're quite wrong.
Vous n'y êtes pas du tout.	You've got it all wrong.
Quelle bêtise !	Nonsense!
Il raconte des bêtises.	He's talking rubbish.
Je ne m'y prendrais pas comme ça.	I wouldn't go about it that way.
Tu es complètement fou !	You must be mad!

les soucis – la contrariété — worry – annoyance

Maintenant que j'y pense...	Come to think of it...
Il y a des choses qui me gênent là-dedans.	I'm not happy about it.
Ça me préoccupe.	I can't help worrying about it.
Ça m'obsède.	I can't get it out of my mind.
Ça m'irrite.	I'm rather annoyed about it.
Je suis vraiment furieux.	I'm absolutely furious.
Bertrand avait l'air contrarié.	Bertrand looked a little upset.
Pourquoi diable as-tu fait ça ?	Why on earth did you do that?
Ça ne m'étonne pas de lui.	Isn't that just like him?
À d'autres !	Don't give me that!
Il raconte n'importe quoi.	He doesn't know what he's talking about.
Ça ne tient pas debout.	That's absolute rubbish.
Pourquoi ne l'as-tu pas dit ?	Why didn't you say so?
Ce n'était pas très gentil.	That wasn't very nice.
Eh bien, ça alors !	Well, I must say!
Il ne va pas du tout apprécier.	He won't be pleased to hear it.
Tu aurais pu lui demander d'abord.	You might have asked him first.
Tu es devenu complètement fou !	You must be out of your mind!
Mêle-toi de tes affaires !	Mind your own business!
Nous voilà bien !	Now we're in a mess!
Et alors, c'est de ma faute si... ?	How can I help it if...?
Je n'y suis pour rien.	It's got nothing to do with me.
Qu'est-ce que Richard a à voir là-dedans ?	What's it got to do with Richard?
En voilà une histoire !	What's all the fuss about?
Qu'est-ce qu'elle va encore inventer ?	What will she do next?
On ne dit pas des choses pareilles !	What a thing to say!

la résignation	resignation
Ça devait arriver.	It was bound to happen.
Je m'y attendais.	I expected as much.
C'est bien ce que je pensais.	Just what I thought.
On n'a pas le choix.	We've got no choice.
Tant pis.	Too bad.
On n'y peut rien	It can't be helped.
Ça aurait pu être pire.	Well, it could have been worse.
On ne pourra pas y échapper.	There's no way round it.
Il va falloir s'en accommoder.	We'll have to put up with it.
Ce n'est pas une catastrophe.	It's not the end of the world.

la surprise	surprise
Qu'est-ce qui s'est passé ?	What happened?
Qu'est-ce que ça peut bien être ?	What on earth is that?
J'en suis encore tout retourné.	I'm still a bit shaken.
Je vous ai fait peur ?	Did I frighten you?
Vous ne savez pas ce qui arrive ?	Wait till you hear the news.
Devine ce qui est arrivé à Paul.	Guess what's happened to Paul.
Tu ne devineras jamais !	You'll never guess what!
Que se passe-t-il ?	What's going on?
Je n'en crois pas un mot.	I don't believe a word of it.
Si je m'étais attendu à ça !	Well, I never!
Ça alors !	Wow!
Tu parles d'une surprise !	How's that for a surprise!
Je ne sais pas quoi dire.	I'm speechless.
Ça l'a complètement déconcerté.	He was quite taken aback.
On ne s'y attendait pas du tout.	It came out of the blue.

l'approbation	approval
C'est génial !	That's fantastic!
Bravo !	Well done!
Super !	Great!
C'est ravissant.	It looks lovely.
Ça c'est de la voiture.	Now that's what I call a car.
C'est une idée formidable !	What a brilliant idea!
Vous avez bien fait.	You did the right thing.
Pour l'instant, ça va, mais...	That's not bad for a start, but...
Oui, ça peut aller.	It's OK I suppose.
Je n'y vois pas d'inconvénient.	It's certainly OK by me.
Essaie, tu verras bien.	You could try it anyway.
C'était on ne peut mieux.	It just couldn't be better.
Certainement – avec plaisir.	Of course I will – with pleasure.
Comme tu voudras.	Anything you say.
Je suis tout à fait d'accord avec vous.	I quite agree with you.

Pièges à éviter

A ou ONE ?

She's got **a** brother who lives in London.
Elle a un frère qui habite à Londres.
I had **an** egg for breakfast.
J'ai mangé un œuf au petit-déjeuner.

➤ **a** (**an** avant une voyelle) est l'**article** indéfini.

She's got **one** brother, who she's very fond of.
Elle a un seul frère, qu'elle aime beaucoup.
There's only **one** egg left.
Il ne reste qu'un (seul) œuf.

➤ **one**, c'est le **chiffre** 1.
Il s'emploie pour souligner le fait qu'on désigne une seule chose, une seule personne.

ACCEPT ou AGREE ?

Did they **accept** your excuse?
Ils ont accepté ton excuse ?
He **agreed** to help me.
Il a accepté de m'aider.
Did they **agree** to pay?
Est-ce qu'ils ont accepté de payer ?

➤ **accept** = **accepter**, mais **accepter de faire quelque chose** se dit **agree to do something**.

ATTENTION On ne dit pas *accept to do something !

→ AGREE

ACCORDING TO

According to Sophie, the train was late.
Selon Sophie, le train était en retard.

➤ On dit **according to him/her/them/John** (selon lui/elle/eux ou elles/John).

In my opinion, the film is really boring.
Selon moi, ce film est vraiment ennuyeux.

➤ Mais on dit **in my/our/your opinion** (selon moi/nous/toi ou vous).

ATTENTION On ne dit pas *according to me !

ACTUAL

Can you give me an **actual** example?
Tu peux me donner un exemple concret ?
This is the **actual** dress that the princess wore at the ceremony.
C'est la (vraie) robe portée par la princesse lors de la cérémonie.

➤ **actual** ne signifie pas "actuel" : il a le sens de "réel", "exact", "concret", "vrai".

↳ What is the **present** situation?
Quelle est la situation actuelle ?
↳ In **today's** world...
Dans le monde actuel...
↳ The **current** President is younger.
Le président actuel est plus jeune.

↳ Le mot français **actuel** a plusieurs équivalents possibles en anglais. Regardez les exemples à gauche.

ACTUALLY

I thought he was wrong but **actually** he was right.
Je pensais qu'il avait tort mais en fait il avait raison.
No, I'm a teacher, **actually**.
Non, en fait, je suis prof.

➤ **actually** ne signifie pas "actuellement" mais "**en fait**".

↳ We're on holiday **at the moment.**
On est actuellement en vacances.
↳ I'm living with my brother **at the moment.**
Actuellement, j'habite avec mon frère.

↳ **actuellement** se dit **at the moment**.

ADVICE

Thanks for your **advice**.
Merci pour tes conseils.

➤ Le mot **advice**, qui signifie "conseil(s)", est **indénombrable**. Cela veut dire qu'on ne peut ni le mettre au pluriel, ni l'employer avec l'article an.

Let me give you a piece of **advice**.
Let me give you some **advice**.
Laisse-moi te donner un conseil.

➤ Pour parler d'**un conseil,** on dit **a piece of advice** ou **some/any advice**.

Did they give you any **advice**?
Ils t'ont donné des conseils ?
If you need **advice**, ask us.
Si vous avez besoin de conseils, demandez-nous.

➤ Pour parler de **conseils,** on emploie soit **advice** tout court, soit **some/any advice**.
ATTENTION On ne dit pas *an advice ni *advices !

AGENDA

What's on today's **agenda**?
Qu'y a-t-il à l'ordre du jour aujourd'hui ?

➤ **an agenda**, c'est l'**ordre du jour** d'une réunion.

↳ Wait a minute, I'll have a look in my **diary**.
Attendez un instant, je vais regarder dans mon agenda.

↳ **un agenda**, c'est **a diary** en anglais (ou **a datebook** en anglais américain).

AGREE

Yes, I **agree**!
Oui, je suis d'accord !
I'm sorry, I don't **agree.**
Je suis désolé, je ne suis pas d'accord.
Do you **agree**?
Tu es d'accord ?

↳ I **don't want** him to drive!
Je ne suis pas d'accord pour qu'il conduise !
↳ The teacher **won't let us** use the computer.
Le prof n'est pas d'accord pour qu'on utilise l'ordinateur.
↳ **Is it OK** if I pay you next week?
Tu es d'accord pour que je te paie la semaine prochaine ?

↳ Can I drive? – **OK.**
Je peux conduire ? – D'accord !

ATTENTION Ne soyez pas tenté d'inventer l'expression *be agree (sur le modèle de "être d'accord") : elle n'existe pas en anglais ! On ne dit pas *I am agree !
➤ Souvenez-vous : **être d'accord** = **agree** (et non pas *be agree).

↳ Le verbe **agree** traduit **être d'accord** au sens de "être du même avis". Mais quand **être d'accord** a le sens de "donner sa permission", il faut le traduire autrement. Regardez bien les exemples à gauche.
ATTENTION Notez qu'on ne dit pas are you OK? dans la phrase à gauche. are you OK? signifie "tu vas bien ?"

↳ Pour traduire **d'accord** tout seul, pour donner la permission, on emploie l'expression **OK** en anglais.

ANCIENT

We visited an **ancient** temple.
Nous avons visité un très vieux temple.

➤ **ancient** = **très vieux, très ancien, antique**. Ce mot s'applique le plus souvent à des vestiges archéologiques, des fossiles, etc.

↳ Ce sont des photographies **anciennes.**
They are old photographs.

↳ Dans d'autres contextes, il faut dire **old**, pas ancient (ancient se réfère le plus souvent à l'Antiquité ou à la préhistoire).

↳ The **former** president gave a speech.
L'ancien président a fait un discours.

↳ **ancien** (au sens de "précédent") = **former**

ANSWER

I had to **answer** lots of questions.
J'ai dû répondre à beaucoup de questions.
Answer your mother, please.
Réponds à ta mère, s'il te plaît.

➤ **answer a question** = **répondre à une question**
➤ **answer someone** = **répondre à quelqu'un**
ATTENTION On ne dit pas *answer to dans ces cas.

ANY ou SOME ?

It won't do **any** good.
Cela n'arrangera rien.
You never have **any** breakfast!
Tu ne prends jamais de petit-déjeuner !

➤ **any** est toujours utilisé dans les phrases négatives.

Were you in **any** danger?
Étiez-vous en danger ?
Does she have **any** children?
A-t-elle des enfants ?

➤ **any** est souvent utilisé dans les phrases interrogatives.

Would you like **some** soup?
Tu veux de la soupe ?
Can I offer you **some** more coffee?
Je peux vous offrir encore un peu de café ?
Can I have **some** more cake?
Je peux reprendre du gâteau ?
Are you looking for **something**?
Vous cherchez quelque chose ?

ATTENTION Lorsque la question exprime une proposition ou une sollicitation (demande d'argent, de conseil, etc.), et quand la personne qui pose la question s'attend à une réponse affirmative, on utilise **some**.

APPOINTMENT

What time is your **appointment** at the dentist's?
À quelle heure est ton rendez-vous chez le dentiste ?
Do you want to make an **appointment**?
Voulez-vous prendre rendez-vous ?

➤ Le mot **appointment** veut dire "rendez-vous", mais seulement un **rendez-vous** dans un contexte **commercial** ou **professionnel** : chez le médecin, chez le coiffeur, avec un plombier par exemple.

↳ I've got a **date** with Leila.
J'ai rendez-vous avec Leila.

↳ Un **rendez-vous amoureux** se dit **a date**.

↳ **I'm meeting** George later.
J'ai rendez-vous avec George tout à l'heure.
↳ What time **are you meeting** your mother?
À quelle heure as-tu rendez-vous avec ta mère ?
↳ **We're meeting** in front of the church.
On a rendez-vous devant l'église.

↳ Pour dire qu'on a rendez-vous avec quelqu'un (un ami par exemple), on emploie souvent l'expression **be meeting**.
ATTENTION N'employez pas appointment quand il s'agit d'un rendez-vous avec un ami ou un proche.

ASSASSIN, ASSASSINATE

The President has been **assassinated**, but the **assassin** has not been caught.
Le Président a été assassiné, mais on n'a pas appréhendé l'assassin.

➤ Le mot anglais **assassin** et le verbe **assassinate** sont uniquement employés dans le contexte d'assassinat de personnes **célèbres** ou **importantes**.

↳ A shopkeeper was **murdered** yesterday. The **murderer** is a young man.
Un commerçant a été assassiné hier. L'assassin est un jeune homme.

↳ Dans d'autres contextes, on emploie **murderer** (meurtrier, assassin) et le verbe **murder** (assassiner).

ASSIST

We want to **assist** parents with young children.
Nous souhaitons apporter de l'aide aux parents de jeunes enfants.

➤ **assist** est un mot assez rare (il ne s'emploie qu'à l'écrit), qui signifie **aider**, **apporter de l'aide à**.
Il ne signifie pas "assister" !

↳ I'm afraid I can't **attend** the meeting.
I'm afraid I can't **come to** the meeting.
Je regrette, mais je ne pourrai pas assister à la réunion.

↳ **assister à** (être présent à) = **attend** ou **come to**

AVOID + -ING

Avoid staying in the sun for too long.
Évitez de rester au soleil pendant trop longtemps.
I **avoided** speaking to him.
J'ai évité de lui parler.

➤ **avoid + -ing** = **éviter de + infinitif**
ATTENTION On ne dit pas *avoid to.

BAGGAGE

You can leave your **baggage** here.
Vous pouvez laisser vos bagages ici.
Have you only got one **piece of baggage**?
Vous avez un seul bagage ?

➤ **baggage** est un nom **indénombrable** : il ne se met jamais au pluriel (on ne dit pas *baggages !) et on ne dit pas *a baggage mais **a piece of baggage**.

BASKET

Put the bread in that little **basket**.
Mets le pain dans cette petite corbeille.

➤ **a basket** = **un panier, une corbeille**

↳ Tracy plays **basketball** every Tuesday.
Tracy joue au basket tous les mardis.
↳ Your **trainers** are covered in mud!
Tes baskets sont pleines de boue !

↳ **le basket** = **basketball** (pas basket !)
↳ **les baskets** = **trainers** (pas baskets !)

BENEFIT

These are the **benefits** of a good education.
Ce sont les bienfaits d'une bonne éducation.

➤ benefit = **bienfait, avantage** (ou, dans certains contextes, "allocation sociale")

↳ The company made large **profits** last year.
L'entreprise a fait de gros bénéfices l'année dernière.

↳ **bénéfice** = **profit** (jamais benefit)

BORN

Many animals **are born** blind.
Beaucoup d'animaux naissent aveugles.

➤ be born = **naître**

I **was born** in Jamaica.
Je suis né en Jamaïque.
Marie was 30 when the twins **were born**.
Marie avait 30 ans quand les jumeaux sont nés.

➤ Au prétérit, employez **was/were born**.
ATTENTION On ne dit pas *I am born (pour "je suis né") !

CAMERA

What kind of **camera** do you use?
Tu utilises quel genre d'appareil photo ?
ou
Tu utilises quel genre de caméra ?

➤ N'oubliez pas que camera signifie soit **appareil photo**, soit **caméra**.

CAMPING

I love **camping**.
J'adore faire du camping.

➤ camping = **le camping** (l'activité, mais pas le lieu)

↳ This **campsite** is too far from the beach.
Ce camping est trop loin de la plage.

↳ **un camping** = a campsite
ATTENTION On ne dit pas *a camping !

CAR ou COACH ?

I came by **car**, and Bobby came by **coach**.
Je suis venu en voiture, et Bobby est venu en car.

➤ a car = **une voiture** ;
a coach = **un car**
➤ En anglais américain, **un car** = **a bus**.

CAVE

We visited some **caves**.
Nous avons visité des grottes.

➤ a cave = **une grotte** (jamais "une cave")

↳ He keeps his wine in a **cellar**.
Il garde son vin dans une cave.

↳ **une cave** = **a cellar**

CERTAINLY ou PROBABLY ?

They're **probably** going to be late.
Ils vont certainement être en retard.
It's **probably** a mistake.
C'est certainement une erreur.

Can you help me? – **Certainly**!
Tu peux m'aider ? – Mais certainement !

➤ Quand **certainement** veut dire **probablement**, l'équivalent anglais n'est pas certainly mais **probably**.

➤ **certainly** a parfois le sens de **certainement**, mais pas toujours.

CHANCE

This is our last **chance** to see this film.
C'est la dernière occasion pour nous de voir ce film.
Give him a **chance** to explain.
Donne-lui la possibilité de s'expliquer.

↳ Good **luck** with your exams!
Bonne chance pour tes examens !

➤ Le mot anglais **chance** a plusieurs sens (**occasion, possibilité**, **hasard...**) mais ne signifie pas "chance" au sens de "bonne ou mauvaise chance".

↳ La **bonne** ou la **mauvaise chance** se dit **luck** (**good luck, bad luck**) en anglais.

CHIPS

I'm not allowed to eat **chips** at home.
Je n'ai pas le droit de manger des frites à la maison.
ou (aux États-Unis)
Je n'ai pas le droit de manger des chips à la maison.

ATTENTION Le mot anglais **chips** signifie **frites** en anglais britannique et **chips** en anglais américain.

CHOICE ou CHOOSE ?

Have you made your **choice**?
Vous avez fait votre choix ?

I need you to help me **choose** a jacket.
J'ai besoin de toi pour m'aider à choisir une veste.

➤ **choice** signifie **choix**. C'est un nom. Le pluriel est **choices** (= des choix).

➤ **choose** signifie **choisir.** C'est un verbe. Le prétérit est **chose**, le participe passé est **chosen**.

ATTENTION Ne confondez pas **choice** et **choose** !

CLOSE ou CLOSED ?

The shops are very **close** to our house.
Les magasins sont tout près de chez nous.

➤ L'adjectif **close** signifie **près, proche, à proximité**. Le **s** se prononce comme celui de **sea**.

The shops are all **closed** today.
Les magasins sont tous fermés aujourd'hui.

➤ L'adjectif **closed** signifie **fermé**. Le **s** est celui de **please**.

CLOTH, CLOTHS, CLOTHES ou CLOTHING ?

Use a **cloth** to clean your shoes.
Prends un chiffon pour nettoyer tes chaussures.

➤ **cloth** est un nom qui signifie **tissu, chiffon**, ou **serpillière**.

There are some **cloths** under the sink.
Il y a des chiffons sous l'évier.

➤ **cloths** est le pluriel de **cloth**.

Put these **clothes** in the wardrobe.
Mets ces vêtements dans l'armoire.

➤ **clothes** est un nom pluriel qui signifie **vêtements**.
➤ Le mot **clothes** n'existe pas au singulier. Pour dire **un vêtement** en anglais, il existe deux solutions :

The police have found **an article of clothing** that belonged to the victim.
La police a trouvé un vêtement qui appartenait à la victime.

– quand on ne sait pas de quel genre de vêtement il s'agit, on dit **an article of clothing**.

Don't forget your **jacket/ your coat/ your anorak** etc!
N'oublie pas ton vêtement !

– quand on sait de quel vêtement il s'agit, on emploie simplement le nom du vêtement.

She hasn't got enough money to **clothe** her children properly.
Elle n'a pas assez d'argent pour habiller correctement ses enfants.

➤ **clothe** est un verbe qui signifie **habiller, vêtir**.

COFFEE ou CAFÉ ?

Let's go to a **café** and have a sandwich.
Allons dans un café manger un sandwich.

➤ **a café**, c'est **un café** où on peut prendre un verre et manger. Au Royaume-Uni, **a café** est un endroit où on boit du thé ou du café, et où on peut manger des repas simples et légers.

Would you like a **coffee**?
Voulez-vous un café ?

➤ **a coffee**, c'est **un café** qu'on boit dans une tasse.
ATTENTION Ne confondez pas **coffee** et **café** !

COLLEGE

Alison is at **college** studying French.
Alison fait des études de français à l'université.

↳ The **school** is not far from my house.
Le collège n'est pas loin de chez moi.

➤ Le mot anglais **college** désigne généralement un établissement d'enseignement **supérieur**.

↳ Quand vous parlez d'un **collège** français, employez le mot **school** (ou simplement le mot français "collège", entre guillemets).

COMMAND

He **commanded** a lot of respect.
Il imposait vraiment le respect.

➤ Le verbe **command** est rarement l'équivalent de **commander**.

Captain Leech is at the **commands**.
Le capitaine Leech est aux commandes.

➤ Le nom **command** est employé surtout dans le contexte des **commandes** d'un bateau ou d'un avion, ou dans un contexte militaire.

↳ I've **ordered** a pizza.
J'ai commandé une pizza.

↳ Quand **commander** signifie "demander (pour acheter)", il se traduit par **order**, pas command.

↳ Can I take your **order**, sir?
Je peux prendre votre commande, Monsieur ?

↳ Quand **commande** signifie quelque chose qu'on a commandé (pour l'acheter), il se traduit par **order**.

COMPREHENSIVE

This report is very **comprehensive**.
Ce rapport est très complet.

➤ **comprehensive** signifie "complet" au sens de "exhaustif, qui couvre tout".

I went to a **comprehensive school** in Devon.
Je suis allé dans une "comprehensive school" dans le Devon.

➤ En Grande-Bretagne, **a comprehensive school** est un établissement d'enseignement secondaire ; c'est un peu l'équivalent du collège et du lycée en France.

↳ My friends were very **understanding**.
Mes amis ont été très compréhensifs.

↳ Le mot français **compréhensif** se traduit par **understanding**.

CONFERENCE

My Dad is at a **conference** in London.
Mon père participe à un congrès à Londres.

↳ The museum offers **lectures** on modern art.
Le musée propose des conférences sur l'art moderne.

➤ **a conference**, c'est **un congrès** ou **un colloque**.

↳ **une conférence** au sens de "cours, exposé", c'est **a lecture** en anglais, jamais a conference.

CONFUSED

I'm very **confused** about what you said.
Ce que tu m'as dit m'a beaucoup déconcerté.

↳ I'm really **ashamed**, please forgive me.
Je suis vraiment confus, veuillez m'excuser.

➤ **be confused** = **être déconcerté, désorienté, dérouté**

↳ **être confus** (au sens de "honteux") = **be ashamed**

CONSCIOUS

Was he **conscious** during the operation?
Est-ce qu'il était conscient pendant l'opération ?

ATTENTION Notez que le mot *conscient n'existe pas en anglais ! On dit **conscious**.

CONTROL ou CHECK ?

Do you think they'll **check** our passports at the border?
Tu penses qu'ils vont contrôler nos passeports à la frontière ?

➤ Quand **contrôler** signifie **vérifier**, il ne se traduit pas par le verbe control mais par le verbe **check**.

These **checks** are necessary because of the risk of terrorist attacks.
Ces contrôles sont nécessaires à cause du risque d'attentats.

➤ Quand **un contrôle** signifie **une vérification**, il ne se traduit pas par a control mais par **a check**.

He couldn't **control** the car and he had an accident.
Il n'a pas pu contrôler la voiture et il a eu un accident.

➤ **control** = **contrôler** au sens de **maîtriser**

COOK ou COOKER ?

My grandmother was a **cook**.
Ma grand-mère était cuisinière.

➤ **a cook**, c'est **un cuisinier** ou **une cuisinière** : quelqu'un qui fait la cuisine.

Be careful when you use the **cooker.**
Sois prudent quand tu utilises la cuisinière.

➤ a cooker, c'est **une cuisinière** : un appareil pour faire la cuisine.

ATTENTION Ne les confondez pas !

COURSE

I'm doing a computing **course.**
Je fais un stage d'informatique.

➤ a course = **un stage**

↳ You mustn't talk during the **class.**
Il ne faut pas parler pendant le cours.

↳ **un cours** = a class

↳ The black horse won the **race.**
Le cheval noir a gagné la course.

↳ **une course** = a race

CRAYON ou PENCIL ?

Sophie was doing some colouring with her **crayons.**
Sophie faisait du coloriage avec ses crayons.

➤ a crayon, c'est **un crayon de couleur**.

Shall I use a pen or a **pencil**?
J'utilise un stylo ou un crayon ?

➤ **un crayon** (noir), c'est a pencil en anglais.

CRITIC, CRITICAL ou CRITICISM ?

ATTENTION Ne confondez pas ces trois mots !

James is a literary **critic.**
James est critique littéraire.

➤ a critic, c'est **un(e) critique** : une personne qui écrit des critiques de cinéma, de théâtre, de littérature.

This isn't a **criticism**, it's just a comment.
Ce n'est pas une critique, c'est juste une remarque

➤ a criticism, c'est **une critique** : quelque chose qu'on dit ou qu'on écrit pour critiquer.

The situation is **critical.**
La situation est critique.

➤ critical, c'est l'adjectif **critique**.

CROSS ou MEET ?

I **met** Margaret at the supermarket.
J'ai croisé Margaret au supermarché.

➤ Quand vous voulez dire **croiser quelqu'un** en anglais, n'employez pas le verbe cross. Le verbe qui convient est meet.

We can **cross** the street here.
On peut traverser la rue ici.

➤ Le sens le plus courant de cross, c'est **traverser**.

CRY, SCREAM ou SHOUT ?

Stop **crying**!
Arrêtez de pleurer !

Stop **shouting!**
Arrêtez de crier !

When he saw what had happened, he **screamed.**
Quand il a vu ce qui s'était passé, il a hurlé.

➤ Quand vous parlez de quelqu'un qui crie, évitez d'employer cry. Le sens le plus courant de **cry** est **pleurer**.

➤ Le verbe qui correspond à **crier** est **shout**.

➤ Quand on parle de quelqu'un qui crie très fort, qui hurle, on peut employer le verbe **scream**.

DECEIVE ou DISAPPOINT ?

They deceived us.
Ils nous ont trompés.

You **disappoint** me.
Tu me déçois.

➤ Le verbe anglais **deceive** signifie **tromper**.

➤ **décevoir,** c'est **disappoint** en anglais.

DECEPTION ou DISAPPOINTMENT ?

I was a victim of his **deception**.
J'ai été victime de sa duplicité.

What a **disappointment**!
Quelle déception !

➤ Le mot anglais **deception** signifie **tromperie** ou **duplicité**.

➤ La **déception**, en anglais, c'est **disappointment.**

DEPEND ON

It **depends on** the time.
Ça dépend de l'heure.
Can I **depend on** you?
Je peux compter sur toi ?

➤ **depend on** = **dépendre de** ou **compter sur**

ATTENTION Ne dites jamais *depend of !

DESCRIBE

Can you **describe** what you saw?
Tu peux décrire ce que tu as vu ?

Describe the painting **to** me.
Décris-moi le tableau.

➤ **describe** = **décrire**

➤ On dit **describe something to somebody** (*describe me the painting est incorrect).

DIED, DEAD ou DEATH ?

ATTENTION Ne confondez pas ces trois mots, qui traduisent des emplois différents du mot français **mort** !

I haven't seen him since his father's **death**.
Je ne l'ai pas vu depuis la mort de son père.

➤ **death** est un nom qui traduit le nom français **mort** (la mort, la fin de la vie).

His father **died** yesterday.
Son père est mort hier.

➤ **died** est le prétérit (= passé) du verbe **die**. Dans l'exemple à gauche, "mort" correspond au verbe **mourir**.

I think his father is **dead**.
Je crois que son père est mort.

➤ **dead** est un adjectif qui correspond à l'adjectif français **mort, morte**. Dans l'exemple à gauche, "mort" est un adjectif.

Is your dog **dead**? Yes, he **died** yesterday.
Est-ce que ton chien est mort ? Oui, il est mort hier.

ATTENTION Ne confondez pas "il est mort hier" (verbe mourir, au passé = he **died**) avec "il est mort" (= il n'est pas vivant = he is **dead**).

There was a **dead man** in the river.
Il y avait un mort dans la rivière.

➤ **un mort** = **a dead man**

It's about a boy who sees **dead people**.
Ça parle d'un garçon qui voit les morts.

➤ **des morts** = **dead people**

It's an insult to **the dead**.
C'est une insulte aux morts.

➤ **les morts** (en général) = **the dead**

ATTENTION On ne dit pas *a dead, ni *deads !

DIFFERENT

His opinions are very **different** from mine.
Ses opinions sont très différentes des miennes.

➤ **different from** = **différent de**

ATTENTION Notez l'emploi de **from**. On ne dit pas *different of...

DISCUSS

We were **discussing** the future of the company.
On discutait de l'avenir de l'entreprise.

ATTENTION Le verbe **discuss** n'est pas suivi d'une préposition. On ne dit pas *discuss about something, mais **discuss something**.

DO ou MAKE ?

Do something to help us!
Fais quelque chose pour nous aider !
I don't know what to **do**.
Je ne sais pas quoi faire.

➤ **do** = **faire** quand on ne précise pas l'activité

I'll **do** the dining room and you **do** the living room.
Je vais faire la salle à manger et toi tu fais le salon.
I'm **doing** the potatoes.
Je fais les pommes de terre.

➤ **do**, comme **faire**, peut signifier "s'occuper de, nettoyer, préparer..."

I **did** a lot of work this morning.
J'ai fait beaucoup de travail ce matin.

➤ Quand on parle de faire un travail, on dit **do work**, jamais *make work.

You should **do** some sport.
Tu devrais faire du sport.

➤ On ne dit jamais *make sport.

Now **do** exercise 3.
Maintenant, faites l'exercice n° 3.

➤ En règle générale, on **do** quelque chose qui est déjà préparé, qui existe déjà, on l'exécute, on s'en occupe.

It's a company that **makes** washing machines.
C'est une entreprise qui fabrique des machines à laver.

➤ On **make** quelque chose qui n'existait pas avant : on le crée, on le fabrique.

DRAMATIC

There's some very **dramatic** scenery in Scotland.
Il y a des paysages très spectaculaires en Écosse.

➤ Le sens le plus courant du mot anglais **dramatic** est **spectaculaire**. Il ne veut jamais dire **dramatique** au sens de "grave".

The situation is **very serious**.
La situation est dramatique.
It's not the end of the world!
Ce n'est pas dramatique !

↳ Notez les différents équivalents de **dramatique** au sens de "grave".

DURING

We met **during** the Easter holidays.
Nous nous sommes rencontrés pendant les vacances de Pâques.

➤ **during** signifie **pendant**, mais seulement lorsque **pendant** précise **quand** quelque chose a eu lieu (**pendant** la nuit, **pendant** les fêtes...).

↳ We lived together **for** five years.
Nous avons habité ensemble pendant cinq ans.

↳ Quand **pendant** précise une **durée** (**pendant** cinq heures, **pendant** longtemps, **pendant** un an), il se traduit par **for**, pas during.

↳ The house was burgled **while** we were on holiday.
La maison a été cambriolée pendant que nous étions en vacances.

↳ **pendant que...** = **while** (pas during)

ATTENTION Ne confondez pas **for** avec **during** et **while** ! Ne traduisez pas systématiquement **pendant** par during !

ECONOMIC ou ECONOMICAL ?

There's an **economic** crisis in this country.
Il y a une crise économique dans ce pays.

It's a very **economical** method.
C'est une méthode très économique.

➤ economic signifie **économique** au sens de “qui a un rapport avec l'économie”.

➤ economical signifie **économique** au sens de “qui permet de faire des économies”.

ECONOMICS ou ECONOMY ?

He's studying **economics**.
Il fait des études d'économie.
The **economy** of India is booming.
L'économie indienne est en plein essor.

Economics is an interesting subject.
La science de l'économie est un sujet intéressant.

➤ **economics**, c'est la science de l'économie. Ne confondez pas avec **economy** (= l'économie d'un pays).

➤ Malgré son **s**, **economics** est un nom singulier (comme politics et mathematics). Le verbe qui est associé à ce mot doit donc être au singulier (ici, economics **is**...).

-ED ou -ING ?

I'm **bored**! This teacher is **boring**!
Je m'ennuie ! Ce prof est ennuyeux !
I'm **excited**! This holiday is **exciting**!
Je suis tout excité ! Ces vacances sont passionnantes !
I'm **exhausted**! That walk was **exhausting**!
Je suis épuisé ! Cette promenade était épuisante !

ATTENTION Ne confondez pas ces couples d'adjectifs :
– ceux en **-ed** parlent de la personne qui **ressent** quelque chose (l'ennui, l'excitation, la fatigue, la peur)
– ceux en **-ing** parlent de la situation ou de la personne qui **produit** ces effets.

It was a **frightening** experience. I was very **frightened.**
C'était une expérience effrayante. J'ai eu très peur.

ERROR, MISTAKE ou FAULT ?

The table is full of **errors.**
The table is full of **mistakes.**
Le tableau est plein d'erreurs.

➤ **a mistake** ou **an error**, c'est **une erreur** ou **une faute**.

Sorry, I've made a **mistake.**
Désolé, j'ai fait une erreur.
Désolé, je me suis trompé.

➤ Le mot **mistake** est beaucoup plus courant que le mot **error**. Essayez d'employer **mistake** plutôt que **error**.

It's my **fault.**
C'est ma faute.

➤ somebody's **fault** = la **faute** de quelqu'un (au sens de responsabilité ou faute morale).

EVENTUALLY

The car started **eventually.**
Finalement, la voiture a démarré.
They **eventually** agreed with me.
Ils ont fini par être d'accord avec moi.
I'll reply to his letter **eventually.**
Je finirai par répondre à sa lettre.

➤ **eventually** ne signifie pas "éventuellement" mais **finalement**.

↳ We could **possibly** leave tomorrow.
Nous pourrions éventuellement partir demain.

↳ **éventuellement** = **possibly**

EVIDENCE

The police are looking for **evidence.**
La police cherche des preuves.

➤ Le sens le plus courant du mot **evidence** est "preuves" (dans un contexte judiciaire).

↳ It's **obvious**!
C'est une évidence !

↳ Notez comment on traduit "c'est une évidence".

EVIDENT ou OBVIOUS ?

It's **obvious** that he's lying.
Il est évident qu'il ment.
But it's **obvious**, isn't it?
Mais c'est évident, non ?

ATTENTION N'employez pas le mot **evident** en anglais. Il existe, mais il n'a pas du tout les mêmes emplois que le mot français "évident". Il faut employer le mot **obvious**.

EVOLVE, EVOLUTION

Plants and animals have **evolved** over millions of years.
Les plantes et les animaux ont évolué pendant des millions d'années.

↳ He's **changed** a lot since I last saw him.
Il a beaucoup évolué depuis la dernière fois que je l'ai vu.

➤ Le mot **evolve** est surtout employé dans un contexte scientifique, pour parler de l'évolution des espèces.

↳ Dans la langue courante, traduisez **évoluer** par **change**.

EXPERIENCE ou EXPERIMENT ?

He hasn't got much **experience**.
Il n'a pas beaucoup d'expérience.

We did some **experiments** in the laboratory.
Nous avons fait des expériences dans le laboratoire.

➤ **experience** = **l'expérience** (au sens de "connaissance")

➤ **an experiment** = **une expérience** (scientifique)
ATTENTION Ne confondez pas ces deux mots !

EXPLAIN

Andrew **explained** how the machine worked.
Andrew a expliqué comment fonctionnait la machine.

I'm going to **explain to** you.
I'm going to **explain**.
Je vais vous expliquer.
Can you **explain to** me what happened?
Can you **explain** what happened?
Tu peux m'expliquer ce qui s'est passé ?

➤ **explain** = **expliquer**
ATTENTION Notez l'ordre des mots après **explain how**...

ATTENTION On dit **explain to somebody**, pas *explain somebody. Ne dites pas *I will explain you ni *Explain me !

FELL ou FELT ?

I **felt** ill and I had to come home.
Je me suis senti mal et j'ai dû rentrer à la maison.
The cat **fell** off the roof.
Le chat est tombé du toit.

ATTENTION Beaucoup de gens confondent **fell**, qui est une forme du verbe **fall** (= tomber), et **felt**, qui est une forme du verbe **feel** (= sentir, se sentir). Ne les confondez pas !

FIGURE

Andrea has got a very good **figure**.
Andrea a une belle silhouette.
I've got to watch my **figure**.
Il faut que je surveille ma ligne.

➤ **figure** peut signifier **silhouette, ligne** (au sens de "forme du corps").

The page was covered in **figures**.
La page était couverte de chiffres.

➤ **figure** peut signifier **chiffre.**

↳ Go and wash your **face**.
Va te laver la figure.

↳ Au sens de "visage", le mot français **figure** se traduit par **face**, jamais par figure.

FINISH + -ING

When I've **finished** reading my book, I'll mow the lawn.
Quand j'aurai terminé de lire mon livre, je tondrai le gazon.
Has David **finished** cleaning the car?
Est-ce que David a fini de laver la voiture ?

➤ L'équivalent de **terminer de** + infinitif, **finir de** + infinitif est **finish + -ing**.

ATTENTION Ne dites pas *finish to... !

FOR

I've known Sam **for** more than twelve years.
Je connais Sam depuis plus de douze ans.

➤ **for** est employé avec le **present perfect** pour dire **depuis combien de temps** une situation existe, **depuis combien de temps** on fait quelque chose.

ATTENTION Ne confondez pas **for** avec **since** ! Souvenez-vous : **since** n'est jamais suivi d'un chiffre !

The building was empty **for** ten years.
L'immeuble est resté vide pendant dix ans.
We will be in London **for** three days.
On sera à Londres pendant trois jours.

➤ **for** est employé avec les autres temps pour dire **pendant combien de temps** une situation a existé, existera, etc.

ATTENTION Ne confondez pas **for** avec **during** !
during précise **quand** quelque chose s'est passé (pendant la nuit, pendant les élections).
for précise **pendant combien de temps** (pendant deux heures, pendant un an).

→ DURING

Who are those flowers **for**?
Pour qui sont ces fleurs ?

ATTENTION Notez l'ordre des mots dans la question **who... for?** (pour qui ?)

FORGET

Don't **forget** Dad's birthday!
N'oublie pas l'anniversaire de Papa !

➤ **forget** = **oublier**

↳ I **left** my bag on the Tube.
J'ai oublié mon sac dans le métro.

↳ Quand on parle d'oublier un objet quelque part (= le laisser quelque part par mégarde), on emploie **leave** et non forget.

FORM ou SHAPE ?

This illness is a **form** of flu.
Cette maladie est une forme de grippe.

➤ **form** = **forme** (surtout au sens de “type”, “genre”)

Anne drew some **shapes** on the paper.
Anne a dessiné des formes sur le papier.

➤ Évitez le mot form pour traduire le mot français “forme” au sens de “forme géométrique”. Employez **shape**.

What shape is the vase?
De quelle forme est le vase ?

➤ Pour demander de quelle forme est quelque chose, on dit **what shape is it?**

Those cakes are a strange **shape**.
Ces gâteaux ont une forme bizarre.

➤ On dit **be + shape**, pas *have + shape.

FRIENDLY

Their dog is really **friendly**.
Leur chien est très gentil.
He looked at me in a **friendly** way.
Il m'a regardé d'un air sympathique.

➤ **friendly** (= sympa, gentil, aimable) est un **adjectif**, pas un adverbe.

ATTENTION *He looked at me friendly est incorrect.

FRIGHTENED ou FRIGHTENING ?

That was a **frightening** film! I was very **frightened**!
C'était un film effrayant ! J'ai eu très peur !

➤ **frightening** = **effrayant**
➤ **be frightened** = **avoir peur**
→ -ED ou -ING ?

FULL OF ou COVERED WITH ?

The car is **full of** children.
La voiture est pleine d'enfants.
This essay is **full of** mistakes!
Ce devoir est plein d'erreurs !
The car is **covered with** mud.
La voiture est pleine de boue.

➤ full of = **plein de, rempli de**

➤ Quand vous voulez dire "plein de" au sens de "couvert de", employez covered with, pas full of.

FUNNY ou FUN ?

He told some very **funny** jokes.
Il a raconté des blagues très drôles.
That's **funny**, I thought I left my keys on the table.
C'est bizarre, je pensais avoir laissé mes clés sur la table.

➤ funny a deux sens. Il peut signifier **drôle** ou **bizarre**.

Learning English is **fun**!
C'est amusant d'apprendre l'anglais !

➤ fun est un **nom** (pas un adjectif) qui n'a pas de vrai équivalent en français. Il exprime l'idée du divertissement, de l'amusement, mais pas l'idée du rire.

Swimming is great **fun**!
La natation, c'est très amusant !

➤ On ne dit pas *very fun, mais **great fun** (ou **a lot of fun**).

It's no **fun** being in hospital.
Ce n'est pas très amusant d'être à l'hôpital.

➤ On ne dit pas *not fun, mais **no fun** (ou **not much fun**).

We had **fun** in the park.
Nous nous sommes bien amusés dans le parc.

➤ **have fun** = **s'amuser**

ATTENTION Ne confondez pas fun et funny. Avec funny, il y a soit l'idée qu'on rit, soit l'idée que quelque chose est étrange.

FURNITURE

➤ All our **furniture** was destroyed in the fire.
Tous nos meubles ont été détruits dans l'incendie.

➤ furniture (= meubles, mobilier) est un nom **indénombrable**. Il ne se met jamais au pluriel, et on ne dit pas *a furniture.
➤ Notez que furniture est suivi d'un verbe au singulier (ici, **was**).

A desk is a very useful piece of **furniture**.
Un bureau est un meuble très utile.

un meuble = **a piece of furniture**

ATTENTION furniture ne signifie jamais "fourniture" !

GENIAL

My uncle is a very **genial** man.
Mon oncle est un homme très sympathique.

↳ That film was really **great**!
Ce film était génial !

➤ **genial** est un mot un peu littéraire qui signifie **sympathique**.

↳ Le mot français **génial** se traduit par **great**.

GO IN, GO INTO ou GO TO ?

We decided to **go in.**
Nous avons décidé d'entrer.

Please **go in**!
Entrez, je vous prie !

They all **went into** the museum.
Ils sont tous entrés dans le musée.
↳ We **go to** England regularly.
Nous allons en Angleterre régulièrement.
↳ I **went to** London last week.
Je suis allé à Londres la semaine dernière.

➤ **go in** = **entrer**

➤ Le verbe enter existe en anglais, mais il est moins courant que **go in**.

➤ **go into** = **entrer dans**
ATTENTION Ne confondez pas avec **go to** (aller en..., aller à...) quand on parle d'un pays ou d'une ville. On ne dit pas *go in England !

GOOD AT

I'm quite **good at** drawing.
Je suis assez bon en dessin.
Je suis assez doué pour le dessin.

➤ **good at** = **bon en, doué pour**
ATTENTION Ne dites pas *good in.

GRAND, GREAT, BIG, LARGE ou TALL ?

They live in a **grand** house.
Ils habitent dans une maison grandiose.
They live in a **big** house.
They live in a **large** house.
Ils habitent dans une grande maison.

➤ Le mot anglais **grand** signifie **grandiose**, **somptueux.**
Il ne signifie pas "grand" (= **big**, **large**).

Pasteur was a **great** scientist.
Pasteur était un grand savant.

➤ **great** signifie **grand**, mais seulement au sens de "exceptionnel".

This song is really **great**!
Cette chanson est vraiment géniale !

➤ Dans la langue familière, **great** signifie **génial**.

China is a very **large** country.
China is a very **big** country.
La Chine est un très grand pays.

Alan is very **tall.**
Alan est très grand.

➤ Quand vous parlez de la **taille** de quelque chose, il faut employer **large** ou **big** (jamais great).

➤ Quand vous parlez de la **taille** de quelqu'un, ou de la hauteur d'un immeuble ou d'un arbre, employez **tall**.

HAIR

1. Mehdi has got brown **hair.**
Mehdi a des cheveux bruns.

1. ➤ Quand on parle des cheveux de quelqu'un, on emploie le mot **hair**, qui est **indénombrable** dans ce sens (on ne le met pas au pluriel ! "hairs" = "poils" !)

My **hair** is dirty.
Mes cheveux sont sales.
I cut my **hair** myself.
Je me coupe les cheveux moi-même.

➤ Notez que le verbe est au singulier (**is**, pas are dans l'exemple à gauche).

2. You've got some **hairs** on your jacket.
Tu as des cheveux sur ta veste.
The sofa is covered in dog **hairs.**
Le canapé est couvert de poils de chien.

2. ➤ Quand on parle de cheveux qui sont tombés, ou de poils, on emploie également le mot **hair**, mais dans ce sens il est **dénombrable** (on peut dire one **hair**, two **hairs**, some **hairs**).

ATTENTION Ne mettez jamais **hair** au pluriel quand vous parlez des cheveux sur la tête de quelqu'un !

HARDLY

The paint is **hardly** dry.
La peinture est à peine sèche.
I **hardly** worked yesterday.
J'ai à peine travaillé hier.
↳ I work **hard.**
Je travaille dur.

➤ **hardly** + **verbe** exprime l'idée de "à peine..."

ATTENTION Ne confondez pas **hardly** (= à peine) avec l'adverbe **hard** (= dur).

Hardly anybody came to the meeting.
Presque personne n'est venu à la réunion.

➤ **hardly any** = **presque pas de...**
hardly anybody = **presque personne**
hardly anything = **presque rien**

HEAR ou LISTEN (TO) ?

Listen! Can you **hear** that music?
Écoute ! Tu entends cette musique ?
I'm **listening to** the radio.
J'écoute la radio.

➤ **listen** = **écouter** (sans COD)

What are you **listening to**?
Qu'est-ce que tu écoutes ?
Who are you **listening to**?
Qui est-ce que tu écoutes ?

➤ **écouter** quelque chose/quelqu'un = **listen to** something/somebody
ATTENTION Il est **très important** de ne pas oublier **to** quand il y a un complément d'objet et dans les questions avec **what?** et **who?** On ne dit pas *listen the radio ou *listen me.

I **can hear** Bob talking.
J'entends Bob qui parle.

➤ **hear** = **entendre**
➤ Notez l'emploi de **can** avec **hear**, qui est un verbe de perception (comme see, feel, smell, taste).

HISTORIC ou HISTORICAL ?

This is a **historic** day for the European Union.
C'est un jour historique pour l'Union européenne.

➤ **historic** qualifie un événement ou un personnage important pour l'histoire, notable, qui fait fate.

The **historical** context was different.
Le contexte historique était différent.

➤ **historical** qualifie tout ce qui a trait à l'histoire, qui est considéré comme appartenant à l'histoire passée (événement, personne, œuvre, etc.)

HOLIDAY

I need a **holiday**!
J'ai besoin de vacances !

ATTENTION : le mot **holiday** (= **vacances**) s'emploie généralement au **singulier**.

We're going on **holiday** next week.
Nous partons en vacances la semaine prochaine.

➤ On dit **on holiday**, jamais *on holidays (ni *in holidays !)

I met Harry during the **holidays**.
J'ai rencontré Harry pendant les vacances.

➤ Mais on dit **during the holidays** (**pendant les vacances**), surtout quand on parle des **grandes vacances**.

HOME ou HOUSE ?

My parents are thinking of buying a **house.**
Mes parents envisagent d'acheter une maison.

➤ house = **maison**

Dan and Jessica have a very comfortable **home.**
C'est très confortable chez Dan et Jessica.
Their **home** is a caravan.
Ils habitent dans une caravane.

➤ Le mot anglais home n'a pas d'équivalent exact en français. C'est **l'endroit où on habite** (pas nécessairement une maison). A home peut être un appartement, une caravane, une maison ou même un bateau.

I've left my camera **at home.**
J'ai laissé mon appareil à la maison.
J'ai laissé mon appareil chez moi.
Sandra stayed **at home.**
Sandra est restée à la maison.
Sandra est restée chez elle.

➤ at home = **chez soi, à la maison**

I want to go **home** now.
Je veux rentrer à la maison maintenant.
Je veux rentrer chez moi maintenant.
We missed the bus and we had to walk **home.**
Nous avons raté le bus et nous avons dû rentrer (chez nous/à la maison) à pied.

➤ Le mot home suit directement les verbes qui évoquent un déplacement (on dit go home, come home, walk home, return home, drive home).
ATTENTION On ne dit pas *go at home ni *go to home.

IGNORE

He saw me, but he **ignored** me.
Il m'a vu, mais il m'a ignoré.

➤ ignore somebody = **ignorer quelqu'un** (= faire semblant de ne pas le voir)

If the dog barks, **ignore** it.
Si le chien aboie, n'y fais pas attention.

➤ ignore something = **ne pas faire attention à quelque chose**

↳ I **don't know** why he did it.
J'ignore pourquoi il l'a fait.
↳ Who was he with? I **don't know.**
Avec qui il était ? Je l'ignore.

↳ Quand vous voulez parler du fait d'**ignorer quelque chose,** employez not know (I don't know, he didn't know...)
ATTENTION ignore n'a jamais le sens de “ne pas savoir”.

IMPORTANT

This is a very **important** document.
C'est un document très important.
Ce document est d'une grande importance.

➤ important = **important** au sens de “qui a de l'importance”.

↳ This file is too **large** to send by e-mail.
Ce fichier est trop important pour être envoyé par mail.

↳ Le mot français **important** au sens de "grand, volumineux" se traduit par **large**, jamais important.

The **important** thing is to tell the truth.
L'important, c'est de dire la vérité.

➤ On dit **the important thing is...** (jamais *the important is...)

INCONVENIENT

I hope it's not **inconvenient** if I leave now.
J'espère que ce n'est pas gênant si je pars maintenant.

➤ **inconvenient** est un **adjectif** qui signifie "pas pratique", "gênant", "inopportun".

↳ What are the advantages and **disadvantages** of this idea?
Quels sont les avantages et les inconvénients de cette idée ?

↳ **un inconvénient** = **a disadvantage**

ATTENTION Ne traduisez jamais **inconvénient** par inconvenient !

INFORMATION

I need some **information** about trains to Brussels.
J'ai besoin d'informations sur les trains à destination de Bruxelles.

➤ **information** est un nom **indénombrable** en anglais. On ne dit pas *an information, et on ne met pas le mot **information** au pluriel.

This is a very interesting **piece of information**.
C'est une information très intéressante.

➤ **une information** = **a piece of information**

ATTENTION Ne dites jamais *an information, ni *informations !

INHABITED

This village is still **inhabited**.
Ce village est encore habité.

➤ **inhabited** = **habité** (jamais "inhabité")

↳ We went to an **uninhabited** area.
Nous sommes allés dans une zone inhabitée.

↳ **inhabité** = **uninhabited**

INJURE, INJURY

Joseph was **injured** in an accident.
Joseph a été blessé dans un accident.

➤ **injure** = **blesser**

His **injuries** are not serious.
Ses blessures ne sont pas graves.

➤ **an injury** (pluriel : **injuries**) = **une blessure**

↳ This word is a **term of abuse** in English.
Ce mot est une injure en anglais.

↳ **une injure** = **a term of abuse**

↳ They shouted racist **abuse**.
Ils ont crié des injures racistes.

↳ **des injures** = **abuse**
(toujours singulier !)

INTERESTED ou INTERESTING ?

Sorry, I'm not **interested**.
Désolé, je ne suis pas intéressé.
Désolé, ça ne m'intéresse pas.

➤ **interested** = **intéressé**

Aren't you **interested** in what I'm saying?
Tu n'es pas intéressé par ce que je dis ?
Ce que je dis ne t'intéresse pas ?

➤ **interested in** = **intéressé par**
ATTENTION Notez l'emploi de la préposition **in**.

This is a very **interesting** book.
C'est un livre très intéressant.
↳ I bought it at a very **good** price.
Je l'ai acheté à un prix très intéressant.
↳ 3 euros, that's very **reasonable**!
Trois euros, c'est très intéressant !

➤ **interesting** = **intéressant**
ATTENTION Ne confondez pas les deux, et notez que *interessant n'existe pas en anglais !
ATTENTION Quand on parle d'un **prix** intéressant, le mot interesting ne convient pas !
→ -ED ou -ING

JEANS

Where did you buy those **jeans**?
Où est-ce que tu as acheté ce jean ?
She was wearing green **jeans**.
Elle portait un jean vert.
I need a new pair of **jeans**.
I need some new **jeans**.
J'ai besoin d'un nouveau jean.

➤ **jeans** est toujours au pluriel en anglais.
ATTENTION On ne dit pas *a jean pour **un jean**. On ne dit pas *a jeans mais **some jeans** ou **a pair of jeans**.
→ SHORTS, PANTS, TROUSERS

JOURNEY, TRIP, VOYAGE ou TRAVEL ?

You must be tired after your **journey**.
You must be tired after your **trip**.
Tu dois être fatigué après ton voyage.
I go on a lot of business **trips**.
Je fais beaucoup de voyages d'affaires.

➤ **a journey** ou **a trip**, c'est **un voyage** en particulier.

The **voyage** from Southampton to New York takes several days.
Le voyage de Southampton à New York prend plusieurs jours.

➤ **a voyage**, c'est un voyage très long, généralement en mer ou dans l'espace.

I love watching programmes about **travel**.
J'adore regarder les émissions sur les voyages.
I love **travel**.
J'adore voyager.

Train **travel** is easy in France.
Voyager en train est facile en France.

➤ **travel** est employé pour parler du **fait de voyager**, des **voyages** (en général). Il ne se met généralement pas au pluriel, et ne s'emploie jamais avec l'article a.

ATTENTION On ne dit pas *a travel !

KNOW

Do you **know** the difference between a rabbit and a hare?
Tu sais la différence entre un lapin et un lièvre ?

➤ **know** = **savoir, connaître**

I **know** that you're telling the truth.
I **know** you're telling the truth.
Je sais que tu dis la vérité.

➤ Notez comment on peut omettre **that** après **know**.

↳ The company has **had** some difficulties.
L'entreprise a connu des difficultés.
↳ The film **was** a huge success.
Le film a connu un succès énorme.
↳ He **failed**.
Il a connu un échec.

↳ Quand on parle de **connaître** au sens de "éprouver", il ne se traduit pas par know.
connaître un succès = **be successful**
connaître un échec = **fail**

↳ I **met** her in Spain.
Je l'ai connue en Espagne.

↳ Quand on parle de **connaître** au sens de "rencontrer", il se traduit par **meet**.
ATTENTION Notez aussi que le verbe **know** ne se met jamais à la forme **be + -ing** (on ne dit jamais *I am knowing...).

KNOWLEDGE

This research has improved our **knowledge** of aids.
Cette recherche a amélioré nos connaissances sur le sida.

ATTENTION **knowledge** ne se met jamais au pluriel ! **des connaissances** = **knowledge**.

LARGE

Can I have a **large** hot chocolate, please?
Je peux avoir un grand chocolat chaud, s'il vous plaît ?

ATTENTION **large** = **grand**, pas "large".

The Thames is a very **large** river.
The Thames is a very **big** river.
La Tamise est un très grand fleuve.
↳ The Thames is a very **wide** river.
La Tamise est un fleuve très large.

➤ Le mot anglais **large** est synonyme de **big**.
ATTENTION Le mot français **large** = **wide** en anglais.
ATTENTION Ne confondez pas les mots **large** et **wide** en anglais !

LECTURE

Did you go to Mr. Peterson's **lecture**?
Tu es allé au cours de M. Peterson ?

➤ **a lecture**, c'est un cours magistral (en fac), **un exposé**, ou **une communication** (dans un congrès).

↳ I love **reading**.
J'adore la lecture.

↳ **la lecture** (= le fait de lire), c'est **reading** en anglais.

LEFT

The school is on the **left.**
L'école est à gauche.
Turn **left** when you get to the church.
Tournez à gauche quand vous arrivez à l'église.

➤ **on the left** = **à gauche**
ATTENTION On dit **turn left** et non pas *turn on the left.

LIBRARY

I want to borrow a book from the **library**.
Je voudrais emprunter un livre à la bibliothèque.

➤ **a library**, c'est **une bibliothèque**.

↳ My brother works in a **bookshop**.
Mon frère travaille dans une librairie.

↳ **une librairie** = **a bookshop**

LICENCE

You need a **licence** to hunt here.
Il vous faut un permis pour chasser ici.

➤ **a licence**, c'est essentiellement **un permis**.

↳ He's got a **degree** in chemistry.
Il a une licence de chimie.

↳ **une licence** (un diplôme) = **a degree**

LOCATION

This is the ideal **location** for a new airport.
C'est le site idéal pour un nouvel aéroport.

➤ **a location** = **un site**, **un lieu**, un emplacement...

↳ **Hire** of equipment is not included.
La location de matériel n'est pas incluse.
↳ "Flats for **rent**".
"Location d'appartements".

↳ **la location** (le fait de louer quelque chose) = **hire** (pour des objets) ou **rent** (pour un logement)

LOGIC ou LOGICAL ?

Computers work thanks to **logic**.
Les ordinateurs fonctionnent grâce à la logique.
I don't follow your **logic**.
Je ne suis pas ton raisonnement.

➤ **logic** est un **nom** (un substantif) qui signifie "la logique" ou "le raisonnement".

It's not **logical**!
Ce n'est pas logique !

➤ **logical** est un **adjectif** qui signifie "logique".

ATTENTION Ne confondez pas **logic** et **logical**. On ne dit pas *it's not logic.

LOOK AT, SEE ou WATCH ?

ATTENTION Ces trois expressions sont souvent source de confusion. Regardez bien les exemples.

I can **see** our house from here.
Je vois notre maison d'ici.

➤ **see** = **voir**

That man is **looking at** our house.
Cet homme regarde notre maison.

➤ **look at** = **regarder** (au sens de "contempler")

That man is **watching** our house.
Cet homme surveille notre maison.

➤ **watch** = **regarder** (ce qui se passe), **surveiller**

Would you like to **watch** television?
Tu veux regarder la télévision ?

➤ On dit **watch** quand il se passe quelque chose, quand quelque chose bouge : **watch television**, **watch a film**, **watch a football match**.

ATTENTION look at the television signifierait "regarder le téléviseur" (l'appareil, pas l'image).

Would you like to **look at** some photographs?
Tu veux regarder des photos ?

➤ Quand on regarde quelque chose qui ne bouge pas, on dit **look at**.

ATTENTION On dit **watch a film** (l'image bouge) et **look at a photograph** (l'image est fixe).

Watch me!
Regarde-moi (faire)!
Look at me!
Regarde-moi !

➤ **watch me!** signifie "regarde-moi" au sens de "regarde ce que je fais".
➤ **look at me!** signifie simplement "regarde-moi", sans l'idée que je fais quelque chose de particulier.

LOOSE ou LOSE ?

Here's the key, don't **lose** it !
Voici la clé, ne la perds pas !

This shelf is **loose.**
Cette étagère est mal fixée.
This screw is **loose.**
Cette vis a besoin d'être resserrée.

➤ **lose** (**lost**, **lost**) est un **verbe** qui signifie **perdre**.

➤ **loose** est un **adjectif** qui n'a pas d'équivalent exact en français. Il s'emploie pour parler d'objets mal attachés ou mal fixés, pour des clous mal enfoncés, pour des vis desserrées, etc.

ATTENTION N'écrivez pas le verbe **lose** avec deux **o** !

LUGGAGE

Do not leave your **luggage** unattended.
Ne laissez pas vos bagages sans surveillance.
I only have one **piece of luggage.**
Je n'ai qu'un seul bagage.

➤ **luggage** est **indénombrable** : ce mot ne se met jamais au pluriel, et on ne dit jamais *a luggage mais **a piece of luggage**.

MAP ou PLAN ?

Have you got a Metro **map**?
Tu as un plan du Métro ?
I've got to buy a **map** of London.
Je dois acheter un plan de Londres.
Have you got a **plan** of the house?
As-tu un plan de la maison ?

➤ Le mot anglais **plan** s'emploie pour des plans architecturaux, mais pas pour des plans de rues. Dans ce cas il faut employer le mot **map**.

MARCH

The soldiers **marched** to the station.
Les soldats ont marché au pas jusqu'à la gare.

↳ We **walked** for hours.
Nous avons marché pendant des heures.

➤ Le verbe **march** ne signifie pas marcher, mais **marcher au pas** (ce que font les militaires).

↳ **marcher** = **walk**

MARK ou WRITE ?

Mark the place on the map.
Marque l'endroit sur la carte.

Write your name on the cover.
Marque ton nom sur la couverture.

➤ mark = **marquer** au sens de "faire une marque", "indiquer par une marque"

➤ Quand **marquer** signifie "écrire", il se traduit par write, pas par mark.

MARRIAGE ou WEDDING ?

Their **marriage** lasted three years.
Leur mariage a duré trois ans.

Have you been invited to their **wedding**?
As-tu été invité à leur mariage ?

➤ Le mot marriage signifie soit l'institution du mariage, soit la vie de couple. Il ne désigne pas la cérémonie elle-même.

➤ Quand vous voulez parler de la **cérémonie** du mariage, il faut employer le mot wedding.

MASSIVE ou SOLID ?

The hotel has a **massive** pool.
L'hôtel a une énorme piscine.

The ring is made of **solid** gold.
La bague est en or massif.

➤ massive ne signifie pas "massif", mais **énorme**.

➤ **massif** (en parlant d'un matériau) = solid

MEAN

"Hi" **means** the same as "hello".
"Hi" veut dire la même chose que "hello".
What do you **mean**?
Qu'est-ce que tu veux dire ?
What does "grin" **mean**?
Que signifie "grin" ?

➤ mean = **vouloir dire**, **signifier.**
ATTENTION Ne dites pas *what mean...? ni *what means...?
Regardez bien la structure des phrases à gauche.

MECHANIC ou MECHANICAL ?

My Dad is a **mechanic.**
Mon père est mécanicien.

This company makes **mechanical** toys.
Cette entreprise fabrique des jouets mécaniques.

➤ mechanic est un **nom** qui signifie **mécanicien**. Ce n'est pas un adjectif !

➤ **mécanique** = mechanical

MEETING ou REUNION ?

I've got a **meeting** at five.
J'ai une réunion à 17 h.

The family is having a **reunion** next Saturday.
Toute la famille va se retrouver samedi prochain.

We **met** in June.
Notre rencontre date de juin.

➤ a meeting = **une réunion** (rarement "une rencontre")

➤ a reunion, c'est **une fête** où tous les membres d'un groupe (anciens élèves, famille, ex-collègues, etc.) se retrouvent ensemble.

➤ Quand vous voulez parler d'**une rencontre**, n'employez pas a meeting mais le verbe **meet**.
ATTENTION Ne confondez pas **a reunion** et **a meeting**.

MILITARY

He's interested in **military** history.
Il s'intéresse à l'histoire militaire.

His brother is a **soldier**.
Son frère est militaire.

➤ military est un **adjectif** qui signifie **militaire**.

➤ **un militaire** = **a soldier**
ATTENTION Ne dites pas *a military !

MISS

I **miss** you.
Tu me manques.
Do you **miss** me?
Je te manque ?
Do you **miss** your brother?
Ton frère te manque ?
Does your brother **miss** you?
Est-ce que tu manques à ton frère ?

➤ I miss you = **tu me manques** : celui qui miss, c'est celui **à qui manque l'autre**.
ATTENTION Le sujet et le complément sont inversés par rapport au français. Regardez bien les exemples !

MISTER ou MAN ?

Mister Davidson lives near us.
Monsieur Davidson habite près de chez nous.

A **man** came to see us.
Un monsieur est venu nous voir.

➤ Mister signifie **Monsieur**, mais seulement dans les noms des personnes. Il est généralement abrégé en Mr.

➤ **un monsieur** = **a man**
ATTENTION On ne dit jamais *a mister !

MISTRESS

The papers revealed that the minister has got a **mistress.**
Les journaux ont révélé que le ministre a une maîtresse.

Our **teacher** broke her arm.
Notre maîtresse s'est cassé le bras.

➤ **a mistress = une maîtresse,** une femme qui sort avec un homme marié.

➤ **une maîtresse** (à l'école) = **a teacher**

ATTENTION au sens du mot **mistress.**

MODIFY ou CHANGE ?

They've **modified** the software.
Ils ont modifié le logiciel.
Can I **change** the date for my return journey?
Je peux modifier la date de mon retour ?

➤ Le verbe **modify** existe en anglais, mais il est beaucoup moins courant que le verbe **change.** Pour ne pas vous tromper, évitez d'employer le mot modify.

MONEY, CHANGE ou CURRENCY ?

Could you lend me some **money**?
Tu peux me prêter de l'argent ?

Have you got some **change** for the tip?
Tu as de la monnaie pour le pourboire ?

What's the **currency** in Mauritania?
Quelle est la monnaie en Mauritanie ?

➤ **money** = **argent**

➤ **change** = **monnaie** (au sens de "pièces")

➤ **currency** = **monnaie** (au sens de "devise" : l'euro, le dollar, etc.).

ATTENTION Ne confondez pas ces trois mots qui ont des sens bien différents !

MOUNTAIN

What's the name of that **mountain**?
Comment s'appelle cette montagne ?

We spent our holidays in the **mountains.**
On a passé nos vacances à la montagne.
I love the **mountains.**
J'adore la montagne.

➤ **a mountain** = **une montagne**

➤ **à la montagne** = **in the mountains**

ATTENTION Quand "la montagne" signifie "les montagnes", il se traduit par **the mountains,** avec un **s.**

NEWS

That's good **news**!
C'est une bonne nouvelle !

Is there any **news**?
Y a-t-il des nouvelles ?
I've got some important **news** to tell you.
J'ai une nouvelle importante/des nouvelles importantes à vous annoncer.
The **news** is not good.
Les nouvelles ne sont pas bonnes.

➤ **news** est un nom **indénombrable**. Malgré son **s**, ce n'est pas un pluriel !

➤ **news** = **une nouvelle** ou **des nouvelles**
ATTENTION On ne dit pas *a news !
ATTENTION Le verbe qui s'emploie avec **news** est au singulier !

NOISE ou SOUND ?

The seagulls made a lot of **noise**.
Les mouettes faisaient beaucoup de bruit.
The **noise** from the street disturbed me.
Le bruit de la rue m'a dérangé.

➤ **a noise**, c'est un bruit désagréable, fort ou strident.

We listened to the **sound** of the waves.
On a écouté le bruit des vagues.
I like the **sound** of the wind.
J'aime le bruit du vent.

➤ **a sound**, c'est généralement un son ou un bruit agréable ou doux.

NORMAL

The **normal** price is 200 euros.
Le prix normal est 200 euros.

➤ **normal** = **normal** au sens de “habituel” ou “pas exceptionnel”

It's **not surprising** he's angry!
C'est normal qu'il soit fâché !

➤ **c'est normal** (= ce n'est pas étonnant) ne se traduit pas par it's normal mais par **it's not surprising**.

They've increased the price again, it's **not right**!
Ils ont encore augmenté le prix, ce n'est pas normal !
Do you think it's **right**?
Tu trouves ça normal ?

➤ Quand **normal** signifie “juste” ou “acceptable”, il se traduit par **right**.
ATTENTION Soyez vigilants quand vous employez le mot **normal** en anglais.

NOTE, MARK ou GRADE ?

I took lots of **notes**.
J'ai pris plein de notes.
Leave Sandy a **note**.
Laisse un petit mot pour Sandy.

➤ **a note** c'est **une note écrite**, **une note musicale** ou un petit mot. Ce n'est pas une note à l'école.

I get good **marks** in English.
I get good **grades** in English.
J'ai de bonnes notes en anglais.

➤ **une note** à l'école, c'est **a mark** en Grande-Bretagne et **a grade** aux États-Unis.

OBLIGE, HAVE TO ou MAKE ?

I was **obliged** to work all weekend.
I **had to** work all weekend
J'ai été obligé de travailler tout le week-end.

You don't **have to** answer.
Tu n'es pas obligé de répondre.

They **made** us leave early.
Ils nous ont obligés à partir tôt.
You can't **make** David do it.
Tu ne peux pas obliger David à le faire.

➤ Le verbe **oblige** existe en anglais, mais il est beaucoup moins employé que le verbe **obliger**.

➤ Quand vous voulez dire **être obligé de...**, employez plutôt l'expression **have to...**

➤ Quand vous voulez dire **obliger** quelqu'un **à**, employez **make...**

OBSERVE ou WATCH ?

We use this telescope to **observe** the Sun.
Nous utilisons ce téléscope pour observer le Soleil.

I knew he was **watching** me.
Je savais qu'il m'observait.

➤ Le mot **observe** existe en anglais, mais il s'emploie moins souvent que le mot français **observer**. Il s'emploie plutôt dans un contexte scientifique.

➤ Dans la langue courante, **observer** se traduit le plus souvent par **watch**.

OCCASION

On this **occasion**, Fred seemed happy.
À cette occasion, Fred semblait heureux.

↳ I didn't have the **opportunity** to speak to him.
Je n'ai pas eu l'occasion de lui parler.

↳ At that price, it's a **bargain**!
À ce prix-là, c'est une occasion !

➤ Le mot anglais **occasion** signifie "occasion" au sens de "moment" ou "événement".

↳ Quand vous voulez parler d'une occasion au sens de "possibilité", employez **opportunity**, pas occasion.

↳ Quand vous voulez parler d'une occasion au sens de "affaire", le mot qui convient est **bargain**.

OCCUR ou HAPPEN ?

When did the incident **occur**?
Quand l'incident a-t-il eu lieu ?
What **happened** last night?
Qu'est-ce qui s'est passé hier soir ?

➤ Évitez d'employer le verbe **occur**, qui est rarement utilisé en anglais courant. Le verbe **happen** est beaucoup plus naturel.

OFFER

Sandra **offered** to help me.
Sandra a proposé de m'aider.
He **offered** me ten dollars for my watch, but I refused.
Il m'a proposé dix dollars pour ma montre, mais j'ai refusé.

↳ What did Cathy **give** you for your birthday?
Qu'est-ce que Cathy t'a offert pour ton anniversaire ?
↳ She **gave** me a nice pen.
Elle m'a offert un beau stylo.

➤ Le verbe **offer** signifie généralement **proposer** et non "offrir".

ATTENTION Quand vous parlez d'**offrir** quelque chose à quelqu'un, employez **give**.

OK

OK, you can come.
D'accord, tu peux venir.

↳ He **agrees**.
Il est d'accord.

➤ On emploie **OK** pour exprimer son **propre** accord, mais pas pour parler de quelqu'un d'autre. **He's OK** signifie **il va bien** et non "il est d'accord".

ONE DAY...

One day, Harry went shopping...
Un jour, Harry est allé faire des courses...
One day, I'll tell you what happened.
Un jour, je te dirai ce qui s'est passé.

➤ L'expression **un jour...** employée comme dans les exemples à gauche se dit **one day**, jamais *a day.

OPEN ou OPENED ?

The museum was **open**.
Le musée était ouvert.
The museum was **opened** by the mayor.
Le musée a été ouvert par le maire.

➤ Ne confondez pas **open** (adjectif = **ouvert**) avec **opened** (prétérit et participe passé du verbe **open**).

OTHER ou OTHERS ?

I like judo and **other** martial arts.
J'aime le judo et d'autres arts martiaux.

➤ Quand **other** est adjectif (quand il est suivi d'un nom), il ne prend jamais de **s**.

Go and play with the **others**.
Va jouer avec les autres.

➤ **the others** = **les autres** (ici, **other** est un pronom).

ATTENTION On ne dit pas *others people, *others things...

PANTS

Where did you buy those **pants**?
(GB) Où est-ce que tu as acheté ce slip ?
(US) Où est-ce que tu as acheté ce pantalon ?

➤ **pants** (= [US] pantalon ou [GB] slip) est toujours au pluriel.

I need some new **pants**.
J'ai besoin d'un nouveau slip/d'un nouveau pantalon.
What's that? – It's a pair of **pants**.
Qu'est-ce que c'est ? – C'est un slip/un pantalon.

ATTENTION On ne dit pas *a pants. On dit (**some**) **pants** ou **a pair of pants**.

→ **JEANS, PYJAMAS, SHORTS, TROUSERS**

PARENT

My **parents** are on holiday in Spain.
Mes parents sont en vacances en Espagne.

↳ All my **relatives** were at the wedding.
Tous mes parents étaient au mariage.

➤ Le mot anglais **parent** signifie seulement le père ou la mère. Quand le mot français **parent** signifie "cousin, tante, oncle..." il se traduit par **relative**, jamais par parent.

PARKING

I couldn't find a **parking** space.
Je n'ai pas pu trouver de place pour me garer.

↳ There's a public **car park** near the town hall.
Il y a un parking public près de la mairie.

➤ Le mot anglais **parking** s'emploie dans des mots composés (**parking space**, **parking lot**...) et sur les panneaux qui indiquent les parkings.

ATTENTION On ne dit pas *a parking ! **un parking** = **a car park**.

PARTICIPATE IN ou TAKE PART IN ?

Did you **participate in** the competition?
Did you **take part in** the competition?
Tu as participé au concours ?

➤ Notez que la préposition employée avec le verbe **participate** est **in** (jamais at !)
➤ En règle générale, **take part in** est plus naturel en anglais que **participate in**.

PASS ou SPEND ?

Could you **pass** me the paper, please?
Tu peux me passer le journal, s'il te plaît ?

➤ **pass somebody something/ pass something to somebody** = **passer quelque chose à quelqu'un**

He **passed** his brother the map.
He **passed** the map to his brother.
Il a passé le plan à son frère.

➤ Notez la structure **pass somebody something** – c'est comme si on disait "passer à quelqu'un quelque chose".

We **passed** two churches.
Nous sommes passés devant deux églises.

➤ **pass a place** = **passer devant un endroit**

He **spends** a lot of time in the garden.
Il passe beaucoup de temps dans le jardin.
I **spent** an hour with Paul.
J'ai passé une heure avec Paul.

➤ Quand on parle de **passer du temps**, on ne dit pas pass en anglais mais **spend**.

ATTENTION Ne confondez pas **pass** et **spend**.

PASS AN EXAM/ A TEST

I really need to **pass** this exam.
J'ai vraiment besoin de réussir cet examen.

➤ **pass an exam** = **réussir un examen** et non "passer un examen"

↳ Jerry is **taking** the "bac" this year.
Jerry passe le bac cette année.
↳ I **took** my driving test, but I didn't **pass**.
J'ai passé mon permis de conduire, mais je ne l'ai pas eu.

↳ **passer un examen** = **take an exam**

ATTENTION Ne confondez pas **pass** et **take** !

PAUSE ou BREAK ?

There was a **pause** in the conversation.
Il y a eu une pause dans la conversation.

➤ **a pause**, c'est **une pause**, mais seulement quand on arrête de **parler**.

I'll see you after the **break**.
Je te verrai après la pause.

➤ Dans d'autres contextes, **une pause** = **a break**

Shall we have a **break**?
On fait une pause ?

➤ Notez : **have a break** = **faire une pause**

PAY ou PAY FOR ?

I'll **pay** you if you help me.
Je te paierai si tu m'aides.

➤ **pay somebody** = **payer quelqu'un**

I **paid** ten dollars.
J'ai payé dix dollars.

➤ **pay** + somme = **payer** + somme

Have you got some change to **pay for** the taxi?
As-tu de la monnaie pour payer le taxi ?

➤ Quand on parle de **payer** quelque chose qu'on achète, ou un service, il faut employer l'expression **pay for** en anglais.

I forgot to **pay for** the vegetables.
J'ai oublié de payer les légumes.

ATTENTION *pay the vegetables est incorrect.

How much did you **pay for** that?
Combien tu as payé ça ?

*how much did you pay that? est incorrect.

I **paid** $300 **for** this dress.
J'ai payé cette robe 300 dollars.

*I paid this dress... est incorrect. N'oubliez pas **for** !

PERHAPS

Perhaps Alan will phone later.
Alan appellera peut-être plus tard.
Perhaps it's true, I don't know.
C'est peut-être vrai, je ne sais pas.

➤ **perhaps** (= peut-être) se place généralement en **début de phrase**.

Perhaps I'm wrong.
Peut-être ai-je tort.
J'ai peut-être tort.

ATTENTION En anglais on n'inverse jamais le sujet et le verbe après **perhaps**.

PERMIT, ALLOW, ENABLE ou MAKE POSSIBLE ?

I won't **allow** you to say that!
Je ne te permettrai pas de dire ça !
Do your parents **allow** you to go out at night?
Tes parents te permettent de sortir le soir ?

➤ Le mot **permit** existe en anglais, mais il a des emplois limités et le mot **allow** est beaucoup plus courant.
➤ Attention à la structure de l'expression : **allow somebody to** + **base verbale.**

This money will **enable** me to buy a car.
Cet argent me permettra d'acheter une voiture.

➤ Quand "permettre" signifie "rendre capable", il peut aussi se traduire par **enable**.

ATTENTION **enable** n'a jamais le sens de "autoriser" : on ne dit pas *my parents enable me to go out.

This ticket **makes it possible** to enter both sections of the park.
Ce billet permet d'entrer dans les deux parties du parc.

➤ Quand vous voulez parler de quelque chose qui **permet de faire** quelque chose, employez l'expression **make it possible to...**

ATTENTION On ne dit pas *it permits to... ni *it allows to... ni *it enables to...

PERSON ou PEOPLE ?

Jack is a wonderful **person.**
Jack est une personne merveilleuse.
Jack est quelqu'un de merveilleux.

➤ **a person** = **une personne**

Kate's parents are wonderful **people.**
Les parents de Kate sont des gens merveilleux.

ATTENTION Au pluriel, employez **people**, jamais *persons !

There were 100 **people** at the wedding.
Il y avait 100 personnes au mariage.

ATTENTION **people** est toujours associé à un verbe au **pluriel**.

People like this kind of book.
Les gens aiment bien ce genre de livre.

➤ Quand vous parlez **des gens** en général, dites **people**, pas *the people.

PETROL

I need some **petrol.**
J'ai besoin d'essence.

➤ **petrol** = **essence** (au sens de "carburant")

↳ They've discovered **oil** in the desert.
Ils ont découvert du pétrole dans le désert.

↳ **le pétrole** = **oil**

PHONE

I must **phone** my mother before I leave.
Il faut que j'appelle ma mère avant de partir.

ATTENTION On dit **phone somebody**, pas *phone to somebody !

PHOTOGRAPH, PHOTOGRAPHER ou PHOTOGRAPHY ?

Would you like to look at some **photographs**?
Voulez-vous regarder des photos ?

My cousin is a professional **photographer**.
Mon cousin est photographe professionnel.

I'm very interested in **photography**.
Je m'intéresse beaucoup à la photographie.

➤ **a photograph**, c'est **une photo**.

➤ **a photographer**, c'est **un(e) photographe**.

➤ **photography**, c'est **la photographie** (= l'activité ou l'art de prendre des photos).

ATTENTION Ne confondez pas ces trois mots !

PLACE

This is a good **place** for a picnic.
C'est un bon endroit pour un pique-nique.
Let's go to my **place**.
Allons chez moi.

➤ **a place** = **un endroit**, **un lieu** (pas "une place")

➤ **possessif** + **place** (**my place**, **your place**, **Leo's place**, **my parents' place**) désigne l'endroit où quelqu'un habite et correspond au français **chez**...

↳ There isn't enough **space** for the table.
There isn't enough **room** for the table.
Il n'y a pas assez de place pour la table.

↳ **de la place** = **space** ou **room** (pas place)

↳ They live near the main **square**.
Ils habitent près de la place principale.

↳ **une place** (dans une ville) = **a square** (pas a place)

ATTENTION Ne confondez pas **place**, **space** et **square** !

PLANNING

What are you **planning** to do?
Qu'est-ce que vous envisagez de faire ?

➤ **planning** est une forme du verbe **plan**, qui signifie "prévoir, envisager, planifier".

↳ I'm going to have a look at the **schedule**.
Je vais regarder le planning.

➤ **un planning** = **a schedule**

ATTENTION On ne dit pas *a planning !

POLICE

The **police** have arrived.
La police est arrivée.
The **police** are trying to find some evidence.
La police essaie de trouver des preuves.

➤ Le verbe associé à **police** doit toujours être au **pluriel** (**the police have arrived**, pas *the police has arrived ; **the police are trying**, pas *the police is trying).

POOR

My grandparents were very **poor**.
Mes grands-parents étaient très pauvres.

➤ poor = **pauvre**

He gave some money to a **poor person**.
Il a donné de l'argent à un pauvre.

➤ **un pauvre** = **a poor person** (pluriel : **poor people**)
ATTENTION On ne dit pas *a poor !

We must help **the poor**.
Il faut que nous aidions les pauvres.

➤ **les pauvres** (en général) = **the poor**
ATTENTION On ne dit pas *poors !

Oh, the **poor** thing!
Oh, la pauvre !

➤ **le/la pauvre, les pauvres** (pour exprimer la compassion) = **the poor thing(s)** !

PRACTICAL

We need some **practical** solutions.
Nous avons besoin de solutions pratiques.

➤ **practical** signifie **pratique**, mais il n'a pas les mêmes emplois.

This tool is very **handy**.
This tool is very **useful**.
Cet outil est très pratique.

➤ Quand vous parlez d'un outil ou d'un instrument **pratique**, employez **handy** ou **useful**.

It's very **handy** living so near the shops.
It's very **convenient** living so near the shops.
C'est très pratique d'habiter si près des commerces.

➤ Quand **pratique** s'applique à une situation, employez **handy** ou **convenient**.

PRACTISE

Many children **practise** a sport.
Many children **do** a sport.
Beaucoup d'enfants pratiquent un sport.

➤ Quand on parle du sport en général (sans nommer un sport en particulier), **practise** = **pratiquer**.

What sports do you **do**?
Quels sports pratiques-tu ?

➤ Toutefois il est généralement plus naturel d'employer le mot **do**. Pour ne pas vous tromper, nous vous conseillons d'éviter le mot practise pour traduire **pratiquer** en parlant de sports.

I play football and I **practise** every Wednesday.
Je joue au foot et je m'entraîne tous les mercredis.
You need to **practise** a lot.
Il faut beaucoup s'entraîner.

ATTENTION Quand on parle d'un sport en particulier, le mot **practise** signifie **s'entraîner**, pas “pratiquer”.

I **do** judo and swimming.
Je pratique le judo et la natation.

➤ En parlant de sports individuels ou de sports de combat, on emploie **do** pour "pratiquer".

I **play** tennis and volleyball.
Je pratique le tennis et le volley.

➤ En parlant de jeux et de sports d'équipe, on emploie **play** pour "pratiquer".

ATTENTION Ne dites pas *I practise football, *I practise swimming ou *I practise judo !

PRECISE

He gave us **precise** details.
Il nous a donné des détails précis.

➤ **precise** est un **adjectif** qui signifie **précis**.

↳ He **explained** that he couldn't cook.
Il a précisé qu'il ne savait pas faire la cuisine.
↳ Can you **tell** me your holiday dates?
Tu peux me préciser tes dates de vacances ?

↳ **préciser** peut se traduire par **explain** (= expliquer) ou **tell** (= dire à quelqu'un).

ATTENTION **precise** n'est **jamais un verbe** !

PREFER

I **prefer** walking.
I **prefer** to walk.
Je préfère marcher.
I **would prefer** to walk.
Je préférerais marcher.

➤ **prefer** peut être suivi de **-ing** ou de **to** + **base verbale**.
➤ Mais attention ! Après **would prefer**, on n'emploie pas la forme en -ing.

ATTENTION Ne dites pas *I would prefer walking !

PRESENT ou INTRODUCE ?

Jack **presented** the documents to us.
Jack nous a présenté les documents.

➤ **present something** = **présenter quelque chose**

Jack **introduced** his brother to us.
Jack nous a présenté son frère.
Can you **introduce** me to your sister ?
Tu peux me présenter à ta sœur ?

➤ **présenter quelqu'un (à quelqu'un)** = **introduce somebody (to somebody)**

ATTENTION Ne les confondez pas !

Can you **introduce** your sister to me?
Tu peux me présenter ta sœur ?

ATTENTION *...introduce me your sister est incorrect.

PRESERVATIVE

This jam contains **preservatives.**
Cette confiture contient des agents de conservation.

➤ a preservative = **un agent de conservation** (dans une confiture, une conserve par exemple)

↳ You can buy **condoms** at the pharmacy.
Tu peux acheter des préservatifs à la pharmacie.

↳ **un préservatif** = a condom

ATTENTION Ne confondez pas ces mots !

PRESSING

Try **pressing** that button.
Essaie d'appuyer sur ce bouton.

➤ pressing est une forme du verbe press (presser, appuyer sur)

↳ I need to take these trousers to the **dry-cleaner's.**
Je dois apporter ce pantalon au pressing.

↳ **un pressing** = a dry-cleaner's

ATTENTION On ne dit pas *a pressing !

PRETEND

He **pretended** to be asleep.
Il a fait semblant de dormir.
Let's **pretend** to be pirates!
Faisons semblant d'être des pirates !

➤ pretend signifie **faire semblant.**

ATTENTION pretend ne signifie prétendre que dans le sens de "déclarer, soutenir" dans un registre soutenu.

↳ He **claims** to be very rich.
Il prétend être très riche.

↳ **prétendre** = claim

PRINCIPAL ou MAIN ?

The **principal** problem was money.
The **main** problem was money.
Le principal problème était l'argent.
They live near the **main** square.
Ils habitent près de la place principale.
The **main** street is called Broad Street.
La rue principale s'appelle Broad Street.

➤ L'adjectif principal existe en anglais, mais le mot main est beaucoup plus courant et, dans beaucoup de cas, principal est impossible.

ATTENTION Évitez d'employer le mot principal en anglais. Employez toujours main.

PRIZE ou PRICE ?

Mina won a **prize** for her essay.
Mina a gagné un prix pour sa dissertation.

➤ a prize = **un prix** (qu'on gagne)

Have you seen the **price** of that car?
Tu as vu le prix de cette voiture ?

➤ a price = **un prix** (qu'on paie)
ATTENTION Ne confondez pas price et prize !

PRODUCE ou PRODUCT ?

This factory **produces** shoes.
Cette usine produit des chaussures.

➤ produce (avec l'accent sur la deuxième syllabe) = **produire**

They sell **produce** on the roadside.
Ils vendent des produits de la ferme au bord de la route.

➤ produce (avec l'accent sur la première syllabe) = **produits de la ferme**

We no longer sell this **product**.
Nous ne vendons plus ce produit.

➤ a product = **un produit**
ATTENTION product n'est pas un verbe ! Le verbe **produire** se traduit par produce.

PROFESSOR ou TEACHER ?

Mrs Jenkins is a **professor**.
Mme Jenkins est professeur à l'université.

➤ a professor est **un professeur d'université** qui a atteint un très haut niveau. Le mot professor n'est donc pas l'équivalent exact du mot français "professeur".

Mrs Jenkins' husband is a **teacher**.
Le mari de Mme Jenkins est professeur.
Le mari de Mme Jenkins est enseignant.
Le mari de Mme Jenkins est prof.

➤ a teacher est **un(e) enseignant(e)**, un professeur au sens large, un(e) prof.

PROGRESS

They have made some **progress**.
Ils ont fait des progrès.

➤ progress (= progrès) est un nom **indénombrable** : il ne se met pas au pluriel, et on ne dit pas *a progress.
des progrès = some progress

This is a real **improvement**.
This is a real **step forward**.
C'est un vrai progrès.

➤ Si vous voulez parler d'**un progrès**, au singulier, employez le mot improvement, ou l'expression a step forward.

PROPER, OWN ou CLEAN ?

If you don't use the **proper** software, you'll have problems.
Si tu n'utilises pas le logiciel qu'il faut, tu auras des problèmes.
We must put a **proper** lock on this door.
Il faut qu'on mette une vraie serrure sur cette porte.

Sorry, I haven't got any **proper** coffee, only instant.
Désolé, je n'ai pas de vrai café, seulement de l'instantané.

➤ **proper** a le sens soit de "comme il faut, convenable", soit le sens de "vrai, véritable".

ATTENTION **proper** ne signifie pas "propre" !

↳ This is my **own** bike.
C'est mon propre vélo.
↳ I'd like to have my **own** dog.
J'aimerais avoir mon propre chien.

↳ **propre** (indiquant la propriété) = **own**

↳ This table isn't very **clean**!
Cette table n'est pas très propre !

↳ **propre** (= pas sale) = **clean**

PROPERLY

Am I doing this **properly**?
Est-ce que je fais ça comme il faut ?
The door doesn't shut **properly**.
La porte ne ferme pas bien.

➤ **properly** signifie "comme il faut" ou "bien".

ATTENTION **properly** ne signifie pas "proprement" !

PROPERTY

This is private **property**.
C'est une propriété privée.
He sells **property**.
Il vend de l'immobilier.

➤ **property** signifie soit **propriété**, soit **immobilier**.

ATTENTION **property** ne signifie pas "propreté" !

PROPOSE, SUGGEST ou OFFER ?

➤ Le verbe **propose** existe en anglais, mais il a des emplois limités et est difficile à employer correctement.

ATTENTION Évitez d'employer le verbe **propose** !

Daniel **suggested** an interesting solution.
Daniel a proposé une solution intéressante.

➤ Quand "proposer" signifie "suggérer" ou "avancer", traduisez par **suggest**.

What do you **suggest** doing?
Qu'est-ce que tu proposes de faire ?

ATTENTION On dit **suggest + -ing**, jamais *suggest to...

Let's go to the cinema.
Je propose qu'on aille au cinéma.

➤ Notez aussi l'emploi de **let's** pour faire une proposition.

Anne **offered** me some help.
Anne m'a proposé de l'aide.
Offer David something to drink.
Propose quelque chose à boire à David.

➤ Quand "proposer" signifie "dire qu'on veut bien donner", il se traduit par **offer**.

Fiona **offered** Luke £1,000 for his car.
Fiona a proposé mille livres à Luke pour sa voiture.

➤ Attention ! Ici **offer** ne signifie pas "offrir".

PROVOKE ou CAUSE ?

The dog bit Andrew because he **provoked** it.
Le chien a mordu Andrew parce qu'il l'avait provoqué.

➤ **provoke** = **provoquer**, mais seulement au sens de "agresser, embêter".

What **caused** the accident?
Qu'est-ce qui a provoqué l'accident ?
The news **caused** a riot.
La nouvelle a provoqué une émeute.

➤ Quand "provoquer" signifie "être la cause de", il se traduit par **cause**, pas provoke.

PUBLIC ou AUDIENCE ?

The **public** has a right to know!
Le public a le droit de savoir !

➤ **the public** = **le public**, mais seulement au sens général (= tous les gens dans la société).

The **audience** clapped.
Le public a applaudi.
Is your wife in the **audience**?
Votre femme est-elle dans le public ?

➤ Quand vous parlez du public dans une salle, du public d'une émission, etc., employez **audience**, pas public.

ATTENTION N'employez jamais le mot public pour le public d'un spectacle !

PUBLICITY, ADVERTISING ou AD(VERTISEMENT) ?

My mum works in **publicity**.
My mum works in **advertising**.
Ma mère travaille dans la publicité.

➤ **publicity**, c'est le métier de la **publicité**.
advertising signifie la même chose.

ATTENTION **publicity** ne signifie pas "une publicité" !

I love this **advertisement.**
I love this **ad.**
J'adore cette publicité.

➤ **une publicité** = **an ad** ou **an advertisement**

PYJAMAS

What's that? – It's a pair of **pyjamas.**
Qu'est-ce que c'est ? – C'est un pyjama.

I'm going to put my **pyjamas** on.
Je vais mettre mon pyjama.
I need some new **pyjamas.**
J'ai besoin d'un nouveau pyjama.

➤ En anglais **pyjamas** est toujours au pluriel.

ATTENTION On ne dit pas *a pyjama ! On dit (**some**) **pyjamas** ou **a pair of pyjamas**.
→ JEANS, PANTS, SHORTS, TROUSERS

QUIET ou QUITE (A) ?

They live in a very **quiet** area.
Ils habitent dans un quartier très tranquille.

➤ **quiet** = **tranquille** ou **calme**

I found that book **quite** boring.
J'ai trouvé ce livre assez ennuyeux.

➤ **quite** = **assez** (au sens de "un peu")

That's **quite** ridiculous!
C'est vraiment ridicule !

➤ Avec certains adjectifs, **quite** peut aussi avoir le sens de "vraiment, complètement".

This street is **quite quiet.**
Cette rue est assez tranquille.

ATTENTION Ne confondez pas **quite** (= assez) et **quiet** (= tranquille).

My cousins live in **quite a** big house.
Mes cousins habitent dans une assez grande maison.

➤ Notez la construction **quite a** + **adjectif.**

ATTENTION On ne dit pas *a quite big house.

RAISE ou RISE ?

Raise your hands above your head.
Lève les mains au-dessus de la tête.

➤ **raise** something = **lever** quelque chose.
raise est un verbe régulier (**raise**, **raised**, **raised**).

The sun **rises** at five.
Le soleil se lève à cinq heures.

➤ **rise** = **se lever** (en parlant du soleil) ou **monter**.
rise est un verbe irrégulier (**rise**, **rose**, **risen**).

ATTENTION Ne confondez pas **raise** et **rise**.

RAPID, QUICK ou FAST ?

➤ Le mot rapid existe en anglais, mais il ne s'emploie pas de la même façon que "rapide" et il vaut mieux éviter de l'employer.

ATTENTION Employez **fast** ou **quick**, pas rapid, pour traduire **rapide**. Regardez les exemples.

We took a **fast** train to Leeds.
On a pris un train rapide pour Leeds.
My computer is very **fast**.
Mon ordinateur est très rapide.

➤ Quand **rapide** a le sens de "qui va vite, qui se déplace rapidement", il se traduit par **fast**.

I wrote Anna a **quick** letter.
J'ai écrit un mot rapide à Anna.
Have a **quick** look at this.
Jette un coup d'œil rapide sur ça.

➤ Quand **rapide** a le sens de "qui ne prend pas beaucoup de temps" (quand il n'y a pas l'idée d'un déplacement rapide), il faut le traduire par **quick**, pas fast.

RECEIVE

I **received** a parcel.
I **got** a parcel.
J'ai reçu un colis.
The children **got** lots of presents.
Les enfants ont reçu beaucoup de cadeaux.

➤ **receive** correspond à certains emplois de **recevoir**, mais pas tous.
➤ Le verbe **get** (**got**, **got**) signifie la même chose que **receive**, et est plus naturel en anglais courant.

I **was hit** on the head.
J'ai reçu un coup sur la tête.

➤ Quand on parle de **recevoir** un coup, on emploie l'expression **be hit** (ou, s'il s'agit d'un coup de pied, **be kicked**).

They **made us feel very welcome.**
Ils nous ont très bien reçus.

➤ Quand on parle de **bien recevoir** quelqu'un, on emploie l'expression **make somebody feel welcome**.

REMAIN, BE LEFT ou STAY ?

Nothing **remains** of the old building.
Nothing **is left** of the old building.
Il ne reste rien de l'ancien bâtiment.
There **are** three cakes **left.**
Il reste trois gâteaux.
There **is** some cheese **left.**
Il reste du fromage.

➤ **remain** (= **rester** au sens de "être toujours là") a des emplois limités. L'expression **be left** est beaucoup plus courante.

ATTENTION Ne dites pas it remains pour **il reste** ! Employez l'expression **there is/are ... left**.

Please **stay** with me.
Reste avec moi, s'il te plaît.

➤ **rester** au sens de "ne pas partir" = **stay**.

REMARK

He **remarked** that it was cold.
Il a fait remarquer qu'il faisait froid.

➤ Le verbe anglais **remark** signifie "faire remarquer" (= dire quelque chose).
Il n'a généralement pas le sens de "remarquer, apercevoir".

↳ He **noticed** that the door was open.
Il a remarqué que la porte était ouverte.

↳ Quand **remarquer** signifie "voir, apercevoir", il se traduit par **notice**, pas par remark.

REMEMBER ou REMIND ?

Can you **remind** me of your name?
Pouvez-vous me rappeler votre nom ?
That photo **reminds** me of something.
Cette photo me rappelle quelque chose.

➤ **remind somebody of something = rappeler quelque chose à quelqu'un**

Remind Dad to buy some milk.
Rappelle à Papa qu'il doit acheter du lait.

➤ **remind somebody to do something = rappeler à quelqu'un qu'il doit faire quelque chose**

I don't **remember** his name.
Je ne me souviens pas de son nom.

➤ **remember something = se souvenir de quelque chose**

Try to **remember** to water the plants.
Essaie de ne pas oublier d'arroser les plantes.
Did you **remember** to phone Jerry?
Tu as pensé à appeler Jerry ?

➤ **remember to do something = ne pas oublier de faire quelque chose, penser à faire quelque chose**

ATTENTION Ne confondez pas **remind** et **remember**.

RESEARCH, SEARCH ou LOOK FOR ?

My job is **research**. I'm a **researcher**.
Mon métier, c'est la recherche. Je suis chercheur.

➤ **research** est un **nom** qui signifie **recherche**, mais seulement au sens de recherches scientifiques ou universitaires.

I'm doing some **research** in the library.
Je fais des recherches à la bibliothèque.

➤ **research** est un nom **indénombrable**. Il ne se met pas au pluriel et on ne dit pas *a research.

ATTENTION N'employez pas **research** si vous ne parlez pas de recherches scientifiques !

The results of your **search** are displayed in this window.
Les résultats de votre recherche sont affichés dans cette fenêtre.

➤ **une recherche** (quand on cherche quelque chose ou quelqu'un, ou sur un ordinateur) = **a search**

I'm **looking for** a second-hand bike.
Je suis à la recherche d'un vélo d'occasion.

➤ **être à la recherche de quelque chose** = **be looking for something**

I'm going to **look for** it on the Web.
Je vais le rechercher sur Internet.
What are you **looking for**?
Qu'est-ce que vous recherchez ?

➤ **rechercher quelque chose** = **look for something**

The police **searched** the house.
La police a fouillé la maison.

➤ **search something** = **fouiller quelque chose** (pas rechercher quelque chose !)

They **searched** all day.
Ils ont cherché toute la journée.

➤ **search** (sans complément d'objet) = **chercher**.

ATTENTION Notez bien :
– **chercher** (tout seul, sans complément) = **search**.
– **chercher quelque chose** = **look for something**.

ATTENTION Ne dites jamais search something pour rechercher quelque chose ! C'est **look for** qu'il faut employer.

RESPONSIBLE

Who is **responsible** for this damage?
Qui est responsable de ces dégâts ?

➤ **be responsible for something** = **être responsable de quelque chose**

I'm not **responsible**.
Je ne suis pas responsable.

ATTENTION **responsible** est un **adjectif**, jamais un nom !

ATTENTION à l'orthographe de **responsible**. Notez l'emploi de **for**.

↳ I'd like to speak to the **person in charge**.
Je voudrais parler au responsable.

↳ **le responsable** (= le chef) = **the person in charge**

He's the sales **manager**.
C'est le responsable des ventes.

↳ dans des intitulés de poste, **responsable** se traduit par **manager**

ATTENTION N'employez jamais responsible pour traduire "un responsable".

RESUME

They have **resumed** negotiations.
Ils ont repris les négociations.

↳ I'm going to **summarize** the situation.
I'm going to **sum up** the situation.
Je vais résumer la situation.

➤ **resume** = **reprendre, recommencer** (pas "résumer" !)

↳ **résumer** = **summarize** ou **sum up**

ATTENTION Ne traduisez pas "résumer" par resume !

RETAIN, HOLD BACK ou HOLD UP ?

The soil here **retains** a lot of water.
Le sol ici retient beaucoup d'eau.

➤ **retain** = **retenir** en parlant d'une substance qui retient un liquide ou une odeur.

I tried to **hold** the dog **back**.
J'ai essayé de retenir le chien.

➤ Quand on parle de retenir quelqu'un ou un animal qui veut partir, on emploie le verbe **hold back**.

Sorry, I was **held up**.
Désolé, j'ai été retenu.

➤ Quand on parle d'être retenu au sens de retardé, on emploie le verbe **hold up**.

RETURN ou GO BACK ?

Would you like to **go back** to New York?
Tu aimerais retourner à New York ?

I'm **going back** at Easter.
J'y retourne à Pâques.

➤ Le verbe **return** (= **retourner**) existe en anglais, mais **go back** est plus courant.

ATTENTION Dites **go back**, pas return.

RIGHT

The school is on the **right**.
L'école est à droite.

➤ **on the right** = **à droite**

Turn **right** when you get to the church.
Tournez à droite quand vous arrivez à l'église.

ATTENTION On dit **turn right** et non pas *turn on the right.

RISK

I decided to **risk** tell**ing** her the truth.
J'ai décidé de prendre le risque de lui dire la vérité.

➤ **risk + -ing** = **prendre le risque de...** (et non "risquer de")

I can't **risk** being late.
Je ne peux pas prendre le risque d'être en retard.

ATTENTION On ne dit pas *risk to...

↳ This **might** take a long time.
Cela risque de prendre beaucoup de temps.
↳ You **might** be late.
Tu risques d'être en retard.
↳ It **might** rain.
Il risque de pleuvoir.

↳ Quand **risquer de** exprime la probabilité, il se traduit par le modal **might** + **base verbale**.

↳ It **is unlikely** to happen now.
Cela ne risque pas d'arriver maintenant.

Pour exprimer l'improbabilité, employez **be unlikely to**.

↳ You're **unlikely** to find it in the kitchen!
Tu ne risques pas de le trouver dans la cuisine !

ATTENTION N'employez pas le verbe risk pour traduire **risquer de** !

ROB, STEAL ou BURGLE ?

They **robbed** a bank. They **stole** a million dollars.
Ils ont braqué une banque. Ils ont volé un million de dollars.
I've been **robbed!**
On m'a volé !

➤ **rob** = **cambrioler**, **dévaliser**, **braquer un endroit** (une banque, un magasin) **ou une personne**

My watch has been **stolen**!
On m'a volé ma montre !

➤ **steal (stole, stolen)** = **voler quelque chose** (des objets, de l'argent)

He **stole** a car and then he **robbed** a supermarket.
Il a volé une voiture et il a cambriolé un supermarché.

ATTENTION Ne confondez pas **rob** et **steal**.

The two men **burgled** the house.
Les deux hommes ont cambriolé la maison.
We've been **burgled**!
On nous a cambriolés !

➤ **burgle** signifie **cambrioler**.

'S, S' ou S'S ?

my brother'**s** money
l'argent de mon frère
the horse'**s** eyes
les yeux du cheval
the children'**s** bedroom
la chambre des enfants
women'**s** rights
les droits des femmes

➤ **Apostrophe + s** est employé pour exprimer l'appartenance.

my brothers**'** money
l'argent de mes frères
the horses**'** eyes
les yeux des chevaux

➤ Avec des pluriels réguliers (en **-s**), on déplace l'apostrophe à la fin du mot. Cette différence ne se manifeste qu'à l'écrit : la prononciation est la même, quelle que soit la position de l'apostrophe.

Mrs Andres**s'** daughters/Mrs Andre**s's** daughters
les filles de Mme Andress
Jesu**s'** disciples/Jesu**s's** disciples
les disciples de Jésus

➤ Avec des noms se terminant déjà par **s** (il s'agit le plus souvent de noms propres), les deux graphies sont possibles.

SATISFIED

I wasn't very **satisfied** with the result.
Je n'étais pas très satisfait du résultat.

➤ **satisfied with** = **satisfait de**
ATTENTION Notez l'emploi de **with**. On ne dit pas *satisfied of.

SAVAGE

That lion is really **savage.**
Ce lion est vraiment féroce.

➤ **savage** signifie généralement **féroce**, pas "sauvage".

↳ Jack takes photos of **wild** animals.
Jack prend des photos d'animaux sauvages.

↳ **sauvage** = **wild**

SAY ou TELL ?

Helen **said** a word that I didn't understand.
Helen a dit un mot que je n'ai pas compris.

➤ **say** (**said**, **said**) = **dire**

Andrew **says** that he's hungry.
Andrew dit qu'il a faim.

➤ **say that...** = **dire que ...**

Did you **tell** Andrew to come?
Tu as dit à Andrew de venir ?
He **told** me that he was cold.
Il m'a dit qu'il avait froid.
Tell me your name.
Dis-moi ton nom.

➤ **tell somebody** (**told**, **told**) = **dire à quelqu'un**
ATTENTION Au contraire de **tell**, **say** n'est **jamais** suivi directement d'un complément personnel (**me**, **him**, **her**, **you**, **us**, **them** ou le nom d'une personne). On ne dit pas *say me your name ni *he said me that he was cold !

SCIENTIST ou SCIENTIFIC ?

Basil and Laura are **scientists**. They do **scientific** experiments.
Basil et Laura sont des scientifiques. Ils font des expériences scientifiques.

➤ a scientist = **un(e) scientifique**
➤ scientific (= **scientifique**) est un **adjectif**, jamais un nom !
ATTENTION Ne dites jamais *a scientific pour "un(e) scientifique" !

SENSIBLE ou SENSITIVE ?

Steve is a very **sensitive** person.
Steve est une personne très sensible.

Steve is a very **sensible** person.
Steve est une personne très raisonnable.

➤ sensitive = **sensible**

➤ Le mot anglais sensible ne signifie pas "sensible" mais **raisonnable**, **sensé**.

SERIES

This is a **series** that I really like watching.
C'est une série que j'aime beaucoup regarder.
They've made two **series** about the Queen.
Ils ont fait deux séries au sujet de la reine.

➤ a series = **une série**
ATTENTION series prend toujours un **s**, même au singulier : one **series**, two **series**. On ne dit pas *a serie !

SERVICE

The **service** is very poor in this restaurant.
Le service est très mauvais dans ce restaurant.

➤ Le mot anglais service signifie **service** au sens de "travail fait pour d'autres".

↳ Which **department** do you work in?
Tu travailles dans quel service ?

↳ Les différents services d'une entreprise s'appellent **departments** en anglais, pas services.

↳ Can you do me a **favour**?
Tu peux me rendre service ?

↳ **do someone a favour** = **rendre service à quelqu'un**

SHORTS

What's that? – It's a pair of **shorts**.
Qu'est-ce que c'est ? – C'est un short.

➤ En anglais **shorts** est toujours au pluriel.

I'm going to put my **shorts** on.
Je vais mettre mon short.
I need some new **shorts**.
J'ai besoin d'un nouveau short.

ATTENTION On ne dit pas *a short ! On dit (**some**) **shorts** ou **a pair of shorts**.
→ JEANS, PANTS, PYJAMAS, TROUSERS

SOCIETY

I'm interested in the role of religion in modern **society**.
Je m'intéresse au rôle de la religion dans la société moderne.

I work for a French **company**.
Je travaille pour une société française.

➤ **a society** = **une société** au sens de "communauté, civilisation".

↳ **une société** commerciale (une entreprise) = **a company**
ATTENTION N'employez jamais le mot society pour une entreprise.

SOON ou EARLY ?

We've got to leave **soon**.
Il faut que nous partions bientôt.

We've got to leave **early**.
Il faut que nous partions tôt.

➤ **soon** signifie **bientôt, dans peu de temps**.

➤ **early** signifie **tôt, de bonne heure**.

ATTENTION Ne les confondez pas !

SOUVENIR

Did you buy any **souvenirs** in Thailand?
As-tu acheté des souvenirs en Thaïlande ?

↳ I have good **memories** of that holiday.
J'ai de bons souvenirs de ces vacances.

➤ **a souvenir**, c'est **un souvenir** (un objet) **qu'on rapporte** d'un voyage.

↳ **un souvenir** (une chose dont on se souvient) = **a memory**

SPAGHETTI

I really like **spaghetti**.
J'adore les spaghettis.
This **spaghetti** is cold!
Ces spaghettis sont froids !

➤ **spaghetti** est un nom **indénombrable** en anglais. Il ne se met jamais au pluriel (on ne dit pas *spaghettis) et on ne dit jamais *a spaghetti.

STAGE

We did the work in **stages**.
Nous avons fait le travail par étapes.
The **stage** was covered in flowers.
La scène était couverte de fleurs.

↳ What kind of **course** would you like to do?
Quel genre de stage aimerais-tu faire ?

➤ **a stage**, c'est soit **une étape**, soit **une scène de théâtre** (au sens de "plateau").

↳ **un stage** (de formation) = **a course**

STATION

I'll meet you at the **station**.
On se retrouve à la gare.

↳ It's a really nice **ski resort**.
C'est une très jolie station de ski.
↳ I don't like **beach resorts**.
Je n'aime pas les stations balnéaires.

➤ **a station**, c'est **une gare** ou **une station de métro**.

↳ **une station** (balnéaire ou de sports d'hiver) = **a resort**

SUCCEED

They **succeeded in** repair**ing** the car.
Ils ont réussi à réparer la voiture.

➤ **succeed in + -ing** = **réussir à + infinitif**

ATTENTION On ne dit pas *succeed to...

SUPPORT

These three pillars **support** the roof.
Ces trois piliers soutiennent le toit.

↳ I **can't bear** this programme!
Je ne supporte pas cette émission !

➤ Le sens le plus courant du verbe **support** est **soutenir**.

↳ Pour dire qu'on ne supporte pas quelque chose, on emploie l'expression **can't bear...**

SURELY

Surely he can't be serious!
Non mais il ne peut pas être sérieux !

Surely you're not going to buy that!
Tu ne vas pas acheter ça, quand même ?

↳ You're **probably** right!
Tu as sûrement raison !

➤ **surely** ne signifie pas "sûrement". Il exprime l'étonnement ou l'incrédulité. Il se traduit de diverses façons ("non mais...", "quand même"...)

↳ Quand **sûrement** signifie "probablement", il se traduit par **probably**.

SURNAME

What's your **surname**?
Quel est ton nom de famille ?

↳ His **nickname** is Jojo.
Son surnom est Jojo.

➤ a surname = **un nom de famille**

↳ **un surnom** = a nickname

SYMPATHETIC

When I told her what had happened, she was very **sympathetic**.
Quand je lui ai dit ce qui s'était passé, elle a été très compatissante.

↳ The policeman was very **friendly**.
Le policier a été très sympathique.

➤ Le mot anglais sympathetic signifie essentiellement **compatissant** (c'est-à-dire, à l'écoute des problèmes des autres).

↳ **sympathique** = nice ou friendly

ATTENTION N'employez pas sympathetic comme traduction de **sympathique** !

TENNIS

Paul is really good at **tennis**.
Paul est très doué pour le tennis.

↳ My **trainers** are dirty.
Mes tennis sont sales.

➤ tennis = **le tennis** (sport)

↳ **des tennis** (= des chaussures) = trainers

TONIGHT ou LAST NIGHT ?

There's a good film on TV **tonight**.
Il y a un bon film à la télé ce soir.

They say it's going to rain **tonight**.
Ils disent qu'il va pleuvoir cette nuit.

It rained a lot **last night**.
Il a beaucoup plu cette nuit.

➤ tonight = **ce soir**

➤ On peut parfois traduire tonight par **cette nuit**, mais il a toujours le sens de "ce soir", "la nuit qui vient".

➤ Quand "cette nuit" signifie "la nuit dernière", on traduit par last night.

ATTENTION Ne confondez pas les deux !

TRANSLATE

Can you **translate** this **into** English, please?
Tu peux traduire ça en anglais s'il te plaît ?

➤ translate = **traduire**

ATTENTION On dit translate into, pas *translate in !

TROUSERS

What's that? – It's a pair of **trousers.**
Qu'est-ce que c'est ? – C'est un pantalon.

I'm going to put my **trousers** on.
Je vais mettre mon pantalon.
I need some new **trousers.**
J'ai besoin d'un nouveau pantalon.

➤ En anglais **trousers** est toujours au pluriel.

ATTENTION On ne dit pas *a trouser ! On dit (**some**) **trousers** ou **a pair of trousers**.
→ JEANS, PANTS, PYJAMAS, SHORTS

UNITED STATES

The **United States** is one of the world's largest countries.
Les États-Unis sont un des plus grands pays du monde.

➤ Notez que le verbe qui suit **The United States** est au **singulier**.

VERY MUCH, VERY WELL

I like reading **very much**.
J'aime beaucoup lire.
They know this area **very well.**
Ils connaissent très bien cette région.

➤ Notez que **very much** et **very well** ne se mettent jamais entre un verbe et son complément (on ne dit pas *I like very much reading).

WAIT (FOR) ou EXPECT ?

Let's **wait** here.
Attendons ici.
I hate **waiting.**
Je déteste attendre.

➤ **wait** (sans complément) = **attendre** (au sens de "rester en attendant que quelque chose arrive").

I'm **waiting for** the bus.
J'attends le bus.

➤ Quand il y a un complément (quand on attend **quelque chose** ou **quelqu'un**), il faut dire **wait for**.

Don't **wait for** me if I'm late.
Ne m'attendez pas si je suis en retard.
What are you **waiting for**?
Qu'est-ce que tu attends ?
Who are you **waiting for**?
Qui est-ce que tu attends ?

➤ N'oubliez pas **for** dans les questions avec **who?** et **what?**

I'm **expecting** a delivery at four.
J'attends une livraison à quatre heures.
She's **expecting** a baby.
Elle attend un bébé.

➤ Quand **attendre** signifie "penser que quelque chose va arriver", il se traduit par **expect**, pas **wait**.

WANT

We're going to the cinema, do you **want** to come with us?
Nous allons au cinéma, tu veux venir avec nous ?

➤ **want** = **vouloir**

No, I don't **want to.**
Non, je ne veux pas.

➤ Quand on répond à une question en disant qu'on "ne veut pas", on n'emploie jamais seul le mot **want** : il est toujours suivi de **to**. Répondre *I don't want (sans to) est incorrect.

↳ Do you **want** an ice cream? **Yes, please.**
Tu veux une glace ? Oui, je veux bien.

↳ N'employez jamais want pour traduire "vouloir bien". On ne dit pas yes I want !

↳ **I'd like** to speak to David, please.
Je voudrais parler à David, s'il te plaît.

↳ On dit **would like**, pas *would want.

WELL ou GOOD ?

Andy paints very **well.**
Andy peint très bien.

➤ **well** est le plus souvent un **adverbe** qui signifie **bien**, mais attention ! **bien** ne se traduit pas toujours par **well** !

He's not **well.**
Il ne va pas bien.

➤ **be well** = **aller bien, être en bonne santé**

ATTENTION **well** n'est employé comme adjectif que pour parler de la **santé**. Ne traduisez jamais **bien** par well quand vous ne parlez pas de la santé de quelqu'un !

That's **good**!
C'est bien !
It's a really **good** film.
C'est très bien comme film.
C'est un très bon film.
I think this song is very **good.**
Je trouve cette chanson très bien.

➤ Quand **bien** est employé comme **adjectif**, il se traduit le plus souvent par **good**.

That guy is really **good-looking.**
That guy is really **cute.**
Ce mec est vraiment bien.

➤ Quand **bien** signifie "beau, belle" il se traduit par **good-looking** ou **cute**.

WISH

He **wishes** he was thinner.
I aimerait tellement être plus mince.

➤ **wish** exprime ce qu'on **aimerait tellement faire, avoir ou être**.
Il **n'est pas** l'équivalent exact du verbe "souhaiter".

I **wish** I had a bigger flat.
J'aimerais tellement avoir un plus grand appartement.
Si seulement j'avais un plus grand appartement.

➤ **I wish... + prétérit** peut parfois être traduit par **si seulement...**

I **wish** you would be quiet!
Je voudrais bien que tu te taises !
I **wish** it would stop raining!
Je voudrais bien qu'il arrête de pleuvoir !

➤ **I wish... + would** exprime l'irritation ou l'impatience devant une situation.

ATTENTION Ne traduisez pas **souhaiter** par wish ! En général, **je souhaite... = I'd like...**

WITHOUT + -ING

He did it **without** tell**ing** me.
Il l'a fait sans me le dire.

You can't survive **without** drink**ing** water.
On ne peut pas survivre sans boire de l'eau.

➤ **without + -ing = sans + infinitif**

ATTENTION On ne dit pas *without to... !

WORK

Tell me about your **work**.
Parle-moi de ton travail.
This is interesting **work**.
C'est un travail intéressant.
The **work** is finished.
Le travail est terminé.
Les travaux sont terminés.

➤ Au sens de **travail**, **work** est **indénombrable** : il ne se met pas au pluriel, et on ne dit pas a work.

↳ I'm looking for a **job**.
Je cherche un travail.

↳ **un travail** (= un poste) = **a job**

ATTENTION On ne dit pas a work dans ce cas !

This is a **work** by Picasso.
C'est une œuvre de Picasso.
I've read several of his **works**.
J'ai lu plusieurs de ses ouvrages.

Quand **work** est **dénombrable** (quand on dit **a work** ou **works**), il signifie **œuvre** ou **ouvrage**, pas "travail".

Communication en situation

Ce chapitre vous aidera à communiquer avec aisance à l'écrit et à l'oral : courriels, lettres types, abréviations de SMS, phrases types au téléphone.

SMS

Abréviation	Signification
2	to
2DAY	today
2MORO	tomorrow
2NITE	tonight
4	for
ASAP	as soon as possible
ATM	at the moment
B	be
B4	before
COZ	because
CUL8R	see you later
GR8	great
H8	hate
ILUVU	I love you
IMS	I'm sorry
LOL	laugh(ing) out loud
MSG	message
MYOB	mind your own business
O	nothing
PLS	please
R	are
RN	right now
RUOK	are you OK?
THX	thanks
TXT	text
U	you
V	very
W	with
WKND	weekend
W/O	without
XLNT	excellent
Y	why
YR	your

Courriel

File | Edit | View | Tools | Compose | Help | Send

New message
Reply
Reply all
Forward
Attach

From:

Date:

To: peter.webster@europost.co.uk

Cc:

Bcc:

Subject: Party

Attachments:

En anglais, lorsqu'on donne son adresse électronique à quelqu'un, on dit : *peter dot webster at europost dot co dot uk*

Hi Peter

How are things? I hope you're enjoying your new job. Did you get your computer problems sorted out?

Anyway, the reason I'm e-mailing is that I'm having a party on Saturday April 15, and I wondered if you could come. Hope so!

Love

Jessica

PS Thanks for those free tickets. :-)

Anglais	Français
File	Fichier
Edit	Édition
View	Affichage
Tools	Outils
Compose	Composer
Help	Aide
Send	Envoyer
New message	Nouveau message
Reply	Répondre à l'expéditeur
Reply all	Répondre à tous
Forward	Transférer, Faire suivre
Attach	Joindre un fichier
From	De
To	À
Cc (carbon copy)	Cc (copie conforme)
Bcc (blind carbon copy)	Cci (copie cachée)
Subject	Objet
Attachment	Fichier joint
Sent	Envoyé, Date
Spam	Spam, Pourriel, Courrier indésirable
to copy somebody into a message	mettre qn en copie d'un message
to reply to a message	répondre à un message
to open a message	ouvrir un message
to re-send a message	renvoyer un message
to delete a message	supprimer un message
to forward a message	transférer un message

Anglais	Français
back	retour à
bookmarks	marque-pages
broadband	connexion haut débit
browser	navigateur
chatroom	forum
to click	cliquer
to double-click	double-cliquer
to download	télécharger
FAQs (frequently asked questions)	FAQ (foire aux questions)
favourites	favoris
forward	suivant
history	historique
home	accueil
home page	page d'accueil
hyperlink	lien hypertexte
icon	icône
Internet Service Provider (ISP)	fournisseur d'accès à Internet (FAI)
landing page	page d'atterrissage
to log off	se déconnecter
to log on	se connecter
online	en ligne
password	mot de passe
to search	faire une recherche
search engine	moteur de recherche
to surf the Net	surfer sur le Net
to upload	téléverser, charger
URL	URL
web page	page web
website	site web
the (World-Wide) Web	la Toile, le Web

Lettre personnelle

Votre adresse et la date, sans ponctuation →

69 Castle Lane
Edinburgh
EH2 4AX

6 June 2017

Dear David and Charlotte,

Thank you very much for the poster you sent me for my birthday – I really like it. I've put it up in my bedroom. There's not much news here. I'm spending most of my time studying for my exams, which start in two weeks. I hope I'll pass all of them but I'm a bit worried about maths.

You'll be flying to Australia soon – I really envy you. I'm sure you'll have a great time. I'm looking forward to seeing you when you get back, and to hearing all about it.

Love

Caroline xx

Autres formules pour les salutations

Poli	Informel
Best wishes *Kind regards* *Yours sincerely*	*Love and best wishes* *Lots of love* *Take care*

Phrases utiles

Thank you for your letter.	Merci beaucoup pour ta lettre.
It was lovely to hear from you.	Ça m'a fait très plaisir d'avoir de tes nouvelles.
I'm sorry I didn't reply sooner.	Excuse-moi de ne pas t'avoir écrit plus tôt.
Give my love to Paul.	Embrasse Paul de ma part.
Mum sends her best wishes.	Maman te dit bonjour.
Write soon.	Écris-moi vite.

Lettre officielle

Votre adresse →

18 Slateford Avenue
Leeds
L24 3PR

The Manager
City Hotel
7 Queen Street
London
W1 3JN

← Nom et adresse du destinataire

2 June 2017

← Au Royaume-Uni, on écrit la date ici
Les Américains écrivent la date juste avant les nom et adresse du destinataire

Employez *Mrs* pour une femme mariée, *Miss* si elle n'est pas mariée, et *Ms* si vous ne savez pas si elle est mariée ou si elle préfère cette appellation

Dear Sir/Madam,

Following our telephone conversation of this morning, I am writing to confirm my reservation for a room with en suite facilities for the two nights of Friday July 7 and Saturday July 8. As agreed, I enclose a cheque for £50 as a deposit.

I look forward to hearing from you.

Yours faithfully

Marianne James

Lettre à une entreprise ou à un organisme

Commencer	Terminer
Dear Sir, *Dear Sirs,* *Dear Madam,* *Dear Sir or Madam,*	*Yours faithfully,* (Brit) *Sincerely,* (US)

Lettre à une personne à qui vous vous adressez par son nom

Commencer	Terminer
Dear Professor Davies,	*Yours sincerely,* (Brit) *Sincerely,* (US)
Dear Dr Minogue,	*Yours sincerely,* *Sincerely,*
Dear Mr and Mrs Smith, *Dear Ms Jackson,*	*Best wishes,* *Kind regards,*

Phrases utiles

Thank you for your letter of...	J'ai bien reçu votre lettre datée du...
With reference to your letter...	Pour faire suite à votre courrier...
I acknowledge receipt of...	J'accuse réception de...
Please find enclosed...	Veuillez trouver ci-joint...

Téléphone

Demander des renseignements

What's the area code for Portsmouth?	Quel est l'indicatif pour Portsmouth ?
How do I get an outside line?	Comment dois-je faire pour appeler l'extérieur ?
Could you give me the extension number for Professor Thomas?	Pouvez-vous me donner le numéro de poste du professeur Thomas ?

Quand la personne décroche

Hello! Is Paul there, please?	Bonjour, est-ce que Paul est là, s'il vous plaît ?
Could I speak to Jason Reeves, please?	Je peux parler à Jason Reeves, s'il vous plaît ?
Is that Jason Reeves?	C'est Jason Reeves ?
Could you ask him to call me back?	Vous pouvez lui demander de me rappeler ?
I'll call back in half an hour.	Je rappellerai dans une demi-heure.
Could I leave a message, please?	Je peux laisser un message, s'il vous plaît ?

Quand le téléphone sonne

Hello	Allo

Vous pouvez également dire votre nom, ou celui de votre entreprise :

Claire Davies
Drapers bookshop

Who's speaking?	Vous êtes Monsieur/Madame... ?
Speaking.	C'est moi.
She's not here at the moment, would you like to leave a message?	Elle n'est pas là pour le moment, souhaitez-vous laisser un message ?

Ce que vous pouvez entendre

Who shall I say is calling?	C'est de la part de qui ?
I'm putting you through now.	Je vous le/la passe.
Please hold.	Ne quittez pas.
There's no reply.	Ça ne répond pas.
The line is engaged (Brit)/*busy* (US).	La ligne est occupée.
Would you like to leave a message?	Souhaitez-vous laisser un message ?
The person you are calling is not available. Please leave a message after the tone.	Votre correspondant n'est pas disponible pour le moment. Veuillez laisser un message après le bip.

Laisser un message

Hi Paul, this is Matt, can you give me a call?	Salut Paul, c'est Matt, tu peux m'appeler ?
This is a message for ...	Ceci est un message pour...
Please call me back today on ...	Merci de me rappeler aujourd'hui au numéro suivant...

En cas de problème

Sorry, I dialled the wrong number.	Désolé, je me suis trompé de numéro.
This is a very bad line.	La ligne est très mauvaise.
You're breaking up.	Je ne vous capte plus.
My battery's low.	Je n'ai plus beaucoup de batterie.
I can't hear you.	Je ne vous entends pas.
I'll call you back!	Je vous rappelle !

Dire votre numéro de téléphone

Pour énoncer un numéro de téléphone, dites chaque chiffre séparément. Si le même chiffre apparaît deux fois à la suite, vous pouvez dire *double* (44 = *double four*). Les Britanniques disent soit *zero*, soit *o* ; les Américains disent *zero*. Par exemple :

0141 322 3712

Brit/US: *zero one four one three double two three seven one two*

Brit: *oh one four one three double two three seven one two*

Chiffres et unités

Longueur

1 inch	***in***	2,54 centimètres
1 foot	***ft***	30,48 centimètres
1 yard	***yd***	91,44 centimètres
1 mile	***ml***	1 609 mètres

1 centimètre	**cm**	*0.39 inch*
1 mètre	**m**	*3.28 feet*
1 mètre	**m**	*1.09 yard*
1 kilomètre	**km**	*0.62 mile*

1 nautical mile = 1 852 mètres = *1 mile marin*

Capacité

1 pint	***pt***	Brit : 0,57 litre U.S. : 0,47 litre
1 quart	***qt***	Brit : 1,13 litre U.S. : 0,94 litre
1 gallon	***gal***	Brit : 4,54 litres U.S. : 3,78 litres

1 litre	**l**	*Brit : 1.75 pint* *U.S. : 2.12 pints*
1 litre	**l**	*Brit : 0.22 gallon* *U.S. : 0.26 gallon*

Poids

1 ounce	***oz***	28,35 grammes
1 pound	***lb***	453,6 grammes
1 stone	***st***	6,35 kilogrammes
1 ton	***t***	Brit : 1 016 kilogrammes U.S. : 907,18 kilogrammes

1 gramme	**gr**	0.035 *ounce*
100 grammes		3.527 *ounces*
1 kilogramme	**kg**	2.204 *pounds* 0.157 *stone*

Température

Pour convertir des degrés Celsius en degrés Farenheit, il faut multiplier la température par 9/5 puis ajouter 32, selon la formule suivante :

$$20\,°C = (20 \times \frac{9}{5}) + 32 = 68\,°F$$

Pour convertir des degrés Farenheit en degrés Celsius, il faut soustraire 32 à la température puis multiplier par 5/9, selon la formule suivante :

$$59\,°F = (59 - 32) \times \frac{5}{9} = 15\,°C$$

Pour mémoire,

10 °C = 50 °F,

5 °C équivalent à 9 °F.

Ainsi, pour convertir rapidement des degrés Celsius, on peut décomposer la température en multiples de 10 et de 5, comme suit :

15 °C = (10 °C + 5 °C) = (50 °F + 9 °F) = 59 °F

Pour convertir rapidement des degrés Farenheit, on peut décomposer la température en multiples de 10 et de 5, comme suit :

68 °F = (50 °F + 9 °F + 9 °F) = (10 °C + 5 °C + 5 °C) = 20 °C.

Monnaie

La monnaie britannique

Pièces		Billets	
1p	*one penny*	**£5**	*five pounds*
2p	*two pence*	**£10**	*ten pounds*
5p	*five pence*	**£20**	*twenty pounds*
10p	*ten pence*	**£50**	*fifty pounds*
50p	*fifty pence*		
£1	*one pound (= 100 pence)*		

Les monnaies américaine et australienne

Pièces		Billets	
1 cent	*one cent*	**$1**	*one dollar (= 100 cents)*
5 cents	*five cents (a nickel)*	**$5**	*five dollars*
10 cents	*ten cents (a dime)*	**$10**	*ten dollars*
25 cents	*twenty-five cents (a quarter)*	**$20**	*twenty dollars*
		$50	*fifty dollars*
		$100	*one hundred dollars*

Heure

it's midday *it's noon*	il est midi
it's twelve (o'clock)	il est douze heures
it's midnight	il est minuit
it's nine (o'clock)	il est neuf heures
it's nine am *it's nine in the morning*	il est neuf heures du matin
it's nine pm *it's nine in the evening*	il est neuf heures du soir
it's twenty-one (1)	il est vingt et une heures
it's a quarter past (Brit) ou *after* (US) *six*	il est six heures et quart
it's six fifteen	il est six heures quinze
it's eighteen fifteen (1)	il est dix-huit heures quinze
it's half past (Brit) ou *after* (US) *nine*	il est neuf heures et demie
it's half past (Brit) ou *after* (US) *nine pm* *it's twenty-one thirty* (1)	il est vingt et une heures trente
it's ten to (Brit) ou *of* (US) *four*	il est quatre heures moins dix
it's fifteen fifty (1)	il est quinze heures cinquante
it's five past (Brit) ou *after* (US) *seven* *it's seven o five* (2)	il est sept heures cinq
it's two minutes past (Brit) ou *after* (US) *eight* (3)	il est huit heures (zéro) deux
it's a quarter to (Brit) ou *of* (US) *two*	il est deux heures moins le quart
it's thirteen forty-five (1)	il est treize heures quarante-cinq

(1) En anglais, l'horloge de 24 heures n'est utilisée que pour les horaires officiels (train, avion, etc.).

(2) ***oh*** se prononce comme la lettre ***o*** [əʊ].

(3) Le mot *minutes* ne peut être omis en anglais qu'avec les multiples de 5.

am est l'abréviation de *ante meridiem* qui signifie « avant midi ».

pm est l'abréviation de *post meridiem* qui signifie « après midi ».

Quelques expressions utiles

it's exactly five o'clock	il est exactement cinq heures
at ten sharp ou *at ten on the dot*	à dix heures précises *ou* pile
it's almost six	il est presque six heures
it's about ou *around six*	il est environ six heures
at around five	aux environs de cinq heures
shortly after noon	un peu après midi
from nine till eleven	de neuf heures à onze heures
it's closed from 1 to 2 pm	c'est fermé de 13 h à 14 h
at seven at the latest	à sept heures au plus tard
at seven at the earliest	à sept heures au plus tôt
he'll be there until eight	il sera là jusqu'à huit heures
it must be finished by ten	ce doit être fini avant dix heures

Nombres

Nombres cardinaux		Nombres ordinaux	
1	*one*	1st	*first*
2	*two*	2nd	*second*
3	*three*	3rd	*third*
4	*four*	4th	*fourth*
5	*five*	5th	*fifth*
6	*six*	6th	*sixth*
7	*seven*	7th	*seventh*
8	*eight*	8th	*eighth*
9	*nine*	9th	*ninth*
10	*ten*	10th	*tenth*
11	*eleven*	11th	*eleventh*
12	*twelve*	12th	*twelth*
13	*thirteen*	13th	*thirteenth*
14	*fourteen*	14th	*fourteenth*
15	*fifteen*	15th	*fifteenth*
16	*sixteen*	16th	*sixteenth*
17	*seventeen*	17th	*seventeenth*
18	*eighteen*	18th	*eighteenth*
19	*nineteen*	19th	*nineteenth*
20	*twenty*	20th	*twentieth*
21	*twenty-one*	21	*twenty-first*
22	*twenty-two*	22	*twenty-second*
30	*thirty*	30	*thirtieth*
40	*forty*	40	*fortieth*
50	*fifty*	50	*fiftieth*
60	*sixty*	60	*sixtieth*
70	*seventy*	70	*seventieth*
80	*eighty*	80	*eightieth*
90	*ninety*	90	*ninetieth*
100	*one hundred*	100	*(one) hundredth*
101	*one hundred and one*	101	*hundred and first*
200	*two hundred*	200	*two hundredth*
300	*three hundred*	300	*three hundredth*
458	*four hundred and fifty-eight*	458	*four hundred and fifty-eighth*
1,000	*one thousand*	1,000	*(one) thousandth*

1,512	*one thousand five hundred and twelve*	**1,512**	*one thousand five hundred and twelth*
2,000	*two thousand*	**2,000**	*two thousandth*
2,009	*two thousand and nine*	**2,009**	*two thousand and ninth*
1,000,000	*one million*	**1,000,000**	*one millionth*
2,000,000	*two million*	**2,000,000**	*two millionth*
1,000,000,000	*one billion*	**1,000,000,000**	*(one) billionth*
2,000,000,000	*two billion*	**2,000,000,000**	*two billionth*

Remarques

• « Zéro » se dit ***zero*** en anglais américain, mais en anglais britannique ce mot est réservé aux sciences et aux mathématiques (notamment pour exprimer les températures et les graduations).

Le terme ***nought*** s'utilise en Grande-Bretagne dans les nombres décimaux, par exemple *nought point nought seven* pour dire « 0,07 », mais aussi dans les notations : *nought out of ten* veut dire « 0 sur 10 ».

Les Britanniques disent soit ***zero***, soit ***o*** pour indiquer des numéros de carte de crédit ou de téléphone : par exemple, *o one four one* pour « 0141 ». Les Américains disent ***zero***.

Dans les scores de matchs en Grande-Bretagne, on dit ***nil***. « Liverpool a gagné par cinq buts à zéro » se dit *Liverpool won five nil*. L'équivalent américain est ***nothing*** (mot qui est parfois employé familièrement par les Britanniques) ou, dans un registre plus familier, ***zip*** : « nous avons gagné par sept buts à zéro » se dit *we won seven-zip*.

• Pour les numéros de téléphone, on donne les chiffres séparément en anglais, et non groupés comme en français. « 06 24 87 21 96 » se dit *zero six two four eight seven two one nine six*. Si un chiffre est doublé, on peut dire *double*.

• ***Hundred, thousand, million*** et ***billion*** sont invariables, sauf dans les expressions *hundreds of, thousands of, millions of, billions of*.

• On utilise ***and*** entre les centaines et les dizaines (« 350 » *three hundred and fifty*) et entre les milliers et les dizaines s'il n'y a pas de centaines (« 2012 » *two thousand and twelve* ; « 5389 » *five thousand three hundred and eighty-nine*).

• Attention ! Là où le français met un espace ou un point pour séparer les milliers et les centaines, les millions et les milliers, les milliards et les millions, l'anglais met une virgule ; « cinq mille » s'écrit « 5 000 » ou « 5.000 » en français mais 5,000 en anglais.

DICTIONNAIRE ANGLAIS-FRANÇAIS

ENGLISH-FRENCH DICTIONARY

aA

A [eɪ] **1** n **a** ▪ **to get from A to B** aller d'un endroit à un autre **b** (Mus) la *m* **c** (= mark) excellent *(de 15 à 20 sur 20)* **2** comp ▸ **A levels** npl (BR) ≈ baccalauréat ▸ **the A-list** n le gratin, le dessus du panier ▸ **A-road** n (BR) ≈ route nationale ▸ **A to Z®** n plan *m* avec répertoire des rues

a [eɪ, ə] indef art **a** ▪ **a tree** un arbre ▪ **an apple** une pomme ▪ **he smokes a pipe** il fume la pipe ▪ **I have read a third of the book** j'ai lu le tiers du livre ▪ **his wife is a doctor** sa femme est médecin ▪ **she's a widow** elle est veuve **b** ▪ **$4 a person** 4 dollars par personne ▪ **twice a year** deux fois par an ▪ **80km an hour** 80 km à l'heure ▪ **€3 a kilo** 3 € le kilo
→ Pièges A

AA [eɪ'eɪ] n (BR) (abbr of **Automobile Association**) *société de dépannage*

aback [ə'bæk] adv ▪ **to be taken ~** être interloqué

abandon [ə'bændən] **1** vt abandonner ; [+ property, right] renoncer à **2** n abandon *m*

abandonware [ə'bændən,wɛəʳ] n logiciel *m* abandonné

abate [ə'beɪt] vi [storm, violence] se calmer ; [noise, fever] baisser

abattoir ['æbətwɑːʳ] n abattoir *m*

abbey ['æbɪ] n abbaye *f*

abbot ['æbət] n abbé *m*

abbreviate [ə'briːvɪeɪt] vt abréger (*to* en)

abbreviation [ə,briːvɪ'eɪʃən] n abréviation *f*

abdicate ['æbdɪkeɪt] vi abdiquer

abdication [,æbdɪ'keɪʃən] n [of king] abdication *f*

abdomen ['æbdəmən] n abdomen *m*

abdominal [æb'dɒmɪnl] **1** adj abdominal **2** **abdominals** npl abdominaux *mpl*

abduct [æb'dʌkt] vt enlever

abductor [æb'dʌktəʳ] n ravisseur *m*, -euse *f*

abhor [əb'hɔːʳ] vt abhorrer

abhorrent [əb'hɒrənt] adj odieux

abide [ə'baɪd] vt (= tolerate) ▪ **I can't ~ her** je ne la supporte pas
▸ **abide by** vt insep [+ rule, decision] respecter

ability [ə'bɪlɪtɪ] n **a** (= capability) aptitude *f* (*to do sth* à faire qch) ▪ **to the best of one's ~** de son mieux **b** (= talent) talent *m*

> ⚠ ***ability*** ne se traduit pas par **habileté**.

abject ['æbdʒekt] adj [misery] noir ; [poverty] extrême

ablaze [ə'bleɪz] adj (= on fire) en feu

able ['eɪbl] adj **a** ▪ **to be ~ to do sth** (= have means or opportunity) pouvoir faire qch ; (= know how to) savoir faire qch ▪ **I wasn't ~ to help him** je n'ai pas pu l'aider **b** (= clever) capable

able-bodied [,eibl'bɒdɪd] adj valide

ably ['eɪblɪ] adv (= competently) avec compétence

abnormal [æb'nɔːməl] adj anormal

abnormality [,æbnɔː'mælɪtɪ] n **a** (= abnormal feature) anomalie *f* **b** (= abnormal nature) caractère *m* anormal

aboard [ə'bɔːd] **1** adv (= on ship, plane) à bord ▪ **to go ~** monter à bord **2** prep (ship, plane) à bord de ; (train, bus) dans

abode [ə'bəʊd] n ▪ **place of ~** domicile *m*

abolish [ə'bɒlɪʃ] vt abolir

abolition [,æbəʊ'lɪʃən] n abolition *f*

Aborigine [,æbə'rɪdʒɪnɪ] n Aborigène *mf*

abort [ə'bɔːt] **1** vi avorter ; (Computing) abandonner **2** vt [+ foetus] faire avorter ; [+ mission, operation] abandonner

abortion [ə'bɔːʃən] n avortement *m*

abound [ə'baʊnd] vi abonder ▪ **to ~ in** abonder en

about [ə'baʊt]

1 adv **a** (= approximately) à peu près, environ ▪ **~ thirty** environ or à peu près trente, une trentaine ▪ **it's ~ 11 o'clock** il est environ or à peu près 11 heures ▪ **at ~ 11 o'clock** vers 11 heures ▪ **it's ~ time!** ce n'est pas trop tôt !

b (= here and there) çà et là ▪ **to leave one's things lying ~** laisser traîner ses affaires

c (= near, in circulation) par ici ▪ **he's somewhere ~** il est dans les parages ▪ **there was nobody ~** il n'y avait personne ▪ **there's a lot of flu ~** il y a beaucoup de cas de grippe en ce moment

d (= round) ▪ **all ~** tout autour

e ▪ **to be ~ to do sth** être sur le point de faire qch, aller faire qch

2 prep **a** (= concerning) ▪ **to speak ~ sth** parler de qch ▪ **a film ~ India** un film sur l'Inde ▪ **I heard nothing ~ it** je n'en ai pas entendu parler ▪ **what is it ~?** de quoi s'agit-il ?

b (= somewhere in) quelque part dans ▪ **somewhere ~ the house** quelque part dans la maison

c (= round) autour de ▪ **the countryside ~ Edinburgh** la campagne autour d'Édimbourg

d (describing characteristics) ▪ **there's something sinister ~ him** il a quelque chose de sinistre ▪ **there's something odd ~ all this** il y a quelque chose de bizarre là-dedans

about-turn [ə'baʊt'tɜːn] n [of soldier] demi-tour *m* ; (= change of opinion) volte-face *f*

above [ə'bʌv]

1 adv a (= overhead, higher up) en haut ▪ **from ~** d'en haut ▪ **the view from ~** la vue d'en haut ▪ **the flat ~** l'appartement du dessus

b (= more) ▪ **boys of 16 and ~** les garçons de 16 ans et plus ▪ **seats are available at $10 and ~** il y a des places à partir de 10 dollars

c (= earlier in text) ci-dessus

2 prep a (= higher than) au-dessus de ▪ **~ all** surtout

b (= more than) ▪ **children ~ seven years of age** les enfants de plus de sept ans ▪ **temperatures ~ 40 degrees** des températures supérieures à 40 degrés

c (= too proud, honest for) ▪ **he is ~ such behaviour** il est incapable de se conduire ainsi

abrasive [ə'breɪsɪv] adj a [substance, surface] abrasif b [person, manner, speech] caustique

abreast [ə'brest] adv a ▪ **to walk three ~** marcher trois de front b ▪ **to keep ~ of sth** se tenir au courant de qch

abridge [ə'brɪdʒ] vt abréger

abroad [ə'brɔːd] adv à l'étranger ▪ **from ~** de l'étranger

abrupt [ə'brʌpt] adj a [change, rise, fall] soudain ; [movement, turn] brusque b [person, manner, comment] abrupt

abruptly [ə'brʌptlɪ] adv a [stop, move, turn] brusquement b [say, ask] abruptement c [rise, fall] en pente raide

abs* [æbz] npl abdos* *mpl* ▸ **abs and glutes** abdos-fessiers *mpl*

abscess ['æbses] n abcès *m*

abscond [əb'skɒnd] vi s'enfuir

abseiling ['æbseɪlɪŋ] n (BR) rappel *m*

absence ['æbsəns] n absence *f*

absent ['æbsənt] adj absent ▪ **to be ~ without leave** être absent sans permission

absentee [ˌæbsən'tiː] n absent(e) *m(f)*

absenteeism [ˌæbsən'tiːɪzəm] n absentéisme *m*

absent-minded [ˌæbsənt'maɪndɪd] adj (= distracted) distrait ; (= forgetful) absent

absolute ['æbsəluːt] adj a (gen) absolu b (used for emphasis) ▪ **that's ~ rubbish*** c'est n'importe quoi ▪ **it was an ~ nightmare*** c'était un vrai cauchemar

absolutely [ˌæbsə'luːtlɪ] adv absolument ▪ **I ~ agree** je suis entièrement d'accord

absorb [əb'sɔːb] vt absorber ; [+ sound, shock] amortir ▪ **to be ~ed in a book** être plongé dans un livre

absorbent [əb'sɔːbənt] adj absorbant

absorbing [əb'sɔːbɪŋ] adj [work] absorbant ; [book, film] captivant

abstain [əb'steɪn] vi s'abstenir

abstention [əb'stenʃən] n abstention *f*

abstinence ['æbstɪnəns] n abstinence *f*

abstract ['æbstrækt] adj abstrait

absurd [əb'sɜːd] adj absurde

absurdity [əb'sɜːdɪtɪ] n absurdité *f*

absurdly [əb'sɜːdlɪ] adv [expensive, young, rich] ridiculement

abundance [ə'bʌndəns] n abondance *f*

abundant [ə'bʌndənt] adj abondant

abundantly [ə'bʌndəntlɪ] adv abondamment ▪ **it was ~ clear that...** il était tout à fait clair que...

abuse **1** vt [ə'bjuːz] a (= misuse) abuser de b (= insult) insulter ; (= ill-treat) maltraiter ; (sexually) faire subir des sévices sexuels à **2** n [ə'bjuːs] a [of power, authority] abus *m* b (= insults) insultes *fpl* ; (= ill-treatment) mauvais traitements *mpl* (*of* à) ; (sexual) abus *m* sexuel

Lorsque ***abuse*** est un verbe, le **s** se prononce ***z***. Lorsque c'est un nom, il se prononce ***s***.

abusive [əb'juːsɪv] adj (= offensive) [speech, words] injurieux ▪ **he was very ~** il s'est montré très grossier

abysmal [ə'bɪzməl] adj épouvantable

abyss [ə'bɪs] n abîme *m*

AC [ˌeɪ'siː] n (abbr of **alternating current**) courant *m* alternatif

academic [ˌækə'demɪk] **1** adj a (= of university) universitaire ; (= of school) scolaire ▪ **~ year** année *f* universitaire b (= theoretical) théorique **2** n universitaire *mf*

academy [ə'kædəmɪ] n a (= school) école *f* ▪ **~ of music** conservatoire *m* b (= society) académie *f*

accelerate [æk'seləreɪt] **1** vt accélérer ; [+ events] précipiter **2** vi accélérer

acceleration [ækˌselə'reɪʃən] n accélération *f*

accelerator [æk'seləreɪtəʳ] n accélérateur *m*

accent ['æksənt] n accent *m*

accentuate [æk'sentjʊeɪt] vt [+ inequality, hostility] accentuer ; [+ physical feature] faire ressortir

accept [ək'sept] vt accepter ▪ **I ~ that...** je conviens que... ; → *Pièges* ACCEPT

acceptable [ək'septəbl] adj [offer, suggestion] acceptable ; [behaviour] admissible ▪ **I hope you will find this ~** j'espère que cela vous conviendra

acceptance [ək'septəns] n a [of invitation, gift] acceptation *f* ; [of proposal] consentement *m* (*of* à) b (= approval) approbation *f*

accepted [ək'septɪd] adj (gen) accepté ; [fact] reconnu ; [idea] répandu ; [behaviour, pronunciation] admis

access ['ækses] 1 n accès *m* ▪ **to give ~ to** donner accès à ▪ **to have ~ to sb/sth** avoir accès à qn/qch ▸ **access course** n *cours de mise à niveau permettant aux personnes n'ayant pas le diplôme requis d'accéder à l'enseignement supérieur* ▸ **access road** n route *f* d'accès; [of motorway] bretelle *f* d'accès 2 vt [+ computer file] accéder à

accessibility [æk,sesə'bɪlɪtɪ] n accessibilité *f*

accessible [æk'sesəbl] adj accessible

accessorize [æk'sesəraɪz] vt accessoiriser

accessory [æk'sesərɪ] adj, n accessoire *m*

accident ['æksɪdənt] n accident *m* ▪ **by ~** [injure, break] accidentellement ; [meet, find] par hasard ▪ **to be accident-prone** être sujet aux accidents

accidental [,æksɪ'dentl] adj accidentel

accidentally [,æksɪ'dentəlɪ] adv [shoot, kill] accidentellement ▪ **it was discovered quite ~** on l'a découvert par hasard

acclaim [ə'kleɪm] 1 vt (= applaud) acclamer 2 n acclamations *fpl*

acclimate [ə'klaɪmət] vt (US) acclimater (*to* à)

acclimatize [ə'klaɪmətaɪz] 1 vt acclimater (*to* à) 2 vi (to new place, climate) s'acclimater (*to* à)

accolade ['ækəʊleɪd] n accolade *f*

accommodate [ə'kɒmədeɪt] vt (= provide lodging for) loger ▪ **the hotel can ~ 60 people** l'hôtel peut accueillir 60 personnes

> ⚠ *accommodate* ne se traduit pas par **accommoder**.

accommodating [ə'kɒmədeɪtɪŋ] adj obligeant

accommodation [ə,kɒmə'deɪʃən] n logement *m*

accompaniment [ə'kʌmpənɪmənt] n accompagnement *m*

accompany [ə'kʌmpənɪ] vt accompagner

accomplice [ə'kʌmplɪs] n complice *mf*

accomplish [ə'kʌmplɪʃ] vt accomplir ; [+ desire] réaliser

accomplished [ə'kʌmplɪʃt] adj (= talented) doué ; [musician, skater] accompli

accomplishment [ə'kʌmplɪʃmənt] n a (= achievement) réussite *f*, exploit *m* b (= skill) talent *m* c (= completion) ▪ **on ~ of the project** quand le projet aura été mené à bien

accord [ə'kɔːd] 1 vt accorder 2 n accord *m* ▪ **of his own ~** de lui-même

accordance [ə'kɔːdəns] n ▪ **in ~ with** conformément à

according [ə'kɔːdɪŋ] adv ▪ **~ to** selon ▪ **~ to him** d'après lui ▪ **classified ~ to size** classés par ordre de grandeur ▪ **everything went ~ to plan** tout s'est passé comme prévu ; → *Pièges* ACCORDING

accordingly [ə'kɔːdɪŋlɪ] adv [act, pay, plan] en conséquence

accordion [ə'kɔːdɪən] n accordéon *m*

accost [ə'kɒst] vt accoster

account [ə'kaʊnt] 1 n a (with bank, shop) compte *m* ▪ **~ holder** titulaire *mf* du (or d'un) compte b (= report) compte *m* rendu ▪ **to give an ~ of sth** faire le compte rendu de qch ▪ **by all ~s** au dire de tous c (set structures) ▪ **to take sth/sb into ~** tenir compte de qch/qn ▪ **these facts must be taken into ~** ces faits doivent être pris en compte ▪ **to take no ~ of sth** ne pas tenir compte de qch ▪ **on ~ of** à cause de ▪ **on no ~** en aucun cas 2 **accounts** npl (= business records) comptabilité *f* ▪ **to do/keep the ~s** faire/tenir la comptabilité ▪ **~s (department)** (service *m*) comptabilité *f*
▸ **account for** vt insep a (= explain, justify) [+ expenses, one's conduct] justifier ; [+ circumstances] expliquer ▪ **there's no ~ing for taste** chacun son goût (*Prov*) b (= represent) représenter

> ⚠ ***account*** ne se traduit pas par **acompte**.

accountable [ə'kaʊntəbl] adj responsable (*for* de)

accountancy [ə'kaʊntənsɪ] n comptabilité *f*

accountant [ə'kaʊntənt] n comptable *mf*

accrue [ə'kruː] vi [money, advantages] revenir (*to* à) ; [interest] courir

accumulate [ə'kjuːmjʊleɪt] 1 vt accumuler 2 vi s'accumuler

accumulation [ə,kjuːmjʊ'leɪʃən] n accumulation *f*

accuracy ['ækjʊrəsɪ] n exactitude *f* ; [of aim, report] précision *f* ; [of assessment] justesse *f*

accurate ['ækjʊrɪt] adj [information, description, report] exact ; [measurement, assessment] juste ; [translation, account, memory] fidèle

accurately ['ækjʊrɪtlɪ] adv (gen) exactement ; [calculate] juste ; [describe, measure] avec précision ; [translate] fidèlement

accusation [,ækjʊ'zeɪʃən] n accusation *f*

accuse [ə'kju:z] vt accuser ▪ **they ~d him of stealing the car** ils l'ont accusé d'avoir volé la voiture

accused [ə'kju:zd] n inv accusé(e) *m(f)*

accusing [ə'kju:zɪŋ] adj accusateur (-trice *f*)

accusingly [ə'kju:zɪŋlɪ] adv [say] d'un ton accusateur ; [look] d'un air accusateur

accustom [ə'kʌstəm] vt accoutumer (*sb to doing sth* qn à faire qch) ▪ **to ~ o.s. to** s'habituer à

accustomed [ə'kʌstəmd] adj habitué (*to* à, *to doing sth* à faire qch) ▪ **to become ~ to sth** s'habituer à qch

ace [eɪs] **1** n as *m* ▪ **~ of diamonds** as *m* de carreau **2** adj * super* ▪ **an ~ driver** un as du volant

acerbic [ə'sɜ:bɪk] adj acerbe

acerola [,æsə'rəʊlə] n acérola *m*

acetic acid [ə,si:tɪk'æsɪd] n acide *m* acétique

ache [eɪk] **1** vi faire mal ▪ **my head ~s** j'ai mal à la tête ▪ **to be aching all over** (after exercise) être courbaturé ; (from illness) avoir mal partout **2** n douleur *f*

achieve [ə'tʃi:v] vt accomplir ; [+ aim, goal, standard] atteindre ; [+ fame] parvenir à ; [+ victory] remporter ▪ **to ~ success** réussir

> ⚠ ***achieve*** ne se traduit pas par **achever**.

achievement [ə'tʃi:vmənt] n (= success) réussite *f*

achiever [ə'tʃi:vəʳ] n (= successful person) gagneur *m*, -euse *f* ▪ **high-achiever** sujet *m* doué ▪ **low-achiever** sujet *m* peu doué

aching ['eɪkɪŋ] adj douloureux

acid ['æsɪd] **1** n acide *m* **2** adj **a** [substance] acide ▸ **acid rain** pluies *fpl* acides **b** [remark] mordant

acidic [ə'sɪdɪk] adj acide

acknowledge [ək'nɒlɪdʒ] vt **a** (= recognize) [+ truth, error] reconnaître **b** [+ letter] accuser réception de **c** (= react to) [+ greeting] répondre à ▪ **he didn't ~ my presence** il a fait comme si je n'étais pas là

acknowledgement [ək'nɒlɪdʒmənt] n **a** (gen) reconnaissance *f* **b** [of money] reçu *m* ; [of letter] accusé *m* de réception **c** ▪ **~s** (in book) remerciements *mpl*

acne ['æknɪ] n acné *f*

acorn ['eɪkɔ:n] n gland *m*

acoustic [ə'ku:stɪk] adj acoustique

acoustics [ə'ku:stɪks] n acoustique *f*

acquaint [ə'kweɪnt] vt ▪ **to be ~ed with** [+ person, subject] connaître ; [+ fact] être au courant de ▪ **to get ~ed with sb** faire la connaissance de qn ▪ **to get ~ed** faire connaissance

acquaintance [ə'kweɪntəns] n (= person) connaissance *f*

acquire [ə'kwaɪəʳ] vt acquérir ; [+ company] acheter

acquisition [,ækwɪ'zɪʃən] n acquisition *f*

acquisitive [ə'kwɪzɪtɪv] adj (= greedy) avide

acquit [ə'kwɪt] vt [+ accused person] acquitter ▪ **he ~ted himself well** il s'en est bien tiré*

acquittal [ə'kwɪtl] n acquittement *m*

acre ['eɪkəʳ] n ≈ demi-hectare

acrid ['ækrɪd] adj âcre

acrimonious [,ækrɪ'məʊnɪəs] adj acrimonieux

acrobat ['ækrəbæt] n acrobate *mf*

acrobatic [,ækrəʊ'bætɪk] adj acrobatique

acrobatics [,ækrəʊ'bætɪks] npl acrobaties *fpl*

acronym ['ækrənɪm] n acronyme *m*

acrosport ['ækrəspɔ:t] n acrosport *m*

across [ə'krɒs]

1 prep **a** (= from one side to the other of) ▪ **a bridge ~ the river** un pont sur le fleuve ▪ **to walk ~ the road** traverser la rue

b (= on the other side of) de l'autre côté de ▪ **he lives ~ the street (from me)** il habite en face (de chez moi) ▪ **the shop ~ the road** le magasin d'en face

c (= crosswise over) à travers ▪ **with his arms folded ~ his chest** les bras croisés sur la poitrine

2 adv (= from one side to the other) ▪ **the river is 5km ~** le fleuve fait 5 km de large ▪ **to help sb ~** aider qn à traverser ▪ **~ from** en face de

acrylic [ə'krɪlɪk] **1** n acrylique *m* **2** adj en acrylique

act [ækt] **1** n **a** (= deed) acte *m* **b** (= law) loi *f* **c** [of play] acte *m* ; (in circus, variety show) numéro *m* ▪ **he's just putting on an ~** il joue la comédie ▪ **it's just an ~** c'est du cinéma ▪ **to get one's ~ together*** se ressaisir **2** vi **a** (gen) agir ▪ **to ~ as if nothing had happened** faire comme si rien ne s'était passé ▪ **to ~ like a fool** agir comme un imbécile **b** (in play, film) jouer ▪ **she's not crying, she's only ~ing** elle ne pleure pas, elle fait semblant **c** (= serve) servir (as de) **3** vt [+ part in play] jouer ▪ **to ~ the fool*** faire l'idiot(e)

▸ **act on** vt insep [+ advice, suggestion] suivre ; [+ order] exécuter

▸ **act out** vt sep [+ event] faire un récit mimé de ; [+ fantasies] vivre

▸ **act up*** vi se conduire mal ▪ **the car has started ~ing up** la voiture s'est mise à faire des caprices

acting ['æktɪŋ] **1** adj [president, manager] par intérim **2** n (= performance) jeu *m*

action ['ækʃən] **1** n **a** (gen) action *f* ▪ **to put into ~** [+ plan] mettre à exécution ; [+ principles, suggestion] mettre en pratique ▪ **to take ~** agir ▪ **out of ~** (machine) hors service ; [person] hors de combat **b** (= deed) acte *m* **c** (= effect) effet *m* **d** (= legal proceedings) action *f* en justice ▪ **~ for damages** action *f* en dommages-intérêts **e** (= military combat) combat *m* ▪ **killed in ~** tué au combat **2** vt [+ idea] mettre en pratique ; [+ plan] mettre en œuvre **3** comp ▸ **action camera** caméra *f* sportive ▸ **action-packed** [film] plein d'action ; [week-end] bien rempli ▸ **action replay** (BR) ralenti *m*

activate ['æktɪveɪt] vt activer

active ['æktɪv] adj actif ▪ **~ volcano** volcan *m* en activité ▪ **to take an ~ part in sth** prendre une part active à qch ▸ **active voice** voix *f* active

actively ['æktɪvlɪ] adv activement ; [encourage, discourage] vivement

activism ['æktɪˌvɪzəm] n activisme *m*

activist ['æktɪvɪst] n activiste *mf*

activity [æk'tɪvɪtɪ] n activité *f*

actor ['æktəʳ] n acteur *m*, comédien *m*

actress ['æktrɪs] n actrice *f*, comédienne *f*

actual ['æktjʊəl] adj [cost, reason] réel ; [figures] exact ▪ **in ~ fact** en fait

> ⚠ ***actual*** ne se traduit pas par **actuel** ; → *Pièges* ACTUAL

actually ['æktjʊəlɪ] adv **a** (= in fact) en fait ▪ **his name is Smith, ~** en fait, il s'appelle Smith **b** (= truly) vraiment ▪ **what did he ~ say?** qu'est-ce qu'il a dit exactement ?

> ⚠ ***actually*** ne se traduit pas par **actuellement** ; → *Pièges* ACTUALLY

acumen ['ækjʊmen] n flair *m*

acupressure ['ækjʊpreʃəʳ] n digitopuncture *f*

acupuncture ['ækjʊpʌŋktʃəʳ] n acupuncture *f*

acupuncturist [ˌækjʊ'pʌŋktʃərɪst] n acupuncteur *m*, -trice *f*

acute [ə'kjuːt] adj **a** (= serious) grave ; [embarrassment] profond ; [anxiety, pain] vif **b** (= perceptive) perspicace ▪ **to have an ~ sense of smell** avoir l'odorat très développé **c** [appendicitis, leukaemia, case] aigu (-guë *f*) **d** [accent, angle] aigu (-guë *f*)

acutely [ə'kjuːtlɪ] adv **a** (= very) extrêmement ; [aware] pleinement **b** (= strongly) intensément

AD [eɪ'diː] n (abbr of **Anno Domini**) ap. J-C

ad* [æd] n (abbr of **advertisement**) (= announcement) annonce *f* ; (= commercial) pub* *f* ▪ **ad blocker** bloqueur *m* de publicité ; → *Pièges* PUBLICITY

Adam ['ædəm] n ▪ **I don't know him from ~*** je ne le connais ni d'Ève ni d'Adam ▸ **Adam's apple** pomme *f* d'Adam

adamant ['ædəmənt] adj [person] catégorique ▪ **to be ~ that...** maintenir catégoriquement que...

adamantly ['ædəməntlɪ] adv catégoriquement

adapt [ə'dæpt] **1** vt adapter (*to* à) **2** vi s'adapter

adaptability [əˌdæptə'bɪlɪtɪ] n [person] faculté *f* d'adaptation

adaptable [ə'dæptəbl] adj adaptable

adaptation [ˌædæp'teɪʃən] n adaptation *f*

adapter, adaptor [ə'dæptəʳ] n (= device) adaptateur *m* ; (BR = plug) prise *f* multiple

add [æd] **1** n (Internet) ▪ **thanks for the ~** merci pour l'ajout (dans ta liste d'amis) **2** vt **a** ajouter (*to* à) ▪ **~ some more pepper** rajoutez un peu de poivre **b** [+ figures] additionner ; [+ column of figures] totaliser

▸ **add on** vt sep rajouter

▸ **add to** vt insep augmenter ; [+ anxiety, danger] accroître

▸ **add together** vt sep [+ figures] additionner

▸ **add up** **1** vi **a** (= calculate) additionner **b*** ▪ **it all ~s up** (= it's logical) tout s'explique ▪ **it doesn't ~ up** il y a quelque chose qui cloche* **c** (= accumulate) s'accumuler ▪ **it all ~s up** ça finit par faire cher **2** vt sep [+ figures] additionner

▸ **add up to** vt insep [figures] s'élever à

adder ['ædəʳ] n vipère *f*

addict ['ædɪkt] n toxicomane *mf* ▪ **he's a yoga ~*** c'est un mordu* de yoga

addicted [ə'dɪktɪd] adj (to drug, medicine) dépendant (*to* de) ▪ **to be ~ to football*** être un mordu* de football ▪ **I'm ~ to spicy food** j'adore les plats épicés

addiction [ə'dɪkʃən] n dépendance *f*

addictive [ə'dɪktɪv] adj [drug] addictif ▪ **this series is really ~** cette série est comme une drogue

addition [ə'dɪʃən] n **a** (= sum) addition *f* **b** (= fact of adding something) ajout *m* ▪ **in ~** de plus ▪ **in ~ to** en plus de

additional [ə'dɪʃənl] adj supplémentaire

additive ['ædɪtɪv] n additif *m*

add-on ['ædɒn] **1** n (Computing) accessoire *m* **2** adj complémentaire

address [ə'dres] **1** n **a** (place) adresse *f* ► **address book** carnet *m* d'adresses **b** (= speech) discours *m* **2** vt **a** (= put address on) mettre l'adresse sur ▪ **this letter is ~ed to you** cette lettre vous est adressée **b** (= speak to) s'adresser à ▪ **he ~ed the meeting** il a pris la parole devant l'assistance **c** [+ problem, theme] aborder ; [+ needs] répondre à

addressee [ˌædre'siː] n destinataire *mf*

adenoids ['ædɪnɔɪdz] npl végétations *fpl*

adept [ə'dept] adj expert (*in, at* en)

⚠ ***adept*** ne se traduit pas par **adepte**.

adequate ['ædɪkwɪt] adj **a** (= sufficient) suffisant **b** (= average) [performance, essay] acceptable

adequately ['ædɪkwɪtlɪ] adv suffisamment

ADHD [ˌeɪdiːeɪtʃ'diː] n (abbr of **attention deficit hyperactivity disorder**) TDHA *m*, trouble *m* du déficit de l'attention

adhere [əd'hɪəʳ] vi (= stick) adhérer ▪ **to ~ to** [+ rule] obéir à ; [+ principle, plan] se conformer à

adhesive [əd'hiːzɪv] adj, n adhésif *m*

adjacent [ə'dʒeɪsənt] adj adjacent

adjective ['ædʒektɪv] n adjectif *m*

adjoining [ə'dʒɔɪnɪŋ] adj voisin

adjourn [ə'dʒɜːn] **1** vt reporter (*to, until* à) ▪ **they ~ed the meeting** (= broke off) ils ont suspendu la séance **2** vi (= break off) suspendre la séance

adjudicate [ə'dʒuːdɪkeɪt] vt [+ competition] juger ; [+ claim] régler

adjudicator [ə'dʒuːdɪkeɪtəʳ] n juge *mf*

adjust [ə'dʒʌst] **1** vt [+ machine, brakes, differences] régler ; [+ salaries, prices] ajuster ; [+ figures] rectifier ; [+ clothes] rajuster **2** vi [person] s'adapter ; [machine] se régler

adjustable [ə'dʒʌstəbl] adj réglable ; [rate] ajustable

adjustment [ə'dʒʌstmənt] n (to height, machine) réglage *m* ; (to plan, terms) ajustement *m* (*to* de) ; (to wages, prices) réajustement *m* (*to* de)

ad lib [æd'lɪb] vi improviser

admin * ['ædmɪn] n administration *f*

administer [əd'mɪnɪstəʳ] vt **a** [+ business, country] administrer ; [+ sb's affairs, funds] gérer ; [+ property] régir **b** [+ punishment, medicine] administrer (*to* à) ; [+ justice] rendre

administration [ədˌmɪnɪ'streɪʃən] n **a** (gen) administration *f* **b** (= government) gouvernement *m*

administrative [əd'mɪnɪstrətɪv] adj [work, post, staff] administratif ; [costs, expenses] d'administration

administrator [əd'mɪnɪstreɪtəʳ] n administrateur *m*, -trice *f*

admirable ['ædmərəbl] adj admirable

admiral ['ædmərəl] n amiral(e) *m(f)*

admiration [ˌædmə'reɪʃən] n admiration *f* (*of, for* pour)

admire [əd'maɪəʳ] vt admirer

admirer [əd'maɪərəʳ] n admirateur *m*, -trice *f*

admission [əd'mɪʃən] n **a** (= entry) (to university, hospital) admission *f* ; (to museum, zoo) entrée *f* **b** (= confession) aveu *m*

admit [əd'mɪt] vt **a** (= let in) laisser entrer **b** (= acknowledge) admettre ▪ **to ~ one's guilt** reconnaître sa culpabilité
► **admit to** vt insep reconnaître ; [+ crime] avouer

admittance [əd'mɪtəns] n (= access) accès *m* ▪ **'no ~'** 'accès interdit'

admittedly [əd'mɪtɪdlɪ] adv ▪ **~ this is true** il faut reconnaître que c'est vrai ▪ **it's only a theory, admittedly...** il est vrai que ce n'est qu'une théorie...

admonish [əd'mɒnɪʃ] vt réprimander (*for doing sth* pour avoir fait qch)

ado [ə'duː] n ▪ **without further ~** sans plus de cérémonie

adolescence [ˌædəʊ'lesns] n adolescence *f*

adolescent [ˌædəʊ'lesnt] adj, n adolescent(e) *m(f)*

adopt [ə'dɒpt] vt adopter

adoption [ə'dɒpʃən] n adoption *f*

adoptive [ə'dɒptɪv] adj [parent, child] adoptif ; [country] d'adoption

adorable [ə'dɔːrəbl] adj adorable

adore [ə'dɔːʳ] vt adorer

adorn [ə'dɔːn] vt orner (*with* de)

adornment [ə'dɔːnmənt] n ornement *m*

adrenalin(e) [ə'drenəlɪn] n adrénaline *f*

adrift [ə'drɪft] adv, adj à la dérive ▪ **to go ~** aller à la dérive

ADSL [ˌeɪdiːes'el] n (abbr of **Asynchronous Digital Subscriber Line**) ADSL

adult ['ædʌlt] **1** n adulte *mf* **2** adj adulte ; [film, book] pour adultes

adultery [ə'dʌltərɪ] n adultère *m*

adultescent [ˌædʌlt'esnt] n adulescent(e) *m(f)*

adulthood ['ædʌlthʊd] n âge *m* adulte

advance [əd'vɑːns] **1** n (gen) avance *f* ; [of science, ideas] progrès *mpl* ▪ **a week in ~** une semaine à l'avance ▪ **he arrived in ~ of the others** il est arrivé en avance sur les autres ▪ **$10 in ~** 10 dollars d'avance **2** **advances**

npl avances *fpl* ▪ **to make ~s to sb** faire des avances à qn **3** vt (gen) avancer ; (= improve) faire progresser or avancer **4** vi **a** (= go forward) avancer **b** (= progress) progresser

advanced [əd'vɑːnst] adj avancé ; [level, studies] supérieur (-eure *f*) ; [technology] de pointe

advantage [əd'vɑːntɪdʒ] n avantage *m* ▪ **to have an ~ over sb** avoir un avantage sur qn ▪ **to take ~ of sb** exploiter qn ; (sexually) abuser de qn ▪ **I took ~ of the opportunity** j'ai profité de l'occasion ▪ **it would be to your ~** c'est dans ton intérêt

advantageous [ˌædvən'teɪdʒəs] adj avantageux (*to* pour)

advent ['ædvənt] n arrivée *f* ▪ **Advent** (Rel) l'Avent *m*

adventure [əd'ventʃəʳ] n aventure *f* ▸ **adventure holiday** (BR) circuit *m* aventure ▸ **adventure playground** n (BR) aire *f* de jeux

adventurous [əd'ventʃərəs] adj audacieux

adverb ['ædvɜːb] n adverbe *m*

adversary ['ædvəsərɪ] n adversaire *mf*

adverse ['ædvɜːs] adj [effect, reaction] négatif ; [conditions] défavorable ; [publicity] mauvais

adversity [əd'vɜːsɪtɪ] n adversité *f*

advert* ['ædvɜːt] n (BR) (= announcement) annonce *f* ; (= commercial) pub* *f*

advertise ['ædvətaɪz] **1** vt **a** [+ goods] faire de la publicité pour **b** ▪ **to ~ a flat for sale** (in newspaper) mettre une annonce pour vendre un appartement **2** vi **a** (to sell product) faire de la publicité **b** ▪ **to ~ for a secretary** faire paraître une annonce pour une secrétaire

advertisement [əd'vɜːtɪsmənt] n **a** (for product) publicité *f* **b** (to find staff, house) annonce *f*

> ⚠ ***advertisement*** ne se traduit pas par **avertissement** ; → *Pièges* PUBLICITY

advertising ['ædvətaɪzɪŋ] n (= activity) publicité *f* ; (= advertisements) publicités *fpl* ; → *Pièges* PUBLICITY

advertorial [ˌædvə'tɔːrɪəl] n publireportage *m*

advice [əd'vaɪs] n conseils *mpl* ▪ **a piece of ~** un conseil ▪ **to take sb's ~** suivre les conseils de qn

> ⚠ ***advice*** ne se traduit pas par **avis** ; → *Pièges* ADVICE

advisable [əd'vaɪzəbl] adj conseillé

advise [əd'vaɪz] vt **a** (= give advice to) conseiller ▪ **to ~ sb to do sth** conseiller à qn de faire qch ▪ **to ~ sb against sth** déconseiller qch à qn ▪ **to ~ sb against doing sth** déconseiller à qn de faire qch **b** [+ course of action] recommander ▪ **you would be well ~d to wait** vous feriez bien d'attendre

adviser, advisor [əd'vaɪzəʳ] n conseiller *m*, -ère *f*

advisory [əd'vaɪzərɪ] **1** adj consultatif ; [service] de conseils **2** n (US = announcement) mise *f* en garde

advocate **1** n ['ædvəkɪt] **a** (= upholder) [of cause] défenseur *m* ▪ **to be an ~ of** être partisan(e) de **b** (in Scottish legal system) avocat(e) *m(f)* (plaidant(e)) **2** vt ['ædvəkeɪt] recommander

> Lorsque ***advocate*** est un nom, la fin se prononce ***it***. Lorsque c'est un verbe, elle se prononce comme ***eight***.

Aegean [iː'dʒiːən] n mer *f* Égée

aerial ['ɛərɪəl] n antenne *f*

aerobatics ['ɛərəʊ'bætɪks] npl acrobaties *fpl* aériennes

aerobics [ɛə'rəʊbɪks] n aérobic *f*

aerodynamic ['ɛərəʊdaɪ'næmɪk] adj aérodynamique

aeroplane ['ɛərəpleɪn] n (BR) avion *m*

aerosol ['ɛərəsɒl] n aérosol *m*

aerospace ['ɛərəʊspeɪs] adj [industry, project] aérospatial

aesthetic [iːs'θetɪk] adj esthétique

affable ['æfəbl] adj affable

affair [ə'fɛəʳ] n **a** (gen) affaire *f* ▪ **to put one's ~s in order** (= business) mettre de l'ordre dans ses affaires ; (= belongings) mettre ses affaires en ordre ▪ **that's my ~** c'est mon affaire **b** (= love affair) liaison *f*

affect [ə'fekt] vt **a** (= have effect on) [+ result, numbers] avoir un effet sur ; [+ decision, career] influer sur ; (= have detrimental effect on) [+ person, health] affecter ▪ **you mustn't let it ~ you** ne te laisse pas abattre **b** (= concern) concerner **c** (emotionally) affecter

affectation [ˌæfek'teɪʃən] n affectation *f*

affection [ə'fekʃən] n affection *f*

affectionate [ə'fekʃənɪt] adj affectueux

affirm [ə'fɜːm] vt affirmer

affirmative [ə'fɜːmətɪv] **1** n ▪ **in the ~** à l'affirmatif ▪ **to answer in the ~** répondre affirmativement **2** adj affirmatif ▪ **~ action** (US) mesures *fpl* de discrimination positive

affliction [ə'flɪkʃən] n affliction *f*

affluence ['æfluəns] n richesse *f*

> ⚠ ***affluence*** ne se traduit pas par le mot français **affluence**.

affluent ['æfluənt] adj riche

> ⚠ ***affluent*** ne se traduit pas par le mot français **affluent**.

afford [ə'fɔːd] vt ▪ **to be able to ~ (to buy) sth** avoir les moyens d'acheter qch ▪ **I can't ~ a new bike** je n'ai pas les moyens de m'acheter un nouveau vélo ▪ **he can't ~ to make a mistake** il ne peut pas se permettre de faire une erreur ▪ **I can't ~ the time to do it** je n'ai pas le temps de le faire

affordable [ə'fɔːdəbl] adj abordable

affront [ə'frʌnt] n affront *m*

Afghanistan [æf'gænɪstæn] n Afghanistan *m*

afield [ə'fiːld] adv ▪ **far ~** loin

afloat [ə'fləʊt] adv **a** (= on water) ▪ **to stay ~** [person] garder la tête hors de l'eau ; [object] surnager ; [boat] rester à flot **b** (= solvent) ▪ **to stay ~** se maintenir à flot

afraid [ə'freɪd] adj **a** (= frightened) ▪ **to be ~ (of sb/sth)** avoir peur (de qn/qch) ▪ **I am ~ he might hurt me** j'ai peur qu'il (ne) me fasse mal ▪ **I am ~ of going** j'ai peur d'y aller **b** (expressing regret) ▪ **I'm ~ I can't do it** je suis désolé, mais je ne pourrai pas le faire ▪ **are you going? – I'm ~ not** vous partez ? – hélas non ▪ **are you going? – I'm ~ so** vous partez ? – hélas oui

afresh [ə'freʃ] adv de nouveau ▪ **to start ~** recommencer

Africa ['æfrɪkə] n Afrique *f*

African ['æfrɪkən] **1** adj africain **2** n Africain(e) *m(f)*

African-American [,æfrɪkənə'merɪkən] **1** adj afro-américain **2** n Afro-Américain(e) *m(f)*

after ['ɑːftəʳ]

1 prep après ▪ **~ dinner** après le dîner ▪ **shortly ~ 10 o'clock** peu après 10 heures ▪ **it was 20 ~ 3** (US) il était 3 heures 20 ▪ **~ seeing her** après l'avoir vue ▪ **~ you, sir** après vous, Monsieur ▪ **~ all** après tout ▪ **day ~ day** jour après jour ▪ **he ate 3 biscuits, one ~ the other** il a mangé 3 biscuits l'un après l'autre ▪ **to be ~ sb/sth** (= be looking for) chercher qn/qch

2 adv après ▪ **the week ~** la semaine d'après

3 conj après que ▪ **~ he had closed the door, she spoke** après qu'il eut fermé la porte, elle a parlé ▪ **~ he had closed the door, he spoke** après avoir fermé la porte, il a parlé

4 **afters*** npl (BR = dessert) dessert *m*

5 comp ▸ **after party** n after *m* ▸ **after-sales service** n service *m* après-vente ▸ **after-school** adj [activities] extrascolaire ▸ **after-sun** adj [lotion, cream] après-soleil

aftercare ['ɑːftəkɛəʳ] n [of convalescent] postcure *f* ; [of appliance, product] entretien *m*

afterlife ['ɑːftəlaɪf] n vie *f* après la mort

aftermath ['ɑːftəmæθ] n suites *fpl* ▪ **in the ~ of the riots** à la suite des émeutes

afternoon ['ɑːftə'nuːn] n après-midi *m or f* ▪ **in the ~** l'après-midi ▪ **at 3 o'clock in the ~** à 3 heures de l'après-midi ▪ **on Sunday ~** le dimanche après-midi ▪ **good ~!** bonjour !

aftershave ['ɑːftəʃeɪv] n après-rasage *m*

aftershock ['ɑːftəʃɒk] n [of earthquake] réplique *f*

aftertaste ['ɑːftəteɪst] n arrière-goût *m*

afterthought ['ɑːftəθɔːt] n ▪ **the window was added as an ~** la fenêtre a été ajoutée après coup

afterwards ['ɑːftəwədz] adv plus tard

again [ə'gen] adv

a (= one more time) encore ▪ **show me ~** montre-moi encore une fois ▪ **(twice) as much ~** deux fois autant ▪ **~ and ~** à plusieurs reprises ▪ **I had to do it ~** j'ai dû le refaire ▪ **please call ~ later** merci de rappeler plus tard ▪ **to begin ~** recommencer ▪ **to start all over ~** recommencer au début ▪ **to see sb/sth ~** revoir qn/qch

b (with negative) plus ▪ **I won't do it ~** je ne le ferai plus ▪ **never ~** jamais plus

against [ə'genst] prep contre ▪ **it's ~ the law** c'est contraire à la loi ▪ **to lean ~ a wall** s'appuyer contre un mur ▪ **~ the light** à contre-jour ▪ **the euro is down ~ the dollar** l'euro a baissé par rapport au dollar

age [eɪdʒ] **1** n **a** âge *m* ▪ **what ~ is she?** quel âge a-t-elle ? ▪ **he is ten years of ~** il a dix ans ▪ **to be under ~** être mineur ▪ **to come of ~** [person] atteindre sa majorité ▪ **~ of consent** âge *m* légal ▸ **age-appropriate** ▪ **this dress isn't really age-appropriate for a little girl** ce genre de robe ne convient pas vraiment à une petite fille ▸ **age group** tranche *f* d'âge ▸ **age limit** limite *f* d'âge **b** (= period of time) époque *f* ▪ **I haven't seen him for ~s*** il y a une éternité que je ne l'ai vu ▪ **she stayed for ~s*** elle est restée des heures (or des semaines, etc) **2** vti vieillir

aged **1** adj **a** [eɪdʒd] âgé de ▪ **a boy ~ ten** un garçon (âgé) de dix ans **b** ['eɪdʒɪd] (= old) âgé **2** **the aged** npl ['eɪdʒɪd] les personnes *fpl* âgées

> Lorsque ***aged*** est un adjectif, il n'y a qu'une syllabe. Lorsque c'est un nom, il y en a deux.

ageism ['eɪdʒɪzəm] n âgisme *m*

agency ['eɪdʒənsɪ] n (= office) agence *f* ; (= government department) organisme *m*

agenda [ə'dʒendə] n ordre *m* du jour ▪ **on the ~** à l'ordre du jour

> ⚠ *agenda* ne se traduit pas par le mot français **agenda** ; → *Pièges* AGENDA

agender [eɪ'dʒɛndəʳ] adj (d'identité) de genre neutre

agent ['eɪdʒənt] n agent(e) *m(f)*

aggravate ['ægrəveɪt] vt **a** [+ illness, situation] aggraver ; [+ pain] augmenter **b** (= annoy) exaspérer

aggravation [ˌægrə'veɪʃən] n **a** [of problem, situation, illness] aggravation *f* **b** (= annoyance) contrariété *f*

aggregate **1** n ['ægrɪgɪt] (= total) total *m* **2** vt ['ægrɪgeɪt] agréger

aggregator ['ægrɪgeɪtəʳ] n agrégateur *m*

aggression [ə'greʃən] n agression *f* ; (= aggressiveness) agressivité *f*

aggressive [ə'gresɪv] adj agressif

aggressiveness [ə'gresɪvnɪs] n agressivité *f*

aggressor [ə'gresəʳ] n agresseur *m*

aggrieved [ə'gri:vd] adj (= angry) fâché ; (= unhappy) mécontent

aghast [ə'gɑ:st] adj atterré (*at* par)

agile ['ædʒaɪl] adj agile

agitate ['ædʒɪteɪt] vt **a** [+ liquid] agiter **b** (= upset) perturber

agitation [ˌædʒɪ'teɪʃən] n **a** [of person] agitation *f* ▪ **in a state of ~** agité **b** (= social unrest) troubles *mpl*

agitator ['ædʒɪteɪtəʳ] n agitateur *m*, -trice *f*

AGM [ˌeɪdʒi:'em] n (BR) (abbr of **annual general meeting**) AG *f*

agnostic [æg'nɒstɪk] adj, n agnostique *mf*

ago [ə'gəʊ] adv il y a ▪ **a week ~** il y a huit jours ▪ **how long ~?** il y a combien de temps ?

agonizing ['ægənaɪzɪŋ] adj [death] atroce ; [choice] déchirant

agony ['ægənɪ] n supplice *m* ▪ **to be in ~** souffrir le martyre ▸ **agony aunt** (BR) *rédactrice de la rubrique du courrier du cœur* ▸ **agony column** (BR) courrier *m* du cœur

agree [ə'gri:] **1** vt **a** (= consent) accepter ▪ **he ~d to do it** il a accepté de le faire **b** (= admit) reconnaître ▪ **I ~ I was wrong** je reconnais que je me suis trompé **c** (= come to an agreement) convenir (*to do sth* de faire qch) ; [+ time, price] se mettre d'accord sur ▪ **I ~ that it's difficult** je suis d'accord que c'est difficile **2** vi **a** (= hold same opinion) être d'accord (*with* avec) ▪ **I (quite) ~** je suis (tout à fait) d'accord ▪ **I don't ~ (at all)** je ne suis pas (du tout) d'accord **b** (= come to terms) se mettre d'accord ▪ **to ~ about** or **on sth** se mettre d'accord sur qch **c** (= consent) ▪ **to ~ to a proposal** accepter une proposition ▪ **he won't ~ to that** il n'acceptera pas ▪ **he ~d to the project** il a donné son accord au projet **d** ▪ **~ with** [food] réussir à ▪ **onions don't ~ with me** les oignons ne me réussissent pas **e** (Gram) s'accorder (*in* en)
→ *Pièges* ACCEPT – AGREE

agreeable [ə'gri:əbl] adj **a** (= pleasant) agréable **b** (= willing) ▪ **if you are ~, we can start immediately** si vous le voulez bien, nous pouvons commencer immédiatement

agreed [ə'gri:d] adj **a** ▪ **to be ~** être d'accord **b** [time, place, amount] convenu

agreement [ə'gri:mənt] n accord *m* ▪ **to be in ~** être d'accord

agribusiness ['ægrɪˌbɪznɪs] n agribusiness *m*, agro-industries *fpl*

agricultural [ˌægrɪ'kʌltʃərəl] adj agricole

agriculture ['ægrɪkʌltʃəʳ] n agriculture *f*

agritourism ['ægrɪˌtʊərɪzəm] n agritourisme *m*

agrochemical [ˌægrəʊ'kemɪkəl] adj agrochimique

agrofuel ['ægrəʊ'fjuəl] n agrocarburant *m*

aground [ə'graʊnd] adv ▪ **to run ~** s'échouer

ahead [ə'hed] adv

a (in space) ▪ **stay here, I'll go on ~** restez ici, moi je vais devant ▪ **to get ~** prendre de l'avance ▪ **they were ~ of us** ils avaient de l'avance sur nous

b (in classification, sport) ▪ **to be five points ~** avoir une avance de cinq points ▪ **the goal put Scotland 2-1 ~** grâce à ce but, l'Écosse menait 2 à 1

c (in time) ▪ **the months ~** les mois à venir ▪ **to think ~** prévoir (à l'avance) ▪ **to plan ~** faire des projets ▪ **~ of time** [of decide, announce] d'avance ; [arrive, be ready] en avance ▪ **the project's ~ of schedule** le projet est plus avancé que prévu

aid [eɪd] **1** n **a** (= help) aide *f* ▪ **with the ~ of** (person) avec l'aide de ; (thing) à l'aide de ▪ **sale in ~ of the blind** (BR) vente *f* (de charité) au profit des aveugles **b** (= helper) aide *mf* **2** vt [+ person] aider ; [+ progress, recovery] contribuer à ▪ **to ~ and abet sb** être complice de qn

aide [eɪd] n aide *mf* ; (US Pol) conseiller *m*, -ère *f*

AIDS, aids [eɪdz] n (abbr of **acquired immune deficiency syndrome**) sida *m* ▸ **AIDS patient** n malade *mf* du sida, sidéen *m*, -éenne *f*

aikido ['aɪkɪdəʊ] n aïkido *m*

ailing ['eɪlɪŋ] adj souffrant ▪ **an ~ company** une entreprise qui périclite

ailment ['eɪlmənt] n affection *f*

aim [eɪm] 1 n a (using weapon, ball) ▪ **to take ~ (at sb/sth)** viser (qn/qch) b (= purpose) but *m* 2 vt a (= direct) [+ extinguisher] diriger ; [+ missile] pointer (*at* sur) ▪ **to ~ a gun at sb** braquer un revolver sur qn ▪ **his remarks are ~ed at his father** ses remarques visent son père b (= intend) viser (*to do sth* à faire qch) 3 vi viser ▪ **to ~ at** viser

aimless ['eɪmlɪs] adj [person, way of life] sans but ; [activity, pursuit] futile

air [ɛəʳ] 1 n a air *m* ▪ **in the open ~** en plein air ▪ **to throw sth (up) into the ~** lancer qch en l'air ▪ **it's still all up in the ~** ce ne sont encore que des projets en l'air ▪ **by ~** par avion b (Radio, TV) ▪ **on (the) ~** à l'antenne c (= manner) air *m* ▪ **to put on ~s and graces** minauder 2 vt a [+ clothes, bed, room] aérer b [+ opinions] faire connaître ; [+ idea, proposal] émettre c (= broadcast) diffuser 3 comp ▸ **air base** base *f* aérienne ▸ **air bed** (BR) matelas *m* pneumatique ▸ **air-conditioned** climatisé ▸ **air conditioner** climatiseur *m* ▸ **air conditioning** climatisation *f* ▸ **air force** armée *f* de l'air ▸ **air freshener** désodorisant *m* ▸ **air hostess** (BR) hôtesse *f* de l'air ▸ **air rage** comportement agressif de passager(s) dans un avion ▸ **air raid** raid *m* aérien ▸ **air-raid shelter** abri *m* antiaérien ▸ **air rifle** carabine *f* à air comprimé ▸ **air time** temps *m* d'antenne ▸ **air traffic control** contrôle *m* du trafic aérien ▸ **air traffic controller** aiguilleur *m* du ciel

airbag ['ɛəbæg] n (in car) airbag® *m*

aircraft ['ɛəkrɑːft] n avion *m*

airfare ['ɛəfɛəʳ] n prix *m* du billet d'avion

airfield ['ɛəfiːld] n terrain *m* d'aviation

airgun ['ɛəgʌn] n fusil *m* à air comprimé

airlift ['ɛəlɪft] 1 n pont *m* aérien 2 vt ▪ **to ~ in** acheminer par pont aérien, aéroporter ▪ **to ~ out** évacuer par pont aérien, aéroporter

airline ['ɛəlaɪn] n compagnie *f* aérienne

airliner ['ɛəlaɪnəʳ] n avion *m* de ligne

airmail ['ɛəmeɪl] n poste *f* aérienne ▪ **by ~** par avion ▸ **airmail letter** lettre *f* par avion

airplane ['ɛəpleɪn] n (US) avion *m*

airplay ['ɛəpleɪ] n ▪ **to get a lot of ~** passer souvent à l'antenne

airport ['ɛəpɔːt] n aéroport *m*

airsick ['ɛəsɪk] adj ▪ **to be ~** avoir le mal de l'air

airstrike ['ɛəstraɪk] n raid *m* aérien

airstrip ['ɛəstrɪp] n piste *f* (d'atterrissage)

airtight ['ɛətaɪt] adj hermétique

airway ['ɛəweɪ] 1 n (= route) voie *f* aérienne ; (= airline company) compagnie *f* aérienne 2 **airways** npl voies *fpl* respiratoires

airy ['ɛərɪ] adj [room, building] clair et spacieux

aisle [aɪl] n a [of church] allée *f* centrale b [of theatre, cinema] allée *f* ; [of plane] couloir *m* ; (BR) [of supermarket] allée *f* ▪ **~ seat** place *f* côté couloir

ajar [ə'dʒɑːʳ] adj entrouvert

aka [ˌeɪkeɪ'eɪ] (abbr of **also known as**) alias

alabaster ['æləbɑːstəʳ] 1 n albâtre *m* 2 adj en albâtre

alarm [ə'lɑːm] 1 n a (= warning) alarme *f* ▪ **to raise the ~** donner l'alarme b (= alarm clock) réveil *m* 2 vt alarmer

alarmed [ə'lɑːmd] adj a (= frightened) effrayé ▪ **don't be ~** n'ayez pas peur b (= equipped with alarm) pourvu d'un système d'alarme

alarming [ə'lɑːmɪŋ] adj alarmant

alas [ə'læs] excl hélas !

Albania [æl'beɪnɪə] n Albanie *f*

Albanian [æl'beɪnɪən] 1 adj albanais 2 n Albanais(e) *m(f)*

albatross ['ælbətrɒs] n albatros *m*

albeit [ɔːl'biːɪt] conj bien que

albino [æl'biːnəʊ] n albinos *mf*

album ['ælbəm] n album *m* ▸ **album cover** pochette *f* (de disque)

alcohol ['ælkəhɒl] n alcool *m*

alcoholic [ˌælkə'hɒlɪk] 1 adj [person] alcoolique ; [drink] alcoolisé 2 n alcoolique *mf*

alcopop ['ælkəˌpɒp] n (BR) prémix *m*

alcove ['ælkəʊv] n (in room) alcôve *f* ; (in wall) niche *f*

ale [eɪl] n bière *f*

alert [ə'lɜːt] 1 n alerte *f* 2 adj a (= watchful) vigilant b (= aware) ▪ **to be ~ to sth** avoir conscience de qch c (= acute) [old person] alerte ; [child] éveillé 3 vt alerter

alfresco [æl'freskəʊ] adj, adv en plein air

algae ['ældʒiː] npl algues *fpl*

algebra ['ældʒɪbrə] n algèbre *f*

Algeria [æl'dʒɪərɪə] n Algérie *f*

Algerian [æl'dʒɪərɪən] 1 adj algérien 2 n Algérien(ne) *m(f)*

alias ['eɪlɪəs] 1 adv alias 2 n faux nom *m* ; [of writer] pseudonyme *m* ; (Computing) alias *m*

alibi ['ælɪbaɪ] n alibi *m*

alien ['eɪlɪən] 1 n a (from abroad) étranger *m*, -ère *f* b (from outer space) extraterrestre *mf* 2 adj a (= foreign) étranger b (= from outer space) extraterrestre

alienate [ˈeɪlɪəneɪt] vt aliéner

alight [əˈlaɪt] **1** vi [person] descendre ; [bird] se poser **2** adj (= burning) ▪ **to be ~** [candle, fire] être allumé ; [building] être en feu ▪ **to set sth ~** mettre le feu à qch

align [əˈlaɪn] vt aligner ▪ **to ~ o.s. with sb** s'aligner sur qn

alike [əˈlaɪk] **1** adj ▪ **to look ~** [people] se ressembler **2** adv **a** (= in the same way) de la même façon **b** (= equally) ▪ **winter and summer ~** été comme hiver

alimony [ˈælɪmənɪ] n pension *f* alimentaire

alive [əˈlaɪv] adj **a** (= living) vivant ▪ **to be burned ~** brûler vif ▪ **to stay ~** rester en vie **b** (= lively) ▪ **to bring ~** [+ meeting] animer ; [+ past] faire revivre ▪ **to keep ~** [+ tradition] préserver ; [+ memory] garder ▪ **to come ~** s'animer ▪ **to be ~ with insects/tourists** grouiller d'insectes/de touristes

all [ɔːl]

1 adj tout (le), toute (la), tous (les), toutes (les) ▪ **~ the time** tout le temps ▪ **~ my life** toute ma vie ▪ **~ the others** tous (or toutes) les autres ▪ **~ that** tout cela ▪ **~ day** toute la journée ▪ **~ three** tous les trois ▪ **~ three said the same** ils ont tous les trois dit la même chose

2 pron **a** (= everything) tout ▪ **you can't see ~ of Paris in a day** on ne peut pas voir tout Paris en une journée ▪ **he drank it ~, he drank ~ of it** il a tout bu ▪ **it ~ happened so quickly** tout s'est passé si vite ▪ **that's ~ that matters** c'est tout ce qui importe ▪ **that is ~ he said** c'est tout ce qu'il a dit **b** (plural) tous *mpl*, toutes *fpl* ▪ **we ~ sat down** nous nous sommes tous assis ▪ **~ of the cakes** tous les gâteaux ▪ **the peaches? I've eaten them ~** or **~ of them** les pêches ? je les ai toutes mangées ▪ **the biggest of ~** le plus grand ▪ **the best of ~** le meilleur ▪ **this was the biggest disappointment of ~ for me** ça a été ma grosse déception ▪ **this result was the most surprising of ~** ce résultat était des plus surprenants ▪ **best of ~, the reforms will cost nothing** et surtout, ces réformes ne coûteront rien

3 adv **a** (= entirely) tout ▪ **she was dressed ~ in white** elle était habillée tout en blanc ▪ **she came in ~ dishevelled** elle est arrivée tout ébouriffée ▪ **she went ~ red** elle est devenue toute rouge ▪ **he had to do it ~ by himself** il a dû le faire tout seul ▪ **she's ~ alone** elle est toute seule **b** (in scores) ▪ **two ~** deux partout

4 set structures ▪ **~ along** (= from the start) depuis le début ; (= the whole length of) tout le long de ▪ **~ but** (= nearly) presque ; (= all except) tous sauf ▪ **to be ~ for sth** être tout à fait pour qch ▪ **I looked for you ~ over** je vous ai cherché partout ▪ **~ over the world** dans le monde entier ▪ **to be ~ over** (= finished) être fini ▪ **this was ~ the more surprising since...** c'était d'autant plus surprenant que... ▪ **~ the better!** tant mieux ! ▪ **in ~** en tout ▪ **it makes no difference at ~** ça ne fait aucune différence ▪ **they won't attempt, if they have any sense at ~** ils ne vont pas essayer s'ils ont un peu de bon sens ▪ **are you disappointed? – not at ~!** vous êtes déçu ? – pas du tout ! ▪ **thank you! – not at ~!** merci ! – de rien !

5 comp ▸ **all-around** adj (US) [sportsman] complet (-ète *f*) ▸ **all clear** n fin *f* d'alerte ▪ **to give sb the ~ clear** (= authorize) donner le feu vert à qn ▸ **all-embracing** adj global ▸ **all fours** npl ▪ **on ~ fours** à quatre pattes ▸ **all-in** adj (BR) [price] tout compris *inv* ▸ **all-inclusive** adj [price, rate] tout compris *inv* ▸ **all-in-one** n combinaison *f* ▸ **all out** adv ▪ **to go ~ out** (physically) y aller à fond ▸ **all-out** adj [effort] maximum; [war, strike] total ▸ **all-purpose** adj [flour, vehicle, cleaner] tous usages; [knife, glue] universel ▸ **all-round** adj [sportsman] complet (-ète *f*) ▸ **all-terrain** adj tout-terrain ▸ **all-weather** adj toute saison

Allah [ˈælə] n Allah *m*

allay [əˈleɪ] vt apaiser ▪ **to ~ suspicion** dissiper les soupçons

allegation [ˌælɪˈgeɪʃən] n allégation *f*

allege [əˈledʒ] vt prétendre ▪ **he is ~d to have said that...** il aurait dit que...

alleged [əˈledʒd] adj présumé

allegedly [əˈledʒɪdlɪ] adv ▪ **the crime he had ~ committed** le crime qu'il aurait commis ▪ **~ illegal immigrants** les immigrants qui seraient en situation irrégulière

allegiance [əˈliːdʒəns] n allégeance *f* (*to* à)

allergen [ˈælədʒen] n allergène *m*

allergic [əˈlɜːdʒɪk] adj allergique

allergy [ˈælədʒɪ] n allergie *f*

alleviate [əˈliːvɪeɪt] vt calmer

alley [ˈælɪ] n (between buildings) ruelle *f*; (in garden) allée *f*

alleyway [ˈælɪweɪ] n ruelle *f*

alliance [əˈlaɪəns] n alliance *f*

allied [ˈælaɪd] adj **a** (= in league) allié **b** (= associated) [industries, conditions] apparenté ; [subjects] connexe

alligator [ˈælɪgeɪtəʳ] n alligator *m*

allocate [ˈæləʊkeɪt] vt [+ task] attribuer ; [+ money] affecter

allot [əˈlɒt] vt attribuer ▪ **to do sth in the time ~ted** faire qch dans le temps imparti

allotment [əˈlɒtmənt] n (BR) jardin *m* ouvrier

allow [ə'laʊ] vt a (= permit) permettre, autoriser ▪ **to ~ sb sth** permettre qch à qn ▪ **to ~ sb to do sth** permettre à qn de faire qch ▪ **smoking is not ~ed** il est interdit de fumer b (= set aside) [+ time, money, space] prévoir ▪ **~ yourself an hour to cross the city** comptez une heure pour traverser la ville c (= concede) admettre
▸ **allow for** vt insep tenir compte de
→ *Pièges* PERMIT

allowance [ə'laʊəns] n a (= money given to sb) allocation *f* ; (for lodgings, food) indemnité *f* ; (= alimony) pension *f* alimentaire ; (= pocket money) argent *m* de poche b (= discount) réduction *f* ▪ **tax ~s** déductions *fpl* fiscales c ▪ **to make ~s for sb** (= excuse) se montrer indulgent envers qn ▪ **to make ~s for sth** (= allow for) tenir compte de qch

alloy ['ælɔɪ] n alliage *m*

all right [,ɔ:l'raɪt] 1 adj a (= satisfactory) bien ▪ **do you like the champagne? – it's ~** aimez-vous ce champagne ? – il n'est pas mal ▪ **it's ~** (= don't worry) ce n'est pas grave ▪ **is it ~ if...?** ça vous dérange si... ? ▪ **is everything ~?** tout va bien ? b ▪ **to be ~** (= healthy) aller bien ; (= safe) être sain et sauf 2 excl (in approval, exasperation) ça va ! ; (in agreement) d'accord ! 3 adv a (= without difficulty) sans problème ▪ **did you get home ~ last night?** tu es bien rentré chez toi, hier soir ? b (= definitely) ▪ **he's at home ~** il est bien chez lui ▪ **you'll get the money back ~** vous serez remboursé, c'est sûr c (expressing agreement) d'accord d (summoning attention) ▪ **~, let's get started** bon, allons-y

allspice ['ɔ:lspaɪs] n quatre-épices *m inv*

all-time ['ɔ:l'taɪm] adj sans précédent ▪ **he's one of the ~ greats** c'est un des grands de notre époque

allude [ə'lu:d] vi ▪ **to ~ to** [person] faire allusion à

alluring [ə'ljʊərɪŋ] adj séduisant

allusion [ə'lu:ʒən] n allusion *f*

ally 1 vt [ə'laɪ] allier ▪ **to ~ o.s. with** s'allier avec 2 n ['ælaɪ] allié(e) *m(f)*

> Lorsque ***ally*** est un verbe, l'accent tombe sur la deuxième syllabe. Lorsque c'est un nom, l'accent tombe sur la première.

almighty [ɔ:l'maɪtɪ] 1 adj a (= all-powerful) tout-puissant b (* = tremendous) [row, scandal] énorme 2 n ▪ **the Almighty** le Tout-Puissant

almond ['ɑ:mənd] n amande *f*

almost ['ɔ:lməʊst] adv presque ▪ **he ~ fell** il a failli tomber

alms [ɑ:mz] n aumône *f*

alone [ə'ləʊn] adj, adv seul ▪ **all ~** tout(e) seul(e) ▪ **to leave sb ~** laisser qn tranquille ▪ **to leave sth ~** ne pas toucher à qch ▪ **he can't read, let ~ write** il ne sait pas lire, et encore moins écrire

along [ə'lɒŋ]

1 adv ▪ **I'll be ~ in a moment** j'arrive tout de suite ▪ **come ~ with me** venez avec moi ▪ **bring your friend ~** amène ton ami ▪ **I knew all ~ that he would refuse** je savais depuis le début qu'il allait refuser

2 prep le long de ▪ **to walk ~ the beach** se promener le long de la plage ▪ **the railway runs ~ the beach** la ligne de chemin de fer longe la plage

alongside [ə'lɒŋ'saɪd] prep (= along) le long de ; (= beside) à côté de ▪ **the car drew up ~ me** la voiture s'est arrêtée à ma hauteur

aloof [ə'lu:f] adj a (= standoffish) distant b (= uninvolved) ▪ **to remain ~** se tenir à l'écart (*from sb/sth* de qn/qch)

aloud [ə'laʊd] adv [read] à voix haute ; [laugh, think, wonder] tout haut

alpha ['ælfə] n a (= letter) alpha *m* ▪ **~ particle** particule *f* alpha b (BR : Scol, Univ) ≈ très bien ▪ **~ plus** ≈ excellent

alphabet ['ælfəbet] n alphabet *m*

alphabetical [,ælfə'betɪkəl] adj alphabétique

alpine ['ælpaɪn] adj alpin

Alps [ælps] npl Alpes *fpl*

already [ɔ:l'redɪ] adv déjà ▪ **he was ~ there** il était déjà là

alright [,ɔ:l'raɪt] ⇒ **all right**

Alsatian [æl'seɪʃən] n (BR = dog) berger *m* allemand

also ['ɔ:lsəʊ] 1 adv aussi 2 comp ▸ **also-ran** n (Sport) autre concurrent *m (non classé)*; (Racing) cheval *m* non classé; (* = person) perdant(e) *m(f)*

altar ['ɒltə^r] n autel *m*

alter ['ɒltə^r] 1 vt modifier ; (stronger) transformer ; [+ garment] retoucher 2 vi changer

alteration [,ɒltə'reɪʃən] n modification *f* ; (to garment) retouche *f*

alter-globalism [,ɒltə'gləʊbəlɪzəm] n altermondialisme *m*

alter-globalist [,ɒltə'gləʊbəlɪst] n altermondialiste *mf*

alternate 1 adj [ɒl'tɜ:nɪt] a (= successive) alterné b (= every second) ▪ **on ~ days** un jour sur deux c (US) ⇒ **alternative** 2 n [ɒl'tɜ:nɪt] (US = stand-in) remplaçant(e) *m(f)* 3 vt ['ɒltɜ:neɪt] (faire) alterner 4 vi ['ɒltɜ:neɪt] alterner (*with* avec) ▪ **he ~s between aggression**

and indifference il est tantôt agressif, tantôt indifférent

> Lorsque ***alternate*** est un adjectif ou un nom, l'accent tombe sur la deuxième syllabe. Lorsque c'est un verbe, l'accent tombe sur la première.

alternately [ɒl'tɜ:nɪtlɪ] adv tour à tour

alternative [ɒl'tɜ:nətɪv] **1** adj **a** (= different) autre **b** (= non-traditional) [medicine, therapy] parallèle ■ **~ technology** les technologies *fpl* douces ■ **~ energy** énergie *f* de substitution ■ **~ consumption** alterconsommation *f* **2** n (= choice) (between two) alternative *f* ; (among several) choix *m* ; (= solution) (only one) alternative *f* ; (one of several) autre solution *f*

alternatively [ɒl'tɜ:nətɪvlɪ] adv autrement

although [ɔ:l'ðəʊ] conj bien que *+ subj* ■ **I'll do it, ~ I don't want to** je vais le faire bien que je n'en aie pas envie

altitude ['æltɪtju:d] n altitude *f*

alto ['æltəʊ] **1** n (female voice) contralto *m* ; (male voice) haute-contre *f* **2** adj ■ **~ saxophone/flute** saxophone *m*/flûte *f* alto

altogether [,ɔ:ltə'geðə'] adv **a** (= completely) [stop, disappear] complètement ; [different] tout à fait **b** (= in all) en tout ■ **what do I owe you ~?** je vous dois combien en tout ?

altruism ['æltrʊɪzəm] n altruisme *m*

altruistic [,æltrʊ'ɪstɪk] adj altruiste

aluminium [,æljʊ'mɪnɪəm], **aluminum** (US) [ə'lu:mɪnəm] **1** n aluminium *m* **2** adj en aluminium ▸ **aluminium foil** papier *m* aluminium

always ['ɔ:lweɪz] adv toujours

am[1] [æm] 1st pers sg pres of **be**

am[2] [eɪ'em] adv (abbr of **ante meridiem**) du matin ■ **at 8am** à 8 heures du matin

amalgam [ə'mælgəm] n amalgame *m*

amalgamate [ə'mælgəmeɪt] vti [+ companies] fusionner

amass [ə'mæs] vt amasser

amateur ['æmətə'] **1** n amateur *m*, -trice *f* **2** adj [painter, sports, player, theatre] amateur *inv* ; [photography] d'amateur

amateurish ['æmətərɪʃ] adj d'amateur ■ **the acting was rather ~** le jeu des acteurs n'était pas très professionnel

amaze [ə'meɪz] vt stupéfier

amazed [ə'meɪzd] adj stupéfait ■ **to be ~ at (seeing) sth** être stupéfait de (voir) qch

amazement [ə'meɪzmənt] n stupéfaction *f* ■ **she listened in ~** elle écoutait, stupéfaite

amazing [ə'meɪzɪŋ] adj incroyable

amazingly [ə'meɪzɪŋlɪ] adv étonnamment

Amazon ['æməzən] n (= river) Amazone *f* ■ **the ~ rainforest** la forêt amazonienne

ambassador [æm'bæsədə'] n ambassadeur *m*, -drice *f*

amber ['æmbə'] **1** n ambre *m* **2** adj [jewellery] d'ambre ; [colour] ambre ■ **~ light** (BR) feu *m* orange

ambidextrous [,æmbɪ'dekstrəs] adj ambidextre

ambient ['æmbɪənt] adj [temperature, noise, humidity] ambiant ▸ **ambient music** n musique *f* d'ambiance

ambiguity [,æmbɪ'gjʊɪtɪ] n ambiguïté *f*

ambiguous [æm'bɪgjʊəs] adj ambigu (-guë *f*)

ambition [æm'bɪʃən] n ambition *f*

ambitious [æm'bɪʃəs] adj ambitieux

amble ['æmbl] vi [person] ■ **to ~ along** aller sans se presser

ambulance ['æmbjʊləns] n ambulance *f* ▸ **ambulance driver** ambulancier *m*, -ière *f*

ambush ['æmbʊʃ] **1** n embuscade *f* **2** vt (= wait for) tendre une embuscade à ; (= attack) faire tomber dans une embuscade

ameba [ə'mi:bə] (US) n amibe *f*

amen ['ɑ:'men] excl amen

amenable [ə'mi:nəbl] adj [person] souple ■ **~ to** [+ reason, argument] sensible à ; [+ compromise] ouvert à ■ **he is ~ to change** il est prêt à changer

amend [ə'mend] vt [+ rule, bill, wording] modifier ; [+ constitution] réviser ; [+ mistake] rectifier ; [+ habits] réformer

amendment [ə'mendmənt] n **a** (to law) amendement *m* **b** (to contract) avenant *m* **c** (to letter, script, text) modification *f*

amends [ə'mendz] npl ■ **to make ~** se faire pardonner

amenities [ə'mi:nɪtɪz] npl équipements *mpl*

America [ə'merɪkə] n Amérique *f*

American [ə'merɪkən] **1** adj américain ; [ambassador, embassy] des États-Unis ▸ **American Indian** Indien(ne) *m(f)* d'Amérique **2** n **a** (= person) Américain(e) *m(f)* **b** (= American English) américain *m*

Americanism [ə'merɪkənɪzəm] n américanisme *m*

amethyst ['æmɪθɪst] n améthyste *f*

amiable ['eɪmɪəbl] adj aimable

amicable ['æmɪkəbl] adj amical

amid(st) [ə'mɪd(st)] prep au milieu de

amiss [ə'mɪs] **1** adj ■ **there is something ~** il y a quelque chose qui ne va pas **2** adv ■ **to take sth ~** (= be offended) mal prendre qch

ammonia [ə'məʊnɪə] n (gaz *m*) ammoniac *m* ; (= liquid) ammoniaque *f*

ammunition [,æmjʊ'nɪʃən] n munitions *fpl*

amnesia [æm'ni:zɪə] n amnésie *f*

amnesty [ˈæmnɪstɪ] **1** n amnistie *f* **2** vt amnistier

amoeba [əˈmiːbə] n amibe *f*

amok [əˈmɒk] adv ▪ **to run ~** [person] perdre tout contrôle de soi-même ; [crowd] se déchaîner

among(st) [əˈmʌŋ(st)] prep parmi ▪ **they were talking ~ themselves** ils parlaient entre eux ▪ **~ other things** entre autres (choses)

amoral [eɪˈmɒrəl] adj amoral

amount [əˈmaʊnt] n **a** (= quantity) quantité *f* ▪ **a large ~ of** beaucoup de **b** (= sum of money) somme *f*

▸ **amount to** vt insep **a** [sums, figures, debts] s'élever à **b** (= be equivalent to) équivaloir à ▪ **it ~s to the same thing** cela revient au même

amp [æmp] n **a** (= ampere) ampère *m* **b** (* = amplifier) ampli* *m*

ampere [ˈæmpɛəʳ] n ampère *m*

amphetamine [æmˈfetəmiːn] n amphétamine *f*

amphibious [æmˈfɪbɪəs] adj amphibie

amphitheatre, amphitheater (US) [ˈæmfɪˌθɪətəʳ] n amphithéâtre *m*

ample [ˈæmpl] adj **a** (= more than adequate) ▪ **that's ~** c'est amplement suffisant ▪ **we've got ~ time** nous avons largement assez de temps **b** (= large) [bust] généreux ; [garment] ample

amplifier [ˈæmplɪfaɪəʳ] n amplificateur *m*

amply [ˈæmplɪ] adv largement

amputate [ˈæmpjʊteɪt] vt amputer ▪ **to ~ sb's arm/leg** amputer qn du bras/de la jambe

Amtrak [ˈæmtræk] n *société américaine de transports ferroviaires interurbains*

amuck [əˈmʌk] adv ⇒ **amok**

amuse [əˈmjuːz] vt amuser ▪ **to ~ o.s.** s'amuser

amused [əˈmjuːzd] adj amusé ▪ **to keep sb ~** distraire qn ▪ **to keep o.s. ~** se distraire

amusement [əˈmjuːzmənt] n **a** (= laughter) amusement *m* **b** (= diversion, pastime) distraction *f* ▸ **amusement arcade** (BR) galerie *f* de jeux ▸ **amusement park** parc *m* d'attractions

amusing [əˈmjuːzɪŋ] adj amusant

an [æn, ən, n] indef art → **a**

anabolic steroid [ˌænəbɒlɪkˈstɪərɔɪd] adj (stéroïde *m*) anabolisant *m*

anaemia [əˈniːmɪə] n anémie *f*

anaemic [əˈniːmɪk] adj anémique

anaesthetic [ˌænɪsˈθetɪk] n, adj anesthésique *m*

anaesthetist [æˈniːsθɪtɪst] n médecin *mf* anesthésiste

anaesthetize [æˈniːsθɪtaɪz] vt anesthésier

anagram [ˈænəgræm] n anagramme *f*

anal [ˈeɪnəl] adj anal

analgesic [ˌænælˈdʒiːsɪk] adj, n analgésique *m*

analogue [ˈænəˌlɒg] adj [phone, technology] analogique

analogy [əˈnælədʒɪ] n analogie *f*

analyse [ˈænəlaɪz] vt analyser ; (= psychoanalyse) psychanalyser

analysis [əˈnæləsɪs] n (pl **analyses** [əˈnælɪsiːz]) analyse *f* ; (= psychoanalysis) psychanalyse *f*

analyst [ˈænəlɪst] n analyste *mf*

analytic(al) [ˌænəˈlɪtɪk(əl)] adj analytique

analyze [ˈænəlaɪz] vt (US) analyser ; (= psychoanalyse) psychanalyser

anarchic(al) [æˈnɑːkɪk(əl)] adj anarchique

anarchist [ˈænəkɪst] n, adj anarchiste *mf*

anarchy [ˈænəkɪ] n anarchie *f*

anatomy [əˈnætəmɪ] n anatomie *f*

ANC [ˌeɪenˈsiː] n (abbr of **African National Congress**) ANC *m*

ancestor [ˈænsɪstəʳ] n ancêtre *mf*

ancestry [ˈænsɪstrɪ] n (= ancestors) ancêtres *mpl*

anchor [ˈæŋkəʳ] **1** n ancre *f* ▪ **to drop ~** jeter l'ancre **2** vt [+ ship] mettre à l'ancre ; (fig) ancrer

anchorman [ˈæŋkəmæn] n (pl **-men**) (on TV, radio) présentateur *m*, chef *m* d'antenne (CAN)

anchorwoman [ˈæŋkəwʊmən] n (pl **-women**) (on TV, radio) présentatrice *f* ; (in team, organization) pilier *m*

anchovy [ˈæntʃəvɪ] n anchois *m*

ancient [ˈeɪnʃənt] adj **a** [document, custom] ancien ▪ **~ Greek** le grec ancien ▪ **~ history** histoire *f* ancienne ▪ **~ Rome** la Rome antique **b** * [person] très vieux (vieille *f*) ; [clothes, object, car] antique

> ⚠ ***ancient*** ne se traduit par **ancien** que dans le sens de « antique » ; → Pièges ANCIENT

ancillary [ænˈsɪlərɪ] adj auxiliaire

and [ænd, ənd, nd, ən] conj **a** et ▪ **a man ~ a woman** un homme et une femme **b** (in numbers) ▪ **three hundred ~ ten** trois cent dix ▪ **two pounds ~ six pence** deux livres (et) six pence ▪ **an hour ~ twenty minutes** une heure vingt (minutes) **c** (+ infinitive verb) ▪ **try ~ come** essayez de venir **d** (repetition, continuation) ▪ **better ~ better** de mieux en mieux ▪ **for hours ~ hours** pendant des heures et des heures ▪ **more ~ more difficult** de plus en plus difficile

Andes [ˈændiːz] n Andes *fpl*

androgynous [æn'drɒdʒɪnəs] adj androgyne

android ['ændrɔɪd] n androïde *mf*

anecdote ['ænɪkdəʊt] n anecdote *f*

anemia [ə'niːmɪə] n (US) anémie *f*

anemic [ə'niːmɪk] adj (US) anémique

anemone [ə'nemənɪ] n anémone *f*

anesthetic [ˌænɪs'θetɪk] n, adj (US) anesthésique *m*

anesthetist [æ'niːsθɪtɪst] n (US) médecin *mf* anesthésiste

anesthetize [æ'niːsθɪtaɪz] vt (US) anesthésier

aneurism ['ænjʊrɪzəm] n anévrisme *m*

angel ['eɪndʒəl] n ange *m*

anger ['æŋgə'] **1** n colère *f* **2** vt mettre en colère

angina [æn'dʒaɪnə] n angine *f* de poitrine

angle ['æŋgl] **1** n angle *m* ▪ **at an ~** en biais (*to* par rapport à) ▪ **the building stands at an ~ to the street** le bâtiment fait un angle avec la rue **2** vt orienter **3** vi **a** (= fish) pêcher à la ligne **b** (= try to get) ▪ **to ~ for compliments** chercher les compliments ▪ **to ~ for an invitation** chercher à se faire inviter

angler ['æŋglə'] n pêcheur *m*, -euse *f* (à la ligne)

Anglican ['æŋglɪkən] adj, n anglican(e) *m(f)*

angling ['æŋglɪŋ] n pêche *f* (à la ligne)

Anglo-Saxon ['æŋgləʊ'sæksən] **1** adj anglo-saxon **2** n **a** (= person) Anglo-Saxon(ne) *m(f)* **b** (= language) anglo-saxon *m*

Angola [æŋ'gəʊlə] n Angola *m*

angrily ['æŋgrɪlɪ] adv [say, react] avec colère ; [leave] en colère

angry ['æŋgrɪ] adj [person] en colère (*with sb* contre qn, *at sth* à cause de qch, *about sth* à propos de qch) ; [look] furieux ; [reply] plein de colère ▪ **to get ~** se mettre en colère ▪ **to make sb ~** mettre qn en colère

angst [æŋst] n angoisse *f* existentielle

anguish ['æŋgwɪʃ] n angoisse *f*

angular ['æŋgjʊlə'] adj anguleux

animal ['ænɪməl] **1** n animal *m* ; (* pej = person) brute *f* **2** adj animal

animate **1** adj ['ænɪmɪt] animé **2** vt ['ænɪmeɪt] animer

> Lorsque ***animate*** est un verbe, la fin se prononce comme ***eight***. Lorsque c'est un adjectif, elle se prononce ***it***.

animated ['ænɪmeɪtɪd] adj **a** (= lively) animé **b** ▪ **~ film** film *m* d'animation

animatronics [ˌænɪmə'trɒnɪks] n animation *f* avec animatroniques

anime ['ænɪmeɪ] n animé *m*

animosity [ˌænɪ'mɒsɪtɪ] n animosité *f* (*against, towards* envers)

aniseed ['ænɪsiːd] **1** n graine *f* d'anis **2** adj (= flavoured) à l'anis

ankle ['æŋkl] n cheville *f* ▸ **ankle boot** bottine *f* ▸ **ankle sock** (BR) socquette *f*

annals ['ænəlz] npl annales *fpl*

annex **1** vt [æ'neks] annexer **2** n ['æneks] annexe *f*

> Lorsque ***annex*** est un verbe, l'accent tombe sur la deuxième syllabe. Lorsque c'est un nom, l'accent tombe sur la première.

annexe ['æneks] n annexe *f*

annihilate [ə'naɪəleɪt] vt anéantir

anniversary [ˌænɪ'vɜːsərɪ] n [of wedding, event] anniversaire *m*

annotate ['ænəʊteɪt] vt annoter

announce [ə'naʊns] vt annoncer

announcement [ə'naʊnsmənt] n annonce *f* ; [of birth, marriage, death] faire-part *m*

announcer [ə'naʊnsə'] n annonceur *m*, -euse *f*

annoy [ə'nɔɪ] vt (= vex) contrarier ; (= irritate) agacer ; (= bother) ennuyer ▪ **to be ~ed with sb** être en colère contre qn ▪ **to be ~ed about sth** être contrarié par qch ▪ **I am very ~ed with him for not coming** je suis très mécontent qu'il ne soit pas venu

annoyance [ə'nɔɪəns] n **a** (= displeasure) mécontentement *m* **b** (= annoying thing) ennui *m*

annoying [ə'nɔɪɪŋ] adj agaçant

annual ['ænjʊəl] **1** adj annuel **2** n **a** (= plant) plante *f* annuelle **b** (= children's book) album *m*

annually ['ænjʊəlɪ] adv annuellement

annuity [ə'njuːɪtɪ] n (= regular income) rente *f* ; (for life) rente *f* viagère ; (= investment) viager *m*

annul [ə'nʌl] vt annuler

anomaly [ə'nɒməlɪ] n anomalie *f*

anonymity [ˌænə'nɪmɪtɪ] n anonymat *m*

anonymous [ə'nɒnɪməs] adj anonyme

anorak ['ænəræk] n anorak *m*

anorexia [ænə'reksɪə] n anorexie *f* ▪ **~ nervosa** anorexie *f* mentale

anorexic [ænə'reksɪk] adj, n anorexique *mf*

another [ə'nʌðə']

1 adj **a** (= one more) encore un ▪ **to wait ~ hour** attendre encore une heure ▪ **in ~ 20 years** dans 20 ans

b (= different) un autre ▪ **do it ~ time** vous le ferez plus tard ▪ **there was ~ blue car next to ours** il y avait une autre voiture bleue à côté de la nôtre

2 pron **a** un(e) autre ▪ **he says one thing and does ~** il dit une chose et il en fait une autre **b** ▪ **one ~** l'un(e) l'autre *m(f)*, les uns les autres *mpl*, les unes les autres *fpl* ▪ **they love one ~** ils s'aiment (l'un l'autre)

answer ['ɑːnsəʳ] **1** n **a** (= reply) réponse *f* ▪ **there's no ~** (on phone) ça ne répond pas **b** (= solution) solution *f* **2** vt [+ letter, question, description] répondre à ; [+ prayer] exaucer ▪ **to ~ the door** ouvrir la porte ▪ **to ~ the phone** répondre au téléphone **3** vi répondre

▸ **answer back** vi répondre (avec impertinence)

▸ **answer for** vt insep (= be responsible for) répondre de ▪ **he has a lot to ~ for** il a bien des comptes à rendre

→ *Pièges* ANSWER

answerable ['ɑːnsərəbl] adj responsable (*to sb* devant qn, *for sth* de qch)

answering machine ['ɑːnsərɪŋ məʃiːn], **answerphone** ['ɑːnsəfəʊn] n répondeur *m* (téléphonique)

ant [ænt] n fourmi *f*

antagonism [æn'tæɡənɪzəm] n antagonisme *m*

antagonize [æn'tæɡənaɪz] vt contrarier

Antarctic [ænt'ɑːktɪk] **1** n Antarctique *m* **2** adj antarctique

Antarctica [ænt'ɑːktɪkə] n Antarctique *m*

antelope ['æntɪləʊp] n antilope *f*

antenatal ['æntɪ'neɪtl] adj prénatal ▪ **~ clinic** service *m* de consultation prénatale

antenna [æn'tenə] n antenne *f*

anterior [æn'tɪərɪəʳ] adj antérieur (-eure *f*)

anthem ['ænθəm] n hymne *m*

anthology [æn'θɒlədʒɪ] n anthologie *f*

anthropology [ˌænθrə'pɒlədʒɪ] n anthropologie *f*

antiallergenic ['æntɪælə'dʒenɪk] adj antiallergène, antiallergénique

antibacterial [ˌæntɪbæk'tɪərɪəl] adj antibactérien

antibiotic ['æntɪbaɪ'ɒtɪk] adj, n antibiotique *m*

antibody ['æntɪˌbɒdɪ] n anticorps *m*

anticapitalist [ˌæntɪ'kæpɪtəlɪst] adj, n anticapitaliste *mf*

anticipate [æn'tɪsɪpeɪt] vt **a** (= expect) s'attendre à, prévoir ▪ **it's bigger than I ~d** je ne m'attendais pas à ce que ce soit si grand **b** [+ blow, attack] anticiper ; [+ needs, question] devancer

anticipation [ænˌtɪsɪ'peɪʃən] n (= expectation) attente *f* ▪ **with growing ~** avec une impatience grandissante

anticlimax ['æntɪ'klaɪmæks] n déception *f*

anticlockwise ['æntɪ'klɒkwaɪz] adj, adv (BR) dans le sens inverse des aiguilles d'une montre

antics ['æntɪks] npl pitreries *fpl*

antidepressant ['æntɪdɪ'presənt] n antidépresseur *m*

antidote ['æntɪdəʊt] n antidote *m* (*to* à, contre)

anti-European [ˌæntɪjʊərə'piːən] adj antieuropéen

antifreeze ['æntɪ'friːz] n antigel *m*

anti-globalization [ˌæntɪɡləʊbəlaɪ'zeɪʃən] n antimondialisation *f*

antipathy [æn'tɪpəθɪ] n antipathie *f* (*to* pour)

antiperspirant ['æntɪ'pɜːspɪrənt] n déodorant *m*

antiquarian [ˌæntɪ'kweərɪən] n (= seller) antiquaire *mf*

antiquated ['æntɪkweɪtɪd] adj [machinery] vétuste ; [system] archaïque

antique [æn'tiːk] **1** adj ancien **2** n (= ornament) objet *m* ancien ; (= furniture) meuble *m* ancien ▸ **antique dealer** antiquaire *mf* ▸ **antique shop** magasin *m* d'antiquités

antiquity [æn'tɪkwɪtɪ] **1** n (= ancient times) antiquité *f* ▪ **in ~** dans l'Antiquité **2** **antiquities** npl (= buildings) monuments *mpl* antiques ; (= objects) antiquités *fpl*

anti-Semitic ['æntɪsɪ'mɪtɪk] adj antisémite

anti-Semitism ['æntɪ'semɪtɪzəm] n antisémitisme *m*

antiseptic [ˌæntɪ'septɪk] adj, n antiseptique *m*

antisocial ['æntɪ'səʊʃəl] adj [behaviour] antisocial ; [person] asocial

antithesis [æn'tɪθɪsɪs] (pl **antitheses** [æn'tɪθɪsiːz]) n antithèse *f*

antiviral [ˌæntɪ'vaɪrəl] adj antiviral

antivirus ['æntɪ'vaɪərəs] adj, n antivirus *inv* ▪ **~ (program)** (logiciel) antivirus *m*

antlers ['æntləʳz] n bois *mpl*

anus ['eɪnəs] n anus *m*

anvil ['ænvɪl] n enclume *f*

anxiety [æŋ'zaɪətɪ] n **a** (= concern) anxiété *f* ▪ **deep ~** angoisse *f* ▪ **this is a great ~ to me** ceci m'inquiète énormément **b** (= keen desire) grand désir *m*

anxious ['æŋkʃəs] adj **a** (= worried) anxieux (*about sth* à propos de qch, *about doing sth* à l'idée de faire qch) **b** [time, wait] angoissant **c** (= eager) ▪ **to be ~ to do sth** tenir beaucoup à faire qch ▪ **to be ~ that...** tenir beaucoup à ce que... *+ subj* ▪ **Christine was ~ for him to leave** Christine avait hâte qu'il s'en aille

anxiously ['æŋkʃəslɪ] adv **a** (= worriedly) anxieusement ▪ **to look ~ at sb/sth** jeter un regard anxieux à qn/qch **b** [wait] impatiemment

any ['enɪ]

1 adj **a** ■ **I haven't got ~ money/books** je n'ai pas d'argent/de livres ■ **I have hardly ~ money left** il ne me reste presque plus d'argent ■ **hardly ~ people came** presque personne n'est venu ■ **without ~ difficulty** sans la moindre difficulté
b (in questions and if clauses) ■ **have you got ~ butter?** avez-vous du beurre ? ■ **did they find ~ survivors?** ont-ils trouvé des survivants ? ■ **is there ~ risk?** y a-t-il un risque ? ■ **if you see ~ children** si vous voyez des enfants ■ **if you have ~ money** si vous avez de l'argent
c (= no matter which) n'importe quel ; (= each and every) tout ■ **come at ~ time** venez à n'importe quelle heure ■ **~ pupil who breaks the rules will be punished** tout élève qui enfreindra le règlement sera puni
2 pron **a** (with negative) ■ **she has two brothers but I haven't got ~** elle a deux frères mais moi je n'en ai pas ■ **he didn't like ~ of the paintings** il n'a aimé aucun des tableaux
b (in questions and if clauses) ■ **have you got ~?** en avez-vous ? ■ **if ~ of you can sing** si l'un d'entre vous sait chanter
c (= no matter which one) ■ **~ of those books will do** n'importe lequel de ces livres fera l'affaire
3 adv **a** (= some, a little) ■ **are you feeling ~ better?** vous sentez-vous un peu mieux ? ■ **do you want ~ more soup?** voulez-vous encore de la soupe ?
b (with negative) ■ **I can't hear him ~ more** je ne l'entends plus ■ **we can't go ~ further** nous ne pouvons pas aller plus loin ■ **I won't wait ~ longer** je n'attendrai pas plus longtemps
→ *Pièges* ANY

anybody ['enɪbɒdɪ] pron **a** (in negative sentences) personne ■ **I can't see ~** je ne vois personne ■ **without ~ seeing him** sans que personne (ne) le voie **b** (in questions, with if) quelqu'un ■ **did ~ see you?** est-ce que quelqu'un t'a vu ? ■ **if ~ can do it, he can** si quelqu'un peut le faire c'est bien lui **c** (any person) ■ **~ who wants to do it should say so now** si quelqu'un veut le faire qu'il le dise tout de suite ■ **~ could tell you** n'importe qui pourrait vous le dire ■ **~ else** n'importe qui d'autre

anyhow ['enɪhaʊ] adv **a** ⇒ **anyway** **b** (* = carelessly, haphazardly) n'importe comment

anymore [,enɪ'mɔː'] adv ne... plus

anyone ['enɪwʌn] pron ⇒ **anybody**

anyplace* ['enɪpleɪs] adv (US) ⇒ **anywhere**

anything ['enɪθɪŋ] pron **a** (in negative sentences) ■ **there wasn't ~ in the box** il n'y avait rien dans la boîte ■ **I didn't see ~ interesting** je n'ai rien vu d'intéressant ■ **hardly ~** presque rien **b** (in questions, with if) ■ **was there ~ in the box?** y avait-il quelque chose dans la boîte ? ■ **if ~ happened to me** s'il m'arrivait quelque chose ■ **if ~ it's an improvement** ce serait plutôt une amélioration **c** (= no matter what) n'importe quoi ■ **take ~ you like** prenez tout ce que vous voudrez

anyway ['enɪweɪ], **anyways*** (US) ['enɪweɪz] adv **a** (= in any case) de toute façon **b** (summing up) bon ■ **~, it's time I was going** bon, il faut que j'y aille

anywhere ['enɪwɛə'] adv **a** (= no matter where) n'importe où ■ **go ~ you like** va où tu veux ■ **miles from ~*** loin de tout **b** (in negative sentences) nulle part ■ **they didn't go ~** ils ne sont allés nulle part **c** (in questions) quelque part ■ **have you seen it ~?** l'avez-vous vu quelque part ?

apart [ə'pɑːt] adv **a** (= separated) ■ **houses a long way ~** maisons éloignées l'une de l'autre ■ **to stand with one's feet ~** se tenir les jambes écartées **b** (= aside) à part ■ **~ from these difficulties** en dehors de ces difficultés **c** (= separately) séparément ■ **we'll have to keep those boys ~** il va falloir séparer ces garçons

apartheid [ə'pɑːteɪt, ə'pɑːtaɪd] n apartheid *m*

apartment [ə'pɑːtmənt] n (= flat) appartement *m* ■ **~ building** immeuble *m* (d'habitation)

apathy ['æpəθɪ] n apathie *f*

ape [eɪp] **1** n (grand) singe *m* **2** vt (= imitate) singer

aperitif [ə,perɪ'tiːf] n apéritif *m*

aperture ['æpətʃjʊə'] n (= hole) ouverture *f* ; (in camera) ouverture *f* (du diaphragme)

apex ['eɪpeks] n sommet *m*

aphrodisiac [,æfrəʊ'dɪzɪæk] adj, n aphrodisiaque *m*

apiece [ə'piːs] adv chacun(e)

aplomb [ə'plɒm] n assurance *f*

apologetic [ə,pɒlə'dʒetɪk] adj [smile, letter] d'excuse ; [manner, tone] désolé ■ **to be ~ (about sth)** se montrer navré (de qch)

apologize [ə'pɒlədʒaɪz] vi s'excuser ■ **to ~ to sb (for sth)** s'excuser (de qch) auprès de qn

apology [ə'pɒlədʒɪ] n excuses *fpl*

⚠ ***apology*** ne se traduit pas par **apologie**.

apostle [ə'pɒsl] n apôtre *m*

apostrophe [ə'pɒstrəfɪ] n apostrophe *f*

app [æp] n application (program) (Computing) app* *f*, appli* *f*

appal, appall (US) [ə'pɔːl] vt consterner

appalling [ə'pɔːlɪŋ] adj épouvantable

apparatus [,æpə'reɪtəs] n (gen) appareil *m* ; (in laboratory) instruments *mpl* ; (in gym) agrès *mpl*

apparent [ə'pærənt] adj **a** (= seeming) apparent ▪ **for no ~ reason** sans raison apparente **b** (= obvious) évident (*to sb* pour qn)

apparently [ə'pærəntlɪ] adv apparemment

apparition [,æpə'rɪʃən] n apparition *f*

appeal [ə'piːl] **1** vi **a** (= beg) faire appel ; (= request publicly) lancer un appel (*for* à) **b** (in court) faire appel (*against* de) **c** ▪ **to ~ to sb** (= attract) plaire à qn **2** n **a** (= call) appel *m* ; (for money) demande *f* (*for* de) ; (= supplication) prière *f* ▪ **~ for help** appel *m* au secours **b** (in court) appel *m* **c** (= attraction) attrait *m* ; [of plan, idea] intérêt *m*

appealing [ə'piːlɪŋ] adj (= attractive) séduisant

appear [ə'pɪə^r] vi **a** (= become visible) apparaître **b** (in court) comparaître **c** [actor] ▪ **to ~ in Hamlet** jouer dans « Hamlet » ▪ **to ~ on TV** passer à la télévision **d** (= look) avoir l'air ▪ **they ~ to be ill** ils ont l'air malades **e** (= seem) sembler ▪ **there ~s to be a mistake** il semble qu'il y ait une erreur

appearance [ə'pɪərəns] n **a** (gen) apparition *f* ; (in court) comparution *f* ▪ **to put in an ~** faire acte de présence **b** (= look) apparence *f* ▪ **you shouldn't judge by ~s** il ne faut pas se fier aux apparences

appease [ə'piːz] vt apaiser

appendices [ə'pendɪsiːz] pl of **appendix**

appendicitis [ə,pendɪ'saɪtɪs] n appendicite *f*

appendix [ə'pendɪks] (pl **appendices**) n **a** (= organ) appendice *m* ▪ **to have one's ~ out** se faire opérer de l'appendicite **b** [of book] appendice *m* ; [of document] annexe *f*

appetite ['æpɪtaɪt] n appétit *m* ▪ **skiing gives you an ~** le ski ouvre l'appétit ▪ **his ~ for power** son goût du pouvoir

appetizer ['æpɪtaɪzə^r] n (= food) amuse-gueule *m*

appetizing ['æpɪtaɪzɪŋ] adj appétissant

applaud [ə'plɔːd] vt [+ person, thing] applaudir ; [+ decision, efforts] applaudir à

applause [ə'plɔːz] n applaudissements *mpl*

apple ['æpl] n pomme *f* ▸ **apple pie** n tarte *f* aux pommes ▸ **apple tree** pommier *m*

applet [æplɪt] n appliquette *f*

appliance [ə'plaɪəns] n **a** (= device) appareil *m* ▪ **household ~** appareil *m* électroménager **b** (= act of applying) application *f*

applicable [ə'plɪkəbl] adj applicable (*to* à) ▪ **"delete where not ~"** « rayer les mentions inutiles »

applicant ['æplɪkənt] n (for job) postulant(e) *m(f)*

application [,æplɪ'keɪʃən] n **a** (gen) application *f* **b** (= request) demande *f* (*for* de) ▪ **~ for a job** candidature *f* à un poste ▸ **application form** formulaire *m*

apply [ə'plaɪ] **1** vt [+ paint, ointment, dressing] appliquer (*to* sur) ; [+ rule, law] appliquer (*to* à) ▪ **to ~ the brakes** actionner les freins **2** vi **a** ▪ **to ~ to sb (for sth)** s'adresser à qn (pour obtenir qch) ▪ **to ~ to university** faire une demande d'inscription à l'université **b** (= be relevant) s'appliquer (*to* à)

▸ **apply for** vt insep [+ scholarship, grant] faire une demande de ; [+ job] poser sa candidature pour *or* candidater à un poste, postuler

appoint [ə'pɔɪnt] vt nommer

appointed [ə'pɔɪntɪd] adj [time, hour, place] convenu

appointment [ə'pɔɪntmənt] n **a** (= arrangement to meet) rendez-vous *m* ▪ **to make an ~ with sb** prendre rendez-vous avec qn **b** (= selection) nomination *f*

→ *Pièges* APPOINTMENT

appraisal [ə'preɪzəl] n évaluation *f*

appraise [ə'preɪz] vt (= evaluate) évaluer ; (= look at) regarder

appreciable [ə'priːʃəbl] adj appréciable

appreciate [ə'priːʃɪeɪt] **1** vt **a** (= be aware of) se rendre compte de **b** (= value, like) apprécier **c** (= be grateful for) être reconnaissant de **2** vi [currency] s'apprécier ; [object, property] prendre de la valeur

appreciation [ə,priːʃɪ'eɪʃən] n **a** (= gratitude) reconnaissance *f* ▪ **in ~ of sth** en remerciement de qch **b** (= judgement) appréciation *f* ; [of painting, book, piece of music] critique *f* **c** (= increase in value) appréciation *f*

appreciative [ə'priːʃɪətɪv] adj **a** (= grateful) reconnaissant **b** (= admiring) approbateur (-trice *f*)

apprehend [,æprɪ'hend] vt appréhender

apprehension [,æprɪ'henʃən] n (= fear) appréhension *f*

apprehensive [,æprɪ'hensɪv] adj inquiet (-ète *f*)

apprentice [ə'prentɪs] n apprenti(e) *m(f)*

apprenticeship [ə'prentɪsʃɪp] n apprentissage *m*

approach [ə'prəʊtʃ] **1** vi [person, vehicle] s'approcher ; [date, season, war] approcher **2** vt **a** (= get near to) [+ place, person] s'approcher de ▪ **it was ~ing midnight** il était près de minuit **b** [+ problem, subject, task] aborder **c** (= speak to) ▪ **to ~ sb about sth** s'adresser à qn pour qch **3** n **a** [of person, vehicle] approche *f* ▪ **the plane crashed on ~ to the airport** l'avion s'est écrasé en arrivant sur l'aéroport **b** (= way of tackling sth) approche *f* ▪ **a new ~ to teaching French** une nouvelle approche de l'enseignement du français **c** (= access route) voie *f* d'accès

approachable [əˈprəʊtʃəbl] adj accessible

appropriate **1** adj [əˈprəʊprɪɪt] [time, remark] opportun ; [place, response, word, level] approprié ; [person, authority, department] compétent ▪ **to be ~ for sb/sth** convenir à qn/qch ▪ **it would not be ~ for me to comment** ce n'est pas à moi de faire des commentaires **2** vt [əˈprəʊprɪeɪt] **a** (= take) s'approprier **b** [+ funds] affecter (*for* à)

> Lorsque ***appropriate*** est un verbe, la fin se prononce comme ***eight***. Lorsque c'est un adjectif, elle se prononce ***it***.

approval [əˈpruːvəl] n approbation *f* ▪ **~ rating** cote *f* de popularité

approve [əˈpruːv] vt (gen) approuver ; [+ decision] ratifier

▸ **approve of** vt insep [+ behaviour, idea] approuver ; [+ person] avoir bonne opinion de

approving [əˈpruːvɪŋ] adj approbateur (-trice *f*)

approx. [əˈprɒks] (abbr of **approximately**) env.

approximate [əˈprɒksɪmɪt] adj approximatif

approximately [əˈprɒksɪmətlɪ] adv **a** (= about) approximativement ▪ **~ 40 pupils** approximativement 40 élèves **b** (= roughly) [true, the same] plus ou moins

approximation [əˌprɒksɪˈmeɪʃən] n approximation *f*

apricot [ˈeɪprɪkɒt] n abricot *m*

April [ˈeɪprəl] n avril *m* ▸ **April fool** (= joke) poisson *m* d'avril ▸ **April Fools' Day** le premier avril ; for other phrases see **September**

apron [ˈeɪprən] n tablier *m*

apt [æpt] adj **a** (= appropriate) pertinent **b** (= inclined) ▪ **to be ~ to do sth** avoir tendance à faire qch

aptitude [ˈæptɪtjuːd] n aptitude *f* (*for* à)

aptly [ˈæptlɪ] adv [describe] bien ; [called, titled] judicieusement

aquaerobics [ˈækwerˈrəʊbɪks] n aquagym *f*

aquafarming [ˈækwəfɑːmɪŋ] n aquaculture *f*

aquapark [ˈækwəˌpark] n aquaparc *m*

aquarium [əˈkwɛərɪəm] n aquarium *m*

Aquarius [əˈkwɛərɪəs] n Verseau *m*

aquatic [əˈkwætɪk] adj [animal, plant] aquatique ; [sport] nautique

aqueduct [ˈækwɪdʌkt] n aqueduc *m*

Arab [ˈærəb] **1** n (= person) Arabe *mf* **2** adj arabe ▪ **the ~ Spring** le printemps arabe

Arabian [əˈreɪbɪən] adj arabe

Arabic [ˈærəbɪk] **1** adj arabe **2** n (= language) arabe *m*

arable [ˈærəbl] adj [land] arable ; [farm] agricole

arbiter [ˈɑːbɪtəʳ] n (= judge) arbitre *m* ; (= mediator) médiateur *m*, -trice *f*

arbitrary [ˈɑːbɪtrərɪ] adj arbitraire

arbitrate [ˈɑːbɪtreɪt] vti arbitrer

arbitration [ˌɑːbɪˈtreɪʃən] n arbitrage *m*

arc [ɑːk] n arc *m*

arcade [ɑːˈkeɪd] n (= series of arches) arcade *f* ; (= shopping precinct) galerie *f* marchande ; (BR = amusement arcade) galerie *f* de jeux vidéo ▸ **arcade game** (BR) jeu *m* vidéo

arch [ɑːtʃ] **1** n **a** (in building) arc *m* ; [of bridge] arche *f* **b** [of eyebrow] arcade *f* ; [of foot] voûte *f* plantaire **2** vt cambrer ▪ **the cat ~ed its back** le chat a fait le gros dos **3** adj (= greatest) ▪ **his ~ rival** son grand rival ▪ **his arch-enemy** son ennemi numéro un

archaeological [ˌɑːkɪəˈlɒdʒɪkəl] adj archéologique

archaeologist [ˌɑːkɪˈɒlədʒɪst] n archéologue *mf*

archaeology [ˌɑːkɪˈɒlədʒɪ] n archéologie *f*

archaic [ɑːˈkeɪɪk] adj archaïque

archbishop [ˈɑːtʃˈbɪʃəp] n archevêque *m*

arched [ɑːtʃt] adj [window, alcove] cintré ; [roof, ceiling, doorway] en voûte ; [bridge] à arches

archeologist [ˌɑːkɪˈɒlədʒɪst] n (US) archéologue *mf*

archeology [ˌɑːkɪˈɒlədʒɪ] n (US) archéologie *f*

archer [ˈɑːtʃəʳ] n archer *m* (-ère *f*)

archery [ˈɑːtʃərɪ] n tir *m* à l'arc

archetypal [ˈɑːkɪtaɪpəl] adj typique

archipelago [ˌɑːkɪˈpelɪgəʊ] n archipel *m*

architect [ˈɑːkɪtekt] n architecte *mf*

architecture [ˈɑːkɪtektʃəʳ] n architecture *f*

archive [ˈɑːkaɪv] **1** n **a** archives *fpl* ▪ **the national ~s** les Archives nationales **b** (Computing) archive *f* **2** vt archiver **3** adj d'archives ▪ **~ material** documents *mpl* d'archives

archway [ˈɑːtʃweɪ] n voûte *f*

Arctic [ˈɑːktɪk] **1** adj arctique **2** n ▪ **the ~** l'Arctique *m*

ardent [ˈɑːdənt] adj [feminist, desire, belief] ardent ; [admirer, supporter] fervent ; [lover, lovemaking] passionné

ardour, ardor (US) [ˈɑːdəʳ] n ardeur *f*

arduous ['ɑ:djʊəs] adj difficile

are [ɑ:ʳ, əʳ] 2nd pers sg pres, 1st and 3rd pers pl pres of **be**

area ['ɛərɪə] n **a** (= region) région *f* ; (= territory) territoire *m* ; (smaller) zone *f* ▪ **dining ~** coin *m* salle à manger ▪ **sleeping ~** coin *m* chambre ▪ **parking ~** aire *f* de stationnement ▸ **area code** indicatif *m* de zone **b** (= surface measure) superficie *f* **c** [of knowledge, enquiry] domaine *m*

arena [ə'ri:nə] n arène *f*

aren't [ɑ:nt] ⇒ **are not, am not** ; → **be**

Argentina [,ɑ:dʒən'ti:nə] n Argentine *f*

Argentinian [,ɑ:dʒən'tɪnɪən] **1** adj argentin **2** n Argentin(e) *m(f)*

arguably ['ɑ:gjʊəblɪ] adv sans doute

argue ['ɑ:gju:] **1** vi **a** (= quarrel) se disputer **b** (= debate) discuter (*about* de) **c** (= present reasons) ▪ **to ~ in favour of/against sth** avancer des arguments pour/contre qch **2** vt **a** ▪ **to ~ the case for sth** plaider en faveur de qch **b** (= maintain) soutenir

argument ['ɑ:gjʊmənt] n **a** (= debate) discussion *f* **b** (= dispute) dispute *f* ▪ **to have an ~** se disputer **c** (= reasons advanced) argument *m* ▪ **there is a strong ~ for doing this** il y a de bonnes raisons pour faire cela

argumentative [,ɑ:gjʊ'mentətɪv] adj ergoteur

aria ['ɑ:rɪə] n aria *f*

arid ['ærɪd] adj aride

Aries ['ɛəri:z] n Bélier *m*

arise [ə'raɪz] (pret **arose**, ptp **arisen** [ə'rɪzn]) vi **a** [difficulty] surgir ; [question] se présenter ▪ **should the need ~** en cas de besoin **b** (= result) résulter (*from* de)

aristocrat ['ærɪstəkræt] n aristocrate *mf*

arithmetic [ə'rɪθmətɪk] n arithmétique *f*

ark [ɑ:k] n arche *f*

arm [ɑ:m] **1** n **a** [of person, river] bras *m* ; [of garment] manche *f* ; [of armchair] accoudoir *m* ▪ **to put one's ~ round sb** passer son bras autour des épaules de qn ▪ **~ in ~** bras dessus bras dessous ▪ **to keep sb at ~'s length** tenir qn à distance **b** (= weapon) arme *f* ▪ **to be up in ~s against sth** s'élever contre qch ▸ **arm candy** jeune et jolie cavalière *f (qui sert de faire-valoir dans les sorties mondaines)* ▸ **arms race** course *f* aux armements ▸ **arms trade** commerce *m* des armes **2** **arms** npl (in heraldry) armes *fpl* **3** vt [+ person, nation] armer

armaments ['ɑ:məmənts] n armement *m*

armband ['ɑ:mbænd] n brassard *m*

armchair ['ɑ:mtʃɛəʳ] n fauteuil *m*

armed [ɑ:md] adj armé (*with* de) ▪ **~ robbery** vol *m* à main armée ▪ **the ~ forces** les forces *fpl* armées

Armenia [ɑ:'mi:nɪə] n Arménie *f*

Armenian [ɑ:'mi:nɪən] **1** adj arménien **2** n Arménien(ne) *m(f)*

armful ['ɑ:mfʊl] n brassée *f*

armistice ['ɑ:mɪstɪs] n armistice *m* ▸ **Armistice Day** le 11 Novembre

armour, armor (US) ['ɑ:məʳ] n armure *f*

armoured car [,ɑ:məd'kɑ:ʳ] n voiture *f* blindée

armpit ['ɑ:mpɪt] n aisselle *f*

armrest ['ɑ:mrest] n accoudoir *m*

army ['ɑ:mɪ] **1** n armée *f* ▪ **to join the ~** s'engager dans l'armée **2** adj [life, uniform] militaire

aroma [ə'rəʊmə] n arôme *m*

aromatherapist [ə'rəʊmə'θerəpɪst] n aromathérapeute *mf*

aromatherapy [ə,rəʊmə'θerəpɪ] n aromathérapie *f*

aromatic [,ærəʊ'mætɪk] adj aromatique

arose [ə'rəʊz] vb pret of **arise**

around [ə'raʊnd]

1 adv **a** autour ▪ **all ~** tout autour ▪ **for miles ~** dans un rayon de plusieurs kilomètres

b (= nearby) dans les parages ▪ **he is somewhere ~** il est dans les parages ▪ **there's a lot of flu ~** il y a beaucoup de cas de grippe en ce moment

c ▪ **he's been ~*** (= travelled) il a pas mal roulé sa bosse* ; (= experienced) il n'est pas né d'hier ▪ **it's been ~ for more than 20 years** ça existe depuis plus de 20 ans

2 prep **a** (= round) autour de ▪ **~ the fire** autour du feu ▪ **to walk ~ the town** se promener dans la ville ▪ **it's just ~ the corner** c'est à deux pas

b (= about) ▪ **they are somewhere ~ the house** ils sont quelque part dans la maison

c (= approximately) environ ; (with date, time) vers ▪ **~ 2 kilos** environ 2 kilos ▪ **~ 10 o'clock** vers 10 heures

arouse [ə'raʊz] vt **a** (= awaken) réveiller **b** [+ suspicion, curiosity] éveiller ; [+ contempt, anger] susciter **c** (= stimulate) stimuler ; (= stir to action) pousser à agir

arrange [ə'reɪndʒ] **1** vt **a** [+ room, clothing, flowers] arranger ; (= tidy) ranger ▪ **the chairs were ~d in a semi-circle** les chaises étaient placées en demi-cercle **b** [+ meeting] organiser ; [+ date] fixer **2** vi (= fix details) s'arranger (*to do sth* pour faire qch)

arrangement [ə'reɪndʒmənt] n arrangement *m* ; [of room, furniture] agencement *m* ▪ **would you make the necessary ~s please?** pourriez-vous, s'il vous plaît, faire le nécessaire ? ▪ **to make ~s for a holiday** préparer ses vacances ▪ **to make ~s for sth to be done** faire faire qch

array [əˈreɪ] n [of objects] étalage *m* ; [of people] assemblée *f*

arrears [əˈrɪəz] npl arriéré *m* ▪ **to get into ~** accumuler les arriérés ▪ **she is three months in ~ with her rent** elle doit trois mois de loyer

arrest [əˈrest] **1** vt **a** [+ suspect] arrêter **b** [+ attention] retenir **c** [+ growth, development, progress] (= stop) arrêter ; (= hinder) entraver **2** n [of person] arrestation *f* ▪ **under ~** en état d'arrestation

arrival [əˈraɪvəl] n **a** [of person, vehicle, letter] arrivée *f* ▪ **on ~** à l'arrivée ▸ **arrival board** (US), **arrivals board** tableau *m* des arrivées ▸ **arrivals lounge** salon *m* d'arrivée **b** ▪ **a new ~** (= man) un nouveau venu ; (= woman) une nouvelle venue ; (= baby) un nouveau-né

arrive [əˈraɪv] vi arriver ▪ **he hasn't ~d yet** il n'est pas encore arrivé

▸ **arrive at** vt insep [+ decision, solution] parvenir à

arrogance [ˈærəgəns] n arrogance *f*

arrogant [ˈærəgənt] adj arrogant

arrow [ˈærəʊ] n flèche *f*

arse‡ [ɑːs] n (BR) cul‡ *m*

arsenal [ˈɑːsɪnl] n arsenal *m*

arsenic [ˈɑːsnɪk] n arsenic *m*

arson [ˈɑːsn] n incendie *m* criminel

arsonist [ˈɑːsənɪst] n pyromane *mf*

art [ɑːt] n **a** art *m* ▪ **the ~s** les arts *mpl* ▪ **~s and crafts** artisanat *m* d'art ▸ **art exhibition** exposition *f* d'art ▸ **art gallery** (= museum) musée *m* d'art; (= shop) galerie *f* d'art **b** ▪ **Arts** (= university subject) lettres *fpl*

artefact [ˈɑːtɪfækt] n artefact *m*

artery [ˈɑːtərɪ] n artère *f*

arthritis [ɑːˈθraɪtɪs] n arthrite *f*

artichoke [ˈɑːtɪtʃəʊk] n artichaut *m*

article [ˈɑːtɪkl] n **a** (= object) objet *m* ; (in shop) article *m* ▪ **~s of clothing** vêtements *mpl* **b** (in newspaper) article *m* **c** (Gram) article *m*

articulate **1** adj [ɑːˈtɪkjʊlɪt] [speech, thought] clair ▪ **she's very ~** elle s'exprime avec aisance **2** vt [ɑːˈtɪkjʊleɪt] [+ word] articuler ; [+ plan] exprimer clairement **3** vi [ɑːˈtɪkjʊleɪt] articuler

> Lorsque ***articulate*** est un verbe, la fin se prononce comme ***eight***. Lorsque c'est un adjectif, elle se prononce ***it***.

articulated lorry [ɑːˈtɪkjʊleɪtɪd ˌlɒrɪ] n (BR) semi-remorque *m*

artifact [ˈɑːtɪfækt] n artefact *m*

artificial [ˌɑːtɪˈfɪʃəl] adj **a** (= synthetic) artificiel **b** (= affected) affecté ; [smile] forcé

artificially [ˌɑːtɪˈfɪʃəlɪ] adv artificiellement

artillery [ɑːˈtɪlərɪ] n artillerie *f*

artisan [ˈɑːtɪzæn] n artisan *m*

artist [ˈɑːtɪst] n artiste *mf*

artistic [ɑːˈtɪstɪk] adj artistique

artless [ˈɑːtlɪs] adj [person] naturel (-elle *f*) ; [behaviour, simplicity] ingénu

artwork [ˈɑːtwɜːk] n (in publishing) graphisme *m* ; (= painting, sculpture) œuvre *f* d'art ; (US = objects) objets *mpl* d'art

arty* [ˈɑːtɪ] adj [person] qui se donne le genre artiste

as [æz, əz]

1 conj **a** (= while) alors que ▪ **as she was falling asleep she heard a noise** elle entendit un bruit alors qu'elle commençait à s'endormir ▪ **as time went by** avec le temps

b (= just when) (juste) au moment où ▪ **he came in as I was leaving** il est arrivé (juste) au moment où je partais

c (= because) comme ▪ **as he hasn't phoned, we don't know where he is** comme il n'a pas téléphoné, nous ne savons pas où il est

d (= though) ▪ **long as it was, I didn't find the journey boring** bien que le trajet ait été long, je ne me suis pas ennuyé

e (indicating manner) comme ▪ **do as you like** faites comme vous voulez ▪ **as usual** comme d'habitude

2 prep **a** (= in the capacity of) comme ▪ **he works as a waiter** il travaille comme serveur **b** (= being) en tant que ▪ **as a mother of five children, she is well aware...** en tant que mère de cinq enfants, elle sait très bien...

c (= when) ▪ **as a child, she was rather shy** quand elle était enfant, elle était plutôt timide

3 adv **a** (= in the way) comme ▪ **as agreed** comme convenu

b (set structures) ▪ **I am as tall as you** je suis aussi grand que toi ▪ **as much as** autant que ▪ **you ate as much as me** tu as mangé autant que moi ▪ **it's twice as expensive** ça coûte deux fois plus cher ▪ **as for, as to** quant à ▪ **as from** or **as of last Tuesday** depuis mardi dernier ▪ **as from** or **as of today** à partir d'aujourd'hui ▪ **as if, as though** comme si ▪ **it looks as if it might rain** on dirait qu'il va pleuvoir ▪ **as yet** encore

a.s.a.p.* [ˌeɪeseɪˈpiː] adv (abbr of **as soon as possible**) dès que possible, asap*

asbestos [æzˈbestəs] n *f*

ascend [ə'send] **1** vi monter (*to* à, jusqu'à) **2** vt [+ ladder] monter à ; [+ mountain] faire l'ascension de ; [+ staircase] monter ■ **to ~ the throne** monter sur le trône

ascent [ə'sent] n [of mountain] ascension *f*

ascertain [,æsə'teɪn] vt établir ; [+ person's age, name] vérifier

ascribe [ə'skraɪb] vt attribuer (*to* à)

ash [æʃ] n **a** [of fire, cigarette] cendre *f* **b** (= tree) frêne *m*

ashamed [ə'ʃeɪmd] adj honteux ■ **to be ~** avoir honte ■ **to be ~ about ou of sth** avoir honte de qch ■ **to be ~ to do sth** avoir honte de faire qch

ashore [ə'ʃɔːʳ] adv (= on land) à terre ; (= to the shore) vers le rivage

ashtray ['æʃtreɪ] n cendrier *m*

Asia ['eɪʃə] n Asie *f*

Asian ['eɪʃn] **1** adj **a** (= from Asia) asiatique **b** (BR = from Indian subcontinent) indo-pakistanais **2** n **a** (= person from Asia) Asiatique *mf* **b** (BR = person from Indian subcontinent) Indo-Pakistanais(e) *m(f)*

Asiatic [,eɪsɪ'ætɪk] adj asiatique

aside [ə'saɪd] **1** adv à part ■ **bad weather ~, we had a good holiday** à part le temps, on a passé de bonnes vacances ■ **~ from** à part **2** n aparté *m*

ask [ɑːsk] **1** vt **a** (= inquire) demander ■ **to ~ sb sth** demander qch à qn ■ **to ~ sb a question** poser une question à qn **b** (= request) demander ■ **to ~ sb to do sth** demander à qn de faire qch ■ **to ~ sb for sth** demander qch à qn **c** (= invite) inviter ■ **to ~ sb to lunch** inviter qn à déjeuner **2** vi demander ■ **to ~ about sth** se renseigner sur qch ■ **to ~ around** (= make enquiries) demander autour de soi

▸ **ask after** vt insep demander des nouvelles de

▸ **ask for** vt insep demander ■ **they're ~ing for trouble*** ils cherchent les ennuis

▸ **ask in** vt sep inviter à entrer

▸ **ask out** vt sep inviter à sortir

▸ **ask over** vt sep inviter (à la maison)

▸ **ask round** vt sep inviter (à la maison)

askance [ə'skɑːns] adv ■ **to look ~ at** (with suspicion) regarder d'un air soupçonneux ; (with disapproval) regarder d'un œil désapprobateur

askew [ə'skjuː] adj, adv de travers

asleep [ə'sliːp] adj endormi ■ **to be ~** dormir ■ **to fall ~** s'endormir

asparagus [ə'spærəgəs] n asperges *fpl*

aspect ['æspekt] n aspect *m*

aspersions [əs'pɜːʃənz] npl ■ **to cast ~ on sb/sth** dénigrer qn/qch

asphalt ['æsfælt] n asphalte *m*

asphyxiate [æs'fɪksɪeɪt] vt asphyxier

aspiration [,æspə'reɪʃən] n aspiration *f*

aspire [əs'paɪəʳ] vi ■ **to ~ to sth** aspirer à qch ■ **to ~ to do sth** aspirer à faire qch

aspirin ['æsprɪn] n inv aspirine *f*

aspiring [əs'paɪərɪŋ] adj ■ **an ~ artist** une personne qui aspire à devenir artiste

ass [æs] n **a** (= animal) âne *m* **b** (‡ US = behind) cul‡ *m* **c** (* = idiot) imbécile *mf*

assailant [ə'seɪlənt] n agresseur *m*

assassin [ə'sæsɪn] n assassin *m* ; → *Pièges* ASSASSIN

assassinate [ə'sæsɪneɪt] vt assassiner ; → *Pièges* ASSASSIN

assassination [ə,sæsɪ'neɪʃən] n assassinat *m*

assault [ə'sɔːlt] **1** n **a** (on enemy) assaut *m* (*on* de) ■ **to make an ~ on...** donner l'assaut à... **b** (on individual) agression *f* ■ **~ and battery** coups *mpl* et blessures *fpl* **2** vt agresser

assemble [ə'sembl] **1** vt [+ objects, ideas] assembler ; [+ people] rassembler ; [+ device, machine] monter **2** vi se réunir

assembly [ə'semblɪ] n **a** (gen) assemblée *f* ; (at school) *réunion de tous les élèves de l'établissement pour la prière, les annonces, etc* **b** (= assembling of machine) montage *m* ; (= whole unit) assemblage *m* ▸ **assembly line** chaîne *f* de montage

assent [ə'sent] **1** n assentiment *m* **2** vi donner son assentiment (*to* à)

assert [ə'sɜːt] vt affirmer ; [+ independence] revendiquer ■ **to ~ one's rights** faire valoir ses droits

assertion [ə'sɜːʃən] n (= statement) affirmation *f* ; [of independence] revendication *f*

assertive [ə'sɜːtɪv] adj [tone] assuré ; [personality] affirmé ■ **to be ~** [person] avoir de l'assurance

assess [ə'ses] vt évaluer

assessment [ə'sesmənt] n évaluation *f* (Scol) ■ **continuous ~** contrôle *m* continu

asset ['æset] n **a** (financial) bien *m* ■ **~s and liabilities** actif *m* et passif *m* **b** (= valuable thing, person) atout *m*

assign [ə'saɪn] vt **a** (= allot) assigner ; [+ role] attribuer **b** (= appoint) affecter

assignment [ə'saɪnmənt] n (= task) mission *f* ; (= homework) devoir *m* ; (= essay) dissertation *f*

assimilate [ə'sɪmɪleɪt] **1** vt assimiler **2** vi s'intégrer

assist [ə'sɪst] **1** vt aider (*in doing sth* à faire qch) **2** vi aider
→ *Pièges* ASSIST

assistance [ə'sɪstəns] n aide f ■ **to give ~ to sb** prêter assistance à qn ■ **can I be of ~?** puis-je vous aider ?

assistant [ə'sɪstənt] **1** n **a** (gen) assistant(e) m(f) **b** (in shop) vendeur m, -euse f **2** adj [manager, editor, producer] adjoint

associate **1** n [ə'səʊʃɪɪt] associé(e) m(f) **2** adj [ə'səʊʃɪɪt] associé **3** vt [ə'səʊʃɪeɪt] associer ■ **to be ~d with sth** être associé à qch **4** vi [ə'səʊʃɪeɪt] ■ **to ~ with sb** fréquenter qn

> Lorsque ***associate*** est un verbe, la fin se prononce comme ***eight***. Lorsque c'est un adjectif ou un nom, elle se prononce ***it***.

association [əˌsəʊsɪ'eɪʃən] n association f ■ **in ~ with** en association avec

assorted [ə'sɔːtɪd] adj varié

assortment [ə'sɔːtmənt] n [of objects] assortiment m ■ **an ~ of people** toutes sortes de gens

assume [ə'sjuːm] vt **a** (= suppose) supposer **b** (= take on) [+ responsibility] assumer ; [+ power] prendre ; [+ air, attitude] se donner ■ **to go under an ~d name** se servir d'un nom d'emprunt

assumption [ə'sʌmpʃən] n (= supposition) supposition f

assurance [ə'ʃʊərəns] n **a** (gen) assurance f **b** (= promise) promesse f

assure [ə'ʃʊə'] vt assurer

asterisk ['æstərɪsk] n astérisque m

asteroid ['æstərɔɪd] n astéroïde m

asthma ['æsmə] n asthme m

asthmatic [æs'mætɪk] adj, n asthmatique mf

astonish [ə'stɒnɪʃ] vt étonner

astonished [ə'stɒnɪʃt] adj étonné

astonishment [ə'stɒnɪʃmənt] n étonnement m ■ **to my ~** à mon grand étonnement

astound [ə'staʊnd] vt stupéfier

astounded [ə'staʊndɪd] adj stupéfait

astray [ə'streɪ] adv ■ **to go ~** s'égarer ■ **to lead sb ~** détourner qn du droit chemin

astride [ə'straɪd] prep à califourchon sur

astrologer [əs'trɒlədʒə'] n astrologue mf

astrology [əs'trɒlədʒɪ] n astrologie f

astronaut ['æstrənɔːt] n astronaute mf

astronomer [əs'trɒnəmə'] n astronome mf

astronomical [ˌæstrə'nɒmɪkəl] adj astronomique

astronomy [əs'trɒnəmɪ] n astronomie f

astrophysics [ˌæstrəʊ'fɪzɪks] n astrophysique f

astute [əs'tjuːt] adj astucieux

asylum [ə'saɪləm] n asile m ▸ **asylum seeker** demandeur m, -euse f d'asile

as

> **at** [æt] prep
>
> **a** (position, time, speed, price) à ■ **at school** à l'école ■ **at my age** à mon âge ■ **at 80km/h** à 80 km/h ■ **at night** la nuit ■ **at 10 o'clock** à 10 heures ■ **to stand at the window** se tenir devant la fenêtre ■ **he sells them at €12 a kilo** il les vend 12 € le kilo
>
> **b** (home, shop) chez ■ **at my brother's** chez mon frère ■ **at the hairdresser's** chez le coiffeur ▸ **at sign** or **symbol** arobase f
>
> **c** (set structures) ■ **nothing at all** rien du tout ■ **I'm not worried at all** je ne suis pas inquiet du tout ■ **have you seen him at all?** tu l'as vu ? ■ **did she seem at all worried?** avait-elle l'air inquiète ? ; → **all**

ate [et, eɪt] vb pret of **eat**

atheism ['eɪθɪɪzəm] n athéisme m

atheist ['eɪθɪɪst] n athée mf

Athens ['æθɪnz] n Athènes

athlete ['æθliːt] n athlète mf ▸ **athlete's foot** mycose f du pied

athletic [æθ'letɪk] adj athlétique ; [club, competition] d'athlétisme

athletics [æθ'letɪks] n (BR) athlétisme m ; (US) sport m

Atlantic [ət'læntɪk] **1** adj [coast] atlantique ; [winds] de l'Atlantique **2** n Atlantique m ▸ **the Atlantic Ocean** l'océan m Atlantique

atlas ['ætləs] n atlas m

ATM [ˌeɪtiː'em] n (US) (abbr of **Automated Teller Machine**) distributeur m automatique de billets, DAB m

atmosphere ['ætməsfɪə'] n atmosphère f

atmospheric [ˌætməs'ferɪk] adj **a** (= related to the atmosphere) atmosphérique **b** (= evocative) évocateur (-trice f)

atom ['ætəm] n atome m ▸ **atom bomb** bombe f atomique

atomic [ə'tɒmɪk] adj atomique

atone [ə'təʊn] vi ■ **to ~ for** [+ sin] expier ; [+ mistake] réparer

atonement [ə'təʊnmənt] n (for misdeed) expiation f ; (for mistake) réparation f

atrocious [ə'trəʊʃəs] adj épouvantable ; [crime] atroce

atrocity [ə'trɒsɪtɪ] n atrocité f

attach [ə'tætʃ] vt **a** attacher ■ **to ~ a document to a letter** joindre un document à une lettre **b** ■ **to be ~ed to sb/sth** (= fond of) être attaché à qn/qch

attaché [ə'tæʃeɪ] n attaché(e) m(f) ▸ **attaché case** mallette f, attaché-case m

attachment [əˈtætʃmənt] n **a** (= accessory) accessoire *m* **b** (= affection) attachement *m* **c** (= computer file) fichier *m* joint, pièce *f* jointe

attack [əˈtæk] **1** n **a** attaque *f* (*on* contre) ▪ **to be under ~** être attaqué (*from* par) **b** (= illness) crise *f* ▪ **asthma ~** crise *f* d'asthme **2** vt attaquer ; [+ task, problem] s'attaquer à **3** vi attaquer

attacker [əˈtækəʳ] n agresseur *m* ; (Sport) attaquant(e) *m(f)*

attain [əˈteɪn] vt parvenir à ; [+ happiness] atteindre

attainable [əˈteɪnəbl] adj accessible (*by* à)

attempt [əˈtempt] **1** vt essayer (*to do sth* de faire qch) ; [+ task] entreprendre **2** n **a** (= try) tentative *f* ▪ **to make an ~ to do sth** essayer de faire qch ▪ **he made no ~ to help us** il n'a pas essayé de nous aider **b** (= attack) attentat *m* ▪ **an ~ on sb's life** un attentat contre qn

attend [əˈtend] **1** vt [+ meeting, lecture] assister à ; [+ classes] suivre ; [+ church, school] aller à **2** vi (= be present) être présent

▸ **attend to** vt insep (= deal with) s'occuper de

> ⚠ ***attend*** ne se traduit pas par **attendre**.

attendance [əˈtendəns] n **a** (= being present) présence *f* **b** (= number of people present) assistance *f* ▪ **~ was low** peu de gens sont venus

attendant [əˈtendənt] n [of museum] gardien(ne) *m(f)* ; [of petrol station] pompiste *mf*

attention [əˈtenʃən] n attention *f* ▪ **to call ~ to sth** attirer l'attention sur qch ▪ **to pay ~ to...** prêter attention à... ▪ **for the ~ of Mrs C. Smith** à l'attention de Mme C. Smith ▪ **to stand to ~** se mettre au garde-à-vous

attentive [əˈtentɪv] adj **a** (= considerate) prévenant (*to sb* envers qn) ▪ **~ to sb's needs** soucieux des besoins de qn **b** [audience, spectator] attentif

attic [ˈætɪk] n grenier *m*

attire [əˈtaɪəʳ] n vêtements *mpl*

attitude [ˈætɪtjuːd] n attitude *f* ▪ **~ problems** problèmes *mpl* relationnels

attitudinal [ˌætɪˈtjuːdɪnəl] adj d'attitude

attorney [əˈtɜːnɪ] n **a** (US) avocat(e) *m(f)* **b** ▪ **Attorney General** (US) ≈ ministre de la Justice ; (BR) ≈ Procureur Général

attract [əˈtrækt] vt attirer ▪ **to ~ sb's attention** attirer l'attention de qn

attraction [əˈtrækʃən] n **a** (for tourists) attraction *f* **b** (= pleasant feature) attrait *m* **c** (sexual) attirance *f*

attractive [əˈtræktɪv] adj [person, offer] séduisant ; [features, prospect] attrayant ; [price, salary] attractif

attribute **1** vt [əˈtrɪbjuːt] attribuer ; [+ feelings, words] prêter **2** n [ˈætrɪbjuːt] attribut *m*

> Lorsque ***attribute*** est un verbe, l'accent tombe sur la deuxième syllabe. Lorsque c'est un nom, l'accent tombe sur la première.

atypical [ˌeɪˈtɪpɪkəl] adj atypique

aubergine [ˈəʊbəʒiːn] n aubergine *f*

auburn [ˈɔːbən] adj auburn *inv*

auction [ˈɔːkʃən] **1** n vente *f* aux enchères ▪ **~ site** site *m* de vente aux enchères **2** vt vendre aux enchères

auctioneer [ˌɔːkʃəˈnɪəʳ] n commissaire-priseur *m*

audacious [ɔːˈdeɪʃəs] adj audacieux

audacity [ɔːˈdæsɪtɪ] n audace *f*

audible [ˈɔːdɪbl] adj audible

audience [ˈɔːdɪəns] n **a** (gen) public *m* ; (TV) téléspectateurs *mpl* ; (Radio) auditeurs *mpl* **b** (= formal interview) audience *f*

→ *Pièges* PUBLIC

audio [ˈɔːdɪəʊ] adj audio ▸ **audio description** n audiodescription *f*

audiovisual [ˌɔːdɪəʊˈvɪzjʊəl] adj audiovisuel

audit [ˈɔːdɪt] **1** n audit *m* **2** vt [+ accounts] vérifier ; [+ company] auditer

audition [ɔːˈdɪʃən] n (for play) audition *f* ; (for TV show, film) essai *m* ▪ **to give sb an ~** (for play) auditionner qn ; (for TV show, film) faire faire un essai à qn

auditor [ˈɔːdɪtəʳ] n **a** [of accounts] commissaire *m* aux comptes **b** (US = student) auditeur *m*, -trice *f* libre

auditorium [ˌɔːdɪˈtɔːrɪəm] n salle *f*

augment [ɔːgˈment] vt augmenter (*with, by* de) ▪ **~ed reality** réalité *f* augmentée

augur [ˈɔːgəʳ] vi ▪ **to ~ well/ill** être de bon/de mauvais augure

August [ˈɔːgəst] n août *m* ; for phrases see **September**

aunt [ɑːnt] n tante *f*

auntie*, aunty* [ˈɑːntɪ] n tata* *f* ▪ **~ Mary** tante *f* Marie

au pair [ˈəʊˈpɛə] n (female) jeune fille *f* au pair ; (male) garçon *m* au pair

aura [ˈɔːrə] n [of person] aura *f* ; [of place] atmosphère *f*

aural [ˈɔːrəl] adj ▪ **~ comprehension** compréhension *f* orale

auspicious [ɔːsˈpɪʃəs] adj [start] prometteur ; [occasion, day, time] propice ; [sign] de bon augure

austere [ɒsˈtɪəʳ] adj austère

austerity [ɒsˈterɪtɪ] n austérité *f*

Australia [ɒs'treɪlɪə] n Australie *f*

Australian [ɒs'treɪlɪən] 1 adj australien 2 n Australien(ne) *m(f)*

Austria ['ɒstrɪə] n Autriche *f*

Austrian ['ɒstrɪən] 1 adj autrichien 2 n Autrichien(ne) *m(f)*

authentic [ɔː'θentɪk] adj authentique

authenticate [ɔː'θentɪkeɪt] vt authentifier

authentication [ɔːˌθentɪ'keɪʃən] n [of document] authentification *f*; [of report] confirmation *f* (de l'authenticité de)

author ['ɔːθəʳ] n auteur(e) *m(f)*

authoritarian [ˌɔːθɒrɪ'tɛərɪən] adj autoritaire

authoritative [ɔː'θɒrɪtətɪv] adj a (= commanding) autoritaire b (= reliable) [person, book] faisant autorité

authority [ɔː'θɒrɪtɪ] n a (= power to give orders) autorité *f* b (= permission) autorisation *f* ■ **to give sb ~ to do sth** habiliter qn à faire qch c (= competence) ■ **to speak with ~** parler avec compétence ■ **I have it on good ~ that...** je tiens de bonne source que... d (= organization) ■ **the authorities** les autorités *fpl* ■ **the health ~** l'administration *f* de la santé e (= expert) expert *m* (*on* en) ■ **to be an ~** [person, book] faire autorité (*on* en matière de)

authorization [ˌɔːθəraɪ'zeɪʃən] n (= permission) autorisation *f* (*of, for* pour, *to do sth* de faire qch)

authorize ['ɔːθəraɪz] vt autoriser ■ **to be ~d to do sth** être autorisé à faire qch

autism ['ɔːtɪzəm] n autisme *m*

autistic [ɔː'tɪstɪk] adj autiste

auto ['ɔːtəʊ] n (US) voiture *f*

autobiographical ['ɔːtəʊˌbaɪəʊ'græfɪkəl] adj autobiographique

autobiography [ˌɔːtəʊbaɪ'ɒgrəfɪ] n autobiographie *f*

autocratic [ˌɔːtəʊ'krætɪk] adj autocratique

autograph ['ɔːtəgrɑːf] 1 n autographe *m* 2 vt signer ; [+ book] dédicacer

automated ['ɔːtəmeɪtɪd] adj automatisé

automatic [ˌɔːtə'mætɪk] 1 adj automatique 2 n (= gun) automatique *m* ; (= car) voiture *f* automatique

automatically [ˌɔːtə'mætɪkəlɪ] adv automatiquement

automation [ˌɔːtə'meɪʃən] n automatisation *f*

automobile ['ɔːtəməbiːl] n voiture *f*

automotive [ˌɔːtə'məʊtɪv] adj (de l')automobile

autonomous [ɔː'tɒnəməs] adj autonome

autonomy [ɔː'tɒnəmɪ] n autonomie *f*

autopilot ['ɔːtəʊpaɪlət] n pilote *m* automatique

autopsy ['ɔːtɒpsɪ] n autopsie *f*

autumn ['ɔːtəm] 1 n automne *m* ■ **in ~** en automne 2 adj d'automne

auxiliary [ɔːg'zɪlɪərɪ] 1 adj auxiliaire 2 n a (= person) auxiliaire *mf* ■ **nursing ~** aide-soignant(e) *m(f)* b (= verb) auxiliaire *m*

avail [ə'veɪl] 1 vt ■ **to ~ o.s. of** [+ opportunity] saisir ; [+ offer] profiter de ; [+ service] utiliser 2 n ■ **to no ~** sans résultat

availability [əˌveɪlə'bɪlɪtɪ] n disponibilité *f*

available [ə'veɪləbl] adj disponible ■ **to make sth ~ to sb** mettre qch à la disposition de qn ■ **not ~** indisponible

avalanche ['ævəlɑːnʃ] n avalanche *f*

avarice ['ævərɪs] n cupidité *f*

avatar ['ævəˌtɑːʳ] n (Computing) avatar *m*

avenge [ə'vendʒ] vt venger ■ **to ~ o.s.** se venger

avenue ['ævənjuː] n (= road) avenue *f* ■ **to explore every ~** explorer toutes les possibilités

average ['ævərɪdʒ] 1 n moyenne *f* ■ **on ~** en moyenne ■ **above/below ~** au-dessus/en dessous de la moyenne 2 adj moyen 3 vt a (= find the average of) faire la moyenne de b (= reach an average of) atteindre la moyenne de ■ **we ~ eight hours' work a day** nous travaillons en moyenne huit heures par jour

► **average out** vi ■ **our working hours ~ out at eight per day** nous travaillons en moyenne huit heures par jour

aversion [ə'vɜːʃən] n aversion *f*

avert [ə'vɜːt] vt [+ danger, disaster, crisis] prévenir ; [+ suspicion] écarter ; [+ one's eyes] détourner

aviary ['eɪvɪərɪ] n volière *f*

aviation [ˌeɪvɪ'eɪʃən] n aviation *f*

avid ['ævɪd] adj [reader, collector, viewer] passionné ; [fan] fervent

avocado [ˌævə'kɑːdəʊ] n avocat *m*

avoid [ə'vɔɪd] vt éviter ■ **to ~ doing sth** éviter de faire qch ; → *Pièges* AVOID

avoidable [ə'vɔɪdəbl] adj évitable

avoidance [ə'vɔɪdəns] n ■ **our aim is the ~ of conflict** notre but est d'éviter le conflit ■ **tax ~** évasion *f* fiscale

await [ə'weɪt] vt attendre

awake [ə'weɪk] (pret **awoke**, ptp **awoken**) 1 vi se réveiller 2 vt [+ person] réveiller ; [+ suspicion, hope, curiosity] éveiller 3 adj (before sleep) éveillé ; (after sleep) réveillé ■ **are you ~?** tu es réveillé ? ■ **to keep sb ~** empêcher qn de dormir ■ **I couldn't stay ~** je n'arrivais pas à rester éveillé

awakening [ə'weɪknɪŋ] n réveil *m*

award [ə'wɔːd] **1** vt [+ prize] décerner ; [+ sum of money] allouer ; [+ damages] accorder (*to* à) **2** n (= prize) prix *m* ; (for bravery) récompense *f* ; (= scholarship) bourse *f* ▸ **award(s) ceremony** cérémonie *f* de remise des prix ▸ **award winner** (= person) lauréat(e) *m(f)*

aware [ə'wεə'] adj **a** (= conscious) conscient ; (= informed) au courant ▪ **to become ~ of sth** se rendre compte de qch ▪ **to be ~ of sth** être conscient de qch **b** (= knowledgeable) informé

awareness [ə'wεənɪs] n conscience *f*

awash [ə'wɒʃ] adj (= flooded) inondé (*with* de)

away [ə'weɪ]

1 adv **a** (= at a distance) loin ▪ **far ~** au loin, très loin ▪ **the lake is 3km ~** le lac est à 3 km **b** (= absent) ▪ **he's ~ today** il n'est pas là aujourd'hui ▪ **he is ~ in London** il est (parti) à Londres

c (Sport) ▪ **they're playing ~ this week** ils jouent à l'extérieur cette semaine

d (as intensifier) ▪ **to be working ~** être en train de travailler

2 comp ▸ **away game** or **match** match *m* à l'extérieur ▸ **away team** (équipe *f* des) visiteurs *mpl*

awe [ɔː] n respect *m* mêlé de crainte ▪ **to be in ~ of sb** être intimidé par qn ▸ **awe-inspiring** (= impressive) impressionnant; (= frightening) terrifiant

awesome ['ɔːsəm] adj (= impressive) impressionnant ; (= frightening) terrifiant

awful ['ɔːfəl] adj affreux ▪ **I feel ~** je me sens vraiment mal ▪ **an ~ lot of** énormément de

awfully ['ɔːflɪ] adv [good, nice] extrêmement ; [difficult, hot, late] terriblement ▪ **I'm ~ sorry** je suis vraiment désolé

awhile [ə'waɪl] adv (US) un instant

awkward ['ɔːkwəd] adj **a** [question, job, task] difficile ; [problem, situation, stage] délicat ; [person] difficile ▪ **to make things ~ for sb** rendre les choses difficiles pour qn **b** (= embarrassing) [silence] gêné **c** (= ill at ease) ▪ **to feel ~** être mal à l'aise **d** (= cumbersome) encombrant ; [shape] peu commode **e** (= clumsy) maladroit ; [style, position] inconfortable

awkwardly ['ɔːkwədlɪ] adv **a** [move, express o.s.] maladroitement ; [fall] mal **b** (= embarrassedly) d'un air embarrassé

awkwardness ['ɔːkwədnɪs] n **a** (= clumsiness) maladresse *f* **b** [situation] côté *m* embarrassant **c** (= lack of ease) embarras *m*

awning ['ɔːnɪŋ] n [of shop] store *m* ; [of caravan, tent] auvent *m*

awoke [ə'wəʊk] vb pret of **awake**

awoken [ə'wəʊkən] vb ptp of **awake**

awry [ə'raɪ] adj, adv **a** (= askew) de travers **b** (= wrong) de travers ▪ **to go ~** [plan] s'en aller à vau-l'eau ; [undertaking] mal tourner

axe, ax (US) [æks] **1** n hache *f* **2** vt [+ scheme, project] abandonner ; [+ jobs] supprimer ; [+ employees] licencier

⚠ ***axe*** ne se traduit pas par le mot français **axe**.

axis ['æksɪs] n (pl **axes** ['æksiːz]) axe *m*

axle ['æksl] n [of wheel] axe *m* ; [of car] essieu *m*

bB

B [biː] n **a** (Mus) si *m* **b** (= mark) B, bien *(14 sur 20)* ▸ **B-list** adj de second rang or plan

BA [biːˈeɪ] n (abbr of **Bachelor of Arts**) ■ **to have a BA in French** avoir une licence de français

babble [ˈbæbl] **1** n ■ **a ~ of voices** un brouhaha de voix **2** vti bredouiller

baboon [bəˈbuːn] n babouin *m*

baby [ˈbeɪbɪ] **1** n bébé *m* **2** adj ■ **~ vegetables** mini-légumes *mpl* ■ **a ~ rabbit** un bébé lapin **3** comp ▸ **baby boy** petit garçon *m* ▸ **baby buggy®** (BR) poussette *f* ▸ **baby carriage** (US) landau *m* ▸ **baby food(s)** aliments *mpl* pour bébés ▸ **baby girl** petite fille *f* ▸ **baby-sit** vi faire du baby-sitting ▸ **baby-sitter** baby-sitter *mf*

babydoll [ˈbeɪbɪdɒl] n nuisette *f*

bachelor [ˈbætʃələʳ] n **a** (= unmarried man) célibataire *m* **b** ■ **Bachelor of Arts/of Science/of Law** licencié(e) *m(f)* ès lettres/ès sciences/en droit ■ **~'s degree** ≈ licence

back [bæk]

1 n **a** [of person, animal] dos *m* ■ **behind sb's ~** derrière le dos de qn ■ **~ to ~** dos à dos

b [of object, hand] dos *m* ; [of head] derrière *m* ; [of chair] dossier *m* ; [of building] arrière *m* ■ **at the ~ of** [+ building] derrière ; [+ book] à la fin de ; [+ cupboard, hall] au fond de ■ **to sit in the ~ of the car** être assis à l'arrière ■ **~ to front** devant derrière ■ **you've got it on ~ to front** tu l'as mis devant derrière

c (Football, Hockey) arrière *m*

2 adj **a** (= not front) [seat, wheel] arrière *inv* ■ **~ door** porte *f* de derrière ■ **~ room** [of house] pièce *f* du fond ; [of pub, restaurant] arrière-salle *f* ■ **~ legs** pattes *fpl* de derrière

b [taxes] arriéré

3 adv **a** (in space, time) ■ **(stand) ~!** reculez ! ■ **stay well ~!** n'approchez pas ! ■ **as far ~ as 1800** dès 1800 ■ **to go ~ and forth** [person] faire des allées et venues ; [phone calls, e-mails, letters] être échangé

b (= returned)

♦ **to be back** [person] être rentré ■ **I'll be ~ at six** je serai de retour à six heures ■ **she's ~ at work** elle a repris le travail ■ **the journey there and ~** le trajet aller et retour

c (= reimbursed) ■ **I got/want my money ~** j'ai récupéré/je veux récupérer mon argent

4 vt **a** (= support) soutenir ; [+ statement] confirmer

b (= finance) financer

c (= bet on) parier sur

d [+ vehicle] reculer ■ **to ~ the car in/out** entrer/sortir en marche arrière

5 vi (= reverse) reculer

6 comp ▸ **back bench** (BR Pol) bancs *mpl* des députés de base ▸ **back line** (Sport) ligne *f* d'arrières ▸ **back number** [of magazine, newspaper] vieux numéro *m* ▸ **back-of-the-envelope*** adj [calculation, plan] fait à toute vitesse ▸ **back-pack** sac *m* à dos ▸ **back road** petite route *f* de campagne ▸ **backpacker** routard(e) *m(f)* ▸ **back street** ruelle *f*

▸ **back away** vi (se) reculer

▸ **back down** vi revenir sur sa position

▸ **back off** vi reculer

▸ **back out**

1 vi [person] sortir à reculons ; [car] sortir en marche arrière ; (of undertaking) revenir sur ses engagements

2 vt sep [+ vehicle] sortir en marche arrière

▸ **back out of** vt insep [+ deal, agreement] se retirer de ; [+ undertaking] se soustraire à

▸ **back up**

1 vi (= reverse) faire marche arrière

2 vt sep **a** [+ theory, claim] confirmer ; [+ person] soutenir **b** [+ vehicle] faire reculer **c** [+ computer file] faire une copie de sauvegarde de

backache [ˈbækeɪk] n mal *m* de dos

backbencher [ˈbækˌbentʃeʳ] n (BR) *député de la Chambre des communes qui n'occupe aucune fonction officielle*

backbone [ˈbækbəʊn] n [of person, animal] colonne *f* vertébrale ; [of fish] arête *f* centrale ; (fig) (= main part) ossature *f* ■ **he's got no ~** il n'a pas de cran*

backdate [ˌbækˈdeɪt] vt [+ cheque] antidater

backdrop [ˈbækdrɒp] n toile *f* de fond

backer [ˈbækəʳ] n (= supporter) partisan(e) *m(f)* ; [of business venture] commanditaire *m*

backfire [ˈbækˈfaɪəʳ] vi **a** [plan] avoir l'effet inverse que celui prévu ■ **to ~ on sb** se retourner contre qn **b** [car] avoir un raté (or des ratés)

backgammon [ˈbækˌgæmən] n jacquet *m*

background [ˈbækgraʊnd] n **a** [of picture, photo] fond *m* ■ **in the ~** à l'arrière-plan ■ **to remain in the ~** rester dans l'ombre ▸ **background music** musique *f* de fond **b** (social) milieu *m* ; (= education) formation *f* **c** (to events) contexte *m*

backhand [ˈbækhænd] n (Sport) revers *m*

backhanded [ˌbækˈhændɪd] adj [compliment] équivoque

backhander* [ˌbækˈhændəʳ] n (BR = bribe) pot-de-vin *m*

backing [ˈbækɪŋ] n **a** (= support) soutien *m* **b** (musical) accompagnement *m* **c** (to strengthen) renforcement *m*

backlash [ˈbæklæʃ] n réaction *f* brutale

backlight [ˈbæklaɪt] **1** n **a** [of screen] rétroéclairage *m* **b** (Photo, Cine, Art) contrejour *m* **2** vt [+ screen] rétroéclairer ; (Photo, Cine, Art) éclairer à contrejour

backlighting [ˈbæklaɪtɪŋ] n [of screen] rétroéclairage *m*

backlit [bækˈlɪt] adj rétroéclairé

backlog [ˈbæklɒg] n ▪ **~ of work** travail *m* en retard

backside* [ˈbæksaɪd] n derrière *m*

backstage [ˌbækˈsteɪdʒ] adv en coulisses

backstop [ˈbækstɒp] n (= fence) grillage *m* ; (fig) filet *m* de sécurité ; (Brexit) filet *m* de sécurité, *accord visant à éviter le retour d'une frontière physique entre la République d'Irlande et l'Irlande du Nord*

backstreet [ˈbækstriːt] adj [hotel, shop] louche

backstroke [ˈbækstrəʊk] n dos *m* crawlé

backtrack [ˈbæktræk] vi faire marche arrière *(fig)* ▪ **to ~ on a promise** revenir sur une promesse

backup [ˈbækʌp] **1** n **a** (= support) appui *m* (*from sb* de qn) ; (= reserves) réserves *fpl* ; [of personnel] renforts *mpl* **b** (Computing) (copie *f* de) sauvegarde *f* **2** adj [vehicles] de secours ; [supplies] de réserve ▪ **~ copy** copie *f* de sauvegarde

backward [ˈbækwəd] **1** adj **a** [look, step] en arrière ▪ **he left without a ~ glance** il est parti sans jeter un regard en arrière **b** [country, society, economy] arriéré ; [child] retardé **2** adv ⇒ **backwards**

backwards [ˈbækwədz] adv **a** (= towards the back) en arrière ▪ **to fall ~** tomber à la renverse ▪ **to walk ~ and forwards** marcher de long en large **b** (= back foremost) ▪ **to go ~** aller à reculons ▪ **the car moved ~ a little** la voiture a reculé un peu

backwater [ˈbækˌwɔːtəʳ] n (= backward place) trou *m* perdu ; (= peaceful spot) coin *m* tranquille

backyard [ˌbækˈjɑːd] n (BR) arrière-cour *f* ; (US) jardin *m* (de derrière)

bacon [ˈbeɪkən] n bacon *m* ▪ **~ and eggs** œufs *mpl* au bacon

bacteria [bækˈtɪərɪə] npl bactéries *fpl*

bad [bæd] **1** adj (compar **worse**, superl **worst**) **a** (gen) mauvais ▪ **(to be) ~ for...** (être) mauvais pour... ▪ **to be ~ at...** être mauvais en... ▪ **she speaks very ~ English** elle parle très mal l'anglais ▪ **it's not ~ at all** ce n'est pas mal du tout ▪ **how is he? – (he's) not so ~** comment va-t-il ? – (il ne va) pas trop mal **b** (= serious) [mistake, accident, illness] grave ▪ **a ~ cold** un gros rhume ▪ **a ~ headache** un sérieux mal de tête **c** (= ill) ▪ **to feel ~** se sentir mal ▪ **he's got a ~ leg** il a des problèmes à une jambe **d** (= guilty) ▪ **to feel ~ about doing sth** s'en vouloir d'avoir fait qch **e** (= decayed) [tooth] carié ▪ **to go ~** [food] se gâter **f** (= naughty, evil) méchant **2** n ▪ **to take the good with the ~** prendre le bon avec le mauvais **3** adv (= badly) mal ▪ **he didn't do too ~** il ne s'en est pas mal sorti **4** comp ▸ **bad cheque** chèque *m* sans provision ▸ **bad guy** (Cine) méchant *m* ▸ **bad-mannered** mal élevé ▸ **bad-mouth*** débiner*, clasher* ▸ **bad-tempered** [person] qui a mauvais caractère; (on one occasion) de mauvaise humeur; [look, answer] désagréable

badge [bædʒ] **1** n badge *m* ; [of police] plaque *f* **2** vt badger

badger [ˈbædʒəʳ] **1** n blaireau *m* **2** vt harceler ▪ **to ~ sb to do sth** harceler qn jusqu'à ce qu'il fasse qch

badly [ˈbædlɪ] adv (compar **worse**, superl **worst**) **a** (= poorly) mal ▪ **he took it very ~** il a très mal pris la chose ▪ **to think ~ of sb** avoir une mauvaise opinion de qn **b** [wound, injure, affect, disrupt] gravement ▪ **to go ~ wrong** très mal tourner **c** (= very much) ▪ **to want sth ~** avoir très envie de qch ▪ **to need sth ~** avoir vraiment besoin de qch

badminton [ˈbædmɪntən] n badminton *m*

baffle [ˈbæfl] vt déconcerter

bag [bæg] **1** n sac *m* ▪ **~s** (= luggage) bagages *mpl* ▪ **~s of*** (BR) des tas de* ▪ **paper ~** sac *m* en papier ▪ **tea ~** sachet *m* de thé ▪ **she's got ~s under her eyes*** elle a des poches sous les yeux **2** vt (* = get possession of) empocher ; (BR = claim in advance) réserver

baggage [ˈbægɪdʒ] n bagages *mpl* ▸ **baggage reclaim (area)** (zone *f* de) livraison *f* des bagages ; → <u>*Pièges*</u> BAGGAGE

baggy [ˈbægɪ] adj [clothes] ample

bagpipes [ˈbægpaɪps] npl cornemuse *f*

Bahamas [bəˈhɑːməz] npl ▪ **the ~** les Bahamas *fpl*

bail [beɪl] n mise *f* en liberté sous caution ; (= sum) caution *f* ▪ **on ~** sous caution ▸ **bail out** **1** vt sep **a** (from custody) faire mettre en liberté provisoire sous caution **b** (= help out) sortir d'affaire ; (financially) renflouer **c** [+ boat] écoper ; [+ water] vider **2** vi (of plane) sauter (en parachute)

bailiff [ˈbeɪlɪf] n huissier *m*, -ière *f*

bait [beɪt] **1** n appât *m* **2** vt [+ hook, trap] appâter

bajillion* [bə'dʒɪljən] n (esp US) ▪ **they'll sell a ~ of these** ils en vendent des millions or des tonnes*

bake [beɪk] vt [+ food] faire cuire au four ▪ **to ~ a cake** faire (cuire) un gâteau ▸ **baked beans** haricots *mpl* blancs à la sauce tomate ▸ **baked potato** pomme *f* de terre cuite au four

baker ['beɪkəʳ] n boulanger *m*, -ère *f* ▪ **~'s (shop)** boulangerie *f*

bakery ['beɪkərɪ] n boulangerie *f*

baking ['beɪkɪŋ] **1** n cuisson *f* (au four) ▸ **baking powder** levure *f* chimique ▸ **baking tray** plaque *f* de four **2** adj ▪ **it's ~ (hot) today!*** il fait une de ces chaleurs aujourd'hui !

balaclava (helmet) [,bælə'klɑːvə('helmɪt)] n (BR = hat) passe-montagne *m*

balance ['bæləns] **1** n **a** (= equilibrium) équilibre *m* ▪ **to keep/lose one's ~** garder/perdre son équilibre ▪ **to strike a ~** trouver le juste milieu ▪ **on ~** l'un dans l'autre **b** (= money) solde *m* ; (also **bank balance**) solde *m* (d'un compte) **c** (= remainder) reste *m* **2** vt **a** (= maintain equilibrium of) tenir en équilibre ; (= place in equilibrium) poser en équilibre **b** (= compare) peser ; [+ two arguments, two solutions] comparer **c** (in weight, symmetry) équilibrer ; (in value, amount) contrebalancer **d** (financially) ▪ **to ~ the budget** équilibrer le budget ▪ **to ~ the books** arrêter les comptes **3** vi **a** [two objects] se faire contrepoids ; [acrobat] se maintenir en équilibre ▪ **to ~ on one foot** se tenir en équilibre sur un pied **b** [accounts] s'équilibrer **4** comp ▸ **balance of payments** balance *f* des paiements ▸ **balance of power** équilibre *m* des forces ▸ **balance of trade** balance *f* commerciale ▸ **balance sheet** bilan *m*

⚠ ***balance*** ne se traduit pas par le mot français **balance**.

balanced ['bælənst] adj équilibré

balcony ['bælkənɪ] n balcon *m*

bald [bɔːld] adj [head, person] chauve ; [tyre] lisse ▪ **to be going ~** perdre ses cheveux ▪ **a ~ statement** une simple exposition de faits

bale [beɪl] n [of straw, hay] botte *f*
▸ **bale out**
⇒ **bail out**

Balearics [,bælɪ'ærɪks] npl ▪ **the ~** les Baléares *fpl*

balk [bɔːk] vi ▪ **to ~ at doing sth** regimber pour faire qch

Balkan ['bɔːlkən] adj, n ▪ **the ~s** les Balkans *mpl* ▪ **the ~ States** les États *mpl* balkaniques

ball [bɔːl] **1** n **a** (gen) balle *f* ; (= football) ballon *m* ; (Billiards) boule *f* ▪ **tennis ~** balle *f* de tennis ▪ **to be on the ~*** (= competent) être à la hauteur ; (= alert) ouvrir l'œil et le bon* **b** [of wool, string] pelote *f* **c** (= dance) bal *m* **2** **balls** npl (‡ = testicles) couilles‡ *fpl* **3** comp ▸ **ball bearings** roulement *m* à billes ▸ **ball game** (US) match *m* de base-ball ▪ **it's a whole new ~ game*** c'est une tout autre histoire ▸ **ball-point (pen)** stylo *m* (à) bille

ballad ['bæləd] n ballade *f*

ballerina [,bælə'riːnə] n ballerine *f*

ballet ['bæleɪ] n **a** (= show) ballet *m* **b** (= type of dance) danse *f* classique ▸ **ballet dancer** danseur *m*, -euse *f* classique

ballistic [bə'lɪstɪk] adj balistique

balloon [bə'luːn] **1** n (gen) ballon *m* ; (in drawings, comic) bulle *f* **2** vi **a** ▪ **to go ~ing** faire une ascension (or des ascensions) en ballon **b** (= swell out) gonfler

ballot ['bælət] **1** n (= paper) bulletin *m* de vote ; (= method of voting) scrutin *m* ▸ **ballot box** urne *f* ▸ **ballot paper** bulletin *m* de vote **2** vt faire voter à bulletin secret

ballpark ['bɔːlpɑːk] n (US) stade *m* de baseball ▪ **the two companies are not in the same ~** les deux sociétés ne sont pas comparables or ne jouent pas dans la même cour

ballplayer ['bɔːl,pleɪəʳ] n (US) joueur *m* (-euse *f*) de baseball

ballroom ['bɔːlrʊm] n [of hotel] salle *f* de danse ; [of mansion] salle *f* de bal ▸ **ballroom dancing** danse *f* de salon

ballsy‡ ['bɔːlzɪ] adj couillu‡

balm [bɑːm] n baume *m*

balsam ['bɔːlsəm] n baume *m*

balsamic vinegar [bɔːl'sæmɪk'vɪnɪgəʳ] n vinaigre *m* balsamique

Baltic ['bɔːltɪk] **1** n ▪ **the ~ (Sea)** la (mer) Baltique **2** adj [trade, port] de la Baltique ▪ **the ~ States** les pays *mpl* baltes

balustrade [,bæləs'treɪd] n balustrade *f*

bamboo [bæm'buː] **1** n bambou *m* ▪ **~ shoots** pousses *fpl* de bambou **2** adj [chair, fence] en bambou

bamboozle* [bæm'buːzl] vt embobiner*

ban [bæn] **1** n interdit *m*, interdiction *f* **2** vt interdire (*sth* qch, *sb from doing sth* à qn de faire qch) ; (= exclude) exclure (*from* de)

banal [bə'nɑːl] adj banal

banana [bə'nɑːnə] n banane *f*

band [bænd] n **a** (= strip, group) bande *f* **b** (= orchestra) orchestre *m* ; (= group) groupe *m* ▪ **(brass) ~** fanfare *f*
▸ **band together** vi se grouper ; (= form a gang) former une bande

bandage ['bændɪdʒ] **1** n (for wound) pansement *m* ; (for sprain) bande *f* **2** vt [+ hand] bander ; [+ wound] mettre un pansement sur

Band-Aid® ['bændeɪd] n pansement *m* adhésif

bandan(n)a [bæn'dænə] n bandana *m*

B & B [,bi:ənd'bi:] n abbr of **bed and breakfast** → **bed**

bandit ['bændɪt] n bandit *m*

bandleader ['bænd,li:də'] n chef *mf* d'orchestre

bandstand ['bændstænd] n kiosque *m* (à musique)

bandwagon ['bænd,wægən] n ▪ **to jump on the ~** suivre le mouvement

bandwidth ['bændwɪdθ] n (Computing) bande *f* passante

bandy ['bændɪ] vt [+ accusations] se renvoyer ▸ **bandy about, bandy around** vt sep [+ story, report] faire circuler

bandy-legged ['bændɪ'legɪd] adj ▪ **to be ~** avoir les jambes arquées

bang [bæŋ] **1** n **a** [of gun, explosives] détonation *f* ; [of door] claquement *m* ▪ **the door closed with a ~** la porte a claqué **b** (= blow) coup *m* **2** adv ▪ **to go ~*** éclater ▪ **~ in the middle** en plein milieu ▪ **she arrived ~ on time** (BR) elle est arrivée à l'heure pile **3** excl (firearm) pan ! ; (explosion) boum ! **4** vt frapper violemment ▪ **to ~ one's fist on the table** taper du poing sur la table ▪ **to ~ one's head on sth** se cogner la tête sur qch ▪ **to ~ the door** claquer la porte **5** vi **a** [door] claquer ; (repeatedly) battre ; [fireworks] éclater ; [gun] détoner **b** ▪ **to ~ on** or **at the door** donner de grands coups dans la porte ▪ **to ~ on the table** frapper la table avec son poing

banger ['bæŋə'] n (BR) **a** (= firework) pétard *m* **b** (* = old car) vieille bagnole *f* **c** (* = sausage) saucisse *f*

Bangladesh [,bæŋglə'deʃ] n Bangladesh *m*

bangle ['bæŋgl] n bracelet *m*

bangs [bæŋz] npl (US = fringe) frange *f*

banish ['bænɪʃ] vt bannir

banjo ['bændʒəʊ] n banjo *m*

bank [bæŋk] **1** n **a** (Fin) banque *f* ▸ **bank account** compte *m* bancaire ▸ **bank balance** solde *m* bancaire ▸ **bank card** carte *f* d'identité bancaire ▸ **bank holiday** jour *m* férié ▸ **bank manager** directeur *m*, -trice *f* d'agence bancaire ▸ **bank robber** braqueur *m*, -euse *f* de banque ▸ **bank statement** relevé *m* de compte **b** (= mound) talus *m* ▪ **a ~ of clouds** un amoncellement de nuages **c** [of river, lake] rive *f* ; [of canal] bord *m* **2** vt [+ money] mettre à la banque **3** vi **a** ▪ **to ~ with Lloyds** avoir un compte à la Lloyds **b** [pilot, aircraft] virer (sur l'aile) ▸ **bank on** vt insep (= count on) compter sur

bankable ['bæŋkəbl] adj (Commerce) bancable ▪ **to be ~** [film star, etc] être une valeur sûre

banker ['bæŋkə'] n banquier *m*, -ière *f*

banking ['bæŋkɪŋ] n (= transactions) opérations *fpl* bancaires ; (= profession) banque *f*

banknote ['bæŋknəʊt] n (BR) billet *m* de banque

bankrupt ['bæŋkrʌpt] adj ▪ **to go ~** faire faillite ▪ **to be ~** être en faillite

bankruptcy ['bæŋkrəptsɪ] n faillite *f*

banner ['bænə'] n bannière *f* ▸ **banner ad** n (on web page) bannière *f* or bandeau *m* publicitaire ▸ **banner headlines** npl (Press) gros titres *mpl*

ban(n)ister ['bænɪstə'] n rampe *f* (d'escalier)

banquet ['bæŋkwɪt] n (= ceremonial dinner) banquet *m* ; (= lavish meal) festin *m*

banter ['bæntə'] **1** n badinage *m* **2** vi badiner

baobab ['beɪəʊ,bæb] n baobab *m*

bap [bæp] n (BR) petit pain *m*

baptism ['bæptɪzəm] n baptême *m*

Baptist ['bæptɪst] n, adj baptiste *mf*

baptize [bæp'taɪz] vt baptiser

bar [bɑ:'] **1** n **a** (gen) barre *f* ; [of window, cage] barreau *m* ; [of ski-lift] perche *f* ▪ **to put sb behind ~s** mettre qn derrière les barreaux ▸ **bar code** code-barre *m* ▸ **bar graph** graphique *m* en barres **b** [of chocolate] tablette *f* ▪ **~ of soap** savon *m* **c** (= obstacle) obstacle *m* **d** (= drinking place) bar *m* ; (= counter) comptoir *m* **e** (Mus) mesure *f* **2** vt **a** (= obstruct) [+ road] barrer ▪ **to ~ sb's way** or **path** barrer le passage à qn **b** [+ door, gate] mettre la barre à **c** (= forbid) [+ person] exclure ▪ **to ~ sb from doing sth** interdire à qn de faire qch **3** prep sauf

barbaric [bɑ:'bærɪk] adj barbare

barbecue ['bɑ:bɪkju:] n barbecue *m*

barbed [bɑ:bd] adj [words] acéré ▸ **barbed wire** fil *m* de fer barbelé ▸ **barbed wire fence** (haie *f* de fils) barbelés *mpl*

barber ['bɑ:bə'] n coiffeur *m* (pour hommes)

barbiturate [bɑ:'bɪtjʊrɪt] n barbiturique *m*

Barcelona [,bɑ:sə'ləʊnə] n Barcelone

bare [bɛə'] **1** adj **a** [person, skin, floor, wall] nu ; [hill] pelé ; [countryside, ground, tree, wire] dénudé ▪ **he killed him with his ~ hands** il l'a tué à mains nues **b** (= absolute, minimum) ▪ **the ~ necessities** le strict nécessaire ▪ **the ~ minimum** le plus strict minimum ▪ **they only told us the ~ facts** ils nous ont simplement présenté les faits **2** vt découvrir ▪ **to ~ one's teeth** montrer les dents

bareback ['bɛəbæk] adv à cru

barefaced [ˌbɛə'feɪst] adj [lie, liar] éhonté

barefoot ['bɛəfʊt] **1** adv nu-pieds **2** adj aux pieds nus

bareheaded [ˌbɛə'hedɪd] adv, adj nu-tête *inv*

barely ['bɛəlɪ] adv (= only just) à peine ▪ **he can ~ read** il sait à peine lire

bargain ['bɑːgɪn] **1** n **a** (= agreement) marché *m* ▪ **to make a ~** conclure un marché ▪ **into the ~** par-dessus le marché **b** (= good buy) affaire *f* **2** vi **a** (= negotiate) négocier ▪ **to ~ with sb for sth** négocier qch avec qn **b** (= count on) ▪ **I didn't ~ for that** je ne m'attendais pas à cela ▪ **I got more than I ~ed for** j'ai eu une surprise désagréable

barge [bɑːdʒ] **1** n péniche *f* **2** vi ▪ **he ~d through the crowd** il bousculait les gens pour passer

► **barge in** vi (= enter) faire irruption ; (= interrupt) interrompre la conversation

► **barge into** vt insep [+ person] rentrer dans* ▪ **to ~ into a room** faire irruption dans une pièce

baritone ['bærɪtəʊn] n baryton *m*

bark [bɑːk] **1** n **a** [of tree] écorce *f* **b** [of dog] aboiement *m* **2** vi aboyer (*at* après)

barley ['bɑːlɪ] n orge *f* ► **barley sugar** sucre *m* d'orge ► **barley water** ≈ orgeat

barmaid ['bɑːmeɪd] n serveuse *f* (de bar)

barman ['bɑːmən] n (pl **-men**) serveur *m*, barman *m*

Bar Mitzvah, bar mitzvah [ˌbɑː'mɪtsvə] n bar-mitsvah *f*

barmy* ['bɑːmɪ] adj (BR) timbré*

barn [bɑːn] n grange *f* ► **barn dance** bal *m* campagnard ► **barn owl** chat-huant *m*

barnacle ['bɑːnəkl] n bernache *f*

barometer [bə'rɒmɪtəʳ] n baromètre *m*

baron ['bærən] n baron *m*

baroness ['bærənɪs] n baronne *f*

barracks ['bærəks] n caserne *f*

barrage ['bærɑːʒ] n **a** [of river] barrage *m* **b** (= firing) tir *m* de barrage ; [of questions, reproaches] pluie *f*

barrel ['bærəl] n **a** [of wine, beer] tonneau *m* ; [of oil] baril *m* **b** [of gun] canon *m*

barren ['bærən] adj [land, landscape] aride

barricade [ˌbærɪ'keɪd] n barricade *f*

barrier ['bærɪəʳ] n barrière *f* ; (also **ticket barrier**) portillon *m* (d'accès)

barring ['bɑːrɪŋ] prep sauf

barrister ['bærɪstəʳ] n (BR) avocat(e) *m(f)*

barroom ['bɑːrʊm] n (US) salle *f* de bar

barrow ['bærəʊ] n (also **wheelbarrow**) brouette *f* ; (BR) [of vendor] voiture *f* des quatre saisons

bartender ['bɑːˌtendəʳ] n (US) serveur *m*, serveuse *f* (de bar)

barter ['bɑːtəʳ] **1** vt troquer (*for* contre) **2** vi faire un troc

base [beɪs] **1** n base *f* **2** vt [+ belief, opinion] fonder (*on* sur) ▪ **to be ~d in York** être basé à York **3** adj (= contemptible) vil (vile *f*) ; [instincts] bas (basse *f*)

baseball ['beɪsbɔːl] n baseball *m* ► **baseball cap** casquette *f* de baseball

basement ['beɪsmənt] n sous-sol *m*

bases¹ ['beɪsiːz] pl of **basis**

bases² ['beɪsɪz] npl of **base**

bash* [bæʃ] **1** n **a** (= blow) coup *m* **b** (= attempt) ▪ **to have a ~ at sth/at doing sth** s'essayer à qch/à faire qch **2** vt frapper

bashful ['bæʃfʊl] adj timide

basic ['beɪsɪk] **1** adj (= fundamental) fondamental ; [rule] élémentaire ; [needs] essentiel ; [salary, working hours] de base ▪ **a ~ knowledge of Russian** une connaissance de base du russe **2** **the basics** npl l'essentiel *m*

basically ['beɪsɪklɪ] adv au fond ▪ **~ you've got two choices** en fait, vous avez deux options

basil ['bæzl] n basilic *m*

basilica [bə'zɪlɪkə] n basilique *f*

basin ['beɪsn] n **a** (gen) cuvette *f* ; (for mixing food) bol *m* ; (also **washbasin**) lavabo *m* **b** [of river] bassin *m*

basis ['beɪsɪs] n (pl **bases**) base *f* ▪ **paid on a daily ~** payé à la journée ▪ **on a regular ~** régulièrement ▪ **on that ~** dans ces conditions

bask [bɑːsk] vi ▪ **to ~ in the sun** se prélasser au soleil

basket ['bɑːskɪt] n (gen) corbeille *f* ; (also **shopping basket**) panier *m* ; (Basketball) panier *m*

> ⚠ ***basket*** ne se traduit pas par le mot français **basket** ; → *Pièges* BASKET

basketball ['bɑːskɪtbɔːl] n basket(-)ball *m*

bass¹ [beɪs] **1** n (= part, singer, guitar) basse *f* ; (also **double bass**) contrebasse *f* ► **bass drum** grosse caisse *f* ► **bass guitar** guitare *f* basse **2** adj [voice] de basse

bass² [bæs] n (freshwater fish) perche *f* ; (sea fish) bar *m*

bassoon [bə'suːn] n basson *m*

bastard‡ ['bɑːstəd] n (= unpleasant person) salaud‡ *m*

baste [beɪst] vt [+ meat] arroser

bat [bæt] **1** n **a** (= animal) chauve-souris *f* **b** (Baseball, Cricket) batte *f* ; (Table tennis) raquette *f* ■ **off one's own ~** de sa propre initiative **2** vi (Baseball, Cricket) être à la batte **3** vt ■ **he didn't ~ an eyelid** (BR) or **an eye** (US) il n'a pas sourcillé

batch [bætʃ] n [of loaves] fournée *f* ; [of people] groupe *m* ; [of letters] paquet *m* ; [of goods] lot *m*

bated ['beɪtɪd] adj ■ **with ~ breath** en retenant son souffle

bath [bɑːθ] **1** n (pl **~s** [bɑːðz]) bain *m* ; (also **bathtub**) baignoire *f* ■ **to have a ~** prendre un bain ► **bath towel** serviette *f* de bain **2** **baths** npl (for swimming) piscine *f* **3** vt (BR) donner un bain à

bathe [beɪð] **1** vt (gen) baigner ; [+ wound] laver **2** vi (BR) se baigner ; (US) prendre un bain *(dans une baignoire)*

bathing ['beɪðɪŋ] n (= swimming) baignade(s) *f(pl)* ► **bathing cap** bonnet *m* de bain ► **bathing costume** (BR), **bathing suit** maillot *m* de bain

bathmat ['bɑːθmæt] n tapis *m* de bain

bathrobe ['bɑːθrəʊb] n peignoir *m*

bathroom ['bɑːθrʊm] n salle *f* de bains ; (US = toilet) toilettes *fpl*

bathtub ['bɑːθtʌb] n baignoire *f*

baton ['bætən] n (gen) bâton *m* ; (BR) [of policeman] matraque *f* ; (in relay race) témoin *m*

batsman ['bætsmən] n (pl **-men**) batteur *m*

battalion [bə'tælɪən] n bataillon *m*

batter ['bætəʳ] **1** n **a** (for frying) pâte *f* à frire ; (for pancakes) pâte *f* à crêpes **b** (US) (Sport) batteur *m* **2** vt battre

battered ['bætəd] adj [child, woman] battu ; [hat, car] cabossé

battery ['bætərɪ] n **a** [of torch, radio, calculator] pile *f* ; [of vehicle] batterie *f* ► **battery-operated, battery-powered** à pile(s) **b** (Agr) batterie *f* ► **battery farming** (BR) élevage *m* en batterie

battle ['bætl] **1** n bataille *f*, combat *m* ; (fig) lutte *f* **2** vi se battre (*to do sth* pour faire qch)

battlefield ['bætlfiːld], **battleground** ['bætlgraʊnd] n champ *m* de bataille

battlements ['bætlmənts] npl (= wall) remparts *mpl* ; (= crenellation) créneaux *mpl*

battleship ['bætlʃɪp] n cuirassé *m*

baulk [bɔːlk] vi ■ **to ~ at doing sth** regimber pour faire qch

bawdy ['bɔːdɪ] adj paillard

bawl [bɔːl] vti brailler

bay [beɪ] **1** n **a** (in coast) baie *f* ; (small) anse *f* **b** (= tree) laurier(-sauce) *m* ► **bay leaf** feuille *f* de laurier **c** (= alcove) renfoncement *m* ► **bay window** bow-window *m* **d** ■ **to keep sb/sth at ~** tenir qn/qch à distance **2** vi aboyer (*at* après)

bazaar [bə'zɑːʳ] n (= market) bazar *m* ; (= charity sale) vente *f* de charité

BBD ['biː'biː'diː] n (abbr of **best-before** or **best-by date**) DLUO *f*

BC [bi'siː] (abbr of **Before Christ**) av. J.-C.

be [biː] (pret **was, were**, ptp **been**)

1 linking vb **a** être ■ **the sky is blue** le ciel est bleu ■ **who is that? – it's me!** qui est-ce ? – c'est moi ! ■ **they are my best friends** ce sont mes meilleurs amis ■ **he is a doctor/lawyer** il est médecin/avocat

b (referring to health) aller ■ **how are you?** comment allez-vous ? ■ **I'm better now** je vais mieux maintenant

c (= cost) coûter ■ **how much is it?** combien ça coûte ?

d (= equal) faire ■ **two and two are four** deux et deux font quatre

e ■ **to be cold/hot** avoir froid/chaud ■ **to be hungry/thirsty** avoir faim/soif ■ **he's right/wrong** il a raison/tort ■ **my feet are cold** j'ai froid aux pieds ■ **my hands are frozen** j'ai les mains gelées

f (with age) avoir ■ **how old is he?** quel âge a-t-il ? ■ **he's 25** il a 25 ans

2 aux vb **a** (in continuous tenses) ■ **I'm coming!** j'arrive ! ■ **what have you been doing this week?** qu'est-ce que tu as fait cette semaine ? ■ **I've been waiting for you for an hour/since six o'clock** je t'attends depuis une heure/depuis six heures ■ **he was driving too fast** il conduisait trop vite ■ **I haven't got time, I'm cooking the dinner** je n'ai pas le temps, je suis en train de préparer le repas ■ **I was just writing to him when he phoned** j'étais en train de lui écrire quand il m'a appelé

b (in tags) ■ **he's a friend of yours, isn't he?** c'est un ami à toi, n'est-ce pas ? ■ **so it's all done, is it?** tout est fait, alors ? ■ **you're not ill, are you?** tu n'es pas malade j'espère ? ■ **they're getting married – oh are they?** ils vont se marier – ah bon ? ■ **he's always late, isn't he? – yes, he is** il est toujours en retard, n'est-ce pas ? – oui ■ **is it what you expected? – no, it isn't** est-ce que tu t'attendais à ça ? – non

c (in passives) être ■ **she was killed** elle a été tuée ■ **the cars were set on fire** les voitures ont été incendiées ■ **the door was shut in his face** on lui a fermé la porte au nez ■ **it is said that...** on dit que...

3 modal vb **a** (= will) ▪ **the talks are to start tomorrow** les négociations doivent commencer demain ▪ **the house is to be sold** la maison va être mise en vente
b (= must) ▪ **you are to follow these instructions exactly** tu dois suivre ces instructions scrupuleusement ▪ **you are not to touch that** tu ne dois pas y toucher
c (= should) ▪ **he is to be pitied** il est à plaindre
d (= be destined to) ▪ **they were never to return** ils ne devaient jamais revenir
4 vi **a** (gen) être ; (= take place) avoir lieu ▪ **the match is tomorrow** le match a lieu demain ▪ **there is/are** (= there exist(s)) il y a ▪ **there is a mouse in the room** il y a une souris dans la pièce ▪ **there are pigeons on the roof** il y a des pigeons sur le toit ▪ **there are three of us** nous sommes trois ▪ **there's** (pointing out sth) voilà ▪ **there's the church** voilà l'église ▪ **here is, here are** voici ▪ **here's your key** voici ta clé ▪ **here are the tickets** voici les billets
b (to a place) ▪ **I have already been to Paris** je suis déjà allé à Paris ▪ **I have been to see my aunt** je suis allé voir ma tante ▪ **where have you been?** où étais-tu passé ? ▪ **been there, done that (got the T-shirt)** je suis déjà passé par là, je connais (déjà)
5 impers vb **a** (weather, temperature) faire ▪ **it's fine/cold/dark** il fait beau/froid/nuit ▪ **it's windy/foggy** il y a du vent/du brouillard
b (time) être ▪ **it's morning** c'est le matin ▪ **it's 6 o'clock** il est 6 heures ▪ **it is 14 June today** nous sommes le 14 juin

beach [biːtʃ] n plage *f* ▸ **beach volleyball** n beach-volley *m*

beachcomber ['biːtʃˌkəʊmə'] n ramasseur *m* d'épaves

beached [biːtʃt] adj [boat, whale] échoué

beachwear ['biːtʃwɛə'] n tenue(s) *f(pl)* de plage

beacon ['biːkən] n signal *m* lumineux

bead [biːd] n **a** perle *f* ▪ **(string of) ~s** collier *m* **b** [of sweat] goutte *f*

beady ['biːdɪ] adj ▪ **to watch sth with ~ eyes** regarder qch avec des yeux de fouine

beagle ['biːgl] n beagle *m*

beak [biːk] n bec *m*

beaker ['biːkə'] n gobelet *m*

beam [biːm] **1** n **a** (in roof, gym) poutre *f* **b** [of light] rayon *m* ; [of headlight, searchlight] faisceau *m* (lumineux) **2** vi (= smile) ▪ **she ~ed** elle a eu un large sourire ▪ **to ~ with pride** rayonner de fierté **3** vt [+ message] émettre ; [+ radio broadcast] diffuser

beaming ['biːmɪŋ] adj [smile, face] radieux

bean [biːn] n haricot *m* ; (also **green bean**) haricot *m* vert ; (also **broad bean**) fève *f* ; [of coffee] grain *m* ▪ **to be full of ~s*** (BR) être en pleine forme ▸ **bean sprouts** pousses *fpl* de soja

beanshoots ['biːnʃuːts] npl pousses *fpl* de soja

bear [bɛə'] vb (pret **bore**, ptp **borne**) **1** n (= animal) ours(e) *m(f)* **2** comp ▸ **bear hug** ▪ **he gave me a big ~ hug** il m'a serré très fort dans ses bras ▸ **bear market** marché baissier **3** vt **a** (= carry) porter **b** (= bring) [+ present, news] apporter **c** (= sustain, support) [+ weight] supporter **d** (= endure) [+ person, event] supporter ▪ **she cannot ~ being laughed at** elle ne supporte pas qu'on se moque d'elle ▪ **it doesn't ~ thinking about!** c'est trop affreux d'y penser ! **e** (= yield) [+ interest] rapporter ; [+ fruit] produire **f** (= feel) avoir en soi **4** vi **a** ▪ **to ~ right/left** prendre sur la droite/la gauche **b** ▪ **to bring pressure to ~ on sb** faire pression sur qn
▸ **bear down on** vt foncer sur
▸ **bear out** vt sep confirmer
▸ **bear up** vi ne pas se laisser abattre
▸ **bear with** vt insep [+ person] être patient avec

bearable ['bɛərəbl] adj supportable

beard [bɪəd] n barbe *f*

bearded ['bɪədɪd] adj barbu ▪ **a ~ man** un barbu

bearer ['bɛərə'] n porteur *m*, -euse *f* ; [of passport] titulaire *mf*

bearing ['bɛərɪŋ] n **a** (= posture, behaviour) allure *f* **b** (= connection) rapport *m* **c** ▪ **to lose one's ~s** être désorienté

bearish ['bɛərɪʃ] adj [market] à la baisse

beast [biːst] n bête *f* ; (= cruel person) brute *f*

beat [biːt] vb (pret **beat**, ptp **beaten**) **1** n **a** [of heart, pulse, drums] battement *m* **b** [of music] temps *m* ; (Jazz) rythme *m* **c** [of policeman] (= round) ronde *f* ; (= area) secteur *m* **2** vt (gen) battre ▪ **to ~ sb to death** battre qn à mort ▪ **to ~ sb at chess** battre qn aux échecs ▪ **to ~ sb to it** couper l'herbe sous le pied à qn ▪ **coffee ~s tea any day*** le café, c'est bien meilleur que le thé ▪ **this problem has got me beaten*** ce problème me dépasse complètement ▪ **it ~s me how you can speak to her*** je ne comprends pas que tu lui adresses la parole ▪ **~ it!*** fiche le camp !* **3** vi battre ▪ **he doesn't ~ about the bush** il n'y va pas par quatre chemins
▸ **beat back** vt sep [+ enemy, flames] repousser
▸ **beat down** **1** vi ▪ **the rain was ~ing down** il pleuvait à verse ▪ **the sun was ~ing down** le soleil tapait* **2** vt sep (= reduce) [+ prices] faire baisser

► **beat off** vt sep [+ attacker, competition] repousser
► **beat up** vt sep [+ person] battre

beaten ['bi:tn] **1** vb ptp of **beat** **2** adj [earth, track] battu ■ **off the ~ track** hors des sentiers battus

beating ['bi:tɪŋ] n **a** (= violent attack) passage *m* à tabac **b** (= defeat) raclée *f*

beautician [bju:'tɪʃən] n esthéticien(ne) *m(f)*

beautiful ['bju:tɪfʊl] adj beau (belle *f*), bel *(masculine before vowel or silent h)* ; [weather] superbe

beautifully ['bju:tɪflɪ] adv [sing, behave] de façon admirable ; [cooked] parfaitement ; [presented] superbement

beautify ['bju:tɪfaɪ] vt embellir

beauty ['bju:tɪ] n beauté *f* ► **beauty contest** concours *m* de beauté ► **beauty parlour, beauty salon** institut *m* de beauté ► **beauty queen** reine *f* de beauté ► **beauty spot** (in countryside) site *m* exceptionnel

beaver ['bi:vəʳ] n castor *m*

became [bɪ'keɪm] vb pret of **become**

because [bɪ'kɒz] conj parce que ■ **~ of** à cause de ■ **~ of his age** en raison de son âge

beck [bek] n ■ **to be at sb's ~ and call** être à l'entière disposition de qn

beckon ['bekən] **1** vi **a** (= signal) faire signe (*to sb* à qn) **b** [bright lights, fame] attirer **2** vt (= signal) faire signe à

become [bɪ'kʌm] (pret **became**, ptp **become**) **1** vi devenir ■ **what has ~ of him?** qu'est-il devenu ? **2** vt **a** (= suit) aller à **b** (= befit) convenir à

becoming [bɪ'kʌmɪŋ] adj (= appropriate) convenable ; (= attractive) seyant

bed [bed] n **a** lit *m* ■ **to be in ~** être au lit ; (through illness) être alité ■ **to go to ~** se coucher ► **bed and breakfast** chambre *f* d'hôte **b** [of sea] fond *m* ; [of river] lit *m* **c** [of flowers] parterre *m*

bedclothes ['bedkləʊðz] npl couvertures *fpl* et draps *mpl*

bedding ['bedɪŋ] n literie *f* ; (for animals) litière *f* ► **bedding plants** npl plantes *fpl* à massif

bedevil [bɪ'devl] vt ■ **to be ~led by sth** [+ person, project] pâtir de qch

bedlam ['bedləm] n chahut *m*

bedpan ['bedpæn] n bassin *m*

bedraggled [bɪ'drægld] adj [clothes, person] débraillé ; [hair] embroussaillé

bedridden ['bedrɪdn] adj grabataire

bedroll ['bedrəʊl] n tapis *m* de couchage

bedroom ['bedrʊm] n chambre *f* (à coucher) ► **bedroom town** (US) cité-dortoir *f*

bedside ['bedsaɪd] n chevet *m* ► **bedside lamp** lampe *f* de chevet ► **bedside table** table *f* de chevet

bedsit ['bedsɪt] n (BR) chambre *f* meublée

bedspread ['bedspred] n dessus-de-lit *m inv*, jeté *m* de lit

bedtime ['bedtaɪm] n heure *f* du coucher

bee [bi:] n abeille *f* ■ **to have a ~ in one's bonnet*** avoir une idée fixe

beech [bi:tʃ] n hêtre *m*

beef [bi:f] n (= meat) bœuf *m* ■ **roast ~** rôti *m* de bœuf

beefburger ['bi:f,bɜ:gəʳ] n ≈ hamburger

beefeater ['bi:f,i:təʳ] n (BR) hallebardier *m (de la Tour de Londres)*

beefy* ['bi:fɪ] adj (= strong) costaud* ; (= fat) bien en chair

beehive ['bi:haɪv] n ruche *f*

beekeeper ['bi:,ki:pəʳ] n apiculteur *m*, -trice *f*

beekeeping ['bi:,ki:pɪŋ] n apiculture *f*

beeline ['bi:laɪn] n ■ **to make a ~ for** (= go straight to) se diriger tout droit vers ; (= rush towards) filer droit sur

been [bi:n] vb ptp of **be**

beep [bi:p] **1** n (BR) [of answering machine] signal *m* sonore **2** vi faire bip

beeper ['bi:pəʳ] n (= pager) bip *m*

beer [bɪəʳ] n bière *f*

beet [bi:t] n betterave *f*

beetle ['bi:tl] n scarabée *m*

beetroot ['bi:tru:t] n (BR) betterave *f* rouge

before [bɪ'fɔ:ʳ]

1 prep **a** (time) avant ■ **the day ~ yesterday** avant-hier *m* ■ **~ long** d'ici peu
b (place, position) devant ■ **~ my (very) eyes** sous mes (propres) yeux

2 adv **a** (time) avant ■ **the day ~** la veille ■ **the week ~** la semaine d'avant ■ **I had read it ~** je l'avais déjà lu ■ **it has never happened ~** c'est la première fois que cela arrive
b (order) avant

3 conj (time) avant de *+ infinitive*, avant que (+ ne) *+ subj* ■ **I did it ~ going out** je l'ai fait avant de sortir ■ **I'd finished ~ he arrived** j'avais fini avant qu'il n'arrive ■ **~ I go/return** avant mon départ/mon retour

beforehand [bɪ'fɔ:hænd] adv (= ahead of time) à l'avance ; (= earlier) avant

befriend [bɪ'frend] vt se lier d'amitié avec

beg [beg] **1** vt **a** [+ money, alms, food] mendier **b** [+ favour] solliciter ■ **(I) ~ your pardon** (apologizing) je vous demande pardon ; (not having heard) pardon ? ■ **to ~ sb to do**

supplier qn de faire **2** vi **a** mendier ▪ **to ~ for money** mendier ▪ **to ~ for food** mendier de la nourriture **b** (= entreat) supplier ▪ **to ~ for mercy/help** demander grâce/de l'aide

began [bɪˈgæn] vb pret of **begin**

beggar [ˈbegəʳ] n mendiant(e) *m(f)*

begin [bɪˈgɪn] (pret **began**, ptp **begun**) **1** vt commencer (*to do sth, doing sth* à faire qch) ; [+ task] entreprendre ; [+ conversation] engager **2** vi commencer (*with* par) ▪ **to ~ again** recommencer ▪ **~ning from Monday** à partir de lundi ▪ **we only had $100 to ~ with** nous n'avions que 100 dollars pour commencer ▪ **to ~ with there were only three of them** au début ils n'étaient que trois

beginner [bɪˈgɪnəʳ] n débutant(e) *m(f)*

beginning [bɪˈgɪnɪŋ] n début *m* ▪ **in the ~** au début

begrudge [bɪˈgrʌdʒ] vt ⇒ **grudge**

beguiling [bɪˈgaɪlɪŋ] adj [ideas, theory] séduisant ; [charm] envoûtant

begun [bɪˈgʌn] vb ptp of **begin**

behalf [bɪˈhɑːf] n ▪ **on ~ of** pour ▪ **to act on sb's ~** agir pour le compte de qn

behave [bɪˈheɪv] vi **a** (= conduct o.s.) se conduire ▪ **he was behaving strangely** il avait un comportement bizarre **b** (= conduct o.s. well) bien se tenir ; [child] être sage

behaviour, behavior (US) [bɪˈheɪvjəʳ] n conduite *f*, comportement *m*

behead [bɪˈhed] vt décapiter

beheld [bɪˈheld] vb pret, ptp of **behold**

behind [bɪˈhaɪnd]

1 adv **a** (= in or at the rear) derrière
b (= late) en retard

2 prep **a** (gen) derrière ▪ **to put sth ~ one** oublier qch
b (= less advanced than) en retard sur
c (= responsible for) ▪ **who was ~ the attack?** qui est derrière cet attentat ? ▪ **she's the one ~ this scheme** c'est elle qui est à l'origine de ce projet

3 n (* = buttocks) postérieur* *m*

behold [bɪˈhəʊld] (pret, ptp **beheld**) vt (liter) voir ▪ **~!** regardez !

beige [beɪʒ] adj, n beige *m*

being [ˈbiːɪŋ] n **a** (= existence) existence *f* ▪ **to come into ~** prendre naissance **b** (= creature) être *m*

Beirut [beɪˈruːt] n Beyrouth

belated [bɪˈleɪtɪd] adj tardif

belch [beltʃ] **1** vi [person] avoir un renvoi **2** vt (also **belch out**) [+ smoke, flames] vomir **3** n renvoi *m*

belfry [ˈbelfrɪ] n beffroi *m*

Belgian [ˈbeldʒən] **1** adj belge ; [ambassador, embassy] de Belgique **2** n Belge *mf*

Belgium [ˈbeldʒəm] n Belgique *f*

belie [bɪˈlaɪ] vt démentir

belief [bɪˈliːf] n **a** (= acceptance as true) croyance *f* (*in* en, à) ▪ **it is beyond ~** c'est incroyable **b** (= conviction) conviction *f* **c** (= trust) confiance *f* (*in* en)

believable [bɪˈliːvəbl] adj croyable

believe [bɪˈliːv] **1** vt croire ▪ **~ it or not, he...** c'est incroyable, mais il... ▪ **I ~ so** je crois que oui **2** vi croire ▪ **to ~ in** [+ God] croire en ; [+ promises, democracy] croire à ▪ **to ~ in sb** avoir confiance en qn

believer [bɪˈliːvəʳ] n **a** (= advocate) partisan(e) *m(f)* **b** (Rel) croyant(e) *m(f)*

belittle [bɪˈlɪtl] vt déprécier

bell [bel] n [of church, school] cloche *f* ; (also **handbell**) clochette *f* ; (at door) sonnette *f*

bellboy [ˈbelbɔɪ], **bellhop** (US) [ˈbelhɒp] n groom *m*

belligerent [bɪˈlɪdʒərənt] adj [person] belliqueux ; [remarks, statement, policies] agressif

bellow [ˈbeləʊ] **1** vi beugler **2** vt (also **bellow out**) hurler

bellows [ˈbeləʊz] npl (for fire) soufflet *m*

belly [ˈbelɪ] n ventre *m* ► **belly button*** nombril *m* ► **belly dancer** danseuse *f* du ventre

belong [bɪˈlɒŋ] vi **a** ▪ **to ~ to** (= be the property of) appartenir à ; (= be member of) être membre de ▪ **this book ~s to me** ce livre m'appartient **b** (= be in right place) être à sa place ▪ **to ~ together** aller ensemble

belonging [bɪˈlɒŋɪŋ] n ▪ **a sense of ~** un sentiment d'appartenance

belongings [bɪˈlɒŋɪŋz] npl affaires *fpl*

beloved [bɪˈlʌvɪd, bɪˈlʌvd] adj bien-aimé

below [bɪˈləʊ]

1 prep (= under) sous ; (= lower than) au-dessous de ▪ **~ average** au-dessous de la moyenne

2 adv **a** (= at lower level) plus bas ; (= at lowest level) en bas ; (= directly underneath) au-dessous ▪ **down ~** plus bas
b (= downstairs) en bas
c (later in document) plus bas

belt [belt] **1** n **a** (gen) ceinture *f* ; (in machine) courroie *f* ▪ **that was below the ~!** c'était un coup bas ! **b** (= area) région *f* **2** vt (* = hit) cogner* **3** vi (* = rush) ▪ **to ~ in/out** entrer/sortir à fond de train*

beltway [ˈbeltweɪ] n (US) périphérique *m*

bemoan [bɪˈməʊn] vt déplorer

bemused [bɪ'mju:zd] adj perplexe

bench [bentʃ] n (= seat) banc *m* ; (Sport) banc *m* de touche ; (in workshop) établi *m*

benchmark ['bentʃmɑ:k] **1** n point *m* de référence ; (Computing) banc *m* d'essai **2** vt mesurer, évaluer ■ **to ~ sth against sth** comparer qch à qch

bend [bend] vb (pret, ptp **bent**) **1** n (in river, pipe) coude *m* ; (in road) virage *m* ■ **round the ~*** (BR) cinglé* ■ **to drive sb round the ~*** (BR) rendre qn fou **2** vt [+ back, body] courber ; [+ leg, arm, knee] plier ; [+ head] pencher ; [+ branch] faire ployer ; [+ pipe, rod] tordre ■ **to ~ the rules*** faire une entorse au règlement **3** vi [person] se courber ; [river, road] faire un coude ; (= submit) se soumettre (*to* à) ■ **to ~ forward** se pencher en avant

▸ **bend down** vi [person] se baisser

▸ **bend over** vi [person] se pencher ■ **to ~ over backwards to help sb*** se mettre en quatre pour aider qn

beneath [bɪ'ni:θ] prep **a** (= under) sous **b** (= unworthy of) indigne de

benefactor ['benɪfæktə'] n bienfaiteur *m*, -trice *f*

beneficial [,benɪ'fɪʃəl] adj salutaire (*to* pour)

beneficiary [,benɪ'fɪʃərɪ] n bénéficiaire *mf*

benefit ['benɪfɪt] **1** n **a** (= advantage) bienfait *m* ■ **to give sb the ~ of the doubt** laisser à qn le bénéfice du doute **b** (= money) prestations *fpl* (sociales) **2** vt faire du bien à ; (financially) profiter à **3** vi ■ **to ~ from sth** tirer avantage de qch

> ⚠ ***benefit*** ne se traduit pas par **bénéfice** ; → Pièges BENEFIT

Benelux ['benɪlʌks] n Benelux *m*

benevolent [bɪ'nevələnt] adj bienveillant (*to* envers)

> ⚠ ***benevolent*** ne se traduit pas par **bénévole**.

Bengal [beŋ'gɔ:l] n Bengale *m*

benign [bɪ'naɪn] adj **a** (= kindly) affable **b** (= harmless) inoffensif ; [tumour] bénin (-igne *f*)

bent [bent] **1** vb pret, ptp of **bend** **2** adj **a** [wire, pipe] tordu **b** ■ **to be ~ on doing sth** être résolu à faire qch

bequeath [bɪ'kwi:ð] vt léguer (*to* à)

bequest [bɪ'kwest] n legs *m*

bereaved [bɪ'ri:vd] adj endeuillé

bereavement [bɪ'ri:vmənt] n (= loss) perte *f* ; (= state) deuil *m*

beret ['bereɪ] n béret *m*

berk* [bɜ:k] n (BR) imbécile *mf*

Berlin [bɜ:'lɪn] n Berlin ▸ **the Berlin Wall** le mur de Berlin

Bermuda [bɜ:'mju:də] n Bermudes *fpl* ▸ **Bermuda shorts, Bermudas** bermuda *m*

berry ['berɪ] n baie *f*

berserk [bə'sɜ:k] adj ■ **to go ~** devenir fou furieux

berth [bɜ:θ] **1** n **a** (on train, ship) couchette *f* **b** (= place for ship) mouillage *m* ■ **to give sb a wide ~** éviter qn **2** vi mouiller

beside [bɪ'saɪd] prep à côté de ■ **to be ~ o.s. (with anger)*** être hors de soi ■ **he was ~ himself with excitement*** il était dans un grand état d'excitation

besides [bɪ'saɪdz] **1** adv **a** (= in addition) de plus **b** (= moreover) d'ailleurs **2** prep (= in addition to) en plus de

besiege [bɪ'si:dʒ] vt **a** [+ town] assiéger **b** (= pester) assaillir (*with* de)

besotted [bɪ'sɒtɪd] adj ■ **to be ~ with sb** être entiché de qn

best [best] **1** adj superl of **good** ■ **the ~** le meilleur, la meilleure ■ **Belgian beer is the ~ in the world** la bière belge est la meilleure du monde ■ **the ~ thing to do is to wait** le mieux c'est d'attendre ■ **my ~ guess is that...** je dirais que... ▸ **best man** (at wedding) ≈ témoin (du marié) **2** n ■ **the ~** le mieux ■ **to do one's ~** faire de son mieux ■ **to get the ~ out of sb/sth** tirer le maximum de qn/qch ■ **to make the ~ of sth** s'accommoder de qch ■ **it's (all) for the ~** c'est pour le mieux ■ **to the ~ of my ability/knowledge** autant que je puisse/que je sache ■ **all the ~!** (= good luck) bonne chance ! ; (at end of letter) amicalement, amitiés ■ **at ~** au mieux **3** adv superl of **well** le mieux, le plus ■ **I like strawberries ~ of all** j'aime les fraises par-dessus tout

bestie ['besti:] n (= best friend) meilleur copain* *m*, meilleure copine* *f*

bestseller [best,selə'] n best-seller *m*

bet [bet] (pret, ptp **bet** or **~ted**) **1** vi parier ■ **to ~ on a horse** miser sur un cheval ■ **I wouldn't ~ on it!** ne compte pas trop dessus ! **2** vt parier **3** n pari *m*

beta ['bi:tə] adj, n bêta *m inv*

betray [bɪ'treɪ] vt trahir ■ **to ~ o.s.** se trahir

betrayal [bɪ'treɪəl] n trahison *f*

better ['betə'] **1** adj compar of **good** meilleur ■ **to get ~** (= recover) se remettre ; (= improve) s'améliorer ■ **it would be ~ to stay at home** il vaudrait mieux rester à la maison **2** adv compar of **well** mieux ■ **all the ~, so much the ~** tant mieux ■ **I had ~ speak to her** il vaut mieux que je lui parle *subj* **3** n **a** ■ **it's a change for the ~** c'est une amélioration ■ **for ~ or (for) worse** pour le meilleur et pour le pire ■ **to get the ~ of sb** triompher de qn **b** ■ **one's ~s** ses supérieurs *mpl* **4** vt [+ sb's achievements] dépasser ; [+ record, score] améliorer ■ **to ~ o.s.** améliorer sa condition

betting ['betɪŋ] n pari(s) *m(pl)* ► **betting shop** (BR) bureau *m* de paris *(appartenant à un bookmaker)*

between [bɪ'twi:n] prep entre ♦ **in between** (in space) au milieu ; (in time) dans l'intervalle

beverage ['bevərɪdʒ] n boisson *f*

beware [bɪ'wɛə'] vti prendre garde (*of sb/sth* à qn/qch, *of doing sth* de faire qch) ■ **"~ of the dog"** « (attention,) chien méchant » ■ **"~ of pickpockets"** « attention aux pickpockets »

bewildered [bɪ'wɪldəd] adj [look] perplexe ; [person] déconcerté ; (stronger) abasourdi

bewildering [bɪ'wɪldərɪŋ] adj déconcertant ; (stronger) ahurissant

bewitching [bɪ'wɪtʃɪŋ] adj envoûtant

beyond [bɪ'jɒnd] **1** prep **a** (in space) au-delà de, de l'autre côté de **b** (in time) après, au-delà de **c** (= surpassing, exceeding) ■ **this work is quite ~ him** ce travail le dépasse complètement ■ **~ his means** au-dessus de ses moyens **2** adv au-delà **3** n ■ **at the back of ~** en pleine cambrousse*

BFF ['bi:'ef'ef] n (abbr of **best friend forever**) MAPLV *(meilleur(e) ami(e) pour la vie)*

bias ['baɪəs] n **a** (= prejudice) parti *m* pris (*towards* pour, *against* contre) **b** (= tendency) orientation *f* **c** ■ **cut on the ~** coupé dans le biais

bias(s)ed ['baɪəst] adj [person, jury] partial ■ **to be ~ against/in favour of** avoir un parti pris contre/pour

biathlete [baɪ'æθli:t] n biathlète *mf*

bib [bɪb] n bavoir *m*

Bible ['baɪbl] n Bible *f*

bibliography [ˌbɪblɪ'ɒgrəfɪ] n bibliographie *f*

bicarbonate of soda [baɪ'kɑ:bənɪtəvsəʊdə] n bicarbonate *m* de soude

biceps ['baɪseps] n (pl inv) biceps *m*

bicker ['bɪkə'] vi se chamailler

bickering ['bɪkərɪŋ] n chamailleries *fpl*

bicycle ['baɪsɪkl] **1** n bicyclette *f*, vélo *m* **2** comp [lamp, chain, bell] de bicyclette, de vélo ► **bicycle pump** pompe *f* à bicyclette ► **bicycle shop** magasin *m* de cycles, vélociste *m*

bid [bɪd] (pret **bade** or ~, ptp **bidden** or ~) **1** vt **a** (= say) ■ **to ~ sb good morning** dire bonjour à qn **b** (= offer) [+ amount] offrir ; (at auction) faire une enchère de **c** (Cards) demander **2** vi ■ **to ~ for sth** (at auction) faire une enchère pour qch **3** n **a** offre *f* ; (for contract) soumission *f* ; (at auction) enchère *f* **b** (= attempt) tentative *f*

bidder ['bɪdə'] n (at sale) enchérisseur *m* ■ **the highest ~** le plus offrant

bide [baɪd] vt ■ **to ~ one's time** attendre son heure

bidet ['bi:deɪ] n bidet *m*

bifocals [baɪ'fəʊkəlz] npl lunettes *fpl* à double foyer

big [bɪg] adj (gen) grand ; [car, animal, book, fruit, parcel] gros (grosse *f*) ■ **to get bigger** grossir ; (= taller) grandir ► **big-box** adj (US) [store, retailer] de la grande distribution ► **big data** n le big data, volumes *mpl* massifs de données ► **big dipper** n montagnes *fpl* russes ► **big league** n (Baseball) ligue *f* majeure ■ **the ~ league*** (fig) la cour des grands ► **the big picture** n la situation générale ■ **we mustn't lose sight of the bigger picture** nous ne devons pas perdre de vue l'essentiel ► **big shot** n* grand ponte* *m* ► **big style*** adv sacrément* ► **big toe** n gros orteil *m* ; → Pièges GRAND

bigamy ['bɪgəmɪ] n bigamie *f*

bigheaded* [ˌbɪg'hedɪd] adj crâneur*

bigot ['bɪgət] n sectaire *mf* ; (religious) fanatique *mf*

bigwig* ['bɪgwɪg] n grosse légume* *f*

bike [baɪk] n vélo *m* ; (= motorbike) moto *f* ► **bike sharing** n vélos *mpl* en libre service ► **bike taxi** vélo-taxi *m*

biker* ['baɪkə'] n motard(e) *m(f)*

bikeway ['baɪkweɪ] (US) n véloroute *f*, ≈ voie *f* verte

bikini [bɪ'ki:nɪ] n bikini® *m*

bile [baɪl] n bile *f* ; (= anger) mauvaise humeur *f*

bilingual [baɪ'lɪŋgwəl] adj bilingue

bill [bɪl] **1** n **a** (= invoice) facture *f* ; (in restaurant) addition *f* ; (in hotel) note *f* **b** (US = banknote) billet *m* (de banque) **c** (= law) projet *m* de loi ► **the Bill of Rights** la Déclaration des droits **d** (= poster) affiche *f* **e** [of bird] bec *m* **2** vt (= invoice) ■ **to ~ sb for sth** facturer qch à qn

billboard ['bɪlbɔ:d] n panneau *m* d'affichage

billet ['bɪlɪt] n (= accommodation) cantonnement *m* (chez l'habitant)

billfold ['bɪlfəʊld] n (US) portefeuille *m*

billiards ['bɪljədz] n billard *m* ■ **to play ~** jouer au billard

billion ['bɪljən] n milliard *m*

billionaire [ˌbɪljə'nɛə'] n milliardaire *mf*

billow ['bɪləʊ] vi [cloth] onduler ; [smoke] s'élever en volutes

bimbo* ['bɪmbəʊ] n ravissante idiote *f*

bin [bɪn] **1** n **a** (BR : also **rubbish bin**) poubelle *f* ▸ **bin bag, bin liner** sac *m* poubelle **b** (for flour, corn) coffre *m* ; (for bread) boîte *f* **2** vt (* = throw away) mettre à la poubelle

binary ['baɪnərɪ] adj binaire

bind [baɪnd] (pret, ptp **bound**) vt **a** (= fasten) attacher (*to* à) ▪ **to be bound together** être liés **b** (= encircle) entourer (*with* de) ; [+ wound] bander **c** [+ book] relier **d** (= oblige) contraindre (*sb to do sth* qn à faire qch) **e** [+ ingredient, chemical] lier

binder ['baɪndəʳ] n (for papers) classeur *m*

binding ['baɪndɪŋ] **1** n [of book] reliure *f* **2** adj [rule] obligatoire ; [agreement, promise] qui engage

binge* [bɪndʒ] **1** vi (on alcohol) se soûler ; (on food) s'empiffrer* **2** n ▪ **to go on a ~** (= eat and drink) faire la bringue‡ ▸ **binge drinking** n biture *f* express*, consommation *f* d'alcool excessive mais ponctuelle ▸ **binge-watch** vt [+ TV series] regarder or visionner à la chaîne

bingo ['bɪŋgəʊ] n bingo *m*

binoculars [bɪ'nɒkjʊləʳz] npl jumelle(s) *f(pl)*

biobank ['baɪəʊ'bæŋk] n biothèque *f*

biochemistry ['baɪəʊ'kemɪstrɪ] n biochimie *f*

biodegradable ['baɪəʊdɪ'greɪdəbl] adj biodégradable

biodiesel [ˌbaɪəʊˌdi:zəl] n biodiésel *m*

biodiversity [ˌbaɪəʊdaɪ'vɜ:sətɪ] n biodiversité *f*

bioenergy [ˌbaɪəʊ'enədʒɪ] n bioénergie *f*

biofuel ['baɪəʊfjʊəl] n biocarburant *m*

biogenetics [ˌbaɪəʊdʒɪ'netɪks] n biogénétique *f*

biography [baɪ'ɒgrəfɪ] n biographie *f*

biological [ˌbaɪə'lɒdʒɪkəl] adj (gen) biologique ; [detergent, washing powder] aux enzymes

biologist [baɪ'ɒlədʒɪst] n biologiste *mf*

biology [baɪ'ɒlədʒɪ] n biologie *f*

biomass ['baɪəʊmæs] n biomasse *f*

biometric [baɪə'metrɪk] adj biométrique

biopic* ['baɪəʊˌpɪk] n biopic *m*, film *m* biographique

biorhythm ['baɪəʊrɪð] n biorythme *m*

biosecurity ['baɪəʊsɪˌkjʊərɪtɪ] n biosécurité *f*

biotechnology [ˌbaɪəʊtek'nɒlədʒɪ] n biotechnologie *f*

bioterrorism [ˌbaɪəʊ'terərizəm] n bioterrorisme *m*

biowaste [ˌbaɪəʊ'weɪst] n biodéchets *mpl*

bipolar [baɪ'pəʊləʳ] adj bipolaire ▪ **to be ~** souffrir de troubles bipolaires ▸ **bipolar disorder** or **illness** n troubles *mpl* bipolaires

birch [bɜ:tʃ] n (also **birch tree**) bouleau *m*

bird [bɜ:d] n **a** oiseau *m* ▸ **bird of prey** oiseau *m* de proie ▸ **bird's-eye view** vue *f* d'ensemble ▸ **bird's nest** nid *m* d'oiseau ▸ **bird table** mangeoire *f* ▸ **bird-watcher** ornithologue *mf* amateur **b** (BR‡ = girl) nana* *f*

birdcage ['bɜ:dkeɪdʒ] n cage *f* à oiseaux

birder ['bɜ:dəʳ] n passionné(e) *m(f)* d'oiseaux, ornithologue *mf* amateur (-trice)

Biro® ['baɪərəʊ] n (BR) stylo *m* bille, Bic® *m*

birth [bɜ:θ] n naissance *f* ▪ **to give ~ to** donner naissance à ▸ **birth certificate** acte *m* de naissance ▸ **birth control** contrôle *m* des naissances ▪ **~ control pill** pilule *f* contraceptive

birthdate ['bɜ:θdeɪt] n date *f* de naissance

birthday ['bɜ:θdeɪ] n anniversaire *m*

birthmark ['bɜ:θmɑ:k] n tache *f* de vin

birthplace ['bɜ:θpleɪs] n lieu *m* de naissance

biscuit ['bɪskɪt] n **a** (BR) petit gâteau *m* sec, biscuit *m* **b** (US) *sorte de scone*

bisect [baɪ'sekt] vt couper en deux

bisexual ['baɪ'seksjʊəl] adj, n bisexuel(le) *m(f)*

bishop ['bɪʃəp] n évêque *m* ; (Chess) fou *m*

bison ['baɪsn] n (pl inv) bison *m*

bistro ['bi:strəʊ] n petit restaurant *m*

bit^1 [bɪt] n **a** (= piece) [of bread] morceau *m* ; [of paper, string] bout *m* ; (in book, talk) passage *m* ▪ **~s and pieces** petites affaires *fpl* ▪ **to come to ~s** (= break) tomber en morceaux ; (= dismantle) se démonter ▪ **~ by ~** petit à petit ▪ **to do one's ~** faire sa part **b** (= small amount) ▪ **a ~** un peu ▪ **a ~ of** un peu de ▪ **a little ~** un petit peu ▪ **it was a ~ of a shock** ça a été un choc **c** (= time) ▪ **after a ~** après un moment ▪ **wait a ~** attendez un instant **d** (Computing) bit *m* **e** (for horse) mors *m* **f** (= tool) mèche *f*

bit^2 [bɪt] vb pret of **bite**

bitch [bɪtʃ] **1** n **a** (= dog) chienne *f* **b** (‡ pej = woman) salope‡ *f* **2** vi (* = complain) râler* ▪ **to ~ about sb** dire du mal de qn

bitchy‡ ['bɪtʃɪ] adj vache*

bitcoin ['bɪtkɔɪn] n bitcoin *m*

bite [baɪt] vb (pret **bit**, ptp **bitten**) **1** n **a** [of dog, snake] morsure *f* ; [of insect] piqûre *f* **b** (= piece bitten off) bouchée *f* ▪ **a ~ (to eat)** un morceau **c** (Fishing) touche *f* **d** (= flavour) piquant *m* **2** vt [person, animal] mordre ; [insect] piquer ▪ **to ~ one's nails** se ronger les ongles **3** vi (gen) mordre ; [insect] piquer ▪ **to ~ into sth** mordre (dans) qch

▸ **bite off** vt sep arracher d'un coup de dent(s) ▪ **to ~ sb's head off*** rembarrer qn (brutalement)*

biting ['baɪtɪŋ] adj a [cold] mordant ; [wind] cinglant b [wit, remarks, sarcasm] mordant

bitten ['bɪtn] vb ptp of **bite**

bitter ['bɪtə'] 1 adj a [taste] amer b [cold, weather, wind] glacial ; [winter] rigoureux c [person, disappointment, reproach, tone] amer ; [argument, attack] acerbe ■ **to the ~ end** jusqu'au bout ■ **his ~ enemy** son ennemi acharné 2 n (BR = beer) *bière brune anglaise*

bitterly ['bɪtəlɪ] adv [regret] amèrement ; [say, think] avec amertume ■ **it's ~ cold** il fait un froid de canard

bitterness ['bɪtənɪs] n amertume *f*

bittersweet ['bɪtəswiːt] adj aigre-doux (-douce *f*)

bizarre [bɪ'zɑː'] adj bizarre

black [blæk] 1 adj noir ■ **~ and blue** (= bruised) couvert de bleus ▸ **black eye** œil *m* au beurre noir* ▸ **Black Friday** Black Friday *m*, vendredi fou (CAN), *lendemain de Thanksgiving, jour de début des soldes signalant la période des achats de Noël aux États-Unis* ▸ **black ice** verglas *m* ▸ **black magic** magie *f* noire ▸ **black market** marché *m* noir ▸ **black-market** adj [goods] acheté au marché noir; [economy, activity] souterrain ▸ **the Black Sea** la mer Noire ▸ **black sheep** brebis *f* galeuse ▸ **black spot** point *m* noir ▸ **black-tie** [dinner, function] en tenue de soirée 2 n a (= colour) noir *m* ■ **dressed in ~** habillé de noir ■ **there it is in ~ and white** c'est écrit noir sur blanc b ■ **Black** (= person) Noir(e) *m(f)* 3 vt a ■ **to ~ one's face** se noircir le visage b (BR) [+ cargo, firm, goods] boycotter

▸ **black out** vi (= faint) s'évanouir

blackberry ['blækbərɪ] n mûre *f*

blackbird ['blækbɜːd] n merle *m*

blackboard ['blækbɔːd] n tableau *m* (noir)

blackcurrant [ˌblæk'kʌrənt] n cassis *m*

blacken ['blækən] vt noircir ; (= discredit) salir

blackhead ['blækhed] n point *m* noir

blackleg ['blækleg] (BR) n briseur *m*, -euse *f* de grève

blacklist ['blæklɪst] 1 n liste *f* noire 2 vt mettre sur la liste noire

blackmail ['blækmeɪl] 1 n chantage *m* 2 vt faire chanter

blackout ['blækaʊt] n a (= fainting) étourdissement *m* b [of lights] panne *f* d'électricité ; (during war) black-out *m*

blacksmith ['blæksmɪθ] n (who shoes horses) maréchal-ferrant *m* ; (who forges iron) forgeron *m*

blacktop ['blæktɒp] n (US) bitume *m*

bladder ['blædə'] n vessie *f*

blade [bleɪd] n lame *f* ; [of grass] brin *m*

blading ['bleɪdɪŋ] n(also **rollerblading**) roller *m*, patin *m* en ligne

blah blah blah* [blɑːblɑːblɑː] excl blablabla*

blame [bleɪm] 1 vt a (= fix responsibility on) ■ **to ~ sb for sth, to ~ sth on sb** rejeter la responsabilité de qch sur qn ■ **to be to ~ (for)** être responsable (de) ■ **I'm not to ~** ce n'est pas ma faute b (= censure) blâmer ■ **to ~ sb for doing sth** reprocher à qn de faire qch 2 n a (= responsibility) responsabilité *f* ■ **to take the ~ (for sth)** assumer la responsabilité (de qch) b (= censure) blâme *m*

blancmange [blə'mɒnʒ] n *entremets instantané*

bland [blænd] adj [taste, food] fade ; [person, character, smile] terne

blank [blæŋk] 1 adj a [paper, page] blanc (blanche *f*) ; [cheque] en blanc ; [cassette] vierge b [refusal] absolu ; [face, look] sans expression ■ **his mind went ~** il a eu un blanc 2 n a (= void) blanc *m* b (= bullet) balle *f* à blanc

▸ **blank out** vt sep [+ feeling, thought] faire abstraction de

blanket ['blæŋkɪt] 1 n (on bed) couverture *f* ; [of snow] couche *f* ; [of fog] nappe *f* 2 adj [ban, condemnation] général ; [coverage] complet (-ète *f*)

blankly ['blæŋklɪ] adv a (= expressionlessly) ■ **to stare ~ at sth** fixer qch d'un air absent b (= uncomprehendingly) d'un air ébahi

blare [blɛə'] 1 n [of car horn] bruit *m* strident ; [of music] retentissement *m* ; [of trumpet] sonnerie *f* 2 vi (also **blare out**) [music, horn] retentir ; [radio] beugler

blasphemous ['blæsfɪməs] adj [person] blasphémateur (-trice *f*) ; [words] blasphématoire

blasphemy ['blæsfɪmɪ] n blasphème *m*

blast [blɑːst] 1 n a (= sound) [of bomb] explosion *f* ; [of whistle, car horn] bruit *m* strident ■ **the radio was on at full ~*** la radio braillait* ■ **the heating was on at full ~*** le chauffage était au maximum b (= explosion) explosion *f* ; (= shock wave) [of bomb] souffle *m* ■ **~ of air** jet *m* d'air ▸ **blast-off** mise *f* à feu 2 vt [+ rocks] faire sauter ■ **to ~ a hole in sth** faire un trou dans qch avec des explosifs 3 excl (BR*) la barbe !*

▸ **blast out*** vi [music, radio] brailler*

blasted* ['blɑːstɪd] adj (= annoying) fichu* *before n*

blatant ['bleɪtənt] adj [injustice] criant ; [attempt] manifeste ; [lie] éhonté

blaze [bleɪz] 1 n a (= cheering fire) (belle) flambée *f* ; (= conflagration) incendie *m* b ■ **~ of light** torrent *m* de lumière ■ **~ of colour** flamboiement *m* de couleur(s) 2 vi [log fire] flamber ; [building, wreckage] brûler ■ **her**

eyes ~d with anger ses yeux étincelaient de colère ■ a garden blazing with colour un jardin resplendissant de couleurs 3 vt ■ to ~ a trail montrer la voie

blazer ['bleɪzəʳ] n blazer *m*

bleach [bli:tʃ] 1 n (for cleaning) eau *f* de Javel ; (for removing colour) décolorant *m* ; (for hair) eau *f* oxygénée 2 vt a [+ linen, flour] blanchir b [+ hair] décolorer ■ **to ~ one's hair** se décolorer les cheveux

bleachers ['bli:tʃəz] npl (US) gradins *mpl (en plein soleil)*

bleak [bli:k] adj [country, landscape] désolé ; [weather] froid et maussade ; [prospect, future] morne

bleary ['blɪərɪ] adj [eyes] voilé

bleat [bli:t] 1 vi bêler 2 n bêlement *m*

bled [bled] vb pret, ptp of **bleed**

bleed [bli:d] (pret, ptp **bled**) 1 vi saigner ■ **his nose is ~ing** il saigne du nez 2 vt a [+ brakes, radiator] purger b ■ **to ~ sb dry** saigner qn à blanc

bleep [bli:p] 1 n (= noise) bip *m* 2 vi [transmitter] faire bip 3 vt [+ person with bleeper] biper

bleeper ['bli:pəʳ] n (= pager) bip *m*

blemish ['blemɪʃ] n (= defect) imperfection *f* ; (on fruit) tache *f* ; (moral) tache *f*

blend [blend] 1 n (= mixture) mélange *m* 2 vt (also **blend in**) mélanger (*with* à, avec) 3 vi (also **blend in, blend together**) se mélanger (*with* à, avec) ; [colours] (= shade into one another) se fondre ; (= go well together) aller bien ensemble

blender ['blendəʳ] n mixer *m*

bless [bles] (pret, ptp **blest** or **~ed** [blest]) vt bénir ■ **to be ~ed with** avoir la chance de posséder ■ **~ you!** * mille fois merci ! ; (sneezing) à vos souhaits !

blessed ['blesɪd] adj a (= holy) saint b * (BR : for emphasis) sacré* *before n*

blessing ['blesɪŋ] n a (= divine favour) grâce *f* ; (= prayer) bénédiction *f* ; (at meal) bénédicité *m* b (= approval) bénédiction *f* c (= benefit) bienfait *m*

blew [blu:] vb pret of **blow**

blight [blaɪt] 1 n [of plant] rouille *f (maladie)* ; [of potato] mildiou *m* ; [of fruit trees] cloque *f* 2 vt [+ hopes] anéantir ; [+ career, life, future] gâcher

blimey* ['blaɪmɪ] excl (BR) mince alors !*

blind [blaɪnd] 1 adj [person, obedience, faith] aveugle ; [landing] sans visibilité ■ **to go ~** devenir aveugle ■ **on sb's ~ side** hors du champ visuel de qn ■ **to go on a ~ date** sortir avec quelqu'un qu'on ne connaît pas ► **blind alley** (lit, fig) impasse *f* ► **blind spot** (in car, plane) angle *m* mort 2 vt aveugler ■ **her love ~ed her to his faults** son amour le rendait aveugle à ses défauts 3 n [of window] store *m* 4 **the blind** npl les aveugles *mpl*, les non-voyants *mpl* 5 adv a ■ **to drive/fly ~** conduire/voler sans visibilité b ■ **to swear ~ that...*** jurer ses grands dieux que...

blindfold ['blaɪndfəʊld] 1 vt bander les yeux à 2 n bandeau *m* 3 adj aux yeux bandés 4 adv les yeux bandés

blindly ['blaɪndlɪ] adv a [grope, shoot] à l'aveuglette b [follow, accept, obey] aveuglément

blindness ['blaɪndnɪs] n cécité *f* ; (fig) aveuglement *m* (*to* devant)

blink [blɪŋk] 1 n [of eyes] clignement *m* (d'yeux) ■ **in the ~ of an eye** en un clin d'œil 2 vi a cligner des yeux b [light] vaciller 3 vt ■ **to ~ one's eyes** cligner des yeux

blinkered ['blɪŋkəd] adj (BR) [person, approach, attitude] borné ; [view] étroit

blinkers ['blɪŋkəʳz] npl (BR) (for horse) œillères *fpl* ; (in car) feux *mpl* de détresse ■ **to wear ~** (fig) avoir des œillères

blip [blɪp] n a (on radar) spot *m* b (on graph) petite déviation *f* ; (= aberration) petite anomalie *f* (passagère)

bliss [blɪs] n bonheur *m* suprême

blissful ['blɪsfʊl] adj merveilleux

blister ['blɪstəʳ] 1 n cloque *f* ; (caused by rubbing) ampoule *f* 2 vi [skin] cloquer

blithe [blaɪð] adj joyeux

blithely ['blaɪðlɪ] adv [disregard] allégrement ; [unaware] parfaitement

blitz [blɪts] 1 n bombardement *m* (aérien) 2 vt bombarder

blizzard ['blɪzəd] n tempête *f* de neige

bloated ['bləʊtɪd] adj (= swollen) gonflé ; [stomach] ballonné ; [face] bouffi

blob [blɒb] n (grosse) goutte *f* ; [of ink] tache *f*

block [blɒk] 1 n a [of stone, ice] bloc *m* ; [of wood] bille *f* b [of buildings] pâté *m* de maisons ■ **a ~ of flats** (BR) un immeuble ■ **she lived three ~s away** (US) elle habitait trois rues plus loin c (= part of prison, hospital) pavillon *m* d ■ **to have a mental ~** faire un blocage 2 vt [+ pipe] boucher ; [+ road, traffic] bloquer ; [+ progress] entraver ; [+ transaction, credit, negotiations] bloquer ■ **to ~ sb's light** cacher la lumière à qn ■ **there was a lorry ~ing my view** un camion m'empêchait de voir 3 comp ► **block capitals, block letters** majuscules *fpl* ■ **in ~ letters** en majuscules

► **block off** vt sep [+ part of road] fermer ; (accidentally) obstruer

► **block out** vt sep a [+ light] empêcher de passer b [+ thoughts, idea] refouler

► **block up** vt sep [+ pipe] bloquer ; [+ window, entrance] condamner ; [+ hole] boucher

blockade [blɒ'keɪd] **1** n blocus *m* **2** vt [+ town, port] faire le blocus de ; (with vehicles) bloquer

blockage ['blɒkɪdʒ] n obstruction *f*

blockbuster* ['blɒk,bʌstə'] n (= film) film *m* à grand succès ; (= book) best-seller *m*

blockchain ['blɒk,tʃeɪn] n (Fin) chaîne *f* de blocs

blocker ['blɒkə'] n (Sport) bloqueur *m*, -euse *f* ; → **ad**

blog [blɒg] **1** n blog *m* **2** vt bloguer sur **3** vi bloguer

blogger ['blɒgə'] n blogueur *m*, -euse *f*

blogosphere ['blɒgəsfɪə'] n blogosphère *f*

blogpost ['blɒgpəʊst] n post *m* de blog

bloke* [bləʊk] n (BR) type* *m*

blond(e) [blɒnd] adj, n blond(e) *m(f)*

blood [blʌd] n sang *m* ► **blood alcohol level** taux *m* d'alcoolémie ► **blood bath** bain *m* de sang ► **blood cell** cellule *f* sanguine ► **blood clot** caillot *m* de sang ► **blood donor** donneur *m*, -euse *f* de sang ► **blood group** groupe *m* sanguin ► **blood poisoning** septicémie *f* ► **blood pressure** tension *f* (artérielle) ► **blood relation** parent(e) *m(f) (par le sang)* ► **blood test** analyse *f* de sang ► **blood transfusion** transfusion *f* sanguine

bloodcurdling ['blʌdkɜːdlɪŋ] adj qui fait froid dans le dos

bloodhound ['blʌdhaʊnd] n limier *m*

bloodshed ['blʌdʃed] n effusion *f* de sang

bloodshot ['blʌdʃɒt] adj [eyes] injecté (de sang)

bloodstained ['blʌdsteɪnd] adj taché de sang

bloodstream ['blʌdstriːm] n sang *m*

bloodthirsty ['blʌd,θɜːstɪ] adj sanguinaire

bloody ['blʌdɪ] **1** adj **a** (= covered in blood) sanglant **b** (‡ : BR) foutu‡ *before n* ■ **you ~ fool!** espèce d'idiot ! ■ **~ hell!** merde alors !‡ **2** adv (BR‡) vachement* ■ **a ~ good film** un film vachement bien* **3** vt ensanglanter

bloody-minded* ['blʌdɪ,maɪndɪd] adj (BR) [person] qui fait toujours des difficultés ; [attitude] buté

bloom [bluːm] **1** n (= flower) fleur *f* ■ **in ~** [tree] en fleurs ; [flower] éclos **2** vi [flower] éclore ; [tree] fleurir ; [person] s'épanouir

blossom ['blɒsəm] **1** n (= mass of flowers) fleur(s) *f(pl)* ; (= flower) fleur *f* **2** vi [tree] fleurir ; [person] s'épanouir

blot [blɒt] **1** n tache *f* **2** vt **a** (= mark) tacher **b** (= dry) sécher

► **blot out** vt sep [+ memories] effacer ; [+ view] masquer

blotchy ['blɒtʃɪ] adj [skin, complexion] marbré

blotter ['blɒtə'] n **a** (= desk pad) sous-main *m inv* **b** (US = notebook) registre *m*

blotting-paper [,blɒtɪŋ'peɪpə'] n (papier *m*) buvard *m*

blouse [blaʊz] n chemisier *m*

blow [bləʊ] vb (pret **blew**, ptp **blown**) **1** n **a** (= impact) coup *m* ; (with fist) coup *m* de poing ■ **to come to ~s** en venir aux mains **b** (= sudden misfortune) coup *m* (dur) **2** vt **a** [wind] [+ leaves] faire voler ■ **the wind blew the door open/shut** un coup de vent a ouvert/fermé la porte **b** ■ **to ~ one's nose** se moucher **c** [+ bubbles] faire ; [+ glass] souffler ■ **to ~ a kiss** envoyer un baiser **d** [+ trumpet, horn] souffler dans ■ **to ~ a whistle** siffler ■ **to ~ the whistle** (fig) lancer l'alerte ■ **to ~ one's own trumpet** or (US) **horn** se faire mousser* **e** (= destroy) [+ safe] faire sauter ■ **to ~ a tyre** [driver, vehicle] crever **f** (* = spend extravagantly) [+ wages, money] claquer* **g** (* = spoil) [+ chance] rater ■ **he blew it** il a tout fichu en l'air* **3** vi **a** (gen) souffler ■ **the door blew open/shut** un coup de vent a ouvert/a fermé la porte ■ **when the whistle ~s** au coup de sifflet **b** [fuse, light bulb] sauter ; [tyre] éclater **4** excl * zut !* **5** comp ► **blow-dry** n brushing *m* ◊ vt ■ **to blow-dry sb's hair** faire un brushing à qn ► **blow-up** n (= enlargement) agrandissement *m* ◊ adj [mattress, toy] gonflable

► **blow down** **1** vi [tree, fence] être abattu par le vent **2** vt sep [wind] faire tomber

► **blow out** **1** vi [tyre] éclater **2** vt sep [+ candle] souffler

► **blow over** **1** vi [storm, dispute] se calmer **2** vt sep [+ tree] renverser

► **blow up** **1** vi exploser **2** vt sep **a** [+ mine, building, bridge] faire sauter **b** [+ tyre] gonfler **c** * [+ photo] agrandir

blowlamp ['bləʊlæmp] n (BR) lampe *f* à souder

blow-out ['bləʊaʊt] n [of tyre] éclatement *m*

blowtorch ['bləʊtɔːtʃ] n lampe *f* à souder

blubber ['blʌbə'] **1** n [of whale] graisse *f* de baleine **2** vi (‡ = cry) pleurer comme un veau

bludgeon ['blʌdʒən] vt matraquer ■ **he ~ed me into doing it** il m'a forcé la main

blue [bluː] **1** adj **a** (colour) bleu ► **blue cheese** (fromage *m*) bleu *m* ► **blue collar worker** col *m* bleu **b** (* = miserable) cafardeux ■ **to feel ~** avoir le cafard **c** (* = pornographic) porno* *f inv* **2** n bleu *m* ■ **to come out of the ~** être complètement inattendu ; [pleasant thing] tomber du ciel ■ **the ~s** (Mus) le blues ; (* = depression) le cafard

bluebell ['bluːbel] n jacinthe *f* des bois

blueberry ['blu:bərɪ] n myrtille *f*

bluebottle ['blu:bɒtl] n mouche *f* bleue

blueprint ['blu:prɪnt] n projet *m* (*for* de)

bluff [blʌf] **1** n bluff *m* ■ **he called my ~** il m'a pris au mot **2** vti bluffer*

blunder ['blʌndə'] **1** n (= error) bourde* *f* **2** vi (= make mistake) faire une bourde*

blunt [blʌnt] **1** adj **a** [blade, knife] émoussé ; [pencil] mal taillé **b** [person] brusque ■ **he was very ~** il n'a pas mâché ses mots **2** vt émousser

blur [blɜ:'] **1** n masse *f* indistincte ■ **a ~ of colours and forms** une masse confuse de couleurs et de formes **2** vt **a** [+ writing, image, outline, distinction] estomper **b** [+ sight] troubler **3** vi [vision] se voiler

Blu-Ray® ['blu:reɪ] n Blu-ray® *m* ▸ **Blu-Ray disc** n disque *m* Blu-ray ▸ **Blu-Ray movie** n film *m* (en) Blu-ray

blurred [blɜ:d] adj (gen) flou ; [vision] trouble

blurt out ['blɜ:t'aʊt] vt [+ word] lâcher ; [+ information, secrets] laisser échapper

blush [blʌʃ] **1** vi rougir (*with* de) **2** n rougeur *f*

blusher ['blʌʃə'] n fard *m* à joues

bluster ['blʌstə'] **1** vi (= speak aggressively) tempêter ; (= boast) fanfaronner **2** n (= bravado) fanfaronnades *fpl*

blustery ['blʌstərɪ] adj [wind] qui souffle en rafales ; [weather, day] venteux

Blu-Tac(k)® ['blu:tæk] n pâte *f* adhésive, Patafix® *m*

BMX [,bi:em'eks] n (abbr of **bicycle motocross**) BMX *m*

BO* [bi:'əʊ] (abbr of **body odour**) odeur *f* corporelle

boa constrictor ['bəʊəkən'strɪktə'] n boa *m* constricteur

boar [bɔ:'] n (wild) sanglier *m* ; (= male pig) verrat *m*

board [bɔ:d] **1** n **a** (= piece of wood) planche *f* ■ **it is all quite above ~** c'est tout ce qu'il y a de plus régulier **b** (for games) plateau *m* ▸ **board game** jeu *m* de plateau **c** (= meals) pension *f* ■ **~ and lodging** (BR) (chambre *f* avec) pension *f* ■ **full ~** (BR) pension *f* complète **d** (= group of officials, council) conseil *m* ▸ **board of directors** conseil *m* d'administration ▸ **board room** salle *f* du conseil **e** ■ **on ~** (on ship, plane) à bord ; (on train, bus) dans **2** vt (= get to) [+ ship, plane] monter à bord de ; [+ train, bus] monter dans **3** vi **a** (= lodge) ■ **to ~ with sb** être en pension chez qn **b** [passengers] embarquer ■ **your flight is now ~ing** l'embarquement a commencé
▸ **board up** vt sep [+ door, window] condamner (avec des planches)

boarder ['bɔ:də'] n pensionnaire *mf* ; (BR : Scol) interne *mf*

boarding ['bɔ:dɪŋ] n [of ship, plane] embarquement *m* ▸ **boarding card** carte *f* d'embarquement ▸ **boarding pass** carte *f* d'embarquement ▸ **boarding school** pensionnat *m*

boardwalk ['bɔ:dwɔ:k] n (US) trottoir *m* en planches ; (on beach) promenade *f* en planches

boast [bəʊst] **1** n fanfaronnade *f* **2** vi se vanter (*about, of* de) **3** vt (= possess) posséder

boastful ['bəʊstfʊl] adj vantard

boat [bəʊt] **1** n bateau *m* **2** vi ■ **to go ~ing** aller faire du canot

boater ['bəʊtə'] n (= hat) canotier *m*

boatyard ['bəʊtjɑ:d] n chantier *m* naval

bob [bɒb] **1** vi ■ **to ~ (up and down)** (in water) danser sur l'eau **2** n (= haircut) coupe *f* au carré

bobbin ['bɒbɪn] n bobine *f*

bobcat ['bɒbkæt] n (US) lynx *m*

bode [bəʊd] vi ■ **to ~ well (for)** être de bon augure (pour) ■ **to ~ ill (for)** être de mauvais augure (pour)

bodice ['bɒdɪs] n corsage *m*

bodily ['bɒdɪlɪ] **1** adv à bras-le-corps **2** adj [need, comfort] physique ; [function] physiologique

body ['bɒdɪ] n **a** [of person] corps *m* ▸ **body clock** horloge *f* biologique ▸ **body lotion** lait *m* corporel ▸ **body mass index** indice *m* de masse corporelle ▸ **body piercing** piercing *m* **b** (= corpse) cadavre *m*, corps *m* **c** [of car] carrosserie *f* ; [of plane] fuselage *m* **d** (= organization) organisme *m* ■ **legislative ~** corps *m* législatif **e** [of wine] corps *m* ; [of hair] volume *m*

bodybuilder ['bɒdɪ,bɪldə'] n (= person) culturiste *mf*

bodyguard ['bɒdɪgɑ:d] n garde *m* du corps

bodysuit ['bɒdɪsu:t] n combinaison *f*

bodywork ['bɒdɪwɜ:k] n carrosserie *f*

bog [bɒg] **1** n marécage *m* **2** vt ■ **to be** or **get ~ged down** s'enliser

boggle ['bɒgl] vi ■ **the mind ~s!** on croit rêver !

boggy ['bɒgɪ] adj [ground] marécageux

bogus ['bəʊgəs] adj faux (fausse *f*)

boil [bɔɪl] **1** vi [liquid] bouillir **2** vt [+ water] faire bouillir ; [+ food] (faire) cuire à l'eau, (faire) bouillir ■ **~ed egg** œuf *m* à la coque ■ **~ed potatoes** pommes *fpl* vapeur ■ **~ed sweet** (BR) bonbon *m* à sucer **3** n **a** ■ **to bring sth to the** (BR) or **a** (US) **~** faire bouillir qch ■ **to come to the** (BR) or **a** (US) **~** venir à ébullition **b** (= swelling) furoncle *m*

▸ **boil down** 1 vi ▪ **what it ~s down to is this** tout se résume à ceci 2 vt sep [+ sauce] faire réduire
▸ **boil over** vi [water, milk, pot] déborder
boiler ['bɔɪlə'] n chaudière *f* ▸ **boiler suit** (BR) bleu(s) *m(pl)* de travail
boiling ['bɔɪlɪŋ] adj [water] bouillant ▪ **it's ~ (hot) today*** il fait une chaleur à crever* aujourd'hui ▪ **I'm ~ (hot)!*** je crève de chaud !* ▸ **boiling point** point *m* d'ébullition
boisterous ['bɔɪstərəs] adj turbulent
bold [bəʊld] 1 adj a (= brave) audacieux b (= impudent) effronté ; (= not shy) assuré c [colour] vif ; [pattern] grand ; [line, design] vigoureux d [type] gras (grasse *f*) 2 n caractères *mpl* gras ▪ **in ~** en (caractères) gras
boldly ['bəʊldlɪ] adv a (= bravely) audacieusement b (= confidently, not shyly) [of declare, announce, claim] avec assurance ; [gaze] effrontément
Bolivia [bə'lɪvɪə] n Bolivie *f*
bollard ['bɒləd] n (on quay) bitte *f* d'amarrage ; (BR : on road) borne *f*
bolster ['bəʊlstə'] 1 n traversin *m* 2 vt (also **bolster up**) soutenir (*with* par)
bolt [bəʊlt] 1 n a [of door, window] verrou *m* ; [of lock] pêne *m* ; (for nut) boulon *m* b [of lightning] éclair *m* ▪ **it was a ~ from the blue** ça a été comme un coup de tonnerre 2 adv ▪ **~ upright** droit comme un i 3 vi (= run away) [horse] s'emballer ; [person] filer* 4 vt a [+ food] engloutir b [+ door, window] verrouiller
bomb [bɒm] 1 n bombe *f* ▸ **bomb scare** alerte *f* à la bombe 2 vt [+ town] bombarder
bombard [bɒm'bɑ:d] vt bombarder (*with* de)
bombardment [bɒm'bɑ:dmənt] n bombardement *m*
bombastic [bɒm'bæstɪk] adj grandiloquent
bomber ['bɒmə'] n (= aircraft) bombardier *m* ; (terrorist) plastiqueur *m* ▸ **bomber jacket** bomber *m*
bombing ['bɒmɪŋ] n bombardement *m* ; (by terrorist) attentat *m* à la bombe
bombshell ['bɒmʃel] n bombe *f*
bona fide ['bəʊnə'faɪdɪ] adj vrai ; [offer] sérieux
bonanza [bə'nænzə] n boom *m*
bond [bɒnd] 1 n a (= attachment) lien *m* b (financial) obligation *f* 2 vt (= stick) coller 3 vi a (= stick together) coller b (emotionally) nouer des liens
bondage ['bɒndɪdʒ] n (= slavery) esclavage *m*
bone [bəʊn] 1 n os *m* ; [of fish] arête *f* ▸ **bone china** porcelaine *f* tendre ▸ **bone-dry** absolument sec (sèche *f*) ▸ **bone-idle*** fainéant ▸ **bone marrow** moelle *f* osseuse 2 vt [+ meat, fowl] désosser ; [+ fish] ôter les arêtes de
bonfire ['bɒnfaɪə'] n (for celebration) feu *m* (de joie) ; (for rubbish) feu *m* (de jardin) ▸ **Bonfire Night** *le 5 novembre, date à laquelle on commémore la Conspiration des Poudres en Grande-Bretagne*
bonkers‡ ['bɒŋkəz] adj cinglé*
bonnet ['bɒnɪt] n a (= hat) bonnet *m* b (BR) [of car] capot *m*
bonus ['bəʊnəs] n (= money) prime *f*; (fig) plus *m*, avantage *m* ▸ **bonus track** (Music) titre *m* bonus
bony ['bəʊnɪ] adj [knee, hands] osseux ; [person] décharné ; [fish] plein d'arêtes
boo [bu:] 1 excl hou ! 2 vti huer 3 n huée *f*
boob* [bu:b] 1 n a (BR = mistake) gaffe *f* b (= breast) nichon‡ *m* 2 vi (BR) gaffer
booby trap ['bu:bɪtræp] n (= bomb) engin *m* piégé
book [bʊk] 1 n a (gen) livre *m* ; (also **exercise book**) cahier *m* b [of tickets, stamps, cheques] carnet *m* ▪ **~ of matches** pochette *f* d'allumettes c ▪ **the ~s** (= accounts) les comptes *mpl* ▸ **book-keeping** comptabilité *f* 2 vt a [+ seat, room, table, ticket] réserver ▪ **tonight's show is fully ~ed** on joue à guichets fermés ce soir ▪ **the hotel is fully ~ed** l'hôtel est complet b [+ driver] dresser un procès-verbal à ; [+ player] donner un carton jaune à 3 vi réserver
bookcase ['bʊkkeɪs] n bibliothèque *f (meuble)*
bookie* ['bʊkɪ] n bookmaker *m*
booking ['bʊkɪŋ] n a (BR = reservation) réservation *f* ▸ **booking office** (bureau *m* de) location *f* b (Football) ▪ **there were three ~s at the game** il y a eu trois cartons jaunes lors de ce match
booklet ['bʊklɪt] n brochure *f*
bookmaker ['bʊkmeɪkə'] n bookmaker *m*
bookmark ['bʊkmɑ:k] 1 n marque-page *m* ; (Computing) favori *m*, signet *m*, marque-page *m* 2 vt mettre un marque-page or un signet à, mettre en favori
bookseller ['bʊk,selə'] n libraire *mf*
bookshelf ['bʊkʃelf] n étagère *f* (à livres)
bookshop ['bʊkʃɒ:p] n librairie *f*
bookstall ['bʊkstɔ:l] n (BR) kiosque *m* à journaux
bookstore ['bʊkstɔ:'] n librairie *f*
bookworm ['bʊkwɜ:m] n rat *m* de bibliothèque
boom [bu:m] 1 n a (= period of growth) boom *m* (*in* de) b [of boat] bôme *f* 2 vi a [trade] être en plein essor ; [sales] être en forte progression b [guns] gronder ; [voice] retentir

boomerang ['buːməræŋ] n boomerang *m*

boon [buːn] n aubaine *f*

boost [buːst] **1** n ▪ **to give a ~ to** [+ economy, sales] stimuler ; [+ project] relancer **2** vt [+ price] faire monter ; [+ output, productivity] augmenter ; [+ sales, economy] stimuler ; [+ confidence] renforcer

booster ['buːstəʳ] n (also **booster shot**) (piqûre *f* de) rappel *m* ▸ **booster seat** rehausseur *m* de siège

boot [buːt] **1** n **a** (= footwear) botte *f* ; (also **ankle boot**) bottine *f* ; [of soldier, workman] brodequin *m* **b** (BR) [of car] coffre *m* **c** ▪ **to ~** (= as well) par-dessus le marché, en plus **2** vt **a** (* = kick) flanquer* des coups de pied à **b** (Computing : also **boot up**) amorcer

booth [buːð] n [of language laboratory, telephone] cabine *f* ; (also **voting booth**) isoloir *m*

bootstrap ['buːtstræp] **1** vt [+ organization] monter à la force des poignets **2** n ▪ **to pull oneself up by one's ~s** se hisser à la force des poignets

booty ['buːtɪ] n butin *m*

booze‡ [buːz] **1** n alcool *m* **2** vi picoler‡

boozer‡ ['buːzəʳ] n **a** (= drunkard) soûlard(e)‡ *m(f)* **b** (BR = pub) pub *m*

border ['bɔːdəʳ] **1** n **a** (= frontier) frontière *f* **b** (in garden) bordure *f* **c** [of carpet, dress] bord *m* ; [of picture] encadrement *m*, cadre *m* **2** vt ▪ **~ed with** [trees, patterns] bordé de ▪ **France ~s Germany** la France et l'Allemagne ont une frontière commune

▸ **border on** vt insep (= come near to being) friser

borderline ['bɔːdəlaɪn] adj limite

bore¹ [bɔːʳ] **1** vt **a** [+ person] ennuyer, assommer ▪ **to be ~d** s'ennuyer **b** [+ hole, tunnel] percer ; [+ rock] forer **2** n **a** (= person) raseur* *m*, -euse *f* **b** (* = annoyance) corvée *f*

bore² [bɔːʳ] vb pret of **bear**

boredom ['bɔːdəm] n ennui *m*

boring ['bɔːrɪŋ] adj ennuyeux ; [colour, taste, food] fade ; [clothes] sans originalité

born [bɔːn] adj né ▪ **to be ~** naître ▪ **a ~ actress** une actrice-née ; → *Pièges* BORN

borne [bɔːn] vb ptp of **bear**

borough ['bʌrə] n municipalité *f*

borrow ['bɒrəʊ] vt emprunter (*from* à)

borrower ['bɒrəʊəʳ] n emprunteur *m*, -euse *f*

Bosnia ['bɒznɪə] n Bosnie *f* ▸ **Bosnia-Herzegovina, Bosnia and Herzegovina** Bosnie-Herzégovine *f*

bosom ['bʊzəm] n poitrine *f*

boss [bɒs] n patron(ne) *m(f)*, chef *mf* ; [of gang] chef *mf*

▸ **boss about***, **boss around*** vt sep [+ person] commander

bossy* ['bɒsɪ] adj autoritaire

bot [bɒt] n (Computing) bot *m*

botanic(al) [bə'tænɪk(əl)] adj botanique ▪ **~ garden(s)** jardin *m* botanique

botany ['bɒtənɪ] n botanique *f*

botch [bɒtʃ] vt (also **botch up**) (= repair crudely) rafistoler* ; (= bungle) bâcler ▪ **a ~ed job*** un travail bâclé

both [bəʊθ] **1** adj les deux ▪ **~ books are his** les deux livres sont à lui ▪ **on ~ sides** des deux côtés ▪ **to hold sth in ~ hands** tenir qch à deux mains **2** pron tous (les) deux *m*, toutes (les) deux *f* ▪ **they were ~ there** ils étaient là tous les deux **3** adv ▪ **~ Paul and I came** Paul et moi sommes venus tous les deux ▪ **she was ~ laughing and crying** elle riait et pleurait à la fois

bother ['bɒðəʳ] **1** vt (= annoy) ennuyer ; (= pester) harceler ; (= worry) inquiéter ▪ **I'm sorry to ~ you** je m'excuse de vous déranger ▪ **are you going? – no, I can't be ~ed** tu y vas ? – non, j'ai la flemme* **2** vi se donner la peine (*to do sth* de faire qch) ▪ **don't ~** ce n'est pas la peine ▪ **why ~?** à quoi bon ? **3** n **a** (* = problems) embêtement *m* **b** (* = effort) ▪ **it's not worth the ~ of...** ça ne vaut pas la peine de... ▪ **it's no ~** ça ne pose pas de problème ▪ **he found it without any ~** il l'a trouvé sans aucune difficulté

bottle ['bɒtl] **1** n **a** (gen) bouteille *f* ; (for beer) canette *f* ; (also **baby's bottle**) biberon *m* ▸ **bottle bank** conteneur *m* pour verre usagé ▸ **bottle-opener** décapsuleur *m* ▸ **bottle-top** capsule *f* **b** (* BR = courage) ▪ **he's got a lot of ~** il a un drôle de cran* ▪ **to lose one's ~** se dégonfler* **2** vt [+ wine] mettre en bouteille(s)

▸ **bottle up** vt sep [+ feelings] refouler

bottleneck ['bɒtlnek] n (= road) rétrécissement *m* de la chaussée ; (= traffic) embouteillage *m* ; (fig) goulet *m* d'étranglement

bottom ['bɒtəm] **1** n **a** [of glass, sea, lake, garden] fond *m* ; [of heap, page] bas *m* ; [of tree, hill] pied *m* **b** (= buttocks) derrière *m* **c** (= origin) ▪ **to be at the ~ of sth** être à l'origine de qch ▪ **to get to the ~ of sth** aller jusqu'au fond de qch **2** adj [shelf] du bas ; [step] premier ; [price] le plus bas ▪ **~ floor** rez-de-chaussée *m* ▪ **~ gear** première *f* (vitesse) ▪ **~ half** [of class, list] deuxième moitié *f*

▸ **bottom out*** vi atteindre son niveau plancher ; [recession] atteindre son plus bas niveau

bottomless ['bɒtəmlɪs] adj [pit, well] sans fond ; [supply] inépuisable

bough [baʊ] n rameau *m*

bought [bɔːt] vb pret, ptp of **buy**

boulder ['bəʊldəʳ] n rocher *m* (rond)

boulevard ['buːləvɑːʳ] n boulevard *m*

bounce [baʊns] 1 vi a [ball] rebondir ; [person] bondir (*into* dans, *out of* hors de) b [cheque]* être sans provision 2 vt a [+ ball] faire rebondir b * [+ cheque] refuser 3 n bond *m*, rebond *m*
► **bounce back** vi (= recover) se remettre très vite

bouncer ['baʊnsəʳ] n videur *m*

bouncy ['baʊnsɪ] adj [ball, mattress] élastique ; [person] dynamique ► **bouncy castle** n château *m* gonflable *(trampoline géant pour enfants)*

bound[1] [baʊnd] 1 n (= jump) bond *m* 2 **bounds** npl limite(s) *f(pl)* ■ **out of ~s** interdit d'accès 3 vt (gen pass) [+ country] borner ■ **~ed by** limité par 4 vi [person] bondir ■ **to ~ in/away** entrer/partir en bondissant

bound[2] [baʊnd] 1 vb pret, ptp of **bind** 2 adj a (= tied up) attaché b [book] relié c (= certain) ■ **he's ~ to say no** il dira sûrement non ■ **it is ~ to rain** il va sûrement pleuvoir ■ **it was ~ to happen** cela devait arriver d (= obliged) ■ **to feel ~ to do sth** se sentir obligé de faire qch e ■ **~ for** [person] en route pour ; [train, ship, plane] à destination de

boundary ['baʊndərɪ] n limite *f*, frontière *f*

boundless ['baʊndlɪs] adj [trust] illimité ; [ambition, devotion] sans bornes ■ **to have ~ energy** avoir de l'énergie à revendre

bounty ['baʊntɪ] n a (= generosity) générosité *f* b (= reward) prime *f*

bouquet ['bʊkeɪ] n bouquet *m*

bourbon ['bɜːbən] n (US) bourbon *m*

bourgeois ['bʊəʒwɑː] 1 adj bourgeois 2 n (pl inv) bourgeois(e) *m(f)*

bout [baʊt] n a (= period) période *f* ; [of illness] accès *m* ■ **a ~ of flu** une grippe b (Boxing, Wrestling) combat *m*

boutique [buːˈtiːk] n boutique *f (de mode ou d'objets à la mode)*

bow[1] [bəʊ] 1 n a (= weapon) arc *m* b [of violin] archet *m* c (tied in ribbon, string) nœud *m* 2 comp ► **bow-legged** ■ **to be bow-legged** avoir les jambes arquées ► **bow tie** nœud *m* papillon ► **bow window** bow-window *m* *(en arc de cercle)*

bow[2] [baʊ] 1 n a (with head) salut *m* ; (with body) révérence *f* ■ **to take a ~** saluer b [of ship] proue *f* 2 vi a (= take a bow) saluer ; (in greeting) saluer d'un signe de tête b (= submit) s'incliner (*to* devant, *under* sous) 3 vt [+ head] courber
► **bow down** vi s'incliner (*to sb* devant qn)

bowel ['baʊəl] n (gen pl) [of person] intestin(s) *m(pl)* ■ **the ~s of the earth** les entrailles *fpl* de la terre

bowl [bəʊl] 1 n a (= container) bol *m* ; (larger) saladier *m* ; (for water) cuvette *f* ; (for fruit) coupe *f* ; (for dog) gamelle *f* ; [of lavatory, sink] cuvette *f* b (Sport) boule *f* ■ **(game of) ~s** (BR) (jeu *m* de) boules *fpl* ; (US = skittles) bowling *m* 2 vi (BR) jouer aux boules ; (US) faire du bowling ; (Cricket) lancer (la balle) (*to* à)
► **bowl over** vt sep a (= knock down) renverser b (= amaze) stupéfier

bowler ['bəʊləʳ] n a (Cricket) lanceur *m*, -euse *f* b (BR : also **bowler hat**) chapeau *m* melon

bowling ['bəʊlɪŋ] n bowling *m* ► **bowling alley** bowling *m* ► **bowling green** terrain *m* de boules *(sur gazon)*

box [bɒks] 1 n a boîte *f* ; (= crate) caisse *f* ; (also **cardboard box**) (boîte *f* en) carton *m* ; (on forms) case *f* ■ **I'm fed up with box-ticking** j'en ai assez de remplir des formulaires or de cocher des cases ■ **to tick** (BR) or **to check** (US) **all the ~es** (lit, fig) cocher toutes les cases ► **box set** coffret *m* b (Theatre) loge *f* ; (for jury, press) banc *m* ; (also **witness-box**) barre *f* c (* BR = television) télé *f* 2 vi (Sport) boxer, faire de la boxe 3 vt a (Sport) boxer b ■ **to ~ sb's ears** flanquer* une claque à qn

boxer ['bɒksəʳ] n (Sport) boxeur *m*, -euse *f* ► **boxer shorts** caleçon *m*, boxer-short *m*

boxing ['bɒksɪŋ] n boxe *f* ► **boxing gloves** gants *mpl* de boxe ► **boxing ring** ring *m* (de boxe)

Boxing Day ['bɒksɪŋdeɪ] n (BR) lendemain *m* de Noël

box office ['bɒksɒfɪs] n (= office) bureau *m* de location ; (= window) guichet *m* (de location)

boxroom ['bɒksrʊm] n (BR) débarras *m*

boy [bɔɪ] 1 n (= child, son) garçon *m* ; (= young man) jeune *m* (homme *m*) ► **boy band** (BR) boys band *m* 2 excl * bon sang !*

boycott ['bɔɪkɒt] 1 vt boycotter 2 n boycott *m*

boyfriend ['bɔɪfrend] n petit ami *m*

boyish ['bɔɪɪʃ] adj [male's behaviour] d'enfant ; (= tomboyish) de garçon ■ **his ~ good looks** ses allures de beau jeune homme ■ **she's quite ~** elle a des allures de garçon

bra [brɑː] n soutien-gorge *m*

brace [breɪs] 1 n a (for leg, neck) appareil *m* orthopédique ■ **~(s)** (for teeth) appareil *m* (dentaire) b (pl inv) (= pair) [of animals, birds] paire *f* 2 **braces** npl (BR : for trousers) bretelles *fpl* 3 vt a (= support, strengthen) consolider b ■ **to ~ o.s.** s'arc-bouter ; (fig) rassembler ses forces

bracelet ['breɪslɪt] n bracelet *m*

bracing ['breɪsɪŋ] adj [air, climate] vivifiant

bracken ['brækən] n fougère *f*

bracket ['brækɪt] 1 n a (= angled support) support *m* ; [of shelf] équerre *f* b (also **round bracket**) parenthèse *f* ; (also **square bracket**) crochet *m* ■ **in ~s** entre parenthèses **c** (= group) ■ **tax/age ~** tranche *f* d'imposition/d'âge ■ **price ~** fourchette *f* de prix **2** vt (= put in brackets) mettre entre parenthèses ; (fig) (also **bracket together**) mettre dans la même catégorie

brag [bræg] **1** vti se vanter (*about, of* de) **2** n vantardise *f*

braid [breɪd] **1** vt (= plait) tresser **2** n **a** (= plait of hair) tresse *f* **b** (= trimming) galon *m*

Braille [breɪl] n, adj braille *m inv*

brain [breɪn] n cerveau *m* ■ **~s*** (= intelligence) intelligence *f* ► **brain death** mort *f* cérébrale ► **brain drain** fuite *f* des cerveaux ► **brain food** aliments *mpl* bons pour le cerveau ► **brain surgeon** neurochirurgien(ne) *m(f)* ► **brain teaser** casse-tête *m* ► **brain tumour** tumeur *f* au cerveau ► **brain wave** (BR) idée *f* géniale

brainiac* ['breɪnɪˌæk] n petit génie *m*

brainless ['breɪnlɪs] adj ■ **to be ~** [person] n'avoir rien dans la tête ■ **a ~ idea** une idée stupide

brainstorming ['breɪnstɔːmɪŋ] n brainstorming *m*, remue-méninges *m*

brainwash ['breɪnwɒʃ] vt faire un lavage de cerveau à

brainy* ['breɪnɪ] adj intelligent

braise [breɪz] vt braiser

brake [breɪk] **1** n frein *m* ► **brake light** feu *m* de stop **2** vi freiner

bramble ['bræmbl] n (= bush) ronce *f* ; (= berry) mûre *f* (sauvage)

bran [bræn] n son *m (de blé)*

branch [brɑːntʃ] **1** n **a** [of tree, subject] branche *f* **b** [of store, company] succursale *f* ; [of bank] agence *f* **2** vi [tree] se ramifier
► **branch off** vi [road] bifurquer
► **branch out** vi [person, company] se diversifier

brand [brænd] **1** n **a** (= make) marque *f* ; (= type) sorte *f* ► **brand name** marque *f* (de fabrique) ► **brand-new** tout neuf (toute neuve *f*) **b** (for cattle) marque *f* **2** vt [+ cattle] marquer ; [+ person] cataloguer (as comme)

brandish ['brændɪʃ] vt brandir

brandy ['brændɪ] n cognac *m*

brash [bræʃ] adj [person] effronté

brass [brɑːs] n **a** (= metal) cuivre *m* (jaune) **b** (in orchestra) ■ **the ~** les cuivres *mpl* ► **brass band** fanfare *f*

brat* [bræt] n môme* *mf* ► **brat pack** *groupe de jeunes vedettes (acteurs, écrivains, etc) à la conduite souvent répréhensible*

bravado [brə'vɑːdəʊ] n bravade *f*

brave [breɪv] **1** adj courageux **2** vt [+ danger, person] braver

bravery ['breɪvərɪ] n courage *m*, bravoure *f*

bravo ['brɑː'vəʊ] excl, n bravo *m*

brawl [brɔːl] n bagarre *f*

brawn [brɔːn] n **a** (= muscle) muscle(s) *m(pl)* ; (= strength) muscle *m* **b** (BR = meat) fromage *m* de tête

brawny ['brɔːnɪ] adj [arms] musculeux ; [person] musclé

bray [breɪ] vi [donkey] braire

brazen ['breɪzn] **1** adj effronté **2** vt ■ **to ~ it out** crâner*

brazier ['breɪzɪə'] n brasero *m*

Brazil [brə'zɪl] n Brésil *m*

Brazilian [brə'zɪlɪən] **1** adj brésilien, du Brésil **2** n Brésilien(ne) *m(f)*

brazil nut [brə'zɪlnʌt] n noix *f* du Brésil

breach [briːtʃ] **1** n **a** [of law, discipline] infraction *f* ■ **~ of contract** rupture *f* de contrat ■ **~ of the peace** atteinte *f* à l'ordre public **b** (in wall) brèche *f* **2** vt [+ wall] ouvrir une brèche dans ; [+ defences] percer

bread [bred] n pain *m* ■ **a loaf of ~** un pain ■ **~ and butter** du pain et du beurre ■ **writing is his ~ and butter** l'écriture est son gagne-pain

breadbin ['bredbɪn] n boîte *f* à pain

breadboard ['bredbɔːd] n planche *f* à pain

breadbox ['bredbɒks] n (US) boîte *f* à pain

breadcrumbs ['bredkrʌmz] npl miettes *fpl* de pain ; (Culin) chapelure *f* ■ **fried** or **coated in ~** pané

breadth [bretθ] n largeur *f*

breadwinner ['bredˌwɪnə'] n soutien *m* de famille

break [breɪk] vb (pret **broke**, ptp **broken**) **1** n **a** (in conversation, programme, line) interruption *f* ; (in journey) arrêt *m* ; (at work) pause *f* ; (at school) pause *f*, récréation *f* ■ **to take a ~** (= few minutes) faire une pause ; (= holiday) prendre des vacances ■ **six hours without a ~** six heures d'affilée ■ **a ~ in the weather** un changement de temps ■ **to make a ~ for it** prendre la fuite ■ **give me a ~!*** (= leave me alone) fichez-moi la paix !* **b** [of bone] fracture *f* **c** (* = luck, opportunity) chance *f* **d** (Snooker) série *f* **e** (Sport) break *m* **2** vt **a** (gen) casser ; [+ skin] écorcher ■ **to ~ one's leg/one's neck** se casser la jambe/le cou ■ **to ~ sb's heart** briser le cœur de qn **b** [+ promise] manquer à ; [+ treaty] violer ; [+ record] battre ■ **to ~ the law** enfreindre la loi **c** [+ spirit, strike] briser ■ **to ~ sb** (= demoralize) briser qn ; (= ruin) ruiner qn **d** [+ silence, spell] rompre ■ **to ~ sb's serve** prendre le service de qn ■ **to ~ one's journey** faire une étape (or des étapes) **e** [+ fall] amortir **f** [+ news] annoncer **3** vi **a** (gen) (se) casser ; [bone] se fracturer **b** [clouds] se dissiper c [storm] éclater ; [wave] déferler d [news, story] éclater e [voice] (boy's) muer ; (in emotion) se briser (*with* sous le coup de) ; [weather] se gâter f [dawn] poindre ; [day] se lever g (= pause) faire une pause h (set structures) ▪ **to ~ even** rentrer dans ses fonds ▪ **to ~ free** se libérer ▪ **to ~ loose** [person, animal] s'échapper ; [boat] rompre ses amarres ▪ **to ~ with sb** rompre avec qn

▸ **break away** vi (from captor) s'échapper ▪ **to ~ away from a group** se séparer d'un groupe

▸ **break down** 1 vi a [vehicle] tomber en panne ; [argument] s'effondrer ; [resistance] céder ; [negotiations] échouer b (= decompose) se décomposer (*into* en) c (= weep) fondre en larmes 2 vt sep a (= demolish) démolir ; [+ door] enfoncer ; [+ opposition] briser b [+ accounts] détailler ; [+ sales figures, costs] ventiler ; [+ substance] décomposer

▸ **break in** 1 vi a (= interrupt) interrompre b (= enter illegally) entrer par effraction 2 vt sep a [+ door] enfoncer b [+ engine, car] roder

▸ **break into** vt insep a (= enter illegally) [+ house] entrer par effraction dans ▪ **to ~ into a safe** fracturer un coffre-fort b [+ savings] entamer c ▪ **to ~ into song** se mettre à chanter ▪ **to ~ into a run** se mettre à courir

▸ **break off** 1 vi a [piece, twig] se casser net b (= stop) s'arrêter (*doing sth* de faire qch) 2 vt sep a (= snap off) casser b [+ relationship, negotiations] rompre

▸ **break out** vi a [war, fire] éclater ▪ **to ~ out in a sweat** suer ; (from fear) commencer à avoir des sueurs froides b (= escape) s'échapper (*of* de)

▸ **break through** 1 vi (= succeed) percer 2 vt insep [+ defences, obstacles] faire tomber

▸ **break up** 1 vi a [ice] craquer ; [ship in storm] se disloquer ; [partnership] cesser ; [empire] s'effondrer ▪ **to ~ up with sb** rompre avec qn b [crowd] se disperser ; [meeting] prendre fin c [phone line] couper ▪ **you're ~ing up** je ne te capte plus 2 vt sep a (into small pieces) casser en morceaux b [+ coalition] briser ; [+ empire] démembrer ▪ **to ~ up a marriage** briser un couple c [+ crowd, demonstration] disperser

→ *Pièges* PAUSE

breakaway ['breɪkəˌweɪ] adj [group, movement] dissident ; [state, region] séparatiste

breakdown ['breɪkdaʊn] n a [of machine, vehicle, electricity supply] panne *f* ▸ **breakdown truck, breakdown van** (BR) dépanneuse *f* b [of communications, relationship, talks] rupture *f* c (also **nervous breakdown**) dépression *f* nerveuse d (= analysis) analyse *f* ; (into categories) décomposition *f* (*into* en)

breaker ['breɪkəʳ] n (= wave) brisant *m*

breakfast ['brekfəst] n petit-déjeuner *m*

break-in ['breɪkɪn] n cambriolage *m*

breakthrough ['breɪkθruː] n (= success) percée *f* ; (in research) découverte *f* capitale

breakwater ['breɪkˌwɔːtəʳ] n brise-lames *m inv*

breast [brest] n a (= chest) poitrine *f* ; [of woman] sein *m* ▸ **breast-feed** allaiter ▸ **breast-stroke** brasse *f* b [of chicken] blanc *m*

breath [breθ] n haleine *f*, souffle *m* ▪ **out of ~** essoufflé ▪ **to take sb's ~ away** couper le souffle à qn ▪ **under one's ~** [say, talk] à voix basse ▪ **to go out for a ~ of fresh air** sortir prendre l'air

breathalyse, breathalyze (US) ['breθəlaɪz] vt soumettre à un alcootest® à

Breathalyser®, Breathalyzer® (US) ['breθəlaɪzəʳ] n alcootest® *m*

breathe [briːð] 1 vi [person, fabric] respirer 2 vt respirer ▪ **to ~ new life into sb** redonner du courage à qn ▪ **to ~ a sigh of relief** pousser un soupir de soulagement ▪ **don't ~ a word (about it)!** n'en dis rien à personne !

▸ **breathe in** vi, vt sep inspirer

▸ **breathe out** vi, vt sep expirer

breathing ['briːðɪŋ] n respiration *f* ▸ **breathing space** moment *m* de répit

breathless ['breθlɪs] adj a (= out of breath) essoufflé ; (from illness) qui a du mal à respirer b (with excitement) fébrile

breathtaking ['breθteɪkɪŋ] adj à couper le souffle

breed [briːd] (pret, ptp **bred**) 1 vt [+ animals] élever ; [+ hatred, resentment, violence, confusion] engendrer 2 vi [animals] se reproduire 3 n espèce *f*, race *f*

breeding ['briːdɪŋ] n a (= raising) élevage *m* b (= upbringing) ▪ **(good) ~** bonnes manières *fpl*

breeze [briːz] 1 n (= wind) brise *f* 2 vi ▪ **to ~ in** entrer d'un air dégagé ▪ **to ~ through sth*** faire qch les doigts dans le nez*

breezy ['briːzɪ] adj a ▪ **it's ~ today** il y a du vent aujourd'hui b (= cheery) enjoué

brew [bruː] 1 n a (= beer) bière *f* ; (= tea) thé *m* b (= mixture) mélange *m* 2 vt [+ beer] brasser ; [+ tea] faire infuser 3 vi a (= make beer) brasser b [beer] fermenter ; [tea] infuser ; [storm] se préparer

brewer ['bruːəʳ] n brasseur *m*

brewery ['bruːərɪ] n brasserie *f (fabrique)*

Brexit [ˌbreksɪt] n Brexit *m, sortie du Royaume-Uni de l'Union européenne*

Brexiteer [ˌbreksɪ'tɪəʳ, ˌbregzɪ'tɪəʳ] n Brexiteur *m*, -euse *f*, partisan(e) *m(f)* du Brexit ▪ **hard ~** partisan(e) *m(f)* d'un Brexit dur or sans accord

bribe [braɪb] **1** n pot-de-vin *m* **2** vt soudoyer ▪ **to ~ sb to do sth** soudoyer qn pour qu'il fasse qch

⚠ ***bribe*** ne se traduit pas par le mot français **bribe**.

bribery ['braɪbərɪ] n corruption *f* ▪ **~ and corruption** corruption *f* active

brick [brɪk] n brique *f* ▸ **bricks and clicks** [model, company] associant vente physique et en ligne ▸ **brick and mortar** [shop] physique

bricklayer ['brɪk,leɪə'] n maçon(ne) *m(f)*

bridal ['braɪdl] adj [feast] de noce(s) ; [suite] nuptial

bride [braɪd] n (about to be married) (future) mariée *f* ; (just married) (jeune) mariée *f* ▪ **the ~ and groom** les jeunes mariés *mpl*

bridegroom ['braɪdgru:m] n (about to be married) (futur) marié *m* ; (just married) (jeune) marié *m*

bridesmaid ['braɪdzmeɪd] n demoiselle *f* d'honneur

bridezilla* [,braɪd'zɪlə] n bridezilla *f*

bridge [brɪdʒ] **1** n **a** (gen) pont *m* **b** (on ship) passerelle *f* (de commandement) **c** [of nose] arête *f* **d** (Dentistry) bridge *m* **e** (Cards) bridge *m* **2** vt ▪ **to ~ the gap** (between people) combler le fossé

bridle ['braɪdl] **1** n bride *f* ▸ **bridle path** piste *f* cavalière **2** vi se rebiffer (*at* contre)

bridleway ['braɪdlweɪ] n piste *f* cavalière

brief [bri:f] **1** adj (gen) bref ; [skirt, shorts] très court ▪ **in ~** en bref **2** n **a** (legal) dossier *m* **b** (= task) tâche *f* ; (= instructions) brief *m* **3** **briefs** npl slip *m* **4** vt (= give orders to) briefer ; (= bring up to date) mettre au courant (*on sth* de qch)

briefcase ['bri:fkeɪs] n mallette *f*

briefly ['bri:flɪ] adv [pause] un bref instant ; [speak, visit, reply, describe] brièvement

brigade [brɪ'geɪd] n brigade *f*

brigadier [,brɪgə'dɪə'] n (BR) général *m* de brigade

bright [braɪt] **1** adj **a** [colour, light] vif ; [room] clair ; [clothes, flowers] de couleur(s) vive(s) ; [star, eyes] brillant **b** [day, weather] radieux ; [sunshine, sun] éclatant **c** (= clever) intelligent **d** (= cheerful) jovial **e** [future, outlook, prospects] brillant ▪ **to look on the ~ side** prendre les choses du bon côté **f** ▪ **to be up ~ and early** se lever de bon matin **2** n (US) (* = headlight) phare *m*

brighten ['braɪtn] (also **brighten up**) **1** vt **a** [+ prospects, situation, future] améliorer **b** (= make lighter) éclairer **2** vi [sky, eyes, expression] s'éclairer ; [person] s'égayer ; [prospects, future] s'améliorer

brightly ['braɪtlɪ] adv [say, smile] jovialement ▪ **~ lit** bien éclairé ▪ **~ coloured** de couleur(s) vive(s)

brightness ['braɪtnɪs] n [of screen] luminosité *f*

brilliance ['brɪljəns] n **a** (= splendour) éclat *m* **b** (= great intelligence) intelligence *f* supérieure

brilliant ['brɪljənt] adj **a** [person, mind, performance] brillant ; [idea] génial ; [future] radieux ; [success] éclatant **b** (= bright) éclatant **c** (* BR = excellent) super* *inv*

Brillo pad® ['brɪləʊpæd] n tampon *m* Jex®

brim [brɪm] **1** n bord *m* **2** vi (also **brim over**) déborder (*with* de)

brine [braɪn] n saumure *f*

bring [brɪŋ] (pret, ptp **brought**) vt **a** [+ person, animal, vehicle, peace] amener ; [+ object, news, information] apporter **b** (= cause) [+ problems] créer ▪ **to ~ sth (up)on o.s.** s'attirer qch ▪ **to ~ sth to a close** or **an end** mettre fin à qch ▪ **I cannot ~ myself to speak to him** je ne peux me résoudre à lui parler

▸ **bring about** vt sep entraîner

▸ **bring along** vt sep ▪ **to ~ sb along (with one)** amener qn (avec soi)

▸ **bring back** vt sep **a** [+ person] ramener ; [+ object] rapporter ; [+ institution, system] réintroduire **b** [+ memories] rappeler

▸ **bring down** vt sep **a** [+ plane] faire atterrir ; (= shoot down) [+ animal, bird, plane] abattre **b** [+ dictator, government] faire tomber ; [+ temperature, prices, cost of living] faire baisser

▸ **bring forward** vt sep **a** [+ person] faire avancer ; [+ witness] produire ; [+ evidence, proof, argument] avancer **b** (= advance time of) avancer

▸ **bring in** vt sep **a** [+ person] faire entrer ; [+ object, harvest] rentrer **b** [+ custom, legislation] introduire ; [+ expert, army] faire appel à **c** [+ income] rapporter

▸ **bring off** vt sep [+ plan, deal] mener à bien

▸ **bring on** vt sep (= cause) provoquer ▪ **~ it on!** on fonce !*

▸ **bring out** vt sep **a** [+ object] sortir ; [+ qualities] mettre en valeur **b** [+ book] faire paraître ; [+ new product] lancer

▸ **bring round** vt sep **a** [+ unconscious person] ranimer **b** (= convert) gagner (*to* à)

▸ **bring together** vt sep [+ people] (= put in touch) mettre en contact ; (= end quarrel between) réconcilier

▸ **bring up** vt sep **a** (= raise) élever ▪ **well/badly brought-up child** enfant *m* bien/mal élevé **b** (= mention) mentionner **c** (= vomit) vomir

brink [brɪŋk] n bord *m* ▪ **on the ~ of sth** au bord de qch

brisk [brɪsk] adj **a** (= energetic, quick) vif ; (= abrupt in manner) brusque **b** [trade] actif

brisket ['brɪskɪt] n poitrine *f* de bœuf

bristle ['brɪsl] **1** n poil *m* **2** vi se hérisser

Brit* [brɪt] n Britannique *mf*

Britain ['brɪtən] n (also **Great Britain**) Grande-Bretagne *f*

British ['brɪtɪʃ] **1** adj britannique ; [ambassador, embassy] de Grande-Bretagne ▸ **the British Isles** les îles *fpl* Britanniques **2** **the British** npl les Britanniques *mpl*

Briton ['brɪtən] n Britannique *mf*

brittle ['brɪtl] adj [hair, nails] cassant ; [personality] sec (sèche *f*)

broach [brəʊtʃ] vt entamer ; [+ subject] aborder

B-road ['biːrəʊd] n (BR) route *f* secondaire, route *f* départementale

broad [brɔːd] **1** adj **a** (= wide) large **b** [aims, objectives] général ▪ **the ~ outlines** les grandes lignes *fpl* **c** [education] diversifié ; [syllabus, choice] étendu **d** [hint] à peine voilé ; [accent] prononcé **e** ▪ **in ~ daylight** en plein jour **2** n **a** ▪ **the (Norfolk) Broads** *les lacs et estuaires du Norfolk* **b** (US : **, pej = woman) nana* *f* **3** comp ▸ **broad bean** (BR) fève *f* ▸ **broad-minded** ▪ **to be broad-minded** avoir les idées larges

broadband ['brɔːdbænd] **1** n (Computing) transmission *f* à large bande **2** adj à large bande

broadcast ['brɔːdkɑːst] (pret, ptp **broadcast**) **1** vt diffuser ; [+ news, rumour] répandre **2** vi [station] émettre **3** n émission *f*

broadcaster ['brɔːdkɑːstə'] n personnalité *f* de la radio (or de la télévision) ; (organisation) diffuseur *m*, télédiffuseur *m* (CAN)

broadcasting ['brɔːdkɑːstɪŋ] n [programme] diffusion *f* ▪ **~ was interrupted** les émissions ont été interrompues ▪ **he works in ~** il travaille à la radio (or à la télévision)

broaden ['brɔːdn] **1** vt élargir **2** vi s'élargir

broadsheet ['brɔːdʃiːt] n (= serious newspaper) journal *m* de qualité

brocade [brəʊ'keɪd] n brocart *m*

broccoli ['brɒkəlɪ] n brocoli *m*

brochure ['brəʊʃjʊə'] n brochure *f* ; (= leaflet) prospectus *m*

brogue [brəʊg] n **a** (= shoe) *chaussure à lacets et à petits trous* **b** (= Irish accent) accent *m* irlandais ; (= local accent) accent *m* du terroir

broil [brɔɪl] vt (US) (faire) griller

broiler ['brɔɪlə'] n (US = grill) gril *m*

broke [brəʊk] **1** vb pret of **break** **2** adj (* = penniless) fauché*

broken ['brəʊkən] **1** vb ptp of **break** **2** adj **a** (= cracked, smashed) cassé ; [bone, hand, foot] fracturé **b** [machine, phone] détraqué **c** [body, mind] brisé ▪ **to have a ~ heart** avoir le cœur brisé **d** (= interrupted) [sleep] interrompu ; [voice, line] brisé ▪ **to speak in ~ English** parler un mauvais anglais **e** [promise, contract, engagement] rompu ; [appointment] manqué

broker ['brəʊkə'] **1** n courtier *m*, -ière *f* **2** vt [+ deal, agreement] négocier

bromance* ['brəʊmæns] n *forte amitié entre deux hommes hétérosexuels*

bronchitis [brɒŋ'kaɪtɪs] n bronchite *f*

bronze [brɒnz] n bronze *m* ▸ **the Bronze Age** l'âge *m* du bronze

brooch [brəʊtʃ] n broche *f*

brood [bruːd] **1** n [of birds] couvée *f* **2** vi [bird] couver ; [person] ruminer ▪ **to ~ on** [+ plan] ruminer ; [+ misfortune, the past] ressasser

brook [brʊk] n ruisseau *m*

broom [brʊm] n **a** (= plant) genêt *m* **b** (= brush) balai *m*

broomstick ['brʊmstɪk] n manche *m* à balai

broth [brɒθ] n bouillon *m*

brothel ['brɒθl] n maison *f* close

brother ['brʌðə'] n frère *m* ▸ **brother-in-law** (pl **~s-in-law**) beau-frère *m*

brotherhood ['brʌðəhʊd] n **a** fraternité *f* **b** (= association) communauté *f* ; (US) corporation *f*

brotherly ['brʌðəlɪ] adj fraternel

brought [brɔːt] vb pret, ptp of **bring**

brow [braʊ] n **a** (= forehead) front *m* ; (= eyebrow) sourcil *m* **b** [of hill] sommet *m*

browbeat ['braʊbiːt] (pret **browbeat**, ptp **browbeaten**) vt intimider

brown [braʊn] **1** adj **a** (colour) marron *inv* ; (darker) brun ; [hair] châtain ▸ **brown bread** pain *m* complet ▸ **brown paper** papier *m* Kraft ▸ **brown rice** riz *m* complet ▸ **brown sugar** cassonade *f* **b** (= tanned) bronzé ▪ **to go ~** bronzer **2** n marron *m* ; (darker) brun *m* **3** vt [+ meat, potatoes, onions] faire dorer

brownie ['braʊnɪ] n **a** ▪ **Brownie** jeune fille *f* scoute **b** (= cake) brownie *m (petit gâteau au chocolat)*

browse [braʊz] **1** vi **a** (in bookshop, library) feuilleter les livres ; (in other shops) regarder sans acheter **b** (on Internet) surfer sur Internet **c** [animal] brouter **2** vt ▪ **to ~ the Net** surfer sur Internet

browser ['braʊzə'] n (Internet) navigateur *m*

bruise [bruːz] **1** vt **a** [+ person, part of body] faire un bleu à, contusionner ; [+ fruit] taler **b** [+ ego, feelings] blesser **2** n (on person) bleu *m*, ecchymose *f* ; (on fruit) talure *f*

br

brunch [brʌntʃ] n brunch *m*

brunette [bruːˈnet] n brune *f*

brunt [brʌnt] n ▪ **to take** or **bear the ~ of** [+ recession, floods] être le plus touché par ; [+ anger] subir le plus fort de

brush [brʌʃ] 1 n brosse *f* ; (also **paint brush**) pinceau *m* ; (= broom) balai *m* 2 vt a brosser ▪ **to ~ one's teeth** se brosser les dents ▪ **to ~ one's hair** se brosser les cheveux b (= touch lightly) effleurer 3 vi ▪ **to ~ against sb/sth** effleurer qn/qch ▪ **to ~ past sb/sth** frôler qn/qch en passant

▸ **brush aside** vt sep [+ argument, objections] balayer (d'un geste)

▸ **brush off** vt sep a [+ dirt] (with brush) enlever à la brosse ; (with hand) enlever à la main b (= snub) envoyer sur les roses*

▸ **brush up (on)** vt insep rafraîchir (ses notions de)

brusque [bruːsk] adj brusque

Brussels [ˈbrʌslz] n Bruxelles ▸ **Brussel(s) sprouts** choux *mpl* de Bruxelles

brutal [ˈbruːtl] adj brutal

brutalize [ˈbruːtəlaɪz] vt (= ill-treat) brutaliser

brute [bruːt] 1 n brute *f* 2 adj ▪ **by ~ force** par la force ▪ **to use ~ strength** recourir à la force

BSc [ˌbiːesˈsiː] n (abbr of **Bachelor of Science**) ▪ **to have a ~ in biology** avoir une licence de biologie

BSE [ˌbiːesˈiː] (abbr of **bovine spongiform encephalopathy**) ESB *f*

bubble [ˈbʌbl] 1 n bulle *f* ▸ **bubble bath** bain *m* moussant ▸ **bubble wrap**® papier-bulle *m* 2 vi [hot liquid] bouillonner

▸ **bubble over** vi déborder

bubble-gum [ˈbʌblgʌm] n chewing-gum *m*

bubbly [ˈbʌblɪ] 1 adj pétillant 2 n (* = champagne) champagne *m*, champ* *m*

buck [bʌk] 1 n a (= animal) mâle *m* b (* US = dollar) dollar *m* c (* = responsibility) ▪ **to pass the ~** refiler* la responsabilité aux autres 2 vi [horse] ruer 3 comp ▸ **buck-naked** (* : US) à poil‡ ▸ **buck teeth** ▪ **to have ~ teeth** avoir les dents en avant

▸ **buck up*** 1 vi a (= hurry up) se grouiller* b (= cheer up) se secouer 2 vt sep (= cheer up) remonter le moral de

bucket [ˈbʌkɪt] n seau *m* ▸ **bucket list*** *liste de choses à faire avant de mourir*

Buckingham Palace [ˈbʌkɪŋəmˈpælɪs] n palais *m* de Buckingham

buckle [ˈbʌkl] 1 n boucle *f* 2 vt [+ belt, shoe] attacher 3 vi [door, panel] se déformer ; [wheel] se voiler ; [knees] se dérober

▸ **buckle down*** vi se coller au boulot*

bud [bʌd] 1 n [of tree, plant] bourgeon *m* ; [of flower] bouton *m* 2 vi [tree, plant] bourgeonner

Buddha [ˈbʊdə] n Bouddha *m*

Buddhism [ˈbʊdɪzəm] n bouddhisme *m*

budding [ˈbʌdɪŋ] adj [poet, entrepreneur] en herbe ; [passion] naissant

buddy* [ˈbʌdɪ] n (US) copain *m*

budge [bʌdʒ] 1 vi (= move) bouger ; (= change one's mind) changer d'avis 2 vt faire bouger

budgerigar [ˈbʌdʒərɪgɑːʳ] n perruche *f*

budget [ˈbʌdʒɪt] 1 n budget *m* 2 adj a [of deficit, surplus] budgétaire b (= cut-price) pour petits budgets ; [price] modique ; [airline] low cost 3 vi [individual, family] faire son budget ; [company, institution] budgéter

buff [bʌf] 1 n a (= enthusiast) mordu(e)* *m(f)* ▪ **a film ~** un(e) mordu(e)* de cinéma b (= colour) (couleur *f*) chamois *m* 2 adj (also **buff-coloured**) (couleur) chamois *inv* 3 vt (= polish) polir

buffalo [ˈbʌfələʊ] n inv (= ox) buffle *m* ; (= bison) bison *m*

buffer [ˈbʌfəʳ] n tampon *m* ; (BR : for train) butoir *m* ; (Computing) mémoire *f* tampon

buffet[1] [ˈbʌfɪt] vt ▪ **~ed by the waves** ballotté par les vagues ▪ **~ed by the wind** secoué par le vent

buffet[2] [ˈbʊfeɪ] n buffet *m* ▸ **buffet car** (BR) voiture-bar *f*

buffoon [bəˈfuːn] n bouffon *m*

bug [bʌg] 1 n a (= insect) insecte *m*, bestiole* *f* b (* = germ) microbe *m* c (Computing) bogue *m* ▸ **bug-ridden** [programme] bogué d (* = hidden microphone) micro *m* (caché) 2 vt* a [+ phone] brancher sur table d'écoute ; [+ room] cacher des micros dans b (= annoy) casser les pieds à*

bugbear [ˈbʌgbɛəʳ] n bête *f* noire

bugger‡ [ˈbʌgəʳ] n (BR) salaud‡ *m*

buggy [ˈbʌgɪ] n (BR = pushchair) poussette *f*

bugle [ˈbjuːgl] n clairon *m*

build [bɪld] (pret, ptp **built**) vb 1 n (= physique) carrure *f* 2 vt (gen) construire ; [+ nest] faire ; [+ empire, company] bâtir 3 vi construire

▸ **build up** 1 vi [tension, pressure, excitement] monter 2 vt sep a [+ reputation] bâtir ; [+ business] monter ; [+ tension, excitement] augmenter b (= make stronger) donner des forces à

builder [ˈbɪldəʳ] n (= worker) ouvrier *m*, -ière *f* (du bâtiment) ; (= entreprise) constructeur *m*

building [ˈbɪldɪŋ] n (gen) bâtiment *m* ; (= habitation, offices) immeuble *m* ; (= activity) construction *f* ▸ **building site** chantier *m* (de construction) ▸ **building society** (BR) ≈ société de crédit immobilier

build-up ['bɪldʌp] n [of gas] accumulation *f*; [of troops] rassemblement *m*; [of tension, excitement, pressure] montée *f*

built [bɪlt] **1** vb pret, ptp of **build** **2** adj ▪ **~ of brick/stone** (construit) en briques/pierres ▪ **heavily ~** [person] solidement bâti ▸ **built-in** [wardrobe] encastré; [flash, safety device] intégré ▸ **built-up area** agglomération *f*

bulb [bʌlb] n **a** [of plant] bulbe *m*; [of garlic] tête *f* **b** (= light bulb) ampoule *f*

Bulgaria [bʌl'gɛərɪə] n Bulgarie *f*

bulge [bʌldʒ] **1** n renflement *m*; (in cheek) gonflement *m*; (in tyre) hernie *f* **2** vi (also **bulge out**) faire saillie ; [pocket, sack, cheek] être gonflé (*with* de)

bulgur ['bʌlgəʳ] n (also **bulgur wheat**) boulgour *m*

bulimia [bə'lɪmɪə] n (also **bulimia nervosa**) boulimie *f*

bulk [bʌlk] n (= great size) [of thing] grosseur *f*, grandeur *f*; [of person] corpulence *f* ▪ **the ~ of** la plus grande partie de ▪ **in ~** (= in large quantities) en gros ; (not prepacked) en vrac

bulky ['bʌlkɪ] adj [object] volumineux ; [person] corpulent

bull [bʊl] n taureau *m*; (= male of elephant, whale) mâle *m*

bulldog ['bʊldɒg] n bouledogue *m*

bulldozer ['bʊldəʊzəʳ] n bulldozer *m*

bullet ['bʊlɪt] n balle *f (projectile)*

bulletin ['bʊlɪtɪn] n bulletin *m* ▸ **bulletin board** tableau *m* d'affichage; (Computing) messagerie *f* électronique

bulletproof ['bʊlɪtpru:f] adj [garment] pare-balles *inv*; [glass] blindé

bullfight ['bʊlfaɪt] n corrida *f*

bullfighting ['bʊlfaɪtɪŋ] n tauromachie *f*

bullhorn ['bʊlhɔ:n] n (US) porte-voix *m inv*

bullion ['bʊljən] n (= gold) or *m* en barre

bullock ['bʊlək] n bœuf *m*

bullring ['bʊlrɪŋ] n arène *f (pour courses de taureaux)*

bull's-eye ['bʊlzaɪ] n [of target] mille *m*

bullshit⁑ ['bʊlʃɪt] n conneries⁑ *fpl*

bully ['bʊlɪ] **1** n tyran *m*; (at school) petit(e) dur(e) *m(f)* **2** vt (= persecute) tyranniser ; (= frighten) intimider ; (at school) brutaliser

bullying ['bʊlɪɪŋ] n brutalités *fpl*; (psychological) brimades *fpl*

bum* [bʌm] **1** n **a** (BR = bottom) derrière *m* **b** (US) (= vagrant) clochard *m*; (= good-for-nothing) bon(ne) *m(f)* à rien **2** vi (also **bum about** or **around**) vadrouiller*

bumbag ['bʌmbæg] n banane *f*

bumblebee ['bʌmblbi:] n bourdon *m*

bump [bʌmp] **1** n **a** (= blow) coup *m*; (= jolt) secousse *f* **b** (= swelling) bosse *f* **c** (= minor accident) accrochage *m* **2** vt [car] heurter ▪ **to ~ one's head** se cogner la tête (*against* contre)
▸ **bump into** vt insep **a** [+ person] se cogner contre ; [+ vehicle] rentrer dans* **b** (* = meet) tomber sur*

bumper ['bʌmpəʳ] **1** n [of car] pare-choc(s) *m* ▸ **bumper car** auto *f* tamponneuse **2** adj [crop] exceptionnel

bumpy ['bʌmpɪ] adj [road, ride] cahoteux

bun [bʌn] n **a** (= roll) petit pain *m* au lait ; (= cake) petit gâteau *m* **b** (= hairstyle) chignon *m*

bunch [bʌntʃ] n **a** [of flowers] bouquet *m*; [of bananas] régime *m*; [of radishes, carrots] botte *f*; [of keys] trousseau *m* ▪ **~ of grapes** grappe *f* de raisins ▪ **to wear one's hair in ~es** (BR) porter des couettes **b** * [of people] groupe *m*

bundle ['bʌndl] **1** n **a** [of clothes, goods] paquet *m*; [of letters, papers] liasse *f*; [of firewood] fagot *m* ▪ **he's a ~ of nerves** c'est un paquet de nerfs **b** (Computing) lot *m* **2** vt (also **bundle up**) mettre en paquet

bung [bʌŋ] n [of cask] bonde *f*

bungalow ['bʌŋgələʊ] n pavillon *m (de plain-pied)*

bungee jumping ['bʌndʒi:'dʒʌmpɪŋ] n saut *m* à l'élastique

bungle ['bʌŋgl] vt rater

bunion ['bʌnjən] n (on toe) oignon *m*

bunk [bʌŋk] n (= bed) couchette *f* ▸ **bunk beds** lits *mpl* superposés

bunker ['bʌŋkəʳ] n **a** (for coal) coffre *m* **b** (Golf, Mil) bunker *m*

bunting ['bʌntɪŋ] n (= flags) drapeaux *mpl*

buoy [bɔɪ] n bouée *f*

buoyant ['bɔɪənt] adj **a** [ship, object] capable de flotter **b** (= lighthearted) plein d'entrain ; [mood] gai

burden ['bɜ:dn] **1** n fardeau *m*; [of taxes] poids *m* **2** vt (= place burden on) charger (*with* de) ; (= oppress) accabler (*with* de)

bureau ['bjʊərəʊ] n (pl **bureaux**) **a** (= writing desk, office) bureau *m* **b** (US = chest of drawers) commode *f (souvent à miroir)* **c** (= government department) service *m* (gouvernemental)

bureaucracy [bjʊə'rɒkrəsɪ] n bureaucratie *f*

bureaux ['bjʊərəʊz] pl of **bureau**

burger ['bɜ:gəʳ] n hamburger *m*

burglar ['bɜ:gləʳ] n cambrioleur *m*, -euse *f* ▸ **burglar alarm** alarme *f*

burglarize ['bɜ:gləraɪz] vt (US) cambrioler

burglary ['bɜːglərɪ] n cambriolage *m*

burgle ['bɜːgl] vt cambrioler ; → *Pièges* ROB

Burgundy ['bɜːgəndɪ] **1** n Bourgogne *f* **2** **burgundy** adj (= colour) bordeaux *inv*

burial ['berɪəl] n enterrement *m*

burkha ['bɜːkə] n burqa *f*

burly ['bɜːlɪ] adj baraqué*

burn [bɜːn] vb (pret, ptp **burned** or (BR) **~t**) **1** n brûlure *f* **2** vt **a** (gen) brûler ; [+ town, building] incendier **b** [+ CD-ROM] graver **3** vi brûler

▸ **burn down** **1** vi [house] être réduit en cendres **2** vt sep [+ building] incendier

burner ['bɜːnəʳ] n brûleur *m* ; [of CD] graveur *m*

burning ['bɜːnɪŋ] **1** adj **a** (= on fire) [town, forest] en flammes ; [sensation] cuisant **b** [thirst, fever] brûlant ; [desire] intense **2** n ▪ **I can smell ~** ça sent le brûlé

burnished ['bɜːnɪʃt] adj poli

burnout ['bɜːnaʊt] n (au travail) syndrome d'épuisement *m* professionnel, burn-out *m*

burnt [bɜːnt] **1** vb pret, ptp of **burn** **2** adj brûlé

burp* [bɜːp] **1** vi roter* **2** n rot* *m*

burrow ['bʌrəʊ] **1** n terrier *m* **2** vi creuser

bursar ['bɜːsəʳ] n intendant(e) *m(f)*

bursary ['bɜːsərɪ] n bourse *f* (d'études)

burst [bɜːst] vb (pret, ptp **burst**) **1** n [of indignation] explosion *f*; [of activity] débordement *m* ; [of enthusiasm] accès *m* ; [of gunfire] rafale *f* **2** adj [pipe, blood vessel] éclaté **3** vi **a** [pipe] éclater ; [bubble, balloon] crever ; [tyre] (= blow out) éclater ; (= puncture) crever **b** ▪ **to be ~ing (at the seams)** [room] être plein à craquer (*with* de) ▪ **to be ~ing with energy** déborder d'énergie ▪ **to be ~ing with impatience** brûler d'impatience **c** (= move suddenly) se précipiter (*into* dans, *out of* hors de) **d** (= begin suddenly) ▪ **to ~ into tears** éclater en larmes ▪ **he ~ into song** il s'est mis à chanter ▪ **to ~ into flames** prendre soudainement feu **4** vt [+ balloon, bubble, blister] crever ; [+ pipe] faire éclater

▸ **burst in** vi faire irruption dans la pièce

▸ **burst out** vi **a** (= exclaim) s'écrier **b** ▪ **to ~ out laughing** éclater de rire ▪ **to ~ out crying** fondre en larmes

bury ['berɪ] vt **a** (in ground) enterrer **b** (= conceal) enfouir **c** ▪ **to ~ one's head in a book** se plonger dans un livre

bus [bʌs] n (pl **~es**) bus *m* ; (long-distance) car *m* ▸ **bus shelter** abribus® *m* ▸ **bus station** gare *f* d'autobus; (for coaches) gare *f* routière ▸ **bus stop** arrêt *m* de bus

busboy ['bʌsbɔɪ] n (US) aide-serveur *m*

bush [bʊʃ] n (= shrub) buisson *m* ▪ **the ~** (in Africa, Australia) le bush

bushfire ['bʊʃfaɪəʳ] n feu *m* de brousse

bushy ['bʊʃɪ] adj [shrub] épais (épaisse *f*) ; [beard, eyebrows, hair] broussailleux

business ['bɪznɪs] **1** n **a** (= commerce) affaires *fpl* ▪ **to go out of ~** cesser ses activités ▪ **to do ~ with sb** faire des affaires avec qn ▪ **to get down to ~** passer aux choses sérieuses ▪ **he means ~*** il ne plaisante pas **b** (= firm) entreprise *f* **c** (= task, situation) affaire *f* ▪ **that's none of his ~** ce n'est pas ses affaires ▪ **mind your own ~!*** mêlez-vous de vos affaires ! ▪ **there's some funny ~ going on** il se passe quelque chose de louche **2** comp [lunch, meeting, trip] d'affaires ▸ **business angel (investor)** investisseur *m* providentiel ▸ **business card** carte *f* de visite (professionnelle) ▸ **business class** classe *f* affaires ▸ **business model** modèle *m* d'affaires

businessman ['bɪznɪsmæn] n (pl **-men**) homme *m* d'affaires

businesswoman ['bɪznɪsˌwʊmən] n (pl **-women**) femme *f* d'affaires

busk [bʌsk] vi (BR) jouer (or chanter) dans la rue

busker ['bʌskəʳ] n (BR) musicien(ne) *m(f)* des rues, chanteur *m*, -euse *f* des rues

bust [bʌst] **1** n **a** (= chest) poitrine *f* **b** (= sculpture) buste *m* **2** adj **a** (* = broken) fichu*, foutu‡ **b** (* = bankrupt) ▪ **to go ~** faire faillite **3** vt (* = break) casser

bustle ['bʌsl] **1** vi ▪ **to ~ about** s'affairer ▪ **to be bustling with people** grouiller de monde **2** n affairement *m*, remue-ménage *m*

busy ['bɪzɪ] **1** adj **a** [person] (= occupied) occupé (*doing sth* à faire qch, *with sth* à qch) ; (= active) énergique ▪ **to keep o.s. ~** trouver à s'occuper **b** [day] chargé ; [time, period] de grande activité ; [place] plein d'animation ; [street] passant **c** [telephone line, room] occupé ▸ **busy signal** (US) tonalité *f* occupé *inv* **2** vt ▪ **to ~ o.s.** s'occuper (*doing sth* à faire qch, *with sth* à qch)

busybody ['bɪzɪˌbɒdɪ] n fouineur *m*, -euse *f*

but [bʌt] **1** conj mais ▪ **I would like to go ~ I have no money** j'aimerais y aller, mais je n'ai pas d'argent **2** adv seulement, ne...que ▪ **we can ~ try** on peut toujours essayer **3** prep sauf ▪ **they've all gone ~ Paul** ils sont tous partis sauf Paul ▪ **the last house ~ one** l'avant-dernière maison ▪ **the next house ~ one** la deuxième maison (à partir d'ici) ▪ **~ for you** sans vous

butane ['bjuːteɪn] n butane *m* ; (US : for camping) Butagaz® *m*

butcher ['bʊtʃəʳ] **1** n boucher *m* ▸ **butcher's shop** boucherie *f* **2** vt [+ animal] abattre ; [+ people] massacrer

butchery ['bʊtʃərɪ] n (= massacre) massacre *m*

butler ['bʌtləʳ] n maître *m* d'hôtel

butt [bʌt] **1** n **a** (= barrel) (gros) tonneau *m* **b** (= end) (gros) bout *m* ; [of rifle] crosse *f* ; [of cigarette] mégot *m* **c** (* : US = bottom) cul* *m* **d** [of jokes, criticism] cible *f* **e** (by person) coup *m* de tête ; (by goat) coup *m* de corne **2** vt [goat] donner un coup de corne à ; [person] donner un coup de tête à
▸ **butt in** vi intervenir

butter [ˈbʌtəʳ] **1** n beurre *m* ▸ **butter dish** beurrier *m* **2** vt [+ bread] beurrer

buttercup [ˈbʌtəkʌp] n bouton *m* d'or

butterfly [ˈbʌtəflaɪ] n **a** papillon *m* **b** (Swimming) brasse *f* papillon *inv*

buttermilk [ˈbʌtəmɪlk] n babeurre *m*

buttock [ˈbʌtək] n fesse *f*

button [ˈbʌtn] **1** n bouton *m* ; (US = badge) badge *m* **2** vt (also **button up**) [+ garment] boutonner

buttonhole [ˈbʌtnhəʊl] **1** n **a** boutonnière *f* **b** (BR = flower) fleur *f (portée à la boutonnière)* **2** vt [+ person] accrocher*

buttress [ˈbʌtrɪs] n contrefort *m*

buxom [ˈbʌksəm] adj bien en chair

buy [baɪ] (pret, ptp **bought**) **1** vt acheter (*sth from sb* qch à qn, *sth for sb* qch pour or à qn) ▪ **to ~ o.s. sth** s'acheter qch ▪ **to ~ time** gagner du temps **2** n ▪ **it was a good/bad ~** c'était une bonne/mauvaise affaire
▸ **buy out** vt sep [+ business partner] racheter la part de
▸ **buy up** vt sep acheter

buyer [ˈbaɪəʳ] n acheteur *m*, -euse *f*

buzz [bʌz] **1** n **a** [of insect] bourdonnement *m* **b** [of conversation] brouhaha *m* ▸ **buzz word*** mot *m* à la mode **c** (* = excitement) ▪ **driving fast gives me a ~** je prends mon pied* quand je conduis vite **d** (* = telephone call) coup *m* de fil* **2** vi **a** [insect, ears] bourdonner **b** [hall, town] être (tout) bourdonnant (*with* de) **3** vt (= call by buzzer) appeler (par interphone)

buzzard [ˈbʌzəd] n buse *f*

buzzer [ˈbʌzəʳ] n sonnerie *f* ; (= intercom) interphone *m*

buzzword* [ˌbʌzwɜːd] n mot *m* à la mode

by [baɪ]

1 prep **a** (= close to) à côté de, près de ▪ **come and sit by me** viens t'asseoir à côté de moi ▪ **her bag was on the table and her keys right by it** son sac était sur la table et ses clés juste à côté
b (= past) à côté de ▪ **he rushed by me without seeing me** dans sa précipitation il est passé à côté de moi sans me voir
c (= via) par ▪ **he came in by the window** il est entré par la fenêtre
d (= not later than) pour ▪ **I'll be back by midnight** je serai de retour pour minuit
e (with dates) ▪ **by 1990** en 1990 ▪ **by 30 September we had paid out £500** au 30 septembre nous avions payé 500 livres ▪ **by tomorrow** demain
f (= according to) ▪ **by my calculations** d'après mes calculs ▪ **by my watch it is 9 o'clock** il est 9 heures à ma montre
g (dimensions) ▪ **a room three metres by four** une pièce de trois mètres sur quatre
h (= created, written by) de ▪ **a painting by Van Gogh** un tableau de Van Gogh
i (method, means, manner) à ▪ **to do sth by hand** faire qch à la main ▪ **to sell by the kilo** vendre au kilo ▪ **to pay by the hour** payer à l'heure ▪ **by leaving early he missed the rush** en partant de bonne heure il a évité la cohue ▪ **by bus/car/plane** en bus/voiture/avion ▪ **by rail** or **train** en train ▪ **by bike** à bicyclette
j (with agent) par ▪ **killed/warned by** tué/prévenu par ▪ **I was surprised by their reaction** j'ai été surpris de leur réaction
k (set structures) ▪ **by and by** bientôt ▪ **by and large** globalement ▪ **by the way** au fait
2 adv (= along, past) ▪ **he'll be by any minute** il sera là dans un instant ▪ **a train hurtled by** un train passa à toute allure

bye* [baɪ] excl (abbr of **goodbye**) au revoir !

by-election [ˌbaɪɪlekʃən] n élection *f* (législative) partielle

bygone [ˈbaɪgɒn] **1** adj d'autrefois **2** n ▪ **let ~s be ~s** oublions le passé

BYOB [ˌbiːwaɪˈəʊbiː] loc (abbr of **bring your own booze**) apportez à boire

BYOD [ˌbiːwaɪˈəʊdiː] loc (abbr of **bring your own device**) AVPA, apportez votre propre appareil

bypass [ˈbaɪpɑːs] **1** n **a** (= road) route *f* de contournement **b** (= operation) pontage *m* **2** vt [+ town, regulations] contourner ; [+ person] court-circuiter

by-product [ˌbaɪprɒdʌkt] n dérivé *m* ; (fig) conséquence *f* (indirecte)

bystander [ˈbaɪˌstændəʳ] n spectateur *m*, -trice *f*

byte [baɪt] n octet *m*

byword [ˈbaɪwɜːd] n (BR) ▪ **to be a ~ for** être synonyme de

cC

C, c [siː] n **a** (Mus) do *m*, ut *m* **b** (= mark) C, assez bien *(12 sur 20)*

cab [kæb] n **a** (= taxi) taxi *m* **b** [of lorry, train] cabine *f*

cabaret ['kæbəreɪ] n cabaret *m*

cabbage ['kæbɪdʒ] n chou *m*

cabin ['kæbɪn] n (= hut) cabane *f*; [of boat, plane] cabine *f*

cabinet ['kæbɪnɪt] n **a** (= furniture) meuble *m* (de rangement) ; (glass-fronted) vitrine *f* **b** (BR = government) cabinet *m*

cabinetmaker ['kæbɪnɪt,meɪkəʳ] n ébéniste *mf*

cable ['keɪbl] **1** n câble *m* ▸ **cable car** (suspended) téléphérique *m*; (on rail) funiculaire *m* ▸ **cable television** télévision *f* par câble **2** vt [+ city, homes] câbler ; [+ person] câbler à

cache [kæʃ] n **a** (= store) cache *f* **b** (Computing : also **cache memory**) mémoire *f* tampon

cackle ['kækl] vi [hens] caqueter ; (= laugh) glousser

cactus ['kæktəs] n (pl **cacti** ['kæktaɪ]) cactus *m*

caddie ['kædɪ] n (Golf) caddie *m*

caddy ['kædɪ] n **a** (for tea) boîte *f* à thé **b** (US = shopping trolley) caddie® *m* **c** (Golf) caddie *m*

cadet [kə'det] n (Mil) élève *m* officier *(d'une école militaire ou navale)* ; (Police) élève *mf* agent de police

cadge* [kædʒ] vt (BR) ■ **to ~ £10 from** or **off sb** taper* qn de 10 livres ■ **to ~ a lift from** or **off sb** se faire emmener en voiture par qn

Caesarean, Caesarian [siː'zɛərɪən] adj ■ **~ section** césarienne *f*

café ['kæfeɪ] n (BR) snack(-bar) *m*, café *m* ; → *Pièges* COFFEE

cafeteria [,kæfɪ'tɪərɪə] n cafétéria *f*

caffein(e) ['kæfiːn] n caféine *f*

cage [keɪdʒ] **1** n cage *f* **2** vt mettre en cage

cagey* ['keɪdʒɪ] adj (= discreet) cachottier

cagoule [kə'guːl] n coupe-vent *m pl inv*

cahoots* [kə'huːts] n ■ **to be in ~** être de mèche*

Cairo ['kaɪərəʊ] n Le Caire *m*

cajole [kə'dʒəʊl] vt cajoler

Cajun ['keɪdʒən] (US) **1** adj cajun **2** n Cajun *mf*

cake [keɪk] n **a** gâteau *m* ; (= fruit cake) cake *m* ■ **it's a piece of ~*** c'est du gâteau* ▸ **cake shop** pâtisserie *f* **b** ■ **~ of soap** savonnette *f*, savon *m*

caked [keɪkt] adj [blood] coagulé ; [mud] séché ■ **his clothes were ~ with** or **in mud** ses vêtements étaient maculés de boue

calamine lotion [,kæləmaɪn'ləʊʃən] n lotion *f* calmante à la calamine

calamity [kə'læmɪtɪ] n calamité *f*

calcium ['kælsɪəm] n calcium *m*

calculate ['kælkjʊleɪt] **1** vt **a** [+ speed, weight, cost] calculer **b** [+ probability, risk] évaluer **c** (US = suppose) supposer **d** ■ **it is ~d to do...** (= intended) c'est destiné à faire... **2** vi calculer ■ **to ~ on doing sth** avoir l'intention de faire qch

calculating ['kælkjʊleɪtɪŋ] adj (= scheming) calculateur (-trice *f*)

calculation [,kælkjʊ'leɪʃən] n calcul *m*

calculator ['kælkjʊleɪtəʳ] n calculatrice *f*, calculette *f*

calendar ['kæləndəʳ] n calendrier *m*

calf [kɑːf] n (pl **calves**) **a** (= animal) veau *m* **b** (= leather) vachette *f* **c** [of leg] mollet *m*

calibre, caliber (US) ['kælɪbəʳ] n calibre *m*

calico ['kælɪkəʊ] n calicot *m*

California [,kælɪ'fɔːnɪə] n Californie *f*

calipers ['kælɪpəz] npl (US) ⇒ **callipers**

call [kɔːl] **1** n **a** (= shout) appel *m* **b** [of bird] cri *m* **c** (= phone call) coup *m* de téléphone ■ **to make a ~** passer un coup de téléphone ▸ **call sign, call signal** indicatif *m* (d'appel) **d** (= summons, invitation) appel *m* **e** (= short visit) visite *f* ■ **to pay sb a ~** rendre visite à qn **f** (= demand) ■ **there have been ~s for new security measures** on a demandé de nouvelles mesures de sécurité **g** (= need) ■ **there is no ~ for you to worry** il n'y a pas lieu de vous inquiéter **2** vt appeler ■ **to be ~ed** s'appeler ■ **what are you ~ed?** comment vous appelez-vous ? ■ **he ~ed her a liar** il l'a traitée de menteuse ■ **to ~ a doctor** appeler un médecin ■ **~ me at eight** réveillez-moi à huit heures ■ **to ~ the police/an ambulance** appeler la police/une ambulance ■ **to ~ a meeting** convoquer une assemblée **3** vi **a** [person] appeler ; [bird] pousser un cri ■ **to ~ (out) to sb** appeler qn **b** (= visit : also **call in**) passer ■ **she ~ed (in) to see her mother** elle est passée voir sa mère **c** (= telephone) appeler ■ **who's ~ing?** c'est de la part de qui ?

▸ **call back** vti rappeler

▸ **call for** vt insep **a** (= summon) appeler **b** (= require) [+ action, measures, courage] exiger **c** (= collect) ■ **to ~ for sb** passer prendre qn

► **call in** vt sep a [+ doctor, police] appeler b [+ faulty product] rappeler
► **call off** vt sep (= cancel) annuler
► **call on** vt insep a (= visit) [+ person] rendre visite à b ■ **to ~ on sb to do** (= ask) prier qn de faire
► **call out** 1 vi pousser un cri (or des cris) ■ **he ~ed out to me** il m'a appelé 2 vt sep [+ doctor] appeler ; [+ troops, fire brigade, police] faire appel à ; (= criticize) rappeler à l'ordre
► **call round** vi ■ **to ~ round to see sb** passer voir qn
► **call up** vt sep a [+ troops] mobiliser ; [+ reservists] rappeler b (= phone) téléphoner à

callback ['kɔːlbæk] n deuxième entrevue *f* (or audition *f*)

callbox ['kɔːlbɒks] n (BR) cabine *f* téléphonique

caller ['kɔːləʳ] n (= visitor) visiteur *m*, -euse *f* ; (= person phoning) personne *f* qui appelle

calligraphy [kə'lɪgrəfɪ] n calligraphie *f*

callipers ['kælɪpəz] npl (BR) a (Math) compas *m* b (= leg-irons) appareil *m* orthopédique

callous ['kæləs] adj dur

calm [kɑːm] 1 adj calme ■ **to keep** or **remain ~** garder son calme 2 n (= calm period) période *f* de calme ; (= calmess) calme *m* 3 vt calmer
► **calm down** 1 vi se calmer ■ **~ down!** du calme !, calmez-vous ! 2 vt sep [+ person] calmer

calmly ['kɑːmlɪ] adv calmement

Calor Gas® ['kæləgæs] n (BR) butane *m*

caloric ['kælərɪk] adj (heat-related) calorifique, thermique ; (diet-related) calorique

calorie ['kælərɪ] n calorie *f*

calves [kɑːvz] pl of **calf**

Cambodia [kæm'bəʊdɪə] n Cambodge *m*

camcorder ['kæm,kɔːdəʳ] n caméscope *m*

came [keɪm] vb pret of **come**

camel ['kæməl] n chameau *m*

camellia [kə'miːlɪə] n camélia *m*

cameo ['kæmɪəʊ] n camée *m*

camera ['kæmərə] n (Photo) appareil photo *m* ; (= movie camera) caméra *f* ; → Pièges CAMERA

cameraman ['kæmərəmən] n (pl **-men**) caméraman *m*

Cameroon [,kæmə'ruːn] n Cameroun *m*

camisole ['kæmɪsəʊl] n caraco *m*

camomile ['kæməʊmaɪl] n camomille *f*

camouflage ['kæməflɑːʒ] 1 n camouflage *m* 2 vt camoufler

camp [kæmp] 1 n camp *m* ► **camp bed** (BR) lit *m* de camp ► **camp follower** sympathisant(e) *m(f)* ► **camp site** camping *m* 2 adj* (= affected) affecté ; (= effeminate) efféminé 3 vi camper ■ **to go ~ing** partir camper

campaign [kæm'peɪn] 1 n campagne *f* 2 vi faire campagne

campaigner [kæm'peɪnəʳ] n ■ **a human rights/environmental ~** un(e) militant(e) des droits de l'homme/de la protection de l'environnement

camper ['kæmpəʳ] n (= person) campeur *m*, -euse *f* ; (= van) camping-car *m* ; (US) caravane *f* pliante

campfire ['kæmpfaɪəʳ] n feu *m* de camp

camping ['kæmpɪŋ] n camping *m* *(activité)* ► **camping ground, camping site** camping *m* ; → Pièges CAMPING

campus ['kæmpəs] n (pl **~es**) campus *m*

can[1] [kæn] modal vb (pret **could**)

a ■ **~ you come tomorrow?** pouvez-vous venir demain ? ■ **~ I help you?** est-ce que je peux vous aider ? ■ **where ~ he be?** où peut-il bien être ? ■ **he will do what he ~** il fera ce qu'il pourra

b (indicating possibility) ■ **their behaviour ~ seem strange** leur comportement peut sembler bizarre ■ **~ he have done it already?** est-il possible qu'il l'ait déjà fait ?

c (indicating impossibility) ■ **it ~'t have been him** ça ne peut pas être lui ■ **he ~'t be dead!** ce n'est pas possible, il n'est pas mort ! ■ **you ~'t be serious!** vous ne parlez pas sérieusement ! ■ **she ~'t be very clever if she failed this exam** elle ne doit pas être très intelligente si elle a échoué à cet examen

d (= know how to) savoir ■ **he ~ read and write** il sait lire et écrire ■ **she ~'t swim** elle ne sait pas nager

e ■ **I ~ see you** je vous vois ■ **I ~'t hear you** je ne t'entends pas

can[2] [kæn] 1 n a (for oil, petrol) bidon *m* b [of food] boîte *f* (de conserve) ; [of beer] canette *f* ► **can opener** ouvre-boîte *m* 2 vt [+ food] mettre en conserve

Canada ['kænədə] n Canada *m*

Canadian [kə'neɪdɪən] 1 adj canadien ; [ambassador, embassy] du Canada 2 n Canadien(ne) *m(f)*

canal [kə'næl] n canal *m*

Canaries [kə'nɛərɪz] npl (îles *fpl*) Canaries *fpl*

canary [kə'nɛərɪ] n canari *m*

cancel ['kænsəl] 1 vt (gen) annuler ; [+ contract] résilier ; [+ cheque] faire opposition à 2 vi se décommander
► **cancel out** vt sep ■ **they ~ each other out** ils se neutralisent

cancellation [ˌkænsəˈleɪʃən] n (gen) annulation *f* ; [of contract] résiliation *f*

cancer [ˈkænsəʳ] n **a** cancer *m* **b** ■ **Cancer** (= sign of zodiac) Cancer *m*

candid [ˈkændɪd] adj franc (franche *f*)

> ⚠ *candid* ne se traduit pas par **candide**.

candidacy [ˈkændɪdəsɪ] n candidature *f*

candidate [ˈkændɪdeɪt] n candidat(e) *m(f)*

candied [ˈkændɪd] adj confit ▸ **candied peel** n écorce *f* d'orange (or de citron) confite

candle [ˈkændl] n bougie *f* ; (tall, decorative) chandelle *f* ; (in church) cierge *m*

candlelight [ˈkændllaɪt] n ■ **by ~** à la lueur d'une bougie

candlelit [ˈkændllɪt] adj [room] éclairé à la bougie ▸ **candlelit dinner** dîner *m* aux chandelles

candlestick [ˈkændlstɪk] n bougeoir *m* ; (tall) chandelier *m*

candour, candor (US) [ˈkændəʳ] n franchise *f*

> ⚠ *candour* ne se traduit pas par **candeur**.

candy [ˈkændɪ] n (US) bonbon(s) *m(pl)* ▸ **candy-floss** (BR) barbe *f* à papa

cane [keɪn] **1** n (gen) canne *f* ; (for plants) tuteur *m* ; (for furniture) rotin *m* ▸ **cane sugar** sucre *m* de canne **2** vt [+ schoolchild] fouetter

canine [ˈkænaɪn] adj canin ■ **~ (tooth)** canine *f*

canister [ˈkænɪstəʳ] n boîte *f*

cannabis [ˈkænəbɪs] n (= plant) chanvre *m* indien ; (= drug) cannabis *m*

canned [kænd] adj en conserve ■ **~ food** conserves *fpl*

cannibal [ˈkænɪbəl] adj, n cannibale *mf*

cannibalism [ˈkænɪbəlɪzəm] n cannibalisme *m*

cannon [ˈkænən] n canon *m*

cannonball [ˈkænənbɔːl] n boulet *m* de canon

cannot [ˈkænɒt] → **can**

canny [ˈkænɪ] adj (= shrewd) malin (-igne *f*)

canoe [kəˈnuː] n canoë *m* ; (= dug-out) pirogue *f* ; (Sport) kayak *m*

canoeing [kəˈnuːɪŋ] n (Sport) canoë-kayak *m*

canoeist [kəˈnuːɪst] n canoéiste *mf*

canopy [ˈkænəpɪ] n [of bed] baldaquin *m* ; [of tent] marquise *f*

can't [kɑːnt] (abbr of **cannot**) → **can**

cantankerous [kænˈtæŋkərəs] adj irascible

canteen [kænˈtiːn] n **a** (= restaurant) cantine *f* **b** [of cutlery] ménagère *f*

canter [ˈkæntəʳ] **1** n petit galop *m* **2** vi aller au petit galop

canvas [kæn] n toile *f*

canvass [ˈkænvəs] **1** vi [candidate] faire campagne **2** vt **a** [+ district] faire du démarchage électoral dans ; [+ person] solliciter le suffrage de **b** (= seek opinion of) [+ person] sonder

canvasser, canvaser (US) [ˈkænvəsəʳ] n agent *m* électoral ; (US : checking votes) scrutateur *m*, -trice *f*

canyon [ˈkænjən] n canyon *m*

canyoning [ˈkænjənɪŋ] n canyoning *m*

cap [kæp] **1** n **a** (= headgear) casquette *f* **b** [of bottle] capsule *f* ; [of pen] capuchon *m* ; [of tooth] couronne *f* **c** (= contraceptive) diaphragme *m* **d** (for toy gun) amorce *f* **2** vt **a** [+ tooth] couronner **b** (= surpass) surpasser ■ **to ~ it all** pour couronner le tout **c** [+ spending, taxes] plafonner

capability [ˌkeɪpəˈbɪlɪtɪ] n aptitude *f*

capable [ˈkeɪpəbl] adj capable (*of* de)

capacity [kəˈpæsɪtɪ] n **a** [of container] contenance *f* ; [of hall, hotel] capacité *f* **b** (= production potential) capacité *f* de production ; (= output, production) rendement *m* **c** (= mental ability : also **capacities**) aptitude *f* (*to do* or *for doing sth* à faire qch) **d** (= role) qualité *f*, titre *m* ■ **in his official ~** à titre officiel

cape [keɪp] n **a** (= garment) cape *f* **b** (= headland) cap *m*

caper [ˈkeɪpəʳ] **1** n (to eat) câpre *f* **2** **capers** npl (= pranks) farces *fpl*

capital [ˈkæpɪtl] **1** adj capital ■ **~ letter** majuscule *f* ■ **~ A** A majuscule ▸ **capital punishment** peine *f* capitale **2** n **a** (= money) capital *m* **b** (also **capital city**) capitale *f* **c** (= letter) majuscule *f*

capitalism [ˈkæpɪtəlɪzəm] n capitalisme *m*

capitalist [ˈkæpɪtəlɪst] adj, n capitaliste *mf*

capitalize [kəˈpɪtəlaɪz] vi ■ **to ~ on** [+ circumstances, information, talents] tirer parti de ; (financially) monnayer

capitulate [kəˈpɪtjʊleɪt] vi capituler

capped [ˈkæpd] adj [player] capé

cappuccino [ˌkæpʊˈtʃiːnəʊ] n cappuccino *m*

capricious [kəˈprɪʃəs] adj capricieux

Capricorn [ˈkæprɪkɔːn] n Capricorne *m*

capsicum [ˈkæpsɪkəm] n poivron *m*

capsize [kæpˈsaɪz] **1** vi chavirer **2** vt faire chavirer

capsule [ˈkæpsjuːl] n capsule *f*

captain [ˈkæptɪn] **1** n capitaine *mf* **2** vt [+ team] être le (or la) capitaine de ; [+ troops] commander

captcha ['kæptʃə] n (abbr of **completely automated public Turing test to tell computers and humans apart**) captcha *m*

caption ['kæpʃən] n légende *f*

captivate ['kæptɪveɪt] vt fasciner

captive ['kæptɪv] **1** n captif *m*, -ive *f* ▪ **to take sb ~** faire qn prisonnier **2** adj [person] prisonnier ; [animal] captif

captivity [kæp'tɪvɪtɪ] n captivité *f*

capture ['kæptʃə'] **1** vt [+ animal, soldier] capturer ; [+ city] prendre ; [+ attention] capter ; [+ interest] gagner **2** n capture *f*

car [kɑː'] **1** n **a** voiture *f* **b** (US = part of train) wagon *m*, voiture *f* **2** comp [wheel, door, seat, tyre] de voiture ▸ **car alarm** alarme *f* auto ▸ **car-boot sale** (BR) vide-grenier *m* ▸ **car-ferry** ferry(-boat) *m* ▸ **car hire** location *f* de voitures ▸ **car keys** clés *fpl* de voiture ▸ **car park** (BR) parking *m* ▸ **car phone** téléphone *m* de voiture ▸ **car-pooling** autopartage *m* ▸ **car rental** location *f* de voitures ▸ **car-share** vi covoiturer ▸ **car sharing** covoiturage *m* ▸ **car sick** ▪ **to be ~ sick** être malade en voiture ▸ **car wash** station *f* de lavage automatique
→ *Pièges* CAR

carafe [kə'ræf] n carafe *f*

caramel ['kærəməl] n caramel *m*

carat ['kærət] n carat *m*

caravan ['kærəvæn] **1** n caravane *f* ; [of gipsy] roulotte *f* ▸ **caravan site** camping *m* pour caravanes **2** vi ▪ **to go ~ning** faire du caravaning

carb* [kɑːb] n (= carbohydrate) glucide *m*

carbohydrate ['kɑːbəʊ'haɪdreɪt] n hydrate *m* de carbone ▪ **~s** (in diet) glucides *mpl*

carbon ['kɑːbən] n carbone *m* ▸ **carbon capture** capture *f* du carbone ▸ **carbon credit** crédit *m* carbone ▸ **carbon dioxide** gaz *m* carbonique ▸ **carbon emissions** npl émissions *fpl* de dioxyde de carbone ▸ **carbon footprint** empreinte *f* carbone ▸ **carbon monoxide** oxyde *m* de carbone ▸ **carbon-neutral** adj neutre en carbone ▸ **carbon tax** taxe *f* carbone

carbonated ['kɑːbəneɪtɪd] adj gazeux

carburettor [,kɑːbjʊ'retə'], **carburetor** (US) [,kɑːbjʊ'reɪtə'] n carburateur *m*

carcass ['kɑːkəs] n carcasse *f*

card [kɑːd] n (gen) carte *f* ; (= index card) fiche *f* ; (= piece of cardboard) carton *m* ▪ **identity ~** carte *f* d'identité ▸ **card game** partie *f* de cartes ▸ **card security code, card verification number** cryptogramme *m* ▸ **card trick** tour *m* de cartes

cardamom ['kɑːdəməm] n cardamome *f*

cardboard ['kɑːdbɔːd] **1** n carton *m* **2** adj en carton ▪ **~ box** carton *m*

cardiac ['kɑːdɪæk] adj cardiaque

cardigan ['kɑːdɪgən], **cardie*** ['kɑːdɪ] n cardigan *m*

cardinal ['kɑːdɪnl] **1** adj cardinal **2** n cardinal *m*

cardphone ['kɑːdfəʊn] n (BR) téléphone *m* à carte

care [kɛə'] **1** n **a** (= attention) soin *m* ▪ **~ of** (on letters) chez ▪ **to take ~** faire attention ▪ **to take ~ of** [+ details, arrangements, person, animal] s'occuper de ; [+ valuables] garder ▪ **to take a child into ~** mettre un enfant à l'assistance publique **b** (= anxiety) souci *m* **2** vi **a** (= feel interest) ▪ **I don't ~!** ça m'est égal ! ▪ **I couldn't ~ less*** je m'en fiche pas mal* ▪ **who ~s!** on s'en moque ! ▪ **to ~ about** (= be interested in) s'intéresser à ; (= be concerned about) se soucier de **b** (= like) ▪ **would you ~ to take off your coat?** voulez-vous retirer votre manteau ?
▸ **care for** vt insep **a** (= like) aimer ▪ **I don't much ~ for it** cela ne me dit rien **b** (= look after) [+ invalid] soigner ; [+ child] s'occuper de

career [kə'rɪə'] **1** n carrière *f* ▸ **careers advisor, careers counselor** (US) conseiller *m*, -ère *f* d'orientation professionnelle **2** vi aller à toute allure

carefree ['kɛəfriː] adj [person] insouciant ; [time] sans souci

careful ['kɛəfʊl] adj **a** [worker] soigneux ; [work] soigné ; [planning, examination] minutieux **b** ▪ **to be ~** (= watch out) faire attention ▪ **be ~!** fais attention ! ▪ **you can't be too ~** (= cautious) on n'est jamais trop prudent **c** (= economical) économe ; (= mean) avare

carefully ['kɛəfəlɪ] adv **a** (= painstakingly) soigneusement ; [listen, read] attentivement **b** (= cautiously) [drive] prudemment

careless ['kɛəlɪs] adj [person] négligent ; [action] inconsidéré ; [work] bâclé ▪ **~ mistake** faute *f* d'inattention

carelessly ['kɛəlɪslɪ] adv négligemment

carer ['kɛərə'] n (professional) travailleur *m*, -euse *f* social(e)

caress [kə'res] **1** n caresse *f* **2** vt caresser

caretaker ['kɛə,teɪkə'] n (BR) gardien(ne) *m(f)* d'immeuble

cargo ['kɑːgəʊ] n cargaison *f*

Caribbean [,kærɪ'biːən, (esp US) kə'rɪbɪən] adj ▪ **the ~** les Caraïbes *fpl*

caricature ['kærɪkətjʊə'] **1** n caricature *f* **2** vt caricaturer

caring ['kɛərɪŋ] adj bienveillant

carjacking ['kɑː,dʒækɪŋ] n vol *m* à la portière

carnage ['kɑːnɪdʒ] n carnage *m*

carnation [kɑːˈneɪʃən] n œillet *m*

carnival [ˈkɑːnɪvəl] n carnaval *m* ; (US = fair) fête *f* foraine

carnivore [ˈkɑːnɪvɔːʳ] n carnivore *m*

carol [ˈkærəl] n chant *m* de Noël

carousel [ˌkæruːˈsel] n **a** (= merry-go-round) manège *m* **b** (for slides) carrousel *m* **c** (for luggage) tapis *m* roulant (à bagages), carrousel *m*

carp [kɑːp] **1** n (= fish) carpe *f* **2** vi critiquer

carpenter [ˈkɑːpɪntəʳ] n charpentier *m*, -ière *f* ; (= joiner) menuisier *m*, -ière *f*

carpentry [ˈkɑːpɪntrɪ] n charpenterie *f* ; (= joinery) menuiserie *f*

carpet [ˈkɑːpɪt] **1** n tapis *m* ; (fitted) moquette *f* **2** vt [+ floor] recouvrir d'un tapis ; (with fitted carpet) moquetter

carriage [ˈkærɪdʒ] n **a** (horse-drawn) carrosse *m* **b** (BR = part of train) voiture *f*, wagon *m* **c** (= conveyance of goods) transport *m* ▪ **~ paid** (en) port payé

carriageway [ˈkærɪdʒweɪ] n (BR) chaussée *f* ; → **dual**

carrier [ˈkærɪəʳ] n **a** (also **carrier bag**) sac *m* (en plastique) **b** (= airline) compagnie *f* aérienne **c** (on cycle) porte-bagage *m* **d** [of disease] porteur *m*, -euse *f*

carrot [ˈkærət] n carotte *f*

carry [ˈkærɪ] **1** vt **a** (= bear, transport) [person] porter ; [vehicle] transporter **b** (= have on one's person) [+ identity card, documents, money] avoir sur soi ; [+ umbrella, gun, sword] avoir **c** [+ disease] être porteur de **d** [+ warning, notice] comporter **e** (= involve) [+ risk, responsibility] comporter **f** (= win) remporter ▪ **to ~ the day** gagner **g** ▪ **to ~ o.s.** se tenir **2** comp ▸ **carry-on** n (* pej) histoires* *fpl* ◊ adj, n (also **carry-on luggage**) bagage à main ▸ **carry-out** n (= food) plat *m* à emporter; (= drink) boisson *f* à emporter **3** vi [voice, sound] porter

▸ **carry away** vt sep **a** [+ thing] emporter **b** (fig) ▪ **to get carried away (by sth)*** s'emballer* (pour qch)

▸ **carry off** vt sep [+ thing] emporter ; [+ prizes, honours] remporter ▪ **to ~ it off*** réussir (son coup)

▸ **carry on** **1** vi **a** (= continue) continuer (*doing sth* à or de faire qch) **b** (* = make a fuss) faire des histoires* **2** vt sep **a** (= conduct) [+ business, trade] faire ; [+ conversation] soutenir ; [+ negotiations] mener **b** (= continue) continuer

▸ **carry out** vt sep **a** [+ thing] emporter ; [+ person] emmener **b** (= put into action) [+ plan, order] exécuter ; [+ experiment, search, investigation] faire

▸ **carry through** vt sep [+ plan] mener à bonne fin

carrycot [ˈkærɪkɒt] n (BR) porte-bébé *m*

cart [kɑːt] **1** n (horse-drawn) charrette *f* ▸ **cart horse** cheval *m* de trait; (= handcart) voiture *f* à bras; (US : for luggage, shopping) chariot *m* **2** vt * [+ heavy objects] trimballer*

cartel [kɑːˈtel] n cartel *m*

cartilage [ˈkɑːtɪlɪdʒ] n cartilage *m*

carton [ˈkɑːtən] n [of yoghurt, cream] pot *m* ; [of milk, juice] brique *f* ; [of cigarettes] cartouche *f*

cartoon [kɑːˈtuːn] n (= single picture) dessin *m* humoristique ; (= strip) bande *f* dessinée ; (= film) dessin *m* animé

cartoonist [ˌkɑːˈtuːnɪst] n (in newspaper) dessinateur *m*, -trice *f* humoristique ; (= film-maker) dessinateur *m*, -trice *f* de dessins animés

cartridge [ˈkɑːtrɪdʒ] n (gen) cartouche *f* ; [of camera] chargeur *m*

cartwheel [ˈkɑːtwiːl] n (= wheel) roue *f* de charrette ▪ **to do a ~** faire la roue

carve [kɑːv] vt tailler ; (= sculpt) sculpter ; [+ meat] découper

▸ **carve out** vt sep [+ statue, figure] sculpter ; [+ reputation, market share, role] se tailler

▸ **carve up** [+ meat] découper ; (fig) morceler

carvery [ˈkɑːvərɪ] n grill *m*

carving [ˈkɑːvɪŋ] n (= sculpture) sculpture *f* ▸ **carving knife** couteau *m* à découper

case [keɪs] n **a** (= fact, example) cas *m* ▪ **in that ~** dans ce cas ▪ **in any ~** en tout cas ▪ **in ~** au cas où ▪ **in ~ he comes** au cas où il viendrait ▪ **in ~ of** en cas de ▪ **just in ~** à tout hasard **b** (legal) affaire *f* **c** (= argument) arguments *mpl* ▪ **to make a ~ for sth** plaider en faveur de qch **d** (BR = suitcase) valise *f* ; (= box) (for bottles) caisse *f* ; (for goods on display) vitrine *f* ; (for jewels) coffret *m* ; (for camera, binoculars, violin) étui *m*

cash [kæʃ] **1** n **a** (= notes and coins) argent *m* liquide ▪ **to pay in ~** payer cash **b** (= payment) argent *m* comptant ▪ **~ on delivery** envoi *m* contre remboursement ▪ **to be cash-trapped** être à court de liquidités **c** (* = money in general) argent *m* **2** vt [+ cheque] encaisser **3** comp ▸ **cash-and-carry** cash and carry *m inv* ▸ **cash card** carte *f* de retrait ▸ **cash desk** [of shop] caisse *f* ▸ **cash dispenser** distributeur *m* (automatique) de billets ▸ **cash flow** cash-flow *m* ▸ **cash machine, cash point** (BR) distributeur *m* (automatique) de billets ▸ **cash register** caisse *f*

cashback [ˈkæʃbæk] n (at supermarket) *retrait d'espèces à la caisse*

cashbox [ˈkæʃbɒks] n caisse *f*

cashew [kæˈʃuː] n (also **cashew nut**) noix *f* de cajou

cashier [kæ'ʃɪə'] n caissier *m*, -ière *f*

cashless ['kæʃlɪs] adj sans cash

cashmere [kæʃ'mɪə'] n cachemire *m*

casino [kə'si:nəʊ] n casino *m*

cask [kɑ:sk] n fût *m*

casket ['kɑ:skɪt] n [of jewels] coffret *m* ; (US = coffin) cercueil *m*

casserole ['kæsərəʊl] n (BR) (= utensil) cocotte *f* ; (= food) ragoût *m*

cassette [kæ'set] n cassette *f* ▸ **cassette player** lecteur *m* de cassettes ▸ **cassette recorder** magnétophone *m* à cassettes

cast [kɑ:st] vb (pret, ptp **cast**) **1** n (= actors collectively) acteurs *mpl* ▪ **~ list** distribution *f* **2** vt **a** (= throw) jeter ▪ **to ~ a vote** voter **b** [+ plaster, metal] couler ; [+ statue] mouler **c** [+ play, film] distribuer les rôles de ▪ **he was ~ as Hamlet** on lui a donné le rôle de Hamlet **3** vi (Fishing) lancer sa ligne

▸ **cast about, cast around** vi ▪ **to ~ about** or **around for sth** chercher qch

▸ **cast aside** vt sep rejeter

▸ **cast off** vi [ship] larguer les amarres

castanets [,kæstə'nets] npl castagnettes *fpl*

castaway ['kɑ:stəweɪ] n naufragé(e) *m(f)*

caste [kɑ:st] n caste *f*

caster ['kɑ:stə'] n roulette *f*

caster sugar ['kɑ:stəʃʊgə'] n (BR) sucre *m* en poudre

castigate ['kæstɪgeɪt] vt [+ person] châtier (liter) ; [+ book, etc] éreinter

cast-iron [kɑ:st,aɪən] **1** n fonte *f* **2** adj en fonte ; [excuse, alibi] en béton

castle ['kɑ:sl] n château *m*

castor ['kɑ:stə'] n roulette *f*

castrate [kæs'treɪt] vt castrer

casual ['kæʒjʊl] adj **a** [person] désinvolte ; [chat, conversation] informel **b** (= occasional) occasionnel ▪ **to have ~ sex** avoir une aventure sans lendemain ▪ **~ game** casual game *m*, *jeu vidéo destiné aux joueurs occasionnels* **c** [remark] fait en passant ; [meeting] fortuit **d** [clothes, shoes] décontracté **e** [work, job, worker] temporaire **f** [worker] temporaire

casually ['kæʒjʊlɪ] adv **a** (= in a relaxed way) avec désinvolture ; [say, mention] en passant **b** [dress] de façon décontractée

casualty ['kæʒjʊltɪ] n **a** (dead) mort(e) *m(f)* ; (wounded) blessé(e) *m(f)* **b** (= hospital department) (service *m* des) urgences *fpl* ▸ **casualty ward** salle *f* des urgences

cat [kæt] n chat *m* ▪ **the big ~s** les grands félins *mpl* ▸ **cat burglar** cambrioleur *m*, -euse *f* ▸ **cat flap** chatière *f* ▸ **cat's-eye** (on road) catadioptre *m*

catacombs ['kætəku:mz] npl catacombes *fpl*

catalogue, catalog (US) ['kætəlɒg] **1** n catalogue *m* ; (US Univ = brochure) brochure *f* **2** vt cataloguer

catalyst ['kætəlɪst] n catalyseur *m*

catamaran [,kætəmə'ræn] n catamaran *m*

catapult ['kætəpʌlt] **1** n (BR) lance-pierre *m* **2** vt catapulter

catarrh [kə'tɑ:'] n rhume *m* (chronique)

catastrophe [kə'tæstrəfɪ] n catastrophe *f*

catastrophic [,kætə'strɒfɪk] adj catastrophique

catch [kætʃ] vb (pret, ptp **caught**) **1** n **a** (= act, thing caught) prise *f*, capture *f* ; (Fishing) (= several fish) pêche *f* ; (= one fish) prise *f* **b** (* = concealed drawback) piège *m* **c** (BR) (on door) loquet *m* ; (on window) loqueteau *m* **2** vt **a** (gen) attraper ▪ **to ~ sb's attention** or **eye** attirer l'attention de qn ▪ **to ~ the post** arriver à temps pour la levée ▪ **to ~ cold** prendre froid **b** (= take by surprise) surprendre ▪ **to ~ sb doing sth** surprendre qn en train de faire qch **c** (= trap) ▪ **to ~ one's foot in sth** se prendre les pieds dans qch ▪ **I caught my skirt on the branch** ma jupe s'est accrochée à la branche **d** (= understand, hear) saisir **3** vi **a** [fire] prendre ; [wood] prendre feu **b** ▪ **her dress caught on a nail** sa robe s'est accrochée à un clou **4** comp ▸ **catch-all** adj fourre-tout *inv*

▸ **catch on** vi **a** (= become popular) [fashion] prendre **b** (= understand) saisir

▸ **catch out** vt sep (= catch napping) prendre en défaut ; (= catch in the act) prendre sur le fait ▪ **to be caught out (by sth)** être surpris (par qch)

▸ **catch up** vi **a** (gen) se rattraper ; (with news, gossip) se mettre au courant ▪ **to ~ up with sb** rattraper qn **b** ▪ **to be** or **get caught up in sth** (in activity, campaign) être pris par qch ; (in circumstances) être prisonnier de qch

catching* ['kætʃɪŋ] adj (= contagious) contagieux

catchphrase [,kætʃfreɪz] n (= slogan) slogan *m* ; [of comedian, famous person] formule *f*

categorical [,kætɪ'gɒrɪkəl] adj catégorique

categorize ['kætɪgəraɪz] vt classer (par catégories)

category ['kætɪgərɪ] n catégorie *f*

cater ['keɪtə'] vi ▪ **to ~ for** or **to** [+ sb's needs, tastes] satisfaire

caterer ['keɪtərə'] n traiteur *m*

catering ['keɪtərɪŋ] n restauration *f*

caterpillar ['kætəpɪlə'] n chenille *f*

cathedral [kə'θi:drəl] n cathédrale *f*

Catholic ['kæθəlɪk] adj, n catholique *mf*

cattle ['kætl] n bétail *m*

catwalk ['kætwɔ:k] n podium *m*

caucus ['kɔːkəs] n (pl **~es**) (US = committee) comité *m* électoral ; (= meeting) réunion *f* du comité électoral

caught [kɔːt] vb pret, ptp of **catch**

cauldron ['kɔːldrən] n chaudron *m*

cauliflower ['kɒlɪflaʊəʳ] n chou-fleur *m*

cause [kɔːz] **1** n cause *f* ▪ **to be the ~ of sth** être la cause de qch ▪ **there's no ~ for anxiety** il n'y a pas lieu de s'inquiéter ▪ **with (good) ~** à juste titre ▪ **without ~** sans raison ▪ **to have ~ for complaint** avoir de quoi se plaindre **2** vt causer ▪ **to ~ trouble** [action, situation] poser des problèmes ; [person] créer des problèmes ▪ **to ~ sb to do sth** faire faire qch à qn
→ *Pièges* PROVOKE

caustic ['kɔːstɪk] adj caustique

caution ['kɔːʃən] **1** n **a** (= circumspection) prudence *f* **b** (= warning) avertissement *m* ; (= rebuke) réprimande *f* **2** vt ▪ **to ~ sb against doing sth** déconseiller à qn de faire qch ▪ **to ~ that** avertir que

> ⚠ ***caution*** ne se traduit pas par le mot français **caution**.

cautionary ['kɔːʃənərɪ] adj (servant) d'avertissement ▪ **a ~ tale** un récit édifiant

cautious ['kɔːʃəs] adj prudent

cavalry ['kævəlrɪ] n cavalerie *f*

cave [keɪv] **1** n grotte *f* **2** vi ▪ **to go caving** faire de la spéléologie
▸ **cave in** vi [floor, building] s'effondrer

> ⚠ ***cave*** ne se traduit pas par le mot français **cave** ; → *Pièges* CAVE

caveman ['keɪvmæn] n (pl **-men**) homme *m* des cavernes

cavern ['kævən] n caverne *f*

caviar(e) ['kævɪɑːʳ] n caviar *m*

cavity ['kævɪtɪ] n cavité *f* ; (in tooth) carie *f*

cavort* [kə'vɔːt] vi (= jump about) s'ébattre

CB [siː'biː] (abbr of **Citizens' Band Radio**) CB *f*

cc [siː'siː] **a** (abbr of **cubic centimetre(s)**) cm^3 **b** (abbr of **carbon copy** or **copies**) cc

CCTV [ˌsiːsiːtiː'viː] n (abbr of **closed-circuit television**) télévision *f* en circuit fermé ▪ **~ camera** caméra *f* de (vidéo)surveillance

CD [siː'diː] n (abbr of **compact disc**) CD *m* ▸ **CD player** platine *f* laser

CD-I® ['siː'diː'aɪ] n (abbr of **compact disc interactive**) CD-I *m*, disque *m* compact interactif

CD-ROM [ˌsiːdiː'rɒm] n (abbr of **compact disc read-only memory**) CD-ROM *m*, cédérom *m*

cease [siːs] vti cesser ▪ **to ~ (from) doing sth** cesser de faire qch

ceasefire ['siːsfaɪəʳ] n cessez-le-feu *m inv*

cedar ['siːdəʳ] n cèdre *m*

cedilla [sɪ'dɪlə] n cédille *f*

Ceefax® ['siːfæks] n télétexte® *m (de la BBC)*

ceiling ['siːlɪŋ] n plafond *m*

celebrate ['selɪbreɪt] **1** vt [+ event] célébrer, fêter ; [+ mass] célébrer **2** vi faire la fête

celebrated ['selɪbreɪtɪd] adj célèbre

celebration [ˌselɪ'breɪʃən] n **a** (= party) fête *f* **b** [of event] célébration *f* ▪ **in ~ of** pour fêter

celebrity [sɪ'lebrɪtɪ] n célébrité *f*

celeriac [sə'lerɪæk] n céleri(-rave) *m*

celibate ['selɪbɪt] adj (= unmarried) célibataire ; (= sexually inactive) chaste

cell [sel] n cellule *f*

cellar ['seləʳ] n cave *f*

cellist ['tʃelɪst] n violoncelliste *mf*

cello ['tʃeləʊ] n violoncelle *m*

Cellophane® ['seləfeɪn] n cellophane® *f*

cellphone ['selfəʊn] n (US) téléphone *m* portable or cellulaire ▸ **cellphone addict** nomophobe *mf*

cellular ['seljʊləʳ] adj cellulaire ▪ **~ phone** téléphone *m* cellulaire

cellulite ['seljʊˌlaɪt] n cellulite *f*

Celsius ['selsɪəs] adj Celsius *inv* ▪ **degrees ~** degrés *mpl* Celsius

Celt [kelt, selt] n Celte *mf*

Celtic ['keltɪk, 'seltɪk] adj celtique, celte

cement [sə'ment] **1** n ciment *m* ▸ **cement mixer** bétonnière *f* **2** vt cimenter

cemetery ['semɪtrɪ] n cimetière *m*

cenotaph ['senətɑːf] n cénotaphe *m*

censor ['sensəʳ] **1** n censeur(e) *m(f)* **2** vt censurer

censorship ['sensəʃɪp] n censure *f*

censure ['senʃəʳ] vt critiquer

> ⚠ ***censure*** ne se traduit pas par **censurer**.

census ['sensəs] n (pl **~es**) recensement *m*

cent [sent] n **a** (= coin) cent *m* **b** ▪ **per ~** pour cent

centenarian [ˌsentɪ'nɛərɪən] adj, n centenaire *mf*

centenary [sen'tiːnərɪ] n (BR) centenaire *m*

centennial [sen'tenɪəl] n (US) centenaire *m*

center ['sentəʳ] n (US) ⇒ **centre**

centigrade ['sentɪgreɪd] adj centigrade

centimetre, centimeter (US) ['sentɪˌmiːtəʳ] n centimètre *m*

centipede ['sentɪpiːd] n millepatte *m*

ca

central ['sentrəl] adj (gen) central ; [location] proche du centre-ville ; [fact, role] essentiel ▪ **~ London** le centre de Londres ▸ **central heating** chauffage *m* central ▸ **central locking** [of car] verrouillage *m* centralisé ▸ **central reservation** (BR) [of road] terre-plein *m* central

centralize ['sentrəlaɪz] vt centraliser

centre, center (US) ['sentəʳ] **1** n centre *m* ▪ **in the ~** au centre ▪ **she likes to be the ~ of attention** elle aime que tout le monde fasse attention à elle ▸ **centre-forward** (Sport) avant-centre *m* ▸ **centre-half** (Sport) demi-centre *m* ▸ **centre-piece** n [of table] milieu *m* de table **2** vt centrer **3** vi ▪ **to ~ on** [thoughts] se concentrer sur ; [discussion] tourner autour de

centrefold ['sentəfəʊld] n double page *f* (détachable)

century ['sentjʊrɪ] n siècle *m* ▪ **in the twenty-first ~** au vingt-et-unième siècle

CEO ['siː'iː'əʊ] (abbr of **chief executive officer**) n directeur *m*, -trice *f* général(e)

ceramic [sɪ'ræmɪk] **1** adj en céramique **2** **ceramics** npl (= objects) céramiques *fpl*

cereal ['sɪərɪəl] n céréale *f* ; (also **breakfast cereal**) céréales *f* (pour le petit-déjeuner) ▸ **cereal bar** n barre *f* de céréales, barre *f* tendre (CAN)

ceremonial [ˌserɪ'məʊnɪəl] adj ▪ **~ occasion** cérémonie *f* officielle

ceremony ['serɪmənɪ] n (= event) cérémonie *f* ▪ **to stand on ~** faire des cérémonies

certain ['sɜːtən] adj **a** (= sure) certain ▪ **to be** or **feel ~ (about** or **of sth)** être certain (de qch) ▪ **I am not ~ who/why/when/how...** je ne sais pas avec certitude qui/pourquoi/quand/comment... ▪ **to know for ~ that...** avoir la certitude que... ▪ **I can't say for ~** je n'en suis pas certain ▪ **to make ~ that...** s'assurer que... **b** [defeat, success, victory, death] certain *after n* **c** (particular) [person, type] certain *before n* ▪ **in ~ circumstances** dans certaines circonstances ▪ **to a ~ extent** or **degree** dans une certaine mesure

certainly ['sɜːtənlɪ] adv **a** (= undoubtedly) certainement **b** (= definitely) vraiment **c** (expressing agreement) certainement ▪ **had you forgotten? – ~ not** vous aviez oublié ? – certainement pas **d** (expressing willingness) bien sûr ▪ **could you help me? – ~** pourriez-vous m'aider ? – bien sûr

→ *Pièges* CERTAINLY

certainty ['sɜːtəntɪ] n certitude *f*

certificate [sə'tɪfɪkɪt] n **a** (legal) certificat *m* **b** (academic) diplôme *m*

certify ['sɜːtɪfaɪ] vt certifier ▪ **to send by certified mail** (US) ≈ envoyer avec accusé de réception

cervical ['sɜːvɪkəl] adj cervical ▸ **cervical cancer** cancer *m* du col de l'utérus ▸ **cervical smear** frottis *m* vaginal

cervix ['sɜːvɪks] n col *m* de l'utérus

cesspit ['sespɪt] n fosse *f* d'aisance

cf (abbr of **confer**) cf

CFC [ˌsiːef'siː] n abbr of **chlorofluorocarbon**

CFO [ˌsiːef'əʊ] n (abbr of **chief financial officer**) CFO *mf*, DAF *mf*

CFS [ˌsiːef'es] n (abbr of **chronic fatigue syndrome**) SFC *m*

chafe [tʃeɪf] vt (= rub against) irriter (par frottement)

chaffinch ['tʃæfɪntʃ] n pinson *m*

chain [tʃeɪn] **1** n (gen) chaîne *f* ; [of events] série *f* ▸ **chain reaction** réaction *f* en chaîne ▸ **chain saw** tronçonneuse *f* ▸ **chain-smoke** fumer cigarette sur cigarette ▸ **chain store** grand magasin *m* à succursales multiples **2** vt [+ dog, bike] attacher avec une chaîne ; [+ person] enchaîner

chair [tʃɛəʳ] **1** n **a** chaise *f* ; (= armchair) fauteuil *m* **b** (Univ) chaire *f* **c** (= chairperson) président(e) *m(f)* **d** (at meeting) (= function) présidence *f* **2** vt [+ meeting] présider

chairlift ['tʃɛəlɪft] n télésiège *m*

chairman ['tʃɛəmən] n (pl **-men**) président *m*

chairperson ['tʃɛəˌpɜːsn] n président(e) *m(f)*

chairwoman ['tʃɛəwʊmən] n (pl **-women**) présidente *f*

chalet ['ʃæleɪ] n chalet *m*

chalk [tʃɔːk] n craie *f* ▸ **chalk board** (US) tableau *m* (noir)

challenge ['tʃælɪndʒ] **1** n défi *m* **2** vt **a** [+ person] défier ▪ **to ~ sb to do sth** défier qn de faire qch ▪ **to ~ sb to a game** proposer à qn de faire une partie ▪ **to ~ sb to a duel** provoquer qn en duel **b** [+ statement, authority] contester **c** [+ juror, jury] récuser

challenger ['tʃælɪndʒəʳ] n challengeur *m*, -euse *f*, challenger *m*

challenging ['tʃælɪndʒɪŋ] adj [look, tone] de défi ; [remark, speech] provocateur (-trice *f*) ▪ **this is a ~ job** ce travail représente un véritable défi

chamber ['tʃeɪmbəʳ] n chambre *f* ▸ **chamber music** musique *f* de chambre ▸ **Chamber of Commerce** Chambre *f* de commerce

chambermaid ['tʃeɪmbəmeɪd] n femme *f* de chambre

chameleon [kə'miːlɪən] n caméléon *m*

chamois ['ʃæmɪ] n (also **chamois leather**) peau *f* de chamois

champagne [ʃæm'peɪn] n champagne *m*

champion ['tʃæmpjən] n champion(ne) *m(f)* ▪ **world ~** champion(ne) *m(f)* du monde

championship ['tʃæmpjənʃɪp] n championnat *m*

chance [tʃɑːns] **1** n **a** (= luck) hasard *m* ▪ **by ~** par hasard ▪ **to leave things to ~** laisser faire le hasard **b** (= possibility) chance(s) *f(pl)* ▪ **he doesn't stand much ~ of winning** il a peu de chances de gagner ▪ **there is little ~ of his coming** il est peu probable qu'il vienne ▪ **he's taking no ~s** il ne veut prendre aucun risque ▪ **no ~!*** jamais de la vie ! **c** (= opportunity) occasion *f* ▪ **I had the ~ to go** or **of going** j'ai eu l'occasion d'y aller ▪ **give him another ~** laisse-lui encore une chance **2** adj ▪ **a ~ discovery** une découverte accidentelle ▪ **a ~ meeting** une rencontre fortuite **3** vt (= risk) [+ rejection, fine] risquer ▪ **to ~ one's luck** tenter sa chance

> ⚠ ***chance*** ne se traduit que rarement par le mot français **chance** ; → *Pièges* CHANCE

chancellor ['tʃɑːnsələʳ] n chancelier *m*, -ière *f* ; (BR : Univ) président(e) *m(f)* honoraire ; (US : Univ) président(e) *m(f)* d'université ▸ **Chancellor of the Exchequer** (BR) chancelier *m* de l'Échiquier *(ministre des finances britannique)*

chandelier [ʃændə'lɪəʳ] n lustre *m*

> ⚠ ***chandelier*** ne se traduit pas par le mot français **chandelier**.

change [tʃeɪndʒ] **1** n **a** (= alteration) changement *m* ▪ **a ~ for the better** une amélioration ▪ **~ in attitudes** changement *m* d'attitude ▪ **(just) for a ~** pour changer un peu ▪ **to make a ~ in sth** changer qch ▪ **it makes a ~** ça change un peu ▪ **the ~ of life** le retour d'âge ▪ **~ of address** changement *m* d'adresse ▪ **a ~ of clothes** des vêtements de rechange **b** (= money) monnaie *f* ▪ **small ~** petite monnaie *f* **2** vt **a** (gen) changer (*X into Y* X en Y) ; [+ jobs, shirts, trains] changer de ▪ **to ~ hands** (= one's grip) changer de main ; [goods, property, money] changer de mains ▪ **to ~ one's mind** changer d'avis **b** (= exchange) échanger ▪ **to ~ places (with sb)** changer de place (avec qn) ▪ **I wouldn't like to ~ places with you** je n'aimerais pas être à votre place **c** [+ banknote, coin] faire la monnaie de ; [+ foreign currency] changer (*into* en) **3** vi **a** (= become different) changer ▪ **to ~ into** se changer en **b** (= change clothes) se changer **c** (on bus, plane, train journey) changer

▸ **change over** vi (gen) passer (*from* de, *to* à) ; [two people] faire l'échange
→ *Pièges* MODIFY – MONEY

changeable ['tʃeɪndʒəbl] adj [person] inconstant ; [weather, circumstances] variable

changeover ['tʃeɪndʒəʊvəʳ] n changement *m*

changing ['tʃeɪndʒɪŋ] adj changeant ▸ **changing-room** (BR Sport) vestiaire *m*; (= fitting room) cabine *f* d'essayage

channel ['tʃænl] **1** n **a** (TV) chaîne *f* ▸ **channel-surfing** n zapping *m*, pitonnage *m* (CAN) **b** (= navigable passage) chenal *m* ; (for irrigation) canal *m* ▪ **the (English) Channel** la Manche ▸ **Channel crossing** traversée *f* de la Manche ▸ **the Channel Islands, the Channel Isles** les îles *fpl* Anglo-Normandes ▸ **the Channel tunnel** le tunnel sous la Manche **c** (= groove in surface) rainure *f* **d** (= system) voie *f* ▪ **to go through the usual ~s** suivre la filière habituelle **2** vt [+ energies, efforts, resources] canaliser (*towards, into* vers)

chant [tʃɑːnt] **1** n (in religious music) psalmodie *f* ; [of crowd, demonstrators] chant *m* scandé **2** vt (= sing) chanter lentement ; (= recite) réciter ; [+ religious music] psalmodier ; [crowd, demonstrators] scander

chaos ['keɪɒs] n chaos *m*

chaotic [keɪ'ɒtɪk] adj chaotique

chap* [tʃæp] n (BR) type *m* ▪ **old ~** (term of address) mon vieux*

chapel ['tʃæpəl] n chapelle *f*

chaplain ['tʃæplɪn] n aumônier *m*

chapped [tʃæpt] adj [lips] gercé

chapter ['tʃæptəʳ] n [of book] chapitre *m*

character ['kærɪktəʳ] n **a** (gen) caractère *m* **b** (= outstanding individual) personnage *m* ; (* = original person) numéro* *m* **c** (in film, play) personnage *m*

characteristic [,kærɪktə'rɪstɪk] **1** adj caractéristique **2** n caractéristique *f*

characterize ['kærɪktəraɪz] vt caractériser

charade [ʃə'rɑːd] **1** n (= pretence) comédie *f* **2** **charades** npl charades *fpl* mimées

charcoal ['tʃɑːkəʊl] n charbon *m* de bois

chard [tʃɑːd] n (also **Swiss chard**) bettes *fpl*

charge [tʃɑːdʒ] **1** n **a** (= accusation) accusation *f* ; (in court) inculpation *f*, chef *m* d'accusation **b** (= fee) prix *m* ▪ **free of ~** gratuit ▸ **charge card** (BR) carte *f* de paiement **c** (= responsibility) ▪ **the person in ~** le responsable ▪ **to be in ~ of** [+ department, operation, project] diriger ; [+ children, animals] s'occuper de ▪ **to take ~** (in firm, project) prendre la direction ▪ **he took ~ of the situation** il a pris la situation en main **d** (electrical) charge *f* **e** (= attack) charge *f* **2** vt **a** (= accuse) accuser (*with* de) ; (in court) inculper (*with* de) **b** (in payment) [+ person] faire payer ; [+ amount] prendre ▪ **to ~ sb for sth** faire payer qch à qn **c** [+ battery] charger **d** (= command) ▪ **to ~ sb to do sth** charger qn de faire qch **e** (= attack) charger **3** vi **a** (= rush) se précipiter ▪ **to ~ in/out** entrer/

ch

sortir en coup de vent ▪ **to ~ up/down** grimper/descendre à toute vitesse **b** [battery] se recharger

chariot ['tʃærɪət] n char *m*

charisma [kæ'rɪzmə] n charisme *m*

charismatic [ˌkærɪz'mætɪk] adj charismatique

charity ['tʃærɪtɪ] n **a** (= charitable organization) organisation *f* caritative ▸ **charity shop** *boutique vendant des objets d'occasion au profit d'une organisation caritative* **b** (= alms) charité *f*

charm [tʃɑ:m] **1** n **a** [of person, place, object] charme *m* **b** (for bracelet) breloque *f* **2** vt charmer

charming ['tʃɑ:mɪŋ] adj charmant

charred [tʃɑ:d] adj carbonisé

chart [tʃɑ:t] **1** n **a** (= graph) graphique *m* ; (= table) tableau *m* **b** (= map of sea) carte *f* (marine) **c** ▪ **the ~s** (= hit parade) le hit-parade **2** vt **a** [+ sales, profits, results] faire la courbe de **b** [+ route, journey] porter sur la carte

charter ['tʃɑ:tə'] **1** n **a** (= document) charte *f* **b** (also **charter flight**) (vol *m*) charter *m* **2** vt [+ plane] affréter

chartered accountant ['tʃɑ:tədə'kaʊntənt] n (BR) expert(e)-comptable *m(f)*

chase [tʃeɪs] **1** n (= pursuit) poursuite *f* **2** vt poursuivre **3** vi ▪ **to ~ after sb** courir après qn

▸ **chase away** vt sep [+ person, animal] chasser

chasm ['kæzəm] n gouffre *m*

chassis ['ʃæsɪ] n (pl **chassis** ['ʃæsɪz]) [of vehicle] châssis *m*

chasten ['tʃeɪsn] vt (= subdue) assagir ; (= rebuke) réprimander

chastise [tʃæs'taɪz] vt (= scold) réprimander

chat [tʃæt] **1** n brin *m* de conversation ▪ **to have a ~** bavarder ▸ **chat room** (on Internet) forum *m* de discussion ▸ **chat show** (BR : TV) talk-show *m* **2** vi bavarder (*with, to* avec) ; (Internet) chatter, clavarder (CAN)

▸ **chat up*** vt sep (BR) baratiner*

chatbot ['tʃætˌbɒt] n bot *m* or agent *m* conversationnel

chatter ['tʃætə'] **1** vi bavarder ; [children, monkeys, birds] jacasser ; (on Internet) chatter ▪ **his teeth were ~ing** il claquait des dents **2** n [of person] bavardage *m*

chatterbox* ['tʃætəbɒks] n moulin *m* à paroles*

chatty* ['tʃætɪ] adj [person] bavard ▪ **a ~ letter** une lettre écrite sur le ton de la conversation

chauffeur ['ʃəʊfə'] n chauffeur *m* (de maître) ▸ **chauffeur-driven car** voiture *f* avec chauffeur

chauvinist ['ʃəʊvɪnɪst] n chauvin(e) *m(f)* ▪ **male ~** machiste *m*

cheap [tʃi:p] **1** adj **a** (= inexpensive) bon marché *inv* ; [rate, fare] réduit **b** (= poor-quality) bon marché *inv* **c** [remark] méchant ; [joke, trick, gimmick, woman] facile **2** adv [buy] (= inexpensively) bon marché ; (= cut-price) au rabais

cheapen ['tʃi:pən] vt (= reduce value of) déprécier ▪ **to ~ o.s.** se déprécier

cheat [tʃi:t] **1** vt (= swindle) escroquer ▪ **to ~ sb out of sth** escroquer qch à qn ▪ **to feel ~ed** (= swindled) se sentir floué ; (= betrayed) se sentir trahi **2** vi (at cards, games) tricher (*at* à) ▪ **to ~ on sb*** (= be unfaithful to) tromper qn **3** n (US) (also **cheater**) tricheur *m*, -euse *f* ▸ **cheat sheet** (in exam) antisèche* *f*

cheating ['tʃi:tɪŋ] **1** n tricherie *f* **2** adj tricheur

check [tʃek] **1** n **a** (= inspection) contrôle *m* ▪ **to make a ~ on** contrôler **b** ▪ **to keep in ~** [+ emotions] contenir **c** (Chess) échec *m* ▪ **~!** échec au roi ! **d** (US = bill) addition *f* **e** (gen pl) (= pattern) ▪ **~s** carreaux *mpl* ▪ **~ shirt** chemise à carreaux **f** (US) ⇒ **cheque** **2** vt **a** (= inspect) vérifier ; [+ tickets, passports] contrôler ; (= tick off) cocher **b** [+ baggage] enregistrer **c** (= stop) [+ enemy] arrêter ; [+ advance] enrayer **d** (Chess) faire échec à **e** (US) [+ coats] mettre au vestiaire **3** vi vérifier

▸ **check in** **1** vi (in hotel) (= arrive) arriver ; (= register) remplir une fiche (d'hôtel) ; (at airport) se présenter à l'enregistrement **2** vt sep (at airport) enregistrer

▸ **check on** vt insep [+ information, time] vérifier ▪ **to ~ on sb** voir ce que fait qn

▸ **check out** **1** vi (from hotel) régler sa note **2** vt sep **a** (= verify) vérifier **b** [+ luggage] retirer ; [+ person] contrôler la sortie de ; [+ hotel guest] faire payer sa note à

▸ **check up** vi ▪ **to ~ up on sth** vérifier qch ▪ **to ~ up on sb** se renseigner sur qn

→ *Pièges* CONTROL

checkbook ['tʃekbʊk] n (US) chéquier *m*

checked [tʃekt] adj [tablecloth, suit, pattern] à carreaux

checker ['tʃekə'] n (US) (in supermarket) caissier *m*, -ière *f* ; (in cloakroom) préposé(e) *m(f)* au vestiaire

checkered ['tʃekəd] (US) adj ⇒ **chequered**

checkers ['tʃekəz] npl (US) jeu *m* de dames

check-in [ˌtʃekɪn] n (at airport) enregistrement *m* (des bagages)

checklist ['tʃeklɪst] n check-list *f*, liste *f* de contrôle

checkmate ['tʃekmeɪt] n (Chess) (échec *m* et) mat *m*

check-out [ˌtʃekaut] n caisse *f* *(dans un libre-service)*

checkpoint ['tʃekpɔɪnt] n poste *m* de contrôle

checkroom ['tʃekrʊm] n (US = cloakroom) vestiaire *m*

checkup ['tʃekʌp] n (Med) bilan *m* de santé

cheddar ['tʃedəʳ] n cheddar *m*

cheek [tʃi:k] n a (Anat) joue *f* b (* = impudence) culot* *m*

cheekbone ['tʃi:kbəʊn] n pommette *f*

cheeky ['tʃi:kɪ] adj [person] effronté ; [remark] impertinent

cheep [tʃi:p] vi [bird] piailler

cheer [tʃɪəʳ] 1 n ▪ **~s** acclamations *fpl*, hourras *mpl* ▪ **~s!*** (BR) (= your health!) à la vôtre* (or à la tienne*) ! ; (= goodbye) salut ! ; (= thanks) merci ! 2 vt a [+ person] remonter le moral à b (= applaud) acclamer 3 vi (= applaud) pousser des cris d'acclamation

▸ **cheer up** 1 vi reprendre courage ▪ **~ up!** courage ! 2 vt sep remonter le moral à

cheerful ['tʃɪəfʊl] adj [atmosphere, mood, occasion, person] joyeux ; [colour, smile] gai ; [news, prospect] réjouissant

cheerio‡ ['tʃɪərɪ'əʊ] excl (BR = goodbye) tchao !*

cheerleader ['tʃɪəli:dəʳ] n pom-pom girl *f*

cheery ['tʃɪərɪ] adj joyeux

cheese [tʃi:z] n fromage *m*

cheeseboard ['tʃi:zbɔ:d] n plateau *m* de fromages

cheeseburger ['tʃi:z,bɜ:gəʳ] n cheeseburger *m*

cheesecake ['tʃi:zkeɪk] n cheesecake *m*, ≈ gâteau au fromage blanc

cheetah ['tʃi:tə] n guépard *m*

chef [ʃef] n chef *mf* (cuisinier)

chemical ['kemɪkəl] 1 adj chimique 2 n produit *m* chimique

chemist ['kemɪst] n a (= scientist) chimiste *mf* b (BR = pharmacist) pharmacien(ne) *m(f)* ▪ **~'s (shop)** pharmacie *f*

chemistry ['kemɪstrɪ] n chimie *f*

chemotherapy [,keməʊ'θerəpɪ] n chimiothérapie *f*

chemsex ['kem,seks] n activité *f* sexuelle sous l'emprise de drogues

cheque, check (US) [tʃek] n chèque *m* ▸ **cheque card** (BR) carte *f* bancaire *(garantissant les chèques)*

chequebook ['tʃekbʊk] n chéquier *m*

chequered ['tʃekəd] adj a [material] à carreaux b [history, career] en dents de scie

cherish ['tʃerɪʃ] vt [+ person, memory] chérir ; [+ hope, illusions] nourrir

cherry ['tʃerɪ] n (= fruit) cerise *f* ; (also **cherry tree**) cerisier *m* ▸ **cherry-red** (rouge) cerise *inv* ▸ **cherry tomato** tomate *f* cerise

chess [tʃes] n échecs *mpl* ▸ **chess set** jeu *m* d'échecs

ch

chessboard ['tʃesbɔ:d] n échiquier *m*

chessman ['tʃesmæn] n (pl **-men**) pièce *f* (de jeu d'échecs)

chessplayer ['tʃes,pleɪəʳ] n joueur *m*, -euse *f* d'échecs

chest [tʃest] n a (part of body) poitrine *f* b (= box) coffre *m* ▸ **chest of drawers** commode *f*

chestnut ['tʃesnʌt] 1 n a (edible) châtaigne *f*, marron *m* b (also **chestnut tree**) châtaignier *m* ; (= horse chestnut) marronnier *m* 2 adj (also **chestnut-brown**) châtain

chew [tʃu:] vt [+ food] mâcher ; [+ pencil] mordiller ▸ **chewing gum** chewing-gum *m*

▸ **chew up** vt sep mâchonner

chic [ʃi:k] adj chic *inv*

chick [tʃɪk] 1 n a (= chicken) poussin *m* ; (= nestling) oisillon *m* b (‡ = girl) minette* *f* 2 comp ▸ **chick flick*** *film destiné au public féminin ou particulièrement apprécié par celui-ci* ▸ **chick lit*** *genre romanesque décrivant de jeunes femmes actives et leur vie sentimentale*

chicken ['tʃɪkɪn] 1 n poulet *m* 2 adj (* = cowardly) froussard*

▸ **chicken out**‡ vi se dégonfler*

chickenpox ['tʃɪkɪnpɒks] n varicelle *f*

chickpea ['tʃɪkpi:] n pois *m* chiche

chicory ['tʃɪkərɪ] n (for coffee) chicorée *f* ; (= endive) endive *f*

chief [tʃi:f] 1 n chef *mf* ▸ **chief executive officer** directeur *m*, -trice *f* général(e) ▸ **chief inspector** (BR : Police) inspecteur *m* -trice *f* de police principal(e) ▸ **chief of staff** n chef *mf* d'état-major 2 adj (= main) principal

chiefly ['tʃi:flɪ] adv principalement

chieftain ['tʃi:ftən] n chef *mf (de clan, de tribu)*

chiffon ['ʃɪfɒn] n mousseline *f* de soie

chilblain ['tʃɪlbleɪn] n engelure *f*

child [tʃaɪld] (pl **children**) 1 n enfant *mf* ▪ **it's ~'s play** c'est un jeu d'enfant 2 comp [psychology] de l'enfant, infantile ; [psychologist] pour enfants ▸ **child abuse** maltraitance *f* d'enfant(s); (sexual) abus *mpl* sexuels sur enfant(s) ▸ **child benefit** ≈ allocations *fpl* familiales ▸ **child care** ≈ garde *f* d'enfant(s) ▸ **child labour** (= use of child workers) travail *m* des enfants; (= children who do paid work) main-d'œuvre *f* enfantine

childbirth ['tʃaɪldbɜ:θ] n accouchement *m*

childhood ['tʃaɪldhʊd] n enfance *f*

childish ['tʃaɪldɪʃ] adj puéril (puérile *f*)

childless [ˈtʃaɪldlɪs] adj sans enfants

childlike [ˈtʃaɪldlaɪk] adj d'enfant, enfantin

childminder [ˈtʃaɪldˌmaɪndəʳ] n (BR) assistante *f* maternelle, nourrice *f*

children [ˈtʃɪldrən] pl of **child**

Chile [ˈtʃɪlɪ] n Chili *m*

chili [ˈtʃɪlɪ] n (pl **~es**) piment *m*

chill [tʃɪl] **1** n **a** (= coldness) froid *m* **b** (= illness) refroidissement *m* ▪ **to catch a ~** prendre froid **2** vt [+ person] faire frissonner ; [+ wine, melon] (faire) rafraîchir ; [+ champagne] frapper ; [+ dessert] mettre au frais **3** vi [wine] rafraîchir

▸ **chill out*** vi décompresser*

chillax* [tʃɪˈlæks] vi se relaxer

chiller* [ˈtʃɪləʳ] n (= film) film *m* d'épouvante ; (= book) roman *m* d'épouvante

chilli [ˈtʃɪlɪ] n ⇒ **chili**

chilling [ˈtʃɪlɪŋ] adj (= frightening) effrayant

chilly [ˈtʃɪlɪ] adj froid ; [day, afternoon] frais (fraîche *f*) ▪ **to be ~** [person] avoir froid ▪ **it's ~ today** il fait un peu froid aujourd'hui

chime [tʃaɪm] **1** n carillon *m* **2** vi [bells, voices] carillonner ; [clock] sonner

chimney [ˈtʃɪmnɪ] n cheminée *f* ▸ **chimney pot** tuyau *m* de cheminée ▸ **chimney sweep** ramoneur *m*

chimpanzee [ˌtʃɪmpænˈziː], **chimp*** [tʃɪmp] n chimpanzé *m*

chin [tʃɪn] n menton *m*

China [ˈtʃaɪnə] n Chine *f*

china [ˈtʃaɪnə] n porcelaine *f*

Chinatown [ˈtʃaɪnətaʊn] n quartier *m* chinois

Chinese [tʃaɪˈniːz] **1** adj chinois **2** n **a** (pl inv) Chinois(e) *m(f)* **b** (= language) chinois *m* ▸ **Chinese-speaking** sinophone **3** **the Chinese** npl les Chinois *mpl*

chink [tʃɪŋk] **1** n **a** (= crack) fissure *f* **b** (= sound) tintement *m (de verres, de pièces de monnaie)* **2** vt faire tinter **3** vi tinter

chip [tʃɪp] **1** n **a** (to eat) ▪ **~s** (BR) frites *fpl* ; (US) chips *fpl* ▸ **chip shop** (BR) friterie *f* **b** (Computing) puce *f* ▸ **chip and PIN** *système d'identification par carte à puce et code confidentiel* **c** (= small piece) fragment *m* ; [of wood] petit copeau *m* ▪ **to have a ~ on one's shoulder** être aigri **d** (= break) ébréchure *f* **e** (in gambling) jeton *m* **2** vt (= damage) [+ cup, plate] ébrécher ; [+ furniture] écorner ; [+ varnish, paint] écailler

▸ **chip in** vi **a** (= interrupt) dire son mot **b** (* = contribute) participer *(à une collecte)*

→ *Pièges* CHIPS

chipboard [ˈtʃɪpbɔːd] n (US) carton *m* ; (BR) aggloméré *m*

chipmunk [ˈtʃɪpmʌŋk] n écureuil *m* de Corée

chiropodist [kɪˈrɒpədɪst] n (BR) pédicure *mf*

chiropractor [ˈkaɪərəpræktəʳ] n chiropracteur *m*, -trice *f*

chirp [tʃɜːp] vi [birds] pépier ; [crickets] faire cricri, striduler

chirpy* [ˈtʃɜːpɪ] adj gai

chisel [ˈtʃɪzl] **1** n [of carpenter, sculptor] ciseau *m* ; [of stonemason] burin *m* **2** vt ciseler

chitchat* [ˈtʃɪttʃæt] n bavardage *m*

chivalrous [ˈʃɪvəlrəs] adj (= gallant) galant

chivalry [ˈʃɪvəlrɪ] n **a** chevalerie *f* **b** (= courtesy) galanterie *f*

chives [tʃaɪvz] npl ciboulette *f*

chloride [ˈklɔːraɪd] n chlorure *m*

chlorine [ˈklɔːriːn] n chlore *m*

choc-ice [ˈtʃɒkˌaɪs] n esquimau® *m*

chock [tʃɒk] n cale *f* ▸ **chock-a-block*, chock-full*** adj [room] plein à craquer (*with, of* de); [roads] encombré

chocolate [ˈtʃɒklɪt] **1** n chocolat *m* ; (= drinking chocolate) chocolat *m* **2** comp (= made of chocolate) en chocolat ; (= containing, flavoured with chocolate) au chocolat ; (= colour : also **chocolate brown**) chocolat *inv* ▸ **chocolate bar** barre *f* de chocolat or chocolatée ▸ **chocolate biscuit** biscuit *m* au chocolat or chocolaté

choice [tʃɔɪs] **1** n choix *m* ▪ **to make a ~** faire un choix ▪ **I had no ~** je n'avais pas le choix **2** adj [goods, fruit] de choix

→ *Pièges* CHOICE

choir [ˈkwaɪəʳ] n **a** (= singers) chœur *m*, chorale *f* **b** (= part of church) chœur *m*

choirboy [ˈkwaɪəbɔɪ] n enfant *m* de chœur

choirgirl [ˈkwaɪəgɜːl] n enfant *f* de chœur

choke [tʃəʊk] **1** vt [+ person, voice] étrangler ▪ **the street was ~d with traffic** la rue était engorgée **2** vi s'étrangler **3** n [of car] starter *m*

cholera [ˈkɒlərə] n choléra *m*

cholesterol [kəˈlestəˌrɒl] n cholestérol *m*

choose [tʃuːz] (pret **chose**, ptp **chosen**) **1** vt **a** (= select) choisir **b** (= opt) décider (*to do sth* de faire qch) **2** vi choisir (*between/among* entre/parmi)

→ *Pièges* CHOICE

choos(e)y* [ˈtʃuːzɪ] adj difficile (à satisfaire)

chop [tʃɒp] **1** n **a** (= meat) côtelette *f* **b** (= blow) coup *m* (de hache, etc) ▪ **to get the ~*** (BR) [employee] se faire virer* ; [project] être annulé **2** vt couper ; [+ meat, vegetables] hacher **3** vi (BR) ▪ **to ~ and change** changer constamment d'avis

▸ **chop down** vt sep [+ tree] abattre

▸ **chop off** vt sep couper

▸ **chop up** vt sep hacher

chopper ['tʃɒpəʳ] n **a** (for cutting) hachoir *m* **b** (* = helicopter) hélico* *m*

choppy ['tʃɒpɪ] adj [lake, sea] agité

chopsticks ['tʃɒpstɪks] npl baguettes *fpl* (chinoises)

chord [kɔːd] n (Mus) accord *m* ▪ **to strike a ~ with sb** trouver un écho en qn

chore [tʃɔːʳ] n (unpleasant) corvée *f* ▪ **household ~s** les tâches *fpl* ménagères

choreograph ['kɒrɪəˌgrɑːf] vt **a** chorégraphier **b** (fig) mettre en scène

choreography [ˌkɒrɪ'ɒgrəfɪ] n chorégraphie *f*

chorister ['kɒrɪstəʳ] n choriste *mf*

chortle ['tʃɔːtl] vi rire (*about, at* de)

chorus ['kɔːrəs] (pl **~es**) n **a** (= singers, speakers) chœur *m* ; (= dancers) troupe *f* **b** (= part of song) refrain *m* ▪ **a ~ of praise/objections** un concert de louanges/protestations

chose [tʃəʊz] vb pret of **choose**

chosen ['tʃəʊzn] vb ptp of **choose**

chowder ['tʃaʊdəʳ] n soupe *f* épaisse de palourdes

Christ [kraɪst] **1** n Christ *m* **2** excl ▪ **~!**‡ merde !‡

christen ['krɪsn] vt (= baptize) baptiser ; (= name) appeler ; (= nickname) surnommer

christening ['krɪsnɪŋ] n baptême *m*

Christian ['krɪstɪən] **1** adj chrétien ; (= good) charitable **2** n chrétien(ne) *m(f)* ▸ **Christian name** prénom *m*

Christianity [ˌkrɪstɪ'ænɪtɪ] n christianisme *m*

Christmas ['krɪsməs] n Noël *m* ▸ **Christmas cake** gâteau *m* de Noël *(gros cake décoré au sucre glace)* ▸ **Christmas card** carte *f* de Noël ▸ **Christmas carol** chant *m* de Noël ▸ **Christmas Day** jour *m* de Noël ▸ **Christmas Eve** veille *f* de Noël ▸ **Christmas present** cadeau *m* de Noël ▸ **Christmas pudding** (BR) *pudding traditionnel de Noël* ▸ **Christmas tree** arbre *m* de Noël

chrome [krəʊm] **1** n chrome *m* **2** adj chromé

chromium ['krəʊmɪəm] n chrome *m*

chromosome ['krəʊməsəʊm] n chromosome *m*

chronic ['krɒnɪk] adj **a** [illness, problem, unemployment] chronique ▸ **chronic fatigue syndrom** syndrome *m* de fatigue chronique **b** [liar, alcoholism, alcoholic] invétéré

chronicle ['krɒnɪkl] n chronique *f*

chronological [ˌkrɒnə'lɒdʒɪkəl] adj chronologique

chronology [krə'nɒlədʒɪ] n chronologie *f*

chrysanthemum [krɪ'sænθəməm], **chrysanth*** [krɪ'sænθ] n chrysanthème *m*

chubby ['tʃʌbɪ] adj potelé

chuck [tʃʌk] vt **a** (* = throw) lancer ; (in bin) balancer* **b** (‡ = give up) [+ job, hobby] laisser tomber* ; [+ boyfriend, girlfriend] plaquer‡

▸ **chuck away*** vt sep [+ old clothes, books] balancer* ; [+ money] jeter par les fenêtres

▸ **chuck out*** vt sep [+ useless article, old clothes, books] balancer* ; [+ person] sortir*

chuckle ['tʃʌkl] **1** n petit rire *m* **2** vi rire (*over, at* de)

chug [tʃʌg] vi [machine] souffler ; [car, train] avancer lentement

▸ **chug along** vi avancer lentement

chugger* ['tʃʌgəʳ] n *personne récoltant des dons dans la rue pour une organisation caritative*

chum* [tʃʌm] n copain* *m*, copine* *f*

chump* [tʃʌmp] n crétin(e)* *m(f)*

chunk [tʃʌŋk] n gros morceau *m* ; [of bread] quignon *m*

chunky ['tʃʌŋkɪ] adj [person] trapu ; [jumper, cardigan, shoes, jewellery] gros (grosse *f*)

Chunnel* ['tʃʌnəl] n ▪ **the ~** le tunnel sous la Manche

church [tʃɜːtʃ] n église *f* ▪ **to go to ~** aller à l'église ; [Catholic] aller à la messe ▪ **the Church of England** l'Église *f* anglicane

churchgoer ['tʃɜːtʃgəʊəʳ] n pratiquant(e) *m(f)*

churchyard ['tʃɜːtʃjɑːd] n cimetière *m (à côté d'une église)*

churlish ['tʃɜːlɪʃ] adj (= rude) grossier ; (= surly) revêche

churn [tʃɜːn] **1** n baratte *f* ; (BR = milk can) bidon *m* **2** vt **a** [+ butter] baratter **b** (also **churn up**) [+ water] faire bouillonner **3** vi [water, sea] bouillonner ▪ **his stomach was ~ing** (feeling sick) il avait l'estomac barbouillé ; (from nerves) il avait mal au ventre

▸ **churn out** vt sep [+ objects] débiter ; [+ essays, books] pondre en série*

chute [ʃuːt] n (also **rubbish chute**) vide-ordures *m inv* ; (also **water chute**) toboggan *m*

chutney ['tʃʌtnɪ] n chutney *m*

CIA [ˌsiːaɪ'eɪ] (US) (abbr of **Central Intelligence Agency**) CIA *f*

cicada [sɪ'kɑːdə] n cigale *f*

CID [ˌsiːaɪ'diː] (BR) (abbr of **Criminal Investigation Department**) police *f* judiciaire

cider ['saɪdəʳ] n cidre *m* ▸ **cider vinegar** vinaigre *m* de cidre

cigar [sɪ'gɑːʳ] n cigare *m*

cigarette [ˌsɪgə'ret] n cigarette *f*

ciggy* ['sɪgɪ] n (BR) clope* *f*

cinders ['sɪndəʳz] npl cendres *fpl*

cinema ['sɪnəmə] n (BR) cinéma *m* ▪ **to go to the ~** aller au cinéma ▸ **cinema complex** complexe *m* multisalle

cinnamon ['sɪnəmən] n cannelle *f*

circa ['sɜːkə] prep vers

circle ['sɜːkl] **1** n **a** (gen) cercle *m* ; (round eyes) cerne *m* ▪ **to go round in ~s** tourner en rond **b** (BR : Theatre) balcon *m* **2** vt **a** (= go round outside of) contourner ; (= keep moving round) tourner autour de **b** (= draw circle round) entourer **3** vi [birds] tournoyer ; [aircraft] tourner (en rond)

circuit ['sɜːkɪt] n circuit *m*

circuitous [sɜː'kjʊɪtəs] adj [journey] plein de détours ▪ **to take a ~ route** faire des détours

circular ['sɜːkjʊlə'] **1** adj [outline, saw, ticket] circulaire **2** n (= letter) circulaire *f*

circulate ['sɜːkjʊleɪt] **1** vi (gen) circuler ; (at party) se mêler aux invités **2** vt [+ object, bottle, document] faire circuler ; (= send out) diffuser

circulation [,sɜːkjʊ'leɪʃən] n (gen) circulation *f* ; [of newspaper] tirage *m*

circumcision [,sɜːkəm'sɪʒən] n [of male] circoncision *f* ; [of female] excision *f*

circumference [sə'kʌmfərəns] n circonférence *f*

circumflex ['sɜːkəmfleks] n (also **circumflex accent**) accent *m* circonflexe

circumspect ['sɜːkəmspekt] adj circonspect (*about sth* sur qch)

circumstance ['sɜːkəmstəns] n circonstance *f* ▪ **under no ~s** en aucun cas

circumstantial [,sɜːkəm'stænʃəl] adj ▪ **~ evidence** preuves *fpl* indirectes ▪ **much of the evidence is ~** il s'agit surtout de présomptions

circus ['sɜːkəs] n (pl **~es**) cirque *m*

cirrhosis [sɪ'rəʊsɪs] n cirrhose *f*

CIS [,siːaɪ'es] (abbr of **Commonwealth of Independent States**) CEI *f*

cistern ['sɪstən] n citerne *f* ; [of toilet] réservoir *m* de chasse d'eau

cite [saɪt] vt citer

citizen ['sɪtɪzn] n [of town] habitant(e) *m(f)* ; [of state] citoyen(ne) *m(f)* ▸ **Citizens' Advice Bureau** centre *m* d'information sur les droits des citoyens

citizenship ['sɪtɪznʃɪp] n citoyenneté *f* ▪ **~ education** (Scol) éducation *f* à la citoyenneté ; (Brit Scol) éducation *f* civique

citrus fruit ['sɪtrəs,fruːt] n agrume *m*

city ['sɪtɪ] n **a** (grande) ville *f* ▸ **city academy** *école secondaire des quartiers défavorisés, fonctionnant sur fonds publics et parrainée par le privé, plus libre qu'une école publique dans ses programmes et sa gestion* ▸ **city centre** centre-ville *m* ▸ **city hall** mairie *f*; (in large towns) hôtel *m* de ville **b** (BR) ▪ **the City** la City *(centre des affaires à Londres)*

⚠ ***city*** ne se traduit pas par **cité**.

civic ['sɪvɪk] adj [duty, rights, pride] civique ; [authorities, building] municipal ▸ **civic centre** (BR) centre *m* administratif (municipal)

civics ['sɪvɪks] n instruction *f* civique

civil ['sɪvl] adj **a** (civic) civil ▸ **civil engineering** génie *m* civil ▸ **civil partner** ≈ partenaire de PACS ▸ **civil partnership** ≈ PACS *m* ▸ **civil rights** droits *mpl* civils ▸ **civil servant** fonctionnaire *mf* ▸ **civil service** fonction *f* publique ▸ **civil war** guerre *f* civile ▪ **the (American) Civil War** la guerre de Sécession **b** (= polite) courtois

civilian [sɪ'vɪlɪən] n, adj civil(e) *m(f)*

civilization [,sɪvɪlaɪ'zeɪʃən] n civilisation *f*

civilized ['sɪvɪlaɪzd] adj **a** (= socially advanced) civilisé **b** (= refined) raffiné

CJD [,siːdʒeɪ'diː] n (abbr of **Creutzfeldt-Jakob disease**) MCJ *f*, maladie *f* de Creutzfeldt-Jakob

clad [klæd] adj vêtu (*in* de)

claim [kleɪm] **1** vt **a** (= demand as one's due) réclamer (*from sb* à qn) ; [+ property, prize, right] revendiquer **b** (= maintain) prétendre **c** [+ sb's attention, sb's sympathy] solliciter **2** n **a** (= act of claiming) revendication *f*, réclamation *f* ; (Insurance) ≈ déclaration de sinistre ; (for benefit) demande *f* ▪ **to lay ~ to** prétendre à ▪ **to make** or **put in a ~** (Insurance) faire une déclaration de sinistre ▸ **claim form** (Insurance) formulaire *m* de déclaration de sinistre; (for expenses) note *f* de frais **b** (= assertion) affirmation *f* **c** (= right) droit *m*

claimant ['kleɪmənt] n (BR) [of social benefits] demandeur *m*, -euse *f*

clairvoyant(e) [kleə'vɔɪənt] n extralucide *mf*

clam [klæm] n palourde *f*

▸ **clam up*** vi se taire

clamber ['klæmbə'] vi grimper *(en s'aidant des mains ou en rampant)*

clammy ['klæmɪ] adj moite

clamour, clamor (US) ['klæmə'] **1** n (= shouts) clameur *f*, cris *mpl* ; (= demands) revendications *fpl* bruyantes **2** vi pousser des cris ▪ **to ~ for sth/sb** réclamer qch/qn à cor et à cri

clamp [klæmp] **1** n (gen) pince *f* ; (Med) clamp *m* ; (Carpentry) valet *m* (d'établi) ; (for car wheel) sabot *m* de Denver **2** vt (= put clamp on) serrer ; [+ car, car wheels] mettre un sabot à

► **clamp down on*** vt insep [+ person] prendre des mesures autoritaires contre ; [+ crime, corruption] réprimer

clan [klæn] n clan *m*

clandestine [klæn'destɪn] adj clandestin

clang [klæŋ] n bruit *m* métallique

clap [klæp] **1** n (= applause) applaudissements *mpl* ▪ **a ~ of thunder** un coup de tonnerre **2** vt (= applaud) applaudir ▪ **to ~ one's hands** taper dans ses mains **3** vi applaudir

clapping ['klæpɪŋ] n applaudissements *mpl*

claret ['klærət] **1** n bordeaux *m* (rouge) **2** adj (also **claret-coloured**) bordeaux *inv*

clarification [ˌklærɪfɪ'keɪʃən] n éclaircissement *m*

clarify ['klærɪfaɪ] vt clarifier

clarinet [ˌklærɪ'net] n clarinette *f*

clarity ['klærɪtɪ] n clarté *f*

clash [klæʃ] **1** vi **a** (= fight) s'affronter, clasher* **b** [swords, metallic objects] s'entrechoquer ; [cymbals] résonner **c** (= conflict) [interests] être en conflit ; [personalities] être incompatible, clasher* ; [colours] jurer **d** [two events] tomber en même temps ▪ **the dates ~** ça tombe le même jour **2** n **a** [of armies, weapons] choc *m* ; (between people, parties) conflit *m*, clash* *m* ; (with police, troops) affrontement *m* **b** (= sound) choc *m* métallique **c** [of interests] conflit *m*

clasp [klɑːsp] **1** n fermoir *m* ; [of belt] boucle *f* **2** vt serrer ▪ **to ~ one's hands (together)** joindre les mains

class [klɑːs] **1** n **a** (gen) classe *f* ▪ **in a ~ of its own** unique **b** (= lesson) cours *m* ; (= students) classe *f* ; (US = year) promotion *f* ▪ **an evening ~** un cours du soir **2** vt classer **3** adj (* = very good) de grande classe

classic ['klæsɪk] n, adj classique *m* ► **classic car** voiture *f* ancienne

classical ['klæsɪkəl] adj classique ; [album, CD] de musique classique

classics ['klæsɪks] n lettres *fpl* classiques

classification [ˌklæsɪfɪ'keɪʃən] n classification *f*

classified ['klæsɪfaɪd] adj (= secret) classé secret (classée secrète *f*) ► **classified ad** petite annonce *f*

classify ['klæsɪfaɪ] vt classer

classmate ['klɑːsmeɪt] n camarade *mf* de classe

classroom ['klɑːsrʊm] n (salle *f* de) classe *f* ► **classroom learning** formation *f* en présentiel

classy* ['klɑːsɪ] adj [person, hotel, restaurant] classe* *inv* ; [neighbourhood] chic *inv* ; [performance] de grande classe

clatter ['klætəʳ] **1** n cliquetis *m* ; (louder) fracas *m* **2** vi (= rattle) cliqueter

clause [klɔːz] n **a** (grammatical) proposition *f* **b** [of contract] clause *f*

claustrophobia [ˌklɔːstrə'fəʊbɪə] n claustrophobie *f*

claustrophobic [ˌklɔːstrə'fəʊbɪk] adj [person] claustrophobe ; [feeling] de claustrophobie ; [atmosphere] oppressant ▪ **to feel ~** se sentir oppressé

claw [klɔː] **1** n [of animal] griffe *f* ; [of bird of prey] serre *f* ; [of lobster, crab] pince *f* **2** vt (= scratch) griffer

clay [kleɪ] n argile *f*, glaise *f* ► **clay court** (Tennis) court *m* en terre battue ► **clay pigeon shooting** ball-trap *m*

clean [kliːn] **1** adj **a** (= not dirty) propre ▪ **to keep sth ~** ne pas salir qch **b** [joke, story, film] non vulgaire **c** [game, match, player] fair-play *inv* ▪ **a ~ fight** un combat à la loyale **d** [sheet of paper] vierge ▪ **~ record** casier *m* (judiciaire) vierge **e** [edge, cut, shape] net **f** (= total) ▪ **to make a ~ break** tourner la page **g** (* = not in possession of drugs, weapon, stolen property) ▪ **to be ~** n'avoir rien sur soi **h*** (= off drugs) clean *inv* ; (= off alcohol) qui ne touche plus à l'alcool **2** adv (* = completely) ▪ **to cut ~ through sth** couper qch de part en part ▪ **the thief got ~ away** le voleur s'est enfui sans encombre ▪ **I ~ forgot** j'ai complètement oublié **3** n ▪ **to give sth a good ~** bien nettoyer qch **4** vt [+ windows, room, fish] nettoyer ; [+ shoes] cirer ; [+ vegetables] laver ; [+ blackboard] essuyer ▪ **to ~ one's teeth** se laver les dents **5** vi (= do housework) faire le ménage

► **clean out** vt sep [+ drawer, box, cupboard, room] nettoyer à fond

► **clean up** **1** vi tout nettoyer **2** vt nettoyer

→ *Pièges* PROPER

clean-cut [kliːnˌkʌt] adj [person] à l'allure soignée

cleaner ['kliːnəʳ] n **a** (in home) femme *f* de ménage ; (in company, hospital, etc) agent *m* d'entretien **b** (= product) produit *m* d'entretien **c** (= shop) ▪ **he took his coat to the ~'s** il a donné son pardessus à nettoyer

cleaning ['kliːnɪŋ] n nettoyage *m* ; (= housework) ménage *m*

cleanliness ['klenlɪnɪs] n propreté *f*

cleanly ['kliːnlɪ] adv **a** [cut] de façon bien nette **b** [fight] [+ election, contest] loyalement **c** [strike, hit, catch] avec précision

clean-out [ˌkliːnaut] n nettoyage *m* à fond

cleanse [klenz] vt [+ skin] nettoyer ; [+ blood] purifier

cleanser ['klenzəʳ] n (= detergent) détergent *m* ; (for skin) lotion *f* purifiante ; (= make-up remover) démaquillant *m*

clean-shaven [kliːnˈʃeɪvən] adj rasé de près

cleansing [ˈklenzɪŋ] **1** adj (for complexion) démaquillant ; (fig) purifiant ■ **~ lotion** lotion *f* nettoyante or démaquillante **2** n nettoyage *m*

cleanup [ˈkliːnʌp] n nettoyage *m*

clear [klɪəʳ] **1** adj **a** (gen) clair ; [mind, thinking] lucide ; [picture, voice, majority] net ■ **on a ~ day** par temps clair ■ **a ~ profit** un bénéfice net ■ **to make sth ~** bien faire comprendre qch ■ **to make o.s. ~** se faire bien comprendre **b** (= transparent) transparent ; [honey] liquide ; [water] clair ; [air] limpide ■ **~ soup** bouillon *m* **c** (= unobstructed) [road, space] libre ; [area, view, sky] dégagé **d** ■ **to get ~ of sth** (= go away from) s'éloigner de qch ; (= rid o.s. of) se débarrasser de qch **2** n ■ **to be in the ~*** (= no longer suspected) être lavé de tout soupçon ; (= out of danger) être hors de danger **3** vt **a** [+ skin] purifier ; [+ complexion] éclaircir ■ **to ~ one's head** s'éclaircir les idées **b** (= remove obstacles from) dégager ; [+ land] défricher ■ **to ~ one's throat** s'éclaircir la voix ■ **to ~ a room** (of people) faire évacuer une salle ; (of things) débarrasser une pièce **c** (= find innocent) innocenter **d** (= authorize) ■ **to ~ sth with sb** demander à qn l'autorisation de faire qch **e** (= get past or over) franchir ■ **to ~ customs** passer la douane **f** [+ cheque] compenser ; [+ debt] s'acquitter de **4** vi [weather] s'éclaircir ; [sky] se dégager ; [fog] se dissiper ; [face, expression] s'éclairer

► **clear away** **1** vi **a** [mist] se dissiper **b** (= clear the table) débarrasser **2** vt sep enlever ■ **to ~ away the dishes** débarrasser (la table)

► **clear off*** vi filer* ■ **~ off!** fichez le camp !*

► **clear out** **1** vi* ⇒ **clear off** **2** vt sep [+ cupboard] vider ; [+ room] débarrasser ; [+ unwanted objects] enlever, jeter

► **clear up** **1** vi **a** [weather] s'éclaircir **b** [spots] disparaître **2** vt sep **a** [+ mystery, problem] résoudre **b** (= tidy) ranger

clearance [ˈklɪərəns] n **a** [of land] défrichement *m* **b** (= permission) autorisation *f*

clear-cut [kliəˌkʌt] adj précis ; [case, example] évident

clearing [ˈklɪərɪŋ] n (in forest) clairière *f*

clearly [ˈklɪəlɪ] adv **a** [explain, see, write] clairement ; [speak, hear] distinctement ; [visible] nettement **b** (= obviously) manifestement

cleavage [ˈkliːvɪdʒ] n décolleté *m*

cleaver [ˈkliːvəʳ] n couperet *m*

clef [klef] n (Mus) clé *f*

cleft [kleft] n (in rock) fissure *f*

clematis [ˈklemətɪs] n clématite *f*

clement [ˈklemənt] adj [weather] clément

clementine [ˈkleməntaɪn] n clémentine *f*

clench [klentʃ] vt ■ **to ~ one's fists/teeth** serrer les poings/les dents

clergy [ˈklɜːdʒɪ] n clergé *m*

clergyman [ˈklɜːdʒɪmən] n (pl **-men**) ecclésiastique *m*

clerical [ˈklerɪkəl] adj [worker, work] de bureau

clerk [klɑːk, (US) klɜːrk] n **a** (in office) employé(e) *m(f)* de bureau ■ **bank ~** employé(e) *m(f)* de banque ■ **desk ~** (in hotel) réceptionniste *mf* **b** (US = shop assistant) vendeur *m*, -euse *f*

clever [ˈklevəʳ] adj **a** (= intelligent) intelligent **b** (= skilful) adroit ■ **~ at doing sth** doué pour faire qch ■ **~ with one's hands** adroit de ses mains **c** [plan, trick, idea] ingénieux ; [joke] fin

clew [kluː] n (US) ⇒ **clue**

cliché [ˈkliːʃeɪ] n cliché *m*

click [klɪk] **1** n petit bruit *m* sec ; (Computing) clic *m* ■ **in a ~** en un clic ■ **with the ~ of a mouse, with a ~ of the mouse** en cliquant sur la souris ► **click bait** piège *m* à clics ► **click fraud** fraude *f* au clic ► **click-through** [advertisement, icon] cliquable ■ **click-through rate** taux *m* de clics **2** vi faire un bruit sec ; (Computing) cliquer ■ **suddenly it ~ed*** (fig) tout à coup, ça a fait tilt* ■ **they ~ed immediately*** ils ont tout de suite sympathisé, le courant est tout de suite passé entre eux

► **click through** vi (Computing) cliquer sur un or le lien

clickable [ˈklikəbl] adj (Computing) cliquable

clickjacking* [ˈklɪkdʒækɪŋ] n clickjacking *m*, détournement *m* de clic

clicktivism* [ˈklɪktɪvɪzəm] n clictivisme *m* sur Internet, activisme *m* sur Internet

client [ˈklaɪənt] n client(e) *m(f)*

clientele [ˌkliːɑːnˈtel] n clientèle *f*

cliff [klɪf] n falaise *f*

cliffhanger* [ˈklɪfˌhæŋəʳ] n (= story) histoire *f* à suspense ; (= situation) situation *f* à suspense

climate [ˈklaɪmɪt] n climat *m* ► **climate change** changement *m* climatique ■ **~ change sceptic, ~ (change) denier** climatosceptique *mf*

climatic [klaɪˈmætɪk] adj climatique

climax [ˈklaɪmæks] **1** n [of career] apogée *m* ; [of season] point *m* culminant ; (= orgasm) orgasme *m* **2** vi atteindre son summum ; (orgasm) avoir un orgasme

climb [klaɪm] **1** vt [+ stairs, steps, slope] monter ; [+ hill] grimper ; [+ tree] grimper dans or sur ; [+ ladder] monter sur or à ; [+ rope] monter à ; [+ mountain] gravir **2** vi **a** (gen) monter ; [prices, costs] grimper **b** ▪ **to ~ over a wall/an obstacle** escalader un mur/un obstacle ▪ **to ~ into a boat** monter à bord d'un bateau **3** n ascension *f*

climber ['klaɪmə'] n (= mountaineer) alpiniste *mf* ; (= rock-climber) varappeur *m*, -euse *f*

climbing ['klaɪmɪŋ] n (= mountain climbing) alpinisme *m* ; (= rock-climbing) varappe *f*

clinch [klɪntʃ] **1** vt [+ argument] mettre un point final à ; [+ agreement, deal] conclure **2** n (Boxing) corps-à-corps *m* ; (* = embrace) étreinte *f*

cling [klɪŋ] (pret, ptp **clung**) vi **a** (= hold tight) se cramponner (*to* à) **b** (= stick) adhérer (*to* à) ; [clothes] coller

Clingfilm®, clingfilm ['klɪŋfɪlm] n film *m* alimentaire (transparent)

clingy* ['klɪŋɪ] adj [person] crampon*

clinic ['klɪnɪk] n (= private nursing home) clinique *f* ; (= health centre) centre *m* médicosocial

clinical ['klɪnɪkəl] adj **a** (Med) clinique **b** (= dispassionate) froidement objectif

clink [klɪŋk] **1** vt faire tinter ▪ **to ~ glasses with sb** trinquer avec qn **2** vi tinter

clip [klɪp] **1** n **a** (for papers) trombone *m* ; (for hair) barrette *f* ; (= brooch) clip *m* **b** [of film] court extrait *m* ; (TV) clip *m* **2** vt **a** (= fasten together) attacher (avec un trombone) **b** (= cut, snip) couper (avec des ciseaux) ; [+ hedge] tailler ; [+ article from newspaper] découper

clipboard ['klɪpbɔːd] n porte-bloc *m*

clippers ['klɪpəz] npl tondeuse *f* ; → **nail**

clipping ['klɪpɪŋ] n [of newspaper] coupure *f* de presse

clique [kliːk] n (pej) clique* *f*

clitoris ['klɪtərɪs] n clitoris *m*

cloak [kləʊk] n (grande) cape *f*

cloakroom ['kləʊkrʊm] n **a** (for coats) vestiaire *m* **b** (BR = toilet) toilettes *fpl*

clock [klɒk] n (large) horloge *f* ; (smaller) pendule *f* ; (= alarm clock) réveil *m* ; (in car) compteur *m* ▪ **to work round the ~** travailler vingt-quatre heures sur vingt-quatre ▸ **clock-radio** radio-réveil *m* ▸ **clock-tower** clocher *m*

▸ **clock in, clock on** vi pointer (à l'arrivée)

▸ **clock off, clock out** vi pointer (à la sortie)

clockwise ['klɒkwaɪz] adv, adj dans le sens des aiguilles d'une montre

clockwork ['klɒkwɜːk] **1** n ▪ **to go** or **run like ~** marcher comme sur des roulettes **2** adj [toy, train, car] mécanique

clog [klɒg] **1** n sabot *m* **2** vt (also **clog up**) [+ pores, arteries, pipe] boucher ; [+ streets, system] encombrer

cloister ['klɔɪstə'] n cloître *m*

clone [kləʊn] **1** n clone *m* **2** vt cloner

close[1] [kləʊs] **1** adj **a** (= near) proche ▪ **in ~ proximity to sb/sth** dans le voisinage immédiat de qn/qch ▪ **at ~ quarters** de très près ▪ **it was a ~ shave*** or **thing*** je l'ai (or il l'a, etc) échappé belle ▪ **~ to** (= near) près or proche de ▪ **to be ~ to tears** être au bord des larmes **b** [friend, relative] proche ; [relationship, friendship] profond ; [ties, links] étroit ; [resemblance] fort ▪ **to be/feel ~ to sb** être/se sentir proche de qn **c** [examination] attentif ; [investigation, enquiry] minutieux ; [translation] fidèle ▪ **to pay ~ attention to sth** faire bien attention à qch ▪ **to keep a ~ eye** or **watch on sb/sth** surveiller qn/qch de près **d** [contest, race] serré **e** [room] mal aéré ▪ **it's very ~ today** il fait très lourd aujourd'hui **2** adv ▪ **~ to sb/sth** près de qn/qch ▪ **~ behind (sb/sth)** juste derrière (qn/qch) ▪ **~ by (sb/sth)** tout près (de qn/qch) ▪ **to get ~ (to sb/sth)** s'approcher (de qn/qch) ▪ **to hold sb ~** serrer qn dans ses bras ▪ **to look at sth ~ to** or **up** regarder qch de très près **3** comp ▸ **close-cropped** [hair] (coupé) ras ▸ **close-fitting** ajusté ▸ **close-knit** très uni ▸ **close-up** (= photo, shot) gros plan *m*

→ *Pièges* CLOSE

close[2] [kləʊz] **1** n (= end) fin *f* ▪ **to come to a ~** se terminer **2** vt **a** (= shut) fermer ; [+ road] barrer **b** [+ proceedings, discussion] mettre fin à ; [+ account] clore **3** vi **a** [door, drawer, eyes] se fermer ; [museum, theatre, shop] fermer **b** [session] se terminer ; [speaker] terminer

▸ **close down** vti [business, shop] fermer (définitivement)

▸ **close up** **1** vi [wound] se refermer **2** vt sep [+ house, shop] fermer

closed [kləʊzd] adj [door, eyes, shop] fermé ; [road] barré ▪ **behind ~ doors** à huis clos ▸ **closed-circuit (television) camera** caméra *f* de surveillance ; → *Pièges* CLOSE

closely ['kləʊslɪ] adv [linked, connected, associated] étroitement ; [resemble] beaucoup ; [look at, study] de près ; [listen] attentivement ▪ **~ followed by** suivi de près par ▪ **to work ~ with sb** travailler en étroite collaboration avec qn

closet ['klɒzɪt] **1** n **a** (US) (= cupboard) placard *m* ; (for hanging clothes) penderie *f* **b** (US = small room) (petit) bureau *m* **2** adj (* = secret) ▪ **he's a ~ homosexual/communist** il n'ose pas avouer qu'il est homosexuel/communiste

closing ['kləʊzɪŋ] **1** n [of factory] fermeture *f* **2** adj (= final) dernier ▪ **~ date** (for applications) date *f* limite de dépôt ▪ **~ time** (BR) heure *f* de fermeture *(d'un magasin, d'un café)*

closure ['kləʊʒə'] n [of factory, business] fermeture *f*

cl

clot [klɒt] **1** n **a** [of blood] caillot *m* **b** (* BR = person) cruche* *f* **2** vt [+ blood] coaguler **3** vi [blood] (se) coaguler

cloth [klɒθ] n **a** (= fabric) tissu *m* **b** (= tablecloth) nappe *f* ; (= duster) chiffon *m*
→ *Pièges* CLOTH

clothe [kləʊð] vt habiller (*in, with* de)

clothes [kləʊðz] npl vêtements *mpl* ▪ **to put on one's ~** s'habiller ▪ **to take off one's ~** se déshabiller ▸ **clothes brush** brosse *f* à habits ▸ **clothes hanger** cintre *m* ▸ **clothes horse** séchoir *m* à linge ▸ **clothes line** corde *f* à linge ▸ **clothes peg** (BR) pince *f* à linge ;
→ *Pièges* CLOTH

clothing ['kləʊðɪŋ] n (= clothes) vêtements *mpl* ; → *Pièges* CLOTH

clotted cream ['klɒtɪd,kri:m] n (BR) *crème fraîche épaisse*

cloud [klaʊd] n nuage *m* ▪ **the ~** le nuage *m*, l'infonuage *m* (CAN) ▸ **cloud-based** adj dans le nuage ▸ **cloud computing** n informatique *f* en nuage, infonuagique *f* (CAN)
▸ **cloud over** vi [sky] se couvrir ; [face, expression] s'assombrir

cloudy ['klaʊdɪ] adj [sky] nuageux ; [liquid] trouble ▪ **it was ~** le temps était couvert

clout [klaʊt] **1** n **a** (= blow) coup *m* **b** (* = influence) influence *f* **2** vt [+ person] donner un coup à

clove [kləʊv] n **a** (= spice) clou *m* de girofle **b** [of garlic] gousse *f*

clover ['kləʊvə'] n trèfle *m*

cloverleaf ['kləʊvəli:f] n feuille *f* de trèfle

clown [klaʊn] **1** n clown *m* **2** vi (also **clown about, clown around**) faire le clown

cloze test ['kləʊztest] n texte *m* à trous

club [klʌb] **1** n **a** (social, sports) club *m* **b** (= night club) boîte *f* de nuit **c** (= stick) massue *f* ; (= truncheon) matraque *f* ; (= golf club) club *m* (de golf) **d** (Cards) trèfle *m* **2** vt [+ person] frapper avec un gourdin ; (with truncheon) matraquer **3** vi ▪ **to go ~bing** sortir en boîte*
▸ **club together** vi se cotiser

clubber* ['klʌbə'] n (BR) noctambule *mf*, habitué(e) *m(f)* des boîtes de nuit

cluck [klʌk] vi glousser

clue, clew (US) [klu:] n (gen) indication *f* ; (in crime) indice *m* ; (in crossword) définition *f* ▪ **I haven't a ~!*** je n'en ai pas la moindre idée !

clueless* ['klu:lɪs] adj ▪ **he's ~** il ne sait rien de rien*

clump [klʌmp] n [of shrubs] massif *m* ; [of trees] bouquet *m* ; [of grass] touffe *f*

clumsy ['klʌmzɪ] adj maladroit

clung [klʌŋ] vb pret, ptp of **cling**

cluster ['klʌstə'] **1** n [of flowers, fruit] grappe *f* ; [of people, houses, islands] (petit) groupe *m* ▸ **cluster munitions** sous-munitions *fpl* **2** vi [people] se rassembler (*around* autour de)

clutch [klʌtʃ] **1** n **a** [of car] embrayage *m* ; (= clutch pedal) pédale *f* d'embrayage **b** ▪ **to fall into sb's ~es** tomber sous les griffes de qn **c** [of eggs] couvée *f* **2** vt (= hold tightly) serrer fort ; (= hold on to) se cramponner à **3** vi ▪ **to ~ at** se cramponner à

clutter ['klʌtə'] **1** n (= disorder) désordre *m* ; (= objects lying about) fouillis *m* **2** vt (= clutter up) encombrer (*with* de)

cm (abbr of **centimetre(s)**) cm

Co. **a** (abbr of **company**) Cie **b** abbr of **County**

c/o ['keərəv] (abbr of **care of**) chez

coach [kəʊtʃ] **1** n **a** (BR = bus) car *m* ; [of train] voiture *f* ▸ **coach station** (BR) gare *f* routière **b** (Sport) entraîneur *m* **2** vt (Sport) entraîner
→ *Pièges* CAR

coagulate [kəʊ'ægjʊleɪt] vi (se) coaguler

coal [kəʊl] n charbon *m* ▸ **coal mine** mine *f* de charbon ▸ **coal miner** mineur *m*

coalfield ['kəʊlfi:ld] n gisement *m* de houille

coalition [,kəʊə'lɪʃən] n coalition *f*

coarse [kɔ:s] adj **a** [fabric, surface] rugueux ; [gravel] grossier ; [powder, sand] à gros grains **b** (= unrefined, uncouth) grossier

coast [kəʊst] **1** n côte *f* ; (= coastline) littoral *m* **2** vi (also **to coast along**) [motorist, cyclist] avancer en roue libre

coastal ['kəʊstəl] adj côtier

coaster ['kəʊstə'] n (= mat) dessous-de-verre *m*

coastguard ['kəʊst,gɑ:d] n (= person) garde-côte *m* ; (= service) ≈ gendarmerie maritime

coastline ['kəʊstlaɪn] n littoral *m*

coat [kəʊt] **1** n **a** (= garment) manteau *m* ▸ **coat hanger** cintre *m* ▸ **coat of arms** blason *m* **b** [of animal] pelage *m* ; [of horse] robe *f* **c** [of paint, varnish] couche *f* **2** vt (with oil, grease) enduire (*with* de)

coax [kəʊks] vt ▪ **to ~ sb into doing sth** amener qn à faire qch en l'amadouant ▪ **to ~ sth out of sb** obtenir qch de qn en l'amadouant

cobbled ['kɒbld] adj pavé

cobbler ['kɒblə'] n cordonnier *m*

cobblestone ['kɒblstəʊn] n pavé *m* rond

cobra ['kəʊbrə] n cobra *m*

cobweb ['kɒbweb] n toile *f* d'araignée

cocaine [kə'keɪn] n cocaïne *f*

cock [kɒk] n (BR = rooster) coq *m* ; (= male bird) (oiseau *m*) mâle *m* ▸ **cock-a-doodle-doo** cocorico !

cockatoo [,kɒkə'tu:] n cacatoès *m*

cockerel ['kɒkərəl] n (jeune) coq *m*

cockle ['kɒkl] n (= shellfish) coque *f*

cockney ['kɒknɪ] n, adj (= person) cockney *mf* ; (= dialect) cockney *m*

cockpit ['kɒkpɪt] n cockpit *m*

cockroach ['kɒklrəʊtʃ] n cafard *m*

cocktail ['kɒkteɪl] n cocktail *m* ▸ **cocktail effect** effet *m* cocktail ▸ **cocktail lounge** lounge *m*, bar *m* (de luxe d'un hôtel)

cocoa ['kəʊkəʊ] n (= powder) cacao *m* ; (= drink) chocolat *m*

coconut ['kəʊkənʌt] n noix *f* de coco ▸ **coconut palm, coconut tree** cocotier *m*

cocoon [kə'ku:n] n cocon *m*

cod [kɒd] n inv morue *f* ; (in shop, on menu) cabillaud *m* ▸ **cod-liver oil** huile *f* de foie de morue

code [kəʊd] **1** n (gen) code *m* ; (= dialling code) indicatif *m* ▸ **code word** mot *m* de passe **2** vt coder

coded ['kəʊdɪd] adj codé

coder ['kəʊdə'] n (Computing) codeur *m*, -euse *f*

coed* ['kəʊ'ed] **1** adj mixte **2** n (US) étudiante *f (dans un établissement mixte)*

coercion [kəʊ'ɜ:ʃən] n coercition *f*

C of E [,si:ə'vi:] n (BR) (abbr of **Church of England**) Église *f* anglicane

coffee ['kɒfɪ] n café *m* ▸ **coffee bar** (BR) café *m* ▸ **coffee break** pause-café *f* ▸ **coffee machine** (in café) percolateur *m*; (= vending machine) machine *f* à café ▸ **coffee-maker** cafetière *f* ▸ **coffee table** table *f* basse, snack(-bar) *m* ; → *Pièges* COFFEE

coffeepot ['kɒfɪpɒt] n cafetière *f*

coffin ['kɒfɪn] n cercueil *m*

cog [kɒg] n dent *f (d'engrenage)*

cogitate ['kɒdʒɪteɪt] vi réfléchir (*(up)on* à) ; (hum) cogiter (*(up)on* sur)

cognac ['kɒnjæk] n cognac *m*

cognate ['kɒgneɪt] **1** adj apparenté (*with* à) **2** n (Ling) mot *m* apparenté ; (Law) cognat *m*

cognitive ['kɒgnɪtɪv] adj cognitif ▸ **cognitive psychology** n psychologie *f* cognitive ▸ **cognitive (behavioural** or **behavioral** (US)) **therapy** n thérapie *f* cognitive

cohabit [kəʊ'hæbɪt] vi cohabiter

coherent [kəʊ'hɪərənt] adj (= consistent) cohérent ▪ **he wasn't very ~** (= articulate) on avait du mal à le comprendre

coil [kɔɪl] **1** vt [+ rope, hair] enrouler ; [+ wire] embobiner **2** n **a** [of rope, wire] rouleau *m* ; [of hair] boucle *f* **b** (= contraceptive) stérilet *m*

coin [kɔɪn] n pièce *f* (de monnaie) ▸ **coin box** (= phone box) cabine *f* téléphonique (à pièces) ▸ **coin-operated** à pièces

coincide [,kəʊɪn'saɪd] vi coïncider

coincidence [kəʊ'ɪnsɪdəns] n coïncidence *f*

coincidental [kəʊ,ɪnsɪ'dentl] adj fortuit ▪ **it's entirely ~** c'est une pure coïncidence

Coke® [kəʊk] n coca® *m*

colander ['kʌləndə'] n passoire *f*

cold [kəʊld] **1** adj froid ▪ **I am ~** j'ai froid ▪ **my feet are ~** j'ai froid aux pieds ▪ **to get ~** [weather, room] se refroidir ; [food] refroidir ; [person] commencer à avoir froid ▪ **in ~ blood** de sang-froid ▸ **cold-blooded** [animal] à sang froid; [person] insensible; [murder, attack] commis de sang-froid ▸ **cold call** (on phone) appel *m* de démarchage; (= visit) démarchage *m* (à domicile) ▸ **cold-hearted** impitoyable ▸ **the cold war** la guerre froide **2** n **a** (in temperature) froid *m* **b** (= illness) rhume *m* ▪ **to have a ~** être enrhumé ▪ **to catch a ~** s'enrhumer ▸ **cold sore** bouton *m* de fièvre

coleslaw ['kəʊlslɔ:] n coleslaw *m*

colic ['kɒlɪk] n coliques *fpl*

collaborate [kə'læbəreɪt] vi collaborer (*on* à)

collaboration [kə,læbə'reɪʃən] n collaboration *f* (*in* à)

collaborative [kə'læbərətɪv] adj collaboratif, fait en collaboration

collaborator [kə'læbəreɪtə'] n collaborateur *m*, -trice *f*

collage [kɒ'lɑ:ʒ] n collage *m*

collapse [kə'læps] **1** vi **a** [person, government, building] s'écrouler ; [market, prices, system] s'effondrer ; [agreement, plan] tomber à l'eau ; [company] faire faillite ; [talks, trial] échouer ; [marriage] se solder par un échec **b** (= fold) [table, chairs] se plier **2** n [of person, building] écroulement *m* ; [of government] chute *f* ; [of company] faillite *f* ; [of market, prices, system] effondrement *m* ; [of talks, agreement, marriage, trial] échec *m* ; [of empire, plan] effondrement *m*

collapsible [kə'læpsəbl] adj pliant

collapsologist [,kəlæp'sɒlədʒɪst] n collapsologue *mf*

collar ['kɒlə'] n (on garment) col *m* ; (for dogs, horses) collier *m*

collarbone ['kɒləbəʊn] n clavicule *f*

collateral [kə'lætərəl] adj collatéral

colleague ['kɒli:g] n collègue *mf*

collect [kə'lekt] **1** vt **a** (= gather together) [+ valuables, wealth] amasser ; [+ information, documents, evidence] rassembler ▪ **to ~ one's thoughts** se concentrer **b** (= pick up, call for) [+ person, mail] (passer) prendre ; [+ rubbish] ramasser **c** [+ money, subscriptions, signatures] recueillir ; [+ taxes, fines] percevoir ; [+ rents] encaisser **d** (as hobby) [+ stamps, coins] collectionner **2** vi **a** [people] se rassembler ; [things] s'entasser ; [dust, water] s'accumuler **b** (= gather money) ▪ **to ~ for charity** collecter de l'argent pour des œuvres caritatives **3** adv (US) ▪ **to call ~** téléphoner en PCV

collection [kə'lekʃən] n **a** [of objects] collection *f* **b** (= anthology) recueil *m* **c** [of goods, refuse] ramassage *m* ; [of mail] levée *f* ; [of taxes] perception *f* ; [of rents] encaissement *m* **d** [of money] (for charity) collecte *f* ; (in church) quête *f* ▸ **collection box** (in church) tronc *m*

collective [kə'lektɪv] **1** adj collectif **2** n coopérative *f*

collector [kə'lektəʳ] n [of stamps, coins] collectionneur *m*, -euse *f* ▸ **collector's item** pièce *f* de collection

college ['kɒlɪdʒ] n **a** (= university) université *f* ; (= institution for higher education) établissement *m* d'enseignement supérieur ; (for professional training) lycée *m* technique ▪ **College of Further Education** (BR) *établissement d'enseignement pour jeunes et adultes, délivrant essentiellement des diplômes techniques* ▪ **to go to ~** faire des études supérieures ▪ **~ town** (in US) ville *f* universitaire **b** (within a university) (BR) collège *m* ; (US) faculté *f*
→ *Pièges* COLLEGE

collide [kə'laɪd] vi [vehicles, trains, planes] entrer en collision ; [people] se heurter ▪ **to ~ with** [+ vehicle, train, plane] entrer en collision avec ; [+ person] heurter

collie ['kɒlɪ] n colley *m*

colliery ['kɒlɪərɪ] n (BR) houillère *f*

collision [kə'lɪʒən] n collision *f*

colloquial [kə'ləʊkwɪəl] adj familier

collusion [kə'lu:ʒən] n collusion *f* ▪ **in ~ with...** de connivence avec...

cologne [kə'ləʊn] n eau *f* de Cologne

Colombia [kə'lɒmbɪə] n Colombie *f*

colon ['kəʊlən] n **a** (= intestine) côlon *m* **b** (= punctuation) deux-points *m inv*

colonel ['kɜ:nl] n colonel *m*

colonial [kə'ləʊnɪəl] adj, n colonial(e) *m(f)*

colonize ['kɒlənaɪz] vt coloniser

colony ['kɒlənɪ] n colonie *f*

color, colorful, etc (US) ⇒ **colour, colourful,** etc

colossal [kə'lɒsl] adj colossal

colour, color (US) ['kʌləʳ] **1** n couleur *f* ▪ **what ~ is it?** de quelle couleur est-ce ? ▪ **to change ~** changer de couleur ▸ **colour-blind** daltonien ; (= non-discriminatory) sans discrimination raciale ▸ **colour scheme** combinaison *f* de(s) couleurs ▸ **colour television** télévision *f* en couleur(s) **2** vt **a** (= give colour to) colorer ; (with paint) peindre ; (with crayons) colorier ; (= dye) teindre **b** [+ story, description] colorer ; [+ attitude, opinion] influencer **3** vi (= blush) rougir

coloured, colored (US) ['kʌləd] adj [glass, water] coloré ; [chalk, pencil, bead, fabric, garment] de couleur ; [picture] en couleur(s)

colourfast, colorfast (US) ['kʌlərfɑ:st] adj grand teint *inv*

colourful, colorful (US) ['kʌləfʊl] adj **a** (= bright) aux couleurs vives **b** [story, figure] pittoresque ; [life, career] mouvementé

colouring, coloring (US) ['kʌlərɪŋ] n **a** (= complexion) teint *m* **b** (= colour) couleurs *fpl* **c** (in food) colorant *m* (alimentaire)

colt [kəʊlt] n poulain *m*

column ['kɒləm] n colonne *f*

columnist ['kɒləmnɪst] n chroniqueur *m*, -euse *f*

coma ['kəʊmə] n coma *m*

comb [kəʊm] **1** n peigne *m* **2** vt **a** peigner ▪ **to ~ one's hair** se peigner **b** [+ area, town] ratisser

combat ['kɒmbæt] **1** n combat *m* ▸ **combat trousers** treillis *m* **2** vti combattre

combination [,kɒmbɪ'neɪʃən] n combinaison *f* ▸ **combination lock** serrure *f* à combinaison

combine **1** vt [kəm'baɪn] combiner (*with* avec) **2** vi [kəm'baɪn] s'associer ; [parties] fusionner ; [opponents] se liguer ; [events] concourir (*to do sth* à faire qch) **3** n ['kɒmbaɪn] **a** (= group) association *f* **b** (also **combine harvester**) moissonneuse-batteuse *f*

> Lorsque ***combine*** est un verbe, l'accent tombe sur la deuxième syllabe. Lorsque c'est un nom, l'accent tombe sur la première.

combo* ['kɒmbəʊ] n (abbr of **combination**) combinaison *f* ; (Mus) petite formation *f* musicale

combustion [kəm'bʌstʃən] n combustion *f*

come [kʌm] vi (pret **came**, ptp **come**)

a (gen) venir ; (= arrive) venir, arriver ▪ **~ here** venez ici ▪ **to ~ home** rentrer (chez soi) ▪ **coming!** j'arrive ! ▪ **to ~ running** arriver en courant ▪ **it came as a surprise to him** cela l'a surpris ▪ **the adjective ~s before the noun** l'adjectif vient devant le nom ▪ **to ~ behind sb/sth** suivre qn/qch ▪ **to ~ between two people** (= interfere) s'interposer entre deux personnes ▪ **to ~ for sb/sth** venir chercher qn/qch ▪ **where do you ~ from?** tu viens d'où ? ▪ **he ~s from Edinburgh** il vient d'Édimbourg ■ **he has just ~ from Edinburgh** il arrive d'Édimbourg ■ **they came to a crossroads** ils sont arrivés à un carrefour ■ **I'm sorry it has ~ to this** je suis désolé d'en être arrivé là ■ **when it ~s to...** quand il s'agit de... ■ **to ~ apart** (= fall to pieces) tomber en morceaux

b (= have one's place) se trouver ■ **this passage ~s on page 10** ce passage se trouve à la page 10

c (= happen) arriver ■ **~ what may** quoi qu'il arrive ■ **how ~?*** comment ça se fait ?*

d (= result from) ■ **nothing came of it** il n'en est rien sorti ■ **no good will ~ of it** il n'en sortira rien de bon

e (= be available) ■ **this dress ~s in three sizes** cette robe existe en trois tailles

f ■ **to ~ to** (+ infinitive) (= end up) finir par ■ **I have ~ to believe him** j'ai fini par le croire ■ **now I ~ to think of it** maintenant que j'y pense

▸ **come about** vi (= happen) arriver

▸ **come across**

1 vi a (= cross) traverser b ■ **he ~s across as honest** il donne l'impression d'être honnête ■ **his speech came across very well** son discours a fait bonne impression

2 vt insep (= encounter by chance) tomber sur

▸ **come along** vi a (= arrive) venir b (= progress) faire des progrès ; [plans] avancer

▸ **come away** vi a (= leave) s'en aller b (= become detached) se détacher

▸ **come back** vi [person, fashion] revenir ■ **it will ~ back to you** (= you'll remember) ça te reviendra

▸ **come by**

1 vi passer

2 vt insep (= obtain) se procurer

▸ **come down** vi a (= descend) descendre b (= fall) [rain, curtain] tomber c (= drop) [prices] baisser

▸ **to come down to** vt insep se résumer à ■ **when it ~s down to it** au fond

▸ **come down with** vt insep [+ flu, illness] attraper

▸ **come forward** vi se présenter

▸ **come in** vi a [person] entrer ; [tide] monter b (in a race) arriver

▸ **come in for** vt insep [+ criticism] être l'objet de

▸ **come into** vt insep (= inherit) hériter de

▸ **come off**

1 vi a [button] se découdre ; [mark] partir b (= take place) avoir lieu c (= succeed) [plan] se réaliser ; [attempt, experiment] réussir

2 vt insep a ■ **he came off his bike** il est tombé de son vélo b [+ drug] arrêter c ■ **~ off it!*** à d'autres !*

▸ **come on**

1 vi a ■ **~ on, try again!** allez, encore un effort ! b (= progress) faire des progrès c (= start) [night] tomber ; [illness] se déclarer d [actor] entrer en scène

2 vt insep (= encounter by chance) tomber sur

▸ **come out** vi a (gen) sortir ; [sun, stars] apparaître ; [truth, news] apparaître au grand jour ; [stain] partir b ■ **to ~ out well** être réussi c (with preposition) ■ **the total ~s out at 500** le total s'élève à 500 ■ **to ~ out for/against sth** prendre position pour/contre qch d (BR) (also **come out on strike**) se mettre en grève e (as gay) révéler son homosexualité

▸ **come out with*** vt insep (= say) sortir*

▸ **come over**

1 vi a (to place) venir b (= make impression) ■ **he came over as a decent person** il a donné l'impression de quelqu'un de bien

2 vt insep [feeling] envahir ■ **what's ~ over you?** qu'est-ce qui vous prend ?

▸ **come round** vi a (= drop in) passer b (= change one's mind) changer d'avis c (= regain consciousness) revenir à soi

▸ **come through**

1 vi (= survive) s'en sortir

2 vt insep (= survive) [+ illness, danger, war] survivre à

▸ **come to**

1 vi (= regain consciousness) reprendre connaissance

2 vt insep (= amount to) se monter à ■ **it ~s to the same thing** ça revient au même

▸ **come under** vt insep a (= be subjected to) [+ sb's influence] tomber sous ; [+ attack, pressure] être l'objet de b (= be classified under) être classé sous c (= be the responsibility of) ■ **this ~s under another department** c'est du ressort d'un autre service

▸ **come up** vi a (= ascend) monter b [plant] sortir c [sun] se lever d (= be mentioned) être soulevé e (= happen) ■ **I'm afraid something's ~ up** malheureusement j'ai un empêchement

▸ **come up against** vt insep se heurter à

▸ **come up to** vt insep a (= reach up to) arriver à b (= approach) s'approcher de c [+ expectations] répondre à

▸ **come up with** vt insep [+ object, money] fournir ; [+ idea] avoir ; [+ plan] imaginer

comeback ['kʌmbæk] n ■ **to make a ~** faire un come-back

comedian [kə'miːdɪən] n comique *mf*

⚠ ***comedian*** ne se traduit pas par **comédien**.

comedown* ['kʌmdaʊn] n déchéance *f*

comedy ['kɒmɪdɪ] n comédie *f*

comet ['kɒmɪt] n comète *f*

comeuppance* [ˌkʌmˈʌpəns] n ▪ **to get one's ~** recevoir ce qu'on mérite

comfort [ˈkʌmfət] **1** n **a** (= well-being) confort *m* ▪ **~s** (= material goods) commodités *fpl* (de la vie) **b** (= consolation) réconfort *m* **2** vt (= console) consoler ; (= bring relief to) soulager ► **comfort food** n *aliments procurant une sensation de réconfort*

comfortable [ˈkʌmfətəbl] adj **a** [chair, bed] confortable ; [temperature] agréable **b** (= physically at ease) ▪ **to feel ~** se sentir bien ▪ **to make o.s. ~** (in armchair) s'installer confortablement ; (= make o.s. at home) se mettre à l'aise **c** (= mentally at ease) [person] à l'aise **d** (financially) aisé

comfortably [ˈkʌmfətəblɪ] adv **a** [sit, settle, sleep] confortablement ▪ **to be ~ off** être à l'aise (financièrement) **b** [manage, win, fit, afford] sans difficulté

comforter [ˈkʌmfətəˈ] n (= dummy-teat) tétine *f* ; (US = quilt) édredon *m*

comforting [ˈkʌmfətɪŋ] adj réconfortant

comfort station [ˌkʌmfət ˈsteɪʃən] n (US) toilette(s) *f(pl)*

comfy* [ˈkʌmfɪ] adj [chair, room] confortable ▪ **are you ~?** êtes-vous bien ?

comic [ˈkɒmɪk] **1** adj comique **2** n **a** (= person) comique *mf* **b** (also **comic strip**) bande *f* dessinée, BD* *f*, comic *m*

comical [ˈkɒmɪkəl] adj comique

coming [ˈkʌmɪŋ] **1** n arrivée *f*, venue *f* ▪ **~s and goings** allées *fpl* et venues *fpl* ► **coming of age** passage *m* à l'âge adulte **2** adj [weeks, months, years] à venir ; [election, battle] prochain *before n*

comma [ˈkɒmə] n virgule *f*

command [kəˈmɑːnd] **1** vt **a** (= order) ordonner (*sb to do sth* à qn de faire qch) **b** [+ army, ship] commander **c** (= be in position to use) [+ money, resources] disposer de **d** [+ respect] imposer **2** vi commander **3** n **a** (= order) ordre *m*, commandement *m* ; (Computing) commande *f* **b** (= power, authority) commandement *m* ▪ **to take ~ of sth** prendre le commandement de qch ▪ **to be in ~ of sth** être à la tête de qch **c** (= possession, mastery) maîtrise *f*, possession *f* ▪ **to have sth at one's ~** avoir qch à sa disposition

→ *Pièges* COMMAND

commandant [ˈkɒmənˌdænt] n commandant(e) *m(f)*

commandeer [ˌkɒmənˈdɪəˈ] vt réquisitionner

commander [kəˈmɑːndəˈ] n commandant(e) *m(f)*

commanding [kəˈmɑːndɪŋ] adj (= authoritative) imposant ► **commanding officer** commandant(e) *m(f)*

commandment [kəˈmɑːndmənt] n commandement *m*

commando [kəˈmɑːndəʊ] n commando *m*

commemorate [kəˈmeməreɪt] vt commémorer

commemoration [kəˌmeməˈreɪʃən] n commémoration *f*

commence [kəˈmens] vti commencer (*to do sth, doing sth* à faire qch)

commend [kəˈmend] vt (= praise) faire l'éloge de ; (= recommend) recommander

commendation [ˌkɒmenˈdeɪʃən] n **a** (= praise) éloges *mpl* **b** (= award) récompense *f*

comment [ˈkɒment] **1** n (spoken, written) commentaire *m*, remarque *f* ; (written) annotation *f* **2** vt ▪ **he ~ed that...** il a fait remarquer que... **3** vi faire des commentaires (*on* sur)

commentary [ˈkɒməntərɪ] n commentaire *m* ; (Sport) reportage *m*

commentator [ˈkɒmenteɪtəˈ] n commentateur *m*, -trice *f*

commerce [ˈkɒmɜːs] n commerce *m*, affaires *fpl*

commercial [kəˈmɜːʃəl] **1** adj commercial ; [world] du commerce ; [district] commerçant **2** n publicité *f*, spot *m* or pause *f* publicitaire

commercialize [kəˈmɜːʃəlaɪz] vt commercialiser

commiserate [kəˈmɪzəreɪt] vi témoigner de la sympathie (*with* à)

commission [kəˈmɪʃən] **1** n **a** (to artist, composer) commande *f* **b** (= percentage) commission *f* **c** (= body of people) commission *f* **d** ▪ **out of ~** [ship, equipment] hors de service **2** vt [+ artist] passer une commande à ; [+ book, painting, article] commander

commissionaire [kəˌmɪʃəˈnɛəˈ] n (BR) portier *m*

commissioner [kəˈmɪʃənəˈ] n (Police) (BR) ≈ préfet *m* de police ; (US) (commissaire *m*) divisionnaire *m*

commit [kəˈmɪt] vt **a** [+ crime] commettre ▪ **to ~ suicide** se suicider **b** (= consign) confier (*to* à) ▪ **to ~ sb (to prison)** faire incarcérer qn **c** ▪ **to ~ o.s.** s'engager (*to sth* à qch, *to doing* à faire)

commitment [kəˈmɪtmənt] n engagement *m*

committee [kəˈmɪtɪ] n comité *m* ► **committee meeting** réunion *f* de comité

commodity [kəˈmɒdɪtɪ] n produit *m* de base

common [ˈkɒmən] **1** adj **a** (= shared) [interest, cause, language] commun ▪ **it's ~ knowledge that...** chacun sait que... ▪ **in ~** en commun ▪ **they have nothing in ~** ils n'ont rien de commun ► **common law** droit *m* coutumier

► **common room** (BR) salle *f* commune **b** (= ordinary) commun ■ **it's quite ~** c'est très courant ■ **to be ~ currency** [idea, story] être répandu **c** (= vulgar) [accent, person] vulgaire **2** n (= land) terrain *m* communal

commoner [ˈkɒmənəʳ] n roturier *m*, -ière *f*

commonly [ˈkɒmənlɪ] adv **a** [use, occur, prescribe] fréquemment ; [called] couramment **b** (= generally) généralement

commonplace [ˈkɒmənpleɪs] **1** adj commun **2** n lieu *m* commun

Commons [ˈkɒmənz] npl ■ **the ~** les Communes *fpl*

commonsense [ˈkɒmənˈsens] n bon sens *m*

Commonwealth [ˈkɒmənwelθ] n ■ **the ~** le Commonwealth

commotion [kəˈməʊʃən] n ■ **to make a ~** faire du tapage ■ **to cause a ~** semer la perturbation

> ⚠ ***commotion*** ne se traduit pas par le mot français **commotion**.

communal [ˈkɒmju:nl] adj (gen) commun ; [baths, showers] collectif

commune **1** vi [kəˈmju:n] ■ **to ~ with** communier avec **2** n [ˈkɒmju:n] (= people living together) communauté *f*

> Lorsque ***commune*** est un verbe, l'accent tombe sur la deuxième syllabe. Lorsque c'est un nom, l'accent tombe sur la première.

communicate [kəˈmju:nɪkeɪt] vti communiquer

communication [kəˌmju:nɪˈkeɪʃən] n communication *f* ■ **to be in ~ with sb** être en contact avec qn

communion [kəˈmju:nɪən] n communion *f*

communiqué [kəˈmju:nɪkeɪ] n communiqué *m*

communism [ˈkɒmjʊnɪzəm] n communisme *m*

communist [ˈkɒmjʊnɪst] n, adj communiste *mf*

communitarism [kəˈmju:nɪtərɪzəm] n communautarisme *m*

community [kəˈmju:nɪtɪ] n communauté *f* ■ **the Community** (= EU) la Communauté ► **community centre** centre *m* socioculturel ► **community manager** (Social media) animateur *m*, -trice *f* de communauté, gestionnaire *mf* de communauté ► **community worker** animateur *m*, -trice *f* socioculturel(le)

commute [kəˈmju:t] vi faire le trajet tous les jours (*between* entre, *from* de)

commuter [kəˈmju:təʳ] n banlieusard(e) *m(f)* *(qui fait un trajet régulier pour se rendre à son travail)*

compact **1** adj [kəmˈpækt] compact ► **compact disc** disque *m* compact ► **compact disc player** lecteur *m* de CD **2** vt [kəmˈpækt] [+ waste] compacter ; [+ snow] tasser **3** n [ˈkɒmpækt] **a** (also **powder compact**) poudrier *m* **b** (US : also **compact car**) (voiture *f*) compacte *f* ; (also **compact camera**) (appareil photo *m*) compact *m*

> Lorsque ***compact*** est un verbe ou un adjectif, l'accent tombe sur la deuxième syllabe. Lorsque c'est un nom, l'accent tombe sur la première.

companion [kəmˈpænjən] n (male) compagnon *m* ; (female) compagne *f* ► **companion site** (Internet) site *m* compagnon

companionship [kəmˈpænjənʃɪp] n compagnie *f*

company [ˈkʌmpənɪ] n **a** (= firm) entreprise *f* ■ **shipping ~** compagnie *f* de navigation ► **company car** voiture *f* de fonction ► **company director** directeur *m*, -trice *f* général(e) **b** (= companionship) compagnie *f* ■ **to keep sb ~** tenir compagnie à qn **c** (= companions) fréquentation *f* **d** [of actors] troupe *f* ■ **a ballet ~** un ballet *(troupe)*

comparable [ˈkɒmpərəbl] adj comparable (*with*, *to* à)

comparative [kəmˈpærətɪv] **1** adj **a** [ease, safety, freedom] relatif **b** [study, analysis] comparatif ; [literature, linguistics] comparé **2** n comparatif *m*

compare [kəmˈpɛəʳ] **1** vt comparer (*with* à, avec, *to* à) **2** vi être comparable (*with* à)

comparison [kəmˈpærɪsn] n comparaison *f* (*with* avec, *to* à) ■ **in ~ with** or **to sth**, **by ~ with sth** par rapport à qch ■ **by** or **in ~** en comparaison

compartment [kəmˈpɑ:tmənt] n compartiment *m*

compass [ˈkʌmpəs] n **a** (hand-held) boussole *f* ; (on ship) compas *m* **b** ■ **a pair of ~es** un compas

compassion [kəmˈpæʃən] n compassion *f*

compassionate [kəmˈpæʃənət] adj compatissant

compatible [kəmˈpætɪbl] adj **a** [ideas, interests, equipment] compatible (*with sth* avec qch) ■ **backward** or **downward ~** (Computing) rétrocompatible **b** [people] fait pour s'entendre

compatriot [kəmˈpætrɪət] n compatriote *mf*

compel [kəmˈpel] vt contraindre ■ **to be ~led to do sth** (physically) être contraint de faire qch ; (psychologically) se sentir poussé à faire qch

compelling [kəmˈpelɪŋ] adj **a** [reason, argument, evidence] irréfutable **b** [story, film, book] fascinant

compensate [ˈkɒmpənseɪt] **1** vi compenser (*by* en) ■ **to ~ for sth** compenser qch **2** vt [+ person] dédommager (*for* de)

compensation [ˌkɒmpənˈseɪʃən] n dédommagement *m* ; (psychological) compensation *f* ; (in weight, strength) contrepoids *m*

compère [ˈkɒmpɛəʳ] n animateur *m*, -trice *f*

compete [kəmˈpiːt] vi **a** (gen) rivaliser (*with sb* avec qn, *for sth* pour obtenir qch, *to do sth* pour faire qch) **b** (commercially) faire concurrence (*with sb* à qn) **c** (Sport) concourir (*against sb* avec qn, *to do sth* pour faire qch) ■ **to ~ in a race** participer à une course

competence [ˈkɒmpɪtəns] n compétence *f* (*in* en)

competent [ˈkɒmpɪtənt] adj **a** [person] compétent (*at sth* dans qch, *to do sth* pour faire qch) **b** [work, performance] satisfaisant

competition [ˌkɒmpɪˈtɪʃən] n **a** (= rivalry) compétition *f* ; (in business) concurrence *f* **b** (= contest) concours *m* ; (Sport) compétition *f* **c** (= competitors) concurrence *f* ; (Sport) concurrents *mpl*

competitive [kəmˈpetɪtɪv] adj **a** [market, prices] compétitif ; [product] concurrentiel **b** [person] qui a l'esprit de compétition **c** [sport] de compétition **d** [selection] par concours ■ **~ examination** concours *m*

competitor [kəmˈpetɪtəʳ] n concurrent(e) *m(f)*

compilation [ˌkɒmpɪˈleiʃən] n compilation *f*

compile [kəmˈpaɪl] vt [+ dictionary, programme] compiler ; [+ list, catalogue, inventory] dresser

complacent [kəmˈpleɪsənt] adj content de soi

complain [kəmˈpleɪn] vi se plaindre (*of, about* de)

complaint [kəmˈpleɪnt] n **a** (= expression of discontent) plainte *f* ; (about goods, services) réclamation *f* **b** (= illness) maladie *f*

complement **1** n [ˈkɒmplɪmənt] complément *m* ; [of staff] effectif *m* **2** vt [ˈkɒmplɪment] compléter

> Lorsque ***complement*** est un verbe, la fin se prononce ***ent*** comme dans ***went***. Lorsque c'est un nom, elle se prononce ***ant***, comme dans ***giant***.

complementary [ˌkɒmplɪˈmentərɪ] adj complémentaire ▸ **complementary medicine** médecine *f* parallèle

complete [kəmˈpliːt] **1** adj **a** (gen) complet (-ète *f*) ; [lack, contrast] total ■ **the ~ works of Shakespeare** les œuvres *fpl* complètes de Shakespeare ■ **in ~ agreement** en parfait accord **b** ■ **~ with sth** (= also having) avec qch **c** (= finished) achevé **2** vt **a** [+ collection] compléter ; [+ piece of work] terminer **b** [+ form, questionnaire] remplir

completely [kəmˈpliːtlɪ] adv complètement

completion [kəmˈpliːʃən] n [of work] achèvement *m*

complex [ˈkɒmpleks] **1** adj complexe **2** n complexe *m*

complexion [kəmˈplekʃən] n [of face] teint *m*

compliance [kəmˈplaɪəns] n (= conformity) conformité *f*

complicate [ˈkɒmplɪkeɪt] vt compliquer

complicated [ˈkɒmplɪkeɪtɪd] adj compliqué

complication [ˌkɒmplɪˈkeɪʃən] n complication *f*

complicit [kəmˈplɪsɪt] adj ■ **~ in sth** complice de qch

complicity [kəmˈplɪsɪtɪ] n complicité *f*

compliment **1** n [ˈkɒmplɪmənt] **a** compliment *m* ■ **to pay sb a ~** faire un compliment à qn **b** (= greeting) ■ **~s** compliments *mpl* **2** vt [ˈkɒmplɪment] complimenter

complimentary [ˌkɒmplɪˈmentərɪ] adj **a** (= flattering) élogieux **b** (= free) gratuit

comply [kəmˈplaɪ] vi **a** [person] se soumettre (*with* à) ■ **to ~ with the rules** respecter le règlement **b** [equipment, object] être conforme (*with* à)

component [kəmˈpəʊnənt] n élément *m* ; [of car, machine] pièce *f*

compose [kəmˈpəʊz] vt composer ■ **to be ~d of** se composer de ■ **to ~ o.s.** se calmer

composer [kəmˈpəʊzəʳ] n compositeur *m*, -trice *f*

composition [ˌkɒmpəˈzɪʃən] n (gen) composition *f* ; (= thing composed) œuvre *f* ; (= essay) rédaction *f*

compost [ˈkɒmpɒst] n compost *m* ▸ **compost bin** composteur *m* ▸ **compost heap** tas *m* de compost

composure [kəmˈpəʊʒəʳ] n calme *m*

compound [ˈkɒmpaʊnd] **1** n **a** (= substance) composé *m* ; (= word) (mot *m*) composé *m* **b** (= enclosed area) enclos *m*, enceinte *f* **2** adj [interest] composé ; [fracture] multiple

comprehend [ˌkɒmprɪˈhend] vti comprendre

comprehension [ˌkɒmprɪˈhenʃn] n **a** (= understanding) compréhension *f* **b** (= exercise) exercice *m* de compréhension

comprehensive [ˌkɒmprɪˈhensɪv] **1** adj [report, survey, list] complet (-ète *f*) ; [victory, defeat] total ■ **~ insurance (policy)** assurance *f* tous risques **2** n (also **comprehensive school**) ≈ lycée

> ⚠ ***comprehensive*** ne se traduit pas par **compréhensif** ; → Pièges COMPREHENSIVE

compress [kəm'pres] vt [+ substance] comprimer ; [+ essay, facts] condenser ; [+ gas, data] compresser

compression [kəm'preʃn] n [of gas, data] compression *f*

comprise [kəm'praɪz] vt **a** (= include) être composé de ▪ **to be ~d of** se composer de **b** (= make up) constituer

compromise ['kɒmprəmaɪz] **1** n compromis *m* **2** vi transiger (*over* sur) **3** vt [+ safety, security] compromettre

comp time ['kɒmptaɪm] n (US) temps *m* de récupération d'heures supplémentaires, ≈ RTT *fpl*

compulsion [kəm'pʌlʃən] n **a** (= desire) envie *f* irrésistible ; (Psych) compulsion *f* **b** (= coercion) contrainte *f*

compulsive [kəm'pʌlsɪv] adj **a** [gambler, liar] invétéré **b** [behaviour, desire, need] compulsif **c** [reading] fascinant ▪ **this TV series is ~ viewing** lorsque l'on commence à regarder cette série télé, on ne peut pas s'arrêter

compulsory [kəm'pʌlsərɪ] adj obligatoire

computational [,kɒmpjʊ'teɪʃənl] adj statistique, quantitatif ▸ **computational linguistics** n linguistique *f* computationnelle

computer [kəm'pju:tə'] n ordinateur *m* ▸ **computer game** jeu *m* électronique ▸ **computer graphics** (= field) infographie® *f*; (= pictures) images *fpl* de synthèse ▸ **computer literacy** compétence *f* (en) informatique ▸ **computer-literate** adj compétent en informatique ▸ **computer program** programme *m* informatique ▸ **computer scientist** informaticien(ne) *m(f)* ▸ **computer skills** connaissances *fpl* en informatique

computerize [kəm'pju:təraɪz] vt informatiser

computing [kəm'pju:tɪŋ] **1** n informatique *f* **2** adj [service, department, facility, problem] informatique ; [course] d'informatique

comrade ['kɒmreɪd] n camarade *mf*

con* [kɒn] **1** vt arnaquer* **2** n (= swindle) arnaque* *f* ▸ **con artist, con man** escroc *m* ▸ **con trick** arnaque* *f*

concave ['kɒn'keɪv] adj concave

conceal [kən'si:l] vt [+ object] cacher ; [+ news, event] garder secret ; [+ emotions, thoughts] dissimuler ▪ **to ~ sth from sb** cacher qch à qn

concede [kən'si:d] **1** vt concéder **2** vi céder

conceit [kən'si:t] n vanité *f*

conceited [kən'si:tɪd] adj vaniteux

conceivable [kən'si:vəbl] adj concevable

conceive [kən'si:v] vti concevoir

concentrate ['kɒnsəntreɪt] **1** vt concentrer **2** vi se concentrer (*on doing sth* pour faire qch) **3** adj, n concentré *m*

concentration [,kɒnsən'treɪʃən] n concentration *f* ▸ **concentration camp** camp *m* de concentration

concept ['kɒnsept] n concept *m*

conception [kən'sepʃən] n conception *f*

conceptual [kən'septjʊəl] adj conceptuel ▸ **conceptual art** n art *m* conceptuel

conceptualize [kən'septjʊə,laɪz] vt conceptualiser

concern [kən'sɜ:n] **1** vt **a** (= be about, be the business of) concerner ; (= be of importance to) intéresser ▪ **to whom it may ~** (frm) à qui de droit ▪ **as far as** or **so far as he is ~ed** en ce qui le concerne **b** (= trouble, worry) préoccuper **2** n **a** (= interest, business) affaire *f* ; (= responsibility) responsabilité *f* ▪ **it's no ~ of his** cela ne le concerne pas **b** (also **business concern**) entreprise *f* **c** (= anxiety) préoccupation *f* ; (stronger) inquiétude *f*

concerned [kən'sɜ:nd] adj (= worried) préoccupé ▪ **to be ~ about sb** se faire du souci pour qn ▪ **to be ~ about sth** être inquiet de qch

concerning [kən'sɜ:nɪŋ] prep concernant

concert ['kɒnsət] n concert *m* ▸ **concert hall** salle *f* de concert

concertgoer ['kɒnsətgəʊə'] n amateur *m*, -trice *f* de concerts

concertina [,kɒnsə'ti:nə] n concertina *m*

concerto [kən'tʃɛətəʊ] n concerto *m*

concession [kən'seʃən] n (= compromise) concession *f* ; (= reduced price) réduction *f*

concise [kən'saɪs] adj (= short) concis ; (= shortened) abrégé

conclude [kən'klu:d] **1** vt conclure **2** vi (= end) [things, events] se terminer (*with* par, sur) ; [person] conclure

concluding [kən'klu:dɪŋ] adj final

conclusion [kən'klu:ʒən] n conclusion *f*

conclusive [kən'klu:sɪv] adj concluant

concoct [kən'kɒkt] vt concocter

concoction [kən'kɒkʃən] n mélange *m*

concourse ['kɒŋkɔ:s] n (in building, station) hall *m* ; (in pedestrian precinct) piazza *f*

concrete ['kɒnkri:t] **1** adj **a** [floor, wall, steps] en béton ; [block] de béton **b** (= not abstract) concret (-ète *f*) **2** n béton *m* ▸ **concrete mixer** bétonnière *f*

concur [kən'kɜ:'] vi être d'accord (*with sb* avec qn, *in sth* sur qch) ; [opinions] converger

concurrently [kən'kʌrəntlɪ] adv simultanément

concussion [kən'kʌʃən] n commotion *f* (cérébrale)

condemn [kən'dem] vt **a** [+ person] condamner (*to* à) **b** [+ building] déclarer insalubre

condemnation [,kɒndem'neɪʃən] n condamnation *f*

condensation [,kɒnden'seɪʃən] n condensation *f*; (on glass) buée *f*

condense [kən'dens] **1** vt condenser ▸ **condensed milk** lait *m* concentré **2** vi se condenser

condescend [,kɒndɪ'send] vi condescendre (*to do* à faire)

condescending [,kɒndɪ'sendɪŋ] adj condescendant (*to* or *towards sb* avec qn)

condiment ['kɒndɪmənt] n condiment *m*

condition [kən'dɪʃən] **1** n **a** (gen) condition *f* **b** (= state) état *m* ▪ **in good ~** en bon état ▪ **to have a heart ~** avoir une maladie de cœur **2** vt **a** (= determine) déterminer **b** [+ hair, skin] traiter **c** (psychologically) conditionner

conditional [kən'dɪʃənl] **1** adj conditionnel ▪ **to be ~ on sth** dépendre de qch **2** n conditionnel *m*

conditioner [kən'dɪʃənəʳ] n après-shampooing *m*

conditioning [kən'dɪʃənɪŋ] n conditionnement *m*

condo ['kɒn,dəʊ] n (US) (abbr of **condominium**) (= flat) appartement *m* (dans un immeuble en copropriété)

condolences [kən'dəʊlənsɪz] npl condoléances *fpl*

condom ['kɒndəm] n préservatif *m*

condominium [,kɒndə'mɪnɪəm] n (US) (= building) immeuble *m* (en copropriété) ; (= flat) appartement *m* (dans un immeuble en copropriété)

condone [kən'dəʊn] vt (= tolerate) admettre

conducive [kən'dju:sɪv] adj ▪ **to be ~ to** être propice à

conduct **1** n ['kɒndʌkt] (= behaviour) conduite *f* **2** vt [kən'dʌkt] **a** (= lead) conduire **b** (= direct, manage) diriger ; [+ inquiry] mener **c** ▪ **to ~ o.s.** se conduire **d** [+ heat, electricity] conduire

> Lorsque ***conduct*** est un verbe, l'accent tombe sur la deuxième syllabe. Lorsque c'est un nom, l'accent tombe sur la première.

conductor [kən'dʌktəʳ] n **a** [of orchestra] chef *mf* d'orchestre **b** (on bus) receveur *m*, -euse *f* ; (US : Rail) chef *mf* de train

> ***conductor*** ne se traduit pas par **conducteur**.

cone [kəʊn] n cône *m* ; [of ice cream] cornet *m*

confectioner [kən'fekʃənəʳ] n (= sweetmaker) confiseur *m*, -euse *f* ▸ **confectioner's sugar** (US) sucre *m* glace

confectionery [kən'fekʃənərɪ] n confiserie *f*

Confederacy [kən'fedərəsɪ] n (US) ▪ **the ~** les États *mpl* confédérés

confederation [kən,fedə'reɪʃən] n confédération *f*

confer [kən'fɜ:ʳ] **1** vt conférer (*on* à) **2** vi s'entretenir (*on* or *about sth* de qch)

conference ['kɒnfərəns] n (= meeting) conférence *f* ; (especially academic) colloque *m*, congrès *m* ; (= discussion) réunion *f* ▸ **conference call** audioconférence *f* ▸ **conference centre** palais *m* des congrès ▸ **conference room** salle *f* de conférences ; → <u>*Pièges*</u> CONFERENCE

confess [kən'fes] **1** vt **a** [+ crime, mistake] avouer **b** [+ sins] confesser **2** vi **a** passer aux aveux ▪ **to ~ to** [+ crime, mistake] avouer **b** (to priest) se confesser

confession [kən'feʃən] n **a** [of mistake, crime] aveu *m* ; (to police) aveux *mpl* **b** (to priest) confession *f*

confessional [kən'feʃənl] n (Rel) confessionnal *m*

confetti [kən'feti:] n confettis *mpl*

confide [kən'faɪd] vt confier
▸ **confide in** vt insep (= tell secrets to) se confier à

confidence ['kɒnfɪdəns] n **a** (= trust) confiance *f* ▪ **to have ~ in sb/sth** avoir confiance en qn/qch **b** (= self-confidence) confiance *f* en soi, assurance *f* **c** (= confidentiality) confidence *f* ▪ **in ~** en confidence

confident ['kɒnfɪdənt] adj [person] sûr de soi ; [manner, smile] confiant ; [performance] plein d'assurance ; [reply] assuré

confidential [,kɒnfɪ'denʃəl] adj confidentiel

configure [kɒn'fɪgə] vt (gen, Computing) configurer

confine [kən'faɪn] vt **a** (= imprison) enfermer **b** (= limit) limiter ▪ **to ~ o.s. to doing sth** se limiter à faire qch

confined [kən'faɪnd] adj [space] restreint

confinement [kən'faɪnmənt] n (= imprisonment) détention *f*

confirm [kən'fɜ:m] vt confirmer

confirmation [,kɒnfə'meɪʃən] n confirmation *f*

confirmed [kən'fɜ:md] adj [atheist] convaincu ; [bachelor] endurci

confiscate ['kɒnfɪskeɪt] vt confisquer (*sth from sb* qch à qn)

conflict **1** n ['kɒnflɪkt] conflit *m* ; (= quarrel) dispute *f* **2** vi [kən'flɪkt] être en conflit ; [ideas] s'opposer ; [dates] coïncider

> Lorsque ***conflict*** est un verbe, l'accent tombe sur la deuxième syllabe. Lorsque c'est un nom, l'accent tombe sur la première.

conflicting [kən'flɪktɪŋ] adj [interests] conflictuel

conform [kən'fɔːm] vi se conformer (*to, with* à)

confound [kən'faʊnd] vt déconcerter

confront [kən'frʌnt] vt **a** (= bring face to face) confronter **b** [+ enemy, danger, problem] affronter

confrontation [,kɒnfrən'teɪʃən] n affrontement *m*

confrontational [,kɒnfrən'teɪʃənəl] adj [person] conflictuel ; [style] agressif ▪ **to be ~** [person] rechercher l'affrontement

confuse [kən'fjuːz] vt **a** (= perplex) désorienter ▪ **to ~ the issue** compliquer les choses **b** (= mix up) confondre

confused [kən'fjuːzd] adj (= muddled) désorienté ; (= perplexed) déconcerté ; [mind] embrouillé ; (= unclear) confus ▪ **to get ~** (= muddled up) ne plus savoir où on en est ; → Pièges CONFUSED

confusing [kən'fjuːzɪŋ] adj déroutant

confusion [kən'fjuːʒən] n confusion *f*

congeal [kən'dʒiːl] vi [fat] (se) figer ; [blood] se coaguler

congenial [kən'dʒiːnɪəl] adj agréable

congested [kən'dʒestɪd] adj **a** (with traffic) embouteillé **b** [nose] bouché ; [lungs] congestionné

conglomerate [kən'glɒmərɪt] n conglomérat *m*

congratulate [kən'grætjʊleɪt] vt féliciter (*sb on sth* qn de qch, *sb on doing* qn d'avoir fait)

congratulations [kən,grætjʊ'leɪʃənz] npl félicitations *fpl*

congregate ['kɒŋgrɪgeɪt] vi se rassembler (*round* autour de)

congregation [,kɒŋgrɪ'geɪʃən] n assemblée *f* (des fidèles)

congress ['kɒŋgres] n congrès *m* ▪ **Congress** (US) Congrès *m*

congressman ['kɒŋgresmən] n (pl **-men**) (US) membre *m* du Congrès

congresswoman ['kɒŋgres,wʊmən] n (pl **-women**) (US) membre *m* du Congrès

conifer ['kɒnɪfəʳ] n conifère *m*

conjecture [kən'dʒektʃəʳ] **1** vt conjecturer **2** n conjecture *f*

conjugate ['kɒndʒʊgeɪt] vt conjuguer

conjugation [,kɒndʒʊ'geɪʃən] n conjugaison *f*

conjugator ['kɒndʒʊ,geɪtəʳ] n conjugueur *m*, conjugateur *m*

conjunction [kən'dʒʌŋkʃən] n conjonction *f*

conjunctivitis [kən,dʒʌŋktɪ'vaɪtɪs] n conjonctivite *f*

conjure ['kʌndʒəʳ] vi (by magic) faire des tours de passe-passe ; (= juggle) jongler ▸ **conjuring trick** tour *m* de passe-passe
▸ **conjure up** vt sep faire apparaître ; [+ memories, image] évoquer ; [+ meal] préparer à partir de rien

conjurer, conjuror ['kʌndʒərəʳ] n prestidigitateur *m*, -trice *f*

conker* ['kɒŋkəʳ] n (BR = chestnut) marron *m*

connect [kə'nekt] **1** vt **a** (= join) connecter (*to* à) ; [+ pipes, two objects] raccorder (*to* à) **b** [+ telephone] brancher ; [+ caller] mettre en communication **c** [+ electrical appliance] brancher (*to* sur) **d** (= associate) associer (*with, to* à) **e** (= form link between) relier (*with, to* à) **2** vi **a** (= be joined) [two rooms] communiquer ; [two parts, wires] être raccordés **b** [coach, train, plane] assurer la correspondance **c** [two people] se comprendre ▪ **to ~ with sb** communiquer avec qn

connected [kə'nektɪd] adj lié (*to, with* à) ; [watch, TV, device] connecté

connecting [kə'nektɪŋ] adj [link] de connexion ▸ **connecting flight** (vol *m* de) correspondance *f*

connection, connexion [kə'nekʃən] n **a** (= association) rapport *m* (*with* or *to* avec) ; (= relationship) rapports *mpl* (*with* or *to* avec) **b** (= associate) relation *f* **c** (= train, bus, plane) correspondance *f* **d** (electrical) raccordement *m* **e** (= link) liaison *f*

connectivity [kɒnek'tɪvɪtɪ] n connectivité *f*

connoisseur [,kɒnə'sɜːʳ] n connaisseur *m*, -euse *f* (*of* de, en)

connotation [,kɒnəʊ'teɪʃən] n connotation *f*

conquer ['kɒŋkəʳ] vt vaincre ; [+ country] conquérir ; [+ fear] surmonter

conqueror ['kɒŋkərəʳ] n conquérant *m*

conquest ['kɒŋkwest] n conquête *f*

conscience ['kɒnʃəns] n conscience *f*

conscientious [,kɒnʃɪ'enʃəs] adj consciencieux

conscious ['kɒnʃəs] adj **a** (gen) conscient **b** (= deliberate) délibéré **c** ▪ **to be health-conscious** faire attention à sa santé ▪ **to be security-conscious** être sensibilisé aux problèmes de sécurité
→ Pièges CONSCIOUS

consciousness ['kɒnʃəsnɪs] n connaissance *f*

conscript ['kɒnskrɪpt] n conscrit *m*

conscription [kən'skrɪpʃən] n conscription *f*

consecrate ['kɒnsɪkreɪt] vt consacrer

consecutive [kən'sekjʊtɪv] adj consécutif

consensus [kən'sensəs] n consensus *m*

consent [kən'sent] **1** vi consentir (*to sth* à qch) **2** n consentement *m* ▪ **to give one's ~** donner son accord

consequence ['kɒnsɪkwəns] n **a** (= result) conséquence *f* ▪ **in ~** par conséquent **b** (= importance) importance *f*

consequently ['kɒnsɪkwəntlɪ] adv par conséquent

conservation [,kɒnsə'veɪʃən] n sauvegarde *f* ▪ **energy ~** économies *fpl* d'énergie ▸ **conservation area** (BR) zone *f* de protection

conservationist [,kɒnsə'veɪʃənɪst] n écologiste *mf*

conservative [kən'sɜːvətɪv] **1** adj **a** conservateur (-trice *f*) ▪ **the Conservative Party** le parti conservateur **b** (= moderate) [estimate] bas (basse *f*) ; (= conventional) classique **2** n conservateur *m*, -trice *f*

conservatory [kən'sɜːvətrɪ] n jardin *m* d'hiver

conserve [kən'sɜːv] vt conserver ; [+ one's resources, one's strength] ménager ; [+ energy, supplies] économiser

consider [kən'sɪdəʳ] vt **a** (= think about) examiner ; [+ question] réfléchir à ▪ **all things ~ed** tout bien considéré **b** (= take into account) [+ facts] prendre en considération ; [+ person's feelings, cost, difficulties, dangers] tenir compte de **c** (= be of the opinion) considérer

considerable [kən'sɪdərəbl] adj considérable

considerably [kən'sɪdərəblɪ] adv considérablement

considerate [kən'sɪdərɪt] adj prévenant (*towards* envers) ; attentionné (*towards* avec)

consideration [kən,sɪdə'reɪʃən] n **a** (= thoughtfulness) considération *f* ▪ **out of ~ for** par égard pour **b** (= careful thought) considération *f* ▪ **to take sth into ~** prendre qch en considération ▪ **under ~** à l'étude **c** (= factor) considération *f*

considering [kən'sɪdərɪŋ] **1** prep (= in view of) étant donné **2** conj (= given that) étant donné que **3** adv (= all things considered) en fin de compte

consignment [kən'saɪnmənt] n (incoming) arrivage *m* ; (outgoing) envoi *m*

consist [kən'sɪst] vi **a** (= be composed) se composer (*of* de) **b** (= have as its essence) consister (*in doing* à faire, *in sth* dans qch)

consistency [kən'sɪstənsɪ] n **a** (= texture) consistance *f* **b** (= coherence) cohérence *f*

consistent [kən'sɪstənt] adj (= coherent) cohérent ; (= constant) constant ▪ **to be ~ with** (= in agreement with) être compatible avec ; (= compatible with) correspondre à

> ⚠ ***consistent*** ne se traduit pas par **consistant**.

consolation [,kɒnsə'leɪʃən] n consolation *f* ▸ **consolation prize** prix *m* de consolation

console[1] [kən'səʊl] vt consoler (*sb for sth* qn de qch)

console[2] ['kɒnsəʊl] n console *f* ▸ **console game** n jeu *m* de console

consolidate [kən'sɒlɪdeɪt] **1** vt **a** [+ one's position] consolider **b** [+ businesses] regrouper ; [+ loan] consolider **2** vi se consolider

consonant ['kɒnsənənt] n consonne *f*

consortium [kən'sɔːtɪəm] n (pl **consortia** [kən'sɔːtɪə]) consortium *m*

conspicuous [kən'spɪkjʊəs] adj **a** [person, behaviour, clothes] peu discret (-ète *f*) ▪ **to be ~** se remarquer **b** [success, failure, absence] manifeste

conspiracy [kən'spɪrəsɪ] n (= plot) conspiration *f*, complot *m* ▸ **conspiracy theory** théorie *f* du complot or conspirationniste

conspire [kən'spaɪəʳ] vi [people] conspirer ▪ **to ~ to do sth** projeter de faire qch

constable ['kʌnstəbl] n (BR) (in town) agent(e) *m(f)* de police ; (in country) gendarme *mf*

constant ['kɒnstənt] adj [problem, pressure, temperature] constant ; [quarrels, interruptions] continuel ; [companion] fidèle

constantly ['kɒnstəntlɪ] adv constamment

constellation [,kɒnstə'leɪʃən] n constellation *f*

consternation [,kɒnstə'neɪʃən] n consternation *f*

constipated ['kɒnstɪpeɪtɪd] adj constipé

constipation [,kɒnstɪ'peɪʃən] n constipation *f*

constituency [kən'stɪtjʊənsɪ] n circonscription *f* électorale

constituent [kən'stɪtjʊənt] **1** adj constitutif **2** n **a** [of MP] électeur *m*, -trice *f* (*de la circonscription d'un député*) **b** (= part, element) élément *m* constitutif

constitute ['kɒnstɪtjuːt] vt constituer

constitution [,kɒnstɪ'tjuːʃən] n constitution *f*

constitutional [,kɒnstɪ'tjuːʃənl] adj constitutionnel ▸ **constitutional monarchy** n monarchie *f* constitutionnelle

constraint [kən'streɪnt] n contrainte *f*

constrict [kən'strɪkt] vt [+ muscle, throat] serrer ; (= inhibit) limiter

construct [kən'strʌkt] vt construire

construction [kən'strʌkʃən] n construction *f* ■ **under ~** en construction

constructive [kən'strʌktɪv] adj constructif

consul ['kɒnsəl] n consul(e) *m(f)*

consulate ['kɒnsjʊlɪt] n consulat *m*

consult [kən'sʌlt] **1** vt consulter (*about* sur, au sujet de) **2** vi discuter

consultancy [kən'sʌltənsɪ] n (= company, group) cabinet-conseil *m* ■ **~ (service)** service *m* de consultants

consultant [kən'sʌltənt] n consultant(e) *m(f)*, conseiller *m*, -ère *f* ; (BR = doctor) chef *mf* de service hospitalier

consultation [ˌkɒnsəl'teɪʃən] n consultation *f*

consume [kən'sju:m] vt consommer

consumer [kən'sju:mə^r] n consommateur *m*, -trice *f* ▸ **consumer credit** crédit *m* à la consommation ▸ **consumer goods** biens *mpl* de consommation ▸ **consumer society** société *f* de consommation

consumerism [kən'sju:məˌrɪzəm] n consumérisme *m*

consuming [kən'sju:mɪŋ] adj [desire] ardent ; [passion] dévorant

consummate **1** adj [kən'sʌmɪt] consommé **2** vt ['kɒnsʌmeɪt] consommer

consumption [kən'sʌmpʃən] n consommation *f*

contact ['kɒntækt] **1** n **a** contact *m* ■ **to be in/come into ~ with sb** être/entrer en contact avec qn ■ **to lose ~ (with sb)** perdre contact (avec qn) **b** (= person in organization) contact *m* ; (= acquaintance) connaissance *f* **c** (also **contact lens**) lentille *f* de contact **2** vt contacter

contactless ['kɒntæktlɪs] adj sans contact

contagious [kən'teɪdʒəs] adj contagieux

contain [kən'teɪn] vt contenir

container [kən'teɪnə^r] n **a** (on train, ship) conteneur *m* ▸ **container ship** (navire *m*) porte-conteneur(s) *m* **b** (= jug, box) récipient *m* ; (for food) barquette *f*

contaminate [kən'tæmɪneɪt] vt contaminer

contemplate ['kɒntempleɪt] vt **a** (= consider) envisager (*doing sth* de faire qch) **b** (= look at) contempler

contemplation [ˌkɒntem'pleɪʃən] n contemplation *f*

contemporary [kən'tempərərɪ] **1** adj contemporain (*with* de) **2** n contemporain(e) *m(f)*

contempt [kən'tempt] n mépris *m* ■ **~ of court** outrage *m* à la Cour

contemptible [kən'temptəbl] adj méprisable

contemptuous [kən'temptjʊəs] adj méprisant ; [gesture] de mépris ■ **to be ~ of sb/sth** avoir du mépris pour qn/qch

contend [kən'tend] vi **a** (= assert) prétendre **b** (set structures) ■ **to ~ with sb for sth** disputer qch à qn ■ **we have many problems to ~ with** nous sommes aux prises avec de nombreux problèmes ■ **he has a lot to ~ with** il a pas mal de problèmes à résoudre ■ **to ~ for** [+ title, medal, prize] se battre pour

contender [kən'tendə^r] n prétendant(e) *m(f)* (*for* à) ; (in contest, competition, race) concurrent(e) *m(f)* ; (in election, for a job) candidat(e) *m(f)*

content[1] [kən'tent] **1** adj satisfait ■ **to be ~ with sth** (= not dissatisfied) se contenter de qch ■ **she is quite ~ to stay there** elle ne demande pas mieux que de rester là **2** vt [+ person] satisfaire ■ **to ~ o.s. with doing sth** se contenter de faire qch

content[2] ['kɒntent] **1** n [of book, play, film] contenu *m* ▸ **content provider** fournisseur *m* de contenus **2** **contents** npl contenu *m* ■ **(table of) ~s** table *f* des matières

contented [kən'tentɪd] adj satisfait (*with* de)

contention [kən'tenʃən] n **a** (= disagreement) dispute *f* **b** (= argument) affirmation *f* **c** ■ **to be in ~** [team, competitor] être en compétition

contentment [kən'tentmənt] n contentement *m*

contest **1** n ['kɒntest] (= struggle) combat *m* ; (Sport) rencontre *f* sportive ; (= competition) concours *m* ■ **beauty ~** concours *m* de beauté **2** vt [kən'test] **a** (= call into question) contester **b** (= compete for) disputer

> Lorsque ***contest*** est un verbe, l'accent tombe sur la deuxième syllabe. Lorsque c'est un nom, l'accent tombe sur la première.

contestant [kən'testənt] n concurrent(e) *m(f)*

context ['kɒntekst] n contexte *m* ■ **in/out of ~** dans le/hors contexte

continent ['kɒntɪnənt] n continent *m* ■ **the Continent** (BR) l'Europe *f* continentale

continental [ˌkɒntɪ'nentl] adj continental ▸ **continental breakfast** petit-déjeuner *m* continental

contingency [kən'tɪndʒənsɪ] n ■ **to provide for all contingencies** parer à toute éventualité ▸ **contingency plan** plan *m* d'urgence

continual [kən'tinjʊəl] adj continuel

continually [kən'tɪnjʊəlɪ] adv continuellement

continuation [kən,tɪnjʊ'eɪʃən] n continuation *f* ; (after interruption) reprise *f* ; [of serial, story] suite *f*

continue [kən'tɪnju:] **1** vt continuer (*to do sth* à or de faire qch) ; (after interruption) [+ conversation, work] reprendre ■ **to ~ on one's way** poursuivre son chemin ; (after pause) se remettre en marche **2** vi continuer ; (after interruption) reprendre

continuous [kən'tɪnjʊəs] adj continu ; [tense] progressif ▸ **continuous assessment** (Scol, Univ) contrôle *m* continu des connaissances

continuously [kən'tɪnjʊəslɪ] adv (= uninterruptedly) sans interruption ; (= repeatedly) continuellement

contort [kən'tɔ:t] vt ■ **to ~ one's body** se contorsionner ■ **to ~ one's face** grimacer

contour ['kɒntʊə'] n contour *m* ▸ **contour line** (on map) courbe *f* de niveau

contraband ['kɒntrəbænd] **1** n contrebande *f* **2** adj [goods] de contrebande

contraception [,kɒntrə'sepʃən] n contraception *f*

contraceptive [,kɒntrə'septɪv] n, adj contraceptif *m*

contract **1** n ['kɒntrækt] (= agreement) contrat *m* ▸ **contract killer** tueur *m* à gages **2** vt [kən'trækt] **a** [+ alliance, illness, muscle] contracter **b** ■ **to ~ to do sth** s'engager (par contrat) à faire qch **3** vi [kən'trækt] **a** [metal, muscles] se contracter **b** s'engager (par contrat)
▸ **contract out** vt sep [+ work] sous-traiter (*to sb* à qn)

> Lorsque ***contract*** est un verbe, l'accent tombe sur la deuxième syllabe. Lorsque c'est un nom, l'accent tombe sur la première.

contraction [kən'trækʃən] n contraction *f*

contractor [kən'træktə'] n (= company) entrepreneur *m* ; (= person) entrepreneur *m*, -euse *f*

contractual [kən'træktʃʊəl] adj contractuel

contradict [,kɒntrə'dɪkt] vt contredire

contradiction [,kɒntrə'dɪkʃən] n contradiction *f*

contraflow ['kɒntrə,fləʊ] adj (BR) ■ **~ lane** voie *f* à contresens

contralto [kən'træltəʊ] n contralto *m*

contraption* [kən'træpʃən] n truc* *m*

contrary[1] ['kɒntrərɪ] **1** adj contraire (*to sth* à qch) **2** prep ■ **~ to** contrairement à **3** n ■ **the ~** le contraire ■ **on the ~** au contraire ■ **unless you hear to the ~** sauf avis contraire

contrary[2] [kən'trɛərɪ] adj (= unreasonable) contrariant

contrast **1** vt [kən'trɑ:st] mettre en contraste **2** vi [kən'trɑ:st] contraster **3** n ['kɒntrɑ:st] contraste *m* ■ **by ~** par contraste ■ **in ~ to** par opposition à

> Lorsque ***contrast*** est un verbe, l'accent tombe sur la deuxième syllabe. Lorsque c'est un nom, l'accent tombe sur la première.

contrasting [kən'trɑ:stɪŋ] adj [views] très différent ; [colours] contrasté

contravene [,kɒntrə'vi:n] vt contrevenir à (frm)

contravention [,kɒntrə'venʃən] n infraction *f* (*of* à)

contribute [kən'trɪbju:t] **1** vt [+ money, advice] donner **2** vi ■ **to ~ to** contribuer à ■ **to ~ to a discussion** participer à une discussion ■ **to ~ to a newspaper** collaborer à un journal

contribution [,kɒntrɪ'bju:ʃən] n contribution *f*

contributor [kən'trɪbjʊtə'] n (to publication) collaborateur *m*, -trice *f* ; [of money, goods] donateur *m*, -trice *f* ; (to discussion, conference) participant(e) *m(f)*

contrite ['kɒntraɪt] adj contrit

contrive [kən'traɪv] vt **a** (= invent) inventer **b** (= manage) ■ **to ~ to do sth** s'arranger pour faire qch

contrived [kən'traɪvd] adj forcé

control [kən'trəʊl] **1** n **a** (= authority) autorité *f* ■ **he has no ~ over his children** il n'a aucune autorité sur ses enfants ■ **to keep ~ (of o.s.)** se contrôler ■ **to lose ~** perdre le contrôle ■ **to be in ~ of a vehicle/situation** être maître d'un véhicule/d'une situation ■ **to bring** or **get under ~** [+ fire, inflation] maîtriser ; [+ situation] dominer ■ **everything's under ~** tout est en ordre ▸ **control panel** [of aircraft, ship] tableau *m* de bord ; [of TV, computer] pupitre *m* de commande ▸ **control tower** tour *f* de contrôle **b** ■ **volume ~** réglage *m* de volume **2** **controls** npl [of vehicle] commandes *fpl* ; [of radio, TV] boutons *mpl* de commande **3** vt (gen) contrôler ; [+ child, animal] se faire obéir de ; [+ car] garder la maîtrise de ; [+ crowd] contenir ; [+ organization, business] diriger ; [+ inflation] maîtriser ■ **to ~ o.s.** se contrôler
→ *Pièges* CONTROL

controller [kən'trəʊlə'] n contrôleur *m*, -euse *f*

controversial [,kɒntrə'vɜ:ʃəl] adj controversé

controversy [kən'trɒvəsɪ] n controverse *f*

conundrum [kə'nʌndrəm] n énigme *f*

convalesce [,kɒnvə'les] vi relever de maladie ■ **to be convalescing** être en convalescence

convector [kən'vektəʳ] n (also **convector heater**) convecteur *m*

convene [kən'viːn] **1** vt convoquer **2** vi se réunir

convenience [kən'viːnɪəns] **1** n (= comfort) commodité *f* ▪ **do it at your own ~** faites-le quand vous le pourrez ▸ **convenience foods** aliments *mpl* tout préparés; (= complete dishes) plats *mpl* cuisinés ▸ **convenience store** commerce *m* de proximité **2** **conveniences** npl commodités *fpl* ▪ **the house has all modern ~s** la maison a tout le confort moderne

convenient [kən'viːnɪənt] adj [place] commode ▪ **if it is ~ (to you)** si vous n'y voyez pas d'inconvénient

convent ['kɒnvənt] n couvent *m*

convention [kən'venʃən] n **a** (= accepted behaviour) usage *m* ; (= rule) convention *f* **b** (= conference, fair) salon *m*

conventional [kən'venʃənl] adj (unoriginal) conventionnel ; [clothes] classique ; [belief, values, medicine] traditionnel

converge [kən'vɜːdʒ] vi converger (*on* sur)

conversant [kən'vɜːsənt] adj ▪ **to be ~ with** [+ cars, machinery] s'y connaître en ; [+ language, science, laws, customs] connaître ; [+ facts] être au courant de

conversation [ˌkɒnvə'seɪʃən] n conversation *f*

converse[1] [kən'vɜːs] vi converser ▪ **to ~ with sb about sth** s'entretenir avec qn de qch

converse[2] ['kɒnvɜːs] n inverse *m*

conversely [kɒn'vɜːslɪ] adv inversement

conversion [kən'vɜːʃən] n conversion *f*; (Rugby) transformation *f* ▸ **conversion rate** (Webmarketing) taux *m* de conversion; (Rugby) taux *m* de transformations (réussies)

convert **1** n ['kɒnvɜːt] converti(e) *m(f)* **2** vt [kən'vɜːt] **a** (= transform) transformer (*into* en) ; (= change belief) convertir (*to* à) ▪ **to ~ a try** (Rugby) transformer un essai **b** [+ house] aménager (*into* en)

> Lorsque ***convert*** est un verbe, l'accent tombe sur la deuxième syllabe. Lorsque c'est un nom, l'accent tombe sur la première.

converter [kən'vɜːtəʳ] n (Elec, Metallurgy) convertisseur *m*

convertible [kən'vɜːtəbl] **1** adj convertible (*into* en) **2** n (= car) (voiture *f*) décapotable *f*

convex ['kɒn'veks] adj convexe

convey [kən'veɪ] vt [+ goods, passengers] transporter ; [+ message, opinion, idea] communiquer (*to* à) ; [+ order, thanks] transmettre (*to* à)

conveyance [kən'veɪəns] n transport *m*

conveyor belt [kən'veɪəˌbelt] n tapis *m* roulant

convict **1** n ['kɒnvɪkt] (= prisoner) prisonnier *m*, -ière *f*, détenu(e) *m(f)* **2** vt [kən'vɪkt] [+ person] reconnaître coupable

> Lorsque ***convict*** est un verbe, l'accent tombe sur la deuxième syllabe. Lorsque c'est un nom, l'accent tombe sur la première.

conviction [kən'vɪkʃən] n **a** (= belief) conviction *f* **b** (in court) condamnation *f*

convince [kən'vɪns] vt convaincre (*sb of sth* qn de qch) ▪ **to ~ sb to do sth** persuader qn de faire qch

convincing [kən'vɪnsɪŋ] adj **a** (= persuasive) convaincant **b** [win, victory, lead] net

convoluted ['kɒnvəluːtɪd] adj [argument, sentence, plot] alambiqué

convoy ['kɒnvɔɪ] n convoi *m* ▪ **in ~** en convoi

convulsion [kən'vʌlʃən] n (= fit) convulsion *f*

coo [kuː] vti [doves] roucouler ; [baby] gazouiller

cook [kʊk] **1** n cuisinier *m*, -ière *f* **2** vt (faire) cuire **3** vi [food] cuire ; [person] faire la cuisine, cuisiner

▸ **cook up*** vt sep [+ story, excuse] inventer

→ *Pièges* COOK

cookbook ['kʊkbʊk] n livre *m* de cuisine

cooker ['kʊkəʳ] n (BR) cuisinière *f* (*fourneau*) ;

→ *Pièges* COOK

cookery ['kʊkərɪ] n cuisine *f* (*activité*) ▪ **~ book** (BR) livre *m* de cuisine

cookie ['kʊkɪ] n **a** (US) petit gâteau *m* (sec) **b** (Internet) témoin *m* de connexion, cookie *m*

cooking ['kʊkɪŋ] n cuisine *f* (*activité*)

cool [kuːl] **1** adj **a** (in temperature) frais (fraîche *f*) ▸ **cool box** glacière *f* **b** [clothing] léger **c** [colour] rafraîchissant **d** (= calm) calme ▪ **to keep** or **stay ~** garder son calme ▸ **cool-headed** calme **e** (= unfriendly) froid (*with* or *towards sb* avec qn) **f** (* = trendy) cool* *f inv* ; (= excellent) super* *inv* **2** n **a** (temperature) fraîcheur *f*, frais *m* **b** ▪ **keep your ~!*** t'énerve pas !* ▪ **he lost his ~*** (= panicked) il a paniqué ; (= got angry) il s'est fichu en rogne* **3** vt [+ air, wine] rafraîchir **4** vi refroidir

▸ **cool down** **1** vi (= get colder) refroidir ; (= become calmer) se calmer ; [situation] se détendre **2** vt sep (= make colder) faire refroidir ; (= make calmer) calmer

▸ **cool off** vi (= get cool) se rafraîchir ; (= lose enthusiasm) perdre son enthousiasme ; (= change one's affections) se refroidir (*towards sb* à l'égard de qn, envers qn) ; (= become less angry) se calmer

cooler ['ku:lə'] n (US : for food) glacière *f*

co-op ['kəʊ'ɒp] n **a** (= shop) (abbr of **cooperative**) coopérative *f* **b** (US) (abbr of **cooperative apartment**) appartement *m* en copropriété **c** (US : Univ) (abbr of **cooperative**) coopérative *f* étudiante

coop [ku:p] n (also **hen coop**) cage *f* à poules ▸ **coop up** vt sep [+ person] cloîtrer ▪ **to feel ~ed up** se sentir enfermé

cooperate [kəʊ'ɒpəreɪt] vi (= work together) collaborer (*with sb* avec qn, *in sth* à qch, *to do sth* pour faire qch) ; (= be cooperative) coopérer

cooperation [kəʊ,ɒpə'reɪʃən] n coopération *f*

cooperative [kəʊ'ɒpərətɪv] **1** adj [person, firm, attitude] coopératif ▪ **~ apartment** (US) appartement *m* en copropriété **2** n coopérative *f*

coordinate **1** n [kəʊ'ɔ:dɪnɪt] coordonnée *f* **2** npl [kəʊ'ɔ:dɪnɪt] **coordinates** coordonnés *mpl* **3** vt [kəʊ'ɔ:dɪneɪt] coordonner

> Lorsque ***coordinate*** est un verbe, la fin se prononce comme ***eight***. Lorsque c'est un nom, elle se prononce ***it***.

coordinated [kəʊ'ɔ:dɪneɪtɪd] adj **a** (= organized) coordonné **b** ▪ **to be well-coordinated** [person] avoir une bonne coordination **c** (= matching) [clothes, designs] coordonné

coordination [kəʊ,ɔ:dɪ'neɪʃən] n coordination *f*

cop* [kɒp] n (= police) flic* *mf*

co-parenting [kəʊ'pɛərəntɪŋ] n coparentalité *f*

cope [kəʊp] vi se débrouiller
▸ **cope with** vt insep **a** (= deal with) [+ task, person] se charger de ; [+ situation] faire face à ; [+ difficulties, problems] (= tackle) affronter ; (= solve) venir à bout de **b** (= manage) s'en sortir avec

copier ['kɒpɪə'] n (= photocopier) photocopieuse *f*

copious ['kəʊpɪəs] adj [quantities] grand ; [amount, notes] abondant

copper ['kɒpə'] n **a** cuivre *m* **b** (* BR = police) flic* *mf*

coppice ['kɒpɪs], **copse** [kɒps] n taillis *m*

copulate ['kɒpjʊleɪt] vi copuler

copy ['kɒpɪ] **1** n **a** (= duplicate) copie *f* ▸ **copy and paste** n copier-coller *m* ◊ vt copier-coller **b** [of book] exemplaire *m* ; [of magazine, newspaper] numéro *m* **c** (for newspaper) copie *f* ; (for advertisement) message *m* **2** vt copier

copycat* ['kɒpɪkæt] **1** n copieur *m*, -euse *f* **2** adj [crime] inspiré par un autre

copyright ['kɒpɪraɪt] n droit *m* d'auteur, copyright *m*

coral ['kɒrəl] n corail *m* ▸ **coral reef** récif *m* corallien

cord [kɔ:d] **1** n **a** (= thick string) grosse ficelle *f* ; [of curtains, pyjamas] cordon *m* ; (also **umbilical cord**) cordon *m* ombilical ▪ **electrical ~** fil *m* électrique **b** (= corduroy) velours *m* côtelé **2** **cords** npl (= trousers) pantalon *m* en velours côtelé

cordial ['kɔ:dɪəl] **1** adj (= friendly) cordial **2** n (BR) cordial *m*

cordless ['kɔ:dlɪs] adj (= with batteries) à piles ; [telephone] sans fil

cordon ['kɔ:dn] **1** n cordon *m* **2** vt (also **cordon off**) [+ area] boucler

corduroy ['kɔ:dərɔɪ] **1** n velours *m* côtelé **2** **corduroys** npl (= trousers) pantalon *m* en velours côtelé

core [kɔ:'] **1** n [of fruit] trognon *m* ; [of problem, nuclear reactor] cœur *m* ; (Computing : also **core memory**) mémoire *f* centrale ▪ **the earth's ~** le noyau terrestre ▪ **he is rotten to the ~** il est pourri jusqu'à la moelle **2** vt [+ fruit] évider **3** comp [issue, assumption, skills] fondamental ; [vocabulary] de base ▸ **core business** n activité *f* principale ▸ **core curriculum** n (Scol, Univ) tronc *m* commun ▸ **core subject** n (Scol, Univ) matière *f* principale ▸ **core value** n valeur *f* essentielle

coriander [,kɒrɪ'ændə'] n coriandre *f*

cork [kɔ:k] **1** n **a** (= material) liège *m* **b** (in bottle) bouchon *m* **2** vt (also **cork up**) boucher

corked [kɔ:kt] adj [wine] bouchonné

corkscrew ['kɔ:kskru:] n tire-bouchon *m*

cormorant ['kɔ:mərənt] n cormoran *m*

corn [kɔ:n] n **a** (BR) blé *m* ; (US) maïs *m* ▪ **~ on the cob** épis *mpl* de maïs **b** (on foot) cor *m*

cornea ['kɔ:nɪə] n cornée *f*

corned beef [,kɔ:nd'bi:f] n corned-beef *m*

corner ['kɔ:nə'] **1** n **a** (gen) coin *m* ; (= bend in road) virage *m* ▪ **to look at sb out of the ~ of one's eye** regarder qn du coin de l'œil ▪ **to be in a (tight) ~** (fig) être dans une situation difficile ▪ **it's just round the ~** (= very near) c'est à deux pas d'ici ▪ **Christmas is just around the ~** Noël n'est pas loin ▪ **to cut ~s** prendre des raccourcis *(fig)* ▸ **corner shop** (BR) or **store** (US) magasin *m* du coin **b** (Football) corner *m* **2** vt [+ hunted animal] acculer ; (fig) coincer*

cornerstone ['kɔ:nstəʊn] n pierre *f* angulaire

cornet ['kɔ:nɪt] n **a** (= musical instrument) cornet *m* (à pistons) **b** (BR) [of ice cream] cornet *m* (de glace)

cornfield ['kɔːnfiːld] n (BR) champ *m* de blé ; (US) champ *m* de maïs

cornflakes ['kɔːnfleɪks] npl corn(-)flakes *mpl*

cornflour ['kɔːnflaʊə'] n (BR) farine *f* de maïs

cornice ['kɔːnɪs] n corniche *f*

Cornish ['kɔːnɪʃ] adj de Cornouailles, cornouaillais ▸ **Cornish pasty** n *chausson à la viande et aux légumes*

cornstarch ['kɔːnstɑːtʃ] n (US) farine *f* de maïs

cornucopia [kɔːnjʊ'kəʊpɪə] n corne *f* d'abondance

Cornwall ['kɔːnwəl] n Cornouailles *f* ▪ **in ~** en Cornouailles

corny* ['kɔːnɪ] adj [joke] éculé ; [film, novel] à l'eau de rose ; (= obvious) bateau* *inv*

coronary ['kɒrənərɪ] n (also **coronary thrombosis**) infarctus *m* (du myocarde)

coronation [,kɒrə'neɪʃən] n couronnement *m*

coroner ['kɒrənə'] n coroner *m (officiel chargé de déterminer les causes d'un décès)*

corporal ['kɔːpərəl] **1** n caporal(e)-chef *m(f)* **2** adj corporel ▪ **~ punishment** châtiment *m* corporel

corporate ['kɔːpərɪt] adj **a** [executive, culture, planning] d'entreprise ; [finance, image, identity] de l'entreprise ; [affairs, debt] des entreprises **b** (= joint) [decision, responsibility] collectif ; [objective, action, ownership] commun

corporation [,kɔːpə'reɪʃən] n **a** (BR) [of town] conseil *m* municipal **b** (= company) société *f* commerciale ; (US) société *f* à responsabilité limitée

corps [kɔː'] n (pl **corps** [kɔːz]) corps *m*

corpse [kɔːps] n cadavre *m*

corral [kə'rɑːl] n (US) corral *m*

correct [kə'rekt] **1** adj **a** (= right) correct ▪ **you are quite ~** vous avez parfaitement raison **b** (= appropriate) bon ▪ **the ~ use of sth** le bon usage de qch **c** (= proper) correct ; [etiquette, form of address] convenable ; [person] correct **2** vt corriger

correction [kə'rekʃən] n correction *f*

corrective [kə'rektɪv] adj [action] rectificatif ; (Law, Med) [measures, training] de rééducation ▪ **~ surgery** chirurgie *f* réparatrice

correlation [,kɒrɪ'leɪʃən] n corrélation *f*

correspond [,kɒrɪs'pɒnd] vi **a** (= agree) correspondre (*with* à) **b** (= be equivalent) correspondre (*to* à) **c** (= exchange letters) correspondre

correspondence [,kɒrɪs'pɒndəns] n correspondance *f* ▸ **correspondence course** cours *m* par correspondance

correspondent [,kɒrɪs'pɒndənt] n correspondant(e) *m(f)*

corridor ['kɒrɪdɔː'] n couloir *m*

corroborate [kə'rɒbəreɪt] vt corroborer

corrode [kə'rəʊd] **1** vt corroder **2** vi [metals] se corroder

corrosion [kə'rəʊʒən] n corrosion *f*

corrugated ['kɒrəgeɪtɪd] adj [tin, cardboard, paper] ondulé ; [roof] en tôle ondulée ▸ **corrugated iron** tôle *f* ondulée

corrupt [kə'rʌpt] **1** adj **a** (= dishonest) corrompu ; (= depraved) dépravé **b** [data, text] altéré **2** vt (= make dishonest) corrompre ; (= make immoral) dépraver ; [+ data] altérer

corruption [kə'rʌpʃən] n corruption *f*

corset ['kɔːsɪt] n corset *m*

Corsica ['kɔːsɪkə] n Corse *f*

cortisone ['kɔːtɪzəʊn] n cortisone *f*

cosh [kɒʃ] (BR) **1** vt * cogner* sur **2** n matraque *f*

cosleeping ['kəʊ'sliːpɪŋ] n co-dodo *m*

cosmetic [kɒz'metɪk] **1** adj [surgery] esthétique ; [change, measure] superficiel **2** n cosmétique *m*

cosmic ['kɒzmɪk] adj cosmique

cosmopolitan [,kɒzmə'pɒlɪtən] adj, n cosmopolite *mf*

cosplay ['kɒs,pleɪ, 'kɒz,pleɪ] n cosplay *m*

cosset ['kɒsɪt] vt choyer

cost [kɒst] **1** vt **a** (pret, ptp **cost**) coûter ▪ **how much does it ~?** combien ça coûte ? ▪ **what does it ~ to get in?** quel est le prix d'entrée ? ▪ **it ~ him a lot of money** cela lui a coûté cher **b** (pret, ptp **costed**) [+ project] évaluer le coût de **2** n coût *m* ▪ **at a ~ of £50** au prix de 50 livres ▪ **at great ~** à grands frais ▪ **to my ~** à mes dépens ▪ **at all ~s** à tout prix ▸ **cost of living** coût *m* de la vie **3** **costs** npl (commercial) coûts *mpl* ; (legal) dépens *mpl*, frais *mpl* judiciaires

co-star ['kəʊstɑː'] n partenaire *mf*

costume ['kɒstjuːm] n (= disguise) costume *m* ▸ **costume jewellery** bijoux *mpl* fantaisie

cosy, cozy (US) ['kəʊzɪ] adj [flat, room] douillet, cosy ; [restaurant] intime et confortable ; [evening, chat, dinner] intime

cot [kɒt] n (BR : child's) lit *m* de bébé ; (US = folding bed) lit *m* de camp

cottage ['kɒtɪdʒ] n petite maison *f* à la campagne, cottage *m* ▸ **cottage cheese** fromage *m* blanc (égoutté) ▸ **cottage pie** n (BR) ≈ hachis Parmentier

cotton ['kɒtn] **1** n coton *m* ; (BR = sewing thread) fil *m* (de coton) **2** comp [shirt, dress] de or en coton ▸ **cotton bud** (BR) coton-tige® *m* ▸ **cotton candy** (US) barbe *f* à papa ▸ **cotton wool** (BR) ouate *f*
▸ **cotton on*** vi (BR) piger*

couch [kaʊtʃ] n (= settee) canapé *m* ▸ **couch potato** mollasson *m*, -onne *f (qui passe son temps avachi(e) devant la télévision)*

couchsurfing [ˈkaʊtʃsɜːfɪŋ] n couchsurfing *m, hébergement temporaire et gratuit chez un particulier*

cough [kɒf] **1** n toux *f* ▸ **cough drop** pastille *f* pour la toux ▸ **cough mixture** sirop *m* pour la toux, antitussif *m* ▸ **cough sweet** pastille *f* pour la toux **2** vi tousser

could [kʊd] modal vb

a (past) ▪ **I couldn't phone because I had no change** je n'ai pas pu téléphoner parce que je n'avais pas de monnaie ▪ **he ~ be charming when he wanted to be** il pouvait être charmant lorsqu'il le voulait ▪ **he ~ hear her shouting** il l'entendait crier ▪ **she ~ read when she was three** elle savait lire à l'âge de trois ans ▪ **I thought you ~ drive** je pensais que tu savais conduire

♦ **could have** ▪ **they ~ have been killed** ils auraient pu être tués ▪ **you ~ have told me before** tu aurais pu me le dire plus tôt ▪ **he ~ have helped us if he'd wanted to** il aurait pu nous aider s'il l'avait voulu ▪ **I ~ have cried** j'en aurais pleuré

b (present) ▪ **you ~ be right** tu as peut-être raison ▪ **that ~ be the answer** c'est peut-être la solution ▪ **you ~ be making a big mistake** tu es peut-être en train de faire une grosse erreur ▪ **it ~ be true** cela pourrait être vrai

c (conditional) ▪ **we ~ win the championship this year** nous pourrions gagner le championnat cette année ▪ **he ~ be released next year** il pourrait être libéré l'année prochaine ▪ **you ~ try telephoning him** tu pourrais lui téléphoner ▪ **you ~ at least apologize!** tu pourrais au moins t'excuser !

d (polite requests) ▪ **~ you pass me the salt, please?** pourriez-vous me passer le sel, s'il vous plaît ? ▪ **~ I have a word with you?** est-ce que je pourrais vous parler un instant (s'il vous plaît) ?

couldn't [ˈkʊdnt] (abbr of **could not**) → **could**

council [ˈkaʊnsl] n conseil *m* ▪ **city** or **town ~** conseil *m* municipal ▸ **council estate** (BR) cité *f* ▸ **council flat** (BR) appartement *m* loué à la municipalité, ≈ HLM ▸ **council house** (BR) maison *f* louée à la municipalité, ≈ HLM ▸ **the Council of Europe** le Conseil de l'Europe ▸ **council tax** (BR) impôts *mpl* locaux

councillor [ˈkaʊnsɪləʳ] n conseiller *m*, -ère *f*

counsel [ˈkaʊnsəl] **1** n **a** (= advice) conseil *m* **b** (legal) avocat(e) *m(f)* **2** vt (= advise) conseiller (*sb to do sth* à qn de faire qch)

counsellor, counselor (US) [ˈkaʊnsləʳ] n conseiller *m*, -ère *f*

count[1] [kaʊnt] **1** n **a** compte *m* ; [of votes at election] dépouillement *m* ▪ **to be out for the ~*** (= unconscious) être KO* ; (= asleep) avoir son compte* ▪ **to keep ~ of sth** tenir le compte de qch ▪ **he lost ~ of the tickets he had sold** il ne savait plus combien de billets il avait vendus **b** (Law) chef *m* d'accusation **2** vt **a** (= add up) compter ▪ **to ~ the votes** dépouiller le scrutin ▪ **ten people not ~ing the children** dix personnes sans compter les enfants ▪ **three more ~ing Charles** trois de plus, en comptant Charles **b** (= consider) estimer **3** vi compter

▸ **count (up)on** vt insep compter (sur) ▪ **to ~ on doing sth** compter faire qch

▸ **count up** vt sep compter

count[2] [kaʊnt] n (= nobleman) comte *m*

countdown [ˈkaʊntdaʊn] n compte *m* à rebours

counter [ˈkaʊntəʳ] **1** n **a** (in shop, canteen, pub) comptoir *m* ; (in bank, post office) guichet *m* **b** (= disc) jeton *m* **2** adv ▪ **to run ~ to sth** aller à l'encontre de qch **3** vt [+ remark] répliquer à (*with* par, *by saying* en disant) ; [+ blow, argument] contrer **4** vi (= reply) riposter

counteract [ˌkaʊntərˈækt] vt contrebalancer

counterattack [ˈkaʊntərəˌtæk] **1** n contre-attaque *f* **2** vti contre-attaquer

counterbalance [ˈkaʊntəˌbæləns] **1** n contrepoids *m* **2** vt contrebalancer

counterbid [ˈkaʊntəbɪd] **1** n surenchère *f*, suroffre *f* **2** vi surenchérir, faire une suroffre ▪ **to ~ for sth** surenchérir sur qch

counterclockwise [ˌkaʊntəˈklɒkˌwaɪz] adv, adj (US) dans le sens inverse des aiguilles d'une montre

counterfeit [ˈkaʊntəfiːt] **1** adj faux (fausse *f*) **2** n faux *m*, contrefaçon *f* **3** vt [+ banknote, signature] contrefaire

counterfoil [ˈkaʊntəfɔɪl] n (BR) [of cheque] talon *m*

counterpart [ˈkaʊntəpɑːt] n équivalent *m* ; [of person] homologue *mf*

counterproductive [ˌkaʊntəprəˈdʌktɪv] adj contre-productif

countersign [ˈkaʊntəsaɪn] vt contresigner

countess [ˈkaʊntɪs] n comtesse *f*

countless [ˈkaʊntlɪs] adj innombrable

country [ˈkʌntrɪ] n **a** (= nation) pays *m* **b** (as opposed to town) campagne *f* ▪ **in the ~** à la campagne ▸ **country-and-western** (= music) musique *f* country ▸ **country dance, country dancing** danse *f* folklorique ▸ **country house** manoir *m* ▸ **coun-**

try music (musique *f*) country *m* **c** (= region) région *f*

countryman ['kʌntrɪmæn] n (pl **-men**) (also **fellow countryman**) compatriote *m* ; (as opposed to town dweller) habitant *m* de la campagne, campagnard *m*

countryside ['kʌntrɪsaɪd] n ▪ **the ~** la campagne

county ['kaʊntɪ] n comté *m (division administrative)* ▸ county court ≈ tribunal de grande instance

coup [kuː] n **a** (Pol) coup *m* d'État **b** (= achievement) (beau) coup *m*

couple ['kʌpl] **1** n **a** (= pair) couple *m* **b** ▪ **a ~ of** deux ▪ **a ~ of times** deux ou trois fois **2** vt **a** [+ ideas, names] associer **b** ▪ **~d with** ajouté à

coupon ['kuːpɒn] n (= money-off voucher) bon *m* de réduction ; (= form in newspaper, magazine) bulletin-réponse *m* ; (for rationed product) ticket *m* de rationnement

courage ['kʌrɪdʒ] n courage *m*

courageous [kə'reɪdʒəs] adj courageux

courgette [kʊə'ʒet] n (BR) courgette *f*

courier ['kʊrɪəʳ] n (delivering mail) coursier *m*, -ière *f* ; (= tourist guide) guide *m*

> ⚠ *courier* ne se traduit pas par **courrier**.

course [kɔːs] **1** n **a** [of life, events, time, disease] cours *m* ▪ **in the normal ~ of events** en temps normal ▪ **in the ~ of** au cours de ▪ **in the ~ of time** avec le temps **b** [of river] cours *m* ; [of ship] route *f* ▪ **on ~ for** en route pour ; (fig) sur la voie de ▪ **to change ~** changer de cap ▪ **to go off ~** [ship, plane] dévier de son cap ; (fig) faire fausse route ▪ **to take a certain ~ of action** adopter une certaine ligne de conduite ▪ **to let sth take its ~** laisser qch suivre son cours **c** (= lessons) cours *m* ▪ **to do a French ~** suivre des cours de français ▸ course book manuel *m* ▸ course credit unité *f* d'enseignement or de valeur ▸ course work (Univ) contrôle *m* continu **d** (Sport) parcours *m* **e** [of meal] plat *m* ▪ **first ~** entrée *f* ▪ **three ~ meal** repas *m* complet *(entrée, plat principal, dessert)* **f** [of injections] série *f* ▪ **~ of treatment** traitement *m* ♦ of course bien sûr ▪ **of ~ not!** bien sûr que non ! **2** vi [water] couler à flots

> ⚠ *course* ne se traduit pas par le mot français **course** ; → *Pièges* COURSE

court [kɔːt] **1** n **a** [of law] cour *f*, tribunal *m* ▪ **to take sb to ~** poursuivre qn en justice ▸ court case procès *m*, affaire *f* ▸ court of appeal (BR), court of appeals (US) cour *f* d'appel ▸ court order ordonnance *f* du tribunal **b** [of monarch] cour *f* **c** (Tennis) court *m* ; (Basketball) terrain *m* **2** vt [+ woman] faire la cour à ; [+ danger, defeat] aller au-devant de

courteous ['kɜːtɪəs] adj courtois (*towards* envers)

courtesy ['kɜːtɪsɪ] n courtoisie *f*

courthouse ['kɔːthaʊs] n tribunal *m*

courtier ['kɔːtɪəʳ] n (= man) courtisan *m* ; (= woman) dame *f* de la cour

court martial ['kɔːt'mɑːʃəl] **1** n cour *f* martiale **2** vt court-martial traduire en conseil de guerre

courtyard ['kɔːtjɑːd] n cour *f*

cousin ['kʌzn] n cousin(e) *m(f)*

cove [kəʊv] n crique *f* ; (US) vallon *m* encaissé

covenant ['kʌvɪnənt] n (= agreement) convention *f* ; (to pay) engagement *m*

cover ['kʌvəʳ] **1** n **a** (over furniture) housse *f* ; (over merchandise, vehicle) bâche *f* ; [of lens] bouchon *m* ; [of book] couverture *f* ; (= lid) couvercle *m* **b** (= bedcover) dessus-de-lit *m inv* ▪ **the ~s** (= bedclothes) les couvertures *fpl* **c** (= shelter) abri *m* ▪ **to take ~** (= shelter) s'abriter ▪ **under ~** à l'abri ▪ **under ~ of darkness** à la faveur de la nuit **d** (BR : Insurance) couverture *f* **e** (= means of concealing) couverture *f* **f** (Mus : also **cover version**) reprise *f* **2** vt **a** couvrir (*with* de) ; (all over) recouvrir (*with* de) ▪ **to ~ one's tracks** brouiller les pistes **b** (= point gun at) braquer un revolver sur **c** [+ opposing player] marquer **d** [+ distance] parcourir **e** (= be sufficient for) couvrir ▪ **to ~ one's costs** rentrer dans ses frais **f** (= deal with) traiter **g** (Press) couvrir **3** comp ▸ cover charge couvert *m (prix)* ▸ cover letter (US) lettre *f* d'accompagnement ▸ cover-up ▪ **there's been a cover-up** on a tenté d'étouffer l'affaire

▸ **cover for** vt insep **a** (= protect) [+ person] protéger ; (Insurance) [+ risk] couvrir **b** (= stand in for) remplacer

▸ **cover up** **1** vi **a** (keep warm) se couvrir **b** ▪ **to ~ up for sb** couvrir qn **2** vt sep **a** [+ object] recouvrir ; [+ child] couvrir **b** (= hide) dissimuler ; [+ affair] étouffer

→ *Pièges* FULL

coverage ['kʌvərɪdʒ] n couverture *f*

covering ['kʌvərɪŋ] n (= wrapping) couverture *f* ; (for floor, walls) revêtement *m* ; (= layer) couche *f* ▸ covering letter (BR) lettre *f* d'accompagnement

covert ['kʌvət] adj [undercover] secret ▪ **he gave her a ~ glance** il l'a regardée à la dérobée

covet ['kʌvɪt] vt convoiter

cow [kaʊ] **1** n vache *f* ; (= female) [of elephant] femelle *f* **2** vt [+ person] intimider

coward ['kaʊəd] n lâche *mf*

cowardice ['kaʊədɪs], **cowardliness** ['kaʊədlɪnɪs] n lâcheté *f*

cowardly ['kaʊədlɪ] adj lâche

cowboy ['kaʊbɔɪ] n cow-boy *m*

cower ['kaʊəʳ] vi se recroqueviller

cowshed ['kaʊʃed] n étable *f*

cox [kɒks], **coxswain** ['kɒksn] n barreur *m*, -euse *f*

coy [kɔɪ] adj a (= demure) faussement timide b (= evasive) évasif (*about sth* à propos de qch)

coyote [kɔɪ'əʊtɪ] n coyote *m*

cozy ['kəʊzɪ] adj (US) ⇒ **cosy**

crab [kræb] n crabe *m*

crack [kræk] 1 n a (= split, slit) fissure *f* ; (in glass, pottery, bone) fêlure *f* ; (in wall) lézarde *f* ; (in skin) crevasse *f* ▪ **at the ~ of dawn** aux aurores* b (= noise) [of twigs] craquement *m* ; [of whip] claquement *m* c (= sharp blow) ▪ **to give sb a ~ on the head** assener un grand coup sur la tête de qn d (* = joke) blague* *f* e (* = try) ▪ **to have a ~ at doing sth** essayer de faire qch f (= drug : also **crack cocaine**) crack *m* 2 vt a [+ pottery, glass, bone] fêler ; [+ nut] casser b [+ whip] faire claquer c ▪ **to ~ a joke*** raconter une blague* d [+ code] déchiffrer 3 vi a [pottery, glass] se fêler ; [ground] se fissurer ; [ice] se craqueler b [whip] claquer c [voice] se casser d (* BR) ▪ **to get ~ing** s'y mettre* ▪ **let's get ~ing!** au boulot !* e (= break down) [person] craquer* 4 adj [sportsman, sportswoman] de première classe ▪ **a ~ shot** un excellent fusil 5 comp ▸ **crack-up*** (physical) effondrement *m*; (mental) dépression *f* nerveuse

▸ **crack down on** vt insep [+ person] sévir contre ; [+ expenditure, sb's actions] mettre un frein à

▸ **crack up*** vi a (mentally) craquer* b (with laughter) se tordre de rire

cracked [krækt] adj a [cup, window, mirror, tooth, bone, rib] fêlé ; [sink, plaster, paintwork, glaze, rubber] craquelé ; [wall, ceiling] lézardé ; [lips] gercé ; [skin] crevassé ▸ **cracked wheat** blé *m* concassé b (* = mad) timbré*

cracker ['krækəʳ] n a (= biscuit) cracker *m*, biscuit *m* salé b (= firework) pétard *m* c (BR : also **Christmas cracker**) diablotin *m*

crackle ['krækl] n (on telephone) friture* *f*

crackpot* ['krækpɒt] (pej) 1 n cinglé(e)* *m(f)* 2 adj [idea] tordu*

cradle ['kreɪdl] 1 n berceau *m* 2 vt ▪ **to ~ a child (in one's arms)** bercer un enfant (dans ses bras)

craft [krɑːft] 1 n a (= skill) art *m*, métier *m* ; (= school subject) travaux *mpl* manuels b (pl inv) (= boat) embarcation *f* ; (= plane) appareil *m* 2 **crafts** npl (= leisure activity) loisirs *mpl* créatifs ; (= objects) objets *mpl* artisanaux, artisanat *m*

craftsman ['krɑːftsmən] n (pl **-men**) artisan *m* ; (= writer) artiste *m*

craftsmanship ['krɑːftsmənʃɪp] n (= artistry) art *m*

crafty ['krɑːftɪ] adj malin (-igne *f*), rusé (pej)

crag [kræg] n rocher *m* escarpé

craggy ['krægɪ] adj a [mountain] escarpé ; [cliff, outcrop] à pic b [face, features] taillé à la serpe

cram [kræm] 1 vt a [+ object] entasser (*into* dans) b [+ place] bourrer (*with* de) 2 vi a [people] s'entasser b ▪ **to ~ for an exam** bachoter

cramp [kræmp] n crampe *f*

cramped [kræmpt] adj (= not spacious) exigu (-guë *f*)

crampon ['kræmpən] n crampon *m*

cranberry ['krænbərɪ] n airelle *f*

crane [kreɪn] 1 n grue *f* 2 vt ▪ **to ~ one's neck** tendre le cou

> ⚠ *crane* ne se traduit pas par **crâne**.

cranium ['kreɪnɪəm] n crâne *m*

crank [kræŋk] n a (* BR = person) excentrique *mf* b (= handle) manivelle *f*

crankshaft ['kræŋkʃɑːft] n vilebrequin *m*

cranky* ['kræŋkɪ] adj (= eccentric) loufoque* ; (US = bad-tempered) grincheux

cranny ['krænɪ] n fissure *f*

crap‡ [kræp] 1 n (= nonsense) conneries‡ *fpl* ; (= junk) merde‡ *f* 2 adj merdique‡

crash [kræʃ] 1 n a (= accident) [of car, aeroplane] accident *m* ; (Computing) plantage* *m* ▸ **crash course** cours *m* intensif ▸ **crash diet** régime *m* draconien ▸ **crash helmet** casque *m* ▸ **crash landing** atterrissage *m* forcé b (= noise) fracas *m* 2 vi a [aeroplane] s'écraser (au sol) ; [vehicle] avoir un accident ; [two vehicles] entrer en collision ▪ **to ~ into sth** rentrer dans qch b [bank, firm] faire faillite ▪ **the stock market ~ed** les cours de la Bourse se sont effondrés c (Computing) planter* 3 vt [+ car] avoir un accident avec

crass [kræs] adj [comment, behaviour, film, person] grossier ; [stupidity] crasse

crate [kreɪt] n [of fruit] cageot *m* ; [of bottles] caisse *f*

crater ['kreɪtəʳ] n cratère *m*

crave [kreɪv] vt [+ drink, tobacco] avoir très envie de ▪ **to ~ affection** avoir grand besoin d'affection

craving ['kreɪvɪŋ] n (for drink, drugs, tobacco) grande envie *f* (*for* de) ; (for affection) grand besoin *m* (*for* de)

crawl [krɔːl] 1 n (Swimming) crawl *m* 2 vi a [insect] courir ; [person] ramper ; [baby] marcher à quatre pattes ▪ **to ~ on one's hands and knees** marcher à quatre pattes ▪ **to ~ to sb** ramper devant qn* ▪ **to make sb's skin ~** donner la chair de poule à qn ▪ **the street is ~ing* with police** la rue grouille de policiers b [vehicle] avancer au pas

crayfish ['kreɪfɪʃ] n inv (freshwater) écrevisse *f* ; (= lobster) langouste *f*

crayon ['kreɪən] n crayon *m* (de couleur) ; → *Pièges* CRAYON

craze [kreɪz] n engouement *m*

crazy ['kreɪzɪ] adj a (gen) fou (folle *f*) ▪ **like ~*** comme un fou (or une folle) ▸ **crazy golf** (BR) minigolf *m* b (* = enthusiastic) fou (folle *f*) (*about sb/sth* de qn/qch)

creak [kriːk] 1 vi grincer 2 n grincement *m*

cream [kriːm] 1 n crème *f* ▪ **single/double ~** (BR) crème *f* fraîche liquide/épaisse ▪ **~ of tomato soup** velouté *m* de tomates 2 adj (= cream-coloured) crème *inv* ; (= made with cream) à la crème ▸ **cream cake** gâteau *m* à la crème ▸ **cream cheese** fromage *m* frais à tartiner ▸ **cream cracker** (BR) cracker *m* ▸ **cream soda** boisson *f* gazeuse à la vanille ▸ **cream tea** (BR) *goûter où l'on sert du thé et des scones avec de la crème et de la confiture*
▸ **cream off** vt sep [+ talents] sélectionner ; [+ profits] ramasser

creamy ['kriːmɪ] adj crémeux

crease [kriːs] 1 n (made intentionally) pli *m* ; (made accidentally) faux pli *m* ; (on face) ride *f* 2 vt (accidentally) froisser ; (intentionally) plisser 3 vi se froisser

create [kriː'eɪt] vt (gen) créer ; [+ impression] produire ; [+ noise] faire

creation [kriː'eɪʃən] n création *f*

creative [kriː'eɪtɪv] adj a (= imaginative) créatif ; [energy, power] créateur (-trice *f*) ; [process] de création b (= original) [person] inventif ; [solution] ingénieux

creator [kri'eɪtəʳ] n créateur *m*, -trice *f*

creature ['kriːtʃəʳ] n créature *f*

crèche [kreɪʃ] n (BR) (up to 3 years old) crèche *f* ; (after 3 years old) garderie *f*

credentials [krɪ'denʃəlz] npl (= identifying papers) pièce *f* d'identité ; (= references) références *fpl*

credibility [ˌkredə'bɪlɪtɪ] n crédibilité *f*

credible ['kredɪbl] adj crédible

credit ['kredɪt] 1 n a (financial) crédit *m* ▪ **to buy on ~** acheter à crédit ▪ **in ~** [account] approvisionné ▸ **credit card** carte *f* de crédit ▸ **credit crunch** crise *f* du crédit b (= praise) honneur *m* ▪ **it is to his ~** c'est tout à son honneur ▪ **he is a ~ to his family** il fait honneur à sa famille ▪ **to give sb ~ for doing sth** reconnaître que qn a fait qch ▪ **to take (the) ~ for sth** s'attribuer le mérite de qch c (at university) unité *f* d'enseignement 2 **credits** npl [of film] générique *m* 3 vt a (= believe) [+ rumour, news] croire b ▪ **to be ~ed with having done sth** passer pour avoir fait qch ▪ **it is ~ed with (having) magical powers** on lui attribue des pouvoirs magiques c ▪ **to ~ £50 to sb** or **to sb's account** créditer qn de 50 livres

creditable ['kredɪtəbl] adj honorable

creditor ['kredɪtəʳ] n créancier *m*, -ière *f*

creditworthy ['kredɪtwɜːðɪ] adj solvable

credulous ['kredjʊləs] adj crédule

creed [kriːd] n credo *m*

creek [kriːk] n a (BR = inlet) crique *f* b (US = stream) ruisseau *m*

creep [kriːp] (pret, ptp **crept**) 1 vi [animal, person, plant] ramper ; (= move silently) se glisser ▪ **to ~ in/out** entrer/sortir à pas de loup ▪ **to ~ up on sb** [person] s'approcher de qn à pas de loup 2 n a ▪ **it gives me the ~s*** ça me donne la chair de poule b (* = person) sale type* *m*

creeper ['kriːpəʳ] n (= plant) plante *f* rampante

creepy ['kriːpɪ] adj qui donne la chair de poule ▸ **creepy-crawly*** (pl **creepy-crawlies**) petite bestiole *f*

cremate [krɪ'meɪt] vt incinérer

cremation [krɪ'meɪʃən] n crémation *f*

crematorium [ˌkremə'tɔːrɪəm], **crematory** (US) ['kreməˌtɔːrɪ] n crématorium *m*

creole ['kriːəʊl] adj créole

creosote ['krɪəsəʊt] n créosote *f*

crêpe [kreɪp] n a (= fabric) crêpe *m* ▸ **crêpe bandage** bande *f* Velpeau® ▸ **crêpe paper** papier *m* crépon b (= pancake) crêpe *f*

crept [krept] vb pret, ptp of **creep**

crescendo [krɪ'ʃendəʊ] n crescendo *m*

crescent ['kresnt] n a croissant *m* ▸ **crescent moon** croissant *m* de lune ▸ **crescent-shaped** en (forme de) croissant b (= street) rue *f (en arc de cercle)*

cress [kres] n cresson *m*

crest [krest] n a [of bird, wave, mountain] crête *f* b ▪ **the family ~** les armoiries *fpl* familiales

crestfallen ['krestˌfɔːlən] adj [person] déconfit

Crete [kriːt] n Crète *f*

Creutzfeldt-Jakob disease [ˌkrɔɪtsfelt'jækɒbdɪˌziːz] n maladie *f* de Creutzfeldt-Jakob

crevasse [krɪ'væs] n crevasse *f*

crevice ['krevɪs] n fissure *f*

crew [kru:] n [of plane, ship] équipage *m* ; (making film, rowing boat) équipe *f* ; (= group) bande *f* ▸ **crew cut** ■ **to have a ~ cut** avoir les cheveux en brosse ▸ **crew-neck sweater** pull *m* ras du cou

crib [krɪb] **1** n (BR : for infant) berceau *m* ; (US : for toddler) lit *m* d'enfant ; (= nativity scene) crèche *f* **2** vt* copier ■ **to ~ sb's work** copier sur qn **3** comp ▸ **crib sheet*** n (in exam) antisèche* *f*

crick [krɪk] n crampe *f* ■ **~ in the neck** torticolis *m*

cricket ['krɪkɪt] n **a** (= insect) grillon *m* **b** (Sport) cricket *m*

crime [kraɪm] n crime *m* ■ **minor ~** délit *m*

criminal ['krɪmɪnl] **1** n criminel(le) *m(f)* **2** adj [action, motive] criminel ▸ **criminal court** cour *f* d'assises ▸ **criminal law** droit *m* pénal ▸ **criminal record** casier *m* judiciaire

criminalize ['krɪmɪnəlaɪz] vt criminaliser

crimson ['krɪmzn] adj, n cramoisi *m*

cringe [krɪndʒ] vi (= shrink back) avoir un mouvement de recul (*from* devant) ; (= humble o.s.) ramper (*before* devant)

crinkle ['krɪŋkl] **1** vi [eyes] se plisser **2** n pli *m*

cripple ['krɪpl] **1** n (= lame) estropié(e) *m(f)* ; (= disabled) infirme *mf* **2** vt estropier ; (fig) paralyser

crisis ['kraɪsɪs] n (pl **crises** ['kraɪsi:z]) crise *f*

crisp [krɪsp] **1** adj **a** [apple, salad] croquant ; [pastry, bacon] croustillant **b** [shirt, fabric] tout propre **c** (= refreshing) ■ **it was a lovely ~ morning** il faisait beau et froid ce matin-là **d** (= clear) [picture] net ; [voice, sound] clair **2** n (BR) ■ **(potato) ~s** chips *fpl*

crispbread ['krɪspbred] n pain *m* grillé suédois

crispy ['krɪspɪ] adj croustillant

criss-cross ['krɪskrɒs] **1** adj [lines] entrecroisées **2** vt entrecroiser (*by* de) **3** vi [lines] s'entrecroiser

criterion [kraɪ'tɪərɪən] n (pl **criteria** [kraɪ'tɪərɪə]) critère *m*

critic ['krɪtɪk] n critique *m* ; → *Pièges* CRITIC

critical ['krɪtɪkəl] adj critique ■ **to be ~ of sb/sth** critiquer qn/qch ; → *Pièges* CRITIC

critically ['krɪtɪkəlɪ] adv **a** (= crucially) ■ **to be ~ important** être d'une importance capitale **b** [ill, injured] gravement **c** [speak] sévèrement **d** [study, examine] d'un œil critique **e** ■ **~ acclaimed** salué par la critique

criticism ['krɪtɪsɪzəm] n critique *f* ; → *Pièges* CRITIC

criticize ['krɪtɪsaɪz] vt [+ behaviour, person] critiquer

croak [krəʊk] vi [frog] coasser ; [person] parler d'une voix rauque ; (due to sore throat) parler d'une voix enrouée

croaky ['krəʊkɪ] adj [voice] rauque ; (due to sore throat) enroué

Croatia [krəʊ'eɪʃɪə] n Croatie *f*

crochet ['krəʊʃeɪ] **1** n (also **crochet work**) crochet *m* **2** vt [+ garment] faire au crochet

crockery ['krɒkərɪ] n (BR) vaisselle *f*

crocodile ['krɒkədaɪl] n crocodile *m*

crocus ['krəʊkəs] n (pl **~es**) crocus *m*

croft [krɒft] n petite exploitation *f* agricole

crony* ['krəʊnɪ] n copain* *m*, copine* *f*

crook [krʊk] n **a** (* = criminal) escroc *m* **b** [of shepherd] houlette *f* ; [of bishop] crosse *f* **c** [of arm] creux *m*

crooked ['krʊkɪd] adj **a** [line, stick, back] tordu ; [nose, tooth, picture, tie] de travers **b** (* = dishonest) [person, business] véreux ; [deal, method] malhonnête

crop [krɒp] **1** n **a** (= produce) produit *m* agricole ; (= harvest) récolte *f* **b** (also **riding crop**) cravache *f* **2** vt **a** [animals] [+ grass] brouter **b** [+ tail] écourter ; [+ hair] tondre ■ **~ped hair** cheveux *mpl* coupés ras **3** comp ▸ **crop top** T-shirt *m* (court et ajusté)

▸ **crop up** vi [problems] se présenter ■ **something's ~ped up and I can't come** j'ai un contretemps, je ne pourrai pas venir

cropper* ['krɒpə'] n ■ **to come a ~** (= fall) se casser la figure* ; (= fail in attempt) se planter*

croquet ['krəʊkeɪ] n croquet *m*

croquette [krəʊ'ket] n croquette *f*

cross [krɒs] **1** n **a** (= mark, emblem) croix *f* ■ **the Cross** la Croix **b** (= mixture) hybride *m*, croisement *m* **2** adj **a** (= angry) en colère ■ **to be ~ with sb** être en colère contre qn ■ **to get ~ with sb** se mettre en colère contre qn **b** (= traverse, diagonal) transversal, diagonal **3** vt **a** [+ room, street, sea, river, bridge] traverser ; [+ threshold, border] franchir ■ **it ~ed my mind that...** il m'est venu à l'esprit que... **b** ■ **to ~ one's arms/legs** croiser les bras/les jambes **c** ■ **to ~ o.s.** se signer **d** (= thwart) [+ person] contrecarrer les projets de **e** (= crossbreed) [+ animals, plants] croiser (*with* avec) **4** vi **a** ■ **to ~ from one place to another** passer d'un endroit à un autre ■ **to ~ from Newhaven to Dieppe** faire la traversée de Newhaven à Dieppe **b** [letters, paths] se croiser **5** comp ▸ **cross-Channel ferry** ferry *m* trans-Manche ▸ **cross-check** vt [+ facts] vérifier par recoupement ▸ **cross-country** à travers champs ■ **cross-country race** cross *m* ■ **cross-country skiing** ski *m* de fond ▸ **cross-examination** contre-interrogatoire *m* ▸ **cross-examine** interroger (de façon serrée) ; (in court) faire subir un contre-interrogatoire à ▸ **cross-eyed** qui louche ▪ **to be cross-eyed** loucher ▸ **cross-platform** [game] multiplateforme ▸ **cross-purposes** ▪ **to be at cross-purposes with sb** (= misunderstand) comprendre qn de travers ▪ **I think we are at cross-purposes** je crois que nous nous sommes mal compris ▸ **cross-reference** n renvoi *m* (*to* à) ◊ vt renvoyer ▸ **cross section** (= sample) échantillon *m*

▸ **cross off** vt sep [+ item on list] rayer

▸ **cross out** vt sep [+ word] barrer

▸ **cross over** vi traverser

→ *Pièges* CROSS

crossbar ['krɒsbɑː^r] n (Rugby) barre *f* transversale ; [of bicycle] barre *f*

crossbow ['krɒsbəʊ] n arbalète *f*

crossbreed ['krɒsbriːd] **1** n (= animal) hybride *m* **2** vt (pret, ptp **crossbred**) croiser

crossfire ['krɒsfaɪə^r] n feux *mpl* croisés

crossing ['krɒsɪŋ] n **a** (by sea) traversée *f* **b** (= road junction) croisement *m* ; (also **pedestrian crossing**) passage *m* clouté

crossroads ['krɒsrəʊdz] npl croisement *m*

crosswalk ['krɒswɔːk] n (US) passage *m* clouté

crossword ['krɒswɜːd] n (also **crossword puzzle**) mots *mpl* croisés

crotch [krɒtʃ] n [of body, tree] fourche *f* ; [of garment] entrejambe *m*

crotchet ['krɒtʃɪt] n (BR) noire *f*

crouch [kraʊtʃ] vi (also **crouch down**) [person, animal] s'accroupir ; (before springing) se ramasser

crouton ['kruːtɒn] n croûton *m*

crow [krəʊ] **1** n corneille *f* ▸ **crow's feet** pattes *fpl* d'oie *(rides)* **2** vi **a** [cock] chanter **b** [victor] chanter victoire

crowbar ['krəʊbɑː^r] n pince *f* monseigneur

crowd [kraʊd] **1** n **a** foule *f* ; (disorderly) cohue *f* ▪ **to follow the ~** suivre le mouvement **b** (* = group, circle) bande *f* **2** vi ▪ **they ~ed into the small room** ils se sont entassés dans la petite pièce ▪ **they ~ed round to see...** ils ont fait cercle pour voir... **3** vt (= push) [+ objects] entasser (*into* dans) ; (= jostle) [+ person] bousculer

crowded ['kraʊdɪd] adj **a** [room, street, train, beach] bondé ▪ **~ with people** plein de monde **b** [city, area] surpeuplé **c** (= packed with things) [place] plein à craquer **d** (= busy) [agenda, day] chargé

crowdfunding ['kraʊd,fʌndɪŋ] n financement *m* communautaire or participatif

crowdsourcing ['kraʊd,sɔːsɪŋ] n externalisation *f* ouverte

crown [kraʊn] **1** n **a** [of monarch] couronne *f* ▸ **Crown court** Cour *f* d'assises *(en Angleterre et au Pays de Galles)* ▸ **crown jewels** joyaux *mpl* de la couronne ▸ **crown prince** prince *m* héritier **b** [of hill] faîte *m* ; [of hat] fond *m* ▪ **the ~ (of the head)** le sommet de la tête **c** (for tooth) couronne *f* **2** vt couronner (*with* de) ; [+ tooth] mettre une couronne à

crucial ['kruːʃəl] adj crucial

cruciate ['kruːʃɪɪt] adj [ligament] croisé

crucifix ['kruːsɪfɪks] n crucifix *m* ; (at roadside) calvaire *m*

crucify ['kruːsɪfaɪ] vt crucifier

crude [kruːd] **1** adj **a** (= vulgar) grossier **b** (= rudimentary) rudimentaire **2** n (also **crude oil**) brut *m*

crudely ['kruːdlɪ] adv ▪ **to put it ~** pour dire les choses crûment

cruel ['krʊəl] adj cruel (*to sb* avec qn)

cruelty ['krʊəltɪ] n cruauté *f* (*to* envers)

cruet ['kruːɪt] n (BR) service *m* à condiments ▪ **oil ~** huilier *m* ▪ **vinegar ~** vinaigrier *m*

cruise [kruːz] **1** vi **a** [fleet, ship] croiser **b** [cars] rouler ; [aircraft] voler **c** [taxi] être en maraude ; [patrol car] patrouiller **2** n croisière *f* ▪ **to go on a ~** partir en croisière ▸ **cruise missile** missile *m* de croisière

cruiser ['kruːzə^r] n (= warship) croiseur *m* ; (= cabin cruiser) bateau *m* de croisière

crumb [krʌm] n miette *f*

crumble ['krʌmbl] **1** vt [+ bread] émietter **2** vi [buildings] tomber en ruines ; [earth, rocks] s'ébouler ; [bread] s'émietter ; [hopes, economy] s'effondrer **3** n (BR = dessert) crumble *m*

crumbly ['krʌmblɪ] adj friable

crummy*, **crumby*** ['krʌmɪ] adj [hotel, town, job, film] minable ▪ **what a ~ thing to do!** c'est minable de faire ça !

crumpet ['krʌmpɪt] n (BR) petite crêpe *f* épaisse

crumple ['krʌmpl] **1** vt froisser ; (also **crumple up**) chiffonner **2** vi se froisser

crunch [krʌntʃ] **1** vt **a** (with teeth) croquer **b** (underfoot) faire craquer **2** vi (underfoot) crisser **3** n **a** (= sound of teeth) coup *m* de dents ; [of broken glass] craquement *m* ; [of gravel] crissement *m* **b** ▪ **the ~*** (= moment of truth) l'instant *m* critique

crunchy ['krʌntʃɪ] adj [food] croquant

crusade [kruː'seɪd] n croisade *f*

crusader [kruː'seɪdə^r] n militant(e) *m(f)* (*for* en faveur de, *against* contre) ; (during the Crusades) croisé *m*

crush [krʌʃ] **1** n **a** (= crowd) cohue *f* **b** ▪ **to have a ~ on sb*** avoir le béguin* pour qn **2** vt **a** (= compress) écraser ; [+ ice] piler

b [+ clothes] froisser **c** (= overwhelm) écraser ; [+ hope] détruire ; (= snub) remettre à sa place

crushing ['krʌʃɪŋ] adj [defeat, victory] écrasant ; [blow, disappointment] terrible ; [remark, reply] cinglant

crust [krʌst] n croûte *f*

crustacean [krʌs'teɪʃən] n crustacé *m*

crusty ['krʌstɪ] adj [loaf, roll] croustillant

crutch [krʌtʃ] n **a** (= support) béquille *f* **b** (= crotch) fourche *f* ; [of trousers] entrejambe *m*

crux [krʌks] n point *m* crucial ; [of problem] cœur *m*, centre *m*

cry [kraɪ] **1** n (= shout, call) cri *m* **2** vt (= call out) crier **3** vi **a** (= weep) pleurer (*about, over* sur) **b** (= call out) pousser un cri (or des cris) ▪ **to ~ for help** crier au secours

▸ **cry off** vi (BR) (from meeting) se décommander ; (from promise) se dédire

▸ **cry out** vi crier ▪ **to ~ out to sb** appeler qn en criant

→ *Pièges* CRY

crypt [krɪpt] n crypte *f*

cryptic ['krɪptɪk] adj (= mysterious) sibyllin ; (= terse) laconique

cryptocurrency [,krɪptəʊ'kʌrənsɪ] n cryptodevise *f*, cryptomonnaie *f*

cryptogram ['krɪptəʊgræm] n cryptogramme *m*

crystal ['krɪstl] n cristal *m* ▸ **crystal ball** boule *f* de cristal ▸ **crystal-clear** clair comme de l'eau de roche

cub [kʌb] n **a** [of animal] petit *m* **b** (also **cub scout**) louveteau *m*

Cuba ['kju:bə] n Cuba *f or m*

cubbyhole ['kʌbɪhəʊl] n cagibi *m*

cube [kju:b] **1** n cube *m* **2** vt [+ meat, vegetables] couper en cubes

cubic ['kju:bɪk] adj [centimetre, metre] cube ; (in shape) cubique

cubicle ['kju:bɪkəl] n (in hospital, dormitory) box *m* ; (in swimming baths) cabine *f* ; (also **shower cubicle**) cabine *f* de douche

cuckoo ['kʊku:] n coucou *m* ▸ **cuckoo clock** coucou *m (pendule)*

cucumber ['kju:kʌmbə'] n concombre *m*

cuddle ['kʌdl] **1** n câlin *m* ▪ **to give sb a ~** faire un câlin à qn **2** vt câliner **3** vi se faire un câlin

▸ **cuddle up** vi se pelotonner (*to, against* contre)

cuddly ['kʌdlɪ] adj [child] câlin ▪ **~ toy** (jouet *m* en) peluche *f*

cudgel ['kʌdʒəl] n trique *f*

cue [kju:] n **a** (verbal) réplique *f (indiquant à un acteur qu'il doit parler)* ; (action) signal *m* **b** (Billiards) queue *f* de billard

cuff [kʌf] **1** n **a** (gen) poignet *m* ; [of shirt] manchette *f* ; [of coat] parement *m* ; (US) [of trousers] revers *m inv* ▪ **off the ~** à l'improviste **b** (= blow) gifle *f* **2** vt (= strike) gifler

cufflink ['kʌflɪŋk] n bouton *m* de manchette

cul-de-sac ['kʌldə,sæk] n (pl **~s**) (BR) cul-de-sac *m*

cull [kʌl] **1** vt **a** [+ information, ideas] sélectionner **b** [+ seals, deer] abattre **2** n abattage *m*

culminate ['kʌlmɪneɪt] vi ▪ **to ~ in sth** (= end in) finir par qch ; (= lead to) mener à qch

culottes [kju:'lɒts] npl jupe-culotte *f*

culprit ['kʌlprɪt] n coupable *mf*

cult [kʌlt] n culte *m* (*of* de) ▸ **cult film, cult movie** film culte *m*

cultivate ['kʌltɪveɪt] vt cultiver

cultivation [,kʌltɪ'veɪʃən] n culture *f*

cultural ['kʌltʃərəl] adj culturel

culture ['kʌltʃə'] n culture *f* ▸ **culture shock** choc *m* culturel

cultured ['kʌltʃəd] adj cultivé ▪ **~ pearl** perle *f* de culture

cumbersome ['kʌmbəsəm] adj [object] lourd et encombrant ; [procedure, system] lourd

cumin ['kʌmɪn] n cumin *m*

cunning ['kʌnɪŋ] **1** n astuce *f* ; (= deceit) ruse *f* **2** adj astucieux ; (= deceitful) rusé

cup [kʌp] n **a** (gen) tasse *f* **b** (BR = prize, competition) coupe *f* ▸ **cup final** (BR) finale *f* de la coupe **c** [of brassière] bonnet *m (de soutien-gorge)*

cupboard ['kʌbəd] n placard *m*

cupola ['kju:pələ] n (= dome) coupole *f* ; (US = belfry) lanternon *m*

curate ['kjʊərɪt] n (= churchman) vicaire *m*

curator [kjʊə'reɪtə'] n [of museum] conservateur *m*, -trice *f*

curb [kɜ:b] **1** n **a** (gen) frein *m* ; (on trade) restriction *f* (*on* de) **b** (US = kerb) bord *m* du trottoir **2** vt [+ impatience, passion] refréner ; [+ expenditure] réduire

curd [kɜ:d] n (gen pl) ▪ **~(s)** lait *m* caillé

curdle ['kɜ:dl] **1** vt [+ milk] cailler ; [+ mayonnaise] faire tomber **2** vi [milk] cailler ; [mayonnaise] tomber ▪ **it made my blood ~** cela m'a glacé le sang

cure [kjʊə'] **1** vt **a** [+ disease, patient] guérir (*of* de) ; [+ poverty, problem] remédier à **b** [+ meat, fish] (= salt) saler ; (= smoke) fumer ; (= dry) sécher **2** n (= remedy) remède *m* (*for* à, contre) ; (= recovery) guérison *f* ▸ **cure-all** panacée *f*

curfew ['kɜ:fju:] n couvre-feu *m*

curio ['kjʊərɪəʊ] n bibelot *m*, curiosité *f*

curiosity [ˌkjʊərɪ'ɒsɪtɪ] n curiosité *f* (*about* de) ▪ **out of ~** par curiosité

curious ['kjʊərɪəs] adj curieux

curl [kɜ:l] **1** n [of hair] boucle *f* (de cheveux) **2** vt [+ hair] (loosely) (faire) boucler ; (tightly) friser **3** vi **a** [hair] (tightly) friser ; (loosely) boucler ▪ **his lip ~ed** il a eu une moue dédaigneuse **b** [person, animal] ⇒ **curl up**

▸ **curl up** **1** vi s'enrouler ; [person, cat] se pelotonner ; [dog] se coucher en rond **2** vt sep enrouler

curler ['kɜ:ləʳ] n bigoudi *m*

curlew ['kɜ:lju:] n courlis *m*

curly ['kɜ:lɪ] adj [hair] (loosely) bouclé ; (tightly) frisé

currant ['kʌrənt] n (= fruit) groseille *f* ; (= dried fruit) raisin *m* de Corinthe ▸ **currant bun** petit pain *m* aux raisins

currency ['kʌrənsɪ] n monnaie *f*, devise *f* ; → *Pièges* MONEY

current ['kʌrənt] **1** adj [situation, tendency, popularity, job] actuel ▸ **current account** (BR) compte *m* courant ▸ **current affairs** actualité *f* **2** n [of air, water, electricity] courant *m* ; [of opinions] tendance *f* ▪ **against the ~** à contre-courant

currently ['kʌrəntlɪ] adv actuellement

curriculum [kə'rɪkjʊləm] n programme *m* ▸ **curriculum vitae** curriculum vitæ *m*

curry ['kʌrɪ] **1** n curry *m* ▪ **beef ~** curry *m* de bœuf ▸ **curry powder** curry *m* **2** vt ▪ **to ~ favour with sb** chercher à gagner la faveur de qn

curse [kɜ:s] **1** n **a** (= spell) malédiction *f* **b** (= swearword) juron *m* **c** (= bane) fléau *m* **2** vt maudire **3** vi (= swear) jurer

cursor ['kɜ:səʳ] n curseur *m*

cursory ['kɜ:sərɪ] adj (= superficial) superficiel ; (= hasty) hâtif

curt [kɜ:t] adj brusque

curtail [kɜ:'teɪl] vt réduire

curtain ['kɜ:tn] n rideau *m*

curtsey, curtsy ['kɜ:tsɪ] **1** n révérence *f* **2** vi faire une révérence (*to* à)

curve [kɜ:v] **1** n courbe *f* ▪ **to be ahead of the ~** avoir une longueur d'avance **2** vi [line, surface, road] s'incurver

curved [kɜ:vd] adj courbe ; [edge of table] arrondi ; (= convex) convexe

cushion ['kʊʃən] **1** n coussin *m* **2** vt (= protect) protéger ; [+ fall, impact] amortir

cushy* ['kʊʃɪ] adj (BR) peinard* ▪ **a ~ job** une bonne planque*

cuss* [kʌs] (US) ⇒ **curse**

custard ['kʌstəd] n (pouring) crème *f* anglaise ; (set) crème *f* renversée

custodial [kʌs'təʊdɪəl] adj [parent] qui a la garde des enfants ▪ **~ sentence** peine *f* de prison

custodian [kʌs'təʊdɪən] n gardien(ne) *m(f)*

custody ['kʌstədɪ] n **a** [of child] garde *f* **b** (= imprisonment) détention *f* provisoire ; (also **police custody**) (for short period) garde *f* à vue ▪ **to be held in (police) ~** être mis en garde à vue

custom ['kʌstəm] n **a** (= habit, tradition) coutume *f* **b** [of shop] clientèle *f* ▸ **custom-built** fait sur commande ▸ **custom-made** [clothes] (fait) sur mesure; [other goods] fait sur commande

customary ['kʌstəmərɪ] adj habituel ▪ **it is ~ (to do that)** c'est la coutume

customer ['kʌstəməʳ] n **a** (in shop) client(e) *m(f)* **b** (* : BR = person) type* *m*

customize ['kʌstəmaɪz] vt personnaliser

customs ['kʌstəmz] n (sg or pl) douane *f* ▸ **Customs and Excise** (BR) douanes *fpl* ▸ **customs officer** douanier *m*, -ière *f*

cut [kʌt] vb (pret, ptp **cut**) **1** n **a** (= slash, slit) coupure *f* ; (= notch) entaille *f* **b** (= reduction) réduction *f* (*in* de) ▪ **power ~** coupure *f* de courant **c** [of meat] morceau *m* **d** (* = share) part *f* **e** [of clothes] coupe *f* **f** (= haircut) coupe *f* **g** (Computing) ▪ **~ and paste** couper-coller *m* **h** (in films) (= edit) coupure *f* ; (= transition) passage *m* (*from* de, *to* à) **2** adj [flowers, grass] coupé ▪ **he's got a ~ lip** il s'est coupé la lèvre **3** vt **a** (gen) couper ; [+ meat] découper ; (= notch) entailler ▪ **to ~ in half** couper en deux ▪ **to ~ in(to) pieces** couper en morceaux ▪ **to ~ one's nails** se couper les ongles ▪ **to have** or **get one's hair ~** se faire couper les cheveux ▪ **to ~ o.s. (shaving)** se couper (en se rasant) ▪ **he ~ his head open** il s'est ouvert le crâne ▪ **to ~ a visit short** écourter une visite ▪ **to ~ sb short** couper la parole à qn **b** (= shape) tailler ; [+ figure, statue] sculpter (*out of* dans) ; [+ CD, record] graver ; [+ diamond] tailler ; [+ key] faire ; [+ dress] couper ▪ **to ~ a hole in sth** faire un trou dans qch **c** [+ lawn, grass] tondre ; [+ hedge] tailler ; [+ corn, hay] couper **d** (= remove) [+ scene, passage] couper ▪ **to ~ and paste** [+ document] couper-coller **e** (= reduce) réduire **f** [+ cards] couper **g** [+ film] monter **4** vi couper ▪ **to ~ across country** couper à travers champs **5** comp ▸ **cut glass** n cristal *m* taillé ◊ adj de or en cristal taillé ▸ **cut-price, cut-rate** (BR) adj à prix réduit ▸ **cut up*** adj (BR = upset) blessé; (US = funny) rigolo *m*, -ote *f*

▸ **cut back** vt sep [+ plants, shrubs] élaguer ; (also **cut back on**) [+ production, expenditure] réduire

cu

► **cut down** vt sep **a** [+ tree] couper **b** [+ expenses, article, essay] réduire ▪ **to ~ sb down to size*** remettre qn à sa place

► **cut down on** vt insep [+ food] manger moins de ; [+ alcohol] boire moins de ; [+ cigarettes] fumer moins de ; [+ travel] réduire

► **cut in** vi (into conversation) intervenir

► **cut off** vt sep **a** (= sever, disconnect) couper **b** (= interrupt) interrompre **c** (= isolate) isoler (*sb from sth* qn de qch) ▪ **to ~ o.s. off from** se couper de

► **cut out** **1** vt sep **a** [+ picture, article] découper (*of, from* dans) ; [+ coat, dress] tailler (*of, from* dans) ▪ **to be ~ out for sth** avoir des dispositions pour qch ▪ **he's not ~ out to be a doctor** il n'est pas fait pour être médecin **b** (= remove) enlever ; [+ intermediary, middleman] supprimer ; [+ light] empêcher de passer ▪ **~ it out!*** ça suffit !* **c** (= give up) ▪ **to ~ out smoking/drinking** arrêter de fumer/boire **2** vi [engine] caler

► **cut up** vt sep **a** [+ wood, food] couper ; [+ meat] découper **b** ▪ **to be ~ up about sth*** (= unhappy) être affecté par qch

cutback ['kʌtbæk] n (= reduction) réduction *f* (*in* de)

cute* [kjuːt] adj **a** (= attractive) mignon **b** (US = clever) malin (-igne *f*)

cuticle ['kjuːtɪkl] n [of fingernails] petite peau *f*

cutlery ['kʌtlərɪ] n (BR) couverts *mpl*

cutlet ['kʌtlɪt] n côtelette *f* ; [of veal] escalope *f*

cutoff ['kʌtɒf] **1** n **a** (= cutoff point) limite *f* **b** [of supplies] interruption *f* ; [of electricity] coupure *f* **2** **cutoffs** npl (= jeans) jeans *mpl* coupés

cutting ['kʌtɪŋ] **1** n [of newspaper] coupure *f* ; [of plant] bouture *f* **2** adj **a** (= scornful) [words, remark] blessant **b** ▪ **to be at the ~ edge of scientific research** être à la pointe de la recherche scientifique **3** comp ► **cutting-edge** adj de pointe

cuttlefish ['kʌtlfɪʃ] n inv seiche *f*

CV [siː'viː] n (abbr of **curriculum vitae**) CV *m*

cyanide ['saɪənaɪd] n cyanure *m*

cyberattack ['saɪbərə,tæk] n cyberattaque *f*

cyberbullying ['saɪbə,bʊlɪɪŋ] n cyberharcèlement *m*

cybercafé ['saɪbə,kæfeɪ] n cybercafé *m*

cybercrime ['saɪbə,kraɪm] n cybercriminalité *f*, cyberdélinquance *f*

cyberespionage ['saɪbər,espɪə'nɑːʒ] n cyberespionnage *m*

cyberfraud ['saɪbər,frɔːd] n cyberfraude *f*

cybersecurity [,saɪbəsɪ'kjʊərɪtɪ] n cybersécurité *f*

cybershop ['saɪbəʃɒp] n cybermarchand *m*

cybershopping ['saɪbəʃɒpɪŋ] n cyberconsommation *f*

cyberspace ['saɪbəspeɪs] n cyberespace *m*

cyberstalking ['saɪbə,stɔːkɪŋ] n cyberharcèlement *m*, harcèlement *m* en ligne

cyberterrorism ['saɪbə,terərɪzəm] n cyberterrorisme *m*

cyborg ['saɪbɔːg] n cyborg *mf*

cyclamen ['sɪkləmən] n cyclamen *m*

cycle ['saɪkl] **1** n **a** (= bike) vélo *m*, bicyclette *f* ► **cycle lane** (BR), **cycle path** piste *f* cyclable ► **cycle shop** magasin *m* de cycles, vélociste *m* **b** [of events] cycle *m* **2** vi faire du vélo

cycleway ['saɪkəlweɪ] n (BR) véloroute *f*, ≈ voie *f* verte

cyclical ['saɪklɪkəl] adj cyclique

cycling ['saɪklɪŋ] n cyclisme *m* ▪ **(pair of) ~ shorts** (short *m* de) cycliste *m*

cyclist ['saɪklɪst] n cycliste *mf*

cyclone ['saɪkləʊn] n cyclone *m*

cygnet ['sɪgnɪt] n jeune cygne *m*

cylinder ['sɪlɪndəʳ] n cylindre *m* ; [of gas] bouteille *f*

cylindrical [sɪ'lɪndrɪkəl] adj cylindrique

cymbal ['sɪmbəl] n cymbale *f*

cynic ['sɪnɪk] n cynique *mf*

cynical ['sɪnɪkəl] adj cynique

cynicism ['sɪnɪsɪzəm] n cynisme *m*

cypress ['saɪprɪs] n cyprès *m*

Cypriot ['sɪprɪət] **1** adj chypriote **2** n Chypriote *mf*

Cyprus ['saɪprəs] n Chypre *f*

cyst [sɪst] n kyste *m*

cystitis [sɪs'taɪtɪs] n cystite *f*

czar [zɑːʳ] n tsar *m*

Czech [tʃek] **1** adj tchèque ► **the Czech Republic** la République tchèque **2** n **a** Tchèque *mf* **b** (= language) tchèque *m*

Czechia [,tʃekɪə] n République *f* tchèque, Tchéquie *f*

Czechoslovakia [tʃekəʊslə'vækɪə] n Tchécoslovaquie *f*

dD

D [diː] n **a** (= letter) D ▪ **(in) 3D** (en) 3D **b** (Mus) ré *m* **c** (= mark) D, passable *(10 sur 20)*

DA [diːˈeɪ] n (US) (abbr of **District Attorney**) ≈ procureur

dab [dæb] **1** n ▪ **a ~ of** un petit peu de ▪ **a ~ of paint** un petit coup de peinture **2** vt tamponner ▪ **to ~ one's eyes** se tamponner les yeux **3** adj ▪ **to be a ~ hand at sth/at doing sth*** (BR) être doué en qch/pour faire qch
▸ **dab on** vt sep appliquer par petites touches

dabble [ˈdæbl] vi ▪ **to ~ in** [+ music, journalism, drugs] tâter de ▪ **to ~ on the Stock Exchange** boursicoter

dachshund [ˈdækshʊnd] n teckel *m*

dad* [dæd] n papa *m*

daddy* [ˈdædɪ] n papa *m*

daddy-longlegs [ˈdædɪˌlɒŋlegz] n (BR) tipule *f* ; (US, Can) faucheux *m*

daffodil [ˈdæfədɪl] n jonquille *f*

daft* [dɑːft] adj [person] bête ; [idea, behaviour] loufoque*

dagger [ˈdægəʳ] n poignard *m* ▪ **to look ~s at sb** lancer des regards furieux à qn

daily [ˈdeɪlɪ] **1** adv tous les jours ▪ **twice ~** deux fois par jour **2** adj quotidien ; [wage, charge] journalier ▪ **~ life** la vie de tous les jours **3** n (= newspaper) quotidien *m*

dainty [ˈdeɪntɪ] adj délicat

dairy [ˈdɛərɪ] **1** n (on farm) laiterie *f* ; (= shop) crémerie *f* **2** adj [cow, farm, produce] laitier ▸ **dairy butter** beurre *m* fermier ▸ **dairy ice cream** crème *f* glacée

daisy [ˈdeɪzɪ] n (= flower) pâquerette *f* ; (cultivated) marguerite *f*

dam [dæm] **1** n barrage *m* **2** vt [+ river] endiguer ; [+ lake] construire un barrage sur

damage [ˈdæmɪdʒ] **1** n **a** (physical) dégâts *mpl* ▪ **to do ~** causer des dégâts **b** (fig) préjudice *m* (*to* à) ; tort *m* (*to* à) ▪ **to do ~ to** [+ person] faire du tort à ; [+ reputation, country, economy] nuire à **2** **damages** npl (= compensation) dommages *mpl* et intérêts *mpl* **3** vt [+ furniture, goods, crops] abîmer ; [+ eyesight, health] être mauvais pour ; [+ environment, ozone layer] entraîner une dégradation de ; [+ reputation, relationship, economy, image] nuire à ; [+ cause, person, party] faire du tort à

damn [dæm] **1** excl ✱ merde !✱ **2** vt **a** (Rel) damner **b** ▪ **~ him!**✱ qu'il aille se faire voir ! ▪ **~ it!**✱ merde !✱ ▪ **well I'll be ~ed!** ça c'est trop fort ! ▪ **I'm ~ed if...** je veux bien être pendu si... **3** n ▪ **I don't give a ~**✱ je m'en fous✱ ▪ **he doesn't give a ~ about anyone**✱ il se fout✱ complètement des autres **4** adj (✱ intensifier) sacré* *before n* ▪ **you ~ fool!** espèce de crétin !* **5** adv (✱ intensifier) sacrément* ▪ **~ all** que dalle✱ ▪ **you know ~ well** tu sais très bien

damnation [dæmˈneɪʃən] n damnation *f*

damned [dæmd] **1** adj **a** [soul] damné **b**✱ → **damn** **2** adv✱ → **damn**

damning [ˈdæmɪŋ] adj [report, evidence] accablant

damp [dæmp] **1** adj humide ; (with sweat) [skin, palm] moite **2** n [of atmosphere, walls] humidité *f*

dampen [ˈdæmpən] vt [+ cloth, ironing] humecter ; [+ enthusiasm] refroidir

damson [ˈdæmzən] n prune *f* de Damas

dance [dɑːns] **1** n (gen) danse *f* ; (= social gathering) bal *m* ▸ **dance floor** piste *f* de danse **2** vti danser

dancer [ˈdɑːnsəʳ] n danseur *m*, -euse *f*

dancing [ˈdɑːnsɪŋ] n danse *f*

dandelion [ˈdændɪlaɪən] n pissenlit *m*

dandruff [ˈdændrəf] n pellicules *fpl*

danger [ˈdeɪndʒəʳ] n danger *m* ▪ **in ~** en danger ▪ **he was in ~ of losing his job** il risquait de perdre son emploi ▪ **out of ~** hors de danger

dangerous [ˈdeɪndʒrəs] adj dangereux ; [medical operation] risqué (*for*, *to* pour)

dangerously [ˈdeɪndʒrəslɪ] adv (gen) dangereusement ▪ **~ ill** gravement malade

dangle [ˈdæŋgl] **1** vt **a** [+ object on string] suspendre ; [+ arm, leg] laisser pendre **b** [+ prospect, offer] faire miroiter (*before sb* à qn) **2** vi [object on string, arms, legs] pendre

Danish [ˈdeɪnɪʃ] **1** adj danois ▸ **Danish pastry** feuilleté *m* (fourré aux fruits, etc.) **2** n (= language) danois *m*

dank [dæŋk] adj froid et humide

dappled [ˈdæpld] adj tacheté ; [sky] pommelé

dare [dɛəʳ] **1** vt, modal aux vb **a** oser ▪ **he daren't climb that tree** il n'ose pas grimper à cet arbre ▪ **he didn't ~ do it** il n'a pas osé le faire ▪ **how ~ you!** comment osez-vous ? ▪ **I ~ say he'll come** il viendra sans doute **b** (= challenge) ▪ **to ~ sb to do sth** mettre qn au défi de faire qch ▪ **I ~ you!** chiche !* **2** n défi *m* ▪ **to do sth for a ~** faire qch pour relever un défi

daredevil ['dɛədevl] n casse-cou *m inv*

daring ['dɛərɪŋ] adj [person, attempt] audacieux ; [dress, opinion, novel] osé

dark [dɑːk] **1** adj **a** (= lacking light) sombre ; (= unlit) dans l'obscurité ▪ **it's ~** il fait nuit ▪ **it's getting ~** il commence à faire nuit **b** [colour, skin] foncé ; [clothes, eyes] sombre ▪ **~ blue/green** bleu/vert foncé *inv* **c** (= sinister, gloomy) [thoughts, mood] sombre **2** n obscurité *f* ▪ **after ~** après la tombée de la nuit ▪ **to be afraid of the ~** avoir peur du noir ▪ **I am quite in the ~ about it** j'ignore tout de cette histoire ▪ **he has kept me in the ~ about what he wants to do** il ne m'a rien dit de ce qu'il voulait faire **3** comp ▸ **the Dark Ages** le Moyen Âge ▸ **dark chocolate** chocolat *m* noir ▸ **dark glasses** lunettes *fpl* noires ▸ **dark-skinned** [person, race] de couleur ▸ **dark web** web *m* sombre, dark web *m*

darken ['dɑːkən] **1** vt [+ room, sky] obscurcir ; [+ colour] foncer ; [+ prospects] assombrir **2** vi [sky] s'assombrir ; [room] s'obscurcir

darkness ['dɑːknɪs] n obscurité *f* ▪ **the house was in ~** la maison était plongée dans l'obscurité

darkroom ['dɑːkrʊm] n chambre *f* noire

darling ['dɑːlɪŋ] **1** n ▪ **she's a little ~** c'est un amour ▪ **come here, ~** viens, mon chéri ▪ **be a ~* and bring me my glasses** apporte-moi mes lunettes, tu seras un ange ▪ **media ~** chouchou(te)* *m(f)* des médias **2** adj [child] chéri ; [place, house]* adorable

darn[1] [dɑːn] vt [+ socks] repriser ; [+ clothes] raccommoder

darn*[2] [dɑːn], **darned*** [dɑːnd] ⇒ **damn, damned**

darning ['dɑːnɪŋ] n raccommodage *m* ▸ **darning needle** aiguille *f* à repriser

dart [dɑːt] **1** n **a** (= weapon) flèche *f* ; (Sport) fléchette *f* ▪ **a game of ~s** une partie de fléchettes **b** (in clothes) pince *f* **2** vi se précipiter (*at* sur) ▪ **to ~ in/out** entrer/sortir en coup de vent

dartboard ['dɑːtbɔːd] n cible *f (de jeu de fléchettes)*

dash [dæʃ] **1** n **a** (= sudden rush) ▪ **to make a ~ for/towards...** se précipiter sur/vers... **b** (= small amount) [of liquid] goutte *f* ; [of spice] pincée *f* ; [of mustard] pointe *f* ; [of vinegar, lemon] filet *m* **c** (= punctuation mark) tiret *m* **d** ▪ **to cut a ~** faire de l'effet **2** vt ▪ **to ~ sb's hopes** anéantir les espoirs de qn **3** vi (= rush) se précipiter ▪ **to ~ away/back/up** s'en aller/revenir/monter à toute allure ▸ **dash off** vi partir précipitamment

dashboard ['dæʃbɔːd] n tableau *m* de bord

dashcam ['dæʃˌkæm] n caméra *f* embarquée

DAT [diːeɪ'tiː] n (abbr of **digital audio tape**) DAT *m*

data ['deɪtə] npl (often with sg vb) données *fpl* ▸ **data bank** banque *f* de données ▸ **data mining** extraction *f* de données ▸ **data processing** traitement *m* des données ▸ **data protection** protection *f* des données ▸ **data protection officer** délégué(e) *m(f)* à la protection des données personnelles, DPO *mf* ▸ **data warehousing** stockage *m* des données numériques

database ['deɪtəbeɪs] n base *f* de données

date [deɪt] **1** n **a** (= time) date *f* ▪ **what is today's ~?** nous sommes le combien aujourd'hui ? ▪ **what ~ is he coming (on)?** quel jour arrive-t-il ? ▪ **to set a ~** fixer une date ▪ **to be out of ~** [document] être caduc ; [person] ne plus être à la page* ▪ **to ~ we have accomplished nothing** jusqu'à présent nous n'avons rien accompli ▪ **this is her best novel to ~** c'est le meilleur roman qu'elle ait jamais écrit ▪ **up to ~** [document] à jour ; [building] moderne ; [person] à la page ▪ **to bring up to ~** [+ accounts, correspondence] mettre à jour ; [+ method] moderniser ▪ **to bring sb up to ~** mettre qn au courant (*about sth* de qch) ▸ **date line** ligne *f* de changement de jour ▸ **date of birth** date *f* de naissance **b** (= appointment) rendez-vous *m* ; (= person) petit(e) ami(e) *m(f)* **c** (= fruit) datte *f* ; (= tree) dattier *m* **2** vt **a** (gen) dater ▪ **a letter ~d 7 August** une lettre datée du 7 août **b** (= go out with) sortir avec **3** vi **a** ▪ **to ~ from** dater de ▪ **to ~ back to** remonter à **b** (= become old-fashioned) [clothes, expressions] dater **c** (= go out with sb) ▪ **they're dating** ils sortent ensemble

dated ['deɪtɪd] adj [book, film] démodé ; [word, language, expression] vieilli ; [idea] désuet (-ète *f*)

daughter ['dɔːtə'] n fille *f* ▸ **daughter-in-law** belle-fille *f*

daunting ['dɔːntɪŋ] adj intimidant

dawdle ['dɔːdl] vi flâner

dawn [dɔːn] **1** n aube *f* ▪ **at ~** à l'aube **2** vi **a** [day] se lever **b** [era, new society] naître ; [hope] luire ▪ **it suddenly ~ed on him that** il lui vint tout à coup à l'esprit que

day [deɪ] **1** n **a** (= 24 hours) jour *m* ▪ **three ~s ago** il y a trois jours ▪ **twice a ~** deux fois par jour ▪ **what ~ is it today?** quel jour sommes-nous aujourd'hui ? ▪ **the ~ before yesterday** avant-hier ▪ **the ~ before her birthday** la veille de son anniversaire ▪ **the following ~** le lendemain ▪ **the ~ after tomorrow** après-demain ▪ **two years ago to the ~** il y a deux ans jour pour jour ▪ **every ~** tous les jours ▪ **every other ~** tous les deux jours ▪ **one of these ~s** un de ces jours ▪ **~ by ~** de jour en jour ▪ **~ in ~ out** jour après jour ▪ **the other ~** l'autre jour ▪ **it's been one of those ~s** ça a été une de ces journées où tout va de travers ■ **some ~** un de ces jours ■ **that'll be the ~!** j'aimerais voir ça ! ■ **to live from ~ to ~** vivre au jour le jour **b** (= daylight hours) jour *m*, journée *f* ■ **during the ~** pendant la journée ■ **to work all ~** travailler toute la journée ■ **to work ~ and night** travailler jour et nuit ■ **to have a ~ out** faire une sortie **c** (= working hours) journée *f* ■ **paid by the ~** payé à la journée ■ **to take/get a ~ off** prendre/avoir un jour de congé **d** (period of time: often pl) époque *f* ■ **these ~s** de nos jours ■ **in this ~ and age** par les temps qui courent ■ **in those ~s** à l'époque ■ **in the good old ~s** au bon vieux temps ■ **those were the ~s!** c'était le bon vieux temps ! ■ **that has had its ~** (= old-fashioned) c'est passé de mode ; (= worn out) ça a fait son temps **2** comp ▸ **day centre** (BR) centre *m* d'accueil ▸ **day return** (BR : for train) aller et retour *m (valable pour la journée)* ▸ **day trip** excursion *f* (d'une journée) ▸ **day-tripper** excursionniste *mf*

daybreak ['deɪbreɪk] n ■ **at ~** à l'aube

daycare ['deɪkɛəʳ] n (for children) garderie *f* ; (for old or disabled people) *soins dans des centres d'accueil de jour* ▸ **daycare centre** (for children) ≈ garderie; (for old or disabled people) centre *m* d'accueil de jour

daydream ['deɪdriːm] vi rêvasser

daylight ['deɪlaɪt] n lumière *f* du jour ■ **in the ~** à la lumière du jour ■ **it's still ~** il fait encore jour ▸ **daylight robbery** (* : BR) ■ **it's ~ robbery** c'est de l'arnaque* ▸ **daylight-saving time** (US) heure *f* d'été

daypack ['deɪˌpæk] n (petit) sac *m* à dos

daytime ['deɪtaɪm] **1** n ■ **in the ~** pendant la journée **2** adj [hours] de la journée ■ **~ television** les émissions télévisées diffusées dans la journée ■ **your ~ phone number** le numéro de téléphone où vous joindre pendant la journée

daze [deɪz] **1** n ■ **in a ~** (after blow) étourdi ; (at news) stupéfait ; (from drug) hébété **2** vt [drug] hébéter ; [blow] étourdir ; [news] abasourdir

dazed [deɪzd] adj hébété

dazzle ['dæzl] vt éblouir

dazzling ['dæzlɪŋ] adj éblouissant

DC [diː'siː] (abbr of **direct current**) courant *m* continu

dead [ded] **1** adj **a** [person, animal, plant] mort ■ **~ or alive** mort ou vif ■ **to drop down ~** tomber (raide) mort ■ **he was ~ to the world*** il dormait comme une souche **b** (= numb) engourdi **c** [battery] à plat ; [town] mort ■ **the line is ~** il n'y a pas de tonalité ■ **the line's gone ~** la ligne est coupée **d** (= absolute, exact) ■ **to hit sth ~ centre** frapper qch en plein milieu ■ **to be a ~ loss*** être nul* ■ **~ silence** silence *m* de mort **2** adv (BR = exactly, completely) ■ **~ ahead** droit devant ■ **to be ~ against* sth** être absolument opposé à qch ■ **she was ~ on target*** elle a mis dans le mille ■ **~ drunk*** ivre mort ■ **~ tired** crevé* ■ **it's ~ easy*** c'est simple comme bonjour* ■ **to be ~ on time** être pile à l'heure ■ **~ slow** (as instruction) roulez au pas ■ **to stop ~** s'arrêter net ■ **to cut sb ~** faire semblant de ne pas voir qn **3** n ■ **in the ~ of night** au plus profond de la nuit ■ **in the ~ of winter** au cœur de l'hiver **4** **the dead** npl les morts *mpl* **5** comp ▸ **dead end** impasse *f* ■ **a dead-end job** un travail sans perspective d'avenir ▸ **the Dead Sea** la mer Morte ▸ **dead weight** poids *m* mort

→ *Pièges* DIED

deaden ['dedn] vt [+ shock, blow] amortir ; [+ feeling] émousser ; [+ sound] assourdir ; [+ pain] calmer ; [+ nerve] endormir

deadline ['dedlaɪn] n date *f* (or heure *f*) limite ; (US = boundary) limite *f (qu'il est interdit de franchir)*

deadlock ['dedlɒk] n impasse *f*

deadly ['dedlɪ] **1** adj **a** (= lethal) mortel (*to* pour) ; [weapon, attack] meurtrier ■ **the seven ~ sins** les sept péchés capitaux **b** (= devastating) [accuracy, logic] implacable **2** adv ■ **~ dull** mortellement ennuyeux ■ **I'm ~ serious** je suis on ne peut plus sérieux

deadpan ['dedpæn] adj [face] de marbre ; [humour] pince-sans-rire *inv*

deaf [def] **1** adj sourd ■ **to be ~ to sth** rester sourd à qch ■ **to turn a ~ ear to sth** faire la sourde oreille à qch ▸ **deaf aid** sonotone® *m* ▸ **deaf-and-dumb** sourd-muet **2** **the deaf** npl les sourds *mpl*

deafen ['defn] vt assourdir

deafening ['defnɪŋ] adj assourdissant

deafness ['defnɪs] n surdité *f*

deal [diːl] vb (pret, ptp **dealt**) **1** n **a** (= agreement) marché *m* ■ **to do a ~ with sb** conclure un marché avec qn ■ **it's a ~!*** marché conclu ! ■ **big ~!*** la belle affaire ! ■ **it's no big ~** qu'est-ce que ça peut faire ? ■ **to make a big ~ of things*** en faire des tonnes* **b** ■ **a good** or **great ~ (of)** (= a lot) beaucoup (de) ■ **she's a good** or **great ~ cleverer than her brother** elle est beaucoup plus intelligente que son frère ■ **a good ~ of the work is done** une bonne partie du travail est terminée **c** (Cards) ■ **it's your ~** à vous de distribuer **2** vt [+ cards] distribuer ; [+ drugs] revendre ■ **to ~ a blow to** porter un coup à **3** vi **a** ■ **to ~ on the Stock Exchange** faire des opérations de Bourse ■ **to ~ in property** être dans l'immobilier ■ **to ~ in stolen property** revendre des objets volés **b** (Cards) distribuer

▸ **deal out** vt sep [+ gifts, money] distribuer

▸ **deal with** vt insep **a** (= have to do with) avoir affaire à ; [+ customer] traiter avec **b** (= be responsible for) s'occuper de ▪ **he ~t with the problem very well** il a très bien résolu le problème ▪ **they ~t with him very fairly** ils ont été très corrects avec lui **c** [book, film] traiter de ; [speaker] parler de **d** (= do business with) avoir des relations commerciales avec

dealbreaker ['di:lbreɪkəʳ] n (for contract) cause *f* de rupture

dealer ['di:ləʳ] n **a** (= seller) marchand *m* (*in* de) ; (= wholesaler) fournisseur *m* (en gros) (*in* de) ; (on Stock Exchange) opérateur *m* ▪ **Citroën ~** concessionnaire *mf* Citroën **b** (Drugs) dealer* *m*

dealings ['di:lɪŋz] npl ▪ **to have ~ with sb** traiter avec qn

dealt [delt] vb pret, ptp of **deal**

dean [di:n] n doyen(ne) *m(f)*

dear [dɪəʳ] **1** adj **a** (gen) cher ▪ **to hold sth ~** chérir qch ▪ **Dear Daddy** Cher Papa ▪ **Dear Alice and Robert** Chère Alice, cher Robert ▪ **Dear Mr Smith** Cher Monsieur ▪ **Dear Mr & Mrs Smith** Cher Monsieur, chère Madame ▪ **Dear Sir** Monsieur ▪ **Dear Sir or Madam** Madame, Monsieur **b** (= expensive) cher **2** excl ▪ **~ me!** mon Dieu ! ▪ **oh ~!** oh là là ! **3** n ▪ **my ~** mon ami(e) ; (to child) mon petit **4** adv [buy, pay, sell] cher

dearest ['dɪərɪst] n chéri(e) *m(f)*

dearly ['dɪəlɪ] adv **a** [love] profondément **b** [pay] cher

dearth [dɜ:θ] n [of food] disette *f* ; [of money, resources, water] pénurie *f* ; [of ideas] pauvreté *f* ▪ **there is no ~ of young men** les jeunes gens ne manquent pas

death [deθ] n mort *f* ▪ **to be at ~'s door** être à l'article de la mort ▪ **he'll be the ~ of me!*** il me tuera ! ▪ **he was stabbed to ~** il est mort poignardé ▪ **to starve/freeze to ~** mourir de faim/de froid ▪ **to be scared/worried to ~** être mort de peur/d'inquiétude ▪ **I'm sick to ~* of all this** j'en ai ras le bol de* tout ça ▸ **death certificate** acte *m* de décès ▸ **death duties** droits *mpl* de succession ▸ **death penalty** peine *f* de mort ▸ **death rate** mortalité *f* ▸ **death row** (US : in jail) couloir *m* de la mort ▸ **death spiral** spirale *f* de la mort ▸ **death toll** nombre *m* des victimes ▸ **death wish** attitude *f* suicidaire ; → *Pièges* DIED

deathbed ['deθbed] n lit *m* de mort

deathblow ['deθbləʊ] n coup *m* fatal

deathly ['deθlɪ] **1** adj [pallor] cadavérique ▪ **a ~ silence** un silence de mort **2** adv ▪ **~ pale** pâle comme la mort

deathtrap* ['deθtræp] n ▪ **to be a ~** [vehicle, building] être extrêmement dangereux

debase [dɪ'beɪs] vt [+ word, object] déprécier

debatable [dɪ'beɪtəbl] adj discutable ▪ **it is ~ whether...** on est en droit de se demander si...

debate [dɪ'beɪt] **1** vti discuter (*about* sur) **2** n discussion *f* ; (Parl) débat(s) *m(pl)* ▪ **to be in ~** [fact, statement] être controversé

debating [dɪ'beɪtɪŋ] n art *m* de la discussion ▸ **debating society** société *f* de débats contradictoires

debauchery [dɪ'bɔ:tʃərɪ] n débauche *f*

debilitating [dɪ'bɪlɪteɪtɪŋ] adj débilitant

debit ['debɪt] **1** n débit *m* ▸ **debit card** carte *f* de paiement **2** vt débiter

debrief [ˌdi:'bri:f] vt [+ soldier, spy, freed hostage] débriefer

debris ['debri:] n débris *mpl* ; [of building] décombres *mpl*

debt [det] n dette *f*, endettement *m* ▪ **to be in ~** être endetté ▪ **I am $500 in ~** j'ai 500 dollars de dettes ▪ **to get into ~** s'endetter ▪ **to be in sb's ~** (fig) être redevable à qn ▸ **debt collector** agent *m* de recouvrement (de créances)

debtor ['detəʳ] n débiteur *m*, -trice *f*

debug [di:'bʌg] vt déboguer

debunk* [ˌdi:'bʌŋk] vt [+ myth, concept] démythifier ; [+ system, institution] discréditer

début ['deɪbju:] n début *m*

decade ['dekeɪd] n décennie *f*

decadence ['dekədəns] n décadence *f*

decadent ['dekədənt] adj décadent

decaf(f)* ['di:kæf] n déca* *m*

decaffeinated [ˌdi:'kæfɪneɪtɪd] adj [coffee] décaféiné ; [tea] déthéiné

decant [dɪ'kænt] vt [+ wine] décanter

decanter [dɪ'kæntəʳ] n carafe *f*

decay [dɪ'keɪ] **1** vi **a** [food, vegetation, corpse] se décomposer ; [tooth] se carier **b** [building] se délabrer **c** [civilization] décliner **2** n **a** [of food, vegetation] pourriture *f* ▪ **to have tooth ~** avoir des caries **b** [of building] délabrement *m* **c** [of civilisation, region] déclin *m*

decayed [dɪ'keɪd] adj [tooth] carié ; [corpse] décomposé

deceased [dɪ'si:st] **1** adj défunt **2** n ▪ **the ~** le défunt, la défunte

deceit [dɪ'si:t] n duplicité *f*

deceitful [dɪ'si:tfʊl] adj fourbe

deceive [dɪ'si:v] vt tromper ▪ **I thought my eyes were deceiving me** je n'en croyais pas mes yeux ▪ **to ~ o.s. (about sth)** se faire des illusions (à propos de qch)

> ⚠ *deceive* ne se traduit pas par **décevoir** ; → *Pièges* DECEIVE

December [dɪ'sembəʳ] n décembre *m* ; for phrases see **September**

decency [ˈdiːsənsɪ] n ▪ **common ~** (= good manners) la simple politesse ▪ **to have the ~ to do sth** avoir la décence de faire qch

decent [ˈdiːsənt] adj **a** (= respectable) honnête ; [house, shoes] convenable ; (= seemly) [language, behaviour, dress] décent **b** (* = good, pleasant) ▪ **a ~ sort of fellow** un type bien* ▪ **it was ~ of him** c'était chic* de sa part **c** (* US = great) super*

decently [ˈdiːsəntlɪ] adv **a** (= properly) convenablement **b** (= respectably) [dress] convenablement ; [behave] décemment

decentralization [diːˌsentrəlaɪˈzeɪʃən] n décentralisation *f*

decentralize [diːˈsentrəlaɪz] vt décentraliser

deception [dɪˈsepʃən] n **a** (= deceiving) tromperie *f* **b** (= deceitful act) supercherie *f*

> ⚠ ***deception*** ne se traduit pas par **déception** ; → <u>Pièges</u> DECEPTION

deceptive [dɪˈseptɪv] adj trompeur

decibel [ˈdesɪbel] n décibel *m*

decide [dɪˈsaɪd] **1** vt **a** (= make up one's mind) décider (*to do sth* de faire qch) ▪ **I ~d that I would go** j'ai décidé d'y aller **b** (= settle) [+ question] régler ; [+ sb's fate] décider de **c** (= cause to make up one's mind) décider (*sb to do sth* qn à faire qch) **2** vi se décider

▸ **decide (up)on** vt insep [+ thing, course of action] se décider pour

decided [dɪˈsaɪdɪd] adj **a** (= distinct) net ; [advantage, improvement] certain **b** [opinions] arrêté

decidedly [dɪˈsaɪdɪdlɪ] adv (= distinctly) ▪ **~ odd/unpleasant** franchement bizarre/désagréable ▪ **~ different** vraiment très différent

> ⚠ ***decidedly*** ne se traduit pas par **décidément**.

decider [dɪˈsaɪdəʳ] n (= goal) but *m* décisif ; (= point) point *m* décisif ; (= factor) facteur *m* décisif ▪ **the ~** (= game) la belle

deciding [dɪˈsaɪdɪŋ] adj décisif

deciduous [dɪˈsɪdjʊəs] adj à feuilles caduques

decimal [ˈdesɪməl] **1** adj [number] décimal ▪ **~ point** virgule *f* (*de fraction décimale*) **2** n décimale *f*

decimate [ˈdesɪmeɪt] vt décimer

decipher [dɪˈsaɪfəʳ] vt déchiffrer

decision [dɪˈsɪʒən] n décision *f* ▪ **to come to a ~** prendre une décision

decisive [dɪˈsaɪsɪv] adj **a** [battle, step, role] décisif **b** [person, manner] décidé

decisively [dɪˈsaɪsɪvlɪ] adv **a** [defeat, reject, influence] de manière décisive **b** [speak, act] avec fermeté

deck [dek] **1** n **a** [of ship] pont *m* ▪ **upper ~** [of bus] impériale *f* ▸ **deck chair** chaise *f* longue **b** [of cards] jeu *m* de cartes **2** vt (= deck out) [+ person, room] parer (*with* de)

declaration [ˌdekləˈreɪʃən] n déclaration *f*

declare [dɪˈklɛəʳ] vt déclarer ; [+ results] proclamer ▪ **to ~ war (on...)** déclarer la guerre (à...)

decline [dɪˈklaɪn] **1** n [of life, empire] déclin *m* ▪ **to be on the ~** [prices] être en baisse ; [fame, health] décliner **2** vt refuser (*to do sth* de faire qch) ; [+ invitation, offer] décliner **3** vi [health, influence] décliner ; [empire] tomber en décadence ; [number] baisser

declutter [diːˈklʌtəʳ] **1** vt [+ house, life] désencombrer **2** vi faire du vide

decode [ˈdiːˈkəʊd] vt décoder

decoder [diːˈkəʊdəʳ] n décodeur *m*

decompose [ˌdiːkəmˈpəʊz] **1** vt décomposer **2** vi se décomposer

decongestant [ˌdiːkənˈdʒestənt] adj, n décongestif *m*

decontaminate [ˌdiːkənˈtæmɪneɪt] vt décontaminer

decontamination [ˈdiːkənˌtæmɪˈneɪʃən] n décontamination *f*

décor [ˈdeɪkɔːʳ] n décor *m*

decorate [ˈdekəreɪt] **1** vt **a** décorer (*with* de) ; [+ room] peindre (et tapisser) **b** [+ soldier] décorer **2** vi (= paint) peindre (et tapisser)

decorating [ˈdekəreɪtɪŋ] n décoration *f* intérieure ▪ **they are doing some ~** ils sont en train de refaire les peintures

decoration [ˌdekəˈreɪʃən] n décoration *f* ▪ **Christmas ~s** décorations *fpl* de Noël

decorative [ˈdekərətɪv] adj décoratif

decorator [ˈdekəreɪtəʳ] n (= designer) décorateur *m*, -trice *f* ; (= painter and decorator) peintre *m* décorateur

decorous [ˈdekərəs] adj bienséant

decorum [dɪˈkɔːrəm] n décorum *m*

decoy [ˈdiːkɔɪ] n (= artificial bird) leurre *m* ; (= person) compère *m* ▪ **police ~** policier *m* en civil (*servant à attirer un criminel dans une souricière*)

decrease **1** vi [diːˈkriːs] (gen) diminuer ; [strength] décliner ; [price, value] baisser **2** vt [diːˈkriːs] diminuer **3** n [ˈdiːkriːs] diminution *f* (*in* de) ; [of power] affaiblissement *m* (*in* de) ; [of price, value, enthusiasm] baisse *f* (*in* de) ▪ **~ in speed** ralentissement *m*

> Lorsque ***decrease*** est un verbe, l'accent tombe sur la deuxième syllabe. Lorsque c'est un nom, l'accent tombe sur la première.

decreasing [diːˈkriːsɪŋ] adj [sales, numbers] en baisse ; [intensity] décroissant ; [strength] déclinant

decreasingly [diːˈkriːsɪŋlɪ] adv de moins en moins

decree [dɪˈkriː] 1 n décret *m* 2 vt décréter (*that* que + *indic*) ; [court] ordonner (*that* que + *subj*)

decrepit [dɪˈkrepɪt] adj délabré

decriminalize [diːˈkrɪmɪnəlaɪz] vt dépénaliser

decrypt [diːˈkrɪpt] vt décrypter

decryption [diːˈkrɪpʃən] vt (Computing, TV) décryptage *m*

dedicate [ˈdedɪkeɪt] vt a [+ time, one's life] consacrer (*to sth* à qch, *to doing sth* à faire qch) ; [+ resources, money] affecter (*to sth* à qch, *to doing sth* pour faire qch) b [+ memorial, book, film] dédier ▪ **to ~ a song to sb** [singer] dédier une chanson à qn ; [disc jockey] passer une chanson à l'intention de qn c [+ church, shrine] consacrer

dedicated [ˈdedɪkeɪtɪd] adj a [person] dévoué ; [work, attitude] sérieux b ▪ **~ to** (= given over to) consacré à c (= specialized) [word processor] dédié

dedication [ˌdedɪˈkeɪʃən] n a (= devotion) dévouement *m* b (in book, on radio) dédicace *f*

deduce [dɪˈdjuːs] vt déduire

deduct [dɪˈdʌkt] vt [+ amount] déduire (*from* de) ; [+ numbers] soustraire (*from* de) ; [+ tax] retenir (*from* sur)

deduction [dɪˈdʌkʃən] n a (= amount deducted) déduction *f* (*from* de) ; (from wage) retenue *f* (*from* sur) b (= conclusion) déduction *f*

deed [diːd] n a (= action) action *f*, acte *m* ▪ **good ~** bonne action *f* b (= legal contract) acte *m* notarié

deejay* [ˈdiːˌdʒeɪ] n disc-jockey *m*

deem [diːm] vt juger ▪ **to ~ sth necessary** considérer que qch est nécessaire

deep [diːp] 1 adj a (gen) profond ; [mud, snow] épais (-aisse *f*) ; [pan, container] à hauts bords ▪ **the lake was 4 metres ~** le lac avait 4 mètres de profondeur ▪ **he was ankle-deep in water** l'eau lui arrivait aux chevilles ▪ **~ in the forest** au cœur de la forêt ▪ **~ in thought** absorbé dans ses pensées ▪ **she was ~ in conversation** elle était en pleine conversation ▪ **to take a ~ breath** respirer profondément b [border] large c (= low-pitched) grave ; [growl] sourd d (Sport) [shot, volley, pass, cross] long (longue *f*) 2 adv profondément ▪ **to go ~ into the forest** pénétrer très avant dans la forêt ▪ **don't go in too ~ if you can't swim** ne va pas trop loin si tu ne sais pas nager ▪ **to thrust one's hands ~ in one's pockets** enfoncer ses mains dans ses poches ▪ **to gaze ~ into sb's eyes** regarder qn au fond des yeux ▪ **~ down she still mistrusted him** en son for intérieur, elle se méfiait encore de lui 3 n (= sea) ▪ **the ~** les grands fonds *mpl* de l'océan 4 comp ▸ **deep-clean** vt nettoyer à fond ▸ **the deep end** le grand bain ▪ **to throw sb in at the ~ end*** mettre tout de suite qn dans le bain ▸ **deep-fry** vt faire frire ▸ **deep fryer** n friteuse *f* ▸ **deep-pan pizza** n pizza *f* à pâte épaisse, pizza *f* américaine ▸ **deep-rooted** adj [affection, prejudice] profond; [habit] ancré ▸ **deep-sea** adj [animal, plant] pélagique ▪ **deep-sea diving** plongée *f* sous-marine ▪ **deep-sea fishing** pêche *f* hauturière ▸ **deep-seated** adj [prejudice, dislike] profond; [conviction] fermement ancré ▸ **deep-set** adj [eyes] très enfoncé ▸ **the Deep South** (US) le Sud profond *(des États-Unis)* ▸ **deep space** n espace *m* intersidéral ▸ **the deep Web** le web profond

deepen [ˈdiːpən] 1 vt [+ relationship, knowledge] approfondir ; [+ gloom, recession] aggraver 2 vi [crisis, recession] s'aggraver ; [relationship] devenir plus profond

deepfreeze [ˌdiːpˈfriːz] 1 n congélateur *m* 2 vt congeler

deeply [ˈdiːplɪ] adv a [cut, sleep, breathe, regret] profondément ; [drink] à longs traits b [shocked, divided, unhappy] profondément ; [troubled, unpopular] extrêmement

deer [dɪəʳ] n inv (male) cerf *m* ; (female) biche *f* ; (= red deer) cerf *m* ; (= fallow deer) daim *m* ; (= roe deer) chevreuil *m*

deface [dɪˈfeɪs] vt dégrader

defamation [ˌdefəˈmeɪʃən] n diffamation *f*

defamatory [dɪˈfæmətərɪ] adj diffamatoire

default [dɪˈfɔːlt] 1 n a ▪ **he got the job by ~** il a eu le poste en l'absence d'autres candidats valables ▪ **match won by ~** match gagné par forfait b (Computing) positionnement *m* par défaut ▪ **~ drive/value** lecteur/valeur par défaut 2 vi (on undertaking) manquer à ses engagements

defeat [dɪˈfiːt] 1 n défaite *f* 2 vt [+ opponent, army] vaincre ; [+ team] battre ; [+ ambitions, plans, attempts] faire échouer ; [+ government, opposition] mettre en minorité ▪ **it ~s the object** ça va à l'encontre du but recherché

defeatist [dɪˈfiːtɪst] adj, n défaitiste *mf*

defect 1 n [ˈdiːfekt] défaut *m* 2 vi [dɪˈfekt] faire défection ▪ **to ~ to** passer à

> Lorsque ***defect*** est un verbe, l'accent tombe sur la deuxième syllabe. Lorsque c'est un nom, l'accent tombe sur la première.

defection [dɪˈfekʃən] n défection *f*

defective [dɪˈfektɪv] adj défectueux

defector [dɪˈfektəʳ] n transfuge *mf*

defence, defense (US) [dɪˈfens] **1** n **a** (gen) défense *f* ; [of argument, action, belief] justification *f* ■ **in ~ of** pour défendre ■ **in his ~** à sa décharge ■ **witness for the ~** témoin *m* à décharge ■ **Ministry of Defence** (BR), **Department of Defense** (US) ministère *m* de la Défense **b** ■ **~s** moyens *mpl* de défense ; (= constructions) ouvrages *mpl* défensifs **2** adj [policy, mechanism] de défense ; [minister] de la défense

defenceless [dɪˈfenslɪs] adj sans défense

defend [dɪˈfend] **1** vt **a** défendre ■ **to ~ o.s.** se défendre **b** (= justify) justifier **2** vi défendre ; (= play in defence) être en défense

defendant [dɪˈfendənt] n défendeur *m*, -deresse *f* ; (Law) prévenu(e) *m(f)*

defender [dɪˈfendəʳ] n défenseur *m* ; [of record] détenteur *m*, -trice *f* ; [of title] tenant(e) *m(f)*

defense [dɪˈfens] n, adj (US) ⇒ **defence**

defensive [dɪˈfensɪv] **1** adj défensif **2** n ■ **on the ~** sur la défensive

defer [dɪˈfɜːʳ] **1** vt (= put off) [+ journey, meeting] remettre à plus tard ; [+ payment, decision] différer **2** vi (= submit) ■ **to ~ to sb** s'en remettre à qn

deference [ˈdefərəns] n déférence *f* ■ **in ~ to** par déférence pour

deferential [ˌdefəˈrenʃəl] adj plein de déférence

deferment [dɪˈfɜːmənt], **deferral** [dɪˈferəl] n [payment] report *m*

defiance [dɪˈfaɪəns] n défi *m* ■ **in ~ of** [+ the law, instructions] au mépris de ; [+ person] au mépris des ordres de

defiant [dɪˈfaɪənt] adj [reply, statement] provocant ; [attitude, tone, look] de défi ; [person] rebelle

deficiency [dɪˈfɪʃənsɪ] n **a** [of iron, vitamins] carence *f* (*of* en) ; [of organ, immune system] insuffisance *f* **b** (in character, system) faille *f* ; (in construction, machine) imperfection *f*

deficient [dɪˈfɪʃənt] adj (= inadequate) défectueux ; (= insufficient) insuffisant ■ **to be ~ in sth** manquer de qch

deficit [ˈdefɪsɪt] n déficit *m*

defile [dɪˈfaɪl] vt (= pollute) souiller ; (= desecrate) profaner

define [dɪˈfaɪn] vt définir

definite [ˈdefɪnɪt] adj **a** (= fixed) [plan] précis ; [intention, order, sale] ferme ■ **is that ~?** c'est sûr ? **b** (= distinct) [feeling, increase, improvement] net ; [advantage] certain **c** (= positive) [person, tone] catégorique **d** (Gram) ■ **~ article** article *m* défini

definitely [ˈdefɪnɪtlɪ] adv **a** [decide, agree, say] de manière définitive ■ **is he ~ coming?** est-il certain qu'il va venir ? **b** (expressing an opinion) vraiment ■ **~ not** certainement pas ■ **~!** absolument !

definition [ˌdefɪˈnɪʃən] n définition *f*

definitive [dɪˈfɪnɪtɪv] adj [answer, refusal] définitif ; [map, book] de référence

deflate [diːˈfleɪt] **1** vt [+ tyre] dégonfler ; [+ person] démonter **2** vi se dégonfler

deflation [diːˈfleɪʃən] n (economic) déflation *f*

deflationary [diːˈfleɪʃənərɪ] adj déflationniste

deflect [dɪˈflekt] vt [+ ball, projectile] faire dévier ; [+ light] défléchir ; [+ criticism, attention] détourner

deforestation [ˌdiːfɒrɪstˈeɪʃən] n déforestation *f*

deformed [dɪˈfɔːmd] adj difforme ; [structure] déformé

deformity [dɪˈfɔːmɪtɪ] n [of body] difformité *f*

defragment [ˌdiːfrægˈment], **defrag** [diːˈfræg] vt (Computing) défragmenter

defraud [dɪˈfrɔːd] vt [+ state] frauder ; [+ person] escroquer

defriend [diːˈfrend] vt (Social media) supprimer de sa liste d'amis

defrost [diːˈfrɒst] **1** vt [+ fridge, windscreen] dégivrer ; [+ food] décongeler **2** vi [fridge] (se) dégivrer ; [food] décongeler

defroster [diːˈfrɒstəʳ] n (for car) dégivreur *m* ; (US = demister) dispositif *m* antibuée

deft [deft] adj adroit

deftly [ˈdeftlɪ] adv adroitement

defuse [diːˈfjuːz] vt désamorcer

defy [dɪˈfaɪ] vt [+ law, convention] ne pas respecter ; [+ person, orders] désobéir à ; [+ logic, gravity, description] défier ■ **to ~ sb to do sth** mettre qn au défi de faire qch

degenerate **1** vi [dɪˈdʒenəreɪt] dégénérer (*into* en) **2** adj, n [dɪˈdʒenərɪt] dégénéré(e) *m(f)*

> Lorsque ***degenerate*** est un verbe, la fin se prononce comme ***eight***. Lorsque c'est un adjectif ou un nom, elle se prononce ***it***.

degenerative [dɪˈdʒenərɪtɪv] adj dégénératif

degrading [dɪˈgreɪdɪŋ] adj dégradant (*to* pour)

degree [dɪˈgriː] n **a** (gen) degré *m* ■ **it was 35 ~s in the shade** il faisait 35 degrés à l'ombre ■ **some ~ of** un certain degré de ■ **by ~s** petit à petit ■ **to some ~** dans une certaine mesure ■ **to such a ~ that...** à (un) tel point que... **b** ■ **first-/second-degree burns** brûlures *fpl* au premier/deuxième degré ■ **first-degree/second-degree murder** (US) homicide *m* volontaire/involontaire **c**

de

(Univ) diplôme *m* (universitaire) ▪ **to take a ~ in science** faire une licence de sciences ▪ **he got his ~** il a eu son diplôme

degrowth ['di:ˌɡrəʊθ] n (Econ) décroissance *f*

dehumidifier [ˌdi:hju:'mɪdɪfaɪə'] n (= machine) déshumidificateur *m*

dehydrated [ˌdi:haɪ'dreɪtɪd] adj déshydraté

de-ice ['di:'aɪs] vt dégivrer

de-icer ['di:'aɪsə'] n dégivreur *m*

deign [deɪn] vt daigner (*to do sth* faire qch)

deity ['di:ɪtɪ] n divinité *f*

dejected [dɪ'dʒektɪd] adj découragé

dejection [dɪ'dʒekʃən] n abattement *m*

delay [dɪ'leɪ] **1** vt (gen) retarder ; [+ payment] différer ▪ **to ~ doing sth** tarder à faire qch **2** vi s'attarder **3** n retard *m* ▪ **without ~** sans tarder

> ⚠ ***delay*** ne se traduit pas par **délai**.

delaying [dɪ'leɪɪŋ] adj [action] dilatoire ▪ **~ tactics** moyens *mpl* dilatoires

delegate **1** vti ['delɪɡeɪt] déléguer (*to* à) **2** n ['delɪɡɪt] délégué(e) *m(f)* (*to* à)

> Lorsque ***delegate*** est un verbe, la fin se prononce comme ***eight***. Lorsque c'est un nom, elle se prononce ***it***.

delegation [ˌdelɪ'ɡeɪʃən] n délégation *f*

delete [dɪ'li:t] vt supprimer ; (= score out) rayer ▪ **"~ where inapplicable"** « rayer les mentions inutiles »

deli* ['delɪ] n abbr of **delicatessen**

deliberate **1** adj [dɪ'lɪbərɪt] **a** (= intentional) délibéré ▪ **it wasn't ~** ce n'était pas fait exprès **b** (= thoughtful) [decision] mûrement réfléchi ; (= slow) [air] décidé ; [manner, walk] posé **2** vi [dɪ'lɪbəreɪt] **a** (= think) réfléchir **b** (= discuss) discuter

> Lorsque ***deliberate*** est un verbe, la fin se prononce comme ***eight***. Lorsque c'est un adjectif, elle se prononce ***it***.

deliberately [dɪ'lɪbərɪtlɪ] adv **a** (= on purpose) délibérément ▪ **I didn't do it ~** je ne l'ai pas fait exprès **b** (= purposefully) posément

delicacy ['delɪkəsɪ] n **a** (gen) délicatesse *f* **b** (= special dish) mets *m* délicat

delicate ['delɪkɪt] adj délicat

delicately ['delɪkɪtlɪ] adv **a** (= subtly) délicatement **b** (= tactfully) avec délicatesse

delicatessen [ˌdelɪkə'tesn] n épicerie *f* fine

delicious [dɪ'lɪʃəs] adj délicieux

delight [dɪ'laɪt] **1** n **a** (= intense pleasure) grand plaisir *m* ▪ **to my ~** à ma plus grande joie ▪ **to take (a) ~ in sth** prendre grand plaisir à qch **b** (= source of pleasure) régal *m* ▪ **he's a ~ to watch** il fait plaisir à voir **2** vt [+ person] enchanter **3** vi prendre plaisir (*in sth* à qch)

delighted [dɪ'laɪtɪd] adj ravi (*with* de)

delightful [dɪ'laɪtfʊl] adj charmant

delightfully [dɪ'laɪtfəlɪ] adv délicieusement

delinquency [dɪ'lɪŋkwənsɪ] n délinquance *f*

delinquent [dɪ'lɪŋkwənt] n délinquant(e) *m(f)*

delirious [dɪ'lɪrɪəs] adj délirant ▪ **to be ~** délirer

delirium [dɪ'lɪrɪəm] n délire *m*

deliver [dɪ'lɪvə'] **1** vt **a** (= take) remettre (*to* à) ; [+ letters] distribuer *(à domicile)* ; [+ goods] livrer **b** (= rescue) délivrer **c** [+ speech, sermon] prononcer **d** [+ baby] mettre au monde **e** [+ blow] porter **2** vi (* = do what is expected) être à la hauteur (*on sth* quant à qch)

> ⚠ « Délivrer » n'est pas le sens le plus courant de ***to deliver***.

deliverables [dɪ'lɪvərəblz] npl [of project] livrables *mpl*

deliverance [dɪ'lɪvərəns] n délivrance *f*

delivery [dɪ'lɪvərɪ] n **a** [of goods, parcels] livraison *f* ; [of letters] distribution *f* ▪ **to pay on ~** payer à la livraison ▸ **delivery charge** frais *mpl* de port ▸ **delivery man** livreur *m* **b** [of baby] accouchement *m* **c** [of speaker] élocution *f* ; [of speech] débit *m*

deluded [dɪ'lu:dɪd] adj ▪ **to be ~** être victime d'illusions

deluge ['delju:dʒ] **1** n déluge *m* **2** vt inonder (*with* de)

delusion [dɪ'lu:ʒən] n (= false belief) illusion *f* ; (= hallucination) hallucination *f*

de luxe [dɪ'lʌks] adj (gen) de luxe ; [apartment] de grand standing

delve [delv] vi fouiller (*into* dans)

demagogue, demagog (US) ['deməɡɒɡ] n démagogue *mf*

demagogy ['deməɡɒɡɪ] n démagogie *f*

demand [dɪ'mɑ:nd] **1** vt réclamer ▪ **to ~ to do sth** exiger de faire qch **2** n **a** [of person, situation] exigence *f* ; (= claim) revendication *f* ; (for money) demande *f* ▪ **payable on ~** payable sur demande ▪ **to make ~s on sb** exiger beaucoup de qn **b** (for product, service) demande *f* ▪ **to be in (great) ~** être très demandé

> ⚠ ***to demand*** ne se traduit pas par **demander**.

demanding [dɪ'mɑːndɪŋ] adj [job, role] exigeant ; [schedule] éprouvant
demeaning [dɪ'miːnɪŋ] adj dégradant (*to* pour)
demeanour, demeanor (US) [dɪ'miːnəʳ] n (= behaviour) comportement *m* ; (= bearing) maintien *m*
demented* [dɪ'mentɪd] adj fou (folle *f*)
dementia [dɪ'menʃɪə] n démence *f*
demerara sugar [,deməreərə'ʃʊgəʳ] n (BR) sucre *m* roux
demilitarize [diː'mɪlɪtəraɪz] vt démilitariser
demise [dɪ'maɪz] n (= death) décès *m* ; (= end) chute *f*
demister [diː'mɪstəʳ] n (BR : in car) dispositif *m* antibuée
demo* ['deməʊ] n a (BR) (abbr of **demonstration**) manif* *f* b (abbr of **demonstration model/record/tape**) démo* *f*
demobilize [diː'məʊbɪlaɪz] vt démobiliser
democracy [dɪ'mɒkrəsɪ] n démocratie *f*
democrat ['deməkræt] n démocrate *mf*
democratic [,demə'krætɪk] adj démocratique ▪ **the Democratic Party** le parti démocrate
democratize [dɪ'mɒkrətaɪz] vt démocratiser
demographic [,demə'græfɪk] adj démographique
demolish [dɪ'mɒlɪʃ] vt démolir
demolition [,demə'lɪʃən] n démolition *f*
demon ['diːmən] n démon *m*
demonize ['diːmənaɪz] vt diaboliser
demonstrate ['demənstreɪt] 1 vt a [+ truth, need] prouver b [+ appliance] faire une démonstration de ; [+ system] expliquer ▪ **to ~ how to do sth** montrer comment faire qch 2 vi manifester
demonstration [,demən'streɪʃən] n a (= explanation) démonstration *f* ▪ **to give a ~** faire une démonstration b (= protest) manifestation *f*
demonstrative [dɪ'mɒnstrətɪv] adj démonstratif
demonstrator ['demənstreɪtəʳ] n (on march) manifestant(e) *m(f)* ; (Commerce) démonstrateur *m*, -trice *f*
demoralize [dɪ'mɒrəlaɪz] vt démoraliser
demoralizing [dɪ'mɒrəlaɪzɪŋ] adj démoralisant
demote [dɪ'məʊt] vt rétrograder
demur [dɪ'mɜːʳ] vi rechigner
demure [dɪ'mjʊəʳ] adj [smile, girl] sage
den [den] n a [of lion] tanière *f* ; [of thieves] repaire *m* b (= room) antre *m*
denial [dɪ'naɪəl] n dénégation *f* ; (= refusal) déni *m* ; [of report, accusation] démenti *m* ▪ **~ of service** (Internet) déni *m* de service
denigrate ['denɪgreɪt] vt dénigrer
denim ['denɪm] 1 n (toile *f* de) jean *m* 2 **denims** npl jean *m*
Denmark ['denmɑːk] n Danemark *m*
denomination [dɪ,nɒmɪ'neɪʃən] n (religious) confession *f* ; [of money] valeur *f*
denominational [dɪ,nɒmɪ'neɪʃənl] adj confessionnel
denote [dɪ'nəʊt] vt (= indicate) dénoter ; (= mean) signifier
denounce [dɪ'naʊns] vt [+ person, act] dénoncer (*to* à)
dense [dens] adj (gen) dense ; (* = stupid) bouché*
densely ['denslɪ] adv ▪ **~ populated** à forte densité démographique ▪ **~ wooded** très boisé
density ['densɪtɪ] n densité *f*
dent [dent] 1 n (in metal) bosse *f* ; (in wood) entaille *f* 2 vt cabosser
dental ['dentl] adj dentaire ▸ **dental floss** fil *m* dentaire ▸ **dental surgeon** chirurgien *m* dentiste
dentist ['dentɪst] n dentiste *mf* ▪ **to go to the ~** aller chez le dentiste
dentures ['dentʃəʳz] npl dentier *m*
deny [dɪ'naɪ] vt a (= repudiate) nier ▪ **there is no ~ing it** c'est indéniable b (= refuse) ▪ **to ~ sb sth** refuser qch à qn
deodorant [diː'əʊdərənt] n déodorant *m*
deodorizer [diː'əʊdə,raɪzəʳ] n désodorisant *m*
depart [dɪ'pɑːt] vi a (= go away) partir b (= deviate) ▪ **to ~ from** s'écarter de
department [dɪ'pɑːtmənt] n (in office) service *m* ; [of shop, store] rayon *m* ; (Scol) section *f* ; (Univ) ≈ département ; (= government department) ministère *m* ▸ **the Department of Health** (BR) le ministère de la Santé ▸ **department store** grand magasin *m*
departmental [,diːpɑːt'mentl] adj du département ; (in office) du service ▪ **a ~ meeting** une réunion du département (or du service) ▪ **~ manager** chef *mf* de service
departure [dɪ'pɑːtʃəʳ] n a [of person, vehicle] départ *m* ▸ **departure board** tableau *m* des départs ▸ **departure gate** porte *f* d'embarquement ▸ **departure lounge** salle *f* d'embarquement ▸ **departure tax** taxe *f* d'aéroport b (from custom, principle) entorse *f* (*from* à) ; (from law) manquement *m* (*from* à)
depend [dɪ'pend] impers vi dépendre (*on* de) ▪ **that ~s** cela dépend ▪ **it ~s (on) what you mean** cela dépend de ce que vous voulez dire ▪ **~ing on the weather** en fonction du temps ▪ **~ing on what happens tomorrow** selon ce qui se passera demain

de

► **depend on** vt insep **a** (= count on) compter sur ; (= be completely reliant on) se reposer sur **b** (= need support or help from) dépendre de → *Pièges* DEPEND

dependable [dɪˈpendəbl] adj [person] sûr ; [information, car] fiable

dependant [dɪˈpendənt] n personne *f* à charge

dependence [dɪˈpendəns], **dependency** [dɪˈpendənsɪ] n dépendance *f*

dependent [dɪˈpendənt] **1** adj **a** (= reliant) [person] dépendant (*on* de) ▪ **to be ~ on sth** dépendre de qch **b** (financially) [child, relative] à charge **2** n personne *f* à charge

depict [dɪˈpɪkt] vt (in words) dépeindre ; (in picture) représenter

depilatory [dɪˈpɪlətərɪ] adj, n dépilatoire *m*

deplete [dɪˈpliːt] vt réduire

depletion [dɪˈpliːʃən] n [of resources, nutrients] diminution *f* ; [of funds] réduction *f*

deplorable [dɪˈplɔːrəbl] adj déplorable

deplore [dɪˈplɔːʳ] vt déplorer

deploy [dɪˈplɔɪ] vt déployer

depopulation [ˈdiːˌpɒpjʊˈleɪʃən] n dépeuplement *m*

deport [dɪˈpɔːt] vt expulser

deportation [ˌdiːpɔːˈteɪʃən] n expulsion *f*

depose [dɪˈpəʊz] vt [+ king] déposer ; [+ official] destituer

deposit [dɪˈpɒzɪt] **1** vt déposer **2** n **a** (in bank) dépôt *m* ▪ **to make a ~ of $50** déposer 50 dollars ► **deposit account** (BR) compte *m* sur livret ► **deposit slip** bulletin *m* de versement **b** (= part payment) acompte *m* ; (in hire purchase) (= down payment) premier versement *m* ; (when hiring or renting: against damage) caution *f* ; (on bottle, container) consigne *f* **c** [of mineral, oil] gisement *m*

depot [ˈdepəʊ] n dépôt *m*

depraved [dɪˈpreɪvd] adj dépravé

depravity [dɪˈprævɪtɪ] n dépravation *f*

deprecating [ˈdeprɪkeɪtɪŋ], **deprecatory** [ˈdeprɪkətərɪ] adj (= disapproving) désapprobateur (-trice *f*) ; (= condescending) condescendant ; (= modest) modeste

depreciate [dɪˈpriːʃɪeɪt] **1** vt déprécier **2** vi se déprécier

depreciation [dɪˌpriːʃɪˈeɪʃən] n [of property, car, currency] dépréciation *f* ; [of goods] moins-value *f*

depress [dɪˈpres] vt **a** [+ person] déprimer **b** [+ lever] abaisser **c** [+ trade, prices] faire baisser

depressed [dɪˈprest] adj **a** [person] déprimé (*about* à cause de) ▪ **to get ~** déprimer **b** [region, market, economy] déprimé ; [industry] en déclin ; [share price] bas

depressing [dɪˈpresɪŋ] adj déprimant

depression [dɪˈpreʃən] n **a** (= nervous condition) dépression *f* (nerveuse) **b** (Econ) dépression *f* ▪ **the Depression** la Grande Dépression *(crise de 1929)* **c** (Meteo) dépression *f* (atmosphérique)

depressive [dɪˈpresɪv] adj, n dépressif *m*, -ive *f*

deprivation [ˌdeprɪˈveɪʃən] n privation *f*

deprive [dɪˈpraɪv] vt priver (*of* de) ▪ **to ~ o.s. of** se priver de

deprived [dɪˈpraɪvd] adj défavorisé

depth [depθ] n (gen) profondeur *f* ; [of snow] épaisseur *f* ; [of colour] intensité *f* ▪ **at a ~ of three metres** à trois mètres de profondeur ▪ **to get out of one's ~** perdre pied ▪ **in the ~ of winter** au cœur de l'hiver ▪ **in ~** en profondeur ; [examine] en détail ▪ **the ocean ~s** les profondeurs océaniques ▪ **to be in the ~s of despair** être au fond du désespoir

deputation [ˌdepjʊˈteɪʃən] n délégation *f*

deputize [ˈdepjʊtaɪz] vi assurer l'intérim (*for sb* de qn)

deputy [ˈdepjʊtɪ] **1** n **a** (= second in command) adjoint(e) *m(f)* **b** (= member of deputation) délégué(e) *m(f)* **c** (French Pol) député *m* **d** (US) shérif *m* adjoint **2** adj adjoint ► **deputy chairman** vice-président *m* ► **deputy president** vice-président *m*

deradicalization [diːˌrædɪkəlaɪˈzeɪʃən] n déradicalisation *f*

deradicalize [diːˈrædɪkəlaɪz] vt déradicaliser

derail [dɪˈreɪl] **1** vt faire dérailler ; [+ plan, negotiations] faire échouer **2** vi dérailler

deranged [dɪˈreɪndʒd] adj dérangé

deregulation [dɪˌregjʊˈleɪʃən] n [of prices] libération *f* ; [of transport system] déréglementation *f*

derelict [ˈderɪlɪkt] adj (= abandoned) abandonné ; (= ruined) en ruines

deride [dɪˈraɪd] vt tourner en ridicule

derision [dɪˈrɪʒən] n dérision *f*

derisory [dɪˈraɪsərɪ] adj **a** [amount, offer] dérisoire **b** [smile, person] moqueur

derivative [dɪˈrɪvətɪv] **1** adj (= not original) peu original **2** n dérivé *m*

derive [dɪˈraɪv] **1** vt [+ profit, satisfaction] tirer ; [+ comfort, ideas] puiser (*from* dans) ▪ **to be ~d from** venir de ; [word] dériver de **2** vi ▪ **to ~ from** venir de ; [power] provenir de ; [word] dériver de

dermatitis [ˌdɜːməˈtaɪtɪs] n dermatite *f*

dermatologist [ˌdɜːməˈtɒlədʒɪst] n dermatologue *mf*

derogatory [dɪˈrɒgətərɪ] adj [remark] désobligeant (*of, to* à) ; [attitude] de dénigrement

desalinate [diːˈsælɪneɪt] vt dessaler

descale [diːˈskeɪl] vt détartrer

descend [dɪ'send] **1** vi **a** (= go down, come down) descendre **b** (= attack or arrive suddenly) faire une descente ▪ **to ~ on sb** tomber sur qn **2** vt ▪ **to be ~ed from** [+ species, person] descendre de

descendant [dɪ'sendənt] n descendant(e) *m(f)*

descent [dɪ'sent] n **a** (= going down) descente *f* **b** (= ancestry) origine *f*

describe [dɪs'kraɪb] vt décrire ; → <u>*Pièges*</u> DESCRIBE

description [dɪs'krɪpʃən] n description *f* ▪ **people of all ~s** des gens de toutes sortes ▪ **I need a bag of some ~** il me faut un sac, n'importe lequel

descriptive [dɪs'krɪptɪv] adj descriptif

desecrate ['desɪkreɪt] vt profaner

desegregation [di:ˌsegrɪ'geɪʃən] n déségrégation *f*

deselect [ˌdi:sɪ'lekt] vt désélectionner ; (BR) [+ candidate] ne pas resélectionner

desensitize [ˌdi:'sensɪtaɪz] vt désensibiliser

desert[1] ['dezət] **1** n désert *m* **2** comp [region, animal, plant] désertique ▸ **desert island** île *f* déserte

desert[2] [dɪ'zɜ:t] **1** vt (gen) déserter ; [+ spouse, family] abandonner ; [+ friend] délaisser ▪ **his courage ~ed him** son courage l'a abandonné **2** vi déserter

deserted [dɪ'zɜ:tɪd] adj désert

deserter [dɪ'zɜ:tə'] n déserteur *m*

desertification [dɪˌzɜ:tɪfɪ'keɪʃən] n désertification *f*

desertion [dɪ'zɜ:ʃən] n désertion *f* ; (by husband, mother) abandon *m* du domicile conjugal

deserts [dɪ'zɜ:ts] npl ▪ **to get one's just ~** recevoir ce que l'on mérite

deserve [dɪ'zɜ:v] vt mériter (*to do* de faire)

deserving [dɪ'zɜ:vɪŋ] adj [person] méritant ; [action, cause] louable

desiccate ['desɪkeɪt] vt dessécher ▸ **desiccated coconut** noix *f* de coco séchée

design [dɪ'zaɪn] **1** n **a** (= pattern) motif *m* **b** (= detailed plan) plan *m* (*of, for* de) ; [of dress, hat] modèle *m* (*of, for* de) **c** (= way in which sth is planned and made) [of clothes] style *m* ; [of car, machine, building, book] conception *f* ; (= look) design *m* **d** (= completed model) modèle *m* **e** (= subject of study) (for furniture, housing) design *m* ; (for clothing) stylisme *m* ▪ **industrial ~** design *m* industriel **f** (= intention) ▪ **to have ~s on sb/sth** avoir des visées sur qn/qch **2** vt **a** (= think out) [+ object, car, model, building] concevoir ▪ **well-designed** bien conçu ▪ **~ed as/for** conçu comme/pour ▪ **to be ~ed for sb** s'adresser à qn ▪ **to be ~ed to do sth** (= be made for sth) être conçu pour faire qch ; (= be aimed at sth) être destiné à faire qch **b** (= draw on paper) dessiner

designate ['dezɪgneɪt] vt désigner (*as* comme, *to sth* à qch, *to do sth* pour faire qch)

designer [dɪ'zaɪnə'] **1** n dessinateur *m*, -trice *f*, concepteur *m*, -trice *f* ; (for furniture) designer *m* ; (for clothes) styliste *mf* ; (famous) grand couturier *m* **2** comp [jeans] haute couture ▸ **designer drug** drogue *f* de synthèse ▸ **designer label** griffe *f*

desirable [dɪ'zaɪərəbl] adj [position] enviable ; [offer] tentant ; [person] désirable ; [action, progress] souhaitable

desire [dɪ'zaɪə'] **1** n désir *m* (*for* de, *to do sth* de faire qch) **2** vt (= want) désirer (*to do sth* faire qch) ▪ **his work leaves a lot to be ~d** son travail laisse beaucoup à désirer ▪ **the ~d effect** l'effet voulu

desist [dɪ'zɪst] vi cesser

desk [desk] n (gen) bureau *m* ; (for pupil) pupitre *m* ; (in shop, restaurant) caisse *f* ; (in hotel, at airport) réception *f* ▸ **desk clerk** réceptionniste *mf*

desktop ['desktɒp] adj de bureau ▸ **desktop computer** ordinateur *m* de bureau ▸ **desktop publishing** PAO *f*

desolate ['desəlɪt] adj [place] désolé ; [landscape, beauty] sauvage ▪ **to feel ~** se sentir perdu

desolation [ˌdesə'leɪʃən] n **a** (= grief) abattement *m* ; [of landscape] aspect *m* désolé **b** [of country] (by war) dévastation *f*

despair [dɪs'pɛə'] **1** n désespoir *m* (*at having done sth* d'avoir fait qch) ▪ **to be in ~** être au désespoir **2** vi (se) désespérer ▪ **to ~ of (doing) sth** désespérer de (faire) qch

despairing [dɪs'pɛərɪŋ] adj désespéré

desperate ['despərɪt] adj (gen) désespéré ; [criminal] prêt à tout ▪ **to be ~ to do sth** vouloir à tout prix faire qch

desperately ['despərɪtlɪ] adv **a** [struggle, regret] désespérément ; [say, look] avec désespoir **b** [poor, unhappy, worried] terriblement ; [ill] gravement

desperation [ˌdespə'reɪʃən] n désespoir *m* ▪ **to be in ~** être au désespoir

despicable [dɪs'pɪkəbl] adj ignoble

despise [dɪs'paɪz] vt mépriser

despite [dɪs'paɪt] prep malgré

despondent [dɪs'pɒndənt] adj découragé (*about* par)

despot ['despɒt] n despote *m*

dessert [dɪ'zɜ:t] n dessert *m*

dessertspoon [dɪ'zɜ:tspu:n] n (BR) cuillère *f* à dessert

destabilize [di:'steɪbɪˌlaɪz] vt déstabiliser

destination [ˌdestɪˈneɪʃən] n destination *f*
destine [ˈdestɪn] vt [+ person, object] destiner (*for* à)
destined [ˈdestɪnd] adj a (by fate) destiné (*to* à) b (= heading for) ▪ **~ for London** à destination de Londres
destiny [ˈdestɪnɪ] n destin *m*
destitute [ˈdestɪtjuːt] adj sans ressources ▪ **the ~** les indigents *mpl*
destitution [ˌdestɪˈtjuːʃən] n dénuement *m*
de-stress* [ˌdiːˈstrɛs] vti déstresser*
destroy [dɪsˈtrɔɪ] vt (gen) détruire ; (= put down) abattre ; [+ cat, dog] faire piquer
destroyer [dɪsˈtrɔɪəʳ] n (= ship) destroyer *m*
destruction [dɪsˈtrʌkʃən] n destruction *f*
destructive [dɪsˈtrʌktɪv] adj destructeur (-trice *f*)
desultory [ˈdesəltərɪ] adj [reading] décousu ; [attempt] peu suivi ; [firing, contact] irrégulier ▪ **to have a ~ conversation** parler à bâtons rompus
detach [dɪˈtætʃ] vt détacher
detachable [dɪˈtætʃəbl] adj amovible
detached [dɪˈtætʃt] adj a (= separate) détaché ▸ **detached house** (BR) maison *f* individuelle b [opinion] neutre ; [manner] détaché ; [person] indifférent
detachment [dɪˈtætʃmənt] n (= indifference) indifférence *f*
detail [ˈdiːteɪl] 1 n détail *m* ▪ **in ~** en détail ▪ **to go into ~** entrer dans les détails 2 **details** npl (= information) renseignements *mpl* ; (= personal facts) coordonnées *fpl* 3 vt [+ reason, fact] exposer en détail ; [+ event] raconter en détail ; [+ items, objects] énumérer
detailed [ˈdiːteɪld] adj (gen) détaillé ; [investigation] minutieux
detain [dɪˈteɪn] vt (= delay) retenir ; (in prison) détenir
detainee [ˌdiːteɪˈniː] n détenu(e) *m(f)* ; (political) prisonnier *m*, -ière *f* politique
detect [dɪˈtekt] vt [+ substance, gas] détecter ; [+ explosive] découvrir ; [+ disease] dépister ; [+ sadness] déceler
detection [dɪˈtekʃən] n [of criminal, secret] découverte *f* ; [of gas, mines] détection *f* ; [of illness] dépistage *m* ▪ **to escape ~** [criminal] échapper aux recherches ; [mistake] passer inaperçu
detective [dɪˈtektɪv] n policier *m* (en civil) ▪ **private ~** détective *m* (privé) ▸ **detective story** roman *m* policier
detector [dɪˈtektəʳ] n détecteur *m*
detention [dɪˈtenʃən] n [of criminal, spy] détention *f* ; (at school) retenue *f* ▸ **detention centre, detention home** (US) centre *m* de détention pour mineurs ; (for illegal immigrants) centre *m* de rétention
deter [dɪˈtɜːʳ] vt (= prevent) dissuader ; (= discourage) décourager
detergent [dɪˈtɜːdʒənt] n détergent *m*
deteriorate [dɪˈtɪərɪəreɪt] vi se dégrader
deterioration [dɪˌtɪərɪəˈreɪʃən] n détérioration *f*
determination [dɪˌtɜːmɪˈneɪʃən] n détermination *f*
determine [dɪˈtɜːmɪn] vt a (= fix) déterminer ; [+ date, price] fixer b (= resolve) se déterminer (*to do sth* à faire qch) ; (= cause to decide) [+ person] décider (*to do sth* à faire qch)
determined [dɪˈtɜːmɪnd] adj [person, appearance] déterminé ▪ **to be ~ to do sth** être bien décidé à faire qch
determining [dɪˈtɜːmɪnɪŋ] adj déterminant
deterrent [dɪˈterənt] n moyen *m* dissuasif ; (military) force *f* de dissuasion
detest [dɪˈtest] vt détester
detonate [ˈdetəneɪt] 1 vi détoner 2 vt faire exploser
detonator [ˈdetəneɪtəʳ] n détonateur *m*
detour [ˈdiːˌtʊəʳ] n détour *m* ; (for traffic) déviation *f*
detox* [diːˈtɒks] n (abbr of **detoxification**) ▪ **~ diet** régime *m* détox*
detoxification [diːˌtɒksɪfɪˈkeɪʃən] n désintoxication *f*
detoxify [diːˈtɒksɪfaɪ] vt [+ substance, person] détoxifier
detract [dɪˈtrækt] vi ▪ **to ~ from** [+ quality, merit] diminuer ; [+ reputation] porter atteinte à
detriment [ˈdetrɪmənt] n ▪ **to the ~ of** au détriment de
detrimental [ˌdetrɪˈmentl] adj nuisible ▪ **to be ~ to sth** nuire à qch
devaluation [ˌdɪvæljʊˈeɪʃən] n dévaluation *f*
devalue [ˈdiːˈvæljuː] vt dévaluer
devastate [ˈdevəsteɪt] vt [+ town, land] dévaster ; [+ opponent, opposition] anéantir
devastating [ˈdevəsteɪtɪŋ] adj [war, attack, storm, effect] dévastateur (-trice *f*) ; [consequence, loss] désastreux ; [news, reply] accablant ; [wit, charm] irrésistible
devastation [ˌdevəˈsteɪʃən] n dévastation *f*
develop [dɪˈveləp] 1 vt a [+ mind, body, business, skill] développer b (= change and improve) [+ region, area] aménager c [+ habit, illness] contracter ; [+ symptoms] présenter ▪ **to ~ a taste for sth** prendre goût à qch 2 vi (gen) se développer ; [problem] surgir ; [talent] s'épanouir ; [friendship] s'établir ; [situation] évoluer ▪ **to ~ into** devenir

developer [dɪ'veləpəʳ] n (= property developer) promoteur *m*

developing [dɪ'veləpɪŋ] adj [country] en voie de développement

development [dɪ'veləpmənt] n (gen) développement *m* ; (= new event) fait *m* nouveau ▪ **housing ~** [of houses] lotissement *m* ; [of blocks of flats] cité *f*

deviant ['diːvɪənt] adj, n déviant(e) *m(f)*

deviate ['diːvɪeɪt] vi (from truth, former statement) dévier ▪ **to ~ from the norm** s'écarter de la norme

deviation [ˌdiːvɪ'eɪʃən] n déviation *f*

device [dɪ'vaɪs] n **a** (= gadget) appareil *m* ; (Computing) dispositif *m* ▪ **(explosive) ~** engin *m* (explosif) **b** ▪ **to be left to one's own ~s** être livré à soi-même

devil ['devl] n **a** diable *m* ▪ **speak of the ~!** quand on parle du loup (on en voit la queue) ! ▪ **to play the ~'s advocate** se faire l'avocat du diable **b** (* : in exclamations) ▪ **poor ~!** pauvre diable ! ▪ **he's a little ~!** c'est un petit démon ! ▪ **go on, be a ~!** vas-y, vis dangereusement ! ▪ **why/where/who the devil...?** pourquoi/où/qui diable... ? ▪ **how the ~ would I know?** comment voulez-vous que je sache ?

devious ['diːvɪəs] adj [means] détourné ; [person, behaviour, mind] retors

devise [dɪ'vaɪz] vt [+ scheme, style] concevoir ; [+ plotline] imaginer

devoid [dɪ'vɔɪd] adj ▪ **~ of** [+ charm, talent] dépourvu de ; [+ interest, meaning] dénué de

devolution [ˌdiːvə'luːʃən] n décentralisation *f*

devolve [dɪ'vɒlv] **1** vi [duty, responsibility] incomber (*on, upon* à) **2** vt [+ power, responsibility] déléguer (*to* à) ▪ **a ~d government** un gouvernement décentralisé

devo max ['diːvəʊ'mæks] n (BR Pol) dévolution *f* maximale

devote [dɪ'vəʊt] vt consacrer (*to* à) ▪ **to ~ o.s. to** se consacrer à

devoted [dɪ'vəʊtɪd] adj **a** (gen) dévoué (*to sb* à qn) ; [follower] fidèle ▪ **to be ~ to sth** être fidèle à qch **b** ▪ **~ to** (= concerned with) consacré à

devotee [ˌdevəʊ'tiː] n [of doctrine, theory] partisan(e) *m(f)* ; [of religion] adepte *mf* ; [of sport, music] passionné(e) *m(f)*

devotion [dɪ'vəʊʃən] n (to duty, work) dévouement *m* (*to* à) ; (to friend) profond attachement *m* (*to* pour) ; (religious) dévotion *f*

devour [dɪ'vaʊəʳ] vt dévorer

devout [dɪ'vaʊt] adj (= pious) pieux ; [faith] dévot ; [prayer, hope] fervent

dew [djuː] n rosée *f*

dexterity [deks'terɪtɪ] n dextérité *f*

diabetes [ˌdaɪə'biːtiːz] n diabète *m*

diabetic [ˌdaɪə'betɪk] **1** n diabétique *mf* **2** adj **a** [person] diabétique **b** [diet, food] pour diabétiques

diabolical [ˌdaɪə'bɒlɪkəl] adj diabolique

diagnose ['daɪəgnəʊz] vt diagnostiquer

diagnosis [ˌdaɪəg'nəʊsɪs] n (pl **diagnoses** [ˌdaɪəg'nəʊsiːz]) diagnostic *m*

diagonal [daɪ'ægənl] n diagonale *f*

diagonally [daɪ'ægənəlɪ] adv en diagonale

diagram ['daɪəgræm] n diagramme *m*

dial ['daɪəl] **1** n cadran *m* **2** vt [+ number] composer ▪ **to ~ 999** (BR) ≈ appeler police secours

dialect ['daɪəlekt] n dialecte *m*

dialling, dialing (US) ['daɪəlɪŋ] n composition *f* d'un numéro (de téléphone) ▸ **dialling code** indicatif *m* ▸ **dialling tone** tonalité *f*

dialogue, dialog (US) ['daɪəlɒg] n dialogue *m*

dialysis [daɪ'æləsɪs] n dialyse *f*

diameter [daɪ'æmɪtəʳ] n diamètre *m*

diamond ['daɪəmənd] **1** n **a** (= stone) diamant *m* **b** (= shape) losange *m* **c** (Cards) carreau *m* **d** (Baseball) terrain *m* **2** adj [necklace, ring] de diamant(s)

diaper ['daɪəpəʳ] n (US) couche *f (de bébé)*

diaphragm ['daɪəfræm] n diaphragme *m*

diarrhoea, diarrhea (US) [ˌdaɪə'riːə] n diarrhée *f*

diary ['daɪərɪ] n (= record of events) journal *m* (intime) ; (for engagements) agenda *m*

dice [daɪs] **1** n (pl inv) dé *m* **2** vi ▪ **to ~ with death** jouer avec la mort **3** vt [+ vegetables, meat] couper en dés

dicey* ['daɪsɪ] adj (BR) risqué

dictate **1** vt [dɪk'teɪt] dicter **2** vi [dɪk'teɪt] **a** (gen) dicter **b** (= order about) ▪ **to ~ to sb** imposer sa volonté à qn **3** **dictates** npl ['dɪkteɪt] [of party] consignes *fpl* ; [of fashion] impératif(s) *m(pl)*

> Lorsque ***dictate*** est un verbe, l'accent tombe sur la deuxième syllabe. Lorsque c'est un nom, l'accent tombe sur la première.

dictation [dɪk'teɪʃən] n dictée *f*

dictator [dɪk'teɪtəʳ] n dictateur *m*

dictatorship [dɪk'teɪtəʃɪp] n dictature *f* ▸ **democratic dictatorship** démocrature *f*

diction ['dɪkʃən] n diction *f*

dictionary ['dɪkʃənrɪ] n dictionnaire *m*

did [dɪd] vb pret of **do**

didactic [dɪ'dæktɪk] adj didactique

diddle* ['dɪdl] vt (BR = cheat) rouler* ▪ **to ~ sb out of sth** carotter* qch à qn

didn't ['dɪdənt] (abbr of **did not**) → **do**

die [daɪ] vi (gen) mourir ; [engine] caler ; [custom, language] disparaître ; [sound] s'éteindre ▪ **to be dying** être à l'article de la mort ▪ **to ~ of hunger/cold** mourir de faim/froid ▪ **never say ~!*** il ne faut jamais désespérer ! ▪ **to be dying to do sth*** mourir d'envie de faire qch ▪ **to ~ hard** [tradition, attitude, prejudice] avoir la vie dure

▸ **die away** vi [sound, voice, laughter] s'éteindre

▸ **die down** vi [emotion, protest] se calmer ; [wind] tomber ; [fire] s'éteindre ; [noise] diminuer ; [applause] cesser ; [violence, conflict] s'atténuer

▸ **die off** vi mourir les uns après les autres

▸ **die out** vi [species, family] s'éteindre ; [custom] disparaître ▪ **to be dying out** [species, tribe] être en voie d'extinction ; [custom] être en train de disparaître

→ *Pièges* DIED

diehard ['daɪhɑːd] n (= one who resists to the last) jusqu'au-boutiste *mf* ; (= opponent of change) conservateur *m*, -trice *f* ; (= obstinate politician) réactionnaire *mf*

diesel ['diːzəl] n (= fuel) gazole *m* ▪ **a ~ car** une diesel ▸ **diesel engine** (in car) moteur *m* diesel ; (= locomotive) motrice *f* ▸ **diesel fuel, diesel oil** gazole *m*

diet ['daɪət] **1** n **a** (= restricted food) régime *m* ▪ **to be/go on a ~** être/se mettre au régime **b** (= customary food) alimentation *f* **2** vi suivre un régime

dieter ['daɪətəʳ] n personne *f* qui suit un régime

dietician [ˌdaɪə'tɪʃən] n diététicien(ne) *m(f)*

differ ['dɪfəʳ] vi **a** (= be different) différer (*from* de) **b** (= disagree) ne pas être d'accord (*from sb* avec qn, *about sth* sur qch) ▪ **I beg to ~** permettez-moi de ne pas partager cette opinion

difference ['dɪfrəns] n **a** (gen) différence *f* (*in* de) ▪ **that makes all the ~** ça change tout ▪ **it makes no ~** ça ne change rien ▪ **it makes no ~ to me** ça m'est égal ▪ **~ of opinion** divergence *f* d'opinions **b** (= quarrel) différend *m*

different ['dɪfrənt] **1** adj différent (*from*, *to*, (US) *than* de) ▪ **go and put on a ~ tie** va mettre une autre cravate ▪ **that's quite a ~ matter** c'est tout autre chose ▪ **he wants to be ~** il veut se singulariser **2** adv (tout) autrement

→ *Pièges* DIFFERENT

differentiate [ˌdɪfə'renʃɪeɪt] **1** vi faire la différence (*between* entre) **2** vt différencier (*from* de)

differently ['dɪfrəntlɪ] adv différemment (*from* de)

difficult ['dɪfɪkəlt] adj difficile ▪ **it's ~ to do** c'est difficile de faire ▪ **to find it ~ to do sth** avoir du mal à faire qch ▪ **he's ~ to get on with** il est difficile à vivre

difficulty ['dɪfɪkəltɪ] n difficulté *f* ▪ **she has ~ walking** elle marche avec difficulté ▪ **to get into difficulties** se trouver en difficulté

diffident ['dɪfɪdənt] adj [smile] embarrassé ▪ **to be ~** [person] manquer de confiance en soi ▪ **to be ~ about doing sth** hésiter à faire qch (par timidité)

diffuse [dɪ'fjuːz] **1** vt diffuser **2** vi se diffuser

dig [dɪg] vb (pret, ptp **dug**) **1** n **a** ▪ **to give sb a ~ in the ribs** donner un coup de coude dans les côtes de qn **b** (= sly comment) pique *f* ▪ **to have a ~ at sb** lancer une pique à qn **c** (archaeological) fouilles *fpl* **2** vt creuser ; (with spade) bêcher ; [+ fork, pencil] enfoncer (*into* dans) **3** vi **a** [dog] fouiller ; [person] creuser **b** ▪ **to ~ in one's pockets for sth** fouiller dans ses poches pour trouver qch

▸ **dig in** **1** vi (* = eat) attaquer* **2** vt sep [+ blade, knife] enfoncer ▪ **to ~ one's heels in** se braquer

▸ **dig out** vt sep [+ tree, plant] déterrer ; [+ animal] déloger ; [+ facts, information] dénicher

▸ **dig up** vt sep [+ weeds, vegetables] arracher ; [+ treasure, body] déterrer ; [+ earth] retourner ; [+ garden] bêcher ; [+ fact, solution] dénicher

digest [daɪ'dʒest] vti digérer

digestion [dɪ'dʒestʃən] n digestion *f*

digestive [dɪ'dʒestɪv] **1** adj digestif **2** n (BR) (also **digestive biscuit**) ≈ sablé

digicam ['dɪdʒɪkæm] n caméra *f* numérique

digit ['dɪdʒɪt] n **a** (= number) chiffre *m* ▪ **a two-digit inflation** une inflation à deux chiffres **b** (= finger) doigt *m* ; (= toe) orteil *m*

digital ['dɪdʒɪtəl] adj (gen) numérique ; [tape, recorder] audionumérique ; [watch] à affichage numérique ▸ **digital camera** appareil photo *m* numérique ▸ **digital cash** argent *m* numérique ▸ **digital divide** fossé *m* numérique ▸ **digital gap** fracture *f* numérique ▸ **digital native** natif *m*, -ive *f* numérique ▸ **digital TV** or **television** télévision *f* numérique

digitize ['dɪdʒɪtaɪz] vt numériser

dignified ['dɪgnɪfaɪd] adj digne

dignitary ['dɪgnɪtərɪ] n dignitaire *m*

dignity ['dɪgnɪtɪ] n dignité *f*

digress [daɪ'gres] vi faire une digression

digression [daɪ'greʃən] n digression *f*

dike [daɪk] n ⇒ **dyke**

dilapidated [dɪ'læpɪdeɪtɪd] adj délabré

dilate [daɪ'leɪt] **1** vt dilater **2** vi se dilater

dilemma [daɪ'lemə] n dilemme *m* ▪ **to be in a ~** être pris dans un dilemme

diligence ['dɪlɪdʒəns] n zèle *m*

diligent ['dɪlɪdʒənt] adj [worker] zélé ; [student, work] appliqué ; [search] minutieux

dill [dɪl] n aneth *m*

dillydally ['dɪlɪdælɪ] vi (= dawdle) lambiner* ; (= fritter time away) musarder ; (= vacillate) tergiverser

dilute [daɪ'lu:t] vt [+ liquid] diluer ; [+ sauce] délayer

dim [dɪm] **1** adj **a** [light, lamp] faible ; [place, prospects] sombre **b** [shape, outline] imprécis ; [memory] vague **c** (* BR = stupid) bouché* ▸ **dim-witted*** idiot **2** vt [+ light] baisser ; [+ colours, beauty] ternir ; [+ memory] effacer ; [+ senses] affaiblir **3** vi [light] baisser ; [beauty] se ternir ; [colours, outlines, memory] s'estomper

dime [daɪm] n (pièce *f* de) dix cents

dimension [daɪ'menʃən] n dimension *f*

diminish [dɪ'mɪnɪʃ] **1** vt [+ strength, power, effect] diminuer ; [+ numbers, cost, speed] réduire ; [+ enthusiasm, optimism] tempérer **2** vi diminuer

diminished [dɪ'mɪnɪʃt] adj [strength, power] amoindri ; [capacity, cost, numbers, resources] réduit ; [enthusiasm, optimism] tempéré

diminutive [dɪ'mɪnjʊtɪv] **1** adj minuscule **2** n diminutif *m*

dimly ['dɪmlɪ] adv **a** [shine] faiblement ▪ **~ lit** mal éclairé **b** [see, hear, recollect] vaguement

dimmer ['dɪmə'] **1** n (also **dimmer switch**) variateur *m* (de lumière) **2** **dimmers** npl (US) (= dipped headlights) codes *mpl* ; (= parking lights) feux *mpl* de position

dimple ['dɪmpl] n fossette *f*

dimwit* ['dɪmwɪt] n crétin(e)* *m(f)*

din [dɪn] n vacarme *m*

dine [daɪn] vi dîner (*on* de)
▸ **dine out** vi dîner au restaurant

diner ['daɪnə'] n **a** (= person) dîneur *m*, -euse *f* **b** (US) petit restaurant *m*

dinghy ['dɪŋgɪ] n petit canot *m* ; (collapsible) canot *m* pneumatique ; (= sailing dinghy) dériveur *m*

dingy ['dɪndʒɪ] adj sombre et miteux

dining [ˌdaɪnɪŋ] n ▪ **elegant ~** des dîners *mpl* élégants ▸ **dining car** (BR) wagon-restaurant *m* ▸ **dining room** salle *f* à manger; (in hotel) salle *f* de restaurant

dinner ['dɪnə'] n (= evening meal) dîner *m* ; (= lunch) déjeuner *m* ▪ **to have ~** dîner ▪ **to go out to ~** dîner au restaurant ; (at friends) dîner chez des amis ▪ **at ~ time** à l'heure du dîner ▪ **it's ~ time** c'est l'heure de dîner ▸ **dinner jacket** (BR) smoking *m* ▸ **dinner party** dîner *m* (*sur invitation*) ▸ **dinner service** service *m* de table

dinosaur ['daɪnəsɔ:'] n dinosaure *m*

dint [dɪnt] n ▪ **by ~ of (doing) sth** à force de (faire) qch

diocese ['daɪəsɪs] n diocèse *m*

dip [dɪp] **1** vt **a** (into liquid) tremper ; [+ spoon] plonger **b** ▪ **to ~ one's headlights** (BR) se mettre en codes ▪ **to drive on ~ped headlights** rouler en codes **2** vi [ground, road] descendre ; [temperature, prices] baisser ▪ **to ~ into one's savings** puiser dans ses économies **3** n **a** (* = swim) bain *m* ▪ **to have a quick ~** faire trempette* **b** (in ground) déclivité *f* ; (in prices, unemployment, temperature) fléchissement *m* **c** (= sauce) ▪ **avocado/aubergine ~** purée *f* d'avocat/d'aubergine

diploma [dɪ'pləʊmə] n diplôme *m* ▪ **to have a ~ in...** être diplômé en...

diplomacy [dɪ'pləʊməsɪ] n diplomatie *f*

diplomat ['dɪpləmæt] n diplomate *mf*

diplomatic [ˌdɪplə'mætɪk] adj (gen) diplomatique ; (= tactful) [person] diplomate

dipstick ['dɪpstɪk] n jauge *f* (*de niveau d'huile*)

dire ['daɪə'] adj **a** [situation, consequences] désastreux ; [warning, threat] sinistre ▪ **in ~ poverty** dans la misère ▪ **to be in ~ straits** être dans une situation désastreuse **b** (* = awful) nul*

direct [daɪ'rekt] **1** adj direct ▸ **direct debit** prélèvement *m* automatique ▸ **direct mail** publipostage *m* ▸ **direct object** (Gram) complément *m* d'objet direct ▸ **direct speech** (Gram) style *m* direct **2** vt **a** (= give directions to) ▪ **to ~ sb to sth** indiquer le chemin de qch à qn **b** [+ remark, question, letter] adresser ; [+ threat] proférer (*at* contre) ; [+ efforts] orienter ; [+ torch] diriger ▪ **to ~ sb's attention to** attirer l'attention de qn sur **c** (= manage) [+ work, business, actors] diriger ; [+ play] mettre en scène ; [+ film, programme] réaliser **d** (= instruct) charger (*sb to do sth* qn de faire qch) **3** adv [go, write] directement ▪ **to fly ~ from Glasgow to Paris** prendre un vol direct de Glasgow à Paris

direction [dɪ'rekʃən] n **a** (= way) direction *f* ▪ **in the wrong/right ~** dans la mauvaise/bonne direction ▪ **in the opposite ~** en sens inverse **b** (= management) direction *f* ; [of play] mise *f* en scène ; [of film, TV programme] réalisation *f* **c** (= instruction) instruction *f* ▪ **~s for use** mode *m* d'emploi

directive [dɪ'rektɪv] n directive *f*

directly [dɪ'rektlɪ] **1** adv **a** (gen) directement ▪ **~ opposite the railway station** juste en face de la gare **b** (BR = immediately) tout de suite **2** conj (= as soon as) dès que

directness [dɪ'rektnɪs] n [of character, reply, of person] franchise *f* ; [of attack, question] caractère *m* direct

director [dɪ'rektəʳ] n [of company, institution] directeur *m*, -trice *f* ; [of play] metteur *m*, -euse *f* en scène ; [of film, TV programme] réalisateur *m*, -trice *f*

directory [dɪ'rektərɪ] n (= phone book) annuaire *m* ; (Computing) répertoire *m* (de dossiers) ▸ **directory assistance** (US), **directory inquiries** (BR) renseignements *mpl*

dirt [dɜːt] n (on skin, clothes, objects) saleté *f* ; (= earth) terre *f* ; (= mud) boue *f* ▪ **to treat sb like ~*** traiter qn comme un chien ▸ **dirt bike** moto *f* tout-terrain *(de 50 cm³)* ▸ **dirt-cheap*** très bon marché *inv* ▸ **dirt road** chemin *m* de terre

dirty ['dɜːtɪ] **1** adj **a** (gen) sale ; [job, work] salissant ▪ **to get ~** se salir ▪ **to get sth ~** salir qch **b** [book, film, joke] cochon* ; [language] grossier ▪ **to have a ~ mind** avoir l'esprit mal tourné ▸ **dirty old man*** vieux cochon* *m* **c** (= unpleasant) sale (before noun) ▪ **to do sb's ~ work for them** faire le sale boulot* de qn ▪ **to give sb a ~ look** regarder qn de travers **2** adv ▪ **to play ~*** faire des coups en vache* ▪ **to talk ~*** dire des cochonneries **3** vt salir

disability [,dɪsə'bɪlɪtɪ] n **a** (= state) invalidité *f* **b** (= infirmity) infirmité *f* ; (= handicap) handicap *m*

disable [dɪs'eɪbl] vt [illness, accident, injury] rendre infirme ; (= maim) mutiler ; (Mil) mettre hors de combat ; (Computing) [+ functionality] désactiver

disabled [dɪs'eɪbld] **1** adj handicapé **2** **the disabled** npl les handicapés *mpl*

disadvantage [,dɪsəd'vɑːntɪdʒ] **1** n désavantage *m* ▪ **to be at a ~** être défavorisé **2** vt désavantager

disagree [,dɪsə'griː] vi **a** (= be of different opinion) ne pas être d'accord ▪ **I (completely) ~ with you** je ne suis pas (du tout) d'accord avec vous ▪ **they always ~** ils ne sont jamais du même avis **b** ▪ **to ~ with sb** [climate, food] ne pas convenir à qn

disagreeable [,dɪsə'grɪəbl] adj désagréable

disagreement [,dɪsə'griːmənt] n désaccord *m* ▪ **to have a ~ with sb (about sth)** avoir un différend avec qn (à propos de qch)

disallow [,dɪsə'laʊ] vt (gen) rejeter ; [+ goal] refuser

disappear [,dɪsə'pɪəʳ] vi disparaître

disappearance [,dɪsə'pɪərəns] n disparition *f*

disappoint [,dɪsə'pɔɪnt] vt décevoir ; → *Pièges* DECEIVE

disappointed [,dɪsə'pɔɪntɪd] adj déçu ▪ **to be ~ with sth/in sb** être déçu par qch/par qn

disappointing [,dɪsə'pɔɪntɪŋ] adj décevant

disappointment [,dɪsə'pɔɪntmənt] n déception *f* ; → *Pièges* DECEPTION

disapproval [,dɪsə'pruːvəl] n désapprobation *f*

disapprove [,dɪsə'pruːv] vi ▪ **to ~ of sb** désapprouver qn ▪ **to ~ of sth** réprouver qch ▪ **to ~ of sb doing sth** désapprouver que qn fasse qch

disapproving [,dɪsə'pruːvɪŋ] adj [expression, look] réprobateur (-trice *f*) ▪ **to be ~ of sth** réprouver qch

disarm [dɪs'ɑːm] vti désarmer

disarmament [dɪs'ɑːməmənt] n désarmement *m*

disarray [,dɪsə'reɪ] n confusion *f* ▪ **the troops were in ~** la confusion régnait parmi les troupes ▪ **a political party in ~** un parti politique en plein désarroi ▪ **her clothes were in ~** ses vêtements étaient en désordre

disaster [dɪ'zɑːstəʳ] n désastre *m* ; (from natural causes) catastrophe *f* ▪ **to be heading for ~** courir au désastre ▸ **disaster area** région *f* sinistrée ▸ **disaster movie** film *m* catastrophe

disastrous [dɪ'zɑːstrəs] adj désastreux

disband [dɪs'bænd] **1** vt [+ army] disperser ; [+ corporation, club] dissoudre **2** vi [army] se disperser ; [organization] se dissoudre

disbelief [,dɪsbə'liːf] n incrédulité *f*

disc [dɪsk] n disque *m* ▸ **disc jockey** disc-jockey *m*

discard [dɪs'kɑːd] vt (= get rid of) se débarrasser de ; (= throw out) jeter ; [+ idea, plan] renoncer à

discern [dɪ'sɜːn] vt discerner

discerning [dɪ'sɜːnɪŋ] adj [person] judicieux ; [taste, palate] délicat

discharge **1** vt [dɪs'tʃɑːd] **a** [+ cargo] décharger **b** [+ gas] émettre ; [+ liquid, pollutants, sewage] déverser **c** [+ soldier] démobiliser ; (for health reasons) réformer ; [+ prisoner] libérer ; (from hospital) autoriser à quitter l'hôpital **2** n ['dɪstʃɑːd] **a** (in eyes, nose) écoulement *m* **b** [of prisoner] libération *f* ; [of patient] sortie *f*

> Lorsque *discharge* est un verbe, l'accent tombe sur la deuxième syllabe. Lorsque c'est un nom, l'accent tombe sur la première.

disciple [dɪ'saɪpl] n disciple *mf*

discipline ['dɪsɪplɪn] **1** n discipline *f* **2** vt (= control) [+ person, mind] discipliner ; (= punish) punir

disclaim [dɪs'kleɪm] vt nier

disclose [dɪs'kləʊz] vt [+ secret, news] divulguer ; [+ intentions] dévoiler

disclosure [dɪsˈkləʊʒəʳ] n révélation *f*

disco* [ˈdɪskəʊ] n disco *m*

discolour, discolor (US) [dɪsˈkʌləʳ] **1** vt (= spoil colour of) décolorer ; [+ white material, teeth] jaunir **2** vi (= change colour) se décolorer ; [white material, teeth] jaunir

discomfort [dɪsˈkʌmfət] n gêne *f*

disconcert [ˌdɪskənˈsɜːt] vt déconcerter

disconcerting [ˌdɪskənˈsɜːtɪŋ] adj déconcertant

disconnect [ˌdɪskəˈnekt] vt [+ electrical apparatus, pipe] débrancher ; [+ gas, electricity, water, phone] couper

disconnected [ˌdɪskəˈnektɪd] adj [speech] décousu ; [thoughts] sans suite ; [facts, events] sans rapport

discontent [ˌdɪskənˈtent] n mécontentement *m*

discontented [ˌdɪskənˈtentɪd] adj mécontent (*with, about* de)

discontinue [ˌdɪskənˈtɪnjuː] vt (gen) cesser ; [+ service] supprimer ▪ **a ~d line** un article qui ne se fait plus

discord [ˈdɪskɔːd] n dissension *f*

discordant [dɪsˈkɔːdənt] adj discordant

discotheque [ˈdɪskəʊtek] n discothèque *f* *(dancing)*

discount **1** n [ˈdɪskaʊnt] escompte *m* ; (on article) remise *f* **2** vt [dɪsˈkaʊnt] **a** [+ sum of money] faire une remise de **b** [+ rumour] ne pas prendre au sérieux ; [+ theory] rejeter

> Lorsque ***discount*** est un verbe, l'accent tombe sur la deuxième syllabe. Lorsque c'est un nom, l'accent tombe sur la première.

discounter [ˈdɪskaʊntəʳ] n discounteur *m*

discourage [dɪsˈkʌrɪdʒ] vt décourager ▪ **to become ~d** se laisser décourager

discouraging [dɪsˈkʌrɪdʒɪŋ] adj décourageant

discourse [ˈdɪskɔːs] n discours *m* ; (written) dissertation *f*

discover [dɪsˈkʌvəʳ] vt (gen) découvrir ; [+ mistake, loss] se rendre compte de ; (after search) dénicher ▪ **to ~ that...** (= find out) apprendre que... ; (= notice) s'apercevoir que... ; (= understand) comprendre que...

discovery [dɪsˈkʌvərɪ] n découverte *f*

discredit [dɪsˈkredɪt] vt (= cast slur on) discréditer ; (= make doubtful) mettre en doute

discreet [dɪsˈkriːt] adj discret (-ète *f*) (*about* sur)

discreetly [dɪsˈkriːtlɪ] adv [speak, behave] discrètement ; [dress] avec sobriété

discrepancy [dɪsˈkrepənsɪ] n différence *f* ; (between theories, accounts) divergence *f*

discretion [dɪsˈkreʃən] n discrétion *f* ▪ **use your ~** c'est à vous de juger

discriminate [dɪsˈkrɪmɪneɪt] vi (= make unfair distinction) introduire une discrimination ▪ **to be ~d against** être victime d'une discrimination ▪ **to ~ between** faire la différence entre

discriminating [dɪsˈkrɪmɪneɪtɪŋ] adj [person, clientele] averti ; [palate] exercé ; [judgement] perspicace

discrimination [dɪsˌkrɪmɪˈneɪʃən] n **a** (= prejudice) discrimination *f* **b** (= distinction) distinction *f* **c** (= judgement) discernement *m*

discriminatory [dɪsˈkrɪmɪnətərɪ] adj discriminatoire

discuss [dɪsˈkʌs] vt (gen) discuter de ; [+ issue, question, subject] examiner ; → *Pièges* DISCUSS

discussion [dɪsˈkʌʃən] n discussion *f* (*of, about* sur, au sujet de) ▪ **under ~** en discussion ; [issue, proposal] à l'étude ▸ **discussion thread** (Internet) fil *m* de discussion

disdain [dɪsˈdeɪn] **1** vt dédaigner **2** n dédain *m*

disdainful [dɪsˈdeɪnfʊl] adj dédaigneux

disease [dɪˈziːz] n maladie *f*

diseased [dɪˈziːzd] adj malade

disembark [ˌdɪsɪmˈbɑːk] vti débarquer

disenchanted [ˌdɪsɪnˈtʃɑːntɪd] adj ▪ **to be ~ with sth** avoir perdu ses illusions sur qch

disengage [ˌdɪsɪnˈgeɪdʒ] vt [+ object, hand] dégager ; [+ machine] déclencher ▪ **to ~ the clutch** débrayer

disentangle [ˌdɪsɪnˈtæŋgl] vt [+ wool, problem, mystery] débrouiller ; [+ plot] dénouer ▪ **to ~ o.s. from** (lit, fig) se dépêtrer de

disfavour, disfavor (US) [dɪsˈfeɪvəʳ] n défaveur *f*

disfigure [dɪsˈfɪgəʳ] vt défigurer

disgrace [dɪsˈgreɪs] **1** n (= dishonour) honte *f* ; (= disfavour) disgrâce *f* ▪ **to be in ~** [public figure, politician] être en disgrâce ; [child, dog] être en pénitence **2** vt [+ family] faire honte à ; [+ name, country] déshonorer ▪ **to ~ o.s.** se couvrir de honte ▪ **to be ~d** [officer, politician] être discrédité

disgraceful [dɪsˈgreɪsfʊl] adj honteux

disgruntled [dɪsˈgrʌntld] adj (= discontented) mécontent (*about, with* de) ; [expression] renfrogné

disguise [dɪsˈgaɪz] **1** vt (gen) déguiser (*as* en) ; [+ facts, feelings] dissimuler **2** n déguisement *m* ▪ **in ~** déguisé

disgust [dɪsˈgʌst] **1** n dégoût *m* (*for, at* pour) ▪ **he left in ~** il est parti dégoûté **2** vt dégoûter

disgusted [dɪsˈgʌstɪd] adj dégoûté (*at* de, par)

disgusting [dɪs'gʌstɪŋ] adj (gen) dégoûtant ; [taste, smell] répugnant

dish [dɪʃ] n **a** (= serving plate) plat *m* ; (= dinner plate) assiette *f* ▸ **dish aerial, dish antenna** (US) antenne *f* parabolique **b** ▪ **the ~es** la vaisselle ▪ **to do the ~es** faire la vaisselle **c** (= food) plat *m* ▪ **pasta ~** plat *m* de pâtes
▸ **dish out** vt sep [+ food] servir ; [+ money, sweets, books] distribuer ; [+ punishment] administrer
▸ **dish up** vt sep [+ food, meal] servir

dishcloth ['dɪʃklɒθ] n (for washing) lavette *f* ; (for drying) torchon *m*

disheartening [dɪs'hɑːtnɪŋ] adj décourageant

dishevelled [dɪ'ʃevəld] adj [person, hair] ébouriffé ; [clothes] en désordre

dishonest [dɪs'ɒnɪst] adj malhonnête

dishonestly [dɪs'ɒnɪstlɪ] adv [behave] malhonnêtement ; [obtain] par des moyens malhonnêtes

dishonesty [dɪs'ɒnɪstɪ] n malhonnêteté *f*

dishonour [dɪs'ɒnəʳ] **1** n déshonneur *m* **2** vt déshonorer

dishonourable [dɪs'ɒnərəbl] adj déshonorant

dishrack ['dɪʃræk] n égouttoir *m*

dishtowel ['dɪʃtaʊəl] n (US) torchon *m*

dishwasher ['dɪʃwɒʃəʳ] n (= machine) lave-vaisselle *m*

dishy* ['dɪʃɪ] adj (BR) sexy*

disillusion [,dɪsɪ'luːʒən] vt désabuser ▪ **to be ~ed** être désabusé (*with* quant à)

disinclined [,dɪsɪn'klaɪnd] adj ▪ **to be ~ to do sth** être peu disposé à faire qch

disinfect [,dɪsɪn'fekt] vt désinfecter

disinfectant [,dɪsɪn'fektənt] n désinfectant *m*

disinformation [,dɪsɪnfə'meɪʃən] n désinformation *f*

disintegrate [dɪs'ɪntɪgreɪt] vi se désintégrer

disinterested [dɪs'ɪntrɪstɪd] adj (= impartial) désintéressé

disjointed [dɪs'dʒɔɪntɪd] adj [film, style, conversation] décousu

disk [dɪsk] n **a** (US) ⇒ **disc** **b** (for computer) disque *m* ▸ **disk drive** lecteur *m* de disques

diskette [dɪs'ket] n disquette *f*

dislike [dɪs'laɪk] **1** vt [+ person, thing] ne pas aimer ▪ **to ~ doing sth** ne pas aimer faire qch **2** n antipathie *f* ▪ **one's likes and ~s** ce que l'on aime et ce que l'on n'aime pas ▪ **to take an instant ~ to sb** prendre tout de suite qn en grippe

dislocate ['dɪsləʊkeɪt] vt ▪ **to ~ one's shoulder** se démettre l'épaule

dislodge [dɪs'lɒdʒ] vt [+ object] déplacer ; [+ dictator] chasser

disloyal [dɪs'lɔɪəl] adj déloyal (*to* envers)

dismal ['dɪzməl] adj **a** [place, building] lugubre ; [thought, prospects] sombre ; [weather] maussade **b** (* = awful) lamentable

dismantle [dɪs'mæntl] vt [+ machine, furniture] démonter ; [+ system, department] démanteler

dismay [dɪs'meɪ] **1** n consternation *f* **2** vt consterner

dismiss [dɪs'mɪs] vt **a** [+ employee] renvoyer ; [+ official] révoquer ; [+ class] congédier ; [+ assembly] dissoudre ; [+ troops] faire rompre les rangs à **b** [+ thought, possibility, suggestion] écarter ; [+ request, appeal, claim] rejeter

dismissal [dɪs'mɪsəl] n [of employee] renvoi *m* ; [of civil servant] révocation *f*

dismissive [dɪs'mɪsɪv] adj dédaigneux

dismount [dɪs'maʊnt] vi mettre pied à terre, descendre (*from* de)

disobedience [,dɪsə'biːdɪəns] n désobéissance *f* (*to* à)

disobedient [,dɪsə'biːdɪənt] adj [child] désobéissant (*to* à)

disobey [,dɪsə'beɪ] vt [+ parents, officer] désobéir à ; [+ law] enfreindre

disorder [dɪs'ɔːdəʳ] n **a** (= untidiness) [of room, plans] désordre *m* **b** (= unrest) troubles *mpl* **c** (Med) troubles *mpl*

disorderly [dɪs'ɔːdəlɪ] adj [person, crowd] agité ; [behaviour] indiscipliné

disorganized [dɪs'ɔːgənaɪzd] adj désorganisé

disorient [dɪs'ɔːrɪent] vt désorienter

disorientate [dɪs'ɔːrɪənteɪt] vt désorienter

disown [dɪs'əʊn] vt renier

disparaging [dɪs'pærɪdʒɪŋ] adj désobligeant

disparate ['dɪspərɪt] adj disparate

disparity [dɪs'pærɪtɪ] n disparité *f*

dispatch [dɪs'pætʃ] **1** vt **a** [+ letter, goods] expédier ; [+ messenger] dépêcher ; [+ troops] envoyer **b** (= finish) [+ job] expédier **c** (= kill) tuer **2** n **a** [of letter, messenger] envoi *m* **b** (= official report) dépêche *f*

dispel [dɪs'pel] vt dissiper

dispensable [dɪs'pensəbl] adj dont on peut se passer

dispensary [dɪs'pensərɪ] n (BR) (in hospital) pharmacie *f* ; (in chemist's) officine *f*

dispensation [,dɪspen'seɪʃən] n (= exemption) dispense *f*

dispense [dɪs'pens] vt [+ food] distribuer ; [+ charity] pratiquer ; [+ justice] administrer ; [+ hospitality] offrir

▸ **dispense with** vt insep (= do without) se passer de ; (= make unnecessary) rendre superflu

dispenser [dɪs'pensə'] n (= device) distributeur *m*

dispensing chemist [dɪs,pensɪŋ'kemɪst] n (= person) pharmacien(ne) *m(f)* ; (= shop) pharmacie *f*

disperse [dɪs'pɜːs] **1** vt (gen) disperser ; [+ clouds] dissiper **2** vi (= go away) se disperser ; [fog, cloud, smoke, tension] se dissiper

dispirited [dɪs'pɪrɪtɪd] adj abattu

displace [dɪs'pleɪs] vt déplacer

display [dɪs'pleɪ] **1** vt **a** (= show) montrer ; [+ item for sale, artwork] exposer ; [+ notice, results] afficher **b** [+ courage, interest, ignorance] faire preuve de **c** [computer, watch] afficher **2** n **a** (gen) étalage *m* ; [of goods for sale, items in exhibition] présentation *f* ; [of courage, emotion] manifestation *f* ; [of unity, strength] démonstration *f* ■ **on ~** exposé ▸ **display cabinet, display case** vitrine *f* *(meuble)* **b** (= public event) spectacle *m* ■ **military ~** parade *f* militaire **c** (on computer screen) affichage *m*

displease [dɪs'pliːz] vt mécontenter ■ **to be ~d with** être mécontent de

displeasure [dɪs'pleʒə'] n mécontentement *m*

disposable [dɪs'pəʊzəbl] adj **a** [razor, syringe, nappy] jetable **b** [income] disponible

disposal [dɪs'pəʊzəl] n **a** [of rubbish] destruction *f* **b** ■ **to have sth at one's ~** disposer de qch ■ **to be at sb's ~** être à la disposition de qn

disposed [dɪs'pəʊzd] adj ■ **to be ~ to do sth** être disposé à faire qch ■ **to be well-disposed towards sb** être bien disposé envers qn

dispose of [dɪs'pəʊzɒv] vt insep **a** (= get rid of) se débarrasser de ; (= sell) vendre ; [+ chemical, industrial waste] éliminer **b** [+ question, problem, business] expédier

> ⚠ *dispose of* ne se traduit pas par **disposer de**.

disposition [,dɪspə'zɪʃən] n **a** (= temperament) caractère *m* **b** (= arrangement) disposition *f*

dispossess [,dɪspə'zes] vt déposséder

disproportionate [,dɪsprə'pɔːʃnɪt] adj disproportionné (*to* par rapport à)

disprove [dɪs'pruːv] vt réfuter

dispute [dɪs'pjuːt] **1** n (= controversy) discussion *f* ; (= quarrel) différend *m* ■ **industrial ~** conflit *m* social ■ **without ~** sans conteste **2** vt **a** [+ statement, claim] contester **b** (= debate) [+ question, subject] discuter **c** (= try to win) disputer (*with sb* à qn)

disqualification [dɪs,kwɒlɪfɪ'keɪʃən] n disqualification *f* ; (for driving offence) retrait *m* du permis de conduire

disqualify [dɪs'kwɒlɪfaɪ] vt **a** (Sport) disqualifier **b** (= debar) rendre inapte (*from* à) ■ **to ~ sb from driving** retirer à qn le permis de conduire **c** (= incapacitate) rendre incapable (*from doing sth* de faire qch)

disquieting [dɪs'kwaɪətɪŋ] adj inquiétant

disregard [,dɪsrɪ'gɑːd] **1** vt [+ fact, advice, remark] ne tenir aucun compte de ; [+ danger, feelings] passer outre à **2** n [of difficulty, comments, feelings] indifférence *f* (*for* à) ; [of danger] mépris *m* (*for* de) ; [of safety] négligence *f* (*for* en ce qui concerne) ; [of rule, law] non-observation *f* (*for* de)

disrepair [,dɪsrɪ'pɛə'] n mauvais état *m* ■ **in ~** [building] délabré ; [road] en mauvais état

disreputable [dɪs'repjʊtəbl] adj [place, person] peu recommandable ; [behaviour] déshonorant

disrespect [,dɪsrɪs'pekt] n manque *m* de respect

disrespectful [,dɪsrɪs'pektfʊl] adj irrespectueux (*to* envers) ■ **to be ~ to sb** manquer de respect envers qn

disrupt [dɪs'rʌpt] vt [+ debate, meeting, relations, train service] perturber ; [+ plans] déranger ; [+ communications] interrompre

disruption [dɪs'rʌpʃən] n perturbation *f*

disruptive [dɪs'rʌptɪv] adj perturbateur (-trice *f*)

diss‡ [dɪs] vt (US) se payer la tête de*

dissatisfaction [,dɪssætɪs'fækʃən] n mécontentement *m* (*at, with* face à)

dissatisfied [,dɪs'sætɪsfaɪd] adj mécontent (*with* de)

dissect [dɪ'sekt] vt disséquer

disseminate [dɪ'semɪneɪt] vt disséminer ; [+ information] diffuser

dissent [dɪ'sent] **1** vi (= have different opinion) avoir une opinion différente **2** n (= political disagreement) dissidence *f*

dissenting [dɪ'sentɪŋ] adj [voice] dissident

dissertation [,dɪsə'teɪʃən] n (= written paper) mémoire *m* ; (US : Univ) thèse *f* de doctorat

disservice [dɪs'sɜːvɪs] n ■ **to do sb/sth a ~** rendre un mauvais service à qn/qch

dissident ['dɪsɪdənt] adj, n dissident(e) *m(f)*

dissimilar [dɪ'sɪmɪlə'] adj différent (*to* de)

dissipate ['dɪsɪpeɪt] **1** vt (= dispel) dissiper ; [+ energy, efforts] disperser **2** vi (= clear) se dissiper

dissociate [dɪ'səʊʃɪeɪt] vt dissocier

dissolute ['dɪsəluːt] adj [person] débauché ; [way of life] dissolu

dissolve [dɪ'zɒlv] **1** vt dissoudre **2** vi **a** se dissoudre **b** [hopes, fears] s'évanouir

dissuade [dɪ'sweɪd] vt dissuader (*sb from doing sth* qn de faire qch)

distance ['dɪstəns] **1** n distance *f* ■ **a short ~ away** à une faible distance ■ **the ~ between them** la distance qui les sépare ■ **it's within walking ~** on peut y aller à pied ■ **within walking ~ of shops** à proximité des commerces ■ **to keep one's ~ from sb** garder ses distances par rapport à qn ■ **at a ~ of two metres** à une distance de deux mètres ■ **to keep sb at a ~** tenir qn à distance ■ **from a ~** de loin ■ **in the ~** au loin ▸ **distance learning** téléenseignement *m*, formation *f* en distanciel **2** vt distancer ■ **to ~ o.s. from sth** se distancier de qch

distant ['dɪstənt] adj **a** (in space, time) lointain ■ **in the not too ~ future** dans un avenir assez proche **b** [connection] lointain ; [resemblance] vague ; [relative, relationship] éloigné **c** (= distracted) distrait ■ **she had a ~ look in her eyes** elle avait un regard absent **d** (= reserved) distant

distantly ['dɪstəntlɪ] adv ■ **I am ~ related to her** c'est une parente éloignée

distaste [dɪs'teɪst] n dégoût *m*

distasteful [dɪs'teɪstfʊl] adj déplaisant

distil, distill (US) [dɪs'tɪl] vt distiller ▸ **distilled water** eau *f* déminéralisée

distillery [dɪs'tɪlərɪ] n distillerie *f*

distinct [dɪs'tɪŋkt] adj **a** (= definite) net ; [possibility] réel ; [memory] distinct **b** (= different) distinct (*from* de) ■ **as ~ from...** par opposition à...

distinction [dɪs'tɪŋkʃən] n **a** distinction *f* ■ **to make a ~ between two things** faire une distinction entre deux choses **b** (= excellent mark) mention *f* très bien ■ **he got a ~ in French** il a été reçu en français avec mention très bien

distinctive [dɪs'tɪŋktɪv] adj **a** (= idiosyncratic) caractéristique **b** (= differentiating) distinctif ■ **to be ~ of sth** caractériser qch

distinctly [dɪs'tɪŋktlɪ] adv **a** (with vb) [speak, hear] distinctement ; [remember] clairement **b** (with adj) particulièrement ■ **it is ~ possible** c'est très possible ■ **~ better** nettement mieux

distinguish [dɪs'tɪŋgwɪʃ] **1** vt **a** (= single out) distinguer (*from* de) **b** (= characterize) caractériser **2** vi ■ **to ~ between truth and fiction** distinguer la réalité de la fiction

distinguished [dɪs'tɪŋgwɪʃt] adj [person] distingué ; [career, history] brillant

distinguishing [dɪs'tɪŋgwɪʃɪŋ] adj distinctif ■ **~ mark** caractéristique *f* ; (on passport) signe *m* particulier

distort [dɪs'tɔːt] **1** vt déformer **2** vi [face] se crisper

distorted [dɪs'tɔːtɪd] adj **a** [object, image, sound] déformé **b** (= biased) [report, impression] faux (fausse *f*)

distract [dɪs'trækt] vt [+ person] distraire ; (= interrupt) déranger ■ **to ~ sb's attention** détourner l'attention de qn

distracted [dɪs'træktɪd] adj égaré

> ⚠ ***distracted*** ne se traduit pas par **distrait**.

distraction [dɪs'trækʃən] n **a** (= lack of attention) distraction *f* **b** (= interruption: to work) interruption *f* **c** (= entertainment) distraction *f* **d** (= madness) folie *f* ■ **to drive sb to ~** rendre qn fou

distraught [dɪs'trɔːt] adj éperdu (*with, from* de)

distress [dɪs'tres] **1** n **a** (physical) douleur *f* ; (mental) détresse *f* **b** (= danger) détresse *f* ■ **in ~** [of ship] en perdition ; [of plane] en détresse ▸ **distress signal** signal *m* de détresse **2** vt affliger

distressed [dɪs'trest] adj (= upset) peiné (*by* par, de)

distressing [dɪs'tresɪŋ] adj pénible

distribute [dɪs'trɪbjuːt] vt (= hand out, sell) distribuer ; (= spread evenly) répartir

distribution [dɪstrɪ'bjuːʃən] n [of food, supplies, newspaper] distribution *f* ; [of resources, wealth, power] répartition *f* ■ **~ list** (Computing) liste *f* de diffusion

distributor [dɪs'trɪbjʊtə'] n distributeur *m* ; [of cars, etc] concessionnaire *m*

district ['dɪstrɪkt] n [of country] région *f* ; (in town) quartier *m* ; (= administrative area) district *m* ▸ **district attorney** (US) ≈ procureur ▸ **district council** (BR) ≈ conseil général ▸ **district nurse** infirmière *f* à domicile

distrust [dɪs'trʌst] **1** vt se méfier de **2** n méfiance *f*

distrustful [dɪs'trʌstfʊl] adj méfiant

disturb [dɪs'tɜːb] vt **a** (= inconvenience) déranger ■ **"do not ~"** « ne pas déranger » **b** (= upset) [+ person] troubler ; [+ silence, balance] rompre ; [+ sleep, rest, atmosphere, water] troubler ; [+ papers, evidence] déranger

disturbance [dɪs'tɜːbəns] n (political, social) troubles *mpl* ; (in house, street) tapage *m*

disturbed [dɪs'tɜːbd] adj **a** (= mentally ill) perturbé **b** (= concerned) inquiet (-ète *f*) (*about* au sujet de) **c** (= unsettled) [night, sleep] troublé

disturbing [dɪs'tɜːbɪŋ] adj (= alarming) troublant ; (= distracting) gênant

disuse [dɪs'juːs] n désuétude *f* ■ **to fall into ~** tomber en désuétude

disused [dɪs'juːzd] adj désaffecté

ditch [dɪtʃ] **1** n (by roadside, between fields) fossé *m* ; (for irrigation) rigole *f* **2** vt (* = get rid of) [+ lover] plaquer* ; [+ object] bazarder*

dither* ['dɪðə'] vi hésiter

ditto ['dɪtəʊ] adv idem

divan [dɪ'væn] n divan *m*

dive [daɪv] **1** n [of swimmer, goalkeeper] plongeon *m* ; [of submarine, deep-sea diver] plongée *f* ; [of aircraft] piqué *m* **2** vi [diver, submarine] plonger ; [aircraft] piquer ■ **he ~d under the table** il a plongé sous la table

▸ **dive in** vi **a** [diver] plonger **b** (= start to eat) ■ **~ in!*** attaquez !*

diver ['daɪvə'] n (= person) plongeur *m* -euse *f* ; (also **deep-sea diver**) scaphandrier *m* -ière *f*

diverge [daɪ'vɜːdʒ] vi diverger

diverse [daɪ'vɜːs] adj divers

diversify [daɪ'vɜːsɪfaɪ] **1** vt diversifier **2** vi se diversifier

diversion [daɪ'vɜːʃən] n **a** (BR) [of traffic] déviation *f* ; [of ship] déroutement *m* ; [of profits, stream] détournement *m* **b** (= relaxation) distraction *f* **c** ■ **to create a ~** (to distract attention) faire diversion

diversity [daɪ'vɜːsɪtɪ] n diversité *f*

divert [daɪ'vɜːt] vt **a** (gen) détourner ; [+ train, plane, ship] dérouter ; (BR) [+ traffic] dévier **b** (= amuse) divertir

divide [dɪ'vaɪd] **1** vt diviser (*into* en) ■ **to ~ one's time between** partager son temps entre ■ **they ~d it (up) among themselves** ils se le sont partagé **2** vi se diviser ; [road] bifurquer **3** n (= gap) clivage *m* ■ **the social ~** la fracture sociale

▸ **divide up** vt sep
⇒ **divide**

divided [dɪ'vaɪdɪd] adj **a** (= in two parts) divisé **b** (= in disagreement) divisé ; [opinion] partagé

dividend ['dɪvɪdend] n dividende *m*

divine [dɪ'vaɪn] adj divin

diving ['daɪvɪŋ] n (underwater) plongée *f* sous-marine ; (from diving board) plongeon *m* ▸ **diving board** plongeoir *m*; (= springboard) tremplin *m* ▸ **diving suit** scaphandre *m*

divinity [dɪ'vɪnɪtɪ] n (= god) divinité *f* ; (= theology) théologie *f*

divisible [dɪ'vɪzəbl] adj divisible

division [dɪ'vɪʒən] n division *f*

divisive [dɪ'vaɪsɪv] adj clivant ■ **it's a ~ issue** c'est un sujet qui divise (l'opinion)

divorce [dɪ'vɔːs] **1** n divorce *m* (*from* d'avec) **2** vt divorcer d'avec **3** vi divorcer

divorcee [dɪˌvɔː'siː] n divorcé(e) *m(f)*

divulge [daɪ'vʌldʒ] vt divulguer

DIY [diːaɪ'waɪ] (BR) (abbr of **do-it-yourself**) bricolage *m*

dizzy ['dɪzɪ] adj **a** [person] pris de vertige ■ **to feel ~** avoir la tête qui tourne ■ **a ~ spell** un vertige **b** [height] vertigineux **c** [person] (= scatterbrained) écervelé

DJ [diː'dʒeɪ] n (abbr of **disc jockey**) DJ *m*

DM [diː'em] **1** n (abbr of **direct message**) MI *m* **2** vt (abbr of **direct-message**) envoyer un MI à

DNA [ˌdiːen'eɪ] n (abbr of **deoxyribonucleic acid**) ADN *m* ▸ **DNA fingerprinting** or **profiling** analyse *f* d'empreinte or de profil ADN ▸ **DNA test** test *m* ADN

do¹ [duː] (pret **did**, ptp **done**)

1 aux vb **a** (in questions and negatives) ■ **do you understand?** (est-ce que) vous comprenez ? ■ **I don't understand** je ne comprends pas ■ **don't worry!** ne t'en fais pas !

b (in question tags) ■ **you know him, don't you?** vous le connaissez, n'est-ce pas ? ■ **he didn't go, did he?** il n'y est pas allé(, n'est-ce pas) ? ■ **(so) you know him, do you?** alors comme ça vous le connaissez ?

c (in short responses) ■ **they speak French – oh, do they?** ils parlent français – ah oui ? ■ **who broke the mirror? – I did** qui a cassé la glace ? – moi ■ **shall I ring her again? – no, don't!** est-ce que je la rappelle ? – surtout pas ! ■ **do you see them often? – yes, I do** vous les voyez souvent ? – oui ■ **did you see him? – no I didn't** est-ce que tu l'as vu ? – non

d (substitute for another verb) ■ **he's always saying he'll stop smoking, but he never does** il dit toujours qu'il va s'arrêter de fumer mais il ne le fait pas ■ **you drive faster than I do** tu conduis plus vite que moi

e (used for emphasis) ■ **DO come!** venez donc ! ■ **I DO wish I could come with you** je voudrais tant pouvoir vous accompagner ■ **but I DO like pasta!** mais si j'aime bien les pâtes !

2 vt **a** (gen) faire ■ **what are you doing?** qu'est-ce que tu fais ? ■ **what do you do (for a living)?** que faites-vous dans la vie ? ■ **to do the cooking** faire la cuisine ■ **the car was doing 100mph** la voiture faisait du 160 km/h ■ **to do one's hair** se coiffer ■ **to do one's teeth** se laver les dents

b (= cook) faire ; (= peel) éplucher ■ **I like steak well done** j'aime le bifteck bien cuit

c (= suffice) aller à ■ **will a kilo do you?** un kilo, ça ira ? ■ **that will do me nicely** ça ira très bien d (* BR = cheat) avoir* ■ **you've been done** tu t'es fait avoir*

e (set structures) ■ **there's nothing I can do about it** je ne peux rien y faire ■ **he's been badly done by** on s'est très mal conduit avec lui ■ **what are we going to do for money?** comment allons-nous faire pour trouver de l'argent ? ■ **what can I do for you?** qu'est-ce que je peux faire pour vous ? ■ **could you do something for me?** est-ce que tu peux me rendre un service ? ■ **what are you doing to that poor cat?** qu'est-ce que tu es en train de faire à ce pauvre chat ? ■ **what have you done with my gloves?** qu'as-tu fait de mes gants ? ■ **he didn't know what to do with himself** il ne savait pas à quel saint se vouer ■ **what has that got to do with it?** qu'est-ce que ça a à voir ? ■ **they say crime has nothing to do with unemployment** ils prétendent que la criminalité n'a rien à voir avec le chômage ■ **that has nothing to do with it!** cela n'a aucun rapport ! ■ **that has nothing to do with you!** ça ne vous regarde pas ! ■ **I won't have anything to do with it** je ne veux pas m'en mêler

3 vi a (= act) faire ■ **do as I say** fais ce que je dis ■ **you would do well to rest more** vous feriez bien de vous reposer davantage ■ **he did right to go** il a bien fait d'y aller

b (= get on) aller ; (as regards health) se porter ■ **how are you doing?** comment ça va ? ■ **how's he doing?** comment va-t-il ? ■ **how do you do?** (on being introduced) enchanté (de faire votre connaissance) ■ **he's doing well at school** il a de bons résultats à l'école ■ **the roses are doing well this year** les roses sont belles cette année

c (= finish) terminer ■ **have you done?** vous avez terminé ?

d (= suit) aller ■ **this room will do** cette chambre fera l'affaire ■ **that will do for the moment** ça ira pour le moment ■ **this coat will do as a blanket** ce manteau peut servir de couverture

e (= be sufficient) suffire ■ **three bottles of wine should do** trois bouteilles de vin devraient suffire

4 n (BR) fête *f*

5 **dos** npl ■ **the dos and don'ts** ce qu'il faut faire ou ne pas faire

▸ **do away with** vt insep (= get rid of) [+ law, controls] abolir ; [+ nuclear weapons] démanteler ; [+ subsidies] supprimer

▸ **do out of*** vt sep ■ **to do sb out of £100** arnaquer* qn de 100 livres ■ **to do sb out of a job** piquer son travail à qn

▸ **do over*** vt sep (= redo, redecorate) refaire

▸ **do up**

1 vi [dress, jacket] se fermer

2 vt sep a (= fasten) [+ buttons] boutonner ; [+ zip, dress] fermer ; [+ shoes] lacer b (= parcel together) emballer ■ **to do up a parcel** faire un paquet c (* = renovate) [+ house, room] refaire

▸ **do without**

1 vt insep se passer de

2 vi ■ **we had to do without** on a dû se serrer la ceinture

do² [dəʊ] n (Mus) do *m* ; → <u>*Pièges*</u> DO

doable* ['du:əbl] adj faisable

Doberman ['dəʊbəmən] n (also **Doberman pinscher**) doberman *m*

docile ['dəʊsaɪl] adj docile

dock [dɒk] 1 n a (Naut) dock *m* ; (Computing) dock b (BR : in court) banc *m* des accusés 2 vt a [+ ship] mettre à quai ; [+ spacecraft] arrimer b (BR) [+ wages] faire une retenue sur 3 vi [ship] arriver à quai ; [spacecraft] s'arrimer (*with* à)

docker ['dɒkə'] n (BR) docker *m*

dockyard ['dɒkjɑ:d] n chantier *m* naval

doctor ['dɒktə'] 1 n a médecin *mf* ■ **he/she is a ~** il/elle est médecin ■ **Doctor Allan** le docteur Allan b (= person with PhD) docteur *m* 2 vt [+ wine, food, figures] trafiquer*

doctorate ['dɒktərɪt] n doctorat *m*

doctrine ['dɒktrɪn] n doctrine *f*

docudrama [,dɒkjʊ'drɑ:mə] n docudrame *m*

document ['dɒkjʊmənt] n document *m*

documentary [,dɒkjʊ'mentərɪ] adj, n documentaire *m*

doddle* ['dɒdəl] n (BR) ■ **it's a ~** c'est simple comme bonjour*

dodge [dɒdʒ] 1 n (* BR = trick) truc* *m* 2 vt [+ blow, question, work] esquiver ; [+ pursuer] échapper à ; [+ tax] éviter de payer

dodgems ['dɒdʒəmz] npl (BR) autos *fpl* tamponneuses

dodgy* ['dɒdʒɪ] adj (BR) a (= uncertain) risqué b (= suspicious) louche, chelou*

doe [dəʊ] n (= deer) biche *f* ; (= rabbit) lapine *f*

does [dʌz] vb 3rd pers sg pres of **do**

doesn't ['dʌznt] (abbr of **does not**) → **do**

dog [dɒg] 1 n chien(ne) *m(f)* ; (= male animal) mâle *m* ▸ **dog collar** (lit) collier *m* de chien ; (clergyman's) col *m* de pasteur ▸ **dog-eared** écorné ▸ **dog-tired** crevé* 2 vt (= harass) harceler ■ **~ged by ill fortune** poursuivi par la malchance

dogfood ['dɒgfu:d] n nourriture *f* pour chiens

dogged ['dɒgɪd] adj [person, character] tenace ; [courage, determination, refusal] obstiné ; [resistance, battle] acharné

doggy* [ˈdɒgɪ] n (baby talk) toutou* *m* ▸ **doggy bag*** *petit sac pour emporter les restes après un repas au restaurant*

dogma [ˈdɒgmə] n dogme *m*

dogmatic [dɒgˈmætɪk] adj dogmatique

dogsbody* [ˈdɒgzbɒdɪ] n (BR) ▪ **she's the general ~** c'est la bonne à tout faire

doh [dəʊ] n (Mus) do *m*

doily [ˈdɔɪlɪ] n napperon *m*

doing [ˈduːɪŋ] n ▪ **this is your ~** c'est vous qui avez fait cela ▪ **that takes some ~** ce n'est pas facile

do-it-yourself [ˈduːɪtjəˈself] **1** n bricolage *m* **2** adj [shop] de bricolage ▪ **~ enthusiast** bricoleur *m*, -euse *f*

doldrums [ˈdɒldrəmz] npl ▪ **to be in the ~** [person] traverser une mauvaise passe ; [business, company] être dans le marasme

dole [dəʊl] n allocation *f* de chômage ▪ **to be/go on the ~** (BR) être/s'inscrire au chômage

▸ **dole out** vt sep distribuer

doll [dɒl] n poupée *f* ▸ **doll's house** maison *f* de poupée

dollar [ˈdɒləʳ] n dollar *m* ▸ **dollar bill** billet *m* d'un dollar ▸ **dollar sign** signe *m* dollar

dollop [ˈdɒləp] n [of cream, jam] bonne cuillerée *f*

dolphin [ˈdɒlfɪn] n dauphin *m*

domain [dəʊˈmeɪn] n domaine *m* ▪ **~ name** (Internet) nom *m* de domaine

dome [dəʊm] n dôme *m*

domestic [dəˈmestɪk] adj **a** (= household) domestique ; [fuel] à usage domestique ▪ **~ chores** les tâches *fpl* ménagères ▸ **domestic appliance** appareil *m* ménager ▸ **domestic science** arts *mpl* ménagers ▸ **domestic violence** violence *f* domestique **b** (= not foreign) intérieur (-eure *f*)

domesticated [dəˈmestɪkeɪtɪd] adj [animal] domestiqué

dominant [ˈdɒmɪnənt] adj dominant

dominate [ˈdɒmɪneɪt] vti dominer

domination [ˌdɒmɪˈneɪʃən] n domination *f*

domineering [ˌdɒmɪˈnɪərɪŋ] adj autoritaire

dominion [dəˈmɪnɪən] n **a** (= domination) domination *f* (*over* sur) **b** (= territory) territoire *m*

domino [ˈdɒmɪnəʊ] n (pl **~es**) domino *m* ▪ **to play ~es** jouer aux dominos ▸ **domino effect** effet *m* domino

don [dɒn] **1** n (BR = university teacher) professeur *mf* d'université *(surtout à Oxford et à Cambridge)* **2** vt [+ garment] revêtir

donate [dəʊˈneɪt] vt donner

donation [dəʊˈneɪʃən] n (= gift) don *m*

done [dʌn] **1** vb ptp of **do** ▪ **what's ~ cannot be undone** ce qui est fait est fait ▪ **that's just not ~!** cela ne se fait pas ! ▪ **~!** (concluding deal) marché conclu ! **2** adj **a** ▪ **the ~ thing** ce qui se fait **b** (= cooked) cuit ▪ **well ~** [meat] à point

dongle [ˈdɒŋgl] n dongle *m*

donkey [ˈdɒŋkɪ] n âne *m* ▪ **she hasn't been here for ~'s years*** (BR) il y a une éternité qu'elle n'est pas venue ici ▸ **the donkey-work** le gros du travail

donor [ˈdəʊnəʳ] n (to charity) donateur *m*, -trice *f* ; [of blood, organ for transplant] donneur *m*, -euse *f*

don't [dəʊnt] **1** vb (abbr of **do not**) → **do** **2** **don'ts** npl choses *fpl* à ne pas faire

donut [ˈdəʊnʌt] n (US) beignet *m*

doodle [ˈduːdl] **1** vi griffonner **2** n griffonnage *m*

doofer* [ˈduːfəʳ] n (= remote control) zappette* *f*

doom [duːm] n (= ruin) ruine *f* ; (= fate) destin *m*

doomed [duːmd] adj [attempt, relationship, project] voué à l'échec ▪ **to be ~ to do sth** être condamné à faire qch ▪ **to be ~ to failure** être voué à l'échec

doomsday [ˈduːmzdeɪ] n, n jour *m* du Jugement dernier ▪ **till ~** (fig) jusqu'à la fin des temps

door [dɔːʳ] n (gen) porte *f* ; [of vehicle] portière *f* ▪ **out of ~s** dehors ▸ **door-knocker** heurtoir *m* ▸ **door-to-door salesman** démarcheur *m*, vendeur *m* à domicile

doorbell [ˈdɔːbel] n sonnette *f*

doorknob [ˈdɔːnɒb] n poignée *f* de porte

doorman [ˈdɔːmən] n (pl **-men**) [of hotel] portier *m*

doormat [ˈdɔːmæt] n paillasson *m*

doorstep [ˈdɔːstep] n seuil *m*

doorway [ˈdɔːweɪ] n porte *f*

dope [dəʊp] **1** n (* = drugs) dope* *f* ; (for athlete, horse) dopant *m* ▸ **dope test** test *m* antidopage **2** vt [+ horse, person] doper ; [+ food, drink] mettre une drogue dans

dormant [ˈdɔːmənt] adj [volcano, passion] endormi

dormice [ˈdɔːmaɪs] pl of **dormouse**

dormitory [ˈdɔːmɪtrɪ] n dortoir *m* ; (US : for students) résidence *f* universitaire ▸ **dormitory town** (BR) cité-dortoir *f*

dormouse [ˈdɔːmaʊs] n (pl **-mice**) loir *m*

dosage ['dəʊsɪdʒ] n (= amount) dose *f*; (on medicine bottle) posologie *f*

dose [dəʊs] n dose *f* ▪ **to give sb a ~ of his own medicine** rendre à qn la monnaie de sa pièce ▪ **to have a ~ of flu** avoir une bonne grippe*

dossier ['dɒsɪeɪ] n dossier *m*

dot [dɒt] **1** n point *m* ; (on material) pois *m* ▪ **they arrived on the ~ of 9pm** ils sont arrivés à 9 heures pile **2** vt ▪ **a field ~ted with flowers** un champ parsemé de fleurs ▪ **hotels ~ted around the island** des hôtels éparpillés dans l'île

dot.com, dotcom [dɒt'kɒm] n entreprise *f* point com ▸ **the dotcom bubble** la bulle Internet

dote on ['dəʊtɒn] vt insep [+ person] adorer

dotted line [ˌdɒtɪd'laɪn] n ligne *f* pointillée

double ['dʌbl] **1** adj **a** double ▪ **a ~ whisky** un double whisky ▪ **to have ~ standards** avoir deux poids, deux mesures ▸ **double act** duo *m* ▸ **double agent** agent *m* double ▸ **double bass** contrebasse *f* ▸ **double-breasted** [jacket] croisé ▸ **double chin** double menton *m* ▸ **double cream** (BR) crème *f* fraîche épaisse ▸ **double-cross*** vt doubler* ◊ n traîtrise *f* ▸ **double-decker** (= bus) autobus *m* à impériale ▸ **double glazing** (BR) double vitrage *m* **b** (= for two people) pour deux personnes ▪ **a ~ ticket** un billet pour deux personnes ▸ **double bed** lit *m* double ▸ **double bedroom** chambre *f* pour deux personnes; (in hotel) chambre *f* double **c** (with numbers, letters) ▪ **~ oh seven** (= 007) zéro zéro sept ▪ **~ three four seven** (= 3347: in phone number) trente-trois quarante-sept ▪ **my name is Bell, B E ~ L** mon nom est Bell, B, E, deux L **2** adv **a** (= twice) deux fois ▪ **to cost/pay ~** coûter/payer le double **b** (= in two) [fold, bend] en deux ▪ **to see ~** voir double **3** n **a** double *m* ▪ **at the ~** au pas de course **b** (= identical person) sosie *m* **c** (= double bedroom) chambre *f* double **4** **doubles** npl (Sport) double *m* ▪ **ladies'/men's/mixed ~s** double *m* dames/messieurs/mixte **5** vti doubler

▸ **double back** vi [person] revenir sur ses pas

▸ **double up** vi (= bend over sharply) se plier ▪ **to ~ up with laughter** se tordre de rire

double-check [ˌdʌbl'tʃek] vti revérifier

double-click [ˌdʌbl'klɪk] **1** vi double-cliquer **2** vt double-cliquer sur

doublespeak ['dʌblspiːk] n (pej) double langage *m*

doubly ['dʌblɪ] adv doublement

doubt [daʊt] **1** n doute *m* ▪ **to have one's ~s about sth** avoir des doutes sur qch ▪ **I have no ~s about it** je n'en doute pas ▪ **there is no ~ that...** il n'y a pas de doute que... + *indic* ▪ **he'll come without any ~** il viendra sûrement ▪ **no ~** sans doute ▪ **without a ~** sans aucun doute ▪ **beyond ~** [prove] de façon indubitable ▪ **if in ~** en cas de doute **2** vt ▪ **to ~ sb/sth** douter de qn/qch ▪ **I ~ it** j'en doute ▪ **to ~ whether/that/if...** douter que... ▪ **I ~ he will come** je doute qu'il vienne

doubtful ['daʊtfʊl] adj **a** (= unconvinced) peu convaincu ▪ **to be ~ of sth** douter de qch ▪ **to be ~ about sb/sth** avoir des doutes sur qn/qch ▪ **to be ~ about doing sth** hésiter à faire qch **b** (= questionable) douteux

doubtless ['daʊtlɪs] adv sans doute

dough [dəʊ] n pâte *f*; (* = money) fric* *m*

doughnut ['dəʊnʌt] n beignet *m*

dour ['dʊə'] adj austère

douse [daʊs] vt **a** (= drench) tremper **b** (= extinguish) éteindre

dove [dʌv] n colombe *f*

Dover ['dəʊvə'] n Douvres

dowdy ['daʊdɪ] adj [clothes, person] ringard*

down[1] [daʊn]

1 adv **a** (= to lower level) en bas ; (= down to the ground) par terre ▪ **~!** (to a dog) couché ! ▪ **~ with traitors!** à bas les traîtres ! ▪ **to come** or **go ~** descendre ▪ **to fall ~** tomber (à terre) ▪ **to run ~ a hill** descendre une colline en courant

b (= at lower level) en bas ▪ **~ there** en bas ▪ **the blinds were ~** les stores étaient baissés ▪ **~ under*** (= in Australia/New Zealand) en Australie/Nouvelle-Zélande

c (indicating a reduction) ▪ **prices are ~ on last year's** les prix sont en baisse par rapport à l'année dernière ▪ **the euro is ~ against the dollar** l'euro est en baisse par rapport au dollar ▪ **I am ~ on my luck** je suis dans une mauvaise passe ▪ **we are ~ to our last $5** il ne nous reste plus que 5 dollars

d (in writing) ▪ **I've got it ~ in my diary** c'est marqué sur mon agenda ▪ **let's get it ~ on paper** mettons-le par écrit

e (indicating range) ▪ **~ to** jusqu'à ▪ **from 1700 ~ to the present** de 1700 à nos jours ▪ **from the biggest ~ to the smallest** du plus grand au plus petit

f (indicating responsibility) ▪ **it's ~ to him to do it** c'est à lui de le faire ▪ **our success is all ~ to him** (= attributable to) c'est à lui seul que nous devons notre succès

2 prep **a** (indicating movement to lower level) du haut en bas de ▪ **he went ~ the hill** il a descendu la colline ▪ **her hair hung ~ her back** ses cheveux lui tombaient dans le dos ▪ **he ran his eye ~ the list** il a parcouru la liste des yeux

b (= at a lower part of) ▪ **she lives ~ the street** elle habite plus bas dans la rue ▪ **it's just ~ the road** c'est tout près

c (= along) le long de ▪ **he was walking ~ the street** il descendait la rue

3 adj ▪ **to be ~** (= depressed) avoir le cafard* ▪ **the computer's ~** l'ordinateur est en panne

4 vt **a** ▪ **to ~ tools** (BR) (= stop work) cesser le travail ; (= strike) se mettre en grève

b (* = drink) descendre*, s'enfiler*

5 comp ▸ **down-and-out** SDF *mf* ▸ **down-in-the-mouth*** abattu ▸ **down payment** acompte *m* ▸ **down-to-earth** réaliste ▪ **he's down-to-earth** il a les pieds bien sur terre

down² [daʊn] n (= fluff, feathers) duvet *m*

downbeat [ˈdaʊn,biːt] adj (= gloomy) [person] abattu ; [ending, assessment] pessimiste

downcast [ˈdaʊn,kɑːst] adj **a** (= discouraged) démoralisé **b** [eyes] baissé

downcycle [ˈdaʊn,saɪkl] vt [+ waste] décycler

downfall [ˈdaʊn,fɔːl] n [of person, empire] chute *f*

downgrade [ˈdaʊn,greɪd] vt [+ employee] rétrograder (dans la hiérarchie) ; [+ work, job] dévaloriser

downhearted [,daʊnˈhɑːtɪd] adj abattu

downhill [ˈdaʊnˈhɪl] **1** adj ▪ **~ skiing** ski *m* de piste ▪ **~ competition** (Ski) épreuve *f* de descente **2** adv ▪ **to go ~** [person, vehicle, road] descendre ; (= get worse) [person] être sur la mauvaise pente ; [company] péricliter ; [economy] se dégrader

download [ˈdaʊn,ləʊd] vt télécharger

downloadable [ˈdaʊn,ləʊdəbl] adj téléchargeable

downloading [ˈdaʊn,ləʊdɪŋ] n téléchargement *m*

downmarket [ˈdaʊn,mɑːkɪt] adj [goods, car] bas de gamme *inv*

downplay [ˈdaʊn,pleɪ] vt minimiser (l'importance de)

downpour [ˈdaʊn,pɔːʳ] n pluie *f* torrentielle

downright [ˈdaʊnraɪt] **1** adv franchement **2** adj [refusal] catégorique ▪ **it's a ~ lie** il ment effrontément

downscale [ˈdaʊnskeɪl] vt réduire (l'importance or la taille de)

downside [ˈdaʊn,saɪd] n **a** (US) ▪ **~ up** sens dessus dessous **b** (= negative aspect) inconvénient *m*

downsize [ˈdaʊnsaɪz] **1** vt [company] réduire les effectifs de **2** vi (= shed labour) réduire ses effectifs

downsizing [ˈdaʊnsaɪzɪŋ] n [of company] dégraissage *m* (des effectifs)

Down's syndrome [ˈdaʊnz,sɪndrəʊm] n trisomie *f* 21 ▪ **a person with ~** un(e) trisomique

downstairs [ˈdaʊnˈstɛəz] **1** adv en bas ; (= to or on floor below) à l'étage du dessous ; (= to or on ground floor) au rez-de-chaussée ▪ **to go ~** descendre (l'escalier) ▪ **to run ~** descendre (l'escalier) en courant ▪ **to fall ~** tomber dans les escaliers **2** adj (= on ground floor) du rez-de-chaussée

do

downstream [ˈdaʊn,striːm] adj, adv en aval

downswing [ˈdaʊn,swɪŋ] n baisse *f*

downtime [ˈdaʊntaɪm] n [of machine] temps *m* or durée *f* d'immobilisation ; (Computing) temps *m* d'arrêt

downtown [ˈdaʊnˈtaʊn] **1** adv dans le centre ▪ **to go ~** aller en ville **2** adj ▪ **~ Chicago** le centre de Chicago

downtrodden [ˈdaʊn,trɒdən] adj opprimé

downturn [ˈdaʊntɜːn] n baisse *f* (*in* de)

downward [ˈdaʊnwəd] **1** adj [movement] vers le bas ▪ **a ~ trend** une tendance à la baisse **2** adv ⇒ **downwards**

downwards [ˈdaʊnwədz] adv [go] vers le bas ▪ **place the card face ~** posez la carte face en dessous

downy [ˈdaʊnɪ] adj **a** (= furry) [skin, peach] duveté ; [leaf] duveteux **b** (= feathery) [chick] couvert de duvet **c** (= down-filled) garni de duvet

dowry [ˈdaʊrɪ] n dot *f*

doze [dəʊz] **1** n somme *m* **2** vi sommeiller ▸ **doze off** vi s'assoupir

dozen [ˈdʌzn] n douzaine *f* ▪ **a ~ shirts** une douzaine de chemises ▪ **half a ~** une demi-douzaine ▪ **~s of times** des dizaines de fois

DPO [ˈdiːˈpiːˈəʊ] n (abbr of **data protection officer**) DPO *mf*, délégué(e) *m(f)* à la protection des données personnelles

Dr [ˈdɒktəʳ] (abbr of **Doctor**) Dr

drab [dræb] adj [colour] morne ; [clothes, surroundings, existence] terne

draft [drɑːft] **1** n **a** (= outline) avant-projet *m* ; [of letter, essay] brouillon *m* **b** (for money) traite *f* **c** (US = conscript intake) contingent *m* ▸ **draft dodger** (US) insoumis *m* **d** (US) ⇒ **draught** **2** vt **a** [+ letter] faire le brouillon de ; [+ speech] préparer **b** (US) [+ conscript] appeler (sous les drapeaux)

draftsman [ˈdræftsmən] n (pl **-men**) (US) dessinateur *m* industriel

drafty [ˈdræftɪ] adj (US) ⇒ **draughty**

drag [dræg] **1** n **a** (* = tiresome person) raseur* *m*, -euse* *f* ; (* = tiresome thing) corvée *f* ▪ **what a ~!** quelle barbe !* **b** (* = pull on cigarette) taffe* *f* **c** (= cross-dressing) ▪ **a man in ~** un homme habillé en femme ;

(= transvestite) un travesti ▸ **drag artist** travesti *m* **d** (US = street) ▪ **the main ~** la grand-rue **2** vi (= go slowly) traîner **3** vt **a** [+ person, object] traîner ▪ **he ~ged her out of the car** il l'a tirée de la voiture ▪ **to ~ one's feet** traîner les pieds ▪ **to ~ and drop** (Computing) glisser-déposer **b** [+ river, lake] draguer (*for* à la recherche de) **c** (= involve) ▪ **don't ~ me into your affairs!** ne me mêle pas à tes histoires !

▸ **drag about** vi, vt sep traîner

▸ **drag along** vt sep [+ person] (to meeting, concert) entraîner (à contrecœur)

▸ **drag away** vt sep arracher (*from* à)

▸ **drag on** vi [meeting, conflict] traîner en longueur

▸ **drag out** **1** vi [meeting, conflict] traîner en longueur **2** vt sep [+ discussion] faire traîner

dragon ['drægən] n dragon *m*

dragonfly ['drægənflaɪ] n libellule *f*

drain [dreɪn] **1** n (in town) égout *m* ; (in house) canalisation *f* ▪ **to go down the ~** (= fail) tomber à l'eau* ▪ **it's a ~ on our resources** cela épuise nos ressources **2** vt [+ land, marshes] drainer ; [+ vegetables, dishes] égoutter ; [+ reservoir, glass, drink] vider ; (= exhaust) épuiser **3** vi [liquid] s'écouler ▸ **draining board** égouttoir *m*

drainage ['dreɪnɪdʒ] n (= act of draining) drainage *m* ; (= system of drains) (on land) système *m* de drainage ; [of town] système *m* d'égouts

drainboard ['dreɪnbɔːd] n (US) égouttoir *m*

drainer ['dreɪnə'] n égouttoir *m*

drainpipe ['dreɪnpaɪp] n tuyau *m* d'écoulement ; [of house] gouttière *f* verticale

dram [dræm] n (esp Scot) shot *m* de whisky

drama ['drɑːmə] n **a** (= theatre) théâtre *m* ; (= play) pièce *f* de théâtre ▸ **drama school** école *f* d'art dramatique **b** (= catastrophe) drame *m*

dramatic [drə'mætɪk] adj **a** [art] dramatique **b** (= marked) [fall, change, increase, effect] spectaculaire

> ⚠ ***dramatic*** n'a pas le sens de « tragique » ; → *Pièges* DRAMATIC

dramatically [drə'mætɪkəlɪ] adv [change, improve, increase, affect] de façon spectaculaire ; [different, effective, successful] extraordinairement

> ⚠ ***dramatically*** n'a pas le sens de « tragiquement ».

dramatist ['dræmətɪst] n auteur(e) *m(f)* dramatique

dramatize ['dræmətaɪz] vt **a** [+ novel] adapter pour la scène (or pour le cinéma or pour la télévision) **b** (= exaggerate) dramatiser

drank [dræŋk] vb pret of **drink**

drape [dreɪp] **1** vt draper (*with* de) ; [+ room, altar] tendre (*with* de) **2** **drapes** npl (US = curtains) rideaux *mpl*

drastic ['dræstɪk] adj [reform, measures, reduction] drastique ; [remedy, surgery, change] radical ; [consequences, decline] dramatique

drastically ['dræstɪkəlɪ] adv [cut, increase, reduce] considérablement ; [change, improve] [different] radicalement

draught, draft (US) [drɑːft] n **a** (= breeze) courant *m* d'air **b** ▪ **beer on ~** bière *f* à la pression **c** (BR) ▪ **(game of) ~s** (jeu *m* de) dames *fpl* **d** (= rough sketch) ⇒ **draft**

draughtboard ['drɑːftbɔːd] n (BR) damier *m*

draughtproof ['drɑːftpruːf] **1** adj calfeutré **2** vt calfeutrer

draughtsman ['drɑːftsmən] n (pl **-men**) dessinateur *m* industriel

draughty, drafty (US) ['drɑːftɪ] adj [room] plein de courants d'air

draw [drɔː] (pret **drew**, ptp **drawn**) **1** vt **a** (= pull) [+ object] tirer ▪ **to ~ the curtains** tirer les rideaux ▪ **he drew her close to him** il l'a attirée contre lui **b** (= pull behind) tracter **c** (= extract) [+ cork] enlever ▪ **to ~ one's gun** dégainer son pistolet **d** [+ water] (from tap) tirer (*from* de) ; (from well) puiser (*from* dans) ▪ **the stone hit him and drew blood** la pierre l'a frappé et l'a fait saigner ▪ **to ~ a card** tirer une carte ▪ **to ~ strength from sth** puiser des forces dans qch ▪ **to ~ comfort from sth** trouver un réconfort dans qch **e** [+ pension, salary] toucher **f** (= attract) [+ attention, customer, crowd] attirer ▪ **to feel drawn to sb** se sentir attiré par qn **g** [+ picture] dessiner ; [+ plan, line, circle] tracer ▪ **it's hard to know where to ~ the line** (fig) il est difficile de savoir jusqu'où on peut aller **h** (= bring) ▪ **to ~ sth to a close** mettre fin à qch **i** (= make) [+ conclusion] tirer ; [+ comparison, parallel, distinction] établir **2** vi **a** (= move) ▪ **to ~ to one side** s'écarter ▪ **the train drew into the station** le train est entré en gare ▪ **the car drew over to the hard shoulder** la voiture s'est rangée sur le bas-côté ▪ **he drew ahead of the other runners** il s'est détaché des autres coureurs ▪ **the two horses drew level** les deux chevaux sont arrivés à la même hauteur ▪ **to ~ near** [person] s'approcher (*to* de) ; [time, event] approcher ▪ **to ~ nearer (to)** s'approcher un peu plus (de) ▪ **to ~ to a close** toucher à sa fin **b** (= be equal) [two teams] faire match nul ; (in competitions) être ex æquo *inv* **c** (= do drawing) dessiner **3** n **a** (= lottery) loterie *f* ; (to choose teams, winners) tirage *m* au sort **b** (Sport) match *m* nul **c** (= attraction) attraction *f*

▸ **draw apart** vi s'éloigner l'un de l'autre

▸ **draw aside** **1** vi [people] s'écarter **2** vt sep [+ person] prendre à part
▸ **draw away** vi **a** [person] s'écarter ; [car] s'éloigner ■ **to ~ away from the kerb** s'éloigner du trottoir **b** (= move ahead) [runner, racehorse] se détacher
▸ **draw back** **1** vi (= move backwards) reculer **2** vt sep [+ person] faire reculer ; [+ object, one's hand] retirer
▸ **draw in** **1** vi **a** (in car) s'arrêter **b** (BR = get shorter) ■ **the days are ~ing in** les jours raccourcissent **2** vt sep **a** [+ air] aspirer **b** [+ crowds] attirer **c** (= pull in) rentrer
▸ **draw on** **1** vi [time] avancer **2** vt insep ■ **to ~ on one's savings** prendre sur ses économies
▸ **draw out** **1** vi (= become longer) ■ **the days are ~ing out** les jours rallongent **2** vt sep **a** (= bring out) [+ handkerchief, purse] sortir (*from* de) ; [+ money] (from bank) retirer (*from* à, de) **b** (= prolong) prolonger
▸ **draw up** **1** vi (in car) s'arrêter **2** vt sep **a** [+ chair] approcher ■ **to ~ o.s. up to one's full height** se dresser de toute sa hauteur **b** [+ inventory, list] dresser ; [+ contract, agreement] établir ; [+ plan] élaborer ; [+ report] rédiger

drawback ['drɔ:bæk] n (= disadvantage) inconvénient *m* (*to* à)

drawbridge ['drɔ:brɪdʒ] n pont-levis *m*

drawer [drɔ:ʳ] n [of furniture] tiroir *m*

drawing ['drɔ:ɪŋ] n dessin *m* ▸ **drawing board** planche *f* à dessin ▸ **drawing pin** (BR) punaise *f* ▸ **drawing room** salon *m*

drawl [drɔ:l] **1** vt dire d'une voix traînante **2** n voix *f* traînante

drawn [drɔ:n] **1** vb ptp of **draw** **2** adj **a** [curtains] tiré **b** [sword] dégainé **c** [features] tiré ; [person, face] aux traits tirés

drawstring ['drɔ:strɪŋ] n cordon *m*

DRC [di:'ɑ:'si:] n (abbr of **Democratic Republic of the Congo**) RDC *f*

dread [dred] **1** vt redouter ■ **to ~ doing sth** redouter de faire qch **2** n terreur *f*

dreadful ['dredfʊl] adj (gen) affreux ; [food] épouvantable ; [film, book] lamentable ■ **I feel ~!** (= ill) je ne me sens pas bien du tout ! ; (= guilty) je m'en veux !

dreadfully ['dredfəlɪ] adv **a** (= badly) [behave, treat sb] de façon abominable ; [suffer] horriblement **b** (= very) [boring, late] horriblement ■ **I'm ~ sorry** je suis terriblement désolé

dream [dri:m] vb (pret, ptp **dreamed** or **~t**) **1** n rêve *m* ■ **sweet ~s!** fais de beaux rêves ! ■ **it was like a ~ come true** c'était le rêve ■ **everything went like a ~*** tout s'est merveilleusement bien passé ▸ **dream catcher** attrape-rêve *m* **2** adj ■ **a ~ house** une maison de rêve ■ **he lives in a ~ world** il est complètement détaché des réalités **3** vi (in sleep) rêver (*of, about* de) ; (when awake) rêvasser ; (= imagine, envisage) songer (*of* à) ■ **I wouldn't ~ of making fun of you** il ne me viendrait jamais à l'idée de me moquer de vous **4** vt (in sleep) rêver ; (= imagine) imaginer
▸ **dream up*** vt sep [+ idea] imaginer

dreamer ['dri:məʳ] n rêveur *m*, -euse *f*

dreamt [dremt] vb pret, ptp of **dream**

dreary ['drɪərɪ] adj [place, landscape] morne ; [job, work, life] monotone ; [day, person] ennuyeux ; [weather] maussade

dredge [dredʒ] vti draguer

dregs [dregz] npl [of wine] lie *f* ■ **the ~ of society** la lie de la société

drench [drentʃ] vt tremper ■ **we got absolutely ~ed** on a été complètement trempés

dress [dres] **1** n **a** (= woman's garment) robe *f* **b** (= clothing) tenue *f* ▸ **dress circle** (Theatre) corbeille *f* ▸ **dress rehearsal** répétition *f* générale **2** vt **a** [+ person] habiller ■ **to get ~ed** bien s'habiller **b** [+ salad] assaisonner ; [+ chicken, crab] préparer **c** [+ wound] panser **3** vi s'habiller
▸ **dress up** **1** vi (= put on smart clothes) bien s'habiller ; (= put on fancy dress) se déguiser (*as* en) **2** vt sep (= disguise) déguiser (*as* en)

dressed [drest] adj habillé ■ **well-dressed** bien habillé ■ **~ in a suit/in white** vêtu d'un costume/de blanc ■ **to be all ~ up*** être sur son trente et un*

dresser ['dresəʳ] n buffet *m*

dressing ['dresɪŋ] **1** n **a** (= seasoning) assaisonnement *m* ■ **oil and vinegar ~** vinaigrette *f* **b** (for wound) pansement *m* **2** comp ▸ **dressing gown** (BR) robe *f* de chambre; (made of towelling) peignoir *m* ▸ **dressing room** (Theatre) loge *f*; (US : in shop) cabine *f* d'essayage ▸ **dressing table** coiffeuse *f*

dressmaker ['dresmeɪkəʳ] n couturière *f*

drew [dru:] vb pret of **draw**

dribble ['drɪbl] vi **a** [liquid] tomber goutte à goutte ; [baby] baver **b** (Sport) dribbler

dried [draɪd] **1** vb pret, ptp of **dry** **2** adj [flowers, vegetables] séché ; [eggs, milk] en poudre ; [fruit] sec (sèche *f*)

drier ['draɪəʳ] n ⇒ **dryer**

drift [drɪft] **1** vi (on sea, river) dériver ; (in wind/current) être emporté (par le vent/le courant) ; [snow, sand] s'amonceler ■ **to ~ away/out/back** [person] partir/sortir/revenir d'une allure nonchalante ■ **to let things ~** laisser les choses aller à la dérive **2** n **a** [of fallen snow] congère *f* **b** (= deviation) dérive *f* **c** (= meaning) sens *m* général
▸ **drift apart** vi s'éloigner l'un de l'autre
▸ **drift off** vi (= fall asleep) se laisser gagner par le sommeil

drifter ['drɪftəʳ] n (= person) personne *f* qui se laisse aller or qui n'a pas de but dans la vie ■ **he's a bit of a ~** c'est quelqu'un d'assez instable

driftwood ['drɪftwʊd] n bois *m* flotté *(trouvé sur une plage)*

drill [drɪl] **1** n **a** (for DIY) perceuse *f* ; (for roads) marteau-piqueur *m* ; [of dentist] roulette *f* **b** (= exercises) exercices *m* **2** vt (gen) percer ; [+ tooth] fraiser ; [+ oil well] forer **3** vi (for oil) forer (*for* pour trouver)

drink [drɪŋk] vb (pret **drank**, ptp **drunk**) **1** n **a** (gen) boisson *f* ■ **to give sb a ~** donner à boire à qn **b** (= glass of beer, wine, etc) verre *m* ■ **let's have a ~** allons prendre un verre **c** (= alcohol) alcool *m* ▸ **drink-driving** (BR) conduite *f* en état d'ivresse **2** vti boire ■ **to ~ to sb/to sb's success** boire à qn/au succès de qn

drinkable ['drɪŋkəbl] adj (= not poisonous) potable ; (= palatable) buvable

drinker ['drɪŋkəʳ] n buveur *m*, -euse *f* ■ **to be a heavy ~** boire beaucoup

drinking ['drɪŋkɪŋ] n ■ **he wasn't used to ~** il n'avait pas l'habitude de boire ▸ **drinking chocolate** chocolat *m* en poudre ▸ **drinking fountain** (in street, office) fontaine *f* d'eau potable ▸ **drinking water** eau *f* potable

drip [drɪp] **1** vi [water, sweat, rain] dégouliner ; [tap] goutter ; [washing] s'égoutter ; [hair, trees] ruisseler (*with* de) **2** vt [+ liquid] laisser tomber goutte à goutte ■ **you're ~ping paint all over the place** tu mets de la peinture partout **3** n **a** (= drop) goutte *f* **b** (Med) goutte-à-goutte *m* ■ **to be on a ~** être sous perfusion **c** (* = spineless person) lavette* *f*

drip-dry [drɪp,draɪ] adj qui ne nécessite aucun repassage

dripping ['drɪpɪŋ] **1** n **a** (= fat) graisse *f* (de rôti) **b** [of water] égouttement *m* **2** adj **a** [tap, gutter] qui goutte **b** (also **dripping wet**) trempé

drive [draɪv] vb (pret **drove**, ptp **driven**) **1** n **a** (= car journey) trajet *m* en voiture ■ **to go for a ~** faire une promenade en voiture **b** (= private road) allée *f* **c** (Golf) drive *m* ; (Tennis) coup *m* droit **d** (= energy) énergie *f* **e** (= campaign) campagne *f* **f** (in computer) unité *f* de disques **2** vt **a** [+ car, train] conduire ; [+ racing car] piloter ■ **to ~ sb home** ramener qn en voiture **b** (= chase) [+ people, animals] pousser (devant soi) ■ **to ~ sb out of the country** chasser qn du pays ■ **to ~ sb hard** surcharger qn de travail ■ **to ~ sb mad** rendre qn fou ■ **to ~ sb to despair** réduire qn au désespoir ■ **to ~ sb to do sth** pousser qn à faire qch **c** [+ machine] [person] actionner ; [steam] faire fonctionner **d** (Golf, Tennis) driver **3** vi (= be the driver) conduire ; (= go by car) aller en voiture ■ **to ~ on the right** rouler à droite

▸ **drive at** vt insep (= intend, mean) vouloir dire ■ **what are you driving at?** où voulez-vous en venir ?

▸ **drive away** **1** vi [car] démarrer ; [person] s'en aller en voiture **2** vt sep chasser

▸ **drive back** **1** vi [car] revenir ; [person] rentrer en voiture **2** vt sep **a** (= cause to retreat) refouler **b** (= take back) ramener (en voiture)

▸ **drive in** **1** vi [car] entrer ; [person] entrer (en voiture) **2** vt sep [+ nail] enfoncer

▸ **drive off** **1** vi [car] démarrer ; [person] s'en aller en voiture **2** vt sep chasser

▸ **drive out** **1** vi [car] sortir ; [person] sortir (en voiture) **2** vt sep [+ person] faire sortir

drivel* ['drɪvl] n bêtises *fpl*

driven ['drɪvn] vb ptp of **drive**

driver ['draɪvəʳ] n [of car] conducteur *m*, -trice *f* ; [of taxi, truck, bus] chauffeur(e) *m(f)* ; [of racing car] pilote *mf* ▸ **driver's license** (US) permis *m* de conduire

driverless ['draɪvəʳlɪs] adj (= self-driving) [car, train] autonome

driveway ['draɪvweɪ] n allée *f*

driving ['draɪvɪŋ] **1** n conduite *f* ▸ **driving force** moteur *m* ▸ **driving instructor** moniteur *m*, -trice *f* d'auto-école ▸ **driving lesson** leçon *f* de conduite ▸ **driving licence** (BR) permis *m* de conduire ▸ **driving school** auto-école *f* ▸ **driving seat** place *f* du conducteur ■ **to be in the ~ seat** (in car) être au volant; (= be in control) être aux commandes ▸ **driving test** examen *m* du permis de conduire ■ **to pass/fail one's ~ test** avoir/rater son permis (de conduire) **2** adj **a** [necessity] impérieux ; [ambition] sans bornes, démesuré **b** [rain] battant

drizzle ['drɪzl] **1** n bruine *f* **2** vi bruiner

droll [drəʊl] adj drôle

drone [drəʊn] n **a** (= bee) faux-bourdon *m* **b** (= sound) [of bees] bourdonnement *m* ; [of engine, aircraft] ronronnement *m* ; (louder) vrombissement *m* **c** (= aircraft) drone *m* ■ **~ operator** droniste *mf*

▸ **drone on** vi (= speak monotonously) faire de longs discours ; (= speak for a long time) parler pendant des heures et des heures

drool [dru:l] vi baver

droop [dru:p] vi [shoulders] tomber ; [head] pencher ; [eyelids] s'abaisser ; [flowers] piquer du nez

droopy ['dru:pɪ] adj [moustache, tail, breasts] pendant

drop [drɒp] **1** n **a** [of liquid] goutte *f* ■ **~ by ~** goutte à goutte **b** (= fall: in temperature, prices) baisse *f* (*in* de) **c** (= difference in level) dénivellation *f* ; (= abyss) précipice *m* ■ **a sheer ~** une descente à pic **2** vt **a** (= let fall) laisser tomber ; (= release, let go) lâcher ; (by parachute) parachuter ; [+ bomb] lancer ; [+ one's trousers] baisser ; [+ car passenger] déposer **b** ▪ **to ~ sb a line** écrire un mot à qn **c** (= abandon) [+ habit, idea, plan] renoncer à ; [+ work, school subject] abandonner ; [+ TV programme, scene from play] supprimer ; [+ friend, girlfriend, boyfriend] laisser tomber ▪ **to ~ everything** tout laisser tomber ▪ **to ~ sb from a team** écarter qn d'une équipe ▪ **let's ~ the subject** n'en parlons plus **3** vi **a** [object, liquid] tomber **b** (= decrease) baisser ; [wind] tomber **4** comp ▸ **drop-down menu** (Computing) menu *m* déroulant ▸ **drop shot** amorti *m*

▸ **drop behind** vi (in race) se laisser distancer ; (in work) prendre du retard

▸ **drop by** vi passer

▸ **drop down** vi tomber

▸ **drop in** vi ▪ **to ~ in on sb** passer voir qn ▪ **to ~ in at the grocer's** passer chez l'épicier

▸ **drop off 1** vi **a** (= fall asleep) s'endormir **b** [leaves] tomber ; [sales, interest] diminuer **2** vt sep [+ passenger] déposer

▸ **drop out** vi [contents] tomber ; (from college) abandonner ses études ▪ **to ~ out of a competition** se retirer d'une compétition

dropout ['drɒpaʊt] n (from society) marginal(e) *m(f)* ; (from school) élève *mf* en situation de décrochage scolaire ; (from college) étudiant(e) *m(f)* qui abandonne ses études

droppings ['drɒpɪŋz] npl [of bird] fiente *f* ; [of animal] crottes *fpl*

drought [draʊt] n sécheresse *f*

drove [drəʊv] **1** vb pret of **drive 2** n ▪ **in ~s** en foule

drown [draʊn] **1** vi se noyer **2** vt [+ person, animal] noyer

▸ **drown out** vt sep [+ voice, sound] couvrir

drowning ['draʊnɪŋ] n (= death) noyade *f* ▪ **there were three ~s here last year** trois personnes se sont noyées ici l'année dernière

drowsy ['draʊzɪ] adj [person, smile, look] somnolent ; [voice] ensommeillé ▪ **to feel ~** avoir envie de dormir

drudgery ['drʌdʒərɪ] n corvée *f*

drug [drʌg] **1** n (= narcotic) drogue *f* ; (= medicine) médicament *m* ▪ **to be on ~s** (illegal) se droguer ; (as medication) prendre des médicaments (*for* contre) ▸ **drug abuse** usage *m* de stupéfiants ▸ **drug addict** toxicomane *mf* ▸ **drug dealer, drug peddler** revendeur *m*, -euse *f* de drogue ▸ **drug driving** conduite *f* sous l'emprise de stupéfiants ▸ **drug(s) test** contrôle *m* antidopage ▸ **drug trafficking** trafic *m* de drogue ▸ **drug user** consommateur *m* -trice *f* de drogue **2** vt [+ person] droguer

drugstore ['drʌgstɔː'] n (US) drugstore *m*

drum [drʌm] **1** n **a** (= instrument) tambour *m* ▪ **the ~s** la batterie ▸ **drum kit** batterie *f* ▸ **drum machine** boîte *f* à rythme **b** (for oil) bidon *m* ; (= cylinder) tambour *m* **2** vt ▪ **to ~ one's fingers on the table** tambouriner sur la table ▪ **to ~ sth into sb** seriner qch à qn

▸ **drum up** vt sep [+ enthusiasm, support] susciter ; [+ supporters] battre le rappel de ; [+ customers] racoler ▪ **to ~ up business** attirer la clientèle

drummer ['drʌmə'] n (in orchestra) percussionniste *mf* ; (in band, rock group) batteur *m* -euse *f*

drumstick ['drʌmstɪk] n **a** (for drum) baguette *f* de tambour **b** [of chicken, turkey] pilon *m*

drunk [drʌŋk] **1** vb ptp of **drink 2** adj ivre ▪ **to get ~ (on champagne)** se soûler* (au champagne) ▪ **~ with** or **on success/power** grisé par le succès/pouvoir ▸ **drunk driver** conducteur *m*, -trice *f* en état d'ivresse ▸ **drunk driving** conduite *f* en état d'ivresse **3** n (* = person) ivrogne *mf*, pochetron(ne)* *m(f)*

drunkard ['drʌŋkəd] n ivrogne *mf*

drunken ['drʌŋkən] adj **a** [person] (= habitually) ivrogne ; (= on one occasion) ivre **b** [quarrel, brawl] d'ivrogne(s) ; [state] d'ivresse

dry [draɪ] **1** adj **a** (gen) sec (sèche *f*) ▪ **on ~ land** sur la terre ferme ▪ **to keep sth ~** tenir qch au sec ▪ **as ~ as a bone** complètement sec ▪ **a ~ day** un jour sans pluie ▸ **dry-clean** nettoyer à sec ▪ **to have a dress dry-cleaned** donner une robe à nettoyer ▸ **dry-cleaner** teinturier *m* ▸ **dry-roasted** [peanuts] grillé à sec ▸ **dry rot** pourriture *f* sèche *(du bois)* **b** (= dried-up) [riverbed, lake] à sec ; [spring, river] tari ▪ **to run ~** [river] s'assécher ; [well] tarir ; [resources] s'épuiser **c** [humour, wit, person] pince-sans-rire *inv* **d** (= dull) [book, speech] aride **2** vt sécher ▪ **to ~ o.s.** se sécher ▪ **to ~ the dishes** essuyer la vaisselle **3** vi sécher

▸ **dry off, dry out** vi, vt sep sécher

▸ **dry up** vi **a** [stream, well] se dessécher, (se) tarir ; [moisture] s'évaporer ; [source of supply, inspiration] se tarir **b** (= dry the dishes) essuyer la vaisselle

dryer ['draɪə'] n (for hands) sèche-main(s) *m* ; (for clothes) sèche-linge *m* ; (for hair) sèche-cheveu(x) *m*

DSS [diːes'es] n (BR) (abbr of **Department of Social Security**) ≈ ministère des Affaires sociales

DTI [diːtiː'aɪ] n (BR : Admin) (abbr of **Department of Trade and Industry**) ≈ ministère de l'Industrie

DTP [ˌdiːtiː'piː] n (abbr of **desktop publishing**) PAO *f*

dual ['djʊəl] adj double ▸ **dual carriageway** (BR) route f à quatre voies ▸ **dual-fuel** [model] bicombustible ▸ **dual-purpose** à usage mixte

dub [dʌb] vt a (= nickname) surnommer b [+ film] doubler

dubious ['dju:bɪəs] adj a [claim, reputation, quality] douteux ; [privilege, pleasure] discutable b (= unsure) ■ **to be ~ about sth** douter de qch

duchess ['dʌtʃɪs] n duchesse f

duck [dʌk] 1 n (= bird) canard m 2 vi (= duck down) se baisser vivement ; (in fight) esquiver un coup 3 vt a ■ **to ~ sb** pousser qn sous l'eau b [+ one's head] baisser vivement ; [+ blow, question] esquiver ; [+ responsibility, decision] se dérober à

duckling ['dʌklɪŋ] n caneton m ; (female) canette f

duct [dʌkt] n canalisation f ; (Anat) canal m

dud* [dʌd] adj (= defective) foireux* ; (= worthless) [cheque] en bois* ; [film, student, performance] nul (nulle f) ; (= counterfeit) faux (fausse f)

dude* [d(j)u:d] n (US = man) type* m

due [dju:] 1 adj a (= expected) ■ **to be ~ in** [train, ferry, plane] devoir arriver ■ **to be ~ out** [magazine, record, film] devoir sortir ■ **when is the baby ~?** quand doit naître le bébé ? b (= payable) [sum, money] dû (due f) c (= owed) ■ **I am ~ six days' holiday** on me doit six jours de congé ■ **she is ~ for promotion** (= will be promoted) elle doit être promue ; (= should be promoted) elle devrait être promue d (= proper) ■ **after ~ consideration** après mûre réflexion ■ **with all ~ respect** sauf votre respect ■ **in ~ course** (= when the time is ripe) en temps utile ; (= in the long run) à la longue e ■ **~ to** (= because of) à cause de ; (= thanks to) grâce à ; (= caused by) dû à 2 adv ■ **~ north/south** plein nord/sud (*of* par rapport à) 3 n ■ **to give sb his ~** rendre justice à qn 4 **dues** npl (= fees) cotisation f

duel ['djʊəl] n duel m

duet [dju:'et] n duo m

duffel bag ['dʌfl,bæg] n sac m marin

duffel coat ['dʌfl,kəʊt] n duffel-coat m

dug [dʌg] vb pret, ptp of **dig**

DUI [,di:ju:'aɪ] n (abbr of **driving under the influence**) CEI f, conduite f en état d'ivresse

duke [dju:k] n duc m

dull [dʌl] 1 adj a (= boring) ennuyeux ; [place] morne ; [food] quelconque ; [style] terne b [light, glow] faible ; [colour, eyes, hair] terne ; [weather, day] maussade c [pain, sound, feeling] sourd d (also **dull-witted**) borné e (= blunt) émoussé 2 vt [+ blade, appetite, senses] émousser ; [+ mind] engourdir ; [+ pain, grief, impression] atténuer ; [+ sound] assourdir ; [+ colour] ternir

duly ['dju:lɪ] adv a (= properly) dûment b (= suitably) à juste titre

dumb [dʌm] adj a (= unable to speak) muet b (* = stupid) stupide

dumbbell ['dʌmbel] n haltère m

dumbfounded [dʌm'faʊndɪd] adj sidéré

dummy ['dʌmɪ] 1 n a (= sham) objet m factice ; (= model) mannequin m ; [of ventriloquist] marionnette f b (BR = baby's teat) tétine f c (* = idiot) imbécile mf 2 adj faux (fausse f)

dump [dʌmp] 1 n a (= place) décharge f ■ **to be down in the ~s*** avoir le cafard* b (for munitions) dépôt m c (* = unpleasant place) trou m perdu* ; (* = house, hotel) trou m à rats* 2 vt a [+ rubbish] déposer ; [+ sand, bricks] décharger ; [+ goods for sale] vendre à bas prix b (* = get rid of) [+ thing] bazarder* ; [+ boyfriend, girlfriend] larguer* c (Computing) [+ data file] vider

dumpling ['dʌmplɪŋ] n boulette f (de pâte)

dumpy* ['dʌmpɪ] adj courtaud

dunce [dʌns] n cancre* m

dune [dju:n] n dune f

dung [dʌŋ] n [of horse] crottin m ; [of cattle] bouse f ; (= manure) fumier m

dungarees [,dʌŋgə'ri:z] npl salopette f

dungeon ['dʌndʒən] n cachot m (souterrain)

dungheap ['dʌŋhi:p], **dunghill** ['dʌŋhɪl] n tas m de fumier

Dunkirk [dʌn'kɜ:k] n Dunkerque

dunno‡ [də'nəʊ] abbr of **don't know**

duo ['dju:əʊ] n duo m

dupe [dju:p] 1 vt duper 2 n dupe f

duplex ['dju:pleks] adj, n duplex m inv

duplicate 1 vt ['dju:plɪkeɪt] [+ document, key] faire un double de ; [+ film] faire un contretype de ; (on machine) [+ document] polycopier ; [+ action] répéter exactement 2 n ['dju:plɪkɪt] [of document, key] double m 3 adj ['dju:plɪkɪt] [copy] en double

> Lorsque ***duplicate*** est un verbe, la fin se prononce comme ***eight***. Lorsque c'est un nom ou un adjectif, elle se prononce ***it***.

durable ['djʊərəbl] adj durable ▸ **durable goods** biens mpl de consommation durables

duration [djʊə'reɪʃən] n durée f

duress [djʊə'res] n contrainte f ■ **under ~** sous la contrainte

Durex® ['djʊəreks] n (pl inv) préservatif m

during ['djʊərɪŋ] prep pendant ; → Pièges DURING

dusk [dʌsk] n (= twilight) crépuscule *m*

dusky ['dʌskɪ] adj a (= dark-skinned) [person] au teint basané ; [complexion] basané b [colour] mat ■ **~ pink** vieux rose *inv*

dust [dʌst] 1 n poussière *f* ▸ **dust cloth** (US) chiffon *m* à poussière ▸ **dust jacket** jaquette *f* ▸ **dust sheet** housse *f* (de protection) ▸ **dust storm** tempête *f* de poussière 2 vt a [+ furniture] épousseter ; [+ room] essuyer la poussière dans b (with talc, sugar) saupoudrer (*with* de) 3 vi épousseter

dustbin ['dʌstbɪn] n (BR) poubelle *f*

dustcart ['dʌstkɑ:t] n (BR) camion *m* des éboueurs

duster ['dʌstəʳ] n a (BR) chiffon *m* (à poussière) b (US) (= overgarment) blouse *f* ; (= housecoat) robe *f* d'intérieur

dustman ['dʌstmən] n (pl **-men**) (BR) éboueur *m*

dustpan ['dʌstpæn] n pelle *f* (à poussière)

dusty ['dʌstɪ] adj poussiéreux

Dutch [dʌtʃ] 1 adj néerlandais, hollandais 2 n (= language) néerlandais *m* 3 **the Dutch** npl les Néerlandais *mpl* 4 adv ■ **to go ~*** (in restaurant) payer chacun sa part

dutiful ['dju:tɪfʊl] adj [child] obéissant ; [husband, wife] dévoué

duty ['dju:tɪ] n a (moral, legal) devoir *m* ■ **to do one's ~** faire son devoir (*by sb* envers qn) b ■ **duties** (= responsibility) fonctions *fpl* ■ **to take up one's duties** entrer en fonction ■ **to be on/off ~** [official] être/ne pas être de service ; [nurse, doctor] être/ne pas être de garde c (= tax) taxe *f* ; (at Customs) frais *mpl* de douane ▸ **duty-free** hors taxes ▸ **duty-free shop** boutique *f* hors taxes

duvet ['du:veɪ] n (BR) couette *f* ▸ **duvet cover** housse *f* de couette

DVD [ˌdi:vi:'di:] n (abbr of **digital versatile disc**) DVD *m* ▸ **DVD player** lecteur *m* de DVD ▸ **DVD writer** graveur *m* de DVD

dwarf [dwɔ:f] 1 n (pl **~s** or **dwarves** [dwɔ:vz]) nain(e) *m(f)* 2 adj [tree, star] nain 3 vt [skyscraper, person] écraser *(fig)*

dwell [dwel] (pret, ptp **dwelt** or **~ed**) vi demeurer

▸ **dwell on** vt insep (= think about) ne pouvoir s'empêcher de penser à ; (= talk at length on) s'étendre sur

dwelling ['dwelɪŋ] n résidence *f*

dwelt [dwelt] vb pret, ptp of **dwell**

dwindle ['dwɪndl] vi diminuer

dwindling ['dwɪndlɪŋ] adj [number, interest, popularity] décroissant ; [resources, supplies, funds] en baisse

dye [daɪ] 1 n (= substance, for hair) teinture *f* ; (= colour) teinte *f* 2 vt teindre ■ **to ~ sth red** teindre qch en rouge

dyed [daɪd] adj [hair, fabric] teint

dying ['daɪɪŋ] adj a [person, animal, plant, fire] mourant ; [words, wish] dernier b [custom, industry] en train de disparaître

dyke [daɪk] n (= channel) fossé *m* ; (= wall) digue *f* ; (= causeway) chaussée *f*

dynamic [daɪ'næmɪk] adj dynamique

dynamism ['daɪnəmɪzəm] n dynamisme *m*

dynamite ['daɪnəmaɪt] 1 n dynamite *f* 2 vt dynamiter

dynamo ['daɪnəməʊ] n dynamo *f*

dynasty ['dɪnəstɪ] n dynastie *f*

dysentery ['dɪsɪntrɪ] n dysenterie *f*

dysfunction [dɪs'fʌŋkʃən] n dysfonctionnement *m*

dyslexia [dɪs'leksɪə] n dyslexie *f*

dyslexic [dɪs'leksɪk] adj, n dyslexique *mf*

du

eE

E, e [iː] **1** n **a** (Mus) mi *m* **b** (abbr of **East**) E, est *m* **c** (= mark) E, ≈ faible **d** (= ecstasy) ▪ **E*** ecstasy *f* **2** comp ▸ **E numbers** (BR) ≈ additifs (alimentaires)

e- [iː] pref (abbr of **electronic**) e-, électronique ▪ **e-sportsman** e-sportif *m* ▪ **e-voting** vote *m* électronique

each [iːtʃ] **1** adj chaque ▪ **~ day** chaque jour **2** pron **a** chacun(e) *m(f)* ▪ **~ of the boys** chacun des garçons ▪ **~ of us** chacun(e) *m(f)* de nous ▪ **we gave them one apple ~** nous leur avons donné une pomme chacun ▪ **the bags are $12 ~** les sacs coûtent 12 dollars chaque **b** ▪ **~ other** l'un(e) l'autre *m(f)*, les uns les autres *mpl*, les unes les autres *fpl* ▪ **they love ~ other** ils s'aiment ▪ **they write to ~ other often** ils s'écrivent souvent

eager [ˈiːgəʳ] adj [person, buyer] empressé ; [volunteer] enthousiaste ▪ **to be ~ for** [+ happiness, power, fame] rechercher avidement ; [+ affection, information] être avide de ; [+ vengeance, knowledge] avoir soif de ▪ **to be ~ to do sth** (= keen) désirer vivement faire qch ; (= impatient) être impatient de faire qch

eagerly [ˈiːgəlɪ] adv [wait] avec impatience ; [say] avec empressement

eagle [ˈiːgl] n aigle *m*

ear [ɪəʳ] n **a** oreille *f* ▪ **to play by ~** (musician) jouer d'oreille ▪ **I'll just play it by ~** je verrai quoi faire le moment venu ▪ **to be up to the ~s in work*** avoir du travail par-dessus la tête ▪ **to be up to the ~s in debt*** être endetté jusqu'au cou ▸ **ear-splitting** [sound] strident **b** [of grain, plant] épi *m*

earache [ˈɪəreɪk] n mal *m* d'oreille(s) ▪ **to have ~** avoir mal à l'oreille (or aux oreilles)

eardrum [ˈɪədrʌm] n tympan *m*

earl [ɜːl] n comte *m*

earlier [ˈɜːlɪə] compar of **early** **1** adj (= previous) précédent ; (= more early) plus tôt **2** adv plus tôt ▪ **she had left ten minutes ~** elle était partie dix minutes plus tôt ▪ **~ on** plus tôt

earliest [ˈɜːlɪɪst] superl of **early** adj (= first possible) ▪ **the ~ possible date** la première date possible ▪ **at the ~** au plus tôt

earlobe [ˈɪələʊb] n lobe *m* d'oreille

early [ˈɜːlɪ] **1** adj **a** (= near beginning of period) [years, days, film, book] premier ▪ **the ~ hours** les premières heures *fpl* ▪ **in the ~ 90s** au début des années 90 ▪ **in the ~ afternoon** en début d'après-midi ▪ **at an ~ age** (très) jeune ▪ **to be in one's ~ thirties** avoir un peu plus de trente ans **b** (in day) tôt ▪ **I caught an ~ train** j'ai pris un train tôt le matin ▪ **in the ~ evening** tôt dans la soirée **c** (= before expected time) [departure, death] prématuré ; [flowers, crop] précoce ▪ **to be ~** [person, train] être en avance ▪ **I was two hours ~** j'étais deux heures en avance ▪ **too ~** trop tôt ▪ **to be ~ for an appointment** arriver en avance à un rendez-vous ▪ **Easter is ~ this year** Pâques est tôt cette année ▪ **to have an ~ lunch/night** déjeuner/se coucher tôt **2** comp ▸ **early adopter** (Marketing) précurseur *m*, pionnier *m*, -ière *f* ▸ **early bird*** lève-tôt *mf inv* ▸ **early-stage** [disease] en phase initiale **3** adv [start] tôt ; [get up, go to bed, set off] tôt, de bonne heure ; (= before usual time) [arrive, end] en avance ▪ **~ next year** tôt l'année prochaine ▪ **~ today** tôt dans la journée ▪ **too ~** trop tôt ▪ **~ in 1915** au début de 1915 ▪ **~ in the year** au début de l'année ▪ **~ in May** début mai ▪ **~ in the morning** tôt le matin

→ *Pièges* SOON

earmark [ˈɪəmɑːk] vt [+ object, seat] réserver (*for* à) ; [+ funds] affecter (*for* à)

earmuff [ˈɪəmʌf] n cache-oreilles *m inv*

earn [ɜːn] vt gagner ▪ **to ~ one's living** gagner sa vie

earnest [ˈɜːnɪst] **1** adj sérieux **2** n ▪ **in ~** (= properly) véritablement ▪ **this time I am in ~** cette fois je ne plaisante pas

earnestly [ˈɜːnɪstlɪ] adv [say, look at] avec sérieux ; [discuss, ask] sérieusement

earnings [ˈɜːnɪŋz] npl [of person] salaire *m* ; [of business] bénéfices *mpl*

earphone [ˈɪəfəʊn] n écouteur *m*

earpiece [ˈɪəpiːs] n (for personal stereo) écouteur *m*

earplugs [ˈɪəplʌgz] npl (for sleeping) bouchons *mpl* d'oreille, boules *fpl* Quies®

earring [ˈɪərɪŋ] n boucle *f* d'oreille

earshot [ˈɪəʃɒt] n ▪ **out of ~** hors de portée de voix ▪ **within ~** à portée de voix

earth [ɜːθ] **1** n **a** terre *f* ▪ **(the) Earth** la Terre ▪ **where/why/how on earth...?** où/pourquoi/comment diable... ? ▪ **to come down** or **be brought down to ~ (with a bump)** (fig) redescendre (brutalement) sur terre *(fig)* ▸ **earth tremor** secousse *f* sismique **b** [of fox, badger] terrier *m* **2** vt (BR) [+ appliance] mettre à la terre

earthenware [ˈɜːθənwɛəʳ] **1** n poterie *f* **2** adj en terre cuite

earthquake ['ɜ:θkweɪk] n tremblement *m* de terre

earthworm ['ɜ:θwɜ:m] n ver *m* de terre

earwig ['ɪəwɪg] n perce-oreille *m*

ease [i:z] **1** n facilité *f* ▪ **a life of ~** une vie facile ▪ **at ~** à l'aise ▪ **not at ~** mal à l'aise ▪ **to put sb's mind at ~** tranquilliser qn **2** vt **a** [+ pain, suffering] soulager ; [+ pressure, tension] diminuer ; [+ restrictions] assouplir **b** (= make easier) faciliter **c** (= move gently) ▪ **he ~d himself into the chair** il s'est laissé glisser dans le fauteuil ▪ **he ~d himself through the gap** il s'est glissé par le trou **3** vi [+ pressure, tension, fighting] diminuer

▸ **ease off** **1** vi [person] (= slow down) ralentir ; (= work less hard) se relâcher ; (= subside) [rain, wind, pain] se calmer ; [pressure, traffic] diminuer **2** vt sep [+ lid] enlever doucement

▸ **ease up** vi [person] (= relax) se détendre ; (= make less effort) relâcher ses efforts ; [situation] se détendre

easel ['i:zl] n chevalet *m*

easily ['i:zili] adv **a** (gen) facilement **b** (= very possibly) bien **c** (without doubt) de loin

east [i:st] **1** n est *m* **2** adj [coast, wing] est *inv* ▪ **~ wind** vent *m* d'est ▪ **East London** l'est *m* de Londres ▸ **East Africa** Afrique *f* orientale ▸ **the East End** les quartiers *mpl* est de Londres **3** adv [go, travel, fly] vers l'est ▪ **it's ~ of Paris** c'est à l'est de Paris

eastbound ['i:stbaʊnd] adj [traffic, vehicles] en direction de l'est ; [carriageway] est *inv*

Easter ['i:stə^r] n Pâques *fpl* ▪ **at ~** à Pâques ▪ **Happy ~!** joyeuses Pâques ! ▸ **Easter day** jour *m* de Pâques ▸ **Easter egg** œuf *m* de Pâques

easterly ['i:stəli] adj [wind] d'est ▪ **in an ~ direction** en direction de l'est

eastern ['i:stən] adj est *inv*, de l'est ▪ **Eastern Europe** l'Europe *f* de l'est

eastward(s) ['i:stwəd(z)] **1** adj en direction de l'est **2** adv vers l'est

easy ['i:zɪ] **1** adj **a** (= not difficult) facile ▪ **~ to get on with** facile à vivre ▪ **it is ~ for him to do that** il lui est facile de faire cela ▪ **that's easier said than done!** c'est plus facile à dire qu'à faire ! **b** (= relaxed) [temperament, disposition] placide ; [manners, style] aisé ▪ **to feel ~ in one's mind** être tout à fait tranquille ▸ **easy chair** fauteuil *m* (rembourré) ▸ **easy-going** [person] facile à vivre; [attitude] complaisant **2** adv (* = gently) ▪ **to go ~ on sb/sth** y aller doucement avec qn/qch ▪ **to take it ~** (= rest) lever le pied* ▪ **take it ~!** (= relax) t'énerve pas !*

eat [i:t] (pret **ate**, ptp **eaten**) **1** vt manger ▪ **to ~ breakfast** prendre son petit-déjeuner ▪ **to ~ lunch** déjeuner ▪ **to ~ dinner** dîner **2** vi manger ▪ **we ~ at eight** nous dînons à 20 heures

▸ **eat away** vt sep [sea] éroder ; [acid, mice] ronger

▸ **eat into** vt insep [acid] ronger ▪ **it's really eaten into our savings** ça a fait un trou dans nos économies

▸ **eat out** vi aller au restaurant

▸ **eat up** **1** vi ▪ **~ up!** mangez ! **2** vt sep (= finish off) finir **3** vt insep [+ resources, profits] absorber ; [+ savings] engloutir

eaten ['i:tn] vb ptp of **eat**

eater ['i:tə^r] n mangeur *m*, -euse *f*

eatery* ['i:tərɪ] n restaurant *m*

eating disorder ['i:tɪŋdɪs,ɔ:də^r] n troubles *mpl* du comportement alimentaire

eaves ['i:vz] npl avant-toit(s) *m(pl)*

eavesdrop ['i:vzdrɒp] vi écouter aux portes ▪ **to ~ on a conversation** écouter une conversation privée

e-banking [,i:'bæŋkɪŋ] n banque *f* en ligne, services *mpl* bancaires en ligne

ebb [eb] **1** n [of tide] reflux *m* ▪ **to be at a low ~** [person, business] aller mal ▪ **his spirits were at a low ~** il avait le moral à zéro* **2** vi **a** [tide] descendre **b** (also **ebb away**) [enthusiasm] faiblir ; [strength] décliner

e-bike ['i:baɪk] n vélo *m* à assistance électrique, VAE *m*

ebony ['ebənɪ] **1** n ébène *f* **2** adj (also **ebony-coloured**) noir d'ébène ; (= made of ebony) en ébène

e-book ['i:bʊk] n livre *m* électronique ▸ **e-book reader** liseuse *f*

e-business [,i:'bɪznɪs] n **a** (= company) entreprise *f* électronique **b** (= commerce) commerce *m* électronique, e-commerce

EC [,i:'si:] **1** n (abbr of **European Community**) CE *f* **2** adj communautaire

e-card ['i:kɑ:d] n carte *f* de vœux électronique

eccentric [ik'sentrik] adj, n excentrique *mf*

eccentricity [,eksən'trɪsɪtɪ] n excentricité *f*

echo ['ekəʊ] **1** n (pl **~es**) écho *m* **2** vt [+ sound] renvoyer **3** vi [sound] (= resonate) retentir ; (= bounce back) faire écho ; [place] renvoyer l'écho

e-cigarette ['i:sɪgə'ret] n cigarette *f* électronique ▪ **~ smoker** fumeur *m*, -euse *f* de cigarettes électroniques, vapoteur *m*, -euse *f*

éclair [eɪ'klɛə^r, ɪ'klɛə^r] n éclair *m*

eclipse [ɪ'klɪps] **1** n éclipse *f* **2** vt éclipser

eco-citizen ['i:kəʊ,sɪtɪzn] n écocitoyen(ne) *m(f)*

ecodriving ['i:kəʊ,draɪvɪŋ] n écoconduite *f*

eco-friendly ['i:kəʊ,frendlɪ] adj bio

E-coli [i:'kəʊlaɪ] n E-coli *m*

ecological [ˌiːkəˈlɒdʒɪkəl] adj écologique
ecologist [ɪˈkɒlədʒɪst] n écologiste *mf*
ecology [ɪˈkɒlədʒɪ] n écologie *f*
e-commerce [ˈiːˌkɒmɜːs] n commerce *m* électronique
economic [ˌiːkəˈnɒmɪk] adj (gen) économique ; (= cost-effective) rentable ; → *Pièges* ECONOMIC
economical [ˌiːkəˈnɒmɪkəl] adj [person] économe ; [method, vehicle, machine] économique ; [style, writing] concis ; → *Pièges* ECONOMIC
economics [ˌiːkəˈnɒmɪks] n (= system) économie *f* ; (= subject) sciences *fpl* économiques ; → *Pièges* ECONOMICS
economist [ɪˈkɒnəmɪst] n économiste *mf*
economize [ɪˈkɒnəmaɪz] vi économiser
economy [ɪˈkɒnəmɪ] n économie *f* ► **economy class** classe *f* touriste ► **economy size** taille *f* économique ; → *Pièges* ECONOMICS
ecopasture [ˈiːkəʊˌpɑːstʃəʳ] n écopâturage *m*
ecoproduct [ˈiːkəʊprɒdʌkt] n écoproduit *m*
ecosystem [ˈiːkəʊˌsɪstəm] n écosystème *m*
ecotarian [ˌiːkəʊˈtɛərɪən] n écotarien(ne) *m(f)*, *personne consommant exclusivement des produits bios*
ecotax [ˈiːkəʊˌtæks] n écotaxe *f*
eco-tourism [ˌiːkəʊˈtʊərɪzəm] n écotourisme *m*
eco-warrior* [ˈiːkəʊˌwɒrɪəʳ] n militant(e) *m(f)* écologiste
ecstasy [ˈekstəsɪ] n **a** (= joy) extase *f* **b** (= drug) ecstasy *f*
ecstatic [eksˈtætɪk] adj [crowd] en délire ; [welcome] enthousiaste ▪ **to be ~ about sth** être follement heureux de qch
Ecuador [ˈekwədɔːʳ] n Équateur *m*
eCycling (US) [ˈiːˌsaɪklɪŋ] n recyclage *m* de produits électroniques
eczema [ˈeksɪmə] n eczéma *m*
eddy [ˈedɪ] **1** n tourbillon *m* **2** vi [smoke, leaves, dust] tourbillonner ; [people] tournoyer ; [water] faire des tourbillons
edge [edʒ] **1** n **a** (gen) bord *m* ; [of coin] tranche *f* ; [of cube, brick] arête *f* ; [of knife] tranchant *m* ; [of forest] lisière *f* ▪ **on the ~ of the town** à la périphérie de la ville **b** (= advantage) ▪ **to have the ~ on** avoir un (léger) avantage sur **c** ▪ **he's on ~** il est énervé ▪ **my nerves are all on ~** j'ai les nerfs à vif **2** vt **a** (= put a border on) border (*with* de) **b** (= move) ▪ **to ~ one's chair nearer the door** rapprocher sa chaise tout doucement de la porte **3** vi se glisser ▪ **to ~ into** se glisser dans ▪ **to ~ forward** avancer petit à petit
edgeways [ˈedʒweɪz], **edgewise** [ˈedʒwaɪz] adv de côté ▪ **I couldn't get a word in ~*** je n'ai pas réussi à placer un mot
edgy [ˈedʒɪ] adj nerveux
edible [ˈedɪbl] adj **a** (= not poisonous) comestible **b** (= not disgusting) mangeable
edict [ˈiːdɪkt] n décret *m*
Edinburgh [ˈedɪnbərə] n Édimbourg
edit [ˈedɪt] vt [+ text, author, file] éditer ; [+ newspaper, magazine] être le rédacteur (or la rédactrice) en chef de ; [+ radio or TV programme] réaliser ; [+ film, tape] monter ; (= cut) couper
edition [ɪˈdɪʃən] n édition *f*
editor [ˈedɪtəʳ] n **a** (running newspaper or magazine) rédacteur *m*, -trice *f* en chef ▪ **sports ~** journaliste *mf* sportif (-ive) **b** [of writer, text, anthology] directeur *m*, -trice *f* de la publication **c** [of radio or TV programme] réalisateur *m*, -trice *f* **d** [of film] monteur *m*, -euse *f*
editorial [ˌedɪˈtɔːrɪəl] **1** adj [meeting, staff] de la rédaction ; [control, decision, policy] éditorial **2** n éditorial *m*
EDM [ˈiːdiːɛm] n (abbr of **electronic document management**) GED *f (gestion électronique de documents)*
educate [ˈedjʊkeɪt] vt [+ family, children] éduquer ; [+ the mind, one's tastes] former ▪ **to be ~d at** faire ses études à
educated [ˈedjʊkeɪtɪd] **1** vb ptp of **educate** **2** adj (= cultured) cultivé ; (= learned, trained) instruit ; [palate, ear] averti
education [ˌedjʊˈkeɪʃən] n (general concept) éducation *f* ; (= teaching) enseignement *m* ▪ **primary/secondary ~** enseignement *m* primaire/secondaire
educational [ˌedjʊˈkeɪʃənl] adj [system, needs, toy] éducatif ; [establishment] d'enseignement ; [standards] de l'enseignement ; [method, material] pédagogique
educator [ˈedjʊkeɪtəʳ] n (esp US) éducateur *m*, -trice *f*
edutainment* [ˌedjʊˈteɪnmənt] n (= games) jeux *mpl* éducatifs ; (= programmes) émissions *fpl* éducatives
EEC [ˌiːiːˈsiː] n (abbr of **European Economic Community**) CEE *f*
eel [iːl] n anguille *f*
eerie, eery [ˈɪərɪ] adj sinistre
efface [ɪˈfeɪs] vt effacer
effect [ɪˈfekt] **1** n (gen) effet *m* ; [of wind, chemical, drug] action *f* ▪ **to come into ~** [law] prendre effet ; [policy] être appliqué ▪ **to have an ~ on sth** avoir un effet sur qch ▪ **to take ~** [drug] agir ; [law] prendre effet ▪ **to no ~** en vain ▪ **to use to good ~** savoir tirer avantage de ▪ **he said it just for ~** il ne l'a dit que pour faire de l'effet ▪ **in ~** de fait **2** vt (gen) effectuer ; [+ cure] obtenir ; [+ impro-

ec

vement] apporter ; [+ reconciliation, reunion] amener

effective [ɪ'fektɪv] adj a (= successful) efficace (*in doing sth* pour faire qch) b (= actual) [control] effectif ; [leader] véritable c (= operative) [law, ceasefire, insurance cover] en vigueur (*from* à compter de, à partir de)

effectively [ɪ'fektɪvlɪ] adv a (= successfully) efficacement b (= in effect) en réalité

> ⚠ *effectively* ne se traduit pas par **effectivement**.

effectiveness [ɪ'fektɪvnɪs] n efficacité *f*

effeminate [ɪ'femɪnɪt] adj efféminé

effervescent [,efə'vesnt] adj effervescent

efficacy ['efɪkəsɪ], **efficaciousness** [,efɪ'keɪʃəsnɪs] n efficacité *f*

efficiency [ɪ'fɪʃənsɪ] n efficacité *f*

efficient [ɪ'fɪʃənt] adj efficace

efficiently [ɪ'fɪʃəntlɪ] adv efficacement

effigy ['efɪdʒɪ] n effigie *f*

effort ['efət] n effort *m* ▪ **it's not worth the ~** cela n'en vaut pas la peine ▪ **to make an ~ to do sth** s'efforcer de faire qch ▪ **to make every ~ to do sth** faire tout son possible pour faire qch ▪ **he made no ~ to be polite** il ne s'est pas donné la peine d'être poli

effortless ['efətlɪs] adj [movement, style] fluide ; [success, victory] facile ; [charm, elegance, skill, superiority] naturel

effortlessly ['efətlɪslɪ] adv sans effort

effusive [ɪ'fju:sɪv] adj [thanks, welcome] chaleureux ; [praise] enthousiaste ; [person] expansif

E-fit ['i:fɪt] n portrait-robot *m* électronique

EFL [,i:ef'el] n (abbr of **English as a Foreign Language**) anglais *m* langue étrangère

eg, e.g. [,i:'dʒi:] adv (= for example) par ex.

egalitarian [ɪ,gælɪ'tɛərɪən] 1 n égalitariste *mf* 2 adj [person] égalitariste ; [society, policy] égalitaire

egg [eg] n œuf *m* ▪ **~s and bacon** œufs *mpl* au bacon ▸ **egg-timer** (sand) sablier *m*; (automatic) minuteur *m* ▸ **egg whisk** fouet *m* ▸ **egg white** blanc *m* d'œuf ▸ **egg yolk** jaune *m* d'œuf
▸ **egg on** vt sep pousser (*to do sth* à faire qch)

eggbeater ['egbi:tə'] n (rotary) batteur *m* (à œufs) ; (whisk) fouet *m*

eggcup ['egkʌp] n coquetier *m*

eggplant ['egplɑ:nt] n (US) aubergine *f*

eggshell ['egʃel] n coquille *f* (d'œuf)

ego ['i:gəʊ] n (= pride) amour-propre *m*

egocentric [,egəʊ'sentrɪk] adj égocentrique

egotism ['egəʊtɪzəm] n égotisme *m*

egotist ['egəʊtɪst] n égotiste *mf*

egotistic(al) [,egəʊ'tɪstɪk(əl)] adj égotiste

egregious [ɪ'gri:dʒəs] adj (pej) énorme (iro)

Egypt ['i:dʒɪpt] n Égypte *f*

Egyptian [ɪ'dʒɪpʃən] 1 adj égyptien 2 n Égyptien(ne) *m(f)*

eiderdown ['aɪdədaʊn] n (= quilt) édredon *m*

eight [eɪt] number huit *m inv* ; for phrases see **six**

eighteen ['eɪ'ti:n] number dix-huit *m inv* ; for phrases see **sixteen**

eighteenth ['eɪ'ti:nθ] adj, n dix-huitième *mf* ; for phrases see **sixth**

eighth [eɪtθ] 1 adj huitième 2 n huitième *mf* ; (= fraction) huitième *m* ; for phrases see **sixth**

eightieth ['eɪtɪəθ] adj, n quatre-vingtième *mf* ; for phrases see **sixth**

eighty ['eɪtɪ] number quatre-vingts *m inv* ▪ **eighty-one** quatre-vingt-un ▪ **eighty-first** quatre-vingt-unième ▪ **page ~** la page quatre-vingt ; for other phrases see **sixty**

Eire ['ɛərə] n République *f* d'Irlande, Eire *f*

either ['aɪðə', 'i:ðə']

1 adj a (= one or other) l'un(e) ou l'autre ▪ **I don't like ~ book** je n'aime ni l'un ni l'autre de ces livres
b (= each) chaque ▪ **on ~ side of the street** de chaque côté de la rue

2 pron n'importe lequel (laquelle *f*) ▪ **I don't believe ~ of them** je ne les crois ni l'un ni l'autre

3 adv (after neg statement) non plus ▪ **his singing is hopeless and he can't act ~** il chante mal et il ne sait pas jouer non plus

4 conj ▪ **either... or** ou (bien)... ou (bien), soit... soit ▪ **it fails to be ~ funny or exciting** ce n'est ni amusant ni intéressant

ejaculate [ɪ'dʒækjʊleɪt] vti éjaculer

eject [ɪ'dʒekt] 1 vt éjecter ; [+ tenant, troublemaker] expulser 2 vi [pilot] s'éjecter

eke [i:k] vt ▪ **to ~ out** (by adding) augmenter ; (by saving) économiser

elaborate 1 adj [ɪ'læbərɪt] (gen) élaboré ; [costume, style] recherché ; [excuse, plan] compliqué 2 vt [ɪ'læbəreɪt] élaborer 3 vi [ɪ'læbəreɪt] donner des précisions

> Lorsque ***elaborate*** est un verbe, la fin se prononce comme ***eight***. Lorsque c'est un adjectif, elle se prononce ***it***.

elapse [ɪ'læps] vi s'écouler

elastic [ɪ'læstɪk] adj, n élastique *m* ▸ **elastic band** (BR) élastique *m*

elasticated [ɪ'læstɪkeɪtɪd] adj (BR) élastiqué

Elastoplast® [ɪ'læstə,plɑːst] n (BR) sparadrap *m*

elated [ɪ'leɪtɪd] adj transporté de joie

elation [ɪ'leɪʃən] n allégresse *f*

elbow ['elbəʊ] **1** n coude *m* ■ **to lean on one's ~** s'appuyer sur le coude ■ **to have enough ~ room** avoir de la place pour se retourner ; (fig) avoir les coudées franches **2** vt ■ **to ~ sb aside** écarter qn du coude ; (fig) jouer des coudes pour écarter qn ■ **he ~ed his way to the front** il a joué des coudes pour arriver devant

elder ['eldə'] **1** adj aîné *m (de deux)* **2** n **a** (= older person) aîné(e) *m(f)* **b** [of tribe, Church] ■ **~s** anciens *mpl* **c** (= tree) sureau *m*

elderberry ['eldəberɪ] n baie *f* de sureau ■ **~ wine** vin *m* de sureau

elderly ['eldəlɪ] **1** adj [person] âgé **2** **the elderly** npl les personnes *fpl* âgées

eldest ['eldɪst] adj aîné(e) *m(f) (de plusieurs)*

e-learning ['iː,lɜːnɪŋ] n apprentissage *m* en ligne

elect [ɪ'lekt] vt **a** (by vote) élire **b** (= choose) ■ **to ~ to do sth** décider de faire qch

election [ɪ'lekʃən] n élection *f* ▸ **election campaign** campagne *f* électorale ▸ **election manifesto** manifeste *m* politique

electioneering [ɪ,lekʃə'nɪərɪŋ] n (= campaign) campagne *f* électorale ; (= propaganda) propagande *f* électorale

elective [ɪ'lektɪv] **1** adj **a** (frm) (= elected) électif ; [assembly, power] électoral **b** [surgery] non urgent **c** (esp US : Scol, Univ) [course] facultatif ; [subject] en option **2** n (esp US : Scol, Univ) cours *m* facultatif

electoral [ɪ'lektərəl] adj électoral ▸ **electoral register, electoral roll** liste *f* électorale

electorate [ɪ'lektərɪt] n électorat *m*

electric [ɪ'lektrɪk] adj électrique ▸ **electric blanket** couverture *f* chauffante ▸ **electric chair** chaise *f* électrique ▸ **electric fence** clôture *f* électrifiée ▸ **electric fire, electric heater** (BR) radiateur *m* électrique ▸ **electric shock** décharge *f* électrique

electrical [ɪ'lektrɪkəl] adj électrique ▸ **electrical engineer** ingénieur *m* électricien ▸ **electrical fault** défaut *m* du circuit électrique

electrician [ɪlek'trɪʃən] n électricien(ne) *m(f)*

electricity [ɪlek'trɪsətɪ] n électricité *f* ▸ **electricity board** (BR) office *m* régional de l'électricité

electrify [ɪ'lektrɪfaɪ] vt **a** (= make electric) électrifier **b** [+ audience] électriser

electrifying [ɪ'lektrɪfaɪɪŋ] adj électrisant

electrocardiogram [ɪ,lektrəʊ'kɑːdɪəgræm] n électrocardiogramme *m*

electrocute [ɪ'lektrəkjuːt] vt électrocuter

electrocution [ɪ,lektrə'kjuːʃən] n électrocution *f*

electrode [ɪ'lektrəʊd] n électrode *f*

electron [ɪ'lektrɒn] n électron *m*

electronic [ɪlek'trɒnɪk] adj électronique ▸ **electronic cigarette** cigarette *f* électronique ▸ **electronic tag** [of product] étiquette *f* électronique; [of prisoner] bracelet *m* électronique

electronically [ɪlek'trɒnɪkəlɪ] adv électroniquement

electronics [ɪlek'trɒnɪks] n électronique *f*

elegance ['elɪgəns] n élégance *f*

elegant ['elɪgənt] adj élégant

element ['elɪmənt] **1** n **a** (gen) élément *m* ■ **to be in one's ~** être dans son élément ■ **an ~ of danger/truth** une part de danger/de vérité **b** [of heater, kettle] résistance *f* **2** **the elements** npl (= weather) les éléments *mpl*

elementary [,elɪ'mentərɪ] adj élémentaire

elephant ['elɪfənt] n éléphant *m*

elevate ['elɪveɪt] vt élever

elevator ['elɪveɪtə'] n **a** (esp US) (= lift) ascenseur *m* ; (= hoist) monte-charge *m* **b** (US = silo) silo *m*

eleven [ɪ'levn] number onze *m inv* ; for phrases see **six**

elevenses* [ɪ'levnzɪz] npl (BR) ≈ pause-café *(dans la matinée)*

eleventh [ɪ'levnθ] adj, n onzième *mf* ; for phrases see **sixth**

elf [elf] n (pl **elves**) elfe *m*

elfish ['elfɪʃ] adj elfique

elicit [ɪ'lɪsɪt] vt [+ reply, explanation, information] obtenir (*from* de) ; [+ reaction] susciter (*from* de la part de) ; [+ admission, promise] arracher (*from* à)

eligible ['elɪdʒəbl] adj (for membership) éligible (*for* à) ■ **to be ~ for benefit** avoir droit à une allocation

eliminate [ɪ'lɪmɪneɪt] vt (gen) éliminer ; [+ possibility] écarter

elimination [ɪ,lɪmɪ'neɪʃən] n élimination *f*

elite [ɪ'liːt] **1** n (= select group) élite *f* **2** adj [group] d'élite ; [school, university] prestigieux

elitist [ɪ'liːtɪst] adj, n élitiste *mf*

elk [elk] n élan *m*

elm [elm] n orme *m*

elocution [,elə'kjuːʃən] n élocution *f*

elongated [,iːlɒŋgeɪtɪd] adj allongé

elope [ɪ'ləʊp] vi s'enfuir

eloquent ['eləkwənt] adj éloquent

else [els] adv d'autre ▪ **not much ~** pas grand-chose d'autre ▪ **what ~?** quoi d'autre ? ▪ **what ~ could I do?** que pouvais-je faire d'autre ? ▪ **who ~?** qui d'autre ? ▪ **anybody ~ would have been satisfied** n'importe qui d'autre aurait été content ▪ **is there anybody ~ there?** y a-t-il quelqu'un d'autre ? ▪ **did you go anywhere ~?** es-tu allé ailleurs ? ▪ **you won't find this flower anywhere ~** vous ne trouverez cette fleur nulle part ailleurs ▪ **do you want anything ~?** voulez-vous autre chose ? ▪ **have you anything ~ to say?** avez-vous quelque chose à ajouter ? ▪ **nobody ~, no one ~** personne d'autre ▪ **nothing ~** rien d'autre ▪ **nowhere ~** nulle part ailleurs ▪ **somebody ~, someone ~** quelqu'un d'autre ▪ **something ~** autre chose ▪ **she is something ~*** elle est vraiment fantastique ▪ **someplace ~** (US) ailleurs ▪ **somewhere ~** ailleurs ▪ **or ~** sinon

elsewhere [ˌels'wɛə'] adv ailleurs

ELT [ˌiːel'tiː] n (abbr of **English Language Teaching**) enseignement *m* de l'anglais

elude [ɪ'luːd] vt échapper à

elusive [ɪ'luːsɪv] adj [person] difficile à joindre ; [happiness] insaisissable ; [quality] indéfinissable ; [goal, success] difficile à atteindre

elves [elvz] npl of **elf**

emaciated [ɪ'meɪsɪeɪtɪd] adj [person, face] émacié ; [limb] décharné

e(-)mail ['iːmeɪl] **1** n (abbr of **electronic mail**) e-mail *m*, courrier *m* électronique, courriel *m* **2** vt ▪ **to ~ sb** envoyer un courrier électronique or un e-mail or un courriel à qn

emanate ['eməneɪt] vi émaner (*from* de)

emancipate [ɪ'mænsɪpeɪt] vt [+ women] émanciper ; [+ slaves] affranchir

embankment [ɪm'bæŋkmənt] n [of railway line, road] talus *m* ; [of canal] digue *f* ; [of river] berge *f*

embargo [ɪm'bɑːgəʊ] n (pl **~es**) embargo *m*

embark [ɪm'bɑːk] vti embarquer

▸ **embark on** vt insep [+ journey] commencer ; [+ undertaking, explanation] se lancer dans

embarkation [ˌembɑː'keɪʃən] n embarquement *m* ▸ **embarkation card** carte *f* d'embarquement

embarrass [ɪm'bærəs] vt embarrasser

embarrassed [ɪm'bærəst] adj embarrassé ▪ **I feel ~ about it** cela me gêne

embarrassing [ɪm'bærəsɪŋ] adj embarrassant

embarrassment [ɪm'bærəsmənt] n embarras *m* (*at* devant) ▪ **her son is an ~ to her** son fils est une source d'embarras pour elle

embassy ['embəsɪ] n ambassade *f*

embed [ɪm'bed] vt ▪ **to become ~ded in sth** [hook, nail] s'enfoncer dans qch ▪ **~ded journalist** journaliste *m(f)* embarqué(e)

embellish [ɪm'belɪʃ] vt (= adorn) embellir ; [+ account] enjoliver ▪ **to ~ sth with** orner qch de

ember ['embə'] n charbon *m* ardent ▪ **the ~s** la braise

embezzle [ɪm'bezl] **1** vt détourner **2** vi détourner des fonds

embezzlement [ɪm'bezlmənt] n détournement *m* de fonds

embittered [ɪm'bɪtəd] adj aigri

emblem ['embləm] n emblème *m*

embodiment [ɪm'bɒdɪmənt] n incarnation *f* ▪ **to be the ~ of progress** incarner le progrès ▪ **he is the ~ of kindness** c'est la bonté incarnée

embody [ɪm'bɒdɪ] vt **a** [+ spirit, quality] incarner **b** (= include) [+ ideas] résumer ; [work] renfermer

embossed [ɪm'bɒst] adj [letters, design] en relief ; [paper, wallpaper, card] gaufré ; [writing paper] à en-tête en relief ; [metal] (with stamp) estampé ; (with tool) repoussé

embrace [ɪm'breɪs] **1** vt (= hug) étreindre ; (= accept, include) embrasser **2** vi s'étreindre **3** n étreinte *f*

embroider [ɪm'brɔɪdə'] **1** vt broder ; (fig) enjoliver **2** vi faire de la broderie

embroidery [ɪm'brɔɪdərɪ] n broderie *f*

embryo ['embrɪəʊ] n embryon *m*

emcee ['em'siː] (US) (abbr of **master of ceremonies**) n maître *m*, -esse *f* de cérémonies ; (in show) animateur *m*, -trice *f*

emerald ['emərəld] **1** n (= stone) émeraude *f* ; (= colour) (vert *m*) émeraude *m* **2** adj [necklace, ring] d'émeraudes ; (also **emerald green**) émeraude *inv*

emerge [ɪ'mɜːdʒ] vi émerger ▪ **it ~d that...** il est apparu que... ▪ **to ~ as...** se révéler (être)...

emergency [ɪ'mɜːdʒənsɪ] n urgence *f* ▪ **in case of ~** en cas d'urgence ▸ **emergency exit** issue *f* de secours ▸ **emergency landing** atterrissage *m* forcé ▸ **emergency powers** pouvoirs *mpl* spéciaux ▸ **emergency room** (US) salle *f* des urgences ▸ **emergency services** services *mpl* d'urgence ▸ **emergency ward** salle *f* des urgences

emergent [ɪ'mɜːdʒənt] adj émergent ▪ **~ nation** pays émergent

emery board ['emərɪbɔːd] n lime *f* à ongles

emigrant ['emɪgrənt] n (just leaving) émigrant(e) *m(f)* ; (established) émigré(e) *m(f)*

emigrate ['emɪgreɪt] vi émigrer

eminent ['emɪnənt] adj éminent

emissary ['emɪsərɪ] n émissaire *m*

emit [ɪ'mɪt] vt émettre

emoji [ɪ'məʊdʒɪ] n émoji *m*

emoticon [ɪ'məʊtɪkən] n émoticone *m*

emotion [ɪ'məʊʃən] n émotion *f*

emotional [ɪ'məʊʃənl] adj **a** (= psychological) [problem, development] affectif ; [state] émotionnel **b** (= emotive) ▪ **it is an ~ issue** cette question soulève les passions **c** (= full of emotion) [person] émotif ; (on specific occasion) ému ; [experience, event] chargé d'émotion

empathy ['empəθɪ] n empathie *f*

emperor ['empərəʳ] n empereur *m*

emphasis ['emfəsɪs] n (in word, phrase) accentuation *f* ▪ **to lay ~ on sth** mettre l'accent sur qch

emphasize ['emfəsaɪz] vt [+ fact, point] insister sur ; (= draw attention to) mettre en évidence ; [+ sth pleasant or flattering] mettre en valeur

emphatic [ɪm'fætɪk] adj **a** [person] catégorique ; [denial, statement] énergique **b** [tone, gesture, nod] emphatique

empire ['empaɪəʳ] n empire *m*

employ [ɪm'plɔɪ] vt employer

employee [ˌɪmplɔɪ'iː] n employé(e) *m(f)*, salarié(e) *m(f)*

employer [ɪm'plɔɪəʳ] n employeur *m*, -euse *f*

employment [ɪm'plɔɪmənt] n emploi *m* ▸ **employment agency** agence *f* de placement

empower [ɪm'paʊəʳ] vt **a** (= authorize) ▪ **to ~ sb to do sth** autoriser qn à faire qch ; (legally) habiliter qn à faire qch **b** ▪ **to ~ sb** (= make stronger) rendre qn plus fort ; (= make more independent) permettre à qn de s'assumer

empress ['emprɪs] n impératrice *f*

emptiness ['emptɪnɪs] n vide *m*

empty ['emptɪ] **1** adj **a** (= containing nothing) vide ▪ **on an ~ stomach** à jeun ▸ **empty-handed** les mains vides **b** (= meaningless) [phrase] creux ; [dream, hope] vain ▪ **~ promises** promesses *fpl* en l'air **c** (= numb) [person] vidé ; [feeling] de vide **2** **empties** npl (= bottles) bouteilles *fpl* vides ; (= glasses) verres *mpl* vides **3** vt [+ vehicle] décharger ; [+ rubbish, pockets] vider ; [+ liquid] verser (*into* dans) **4** vi [building, room, washing machine] se vider

emu ['iːmjuː] n émeu *m*

emulate ['emjʊleɪt] vt émuler

emulsion [ɪ'mʌlʃən] n (also **emulsion paint**) peinture-émulsion *f*

enable [ɪ'neɪbl] vt ▪ **to ~ sb to do sth** permettre à qn de faire qch ; → *Pièges* PERMIT

enact [ɪ'nækt] vt **a** [+ law, decree] promulguer **b** [+ play, part] jouer

enactment [ɪ'næktmənt] n promulgation *f*

enamel [ɪ'næməl] **1** n émail *m* **2** vt émailler

enamoured, enamored (US) [ɪ'næməd] adj ▪ **to be ~ of** [+ person] être amoureux de ; [+ thing] être séduit par

encapsulate [ɪn'kæpsjʊleɪt] vt incarner

enchant [ɪn'tʃɑːnt] vt enchanter

enchanting [ɪn'tʃɑːntɪŋ] adj ravissant

enchantment [ɪn'tʃɑːntmənt] n (= spell) enchantement *m* ; (= appeal) charme *m*

encircle [ɪn'sɜːkl] vt entourer

enclave ['enkleɪv] n enclave *f*

enclose [ɪn'kləʊz] vt **a** (= fence in) clôturer ; (= surround) entourer (*by* de) **b** (with letter) joindre (*in*, *with* à) ▪ **please find ~d** veuillez trouver ci-joint

enclosed [ɪn'kləʊzd] adj [area] fermé ; [garden, space] clos

enclosure [ɪn'kləʊʒəʳ] n **a** (= document enclosed) pièce *f* jointe **b** (= enclosed ground) enclos *m* ▪ **the ~** [of racecourse] le pesage

encode [ɪn'kəʊd] vti coder, encoder

encoder [ɪn'kəʊdəʳ] n encodeur *m*

encompass [ɪn'kʌmpəs] vt (= include) englober

encore ['ɒŋkɔːʳ] **1** excl bis ! **2** n rappel *m* ▪ **to play an ~** faire un bis

encounter [ɪn'kaʊntəʳ] **1** vt (gen) rencontrer ; [+ enemy, danger] affronter ; [+ opposition] se heurter à **2** n rencontre *f*

encourage [ɪn'kʌrɪdʒ] vt encourager (*sb to do sth* qn à faire qch)

encouragement [ɪn'kʌrɪdʒmənt] n encouragement *m*

encouraging [ɪn'kʌrɪdʒɪŋ] adj encourageant

encroach [ɪn'krəʊtʃ] vi ▪ **to ~ on** empiéter sur

encryption [ɪn'krɪpʃən] n cryptage *m*

encyclop(a)edia [ɪnˌsaɪkləʊ'piːdɪə] n encyclopédie *f*

end [end] **1** n **a** [of film, chapter, month] fin *f* ▪ **to be at an ~** être terminé ▪ **to come to an ~** se terminer ▪ **to put an ~ to sth** mettre fin à qch **b** (= farthest part) bout *m* ▪ **from ~ to ~** d'un bout à l'autre ▪ **~ to ~** bout à bout ▪ **to make ~s meet** joindre les deux bouts **c** (= purpose) but *m* **d** (set structures) ♦ **at the end of** à la fin de ▪ **at the ~ of the day** à la fin de la journée ; (= ultimately) en fin de compte ▪ **at the ~ of December** fin décembre ♦ **in the end** finalement ▪ **he got used to it in the ~** il a fini par s'y habituer ♦ **on end** (= upright) debout

■ **for days on ~** pendant des jours et des jours **2** vt [+ quarrel, war, rumour] mettre fin à ; [+ speech, series] terminer (*with* par) **3** vi se terminer (*in* par)

▸ **end up** vi se terminer ■ **he ~ed up in Paris** il s'est retrouvé à Paris ■ **you'll ~ up in jail** tu vas finir en prison

endanger [ɪn'deɪndʒəʳ] vt [+ life, interests] mettre en danger ; [+ chances, health] compromettre ▸ **endangered species** espèce *f* menacée d'extinction

endearing [ɪn'dɪərɪŋ] adj [person, quality] attachant ; [habit, manner] touchant

endeavour, endeavor (US) [ɪn'devəʳ] **1** n (= effort) effort *m* ; (= attempt) tentative *f* (*to do sth* pour faire qch) **2** vi s'efforcer (*to do sth* de faire qch)

ending ['endɪŋ] n **a** fin *f* ■ **a story with a happy ~** une histoire qui finit bien **b** [of word] terminaison *f*

endive ['endaɪv] n (curly) chicorée *f* ; (smooth, flat) endive *f*

endless ['endlɪs] adj **a** [queue, speech, road] interminable ; [variety, patience] infini ; [supply, resources] inépuisable **b** (= countless) innombrable

endlessly ['endlɪslɪ] adv [talk] sans arrêt

endorse [ɪn'dɔːs] vt **a** (= sign) [+ document, cheque] endosser **b** (= approve) [+ claim, candidature] appuyer ; [+ opinion] souscrire à ; [+ action, decision] approuver

endorsement [ɪn'dɔːsmənt] n **a** (= approval) [of proposal, policy] adhésion *f* ; [of claim, candidate] appui *m* ; [of action, decision] approbation *f* **b** (= recommendation) recommandation *f* **c** (BR : on driving licence) *infraction mentionnée sur le permis de conduire*

endow [ɪn'daʊ] vt [+ institution, church] doter (*with* de) ; [+ prize, chair] fonder ■ **to be ~ed with sth** être doté de qch

endurance [ɪn'djʊərəns] n endurance *f* ▸ **endurance rider** enduriste *mf* ▸ **endurance test** épreuve *f* d'endurance

endure [ɪn'djʊəʳ] **1** vt **a** (= put up with) supporter **b** (= suffer) subir **2** vi (= last) durer ; [book, memory] rester

enduring [ɪn'djʊərɪŋ] adj durable

enema ['enɪmə] n lavement *m*

enemy ['enəmɪ] **1** n ennemi(e) *m(f)* **2** comp [tanks, forces] ennemi

energetic [ˌenə'dʒetɪk] adj énergique ; [performance, campaign] plein d'énergie

energize ['enədʒaɪz] vt [+ person] regonfler ; [+ economy] dynamiser ; (Elec) alimenter (en courant)

energy ['enədʒɪ] n énergie *f* ■ **to put all one's ~ into (doing) sth** se consacrer tout entier à (faire) qch ▸ **energy drink** boisson *f* énergisante ▸ **energy-efficient** économe en énergie ▸ **energy-saving** n économies *fpl* d'énergie ◇ adj d'économie d'énergie ▸ **energy transition** transition *f* énergétique

enervating ['enɜːveɪtɪŋ] adj débilitant

enfold [ɪn'fəʊld] vt envelopper (*in* de)

enforce [ɪn'fɔːs] vt [+ ruling, the law] faire respecter ; [+ decision, policy] appliquer ; [+ discipline] imposer

engage [ɪn'geɪdʒ] **1** vt **a** [+ servant] engager ; [+ workers] embaucher ; [+ lawyer] prendre **b** [+ sb's attention, interest] éveiller ■ **to ~ sb in conversation** engager la conversation avec qn **2** vi ■ **to ~ in** [+ discussion] prendre part à ; [+ activity] se lancer dans ; [+ illegal activities] se livrer à

engaged [ɪn'geɪdʒd] adj **a** (= betrothed) ■ **to be ~** être fiancé ■ **to get ~ (to sb)** se fiancer (avec qn) **b** (BR) [line, number, telephone] occupé ■ **it's ~** ça sonne « occupé » ▸ **engaged tone** tonalité *f* occupé **c** (= not free) occupé

engagement [ɪn'geɪdʒmənt] n **a** (= appointment) rendez-vous *m inv* **b** (= betrothal) fiançailles *fpl* ▸ **engagement ring** bague *f* de fiançailles

engaging [ɪn'geɪdʒɪŋ] adj [person] charmant ; [smile, frankness] engageant ; [personality] attachant ; [manner] aimable

engine ['endʒɪn] n (= motor) moteur *m* ; [of ship] machine *f* ; (= locomotive) locomotive *f*

> ⚠ ***engine*** ne se traduit pas par **engin**.

engineer [ˌendʒɪ'nɪəʳ] **1** n (professional) ingénieur *mf* ; (= trades person) technicien(ne) *m(f)* ; (= repair man) réparateur *m* **2** vt [+ sb's dismissal, scheme] organiser

engineering [ˌendʒɪ'nɪərɪŋ] n ingénierie *f*

England ['ɪŋglənd] n Angleterre *f*

English ['ɪŋglɪʃ] **1** adj anglais ; [teacher, dictionary] d'anglais ▸ **English breakfast** (in hotel) petit-déjeuner *m* anglais ▸ **the English Channel** la Manche **2** n (= language) anglais *m* **3** **the English** npl les Anglais *mpl*

Englishman ['ɪŋglɪʃmən] n (pl **-men**) Anglais *m*

Englishwoman ['ɪŋglɪʃwʊmən] n (pl **-women**) Anglaise *f*

engrave [ɪn'greɪv] vt graver

engraving [ɪn'greɪvɪŋ] n gravure *f*

engross [ɪn'grəʊs] vt ■ **to be ~ed in** [+ work] être absorbé par ; [+ reading, thoughts] être plongé dans

engulf [ɪn'gʌlf] vt engloutir

enhance [ɪn'hɑːns] vt [+ attraction, status] mettre en valeur ; [+ powers, prestige, reputation] accroître ; [+ value, pleasure] augmenter ; [+ position, chances] améliorer ▪ **~d man** homme *m* augmenté

enigma [ɪ'nɪgmə] n énigme *f*

enigmatic [,enɪg'mætɪk] adj énigmatique

enjoy [ɪn'dʒɔɪ] vt **a** (= like) aimer ▪ **to ~ doing sth** aimer faire qch ▪ **to ~ o.s.** s'amuser **b** (= benefit from) [+ rights, health, advantage] jouir de

enjoyable [ɪn'dʒɔɪəbl] adj agréable

enjoyment [ɪn'dʒɔɪmənt] n (= pleasure) plaisir *m*

enlarge [ɪn'lɑːdʒ] **1** vt agrandir **2** vi (= explain) ▪ **to ~ (up)on** [+ subject, difficulties] s'étendre sur ; [+ idea] développer

enlargement [ɪn'lɑːdʒmənt] n (= photograph, process) agrandissement *m*

enlighten [ɪn'laɪtn] vt éclairer (*sb about sth* qn sur qch)

enlightened [ɪn'laɪtnd] adj éclairé

enlightening [ɪn'laɪtnɪŋ] adj instructif

enlightenment [ɪn'laɪtnmənt] n (= explanations) éclaircissements *mpl* ▪ **the Age of Enlightenment** le Siècle des lumières

enlist [ɪn'lɪst] **1** vi s'engager **2** vt [+ recruits] enrôler ; [+ soldiers, supporters] recruter

enormous [ɪ'nɔːməs] adj (gen) énorme ; [+ patience, success] immense ; [+ talent] formidable

enormously [ɪ'nɔːməslɪ] adv [enjoy, vary] énormément ; [funny, enjoyable] extrêmement

enough [ɪ'nʌf] **1** adj assez (de) ▪ **~ books/money** assez de livres/d'argent ▪ **I've had ~** (full) j'ai assez mangé ; (fed up) j'en ai assez ▪ **that's ~** ça suffit **2** adv **a** (gen) assez ▪ **are you warm ~?** avez-vous assez chaud ? ▪ **he writes well ~** il écrit assez bien **b** (intensifying) ▪ **funnily ~, I saw him too** c'est curieux, moi aussi je l'ai vu

enquire [ɪn'kwaɪə^r] ⇒ **inquire**

enrage [ɪn'reɪdʒ] vt mettre en rage

enrich [ɪn'rɪtʃ] vt enrichir (*with* en) ; [+ soil] fertiliser

enrol, enroll (US) [ɪn'rəʊl] **1** vt inscrire **2** vi s'inscrire (*in* à)

enrolment, enrollment (US) [ɪn'rəʊlmənt] n inscription *f* ▸ **enrolment fee** frais *mpl* d'inscription

ensue [ɪn'sjuː] vi résulter

en suite [,ɒn'swiːt] adj ▪ **with an ~ bathroom** avec salle de bains attenante

ensure [ɪn'ʃʊə^r] vt **a** (= make sure) assurer ▪ **to ~ that** s'assurer que **b** ⇒ **insure**

entail [ɪn'teɪl] vt [+ expense, work] occasionner ; [+ risk, difficulty] comporter ; [+ suffering] entraîner

entangle [ɪn'tæŋgl] vt ▪ **to become ~d in** s'empêtrer dans

enter ['entə^r] **1** vt **a** (= come or go into) entrer dans ; [+ vehicle] monter dans, entrer dans ▪ **the thought never ~ed my head** cette pensée ne m'est jamais venue à l'esprit **b** [+ university] entrer à **c** (= register) [+ amount, name, fact, order] inscrire ; [+ data] entrer ; [+ candidate] présenter (*for* à) **2** vi **a** (= come or go in) entrer **b** [competitor] ▪ **to ~ for a race** s'inscrire pour une course ▪ **to ~ for an exam** s'inscrire à un examen

▸ **enter into** vt insep **a** (= start) [+ correspondence, conversation] entrer en ; [+ negotiations] entamer ; [+ contract] passer **b** [+ sb's plans, calculations] entrer dans

enterprise ['entəpraɪz] n **a** (= company) entreprise *f* **b** (= initiative) initiative *f*

enterprising ['entəpraɪzɪŋ] adj plein d'initiative

entertain [,entə'teɪn] **1** vt **a** (= amuse) [+ audience] divertir ; (= keep occupied) [+ children] distraire **b** (= offer hospitality to) recevoir **c** (= have in mind) [+ possibility] envisager ; [+ intention, suspicion, doubt, hope] nourrir **2** vi **a** (= amuse) divertir **b** (= offer hospitality) recevoir

> ⚠ ***entertain*** ne se traduit pas par **entretenir**.

entertainer [,entə'teɪnə^r] n artiste *mf (de variétés)*

entertaining [,entə'teɪnɪŋ] adj divertissant

entertainment [,entə'teɪnmənt] n **a** (= amusement) divertissements *mpl* **b** (= show) spectacle *m*

enthral(l) [ɪn'θrɔːl] vt [book, film, performance] captiver ; [scenery, entertainer, actor] charmer ; [idea, thought] enchanter

enthralling [ɪn'θrɔːlɪŋ] adj [story, film, match] passionnant

enthuse [ɪn'θuːz] **1** vi ▪ **to ~ about sth** s'enthousiasmer pour qch **2** vt ▪ **to be ~d by sth** être enthousiasmé par qch

enthusiasm [ɪn'θuːzɪæzəm] n enthousiasme *m*

enthusiast [ɪn'θuːzɪæst] n enthousiaste *mf* ▪ **he is a jazz ~** il est passionné de jazz

enthusiastic [ɪn,θuːzɪ'æstɪk] adj enthousiaste ▪ **~ about doing sth** enthousiaste à l'idée de faire qch

entice [ɪn'taɪs] vt attirer ; (with food, false promises) allécher ; (with prospects) séduire

entire [ɪn'taɪə^r] adj (gen) entier ▪ **the ~ city** toute la ville ▪ **his ~ life** toute sa vie

entirely [ɪn'taɪəlɪ] adv [change, depend on, devote to] entièrement ; [satisfied, clear, possible, happy] tout à fait ; [new] totalement

entitle [ɪn'taɪtl] vt **a** (= bestow right on) autoriser (*to do* à faire) ▪ **to be ~d to sth** avoir droit à qch ▪ **to be ~d to do sth** (by position, qualifications) être habilité à faire qch, avoir le droit de faire qch **b** (= give title to) intituler

entitlement [ɪn'taɪtəlmənt] n droit *m* (*to* à)

entity ['entɪtɪ] n entité *f*

entrance[1] ['entrəns] n (= way in, entry) entrée *f* (*to* de) ; (= right to enter) admission *f* ▪ **to gain ~ to** réussir à entrer dans ; [+ university] être admis à ▸ **entrance fee** prix *m* d'entrée ▸ **entrance ramp** bretelle *f* d'accès ▸ **entrance requirements** conditions *fpl* d'admission

entrance[2] [ɪn'trɑːns] vt (= enchant) enchanter

entrancing [ɪn'trɑːnsɪŋ] adj enchanteur (-teresse *f*)

entrant ['entrənt] n (to profession) nouveau venu *m*, nouvelle venue *f* (*to* dans, en) ; (in race) concurrent(e) *m(f)* ; (in competition, exam) candidat(e) *m(f)*

entreat [ɪn'triːt] vt supplier (*sb to do sth* qn de faire qch)

entrenched [ɪn'trentʃt] adj [idea, attitude, belief] enraciné ; [interests, power] bien établi

entrepreneur [ˌɒntrəprə'nɜː'] n entrepreneur *m*, -euse *f* *(chef d'entreprise)*

entrepreneurial [ˌɒntrəprə'nɜːrɪəl] adj [person, company] entreprenant ; [skills] entrepreneurial ▪ **to have ~ flair** avoir l'esprit d'entreprise

entrepreneurship [ˌɒntrəprə'nɜːʃɪp] n esprit *m* d'entreprise

entrust [ɪn'trʌst] vt confier (*to* à)

entry ['entrɪ] n **a** (gen) entrée *f* ; (in competition) participation *f* ▪ **"no ~"** (on gate) « défense d'entrer » ; (in one-way street) « sens interdit » ▸ **entry fee** prix *m* d'entrée ▸ **entry form** fiche *f* d'inscription ▸ **entry-level** (Computing) de base; [product] d'entrée de gamme ▸ **entry phone** interphone *m* **b** (= item) (on list) inscription *f* ; (in account book, ledger) écriture *f* ; (in dictionary, encyclopedia) (= whole entry) article *m* ; (= headword) entrée *f*

entwine [ɪn'twaɪn] vt enrouler

enumerate [ɪ'njuːməreɪt] vt énumérer

envelop [ɪn'veləp] vt envelopper

envelope ['envələʊp] n enveloppe *f*

envious ['envɪəs] adj envieux ▪ **to be ~ of sb** envier qn

environment [ɪn'vaɪərənmənt] n (gen) milieu *m* ; (Ecol) environnement *m* ▸ **environment-friendly** respectueux de l'environnement

environmental [ɪnˌvaɪərən'mentl] adj [issues, disaster, problems] écologique ; [impact, effects] sur l'environnement ; [group, movement] écologiste

environmentalist [ɪnˌvaɪərən'mentəlɪst] n écologiste *mf*

environmentally [ɪnˌvaɪərən'mentəlɪ] adv ▪ **~ friendly** respectueux de l'environnement ▪ **~ responsible** écoresponsable ▪ **to be ~ aware** être sensibilisé aux problèmes de l'environnement

envisage [ɪn'vɪzɪdʒ] vt (= foresee) prévoir ; (= imagine) envisager

envoy ['envɔɪ] n envoyé(e) *m(f)* ; (= diplomat) ministre *mf* plénipotentiaire

envy ['envɪ] **1** n envie *f* **2** vt [+ person, thing] envier ▪ **to ~ sb sth** envier qch à qn

enzyme ['enzaɪm] n enzyme *m*

ephemeral [ɪ'femərəl] adj éphémère

epic ['epɪk] **1** adj épique **2** n épopée *f* ; (= film) film *m* à grand spectacle

epicentre, epicenter (US) ['epɪsentə'] n épicentre *m*

epidemic [ˌepɪ'demɪk] n épidémie *f*

epigenetic [ˌepɪdʒɪ'netɪk] adj épigénétique

epilepsy ['epɪlepsɪ] n épilepsie *f*

epileptic [ˌepɪ'leptɪk] adj, n épileptique *mf* ▪ **~ fit** crise *f* d'épilepsie

Epiphany [ɪ'pɪfənɪ] n Épiphanie *f*

episode ['epɪsəʊd] n épisode *m*

epitaph ['epɪtɑːf] n épitaphe *f*

epithet ['epɪθet] n épithète *f*

epitome [ɪ'pɪtəmɪ] n ▪ **the ~ of virtue** la vertu incarnée

epitomize [ɪ'pɪtəmaɪz] vt incarner

epoch ['iːpɒk] n époque *f*

equable ['ekwəbl] adj égal

equal ['iːkwəl] **1** adj **a** égal ▸ **equal opportunities** égalité *f* des chances ▸ **equal(s) sign** signe *m* égal **b** (= capable) ▪ **to be ~ to sth** être à la hauteur de qch ▪ **to be ~ to doing sth** être de taille à faire qch **2** n égal(e) *m(f)* ▪ **to treat sb as an ~** traiter qn d'égal à égal **3** vt (= be equal of) égaler (*in* en)

equality [ɪ'kwɒlɪtɪ] n égalité *f*

equalize ['iːkwəlaɪz] **1** vt [+ chances] équilibrer ; [+ income, prices] égaliser **2** vi (BR : Sport) égaliser

equalizer ['iːkwəlaɪzə'] n but *m* (or point *m*) égalisateur

equally ['iːkwəlɪ] adv **a** [divide, share] en parts égales ▪ **~ spaced** à intervalles réguliers **b** (= also) de la même manière **c** [important, true, difficult] tout aussi ; [clear] également

equanimity [ˌekwəˈnɪmɪtɪ] n égalité *f* d'humeur

equate [ɪˈkweɪt] vt (= identify) assimiler (*with* à) ; (= compare) mettre sur le même plan (*with* que)

equation [ɪˈkweɪʒən] n équation *f* ▪ **that doesn't come into the ~** cela ne rentre pas dans l'équation

equator [ɪˈkweɪtəʳ] n équateur *m*

equilibrium [ˌiːkwɪˈlɪbrɪəm] n équilibre *m*

equip [ɪˈkwɪp] vt équiper ▪ **to ~ with** équiper de ▪ **to be well-equipped with** être bien pourvu en

equipment [ɪˈkwɪpmənt] n équipement *m* ; (for office, laboratory, camping) matériel *m* ▪ **electrical ~** appareillage *m* électrique

equitable [ˈekwɪtəbl] adj équitable

equity [ˈekwɪtɪ] n **a** (= fairness) équité *f* **b** (= capital) capital *m* propre ▪ **equities** (BR : Stock exchange) actions *fpl* cotées en bourse

equivalent [ɪˈkwɪvələnt] **1** adj équivalent (*to* à) **2** n équivalent *m*

era [ˈɪərə] n (gen) époque *f* ; (Geol, Hist) ère *f*

eradicate [ɪˈrædɪkeɪt] vt éradiquer

erase [ɪˈreɪz] vt effacer ; (with rubber) gommer

eraser [ɪˈreɪzəʳ] n gomme *f*

e-reader [ˈiːˌriːdəʳ] n liseuse *f*

erect [ɪˈrekt] **1** adj **a** (= upright) droit ; [tail, ears] dressé **b** [penis] en érection **2** vt [+ temple, statue] ériger ; [+ wall, flats] construire ; [+ scaffolding] monter ; [+ tent, mast, barricade] dresser ; [+ obstacles, barrier] élever

erection [ɪˈrekʃən] n (gen) érection *f* ; [of building, wall, fence] construction *f*

ergonomic [ˌɜːgəʊˈnɒmɪk] adj ergonomique

ERM [ˌiːɑːrˈem] n (abbr of **Exchange Rate Mechanism**) mécanisme *m* de change

ermine [ˈɜːmɪn] n hermine *f*

erode [ɪˈrəʊd] **1** vt (gen) éroder ; [+ confidence] saper **2** vi [rock, soil, value] s'éroder

erosion [ɪˈrəʊʒən] n érosion *f*

erotic [ɪˈrɒtɪk] adj érotique

err [ɜːʳ] vi (= be mistaken) se tromper ; (= sin) pécher

errand [ˈerənd] n course *f* ▪ **to go on** or **run an ~** faire une course ▸ **errand boy** garçon *m* de courses

erratic [ɪˈrætɪk] adj [person, behaviour] fantasque ; [driving, performance, movements] irrégulier

erroneous [ɪˈrəʊnɪəs] adj erroné

error [ˈerəʳ] n erreur *f* ▪ **in ~** par erreur ; → *Pièges* ERROR

erudite [ˈerʊdaɪt] adj érudit

erupt [ɪˈrʌpt] vi **a** [volcano] entrer en éruption **b** [violence, scandal, crisis] éclater

eruption [ɪˈrʌpʃən] n **a** [of volcano] éruption *f* **b** [of violence, laughter] explosion *f* ; [of anger] accès *m*

escalate [ˈeskəleɪt] vi [fighting, violence] s'intensifier ; [hostilities, costs] monter en flèche

escalation [ˌeskəˈleɪʃən] n [of violence] escalade *f* ; [of fighting, war] intensification *f* ; [of hostilities, prices] montée *f*

escalator [ˈeskəleɪtəʳ] n escalier *m* roulant

escapade [ˈeskəˌpeɪd] n (= prank) frasque *f* ; (= adventure) équipée *f*

escape [ɪsˈkeɪp] **1** vi **a** (= get away) échapper (*from sb* à qn) ; (from place) s'échapper (*from* de) ; [prisoner] s'évader (*from* de) ▪ **he ~d with a few scratches** il s'en est tiré avec quelques égratignures **b** [water, steam, gas] s'échapper **2** vt (gen) échapper à ; [+ consequences] éviter ; [+ punishment] se soustraire à ▪ **he narrowly ~d injury** il a failli être blessé ▪ **to ~ notice** ne pas se faire repérer ▪ **his name ~s me** son nom m'échappe **3** n fuite *f* ; [of prisoner] évasion *f* ▪ **to have a narrow ~** l'échapper belle ▸ **escape key** (on computer) touche *f* d'échappement ▸ **escape game** jeu *m* d'évasion

escapee [ɪskeɪˈpiː] n évadé(e) *m(f)*

escapism [ɪsˈkeɪpɪzəm] n fuite *f* (de la réalité)

escapist [ɪsˈkeɪpɪst] **1** n personne *f* qui fuit la réalité **2** adj [film, reading] d'évasion

escort **1** n [ˈeskɔːt] **a** (= guard) escorte *f* ▪ **under ~** sous escorte **b** (= companion) (female) hôtesse *f* ; (male, at dance) cavalier *m* **2** vt [ɪsˈkɔːt] escorter ▪ **to ~ sb to the door** raccompagner qn à la porte

> Lorsque ***escort*** est un verbe, l'accent tombe sur la deuxième syllabe. Lorsque c'est un nom, l'accent tombe sur la première.

e-shopping [ˈiːʃɒpɪŋ] n achats *mpl* en ligne

Eskimo [ˈeskɪməʊ] **1** n Esquimau(de) *m(f)* **2** adj esquimau (-au(de) *f*)

espadrille [ˌespəˈdrɪl] n espadrille *f*

especial [ɪsˈpeʃəl] adj particulier

especially [ɪsˈpeʃəlɪ] adv **a** (= particularly) surtout ▪ **~ as** d'autant plus que **b** (= expressly) spécialement **c** (= more than usual) particulièrement

Esperanto [ˌespəˈræntəʊ] n espéranto *m*

espionage [ˌespɪəˈnɑːʒ] n espionnage *m*

esplanade [ˌespləˈneɪd] n esplanade *f*

espresso [esˈpresəʊ] n (café *m*) express *m*

essay [ˈeseɪ] n (liter) essai *m* ; (at school) rédaction *f* ; (longer) dissertation *f*

eq

essence ['esəns] n essence *f* ■ **in ~** essentiellement

essential [ɪ'senʃəl] **1** adj essentiel ■ **it is ~ that...** il est essentiel que... *+ subj* ► **essential oil** n huile *f* essentielle **2** **essentials** npl essentiel *m*

essentially [ɪ'senʃəlɪ] adv essentiellement

establish [ɪs'tæblɪʃ] vt (gen) établir ; [+ government, society] constituer ; [+ state, business, post] créer ; [+ laws, custom] instaurer ; [+ peace, order] faire régner

established [ɪs'tæblɪʃt] adj établi

establishment [ɪs'tæblɪʃmənt] n **a** (= institution) établissement *m* **b** ■ **the Establishment** l'establishment *m*

estate [ɪs'teɪt] n **a** (= land) propriété *f* ; (= housing estate) lotissement *m* ■ **country ~** terres *fpl* ► **estate agency** (BR) agence *f* immobilière ► **estate agent** (BR) agent *m* immobilier **b** (= possessions) biens *mpl* ; [of deceased] succession *f* **c** (BR) (also **estate car**) break *m*

esteem [ɪs'tiːm] **1** vt estimer **2** n estime *f* ■ **to hold sb in high ~** tenir qn en haute estime ■ **to hold sth in high ~** avoir une haute opinion de qch

estimate **1** n ['estɪmɪt] estimation *f* ; (for job, service, repairs) devis *m* ■ **at a rough ~** approximativement **2** vt ['estɪmeɪt] estimer ■ **his fortune is ~d at...** on évalue sa fortune à...

> Lorsque ***estimate*** est un verbe, la fin se prononce comme ***eight***. Lorsque c'est un nom, elle se prononce ***it***.

estimation [,estɪ'meɪʃən] n ■ **in my ~** à mon avis ■ **he went up in my ~** il est monté dans mon estime

estranged [ɪs'treɪndʒd] adj ■ **her ~ husband** son mari, dont elle est séparée

estrogen ['estrədʒən, 'iːstrədʒən] n (US) œstrogène *m*

estuary ['estjʊərɪ] n estuaire *m*

etc. [ɪt'setərə] (abbr of **et cetera**) etc.

etching ['etʃɪŋ] n (= picture) eau-forte *f*

eternal [ɪ'tɜːnl] adj éternel

eternally [ɪ'tɜːnəlɪ] adv éternellement

eternity [ɪ'tɜːnɪtɪ] n éternité *f*

ethic ['eθɪk] n éthique *f*

ethical ['eθɪkəl] adj éthique ► **ethical consumer** alterconsommateur *m*, -trice *f*, consommateur *m*, -trice *f* éthique ► **ethical consumption** alterconsommation *f*

ethics ['eθɪks] **1** n (= study) éthique *f* **2** npl (= principles) déontologie *f*

Ethiopia [,iːθɪ'əʊpɪə] n Éthiopie *f*

ethnic ['eθnɪk] adj (gen) ethnique ; [food] exotique

ethos ['iːθɒs] n philosophie *f*

e-ticket ['iːtɪkɪt] n billet *m* électronique *(acheté en ligne)*

etiquette ['etɪket] n étiquette *f*

etymology [,etɪ'mɒlədʒɪ] n étymologie *f*

EU ['iː'juː] n (abbr of **European Union**) UE *f*

eucalyptus [,juːkə'lɪptəs] n eucalyptus *m*

eulogy ['juːlədʒɪ] n panégyrique *m* ; (at funeral) éloge *m* funèbre

euphemism ['juːfəmɪzəm] n euphémisme *m*

euphoria [juː'fɔːrɪə] n euphorie *f*

euphoric [juː'fɒrɪk] adj euphorique

euro ['jʊərəʊ] n (= currency) euro *m*

Eurocheque ['jʊərəʊ,tʃek] n eurochèque *m*

Euro MP [,jʊərəʊem'piː] n député(e) *m(f)* européen(ne)

Europe ['jʊərəp] n Europe *f*

European [,jʊərə'piːən] **1** adj européen ► **European Commission** Commission *f* européenne ► **European Community** Communauté *f* européenne ► **European Economic Community** Communauté *f* économique européenne ► **European Parliament** Parlement *m* européen ► **European Union** Union *f* européenne **2** n Européen(ne) *m(f)*

Europhile ['jʊərəʊ,faɪl] adj, n europhile *mf*

Europhobic [,jʊərəʊ'fəʊbɪk] adj europhobe

Eurostar® ['jʊərəʊ,stɑː'] n Eurostar® *m*

euthanasia [,juːθə'neɪzɪə] n euthanasie *f*

euthanize ['juːθə,naɪz] vt euthanasier

evacuate [ɪ'vækjʊeɪt] vt évacuer

evacuation [ɪ,vækjʊ'eɪʃən] n évacuation *f*

evade [ɪ'veɪd] vt [+ pursuers] échapper à ; [+ obligation, punishment] se soustraire à ; [+ question] éluder ; [+ law] contourner

evaluate [ɪ'væljʊeɪt] vt évaluer

evaluation [ɪ,væljʊ'eɪʃən] n évaluation *f*

evaporate [ɪ'væpəreɪt] vi [liquid] s'évaporer ; [hopes] s'envoler ; [dreams, fear, anger] se dissiper ► **evaporated milk** lait *m* condensé non sucré

evasion [ɪ'veɪʒən] n dérobade *f* (of devant) ■ **tax ~** évasion or fraude *f* fiscale

evasive [ɪ'veɪzɪv] adj évasif

eve [iːv] n veille *f* ■ **on the ~ of...** la veille de...

even ['iːvən]

1 adj **a** (= equal) [quantities, distances, values] égal ■ **to get ~ with sb** rendre la monnaie de sa pièce à qn

b (= flat) [surface, ground] plat

c (= steady) [progress] régulier ; [temperature, breathing] égal

d (= calm) [voice, tones, temper] égal

e ■ **~ number/date** nombre *m*/jour *m* pair

2 adv **a** (gen) même ■ **he can't ~ swim** il ne sait même pas nager ■ **~ if** même si *+ indic* ■ **~ though** bien que *+ subj* ■ **~ so** quand même

b (with adjective or adverb) encore ■ **~ better** encore mieux

▸ **even up** vt sep égaliser ■ **that will ~ things up** cela rétablira l'équilibre

evening ['i:vnɪŋ] n soir *m* ; (length of time) soirée *f* ■ **every ~** tous les soirs ■ **this ~** ce soir ■ **in the ~(s)** le soir ■ **6 o'clock in the ~** 6 heures du soir ▸ **evening class** cours *m* du soir ▸ **evening dress** [of man] tenue *f* de soirée; [of woman] robe *f* du soir ▸ **evening primrose oil** huile *f* d'onagre

evenly ['i:vənlɪ] adv [distribute] également ; [divide] en parts égales ; (= steadily) [breathe, beat, flow] régulièrement

event [ɪ'vent] n **a** (= happening) événement *m* ■ **after the ~** après coup ■ **in the ~ of** en cas de ■ **in any ~** en tout cas **b** (Sport) épreuve *f* ; (Racing) course *f*

eventful [ɪ'ventfʊl] adj mouvementé

eventual [ɪ'ventʃʊəl] adj [death, failure] qui s'ensuit ; [success] final

⚠ *eventual* ne se traduit pas par **éventuel**.

eventually [ɪ'ventʃʊəlɪ] adv finalement ■ **to do sth ~** finir par faire qch

⚠ *eventually* ne se traduit pas par **éventuellement** ; → Pièges EVENTUALLY

ever ['evəʳ] adv

a (= at any time) jamais ■ **I haven't ~ seen her** je ne l'ai jamais vue ■ **have you ~ seen her?** l'avez-vous déjà vue ? ■ **do you ~ see her?** est-ce qu'il vous arrive de la voir ? ■ **faster/more beautiful than ~** plus vite/plus beau que jamais ■ **the best meal I have ~ eaten** le meilleur repas que j'aie jamais fait ■ **if ~ you meet him...** si jamais tu le rencontres...

b (= at all times) ■ **they lived happily ~ after** ils vécurent heureux ■ **all he ~ does is sleep** il ne fait que dormir

c (intensive) ■ **the first ~** le tout premier ■ **as ~** comme toujours ■ **he's as handsome as ~** il est toujours aussi beau ■ **I'm ~ so sorry** je suis vraiment désolé ■ **~ so pretty** joli comme tout ■ **thank you ~ so much** merci mille fois ■ **~ since I was a boy** depuis mon enfance ■ **~ since I have lived here** depuis que j'habite ici

Everest ['evərɪst] n ■ **(Mount) ~** Everest *m*

evergreen ['evəgri:n] adj [tree, shrub] à feuilles persistantes

everlasting [,evə'lɑ:stɪŋ] adj éternel

every ['evrɪ] adj

a (= each) chaque ■ **~ shop** chaque magasin ■ **~ one of them had brought something** chacun d'entre eux avait apporté quelque chose ■ **~ time I see him** chaque fois que je le vois ■ **of ~ sort** de toute sorte ■ **of ~ age** de tout âge ■ **in ~ way** (= from every point of view) en tous points ; (= by every means) par tous les moyens

b (for emphasis) ■ **I have ~ confidence in him** j'ai pleine confiance en lui ■ **there is ~ chance that he will come** il y a toutes les chances qu'il vienne ■ **you have ~ reason to complain** vous avez tout lieu de vous plaindre

c (recurring intervals) tous les, toutes les ■ **~ quarter of an hour** tous les quarts d'heure ■ **~ 15 metres** tous les 15 mètres ■ **~ other** or **second day** tous les deux jours ■ **~ other Wednesday** un mercredi sur deux

d (in phrases) ■ **he is ~ bit as clever as his brother** il est tout aussi intelligent que son frère ■ **~ now and then, ~ now and again** de temps en temps

everybody ['evrɪbɒdɪ] pron tout le monde, chacun ■ **~ else** tous les autres

everyday ['evrɪdeɪ] adj [thing, clothes, object, world] de tous les jours ; [situation, language] courant ; [activity, task, life, occurrence, problem] quotidien

everyone ['evrɪwʌn] pron ⇒ **everybody**

everyplace ['evrɪpleɪs] adv (US) ⇒ **everywhere**

everything ['evrɪθɪŋ] pron tout

everywhere ['evrɪwɛəʳ] adv partout ■ **~ you go** où qu'on aille

Eve teasing [i:v'ti:zɪŋ] n harcèlement *m* sexuel *(généralement dans un lieu public)*

evict [ɪ'vɪkt] vt expulser

eviction [ɪ'vɪkʃən] n expulsion *f*

evidence ['evɪdəns] n **a** (= ground for belief) évidence *f* ; (= testimony) témoignage *m* **b** (in court) (= object, document) preuve *f* ; (= statement) témoignage *m* ■ **to give ~** témoigner (*for/against sb* en faveur de/contre qn)

⚠ *evidence* ne se traduit pas par **évidence** ; → Pièges EVIDENCE

evident ['evɪdənt] adj évident ; → Pièges EVIDENT

evidently ['evɪdəntlɪ] adv a (= apparently) apparemment b (= obviously) manifestement

> ⚠ *evidently* ne se traduit pas par **évidemment**.

evil ['i:vl] 1 adj [person, spell, reputation] mauvais ; [deed, influence] néfaste ; [power] malfaisant ; [place] maléfique ; [smell] infect 2 n mal *m*

evocative [ɪ'vɒkətɪv] adj évocateur (-trice *f*)

evoke [ɪ'vəʊk] vt [+ spirit, memories] évoquer ; [+ admiration] susciter

evolution [,i:və'lu:ʃən] n évolution *f* ; → Pièges EVOLVE

evolutionary [,i:və'lu:ʃnərɪ] adj [stage, process] évolutif

evolve [ɪ'vɒlv] 1 vt [+ system, theory, plan] élaborer 2 vi (Bio) évoluer ▪ **to ~ from** (fig) se développer à partir de → Pièges EVOLVE

ewe [ju:] n brebis *f*

ex- [eks] pref ex-, ancien ▪ **ex-chairman** ex-président *m* ▪ **ex-husband** ex-mari *m* ▪ **ex-wife** ex-femme *f*

exacerbate [ɪg'zæsə,beɪt, ɪk'sæsə,beɪt] vt [+ problem, situation] aggraver ; [+ pain, disease, hatred] exacerber

exact [ɪg'zækt] 1 adj a (= precise) exact, précis ▪ **he's 44, to be ~** il a 44 ans, pour être précis ▪ **to be the ~ opposite of sb/sth** être tout le contraire de qn/qch b (= meticulous) [person, study, work] méticuleux 2 vt [+ money, obedience] exiger ▪ **to ~ revenge** se venger

exacting [ɪg'zæktɪŋ] adj [person] exigeant ; [task, activity, work] astreignant

exactly [ɪg'zæktlɪ] adv exactement

exaggerate [ɪg'zædʒəreɪt] 1 vt a (= overstate) exagérer b (= emphasize) accentuer 2 vi exagérer

exaggeration [ɪg,zædʒə'reɪʃən] n exagération *f*

exalted [ɪg'zɔ:ltɪd] adj [rank, position] élevé ; [person] haut placé

exam [ɪg'zæm] n examen *m*

examination [ɪg,zæmɪ'neɪʃən] n examen *m*

examine [ɪg'zæmɪn] vt a (= look at) examiner b [+ pupil, candidate] faire passer un examen à ; (orally) interroger c [+ witness] interroger

examiner [ɪg'zæmɪnə'] n examinateur *m*, -trice *f*

example [ɪg'zɑ:mpl] n exemple *m* ▪ **for ~** par exemple ▪ **to set a good ~** donner l'exemple

exasperated [ɪg'zɑ:spəreɪtɪd] adj exaspéré (*at* or *by* or *with sb/sth* par qn/qch)

exasperating [ɪg'zɑ:spəreɪtɪŋ] adj exaspérant

exasperation [ɪg,zɑ:spə'reɪʃən] n exaspération *f*

excavate ['ekskəveɪt] vt [+ ground, trench] creuser ; [+ archaeological site] fouiller ; [+ remains] déterrer

excavation [,ekskə'veɪʃən] n a [of tunnel] creusement *m* ▪ **~ work** excavations *fpl* b (by archaeologists) fouilles *fpl*

exceed [ɪk'si:d] vt dépasser (*in* en, *by* de)

exceedingly [ɪk'si:dɪŋlɪ] adv (frm) extrêmement

excel [ɪk'sel] 1 vi exceller 2 vt ▪ **to ~ o.s.** se surpasser

excellence ['eksələns] n excellence *f*

excellent ['eksələnt] adj excellent

except [ɪk'sept] 1 prep sauf ▪ **~ (for)** à part ▪ **~ (that)** sauf que ▪ **~ if/when** sauf si/quand ▪ **what can they do ~ wait?** que peuvent-ils faire sinon attendre ? 2 vt excepter (*from* de) ▪ **not** or **without ~ing** sans excepter ▪ **present company ~ed** exception faite des personnes présentes

exception [ɪk'sepʃən] n a exception *f* ▪ **with the ~ of...** à l'exception de... ▪ **to make an ~** faire une exception b ▪ **to take ~ to** s'offenser de

exceptional [ɪk'sepʃənl] adj exceptionnel

exceptionally [ɪk'sepʃənəlɪ] adv exceptionnellement

excerpt ['eksɜ:pt] n extrait *m*

excess [ɪk'ses] 1 n excès *m* ▪ **to ~** à l'excès ▪ **in ~ of 50 people** plus de 50 personnes 2 adj [weight, production] excédentaire ▸ **excess baggage, excess luggage** excédent *m* de bagages

excessive [ɪk'sesɪv] adj excessif

excessively [ɪk'sesɪvlɪ] adv [drink, eat] à l'excès ; [optimistic, proud] trop ; [boring, pretty] excessivement

exchange [ɪks'tʃeɪndʒ] 1 vt échanger ▪ **to ~ one thing for another** échanger une chose contre une autre 2 n a [of things, people] échange *m* ▪ **in ~** en échange (*for* de) ▸ **exchange visit** échange *m* b [of money] change *m* ▸ **exchange rate** taux *m* de change c (also **telephone exchange**) central *m* (téléphonique)

exchangeable [ɪks'tʃeɪndʒəbl] adj échangeable (*for* contre)

exchequer [ɪks'tʃekə'] n (= state treasury) ministère *m* des Finances

excise ['eksaɪz] n taxe *f* ▸ **excise duties** (BR) impôts *mpl* indirects

excitable [ɪk'saɪtəbl] adj excitable

excite [ɪk'saɪt] vt exciter

excited [ɪk'saɪtɪd] adj **a** (= exhilarated) excité (*about* à) ■ **to get ~** s'exciter **b** (= agitated) [person, gesture] nerveux ■ **to get ~ (about sth)** s'énerver (à propos de qch)

excitement [ɪk'saɪtmənt] n excitation *f*

exciting [ɪk'saɪtɪŋ] adj passionnant ■ **how ~!** c'est formidable !

exclaim [ɪks'kleɪm] vt s'écrier

exclamation [,ekskləˈmeɪʃən] n exclamation *f* ▸ **exclamation mark, exclamation point** (US) point *m* d'exclamation

exclude [ɪks'klu:d] vt (gen) exclure ; (from list) écarter ■ **£200, excluding VAT** 200 livres, hors taxe ■ **£15 per head excluding wine** 15 livres par personne, vin non compris

exclusion [ɪks'klu:ʒən] n exclusion *f*

exclusive [ɪks'klu:sɪv] **1** adj **a** (gen) exclusif ■ **to be ~ of sth** exclure qch ■ **~ of taxes** hors taxes **b** (= select) [club] fermé ; [district, resort, hotel, restaurant] chic *inv* ; [gathering] sélect **2** n (= newspaper article) exclusivité *f*

exclusively [ɪks'klu:sɪvlɪ] adv exclusivement

excommunicate [,ekskəˈmju:nɪkeɪt] vt excommunier

excrement ['ekskrɪmənt] n excrément *m*

excruciating [ɪks'kru:ʃɪeɪtɪŋ] adj [suffering, misery, boredom] insoutenable

excursion [ɪks'kɜ:ʃən] n excursion *f* ; (on foot, cycle) randonnée *f*

excuse **1** vt [ɪks'kju:z] **a** (gen) excuser ■ **to ~ o.s.** s'excuser (*for* de) ■ **~ me!** excusez-moi ! **b** (= exempt) dispenser (*sb from doing sth* qn de faire qch) **2** n [ɪks'kju:s] excuse *f* ■ **to make an ~ for sth** trouver une excuse à qch ■ **he's just making ~s** il se cherche des excuses

> Lorsque ***excuse*** est un verbe, la fin se prononce comme **z**. Lorsque c'est un nom, elle se prononce **s**.

ex-directory [,eksdɪ'rektərɪ] adj (BR) ■ **to be ~** être sur la liste rouge

execute ['eksɪkju:t] vt exécuter

execution [,eksɪ'kju:ʃən] n exécution *f*

executioner [,eksɪ'kju:ʃnəʳ] n bourreau *m*

executive [ɪg'zekjʊtɪv] **1** adj [power, decision] directorial ; [position, pay] de cadre **2** n **a** (= person) cadre *m* ■ **senior ~** cadre *m* supérieur **b** (= managing group of organization) bureau *m* **c** (= part of government) exécutif *m*

executor [ɪg'zekjʊtəʳ] n (Law) exécuteur *m* testamentaire

exemplary [ɪg'zemplərɪ] adj exemplaire

exemplify [ɪg'zemplɪfaɪ] vt (= be example of) être un exemple de

exempt [ɪg'zempt] **1** adj exempt **2** vt exempter (*from doing sth* de faire qch)

exercise ['eksəsaɪz] **1** n exercice *m* ▸ **exercise book** cahier *m* d'exercices ▸ **exercise class** cours *m* de remise en forme or de gymnastique ▸ **exercise programme** programme *m* d'entraînement **2** vt exercer **3** vi (= take exercise) faire de l'exercice

exert [ɪg'zɜ:t] vt **a** [+ pressure, influence] exercer **b** ■ **to ~ o.s.** (physically) se dépenser ; (= take trouble) se donner du mal

exertion [ɪg'zɜ:ʃən] n effort *m*

exhale [eks'heɪl] vi expirer

exhaust [ɪg'zɔ:st] **1** vt épuiser **2** n [of car] (= system) échappement *m* ; (= pipe) pot *m* d'échappement ■ **~ fumes** gaz *m* d'échappement

exhausted [ɪg'zɔ:stɪd] adj épuisé

exhausting [ɪg'zɔ:stɪŋ] adj épuisant

exhaustion [ɪg'zɔ:stʃən] n épuisement *m*

exhaustive [ɪg'zɔ:stɪv] adj (gen) exhaustif ; [search] minutieux

exhibit [ɪg'zɪbɪt] **1** vt **a** [+ art, merchandise] exposer ; [+ animal] montrer **b** [+ courage, skill] faire preuve de ; [+ tendencies] montrer ; [+ behaviour] afficher **2** n **a** (in exhibition) œuvre *f* **b** (= piece of evidence) pièce *f* à conviction **c** (US = exhibition) exposition *f*

exhibition [,eksɪ'bɪʃən] n exposition *f* ■ **to make an ~ of o.s.** se donner en spectacle ▸ **exhibition centre** centre *m* d'expositions

exhibitionist [,eksɪ'bɪʃənɪst] adj, n exhibitionniste *mf*

exhibitor [ɪg'zɪbɪtəʳ] n exposant(e) *m(f)*

exhilarating [ɪg'zɪləreɪtɪŋ] adj [experience, feeling, ride] grisant ; [air] vivifiant ; [activity] exaltant

exile ['eksaɪl] **1** n **a** (= person) exilé(e) *m(f)* **b** (= condition) exil *m* ■ **in ~** en exil **2** vt exiler (*from* de)

exist [ɪg'zɪst] vi **a** (= be in existence) exister **b** (= live) vivre

existence [ɪg'zɪstəns] n existence *f* ■ **to be in ~** exister ■ **to come into ~** voir le jour

existing [ɪg'zɪstɪŋ] adj (= present) actuel ; (= available) existant

exit ['eksɪt] **1** n sortie *f* **2** vi sortir **3** vt [+ computer file, program] quitter

exodus ['eksədəs] n exode *m*

exonerate [ɪg'zɒnəreɪt] vt disculper

exorbitant [ɪg'zɔ:bɪtənt] adj exorbitant

exorcise ['eksɔ:saɪz] vt exorciser

exorcist ['eksɔ:sɪst] n exorciste *mf*

exotic [ɪg'zɒtɪk] adj exotique

expand [ɪk'spænd] **1** vt [+ business, trade] développer ; [+ production] augmenter ; [+ influence, empire] étendre **2** vi **a** [gas, liquid, metal] se dilater ; [business, trade, ideas] se développer ; [influence, empire] s'étendre **b** ▪ **to ~ (up)on** développer

expanse [ɪk'spæns] n étendue *f*

expansion [ɪk'spænʃən] n expansion *f*

expansionism [ɪk'spænʃənɪzəm] n expansionnisme *m*

expansive [ɪk'spænsɪv] adj [person, mood, gesture] expansif ; [smile] chaleureux

expatriate [eks'pætrɪɪt] n expatrié(e) *m(f)*

expect [ɪk'spekt] vt **a** (= anticipate) s'attendre à ; (= predict) prévoir ; (= count on) compter sur ; (= hope for) espérer ▪ **to ~ that...** s'attendre à ce que... *+ subj* ▪ **to ~ to do sth** compter faire qch ▪ **to ~ the worst** s'attendre au pire ▪ **as ~ed** comme prévu **b** (= suppose) ▪ **I ~ so** je crois que oui ▪ **I ~ you're tired** je suppose que vous êtes fatigué **c** (= require) attendre (*sth from sb* qch de qn) **d** (= await) [+ letter, visitor] attendre ▪ **to be ~ing a baby** attendre un enfant
→ *Pièges* WAIT

expectant [ɪks'pektənt] adj **a** [mother, father] futur *before n* **b** (= excited) [person, crowd] impatient ; [silence, face, eyes, smile] plein d'attente

expectation [ˌekspek'teɪʃən] n attente *f* ▪ **to come up to sb's ~s** répondre à l'attente de qn

expected [ɪk'spektɪd] adj [change, growth] attendu ; [arrival] prévu ; [profit, loss] escompté

expedient [ɪk'spi:dɪənt] **1** adj opportun **2** n expédient *m*

expedition [ˌekspɪ'dɪʃən] n expédition *f* ; (= short trip) tour *m*

expel [ɪk'spel] vt (from country, meeting) expulser ; (from party) exclure ; (from school) renvoyer

expend [ɪk'spend] vt [+ time, energy] consacrer (*on doing sth* à faire qch) ; [+ money] dépenser (*on doing sth* pour faire qch)

expenditure [ɪk'spendɪtʃə'] n dépense(s) *f(pl)*

expense [ɪk'spens] **1** n **a** (= money spent) frais *mpl* ▪ **at my ~** à mes frais ▪ **at great ~** à grands frais ▪ **to go to the ~ of buying a car** aller jusqu'à acheter une voiture ▸ **expense account** frais *mpl* de représentation **b** (= disadvantage) ▪ **at the ~ of** [+ one's health, happiness] au détriment de ▪ **at sb's ~** [laugh, get rich] aux dépens de qn **2** **expenses** npl frais *mpl*

expensive [ɪk'spensɪv] adj (gen) cher ; [hobby, holiday] coûteux

experience [ɪk'spɪərɪəns] **1** n expérience *f* ▪ **in my ~** d'après mon expérience ▪ **by ~** par expérience **2** vt **a** (= undergo) [+ misfortune, hardship] connaître ; [+ setbacks, losses] essuyer ; [+ ill treatment] subir ; [+ difficulties] rencontrer **b** (= feel) [+ sensation, terror, remorse] éprouver ; [+ emotion, joy] ressentir
→ *Pièges* EXPERIENCE

experienced [ɪk'spɪərɪənst] adj expérimenté ▪ **"~ accountant required"** « recherche comptable confirmé(e) »

experiment **1** n [ɪk'sperɪmənt] expérience *f* **2** vi [ɪk'sperɪˌment] faire une expérience ▪ **to ~ with sth** expérimenter qch
→ *Pièges* EXPERIENCE

> Lorsque ***experiment*** est un verbe, la fin se prononce ***ant*** comme dans ***giant***. Lorsque c'est un nom, elle se prononce ***ent*** comme dans ***went***.

experimental [ɪkˌsperɪ'mentl] adj expérimental

expert ['ekspɜ:t] **1** n spécialiste *mf* (*on, at* en) ; (= officially qualified) expert *m* **2** adj [carpenter, hands] expert ; [advice, opinion, knowledge] d'un expert ▪ **to be ~ at sth/at doing sth** être expert en qch/à faire qch

expertise [ˌekspə'ti:z] n (= knowledge) expertise *f* ; (= competence) compétence *f* (*in* en)

expire [ɪk'spaɪə'] vi (gen) expirer ; [period, time limit] arriver à terme

expiry [ɪk'spaɪərɪ] n expiration *f* ▪ **~ date** date *f* d'expiration ; (on label) à utiliser avant...

explain [ɪk'spleɪn] vt expliquer ; [+ mystery] élucider ▪ **let me ~** je m'explique ; → *Pièges* EXPLAIN

explanation [ˌeksplə'neɪʃən] n explication *f*

explanatory [ɪk'splænətərɪ] adj explicatif

expletive [ɪk'spli:tɪv] n juron *m*

explicit [ɪk'splɪsɪt] adj explicite

explode [ɪk'spləʊd] **1** vi exploser **2** vt faire exploser

exploit **1** n ['eksplɔɪt] **a** (heroic) exploit *m* ; (= feat) prouesse *f* **b** ▪ **~s** (= adventures) aventures *fpl* **2** vt [ɪk'splɔɪt] exploiter

> Lorsque ***exploit*** est un verbe, l'accent tombe sur la deuxième syllabe. Lorsque c'est un nom, l'accent tombe sur la première.

exploitation [ˌeksplɔɪ'teɪʃən] n exploitation *f*

exploration [ˌeksplə'reɪʃən] n exploration *f*

exploratory [ɪk'splɒrətərɪ] adj [expedition, drilling] de reconnaissance ; [meeting, trip, stage] exploratoire

explore [ɪk'splɔ:'] vt explorer ▪ **to go exploring** partir en exploration

explorer [ɪk'splɔ:rə'] n explorateur *m*, -trice *f*

explosion [ɪk'spləʊʒən] n explosion *f* ; [of violence] flambée *f*

explosive [ɪk'spləʊsɪv] adj, n explosif *m*

export 1 vti [ɪk'spɔːt] exporter (*to* vers) 2 n ['ekspɔːt] (= activity) exportation *f* ; (= object, commodity) produit *m* d'exportation

> Lorsque ***export*** est un verbe, l'accent tombe sur la deuxième syllabe. Lorsque c'est un nom, l'accent tombe sur la première.

exporter [ɪk'spɔːtəʳ] n (= person) exportateur *m*, -trice *f* ; (= country) pays *m* exportateur

expose [ɪk'spəʊz] vt a (= uncover) exposer (*to* à) ; [+ wire, nerve, body part] mettre à nu ▪ **to be ~d to view** s'offrir à la vue ▪ **to be ~d to** [+ idea, experience] être confronté à b (= unmask) [+ scandal, plot, lie] dévoiler ; [+ secret] éventer ; (= denounce) démasquer (*as* comme étant) c [+ photograph] exposer

exposé [eks'pəʊzeɪ] n révélations *fpl*

exposed [ɪk'spəʊzd] adj (= unprotected) exposé ; [ground] découvert

exposure [ɪk'spəʊʒəʳ] n a (= contact) exposition *f* (*to sth* à qch) b (= hypothermia) hypothermie *f* ▪ **to die of ~** mourir de froid c [of secret, corruption, scandal] révélation *f* ; [of person] dénonciation *f* d (= publicity) ▪ **it got a lot of ~ on television** on l'a beaucoup vu à la télévision e (= photograph) pose *f* ; (= amount of light) exposition *f* ; (also **exposure time**) temps *m* de pose

expound [ɪk'spaʊnd] vt [+ theory] expliquer ; [+ one's views] exposer

express [ɪk'spres] 1 vt exprimer ▪ **to ~ o.s.** s'exprimer 2 adj a [order, instruction] exprès (-esse *f*) ; [purpose, intention] délibéré b [letter, delivery, mail] exprès *inv* ; [service] express *inv* 3 adv [send] en exprès 4 n (also **express train**) rapide *m*

expression [ɪk'spreʃən] n expression *f*

expressive [ɪk'spresɪv] adj [face, gesture] expressif ; [power] d'expression

expressway [ɪk'spresweɪ] n voie *f* express

expropriate [eks'prəʊprɪeɪt] vt exproprier

expulsion [ɪk'spʌlʃən] n expulsion *f* ; (from school) renvoi *m*

exquisite [ɪk'skwɪzɪt] adj exquis

exquisitely [ɪk'skwɪzɪtlɪ] adv de façon exquise ▪ **~ beautiful** d'une beauté exquise

extend [ɪk'stend] 1 vt a (= enlarge) agrandir ; [+ powers, business] étendre ; [+ sphere of influence] élargir ; [+ limits] prolonger b (= prolong) prolonger (*by* de) c (= give) [+ hospitality, friendship] offrir ; [+ thanks, condolences, congratulations] présenter d (= stretch out) [+ arm] étendre ; [+ hand] tendre (*to sb* à qn) ▪ **to be fully ~ed** [ladder, telescope] être entièrement déployé 2 vi [wall, estate] s'étendre (*to, as far as* jusqu'à) ; [table] s'allonger ; [meeting, visit] se prolonger (*over* pendant)

extension [ɪk'stenʃən] n a (to building) ▪ **to build an ~ to a house** agrandir une maison b (= continuation) prolongement *m* (*to sth* de qch) ; (= extra part) (for table, pipe) rallonge *f* ▸ **extension cable, extension lead** rallonge *f* électrique, prolongateur *m* c (= extra time) prolongation *f* (*to sth* de qch) d (= phone) (in house) appareil *m* supplémentaire ; (in office) poste *m* ▪ **~ 308** poste 308

extensive [ɪk'stensɪv] adj [area, knowledge, range] étendu ; [damage, alterations, experience] considérable ; [reforms] de grande envergure ; [research, discussions] approfondi ; [menu] varié ; [tour] complet (-ète *f*)

extensively [ɪk'stensɪvlɪ] adv beaucoup

extent [ɪk'stent] n a (= size) étendue *f* ; (= length) longueur *f* b [of commitments, losses] importance *f* ; [of knowledge, power, influence, damage] étendue *f* c (= degree) mesure *f* ▪ **to some ~** dans une certaine mesure ▪ **to a large ~** dans une grande mesure ▪ **to such an ~ that...** à tel point que...

exterior [ɪk'stɪərɪəʳ] 1 adj extérieur (-eure *f*) 2 n extérieur *m* ▪ **on the ~** à l'extérieur

exterminate [ɪk'stɜːmɪˌneɪt] vt exterminer

extermination [ɪkˌstɜːmɪ'neɪʃən] n extermination *f*

external [ɪk'stɜːnl] adj extérieur (-eure *f*)

externalize [ɪk'stɜːnəˌlaɪz] vt extérioriser

externally [ɪk'stɜːnəlɪ] adv (= from the outside) de l'extérieur ; (= on the outside) sur l'extérieur

extinct [ɪk'stɪŋkt] adj a (= no longer existing) disparu ▪ **to become ~** disparaître b [volcano] éteint

extinction [ɪk'stɪŋkʃən] n extinction *f*

extinguish [ɪk'stɪŋgwɪʃ] vt éteindre

extinguisher [ɪk'stɪŋgwɪʃəʳ] n extincteur *m*

extort [ɪk'stɔːt] vt [+ money] extorquer (*from* à)

extortion [ɪk'stɔːʃən] n extorsion *f*

extortionate [ɪk'stɔːʃənɪt] adj exorbitant

extra ['ekstrə] 1 adj supplémentaire ▪ **wine is ~** le vin est en supplément ▪ **there's no ~ charge for the wine** le vin est compris ▪ **we need some ~ time** on a besoin d'un peu plus de temps ▪ **the match went to ~ time** on a joué les prolongations 2 adv a (= more money) ▪ **to pay/charge ~** payer/faire payer un supplément b (= especially) [cautious] encore plus ▪ **~ large** [eggs] très gros ; [garment] extra-large 3 n a (= perk) à-côté *m* b (= actor) figurant(e) *m(f)* c (US = gasoline) super(carburant) *m*

extract **1** vt [ɪk'strækt] (gen) extraire (*from* de) ; [+ tooth, confession, promise] arracher (*from* à) ; [+ information, money] soutirer (*from* à) **2** n ['ekstrækt] extrait *m*

> Lorsque **extract** est un verbe, l'accent tombe sur la deuxième syllabe. Lorsque c'est un nom, l'accent tombe sur la première.

extracurricular ['ekstrəkə'rɪkjʊlə'] adj périscolaire ; [sports, activities] extrascolaire

extradite ['ekstrə,daɪt] vt extrader

extradition [,ekstrə'dɪʃən] n extradition *f*

extramarital ['ekstrə'mærɪtl] adj extraconjugal

extraneous [ɪk'streɪnɪəs] adj (= irrelevant) étranger au sujet ▪ **~ to** étranger à

extraordinarily [ɪk'strɔ:dnrɪlɪ] adv extraordinairement

extraordinary [ɪk'strɔ:dnrɪ] adj extraordinaire

extrasensory ['ekstrə'sensərɪ] adj extrasensoriel ▸ **extrasensory perception** perception *f* extrasensorielle

extra-special [,ekstrə'speʃəl] adj exceptionnel

extraterrestrial [,ekstrətɪ'restrɪəl] adj, n extraterrestre *mf*

extravagance [ɪk'strævəgəns] n **a** (= overspending) ▪ **he was accused of ~** on l'a accusé d'avoir fait des dépenses extravagantes **b** (= thing bought) folie *f* **c** (= wastefulness) gaspillage *m*

extravagant [ɪk'strævəgənt] adj **a** (financially) [person] dépensier ; [tastes] de luxe ; [gift] somptueux ; [price] exorbitant **b** (= exaggerated) extravagant

extravaganza [ɪk,strævə'gænzə] n (= show) spectacle *m* somptueux

extreme [ɪk'stri:m] **1** adj extrême **2** n extrême *m* ▪ **in the ~** à l'extrême ▪ **to go to ~s** pousser les choses à l'extrême

extremely [ɪk'stri:mlɪ] adv extrêmement

extremism [ɪk'stri:mɪzəm] n extrémisme *m*

extremist [ɪk'stri:mɪst] adj, n extrémiste *mf*

extremity [ɪk'stremɪtɪ] n extrémité *f*

extricate ['ekstrɪkeɪt] vt [+ object] dégager ▪ **to ~ o.s.** s'extirper ; (from situation) se tirer

extrovert ['ekstrəʊ,vɜ:t] adj, n extraverti(e) *m(f)*

exuberance [ɪg'zju:bərəns] n exubérance *f*

exuberant [ɪg'zju:bərənt] adj exubérant

exult [ɪg'zʌlt] vi (= rejoice) se réjouir (*in, at* de, *over* à propos de)

exultant [ɪg'zʌltənt] adj triomphant

eye [aɪ] **1** n **a** [of person, animal] œil *m* ▪ **~s** yeux *mpl* ▪ **to have blue ~s** avoir les yeux bleus ▪ **a girl with blue ~s** une fille aux yeux bleus ▪ **before our very ~s** sous nos yeux ▪ **with tears in her ~s** les larmes aux yeux ▪ **I saw it with my own ~s** je l'ai vu de mes propres yeux ▪ **to see ~ to ~ with sb** être d'accord avec qn ▪ **to keep an ~ on things** garder la boutique* ▪ **will you keep an ~ on the baby?** vous pouvez surveiller le bébé ? ▪ **to keep one's ~s open** ouvrir l'œil ▪ **he couldn't keep his ~s open** il dormait debout ▪ **to have an ~ for a bargain** savoir flairer les bonnes affaires ▪ **he didn't take his ~s off her** il ne l'a pas quittée des yeux ▪ **in his ~s** à ses yeux ▪ **to have one's ~ on sth** avoir qch en vue ▪ **to be up to one's ~s in work** être débordé de travail ▪ **to be up to one's ~s in debt** être endetté jusqu'au cou ▪ **with one's ~s closed** les yeux fermés ▸ **eye-catching** [dress, colour] voyant; [headline, display] accrocheur ▸ **eye-opener*** révélation *f* ▸ **eye test** examen *m* de la vue **b** [of needle] chas *m* ; [of potato] œil *m* (yeux *pl*) ; [of storm] œil *m* **2** vt (= look at) regarder

▸ **eye up*** vt sep (BR) reluquer*

eyeball ['aɪbɔ:l] n globe *m* oculaire

eyebrow ['aɪbraʊ] n sourcil *m* ▸ **eyebrow pencil** crayon *m* à sourcils

-eyed [aɪd] adj (in compounds) ▪ **brown-eyed** aux yeux marron

eyedrops ['aɪdrɒps] npl collyre *m*

eyeglasses ['aɪglɑ:sɪz] npl (US) lunettes *fpl*

eyelash ['aɪlæʃ] n cil *m*

eyelid ['aɪlɪd] n paupière *f*

eyeliner ['aɪlaɪnə'] n eye-liner *m*

eyeshade ['aɪʃeɪd] n visière *f*

eyeshadow ['aɪʃædəʊ] n fard *m* à paupières

eyesight ['aɪsaɪt] n vue *f*

eyesore ['aɪsɔ:'] n horreur *f*, verrue *f*

eyetooth ['aɪtu:θ] n (pl **-teeth** ['aɪti:θ]) canine *f* supérieure ▪ **I'd give my eyeteeth* to go to China** qu'est-ce que je ne donnerais pas pour aller en Chine !

eyewash ['aɪwɒʃ] n ▪ **that's a lot of ~** (= nonsense) c'est du vent

eyewear ['aɪwɛə'] n lunettes *fpl*, lunetterie *f*

eyewitness ['aɪ,wɪtnɪs] n témoin *m* oculaire

fF

F [ef] n **a** (Mus) fa *m* **b** (= mark) F ▪ **to get an F** avoir une très mauvaise note

fab* [fæb] adj (BR) (abbr of **fabulous**) super* ▪ **it's ~!*** c'est super !*, c'est de la balle !*

fab lab ['flæb ˌlæb] n (abbr of **fabrication laboratory**) fablab *m*

fable ['feɪbl] n fable *f*

fabric ['fæbrɪk] n tissu *m* ; [of building, society] structure *f* ▸ **fabric conditioner** or **softener** (produit *m*) assouplissant *m*

> ⚠ *fabric* ne se traduit pas par **fabrique**.

fabricate ['fæbrɪkeɪt] vt fabriquer

fabulous* ['fæbjʊləs] adj fabuleux

face [feɪs] **1** n [of person] visage *m* ; [of mountain] face *f* ▪ **to make ~s** faire des grimaces ▪ **he told him so to his ~** il le lui a dit en face ▪ **to lose ~** perdre la face ▪ **in the ~ of** face à ▪ **they were standing ~ to ~** ils étaient face à face ▪ **to come ~ to ~ with sb** se trouver nez à nez avec qn ▪ **he was lying ~ down** il était à plat ventre ▪ **on the ~ of it** à première vue ▸ **face cloth** or **flannel** (BR) ≈ gant de toilette ▸ **face-lift** lifting *m* ▪ **to have a face-lift** se faire faire un lifting ▸ **face-to-face** face à face ▪ **face-to-face learning** formation *f* en présentiel ▸ **face time** temps *m* en face-à-face ▸ **face value** ▪ **to take a statement at ~ value** prendre une déclaration au pied de la lettre **2** vt **a** (= look towards) faire face à ▪ **he was facing me** il me faisait face ▪ **facing one another** l'un en face de l'autre ▪ **the building ~s the sea** l'immeuble donne sur la mer **b** (= confront) ▪ **two problems ~d them** ils se trouvaient devant deux problèmes ▪ **he was ~d with a bill for £100** il devait payer une note de 100 livres **c** (= face up to) [+ problem] affronter ; [+ truth] regarder en face ▪ **to ~ facts** se rendre à l'évidence ▪ **let's ~ it** regardons les choses en face ▪ **I can't ~ doing it** je n'ai pas le courage de le faire **d** (= risk incurring) risquer ▪ **many people were facing redundancy** beaucoup de gens risquaient d'être licenciés **3** vi [house] être orienté ▪ **a window facing south** une fenêtre orientée au sud ▪ **a room facing towards the sea** une chambre donnant sur la mer

▸ **face up to** vt insep faire face à ▪ **to ~ up to the fact that...** admettre que...

Facebook ['feɪsˌbʊk] **1** n (US Univ) trombinoscope* *m* **2** vt [+ person] rechercher sur Facebook®

facet ['fæsɪt] n facette *f*

facetious [fə'siːʃəs] adj facétieux

facial ['feɪʃəl] **1** adj [expression, hair] du visage ▸ **facial recognition** reconnaissance *f* faciale **2** n ▪ **to have a ~*** se faire faire un soin du visage

facilitate [fə'sɪlɪteɪt] vt faciliter

facilitator [fə'sɪlɪteɪtə'] n (political) médiateur *m*, -trice *f* ; (educational) animateur *m*, -trice *f*

facility [fə'sɪlɪtɪ] n **a** ▪ **facilities** (= equipment) équipements *mpl* ▪ **the flat has no cooking facilities** l'appartement n'est pas équipé pour faire la cuisine **b** (= means) possibilité *f* ▪ **the bank offers the ~ to pay over 50 weeks** la banque offre la possibilité d'étaler les paiements sur 50 semaines **c** (= device) mécanisme *m* ; (on computer) fonction *f* **d** (= ease) facilité *f*

fact [fækt] n **a** fait *m* ▪ **in view of the ~ that...** étant donné que... ▪ **to know for a ~ that...** être certain que... ▪ **the ~ of the matter is that...** le fait est que... ▪ **it's time he knew the ~s of life** il est temps qu'il sache comment les enfants viennent au monde **b** (= reality) réalité *f* ▪ **~ and fiction** la réalité et la fiction ▪ **in ~** en fait

faction ['fækʃən] n faction *f*

factor ['fæktə'] n facteur *m* ▪ **sun protection ~ 25** indice *m* de protection 25

factory ['fæktərɪ] n usine *f*

factual ['fæktjʊəl] adj factuel

faculty ['fækəltɪ] n faculté *f*

fad [fæd] n (personal) lubie *f* ; (= fashion) mode *f*

fade [feɪd] vi **a** [colour] passer ; [material] se décolorer ; [light] baisser **b** [memory] s'effacer ; [interest] décliner ; [sound] s'affaiblir ; [hopes] s'évanouir

> ⚠ *fade* ne se traduit pas par le mot français **fade**.

faded ['feɪdɪd] adj [material] décoloré ; [jeans] délavé

faeces, feces (US) ['fiːsiːz] npl selles *fpl*

fag [fæg] n **a** (✱ BR = cigarette) clope* *f* ▸ **fag end** mégot *m* **b** (✱ US = homosexual) pédé✱ *m*

Fahrenheit ['færənhaɪt] adj ▪ **70 degrees ~** 70 degrés Fahrenheit

fail [feɪl] **1** vi **a** (= be unsuccessful) échouer ; [business] faire faillite ▪ **crops ~ed because of the drought** la sécheresse a détruit les récoltes **b** (= grow weak) [hearing, health] décliner ; [eyesight] baisser c (= break down) [engine] tomber en panne ; [brakes] lâcher 2 vt ▪ **to ~ an examination** échouer à un examen ▪ **to ~ a candidate** recaler* un candidat ▪ **words ~ me!** les mots me manquent ! ▪ **his memory often ~s him** sa mémoire le trahit souvent ▪ **to ~ to do sth** ne pas faire qch ▪ **I ~ to see why** je ne vois pas pourquoi ▪ **he never ~s to write** il ne manque jamais d'écrire ▪ **every morning without ~, she takes the dog for a walk** chaque matin sans exception, elle sort son chien

failing ['feɪlɪŋ] 1 n (= fault) défaut *m* 2 prep à défaut de ▪ **~ this** sinon 3 adj [eyesight, health, memory] défaillant

failure ['feɪljəʳ] n a (gen) échec *m* ; [of business] faillite *f* ▪ **he's a ~** c'est un raté* ▪ **heart ~** défaillance *f* cardiaque ▪ **engine ~** panne *f* (de moteur) b ▪ **his ~ to answer** le fait qu'il n'a pas répondu

faint [feɪnt] 1 adj a (= slight) léger ; [recollection] vague ; [voice, light] faible ▪ **I haven't the faintest idea** je n'en ai pas la moindre idée b ▪ **to feel ~** se sentir mal 2 vi (= lose consciousness) s'évanouir

fainthearted [ˌfeɪnt'hɑːtɪd] adj timoré ▪ **it's not for the ~** [venture, investment] ça demande un certain courage ; (= not for the oversensitive) ce n'est pas pour les personnes sensibles

faintly ['feɪntlɪ] adv (= slightly) légèrement

fair [fɛəʳ] 1 n (= fête) foire *f* ; (BR = funfair) fête *f* foraine 2 adj a (= just) juste ; [competition, fight, player] loyal ; [trial] équitable ▪ **~ enough!** d'accord ! b (= considerable) considérable ▪ **there's a ~ amount of money left** il reste pas mal d'argent ▪ **he's travelled a ~ amount** il a pas mal voyagé c (= average) passable ▪ **in ~ condition** en assez bon état d (= reasonable) ▪ **he has a ~ chance of success** il a des chances de réussir ▪ **I had a ~ idea of what to expect** je savais à quoi m'attendre e (= light-coloured) [hair] blond ; [complexion, skin] clair ▪ **she's fair(-haired)** elle est blonde f (= fine) ▪ **the weather was ~** il a fait beau 3 adv ▪ **to play ~** jouer franc jeu

fairground ['fɛəgraʊnd] n champ *m* de foire

fairly ['fɛəlɪ] adv a (= moderately) assez ▪ **he did ~ well in the exam** il a assez bien réussi l'examen ▪ **~ soon** d'ici peu b (= justly) [treat, judge, distribute] équitablement ; [obtain] honnêtement ; [claim] à juste titre

fairness ['fɛənɪs] n (= justice) équité *f* ▪ **in all ~** en toute justice ▪ **in ~ to him** pour être juste envers lui

fairy ['fɛərɪ] n fée *f* ▸ **fairy godmother** bonne fée *f* ▸ **fairy lights** guirlande *f* électrique ▸ **fairy story** or **tale** conte *m* de fées

faith [feɪθ] n (= belief) foi *f* ▪ **to have ~ in sb** avoir confiance en qn ▪ **to do sth in all good ~** faire qch en toute bonne foi ▪ **to act in bad ~** être de mauvaise foi

faithful ['feɪθfʊl] adj fidèle

faithfully ['feɪθfəlɪ] adv [serve] loyalement ▪ **to promise ~** donner sa parole ▪ **Yours ~** (BR) Je vous prie d'agréer, Monsieur (or Madame), l'expression de mes sentiments distingués

fake [feɪk] 1 n (= false object, painting) faux *m* 2 adj faux (fausse *f*) ▪ **~ news** fake news *fpl*, infox* *f* 3 vt (= falsify) falsifier

Falklands ['fɔːlkləndz] npl ▪ **the ~** les Malouines *fpl*

fall [fɔːl] vb (pret **fell**, ptp **fallen**) 1 n a [of person, rocks] chute *f* ; (in price, temperature) baisse *f* (*in* de) b (US = autumn) automne *m* ▪ **in the ~** en automne 2 **falls** npl (= waterfall) chute *f* d'eau 3 vi (gen) tomber ; [building] s'effondrer ; [temperature, price] baisser ▪ **to ~ ill** tomber malade ▪ **to ~ asleep** s'endormir ▪ **to ~ silent** se taire ▪ **his work fell short of our expectations** son travail n'a pas répondu à notre attente

▸ **fall apart** vi s'effondrer ; [scheme, deal] tomber à l'eau

▸ **fall down** vi tomber

▸ **fall for** vt insep a ▪ **to ~ for sb** tomber amoureux de qn b (= be taken in by) [+ trick, lie] se laisser prendre à

▸ **fall in** vi ▪ **she leaned over the pool and fell in** elle s'est penchée au-dessus de la piscine et elle est tombée dedans

▸ **fall into** vt insep [+ trap, water] tomber dans ▪ **to ~ into a deep sleep** sombrer dans un profond sommeil ▪ **to ~ into decline** connaître le déclin

▸ **fall off** 1 vi a tomber b [sales, numbers, attendances] décliner 2 vt tomber de ▪ **he fell off his bike** il est tombé de vélo

▸ **fall on** vt insep ▪ **to ~ on hard times** avoir des revers de fortune

▸ **fall out** vi (= quarrel) se brouiller

▸ **fall over** vi tomber par terre

▸ **fall through** vi [plans] tomber à l'eau

→ *Pièges* FELL

fallback ['fɔːlbæk] n recul *m* ▪ **as a ~ they will build their own network** ils vont mettre sur pied leur propre réseau pour avoir une position de repli

fallen ['fɔːlən] vb ptp of **fall** ▪ **~ leaves** feuilles *fpl* mortes

fallible ['fæləbl] adj faillible

falling ['fɔːlɪŋ] adj [prices, profits, standards, inflation] en baisse

fallout ['fɔːlaʊt] n retombées *fpl* ▸ **fallout shelter** abri *m* antiatomique

fallow ['fæləʊ] adj [land] en jachère

false [fɔːls] adj faux (fausse *f*) ▸ **false imprisonment** détention *f* arbitraire ▸ **false alarm** fausse alerte *f* ▸ **false start** faux départ *m* ▸ **false teeth** npl dentier *m*

falsify ['fɔːlsɪfaɪ] vt falsifier

falter ['fɔːltəʳ] vi [voice] hésiter ; [courage] faiblir

fame [feɪm] n célébrité *f*

familiar [fə'mɪljəʳ] adj familier ▪ **his face is ~** son visage me dit quelque chose ▪ **to be ~ with sth** bien connaître qch ▪ **to be on ~ terms with sb** bien connaître qn

familiarity [fəˌmɪlɪ'ærɪtɪ] n familiarité *f*

familiarize [fə'mɪlɪəraɪz] vt ▪ **to ~ sb with sth** habituer qn à qch ▪ **to ~ o.s. with** se familiariser avec

family ['fæmɪlɪ] n famille *f* ▸ **family business** entreprise *f* familiale ▸ **family doctor** médecin *mf* de famille ▸ **family planning** planning *m* familial ▸ **family tree** arbre *m* généalogique

famine ['fæmɪn] n famine *f*

famished ['fæmɪʃt] adj affamé

famous ['feɪməs] adj célèbre

famously ['feɪməslɪ] adv **a** ▪ **a ~ arrogant film star** une vedette de cinéma connue pour son arrogance ▪ **there have been hurricanes here, most ~ in 1987** il y a eu des ouragans ici, dont le plus connu en 1987 **b** († * = well) ▪ **to get on ~** s'entendre comme larrons en foire*

fan [fæn] **1** n **a** (= device) éventail *m* ; (mechanical) ventilateur *m* **b** [of pop star, music style] fan *mf* ; [of sports team] supporter *m*, supporteur *m*, -trice *f* ▸ **fan club** fan-club *m* ▸ **fan mail** courrier *m* des fans **2** vt **a** [+ person] éventer **b** [+ violence, hatred] attiser

fanatic [fə'nætɪk] n fanatique *mf* ▪ **she's a football ~** c'est une fana* de football

fanatical [fə'nætɪkl] adj fanatique

fanaticism [fə'nætɪsɪzəm] n fanatisme *m*

fanciful ['fænsɪfʊl] adj [ideas] fantasque

fancy ['fænsɪ] **1** n (= whim) caprice *m* ▪ **a passing ~** une lubie ▪ **he only works when the ~ takes him** il ne travaille que quand ça lui plaît ▪ **to take a ~ to sth** prendre goût à qch **2** vt **a** (= want) avoir envie de ; (= like) aimer ▪ **do you ~ going for a walk?** as-tu envie d'aller faire une promenade ? ▪ **he fancies her*** (BR) elle lui plaît **b** (* : expressing surprise) ▪ **~ that!** voyez-vous ça ! ▪ **~ anyone doing that!** les gens font de ces choses ! ▪ **~ seeing you here!** tiens ! vous ici ! **3** adj (= sophisticated) sophistiqué ; (= showy) tape-à-l'œil *inv* ; (= expensive) chic *inv* ; (= high-quality) de luxe ▸ **fancy dress** déguisement *m* ▪ **in ~ dress** déguisé

fanfare ['fænfɛəʳ] n fanfare *f*

fanfic ['fænˌfɪk] n (abbr of **fan fiction**) fanfic* *f*

fang [fæŋ] n [of dog, vampire] croc *m* ; [of snake] crochet *m*

fanny ['fænɪ] n (US* = buttocks) cul‡ *m*, fesses *fpl* ; (BR ** = female genitals) chatte** *f* ▸ **fanny pack** (US) (sac *m*) banane *f*

fantasize ['fæntəsaɪz] vi fantasmer (*about* sur)

fantastic* [fæn'tæstɪk] adj fantastique

fantasy ['fæntəzɪ] n (= imagination) imagination *f* ; (Literat, Mus) fantaisie *f* ▪ **a ~ world** un monde imaginaire

fanzine ['fænziːn] n (abbr of **fan magazine**) fanzine *m*

fanzone ['fænzəʊn] n fan(-)zone *f*

FAQ [efeɪkjuː] n (abbr of **frequently asked questions**) FAQ *f*

far [fɑːʳ] (compar **farther** or **further**, superl **farthest** or **furthest**) **1** adv loin ▪ **is it ~?** c'est loin ? ▪ **that's going too ~** cela dépasse les bornes ▪ **I wouldn't go that ~** je n'irais pas jusque-là ▪ **I would even go so ~ as to say that...** j'irais même jusqu'à dire que... ▪ **we went as ~ as the town** nous sommes allés jusqu'à la ville ▪ **as ~ as I know** autant que je sache ▪ **as ~ as I can tell** d'après moi ▪ **as ~ as I'm concerned** en ce qui me concerne ▪ **as ~ back as I can remember** d'aussi loin que je m'en souvienne ▪ **as ~ back as 1945** dès 1945 ▪ **this is by ~ the best** c'est de loin ce qu'il y a de mieux ▪ **he's by ~ the oldest** il est de loin le plus âgé ▪ **your work is ~ from satisfactory** votre travail est loin d'être satisfaisant ▪ **~ from it!** loin de là ! ▪ **~ away in the distance** au loin ▪ **his birthday is not ~ off** c'est bientôt son anniversaire ▪ **~ too...** beaucoup trop... ▪ **how ~ is it?** c'est à quelle distance ? ▪ **how ~ is it to Glasgow?** combien y a-t-il de kilomètres jusqu'à Glasgow ? ▪ **how ~ is it from Glasgow to Edinburgh?** quelle distance y a-t-il entre Glasgow et Édimbourg ? ▪ **how ~ are you going?** jusqu'où allez-vous ? ▪ **how ~ have you got with your plans?** où en êtes-vous de vos projets ? ▪ **my guess wasn't ~ out** je n'étais pas loin de la vérité ▪ **we have ten volunteers so ~** nous avons dix volontaires pour l'instant ▪ **so ~ so good** jusqu'ici ça va **2** adj **a** (= distant) ▪ **on the ~ side of** de l'autre côté de ▪ **in the ~ north of Scotland** tout au nord de l'Écosse **b** (Pol) ▪ **the ~ right/left** l'extrême droite *f*/gauche *f* **3** comp ▸ **the Far East** l'Extrême-Orient *m* ▸ **far-fetched** [story, idea] tiré par les cheveux ▸ **far-reaching** d'une grande portée ▸ **far-sighted** (US) presbyte ▸ **far-sightedness** (US) presbytie *f*

farce [fɑːs] n (= play) farce *f* ▪ **the elections were a ~** ces élections ont été une mascarade

farcical ['fɑːsɪkəl] adj (= ridiculous) risible

fare [fɛə'] **1** n **a** (on tube, bus) prix *m* du ticket ; (on train, boat, plane) prix *m* du billet ; (in taxi) prix *m* de la course **b** (= food) nourriture *f* **2** vi (= get on) ▪ **how did you ~?** comment ça s'est passé ?

farewell [fɛə'wel] n, excl adieu *m*

farm [fɑːm] n ferme *f*

farmer ['fɑːmə'] n agriculteur *m*, -trice *f*

farmhouse ['fɑːmhaʊs] n ferme *f*

farming ['fɑːmɪŋ] n agriculture *f*

farmland ['fɑːmlænd] n terres *fpl* cultivées

farmyard ['fɑːmjɑːd] n cour *f* de ferme

fart* ['fɑːt] **1** n pet* *m* **2** vi péter*

farther ['fɑːðə'] compar of **far** adv plus loin ▪ **how much ~ is it?** c'est encore loin ? ▪ **have you got much ~ to go?** vous allez beaucoup plus loin ? ▪ **I can't go any ~** je n'en peux plus ▪ **nothing could be ~ from the truth** rien n'est plus éloigné de la vérité ▪ **~ back** plus en arrière ▪ **~ away** plus loin

farthest ['fɑːðɪst] superl of **far** **1** adj ▪ **the ~** le plus éloigné, la plus éloignée ▪ **they walked to the ~ point of the island** ils sont allés jusqu'à l'extrémité de l'île **2** adv ▪ **the ~** le plus loin ▪ **who walked the ~?** qui est allé le plus loin ?

fascinate ['fæsɪneɪt] vt fasciner

fascinating ['fæsɪneɪtɪŋ] adj fascinant

fascism ['fæʃɪzəm] n fascisme *m*

fascist ['fæʃɪst] adj, n fasciste *mf*

fashion ['fæʃən] n **a** (= latest clothes, ideas) mode *f* ▪ **in ~** à la mode ▪ **out of ~** démodé ▪ **to come into ~** devenir à la mode ▪ **to go out of ~** se démoder ▪ **to be fashion-conscious** suivre la mode ▸ **fashion designer** styliste *mf* ▪ **the great ~ designers** les grands couturiers *mpl* ▸ **fashion show** défilé *m* de mode **b** (= manner) façon *f*

fashionable ['fæʃnəbl] adj à la mode ; [hotel] chic *inv* ; [district] prisé

fashionista* [ˌfæʃə'niːstə] n modeux* *m*, -euse* *f*

fast [fɑːst] **1** adj (= speedy) rapide ▪ **she's a ~ walker/reader** elle marche/lit vite ▪ **my watch is five minutes ~** ma montre avance de cinq minutes ▸ **fast fashion** mode *f* jetable ▸ **fast food** fast-food *m*, restauration *f* rapide ▸ **fast motion** ▪ **in ~ motion** en accéléré ▸ **fast-track** ▪ **to be on the fast-track** progresser rapidement ▪ **fast-track degree** (US) diplôme *m* de formation accélérée **2** adv **a** (= quickly) vite **b** ▪ **to be ~ asleep** dormir à poings fermés ▪ **to be stuck ~** être coincé

→ *Pièges* RAPID

fasten ['fɑːsn] vt attacher

fastener ['fɑːsnə'] n [of garment] fermeture *f* ▪ **a zip ~** une fermeture éclair®

fastidious [fæs'tɪdɪəs] adj méticuleux

> ⚠ *fastidious* ne se traduit pas par **fastidieux**.

fat [fæt] **1** n graisse *f* ; (on cooked meat) gras *m* ; (for cooking) matière grasse *f* ▪ **animal ~** graisse *f* animale ▸ **fat camp** centre *m* d'amaigrissement ▸ **fat-free** sans matières grasses **2** adj **a** gros (grosse *f*) ▪ **to get ~** grossir **b** (= fatty) gras (grasse *f*)

fatal ['feɪtl] adj [injury, illness] mortel ; [consequences, mistake] fatal

fatality [fə'tælɪtɪ] n (= person killed) mort *m*

fatally ['feɪtəlɪ] adv [wounded, injured] mortellement

> ⚠ *fatally* ne se traduit pas par **fatalement**.

fate [feɪt] n (= force) destin *m* ; (= one's lot) sort *m*

father ['fɑːðə'] n père *m* ▸ **Father Christmas** (BR) le père Noël ▸ **father-in-law** (pl **~s-in-law**) beau-père *m* ▸ **Father's Day** la fête des Pères

fatherhood ['fɑːðəhʊd] n paternité *f*

fatherly ['fɑːðəlɪ] adj paternel

fathom ['fæðəm] **1** n brasse *f* **2** vt (also **fathom out**) [+ mystery] pénétrer ; [+ person] comprendre ▪ **I can't ~ it** je n'y comprends rien

fatigue [fə'tiːg] n grande fatigue *f*

fatten ['fætn] vt engraisser

fattening ['fætnɪŋ] adj [food] qui fait grossir

fatty ['fætɪ] adj [food] gras (grasse *f*)

faucet ['fɔːsɪt] n (US) robinet *m*

fault [fɔːlt] **1** n **a** (in person, scheme, machine) défaut *m* ▪ **to find ~ with sth** trouver à redire à qch ▪ **to find ~ with sb** critiquer qn **b** (= responsibility) faute *f* ▪ **whose ~ is it?** c'est la faute à qui ? ▪ **it's not my ~** ce n'est pas de ma faute ▪ **it's your own ~** c'est de votre faute ▪ **to be at ~** être fautif **c** (Tennis) faute *f* **d** (geological) faille *f* **2** vt ▪ **you can't ~ him** sa conduite est irréprochable

→ *Pièges* ERROR

faultless ['fɔːltlɪs] adj irréprochable

faulty ['fɔːltɪ] adj [machine] défectueux

fauna ['fɔːnə] n faune *f*

faux pas [fəʊ'pɑː] n gaffe* *f*

favour, favor (US) ['feɪvə'] **1** n **a** (= act of kindness) (small) service *m* ; (big) faveur *f* ▪ **to do sb a ~** rendre service à qn ▪ **to ask sb a ~** demander un service à qn ▪ **do me a ~ and get some bread** sois gentil, va acheter du pain **b** (set phrases) ▪ **to be out of ~** ne pas avoir la cote ▪ **to be in ~ (with sb)**

être bien vu (de qn) ▪ **to find ~ with sb** [person] s'attirer les bonnes grâces de qn ; [suggestion] gagner l'approbation de qn ▪ **to be in ~ of sth** être pour qch ▪ **to be in ~ of doing sth** être pour faire qch ▪ **the court decided in her ~** le tribunal lui a donné gain de cause ▪ **that's a point in his ~** c'est un bon point pour lui **2** vt **a** [+ idea, option] être partisan de **b** [+ person] préférer ; [+ candidate, pupil] montrer une préférence pour **c** (= help) favoriser

favourable, favorable (US) ['feɪvərəbl] adj favorable

favourite, favorite (US) ['feɪvərɪt] **1** n (gen) préféré(e) *m(f)* ; (in race) favori(te) *m(f)* **2** adj favori(te) *m(f)*, préféré ▪ **what's your ~ colour?** quelle est ta couleur préférée ?

favouritism, favoritism (US) ['feɪvərɪtɪzəm] n favoritisme *m*

fawn [fɔːn] **1** n (= animal) faon *m* **2** adj (= colour) fauve

fax [fæks] **1** n fax *m* ▪ **by ~** par fax **2** vt [+ document] faxer

FBI [,efbiː'aɪ] n (US) (abbr of **Federal Bureau of Investigation**) FBI *m*

fear [fɪə'] **1** n peur *f* **2** vt craindre ▪ **to ~ that...** avoir peur que... ne *+ subj* ▪ **I ~ he won't come** j'ai peur qu'il ne vienne pas **3** vi craindre ▪ **to ~ for one's life** craindre pour sa vie

fearful ['fɪəfʊl] adj **a** (= frightened) ▪ **I was ~ of waking her** je craignais de la réveiller **b** [spectacle, noise] effrayant ; [accident] épouvantable

fearless ['fɪəlɪs] adj intrépide

fearsome ['fɪəsəm] adj [opponent] redoutable

feasible ['fiːzəbl] adj [plan, suggestion] faisable

feast [fiːst] **1** n **a** (= lavish meal) festin *m* **b** (religious) fête *f* **2** vi ▪ **to ~ on sth** se régaler de qch

feat [fiːt] n exploit *m*

feather ['feðə'] n plume *f*

feature ['fiːtʃə'] **1** n **a** [of face, person] trait *m* ; [of machine, countryside] particularité *f* **b** (= feature film) long métrage *m* **2** vt ▪ **a film featuring John Wayne** un film avec John Wayne **3** vi **a** (in films) jouer **b** (= appear) figurer ▪ **the story ~d on all the front pages** cette histoire faisait la une de tous les journaux

February ['februərɪ] n février *m* ; for phrases see **September**

fed [fed] vb pret, ptp of **feed** ▪ **well ~** bien nourri ▸ **fed up** ▪ **to be ~ up (with)*** en avoir marre (de)*

federal ['fedərəl] adj fédéral

federation [,fedə'reɪʃən] n fédération *f*

fee [fiː] n [of doctor, lawyer] honoraires *mpl* ; [of artist, footballer] cachet *m* ; (for school, university) frais *mpl* de scolarité ▸ **fee-paying school** établissement *m* d'enseignement privé

feeble ['fiːbl] adj faible ; [excuse] piètre ; [attempt] vague ; [joke] médiocre

feed [fiːd] vb (pret, ptp **fed**) **1** n **a** (= food) nourriture *f* **b** (= broadcast) ▪ **live ~** diffusion *f* en streaming *m* or en flux **2** vt **a** nourrir ; [+ child, animal] donner à manger à **b** [+ fire, furnace, machine] alimenter ▪ **to ~ data into a computer** entrer des données dans un ordinateur **3** vi [animal] se nourrir ; [baby] manger ; (at breast) téter ▪ **to ~ on** se nourrir de

feedback ['fiːdbæk] n réactions *fpl*, retour *m*

feeder ['fiːdə'] **1** n (= device) (for machine) chargeur *m* **2** comp [canal] d'amenée ; [railway] secondaire ; [road] d'accès

feel [fiːl] (pret, ptp **felt**) **1** n ▪ **to know sth by the ~ (of it)** reconnaître qch au toucher ▪ **you have to get the ~ of a new car** il faut se faire à une nouvelle voiture ▪ **to have a ~ for languages** être doué pour les langues **2** vt **a** (= touch) toucher ▪ **to ~ sb's pulse** tâter le pouls de qn ▪ **to ~ one's way** avancer à tâtons **b** (= experience) [+ blow, caress, pain] sentir ; [+ sympathy] éprouver ; [+ grief] ressentir ▪ **I felt a few drops of rain** j'ai senti quelques gouttes de pluie ▪ **to ~ the cold** être frileux ▪ **the effects will befelt later** les effets se feront sentir plus tard ▪ **he felt a great sense of relief** il a éprouvé un grand soulagement **c** (= believe) penser ▪ **I ~ he has spoilt everything** je pense qu'il a tout gâché ▪ **I ~ strongly that...** je suis convaincu que... **3** vi **a** (physically) se sentir ▪ **how do you ~ today?** comment vous sentez-vous aujourd'hui ? ▪ **to ~ cold/hot/hungry/thirsty** avoir froid/chaud/faim/soif ▪ **I felt as if I was going to faint** j'avais l'impression que j'allais m'évanouir **b** (emotionally) ▪ **I ~ great!** je me sens très bien ! ▪ **I couldn't help ~ing envious** je ne pouvais pas m'empêcher d'être jaloux ▪ **I ~ sure that...** je suis sûr que... ▪ **I ~ very bad about leaving you here** cela m'ennuie beaucoup de vous laisser ici ▪ **how do you ~ about him?** que pensez-vous de lui ? ▪ **to ~ for sb** avoir de la peine pour qn **c** ▪ **to ~ like sth** (= want) avoir envie de qch ▪ **I don't ~ like it** je n'en ai pas envie **d** (= give impression) ▪ **to ~ hard/soft** [object] être dur/doux au toucher **e** (= grope) ▪ **she felt in her pocket for some change** elle a fouillé dans sa poche pour trouver de la monnaie ▪ **he was ~ing in the dark for the door** il tâtonnait dans le noir pour trouver la porte

→ *Pièges* FELL

fa

feeler ['fi:lə'] n [of insect] antenne *f* ■ **to put out ~s** tâter le terrain
feelgood ['fi:lgʊd] adj [film, song] qui donne un sentiment de bien-être ■ **the ~ factor** le sentiment de bien-être
feeling ['fi:lɪŋ] n **a** (physical) sensation *f* **b** (= impression) impression *f* ■ **I've got a funny ~ she will succeed** j'ai comme l'impression qu'elle va réussir ■ **I know the ~!** je sais ce que c'est ! **c** (= emotion) sentiment *m* ■ **I didn't mean to hurt your ~s** je ne voulais pas te blesser ■ **ill ~** animosité *f*
feet [fi:t] pl of **foot**
feign [feɪn] vt feindre
feisty* ['faɪstɪ] adj **a** (= lively) fougueux **b** (US = quarrelsome) bagarreur*
feline ['fi:laɪn] adj félin
fell [fel] **1** vb pret of **fall** **2** vt [+ tree] abattre **3** n (BR = mountain) mont *m*, montagne *f* ■ **~ running/walking** course *f*/randonnée *f* en montagne
fellow ['feləʊ] n **a** (* = man) homme *m* **b** (= comrade) camarade *m*
fellowship ['feləʊʃɪp] n **a** (= comradeship) camaraderie *f* **b** (= society) association *f* **c** (at universities) (US = scholarship) bourse *f* d'études ; (BR = post) poste *m* d'enseignement et de recherche
felon ['felən] n criminel(le) *m(f)*
felony ['felənɪ] n crime *m*
felt [felt] **1** vb pret, ptp of **feel** **2** n (= fabric) feutre *m* ▸ **felt-tip pen** feutre *m*
female ['fi:meɪl] **1** adj [animal, plant] femelle ; [subject] du sexe féminin ; [company, vote] des femmes ; [organs, health problems] féminin ■ **~ students** étudiantes *fpl* **2** n (= person) femme *f*, fille *f* ; (= animal) femelle *f*
femicide ['femɪsaɪd] n féminicide *m*
feminine ['femɪnɪn] **1** adj féminin **2** n féminin *m* ■ **in the ~** au féminin
feminism ['femɪnɪzəm] n féminisme *m*
feminist ['femɪnɪst] n, adj féministe *mf*
fence [fens] n clôture *f*
▸ **fence in** vt sep [+ land] clôturer
fencing ['fensɪŋ] n (= sport) escrime *f*
fend [fend] vi ■ **to ~ for o.s.** se débrouiller tout seul
▸ **fend off** vt sep [+ blow] parer ; [+ attack, attacker] repousser ; [+ question] éluder
fender ['fendə'] n (US = wing) aile *f*
fennel ['fenl] n fenouil *m*
ferment [fə'ment] vi fermenter
fern [fɜ:n] n fougère *f*
ferocious [fə'rəʊʃəs] adj [animal, person, fighting] féroce ; [attack, argument] violent
ferret ['ferɪt] **1** n furet *m* **2** vi (also **ferret about**) fureter
ferry ['ferɪ] **1** n (large) ferry-boat *m* ; (small) bac *m* **2** vt (= transport) transporter
fertile ['fɜ:taɪl] adj fertile
fertility [fə'tɪlɪtɪ] n [of soil, man] fertilité *f* ; [of woman, animal] fécondité *f*
fertilize ['fɜ:tɪlaɪz] vt [+ animal, egg] féconder
fertilizer ['fɜ:tɪlaɪzə'] n engrais *m*
fervent ['fɜ:vənt] adj [admirer] fervent ; [supporter, belief, desire] ardent
fervour, fervor (US) ['fɜ:və'] n ferveur *f*
fester ['festə'] vi [wound] suppurer
festival ['festɪvəl] n (religious) fête *f* ; (musical) festival *m* ▸ **festival-goer** festivalier *m*, -ière *f*
festive ['festɪv] adj de fête ■ **the ~ season** la période des fêtes
festivity [fes'tɪvɪtɪ] n (also **festivities**) fête *f*
fetch [fetʃ] vt (= go and get) aller chercher
fête [feɪt] n (BR) fête *f* ; (for charity) kermesse *f*
fetus ['fi:təs] n (US) fœtus *m*
feud [fju:d] n querelle *f*
feudal ['fju:dl] adj féodal
fever ['fi:və'] n fièvre *f*
feverish ['fi:vərɪʃ] adj [person] fiévreux
few [fju:] adj, pron peu (de) ■ **~ books** peu de livres ■ **~ of them came** peu d'entre eux sont venus ■ **he is one of the ~ people able to do this** c'est l'une des rares personnes qui puisse le faire ■ **these past ~ weeks** ces dernières semaines ■ **the next ~ days** les jours qui viennent ■ **with ~ exceptions** à de rares exceptions près ■ **such occasions are ~ and far between** de telles occasions sont rares ■ **a ~** quelques(-uns), quelques(-unes) ■ **a ~ books** quelques livres *mpl* ■ **I know a ~ of these people** je connais quelques-unes de ces personnes ■ **there were only a ~ of us** nous n'étions qu'une poignée ■ **how many? – quite a ~** combien ? – pas mal* ■ **quite a ~ books** pas mal* de livres ■ **he has too ~ books** il a trop peu de livres
fewer ['fju:ə'] adj, pron compar of **few** moins (de) ■ **we have sold ~ this year** nous en avons moins vendu cette année ■ **no ~ than 37** pas moins de 37
FGM [,efʒi:'em] n (abbr of **female genital mutilation**) MGF *f*, mutilation *f* génitale féminine
fiancé [fɪ'ɑ̃:ŋseɪ] n fiancé *m*
fiancée [fɪ'ɑ̃:ŋseɪ] n fiancée *f*
fiasco [fɪ'æskəʊ] n fiasco *m*
fib* [fɪb] n bobard* *m*
fibre, fiber (US) ['faɪbə'] n fibre *f*
fibreglass, fiberglass (US) ['faɪbəglɑ:s] n fibre *f* de verre
fickle ['fɪkl] adj inconstant
fiction ['fɪkʃən] n ■ **(works of) ~** œuvres *fpl* de fiction ■ **he writes ~** c'est un romancier

fictional ['fɪkʃənl] adj fictif

fictitious [fɪk'tɪʃəs] adj faux (fausse *f*)

fiddle ['fɪdl] 1 n a (= violin) violon *m* b (* BR = cheating) combine* *f* ▪ **he's on the ~** il traficote* 2 vi ▪ **can't you stop fiddling (around)!** tiens-toi donc tranquille ! ▪ **to ~ with a pencil** tripoter un crayon 3 vt * (BR) [+ accounts, expenses claim] truquer

fiddly* ['fɪdlɪ] adj [task] minutieux

fidelity [fɪ'delɪtɪ] n fidélité *f*

fidget ['fɪdʒɪt] vi (= wriggle) gigoter*

field [fi:ld] n (gen) champ *m* ; (Sport) terrain *m* ; (= sphere of activity, knowledge) domaine *m* ▸ **field hockey** (US) hockey *m* sur gazon

fiend [fi:nd] n a démon *m* b (* = fanatic) mordu(e)* *m(f)*

fierce [fɪəs] adj [animal, person, battle] féroce ; [attack, argument] violent ; [debate] houleux ; [opposition] farouche ; [criticism, critic] virulent

fiery ['faɪərɪ] adj [colour] rougeoyant ; [person, character] fougueux ; [temper] explosif

fifteen [fɪf'ti:n] number quinze *m inv* ; for phrases see **six**

fifteenth [fɪf'ti:nθ] adj, n quinzième *mf* ; (= fraction) quinzième *m* ; for phrases see **sixth**

fifth [fɪfθ] adj, n cinquième *mf* ; (= fraction) cinquième *m* ; see also **sixth**

fifty ['fɪftɪ] number cinquante *m inv* ; for phrases see **sixty**

fig [fɪg] n (= fruit) figue *f* ; (= fig tree) figuier *m*

fight [faɪt] vb (pret, ptp **fought**) 1 n (= punch-up) bagarre* *f* ; (= battle) bataille *f* ; (Boxing) combat *m* ; (against disease, poverty) lutte *f* ; (= quarrel) dispute *f* ▪ **to have a ~ with sb** se battre avec qn ; (= argue) se disputer avec qn ▪ **he put up a good ~** il s'est bien défendu 2 vi [person, animal] se battre ; (against disease, unemployment) lutter ; (= quarrel) se disputer ▪ **to ~ for one's life** lutter contre la mort 3 vt combattre ; [+ person] se battre avec ▪ **we're ~ing a losing battle** c'est un combat perdu d'avance

▸ **fight back** 1 vi (against attacker) rendre les coups ; (Sport) se reprendre 2 vt sep [+ tears] refouler

▸ **fight off** vt sep [+ attack, attacker] repousser

fighter ['faɪtə'] n (Boxing) boxeur *m*, -euse *f*

fighting ['faɪtɪŋ] n (in war) combat *m* ; (in classroom, pub) bagarres* *fpl* ▸ **fighting spirit** combativité *f*

figment ['fɪgmənt] n ▪ **it was a ~ of his imagination** c'était le pur produit de son imagination

figurative ['fɪgjʊrətɪv] adj [language, meaning] figuré ; (Art) figuratif

figure ['fɪgə'] 1 n a (= number) chiffre *m* b (= diagram) figure *f* c (= shape) [of person] ligne *f* ▪ **she has a good ~** elle est bien faite d (= important person) personnage *m* 2 vt (US = think) penser 3 vi a (= appear) figurer b (* = make sense) ▪ **that ~s** ça paraît logique

→ *Pièges* FIGURE

▸ **figure out** vt sep a (= understand) comprendre b (= plan) calculer ▪ **they had it all ~d out** ils avaient bien calculé leur coup

figurehead ['fɪgəhed] n chef *mf* de file ; [ship] figure *f* de proue

file [faɪl] 1 n a (= folder) dossier *m* ; (Computing) fichier *m* ▪ **~ manager** gestionnaire *m* de fichiers b (for metal, nails) lime *f* c (= line) ▪ **in single ~** en file indienne 2 vt a [+ notes, files] classer ▪ **to ~ a claim** déposer une requête ▪ **to ~ a claim for damages** intenter un procès en dommages-intérêts b (= file down) limer ▪ **to ~ one's nails** se limer les ongles 3 vi ▪ **to ~ in/out** entrer/sortir en file ▪ **they all ~d past** ils sont passés lentement les uns après les autres

filename ['faɪlneɪm] n nom *m* de fichier

filing ['faɪlɪŋ] n [of documents] classement *m* ▸ **filing cabinet** classeur *m (meuble)*

fill [fɪl] 1 vt a [+ bucket, hole] remplir (*with* de) b [+ post, job] pourvoir ▪ **the position is already ~ed** le poste est déjà pourvu ▪ **to ~ a need** répondre à un besoin ▪ **to ~ a gap** combler un vide 2 vi (= fill up) [bath, bus, hall] se remplir

▸ **fill in** 1 vi ▪ **to ~ in for sb** remplacer qn (temporairement) 2 vt sep a [+ form] remplir ; [+ report] compléter b [+ hole] boucher

▸ **fill out** vt sep [+ form] remplir

▸ **fill up** 1 vi a [bath, bus, hall] se remplir b (with petrol) faire le plein (d'essence) 2 vt sep a [+ tank] remplir ▪ **~ it up!*** (with petrol) (faites) le plein ! b [+ hole] boucher

filler ['fɪlə'] 1 n a (for walls) enduit *m* de rebouchage b (in lesson, show, newspaper) bouche-trou *m* 2 **fillers** npl (= cosmetic treatment) (produit *m* de) comblement *m*

fillet ['fɪlɪt], **filet** (US) [fɪ'leɪ] 1 n [of meat, fish] filet *m* 2 vt [+ fish] découper en filets

filling ['fɪlɪŋ] 1 n a (in tooth) plombage *m* b (in pie, sandwich) garniture *f* ▪ **chocolates with a coffee ~** chocolats *mpl* fourrés au café 2 adj [food] substantiel

filling station [ˌfɪlɪŋ'steɪʃən] n station-service *f*

film [fɪlm] 1 n a (BR = movie) film *m* ▪ **to go to a ~** aller voir un film ▸ **film festival** festival *m* du cinéma ▸ **film-maker** cinéaste *mf* ▸ **film star** vedette *f* de cinéma b (for camera) pellicule *f* c [of dust, oil] pellicule *f* 2 vt filmer 3 vi (= make a film) tourner un film

filter ['fɪltə'] 1 n filtre *m* 2 vti filtrer

fi

filth [fɪlθ] n saleté *f*

filthy ['fɪlθɪ] adj (= dirty) crasseux ; (= disgusting) dégoûtant ; (= obscene) obscène ▪ **~ rich*** bourré de fric*

fin [fɪn] n [of fish] nageoire *f* ; [of shark] aileron *m*

final ['faɪnl] **1** adj **a** (= last) dernier **b** [result, draft] définitif ▪ **the judges' decision is ~** la décision des arbitres est sans appel **2** n (US Sport : also **finals**) finale *f* **3** **finals** npl (= exams) examens *mpl* de dernière année

finale [fɪ'nɑːlɪ] n ▪ **the grand ~** l'apothéose *f*

finalist ['faɪnəlɪst] n finaliste *mf*

finalize ['faɪnəlaɪz] vt finaliser

finally ['faɪnəlɪ] adv **a** (= eventually) finalement **b** (= lastly) pour finir

finance [faɪ'næns] **1** n finance *f* **2** vt financer

financial [faɪ'nænʃəl] **1** adj financier ▸ **financial year** (BR) exercice *m* budgétaire **2** **financials** npl (= reports) bilan *m* d'activité ; (= financial sector) finance *f*

find [faɪnd] (pret, ptp **found**) **1** vt **a** (gen) trouver ; [+ lost person or object] retrouver ▪ **he ~s it difficult to walk** il a du mal à marcher ▪ **I found myself wondering...** je me suis surpris à me demander... **b** (= realize) constater ▪ **you will ~ that I am right** vous constaterez que j'ai raison **c** ▪ **to ~ sb guilty** déclarer qn coupable **2** n trouvaille *f*

▸ **find out** **1** vi **a** (= make enquiries) se renseigner (*about* sur) **b** (= know) ▪ **we didn't ~ out about it in time** nous ne l'avons pas su à temps ▪ **she doesn't want her parents to ~ out** elle ne veut pas que ses parents le sachent **2** vt sep **a** (= discover) découvrir ; [+ answer] trouver **b** (= discover the misdeeds of) [+ person] démasquer

findings ['faɪndɪŋz] npl conclusions *fpl*

fine [faɪn] **1** adj **a** [performer, player, piece of work] excellent ; [place, object, example] beau (belle *f*) ; [view] superbe **b** (= acceptable) bien *inv* ▪ **you look ~** tu es très bien **c** (= not unwell) ▪ **to be ~** aller bien ▪ **how are you? – ~ thanks** comment allez-vous ? – bien, merci ▪ **to feel ~** se sentir bien **d** (= without problems) ▪ **she'll be ~, the others will look after her** il ne lui arrivera rien, les autres s'occuperont d'elle ▪ **I'll be ~ on my own** je me débrouillerai très bien tout seul **e** (expressing agreement) très bien ▪ **I'll be back by lunchtime – ~!** je serai de retour à l'heure du déjeuner – très bien ! ▪ **that's ~ by me** d'accord **f** (= refined) raffiné **g** (= delicate) [fabric, hair, features] fin ▪ **~ rain** une pluie fine **h** (= subtle) [adjustment] minutieux ; [detail, distinction] subtil **i** [weather, day] beau (belle *f*) ▪ **coastal areas will be ~** il fera beau sur la côte **2** adv **a** (= well) bien ▪ **we get on ~** nous nous entendons bien **b** (= not coarsely) ▪ **to chop sth ~** hacher qch menu ▪ **you're cutting it too ~** (= leaving it too late) c'est un peu juste **3** n (= penalty) amende *f* ; (for driving offence) contravention *f* **4** vt condamner à une amende ; (for driving offence) donner une contravention à

finely ['faɪnlɪ] adv **a** [crafted, carved] finement **b** [chop] menu ; [slice] en tranches fines ; [grate] fin

finery ['faɪnərɪ] n beaux vêtements *mpl*

finger ['fɪŋgəʳ] n doigt *m* ▪ **to point one's ~ at sb** montrer qn du doigt ▪ **he wouldn't lift a ~ to help me** il ne lèverait pas le petit doigt pour m'aider ▪ **~s crossed!** croisons les doigts ! ▸ **finger food** amuse-gueules *mpl* ▸ **finger-painting** peinture *f* avec les doigts ▸ **finger-pointing** désignation *f* de coupables

fingernail ['fɪŋgəneɪl] n ongle *m*

fingerprint ['fɪŋgəprɪnt] n empreinte *f* digitale

fingertip ['fɪŋgətɪp] n bout *m* du doigt ▪ **at your ~s** à portée de main

finicky ['fɪnɪkɪ] adj [person] pointilleux ; [work, job] minutieux

finish ['fɪnɪʃ] **1** n **a** (= end) fin *f* ; [of race] arrivée *f* ▸ **finish line** (US) ligne *f* d'arrivée **b** [of woodwork] finition *f* **2** vt [+ work, meal, supplies] finir ▪ **to put the ~ing touches to sth** mettre la dernière main à qch **3** vi [film, meeting] se terminer ; [holiday, contract] prendre fin ; [runner, horse] arriver ▪ **he ~ed by saying that...** il a terminé en disant que...

▸ **finish off** vt sep [+ work] terminer ; [+ food, meal] finir

▸ **finish with** vt insep ▪ **I've ~ed with the paper** je n'ai plus besoin du journal ▪ **she's ~ed with him*** (in relationship) elle l'a plaqué*

→ *Pièges* FINISH

finished ['fɪnɪʃt] adj fini

finishing line ['fɪnɪʃɪŋˌlaɪn] n ligne *f* d'arrivée

finite ['faɪnaɪt] adj [number, world] fini ; [amount, resources] limité

Finland ['fɪnlənd] n Finlande *f*

Finn [fɪn] n Finlandais(e) *m(f)*

Finnish ['fɪnɪʃ] **1** adj finlandais ; [literature, culture] finnois **2** n (= language) finnois *m*

fir [fɜːʳ] n sapin *m* ▸ **fir cone** pomme *f* de pin

fire [faɪəʳ] **1** n **a** feu *m* ; (in building, forest) incendie *m* ▪ **the house was on ~** la maison était en feu ▪ **to set ~ to sth** mettre le feu à qch ▪ **to catch ~** prendre feu ▸ **fire alarm** alarme *f* incendie ▸ **fire brigade** (BR), **fire department** (US) (brigade *f* des) (sapeurs-)pompiers *mpl* ▸ **fire crew** escouade *f* de pompiers ▸ **fire engine** voiture *f* de pompiers ▸ **fire escape** (= staircase) escalier *m* de secours ▸ **fire exit** sortie *f* de secours ▸ **fire extinguisher** extincteur *m* ▸ **fire fighter** pompier *m* ▸ **fire station** caserne *f* de pompiers ▸ **fire truck** (US) voiture *f* de pompiers **b** (BR = heater) radiateur *m* **c** (= shots) ▪ **to open ~** ouvrir le feu ▪ **to come under ~** (= be criticized) essuyer des critiques **2** vt **a** [+ rocket] lancer ▪ **to ~ a gun at sb** tirer (un coup de fusil) sur qn ▪ **to ~ questions at sb** bombarder qn de questions **b** (= dismiss) licencier **c** [+ imagination, passions, enthusiasm] enflammer **d** [+ pottery] cuire **3** vi [person] tirer (*at* sur)

firearm ['faɪərɑːm] n arme *f* à feu

firebomb ['faɪəbɒm] n bombe *f* incendiaire

firebrand ['faɪəbrænd] n ▪ **he's a real ~** (= energetic person) il pète le feu* ; (causing unrest) c'est un fauteur de troubles

fireman ['faɪəmən] n (pl **-men**) (sapeur-)pompier *m*

fireplace ['faɪəpleɪs] n cheminée *f*

fireproof ['faɪəpruːf] adj [material] ininflammable ▸ **fireproof dish** plat *m* allant au feu

fireside ['faɪəsaɪd] n coin *m* du feu

firewall ['faɪəwɔːl] n (Computing) (mur *m*) pare-feu *m*

firewood ['faɪəwʊd] n bois *m* de chauffage

firework ['faɪəwɜːk] n feu *m* d'artifice ▸ **fireworks display** spectacle *m* pyrotechnique

firing ['faɪrɪŋ] n (= shooting) tir *m* ▸ **firing squad** peloton *m* d'exécution

firm [fɜːm] **1** n (= company) entreprise *f* **2** adj (gen) ferme ; [ladder, price, currency] stable ; [foundation] solide ▪ **they became ~ friends** ils sont devenus de grands amis
▸ **firm up** vt sep [+ muscles] raffermir

firmly ['fɜːmlɪ] adv [fix, base] solidement ; [establish, stick] bien ; [believe] fermement ; [say] avec fermeté ▪ **~ opposed to sth** fermement opposé à qch

first [fɜːst] **1** adj premier ▪ **the ~ of May** le premier mai ▪ **the twenty-first time** la vingt et unième fois ▪ **Charles the First** Charles Ier ▪ **she doesn't know the ~ thing about it** elle n'y connaît rien ▪ **he went out ~ thing this morning** il est sorti très tôt ce matin ▪ **~ things ~!** les choses importantes d'abord ! **2** adv (= at first) d'abord ; (= firstly) premièrement ; (= in the beginning) au début ▪ **when we ~ met** la première fois que nous nous sommes rencontrés ▪ **when we ~ lived here** quand nous sommes venus habiter ici ▪ **~ separate the eggs** séparez d'abord les jaunes des blancs ▪ **~ of all** tout d'abord ▪ **~ and foremost** en tout premier lieu ▪ **she arrived ~** elle est arrivée la première ▪ **to come ~** (= arrive) arriver le premier ; (in exam, competition) être reçu premier ▪ **my family comes ~** ma famille passe avant tout ▪ **at ~** d'abord, au début **3** n **a** premier *m*, -ière *f* ▪ **they were the ~ to come** ils sont arrivés les premiers ▪ **the ~ I heard of it was when...** la première fois que j'en ai entendu parler, c'est... **b** (= first gear) première *f* (vitesse) ▪ **in ~** en première **c** (BR = degree) ▪ **he got a ~** ≈ il a eu sa licence avec mention très bien **4** comp ▸ **first aid** premiers secours *mpl* ▸ **first aider** secouriste *mf* ▸ **first floor** ▪ **on the ~ floor** (BR) au premier (étage); (US) au rez-de-chaussée ▸ **first form** (BR) ≈ (classe de) sixième ▸ **first grade** (US) cours *m* préparatoire ▸ **first lady** (US) première dame *f* des États-Unis *(ou personne servant d'hôtesse à sa place)* ▸ **First Minister** (in Scotland) *chef du gouvernement régional écossais* ▸ **first name** prénom *m* ▸ **First Secretary** (in Wales) *chef du gouvernement régional gallois* ▸ **the First World War** la Première Guerre mondiale ▸ **first year** (at university) première année *f*; (= student) étudiant(e) *m(f)* de première année

first-class [ˌfɜːst'klɑːs] **1** adj **a** (= excellent) excellent **b** [travel, flight] en première (classe) ; [ticket, passenger, compartment] de première (classe) **c** [letter, stamp] en tarif prioritaire **d** ▪ **a ~ degree** ≈ une licence avec mention très bien **2** adv [travel, fly] en première classe ; [send] en tarif prioritaire

first-hand [fɜːst'hænd] adj [news, information] de première main

firstly ['fɜːstlɪ] adv premièrement

first-rate [fɜːst'reɪt] adj excellent

first-timer [fɜːst'taɪmə'] n novice *mf*

fiscal ['fɪskəl] adj fiscal ▸ **fiscal cliff** n mur *m* budgétaire, *conjonction de l'augmentation des impôts et de la réduction des dépenses publiques risquant de créer une récession*

fish [fɪʃ] **1** n inv poisson *m* ▸ **fish and chips** poisson *m* frit et frites ▸ **fish-and-chip shop** friterie *f* ▸ **fish farm** ferme *f* marine ▸ **fish farming** pisciculture *f* ▸ **fish fingers** (BR) poisson *m* pané en bâtonnets ▸ **fish shop** poissonnerie *f* ▸ **fish sticks** (US) poisson *m* pané en bâtonnets ▸ **fish tank** aquarium *m* **2** vi pêcher ▪ **to go ~ing** aller à la pêche ▪ **to ~ for compliments** chercher les compliments

fishbone ['fɪʃbəʊn] n arête *f*

fishbowl ['fɪʃbəʊl] n bocal *m* (à poissons)

fisherman ['fɪʃəmən] n (pl **-men**) pêcheur *m*

fishery ['fɪʃərɪ] n pêche *f*

fishing ['fɪʃɪŋ] n pêche *f* ▸ **fishing boat** bateau *m* de pêche ▸ **fishing line** ligne *f* de pêche ▸ **fishing net** (on fishing boat) filet *m* (de pêche); [of angler, child] épuisette *f* ▸ **fishing rod** canne *f* à pêche ▸ **fishing tackle** attirail *m* de pêche

fi

fishmonger ['fɪʃ,mʌŋgəʳ] n (BR) poissonnier *m*, -ière *f*

fishy ['fɪʃɪ] adj **a** [smell] de poisson **b** (* = suspicious) louche ▪ **it seems rather ~** ça ne me paraît pas très catholique*

fist [fɪst] n poing *m*

fit [fɪt] **1** adj **a** (= able) capable (*for* de) ; (= worthy) digne (*for* de) ▪ **to be ~ for nothing** être bon à rien ▪ **~ to drink** (= not poisonous) potable ▪ **~ for human consumption** propre à la consommation **b** (= right and proper) convenable ; [time, occasion] propice ▪ **to see ~ to do sth** juger bon de faire qch **c** (= in trim) en forme ; (= healthy) en bonne santé **2** n **a** [of epilepsy] crise *f* ▪ **she'll have a ~!*** elle va piquer une crise !* **b** (= outburst) accès *m* ▪ **in a ~ of anger** dans un accès de colère ▪ **to be in ~s** (laughing) se tordre de rire ▪ **to get a ~ of the giggles** avoir le fou rire ▪ **in ~s and starts** par à-coups **c** (= size) ▪ **your dress is a very good ~** cette robe est exactement à votre taille **3** vt **a** (= be the right size for) [clothes] aller à ▪ **the dress ~s her like a glove** cette robe lui va comme un gant ▪ **the key doesn't ~ the lock** cette clé ne correspond pas à la serrure **b** (= find space or time for) ▪ **you can ~ five people into this car** il y a de la place pour cinq dans cette voiture ▪ **I can't ~ any more meetings into my day** je n'ai pas le temps pour d'autres réunions dans mon emploi du temps **c** (= correspond to) [+ mood, definition, stereotype] correspondre à ; [+ needs, description] répondre à **d** (= put in place) mettre ; (= fix) fixer ▪ **to ~ a key in a lock** engager une clé dans une serrure ▪ **to ~ two things together** assembler deux objets ▪ **to ~ sth into place** mettre qch en place **4** vi **a** (= be the right size) ▪ **I liked the dress but it didn't ~** j'aimais bien la robe, mais elle n'était pas à ma taille ▪ **does it ~?** est-ce que c'est la bonne taille ? ▪ **this key doesn't ~** ce n'est pas la bonne clé **b** (= have enough room) tenir ▪ **it's too big to ~ into the box** c'est trop grand pour tenir dans la boîte **c** (= match) [facts] cadrer ▪ **how does this idea ~ into your overall plan?** comment cette idée s'inscrit-elle dans votre plan d'ensemble ? ▪ **suddenly everything ~ted into place** soudain, tout est devenu clair

▸ **fit in** **1** vi **a** (= match) [fact] cadrer ▪ **this doesn't ~ in with what I was taught** ça ne correspond pas à ce qu'on m'a appris **b** (= integrate) s'intégrer **c** (= have room) ▪ **will we all ~ in?** y aura-t-il assez de place pour nous tous ? **2** vt sep **a** (= find room for) trouver de la place pour ▪ **can you ~ another bag in?** y a-t-il encore de la place pour un sac ? **b** (= adapt) adapter ▪ **I'll try to ~ my plans in with yours** je tâcherai de m'adapter en fonction de tes plans **c** (= find time for) prendre ▪ **the doctor can ~ you in tomorrow at three** le docteur peut vous prendre demain à 15 heures

fitful ['fɪtfʊl] adj [sleep] agité

fitness ['fɪtnɪs] n (= physical trimness) forme *f* ; (= health) santé *f*

fitted ['fɪtɪd] adj **a** (BR) [wardrobe, kitchen units] encastré ▪ **a fully-fitted kitchen** une cuisine entièrement équipée ▸ **fitted carpet** moquette *f* **b** [jacket] ajusté

fitting ['fɪtɪŋ] **1** adj (= appropriate) pertinent **2** **fittings** npl (BR) installations *fpl* ▪ **electrical ~s** installations *fpl* électriques

fitting room [,fɪtɪŋru:m] n salon *m* d'essayage

five [faɪv] number cinq *m inv* ; see also **six**

five-a-side [,faɪvə'saɪd] n (BR) ▪ **~ (football)** football *m* à cinq

five-o'clock shadow [,faɪvəklɒk'ʃædəʊ] n barbe *f* d'un jour

fiver* ['faɪvəʳ] n (BR) cinq livres *fpl*

fix [fɪks] **1** vt **a** (put) fixer ; (with ropes) attacher **b** (= arrange) décider **c** ▪ **to ~ one's hair** se passer un coup de peigne ▪ **can I ~ you a drink?** vous prendrez bien un verre ? **d** (= mend) réparer **e** (* = rig) truquer **2** vi (US = intend) ▪ **to be ~ing to do sth*** compter faire qch **3** n **a** (* = difficult situation) ▪ **to be in a ~** être dans le pétrin* **b** (‡ = dose of drugs) dose *f*

▸ **fix up** vt sep arranger ▪ **I'll try to ~ something up** je tâcherai d'arranger quelque chose ▪ **to ~ sb up with sth** trouver qch pour qn

fixed [fɪkst] adj **a** [position, time, price] fixe ; [smile] figé **b** (= rigged) truqué **c** (* : used with how?) ▪ **how are we ~ for time?** on a combien de temps ? ▪ **how are you ~ for tonight?** tu es libre ce soir ? ▪ **how are you ~ for transport?** comment fais-tu pour le transport ?

fixture ['fɪkstʃəʳ] n **a** (in building) installation *f* fixe **b** (BR : Sport) rencontre *f*

fizz [fɪz] vi pétiller

fizzle out [,fɪzl'aʊt] vi [enthusiasm] tomber ; [event] se terminer ; [book, film, plot] se terminer en queue de poisson

fizzy ['fɪzɪ] adj (BR) gazeux

fjord [fjɔ:d] n fjord *m*

flab* [flæb] n (= fat) graisse *f* superflue, lard* *m*

flabbergasted* ['flæbəgɑ:stɪd] adj sidéré* ▪ **I was ~** je suis resté scotché*

flabby ['flæbɪ] adj flasque

flag [flæg] **1** n drapeau *m* ; (on ship) pavillon *m* **2** vt (= mark) marquer **3** vi [athlete] faiblir ; [attention, worker] se relâcher ; [conversation] languir ; [enthusiasm] s'émousser ; [economy, sales] s'essouffler

▸ **flag down** vt sep [+ driver] faire signe d'arrêter à ; [+ taxi] héler

flagpole ['flægpəʊl] n mât *m*

flagrant ['fleɪgrənt] adj flagrant

flagship ['flægʃɪp] 1 n vaisseau *m* amiral 2 adj ▪ **~ product/company** produit *m*/entreprise *f* phare

flair [flɛəʳ] n (= talent) flair *m* ; (= style) style *m* ▪ **to have a ~ for sth** avoir un don pour qch

flake [fleɪk] 1 n [of snow] flocon *m* 2 vi [plaster, paint] s'écailler ; [skin] peler

flaky ['fleɪkɪ] adj [skin] squameux ▪ **to be a bit ~*** avoir un pète au casque* ▸ **flaky pastry** pâte *f* feuilletée

flamboyant [flæm'bɔɪənt] adj [clothes] voyant ; [person] haut en couleur ; [style] extravagant

flame [fleɪm] n flamme *f* ▪ **in ~s** en feu ▪ **to burst into ~s** s'enflammer

flaming ['fleɪmɪŋ] adj a [torch] allumé ▪ **~ red hair** des cheveux d'un roux flamboyant b (* BR = damn) fichu* ▪ **it's a ~ nuisance!** c'est vraiment enquiquinant !*

flamingo [flə'mɪŋgəʊ] n flamant *m* rose

flammable ['flæməbl] adj inflammable

flan [flæn] n (= tart) tarte *f*

> ⚠ ***flan*** ne se traduit pas par le mot français **flan**.

flank [flæŋk] 1 n flanc *m* 2 vt flanquer

flannel ['flænl] 1 n a (= fabric) flanelle *f* b (BR : also **face flannel**) ≈ gant de toilette 2 **flannels** npl (BR = trousers) pantalon *m* de flanelle

flap [flæp] 1 n a [of pocket, book cover] rabat *m* b ▪ **to be in a ~*** être dans tous ses états 2 vi [wings] battre ; [sails] claquer 3 vt ▪ **the bird ~ped its wings** l'oiseau battait des ailes

flapjack ['flæpdʒæk] n (= biscuit) biscuit *m* d'avoine à la mélasse ; (US = pancake) crêpe *f* épaisse

flare [flɛəʳ] 1 n a [of torch] éclat *m* b (= signal) signal *m* ; (= distress signal) fusée *f* de détresse 2 **flares*** npl (= trousers) pantalon *m* à pattes d'éléphant 3 vi a [match] s'enflammer b (also **flare up**) [violence, fighting] éclater ; [person] s'emporter ▪ **tempers ~d** les esprits se sont échauffés c [skirt, sleeves] évaser ; [nostrils] se dilater ▪ **~d skirt** jupe *f* évasée ▪ **~d trousers** pantalon *m* à pattes d'éléphant

flash [flæʃ] 1 n a (= sudden light) lueur *f* soudaine ▪ **a ~ of lightning** un éclair b (= brief moment) ▪ **it happened in a ~** c'est arrivé en un clin d'œil c (for camera) flash *m* d (US = torch) torche *f* 2 vi a [light] (on and off) clignoter ▪ **the blade ~ed in the sunlight** la lame a brillé au soleil ▪ **~ing light** [of police car] gyrophare *m* ; [of answerphone] clignotant *m* b (= move quickly) ▪ **to ~ past** [person, vehicle] passer comme un éclair ▪ **his whole life ~ed before him** il a vu sa vie se défiler c (* = expose o.s. indecently) s'exhiber 3 vt [+ light] projeter ▪ **to ~ a torch in sb's face** éclairer le visage de qn avec une torche ▪ **to ~ one's headlights, to ~ the high beams** (US) faire un appel de phares 4 comp ▸ **flash card** carte *f (support pédagogique)* ▸ **flash drive** clé *f* USB ▸ **flash fiction** micro-fiction *f* ▸ **flash flood** crue *f* soudaine or éclair ▸ **flash memory** mémoire *f* flash ▪ **~ memory stick** clé *f* USB ▸ **flash mob** rassemblement *m* or mobilisation *f* éclair

flashback ['flæʃbæk] n flash-back *m inv*

Flashcode® ['flæʃkəʊd] n Flashcode® *m*, code *m* QR

flasher* ['flæʃəʳ] n (= person) exhibitionniste *m*

flashlight ['flæʃlaɪt] n [of camera] flash *m* ; (US = torch) torche *f*

flashy ['flæʃɪ] adj [person] tapageur ; [car] tape-à-l'œil *inv*

flask [flɑːsk] n (= vacuum flask) thermos *f* ; (= hip flask) flasque *f* ; (in laboratory) ballon *m*

flat [flæt] 1 adj a plat ; [tyre] crevé ; [battery] à plat ; [beer] éventé ▪ **he was lying ~ on the floor** il était étendu par terre ▪ **to fall ~** [event, joke] tomber à plat ; [scheme] ne rien donner b (= off-key) trop bas (basse *f*) ▪ **B ~** si *m* bémol c (= all-inclusive) ▪ **~ rate** forfait *m* 2 adv a ▪ **he turned it down ~** il l'a refusé tout net ▪ **in ten seconds ~** en dix secondes pile ▪ **to be ~ out*** (= exhausted) être vidé* ▪ **to be working ~ out*** (BR) travailler d'arrache-pied ▪ **to go ~ out*** aller à toute blinde* b [sing, play] trop bas 3 n a (BR = apartment) appartement *m* ▪ **to go flat-hunting** chercher un appartement b (= tyre) crevaison *f*

flat-chested ['flæt,tʃestɪd] adj ▪ **she is ~** elle n'a pas de poitrine

flatmate ['flætmeɪt] n colocataire *mf*

flatscreen ['flætskriːn] n écran *m* plat

flat-sharing ['flætʃærɪŋ] adj colocation *f (dans un appartement)*

flatten ['flætn] vt a (= make less bumpy) aplanir b (= destroy) [+ building] raser

flatter ['flætəʳ] vt flatter

flattering ['flætərɪŋ] adj flatteur

flattery ['flætərɪ] n flatterie *f*

flatware ['flætwɛəʳ] n (US) couverts *mpl*

flaunt [flɔːnt] vt [+ wealth] étaler ; [+ lover, possession] exhiber

fl

flavour, flavor (US) ['fleɪvəʳ] **1** n (gen) goût *m* ; [of ice cream] parfum *m* **2** vt (with fruit, spirits) parfumer (*with* à) ; (with herbs) assaisonner ▪ **pineapple-flavoured** (parfumé) à l'ananas

flavouring, flavoring (US) ['fleɪvərɪŋ] n parfum *m* ▪ **no artificial ~s** pas d'arôme artificiel

flaw [flɔː] n (in material, character) défaut *m* ; (in argument) faille *f*

flawed [flɔːd] adj défectueux

flawless ['flɔːlɪs] adj parfait

flax [flæks] n lin *m*

flea [fliː] n puce *f* ▸ **flea market** marché *m* aux puces

fleck [flek] **1** n [of colour, blood] petite tache *f* ; [of dust] grain *m* **2** vt ▪ **her dress was ~ed with mud** sa robe était éclaboussée de boue ▪ **his hair was ~ed with grey** ses cheveux commençaient à grisonner

fled [fled] vb pret, ptp of **flee**

flee [fliː] (pret, ptp **fled**) **1** vi s'enfuir **2** vt [+ country] s'enfuir de ; [+ war, danger] fuir

fleece [fliːs] **1** n **a** [of sheep] toison *f* **b** (= fabric) laine *f* polaire ; (= jacket) polaire *f* **2** vt (= swindle) escroquer ; (= overcharge) estamper*

fleecy ['fliːsɪ] adj [blanket] laineux ; [jacket] en laine polaire

fleet [fliːt] n [of ships] flotte *f* ; [of vehicles] parc *m*

fleeting ['fliːtɪŋ] adj ▪ **a ~ visit** une visite en coup de vent ▪ **to catch a ~ glimpse of sb/sth** entrapercevoir qn/qch

Fleet Street ['fliːt,striːt] n (BR) *les milieux de la presse londonienne*

Flemish ['flemɪʃ] **1** adj flamand **2** n (= langue) flamand *m*

flesh [fleʃ] n chair *f* ▪ **to make sb's ~ crawl** donner la chair de poule à qn ▪ **my own ~ and blood** la chair de ma chair ▪ **in the ~** en chair et en os

▸ **flesh out** vt sep [+ essay, speech] étoffer ; [+ proposal] développer

fleshy ['fleʃɪ] adj [face, cheeks] rebondi ; [fruit, leaf] charnu

flew [fluː] vb pret of **fly**

flex [fleks] **1** vt [+ knees] fléchir ▪ **to ~ one's muscles** (lit) faire jouer ses muscles ; (fig) montrer sa force **2** n (BR) [of lamp] fil *m* ; [of telephone] cordon *m*

flexibility [,fleksɪ'bɪlɪtɪ] n [of material, limbs] souplesse *f* ; [of approach, working hours] flexibilité *f*

flexible ['fleksəbl] adj [object, person, approach] flexible

flexitarian [,fleksɪ'tɛərɪən] adj, n flexitarien(ne) *m(f)*

flick [flɪk] **1** n petit coup *m* ▸ **flick knife** (pl **~ knives**) (BR) couteau *m* à cran d'arrêt **2** vt donner un petit coup à ▪ **to ~ a switch on/off** allumer/éteindre ▪ **he ~ed his cigarette ash into the ashtray** il a fait tomber la cendre de sa cigarette dans le cendrier

▸ **flick through** vt insep [+ pages of book] feuilleter ▪ **to ~ through the TV channels** zapper

flicker ['flɪkəʳ] vi [flames, light] danser ; (before going out) vaciller

flier ['flaɪəʳ] n (= handbill) prospectus *m*

flight [flaɪt] n **a** (gen) vol *m* ▪ **in ~** en plein vol ▪ **~ number 776 from/to Madrid** le vol numéro 776 en provenance/à destination de Madrid ▪ **did you have a good ~?** vous avez fait bon voyage ? ▸ **flight attendant** steward *m*/hôtesse *f* de l'air ▸ **flight deck** [of plane] cabine *f* de pilotage ; [of aircraft carrier] pont *m* d'envol ▸ **flight recorder** enregistreur *m* de vol ▸ **flight socks** chaussettes *fpl* de contention **b** ▪ **~ of stairs** escalier *m* **c** (= act of fleeing) fuite *f*

flighty ['flaɪtɪ] adj frivole ; (in love) volage

flimsy ['flɪmzɪ] adj (= not strong) peu solide ; (= thin) mince ; [evidence] peu convaincant ; [excuse] piètre

flinch [flɪntʃ] vi broncher

fling [flɪŋ] vb (pret, ptp **flung**) **1** n* **a** (= affair) aventure *f* **b** (= period of enjoyment) ▪ **to have a last ~** faire une dernière folie **2** vt [+ object] lancer (*at sb* à qn, *at sth* sur qch) ▪ **he flung his opponent to the ground** il a jeté son adversaire à terre ▪ **the door was flung open** la porte s'est ouverte brusquement ▪ **to ~ one's arms round sb** sauter au cou de qn

flint [flɪnt] n silex *m*

flip [flɪp] **1** n ▪ **to decide sth on the ~ of a coin** décider qch en tirant à pile ou face **2** vt donner un petit coup à ; [+ pancake] faire sauter ▪ **to ~ a coin** tirer à pile ou face

▸ **flip through** vt insep [+ book] feuilleter

flipboard ['flɪpbɔːd], **flipchart** ['flɪptʃɑːt] n tableau *m* de conférence

flip-flops [,flɪpflɒps] npl tongs *fpl*

flippant ['flɪpənt] adj désinvolte

flipped ['flɪpt] adj ▪ **~ classroom** classe inversée

flipper ['flɪpəʳ] n [of animal] nageoire *f* ; [of swimmer] palme *f*

flirt [flɜːt] **1** vi flirter **2** n ▪ **he's a ~** c'est un dragueur

> ⚠ ***flirt*** ne se traduit pas par le mot français **flirt**.

flirtation [flɜː'teɪʃən] n flirt *m*

flirtatious [flɜː'teɪʃəs] adj charmeur

flit [flɪt] vi a [bats, butterflies] voltiger b [person] ▪ **to ~ between New York and Paris** faire la navette entre New York et Paris

float [fləʊt] 1 n a (for fishing) flotteur *m* b (= vehicle in a parade) char *m* c (also **cash float**) fonds *m* de caisse d (US = drink) *milk-shake ou soda contenant une boule de glace* 2 vi flotter ; [ship] être à flot ; [swimmer] faire la planche ▪ **to ~ back up to the surface** remonter à la surface 3 vt a [+ object] faire flotter ; [+ idea] lancer b [+ currency] laisser flotter

flock [flɒk] 1 n troupeau *m* ; [of birds in flight] vol *m* 2 vi ▪ **to ~ in/out** entrer/sortir en masse ▪ **people ~ed to see him** les gens sont allés le voir en masse

flog [flɒg] vt a (= whip) flageller b (‡ BR = sell) vendre

flood [flʌd] 1 n inondation *f* ▪ **~s of tears** un torrent de larmes ▪ **a ~ of letters/protests** un déluge de lettres/de protestations 2 vt inonder 3 vi [river] déborder ▪ **refugees ~ed across the border** des flots de réfugiés ont franchi la frontière

▸ **flood back** vi [memories, worries] resurgir

flooding ['flʌdɪŋ] n inondation *f*

floodlight ['flʌdlaɪt] n projecteur *m*

floor [flɔːʳ] 1 n a (gen) sol *m* ; (wooden) plancher *m* ; (for dance) piste *f* (de danse) ; [of valley, ocean] fond *m* ▪ **she was sitting on the ~** elle était assise par terre b (= storey) étage *m* 2 vt a (= knock down) [+ opponent] terrasser b (* = silence) réduire au silence ▪ **this argument ~ed him** il n'a rien trouvé à répondre

floorboard ['flɔːbɔːd] n planche *f (de plancher)* ▪ **the ~s** le plancher

flop [flɒp] 1 vi a (= drop) s'affaler ▪ **he ~ped down in a chair** il s'est affalé dans un fauteuil b [play, film, record] faire un four 2 n * [of business venture, scheme] fiasco *m* ▪ **the play was a ~** la pièce a été un four

floppy ['flɒpɪ] adj [hat] à bords flottants ; [dog ears] tombant ▸ **floppy disk** disquette *f*

floral [flɔːrəl] adj [dress, wallpaper, curtains, print] à fleurs ; [arrangement, display] floral

Florida ['flɒrɪdɑ] n Floride *f*

florist ['flɒrɪst] n fleuriste *mf* ▪ **~'s shop** fleuriste *m*

floss [flɒs] 1 n (= dental floss) fil *m* dentaire 2 vti ▪ **to ~ (one's teeth)** utiliser du fil dentaire

flotsam ['flɒtsəm] n ▪ **~ and jetsam** (lit) épaves *fpl* flottantes et rejetées ▪ **the ~ and jetsam of our society** (fig) les laissés-pour-compte de notre société

flounder ['flaʊndəʳ] vi [company, economy] battre de l'aile ; [career] traverser une mauvaise passe

flour ['flaʊəʳ] n farine *f*

flourish ['flʌrɪʃ] vi [plants, business, town] prospérer

flourishing ['flʌrɪʃɪŋ] adj [business, economy] florissant ; [plant] qui prospère

flout [flaʊt] vt [+ orders, advice] ignorer

flow [fləʊ] 1 vi [river, blood from wound] couler ; [electric current, blood in veins] circuler ▪ **the river ~s into the sea** le fleuve se jette dans la mer 2 n [of donations, orders] flot *m*

flower ['flaʊəʳ] 1 n fleur *f* ▸ **flower arrangement** (= flowers) composition *f* florale ▸ **flower bed** parterre *m* de fleurs ▸ **flower shop** fleuriste *m* ▸ **flower show** floralies *fpl* 2 vi fleurir

flowerpot ['flaʊəpɒt] n pot *m* de fleurs

flowery ['flaʊərɪ] adj [dress, wallpaper] à fleurs ; [language] fleuri

flowing ['fləʊɪŋ] adj [water] qui coule ; [hair, skirt] flottant

flown [fləʊn] vb ptp of **fly**

flu [fluː] n grippe *f* ▪ **to have ~** avoir la grippe ▪ **to have a touch of ~** être un peu grippé

fluctuate ['flʌktjʊeɪt] vi fluctuer

fluctuation [ˌflʌktjʊ'eɪʃən] n fluctuation *f*

fluency ['fluːənsɪ] n (in speech) facilité *f* d'élocution ▪ **his ~ in English** son aisance à s'exprimer en anglais

fluent ['fluːənt] adj (in foreign language) ▪ **he is ~ in Italian** il parle couramment l'italien

fluently ['fluːəntlɪ] adv [speak foreign language] couramment

fluff [flʌf] n (on birds, young animals) duvet *m* ; (from material) peluche *f*

fluffy ['flʌfɪ] adj a [hair] duveteux ; [kitten, rabbit] au pelage duveteux ; [cloud] floconneux ▪ **~ toy** peluche *f* b [cake, mashed potatoes] léger

fluid ['fluːɪd] adj, n fluide *m* ▸ **fluid ounce** *mesure de capacité (Brit : 0,028 l ; US : 0,030 l)*

fluke [fluːk] n (= chance event) coup *m* de chance extraordinaire

flung [flʌŋ] vb pret, ptp of **fling**

flunk* [flʌŋk] vt (esp US = fail) ▪ **to ~ French/an exam** être recalé* en français/à un examen ▪ **they ~ed ten candidates** ils ont recalé* dix candidats

fluorescent [flʊə'resnt] adj [bulb, tube] fluorescent ; [lighting] au néon ; [clothes] fluo* *inv*

fluoride ['flʊəraɪd] n fluorure *m* ▪ **~ toothpaste** dentifrice *m* au fluor

flurry ['flʌrɪ] n [of snow] rafale *f* ▪ **a ~ of activity** un débordement d'activité

flush [flʌʃ] 1 n (= blush) rougeur *f* ▪ **hot ~es** bouffées *fpl* de chaleur 2 adj au ras (*with* de) ▪ **~ with the ground** à ras de terre 3 vi [face, person] rougir 4 vt ▪ **to ~ the toilet** tirer la chasse (d'eau) ▪ **to ~ sth down the toilet** faire passer qch dans les toilettes

▸ **flush out** vt sep **a** (with water) nettoyer à grande eau **b** (= force out) ▪ **they ~ed them out of their hiding places** ils les ont fait sortir de leur cachette

flushed ['flʌʃt] adj [person, face, cheeks] tout rouge

fluster ['flʌstəʳ] **1** vt énerver ▪ **to get ~ed** s'énerver **2** n ▪ **to be in a ~** être dans tous ses états

flute [flu:t] n flûte *f*

flutter ['flʌtəʳ] **1** vi **a** [flag] flotter ; [bird, moth, butterfly] voleter **b** [heart] palpiter **2** vt ▪ **the bird ~ed its wings** l'oiseau a battu des ailes ▪ **to ~ one's eyelashes** battre des cils

fly [flaɪ] (pret **flew**, ptp **flown**) **1** n **a** (= insect) mouche *f* ▸ **fly spray** bombe *f* insecticide **b** (on trousers) braguette *f* **2** vi **a** [bird, insect, plane] voler ; [air passenger] voyager en avion ; [pilot] piloter ▪ **to ~ away** [bird] s'envoler **b** [time] passer vite ▪ **it's late, I must ~!** il est tard, il faut que je me sauve ! ▪ **to ~ into a rage** s'emporter ▪ **the door flew open** la porte s'est ouverte brusquement **c** [flag] flotter **3** vt [+ aircraft] piloter ▪ **to ~ a kite** faire voler un cerf-volant

flying ['flaɪɪŋ] **1** n ▪ **he doesn't like ~** il n'aime pas prendre l'avion **2** adj [animal, insect] volant ▸ **flying saucer** soucoupe *f* volante ▸ **flying visit** visite *f* éclair *inv*

flyover ['flaɪ,əʊvəʳ] n **a** (BR : over road) autopont *m* **b** (US : by planes) défilé *m* aérien

FM [ef'em] (abbr of **frequency modulation**) FM

foal [fəʊl] n (= horse) poulain *m*

foam [fəʊm] **1** n (gen) mousse *f*; [of sea] écume *f* ▸ **foam bath** bain *m* moussant **2** vi ▪ **to ~ at the mouth** [animal] baver ; [angry person] écumer de rage

fob [fɒb] vt ▪ **to ~ sb off with sth** refiler* qch à qn ▪ **to ~ sb off with promises** se débarrasser de qn avec de belles promesses

focal ['fəʊkəl] adj focal ▸ **focal point** point *m* focal or de convergence; [of meeting, discussions] point *m* central

focus ['fəʊkəs] **1** n **a** (Photo) ▪ **the picture is in/out of ~** l'image est nette/floue **b** (= main point) ▪ **to keep sth in ~** ne pas perdre de vue qch ▪ **he was the ~ of attention** il était le centre d'attraction **2** vt **a** [+ instrument, camera] mettre au point ▪ **to ~ the camera** mettre au point (l'appareil photo) **b** [+ heat rays] faire converger ; [+ attention] concentrer ▪ **all eyes were ~ed on him** tous les regards étaient fixés sur lui **3** vi (Photo) mettre au point ▪ **to ~ on** [eyes] se fixer sur ; [person] fixer son regard sur ; (= concentrate on) se concentrer sur ▪ **we must ~ on raising funds** il faut nous concentrer sur la collecte des fonds

fodder ['fɒdəʳ] n fourrage *m*

foetus ['fi:təs] n fœtus *m*

fog [fɒg] n brouillard *m* ; (at sea) brume *f*

fogey* ['fəʊgɪ] n ▪ **old ~** vieille baderne* *f*

foggy ['fɒgɪ] adj [night] de brouillard ; [landscape, weather] brumeux ▪ **it is ~** il y a du brouillard ▪ **I haven't the foggiest (idea)!*** je n'en ai pas la moindre idée !

foglamp (BR) ['fɒglæmp], **foglight** ['fɒglaɪt] n feu *m* de brouillard

foil [fɔɪl] **1** n (= tinfoil) papier *m* d'aluminium **2** vt [+ attempts] déjouer ; [+ plans] contrecarrer

foist [fɔɪst] vt ▪ **to ~ sth on sb** refiler* qch à qn

fold [fəʊld] **1** n (in paper, cloth) pli *m* **2** vt [+ paper, blanket] plier ▪ **to ~ a page in two** plier une feuille en deux ▪ **to ~ one's arms** (se) croiser les bras **3** vi **a** [chair, table] se (re)plier **b** (* = fail) [business] fermer (ses portes)

foldaway ['fəʊldə,weɪ] adj [bed] pliant

folder ['fəʊldəʳ] n **a** (= file) chemise *f*; (with hinges) classeur *m* **b** (Computing = directory) répertoire *m*

folding ['fəʊldɪŋ] adj [bed, table] pliant

foliage ['fəʊlɪɪdʒ] n feuillage *m*

folk [fəʊk] n gens *mpl* ▪ **old ~** les personnes *fpl* âgées ▪ **my ~s*** ma famille ▸ **folk art** art *m* populaire ▸ **folk dance, folk dancing** danse *f* folklorique ▸ **folk music** (traditional) musique *f* folklorique; (contemporary) musique *f* folk *inv* ▸ **folk singer** (traditional) chanteur *m*, -euse *f* de chansons folkloriques; (contemporary) chanteur *m*, -euse *f* folk *inv*

folklore ['fəʊklɔ:ʳ] n folklore *m*

follow ['fɒləʊ] **1** vt suivre ▪ **he ~ed me into the room** il m'a suivi dans la pièce ▪ **we're being ~ed** on nous suit ▪ **to have sb ~ed** faire suivre qn ▪ **to ~ sb's advice** suivre les conseils de qn ▪ **which team do you ~?** tu es supporter de quelle équipe ? ▪ **do you ~ me?** (= understand) vous me suivez ? ▪ **to ~ suit** en faire autant **2** vi **a** suivre ▪ **to ~ in sb's footsteps** suivre les traces de qn ▪ **we had ice cream to ~** ensuite nous avons pris de la glace ▪ **his argument was as ~s** son raisonnement était le suivant **b** (= result) ▪ **it ~s (from this) that...** il s'ensuit que... ▪ **that doesn't ~** pas forcément

▸ **follow about, follow around** vt sep suivre (partout)

▸ **follow on** vi (= come after) suivre

▸ **follow up** vt sep **a** (= benefit from) [+ success, victory] exploiter ; [+ offer] donner suite à **b** (= not lose track of) suivre ▪ **we must ~**

this business up il faudra suivre cette affaire c (= reinforce) [+ victory] asseoir ; [+ remark] compléter (*with* par)

follower ['fɒləʊə'] n [of political, military leader] partisan(e) *m(f)* ; [of religious leader] disciple *m* ; [of religion] adepte *mf* ; (Social media, Sport) suiveur *m*, -euse *f*

following ['fɒləʊɪŋ] 1 adj suivant ▪ **the ~ day** le lendemain ▪ **he made the ~ remarks** il a fait les remarques suivantes 2 n a [of political, military leader] partisans *mpl* ; [of religion] adeptes *mpl* ; [of religious leader] disciples *mpl* ; (Sport) supporters *mpl* b ▪ **he said the ~** il a dit ceci ▪ **his argument was the ~** son raisonnement était le suivant 3 prep a (= after) après ▪ **~ the concert there will be...** après le concert il y aura... b (= as a result of) suite à ▪ **~ our meeting** suite à notre entretien

follow-up [,fɒləʊʌp] n (on file, case) suivi *m* (*on, of* de)

folly ['fɒlɪ] n folie *f*

fond [fɒnd] adj a ▪ **to be ~ of sb** bien aimer qn ▪ **to grow ~ of sb** se prendre d'affection pour qn ▪ **to be ~ of (doing) sth** aimer beaucoup (faire) qch ▪ **to grow ~ of sth** se mettre à aimer qch b ▪ **to bid a ~ farewell to sb/sth** faire de tendres adieux à qn/qch ▪ **~ memories** des souvenirs *mpl* très agréables

fondle ['fɒndl] vt caresser

fondly ['fɒndlɪ] adv (= affectionately) [remember, think of] avec tendresse ; [say] affectueusement ▪ **to smile ~ at sb** faire un tendre sourire à qn

fondness ['fɒndnɪs] n (for things) penchant *m*

font [fɒnt] n (in church) fonts *mpl* baptismaux

food [fu:d] n (gen) nourriture *f* ; (= specific substance) aliment *m* ▪ **there was no ~ in the house** il n'y avait rien à manger dans la maison ▪ **it gave me ~ for thought** cela m'a donné à réfléchir ▪ **pet ~** aliments *mpl* pour animaux ▸ **food bank** banque *f* alimentaire ▸ **food miles** npl kilométrage *m* alimentaire, *distance parcourue par un aliment entre son lieu de production et son lieu de consommation* ▸ **food poisoning** intoxication *f* alimentaire ▸ **food processor** robot *m* ménager ▸ **food security** sécurité *f* alimentaire ▸ **food truck** camion-restaurant *m*

foodie* ['fu:dɪ] n gastronome *mf*

foodstuffs ['fu:dstʌfs] npl denrées *fpl* alimentaires

fool [fu:l] 1 n imbécile *mf* ▪ **to make a ~ of o.s.** se ridiculiser 2 vi ▪ **to ~ with** (= mess with) [+ drugs, drink, electricity] toucher à* ▪ **she's not someone you should ~ with** avec elle on ne plaisante pas 3 vt berner ▪ **you can't ~ me!** je ne marche pas !*

▸ **fool around** vi a (= waste time) perdre son temps b (= play the fool) faire l'imbécile ▪ **to ~ around with drugs** toucher* à la drogue c (= have an affair) avoir une liaison

foolhardy ['fu:l,hɑ:dɪ] adj imprudent

foolish ['fu:lɪʃ] adj a (= foolhardy) [person] bête ; [action, decision, mistake] stupide ▪ **don't do anything ~** ne faites pas de bêtises b (= ridiculous) [person, question] ridicule ▪ **to make sb look ~** rendre qn ridicule

foolproof ['fu:lpru:f] adj [method] infaillible ; [piece of machinery] indéréglable

foot [fʊt] 1 n (pl **feet**) a pied *m* ; [of dog, cat, bird] patte *f* ▪ **to stand on one's own two feet** voler de ses propres ailes ▪ **to go on ~** aller à pied ▪ **to keep one's feet on the ground** garder les pieds sur terre ▪ **you've got to put your ~ down** (= be firm) il faut réagir ▪ **to put one's ~ in it*** mettre les pieds dans le plat ▪ **to get off on the right/wrong ~** [people, relationship] être bien/mal parti ▪ **to put one's feet up*** se reposer un peu ▪ **I've never set ~ in her house** je n'ai jamais mis les pieds chez elle b [of hill, bed] pied *m* ; [of stairs] bas *m* ▪ **at the ~ of the page** en bas de la page c (= measure) pied *m* (anglais) *(= 30,48 cm)* 2 vt ▪ **to ~ the bill*** payer la note

footage ['fʊtɪdʒ] n (= material on film) images *fpl* ▪ **archive ~** documents *mpl* d'archives

football ['fʊtbɔ:l] n a (= game) (BR) football *m* ; (US) football *m* américain ▪ **~ ground/match/team** terrain/match/équipe de football ▸ **football hooligan** (BR) hooligan *m* ▸ **football league** championnat *m* de football ▪ **the Football League** (BR) *la fédération anglaise de football* ▸ **football player** (BR) footballeur *m*, -euse *f*; (US) footballeur *m*, -euse *f* *(de football américain)* b (= ball) ballon *m* (de football)

footballer ['fʊtbɔ:lə'] n (BR) footballeur *m*, -euse *f*

footbridge ['fʊtbrɪdʒ] n passerelle *f*

footfall ['fʊtfɔ:l] n (bruit *m* de) pas *mpl* ; (Commerce) fréquentation *f*

foothills ['fʊthɪlz] npl contreforts *mpl*

foothold ['fʊthəʊld] n prise *f* (de pied) ▪ **to gain a ~** [newcomer] se faire (progressivement) accepter ; [idea, fascism] s'enraciner ; [company] prendre pied

footing ['fʊtɪŋ] n ▪ **to lose one's ~** perdre l'équilibre ▪ **on an equal ~** sur un pied d'égalité

footnote ['fʊtnəʊt] n note *f* en bas de (la) page ; (fig) post-scriptum *m*

footpath ['fʊtpɑ:θ] n sentier *m*

footprint ['fʊtprɪnt] n empreinte *f* (de pied) ▪ **ecological ~** empreinte écologique

footrest ['fʊtrest] n (= part of chair) repose-pied *m* ; (= footstool) tabouret *m* *(pour les pieds)*

footstep ['fʊtstep] n pas *m*

footwear ['fʊtwɛəʳ] n chaussures *fpl*

for [fɔːʳ] prep

a (gen) pour ▪ **a letter ~ you** une lettre pour toi ▪ **what's this knife ~?** à quoi sert ce couteau ? ▪ **it's time ~ dinner** c'est l'heure de dîner

b (= as in) comme ▪ **D ~ Daniel** D comme Daniel

c ▪ **to pay $5 ~ a ticket** payer un billet 5 dollars ▪ **I sold it ~ $20** je l'ai vendu 20 dollars

d (= up to) à ▪ **that's ~ him to decide** c'est à lui de décider ▪ **it's not ~ me to say** ce n'est pas à moi de le dire

e (= for a distance of) sur ▪ **a road lined with trees ~ 3km** une route bordée d'arbres sur 3 km ▪ **there was nothing to be seen ~ miles** il n'y avait rien à voir sur des kilomètres ▪ **we walked ~ 2km** nous avons marché (pendant) 2 km

f (time in the past or future) pendant ▪ **he suffered terribly ~ six months** il a horriblement souffert pendant six mois ▪ **he's going there ~ six months** il va là-bas pour six mois

g ▪ **he's been here ~ ten days** il est ici depuis dix jours, ça fait dix jours qu'il est ici ▪ **I have known her ~ five years** je la connais depuis cinq ans, ça fait cinq ans que je la connais ▪ **I have been working here ~ three months** je travaille ici depuis trois mois, ça fait trois mois que je travaille ici ▪ **he hasn't worked ~ two years** il n'a pas travaillé depuis deux ans, ça fait deux ans qu'il ne travaille pas ▪ **she hadn't seen him ~ three months** elle ne l'avait pas vu depuis trois mois, cela faisait trois mois qu'elle ne l'avait pas vu

→ *Pièges* FOR

forbad(e) [fə'bæd] vb pret of **forbid**

forbid [fə'bɪd] (pret **forbad(e)**, ptp **forbidden**) vt interdire ▪ **to ~ sb to do sth** interdire à qn de faire qch

forbidden [fə'bɪdn] **1** vb ptp of **forbid** **2** adj interdit

force [fɔːs] **1** n force *f* ▪ **to come into ~** [law, prices] entrer en vigueur ▪ **by ~** de force ▪ **by ~ of** à force de ▪ **from ~ of habit** par la force de l'habitude **2** vt **a** (= constrain) forcer (*sb to do sth* qn à faire qch) ▪ **to be ~d to do sth** être forcé de faire qch ▪ **to ~ o.s. to do sth** se forcer à faire qch **b** (= impose) [+ conditions] imposer (*on sb* à qn) **c** (= push) ▪ **to ~ one's way into** entrer de force dans ▪ **to ~ one's way through sth** se frayer un passage à travers qch ▪ **the lorry ~d the car off the road** le camion a forcé la voiture à quitter la route **d** (= break open) [+ lock] forcer ▪ **to ~ open a door** forcer une porte

forced [fɔːst] adj forcé

forceful ['fɔːsfʊl] adj [blow, kick, punch] violent ; [personality] énergique

forcible ['fɔːsəbl] adj (= forced) forcé

ford [fɔːd] n gué *m*

fore [fɔːʳ] n ▪ **to come to the ~** [person] se mettre en évidence ; [sb's courage] se manifester

forearm ['fɔːrɑːm] n avant-bras *m inv*

foreboding [fɔː'bəʊdɪŋ] n pressentiment *m*

forecast ['fɔːkɑːst] (pret, ptp **forecast**) **1** vt [+ weather] prévoir **2** n **a** prévisions *fpl* **b** (= weather forecast) bulletin *m* météorologique ▪ **the ~ is good** la météo* est bonne

forecaster ['fɔːˌkɑːstəʳ] n [weather] météorologue *mf* ; (economic) prévisionniste *mf*

forefinger ['fɔːˌfɪŋgəʳ] n index *m*

forefront ['fɔːfrʌnt] n ▪ **at the ~ of** [+ technology, progress] à la pointe de

forego [fɔː'gəʊ] (pret **forewent**, ptp **foregone**) vt renoncer à

foregone ['fɔːgɒn] adj ▪ **it was a ~ conclusion** c'était à prévoir

foreground ['fɔːgraʊnd] n ▪ **in the ~** au premier plan

forehand ['fɔːhænd] n coup *m* droit

forehead ['fɒrɪd] n front *m*

foreign ['fɒrən] adj [country, language] étranger ; [holiday, travel] à l'étranger ; [goods] de l'étranger ▪ **~ to** étranger à ▸ **foreign affairs** affaires *fpl* étrangères ▸ **foreign correspondent** correspondant(e) *m(f)* à l'étranger ▸ **Foreign Legion** Légion *f* (étrangère) ▸ **Foreign Office** (BR) ≈ ministère des Affaires étrangères ▸ **foreign policy** politique *f* étrangère ▸ **Foreign Secretary** (BR) ≈ ministre des Affaires étrangères

foreigner ['fɒrənəʳ] n étranger *m*, -ère *f*

foreman ['fɔːmən] n (pl **-men**) contremaître *m* ; [of jury] président *m*

foremost ['fɔːməʊst] **1** adj [authority, writer] plus éminent ▪ **to be ~ in sb's mind** être au centre des préoccupations de qn **2** adv (= above all) ▪ **first and ~** d'abord et avant tout

forename ['fɔːneɪm] n prénom *m*

forensic [fə'rensɪk] adj [test, laboratory] médicolégal ▸ **forensic science** médecine *f* légale ▸ **forensic scientist** médecin *mf* légiste

foreplay ['fɔːpleɪ] n préliminaires *mpl (amoureux)*

forerunner ['fɔːˌrʌnəʳ] n (= person) précurseur *m* ; [of machine, invention] ancêtre *m*

foresee [fɔːˈsiː] (pret **foresaw**, ptp **foreseen**) vt prévoir

foreseeable [fɔːˈsiːəbl] adj prévisible ■ **in the ~ future** dans un proche avenir

foresight [ˈfɔːsaɪt] n prévoyance *f* ■ **lack of ~** imprévoyance *f* ■ **to have the ~ to do sth** faire preuve de prévoyance en faisant qch

forest [ˈfɒrɪst] n forêt *f*

forethought [ˈfɔːθɔːt] n prévoyance *f*

forever, for ever [fərˈevəʳ] adv **a** (= eternally) [live, last, remember] toujours ■ **~ and ever** à jamais **b** (= definitively) [change, disappear, lose] pour toujours ■ **he left ~** il est parti pour toujours **c** (* = a long time) ■ **it took ~** ça a mis une éternité ■ **the meeting lasted ~** la réunion n'en finissait pas **d** (= constantly) ■ **to be ~ doing sth** être sans arrêt en train de faire qch

forewarn [fɔːˈwɔːn] vt prévenir ■ **~ed is forearmed** (Prov) un homme averti en vaut deux *(Prov)*

foreword [ˈfɔːwɜːd] n avant-propos *m inv*

forfeit [ˈfɔːfɪt] **1** vt perdre **2** n prix *m*

forgave [fəˈgeɪv] vb pret of **forgive**

forge [fɔːdʒ] **1** vt **a** (= fake) contrefaire ■ **to ~ a Renoir** faire un faux Renoir ■ **it's ~d** c'est un faux **b** [+ ties, links] forger **2** n forge *f*

forger [ˈfɔːdʒəʳ] n faussaire *mf*

forgery [ˈfɔːdʒərɪ] n faux *m*

forget [fəˈget] (pret **forgot**, ptp **forgotten**) **1** vt oublier ■ **~ it!*** laisse tomber !* **2** vi oublier ■ **I completely forgot** j'ai complètement oublié ■ **I've forgotten all about it** je n'y pense plus ■ **~ about it!*** n'y pensez plus !
→ *Pièges* FORGET

forgetful [fəˈgetfʊl] adj étourdi

forgive [fəˈgɪv] (pret **forgave**, ptp **forgiven**) vt pardonner ■ **to ~ sb (for) sth** pardonner qch à qn ■ **to ~ sb for doing sth** pardonner à qn d'avoir fait qch ■ **~ me for asking, but…** excuse-moi de demander, mais… ■ **I'd never ~ myself** je ne me pardonnerais jamais

forgiveness [fəˈgɪvnɪs] n (= pardon) pardon *m*

forgot [fəˈgɒt] vb pret of **forget**

forgotten [fəˈgɒtn] vb ptp of **forget**

fork [fɔːk] n **a** (at table) fourchette *f* **b** (in branches) fourche *f*; (in road, railway) embranchement *m*
▸ **fork out*** **1** vi casquer‡ **2** vt sep [+ money] allonger‡

forlorn [fəˈlɔːn] adj triste

form [fɔːm] **1** n **a** forme *f* ■ **in book ~** sous forme de livre ■ **to take ~** prendre forme ■ **on ~** en forme **b** (= document) formulaire *m* **c** (BR = class) classe *f* ■ **he's in the sixth ~** ≈ il est en première **2** vt [+ shape, character, government] former ■ **to ~ an opinion/an impression** se faire une opinion/une impression ■ **to ~ a queue** se mettre en file **3** vi [queue, company, blood clots] se former ; [idea] prendre forme
→ *Pièges* FORM

formal [ˈfɔːməl] adj [person, behaviour, welcome] cérémonieux ; [dinner, function] protocolaire ; [letter, talks, complaint, surrender] officiel ■ **he has no ~ qualifications** il n'a pas de qualifications reconnues

formality [fɔːˈmælɪtɪ] n formalité *f* ■ **it's just a ~** ce n'est qu'une simple formalité

formally [ˈfɔːməlɪ] adv **a** [say, shake hands] cérémonieusement **b** (= officially) [agree, launch] officiellement **c** ■ **to be ~ dressed** être en tenue de cérémonie ; (= in evening dress) être en tenue de soirée

format [ˈfɔːmæt] **1** n **a** (= type) [of computer data, publication] format *m* **b** (= presentation) [of book, newspaper, TV programme] présentation *f* **2** vt (Computing) formater

formation [fɔːˈmeɪʃən] n formation *f*

formative [ˈfɔːmətɪv] adj formateur (-trice *f*)

former [ˈfɔːməʳ] adj **a** (= previous) [president, employee] ancien ; [strength] d'autrefois ■ **the ~ Soviet Union** l'ex-Union *f* soviétique ■ **my ~ wife/husband** mon ex-femme/ex-mari ■ **in ~ times** autrefois **b** (= first) premier ■ **the former… the latter** le premier… le dernier ■ **of the two ideas I prefer the ~** des deux idées je préfère la première

formerly [ˈfɔːməlɪ] adv autrefois

Formica® [fɔːˈmaɪkə] n Formica® *m*

formidable [ˈfɔːmɪdəbl] adj [task, reputation, person] redoutable ; [obstacle] formidable

formula [ˈfɔːmjʊlə] n **a** formule *f* ■ **Formula One** la formule un **b** (= baby milk) lait *m* maternisé

formulate [ˈfɔːmjʊleɪt] vt formuler

forsake [fəˈseɪk] (pret **forsook**, ptp **forsaken**) vt abandonner

fort [fɔːt] n (Mil) fort *m*

forte [ˈfɔːtɪ, (US) fɔːt] n ■ **generosity is not his ~** la générosité n'est pas son fort

forth [fɔːθ] adv ■ **to go back and ~ between…** faire la navette entre… ■ **and so ~** et ainsi de suite

forthcoming [fɔːθˈkʌmɪŋ] adj **a** (= imminent) [event, visit, election, album] prochain **b** (= available) ■ **to be ~** [funds, support] être disponible

forthright [ˈfɔːθraɪt] adj [person, manner, answer] direct

fortieth [ˈfɔːtɪɪθ] adj, n quarantième *mf* ; see also **sixth**

fortification [ˌfɔːtɪfɪ'keɪʃən] n fortification *f*

fortify ['fɔːtɪfaɪ] vt [+ place] fortifier ; [+ person] réconforter ▪ **fortified wine** ≈ vin doux

fortnight ['fɔːtnaɪt] n (BR) quinzaine *f* ▪ **a ~'s holiday** quinze jours de vacances ▪ **a ~ tomorrow** demain en quinze ▪ **for a ~** pour deux semaines ▪ **in a ~** dans quinze jours

fortress ['fɔːtrɪs] n (= prison) forteresse *f* ; (= medieval castle) château *m* fort

fortunate ['fɔːtʃənɪt] adj [coincidence, choice] heureux ▪ **to be ~** [person] avoir de la chance ▪ **it was ~ for him that...** heureusement pour lui que... ▪ **how ~!** quelle chance !

> ⚠ *fortunate* ne se traduit pas par **fortuné**.

fortunately ['fɔːtʃənɪtlɪ] adv heureusement

fortune ['fɔːtʃən] n **a** (= chance) chance *f* ▪ **I had the good ~ to meet him** j'ai eu la chance de le rencontrer ▪ **to tell sb's ~** dire la bonne aventure à qn ▸ **fortune-teller** diseur *m*, -euse *f* de bonne aventure; (with cards) tireuse *f* de cartes **b** (= riches) fortune *f* ▪ **to make a ~** faire fortune

forty ['fɔːtɪ] number quarante *m inv* ; for phrases see **sixty**

forum ['fɔːrəm] n tribune *f*

forward ['fɔːwəd] **1** adv (also **forwards**) en avant ▪ **to go ~** avancer ▪ **to come ~** se présenter ▪ **he went backward(s) and ~(s) between the station and the house** il allait et venait entre la gare et la maison ▪ **to put the clocks ~** avancer les pendules **2** adj **a** (= in front, ahead) en avant, vers l'avant ▪ **this seat is too far ~** ce siège est trop en avant ▪ **I'm no further ~ (with this problem)** je ne suis pas plus avancé ▸ **forward-looking** tourné vers l'avenir ▸ **forward-thinking** qui anticipe, visionnaire **b** (= bold) effronté **3** n (Sport) avant *m* **4** vt [+ mail] faire suivre ▸ **forwarding address** adresse *f* de réexpédition ▪ **he left no ~ing address** il est parti sans laisser d'adresse

forwards ['fɔːwədz] adv ⇒ **forward**

fossil ['fɒsl] n fossile *m*

fossilized ['fɒsɪlaɪzd] adj fossilisé

foster ['fɒstəʳ] vt [+ child] élever ; [+ friendship] encourager ; [+ idea] nourrir ▸ **foster child** enfant *mf* placé(e) dans une famille d'accueil ▸ **foster home** famille *f* d'accueil ▸ **foster parent** parent *m* adoptif *(d'un enfant placé)*

fought [fɔːt] vb pret, ptp of **fight**

foul [faʊl] **1** adj [place, smell] immonde ; [language, abuse] grossier ▪ **~ weather** sale* temps *m* ▪ **to have a ~ mouth** être grossier ▪ **to have a ~ temper** avoir un sale caractère ▪ **in a ~ mood** d'une humeur massacrante ▪ **to fall ~ of the law** avoir maille à partir avec la justice ▸ **foul-mouthed** grossier ▸ **foul play** (Sport) jeu *m* irrégulier ▪ **he suspected ~ play** il se doutait que ce n'était pas un accident ▸ **foul-smelling** puant ▸ **foul-tasting** infect **2** n (Sport) faute *f* **3** vt **a** (= pollute) polluer **b** [dog] souiller

found[1] [faʊnd] vt fonder (*on* sur)

found[2] [faʊnd] pret, ptp of **find**

foundation [faʊn'deɪʃən] **1** n **a** fondation *f* ; [of social structure, idea] fondement *m* ▪ **without ~** sans fondement **b** (also **foundation cream**) fond *m* de teint **2** **foundations** npl [of building] fondations *fpl*

founder ['faʊndəʳ] **1** n fondateur *m*, -trice *f* ▸ **founder member** (BR) membre *m* fondateur **2** vi [ship] sombrer ; [plans, hopes] s'effondrer

fountain ['faʊntɪn] n fontaine *f* ▸ **fountain pen** stylo *m* (à) plume

four [fɔːʳ] number quatre *m inv* ▪ **on all ~s** à quatre pattes ▸ **four-by-four** n 4x4 *m* ▸ **four-letter word** gros mot *m* ▸ **four-poster** lit *m* à baldaquin ▸ **four-star petrol** (BR) super(carburant) *m* ▸ **four-wheel drive** (= car) quatre-quatre *m* ; for other phrases see **six**

fourteen ['fɔː'tiːn] number quatorze *m inv* ; for phrases see **six**

fourteenth ['fɔː'tiːnθ] adj, n quatorzième *mf* ; (= fraction) quatorzième *m* ▪ **Louis the Fourteenth** Louis XIV ▪ **the ~ of July** le quatorze juillet ; for other phrases see **sixth**

fourth [fɔːθ] adj, n quatrième *mf* ; (US = fraction) quart *m* ▪ **he lives on the ~ floor** (BR) il habite au quatrième étage ; (US) il habite au cinquième étage ▪ **to change into ~ gear** passer en quatrième ▪ **the Fourth of July** (in the US) *fête nationale des États-Unis qui commémore la signature de la déclaration de l'indépendance en 1776* ; for other phrases see **sixth**

fowl [faʊl] n volaille *f*

fox [fɒks] n renard *m*

foxhunting ['fɒks,hʌntɪŋ] n chasse *f* au renard ▪ **to go ~** aller à la chasse au renard

foyer ['fɔɪeɪ] n [of theatre] foyer *m* ; [of hotel] hall *m* ; (US) [of house] vestibule *m*

fracking ['frækɪŋ] n fracturation *f* hydraulique

fraction ['frækʃən] n (Math) fraction *f* ▪ **for a ~ of a second** pendant une fraction de seconde ▪ **she only spends a ~ of what she earns** elle ne dépense qu'une infime partie de ce qu'elle gagne

fracture ['fræktʃəʳ] **1** n fracture *f* **2** vt fracturer ▪ **she ~d her hip** elle s'est fracturé la hanche

fragile ['frædʒaɪl] adj fragile

fragment 1 n ['frægmənt] fragment *m* ; [of glass] éclat *m* 2 vt [fræg'ment] fragmenter ; [organization, system] faire éclater 3 vi [fræg'ment] [organization, system] éclater

> Lorsque ***fragment*** est un verbe, l'accent tombe sur la deuxième syllabe. Lorsque c'est un nom, l'accent tombe sur la première.

fragrance ['freɪgrəns] n (= perfume) parfum *m*

fragrant ['freɪgrənt] adj odorant

frail [freɪl] adj [person] frêle ; [health] fragile

frame [freɪm] 1 n [of picture, bicycle] cadre *m* ; [of building] charpente *f* ; [of window, door] chambranle *m* ▸ **frame of mind** état *m* d'esprit 2 **frames** npl [of spectacles] monture *f* 3 vt a [+ picture] encadrer b ▪ **he claimed he had been ~d*** il a prétendu être victime d'un coup monté

framework ['freɪmwɜ:k] n (= frame) structure *f* ; (= basis) cadre *m*

France [frɑ:ns] n France *f* ▪ **in ~** en France

franchise ['fræntʃaɪz] n a (political) droit *m* de vote b (in business) franchise *f*

frank [fræŋk] adj [person, comment] franc (franche *f*) ▪ **to be ~ (with you)...** franchement...

Frankfurt ['fræŋkfɜ:t] n Francfort

frankfurter ['fræŋk,fɜ:tə^r] n (= sausage) saucisse *f* de Francfort

frankly ['fræŋklɪ] adv franchement

frankness ['fræŋknɪs] n franchise *f*

frantic ['fræntɪk] adj [person] dans tous ses états ; [phone call, search] désespéré ; [effort, rush] frénétique

fraternal [frə'tɜ:nl] adj fraternel

fraternity [frə'tɜ:nɪtɪ] n (= comradeship) fraternité *f* ; (US : Univ) association *f* d'étudiants

fraternize ['frætənaɪz] vi fraterniser

fraud [frɔ:d] n a (= criminal deception) fraude *f* ; (financial) escroquerie *f* ▸ **Fraud Squad** service *m* de la répression des fraudes b (= impostor) imposteur *m*

fraudulent ['frɔ:djʊlənt] adj frauduleux

fraught [frɔ:t] adj a (= filled) ▪ **~ with difficulty** plein de difficultés ▪ **~ with danger** périlleux b (= anxious) [person, situation, meeting] tendu

fray [freɪ] 1 vt ▪ **tempers were getting ~ed** on commençait à s'énerver ▪ **my nerves are ~ed** je suis à bout de nerfs 2 vi [cloth, garment] s'effilocher ▪ **his sleeve was ~ing at the cuff** sa manche était usée au poignet

freak [fri:k] 1 n a (= abnormal person or animal) monstre *m* ▪ **~ of nature** accident *m* de la nature b (* = fanatic) ▪ **a health food ~** un(e) fana* des produits bios 2 adj [storm, weather] anormal ; [victory] inattendu

▸ **freak out*** 1 vi (= get angry) piquer une crise* ; (= panic) paniquer 2 vt sep ▪ **to ~ sb out** (= frighten) ficher les jetons à qn*

freckle ['frekl] n tache *f* de rousseur

free [fri:] 1 adj a [person, animal, country] libre ▪ **he managed to get ~** il a réussi à se libérer ▪ **to go ~** [prisoner] être relâché ▪ **to set a prisoner ~** libérer un prisonnier ▪ **you're ~ to choose** vous êtes libre de choisir ▪ **to be/get ~ of sb** être débarrassé/se débarrasser de qn ▪ **please feel ~ to ask questions** n'hésitez pas à poser des questions ▪ **can I borrow your pen? – feel ~** est-ce que je peux vous emprunter votre stylo ? – je vous en prie ▪ **to be ~ from responsibility** être dégagé de toute responsabilité ▪ **a world ~ of nuclear weapons** un monde sans armes nucléaires b (= costing nothing) [object, ticket] gratuit ▪ **admission ~** entrée *f* libre ▪ **as a ~ gift** en cadeau c (= lavish) généreux ▪ **to be ~ with one's money** dépenser son argent sans compter 2 adv a (= without payment) [give, get, travel] gratuitement b (= without restraint) [run about] en liberté c (= expressing release) ▪ **to pull ~** se dégager ▪ **to wriggle ~** [person] se libérer en se tortillant 3 vt a (= liberate) [+ nation, slave, caged animal, prisoner] libérer ; [+ person] (from wreckage) dégager ; (from burden) soulager b (= untie) [+ person, animal] détacher 4 comp ▸ **free-for-all** mêlée *f* générale ▸ **free kick** (Sport) coup *m* franc ▸ **free of charge** adv gratuitement ▸ **free climbing** escalade *f* libre ▸ **free(-)diving** plongée *f* libre ▸ **free period** heure *f* de permanence ▸ **free-range chicken** poulet *m* élevé en plein air ▸ **free-range egg** œuf *m* de poule élevée en plein air ▸ **free-running** parkour *m* ▸ **free speech** liberté *f* de parole ▸ **free throw** lancer *m* franc ▸ **free trade** libre-échange *m* ▸ **free will** ▪ **he did it of his own ~ will** il l'a fait de son propre gré

Freecycle ['fri:,saɪkəl] 1 n *réseau de personnes recyclant des objets via le don* 2 vt *recycler via le don*

freedom ['fri:dəm] n liberté *f*

freegan ['fri:gən] n déchétarien(ne) *m(f)*

freelance ['fri:lɑ:ns] 1 adj [journalist, designer] indépendant, freelance *inv* ; [work] en freelance 2 adv [work] en freelance ▪ **to go ~** se mettre à son compte

freely ['fri:lɪ] adv a [travel, elect] en toute liberté ; [talk, speak] librement b [admit] volontiers c [spend] sans compter ▪ **the wine was flowing ~** le vin coulait à flots

Freeview® ['fri:vju:] n (BR) télévision *f* numérique terrestre, ≈ TNT *f*

freeware ['fri:wɛə^r] n (= software) logiciel *m* gratuit, gratuiciel *m*

freeway ['fri:weɪ] n (US) autoroute *f (sans péage)*

freeze [fri:z] (pret **froze**, ptp **frozen**) **1** vi **a** [liquid] geler ; [food] se congeler ■ **to ~ to death** mourir de froid **b** (= stop) se figer ■ **he froze (in his tracks)** il est resté figé sur place **2** vt **a** [+ liquid] geler ; [+ food] congeler ; (industrially) surgeler **b** [+ assets, credit, wages, prices] geler ; [+ bank account] bloquer **3** n [of prices, credit] gel *m* ■ **a wage ~** un gel des salaires **4** comp ▸ **freeze-dry** vt lyophiliser ▸ **freeze-frame** n arrêt *m* sur image ▸ **freeze over** vi [lake, river] geler ; [windscreen] givrer

freezer ['fri:zəʳ] n congélateur *m* ▸ **freezer compartment** freezer *m*

freezing ['fri:zɪŋ] adj **a** (= icy) glacial **b** (also **freezing cold**) [person] gelé ■ **my hands are ~** j'ai les mains gelées ■ **it's ~** il fait un froid glacial

freight [freɪt] n fret *m* ▸ **freight car** (US) wagon *m* de fret or de marchandises ▸ **freight plane** avion-cargo *m* ▸ **freight train** train *m* de fret or de marchandises

freighter ['freɪtəʳ] n (= ship) cargo *m*

French [frentʃ] **1** adj (gen) français ; [ambassador, embassy, monarch] de France ; [teacher] de français ▸ **French dressing** (= vinaigrette) vinaigrette *f* ▸ **French fries** frites *fpl* ▸ **French kiss*** baiser *m* avec la langue ■ **to ~ kiss sb** rouler une pelle à qn* ▸ **French mustard** moutarde *f* douce ▸ **the French Riviera** la Côte d'Azur ▸ **French-speaking** francophone ▸ **French window** porte-fenêtre *f* **2** n (= language) français *m* **3** **the French** npl les Français *mpl*

Frenchman ['frentʃmən] n (pl **-men**) Français *m*

Frenchwoman ['frentʃwʊmən] n (pl **-women**) Française *f*

frenetic [frə'netɪk] adj frénétique

frenzied ['frenzɪd] adj [attack] sauvage

frenzy ['frenzɪ] n frénésie *f* ■ **to be in a ~** être au comble de l'excitation

frequency ['fri:kwənsɪ] n fréquence *f*

frequent **1** adj ['fri:kwənt] fréquent **2** vt [frɪ'kwent] fréquenter

> Lorsque ***frequent*** est un verbe, l'accent tombe sur la deuxième syllabe. Lorsque c'est un adjectif, l'accent tombe sur la première.

frequently ['fri:kwəntlɪ] adv fréquemment ▸ **frequently asked questions** questions *fpl* fréquentes

fresco ['freskəʊ] n fresque *f*

fresh [freʃ] adj **a** frais (fraîche *f*) ■ **a ~ coat of paint** une nouvelle couche de peinture ■ **to feel ~** être frais et dispos ▸ **fresh air** air *m* frais ■ **I'm going out for some ~ air** je sors prendre l'air ■ **in the ~ air** au grand air ▸ **fresh water** (= not salt) eau *f* douce **b** (= renewed) nouveau (nouvelle *f*) ■ **to take a ~ look at sth** regarder qch sous un jour nouveau ■ **to make a ~ start** prendre un nouveau départ

freshen ['freʃn] vi [wind, air] fraîchir ▸ **freshen up** vi (= wash o.s.) faire un brin de toilette

fresher ['freʃəʳ] n (BR = student) étudiant(e) *m(f)* de première année ▸ **freshers' week** (BR) semaine *f* d'accueil des étudiants

freshly ['freʃlɪ] adv [ground] fraîchement ■ **~ baked bread** du pain frais sorti du four ■ **freshly-cut flowers** des fleurs fraîchement cueillies ■ **~ squeezed orange juice** orange *f* pressée

freshman ['freʃmən] n (pl **-men**) (US) étudiant(e) *m(f)* de première année

freshwater ['freʃ,wɔ:təʳ] adj [fish, lake] d'eau douce

fret [fret] vi (= become anxious) se tracasser (*about* à propos de) ; [baby] pleurer ■ **don't ~!** ne t'en fais pas !

fretful ['fretfʊl] adj [person] irritable ; [baby, child] pleurnicheur

Freudian ['frɔɪdɪən] adj freudien ▸ **Freudian slip** lapsus *m*

friction ['frɪkʃən] n friction *f*

Friday ['fraɪdɪ] n vendredi *m* ■ **~ the thirteenth** vendredi treize

fridge [frɪdʒ] n (BR) (abbr of **refrigerator**) réfrigérateur *m* ▸ **fridge-freezer** réfrigérateur *m* congélateur

fried [fraɪd] vb pret, ptp of **fry**

friend [frend] **1** n ami(e) *m(f)* ; (= schoolmate, workmate) copain* *m*, copine* *f* ■ **to make/be ~s with sb** devenir/être ami avec qn ■ **close ~s** amis *mpl* intimes ■ **~ with benefits** (euph) ami(e)-amant(e) *m(f)* **2** vt (Social media) ajouter à sa liste d'amis

friendly ['frendlɪ] adj [person, animal] gentil (*to sb* avec qn) ; [gesture, atmosphere] amical ; [face] avenant ; [welcome] chaleureux ; [advice] d'ami ; [place] accueillant ■ **to be ~ with sb** être ami avec qn ■ **to become ~ with sb** se lier d'amitié avec qn ▸ **friendly match** (Sport) match *m* amical ; → Pièges FRIENDLY

friendship ['frendʃɪp] n amitié *f*

fries* [fraɪz] npl frites *fpl*

fright [fraɪt] n peur *f* ■ **to give sb a ~** faire peur à qn ■ **to take ~** prendre peur ■ **she is** or **looks a ~*** elle est à faire peur

frighten ['fraɪtn] vt faire peur à ■ **did he ~ you?** est-ce qu'il vous a fait peur ? ▸ **frighten away** vt sep [+ birds] effaroucher ; [+ children] chasser (en leur faisant peur)

frightened ['fraɪtnd] adj effrayé ■ **to be ~ (of sb/sth)** avoir peur (de qn/qch) ■ **to be ~ of doing sth** avoir peur de faire qch ■ **to be ~ that...** avoir peur que... ■ **to be ~ to death* of sb/sth** avoir une peur bleue de qn/qch ; → *Pièges* FRIGHTENED

frightening ['fraɪtnɪŋ] adj effrayant ; → *Pièges* FRIGHTENED

frill [frɪl] n [of dress] volant *m* ■ **without any ~s** [ceremony, service] sans façon, sans chichi*

frilly ['frɪlɪ] adj [shirt, dress] à fanfreluches ; [underwear] à dentelles

fringe [frɪndʒ] **1** n **a** (BR = hair) frange *f* **b** [of rug, shawl] frange *f* **c** (= edge) [of forest] lisière *f* ■ **to live on the ~s of society** vivre en marge de la société **2** comp ▸ **fringe benefits** avantages *mpl* divers; (company car) avantages *mpl* en nature ▸ **fringe festival** festival *m* off ▸ **fringe group** groupe *m* marginal ▸ **fringe theatre** (BR) théâtre *m* d'avant-garde

Frisbee® ['frɪzbɪ] n Frisbee® *m*

frisk [frɪsk] vt [+ person] fouiller

frisky ['frɪskɪ] adj (= lively) sémillant

fritter ['frɪtə'] n (= food) beignet *m*
▸ **fritter away** vt sep [+ money, time] gaspiller

frivolous ['frɪvələs] adj frivole

frizzy ['frɪzɪ] adj [hair] crépu

fro [frəʊ] adv ■ **to and ~** de long en large ■ **journeys to and ~ between London and Edinburgh** allers et retours *mpl* entre Londres et Édimbourg

frog [frɒg] n grenouille *f* ■ **to have a ~ in one's throat** avoir un chat dans la gorge ▸ **frogs' legs** cuisses *fpl* de grenouilles

frogman ['frɒgmən] n (pl **-men**) homme-grenouille *m*

frolic ['frɒlɪk] vi [people] batifoler* ; [lambs] gambader

from [frɒm] prep

a de ■ **~ house to house** de maison en maison ■ **~ London to Paris** de Londres à Paris ■ **he comes ~ London** il est (originaire) de Londres ■ **where are you ~?** vous êtes d'où ? ■ **it is 10km ~ there** c'est à 10 km de là ■ **tell him ~ me** dites-lui de ma part ■ **he took/stole it ~ them** il le leur a pris/volé ■ **seen ~ above** vu d'en haut

b (time: starting point) à partir de, de ■ **~ 14 July** à partir du 14 juillet ■ **~ beginning to end** du début (jusqu')à la fin ■ **~ time to time** de temps en temps ■ **~ year to year** d'année en année ■ **five years ~ now** dans cinq ans

c (used with prices, numbers) à partir de ■ **wine ~ €10 a bottle** vins à partir de 10 € la bouteille ■ **3 ~ 8 leaves 5** 8 moins 3 égalent 5

d (source) ■ **to drink ~ a stream/a glass** boire à un ruisseau/dans un verre ■ **he took it ~ the cupboard** il l'a pris dans le placard ■ **to take sth ~ a shelf** prendre qch sur une étagère

e (cause, reason) ■ **he died ~ his injuries** il est mort des suites de ses blessures ■ **~ what I heard...** d'après ce que j'ai entendu... ■ **~ what I can see...** à ce que je vois... ■ **~ the look of things...** à en juger par les apparences...

front [frʌnt]

1 n **a** (= leading section) [of car, train] avant *m* ; [of class] premier rang *m* ; (= part facing forward) [of shirt, dress] devant *m* ; [of building] façade *f* ■ **she was lying on her ~** elle était couchée sur le ventre ■ **it fastens at the ~** cela se ferme devant ■ **he pushed his way to the ~ of the crowd** il s'est frayé un chemin jusqu'au premier rang de la foule ■ **in ~** [be, walk] devant ■ **in ~ of the table** devant la table ■ **to send sb on in ~** envoyer qn en avant ■ **to sit in the ~ (of the car)** être assis à l'avant (de la voiture)

b (Mil, Meteo) front *m*

c (BR) (also **sea front**) (= beach) bord *m* de mer ; (= prom) front *m* de mer

d ■ **he's putting on a brave ~** il fait bonne contenance

2 adj de devant ■ **~ garden** jardin *m* de devant ■ **on the ~ cover** en couverture ■ **~ door** [of house] porte *f* d'entrée ■ **to be in the ~ line** être en première ligne ■ **on the ~ page** (Press) en première page ■ **~ room** pièce *f* donnant sur la rue ; (= lounge) salon *m* ■ **in the ~ row** au premier rang ■ **to have a ~ seat** avoir une place au premier rang ; (fig) être aux premières loges ▸ **the front bench** (BR) (= government) les ministres *mpl*; (= opposition) les membres *mpl* du cabinet fantôme ▸ **the front benches** (BR) (= place) *le banc des ministres et celui des membres du cabinet fantôme*; (= people) ≈ les chefs de file des partis politiques

frontal ['frʌntl] adj [assault, attack] de front

frontier ['frʌntɪə'] n frontière *f*

frost [frɒst] **1** n gel *m* **2** vt [+ cake] glacer

frostbite ['frɒstbaɪt] n engelures *fpl*

frostbitten ['frɒst,bɪtn] adj [hands, feet] gelé ■ **to be ~** [rosebushes, vegetables] avoir gelé

frosted ['frɒstɪd] adj **a** (= frost-covered) [plants, windscreen] couvert de givre **b** [eyeshadow, nail varnish] nacré **c** (= iced) [cake] recouvert d'un glaçage **d** [glass] dépoli

frosting ['frɒstɪŋ] n (= icing) glaçage *m* ; (= icing sugar) sucre *m* glace

fr

frosty ['frɒstɪ] adj **a** [night, morning, weather] glacial ; [ground, grass, window] couvert de givre ▪ **it is ~** il y a du givre **b** (= unfriendly) [atmosphere, reception] glacial

froth [frɒθ] **1** n [of liquids, beer] mousse *f* **2** vi ▪ **to ~ at the mouth** [dog, horse] écumer ; [angry person] écumer de rage

frothy ['frɒθɪ] adj mousseux

frotteur [frɒ'tɜ:r] n frotteur *m*

frown [fraʊn] **1** n froncement *m* (de sourcils) **2** vi froncer les sourcils ▪ **to ~ at sb** regarder qn en fronçant les sourcils
▸ **frown on** vt insep [+ suggestion] désapprouver

froze [frəʊz] vb pret of **freeze**

frozen ['frəʊzn] **1** vb ptp of **freeze** **2** adj **a** [lake, pipe] gelé ▪ **to be ~ solid** être complètement gelé ▪ **I'm ~ stiff*** je suis complètement gelé **b** [food] (industrially) surgelé ; (at home) congelé **c** (= immobile) ▪ **~ with fear** glacé de peur ▪ **~ to the spot** cloué sur place **d** [assets, prices, wages] gelé

frugal ['fru:gəl] adj frugal

fruit [fru:t] n fruit *m* ▪ **a piece of ~** (= whole fruit) un fruit ; (= segment) un morceau de fruit ▪ **~ is good for you** les fruits sont bons pour la santé ▸ **fruit cake** cake *m* ▸ **fruit juice** jus *m* de fruit(s) ▸ **fruit machine** (BR) machine *f* à sous ▸ **fruit salad** salade *f* de fruits ▸ **fruit tree** arbre *m* fruitier

fruitful ['fru:tfʊl] adj [relationship, discussion] fructueux

fruition [fru:'ɪʃən] n ▪ **to bring to ~** concrétiser ▪ **to come to ~** se réaliser

fruitless ['fru:tlɪs] adj [talks] stérile

fruity ['fru:tɪ] adj [flavour, wine] fruité

frumpish ['frʌmpɪʃ], **frumpy** ['frʌmpɪ] adj mal fagoté

frustrate [frʌs'treɪt] vt **a** (= thwart) [+ attempts, plans] contrecarrer ▪ **to ~ sb's hopes** frustrer les espoirs de qn **b** (= irritate, annoy) [+ person] énerver

frustrated [frʌs'treɪtɪd] adj frustré ; [ambition] déçu ; (= irritated) énervé

frustrating [frʌs'treɪtɪŋ] adj frustrant

frustration [frʌs'treɪʃən] n frustration *f*

fry [fraɪ] (pret, ptp **fried**) vt (= deep-fry) (faire) frire ; (= shallow-fry) faire revenir ▪ **fried eggs** œufs *mpl* sur le plat ▪ **fried fish** poisson *m* frit ▪ **fried potatoes** pommes *fpl* (de terre) sautées ▪ **fried rice** ≈ riz cantonais

frying pan ['fraɪɪŋ,pæn] n poêle *f* (à frire)

fuck‡ [fʌk] **1** n ▪ **to have a ~** baiser‡ **2** vti baiser‡ ▪ **~!** putain de merde !‡ ▪ **~ you!** va te faire foutre !‡ ▪ **~ all** (BR) que dalle‡
▸ **fuck off**‡ vi foutre le camp‡ ▪ **~ off!** va te faire foutre !‡

fucking‡ ['fʌkɪŋ] **1** adj ▪ **~ hell!** putain de merde !‡ ▪ **this ~ phone** ce putain‡ de téléphone **2** adv foutrement‡ ▪ **it's ~ cold** ça caille‡ ▪ **don't be ~ stupid!** fais pas le con !‡

fuddy-duddy* ['fʌdɪ,dʌdɪ] adj [person, ideas] vieux jeu *inv*

fudge [fʌdʒ] **1** n (to eat) caramel(s) *m(pl)* ▪ **a piece of ~** un caramel **2** vt * [+ question, issue] esquiver

fuel [fjʊəl] **1** n NonC (for heating, aircraft) combustible *m* ; (for car engine) carburant *m* ▸ **fuel tank** (in car) réservoir *m* (de carburant) **2** vt [+ tension, speculation, controversy, fears] attiser

fugitive ['fju:dʒɪtɪv] n fugitif *m*, -ive *f*

fulfil, fulfill (US) [fʊl'fɪl] vt [+ task, prophecy] accomplir ; [+ order] exécuter ; [+ function, contract] remplir ; [+ plan, ambition] réaliser ; [+ desire] satisfaire ; [+ promise] tenir ▪ **to feel ~led** être épanoui

fulfilling [fʊl'fɪlɪŋ] adj [job, career] épanouissant

fulfilment, fulfillment (US) [fʊl'fɪlmənt] n ▪ **to have a sense of ~** se sentir épanoui

full [fʊl] **1** adj **a** (= filled) plein ; [hotel] complet (-ète *f*) ▪ **I'm ~!*** j'ai trop mangé ! ▪ **~ of** plein de ▪ **pockets ~ of money** des poches pleines d'argent ▪ **he's ~ of himself** il est imbu de lui-même **b** (= complete) ▪ **I waited two ~ hours** j'ai attendu deux bonnes heures ▪ **a ~ 10 kilometres** 10 bons kilomètres ▪ **~ employment** plein emploi *m* ▪ **to pay ~ fare** payer plein tarif ▪ **to pay ~ price for sth** (for goods) acheter qch au prix fort ; (for tickets, fares) payer qch plein tarif ▪ **at ~ speed** à toute vitesse **c** (= ample) [lips] charnu ▪ **clothes for the ~er figure** des vêtements pour personnes fortes **2** adv ▪ **to hit sb ~ in the face** frapper qn en plein visage ▪ **~ well** [know, understand] fort bien **3** n ▪ **to write one's name in ~** écrire son nom en entier ▪ **to publish a letter in ~** publier une lettre intégralement ▪ **to the ~** pleinement **4** comp ▸ **full beam** (BR) ▪ **to drive with one's headlights on ~ beam** rouler en pleins phares ▸ **full-blown** [crisis, epidemic] généralisé ▪ **he has full-blown Aids** il a un sida déclaré ▸ **full-bodied** [wine] qui a du corps ▸ **full-cream milk** lait *m* entier ▸ **full-frontal** [photograph] d'un nu intégral de face ▸ **full-grown** [child] parvenu au terme de sa croissance; [animal, man, woman] adulte ▸ **full-length** [mirror] en pied; [dress] long ▸ **full moon** pleine lune *f* ▸ **full name** nom *m* et prénom(s) *m(pl)* ▸ **full-page** [advert, article] pleine page ▸ **full-sized** (= life-sized) [drawing] grandeur nature *inv*; (= adult-sized) [bicycle, violin, bed] d'adulte ▸ **full stop** (BR) point *m* ▸ **full time** adv [work] à plein temps

◊ n (BR : Sport) fin *f* de match ▸ full-time adj [employment] à plein temps ▪ **she's a full-time secretary** elle est secrétaire à plein temps ▪ **full-time score** (Sport) score *m* final
→ *Pièges* FULL

fullback ['fʊlbæk] n (Sport) arrière *m*

full-scale ['fʊl'skeɪl] adj [war, conflict] généralisé ; [attack, negotiations] de grande envergure

fully ['fʊlɪ] adv [justify] complètement ; [understand] très bien ; [satisfied] entièrement ▸ fully-fitted kitchen cuisine *f* entièrement équipée ▸ fully-fledged [system] à part entière ▪ **he's now a fully-fledged doctor/architect** (BR) il est maintenant médecin/architecte diplômé

fumble ['fʌmbl] vi ▪ **to ~ for sth in the dark** chercher qch à tâtons dans l'obscurité ▪ **to ~ for sth in a drawer** fouiller dans un tiroir pour trouver qch ▪ **to ~ with sth** tripoter qch (maladroitement)

fume [fju:m] **1** vi [liquids, gases] dégager des vapeurs ▪ **he's fuming*** (= angry) il est fumasse* **2** **fumes** npl émanations *fpl* ▪ **petrol ~s** vapeurs *fpl* d'essence ▪ **car exhaust ~s** gaz *m* d'échappement

fumigate ['fju:mɪgeɪt] vt désinfecter par fumigation

fun [fʌn] **1** n (= amusement) ▪ **he had great ~** il s'est beaucoup amusé ▪ **have ~!*** amusez-vous bien ! ▪ **he's good ~** on s'amuse bien avec lui ▪ **what ~!** ce que c'est amusant ! ▪ **it's not much ~ for us** ce n'est pas très amusant pour nous ▪ **to spoil his (**or **our,** etc**) ~** [person] jouer les trouble-fêtes ; [event, weather] gâcher le plaisir ▪ **to make ~ of sb/sth** se moquer de qn/qch **2** adj amusant
→ *Pièges* FUNNY

function ['fʌŋkʃən] **1** n **a** (gen) fonction *f* ▸ function key (Computing) touche *f* de fonction **b** (= meeting) réunion *f*; (= reception) réception *f* **2** vi fonctionner ▪ **to ~ as** [person, thing] faire fonction de

functional ['fʌŋkʃnəl] adj fonctionnel

functionality [fʌŋkʃə'nælɪtɪ] n fonctionnalité *f*

fund [fʌnd] **1** n fonds *m* ▸ fund-raiser (= person) collecteur *m*, -trice *f* de fonds; (= dinner) dîner *m* organisé pour collecter des fonds ▸ fund-raising n collecte *f* de fonds ◊ adj [dinner, event] organisé pour collecter des fonds **2** **funds** npl fonds *mpl* ▪ **public ~s** les fonds publics **3** vt [+ project] financer

fundamental [,fʌndə'mentl] adj fondamental

fundamentalism [,fʌndə'mentəlɪzəm] n fondamentalisme *m*

fundamentalist [,fʌndə'mentəlɪst] adj, n fondamentaliste *mf*

funder ['fʌndəʳ] n bailleur *m* de fonds

funding ['fʌndɪŋ] n financement *m*

funeral ['fju:nərəl] n enterrement *m* ▪ **state ~** funérailles nationales ▸ funeral director entrepreneur *m* de pompes funèbres ▸ funeral home or (US) parlour funérarium *m*

funfair ['fʌnfɛəʳ] n (BR) fête *f* (foraine)

fungi ['fʌŋgaɪ] npl of **fungus**

fungus ['fʌŋgəs] n (pl **fungi**) champignon *m*

funicular railway [fju:,nɪkjʊlə'reɪlweɪ] n funiculaire *m*

funnel ['fʌnl] **1** n **a** (for pouring through) entonnoir *m* **b** (BR) [of ship, engine] cheminée *f* **2** vt (faire) passer dans un entonnoir

funnily* ['fʌnɪlɪ] adv [behave, walk] bizarrement ▪ **~ enough...** curieusement...

funny ['fʌnɪ] adj **a** (= amusing) [person, story, film] drôle ; [voice, walk] comique ▪ **it's not ~** ça n'a rien de drôle ▪ **to see the ~ side of sth** voir le côté amusant de qch **b** (* = strange) drôle ▪ **the meat tastes ~** la viande a un drôle de goût ▪ **a ~ idea** une drôle d'idée ▪ **to feel ~** (= ill) se sentir tout drôle ▪ **I have a ~ feeling I'm going to regret this** j'ai comme l'impression que je vais le regretter **c** (* = fishy) louche* ▪ **~ business** magouilles* *fpl* ▪ **don't try anything ~!*** ne fais pas le malin (or la maligne) !
→ *Pièges* FUNNY

fur [fɜ:ʳ] n **a** (of living animal) pelage *m* **b** (often plural) (= animal skins) fourrure *f* ▸ fur coat manteau *m* de fourrure **c** (= limescale) (dépôt *m* de) calcaire *m*
▸ **fur up** vi [kettle] s'entartrer

furious ['fjʊərɪəs] adj **a** (= angry) [person] furieux (*about* or *at sth* de qch) ▪ **to be ~ with sb (for doing sth)** être furieux contre qn (parce qu'il a fait qch) **b** (= energetic) [pace] effréné **c** (= violent) [row, attack] violent ; [battle, struggle] acharné

furiously ['fjʊərɪəslɪ] adv **a** (= angrily) [say, react] avec fureur **b** (= frantically) [work, fight] avec acharnement ▪ **her heart was beating ~** son cœur battait la chamade

furnace ['fɜ:nɪs] n (industrial) fourneau *m*

furnish ['fɜ:nɪʃ] vt **a** [+ house] meubler (*with* de) ▪ **~ed apartment** appartement *m* meublé **b** (= supply) [+ object, information] fournir ▪ **to ~ sb with sth** fournir qch à qn

furnishings ['fɜ:nɪʃɪŋz] npl mobilier *m*

furniture ['fɜ:nɪtʃəʳ] n NonC mobilier *m* ▪ **a piece of ~** un meuble ▸ furniture mover (US) déménageur *m* ▸ furniture polish encaustique *f* ▸ furniture remover déménageur *m* ▸ furniture van camion *m* de déménagement

⚠ *furniture* ne se traduit pas par **fourniture** ; → *Pièges* FURNITURE

furore [fjʊə'rɔːrɪ], **furor** (US) [fjʊ'rɔː'] n (= protests) scandale *m*

furry ['fɜːrɪ] adj [animal] à poil ; [slippers] en fausse fourrure ▪ **~ toy** (= soft toy) peluche *f*

further ['fɜːðə'] compar of **far** 1 adv a ⇒ **farther** b (= more) plus ▪ **he questioned us no ~** il ne nous a pas posé d'autres questions ▪ **I got no ~ with him** je ne suis arrivé à rien de plus avec lui ▪ **until you hear ~** jusqu'à nouvel avis ▪ **we heard nothing ~ from him** nous n'avons pas eu d'autres nouvelles de lui ▪ **this mustn't go any ~** il ne faut pas que cela aille plus loin ▪ **I think we should take this matter ~** je pense que nous devrions poursuivre cette affaire ▪ **to study/examine an issue ~** approfondir l'étude/l'examen d'une question ▪ **~ to your letter** suite à votre lettre 2 adj (= additional) nouveau (nouvelle *f*), supplémentaire ▪ **until ~ notice** jusqu'à nouvel ordre ▪ **without ~ delay** sans plus attendre ▪ **without ~ ado** sans plus de cérémonie ▪ **upon ~ consideration** après plus ample réflexion ▸ further education formation *f* or enseignement *m* postscolaire 3 vt [+ one's interests, a cause] servir

furthermore [ˌfɜːðə'mɔː'] adv en outre

furthest ['fɜːðɪst] 1 adj ▪ **the house ~ from here** la maison la plus éloignée d'ici ▪ **they went by boat to the ~ point of the island** ils se sont rendus en bateau à l'extrémité de l'île 2 adv ▪ **let's see who can throw the ball ~** voyons qui peut jeter la balle le plus loin

furtive ['fɜːtɪv] adj [glance] furtif ; [person] sournois

fury ['fjʊərɪ] n [of person] fureur *f* ▪ **to fly into a ~** se mettre dans une rage folle ▪ **to work/run like ~*** travailler/courir comme un fou*

fuse, fuze (US) [fjuːz] 1 vt a [+ metal] fondre b (fig) faire fusionner 2 vi a [metals] fondre ; (fig : also **fuse together**) fusionner b (BR) ▪ **the television** (or **the lights**, etc) **~d** les plombs ont sauté 3 n a (= wire) fusible *m* ▸ fuse box boîte *f* à fusibles ▸ fuse wire fusible *m* b [of bomb] détonateur *m* ▪ **to have a short ~*** être soupe au lait

fuselage ['fjuːzəlɑːʒ] n fuselage *m*

fuss [fʌs] 1 n (= commotion stirred up) tapage *m* ; (= excitement, agitation in reaction to sth) agitation *f* ; (= complaints, objections, difficulties) histoires *fpl* ▪ **I don't know what all the ~ is about** je ne sais pas pourquoi on fait tant d'histoires ▪ **a lot of ~ about nothing** beaucoup de bruit pour rien ▪ **to kick up a ~*** faire un tas d'histoires* ▪ **to make a ~ about sth** (justifiably) protester à propos de qch ; (unjustifiably) faire tout un plat de qch* ▪ **you were quite right to make a ~** vous avez eu tout à fait raison de protester ▪ **to make a ~ of** (BR) or **over** (US) **sb** être aux petits soins pour qn 2 vi (= rush around busily) s'affairer ▪ **she's always ~ing over him** elle est toujours après lui ▪ **don't ~!** laisse-moi tranquille !

fussy ['fʌsɪ] adj a (= exacting) [person] tatillon (*about sth* sur qch) ▪ **to be a ~ eater** être difficile sur la nourriture ▪ **tea or coffee? – I'm not ~*** thé ou café ? – ça m'est égal b (= overelaborate) [design, furnishings] tarabiscoté ; [food] (trop) élaboré

fusty ['fʌstɪ] adj ▪ **a ~ smell** une odeur de renfermé

futile ['fjuːtaɪl] adj [remark] futile ; [attempt] vain *before n*

futon ['fuːtɒn] n futon *m*

future ['fjuːtʃə'] 1 n a avenir *m* ▪ **in the ~** à l'avenir ▪ **in the near ~** dans un proche avenir ▪ **there's no ~ in it** [+ product, relationship] cela n'a aucun avenir b (Gram) futur *m* ▪ **in the ~** au futur 2 adj [plans, role, king, queen] futur ▪ **her ~ husband** son futur mari ▪ **at some ~ date** à une date ultérieure ▪ **for ~ reference** pour référence ultérieure

futuristic [ˌfjuːtʃə'rɪstɪk] adj futuriste

fuzz [fʌz] n NonC (= light growth) duvet *m*

fuzzy ['fʌzɪ] adj a [photograph, logic] flou ; [idea, distinction] confus b [fabric] duveteux ; [hair] crépu

gG

G, g [dʒiː] n (Mus) sol *m* ▸ **G-string** (= garment) string *m*

gab* [gæb] n → **gift**

gabble ['gæbl] vti (= talk indistinctly) bafouiller ; (= talk unintelligibly) baragouiner*

gable ['geɪbl] n pignon *m*

gadget ['gædʒɪt] n gadget *m*

Gaelic ['geɪlɪk, 'gælɪk] adj, n gaélique *m*

gag [gæg] **1** n **a** (in mouth) bâillon *m* **b** (* = joke) blague *f* ; (visual) gag *m* **2** vt bâillonner **3** vi (* = retch) avoir des haut-le-cœur

gaga* ['gɑːgɑː] adj gaga* *f inv*

gaiety ['geɪɪtɪ] n gaieté *f*

gaily ['geɪlɪ] adv **a** [painted, dressed] de couleurs vives **b** [chatter] gaiement

gain [geɪn] **1** n (= profit) gain *m* ; (= increase) augmentation *f* (*in* de) **2** vt **a** (obtain) gagner ; [+ liberty, independence] obtenir ; [+ support] s'attirer ■ **to ~ access** or **entry to** avoir accès à ■ **to ~ control (of)** prendre le contrôle (de) ■ **my watch has ~ed five minutes** ma montre a pris cinq minutes d'avance **b** (= get more) [+ speed, weight] prendre ; [+ time] gagner ■ **to ~ ground** gagner du terrain ■ **to ~ strength** [person, movement] devenir plus fort ; [storm] devenir plus violent **3** vi gagner ■ **to ~ in popularity/confidence** gagner en popularité/confiance

▸ **gain on** vt insep (= catch up with) rattraper

gainer ['geɪnəʳ] n (= person) gagnant(e) *m(f)* ; (Stock exchange) valeur *f* en hausse

gait [geɪt] n démarche *f*

gala ['gɑːlə] n gala *m* ■ **swimming/sports ~** grand concours *m* de natation/d'athlétisme

galaxy ['gæləksɪ] n galaxie *f*

gale [geɪl] n coup *m* de vent ■ **a force 8 ~** un vent de force 8 ▸ **gale warning** avis *m* de coup de vent

gallant ['gælənt] adj **a** [attempt, effort] courageux **b** (= chivalrous) galant

gall-bladder ['gɔːlblædəʳ] n vésicule *f* biliaire

gallery ['gælərɪ] n **a** (gen) galerie *f* **b** (also **art gallery**) (state-owned) musée *m* ; (private, selling paintings) galerie *f* ; (US = auction room) salle *f* des ventes **c** (Theatre) dernier balcon *m*

galley ['gælɪ] n (= ship) galère *f* ; (= ship's kitchen) cuisine *f*

galling ['gɔːlɪŋ] adj exaspérant

gallon ['gælən] n gallon *m* *(BR = 4,546 l, US = 3,785 l)*

gallop ['gæləp] **1** n galop *m* ■ **at a ~** au galop **2** vi [horse, rider] galoper ■ **to ~ away/back** partir/revenir au galop

gallows ['gæləʊz] n gibet *m*

gallstone ['gɔːlstəʊn] n calcul *m* biliaire

galore [gə'lɔːʳ] adv en abondance

galvanize ['gælvənaɪz] vt (Tech) galvaniser ■ **to ~ sb into action** pousser qn à agir

gambit ['gæmbɪt] n (Chess) gambit *m* ; (= ruse) manœuvre *f*

gamble ['gæmbl] **1** n pari *m* **2** vi jouer (*on* sur) ■ **to ~ on the stock exchange** jouer en Bourse ■ **to ~ on** (fig) miser sur ■ **to ~ on doing sth** compter faire qch

▸ **gamble away** vt sep [+ money] perdre au jeu

gambler ['gæmbləʳ] n joueur *m*, -euse *f*

gambling ['gæmblɪŋ] n (= action) jeu *m* ; (= games played) jeux *mpl* d'argent

game [geɪm] **1** n **a** (gen) jeu *m* ; (= match) [of football, rugby, cricket] match *m* ; [of tennis, billiards, chess] partie *f* ; [of bridge] manche *f* ■ **a ~ of cards** une partie de cartes ■ **video/card ~s** jeux *mpl* vidéo *inv*/de cartes ■ **to have a ~ of** [+ chess] faire une partie de ; [+ football] faire un match de ■ **the ~ is up** tout est fichu* ■ **what's your ~?*** à quoi tu joues ?* ■ **to beat sb at their own ~** battre qn sur son propre terrain ▸ **game-changer** ■ **it's a ~ changer** ça change tout ▸ **game-changing** adj déterminant ▸ **game plan** stratégie *f* ▸ **games console** console *f* de jeux ▸ **game show** (on TV) jeu *m* télévisé; (on radio) jeu *m* radiophonique **b** (= animals) gibier *m* ■ **big ~** gros gibier *m* ▸ **game park, game reserve** réserve *f* naturelle **2** **games** npl (BR : Scol) sport *m*, éducation *f* physique et sportive **3** adj **a** (= brave) courageux **b** (= prepared) prêt (*to do sth* à faire qch)

gamekeeper ['geɪm,kiːpəʳ] n garde-chasse *mf*

gameplay ['geɪmpleɪ] n (Computing) jouabilité *f*

gamer* ['geɪməʳ] n (= computer-game player) gameur *m*, -euse *f*, gamer *m*

gammon ['gæmən] n (BR) jambon *m* fumé

gamut ['gæmət] n gamme *f*

gang [gæŋ] n [of workmen] équipe *f* ; [of criminals] bande *f*, gang *m* ; [of youths, friends] bande *f*

▸ **gang up*** vi ▪ **to ~ up on** or **against sb** se liguer contre qn

ganglion ['gæŋglɪən] n ganglion *m*

gangly ['gæŋglɪ] adj dégingandé

gangplank ['gæŋ,plæŋk] n passerelle *f* (de débarquement)

gangrene ['gæŋgriːn] n gangrène *f*

gangster ['gæŋstəʳ] n gangster *m*

gangway ['gæŋ,weɪ] n passerelle *f*; (BR) (in bus) couloir *m*; (Theatre) allée *f*

gannet ['gænɪt] n fou *m* de Bassan

gaol [dʒeɪl] n (BR) ⇒ **jail**

gap [gæp] n **a** (gen) trou *m*; (between curtains) intervalle *m*; (in clouds, fog) trouée *f*; (between teeth) écart *m* ▪ **to fill in a ~** boucher un trou **b** (in time) intervalle *m*; (in timetable) trou *m*; (in education) lacune *f*; (between social classes, generations, etc) fossé *m* ▪ **to close the ~ between** réduire l'écart entre ▸ **gap year** ▪ **he spent his ~ year in India** avant d'entrer à l'université, il a passé un an en Inde

gape [geɪp] vi rester bouche bée ▪ **to ~ at sb/sth** regarder qn/qch bouche bée

gaping ['geɪpɪŋ] adj béant

garage ['gærɑːʒ] n garage *m* ▸ **garage mechanic** mécanicien *m* ▸ **garage sale** vide-grenier *m*

garbage ['gɑːbɪdʒ] n ordures *fpl*; (= worthless objects) rebut *m*; (= nonsense) bêtises *fpl* ▸ **garbage can** (US) poubelle *f* ▸ **garbage truck** (US) camion *m* des éboueurs

garbled ['gɑːbld] adj confus

garden ['gɑːdn] **1** n jardin *m* ▪ **vegetable ~** potager *m* ▪ **to lead sb up the ~ path*** mener qn en bateau* ▸ **garden centre** jardinerie *f* ▸ **garden party** garden-party *f* **2** vi jardiner

gardener ['gɑːdnəʳ] n jardinier *m*, -ière *f*

gardening ['gɑːdnɪŋ] n jardinage *m*

gargle ['gɑːgl] vi se gargariser

gargoyle ['gɑːgɔɪl] n gargouille *f*

garish ['gɛərɪʃ] adj [colour] criard ; [clothes] aux couleurs criardes ; [décor] tapageur

garland ['gɑːlənd] n guirlande *f*

garlic ['gɑːlɪk] n ail *m* ▸ **garlic bread** pain *m* à l'ail ▸ **garlic sausage** saucisson *m* à l'ail

garment ['gɑːmənt] n vêtement *m*

garner ['gɑːnəʳ] vt [+ grain] rentrer ; [+ information, reviews] recueillir

garnish ['gɑːnɪʃ] **1** vt [+ food] décorer **2** n décoration *f*

garret ['gærət] n (= room) mansarde *f*; (= attic) grenier *m*

garrison ['gærɪsən] n garnison *f*

garrulous ['gærʊləs] adj loquace

garter ['gɑːtəʳ] n jarretière *f*; (US : from belt) jarretelle *f*

gas [gæs] **1** n (pl **~(s)es**) **a** (gen) gaz *m inv* ▸ **gas central heating** chauffage *m* central au gaz ▸ **gas cooker** cuisinière *f* à gaz; (portable) réchaud *m* à gaz ▸ **gas fire** appareil *m* de chauffage à gaz ▸ **gas meter** compteur *m* à gaz ▸ **gas oven** four *m* à gaz ▸ **gas pipe** tuyau *m* à gaz ▸ **gas stove** cuisinière *f* à gaz; (portable) réchaud *m* à gaz **b** (US = fuel) essence *f* ▸ **gas pedal** pédale *f* d'accélérateur ▸ **gas station** station-service *f* ▸ **gas tank** réservoir *m* à essence **2** vt asphyxier ; (in war) gazer

gash [gæʃ] **1** n (in flesh) entaille *f*; (on face) balafre *f*; (in cloth, leather) grande déchirure *f* **2** vt [+ flesh] entailler ; [+ face] balafrer ; [+ cloth, leather] déchirer

gasman* ['gæsmən] n (pl **-men**) employé *m* du gaz

gasmask ['gæsmæsk] n masque *m* à gaz

gasoline ['gæsəʊliːn] n (US) essence *f*

gasp [gɑːsp] **1** n halètement *m* **2** vi (= choke) haleter ; (from astonishment) avoir le souffle coupé **3** vt ▪ **no! she ~ed** « non ! » souffla-t-elle

gastric ['gæstrɪk] adj gastrique ▸ **gastric flu** grippe *f* gastro-intestinale

gastroenteritis [,gæstrəʊ,entə'raɪtɪs] n gastroentérite *f*

gastronomy [gæs'trɒnəmɪ] n gastronomie *f*

gastro-pub ['gæstroʊpʌb] n pub *m* gastronomique

gasworks ['gæswɜːks] n (pl inv) usine *f* à gaz

gate [geɪt] n **a** (gen) porte *f*; [of castle] grille *f*; [of field, level crossing] barrière *f*; (large, metallic) portail *m*; [of sports ground, factory] entrée *f* **b** (Sport) (= attendance) spectateurs *mpl*; (= money) entrées *fpl*

gâteau ['gætəʊ] n (pl **gâteaux** ['gætəʊz]) (BR) gros gâteau *m* fourré

gatecrash ['geɪtkræʃ] **1** vi (without invitation) s'introduire sans invitation ; (without paying) resquiller* **2** vt s'introduire (sans invitation) dans

gatecrasher ['geɪt,kræʃəʳ] n (without invitation) intrus(e) *m(f)*; (without paying) resquilleur* *m*, -euse* *f*

gatekeeper ['geɪt,kiːpəʳ] n gardien(ne) *m(f)*

gatepost ['geɪtpəʊst] n montant *m* (de porte)

gateway ['geɪtweɪ] n entrée *f*; (fig) porte *f* (to de)

gather ['gæðəʳ] **1** vt **a** [+ people, objects] rassembler **b** [+ flowers] cueillir ; [+ wood, sticks, mushrooms] ramasser ; [+ taxes] percevoir ; [+ information, data, evidence] réunir ▪ **to ~ dust** prendre la poussière ▪ **to ~ speed** prendre de la vitesse **c** (Sewing) froncer **d** (= infer) déduire ▪ **as far as I can ~** d'après ce que je comprends ▪ **I ~ she won't be coming** d'après ce que j'ai compris, elle ne viendra pas **2** vi (= collect) [people] se rassembler ; [troops] se masser ; [objects, dust] s'accumuler ; [clouds] s'amonceler
▸ **gather round** **1** vi s'approcher **2** vt insep se rassembler autour de
▸ **gather together** **1** vi se rassembler **2** vt sep rassembler
▸ **gather up** vt sep [+ papers, clothes, toys] ramasser ; [+ strength, courage] rassembler

gathering ['gæðərɪŋ] n (= group of people) assemblée *f* ▪ **a family ~** une réunion de famille

gauche [gəʊʃ] adj maladroit

gaudy ['gɔ:dɪ] adj [clothes] aux couleurs voyantes ; [colour] voyant

gauge [geɪdʒ] **1** n (= standard measure) calibre *m* ; [of rails] écartement *m* ; (= instrument) jauge *f* **2** vt [+ temperature] mesurer ; [+ oil] jauger ; [+ sb's abilities] évaluer

Gaul [gɔ:l] n (= country) Gaule *f* ; (= person) Gaulois(e) *m(f)*

gaunt [gɔ:nt] adj émacié

gauntlet ['gɔ:ntlɪt] n (= glove) gant *m* (à crispin) ▪ **to throw down/take up the ~** lancer un/relever le défi

gauze [gɔ:z] n gaze *f*

gave [geɪv] vb pret of **give**

gawky ['gɔ:kɪ] adj dégingandé

gay [geɪ] **1** adj **a** (= homosexual) gay *inv* **b** (= cheerful: vieilli) gai **2** n homosexuel(le) *m(f)*

gaze [geɪz] **1** n regard *m* (fixe) **2** vi regarder ▪ **to ~ at sb/sth** regarder (fixement) qn/qch

gazelle [gə'zel] n gazelle *f*

GB [dʒi:'bi:] (abbr of **Great Britain**) GB

GCSE [dʒi:si:es'i:] (abbr of **General Certificate of Secondary Education**) ≈ brevet des collèges

GDP [dʒi:di:'pi:] n (abbr of **gross domestic product**) PIB *m*

gear [gɪəʳ] **1** n **a** (= equipment) matériel *m* ; (for gardening) outils *mpl* **b** (* = belongings) affaires *fpl* **c** (BR = clothing) vêtements *mpl* **d** [of car] (= mechanism) embrayage *m* ; (= speed) vitesse *f* ▪ **first/second/third ~** première *f*/deuxième *f*/troisième *f* ▪ **in second ~** en seconde ▪ **to change ~** changer de vitesse ▪ **to change into third ~** passer en troisième ▸ **gear lever** (BR) or **stick** levier *m* de vitesse **2** vt adapter (*to* à)

gearbox ['gɪəbɒks] n boîte *f* de vitesses

gearshift ['gɪəʃɪft] n (US) levier *m* de vitesse

geek* [gi:k] n **a** (esp US) débile *mf* **b** (= computer freak) geek* *mf*, accro *mf* d'informatique et de nouvelles technologies

geese [gi:s] npl of **goose**

gel [dʒel] **1** n gel *m* **2** vi **a** [jelly] prendre **b** [plan] prendre tournure ; [partnership, team] se souder

gelatin(e) ['dʒeləti:n] n gélatine *f*

gelignite ['dʒelɪgnaɪt] n plastic *m*

gem [dʒem] n **a** (= precious stone) pierre *f* précieuse **b** (= marvel) merveille *f*

Gemini ['dʒemɪnaɪ] npl Gémeaux *mpl*

gender ['dʒendəʳ] n **a** (Gram) genre *m* **b** (= sex) sexe *m* ▸ **gender-fluid** (à l'identité) de genre fluide ▸ **gender pay gap** inégalités *fpl* salariales entre hommes et femmes ▸ **gender studies** études *fpl* de genre

gendered ['dʒɛndəd] adj genré

gene [dʒi:n] n gène *m* ▸ **gene therapy** thérapie *f* génique

genealogy [,dʒi:nɪ'ælədʒɪ] n généalogie *f*

general ['dʒenərəl] **1** adj général ▪ **in ~** en général ▪ **as a ~ rule** en règle générale ▸ **general anaesthetic** anesthésie *f* générale ▸ **general election** élections *fpl* législatives ▸ **general hospital** centre *m* hospitalier ▸ **general knowledge** culture *f* générale ▸ **general practitioner** (médecin *mf*) généraliste *m* ▸ **the general public** le grand public ▸ **general-purpose** [tool, substance] universel; [dictionary] général **2** n (Mil) général *m*

generalization [,dʒenərəlaɪ'zeɪʃən] n généralisation *f*

generalize ['dʒenərəlaɪz] vti généraliser

generally ['dʒenərəlɪ] adv généralement ▪ **~ speaking** en règle générale ▪ **~ available** disponible partout

generate ['dʒenəreɪt] vt [+ electricity, heat] produire ; [+ income, wealth] générer ; [+ interest] susciter ; [+ publicity] faire

generation [,dʒenə'reɪʃən] n **a** génération *f* ▸ **the generation gap** le conflit des générations **b** [of electricity, heat] production *f*

generator ['dʒenəreɪtəʳ] n groupe *m* électrogène

generosity [,dʒenə'rɒsɪtɪ] n générosité *f*

generous ['dʒenərəs] adj généreux ▪ **a ~ helping** une grosse part

genetic [dʒɪ'netɪk] adj génétique ▸ **genetic engineering** manipulation *f* génétique

genetically [dʒɪ'netɪkəlɪ] adv génétiquement ■ **~ engineered/modified** génétiquement manipulé/modifié

genetics [dʒɪ'netɪks] n génétique *f*

Geneva [dʒɪ'niːvə] n Genève ■ **Lake ~** le lac Léman or de Genève

genial ['dʒiːnɪəl] adj [person, atmosphere] cordial ; [smile, look] engageant

> ⚠ *genial* ne se traduit pas par **génial** ; → *Pièges* GENIAL

genie ['dʒiːnɪ] n génie *m*

genital ['dʒenɪtl] **1** adj génital **2** **genitals** npl organes *mpl* génitaux

genitive ['dʒenɪtɪv] adj, n génitif *m*

genius ['dʒiːnɪəs] n génie *m*

genocide ['dʒenəʊsaɪd] n génocide *m*

genre ['ʒɑ̃ːŋrə] n genre *m*

gent [dʒent] n gentleman *m* ■ **~s** (BR) toilettes *fpl* pour hommes ; (sign on door) « messieurs »

genteel [dʒen'tiːl] adj [person, manners] distingué

gentle ['dʒentl] adj **a** (gen) doux (douce *f*) **b** [touch, breeze] léger ; [exercise] modéré **c** [hint, reminder] discret (-ète *f*)

> ⚠ *gentle* ne se traduit pas par **gentil**.

gentleman ['dʒentlmən] (pl **-men**) n (= man) monsieur *m* ; (= man of breeding) gentleman *m* ■ **"gentlemen"** (sign for toilets) « messieurs »

gently ['dʒentlɪ] adv **a** [say, smile, remind, suggest] gentiment **b** [shake, caress, touch, exercise] doucement

gentrified [ˌdʒentrɪfaɪd] adj ■ **to become ~** s'embourgeoiser, se gentrifier

gentry ['dʒentrɪ] n ■ **the ~** la haute bourgeoisie

genuine ['dʒenjʊɪn] adj **a** (gen) authentique ; [leather, silver] véritable ; [tears, interest, offer] sincère ; [laughter] franc (franche *f*) **b** [person] sincère

genuinely ['dʒenjʊɪnlɪ] adv [interested] sincèrement ; [surprised, worried, sorry] réellement ; [pleased] vraiment ■ **she ~ believed that...** elle croyait sincèrement que... ■ **I ~ want to help** je veux vraiment aider

geo-blocked [ˌdʒiːəʊ'blɒkd] adj géobloqué

geographic [dʒɪə'græfɪk], **geographical** [dʒɪə'græfɪkəl] adj géographique

geography [dʒɪ'ɒgrəfɪ] n géographie *f*

geolocate ['dʒiːəʊləʊˌkeɪt] vt géolocaliser

geolocation [ˌdʒiːəʊləʊ'keɪʃən] n géolocalisation *f*

geological [dʒɪəʊ'lɒdʒɪkəl] adj géologique

geologist [dʒɪ'ɒlədʒɪst] n géologue *mf*

geology [dʒɪ'ɒlədʒɪ] n géologie *f*

geometry [dʒɪ'ɒmɪtrɪ] n géométrie *f*

geopolitics [ˌdʒiːəʊ'pɒlɪtɪks] n géopolitique *f*

geothermal [ˌdʒiːəʊ'θɜːməl] adj géothermique

geranium [dʒɪ'reɪnɪəm] n géranium *m*

gerbil ['dʒɜːbɪl] n gerbille *f*

geriatric [ˌdʒerɪ'ætrɪk] **1** adj [hospital] gériatrique ; [ward] de gériatrie ; [patient, nurse] en gériatrie **2** n (= person) malade *mf* gériatrique

geriatrics [ˌdʒerɪ'ætrɪks] n gériatrie *f*

germ [dʒɜːm] n microbe *m*

German ['dʒɜːmən] **1** adj allemand ; [teacher] d'allemand ► **German measles** rubéole *f* ► **German shepherd** berger *m* allemand **2** n **a** (= person) Allemand(e) *m(f)* **b** (= language) allemand *m*

Germany ['dʒɜːmənɪ] n Allemagne *f*

gerund ['dʒerənd] n gérondif *m*

gesticulate [dʒes'tɪkjʊleɪt] vi faire de grands gestes (*at sb* pour attirer l'attention de qn)

gesture ['dʒestʃə'] **1** n geste *m* **2** vi ■ **to ~ to sb to do sth** faire signe à qn de faire qch ■ **he ~d towards the door** il désigna la porte d'un geste

get [get] (pret **got**, ptp **got**, (US) **gotten**)

1 vt **a** (= have, receive, obtain) avoir ; [+ help, permission] obtenir ■ **he got a fine** il a eu une amende ■ **I got a lot of presents** j'ai eu beaucoup de cadeaux ■ **I've got toothache** j'ai mal aux dents ■ **I have got three sisters** j'ai trois sœurs ■ **how many have you got?** combien en avez-vous ? ■ **we'll ~ a sandwich in town** on prendra un sandwich en ville ■ **this room ~s a lot of sun** cette pièce est très ensoleillée ■ **he got two years** il s'est pris* deux ans de prison ■ **to ~ one's hands dirty** se salir les mains ■ **to ~ sb drunk** soûler qn

b (= find) trouver ■ **he got me a job** il m'a trouvé un emploi

c (= buy) acheter ■ **to ~ sth cheap** acheter qch bon marché

d (= fetch, pick up) aller chercher ■ **I must go and ~ some bread** il faut que j'aille chercher du pain ■ **can I ~ you a drink?** est-ce que je peux vous offrir quelque chose ?

e (= take) prendre ■ **to ~ the bus** prendre le bus

f (= call in) appeler ■ **we had to ~ a plumber** nous avons dû appeler un plombier

g (= prepare) préparer ▪ **she was ~ting breakfast** elle préparait le petit-déjeuner

h (= catch) [+ disease, fugitive] attraper

i (= hear, understand) [+ name, details] comprendre ▪ **I didn't ~ your name** je n'ai pas compris votre nom ▪ **I don't ~ it*** je ne comprends pas

j (= answer) ▪ **can you ~ the phone?** est-ce que tu peux répondre ? ▪ **I'll ~ it!** j'y vais !

k (set structures) ▪ **to ~ sth done** (by someone else) faire faire qch ▪ **to ~ one's hair cut** se faire couper les cheveux ▪ **I need to ~ my car serviced** je dois faire réviser ma voiture ▪ **~ him to clean the car** fais-lui laver la voiture ▪ **I'll ~ her to ring you back** je lui demanderai de te rappeler ▪ **I couldn't ~ the washing machine to work** je n'ai pas réussi à faire marcher le lave-linge ▪ **to ~ sth going** [+ machine] faire marcher qch ▪ **to ~ sth downstairs/upstairs** descendre/monter qch ▪ **threatening me will ~ you nowhere** tu n'obtiendras rien de moi par la menace ▪ **to ~ sth past the customs** réussir à passer qch à la douane ▪ **to ~ sth to sb** faire parvenir qch à qn

2 vi **a** (= go) aller (*to* à, *from* de) ; (= arrive) arriver ; (= be) être ▪ **how do you ~ there?** comment fait-on pour y aller ? ▪ **what time do you ~ to Sheffield?** à quelle heure arrivez-vous à Sheffield ? ▪ **how did that box ~ here?** comment cette boîte est-elle arrivée ici ? ▪ **what's got into him?** qu'est-ce qui lui prend ? ▪ **now we're ~ting somewhere!*** enfin du progrès ! ▪ **where did you ~ to?** où étais-tu donc passé ? ▪ **where have you got to?** (in book, work) où en êtes-vous ?

b (= become) devenir ▪ **to ~ better** (= recover) se remettre ; (= improve) s'améliorer ▪ **to ~ fat/old** grossir/vieillir ▪ **it's ~ting late** il se fait tard ▪ **I'm ~ting nervous** je commence à avoir le trac ▪ **to ~ used to sth/to doing** s'habituer à qch/à faire ▪ **to ~ to know sb** apprendre à connaître qn ▪ **we got to like him in the end** nous avons fini par l'apprécier

c (with past participle) ▪ **to ~ paid/beaten up** se faire payer/tabasser* ▪ **several windows got broken** plusieurs fenêtres ont été brisées ▪ **to ~ dressed** s'habiller ▪ **to ~ married** se marier ▪ **to ~ washed** se laver

d (with infinitive) (= must) ▪ **I've got to go** il faut que j'y aille ▪ **you've got to come** il faut que vous veniez *subj* ▪ **have you got to go and see her?** est-ce que vous êtes obligé d'aller la voir ?

e (with gerund) ▪ **to ~ going** or **moving** partir

3 comp ▸ **get-together** réunion *f* ▸ **get-up-and-go*** ▪ **he's got lots of get-up-and-go** il est très dynamique ▸ **get-well card** carte *f* de vœux (pour un prompt rétablissement)

▸ **get about** vi **a** (= move about) se déplacer **b** (= travel) voyager **c** [news] circuler

▸ **get across**

1 vi (= cross) traverser ; [meaning, message] passer

2 vt sep [+ road] traverser ; [+ ideas, intentions, desires] communiquer (*to sb* à qn) ▪ **to ~ sth across to sb** faire comprendre qch à qn

▸ **get ahead** vi (in race) prendre de l'avance ; (in career) monter en grade

▸ **get along** vi **a** (= go) aller (*to* à) ; (= leave) s'en aller **b** (= manage) se débrouiller ▪ **to ~ along without sth/sb** se débrouiller sans qch/qn **c** (= progress) [work] avancer ; [student, invalid] faire des progrès **d** (= be on good terms) (bien) s'entendre

▸ **get around**

1 vi → **get about**

2 vt sep → **get round**

3 vt insep → **get round**

▸ **get at** vt insep **a** [+ object, person, place] atteindre **b** [+ facts, truth] découvrir **c** (= suggest) ▪ **what are you ~ting at?** où voulez-vous en venir ? **d** (BR = attack) s'en prendre à

▸ **get away**

1 vi **a** (= leave) partir ▪ **to ~ away from a place** quitter un endroit **b** (= escape) s'échapper ▪ **to ~ away from** [+ people, situation] échapper à ; [+ idea] renoncer à

2 vt sep **a** (= take) emmener ; (= move away) éloigner ; (= send off) expédier **b** (= remove) ▪ **to ~ sth away from sb** enlever qch à qn

▸ **get away with** vt (= suffer no consequences) ▪ **he broke the law and got away with it** il a violé la loi en toute impunité ▪ **you'll never ~ away with that!** on ne te laissera pas passer ça !* ▪ **he ~s away with murder*** il peut se permettre de faire n'importe quoi

▸ **get back**

1 vi **a** (= return) revenir ; (home) rentrer chez soi ▪ **to ~ back to work** reprendre le travail **b** (= move backwards) reculer

2 vt sep **a** (= recover) récupérer ; [+ strength] reprendre ▪ **to ~ one's money back** se faire rembourser **b** (= return) rendre

▸ **get by** vi **a** (= pass) passer **b** (= manage) arriver à s'en sortir*

▸ **get down**

1 vi descendre (*from, off* de) ▪ **to ~ down on one's knees** se mettre à genoux ▪ **~ down!** (= climb down) descends ! ; (= lie down) couche-toi !

2 vt sep **a** (from upstairs, attic) descendre ; (from shelf) prendre **b** (= make note of) noter **c** (= depress) déprimer

▸ **get down to** vt insep ▪ **to ~ down to doing sth** se mettre à faire qch ▪ **to ~ down to work** se mettre au travail ▪ **to ~ down to business** passer aux choses sérieuses

► **get in**

1 vi **a** [person] (= enter) entrer ; (= be admitted to university, school) être admis **b** (= arrive) [train, bus, plane] arriver **c** (= be elected) [member] être élu ; [party] accéder au pouvoir

2 vt sep **a** [+ harvest] rentrer **b** (= buy) acheter

► **get into** vt insep **a** (= enter) [+ house, park] entrer dans ; [+ car, train] monter dans ■ **I don't know what has got into him** je ne sais pas ce qui lui a pris **b** [+ clothes] mettre

► **get in with** vt insep **a** (= gain favour of) (réussir à) se faire bien voir de **b** (= become friendly with) se mettre à fréquenter

► **get off**

1 vi **a** (from vehicle) descendre **b** (= depart) [person] partir ; [car] démarrer ; [plane] décoller ■ **to ~ off to a good start** [project, discussion] bien partir ■ **to ~ off to sleep** s'endormir **c** (= escape) s'en tirer **d** (= leave work) finir

2 vt sep **a** [+ clothes, shoes] enlever **b** ■ **to ~ a child off to sleep** faire dormir un enfant

3 vt insep [+ bus, bike, horse] descendre de

► **get on**

1 vi **a** (on to bus, bike) monter ; (on to ship) monter à bord **b** (= advance, make progress) avancer ■ **how did you ~ on?** comment ça s'est passé ? ■ **to be ~ting on*** (= getting old) se faire vieux ■ **he's ~ting on for 40** il approche de la quarantaine ■ **it's ~ting on for 3 o'clock** il n'est pas loin de 3 heures **c** (= succeed) réussir **d** (= agree) s'entendre ■ **I ~ on well with her** je m'entends bien avec elle

2 vt sep [+ clothes, shoes] mettre

3 vt insep [+ horse, bike] monter sur ; [+ train] monter dans

► **get on with** vt insep **a** (= continue) continuer ■ **~ on with it!** (working) allez, au travail ! ; (telling sth) accouche !* **b** (= start on) se mettre à

► **get out**

1 vi **a** (gen) sortir (*of* de) ; (from vehicle) descendre (*of* de) **b** (= escape) s'échapper (*of* de) ■ **to ~ out of** [+ task, obligation] échapper à ; [+ difficulty] surmonter **c** [news] se répandre ; [secret] être éventé

2 vt sep **a** (= bring out) [+ object] sortir **b** (= remove) [+ nail, tooth] arracher ; [+ stain] enlever ■ **I can't ~ it out of my mind** je n'arrive pas à chasser cela de mon esprit **c** (= free) [+ person] faire sortir

► **get over**

1 vi (= cross) traverser ; [message, meaning] passer

2 vt insep **a** [+ road] traverser ; [+ obstacle, difficulty] surmonter ; [+ problem] résoudre **b** (= recover from) [+ illness, sb's death] se remettre de ■ **I can't ~ over it** je n'en reviens pas

3 vt sep **a** [+ person, animal, vehicle] faire passer **b** (= communicate) faire comprendre ; [+ ideas] communiquer

► **get round**

1 vi ⇒ **get about**

2 vt insep **a** [+ obstacle, difficulty, law] contourner **b** [+ person] amadouer

► **get round to** vt insep ■ **to ~ round to doing sth** trouver le temps de faire qch

► **get through**

1 vi **a** [news] parvenir (*to* à) ; [signal] être reçu **b** (= be accepted, pass) [candidate] être reçu ; [motion, bill] passer **c** (on phone) obtenir la communication **d** (= communicate with) ■ **to ~ through to sb** communiquer avec qn

2 vt insep **a** [+ hole, window] passer par ; [+ hedge] passer à travers ; [+ crowd] se frayer un chemin à travers **b** (= do) [+ work] faire ; [+ book] lire (en entier) **c** (= use) [+ supplies] utiliser ; [+ money] dépenser ; [+ food] manger ; [+ drink] boire

3 vt sep [+ person, object] faire passer

► **get together**

1 vi se réunir

2 vt sep [+ people, ideas, money] rassembler ; [+ group] former

► **get up**

1 vi **a** (= rise) se lever (*from* de) **b** (on a chair, on stage) monter

2 vt **a** [+ tree, ladder] monter à ■ **to ~ up speed** prendre de la vitesse **b** (from bed) [+ person] faire lever ; (= wake) réveiller

► **get up to** vt insep **a** (= catch up with) rattraper **b** (= reach) arriver à ■ **I've got up to page 17** j'en suis à la page 17 **c** (* = be involved in) ■ **to ~ up to mischief** faire des bêtises ■ **you never know what he'll ~ up to next** on ne sait jamais ce qu'il va inventer

---

getaway ['getəweɪ] n ■ **to make one's ~** s'enfuir

getup* ['getʌp] n (= clothing) tenue *f*

geyser ['giːzəʳ, (US)'gaɪzəʳ] n geyser *m*

Ghana ['gɑːnə] n Ghana *m*

ghastly ['gɑːstlɪ] adj épouvantable

Ghent [gent] n Gand

gherkin ['gɜːkɪn] n cornichon *m*

ghetto ['getəʊ] n ghetto *m* ► **ghettoblaster*** (gros) radiocassette *m*

ghost [gəʊst] n fantôme *m* ► **ghost story** histoire *f* de revenants ► **ghost town** ville *f* fantôme ► **ghost writer** prête-plume *mf*, nègre *m*

ghoul [guːl] n goule *f*

ghoulish ['gu:lɪʃ] adj (= morbid) morbide

GHQ [,dʒi:eɪtʃ'kju:] n (abbr of **General Headquarters**) GQG *m*

GI* [dʒi:'aɪ] n (US) GI *m*

giant ['dʒaɪənt] **1** n géant *m* **2** adj [object] géant ; [strides] de géant ; [helping, amount] gigantesque

gibberish ['dʒɪbərɪʃ] n charabia* *m*

gibe [dʒaɪb] n moquerie *f*

giblets ['dʒɪblɪts] npl abats *mpl (de volaille)*

Gibraltar [dʒɪ'brɔ:ltəʳ] n Gibraltar *m*

giddy ['gɪdɪ] adj [person] pris de vertige ▪ **to feel ~** avoir la tête qui tourne

gift [gɪft] n **a** (= present) cadeau *m* ▸ **gift shop** boutique *f* de cadeaux ▸ **gift token, gift voucher** chèque-cadeau *m* **b** (= donation) don *m* **c** (= talent) don *m* ▪ **to have the ~ of the gab*** avoir la langue bien pendue

gifted ['gɪftɪd] adj doué

giftwrap ['gɪftræp] vt ▪ **to ~ a package** faire un paquet-cadeau

giftwrapping ['gɪftræpɪŋ] n emballage-cadeau *m*

gig [gɪg] n **a** (= concert) concert *m* **b** (US*) job* *m* temporaire ▪ **~ economy** économie *f* reposant sur le travail précaire

gigabyte ['dʒɪgə,baɪt] n gigaoctet *m*

gigantic [dʒaɪ'gæntɪk] adj gigantesque

giggle ['gɪgl] **1** vi rire sottement, glousser **2** n petit rire *m* ▪ **to have/get the ~s** avoir/attraper le fou rire

gigolo ['ʒɪgələʊ] n gigolo *m*

gild [gɪld] (pret **gilded**, ptp **gilded** or **gilt**) vt dorer

gills [gɪlz] npl ouïes *fpl*

gilt [gɪlt] adj doré

gimmick ['gɪmɪk] n truc* *m* ; (= gadget) gadget* *m*

gimmicky ['gɪmɪkɪ] adj ▪ **it's a bit ~** ça fait un peu gadget

gin [dʒɪn] n gin *m* ▪ **~ and tonic** gin tonic *m*

ginger ['dʒɪndʒəʳ] **1** n gingembre *m* **2** adj **a** [hair] roux (rousse *f*) **b** [biscuit, cake] au gingembre ▸ **ginger ale, ginger beer** (BR) boisson *f* gazeuse au gingembre

gingerbread ['dʒɪndʒəbred] n pain *m* d'épices

gingham ['gɪŋəm] n vichy *m*

ginseng [dʒɪn'seŋ] n ginseng *m*

gipsy ['dʒɪpsɪ] **1** n bohémien(ne) *m(f)* ; (Spanish) gitan(e) *m(f)* ; (Central European) Tsigane *mf* **2** adj [caravan, custom] de bohémien ; (Spanish) de gitan ; (Central European) tsigane

giraffe [dʒɪ'rɑ:f] n girafe *f*

girder ['gɜ:dəʳ] n poutre *f* métallique

girdle ['gɜ:dl] n (= corset) gaine *f*

girl [gɜ:l] n fille *f* ▪ **a little ~** une petite fille ▪ **an English ~** une jeune Anglaise ▪ **~s' school** école *f* de jeunes filles ▸ **girl guide** (BR), **girl scout** (US) éclaireuse *f*

girlfriend ['gɜ:lfrend] n [of boy] petite amie *f*, copine* *f* ; [of girl] amie *f*, copine* *f*

girlie, girly ['gɜ:lɪ] adj de filles ▸ **girlie magazine*** n magazine *m* de fesse*

girlish ['gɜ:lɪʃ] adj [boy] efféminé ; [behaviour, appearance] (woman's) de petite fille ; (man's, boy's) efféminé

giro* ['dʒaɪrəʊ] n (BR) ≈ mandat postal *(servant au paiement des prestations de chômage ou de maladie)* ▪ **by ~ transfer** par virement postal

girth [gɜ:θ] n **a** [of tree] circonférence *f* ; [of waist] tour *m* de taille **b** [of saddle] sangle *f*

gist [dʒɪst] n essentiel *m*

give [gɪv] (pret **gave**, ptp **given**)

1 vt **a** (gen) donner (*to* à) ; [+ gift] offrir (*to* à) ▪ **to ~ sb sth** donner qch à qn ▪ **she was given a bouquet** on lui a offert un bouquet ▪ **you have to ~ and take** il faut faire des concessions ▪ **~ or take a few minutes** à quelques minutes près ▪ **it gave me a fright/shock** ça m'a fait peur/un choc ▪ **~ him time to get home** laissez-lui le temps de rentrer ▪ **~ yourself time to think about it** prends le temps de réfléchir ▪ **he gave as good as he got** il a rendu coup pour coup

b (= pass on) ▪ **you've given me your cold** tu m'as passé ton rhume ▪ **~ him my love** faites-lui mes amitiés

c (= put through to) passer ▪ **could you ~ me extension 231?** pouvez-vous me passer le poste 231 ?

d [+ sigh, cry] pousser

e ▪ **to ~ way** (= yield) [person] céder (*to sth* à qch) ; (= stand back) s'écarter ; (= agree) finir par donner son accord ; [car, traffic] céder le passage ; (= collapse) [bridge, floor] s'effondrer ; [ground] se dérober ; [legs] fléchir ▪ **"~ way"** « cédez le passage »

2 vi **a** (= collapse) céder

b (= yield) [cloth, elastic] se détendre

3 n (* = flexibility) mou *m* ▸ **give-and-take** concessions *fpl* mutuelles

▸ **give away** vt sep **a** [+ prizes] distribuer ; [+ bride] conduire à l'autel ; [+ money, goods] donner **b** [+ names, details] donner ; [+ secrets] révéler ▪ **to ~ sb away** [+ person, accomplice] dénoncer qn ; [reaction, expression] trahir qn ▪ **to ~ o.s. away** se trahir ▪ **to ~ the game away*** vendre la mèche*

► **give back** vt sep rendre

► **give in**

1 vi (= surrender) capituler ; (= yield) céder (*to* à) ▪ **I ~ in!** (in games) j'abandonne ! ; (in guessing) je donne ma langue au chat !*

2 vt sep [+ essay, exam paper, key] rendre ; [+ manuscript, report] remettre

► **give off** vt sep [+ heat, gas, smell] dégager

► **give out**

1 vi [supplies] s'épuiser ; [patience] être à bout ; [heart] lâcher

2 vt sep [+ books, food] distribuer ; [+ information, details] donner ; [+ radio signal] émettre

► **give up**

1 vi abandonner ▪ **I ~ up** j'abandonne ; (in guessing) je donne ma langue au chat*

2 vt sep a (= renounce) [+ interests] abandonner ; [+ seat, territory] céder ; [+ habit, idea, claim] renoncer à ; [+ job] quitter b (= stop) arrêter ▪ **to ~ up smoking** arrêter de fumer c ▪ **to ~ o.s. up** se rendre

► **give up on** vt insep a (= renounce) [+ idea] renoncer à b (= stop expecting) [+ visitor] ne plus attendre ; (= lose faith in) perdre espoir en

giveaway ['gɪvəweɪ] 1 n a (= revelation) ▪ **it was a real ~ when he said that...** il s'est vraiment trahi en disant que... ▪ **the fact that she knew his name was a ~** le simple fait qu'elle sache son nom était révélateur ▪ **what a ~!** là tu t'es trahi (or il s'est trahi, etc) ! b (= free gift) cadeau *m* (publicitaire) 2 adj [price] dérisoire

given ['gɪvn] 1 vb ptp of **give** 2 adj donné ▪ **at a ~ time** à un moment donné ▪ **~ that...** étant donné que...

glacier ['glæsɪə'] n glacier *m*

glad [glæd] adj ▪ **to be ~ (about sth)** être content (de qch) ▪ **I'm ~ that you came** je suis content que vous soyez venu ▪ **to be ~ to do sth** (= happy) être content de faire qch ; (= willing) se faire un plaisir de faire qch

gladiator ['glædɪeɪtə'] n gladiateur *m*

gladiolus [,glædɪ'əʊləs] n (pl **gladioli** [,glædɪ'əʊlaɪ]) glaïeul *m*

gladly ['glædlɪ] adv (= happily) avec plaisir ; (= willingly) volontiers

glamor ['glæmə'] n (US) ⇒ **glamour**

glamorous ['glæmərəs] adj [person, clothes, photo] glamour *inv* ; [lifestyle] de star ; [restaurant] chic ; [job] prestigieux

glamour, glamor (US) ['glæmə'] n [of person] glamour *m* ; [of occasion] éclat *m*

glance [glɑ:ns] 1 n regard *m* ▪ **at a ~** d'un coup d'œil ▪ **at first ~** à première vue 2 vi a (= look) jeter un coup d'œil (*at* sur, à) ▪ **to ~ through a book** feuilleter un livre b ▪ **to ~ off** [bullet] ricocher sur ; [arrow] dévier sur

gland [glænd] n glande *f*

glandular fever [,glændjʊlə'fi:və'] n mononucléose *f* infectieuse

glare [glɛə'] 1 vi a [person] lancer un regard furieux (*at* à) b [sun, lights] être éblouissant 2 n a [of person] regard *m* furieux b [of light] éclat *m* aveuglant ; [of headlights] éblouissement *m*

glaring ['glɛərɪŋ] adj [eyes, look] brillant de colère ; [light, sun] éblouissant ; [error] flagrant ; [omission] manifeste

glass [glɑ:s] 1 n a (= material) verre *m* ▪ **pane of ~** vitre *f* ► **glass ceiling** (fig) plafond *m* de verre b (for drinking) verre *m* ▪ **a ~ of wine** un verre de vin ▪ **a wine ~** un verre à vin 2 adj [bottle, ornament] en verre ; [door] vitré

glasses [glɑ:sɪz] npl (= spectacles) lunettes *fpl* ; (= binoculars) jumelles *fpl*

glassware ['glɑ:swɛə'] n objets *mpl* en verre, verrerie *f*

glaze [gleɪz] 1 vt a [+ door, window] vitrer b [+ pottery, tiles] vernisser ; [+ cake, meat] glacer 2 n (on pottery, tiles) vernis *m* ; (in cooking) glaçage *m*

glazed [gleɪzd] adj [door, window] vitré ; [pottery, tiles] vernissé ; [cake, meat] glacé ▪ **he had a ~ look** il avait le regard vide

glazier ['gleɪzɪə'] n vitrier *m*

gleam [gli:m] 1 n [of light, hope] lueur *f* ; [of metal] reflet *m* ; [of water] miroitement *m* 2 vi [lamp, star, eyes] luire ; [polished metal, shoes] reluire ; [blade, water] miroiter

gleaming ['gli:mɪŋ] adj [star, metal, shoes] brillant ; [kitchen] étincelant

glean [gli:n] vti glaner

glee [gli:] n jubilation *f*

gleeful ['gli:fʊl] adj jubilant ; [smile, look] de jubilation

glen [glen] n vallon *m*

glib [glɪb] adj(pej) [answer, excuse, lie] désinvolte ; [person] bavard

glide [glaɪd] vi [bird, plane] planer ▪ **to ~ in/out** [person] (gracefully) entrer/sortir avec grâce ; (majestically) entrer/sortir majestueusement

glider ['glaɪdə'] n (= plane) planeur *m*

gliding ['glaɪdɪŋ] n vol *m* à voile

glimmer ['glɪmə'] 1 vi [light, fire] luire ; [water] miroiter 2 n [of light, candle, hope] lueur *f* ; [of water] miroitement *m*

glimpse [glɪmps] 1 n aperçu *m* ▪ **to catch a ~ of** entrevoir 2 vt entrevoir

glint [glɪnt] **1** n [of light] éclair *m* ; [of metal] reflet *m* ; (in eye) lueur *f* **2** vi [metal object, glass, wet road] luire ; [eyes] briller

glisten ['glɪsn] vi [water, metal object] scintiller ; [wet surface] luire ; [eyes] briller

glitch* [glɪtʃ] n petit ennui *m*, pépin* *m* ▪ **computer ~** panne *f* informatique

glitter ['glɪtə'] **1** vi scintiller **2** n scintillement *m*

glittering ['glɪtərɪŋ] adj [stars, lights, ice] scintillant ; [jewel, eyes] étincelant ; [career, future] brillant ; [occasion, social event] somptueux

gloat [gləʊt] vi jubiler ▪ **he was ~ing over his success** son succès le faisait jubiler

global ['gləʊbl] adj **a** (= comprehensive) global **b** (= worldwide) mondial ▸ **global warming** réchauffement *m* de la planète

globalization [,gləʊbəlaɪ'zeɪʃən] n mondialisation *f*

globalized ['gləʊbəlaɪzd] adj mondialisé

globe [gləʊb] n globe *m* ▸ **globe-trotter** globe-trotter *mf*, globe-trotteur *m*, -euse *f*

gloom [glu:m] n (= darkness) obscurité *f* ; (= melancholy) morosité *f*

gloomy ['glu:mɪ] adj [person, thoughts, mood] sombre ; [weather, day, outlook] morose ; [voice, place] morne ▪ **to look ~** [person] avoir l'air sombre ; [future] être sombre

glorious ['glɔ:rɪəs] adj **a** (= beautiful) magnifique ; (= sunny) radieux **b** [career, future] brillant ; [years, days, era] glorieux ; [victory] éclatant

glory ['glɔ:rɪ] **1** n gloire *f* **2** vi ▪ **to ~ in sth** (= revel in) se glorifier de qch ; (= enjoy) savourer qch

gloss [glɒs] n **a** (= shine) lustre *m* ; [of person's hair, animal's coat] brillant *m* **b** (also **gloss paint**) peinture *f* brillante or laquée ▸ **gloss over** vt insep (= play down) glisser sur ; (= cover up) dissimuler

glossary ['glɒsərɪ] n glossaire *m*

glossy ['glɒsɪ] adj [fur, material] luisant ; [photograph] sur papier brillant ; [hair] brillant ; [leaves] vernissé ▪ **~ magazine** magazine *f* de luxe *(sur papier couché)*

glove [glʌv] n gant *m* ▸ **glove box, glove compartment** boîte *f* à gants ▸ **glove puppet** marionnette *f* (à gaine)

glow [gləʊ] **1** vi [fire, sky] rougeoyer ; [metal, cigarette end, lamp] luire ; [colour, jewel] rutiler ; [complexion, face] rayonner ; [eyes] briller ▪ **he was ~ing with health** il était éclatant de santé ▪ **to ~ with pride** rayonner de fierté **2** n [of fire, metal] rougeoiement *m* ; [of sun] embrasement *m* ; [of complexion, colour, jewel] éclat *m* ; [of lamp] lueur *f* ▸ **glow-worm** ver *m* luisant

glower ['glaʊə'] vi ▪ **to ~ at sb** lancer à qn des regards noirs

glowing ['gləʊɪŋ] adj [coals, fire, sky] rougeoyant ; [colour, jewel] rutilant ; [cigarette end] luisant ; [eyes] brillant ; [complexion] éclatant ; [report, tribute] élogieux

glucose ['glu:kəʊs] n glucose *m*

glue [glu:] **1** n colle *f* ▸ **glue-sniffer** snif(f)eur *m*, -euse *f* de colle ▸ **glue-sniffing** inhalation *f* de colle **2** vt coller (*to, on* à) ▪ **to ~ sth back together** recoller qch ▪ **~d to the television*** cloué devant la télévision

glum [glʌm] adj sombre

glut [glʌt] n excès *m*

glutes* [glu:tz] npl (muscles *mpl*) fessiers *mpl*

glutton ['glʌtn] n gourmand(e) *m(f)* ▪ **he's a ~ for punishment** il est masochiste

gluttony ['glʌtənɪ] n gloutonnerie *f*

glycerine [,glɪsə'ri:n] n glycérine *f*

glyphosate ['glaɪfəʊ,seɪt] n glyphosate *m*

GM [,dʒi:'em] adj (abbr of **genetically modified**) génétiquement modifié ▸ **GM foods** n aliments *mpl* génétiquement modifiés ▸ **GM-free** adj sans OGM

GMT [,dʒi:em'ti:] (abbr of **Greenwich Mean Time**) GMT

gnarled [nɑ:ld] adj (gen) noueux ; [old person] ratatiné

gnash [næʃ] vt ▪ **to ~ one's teeth** [person] grincer des dents

gnat [næt] n moucheron *m*

gnaw [nɔ:] vti ronger ▪ **to ~ at a bone** ronger un os

gnome [nəʊm] n gnome *m*

GNP [,dʒi:en'pi:] n (abbr of **gross national product**) PNB *m*

GNVQ [,dʒi:envi:'kju:] n (BR) (abbr of **General National Vocational Qualification**) *diplôme professionnel national*

gl

go [gəʊ] (pret **went**, ptp **gone**)

1 vi **a** (= move) aller ▪ **where are you going?** où allez-vous ? ▪ **he's gone to see his mother** il est allé voir sa mère ▪ **to go down/up the hill** descendre/monter la colline ▪ **to go for a walk** aller se promener ▪ **to go on a journey** faire un voyage ▪ **to go to France/to London** aller en France/à Londres ▪ **to go fishing** aller à la pêche ▪ **to go swimming** aller nager

b (= depart) partir ; (= disappear) disparaître ; [time] passer ▪ **everybody had gone** tout le monde était parti ▪ **he'll have to go**

[employee] on ne peut pas le garder ■ **the car will have to go** on va devoir se séparer de la voiture ■ **there is a week to go before the election** il reste une semaine avant les élections ■ **going, going, gone!** une fois, deux fois, trois fois, adjugé, vendu !

♦ to let go lâcher prise ■ **to let go of sth/sb** lâcher qch/qn ■ **to let sb go** (= allow to leave) laisser partir qn ; (= make redundant) se séparer de qn ■ **to let o.s. go** se laisser aller ■ **they have let their garden go** ils ont laissé leur jardin à l'abandon ■ **we'll let it go at that** n'en parlons plus

c (= start) [car, machine] démarrer ; (= function) [machine, watch, car] marcher ■ **it won't go** ça ne marche pas

♦ to get going [person] (= start) commencer ; (= leave) partir ■ **let's get going!** allons-y ! ■ **once he gets going...** une fois lancé... ■ **to get a machine going** mettre une machine en marche

♦ to keep going (= continue) [person] continuer ; [business] se maintenir

d (= progress) aller, marcher ■ **the project was going well** le projet marchait bien ■ **how's it going?** (comment) ça va ?

e (= turn out) [events] se passer ■ **how did your holiday go?** comment se sont passées tes vacances ? ■ **the evening went very well** la soirée s'est très bien passée

f (= become) devenir ■ **to go mad/pale** devenir fou/pâle ■ **to go soft** ramollir ■ **the lights went red** les feux sont passés au rouge

g (= fail) [fuse] sauter ; [bulb] griller ; [sight] baisser ; [strength] manquer ■ **my voice is going** je n'ai presque plus de voix

h (= be sold) être vendu ■ **it went for $550** c'est parti à 550 dollars

i (= be given) [prize, reward, inheritance] revenir (*to* à)

j (= be accepted) ■ **anything goes these days*** tout est permis de nos jours ■ **that goes without saying** cela va sans dire ■ **what he says goes** c'est lui qui fait la loi

k (= apply) ■ **that goes for you too** c'est valable pour toi aussi ■ **that goes for me too** (= I agree with that) je suis aussi de cet avis

l (= be available) ■ **there just aren't any jobs going** il n'y a pas de travail ■ **is there any coffee going?** est-ce qu'il y a du café ?

m [tune] ■ **the tune goes like this** voici l'air ■ **I don't know how the song goes** je ne connais pas cette chanson

n (= make sound or movement) faire ; [bell, clock] sonner

2 modal vb (indicating future)

♦ to be going to + infinitive aller ■ **it's going to rain** il va pleuvoir ■ **I was just going to do it** j'allais le faire

3 vt a (= travel) [+ distance] faire ■ **we had gone only 3km** nous n'avions fait que 3 km

♦ to go it alone se débrouiller tout seul

b (= make sound) faire

4 n (pl **goes**) a (= motion) ■ **it's all go!** ça n'arrête pas ! ■ **to be always on the go** être toujours sur la brèche

b (= attempt) coup *m* ■ **at one go** d'un seul coup ■ **it's your go** (in games) c'est ton tour

♦ to have a go (= try) essayer ■ **to have a go at sth** essayer de faire qch ■ **to have another go** réessayer

c (= success) ■ **to make a go of sth** réussir qch

5 comp ▸ go-ahead ■ **to give sb the go-ahead (to do)*** donner le feu vert à qn (pour faire) ▸ go-between intermédiaire *mf* ▸ go-cart kart *m* ▸ go-carting karting *m* ▸ go-getter* fonceur* *m*, -euse* *f*

▸ go about

1 vi a aller ■ **to go about barefoot** se promener pieds nus b [rumour] courir

2 vt insep ■ **he doesn't know how to go about it** il ne sait pas s'y prendre ■ **how does one go about getting seats?** comment fait-on pour avoir des places ? ■ **to go about one's business** vaquer à ses affaires

▸ go across vti traverser

▸ go after vt insep (= follow) suivre ; (= attack) attaquer ■ **to go after a job** poser sa candidature à un poste

▸ go against vt insep (= oppose) aller à l'encontre de ■ **to go against sb's wishes** s'opposer à la volonté de qn ■ **it goes against my principles** c'est contre mes principes ■ **the decision went against him** la décision lui a été défavorable

▸ go ahead vi [event] avoir (bien) lieu ; [work] avancer ■ **go ahead!** allez-y ! ■ **to go ahead with a plan** mettre un plan à exécution

▸ go along vi aller ■ **I'll tell you as we go along** je vous le dirai en cours de route ■ **I check as I go along** je vérifie au fur et à mesure ■ **to go along with sb** aller avec qn ; (= agree with) être d'accord avec qn

▸ go around vi a ⇒ **go about, go round** b ■ **what goes around comes around** tout finit par se payer

▸ go away vi partir ; (on holiday) partir (en vacances) ; [pain] disparaître ■ **go away!** va-t'en !

▸ go back vi a (= return) retourner ; (= go home) rentrer ■ **to go back to the beginning** revenir au début ■ **to go back to work** reprendre le travail b (= retreat) reculer c (in time) remonter d (= revert) revenir (*to* à)

▸ **go back on** vt insep [+ decision, promise] revenir sur

▸ **go by**

1 vi [person] passer ; [period of time] (se) passer ▪ **as time goes by** avec le temps ▪ **in days gone by** dans le temps jadis

2 vt insep (= judge by) ▪ **to go by appearances** juger d'après les apparences

▸ **go down** vi a (= descend) descendre ; (= fall) tomber ; (= sink) couler ; [plane] s'écraser ; [sun] se coucher ▪ **to go down to the beach** aller à la plage b (= be swallowed) ▪ **it went down the wrong way** j'ai (or il a, etc) avalé de travers c (= be accepted) ▪ **to go down well/badly** être bien/mal accueilli d [value, price, standards] baisser ▪ **the house has gone down in value** la maison s'est dépréciée e [stage curtain] tomber ; [lights] s'éteindre f [balloon, tyre] se dégonfler

▸ **go for** vt insep a (= attack) attaquer b (* = like) ▪ **she went for him in a big way** elle en pinçait* pour lui c (= strive for) essayer d'avoir ; (= choose) choisir ▪ **go for it!*** vas-y ! d ▪ **he's got a lot going for him*** il a beaucoup d'atouts

▸ **go in** vi a (= enter) entrer b [sun] se cacher

▸ **go in for** vt insep a [+ examination] se présenter à ; [+ position, job] poser sa candidature à ; [+ competition, race] prendre part à b [+ sport] pratiquer ; [+ hobby] se livrer à ; [+ style] affectionner ; [+ medicine, accounting, politics] faire ▪ **he doesn't go in for reading much** il n'aime pas beaucoup lire

▸ **go into** vt insep a [+ profession, field] entrer dans b (= embark on) [+ explanation] se lancer dans ▪ **to go into details** rentrer dans les détails c (= investigate) étudier d [effort, money] être investi dans ▪ **a lot of money went into the research** on a investi beaucoup d'argent dans la recherche

▸ **go off**

1 vi a (= leave) partir b [alarm clock] sonner ; [alarm] se déclencher ▪ **the gun didn't go off** le coup n'est pas parti c [light, radio, TV] s'éteindre ; [heating] s'arrêter d (BR) [meat] s'avarier ; [milk] tourner ; [butter] rancir e [event] se passer ▪ **the evening went off very well** la soirée s'est très bien passée

2 vt insep (* BR = stop liking) ne plus aimer ▪ **I've gone off oysters** je n'aime plus les huîtres

▸ **go on** vi a (= proceed on one's way) (without stopping) poursuivre son chemin ; (after stopping) continuer sa route ; (by car) reprendre la route b (= continue) continuer (*doing* à faire) c (* = talk) ▪ **to go on about sth** ne pas arrêter de parler de qch d (* = nag) ▪ **to go on at sb** s'en prendre à qn e (= proceed) passer ▪ **to go on to another matter** passer à un autre sujet ▪ **he went on to say that...** puis il a dit que... ▪ **he retired from football and went on to become a journalist** il a abandonné le football et est devenu journaliste f (= happen) se dérouler ; (= last) durer ▪ **how long has this been going on?** depuis combien de temps est-ce que ça dure ? ▪ **what's going on here?** qu'est-ce qui se passe ici ? g (= pass) ▪ **as time went on** avec le temps ▪ **as the day went on** au fil des heures h (= progress) [person, patient] aller ▪ **how is he going on?** comment va-t-il ? i (* = approach) ▪ **she's going on 50** elle va sur la cinquantaine

▸ **go out** vi a (= leave) sortir ▪ **to go out of a room** sortir d'une pièce ▪ **to go out for a meal** aller au restaurant ▪ **to go out with sb** sortir avec qn b [fire, light] s'éteindre c [tide] descendre d [invitation] être envoyé ; [radio programme, TV programme] être diffusé

▸ **go over**

1 vi (= cross) aller ▪ **to go over to France** aller en France

2 vt insep a (= examine) [+ accounts, report] vérifier b (= review) [+ speech] revoir ; [+ facts, points] récapituler

▸ **go round** vi a (= turn) tourner b ▪ **to go round to sb's house** aller chez qn c (= be sufficient) suffire (pour tout le monde) ▪ **there's enough food to go round** il y a assez à manger pour tout le monde d (= circulate) [document, story] circuler e ⇒ **go about**

▸ **go through**

1 vi (= be agreed) [proposal] être accepté ; [business deal] être conclu

2 vt insep a (= suffer, endure) endurer ▪ **he's going through a very difficult time** il traverse une période difficile b (= examine) [+ list] examiner ; [+ book] parcourir ; [+ mail] regarder ; [+ subject, plan] étudier ; [+ one's pockets] fouiller dans c (= use up) [+ money] dépenser ; (= wear out) user d (= carry out) [+ routine, course of study] suivre ; [+ formalities] accomplir ; [+ apprenticeship] faire ▪ **in the end she couldn't go through with it** en fin de compte elle n'a pas pu le faire

▸ **go together** vi [colours, flavours] aller (bien) ensemble ; [events, conditions, ideas] aller de pair

▸ **go under** vi a (= sink) [ship,] [person] couler b (= fail) [person, business] faire faillite

▸ **go up**

1 vi monter ▪ **when the curtain goes up** lorsque le rideau se lève ▪ **to go up in price** augmenter ▪ **to go up to sb** s'approcher de qn

2 vt insep [+ hill] gravir ▪ **to go up the stairs** monter l'escalier ▪ **to go up the street** remonter la rue

▸ **go with** vt insep [colours] aller bien avec ; [furnishings] être assorti à

► **go without**
1 vi se priver de tout
2 vt insep se priver de
→ *Pièges* GO – RETURN

goad [gəʊd] vt ▪ **to ~ sb into doing sth** harceler qn jusqu'à ce qu'il fasse qch

goal [gəʊl] n but *m* ▪ **to move the ~ posts** changer les règles du jeu ► **goal post** montant *m* de but

> ⚠ ***goal*** ne signifie pas « gardien de but ».

goalie* ['gəʊlɪ] n (abbr of **goalkeeper**) gardien(ne) *m(f)* de but

goalkeeper ['gəʊlki:pə'] n gardien(ne) *m(f)* de but

goat [gəʊt] n chèvre *f* ► **goat's cheese** fromage *m* de chèvre

gobble ['gɒbl] **1** vi [turkey] glouglouter **2** vt (= gobble up) [+ food] engloutir

goblet ['gɒblɪt] n (= glass) verre *m* à pied ; (= cup) coupe *f*

> ⚠ ***goblet*** ne se traduit pas par le mot français **gobelet**.

goblin ['gɒblɪn] n lutin *m*

gobsmacked* [gɒb,smækd] adj (BR) sidéré*

god [gɒd] n dieu *m* ▪ **God** Dieu *m* ▪ **thank God!** Dieu merci ! ▪ **my God!*** mon Dieu ! ▪ **for God's sake!*** nom d'un chien !* ▪ **God knows!*** Dieu sait ! (Theatre) ▪ **the ~s*** le poulailler*

godchild ['gɒdtʃaɪld] n (pl **-children**) filleul(e) *m(f)*

goddaughter ['gɒddɔ:tə'] n filleule *f*

goddess ['gɒdɪs] n déesse *f*

godfather ['gɒdfɑ:ðə'] n parrain *m*

godforsaken ['gɒdfə,seɪkən] adj [town, place] perdu

godmother ['gɒdmʌðə'] n marraine *f*

godparents ['gɒdpɛərənts] npl ▪ **his ~** son parrain et sa marraine

godsend ['gɒdsend] n aubaine *f*

godson ['gɒdsʌn] n filleul *m*

goes [gəʊz] vb → **go**

goggle ['gɒgl] **1** vi ▪ **to ~ at sb/sth*** regarder qn/qch avec de gros yeux ronds **2** **goggles** npl [of motorcyclist, welder] lunettes *fpl* protectrices ; [of skindiver] lunettes *fpl* de plongée

going ['gəʊɪŋ] **1** n **a** (= departure) départ *m* **b** (= progress) ▪ **that was good ~** ça a été rapide ▪ **it was slow ~** on n'avançait pas ▪ **he got out while the ~ was good*** il est parti au bon moment **2** adj ▪ **the ~ rate/price** le tarif/le prix normal ▪ **it's the best thing ~** il n'y a rien de mieux ▪ **the best computer game ~** le meilleur jeu électronique du moment ► **going concern** affaire *f* florissante ► **goings-on*** (= behaviour) manigances *fpl*; (= happenings) événements *mpl*

gold [gəʊld] **1** n or *m* **2** adj [watch, tooth] en or ; [coin, ingot, letters] d'or ; [paint] doré ► **gold medal** médaille *f* d'or ► **gold mine** mine *f* d'or ► **gold-plated** plaqué or *inv* ► **gold rush** ruée *f* vers l'or

golden ['gəʊldən] adj (= gold-coloured) doré ; (= made of gold) en or ► **golden age** âge *m* d'or ► **golden eagle** aigle *m* royal ► **golden handshake** grosse prime *f* de départ ► **golden parachute** parachute *m* doré ► **golden rule** règle *f* d'or ► **golden syrup** (BR) sirop *m* de sucre roux

goldfish ['gəʊldfɪʃ] (pl **goldfish**) n poisson *m* rouge ► **goldfish bowl** bocal *m* (à poissons)

goldsmith ['gəʊldsmɪθ] n orfèvre *mf*

golf [gɒlf] n golf *m* ► **golf ball** balle *f* de golf ► **golf club** club *m* de golf ► **golf course** (terrain *m* de) golf *m*

golfer ['gɒlfə'] n golfeur *m*, -euse, joueur *m*, -euse *f* de golf

gondola ['gɒndələ] n gondole *f*

gone [gɒn] **1** vb ptp of **go** **2** adj **a** (= no longer here) parti ▪ **the coffee is all ~** il n'y a plus de café **b** (BR = after) ▪ **it's just ~ three** il est un peu plus de 3 heures

gong [gɒŋ] n gong *m*

gonna* ['gənə] ⇒ **going to**

good [gʊd] (compar **better**, superl **best**)

1 adj **a** (gen) bon ▪ **we had ~ weather** nous avons eu du beau temps ▪ **we had a ~ time** nous nous sommes bien amusés ▪ **it will take you a ~ hour** il vous faudra une bonne heure ▪ **it's ~ to be here** ça fait plaisir d'être ici ▪ **it's ~ to see you** je suis content de te voir ▪ **it's ~ to be alive** il fait bon vivre

b (= kind) gentil ▪ **that's very ~ of you** c'est très gentil de votre part ▪ **would you be ~ enough to tell me** auriez-vous l'obligeance de me dire

c (= well-behaved) [child, animal] sage ▪ **be ~!** sois sage !

d (= at ease) ▪ **I feel ~** je me sens bien

e (= attractive) joli ▪ **you look ~!** (= healthy) tu as bonne mine ! ; (= well-dressed) tu es très bien comme ça !

f (= thorough) ▪ **to have a ~ cry** pleurer un bon coup ▪ **give it a ~ rinse/stir** rincez-le/mélangez-le bien

g (in greetings) ▪ **~ afternoon** (early) bonjour ; (later) bonsoir ▪ **~ evening** bonsoir ▪ **~ morning** bonjour ▪ **with all ~ wishes** (in letter) cordialement

h (in exclamations) ▪ **~!** bien !

i (set structures)

♦ **good at** [+ academic subject] bon en ▪ **~ at French** bon en français ▪ **she's ~ at singing** elle chante bien

♦ **good for** (= healthy for) bon pour ▪ **it's ~ for you** c'est bon pour la santé

♦ **as good as** (= practically) pratiquement

♦ **as good as new** [thing] comme neuf (neuve *f*)

♦ **to make good** (= succeed) faire son chemin ; [ex-criminal] s'acheter une conduite* ; (= compensate for) [+ deficit] combler ; [+ deficiency, losses] compenser ; [+ injustice, damage] réparer

2 n **a** (= virtue) bien *m* ▪ **~ and evil** le bien et le mal

b (= good deeds) ▪ **to do ~** faire le bien ▪ **she's up to no ~*** elle prépare un mauvais coup*

c (= advantage, profit) bien *m* ▪ **it's for his own ~** c'est pour son bien

♦ **to do sb good** faire du bien à qn

d (= use) ▪ **what's the ~ of that?** à quoi ça sert ? ▪ **it's not much ~ to me** [advice, suggestion] ça ne m'avance pas à grand-chose ; [object, money] ça ne me sert pas à grand-chose ▪ **is he any ~?** [worker, singer] qu'est-ce qu'il vaut ? ▪ **it's no ~** (= it's useless) ça ne sert à rien ▪ **it's no ~ worrying** ça ne sert à rien de se faire du souci ▪ **that's no ~** ça ne va pas ▪ **I'm no ~ at maths** je suis mauvais en maths

e ♦ **for good** pour de bon

3 comp ▸ **good-for-nothing** bon *m*, bonne *f* à rien ▸ **Good Friday** Vendredi *m* saint ▸ **good guy** (Cine) gentil *m* ▸ **good-humoured** [person, appearance, smile] jovial; [joke] sans malice ▸ **good-looking** beau (belle *f*) ▸ **good-natured** [person] facile à vivre; [smile, laughter] bon enfant *inv* ▸ **good-tempered** [person] qui a bon caractère

→ *Pièges* GOOD – WELL

goodbye [gʊd'baɪ] excl au revoir ! ▪ **to say ~ to sb** dire au revoir à qn

goodness ['gʊdnɪs] n **a** [of person] bonté *f* ▪ **my ~!*** bonté divine ! ▪ **~ knows*** Dieu sait ▪ **for ~' sake*** pour l'amour de Dieu **b** (in food) qualités *fpl* nutritives

goodnight [gʊd'naɪt] excl bonne nuit !

goods [gʊdz] npl marchandises *fpl*

goodwill [,gʊd'wɪl] n bonne volonté *f*

goody* ['gʊdɪ] n **a** (= person) gentil *m* ▪ **the goodies and the baddies** les bons *mpl* or les gentils *mpl* et les méchants *mpl* **b** ▪ **goodies*** (= edible treats) friandises *fpl* ; (= gifts) petits cadeaux *mpl*

gooey* ['gu:ɪ] adj [substance, mess] gluant ; [cake, dessert] fondant

Google® ['gu:gl] **1** vi faire or lancer une recherche sur Google® **2** vt [person] googler

goose [gu:s] (pl **geese**) n oie *f* ▸ **goose bumps, goose flesh, goose pimples** chair *f* de poule

gooseberry ['gʊzbərɪ] n (= fruit) groseille *f* à maquereau

gore [gɔ:ʳ] **1** n (= blood) sang *m* **2** vt (= injure) encorner ▪ **~d to death** tué d'un coup de corne

gorge [gɔ:dʒ] **1** n gorge *f* **2** vti (also **gorge o.s.**) se gaver (*with, on* de)

gorgeous ['gɔ:dʒəs] adj (gen) superbe ; [food, wine] sensationnel ; [eyes, hair] splendide

gorilla [gə'rɪlə] n gorille *m*

gorse [gɔ:s] n ajoncs *mpl* ▸ **gorse bush** ajonc *m*

gory ['gɔ:rɪ] adj sanglant

gosh* [gɒʃ] excl mince !*

gospel ['gɒspəl] n **a** évangile *m* **b** (also **gospel music**) gospel *m*

gossip ['gɒsɪp] **1** n (= rumours) commérages *mpl* (pej) ; (= person) commère *f* (= chat) ▪ **we had a good old ~** on a bien papoté* ▸ **gossip column** échos *mpl* **2** vi **a** (= chat) papoter **b** (maliciously) faire des commérages (*about* sur)

got [gɒt] vb pret, ptp of **get**

Gothic ['gɒθɪk] adj, n gothique *m*

gotta* ['gɒtə] modal aux vb (= have got to) ▪ **I/he's/they ~ go** je dois/il doit/ils doivent partir

gotten ['gɒtn] vb (US) ptp of **get**

gourd [gʊəd] n gourde *f*

gourmet ['gʊəmeɪ] **1** n gourmet *m* **2** adj [food, restaurant] gastronomique

gout [gaʊt] n goutte *f*

govern ['gʌvən] **1** vt **a** [head of state] gouverner **b** [law, rule, principle] régir **2** vi gouverner

governance ['gʌvənəns] n(frm) (= governing) gouvernement *m*, gouvernance *f*; (= authority) autorité *f*

governess ['gʌvənɪs] n gouvernante *f*

governing ['gʌvənɪŋ] adj [party, coalition] au pouvoir ▸ **governing body** [of sport] comité *m* directeur; [of professional association] conseil *m* d'administration; [of school] conseil *m* d'établissement; [of university] conseil *m* d'université

government ['gʌvənmənt] **1** n [of country] gouvernement *m* ; [of province, city] administration *f* **2** adj [policy, spending] du gouvernement ; [responsibility, loan] de l'État

governmental [,gʌvən'mentl] adj gouvernemental

governor ['gʌvənəʳ] n [of state, bank] gouverneur *m* ; (BR) [of prison] directeur *m*, -trice *f*; [of institution] administrateur *m*, -trice *f*; (BR) [of school] ≈ membre d'un conseil d'établissement

gown [gaʊn] n [of woman, lawyer] robe *f* ; [of student] toge *f*

GP [dʒiːˈpiː] n (abbr of **General Practitioner**) (médecin *mf*) généraliste *mf*

grab [græb] **1** vt **a** [+ object] saisir ■ **she ~bed him by the arm** elle l'a empoigné par le bras **b** (= seize unlawfully) [+ land, power] s'emparer de **c** * [+ snack, sandwich] avaler ; [+ seat] prendre **d** [+ sb's attention] attirer ; [+ opportunity] saisir ■ **how does that ~ you?*** qu'est-ce que tu en dis ?* **2** vi ■ **to ~ at sth** faire un geste vif pour saisir qch **3** comp ▸ **grab bar, grab rail** n barre *f* de maintien or d'appui

grace [greɪs] **1** n **a** (gen) grâce *f* ■ **to do sth with good/bad ~** faire qch de bonne/mauvaise grâce ■ **a day's ~** un jour de répit **b** (= prayer) ■ **to say ~** (before meals) dire le bénédicité **2** vt **a** (= adorn) orner (*with* de) **b** honorer (*with* de)

graceful [ˈgreɪsfʊl] adj gracieux

gracious [ˈgreɪʃəs] **1** adj (= kindly) [person, smile, gesture] bienveillant ; (= courteous) courtois **2** excl ■ **good ~!*** mon Dieu !

grade [greɪd] **1** n **a** [of goods] (= quality) qualité *f* ; (= size) calibre *m* **b** (in hierarchy: in company) échelon *m* ; (= military rank) rang *m* ■ **to make the ~** se montrer à la hauteur **c** (= mark) note *f* **d** (US = school class) année *f* ▸ **grade school** (US) école *f* primaire **2** vt **a** (= classify) classer **b** (= mark) [+ pupil, work] noter

→ *Pièges* NOTE

gradient [ˈgreɪdɪənt] n inclinaison *f*

grading [ˈgreɪdɪŋ] n classification *f* ; (by size) calibrage *m* ; [of schoolwork] notation *f*

gradual [ˈgrædjʊəl] adj (gen) progressif ; [slope] doux (douce *f*)

gradually [ˈgrædjʊəlɪ] adv progressivement

graduate **1** vt [ˈgrædjʊeɪt] graduer **2** vi [ˈgrædjʊeɪt] (= get diploma) ≈ obtenir sa licence (or son diplôme, etc) ; (US : from high school) ≈ obtenir son baccalauréat **3** n [ˈgrædjʊɪt] (= holder of diploma) ≈ licencié(e), ≈ diplômé(e) **4** adj [ˈgrædjʊɪt] [teacher, staff] ≈ diplômé ■ **~ school** (US) troisième cycle *m* d'université ■ **~ student** (US) étudiant(e) *m(f)* de troisième cycle

> Lorsque ***graduate*** est un verbe, la fin se prononce comme ***eight***. Lorsque c'est un nom, elle se prononce ***it***.

graduation [ˌgrædjʊˈeɪʃən] n (by student) obtention *f* du diplôme ; (also **graduation ceremony**) cérémonie *f* de remise des diplômes ▸ **graduation day** jour *m* de la remise des diplômes

graffiti [grəˈfiːtɪ] **1** n graffiti *m* ■ **~ artist** graffiteur *m*, -euse *f* **2** vti graffer

graft [grɑːft] (Med) **1** n greffe *f* **2** vt greffer

Grail [greɪl] n (Rel) Graal ■ **the quest for the Holy ~** la quête *f* du Graal

grain [greɪn] n **a** NonC céréale(s) *f(pl)* ; (US) blé *m* **b** [of salt, sand, rice] grain *m* ; [of sense, truth] brin *m* **c** (in leather, of photo) grain *m* ; (in wood, meat) fibre *f*

gram [græm] n gramme *m*

grammar [ˈgræməʳ] n grammaire *f* ▸ **grammar school** (BR) ≈ lycée *(avec examen d'entrée)* ; (US) ≈ école primaire

grammatical [grəˈmætɪkəl] adj (gen) grammatical ; (= correct) grammaticalement correct ▸ **grammatical word** mot *m* grammatical, mot-outil *m*

gramme [græm] n (BR) gramme *m*

grand [grænd] **1** adj **a** (= impressive) [architecture] grandiose ; [building, staircase] majestueux ; [occasion] grand ■ **to do things on a ~ scale** faire les choses en grand ▸ **grand piano** piano *m* à queue ▸ **grand slam** grand chelem *m* ▸ **grand total** total *m* général **b** (= ambitious) [scheme, design] ambitieux **2** n (* pl inv) (= £1000) mille livres *fpl* ; (= $1000) mille dollars *mpl*

→ *Pièges* GRAND

grandchild [ˈgræntʃaɪld] **1** n petit(e)enfant *m(f)* **2** **grandchildren** npl petits-enfants *mpl*

granddaughter [ˈgrændɔːtəʳ] n petite-fille *f*

grandeur [ˈgrændjəʳ] n splendeur *f*

grandfather [ˈgrændfɑːðəʳ] n grand-père *m* ▸ **grandfather clock** horloge *f* comtoise

grandiose [ˈgrændɪəʊz] adj grandiose

grandma* [ˈgrændmɑː] n mamie* *f*

grandmother [ˈgrænmʌðəʳ] n grand-mère *f*

grandpa* [ˈgrænpɑː] n papi* *m*

grandparents [ˈgrændpɛərənts] npl grands-parents *mpl*

Grand Prix [grɒndˈpriː] n Grand Prix *m*

grandson [ˈgrænsʌn] n petit-fils *m*

grandstand [ˈgrændstænd] n tribune *f*

granite [ˈgrænɪt] n granit *m*

grannie*, granny* [ˈgrænɪ] n mamie* *f* ▸ **granny flat** petit appartement *m* indépendant *(en annexe)*

granola [græˈnəʊlə] n (US) muesli *m (aux céréales légèrement caramélisées)*

grant [grɑːnt] **1** vt **a** [+ favour, permission] accorder ; [+ wish] exaucer ; [+ request] accéder à **b** (= admit) admettre **c** ■ **he takes her for ~ed** pour lui, elle fait partie des meubles ■ **to take sth for ~ed** considérer qch comme allant de soi ■ **he takes it for ~ed that...** il trouve tout naturel que... *+ subj* **2** n (= sum of money) subvention *f* ; (BR = scholarship) bourse *f*

granular [ˈgrænjʊlə] adj granulaire

granularity [ˌgrænjʊˈlærɪtɪ] n granularité *f*

granulated sugar [ˌgrænjʊleɪtɪdˈʃʊgəʳ] n sucre *m* semoule

grape [greɪp] n grain *m* de raisin *m* ▪ **~s** raisin *m*

⚠ ***grape*** ne se traduit pas par **grappe**.

grapefruit [ˈgreɪpfruːt] n pamplemousse *m*

grapevine [ˈgreɪpvaɪn] n vigne *f* ▪ **on the ~** (fig) par le téléphone arabe

graph [grɑːf] n graphique *m* ▸ **graph paper** papier *m* quadrillé; (in millimetres) papier *m* millimétré

graphic [ˈgræfɪk] adj **a** (= vivid) [account, description] imagé **b** (Art, Math) graphique ▸ **graphic artist** graphiste *mf* ▸ **the graphic arts** les arts *mpl* graphiques ▸ **graphic design** graphisme *m* ▸ **graphic designer** graphiste *mf*

graphical [ˈgræfɪkəl] adj (gen, Math) graphique ▸ **graphical display unit** n (Computing) visuel *m* graphique ▸ **graphical user interface** n (Computing) interface *f* graphique

graphics [ˈgræfɪks] n (on computer) graphisme *m*

graphite [ˈgræfaɪt] n graphite *m*

grapple [ˈgræpl] vi ▪ **to ~ with** [+ person] lutter avec ; [+ problem, task, subject] se colleter avec

grasp [grɑːsp] **1** vt saisir **2** n **a** (= hold) prise *f* ▪ **to have sb in one's ~** avoir qn sous son emprise **b** (= understanding) compréhension *f* ▪ **he has a good ~ of basic mathematics** il a de bonnes bases en mathématiques
▸ **grasp at** vt insep [+ object] essayer d'agripper ; [+ hope] chercher à se raccrocher à ; [+ opportunity] chercher à saisir

grasping [ˈgrɑːspɪŋ] adj (= greedy) cupide

grass [grɑːs] n herbe *f* ▸ **the grass roots** [of movement, party] la base ▸ **grass snake** couleuvre *f*

grasshopper [ˈgrɑːshɒpəʳ] n sauterelle *f*

grassland [ˈgrɑːslænd] n prairie *f*

grassy [ˈgrɑːsɪ] adj [slope, hillside] herbeux

grate [greɪt] **1** n (= fireplace) foyer *m* **2** vt [+ cheese, carrot] râper **3** vi grincer ▪ **it ~d on his nerves** ça lui tapait sur les nerfs*

grateful [ˈgreɪtfʊl] adj reconnaissant (*to* à, *for* de) ▪ **I am ~ for your support** je vous suis reconnaissant de votre soutien

gratefully [ˈgreɪtfəlɪ] adv avec gratitude

grater [ˈgreɪtəʳ] n râpe *f* ▪ **cheese ~** râpe *f* à fromage

gratify [ˈgrætɪfaɪ] vt (= please) [+ person] faire plaisir à ; (= fulfil) [+ desire] satisfaire

gratifying [ˈgrætɪfaɪɪŋ] adj agréable

grating [ˈgreɪtɪŋ] **1** n grille *f* **2** adj [voice, sound] grinçant

gratitude [ˈgrætɪtjuːd] n gratitude *f* (*towards* envers, *for* de)

gratuitous [grəˈtjuːɪtəs] adj gratuit

gratuity [grəˈtjuːɪtɪ] n (= tip) pourboire *m*

⚠ ***gratuity*** ne se traduit pas par **gratuité**.

grave [greɪv] **1** n tombe *f* **2** adj (= solemn) grave

gravel [ˈgrævəl] n (= stones) gravier *m* ; (finer) gravillon *m*

gravestone [ˈgreɪvstəʊn] n pierre *f* tombale

graveyard [ˈgreɪvjɑːd] n cimetière *m*

gravitate [ˈgrævɪteɪt] vi graviter (*round* autour de)

gravitational [ˌgrævɪˈteɪʃənl] adj gravitationnel ▪ **~ field/force** champ *m*/force *f* de gravitation ▸ **gravitational pull** n attraction *f* universelle

gravity [ˈgrævɪtɪ] n **a** (= force) pesanteur *f* ▪ **centre of ~** centre de gravité **b** (= seriousness) gravité *f*

gravy [ˈgreɪvɪ] n sauce *f* (*au jus de viande*)

gray [greɪ] (US) ⇒ **grey**

graze [greɪz] **1** vi (= eat grass) brouter **2** vt **a** (= touch lightly) effleurer **b** (= scrape) [+ skin, hand] érafler ▪ **to ~ one's knees** s'écorcher les genoux **3** n éraflure *f*

grease [griːs] **1** n graisse *f* **2** vt graisser

greaseproof paper [ˌgriːspruːfˈpeɪpəʳ] n papier *m* sulfurisé

greasy [ˈgriːsɪ] adj (gen) gras (grasse *f*) ; [overalls, tools] graisseux

great [greɪt] **1** adj **a** (in size, importance) grand ▪ **with ~ difficulty** avec de grandes difficultés ▪ **a ~ many people** un grand nombre de gens ▪ **~ big** énorme **b** (* = excellent) [person, place] super* *inv* ; [holiday, idea] génial* ▪ **(that's) ~!** c'est super !* ▪ **to feel ~** se sentir en pleine forme ▪ **we had a ~ time** c'était merveilleux ▪ **it was ~ fun** c'était très amusant ▪ **he's ~ at football/maths** il est vachement fort* au foot/en maths **2** comp ▸ **great-aunt** grand-tante *f* ▸ **Great Britain** Grande-Bretagne *f* ▸ **great-grandchild** (pl **great-grandchildren**) arrière-petit-fils *m*, arrière-petite-fille *f* ▸ **great-grandfather** arrière-grand-père *m* ▸ **great-grandmother** arrière-grand-mère *f* ▸ **the Great Pacific Garbage Patch** la soupe de plastique, *grande zone d'ordures du Pacifique* ▸ **great-uncle** grand-oncle *m*
→ *Pièges* GRAND

greater [ˈgreɪtəʳ], **greatest** [ˈgreɪtɪst] adj compar, superl of **great**

greatly [ˈgreɪtlɪ] adv [regret] vivement ; [surprise] beaucoup ; [prefer] de beaucoup ; [admire, influence, increase] énor-

gr

mément ; [improve, diminish] considérablement ; [exaggerate] largement

greatness ['greɪtnɪs] n grandeur *f*

Greece [gri:s] n Grèce *f*

greed [gri:d] n (for food) gourmandise *f* ; (for money, power) avidité *f*

greedy ['gri:dɪ] adj (for food) gourmand ; (for money, power) avide (*for* de)

Greek [gri:k] **1** adj grec (grecque *f*) ; [teacher] de grec **2** n **a** (= person) Grec(que) *m(f)* **b** (= language) grec *m*

green [gri:n] **1** adj **a** (in colour) vert ▪ **dark/light ~** vert *inv* foncé *inv*/clair *inv* ▸ **green bean** haricot *m* vert ▸ **green card** (in Britain = driving insurance) carte *f* verte; (in US = work permit) permis *m* de travail ▸ **green light** (= traffic light) feu *m* vert ▪ **to give sb/sth the ~ light** donner le feu vert à qn/qch ▸ **green salad** salade *f* verte ▸ **green tomato** tomatille *f* **b** (* = inexperienced) inexpérimenté ; (* = naïve) naïf (naïve *f*) **c** (* = ecological) écologiste ; [product, person] écolo* *inv* **2** n **a** (= colour) vert *m* **b** (= lawn) pelouse *f* ; (Golf) vert *m* ; (also **village green**) ≈ place (du village) *(gazonnée)* ; (also **bowling green**) *terrain gazonné pour le jeu de boules* **3** **greens** npl **a** (BR = vegetables) légumes *mpl* verts **b** (Pol) ▪ **the Greens** les Verts *mpl*

greenback* ['gri:nbæk] n (US = dollar) dollar *m*

greenery ['gri:nərɪ] n verdure *f*

greenfly ['gri:nflaɪ] n inv puceron *m*

greengage ['gri:n,geɪdʒ] n (BR) reine-claude *f*

greengrocer [gri:ngrəʊsəʳ] n (BR) marchand(e) *m(f)* de fruits et légumes ▪ **~'s** magasin *m* de fruits et légumes

greenhouse ['gri:nhaʊs] n serre *f* ▸ **the greenhouse effect** l'effet *m* de serre ▸ **greenhouse gas** gaz *m* à effet de serre

Greenland ['gri:nlənd] n Groenland *m*

greenwashing ['gri:nwɒʃɪŋ] n écoblanchiment *m*

greet [gri:t] vt [+ person] (= say or wave hello to) saluer ; (= welcome) accueillir

greeting ['gri:tɪŋ] n salutation *f* ; (= welcome) accueil *m* ▪ **Xmas ~s** vœux *mpl* de Noël ▸ **greetings card** carte *f* de vœux

grenade [grɪ'neɪd] n grenade *f*

grew [gru:] vb pret of **grow**

grey, gray (US) [greɪ] **1** adj **a** (in colour) gris ▪ **dark/light ~** gris *inv* foncé *inv*/clair *inv* ▪ **he is going ~** il grisonne ▸ **grey area** n zone *f* floue ▸ **grey-haired** grisonnant ▸ **grey vote** n vote *m* des seniors ▸ **grey waters** npl eaux *fpl* grises **b** [complexion] blême **c** (= bleak) [time, world] morne ; [outlook, prospect] sombre **2** n (= colour) gris *m* **3** vi [hair] grisonner

greyhound ['greɪhaʊnd] n lévrier *m*

grid [grɪd] n grille *f* ▪ **the national ~** (BR) le réseau électrique national

griddle ['grɪdl] n (= metal plate) gril *m* en fonte ; (= part of stove) plaque *f* chauffante

gridlock ['grɪdlɒk] n (in traffic) bouchon *m* ; (in talks) impasse *f*

grief [gri:f] n **a** (= sorrow) chagrin *m* ▪ **to come to ~** [vehicle, rider, driver] avoir un accident ; [plan, marriage] tourner mal ▸ **grief-stricken** affligé **b** (* = trouble) ennuis *mpl*

grievance ['gri:vəns] n grief *m*

grieve [gri:v] **1** vt peiner ▪ **it ~s us to see...** nous sommes peinés de voir... **2** vi avoir de la peine (*at, about, over* à cause de) ▪ **to ~ for sb/sth** pleurer qn/qch

grievous ['gri:vəs] adj [injury, error] grave ; [blow] sévère ; [crime, offence] odieux ▸ **grievous bodily harm** ≈ coups et blessures

grill [grɪl] **1** n **a** (= cooking utensil) gril *m* ; (= restaurant) grill *m* **b** ⇒ **grille** **2** vt **a** (= cook) (faire) griller **b** (= interrogate) cuisiner*

grille [grɪl] n (= grating) grille *f* ; [of door] judas *m* ▪ **radiator ~** [of car] calandre *f*

grim [grɪm] adj **a** [place] sinistre ; [news, situation] mauvais **b** [person, face, expression] (= stern) sévère ; (= worried) sombre ; [smile] amer ; [humour] macabre **c** (* = bad) nul*

grimace [grɪ'meɪs] **1** n grimace *f* **2** vi (from disgust, pain) grimacer, faire la grimace ; (in fun) faire des grimaces

grime [graɪm] n crasse *f*

grimy ['graɪmɪ] adj crasseux

grin [grɪn] **1** vi sourire ; (broadly) avoir un large sourire ▪ **to ~ and bear it** garder le sourire **2** n large sourire *m*

grind [graɪnd] (pret, ptp **ground**) **1** n (* = work) boulot* *m* pénible ▪ **the daily ~** le boulot* quotidien **2** vt [+ corn, coffee, pepper] moudre ; (US) [+ meat] hacher ▪ **to ~ one's teeth** grincer des dents

▸ **grind down** vt sep **a** [+ substance] pulvériser **b** (= oppress) opprimer ; (= wear down) [+ one's opponents] avoir à l'usure

▸ **grind up** vt sep pulvériser

grinder ['graɪndəʳ] n (= apparatus) broyeur *m* ; (for sharpening) meule *f* à aiguiser

grip [grɪp] **1** n **a** prise *f* ▪ **a strong ~** une bonne poigne ▪ **to be in the ~ of** être en proie à ▪ **to lose one's ~** (on object) lâcher prise ▪ **he's losing his ~*** il perd un peu les pédales* ▪ **to lose one's ~ on reality** perdre le sens de la réalité ▪ **to get a ~ on o.s.*** se ressaisir ▪ **to get to ~s with a problem** s'attaquer à un problème **b** (= handle) poignée *f* ; (on racket) prise *f* de raquette ; (on golf club, bat) prise *f* **c** (= suitcase) valise *f* ; (US = bag) sac *m* de voyage **2** vt **a** (= grasp) [+ rope, sb's arm] saisir ; (= hold) tenir serré **b** [fear] saisir **c** (= interest strongly) [film, story] captiver **3** vi [wheels] adhérer ; [screw, vice, brakes] mordre

gripping ['grɪpɪŋ] adj (= exciting) palpitant

grisly ['grɪzlɪ] adj horrible

gristle ['grɪsl] n nerfs *mpl (dans la viande)*

grit [grɪt] **1** n (= gravel) gravillon *m* ▪ **I've got (a piece of) ~ in my eye** j'ai une poussière dans l'œil **2** vt **a** ▪ **to ~ one's teeth** serrer les dents **b** ▪ **to ~ a road** sabler une route

gritty ['grɪtɪ] adj **a** [soil] graveleux ; [texture] grumeleux **b** [realism] cru ; [film, drama, account] très réaliste

grizzly ['grɪzlɪ] n (also **grizzly bear**) grizzly *m*

groan [grəʊn] **1** n [of pain] gémissement *m* ; [of disapproval, dismay] grognement *m* **2** vi **a** (in pain) gémir (*with* de) ; (in disapproval, dismay) grommeler **b** [planks, door] grincer

grocer ['grəʊsə'] n épicier *m*, -ière *f* ▪ **at the ~'s** à l'épicerie

grocery ['grəʊsərɪ] **1** n (= shop) épicerie *f* **2** **groceries** npl provisions *fpl*

groggy* ['grɒgɪ] adj (= weak) faible ; (= unsteady) groggy*

groin [grɔɪn] n aine *f*

> ⚠ *groin* ne se traduit pas par le mot français **groin**.

groom [gru:m] **1** n **a** (for horses) palefrenier *m*, -ière *f* **b** (= bridegroom) (just married) (jeune) marié *m* ; (about to be married) (futur) marié *m* **2** vt [+ horse] panser ▪ **well-groomed** [person] très soigné ; [hair] bien coiffé ▪ **she is being ~ed for stardom** on la prépare à devenir une star

groove [gru:v] n (in wood) rainure *f* ; (in record) sillon *m*

groovy* ['gru:vɪ] adj (= marvellous) vachement bien*

grope [grəʊp] vi tâtonner ▪ **to ~ around for sth** chercher qch à tâtons

gross [grəʊs] adj **a** [injustice] flagrant ; [inequalities, abuse] choquant ; [exaggeration, mismanagement] manifeste ; [simplification] grossier **b** (* = disgusting) dégoûtant **c** [income, profit, weight] brut ▸ **gross domestic product** produit *m* intérieur brut ▸ **gross national product** produit *m* national brut ▸ **gross negligence** faute *f* grave

grossly ['grəʊslɪ] adv [exaggerate, underestimate] [overpaid, underpaid] largement, nettement ; [inadequate, inaccurate] totalement ; [misleading, inefficient] terriblement

grotesque [grəʊ'tesk] adj grotesque

grotto ['grɒtəʊ] n grotte *f*

grotty* ['grɒtɪ] adj (BR) minable*

grouchy* ['graʊtʃɪ] adj ronchon*

ground¹ [graʊnd] **1** n **a** (= surface of earth) terre *f*, sol *m* ▪ **above ~** en surface ▪ **below ~** sous terre ▪ **to fall to the ~** tomber par terre ▪ **to lie/sit on the ~** se coucher/s'asseoir par terre ▪ **at ~ level** au niveau du sol ▸ **ground crew** équipe *f* au sol ▸ **ground floor** rez-de-chaussée *m* ▸ **Ground Zero** (in USA) ground Zero *m* **b** (= piece of land) terrain *m* ; (= soil) terre *f*, terrain *m* ▪ **neutral ~** terrain *m* neutre ▪ **to be on dangerous ~** être sur un terrain glissant ▪ **on familiar ~** en terrain familier ▪ **to stand one's ~** tenir bon **c** (= area for special purpose) terrain *m* ▪ **football ~** terrain *m* de football **d** (US : Elec) terre *f* **2** **grounds** npl **a** (= coffee grounds) marc *m* (de café) **b** (= gardens) parc *m* **c** (= reason) motif *m* (*for* de) ▪ **there are ~s for believing that...** il y a lieu de penser que... ▪ **on personal/medical ~s** pour (des) raisons personnelles/médicales ▪ **on the ~s of** pour raison de **3** vt **a** [+ plane, pilot] interdire de voler à ; (= keep on ground) retenir au sol **b** * [+ teenager] priver de sortie **c** (US : Elec) mettre à la terre **d** (= base) fonder (*on, in* sur)

ground² [graʊnd] **1** vb pret, ptp of **grind** **2** adj [coffee, spices] moulu ▸ **ground beef** (US) bœuf *m* haché

groundbreaking ['graʊndbreɪkɪŋ] adj révolutionnaire

groundhog ['graʊndhɒg] n (US) marmotte *f* d'Amérique

grounding ['graʊndɪŋ] n (= basic knowledge) bases *fpl* (*in* en)

groundless ['graʊndlɪs] adj sans fondement

groundnut ['graʊndnʌt] n arachide *f*

groundsheet ['graʊndʃi:t] n tapis *m* de sol

groundsman ['graʊndzmən] (pl **-men**) n [of playing field] gardien *m* de stade

groundswell ['graʊndswel] n lame *f* de fond

groundwork ['graʊndwɜ:k] n travail *m* préparatoire

group [gru:p] **1** n groupe *m* ▸ **group chat** (Internet) discussion *f* de groupe **2** vi [people] ▪ **to ~ together** se regrouper **3** vt [+ objects, people] rassembler ; [+ ideas, theories, numbers] regrouper

groupie* ['gru:pɪ] n groupie* *mf*

groupware ['gru:pwɛə'] n collecticiel *m*

grouse [graʊs] n (pl **grouse**) (= bird) grouse *f*

grove [grəʊv] n bosquet *m*

grovel ['grɒvl] vi ramper (*to, before* devant)

grow [grəʊ] (pret **grew**, ptp **grown**) **1** vi **a** [plant, hair] pousser ; [person, animal] grandir ; [tumour] grossir ▪ **he has grown 5cm** il a grandi de 5 cm **b** [numbers, population, fear, love] augmenter ; [club, group] s'agrandir ; [economy, market] être en expansion ▪ **to ~ in popularity** gagner en popularité ▪ **to ~ in strength** se renforcer ▪ **to ~ to like/dislike**

gr

sth commencer à aimer/détester qch ▪ **to ~ big(ger)** grandir ▪ **to ~ old(er)** vieillir ▪ **to ~ angry** se mettre en colère **2** vt [+ plants, crops] cultiver ; [+ one's hair, beard, nails] laisser pousser
▸ **grow apart** vi s'éloigner peu à peu (avec le temps)
▸ **grow into** vt insep **a** (= become) devenir **b** ▪ **that suit is too big for you but you'll ~ into it** le costume est trop grand pour toi mais il t'ira quand tu auras grandi
▸ **grow on** vt insep ▪ **it ~s on you** on finit par l'aimer
▸ **grow out of** vt insep ▪ **he's grown out of this jacket** cette veste est devenue trop petite pour lui ▪ **to ~ out of the habit of doing sth** perdre l'habitude de faire qch
▸ **grow up** vi **a** [person, animal] devenir adulte ▪ **when I ~ up...** quand je serai grand... **b** [friendship, hatred] se développer ; [custom] se répandre

grower ['grəʊəʳ] n (= person) producteur *m*, -trice *f*

growing ['grəʊɪŋ] adj **a** [child] en pleine croissance **b** [number, friendship, hatred] grandissant

growl [graʊl] **1** vi [animal] grogner (*at* contre) ; [person] ronchonner **2** n grognement *m*

grown [grəʊn] **1** vb ptp of **grow** **2** adj ▪ **he's a ~ man** il est adulte

grown-up [ˌgrəʊn'ʌp] **1** adj **a** (= adult) adulte **b** (= mature) [child, adolescent] mûr ; [behaviour] de grande personne **2** n grande personne *f*, adulte *mf*

growth [grəʊθ] n **a** (= act of growing) croissance *f* **b** (= tumour) tumeur *f*

grub [grʌb] n **a** (= larva) larve *f* ; (in apple) ver *m* **b** (* = food) bouffe* *f*

grubby ['grʌbɪ] adj sale

grudge [grʌdʒ] **1** vt ▪ **to ~ doing sth** faire qch à contrecœur ▪ **I won't ~ you $5** je ne vais pas te refuser 5 dollars **2** n rancune *f* ▪ **to bear a ~ against sb** en vouloir à qn

gruelling, grueling (US) ['grʊəlɪŋ] adj éreintant

gruesome ['gru:səm] adj horrible

gruff [grʌf] adj bourru

grumble ['grʌmbl] **1** vi [person] ronchonner (*at, about* contre) **2** n ronchonnement *m*

grumpy ['grʌmpɪ] adj grognon*

grunge ['grʌndʒ] n grunge *m*

grunt [grʌnt] **1** vti grogner **2** n grognement *m*

guacamole [ˌgwɑ:kə'məʊlɪ] n guacamole *m*

guarantee [ˌgærən'ti:] **1** n garantie *f* ▪ **to be under ~** être sous garantie ▪ **there's no ~ that it will happen** il n'est pas garanti que cela arrivera **2** vt garantir

guard [gɑ:d] **1** n **a** (= person) (in prison) gardien(ne) *m(f)* ; (in army) garde *f* ; (BR : on train) chef *mf* de train **b** (= act of guarding) garde *f* ▪ **to be on** or **stand ~** être de garde ▸ **guard dog** chien *m* de garde ▸ **guard duty** ▪ **to be on ~ duty** être de garde **c** (= wariness) ▪ **to be on one's ~** se méfier (*against* de), se tenir sur ses gardes (*against* contre) ▪ **to put sb on his ~** mettre qn en garde (*against* contre) ▪ **to catch sb off ~** prendre qn au dépourvu **2** vt (against attack) garder (*from, against* contre) ; (against theft, escape) surveiller
▸ **guard against** vt insep se protéger contre ▪ **to ~ against doing sth** (bien) se garder de faire qch

guarded ['gɑ:dɪd] adj [response, remark, optimism] prudent ; [support, smile] réservé

guardian ['gɑ:dɪən] n (gen) gardien(ne) *m(f)* ; [of minor] tuteur *m*, -trice *f* ▸ **guardian angel** ange *m* gardien

guardrail ['gɑ:dreɪl] n [of staircase] rampe *f* ; [of balcony] balustrade *f* ; [of road] glissière *f* de sécurité

guardsman ['gɑ:dzmən] n (pl **-men**) garde *m*

guerrilla [gə'rɪlə] n guérilléro *m* ▸ **guerrilla warfare** guérilla *f*

guess [ges] **1** n supposition *f* ▪ **to have a ~ (at sth)** essayer de deviner (qch) ▪ **it's anyone's ~ who will win*** impossible de prévoir qui va gagner ▪ **at a (rough) ~** à vue de nez **2** vt **a** [+ answer, name] deviner ; (= estimate) [+ height, numbers] évaluer ; (= surmise) supposer ▪ **~ what!*** tu sais quoi ? **b** (= think) supposer ▪ **I ~ so** je suppose ▪ **I ~ not** non **3** vi deviner ▪ **to ~ right** deviner juste ▪ **to ~ wrong** tomber à côté ▪ **to keep sb ~ing** laisser qn dans le doute

guesstimate* ['gestɪmɪt] **1** n NonC estimation *f* approximative **2** vt calculer au pifomètre*

guesswork ['geswɜ:k] n conjecture *f*

guest [gest] n (at home) invité(e) *m(f)* ; (at table) convive *mf* ; (in hotel) client(e) *m(f)* ; (on TV, radio show) invité(e) *m(f)* ▪ **~ of honour** invité(e) *m(f)* d'honneur ▪ **be my ~!*** je vous en prie ! ▸ **guest book** livre *m* d'or ▸ **guest list** liste *f* des invités ▸ **guest room** chambre *f* d'amis

guesthouse ['gesthaʊs] n (BR) pension *f* de famille

guffaw [gʌ'fɔ:] **1** vi s'esclaffer **2** n gros (éclat *m* de) rire *m*

guidance ['gaɪdəns] n conseils *mpl* ▸ **guidance counselor** (US) conseiller *m*, -ère *f* d'orientation

guide [gaɪd] **1** n **a** (= person) guide *m* ; (= book) guide *m* touristique ▸ **guide dog** chien *m* d'aveugle **b** ⇒ **girl guide** **2** vt guider

■ **to be ~d by sb/sth** se laisser guider par qn/qch

guidebook ['gaɪdbʊk] n guide *m* (touristique)

guided ['gaɪdɪd] adj [rocket, missile] téléguidé ▸ **guided tour** visite *f* guidée

guideline ['gaɪdlaɪn] n **a** (= rough guide) indication *f*; (= advice) conseil *m* **b** (= official directive) directive *f*

guiding ['gaɪdɪŋ] adj [idea, principle] directeur (-trice *f*)

guild [gɪld] n **a** (Hist) guilde *f* **b** (= association) association *f*

guile [gaɪl] n (= deceit) duplicité *f*; (= cunning) ruse *f*

guillotine [,gɪlə'tiːn] **1** n (for beheading) guillotine *f*; (for paper-cutting) massicot *m* **2** vt [+ person] guillotiner ; [+ paper] massicoter

guilt [gɪlt] n culpabilité *f*

guilty ['gɪltɪ] adj coupable ■ **to be found ~/not ~ (of sth)** être déclaré coupable/non coupable (de qch) ■ **to plead ~/not ~ (to sth)** plaider coupable/non coupable (de qch) ■ **to feel ~** culpabiliser ■ **to feel ~ about sth** se sentir coupable de qch

Guinea ['gɪnɪ] n Guinée *f*

guinea-fowl [,gɪniːfaul] n pintade *f*

guinea-pig [,gɪniːpɪg] n cochon *m* d'Inde ; (fig) cobaye *m*

guitar [gɪ'tɑː^r] n guitare *f*

guitarist [gɪ'tɑːrɪst] n guitariste *mf*

gulf [gʌlf] n **a** (in ocean) golfe *m* ▸ **the Gulf States** (Middle East) les États *mpl* du Golfe; (in US) les États *mpl* du golfe du Mexique ▸ **the Gulf Stream** le Gulf Stream **b** (= abyss) gouffre *m*

gull [gʌl] n mouette *f*

gullet ['gʌlɪt] n gosier *m*

gullible ['gʌlɪbl] adj crédule

gully ['gʌlɪ] n **a** (= ravine) ravine *f* **b** (= drain) caniveau *m*

gulp [gʌlp] **1** n [of food] bouchée *f*; [of drink] gorgée *f* **2** vt [+ food] engloutir ; [+ drink] avaler d'un trait **3** vi essayer d'avaler ; (from emotion) avoir un serrement à la gorge ■ **he ~ed** sa gorge s'est serrée

gum [gʌm] **1** n **a** (in mouth) gencive *f* **b** (= glue) colle *f* **c** (also **chewing gum**) chewing-gum *m* **2** vt (= put gum on) gommer ; (= stick) coller (*to* à)

gumdrop ['gʌmdrɒp] n boule *f* de gomme

gun [gʌn] n (gen) arme *f* à feu ; (= handgun) revolver *m* ; (= rifle) fusil *m* ; (= cannon) canon *m* ▸ **gun dog** chien *m* de chasse ▸ **gun licence, gun license** (US) permis *m* de port d'armes

▸ **gun down** vt sep abattre

gunfight ['gʌnfaɪt] n échange *m* de coups de feu

gunfire [gʌnfaɪə^r] n [of rifles] coups *mpl* de feu ; [of cannons] tir *m* d'artillerie

gunman ['gʌnmən] n (pl **-men**) bandit *m* armé ; (= terrorist) terroriste *m*

gunpoint ['gʌnpɔɪnt] n ■ **to hold sb at ~** tenir qn sous la menace d'une arme

gunpowder ['gʌnpaʊdə^r] n poudre *f* à canon

gunshot ['gʌnʃɒt] n (= sound) coup *m* de feu ▸ **gunshot wound** blessure *f* par balle

gunsmith ['gʌnsmɪθ] n armurier *m*

gurgle ['gɜːgl] **1** n [of water] gargouillis *m* ; [of baby] gazouillis *m* **2** vi [water] gargouiller ; [stream] murmurer ; [baby] gazouiller

guru ['gʊruː] n gourou *m*

gush [gʌʃ] vi jaillir ■ **to ~ in/out/through** [water] entrer/sortir/traverser en bouillonnant

gust [gʌst] n rafale *f*

gusto ['gʌstəʊ] n enthousiasme *m* ■ **with ~** avec brio

gusty ['gʌstɪ] adj [weather] venteux ■ **a ~ day** un jour de grand vent ■ **~ wind** du vent en rafales

gut [gʌt] **1** n intestin *m* **2** **guts** npl (* = courage) cran* *m* ■ **he's got ~s** il a du cran* **3** adj ■ **a ~ reaction** une réaction instinctive ■ **I've got a ~ feeling about it** je le sens au fond de moi-même **4** vt [+ animal, fish] vider

gutted‡ ['gʌtɪd] adj (BR = disappointed) écœuré

gutter ['gʌtə^r] n [of roof] gouttière *f*; [of road] caniveau *m*

guy [gaɪ] n mec* *m* ■ **the good/bad ~s** les bons *mpl* or les gentils/les méchants *mpl*

guzzle* ['gʌzl] vt [+ food, petrol] bouffer* ; [+ drink] siffler*

gym [dʒɪm] n (= gymnastics) gym* *f*; (= gymnasium) gymnase *m* ▸ **gym shoes** chaussures *fpl* de gym* ▸ **gym slip** (BR), **gym suit** (US) tunique *f* (*d'écolière*)

gymnasium [dʒɪm'neɪzɪəm] n (pl **gymnasia** [dʒɪm'neɪzɪə]) gymnase *m*

gymnast ['dʒɪmnæst] n gymnaste *mf*

gymnastic [dʒɪm'næstɪk] adj [ability] en gymnastique ; [exercise, routine] de gymnastique

gymnastics [dʒɪm'næstɪks] npl gymnastique *f*

gynaecologist, gynecologist (US) [,gaɪnɪ'kɒlədʒɪst] n gynécologue *mf*

gynaecology, gynecology (US) [,gaɪnɪ'kɒlədʒɪ] n gynécologie *f*

gypsy ['dʒɪpsɪ] n ⇒ **gipsy**

gyrate [,dʒaɪə'reɪt] vi tournoyer

gyropod ['dʒaɪərəpɒd] n gyropode *m*

hH

habit ['hæbɪt] n habitude *f* ■ **to be in the ~ of doing sth** avoir pour habitude de faire qch ■ **I don't make a ~ of it** je ne le fais pas souvent ■ **to get into bad ~s** prendre de mauvaises habitudes ■ **to get into/out of the ~ of doing sth** prendre/perdre l'habitude de faire qch ■ **to have a ~ of doing sth** avoir l'habitude de faire qch ■ **to do sth out of ~** faire qch par habitude

> ⚠ ***habit*** ne se traduit pas par le mot français **habit**.

habitat ['hæbɪtæt] n habitat *m*

habitual [hə'bɪtjʊəl] adj habituel

hack [hæk] **1** vt (= cut) tailler **2** vi **a** (= cut) ■ **to ~ at sth** essayer de couper qch **b** ■ **to ~ into** [+ computer system] s'introduire dans
► **hack off** vt sep couper ■ **I'm ~ed off*** (= fed up) j'en ai ras le bol* (*with sb/sth* de qn/qch)

hacker ['hækə'] n (= computer enthusiast) mordu(e)* *m(f)* d'informatique ; (= computer pirate) hacker *mf*, pirate *m* informatique

hacking ['hækɪŋ] n (Computing) (= enthusiasm) engouement *m* pour l'informatique ; (= piracy) piratage *m* informatique

hacktivist* ['hæktɪvɪst] n hacktiviste *mf*

had [hæd] vb pret, ptp of **have**

haddock ['hædək] n églefin *m* ■ **smoked ~** haddock *m*

hadn't ['hædnt] (abbr of **had not**) → **have**

haemorrhage, hemorrhage (US) ['hemərɪdʒ] n hémorragie *f*

haemorrhoids, hemorrhoids (US) ['hemərɔɪdz] npl hémorroïdes *fpl*

hag [hæg] n vieille sorcière *f*

haggard ['hægəd] adj ■ **to be ~** avoir la mine défaite

haggis ['hægɪs] n haggis *m*

haggle ['hægl] vi (= bargain) marchander ; (= quibble) ergoter ■ **to ~ over the price** débattre le prix

Hague [heɪg] n ■ **The ~** La Haye

hail [heɪl] **1** n (Meteo) grêle *f* ; [of bullets, blows] pluie *f* **2** vi grêler ■ **it is ~ing** il grêle **3** vt [+ taxi, person] héler

hailstone ['heɪlstəʊn] n grêlon *m*

hair [hɛə] n **a** (on head) cheveux *mpl* ; (on body) poils *mpl* ■ **to do one's ~** se coiffer ■ **to have one's ~ done** se faire coiffer ■ **to get one's ~ cut** se faire couper les cheveux ■ **to let one's ~ down*** se laisser aller ► **hair appointment** rendez-vous *m* chez le coiffeur ► **hair care** soins *mpl* du cheveu ► **hair conditioner** après-shampooing *m* ► **hair gel** gel *m* coiffant ► **hair grip** (BR) pince *f* à cheveux ► **hair slide** (BR) barrette *f* ► **hair spray** laque *f (pour cheveux)* ► **hair style** coiffure *f* **b** (= single human hair) cheveu *m* ; (on body) poil *m* ; (= single animal hair) poil *m* ; (= animal's coat) pelage *m*
→ *Pièges* HAIR

hairband ['hɛəbænd] n bandeau *m*

hairbrush ['hɛəbrʌʃ] n brosse *f* à cheveux

haircut ['hɛəkʌt] n ■ **to get a ~** se faire couper les cheveux ■ **I like your ~** j'aime bien ta coupe de cheveux

hairdo* ['hɛəduː] n coiffure *f*

hairdresser ['hɛədresə'] n coiffeur *m*, -euse *f* ■ **to go to the ~'s** aller chez le coiffeur ► **hairdresser's (salon)** salon *m* de coiffure

hair-dryer ['hɛədraɪə'] n sèche-cheveux *m inv*

hairpin [hɛəpɪn] n épingle *f* à cheveux ► **hairpin bend, hairpin curve** (US) virage *m* en épingle à cheveux

hair-raising* ['hɛəreizɪŋ] adj terrifiant

hairy ['hɛərɪ] adj poilu

half [hɑːf] (pl **halves**) **1** n **a** (of one whole) moitié *f* ■ **~ an apple** la moitié d'une pomme **b** (in numbers, calculations) demi *m* ■ **two and a ~** deux et demi ■ **two and a ~ hours** deux heures et demie ■ **he doesn't do things by halves** il ne fait pas les choses à moitié ■ **to cut sth in ~** [+ object] couper qch en deux ; [+ prices, workforce] réduire qch de moitié ■ **the plate broke in ~** l'assiette s'est cassée en deux ■ **to go halves on sth** partager qch **c** (= part of match) mi-temps *f* **d** (BR = half-pint) demi *m* **2** adj demi ■ **a ~ bottle of wine** une demi-bouteille de vin **3** adv **a** (= 50%) ■ **a mixture of ~ milk, ~ cream** un mélange moitié lait moitié crème ■ **he's ~ French ~ English** il est à moitié français et à moitié anglais **b** (= partially) à moitié ■ **~ asleep** à moitié endormi **c** (BR) ■ **not ~!*** tu parles !* **d** (telling the time) ■ **it is ~ past three** il est trois heures et demie ■ **what time is it? – ~ past** quelle heure est-il ? – la demie **4** comp ► **half-a-dozen** demi-douzaine *f* ► **half-and-half** adv moitié-moitié ◊ n (US = milk and cream) *mélange mi-crème mi-lait* ► **half-an-hour** demi-heure *f* ► **half-board** (BR) demi-pension *f* ► **half-brother** demi-frère *m* ► **half-dozen** demi-douzaine *f* ► **half-fare** demi-tarif *m* ► **half-hearted** [person, welcome] peu enthousiaste; [man-

H

ner] tiède; [attempt] timide ▸ **half-heartedly** sans enthousiasme; [try] sans conviction ▸ **half-hour** demi-heure *f* ▸ **half measure** demi-mesure *f* ▪ **~ measures will not do** on ne peut se contenter de demi-mesures ▪ **there are no ~ measures with him** il ne fait jamais les choses à moitié ▸ **half-moon** demi-lune *f* ▸ **half-pint** ≈ quart de litre ▸ **half price** n ▪ **at ~ price** à moitié prix ◇ adj ▪ **tickets are ~ price this week** les billets sont à moitié prix cette semaine ▸ **half-sister** demi-sœur *f* ▸ **half term** (BR) *congé en milieu de trimestre* ▸ **half time** n (Sport) mi-temps *f* ▪ **at ~ time** à la mi-temps ◇ adj ▪ **half-time score** score *m* à la mi-temps ▸ **half-yearly** (BR) adj semestriel(le) *m(f)* ◇ adv tous les six mois

halfpenny ['heɪpnɪ] n['heɪpəns] demi-penny *m*

halfway ['hɑːf'weɪ] adv (in distance) à mi-chemin (*between* entre) ▪ **he was ~ down/up the stairs** il avait descendu/monté la moitié de l'escalier ▪ **~ through the film** au milieu du film ▪ **I'll meet you ~** (between two places) j'irai à votre rencontre ; (= I'll compromise) coupons la poire en deux*

hall [hɔːl] n **a** (= large public room) salle *f*; (= college refectory) réfectoire *m* **b** (= mansion) manoir *m* **c** (= entrance) [of house] entrée *f*; [of hotel] hall *m* **d** (US = corridor) couloir *m* **e** (BR = hall of residence) résidence *f* universitaire

hallmark ['hɔːlmɑːk] n [of gold, silver] poinçon *m* ▪ **the ~ of genius** la marque du génie

hallo [hə'ləʊ] excl (BR) ⇒ **hello**

hallowed ['hæləʊd] adj (= venerable) sacré ; (= holy) saint

Halloween, Hallowe'en [ˌhæləʊ'iːn] n Halloween *m*

hallucinate [hə'luːsɪˌneɪt] vi avoir des hallucinations

hallucination [həˌluːsɪ'neɪʃən] n hallucination *f*

hallway ['hɔːlweɪ] n [of house] entrée *f*

halo ['heɪləʊ] n [of saint] auréole *f*

halogen ['hæləˌdʒɛn] n halogène *m*

halt [hɔːlt] **1** n arrêt *m* ▪ **to come to a ~** s'arrêter ▪ **to call a ~ to sth** mettre fin à qch ▸ **halt sign** (panneau *m*) stop *m* **2** vi s'arrêter ▪ **~!** halte ! **3** vt [+ vehicle] faire arrêter ; [+ process] interrompre

halterneck ['hɔːltə'nek] n dos-nu *m inv*

halting ['hɔːltɪŋ] adj hésitant

halve [hɑːv] **1** vt **a** (= divide in two) couper en deux **b** (= reduce by half) réduire de moitié **2** vi [+ sales, figures] être réduit de moitié

halves [hɑːvz] pl of **half**

ham [hæm] n **a** (= meat) jambon *m* **b** (* = actor) cabotin(e)* *m(f)* (pej)
▸ **ham up*** vt sep [+ part, speech] forcer ▪ **to ~ it up** forcer son rôle

Hamburg ['hæmbɜːg] n Hambourg

hamburger ['hæmˌbɜːgə'] n hamburger *m* ; (US = mince) viande *f* hachée

hammer ['hæmə'] **1** n marteau *m* **2** vt **a** [+ metal] marteler ▪ **to ~ a nail into a plank** enfoncer un clou dans une planche (à coups de marteau) ▪ **to ~ the table with one's fists** frapper du poing sur la table ▪ **to ~ a point home** insister sur un point **b** (* BR = defeat) battre à plates coutures ; (= criticize) descendre en flammes ; (= damage) frapper de plein fouet **3** vi **a** (with a hammer) donner des coups de marteau **b** ▪ **he was ~ing at the door** il frappait à la porte à coups redoublés ▪ **my heart was ~ing** mon cœur battait très fort

hammered* ['hæməd] adj (BR) bourré‡, pinté‡

hammering* ['hæmərɪŋ] n (= defeat) raclée‡ *f* ; (= criticism) descente *f* en flammes

hammock ['hæmək] n hamac *m*

hamper ['hæmpə'] **1** n panier *m* d'osier ▪ **a food ~** un panier garni *(de nourriture)* **2** vt (= hinder) gêner

hamster ['hæmstə'] n hamster *m*

hamstring ['hæmstrɪŋ] n tendon *m* du jarret ▸ **hamstring muscle** ischiojambier *m*

hand [hænd]

1 n **a** (= part of body) main *f* ▪ **she had a book in her ~** elle avait un livre à la main ▪ **she was holding the earrings in her ~** elle tenait les boucles d'oreilles dans sa main

b (= help) coup *m* de main ▪ **could you give me a ~?** tu peux me donner un coup de main ?

c [of clock, watch] aiguille *f*

d (= cards) jeu *m* ; (= game) partie *f*

e (set structures) ▪ **~ in ~** main dans la main ▪ **to go ~ in ~ (with)** aller de pair (avec) ▪ **at the ~s of** aux mains de ▪ **my life is in your ~s** ma vie est entre vos mains ▪ **to put o.s. in sb's ~s** s'en remettre à qn ▪ **it is out of his ~s** ce n'est plus lui qui s'en occupe ▪ **she won ~s down** elle a gagné haut la main ▪ **to have a ~ in** [+ task, achievement] jouer un rôle dans ; [+ crime] être mêlé à ▪ **keep your ~s off my things!*** touche pas à mes affaires !* ▪ **~s off!*** bas les pattes !* ▪ **to get one's ~s on sth** mettre la main sur qch ▪ **~s up!** (at gun point) haut les mains ! ; (in school) levez la main ! ▪ **they gave him a big ~** ils l'ont applaudi bien fort ▪ **at first ~** de première main ▪ **I've got my ~s full at**

the moment je suis débordé en ce moment ▪ **to have one's ~s full with** avoir fort à faire avec ▪ **to be in good ~s** être en bonnes mains ▪ **to gain the upper ~** prendre l'avantage ▪ **to fall into the wrong ~s** tomber entre de mauvaises mains ▪ **he was bound ~ and foot** il était pieds et poings liés ▪ **she expected to be waited on ~ and foot** elle voulait être servie comme une princesse ▪ **on (one's) ~s and knees** à quatre pattes ▪ **to live from ~ to mouth** vivre au jour le jour ▪ **to show one's ~** dévoiler son jeu ▪ **he can turn his ~ to anything** il sait tout faire

♦ **at hand** (= close by) à portée de main

♦ **by hand** à la main ▪ **made by ~** fait (à la) main ▪ **the letter was delivered by ~** quelqu'un a apporté la lettre

♦ **in hand** en main ▪ **he had the situation well in ~** il avait la situation bien en main

♦ **on hand** sur place ▪ **there are experts on ~ to give you advice** il y a des experts sur place pour vous conseiller

♦ **on the one hand..., on the other hand...** d'une part..., d'autre part...

♦ **out of hand** [dismiss, reject] d'emblée

♦ **to get out of hand** [situation, spending] échapper à tout contrôle

♦ **to hand** sous la main

2 vt (= give) donner ; (= hold out) tendre ▪ **to ~ sb sth** donner qch à qn

3 comp ▸ **hand-baggage** bagages *mpl* à main ▸ **hand cream** crème *f* pour les mains ▸ **hand grenade** grenade *f* ▸ **hand-held** portable ▸ **hand lotion** lotion *f* pour les mains ▸ **hand-luggage** bagages *mpl* à main ▸ **hand-me-down*** vêtement *m* déjà porté ▸ **hand-out** (= leaflet) prospectus *m*; (at lecture, meeting) polycopié *m*; (= subsidy) subvention *f* ▸ **hand-painted** peint à la main ▸ **hand-picked** [people] trié sur le volet ▸ **hands-free** [telephone] mains libres ▸ **hands-on** [experience] pratique ▸ **hand-to-mouth** ▪ **to lead a hand-to-mouth existence** vivre au jour le jour ▸ **hand towel** essuie-main *m* ▸ **hand wash** laver à la main

▸ **hand back** vt sep rendre (*to* à)

▸ **hand down** vt sep (= pass on) transmettre

▸ **hand in** vt sep remettre (*to* à)

▸ **hand on** vt sep **a** (= pass to sb else) donner (*to* à) **b** (= pass on) transmettre

▸ **hand out** vt sep distribuer

▸ **hand over**

1 vi ▪ **to ~ over to sb** passer le relais à qn ; (at meeting) passer le micro à qn ; (on radio, TV) passer l'antenne à qn

2 vt sep [+ object] remettre ; [+ criminal] livrer ; [+ authority, powers] (= transfer) transmettre ; (= surrender) céder ; [+ property, business] céder

▸ **hand round** vt sep [+ bottle, papers] faire circuler ; [+ cakes] faire passer ; [hostess] offrir

handbag ['hændbæg] n sac *m* à main

handball ['hændbɔːl] n **a** (= sport) handball *m* **b** (= foul in football) faute *f* de main

handbasin ['hænd,beɪsn] n lavabo *m*

handbook ['hænd,bʊk] n (= manual) manuel *m*

handbrake ['hænd,breɪk] n (BR) frein *m* à main

handcuff ['hændkʌf] **1** n menotte *f* **2** vt passer les menottes à

handful ['hændfʊl] n poignée *f* ▪ **the children can be a ~*** les enfants me donnent parfois du fil à retordre

handgun ['hændgʌn] n pistolet *m*

handicap ['hændɪkæp] **1** n **a** (= disability) handicap *m* ; (= disadvantage) désavantage *m* **b** (Sport) handicap *m* **2** vt handicaper

handicapped ['hændɪkæpt] **1** adj handicapé ▪ **a physically ~ child** un enfant handicapé physique **2** **the handicapped** npl les handicapés *mpl* ▪ **the mentally ~** les handicapés *mpl* mentaux

handicraft ['hændɪkrɑːft] n (= work) artisanat *m* ▪ **~s** (= products) objets *mpl* artisanaux

handkerchief ['hæŋkətʃɪf] n mouchoir *m*

handle ['hændl] **1** n **a** [of basket, bucket] anse *f*; [of broom, spade, knife] manche *m* ; [of door, drawer, suitcase] poignée *f* ; [of saucepan] queue *f* **b** (* = name) (Social network) blase* *m* ; (on radio) QRZ* *m* **2** vt **a** [+ fruit, food] toucher à ; (= move by hand) manipuler ▪ **"~ with care"** « fragile » **b** (= deal with) [+ ship, car] manœuvrer ; [+ weapon, money, person, animal] manier ; [+ situation] gérer ▪ **I'll ~ this** je vais m'en occuper **c** (= sell) ▪ **we don't ~ that type of product** nous ne faisons pas ce genre de produit ▪ **to ~ stolen goods** receler des objets volés **3** vi ▪ **to ~ well** [+ car] être facile à manier

handlebars ['hændlbɑːʳz] npl guidon *m*

handler ['hændləʳ] n (also **dog handler**) maître-chien *m*, maîtresse-chien *f*

handmade [,hænd'meɪd] adj fait (à la) main

handover ['hændəʊvə] n [of company, colony] cession *f* ▪ **the ~ of power** la passation des pouvoirs

handrail ['hændreɪl] n [of stairs] rampe *f* ; [of bridge, quay] garde-fou *m*

handset ['hændset] n combiné *m*

handshake ['hændʃeɪk] n poignée *f* de main ; → **golden**

handsome ['hænsəm] adj beau (belle *f*)

handstand ['hændstænd] n appui *m* renversé

handwash ['hændwɒʃ] n (= liquid soap) savon *m* liquide

handwriting ['hændraɪtɪŋ] n écriture *f*

handwritten ['hændrɪtən] adj écrit à la main

handy ['hændɪ] adj **a** [tool, hint] pratique ■ **to come in ~** être utile ; (money) tomber à pic **b** (* = conveniently close) proche ■ **it's ~ for the shops** c'est à proximité des magasins **c** (= skilful) adroit ■ **he's ~ around the house** il est bricoleur

handyman ['hændɪmæn] n (pl **-men**) (= do-it-yourselfer) bricoleur *m*

hang [hæŋ] (pret, ptp **hung**) **1** vt **a** [+ lamp, curtains, decorations, painting] accrocher ; [+ wallpaper] poser ■ **to ~ clothes on the line** étendre du linge ■ **to ~ one's head** baisser la tête **b** (pret, ptp **hanged**) [+ criminal] pendre **2** vi **a** [rope, dangling object] pendre (*on, from* à) ■ **a suit that ~s well** un costume qui tombe bien ■ **a picture ~ing on the wall** un tableau accroché au mur ■ **to ~ out of the window** [person] se pencher par la fenêtre ; [thing] pendre à la fenêtre **b** (= hover) ■ **the threat of unemployment ~s over us** la menace du chômage pèse sur nous ■ **the question was left ~ing in the air** la question est restée en suspens **c** [criminal] être pendu ■ **he'll ~ for it** cela lui vaudra la corde **3** n ■ **to get the ~ of*** (= understand) comprendre ■ **to get the ~ of doing sth** attraper le coup* pour faire qch ■ **you'll soon get the ~ of it** tu auras vite fait de t'y mettre ■ **she's getting the ~ of her new job** elle commence à s'habituer à son nouveau travail

▸ **hang about, hang around** **1** vi (= loiter) traîner ; (= wait) attendre ■ **to keep sb ~ing about** faire attendre qn **2** vt insep ■ **the crowd who hung around the cafe** les habitués du café

▸ **hang back** vi (when walking) rester en arrière

▸ **hang down** vi pendre

▸ **hang on** **1** vi **a*** (= wait) attendre ■ **~ on!** attendez ! ; (on phone) ne quittez pas ! **b** (= hold out) tenir bon **c** ■ **to ~ on to sth*** (= cling on to) se cramponner à qch ; (= look after) garder qch **2** vt insep **a** (= hold on) se cramponner à ■ **to ~ on sb's every word** boire les paroles de qn **b** (= depend on) dépendre de

▸ **hang out** **1** vi **a** [tongue, shirt] pendre **b*** (= live) crécher* ; (= loiter) traîner ■ **to ~ out with sb** fréquenter qn **2** vt sep [+ washing] étendre (dehors)

▸ **hang up** **1** vi (on telephone) raccrocher ■ **to ~ up on sb** raccrocher au nez de qn **2** vt sep [+ hat, picture] accrocher (*on* à, sur)

hangar ['hæŋəʳ] n hangar *m*

hanger ['hæŋəʳ] n (= coat hanger) cintre *m*

hanger-on ['hæŋərɒn] n (pl **hangers-on**) parasite *m*

hang-glider ['hæŋglaɪdəʳ] n deltaplane® *m*

hang-gliding ['hæŋglaɪdɪŋ] n deltaplane® *m* ■ **to go ~** faire du deltaplane®

hanging ['hæŋɪŋ] **1** n (= execution) pendaison *f* **2** **hangings** npl (on wall) tentures *fpl* **3** adj suspendu ■ **~ basket** panier *m* suspendu

hangman ['hæŋmən] n (pl **-men**) **a** (= executioner) bourreau *m* **b** (= game) pendu *m*

hangover ['hæŋəʊvə] n ■ **to have a ~** (after drinking) avoir la gueule de bois*

hang-up* ['hæŋʌp] n complexe *m*

hankie*, hanky* ['hæŋkɪ] n mouchoir *m*

hanky-panky* ['hæŋkɪ'pæŋkɪ] n (sexual) batifolage *m* ; (US = jiggery-pokery) magouilles* *fpl*

haphazard [,hæp'hæzəd] adj ■ **in a ~ fashion** un peu n'importe comment

happen ['hæpən] vi arriver, se passer ■ **something ~ed** il est arrivé quelque chose ■ **what's ~ed?** qu'est-ce qui s'est passé ? ■ **as if nothing had ~ed** comme si de rien n'était ■ **whatever ~s** quoi qu'il arrive ■ **don't let it ~ again!** et que cela ne se reproduise pas ! ■ **these things ~** ce sont des choses qui arrivent ■ **what has ~ed to him?** (= befallen) qu'est-ce qui lui est arrivé ? ; (= become of) qu'est-ce qu'il est devenu ? ■ **as it ~s I'm going there today** il se trouve que j'y vais aujourd'hui ■ **if you ~ to see her** si tu as l'occasion de la voir ;

→ *Pièges* OCCUR

happily ['hæpɪlɪ] adv **a** [say, play] d'un air heureux ■ **it all ended ~** tout s'est bien terminé ■ **I'm a ~ married man** je suis heureux en ménage ■ **they lived ~ ever after** ils vécurent heureux **b** (= without difficulty) sans problème **c** (= willingly) [offer, lend] volontiers **d** (= fortunately) heureusement

happiness ['hæpɪnɪs] n bonheur *m*

happy ['hæpɪ] adj [person, smile, time, outcome] heureux ■ **to have a ~ ending** bien se terminer ■ **to be ~ with sth** être satisfait de qch ■ **I'm not ~ about leaving him alone** ça ne me plaît pas trop de le laisser seul ■ **to be ~ to do sth** bien vouloir faire qch ■ **she was quite ~ to stay alone** cela ne la dérangeait pas (du tout) de rester seule ■ **I'd be more than ~ to do that** je le ferais volontiers ■ **~ birthday!** bon anniversaire ! ■ **~ Christmas!** joyeux Noël ! ■ **~ Easter!** joyeuses Pâques ! ■ **~ New Year!** bonne année ! ■ **~ holidays!** (US) joyeuses fêtes ! ▸ **happy hour** happy hour *f* ▸ **happy medium** juste milieu *m*

harass ['hærəs] vt harceler

⚠ ***harass*** ne se traduit pas par **harasser**.

harassment ['hærəsmənt] n harcèlement *m*

> ⚠ ***harassment*** ne se traduit pas par **harassement**.

harbour, harbor (US) ['hɑːbəʳ] **1** n (for boats) port *m* **2** vt **a** (= give shelter to) ▪ **to ~ a criminal** abriter un criminel **b** [+ suspicions, hope] entretenir

hard [hɑːd] **1** adj **a** (= not soft) dur ; [blow, kick, punch] violent ▪ **to go ~** durcir ▪ **no ~ feelings!** sans rancune ! ▪ **to be ~ on sb** [person] être dur avec qn ▪ **~ luck!** pas de chance ! **b** (= not easy) dur ; [battle, fight] rude ▪ **to find it ~ to do sth** avoir du mal à faire qch ▪ **it's ~ work!** c'est dur ! ▪ **those were ~ times** c'était une époque difficile ▪ **to learn the ~ way** l'apprendre à ses dépens ▪ **to play ~ to get*** se faire désirer ▪ **she's having a ~ time at the moment** elle traverse une période difficile ▪ **to have a ~ time doing sth** avoir du mal à faire qch ▪ **to give sb a ~ time*** en faire voir de toutes les couleurs à qn **c** (= committed) ▪ **he's a ~ worker** il est travailleur ▪ **he's a ~ drinker** il boit beaucoup **d** [winter, climate] rude ; [frost] fort **e** [evidence] tangible ; [fact] concret **2** adv **a** [push, pull, hit, rain, snow] fort ; [work] dur ; [study] assidûment ; [listen, think] bien ▪ **she slammed the door ~** elle a claqué violemment la porte ▪ **to look ~ at** [+ person] dévisager ; [+ thing] bien regarder ▪ **to try ~** faire un gros effort ▪ **to be ~ at it*** travailler dur **b** (= badly) ▪ **to take sth ~** être très affecté par qch **3** comp ▸ **hard border** frontière *f* stricte ▸ **hard cash** argent *m* liquide ▸ **hard copy** version *f* papier ▸ **hard core** noyau *m* dur ▪ **hard-core pornography** pornographie *f* hard ▸ **hard court** court *m* en dur ▸ **hard currency** devise *f* forte ▸ **hard disk** disque *m* dur ▸ **hard drive** disque *m* dur ▸ **hard labour** or **labor** (US) travaux *mpl* forcés ▸ **hard of hearing** dur d'oreille ▸ **the hard-of-hearing** npl les malentendants *mpl* ▸ **hard power** pouvoir *m* de contraindre *(notamment par les armes)* ▸ **hard shoulder** (BR) bande *f* d'arrêt d'urgence

hard-and-fast [ˌhɑːdn'fɑːst] adj [rule] absolu

hardback ['hɑːdbæk] n livre *m* relié

hardball ['hɑːdbɔːl] n (US) baseball *m* ▪ **to play ~*** (fig) employer la manière forte

hard-boiled [hɑːd'bɔɪld] adj [egg] dur

hard-earned [hɑːd'ɜːnd] adj durement gagné

harden ['hɑːdn] vti durcir ▪ **to ~ o.s. to sth** s'endurcir à qch

hardened ['hɑːdnd] adj [criminal] endurci ▪ **I'm ~ to it** je suis blindé*

hardly ['hɑːdlɪ] adv à peine ▪ **I can ~ hear you** je vous entends à peine ▪ **~ a day goes by without a visit from someone** il est rare qu'une journée se passe sans qu'il y ait une visite ▪ **~ anyone/anything/anywhere/ever** presque personne/rien/nulle part/jamais ▪ **you have ~ eaten anything** tu n'as presque rien mangé ▪ **~!** (= not at all) certainement pas ! ▪ **he would ~ have said that** il n'aurait tout de même pas dit cela ; → *Pièges* HARDLY

hardness ['hɑːdnɪs] n dureté *f*

hardship ['hɑːdʃɪp] n (= circumstances) épreuves *fpl* ; (= suffering) souffrance *f* ; (= poverty) pauvreté *f*

hard-up* [hɑːd'ʌp] adj fauché*

hardware ['hɑːdwɛəʳ] n (items) quincaillerie *f* ; (Computing) hardware *m* ▸ **hardware store** (US) quincaillerie *f*

hard-wearing [hɑːd'wɛərɪŋ] adj résistant

hard-wired [hɑːd'waɪəd] adj câblé

hard-working [hɑːd'wɜːkɪŋ] adj travailleur (-euse *f*)

hardy ['hɑːdɪ] adj robuste ; [plant] rustique

hare [hɛəʳ] n lièvre *m*

harebrained ['hɛəbreɪnd] adj [person] écervelé ; [plan, scheme] insensé

harem [hɑː'riːm] n harem *m*

harm [hɑːm] **1** n mal *m* ▪ **to do sb ~** faire du mal à qn ▪ **no ~ done!** il n'y a pas de mal ! ▪ **he means no ~** il n'a pas de mauvaises intentions ▪ **I don't see any ~ in it** je n'y vois aucun mal ▪ **there's no ~ in asking** on peut toujours demander ▪ **to keep a child out of ~'s way** mettre un enfant à l'abri du danger **2** vt [+ person] (= damage) faire du tort à ; (= hurt) faire du mal à ; [+ reputation, interests, cause] nuire à

harmful ['hɑːmfʊl] adj [substance, rays, effects] nocif ▪ **to be ~ to** être mauvais pour

harmless ['hɑːmlɪs] adj [animal, substance, joke] inoffensif (*to* pour) ; [hobby, pleasure] innocent

harmonica [hɑː'mɒnɪkə] n harmonica *m*

harmonious [hɑː'məʊnɪəs] adj harmonieux

harmonize ['hɑːmənaɪz] vi (= go together) s'harmoniser

harmony ['hɑːmənɪ] n harmonie *f* ▪ **in ~** en harmonie

harness ['hɑːnɪs] **1** n harnais *m* **2** vt **a** [+ horse] harnacher **b** [+ source of energy] domestiquer

harp [hɑːp] **1** n harpe *f* **2** vi ▪ **to ~ on about*** rabâcher ▪ **stop ~ing on about it!** arrête de nous rebattre les oreilles avec ça !

harpoon [hɑː'puːn] **1** n harpon *m* **2** vt harponner

harpsichord ['hɑːpsɪkɔːd] n clavecin *m*

harrowing ['hærəʊɪŋ] adj [story, account, film] poignant ; [experience] extrêmement pénible ; [picture] difficile à supporter

harsh [hɑːʃ] adj dur ; [climate, winter] rude ; [sound] discordant ; [light] cru ; [contrast] fort

harshly ['hɑːʃlɪ] adv durement

harvest ['hɑːvɪst] **1** n [of grain] moisson *f* ; [of fruit] récolte *f* ; [of grapes] vendange *f* ► **harvest festival** fête *f* de la moisson **2** vt [+ grain] moissonner ; [+ fruit] récolter ; [+ grapes] vendanger

harvester ['hɑːvɪstə'] n (= machine) moissonneuse *f* ; (= person) moissonneur *m*, -euse *f*

has [hæz] vb 3rd pers sg pres of **have**

has-been* ['hæzbiːn] n has been* *m inv*

hash [hæʃ] n **a** (* = mess) ■ **he made a ~ of it** il a raté son affaire **b** (* = hashish) hasch* *m* **c** (also **hash sign**) dièse *m* **d** (= hashish) hasch* *m* **e** **hash browns** pommes *f* de terre sautées *(servies au petit-déjeuner)* ► **hash key** touche *f* dièse

hashish ['hæʃɪʃ] n haschich *m*

hashtag [hæʃtag] n (Internet) mot-dièse *m*, hashtag *m*

hasn't ['hæznt] (abbr of **has not**) → **have**

hassle* ['hæsl] **1** n **a** (= fuss) histoire *f* ; (= worries) tracas *mpl* ■ **what a ~!** quelle histoire ! **b** (US = squabble) chamaillerie* *f* ; (= bustle, confusion) pagaille *f* **2** vt (= harass) embêter **3** vi (US = quarrel) se battre

haste [heɪst] n hâte *f* ■ **to do sth in ~** faire qch à la hâte

hasten ['heɪsn] **1** vi se hâter (*to do sth* de faire qch) **2** vt hâter

hastily ['heɪstɪlɪ] adv à la hâte ; (= excessively quickly) précipitamment

hasty ['heɪstɪ] adj **a** [of parture, escape, retreat] précipité ; [glance, examination, visit, sketch] rapide **b** (= rash) hâtif

hat [hæt] n chapeau *m* ■ **to pass round the ~, to pass the ~ for sb** (US) faire la quête pour qn ■ **at the drop of a ~** (= immediately) sur le champ ■ **to score a ~ trick** (= score three times) réussir trois coups consécutifs ; (= win three matches) gagner trois matchs consécutifs

hatch [hætʃ] **1** vt **a** [+ chick, egg] faire éclore **b** [+ plot] tramer ; [+ plan] couver **2** vi (= hatch out) [chick] éclore **3** n (on boat) écoutille *f*

hatchback ['hætʃbæk] n voiture *f* à hayon

hatcheck ['hættʃek] n préposé(e) *m(f)* au vestiaire

hatchet ['hætʃɪt] n hachette *f* ► **hatchet man** (in industry, etc) homme *m* de main

hate [heɪt] **1** vt haïr ; (weaker) détester ■ **to ~ o.s.** s'en vouloir (*for doing sth* de faire qch) ■ **to ~ doing sth** détester faire qch ■ **I ~ to tell you this, but...** je suis désolé de vous le dire, mais... **2** n haine *f*

hater [heɪtə'] n personne *f* haineuse

haughty ['hɔːtɪ] adj hautain

haul [hɔːl] **1** n **a** (= journey) ■ **it's a long ~** la route est longue **b** (= booty) butin *m* ■ **a drugs ~** une saisie de drogue **2** vt (= pull) traîner
► **haul in** vt sep [+ line, catch] amener

haulage ['hɔːlɪdʒ] n (= business) transport *m* routier ; (= charge) frais *mpl* de transport ► **haulage company** (BR) entreprise *f* de transports (routiers)

haulier ['hɔːlɪə'] n (BR) (= company) entreprise *f* de transports (routiers) ; (= driver) routier *m*, -ière *f*

haunch [hɔːntʃ] n hanche *f* ■ **~es** [of animal] arrière-train *m* ■ **~ of venison** cuissot *m* de chevreuil

haunt [hɔːnt] **1** vt hanter **2** n [of criminals] repaire *m* ■ **this café is one of his favourite ~s** ce café est un de ses endroits favoris

haunted ['hɔːntɪd] adj [house] hanté ; [look, expression] égaré ; [face, eyes] hagard

haunting ['hɔːntɪŋ] adj obsédant

have [hæv] (ptp, pret **had**)

1 aux vb **a** (in perfect tenses) avoir ■ **I ~ eaten** j'ai mangé ■ **he has changed** il a changé ■ **I ~ gone** je suis allé ■ **I've made a mistake** je me suis trompé ■ **I ~ lived** or **~ been living here for ten years/since January** j'habite ici depuis dix ans/depuis janvier

♦ **to have just...** venir de... ■ **I ~ just seen him** je viens de le voir

b (in question tags and responses) ■ **you've seen her, haven't you?** vous l'avez vue, n'est-ce pas ? ■ **he's got a new job – oh has he?** il a un nouveau travail – ah bon ? ■ **you've dropped your book – so I ~!** vous avez laissé tomber votre livre – en effet ! ■ **you haven't seen her – yes I ~!** vous ne l'avez pas vue – (mais) si ! ■ **you've made a mistake – no I haven't!** vous vous êtes trompé – mais non ! ■ **~ you met him? – yes I ~** est-ce que tu l'as rencontré ? – oui ■ **has he arrived? – no he hasn't** est-ce qu'il est arrivé ? – non

2 modal vb

♦ **to have to** + infinitive devoir, falloir ■ **they ~ to work hard** ils doivent travailler dur, il faut qu'ils travaillent dur ■ **they had to work hard** ils ont dû travailler dur, il a fallu qu'ils travaillent dur ■ **the locks will ~ to be changed** il va falloir changer les serrures

♦ **don't/doesn't have to** + infinitive ■ **he doesn't ~ to work** il n'a pas besoin de travailler ■ **you didn't ~ to tell her!** tu n'avais pas besoin de le lui dire ! ▪ **it's nice not to ~ to work on Saturdays** c'est agréable de ne pas avoir à travailler le samedi ▪ **I don't ~ to do it** je ne suis pas obligé de le faire

3 vt **a** (gen) avoir ▪ **I ~** or **I've got three books** j'ai trois livres

b (= eat) manger ; (= drink) boire ; (= smoke) fumer ; (= take) prendre ▪ **he had an egg for breakfast** il a mangé un œuf au petit-déjeuner ▪ **he's had too much** (drink) il a trop bu ; (food) il a trop mangé ▪ **he had a cigarette** il a fumé une cigarette ▪ **I'll just ~ a sandwich** je vais juste prendre un sandwich ▪ **~ some more** reprends-en ▪ **I've had a couple of aspirins** j'ai pris deux aspirines ▪ **will you ~ tea or coffee?** vous prendrez du thé ou du café ?

c (= spend) passer ▪ **what sort of day ~ you had?** est-ce que tu as passé une bonne journée ? ▪ **to ~ a pleasant evening** passer une bonne soirée

d (= catch) tenir ▪ **he had me by the throat** il me tenait à la gorge ▪ **I've got him where I want him!*** je le tiens ! ▪ **to be had*** (= taken in) se faire avoir ▪ **you've been had** tu t'es fait avoir*

e (set structures)

♦ **to let sb have sth** (= give) donner qch à qn ▪ **let me ~ your address** donnez-moi votre adresse ▪ **I'll let you ~ it for $100** je vous le cède pour 100 dollars

♦ **to have sth done** [+ service] faire faire qch ▪ **to ~ sth mended** faire réparer qch ▪ **to ~ one's hair cut** se faire couper les cheveux ▪ **he had his car stolen** il s'est fait voler sa voiture

♦ **to have sb do sth** faire faire qch à qn ▪ **I had him clean the car** je lui ai fait nettoyer la voiture

♦ **had better** (= should) ▪ **I had better go now** il vaut mieux que j'y aille ▪ **you'd better not tell him that!** tu ferais mieux de ne pas lui dire ça !

♦ **to have had it*** (= be done for) être fichu* ▪ **I've had it** je suis fichu* ▪ **I've had it up to here** j'en ai marre !*

♦ **to have to do with** ▪ **I ~ nothing to do with it** je n'y suis pour rien ▪ **that has nothing to do with it** ça n'a rien à voir

▸ **have on** vt sep **a** [+ clothes] porter ▪ **he had nothing on** il était tout nu **b** (BR = have planned) ▪ **I've got so much on this week that...** j'ai tant de choses à faire cette semaine que... ▪ **I've got nothing on this evening** je suis libre ce soir **c** (* BR = tease) faire marcher* **d** ▪ **Richard has nothing on him!*** Richard ne lui arrive pas à la cheville ! ▪ **the police ~ nothing on me*** la police n'a pas de preuve contre moi

▸ **have out** vt sep **a** ▪ **to ~ a tooth out** se faire arracher une dent **b** ▪ **to ~ it out with sb** s'expliquer avec qn

▸ **have round** vt sep [+ friends, neighbours] inviter

→ *Pièges* OBLIGE

haven ['heɪvn] n ▪ **a ~ of** [+ peace, tranquillity] un havre de ▪ **a ~ for** [+ animals, refugees] un refuge pour

haven't ['hævnt] (abbr of **have not**) → **have**

havoc ['hævək] n ravages *mpl* ; (less serious) dégâts *mpl* ▪ **to cause ~** causer des ravages ▪ **this wreaked ~ with their plans** cela a bouleversé tous leurs projets ▪ **to play ~ with** [+ schedule, plans] bouleverser ; [+ health, skin] être très mauvais pour

Hawaii [hə'waɪɪ] n Hawaï

hawk [hɔːk] n (= bird) faucon *m* ▪ **to watch sb like a ~** avoir qn à l'œil*

hay [heɪ] n foin *m* ▸ **hay fever** rhume *m* des foins

haystack ['heɪstæk] n meule *f* de foin

haywire* ['heɪwaɪə'] adj ▪ **to go ~** [plans] être chamboulé* ; [machine] se détraquer

hazard ['hæzəd] **1** n **a** (= risk) risque *m* ; (stronger) danger *m* ▪ **to be a safety ~** constituer un danger ▸ **hazard warning lights** feux *mpl* de détresse **b** (= obstacle) obstacle *m* **2** vt **a** [+ remark, suggestion] hasarder ▪ **to ~ a guess** hasarder une hypothèse **b** [+ life, reputation] risquer

⚠ ***hazard*** ne se traduit pas par **hasard**.

hazardous ['hæzədəs] adj dangereux

haze [heɪz] **1** n brume *f* (légère) **2** vt (US) [+ new student] bizuter

hazel ['heɪzl] **1** n noisetier *m* **2** adj (couleur) noisette *inv*

hazelnut ['heɪzlnʌt] n noisette *f*

hazy ['heɪzɪ] adj **a** [sunshine, sun] voilé ; [day, sky] brumeux **b** [outline, vision, details] flou ; [idea, memory] vague

he [hiː] **1** pers pron il ▪ **he has come** il est venu ▪ **here he is** le voici ▪ **he is a doctor** il est médecin ▪ **he is a small man** c'est un homme petit **2** n * mâle *m* ▪ **it's a he** (animal) c'est un mâle ; (baby) c'est un garçon

head [hed]

1 n **a** (gen) tête *f* ▪ **my ~ is aching** j'ai mal à la tête ▪ **to stand on one's ~** faire le poirier ▪ **I could do it standing on my ~** c'est simple comme bonjour ▪ **to have a big ~** avoir la grosse tête* ▪ **he stands ~ and shoulders above everybody else** (in height) il dépasse tout le monde d'une tête ; (in quality) il surpasse tout le monde ▪ **to be ~ over heels in love with sb** être follement amoureux de qn ▪ **I can't do it in my ~** je ne peux pas calculer ça de tête ▪ **to get sth into one's ~*** se mettre qch dans la tête ▪ **to take it into one's ~ to do sth** se mettre en tête de faire qch ▪ **it didn't enter his ~ that...** ça ne lui est pas venu à l'idée que... ▪ **what put that idea into his ~?** qu'est-ce qui lui a mis cette idée-là en tête ? ▪ **she's got her ~ screwed on*** elle a la tête sur les épaules ▪ **we put our ~s together*** nous y avons réfléchi ensemble ▪ **to keep one's ~** garder son sang-froid ▪ **to lose one's ~** perdre la tête ▪ **his success went to his ~** son succès lui est monté à la tête ▪ **she has a good ~ for figures** elle est douée en calcul ▪ **I can't get it out of my ~** je ne peux pas me sortir ça de la tête ▪ **he couldn't get her out of his ~** il ne pouvait pas s'empêcher de penser à elle ▪ **it went right out of my ~** ça m'est tout à fait sorti de la tête

♦ **a head, per head** par tête

♦ **from head to foot** or **toe** de la tête aux pieds

b [of flower, pin, tape recorder] tête *f* ; (on beer) mousse *f*

♦ **to come to a head** [problem] devenir critique ▪ **it all came to a ~ yesterday** les choses ont atteint un point critique hier

♦ **to bring things to a head** précipiter les choses

c (= top end) [of staircase] haut *m*

♦ **at the head of** (lake, valley) à l'extrémité de ; (table) au bout de ; (procession) en tête de ; (= in charge of) à la tête de ▪ **at the ~ of the queue** en tête de file

d [of garlic] tête *f* ▪ **a ~ of lettuce** une laitue

e (= leader) [of family] chef *mf* ▪ **~ of department** [of company] chef *mf* de service ▪ **~ of state** chef *mf* d'État

f [of school] (BR) directeur *m*, -trice *f* d'école ▪ **~ of department** [of school, college] professeur(e) *m(f)* responsable de département

g (of coin) face *f* ▪ **~s or tails?** pile ou face ? ▪ **I can't make ~ nor tail of it** je n'y comprends rien

2 vt a (= be in charge of) être à la tête de ; (= lead) [+ procession, list, poll] être en tête de b (= put at head of) [+ chapter] intituler c (Football) ▪ **to ~ the ball** faire une tête

3 vi (= go) ▪ **to ~ for** or **towards** se diriger vers ▪ **he ~ed up the hill** il s'est mis à monter la colline ▪ **he's ~ing for trouble** il va avoir des ennuis ▪ **they're ~ing for victory** ils sont bien partis pour gagner

4 comp ▸ **head boy/girl** (BR) ≈ chef *mf* de classe (de terminale) ▸ **head office** siège *m* social ▸ **head start** ▪ **to have a ~ start** être avantagé dès le départ (*over* or *on sb* par rapport à qn) ▸ **head teacher** (BR) directeur *m*, -trice *f* d'école ▸ **head-to-head** [contest, competition] direct ▸ **head waiter** maître *mf* d'hôtel

▸ **head off**

1 vi partir

2 vt sep [+ person] barrer la route à ; [+ questions] éluder ; [+ trouble] éviter

▸ **head up** vt insep [+ organization, team] diriger

headache ['hedeɪk] n a (= pain) mal *m* de tête ▪ **to have a ~** avoir mal à la tête b (= problem) problème *m* ▪ **his daughter is a real ~** sa fille est impossible

headband ['hedbænd] n bandeau *m*

headboard ['hedbɔ:d] n [of bed] tête *f* de lit

headbutt ['hedbʌt] 1 n coup *m* de tête 2 vt donner un coup de tête à

headcheese ['hedtʃi:z] n (US) fromage *m* de tête

headcount ['hedkaʊnt] n comptage *m* ▪ **let's do a ~** comptons-les

headed ['hedɪd] adj (BR) ▪ **~ notepaper** papier *m* à lettres à en-tête

header ['hedə'] n (Football) tête *f*

headfirst [,hed'fɜ:st] adv la tête la première

headgear ['hedgɪə'] n (= hat) chapeau *m* ▪ **protective ~** casque *m*

headhunt ['hedhʌnt] 1 vi recruter des cadres pour une entreprise 2 vt recruter ▪ **he was ~ed** il a été contacté par un chasseur de têtes

headhunter ['hedhʌntə'] n chasseur *m*, -euse *f* de têtes

heading ['hedɪŋ] n (= title) titre *m* ▪ **under this ~** sous ce titre ▪ **this comes under the ~ of...** c'est sous la rubrique...

headlamp ['hedlæmp] n ⇒ **headlight**

headlight ['hedlaɪt] n (BR) phare *m* ▪ **he had his ~s on** il était en phares

headline ['hedlaɪn] n [of newspaper] gros titre *m* ; (on radio, TV) grand titre *m* ▪ **to hit the ~s*** [story, person] faire les gros titres ; [scandal, crime] défrayer la chronique ▪ **here are the news ~s** voici les titres de l'actualité

headliner* ['hedlaɪnə'] n (Mus, Theatre) vedette *f*

headlong ['hedlɒŋ] adv [run, rush, plunge] tête baissée ▪ **she fell ~ down the stairs** elle est tombée la tête la première dans les escaliers

headmaster ['hedmɑ:stə'] n directeur *m* d'école

headmistress ['hedmɪstrɪs] n directrice *f* d'école

head-on ['hed'ɒn] **1** adv ▪ **to collide ~** [two vehicles] se heurter de plein fouet ▪ **to collide ~ with sth** heurter qch de plein fouet **2** adj [collision] frontal

headphones ['hedfəʊnz] npl casque *m*, écouteurs *mpl*

headquarters ['hedkwɔːtəz] npl siège *m* ; [of army division] quartier *m* général

headrest ['hedrest] n appuie-tête *m*

headroom ['hedrʊm] n (under ceiling) hauteur *f* sous plafond ; (under bridge) hauteur *f* limite ▪ **there is not enough ~** (under bridge) le pont est trop bas ; (under roof) le plafond est trop bas

headscarf ['hedskɑːf] n foulard *m*

headset ['hedset] n casque *m*

headstand ['hedstænd] n ▪ **to do a ~** faire le poirier

headstrong ['hedstrɒŋ] adj têtu

heads-up* ['hedsʌp] n ▪ **to give sb a ~** prévenir qn

headway ['hedweɪ] n ▪ **to make ~** progresser

headwind ['hedwɪnd] n vent *m* contraire

heady ['hedɪ] adj [scent] capiteux ; [experience, brew] grisant

heal [hiːl] **1** vi [wound] (se) cicatriser **2** vt [+ person] guérir (*of* de) ; [+ wound] cicatriser

healer ['hiːlə'] n guérisseur *m*, -euse *f*

healing ['hiːlɪŋ] **1** n **2** adj [properties] curatif ; [powers, process] de guérison

health [helθ] n santé *f* ▪ **in good/poor ~** en bonne/mauvaise santé ▪ **to drink to sb's ~** boire à la santé de qn ▪ **your ~!** à votre santé ! ▪ **Department of Health** (BR) ≈ ministère de la Santé ▸ **Health Authority** (BR) administration *f* régionale de la santé publique ▸ **health care** (= services) services *mpl* de santé; (= treatment) soins *mpl* médicaux ▸ **health centre** ≈ centre médicosocial ▸ **health club** club *m* de remise en forme ▸ **health foods** aliments *mpl* diététiques ▸ **health hazard** risque *m* pour la santé ▸ **health insurance** assurance *f* maladie ▸ **Health Service** (BR) ≈ Sécurité sociale ▸ **health tourism** tourisme *m* médical or de santé ▸ **health visitor** (BR) ≈ infirmière visiteuse ▸ **health warning** (on cigarette packet) *mise en garde du ministère de la Santé*

healthy ['helθɪ] adj **a** [person, company, economy] en bonne santé ; [body, skin, hair, relationship] sain ; [appetite] solide ; [climate] salubre ; [exercise] bon pour la santé **b** [profit] substantiel ; [scepticism] salutaire

heap [hiːp] **1** n tas *m* ▪ **in a ~** en tas ▪ **to collapse in a ~** [person] s'effondrer comme une masse ▪ **a whole ~ of trouble** tout un tas* d'ennuis ▪ **~s of money*** des tas* d'argent ▪ **we've got ~s of time** nous avons largement le temps **2** vt **a** (= heap up) empiler **b** (= give) ▪ **to ~ praise on sb** couvrir qn d'éloges ▪ **to ~ scorn on sb** couvrir qn de mépris

heaped [hiːpt] adj ▪ **a ~ spoonful** une grosse cuillerée

hear [hɪə'] (pret, ptp **heard**) **1** vt **a** entendre ▪ **did you ~ what he said?** avez-vous entendu ce qu'il a dit ? ▪ **I can't ~ you!** je ne vous entends pas ! **b** (= learn) ▪ **have you ~d the news?** connaissez-vous la nouvelle ? ▪ **he had ~d that they had left** il avait entendu dire qu'ils étaient partis ▪ **I ~ you've been ill** on m'a dit que vous aviez été malade ▪ **did you ~ if she's accepted the job?** savez-vous si elle a accepté le poste ? **c** (= listen to) [+ lecture] assister à ▪ **to ~ a case** [judge] entendre une cause **2** vi **a** entendre ▪ **he cannot ~ very well** il n'entend pas très bien **b** (= get news) avoir des nouvelles ▪ **I ~ from my daughter every week** j'ai des nouvelles de ma fille chaque semaine ▪ **to ~ about** or **of sb/sth** entendre parler de qn/qch ▪ **I ~ about him from his mother** j'ai de ses nouvelles par sa mère ▪ **I've never ~d of him!** je ne le connais pas ! ▪ **everyone has ~d of him** tout le monde a entendu parler de lui ▪ **I've never ~d of such a thing!** je n'ai jamais entendu parler d'une chose pareille ! ▪ **I won't ~ of it!** je ne veux pas en entendre parler ! **3** excl ▪ **~, ~!** bravo !

▸ **hear out** vt sep ▪ **to ~ sb out** écouter qn jusqu'au bout

→ *Pièges* HEAR

heard [hɜːd] vb pret, ptp of **hear**

hearing ['hɪərɪŋ] n **a** (= sense) ouïe *f* ▪ **to have good ~** avoir l'ouïe fine ▸ **hearing aid** audiophone *m* ▸ **hearing-impaired** (= deaf) sourd; (= hard of hearing) malentendant **b** (= meeting) séance *f* ▪ **court ~** audience *f* ▪ **to give sb a fair ~** laisser s'expliquer qn

hearsay ['hɪəseɪ] n ▪ **it's only ~** ce ne sont que des rumeurs

hearse [hɜːs] n corbillard *m*

heart [hɑːt] **1** n **a** cœur *m* ▪ **I didn't have the ~ to tell him** je n'ai pas eu le cœur de le lui dire ▪ **in his ~ of ~s he thought...** au fond de lui-même, il pensait... ▪ **his ~ isn't in it** le cœur n'y est pas ▪ **with all my ~** de tout mon cœur ▪ **have a ~!*** pitié !* ▪ **to take sth to ~** prendre qch à cœur ▪ **he has set his ~ on going to Paris** il veut à tout prix aller à Paris ▪ **my ~ was in my mouth** mon cœur battait la chamade ▪ **he put his ~ and soul into his work** il s'est donné à son travail corps et âme ♦ **at heart** au fond ▪ **I'm an optimist at ~** au fond je suis optimiste ▪ **she's still a child at ~** elle est restée très enfant ▪ **we have your best interests at ~** vos intérêts nous tiennent à cœur ♦ **by heart** par

he

cœur ▪ **to know by ~** savoir par cœur ▪ **to learn sth by ~** apprendre qch par cœur **b** ▪ **to lose/take ~** perdre/prendre courage **c** (= centre) [of town, lettuce] cœur *m* ▪ **in the ~ of the forest** au cœur de la forêt ▪ **in the ~ of the country** en pleine campagne ▪ **the ~ of the matter** le fond du problème **2** **hearts** npl (Cards) cœur *m* ▪ **queen/six of ~s** dame *f*/six *m* de cœur **3** comp ▸ **heart attack** crise *f* cardiaque ▸ **heart condition** maladie *f* de cœur ▪ **to have a ~ condition** être cardiaque ▸ **heart disease** maladie *f* de cœur ▸ **heart failure** insuffisance *f* cardiaque; (= cardiac arrest) arrêt *m* du cœur ▸ **heart-throb*** (= person) idole *f* ▸ **heart transplant** greffe *f* du cœur ▸ **heart trouble** problèmes *mpl* cardiaques

heartache ['hɑ:teɪk] n chagrin *m*

heartbeat ['hɑ:tbi:t] n **a** battement *m* du cœur **b** (= pulse) pouls *m*

heartbreak ['hɑ:tbreɪk] n ▪ **it caused a lot of ~** c'était vraiment déchirant

heartbreaking ['hɑ:tbreɪkɪŋ] adj [appeal, cry, sound] déchirant ▪ **it was ~ to see him like that** ça fendait le cœur de le voir comme ça

heartbroken ['hɑ:tbrəʊkn] adj ▪ **to be ~** avoir un immense chagrin ; (stronger) avoir le cœur brisé ; [child] avoir un gros chagrin

heartburn ['hɑ:tbɜ:n] n brûlures *fpl* d'estomac

heartening ['hɑ:tnɪŋ] adj encourageant

heartfelt ['hɑ:tfelt] adj ▪ **to make a ~ appeal** lancer un appel du fond du cœur ▪ **~ sympathy** condoléances *fpl* sincères

hearth [hɑ:θ] n foyer *m*

heartily ['hɑ:tɪlɪ] adv [laugh] de bon cœur ; [say, welcome] chaleureusement ; [applaud, eat] de bon appétit ; [drink] avec entrain ; [recommend] vivement ; [agree] pleinement ; [congratulate, endorse] de tout cœur ▪ **to be ~ sick of sb/sth*** en avoir vraiment par-dessus la tête* de qn/qch

heartland ['hɑ:tlænd] n (also **heartlands**) [of country, continent] cœur *m* ▪ **the Tory ~** le bastion traditionnel des conservateurs

heartless ['hɑ:tlɪs] adj [person] sans cœur ; [treatment] cruel

heartrending ['hɑ:trendɪŋ] adj [cry, appeal] déchirant

heartwarming ['hɑ:twɔ:mɪŋ] adj réconfortant

hearty ['hɑ:tɪ] adj [welcome, thanks] chaleureux ; [appetite] solide ; [food, soup] consistant ; [meal] copieux

heat [hi:t] **1** n **a** chaleur *f* ▪ **in the ~ of the moment** dans le feu de l'action ▸ **heat map** carte *f* thermique **b** (in cooking) feu *m* ▪ **cook over a medium ~** cuire à feu moyen ▪ **lower the ~ and allow to simmer** réduire le feu et laisser mijoter **c** (= pressure) ▪ **to turn the ~ on sb*** faire pression sur qn **d** (Sport) épreuve *f* éliminatoire **e** (BR : animal) ▪ **on ~** en chaleur **2** vti chauffer

▸ **heat up** **1** vi chauffer ; [room] se réchauffer **2** vt sep réchauffer

heated ['hi:tɪd] adj [swimming pool] chauffé ; [towel rail] chauffant ; [debate, discussion] très animé ; [argument, words] vif ▪ **to get ~** [person] s'échauffer ; [debate] devenir de plus en plus animé

heater ['hi:tə^r] n (for room) radiateur *m* ; (for water) chauffe-eau *m inv* ; [of car] chauffage *m*

heather ['heðə^r] n bruyère *f*

heating ['hi:tɪŋ] n chauffage *m*

heatproof ['hi:tpru:f] adj [dish] allant au four

heatstroke ['hi:tstrəʊk] n coup *m* de chaleur

heatwave ['hi:tweɪv] n vague *f* de chaleur

heave [hi:v] vb (pret, ptp **heaved**) **1** vt (= lift) soulever (avec effort) ; (= pull) tirer (avec effort) ; (= drag) traîner (avec effort) ▪ **to ~ a sigh of relief** pousser un gros soupir de soulagement **2** vi [person] (= retch) avoir des haut-le-cœur ; (= vomit) vomir ▪ **his stomach was heaving** son estomac se soulevait

heaven ['hevn] n **a** (= paradise) ciel *m*, paradis *m* ▪ **in ~** au ciel ▪ **~ knows when** Dieu sait quand ▪ **(good) ~s!*** mon Dieu ! ▪ **for ~'s sake*** pour l'amour du ciel* **b** ▪ **the ~s** (= sky) le ciel ▪ **the ~s opened** le ciel se mit à déverser des trombes d'eau

heavenly ['hevnlɪ] adj céleste ; (= delightful) divin

heavily ['hevɪlɪ] adv **a** [rely on, influence, censor, subsidize] fortement ; [rain, snow] très fort ; [bleed] abondamment ; [smoke, drink] beaucoup ▪ **~ in debt** fortement endetté ▪ **~ made-up eyes** yeux *mpl* très maquillés **b** (= deeply) [breathe] bruyamment ; [sleep, sigh] profondément **c** (= clumsily) lourdement **d** (= solidly) ▪ **~ built** solidement bâti

heavy ['hevɪ] adj (gen) lourd ; [payments, charges] important ; [rain, shower] fort *before n* ; [fighting, shelling] intensif ; [traffic] dense ▪ **to make sth heavier** alourdir qch ▪ **how ~ is it?** combien ça pèse ? ▪ **to be a ~ drinker** être un gros buveur ▪ **to be a ~ sleeper** avoir le sommeil lourd ▪ **~ blow** coup *m* violent ; (fig) rude coup *m* ▪ **there were ~ casualties** il y a eu de nombreuses victimes ▪ **a ~ cold** un gros rhume *m* ▪ **~ periods** règles *fpl* abondantes ▪ **this book is very ~ going** ce livre est très indigeste ▪ **~ sea** grosse mer *f* ▪ **he did all the ~ work** c'est lui qui a fait le gros travail ▸ **heavy-duty** [carpet, equipment] à usage intensif ▸ **heavy goods vehicle** poids *m* lourd ▸ **heavy-handed** (= clumsy, tactless) maladroit; (= severe) dur ▸ **heavy metal** (= music) heavy metal *m*

heavyweight ['hevɪweɪt] **1** n (Boxing) poids *m* lourd ; (* = influential person) grosse pointure* *f* **2** adj **a** [bout, champion, class] poids lourds *inv* ▪ **a ~ boxer** un poids lourd **b** (= serious) sérieux

Hebrew ['hi:bru:] n (= language) hébreu *m* ; (= person) Hébreu *m*

heck* [hek] **1** excl zut !* **2** n ▪ **a ~ of a lot of** plein de* ▪ **what the ~ is he doing?** qu'est-ce qu'il fiche ? ▪ **what the ~!** et puis zut !*

heckle ['hekl] vti chahuter

heckler ['heklə'] n élément *m* perturbateur

hectare ['hektɑ:'] n hectare *m*

hectic ['hektɪk] adj trépidant ; [day] mouvementé ; [schedule] très chargé ; [activity] fiévreux

he'd [hi:d] ⇒ **he had, he would** ; → **have, would**

hedge [hedʒ] **1** n haie *f* ▸ **hedge fund** fonds *m* spéculatif ▸ **hedge trimmer** taille-haie *m* **2** vi ▪ **to ~ against sth** se prémunir contre qch **3** vt ▪ **to ~ one's bets** se couvrir

hedgehog ['hedʒ,hɒg] n hérisson *m*

hedgerow ['hedʒrəʊ] n haie *f*

heed [hi:d] **1** vt tenir compte de ▪ **he didn't ~ the warning** il n'a tenu aucun compte de cet avertissement **2** n ▪ **to take ~ of sth** tenir compte de qch ▪ **to pay no ~ to sb** ne pas écouter qn

heedless ['hi:dlɪs] adj (= not thinking) étourdi ; (= not caring) insouciant ▪ **~ of the danger,...** sans se soucier du danger,...

heel [hi:l] n talon *m* ▪ **high ~s** talons *mpl* hauts

hefty* ['heftɪ] adj [person] costaud* ; [profit, fine, increase, meal] sacré* ; [bill] salé*

heifer ['hefə'] n génisse *f*

height [haɪt] n **a** [of object, building] hauteur *f* ; [of person] taille *f* ; [of mountain] altitude *f* ▪ **what ~ are you?** combien mesurez-vous ? ▪ **of average ~** de taille moyenne ▪ **to be afraid of ~s** avoir le vertige **b** (= altitude) altitude *f* ▪ **to gain/lose ~** prendre/perdre de l'altitude **c** (= utmost) [of fortune, success] apogée *m* ; [of glory, fame] sommet *m* ; [of absurdity, folly] comble *m* ▪ **at the ~ of his power** au sommet de sa puissance ▪ **at the ~ of his career** à l'apogée de sa carrière ▪ **at the ~ of summer/the storm** au cœur de l'été/l'orage ▪ **at the ~ of the season** au plus fort de la saison ▪ **the ~ of fashion** la toute dernière mode ▪ **the ~ of luxury** le comble du luxe ▪ **the ~ of bad manners** le comble de l'impolitesse ▪ **the crisis was at its ~** la crise avait atteint son paroxysme

heighten ['haɪtn] vt augmenter ; [+ flavour] relever ▪ **this gave her a ~ed awareness of his vulnerability** cela lui a permis de mieux se rendre compte de sa vulnérabilité

heir [ɛə'] n héritier *m* ▪ **he is ~ to a fortune** il héritera d'une fortune ▪ **~ to the throne** héritier *m* de la couronne

heiress ['ɛəres] n héritière *f* (*to* de)

heirloom ['ɛəlu:m] n héritage *m* ▪ **this silver is a family ~** c'est de l'argenterie de famille

heist* [haɪst] (US) n (= robbery) hold-up *m inv* ; (= burglary) casse‡ *m*

held [held] vb pret, ptp of **hold**

helicopter ['helɪkɒptə'] n hélicoptère *m*

helium ['hi:lɪəm] n hélium *m*

he'll [hi:l] ⇒ **he will** ; → **will**

hell [hel] n enfer *m* ▪ **in ~** en enfer ▪ **to make sb's life ~** rendre la vie de qn infernale ▪ **to go through ~** vivre l'enfer ▪ **oh ~!** merde !‡ ▪ **there'll be ~ to pay** ça va barder* ▪ **he did it for the ~ of it** il l'a fait parce qu'il en avait envie ▪ **he scared the ~ out of me** il m'a fichu une de ces frousses* ▪ **what the ~!** (in surprise) merde alors !‡ ; (dismissive) et alors ! ▪ **where the ~ have I put it?** où est-ce que j'ai bien pu le foutre ?‡ ▪ **where the ~ have you been?** où t'étais passé ?* ▪ **to run like ~** courir comme un dératé* ▪ **to ~ with him!** qu'il aille se faire voir !* ▪ **to ~ with it!** la barbe !* ▪ **go to ~!** va te faire voir* !

hello [hə'ləʊ] excl bonjour ! ; (on phone) allo ! ; (to attract attention) hé ! ; (in surprise) tiens !

helm [helm] n barre *f* ▪ **to be at the ~** être à la barre

helmet ['helmɪt] n casque *m*

help [help] **1** n **a** (gen) aide *f* ; (in emergency) secours *m* ▪ **~!** au secours ! ▪ **with the ~ of a computer** à l'aide d'un ordinateur ▪ **to shout for ~** appeler au secours ▪ **to ask sb for ~** demander de l'aide à qn ▪ **to be of ~ to sb** rendre service à qn ▪ **can I be of ~?** je peux vous aider ? ▪ **it was of no ~ at all** cela n'a servi à rien du tout ▪ **you've been a great ~** vous m'avez vraiment rendu service ▸ **help desk** service *m* d'assistance ▸ **help menu** menu *m* d'aide **b** (= cleaner) femme *f* de ménage **2** vt **a** aider ▪ **to ~ sb do sth** aider qn à faire qch ▪ **to ~ each other** s'entraider ▪ **to ~ sb across** aider qn à traverser ▪ **to ~ sb down** aider qn à descendre ▪ **to ~ sb to his feet** aider qn à se lever ▪ **to ~ sb on/off with his coat** aider qn à mettre/à enlever son manteau **b** (= serve) ▪ **to ~ o.s.** se servir ▪ **he ~ed himself to vegetables** il s'est servi en légumes ▪ **~ yourself!** servez-vous ! **c** (= avoid) ▪ **not if I can ~ it!** sûrement pas ! ▪ **one can't ~ wondering whether...** on ne peut s'empêcher de se demander si... ▪ **he can't ~ being stupid** ce n'est pas de sa faute s'il est idiot ▪ **why are you laughing? – I can't ~ it** pourquoi riez-vous ? – c'est plus fort que moi ▪ **it can't**

be ~ed tant pis ! ▪ **I couldn't ~ laughing** je n'ai pas pu m'empêcher de rire ▪ **sorry, I couldn't ~ it** désolé, je ne l'ai pas fait exprès
▸ **help along** vt sep [+ person] aider à marcher ; [+ scheme] faire avancer
▸ **help out** **1** vi aider ; (financially) dépanner* **2** vt sep aider ; (financially) dépanner*

helper ['helpəʳ] n aide *mf*

helpful ['helpfʊl] adj [person, staff] serviable (*to sb* avec qn) ; [suggestion, book] utile

helping ['helpɪŋ] **1** n (= food) portion *f* ▪ **to take a second ~ of sth** reprendre de qch **2** adj ▪ **to give a ~ hand** aider

helpless ['helplɪs] adj (= defenceless) sans défense ▪ **to feel ~** ne savoir que faire ▪ **to be ~ with laughter** être mort de rire

helpline ['helplaɪn] n (service *m* d')assistance *f* téléphonique

hem [hem] **1** n ourlet *m* **2** vt (= sew) ourler
▸ **hem in** vt sep **a** [+ houses, people] cerner **b** (= hinder) entraver ▪ **I feel ~med in** je me sens oppressé

hemisphere ['hemɪsfɪəʳ] n hémisphère *m*

hen [hen] n poule *f* ; (= female bird) femelle *f* ▸ **hen night***, **hen party*** (BR) soirée *f* entre femmes

hence [hens] adv **a** (= therefore) d'où ▪ **~ the name** d'où son nom **b** (= from now) d'ici ▪ **two years ~** d'ici deux ans

henchman ['hentʃmən] n (pl **-men**) homme *m* de main

henna ['henə] n henné *m*

henpecked ['henpekt] adj ▪ **he's a ~ husband** sa femme le mène par le bout du nez

hepatitis [,hepə'taɪtɪs] n hépatite *f*

her [hɜːʳ] **1** pers pron **a** direct object la ; before vowel or silent h l' ▪ **they hate ~** ils la détestent ▪ **I'm going to call ~** je vais l'appeler ▪ **look at ~!** regardez-la ! ▪ **he kissed ~** il l'a embrassée ▪ **I had seen ~** je l'avais vue **b** (indirect object) lui ▪ **what are you giving Pat? – we're going to give ~ a CD** qu'allez-vous offrir à Pat ? – nous allons lui offrir un CD ▪ **what are you going to say to ~?** qu'est-ce que tu vas lui dire ? ▪ **I'm speaking to ~** je lui parle ▪ **write to ~** écrivez-lui **c** (emphatic) elle ▪ **it's ~** c'est elle **d** (after preposition) elle ▪ **I am thinking about ~** je pense à elle ▪ **I'm proud of ~** je suis fier d'elle ▪ **without here** sans elle **2** poss adj son, sa, ses ▪ **~ book** son livre ▪ **~ table** sa table ▪ **~ address** son adresse *f* ▪ **~ clothes** ses vêtements

herb [hɜːb, (US) ɜːb] n herbe *f* ▪ **~s** (for cooking) fines herbes *fpl* ▸ **herb garden** jardin *m* d'herbes aromatiques ▸ **herb tea** infusion *f*

herbal ['hɜːbəl] adj d'herbes ▸ **herbal remedy** remède *m* à base de plantes ▸ **herbal tea** infusion *f*

herbalism ['hɜːbəlɪzəm] n phytothérapie *f*

herbicide ['hɜːbɪsaɪd] n herbicide *m*

herbivore ['hɜːbɪvɔːʳ] n herbivore *m*

herd [hɜːd] **1** n troupeau *m* **2** vt [+ animals] mener en troupeau ▪ **to ~ into** [+ people] parquer dans ▪ **the group was ~ed into a bus** ils ont fait monter le groupe dans un bus

here [hɪəʳ]

1 adv **a** ici ▪ **I live ~** j'habite ici ▪ **come ~** venez ici ▪ **spring is ~** le printemps est là ▪ **this man ~ saw it** cet homme-ci l'a vu ▪ **Mr Moore is not ~ just now** M. Moore n'est pas là en ce moment ▪ **are you there? – yes I'm ~** vous êtes là ? – oui je suis là ▪ **around ~** par ici ▪ **put it in ~** mettez-le ici ▪ **near ~** près d'ici ▪ **over ~** ici ▪ **from ~ to London** d'ici à Londres

b ▪ **~ I am** me voilà ▪ **~ we are at last!** nous voilà enfin arrivés ! ▪ **~ you are!** (giving sth) voilà ! ▪ **~ goes!*** allons-y ! ▪ **~ we go again!** c'est reparti !*

c (set structures)

♦ **here and there** çà et là ▪ **~, there and everywhere** un peu partout

♦ **here and now** tout de suite

♦ **here's to you!** à la tienne !, à la vôtre ! ▪ **~'s to your success!** à votre succès !

2 excl ▪ **~, I didn't promise that at all!** dites donc, je n'ai jamais promis cela ! ▪ **~, you try to open it*** tiens, essaie de l'ouvrir

hereafter [hɪər'ɑːftəʳ] **1** adv (= in the future) après **2** n ▪ **the ~** l'au-delà *m*

hereby [hɪə'baɪ] adv par la présente

hereditary [hɪ'redɪtərɪ] adj héréditaire

heredity [hɪ'redɪtɪ] n hérédité *f*

heresy ['herəsɪ] n hérésie *f*

heretic ['herətɪk] n hérétique *mf*

heretical [hɪ'retɪkəl] adj hérétique

herewith [,hɪə'wɪð] adv ▪ **I am sending you herewith...** je vous envoie ci-joint...

heritage ['herɪtɪdʒ] n patrimoine *m* ▸ **heritage centre** (BR) musée *m*

hermetically [hɜː'metɪkəlɪ] adv hermétiquement ▪ **~ sealed** hermétiquement fermé

hermit ['hɜːmɪt] n ermite *m*

hernia ['hɜːnɪə] n hernie *f*

hero ['hɪərəʊ] (pl **~es**) n héros *m*

heroic [hɪ'rəʊɪk] adj héroïque

heroin ['herəʊɪn] n héroïne *f (drogue)* ▸ **heroin addict** héroïnomane *mf*

heroine ['herəʊɪn] n héroïne *f (femme)*

heroism ['herəʊɪzəm] n héroïsme *m*

heron ['herən] n héron *m*

herpes ['hɜ:pi:z] n herpès *m*

herring ['herɪŋ] n hareng *m*

hers [hɜ:z] poss pron le sien, la sienne, les siens, les siennes ■ **my hands are clean, ~ are dirty** mes mains sont propres, les siennes sont sales ■ **~ is a difficult job** son travail est difficile ■ **this book is ~** ce livre est à elle ■ **a friend of ~** un de ses amis

herself [hɜ:'self] pers pron **a** (reflexive) se ■ **she has hurt ~** elle s'est blessée **b** (emphatic) elle-même ■ **she told me ~** elle me l'a dit elle-même **c** (after preposition) ■ **she's proud of ~** elle est fière d'elle ■ **(all) by ~** toute seule

he's [hi:z] ⇒ **he is, he has** ; → **be, have**

hesitant ['hezɪtənt] adj hésitant ■ **to be ~ about doing sth** hésiter à faire qch

hesitate ['hezɪteɪt] vi hésiter

hesitation [ˌhezɪ'teɪʃən] n hésitation *f*

heterosexual ['hetərəʊ'seksjʊəl] adj, n hétérosexuel(le) *m(f)*

het up* [ˌhet'ʌp] adj énervé ■ **to get ~** s'énerver

hew [hju:] (pret **hewed**, ptp **hewn** or **~ed**) vt [+ stone] tailler ; [+ wood] couper

hexagon ['heksəgən] n hexagone *m*

hexagonal [hek'sægənəl] adj hexagonal

hey [heɪ] excl hé !

heyday ['heɪdeɪ] n (= golden age) âge *m* d'or ■ **in his ~** (= at his most famous) à l'apogée de sa gloire

HGV [ˌeɪtʃdʒi:'vi:] n (abbr of **heavy goods vehicle**) poids *m* lourd

hi* [haɪ] excl (= greeting) salut !*

hiatus [haɪ'eɪtəs] n (pl **~es** or **~**) **a** (= interruption) interruption *f* ; (in series, manuscript, etc) lacune *f* ■ **after a two-week ~** après une interruption de deux semaines **b** (Ling) hiatus *m*

hibernate ['haɪbəneɪt] vi hiberner

hibernation [ˌhaɪbə'neɪʃən] n hibernation *f*

hiccup ['hɪkʌp] **1** n **a** hoquet *m* ■ **to have ~s** avoir le hoquet **b** (= minor setback) contretemps *m* **2** vi hoqueter

hidden ['hɪdn] ptp of **hide** adj caché ■ **~ meaning** sens *m* caché ■ **"no ~ extras"** « garanti sans suppléments » ▸ **hidden agenda** intentions *fpl* cachées

hide [haɪd] (pret **hid** [hɪd] ptp **hidden** ['hɪdn]) **1** vt cacher ■ **to ~ sth from sb** cacher qch à qn ■ **to ~ o.s.** se cacher ■ **I've got nothing to ~** je n'ai rien à cacher ■ **to ~ one's hand** s'avancer masqué **2** vi se cacher **3** n **a** (BR : for hunters, birdwatchers) cachette *f* **b** (= skin) peau *f* ; (= leather) cuir *m*

hide-and-seek ['haɪdən,si:k] n cache-cache *m inv*

hideaway ['haɪdəweɪ] n cachette *f*

hideous ['hɪdɪəs] adj hideux ; [crime] abominable

hideout ['haɪdaʊt] n cachette *f*

hiding ['haɪdɪŋ] n **a** ■ **to be in ~** se tenir caché ■ **to go into ~** se cacher ■ **to come out of ~** sortir de sa cachette ▸ **hiding place** cachette *f* **b** (= beating) raclée* *f*

hierarchy ['haɪərɑ:kɪ] n hiérarchie *f*

hi-fi ['haɪ'faɪ] n chaîne *f* hi-fi ▸ **hi-fi equipment** matériel *m* hi-fi

high [haɪ]

1 adj **a** (gen) haut ■ **the wall is 2 metres ~** le mur fait 2 mètres de haut ■ **how ~ is that tower?** quelle est la hauteur de cette tour ? ■ **how ~ is the mountain?** quelle est l'altitude de la montagne ? ■ **to leave sb ~ and dry** laisser qn en plan*

b (in degree, number) [frequency, tension] haut *before n* ; [speed, number] grand *before n* ; [rent, price] élevé ; [sound, voice] aigu (-guë *f*) ■ **to have ~ blood pressure** avoir de la tension ■ **in ~ places** en haut lieu ■ **to pay a ~ price for sth** payer qch cher ■ **he has a ~ temperature** il a beaucoup de fièvre ■ **the temperature was in the ~ 30s** la température approchait les quarante degrés ■ **it's ~ time you went home** il est grand temps que tu rentres ■ **~ in...** [+ fat, nitrogen] à forte teneur en...

c (* = drunk) parti* ■ **he was ~** (on drugs) il planait

2 adv **a** [climb, jump, throw] haut ■ **~er up** plus haut ■ **~er and ~er** de plus en plus haut ■ **unemployment is climbing ~er and ~er** le chômage augmente de plus en plus

b (in degree, number) ■ **the numbers go as ~ as 200** les nombres montent jusqu'à 200 ■ **I had to go as ~ as $200 for it** j'ai dû aller jusqu'à 200 dollars pour l'avoir ■ **to look ~ and low for sth** chercher qch partout ■ **to hold one's head up ~** avoir la tête haute ■ **feelings ran ~** les esprits étaient échauffés

3 n **a** (= high point) ■ **a new ~** un nouveau record ■ **~s and lows** les hauts *mpl* et les bas *mpl*

b (= weather system) zone *f* de haute pression

4 comp ▸ **high beam** (US) pleins phares *mpl* ▸ **high-class** [hotel, food, service] sélect ; [neighbourhood, flat] (de) grand standing ; [person] du grand monde ; [prostitute] de luxe ▸ **High Court** Haute Cour *f* ▸ **high-end** [products] haut de gamme ▸ **high explosive** explosif *m* puissant ▸ **high-flier, high-flyer** (in profession) ambitieux *m*, -euse *f*, jeune loup *m* (pej); (at school) crack* *m* ▸ **high-flown** [style, discourse] ampoulé ▸ **high-frequency** à haute fréquence ▸ **high-handed** despotique ▸ **high heels** hauts talons *mpl* ▸ **high-income** à hauts revenus ▸ **high-interest** à intérêt élevé ▸ **high jump** saut *m* en hauteur ▸ **high jumper** sauteur *m*, -euse *f* en hauteur ▸ **high-level** [meeting, discussions] à un très haut niveau; [computer language, programming] de haut niveau ▪ **high-level nuclear waste** déchets *mpl* hautement radioactifs ▸ **high-pitched** [voice, sound, note] aigu (-guë *f*) ▸ **high point** [of visit, holiday] temps *m* fort ▪ **the ~ point of the show/evening** le clou du spectacle/de la soirée ▸ **high-powered** [car] très puissant; [person] de haut vol ▸ **high-profile** [position, politician] très en vue; [role] très influent; [issue] très discuté ▸ **high-ranking** haut placé ▸ **high-rise** (= building) tour *f* (d'habitation) ▸ **high-risk** à haut risque ▸ **high school** (US) ≈ lycée; (BR) établissement *m* d'enseignement secondaire ▸ **high season** (BR) haute saison *f* ▸ **high society** haute société *f* ▸ **high-speed** ultrarapide ▪ **a high-speed chase** une course-poursuite ▪ **high-speed train** train *m* à grande vitesse ▸ **high-spirited** [person] plein d'entrain; [horse] fougueux ▸ **high spirits** ▪ **in ~ spirits** (= lively) plein d'entrain; (= happy) tout joyeux ▸ **high street** (BR) [of village] grand-rue *f*; [of town] rue *f* principale ▪ **the high-street banks** les grandes banques *fpl* ▸ **high-strung** (US) très nerveux ▸ **high-tech** de haute technologie; [computer] sophistiqué; [industry, medicine, technique] de pointe ▸ **high tide** marée *f* haute

highbrow ['haɪbraʊ] adj [tastes, interests] d'intellectuel ; [music] pour intellectuels

highchair ['haɪtʃɛəʳ] n chaise *f* haute *(pour enfants)*

higher ['haɪəʳ] compar of **high** **1** adj [animal, primate, species, plant] supérieur ; [degree, diploma] d'études supérieures ▸ **higher education** enseignement *m* supérieur **2** adv plus haut **3** n (also **Higher Grade**) (in Scottish education system) diplôme *m* de fin d'études secondaires, ≈ baccalauréat

highlands ['haɪləndz] npl montagnes *fpl* ▪ **the Highlands** (in Britain) les Highlands *mpl*

highlight ['haɪlaɪt] **1** n **a** (= high point) ▪ **the ~s of the match** les temps *mpl* forts du match ▪ **the ~ of the evening** le clou de la soirée **b** (in hair) reflet *m* ▪ **to have ~s put in one's hair** se faire faire des mèches *fpl* **2** vt **a** (= emphasize) souligner **b** (with highlighter pen) surligner ; (= underline) souligner ; (on computer) sélectionner

highlighter ['haɪˌlaɪtəʳ] n (= pen) surligneur *m*

highly ['haɪlɪ] adv (= very) très ; [skilled, qualified, unlikely, professional] hautement ▪ **~ polished** [wood] bien astiqué ▪ **to speak/think ~ of sb/sth** dire/penser beaucoup de bien de qn/qch ▸ **highly-paid** [person, job] très bien payé ▸ **highly-trained** [scientist, academic] de haut niveau ▸ **highly strung** très nerveux

highness ['haɪnɪs] n ▪ **His** or **Her/Your Highness** Son/Votre Altesse *f*

highway ['haɪweɪ] n **a** (US = main road) grande route *f* ▸ **highway patrol** police *f* de la route **b** (= public highway) voie *f* publique ▸ **highway code** (BR) code *m* de la route

hijack ['haɪdʒæk] vt [+ plane] détourner ; [+ idea] s'approprier

hijacker ['haɪdʒækəʳ] n pirate *mf* (de l'air or de la route or du rail)

hijacking ['haɪdʒækɪŋ] n détournement *m*

hike [haɪk] **1** n **a** randonnée *f* (à pied) ▪ **to go for a ~** faire une randonnée (pédestre) **b** (* = increase) hausse *f* **2** vi faire des randonnées (pédestres) ▪ **we spent our holidays hiking in France** nous avons randonné en France pendant nos vacances

hiker ['haɪkəʳ] n randonneur *m*, -euse *f*

hiking ['haɪkɪŋ] n randonnée *f* (à pied) ▸ **hiking boots** chaussures *fpl* de randonnée

hilarious [hɪ'lɛərɪəs] adj hilarant

hill [hɪl] n colline *f* ; (= slope) côte *f* ; (up) montée *f* ; (down) descente *f* ▪ **he was going up the ~** il montait la colline ▪ **he's over the ~*** il se fait vieux ▸ **hill walker** randonneur *m*, -euse *f* ▸ **hill walking** randonnée *f* (en moyenne montagne)

hillside ['hɪlsaɪd] n coteau *m* ▪ **on the ~** à flanc de coteau

hilltop ['hɪltɒp] n ▪ **on the ~** en haut de la colline

hilly ['hɪlɪ] adj [country] vallonné ; [road] qui monte et qui descend

hilt [hɪlt] n [of sword] garde *f* ▪ **to back sb to the ~** soutenir qn à fond

him [hɪm] pers pron **a** direct object le ; (before vowel or silent h) l' ▪ **she hates ~** elle le déteste ▪ **I'm going to call ~** je vais l'appeler ▪ **I have seen ~** je l'ai vu ▪ **don't disturb ~** ne le dérangez pas ▪ **look at ~!** regardez-le ! **b** (indirect object) lui ▪ **I'm going to phone ~ tomorrow** je vais lui téléphoner demain ▪ **she sent ~ a card from Brittany** elle lui a envoyé une carte de Bretagne ▪ **what are you going to say to ~?** qu'est-ce que tu vas lui dire ? ▪ **nobody spoke to ~** personne ne lui a parlé ▪ **write to ~** écrivez-lui **c** (emphatic) lui ▪ **it's ~** c'est lui **d** (used after preposition) lui ▪ **I am thinking about ~** je pense à lui ▪ **I'm proud of ~** je suis fier de lui ▪ **without ~** sans lui

Himalayas [ˌhɪməˈleɪəz] npl ▪ **the ~** l'Himalaya *m*

himself [hɪmˈself] pers pron **a** (as reflexive) se ▪ **he has hurt ~** il s'est blessé **b** (emphatic) lui-même ▪ **he told me ~** il me l'a dit lui-même **c** (after preposition) ▪ **he's proud of ~** il est fier de lui ▪ **(all) by ~** tout seul

hind [haɪnd] adj [legs] de derrière

hinder [ˈhɪndəʳ] vt (= prevent) entraver, gêner ; (= delay) retarder ▪ **the rocky terrain ~ed their progress** le terrain rocheux les a freinés

hindrance [ˈhɪndrəns] n obstacle *m* ▪ **to be a ~ to sb/sth** gêner qn/qch ▪ **he is more of a ~ than a help** il gêne plus qu'il n'aide

hindsight [ˈhaɪndsaɪt] n ▪ **in ~** avec le recul

Hindu [ˈhɪnduː] **1** adj hindou **2** n Hindou(e) *m(f)*

hinge [hɪndʒ] **1** n [of door] gond *m*, charnière *f* ▪ **the door came off its ~s** la porte est sortie de ses gonds **2** vi ▪ **to ~ on sth** dépendre de qch

hint [hɪnt] **1** n **a** allusion *f* ▪ **to drop a ~** faire une allusion ▪ **he knows how to take a ~** il comprend à demi-mot ▪ **I'll give you a ~** je vais vous donner un indice **b** (= advice) conseil *m* **c** (= trace) [of colour] touche *f* ; [of taste, flavour] soupçon *m* **2** vt insinuer ▪ **he ~ed to me that he was unhappy** il m'a laissé entendre qu'il était malheureux **3** vi ▪ **to ~ at sth** faire allusion à qch

hip [hɪp] **1** n hanche *f* ▪ **to break one's ~** se casser le col du fémur ▸ **hip replacement** pose *f* d'une prothèse de la hanche ▸ **hip size** tour *m* de hanches **2** adj (* = up-to-date) branché*

hip-hop [ˈhɪphɒp] n hip-hop *m*

hippie* [ˈhɪpɪ] adj, n hippie *mf*

hippo* [ˈhɪpəʊ] n hippopotame *m*

hippopotamus [ˌhɪpəˈpɒtəməs] n hippopotame *m*

hippy* [ˈhɪpɪ] adj, n hippie *mf*

hipsters [ˈhɪpstəz] npl (BR) pantalon *m* taille basse

hire [ˈhaɪəʳ] **1** n (BR = act of hiring) location *f* ▪ **for ~** [car, boat, building] à louer ; [taxi] libre ▪ **on ~** en location ▪ **car/ski ~** location *f* de voitures/de skis **2** vt **a** (BR = rent) louer ▪ **a hire(d) car** une voiture de location **b** (= employ) [+ person] embaucher ▪ **a ~d killer** un tueur à gages **3** vi embaucher

▸ **hire out** vt sep **a** (BR = rent out) louer **b** (US) ▪ **he ~s himself out as a gardener** il loue ses services comme jardinier

his [hɪz] **1** poss adj son, sa, ses ▪ **~ book** son livre ▪ **~ table** sa table ▪ **~ friend** son ami(e) ▪ **~ clothes** ses vêtements ▪ **he has broken ~ leg** il s'est cassé la jambe **2** poss pron le sien, la sienne, les siens, les siennes ▪ **my hands are clean, ~ are dirty** mes mains sont propres, les siennes sont sales ▪ **this book is ~** ce livre est à lui ▪ **a friend of ~** un de ses amis ▪ **it's no fault of ~** ce n'est pas de sa faute

Hispanic [hɪˈspænɪk] **1** adj hispanique ; (in America) hispano-américain **2** n Hispano-Américain(e) *m(f)*

hiss [hɪs] **1** vi [person, snake] siffler ; [cat] cracher **2** n sifflement *m*

hissy fit* [ˈhɪsɪfɪt] n ▪ **to throw a ~** piquer une crise*

historian [hɪˈstɔːrɪən] n historien(ne) *m(f)*

historic [hɪˈstɒrɪk] adj historique ▪ **site of ~ interest** site *m* historique ; → *Pièges* HISTORIC

historical [hɪˈstɒrɪkəl] adj historique ▪ **place of ~ interest** site *m* historique ; → *Pièges* HISTORIC

history [ˈhɪstərɪ] n histoire *f* ▪ **it will go down in ~ (as...)** cela entrera dans l'histoire (comme étant...) ▪ **his medical ~** son passé médical

hit [hɪt] vb (pret, ptp **hit**)

1 n **a** (= stroke, blow) coup *m*

b (= successful stroke) beau coup *m* ; (with bomb, bullet, shell) tir *m* réussi

c (= book, film) gros succès *m* ; (= song) tube* *m*

2 vt **a** (= strike) frapper ; (= knock against) heurter ; (= reach) atteindre ; [+ key on keyboard] appuyer sur ▪ **he ~ his brother** il a frappé son frère ▪ **he ~ his head on the corner of the table** sa tête a heurté le coin de la table ▪ **he was ~ by three bullets** il a reçu trois balles ▪ **the house was ~ by a bomb** la maison a été atteinte par une bombe ▪ **you've ~ the nail on the head!** vous avez mis le doigt dessus !

b (= affect adversely) toucher

c (= collide with) heurter ▪ **the car ~ a pedestrian** la voiture a renversé un piéton

d (= find) trouver ; [+ problems, difficulties] rencontrer ▪ **we've ~ a snag** on est tombé sur un os*

e ▪ **to ~ the papers** [news, story] être à la une des journaux ▪ **oil prices ~ record levels yesterday** le prix du pétrole a atteint un niveau record hier ▪ **then it ~ me*** (= realization) ça a fait tilt* ▪ **it suddenly ~ me* that...** j'ai soudain réalisé que... ▪ **to ~ the roof*** sortir de ses gonds ▪ **to ~ the road*** se mettre en route

3 comp ▸ **hit list** liste *f* noire ▸ **hit parade** hit-parade *m* ▸ **hit single** tube* *m*

▸ **hit back**

Hi

1 vi riposter ■ to ~ back at sb se venger de qn ■ to ~ back at sb's criticism/accusations riposter à la critique/aux accusations de qn
2 vt sep ■ to ~ sb back frapper qn en retour
▸ hit it off * vi ■ to ~ it off with sb bien s'entendre avec qn ■ they ~ it off straight away ils se sont immédiatement bien entendus
▸ hit (up)on vt insep (= find) tomber sur
▸ hit out vi a (physically) ■ to ~ out at sb donner un coup à qn b (= retaliate) riposter ■ to ~ out at sb s'en prendre à qn

hit-and-miss [hɪtn'mɪs] adj ■ **it was all rather ~** il n'y avait pas beaucoup de méthode dans tout cela

hit-and-run [hɪtn'rʌn] adj ■ **~ accident** accident *m* avec délit de fuite ▸ **hit-and-run driver** chauffard *m* coupable de délit de fuite

hitch [hɪtʃ] 1 n (= obstacle) (petit) problème *m* 2 vt a (= fasten) attacher ; [of boat] amarrer b (* = be hitch-hiking) ■ **to ~ a lift (to Paris)** faire du stop* (jusqu'à Paris) 3 vi * faire du stop*

hitch-hike ['hɪtʃhaɪk] vi faire du stop* ■ **they ~d to Paris** ils sont allés à Paris en stop

hitch-hiker ['hɪtʃhaɪkəʳ] n auto(-)stoppeur *m*, -euse *f*

hitch-hiking ['hɪtʃhaɪkɪŋ] n auto(-)stop *m*

hi-tec(h) ['haɪ'tek] adj ⇒ **high-tech**

hitherto [,hɪðə'tuː] adv jusqu'ici

hitman * ['hɪtmæn] n (pl **-men**) tueur *m* à gages

HIV [,eɪtʃaɪ'viː] n (abbr of **human immunodeficiency virus**) HIV *m* ▸ **HIV-negative** séronégatif ▸ **HIV-positive** séropositif

hive [haɪv] n ruche *f* ■ **a ~ of activity** une vraie ruche

hiya ‡ ['haɪjə] excl salut !*

hoard [hɔːd] 1 n réserves *fpl* ; (pej) stock *m* (pej) ; (= treasure) trésor *m* ■ **a ~ of food** des provisions *fpl* ■ **a ~ of silver and jewels** un trésor d'argenterie et de bijoux 2 vt [+ food] stocker ; [+ money] amasser

hoarse [hɔːs] adj enroué

hoax [həʊks] n canular *m* ■ **to play a ~ on sb** faire un canular à qn

hob [hɒb] n (on cooker) plan *m* de cuisson

hobble ['hɒbl] vi ■ **to ~ along** aller clopin-clopant ■ **to ~ in/out** entrer/sortir en clopinant

hobby ['hɒbɪ] n passe-temps *m inv*

hobnob ['hɒbnɒb] vi ■ **to ~ with** frayer avec

hobo ['həʊbəʊ] n (pl **hobo(e)s**) (US) a (= tramp) clochard(e) *m(f)* b (= migratory worker) saisonnier *m*, -ière *f*

hockey ['hɒkɪ] n (= field hockey) hockey *m* ; (= ice hockey) hockey *m* sur glace ▸ **hockey stick** crosse *f* de hockey

hoe [həʊ] 1 n binette *f* 2 vt [+ ground] biner

hog [hɒg] 1 n porc *m* 2 vt * monopoliser ■ **don't ~ all the sweets** ne garde pas tous les bonbons pour toi

Hogmanay [,hɒgmə'neɪ] n (Scot) la Saint-Sylvestre

hogwash * ['hɒgwɒʃ] n (= nonsense) inepties *fpl*

hoist [hɔɪst] 1 vt hisser 2 n (= equipment) appareil *m* de levage ; (made of rope) palan *m*

hold [həʊld]

1 n a (= grip) prise *f* ; (= control) emprise *f* ■ **their ~ on the media** leur emprise sur les médias
b [of ship] cale *f* ; [of plane] soute *f*
c (set structures)
♦ **to catch hold (of sth)** attraper (qch) ■ **he caught ~ of her arm** il l'a attrapée par le bras
♦ **to get/take a hold of** (= catch) prendre ■ **to get a ~ of o.s.** se contrôler ■ **get a ~ of yourself!** ressaisis-toi !
♦ **to get hold of** (= find) [+ object] réussir à se procurer ; [+ details, information, money] réussir à obtenir ; (= contact) [+ person] contacter ■ **the press got ~ of the story** la presse s'est emparée de l'histoire
♦ **to take hold** [fire] prendre ; [recession, disease] s'installer
♦ **on hold** [phone call, order] en attente ■ **nuclear testing was put on ~** les essais nucléaires ont été suspendus ■ **he put his career on ~** il a mis sa carrière entre parenthèses
2 vt a (= grasp) tenir ■ **he held my arm** il me tenait le bras ■ **they were ~ing hands** ils se tenaient par la main ■ **she held him tight** elle l'a serré très fort
b (= keep in place) ■ **to ~ sth in place** maintenir qch en place ■ **she held the door open** elle a tenu la porte (ouverte)
c (= support) supporter ■ **the ladder won't ~ you** l'échelle ne supportera pas ton poids
d (= maintain) ■ **to ~ sb's attention/interest** retenir l'attention/l'intérêt de qn ■ **this car ~s the road well** cette voiture tient bien la route ■ **to ~ one's breath** retenir son souffle ■ **don't ~ your breath!** (= don't count on it) n'y compte pas trop ! ■ **~ the line please!** ne quittez pas !
e (= possess) [+ ticket, permit, driving licence] avoir ; [+ shares, record] détenir
f ■ **to ~ one's own** bien se débrouiller

g (= occupy) [+ post, position] occuper

h (= cause to take place) [+ meeting, election, debate] tenir ; [+ conversation] avoir ; [+ examination] organiser ■ **the interviews are being held in London** les entretiens ont lieu à Londres

i (= contain) contenir ■ **this box will ~ all my books** cette caisse est assez grande pour contenir tous mes livres ■ **this room ~s 20 people** cette salle peut accueillir 20 personnes ■ **I wonder what the future ~s** je me demande ce que l'avenir nous réserve

j (= keep) garder ■ **I will ~ the money until...** je garderai l'argent jusqu'à ce que... ■ **we don't ~ that information on our files** nous n'avons pas ces informations dans nos fichiers ■ **the data is held on computer** les données sont informatisées

k (= restrain) [+ person] retenir ■ **the police held him for two days** la police l'a gardé (à vue) pendant deux jours ■ **~ it!*** stop !

l (= believe) ■ **to ~ that...** maintenir que... ■ **to ~ sb responsible for sth** tenir qn pour responsable de qch

m ♦ **to hold sth against sb** en vouloir à qn de qch ■ **I don't ~ it against him** je ne lui en veux pas

3 vi a (= remain in place) [rope, nail, dam] tenir ■ **to ~ firm** (= stay in place) tenir

b [weather] se maintenir

c (on phone) ■ **can you ~, please?** ne quittez pas !

d [statement, argument] être valable

▸ **hold back**

1 vi (= not move forward) rester en arrière ; (= not act) se retenir

2 vt sep a [+ fears, emotions] maîtriser ; [+ tears] retenir ■ **the police held back the crowd** la police a contenu la foule ■ **to ~ sb back from doing sth** empêcher qn de faire qch ■ **he was ~ing something back from me** il me cachait quelque chose b (US) [+ pupil] faire redoubler ■ **to be held back** redoubler

▸ **hold down** vt sep a (= keep in place) maintenir en place ; [+ person] maîtriser b [+ aspiring person] empêcher de progresser c [+ costs, prices, inflation, taxes] empêcher d'augmenter d [+ job] (= have) occuper ; (= keep) garder ■ **he can't ~ down a job** il ne garde jamais longtemps le même travail

▸ **hold forth** vi faire des discours

▸ **hold off**

1 vi ■ **the rain has held off so far** jusqu'ici il n'a pas plu

2 vt sep a (= prevent from approaching) tenir à distance ■ **try to ~ him off a little longer** (= make him wait) essayez de le faire patienter encore un peu b (= delay) ■ **to ~ off doing sth** attendre pour faire qch

▸ **hold on** vi a (= endure) tenir bon b (= wait) attendre ■ **~ on!** attendez ! ; (on telephone) ne quittez pas !

▸ **hold on to** vt insep a (= cling to) [+ rope, branch] s'accrocher à ; [+ hope, idea] se raccrocher à b (= keep) garder ■ **~ on to this for me** (= hold it) tiens-moi ça ; (= keep it) garde-moi ça

▸ **hold out**

1 vi a (= last) [supplies] durer ■ **if his luck ~s out** s'il continue à avoir de la chance b (= resist) tenir bon

2 vt sep [+ object, hand] tendre (*sth to sb* qch à qn) ■ **to ~ out one's arms** ouvrir les bras

3 vt insep ■ **to ~ out the hope of sth** permettre d'espérer qch ■ **the doctors ~ out little hope for him** les médecins ont peu d'espoir de le sauver

▸ **hold out on*** vt insep ■ **you've been ~ing out on me!** tu m'as caché quelque chose !

▸ **hold together**

1 vi [objects] tenir (ensemble) ; [groups, people] rester uni

2 vt sep [+ objects] maintenir ensemble ; [+ political party] maintenir l'union de

▸ **hold up**

1 vi a (physically) tenir ■ **that building won't ~ up much longer** ce bâtiment ne tiendra plus longtemps debout b [argument] être valable

2 vt sep a (= raise) lever ■ **~ it up higher** tiens-le plus haut ■ **~ up your hand** levez la main ■ **~ it up so that we can see it** levez-le pour qu'on le voie b (= support) soutenir ■ **the roof is held up by pillars** le toit est soutenu par des piliers c (= stop) arrêter ; (= suspend) suspendre ; (= cause delay to) retarder ■ **the traffic was held up by the accident** l'accident a ralenti la circulation ■ **I'm sorry, I was held up** excusez-moi, j'ai été retenu d [robber] attaquer (à main armée)

→ *Pièges* RETAIN

holdall ['həʊldɔːl] n (BR) (sac *m*) fourre-tout *m inv*

holder ['həʊldəʳ] n a [of ticket, card, record, title] détenteur *m*, -trice *f* ; [of passport, office, post, diploma] titulaire *mf* ■ **account ~** titulaire *mf* d'un compte b (for putting things in) support *m*

holdup ['həʊldʌp] n a (= robbery) attaque *f* à main armée b (= delay) retard *m* ; (in traffic) embouteillage *m*

hole [həʊl] n trou *m* ; [of rabbit, fox] terrier *m* ■ **to wear a ~ in sth** trouer qch ■ **there were some ~s in his argument** il y avait des failles *fpl* dans son argumentation

holiday ['hɒlɪdeɪ] n (= vacation) vacances *fpl* ; (= public holiday) jour *m* férié ■ **paid ~s** congés *mpl* payés ■ **the school ~(s)** les vacances *fpl* scolaires ■ **on ~** en vacances ▸ **holiday camp** (BR) camp *m* de vacances ▸ **holiday home** maison *f* de vacances ▸ **holiday job** (BR) emploi *m* temporaire *(pendant les vacances)* ▸ **holiday-maker** (BR) vacancier *m*, -ière *f* ▸ **holiday resort** station *f* touristique ▸ **holiday season** période *f* de vacances ▸ **holiday tummy*** tourista* *f* ; → *Pièges* HOLIDAY

holier-than-thou* ['həʊlɪəðən'ðaʊ] adj [person, attitude] suffisant

holiness ['həʊlɪnɪs] n sainteté *f* ■ **His Holiness** Sa Sainteté

holistic [həʊ'lɪstɪk] adj holistique

Holland ['hɒlənd] n Hollande *f*

holler* ['hɒlə'] vti brailler ■ **to ~ at sb** (= tell off) crier après qn

hollow ['hɒləʊ] **1** adj [object, words] creux ; [victory] faux (fausse *f*) ; [promise, threat] vain **2** n (in ground, tree) creux *m* ; (= valley) cuvette *f*

▸ **hollow out** vt creuser ; [+ fruit] évider

holly ['hɒlɪ] n houx *m*

holocaust ['hɒləkɔːst] n holocauste *m*

hologram ['hɒləˌgræm] n hologramme *m*

holster ['həʊlstə'] n étui *m* de revolver

holy ['həʊlɪ] adj saint ■ **on ~ ground** dans un lieu saint ▸ **the Holy Bible** la sainte Bible ▸ **Holy Communion** sainte communion *f* ▸ **the Holy Ghost** le Saint-Esprit ▸ **the Holy Land** la Terre sainte ■ **in the Holy Land** en Terre sainte ▸ **holy matrimony** liens *mpl* sacrés du mariage ■ **they were joined in ~ matrimony** ils ont été unis par les liens sacrés du mariage ▸ **the Holy Spirit** le Saint-Esprit ▸ **the Holy Trinity** la sainte Trinité ▸ **holy water** eau *f* bénite

homage ['hɒmɪdʒ] n hommage *m* ■ **to pay ~ to sb/sth** rendre hommage à qn/qch ■ **in ~ to sb/sth** en hommage à qn/qch

home [həʊm] **1** n **a** (= place to live) maison *f* ■ **it is quite near my ~** c'est tout près de chez moi ■ **he has no ~** il n'a pas de foyer ■ **to give sb/an animal a ~** recueillir qn/un animal chez soi ■ **it's a ~ from ~** (BR) or **away from ~** (US) c'est mon second chez-moi (or son second chez-soi, etc) ■ **he comes from a broken ~** il vient d'un foyer désuni ■ **at ~** chez soi (or lui or moi, etc), à la maison ■ **I'll be at ~ this afternoon** je serai chez moi cet après-midi ■ **is Paul at ~?** est-ce que Paul est à la maison ? ■ **Celtic are playing Rangers at ~** le Celtic joue à domicile contre les Rangers ■ **to make o.s. at ~** se mettre à l'aise ■ **make yourself at ~!** faites comme chez vous ! ■ **at ~ and abroad** ici et à l'étranger ■ **to play away from ~** (Sport) jouer à l'extérieur **b** (= country of origin) pays *m* natal ■ **Scotland is the ~ of the haggis** l'Écosse est le pays du haggis **c** (= institution) institution *f* ; (shorter-term) foyer *m* ■ **children's ~** maison *f* pour enfants **d** (Baseball) base *f* de départ **2** adv **a** chez soi (or lui or moi, etc), à la maison ■ **to go ~** rentrer à la maison ■ **to get ~** rentrer ■ **to be ~ and dry** or (US) **~ free** être arrivé au bout de ses peines **b** (from abroad) dans son pays, chez soi ■ **to go ~** rentrer dans son pays **c** ■ **to bring sth ~ to sb** faire comprendre qch à qn **3** adj (= national) national ; [policy, market] intérieur (-eure *f*) ▸ **home address** (on forms) domicile *m* (permanent) ; (as opposed to business address) adresse *f* personnelle ▸ **home advantage** (Sport) avantage *m* à l'équipe qui reçoit ▸ **home automation** domotique *f* ▸ **home cooking** cuisine *f* familiale ▸ **the Home Counties** (BR) *les comtés qui entourent Londres* ▸ **home economics** économie *f* domestique ▸ **home-grown** (= not foreign) du pays ; (= from own garden) du jardin ▸ **home help** (BR = person) aide *f* ménagère ▸ **home improvements** (= DIY) bricolage *m* ▸ **home loan** prêt *m* immobilier ▸ **home-made** fait maison ▸ **home movie** vidéo *f* amateur ▸ **the Home Office** (BR) ≈ le ministère de l'Intérieur ▸ **home owner** propriétaire *mf* ▸ **home page** (on Internet) page *f* d'accueil ▸ **home run** (Baseball) coup *m* de circuit ■ **to hit a ~ run** réussir un coup de circuit ; (US : fig) réussir un beau coup ▸ **Home Secretary** (BR) ≈ ministre de l'Intérieur ▸ **home shopping** (by computer, television) téléachat *m* ; (by post, telephone) *achat par correspondance ou par téléphone* ▸ **home straight, home stretch** ■ **to be in the ~ straight** être dans la dernière ligne droite ▸ **home town** ■ **my ~ town** (= place of birth) ma ville natale ; (= where I grew up) la ville où j'ai grandi

→ *Pièges* HOME

homecoming ['həʊmkʌmɪŋ] n **a** retour *m* à la maison ; (to one's country) retour *m* au pays ; [of soldier] retour *m* au foyer **b** (US Scol, Univ) fête *f* annuelle *(marquant le début de l'année scolaire ou universitaire)*

homeland ['həʊmlænd] n patrie *f*

homeless ['həʊmlɪs] **1** adj sans domicile **2** **the homeless** npl les SDF *mpl*

homely ['həʊmlɪ] adj **a** (BR) [person] aux goûts simples ; [atmosphere, room, place] accueillant ; [dish, food] simple **b** (US = plain) [person] quelconque

homeopath ['həʊmɪəʊpæθ] n homéopathe *mf*

homeopathic [ˌhəʊmɪəʊ'pæθɪk] adj [medicine, methods] homéopathique

homeopathy [ˌhəʊmɪ'ɒpəθɪ] n homéopathie *f*

homeroom ['həʊmrʊm] n (US) salle f de classe *(affectée à une classe particulière)* ▸ **homeroom teacher** ≈ professeur principal

homesick ['həʊmsɪk] adj ▪ **to be ~** avoir le mal du pays

homestead ['həʊmsted] n (= house) propriété f ; (= farm) ferme f

homesteader ['həʊm,stɛdə] n a (US) colon m *(pionnier)* b (= farm-owner) propriétaire mf d'une ferme ; (Austral, NZ) (= ranch-owner) propriétaire mf d'un ranch

homeward ['həʊmwəd] 1 adj de retour ▪ **~ journey** (voyage m de) retour m 2 adv (BR) ▪ **to head ~(s)** retourner chez soi ▪ **to be ~ bound** être sur le chemin de retour

homework ['həʊmwɜːk] n (for school) devoirs mpl ▪ **to do one's ~** (= research) se documenter, faire ses devoirs

homicidal [,hɒmɪ'saɪdl] adj [tendencies] homicide ; [rage] meurtrier ▪ **~ maniac** fou m dangereux, folle f dangereuse

homicide ['hɒmɪsaɪd] n (= act) homicide m

homing ['həʊmɪŋ] adj [missile] à tête chercheuse ▸ **homing device** tête f chercheuse ▸ **homing pigeon** pigeon m voyageur

homophobia [,hɒməʊ'fəʊbɪə] n homophobie f

homophobic [,hɒməʊ'fəʊbɪk] adj homophobe

homosexual [,hɒməʊ'seksjʊəl] adj, n homosexuel(le) m(f)

homosexuality [,hɒməʊseksjʊ'ælɪtɪ] n homosexualité f

Honduras [hɒn'djʊərəs] n Honduras m

hone [həʊn] vt a [+ abilities, wit, skill] affiner b [+ blade] affûter

honest ['ɒnɪst] adj honnête ▪ **to be ~ (with you)...** à vrai dire... ▪ **the ~ truth** la pure vérité ▸ **honest broker** (BR esp Pol) médiateur m, -trice f

honestly ['ɒnɪstlɪ] adv [act, behave, say, answer] honnêtement ; [think, expect] vraiment ▪ **~?** c'est vrai ? ▪ **I can ~ say that...** franchement, je peux dire que... ▪ **I ~ believe that...** je suis convaincu que... ▪ **no, ~, I'm fine** non, vraiment, je me sens bien ▪ **~, I don't care** honnêtement, ça m'est égal

honesty ['ɒnɪstɪ] n [of person] honnêteté f ; [of words, writing] franchise f ▪ **in all ~** en toute honnêteté

honey ['hʌnɪ] n a miel m b (= person) ▪ **yes, ~*** oui, chéri(e) ▪ **she's a ~*** elle est adorable

honeycomb ['hʌnɪkəʊm] n rayon m de miel

honeymoon ['hʌnɪ,muːn] n (= trip) voyage m de noces ; (= period) lune f de miel ▪ **to be on ~** être en voyage de noces ▸ **honeymoon suite** suite f nuptiale

honeysuckle ['hʌnɪsʌkəl] n chèvrefeuille m

Hong Kong [,hɒŋ'kɒŋ] n Hong-Kong

honk [hɒŋk] 1 vi [driver] klaxonner 2 vt ▪ **to ~ one's horn** klaxonner

honor ['ɒnəʳ] n (US) ⇒ **honour**

honorable ['ɒnərəbl] adj (US) ⇒ **honourable**

honorary ['ɒnərərɪ] adj [official, member] honoraire ; [duties, titles] honorifique ; [degree] accordé à titre honorifique

honour, honor (US) ['ɒnəʳ] 1 n a honneur m ▪ **in ~ of...** en l'honneur de... b ▪ **to do the ~s** (= introductions) faire les présentations *(entre invités)* c (title) ▪ **Your/His Honour** Votre/Son Honneur d (BR) ▪ **to take ~s in English** ≈ faire une licence d'anglais ▪ **he got first-/second-class ~s in English** ≈ il a eu sa licence d'anglais avec mention très bien/mention bien 2 vt (gen) honorer ; [+ agreement] respecter ▪ **to feel ~ed** être honoré ▪ **I'm ~ed** je suis très honoré ▪ **~ed guest** invité(e) m(f) d'honneur 3 comp ▸ **honor roll** (US : Scol) liste f des meilleurs élèves ▸ **honors degree** (US) licence f avec mention ▸ **honor society** (US) club m des meilleurs élèves ▸ **honour-bound** ▪ **to be honour-bound to do sth** être tenu par l'honneur de faire qch ▸ **honours degree** (BR) ≈ licence

honourable, honorable (US) ['ɒnərəbl] adj honorable

hood [hʊd] n a (on garment) capuchon m ; [of executioner, terrorist] cagoule f b (US : on car) capot m c (over fire, cooker) hotte f

hooded ['hʊdɪd] adj [monk, figure] encapuchonné ; [gunman] encagoulé

hoodie ['hʊdɪ] n (= sweatshirt) sweat m à capuche ; (= youth) jeune m portant une capuche *(souvent considéré comme potentiellement délinquant)*

hoodlum ['huːdləm] n truand m

hoodwink ['hʊd,wɪŋk] vt tromper

hoof [huːf] n (pl **hooves**) sabot m

hook [hʊk] 1 n (gen) crochet m ; (for hanging coats) patère f ; (on dress) agrafe f ; (for fishing) hameçon m ▪ **to take the phone off the ~** décrocher le téléphone ▪ **to get sb off the ~*** tirer qn d'affaire ▸ **hook-up*** n (TV, Radio) duplex m; (with person) relation f d'un soir 2 vt a (= attach) accrocher ▪ **he ~ed his arm over the chair** il a passé son bras par-dessus le dossier de la chaise b [+ fish] prendre

hooked [hʊkt] adj a (= hook-shaped) [nose] crochu ; [object] recourbé b (* = fascinated) fasciné (*on* par), accroché* ; (* = dependent) dépendant (*on* de) ▪ **he's ~ on it** il ne peut plus s'en passer ▪ **to get ~ on** [+ drugs] devenir accro* à ; [+ jazz, television] devenir enragé* de

hooker ['hʊkəʳ] n **a** (Rugby) talonneur *m* **b** (‡ = prostitute) pute‡ *f*

hook(e)y* ['hʊkɪ] n ▪ **to play ~** sécher les cours

hooligan ['hu:lɪgən] n hooligan *m*

hooliganism ['hu:lɪgənɪzəm] n hooliganisme *m*

hoop [hu:p] n cerceau *m*

hooray [hu:'reɪ] excl hourra

hoot [hu:t] **1** n [of owl] hululement *m* ; [of car] coup *m* de klaxon® ▪ **~s of laughter** des éclats de rire ▪ **I don't give a ~*** je m'en fiche* ▪ **it was a ~*** c'était tordant* **2** vi [owl] hululer ; [driver] klaxonner ▪ **to ~ with laughter** rire aux éclats **3** vt ▪ **to ~ one's horn** klaxonner

hooter ['hu:təʳ] n [of factory] sirène *f* ; (BR) [of car] klaxon® *m*

Hoover® ['hu:vəʳ] (BR) **1** n aspirateur *m* **2** vt ▪ **to hoover a carpet/a room** passer l'aspirateur sur un tapis/dans une pièce

hooves [hu:vz] pl of **hoof**

hop [hɒp] vi [person] (on one foot) sauter à cloche-pied ; (= jump) sauter ; [bird] sautiller ▪ **~ in!** (in vehicle) montez !

hope [həʊp] **1** n espoir *m* (*of doing sth* de faire qch) ▪ **she lives in the ~ of seeing her son again** elle vit dans l'espoir de revoir un jour son fils ▪ **in the ~ that...** dans l'espoir que... ▪ **to have ~s of doing sth** avoir l'espoir de faire qch ▪ **I haven't much ~ of succeeding** je n'ai pas beaucoup d'espoir de réussir ▪ **to give up ~ of doing sth** abandonner l'espoir de faire qch ▪ **beyond ~** sans espoir ▪ **she hasn't a ~ of being promoted** elle n'a pas la moindre chance d'être promue ▪ **there is no ~ of that** c'est hors de question ▪ **don't raise her ~s too much** ne lui donne pas trop d'espoir ▪ **to lose all ~ of sth/of doing** perdre tout espoir de qch/de faire **2** vi espérer ▪ **to ~ for money/for success** espérer gagner de l'argent/avoir du succès ▪ **it was too much to ~ for (that...)** ça aurait été trop beau (que... *+ subj*) ▪ **to ~ for the best** espérer que tout se passe au mieux ▪ **to ~ against ~** espérer en dépit de tout **3** vt espérer ▪ **I ~ he comes** j'espère qu'il viendra ▪ **I ~ to see you** j'espère te voir ▪ **hoping to hear from you** (in letter) dans l'espoir d'avoir de vos nouvelles ▪ **I ~ so** (answer to question) j'espère que oui ; (agreeing with sb's statement) je l'espère ▪ **I ~ not** (answer to question) j'espère que non ; (agreeing) j'espère bien que non !

hopeful ['həʊpfʊl] **1** adj **a** (= optimistic) [person, face] plein d'espoir ▪ **to be ~ (that...)** avoir bon espoir (que...) **b** (= promising) [sign, future] prometteur ; [situation, news] encourageant **2** n ▪ **the young ~s** (showing promise) les jeunes espoirs *mpl*

hopefully ['həʊpfəlɪ] adv **a** (= optimistically) [say, look at] avec espoir ▪ **... she asked ~** ... demanda-t-elle pleine d'espoir **b** (= one hopes) avec un peu de chance ▪ **~ we'll be able to find a solution** avec un peu de chance, nous trouverons une solution

hopeless ['həʊplɪs] adj **a** [situation, attempt] désespéré ; [task] impossible ▪ **it's ~!** c'est désespérant ! ▪ **he's a ~ case*** c'est un cas désespéré **b** (* = useless) nul ▪ **he's a ~ teacher** il est nul comme professeur

hops [hɒps] npl (= plant) houblon *m*

hopscotch ['hɒpskɒtʃ] n marelle *f*

horde [hɔ:d] n horde *f* ▪ **~s of people** une foule de gens

horizon [hə'raɪzn] n horizon *m* ▪ **on the ~** à l'horizon ▪ **to broaden** or **to widen one's ~s** élargir ses horizons

horizontal [,hɒrɪ'zɒntl] **1** adj horizontal **2** n (= line) horizontale *f*

hormone ['hɔ:məʊn] n hormone *f*

horn [hɔ:n] **1** n **a** (gen) corne *f* **b** (= musical instrument) cor *m* **c** [of car] klaxon® *m* ▪ **to sound one's ~** klaxonner **2** adj [handle, ornament] en corne

hornet ['hɔ:nɪt] n frelon *m*

horny‡ ['hɔ:nɪ] adj excité*

horoscope ['hɒrəskəʊp] n horoscope *m*

horrendous [hɒ'rendəs] adj épouvantable

horrible ['hɒrɪbl] adj **a** horrible ; [moment, truth, mistake] terrible ; [clothes] affreux **b** (* = unkind) [person] méchant (*to sb* avec qn)

horribly ['hɒrɪblɪ] adv [cruel, disfigured, injured] horriblement ; [expensive, embarrassed, uncomfortable] terriblement ▪ **it's all gone ~ wrong** les choses ont très mal tourné

horrid ['hɒrɪd] adj [person] ignoble ; [place] épouvantable ▪ **a ~ child** une (petite) horreur*

horrific [hɒ'rɪfɪk] adj horrible

horrified ['hɒrɪfaɪd] adj horrifié

horrify ['hɒrɪfaɪ] vt horrifier

horrifying ['hɒrɪfaɪɪŋ] adj effrayant

horror ['hɒrəʳ] n horreur *f* ▪ **to my ~ I realized that...** je me suis rendu compte avec horreur que... ▪ **you little ~!*** petit monstre !* ▸ **horror film** film *m* d'épouvante ▸ **horror story** histoire *f* d'épouvante

horse [hɔ:s] n cheval *m* ▸ **horse chestnut** (= nut) marron *m*; (= horse chestnut tree) marronnier *m* ▸ **horse-drawn** tiré par des chevaux ▸ **the Horse Guards** (BR) la Garde à cheval ▸ **horse manure** crottin *m* de cheval ▸ **horse race** course *f* de chevaux ▸ **horse-racing** courses *fpl* de chevaux ▸ **horse-**

riding (BR) équitation *f* ■ **to go horse-riding** faire de l'équitation ▸ horse show concours *m* hippique
▸ horse about*, horse around* vi chahuter

horseback ['hɔːsbæk] n ■ **on ~** à cheval ▸ horseback riding (US) équitation *f*

horsebox ['hɔːsbɒks] n (BR) van *m* ; (in stable) box *m*

horsefly ['hɔːsflaɪ] n taon *m*

horseman ['hɔːsmən] n (pl **-men**) cavalier *m*

horsepower ['hɔːspaʊə'] n puissance *f* (en chevaux) ; (= unit) cheval-vapeur *m*

horseradish ['hɔːsrædɪʃ] n raifort *m* ▸ horseradish sauce sauce *f* au raifort

horseshoe ['hɔːsʃuː] n fer *m* à cheval

horsewoman ['hɔːswʊmən] n (pl **-women**) cavalière *f*

hors(e)y* ['hɔːsɪ] adj **a** (= fond of horses) passionné de chevaux ; (= fond of riding) passionné d'équitation **b** (in appearance) [person, face] chevalin

horticultural [,hɔːtɪ'kʌltʃərəl] adj horticole ■ **~ show** floralies *fpl*

horticulture ['hɔːtɪkʌltʃə'] n horticulture *f*

hose [həʊz] **1** n (= pipe) tuyau *m* ; (= garden hose) tuyau *m* d'arrosage ; (= fire hose) tuyau *m* d'incendie **2** npl (= stockings) bas *mpl*
▸ hose down vt sep laver au jet

hosepipe ['həʊzpaɪp] n (in garden) tuyau *m* d'arrosage ; [of fireman] tuyau *m* d'incendie

hospice ['hɒspɪs] n hospice *m* ; (for terminally ill) établissement *m* de soins palliatifs

hospitable [hɒs'pɪtəbl] adj [people, place] hospitalier ; [person] accueillant ; [environment] propice (*to sth* à qch)

hospital ['hɒspɪtl] **1** n hôpital *m* ■ **in ~** à l'hôpital ■ **he's had to go into ~** il a été hospitalisé **2** adj [doctor, treatment, staff] hospitalier ; [bed] d'hôpital ; [dispute, strike] des hôpitaux

hospitality [,hɒspɪ'tælɪtɪ] n hospitalité *f* ■ **~ industry** industrie *f* hôtelière, hôtellerie *f*

hospitalize ['hɒspɪtəlaɪz] vt hospitaliser

host [həʊst] **1** n **a** (= person) hôte *m* ; [of TV, radio show] présentateur *m*, -trice *f* ▸ host country [of conference, games] pays *m* hôte ▸ host family famille *f* d'accueil **b** (= crowd) foule *f* **c** (Rel) hostie *f* **2** vt [+ show] animer ; [+ party] organiser ; [+ festival, event] accueillir

hostage ['hɒstɪdʒ] n otage *m* ■ **to take/hold sb ~** prendre/retenir qn en otage

hostel ['hɒstəl] **1** n (for students, workers) foyer *m* ■ **youth ~** auberge *f* de jeunesse **2** vi ■ **to go youth ~ling** aller passer ses vacances en auberges de jeunesse

hostess ['həʊstɪs] n hôtesse *f* ; (in night club) entraîneuse *f* ; [of TV, radio show] présentatrice *f*

hostile ['hɒstaɪl, (US) 'hɒstəl] adj hostile (*to* à) ; [fire, force, aircraft] ennemi

hostility [hɒ'stɪlɪtɪ] n hostilité *f*

hot [hɒt] **1** adj **a** (gen) chaud ■ **to be ~** [person] avoir chaud ; [thing] être chaud ■ **it's ~ today** il fait chaud aujourd'hui ■ **it's too ~ in here** il fait trop chaud ici **b** [curry] épicé ■ **the ~ favourite** le grand favori ■ **a ~ tip** un tuyau sûr* ■ **news ~ from the press** informations *fpl* de dernière minute **c** (* = very good) super* ■ **not so ~** pas terrible* ■ **he's pretty ~ at maths** il est super bon en maths* ■ **the hottest show in town*** un spectacle à voir absolument **2** comp ▸ hot air* (= nonsense) blablabla* *m* ■ **it's all ~ air** c'est du vent ▸ hot-air balloon montgolfière *f* ▸ hot cross bun brioche *f* du Vendredi saint ▸ hot dog hot-dog *m* ▸ hot flash or (US) flush n bouffée *f* de chaleur ▸ hot key (Computing) (touche *f* de) raccourci *m* clavier ▸ hot seat ■ **to be in the ~ seat*** être en première ligne ▸ hot spot* (BR) (= trouble area) point *m* chaud ; (= night club) boîte *f* de nuit ▸ hot stuff ■ **to be ~ stuff*** (= terrific) être terrible* ▸ hot-tempered emporté ▸ hot tub jacuzzi® *m* ▸ hot-water bottle bouillotte *f*
▸ hot up* vi chauffer*

hotbed ['hɒtbed] n ■ **a ~ of social unrest** un foyer d'agitation sociale

hotel [həʊ'tel] n hôtel *m* ■ **~ room** chambre *f* d'hôtel

hothouse ['hɒthaʊs] n (= greenhouse) serre *f* (chaude) ; (= hotbed) foyer *m* ■ **~ plants** plantes *fpl* de serre

hotline ['hɒtlaɪn] n (service *m* d')assistance *f* par téléphone (*to* avec) ; (to head of state) téléphone *m* rouge (*to* avec)

hotly ['hɒtlɪ] adv [debated, disputed] avec passion ■ **~ pursued (by sb)** poursuivi de très près (par qn) ■ **to be ~ contested** être l'objet d'une lutte acharnée

hotplate ['hɒtpleɪt] n plaque *f* chauffante

hotpot ['hɒtpɒt] n *ragoût de viande aux pommes de terre*

hotshot* ['hɒtʃɒt] n crack* *m*

hotspot ['hɒtspɒt] n ■ **(wireless) ~** borne *f* wifi

houm(o)us ['huːməs] n hoummous *m*

hound [haʊnd] **1** n chien *m* ■ **the ~s** (BR) la meute **2** vt [+ person] harceler

hour ['aʊə'] n heure *f* ■ **half an ~** une demi-heure ■ **an ~ and a half** une heure et demie ■ **to work long ~s** avoir des journées très longues ■ **after ~s** (BR) (of shops, pubs) après l'heure de fermeture ; (of offices) après les heures de bureau ▪ **80km an ~** 80 km à l'heure ▪ **she is paid $8 an ~** elle est payée 8 dollars de l'heure ▪ **on the ~** à l'heure juste (toutes les heures) ▪ **~ by ~** heure par heure ▪ **by the ~** à l'heure ▪ **to pay sb by the ~** payer qn à l'heure ▸ **hour hand** petite aiguille *f*

hourly ['aʊəlɪ] adj **a** (= every hour) ▪ **at ~ intervals** toutes les heures **b** (= per hour) [earnings, wage, rate] horaire ▪ **paid on an ~ basis** payé à l'heure

house [haʊs] (pl **~s** ['haʊzɪz]) **1** n **a** maison *f* ▪ **at my ~** chez moi **b** (= auditorium) salle *f* ; (= audience) spectateurs *mpl* ▪ **a full ~** une salle pleine **c** ▪ **drinks are on the ~!*** c'est la tournée du patron ! **d** (BR : Scol) groupe *m* d'internes **e** (also **house music**) house *f* music **2** vt [haʊz] [+ person] héberger ▪ **this building ~s five families/a motorcycle museum** ce bâtiment abrite cinq familles/un musée de la moto **3** comp ▸ **house agent** (BR) agent *m* immobilier ▸ **house arrest** ▪ **to put sb under ~ arrest** assigner qn à résidence ▪ **to be under ~ arrest** être en résidence surveillée ▸ **house martin** hirondelle *f* de fenêtre ▸ **the House of Commons** (BR) la Chambre des communes ▸ **the House of Lords** (BR) la Chambre des lords ▸ **the House of Representatives** (US) la Chambre des représentants ▸ **house-owner** propriétaire *mf* d'une maison ▸ **house plant** plante *f* d'intérieur ▸ **house-proud** ▪ **she's very house-proud** tout est toujours impeccable chez elle ▸ **the Houses of Parliament** (in Britain) (= building) le palais de Westminster; (= members) le Parlement ▸ **house-trained** (BR) [animal] propre ▸ **house-warming party** pendaison *f* de crémaillère ▪ **to give a house-warming party** pendre la crémaillère

→ *Pièges* HOME

> Lorsque ***house*** est un verbe, la fin se prononce ***z***. Lorsque c'est un nom, elle se prononce ***s***.

housebroken ['haʊsbrəʊkən] adj (US) [animal] propre

household ['haʊs,həʊld] n ménage *m* ▪ **~ expenses** dépenses *fpl* du ménage ▸ **household appliance** appareil *m* électroménager ▸ **household goods** appareils *mpl* ménagers ▸ **household name** ▪ **she is a ~ name** elle est connue partout ▪ **Kleeno is a ~ name** Kleeno est une marque très connue ▸ **household rubbish** (BR) ordures *fpl* ménagères

householder ['haʊs,həʊldəʳ] n (gen) occupant(e) *m(f)* ; (= owner) propriétaire *mf* ; (= person renting) locataire *mf* ; (= head of house) chef *m* de famille

housekeeper ['haʊski:pəʳ] n (in sb else's house) gouvernante *f* ; (in institution) intendante *f*

housekeeping ['haʊski:pɪŋ] n **a** (= work) ménage *m* **b** (= money) argent *m* du ménage **c** (Computing) gestion *f* des disques

housemate ['haʊs,meɪt] n colocataire *mf* *(dans une maison)*

house-sharing ['haʊs,ʃɛərɪŋ] n colocation *f* *(dans une maison)*

housewife ['haʊs,waɪf] n (pl **-wives** [waɪvz]) ménagère *f* ; (as opposed to career woman) femme *f* au foyer

housewives ['haʊs,waɪvz] pl of **housewife**

housework ['haʊswɜ:k] n ménage *m*

housing ['haʊzɪŋ] n (= general concept) le logement ; (= houses and flats) logements *mpl* ▪ **the ~ crisis** la crise du logement ▸ **housing benefit** allocation *f* logement ▸ **housing estate** (BR) (= council-owned flats) cité *f* ; (= privately-owned houses) lotissement *m* ▸ **housing project** (US = place) ≈ cité

hove [həʊv] vb pret, ptp of **heave**

hovel ['hɒvəl] n taudis *m*

hover ['hɒvəʳ] vi [bird, butterfly] voltiger ; [bird of prey, helicopter, danger] planer ; [fog] flotter ; [person] (also **hover about**) rôder

hoverboard ['hɒvəbɔ:d] n hoverboard *m*, gyroskate *m*

hovercraft ['hɒvəkrɑ:ft] n aéroglisseur *m*

hoverport ['hɒvəpɔ:t] n hoverport *m*

how [haʊ] adv

a (= in what way) comment ▪ **~ did you come?** comment êtes-vous venu ? ▪ **to learn ~ to do sth** apprendre à faire qch ▪ **I know ~ to do it** je sais le faire ▪ **he'll show you ~ to do it** il va vous montrer comment faire ▪ **~ do you like your steak?** quelle cuisson voulez-vous pour vous votre bifteck ? ▪ **~ was the play?** comment avez-vous trouvé la pièce ? ▪ **~ is it that...?** comment se fait-il que... *+ subj* ? ▪ **~ about going for a walk?** et si on allait se promener ? ▪ **~ about you?** et toi ? ▪ **~ come?*** comment ça se fait ?* ▪ **and ~!*** et comment !* ▪ **~'s that for size?** ça va pour la taille ? ▪ **~'s that for luck?** quelle veine !*

b (health) ▪ **~ are you?** comment allez-vous ? ▪ **tell me ~ she is** dites-moi comment elle va ▪ **~ do you do?** (on being introduced) enchanté ▪ **~ are things?*** comment ça va ? ▪ **~'s business?** comment vont les affaires ?

c (with adjective or adverb) comme ▪ **~ nice!** comme c'est gentil ! ▪ **~ he has grown!** comme il a grandi ! ▪ **I can't tell you ~ glad I was to leave that place** vous ne pouvez pas savoir à quel point j'étais heureux de quitter cet endroit ■ **~ kind of you!** c'est très aimable à vous !

howdy* ['haʊdɪ] excl (US) salut !

however [haʊ'evə^r] **1** adv **a** (= nevertheless) cependant **b** (= no matter how) ■ **~ tall he may be,...** il a beau être grand,... ■ **~ hard she tried, she couldn't remember my name** malgré tous ses efforts, elle n'arrivait pas à se souvenir de mon nom ■ **~ many people there are** quel que soit le nombre de personnes **c** (in questions) comment donc ■ **~ did you manage to do that?** comment donc as-tu réussi à faire ça ? **2** conj ■ **~ you do it, it will never be right** quoi que vous fassiez, ce ne sera jamais bien ■ **~ that may be** quoi qu'il en soit

howl [haʊl] **1** n [of person, animal] hurlement *m* ; [of wind] mugissement *m* **2** vi **a** [person, animal] hurler ; [wind] mugir ■ **to ~ with laughter** rire aux éclats ■ **to ~ with pain/rage** hurler de douleur/de rage **b** (* = cry) pleurer ; [baby] brailler*

howler* ['haʊlə^r] n gaffe* *f*

HQ [eɪtʃ'kju:] n (abbr of **headquarters**) QG *m*

hr (abbr of **hour**) h ■ **28 hrs** 28 h

HRH [ˌeɪtʃɑ:r'eitʃ] (abbr of **His** or **Her Royal Highness**) S.A.R.

hub [hʌb] n [of wheel] moyeu *m* ; (also **airport hub**) hub *m*, plaque *f* tournante *(du transport aérien)* ■ **a ~ of finance/activity** un centre financier/d'activité

hubbub ['hʌbʌb] n tohu-bohu *m*

hubcap ['hʌbkæp] n enjoliveur *m*

huddle ['hʌdl] **1** n [of people] petit groupe *m* compact **2** vi se blottir les uns contre les autres ■ **we ~d round the fire** nous nous sommes blottis autour du feu

▸ **huddle together** vi se blottir les uns contre les autres

hue [hju:] n **a** (= colour) teinte *f* **b** ■ **~ and cry** clameur *f* ■ **to raise a ~ and cry** crier haro (*against* sur)

huff* [hʌf] **1** n ■ **to be in a ~** être vexé **2** vi ■ **to ~ and puff** (= breathe heavily) souffler comme un bœuf*

hug [hʌg] **1** vt (= hold close) serrer dans ses bras ■ **to ~ one another** s'étreindre ■ **to ~ the kerb** serrer le trottoir **2** vi s'étreindre ■ **we ~ged and kissed** nous nous sommes embrassés **3** n étreinte *f* ■ **to give sb a ~** serrer qn dans ses bras

huge [hju:dʒ] adj énorme

hugely ['hju:dʒlɪ] adv [popular, expensive, important] extrêmement

hulk [hʌlk] n **a** [of ship] carcasse *f* **b** ■ **a big ~ of a man** un mastodonte

hull [hʌl] n [of ship] coque *f*

hullabaloo* [ˌhʌləbə'lu:] n (= noise) raffut* *m*

hullo [hʌ'ləʊ] excl ⇒ **hello**

hum [hʌm] **1** vi [insect] bourdonner ; [person] fredonner ; [machine] vrombir **2** vt [+ tune] fredonner **3** n [of insect, conversation] bourdonnement *m* ; [of machine] vrombissement *m*

human ['hju:mən] n, adj humain *m* ▸ **human being** être *m* humain ▸ **human compost** humusation *f* ▸ **human rights** droits *mpl* de l'homme ■ **~ rights activist** droit-de-l'hommiste *mf*

humane [hju:'meɪn] adj humain

humanely [hju:'meɪnlɪ] adv [treat] humainement ; [kill] sans cruauté

humanitarian [hju:ˌmænɪ'teərɪən] adj humanitaire

humanity [hju:'mænɪtɪ] n humanité *f*

humanly ['hju:mənlɪ] adv ■ **if it is ~ possible** si c'est humainement possible

humble ['hʌmbl] adj **a** (= lowly) humble ■ **of ~ origins** d'origine modeste ■ **in my ~ opinion** à mon humble avis **b** (= unassuming) modeste

humbug ['hʌmbʌg] n **a** (= person) charlatan *m* **b** (BR = sweet) bonbon *m* à la menthe

humdrum ['hʌmˌdrʌm] adj monotone

humid ['hju:mɪd] adj [climate] humide et chaud ■ **it's ~ today** il fait lourd aujourd'hui

humidity [hju:'mɪdɪtɪ] n humidité *f*

humiliate [hju:'mɪlɪeɪt] vt humilier

humiliating [hju:'mɪlɪeɪtɪŋ] adj humiliant

humiliation [hju:ˌmɪlɪ'eɪʃən] n humiliation *f*

humility [hju:'mɪlɪtɪ] n humilité *f*

hummingbird ['hʌmɪŋbɜ:d] n oiseau-mouche *m*

hummus ['hʊməs] n hoummous *m*

humor ['hju:mə^r] n (US) ⇒ **humour**

humorist ['hju:mərɪst] n humoriste *mf*

humorous ['hju:mərəs] adj (= amusing) humoristique

humour, humor (US) ['hju:mə^r] **1** n humour *m* **2** vt [+ person] faire plaisir à ; [+ sb's wishes, whims] se plier à ■ **just ~ him!** fais-lui plaisir !

hump [hʌmp] n bosse *f*

humpback ['hʌmpbæk] n **a** (= person) bossu(e) *m(f)* **b** (also **humpback whale**) baleine *f* à bosse

humus ['hju:məs] n humus *m*

hunch* [hʌntʃ] n (= premonition) pressentiment *m* ■ **to have a ~ that...** avoir l'impression que... ■ **to act on a ~** suivre son intuition

hunchback ['hʌntʃbæk] n bossu(e) *m(f)*

hunched ['hʌntʃt] adj ▪ **she sat ~ over her sewing machine** elle était penchée sur sa machine à coudre ▪ **he sat ~ over his books** il était assis penché sur ses livres

hundred ['hʌndrəd] number cent ▪ **a ~ chairs** cent chaises ▪ **two ~ chairs** deux cents chaises ▪ **about a ~ books** une centaine de livres ▪ **a ~ and one** cent un ▪ **a ~ per cent** cent pour cent ▪ **in seventeen ~** en dix-sept cents ▪ **in seventeen ~ and ninety-six** en dix-sept cent quatre-vingt-seize ▪ **to live to be a ~** devenir centenaire ▪ **they came in their ~s** ils sont venus par centaines ▪ **~s of** des centaines de

hundredth ['hʌndrɪdθ] **1** adj centième **2** n (= person, thing) centième *mf* ; (= fraction) centième *m*

hundredweight ['hʌndrədweɪt] n (in Britain and Canada) cent douze livres *fpl (50,7 kg)* ; (in the US) cent livres *fpl (45,3 kg)*

hung [hʌŋ] **1** vb pret, ptp of **hang** **2** comp ▸ **hung over*** ▪ **to be ~ over** avoir la gueule de bois* ▸ **hung up*** complexé

Hungarian [hʌŋ'gɛərɪən] **1** adj hongrois **2** n **a** (= person) Hongrois(e) *m(f)* **b** (= language) hongrois *m*

Hungary ['hʌŋgərɪ] n Hongrie *f*

hunger ['hʌŋgə'] n faim *f* (*for* de) ▸ **hunger strike** grève *f* de la faim ▪ **to go on ~ strike** faire la grève de la faim ▸ **hunger striker** gréviste *mf* de la faim

hungrily ['hʌŋgrɪlɪ] adv [eat] goulûment ; [look, wait] avidement

hungry ['hʌŋgrɪ] adj **a** ▪ **to be ~** avoir faim ▪ **to make sb ~** donner faim à qn **b** (= eager) ▪ **they were ~ for news** ils attendaient avidement des nouvelles ▪ **~ for success** avide de réussir

hunk [hʌŋk] n **a** [of bread, cheese] gros morceau *m* **b** (* = attractive man) beau mec* *m*

hunky* ['hʌŋkɪ] adj [man] bien foutu*

hunt [hʌnt] **1** n chasse *f* ▪ **tiger ~** chasse *f* au tigre ▪ **the ~ for the missing child** la battue pour retrouver l'enfant disparu ▪ **the ~ is on for...** on cherche... **2** vt **a** (= seek) chercher ; (= pursue) poursuivre **b** [+ fox, deer] chasser **3** vi chasser ▪ **to go ~ing** aller à la chasse ▪ **to ~ for** [+ animal] chasser ; [+ object, facts, missing person] être à la recherche de ▪ **he is ~ing for a job** il est à la recherche d'un travail

▸ **hunt down** vt sep [+ animal] pourchasser ; [+ person] traquer ; [+ object, facts, details, quotation] dénicher

▸ **hunt out** vt sep dénicher

hunter ['hʌntə'] n (= person) chasseur *m*, -euse *f*

hunting ['hʌntɪŋ] n chasse *f* ▸ **hunting season** saison *f* de chasse

hurdle ['hɜːdl] n (in race) haie *f* ; (= obstacle) obstacle *m* ▪ **the 100-metre ~s** le 100 mètres haies

hurl [hɜːl] vt [+ object, stone] jeter (avec violence) (*at* contre) ▪ **they were ~ed to the ground by the blast** ils ont été projetés à terre par le souffle de l'explosion ▪ **he ~ed himself from a 10th floor window** il s'est jeté d'une fenêtre du 10ᵉ étage ▪ **to ~ abuse at sb** lancer des injures à qn

hurly-burly ['hɜːlɪ'bɜːlɪ] n (= commotion) tohu-bohu *m* ; (= uproar) tumulte *m*

hurrah [hʊ'rɑː], **hurray** [hʊ'reɪ] n hourra *m* ▪ **~ for Robert!** vive Robert !

hurricane ['hʌrɪkən] n ouragan *m*

hurried ['hʌrɪd] adj (gen) précipité ; [reading, visit, meeting] très rapide ; [work] fait à la hâte

hurriedly ['hʌrɪdlɪ] adv (= quickly) en hâte ; (faster than one would wish) à la hâte

hurry ['hʌrɪ] **1** n (= haste) hâte *f* ; (= eagerness) empressement *m* ▪ **there's no ~** rien ne presse ▪ **to be in a ~** être pressé ▪ **it was done in a ~** ça a été fait à toute vitesse ▪ **he left in a ~** il est parti précipitamment ▪ **he won't come back here in a ~!*** il ne reviendra pas de sitôt ! ▪ **I'm in no particular ~** je ne suis pas particulièrement pressé **2** vi **a** se dépêcher (*to do sth* de faire qch) ▪ **do ~!** dépêchez-vous ! ▪ **don't ~** ne vous pressez pas **b** ▪ **to ~ in/out/through** entrer/sortir/traverser en vitesse ▪ **he hurried after her** il a couru pour la rattraper ▪ **they hurried up the stairs** ils ont monté l'escalier quatre à quatre ▪ **she hurried home** elle s'est dépêchée de rentrer **3** vt **a** [+ person] bousculer ; [+ piece of work] presser ▪ **I don't want to ~ you** je ne veux pas vous bousculer **b** ▪ **to ~ sb in/out/through** faire entrer/sortir/traverser qn en vitesse

▸ **hurry along** **1** vi marcher d'un pas pressé **2** vt sep [+ person] faire se dépêcher ; [+ work] activer ▪ **we're trying to ~ things along a little** nous essayons d'activer un peu les choses

▸ **hurry on** **1** vi ▪ **she hurried on to the next stop** elle s'est pressée de gagner l'arrêt suivant ▪ **she hurried on ahead** elle est partie devant **2** vt sep [+ person] faire se dépêcher ; [+ work] activer

▸ **hurry up** **1** vi se dépêcher ▪ **~ up!** dépêchez-vous ! **2** vt sep [+ person] faire se dépêcher ; [+ work] activer

hurt [hɜːt] (pret, ptp **hurt**) **1** vt **a** (= do physical damage to) faire du mal à ; (= cause physical pain to) faire mal à ▪ **to ~ o.s.** se faire mal ▪ **to ~ one's arm** se faire mal au bras ▪ **to get ~** se faire mal ▪ **someone is bound to get ~** quelqu'un va se faire du mal ▪ **a little rest won't ~ him** un peu de repos ne lui fera pas de mal **b** (emotionally) blesser ▪ **to ~ sb's feelings** blesser qn **c** [+ sb's reputation, career] nuire à **2** vi **a** faire mal ▪ **that ~s** ça fait mal ▪ **my arm ~s** mon bras me fait mal ▪ **it doesn't ~ much** ça ne fait pas très mal ▪ **where does it ~?** où avez-vous mal ? **b** (= suffer emotionally) souffrir **3** n douleur *f* **4** adj blessé

hurtful ['hɜːtfʊl] adj blessant

hurtle ['hɜːtl] vi ▪ **to ~ along** [car] rouler à toute vitesse ▪ **to ~ past sb** passer en trombe devant qn ▪ **she went hurtling down the hill** elle a dévalé la pente

husband ['hʌzbənd] n mari *m*

hush [hʌʃ] **1** n silence *m* **2** excl chut ! **3** comp ▸ **hush-hush*** top-secret ▸ **hush up** vt sep [+ scandal, news] étouffer ; [+ fact] cacher ; [+ person] faire taire

hushed [hʌʃt] adj [voice, conversation] étouffé ▪ **there was a ~ silence** tout le monde a retenu son souffle

husk [hʌsk] n [of maize, rice] enveloppe *f*

husky ['hʌskɪ] **1** adj (= hoarse) [person] enroué ; [voice] rauque **2** n (= dog) husky *m*

hustings ['hʌstɪŋz] npl campagne *f* électorale

hustle ['hʌsl] **1** vt [+ person] pousser ▪ **to ~ sb in/out/away** faire entrer/sortir/partir qn en le poussant ▪ **they ~d him into a car** ils l'ont poussé dans une voiture **2** n ▪ **the ~ and bustle of city life** le tourbillon de la vie en ville

hustler* ['hʌslə^r] n (= swindler) arnaqueur* *m*, -euse* *f* ; (= prostitute) prostitué(e) *m(f)*

hut [hʌt] n (= primitive dwelling) case *f* ; (= shed) cabane *f*

hutch [hʌtʃ] n [of rabbit] clapier *m* ; (US = dresser) vaisselier *m*

hyacinth ['haɪəsɪnθ] n jacinthe *f*

hybrid ['haɪbrɪd] adj, n hybride *m*

hydrant ['haɪdrənt] n prise *f* d'eau ; (also **fire hydrant**) bouche *f* d'incendie

hydraulic [haɪ'drɒlɪk] adj hydraulique

hydroelectric [ˌhaɪdrəʊɪ'lektrɪk] adj hydroélectrique

hydrofoil ['haɪdrəʊˌfɔɪl] n hydrofoil *m*

hydrogen ['haɪdrɪdʒən] n hydrogène *m* ▸ **hydrogen bomb** bombe *f* à hydrogène ▸ **hydrogen peroxide** eau *f* oxygénée

hyena [haɪ'iːnə] n hyène *f*

hygiene ['haɪdʒiːn] n hygiène *f*

hygienic [haɪ'dʒiːnɪk] adj hygiénique

hymn [hɪm] n cantique *m* ▸ **hymn book** livre *m* de cantiques

hype* [haɪp] **1** n (= publicity) battage *m* publicitaire ; (in media) battage *m* médiatique, buzz *m* ▪ **to create ~** créer or faire le buzz **2** vt (also **hype up**) (= publicize) [+ book, product, film] faire un énorme battage autour de

hyper* ['haɪpə^r] adj surexcité

hyperactive [ˌhaɪpər'æktɪv] adj hyperactif

hypercall [ˌhaɪpəkɔːl] n hyperappel *m*

hyperconnectivity [ˌhaɪpəkɒnek'tɪvəti] n hyperconnectivité *f*

hyperlink ['haɪpəlɪŋk] n lien *m* hypertexte, hyperlien *m*

hypermarket ['haɪpəmɑːkɪt] n (BR) hypermarché *m*

hypersensitive [ˌhaɪpə'sensɪtɪv] adj hypersensible

hypertext ['haɪpəˌtekst] n hypertexte *m*

hyphen ['haɪfən] n trait *m* d'union

hyphenated ['haɪfəneɪtɪd] adj [word] à trait d'union ▪ **is it ~?** ça s'écrit avec un trait d'union ?

hypnosis [hɪp'nəʊsɪs] n (pl **hypnoses** [hɪp'nəʊsiːz]) hypnose *f* ▪ **under ~** sous hypnose

hypnotic [hɪp'nɒtɪk] adj hypnotique ; [rhythm, effect, eyes, voice] envoûtant

hypnotist ['hɪpnətɪst] n hypnotiseur *m*, -euse *f*

hypnotize ['hɪpnətaɪz] vt hypnotiser

hypoallergenic [ˌhaɪpəʊælə'genɪk] adj hypoallergénique

hypochondriac [ˌhaɪpəʊ'kɒndrɪæk] adj, n hypocondriaque *mf*

hypocrisy [hɪ'pɒkrɪsɪ] n hypocrisie *f*

hypocrite ['hɪpəkrɪt] n hypocrite *mf*

hypocritical [ˌhɪpə'krɪtɪkəl] adj hypocrite

hypodermic [ˌhaɪpə'dɜːmɪk] adj hypodermique

hypothermia [ˌhaɪpəʊ'θɜːmɪə] n hypothermie *f*

hypothesis [haɪ'pɒθɪsɪs] n (pl **hypotheses** [haɪ'pɒθɪsiːz]) hypothèse *f*

hypothetical [ˌhaɪpəʊ'θetɪkəl] adj hypothétique

hysteria [hɪs'tɪərɪə] n hystérie *f*

hysterical [hɪs'terɪkəl] adj **a** hystérique **b** (* = hilarious) [joke, scene, comedian] tordant*

hysterics [hɪs'terɪks] npl ▪ **to go into ~** (tears, shouts) avoir une crise de nerfs ; (laughter) attraper le fou rire

il

I [aɪ] pers pron (unstressed) je ; (before vowel or silent h) j' ; (stressed) moi ■ **he and I are going to sing** lui et moi, nous allons chanter ■ **no, I'll do it** non, c'est moi qui vais le faire

ICC ['aɪ'si:'si:] n (abbr of **International Criminal Court**) CPI *f*

ice [aɪs] **1** n **a** (gen) glace *f* ; (on road) verglas *m* ; (for drink) glaçons *mpl* ■ **to break the ~** briser la glace ▸ **ice age** période *f* glaciaire ▸ **ice-cold** [drink, hands] glacé; [room] glacial ▸ **ice cream** glace *f* ▸ **ice-cream cone** cornet *m* de glace ▸ **ice cube** glaçon *m* ▸ **ice floe** banquise *f* (flottante) ▸ **ice hockey** hockey *m* sur glace ▸ **ice lolly** (BR) sucette *f* glacée ▸ **ice pack** poche *f* de glace ▸ **ice pick** pic *m* à glace ▸ **ice rink** patinoire *f* ▸ **ice skate** n patin *m* (à glace) ▸ **ice-skate** vi faire du patin (à glace) ▸ **ice skater** patineur *m*, -euse *f* (sur glace) ▸ **ice-skating** patinage *m* (sur glace) ▸ **ice tray** bac *m* à glaçons ▸ **ice water** (US) eau *f* glacée **b** (BR = ice cream) glace *f* **2** vt glacer

▸ **ice over, ice up** vi [windscreen, aircraft wings] givrer ; [river] geler

iceberg ['aɪsbɜ:g] n iceberg *m*

icebox ['aɪsbɒks] n (BR) (= freezer compartment) freezer *m* ; (= insulated box) glacière *f*

icecap ['aɪskæp] n calotte *f* glaciaire

iced [aɪst] adj glacé

Iceland ['aɪslənd] n Islande *f*

icicle ['aɪsɪkl] n glaçon *m (naturel)*

icing ['aɪsɪŋ] n glaçage *m* ▸ **icing sugar** (BR) sucre *m* glace

icon ['aɪkɒn] n icône *f* ; (= idol) idole *f*

iconic [aɪ'kɒnik] adj emblématique ■ **to achieve ~ status** devenir une idole

iconoclast [aɪ'kɒnəklæst] n iconoclaste *mf*

icy ['aɪsɪ] adj **a** (= covered with ice) [road, pavement] verglacé ; [lake, river, sea] gelé ■ **it's ~ this morning** il gèle ce matin **b** (= cold) glacé **c** (= unfriendly) glacial

I'd [aɪd] ⇒ **I had, I should, I would** ; → **have, should, would**

ID [aɪ'di:] n (abbr of **identification**) pièce *f* d'identité ▸ **ID card** carte *f* d'identité ▸ **ID thief** usurpateur *m*, -trice *f* d'identité

idea [aɪ'dɪə] n idée *f* ■ **(I have) no ~** (je n'ai) aucune idée ■ **I haven't the slightest ~** je n'en ai pas la moindre idée ■ **I had no ~ they knew each other** j'ignorais absolument qu'ils se connaissaient ■ **I had an ~ that he'd joined the army** j'avais dans l'idée qu'il s'était engagé dans l'armée ■ **can you give me a rough ~ of how many you want?** pouvez-vous m'indiquer en gros combien vous en voulez ? ■ **to put ~s into sb's head** mettre des idées dans la tête de qn ■ **that's not my ~ of a holiday** ce n'est pas ce que j'appelle des vacances ■ **I've got the general ~*** je vois à peu près ce dont il s'agit

ideal [aɪ'dɪəl] adj, n idéal *m*

idealism [aɪ'dɪəlɪzəm] n idéalisme *m*

idealist [aɪ'dɪəlɪst] adj, n idéaliste *mf*

idealistic [aɪ,dɪə'lɪstɪk] adj idéaliste

idealize [aɪ'dɪəlaɪz] vt idéaliser

ideally [aɪ'dɪəlɪ] adv **a** (= preferably) ■ **~ it should be...** l'idéal serait que... **b** (= perfectly) [suited] parfaitement

identical [aɪ'dentɪkəl] adj identique (*to* à) ■ **~ twins** vrais jumeaux *mpl*, vraies jumelles *fpl*

identification [aɪ,dentɪfɪ'keɪʃən] n **a** (gen) identification *f* **b** (= proof of identity) pièce *f* d'identité

identifier [aɪ'dentɪfaɪə'] n identifiant *m*

identify [aɪ'dentɪfaɪ] **1** vt identifier **2** vi s'identifier (*with* à)

Identikit® [aɪ'dentɪkɪt] n portrait-robot *m*

identity [aɪ'dentɪtɪ] n (gen) identité *f* ■ **proof of ~** pièce *f* d'identité ■ **a case of mistaken ~** une erreur d'identité ▸ **identity card** carte *f* d'identité ▸ **identity papers** pièces *fpl* or papiers *mpl* d'identité ▸ **identity parade** (BR) séance *f* d'identification (d'un suspect) ▸ **identity theft** vol *m* d'identité

ideology [,aɪdɪ'ɒlədʒɪ] n idéologie *f*

idiocy ['ɪdɪəsɪ] n stupidité *f*

idiom ['ɪdɪəm] n **a** (= phrase) expression *f* idiomatique **b** (= language) idiome *m* **c** (= style) style *m*

idiomatic [,ɪdɪə'mætɪk] adj idiomatique

idiosyncrasy [,ɪdɪə'sɪŋkrəsɪ] n particularité *f*

idiot ['ɪdɪət] n idiot(e) *m(f)* ▸ **idiot box*** (US) téloche* *f*

idiotic [,ɪdɪ'ɒtɪk] adj idiot

idle ['aɪdl] adj **a** (= lazy) fainéant **b** (= inactive) [person] inactif ; [employee] désœuvré ; [machinery] à l'arrêt ■ **to stand ~** [machinery, vehicle, factory] être à l'arrêt **c** (= futile) [threat] vain *before n* ; [speculation, talk] oiseux ■ **out of ~ curiosity** par pure curiosité ■ **~ gossip** ragots *mpl*

▸ **idle away** vt sep ■ **to ~ away one's time** passer le temps

idleness [ˈaɪdlnɪs] n paresse *f*

idly [ˈaɪdlɪ] adv **a** [sit, stand] sans rien faire **b** [say] négligemment ; [talk] pour passer le temps

idol [ˈaɪdl] n idole *f*

idolize [ˈaɪdəlaɪz] vt idolâtrer

idyll [ˈɪdɪl] n idylle *f*

idyllic [ɪˈdɪlɪk] adj idyllique

i.e. [ˌaɪˈiː] (abbr of **id est**) c'est-à-dire

IED [ˌaɪiːˈdiː] n (abbr of **improvised explosive device**) EEI *m*, engin *m* explosif improvisé

if [ɪf] conj

si ▪ **if I were you** si j'étais vous ▪ **even if I knew I wouldn't tell you** même si je le savais, je ne te le dirais pas ▪ **nice weather, even if rather cold** temps agréable, bien qu'un peu froid ▪ **I wonder if it's true** je me demande si c'est vrai ▪ **as if** comme si ▪ **as if by chance** comme par hasard ▪ **if not** sinon ▪ **if only** si seulement ▪ **if only I had known!** si seulement j'avais su ! ▪ **if only for a moment** ne serait-ce que pour un instant ▪ **if so** le cas échéant

igloo [ˈɪgluː] n igloo *m*

ignite [ɪgˈnaɪt] **1** vt **a** (= set fire to) mettre le feu à **b** [passions, interest] susciter ; [conflict, controversy] déclencher **2** vi (= catch fire) prendre feu

ignition [ɪgˈnɪʃən] n (in car) allumage *m* ; (= starting mechanism) contact *m* ▪ **to switch on/turn off the ~** mettre/couper le contact ▸ **ignition key** clé *f* de contact

ignoramus [ˌɪgnəˈreɪməs] n ignare *mf*

ignorance [ˈɪgnərəns] n ignorance *f* ▪ **to be in ~ of sth** ignorer qch

ignorant [ˈɪgnərənt] adj ignorant ▪ **to be ~ of the facts** ignorer les faits

ignore [ɪgˈnɔːʳ] vt (= take no notice of) ignorer ; [+ invitation, letter] ne pas répondre à ; [+ rule, prohibition] ne pas respecter ; → *Pièges* IGNORE

I'll [aɪl] ⇒ **I shall, I will** ; → **shall, will**

ill [ɪl] **1** adj (compar **worse**, superl **worst**) **a** (= unwell) malade ▪ **to fall ~, to be taken ~** tomber malade ▪ **to feel ~** ne pas se sentir bien ▪ **to make sb ~** rendre qn malade ▸ **ill health** mauvaise santé *f* **b** (= bad) mauvais ▪ **~ effects** conséquences *fpl* négatives ▪ **~ feeling** ressentiment *m* ▪ **no ~ feeling!** sans rancune ! ▪ **I bear him no ~ will** je ne lui en veux pas ▸ **ill-advised** peu judicieux ▸ **ill-at-ease** mal à l'aise ▸ **ill-fated** malchanceux ▸ **ill-mannered** [person, behaviour] grossier ▸ **ill-tempered** (habitually) désagréable; (on one occasion) de mauvaise humeur ▸ **ill-timed** inopportun ▸ **ill-treat** maltraiter **2** n mal *m* ▪ **to speak ~ of sb** dire du mal de qn **3** **ills** npl maux *mpl*

illegal [ɪˈliːgəl] adj illégal

illegality [ˌɪliːˈgælɪtɪ] n illégalité *f*

illegible [ɪˈledʒəbl] adj illisible

illegitimate [ˌɪlɪˈdʒɪtɪmɪt] adj illégitime

illicit [ɪˈlɪsɪt] adj illicite

illiteracy [ɪˈlɪtərəsɪ] n analphabétisme *m*

illiterate [ɪˈlɪtərɪt] **1** adj [person] analphabète ▪ **he is computer ~** il ne connaît rien à l'informatique **2** n analphabète *mf*

illness [ˈɪlnɪs] n maladie *f*

illogical [ɪˈlɒdʒɪkəl] adj illogique

illuminate [ɪˈluːmɪneɪt] vt **a** (= light up) éclairer ; (for special effect) illuminer ▪ **~d sign** enseigne *f* lumineuse **b** [+ question, subject] faire la lumière sur

illuminating [ɪˈluːmɪneɪtɪŋ] adj éclairant

illumination [ɪˌluːmɪˈneɪʃən] n (= lights) éclairage *m* ▪ **~s** (= decorative lights) illuminations *fpl*

illusion [ɪˈluːʒən] n illusion *f* ▪ **to be under the ~ that...** avoir l'illusion que...

illustrate [ˈɪləstreɪt] vt illustrer

illustration [ˌɪləsˈtreɪʃən] n illustration *f*

illustrator [ˈɪləstreɪtəʳ] n illustrateur *m*, -trice *f*

illustrious [ɪˈlʌstrɪəs] adj illustre

IM [ˈaɪem] **1** n (abbr of **instant messaging**) messagerie *f* instantanée (abbr of **instant message**) message *m* instantané **2** vt envoyer un message instantané à

I'm [aɪm] ⇒ **I am** ; → **be**

image [ˈɪmɪdʒ] n **a** (= likeness) image *f* ▪ **he is the spitting* ~ of his father** c'est tout le portrait de son père, c'est son père craché* **b** (also **public image**) image *f* (de marque) ▪ **he is very image-conscious** il se soucie beaucoup de son image

imagery [ˈɪmɪdʒərɪ] n imagerie *f*

imaginary [ɪˈmædʒɪnərɪ] adj imaginaire

imagination [ɪˌmædʒɪˈneɪʃən] n imagination *f* ▪ **it's just your ~!** vous vous faites des idées !

imaginative [ɪˈmædʒɪnətɪv] adj [person, book, film, approach] plein d'imagination ; [solution, system, device] inventif

imagine [ɪˈmædʒɪn] vt (= suppose) imaginer (*that* que) ; (= picture to o.s.) (s')imaginer ▪ **(just) ~!** tu (t')imagines ! ▪ **I can just ~ his reaction when he sees her** je vois d'ici sa réaction quand il la verra ▪ **I can't ~ living there** je ne me vois pas vivre là ▪ **he's (always) imagining things** il se fait des idées ▪ **I ~d I heard someone speak** j'ai cru entendre parler

imaging [ˈɪmɪdʒɪŋ] n (Computing) imagerie *f* ; → **thermal**

imbalance [ɪmˈbæləns] n déséquilibre *m*

imbalanced [ɪmˈbælənst] adj déséquilibré

imbecile [ˈɪmbəsiːl] n imbécile *mf*

IMF [ˌaɪemˈef] (abbr of **International Monetary Fund**) FMI *m*

imitate [ˈɪmɪteɪt] vt imiter

imitation [ˌɪmɪˈteɪʃən] **1** n imitation *f* **2** adj faux (fausse *f*) *before n* ▪ **~ leather** imitation *f* cuir

immaculate [ɪˈmækjʊlɪt] adj impeccable

immaterial [ˌɪməˈtɪərɪəl] adj (= unimportant) sans importance ▪ **that's ~** (= not important) ça n'a pas d'importance ; (= not relevant) ça n'est pas pertinent

immature [ˌɪməˈtjʊəʳ] adj **a** (= childish) immature **b** (= not full-grown) [fruit] vert ; [animal, tree] jeune

immaturity [ˌɪməˈtjʊərɪtɪ] n manque *m* de maturité

immediate [ɪˈmiːdɪət] adj immédiat ▪ **to take ~ action** agir immédiatement ▪ **the most ~ task** la tâche la plus urgente

immediately [ɪˈmiːdɪətlɪ] **1** adv **a** (= at once) immédiatement ▪ **~ upon arrival** dès l'arrivée **b** (= directly) directement ▪ **~ behind/above** directement derrière/au-dessus **2** conj dès que

immense [ɪˈmens] adj immense

immensely [ɪˈmenslɪ] adv [rich, popular] extrêmement ; [enjoy, help] énormément

immerse [ɪˈmɜːs] vt immerger ▪ **to ~ o.s. in** se plonger dans ▪ **to be ~d in one's work** être absorbé dans son travail

immersion [ɪˈmɜːʃən] n immersion *f* ▸ **immersion heater** (BR = boiler) chauffe-eau *m inv* électrique

immigrant [ˈɪmɪgrənt] adj, n (newly arrived) immigrant(e) *m(f)* ; (well-established) immigré(e) *m(f)*

immigrate [ˈɪmɪgreɪt] vi immigrer

immigration [ˌɪmɪˈgreɪʃən] n immigration *f*

imminent [ˈɪmɪnənt] adj imminent

immobile [ɪˈməʊbaɪl] adj immobile

immobilize [ɪˈməʊbɪlaɪz] vt immobiliser

immodest [ɪˈmɒdɪst] adj **a** (= indecent) indécent **b** (= presumptuous) impudent

immoral [ɪˈmɒrəl] adj immoral

immorality [ˌɪməˈrælɪtɪ] n immoralité *f*

immortal [ɪˈmɔːtl] adj, n immortel(le) *m(f)*

immortality [ˌɪmɔːˈtælɪtɪ] n immortalité *f*

immortalize [ɪˈmɔːtəlaɪz] vt immortaliser

immune [ɪˈmjuːn] adj immunisé (*from, to* contre) ▸ **immune system** système *m* immunitaire

immunity [ɪˈmjuːnɪtɪ] n immunité *f* (*from, to* contre)

immunize [ˈɪmjʊnaɪz] vt immuniser

immunodeficiency [ɪˌmjʊnəʊdɪˈfɪʃənsɪ] n immunodéficience *f*

impact [ˈɪmpækt] **1** n impact *m* ▪ **to make an ~ on sb** (= affect) créer un choc chez qn ; (= impress) faire une forte impression sur qn ▪ **to have an ~ on sth** avoir des incidences sur qch **2** vt avoir une influence or une incidence sur

impair [ɪmˈpɛəʳ] vt [+ sight, hearing] altérer ; [+ strength] diminuer

impaired [ɪmˈpɛəd] adj [sight, hearing] affaibli ; [faculties, health] détérioré ; [strength] diminué ; → **hearing, visually**

impairment [ɪmˈpɛəmənt] n **a** (= defect) déficience *f* ▪ **hearing/visual ~** déficience *f* auditive/visuelle ▪ **speech** or **language ~s** troubles *mpl* du langage **b** [of judgment, mental functions] affaiblissement *m*

impart [ɪmˈpɑːt] vt communiquer

impartial [ɪmˈpɑːʃəl] adj impartial

impassable [ɪmˈpɑːsəbl] adj [barrier, river] infranchissable ; [road] impraticable

impasse [æmˈpɑːs] n impasse *f*

impassive [ɪmˈpæsɪv] adj impassible

impatience [ɪmˈpeɪʃəns] n **a** (= eagerness) impatience *f* **b** (= intolerance) intolérance *f* (*with* à l'égard de)

impatient [ɪmˈpeɪʃənt] adj **a** (= eager) [person, answer] impatient ▪ **~ to leave** impatient de partir ▪ **to become** or **get ~** s'impatienter **b** (= intolerant) intolérant (*with* à l'égard de)

impeachment [ɪmˈpiːtʃmənt] n [of public official] mise *f* en accusation *(en vue d'une destitution)* ; [of US president] procédure *f* d'impeachment

impeccable [ɪmˈpekəbl] adj [manners, behaviour, taste] irréprochable ; [English, service, clothes] impeccable

impede [ɪmˈpiːd] vt entraver

impediment [ɪmˈpedɪmənt] n (= obstacle) obstacle *m* ▪ **speech ~** défaut *m* d'élocution

impel [ɪmˈpel] vt (= compel) obliger (*to do sth* à faire qch) ; (= urge) inciter (*to do sth* à faire qch)

impending [ɪmˈpendɪŋ] adj imminent

impenetrable [ɪmˈpenɪtrəbl] adj [forest] impénétrable ; [barrier] infranchissable ; [mystery] insondable

imperative [ɪmˈperətɪv] **1** adj (gen) impératif ; [need] impérieux **2** n (Gram) impératif *m*

imperceptible [ˌɪmpəˈseptəbl] adj imperceptible (*to* à)

imperfect [ɪmˈpɜːfɪkt] **1** adj (gen) imparfait ; [goods, copy] défectueux **2** n imparfait *m*

imperfection [ˌɪmpəˈfekʃən] n imperfection *f* (*in sth* de qch) ; (in china, glass, jewel) défaut *m* (*in sth* de qch)

imperial [ɪmˈpɪərɪəl] adj impérial ▸ **imperial system** *système anglo-saxon de poids et mesures*

imperialism [ɪmˈpɪərɪəlɪzəm] n impérialisme *m*

imperious [ɪmˈpɪərɪəs] adj impérieux

impersonal [ɪmˈpɜːsnl] adj impersonnel

impersonate [ɪmˈpɜːsəneɪt] vt se faire passer pour ; (for entertainment) imiter

impersonation [ɪmˌpɜːsəˈneɪʃən] n (to entertain) imitation *f* ; (to deceive) usurpation *f* d'identité

impersonator [ɪmˈpɜːsəneɪtəʳ] n (= entertainer) imitateur *m*, -trice *f* ; (= impostor) usurpateur *m*, -trice *f* d'identité

impertinent [ɪmˈpɜːtɪnənt] adj impertinent (*to sb* envers qn)

impervious [ɪmˈpɜːvɪəs] adj imperméable (*to* à)

impetuous [ɪmˈpetjʊəs] adj impétueux

impetus [ˈɪmpɪtəs] n impulsion *f*

impinge [ɪmˈpɪndʒ] vi ▪ **to ~ on sb/sth** affecter qn/qch ▪ **to ~ on sb's rights** porter atteinte aux droits de qn

impish [ˈɪmpɪʃ] adj espiègle

implacable [ɪmˈplækəbl] adj implacable

implant **1** vt [ɪmˈplɑːnt] implanter **2** n [ˈɪmplɑːnt] implant *m*

> Lorsque ***implant*** est un verbe, l'accent tombe sur la deuxième syllabe. Lorsque c'est un nom, l'accent tombe sur la première.

implausible [ɪmˈplɔːzəbl] adj peu plausible

implement **1** n [ˈɪmplɪmənt] outil *m* **2** vt [ˈɪmplɪment] [+ decision, recommendation] mettre en œuvre ; [+ law] appliquer ; [+ system] mettre en place ; [+ idea] mettre en pratique

> Lorsque ***implement*** est un verbe, la fin se prononce ***ant*** comme dans ***giant***. Lorsque c'est un nom, elle se prononce ***ent*** comme dans ***went***.

implicate [ˈɪmplɪkeɪt] vt impliquer

implication [ˌɪmplɪˈkeɪʃən] n (= inference) insinuation *f* ; (= possible result) implication *f* ▪ **to study all the ~s** étudier toutes les conséquences (possibles) ▪ **by ~** par voie de conséquence

implicit [ɪmˈplɪsɪt] adj **a** (= implied) implicite **b** (= unquestioning) absolu

implicitly [ɪmˈplɪsɪtlɪ] adv **a** (= indirectly) implicitement **b** (= unquestioningly) tout à fait

implore [ɪmˈplɔːʳ] vt implorer (*sb to do sth* qn de faire qch)

imploring [ɪmˈplɔːrɪŋ] adj implorant

imply [ɪmˈplaɪ] vt **a** [person] laisser entendre ; (= insinuate) insinuer **b** (= indicate) impliquer

impolite [ˌɪmpəˈlaɪt] adj impoli (*to sb* avec qn)

import **1** n [ˈɪmpɔːt] importation *f* (*into* en) **2** vt [ɪmˈpɔːt] importer ▪ **~ed goods** marchandises *fpl* d'importation

> Lorsque ***import*** est un verbe, l'accent tombe sur la deuxième syllabe. Lorsque c'est un nom, l'accent tombe sur la première.

importance [ɪmˈpɔːtəns] n importance *f* ▪ **of great ~** très important ▪ **of no ~** sans importance

important [ɪmˈpɔːtənt] adj important (*to* or *for sb/sth* pour qn/qch) ▪ **it's not ~** ça n'a pas d'importance ▪ **the ~ thing is not to win but to take part** l'important n'est pas de gagner mais de participer ; → <u>*Pièges*</u> IMPORTANT

importer [ɪmˈpɔːtəʳ] n (= person) importateur *m*, -trice *f* ; (= country) (pays *m*) importateur *m*

impose [ɪmˈpəʊz] **1** vt imposer (*on* à) ; [+ sanctions] infliger (*on* à) **2** vi s'imposer ▪ **to ~ on sb** abuser de la gentillesse de qn

imposing [ɪmˈpəʊzɪŋ] adj imposant

impossibility [ɪmˌpɒsəˈbɪlɪtɪ] n impossibilité *f* (*of sth* de qch, *of doing sth* de faire qch)

impossible [ɪmˈpɒsəbl] adj impossible ▪ **it is ~ for him to leave** il lui est impossible de partir ▪ **to make it ~ for sb to do sth** mettre qn dans l'impossibilité de faire qch

impossibly [ɪmˈpɒsəblɪ] adv [small, large, late] incroyablement

imposter, impostor [ɪmˈpɒstəʳ] n imposteur *m*

impotent [ˈɪmpətənt] adj impuissant

> ⚠ ***impotent*** ne se traduit pas par le mot français **impotent**.

impound [ɪmˈpaʊnd] vt [+ property] confisquer ; [+ car] mettre en fourrière

impoverished [ɪmˈpɒvərɪʃt] adj pauvre

impractical [ɪmˈpræktɪkəl] adj [plan] difficilement applicable ; [clothes] peu pratique

imprecise [ˌɪmprɪˈsaɪs] adj imprécis

impregnable [ɪmˈpregnəbl] adj imprenable

impregnate [ˈɪmpregneɪt] vt a (= fertilize) féconder b (= saturate) imprégner (*with* de)

impresario [ˌɪmpreˈsɑːrɪəʊ] n imprésario *m*

impress [ɪmˈpres] vt impressionner ■ **to be ~ed by sth** être impressionné par qch

impression [ɪmˈpreʃən] n a (gen) impression *f* ■ **to make an ~ on sb** faire impression à qn ■ **to make an ~ on sth** avoir un effet sur qch ■ **to make a good/bad ~ on sb** faire bonne/mauvaise impression à qn ■ **I was under the ~ that...** j'avais l'impression que... b (= imitation) imitation *f* ■ **to do ~s** faire des imitations

impressionism [ɪmˈpreʃənɪzəm] n impressionnisme *m*

impressionist [ɪmˈpreʃənɪst] adj, n impressionniste *mf*

impressive [ɪmˈpresɪv] adj impressionnant

imprint 1 vt [ɪmˈprɪnt] imprimer 2 n [ˈɪmprɪnt] empreinte *f*

> Lorsque ***imprint*** est un verbe, l'accent tombe sur la deuxième syllabe. Lorsque c'est un nom, l'accent tombe sur la première.

imprison [ɪmˈprɪzn] vt emprisonner

imprisonment [ɪmˈprɪznmənt] n emprisonnement *m*

improbable [ɪmˈprɒbəbl] adj a (= unlikely) improbable ■ **it is ~ that...** il est peu probable que... *+ subj* b (= implausible) invraisemblable

impromptu [ɪmˈprɒmptjuː] adj impromptu

improper [ɪmˈprɒpəʳ] adj a (= indecent) indécent b (= dishonest) malhonnête c (= wrong) incorrect

impropriety [ˌɪmprəˈpraɪətɪ] n inconvenance *f*

improve [ɪmˈpruːv] 1 vt améliorer 2 vi (= get better) s'améliorer ; [student, patient] faire des progrès ■ **his French is improving** il fait des progrès en français ■ **to ~ on sth** améliorer qch

improvement [ɪmˈpruːvmənt] n amélioration *f* ■ **there is room for ~** on pourrait faire mieux ■ **to carry out ~s to a house** faire des travaux d'aménagement dans une maison

improvise [ˈɪmprəvaɪz] vti improviser

impudent [ˈɪmpjʊdənt] adj impudent

impulse [ˈɪmpʌls] n impulsion *f* ■ **on a sudden ~ he...** pris d'une impulsion soudaine il... ■ **to act on ~** agir par impulsion

impulsive [ɪmˈpʌlsɪv] adj [act, person] impulsif ; [remark] irréfléchi

impunity [ɪmˈpjuːnɪtɪ] n impunité *f* ■ **with ~** impunément

impure [ɪmˈpjʊəʳ] adj impur ; [drug] frelaté

impurity [ɪmˈpjʊərɪtɪ] n impureté *f*

in [ɪn]

1 prep a (place) dans ■ **in the box** dans la boîte ■ **in the street** dans la rue

b (with geographical names)

♦ **in** + feminine country/region/island en ■ **in England** en Angleterre ■ **in Provence** en Provence ■ **in Israel** en Israël

♦ **in** + masculine country au ■ **in Japan** au Japon

♦ **in** + plural country aux ■ **in the United States** aux États-Unis

♦ **in** + town/island without article à ■ **in London** à Londres ■ **in Cuba** à Cuba

♦ **in** + masculine state/French region/county dans ■ **in Poitou** dans le Poitou ■ **in Sussex** dans le Sussex

c (with time expressions) (= in the space of) en ; (= after) dans ■ **I can't do it in two hours** je ne peux pas le faire en deux heures ■ **I'll be back in a week** je reviendrai dans une semaine ■ **once in a hundred years** une fois tous les cent ans

d (month, year, season) en ■ **in May** en mai ■ **in 2001** en 2001 ■ **in summer/autumn/winter** en été/automne/hiver ■ **in spring** au printemps

e (= wearing) en ■ **in shorts/his slippers** en short/pantoufles ■ **you look nice in that dress** tu es jolie dans cette robe

f (language, medium, material) en ■ **in French** en français ■ **in marble/velvet** en marbre/velours

g (ratio) sur ■ **one man in ten** un homme sur dix

h (following superlative) de ■ **the highest mountain in Europe** la plus haute montagne d'Europe

2 adv a (= inside) à l'intérieur ■ **she opened the door and they all rushed in** elle a ouvert la porte et ils se sont tous précipités à l'intérieur ■ **she opened her bag and put the ticket in** elle a ouvert son sac et y a mis le billet

b (at home, work)

♦ **to be in** [person] être là ; [train] être en gare ■ **is Paul in?** est-ce que Paul est là ? ■ **he's usually in on Saturday morning** il est généralement chez lui le samedi matin

c (set structures) ■ **in between** (= in time) entre-temps ; (in space) entre ■ **we are in for trouble*** nous allons avoir des ennuis ■ **to be in on a secret** être au courant d'un secret ■ **to be well in with sb*** être dans les petits papiers de qn*

3 adj (* = fashionable) à la mode ■ **it's the in place to eat** c'est le restaurant branché* en ce moment

4 npl ■ **to know the ins and outs of a matter** connaître les tenants et aboutissants d'une affaire

5 comp ▸ **in-built** [tendency] inné ; [feature, device] intégré ▸ **in-depth** en profondeur ▸ **in-house** adj [training] en entreprise, en interne ◇ adv [train, produce] en interne ▸ **in-laws*** (= parents-in-law) beaux-parents *mpl*; (others) belle-famille *f* ▸ **in-patient** malade *mf* hospitalisé(e) ▸ **in-tray** corbeille *f* arrivée

inability [ˌɪnəˈbɪlɪtɪ] n incapacité *f* (*to do sth* à faire qch)

inaccessible [ˌɪnækˈsesəbl] adj inaccessible (*to sb/sth* à qn/qch)

inaccurate [ɪnˈækjʊrɪt] adj (gen) inexact ; [method, instrument] imprécis

inactive [ɪnˈæktɪv] adj inactif

inactivity [ˌɪnækˈtɪvɪtɪ] n inactivité *f*

inadequacy [ɪnˈædɪkwəsɪ] n insuffisance *f*

inadequate [ɪnˈædɪkwɪt] adj (gen) insuffisant ; [housing, training] inadéquat ■ **he felt ~** il ne se sentait pas à la hauteur

inadvertently [ˌɪnədˈvɜːtəntlɪ] adv par inadvertance

inadvisable [ˌɪnədˈvaɪzəbl] adj inopportun ■ **it would be ~ to do that** il est déconseillé de faire cela

inane [ɪˈneɪn] adj bête ■ **~ remark** ineptie *f*

inanimate [ɪnˈænɪmɪt] adj inanimé

inappropriate [ˌɪnəˈprəʊprɪɪt] adj [action, behaviour, remark] inopportun ; [expression] impropre

inarticulate [ˌɪnɑːˈtɪkjʊlɪt] adj [speech] mal articulé ■ **he is ~** (= unable to express himself) il s'exprime mal

inasmuch [ɪnəzˈmʌtʃ] adv ■ **~ as** (= seeing that) vu que ; (= insofar as) dans la mesure où

inaudible [ɪnˈɔːdəbl] adj inaudible

inaugurate [ɪˈnɔːgjʊreɪt] vt [+ building] inaugurer ; [+ president, official] investir dans ses fonctions

inauguration [ɪˌnɔːgjʊˈreɪʃən] n [of building] inauguration *f* ; [of president, official] investiture *f*

inauthentic [ɪnɔːˈθentɪk] adj [document] faux, non authentique ; [recipe] non traditionnel

inborn [ˈɪnˌbɔːn] adj [ability, fear] inné ; [fault] congénital

inbound [ˈɪnˌbaʊnd] adj ■ **an ~ flight from Honduras** un vol en provenance du Honduras

inbox [ˈɪnbɒks] n (for email) boîte *f* de réception

inbred [ˈɪnˌbred] adj (= innate) inné (*in sb* chez qn)

Inc. (abbr of **Incorporated**) SA

inc abbr of **inclusive**

incalculable [ɪnˈkælkjʊləbl] adj incalculable ; [value, importance, benefit] inestimable

incapable [ɪnˈkeɪpəbl] adj incapable (*of doing sth* de faire qch)

incapacity [ˌɪnkəˈpæsɪtɪ] n incapacité *f* (*to do* de faire) ; (Law) incapacité *f* (légale) ▸ **incapacity benefit** (BR) allocation *f* d'invalidité

incarcerate [ɪnˈkɑːsəreɪt] vt incarcérer

incarnation [ˌɪnkɑːˈneɪʃən] n incarnation *f*

incendiary [ɪnˈsendɪərɪ] adj incendiaire ▸ **incendiary device** dispositif *m* incendiaire

incense **1** vt [ɪnˈsens] (= anger) mettre en fureur ; (stronger) mettre dans une rage folle **2** n [ˈɪnsens] encens *m* ▸ **incense burner** brûle-encens *m*

> Lorsque ***incense*** est un verbe, l'accent tombe sur la deuxième syllabe. Lorsque c'est un nom, l'accent tombe sur la première.

incensed [ɪnˈsenst] adj révolté (*at, by* par)

incentive [ɪnˈsentɪv] n **a** (= motivation) motivation *f* **b** (= promised reward) incitation *f* ▸ **incentive bonus** or **payment** prime *f* de rendement or de performance

incessant [ɪnˈsesnt] adj incessant

incessantly [ɪnˈsesntlɪ] adv sans arrêt

> ⚠ ***incessantly*** ne se traduit pas par **incessamment**.

incest [ˈɪnsest] n inceste *m*

incestuous [ɪnˈsestjʊəs] adj incestueux

inch [ɪntʃ] **1** n pouce *m* (*= 2,54 cm*) ■ **to come within an ~ of succeeding** être à deux doigts de réussir **2** vi ■ **to ~ forward/out/in** avancer/sortir/entrer peu à peu

incidence [ˈɪnsɪdəns] n [of disease] incidence *f* ; [of crime] taux *m*

incident [ˈɪnsɪdənt] n incident *m*

incidental [ˌɪnsɪˈdentl] **1** adj secondaire **2** **incidentals** npl (also **incidental expenses**) faux frais *mpl*

incidentally [ˌɪnsɪˈdentəlɪ] adv au fait

incinerate [ɪnˈsɪnəreɪt] vt incinérer

incinerator [ɪnˈsɪnəreɪtəʳ] n incinérateur *m*

incision [ɪnˈsɪʒən] n incision *f*

incisive [ɪnˈsaɪsɪv] adj [comment, criticism] incisif ; [mind] pénétrant

incisor [ɪnˈsaɪzəʳ] n incisive *f*

incite [ɪn'saɪt] vt inciter ▪ **to ~ sb to do sth** inciter qn à faire qch

incl. abbr of **inclusive**

inclination [ˌɪnklɪ'neɪʃən] n (= liking) inclination *f* ; (= tendency) tendance *f* ; (= desire) envie *f*

incline **1** vt [ɪn'klaɪn] **a** (= bend) incliner **b** ▪ **to be ~d to do sth** (= have tendency to) avoir tendance à faire qch ; (= feel desire to) être enclin à faire qch **2** vi [ɪn'klaɪn] (= slope) s'incliner **3** n ['ɪnklaɪn] pente *f*

> Lorsque *incline* est un verbe, l'accent tombe sur la deuxième syllabe. Lorsque c'est un nom, l'accent tombe sur la première.

include [ɪn'klu:d] vt comprendre ▪ **"service ~d/not ~d"** « service compris/non compris » ▪ **everyone, children/myself ~d** tout le monde, les enfants/moi y compris

including [ɪn'klu:dɪŋ] prep y compris ▪ **up to and ~ 4 May** jusqu'au 4 mai inclus

inclusive [ɪn'klu:sɪv] adj **a** (= comprehensive) [price, package] tout compris *inv* ; [amount, sum] global ▪ **~ of postage and packing** port et emballage compris **b** (= included) inclus ▪ **Tuesday to Saturday ~** de mardi à samedi inclus

incognito [ɪnkɒg'ni:təʊ] **1** adv incognito **2** adj ▪ **to remain ~** garder l'incognito

incoherent [ˌɪnkəʊ'hɪərənt] adj [person, speech, letter] incohérent ; [style] décousu

income ['ɪnkʌm] n revenu(s) *m(pl)* ▸ **Income Support** (BR) ≈ revenu minimum d'insertion ▸ **income tax** (gen) impôt *m* sur le revenu ; [of corporations] impôt *m* sur les bénéfices

incoming ['ɪnˌkʌmɪŋ] adj [plane, flight, mail] à l'arrivée ; [tide] montant ; [president, government] nouveau (nouvelle *f*) ▪ **they would not let him receive ~ calls** ils ne le laissaient pas recevoir d'appels ▪ **this telephone only takes ~ calls** ce téléphone ne prend que les appels de l'extérieur

incomparable [ɪn'kɒmpərəbl] adj incomparable (*to, with* à)

incompatibility ['ɪnkəmˌpætə'bɪlɪtɪ] n incompatibilité *f* ▪ **divorce on the grounds of ~** divorce *m* pour incompatibilité d'humeur

incompatible [ˌɪnkəm'pætəbl] adj incompatible

incompetence [ɪn'kɒmpɪtəns], **incompetency** [ɪn'kɒmpɪtənsɪ] n incompétence *f*

incompetent [ɪn'kɒmpɪtənt] adj, n incompétent(e) *m(f)*

incomplete [ˌɪnkəm'pli:t] adj incomplet (-ète *f*)

incomprehensible [ɪnˌkɒmprɪ'hensəbl] adj incompréhensible (*to sb* à qn)

inconceivable [ˌɪnkən'si:vəbl] adj inconcevable

inconclusive [ˌɪnkən'klu:sɪv] adj [outcome, results, evidence] peu concluant ; [war, fighting] sans vainqueur ni vaincu

incongruous [ɪn'kɒŋgrʊəs] adj (= out of place) incongru ; (= absurd) absurde

inconsiderate [ˌɪnkən'sɪdərɪt] adj [person] peu prévenant ; [action, reply] inconsidéré ▪ **that was very ~ of you** c'était très incorrect de ta part

inconsistency [ˌɪnkən'sɪstənsɪ] n [of facts] incohérence *f*

> *inconsistency* ne se traduit pas par **inconsistance**.

inconsistent [ˌɪnkən'sɪstənt] adj **a** (= capricious) [person] inconstant ; [behaviour] incohérent **b** (= variable) inégal **c** (= contradictory) contradictoire

> *inconsistent* ne se traduit pas par **inconsistant**.

inconsolable [ˌɪnkən'səʊləbl] adj inconsolable

inconspicuous [ˌɪnkən'spɪkjʊəs] adj [person, action] qui passe inaperçu ; [dress] discret (-ète *f*)

incontinent [ɪn'kɒntɪnənt] adj incontinent

inconvenience [ˌɪnkən'vi:nɪəns] **1** n **a** (= disadvantage) inconvénient *m* **b** (= bother) ▪ **to put sb to great ~** causer beaucoup de dérangement à qn ▪ **I don't want to put you to any ~** je ne veux surtout pas vous déranger **2** vt déranger

inconvenient [ˌɪnkən'vi:nɪənt] adj [time, moment] inopportun ; [visitor] importun ; [information, truth] gênant ; [arrangement, location] peu pratique

> *inconvenient* ne se traduit pas par **inconvénient** ; → *Pièges* INCONVENIENT

incorporate [ɪn'kɔ:pəreɪt] vt **a** (= introduce as part) incorporer **b** (= include, contain) comprendre ; (= bring together) rassembler **c** [+ company] absorber ▪ **Smith Robinson Incorporated** Smith Robinson SA

incorrect [ˌɪnkə'rekt] adj incorrect ; [assumption, belief] erroné ; [diet, dress] inadapté

incorrigible [ɪn'kɒrɪdʒəbl] adj incorrigible

increase **1** vi [ɪn'kri:s] (gen) augmenter ; [trade] se développer ; [noise, effort] s'intensifier ; [rain, wind] redoubler ▪ **to ~ in volume** augmenter de volume **2** vt [ɪn'kri:s] (gen) augmenter (*by* de) ; [+ trade, business] développer ; [+ noise] intensifier **3** n ['ɪnkri:s] (gen) augmentation *f* ; [of trade, business] développement *m* ; [of noise] intensification *f* ▪ **a pay ~** une augmentation (de salaire) ▪ **to be on the ~** être en augmentation

> Lorsque *increase* est un verbe, l'accent tombe sur la deuxième syllabe. Lorsque c'est un nom, l'accent tombe sur la première.

increasing [ɪn'kri:sɪŋ] adj croissant

increasingly [ɪn'kri:sɪŋlɪ] adv (= more and more) de plus en plus ; (= more and more often) de plus en plus souvent ▪ **~ unreliable** de moins en moins fiable

incredible [ɪn'kredəbl] adj incroyable ▪ **it is ~ that...** il est incroyable que... *+ subj*

incredibly [ɪn'kredəblɪ] adv incroyablement

incredulous [ɪn'kredjʊləs] adj incrédule

increment ['ɪnkrɪmənt] **1** n (in salary) échelon *m* **2** vt augmenter ; (Computing) incrémenter

incremental [,ɪnkrɪ'mentl] adj [cost] marginal ; [rise, increase] progressif

incriminate [ɪn'krɪmɪneɪt] vt incriminer

incriminating [ɪn'krɪmɪneɪtɪŋ] adj compromettant ▪ **~ evidence** pièces *fpl* à conviction, preuves *fpl* à charge

incubate ['ɪnkjʊbeɪt] **1** vt incuber **2** vi être en incubation

incubator ['ɪnkjʊbeɪtə'] n (for chicks, eggs, babies) couveuse *f*

incur [ɪn'kɜ:'] vt [+ blame, costs] encourir ; [+ risk] courir ; [+ debts] contracter ; [+ loss] subir

incurable [ɪn'kjʊərəbl] adj incurable

indebted [ɪn'detɪd] adj **a** (financially) endetté **b** (= grateful) ▪ **I am ~ to him for pointing out that...** je lui suis redevable d'avoir fait remarquer que...

indecent [ɪn'di:snt] adj indécent ▸ **indecent assault** attentat *m* à la pudeur (*on sb* contre qn) ▸ **indecent exposure** outrage *m* public à la pudeur

indecision [,ɪndɪ'sɪʒən] n indécision *f*

indecisive [,ɪndɪ'saɪsɪv] adj **a** (= uncertain) indécis (*about* or *over sth* à propos de qch) **b** (= inconclusive) peu concluant

indeed [ɪn'di:d] adv **a** (indicating confirmation, agreement) en effet ▪ **are you coming? – ~ I am!** vous venez ? – bien sûr ! **b** (introducing further information) d'ailleurs ▪ **he was happy, ~ delighted** il était content, et même ravi **c** (as intensifier) vraiment ▪ **I am very grateful/pleased ~** je suis vraiment reconnaissant/très content ▪ **thank you very much ~** je vous remercie infiniment **d** (showing interest, irony, surprise) ▪ **~?** vraiment ?

indefinable [,ɪndɪ'faɪnəbl] adj indéfinissable

indefinite [ɪn'defɪnɪt] adj **a** (= unspecified) indéterminé ; [strike, ban] illimité **b** (= vague) [feelings] indéfini ; [word, plans] imprécis **c** (Gram) ▪ **~ article** article *m* indéfini

indefinitely [ɪn'defɪnɪtlɪ] adv [last, continue, stay] indéfiniment ; [adjourn] pour une durée indéterminée

indelible [ɪn'deləbl] adj indélébile

indelicate [ɪn'delɪkɪt] adj (= indiscreet) indélicat ; (= tactless) indiscret (-ète *f*)

indemnity [ɪn'demnɪtɪ] n **a** (= compensation) indemnité *f* **b** (= insurance) assurance *f*

indent [ɪn'dent] vt [+ word, line] mettre en alinéa ; [+ whole paragraph] mettre en retrait ▪ **~ed coastline** littoral *m* découpé

indentation [,ɪnden'teɪʃən] n (= hollow mark) empreinte *f* ; (= footprint) trace *f* de pas ; (= dent) bosse *f*

independence [,ɪndɪ'pendəns] n indépendance *f* (*from* par rapport à) ▸ **Independence Day** (US) fête *f* de l'Indépendance américaine *(le 4 juillet)*

independent [,ɪndɪ'pendənt] adj indépendant ; [radio] libre ▸ **independent school** (BR) établissement *m* d'enseignement privé

independently [,ɪndɪ'pendəntlɪ] adv [act, live] de façon indépendante ; [think] par soi-même ; [research, negotiate, investigate] séparément ▪ **~ of sb/sth** indépendamment de qn/qch

indescribable [,ɪndɪs'kraɪbəbl] adj indescriptible

indestructible [,ɪndɪs'trʌktəbl] adj indestructible

indeterminate [,ɪndɪ'tɜ:mɪnɪt] adj indéterminé

index ['ɪndeks] **1** n **a** (pl **~es**) (in book) index *m* ▸ **index card** fiche *f* ▸ **index finger** index *m* **b** (pl **indices**) (Fin) indice *m* ▪ **cost-of-living ~** indice *m* du coût de la vie ▪ **share ~** indice *m* boursier **2** vt indexer

India ['ɪndɪə] n Inde *f*

Indian ['ɪndɪən] **1** adj indien ▸ **Indian Ocean** océan *m* Indien ▸ **Indian summer** été *m* indien **2** n Indien(ne) *m(f)*

indicate ['ɪndɪkeɪt] **1** vt **a** (gen) indiquer **b** (= make known) [+ intentions, opinion] faire part de ; [+ feelings] laisser voir **2** vi (in car) mettre son clignotant

indication [,ɪndɪ'keɪʃən] n indication *f* ▪ **we had no ~ that...** rien ne laissait prévoir que... ▪ **there is every ~ that...** tout porte à croire que...

indicative [ɪn'dɪkətɪv] **1** adj ▪ **to be ~ of sth** être révélateur de qch ▪ **to be ~ of the fact that...** montrer que... **2** n (Gram) (mode *m*) indicatif *m*

indicator ['ɪndɪkeɪtə'] n indicateur *m* ; (BR : on car) clignotant *m*

indices ['ɪndɪsi:z] pl of **index**

indict [ɪn'daɪt] vt mettre en examen

indictment [ɪn'daɪtmənt] n (= bill) acte *m* d'accusation (*for* de) ; (= process) mise *f* en examen (*for* pour) ; (US) accusation *f (par le jury d'accusation)*

indifference [ɪn'dɪfrəns] n indifférence *f* (*towards* envers)

indifferent [ɪn'dɪfrənt] adj a (= lacking interest) indifférent (*to* à) b (= mediocre) médiocre

indifferently [ɪn'dɪfrəntlɪ] adv a (= uninterestedly) avec indifférence b (= badly) médiocrement

indigenous [ɪn'dɪdʒɪnəs] adj indigène

indigestion [,ɪndɪ'dʒestʃən] n indigestion *f* ▪ **to have an attack of ~** avoir une indigestion

indignant [ɪn'dɪgnənt] adj indigné (*at sth* de qch) ▪ **to become ~** s'indigner

indignation [,ɪndɪg'neɪʃən] n indignation *f* (*at* devant, *with* contre)

indignity [ɪn'dɪgnɪtɪ] n outrage *m*

indirect [,ɪndɪ'rekt] adj indirect ▸ **indirect object** complément *m* d'objet indirect

indirectly [,ɪndɪ'rektlɪ] adv indirectement

indiscernible [,ɪndɪ'sɜ:nəbl] adj indiscernable

indiscreet [,ɪndɪs'kri:t] adj indiscret (-ète *f*)

indiscretion [,ɪndɪs'kreʃən] n indiscrétion *f*

indiscriminate [,ɪndɪs'krɪmɪnɪt] adj [killing, violence] aveugle ; [punishment] distribué à tort et à travers ▪ **~ use of pesticides** emploi *m* sans discernement des pesticides

indispensable [,ɪndɪs'pensəbl] adj indispensable (*to* à)

indisposed [,ɪndɪs'pəʊzd] adj a (= unwell) souffrant b (= disinclined) ▪ **to be ~ to do sth** être peu disposé à faire qch

indisputable [,ɪndɪs'pju:təbl] adj incontestable

indistinct [,ɪndɪs'tɪŋkt] adj [sound, shape] indistinct ; [memory, photograph] flou

indistinguishable [,ɪndɪs'tɪŋgwɪʃəbl] adj indifférenciable

individual [,ɪndɪ'vɪdjʊəl] 1 adj a (= separate) individuel b (= distinctive, characteristic) personnel 2 n individu *m*

individualist [,ɪndɪ'vɪdjʊəlɪst] n individualiste *mf*

individuality [,ɪndɪ,vɪdjʊ'ælɪtɪ] n individualité *f*

individually [,ɪndɪ'vɪdjʊəlɪ] adv a (= separately) individuellement b (= uniquely) de façon personnalisée

indoctrinate [ɪn'dɒktrɪneɪt] vt endoctriner

indoctrination [ɪn,dɒktrɪ'neɪʃən] n endoctrinement *m*

indolent ['ɪndələnt] adj indolent

Indonesia [,ɪndə'ni:zə] n Indonésie *f*

Indonesian [,ɪndə'ni:zən] 1 adj indonésien 2 n (= person) Indonésien(ne) *m(f)*

indoor ['ɪndɔ:'] adj [activity, shoes, photography] d'intérieur ; [market, swimming pool] couvert ; [sports] en salle

indoors [ɪn'dɔ:z] adv (in building) à l'intérieur ; (at home) chez soi ▪ **to go ~** rentrer

induce [ɪn'dju:s] vt a (= persuade) inciter (*sb to do sth* qn à faire qch) b (= bring about) provoquer

inducement [ɪn'dju:smənt] n (= reward) récompense *f* ; (= bribe) pot-de-vin *m*

induction [ɪn'dʌkʃən] n [of clergyman, president] installation *f* ; [of new staff members] intégration *f* ; (US) [of new recruit] incorporation *f* ▸ **induction course, induction training** cours *m* d'introduction

indulge [ɪn'dʌldʒ] 1 vt (= spoil) [+ person] gâter ; (= give way to) [+ person, desires, laziness] céder à ▪ **~ yourself with a nice glass of wine** faites-vous plaisir et prenez un bon verre de vin 2 vi ▪ **to ~ in sth** se permettre qch

indulgence [ɪn'dʌldʒəns] n a (= tolerance) indulgence *f* b (= luxury) luxe *m* ; (= treat) gâterie *f*

indulgent [ɪn'dʌldʒənt] adj indulgent (*to* envers, pour)

industrial [ɪn'dʌstrɪəl] adj (gen) industriel ; [worker] de l'industrie ; [accident, injury] du travail ▸ **industrial action** (BR) action *f* revendicative; (= strike) grève *f* ▸ **industrial dispute** (BR) conflit *m* social ▸ **industrial estate** (BR) or **park** zone *f* industrielle ▸ **Industrial Revolution** révolution *f* industrielle

industrialist [ɪn'dʌstrɪəlɪst] n industriel *m*

industrialization [ɪn,dʌstrɪəlaɪ'zeɪʃən] n industrialisation *f*

industrialize [ɪn'dʌstrɪəlaɪz] vt industrialiser ▸ **industrialized countries** pays *mpl* industrialisés

industrious [ɪn'dʌstrɪəs] adj travailleur

industry ['ɪndəstrɪ] n industrie *f* ▪ **the hotel ~** l'industrie *f* hôtelière ▪ **the tourist ~** le secteur du tourisme

inebriated [ɪ'ni:brɪ,eɪtɪd] adj ivre

inedible [ɪn'edɪbl] adj (= not meant to be eaten) non comestible ; (= not fit to be eaten) immangeable

ineffective [,ɪnɪ'fektɪv], **ineffectual** [,ɪnɪ'fektjʊəl] adj inefficace (*in doing sth* pour faire qch)

inefficiency [ˌɪnɪˈfɪʃənsɪ] n [of action, machine, measures] inefficacité *f* ; [of person] manque *m* d'efficacité

inefficient [ˌɪnɪˈfɪʃənt] adj [person, measures, drug] inefficace ; [machine, factory] peu performant

inelegant [ɪnˈelɪgənt] adj peu élégant

ineligible [ɪnˈelɪdʒəbl] adj [candidate] inéligible ■ **to be ~ for sth** ne pas avoir droit à qch

inept [ɪˈnept] adj (= incompetent) incompétent ; [remark] déplacé

inequality [ˌɪnɪˈkwɒlɪtɪ] n inégalité *f*

inequity [ɪnˈekwɪtɪ] n injustice *f*

inert [ɪˈnɜːt] adj inerte

inertia [ɪˈnɜːʃə] n inertie *f*

inescapable [ˌɪnɪsˈkeɪpəbl] adj inévitable

inevitable [ɪnˈevɪtəbl] adj inévitable

inevitably [ɪnˈevɪtəblɪ] adv inévitablement

inexact [ˌɪnɪgˈzækt] adj inexact

inexcusable [ˌɪnɪksˈkjuːzəbl] adj inexcusable

inexhaustible [ˌɪnɪgˈzɔːstəbl] adj inépuisable

inexpensive [ˌɪnɪksˈpensɪv] adj peu cher

inexperience [ˌɪnɪksˈpɪərɪəns] n inexpérience *f*, manque *m* d'expérience

inexperienced [ˌɪnɪksˈpɪərɪənst] adj inexpérimenté ■ **to be ~** manquer d'expérience

inexplicable [ˌɪnɪksˈplɪkəbl] adj inexplicable

inextricable [ˌɪnɪksˈtrɪkəbl] adj inextricable

infallible [ɪnˈfæləbl] adj infaillible

infamous [ˈɪnfəməs] adj [person, place] tristement célèbre ; [incident] notoire ; [case, trial] ignominieux

infancy [ˈɪnfənsɪ] n petite enfance *f*, bas âge *m* ■ **in its ~** (fig) à ses débuts

infant [ˈɪnfənt] n (= newborn) nouveau-né *m* ; (= baby) nourrisson *m* ; (= young child) enfant *mf* en bas âge ► **infant school** (BR) ≈ cours préparatoire et première année de cours élémentaire *(entre quatre et sept ans)*

infantile [ˈɪnfəntaɪl] adj infantile

infantilize [ɪnˈfæntɪˌlaɪz] vt infantiliser

infantry [ˈɪnfəntrɪ] n infanterie *f*

infatuated [ɪnˈfætjʊeɪtɪd] adj ■ **to be ~ with** être fou de ■ **to become ~ with** s'enticher de

infatuation [ɪnˌfætjʊˈeɪʃən] n amour *m* fou

infect [ɪnˈfekt] vt [+ person, wound] infecter ; [+ blood] contaminer ■ **to become ~ed** s'infecter ■ **to be ~ed with** être atteint de

infection [ɪnˈfekʃən] n [of person, wound] infection *f* ; [of blood] contamination *f* ■ **a throat ~** une angine ■ **an ear ~** une otite

infectious [ɪnˈfekʃəs] adj contagieux

infer [ɪnˈfɜːʳ] vt **a** (= conclude) déduire **b** (* = imply) laisser entendre

inference [ˈɪnfərəns] n (= conclusion) déduction *f* ■ **by ~** par déduction

inferior [ɪnˈfɪərɪəʳ] **1** adj inférieur (-eure *f*) (*to sb* à qn, *in sth* en qch) ; [product] de qualité inférieure ; [service, work] de second ordre ■ **to feel ~** avoir un sentiment d'infériorité **2** n (in quality, social standing) inférieur *m*, -eure *f* ; (in authority, rank) subalterne *mf*

inferiority [ɪnˌfɪərɪˈɒrɪtɪ] n infériorité *f* (*to* par rapport à) ► **inferiority complex** complexe *m* d'infériorité

infernal [ɪnˈfɜːnl] adj infernal

inferno [ɪnˈfɜːnəʊ] n ■ **a blazing ~** un brasier

infertile [ɪnˈfɜːtaɪl] adj stérile

infertility [ˌɪnfɜːˈtɪlɪtɪ] n stérilité *f*

infest [ɪnˈfest] vt infester (*with* de)

infidelity [ˌɪnfɪˈdelɪtɪ] n infidélité *f*

infiltrate [ˈɪnfɪlˌtreɪt] **1** vi s'infiltrer **2** vt [+ group, organization] infiltrer ; [troops] [+ territory, city, enemy lines] s'infiltrer dans

infinite [ˈɪnfɪnɪt] adj, n infini *m*

infinitely [ˈɪnfɪnɪtlɪ] adv infiniment

infinitive [ɪnˈfɪnɪtɪv] adj, n infinitif *m*

infinity [ɪnˈfɪnɪtɪ] n infinité *f* ; (Math) infini *m* ■ **to ~** à l'infini

infirm [ɪnˈfɜːm] adj infirme

infirmary [ɪnˈfɜːmərɪ] n (= hospital) hôpital *m* ; (in school) infirmerie *f*

infirmity [ɪnˈfɜːmɪtɪ] n infirmité *f*

inflamed [ɪnˈfleɪmd] adj [wound, organ] enflammé

inflammable [ɪnˈflæməbl] adj **a** [liquid, substance] inflammable **b** [situation] explosif

inflammation [ˌɪnfləˈmeɪʃən] n inflammation *f*

inflatable [ɪnˈfleɪtɪbl] adj [dinghy, mattress] pneumatique ; [toy, rubber ring] gonflable

inflate [ɪnˈfleɪt] **1** vt gonfler **2** vi se gonfler

inflation [ɪnˈfleɪʃən] n inflation *f*

inflationary [ɪnˈfleɪʃnərɪ] adj inflationniste

inflexible [ɪnˈfleksəbl] adj [person, attitude] inflexible ; [object, system, policy] rigide

inflict [ɪnˈflɪkt] vt infliger (*on* à) ■ **to ~ damage** causer des dégâts

influence [ˈɪnflʊəns] **1** n influence *f* ■ **under the ~ of** [+ person] sous l'influence de ■ **under the ~ of** [+ drink, drugs] sous l'effet de **2** vt influencer ■ **to be ~d by** se laisser influencer par

influencer [ˈɪnflʊənsəʳ] n influenceur *m*, -euse *f*

influential [ˌɪnflʊˈenʃəl] adj influent ■ **to be ~** avoir de l'influence

influenza [ˌɪnflʊˈenzə] n grippe *f*

influx [ˈɪnflʌks] n [of people] afflux *m* ; [of new ideas, attitudes] flux *m*

info * [ˈɪnfəʊ] n (abbr of **information**) renseignements *mpl*, infos* *fpl* ; (= tips) tuyaux* *mpl*

infomercial [ˈɪnfəʊˌmɜːʃəl] n (US) (for product) publireportage *m* ; (Pol) *émission où un candidat présente son programme électoral*

inform [ɪnˈfɔːm] **1** vt informer (*of* de) ; (= warn) avertir (*of* de) ■ **keep me ~ed** tenez-moi au courant **2** vi ■ **to ~ on sb** dénoncer qn

informal [ɪnˈfɔːməl] adj **a** (= relaxed) décontracté **b** [language, expression] familier **c** (= unceremonious) [party, meal, visit] sans cérémonie ; [clothes] décontracté **d** (= unofficial) non officiel

informality [ˌɪnfɔːˈmælɪtɪ] n [of visit, style, language] simplicité *f* ; [of agreement, occasion] caractère *m* informel

informant [ɪnˈfɔːmənt] n informateur *m*, -trice *f* ; (= police informer) indicateur *m*, -trice *f*

informatics [ˌɪnfəˈmætɪks] n sciences *fpl* de l'information

information [ˌɪnfəˈmeɪʃən] n **a** (= facts) renseignements *mpl*, information(s) *f(pl)* ■ **a piece of ~** un renseignement, une information ■ **to give sb ~ about sth/sb** renseigner qn sur qch/qn ■ **I enclose for your ~ a copy of...** à titre d'information je joins une copie de... ▸ **information bureau** bureau *m* de renseignements ▸ **information desk** accueil *m* ▸ **information highway, information superhighway** autoroute *f* de l'information ▸ **information technology** informatique *f* **b** (US = telephone service) (service *m* des) renseignements *mpl*
→ *Pièges* INFORMATION

informative [ɪnˈfɔːmətɪv] adj instructif

informer [ɪnˈfɔːməʳ] n délateur *m*, -trice *f* ■ **police ~** indicateur *m*, -trice *f*

infotainment [ˌɪnfəʊˈteɪnmənt] n info-spectacle *m*

infotech * [ˈɪnfəʊˌtɛk] n technologies *fpl* de l'information

infrared [ˈɪnfrəˈred] adj infrarouge

infrastructure [ˈɪnfrəˌstrʌktʃəʳ] n infrastructure *f*

infrequent [ɪnˈfriːkwənt] adj peu fréquent

infringe [ɪnˈfrɪndʒ] **1** vt [+ law, rule] enfreindre **2** vi ■ **to ~ on sb's rights/privacy** porter atteinte aux droits/à la vie privée de qn

infringement [ɪnˈfrɪndʒmənt] n [of law] violation *f* ; [of rule] infraction *f* (*of sth* à qch) ; [of rights, liberties] atteinte *f* (*of sth* à qch)

infuriate [ɪnˈfjʊərɪeɪt] vt rendre furieux ■ **to be ~d by sth/sb** être exaspéré par qch/qn

infuriating [ɪnˈfjʊərɪeɪtɪŋ] adj exaspérant

infuse [ɪnˈfjuːz] vt [+ tea, herbs] faire infuser

infusion [ɪnˈfjuːʒən] n infusion *f*

ingenious [ɪnˈdʒiːnɪəs] adj ingénieux

ingenuity [ˌɪndʒɪˈnjuːɪtɪ] n ingéniosité *f*

ingenuous [ɪnˈdʒenjʊəs] adj (= naïve) naïf (naïve *f*) ; (= candid) franc (franche *f*)

ingot [ˈɪŋgət] n lingot *m*

ingrained [ˈɪnˈgreɪnd] adj **a** (= deep-seated) enraciné (*in sb* chez qn, *in sth* dans qch) ; [habit] invétéré **b** [dirt] incrusté

ingratiate [ɪnˈgreɪʃɪeɪt] vt ■ **to ~ o.s. with sb** se faire bien voir de qn

ingratiating [ɪnˈgreɪʃɪeɪtɪŋ] adj doucereux

ingratitude [ɪnˈgrætɪtjuːd] n ingratitude *f*

ingredient [ɪnˈgriːdɪənt] n ingrédient *m*

ingrowing [ˈɪnˌgrəʊɪŋ] adj ■ **~ nail** ongle *m* incarné

ingrown [ˈɪnˌgrəʊn] adj ■ **~ nail** (US) ongle *m* incarné

inhabit [ɪnˈhæbɪt] vt [+ town, country] habiter ; [+ house] habiter (dans) ■ **~ed** habité

> ⚠ ***inhabited*** ne se traduit pas par **inhabité** ; → *Pièges* INHABITED

inhabitable [ɪnˈhæbɪtəbl] adj habitable

inhabitant [ɪnˈhæbɪtənt] n habitant(e) *m(f)*

inhale [ɪnˈheɪl] **1** vt [+ gas] inhaler ; [+ perfume] humer ; [smoker] avaler **2** vi [smoker] avaler la fumée

inhaler [ɪnˈheɪləʳ] n inhalateur *m*

inherent [ɪnˈhɪərənt] adj inhérent (*in* à)

inherit [ɪnˈherɪt] **1** vt hériter de **2** vi hériter

inheritance [ɪnˈherɪtəns] n **a** (= succession) succession *f* **b** (= thing inherited) héritage *m* ; [of nation] patrimoine *m*

inhibit [ɪnˈhɪbɪt] vt [+ growth, development] (= slow down) freiner ; (= hinder) entraver ; (= prevent) empêcher

inhibited [ɪnˈhɪbɪtɪd] adj inhibé ; (sexually) refoulé

inhibition [ˌɪnhɪˈbɪʃən] n inhibition *f*

inhospitable [ˌɪnhɒsˈpɪtəbl] adj [person, behaviour, reception] peu accueillant ; [country, climate] inhospitalier ; [weather] désagréable

inhuman [ɪnˈhjuːmən] adj inhumain

initial [ɪˈnɪʃəl] **1** adj initial ■ **in the ~ stages** au début ■ **~ letter** initiale *f* **2** n initiale *f* ■ **~s** initiales *fpl* ; (as signature) paraphe *m* **3** vt [+ letter, document] parapher ; (= approve) viser

initially [ɪˈnɪʃəlɪ] adv au début

initiate **1** vt [ɪˈnɪʃɪeɪt] **a** [+ talks, action, reform] engager ; [+ enterprise, fashion] lancer ; [+ scheme] mettre en place ■ **to ~ pro-**

ceedings against sb intenter un procès à qn **b** [+ person] initier **2** adj, n [ɪ'nɪʃɪɪt] initié(e) *m(f)*

> Lorsque ***initiate*** est un verbe, la fin se prononce comme ***eight***. Lorsque c'est un adjectif ou un nom, elle se prononce ***it***.

initiation [ɪˌnɪʃɪ'eɪʃən] n **a** (gen) lancement *m* ; [of scheme] mise *f* en place **b** [of person] initiation *f* (*into* à)

initiative [ɪ'nɪʃətɪv] n initiative *f* ▪ **to take the ~** prendre l'initiative (*in doing sth* de faire qch) ▪ **to use one's ~** faire preuve d'initiative ▪ **on one's own ~** de sa propre initiative

inject [ɪn'dʒekt] vt (gen) injecter ▪ **to ~ sb with sth** faire une piqûre de qch à qn

injection [ɪn'dʒekʃən] n injection *f* ▪ **to have an ~** avoir une piqûre

injunction [ɪn'dʒʌŋkʃən] n injonction *f* ; (= court order) ordonnance *f*

injure ['ɪndʒəʳ] vt **a** (= hurt physically) [+ person, limb] blesser ▪ **to ~ o.s.** se blesser ▪ **to ~ one's leg** se blesser à la jambe **b** (= offend) blesser ; [+ reputation, trade] compromettre

> ⚠ ***injure*** ne se traduit pas par **injurier** ;
> → *Pièges* INJURE

injured ['ɪndʒəd] **1** adj **a** (physically) blessé ; (in road accident) accidenté **b** (= offended) [person, voice] offensé ▪ **the ~ party** la partie lésée **2** **the injured** npl les blessés *mpl*

injury ['ɪndʒərɪ] n (physical) blessure *f* ▸ **injury time** (BR) arrêts *mpl* de jeu

> ⚠ ***injury*** ne se traduit pas par **injure** ;
> → *Pièges* INJURE

injustice [ɪn'dʒʌstɪs] n injustice *f*

ink [ɪŋk] **1** n encre *f* ▸ **ink blot** tache *f* d'encre **2** vt encrer

inkling ['ɪŋklɪŋ] n soupçon *m* ▪ **I had no ~ that...** je ne me doutais pas du tout que...

inlaid ['ɪn'leɪd] adj [brooch, sword] incrusté (*with* de) ; [box, table] marqueté

inland ['ɪnlænd] **1** adj intérieur (-eure *f*) ▪ **~ waterways** canaux *mpl* et rivières *fpl* ▸ **the Inland Revenue** (BR) le fisc **2** adv à l'intérieur ▪ **to go ~** aller dans l'arrière-pays

inlet ['ɪnlet] n **a** [of sea] crique *f* ; [of river] bras *m* de rivière **b** (for air) arrivée *f*

in-line skate ['ɪnlaɪn'skeɪt] n roller *m* en ligne

inmate ['ɪnmeɪt] n [of prison] détenu(e) *m(f)* ; [of asylum] interné(e) *m(f)* ; [of hospital] malade *mf*

inn [ɪn] n auberge *f*

innate [ɪ'neɪt] adj inné

inner ['ɪnəʳ] adj **a** [room, courtyard] intérieur (-eure *f*) ▸ **the inner city** les quartiers *mpl* du centre-ville *(souvent déshérités)* ▸ **inner tube** chambre *f* à air **b** [emotions, thoughts] intime ; [life] intérieur (-eure *f*)

innermost ['ɪnəməʊst] adj ▪ **my ~ thoughts** mes pensées les plus secrètes ▪ **my ~ feelings** mes sentiments les plus intimes

innings ['ɪnɪŋz] n (pl inv) (Cricket) tour *m* de batte

innocence ['ɪnəsns] n innocence *f*

innocent ['ɪnəsnt] adj innocent

innocuous [ɪ'nɒkjʊəs] adj inoffensif

innovate ['ɪnəʊveɪt] vti innover

innovation [ˌɪnəʊ'veɪʃən] n innovation *f*

innovative ['ɪnəʊˌveɪtɪv] adj [person, organization] innovateur (-trice *f*) ; [idea, design] novateur (-trice *f*) ; [product] original

innovator ['ɪnəʊveɪtəʳ] n innovateur *m*, -trice *f*

innuendo [ˌɪnjʊ'endəʊ] n (pl **innuendo(e)s**) insinuation *f*

innumerable [ɪ'njuːmərəbl] adj innombrable

innumerate [ɪ'njuːmərɪt] adj ▪ **he's totally ~** il ne sait pas du tout compter

inoculate [ɪ'nɒkjʊleɪt] vt vacciner ▪ **to ~ sb with sth** inoculer qch à qn

inoculation [ɪˌnɒkjʊ'leɪʃən] n inoculation *f*

inoffensive [ˌɪnə'fensɪv] adj inoffensif

inordinate [ɪ'nɔːdɪnɪt] adj [size, number, quantity] démesuré ; [demands] extravagant ; [pride, pleasure] extrême ▪ **an ~ amount of** énormément de

input ['ɪnpʊt] **1** n **a** (= contribution) contribution *f* ; [of funds, labour] apport *m* **b** (= data) input *m* ; (= act of inputting) saisie *f* (de données) ▸ **input/output** (Computing) entrée-sortie *f* **2** vt [+ data] saisir

inquest ['ɪnkwest] n enquête *f* (criminelle)

inquire [ɪn'kwaɪəʳ] **1** vi se renseigner (*about sth* sur qch) ; (= ask) demander ▪ **to ~ after sb/sth** demander des nouvelles de qn/qch ▪ **to ~ into** [+ subject] faire des recherches sur ; [+ possibilities] se renseigner sur **2** vt demander

inquiring [ɪn'kwaɪərɪŋ] adj [mind] curieux ; [look] interrogateur (-trice *f*)

inquiry [ɪn'kwaɪərɪ] n **a** (from individual) demande *f* de renseignements ▪ **to make inquiries (about sb/sth)** se renseigner (sur qn/qch) ▸ **inquiry desk, inquiry office** (bureau *m* de) renseignements *mpl* **b** (official, legal) enquête *f* ▪ **to hold an ~ (into sth)** enquêter (sur qch) ▪ **a murder ~** une enquête sur un meurtre

inquisitive [ɪn'kwɪzɪtɪv] adj curieux

inroads ['ɪnrəʊd] npl ▪ **to make ~ into** [+ supplies] entamer ; [+ sb's rights] empiéter sur

insane [ɪn'seɪn] adj [person] fou (folle *f*)

insanitary [ɪn'sænɪtərɪ] adj insalubre

insanity [ɪn'sænɪtɪ] n démence *f*

insatiable [ɪn'seɪʃəbl] adj insatiable (*for sth* de qch)

inscribe [ɪn'skraɪb] vt (= write) inscrire ; (= engrave) graver

inscription [ɪn'skrɪpʃən] n (on coin, monument) inscription *f* ; (= dedication) dédicace *f*

inscrutable [ɪn'skru:təbl] adj impénétrable (*to sb/sth* à qn/qch)

insect ['ɪnsekt] n insecte *m* ▸ **insect repellent** produit *m* antimoustiques ▸ **insect spray** bombe *f* insecticide

insecticide [ɪn'sektɪsaɪd] adj, n insecticide *m*

insecure [,ɪnsɪ'kjʊə'] adj **a** (= unsure of oneself) ■ **to feel ~** se sentir mal dans sa peau **b** [future] incertain ; [job, rights] précaire **c** [building, district, ladder] peu sûr ; [rope, load] mal arrimé

insecurity [,ɪnsɪ'kjʊərɪtɪ] n insécurité *f*

insensible [ɪn'sensəbl] adj **a** (= unconscious) inconscient **b** (= impervious) insensible (*to sth* à qch)

insensitive [ɪn'sensɪtɪv] adj insensible (*to sth* à qch, *to sb* envers qn) ; [remark, act] indélicat

insensitivity [ɪn,sensɪ'tɪvɪtɪ] n insensibilité *f*

inseparable [ɪn'sepərəbl] adj inséparable (*from* de)

insert [ɪn'sɜ:t] vt insérer ; [+ finger] enfoncer ; [+ key] introduire

insertion [ɪn'sɜ:ʃən] n insertion *f*

inshore ['ɪn'ʃɔ:'] adj côtier

inside ['ɪn'saɪd] **1** adv dedans, à l'intérieur ■ **come ~!** entrez (donc) ! ■ **let's go ~** rentrons **2** prep **a** (of place) à l'intérieur de, dans ■ **~ the house** à l'intérieur de la maison, dans la maison **b** (of time) en moins de ■ **he came back ~ three minutes** il est revenu en moins de trois minutes **3** n intérieur *m* ■ **on the ~** à l'intérieur ■ **your coat is ~ out** ton manteau est à l'envers ■ **I turned the bag ~ out** j'ai retourné le sac ■ **to know sth ~ out** connaître qch à fond **4** **insides** npl (* = stomach) ventre *m* **5** adj intérieur (-eure *f*) ■ **to get ~ information** obtenir des renseignements de première main ■ **the ~ lane** (in Britain) ≈ la voie de gauche ; (in US, continental Europe) ≈ la voie de droite ▸ **inside leg** entrejambe *m*

insider [ɪn'saɪdə'] n (= person with inside information) initié(e) *m(f)* ▸ **insider dealing, insider trading** délit *m* d'initiés

insidious [ɪn'sɪdɪəs] adj insidieux

insight ['ɪnsaɪt] n **a** (= revealing glimpse) aperçu *m* (*into* de, *about* sur) **b** (= discernment) perspicacité *f*

insignia [ɪn'sɪgnɪə] n insigne *m*

insignificance [,ɪnsɪg'nɪfɪkəns] n insignifiance *f*

insignificant [,ɪnsɪg'nɪfɪkənt] adj insignifiant

insincere [,ɪnsɪn'sɪə'] adj hypocrite

insincerity [,ɪnsɪn'serɪtɪ] n hypocrisie *f*

insinuate [ɪn'sɪnjʊeɪt] vt insinuer

insinuation [ɪn,sɪnjʊ'eɪʃən] n insinuation *f*

insipid [ɪn'sɪpɪd] adj insipide ; [colour] fade

insist [ɪn'sɪst] **1** vi insister ■ **to ~ on doing sth** insister pour faire qch **2** vt **a** (= demand) insister ■ **she ~ed that I should come** elle a insisté pour que je vienne **b** (= affirm) soutenir ■ **he ~s that he has seen her before** il soutient l'avoir déjà vue

insistence [ɪn'sɪstəns] n insistance *f* ■ **I did it at his ~** je l'ai fait parce qu'il a insisté

insistent [ɪn'sɪstənt] adj insistant

insofar [,ɪnsəʊ'fɑ:] adv ■ **~ as** dans la mesure où

insole ['ɪn,səʊl] n semelle *f* intérieure

insolence ['ɪnsələns] n insolence *f* (*to* envers)

insolent ['ɪnsələnt] adj insolent (*with sb* avec qn)

insoluble [ɪn'sɒljʊbl] adj insoluble

insolvent [ɪn'sɒlvənt] adj insolvable

insomnia [ɪn'sɒmnɪə] n insomnie *f*

insource ['ɪnsɔ:s] vt internaliser

inspect [ɪn'spekt] vt [+ document, object] examiner ; [+ machinery, troops] inspecter ; (BR) [+ ticket] contrôler

inspection [ɪn'spekʃən] n [of document, object] examen *m* ; [of machinery, troops] inspection *f* ; (BR) [of ticket] contrôle *m*

inspector [ɪn'spektə'] n **a** inspecteur *m*, -trice *f* ; (BR : on bus, train) contrôleur *m*, -euse *f* ■ **tax ~** (BR) inspecteur *m*, -trice *f* des impôts **b** (BR also **police inspector**) inspecteur *m*, -trice *f* (de police)

inspiration [,ɪnspə'reɪʃən] n inspiration *f*

inspire [ɪn'spaɪə'] vt inspirer ■ **to ~ sb to do sth** donner envie à qn de faire qch

inspiring [ɪn'spaɪərɪŋ] adj **a** [story, film, example] édifiant **b** [teacher, leader] stimulant

instability [,ɪnstə'bɪlɪtɪ] n instabilité *f*

instal(l) [ɪn'stɔ:l] vt installer

installation [,ɪnstə'leɪʃən] n installation *f*

installer [ɪn'stɔ:lə'] n **a** (= person) installateur *m*, -trice *f* **b** (Computing) installeur *m*

instalment, installment (US) [ɪn'stɔ:lmənt] n **a** (= payment) versement *m* ; (= down payment) acompte *m* ; [of loan, investment, credit] versement *m* ■ **to pay by ~s** payer en plusieurs versements ■ **monthly ~** mensualité *f* ▸ **installment plan** (US) contrat *m* de vente à crédit **b** [of story, serial] épisode *m* ; [of book] fascicule *m*

instance [ˈɪnstəns] n (= example) cas *m* ; (= occasion) circonstance *f* ■ **for ~** par exemple

instant [ˈɪnstənt] **1** adj **a** [relief, response, effect] immédiat ; [need] urgent ■ **I took an ~ dislike to him** je l'ai tout de suite trouvé antipathique **b** [coffee] soluble ; [potatoes] déshydraté ; [food] à préparation rapide ; [soup] instantané **c** [message, messaging] instantané **2** n instant *m* ■ **come here this ~** viens ici tout de suite ■ **for an ~** pendant un instant ■ **the ~ he heard the news** dès qu'il a appris la nouvelle

instantaneous [ˌɪnstənˈteɪnɪəs] adj instantané

instantly [ˈɪnstəntlɪ] adv [die, be killed] sur le coup ; [know, recognize] [recognizable, available] immédiatement

instead [ɪnˈsted] adv ■ **have some water ~** prenez plutôt de l'eau ■ **I didn't go to the office, I went to the cinema ~** au lieu d'aller au bureau, je suis allé au cinéma ■ **~ of** au lieu de ■ **~ of going to school** au lieu d'aller à l'école ■ **we decided to have dinner at 8 o'clock ~ of 7** nous avons décidé de dîner à 8 heures au lieu de 7 ■ **Emma came ~ of Liz** Emma est venue à la place de Liz ■ **Emma came ~ (of her)** Emma est venue à sa place ■ **use olive oil ~ of butter** remplacez le beurre par de l'huile d'olive

instep [ˈɪnstep] n **a** [of foot] cou-de-pied *m* ■ **to have a high ~** avoir le pied cambré **b** [of shoe] cambrure *f*

instigate [ˈɪnstɪgeɪt] vt être l'instigateur de

instigation [ˌɪnstɪˈgeɪʃən] n instigation *f* ■ **at sb's ~** à l'instigation de qn

instil, instill (US) [ɪnˈstɪl] vt [+ courage, optimism] insuffler (*into sb* à qn) ; [+ knowledge, principles] inculquer (*into sb* à qn) ; [+ idea, fact] faire comprendre (*into sb* à qn) ; [+ fear] faire naître (*into sb* chez qn)

instinct [ˈɪnstɪŋkt] n instinct *m* ■ **from ~** d'instinct

instinctive [ɪnˈstɪŋktɪv] adj instinctif

institute [ˈɪnstɪtjuːt] **1** vt **a** [+ system, rules] instituer ; [+ society] fonder **b** [+ inquiry] ouvrir ■ **to ~ proceedings against sb** intenter un procès contre qn **2** n institut *m*

institution [ˌɪnstɪˈtjuːʃən] n institution *f* ■ **financial/educational ~** établissement *m* financier/d'enseignement

institutional [ˌɪnstɪˈtjuːʃənl] adj **a** (= of institutions) [reform, structure] institutionnel ■ **~ care** soins *mpl* en institution **b** (= of companies) [investors, funds, buying] institutionnel **c** (= reminiscent of institutions) [food] d'internat ; [place] froid et impersonnel

instruct [ɪnˈstrʌkt] vt **a** (= teach) [+ person] instruire ■ **to ~ sb in sth** apprendre qch à qn **b** (= direct) [+ person] donner des instructions à ■ **to ~ sb to do sth** charger qn de faire qch

instruction [ɪnˈstrʌkʃən] n **a** (= teaching) instruction *f* **b** (gen pl) ■ **~s** (gen) instructions *fpl* ; (on medicine) indications *fpl* ; (for use) mode *f* d'emploi ▸ **instruction book** mode *m* d'emploi

instructive [ɪnˈstrʌktɪv] adj instructif

instructor [ɪnˈstrʌktəʳ] n professeur *mf* ■ **driving/skiing ~** moniteur *m*, -trice *f* d'auto-école/de ski

instrument [ˈɪnstrʊmənt] n instrument *m* ▸ **instrument panel** tableau *m* de bord

instrumental [ˌɪnstrʊˈmentl] adj **a** [role] déterminant ■ **to be ~ in sth** jouer un rôle clé dans qch **b** [music] instrumental ; [recording, album] de musique instrumentale

instrumentalist [ˌɪnstrʊˈmentəlɪst] n instrumentiste *mf*

insubordinate [ˌɪnsəˈbɔːdənɪt] adj insubordonné

insufferable [ɪnˈsʌfərəbl] adj insupportable

insufficient [ˌɪnsəˈfɪʃənt] adj insuffisant

insular [ˈɪnsjələʳ] adj (= narrow-minded) borné ; [community, existence] coupé du monde extérieur

insulate [ˈɪnsjʊleɪt] vt (against cold, heat) [+ room, roof] isoler ; [+ water tank] calorifuger ; (against sound) insonoriser ▸ **insulating tape** (ruban *m*) isolant *m*; (adhesive) chatterton *m*

insulation [ˌɪnsjʊˈleɪʃən] n isolation *f*

insulin [ˈɪnsjʊlɪn] n insuline *f*

insult **1** vt [ɪnˈsʌlt] insulter **2** n [ˈɪnsʌlt] insulte *f*

> Lorsque ***insult*** est un verbe, l'accent tombe sur la deuxième syllabe. Lorsque c'est un nom, l'accent tombe sur la première.

insulting [ɪnˈsʌltɪŋ] adj insultant

insurance [ɪnˈʃʊərəns] n assurance *f* (*on sth* pour qch) ; (= policy) contrat *m* d'assurances (*on sth* pour qch) ■ **to take out ~ against** s'assurer contre ■ **to do sth as an ~ against sth** faire qch comme garantie contre qch ▸ **insurance claim** (déclaration *f* de) sinistre *m* ▸ **insurance company** compagnie *f* d'assurances ▸ **insurance policy** police *f* d'assurance

insure [ɪnˈʃʊəʳ] vt [+ car, house] (faire) assurer ■ **to ~ one's life** s'assurer sur la vie

insurer [ɪnˈʃʊərəʳ] n assureur *m*

insurrection [ˌɪnsəˈrekʃən] n insurrection *f*

intact [ɪnˈtækt] adj intact

intake [ˈɪnteɪk] n **a** [of pupils, students] (nombre *m* des) inscriptions *fpl* ; [of soldiers] contingent *m* **b** [of protein, liquid, alcohol] consommation *f*

intangible [ɪnˈtændʒəbl] adj intangible

integral [ˈɪntɪgrəl] adj ▪ **to be an ~ part of sth** faire partie intégrante de qch

integrate [ˈɪntɪgreɪt] **1** vt intégrer **2** vi s'intégrer

integration [ˌɪntɪˈgreɪʃən] n intégration *f*

integrity [ɪnˈtegrɪtɪ] n intégrité *f*

intellect [ˈɪntɪlekt] n (= reasoning power) intellect *m* ; (= cleverness) intelligence *f*

intellectual [ɪntɪˈlektjʊəl] adj, n intellectuel(le) *m(f)*

intelligence [ɪnˈtelɪdʒəns] n **a** (= cleverness) intelligence *f* ▸ **intelligence quotient** quotient *m* intellectuel ▸ **intelligence test** test *m* d'intelligence **b** (= information) information(s) *f(pl)* **c** (= information service) service *m* de renseignements

intelligent [ɪnˈtelɪdʒənt] adj intelligent

intelligently [ɪnˈtelɪdʒəntlɪ] adv intelligemment

intelligible [ɪnˈtelɪdʒəbl] adj intelligible

intend [ɪnˈtend] vt ▪ **to ~ doing** or **to do sth** avoir l'intention de faire qch ▪ **~ed for** destiné à ▪ **this scheme is ~ed to help the poor** ce projet est destiné à venir en aide aux indigents ▪ **the building was originally ~ed as a sports complex** le bâtiment devait initialement être un complexe sportif ▪ **I ~ed it as a compliment** ça se voulait être un compliment

intended [ɪnˈtendɪd] adj [target, victim] visé ; [effect] voulu ; [insult] intentionnel

intense [ɪnˈtens] adj **a** (gen) intense ; [fear, anger, hatred] violent ; [interest, competition] très vif **b** (= passionate) [person] sérieux ; [relationship] passionné ; [gaze, expression] d'une grande intensité

intensely [ɪnˈtenslɪ] adv **a** (= very) extrêmement **b** [concentrate, look at] intensément ▪ **I dislike her ~** elle me déplaît profondément

intensify [ɪnˈtensɪfaɪ] **1** vt intensifier **2** vi [fighting, competition] s'intensifier ; [heat, pain, emotion] augmenter

intensity [ɪnˈtensɪtɪ] n intensité *f*

intensive [ɪnˈtensɪv] adj intensif ▸ **intensive care** ▪ **to be in ~ care** être en soins intensifs ▸ **intensive care unit** unité *f* de soins intensifs

intent [ɪnˈtent] **1** n intention *f* ▪ **to all ~s and purposes** pratiquement **2** adj **a** (= absorbed) [face, expression] attentif ▪ **~ on his work** absorbé par son travail **b** (= determined) ▪ **to be ~ on doing sth** être résolu à faire qch

intention [ɪnˈtenʃən] n intention *f* ▪ **he has every ~ of doing this** il a bien l'intention de le faire ▪ **with the ~ of doing sth** dans l'intention de faire qch

intentional [ɪnˈtenʃənl] adj intentionnel

intentionally [ɪnˈtenʃnəlɪ] adv intentionnellement ▪ **~ vague/misleading** délibérément vague/trompeur

interact [ˌɪntərˈækt] vi (= react together) interagir ; (Computing) dialoguer ▪ **to ~ with sb** communiquer avec qn

interaction [ˌɪntərˈækʃən] n interaction *f*

interactive [ˌɪntərˈæktɪv] adj interactif ▸ **interactive whiteboard** n tableau *m* blanc interactif

interbreed [ˈɪntəˈbriːd] (pret, ptp **interbred** [ˈɪntəˈbred]) **1** vt croiser **2** vi se croiser

intercede [ˌɪntəˈsiːd] vi intercéder (*with* auprès de, *for* pour, en faveur de)

intercept [ˌɪntəˈsept] vt [+ message, plane, suspect] intercepter ; [+ person] arrêter au passage

interchange **1** n [ˈɪntəˌtʃeɪndʒ] **a** (= exchange) échange *m* ; (= alternation) alternance *f* **b** (on motorway) échangeur *m* **2** vt [ˌɪntəˈtʃeɪndʒ] (= alternate) faire alterner ; (= change positions of) changer de place ; (= exchange) échanger **3** vi [ˌɪntəˈtʃeɪndʒ] (= change position) changer de place ; (= alternate) alterner

> Lorsque ***interchange*** est un verbe, l'accent tonique tombe sur la troisième syllabe. Lorsque c'est un nom, l'accent tombe sur la première.

interchangeable [ˌɪntəˈtʃeɪndʒəbl] adj interchangeable

inter-city [ˌɪntəˈsɪtɪ] **1** adj interurbain **2** n (BR = inter-city train) train *m* rapide

intercom [ˈɪntəkɒm] n interphone *m* ▪ **over the ~** à l'interphone

interconnect [ˌɪntəkəˈnekt] **1** vt connecter ; [+ computer systems] interconnecter **2** vi [rooms, tunnels] communiquer ; [parts of a structure] être relié(e)s

intercourse [ˈɪntəkɔːs] n **a** (frm) relations *fpl* **b** ▪ **sexual ~** rapports *mpl* (sexuels) ▪ **to have ~** avoir des rapports

interdependent [ˌɪntədɪˈpendənt] adj interdépendant

interest [ˈɪntrɪst] **1** n **a** (gen) intérêt *m* ▪ **to take an ~ in** s'intéresser à ▪ **to lose ~ in** se désintéresser de ▪ **that's of no ~ to me** ça ne m'intéresse pas ▪ **it is in your own ~ to do so** il est de votre intérêt d'agir ainsi ▪ **to act in sb's ~** agir dans l'intérêt de qn **b** (= hobby) centre *m* d'intérêt **c** (= share, stake) intérêts *mpl*, participation *f* **d** (earned on investment) intérêt(s) *m(pl)* ► **interest rate** taux *m* d'intérêt **2** vt intéresser ▪ **to be ~ed in sth/sb** s'intéresser à qch/qn

interested ['ɪntrɪstɪd] adj **a** (= attentive), [expression] d'intérêt ▪ **with an ~ expression** avec une expression intéressée ▪ **I'm not ~ (in it)** cela ne m'intéresse pas **b** (= involved) intéressé ▪ **to be an ~ party** être une des parties intéressées
→ *Pièges* INTERESTED

interesting ['ɪntrɪstɪŋ] adj intéressant ; → *Pièges* INTERESTED

interface ['ɪntəfeɪs] n interface *f* ▪ **user ~** interface utilisateur

interfere [,ɪntə'fɪə'] vi ▪ **to ~ in sth** se mêler de qch ▪ **he's always interfering** il se mêle toujours de ce qui ne le regarde pas ▪ **to ~ with sb's plans** [weather, accident, circumstances] contrarier les projets de qn

interference [,ɪntə'fɪərəns] n **a** (= intervention) ingérence *f* **b** (on radio) interférences *fpl*

interim ['ɪntərɪm] **1** n intérim *m* ▪ **in the ~** dans l'intérim **2** adj (gen) provisoire ; [post, chairman] intérimaire

interior [ɪn'tɪərɪə'] **1** adj intérieur (-eure *f*) ► **interior decorator** décorateur *m*, -trice *f* d'intérieur **2** n intérieur *m* ▪ **Minister/Ministry of the Interior** ministre *mf*/ministère *m* de l'Intérieur

interlock [,ɪntə'lɒk] vi (= click into place) s'enclencher ; (= join together) s'emboîter

interlude ['ɪntəlu:d] n (gen) intervalle *m* ; (in play) intermède *m*

intermediary [,ɪntə'mi:dɪərɪ] adj, n intermédiaire *mf*

intermediate [,ɪntə'mi:dɪət] adj (gen) intermédiaire ; [course, exam] de niveau moyen

interminable [ɪn'tɜ:mɪnəbl] adj interminable

intermission [,ɪntə'mɪʃən] n (gen) interruption *f* ; (in play, film) entracte *m*

intermittent [,ɪntə'mɪtənt] adj intermittent

intern **1** vt [ɪn'tɜ:n] interner **2** n ['ɪntɜ:n] (US) interne *mf (dans un hôpital)*

> Lorsque ***intern*** est un verbe, l'accent tombe sur la deuxième syllabe. Lorsque c'est un nom, l'accent tombe sur la première.

internal [ɪn'tɜ:nl] adj interne ► **Internal Revenue Service** (US) ≈ fisc

internally [ɪn'tɜ:nəlɪ] adv intérieurement ▪ **"not to be taken ~"** « pour usage externe »

international [,ɪntə'næʃnəl] **1** adj international **2** n (BR : Sport = match) match *m* international

internationalize [,ɪntə'næʃnəlaɪz] vt internationaliser

internationally [,ɪntə'næʃnəlɪ] adv [recognized] internationalement ; [discussed, accepted, competitive] au niveau international

internet, Internet ['ɪntənet] n ▪ **Internet, the ~** Internet *m*, l'internet *m* ► **internet access** accès *m* Internet ► **internet café** cybercafé *m* ► **internet entrepreneur** entreprenaute *mf* ► **internet friend** copinaute* *mf* ► **the internet of things** l'internet des objets (connectés) ► **Internet Service Provider** fournisseur *m* d'accès à Internet ► **internet user** internaute *mf*

internship ['ɪntɜ:nʃɪp] n (US) (in hospital) internat *m* ; (in company) stage *m* en entreprise

interpersonal [,ɪntə'pɜ:snl] adj ▪ **~ relationships** relations *fpl* interpersonnelles ▪ **~ skills** compétences *fpl* relationnelles

interplay ['ɪntəpleɪ] n interaction *f*

interpret [ɪn'tɜ:prɪt] **1** vt interpréter **2** vi servir d'interprète

interpreter [ɪn'tɜ:prɪtə'] n interprète *mf*

interracial [,ɪntə'reɪʃəl] adj [marriage] mixte ; [problems, violence] interracial

interrelated [,ɪntərɪ'leɪtɪd] adj étroitement lié

interrogate [ɪn'terəgeɪt] vt interroger ; (Police) soumettre à un interrogatoire

interrogation [ɪn,terə'geɪʃən] n interrogation *f* ; (Police) interrogatoire *m*

interrogative [,ɪntə'rɒgətɪv] **1** adj [look, tone] interrogateur (-trice *f*) **2** n (Gram) interrogatif *m*

interrogator [ɪn'terəgeɪtə'] n interrogateur *m*, -trice *f*

interrupt [,ɪntə'rʌpt] vt interrompre

interruption [,ɪntə'rʌpʃən] n interruption *f*

intersect [,ɪntə'sekt] vi [wires, roads] se croiser

intersection [,ɪntə'sekʃən] n intersection *f* ; (US = crossroads) croisement *m*

intersperse [,ɪntə'spɜ:s] vt parsemer (*among, between* dans, parmi) ▪ **to be ~d with** être émaillé de

interstate [,ɪntə'steɪt] (US) **1** adj [commerce] entre États **2** n (also **interstate highway**) autoroute *f (qui relie plusieurs États)*

interval ['ɪntəvəl] n **a** (gen) intervalle *m* ▪ **at ~s** par intervalles ▪ **at regular ~s** à intervalles réguliers ▪ **at ~s of 2 metres** à 2 mètres d'intervalle ▪ **showery ~s** averses *fpl* **b** (in play) entracte *m* ; (during match) mi-temps *f*

intervene [,ɪntə'vi:n] vi **a** [person] intervenir **b** [event, circumstances] survenir

intervention [,ɪntə'venʃən] n intervention *f*

interventionist [ˌɪntəˈvenʃənɪst] n, adj interventionniste *mf*

interview [ˈɪntəvjuː] **1** n (for job, place on course) entretien *m* ; (to discuss working conditions, pay rise) entrevue *f* ; (in media) interview *f* **2** vt **a** (for job, place on course) faire passer un entretien à **b** (in media) interviewer **c** (Police) interroger

interviewee [ˌɪntəvjʊˈiː] n (for job, place on course) candidat(e) *m(f) (qui passe un entretien)* ; (in media) interviewé(e) *m(f)*

interviewer [ˈɪntəvjʊəʳ] n (in media) intervieweur *m*, -euse *f*, interviewer *m* ; (in opinion poll) enquêteur *m*, -trice *f*

intestine [ɪnˈtestɪn] n intestin *m*

intimacy [ˈɪntɪməsɪ] n (gen) intimité *f* ; (sexual) rapports *mpl* (sexuels)

intimate **1** adj [ˈɪntɪmɪt] (gen) intime ; [link, bond] étroit ; [knowledge] approfondi **2** n [ˈɪntɪmɪt] intime *mf* **3** vt [ˈɪntɪmeɪt] **a** (= hint) laisser entendre **b** (= make known officially) annoncer

> Lorsque ***intimate*** est un verbe, la fin se prononce comme ***eight***. Lorsque c'est un adjectif ou un nom, elle se prononce ***it***.

intimately [ˈɪntɪmɪtlɪ] adv [know] intimement ; [talk] en toute intimité ■ **to be ~ involved in a project** être très engagé dans un projet

intimidate [ɪnˈtɪmɪdeɪt] vt intimider

intimidating [ɪnˈtɪmɪdeɪtɪŋ] adj intimidant

intimidation [ɪnˌtɪmɪˈdeɪʃən] n intimidation *f*

into [ˈɪntʊ] prep dans ■ **to come** or **go ~ a room** entrer dans une pièce ■ **to go ~ town** aller en ville ■ **to get ~ a car** monter dans une voiture or en voiture ■ **she fell ~ the lake** elle est tombée dans le lac ■ **it broke ~ a thousand pieces** ça s'est cassé en mille morceaux ■ **to change euros ~ dollars** changer des euros contre des dollars ■ **to translate sth ~ French** traduire qch en français ■ **it continued well ~ 1996** cela a continué pendant une bonne partie de 1996 ■ **he's well ~ his fifties** il a une bonne cinquantaine d'années ■ **4 ~ 12 goes 3** 12 divisé par 4 égale 3 ■ **the children are ~ everything*** les enfants touchent à tout ■ **she's ~* health foods** les aliments naturels, c'est son truc*

intolerable [ɪnˈtɒlərəbl] adj intolérable

intolerance [ɪnˈtɒlərəns] n intolérance *f*

intolerant [ɪnˈtɒlərənt] adj intolérant ■ **to be ~ of** ne pas supporter

intonation [ˌɪntəʊˈneɪʃən] n intonation *f*

intoxicate [ɪnˈtɒksɪkeɪt] vt enivrer

> ⚠ ***intoxicate*** ne se traduit pas par **intoxiquer**.

intoxicated [ɪnˈtɒksɪkeɪtɪd] adj (= drunk) en état d'ivresse ■ **~ by success** enivré par le succès

> ⚠ ***intoxicated*** ne se traduit pas par **intoxiqué**.

intoxicating [ɪnˈtɒksɪkeɪtɪŋ] adj [drink] alcoolisé ; [effect, perfume] enivrant

intoxication [ɪnˌtɒksɪˈkeɪʃən] n ivresse *f*

> ⚠ ***intoxication*** ne se traduit pas par le mot français **intoxication**.

intractable [ɪnˈtræktəbl] adj [problem] insoluble ; [illness] réfractaire (à tout traitement) ; [child] difficile ; [opponent] irréductible

intranet [ˈɪntrənet] n intranet *m*

intransigent [ɪnˈtrænsɪdʒənt] adj, n intransigeant(e) *m(f)*

intransitive [ɪnˈtrænsɪtɪv] adj, n intransitif *m*

intravenous [ˌɪntrəˈviːnəs] adj intraveineux ▸ **intravenous drip** perfusion *f*

intrepid [ɪnˈtrepɪd] adj intrépide

intricate [ˈɪntrɪkɪt] adj complexe

intrigue [ɪnˈtriːg] **1** vt intriguer ■ **I'm ~d** ça m'intrigue **2** n intrigue *f*

intriguing [ɪnˈtriːgɪŋ] adj fascinant

intrinsic [ɪnˈtrɪnsɪk] adj intrinsèque

intro* [ˈɪntrəʊ] n (abbr of **introduction**) intro* *f*

introduce [ˌɪntrəˈdjuːs] vt **a** (= make acquainted) présenter ■ **he ~d me to his friend** il m'a présenté à son ami ■ **may I ~ Mr Smith?** puis-je vous présenter M. Smith ? ■ **he ~d me to the delights of skiing** il m'a initié aux plaisirs du ski **b** [+ speaker, TV or radio programme] présenter **c** (= bring in) [+ reform, new method] introduire ; (= tackle) [+ subject, question] aborder

→ *Pièges* PRESENT

introduction [ˌɪntrəˈdʌkʃən] n **a** (gen) introduction *f* ; [of system, legislation] mise *f* en place ■ **his ~ to professional football** ses débuts dans le football professionnel **b** [of person] présentation *f*

introductory [ˌɪntrəˈdʌktərɪ] adj préliminaire ■ **~ offer** offre *f* de lancement

introspective [ˌɪntrəʊˈspektɪv] adj [person] intérieur ; [look] intériorisé

introvert [ˈɪntrəʊvɜːt] adj, n introverti(e) *m(f)*

introverted [ˈɪntrəʊvɜːtɪd] adj introverti

intrude [ɪnˈtruːd] vi [person] s'imposer ■ **to ~ on sb's privacy** s'ingérer dans la vie privée de qn ■ **am I intruding?** est-ce que je (vous) dérange ?

intruder [ɪnˈtruːdəʳ] n intrus(e) *m(f)*

intrusive [ɪn'tru:sɪv] adj [person] indiscret (-ète *f*) ; [presence] importun

intuition [ˌɪntju:'ɪʃən] n intuition *f*

intuitive [ɪn'tju:ɪtɪv] adj intuitif

Inuit ['ɪnju:ɪt] **1** n Inuit *mf* **2** adj inuit *inv*

inundate ['ɪnʌndeɪt] vt inonder (*with* de) ▪ **to be ~d with work** être débordé de travail ▪ **to be ~d with letters** être submergé de lettres

invade [ɪn'veɪd] vt envahir

invader [ɪn'veɪdəʳ] n envahisseur *m*, -euse *f*

invalid¹ ['ɪnvəlɪd] **1** n (= sick person) malade *mf* ; (with disability) invalide *mf* **2** adj (= ill) malade ; (with disability) invalide

invalid² [ɪn'vælɪd] adj non valide ; [argument] nul (nulle *f*)

invalidity [ɪnvə'lɪdɪtɪ] n (= disability) invalidité *f*

invaluable [ɪn'væljʊəbl] adj très précieux

invariable [ɪn'vɛərɪəbl] adj invariable

invasion [ɪn'veɪʒən] n invasion *f* ▪ **~ of privacy** atteinte *f* à la vie privée

invasive [ɪn'veɪsɪv] adj [disease] qui gagne du terrain ; [cancer, surgery] invasif

invent [ɪn'vent] vt inventer

invention [ɪn'venʃən] n invention *f*

inventive [ɪn'ventɪv] adj inventif

inventor [ɪn'ventəʳ] n inventeur *m*, -trice *f*

inventory ['ɪnvəntrɪ] **1** n inventaire *m* ; (US = stock) stock *m* **2** vt inventorier

inverse ['ɪnvɜ:s] adj, n inverse *m*

invert [ɪn'vɜ:t] vt [+ order, words] inverser ; [+ roles] intervertir ▸ **inverted commas** (BR) guillemets *mpl* ▪ **in ~ed commas** entre guillemets

invertebrate [ɪn'vɜ:tɪbrɪt] adj, n invertébré *m*

invest [ɪn'vest] **1** vt **a** [+ money, capital, funds] investir (*in* dans, en) ▪ **I have ~ed a lot of time in this project** j'ai consacré beaucoup de temps à ce projet ▪ **she ~ed a lot of effort in it** elle s'est beaucoup investie **b** (= endow) investir (*sb with sth* qn de qch) **2** vi investir (*in* dans)

investigate [ɪn'vestɪgeɪt] vt [+ question, possibilities] examiner ; [+ reason, crime] enquêter sur

investigation [ɪnˌvestɪ'geɪʃən] n **a** [of facts, question] examen *m* ; [of crime] enquête *f* (*of* sur) **b** [of researcher] investigation *f*

investigator [ɪn'vestɪgeɪtəʳ] n investigateur *m*, -trice *f*

investment [ɪn'vestmənt] n investissement *m*

investor [ɪn'vestəʳ] n investisseur *m*, -euse *f*

inveterate [ɪn'vetərɪt] adj [gambler, smoker, liar] invétéré ; [laziness, extravagance] incurable

invigilator [ɪn'vɪdʒɪleɪtəʳ] n (BR) surveillant(e) *m(f) (à un examen)*

invigorate [ɪn'vɪgəreɪt] vt [+ person] [drink, food, thought] redonner des forces à ; [climate, air] vivifier ; [exercise] tonifier ▪ **to feel ~d** se sentir revigoré

invigorating [ɪn'vɪgəreɪtɪŋ] adj [climate, air, walk] vivifiant ; [speech] stimulant

invincible [ɪn'vɪnsəbl] adj **a** (= unbeatable) invincible **b** [faith, belief, spirit] inébranlable

invisible [ɪn'vɪzəbl] adj invisible ▪ **to feel ~** (= ignored) se sentir ignoré

invitation [ˌɪnvɪ'teɪʃən] n invitation *f* ▸ **invitation card** (carte *f* d')invitation *f*

invite [ɪn'vaɪt] vt **a** (= ask) [+ person] inviter (*to do* à faire) ▪ **to ~ sb to dinner** inviter qn à dîner ▪ **to ~ sb in/up** inviter qn à entrer/monter ▪ **to ~ sb out** inviter qn (à sortir) **b** (= ask for) [+ sb's attention, subscriptions] demander **c** (= lead to) [+ questions, doubts] susciter ; [+ discussion] inviter à ; [+ failure, defeat] chercher

inviting [ɪn'vaɪtɪŋ] adj [place, room, atmosphere] accueillant ; [dish, smell] alléchant ; [prospect] tentant

invoice ['ɪnvɔɪs] **1** n facture *f* **2** vt [+ customer, goods] facturer

invoke [ɪn'vəʊk] vt invoquer

involuntary [ɪn'vɒləntərɪ] adj involontaire

involve [ɪn'vɒlv] vt **a** (= implicate) impliquer ▪ **to get ~d in sth** (= get dragged into) se laisser entraîner dans qch ; (from choice) s'engager dans qch ▪ **the factors ~d** les facteurs *mpl* en jeu ▪ **the vehicles ~d** les véhicules *mpl* en cause ▪ **the person ~d** l'intéressé(e) *m(f)* ▪ **to get ~d with sb** (socially) se mettre à fréquenter qn ; (= fall in love with) avoir une liaison avec qn **b** (= entail) impliquer ; (= cause) occasionner ; (= demand) exiger ▪ **it will ~ a lot of work** cela demandera beaucoup de travail

involved [ɪn'vɒlvd] adj (= complicated) compliqué

involvement [ɪn'vɒlvmənt] n (= rôle) rôle *m* ; (= participation) participation *f* (*in* à)

invulnerable [ɪn'vʌlnərəbl] adj invulnérable

inward ['ɪnwəd] **1** adj [movement] vers l'intérieur ; [happiness, peace] intérieur (-eure *f*) ; [thoughts, desire] intime **2** adv [move] vers l'intérieur ▸ **inward-looking** replié sur soi(-même)

inwardly ['ɪnwədlɪ] adv [groan, smile] intérieurement ; [feel, think] en son for intérieur

inwards ['ɪnwədz] adv vers l'intérieur

iodine ['aɪədi:n] n iode *m*

IOU [ˌaɪəʊ'ju:] n (abbr of **I owe you**) reconnaissance *f* de dette

IP address [aɪ'piːədres] n (Computing) (abbr of **Internet Protocol address**) adresse *f* IP

IQ [,aɪ'kjuː] n (abbr of **intelligence quotient**) QI *m*

IRA [,aɪɑːr'eɪ] n (abbr of **Irish Republican Army**) IRA *f*

Iran [ɪ'rɑːn] n Iran *m*

Iranian [ɪ'reɪnɪən] **1** adj iranien **2** n Iranien(ne) *m(f)*

Iraq [ɪ'rɑːk] n Irak *m*

Iraqi [ɪ'rɑːkɪ] **1** adj irakien **2** n Irakien(ne) *m(f)*

irascible [ɪ'ræsɪbl] adj irascible

irate [aɪ'reɪt] adj furieux

Ireland ['aɪələnd] n Irlande *f* ■ **the Republic of ~** la République d'Irlande

iridescent [,ɪrɪ'desnt] adj irisé

iris ['aɪərɪs] n iris *m*

Irish ['aɪərɪʃ] **1** adj irlandais ; [teacher] d'irlandais ► **Irish coffee** irish coffee *m* ► **Irish stew** ragoût *m* de mouton *(avec pommes de terre et oignons)* **2** n (= language) irlandais *m* **3** **the Irish** npl les Irlandais *mpl*

Irishman ['aɪərɪʃmən] n (pl **-men**) Irlandais *m*

Irishwoman ['aɪərɪʃwʊmən] n (pl **-women**) Irlandaise *f*

irk [ɜːk] vt contrarier

irksome ['ɜːksəm] adj [restriction, person] agaçant ; [task] ingrat

iron ['aɪən] **1** n **a** (= gen) fer *m* ■ **scrap ~** ferraille *f* **b** (for laundry) fer *m* (à repasser) **2** vti repasser **3** adj [tool, bridge] en fer ; [determination] de fer ► **the Iron Age** l'âge *m* de fer ► **the Iron Curtain** le rideau de fer ► **iron out** vt sep [+ creases] faire disparaître au fer ; [+ difficulties, differences] aplanir ; [+ problems] régler

ironic(al) [aɪ'rɒnɪk(əl)] adj ironique

ironing ['aɪənɪŋ] n repassage *m* ► **ironing board** planche *f* à repasser

ironmonger ['aɪən,mʌŋgəʳ] n (BR) quincaillier *m*, -ière *f* ■ **~'s** quincaillerie *f*

irony ['aɪərənɪ] n ironie *f*

irrational [ɪ'ræʃənl] adj irrationnel

irreconcilable [ɪ,rekən'saɪləbl] adj [differences] inconciliable ; [enemy] irréconciliable ; [conflict] insoluble

irregular [ɪ'regjʊləʳ] adj irrégulier

irregularity [ɪ,regjʊ'lærɪtɪ] n irrégularité *f*

irrelevant [ɪ'reləvənt] adj [facts, details] non pertinent ; [question, remark] hors de propos ■ **~ to** sans rapport avec ■ **that's ~** ça n'a aucun rapport

irreparable [ɪ'repərəbl] adj irrémédiable

irreplaceable [,ɪrɪ'pleɪsəbl] adj irremplaçable

irrepressible [,ɪrɪ'presəbl] adj irrépressible

irreproachable [,ɪrɪ'prəʊtʃəbl] adj irréprochable

irresistible [,ɪrɪ'zɪstəbl] adj irrésistible (*to sb* pour qn)

irresolute [ɪ'rezəluːt] adj irrésolu

irrespective [,ɪrɪ'spektɪv] adj ■ **~ of race or colour** sans distinction de race ou de couleur ■ **~ of whether they are needed** que l'on en ait besoin ou non

irresponsible [,ɪrɪs'pɒnsəbl] adj irresponsable

irretrievable [,ɪrɪ'triːvəbl] adj [harm, damage, loss] irréparable ; [object] irrécupérable

irreverent [ɪ'revərənt] adj irrévérencieux

irreversible [,ɪrɪ'vɜːsəbl] adj irréversible ; [decision, judgment] irrévocable

irrevocable [ɪ'revəkəbl] adj irrévocable

irrigate ['ɪrɪgeɪt] vt irriguer

irrigation [,ɪrɪ'geɪʃən] n irrigation *f*

irritable ['ɪrɪtəbl] adj irritable ; (stronger) irascible

irritate ['ɪrɪteɪt] vt irriter ■ **to become ~d** s'irriter

irritating ['ɪrɪteɪtɪŋ] adj irritant

irritation [,ɪrɪ'teɪʃən] n **a** (= annoyance) irritation *f* **b** (= cause of annoyance) source *f* d'irritation

IRS [,aɪɑːr'es] n (US) (abbr of **Internal Revenue Service**) ■ **the ~** ≈ le fisc

is [ɪz] 3rd pers sg pres of **be**

ISDN [,aɪesdiː'en] n (abbr of **Integrated Services Digital Network**) RNIS *m*

Islam ['ɪzlɑːm] n islam *m*

Islamic [ɪz'læmɪk] adj islamique

islamophobia [ɪz,læmə'fəʊbɪə] n islamophobie *f*

islamophobic [ɪz,læmə'fəʊbɪk] adj islamophobe

island ['aɪlənd] n île *f*

islander ['aɪləndəʳ] n insulaire *mf*

isle [aɪl] n île *f* ► **the Isle of Man** l'île *f* de Man ► **the Isle of Wight** l'île *f* de Wight

isn't ['ɪznt] ⇒ **is not** ; → **be**

isolate ['aɪsəʊleɪt] vt isoler (*from* de)

isolated ['aɪsəʊleɪtɪd] adj isolé

isolation [,aɪsəʊ'leɪʃən] n isolement *m*

> ⚠ ***isolation*** ne se traduit pas par **isolation**.

isolationist [,aɪsəʊ'leɪʃənɪst] adj, n isolationniste *mf*

ISP [,aɪes'piː] n (abbr of **Internet service provider**) FAI *m*, fournisseur *m* d'accès à Internet

IP

Israel ['ɪzreəl] n Israël *m*

Israeli [ɪz'reɪlɪ] **1** adj israélien **2** n Israélien(ne) *m(f)*

issue ['ɪʃu:] **1** n **a** (= question) question *f* ▪ **at ~** en question ▪ **the point at ~ is...** la question qui se pose est... ▪ **to make an ~ of sth** monter qch en épingle ▪ **to take ~ with sb** engager une controverse avec qn **b** (= release) [of book] publication *f*; [of goods, tickets] distribution *f*; [of passport, document] délivrance *f*; [of banknote, cheque, shares, stamp] émission *f*; [of proclamation] parution *f*; [of warrant, summons] lancement *m* **c** [of newspaper, magazine] numéro *m* **d** (= outcome) résultat *m* **2** vt [+ book] publier ; [+ order] donner ; [+ goods, tickets] distribuer ; [+ passport, document] délivrer ; [+ banknote, cheque, shares, stamps] émettre ; [+ proclamation] faire ; [+ threat, warrant] lancer ; [+ verdict] rendre ▪ **to ~ a statement** faire une déclaration

> ⚠ *issue* ne se traduit pas par le mot français **issue**.

IT ['aɪ'ti:] (abbr of **information technology**) informatique *f*

it [ɪt] pron

a (masculine subject) il ; (feminine subject) elle ▪ **where's the sugar? – it's on the table** où est le sucre ? – il est sur la table ▪ **don't have the soup, it's awful** ne prends pas la soupe, elle est dégoûtante ▪ **that's not your book, it's mine** ce n'est pas ton livre, c'est le mien

b (masculine object) le ; (feminine object) la ; (before vowel or silent h) l' ▪ **there's a croissant left, do you want it?** il reste un croissant, tu le veux ? ▪ **she dropped the earring and couldn't find it** elle a laissé tomber la boucle d'oreille et n'a pas réussi à la retrouver ▪ **he borrowed lots of money and never paid it back** il a emprunté beaucoup d'argent et ne l'a jamais remboursé ▪ **the sauce is delicious, taste it!** cette sauce est délicieuse, goûte-la !

c (indirect object) lui ▪ **she let the dog in and gave it a drink** elle a laissé entrer le chien et lui a donné à boire

d (unspecific) ce ▪ **what is it?** [thing] qu'est-ce que c'est ? ▪ **who is it?** qui est-ce ? ; (at the door) qui est là ? ▪ **it's no use** ça ne sert à rien ▪ **it's hard to understand** c'est difficile à comprendre

e (weather, time, date) ▪ **it's hot today** il fait chaud aujourd'hui ▪ **it's 3 o'clock** il est 3 heures ▪ **it's Wednesday 16 October** nous sommes (le) mercredi 16 octobre

Italian [ɪ'tæljən] **1** adj italien ; [teacher] d'italien **2** n **a** (= person) Italien(ne) *m(f)* **b** (= language) italien *m*

italic [ɪ'tælɪk] **1** adj italique **2** **italics** npl italique *m*

Italy ['ɪtəlɪ] n Italie *f*

itch [ɪtʃ] **1** n démangeaison *f* **2** vi [person] avoir des démangeaisons ▪ **my back ~es** mon dos me démange ▪ **my eyes are ~ing** j'ai les yeux qui me piquent ▪ **I was ~ing to get started*** cela me démangeait de commencer

itchy ['ɪtʃɪ] adj ▪ **my skin is ~** ça me démange ▪ **this sweater is ~** ce pull me gratte ▪ **to have ~ feet*** (= be impatient) avoir la bougeotte*

it'd ['ɪtd] ⇒ **it had, it would** ; → **have, would**

item ['aɪtəm] n **a** (= thing, article) article *m* ▪ **the main news ~** l'information *f* principale **b** (used with uncountable nouns) ▪ **an ~ of clothing** un vêtement ▪ **an ~ of jewellery** un bijou

itemize ['aɪtəmaɪz] vt détailler

itinerant [ɪ'tɪnərənt] adj [preacher] itinérant ; [actor, musician] ambulant

itinerary [aɪ'tɪnərərɪ] n itinéraire *m*

it'll ['ɪtl] ⇒ **it will** ; → **will**

it's [ɪts] ⇒ **it is, it has** ; → **be, have**

its [ɪts] poss adj ▪ **~ body** son corps ▪ **~ breath** son haleine ▪ **~ head** sa tête ▪ **~ ears** ses oreilles

itself [ɪt'self] pron **a** ▪ **the book ~ is not valuable** le livre lui-même n'a pas grande valeur ▪ **the chair ~ was covered with ink** la chaise elle-même était couverte d'encre ▪ **the door closes by ~** la porte se ferme toute seule ▪ **in ~** en soi **b** (emphasizing quality) ▪ **you've been kindness ~** vous avez été la gentillesse même ▪ **it was simplicity ~** c'était la simplicité même **c** (reflexive) se ▪ **the dog hurt ~** le chien s'est fait mal

ITV [,aɪti:'vi:] n (BR) (abbr of **Independent Television**) *chaîne indépendante de télévision*

I've [aɪv] ⇒ **I have** ; → **have**

ivory ['aɪvərɪ] **1** n ivoire *m* **2** adj [statue, figure] en ivoire ; (also **ivory-coloured**) ivoire *inv* ▸ **the Ivory Coast** la Côte d'Ivoire

ivy ['aɪvɪ] n lierre *m* ▸ **the Ivy League** (US) *les huit grandes universités privées du nord-est*

j J

jab ['dʒæb] **1** vt [+ stick] enfoncer (*into* dans) **2** n (* BR = injection) piqûre *f*

jabber ['dʒæbəʳ] vi baragouiner

jack [dʒæk] **1** n **a** (for wheel) cric *m* **b** (Cards) valet *m* **2** comp ▸ **jack-in-the-box** diable *m* (à ressort) ▸ **jack of all trades** ▪ **he's a ~ of all trades** c'est un touche-à-tout ▸ **jack plug** jack *m*

▸ **jack up** vt sep **a** [+ car] soulever avec un cric **b** * [+ prices, wages] faire grimper

jackal ['dʒækɔːl] n chacal *m*

jackass * ['dʒækæs] n (= fool) crétin* *m*

jackdaw ['dʒækdɔː] n choucas *m*

jacket ['dʒækɪt] n (fitted) veste *f* ; (blouson) blouson *m* ; [of book] jaquette *f* ▪ **~ potatoes** (BR) pommes *fpl* de terre en robe des champs

jackpot ['dʒækpɒt] n gros lot *m*

Jacuzzi ® [dʒə'kuːzɪ] n jacuzzi® *m*

jade [dʒeɪd] **1** n jade *m* **2** adj (= colour) (couleur de) jade *inv* ▸ **jade-green** vert jade *inv*

jaded ['dʒeɪdɪd] adj [person] las (lasse *f*) (*with* de)

jagged ['dʒægɪd] adj [rocks, edge] déchiqueté

jaguar ['dʒægjʊəʳ] n jaguar *m*

jail [dʒeɪl] **1** n prison *f* **2** vt mettre en prison

jam [dʒæm] **1** n **a** (Culin) confiture *f* ▪ **cherry ~** confiture *f* de cerises ▸ **jam jar, jam pot** pot *m* à confiture **b** (= traffic jam) embouteillage *m* **c** (* = mess) pétrin* *m* ▪ **to be in a ~** être dans le pétrin* **d** (also **jam session**) bœuf* *m* **2** vt **a** (= stuff) entasser ; (= thrust) fourrer **b** (= stick) coincer **c** (= make unworkable) [+ lock, brake] bloquer ; [+ mechanism, gun, machine] enrayer **d** (= block) [+ street, corridor] encombrer ; [+ station, broadcast] brouiller ; [+ switchboard] encombrer **3** vi (= become stuck) [door, switch, lever, photocopier] se coincer ; [mechanism, gun] s'enrayer ; [brake] se bloquer ▸ **jam-packed** [room] comble; [bus] bondé; [container, suitcase] plein à ras bord

Jamaica [dʒə'meɪkə] n Jamaïque *f*

Jamaican [dʒə'meɪkən] **1** adj jamaïquain **2** n Jamaïquain(e) *m(f)*

jammies * ['dʒæmɪz] npl pyjama *m*

jangle ['dʒæŋgl] **1** vi cliqueter **2** vt faire cliqueter

janitor ['dʒænɪtəʳ] n concierge *mf*

January ['dʒænjʊərɪ] n janvier *m* ; for phrases see **September**

Japan [dʒə'pæn] n Japon *m*

Japanese [ˌdʒæpə'niːz] **1** adj japonais **2** n **a** (= person) Japonais(e) *m(f)* **b** (= language) japonais *m*

jar [dʒɑːʳ] **1** n (glass) bocal *m* ; (earthenware) pot *m* **2** vi **a** (= sound discordant) rendre un son discordant ; (= vibrate) vibrer **b** (= clash) [colours] jurer ; [ideas, opinions] se heurter **3** vt (= shake) ébranler ; (= disturb) commotionner

jargon ['dʒɑːgən] n jargon *m*

jasmine ['dʒæzmɪn] n jasmin *m*

jaundice ['dʒɔːndɪs] n jaunisse *f*

jaundiced ['dʒɔːndɪst] adj (= bitter) amer ▪ **to take a ~ view of sth** voir qch d'un mauvais œil

jaunt [dʒɔːnt] n ▪ **to go for a ~** aller faire un tour

jaunty ['dʒɔːntɪ] adj (= cheery) enjoué ; [step] leste

javelin ['dʒævlɪn] n javelot *m*

jaw [dʒɔː] n mâchoire *f*

jawbone ['dʒɔːbəʊn] n (os *m*) maxillaire *m*

jawline ['dʒɔːlaɪn] n menton *m*

jay [dʒeɪ] n geai *m*

jaywalker ['dʒeɪˌwɔːkəʳ] n piéton(ne) *m(f)* indiscipliné(e)

jazz [dʒæz] n jazz *m* ▪ **~ band/club** groupe *m*/boîte *f* de jazz

▸ **jazz up** vt sep * [+ occasion] animer ▪ **she ~ed her outfit up with a scarf** elle a égayé sa tenue avec un foulard

jazzy ['dʒæzɪ] adj **a** (* = showy) voyant **b** [music] jazzy ; [rhythm] de jazz

J-Cloth ® ['dʒeɪklɒθ] n lavette *f*

jealous ['dʒeləs] adj jaloux

jealousy ['dʒeləsɪ] n jalousie *f*

jeans [dʒiːnz] npl jean *m* ▪ **a pair of ~** un jean ;
→ *Pièges* JEANS

Jeep ® [dʒiːp] n Jeep® *f*

jeer [dʒɪəʳ] **1** n huée *f* **2** vi [individual] railler ; [crowd] huer ▪ **to ~ at sb** railler qn **3** vt huer

Jehovah's Witness [dʒɪˌhəʊvəz'wɪtnɪs] n Témoin *m* de Jéhovah

Jell-O®, jello ['dʒeləʊ] n (US) gelée *f*

jelly ['dʒelɪ] n gelée *f* ; (US = jam) confiture *f*

jellyfish ['dʒelɪfɪʃ] n inv méduse *f*

jeopardize ['dʒepədaɪz] vt mettre en danger

jeopardy ['dʒepədɪ] n péril *m*

jerk [dʒɜːk] **1** n **a** (= movement) secousse *f* **b** (* = person) pauvre type* *m* **2** vt (= move abruptly) bouger brusquement **3** vi [person, muscle] se contracter ▪ **the car ~ed along** la voiture roulait en cahotant

jerky ['dʒɜːkɪ] adj saccadé

Jersey ['dʒɜːzɪ] n Jersey *f*

jersey ['dʒɜːzɪ] n (= pullover) pull *m* ; (= material) jersey *m*

Jerusalem [dʒə'ruːsələm] n Jérusalem ▸ **Jerusalem artichoke** topinambour *m*

jest [dʒest] **1** n plaisanterie *f* ▪ **in ~** pour rire **2** vi plaisanter

jester ['dʒestəʳ] n bouffon *m*

Jesuit ['dʒezjʊɪt] n, adj jésuite *m*

Jesus ['dʒiːzəs] n Jésus *m* ▪ **~ Christ** Jésus-Christ *m*

jet [dʒet] n **a** (= plane) avion *m* à réaction ▸ **jet engine** moteur *m* à réaction ▸ **jet lag** fatigue *f* due au décalage horaire ▸ **jet-lagged** ▪ **to be jet-lagged** souffrir du décalage horaire ▸ **jet set** jet-set *m or f* ▸ **jet ski** scooter *m* des mers **b** [of liquid, gas] jet *m* **c** (= stone) jais *m* ▸ **jet-black** noir comme jais

jettison ['dʒetɪsn] vt [+ idea, system, plans] abandonner ; [+ product] se défaire de ; [+ fuel, cargo] larguer

jetty ['dʒetɪ] n (= breakwater) jetée *f* ; (= landing pier) embarcadère *m* ; (wooden) appontement *m*

Jew [dʒuː] n juif *m*, juive *f*

jewel ['dʒuːəl] n (= gem) pierre *f* précieuse ; (= piece of jewellery) bijou *m*

jeweller, jeweler (US) ['dʒuːələʳ] n bijoutier *m* ▪ **~'s (shop)** bijouterie *f*

jewellery, jewelry (US) ['dʒuːəlrɪ] n bijoux *mpl* ▪ **a piece of ~** un bijou

Jewish ['dʒuːɪʃ] adj juif

jib [dʒɪb] **1** n foc *m* **2** vi [person] rechigner (*at sth* à qch)

jibe [dʒaɪb] n raillerie *f*

jiffy ['dʒɪfɪ] n ▪ **in a ~*** en moins de deux ▸ **Jiffy bag®** enveloppe *f* matelassée

jig [dʒɪg] **1** n (= dance) gigue *f* **2** vi (= jig about) se trémousser ▪ **to ~ up and down** sautiller

jiggle ['dʒɪgl] vt secouer légèrement

jigsaw ['dʒɪg,sɔː] n (also **jigsaw puzzle**) puzzle *m*

jihadism [dʒɪ'hæd,ɪzəm] n djihadisme *m*

jihadist [dʒɪ'hædɪst] n djihadiste *mf*

jilbab ['dʒɪlbæb] n jilbab *m*

jilt [dʒɪlt] vt plaquer*

jingle ['dʒɪŋgl] **1** n **a** [of jewellery] tintement *m* ; (clinking) cliquetis *m* **b** (= catchy verse) sonal *m* **2** vi (musically) tinter ; (= clink) cliqueter **3** vt (musically) faire tinter ; (= clink) faire cliqueter

jingoism ['dʒɪŋgəʊɪzəm] n chauvinisme *m*

jinx* [dʒɪŋks] **1** n ▪ **to put a ~ on sb** porter la guigne* à qn ▪ **to put a ~ on sth** jeter un sort à qch **2** vt ▪ **to be ~ed** [person] avoir la guigne*

jitters* ['dʒɪtəz] npl frousse* *f* ▪ **to have the ~** être nerveux ; (before performance) avoir le trac

jive [dʒaɪv] vi danser le swing

job [dʒɒb] n **a** (= employment) emploi *m* ▪ **to look for a ~** chercher un emploi ▪ **he's got a holiday ~** il a un petit boulot* pour les vacances ▸ **job centre** (BR) ≈ Pôle emploi ▸ **job creation** création *f* d'emplois ▸ **job offer** offre *f* d'emploi ▸ **job seeker** demandeur *m*, -euse *f* d'emploi ▸ **job sharing** travail *m* partagé, partage *m* de poste **b** (= piece of work) travail *m* ▪ **he has made a good ~ of it** il a fait du bon travail **c** (= duty) travail *m* ▪ **he knows his ~** il connaît son affaire ▪ **that's not his ~** ce n'est pas son travail ▪ **I had the ~ of telling them** c'est moi qui ai dû le leur dire **d** (in expressions) ▪ **it's a good ~ he managed to meet you** c'est une chance qu'il ait pu vous rencontrer ▪ **to give sth up as a bad ~** renoncer à qch en désespoir de cause ▪ **to have a ~ to do sth** avoir du mal à faire qch

jobless ['dʒɒblɪs] **1** adj sans emploi, au chômage **2** **the jobless** npl les sans-emplois *mpl*, les chômeurs *mpl*

jockey ['dʒɒkɪ] **1** n jockey *m* **2** vi ▪ **to ~ for position** manœuvrer pour se placer avantageusement

jockstrap ['dʒɒkstræp] n slip *m* de sport

jocular ['dʒɒkjʊləʳ] adj (= humorous) plaisant

jodhpurs ['dʒɒdpəz] npl jodhpurs *mpl*

jog [dʒɒg] **1** n **a** (= run) jogging *m* ▪ **to go for a ~** aller faire un jogging **b** (= trot) petit trot *m* **2** vt (= shake) secouer ; (= nudge) pousser ▪ **to ~ sb's memory** rafraîchir la mémoire de qn **3** vi faire du jogging

jogger ['dʒɒgəʳ] n joggeur *m*, -euse *f*

jogging ['dʒɒgɪŋ] n jogging *m* ▸ **jogging suit** (tenue *f* de) jogging *m*

john [dʒɒn] n (US = lavatory) ▪ **the ~*** les chiottes‡ *fpl*

join [dʒɔɪn] **1** vt **a** (= attach) attacher ; (= assemble) [+ parts] assembler **b** (= link) relier (*to* à) ▪ **to ~ forces (with sb) to do sth** s'unir (à qn) pour faire qch **c** (= merge with) [river] [+ another river, the sea] se jeter dans ; [road] [+ another road] rejoindre **d** (= become member of) adhérer à ; [+ circus, religious order] entrer dans ; [+ procession] se joindre à ▪ **to ~ the army** s'engager dans l'armée ▪ **~ the club!*** bienvenue au club ! **e** [+ person] rejoindre ▪ **will you ~ us?** (= come with us) voulez-vous venir avec nous ? ; (in restaurant) voulez-vous vous asseoir à notre table ? ▪ **to ~ the queue** prendre la queue **2** vi (= merge) [roads, rivers] se rejoindre ; (= become a member) devenir membre **3** n (in mended object) ligne *f* de raccord ; (Sewing) couture *f*
▸ **join in** **1** vi participer **2** vt insep [+ game, activity] participer à ; [+ conversation] prendre part à ; [+ protests, shouts] joindre sa voix à ; [+ thanks, wishes] se joindre à
▸ **join up** **1** vi [recruit] s'engager **2** vt sep assembler ; [+ pieces of wood or metal] abouter

joiner ['dʒɔɪnəʳ] n (BR) menuisier *m*, -ière *f*

joinery ['dʒɔɪnərɪ] n (BR) menuiserie *f*

joint [dʒɔɪnt] **1** n **a** (= bone) articulation *f* ▪ **that put his nose out of ~** ça l'a défrisé* **b** (BR) [of meat] rôti *m* **c** (* : Drugs) joint* *m*, bédo* *m* **2** adj (gen) commun ; [effort] conjugué ▪ **to come ~ first** (in race, competition) être classé premier ex æquo ▸ **joint account** compte *m* joint ▸ **joint-trade organization** interprofession *f* ▸ **joint venture** entreprise *f* commune; (= company, operation) coentreprise *f*, joint-venture *f*

jointly ['dʒɔɪntlɪ] adv conjointement

joist [dʒɔɪst] n (wooden) solive *f* ; (metal) poutrelle *f*

jojoba [həʊ'həʊbə] n jojoba *m*

joke [dʒəʊk] **1** n plaisanterie *f* ▪ **for a ~** pour rire ▪ **to make a ~ about sth** plaisanter sur qch ▪ **he can't take a ~** il ne comprend pas la plaisanterie ▪ **it's no ~!** (= it's not easy) ce n'est pas une petite affaire ! ; (= it's not enjoyable) ce n'est pas drôle **2** vi plaisanter ▪ **I was only joking** ce n'était qu'une plaisanterie

joker ['dʒəʊkəʳ] n **a** (* = idiot) rigolo* *m* **b** (Cards) joker *m*

jolly ['dʒɒlɪ] **1** adj (= cheerful) jovial **2** adv (* BR = very) drôlement*

jolt [dʒəʊlt] **1** vi [vehicle] cahoter ▪ **to ~ along** avancer en cahotant **2** vt secouer **3** n (= jerk) secousse *f* ; (= shock) choc *m*

joss stick ['dʒɒs,stɪk] n bâton *m* d'encens

jostle ['dʒɒsl] **1** vi se bousculer **2** vt bousculer

jot [dʒɒt] **1** n [of truth] brin *m* **2** vt (also **jot down**) noter

jotter ['dʒɒtəʳ] n (BR) (= exercise book) cahier *m* (de brouillon) ; (= pad) bloc-notes *m*

journal ['dʒɜːnl] n **a** (= periodical) revue *f* ; (= newspaper) journal *m* **b** (= diary) journal *m*

journalism ['dʒɜːnəlɪzəm] n journalisme *m*

journalist ['dʒɜːnəlɪst] n journaliste *mf*

journalistic [,dʒɜːnə'lɪstɪk] adj [profession, community, experience, etc] de journaliste ; [style, career] journalistique

journey ['dʒɜːnɪ] n (gen) voyage *m* ; (= short or regular trip) trajet *m* ▪ **to go on a ~** partir en voyage ▪ **the return ~** le retour ▪ **a car ~** un trajet en voiture ; → *Pièges* JOURNEY

jovial ['dʒəʊvɪəl] adj jovial

joy [dʒɔɪ] n joie *f* ; (= enjoyable thing) plaisir *m*

joyful ['dʒɔɪfʊl] adj joyeux

joyride ['dʒɔɪ,raɪd] vi (also **go joyriding**) faire une virée* dans une voiture volée

joystick ['dʒɔɪstɪk] n (Aviat) manche *m* à balai ; (Computing) manette *f* (de jeu)

jubilant ['dʒuːbɪlənt] adj [person] débordant de joie ▪ **he was ~** il jubilait

jubilee ['dʒuːbɪliː] n jubilé *m*

judge [dʒʌdʒ] **1** n (gen) juge *mf* ; (= member of a panel) membre *m* du jury **2** vt **a** (= assess) juger **b** (= consider) estimer ▪ **to ~ it necessary to do sth** estimer nécessaire de faire qch **3** vi juger ▪ **judging from** à en juger par

judg(e)ment ['dʒʌdʒmənt] n jugement *m*

judgemental, judgmental [dʒʌdʒ'mentəl] adj ▪ **he is very judg(e)mental** il porte toujours des jugements catégoriques

judicial [dʒuː'dɪʃəl] adj judiciaire

judiciary [dʒuː'dɪʃɪərɪ] n (= body of judges) magistrature *f*

judicious [dʒuː'dɪʃəs] adj judicieux

judo ['dʒuːdəʊ] n judo *m*

jug [dʒʌg] n (for water) carafe *f* ; (for wine) pichet *m* ; (round, heavy, jar-shaped) cruche *f* ; (for milk) pot *m*

juggernaut ['dʒʌgənɔːt] n (BR) gros poids lourd *m*

juggle ['dʒʌgl] **1** vi jongler **2** vt [+ balls, plates, figures] jongler avec ; [+ one's time] essayer de partager

juggler [ˈdʒʌgləʳ] n jongleur *m*, -euse *f*

jugular [ˈdʒʌgjʊləʳ] n (veine *f*) jugulaire *f*

juice [dʒuːs] n [of fruit, meat] jus *m* ▪ **orange ~** jus *m* d'orange

juicy [ˈdʒuːsɪ] adj **a** [fruit, steak] juteux **b** (* = desirable) [role, part] savoureux ; [deal] juteux* **c** [story, scandal, details] croustillant

jukebox [ˈdʒuːkbɒks] n juke-box *m*

July [dʒuːˈlaɪ] n juillet *m* ; for phrases see **September**

jumble [ˈdʒʌmbl] **1** vt **a** [+ objects, clothes, figures] mélanger **b** [+ facts, details] brouiller **2** n **a** [of objects] fouillis *m* ▪ **in a ~** [objects, papers, toys] en vrac **b** (BR = junk) bric-à-brac *m* ▸ **jumble sale** (BR) vente *f* de charité *(d'objets d'occasion)*
▸ **jumble up** vt sep mélanger

jumbo [ˈdʒʌmbəʊ] adj [bottle, vegetable, prawn] géant ▸ **jumbo jet** jumbo-jet *m*

jump [dʒʌmp] **1** n **a** (= leap) saut *m*, bond *m* ; [of fear, nervousness] sursaut *m* ▪ **a ~ in profits** un bond des profits ▸ **jump leads** (BR) câbles *mpl* de démarrage *(pour batterie)* ▸ **jump rope** (US) corde *f* à sauter **b** (= fence) obstacle *m* **2** vi **a** (gen) sauter ▪ **to ~ across a stream** franchir un ruisseau d'un bond ▪ **to ~ into the river** sauter dans la rivière ▪ **to ~ off a bus** sauter d'un autobus ▪ **to ~ over a wall** sauter un mur ▪ **to ~ up and down** sauter ▪ **to ~ at** [+ chance, offer] sauter sur ; [+ idea] accueillir avec enthousiasme ▪ **to ~ down sb's throat*** rembarrer* qn ▪ **to ~ to conclusions** tirer des conclusions hâtives **b** (from nervousness) sursauter ▪ **to make sb ~** [loud noise] faire sursauter qn **c** [prices, profits, costs] faire un bond **3** vt sauter ▪ **to ~ the gun*** agir prématurément ▪ **to ~ a red light*** [motorist] brûler un feu rouge ▪ **to ~ the queue*** (BR) passer avant son tour
▸ **jump about, jump around** vi sautiller
▸ **jump out** vi sauter ▪ **to ~ out of bed/a car** sauter du lit/d'une voiture ▪ **to ~ out of the window** sauter par la fenêtre

jumper [ˈdʒʌmpəʳ] n (BR) pull *m* ▸ **jumper cables** (US) câbles *mpl* de démarrage *(pour batterie)*

jump-start [ˈdʒʌmpstɑːt] vt **a** ▪ **to ~ a car** (by pushing) faire démarrer une voiture en la poussant ; (with jump leads) faire démarrer une voiture en branchant sa batterie sur une autre **b** [+ negotiations, process, economy] relancer

junction [ˈdʒʌŋkʃən] n (BR) (= meeting place) [of roads] bifurcation *f* ; (= crossroads) carrefour *m* ; [of rivers] confluent *m* ; [of railway lines] embranchement *m* ; (= station) gare *f* de jonction

juncture [ˈdʒʌŋktʃəʳ] n ▪ **at this ~** à ce moment

June [dʒuːn] n juin *m* ; for phrases see **September**

jungle [ˈdʒʌŋgl] n jungle *f*

junior [ˈdʒuːnɪəʳ] **1** adj **a** (in age) cadet ▪ **John Smith, Junior** John Smith fils **b** (in position) [employee, job] subalterne ▸ **junior clerk** petit commis *m* ▸ **junior partner** associé(-adjoint) *m* **c** (Sport) [competition, team, title] junior **2** n **a** cadet(te) *m(f)* ▪ **he is two years my ~** il est mon cadet de deux ans **b** (BR : Scol) petit(e) élève *m(f) (de 7 à 11 ans)* ; (US : Scol) élève *mf* de classe de première ; (US : Univ) étudiant(e) *m(f)* de troisième année ▸ **junior high school** (US) ≈ collège ▸ **junior school** (BR) école *f* primaire *(de 7 à 11 ans)* **c** (Sport) junior *mf*

junk [dʒʌŋk] n (= discarded objects) bric-à-brac *m inv* ; (= metal) ferraille *f* ; (* = bad quality goods) camelote* *f* ; (* = worthless objects) pacotille *f* ▸ **junk food*** ▪ **to eat ~ food** manger des cochonneries* ▸ **junk heap** dépotoir *m* ▸ **junk mail** imprimés *mpl* publicitaires *(envoyés par la poste)* ▸ **junk shop** (boutique *f* de) brocante *f*

junkie* [ˈdʒʌŋkɪ] n drogué(e) *m(f)*

junkyard [ˈdʒʌŋkjɑːd] n entrepôt *m* de chiffonnier-ferrailleur

Jupiter [ˈdʒuːpɪtəʳ] n (Astron) Jupiter *f*

jurisdiction [ˌdʒʊərɪsˈdɪkʃən] n juridiction *f*

juror [ˈdʒʊərəʳ] n juré(e) *m(f)*

jury [ˈdʒʊərɪ] n jury *m*

just [dʒʌst]

1 adv **a** (= exactly) juste, exactement ▪ **you're ~ in time** vous arrivez juste à temps ▪ **it's ~ what I wanted** c'est exactement ce que je voulais ▪ **~ then** juste à ce moment ▪ **he's ~ like his father** (physically) c'est le portrait de son père ; (in behaviour) il est comme son père

b (indicating position) juste ▪ **~ past the station** juste après la gare ▪ **~ over there** là(, tout près)

c (= at this or that moment) ▪ **we're ~ off** nous partons à l'instant ▪ **I'm ~ coming!** j'arrive ! ▪ **it's okay, I was ~ leaving** ce n'est pas grave, je partais ▪ **~ as we arrived it began to rain** juste au moment où nous arrivions, il s'est mis à pleuvoir

d (referring to recent time) ▪ **this book is ~ out** ce livre vient de paraître

♦ **to have just done sth** venir de faire qch ▪ **he had ~ left** il venait de partir ▪ **I've ~ this minute finished it** je viens tout juste de le finir

e (= barely) ■ **his voice was ~ audible** sa voix était tout juste audible
♦ **only just** tout juste ■ **we only ~ missed the train** nous avons raté le train de peu ■ **he passed the exam but only ~** il a été reçu à l'examen mais de justesse
f (= slightly) juste ■ **~ after 9 o'clock** juste après 9 heures ■ **~ before Christmas** juste avant Noël ■ **~ over/under £10** un peu plus de/un peu moins de 10 livres
g (= merely) juste ■ **~ a little bit** juste un petit peu
h (= simply) (tout) simplement ■ **I ~ told him to go away** je lui ai simplement dit de s'en aller
i (= specially) spécialement ■ **I did it ~ for you** je l'ai fait spécialement pour toi
j (in commands, requests, threats) ■ **~ a moment please** un instant s'il vous plaît ■ **~ imagine!*** tu t'imagines un peu !* ■ **~ look at that!** regarde-moi ça !*
k (set structures)
♦ **just about** (= approximately) à peu près ■ **have you finished? – ~ about** avez-vous fini ? – presque
♦ **to be just about to do sth** être sur le point de faire qch
♦ **just as** (in comparisons) tout aussi ■ **~ as big as** tout aussi grand que ■ **I wasn't expecting much, which was ~ as well** je ne m'attendais pas à grand-chose, heureusement
♦ **just now** (= a short time ago) à l'instant ■ **I saw him ~ now** je l'ai vu à l'instant ■ **I'm busy ~ now** (= at the moment) je suis occupé (pour l'instant)
2 adj (= fair) juste (*to* or *towards sb* avec qn)

justice ['dʒʌstɪs] n **a** (gen) justice *f* ■ **this photograph doesn't do him ~** cette photo ne l'avantage pas ■ **to do ~ to a meal** faire honneur à un repas **b** (= judge) (BR) juge *mf* ; (US) juge *mf* de la Cour Suprême ► **Justice Department** ministère *m* de la Justice

justification [ˌdʒʌstɪfɪ'keɪʃən] n justification *f* (*of, for* de, à, pour)

justify ['dʒʌstɪfaɪ] vt [+ behaviour, action] justifier ; [+ decision] prouver le bien-fondé de ■ **to be justified in doing sth** avoir de bonnes raisons de faire qch

jut [dʒʌt] vi (= jut out) faire saillie, dépasser ■ **to ~ out over the sea** surplomber la mer

juvenile ['dʒuːvənaɪl] **1** n jeune *mf* **2** adj **a** (= young) [animal] jeune **b** [violence, employment] des jeunes ; [diabetes, arthritis] juvénile ► **juvenile delinquent** jeune délinquant(e) *m(f)* **c** (= immature) [behaviour, attitude] puéril

juxtaposition [ˌdʒʌkstəpə'zɪʃən] n juxtaposition *f*

kK

K a (abbr of **thousand**) mille *m* b (abbr of **kilobyte**) Ko *m*

kaffir lime ['kæfə,laɪm] n combava *m*

kaleidoscope [kə'laɪdəskəʊp] n kaléidoscope *m*

kangaroo [,kæŋgə'ru:] n kangourou *m*

kaput* [kə'pʊt] adj fichu*

karaoke [,kɑ:rə'əʊkɪ] n karaoké *m*

karate [kə'rɑ:tɪ] n karaté *m*

kayak ['kaɪæk] n kayak *m*

KB (abbr of **kilobyte**) Ko *m*

kebab [kə'bæb] n (= shish kebab) brochette *f* ; (= doner kebab) doner kebab *m*

keel [ki:l] n quille *f* ▪ **on an even ~** stable
▸ **keel over** vi [ship] chavirer ; * [person] tourner de l'œil*

keen [ki:n] adj a (= enthusiastic) enthousiaste ▪ **to be ~ on cycling** aimer beaucoup le vélo ▪ **to be ~ to do sth** or **on doing sth** tenir à faire qch ▪ **to be ~ on sb*** en pincer* pour qn ▪ **I'm not too ~ on him** il ne me plaît pas beaucoup b (= acute) [desire, interest, intellect] vif c [competition, fight] acharné

keep [ki:p] vb (pret, ptp **kept**)

1 vt a (= retain, put aside) garder ▪ **~ the change!** gardez la monnaie ! ▪ **you must ~ it in a cold place** il faut le conserver au froid
b (= store) ranger ▪ **where do you ~ the sugar?** où est-ce que vous rangez le sucre ? ▪ **~ it somewhere safe** mettez-le en lieu sûr
c (= detain) retenir ▪ **what kept you?** qu'est-ce qui vous a retenu ? ▪ **he was kept in hospital over night** il a dû passer une nuit à l'hôpital ▪ **they kept him prisoner for two years** ils l'ont gardé prisonnier pendant deux ans
d (= run) [+ shop] tenir ; (= raise) [+ bees, chickens] élever
e (= support) subvenir aux besoins de ▪ **you can't ~ a family on that** ça ne suffit pas pour faire vivre une famille ▪ **I have three children to ~** j'ai trois enfants à nourrir
f (= observe) [+ law, vow] respecter
g [+ accounts, diary] tenir ▪ **~ a note of this number** note ce numéro
h (with gerund) ▪ **to ~ sb waiting** faire attendre qn ▪ **~ him talking while...** fais-lui la conversation pendant que... ▪ **she managed to ~ the conversation going** elle a réussi à entretenir la conversation ▪ **he kept the engine running** il a laissé le moteur en marche
i (with adjective) ▪ **to ~ sth clean** tenir qch propre ▪ **exercise will ~ you fit** l'exercice physique vous maintiendra en forme ▪ **~ me informed** tenez-moi au courant

♦ **to keep sth from sb** (= conceal) cacher qch à qn ▪ **I know he's ~ing something from me** je sais qu'il me cache quelque chose

♦ **to keep sb from doing sth** (= prevent) empêcher qn de faire qch

♦ **to keep o.s. to o.s.** se tenir à l'écart ▪ **she ~s herself to herself** elle n'est pas très sociable

2 vi a (= continue) continuer ▪ **to ~ straight on** continuer tout droit
b (= remain) rester ▪ **to ~ in the middle of the road** rester au milieu de la route
c (in health) aller ▪ **how are you ~ing?** comment allez-vous ?
d [food] se conserver
e (with gerund) ▪ **to ~ doing sth** (= continue) continuer de faire qch ; (= do repeatedly) ne pas arrêter de faire qch ▪ **he kept walking** il a continué de marcher ▪ **he kept interrupting us** il n'a pas arrêté de nous couper la parole ▪ **I ~ forgetting to pay the gas bill** j'oublie tout le temps de payer la facture de gaz
f (with preposition) ▪ **she bit her lip to ~ from crying** elle s'est mordu la lèvre pour s'empêcher de pleurer ▪ **he's promised to ~ off alcohol** il a promis de ne plus boire ▪ **"~ off the grass"** « défense de marcher sur les pelouses » ▪ **~ to the left!** gardez votre gauche ! ▪ **she ~s to herself** elle n'est pas très sociable
g (with adjective) ▪ **~ calm!** reste calme ! ▪ **to ~ fit** se maintenir en forme ▪ **to ~ still** se tenir tranquille

3 n a [of castle] donjon *m*
b ♦ **for keeps*** (= permanently) pour toujours

4 comp ▸ **keep-fit** (BR) aérobic *f* ▪ **keep-fit classes** cours *mpl* d'aérobic

▸ **keep away** vi ne pas s'approcher (*from* de)
▸ **keep back**
1 vi ne pas s'approcher
2 vt sep a (= restrain) retenir b (= conceal) cacher ; [+ secrets] ne pas révéler

K

▸ **keep down** vt sep [+ inflation, costs] maîtriser ; [+ number] limiter ▪ **to ~ prices down** empêcher les prix de monter ▪ **she drank some water but couldn't ~ it down** elle a bu de l'eau mais elle a tout vomi

▸ **keep off**

1 vi [person] rester à l'écart ▪ **if the rain ~s off** s'il ne se met pas à pleuvoir

2 vt sep ▪ **they want to ~ young people off the streets** ils veulent empêcher les jeunes de traîner dans les rues ▪ **~ your hands off!** pas touche !*

▸ **keep on**

1 vi (= continue) continuer ▪ **he kept on reading** il a continué de lire

2 vt sep [+ employee] garder

▸ **keep out**

1 vi rester en dehors ▪ **"~ out"** « défense d'entrer »

2 vt sep [+ person] ne pas laisser entrer ▪ **that coat looks as if it will ~ out the cold** ce manteau doit bien protéger du froid

▸ **keep to** vt insep [+ promise] tenir ; [+ agreement, rules, schedule] respecter ; [+ plan] s'en tenir à

▸ **keep up**

1 vi [prices, weather] se maintenir ▪ **they went so fast I couldn't ~ up** ils allaient si vite que je n'arrivais pas à suivre ▪ **to ~ up with sb** (in race, walk) aller aussi vite que qn ; (in work) se maintenir au niveau de qn ▪ **slow down, I can't ~ up with you** ralentis un peu, je ne peux pas te suivre ▪ **the company has failed to ~ up with the times** la société n'a pas réussi à évoluer

2 vt sep **a** [+ pressure, standards] maintenir ; [+ correspondence] entretenir ; [+ study] continuer ▪ **~ it up!** continuez ! **b** (= maintain) [+ house] maintenir en bon état

keeper ['ki:pəʳ] n (in museum) conservateur *m*, -trice *f* ; (in park, zoo) gardien(ne) *m(f)*

keeping ['ki:pɪŋ] n **a** (= care) garde *f* ▪ **to put sth in sb's ~** confier qch à qn **b** ♦ **to be in keeping with** [+ regulations, status, tradition] être conforme à ; [+ character] correspondre à

keepsake ['ki:pseɪk] n souvenir *m*

keg [keg] n [of beer] petit tonneau *m*

kelp [kelp] n varech *m*

kennel ['kenl] **1** n [of dog] niche *f* **2** **kennels** npl chenil *m*

Kenya ['kenjə] n Kenya *m*

kept [kept] vb pret, ptp of **keep**

kerb [kɜ:b] n (BR) bord *m* du trottoir

kerbside ['kɜ:bˌsaɪd] n trottoir *m*

kerosene ['kerəsi:n] n **a** (= aircraft fuel) kérosène *m* **b** (US : for stoves, lamps) pétrole *m*

kestrel ['kestrəl] n crécerelle *f*

ketchup ['ketʃəp] n ketchup *m*

kettle ['ketl] n bouilloire *f*

kettledrum ['ketldrʌm] n timbale *f*

key [ki:] **1** n **a** (gen) clé *f* ▪ **the ~ to sth** (fig) la clé de qch ▸ **key ring** porte-clés *m* ▸ **key stage** (BR Scol) cycle *m*, niveau *m* ▸ **key worker** (esp BR Med, Social work) coordinateur *m*, -trice *f* de soins **b** (to map, diagram) légende *f* **c** [of piano, computer] touche *f* **d** [of music] ton *m* **2** adj (= crucial) clé **3** vt (also **key in**) [+ text, data] saisir

keyboard ['ki:bɔ:d] n clavier *m* ▪ **he's on ~s** [musicien] il est aux claviers

keyboardist [kɪ:ˌbɔ:dɪst] n claviériste *mf*

keyhole ['ki:həʊl] n trou *m* de serrure

keynote ['ki:nəʊt] n [of speech, policy] idée-force *f* ▸ **keynote speech** discours-programme *m*

keypad ['ki:pæd] n pavé *m* numérique

khaki ['kɑ:kɪ] adj kaki *inv*

kick [kɪk] **1** n **a** (= action) coup *m* de pied ▸ **kick boxing** boxe *f* française ▸ **kick-off** [of football match] coup *m* d'envoi ▸ **kick-start** [+ motorcycle] démarrer au kick; [+ economy, process] relancer ▸ **kick-starter** [of motorcycle] kick *m* **b** (* = thrill) ▪ **I get a ~ out of it** ça me donne un plaisir fou, je prends mon pied* avec ça ▪ **he did it for ~s** il l'a fait pour le plaisir **2** vi [person] donner un coup de pied ; [footballer] shooter ; [horse] ruer **3** vt **a** [person] donner un coup de pied à ; [horse] lancer une ruade à ▪ **I could have ~ed myself*** je me serais giflé **b** (= stop) ▪ **to ~ the habit** [smoker] arrêter de fumer ; [drug addict] décrocher*

▸ **kick about, kick around** **1** vi [person]* traîner **2** vt sep ▪ **to ~ a ball about** or **around** s'amuser avec un ballon

▸ **kick off** vi [footballer] donner le coup d'envoi ; [party, meeting]* démarrer*

▸ **kick out*** vt sep [+ person, employee] flanquer* à la porte

kickback* ['kɪkbæk] n (= reaction) réaction *f* ; (= bribe) pot-de-vin *m*

kid [kɪd] **1** n **a** (* = child) gosse* *mf* ▪ **~ brother/sister** petit frère *m*/petite sœur *f* **b** (= goat) cabri *m* **c** (= leather) chevreau *m* **2** vt (* = tease) ▪ **to ~ sb** faire marcher qn* ▪ **no ~ding!** sans blague !* ▪ **to ~ o.s.** se faire des illusions **3** vi (* = tease) raconter des blagues* ▪ **I was only ~ding** j'ai dit ça pour plaisanter

kidnap ['kɪdnæp] vt kidnapper

kidnapper, kidnaper (US) ['kɪdnæpəʳ] n ravisseur *m*, -euse *f*

kidney ['kɪdnɪ] n (= organ) rein *m* ; (for cooking) rognon *m* ▸ **kidney bean** haricot *m* rouge ▸ **kidney stone** calcul *m* rénal

kill [kɪl] **1** vt **a** (gen) tuer ▪ **the earthquake ~ed five people** le tremblement de terre a fait cinq morts ▪ **to be ~ed in action** tomber au champ d'honneur ▪ **my feet are ~ing me*** j'ai un de ces* mal aux pieds ▪ **to ~ two birds with one stone** (Prov) faire d'une pierre deux coups *(Prov)* **b** [+ rumour] étouffer ; [+ pain] supprimer ▪ **to ~ time** tuer le temps **2** vi tuer **3** n mise *f* à mort
▸ **kill off** vt sep [+ people] tuer ; [+ weeds, infection] éliminer

killer ['kɪləʳ] n (= murderer) assassin *m* ▪ **it's a ~!*** (fig) c'est une tuerie !* ▸ **killer whale** orque *f*

killing ['kɪlɪŋ] n [of person] meurtre *m* ; [of group of people] massacre *m* ; [of animal] mise *f* à mort ▪ **to make a ~** (in buying and selling) réussir un beau coup

killjoy ['kɪldʒɔɪ] n rabat-joie *mf*

kiln [kɪln] n four *m*

kilo ['ki:ləʊ] n kilo *m*

kilobyte ['kɪləʊˌbaɪt] n kilo-octet *m*

kilogram(me) ['kɪləʊgræm] n kilogramme *m*

kilometre, kilometer (US) ['kɪləʊˌmi:təʳ, kɪ'lɒmətəʳ] n kilomètre *m*

kilt [kɪlt] n kilt *m*

kin [kɪn] n famille *f*

kind [kaɪnd] **1** n (= type) genre *m* ; [of car] marque *f* ▪ **books of all ~s** des livres de tous genres ▪ **what ~ of dog is he?** qu'est-ce que c'est comme (race de) chien ? ▪ **he's not that ~ of person** ce n'est pas son genre ▪ **this painting is the only one of its ~** ce tableau est unique en son genre ▪ **payment in ~** paiement en nature ▪ **a ~ of** une sorte de ▪ **they're two of a ~** ils sont du même genre ; (pej) ils sont du même acabit ▪ **I was ~ of* frightened that...** j'avais un peu peur que... ▪ **it's ~ of* blue** c'est plutôt bleu **2** adj [person, remark, smile] gentil ; [gesture] aimable ; [thought] attentionné ; [face] affable ▪ **to be ~ to sb** [person] être gentil avec qn ▪ **to be ~ to animals** être bon avec les animaux ▪ **that's very ~ of you** c'est très gentil (à vous) ▸ **kind-hearted** bon

kindergarten ['kɪndəˌgɑ:tn] n jardin *m* d'enfants ; (state-run) maternelle *f*

kindle ['kɪndl] vt [+ fire, passion] allumer ; [+ enthusiasm] susciter

kindling ['kɪndlɪŋ] n (= wood) bois *m* d'allumage, petit bois *m*

kindly ['kaɪndlɪ] adv **a** (= in a caring way) avec bienveillance **b** (= generously) aimablement **c** (= please) ▪ **~ be seated** veuillez vous asseoir **d** (= favourably) ▪ **to think ~ of sb** apprécier qn ▪ **she didn't take it ~ when I said that** elle n'a pas apprécié quand j'ai dit cela

kindness ['kaɪndnɪs] n gentillesse *f*

kindred ['kɪndrɪd] n (= relatives) famille *f* ▸ **kindred spirit** âme *f* sœur

kinetic [kɪ'netɪk] adj cinétique

king [kɪŋ] n roi *m* ▪ **King David** le roi David ▸ **king-size bed** grand lit *m*

kingdom ['kɪŋdəm] n royaume *m* ▪ **the plant/animal ~** le règne végétal/animal

ki

kingfisher ['kɪŋfɪʃəʳ] n martin-pêcheur *m*

kinky ['kɪŋkɪ] adj **a** * [underwear] d'un goût spécial ▪ **~ sex** des pratiques sexuelles un peu spéciales **b** [hair] frisé

kiosk ['ki:ɒsk] n (for selling) kiosque *m* ; (BR = phone box) cabine *f* téléphonique

kipper ['kɪpəʳ] n (BR) hareng *m* fumé salé

kiss [kɪs] **1** n baiser *m* ▪ **~ of life** bouche-à-bouche *m* **2** vt embrasser **3** vi s'embrasser

kit [kɪt] n **a** (= parts for assembly) kit *m* **b** (= set of items) trousse *f* ▪ **first-aid ~** trousse *f* d'urgence

kitbag ['kɪtbæg] n sac *m* *(de sportif, de soldat)*

kitchen ['kɪtʃɪn] n cuisine *f* ▸ **kitchen paper, kitchen roll** essuie-tout *m inv* ▸ **kitchen sink** évier *m*

kitchenware ['kɪtʃɪnwɛəʳ] n (= dishes) vaisselle *f* ; (= equipment) ustensiles *mpl* de cuisine

kite [kaɪt] n **a** (= toy) cerf-volant *m* **b** (= bird) milan *m*

kitesurfing ['kaɪtsɜ:fɪŋ] n kitesurf *m*

kith [kɪθ] n ▪ **~ and kin** amis *mpl* et parents *mpl*

kitten ['kɪtn] n chaton *m*

kitty ['kɪtɪ] n **a** [of money] cagnotte *f* **b** (* = cat) minou* *m*

kiwi ['ki:wi:] n (= bird, fruit) kiwi *m*

Kleenex® ['kli:neks] n (pl inv) Kleenex® *m*

kleptomaniac [ˌkleptəʊ'meɪnɪæk] adj, n kleptomane *mf*

knack [næk] n a (= physical dexterity) tour *m* de main b (= talent) ■ **to have the ~ of doing sth** avoir le don pour faire qch

knackered* ['nækəd] adj (BR) a (= tired out) crevé* b (= broken) foutu*

knapsack ['næpsæk] n sac *m* à dos

knead [ni:d] vt [+ dough] pétrir ; [+ muscles] malaxer

knee [ni:] n genou *m* ■ **to sit on sb's ~** s'asseoir sur les genoux de qn

kneecap ['ni:kæp] n rotule *f*

kneel [ni:l] (pret, ptp **knelt** or **~ed**) vi (= kneel down) s'agenouiller ; (= be kneeling) être agenouillé

kneepad ['ni:pæd] n genouillère *f*

knelt [nelt] vb pret, ptp of **kneel**

knew [nju:] vb pret of **know**

knickers ['nɪkəz] npl (BR) culotte *f*

knife [naɪf] 1 n (pl **knives**) couteau *m* ; (= pocket knife) canif *m* ▸ **knife crime** crime *m* à l'arme blanche 2 vt [+ person] donner un coup de couteau à

knight [naɪt] 1 n chevalier *m* ; (Chess) cavalier *m* 2 vt (BR) [sovereign] faire chevalier

knighthood ['naɪthʊd] n (BR = rank) titre *m* de chevalier

knit [nɪt] (pret, ptp **knitted** or **~**) 1 vt [+ garment] tricoter ■ **to ~ one's brows** froncer les sourcils 2 vi tricoter

knitting ['nɪtɪŋ] n tricot *m* ▸ **knitting needle** aiguille *f* à tricoter

knitwear ['nɪtwɛə'] n tricots *mpl*

knives [naɪvz] pl of **knife**

knob [nɒb] n [of door] bouton *m*

knock [nɒk]

1 n a (= blow) coup *m* ; (= collision) choc *m*
b (at door) ■ **there was a ~ at the door** on a frappé (à la porte)
c (= setback) revers *m* ■ **to take a ~** en prendre un coup*

2 vt a [+ object] frapper ■ **to ~ a glass off a table** faire tomber un verre d'une table ■ **to ~ one's head on** or **against sth** se cogner la tête contre qch
b [+ person] ■ **to ~ sb to the ground** jeter qn à terre ■ **to ~ sb unconscious** assommer qn ■ **to ~ sb for six*** (BR) [news] faire un choc à qn
c (* = criticize) [+ person, plan, idea] dénigrer

3 vi (= bump) frapper ■ **to ~ against** or **into sb/sth** se cogner contre qn/qch ■ **he ~ed into the table** il s'est cogné dans la table

4 comp ▸ **knock-kneed** ■ **to be knock-kneed** avoir les genoux cagneux ▸ **knock-on** (Rugby) en-avant *m inv* ▸ **knock-on effect** répercussions *fpl* ▸ **knock-up** (Tennis) ■ **to have a knock-up** faire des balles

▸ **knock about*, knock around***
1 vi (= travel) bourlinguer* ; (= hang around) traîner
2 vt sep (= beat) taper sur

▸ **knock back*** vt sep a [+ drink] s'envoyer* b (= cost) coûter ■ **how much did it ~ you back?** ça vous a coûté combien ? c (= shock) sonner*

▸ **knock down** vt sep a [+ person] renverser b [+ building] démolir c [+ price] baisser

▸ **knock off***
1 vi (= leave work) quitter son travail
2 vt sep a ■ **I got ~ed off my bike** j'ai été renversé à vélo b (= reduce price by) faire une remise de c (= stop) ■ **~ it off!*** ça suffit !

▸ **knock out** vt sep a (= stun) ■ **to ~ sb out** [person, drug] assommer qn ; [boxer] mettre qn KO b (= exhaust) mettre à plat* c (from competition) éliminer

▸ **knock over** vt sep [+ object, pedestrian] renverser

knocker ['nɒkə'] n (on door) heurtoir *m*

knockout ['nɒkaʊt] n a (Boxing) knock-out *m inv* b ■ **it's a ~*** (= big success) [record, achievement] c'est génial* ■ **she's a real ~!** (= attractive) elle est canon !*

knot [nɒt] 1 n nœud *m* ■ **to tie a ~** faire un nœud 2 vt [+ tie] nouer

knotty ['nɒtɪ] adj a [wood] noueux b [problem] épineux

know [nəʊ] vb (pret **knew**, ptp **known**)

1 vt a (gen) savoir ; [+ truth, problem, details] connaître ■ **to ~ the difference between** connaître or savoir la différence entre ■ **to ~ French** savoir le français ■ **to ~ a lot about sth/sb** en savoir long sur qch/qn ■ **she ~s all about computers** elle s'y connaît en informatique ■ **I ~ (that) you're wrong** je sais que vous avez tort ■ **to ~ how to do sth** savoir faire qch ■ **he ~s what he's talking about** il sait de quoi il parle ■ **I don't ~ why he reacted like that** je ne sais pas pourquoi il a réagi comme ça
b (= be acquainted with) [+ person, place] connaître ■ **to ~ sb by sight** connaître qn de vue

c (= recognize) reconnaître ■ **to ~ sb by his walk** reconnaître qn à sa démarche

d (exclamations) ■ **well, what do you ~!*** tiens, tiens ! ■ **(do) you ~ what* I think she did it!** tu sais quoi* , je pense que c'est elle qui a fait ça !

2 vi savoir ■ **who ~s?** qui sait ? ■ **how should I ~?** comment veux-tu que je sache ? ■ **as far as I ~** à ma connaissance ■ **not as far as I ~** pas à ma connaissance ■ **for all I ~** pour ce que j'en sais ■ **you never ~** on ne sait jamais ■ **you should have known better** tu aurais dû réfléchir

♦ **to know about** (= be aware of) être au courant de

♦ **to know of** (= be acquainted with) connaître ; (= be aware of) savoir ; (= learn about) apprendre ; (= have heard of) avoir entendu parler de

♦ **to get to know** [+ person] faire plus ample connaissance avec

♦ **to let sb know sth** dire qch à qn ■ **I'll let you ~ on Monday** je te dirai ça lundi ■ **if you can't come, please let me ~** préviens-moi si tu ne peux pas venir

3 n

♦ **to be in the know*** être au courant

4 comp ► **know-all*** (BR) je-sais-tout* *mf* ► **know-how*** savoir-faire *m* ► **know-it-all*** (US) je-sais-tout* *mf*

→ *Pièges* KNOW

knowing ['nəʊɪŋ] adj [look] entendu

knowledge ['nɒlɪdʒ] n **a** (= understanding, awareness) connaissance *f* ■ **not to my ~** pas à ma connaissance ■ **it's common ~ that...** il est de notoriété publique que... **b** (= body of knowledge) savoir *m* ; (in a given field) connaissances *fpl*

→ *Pièges* KNOWLEDGE

knowledgeable ['nɒlɪdʒəbl] adj [person] (in general) cultivé ; (in a given subject) qui s'y connaît ■ **she's very ~ about cars** elle s'y connaît en voitures

known [nəʊn] **1** vb ptp of **know** **2** adj connu (*to sb* de qn) ■ **to make sth ~ to sb** faire savoir qch à qn ■ **to make o.s. ~ to sb** se présenter à qn

knuckle ['nʌkl] n articulation *f* du doigt

koala [kəʊ'ɑːlə] n (also **koala bear**) koala *m*

Koran [kɒ'rɑːn] n Coran *m*

Korea [kə'rɪə] n Corée *f*

kosher ['kəʊʃə'] adj kascher *inv* ■ **it's ~*** c'est OK*

Kuwait [kʊ'weɪt] n Koweït *m*

L

L, l [el] 1 n (abbr of **litre(s)**) l 2 adj (abbr of **large**) L 3 comp ► **L-plate** (BR) *plaque signalant la conduite accompagnée*

lab* [læb] n (abbr of **laboratory**) labo* *m*

label ['leɪbl] 1 n étiquette *f* ; (= brand guarantee) label *m* 2 vt a [+ parcel, bottle] coller une étiquette (or des étiquettes) sur ; [+ goods for sale] étiqueter b [+ person, group] étiqueter

labor ['leɪbəʳ] n (US) ⇒ **labour**

laboratory [lə'bɒrətərɪ, (US)'læbrətərɪ] n laboratoire *m*

laborious [lə'bɔːrɪəs] adj laborieux

labour, labor (US) ['leɪbəʳ] 1 n a (= hard work) travail *m* ; (= workers) main-d'œuvre *f* ► **labor union** (US) syndicat *m* ► **Labo(u)r Day** fête *f* du Travail ► **labo(u)r-saving** qui facilite le travail ► **labo(u)r-saving device** (in household) appareil *m* ménager b (= political party) ■ **Labour** le parti travailliste c (in childbirth) travail *m* ► **labo(u)r pains** douleurs *fpl* de l'accouchement ► **labo(u)r ward** salle *f* d'accouchement 2 adj ■ **Labour** [leader, party] travailliste 3 vi (= work with effort) travailler dur (*at* à) ; (= work with difficulty) peiner (*at* sur) 4 vt insister sur

laboured, labored (US) ['leɪbəd] adj [movement] pénible ; [style, process] laborieux ; [joke] lourd

labourer, laborer (US) ['leɪbərəʳ] n ouvrier *m*, -ière *f*

Labrador ['læbrə,dɔːʳ] n (= dog : also **labrador**) labrador *m*

labyrinth ['læbɪrɪnθ] n labyrinthe *m*

lace [leɪs] 1 n a (= fabric) dentelle *f* b (= shoelace) lacet *m* ► **lace-up shoes** (BR) chaussures *fpl* à lacets 2 vt a [+ shoe] lacer b ■ **to ~ with** [+ alcohol] arroser de 3 vi se lacer

lack [læk] 1 n manque *m* ■ **for** or **through ~ of** faute de 2 vt manquer de 3 vi a ■ **to be ~ing** [food, money] manquer b ■ **to be ~ing in** [person] manquer de

lacklustre, lackluster (US) ['læk,lʌstəʳ] adj terne

laconic [lə'kɒnɪk] adj laconique

lacquer ['lækəʳ] n laque *f*

lad [læd] n (= boy) garçon *m* ; (* = son) fiston* *m*

ladder ['lædəʳ] 1 n a (gen) échelle *f* b (BR : in tights) maille *f* filée 2 vti (BR) filer

laden ['leɪdn] adj chargé (*with* de)

ladle ['leɪdl] n louche *f*

lady ['leɪdɪ] n a (= woman) dame *f* ■ **Ladies and Gentlemen!** Mesdames, Mesdemoiselles, Messieurs ! ■ **Lady Davenport** lady Davenport ■ **ladies' hairdresser** coiffeur *m*, -euse *f* pour dames ► **lady-in-waiting** dame *f* d'honneur b ■ **ladies** (= public lavatory) toilettes *fpl* (pour dames) ■ **"Ladies"** (on sign) « Dames »

ladybird ['leɪdɪbɜːd] n (BR) coccinelle *f*

ladybug ['leɪdɪbʌg] n (US) coccinelle *f*

ladylike ['leɪdɪlaɪk] adj distingué

lag [læg] vi (also **lag behind**) être à la traîne ■ **he was ~ging behind the others** il était à la traîne ; (physically) il traînait derrière les autres

lager ['lɑːgəʳ] n ≈ bière blonde

lagoon [lə'guːn] n lagon *m*

laid [leɪd] vb pret, ptp of **lay** **laid-back*** adj décontracté

lain [leɪn] vb ptp of **lie**

lair [lɛəʳ] n tanière *f* ; (fig) repaire *m*

lake [leɪk] n lac *m* ■ **Lake Geneva** le lac Léman or de Genève ► **the Lake District** la région des lacs

lamb [læm] n agneau *m*

lambswool ['læmzwʊl] n lambswool *m*

lame [leɪm] adj a (= disabled) [person] éclopé ; [horse] boiteux ; [leg] estropié ■ **to be ~** boiter ■ **to go ~** [horse] se mettre à boiter b [excuse] mauvais ; [joke] vaseux ; [argument] boiteux

lament [lə'ment] 1 n lamentation *f* 2 vt [+ loss, lack] regretter 3 vi se lamenter (*for* sur)

lamentable ['læməntəbl] adj [situation, performance] déplorable ; [incident] regrettable

laminated ['læmɪneɪtɪd] adj [metal] laminé ; [glass] feuilleté ; [windscreen] en verre feuilleté ; [document] plastifié

lamp [læmp] n (= light) lampe *f* ; (= bulb) ampoule *f*

lamplight ['læmplaɪt] n ■ **by ~** à la lumière d'une lampe

lampoon [læm'puːn] 1 n virulente satire *f* 2 vt railler

lamppost ['læmppəʊst] n réverbère *m*

lampshade ['læmpʃeɪd] n abat-jour *m*

lance [lɑːns] 1 n lance *f* 2 vt [+ abscess] percer

land [lænd] 1 n a (gen) terre *f* ■ **on ~** à terre ■ **on dry ~** sur la terre ferme ■ **to go by ~** voyager par voie de terre ■ **to see how the ~ lies** tâter le terrain ■ **to work (on) the ~** travailler la terre ► **land mass** bloc *m* continental **b** (= property) (large) terre(s) *f(pl)* ; (smaller) terrain *m* ▪ **a piece of ~** un terrain **c** (= country) pays *m* ▪ **a ~ of opportunity** un pays où tout le monde a ses chances ▪ **this isn't la-la ~*** on n'est pas chez les Bisounours *or* au pays des Bisounours* **2** vt **a** [+ cargo] décharger ; [+ passengers] débarquer ; [+ aircraft] poser ; [+ fish] prendre **b** (* = obtain) [+ job, contract] décrocher* **c** * (BR) ▪ **to ~ sb in it** mettre qn dans le pétrin* ▪ **to be ~ed with sth** (= left with) rester avec qch sur les bras ; (= forced to take on) devoir se coltiner qch* **3** vi **a** [aircraft] atterrir **b** (= fall) tomber ; (after a jump) retomber ▪ **to ~ on sth** [falling object] tomber sur qch ; [person or animal jumping] retomber sur qch ; [bird, insect] se poser sur qch ▪ **to ~ on one's feet** retomber sur ses pieds

▸ **land up*** vi atterrir*

landfill ['lændfɪl] n enfouissement *m* des déchets ▪ **~ site** décharge *f* contrôlée

landing ['lændɪŋ] n **a** [of aircraft, spacecraft] atterrissage *m* ; (on sea) amerrissage *m* ; (on moon) alunissage *m* ▸ **landing gear** train *m* d'atterrissage ▸ **landing page** (Internet) page *f* d'atterrissage ▸ **landing strip** piste *f* d'atterrissage **b** (from ship) débarquement *m* ▪ **the Normandy ~s** le débarquement (du 6 juin 1944) ▸ **landing stage** (BR) débarcadère *m* **c** (Sport) réception *f* **d** (between stairs) palier *m* ; (= storey) étage *m*

landlady ['lænd,leɪdɪ] n propriétaire *f*

landline ['lændlaɪn] n téléphone *m* fixe ▪ **call me on my ~** appelle-moi sur mon (téléphone) fixe

landlord ['lænd,lɔ:d] n propriétaire *m*

landmark ['lændmɑ:k] n point *m* de repère

landmine ['lændmaɪn] n mine *f*

landowner ['lændəʊnə'] n propriétaire *m* terrien

landscape ['lænd,skeɪp] n paysage *m* ▸ **landscape gardener** jardinier *m*, -ière *f* paysagiste ▸ **landscape gardening** paysagisme *m* ▸ **landscape painter** peintre *mf* paysagiste *mf*

landslide ['lænd,slaɪd] n glissement *m* de terrain ; [of loose rocks] éboulement *m* ; (Pol) (*also* **landslide victory**) victoire *f* écrasante, raz-de-marée

lane [leɪn] n **a** petite route *f* ; (in town) ruelle *f* **b** (= part of road) voie *f* ; (= line of traffic) file *f* ▪ **"keep in ~"** « ne changez pas de file » **c** (for ships, runners, swimmers) couloir *m*

language ['læŋgwɪdʒ] n **a** (= particular tongue) langue *f* ▪ **the French ~** la langue française ▸ **language laboratory** laboratoire *m* de langues **b** (= ability to talk, terminology) langage *m* ▪ **strong** *or* **bad** *or* **foul ~** gros mots *mpl*

languid ['læŋgwɪd] adj languissant

languish ['læŋgwɪʃ] vi (se) languir (*for, over* après) ; (in prison) dépérir

lank [læŋk] adj [hair] raide et terne

lanky ['læŋkɪ] adj dégingandé

lantern ['læntən] n lanterne *f*

lap [læp] **1** n **a** (= knees) genoux *mpl* ▪ **sitting on his mother's ~** assis sur les genoux de sa mère ▪ **to live in the ~ of luxury** vivre dans le plus grand luxe **b** (Sport) tour *m* de piste ▪ **~ of honour** tour *m* d'honneur **2** vt **a** [+ milk] laper **b** [+ runner, car] prendre un tour d'avance sur **3** vi [waves] clapoter

lapel [lə'pel] n revers *m (de veston)*

lapse [læps] **1** n **a** (= fault) faute *f* ; (= in behaviour) écart *m* de conduite **b** (= passage of time) intervalle *m* ▪ **a time ~** un laps de temps **2** vi **a** (= err) faire un écart de conduite ▪ **to ~ into bad habits** prendre de mauvaises habitudes **b** [act, law] devenir caduc ; [contract, ticket, passport] expirer ; [membership, subscription] venir à expiration

laptop (computer) ['læptɒp(kəm'pju:tə')] n (ordinateur *m*) portable *m*

larceny ['lɑ:sənɪ] n vol *m*

larch [lɑ:tʃ] n mélèze *m*

lard [lɑ:d] n saindoux *m*

larder ['lɑ:də'] n (= cupboard) garde-manger *m inv* ; (= small room) cellier *m*

large [lɑ:dʒ] adj (gen) grand ; [dose] fort ; [sum, share, group] important ; [family, crowd] nombreux ▸ **large-scale** [map, production, attack] à grande échelle; [unrest] général; [reforms] de grande ampleur ♦ **at large** (= at liberty) en liberté ▪ **the country at ~** (= as a whole) le pays dans son ensemble ♦ **by and large** d'une façon générale

> ⚠ ***large*** ne se traduit pas par le mot français **large** ; → *Pièges* GRAND – LARGE

largely ['lɑ:dʒlɪ] adv [correct, ignore, responsible] en grande partie

> ⚠ ***largely*** ne se traduit pas par le mot français **largement**.

lark [lɑ:k] n **a** (= bird) alouette *f* **b** (= joke) ▪ **we only did it for a ~** on l'a seulement fait pour rigoler*

▸ **lark about*** vi faire le fou*

larva ['lɑ:və] n (pl **larvae** ['lɑ:vi:]) larve *f*

laryngitis [,lærɪn'dʒaɪtɪs] n laryngite *f*

larynx ['lærɪŋks] n larynx *m*

lasagne, lasagna [lə'zænjə] n lasagnes *fpl*

laser ['leɪzə'] **1** n laser *m* ▸ **laser beam** rayon *m* laser ▸ **laser disk** disque *m* laser ▪ **~ disk player** lecteur *m* de disque laser ▸ **laser prin-**

ter imprimante *f* laser ▸ **laser gun** (= weapon) pistolet *m* laser; (= speed gun) pistolet *m* radar **2** vt traiter au laser ; (also **laser off**) enlever au laser

lash [læʃ] **1** n **a** (= blow from whip) coup *m* de fouet **b** (= eyelash) cil *m* **2** vt **a** [person] (= whip) fouetter **b** [storm] s'abattre sur ; [wind, hail] cingler ; [waves] fouetter **c** (= fasten) attacher fermement

▸ **lash down** **1** vi [rain] tomber avec violence **2** vt sep [+ cargo] arrimer

▸ **lash out** vi **a** ▪ **to ~ out at sb (with a knife)** envoyer des coups (de couteau) à qn ▪ **she ~ed out with her fists** elle s'est débattue à coups de poing ▪ **to ~ out at sb** (verbally) agresser qn **b** (* = spend a lot of money) faire une folie* ▪ **he ~ed out on a car** il a fait une folie* et s'est payé une voiture

lass [læs] n jeune fille *f*

lasso [læ'su:] **1** n lasso *m* **2** vt prendre au lasso

last [lɑ:st]

1 adj **a** (= final) dernier *before n* ▪ **the ~ ten pages** les dix dernières pages ▪ **second ~, ~ but one** avant-dernier ▪ **at the ~ minute** à la dernière minute ▪ **~ thing** juste avant de se coucher ▸ **last-minute** de dernière minute ▸ **the Last Supper** la Cène

b (= past) dernier ▪ **~ week/year** la semaine/l'année dernière ▪ **~ night** (= evening) hier soir ; (= night) la nuit dernière ▪ **~ Monday** lundi dernier ▪ **the night before ~** avant-hier soir ▪ **the week before ~** l'avant-dernière semaine ▪ **this time ~ year** l'an dernier à la même époque

c (= least likely or desirable) dernier ▪ **he's the ~ person to ask** c'est la dernière personne à qui demander

2 adv **a** (= at the end) en dernier ▪ **he arrived ~ of all** il est arrivé le dernier ▪ **his horse came in ~** son cheval est arrivé (bon) dernier ▪ **~ but not least** enfin et surtout ▪ **to leave sth till ~** garder qch pour la fin

b (= most recently) la dernière fois ▪ **when I ~ saw him** la dernière fois que je l'ai vu

c (= finally) pour terminer

3 n dernier *m*, -ière *f* ▪ **the ~ but one** l'avant-dernier *m*, -ière *f* ▪ **we were glad to see the ~ of him** nous avons été contents de le voir partir ▪ **that was the ~ I saw of him** je ne l'ai pas revu depuis ▪ **to the ~** jusqu'à la fin

♦ **at (long) last** enfin

4 vi **a** (= continue) [pain, film, supplies] durer ▪ **it ~ed two hours** cela a duré deux heures

b (= hold out) tenir ▪ **no one ~s long in this job** personne ne tient longtemps dans ce poste

c (= remain usable) durer ▪ **made to ~** fait pour durer

5 vt durer

▸ **last out** vi [person] tenir (le coup) ; [money] suffire

→ *Pièges* TONIGHT

lasting ['lɑ:stɪŋ] adj durable

lastly ['lɑ:stlɪ] adv enfin

latch [lætʃ] n loquet *m*

▸ **latch on*** vi **a** (= grab) s'accrocher (*to* à) **b** (= understand) comprendre

▸ **latch on to*** vt insep **a** (= grab) s'accrocher à **b** (= understand) comprendre ; (= realize) se rendre compte de

late [leɪt] (compar **later**, superl **latest**)

1 adj **a** (= after scheduled time) ▪ **to be ~** être en retard ▪ **to be ~ arriving** arriver avec du retard ▪ **to be ~ for an appointment** être en retard à un rendez-vous ▪ **I was ~ for work** je suis arrivé au travail en retard ▪ **to be ~ with sth** avoir du retard dans qch ▪ **to make sb ~** mettre qn en retard ▪ **to be 20 minutes ~** avoir 20 minutes de retard

b (= after usual time) [crop, flowers] tardif ; [booking] de dernière minute ▪ **Easter is ~ this year** Pâques est tard cette année

c (= at advanced time of day) tard ▪ **it was very ~** il était très tard ▪ **it's getting ~** il se fait tard ▪ **to have a ~ lunch** déjeuner tard ▪ **late-night opening** (of shop) nocturne *f*

d (= near end of period or series) ▪ **at this ~ stage** à ce stade avancé ▪ **he was in his ~ thirties** il approchait de la quarantaine ▪ **in the ~ afternoon** en fin d'après-midi ▪ **in ~ June/September** fin juin/septembre ▪ **in ~ spring** à la fin du printemps ▪ **in the ~ 1990s** à la fin des années 90

e (= dead) feu (liter)

2 adv **a** (= after scheduled time) [arrive] en retard ; [start, finish, deliver] avec du retard ▪ **too ~** trop tard

b (= after usual time) tard

c (= at advanced time of day) [work, get up, sleep, start, finish] tard ▪ **the shop is open ~ on Thursdays** le magasin est ouvert en nocturne le jeudi ▪ **to stay up ~** veiller ▪ **~ at night** tard dans la soirée ▪ **~ last night** tard hier soir ▪ **~ in the afternoon** en fin d'après-midi

d (= near end of period) ▪ **~ in 2002/May** fin 2002/mai ▪ **~ last year** à la fin de l'année dernière

e (= recently) ▪ **as ~ as 1950** jusqu'en 1950 ▪ **of ~** (= lately) ces derniers temps

latecomer ['leɪtkʌmə'] n retardataire *mf*

lately ['leɪtlɪ] adv ces derniers temps

latent ['leɪtənt] adj latent

la

later ['leɪtəʳ] compar of **late** 1 adv plus tard ▪ **two years ~** deux ans plus tard ▪ **~ on** (in period of time, film) plus tard ; (in book) plus loin ▪ **no ~ than...** pas plus tard que... ▪ **see you ~!*** (= in a few minutes) à tout à l'heure ! ; (longer) à plus tard ! 2 adj [chapter, date] ultérieur (-eure *f*) ; [edition] postérieur (-eure *f*) ▪ **I decided to take a ~ train** j'ai décidé de prendre un train plus tard ▪ **the ~ train** (of two) le train suivant ▪ **at a ~ stage** plus tard ▪ **in ~ life** plus tard

lateral ['lætərəl] adj latéral

latest ['leɪtɪst] superl of **late** 1 adj dernier ▪ **at the ~ possible moment** au tout dernier moment 2 n a (* = latest version) ▪ **it's the ~ in computer games** c'est le dernier né des jeux électroniques ▪ **the very ~ in technology** le dernier cri de la technologie ▪ **have you heard the ~?** (= news) tu connais la dernière ?* b (= latest time) ▪ **I'll be there by noon at the ~** j'y serai à midi au plus tard ▪ **give me your essay by Monday at the ~** rendez-moi votre dissertation lundi dernier délai

lathe [leɪð] n tour *m*

lather ['lɑːðəʳ] 1 n [of soap] mousse *f* 2 vt ▪ **to ~ one's face** se savonner le visage 3 vi [soap] mousser

Latin ['lætɪn] 1 adj latin 2 n a (= language) latin *m* b Latin(e) *m(f)* ; (in US) Latino-Américain(e) *m(f)* ▸ **Latin America** Amérique *f* latine ▸ **Latin-American** adj latino-américain ◊ n Latino-Américain(e) *m(f)*

latitude ['lætɪtjuːd] n latitude *f*

latter ['lætəʳ] 1 adj (= second of two) second ; (= last one mentioned) dernier ▪ **in the ~ stages of the war** vers la fin de la guerre 2 n ▪ **the ~** celui-ci *m*, celle-ci *f* ▪ **of the two solutions, I prefer the ~** je préfère la seconde solution

lattice ['lætɪs] n treillis *m* ; (= fence) claire-voie *f* ; (on tart) croisillons *mpl*

laudatory ['lɔːdətərɪ] adj élogieux

laugh [lɑːf] 1 n a rire *m* ▪ **to have a good ~ at sb/sth** bien rire de qn/qch b (* = amusing time) ▪ **it was a good ~** on a bien rigolé* ▪ **just for ~s** histoire de rire* 2 vti rire ▪ **to ~ about sth** rire de qch ▪ **to ~ in sb's face** rire au nez de qn

▸ **laugh at** vt insep [+ person, sb's behaviour] rire de ; (unpleasantly) se moquer de ; [+ difficulty, danger] se rire de

▸ **laugh off** vt sep a ▪ **to ~ one's head off*** rire comme une baleine* b ▪ **she managed to ~ it off** elle a réussi à tourner la chose en plaisanterie

laughable ['lɑːfəbl] adj [person, behaviour, idea] ridicule ; [offer, amount] dérisoire

laughing ['lɑːfɪŋ] adj [person, face, eyes] rieur ▪ **this is no ~ matter** il n'y a pas de quoi rire ▪ **he made himself a ~ stock** il s'est couvert de ridicule

laughter ['lɑːftəʳ] n rire(s) *m(pl)*

launch [lɔːntʃ] 1 n a (= motorboat) (for patrol) vedette *f* ; (for pleasure) bateau *m* de plaisance b [of ship, spacecraft, product] lancement *m* ▸ **launch pad** rampe *f* de lancement 2 vt lancer 3 vi ▪ **to ~ into** [+ speech, explanation, attack] se lancer dans

launching ['lɔːntʃɪŋ] n lancement *m* ▸ **launching pad** rampe *f* de lancement

launder ['lɔːndəʳ] vt a [+ clothes] laver b [+ money] blanchir

Launderette® (BR) [ˌlɔːndə'ret], **Laundromat®** (US) ['lɔːndrəmæt] n laverie *f* automatique

laundry ['lɔːndrɪ] n a (= washing) linge *m* ▪ **to do the ~** faire la lessive ▸ **laundry basket** panier *m* à linge b (= place) blanchisserie *f*

laureate ['lɔːrɪɪt] adj, n lauréat(e) *m(f)* ▪ **(poet) ~** poète *m* lauréat

laurel ['lɒrəl] n laurier *m*

lava ['lɑːvə] n lave *f*

lavatory ['lævətrɪ] n toilettes *fpl*

lavender ['lævɪndəʳ] n lavande *f*

lavish ['lævɪʃ] 1 adj [person] prodigue (*with* de) ; [expenditure] considérable ; [amount] gigantesque ; [meal] copieux ; [hospitality] généreux 2 vt prodiguer (*sth on sb* qch à qn)

law [lɔː] n a (= legislation, regulation) loi *f* ▪ **to take the ~ into one's own hands** (se) faire justice soi-même ▪ **the ~ of the jungle** la loi de la jungle ▪ **he's a ~ unto himself** il ne fait que ce qu'il veut ▪ **against the ~** contraire à la loi ▪ **by ~** conformément à la loi ▸ **law-abiding** respectueux des lois ▸ **law and order** ordre *m* public b (= operation of the law) justice *f* ▪ **court of ~** tribunal *m* c (= system, profession) droit *m* ▪ **civil/criminal ~** le droit civil/pénal ▪ **to study ~** faire du droit d (= principle) loi *f* ▪ **the ~ of averages/gravity** la loi des probabilités/de la pesanteur

lawful ['lɔːfʊl] adj [action, contract] légal ; [child] légitime

lawmaker ['lɔːˌmeɪkəʳ] n (US) législateur *m*, -trice *f*

lawn [lɔːn] n pelouse *f*

lawnmower ['lɔːnməʊəʳ] n tondeuse *f* (à gazon)

lawsuit ['lɔːsuːt] n procès *m*

lawyer ['lɔːjəʳ] n (in court) avocat(e) *m(f)* ; (= legal expert) juriste *mf*

lax [læks] adj [behaviour, discipline] laxiste ; [person] négligent

laxative ['læksətɪv] adj, n laxatif *m*

lay[1] [leɪ] vb (pret, ptp **laid**) **1** vb pret of **lie** **2** vt **a** (= place, put down) poser ; (= stretch out) étendre ■ **she laid her hand on my shoulder** elle a posé la main sur mon épaule ■ **I didn't ~ a finger on him** je ne l'ai pas touché ■ **I wish I could ~ my hands on a good dictionary** si seulement je pouvais mettre la main sur un bon dictionnaire **b** [+ egg] pondre **c** [+ snare, trap] tendre (*for* à) ; [+ fire] préparer ; [+ plans] élaborer ■ **to ~ the table** (BR) mettre la table **d** (with adjective) ■ **the blow laid him flat** le coup l'a étendu par terre ■ **the storm laid the town flat** la tempête a dévasté la ville ■ **to be laid low** être immobilisé ■ **he was laid low with flu** la grippe l'obligeait à garder le lit **e** [+ money] parier ■ **to ~ a bet** parier **f** [+ accusation, charge] porter **3** vi pondre **4** comp ▸ **lay-by** n (BR) aire *f* de stationnement *(sur le bas-côté)* ▸ **lay-off** n licenciement *m*

▸ **lay down** vt sep **a** [+ object] poser ■ **to ~ down one's life for sb** sacrifier sa vie pour qn **b** [+ rule] établir ; [+ condition, price] fixer ■ **to ~ down the law** essayer de faire la loi

▸ **lay in** vt sep [+ goods, reserves] faire provision de ■ **to ~ in provisions** faire des provisions

▸ **lay into*** vt insep ■ **he laid into him** (= attack) il lui est rentré dedans* ; (= scold) il lui a passé un savon*

▸ **lay off** **1** vt sep [+ workers] licencier **2** vt insep (* = stop) arrêter ■ **~ off!** ça suffit ! ■ **~ off him!** fiche-lui la paix !*

▸ **lay on** vt sep (BR) [+ water, gas] installer ; [+ facilities, entertainment] fournir ■ **to ~ it on thick*** en rajouter*

▸ **lay out** vt sep **a** [+ garden] dessiner ; [+ house] concevoir ; [+ essay] faire le plan de ■ **a well laid-out flat** un appartement bien conçu **b** [+ clothes, meal] préparer ; [+ goods for sale] étaler **c** [+ reasons, events] exposer **d** [+ money] débourser (*on* pour) **e** (= knock out) mettre KO

▸ **lay up** vt sep **a** [+ provisions] amasser **b** ■ **he is laid up (in bed) with flu** il est au lit avec la grippe

lay[2] [leɪ] adj laïque ■ **~ person** (Rel) laïc *m*, laïque *f* ; (fig) profane

layabout* ['leɪəbaʊt] n (BR) feignant(e)* *m(f)*

layer ['leɪə'] **1** n [of paint, dust, sand] couche *f* ■ **several ~s of clothing** plusieurs épaisseurs *fpl* de vêtements **2** vt [+ hair] couper en dégradé

layman ['leɪmən] n (pl **-men**) (not religious) laïc *m* ; (not specialist) profane *m*

layout ['leɪaʊt] n [of house, school] agencement *m* ; [of district] disposition *f* ; [of essay] plan *m* ; [of advertisement, newspaper article] mise *f* en page

layover ['leɪ,əʊvə'] n (US) halte *f*

laze around [,leɪzə'raʊnd] vi paresser

lazy ['leɪzɪ] adj **a** (= idle) paresseux **b** (= sloppy) [writing, work] peu soigné ; [style] relâché **c** (= relaxed) [gesture, smile] indolent ; [day, afternoon] de détente

lazybones* ['leɪzɪbəʊnz] n feignant(e)* *m(f)*

lb (abbr of **libra**) livre *f* ⇒ **pound**

lead[1] [liːd] vb (pret, ptp **led**)

1 n **a** (Sport) ■ **to be in the ~** (in match) mener ; (in race, league) être en tête ■ **to take the ~** (in race) prendre la tête ; (in match, league) mener ■ **to have a ten-metre ~ over sb** avoir dix mètres d'avance sur qn

b (= initiative) ■ **to follow sb's ~** suivre l'exemple de qn ■ **to take the ~ in doing sth** être le premier à faire qch

c (= clue) piste *f*

d (= in play, film) rôle *m* principal ■ **male/female ~** premier rôle *m* masculin/féminin

e (= leash) laisse *f* ■ **on a ~** tenu en laisse

f (= electrical flex) fil *m*

2 adj ■ **~ guitarist** première guitare *f* ■ **~ singer** (chanteur *m*) leader *m*, (chanteuse *f*) leader *f*

3 vt **a** (= show the way to) [+ person, horse] conduire (*to* à) ; [+ procession, parade] être à la tête de ■ **to ~ sb in/out/across** faire entrer/sortir/traverser qn ■ **this ~s me to an important point** cela m'amène à un point important ■ **to ~ the way** (= go ahead) aller devant ; (= show the way) montrer le chemin

b (= be leader of) [+ government, team] être à la tête de ; [+ regiment] commander

c (= be ahead of) ■ **to ~ the field** être en tête ■ **our country ~s the world in textiles** notre pays est le leader mondial dans le textile

d [+ life, existence] mener ■ **they ~ a simple life** ils mènent une vie simple

e (= induce, bring) amener ■ **he led me to believe that he would help me** il m'a amené à croire qu'il m'aiderait

4 vi **a** (= be ahead) (in match) mener ; (in race) être en tête ■ **to ~ by three points** avoir trois points d'avance ■ **to ~ by four goals to three** mener (par) quatre buts à trois

b (= go ahead) aller devant ; (= show the way) montrer le chemin ■ **you ~, I'll follow** passez devant, je vous suis

c (= dancer) mener

d [road, corridor, door] mener (*to* à)

e (= cause) ■ **it led to war** cela a conduit à la guerre ■ **it led to his arrest** cela a abouti à son arrestation ■ **it led to nothing** ça n'a mené à rien

▸ **lead off**

1 vi (= begin) commencer

2 vt insep [corridor, path] partir de ▪ **a passage ~ing off the foyer** un couloir qui part du foyer ▪ **the rooms which ~ off the corridor** les pièces qui donnent sur le couloir

▸ **lead on**
1 vi (= lead the way) marcher devant
2 vt sep (= tease) taquiner ; (= fool) duper ; (= raise hopes in) donner de faux espoirs à ; (sexually) allumer*

▸ **lead up to** vt insep **a** [path] conduire à ▪ **this staircase ~s up to the roof** cet escalier donne accès au toit **b** (= precede) précéder ▪ **the years that led up to the war** les années qui ont précédé la guerre ▪ **the events that led up to the revolution** les événements qui ont conduit à la révolution **c** (= lead on) ▪ **what are you ~ing up to?** où voulez-vous en venir ?

lead² [led] **1** n **a** (= metal) plomb *m* **b** [of pencil] mine *f* **2** adj [object, weight] en plomb ▸ **lead-free** sans plomb ▸ **lead poisoning** saturnisme *m*

leaded ['ledɪd] adj [petrol] au plomb

leader ['li:dəʳ] n **a** (gen) chef *mf* ; (= guide) guide *mf* ; [of riot, strike] meneur *m*, -euse *f* ; (group of soldiers) commandant(e) *m(f)* ; (Pol) dirigeant(e) *m(f)*, leader *mf* ▪ **he's a born ~** il est né pour commander ▪ **they're the world ~s in the cosmetics industry** ce sont les leaders mondiaux de l'industrie cosmétique **b** (in race) (= runner) coureur *m*, -euse *f* de tête ; (= horse) cheval *m* de tête ; (in league) leader *m* **c** (Press) éditorial *m*

leadership ['li:dəʃɪp] n **a** direction *f* ▪ **under his ~** sous sa direction **b** (= leaders collectively) dirigeants *mpl*

leading ['li:dɪŋ] adj **a** (= important) important ; (= most important) principal ▪ **a ~ industrial nation** une des principales nations industrialisées ▪ **Britain's ~ car manufacturer** le premier constructeur automobile britannique ▪ **to play the ~ role (in a film/play)** être la vedette (d'un film/d'une pièce) ▸ **leading lady** actrice *f* principale ▸ **leading light** ▪ **he's one of the ~ lights in the campaign** c'est une des personnalités les plus en vue de la campagne ▸ **leading man** acteur *m* principal ▸ **leading question** question *f* tendancieuse **b** [runner, driver, car] en tête de course ; [club, team] en tête du classement

leaf [li:f] (pl **leaves**) n **a** [of plant] feuille *f* ▪ **in ~** en feuilles **b** [of book] page *f* ▪ **to turn over a new ~** changer de conduite

▸ **leaf through** vt insep [+ book] feuilleter

leaflet ['li:flɪt] n prospectus *m* ; (political or religious) tract *m* ; (= instruction sheet) mode *m* d'emploi

leafleting ['li:flətɪŋ] n distribution *f* de prospectus, tractage *m*

leafy ['li:fɪ] adj [vegetables] à feuilles ; [lane] bordé d'arbres ; [suburb] vert ▪ **in ~ surroundings** dans un cadre verdoyant

league [li:g] n **a** (= association) ligue *f* ▪ **to be in ~ with sb** être de connivence avec qn **b** (Football) championnat *m* ; (Baseball) division *f* ▪ **major/minor ~** première/deuxième division *f* ▸ **league championship** championnat *m* ▸ **league match** (BR) match *m* de championnat ▸ **league table** classement *m* du championnat **c** (= class) catégorie *f* ▪ **they're in a different ~** ils ne sont pas du même calibre

leak [li:k] **1** n (gen) fuite *f* ; (in boat) voie *f* d'eau ; (in shoe) trou *m* ▪ **to spring a ~** [bucket, pipe] se mettre à fuir ; [boat] commencer à faire eau ▪ **a gas ~** une fuite de gaz **2** vi **a** [bucket, pen, pipe, bottle, roof] fuir ; [ship] faire eau ; [shoe] prendre l'eau **b** [gas, liquid] fuir **3** vt **a** [+ liquid] répandre **b** [+ information] divulguer

▸ **leak out** vi [gas, liquid] s'échapper ; [secret, news] filtrer

leakage ['li:kɪdʒ] n (= leak) fuite *f* ; (= amount lost) perte *f*

leaky ['li:kɪ] adj [roof, pipe, bucket] qui fuit ; [boat] qui fait eau ; [shoe] qui prend l'eau

lean [li:n] (pret, ptp **leaned** or **~t**) **1** adj **a** (= not fat) [person, body] mince ; [animal] svelte ; [meat] maigre **b** (= poor) [harvest] maigre ▪ **~ years** années *fpl* de vaches maigres **2** vi **a** [wall, construction] pencher **b** (= support o.s.) s'appuyer (*against* contre) ; (with one's back) s'adosser (*against* à) ; (with elbows) s'accouder (*on* à) ▪ **to be ~ing against the wall** [ladder, bike] être appuyé contre le mur ; [person] être adossé au mur ▪ **to ~ on sb for support** s'appuyer sur qn ▪ **to ~ heavily on sb for advice** compter beaucoup sur qn pour ses conseils **c** (* = apply pressure) faire pression **3** vt [+ ladder, bike] appuyer (*against* contre) ▪ **to ~ one's head on sb's shoulder** poser sa tête sur l'épaule de qn

▸ **lean back** vi se pencher en arrière ▪ **to ~ back against sth** s'adosser à qch

▸ **lean forward** vi se pencher en avant

▸ **lean out** vi se pencher au dehors ▪ **to ~ out of the window** se pencher par la fenêtre

▸ **lean over** vi [person] (forward) se pencher en avant ; (sideways) se pencher sur le côté ; [object, tree] pencher ▪ **to ~ over backwards** se pencher en arrière

leaning ['li:nɪŋ] **1** n (= liking) penchant *m* (*towards* pour) ; (= tendency) tendance *f* (*towards* à) **2** adj [wall, building] penché ▸ **the Leaning Tower of Pisa** la tour (penchée) de Pise

leant [lent] vb pret, ptp of **lean**

leap [li:p] vb (pret, ptp **leaped** or **~t**) **1** n bond *m* ▪ **at one ~** d'un bond ▪ **in ~s and bounds** à pas de géant ▸ **leap year** année *f* bissextile **2** vi **a** [person, animal, fish] sauter ; [flames] jaillir ▪ **to ~ in/out** entrer/sortir d'un bond ▪ **to ~ to one's feet** se lever d'un bond ▪ **he ~t out of bed** il sauta du lit ▪ **to ~ over a ditch** sauter par-dessus un fossé ▪ **he ~t into the air** il fit un bond en l'air **b** [profits, prices, unemployment] faire un bond ▪ **her heart ~t** son cœur a bondi ▪ **you mustn't ~ to conclusions** il ne faut pas tirer de conclusions hâtives ▪ **to ~ to sb's defence** s'empresser de prendre la défense de qn ▪ **to ~ at sth** [+ chance, suggestion, offer] sauter sur qch ; [+ idea] accueillir qch avec enthousiasme **3** vt [+ stream, hedge] sauter par-dessus

leapfrog ['li:p,frɒg] n saute-mouton *m*

leapt [lept] vb pret, ptp of **leap**

learn [lɜ:n] (pret, ptp **learned** or **~t**) **1** vt apprendre ▪ **to ~ (how) to do sth** apprendre à faire qch **2** vi apprendre ▪ **we are ~ing about the Revolution at school** on étudie la Révolution en classe ▪ **I was sorry to ~ about your illness** j'ai appris avec regret votre maladie ▪ **to ~ from one's mistakes** tirer la leçon de ses erreurs

learned ['lɜ:nɪd] adj [person, society, essay] savant ; [profession] intellectuel

learner ['lɜ:nə'] n apprenant(e) *m(f)* ; (BR = driver) apprenti(e) conducteur *m*, -trice *f*

learning ['lɜ:nɪŋ] n **a** (= fund of knowledge) érudition *f* **b** (= act) apprentissage *m* ▸ **learning difficulties, learning disabilities** (in adults) difficultés *fpl* d'apprentissage; (in children) difficultés *fpl* scolaires

learnt [lɜ:nt] vb pret, ptp of **learn**

lease [li:s] **1** n (= contract, duration) bail *m* ▪ **to be given a new ~ of** (BR) or **on** (US) **life** retrouver une nouvelle jeunesse **2** vt [+ house, car] louer à bail

leasehold ['li:shəʊld] **1** n (= contract) ≈ bail ; (= property) propriété *f* louée à bail **2** adj loué à bail **3** adv [buy] à bail

leaseholder ['li:shəʊldə'] n locataire *mf*

leash [li:ʃ] n (for dog) laisse *f* ▪ **to keep a dog on a ~** tenir un chien en laisse

least [li:st] superl of **little**

1 adj ▪ **the ~** (= smallest amount of) le moins de ; (= smallest) le moindre ; la moindre ▪ **he has the ~ money** c'est lui qui a le moins d'argent ▪ **the ~ thing upsets her** la moindre chose la contrarie ▪ **that's the ~ of our worries** c'est le cadet de nos soucis

2 pron ▪ **the ~** le moins ▪ **you've given me the ~** c'est à moi que tu en as donné le moins ▪ **it's the ~ I can do** c'est la moindre des choses

♦ **at least** (with quantity, comparison) au moins ; (parenthetically) du moins ▪ **there were at ~ eight books** il y avait au moins huit livres ▪ **at ~ it's not raining** au moins il ne pleut pas ▪ **he's ill, at ~ that's what he says** il est malade, du moins c'est ce qu'il dit

♦ **not in the least** pas du tout ▪ **it didn't surprise me in the ~** ça ne m'a pas étonné du tout ▪ **it doesn't matter in the ~** cela n'a pas la moindre importance

♦ **to say the least** c'est le moins qu'on puisse dire

3 adv ▪ **the ~** le moins, la moins ▪ **the ~ expensive** le moins cher ▪ **the ~ expensive car** la voiture la moins chère ▪ **when you are ~ expecting it** quand vous vous y attendez le moins

♦ **least of all** surtout pas

leather ['leðə'] **1** n cuir *m* **2** adj [boots, jacket, seat] en cuir ▸ **leather goods** articles *mpl* en cuir

leathery ['leðərɪ] adj [substance] coriace ; [skin] tanné

leave [li:v] vb (pret, ptp **left**) **1** n **a** (= holiday) congé *m* ; (for soldier) permission *f* ▪ **to be on ~** être en congé ▪ **on ~ of absence** en congé exceptionnel ; (soldier) en permission spéciale **b** (= consent) permission *f* ▪ **to ask ~ (from sb) to do sth** demander (à qn) la permission de faire qch **c** (= departure) ▪ **to take one's ~ (of sb)** prendre congé (de qn) ▪ **have you taken ~ of your senses?** avez-vous perdu la tête ? **2** vt **a** (= go away from) quitter ▪ **to ~ home/school** quitter la maison/l'école **b** (= forget) oublier ▪ **he left his umbrella on the train** il a oublié son parapluie dans le train **c** (= deposit, allow to remain) laisser ▪ **he left the children with a neighbour** il a laissé les enfants à un voisin ▪ **to ~ sb in charge of a house/shop** laisser à qn la garde d'une maison/d'une boutique ▪ **to ~ a message for sb** laisser un message à qn ▪ **~ it where it is** laisse-le où il est ▪ **he left it lying on the floor** il l'a laissé traîner par terre ▪ **they were left to starve** on les a laissés mourir de faim ▪ **I'll ~ it to you to decide** je te laisse décider ▪ **I'll ~ the matter in your hands** je vous confie l'affaire ▪ **~ it to me!** laissez-moi faire ! ▪ **let's ~ it at that** tenons-nous-en là ▪ **it left a good impression on me** cela m'a fait bonne impression **d** (Math) ▪ **three from six ~s three** six moins trois égalent trois ▪ **if you take four from**

seven, what are you left with? si tu soustrais quatre à sept, qu'est-ce qui te reste ? **e** (in will) laisser (*to* à) **3** vi partir
▸ **leave behind** vt sep **a** (= not take) (deliberately) laisser ; (accidentally) oublier **b** [+ opponent in race] distancer ; [+ fellow students] dépasser
▸ **leave on** vt sep **a** [+ one's hat, coat] garder ; [+ lid] laisser **b** [+ gas, heating, tap] laisser ouvert ; [+ light] laisser allumé
▸ **leave out** vt sep (= omit) (accidentally) oublier ; (deliberately) exclure ; [+ line in text] sauter ▪ **they left him out** ils l'ont tenu à l'écart ▪ **I'm feeling left out** j'ai l'impression d'être tenu à l'écart ▪ **~ it out!*** arrête !*

Leaver ['liːvəʳ] n (BR) (from EU) *partisan de la sortie du Royaume-Uni de l'Union européenne*

leaves [liːvz] pl of **leaf**

Lebanon ['lebənən] n Liban *m*

lecherous ['letʃərəs] adj lubrique

lectern ['lektən] n lutrin *m*

lecture ['lektʃəʳ] **1** n conférence *f*; (as part of university course) cours *m* magistral ▪ **to give sb a ~ (about sth)** (= reproach) sermonner qn (au sujet de qch) ▸ **lecture theatre** salle *f* de conférences; (Univ) amphithéâtre *m* **2** vi faire une conférence ; (as part of university course) faire un cours magistral **3** vt (= reprove) réprimander (*for having done sth* pour avoir fait qch)

> ⚠ ***lecture*** ne se traduit pas par le mot français **lecture** ; → *Pièges* LECTURE

lecturer ['lektʃərəʳ] n **a** (= speaker) conférencier *m*, -ière *f* **b** (BR Univ) ≈ enseignant(e) à l'université ▪ **senior ~** ≈ maître de conférences

led [led] vb pret, ptp of **lead**

ledge [ledʒ] n (on wall) rebord *m* ; (of window) rebord *m* (de la fenêtre) ; (on mountain) saillie *f*

ledger ['ledʒəʳ] n grand-livre *m*

leech [liːtʃ] n sangsue *f*

leek [liːk] n poireau *m*

leer [lɪəʳ] vi ▪ **to ~ at sb** lorgner qn

leeway ['liːweɪ] n (= freedom) liberté *f* ; (= margin for action) latitude *f*

left [left] **1** vb pret, ptp of **leave** ▪ **to be ~** rester ▪ **how many are ~?** combien est-ce qu'il en reste ? ▪ **how much was ~ (over)?** combien en reste-t-il ? ▪ **there are three cakes ~** il reste trois gâteaux ▪ **are there any ~?** est-ce qu'il en reste ? ▪ **I've got $6 ~** il me reste six dollars ▪ **I've no money ~** il ne me reste plus d'argent ▪ **if there's any money ~ over** s'il reste de l'argent **2** adj gauche ▪ **my ~ arm/foot** mon bras/pied gauche **3** adv [turn, look] à gauche **4** n **a** gauche *f* ▪ **on your ~** sur votre gauche ▪ **on** or **to the ~** à gauche ▪ **the door on the ~** la porte de gauche ▪ **to drive on the ~** conduire à gauche **b** ▪ **the Left** (Pol) la gauche **5** comp ▸ **left-click** (Computing) faire un clic gauche ▸ **left-hand** de gauche ▪ **the left-hand door/page** la porte/page de gauche ▪ **left-hand drive car** conduite *f* à gauche (*véhicule*) ▪ **on the left-hand side** à gauche ▪ **a left-hand turn** un virage à gauche ▪ **he's very left-wing** il est très à gauche ▸ **left-handed** [person] gaucher ▸ **left-luggage locker** (casier *m* à) consigne *f* automatique ▸ **left-luggage office** consigne *f* ▸ **the left wing** (Pol) la gauche ▸ **left-wing** [newspaper, view] de gauche
→ *Pièges* LEFT – REMAIN

leftover ['left,əʊvəʳ] **1** n vestige *m* (*from* de) **2** **leftovers** npl (after meal) restes *mpl* **3** adj restant ▪ **a bottle with some ~ wine in it** une bouteille avec un restant de vin ▪ **a ~ bottle of wine** une bouteille de vin qui reste (or restait, etc)

leg [leg] n **a** [of person, trousers] jambe *f* ; [of horse] membre *m* ; [of other animal, bird, insect] patte *f* ; [of furniture] pied *m* ▪ **he hasn't got a ~ to stand on** il ne peut s'appuyer sur rien ▪ **to pull sb's ~** (= hoax) faire marcher qn ; (= tease) taquiner qn **b** (Culin) [of lamb] gigot *m* ; [of pork, chicken, frog] cuisse *f* **c** [of journey] étape *f*

legacy ['legəsɪ] n legs *m*

legal ['liːgəl] adj **a** (= lawful) légal ▪ **this note is no longer ~ currency** ce billet n'a plus cours **b** (= concerning the law) [error, protection] judiciaire ; [question, services] juridique ; [status] légal ▪ **to take ~ action against sb** intenter un procès à qn ▸ **legal adviser** conseiller *m*, -ère *f* juridique ▸ **legal aid** aide *f* judiciaire ▸ **legal costs** frais *mpl* de justice ▸ **legal high** drogue *f* euphorisante légale ▸ **legal holiday** (US) jour *m* férié ▸ **legal proceedings** poursuites *fpl* ▸ **legal system** système *m* juridique

legality [lɪ'gælɪtɪ] n légalité *f*

legalize ['liːgəlaɪz] vt légaliser

legend ['ledʒənd] n légende *f*

legendary ['ledʒəndərɪ] adj légendaire ; [actor, concert] mythique

leggings ['legɪŋz] npl (for woman) caleçon *m* ; (= legwarmers) jambières *fpl* ; (protective) cuissardes *fpl*

legible ['ledʒəbl] adj lisible

legion ['liːdʒən] n légion *f*

legislate ['ledʒɪsleɪt] vi légiférer

legislation [,ledʒɪs'leɪʃən] n (= body of laws) législation *f* ; (= single law) loi *f*

legislature ['ledʒɪslətʃəʳ] n corps *m* législatif

legitimate **1** adj [lɪ'dʒɪtɪmɪt] [government, business, child, target] légitime ; [reason, argument, conclusion] valable ; [complaint] fondé **2** vt [lɪ'dʒɪtɪmeɪt] légitimer

> Lorsque ***legitimate*** est un verbe, la fin se prononce comme ***eight***. Lorsque c'est un adjectif, elle se prononce ***it***.

legless ['leglɪs] adj **a** (= without legs) sans jambes **b** (* BR = drunk) bourré*

legroom ['legrʊm] n place *f* pour les jambes

leisure ['leʒəʳ, (US)'li:ʒəʳ] n temps *m* libre ▪ **a life of ~** une vie oisive ▪ **do it at your ~** prenez tout votre temps ▸ **leisure centre** (BR) centre *m* de loisirs ▸ **leisure wear** vêtements *mpl* décontractés

leisurely ['leʒəlɪ] adj [pace, stroll, meal, occupation] tranquille ▪ **to have a ~ bath** prendre tranquillement un bain

lemon ['lemən] n citron *m* ▸ **lemon cheese, lemon curd** (BR) crème *f* au citron ▸ **lemon grass** citronnelle *f* ▸ **lemon juice** jus *m* de citron; (= drink) citron *m* pressé ▸ **lemon squash** ≈ citronnade ▸ **lemon squeezer** presse-citron *m* ▸ **lemon tree** citronnier *m*

lemonade [,lemə'neɪd] n (still) citronnade *f* ; (fizzy) limonade *f*

lend [lend] (pret, ptp **lent**) vt **a** [+ money, possessions] prêter ▪ **to ~ sb sth** prêter qch à qn **b** [+ importance] accorder ; [+ dignity, mystery] conférer ▪ **to ~ an ear (to sb)** prêter l'oreille (à qn)

▸ **lend out** vt sep prêter

lending ['lendɪŋ] n prêt *m* ▸ **lending library** bibliothèque *f* de prêt ▸ **lending rate** taux *m* de prêt

length [leŋ(k)θ] n **a** (in space) longueur *f* ▪ **I've gone to great ~s to get it finished** je me suis donné beaucoup de mal pour le terminer ▪ **he would go to any ~s to succeed** il ne reculerait devant rien pour réussir **b** (in time) durée *f* ▪ **at ~** (= at last) enfin ; (= for a long time) fort longuement ; (= in detail) dans le détail **c** [of swimming pool] longueur *f* **d** [of rope, wire] morceau *m* ; [of wallpaper] lé *m* ; [of cloth] métrage *m* ; [of track] tronçon *m*

lengthen ['leŋ(k)θən] **1** vt [+ object] allonger ; [+ visit, life] prolonger **2** vi [shadows, queue] s'allonger ; [visit] se prolonger ; [days, nights] rallonger

lengthways ['leŋ(k)θ,weɪz], **lengthwise** ['leŋ(k)θ,waɪz] adv dans le sens de la longueur

lengthy ['leŋ(k)θɪ] adj très long (longue *f*)

lenient ['li:nɪənt] adj [parent, teacher, treatment] indulgent ; [judge, sentence] clément

lens [lenz] n (for magnifying) lentille *f* ; [of camera] objectif *m* ; [of spectacles] verre *m* ; (also **contact lens**) lentille *f* or verre *m* de contact ▸ **lens cap** bouchon *m* d'objectif

Lent [lent] n carême *m*

lent [lent] vb pret, ptp of **lend**

lentil ['lentl] n lentille *f*

Leo ['li:əʊ] n Lion *m*

leopard ['lepəd] n léopard *m*

leotard ['li:ətɑ:d] n justaucorps *m*

leper ['lepəʳ] n lépreux *m*, -euse *f*

leprosy ['leprəsɪ] n lèpre *f*

lesbian ['lezbɪən] **1** adj lesbien ; [couple] de lesbiennes **2** n lesbienne *f*

lesion ['li:ʒən] n lésion *f*

less [les] compar of **little**

1 adj, pron (in amount, size, degree) moins (de) ▪ **~ butter** moins de beurre ▪ **even ~ butter** encore moins de beurre ▪ **much ~ milk** beaucoup moins de lait ▪ **~ and ~ money** de moins en moins d'argent ▪ **I have ~ time for reading** j'ai moins le temps de lire ▪ **can't you let me have it for ~?** vous ne pouvez pas me faire un prix ? ▪ **we see ~ of her now** nous la voyons moins souvent maintenant

♦ **less than** moins que ; (before a number) moins de ▪ **I have ~ than you** j'en ai moins que vous ▪ **in ~ than a month** en moins d'un mois ▪ **it costs no ~ than £100** ça ne coûte pas moins de 100 livres ▪ **in ~ than no time*** en un rien de temps

♦ **less... than** moins... que ▪ **I have ~ money than you** j'ai moins d'argent que vous

♦ **nothing less than** rien moins que ▪ **he's nothing ~ than a thief** c'est tout simplement un voleur

2 adv moins ▪ **you must eat ~** il faut que vous mangiez moins ▪ **~ and ~** de moins en moins ▪ **even ~** encore moins ▪ **~ often** moins souvent ▪ **he was none the ~ pleased to see me** il n'en était pas moins content de me voir

♦ **the less..., the less...** moins..., moins... ▪ **the ~ he works the ~ he earns** moins il travaille, moins il gagne ▪ **the ~ said about it the better** mieux vaut ne pas en parler

3 prep moins ▪ **~ 10%** moins 10 %

lessen ['lesn] **1** vt (gen) diminuer ; [+ cost] réduire ; [+ anxiety, pain] atténuer ; [+ shock] amortir **2** vi [tension, pain] diminuer

lesser ['lesəʳ] adj moindre ▪ **to a ~ extent** à un moindre degré ▪ **the ~ of two evils** le moindre de deux maux

lesson ['lesn] n leçon *f* ■ **driving ~** leçon *f* de conduite ■ **to take/give ~s in** prendre/donner des leçons de ■ **that'll teach you a ~!** que cela te serve de leçon !

let [let] (pret, ptp **let**)

1 vt **a** (= allow) laisser ■ **to ~ sb do sth** laisser qn faire qch ■ **don't ~ me forget** rappelle-le-moi ■ **don't ~ the fire go out** ne laisse pas le feu s'éteindre ■ **~ me have a look** faites voir ■ **~ me help you** laissez-moi vous aider ■ **when can you ~ me have it?** quand pourrais-je l'avoir ? ■ **~ him be!** laisse-le (tranquille) ! ■ **I ~ myself be persuaded** je me suis laissé convaincre
b (in 1st and 3rd person imperatives) ■ **~ me see...** voyons... ■ **~ me think** laissez-moi réfléchir ■ **~'s go for a walk** allons nous promener ■ **~'s go!** allons-y ! ■ **~'s not start yet** ne commençons pas tout de suite ■ **~ him say what he likes, I don't care** qu'il dise ce qu'il veut, ça m'est égal ■ **~ that be a warning to you** que cela vous serve d'avertissement
c (= hire out) louer ■ **"to ~"** « à louer »
2 n (Tennis) let *m* ■ **~!** filet !
▸ **let down** vt sep **a** [+ window] baisser ; [+ one's hair] dénouer ; [+ dress] rallonger ; [+ tyre] dégonfler **b** (= disappoint) décevoir
▸ **let in** vt sep [+ person, cat] laisser entrer ■ **to ~ in water** [shoes, tent] prendre l'eau ; [roof] laisser entrer la pluie ■ **the curtains ~ the light in** les rideaux laissent entrer la lumière ■ **you don't know what you're ~ting yourself in for** tu ne sais pas à quoi tu t'engages ■ **to ~ sb in on sth** mettre qn au courant de qch
▸ **let off** vt sep **a** [+ bomb] faire exploser ; [+ firework] tirer ; [+ firearm] faire partir **b** (= excuse) dispenser ■ **to ~ sb off sth** dispenser qn de qch **c** (= not punish) ne pas punir ■ **he ~ me off** il ne m'a pas puni ■ **to ~ sb off lightly** laisser qn s'en tirer à bon compte
▸ **let on*** vi ■ **I won't ~ on** je ne dirai rien ■ **don't ~ on!** motus !
▸ **let out** vt sep **a** [+ person, cat] laisser sortir ; [+ prisoner] relâcher ; [+ cattle, caged bird] lâcher ■ **to ~ the air out of a tyre** dégonfler un pneu **b** [+ secret, news] révéler **c** [+ shout, cry] laisser échapper **d** [+ dress] élargir **e** [+ house] louer
▸ **let past** vt sep [+ person, vehicle] laisser passer
▸ **let through** vt sep [+ vehicle, person, light] laisser passer
▸ **let up** vi [rain] diminuer ; [cold weather] s'adoucir ; [person] s'arrêter

let-down* ['letdaun] n déception *f*

lethal ['li:θəl] adj [poison, injection, dose] mortel ; [attack, blow] fatal ; [weapon, explosion] meurtrier

lethargic [lɪ'θɑ:dʒɪk] adj [person] léthargique ; [movement] indolent

lethargy ['leθədʒɪ] n léthargie *f*

let's [lets] ⇒ **let us** ; → **let**

letter ['letə'] n **a** [of alphabet] lettre *f* **b** (= written communication) lettre *f* ▸ **letter bomb** lettre *f* piégée

letterbox ['letəbɒks] n boîte *f* aux lettres

lettering ['letərɪŋ] n (= engraving) gravure *f* ; (= letters) caractères *mpl*

letting ['letɪŋ] n location *f* ▸ **letting agency** agence *f* de location

lettuce ['letɪs] n laitue *f*

let-up* ['letʌp] n (= decrease) diminution *f* ; (= stop) arrêt *m* ; (= respite) répit *m* ■ **he worked five hours without a ~** il a travaillé cinq heures d'affilée

leukaemia, leukemia [lu:'ki:mɪə] n leucémie *f*

level ['levl] **1** n **a** (gen) niveau *m* ■ **on a ~ with...** au même niveau que... ■ **is this on the ~?*** est-ce que c'est réglo ?* ■ **is he on the ~?*** est-ce qu'il joue franc-jeu ? **b** (= spirit level) niveau *m* à bulle **2** adj **a** [surface, ground] plan ■ **the tray must be absolutely ~** il faut que le plateau soit parfaitement horizontal ■ **a ~ spoonful** une cuillerée rase ■ **to do one's ~ best (to do sth)*** faire de son mieux (pour faire qch) **b** (= equal) (at same standard) à égalité ; (at same height) à la même hauteur ■ **to draw ~ with sb** (in race) arriver à la hauteur de qn ; (in league) être ex æquo avec qn **c** [voice, tones] calme ■ **to keep a ~ head** garder tout son sang-froid **3** vt **a** (= make level) [+ site, ground] niveler ; [+ quantities] répartir également ■ **to ~ the score** égaliser **b** (= demolish) raser **c** (= aim) ■ **to ~ a blow at sb** allonger un coup de poing à qn ■ **to ~ a gun at sb** braquer un pistolet sur qn ■ **to ~ an accusation at sb** porter une accusation contre qn **4** vi ■ **I'll ~ with you** je vais être franc avec vous **5** comp ▸ **level crossing** (BR) passage *m* à niveau ▸ **level-headed** pondéré
▸ **level off, level out** **1** vi [statistics, results, prices] se stabiliser ; [road] s'aplanir **2** vt sep niveler

lever ['li:və'] **1** n levier *m* ; (small) manette *f* **2** vt ■ **to ~ sth out/open** extraire/ouvrir qch (au moyen d'un levier)

leverage ['li:vərɪdʒ] n force *f* de levier ; (= influence) influence *f*

levy ['levɪ] **1** n (= tax) taxe *f* **2** vt **a** (= impose) [+ tax] prélever ; [+ fine] infliger (*on sb* à qn) **b** (= collect) [+ taxes, contributions] percevoir

lewd [luːd] adj obscène

lexical [ˈleksɪkəl] adj lexical

lexicon [ˈleksɪkən] n a (= wordlist, lexis) lexique *m* b (= terminology, language) vocabulaire *m*

LGBT [ˌeldʒiːbiːˈtiː] adj (abbr of **lesbian, gay, bisexual, and transgender**) LGBT

liability [ˌlaɪəˈbɪlɪtɪ] n a (= responsibility) responsabilité *f* b (= obligation) ▪ **~ for tax** assujettissement *m* à l'impôt c ▪ **liabilities** (= debts) passif *m* d (= handicap) ▪ **this car is a ~** on n'arrête pas d'avoir des problèmes avec cette voiture ▪ **he's a real ~** ce type est un boulet*

liable [ˈlaɪəbl] adj a ▪ **to be ~ to do sth** (= be likely to) avoir des chances de faire qch ; (= risk) risquer de faire qch ▪ **he's ~ to refuse** il risque de refuser b (= subject) ▪ **to be ~ to sth** être sujet à qch ▪ **to be ~ to a fine** être passible d'une amende ▪ **to be ~ for prosecution** s'exposer à des poursuites ▪ **to be ~ for duty** [goods] être assujetti à des droits ; [person] avoir à payer des droits ▪ **to be ~ for tax** [person] être imposable ; [thing] être assujetti à la taxation c (= legally responsible) (civilement) responsable (*for sb/sth* de qn/qch)

liaise [liːˈeɪz] vi (BR) se contacter ▪ **to ~ with** (= cooperate with) se concerter avec ; (= act as go-between) assurer la liaison avec ▪ **to ~ between** assurer la liaison entre

liaison [liːˈeɪzɒn] n liaison *f*

liar [ˈlaɪəʳ] n menteur *m*, -euse *f*

libel [ˈlaɪbəl] 1 n diffamation *f* (par écrit) 2 vt diffamer (par écrit)

liberal [ˈlɪbərəl] 1 adj a [education, régime, society] libéral ; [ideas, views] progressiste ; [person] large d'esprit ▸ **liberal arts** sciences *fpl* humaines b (= generous) généreux ▪ **a ~ amount of** beaucoup de c (BR : Pol) ▪ **Liberal** libéral 2 n ▪ **Liberal** (Pol) libéral(e) *m(f)* ▸ **Liberal Democrat** libéral(e)-démocrate *m(f)*

liberalize [ˈlɪbərəlaɪz] vt libéraliser

liberally [ˈlɪbərəlɪ] adv généreusement

liberate [ˈlɪbəreɪt] vt libérer

liberation [ˌlɪbəˈreɪʃən] n libération *f*

libertarian [ˌlɪbəˈtɛərɪən] adj, n libertaire *mf*

liberty [ˈlɪbətɪ] n a (= freedom) liberté *f* ▪ **at ~** en liberté ▪ **you are at ~ to choose** libre à vous de choisir ▪ **I am not at ~ to reveal that information** je n'ai pas le droit de révéler ces informations b (= presumption) liberté *f* ▪ **to take liberties (with sb)** prendre des libertés (avec qn) ▪ **to take the ~ of doing sth** prendre la liberté de faire qch

libido [lɪˈbiːdəʊ] n libido *f*

Libra [ˈliːbrə] n Balance *f*

librarian [laɪˈbrɛərɪən] n bibliothécaire *mf*

library [ˈlaɪbrərɪ] n bibliothèque *f* ▸ **library book** livre *m* de bibliothèque

> ⚠ ***library*** ne se traduit pas par **librairie** ;
> → *Pièges* LIBRARY

Libya [ˈlɪbɪə] n Libye *f*

lice [laɪs] pl of **louse**

licence, license (US) [ˈlaɪsəns] n a (= permit) permis *m* ; (for manufacturing, trading) licence *f* ; (for radio, TV) redevance *f* ▪ **driving ~** (BR) permis *m* de conduire ▪ **pilot's ~** brevet *m* de pilote ▸ **licence fee** (BR TV) redevance *f* ▸ **licence number** [of licence] numéro *m* de permis de conduire; [of car] numéro *m* d'immatriculation ▸ **licence plate** plaque *f* d'immatriculation b (= freedom) licence *f*
→ *Pièges* LICENCE

license [ˈlaɪsəns] 1 n (US) ⇒ **licence** 2 vt a (= give licence to) donner une licence à ; [+ car] [licensing authority] délivrer la vignette à ▪ **~d premises** établissement *m* ayant une licence de débit de boissons b (= permit) autoriser (*sb to do sth* qn à faire qch)

licensee [ˌlaɪsənˈsiː] n titulaire *mf* d'une licence ; (BR) [of pub] patron(ne) *m(f)*

lichee [ˌlaɪˈtʃiː] n litchi *m*

lichen [ˈlaɪkən] n lichen *m*

lick [lɪk] 1 n coup *m* de langue ▪ **a ~ of paint** un (petit) coup de peinture 2 vt a [person, animal, flames] lécher ▪ **to ~ one's lips** se lécher les lèvres ; (fig) se frotter les mains b (* = defeat) écraser* ; (* = thrash) tabasser*

licorice [ˈlɪkərɪs] n (US) réglisse *m*

lid [lɪd] n a (top) couvercle *m* b (= eyelid) paupière *f*

lie[1] [laɪ] (pret **lay**, ptp **lain**) 1 vi a [person, animal] (= lie down) s'allonger ; (= be lying down) être allongé ▪ **he was lying on the floor** (resting) il était allongé par terre ; (unable to move) il était étendu par terre ▪ **she was lying in bed** elle était au lit ▪ **~ on your side** allonge-toi sur le côté ▪ **she was lying face downwards** elle était étendue à plat ventre ▪ **here ~s...** (on tombstone) ci-gît... ▪ **to ~ low** (= hide) se cacher ; (= stay out of limelight) se faire oublier b [object] être ; [place, road] se trouver ; [land, sea] s'étendre ; (= remain) rester, être ▪ **his clothes were lying on the floor** ses vêtements étaient par terre ▪ **the factory lay idle** l'usine ne tournait plus ▪ **the snow lay two metres deep** il y avait deux mètres de neige ▪ **the town lay in ruins** la ville était en ruines ▪ **what ~s ahead** (in future) l'avenir ▪ **to let things ~** laisser les choses comme elles sont c (with abstract subject) ▪ **to ~ in sth** résider dans qch ▪ **he knows where his interests ~** il sait où résident ses intérêts ▪ **what ~s behind his refusal?** quelle est la

véritable raison de son refus ? **2** n ▪ **the ~ of the land** la configuration *f* du terrain
▸ **lie about, lie around** vi **a** [objects, clothes, books] traîner ▪ **to leave sth lying about** laisser traîner qch **b** [person] traîner
▸ **lie back** vi (in chair, on bed) se renverser (en arrière) ▪ **~ back and enjoy yourself!** laisse-toi donc vivre !
▸ **lie down** vi [person, animal] s'allonger ▪ **when I arrived she was lying down** quand je suis arrivé elle était allongée ▪ **~ down!** (to dog) couché ! ▪ **I won't take it lying down*** je ne vais pas me laisser faire
▸ **lie in** vi (= stay in bed) faire la grasse matinée

lie² [laɪ] vb (pret, ptp **lied**) **1** n mensonge *m* ▪ **to tell ~s** dire des mensonges **2** vi mentir

lie-down [laɪ'daun] n (BR) ▪ **to have a ~** s'allonger

lie-in [laɪ'ɪn] n (BR) ▪ **to have a ~** faire la grasse matinée

lieu [luː] n ▪ **in ~ of** à la place de

lieutenant [lef'tenənt, (US) luː'tenənt] n **a** (in army, navy) lieutenant(e) *m(f)* **b** (US : Police) (uniformed) lieutenant(e) *m(f)* de police ; (plain clothes) inspecteur *m*, -trice *f* de police

life [laɪf] **1** n (pl **lives**) **a** (gen) vie *f* ▪ **he ran for his ~** il a pris ses jambes à son cou ▪ **I couldn't for the ~ of me tell you his name*** je ne pourrais absolument pas vous dire son nom ▪ **he lived in France all his ~** il a vécu toute sa vie en France ▪ **to lead a busy ~** avoir une vie bien remplie ▪ **never in (all) my ~ have I seen such stupidity** jamais de ma vie je n'ai vu une telle stupidité ▪ **at my time of ~** à mon âge ▪ **that's ~!** c'est la vie ! ▪ **how's ~?** comment (ça) va ? ▪ **not on your ~!*** jamais de la vie ! **b** (= liveliness) ▪ **she brought the party to ~** elle a mis de l'animation dans la soirée ▪ **the town came to ~ when the sailors arrived** la ville s'éveillait à l'arrivée des marins ▪ **it put new ~ into me** ça m'a ragaillardi ▪ **he's the ~ and soul of the party** c'est un boute-en-train **c** [of car, ship, government, battery] durée *f* de vie ▪ **my car's nearing the end of its ~** ma voiture a fait son temps **d** (* = life imprisonment) ▪ **he got ~** il a été condamné à perpétuité **2** comp ▸ **life assurance** assurance-vie *f* ▸ **life cycle** cycle *m* de vie ▸ **life drawing** dessin *m* d'après nature ▸ **life expectancy** espérance *f* de vie ▸ **life imprisonment** réclusion *f* à perpétuité ▸ **life insurance** assurance-vie *f* ▸ **life jacket, life preserver** (US) gilet *m* de sauvetage ▸ **life raft** radeau *m* de sauvetage ▸ **lifesaver** (= person) maître *m* nageur-sauveteur ▪ **that money was a life-saver** cet argent m'a (or lui a, etc) sauvé la vie ▸ **life sentence** condamnation *f* à la réclusion à perpétuité ▸ **life-size(d)** grandeur nature *inv* ▸ **life span** durée *f* de vie ▸ **life-threatening** [disease] extrêmement grave ▪ **it could be life-threatening** le pronostic vital est engagé

lifebelt ['laɪfbelt] n bouée *f* de sauvetage

lifeblood ['laɪfblʌd] n élément *m* vital

lifeboat ['laɪfbəʊt] n canot *m* de sauvetage

lifeguard ['laɪfgɑːd] n (nageur-)sauveteur *m*, (nageuse-)sauveteuse *f*

lifeless ['laɪflɪs] adj [person, eyes] sans vie ; [animal] mort ; [style, novel, description] plat ; [hair, voice] terne ; [team, player] sans énergie

lifelike ['laɪflaɪk] adj [waxwork, painting] ressemblant ; [dummy, doll] qui semble vivant

lifeline ['laɪflaɪn] n (on ship) main *f* courante ; (for diver) corde *f* de sécurité ▪ **it was his ~** c'était vital pour lui

lifelong ['laɪflɒŋ] adj [ambition] de toute ma (or sa, etc) vie ; [friend, friendship] de toujours

lifestyle ['laɪfstaɪl] n mode *m* de vie

lifetime ['laɪftaɪm] n vie *f* ▪ **it was the chance of a ~** c'était la chance de ma (or sa) vie ▪ **once in a ~** une fois dans la vie ▪ **an hour that seemed like a ~** une heure qui semblait une éternité ▪ **she received a ~ achievement award** elle a été récompensée pour l'ensemble de sa carrière or de son œuvre

lift [lɪft] **1** n **a** (BR) (= elevator) ascenseur *m* ; (for goods) monte-charge *m* ▸ **lift attendant** liftier *m*, -ière *f* **b** (Ski) remontée *f* mécanique **c** (= transport) ▪ **can I give you a ~?** est-ce que je peux vous déposer quelque part ? ▪ **I gave him a ~ to Paris** je l'ai emmené jusqu'à Paris **d** (= encouragement) ▪ **it gave us a ~** cela nous a remonté le moral **2** vt **a** (= raise) lever ▪ **to ~ sb/sth onto a table** soulever qn/qch et le poser sur une table ▪ **to ~ weights** (as sport) faire des haltères **b** [+ restrictions] supprimer ; [+ ban, siege] lever **c** (* = copy) [+ quotation, idea] piquer* (*from sb* à qn) **3** vi [lid] se soulever ; [fog] se lever
▸ **lift off** **1** vi (Space) décoller **2** vt sep [+ lid] enlever ▪ **he ~ed the child off the table** il a descendu l'enfant de la table
▸ **lift up** **1** vi [drawbridge] se lever **2** vt sep [+ object, carpet, skirt, person] soulever ▪ **to ~ up one's eyes** lever les yeux ▪ **to ~ up one's head** lever la tête

lift-off ['lɪftɒf] n (Space) décollage *m* ▪ **we have ~!** décollage !

ligament ['lɪgəmənt] n ligament *m*

light [laɪt] vb (pret, ptp **lit**) **1** n **a** (gen) lumière *f* ▪ **by the ~ of sth** à la lumière de qch ▪ **in (the) ~ of** à la lumière de ▪ **against the ~** à contre-jour ▪ **you're in my ~** tu me caches la lumière ▪ **can you throw any ~ on this question?** pouvez-vous donner des éclaircissements sur cette question ? ■ **in a good/bad ~** sous un jour favorable/défavorable ■ **to see sth in a different ~** voir qch sous un jour différent ■ **in the cold ~ of day** à tête reposée ■ **to see the ~** (= understand) comprendre ■ **to bring to ~** faire apparaître ■ **to come to ~** être dévoilé ■ **at first ~** au point du jour **b** (in eyes) lueur *f* **c** (= lamp) lampe *f* ■ **desk ~** lampe *f* de bureau **d** [of vehicle, cycle] feu *m* ; (= headlight) phare *m* **e** (= traffic light) feu *m* ■ **he went through a red ~** il a grillé un feu rouge ■ **the ~s were red** le feu était rouge **f** (for cigarette) feu *m* ■ **have you got a ~?** avez-vous du feu ? ■ **to set ~ to sth** (BR) mettre le feu à qch **2** adj **a** [evening, room] clair ■ **it was getting ~** il commençait à faire jour **b** [hair, colour, skin] clair ■ **~ blue** bleu clair *inv* **c** (= not heavy) léger ■ **to make ~ of sth** prendre qch à la légère ■ **to make ~ work of sth** faire qch sans difficulté **3** vt **a** [+ candle, cigarette, fire] allumer ■ **to ~ a match** frotter une allumette **b** (= illuminate) éclairer ■ **lit by electricity** éclairé à l'électricité **4** vi **a** ■ **the fire won't ~** le feu ne veut pas prendre **b** ■ **to ~ upon sth** trouver qch par hasard **5** adv ■ **to travel ~** voyager léger **6** comp ▸ **light aircraft** petit avion *m* ▸ **light ale** (BR) *sorte de bière blonde légère* ▸ **light beer** (US) bière *f* allégée ▸ **light bulb** ampoule *f* électrique ▸ **light entertainment** variétés *fpl* ▸ **light-headed** étourdi ▸ **light-hearted** [person, laugh, atmosphere] gai ; [discussion] enjoué ▸ **light opera** opérette *f* ▸ **lights-out** extinction *f* des feux ▸ **light switch** interrupteur *m*

▸ **light up** **1** vi **a** s'allumer ■ **her eyes/face lit up** son regard/visage s'est éclairé **b** (* = start to smoke) allumer une cigarette (or une pipe, etc) **2** vt sep (= illuminate) éclairer

lighten ['laɪtn] **1** vt **a** [+ darkness] éclairer **b** [+ colour, hair] éclaircir **c** [+ burden, tax] alléger **d** [+ atmosphere] détendre ; [+ discussion] rendre plus léger **2** vi **a** [sky] s'éclaircir **b** [load] se réduire

lighter ['laɪtə'] n (for gas cooker) allume-gaz *m inv* ; (= cigarette lighter) briquet *m*

lighthouse ['laɪthaʊs] n phare *m*

lighting ['laɪtɪŋ] n (= lights) éclairage *m* ; (in theatre) éclairages *mpl*

lightly ['laɪtlɪ] adv **a** [stroke, brush] délicatement **b** (= light-heartedly) [speak] légèrement ; [remark, say] d'un ton dégagé ■ **to take sth ~** prendre qch à la légère ■ **to get off ~** s'en tirer à bon compte

lightness ['laɪtnɪs] n **a** (= brightness) clarté *f* **b** (in weight) légèreté *f*

lightning ['laɪtnɪŋ] **1** n éclair *m* ■ **there was a lot of ~** il y avait beaucoup d'éclairs ■ **a flash of ~** un éclair ■ **struck by ~** frappé par la foudre ■ **like ~*** avec la rapidité de l'éclair

▸ **lightning conductor, lightning rod** (US) paratonnerre *m* **2** adj [attack] foudroyant ; [strike] surprise *inv* ; [visit] éclair *inv*

lightweight ['laɪtweɪt] adj léger

light-year ['laɪtjɪə'] n année-lumière *f*

likable ['laɪkəbl] adj sympathique

like ['laɪk]

1 adj (= similar) semblable

2 prep **a** (= in comparisons) comme ■ **he's just ~ anybody else** il est comme tout le monde ■ **a house ~ mine** une maison comme la mienne ■ **to be ~ sb/sth** (= look like) ressembler à qn/qch ■ **that's just ~ him!** c'est bien de lui ! ■ **~ father, ~ son** (Prov) tel père, tel fils *(Prov)* ■ **that's more ~ it!*** voilà qui est mieux ! ■ **there's nothing ~ real silk** rien ne vaut la soie véritable ■ **that's nothing ~ it!** ça n'est pas du tout ça !

♦ **like that, like this** comme ça

b (asking for descriptions) ■ **what's he ~?** comment est-il ? ■ **what was the film ~?** comment as-tu trouvé le film ? ■ **what's the weather ~ in Paris?** quel temps fait-il à Paris ?

3 conj **a** (* = as) comme ■ **he can't play poker ~ his brother can** il ne joue pas au poker aussi bien que son frère

b (* = as if) comme si ■ **he behaved ~ he was afraid** il se conduisait comme s'il avait peur

4 n (= similar thing) ■ **oranges, lemons and the ~** les oranges, les citrons et autres fruits de ce genre ■ **the ~s of him*** les gens comme lui

5 **likes** npl goûts *mpl* ■ **he knows all my ~s and dislikes** il sait tout ce que j'aime et ce que je n'aime pas

6 vt **a** [+ person] aimer bien ; (Social media) liker ■ **I ~ him** je l'aime bien ■ **I don't ~ the look of him** son allure ne me dit rien qui vaille

b [+ object, food, activity] aimer (bien) ■ **I ~ that shirt** j'aime bien cette chemise ■ **which do you ~ best?** lequel préfères-tu ? ■ **I ~ people to be punctual** j'aime que les gens soient à l'heure ■ **I don't ~ it when he's unhappy** je n'aime pas ça quand il est malheureux ■ **how do you ~ Paris?** est-ce que Paris vous plaît ? ■ **whether he ~s it or not** que cela lui plaise ou non

c (= want, wish) vouloir ■ **whenever you ~** quand vous voudrez ■ **if you ~** si vous voulez ■ **I'd ~ to go home** je voudrais rentrer à la maison ■ **would you ~ a drink?** voulez-vous boire quelque chose ? ■ **which one would you ~?** lequel voudriez-vous ? ■ **I would ~ you to speak to him** je voudrais que tu lui parles *subj* ■ **how do you ~ your steak?** comment voulez-vous votre steak ?

■ **would you ~ to go to Paris?** aimerais-tu aller à Paris ?

likeable ['laɪkəbl] adj sympathique

likelihood ['laɪklɪhʊd] n probabilité *f* ■ **in all ~** selon toute probabilité

likely ['laɪklɪ] **1** adj **a** [result, consequences] probable ■ **it is ~ that...** il est probable que... *+ subj* ■ **it's hardly ~ that...** il est peu probable que... *+ subj* **b** ■ **he is ~ to...** il est bien possible qu'il... *+ subj* ■ **she's ~ to win/succeed** elle a de fortes chances de gagner/réussir ■ **he's ~ to fail/refuse** il risque d'échouer/de refuser ■ **this trend is ~ to continue** cette tendance va probablement se poursuivre ■ **they were not ~ to forget it** ils n'étaient pas près de l'oublier **c** (= plausible) plausible ■ **a ~ story!** elle est bonne, celle-là ! **d** (= promising) ■ **he's a ~ candidate** c'est un candidat qui promet **2** adv probablement ■ **very** or **most ~** très probablement ■ **it will very** or **most ~ rain** il va sûrement pleuvoir ■ **not ~!*** sûrement pas !*

liken ['laɪkən] vt comparer (*to* à)

likeness ['laɪknɪs] n **a** (= resemblance) ressemblance *f* (*to* avec) **b** (= portrait) portrait *m* ■ **it is a good ~** c'est très ressemblant

likewise ['laɪkwaɪz] adv (= similarly) de même ; (= also) également ; (= moreover) de plus

liking ['laɪkɪŋ] n (for person) sympathie *f* ; (for thing) penchant *m* ■ **to take a ~ to sb** se prendre d'amitié pour qn ■ **to your/his ~** à votre/son goût

lilac ['laɪlək] n, adj lilas *m*

Lilo® ['laɪˌləʊ] n matelas *m* pneumatique

lilting ['lɪltɪŋ] adj [song] cadencé ; [voice] aux inflexions mélodieuses

lily ['lɪlɪ] n lis *m* ▸ **lily of the valley** muguet *m*

limb [lɪm] n membre *m*

limber up [ˌlɪmbər'ʌp] vi (before sport) faire des exercices d'assouplissement

limbo ['lɪmbəʊ] n ■ **in ~** (= forgotten) tombé dans l'oubli ; (= undecided) encore dans les limbes

lime [laɪm] n **a** (= substance) chaux *f* **b** (= fruit) citron *m* vert ; (= lime juice) jus *m* de citron vert ■ **lager and ~** bière *f* citron vert ▸ **lime green** vert *m* jaune *inv* **c** (= tree) lime *f* ; (= linden) tilleul *m*

limelight ['laɪmlaɪt] n feux *mpl* de la rampe ■ **to be in the ~** être sous les feux des projecteurs

limerick ['lɪmərɪk] n limerick *m* *(poème humoristique ou burlesque en cinq vers, dont les rimes se succèdent dans l'ordre aabba)*

limestone ['laɪmstəʊn] n calcaire *m*

limit ['lɪmɪt] **1** n (gen) limite *f* ; (= restriction) limitation *f* ■ **off ~s** [area, district] d'accès interdit ■ **there is a ~ to my patience** ma patience a des limites ■ **it is true within ~s** c'est vrai dans une certaine mesure ■ **that's the ~!*** ça dépasse les bornes ! **2** vt limiter

limitation [ˌlɪmɪ'teɪʃən] n limitation *f* ■ **he knows his ~s** il connaît ses limites

limited ['lɪmɪtɪd] adj **a** (= restricted) limité ■ **to a ~ extent** jusqu'à un certain point ▸ **limited edition** [of poster, print] tirage *m* limité **b** (BR) ■ **Smith and Sons Limited** ≈ Smith et fils, SA ▸ **limited company** ≈ société à responsabilité limitée

limitless ['lɪmɪtlɪs] adj illimité

limo* ['lɪməʊ] n abbr of **limousine**

limousine ['lɪməziːn] n limousine *f*

limp [lɪmp] **1** adj (= not firm) mou (molle *f*) ; [lettuce, flowers] flétri **2** vi [person] boiter **3** n ■ **to have a ~** ■ **to walk with a ~** boiter

limpet ['lɪmpɪt] n patelle *f*

limpid ['lɪmpɪd] (liter) adj limpide

linden ['lɪndən] n (= tree) tilleul *m*

line [laɪn]

1 n **a** (= mark) ligne *f* ; (= pen stroke) trait *m* ■ **to draw a ~ under sth** (in exercise book) tirer un trait sous qch

b (= boundary) frontière *f*

c (= wrinkle) ride *f*

d (= rope) corde *f* ; (Fishing) ligne *f* ; (= washing line) corde *f* à linge

e (for phone) ligne *f* ■ **the ~'s gone dead** on a été coupé ■ **please hold the ~** merci de rester en ligne ■ **Mr Smith is on the ~** j'ai M. Smith en ligne

f [of writing] ligne *f* ; [of poem] vers *m* ■ **to drop sb a ~*** envoyer un petit mot à qn ■ **to read between the ~s** lire entre les lignes ■ **~s** (as school punishment) lignes *fpl* à copier ■ **to learn one's ~s** [actor] apprendre son texte

g (US = queue) file *f* (d'attente) ■ **to wait in ~** faire la queue

h (= row) [of trees, parked cars, hills] rangée *f* ; [of cars in traffic jam] file *f* ; [of people] (side by side) rang *m* ; (one behind another) file *f* ■ **assembly ~** chaîne *f* ■ **to fall into ~** s'aligner ■ **to fall into ~ with sb** (= conform) se ranger à l'avis de qn

i (= succession) série *f* ; (= descent) lignée *f* ■ **the latest in a long ~ of tragedies** la dernière d'une longue série de tragédies

j (= track) voie *f* ; (= route) ligne *f* (= direction) ■ **the broad ~s** [of story, plan] les grandes lignes *fpl* ■ **~ of argument** raisonnement *m* ■ **you're on the right ~s** vous êtes sur la bonne voie

k (= shipping company) compagnie *f*

l (= stance) position *f* ▪ **to take a strong ~ on...** se montrer ferme sur...

m (= field) ▪ **~ of business** secteur *m* d'activité ▪ **what's your ~ of business?** que faites-vous dans la vie ?

n (= course) ▪ **in the ~ of duty** dans l'exercice de ses (*or* mes, *etc*) fonctions

o (in battle) ligne *f* ▪ **in the front ~** en première ligne ▪ **behind (the) enemy ~s** derrière les lignes ennemies

p (set structures)

♦ **all along the line** (= constantly) toujours, du début à la fin ▪ **he lied to me all along the ~** il m'a menti sur toute la ligne

♦ **in line** ▪ **to keep sb in ~** faire tenir qn tranquille ▪ **to be in ~ for a job** être sur les rangs pour un emploi ▪ **in ~ with** en accord avec

♦ **into line** ▪ **to come into ~** [person, group] se conformer (*with* à) ▪ **to bring sth into ~ with sth** aligner qch sur qch

♦ **off line** (Computing) hors ligne

♦ **on line** (Computing) en ligne

♦ **on the line*** (= at stake) en jeu

♦ **out of line** ▪ **he was completely out of ~ to suggest that...** il n'aurait vraiment pas dû suggérer que...

2 vt a (= mark) [+ face] marquer ▪ **~d paper** papier *m* réglé

b (= put lining in) [+ clothes, box] doubler (*with* de) ; [+ inside of tank, container] revêtir ▪ **to ~ one's pockets** se remplir les poches ▪ **the road was ~d with trees** la route était bordée d'arbres

3 comp ▸ **line judge** juge *mf* de ligne ▸ **line of attack** plan *m* d'attaque; (fig) plan *m* d'action ▸ **line of fire** ligne *f* de tir ▪ **right in the ~ of fire** en plein dans la ligne de tir ▸ **line-out** touche *f* ▸ **line-up** [of people] file *f*; (= identity parade) séance *f* d'identification (d'un suspect); (Sport) composition *f* de l'équipe *f*

▸ **line up**

1 vi a (= stand in row) se mettre en rang(s) ; (= stand in queue) faire la queue b (= align o.s.) ▪ **to ~ up against sb/sth** se liguer contre qn/qch ▪ **to ~ up with sb** se ranger du côté de qn

2 vt sep a [+ people, objects] aligner b (* = find) trouver ▪ **have you got something ~d up for this evening?** est-ce que tu as prévu quelque chose pour ce soir ?

lineage ['lɪnɪɪdʒ] n (= ancestry) famille *f*; (= descendants) lignée *f*

linear ['lɪnɪəʳ] adj linéaire

linen ['lɪnɪn] 1 n a (= fabric) lin *m* b (= items made of linen) linge *m* (de maison) ▪ **dirty ~** linge *m* sale ▸ **linen basket** panier *m* à linge ▸ **linen closet, linen cupboard** armoire *f* à linge 2 adj [suit, thread] de lin

liner ['laɪnəʳ] n a (= ship) paquebot *m* b (also **dustbin liner**) sac *m* poubelle

linesman ['laɪnzmən] n (pl **-men**) (Tennis) juge *m* de ligne ; (Football, Rugby) juge *m* de touche

linger ['lɪŋgəʳ] vi [person] (= wait behind) s'attarder ; (= take one's time) prendre son temps ; (= dawdle) traîner ; [smell, pain] persister ; [memory, doubt] subsister

lingerie ['lænʒəriː] n lingerie *f*

lingering ['lɪŋgərɪŋ] adj [look] long (longue *f*)

lingo* ['lɪŋgəʊ] n (pl **~es**) (= language) langue *f*; (= jargon) jargon *m*

linguist ['lɪŋgwɪst] n linguiste *mf*

linguistic [lɪŋ'gwɪstɪk] adj linguistique

linguistics [lɪŋ'gwɪstɪks] n linguistique *f*

liniment ['lɪnɪmənt] n baume *m*

lining ['laɪnɪŋ] n doublure *f*; [of tank, container] revêtement *m* intérieur ; [of brakes] garniture *f*

li

link [lɪŋk] 1 n a [of chain] maillon *m* b (= connection) lien *m* ▪ **rail ~** liaison *f* ferroviaire 2 vt a (physically) lier ▪ **to ~ arms** se donner le bras b (= establish communication between) relier ▪ **the tunnel ~s Britain and France** le tunnel relie la Grande-Bretagne à la France c (= establish logical connection between) établir un lien entre ▪ **to ~ sth with sb** établir un lien entre qch et qn 3 vi (Computing) ▪ **to ~ to** créer un lien (ou des liens) vers

▸ **link together** 1 vi se rejoindre 2 vt sep [+ two objects] joindre ; (by means of a third) relier

▸ **link up** 1 vi [persons] se rejoindre ; [firms, organizations] s'associer 2 vt sep (= connect) raccorder

linkage ['lɪŋkɪdʒ] n lien *m*

link-up ['lɪŋkʌp] n lien *m* ; (on TV or radio) liaison *f*

lino* ['laɪnəʊ] n (BR) (abbr of **linoleum**) lino *m*

linoleum [lɪ'nəʊlɪəm] n linoléum *m*

lint [lɪnt] n a (for treating wounds) tissu *m* ouaté *(pour pansements)* b (US = fluff) peluches *fpl*

lintel ['lɪntl] n linteau *m*

lion ['laɪən] n lion *m* ▸ **lion cub** lionceau *m*

lioness ['laɪənɪs] n lionne *f*

lip [lɪp] n a (= part of body) lèvre *f* ▸ **lip balm** baume *m* pour les lèvres ▸ **lip gloss** brillant *m* à lèvres ▸ **lip-read** lire sur les lèvres ▸ **lip service** ▪ **he only pays ~ service to socialism** il n'est socialiste qu'en paroles b [of jug] bec *m* ; [of crater] bord *m* **c** (* = insolence) insolence *f*

liposuction ['lɪpəʊ,sʌkʃən] n liposuccion *f*

lipstick ['lɪpstɪk] n rouge *m* à lèvres

lip-sync(h) ['lɪp,sɪŋk] vti chanter en play-back

liquefy ['lɪkwɪfaɪ] **1** vt liquéfier **2** vi se liquéfier

liqueur [lɪ'kjʊə^r] n liqueur *f*

liquid ['lɪkwɪd] **1** adj liquide ▸ **liquid assets** liquidités *fpl* **2** n liquide *m*

liquidate ['lɪkwɪdeɪt] vt liquider

liquidation [,lɪkwɪ'deɪʃən] n liquidation *f* ; [of debt] remboursement *m* ▪ **to go into ~** déposer son bilan

liquidity [lɪ'kwɪdɪtɪ] n (Econ) liquidité *f*

liquidize ['lɪkwɪdaɪz] vt (in liquidizer) passer au mixer

liquidizer ['lɪkwɪdaɪzə^r] n (BR) mixeur *m*

liquor ['lɪkə^r] n (= alcoholic drink) boissons *fpl* alcoolisées ; (= spirits) spiritueux *m* ▸ **liquor store** (US) magasin *m* de vins et spiritueux

liquorice ['lɪkərɪs] (BR) n (= sweet) réglisse *m* ▸ **liquorice all-sorts** (BR) bonbons *mpl* au réglisse

lisp [lɪsp] **1** vi zézayer **2** n zézaiement *m* ▪ **to have a ~** zézayer

list [lɪst] **1** n liste *f* **2** vt (= make list of) faire la liste de ; (= write down) inscrire ; (Computing) lister ; (= enumerate) énumérer ▪ **~ed on the Stock Exchange** coté en Bourse ▸ **listed building** (BR) monument *m* classé **3** vi (= lean) gîter

listen ['lɪsn] vi écouter ▪ **to ~ to the radio** écouter la radio ▪ **to ~ (out) for** [+ voice, remark, sign] guetter ; [+ footsteps] guetter le bruit de ▪ **he wouldn't ~ to reason** il n'a pas voulu entendre raison

▸ **listen in** vi (= eavesdrop) ▪ **to ~ in on sth** écouter qch secrètement

→ *Pièges* HEAR

listener ['lɪsnə^r] n (to speaker, radio) auditeur *m*, -trice *f* ▪ **she's a good ~** elle sait écouter

listing ['lɪstɪŋ] n (= making list) listage *m* ▪ **the TV ~s** les programmes *mpl* de télévision

listless ['lɪstlɪs] adj sans énergie

lit [lɪt] **1** vb pret, ptp of **light** **2** adj éclairé

litany ['lɪtənɪ] n litanie *f*

liter ['li:tə^r] n (US) litre *m*

literacy ['lɪtərəsɪ] n [of person] alphabétisation *f* ▸ **literacy hour** (BR) *heure de cours consacrée à la lecture et à l'écriture à l'école primaire*

literal ['lɪtərəl] adj littéral

literally ['lɪtərəlɪ] adv littéralement ▪ **to take sb/sth ~** prendre qn/qch au pied de la lettre

literary ['lɪtərərɪ] adj littéraire

literate ['lɪtərɪt] adj **a** (= able to read and write) ▪ **few of them are ~** peu d'entre eux savent lire et écrire **b** (= educated) instruit ; (= cultured) cultivé

literature ['lɪtərɪtʃə^r] n **a** (= literary works) littérature *f* **b** (= documentation) documentation *f* ▪ **sales ~** brochures *fpl* publicitaires

lithe [laɪð] adj souple

lithograph ['lɪθəʊgrɑ:f] n lithographie *f* *(estampe)*

litigant ['lɪtɪgənt] n plaideur *m*, -euse *f*

litigation [,lɪtɪ'geɪʃən] n litige *m*

litre ['li:tə^r] n litre *m*

litter ['lɪtə^r] **1** n **a** (= rubbish) détritus *mpl* ; (= papers) vieux papiers *mpl* ; (left after picnic) papiers *mpl* gras ▸ **litter bin** (BR) poubelle *f* **b** (= animal's offspring) portée *f* **c** ▪ **cat ~** litière *f* pour chats ▸ **litter box** (US), **litter tray** (BR) caisse *f* à litière **2** vt [rubbish, papers] joncher (*with* de) ▪ **the floor was ~ed with paper** des papiers jonchaient le sol

little[1] ['lɪtl] adj petit ▸ **little finger** petit doigt *m* ▸ **Little League** (US) *championnat de baseball pour les moins de 12 ans* ▸ **little toe** petit orteil *m*

little[2] ['lɪtl] (compar **less**, superl **least**)

1 adj (= not much) peu de ▪ **I have very ~ money** j'ai très peu d'argent

♦ **a little...** (= some) un peu de... ▪ **I have a ~ money left** il me reste un peu d'argent

2 pron **a** (= not much) pas grand-chose ▪ **he did ~ to help** il n'a pas fait grand-chose pour aider ▪ **he had ~ to say** il n'avait pas grand-chose à dire ▪ **I see ~ of her nowadays** je ne la vois plus beaucoup ▪ **he lost weight because he ate so ~** il a perdu du poids parce qu'il mangeait très peu

b (= small amount) ▪ **the ~ I have seen is excellent** le peu que j'en ai vu est excellent ▪ **every ~ helps** (= gift) tous les dons sont les bienvenus

♦ **a little** (= a certain amount) un peu ; (= a short time) un moment ▪ **I'd like a ~ of everything** je voudrais un peu de tout ▪ **they'll have to wait a ~** ils vont devoir attendre un moment

3 adv **a** (= not much) ▪ **they spoke very ~** ils n'ont pas dit grand-chose ▪ **~ more than a month ago** il y a à peine plus d'un mois

♦ **a little...** (= somewhat) un peu... ▪ **a ~ too big** un peu trop grand ▪ **a ~ more/less** un peu plus/moins ▪ **a ~ more cream** un peu plus de crème

b (= not at all) ▪ **~ did he think that...** il était loin de se douter que...

c (= rarely) rarement ▪ **it happens very ~** cela arrive très rarement d (set structures)

♦ **as little as possible** le moins possible

♦ **little by little** petit à petit, peu à peu

♦ **to make little of sth** (= accomplish easily) faire qch sans aucun mal ; (= play down) minimiser qch ; (= underestimate) sous-estimer qch

liturgy ['lɪtədʒɪ] n liturgie *f*

live¹ [lɪv] **1** vi **a** (gen) vivre ; (= survive) survivre ; (after illness, accident) s'en sortir ▪ **to ~ in luxury** vivre dans le luxe ▪ **I'll remember it as long as I ~** je m'en souviendrai toute ma vie ▪ **she ~s for her children** elle ne vit que pour ses enfants ▪ **I've got nothing left to ~ for** je n'ai plus de raison de vivre ▪ **you must learn to ~ with it** il faut que tu t'y fasses ▪ **you ~ and learn** on apprend à tout âge ▪ **~ and let ~** (Prov) il faut se montrer tolérant **b** (= earn one's living) gagner sa vie **c** (= reside) habiter ▪ **where do you ~?** où habitez-vous ? ▪ **to ~ in London** habiter à Londres ▪ **to ~ in a flat** habiter un appartement ▪ **he's not an easy person to ~ with** il n'est pas facile à vivre **2** vt vivre ▪ **to ~ a healthy life** mener une vie saine ▪ **to ~ life to the full** profiter au maximum de la vie

▸ **live down** vt sep [+ disgrace] faire oublier (avec le temps)

▸ **live off** vt insep **a** [+ person] vivre aux crochets de **b** [+ fruit, rice] se nourrir de ; [+ money, benefit] vivre avec

▸ **live on** **1** vi [person] continuer à vivre ; [tradition] survivre **2** vt insep **a** (= feed on) se nourrir de **b** (= subsist on) ▪ **to ~ on $10,000 a year** vivre avec 10 000 dollars par an ▪ **we have just enough to ~ on** nous avons juste de quoi vivre **c** (= depend financially on) vivre aux crochets de

▸ **live through** vt insep (= experience) vivre, connaître

▸ **live together** vi (as man and wife) vivre ensemble ; (as flatmates) partager un appartement

▸ **live up** vt sep ▪ **to ~ it up*** (= have fun) s'éclater*

▸ **live up to** vt insep (= be equal to) être à la hauteur de ; (= be worthy of) répondre à ▪ **to ~ up to sb's expectations** être à la hauteur des attentes de qn

live² [laɪv] **1** adj **a** (= not dead) vivant **b** (= not recorded) en direct **c** [bullet] réel ; (= unexploded) non explosé **d** (with electric current) ▪ **that's ~!** c'est branché ! ▸ **live wire** fil *m* sous tension ▪ **he's a (real) ~ wire*** il a un dynamisme fou **2** adv [broadcast] en direct ▪ **to play ~** (on stage) jouer sur scène

liveblog [laɪv'blɒg] **1** n blog *m* live **2** vi bloguer en live

livelihood ['laɪvlɪhʊd] n source *f* de revenus

lively ['laɪvlɪ] adj **a** [person, personality, mind] vif **b** [party, bar, atmosphere, debate] animé ; [description, style] vivant

liven up [,laɪvn'ʌp] **1** vt [+ person] égayer ; [+ evening, discussion, party] animer **2** vi (= get more lively) s'animer

liver ['lɪvəʳ] n foie *m* ▸ **liver sausage** saucisse *f* au pâté de foie ▸ **liver spot** tache *f* brune *(sur la peau)*

livery ['lɪvərɪ] n **a** [of servant] livrée *f* **b** [of company] couleurs *fpl*

lives [laɪvz] pl of **life**

livestock ['laɪvstɒk] n *bétail et animaux de basse-cour*

livestream ['laɪv,striːm] **1** n diffusion *f* en direct sur Internet **2** vt diffuser en direct sur Internet

livid* ['lɪvɪd] adj (= furious) furieux (*about sth* à propos de qch)

living ['lɪvɪŋ] **1** adj vivant ▪ **in ~ memory** de mémoire d'homme **2** n vie *f* ▪ **to work for one's ~** travailler pour gagner sa vie ▪ **what does he do for a ~?** que fait-il dans la vie ? ▪ **healthy ~** une vie saine ▸ **living expenses** frais *mpl* de subsistance ▸ **living room** salon *m* **3** **the living** npl les vivants *mpl*

lizard ['lɪzəd] n lézard *m*

llama ['lɑːmə] n lama *m (animal)*

load [ləʊd] **1** n **a** (= cargo) charge *f* ; [of ship] cargaison *f* ; (= weight) poids *m* **b** (= burden) charge *f* ; (= mental strain) poids *m* ▪ **to take a ~ off sb's mind** soulager qn **c** ▪ **a ~ of*** un tas de* ▪ **that's a ~ of rubbish!** tout ça c'est de la blague !* ▪ **~s of*** des tas de* ▪ **we've got ~s of time** on a tout notre temps ▪ **he's got ~s of money** il est plein de fric* **2** vt **a** charger (*with* de) **b** [+ dice] piper

▸ **load down** vt sep charger (*with* de)

▸ **load up** vi [ship, lorry] se charger ; [person] charger ▪ **to ~ up with sth** charger qch

loaded ['ləʊdɪd] adj **a** (= full) chargé **b** (* = rich) ▪ **to be ~** être plein aux as* **c** [dice] pipé ▪ **a ~ question** une question tendancieuse

loaf [ləʊf] **1** n (pl **loaves**) pain *m* ; (= round loaf) miche *f* de pain **2** vi (= loaf around) traîner

loafer ['ləʊfəʳ] n (= shoe) mocassin *m*

loan [ləʊn] **1** n (= money) (lent) prêt *m* ; (borrowed) emprunt *m* ▪ **this picture is on ~ from the city museum** ce tableau est prêté par le musée municipal ▪ **I have a car on ~ from the company** la société me prête une voiture ▪ **the book is out on ~** (in library) le livre est sorti **2** vt prêter (*sth to sb* qch à qn)

loath [ləʊθ] adj ▪ **to be ~ to do sth** répugner à faire qch

li

loathe [ləʊð] vt détester ▪ **to ~ doing sth** détester faire qch

loathsome ['ləʊðsəm] adj détestable

loaves [ləʊvz] pl of **loaf**

lob [lɒb] **1** vt [+ stone] lancer (en l'air) ; (Tennis) lober **2** vi (Tennis) lober **3** n lob *m*

lobby ['lɒbɪ] **1** n **a** [of hotel] hall *m* ; [of private house] vestibule *m* ; [of theatre] foyer *m* (des spectateurs) **b** (= pressure group) lobby *m* **2** vt [+ person] faire pression sur ; (US) [+ proposal, cause] soutenir activement **3** vi (= campaign) ▪ **to ~ for sth** faire pression pour obtenir qch

lobe [ləʊb] n lobe *m*

lobster ['lɒbstəʳ] n homard *m*

local ['ləʊkəl] **1** adj (gen) local ; [shops, library] du quartier ▸ **local anaesthetic** anesthésie *f* locale ▸ **local authority** collectivité *f* locale ▸ **local education authority** *autorité locale chargée de l'enseignement* ▸ **local government** administration *f* locale **2** n **a** (* = person) personne *f* du coin* ▪ **the ~s** les gens du coin* **b** (BR = pub) bistro *m* du coin

localism ['ləʊkəlɪzəm] n (Pol) décentralisation *f*

locality [ləʊ'kælɪtɪ] n (= place) localité *f* ; (= district) région *f*

localize ['ləʊkəlaɪz] vt localiser

locally ['ləʊkəlɪ] adv localement ▪ **to live ~** habiter dans le coin

locate [ləʊ'keɪt] vt **a** (= find) repérer ; [+ leak, cause] localiser **b** (= situate) situer ▪ **the college is ~d in London** le collège est situé à Londres

location [ləʊ'keɪʃən] n **a** (= position) emplacement *m* **b** (= setting for film) extérieur *m* ▪ **on ~** en décor naturel **c** (= finding) repérage *m*

> ⚠ ***location*** ne se traduit pas par le mot français **location** ; → *Pièges* LOCATION

loch [lɒx] n (Scot) loch *m* ▪ **Loch Lomond** le loch Lomond

lock [lɒk] **1** n **a** [of door, box] serrure *f* ; (on steering wheel, bike) antivol *m* ▪ **under ~ and key** [possessions] sous clé ; [prisoner] sous les verrous ▪ **~, stock and barrel** en bloc **b** (Computing) verrouillage *m* **c** [of canal] écluse *f* ▸ **lock keeper** éclusier *m*, -ière *f* **d** [of hair] mèche *f* ; (= ringlet) boucle *f* **2** vt **a** [+ door, suitcase, car, safe] fermer à clé **b** [+ person] enfermer (*in* dans) ▪ **he got ~ed in the bathroom** il s'est retrouvé enfermé dans la salle de bains **c** [+ mechanism] bloquer ; [+ computer system, file] verrouiller **d** (= grip) ▪ **she was ~ed in his arms** elle était serrée dans ses bras ▪ **the two armies were ~ed in combat** les deux armées étaient aux prises **3** vi **a** [door] fermer à clé **b** [wheel, elbow] se bloquer

▸ **lock away** vt sep [+ object, jewels] mettre sous clé ; [+ criminal] mettre sous les verrous ; [+ mental patient] interner

▸ **lock in** vt sep [+ person, dog] enfermer (à l'intérieur) ▪ **to ~ o.s. in** s'enfermer (à l'intérieur)

▸ **lock on** vi ▪ **to ~ on to sth** [radar] repérer qch

▸ **lock out** vt sep [+ person] (deliberately) mettre à la porte ; (by mistake) enfermer dehors ▪ **to find o.s. ~ed out** (by mistake) se retrouver à la porte ▪ **to ~ o.s. out** s'enfermer dehors

▸ **lock up** **1** vi fermer à clé ▪ **to ~ up for the night** tout fermer pour la nuit **2** vt sep [+ object, jewels] mettre sous clé ; [+ house] fermer à clé ; [+ criminal] mettre sous les verrous ; [+ mental patient] interner

locker ['lɒkəʳ] n casier *m (fermant à clé)* ▪ **the left-luggage ~s** la consigne (automatique) ▸ **locker-room** vestiaire *m*

locket ['lɒkɪt] n médaillon *m (bijou)*

lockout ['lɒkaʊt] n [of workers] lockout *m*

locksmith ['lɒksmɪθ] n serrurier *m*, -ière *f*

locomotive [,ləʊkə'məʊtɪv] n locomotive *f*

locum ['ləʊkəm] n (esp BR) suppléant(e) *m(f) (de prêtre ou de médecin, etc)*

locust ['ləʊkəst] n locuste *f*

lodge [lɒdʒ] **1** n (= small house in grounds) maison *f* de gardien ; (= porter's room in building) loge *f* ; (= luxurious hotel) lodge *m* **2** vt **a** [+ person] loger **b** [+ bullet] loger ▪ **to ~ a complaint against** déposer une plainte contre **3** vi [person] être logé (*with* chez) ; [bullet] se loger

lodger ['lɒdʒəʳ] n (BR) (room only) locataire *mf* ; (room and meals) pensionnaire *mf*

lodging ['lɒdʒɪŋ] **1** n (= accommodation) hébergement *m* **2** **lodgings** npl (= room) chambre *f* ; (= flatlet) logement *m*

loft [lɒft] n [of house, barn] grenier *m*

lofty ['lɒftɪ] adj **a** [building, ceiling, mountain] haut **b** [aim, idea] noble

log [lɒg] **1** n **a** (for fire) bûche *f* ▸ **log cabin** cabane *f* en rondins ▸ **log fire** feu *m* de bois **b** (= ship's record) journal *m* de bord **2** vt (= record) noter

▸ **log in, log on** (Computing) **1** vi se connecter **2** vt sep connecter

▸ **log off, log out** (Computing) **1** vi se déconnecter **2** vt sep déconnecter

logbook ['lɒgbʊk] n **a** (= ship's record) journal *m* de bord **b** (BR : for car) ≈ carte grise

loggerheads ['lɒgəhedz] npl ▪ **to be at ~ (with)** être en désaccord (avec)

logic ['lɒdʒɪk] n logique *f* ; → *Pièges* LOGIC

logical ['lɒdʒɪkəl] adj logique ; → *Pièges* LOGIC

login ['lɒgɪn] n [of session] ouverture *f* de session ; (= user name) identifiant *m*

logistic [lɒ'dʒɪstɪk] adj logistique

logistics [lɒ'dʒɪstɪks] n logistique *f*

logo ['ləʊgəʊ] n logo *m*

loin [lɔɪn] n filet *m* ; [of pork, veal] longe *f* ; [of beef] aloyau *m*

loiter ['lɔɪtəʳ] vi traîner ; (suspiciously) rôder

LOL*, lol* [lɔl] loc (abbr of **laugh out loud**) MDR, LOL

loll [lɒl] vi [person] se prélasser ; [head] pendre ▸ **loll about, loll around** vi flâner

lollipop ['lɒlɪpɒp] n sucette *f* ▸ **lollipop lady*, lollipop man*** (BR) *personne chargée d'aider les écoliers à traverser la rue*

lolly* ['lɒlɪ] n (BR = sweet) sucette *f*

London ['lʌndən] **1** n Londres **2** adj londonien

Londoner ['lʌndənəʳ] n Londonien(ne) *m(f)*

lone [ləʊn] adj [gunman] isolé ; [rider] solitaire ; [survivor] unique ▸ **lone parent** *père ou mère qui élève seul ses enfants*

loneliness ['ləʊnlɪnɪs] n [of person] solitude *f*

lonely ['ləʊnlɪ] adj [time, life, job] solitaire ; [village, house] isolé ; [road] peu fréquenté ▪ **to be** or **feel ~** se sentir seul

loner ['ləʊnəʳ] n solitaire *mf*

lonesome ['ləʊnsəm] adj ⇒ **lonely**

long [lɒŋ]

1 adj **a** (in size) long (longue *f*) ▪ **the wall is 10 metres ~** le mur fait 10 mètres de long ▪ **to get ~er** [queue] s'allonger ; [hair] pousser

b (in distance) ▪ **it's a ~ way** c'est loin ▪ **it's a ~ way to the shops** les magasins sont loin

c (in time) long (longue *f*) ; [delay] important ▪ **at ~ last** enfin ▪ **in the ~ run** à la longue ▪ **in the ~ term** à long terme

♦ **a long time** longtemps ▪ **a ~ time ago** il y a longtemps ▪ **it's a ~ time since I last saw him** ça fait longtemps que je ne l'ai pas vu ▪ **you took a ~ time to get here** tu as mis du temps pour venir

2 adv **a** (= a long time) longtemps ▪ **they didn't stay ~** ils ne sont pas restés longtemps ▪ **are you going away for ~?** vous partez pour longtemps ? ▪ **not for ~** pas pour longtemps ▪ **not for much ~er** plus pour très longtemps ▪ **I won't be ~** je n'en ai pas pour longtemps ▪ **don't be ~** dépêche-toi ▪ **he hasn't ~ to live** il n'en a plus pour longtemps ▪ **have you been here/been waiting ~?** vous êtes ici/vous attendez depuis longtemps ? ▪ **how ~ did they stay?** combien de temps sont-ils restés ? ▪ **how ~ is it since you saw him?** cela fait combien de temps que tu ne l'as pas vu ? ▪ **how ~ have you been learning Greek?** depuis combien de temps apprenez-vous le grec ? ▪ **how ~ had you been living in Paris?** depuis combien de temps viviez-vous à Paris ? ▪ **I can't stay any ~er** je ne peux pas rester plus longtemps ▪ **he is no ~er living there** il n'y habite plus ▪ **wait a little ~er** attendez encore un peu ▪ **~ live the King!** vive le roi ! ▪ **six months at the longest** six mois au plus ▪ **so ~!*** à bientôt !

b (= through) ▪ **all night ~** toute la nuit ▪ **all summer ~** tout l'été

♦ **before long** *+ future* dans peu de temps ; *+ past* peu après

♦ **long ago** il y a longtemps ▪ **not ~ ago** il n'y a pas longtemps

♦ **long since** il y a longtemps

♦ **as long as** (conditional) à condition que *+ subj* ▪ **you can borrow it as ~ as John doesn't mind** vous pouvez l'emprunter à condition que John n'y voie pas d'inconvénient ▪ **as ~ as necessary** le temps qu'il faudra ▪ **stay as ~ as you like** restez autant que vous voulez ▪ **as ~ as this crisis lasts** tant que durera cette crise

3 vi ▪ **to ~ to do sth** (= hope to) avoir très envie de faire qch ; (= dream of) rêver de faire qch ▪ **to ~ for sth** (= hope for) avoir très envie de qch ; (= dream of) rêver de qch ▪ **to ~ for sb to do sth** mourir d'envie que qn fasse qch

4 comp ▸ **long-distance** adj [race, runner] de fond ▪ **long-distance call** appel *m* longue distance ▪ **long-distance flight** vol *m* long-courrier ▪ **long-distance lorry driver** (BR) routier *m*, -ière *f* ◇ adv ▪ **to call sb long-distance** appeler qn à longue distance ▸ **long-haul** transport *m* à longue distance ▪ **long-haul airline/flight** ligne *f*/vol *m* long-courrier ▸ **long jump** saut *m* en longueur ▸ **long-lasting** durable ▸ **long-life** [milk] longue conservation; [batteries] longue durée ▸ **long-lost** [person] perdu de vue depuis longtemps; [thing] perdu depuis longtemps ▸ **long-range** [missile, rocket] à longue portée; [planning] à long terme ▸ **long-running** [play] à l'affiche depuis longtemps; [dispute] vieux; [TV programme] diffusé depuis longtemps ▸ **long-sighted** (BR) hypermétrope; (in old age) presbyte; (fig) [person] qui voit loin; [decision] pris avec prévoyance ▸ **long-sightedness** presbytie *f* ▸ **long-standing** de longue date ▸ **long-suffering** d'une patience à toute épreuve ▸ **long-term** à long terme ▸ **long-time** de longue date ▸ **long wave** grandes ondes *fpl* ▸ **long-winded** [speech] interminable

longevity [lɒnˈdʒevɪtɪ] n longévité *f*

longing [ˈlɒŋɪŋ] **1** n **a** (= urge, craving) envie *f* (*for sth* de qch) **b** (= nostalgia) nostalgie *f* **2** adj [look, glance] (for sth) plein d'envie ; (for sb) plein de désir

longitude [ˈlɒŋgɪtjuːd] n longitude *f*

loo* [luː] n (BR) toilettes *fpl*

loofah [ˈluːfəʳ] n luffa *m*

look [lʊk]

1 n **a** (gen) regard *m* ▪ **to take** or **have a ~ at sth** jeter un coup d'œil à qch, regarder qch ▪ **let me have a ~** fais voir ▪ **to take a good ~ at sth** bien regarder qch ▪ **to have a ~ round the house** visiter la maison

b (= search) ▪ **to have a ~ for sth** chercher qch

c (= appearance) air *m* ▪ **there was a sad ~ about him** il avait l'air plutôt triste ▪ **I like the ~ of her*** je trouve qu'elle a l'air sympathique ▪ **I don't like the ~ of him*** il a une tête qui ne me revient pas* ▪ **I don't like the ~ of this at all*** ça ne me dit rien qui vaille

d (= style) look* *m* ▪ **to give a new ~ to** relooker*

2 **looks*** npl beauté *f* ▪ **she has kept her ~s** elle est restée belle ▪ **she's losing her ~s** elle n'est plus aussi belle qu'autrefois

3 vi **a** (= see, glance) regarder ▪ **~ and see if he's still there** regarde s'il est encore là ▪ **to ~ the other way** (= avert one's eyes) détourner le regard ; (fig) fermer les yeux *(fig)* ▪ **she ~ed into his eyes** elle l'a regardé droit dans les yeux ; (romantically) elle a plongé son regard dans le sien

b (= face) [building] donner ▪ **the house ~s onto the main street** la maison donne sur la rue principale

c (= search) chercher ▪ **you should have ~ed more carefully** tu aurais dû chercher un peu mieux

d (= seem) avoir l'air ▪ **he ~s about 40** il doit avoir la quarantaine ▪ **she ~s tired** elle a l'air fatigué(e) ▪ **she's tired and she ~s it** elle est fatiguée et ça se voit ▪ **how did she ~?** (health) comment va-t-elle ? ; (on hearing news) quelle tête elle a fait ? ▪ **how do I ~?** comment me trouves-tu ? ▪ **it ~s as if it's going to snow** on dirait qu'il va neiger ▪ **it doesn't ~ as if he's coming** on dirait qu'il ne va pas venir ▪ **she ~s her age** elle fait son âge ▪ **it will ~ bad** ça va faire mauvais effet ▪ **you must ~ your best for this interview** il faut que tu présentes bien pour cet entretien ▪ **they made me ~ a fool** ils m'ont ridiculisé ▪ **he ~s good in uniform** l'uniforme lui va bien ▪ **that dress ~s good on her** cette robe lui va bien ▪ **that pie ~s good** cette tarte a l'air bonne ▪ **how pretty you ~!** comme vous êtes jolie ! ▪ **it ~s promising** c'est prometteur ▪ **you're ~ing well** vous avez bonne mine ▪ **she doesn't ~ well** elle n'a pas bonne mine

♦ **to look like** (= resemble) ressembler à ▪ **he ~s like his father** il ressemble à son père ▪ **what does he ~ like?** comment est-il ? ▪ **he ~s like a soldier** il a l'air d'un soldat ▪ **it ~s like salt** (= seems) on dirait du sel ▪ **it ~s like rain*** on dirait qu'il va pleuvoir ▪ **it certainly ~s like it** ça m'en a tout l'air

4 vt regarder ▪ **to ~ sb in the face** regarder qn en face ▪ **to ~ sb up and down** toiser qn

▸ **look about** vi regarder autour de soi ▪ **to ~ about for sb/sth** chercher qn/qch (des yeux)

▸ **look after** vt insep [+ invalid, child, animal, plant] s'occuper de ; [+ one's possessions] prendre soin de ; [+ finances] gérer ▪ **~ after yourself!*** prends soin de toi ! ▪ **she's old enough to ~ after herself** elle est assez grande pour se débrouiller* toute seule

▸ **look ahead** vi (= in front) regarder devant soi ; (= to future) penser à l'avenir

▸ **look around** vi regarder autour de soi ▪ **to ~ around for sb/sth** chercher qn/qch (des yeux)

▸ **look at** vt insep **a** (= observe) [+ person, object] regarder **b** (= consider) [+ situation, problem] examiner ▪ **it depends on how you ~ at it** tout dépend comment on voit la chose **c** (= check) vérifier ; (= see to) s'occuper de

▸ **look away** vi détourner les yeux (*from* de) ; (fig) fermer les yeux

▸ **look back** vi regarder derrière soi ▪ **to ~ back on sth** (= remember, evaluate) repenser à qch

▸ **look down**

1 vi baisser les yeux ▪ **to ~ down at the ground** regarder par terre ▪ **don't ~ down or you'll fall** ne regarde pas en bas, sinon tu vas tomber

2 vt insep ▪ **to ~ down the list** parcourir la liste ▪ **to ~ down one's nose at sb*** regarder qn de haut

▸ **look down on** vt insep **a** (= despise) mépriser **b** (= overlook) dominer

▸ **look for** vt insep **a** (= seek) [+ object, work] chercher ▪ **to be ~ing for trouble*** chercher les ennuis **b** (= expect) [+ praise, reward] espérer

▸ **look forward to** vt insep [+ event, meal, trip, holiday] attendre avec impatience ▪ **I'm ~ing forward to seeing them** j'ai hâte de les voir ▪ **~ing forward to hearing from you** (in letter) en espérant avoir bientôt de vos nouvelles ▪ **I'm really ~ing forward to it** je m'en réjouis à l'avance

► **look in** vi regarder à l'intérieur ■ **to ~ in on sb** passer voir qn ■ **the doctor will ~ in again tomorrow** le docteur repassera demain

► **look on**

1 vi regarder (faire)

2 vt insep considérer

► **look out** vi **a** (= look outside) regarder dehors ■ **to ~ out of the window** regarder par la fenêtre **b** (= take care) faire attention ■ **~ out!** attention !

► **look out for** vt insep **a** (= look for) chercher ; (= watch out for) [+ sth good] essayer de repérer ; [+ danger] se méfier de **b** (* = look after) [+ person] s'occuper de

► **look over** vt sep [+ document, list] parcourir ; [+ goods, produce] inspecter ; [+ town, building] visiter ; [+ person] (quickly) jeter un coup d'œil à ; (slowly) regarder de la tête aux pieds

► **look round**

1 vi **a** (= glance about) regarder (autour de soi) ■ **we're just ~ing round** (in shop) on regarde **b** (= search) chercher ■ **I ~ed round for you after the concert** je vous ai cherché après le concert **c** (= look back) se retourner ■ **I ~ed round to see where he was** je me suis retourné pour voir où il était

2 vt insep [+ town, factory] visiter

► **look through** vt insep **a** (= scan) [+ mail] regarder ; (thoroughly) [+ papers, book] examiner ; (briefly) [+ papers,] [+ book] parcourir **b** (= revise) [+ lesson] réviser ; (= re-read) [+ notes] relire **c** (= ignore) ■ **he ~ed right through me*** il a fait comme s'il ne me voyait pas

► **look to** vt insep **a** (= seek help from) se tourner vers **b** (= think of) penser à **c** (= seek to) chercher à

► **look up**

1 vi **a** (= glance upwards) regarder en haut ; (from reading) lever les yeux **b** (* = improve) [prospects, weather] s'améliorer ; [business] reprendre ■ **things are ~ing up** ça va mieux

2 vt sep (in reference book) [+ name, word] chercher

3 vt insep [+ reference book] consulter

► **look upon** vt insep considérer

► **look up to** vt insep (= admire) admirer

→ *Pièges* LOOK – RESEARCH

look-alike* ['lʊkəlaɪk] n sosie *m* ■ **a Churchill ~** un sosie de Churchill

loom [lu:m] **1** vi (= appear) [building, mountain] se dessiner ; [figure, ship] surgir ; [danger, crisis] menacer ; [event] être imminent **2** n métier *m* à tisser

loony* ['lu:nɪ] **1** n cinglé(e)* *m(f)* **2** adj cinglé* ► **the loony left** (BR Pol) *l'aile extrémiste du parti travailliste*

loop [lu:p] **1** n boucle *f* ■ **to be in the ~** (informed) être dans la boucle **2** vt [+ string] faire une boucle à ■ **he ~ed the rope round the post** il a passé la corde autour du poteau ■ **to ~ the ~** [plane] faire un looping

loophole ['lu:phəʊl] n faille *f*, échappatoire *f* ■ **a ~ in the law** un vide juridique

loopy* ['lu:pɪ] adj cinglé*

loose [lu:s] **1** adj **a** [animal] (= free) en liberté ; (= escaped) échappé ; [hair] libre ■ **~ chippings** gravillons *mpl* ■ **to be at a ~ end** ne pas trop savoir quoi faire ■ **to tie up the ~ ends** régler les détails qui restent ■ **to have come ~** [page] s'être détaché ; [hair] s'être dénoué ■ **to tear sth ~** détacher qch (en déchirant) **b** (= not firmly in place) [screw] desserré ; [brick, tooth] descellé ■ **a ~ connection** (electrical) un mauvais contact ■ **to have come ~** [knot] s'être défait ; [screw] s'être desserré ; [stone, brick] être descellé ; [tooth] bouger ■ **he's got a screw ~*** il lui manque une case* **c** (= not pre-packed) [biscuits, carrots] en vrac ; [butter, cheese] à la coupe **d** (= not tight) [skin] flasque ; [coat, dress] (= generously cut) ample ; (= not tight enough) large ; [collar] lâche **e** (= not strict) [discipline, style] relâché ; [translation] approximatif ; (= vague) vague **2** vt (= undo) défaire ; (= untie) dénouer ; (= free) [+ animal] lâcher ; [+ prisoner] relâcher **3** comp ► **loose change** petite monnaie *f* ► **loose-fitting** ample ► **loose-leaf binder** classeur *m* (à feuilles mobiles)

→ *Pièges* LOOSE

loosely ['lu:slɪ] adv [hold] sans serrer ; [tie] lâchement ; [translated] approximativement ; [connected] vaguement

loosen ['lu:sn] vt [+ screw, belt, knot] desserrer ; [+ rope] relâcher ; [+ shoelace] défaire ; [+ laws, restrictions] assouplir

► **loosen up** vi **a** (= limber up) faire des exercices d'assouplissement ; (before race) s'échauffer **b** (= become less strict with) ■ **to ~ up on sb*** se montrer moins strict envers qn

loot [lu:t] **1** n (= plunder, prizes) butin *m* ; (= money) fric‡ *m* **2** vt [+ town, shop, goods] piller

looter ['lu:təʳ] n pillard *m*

looting ['lu:tɪŋ] n pillage *m*

lop [lɒp] vt [+ tree] tailler ; [+ branch] couper

► **lop off** vt sep couper

lopsided ['lɒp'saɪdɪd] adj (= not straight) de travers ; [smile] de travers ; (= asymmetric) disproportionné

lord [lɔ:d] **1** n **a** seigneur *m* ■ **Lord (John) Smith** lord (John) Smith ■ **the (House of) Lords** la Chambre des lords **b** (= God) ■ **the Lord** le Seigneur ■ **the Lord's prayer** le

Notre-Père **c** (as expletive) ■ **good Lord!*** mon Dieu ! **2** comp ► **Lord Mayor** n lord-maire *m (titre du maire des principales villes anglaises et galloises)*

lordship ['lɔːdʃɪp] n ■ **your Lordship** Monsieur le comte (or le baron, etc) ; (to judge) Monsieur le Juge ; (to bishop) Monseigneur

lorry ['lɒrɪ] (BR) n camion *m* ► **lorry driver** camionneur *m*, -euse *f*; (long-distance) routier *m*, -ière *f*

lose [luːz] (pret, ptp **lost**) **1** vt **a** perdre ■ **to ~ weight** perdre du poids ■ **to ~ one's voice** avoir une extinction de voix ■ **to ~ interest in sth** se désintéresser de qch ■ **to ~ ten minutes a day** [watch, clock] retarder de dix minutes par jour ■ **to get lost** [person] se perdre ■ **to get lost in the post** être égaré par la poste ■ **get lost!**⁑ barre-toi !⁑ **b** (= shake off) semer **2** vi perdre
► **lose out** vi être perdant
→ *Pièges* LOOSE

loser ['luːzəʳ] n **a** perdant(e) *m(f)* ■ **good/bad ~** bon/mauvais joueur *m*, bonne/mauvaise joueuse *f* **b** (* = failure) loser* *m*

losing ['luːzɪŋ] adj [team, party, candidate] perdant ■ **to fight a ~ battle** livrer une bataille perdue d'avance

loss [lɒs] n perte *f* ■ **to sell sth at a ~** vendre qch à perte ■ **job ~es** suppressions *fpl* d'emploi ■ **to be at a ~ to explain sth** être embarrassé pour expliquer qch ■ **to be at a ~ for words** ne pas trouver ses mots

lost [lɒst] **1** vb pret, ptp of **lose** **2** adj perdu ■ **to give sb/sth up for ~** considérer qn/qch comme perdu ► **lost and found** (US) objets *mpl* trouvés ► **lost property** objets *mpl* trouvés ► **lost property office** bureau *m* des objets *mpl* trouvés

lot [lɒt]

1 n **a** (expressing quantity)

♦ **a lot** (= a great deal) beaucoup ■ **I've learned a ~** j'ai beaucoup appris ■ **he's a ~ better** il va beaucoup mieux ■ **thanks a ~!*** merci beaucoup !

♦ **a lot of** beaucoup de ■ **a ~ of money** beaucoup d'argent ■ **quite a ~ of** [+ people, cars, money] pas mal de ■ **such a ~ of...** tellement de...

b (= destiny) sort *m*

c (= random selection) ■ **to draw ~s** tirer au sort

d (= batch) lot *m*

e ■ **the ~*** (= everything) tout ; (= all) tous, toutes ■ **that's the ~** c'est tout ■ **the ~ of you** vous tous

f (US = plot of land) lot *m* (de terrain)

2 **lots*** npl (= plenty) ■ **there's ~s left** il en reste plein* ■ **~s better/bigger** bien mieux/plus grand ■ **~s of complaints** plein de réclamations

loth [ləʊθ] adj ■ **to be ~ to do sth** répugner à faire qch

lotion ['ləʊʃən] n lotion *f*

lottery ['lɒtərɪ] n loterie *f* ■ **~ ticket** billet *m* de loterie

lotus ['ləʊtəs] n lotus *m*

loud [laʊd] **1** adj **a** [voice, music] fort ; [laugh, noise] grand ; [behaviour] tapageur **b** [colour, clothes] voyant **2** adv fort ■ **speak a bit ~er** parle un peu plus fort ■ **we could hear it ~ and clear** nous l'entendions clairement ■ **out ~** tout haut

loudhailer [ˌlaʊd'heɪləʳ] n (BR) porte-voix *m inv*

loudly ['laʊdlɪ] adv **a** [say] d'une voix forte ; [talk, shout] fort ; [laugh, knock, applaud, complain] bruyamment **b** [protest] vigoureusement

loudspeaker [ˌlaʊd'spiːkəʳ] n enceinte *f*

lounge [laʊndʒ] **1** n (BR) [of house, hotel] salon *m* ; (in airport) salle *f* d'embarquement **2** vi se prélasser
► **lounge about, lounge around** vi paresser

lounger ['laʊndʒəʳ] n transat *m*

louse [laʊs] n (pl **lice**) (= insect) pou *m*

lousy* ['laʊzɪ] adj [car, day, weather] pourri* ; [idea, film, book, pay] nul ; [food] infect ; [mood] massacrant ■ **to be ~ at sth** être nul en qch ■ **to feel ~** être mal fichu*

lout [laʊt] n rustre *m*

louvre, louver (US) ['luːvəʳ] n (in roof) lucarne *f* ; (on window) persienne *f*

lovable ['lʌvəbl] adj adorable

love [lʌv] **1** n **a** (for person) amour *m* ■ **it was ~ at first sight** ça a été le coup de foudre ■ **for ~ of her son** par amour pour son fils ■ **for the ~ of God** pour l'amour de Dieu ■ **I won't do it for ~ nor money** je ne le ferai pour rien au monde ■ **they're in ~** ils s'aiment ■ **she's in ~** elle est amoureuse ■ **to be in ~ (with)** être amoureux (de) ■ **to fall in ~ (with)** tomber amoureux (de) ■ **to make ~** faire l'amour ► **love affair** liaison *f* (amoureuse) ► **love-hate relationship** relation *f* amour-haine ► **love letter** lettre *f* d'amour ► **love life*** ■ **how's your ~ life (these days)?** comment vont les amours ? ► **love story** histoire *f* d'amour **b** (in letter) ■ **~ from Jim** affectueusement or bises, Jim ■ **give her my ~** fais-lui mes amitiés ■ **he sends you his ~** il t'envoie ses amitiés **c** (= thing, object) passion *f* **d** (BR : term of address,) (to child) mon petit, ma petite ; (to man) mon chéri ; (to woman) ma chérie **e**

(Tennis) zéro *m* **2** vt **a** [+ person] aimer ▪ **they ~ each other** ils s'aiment **b** [+ music, food, activity, place] aimer (beaucoup) ; (stronger) adorer ▪ **to ~ doing sth** adorer faire qch ▪ **I'd ~ to come** je serais ravi de venir ▪ **I'd ~ to!** (in answer to question) avec plaisir ! ▪ **I'd ~ to but unfortunately...** j'aimerais bien, malheureusement...

lovebite ['lʌvbaɪt] n suçon *m*

lovely ['lʌvlɪ] adj **a** (= beautiful) [woman, place, clothes, flower] ravissant ; [baby, animal, picture, voice] beau (belle *f*) **b** (= pleasant) [person] charmant ; [day, flavour, meal, surprise, weather, holiday] merveilleux ; [food, smell] délicieux ; [idea] excellent ▪ **we had a ~ time** nous nous sommes bien amusés ▪ **the water's ~ and warm** l'eau est bonne

lovemaking ['lʌv,meɪkɪŋ] n rapports *mpl* sexuels ▪ **after ~** après l'amour

lover ['lʌvə'] n **a** amant *m* **b** [of hobby, wine] amateur *m* -trice *f*

loving ['lʌvɪŋ] adj affectueux ; [wife, husband, parent] aimant ▪ **with ~ care** avec le plus grand soin

low [ləʊ] **1** adj **a** (gen) bas (basse *f*) ▪ **at ~ tide** à marée basse ▪ **in a ~ voice** (= softly) à voix basse ▪ **at ~ speed** à petite vitesse ▪ **in ~ gear** en première ou en seconde (vitesse) ▪ **cook on a ~ heat** cuire à feu doux ▪ **supplies are running ~** les provisions diminuent ▪ **~ in fat** à faible teneur en matières grasses ▪ **~ in nitrogen** contenant peu d'azote ▪ **we're a bit ~ on petrol** nous n'avons plus beaucoup d'essence **b** (= depressed) déprimé **c** [behaviour] ignoble ▪ **the lowest of the ~** le dernier des derniers **2** adv **a** (= in low position) [aim, fly] bas ▪ **~er down the hill** plus bas sur la colline ▪ **I wouldn't stoop so ~ as to do that** je ne m'abaisserais pas à faire cela **b** (= at low volume, intensity) ▪ **to turn the lights/music down ~** baisser la lumière/la musique **3** n **a** (= weather system) dépression *f* **b** (= low point) ▪ **the euro has fallen to a new ~** l'euro a atteint son niveau le plus bas **4** comp ▸ **low-budget** [film, project] à petit budget ▸ **low-calorie** basses calories ▸ **low-carb*** pauvre en glucides ▸ **low-cost** bon marché; [airline] low cost ▸ **low-cut** [dress] décolleté ▸ **low-fat** [diet] pauvre en matières grasses; [milk, cheese] allégé ▸ **low-key** discret (-ète *f*) ▸ **low-lying** à basse altitude ▸ **low-paid** mal payé ▸ **low-profile** discret (-ète *f*) ▸ **low-quality** [goods] de qualité inférieure ▸ **low-rise** peu élevé, de faible hauteur ▸ **low-tar** [cigarette] à faible teneur en goudron ▸ **low-tech** rudimentaire

low-down* ['ləʊdaʊn] **1** adj [person] méprisable ▪ **a ~ trick** un sale tour **2** n ▪ **to give sb the ~ on sth** mettre qn au courant de qch

lower ['ləʊə'] compar of **low** **1** adj inférieur (-eure *f*) ▪ **the ~ half of the body** le bas du corps ▪ **the ~ shelf** l'étagère *f* du bas **2** vt **a** [+ blind, window] baisser ; [+ sail, flag] amener ; [+ lifeboat] mettre à la mer **b** [+ pressure, heating, price, voice] baisser

lowly ['ləʊlɪ] adj humble

lox [lɒks] n (US) saumon *m* fumé

loyal ['lɔɪəl] adj [friend, supporter] loyal ; [wife, customer, reader, employee] fidèle ▪ **to be ~ to sb/sth** être fidèle à qn/qch

loyalty ['lɔɪəltɪ] n loyauté *f* (*to* envers) ; (to cause) dévouement *m* (*to* à)

lozenge ['lɒzɪndʒ] n **a** (= medicated sweet) pastille *f* **b** (= shape) losange *m*

Ltd (BR) (abbr of **Limited**) ▪ **Smith & Co. ~** ≈ Smith & Cie SA

lubricant ['lu:brɪkənt] adj, n lubrifiant *m*

lubricate ['lu:brɪkeɪt] vt lubrifier

lucid ['lu:sɪd] adj lucide

luck [lʌk] n **a** chance *f* ▪ **good ~** chance *f* ▪ **bad ~** malchance *f* ▪ **to bring bad ~** porter malheur (à qn) ▪ **good ~!** bonne chance ! ▪ **hard ~!*** pas de veine !* ▪ **as ~ would have it** comme par hasard **b** (= good fortune) chance *f* ▪ **you're in ~*** tu as de la chance

luckily ['lʌkɪlɪ] adv heureusement

lucky ['lʌkɪ] adj **a** ▪ **to be ~** avoir de la chance ▪ **it was ~ you got here in time** heureusement que vous êtes arrivé à temps ▪ **(you) ~ thing*!** veinard(e) !* **b** [coincidence, shot] heureux ▪ **that was ~!** quelle chance ! ▪ **to have a ~ escape** l'échapper belle ▪ **a ~ break*** un coup de bol* **c** [number, horseshoe] porte-bonheur ▪ **a ~ charm** un porte-bonheur ▸ **lucky dip** (BR) (at fair) ≈ pêche à la ligne; (fig) loterie *f (fig)*

lucrative ['lu:krətɪv] adj lucratif

ludicrous ['lu:dɪkrəs] adj ridicule

ludo ['lu:dəʊ] n (BR) jeu *m* des petits chevaux

lug* [lʌg] vt traîner

luggage ['lʌgɪdʒ] n bagages *mpl* ▸ **luggage rack** (in train) porte-bagage *m*; (on car) galerie *f* ; → *Pièges* LUGGAGE

lugubrious [lʊ'gu:brɪəs] adj lugubre

lukewarm ['lu:kwɔ:m] adj **a** (in temperature) tiède **b** (= unenthusiastic) peu enthousiaste

lull [lʌl] **1** n (in storm) accalmie *f* ; (in hostilities, conversation) arrêt *m* **2** vt [+ person, fear] apaiser ▪ **to be ~ed into a false sense of security** s'endormir dans une fausse sécurité

lullaby ['lʌləbaɪ] n berceuse *f*

lumbago [lʌm'beɪgəʊ] n lumbago *m*

lumber ['lʌmbə'] **1** n (= wood) bois *m* de construction **2** vt ▪ **to ~ sb with sth*** (BR = burden) coller* qch à qn ▪ **he got ~ed with**

the job of making the list il s'est tapé* le boulot de dresser la liste **3** vi (= lumber along) [person, animal] marcher pesamment

lumberjack ['lʌmbədʒæk] n bûcheron *m*

luminous ['lu:mɪnəs] adj lumineux

lump [lʌmp] **1** n **a** (= piece) morceau *m* ; [of clay, earth] motte *f* ; (in sauce) grumeau *m* ▸ **lump sum** somme *f* or montant *m* forfaitaire; (= payment) versement *m* unique **b** [cancerous] grosseur *f* ; (= swelling) protubérance *f* ; (from bump) bosse *f* ▪ **to have a ~ in one's throat** avoir une boule dans la gorge **2** vt (* BR) ▪ **you'll just have to ~ it** t'as pas le choix* ▪ **like it or ~ it, you'll have to go** que ça te plaise ou non il faudra que tu y ailles
▸ **lump together** vt sep [+ people, cases] mettre dans la même catégorie or dans le même panier

lumpy ['lʌmpɪ] adj [mattress] plein de bosses ; [sauce, mixture] grumeleux ▪ **to go ~** [sauce] faire des grumeaux

lunacy ['lu:nəsɪ] n folie *f*

lunar ['lu:nəʳ] adj lunaire ; [eclipse] de lune

lunatic ['lu:nətɪk] n, adj fou *m*, folle *f*

> ⚠ ***lunatic*** ne se traduit pas par le mot français **lunatique**.

lunch [lʌntʃ] n déjeuner *m* ▪ **to have ~** déjeuner ▸ **lunch break** pause *f* déjeuner ▸ **lunch hour** heure *f* du déjeuner ▪ **during one's ~ hour** à l'heure du déjeuner

lunchbox ['lʌntʃbɒks] n boîte *f* à sandwiches

luncheon ['lʌntʃən] n déjeuner *m* ▸ **luncheon voucher** ticket-restaurant *m*

lunchtime ['lʌntʃtaɪm] n ▪ **it's ~** c'est l'heure de déjeuner ▪ **at ~** à l'heure du déjeuner

lung [lʌŋ] n poumon *m*

lunge [lʌndʒ] vi **a** (= move) faire un mouvement brusque en avant **b** (= attack) ▪ **to ~ at sb** envoyer un coup à qn

lurch [lɜ:tʃ] **1** n [of person] vacillement *m* ; [of car, ship] embardée *f* ▪ **to leave sb in the ~** laisser qn en plan* **2** vi [person] tituber ; [car, ship] faire une embardée

lure [ljʊəʳ] **1** n **a** (= charm) [of sea, travel] attrait *m* **b** (= decoy) leurre *m* **2** vt attirer

lurid ['ljʊərɪd] adj **a** [story, image, photo] horrible ; [headlines] à sensation ; [scandal] sordide **b** [colour] criard

lurk [lɜ:k] vi [person] se cacher *(dans un but malveillant)* ; [danger] menacer ; [doubt] persister

luscious ['lʌʃəs] adj **a** * [woman, lips] pulpeux **b** [food] succulent

lush [lʌʃ] adj **a** [field, vegetation] luxuriant **b** [hotel, surroundings] luxueux

lust [lʌst] n (sexual) désir *m* (sexuel) ; (= deadly sin) luxure *f* ; (for fame, power) soif *f* (*for* de) ▪ **the ~ for life** la rage de vivre
▸ **lust after, lust for** vt insep [+ person, riches] convoiter ; [+ revenge, power] avoir soif de

lustre ['lʌstəʳ] n (= shine) lustre *m* ; (= renown) éclat *m*

lusty ['lʌstɪ] adj vigoureux

lute [lu:t] n luth *m*

Luxemb(o)urg ['lʌksəmbɜ:g] n Luxembourg

luxuriant [lʌg'zjʊərɪənt] adj luxuriant

luxurious [lʌg'zjʊərɪəs] adj luxueux ; [tastes] de luxe

luxury ['lʌkʃərɪ] **1** n luxe *m* **2** adj [goods, car] de luxe ; [flat, hotel] de grand standing

LW (abbr of **long wave**) GO *fpl*

lychee ['laɪtʃi:] n litchi *m*

Lycra® ['laɪkrə] **1** n Lycra® *m* **2** adj en Lycra

lying ['laɪɪŋ] **1** n mensonge(s) *m(pl)* **2** adj [person] menteur

lynch [lɪntʃ] vt lyncher ▸ **lynch mob** lyncheurs *mpl*

lynchpin ['lɪntʃpɪn] n (= important factor) élément *m* essentiel ; (= person) cheville *f* ouvrière

lyric ['lɪrɪk] **1** n (= words of song) ▪ **~s** paroles *fpl* ▸ **lyric writer** parolier *m*, -ière *f* **2** adj lyrique

lyrical ['lɪrɪkəl] adj lyrique

mM

M, m [em] n a (BR) (abbr of **motorway**) ▪ **on the M6** sur l'autoroute M6 b abbr of **million(s)** M c (abbr of **metre(s)**) m

MA [ˌem'eɪ] n (abbr of **Master of Arts**) ▪ **to have an MA in French** ≈ avoir un master de français

mac* [mæk] n (BR) (abbr of **mackintosh**) imper* *m*

macabre [mə'kɑːbrə] adj macabre

macaroni [ˌmækə'rəʊnɪ] n macaroni(s) *m(pl)* ▸ **macaroni cheese** gratin *m* de macaroni(s)

macaroon [ˌmækə'ruːn] n macaron *m*

mace [meɪs] n a (= ceremonial staff) masse *f* b (= spice) macis *m*

machete [mə'ʃetɪ] n machette *f*

machine [mə'ʃiːn] 1 n machine *f* ▸ **machine gun** mitrailleuse *f* ▸ **machine operator** opérateur *m*, -trice *f* ▸ **machine translation** traduction *f* automatique ▸ **machine-washable** lavable en machine 2 vt a [+ metal part] usiner b (Sewing) piquer (à la machine)

machinery [mə'ʃiːnərɪ] n (= machines collectively) machines *fpl* ; (= parts of machine) mécanisme *m* ▪ **a piece of ~** une machine

machinist [mə'ʃiːnɪst] n machiniste *mf*

macho ['mætʃəʊ] adj macho*

mackerel ['mækrəl] n maquereau *m*

mackintosh ['mækɪntɒʃ] n imperméable *m*

mad [mæd] adj a [person] fou (folle *f*) ; [idea] insensé ; [race] effréné ▪ **to go ~** devenir fou ▪ **to drive sb ~** rendre qn fou ▪ **as ~ as a hatter*, (stark) raving ~*** fou à lier ▪ **to run/work like ~*** courir/travailler comme un fou ▸ **mad cow disease** maladie *f* de la vache folle b (= angry) furieux ▪ **to be ~ at** or **with sb** être furieux contre qn ▪ **to get ~ at** or **with sb** s'emporter contre qn c (* = enthusiastic) ▪ **~ on** or **about sth/sb** dingue* de qch/qn d (* = excited) ▪ **the audience went ~** le public s'est déchaîné

madam ['mædəm] n madame *f* ▪ **Dear Madam** Madame

madcap ['mædkæp] adj, n écervelé(e) *m(f)*

madden ['mædn] vt rendre fou ; (= infuriate) exaspérer

maddening ['mædnɪŋ] adj exaspérant

made [meɪd] vb pret, ptp of **make** **made-to-measure** (fait) sur mesure ▸ **made-up** [story] inventé ; (pej) faux (fausse *f*) ; (with cosmetics) maquillé

madly ['mædlɪ] adv [scream, grin] comme un fou ▪ **to fall ~ in love with sb** tomber éperdument amoureux de qn

madman ['mædmən] n (pl **-men**) fou *m*

madness ['mædnɪs] n folie *f*

madrasah [mə'dræsə] n madrassa(h) *f*

mafia ['mæfɪə] n mafia *f*

magazine [ˌmægə'ziːn] n a (= publication) magazine *m* b (in gun) magasin *m*

maggot ['mægət] n asticot *m*

magic ['mædʒɪk] 1 n magie *f* ▪ **as if by ~** comme par enchantement 2 adj a (= supernatural) magique ▸ **magic carpet** tapis *m* volant ▸ **magic mushroom*** champignon *m* hallucinogène b (* = brilliant) super*

magical ['mædʒɪkəl] adj [powers, place, moment] magique ; [story, experience] merveilleux

magician [mə'dʒɪʃən] n magicien(ne) *m(f)*

magistrate ['mædʒɪstreɪt] n magistrat *m* ▪ **~s' court** ≈ tribunal d'instance

magnanimous [mæg'nænɪməs] adj magnanime (*to sb* envers qn)

magnate ['mægneɪt] n magnat *m*

magnesium [mæg'niːzɪəm] n magnésium *m*

magnet ['mægnɪt] n aimant *m*

magnetic [mæg'netɪk] adj magnétique ▸ **magnetic storm** orage *m* magnétique ▸ **magnetic strip, magnetic stripe** piste *f* magnétique ▸ **magnetic tape** bande *f* magnétique

magnetism ['mægnɪtɪzəm] n magnétisme *m*

magnification [ˌmægnɪfɪ'keɪʃən] n grossissement *m*

magnificent [mæg'nɪfɪsənt] adj (gen) magnifique ; [meal] splendide ; [palace] somptueux

magnify ['mægnɪfaɪ] vt [+ image] grossir ; [+ sound] amplifier ▸ **magnifying glass** loupe *f*

magnitude ['mægnɪtjuːd] n [of problem] ampleur *f* ; (Astron) magnitude *f*

magnolia [mæg'nəʊlɪə] n a (also **magnolia tree**) magnolia *m* b (= colour) rose *m* pâle

magpie ['mægpaɪ] n pie *f*

mahogany [mə'hɒgənɪ] 1 n acajou *m* 2 adj (= made of mahogany) en acajou ; (= mahogany-coloured) acajou *inv*

maid [meɪd] n (= servant) domestique *f* ; (in hotel) femme *f* de chambre ▸ **maid of honour** demoiselle *f* d'honneur

maiden ['meɪdn] **1** n (liter) jeune fille *f* **2** comp [flight, voyage] inaugural ▸ **maiden name** nom *m* de jeune fille ▸ **maiden speech** premier discours *m* *(d'un député etc)*

mail [meɪl] **1** n **a** (= postal system) poste *f* ▪ **by ~** par la poste **b** (= letters) courrier *m* **c** (= e-mail) courrier *m* électronique, e-mail *m* **2** vt **a** (= post) envoyer (par la poste) **b** (= e-mail) [+ message] envoyer par courrier électronique ▪ **to ~ sb** envoyer un e-mail or un message électronique à qn **3** comp ▸ **mailing address** (US) adresse *f* postale ▸ **mailing list** liste *f* d'adresses ▸ **mail order** vente *f* par correspondance ▸ **mail van** (BR) (= truck) camionnette *f* des postes ; (= on train) wagon *m* postal

mailbox ['meɪlbɒks] n boîte *f* aux lettres

mailing ['meɪlɪŋ] n publipostage *m*, mailing *m* ▪ **~ list** fichier *m* d'adresses ▪ **~ address** (US) adresse *f* postale

mailman ['meɪlmæn] n (pl **-men**) (US) facteur *m*

mailshot ['meɪlʃɒt] n (BR) mailing *m*

maim [meɪm] vt estropier

main [meɪn] **1** adj principal ▪ **the ~ thing is to keep quiet** l'essentiel est de se taire ▪ **in the ~** dans l'ensemble ▸ **main course** plat *m* principal ▸ **main drag** (US) rue *f* principale ▸ **main line** (= railway) grande ligne *f* ▸ **main office** siège *m* ▸ **main road** grande route *f* ▸ **main street** rue *f* principale **2** n (= pipe, wire) conduite *f* principale **3** **the mains** npl le secteur ▪ **connected to the ~s** branché sur le secteur
→ *Pièges* PRINCIPAL

mainframe ['meɪnfreɪm] n (also **mainframe computer**) unité *f* centrale

mainland ['meɪnlənd] **1** n continent *m* *(opposé à une île)* ▪ **the Greek ~** la Grèce continentale **2** adj continental

mainline ['meɪnlaɪn] **1** adj **a** (= principal) → **mainstream** **b** [station, train] de grande ligne **2** vi (* = inject drug) se shooter* **3** vt (* = inject) ▪ **to ~ heroin** se shooter* à l'héroïne

mainly ['meɪnlɪ] adv surtout

mainsail ['meɪnseɪl] n grand-voile *f*

mainspring ['meɪnsprɪŋ] n [of clock] ressort *m* principal ; [of action] mobile *m* principal

mainstay ['meɪnsteɪ] n point *m* d'appui ▪ **he was the ~ of the organization** c'était lui le pilier de l'organisation

mainstream ['meɪnstriːm] **1** adj [political party] grand ; [press] à grand tirage ; [music] grand public *inv* **2** n [of politics] courant *m* dominant

maintain [meɪn'teɪn] vt **a** (= keep up) maintenir ; [+ friendship] entretenir ; [+ advantage] conserver **b** [+ road, building, car, machine] entretenir **c** [+ opinion] soutenir

maintenance ['meɪntɪnəns] n **a** [of road, building, car, machine] entretien *m* **b** [of family] entretien *m* ; (after divorce) pension *f* alimentaire ▸ **maintenance grant** [of student] bourse *f* (d'études) ▸ **maintenance order** ordonnance *f* de versement de pension alimentaire **c** (= preservation) maintien *m*

maisonette [ˌmeɪzə'net] n duplex *m*

maize [meɪz] n (BR) maïs *m*

majestic [mə'dʒestɪk] adj majestueux

majesty ['mædʒɪstɪ] n majesté *f* ▪ **Your Majesty** Votre Majesté ▪ **His** or **Her Majesty's Government** (BR) le gouvernement britannique

major ['meɪdʒə'] **1** adj majeur ▪ **of ~ importance** d'une importance majeure ▪ **~ repairs** grosses réparations *fpl* ▪ **it was a ~ success** cela a eu un succès considérable ▸ **major key** ton *m* majeur ▸ **major league** (US) première division *f* **2** n **a** (= army officer) commandant(e) *m(f)* **b** (US Univ = subject studied) majeure *f*, dominante *f* ▪ **psychology ~** (= student) étudiant(e) *m(f)* en psychologie **3** vi (US) ▪ **to ~ in chemistry** se spécialiser en chimie

Majorca [mə'jɔːkə] n Majorque *f*

majority [mə'dʒɒrɪtɪ] **1** n majorité *f* ▪ **to be in the ~** être majoritaire ▪ **in the ~ of cases** dans la majorité des cas **2** adj [government, rule] majoritaire ▪ **~ decision** décision *f* prise à la majorité

majorly ['meɪdʒəlɪ] adv vachement*, super*

make [meɪk] (ptp, pret **made**)

1 vt **a** (gen) faire ; (= manufacture) faire, fabriquer ▪ **he made it himself** il l'a fait lui-même ▪ **two and two ~ four** deux et deux font quatre ▪ **how much does that ~ (altogether)?** combien ça fait (en tout) ? ▪ **they were made for each other** ils étaient faits l'un pour l'autre ▪ **made in France** (on label) fabriqué en France ▪ **the frames are made of plastic** la monture est en plastique

b (= cause to be) rendre ▪ **to ~ o.s. useful** se rendre utile ▪ **to ~ sb happy/unhappy** rendre qn heureux/malheureux ▪ **~ yourself comfortable** mettez-vous à l'aise ▪ **to ~ sb king** mettre qn sur le trône ▪ **he made John his assistant** il a fait de John son assistant

c [+ money] [person] gagner ; [company] réaliser un bénéfice net de ; [product] rapporter ▪ **he ~s $400 a week** il gagne 400 dollars par semaine d [+ destination] arriver à ; [+ train, plane] avoir ▪ **will we ~ Paris before lunch?** est-ce que nous arriverons à Paris avant le déjeuner ? ▪ **he made (it into) the first team** il a réussi à être sélectionné dans l'équipe première

e (= reckon) ▪ **what time do you ~ it?** quelle heure as-tu ?

f (= ensure success of) ▪ **that film made her** ce film l'a consacrée ▪ **he's got it made*** son avenir est assuré ▪ **to ~ or break sb** assurer ou briser la carrière de qn ▪ **his visit made my day!*** sa visite m'a fait un plaisir fou !*

g (= be, constitute) faire ▪ **he'll ~ a good footballer** il fera un bon footballeur

h (set structures)

♦ **to make sb do sth** (= cause to) faire faire qch à qn ; (= force) obliger qn à faire qch ▪ **to ~ sb laugh** faire rire qn

♦ **to make of** penser de ▪ **what did you ~ of the film?** que penses-tu de ce film ? ▪ **what do you ~ of him?** qu'est-ce que tu penses de lui ?

♦ **to make believe** (= pretend) faire semblant ; (= imagine) imaginer

♦ **to make do** (= manage) se débrouiller ▪ **I'll ~ do with what I've got** je vais me débrouiller avec ce que j'ai ▪ **you'll have to ~ do with me** (= be satisfied) tu vas devoir te contenter de moi

♦ **to make it** (= come) venir ; (= arrive) arriver ; (= succeed) réussir ▪ **I can't ~ it** je ne peux pas venir ▪ **he made it just in time** il est arrivé juste à temps ▪ **can you ~ it by 3 o'clock?** est-ce que tu peux y être pour 3 heures ? ▪ **let's ~ it 5 o'clock** si on disait 5 heures ?

2 vi (= act) ▪ **he made as if to strike me** il fit mine de me frapper

3 n a (= brand) marque *f* ▪ **what ~ of car do you drive?** qu'est-ce que vous avez comme voiture ?

b ♦ **to be on the make** [tide] monter ; (* = trying to make money) chercher à se remplir les poches* ; (* = trying to get power) avoir une ambition dévorante

▸ **make for** vt insep a (= go to) se diriger vers b (= produce) produire ; (= contribute to) contribuer à

▸ **make out**

1 vi (* = manage) se débrouiller

2 vt sep a (= distinguish) distinguer ; (= hear) comprendre ; [+ handwriting] déchiffrer b (= claim, pretend) prétendre ; (= portray as) présenter comme ▪ **he's not as stupid as he ~s out** il n'est pas aussi stupide qu'il le prétend ▪ **they made him out to be a fool** ils disaient que c'était un imbécile c [+ cheque] libeller ; [+ will] faire

▸ **make over** vt sep a (= assign) [+ money, land] transférer (*to* à) b (= remake) [+ garment, story] reprendre ; (= convert) [+ building] convertir

▸ **make up**

1 vi a (= become friends again) se réconcilier b (= apply cosmetics) se maquiller

2 vt sep a [+ story, excuse] inventer b (= put together) [+ parcel] faire ; [+ dish, medicine] préparer c [+ deficit] compenser ; [+ sum of money, numbers] compléter ▪ **to ~ up lost time** rattraper le temps perdu d (= repay) ▪ **to ~ sth up to sb** revaloir qch à qn e [+ dispute] mettre fin à ; [+ differences] régler ▪ **let's ~ it up** faisons la paix f (= apply cosmetics to) maquiller ▪ **to ~ o.s. up** se maquiller g (= compose) composer ; (= represent) constituer ▪ **the group was made up of six teachers** le groupe était composé de six professeurs

▸ **make up for** vt insep compenser ▪ **to ~ up for lost time** rattraper le temps perdu

make-believe ['meɪkbɪli:v] **1** n ▪ **to play at ~** jouer à faire semblant ▪ **she lives in a world of ~** elle vit dans un monde d'illusions **2** adj ▪ **his story is pure ~** son histoire est pure fantaisie

→ *Pièges* DO

makeover ['meɪkəʊvəʳ] n changement *m* de look*

makeshift ['meɪkʃɪft] adj de fortune

make-up ['meɪkʌp] n a (= cosmetics) maquillage *m* ▸ make-up remover démaquillant *m* b (= nature) [of object, group] constitution *f* ; [of person] tempérament *m*

making ['meɪkɪŋ] n fabrication *f* ; [of dress] confection *f* ▪ **cheese-/wine-making** fabrication *f* du fromage/du vin ▪ **all his troubles are of his own ~** tous ses ennuis sont de sa faute ▪ **a star in the ~** une star en herbe ▪ **it's history in the ~** c'est l'histoire en train de se faire ▪ **he has the ~s of a minister** il a l'étoffe d'un ministre

maladjusted [,mælə'dʒʌstɪd] adj inadapté

malaria [mə'lɛərɪə] n paludisme *m*, malaria *f*

Malaysia [mə'leɪzɪə] n Malaisie *f*

male [meɪl] **1** adj mâle **2** n (= animal) mâle *m* ; (= man) homme *m*

malevolent [mə'levələnt] adj malveillant

malfunction [,mæl'fʌŋkʃən] **1** n défaillance *f* **2** vi mal fonctionner

malice ['mælɪs] n méchanceté *f*

malicious [mə'lɪʃəs] adj [person] méchant ; [rumour, phone call] malveillant ▪ **~ gossip** médisances *fpl*

⚠ ***malicious*** ne se traduit pas par **malicieux**.

ma

malign [mə'laɪn] **1** adj pernicieux **2** vt calomnier

malignant [mə'lɪgnənt] adj **a** [tumour, disease] malin (-igne *f*) **b** [influence] nocif ; [person] malveillant

malingerer [mə'lɪŋgərəʳ] n faux malade *m*, fausse malade *f*

mall [mɔːl] n (US) (= pedestrianized street) rue *f* piétonnière ; (also **shopping mall**) centre *m* commercial

malleable ['mælɪəbl] adj malléable

mallet ['mælɪt] n maillet *m*

malnutrition [,mælnjʊ'trɪʃən] n malnutrition *f*

malpractice [,mæl'præktɪs] n faute *f* professionnelle

malt [mɔːlt] n malt *m* ▸ **malt vinegar** vinaigre *m* de malt ▸ **malt whisky** (whisky *m*) pur malt *m*

Malta ['mɔːltə] n Malte *f*

maltreat [,mæl'triːt] vt maltraiter

malware ['mæl,wɛəʳ] n (Computing) malware *m*, logiciel *m* néfaste

mammal ['mæməl] n mammifère *m*

mammogram ['mæməgræm] n mammographie *f*

mammoth ['mæməθ] **1** n mammouth *m* **2** adj colossal

man [mæn] **1** n (pl **men**) **a** homme *m* ▪ **an old ~** un vieil homme ▪ **my old ~*** mon paternel*, mon daron* ▪ **the ~ in the street** Monsieur Tout-le-monde ▪ **a ~ of the world** un homme d'expérience **b** (in compounds) ▪ **the ice-cream ~** le marchand de glaces ▪ **the gas ~** l'employé *m* du gaz **c** (= humanity in general) ▪ **Man** l'homme *m* **d** (Chess) pièce *f* ; (Draughts) pion *m* **2** vt (= provide staff for) assurer une permanence à ; (= work at) être de service à ▪ **the troops who ~ned the look-out posts** les troupes qui tenaient les postes d'observation

▸ **man up** vi faire preuve de plus de courage

→ *Pièges* MISTER

manacle ['mænəkl] n ▪ **~s** menottes *fpl*

manage ['mænɪdʒ] **1** vt **a** [+ business, hotel, shop, time, capital] gérer ; [+ organization] diriger ; [+ football team, boxer, actors] être le manager de **b** (= handle) [+ boat, vehicle] manœuvrer ; [+ animal, person] savoir s'y prendre avec **c** (= succeed) ▪ **to ~ to do sth** arriver à faire qch ▪ **how did you ~ not to spill it?** comment as-tu fait pour ne pas le renverser ? ▪ **can you ~ the suitcases?** pouvez-vous porter les valises ? ▪ **I ~d a smile** j'ai réussi à sourire **2** vi (= get by) se débrouiller ▪ **can you ~?** tu y arriveras ? ▪ **I can ~ without him** je peux me débrouiller sans lui

manageable ['mænɪdʒəbl] adj [number, proportions] raisonnable ; [task] faisable ; [hair] facile à coiffer ; [vehicle, boat] maniable

management ['mænɪdʒmənt] n **a** (= managing) gestion *f* ▸ **management consultant** conseiller *m*, -ère *f* en gestion (d'entreprise) **b** (= people in charge) direction *f* ▪ **"under new ~"** « changement de propriétaire »

manager ['mænɪdʒəʳ] n [of company] directeur *m*, -trice *f* ; [of restaurant, hotel, shop] gérant(e) *m(f)* ; [of actor, boxer] manager *mf* ; [of sports team] directeur *m* sportif, directrice *f* sportive

manageress [,mænɪdʒə'res] n gérante *f*, directrice *f*

managerial [,mænə'dʒɪərɪəl] adj d'encadrement ▪ **a ~ decision** une décision de la direction

managing director [,mænədʒɪŋdɪ'rektəʳ] n (BR) PDG *mf*

mandarin ['mændərɪn] n **a** (= fruit) mandarine *f* **b** (= person) mandarin *m*

mandate ['mændeɪt] n mandat *m*

mandatory ['mændətərɪ] adj (= obligatory) obligatoire

mane [meɪn] n crinière *f*

maneuver [mə'nuːvəʳ] n, vti (US) ⇒ **manoeuvre**

manga ['mæŋgə] n manga *m*

manger ['meɪndʒəʳ] n (for animals) mangeoire *f* ; (Nativity) crèche *f*

mangle ['mæŋgl] vt mutiler

mango ['mæŋgəʊ] n (= fruit) mangue *f*

mangrove ['mæŋgrəʊv] n palétuvier *m*

mangy ['meɪndʒɪ] adj **a** (= diseased) galeux **b** (* = shabby) miteux

manhandle ['mæn,hændl] vt (= treat roughly) malmener ; (= move by hand) manutentionner

manhole ['mænhəʊl] n bouche *f* d'égout

manhood ['mænhʊd] n **a** (= age, state) âge *m* d'homme **b** (= manliness) virilité *f*

manhunt ['mænhʌnt] n chasse *f* à l'homme

mania ['meɪnɪə] n manie *f* (*for* de)

maniac ['meɪnɪæk] n fou *m*, folle *f*

manic ['mænɪk] adj [person] surexcité ; (clinically) maniaque ; [energy] frénétique ; [grin] de dément(e) ; [laughter] hystérique ▸ **manic depression** cyclothymie *f*

manicure ['mænɪ,kjʊəʳ] **1** n manucure *f* **2** vt [+ person] manucurer ▪ **to ~ one's nails** se faire les ongles

manifest ['mænɪfest] **1** adj manifeste **2** vt manifester

manifesto [,mænɪ'festəʊ] n manifeste *m*

manifold ['mænɪfəʊld] adj (frm) nombreux

manipulate [mə'nɪpjʊleɪt] vt manipuler

manipulative [mə'nɪpjʊlətɪv] adj manipulateur (-trice *f*)

mankind [mæn'kaɪnd] n humanité *f*

manly ['mænlɪ] adj viril

man-made [mæn'meɪd] adj [fibre, fabric] synthétique ; [lake, barrier] artificiel

manna ['mænə] n manne *f*

manned [mænd] adj [spacecraft, flight] habité ; [mission] humain

mannequin ['mænɪkɪn] n mannequin *m*

manner ['mænə^r] **1** n **a** (= way) manière *f* ■ **in this ~** de cette manière ■ **in a ~ of speaking** pour ainsi dire ■ **all ~ of birds** toutes sortes d'oiseaux **b** (= attitude) attitude *f* **2** **manners** npl manières *fpl* ■ **good/bad ~s** bonnes/mauvaises manières *fpl* ■ **it's good/bad ~s** ça se fait/ne se fait pas

mannerism ['mænərɪzəm] n (= habit) trait *m* particulier ; (= quirk) manie *f*

manoeuvre, maneuver (US) [mə'nu:və^r] **1** n manœuvre *f* ■ **it doesn't leave much room for ~** cela ne laisse pas une grande marge de manœuvre **2** vti manœuvrer

manor ['mænə^r] n (also **manor house**) manoir *m*

manpower ['mæn,paʊə^r] n main-d'œuvre *f*

mansion ['mænʃən] n (in town) hôtel *m* particulier ; (in country) manoir *m*

manslaughter ['mænslɔ:tə^r] n homicide *m*

mantelpiece ['mæntlpi:s] n tablette *f* de cheminée

mantra ['mæntrə] n mantra *m*

manual ['mænjʊəl] **1** adj (gen) manuel ; [typewriter] mécanique ■ **~ labour** main-d'œuvre *f* **2** n (= book) manuel *m*

manufacture [,mænjʊ'fæktʃə^r] **1** n fabrication *f* ; [of clothes] confection *f* **2** vt fabriquer ; [+ clothes] confectionner ■ **~d goods** produits *mpl* manufacturés

manufacturer [,mænjʊ'fæktʃərə^r] n fabricant *m*

manufacturing [,mænjʊ'fæktʃərɪŋ] **1** n fabrication *f* **2** adj [sector] industriel ; [industry] de transformation

manure [mə'njʊə^r] n fumier *m* ■ **liquid ~** purin *m* ▸ **manure heap** tas *m* de fumier

manuscript ['mænjʊskrɪpt] n, adj manuscrit *m*

many ['menɪ] adj, pron (compar **more**, superl **most**) beaucoup (de) ■ **~ of them** beaucoup d'entre eux ■ **~ people** beaucoup de gens ■ **~ times** de nombreuses fois ■ **in ~ cases** dans bien des cas ■ **~ happy returns!** bon anniversaire ! ■ **I have as ~ problems as you** j'ai autant de problèmes que vous ■ **how ~?** combien ? ■ **how ~ people?** combien de personnes ? ■ **there were so ~ (that...)** il y en avait tant (que...) ■ **so ~ dresses** tant de robes ■ **there were too ~** il y en avait trop ■ **too ~ cakes** trop de gâteaux ■ **there are too ~ of you** vous êtes trop nombreux

map [mæp] **1** n (gen) carte *f* ; [of town, subway] plan *m* **2** vt (also **map out**) [+ area] dresser la carte de ; [+ route] tracer

→ *Pièges* MAP

maple ['meɪpl] n érable *m* ▸ **maple syrup** sirop *m* d'érable

mar [mɑ:^r] vt gâcher

marathon ['mærəθən] **1** n marathon *m* **2** adj **a** [runner] de marathon **b** (= very long) marathon *inv*

marble ['mɑ:bl] n **a** (= stone, sculpture) marbre *m* **b** (= toy) bille *f* ■ **to lose one's ~s*** perdre la boule*

March [mɑ:tʃ] n mars *m* ; for phrases see **September**

march [mɑ:tʃ] **1** n **a** marche *f* **b** (= demonstration) manifestation *f* ▸ **march-past** défilé *m* **2** vi **a** (soldiers) marcher au pas ■ **to ~ in/out** (briskly) entrer/sortir d'un pas énergique ; (angrily) entrer/sortir d'un air furieux ■ **he ~ed up to me** il s'est approché de moi d'un air décidé **b** (= demonstrate) manifester **3** vt ■ **to ~ sb in/away** faire entrer/emmener qn tambour battant

→ *Pièges* MARCH

marcher ['mɑ:tʃə^r] n (= demonstrator) manifestant(e) *m(f)*

mare [mɛə^r] n jument *f*

> ⚠ ***mare*** ne se traduit pas par le mot français **mare**.

margarine [,mɑ:dʒə'ri:n] n margarine *f*

margin ['mɑ:dʒɪn] n marge *f* ■ **to win by a wide/narrow ~** gagner haut la main/de justesse ■ **profit ~** marge *f* bénéficiaire

marginal ['mɑ:dʒɪnl] adj **a** (gen) marginal ; [issue] insignifiant ; [improvement] négligeable **b** (BR Pol) ■ **~ seat** siège *m* très disputé

marginalize ['mɑ:dʒɪnəlaɪz] vt marginaliser

marginally ['mɑ:dʒɪnəlɪ] adv légèrement

marigold ['mærɪgəʊld] n (= flower) souci *m*

marijuana, marihuana [mærɪ'wɑ:nə] n marijuana *f*

marina [mə'ri:nə] n marina *f*

marinade [,mærɪ'neɪd] **1** n marinade *f* **2** vt mariner

marinate ['mærɪneɪt] vt mariner

marine [mə'ri:n] **1** adj marin ▸ **marine current turbine** hydrolienne *f* **2** n fusilier *m* marin ; (US) marine *m*

marital ['mærɪtl] adj conjugal ▸ **marital status** état *m* civil

maritime ['mærɪtaɪm] adj maritime

marjoram ['mɑ:dʒərəm] n marjolaine *f*

mark [mɑ:k] **1** n **a** (= physical marking) marque *f* ; (= stain) tache *f* **b** (= sign) signe *m* **c** (= hallmark) marque *f* ▪ **he has made his ~** il s'est imposé ▪ **to make one's ~ as a politician** s'imposer comme homme politique **d** (= grade) note *f* ▪ **he got full ~s** (BR) il a eu vingt sur vingt **e** ▪ **on your ~s! get set! go!** à vos marques ! prêts ! partez ! **f** (= level) barre *f* **g** (= brand name) marque *f* **h** (= currency) mark *m* **i** (set structures) ▪ **to be quick off the ~** (= quick on the uptake) avoir l'esprit vif ; (= quick in reacting) avoir des réactions rapides ▪ **his work isn't up to the ~** son travail laisse à désirer **2** vt **a** (gen) marquer ; (= stain) tacher ▪ **to ~ time** attendre son heure **b** [+ essay, exam] corriger ▪ **to ~ sth right/wrong** marquer qch juste/faux **c** [+ price] indiquer **3** vi (= stain) se tacher
▸ **mark down** vt sep [+ goods] démarquer
▸ **mark off** vt sep **a** (= separate) [+ section of text] délimiter **b** (= divide by boundary) délimiter ; [+ distance] mesurer ; [+ road, boundary] tracer **c** [+ items on list] cocher
▸ **mark out** vt sep **a** [+ zone] délimiter ; [+ field] borner ; [+ route] baliser **b** (= single out) désigner
▸ **mark up** vt sep **a** (= put a price on) indiquer le prix de **b** (= increase) [+ price] majorer ; [+ goods] majorer le prix de
→ *Pièges* MARK – NOTE

marked [mɑ:kt] adj **a** [improvement, increase] sensible ; [tendency, difference] marqué ; [contrast] frappant ; [accent] prononcé **b** ▪ **to be a ~ man** être un homme marqué

marker ['mɑ:kəʳ] n **a** (= pen) marqueur *m* **b** (= flag, stake) jalon *m* **c** (= bookmark) signet *m* **d** (Football) marqueur *m*, -euse *f*

market ['mɑ:kɪt] **1** n marché *m* ▪ **fish ~** marché *m* aux poissons ▪ **free ~** marché *m* libre ▪ **to put sth on the ~** mettre qch sur le marché ▸ **market economy** économie *f* de marché ▸ **market garden** (BR) jardin *m* maraîcher ▸ **market leader** leader *m* du marché ▸ **market place** (= square) place *f* du marché; (Econ) marché *m* ▸ **market research** étude *f* de marché ▸ **market share** part *f* de marché **2** vt (= promote) commercialiser ; (= sell) vendre ; (= find outlet for) trouver un débouché pour

marketing ['mɑ:kɪtɪŋ] n marketing *m* ; (= department) service *m* marketing

marking ['mɑ:kɪŋ] **1** n (BR = correcting) correction *f* des copies **2** **markings** npl (on animal) taches *fpl* ; (on road) signalisation *f* horizontale

marksman ['mɑ:ksmən] n (pl **-men**) tireur *m* d'élite

marksmanship ['mɑ:ksmənʃɪp] n adresse *f* au tir

marmalade ['mɑ:məleɪd] n marmelade *f* *(d'agrumes)*

maroon [mə'ru:n] adj (= colour) bordeaux *inv*

marooned [mə'ru:nd] adj ▪ **to be ~** être abandonné

marquee [mɑ:'ki:] n (= tent) grande tente *f*

marquess, marquis ['mɑ:kwɪs] n marquis *m*

marriage ['mærɪdʒ] n mariage *m* (*to* avec) ▸ **marriage certificate** acte *m* de mariage ▸ **marriage guidance** conseil *m* conjugal ▸ **marriage vows** vœux *mpl* de mariage ; → *Pièges* MARRIAGE

married ['mærɪd] adj marié (*to* à, avec) ▪ **to be happily ~** être heureux en ménage ▸ **married name** nom *m* de femme mariée

marrow ['mærəʊ] n **a** (in bone) moelle *f* **b** (BR = vegetable) courge *f*

marrowbone ['mærəʊbəʊn] n os *m* à moelle

marry ['mærɪ] **1** vt **a** (= take in marriage) épouser ▪ **will you ~ me?** veux-tu m'épouser ? ▪ **to get married** se marier **b** (= give in marriage) marier **2** vi se marier ▪ **to ~ for money/love** faire un mariage d'argent/d'amour

Mars [mɑ:z] n (= planet) Mars *f*

marsh [mɑ:ʃ] n marais *m*, marécage *m*

marshal ['mɑ:ʃəl] **1** n **a** (military) maréchal *m* **b** (BR : at demonstration, sports event) membre *m* du service d'ordre **c** (US = law officer) marshal *m (magistrat et officier de police fédérale)* **2** vt **a** [+ troops] rassembler ; [+ crowd, traffic] canaliser **b** [+ resources] mobiliser ; [+ support] obtenir

marshmallow [mɑ:ʃ'mæləʊ] n (= sweet) marshmallow *m*

marshy ['mɑ:ʃɪ] adj marécageux

marsupial [mɑ:'su:pɪəl] adj, n marsupial *m*

martial ['mɑ:ʃəl] adj [music] militaire ; [spirit] guerrier ▸ **martial arts** arts *mpl* martiaux ▸ **martial law** loi *f* martiale

martyr ['mɑ:təʳ] **1** n martyr(e) *m(f)* (*to* de) **2** vt martyriser

martyrdom ['mɑ:tədəm] n martyre *m*

marvel ['mɑ:vəl] **1** n merveille *f* **2** vi s'émerveiller (*at* de)

marvellous, marvelous (US) ['mɑ:vələs] adj merveilleux

Marxism ['mɑ:ksɪzəm] n marxisme *m*

marzipan ['mɑ:zɪˌpæn] n pâte *f* d'amandes

mascara [mæs'kɑ:rə] n mascara *m*

mascot ['mæskət] n mascotte *f*

masculine ['mæskjʊlɪn] adj, n masculin *m*

masculinity [ˌmæskjʊ'lɪnɪtɪ] n masculinité *f*

mash ['mæʃ] **1** n **a** (= pulp) pulpe *f* **b** (* BR also **mashed potatoes**) purée *f* (de pommes de terre) **2** vt écraser ; [+ potatoes] faire une purée de

mask [mɑːsk] n masque *m*

masking tape ['mɑːskɪŋteɪp] n ruban *m* de masquage

masochist ['mæsəʊkɪst] n masochiste *mf*

masochistic [,mæsəʊ'kɪstɪk] adj masochiste

mason ['meɪsn] n **a** (= stoneworker) maçon(ne) *m(f)* **b** (= freemason) franc-maçon *m*

masonry ['meɪsənrɪ] n **a** (= stonework) maçonnerie *f* **b** (= freemasonry) franc-maçonnerie *f*

masquerade [,mæskə'reɪd] **1** n mascarade *f* **2** vi ▪ **to ~ as...** se faire passer pour...

mass [mæs] **1** n **a** [of substance, objects] masse *f* **b** (= people) ▪ **the ~es** les masses (populaires) **c** (religious) messe *f* ▪ **to go to ~** aller à la messe **2** **masses** npl ▪ **~es (of...)*** des tas* (de...) **3** adj **a** [unemployment, destruction] massif ; [resignations, redundancies] en masse ; [hysteria] collectif **b** [culture, movement] de masse **4** vi [troops] se masser ; [clouds] s'amonceler **5** comp ▸ **mass marketing** commercialisation *f* de masse ▸ **mass media** (mass) médias *mpl* ▸ **mass murder** massacre *m* ▸ **mass murderer** auteur *m* d'un massacre ▸ **mass-produce** fabriquer en série ▸ **mass production** fabrication *f* en série

massacre ['mæsəkəʳ] **1** n massacre *m* **2** vt massacrer

massage ['mæsɑːʒ] **1** n massage *m* ▸ **massage therapy** massothérapie *f* **2** vt [+ body, face] masser ; [+ figures] manipuler

massive ['mæsɪv] adj **a** [explosion, increase] massif ; [majority] écrasant ; [heart attack] foudroyant **b** (* = huge) énorme
→ *Pièges* MASSIVE

mast [mɑːst] n mât *m* ; (for radio) pylône *m*

master ['mɑːstəʳ] **1** n **a** [of household] maître *m* ▪ **to be one's own ~** être son (propre) maître **b** (= degree) ▪ **a ~'s** ≈ un master **c** (in secondary school) professeur *m* ; (in primary school) maître *m* **d** (BR : title for boys) monsieur *m* **2** vt **a** [+ emotion, situation] maîtriser ; [+ difficulty] surmonter **b** [+ language, skill] maîtriser **3** comp ▸ **master bedroom** chambre *f* principale ▸ **master copy** original *m* ▸ **master key** passe-partout *m inv* ▸ **Master of Arts** ≈ titulaire d'une maîtrise en lettres ▸ **master of ceremonies** maître *m* des cérémonies; (for entertainment) animateur *m* ▸ **master plan** schéma *m* directeur ▸ **master stroke** coup *m* de maître

masterful ['mɑːstəfʊl] adj [person] à l'autorité naturelle ; [performance] magistral

masterly ['mɑːstəlɪ] adj magistral

mastermind ['mɑːstəmaɪnd] **1** n cerveau *m* **2** vt ▪ **he ~ed the whole thing** il était le cerveau derrière l'opération

masterpiece ['mɑːstəpiːs] n chef-d'œuvre *m*

mastery ['mɑːstərɪ] n maîtrise *f*

masturbate ['mæstəbeɪt] vi se masturber

masturbation [,mæstə'beɪʃən] n masturbation *f*

mat [mæt] n **a** (on floor) (petit) tapis *m* ; (at door) paillasson *m* ; (in car, gym) tapis *m* **b** (heat-resistant) dessous-de-plat *m inv* ; (also **place mat**) set *m* (de table)

match [mætʃ] **1** n **a** (Sport) match *m* ▸ **match point** balle *f* de match **b** (for lighting fire) allumette *f* ▪ **to strike a ~** gratter une allumette **c** (= equal) égal(e) *m(f)* ▪ **to meet one's ~ (in sb)** trouver à qui parler (avec qn) **d** (= complement) ▪ **to be a good ~** [clothes, colours] aller bien ensemble **2** vt **a** ▪ **to ~ up to** (= be equal to) égaler **b** ▪ **to ~ sb's offer** faire une offre équivalente à celle de qn **c** [clothes, colours] (intended as a set) être assorti à ; (a good match) aller bien avec ▪ **his tie doesn't ~ his shirt** sa cravate ne va pas avec sa chemise **d** ▪ **they are well ~ed** [opponents] ils sont de force égale ; [couple] ils sont bien assortis **3** vi [colours] aller bien ensemble ; [socks] faire la paire ▪ **with (a) skirt to ~** avec (une) jupe assortie

matchbox ['mætʃbɒks] n boîte *f* d'allumettes

matching ['mætʃɪŋ] adj assorti

matchmake* ['mætʃmeɪk] vi jouer les entremetteurs

matchmaker ['mætʃmeɪkəʳ] n entremetteur *m*, -euse *f*

matchstick ['mætʃstɪk] n allumette *f*

mate [meɪt] **1** n **a** (* BR = friend) copain* *m*, copine* *f* **b** (at work) camarade *mf* **c** [of animal] mâle *m*, femelle *f* **d** (on ship) ≈ second **e** (Chess) mat *m* **2** vt **a** [animal] accoupler (*with* à) **b** (Chess) mettre mat **3** vi s'accoupler (*with* à, avec)

material [mə'tɪərɪəl] **1** adj **a** (= physical) matériel **b** (= relevant) pertinent (*to sth* pour qch) **2** n **a** (= substance) substance *f* **b** (= cloth) tissu *m* **c** (= substances from which product is made) matériau *m* ▪ **building ~s** matériaux *mpl* de construction **d** (= necessary tools) matériel *m* ; (= information) données *fpl* ▪ **reading ~** lecture *f* ▪ **teaching ~(s)** matériel *m* pédagogique ▪ **reference ~** ouvrages *mpl* de référence

materialistic [mə,tɪərɪə'lɪstɪk] adj matérialiste

materialize [mə'tɪərɪəlaɪz] vi se matérialiser

maternal [mə'tɜːnəl] adj maternel

maternity [mə'tɜ:nɪtɪ] n maternité *f* ▸ **maternity clothes** vêtements *mpl* de grossesse ▸ **maternity hospital** maternité *f* ▸ **maternity leave** congé *m* de maternité ▸ **maternity ward** (service *m* d')obstétrique *f*

math* [mæθ] n (US) (abbr of **mathematics**) math(s)* *fpl*

mathematical [,mæθə'mætɪkəl] adj mathématique

mathematician [,mæθəmə'tɪʃən] n mathématicien(ne) *m(f)*

mathematics [,mæθə'mætɪks] n mathématiques *fpl*

maths* [mæθs] n (BR) (abbr of **mathematics**) math(s)* *fpl*

matinée ['mætɪneɪ] n matinée *f*

mating ['meɪtɪŋ] n accouplement *m* ▸ **mating call** appel *m* du mâle ▸ **mating season** saison *f* des amours

matrices ['meɪtrɪsi:z] pl of **matrix**

matriculation [mə,trɪkjʊ'leɪʃən] n inscription *f*

matrimony ['mætrɪmənɪ] n mariage *m*

matrix ['meɪtrɪks] n (pl **matrices**) matrice *f*

matron ['meɪtrən] n **a** (= nurse) surveillante *f* générale ; (in school) infirmière *f* **b** [of old people's home] directrice *f*

matt(e) [mæt] adj mat

matted ['mætɪd] adj [hair] emmêlé

matter ['mætə'] **1** n **a** (= physical substance) matière *f* ▪ **vegetable ~** matière *f* végétale **b** (= content) contenu *m* **c** (= affair) affaire *f* ▪ **the ~ in hand** l'affaire en question ▪ **for that ~** d'ailleurs ▪ **as a ~ of course** automatiquement ▪ **as a ~ of fact** en fait ▪ **it's a ~ of life and death** c'est une question de vie ou de mort ▪ **that's a ~ of opinion!** c'est discutable ! ▪ **it is only a ~ of time** ce n'est qu'une question de temps **d** (= importance) ▪ **no ~!** peu importe ! ▪ **no ~ when he comes** quelle que soit l'heure à laquelle il arrive ▪ **no ~ what he says** quoi qu'il dise ▪ **no ~ where/who** où/qui que ce soit **e** (= problem) ▪ **what's the ~?** qu'est-ce qu'il y a ? ▪ **what's the ~ with him?** qu'est-ce qu'il a ? ▪ **what's the ~ with your hand?** qu'est-ce que vous avez à la main ? ▪ **there's nothing the ~ with that idea** il n'y a rien à redire à cette idée **2** vi importer (*to* à) ▪ **it doesn't ~** ça ne fait rien ▪ **it doesn't ~ whether...** cela ne fait rien si... ▪ **it doesn't ~ who/where** peu importe la personne/l'endroit ▪ **what does it ~?** qu'est-ce que cela peut faire ? ▪ **nothing else ~s** le reste n'a aucune importance

matter-of-fact [,mætərəv'fækt] adj [tone] neutre ; [style] prosaïque ; [attitude, person] terre à terre

mattress ['mætrɪs] n matelas *m*

mature [mə'tjʊə'] **1** adj mûr ; [wine] vieux ; [cheese] affiné **2** vt faire mûrir **3** vi [person] mûrir ; [wine] vieillir ; [cheese] s'affiner

maturity [mə'tjʊərɪtɪ] n maturité *f*

maul [mɔ:l] vt (= attack) mutiler ; (fatally) déchiqueter

Maundy Thursday [,mɔ:ndɪ'θɜ:zdɪ] n jeudi *m* saint

Mauritius [mə'rɪʃəs] n île *f* Maurice

mausoleum [,mɔ:sə'lɪəm] n mausolée *m*

mauve [məʊv] adj, n mauve *m inv*

max.* [mæks] adv, n (abbr of **maximum**) max* *m*

maxim ['mæksɪm] n maxime *f*

maximize ['mæksɪmaɪz] vt optimiser

maximum ['mæksɪməm] **1** n maximum *m* ▪ **a ~ of $8** 8 dollars au maximum **2** adj maximum ▪ **~ temperatures** températures *fpl* maximales **3** adv (au) maximum

May [meɪ] n mai *m* ▸ **May Day** Premier Mai *m (fête du Travail)* ; for other phrases see **September**

may [meɪ] modal vb

a (probability) ▪ **he ~ arrive late** il arrivera peut-être en retard ▪ **I ~ have left it behind** je l'ai peut-être oublié ▪ **it ~ rain later** il se peut qu'il pleuve plus tard ▪ **be that as it ~** quoi qu'il en soit ▪ **this ~ well be his last chance** c'est peut-être sa dernière chance ▪ **you ~ as well say £5 million** autant dire 5 millions de livres ▪ **I ~ as well tell you all about it** je ferais aussi bien de tout vous dire

b (= can) pouvoir ▪ **you ~ go now** vous pouvez partir ▪ **~ I interrupt for a moment?** je peux vous interrompre une seconde ? ▪ **~ I help you?** est-ce que je peux vous aider ? ; (in shop) vous désirez ? ▪ **~ I?** vous permettez ?

c (in prayers, wishes) ▪ **~ he rest in peace** qu'il repose en paix

maybe ['meɪbi:] adv peut-être ▪ **~ he'll be there** il y sera peut-être ▪ **~, ~ not** peut-être que oui, peut-être que non

mayday ['meɪdeɪ] n SOS *m*

mayfly ['meɪflai] n éphémère *f*

mayhem ['meɪhem] n (= havoc) pagaille* *f*

mayonnaise [,meɪə'neɪz] n mayonnaise *f*

mayor [mɛə'] n maire *m*

mayoress ['mɛəres] n (= female mayor) maire *f*, mairesse *f* ; (= wife of mayor) femme *f* du maire

maypole ['meɪpəʊl] n mât *m* de cocagne

maze [meɪz] n labyrinthe *m*

MB [em'bi:] n (abbr of **megabyte**) Mo

MBA ['embi:'eɪ] n (abbr of **Master of Business Administration**) *mastère de gestion*

MC [em'si:] n (abbr of **Master of Ceremonies**) maître *m*, -esse *f* des cérémonies ; (for entertainment) animateur *m*, -trice *f*

m-commerce ['ɛm,kɒmɜ:s] n m-commerce *m*

me [mi:] **1** pers pron **a** (direct object) (unstressed) me ; (before vowel or silent h) m' ; (stressed) moi ■ **he can see me** il me voit ■ **he saw me** il m'a vu **b** (indirect object) me, moi ; (before vowel or silent h) m' ■ **he gave me the book** il m'a donné le livre ■ **give it to me** donnez-le-moi ■ **he was speaking to me** il me parlait **c** (after preposition etc) moi ■ **I'll take it with me** je l'emporterai avec moi ■ **it's me** c'est moi ■ **you're smaller than me** tu es plus petit que moi ■ **if you were me** à ma place ▸ **me time** temps *m* pour soi **2** n (Mus) mi *m*

meadow ['medəʊ] n pré *m*

meagre, meager (US) ['mi:gəʳ] adj maigre *before n*

meal [mi:l] n **a** (= food) repas *m* ■ **evening ~** dîner *m* ■ **to make a ~ of sth*** faire tout un plat de qch* **b** (= flour) farine *f*

mealtime ['mi:ltaɪm] n heure *f* du repas ■ **at ~s** aux heures des repas

mean [mi:n] **1** vt (pret, ptp **meant**) **a** (= signify) vouloir dire ■ **what do you ~ (by that)?** que voulez-vous dire (par là) ? ■ **the name ~s nothing to me** ce nom ne me dit rien ■ **what does this ~?** qu'est-ce que cela veut dire ? ■ **this ~s war** c'est la guerre à coup sûr ■ **it will ~ a lot of expense** cela entraînera beaucoup de dépenses ■ **he said it as if he ~t it** il n'avait pas l'air de plaisanter **b** (= intend) avoir l'intention (*to do sth* de faire qch) ■ **I didn't ~ to break it** je n'ai pas fait exprès de le casser ■ **I'm sure he didn't ~ it** je suis sûr que ce n'était pas intentionnel ■ **I ~t it as a joke** c'était pour rire ■ **she ~s well** cela part d'un bon sentiment ■ **that book is ~t for children** ce livre est destiné aux enfants ■ **it was ~t to be** le destin en avait décidé ainsi ■ **this portrait is ~t to be Anne** ce portrait est censé représenter Anne **2** n (= middle term) milieu *m* ; (mathematical) moyenne *f* **3** adj **a** (= average) moyen **b** (BR = stingy, unpleasant) mesquin ■ **~ with one's money** avare ■ **a ~ trick** un sale tour **c** (* US) [horse, dog] vicieux **d** (= inferior) ■ **he's no ~ singer** c'est un chanteur de talent ■ **it was no ~ feat** cela a été un véritable exploit
→ <u>*Pièges*</u> MEAN

meander [mɪ'ændəʳ] **1** vi **a** [river] serpenter **b** [person] flâner **2** n méandre *m*

meaning ['mi:nɪŋ] n sens *m*, signification *f*

meaningful ['mi:nɪŋfʊl] adj [relationship, discussion] sérieux ; [experience] important ; [look, smile] éloquent

meaningless ['mi:nɪŋlɪs] adj **a** [words, song, action, gesture] dénué de sens **b** [existence] futile ; [suffering] vain

means [mi:nz] n **a** (= way) moyen(s) *m(pl)* ■ **to find the ~ to do** or **of doing sth** trouver le(s) moyen(s) de faire qch ■ **by all ~!** (= of course) mais certainement ! ■ **by no ~** nullement ■ **by ~ of...** au moyen de... **b** (= wealth) moyens *mpl* ■ **to live within one's ~** vivre selon ses moyens

means-test ['mi:nztest] vt ■ **to ~ sb** examiner les ressources de qn *(avant d'accorder certaines prestations sociales)*

meant [ment] vb pret, ptp of **mean**

meantime ['mi:ntaɪm], **meanwhile** ['mi:nwaɪl] adv ■ **(in the) ~** en attendant, pendant ce temps

measles ['mi:zlz] n rougeole *f*

measly* ['mi:zlɪ] adj misérable

measurable ['meʒərəbl] adj mesurable

measure ['meʒəʳ] **1** n **a** (gen) mesure *f* ; [of alcohol] dose *f* ■ **for good ~** pour faire bonne mesure ■ **made to ~** fait sur mesure ■ **it had a ~ of success** cela a eu un certain succès ■ **in some ~** dans une certaine mesure **b** (= step) mesure *f* ■ **to take ~s against** prendre des mesures contre **2** vt (gen) mesurer ; [+ success, performance] évaluer ■ **the room ~s 4 metres across** la pièce fait 4 mètres de large ▸ **measuring jug** pot *m* gradué ▸ **measuring tape** centimètre *m*
▸ **measure out** vt sep mesurer
▸ **measure up** **1** vt sep [+ wood] mesurer ; [+ person] jauger **2** vi (= be adequate) être à la hauteur (*to* de)

measurement ['meʒəmənt] n ■ **~s** mesures *fpl*

meat [mi:t] n viande *f* ▸ **meat loaf** pain *m* de viande

meatball ['mi:tbɔ:l] n boulette *f* de viande

meaty ['mi:tɪ] adj **a** [flavour] de viande ; [sauce, stock] à base de viande **b** [legs] gros (grosse *f*) *before n* **c** [book, role] substantiel

Mecca ['mekə] n La Mecque *f*

mechanic [mɪ'kænɪk] n mécanicien(ne) *m(f)*

> ⚠ ***mechanic*** ne se traduit pas par **mécanique** ; → <u>*Pièges*</u> MECHANIC

mechanical [mɪ'kænɪkəl] adj **a** [of vice, problem] mécanique ▸ **mechanical engineering** (= theory) mécanique *f* ; (= practice) construction *f* mécanique **b** [action, reply] machinal
→ <u>*Pièges*</u> MECHANIC

mechanics [mɪ'kænɪks] **1** n (= science) mécanique *f* **2** npl mécanisme *m*

mechanism ['mekənɪzəm] n mécanisme *m*

mechanize ['mekənaɪz] vt mécaniser

medal ['medl] n médaille *f*

medallion [mɪ'dæljən] n médaillon *m*

medallist, medalist (US) ['medəlɪst] n médaillé(e) *m(f)* ▪ **he's a silver ~** il est médaillé d'argent

meddle ['medl] vi a (= interfere) se mêler (*in* de) b (= tamper) toucher (*with* à)

media ['mi:dɪə] 1 npl ▪ **the ~** les médias *mpl* 2 comp [attention, reaction] des médias ; [coverage] médiatique ▸ **media studies** études *fpl* de communication

median ['mi:dɪən] 1 adj médian 2 n médiane *f* ▸ **median strip** (US : on motorway) terre-plein *m* central

mediate ['mi:dɪeɪt] 1 vi servir d'intermédiaire 2 vt [+ peace, settlement] obtenir par médiation ; [+ dispute] arbitrer

mediator ['mi:dɪeɪtə'] n médiateur *m*, -trice *f*

Medicaid® ['medɪ,keɪd] n (US) *assistance médicale aux personnes vivant en dessous du seuil de pauvreté*

medical ['medɪkəl] adj médical ▸ **medical examination** (in hospital, school) visite *f* médicale; (private) examen *m* médical ▸ **medical insurance** assurance *f* maladie ▸ **medical school** faculté *f* de médecine ▸ **medical student** étudiant(e) *m(f)* en médecine

medicalize ['medɪkə,laɪz] vt médicaliser

Medicare® ['medɪkɛə'] n (US) Medicare *m*, *assistance médicale aux personnes âgées*

medicated ['medɪkeɪtɪd] adj [shampoo] traitant

medication [,medɪ'keɪʃən] n médication *f*

medicinal [me'dɪsɪnl] adj [plant, value] médicinal ; [property, quality] thérapeutique

medicine ['medsn, 'medɪsn] n a (= science) médecine *f* ▸ **medicine cabinet** (armoire *f* à) pharmacie *f* ▸ **medicine man** sorcier *m* guérisseur b (= drug) médicament *m* ▪ **let's give him a taste of his own ~** on va lui rendre la monnaie de sa pièce

medieval [,medɪ'i:vəl] adj médiéval

mediocre [,mi:dɪ'əʊkə'] adj médiocre

meditate ['medɪteɪt] 1 vt méditer 2 vi méditer (*about* sur)

meditation [,medɪ'teɪʃən] n méditation *f* (*about* sur)

Mediterranean [,medɪtə'reɪnɪən] 1 adj [coast, climate, diet] méditerranéen ; [island] de la Méditerranée 2 n a ▪ **the ~** la (mer) Méditerranée ; (= region) la région méditerranéenne b (= person) méditerranéen(ne) *m(f)*

medium ['mi:dɪəm] 1 n (pl **media**) a (= means of communication) moyen *m* ▪ **through the ~ of the press** par voie de presse b (= mid-point) milieu *m* ▪ **the happy ~** le juste milieu c (pl **~s**) (spiritual) médium *m* 2 adj moyen ▸ **medium-dry** [wine, sherry, cider] demi-sec ▸ **medium rare** [steak] à point ▸ **medium-sized** de taille moyenne ▸ **medium-term** à moyen terme ▸ **medium-wave** sur ondes moyennes

medley ['medlɪ] n mélange *m* ; [of music] pot-pourri *m*

meek [mi:k] adj [person] docile ▪ **~ and mild** doux et docile

meet [mi:t] (pret, ptp **met**) 1 vt a [+ person] (gen) rencontrer ; (coming in opposite direction) croiser ; (by arrangement) retrouver ; (= go to meet) aller chercher ; (= come to meet) venir chercher ▪ **to arrange to ~ sb at 3 o'clock** donner rendez-vous à qn à 3 heures ▪ **I'll ~ you outside the cinema** je te retrouve devant le cinéma b (= make acquaintance of) faire la connaissance de ▪ **pleased to ~ you** enchanté de faire votre connaissance c (= encounter) [+ opponent, obstacle] rencontrer ; [+ danger] faire face à ▪ **he met his death in 1880** il trouva la mort en 1880 d [+ expenses] régler ; [+ responsibilities] faire face à, s'acquitter de ; [+ objective] atteindre ; [+ demand] répondre à ; [+ condition] remplir ▪ **to ~ the deadline** respecter les délais 2 vi a [people] (gen) se rencontrer ; (by arrangement) se retrouver ; (more than once) se voir ; (= become acquainted) faire connaissance ▪ **to ~ again** se revoir ▪ **have you met before?** vous vous connaissez ? ▪ **they arranged to ~ at 10 o'clock** ils se sont donné rendez-vous à 10 heures b [parliament, committee] se réunir c [lines, roads] se croiser ; [rivers] confluer ▪ **our eyes met** nos regards se croisèrent 3 n a (= sporting event) meeting *m* b (BR = hunt) rendez-vous *m* de chasse *(au renard)*

▸ **meet up** vi se retrouver ▪ **to ~ up with sb** retrouver qn

▸ **meet with** vt insep a [+ difficulties, resistance, obstacles] rencontrer ▪ **he met with an accident** il lui est arrivé un accident b (US) [+ person] retrouver

→ *Pièges* CROSS

meeting ['mi:tɪŋ] n a [of group] réunion *f* ▪ **he's in a ~** il est en réunion ▪ **to call a ~** convoquer une réunion b (between individuals) rencontre *f* ; (arranged) rendez-vous *m* ; (formal) entrevue *f*

→ *Pièges* MEETING

megabit ['megəbɪt] n (Computing) mégabit *m*

megabyte ['megə,baɪt] n mégaoctet *m*

megalomania [,megələʊ'meɪnɪə] n mégalomanie *f*

megaphone ['megəfəʊn] n mégaphone *m*

megawatt ['megəwɒt] n mégawatt *m*

meh* [me] adj, excl bof* ▪ **it was a bit ~** c'était plutôt bof*, c'était pas terrible*

melancholy ['melənkəlɪ] **1** n mélancolie *f* **2** adj mélancolique

mellow ['meləʊ] **1** adj **a** (= soft) doux (douce *f*) ; [wine, flavour] moelleux **b** (* = relaxed) relax* *inv* **2** vi [wine] se velouter ; [voice, person] s'adoucir

melodious [mɪ'ləʊdɪəs] adj mélodieux

melodrama ['meləʊˌdrɑːmə] n mélodrame *m*

melodramatic [ˌmeləʊdrə'mætɪk] adj mélodramatique

melody ['melədɪ] n mélodie *f*

melon ['melən] n melon *m*

melt [melt] **1** vi [ice, butter] fondre ▪ **her heart ~ed at the sight** elle fondit devant ce spectacle ▪ **he looks as if butter wouldn't ~ in his mouth** on lui donnerait le bon Dieu sans confession* **2** vt [+ butter] (faire) fondre ; [+ metal] fondre ▪ **to ~ sb's heart** attendrir qn ▸ **melting point** point *m* de fusion ▸ **melting pot** melting-pot *m*

▸ **melt away** vi [confidence] disparaître ; [crowd] se disperser

▸ **melt down** vt sep fondre

meltdown ['meltdaʊn] n fusion *f (du cœur d'un réacteur nucléaire)*

member ['membəʳ] n membre *m* ▪ **a ~ of staff** (in school) un professeur ; (in firm) un(e) employé(e) *m(f)* ▸ **Member of Congress** (US) membre *m* du Congrès ▸ **Member of Parliament** (BR) ≈ député ▸ **Member of the European Parliament** député *m* européen ▸ **member states** États *mpl* membres

membership ['membəʃɪp] n **a** [of club, organization] adhésion *f* ▸ **membership card** carte *f* d'adhérent ▸ **membership fee** cotisation *f* **b** (= members) membres *mpl*

membrane ['membreɪn] n membrane *f*

meme [miːm] n (Internet) mème *m*

memento [mə'mentəʊ] n (= keepsake) souvenir *m*

memo ['meməʊ] n note *f* (de service) ▸ **memo pad** bloc-notes *m*

memoirs ['memwɑːz] npl mémoires *mpl*

memorabilia [ˌmemərə'bɪlɪə] n souvenirs *mpl (objets)*

memorable ['memərəbl] adj mémorable

memorandum [ˌmemə'rændəm] n (pl **memoranda** [ˌmemə'rændə]) note *f* (de service)

memorial [mɪ'mɔːrɪəl] **1** adj commémoratif **2** n (= monument) monument *m*

memorize ['meməraɪz] vt mémoriser

memory ['memərɪ] **1** n **a** (= faculty) mémoire *f* ▪ **to have a good ~** avoir (une) bonne mémoire ▪ **to have a ~ like a goldfish** avoir une mémoire de poisson rouge, avoir la mémoire comme une passoire ▪ **to quote from ~** citer de mémoire **b** (= recollection) souvenir *m* ▪ **childhood memories** souvenirs *mpl* d'enfance ▪ **in ~ of** à la mémoire de **2** comp ▸ **memory stick** (for camera) carte *f* mémoire; (= USB flash drive) clé *f* USB

men [men] npl of **man** **men's room** (US) toilettes *fpl* pour hommes

menace ['menɪs] **1** n menace *f* **2** vt menacer

menacing ['menɪsɪŋ] adj menaçant

mend [mend] **1** vt (= repair) réparer ; [+ clothes] raccommoder ▪ **to ~ one's ways** s'amender **2** vi [person] se remettre ; [part of body] guérir **3** n ▪ **to be on the ~** [person] aller mieux

menial ['miːnɪəl] adj [position] subalterne ▪ **~ tasks** corvées *fpl*

meningitis [ˌmenɪn'dʒaɪtɪs] n méningite *f*

menopause ['menəʊpɔːz] n ménopause *f*

menorah [mɪ'nɔːrə] n ménorah *f*

Menorca [mɪ'nɔːkə] n Minorque *f*

menstrual ['menstrʊəl] adj menstruel ▸ **menstrual cycle** n cycle *m* (menstruel)

menstruate ['menstrʊeɪt] vi avoir ses règles

menstruation [ˌmenstrʊ'eɪʃən] n menstruation *f*

menswear ['menzweəʳ] n prêt-à-porter *m* masculin

mental ['mentl] adj (= not physical) mental ▪ **I made a ~ note of her phone number** j'ai noté mentalement son numéro de téléphone ▸ **mental arithmetic** calcul *m* mental ▸ **mental block** blocage *m* ▸ **mental illness** maladie *f* mentale ▸ **mental patient** malade *mf* mental(e)

mentality [men'tælɪtɪ] n mentalité *f*

mentally ['mentəlɪ] adv ▪ **a ~ handicapped child** un enfant handicapé mental ▪ **~ disturbed** déséquilibré

menthol ['menθɒl] n menthol *m*

mention ['menʃən] **1** vt mentionner ▪ **he ~ed to me that you were coming** il m'a dit que vous alliez venir ▪ **I'll ~ it to him** je le lui signalerai ▪ **don't ~ it!** il n'y a pas de quoi ! ▪ **not to mention...** sans compter... **2** n mention *f* ▪ **it got a ~ in the news** on en a parlé aux informations

mentor ['mentɔːʳ] **1** n mentor *m* **2** vt servir de mentor à

menu ['menjuː] n menu *m* ▪ **on the ~** au menu

MEP [ˌemiː'piː] n (BR) (abbr of **Member of the European Parliament**) député *m* européen

mercenary ['mɜːsɪnərɪ] adj, n mercenaire *mf*

merchandise ['mɜːtʃəndaɪz] n marchandises *fpl*

merchant ['mɜːtʃənt] n (= trader) négociant *m* ; (= wholesaler) grossiste *m* ; (= retailer) détaillant *m* ; (= shopkeeper) commerçant *m* ▸ **merchant bank** (BR) banque *f* d'affaires ▸ **merchant marine** (US), **merchant navy** (BR) marine *f* marchande

merciful ['mɜːsɪfʊl] adj (= compassionate) clément (*to* or *towards sb* envers qn) ; [God] miséricordieux (*to* or *towards sb* envers qn) ▪ **death came as a ~ release** la mort fut une délivrance

merciless ['mɜːsɪlɪs] adj [attack, treatment] impitoyable ; [sun, scrutiny] implacable

mercurial [mɜː'kjʊərɪəl] adj [person, temperament] lunatique ; [moods] changeant

mercury ['mɜːkjʊrɪ] n **a** (= metal) mercure *m* **b** ▪ **Mercury** (= planet) Mercure *f*

mercy ['mɜːsɪ] n **a** pitié *f* ▪ **to have ~ on sb** avoir pitié de qn ▪ **at the ~ of sb** à la merci de qn ▸ **mercy killing** euthanasie *f* **b** (= piece of good fortune) ▪ **it's a ~ that...** heureusement que... *+ indic*

> ⚠ *mercy* ne se traduit pas par **merci**.

mere [mɪəʳ] adj simple *before n* ▪ **he's a ~ clerk** c'est un simple employé de bureau ▪ **he was a ~ child** il n'était qu'un enfant ▪ **a ~ £45** 45 livres seulement

merely ['mɪəlɪ] adv simplement

merge [mɜːdʒ] **1** vi **a** [colours] se fondre (*into, with* dans) ; [roads] se joindre (*with* à) ▪ **to ~ into** [+ darkness, background] se fondre dans **b** [companies] fusionner **2** vt [+ company] fusionner

merger ['mɜːdʒəʳ] n fusion *f*

meridian [mə'rɪdɪən] n méridien *m*

meringue [mə'ræŋ] n meringue *f*

merit ['merɪt] **1** n mérite *m* ▪ **to judge sb on their own ~s** juger qn selon ses mérites **2** vt mériter

mermaid ['mɜːmeɪd] n sirène *f*

merry ['merɪ] adj **a** (= cheerful) joyeux ▪ **Merry Christmas** Joyeux Noël **b** (* BR = tipsy) éméché*

merry-go-round ['merɪgəʊˌraʊnd] n (in fairground) manège *m* ; (= whirl) tourbillon *m*

mesh [meʃ] **1** n **a** [of net] maille *f* **b** (= fabric) tissu *m* à mailles ▪ **wire ~** grillage *m* **2** vi [gears] s'engrener

mesmerize ['mezməraɪz] vt hypnotiser

mess [mes] n **a** (= confusion of objects) désordre *m*, fouillis *m* ; (= dirt) saleté *f* ▪ **you look a ~** tu n'es pas présentable ▪ **the house was in a terrible ~** la maison était dans un désordre épouvantable ▪ **they left everything in a ~** ils ont tout laissé en désordre ▪ **to be in a ~** (fig) être dans de beaux draps ▪ **his life is in a ~** c'est la pagaille* dans sa vie ▪ **your boots have made an awful ~ on the carpet** tu as fait des saletés sur le tapis avec tes bottes ▪ **the cat has made a ~ in the kitchen** le chat a fait des saletés dans la cuisine ▪ **to make a ~ of sth** gâcher qch **b** (= canteen) (in army) mess *m* ; (in navy) carré *m*

▸ **mess about*** **1** vi **a** (= act the fool) faire l'imbécile ; (= play in water, mud) patauger **b** (= waste time) perdre son temps **2** vt sep (BR = upset) embêter

▸ **mess about with*** vt insep **a** (= fiddle with) tripoter **b** (= amuse o.s. with) ▪ **they were ~ing about with a ball** ils s'amusaient à taper dans un ballon

▸ **mess around**
⇒ **mess about**

▸ **mess around with*** vt insep ⇒ **mess about with**

▸ **mess up** vt sep [+ clothes] salir ; [+ room] mettre en désordre ; [+ task, plans, life] gâcher ▪ **to ~ sb's hair up** décoiffer qn ▪ **that's ~ed everything up!** ça a tout gâché !

▸ **mess with*** vt insep [+ people] se frotter à ; [+ drugs, drinks] toucher à

message ['mesɪdʒ] n message *m* ▪ **to leave a ~ (for sb)** laisser un message (pour qn)

messaging ['mesɪdʒɪŋ] n messagerie *f*

messenger ['mesɪndʒəʳ] n messager *m*, -ère *f* ; (in hotel) coursier *m*

Messiah [mɪ'saɪə] n Messie *m*

Messrs ['mesəz] npl (BR) (abbr of **Messieurs**) MM., messieurs *mpl*

messy ['mesɪ] adj **a** (= producing mess) [person] désordonné ; [activity, job] salissant ▪ **to be a ~ eater** manger salement **b** (= untidy) [room, desk] en désordre ; [job] bâclé ; [handwriting] peu soigné **c** (= complicated) [business] embrouillé ; [process] délicat ; [relationship] compliqué

met [met] vb pret, ptp of **meet**

metabolism [me'tæbəlɪzəm] n métabolisme *m*

metal ['metl] **1** n métal *m* **2** comp en métal ▸ **metal detector** détecteur *m* de métaux

metallic [mɪ'tælɪk] adj métallique ; [paint] métallisé

metalwork ['metlwɜːk] n ferronnerie *f*

metamorphosis [ˌmetə'mɔːfəsɪs] n (pl **metamorphoses** [ˌmetə'mɔːfəˌsiːz]) métamorphose *f*

metaphor ['metəfəʳ] n métaphore *f*

metaphysics [ˌmetə'fɪzɪks] n métaphysique *f*

meteor ['miːtɪəʳ] n météore *m*

meteorite ['miːtɪəraɪt] n météorite *f*

meteorology [ˌmiːtɪə'rɒlədʒɪ] n météorologie *f*

mete out [,miːt'aʊt] vt [+ punishment] infliger

meter ['miːtə'] n **a** (= measuring device) compteur *m* ▪ **to read the ~** relever le compteur ▪ **parking ~** parcmètre *m* **b** (US) mètre *m*

methane ['miːθeɪn] n méthane *m*

method ['meθəd] n (gen) méthode *f* ; [of payment] moyen *m* ▪ **there's ~ in his madness** il n'est pas si fou qu'il en a l'air

methodical [mɪ'θɒdɪkəl] adj méthodique

Methodist ['meθədɪst] adj, n méthodiste *mf*

meths* [meθs] n (BR) abbr of **methylated spirits**

methylated spirits [,meθɪleɪtɪd'spɪrɪts] npl alcool *m* à brûler

meticulous [mɪ'tɪkjʊləs] adj méticuleux

Met Office ['met,ɒfɪs] n ▪ **the ~** (in Britain) ≈ la Météorologie nationale

metre ['miːtə'] n mètre *m*

metric ['metrɪk] adj métrique ▪ **to go ~** adopter le système métrique

metropolis [mɪ'trɒpəlɪs] n (pl **~es**) métropole *f (ville)*

metropolitan [,metrə'pɒlɪtən] adj métropolitain ▸ **the Metropolitan Police** (BR) la police de Londres

metrosexual [,metrə'seksjʊəl] **1** adj métrosexuel **2** n métrosexuel *m*

mettle ['metl] n courage *m* ▪ **to show one's ~** montrer de quoi on est capable ▪ **to be on one's ~** être prêt à donner le meilleur de soi-même

mew [mjuː] vi miauler

mews [mjuːz] n (BR = small street) ruelle *f*

Mexican ['meksɪkən] **1** adj mexicain ▸ **Mexican wave** hola *f* **2** n Mexicain(e) *m(f)*

Mexico ['meksɪkəʊ] n Mexique *m* ▸ **Mexico City** Mexico

mi [miː] n (Mus) mi *m*

MI5 [,emaɪ'faɪv] n (BR) (abbr of **Military Intelligence 5**) *service britannique chargé de la surveillance du territoire,* ≈ DCRI

MI6 [,emaɪ'sɪks] n (BR) (abbr of **Military Intelligence 6**) *services britanniques d'espionnage et de contre-espionnage,* ≈ DGSE

miaow [miː'aʊ] **1** n miaou *m* **2** vi miauler

mice [maɪs] npl of **mouse**

mickey ['mɪkɪ] n (BR) ▪ **to take the ~ out of sb*** se payer la tête de qn ▸ **Mickey Mouse*** [job, courses] pas sérieux; [degree] sans valeur

microbe ['maɪkrəʊb] n microbe *m*

microbiology [,maɪkrəʊbaɪ'ɒlədʒɪ] n microbiologie *f*

microbiota [,maɪkrəʊbaɪ'əʊtə] n microbiote *m*

microblog ['maɪkrəʊ,blɒg] n microblog *m*

microblogger ['maɪkrəʊ,blɒgə'] n microblogueur *m*, -euse *f*

microblogging ['maɪkrəʊ,blɒgɪŋ] n microblogging *m*

microchip ['maɪkrəʊ,tʃɪp] n puce *f* (électronique)

microcomputer ['maɪkrəʊkəm'pjuːtə'] n micro-ordinateur *m*

microcosm ['maɪkrəʊ,kɒzəm] n microcosme *m*

microfilm ['maɪkrəʊ,fɪlm] n microfilm *m*

microlight ['maɪkrəʊ,laɪt] n (= aircraft) ULM *m*

microorganism ['maɪkrəʊ'ɔːgə,nɪzəm] n micro-organisme *m*

microphone ['maɪkrəʊ,fəʊn] n microphone *m*

microprocessor [,maɪkrəʊ'prəʊsesə'] n microprocesseur *m*

microscope ['maɪkrəʊskəʊp] n microscope *m* ▪ **under the ~** au microscope

microscopic [,maɪkrə'skɒpɪk] adj microscopique ; [examination, analysis] au microscope

microwave ['maɪkrəʊ,weɪv] **1** n **a** (= wave) micro-onde *f* **b** (= oven) (four *m* à) micro-ondes *m* **2** vt faire cuire au micro-ondes

mid [mɪd] pref ▪ **in ~ May** à la mi-mai ▪ **~ morning** au milieu de la matinée ▪ **she's in her ~ forties** elle a dans les quarante-cinq ans ▸ **mid-price** (de) milieu de gamme

midair [,mɪd'ɛə'] **1** n ▪ **in ~** en plein ciel **2** adj [collision] en plein ciel

midday [,mɪd'deɪ] **1** n midi *m* ▪ **at ~** à midi **2** adj [sun, heat, meal] de midi

middle ['mɪdl] **1** adj du milieu **2** n **a** milieu *m* ▪ **in the ~ of** au milieu de ▪ **right in the ~ (of...)** au beau milieu (de...) ▪ **in the ~ of June** à la mi-juin ▪ **to be in the ~ of doing sth** être en train de faire qch ▪ **I was in the ~ of my work** j'étais en plein travail ▪ **it's in the ~ of nowhere*** c'est dans un coin paumé* ▸ **middle age** ≈ la cinquantaine ▸ **middle-aged** [person] d'âge moyen; [outlook] vieux jeu *inv* ▸ **the Middle Ages** le Moyen Âge ▸ **the middle classes** les classes *fpl* moyennes ▸ **middle-class** des classes moyennes ▸ **middle ear** oreille *f* moyenne ▸ **Middle East** Moyen-Orient *m* ▸ **middle finger** majeur *m* ▸ **middle ground** terrain *m* d'entente ▸ **middle management** cadres *mpl* moyens ▸ **middle name** deuxième prénom *m* ▸ **middle-of-the-road** modéré ▸ **middle school** ≈ premier cycle du secondaire ▸ **middle-sized** [town, company] de taille moyenne **b** (* = waist) taille *f*

middleman ['mɪdlmæn] n (pl **-men**) intermédiaire *m*

middling* ['mɪdlɪŋ] adj moyen

midfield ['mɪd,fiːld] n (= place, player) milieu *m* de terrain

midge [mɪdʒ] n moucheron *m*

midget ['mɪdʒɪt] n nain(e) *m(f)* ; (fig) puce *f*

Midlands ['mɪdləndz] npl (BR) ▪ **the ~** *les comtés du centre de l'Angleterre*

midlife ['mɪd,laɪf] n ▪ **in ~** autour de la cinquantaine ▸ **midlife crisis** crise *f* de la cinquantaine

midnight ['mɪdnaɪt] n minuit *m*

midriff ['mɪdrɪf] n ventre *m*

midst [mɪdst] n ▪ **in the ~ of** (= in the middle of) au milieu de ; (= among) parmi ; (= during) au beau milieu de ▪ **in our ~** parmi nous

midsummer ['mɪd,sʌmə'] n (= height of summer) cœur *m* de l'été ; (= solstice) solstice *m* d'été ▸ **Midsummer Day** Saint-Jean *f*

midterm ['mɪd'tɜːm] n **midterm elections** ≈ élections législatives *(intervenant au milieu du mandat présidentiel)* ▸ **midterm exams** examens *mpl* de milieu de trimestre

midway [,mɪd'weɪ] **1** adv [stop] à mi-chemin ▪ **~ between** à mi-chemin entre ▪ **~ through** en plein milieu de **2** n (US : in fair) emplacement *m* d'attractions foraines

midweek [,mɪd'wiːk] adj, adv en milieu de semaine

Midwest [,mɪd'west] n (in US) ▪ **the ~** le Midwest

midwife ['mɪdwaɪf] n (pl **-wives**) sage-femme *f*

midwinter [,mɪd'wɪntə'] n (= heart of winter) milieu *m* de l'hiver ; (= solstice) solstice *m* d'hiver

might [maɪt]

1 modal vb **a** (probability) ▪ **you ~ be right** tu as peut-être raison ▪ **I ~ have left it behind** je l'ai peut-être oublié ▪ **the two countries ~ go to war** les deux pays pourraient entrer en guerre ▪ **you ~ regret it later** tu pourrais le regretter plus tard ▪ **I ~ as well tell you all about it** je ferais aussi bien de tout vous dire

b (in suggestions) ▪ **you ~ try writing to him** tu pourrais toujours lui écrire ▪ **you ~ have told me you weren't coming!** tu aurais pu me prévenir que tu ne viendrais pas !

c ▪ **try as he ~, he couldn't do it** il a eu beau essayer, il n'y est pas arrivé

2 n force(s) *f(pl)* ▪ **with all one's ~** de toutes ses forces

mighty ['maɪtɪ] **1** adj puissant **2** adv (* US) vachement*

migraine ['miːgreɪn] n migraine *f*

migrant ['maɪgrənt] **1** adj **a** [worker, labour] itinérant ; (= seasonal) saisonnier **b** [bird, animal] migrateur (-trice *f*) **2** n (= bird, animal) migrateur *m* ; (= person) migrant(e) *m(f)*

migrate [maɪ'greɪt] vi migrer

migration [maɪ'greɪʃən] n migration *f*

migratory [maɪ'greɪtərɪ] adj **a** [bird, animal] migrateur (-trice *f*) ; [habits] migratoire **b** (= seasonal) saisonnier ; [population] itinérant ; (= nomadic) nomade

mike* [maɪk] n (abbr of **microphone**) micro *m*

mild [maɪld] adj doux (douce *f*) ; [tobacco, punishment] léger ; [exercise, protest] modéré ; [illness] bénin (-igne *f*) ▪ **~ ale** (BR) *sorte de bière brune anglaise*

mildew ['mɪldjuː] n moisissure *f* ; (on plant) mildiou *m*

mildly ['maɪldlɪ] adv **a** (= gently) doucement ▪ **that's putting it ~** c'est le moins que l'on puisse dire **b** (= moderately) [interested, amusing] modérément ; [surprised] légèrement

mile [maɪl] n mile *m* *(= 1 609,33 m)* ▪ **50 ~s per hour** ≈ 80 kilomètres à l'heure ▪ **they live ~s away** ils habitent à des kilomètres d'ici ▪ **sorry, I was ~s away*** (= day-dreaming) désolé, j'étais ailleurs

mileage ['maɪlɪdʒ] n (= distance covered) ≈ kilométrage

milestone ['maɪlstəʊn] n (on road) ≈ borne kilométrique ; (in life, career) événement *m* marquant

milieu ['miːljɜː] n (pl **~s**) milieu *m* (social)

militant ['mɪlɪtənt] adj, n militant(e) *m(f)*

military ['mɪlɪtərɪ] **1** adj militaire ▪ **~ service** service *m* militaire **2** **the military** npl l'armée *f*

→ *Pièges* MILITARY

militate ['mɪlɪteɪt] vi militer

militia [mɪ'lɪʃə] n milice *f* ▪ **the ~** (US) la réserve (territoriale)

milk [mɪlk] **1** n lait *m* ▸ **milk chocolate** chocolat *m* au lait ▸ **milk float** (BR) camionnette *f* de laitier ▸ **milk jug** pot *m* à lait ▸ **milk products** produits *mpl* laitiers ▸ **milk round** (BR) tournée *f* (du laitier) ▸ **milk shake** milk-shake *m* ▸ **milk tooth** dent *f* de lait **2** vt **a** [+ cow] traire **b** (= rob) dépouiller

milkman ['mɪlkmən] n (pl **-men**) laitier *m*

milky ['mɪlkɪ] adj (in colour) laiteux ; [coffee, tea] avec beaucoup de lait ▸ **the Milky Way** la Voie lactée ▸ **milky-white** d'un blanc laiteux

mill [mɪl] **1** n **a** (gen) moulin *m* **b** (= factory) usine *f* ; (= steel mill) aciérie *f* **2** vt [+ flour, coffee, pepper] moudre

▸ **mill about, mill around** vi [crowd] grouiller

millennium [mɪ'lenɪəm] n (pl **millennia** [mɪ'lenɪə]) millénaire *m* ▪ **the ~ bug** le bogue de l'an 2000

millet ['mɪlɪt] n millet *m*

milligramme ['mɪlɪgræm] n milligramme *m*

millilitre, milliliter (US) ['mɪlɪˌliːtə'] n millilitre *m*

millimetre, millimeter (US) ['mɪlɪˌmiːtə'] n millimètre *m*

million ['mɪljən] number million *m* ▪ **he's one in a ~*** c'est la crème des hommes ▪ **~s of...*** des milliers de...

millionaire [ˌmɪljə'nɛə'] n milliardaire *mf*

millionairess [ˌmɪljə'nɛərɪs] n milliardaire *f*

millipede ['mɪlɪpiːd] n millepatte *m*

millstone ['mɪlstəʊn] n (for grinding) meule *f* ▪ **it's a ~ round his neck** c'est un boulet qu'il traîne avec lui

milometer [maɪ'lɒmɪtə'] n (BR) ≈ compteur kilométrique

mime [maɪm] **1** n mime *m* ▸ **mime artist** mime *mf* **2** vti mimer

mimic ['mɪmɪk] **1** n imitateur *m*, -trice *f* **2** vt imiter

> ⚠ *mimic* ne se traduit pas par **mimique**.

min. [mɪn] (abbr of **minute, minimum**) min.

minaret ['mɪnəret] n minaret *m*

mince [mɪns] **1** n (BR) viande *f* hachée ▸ **mince pie** tartelette *f* de Noël (aux fruits secs) **2** vt **a** hacher ▪ **~d beef** bœuf *m* haché **b** ▪ **he didn't ~ (his) words** il n'a pas mâché ses mots

> ⚠ *mince* ne se traduit pas par le mot français **mince**.

mincemeat ['mɪnsmiːt] n (= sweet filling) *hachis de fruits secs, de pommes et de graisse* ; (US = meat) viande *f* hachée ▪ **to make ~ of** [+ opponent, arguments] pulvériser

mind [maɪnd] **1** n **a** (= brain) esprit *m* ▪ **his ~ went blank** il a eu un trou ▪ **that's a weight off my ~*** c'est un gros souci de moins ▪ **I can't get it out of my ~** je ne peux pas m'empêcher d'y penser ▪ **to read sb's ~** lire dans les pensées de qn ▪ **to put sb's ~ at rest** rassurer qn ▪ **to bring sth to ~** rappeler qch ▪ **to have sth on one's ~** être préoccupé par qch ▪ **it went right out of my ~** ça m'est complètement sorti de la tête* ▪ **you can do it if you put your ~ to it** tu peux le faire si tu le veux vraiment ▪ **this will take her ~ off her troubles** cela lui changera les idées ▪ **great ~s think alike** les grands esprits se rencontrent ▪ **to bear sth in ~** (= take account of) tenir compte de qch ; (= remember) ne pas oublier qch ▪ **have you (got) anything particular in ~?** avez-vous quelque chose de particulier en tête ? ▪ **to be in two ~s about doing sth** hésiter à faire qch ▪ **nobody in their right ~ would do that** aucun être sensé ne ferait cela ▪ **to be/go out of one's ~ with worry** être/devenir fou d'inquiétude ▪ **you must be out of your ~!** tu es complètement fou ! **b** (= opinion) ▪ **to my ~** à mon avis ▪ **to have a ~ of one's own** [person] savoir ce qu'on veut ▪ **to make up one's ~ (to do sth)** décider (de faire qch) **2** comp ▸ **mind-altering** adj [drug, substance] psychotrope ▸ **mind-bending***, **mind-blowing*** adj [drug] hallucinogène; [experience, news] hallucinant ▸ **mind-boggling*** adj époustouflant* ▸ **mind map** carte *f* heuristique or mentale ▸ **mind reader** télépathe *mf* ▪ **I'm not a ~ reader!*** je ne suis pas devin ! ▸ **mind set** mentalité *f* **3** vt **a** (= pay attention to) faire attention à ; (= beware of) prendre garde à ; (US = listen to) écouter ▪ **~ the step!** attention à la marche ! ▪ **~ your language!** surveille ton langage ! **b** (= object to) ▪ **I don't ~ ironing** ça ne me dérange pas de faire le repassage ▪ **I wouldn't ~ a cup of coffee*** je prendrais bien une tasse de café ▪ **if you don't ~ my saying (so)** si je puis me permettre ▪ **I don't ~ going with you** je veux bien vous accompagner ▪ **I don't ~ where we go** peu m'importe où nous allons ▪ **would you ~ opening the door?** cela vous ennuierait d'ouvrir la porte ? **c** (= look after) [+ children, animals] garder ; [+ shop] tenir **4** vi ▪ **do you ~ if I take this book? – I don't ~ at all** ça ne vous ennuie pas que je prenne ce livre ? – mais non, je vous en prie ▪ **I don't ~** (= it's all the same to me) ça m'est égal ▪ **never ~** (= don't worry) ne t'en fais pas ! ; (= it makes no odds) ça ne fait rien !

minder ['maɪndə'] n **a** (BR = child-minder) gardienne *f* **b** (* = bodyguard) ange *m* gardien

mindful ['maɪndfʊl] adj ▪ **to be ~ of sth** être attentif à qch

mindfulness ['maɪndfʊlnəs] n pleine conscience *f*

mindless ['maɪndlɪs] adj **a** (BR) [violence] gratuit **b** [work, film] bêtifiant ; [person] stupide

mindlessly ['maɪndlɪslɪ] adv (= without thinking) sans réfléchir ; (= stupidly) bêtement

mindset [ˌmaɪndset] n mentalité *f*

mine[1] [maɪn] poss pron le mien, la mienne, les miens, les miennes ▪ **that book is ~** ce livre est à moi ▪ **which dress do you prefer, hers or ~?** quelle robe préférez-vous, la sienne ou la mienne ? ▪ **a friend of ~** un de mes amis

mine[2] [maɪn] **1** n mine *f* ▪ **coal ~** mine *f* de charbon ▪ **a (real) ~ of information** une véritable mine de renseignements **2** vt **a** [+ coal] extraire **b** [+ sea, beach] miner

mi

minefield ['maɪnfiːld] n champ *m* de mines

miner ['maɪnəʳ] n mineur *m*

mineral ['mɪnərəl] n, adj minéral *m* ▸ **mineral water** eau *f* minérale

mineshaft ['maɪnʃɑːft] n puits *m* de mine

minesweeper ['maɪnswiːpəʳ] n dragueur *m* de mines

mingle ['mɪŋgl] vi (= mix) se mélanger ; (at party) se mêler aux invités ▪ **to ~ with the crowd** se mêler à la foule

mingy* ['mɪndʒɪ] adj (BR) **a** (= mean) radin* **b** (= measly) misérable

miniature ['mɪnɪtʃəʳ] **1** n **a** (= painting) miniature *f* **b** [of whisky] mignonnette *f* **2** adj miniature ▸ **miniature golf** minigolf *m*

minibar ['mɪnɪbɑːʳ] n minibar *m*

minibus ['mɪnɪˌbʌs] n minibus *m*

minicab ['mɪnɪˌkæb] n (BR) taxi *m (qu'il faut commander par téléphone)*

minicam ['mɪnɪkæm] n minicaméra *f*

minicomputer ['mɪnɪkəm'pjuːtəʳ] n mini-ordinateur *m*

minim ['mɪnɪm] n (BR : Mus) blanche *f*

minimal ['mɪnɪml] adj [risk, resources, effect] minime ; [level, requirements] minimal

minimalist ['mɪnɪməlɪst] adj, n minimaliste *mf*

minimalistic [mɪnɪməl'ɪstɪk] adj minimaliste

minimarket ['mɪnɪˌmɑːkɪt], **minimart** ['mɪnɪˌmɑːt] n supérette *f*

minimize ['mɪnɪmaɪz] vt **a** (= reduce to minimum) réduire au minimum **b** (= play down) minimiser

minimum ['mɪnɪməm] n, adj minimum *m* ▪ **to keep costs to a ~** maintenir les coûts au plus bas ▸ **minimum wage** salaire *m* minimum

mining ['maɪnɪŋ] n [of coal] exploitation *f* minière ; → **data**

miniskirt ['mɪnɪˌskɜːt] n minijupe *f*

minister ['mɪnɪstəʳ] **1** n **a** (BR : in government) ministre *mf* ▸ **Minister of State** ≈ secrétaire d'État **b** (religious) pasteur *m* **2** vi ▪ **to ~ to sb's needs** pourvoir aux besoins de qn ▪ **to ~ to sb** secourir qn

ministerial [ˌmɪnɪs'tɪərɪəl] adj [meeting, reshuffle, decision] ministériel ; [duties] de ministre

ministry ['mɪnɪstrɪ] n **a** (= government department) ministère *m* ▪ **Ministry of Defence** ministère *m* de la Défense **b** (= clergy) ▪ **the ~** le saint ministère

mink [mɪŋk] n vison *m*

minnow ['mɪnəʊ] n (= fish) vairon *m*

minor ['maɪnəʳ] **1** adj **a** (gen) mineur (-eure *f*) ; [detail, repairs] petit ▪ **to play a ~ part** jouer un rôle mineur **b** (Mus) ▪ **G ~** sol mineur ▪ **in the ~ key** en mineur **2** n **a** (= child) mineur(e) *m(f)* **b** (US = subject studied) mineure *f*, matière *f* secondaire

Minorca [mɪ'nɔːkə] n Minorque *f*

minority [maɪ'nɒrɪtɪ] **1** n minorité *f* ▪ **ethnic minorities** minorités ethniques **2** adj [party, opinion] minoritaire ▪ **young people from ~ backgrounds** des jeunes issus des minorités

minstrel ['mɪnstrəl] n ménestrel *m*

mint [mɪnt] **1** n **a** (= plant, herb) menthe *f* ▸ **mint sauce** sauce *f* à la menthe **b** (= sweet) bonbon *m* à la menthe **c** (for making coins) hôtel *m* de la Monnaie ▪ **in ~ condition** en parfait état **2** vt [+ coins] battre

minuet [ˌmɪnjʊ'et] n menuet *m*

minus ['maɪnəs] **1** prep **a** (Math) moins ▪ **five ~ three equals two** cinq moins trois égale(nt) deux ▪ **A ~** (= grade) ≈ A moins **b** (* = without) sans **2** n ▪ **~ (sign)** (signe *m*) moins *m*

minuscule ['mɪnəˌskjuːl] adj minuscule

minute¹ ['mɪnɪt] **1** n minute *f* ▪ **it is 23 ~s past 2** il est 2 heures 23 (minutes) ▪ **I'll do it in a ~** je le ferai dans une minute ▪ **I'll do it the ~ he comes** je le ferai dès qu'il arrivera ▪ **to leave things till the last ~** tout faire à la dernière minute ▪ **wait a ~** attendez une minute ▪ **up to the ~** [equipment] dernier modèle *inv* ; [fashion] dernier cri *inv* ; [news] de dernière heure ▸ **minute hand** grande aiguille *f* **2** **minutes** npl [of meeting] compte *m* rendu

minute² [maɪ'njuːt] adj (= tiny) minuscule ; (= detailed) minutieux ▪ **in ~ detail** jusque dans les moindres détails

minutiae [mɪ'njuːʃɪiː] npl menus détails *mpl*

minx [mɪŋks] n (petite) espiègle *f*

miracle ['mɪrəkl] n miracle *m* ▸ **miracle cure, miracle drug** n remède *m* miracle

miraculous [mɪ'rækjʊləs] adj miraculeux

mirage ['mɪrɑːʒ] n mirage *m*

mirror ['mɪrəʳ] **1** n miroir *m* ; (in car) rétroviseur *m* ▸ **mirror image** image *f* en miroir **2** vt refléter

mirth [mɜːθ] n hilarité *f*

misadventure [ˌmɪsəd'ventʃəʳ] n mésaventure *f* ▪ **death by ~** mort *f* accidentelle

misanthropist ['mɪzənθrəʊpɪst] n misanthrope *mf*

misapprehension ['mɪsˌæprɪ'henʃən] n méprise *f*

misbehave ['mɪsbɪ'heɪv] vi se conduire mal ; [child] ne pas être sage

misbehaviour, misbehavior (US) ['mɪsbɪ'heɪvjəʳ] n [of person, child] mauvaise conduite *f*

misc. adj abbr of **miscellaneous**

miscalculate ['mɪs'kælkjʊleɪt] vti mal calculer

miscalculation ['mɪs,kælkjʊ'leɪʃən] n mauvais calcul *m*

miscarriage ['mɪs'kærɪdʒ] n **a** (during pregnancy) fausse couche *f* ▪ **to have a ~** faire une fausse couche **b** ▪ **~ of justice** erreur *f* judiciaire

miscarry [,mɪs'kærɪ] vi faire une fausse couche

miscellaneous [,mɪsɪ'leɪnɪəs] adj divers

mischief ['mɪstʃɪf] n malice *f* ▪ **he's up to ~** il prépare un mauvais coup ▪ **to keep sb out of ~** empêcher qn de faire des bêtises ▪ **to do sb a ~*** faire du mal à qn

mischievous ['mɪstʃɪvəs] adj [person, smile, glance] malicieux ; [child, behaviour] espiègle

miscommunication [mɪskə,mjuːnɪ'keɪʃən] n échec *m* de communication

misconception ['mɪskən'sepʃən] n (= wrong idea) idée *f* fausse

misconduct [,mɪs'kɒndʌkt] n mauvaise conduite *f* ; (sexual) adultère *m* ▪ **professional ~** faute *f* professionnelle

misconstrue ['mɪskən'struː] vt mal interpréter

misdeed ['mɪs'diːd] n méfait *m*

misdemeanour, misdemeanor (US) [,mɪsdɪ'miːnəʳ] n **a** (= misdeed) incartade *f* **b** (judicial) (BR) infraction *f* ; (US) délit *m*

misdial ['mɪs'daɪəl] vti ▪ **to ~ (the number)** faire or composer le mauvais numéro

miser ['maɪzəʳ] n avare *mf*

miserable ['mɪzərəbl] adj **a** (= unhappy) malheureux ▪ **to feel ~** (= unhappy) ne pas avoir le moral ; (= unwell) être mal en point **b** ▪ **~ weather*** un temps affreux **c** (= wretched) [person, place] misérable ; [sight] lamentable **d** (= paltry) misérable

miserly ['maɪzəlɪ] adj **a** [person] avare (*with sth* de qch) **b** [sum, amount] dérisoire

misery ['mɪzərɪ] n souffrances *fpl* ; (= wretchedness) misère *f* ▪ **to make sb's life a ~** [person] mener la vie dure à qn ; [illness] gâcher la vie de qn ▸ **misery guts*** rabat-joie *mf* ▸ **misery memoir** autobiographie *f* dramatique

misfire ['mɪs'faɪəʳ] vi [plan] rater ; [car engine] avoir des ratés ; [gun] faire long feu

misfit ['mɪsfɪt] n (= person) inadapté(e) *m(f)*

misfortune [mɪs'fɔːtʃən] n malheur *m* ; (= bad luck) malchance *f* ▪ **I had the ~ to meet him** j'ai eu le malheur de le rencontrer

misgiving [mɪs'gɪvɪŋ] n appréhension *f* ▪ **I had ~s about the scheme** j'avais des doutes quant au projet

misguided ['mɪs'gaɪdɪd] adj [person] dans l'erreur ; [attempt] peu judicieux ; [belief] erroné

mishandle ['mɪs'hændl] vt [+ problem] mal aborder ; [+ situation] mal gérer

mishap ['mɪshæp] n mésaventure *f* ▪ **slight ~** contretemps *m*

mishear ['mɪs'hɪəʳ] (pret, ptp **misheard** ['mɪs'hɜːd]) vt mal entendre

mishit ['mɪs'hɪt] **1** n coup *m* manqué **2** vt [+ ball] mal frapper

mishmash* ['mɪʃmæʃ] n méli-mélo* *m*

misinform ['mɪsɪn'fɔːm] vt mal renseigner, mal informer

misinterpret ['mɪsɪn'tɜːprɪt] vt mal interpréter

misjudge ['mɪs'dʒʌdʒ] vt [+ amount, time] mal évaluer ; (= underestimate) sous-estimer ; [+ person] se méprendre sur le compte de

mislay [,mɪs'leɪ] (pret, ptp **mislaid**) vt égarer

mislead [,mɪs'liːd] (pret, ptp **misled**) vt induire en erreur

misleading [,mɪs'liːdɪŋ] adj [information, report] trompeur ▪ **~ advertising** publicité *f* mensongère

misled [,mɪs'led] vb pret, ptp of **mislead**

mismanage ['mɪs'mænɪdʒ] vt mal gérer

mismanagement ['mɪs'mænɪdʒmənt] n mauvaise gestion *f*

mismatch [mɪs'mætʃ] n [of objects] disparité *f* ; [of colours, styles] dissonance *f*

misnomer ['mɪs'nəʊməʳ] n terme *m* impropre

misogynist [mɪ'sɒdʒɪnɪst] n, adj misogyne *mf*

misogyny [mɪ'sɒdʒɪnɪ] n misogynie *f*

misplace ['mɪs'pleɪs] vt **a** [+ object, affection, trust] mal placer **b** (= lose) égarer

misplaced ['mɪs'pleɪst] adj [remark, humour] déplacé ; [confidence] mal fondé

misprint ['mɪsprɪnt] n faute *f* d'impression

mispronounce [,mɪsprə'naʊns] vt mal prononcer

misquote ['mɪs'kwəʊt] vt citer inexactement ▪ **he was ~d in the press** la presse a déformé ses propos

misread ['mɪs'riːd] (pret, ptp **misread** ['mɪs'red]) vt **a** (= misinterpret) mal interpréter **b** [+ word] mal lire

misrepresent ['mɪs,reprɪ'zent] vt [+ facts] déformer ; [+ person] donner une impression incorrecte de

miss [mɪs] **1** n **a** (Sport) coup *m* manqué ▪ **to give sth a ~*** se passer de qch ▪ **we gave the Louvre a ~*** nous ne sommes pas allés au Louvre **b** (= title) ▪ **Miss** Mademoiselle *f* ▪ **Dear Miss Smith** Chère Mademoiselle **2**

vt **a** manquer ; [+ bus, train, plane] rater ▪ **to ~ the boat*** (fig) louper le coche* ▪ **he narrowly ~ed being killed** il a bien failli se tuer **b** (= long for) ▪ **I ~ you** tu me manques ▪ **he won't be ~ed** personne ne le regrettera **c** ▪ **I'm ~ing $8*** il me manque 8 dollars **3** vi [shot, person] rater

▸ **miss out** **1** vt sep sauter **2** vi (= lose out) ne pas obtenir son dû

▸ **miss out on*** vt insep [+ opportunity, bargain] rater

→ *Pièges* MISS

misshapen [ˈmɪsˈʃeɪpən] adj difforme

missile [ˈmɪsaɪl] n missile *m* ; (= stone thrown) projectile *m*

missing [ˈmɪsɪŋ] adj **a** (= lost) ▪ **to be ~** avoir disparu (*from sth* de qch) ▪ **to go ~** disparaître **b** (= lacking) ▪ **to be ~** [person, object, details, information] manquer (*from sth* à qch) ▪ **there's nothing ~** il ne manque rien ▪ **there's a button ~ from my jacket** il manque un bouton à ma veste **c** [serviceman, fisherman, plane] porté disparu ▸ **missing person** personne *f* disparue ▸ **Missing Persons Bureau** *service de police enquêtant sur les personnes disparues*

mission [ˈmɪʃən] n mission *f*

missionary [ˈmɪʃənrɪ] n, adj missionnaire *mf*

misspell [ˈmɪsˈspel] (pret, ptp **misspelled** or **misspelt**) vt mal orthographier

misspent [ˌmɪsˈspent] adj ▪ **~ youth** folle jeunesse *f*

mist [mɪst] n brume *f* ; (on glass) buée *f*

▸ **mist over, mist up** vi [view] se couvrir de brume ; [mirror] s'embuer

mistake [mɪsˈteɪk] vb (pret **mistook**, ptp **mistaken**) **1** n (= error) erreur *f* ; (= misunderstanding) méprise *f* ▪ **by ~** par erreur ▪ **to make a ~** faire une erreur ; (= misunderstand) se tromper ▪ **to make the ~ of thinking sth** faire l'erreur de penser qch **2** vt [+ meaning] mal comprendre ; [+ intentions] se méprendre sur ▪ **there's no mistaking her voice** il est impossible de ne pas reconnaître sa voix ▪ **to ~ A for B** prendre A pour B

→ *Pièges* ERROR

mistaken [mɪsˈteɪkən] **1** vb ptp of **mistake** **2** adj **a** (= wrong) ▪ **to be ~ (about sb/sth)** se tromper (à propos de qn/qch) ▪ **unless I'm (very much) ~** si je ne me trompe **b** (= erroneous) [belief, idea] erroné ▪ **it was a case of ~ identity** il y avait erreur de personnes

mister [ˈmɪstəʳ] n monsieur *m* ; → *Pièges* MISTER

mistletoe [ˈmɪsltəʊ] n gui *m*

mistook [mɪsˈtʊk] vb pret of **mistake**

mistranslation [ˈmɪstrænzˈleɪʃən] n erreur *f* de traduction

mistreat [ˌmɪsˈtriːt] vt maltraiter

mistreatment [ˌmɪsˈtriːtmənt] n mauvais traitement *m*

mistress [ˈmɪstrɪs] n maîtresse *f* ; → *Pièges* MISTRESS

mistrust [ˈmɪsˈtrʌst] **1** n méfiance *f* (*of* à l'égard de) **2** vt [+ person, sb's motives] se méfier de

misty [ˈmɪstɪ] adj [weather, day] brumeux ; [mirror, windowpane] embué

misunderstand [ˈmɪsʌndəˈstænd] (pret, ptp **misunderstood**) vt mal comprendre

misunderstanding [ˈmɪsʌndəˈstændɪŋ] n malentendu *m*

misunderstood [ˈmɪsʌndəˈstʊd] vb pret, ptp of **misunderstand**

misuse **1** n [ˌmɪsˈjuːs] [of power] abus *m* ; [of money, energies] mauvais emploi *m* ▪ **~ of funds** détournement *m* de fonds **2** vt [ˌmɪsˈjuːz] [+ power] abuser de ; [+ money, energies] mal employer ; [+ funds] détourner

> Lorsque ***misuse*** est un verbe, la fin se prononce **z**. Lorsque c'est un nom, elle se prononce ***s***.

miter [ˈmaɪtəʳ] n (US) [of bishop] mitre *f*

mitigate [ˈmɪtɪgeɪt] vt [+ sentence, suffering] alléger ; [+ effect] atténuer ▪ **mitigating circumstances** circonstances *fpl* atténuantes

mitre [ˈmaɪtəʳ] n [of bishop] mitre *f*

mitt [mɪt] n **a** (= mitten) moufle *f* **b** (Baseball) gant *m* de baseball

mitten [ˈmɪtn] n moufle *f*

mix [mɪks] **1** n **a** (= combination) mélange *m* **b** (for cooking) ▪ **cake ~** préparation *f* pour gâteau **2** vt **a** (gen) mélanger (*with* avec, à) ; [+ cement] préparer ▪ **~ the eggs into the sugar** incorporez les œufs au sucre ▪ **to ~ business and pleasure** joindre l'utile à l'agréable **b** [+ track, album] mixer **3** vi **a** se mélanger ▪ **to ~ and match** faire des mélanges **b** (socially) ▪ **he ~es with all kinds of people** il fréquente toutes sortes de gens

▸ **mix up** vt sep **a** (= confuse) confondre ; (= put in disorder) mélanger ▪ **he ~ed her up with Jane** il l'a confondue avec Jane ▪ **to be ~ed up** [account, story] être embrouillé ; [person] être désorienté ; (= emotionally) être perturbé **b** (= involve) ▪ **to ~ sb up in sth** impliquer qn dans qch ▪ **to get ~ed up in an affair** se trouver mêlé à une affaire

mixed [mɪkst] adj **a** [school, bathing] mixte ; [neighbourhood] mélangé ▪ **~ herbs** herbes *fpl* mélangés ▪ **~ vegetables** assortiment *m* de légumes ▸ **mixed doubles** double *m* mixte ▸ **mixed marriage** mariage *m* mixte ▸ **mixed martial arts** arts *mpl* martiaux mixtes **b** (= varying) [reviews, emotions, signals] contradictoire ; [results, reaction] inégal ; [success, reception] mitigé ▪ **she**

had ~ feelings about it elle était partagée à ce sujet

mixed-up [mɪkst'ʌp] adj [person] désorienté ; [account,story] embrouillé ▪ **he's a ~ kid*** c'est un gosse* perturbé

mixer ['mɪksəʳ] n **a** (also **hand mixer**) batteur *m* à main ; (also **electric mixer**) mixeur *m* **b** (also **cement mixer**) bétonnière *f* **c** (= drink) boisson *f* gazeuse *(servant à couper un alcool)*

mixing bowl ['mɪksɪŋ,bəʊl] n saladier *m*

mixture ['mɪkstʃəʳ] n mélange *m*

mix-up ['mɪksʌp] n confusion *f*

m-learning ['emlɜ:nɪŋ] n apprentissage *m* mobile

MMS [emem'es] n (abbr of **Multimedia Messaging Service**) MMS *m*

mnemonic [nɪ'mɒnɪk] adj, n mnémotechnique *f*

moan [məʊn] **1** n (= groan) gémissement *m* ▪ **to have a ~ about sth** (= complain) se plaindre de qch **2** vti (= groan) gémir ; (= complain) se plaindre

moat [məʊt] n douves *fpl*

mob [mɒb] **1** n **a** (= crowd) foule *f* **b** ▪ **the Mob*** (= Mafia) la Maf(f)ia **2** vt [+ person] (= surround) faire foule autour de ; (= attack) assaillir ; [+ place] assiéger

mobbing ['mɒbɪŋ] n mobbing *m*, harcèlement *m* moral

mobile ['məʊbaɪl] **1** adj mobile ▸ **mobile home** mobile home *m* ▸ **mobile library** bibliobus *m* ▸ **mobile payment** paiement *m* par (téléphone) portable **2** n **a** (also **mobile phone**) (téléphone *m*) portable *m* ▸ **mobile phone addict** nomophobe *mf* **b** (= decoration) mobile *m*

mobility [məʊ'bɪlɪtɪ] n mobilité *f* ▸ **mobility allowance** n allocation *f* de transport *(pour handicapés)*

mobilize ['məʊbɪlaɪz] vti mobiliser

moccasin ['mɒkəsɪn] n mocassin *m*

mocha ['mɒkə] n moka *m*

mock [mɒk] **1** vt (= scoff at) se moquer de ; (= mimic) parodier **2** vi se moquer (*at* de) **3** adj [anger, modesty] simulé ▪ **a ~ trial** un simulacre de procès ▸ **mock examination** examen *m* blanc

mockery ['mɒkərɪ] n (= mocking) moquerie *f* ▪ **to make a ~ of sb/sth** tourner qn/qch en dérision ▪ **it is a ~ of justice** c'est une parodie de justice

mockingbird ['mɒkiŋ,bɜ:d] n (merle *m*) moqueur *m*

mod cons [mɒd'kɒnz] npl (BR) (abbr of **modern conveniences**) ▪ **house with all ~** maison *f* tout confort

mode [məʊd] n (= way) mode *m*

model ['mɒdl] **1** n **a** (gen) modèle *m* ; (Archit) maquette *f* **b** (Fashion) mannequin *m* **2** adj **a** (= exemplary) modèle **b** (= miniature) miniature ▪ **~ car/aeroplane** modèle *m* réduit de voiture/d'avion **3** vt **a** (= base) ▪ **to ~ sth on sth** modeler qch sur qch ▪ **to ~ o.s. on sb** prendre modèle sur qn **b** (= make model of) modeler (*in* en) **4** vi (for artist) poser ; (Fashion) être mannequin (*for* chez)

modem ['məʊdem] n modem *m*

moderate **1** adj ['mɒdərɪt] [amount, speed, views] modéré ; [language, terms] mesuré ; [size] moyen ; [improvement, success] léger ; [climate] tempéré **2** n ['mɒdərɪt] (= politician) modéré(e) *m(f)* **3** vt ['mɒdəreɪt] **a** (= restrain) modérer **b** (= preside over) présider

> Lorsque ***moderate*** est un verbe, la fin se prononce comme ***eight***. Lorsque c'est un adjectif ou un nom, elle se prononce ***it***.

moderately ['mɒdərɪtlɪ] adv **a** [wealthy, pleased, expensive, difficult] moyennement **b** [increase, decline] quelque peu **c** [act] avec modération

moderation [,mɒdə'reɪʃən] n modération *f* ▪ **in ~** [drink, exercise] avec modération

moderator ['mɒdəreɪtəʳ] n **a** (in assembly) président(e) *m(f)* ; (Internet) modérateur *m*, -trice *f* **b** (BR = examiner) examinateur *m*, -trice *f*

modern ['mɒdən] adj moderne ▪ **~ languages** langues *fpl* vivantes ▪ **modern-day** des temps modernes

modernity [mɒ'dɜ:nɪtɪ] n modernité *f*

modernize ['mɒdənaɪz] vt moderniser

modest ['mɒdɪst] adj modeste

modesty ['mɒdɪstɪ] n modestie *f*

modicum ['mɒdɪkəm] n ▪ **a ~ of...** un minimum de...

modification [,mɒdɪfɪ'keɪʃən] n modification *f* (*to, in* à)

modify ['mɒdɪfaɪ] vt **a** (= change) modifier **b** (= moderate) modérer
→ *Pièges* MODIFY

modulate ['mɒdjʊleɪt] vt moduler

module ['mɒdju:l] n module *m*

mogul ['məʊgəl] n (= powerful person) nabab *m*

mohair ['məʊhɛəʳ] n mohair *m*

Mohammed [məʊ'hæmɪd] n Mohammed *m*, Mahomet *m*

moist [mɔɪst] adj [atmosphere, climate, skin] humide ; (unpleasantly) moite ; [cake] moelleux

moisten ['mɔɪsn] vt humecter ; (Culin) mouiller légèrement

mi

moisture ['mɔɪstʃə'] n humidité *f*

moisturize ['mɔɪstʃəraɪz] vt [+ skin] hydrater ; [+ air, atmosphere] humidifier

moisturizer ['mɔɪstʃəraɪzə'] n lait *m* hydratant, crème *f* hydratante

mojo* ['məʊdʒəʊ] n (US) charisme *m*

molar ['məʊlə'] n molaire *f*

molasses [məʊ'læsɪz] n mélasse *f*

mold [məʊld] n, vt (US) ⇒ **mould**

moldy [məʊldɪ] adj (US) ⇒ **mouldy**

mole [məʊl] n **a** (on skin) grain *m* de beauté **b** (= animal, spy) taupe *f*

molecule ['mɒlɪkju:l] n molécule *f*

molehill ['məʊlhɪl] n taupinière *f*

molest [məʊ'lest] vt (= attack) molester ; (sexually) commettre une agression sexuelle sur

mollify ['mɒlɪfaɪ] vt apaiser

mollusc, mollusk (US) ['mɒləsk] n mollusque *m*

mollycoddle ['mɒlɪkɒdl] vt surprotéger

molt [məʊlt] vi (US) ⇒ **moult**

molten ['məʊltən] adj en fusion

mom* [mɒm] n (US) maman *f* ▸ **mom-and-pop store*** petit commerce *m* (familial)

moment ['məʊmənt] n moment *m* ▪ **wait a ~!** (attendez) un instant ! ▪ **I'll only be a ~** j'en ai pour un instant ▪ **the ~ he arrives** dès qu'il arrivera ▪ **at the ~** en ce moment ▪ **(at) any ~** d'un moment à l'autre ▪ **for a ~** un instant ▪ **for the ~** pour le moment ▪ **the ~ of truth** l'heure *f* de vérité

momentarily ['məʊməntərɪlɪ] adv **a** (= temporarily) momentanément **b** (US = shortly) dans un instant

momentary ['məʊməntərɪ] adj [lapse, silence] momentané ; [panic, hesitation] passager

momentous [məʊ'mentəs] adj [event, occasion] de grande importance ; [decision] capital

momentum [məʊ'mentəm] n (gen) vitesse *f* ; [of political movement] dynamisme *m* ; (Physics) moment *m* ▪ **to gain ~** prendre de la vitesse ▪ **to lose ~** être en perte de vitesse

mommy* ['mɒmɪ] n (US) maman *f*

Monaco ['mɒnəkəʊ] n Monaco *m*

monarch ['mɒnək] n monarque *m*

monarchist ['mɒnəkɪst] adj, n monarchiste *mf*

monarchy ['mɒnəkɪ] n monarchie *f*

monastery ['mɒnəstərɪ] n monastère *m*

Monday ['mʌndɪ] n lundi *m* ; for phrases see **Saturday**

monetary ['mʌnɪtərɪ] adj (gen) monétaire ; [gain] financier

money ['mʌnɪ] n argent *m* ▪ **to make ~** [person] gagner de l'argent ; [business] être lucratif ▪ **to come into ~** (by inheritance) hériter (d'une somme d'argent) ▪ **to get one's ~ back** se faire rembourser ▪ **to put ~ into sth** placer son argent dans qch ▪ **he's made of ~*, he's rolling in ~*** il roule sur l'or* ▪ **~ doesn't grow on trees** l'argent ne tombe pas du ciel ▪ **(the love of) ~ is the root of all evil** (Prov) (l'amour de) l'argent est la racine de tous les maux ▸ **money belt** ceinture-portefeuille *f* ▸ **money market** marché *m* monétaire ▸ **money order** (US) mandat *m* postal ; → *Pièges* MONEY

moneybox ['mʌnɪbɒks] n tirelire *f*

moneylender ['mʌnɪlendə'] n prêteur *m*, -euse *f* sur gages

moneymaker ['mʌnɪmeɪkə'] n ▪ **to be a ~** [scheme] être lucratif

Mongolia [mɒŋ'gəʊlɪə] n Mongolie *f*

mongoose ['mɒŋgu:s] n (pl **~s**) mangouste *f*

mongrel ['mʌŋgrəl] n (chien *m*) bâtard *m*

monitor ['mɒnɪtə'] **1** n (= device) moniteur *m* **2** vt [+ person, work, system] suivre de près ; [+ equipment] contrôler

monk [mʌŋk] n moine *m*

monkey ['mʌŋkɪ] n singe *m* ▸ **monkey bars** cage *f* à poules ▸ **monkey business*** (dishonest) affaire *f* louche ; (mischievous) singeries *fpl* ▸ **monkey nut** (BR) cacahuète *f* ▸ **monkey wrench** clé *f* à molette

monkfish ['mʌŋkfɪʃ] n lotte *f*

mono ['mɒnəʊ] adj (abbr of **monophonic**) mono *inv*

monochrome ['mɒnəkrəʊm] n monochrome *m* ; (= photograph, film) noir *m* et blanc *m*

monocle ['mɒnəkl] n monocle *m*

monogamous [mə'nɒgəməs] adj monogame

monogram ['mɒnəgræm] n monogramme *m*

monologue, monolog (US) ['mɒnəlɒg] n monologue *m*

monopolistic [mənɒpə'lɪstɪk] adj monopolistique

monopolize [mə'nɒpəlaɪz] vt monopoliser

monopoly [mə'nɒpəlɪ] n monopole *m* (*of, in* de)

monorail ['mɒnəʊreɪl] n monorail *m*

monotone ['mɒnətəʊn] n (= voice/tone) voix *f*/ton *m* monocorde

monotonous [mə'nɒtənəs] adj monotone

monotony [mə'nɒtənɪ] n monotonie *f*

monsoon [mɒn'su:n] n mousson *f*

monster ['mɒnstə'] n monstre *m*

monstrosity [mɒn'strɒsɪtɪ] n (= thing) monstruosité *f* ; (= person) monstre *m*

monstrous ['mɒnstrəs] adj monstrueux

Montezuma's revenge* [ˌmɒntɪzuməzrɪ'vendʒ] n (US) tourista* *f*

month [mʌnθ] n mois *m* ■ **in the ~ of May** au mois de mai ■ **every ~** tous les mois

monthly ['mʌnθlɪ] **1** adj mensuel ■ **~ payment** mensualité *f* **2** n (= publication) mensuel *m* **3** adv [publish, pay] mensuellement ; [happen] tous les mois

Montreal [ˌmɒntrɪ'ɔ:l] n Montréal

monty* ['mɒntɪ] n (BR) ■ **the full ~** la totale*

monument ['mɒnjʊmənt] n monument *m* (*to, of* à)

monumental [ˌmɒnjʊ'mentl] adj [task, achievement] monumental ; [effort, success] prodigieux

moo [mu:] vi meugler

MOOC, mooc [mu:k] n (abbr of **massive open online course**) mooc *m*, MOOC *m*

mood [mu:d] n humeur *f* ■ **to be in a (bad) ~** être de mauvaise humeur ■ **to be in a good ~** être de bonne humeur ■ **I'm in the ~ for dancing** je danserais volontiers ■ **he plays well when he's in the ~** quand il veut il joue bien ■ **I'm not in the ~** ça ne me dit rien ■ **I'm not in the ~ for laughing** je ne suis pas d'humeur à rire ▸ **mood-altering** adj [drug] qui affecte l'humeur ▸ **mood swing** saute *f* d'humeur

moody ['mu:dɪ] adj **a** (= sulky) de mauvaise humeur **b** (= temperamental) d'humeur changeante ■ **to be ~** être lunatique **c** (= atmospheric) sombre

moon [mu:n] n lune *f* ■ **he's over the ~* (about it)** il est aux anges

moonlight ['mu:nlaɪt] **1** n clair *m* de lune ■ **by ~** au clair de lune **2** vi (* = work extra) faire des extras au noir

moonlighting* ['mu:nlaɪtɪŋ] n travail *m* au noir

moonlit ['mu:nlɪt] adj éclairé par la lune ■ **a ~ night** une nuit de lune

moor [mʊəʳ] **1** n lande *f* **2** vt [+ ship] amarrer **3** vi mouiller

mooring ['mʊərɪŋ] n (= place) mouillage *m* ; (= ropes) amarres *fpl*

moorland ['mʊələnd] n lande *f* ; (boggy) terrain *m* tourbeux

moose [mu:s] n pl inv (in Canada) orignal *m* ; (in Europe) élan *m*

mop [mɒp] **1** n **a** (for floor) balai *m* à franges **b** (= mop of hair) tignasse *f* **2** vt [+ floor, surface] passer la serpillière sur ■ **to ~ one's brow** s'éponger le front

▸ **mop up** vt sep [+ liquid] éponger

mope [məʊp] vi se morfondre

moped ['məʊped] n cyclomoteur *m*

moral ['mɒrəl] **1** adj moral ■ **~ support** soutien *m* moral **2** n [of story] morale *f* **3** **morals** npl moralité *f*

morale [mɒ'rɑ:l] n moral *m*

morality [mə'rælɪtɪ] n moralité *f*

moralize ['mɒrəlaɪz] vi moraliser (*about* sur)

moratorium [ˌmɒrə'tɔ:rɪəm] n (pl **moratoria** [ˌmɒrə'tɔ:rɪə]) moratoire *m*

morbid ['mɔ:bɪd] adj [person, thoughts] morbide ; [fear] maladif

more [mɔ:ʳ] compar of **many, much**

1 adj **a** (= greater in amount) plus de ■ **a lot ~ time** beaucoup plus de temps ■ **there's no ~ rice** il n'y a plus de riz ■ **have some ~ ice cream** reprenez de la glace

♦ **more... than** plus de... que ■ **he's got ~ money than you** il a plus d'argent que vous

b (= additional) encore de ■ **~ tea?** encore un peu de thé ? ■ **I'd like some ~ meat** je voudrais encore de la viande ■ **is there any ~ wine?** y a-t-il encore du vin ? ■ **a few ~ examples** encore quelques exemples ■ **it'll take several ~ days** cela prendra quelques jours de plus

2 pron **a** (= greater quantity) plus ■ **a little ~** un peu plus ■ **I need a lot ~** il m'en faut beaucoup plus ■ **I haven't any ~** je n'en ai plus ■ **and what's ~** et qui plus est ■ **we'd like to see ~ of her** nous aimerions la voir plus souvent ■ **~ than a kilo** plus d'un kilo ■ **it cost ~ than I expected** c'était plus cher que je ne pensais ■ **that's ~ than enough** c'est amplement suffisant ■ **I've nothing ~ to say** je n'ai rien à ajouter ■ **let's say nothing ~ about it** n'en parlons plus ■ **I don't want anything ~** (to eat) je ne veux plus rien

b (= others) d'autres ■ **have you got any ~ like these?** en avez-vous d'autres comme ça ?

3 adv **a** (with adjectives and adverbs) plus ■ **~ difficult** plus difficile ■ **~ easily** plus facilement ■ **~ and ~ difficult** de plus en plus difficile ■ **only ~ so** mais encore plus

b (with verbs) plus, davantage ■ **you must rest ~** vous devez vous reposer davantage ■ **she talks even ~ than he does** elle parle encore plus que lui ■ **I like apples ~ than oranges** je préfère les pommes aux oranges

c (= rather) plutôt ■ **it's ~ a short story than a novel** c'est une nouvelle plutôt qu'un roman

d (= again) ■ **once ~** une fois de plus

♦ **any more** plus ■ **I won't do it any ~** je ne le ferai plus

e (set structures)

♦ **more or less** plus ou moins ▪ **neither ~ nor less** ni plus ni moins

♦ **the more...** plus... ▪ **the ~ I think of it the ~ ashamed I feel** plus j'y pense plus j'ai honte ▪ **all the ~ so because...** d'autant plus que...

moreover [mɔː'rəʊvəʳ] adv de plus

morgue [mɔːg] n morgue *f*

Mormon ['mɔːmən] n, adj mormon(e) *m(f)*

morning ['mɔːnɪŋ] **1** n matin *m* ; (= duration) matinée *f* ▪ **I was busy all ~** j'ai été occupé toute la matinée ▪ **good ~!** bonjour ! ▪ **I'll do it first thing in the ~** je le ferai demain à la première heure ▪ **at 7 o'clock in the ~** à 7 heures du matin ▪ **I work in the ~** je travaille le matin ▪ **this ~** ce matin ▪ **tomorrow/yesterday ~** demain/hier matin ▪ **every Sunday ~** tous les dimanches matin **2** adj [walk, swim] matinal ▸ **morning show** (Radio, TV) matinale *f* ▸ **morning sickness** nausées *fpl* matinales

Moroccan [mə'rɒkən] **1** adj marocain **2** n Marocain(e) *m(f)*

Morocco [mə'rɒkəʊ] n Maroc *m*

moron* ['mɔːrɒn] n (= idiot) crétin(e)* *m(f)*

morose [mə'rəʊs] adj morose

morphine ['mɔːfiːn] n morphine *f*

Morse code [ˌmɔːs'kəʊd] n morse *m*

morsel ['mɔːsl] n (petit) morceau *m*

mortal ['mɔːtl] adj, n mortel(le) *m(f)*

mortality [mɔː'tælɪtɪ] n mortalité *f*

mortar ['mɔːtəʳ] n mortier *m*

mortgage ['mɔːgɪdʒ] **1** n emprunt *m* immobilier ; (= second loan) hypothèque *f* **2** vt [+ house, one's future] hypothéquer

mortician [mɔː'tɪʃən] n (US) entrepreneur *m* de pompes funèbres

mortifying ['mɔːtɪfaɪɪŋ] adj humiliant (*to sb* pour qn)

mortuary ['mɔːtjʊərɪ] n morgue *f*

mosaic [məʊ'zeɪɪk] n mosaïque *f*

Moscow ['mɒskəʊ] n Moscou

Moslem ['mɒzləm] n, adj musulman(e) *m(f)*

mosque [mɒsk] n mosquée *f*

mosquito [mɒs'kiːtəʊ] n moustique *m* ▸ **mosquito net** moustiquaire *f* ▸ **mosquito repellent** antimoustique *m*

moss [mɒs] n mousse *f (végétal)*

most [məʊst] superl of **many, much**

1 adj, pron **a** (= greatest in amount) ▪ **the ~** le plus (de) ▪ **he earns the ~ money** c'est lui qui gagne le plus d'argent ▪ **at the very ~** tout au plus

♦ **to make the most of** [+ one's time] bien employer ; [+ opportunity, sb's absence] profiter (au maximum) de ; [+ one's talents, business offer] tirer le meilleur parti de ; [+ one's resources] utiliser au mieux ▪ **to make the ~ of o.s.** se mettre en valeur

b (= largest part) la plus grande partie (de) ; (= greatest number) la plupart (de) ▪ **~ people** la plupart des gens ▪ **~ of the money** la majeure partie de l'argent ▪ **~ of them** la plupart d'entre eux ▪ **~ of the time** la plupart du temps ▪ **for the ~ part** pour la plupart

2 adv **a** (forming superl of adjs and advs) ▪ **the ~** le plus ▪ **the ~ intelligent boy** le garçon le plus intelligent ▪ **he talked ~** c'est lui qui a parlé le plus

b (= very) très ▪ **~ likely** très probablement

c (* US = almost) presque

mostly ['məʊstlɪ] adv **a** (= chiefly) surtout **b** (= almost all) pour la plupart **c** (= usually) en général

MOT [ˌeməʊ'tiː] (BR) n (abbr of **Ministry of Transport**) (also **MOT test**) ≈ contrôle technique ▪ **the car has passed its ~** ≈ la voiture a obtenu le certificat de contrôle technique

motel [məʊ'tel] n motel *m*

moth [mɒθ] n papillon *m* de nuit ; (also **clothes-moth**) mite *f*

mothball ['mɒθbɔːl] n boule *f* de naphtaline

mother ['mʌðəʳ] **1** n mère *f* ▸ **mother-in-law** belle-mère *f* ▸ **Mother Nature** Dame Nature *f* ▸ **Mother's Day** fête *f* des Mères ▸ **Mother Superior** Mère *f* supérieure ▸ **mother tongue** langue *f* maternelle **2** vt (= act as mother to) s'occuper de ; (= indulge, protect) materner

motherboard ['mʌðəbɔːd] n (Computing) carte *f* mère

motherhood ['mʌðəhʊd] n maternité *f*

motherly ['mʌðəlɪ] adj maternel

mother-of-pearl [ˌmʌðərəv'pɜːl] n nacre *f*

motif [məʊ'tiːf] n motif *m*

motion ['məʊʃən] **1** n **a** (gen) mouvement *m* ▪ **to set in ~** mettre en marche ▸ **motion picture** film *m* ▸ **motion sickness** mal *m* des transports **b** (at meeting, in parliament) motion *f* **2** vi ▪ **to ~ to sb to do sth** faire signe à qn de faire qch

motionless ['məʊʃənlɪs] adj immobile

motivate ['məʊtɪveɪt] vt motiver (*to do* à or pour faire)

motivated ['məʊtɪveɪtɪd] adj motivé (*to do sth* pour faire qch)

motivation [ˌməʊtɪ'veɪʃən] n motivation *f* (*to do* pour faire)

motive ['məʊtɪv] n (= reason) raison *f*; (for action) motifs *mpl*; (for crime) mobile *m*

motley ['mɒtlɪ] adj disparate

motocross ['məʊtəkrɒs] n moto-cross *m*

motor ['məʊtə'] n (= engine) moteur *m* ▸ **motor home** (US) camping-car *m* ▸ **motor insurance** assurance-automobile *f* ▸ **motor mechanic** mécanicien(ne) *m(f)*

motorbike ['məʊtəbaɪk] n moto *f*

motorboat ['məʊtəbəʊt] n bateau *m* à moteur

motorcade ['məʊtəkeɪd] n cortège *m* de voitures

motorcar ['məʊtəkɑ:'] n (BR) automobile *f*

motorcycle ['məʊtəsaɪkl] n moto(cyclette) *f*

motorcyclist ['məʊtəsaɪklɪst] n motocycliste *mf*

motorist ['məʊtərɪst] n automobiliste *mf*

motorway ['məʊtəweɪ] (BR) n autoroute *f*

mottled ['mɒtld] adj [leaf, skin, colour] marbré (*with sth* de qch)

motto ['mɒtəʊ] n devise *f*

mould, mold (US) [məʊld] **1** n **a** (= container) moule *m*; (= model) modèle *m* **b** (= fungus) moisissure *f* **2** vt [+ metals] couler; [+ plaster, clay] mouler; [+ figure] modeler (*in, out of* en); [+ sb's character] former ▪ **opinions ~ed by the media** des opinions formatées par les médias

mouldy, moldy (US) ['məʊldɪ] adj moisi ▪ **to go ~** moisir

moult, molt (US) [məʊlt] vi [dog, cat] perdre ses poils; [bird] muer

mound [maʊnd] n **a** [of earth] monticule *m*; (= burial mound) tumulus *m* **b** (= pile) tas *m*, monceau *m*

mount [maʊnt] **1** n **a** (= mountain) mont *m* **b** (= horse) monture *f* **c** [of machine] support *m*; [of painting, photo] carton *m* de montage **2** vt **a** [+ campaign, rescue operation, attack] monter **b** [+ horse] monter sur; [+ ladder] monter à; [+ cycle] enfourcher **c** [+ picture, photo] monter sur un carton **3** vi [pressure, tension] monter; [concern] grandir; [debts, losses] augmenter

▸ **mount up** vi (= increase) monter; (= accumulate) s'accumuler ▪ **it all ~s up** tout cela finit par chiffrer

mountain ['maʊntɪn] **1** n montagne *f* ▪ **to make a ~ out of a molehill** (se) faire une montagne d'une taupinière **2** comp [people] montagnard; [animal, plant] des montagnes; [air] de la montagne; [path, scenery] de montagne ▸ **mountain bike** VTT *m* ▸ **mountain biker** vététiste *mf* ▸ **mountain climber** alpiniste *mf* ▸ **mountain top** cime *f* → *Pièges* MOUNTAIN

mountaineer [,maʊntɪ'nɪə'] n alpiniste *mf*

mountaineering [,maʊntɪ'nɪərɪŋ] n alpinisme *m*

mountainous ['maʊntɪnəs] adj **a** (= hilly) montagneux **b** (= immense) colossal

mountainside ['maʊntɪnsaɪd] n versant *m* d'une (or de la) montagne

mourn [mɔ:n] **1** vi pleurer **2** vt [+ person] pleurer

mourner ['mɔ:nə'] n parent(e) *m(f)* ou ami(e) *m(f)* du défunt ▪ **the ~s** le cortège funèbre

mournful ['mɔ:nfʊl] adj [person, music] mélancolique; [occasion] triste

mourning ['mɔ:nɪŋ] n deuil *m* ▪ **to be in ~ (for sb)** être en deuil (de qn)

mouse [maʊs] n (pl **mice**) (Zool, Computing) souris *f* ▸ **mouse mat, mouse pad** tapis *m* de souris

mousetrap ['maʊstræp] n souricière *f*

moussaka [mʊ'sɑ:kə] n moussaka *f*

mousse [mu:s] n **a** (= dessert) mousse *f* ▪ **chocolate ~** mousse *f* au chocolat **b** (also **styling mousse**) (for hair) mousse *f* coiffante

moustache [məs'tɑ:ʃ], **mustache** (US) ['mʌstæʃ] n moustache(s) *f(pl)*

mouth [maʊθ] n (pl **~s** [maʊðz]) **a** [of person, horse, cow] bouche *f*; [of dog, cat, lion] gueule *f* ▪ **it makes my ~ water** cela me met l'eau à la bouche ▪ **he kept his ~ shut (about it)** il n'en a pas soufflé mot ▸ **mouth organ** harmonica *m* ▸ **mouth-to-mouth (resuscitation)** bouche-à-bouche *m inv* **b** [of river] embouchure *f*; [of cave] entrée *f*

mouthful ['maʊθfʊl] n [of food] bouchée *f*; [of drink] gorgée *f*

mouthpiece ['maʊθpi:s] n [of musical instrument] embouchoir *m*; [of telephone] microphone *m*; (= spokesperson) porte-parole *mf*

mouthwash ['maʊθwɒʃ] n bain *m* de bouche

movable ['mu:vəbl] **1** adj mobile **2** **movables** npl biens *mpl* meubles

move [mu:v] **1** n **a** mouvement *m* ▪ **to be on the ~** [troops] être en marche ▪ **she's always on the ~** (= travelling) elle est toujours en déplacement; (= busy) elle n'arrête jamais ▪ **to make a ~** (= act) faire quelque chose ▪ **it's time we made a ~** (= left) il est temps que nous partions; (= did sth) il est temps que nous fassions quelque chose ▪ **get a ~ on!*** remue-toi !* **b** [of house] déménagement *m*; [of job] changement *m* d'emploi **c** (in games) coup *m*; (= player's turn) tour *m*; (fig) démarche *f* ▪ **it's your ~** (c'est) à vous de jouer **2** vt **a** (= change position of) [+ object] déplacer; [+ limbs] remuer; [+ troops] transporter ▪ **~ your chair nearer the fire** approchez votre chaise du feu ▪ **to ~ house** (BR) déménager **b** (= change timing of) ▪ **to ~ sth (forward/back)** [+ event, date] avancer/reculer qch **c** (emotionally) émouvoir ▪ **to ~ sb to tears** émouvoir qn jusqu'aux larmes **d** (= stimulate) inciter (*sb to do sth* qn à faire qch) **e** (= propose) proposer ▪ **to ~ that sth be done** proposer que qch soit fait **3** vi **a** [person, animal] (= stir) bouger ▪ **don't ~!** ne bougez pas ! ▪ **he ~d slowly towards the door** il se dirigea lentement vers la porte **b** (= depart) ▪ **it's time we were moving** il est temps de partir **c** (= move house) [person, family] déménager ; [business] être transféré **d** (= progress) [plans, talks] avancer ▪ **he got things moving** il a fait avancer les choses **e** (= act) agir **f** (in games) [player] jouer

▸ **move about 1** vi (gen) se déplacer ; (= fidget) remuer ; (= travel) voyager **2** vt sep [+ object, furniture] déplacer

▸ **move along 1** vi avancer ▪ **~ along!** (on bus) avancez un peu ! ; (policeman) circulez ! **2** vt sep [+ crowd] faire circuler

▸ **move around** ⇒ **move about**

▸ **move away 1** vi **a** (= depart) partir **b** (= move house) déménager **2** vt sep [+ person, object] éloigner

▸ **move back 1** vi **a** (= withdraw) reculer **b** (to original position) retourner **2** vt sep **a** (backwards) [+ person, crowd] faire reculer ; [+ object, furniture] reculer **b** (to original position) [+ person] faire revenir ; [+ object] remettre

▸ **move forward 1** vi [person, troops, vehicle] avancer **2** vt sep [+ person, vehicle] faire avancer ; [+ object] avancer

▸ **move in** vi **a** [police] intervenir **b** (to a house) emménager

▸ **move off 1** vi [car] démarrer ; [train, procession] s'ébranler **2** vt sep [+ object] enlever

▸ **move on 1** vi avancer ; (after stopping) se remettre en route **2** vt sep [+ person] faire circuler

▸ **move out** vi déménager ▪ **to ~ out of a flat** déménager d'un appartement

▸ **move over 1** vi se pousser **2** vt sep [+ object] déplacer

▸ **move up 1** vi **a** (= make room) se pousser **b** [employee] avoir de l'avancement ; (in league table) progresser dans le classement **2** vt sep **a** [+ person] faire monter ; [+ object] monter **b** (= promote) [+ employee] donner de l'avancement à

moveable ['mu:vəbl] adj ⇒ **movable**

movement ['mu:vmənt] n mouvement *m*

mover ['mu:və'] n **a** [of motion] auteur(e) *m(f)* d'une motion **b** ▪ **the ~s and shakers*** les personnes *fpl* influentes ▪ **the prime ~s** les principaux acteurs *mpl*

movie ['mu:vɪ] n film *m* ▪ **the ~s*** le ciné* ▸ **movie star** vedette *f* de cinéma ▸ **movie theater** (US) cinéma *m (salle)*

moviegoer ['mu:vɪgəʊə'] n cinéphile *mf*

moving ['mu:vɪŋ] adj **a** (emotionally) émouvant **b** (= in motion) [vehicle] en marche ; [picture] animé ▪ **~ target** cible *f* mouvante

mow [məʊ] (pret **mowed**, ptp **mowed** or **mown**) vt ▪ **to ~ the lawn** tondre le gazon

▸ **mow down** vt sep [+ people, troops] faucher

mower ['məʊə'] n (for crops) faucheuse *f* ; (= lawnmower) tondeuse *f* (à gazon)

mown [məʊn] vb ptp of **mow**

Mozambique [məʊzəm'bi:k] n Mozambique *m*

mozzarella [mɒtsə'relə] n mozzarella *f*

MP [em'pi:] n **a** (BR) (abbr of **Member of Parliament**) député(e) *m(f)* **b** abbr of **Military Police**

MP3 [,empi:'θri:] n MP3 *m*

mph [,empi:'eɪtʃ] n (abbr of **miles per hour**) ≈ km/h

Mr ['mɪstə'] n (pl **Messrs**) M., Monsieur ▪ **Mr Smith** M. Smith ▪ **Mr Chairman** monsieur le président

Mrs ['mɪsɪz] n (pl inv) Mme

Ms [mɪz, məz] n ≈ Mme *(titre utilisé à la place de Mrs (Mme) ou de Miss (Mlle) pour éviter la distinction traditionnelle entre femmes mariées et femmes non mariées)*

MSc [,emes'si:] n (BR) (abbr of **Master of Science**) ▪ **to have an ~ in Biology** ≈ avoir un master de biologie

MSP [,emes'pi:] n (abbr of **Member of the Scottish Parliament**) député(e) *m(f)* au Parlement écossais

much [mʌtʃ]

1 pron **a** (= a lot) ▪ **~ has happened since then** beaucoup de choses se sont passées depuis ▪ **does it cost ~?** est-ce que ça coûte cher ? ▪ **is it worth ~?** est-ce que ça a de la valeur ?

♦ **much of** (= a large part of) une bonne partie de

b (in negative sentences)

♦ **not/nothing... much** (= a small amount) pas beaucoup ▪ **I haven't got ~ left** il ne m'en reste pas beaucoup ▪ **there's not ~ anyone can do about it** il n'y a pas grand-chose à faire ▪ **we don't see ~ of each other** nous ne nous voyons pas beaucoup ▪ **it isn't up to ~*** ce n'est pas terrible* ▪ **I don't think ~ of that film** à mon avis ce film ne vaut pas grand-chose

2 adj beaucoup de ▪ **~ money** beaucoup d'argent ▪ **without ~ money** avec peu d'argent ▪ **it's a bit ~!*** c'est un peu fort !

3 adv (= to a great degree) beaucoup ▪ **he hasn't changed ~** il n'a pas beaucoup changé ▪ **she doesn't go out ~** elle ne sort pas beaucoup ▪ **~ bigger** beaucoup plus grand ▪ **~ more easily** beaucoup plus facilement ▪ **thank you very ~** merci beaucoup ▪ **twice as ~** deux fois plus ▪ **half as ~ again** la moitié de plus ▪ **I thought as ~!** c'est bien ce que je pensais ! ▪ **as ~ as possible** autant que possible ▪ **I need it as ~ as you do** j'en ai autant besoin que toi ▪ **he is not ~ of a writer** ce n'est pas un très bon écrivain ▪ **I'm not ~ of a drinker** je ne bois pas beaucoup

♦ **how much?** combien ? ▪ **how ~ does it cost?** combien ça coûte ?

♦ **so much** (= a lot) tellement ▪ **he'd drunk so ~ that...** il avait tellement bu que... ▪ **so ~ so that...** à tel point que... ▪ **so ~ the better!** tant mieux !

♦ **too much** trop ▪ **I've eaten too ~** j'ai trop mangé ▪ **he talks too ~** il parle trop ▪ **too ~ sugar** trop de sucre

muck [mʌk] n **a** (= dirt) saletés *fpl* ; (= mud) boue *f* **b** (= manure) fumier *m*
▸ **muck about*, muck around*** (BR) **1** vi **a** (= spend time aimlessly) perdre son temps **b** (= play the fool) faire l'idiot ▪ **to ~ about with sth** tripoter qch **2** vt sep [+ person] traiter par-dessus la jambe*
▸ **muck out** vt sep (BR) nettoyer
▸ **muck up*** (BR) vt sep **a** (= ruin) [+ task] saloper* ; [+ plans, deal] chambouler* **b** (= make dirty) salir

mucky* ['mʌkɪ] adj (BR = dirty) boueux ▪ **to get ~** se salir

mucus ['mju:kəs] n mucus *m*, mucosités *fpl*

mud [mʌd] n boue *f* ▸ **mud hut** hutte *f* de terre

mudbath ['mʌdbæθ] n bain *m* de boue

muddle ['mʌdl] n fouillis *m* ; (fig) pagaille* *f* ▪ **to be in a ~** [person] ne plus s'y retrouver (*over sth* dans qch) [ideas] être embrouillé ; [plan] être confus ▪ **to get into a ~** s'embrouiller (*over sth* dans qch, au sujet de qch)
▸ **muddle along** vi se débrouiller tant bien que mal
▸ **muddle through** vi s'en sortir tant bien que mal
▸ **muddle up** vt sep **a** (= mistake) ▪ **he sometimes ~s me up with my sister** des fois, il me prend pour ma sœur **b** (= perplex) [+ person, sb's ideas] embrouiller ▪ **to be ~d up** être embrouillé ▪ **to get ~d up** [person, ideas] s'embrouiller **c** [+ facts, story, details] embrouiller

muddy ['mʌdɪ] **1** adj boueux ; [clothes, object] couvert de boue **2** vt [+ clothes, shoes] crotter

mudguard ['mʌdgɑ:d] n (BR) [of bicycle] garde-boue *m*

mudpack ['mʌdpæk] n masque *m* (de beauté) à l'argile

mudslide ['mʌdslaɪd] n coulée *f* de boue

muesli ['mju:zlɪ] n muesli *m*

muff [mʌf] **1** n (for hands) manchon *m* **2** vt * [+ ball, chance] rater

muffin ['mʌfɪn] n muffin *m*

muffle ['mʌfl] vt [+ sound] assourdir ▪ **in a ~d voice** d'une voix étouffée

muffler ['mʌflə'] n **a** (= scarf) cache-nez *m inv* **b** (US) [of car] silencieux *m*

mug [mʌg] **1** n **a** (= cup) grande tasse *f* **b** (‡ BR = fool) andouille‡ *f* **2** vt (= assault) agresser

mugger ['mʌgə'] n agresseur *m*

mugging ['mʌgɪŋ] n agression *f*

muggy ['mʌgɪ] adj chaud et humide ▪ **it's very ~ today** il fait très lourd aujourd'hui

mulberry ['mʌlbərɪ] n (= fruit) mûre *f* ; (= tree) mûrier *m*

mule [mju:l] n **a** mulet *m* ; (female) mule *f* ▪ **stubborn as a ~** têtu comme une mule **b** (= slipper) mule *f*

mulled [mʌld] adj ▪ **~ wine** vin *m* chaud

mullet ['mʌlɪt] n ▪ **grey ~** mulet *m* ▪ **red ~** rouget *m*

mull over [,mʌl'əʊvə'] vt sep retourner dans sa tête

multi- ['mʌltɪ] pref multi

multicoloured, multicolored (US) ['mʌltɪ,kʌləd] adj multicolore

multicultural [,mʌltɪ'kʌltʃərəl] adj multiculturel

multifaceted [,mʌltɪ'fæsɪtɪd] adj à multiples facettes

multigym ['mʌltɪ,dʒɪm] n banc *m* de musculation

multimedia ['mʌltɪ'mi:dɪə] adj, n multimédia *m*

multimillionaire [,mʌltɪ,mɪljə'nɛə'] n multimillionnaire *mf*

multinational [,mʌltɪ'næʃənl] **1** n multinationale *f* **2** adj multinational

multiple ['mʌltɪpl] n, adj multiple *m* ▸ **multiple-choice test** QCM *m*, questionnaire *m* à choix multiple ▸ **multiple sclerosis** sclérose *f* en plaques

multiplex cinema [,mʌltɪpleks'sɪnəmə] n complexe *m* multisalle

multiplication [,mʌltɪplɪ'keɪʃən] n multiplication *f*

multiply ['mʌltɪplaɪ] **1** vt multiplier **2** vi se multiplier

multiracial [,mʌltɪ'reɪʃəl] adj multiracial

multistorey(ed) [,mʌltɪ'stɔ:rɪ(d)], **multistoried** (US) [,mʌltɪ'stɔ:rɪd] adj à étages ▪ **~ car park** parking *m* à étages

mu

multitask ['mʌltɪ,tɑːsk] vi être multitâche

multi(-)tasking [,mʌltɪ'tɑːskɪŋ] n (Computing) traitement *m* multitâche ; (by person) capacité *f* à mener plusieurs tâches de front

multitude ['mʌltɪtjuːd] n multitude *f*

mum* [mʌm] n (BR = mother) maman *f*

mumble ['mʌmbl] **1** vt marmonner **2** n marmonnement *m*

mumbo jumbo [,mʌmbəʊ'dʒʌmbəʊ] n (= nonsense) charabia* *m* ; (= pretentious ceremony) salamalecs* *mpl*

mummy ['mʌmɪ] n **a** (* BR = mother) maman *f* **b** (embalmed) momie *f*

mumps [mʌmps] n oreillons *mpl*

munch [mʌntʃ] vti croquer

munchies‡ ['mʌntʃɪz] npl ▪ **to have the ~** avoir la dalle‡

mundane [,mʌn'deɪn] adj [issue] banal ; [task] courant

municipal [mjuː'nɪsɪpəl] adj municipal

municipality [mjuː,nɪsɪ'pælɪtɪ] n municipalité *f*

munitions [mjuː'nɪʃənz] npl munitions *fpl*

mural ['mjʊərəl] **1** adj mural **2** n peinture *f* murale

murder ['mɜːdəʳ] **1** n meurtre *m* ; (premeditated) assassinat *m* ▪ **she lets the children get away with ~*** elle passe tout aux enfants **2** vt [+ person] assassiner ; [+ song, music] massacrer ; [+ opponent] écraser

murderer ['mɜːdərəʳ] n meurtrier *m*, assassin *m*

murderess ['mɜːdərɪs] n meurtrière *f*

murderous ['mɜːdərəs] adj meurtrier

murky ['mɜːkɪ] adj [room, day, sky] sombre ; [fog, night] épais (épaisse *f*) ; [water] trouble

murmur ['mɜːməʳ] **1** n **a** murmure *m* **b** ▪ **a heart ~** un souffle au cœur **2** vti murmurer

muscle ['mʌsl] n **a** (in body) muscle *m* **b** (= power) poids *m*

muscular ['mʌskjʊləʳ] adj **a** (= brawny) musclé **b** [pain, disease] musculaire ▸ **muscular dystrophy** dystrophie *f* musculaire

muse [mjuːz] **1** vi méditer (*on, about* sur) **2** n (also **Muse**) muse *f*

museum [mjuː'zɪəm] n musée *m*

mush [mʌʃ] n **a** (= food) bouillie *f* **b** (sentimental) guimauve *f*

musher ['mʌʃər] n musher *mf*

mushroom ['mʌʃrʊm] **1** n champignon *m* (comestible) ▪ **~ soup** soupe *f* aux champignons **2** vi **a** (= grow quickly) [town] pousser comme un champignon ; [market] connaître une expansion rapide ; [population] connaître une croissance rapide **b** (= spring up) apparaître un peu partout

mushy ['mʌʃɪ] adj [vegetables] en bouillie ; [fruit] blet ▸ **mushy peas** (BR) purée *f* de petits pois

music ['mjuːzɪk] n musique *f* ▸ **music box** boîte *f* à musique ▸ **music centre** (= stereo) chaîne *f* (stéréo) ▸ **music stand** pupitre *m* à musique ▸ **music video** vidéoclip *m*

musical ['mjuːzɪkəl] **1** adj [career, talent] de musicien ; [family, person] musicien ▸ **musical chairs** chaises *fpl* musicales ▸ **musical instrument** instrument *m* de musique **2** n (= show) comédie *f* musicale

musician [mjuː'zɪʃən] n musicien(ne) *m(f)*

musk [mʌsk] n musc *m*

musket ['mʌskɪt] n mousquet *m*

musketeer [,mʌskɪ'tɪəʳ] n mousquetaire *m*

muskrat ['mʌskræt] n rat *m* musqué

musky ['mʌskɪ] adj musqué

Muslim ['mʊzlɪm] **1** n musulman(e) *m(f)* **2** adj musulman

muslin ['mʌzlɪn] n mousseline *f*

mussel ['mʌsl] n moule *f*

must [mʌst]

1 modal vb **a** (obligation) ▪ **I ~ be going** il faut que je m'en aille ▪ **you ~ hand your work in on time** tu dois rendre ton travail à temps ▪ **it ~ not be forgotten that...** il ne faut pas oublier que... ▪ **I ~ admit I'm envious** je dois avouer que je suis jaloux

b (invitations, suggestions) ▪ **you ~ come and have dinner some time** venez dîner à la maison un de ces jours ▪ **you ~ be very careful** faites bien attention ▪ **you ~ stop being so negative** ne sois pas si négatif ▪ **you mustn't forget to send her a card** n'oublie pas de lui envoyer une carte

c (indicating certainty) ▪ **he ~ be wrong** il doit se tromper ▪ **you ~ be joking!** vous plaisantez ! ▪ **I ~ have made a mistake** j'ai dû me tromper ▪ **was he disappointed? – he ~ have been!** est-ce qu'il a été déçu ? – sûrement !

2 n (* = indispensable thing) must* *m* ▸ **a must-read** un livre à lire absolument ▸ **a must-see movie** un film à ne pas manquer

mustache ['mʌstæʃ] n (US) moustache(s) *f(pl)*

mustang ['mʌstæŋ] n mustang *m*

mustard ['mʌstəd] n moutarde *f*

muster ['mʌstəʳ] **1** n ▪ **to pass ~** être acceptable **2** vt [+ helpers, number] réunir ; [+ strength, courage, energy] rassembler **3** vi (= gather, assemble) se réunir

mustn't ['mʌsnt] ⇒ **must not** ; → **must**

musty ['mʌstɪ] adj [book, clothes] moisi ▪ **to smell ~** [book, clothes] avoir une odeur de moisi ; [room] sentir le renfermé

mutant ['mju:tənt] adj, n mutant(e) *m(f)*

mutation [mju:'teɪʃən] n mutation *f*

mute [mju:t] **1** adj muet **2** n (for instrument) sourdine *f*

muted ['mju:tɪd] adj [voice, sound] assourdi ; [colour] sourd ; [criticism, enthusiasm] modéré

mutilate ['mju:tɪleɪt] vt mutiler

mutilation [,mju:tɪ'leɪʃən] n mutilation *f*

mutiny ['mju:tɪnɪ] **1** n mutinerie *f*; (fig) révolte *f* **2** vi se mutiner ; (fig) se révolter

mutter ['mʌtə'] **1** n marmonnement *m* **2** vti marmonner ▪ **to ~ to oneself** marmonner entre ses dents

mutton ['mʌtn] n mouton *m* ▪ **leg of ~** gigot *m*

mutual ['mju:tjʊəl] adj **a** [support, respect, destruction] mutuel ▪ **I didn't like him and the feeling was ~** je ne l'aimais pas et c'était réciproque **b** (= common) [interest, friend] commun

muzzle ['mʌzl] **1** n **a** (= dog's nose) museau *m* **b** [of gun] canon *m* **c** (to stop dog biting) muselière *f* **2** vt museler

MW n (abbr of **medium wave**) PO

my [maɪ] poss adj mon, ma, mes ▪ **my book** mon livre ▪ **my table** ma table ▪ **my friend** mon ami(e) ▪ **my clothes** mes vêtements ▪ **MY book** mon livre à moi ▪ **I've broken my leg** je me suis cassé la jambe

myriad ['mɪrɪəd] **1** n myriade *f* **2** adj innombrable

myrrh [mɜ:'] n myrrhe *f*

myself [maɪ'self] pers pron (reflexive: direct and indirect) me ; (emphatic) moi-même ; (after preposition) moi ▪ **I've hurt ~** je me suis blessé ▪ **I said to ~** je me suis dit ▪ **I've kept one for ~** j'en ai gardé un pour moi ▪ **I told him ~** je le lui ai dit moi-même ▪ **I'm not ~ today** je ne suis pas dans mon assiette aujourd'hui ▪ **(all) by ~** tout seul

mysterious [mɪs'tɪərɪəs] adj mystérieux

mystery ['mɪstərɪ] n **a** mystère *m* ▪ **it's a ~ to me how he did it** je n'arrive pas à comprendre comment il l'a fait **b** (= book) roman *m* à énigmes ▪ **a murder ~** un roman policier

mystic ['mɪstɪk] n mystique *mf*

mystical ['mɪstɪkəl] adj mystique

mysticism ['mɪstɪsɪzəm] n mysticisme *m*

mystify ['mɪstɪfaɪ] vt rendre perplexe ▪ **I was mystified** j'étais perplexe

mystique [mɪs'ti:k] n mystique *f*

myth [mɪθ] n mythe *m*

mythical ['mɪθɪkəl] adj mythique

mythology [mɪ'θɒlədʒɪ] n mythologie *f*

nN

N, n [en] n **a** ■ **to the nth degree** à la puissance mille **b** (abbr of **north**) N

n/a (abbr of **not applicable**) sans objet

nag [næg] **1** vt [person] harceler ; [anxiety] tenailler* **2** vi [person] (= scold) ne pas arrêter de faire des remarques ; [pain, doubts] être lancinant **3** n (* = horse) canasson* *m* (pej)

nagging ['nægɪŋ] **1** adj **a** [doubt, feeling, worry] persistant ; [pain] tenace **b** [wife] qui n'arrête pas de faire des remarques ; [voice] insistant **2** n remarques *fpl* continuelles

nail [neɪl] **1** n **a** [of finger, toe] ongle *m* ▸ **nail clippers** coupe-ongle *m*, pince *f* à ongles ▸ **nail extensions** prothèses *fpl* ongulaires ▸ **nail polish** vernis *m* à ongles ▸ **nail polish remover** dissolvant *m* ▸ **nail scissors** ciseaux *mpl* à ongles ▸ **nail varnish** (BR) vernis *m* à ongles **b** (metal) clou *m* **2** vt (= fix with nails) clouer

▸ **nail down** vt sep **a** [+ lid] clouer **b** [+ hesitating person] obtenir une réponse (ferme et définitive) de

▸ **nail up** vt sep **a** [+ door, window] condamner (en clouant) **b** [+ box] clouer

nail-biting ['neɪlbaɪtɪŋ] adj [film] à suspense ; [finish, match] serré

nailfile ['neɪlfaɪl] n lime *f* à ongles

naïve, naive [naɪ'i:v] adj naïf (naïve *f*)

naivety [naɪ'i:vtɪ] n naïveté *f*

naked ['neɪkɪd] adj **a** nu ■ **to the ~ eye** à l'œil nu **b** [ambition, aggression] pur

name [neɪm] **1** n **a** nom *m* ■ **what's your ~?** comment vous appelez-vous ? ■ **my ~ is Robert** je m'appelle Robert ■ **to refer to sb by ~** désigner qn par son nom ■ **to know sb by ~** connaître qn de nom ■ **all the big ~s were there** toutes les célébrités étaient là ▸ **name day** fête *f* ▸ **name-drop** émailler sa conversation de noms de gens en vue ▸ **name tape** marque *f* **b** (= reputation) réputation *f* ■ **to have a bad ~** avoir mauvaise réputation ■ **to make one's ~** se faire un nom **c** (= insult) ■ **to call sb ~s** traiter qn de tous les noms **2** vt **a** (= give a name to) nommer ; [+ comet, star, mountain] donner un nom à ■ **to ~ a child after sb** donner à un enfant le nom de qn **b** (= give name of) nommer ; (= list) citer **c** (= fix) [+ date, price] fixer

nameless ['neɪmlɪs] adj **a** (= unnamed) anonyme **b** (= indefinable) indéfinissable

namely ['neɪmlɪ] adv à savoir

nameplate ['neɪmpleɪt] n plaque *f*

namesake ['neɪmseɪk] n homonyme *m*

nanny ['nænɪ] n (= live-in carer) nurse *f* ; (= daytime carer) nourrice *f* ▸ **nanny state** (esp BR) État-providence *m*

nanobot ['nænəʊ,bɒt] n nanorobot *m*

nanotechnology [,nænəʊtek'nɒlədʒɪ] n nanotechnologie *f*

nap [næp] **1** n (= sleep) petit somme *m* ■ **afternoon ~** sieste *f* **2** vi faire un (petit) somme ■ **to catch sb ~ping** (= unawares) prendre qn au dépourvu ; (= in error) surprendre qn en défaut

napalm ['neɪpɑ:m] n napalm *m*

nape [neɪp] n ■ **the ~ of the neck** la nuque

napkin ['næpkɪn] n serviette *f*

nappy ['næpɪ] (BR) n couche *f* ■ **to have ~ rash** avoir les fesses rouges

narcissistic [,nɑ:sɪ'sɪstɪk] adj [person] narcissique

narcissus [nɑ:'sɪsəs] n (pl **narcissi**) (= flower) narcisse *m*

narcotic [nɑ:'kɒtɪk] **1** n (= illegal drug) stupéfiant *m* **2** adj [effect] narcotique

narrate [nə'reɪt] vt raconter

narration [nə'reɪʃən] n narration *f*

narrative ['nærətɪv] **1** n (= story, account) récit *m* **2** adj [poem, style] narratif

narrator [nə'reɪtə'] n narrateur *m*, -trice *f*

narrow ['nærəʊ] **1** adj (gen) étroit ; [outlook] restreint ; [majority] faible ■ **we had a ~ escape** nous l'avons échappé belle ▸ **narrow boat** (BR) péniche *f* **2** vi [road, valley] se rétrécir **3** vt [+ choice] restreindre ; [+ differences] réduire ■ **to ~ the gap between rich and poor nations** réduire l'écart entre pays riches et pays pauvres

▸ **narrow down** vt sep [+ choice, meaning] restreindre

narrowly ['nærəʊlɪ] adv **a** (= only just) [escape, avoid, defeat] de justesse ; [miss, fail] de peu **b** (= restrictively) [of fined] d'une manière restrictive

narrow-minded [,nærəʊ'maɪndɪd] adj borné

nasal ['neɪzəl] adj nasal ; [accent] nasillard

nascent ['næsnt] adj(frm) [democracy, science] naissant

nasturtium [nəs'tɜ:ʃəm] n (= flower) capucine *f*

nasty ['nɑ:stɪ] adj **a** (= unkind, spiteful) [person, remark] méchant ■ **to be ~ to sb** être méchant avec qn ■ **a ~ trick** un sale tour **b** [habit, rumour] vilain ; [bend] dangereux ; [smell, taste, moment] mauvais *before n* ; [feeling, experience] désagréable ; [weather] affreux ▪ **a ~ shock** une mauvaise surprise ▪ **to turn ~** [situation] mal tourner **c** (= serious) [accident] grave ; [fall, wound] vilain

nation ['neɪʃən] n nation *f*

national ['næʃənl] **1** adj (gen) national ; [election, referendum] à l'échelle nationale ▸ **national anthem** hymne *m* national ▸ **National Curriculum** (BR) programme *m* d'enseignement obligatoire ▸ **national dress** costume *m* national ▸ **National Health Service** (BR) ≈ Sécurité sociale ▸ **National Insurance** (BR) ≈ Sécurité sociale ▸ **National Insurance contributions** (BR) ≈ cotisations de Sécurité sociale ▸ **National Insurance number** (BR) ≈ numéro de Sécurité sociale ▸ **national service** service *m* militaire ▸ **National Trust** (BR) *organisme privé de sauvegarde des monuments historiques et des sites* **2** n (= person) ressortissant(e) *m(f)* ▪ **he's a French ~** il est de nationalité française

nationalism ['næʃnəlɪzəm] n nationalisme *m*

nationalist ['næʃnəlɪst] adj, n nationaliste *mf*

nationalistic [ˌnæʃnə'lɪstɪk] adj nationaliste

nationality [ˌnæʃə'nælɪtɪ] n nationalité *f*

nationally ['næʃnəlɪ] adv [distribute] dans l'ensemble du pays ; [broadcast] sur l'ensemble du pays ; [organize] à l'échelon or au niveau national

nationwide ['neiʃənwaɪd] **1** adj [strike, protest] national **2** adv à l'échelle nationale

native ['neɪtɪv] **1** adj **a** [country] natal ; [language] maternel ▪ **French ~ speaker** francophone *mf* **b** [talent, ability] inné **c** [plant, animal] indigène ▸ **Native American** n Amérindien(ne) *m(f)* ◊ adj amérindien **2** n (= person) autochtone *mf*

Nativity [nə'tɪvɪtɪ] n Nativité *f* ▸ **nativity play** pièce *f* représentant la Nativité

NATO ['neɪtəʊ] n (abbr of **North Atlantic Treaty Organization**) OTAN *f*

natural ['nætʃrəl] **1** adj **a** (gen) naturel ▪ **~ resources** ressources *fpl* naturelles ▸ **natural childbirth** accouchement *m* sans douleur ▸ **natural gas** gaz *m* naturel ▸ **natural history** histoire *f* naturelle **b** (= inborn) [talent, instinct] inné **c** [parents, child] biologique **2** n (Mus) (= sign) bécarre *m*

naturalize ['nætʃrəlaɪz] vt ▪ **to be ~d** se faire naturaliser

naturally ['nætʃrəlɪ] adv **a** (= of course) naturellement **b** [behave, talk, smile] avec naturel **c** (= by nature) [cautious, cheerful] de nature

nature ['neɪtʃə^r] n (gen) nature *f* ▪ **by ~** de nature ▪ **things of this ~** ce genre de chose ▸ **nature lover** amoureux *m*, -euse *f* de la nature ▸ **nature reserve** réserve *f* naturelle ▸ **nature trail** sentier *m* de découverte de la nature

naturist ['neɪtʃərɪst] n naturiste *mf*

naught [nɔːt] n ⇒ **nought**

naughty ['nɔːtɪ] adj **a** (= badly behaved) vilain, méchant **b** (BR = suggestive) osé

nausea ['nɔːsɪə] n nausée *f*

nauseating ['nɔːsɪeɪtɪŋ] adj écœurant

nauseous ['nɔːsɪəs] adj (= queasy) ▪ **to feel ~ (at the sight/thought of sth)** avoir la nausée (à la vue/pensée de qch)

nautical ['nɔːtɪkəl] adj [chart, theme, look] marin ▸ **nautical mile** mille *m* marin

naval ['neɪvəl] adj [battle, base, architect] naval ; [commander, officer] de marine

nave [neɪv] n [of church] nef *f*

navel ['neɪvəl] n nombril *m*

navigate ['nævɪgeɪt] **1** vi naviguer **2** vt (= steer) [+ boat, aircraft] piloter

navigation [ˌnævɪ'geɪʃən] n navigation *f*

navigator ['nævɪgeɪtə^r] n navigateur *m*, -trice *f* ▪ **I'm a useless ~** (in car) je suis incapable de lire une carte

navvy ['nævɪ] n (BR) terrassier *m*

navy ['neɪvɪ] n marine *f* ▸ **navy-blue** bleu marine *m inv*

naysayer ['neɪseɪə^r] n opposant(e) *m(f)* systématique

Nazi ['nɑːtsɪ] n, adj nazi(e) *m(f)*

NB [en'biː] (abbr of **nota bene**) NB

NBIC [ɛnbiːaɪsiː] npl (abbr of **nanotechnology, biotechnology, information technology and cognitive sciences**) NBIC *fpl*

near [nɪə^r] **1** adv **a** (in space) tout près ; (in time) proche ▪ **~ at hand** [object] à portée de (la) main ; [event] tout proche ▪ **to draw ~ (to)** s'approcher (de) ▪ **she was ~ to tears** elle était au bord des larmes **b** (in degree) presque ▪ **this train is nowhere ~ full** ce train est loin d'être plein **2** prep près de ▪ **~ the church** près de l'église ▪ **~ the end** vers la fin ▪ **don't come ~ me** ne vous approchez pas de moi ▪ **the work is ~ completion** le travail est presque terminé ▪ **nobody comes anywhere ~ him** personne ne lui arrive à la cheville **3** adj proche ▪ **in the ~ future** dans un proche avenir ▪ **that was a ~ thing** (gen) il s'en est fallu de peu ▪ **it was a ~ thing** [election, race result] ça a été très juste ▸ **the Near East** le Proche-Orient **4** vt [+ place] approcher de ; [+ person] approcher

nearby [ˌnɪə'baɪ] **1** adv tout près **2** adj voisin

nearly ['nɪəlɪ] adv presque ▪ **I've ~ finished** j'ai presque fini ▪ **she is ~ 60** elle a près de 60 ans ▪ **she was ~ crying** elle était au bord des larmes ▪ **not ~** loin de

nearside ['nɪə,saɪd] n (in Britain) côté *m* gauche *(de la chaussée, de la piste)* ; (in France, US) côté *m* droit *(de la chaussée, de la piste)*

near-sighted [nɪə'saɪtɪd] adj ▪ **to be ~** être myope

neat [ni:t] adj **a** (= ordered) [room, desk] bien rangé ; [garden] bien entretenu ; [hair] bien coiffé ; [handwriting, appearance] soigné **b** [solution, plan] ingénieux **c** (US = good) super* **d** (= undiluted) sec (sèche *f*)

neatly ['ni:tlɪ] adv **a** (= carefully) soigneusement **b** (= just right) [fit, work out] parfaitement

necessarily ['nesɪsərɪlɪ] adv **a** ▪ **not ~** pas forcément **b** (= inevitably) [slow, short] nécessairement

necessary ['nesɪsərɪ] adj **a** (= required) nécessaire (*to, for sth* à qch) ▪ **if ~** si nécessaire ▪ **to do whatever is ~** faire le nécessaire **b** (= inevitable) [consequence] inéluctable ; [result] inévitable

necessitate [nɪ'sesɪteɪt] vt nécessiter

necessity [nɪ'sesɪtɪ] n **a** (= compelling circumstances) nécessité *f* ; (= need, compulsion) besoin *m* ▪ **the ~ of doing** le besoin de faire ▪ **from ~** par la force des choses ▪ **of ~** par nécessité **b** (= necessary object) chose *f* indispensable

neck [nek] **1** n **a** cou *m* ▪ **to be up to one's ~ in work*** être débordé de travail ▪ **he's up to his ~ in debt*** il est endetté jusqu'au cou ▪ **to stick one's ~ out*** se mouiller* ▸ neck and neck à égalité **b** [of dress, shirt] encolure *f* ▪ **a dress with a low ~** une robe décolletée **c** [of bottle] goulot *m* ; [of vase] col *m* ; [of guitar, violin] manche *m* **2** vi [couple]* se peloter*

necklace ['neklɪs] n collier *m*

neckline ['neklaɪn] n encolure *f*

necktie ['nektaɪ] n cravate *f*

nectar ['nektə'] n nectar *m*

nectarine ['nektərɪn] n nectarine *f*

need [ni:d]

1 n besoin *m*

♦ **if need be** si besoin est

♦ **to be in need** être dans le besoin ▪ **to be badly in ~ of sth** avoir grand besoin de qch

♦ **to have no need to do sth** ne pas avoir besoin de faire qch ▪ **there's no ~ to hurry** ce n'est pas la peine de se presser ▪ **there's no ~ for you to come** vous n'êtes pas obligé de venir

2 vt (= require) [person, thing] avoir besoin de ▪ **I ~ some money** j'ai besoin d'argent ▪ **I ~ more money** il me faut plus d'argent ▪ **I ~ it** j'en ai besoin ▪ **have you got all you ~?** vous avez tout ce qu'il vous faut ? ▪ **it's just what I ~ed** c'est tout à fait ce qu'il me fallait ▪ **this coat ~s to be cleaned regularly** ce manteau doit être nettoyé régulièrement

3 modal vb (indicating obligation) ▪ **~ he go?** est-il obligé d'y aller ? ▪ **you needn't wait** vous n'êtes pas obligé d'attendre ▪ **we needn't have hurried** ce n'était pas la peine qu'on se presse ▪ **you needn't say any more** inutile d'en dire plus

needle ['ni:dl] **1** n aiguille *f* ▪ **knitting/darning ~** aiguille *f* à tricoter/à repriser ▪ **pine ~** aiguille *f* de pin **2** vt (* = annoy) asticoter* ; (* = sting) piquer au vif

needless ['ni:dlɪs] adj [suffering, repetition, expense] inutile ; [cruelty, destruction] gratuit ; [remark, sarcasm, rudeness] déplacé ▪ **~ to say,...** inutile de dire que...

needlessly ['ni:dlɪslɪ] adv [repeat, prolong] inutilement ; [die] en vain ; [suffer] pour rien

needlework ['ni:dlwɜ:k] n couture *f*

needn't ['ni:dnt] ⇒ **need not** ; → **need**

needy ['ni:dɪ] adj nécessiteux

negative ['negətɪv] **1** adj (gen) négatif ; [effect, influence] néfaste ▸ negative equity moins-value *f* **2** n **a** (= answer) réponse *f* négative **b** (Gram) négation *f* ▪ **in the ~** à la forme négative **c** (Photo) négatif *m*

neglect [nɪ'glekt] **1** vt [+ person, animal] délaisser ; [+ garden, house, car, machinery] ne pas entretenir ; [+ rule, law, advice] ne tenir aucun compte de ; [+ duty, obligation, promise] manquer à ; [+ business, work, one's health] négliger ▪ **to ~ to do sth** négliger de faire qch **2** n [of duty, obligation] manquement *m* (*of* à) ▪ **the garden was in a state of ~** le jardin était à l'abandon

neglected [nɪ'glektɪd] adj (= uncared-for) [person, district] délaissé ; [house, garden] mal entretenu ; [appearance] négligé

neglectful [nɪ'glektfʊl] adj négligent

negligence ['neglɪdʒəns] n négligence *f*

negligent ['neglɪdʒənt] adj **a** (= careless) négligent **b** (= nonchalant) nonchalant

negligible ['neglɪdʒəbl] adj négligeable

negotiate [nɪ'gəʊʃɪeɪt] **1** vt **a** [+ sale, loan, salary] négocier **b** [+ obstacle, hill, rapids] franchir ; [+ river] (= sail on) naviguer ; (= cross) franchir ; [+ difficulty] surmonter **2** vi négocier (*with sb for sth* avec qn pour obtenir qch)

negotiation [nɪ,gəʊʃɪ'eɪʃən] n négociation *f*

negotiator [nɪ'gəʊʃɪeɪtə'] n négociateur *m*, -trice *f*

Negro ['ni:grəʊ] **1** adj noir **2** n (pl **~es**) Noir(e) *m(f)*

neigh [neɪ] **1** vi hennir **2** n hennissement *m*

neighbour, neighbor (US) ['neɪbə'] n voisin(e) *m(f)*

neighbourhood, neighborhood (US) ['neɪbəhʊd] **1** n (= district) quartier *m* ; (= area nearby) voisinage *m* ▪ **in the ~ of £100** environ 100 livres **2** adj [doctor, shops] du quartier ; [café] du coin ▸ **neighbourhood watch** *système de surveillance assuré par les habitants d'un quartier*

neighbouring, neighboring (US) ['neɪbərɪŋ] adj voisin

neighbourly, neighborly (US) ['neɪbəlɪ] adj [person] aimable (*to sb* avec qn) ; [feeling] amical ; [behaviour, gesture] de bon voisin

neither ['naɪðə', 'ni:ðə']

1 adv

♦ **neither... nor** ni... ni ▪ **~ good nor bad** ni bon ni mauvais ▪ **he can ~ read nor write** il ne sait ni lire ni écrire ▪ **that's ~ here nor there** ce n'est pas la question

2 conj ▪ **if you don't go, ~ shall I** si tu n'y vas pas je n'irai pas non plus ▪ **I'm not going – ~ am I** je n'y vais pas – moi non plus

3 adj ▪ **~ story is true** aucune des deux histoires n'est vraie

4 pron ni l'un(e) ni l'autre ▪ **~ of them knows** ils ne le savent ni l'un ni l'autre

Neolithic [,ni:əʊ'lɪθɪk] adj [site, tomb] néolithique ; [person] du néolithique ▸ **the Neolithic Age, the Neolithic Period** le néolithique

neon ['ni:ɒn] **1** n néon *m* **2** adj [lamp, lighting] au néon ▸ **neon sign** enseigne *f* au néon

nephew ['nefju:] n neveu *m*

nerve [nɜ:v] **1** n **a** (in body, tooth) nerf *m* **b** (= courage) sang-froid *m* ▪ **he lost his ~** le courage lui a manqué **c** (* = cheek) culot* *m* ▪ **you've got a ~!** tu as du culot* **2** **nerves** npl (= nervousness) nervosité *f* ▪ **to be a bundle of ~s** être un paquet de nerfs ▪ **his ~s were on edge** il avait les nerfs à vif ▪ **he/the noise gets on my ~s** il/ce bruit me tape sur les nerfs*

nerve-racking ['nɜ:vrækɪŋ] adj très éprouvant (pour les nerfs)

nervous ['nɜ:vəs] adj nerveux ▪ **to be ~ about sth** appréhender qch ▪ **to be ~ about doing sth** hésiter à faire qch ▪ **to feel ~** être nerveux ; (before performance, exam) avoir le trac* ▸ **nervous breakdown** dépression *f* nerveuse ▪ **to have a ~ breakdown** faire une dépression nerveuse ▸ **nervous wreck*** ▪ **to be a ~ wreck** être à bout (de nerfs)

nervy* ['nɜ:vɪ] adj **a** (= nervous) nerveux **b** (US = cheeky) culotté*

nest [nest] **1** n nid *m* ▸ **nest egg** (= money) pécule *m* **2** vi (= make its nest) nicher

nestle ['nesl] vi [person] se blottir (*up to, against* contre) ; [house] se nicher

net [net] **1** n **a** filet *m* ▪ **to slip through the ~** passer à travers les mailles du filet **b** ▪ **the Net** (Internet) le Net ▪ **Net surfer** internaute *mf* **2** vt **a** (= catch in a net) prendre au filet **b** [business deal] rapporter (net) ; [person] gagner (net) **3** adj [price, weight] net ; [result, effect] final

netball ['netbɔ:l] n (BR) netball *m*

Netherlands ['neðələndz] npl ▪ **the ~** les Pays-Bas *mpl*

netiquette ['netɪket] n netiquette *f*

netsurfing ['netsɜ:fɪŋ] n navigation *f* sur Internet

netting ['netɪŋ] n (= nets) filets *mpl* ; (= mesh) mailles *fpl* ▪ **wire ~** treillis *m* métallique

nettle ['netl] **1** n ortie *f* **2** vt agacer

network ['netwɜ:k] **1** n réseau *m* ▪ **social ~** réseaux *mpl* sociaux **2** vt [+ TV programmes] diffuser sur l'ensemble du réseau ; [+ computers] mettre en réseau **3** vi (on Internet) réseauter

networking ['net,wɜ:kɪŋ] n **a** (= making contacts) établissement *m* d'un réseau de relations **b** (= working as part of network) travail *m* en réseau **c** (Internet) (also **social networking**) réseautage *m* (social)

neural ['njʊərəl] adj [tube] neural ; [system] nerveux ▸ **neural network** n (Computing) réseau *m* neuronal

neurosis [njʊ'rəʊsɪs] n (pl **neuroses** [njʊ'rəʊsi:z]) névrose *f*

neurotic [njʊ'rɒtɪk] **1** adj [person] névrosé ; [behaviour, disorder] névrotique **2** n névrosé(e) *m(f)*

neuter ['nju:tə'] **1** adj neutre **2** n (Gram) neutre *m* **3** vt [+ animal] châtrer

neutral ['nju:trəl] **1** adj neutre **2** n (= gear) point *m* mort ▪ **in ~** au point mort

neutrality [nju:'trælɪtɪ] n neutralité *f*

neutralize ['nju:trəlaɪz] vt neutraliser

never ['nevə'] adv

a ne... jamais ▪ **I ~ eat strawberries** je ne mange jamais de fraises ▪ **I've ~ seen him before** je ne l'ai jamais vu ▪ **~ in all my life** jamais de ma vie

♦ **never... again** (ne...) plus jamais ▪ **we'll ~ see her again** on ne la reverra (plus) jamais ▪ **~ again!** plus jamais !

b (emphatic) ■ **he ~ said a word** il n'a pas pipé mot ■ **you must ~ ever come here again** il n'est pas question que tu remettes les pieds ici ■ **well I ~!*** ça alors !* ■ **~ mind!** ça ne fait rien !

never-ending [ˌnevəˈrendɪŋ] adj interminable

nevertheless [ˌnevəðəˈles] adv néanmoins

new [njuː] adj **a** (= different, not seen before) nouveau (nouvelle *f*) ; (masculine before vowel or silent h) nouvel ; (= not old) neuf (neuve *f*) ■ **I've got a ~ car** (= different) j'ai une nouvelle voiture ; (= brand-new) j'ai une voiture neuve ■ **as good as ~** comme neuf ■ **what's ~?*** quoi de neuf ?* **b** (= fresh) [bread, cheese] frais (fraîche *f*) ; [wine] nouveau (nouvelle *f*) ▸ **new build** constructions *fpl* nouvelles ▸ **new-fangled** (pej) ultramoderne ▸ **new-found** de fraîche date ▸ **New Guinea** Nouvelle-Guinée *f* ▸ **new moon** nouvelle lune *f* ▸ **New Orleans** La Nouvelle-Orléans *f* ▸ **new potato** pomme *f* de terre nouvelle ▸ **the New Testament** le Nouveau Testament ▸ **the New World** le Nouveau Monde ▸ **New Zealand** n Nouvelle-Zélande *f* ◊ adj néo-zélandais ▸ **New Zealander** Néo-Zélandais(e) *m(f)*

newbie* [ˈnjuːbɪ] n petit nouveau *m*, petite nouvelle *f* ; (Internet) newbie *mf*

newborn [ˈnjuːbɔːn] adj [child, animal] nouveau-né

newcomer [ˈnjuːkʌməʳ] n nouveau venu *m*, nouvelle venue *f*

newly [ˈnjuːlɪ] adv nouvellement ■ **~ arrived** récemment arrivé ▸ **newly-weds** jeunes mariés *mpl*

news [njuːz] n nouvelles *fpl* ■ **a piece of ~** une nouvelle ; (in newspaper, on TV) une information ■ **to listen to/watch the ~** écouter/regarder les informations ■ **have you heard the ~?** tu es au courant ? ■ **have you any ~ of him?** (= heard from him) avez-vous de ses nouvelles ? ■ **good/bad ~** bonnes/mauvaises nouvelles *fpl* ▸ **news agency** agence *f* de presse ▸ **news broadcast, news bulletin** bulletin *m* d'informations ▸ **news flash** flash *m* d'information ▸ **news headlines** titres *mpl* de l'actualité ▸ **news item** information *f* ▸ **news magazine** magazine *m* d'actualités ▸ **news release** communiqué *m* de presse ▸ **news stand** kiosque *m* à journaux ; → <u>*Pièges*</u> NEWS

newsagent [ˈnjuːzˌeɪdʒənt] n (BR) marchand(e) *m(f)* de journaux ▸ **newsagent's** (BR) maison *f* de la presse

newscast [ˈnjuːzkɑːst] n (US) (bulletin *m* d')informations *fpl*

newscaster [ˈnjuːzkɑːstəʳ] n présentateur *m*, -trice *f* de journal télévisé

newsdealer [ˈnjuːzdiːləʳ] n (US) marchand(e) *m(f)* de journaux

newsgroup [ˈnjuːzgruːp] n (on Internet) forum *m* de discussion

newsletter [ˈnjuːzletəʳ] n bulletin *m* (*d'une entreprise*)

newspaper [ˈnjuːzˌpeɪpəʳ] n journal *m* ■ **daily ~** quotidien *m*

newsreader [ˈnjuːzriːdəʳ] n (BR) présentateur *m*, -trice *f* de journal télévisé

newsreel [ˈnjuːzriːl] n actualités *fpl* filmées

newsroom [ˈnjuːzrʊm] n salle *f* de rédaction

newsvendor [ˈnjuːzvendəʳ] n vendeur *m*, -euse *f* de journaux

newsworthy [ˈnjuːzwɜːðɪ] adj ■ **to be ~** valoir la peine d'être publié

newt [njuːt] n triton *m*

New Year [ˌnjuːˈjɪəʳ] n nouvel an *m*, nouvelle année *f* ■ **Happy ~!** bonne année ! ▸ **New Year resolution** bonne résolution *f* (de nouvel an) ▸ **New Year's Day** jour *m* de l'an ▸ **New Year's Eve** Saint-Sylvestre *f*

next [nekst]

1 adj **a** (in future) prochain ; (in past) suivant ■ **come back ~ week/month** revenez la semaine prochaine/le mois prochain ■ **he came back the ~ week** il est revenu la semaine suivante ■ **the ~ day** le lendemain ■ **the ~ morning** le lendemain matin ■ **~ time I see him** la prochaine fois que je le verrai ■ **the ~ time I saw him** quand je l'ai revu ■ **this time ~ week** d'ici huit jours ■ **the year after ~** dans deux ans ■ **~ Wednesday** mercredi prochain ■ **~ March** en mars prochain ■ **~ year** l'année prochaine

b (in series, list) (= following) [page, case] suivant ; (= which is to come) prochain ■ **who's ~?** à qui le tour ? ■ **~ please!** au suivant ! ■ **the ~ size up/down** la taille au-dessus/au-dessous

c (= immediately adjacent) [house, street, room] d'à côté

2 adv **a** ensuite ■ **~ we had lunch** ensuite nous avons déjeuné ■ **what shall we do ~?** qu'allons-nous faire maintenant ? ■ **a new dress! whatever ~?** une nouvelle robe ! et puis quoi encore ?

b (with superlative) ■ **the ~ best thing would be to speak to his brother** à défaut le mieux serait de parler à son frère ■ **this is my ~ oldest daughter after Marie** c'est la plus âgée de mes filles après Marie

♦ **next to** à côté de ■ **his room is ~ to mine** sa chambre est à côté de la mienne ■ **to wear wool ~ to the skin** porter de la laine à même la peau

♦ **next to nothing*** presque rien ▪ **I got it for ~ to nothing** je l'ai payé trois fois rien

3 n prochain(e) *m(f)* ▸ **next of kin** ▪ **~ of kin** (on forms) « nom et prénom de votre plus proche parent » ▪ **the police will inform the ~ of kin** la police préviendra la famille

next door [ˌnekstˈdɔːʳ] **1** adv [live, go] à côté ▪ **she lived ~ to me** elle habitait à côté de chez moi ▪ **we live ~ to each other** nous sommes voisins ▪ **the house ~** la maison d'à côté **2** adj ▪ **next-door** [neighbour, room] d'à côté

NHS [ˌeneɪtʃˈes] n (BR) (abbr of **National Health Service**) *branche santé de la Sécurité sociale*

nib [nɪb] n [of pen] plume *f*

nibble [ˈnɪbl] **1** vti [person] [+ food] grignoter ; [+ pen, finger, ear] mordiller ; [sheep, goats] brouter ; [fish] mordre **2** **nibbles** npl (= snacks) amuse-gueules *mpl*

nice [naɪs] adj **a** (= pleasant) [person] sympathique ; [view, weather, day, thing, smile, voice] beau (belle *f*) ; [holiday] agréable ; [smell, taste, meal, idea] bon ▪ **to smell ~** sentir bon ▪ **to taste ~** avoir bon goût ▪ **you look very ~** tu es très bien ▪ **you look ~ in that dress** cette robe te va bien ▪ **it would be ~ if...** ce serait bien si... ▪ **it's ~ to see you** ça fait plaisir de vous voir ▪ **~ to meet you!*** enchanté ! ▪ **have a ~ day!** bonne journée ! ▪ **we had a ~ evening** nous avons passé une bonne soirée ▪ **did you have a ~ time at the party?** vous vous êtes bien amusés à la soirée ? **b** (= kind) gentil (*to sb* avec qn) ▪ **it's ~ of you to do that** c'est gentil à vous de faire cela **c** (= respectable) convenable ▪ **not ~** peu convenable **d** (* used as intensifier) ▪ **a ~ bright colour** une belle couleur vive ▪ **to have a ~ cold drink** boire quelque chose de bien frais ▪ **we'll take it ~ and easy** on va y aller doucement ▪ **it's so ~ and peaceful here** c'est tellement paisible ici ▪ **it's ~ and warm outside** il fait bon dehors **e** (iro) joli ▪ **here's a ~ state of affairs!** c'est du joli ! ▪ **that's a ~ way to talk!** c'est sympa* ce que tu dis ! (iro)

nice-looking [naɪsˈlʊkɪŋ] adj beau (belle *f*)

nicely [ˈnaɪslɪ] adv **a** [work, progress] bien **b** (= politely) [eat, thank, ask] poliment

niceties [ˈnaɪsɪtɪz] npl (= subtleties) subtilités *fpl* ▪ **social ~** mondanités *fpl*

niche [niːʃ] n niche *f* ; (in market) créneau *m*, niche *f*

nick [nɪk] **1** n **a** (in wood) encoche *f* ; (in blade, dish) ébréchure *f* ; (on face, skin) (petite) coupure *f* ▪ **in the ~ of time** juste à temps **b** (BR = condition) ▪ **in good/bad ~*** en bon/mauvais état **2** vt **a** [+ plank, stick] faire une encoche (or des encoches) sur ; [+ blade, dish] ébrécher **b** (‡ BR = arrest) pincer* **c** (‡ BR = steal) piquer*

nickel [ˈnɪkl] n **a** (= metal) nickel *m* **b** (in Canada, US) (= coin) pièce *f* de cinq cents

nickname [ˈnɪkneɪm] **1** n surnom *m* ; (= short form of name) diminutif *m* **2** vt surnommer

nicotine [ˈnɪkətiːn] n nicotine *f* ▸ **nicotine patch** timbre *m* à la nicotine

niece [niːs] n nièce *f*

nifty* [ˈnɪftɪ] adj **a** (= excellent) chouette* ; (= stylish) chic *inv* **b** (= skilful) habile

Nigeria [naɪˈdʒɪərɪə] n Nigeria *m*

Nigerian [naɪˈdʒɪərɪən] **1** n Nigérian(e) *m(f)* **2** adj nigérian

niggardly [ˈnɪgədlɪ] adj [person] pingre ; [amount, portion] mesquin ; [salary] piètre

niggling [ˈnɪglɪŋ] adj [doubt, suspicion] obsédant ; [person] tatillon ; [details] insignifiant

night [naɪt] n nuit *f* ; (= evening) soir *m* ▪ **to work ~s** travailler de nuit ▪ **to have a late ~** se coucher tard ▪ **to have a ~ out** sortir le soir ▪ **tomorrow ~** demain soir ▪ **Monday ~** (= evening) lundi soir ; (= night-time) dans la nuit de lundi à mardi ▪ **last ~** (= night-time) la nuit dernière ; (= evening) hier soir ▪ **~ and day** nuit et jour ▪ **all ~** toute la nuit ▪ **at ~** la nuit ▪ **6 o'clock at ~** 6 heures du soir ▪ **by ~** de nuit ▸ **night light** veilleuse *f* ▸ **night school** cours *mpl* du soir ▸ **night shift** (= workers) équipe *f* de nuit; (= work) poste *m* de nuit ▸ **night-time** nuit *f* ▪ **at night-time** la nuit ▪ **in the night-time** pendant la nuit ▸ **night watchman** gardien *m* de nuit

nightcap [ˈnaɪtkæp] n (= drink) ▪ **would you like a ~?** voulez-vous boire quelque chose avant d'aller vous coucher ?

nightclothes [ˈnaɪtkləʊðz] npl vêtements *mpl* de nuit

nightclub [ˈnaɪtklʌb] n boîte *f* de nuit

nightdress [ˈnaɪtdres] n chemise *f* de nuit

nightfall [ˈnaɪtfɔːl] n ▪ **at ~** à la tombée de la nuit

nightgown [ˈnaɪtgaʊn] n chemise *f* de nuit

nightie* [ˈnaɪtɪ] n chemise *f* de nuit

nightingale [ˈnaɪtɪŋgeɪl] n rossignol *m*

nightlife [ˈnaɪtlaɪf] n vie *f* nocturne

nightly [ˈnaɪtlɪ] **1** adj ▪ **muggings are a ~ occurrence** il y a des agressions toutes les nuits ▪ **~ performance** (Theatre) représentation *f* tous les soirs **2** adv (= every evening) tous les soirs ; (= every night) toutes les nuits

nightmare [ˈnaɪtmɛəʳ] n cauchemar *m*

nightmarish [ˈnaɪtmɛərɪʃ] adj de cauchemar

nil [nɪl] n zéro *m*

Nile [naɪl] n Nil *m*

nimble [ˈnɪmbl] adj [person, fingers, feet] agile ; [mind] vif

nine [naɪn] number neuf *m inv* ■ **dressed up to the ~s*** sur son trente et un ▸ **nine-to-five*** ■ **nine-to-five job** travail *m* de bureau ; for other phrases see **six**

nineteen [ˈnaɪnˈtiːn] number dix-neuf *m inv* ; for phrases see **six**

nineteenth [ˈnaɪnˈtiːnθ] adj, n dix-neuvième *mf* ; (= fraction) dix-neuvième *m* ; for phrases see **sixth**

ninetieth [ˈnaɪntɪɪθ] adj, n quatre-vingt-dixième *mf* ; (= fraction) quatre-vingt-dixième *m* ; for phrases see **sixth**

ninety [ˈnaɪntɪ] number quatre-vingt-dix *m inv* ■ **ninety-one** quatre-vingt-onze ■ **ninety-nine** quatre-vingt-dix-neuf ; for phrases see **six**

ninth [naɪnθ] adj, n neuvième *mf* ; (= fraction) neuvième *m* ; for phrases see **sixth**

nip [nɪp] **1** n (= pinch) pinçon *m* ; (= bite) morsure *f* ■ **there's a ~ in the air today** (= chill) il fait frisquet aujourd'hui **2** vt (= pinch) pincer ; (= bite) mordiller ■ **to ~ sth in the bud** écraser qch dans l'œuf **3** vi (* : BR) ■ **to ~ out** sortir deux minutes ■ **he ~ped into the café** il a fait un saut au café

nipple [ˈnɪpl] n **a** (= part of body) mamelon *m* **b** [of baby's bottle] tétine *f*

nippy* [ˈnɪpɪ] adj **a** (= chilly) [weather, wind] frisquet **b** (BR = brisk) rapide

niqab [nɪˈkɑːb] n niqab *m*

nit [nɪt] n **a** (= louse-egg) lente *f* **b** (‡ BR = fool) crétin(e)* *m(f)*

nite* [naɪt] n (= night) nuit *f*

nit-pick [ˈnɪtpɪk] vi ■ **he's always ~ing*** il est très tatillon or pinailleur*

nitrate [ˈnaɪtreɪt] n nitrate *m*

nitrogen [ˈnaɪtrədʒən] n azote *m*

nitty-gritty* [ˈnɪtɪˈgrɪtɪ] n ■ **to get down to the ~** passer aux choses sérieuses

no [nəʊ] **1** particle non **2** n (pl **noes**) non *m inv* **3** adj **a** (= not any) pas de ■ **she had no coat** elle n'avait pas de manteau ■ **I have no idea** je n'ai aucune idée ■ **he's no genius** il n'a rien d'un génie **b** (forbidding) ■ **no smoking** défense de fumer ■ **no entry** défense d'entrer ■ **no parking** stationnement *m* interdit **c** (with gerund) ■ **there's no knowing what he'll do next** impossible de dire ce qu'il fera après **4** adv (with comparative) ■ **no bigger/more intelligent than...** pas plus grand/intelligent que... ■ **the patient is no better** le malade ne va pas mieux **5** comp ▸ **no-brainer** ■ **it's a no-brainer** ça tombe sous le sens ▸ **no-fly zone** zone *f* d'exclusion aérienne ▸ **no-frills** (réduit au strict) minimum, de base ▸ **no-go area** zone *f* interdite ▸ **no-man's-land** (in battle) no man's land *m*; (= wasteland) terrain *m* vague; (= indefinite area) zone *f* mal définie ▸ **no-no** ■ **it's a no-no*** (= forbidden) ça ne se fait pas; (= impossible) c'est impossible ▸ **no one** ⇒ **nobody** ▸ **no place*** ⇒ **nowhere**

no. (abbr of **number**) n°

nobility [nəʊˈbɪlɪtɪ] n noblesse *f*

noble [ˈnəʊbl] **1** adj noble **2** n noble *mf*

nobleman [ˈnəʊblmən] n (pl **-men**) noble *m*

noblewoman [ˈnəʊblwʊmən] n (pl **-women**) noble *f*

nobody [ˈnəʊbədɪ] **1** pron personne ■ **~ knows** personne ne le sait ■ **~ spoke to me** personne ne m'a parlé ■ **who saw him? – ~** qui l'a vu ? – personne **2** n moins que rien *mf inv*

nocturnal [nɒkˈtɜːn] adj nocturne

nod [nɒd] **1** n signe *m* de tête **2** vi (= move head) faire un signe de tête ; (as sign of assent) hocher la tête ■ **to ~ to sb** faire un signe de tête à qn ; (in greeting) saluer qn d'un signe de tête **3** vt ■ **to ~ one's head** faire un signe de (la) tête ▸ **nod off*** vi s'endormir

node [nəʊd] n nœud *m*

noise [nɔɪz] n bruit *m* ■ **to make a ~** faire du bruit ■ **~ pollution** nuisances *fpl* sonores ; → *Pièges* NOISE

noisy [ˈnɔɪzɪ] adj bruyant

nomad [ˈnəʊmæd] n nomade *mf*

nomadic [nəʊˈmædɪk] adj nomade

nominal [ˈnɒmɪnl] adj **a** [value] nominal ; [agreement, power] théorique **b** [fee, sum] modique ; [wage, rent] insignifiant ; [fine, penalty] symbolique

nominate [ˈnɒmɪneɪt] vt **a** (= appoint) nommer **b** (= propose) proposer ■ **to ~ sb for an Oscar** nominer qn pour un Oscar

nomination [ˌnɒmɪˈneɪʃən] n **a** (= appointment) nomination *f* (*to* à) **b** (for job) proposition *f* de candidature ; (for presidency) investiture *f* **c** (for film award) nomination *f*

nominee [ˌnɒmɪˈniː] n (for post) personne *f* désignée ; (in election) candidat(e) *m(f)* désigné(e) ■ **Oscar ~** nominé(e) *m(f)* aux Oscars

nomophobia [ˌnəʊməʊˈfəʊbɪə] n nomophobie *f*

non- [nɒn] pref non- ▸ **non-believer** incroyant(e) *m(f)* ▸ **non binary** [person] non binaire, *dont l'identité de genre n'est ni homme ni femme* ▸ **non-dom** non-dom *mf*, *personne résidant en Grande-Bretagne sans y être domiciliée, échappant ainsi à l'impôt* ▸ **non-domiciled** non-domicilié(e) *m(f)* ▸ **non-drip** qui ne coule pas ▸ **non-EU** [citizens, passports] non communautaire; [imports] hors Union européenne ▸ **non-white** personne *f* de couleur

nonchalant ['nɒnʃələnt] adj nonchalant ▪ **to be ~ about sth** prendre qch avec nonchalance

noncommittal ['nɒnkə'mɪtl] adj [person] qui ne s'engage pas ; [letter, statement] qui n'engage à rien ; [expression, attitude] réservé ; [answer] évasif

nonconformist ['nɒnkən'fɔːmɪst] **1** n non-conformiste *mf* **2** adj non conformiste

nondescript ['nɒndɪskrɪpt] adj (gen) quelconque ; [colour] indéfinissable

none [nʌn] pron

a (with countable noun) aucun(e) *m(f)* ▪ **~ of the books** aucun des livres ▪ **we tried all the keys but ~ of them fitted** nous avons essayé toutes les clés mais aucune n'allait

b (with uncountable noun) ▪ **~ of this money** pas un centime de cet argent ▪ **~ of this milk** pas une goutte de ce lait ▪ **there's ~ left** il n'en reste plus ▪ **~ of it made any sense** rien de tout cela ne semblait cohérent ▪ **he would have ~ of it** il ne voulait rien savoir ▪ **I need money but have ~ at all** j'ai besoin d'argent mais je n'en ai pas du tout ▪ **is there any bread left? – ~ at all** y a-t-il encore du pain ? – plus du tout ▪ **he was ~ the wiser** il n'était pas plus avancé ▪ **she was ~ too happy about it** elle était loin d'être contente

♦ **none of them/you/us** aucun d'entre eux/vous/nous

nonentity [nɒ'nentɪtɪ] n personne *f* sans intérêt

nonessential [,nɒnɪ'senʃl] **1** adj non essentiel, dont on peut se passer **2** **nonessentials** npl choses (or personnes) *fpl* non essentielles

nonetheless [,nɒnðə'les] adv néanmoins

nonexistent ['nɒnɪg'zɪstənt] adj inexistant

nonfiction [,nɒn'fɪkʃən] n littérature *f* non romanesque ▪ **he only reads ~** il ne lit jamais de romans

nongovernmental [,nɒngʌvən'mentl] adj non gouvernemental

nonpayment ['nɒn'peɪmənt] n non-paiement *m*

nonplussed ['nɒn'plʌst] adj déconcerté

nonpolluting ['nɒnpə'luːtɪŋ] adj non polluant

nonprofitmaking ['nɒn'prɒfɪtmeɪkɪŋ], **nonprofit** (US) ['nɒn'prɒfɪt] adj à but non lucratif

nonsense ['nɒnsəns] n absurdités *fpl* ▪ **to talk ~** dire n'importe quoi ▪ **it is ~ to say...** il est absurde de dire... ▪ **to make a ~ of** [+ project, efforts] rendre inutile ; [+ claim] invalider

nonsensical [nɒn'sensɪkəl] adj absurde

nonsmoker ['nɒn'sməʊkə'] n non-fumeur *m*, -euse *f*

nonsmoking ['nɒn'sməʊkɪŋ] adj [flight, seat, compartment, area] non-fumeurs *inv* ; [office, restaurant] où il est interdit de fumer

nonstarter ['nɒn'stɑːtə'] n **a** (= horse) non-partant *m* **b** (= person) nullité *f* **c** (= idea) ▪ **it is a ~** c'est voué à l'échec

nonstick ['nɒn'stɪk] adj antiadhésif

nonstop [,nɒn'stɒp] **1** adj [flight] sans escale ; [train] direct ; [journey] sans arrêt ; [music] ininterrompu **2** adv [talk, work, rain] sans arrêt

nontoxic [,nɒn'tɒksɪk] adj non toxique

noodles ['nuːdlz] npl nouilles *fpl*

nook [nʊk] n recoin *m* ▪ **~s and crannies** coins *mpl* et recoins *mpl*

noon [nuːn] n midi *m* ▪ **at ~** à midi

noose [nuːs] n [of hangman] corde *f*

nor [nɔː'] conj **a** (following neither) ni ▪ **neither you ~ I can do it** ni vous ni moi (nous) ne pouvons le faire ▪ **she neither eats ~ drinks** elle ne mange ni ne boit **b** (= neither) ▪ **I won't go and ~ will you** je n'irai pas et toi non plus ▪ **I don't like him – ~ do I** je ne l'aime pas – moi non plus

norm [nɔːm] n norme *f*

normal ['nɔːməl] **1** adj (gen) normal ; (= usual) habituel ▪ **as ~** comme d'habitude **2** n ▪ **above/below ~** au-dessus/en dessous de la normale ▪ **to return to ~** revenir à la normale

→ *Pièges* NORMAL

normality [nɔː'mælɪtɪ], **normalcy** (US) ['nɔːməlsɪ] n normalité *f*

normally ['nɔːməlɪ] adv (= usually) d'habitude ; (= as normal) normalement

Norman ['nɔːmən] adj (gen) normand ; (Archit) roman

north [nɔːθ] **1** n nord *m* ▪ **to the ~ of...** au nord de... **2** adj nord *inv* ▪ **~ wind** vent *m* du nord ▪ **in ~ Wales/London** dans le nord du pays de Galles/de Londres ▸ **North Africa** Afrique *f* du Nord ▸ **North African** adj nord-africain ◇ n Nord-Africain(e) *m(f)* ▸ **North America** Amérique *f* du Nord ▸ **North American** adj nord-américain ◇ n Nord-Américain(e) *m(f)* ▸ **north-east** n nord-est *m* ◇ adj nord-est *inv* ◇ adv vers le nord-est ▸ **North Korea** Corée *f* du Nord ▸ **North Pole** pôle *m* Nord ▸ **North Sea** mer *f* du Nord ▸ **north-west** n nord-ouest *m* ◇ adj nord-ouest *inv* ◇ adv vers le nord-ouest **3** adv [lie, be] au nord (of de) ; [go] vers le nord ▪ **~ by north-east** nord quart nord-est

northbound [nɔːθbaʊnd] adj [traffic] en direction du nord ; [carriageway] nord *inv*

northerly ['nɔːðəlɪ] **1** adj [wind] du nord ▪ **in a ~ direction** en direction du nord, vers le nord **2** adv vers le nord

northern ['nɔːðən] adj [province, state, neighbour] du nord ; [border, suburbs, coast] nord *inv* ▪ **in ~ Spain** dans le nord de l'Espagne ▪ **~ hemisphere** hémisphère *m* nord ▸ **Northern Ireland** Irlande *f* du Nord ▸ **the northern lights** l'aurore *f* boréale

northerner ['nɔːðənə'] n habitant(e) *m(f)* du Nord

Norway ['nɔːweɪ] n Norvège *f*

Norwegian [nɔː'wiːdʒən] **1** adj norvégien **2** n **a** (= person) Norvégien(ne) *m(f)* **b** (= language) norvégien *m*

nose [nəʊz] n [of person, animal] nez *m* ; [of dog, cat] museau *m* ▪ **to have a ~ for sth** savoir flairer qch ▪ **with one's ~ in the air** d'un air hautain ▪ **she did it right under his ~** elle l'a fait sous son nez ▪ **to look down one's ~ at sb/sth** prendre qn/qch de haut ▪ **to turn one's ~ up (at sth)** faire le dégoûté (devant qch) ▪ **to keep one's ~ out of sth** ne pas se mêler de qch ▪ **to stick one's ~ into sth** mettre son nez dans qch ▸ **nose drops** gouttes *fpl* pour le nez ▸ **nose ring** anneau *m* de nez ▸ **nose stud** clou *m (dans le nez)*
▸ **nose about*, nose around*** vi fouiner*

nosebleed ['nəʊzbliːd] n saignement *m* de nez ▪ **to have a ~** saigner du nez

nosedive ['nəʊzdaɪv] **1** n ▪ **to go into a ~** [plane] descendre en piqué **2** vi [plane] descendre en piqué ; [stocks] baisser rapidement ; [prices, sales] chuter

nosey* ['nəʊzɪ] adj fouineur*

nostalgia [nɒs'tældʒɪə] n nostalgie *f*

nostalgic [nɒs'tældʒɪk] adj nostalgique ▪ **to be ~ about sth** avoir la nostalgie de qch

nostril ['nɒstrəl] n narine *f*

nosy* ['nəʊzɪ] adj ⇒ **nosey**

not [nɒt] adv ne... pas ▪ **he is ~ here** il n'est pas ici ▪ **he has ~ or hasn't come** il n'est pas venu ▪ **he will ~ or won't stay** (prediction) il ne restera pas ; (refusal) il ne veut pas rester ▪ **isn't it?** n'est-ce pas ? ▪ **he told me ~ to come** il m'a dit de ne pas venir ▪ **is it going to rain? – I hope ~** va-t-il pleuvoir ? – j'espère que non ▪ **~ without reason** non sans raison ▪ **~ one book** pas un livre ▪ **~ everyone can do that** tout le monde n'en est pas capable ▪ **~ any more** plus (maintenant) ▪ **~ guilty** non coupable ▪ **are you cold? – ~ at all** avez-vous froid ? – pas du tout ▪ **thank you very much – ~ at all** merci beaucoup – je vous en prie ▪ **~ only...** non seulement... ▪ **~ that I know of** pas que je sache

notable ['nəʊtəbl] adj [philosopher, example] éminent ; [fact] notable ; [success] remarquable

notably ['nəʊtəblɪ] adv **a** (= in particular) notamment **b** (= noticeably) notablement

notary ['nəʊtərɪ] n notaire *mf*

notch [nɒtʃ] n (in wood, stick) encoche *f* ; (in belt) cran *m* ; (in blade) ébréchure *f*
▸ **notch up** vt sep marquer

note [nəʊt] **1** n **a** (gen) note *f* ▪ **to make a ~ of sth** prendre qch en note ▪ **to take ~s** prendre des notes **b** (= informal letter) mot *m* **c** (Mus) note *f* ; [of piano] touche *f* **d** (BR = banknote) billet *m* ▪ **a ten-euro ~** un billet de dix euros **e** (= notice) ▪ **to take ~ of** remarquer ▪ **worthy of ~** remarquable ▪ **a man of ~** un homme éminent ▪ **nothing of ~** rien d'important **2** vt **a** (also **note down**) noter **b** (= notice) constater ▪ **~ that...** notez bien que...
→ *Pièges* NOTE

notebook ['nəʊtbʊk] n **a** (= notepad) calepin *m* ; (for schoolwork) cahier *m* ; (tear-off) bloc-notes *m* **b** (also **notebook computer**) bloc-notes *m* électronique, notebook *m*

noted ['nəʊtɪd] adj [historian, writer] éminent ; [thing, fact] célèbre

notepad ['nəʊtpæd] n bloc-notes *m*

notepaper ['nəʊtpeɪpə'] n papier *m* à lettres

noteworthy ['nəʊtwɜːðɪ] adj remarquable

nothing ['nʌθɪŋ] **1** pron rien ▪ **I saw ~** je n'ai rien vu ▪ **~ happened** il n'est rien arrivé ▪ **there's ~ to eat** il n'y a rien à manger ▪ **he's had ~ to eat yet** il n'a encore rien mangé ▪ **~ new/interesting** rien de nouveau/d'intéressant ▪ **as if ~ had happened** comme si de rien n'était ▪ **I can do ~ about it** je n'y peux rien ▪ **~ of the kind!** absolument pas ! ▪ **to think ~ of doing sth** (= consider normal) trouver naturel de faire qch ; (= do without thinking) faire qch sans y penser ; (= do unscrupulously) n'avoir aucun scrupule à faire qch ▪ **think ~ of it!** (= don't thank me) mais je vous en prie ! ▪ **don't apologize, it's ~** ne vous excusez pas, ce n'est rien ▪ **£500 is ~ to her** 500 livres, ce n'est rien pour elle ▪ **she means ~ to him** elle n'est rien pour lui ▪ **to come to ~** ne rien donner ▪ **there is ~ to laugh at** il n'y a pas de quoi rire ▪ **he had ~ to say for himself** (= no explanation) il n'avait aucune excuse ; (= no conversation) il n'avait pas de conversation ▪ **I have ~ against him/the idea** je n'ai rien contre lui/cette idée ▪ **there's ~ to it*** c'est facile (comme tout*) ▪ **for ~** pour rien ▪ **he was working for ~** il travaillait gratuitement **2** n **a** (= zero) zéro *m* **b** (= worthless person) nullité *f* ; (= worthless thing) rien *m* **3** adv ▪ **~ less than** rien moins que ▪ **it was ~ like as**

big as we thought c'était loin d'être aussi grand qu'on avait cru

notice ['nəʊtɪs] **1** n **a** (= prior warning) avis *m* ; (= period) délai *m* ; (= end of work contract) (by employer) congé *m* ; (by employee) démission *f* ▪ **a week's ~** une semaine de préavis ▪ **final ~** dernier avertissement *m* ▪ **to get one's ~** (from job) être licencié ▪ **to hand in one's ~** donner sa démission ▪ **to give ~ to** [+ tenant] donner congé à ; [+ landlord] donner un préavis de départ à ▪ **to give sb ~** [+ employee] licencier qn ▪ **at very short ~** dans les plus brefs délais ▪ **until further ~** jusqu'à nouvel ordre **b** (= announcement) annonce *f* ; (= poster) affiche *f* ; (= sign) pancarte *f* ▪ **birth/marriage/death ~** annonce *f* de naissance/mariage/décès ▪ **public ~** avis *m* au public ▸ **notice board** (printed or painted sign) pancarte *f*; (for holding announcements) panneau *m* d'affichage **c** (= review) [of book, film, play] critique *f* **d** (= attention) ▪ **it escaped his ~ that...** il ne s'est pas aperçu que... ▪ **to bring sth to sb's ~** faire observer qch à qn ▪ **to take ~ of sb/sth** prêter attention à qn/qch ▪ **to take no ~ of sb/sth** ne pas faire attention à qn/qch **2** vt (gen) remarquer ; (= heed) faire attention à ▪ **without my noticing it** sans que je le remarque

> ⚠ Le nom ***notice*** ne se traduit pas par le mot français **notice**.

noticeable ['nəʊtɪsəbl] adj [effect, difference, improvement] sensible ; [lack] évident

noticeably ['nəʊtɪsəblɪ] adv [better, worse, higher, lower] nettement ▪ **to improve ~** s'améliorer sensiblement

notify ['nəʊtɪfaɪ] vt ▪ **to ~ sth to sb** signaler qch à qn ▪ **to ~ sb of sth** aviser qn de qch

notion ['nəʊʃən] **1** n **a** (gen) idée *f* **b** (= vague knowledge) notion *f* ▪ **he has no ~ of time** il n'a pas la notion du temps **2** **notions** npl (US = ribbons, thread) articles *mpl* de mercerie *f*

notorious [nəʊ'tɔːrɪəs] adj [criminal, liar] notoire ; [crime, case] célèbre ; [person, prison] tristement célèbre

notwithstanding [,nɒtwɪθ'stændɪŋ] **1** prep malgré **2** adv néanmoins **3** conj bien que *+ subj*

nougat ['nuːgɑː, 'nʌgət] n nougat *m*

nought [nɔːt] n zéro *m* ▪ **~s and crosses** (BR) ≈ morpion *(jeu)*

noun [naʊn] n nom *m*

nourish ['nʌrɪʃ] vt [+ person] nourrir (*with* de) ; [+ hopes] entretenir

nourishing ['nʌrɪʃɪŋ] adj nourrissant

nourishment ['nʌrɪʃmənt] n nourriture *f*

novel ['nɒvəl] **1** n roman *m* **2** adj original

novelist ['nɒvəlɪst] n romancier *m*, -ière *f*

novelty ['nɒvəltɪ] n **a** (= newness) nouveauté *f* ; (= unusualness) étrangeté *f* **b** (= idea, thing) innovation *f* **c** (= item for sale) babiole *f*

November [nəʊ'vembəʳ] n novembre *m* ; for phrases see **September**

novice ['nɒvɪs] n novice *mf*

now [naʊ]

1 adv **a** (= at this time) maintenant ; (= these days, at the moment) actuellement ; (= at that time) alors ▪ **~ is the time to do it** c'est le moment de le faire ▪ **I'll do it right ~** je vais le faire tout de suite ▪ **it's ~ or never!** c'est le moment ou jamais ! ▪ **they should have arrived by ~** ils devraient être déjà arrivés ▪ **that will do for ~** ça ira pour le moment ▪ **three weeks from ~** dans trois semaines

♦ **(every) now and again, (every) now and then** de temps en temps

♦ **from now on** (with present and future tense) à partir de maintenant ; (with past tense) dès lors

♦ **till** or **until** or **up to now** (= till this moment) jusqu'à présent ; (= till that moment) jusque-là

b (without reference to time) ▪ **~!** bon ! ▪ **~, ~!** allons, allons ! ▪ **well, ~!** eh bien ! ▪ **~ then, let's start!** bon, commençons ! ▪ **~ then, what's all this?** alors, qu'est-ce que c'est que ça ?

2 conj maintenant que ▪ **~ that you've seen him** maintenant que vous l'avez vu

nowadays ['naʊədeɪz] adv (in contrast to past years) de nos jours ; (in contrast to recently) ces jours-ci

nowhere ['nəʊwɛəʳ] adv nulle part ▪ **they have ~ to go** ils n'ont nulle part où aller ▪ **there was ~ to hide** il n'y avait aucun endroit où se cacher ▪ **she was ~ to be found** elle était introuvable ▪ **he was ~ to be seen** il avait disparu ▪ **we're ~ near finding a cure** nous sommes loin d'avoir trouvé un traitement ▪ **she is ~ near as clever as he is** elle est nettement moins intelligente que lui ▪ **£10 is ~ near enough** 10 livres sont loin de suffire

noxious ['nɒkʃəs] adj [gas, substance] nocif ; [smell] infect

nozzle ['nɒzl] n [of hose] jet *m* ; (for icing) douille *f* ; [of vacuum cleaner] suceur *m*

nuance ['njuːɑ̃ːns] n nuance *f*

nuclear ['njuːklɪəʳ] adj nucléaire ▸ **nuclear power** énergie *f* nucléaire ▸ **nuclear weapon** arme *f* nucléaire

nucleus ['njuːklɪəs] n (pl **nuclei**) noyau *m*

nude [njuːd] **1** adj [person, body] nu ; [photograph] de nu **2** n nu *m* ▪ **in the ~** nu

nudge [nʌdʒ] **1** vt **a** (with elbow) donner un petit coup de coude à **b** (= encourage) encourager **2** n (with elbow) coup *m* de coude ; (= encouragement) coup *m* de pouce

nudist ['nju:dɪst] adj, n nudiste *mf* ▸ **nudist camp** camp *m* de nudistes

nugget ['nʌgɪt] n pépite *f* ; [of chicken] nugget *m*

nuisance ['nju:sns] n **a** (= annoying thing or event) ■ **what a ~ he can't come** c'est ennuyeux qu'il ne puisse pas venir ■ **what a ~!** c'est vraiment ennuyeux ! **b** (= annoying person) peste *f* ■ **to make a ~ of o.s.** embêter le monde*

null [nʌl] adj [act, decree] nul (nulle *f*) ■ **~ and void** nul et non avenu

nullify ['nʌlɪfaɪ] vt invalider

numb [nʌm] **1** adj **a** [person, limb, face] engourdi ■ **to go ~** s'engourdir **b** (= stunned) [person] hébété ■ **~ with fear** paralysé par la peur ■ **~ with shock** abasourdi par le choc **2** vt engourdir

number ['nʌmbəʳ] **1** n **a** (gen) nombre *m* ; (when written) chiffre *m* ■ **a ~ of people** un certain nombre de personnes ■ **on a ~ of occasions** à plusieurs occasions ■ **his ~ is up*** son compte est bon ■ **he only thinks of ~ one*** il ne pense qu'à lui or qu'à sa pomme* **b** [of bus, page, house, phone, lottery] numéro *m* ■ **wrong ~** faux numéro ■ **to get a wrong ~** se tromper de numéro ■ **she lives at ~ four** elle habite au numéro quatre ■ **registration ~** (of car) (numéro *m* d')immatriculation *f* ▸ **number one** ■ **to be ~ one (in the charts)** être numéro un (au hit-parade) ■ **to look after ~ one*** penser avant tout à soi ▸ **number plate** (BR) plaque *f* d'immatriculation ▸ **Number 10** 10 Downing Street *(résidence du Premier ministre)* **c** [of music hall, circus] numéro *m* ; [of pianist, band] morceau *m* ; [of singer] chanson *f* **2** vt **a** (= give a number to) numéroter **b** (= include) compter ■ **I ~ him among my friends** je le compte parmi mes amis **c** ■ **his days were ~ed** ses jours étaient comptés

numeral ['nju:mərəl] **1** n numéral **2** n chiffre *m*

numerate ['nju:mərɪt] adj ■ **to be ~** savoir compter

numerical [nju:'merɪkəl] adj numérique

numerous ['nju:mərəs] adj nombreux

nun [nʌn] n religieuse *f*

nurse [nɜ:s] **1** n (in hospital) infirmier *m*, -ière *f* ; (at home) garde-malade *mf* ■ **male ~** (in hospital) infirmier *m* **2** vt **a** [+ person, illness, injury] soigner **b** [+ baby] (= suckle) allaiter ; (BR = cradle in arms) bercer (dans ses bras) **c** [+ hope, ambition] nourrir ; [+ plan, plot] préparer

nursery ['nɜ:sərɪ] n **a** (= room) chambre *f* d'enfants ; (= institution) (daytime only) crèche *f* ▸ **nursery rhyme** comptine *f* ▸ **nursery school** (state-run) école *f* maternelle; (gen private) jardin *m* d'enfants ▸ **nursery slopes** (BR : Ski) pistes *fpl* pour débutants **b** (for growing plants) pépinière *f*

nursing ['nɜ:sɪŋ] **1** adj **a** ■ **~ mother** mère *f* qui allaite **b** ■ **the ~ staff** [of hospital] le personnel soignant ▸ **nursing home** (for medical, surgical cases) clinique *f*; (for mental cases, disabled) maison *f* de santé; (for convalescence/rest cure) maison *f* de convalescence; (for old people) maison *f* de retraite **2** n (= profession of nurse) profession *f* d'infirmière ; (= care of invalids) soins *mpl*

nurture ['nɜ:tʃəʳ] vt (= rear) élever ; (= feed) nourrir (*on* de)

nut [nʌt] n **a** (= hazelnut) noisette *f* ; (= walnut) noix *f* ; (= almond) amande *f* ■ **mixed ~s** noisettes, cacahouètes, amandes, etc panachées ▸ **nut allergy** allergie *f* aux noix **b** (screwed onto bolt) écrou *m* **c** (= mad person) dingue* *mf*

nutcrackers ['nʌtkrækəz] npl casse-noix *m inv*

nutmeg ['nʌtmeg] n (noix *f*) muscade *f*

nutrient ['nju:trɪənt] n élément *m* nutritif

nutrition [nju:'trɪʃən] n nutrition *f* ; (= subject) diététique *f*

nutritional [nju:'trɪʃənl] **1** adj [information, advice] nutritionnel ; [value, content, requirements, deficiencies] nutritif **2** comp ▸ **nutritional therapist** n nutrithérapeute *mf* ▸ **nutritional therapy** n nutrithérapie *f*

nutritionist [nju:'trɪʃənɪst] n nutritionniste *mf*

nutritious [nju:'trɪʃəs] adj nutritif

nuts* [nʌts] adj dingue* ■ **to be ~ about sb/sth** être dingue* de qn/qch

nutshell ['nʌtʃel] n coquille *f* de noix (or de noisette, etc) ■ **in a ~** en un mot

nutty ['nʌtɪ] adj **a** [flavour, taste, smell] de noisette (or de noix, etc) **b** (* = mad) [idea, person] dingue*

nuzzle ['nʌzl] vi ■ **the dog ~d up to my leg** le chien est venu fourrer son nez contre ma jambe ■ **she ~d up to me** elle est venue se blottir contre moi

NVQ [,envi:'kju:] n (abbr of **National Vocational Qualification**) ≈ CAP *m*

nylon ['naɪlɒn] **1** n nylon® *m* **2** adj [stockings, clothes] en nylon® **3** **nylons** npl bas *mpl* (or collant *m*) en nylon®

nymph [nɪmf] n nymphe *f*

nymphomaniac [,nɪmfəʊ'meɪnɪæk] adj, n nymphomane *f*

oO

oaf [əʊf] n mufle *m*

oak [əʊk] **1** n (= wood, tree) chêne *m* **2** adj (= made of oak) de or en chêne

OAP [ˌəʊeɪ'piː] n (BR) (abbr of **old age pensioner**) retraité(e) *m(f)*

oar [ɔːʳ] n rame *f*

oasis [əʊ'eɪsɪs] n (pl **oases** [əʊ'eɪsiːz]) oasis *f*

oath [əʊθ] n (pl **~s** [əʊðz]) **a** serment *m* ▪ **under ~** sous serment **b** (= bad language) juron *m*

oatmeal ['əʊtmiːl] n (= cereal) flocons *mpl* d'avoine ; (US = porridge) porridge *m*

oats [əʊts] npl avoine *f*

obedience [ə'biːdɪəns] n obéissance *f*

obedient [ə'biːdɪənt] adj obéissant

obediently [ə'biːdɪəntlɪ] adv docilement

obelisk ['ɒbɪlɪsk] n obélisque *m*

obese [əʊ'biːs] adj obèse

obesity [əʊ'biːsɪtɪ] n obésité *f*

obey [ə'beɪ] **1** vt obéir à **2** vi obéir

obituary [ə'bɪtjʊərɪ] n nécrologie *f*

object **1** n ['ɒbdʒɪkt] **a** (= thing) objet *m* **b** (= aim) but *m* ▪ **with the ~ of doing** dans le but de faire ▪ **money is no ~ to him** l'argent n'est pas un problème pour lui **c** (Gram) complément *m* d'objet **2** vi [əb'dʒekt] soulever une objection ▪ **if you don't ~** si vous n'y voyez pas d'inconvénient ▪ **I ~ to that remark** je proteste contre cette remarque ▪ **I don't ~ to helping you** je veux bien vous aider **3** vt [əb'dʒekt] ▪ **to ~ that...** objecter que...

> Lorsque ***object*** est un verbe, l'accent tombe sur la deuxième syllabe. Lorsque c'est un nom, l'accent tombe sur la première.

objection [əb'dʒekʃən] n objection *f* ▪ **if you have no ~** si vous n'y voyez pas d'inconvénient ▪ **to raise an ~** soulever une objection

objectionable [əb'dʒekʃnəbl] adj [smell] nauséabond ; [behaviour, attitude] déplorable ; [language] choquant ; [remark] désobligeant

objective [əb'dʒektɪv] **1** adj (= impartial) objectif **2** n (= goal) objectif *m* ▪ **to reach one's ~** atteindre son objectif

objectivity [ˌɒbdʒɪk'tɪvɪtɪ] n objectivité *f*

obligation [ˌɒblɪ'geɪʃən] n **a** (= duty) obligation *f* ▪ **to be under an ~ to do sth** être dans l'obligation de faire qch **b** (= commitment) engagement *m*

obligatory [ɒ'blɪgətərɪ] adj obligatoire

oblige [ə'blaɪdʒ] **1** vt **a** (= compel) obliger ▪ **to be ~d to do sth** être obligé de faire qch **b** (= do a favour to) rendre service à ▪ **I am much ~d to you** je vous remercie infiniment **2** vi ▪ **she is always ready to ~** elle est toujours prête à rendre service

→ *Pièges* OBLIGE

oblique [ə'bliːk] **1** adj **a** [approach, reference, criticism] indirect **b** [line, cut] oblique **c** [angle] (= acute) aigu (-guë *f*) ; (= obtuse) obtus **2** n (BR) barre *f* oblique

obliterate [ə'blɪtəreɪt] vt (= destroy) anéantir ; [+ writing] rendre illisible ; [+ memory, impressions] effacer

oblivion [ə'blɪvɪən] n oubli *m*

oblivious [ə'blɪvɪəs] adj inconscient (*to sth* de qch)

oblong ['ɒblɒŋ] **1** adj rectangulaire **2** n rectangle *m*

obnoxious [əb'nɒkʃəs] adj odieux

oboe ['əʊbəʊ] n hautbois *m*

obscene [əb'siːn] adj obscène

obscenity [əb'senɪtɪ] n obscénité *f*

obscure [əb'skjʊəʳ] **1** adj obscur **2** vt (= hide) cacher ▪ **to ~ the issue** embrouiller les choses

obscurity [əb'skjʊərɪtɪ] n obscurité *f*

obsequious [əb'siːkwɪəs] adj obséquieux

observance [əb'zɜːvəns] n [of rule, law] observation *f* ; [of custom, Sabbath] observance *f*

observant [əb'zɜːvənt] adj observateur (-trice *f*)

observation [ˌɒbzə'veɪʃən] n observation *f* ▪ **to be under ~** (in hospital) être en observation ; (by police) être sous surveillance ▸ **observation post** poste *m* d'observation ▸ **observation tower** mirador *m* ▸ **observation ward** salle *f* d'observation

observational [ˌɒbzə'veɪʃənl] adj [skills, test] d'observation ; [evidence, data, study] basé sur l'observation

observatory [əb'zɜːvətrɪ] n observatoire *m*

observe [əb'zɜːv] vt **a** (= study) observer **b** (= obey) [+ rule, custom, ceasefire] respecter ; [+ silence, the Sabbath] observer **c** (= celebrate) célébrer **d** (= say) remarquer

→ *Pièges* OBSERVE

observer [əb'zɜːvəʳ] n observateur *m*, -trice *f*

obsess [əb'ses] **1** vt obséder ▪ **~ed by** or **with** obsédé par **2** vi ▪ **to ~ about sth** être obsédé par qch

obsession [əb'seʃən] n obsession *f*

obsessional [əb'seʃənl] adj obsessionnel ▪ **to be ~ about tidiness/cleanliness** être un maniaque de l'ordre/de la propreté

obsessive [əb'sesɪv] adj [behaviour, love] obsessionnel ; [need, interest] maladif ; [memory, thought] obsédant

obsolescence [ˌɒbsə'lesəns] n obsolescence *f* ▪ **planned ~** obsolescence programmée

obsolescent [ˌɒbsə'lesnt] adj obsolescent

obsolete ['ɒbsəli:t] adj obsolète

obstacle ['ɒbstəkl] n obstacle *m* ▸ **obstacle course** parcours *m* du combattant ▸ **obstacle race** course *f* d'obstacles

obstetrician [ˌɒbstə'trɪʃən] n obstétricien(ne) *m(f)*

obstetrics [ɒb'stetrɪks] n obstétrique *f*

obstinate ['ɒbstɪnɪt] adj obstiné

obstreperous [əb'strepərəs] adj tapageur

obstruct [əb'strʌkt] vt **a** [+ road, artery, windpipe] obstruer ; [+ pipe, view] boucher **b** [+ progress, traffic, plan, person] entraver **c** (Sport) faire obstruction à

obstruction [əb'strʌkʃən] n **a** (to plan, progress, view) obstacle *m* ; (in pipe) bouchon *m* ; (in artery, windpipe) obstruction *f* **b** (Sport) obstruction *f*

obtain [əb'teɪn] vt obtenir

obtrusive [əb'tru:sɪv] adj [object, building, presence] gênant ; [person] envahissant

obtuse [əb'tju:s] adj obtus

obvious ['ɒbvɪəs] adj **a** (= clear) évident (*to sb* pour qn) ; [lie] flagrant ▪ **it is ~ that...** il est évident que... **b** (= predictable) [remark, response] prévisible
→ *Pièges* EVIDENT

obviously ['ɒbvɪəslɪ] adv [angry, upset, happy, pregnant] visiblement ▪ **she ~ adores her sister** il est évident qu'elle adore sa sœur ▪ **~!** évidemment ! ▪ **~ not!** apparemment non !

occasion [ə'keɪʒən] **1** n **a** (= particular time, date, occurrence) occasion *f* ▪ **on several ~s** à plusieurs reprises ▪ **on ~** à l'occasion ▪ **to rise to the ~** être à la hauteur de la situation **b** (= event) événement *m*, occasion *f* ▪ **a big ~** un grand événement **c** (= reason) raison *f* ▪ **there was no ~ for it** ce n'était pas nécessaire **2** vt (frm) occasionner
→ *Pièges* OCCASION

occasional [ə'keɪʒənl] adj [rain, showers] intermittent ▪ **I have the ~ headache** j'ai de temps en temps des maux de tête ▸ **occasional table** (BR) table *f* d'appoint

occasionally [ə'keɪʒnəlɪ] adv parfois ▪ **only very ~** rarement

occult [ɒ'kʌlt] **1** adj occulte **2** n ▪ **the ~** l'occulte *m*

occupancy ['ɒkjʊpənsɪ] n occupation *f*

occupant ['ɒkjʊpənt] n occupant(e) *m(f)*

occupation [ˌɒkjʊ'peɪʃən] n **a** (= trade) métier *m* ; (= profession) profession *f* ; (= work) emploi *m* ; (= activity, pastime) occupation *f* **b** (by army) occupation *f* ▪ **under (military) ~** sous occupation (militaire)

occupational [ˌɒkjʊ'peɪʃənl] adj [training, group] professionnel ; [safety] au travail ▸ **occupational hazard** risque *m* professionnel; (fig) risque *m* du métier ▸ **occupational therapist** ergothérapeute *mf*

occupied ['ɒkjʊpaɪd] adj **a** (= inhabited) habité **b** [toilet, room, seat, bed] occupé **c** (by army) occupé

occupier ['ɒkjʊpaɪə'] n [of house] occupant(e) *m(f)*, habitant(e) *m(f)*

occupy ['ɒkjʊpaɪ] vt **a** [+ house] habiter ; [+ post] occuper **b** [troops, demonstrators] occuper **c** [+ attention, mind, person, time, space] occuper ▪ **to ~ one's time (with doing sth)** s'occuper (à faire qch) ▪ **to be occupied with sth** être pris par qch

occur [ə'kɜ:'] vi **a** [event] se produire, arriver ; [difficulty, opportunity] se présenter ; [change, disease, error] se produire **b** ▪ **to ~ to sb** [idea] venir à l'esprit de qn ▪ **it didn't ~ to him to refuse** il n'a pas eu l'idée de refuser
→ *Pièges* OCCUR

occurrence [ə'kʌrəns] n événement *m* ▪ **an everyday ~** un fait journalier

ocean ['əʊʃən] n océan *m* ▸ **ocean-going** de haute mer

ochre, ocher (US) ['əʊkə'] n ocre *m*

o'clock [ə'klɒk] adv ▪ **it is one ~** il est une heure ▪ **it's 7 ~ in the morning/evening** il est 7 heures du matin/du soir ▪ **at 12 ~** (= midday) à midi ; (= midnight) à minuit ▪ **the 6 ~ train** le train de 6 heures

octagon ['ɒktəgən] n octogone *m*

octagonal [ɒk'tægənl] adj octogonal

octave ['ɒktɪv] n octave *f*

October [ɒk'təʊbə'] n octobre *m* ; for phrases see **September**

octopus ['ɒktəpəs] (pl **~es**) n pieuvre *f* ; (as food) poulpe *m*

odd [ɒd] adj **a** (= strange) bizarre ▸ **odd-looking** bizarre **b** [number] impair **c** [shoe, sock] dépareillé ▪ **the ~ one out** l'exception *f* **d** ▪ **sixty-odd*** soixante et quelques **e** (= occasional) ▪ **I get the ~ letter from him** je reçois une lettre de lui de temps en temps ▪ **~ jobs** travaux *mpl* divers, petits travaux *mpl* ▸ **odd-job man** homme *m* à tout faire

oddball* ['ɒdbɔ:l] n excentrique *mf*

oddity ['ɒdɪtɪ] n (= person, thing) exception *f* ; (= odd trait) singularité *f*

oddly ['ɒdlɪ] adv curieusement ▪ **~ enough...** chose curieuse,...

odds [ɒdz] npl a (Betting) cote *f*; (fig) chances *fpl* ▪ **all the ~ are against you** vous n'avez pratiquement aucune chance d'y arriver ▪ **the ~ are against him coming** il est pratiquement certain qu'il ne viendra pas ▪ **he succeeded against all the ~** il a réussi alors que tout était contre lui b (= difference) ▪ **it makes no ~** cela n'a pas d'importance c ▪ **to be at ~ with sb over sth** ne pas être d'accord avec qn sur qch d ▪ **~ and ends** (= objects) bricoles* *fpl*

ode [əʊd] n ode *f*

odious ['əʊdɪəs] adj odieux

odometer [ɒ'dɒmɪtə'] n (US) odomètre *m*

odour, odor (US) ['əʊdə'] n odeur *f*

oesophagus [iː'sɒfəgəs] n œsophage *m*

oestrogen ['iːstrəʊdʒən] n œstrogène *m*

of [ɒv, əv] prep a (gen) de ▪ **a cry of pain** un cri de douleur ▪ **a kilo of oranges** un kilo d'oranges ▪ **the wife of the doctor** la femme du médecin ▪ **to die of hunger** mourir de faim ▪ **the tip of it is broken** le bout est cassé ▪ **the whole of the house** toute la maison ▪ **a friend of ours** un de nos amis b (with numbers) ▪ **there are six of them** (people) ils sont six ; (things) il y en a six c (= about) de ▪ **what do you think of him?** que pensez-vous de lui ? ▪ **what do you think of it?** qu'en pensez-vous ? d (material) de, en ▪ **a dress made of wool** une robe en or de laine e (with dates) ▪ **the 2nd of June** le 2 juin f (US : with times) ▪ **a quarter of six** six heures moins le quart

off [ɒf]

1 prep a (= from) de ▪ **he jumped ~ the wall** il a sauté du mur ▪ **the orange fell ~ the table** l'orange est tombée de la table ▪ **he took the book ~ the table** il a pris le livre sur la table ▪ **we ate ~ paper plates** nous avons mangé dans des assiettes en carton
b (= missing from) ▪ **the lid was ~ the tin** le couvercle n'était pas sur la boîte
c (= away from) de ▪ **the helicopter was just a few metres ~ the ground** l'hélicoptère n'était qu'à quelques mètres du sol ▪ **it's ~ the coast of Brittany** c'est au large de la Bretagne
d (* = not taking, avoiding) ▪ **I'm ~ cheese at the moment** je ne mange pas de fromage en ce moment

2 adv a (= away) ▪ **the house is 5km ~** la maison est à 5 km

♦ **to be off*** (= going) partir ▪ **I must be ~** il faut que je me sauve* ▪ **where are you ~ to?** où allez-vous ?

♦ **off and on*** par intermittence

b (as holiday) ▪ **I've got this afternoon ~** j'ai congé cet après-midi ▪ **to take a day ~** prendre un jour de congé
c (= removed) ▪ **he had his coat ~** il avait enlevé son manteau ▪ **the lid was ~** le couvercle n'était pas mis
d (as reduction) ▪ **10% ~** 10 % de remise or de rabais

3 adj a (= absent from work) ▪ **he's been ~ for three weeks** cela fait trois semaines qu'il est absent ▪ **he's ~ sick** il est en congé de maladie ▪ **he's ~ on Tuesdays** il ne travaille pas le mardi
b (= disconnected) [machine, TV, light] éteint ; [engine, electricity, water] coupé ; [tap] fermé ; [brake] desserré
c (= cancelled) [meeting, trip, match] annulé
d (BR = bad) [fish, meat] avarié ; [milk] tourné ; [butter] rance
e (* = not right) ▪ **it was a bit ~, him leaving like that** ce n'était pas très bien de sa part de partir comme ça ▪ **that's a bit ~!** ce n'est pas très sympa !*

4 comp ▸ off chance ▪ **I came on the ~ chance of seeing her** je suis venu à tout hasard, en pensant que je la verrais peut-être ▸ off-colour (BR) ▪ **he's off-colour today** il n'est pas dans son assiette* aujourd'hui ▸ off day (= bad day) jour sans*; (US = holiday) jour *m* de congé ▪ **he was having an ~ day** il n'était pas en forme ce jour-là ▸ off-key ▪ **to sing off-key** chanter faux ▸ off-licence (BR = shop) magasin *m* de vins et spiritueux ▸ off-limits interdit (d'accès) ▸ off-line hors ligne ▸ off-peak (BR) [period, time, hour] creux; [train, electricity] en période creuse; [telephone call] à tarif réduit *(aux heures creuses)* ▪ **off-peak ticket** billet *m* au tarif réduit heures creuses ▸ off-putting [task] rebutant; [food] peu ragoûtant; [person, manner] rébarbatif ▸ off-season adj hors saison ◊ n basse saison *f* ▸ off-the-cuff impromptu ▸ off-the-peg, off-the-rack (US) de confection, de prêt-à-porter ▸ off-white blanc cassé *inv*

offal ['ɒfəl] n abats *mpl*

offbeat* ['ɒfbiːt] adj original ; [person, behaviour, clothes] excentrique

offence, offense (US) [ə'fens] n a (= crime) délit *m* b (= insult) ▪ **to take ~** s'offenser ▪ **to take ~ at sth** mal prendre qch c (= military attack) attaque *f*

offend [ə'fend] **1** vt [+ person] offenser ▪ **to be ~ed** s'offenser **2** vi a (= cause offence) choquer b (= break the law) commettre un délit

offender [ə'fendə'] n (= lawbreaker) délinquant(e) *m(f)* ; (against traffic regulations) contrevenant(e) *m(f)*

offending [əˈfendɪŋ] adj ▪ **the ~ word/object** le mot/l'objet incriminé

offense [əˈfens] n (US) ⇒ **offence**

offensive [əˈfensɪv] **1** adj **a** (= shocking) choquant ▪ **~ remarks** remarques désobligeantes **b** [tactics, weapon] offensif **2** n offensive *f* ▪ **to be on the ~** avoir pris l'offensive

offer [ˈɒfəʳ] **1** n offre *f* ▪ **to make sb an ~ for sth** faire une offre à qn pour qch ▪ **on ~** en promotion **2** vt (gen) offrir ; [+ opinion] émettre ▪ **to ~ to do sth** offrir de faire qch ▪ **to have a lot to ~** [place] être attrayant ; [person] avoir beaucoup de qualités ; → *Pièges* OFFER – PROPOSE

offering [ˈɒfərɪŋ] n (= thing offered) offre *f* ; (= suggestion) suggestion *f* ; (religious) offrande *f*

offhand [ɒfˈhænd] **1** adj (= casual) désinvolte ; (= curt) brusque **2** adv ▪ **I can't say ~** je ne peux pas vous le dire comme ça*

office [ˈɒfɪs] n **a** (= place) bureau *m* ▸ **office block** (BR) immeuble *m* de bureaux ▸ **office party** fête *f* au bureau ▸ **office politics** politique *f* interne ▸ **office worker** employé(e) *m(f)* de bureau **b** (= function) fonction *f* ▪ **to be in ~** [mayor, minister] être en fonction ; [government] être au pouvoir ▪ **to take ~** [mayor, minister] entrer en fonction ; [political party, government] arriver au pouvoir

officer [ˈɒfɪsəʳ] n **a** (in armed forces) officier *m* **b** (= official) [of organization] membre *m* du comité directeur **c** ▪ **police ~** policier *m*

official [əˈfɪʃəl] **1** adj officiel ; [uniform] réglementaire **2** n (= person in authority) officiel *m* ; [of civil service] fonctionnaire *mf* ; [of railways, post office] employé(e) *m(f)*

officially [əˈfɪʃəlɪ] adv officiellement

officious [əˈfɪʃəs] adj trop zélé

> ⚠ ***officious*** ne se traduit pas par **officieux**.

offing [ˈɒfɪŋ] n ▪ **in the ~** en vue

offset [ɒfˈset] (pret, ptp **offset**) vt compenser

offshoot [ˈɒfʃuːt] n [of organization] ramification *f* ; [of scheme, discussion, action] conséquence *f*

offshore [ɒfˈʃɔːʳ] **1** adj **a** [rig, platform] offshore *inv* ; [drilling, well] en mer ; [waters] du large ; [fishing] au large **b** [investment, fund] offshore *inv* **2** adv au large

offside [ˈɒfˈsaɪd] (Sport) **1** n hors-jeu *m inv* **2** adj ▪ **to be ~** être hors jeu

offspring [ˈɒfsprɪŋ] n (pl inv) progéniture *f*

offstage [ˈɒfˈsteɪdʒ] adv, adj dans les coulisses

often [ˈɒfən, ˈɒftən] adv souvent ▪ **every so ~** (in time) de temps en temps, de temps à autre ; (in spacing, distance) ça et là ▪ **as ~ as not** la plupart du temps ▪ **how ~ have I warned you about him?** combien de fois t'ai-je dit de te méfier de lui ? ▪ **how ~ do the boats leave?** les bateaux partent tous les combien ?

oftentimes [ˈɒfəntaɪmz] adv (US) souvent

ogle* [ˈəʊgl] vt reluquer*

ogre [ˈəʊgəʳ] n ogre *m*

oh [əʊ] excl oh !, ah ! ▪ **oh dear!** oh là là !

oil [ɔɪl] **1** n (= petroleum) pétrole *m* ; (for heating) mazout *m* ; (for car, cooking, painting) huile *f* **2** vt [+ machine] lubrifier **3** adj [industry, platform] pétrolier ; [prices] du pétrole ▸ **oil change** vidange *f* ▸ **oil drum** baril *m* de pétrole ▸ **oil lamp** lampe *f* à pétrole ▸ **oil painting** huile *f* ▸ **oil refinery** raffinerie *f* (de pétrole) ▸ **oil rig** (on land) derrick *m*; (at sea) plateforme *f* pétrolière ▸ **oil slick** (at sea) nappe *f* de pétrole; (on beach) marée *f* noire ▸ **oil tanker** (= ship) pétrolier *m*; (= truck) camion-citerne *m* ▸ **oil well** puits *m* de pétrole

oilcan [ˈɔɪlkæn] n (for lubricating) burette *f* ; (for storage) bidon *m* d'huile

oilfield [ˈɔɪlfiːld] n champ *m* pétrolier

oilskin [ˈɔɪlskɪn] **1** n toile *f* cirée **2** **oilskins** npl (BR = clothes) ciré *m*

oily [ˈɔɪlɪ] adj (= greasy) gras (grasse *f*) ; (containing oil) huileux

ointment [ˈɔɪntmənt] n pommade *f*

OK* [ˈəʊˈkeɪ] vb (pret, ptp **OK'd**) **1** excl OK !* **2** adj **a** (= agreed) ▪ **it's OK by me!** (je suis) d'accord ! **b** (no problem) ▪ **everything's OK** tout va bien ▪ **thanks! – that's OK** merci ! – de rien **c** (= in good health, undamaged) ▪ **are you OK?** ça va ? **d** (= likeable) ▪ **he's an OK guy** c'est un type bien* **e** (= well provided for) ▪ **another drink? – no thanks, I'm OK** un autre verre ? – non merci, ça va **3** adv ▪ **she's doing OK** [patient] elle va bien ; (in career, at school) elle se débrouille bien **4** vt (= agree to) approuver **5** n ▪ **to get/give the OK** recevoir/donner le feu vert

→ *Pièges* OK

okay* [ˈəʊˈkeɪ] ⇒ **OK**

old [əʊld] **1** adj **a** (= aged) vieux (vieille *f*) ▪ **an ~ man** un vieil homme ▪ **an ~ lady** une vieille dame ▪ **~ people** les personnes âgées ▪ **to get old(er)** vieillir **b** (of specified age) ▪ **how ~ are you?** quel âge as-tu ? ▪ **he is ten years ~** il a dix ans ▪ **a six-year-old boy** un garçon de six ans ▪ **for 10 to 15-year-olds** destiné aux 10-15 ans ▪ **he's ~er than you** il est plus âgé que toi ▪ **he's six years ~er than you** il a six ans de plus que toi ▪ **~er brother** frère *m* aîné ▪ **his oldest son** son fils aîné **c** (= not new, not recent) vieux (vieille *f*) ; (with antique value) ancien *after n* **d** (= former) [school, home] ancien *before n* ▪ **in the ~ days** autrefois ▪ **in the good ~**

days au bon vieux temps **e** (as intensifier) ▪ **any ~ how*** n'importe comment **2** **the old** npl les personnes *fpl* âgées **3** comp ▸ **old age** vieillesse *f* ▸ **old age pensioner** retraité(e) *m(f)* ▸ **old-fashioned** démodé; [person] vieux jeu *inv* ▸ **old people's home** maison *f* de retraite ▸ **Old Testament** Ancien Testament *m* ▸ **old wives' tale** histoire *f* de bonne femme ▸ **the Old World** le Vieux Monde *m* ▸ **old-world** [charm, atmosphere] désuet (-ète *f*)

olive ['ɒlɪv] **1** n **a** (= fruit) olive *f*; (= tree) olivier *m* ▸ **olive oil** huile *f* d'olive **b** (= colour) vert *m* olive **2** adj vert olive *inv*; [complexion, skin] mat

Olympic [əʊ'lɪmpɪk] adj olympique ▸ **the Olympic Games, the Olympics** les Jeux *mpl* olympiques

ombudsman ['ɒmbʊdzmən] n (pl **-men**) médiateur *m*

omelette ['ɒmlɪt] n omelette *f* ▪ **cheese ~** omelette *f* au fromage

omen ['əʊmən] n présage *m*

OMG [ˌəʊem'ʒi] excl (abbr of **oh my God**) OMG

ominous ['ɒmɪnəs] adj [sign, event] de mauvais augure ; [warning] menaçant

omission [əʊ'mɪʃən] n omission *f*

omit [əʊ'mɪt] vt omettre

omnipotent [ɒm'nɪpətənt] adj tout puissant

on [ɒn]

1 adv **a** (= in place) ▪ **the lid is on** le couvercle est mis

b (in time expressions) ▪ **from that time on** à partir de ce moment-là ▪ **on and off*** par intermittence

c (indicating continuation) ▪ **let's drive on a bit** continuons un peu ▪ **if you read on, you'll see that...** si tu continues (de lire), tu verras que... ▪ **they talked on and on** ils ont parlé pendant des heures

d ♦ **on to** ▪ **the police are on to him*** la police est à ses trousses* ▪ **I'm on to something*** je suis sur une piste intéressante

2 prep **a** (indicating place) sur ▪ **he threw it on the table** il l'a jeté sur la table ▪ **the cat jumped on to the table** le chat a sauté sur la table ▪ **I have no money on me** je n'ai pas d'argent sur moi ▪ **there were posters on the wall** il y avait des posters sur le mur or au mur ▪ **the ring on her finger** la bague qu'elle porte au doigt ▪ **on the other side of the road** de l'autre côté de la route ▪ **on an island** dans or sur une île ▪ **you can't wear that shirt, there's a stain on it** tu ne peux pas porter cette chemise, elle a une tache ▪ **bottles with no labels on them** des bouteilles sans étiquette

b (with street names) dans ▪ **a house on North Street** une maison dans North Street

c (= on board) dans ▪ **there were a lot of people on the train** il y avait beaucoup de monde dans le train ▪ **to get on to the bus** monter dans le bus ▪ **I came on the train/bus** je suis venu en train/en bus

d (= at the time of) ▪ **on my arrival home** à mon arrivée à la maison ▪ **on hearing this** en entendant cela

e (with day, date) ▪ **on Sunday** dimanche ▪ **on Sundays** le dimanche ▪ **on 1 December** le 1er décembre ▪ **on Easter Day** le jour de Pâques

f (TV, Radio) ▪ **on the radio/TV** à la radio/la télévision ▪ **on Radio 3/Channel 4** sur Radio 3/Channel 4

g (= taking, using) ▪ **the doctor put her on antibiotics** le médecin l'a mise sous antibiotiques ▪ **he's on heroin** il se drogue à l'héroïne

h (= playing) ▪ **with Louis Armstrong on trumpet** avec Louis Armstrong à la trompette

i (= about, concerning) sur ▪ **a lecture on medical ethics** un cours sur l'éthique médicale

j (= at the expense of) ▪ **it's on me** c'est moi qui paie

k (indicating membership) ▪ **to be on the team/committee** faire partie de l'équipe/du comité

3 adj **a** (= functioning) [machine, engine] en marche ; [radio, TV, light] allumé ; [handbrake] mis ; [electricity] branché ; [tap, gas] ouvert

b (= taking place) ▪ **there's a match on at Wimbledon** il y a un match à Wimbledon ▪ **is the party still on?** est-ce que la fête a toujours lieu ? ▪ **what's on?** (at theatre, cinema) qu'est-ce qu'on joue ? ; (on TV) qu'est-ce qu'il y a à la télévision ?

c (indicating agreement) ▪ **you're on!*** d'accord ! ▪ **it's not on*** (BR = not acceptable) c'est inadmissible

once [wʌns] **1** adv **a** (= on one occasion) une fois ▪ **only ~** une seule fois ▪ **~ or twice** une ou deux fois ▪ **more than ~** plus d'une fois ▪ **~ again** encore une fois ▪ **~ a month** une fois par mois ▪ **~ every two days** une fois tous les deux jours ▪ **~ in a while** de temps en temps ▪ **for ~** pour une fois ▪ **~ and for all** une fois pour toutes **b** (= formerly) autrefois ▪ **~ upon a time there were three little pigs** il était une fois trois petits cochons **c** ♦ **at once** (= immediately) immédiatement ; (= simultaneously) en même temps ▪ **all at ~** (= simultaneously) tous (toutes *fpl*) en même temps or à la fois ; (= suddenly) tout à coup **2** conj ■ **~ she'd seen him she left** après l'avoir vu elle est partie ■ **~ you give him the chance** dès qu'il en aura l'occasion

oncoming ['ɒnkʌmɪŋ] adj [traffic, vehicle] venant en sens inverse ; [headlights, troops] qui approche

one [wʌn]

1 adj **a** (number) un, une ■ **I've got ~ brother and ~ sister** j'ai un frère et une sœur ■ **she is ~ year old** elle a un an ■ **~ hundred and twenty** cent vingt ■ **twenty-one cows** vingt et une vaches ■ **it's ~ o'clock** il est une heure ■ **~ day** un jour
b (= a single) un seul ■ **the ~ man/woman who could do it** le seul/la seule qui puisse le faire ■ **my ~ and only pleasure** mon seul et unique plaisir ■ **the ~ and only Charlie Chaplin!** le seul, l'unique Charlot !
c (= same) même ■ **they all went in the ~ car** ils y sont tous allés dans la même voiture
2 n un(e) *m(f)* ■ **~, two, three** un, deux, trois ■ **twenty-one** vingt et un ■ **~ by ~** un par un ■ **chapter ~** chapitre un ■ **he's president and secretary all in ~** il est à la fois président et secrétaire général ■ **~ after the other** l'un après l'autre ■ **~ of them** (= male) l'un d'eux ; (= female) l'une d'entre elles ; (= thing) l'un(e) ■ **any ~ of them** n'importe lequel (or laquelle)
3 pron **a** un(e) ■ **would you like ~?** en voulez-vous un(e) ? ■ **she's ~ of my best friends** c'est une de mes meilleures amies ■ **he's ~ of us** il est des nôtres ■ **that's a difficult ~!** (= question) ça c'est difficile ! ■ **the little ~s** les petits ■ **I'd like a big ~** (= glass) j'en voudrais un grand ■ **I'd like the big ~** (= slice) je voudrais la grosse ■ **the ~ who** or **that...** celui qui (or celle qui)...
♦ **one another** l'un(e) l'autre ■ **separated from ~ another** séparé(e)s l'un(e) de l'autre ■ **they love ~ another** ils s'aiment
b (impersonal subject) on ■ **~ never knows** on ne sait jamais
4 comp ► **one-armed bandit*** machine *f* à sous ► **one-man** [business] individuel; [canoe] monoplace ► **one-man band** homme-orchestre *m* ► **one-night stand** (sex) liaison *f* sans lendemain ► **one-off*** (BR) adj unique ◊ n ■ **it's a one-off** (object) il n'y en a qu'un comme ça; (event) ça ne va pas se reproduire ► **one-one, one-on-one** (US) ⇒ **one-to-one** ► **one-parent family** famille *f* monoparentale ► **one-piece swimsuit** maillot *m* une pièce ► **one-sided** [decision] unilatéral; [contest, game] inégal; [judgement, account] partial ► **one-size-fits-all** [approach, policy] unique ► **one-time** ancien *before n* ► **one-to-one, one-on-one** (US) [conversation] en tête-à-tête; [training, counselling] individuel ■ **one-to-one tuition** leçons *fpl* particulières ► **one-track** ■ **to have a one-track mind** n'avoir qu'une idée en tête ► **one-upmanship*** art *m* de faire mieux que les autres ► **one-way** [street, friendship] à sens unique ■ **one-way trip** aller *m* simple ■ **a one-way ticket** un aller simple

→ *Pièges* A – ONE

oneself [wʌn'self] pron **a** (reflexive) se ■ **to hurt ~** se blesser **b** (after preposition) soi(-même) ■ **to be sure of ~** être sûr de soi ■ **to be angry with ~** être en colère contre soi-même ■ **by ~** tout seul **c** (emphatic) soi-même

ongoing ['ɒngəʊɪŋ] adj en cours ; [support] constant

onion ['ʌnjən] n oignon *m* ► **onion soup** soupe *f* à l'oignon

on-line, online (Computing) **1** adj ['ɒnlaɪn] en ligne ► **online dating** n rencontres *fpl* en ligne ► **online friend** n copinaute* *mf* **2** adv [ɒn'laɪn] ■ **to go ~** se connecter

> Lorsque ***on(-)line*** est un adverbe, l'accent tombe sur la deuxième syllabe. Lorsque c'est un adjectif, l'accent tombe sur la première.

onlooker ['ɒnlʊkəʳ] n spectateur *m*, -trice *f*

only ['əʊnlɪ] **1** adj seul ■ **it's the ~ one left** c'est le seul qui reste ■ **the ~ book he has** le seul livre qu'il ait ► **only child** enfant *mf* unique **2** adv ne... que ■ **he's ~ ten** il n'a que dix ans ■ **"ladies ~"** « réservé aux dames » ■ **I ~ looked at it** je n'ai fait que jeter un coup d'œil ■ **you ~ have to ask** vous n'avez qu'à demander ■ **not ~ Paris but also Rome** non seulement Paris mais aussi Rome ■ **~ yesterday, he...** hier encore il... ■ **he has ~ just arrived** il vient tout juste d'arriver ■ **I caught the train but ~ just** j'ai eu le train mais de justesse **3** conj seulement ■ **if ~** si seulement

onset ['ɒnset] n début *m*

onshore ['ɒn'ʃɔːʳ] adj [breeze] du large ; [oilfield, job] à terre

onslaught ['ɒnslɔːt] n attaque *f*

onto ['ɒntʊ] prep ⇒ **on to** ; → **on**

onus ['əʊnəs] n responsabilité *f*

onward ['ɒnwəd] **1** adj ■ **~ flight** or **connection** correspondance *f* **2** adv ⇒ **onwards**

onwards ['ɒnwədz] adv **a** (in direction) ■ **to continue** (or **walk** or **sail**) **~** continuer à avancer **b** (in development) ■ **to move ~** aller de l'avant **c** (in time) ■ **from that time ~** depuis ■ **from now ~** désormais ■ **from today ~** à partir d'aujourd'hui

onyx ['ɒnɪks] n onyx *m*

ooze [u:z] **1** vi [liquid] suinter **2** vt ▪ **she was oozing charm** elle était pleine de charme

opal ['əʊpəl] n opale *f*

opaque [əʊ'peɪk] adj opaque

OPEC ['əʊpek] n (abbr of **Organization of Petroleum-Exporting Countries**) OPEP *f*

open ['əʊpən] **1** adj **a** (gen) ouvert ▪ **the shops are ~** les magasins sont ouverts ▪ **it is ~ to question** ce n'est pas sûr **b** (= not enclosed) [car, carriage] découvert ▪ **in the ~ air** [eat] en plein air ; [live, walk] au grand air ; [sleep] à la belle étoile ▪ **the wide ~ spaces** les grands espaces **c** [meeting, trial] public (-ique *f*) **d** (= available) [post, job] vacant **e** (= frank) ouvert ; [admiration, envy] non dissimulé **f** (= undecided) ▪ **let's leave the date ~** attendons avant de fixer une date ▪ **to keep an ~ mind on sth** réserver son jugement sur qch **2** n **a** ▪ **out in the ~** (= out of doors) dehors, en plein air ▪ **to come out into the ~** [fact] apparaître au grand jour ; [scandal] éclater au grand jour **b** (Golf, Tennis) ▪ **the Open** l'Open *m* **3** vt **a** (gen) ouvrir ▪ **to ~ the window** ouvrir la fenêtre ▪ **it ~s the way for new discoveries** cela ouvre la voie à de nouvelles découvertes **b** [+ new building, institution] inaugurer **4** vi **a** [door, book, eyes, flower] s'ouvrir ; [shop, museum, bank] ouvrir ▪ **the door ~ed** la porte s'est ouverte ▪ **this door ~s onto the garden** cette porte donne sur le jardin **b** (= begin) [meeting, match] commencer ; [trial] s'ouvrir **5** comp ▸ **open-air** en plein air ▸ **open data** données *fpl* ouvertes ▸ **open letter** lettre *f* ouverte ▸ **open day** (BR) journée *f* portes ouvertes ▸ **open-ended, open-end** (US) [ticket] open *inv*; [question] ouvert ▸ **open-heart surgery** chirurgie *f* à cœur ouvert ▸ **open-minded** à l'esprit ouvert ▸ **open-mouthed** bouche bée ▸ **open-necked** à col ouvert ▸ **open-plan** sans cloison; [office] paysagé ▸ **open prison** prison *f* ouverte ▸ **open sandwich** tartine *f* ▸ **open secret** secret *m* de Polichinelle ▸ **open source** open source *m* ▸ **open ticket** billet *m* open ▸ **the Open University** (BR) *centre d'enseignement universitaire par correspondance*, ≈ CNED *m*

▸ **open out** vi [passage, tunnel, street] s'élargir

▸ **open up** **1** vi **a** [new shop, business] s'ouvrir ; [new career] commencer ; [opportunity] se présenter **b** (= confide) se confier ▪ **I couldn't get him to ~ up at all** je ne suis pas arrivé à le faire parler **2** vt sep ouvrir ; [+ blocked road] dégager ; [+ possibilities] offrir

→ *Pièges* OPEN

opening ['əʊpnɪŋ] **1** n **a** (= gap) ouverture *f* ; (in wall) brèche *f* ; [of door, window] embrasure *f* **b** (= beginning) [of meeting, play] ouverture *f* **c** (= act of opening) [of door, road, letter] ouverture *f* ; [of ceremony, exhibition] inauguration *f* ; (Cards, Chess) ouverture *f* **d** (= opportunity) occasion *f* ; (for work, trade) débouché *m* ; (= specific job) poste *m* **2** adj [ceremony, speech] inaugural ; [remark] préliminaire ▪ **~ hours** heures *fpl* d'ouverture ▪ **~ night** (of play, show) première *f* ▪ **~ time** (BR) l'heure *f* d'ouverture des pubs

openly ['əʊpənlɪ] adv ouvertement

openness ['əʊpnnɪs] n franchise *f*

opera ['ɒpərə] n opéra *m* ▸ **opera glasses** jumelles *fpl* de théâtre ▸ **opera house** opéra *m* ▸ **opera singer** chanteur *m*, -euse *f* d'opéra

operate ['ɒpəreɪt] **1** vi **a** [fleet, regiment, thief] opérer ; [system] fonctionner ; [law] jouer **b** (= perform surgery) opérer ▪ **he was ~d on for appendicitis** il a été opéré de l'appendicite ▪ **to ~ on sb's eyes** opérer qn des yeux **2** vt [person] [+ machine, switchboard, brakes] faire marcher ; [+ system] pratiquer ; [+ business, factory] diriger

operating ['ɒpəreɪtɪŋ] adj [costs] d'exploitation ▸ **operating room** (US) salle *f* d'opération ▸ **operating system** système *m* d'exploitation ▸ **operating table** table *f* d'opération ▸ **operating theatre** (BR) salle *f* d'opération

operation [,ɒpə'reɪʃən] n **a** (gen, Med) opération *f* ▪ **to have an ~** se faire opérer (*for* de) **b** (= functioning) [of mind, machine, business] fonctionnement *m* ; [of system] application *f* ▪ **to be in ~** [law, system] être en vigueur ; [machine, business] fonctionner ▪ **to come into ~** [law, system] entrer en vigueur ; [machine, factory] devenir opérationnel

operational [,ɒpə'reɪʃənl] adj **a** [staff, troops, vehicle, plan, system] opérationnel ▪ **on ~ duties** (Police) en service **b** [expenses, profit] d'exploitation ; [problems] de fonctionnement

operative ['ɒpərətɪv] **1** adj (= functioning) opérationnel **2** n (= worker) ouvrier *m*, -ière *f* ; (= machine operator) opérateur *m*, -trice *f* ; (= secret agent) agent *m* secret

operator ['ɒpəreɪtə'] n (= person) [of machine] opérateur *m*, -trice *f* ; (on telephone, for reporting faults) opérateur *m*, -trice *f* ; (on switchboard) standardiste *mf*

operetta [,ɒpə'retə] n opérette *f*

opinion [ə'pɪnjən] n (= point of view) opinion *f* ; (= professional advice) avis *m* ▪ **in my ~** à mon avis ▪ **to be of the ~ that...** être d'avis que... ▸ **opinion poll** sondage *m* d'opinion

opinionated [ə'pɪnjəneɪtɪd] adj ▪ **to be ~** avoir des opinions très arrêtées

opium ['əʊpɪəm] n opium *m*

opponent [ə'pəʊnənt] n (gen) adversaire *mf* ; [of government] opposant(e) *m(f)*

opportune ['ɒpətju:n] adj opportun

opportunist [,ɒpə'tju:nɪst] adj, n opportuniste *mf*

opportunistic [,ɒpətju:'nɪstɪk] adj opportuniste

opportunity [,ɒpə'tju:nɪtɪ] n a (= occasion) occasion *f* ▪ **to have the ~ to do sth** avoir l'occasion de faire qch ▪ **to take the ~ of doing** or **to do sth** profiter de l'occasion pour faire qch ▸ **opportunity shop** (Austral) *boutique vendant des objets d'occasion au profit d'une organisation caritative* b (= possibility) chance *f* ; (in career) perspective *f* d'avenir ▪ **to make the most of one's opportunities** exploiter pleinement ses chances

oppose [ə'pəʊz] vt (gen) s'opposer à ; (Parl) [+ motion, resolution] faire opposition à

opposed [ə'pəʊzd] adj opposé ▪ **as ~ to** par opposition à

opposing [ə'pəʊzɪŋ] adj [factions, forces, views] opposé ; [team] adverse

opposite ['ɒpəzɪt] 1 adj opposé ; (= facing) d'en face ▪ **it's in the ~ direction** c'est dans la direction opposée ▪ **the ~ sex** l'autre sexe *m* ▪ **his ~ number** son homologue *mf* 2 adv en face ▪ **the house ~** la maison d'en face ▪ **~ to** en face de 3 prep en face de ▪ **they sat ~ one another** ils étaient assis face à face ▪ **to play ~ sb** (in play, film) partager la vedette avec qn 4 n contraire *m*

opposition [,ɒpə'zɪʃən] n a (= resistance) opposition *f* ▪ **his ~ to the scheme** son opposition au projet ▪ **in ~ (to)** en opposition (avec) b ▪ **the ~** (Pol) l'opposition *f* ; (in sports match) l'adversaire *m* ; (in business) la concurrence

oppress [ə'pres] vt a [political regime] opprimer b [anxiety, heat] oppresser

oppression [ə'preʃən] n oppression *f*

oppressive [ə'presɪv] adj a [system, regime, law] oppressif b [air, heat, silence] oppressant ; [weather] lourd

opt [ɒpt] vi ▪ **to ~ for sth** opter pour qch ▪ **to ~ to do sth** choisir de faire qch

▸ **opt out** vi choisir de ne pas participer ▪ **he ~ed out of going** il a choisi de ne pas y aller

optic ['ɒptɪk] adj optique

optical ['ɒptɪkəl] adj optique ▸ **optical illusion** illusion *f* d'optique

optician [ɒp'tɪʃən] n opticien(ne) *m(f)* ; (for eyesight tests) oculiste *mf*

optimism ['ɒptɪmɪzəm] n optimisme *m*

optimist ['ɒptɪmɪst] n optimiste *mf*

optimistic [,ɒptɪ'mɪstɪk] adj optimiste (*about sth* quant à qch)

optimize ['ɒptɪmaɪz] vt optimiser

optimum ['ɒptɪməm] adj optimal

option ['ɒpʃən] n option *f* ▪ **I have no ~** je n'ai pas le choix ▪ **he kept his ~s open** il n'a pas voulu s'engager ▪ **to give sb the ~ of doing sth** donner à qn la possibilité de faire qch

optional ['ɒpʃənl] adj [course, subject] facultatif ; [accessories] en option ▪ **~ extra** option *f*

opulent ['ɒpjʊlənt] adj [building, room, film, production] somptueux ; [person, lifestyle] opulent

opus ['əʊpəs] n opus *m*

or [ɔ:ʳ] conj (gen) ou ; (with negative) ni ▪ **red or black?** rouge ou noir ? ▪ **he couldn't read or write** il ne savait ni lire ni écrire ▪ **an hour or so** environ une heure ▪ **or else** ou bien

oracle ['ɒrəkl] n oracle *m*

oral ['ɔ:rəl] 1 adj a (= spoken) oral b [cavity, hygiene] buccal 2 n oral *m*

orally ['ɔ:rəlɪ] adv a (= verbally) oralement b (= by mouth) par voie orale

orange ['ɒrɪndʒ] 1 n (= fruit) orange *f* ; (= tree) oranger *m* ; (= colour) orange *m* ▸ **orange blossom** fleurs *fpl* d'oranger ▸ **orange juice** jus *m* d'orange 2 adj (in colour) orange *inv* ; [drink] à l'orange ; [flavour] d'orange

orangeade [ɒrɪndʒ'eɪd] n orangeade *f*

orang-outang [ɔ:,ræŋu:'tæŋ] n orang-outan *m*

orator ['ɒrətəʳ] n orateur *m*, -trice *f*

orb [ɔ:b] n (= sphere) sphère *f*

orbit ['ɔ:bɪt] 1 n orbite *f* ▪ **to be in ~** être en orbite 2 vt être en orbite autour de 3 vi orbiter

orbital ['ɔ:bɪtl] adj (Space) orbital ; (BR) [road, motorway] périphérique

orchard ['ɔ:tʃəd] n verger *m* ▪ **cherry ~** cerisaie *f*

orchestra ['ɔ:kɪstrə] n a orchestre *m* ▸ **orchestra pit** fosse *f* d'orchestre b (US : Theatre) (fauteuils *mpl* d')orchestre *m*

orchestral [ɔ:'kestrəl] adj [music] orchestral ; [work, arrangement] pour orchestre

orchid ['ɔ:kɪd] n orchidée *f*

ordain [ɔ:'deɪn] vt a (= order) décréter b (Rel) ▪ **to be ~ed** être ordonné prêtre

ordeal [ɔ:'di:l] n épreuve *f*

order ['ɔ:dəʳ]

1 n a (= sequence) ordre *m* ▪ **to put in ~** ranger dans l'ordre ▪ **the pages were out of ~** les pages n'étaient pas dans le bon ordre ▪ **in ~ of precedence** par ordre de préséance

b (= proper state)

♦ **in order** [room] en ordre ; [passport, documents] en règle ▪ **to put one's affairs in ~** mettre de l'ordre dans ses affaires ▪ **in working ~** en état de marche

♦ **to be in order** (= proper) [action, request] être dans les règles

♦ **out of order** [machine] en panne ; [remark]* déplacé ▪ **"out of ~"** « hors service »

c (expressing purpose)

♦ **in order to** pour ▪ **I did it in ~ to clarify matters** je l'ai fait pour clarifier la situation

♦ **in order that** afin que *+ subj*

d (= proper behaviour) ordre *m* ▪ **to keep ~** [police] faire régner l'ordre ; [teacher] faire régner la discipline

e (= category) (biological) ordre *m* ; (social) classe *f* ▪ **something in the ~ of €3,000** de l'ordre de 3 000 €

f (= command) ordre *m* ▪ **by ~ of sb/sth** par ordre de qn/qch ▪ **to give sb ~s to do sth** ordonner à qn de faire qch ▪ **to be under ~s to do sth** avoir reçu l'ordre de faire qch

g (from customer) commande *f* ▪ **to place an ~ with sb for sth** passer une commande de qch à qn ▸ **order form** bulletin *m* de commande

h (= portion of food) portion *f* ▪ **an ~ of French fries** une portion de frites

i (legal) ▪ **~ of the Court** injonction *f* du tribunal

j (religious) ordre *m*

2 vt a (= command) ▪ **to ~ sb to do sth** ordonner à qn de faire qch

b (= ask for) [+ goods, meal, taxi] commander

c (= put in sequence) classer

3 vi (in restaurant) passer sa commande

▸ **order about, order around** vt sep ▪ **he likes ~ing people about** il aime donner des ordres à tout le monde

orderly ['ɔ:dəlɪ] 1 adj (= tidy) ordonné ; (= methodical) méthodique ; (= disciplined) discipliné ; [queue] ordonné 2 n a (= soldier) planton *m* ; (= officer) ordonnance *f* b (in hospital) garçon *m* de salle

ordinal ['ɔ:dɪnl] adj, n ordinal *m*

ordinarily ['ɔ:dnrɪlɪ] adv normalement

ordinary ['ɔ:dnrɪ] 1 adj a (= usual) habituel ; [clothes] de tous les jours b (= unexceptional) [person, day] ordinaire ; [intelligence, reader] moyen 2 n ordinaire *m* ▪ **out of the ~** hors du commun

ordnance ['ɔ:dnəns] n (= guns) artillerie *f* ▸ **Ordnance Survey map** ≈ carte *f* d'état-major

ore [ɔ:ʳ] n minerai *m* ▪ **iron ~** minerai *m* de fer

oregano [,ɒrɪ'gɑ:nəʊ, (US) ə'regənəʊ] n origan *m*

organ ['ɔ:gən] n a (gen) organe *m* b (= musical instrument) orgue *m*

organic [ɔ:'gænɪk] adj a [farm, farmer, produce] biologique b [matter, waste, fertilizer] organique

organism ['ɔ:gənɪzəm] n organisme *m*

organist ['ɔ:gənɪst] n organiste *mf*

organization [,ɔ:gənaɪ'zeɪʃən] n organisation *f*

organizational [,ɔ:gənaɪ'zeɪʃənl] adj organisationnel

organize ['ɔ:gənaɪz] vt organiser ▪ **to get ~d** s'organiser ▸ **organized crime** crime *m* organisé

organizer ['ɔ:gənaɪzəʳ] n a [of event] organisateur *m*, -trice *f* b (= diary) organiseur *m*

orgasm ['ɔ:gæzəm] 1 n orgasme *m* 2 vi avoir un orgasme

orgy ['ɔ:dʒɪ] n orgie *f*

orient ['ɔ:rɪənt] 1 n ▪ **the Orient** l'Orient *m* 2 vt orienter

oriental [,ɔ:rɪ'entəl] adj oriental

orientate ['ɔ:rɪənteɪt] vt orienter

orientated ['ɔ:rɪənteɪtɪd] adj ⇒ **oriented**

orientation [,ɔ:rɪən'teɪʃən] n orientation *f*

oriented ['ɔ:rɪəntɪd] adj ▪ **to be ~ to** viser ▪ **the film is ~ to the British audience** ce film s'adresse en premier lieu au public britannique ▪ **pupil-oriented** adapté aux besoins de l'élève ▪ **an export-oriented economy** une économie axée sur l'exportation

orienteering [,ɔ:rɪən'tɪərɪŋ] n courses *fpl* d'orientation

orifice ['ɒrɪfɪs] n orifice *m*

origin ['ɒrɪdʒɪn] n origine *f*

original [ə'rɪdʒɪnl] 1 adj a (= earliest) [meaning] originel ; [inhabitant] premier ; [purpose, suggestion] initial ; [shape, colour] d'origine b (= not copied) [painting, idea, writer] original c (= unconventional) original 2 n [of painting, document] original *m*

originality [ə,rɪdʒɪ'nælɪtɪ] n originalité *f*

originally [ə'rɪdʒənəlɪ] adv a (= at first) à l'origine b (= unconventionally) de façon originale

originate [ə'rɪdʒɪneɪt] vi ▪ **to ~ from** [person] être originaire de ; [goods] provenir de ; [idea] émaner de

Orkney(s) ['ɔ:knɪ(z)] n(pl) Orcades *fpl*

ornament ['ɔ:nəmənt] n objet *m* décoratif

ornamental [,ɔ:nə'mentl] adj décoratif, ornemental ; [garden, pond] d'agrément

ornate [ɔ:'neɪt] adj très orné

ornithologist [,ɔ:nɪ'θɒlədʒɪst] n ornithologue *mf*

ornithology [,ɔ:nɪ'θɒlədʒɪ] n ornithologie *f*

orphan ['ɔ:fən] 1 n orphelin(e) *m(f)* 2 vt ▪ **to be ~ed** devenir orphelin(e)

orphanage [ˈɔːfənɪdʒ] n orphelinat *m*

orthodox [ˈɔːθədɒks] adj (gen) orthodoxe ; [medicine] traditionnel

orthopaedic, orthopedic (US) [ˌɔːθəʊˈpiːdɪk] adj orthopédique

oscillate [ˈɒsɪleɪt] vi osciller

osmosis [ɒzˈməʊsɪs] n osmose *f*

ostensible [ɒsˈtensəbl] adj prétendu *(before n)*

ostensibly [ɒsˈtensəblɪ] adv ostensiblement ▪ **he went out, ~ to telephone** il est sorti, apparemment pour téléphoner

ostentatious [ˌɒstenˈteɪʃəs] adj [car, clothes] tape-à-l'œil *inv* ; [surroundings, person] prétentieux ; [gesture, attempt, manner] ostentatoire (liter)

osteopath [ˈɒstɪəpæθ] n ostéopathe *mf*

osteoporosis [ˌɒstɪəʊpɔːˈrəʊsɪs] n ostéoporose *f*

ostracize [ˈɒstrəsaɪz] vt ostraciser

ostrich [ˈɒstrɪtʃ] n autruche *f*

other [ˈʌðəʳ] **1** adj autre ▪ **the ~ one** l'autre *mf* ▪ **the ~ five** les cinq autres ▪ **~ people have done it** d'autres l'ont fait ▪ **~ people's property** la propriété d'autrui ▪ **the ~ day/week** l'autre jour/semaine ▪ **some fool or ~** un idiot **2** pron autre ▪ **some ~s** d'autres ▪ **some like flying, ~s prefer the train** les uns aiment prendre l'avion, les autres préfèrent le train **3** adv autrement ▪ **~ than that, I said nothing** à part ça, je n'ai rien dit ▪ **I've told nobody ~ than him** je ne l'ai dit à personne d'autre que lui

→ *Pièges* OTHER

otherwise [ˈʌðəwaɪz] **1** adv autrement **2** conj sinon ▪ **take down the number, ~ you'll forget it** note le numéro, sinon tu vas l'oublier

otter [ˈɒtəʳ] n loutre *f*

ouch [aʊtʃ] excl aïe !

ought [ɔːt] modal vb

a (obligation) ▪ **I ~ to do it** je devrais le faire, il faudrait que je le fasse ▪ **this ~ to have been finished long ago** cela aurait dû être terminé il y a longtemps

b (probability) ▪ **they ~ to be arriving soon** ils devraient bientôt arriver ▪ **he ~ to have got there by now** il a dû arriver (à l'heure qu'il est)

ounce [aʊns] n once *f (environ 28 g)*

our [ˈaʊəʳ] poss adj notre ; (plural) nos ▪ **~ book** notre livre ▪ **~ clothes** nos vêtements

ours [ˈaʊəz] poss pron le nôtre ; (feminine) la nôtre ; (plural) les nôtres ▪ **their car is bigger than ~** leur voiture est plus grosse que la nôtre ▪ **this car is ~** cette voiture est à nous ▪ **a friend of ~** un de nos amis

ourselves [ˌaʊəˈselvz] pers pron **a** (reflexive) nous ▪ **we enjoyed ~** nous nous sommes bien amusés **b** (after prep) nous ▪ **we said to ~** nous nous sommes dit ▪ **for ~** pour nous ▪ **all by ~** tout seuls (toutes seules *f*) **c** (emphatic) nous-mêmes ▪ **we did it ~** nous l'avons fait nous-mêmes

oust [aʊst] vt évincer

out [aʊt]

1 adv **a** (= not in) ▪ **Paul is ~** Paul est sorti ▪ **he's ~ fishing** il est parti à la pêche ▪ **when the tide is ~** à marée basse ▪ **(the ball is) ~!** (Tennis) (la balle est) out !

b (= outside) dehors ▪ **it's hot ~** il fait chaud dehors ▪ **~ you go!** sortez ! ▪ **he's ~ in the garden** il est dans le jardin

c (expressing distance) ▪ **the boat was 10 miles ~ to sea** le bateau était à 10 milles de la côte ▪ **their house is 10km ~ of town** leur maison est à 10 km de la ville

2 adj **a** [light, fire, gas] éteint

b (= available) [model, edition, video] sorti

c (= unavailable: for lending, renting) ▪ **that book is ~** ce livre est sorti

d (= revealed) ▪ **the secret is ~** le secret n'en est plus un

e (= unconscious) sans connaissance ▪ **he was ~ for 30 seconds** il est resté sans connaissance pendant 30 secondes

f (= wrong) ▪ **their timing was 5 minutes ~** ils s'étaient trompés de 5 minutes ▪ **you're not far ~*** tu n'es pas tombé loin*

g (= unacceptable) [idea, suggestion] ▪ **that's right ~, I'm afraid** il n'en est pas question

h (= defeated: in games) ▪ **you're ~** tu es éliminé

i (= finished) ▪ **before the month was ~** avant la fin du mois

j (also **out on strike**) en grève

k (= unfashionable) passé de mode

l (flowers, sun) ▪ **the roses are ~** les rosiers sont en fleurs ▪ **the sun was ~** le soleil brillait

m ▪ **to be ~ to do sth*** (= seeking to do) chercher à faire qch

3 prep ▪ **~ of a** (= outside) en dehors de, hors de ▪ **they were 100km ~ of Paris** ils étaient à 100 km de Paris

b (= absent) ▪ **he's ~ of the office at the moment** il n'est pas au bureau actuellement

c (= through) par ▪ **~ of the window** par la fenêtre

d (= from) ▪ **a model made ~ of matchsticks** une maquette construite avec des allumettes ▪ **he had made the table ~ of a crate** il avait fabriqué la table avec une caisse ▪ **to**

take sth ~ of a drawer prendre qch dans un tiroir ▪ **to drink ~ of a glass** boire dans un verre

e (= because of) par ▪ **~ of curiosity/necessity** par curiosité/nécessité

f (= from among) sur ▪ **in nine cases ~ of ten** dans neuf cas sur dix

g (= without) ▪ **we are ~ of bread** nous n'avons plus de pain

h (= sheltered from) à l'abri de ▪ **~ of the wind** à l'abri du vent

i (= eliminated from) éliminé de ▪ **~ of the World Cup** éliminé de la Coupe du monde

4 vt [+ homosexual] révéler l'homosexualité de

5 comp ▸ **out-and-out** [lie] pur et simple; [liar, cheat] fini; [racist, fascist] pur et dur ▸ **out-of-bounds** [place] interdit; (US) [ball] sorti ▸ **out-of-court** [settlement, agreement] à l'amiable ▸ **out-of-date** [passport, ticket] périmé; [clothes, theory, concept] démodé; [word] vieilli ▸ **out-of-the-ordinary** insolite ▸ **out-of-the-way** (= remote) isolé ▸ **out-of-town** [shopping centre, cinema] en périphérie ▸ **out-of-work** au chômage

outback ['aʊtbæk] n ▪ **the ~** (in Australia) l'intérieur *m* du pays

outbid [aʊt'bɪd] (pret, ptp **outbid**) vt enchérir sur

outboard ['aʊtbɔːd] n (also **outboard motor**) (moteur *m*) hors-bord *m*

outbound ['aʊtbaʊnd] adj [flight] en partance

outbox ['aʊtbɒks] n boîte *f* d'envoi

outbreak ['aʊtbreɪk] n [of war, fighting] début *m* ; [of violence] éruption *f* ; [of disease] accès *m*

outbuilding ['aʊtbɪldɪŋ] n dépendance *f*

outburst ['aʊtbɜːst] n explosion *f* ▪ **an angry ~** un accès de colère

outcast ['aʊtkɑːst] n exclu(e) *m(f)*

outclass [aʊt'klɑːs] vt surpasser

outcome ['aʊtkʌm] n [of meeting, discussion] issue *f* ; [of decision] conséquence *f*

outcrop ['aʊtkrɒp] n affleurement *m*

outcry ['aʊtkraɪ] n (= protest) tollé *m*

outdated [aʊt'deɪtɪd] adj dépassé ; [clothes] démodé

outdistance [aʊt'dɪstəns] vt distancer

outdo [aʊt'duː] (pret **outdid**, ptp **outdone**) vt ▪ **to ~ sb in sth** faire mieux que qn en qch

outdoor ['aʊtdɔːʳ] adj [activities] de plein air ; [work, swimming pool, tennis court] en plein air ; [market] à ciel ouvert

outdoors ['aʊt'dɔːz] adv dehors ; [live] au grand air ; [sleep] à la belle étoile ▪ **to go ~** sortir

outer ['aʊtəʳ] adj extérieur (-eure *f*) ▸ **outer space** espace *m*

outfit ['aʊtfɪt] n **a** (= set of clothes) tenue *f* ; (for child) panoplie *f* **b** (= clothes and equipment) équipement *m* ; (= tools) matériel *m* **c** * (= team) équipe *f* ; (= company) boîte* *f*

outgoing ['aʊtgəʊɪŋ] **1** adj **a** (= departing) [president, tenant] sortant ; [flight, mail] en partance **b** (= extrovert) extraverti **2** **outgoings** npl (BR) dépenses *fpl*

outgrow [aʊt'grəʊ] (pret **outgrew**, ptp **outgrown**) vt **a** [+ clothes] ▪ **he's outgrown this coat** ce manteau est devenu trop petit pour lui **b** ▪ **to ~ sth** [hobby, sport] ne plus s'intéresser à qch ; [opinion, way of life] abandonner qch en prenant de l'âge

outhouse ['aʊthaʊs] n **a** (= shed) appentis *m* **b** (US = lavatory) cabinets *mpl* extérieurs

outing ['aʊtɪŋ] n sortie *f*

outlandish [aʊt'lændɪʃ] adj excentrique

outlast [aʊt'lɑːst] vt survivre à

outlaw ['aʊtlɔː] **1** n hors-la-loi *m* **2** vt [+ person] mettre hors la loi ; [+ activity, organization] proscrire

outlay ['aʊtleɪ] n (= spending) dépenses *fpl* ; (= investment) mise *f* de fonds

outlet ['aʊtlet] n **a** (for water) sortie *f* ; (US = socket) prise *f* de courant **b** (for talents) débouché *m* ; (for energy, emotions) exutoire *m* (*for* à) **c** (for goods) débouché *m*

outline ['aʊtlaɪn] **1** n **a** (= shape) [of object] contour *m* ; [of building, tree] silhouette *f* **b** (= summary) résumé *m* ▪ **~s** (= main features) grandes lignes *fpl* **2** vt (= summarize) [+ theory, idea] exposer les grandes lignes de ; [+ facts, details] passer brièvement en revue

outlive [aʊt'lɪv] vt [person] survivre à

outlook ['aʊtlʊk] n **a** (= view) vue *f* **b** (= prospect) perspectives *fpl* (d'avenir) **c** (= attitude) vision *f* (du monde)

outlying ['aʊtlaɪɪŋ] adj [area] écarté

outmanoeuvre, outmaneuver (US) [ˌaʊtmə'nuːvəʳ] vt déjouer les plans de

outmoded [aʊt'məʊdɪd] adj démodé ; [equipment] dépassé

outnumber [aʊt'nʌmbəʳ] vt être plus nombreux que

outpace [aʊt'peɪs] vt dépasser

outpatient ['aʊtpeɪʃənt] n malade *mf* en consultation externe ▪ **~s department** service *m* de consultation externe ▪ **~ surgery** chirurgie *f* en ambulatoire

outperform [ˌaʊtpə'fɔːm] vt être plus performant que

outplay [aʊt'pleɪ] vt (Sport) dominer (par son jeu)

outpost ['aʊtpəʊst] n (military) avant-poste *m* ; [of organization] antenne *f*

output ['aʊtpʊt] vb (pret, ptp **output**) **1** n **a** [of factory, mine, writer] production *f* ; [of agricultural land, machine, worker] rendement *m* **b** (Computing) sortie *f* **2** vt **a** (Computing) sortir **b** [factory] produire

outrage ['aʊtreɪdʒ] **1** n **a** (= emotion) indignation *f* **b** (= act, event) atrocité *f* **2** vt indigner

outraged ['aʊtreɪdʒd] adj indigné

outrageous [aʊt'reɪdʒəs] adj (= scandalous) scandaleux ; [remark] outrancier ; [story, claim, clothes, idea] extravagant

outright **1** adv [aʊt'raɪt] **a** [say, tell] carrément ; [laugh] franchement **b** [refuse, deny] catégoriquement **c** (= instantly) ■ **to be killed ~** être tué sur le coup **2** adj ['aʊtraɪt] **a** [lie] pur ; [hostility] franc (franche *f*) ; [condemnation] catégorique **b** [victory] total ; [majority] absolu ; [winner] incontesté

> Lorsque ***outright*** est un adverbe, l'accent tombe sur la deuxième syllabe. Lorsque c'est un adjectif, l'accent tombe sur la première.

outrun [aʊt'rʌn] (pret **outran**, ptp **outrun**) vt distancer

outset ['aʊtset] n début *m* ■ **at the ~** au début ■ **from the ~** dès le début

outshine [aʊt'ʃaɪn] (pret, ptp **outshone**) vt éclipser

outside ['aʊt'saɪd] **1** adv dehors ■ **to go ~** sortir **2** prep **a** à l'extérieur de ■ **to live ~ London** vivre à l'extérieur de Londres ■ **a man was standing ~ the house** un homme se tenait devant la maison ■ **~ of** (= outside) à l'extérieur de ; (= apart from) à part **b** (= beyond) en dehors de ■ **~ office hours** en dehors des heures de bureau **3** n extérieur *m* **4** adj (gen) extérieur ; [consultant, examiner] externe ■ **there is an ~ chance he'll come** il y a une petite chance qu'il vienne ▸ **outside lane** [of road] (in Britain) voie *f* de droite; (in US, Europe) voie *f* de gauche; [of running track] piste *f* extérieure

outsider ['aʊt'saɪdəʳ] n **a** (= stranger) étranger *m*, -ère *f* **b** (= unlikely winner) outsider *m*

outsize ['aʊtsaɪz] adj [clothes] grande taille *inv*

outskirts ['aʊtskɜːts] npl [of town] périphérie *f* ■ **on the ~** en périphérie ■ **on the ~ of London** à la périphérie de Londres

outsmart* [aʊt'smɑːt] vt se montrer plus malin que

outsource ['aʊtsɔːs] vt [activity, services] externaliser

outsourcing ['aʊt,sɔːsɪŋ] n externalisation *f*

outspoken [aʊt'spəʊkən] adj [person, criticism] franc (franche *f*)

outstanding [aʊt'stændɪŋ] adj **a** (= exceptional) remarquable **b** (= remaining) [debt, balance] impayé ; [issue, problem] non résolu

outstay [aʊt'steɪ] vt ■ **I hope I haven't ~ed my welcome** j'espère que je n'ai pas abusé de votre hospitalité

outstretched ['aʊtstretʃt] adj [arm, hand] tendu ; [wings] déployé

outstrip [aʊt'strɪp] vt devancer

outvote [aʊt'vəʊt] vt mettre en minorité

outward ['aʊtwəd] **1** adj **a** (= from a place) ■ **the ~ journey** le voyage aller **b** (= external) extérieur (-eure *f*) **2** adv **a** [face, move] vers l'extérieur **b** ■ **~ bound** [ship] en partance

outwardly ['aʊtwədlɪ] adv [calm] extérieurement ; [respectable] en apparence

outwards ['aʊtwədz] adv vers l'extérieur

outweigh [aʊt'weɪ] vt l'emporter sur

outwit [aʊt'wɪt] vt se montrer plus malin que

oval ['əʊvəl] **1** adj ovale ▸ **the Oval Office** le bureau ovale *(de la Maison-Blanche)* **2** n ovale *m*

ovary ['əʊvərɪ] n ovaire *m*

ovation [əʊ'veɪʃən] n ovation *f* ■ **to give sb a standing ~** ovationner qn

oven ['ʌvn] n four *m* ■ **in the ~** au four ▸ **oven glove** (BR) manique *f*

ovenproof ['ʌvnpruːf] adj allant au four *inv*

over ['əʊvəʳ]

1 adv **a** (= here, there) ■ **~ here** ici ■ **~ there** là-bas ■ **they came ~ for the day** ils sont venus passer la journée chez nous ■ **I'll be ~ at 7 o'clock** je serai là à 7 heures ■ **they're ~ from Canada for the summer** ils sont venus du Canada pour passer l'été ici ■ **they're ~ in France** ils sont en France

♦ **to have sb over** (= invite) inviter qn chez soi

b (= above) dessus ■ **heat the syrup and pour it ~** chauffer la mélasse et versez-la dessus

c (= more) plus ■ **children of eight and ~** les enfants de huit ans et plus

d (= in succession) ■ **he did it five times ~** il l'a fait cinq fois de suite

♦ **over and over (again)** à maintes reprises ■ **he played the same tune ~ and ~ again** il a joué le même air je ne sais combien de fois

e (= remaining) ■ **there are three (left) ~** il en reste trois

f (on two-way radio) ■ **~!** à vous ! ■ **~ and out!** terminé !

2 adj (= finished) fini ■ **after the war was ~** après la guerre ■ **when the exams are ~** quand les examens seront finis ■ **to get sth ~ and done with** en finir avec qch

3 prep **a** (= on top of) sur ▪ **she put an apron on ~ her dress** elle a mis un tablier sur sa robe ▪ **I spilled coffee ~ it** j'ai renversé du café dessus

b (= above) au-dessus de ▪ **the water came ~ his knees** l'eau lui arrivait au-dessus des genoux

c (= across) de l'autre côté de ▪ **it's just ~ the river** c'est juste de l'autre côté de la rivière ▪ **there is a café ~ the road** il y a un café en face ▪ **the house ~ the road** la maison d'en face

d (= during) ▪ **~ the summer** pendant l'été ▪ **~ Christmas** pendant les fêtes de Noël ▪ **~ a period of** sur une période de ▪ **~ the last few years** ces dernières années

e (= about) ▪ **they fell out ~ money** ils se sont brouillés pour une question d'argent

f (= more than) plus de ▪ **she is ~ 60** elle a plus de 60 ans ▪ **the over-18s** les plus de 18 ans ▪ **well ~ 200 people** bien plus de 200 personnes ▪ **this was ~ and above his normal duties** cela dépassait le cadre de ses fonctions ▪ **~ and above the fact that...** sans compter que...

g (= on) ▪ **I spent a lot of time ~ that report** j'ai passé beaucoup de temps sur ce rapport ▪ **he took hours ~ the preparations** il a consacré des heures à ces préparatifs

h (= while having) ▪ **they chatted ~ a cup of coffee** ils ont bavardé autour d'une tasse de café

♦ **to be over sth** [+ illness, bad experience] s'être remis de qch ▪ **we're ~ the worst now** le pire est passé maintenant

4 n (Cricket) série *f* de six balles

5 comp ▸ **over-the-top*** exagéré

overact [əʊvər'ækt] vi en faire trop

overactive [əʊvər'æktɪv] adj [imagination] débordant

overall **1** adj ['əʊvərɔ:l] (= total) total ; [effect, impression] d'ensemble ; [improvement] global ; [winner, leader, victory] (Sport) au classement général **2** adv [əʊvər'ɔ:l] (= in general) dans l'ensemble **3** **overalls** npl ['əʊvərɔ:lz] bleu *m* de travail

> Lorsque ***overall*** est un adverbe, l'accent tombe sur la dernière syllabe. Lorsque c'est un adjectif ou un nom, l'accent tombe sur la première.

overawe [əʊvər'ɔ:] vt impressionner

overbalance [,əʊvə'bæləns] vi [person] perdre l'équilibre ; [object] se renverser

overbearing [əʊvə'bɛərɪŋ] adj dominateur (-trice *f*)

overboard ['əʊvəbɔ:d] adv [fall, jump] par-dessus bord ▪ **to go ~*** (fig) exagérer, dépasser les bornes*

overbook [əʊvə'bʊk] vti surréserver

overbooking [,əʊvə'bʊkɪŋ] n surréservation *f*

overcame [əʊvə'keɪm] vb pret of **overcome**

overcast ['əʊvə,kɑ:st] adj [sky] couvert

overcharge [,əʊvə'tʃɑ:dʒ] vt ▪ **to ~ sb for sth** faire payer qch trop cher à qn

overcoat ['əʊvəkəʊt] n pardessus *m*

overcome [,əʊvə'kʌm] (pret **overcame**, ptp **overcome**) vt [+ difficulty, obstacle, temptation] surmonter ; [+ opposition] triompher de ; [+ enemy] battre ▪ **~ with despair** complètement désespéré

overconfident [əʊvə'kɒnfɪdənt] adj trop sûr de soi

overcrowded [əʊvə'kraʊdɪd] adj [city, prison, house] surpeuplé ; [class] surchargé ; [train, bus] bondé

overcrowding [əʊvə'kraʊdɪŋ] n surpeuplement *m*

overdo [,əʊvə'du:] (pret **overdid**, ptp **overdone**) vt (= exaggerate) exagérer ; (= do too much) [+ exercise] faire trop de ▪ **to ~ it** (= push o.s. too hard) s'épuiser ; (= exaggerate) exagérer

overdone [,əʊvə'dʌn] **1** vb ptp of **overdo** **2** adj (= overcooked) trop cuit

overdose ['əʊvədəʊs] **1** n overdose *f* **2** vi faire une overdose ▪ **to ~ on sth** faire une overdose de qch

overdraft ['əʊvədrɑ:ft] n découvert *m* ▸ **overdraft account** compte *m* à découvert

overdrawn [əʊvə'drɔ:n] adj [person, account] à découvert ▪ **I'm £500 ~** j'ai un découvert de 500 livres

overdressed ['əʊvədrest] adj trop habillé

overdue [,əʊvə'dju:] adj [payment] arriéré ▪ **that change is long ~** il y a longtemps que ce changement aurait dû intervenir ▪ **the baby is ~** le bébé aurait déjà dû naître

overeat [əʊvər'i:t] (pret **overate**, ptp **overeaten**) vi trop manger

overestimate [əʊvər'estɪmeɪt] vt surestimer

overexcited [əʊvərɪk'saɪtɪd] adj surexcité

overexpose [əʊvərɪks'pəʊz] vt [+ film, photograph] surexposer

overfishing [əʊvə'fɪʃɪŋ] n surpêche *f*

overflow **1** n ['əʊvəfləʊ] [of bath, sink] trop-plein *m* **2** vi [,əʊvə'fləʊ] [liquid, river, container] déborder ; [room, prison] être plein à craquer ▪ **to be full to ~ing** [bin] être plein à ras bords ; [room, prison] être plein à craquer

> Lorsque ***overflow*** est un verbe, l'accent tonique tombe sur la dernière syllabe. Lorsque c'est un nom, l'accent tombe sur la première.

overgrown ['əuvə'grəun] adj [path, garden] envahi par la végétation ▪ **he's just an ~ schoolboy** il se conduit comme un enfant

overhang (pret, ptp **overhung**) 1 vt [,əuvə'hæŋ] surplomber 2 n ['əuvə,hæŋ] surplomb *m*

Lorsque ***overhang*** est un verbe, l'accent tonique tombe sur la dernière syllabe. Lorsque c'est un nom, l'accent tonique tombe sur la première.

overhaul 1 n ['əuvəhɔːl] [of vehicle, machine] révision *f* ; [of system, programme] remaniement *m* 2 vt [,əuvə'hɔːl] [+ vehicle, machine] réviser ; [+ system, programme] remanier

Lorsque ***overhaul*** est un verbe, l'accent tonique tombe sur la dernière syllabe. Lorsque c'est un nom, l'accent tombe sur la première.

overhead 1 adv [,əuvə'hed] (= up above) au-dessus de nos (or vos, etc) têtes ; (= in the sky) dans le ciel ; (= on the floor above) à l'étage au-dessus 2 adj ['əuvəhed] [wires, cables, railway] aérien ▸ **overhead projector** rétroprojecteur *m* 3 n ['əuvəhed] (US) frais *mpl* généraux 4 **overheads** npl ['əuvəhedz] (BR) frais *mpl* généraux

Lorsque ***overhead*** est un adverbe, l'accent tonique tombe sur la dernière syllabe. Lorsque c'est un adjectif ou un nom, l'accent tombe sur la première.

overhear [,əuvə'hɪə'] (pret, ptp **overheard**) vt surprendre, entendre (par hasard)

overheat [əuvə'hiːt] 1 vt surchauffer 2 vi chauffer

overindulge [əuvərɪn'dʌldʒ] vi faire des excès

overjoyed [,əuvə'dʒɔɪd] adj ravi (*about* de)

overland ['əuvəlænd] adj, adv par voie de terre

overlap 1 vi [,əuvə'læp] se chevaucher 2 n ['əuvəlæp] chevauchement *m*

Lorsque ***overlap*** est un verbe, l'accent tonique tombe sur la dernière syllabe. Lorsque c'est un nom, l'accent tombe sur la première.

overleaf ['əuvəliːf] adv au verso

overload [,əuvə'ləud] vt surcharger (*with* de)

overlook [,əuvə'luk] vt a [house, window] donner sur b (= miss) oublier ▪ **I ~ed that** cela m'a échappé c (= excuse) passer sur

overly ['əuvəlɪ] adv trop

overnight 1 adv [,əuvə'naɪt] a (= during the night) pendant la nuit ▪ **to stay ~ with sb** passer la nuit chez qn b (= suddenly) du jour au lendemain 2 adj ['əuvə,naɪt] [journey] de nuit ▸ **overnight bag** sac *m* de voyage

Lorsque ***overnight*** est un adverbe, l'accent tonique tombe sur la dernière syllabe. Lorsque c'est un adjectif, l'accent tonique tombe sur la première.

overpass ['əuvəpɑːs] n (US) pont *m* autoroutier ; (at flyover) autopont *m*

overpay [əuvə'peɪ] (pret, ptp **overpaid**) vt trop payer

overpopulated [əuvə'pɒpjuleɪtɪd] adj surpeuplé

overpower [,əuvə'pauə'] vt [+ thief, assailant] maîtriser ; [+ army, team, opponent] battre

overpowering [,əuvə'pauərɪŋ] adj [desire, need, strength] irrésistible ; [feeling, force] irrépressible ; [smell, flavour] envahissant ; [heat] accablant ; [person, manner] dominateur (-trice *f*)

overpriced [əuvə'praɪst] adj excessivement cher

overqualified [əuvə'kwɒlɪfaɪd] adj surqualifié

overrated [əuvə'reɪtɪd] adj surfait

overreach [əuvə'riːtʃ] vt ▪ **to ~ o.s.** vouloir trop entreprendre

overreact [,əuvəriː'ækt] vi réagir de manière excessive

override [,əuvə'raɪd] (pret **overrode**, ptp **overridden**) vt a (= overrule) [+ order, instructions] passer outre à ; [+ decision] annuler ; [+ opinion] ne pas tenir compte de b (= be more important than) l'emporter sur

overriding [,əuvə'raɪdɪŋ] adj [consideration, importance] primordial ; [concern, feeling] premier ; [factor] prépondérant

overrule [,əuvə'ruːl] vt [+ judgement, decision] annuler ; [+ objection] rejeter

overrun [,əuvə'rʌn] (pret **overran**, ptp **overrun**) 1 vi ▪ **to ~ (by ten minutes)** [speaker] dépasser le temps imparti (de dix minutes) ; [programme, concert] dépasser l'heure prévue (de dix minutes) 2 vt envahir

overseas ['əuvə'siːz] 1 adv outre-mer ; (= abroad) à l'étranger 2 adj [market, trade] extérieur (-eure *f*) ; [student, visitor] étranger ; [aid] aux pays étrangers

oversee [əuvə'siː] (pret **oversaw**, ptp **overseen**) vt surveiller

overseer ['əuvəsiːə'] n (in factory) contremaître *mf*

oversensitive [əuvə'sensɪtɪv] adj (= touchy) trop susceptible

overshadow [əuvə'ʃædəu] vt a [tree, building] dominer b (= cloud) assombrir ; (= eclipse) [+ person, achievement] éclipser

overshoot [ˌəʊvəˈʃuːt] (pret, ptp **overshot**) vt dépasser

oversight [ˈəʊvəsaɪt] n (= omission) omission *f*

oversimplification [ˈəʊvəˌsɪmplɪfɪˈkeɪʃən] n simplification *f* excessive

oversimplify [əʊvəˈsɪmplɪfaɪ] vt trop simplifier

oversleep [əʊvəˈsliːp] (pret, ptp **overslept**) vi ▪ **I overslept** je me suis réveillé trop tard

overspend [əʊvəˈspend] (pret, ptp **overspent**) vi trop dépenser

overstay [əʊvəˈsteɪ] vt ▪ **to ~ one's visa** rester après l'expiration de son visa

overstep [ˌəʊvəˈstep] vt ▪ **to ~ the mark** dépasser les bornes

overt [əʊˈvɜːt] adj [hostility] manifeste ; [discrimination, racism] flagrant

overtake [ˌəʊvəˈteɪk] (pret **overtook**, ptp **overtaken**) **1** vt [+ car] (BR) doubler ; [+ competitor, rival, runner] dépasser **2** vi dépasser

overthrow [ˌəʊvəˈθrəʊ] (pret **overthrew**, ptp **overthrown**) vt renverser

overtime [ˈəʊvətaɪm] n **a** (at work) heures *fpl* supplémentaires **b** (US : Sport) prolongation *f*

overtly [əʊˈvɜːtlɪ] adv ouvertement

overtone [ˈəʊvətəʊn] n (= hint) note *f* ▪ **~s** connotations *fpl*

overtook [ˌəʊvəˈtʊk] vb pret of **overtake**

overture [ˈəʊvətjʊəʳ] n ouverture *f* ▪ **to make ~s to sb** faire des avances à qn

overturn [ˌəʊvəˈtɜːn] **1** vt **a** [+ car, chair] renverser **b** [+ government] renverser ; [+ decision, judgement] annuler **2** vi [car] se retourner

overview [ˈəʊvəvjuː] n vue *f* d'ensemble

overweight [ˌəʊvəˈweɪt] adj ▪ **to be ~** avoir un excès de poids ▪ **to be 5 kilos ~** peser 5 kilos de trop

overwhelm [ˌəʊvəˈwelm] vt **a** [emotions, misfortunes] accabler ; [shame, praise, kindness] rendre confus ▪ **I am ~ed by his kindness** je suis tout confus de sa gentillesse ▪ **to be ~ed with work** être débordé de travail **b** [earth, lava, avalanche] ensevelir ; [+ one's enemy, opponent] écraser

overwhelming [ˌəʊvəˈwelmɪŋ] adj [victory, majority, defeat] écrasant ; [desire, power, pressure] irrésistible ; [success] énorme ; [evidence, heat] accablant

overwork [ˌəʊvəˈwɜːk] **1** n surmenage *m* **2** vt [+ person] surcharger de travail **3** vi se surmener

overwrite [ˌəʊvəˈraɪt] vt [+ computer file] écraser

overwrought [əʊvəˈrɔːt] adj (= upset) [person] à bout

ovulation [ˌɒvjʊˈleɪʃən] n ovulation *f*

ovum [ˈəʊvəm] n (pl **ova**) ovule *m*

owe [əʊ] vt devoir (*to sb* à qn) ▪ **he ~s me $5** il me doit 5 dollars ▪ **you ~ it to yourself to make a success of it** vous vous devez de réussir

owing [ˈəʊɪŋ] **1** adj dû **2** prep ▪ **~ to** en raison de, à cause de

owl [aʊl] n chouette *f* ; (with ear tufts) hibou *m*

own [əʊn] **1** adj propre *before n* ▪ **his ~ car** sa propre voiture ▪ **it's her ~ company** c'est sa société ▪ **I saw it with my ~ eyes** je l'ai vu de mes propres yeux ▪ **he's his ~ man** il est son propre maître ▪ **he is his ~ worst enemy** il est son pire ennemi ▪ **he scored an ~ goal** (BR) il a marqué un but contre son camp ; (fig) ça s'est retourné contre lui **2** pron **a** ▪ **that's my ~** c'est à moi ▪ **my time is my ~** je suis libre de mon temps ▪ **a style all his ~** un style bien à lui ▪ **she wants a room of her ~** elle veut sa propre chambre ▪ **I have money of my ~** j'ai de l'argent à moi **b** (phrases) ▪ **each to his ~** chacun ses goûts ▪ **to come into one's ~** montrer de quoi on est capable ▪ **to get one's ~ back on sb for sth** prendre sa revanche sur qn de qch ▪ **to be on one's ~** être tout seul ▪ **did you do it all on your ~?** est-ce que vous l'avez fait tout seul ? **3** vt posséder ▪ **who ~s this house?** à qui appartient cette maison ?
▸ **own up** vi avouer ▪ **to ~ up to sth** admettre qch
→ *Pièges* PROPER

owner [ˈəʊnəʳ] n propriétaire *mf*

ownership [ˈəʊnəʃɪp] n possession *f*

ox [ɒks] (pl **oxen**) n bœuf *m*

Oxbridge [ˈɒksbrɪdʒ] (BR) n *les universités d'Oxford et de Cambridge*

Oxfam [ˈɒksfæm] n (BR) (abbr of **Oxford Committee for Famine Relief**) *association caritative d'aide au tiers-monde*

oxford [ˈɒksfəd] n (= shoe) chaussure *f* à lacets

oxide [ˈɒksaɪd] n oxyde *m*

oxidize [ˈɒksɪdaɪz] vi s'oxyder

oxtail [ˈɒksteɪl] n **oxtail soup** soupe *f* à la queue de bœuf

oxygen [ˈɒksɪdʒən] n oxygène *m* ▸ **oxygen mask** masque *m* à oxygène ▸ **oxygen tank** ballon *m* d'oxygène

oyster [ˈɔɪstəʳ] n huître *f*

ozone [ˈəʊzəʊn] n ozone *m* ▸ **ozone-friendly** qui préserve la couche d'ozone ▸ **ozone hole** trou *m* d'ozone ▸ **ozone layer** couche *f* d'ozone

OV

pP

P, p [piː] n **a** (abbr of **penny**) penny *m* **b** (abbr of **pence**) pence *mpl*

PA [piːˈeɪ] n **a** (abbr of **personal assistant**) secrétaire *mf* de direction **b** (abbr of **public-address system**) sono* *f*

p.a. (abbr of **per annum**) par an

pa* [pɑː] n papa *m*

pace [peɪs] **1** n pas *m* ▪ **to put sb through their ~s** mettre qn à l'épreuve ▪ **the ~ of life** le rythme de vie ▪ **to set the ~** (in race) mener le train ; (fig) donner le ton ▪ **to do sth at one's own ~** faire qch à son rythme **2** vi ▪ **to ~ up and down** faire les cent pas **3** vt ▪ **to ~ o.s.** ménager ses forces

pacemaker [ˈpeɪsˌmeɪkəʳ] n **a** (= device) pacemaker *m* **b** (= person) ▪ **to be (the) ~** mener le train

Pacific [pəˈsɪfɪk] n Pacifique *m* ▸ **the Pacific Ocean** l'océan *m* Pacifique

pacifier [ˈpæsɪfaɪəʳ] n (US = baby's dummy) tétine *f*

pacifist [ˈpæsɪfɪst] adj, n pacifiste *mf*

pacify [ˈpæsɪfaɪ] vt [+ person] calmer

pack [pæk] **1** n **a** (= packet) paquet *m* **b** (= backpack) sac *m* à dos **c** (= group) [of hounds, cubs] meute *f* ; (Rugby) pack *m* ▪ **a ~ of lies** un tissu de mensonges **d** [of cards] jeu *m* **2** vt **a** (= parcel up) emballer ▪ **to ~ one's things** faire ses bagages **b** (= fill tightly) remplir (*with* de) ▪ **to ~ one's bags** faire ses bagages ; (fig) plier bagage ▪ **to be ~ed with** (= full of) être bourré de **c** (= crush together) [+ earth, objects] tasser ; [+ people] entasser **3** vi **a** (= do one's luggage) faire ses bagages **b** (= cram) ▪ **they ~ed into the stadium** ils se sont entassés dans le stade

▸ **pack in*** **1** vi (= break down) [machine, car] rendre l'âme **2** vt sep (BR) [+ person, job] plaquer*

▸ **pack up** **1** vi **a** (= do one's luggage) faire ses bagages ; (moving house) faire ses cartons **b** (* BR = break down) rendre l'âme **2** vt sep [+ object, book] emballer

package [ˈpækɪdʒ] **1** n **a** (= parcel) paquet *m* **b** [of reforms, measures] ensemble *m* ; (= software) progiciel *m* ; (for redundancy) *indemnité de licenciement et mesures d'accompagnement* ▪ **aid ~** programme d'aide ▪ **fiscal ~** paquet fiscal ▸ **package deal** (= contract) contrat *m* global ▸ **package holiday** voyage *m* organisé **2** vt (= wrap up) emballer ; (= present) présenter

packaging [ˈpækɪdʒɪŋ] n emballage *m*

packed [pækt] adj (with people) bondé

packed lunch [pæktˈlʌntʃ] n (BR) ▪ **I'll take a ~** je vais emporter des sandwichs

packet [ˈpækɪt] n paquet *m* ; [of sweets] sachet *m* ; (* = money) paquet *m* de fric*

packing [ˈpækɪŋ] n [of parcel, goods] emballage *m* ▪ **to do one's ~** faire ses bagages ▸ **packing case** caisse *f*

pact [pækt] n pacte *m*

pad [pæd] **1** n **a** (to prevent friction, damage) coussinet *m* ; (Sport) protection *f* ; (for legs) jambière *f* **b** (= paper) bloc *m* ; (smaller) bloc-notes *m* ; (also **writing pad**) bloc *m* (de papier à lettres) **c** [of cat, dog] coussinet *m* **d** (also **launch pad**) rampe *m* (de lancement) **2** vi ▪ **to ~ about** aller et venir à pas feutrés **3** vt [+ cushion, shoulders] rembourrer ; [+ furniture, door] capitonner

▸ **pad out** vt sep [+ speech, essay] étoffer ; (pej) délayer

padded [ˈpædɪd] adj [garment, envelope] matelassé ▸ **padded cell** cellule *f* capitonnée

padding [ˈpædɪŋ] n (= material) bourre *f* ; (in book, speech) remplissage *m*

paddle [ˈpædl] **1** n **a** [of canoe] pagaie *f* **b** (in water) ▪ **to have a ~** barboter **c** (US = table tennis bat) raquette *f* de ping-pong **2** vi (in water) barboter **3** comp ▸ **paddle boat, paddle steamer** (BR) bateau *m* à aubes

paddleboarding [ˈpædəlˌbɔːdɪŋ] n (Sport) paddle *m*

paddling pool [ˈpædlɪŋpuːl] n (BR) pataugeoire *f*

paddock [ˈpædək] n enclos *m* ; (Racing) paddock *m*

paddy field [ˈpædɪˌfiːld] n rizière *f*

padlock [ˈpædlɒk] **1** n cadenas *m* **2** vt cadenasser

paediatrician [ˌpiːdɪəˈtrɪʃən] n pédiatre *mf*

paediatrics [ˌpiːdɪˈætrɪks] n pédiatrie *f*

paedophile [ˈpiːdəʊfaɪl] n pédophile *m*

pagan [ˈpeɪgən] adj, n païen(ne) *m(f)*

page [peɪdʒ] **1** n **a** (in book) page *f* ▪ **on ~ 10** à la page 10 ▸ **page-turner** livre *m* passionnant **b** (= boy: at court) page *m* **c** (US : at wedding) garçon *m* d'honneur **2** vt (= call for) [+ person] biper

pageant [ˈpædʒənt] n (historical) spectacle *m* historique ; (= parade) défilé *m*

pageboy [ˈpeɪdʒˌbɔɪ] n (BR : at wedding) garçon *m* d'honneur

pager [ˈpeɪdʒəʳ] n récepteur *m* d'appel ; [of doctor] bipeur *m*, pageur *m*

pagoda [pəˈgəʊdə] n pagode *f*

paid [peɪd] **1** vb pret, ptp of **pay** **2** adj [staff, employee] salarié ; [work] rémunéré ; [holidays] payé

pail [peɪl] n seau *m*

pain [peɪn] n douleur *f* ▪ **to be in (great) ~** souffrir (beaucoup) ▪ **to take ~s to do sth** se donner beaucoup de mal pour faire qch ▪ **for one's ~s** pour sa peine ▪ **on ~ of death** sous peine de mort ▪ **he's a real ~*** il est vraiment casse-pieds*

pained [peɪnd] adj [expression] peiné

painful [ˈpeɪnfʊl] adj **a** [wound] douloureux **b** (= distressing) pénible

painfully [ˈpeɪnfəlɪ] adv **a** [throb] douloureusement **b** [shy, thin, slow] terriblement

painkiller [ˈpeɪnˌkɪləʳ] n analgésique *m*

painless [ˈpeɪnlɪs] adj indolore

painstaking [ˈpeɪnzˌteɪkɪŋ] adj méticuleux

paint [peɪnt] **1** n peinture *f* ▸ **paint stripper** décapant *m* **2** vt peindre ▪ **to ~ a wall red** peindre un mur en rouge ▪ **to ~ the town red** faire la noce* **3** vi peindre

paintbox [ˈpeɪntbɒks] n boîte *f* de couleurs

paintbrush [ˈpeɪntbrʌʃ] n pinceau *m*

painter [ˈpeɪntəʳ] n **a** (Art) peintre *mf* **b** (= housepainter) peintre *mf* en bâtiments ▪ **~ and decorator** peintre *mf* décorateur (-trice *f*)

painting [ˈpeɪntɪŋ] n **a** (= activity) peinture *f* **b** (= picture) tableau *m*

paintwork [ˈpeɪntwɜːk] n peinture *f*

pair [pɛəʳ] **1** n paire *f* ▪ **a ~ of scissors** une paire de ciseaux ▪ **a ~ of pyjamas** un pyjama ▪ **in ~s** [work] à deux ; [enter] par deux **2** vt ▪ **to be ~ed with sb** (in competition) avoir qn comme partenaire ; (at work) travailler en équipe avec

▸ **pair off** vi [people] se mettre par deux ▪ **to ~ off with sb** se mettre avec qn

paisley [ˈpeɪzlɪ] n (= design) motif *m* cachemire

pajamas [pəˈdʒɑːməz] npl (US) pyjama *m*

Pakistan [ˌpɑːkɪsˈtɑːn] n Pakistan *m*

Pakistani [ˌpɑːkɪsˈtɑːnɪ] **1** adj pakistanais **2** n Pakistanais(e) *m(f)*

pal* [pæl] n pote* *mf*

palace [ˈpælɪs] n palais *m*

palatable [ˈpælətəbl] adj [food] savoureux ; [explanation, option] acceptable

palate [ˈpælɪt] n palais *m*

palaver* [pəˈlɑːvəʳ] n (= fuss) bazar* *m*

pale [peɪl] **1** adj (gen) pâle ; (from sickness, fear) blême ; [moonlight] blafard ▪ **to grow ~** pâlir ▸ **pale ale** (BR) *bière blonde légère* **2** vi ▪ **it ~s into insignificance beside...** cela paraît dérisoire par rapport à... **3** n ▪ **to be beyond the ~** [behaviour, ideas] être inadmissible ; [person] dépasser les bornes

Palestine [ˈpælɪstaɪn] n Palestine *f*

Palestinian [ˌpæləsˈtɪnɪən] **1** adj palestinien **2** n Palestinien(ne) *m(f)*

palette [ˈpælɪt] n palette *f* ▸ **palette knife** spatule *f*

pall [pɔːl] **1** vi perdre son charme (*on sb* pour qn) **2** n [of smoke] voile *m* ▪ **to cast a ~ over** [+ event, celebration] assombrir

pallet [ˈpælɪt] n (for handling goods) palette *f*

palliative [ˈpælɪətɪv] adj, n palliatif *m*

pallid [ˈpælɪd] adj blafard

palm [pɑːm] n **a** [of hand] paume *f* ▪ **to read sb's ~** lire les lignes de la main à qn **b** (= tree) palmier *m* ▸ **Palm Sunday** dimanche *m* des Rameaux

▸ **palm off** vt sep ▪ **to ~ sth off on sb** refiler* qch à qn ▪ **to ~ sb off** se débarrasser de qn

palmtop [ˌpɑːmtɒp] n (also **palmtop computer**) ordinateur *m* de poche

palpable [ˈpælpəbəl] adj palpable

paltry [ˈpɔːltrɪ] adj [amount] dérisoire

pamper [ˈpæmpəʳ] vt dorloter ▪ **to ~ o.s.** se faire plaisir

pamphlet [ˈpæmflɪt] n brochure *f*

pan [pæn] **1** n casserole *f* ; (US : for baking) moule *m* à gâteau **2** vt (* = criticize harshly) [+ film, book] descendre en flammes* **3** vi [camera] faire un panoramique (*to* sur)

panacea [ˌpænəˈsɪə] n panacée *f*

panache [pəˈnæʃ] n panache *m*

Panama [ˈpænəˌmɑː] n Panama *m* ▸ **the Panama Canal** le canal de Panama ▸ **Panama hat** panama *m*

pancake [ˈpænkeɪk] n crêpe *f* ▸ **Pancake Day, Pancake Tuesday** (BR) mardi *m* gras

pancreas [ˈpæŋkrɪəs] n pancréas *m*

panda [ˈpændə] n panda *m*

pandemic [pænˈdemɪk] n ▪ **~ (disease)** pandémie *f*

pandemonium [ˌpændɪˈməʊnɪəm] n chahut *m*

pander [ˈpændəʳ] vi ▪ **to ~ to** [+ person] se prêter aux exigences de ; [+ whims, desires] se plier à ; [+ tastes, weaknesses] flatter

pane [peɪn] n vitre *f*

panel [ˈpænəl] n **a** [of door, wall] panneau *m* **b** (= group) (for interview) jury *m* ; (on programme) invités *mpl* ; (for game) jury *m* ; (= committee) comité *m* ; [of consumers] panel *m* ▪ **a ~ of experts** un groupe d'experts ▸ **panel game** (on radio) jeu *m* radiophonique; (on TV) jeu *m* télévisé

panelling, paneling (US) [ˈpænəlɪŋ] n lambris *m*

pan-fry [ˈpænfraɪ] vt poêler

pang ['pæŋ] n pincement *m* de cœur ■ **a ~ of conscience** un accès de mauvaise conscience ■ **hunger ~s** tiraillements *mpl* d'estomac

panic ['pænɪk] **1** n panique *f* ■ **in a ~** complètement paniqué ▸ **panic button** alarme *f* **2** vi paniquer ■ **don't ~!** pas de panique ! **3** vt [+ person] faire paniquer

panicky ['pænɪkɪ] adj ■ **to feel ~** être pris de panique

panic-stricken ['pænɪk,strɪkən] adj affolé

pannier ['pænɪə'] n (on cycle, motorcycle) sacoche *f*

panorama [,pænə'rɑːmə] n panorama *m*

panoramic [,pænə'ræmɪk] adj panoramique

Pan pipes ['pænpaɪps] npl flûte *f* de Pan

pansy ['pænzɪ] n (= flower) pensée *f*

pant [pænt] vi haleter

panther ['pænθə'] n panthère *f*

panties ['pæntɪz] npl slip *m*

pantihose ['pæntɪhəʊz] npl collant *m*

pantomime ['pæntəmaɪm] n (BR = show) *spectacle de Noël pour enfants*

pantry ['pæntrɪ] n garde-manger *m*

pants [pænts] npl **a** (BR = underwear) ■ **(a pair of) ~** un slip **b** (= trousers) ■ **(a pair of) ~** un pantalon

→ *Pièges* PANTS

pantyhose ['pæntɪhəʊz] n collant *m*

panty liner ['pæntɪ,laɪnə'] n protège-slip *m*

papaya [pə'paɪə] n papaye *f*

paper ['peɪpə'] **1** n **a** (for writing on) papier *m* ■ **a piece of ~** (= odd bit) un morceau de papier ; (= sheet) une feuille de papier ▸ **paper trail** traces *fpl* écrites **b** (= newspaper) journal *m* **c** (= set of exam questions) épreuve *f* écrite ; (= student's written answers) copie *f* **d** (= scholarly work) (printed) article *m* ; (in seminar) exposé *m* **e** (= wallpaper) papier *m* peint **2** **papers** npl (= documents) papiers *mpl* **3** vt [+ room, walls] tapisser **4** adj (gen) en papier ; [plate, cup] en carton ▸ **paper bag** sac *m* en papier ▸ **paper lantern** lampion *m* ▸ **paper mill** papeterie *f (fabrique)* ▸ **paper round** tournée *f* de distribution des journaux ▸ **paper shop** (BR) marchand *m* de journaux

paperback ['peɪpəbæk] n livre *m* de poche

paperboy ['peɪpəbɔɪ] n livreur *m* de journaux

paperclip ['peɪpəklɪp] n trombone *m*

papergirl ['peɪpəgɜːl] n livreuse *f* de journaux

paperless ['peɪpəlɪs] adj [documents, office] dématérialisé

paperweight ['peɪpəweɪt] n presse-papiers *m inv*

paperwork ['peɪpəwɜːk] n tâches *fpl* administratives

papier-mâché [,pæpjeɪ'mæʃeɪ] n papier *m* mâché

paprika ['pæprɪkə] n paprika *m*

pap smear (US) ['pæp'smɪə] n frottis *m* de dépistage

par [pɑː'] n **a** ■ **to be on a ~ with** être comparable à **b** (= standard) ■ **his work is below ~** son travail laisse à désirer ■ **to feel below** or **under ~** ne pas être en forme **c** (Golf) par *m*

paraben ['pærəben] n paraben *m*

parable ['pærəbl] n parabole *f*

paracetamol [pærə'siːtəmɒl] n paracétamol *m*

parachute ['pærəʃuːt] **1** n parachute *m* ▸ **parachute jump** saut *m* en parachute **2** vi descendre en parachute **3** vt parachuter

parade [pə'reɪd] **1** n (= procession) défilé *m* **2** vt (= display) afficher **3** vi [soldiers] défiler ▸ **parade about***, **parade around*** vi se pavaner

paradise ['pærədaɪs] n paradis *m*

paradox ['pærədɒks] n paradoxe *m*

paradoxically [,pærə'dɒksɪkəlɪ] adv paradoxalement

paraffin ['pærəfɪn] n (BR = fuel) pétrole *m* ▸ **paraffin lamp** lampe *f* à pétrole ▸ **paraffin wax** paraffine *f*

paragliding ['pærə,glaɪdɪŋ] n parapente *m*

paragon ['pærəgən] n modèle *m*

paragraph ['pærəgrɑːf] n paragraphe *m* ■ **"new ~"** « à la ligne »

parakeet ['pærəkiːt] n perruche *f*

parallel ['pærəlel] **1** adj parallèle (*with, to* à) ; (= similar) [situation, process, event] analogue **2** n parallèle *m* ■ **to draw a ~ between** établir un parallèle entre ■ **an event without ~** un événement sans précédent

Paralympics [,pærə'lɪmpɪks] n ■ **the ~** les Jeux *mpl* paralympiques

paralysis [pə'ræləsɪs] n (pl **paralyses** [pə'ræləsiːz]) paralysie *f*

paralyze ['pærəlaɪz] vt paralyser ■ **~d with fear** paralysé de peur

paramedic [,pærə'medɪk] n auxiliaire *mf* médical(e)

paramedical [,pærə'medɪkəl] adj paramédical

parameter [pə'ræmɪtə'] n paramètre *m*

paramilitary [,pærə'mɪlɪtərɪ] adj paramilitaire

paramount ['pærəmaʊnt] adj primordial

paranoia [,pærə'nɔɪə] n paranoïa *f*

paranoid ['pærənɔɪd] adj paranoïaque

parapet ['pærəpɪt] n parapet *m*

paraphernalia [,pærəfə'neɪlɪə] n (pl inv) attirail *m*

paraphrase ['pærəfreɪz] **1** n paraphrase *f* **2** vt paraphraser

paraplegic [,pærə'pli:dʒɪk] adj, n paraplégique *mf*

parascending ['pærə,sendɪŋ] n parachutisme *m* ascensionnel

parasite ['pærə,saɪt] n parasite *m*

parasol ['pærə,sɒl] n (hand-held) ombrelle *f*; (over table, on beach) parasol *m*

parasport ['pærə,spɔ:t] n handisport *m*

paratrooper ['pærətru:pə'] n parachutiste *mf (soldat)*

parcel ['pɑ:səl] n colis *m*
► **parcel up** vt sep empaqueter

parched [pɑ:tʃt] adj [lips, soil, plants] desséché ■ **I'm ~!*** je meurs de soif !*

parchment ['pɑ:tʃmənt] n parchemin *m*

pardon ['pɑ:dən] **1** n pardon *m* **2** vt **a** [+ mistake] pardonner ■ **~ me** excusez-moi ■ **~?** pardon ? **b** [+ criminal] gracier

pare [pɛə'] vt **a** [+ fruit] éplucher ; [+ nails] couper **b** (= reduce : also **pare down**) réduire

parent ['pɛərənt] n (= father) père *m* ; (= mother) mère *f* ■ **his ~s** ses parents *mpl* ► **parent company** maison *f* mère ► **parents' evening** réunion *f* de parents d'élèves ► **parent-teacher association** association *f* de parents d'élèves et de professeurs ; → *Pièges* PARENT

parentage ['pɛərəntɪdʒ] n ■ **of Scottish ~** (mother and father) (né) de parents écossais

parental [pə'rentl] adj parental ► **parental leave** congé *m* parental

parenthesis [pə'renθɪsɪs] n (pl **parentheses** [pə'renθɪsi:z]) parenthèse *f* ■ **in parentheses** entre parenthèses

parenthood ['pɛərənthʊd] n condition *f* de parent ■ **the responsibilities of ~** les responsabilités *fpl* que l'on a quand on a des enfants

Paris ['pærɪs] **1** n Paris **2** adj [society, nightlife, metro] parisien

parish ['pærɪʃ] n (Rel) paroisse *f*; (BR : administrative area) commune *f* ► **parish church** église *f* paroissiale ► **parish priest** (Catholic) curé *m*; (Protestant) pasteur *m*

parishioner [pə'rɪʃənə'] n paroissien(ne) *m(f)*

Parisian [pə'rɪzɪən] **1** adj parisien **2** n Parisien(ne) *m(f)*

parity ['pærɪtɪ] n parité *f*

park ['pɑ:klænd] **1** n parc *m* **2** vt [+ vehicle] garer **3** vi stationner ► **park-and-ride** *stationnement en périphérie d'agglomération combiné à un système de transport en commun*

parka ['pɑ:kə] n parka *f*

parking ['pɑ:kɪŋ] n stationnement *m* ■ **"no ~"** « défense de stationner » ► **parking brake** (US) frein *m* à main ► **parking lot** (US) parking *m* ► **parking meter** parcmètre *m* ► **parking place, parking space** place *f* de stationnement ► **parking ticket** PV* *m*, contravention *f*

> ⚠ ***parking*** ne se traduit pas par le mot français **parking** ; → *Pièges* PARKING

Parkinson's disease ['pɑ:kɪnsənzdɪ,zi:z] n maladie *f* de Parkinson

parkland ['pɑ:klænd] n espace(s) *m(pl)* vert(s)

parkour [pɑ:'kʊə'] n parkour *m*, PK *m*

parliament ['pɑ:ləmənt] n parlement *m*

parliamentary [,pɑ:lə'mentərɪ] adj parlementaire

parlour, parlor (US) ['pɑ:lə'] n († : in house) petit salon *m* ■ **~ game** jeu *m* de société

Parmesan [,pɑ:mɪ'zæn] n (also **Parmesan cheese**) parmesan *m*

parochial [pə'rəʊkɪəl] adj [attitude, outlook] borné ► **parochial school** (US) école *f* catholique

parody ['pærədɪ] **1** n parodie *f* **2** vt parodier

parole [pə'rəʊl] n (= period of release) liberté *f* conditionnelle ; (= act of release) mise *f* en liberté conditionnelle ■ **on ~** en liberté conditionnelle

parquet ['pɑ:keɪ] n **a** (also **parquet flooring**) parquet *m* **b** (US : Theatre) parterre *m*

parrot ['pærət] n perroquet *m* ► **parrot-fashion** comme un perroquet

parry ['pærɪ] vt [+ blow, attack] parer ; [+ question] éluder

parsimonious [,pɑ:sɪ'məʊnɪəs] adj parcimonieux

parsley ['pɑ:slɪ] n persil *m* ► **parsley sauce** sauce *f* persillée

parsnip ['pɑ:snɪp] n panais *m*

parson ['pɑ:sn] n (= parish priest) pasteur *m*

part [pɑ:t] **1** n **a** (= section, division) partie *f* ■ **it's all ~ of growing up** c'est normal quand on grandit ■ **it's all ~ of the job** ça fait partie du travail ■ **to be ~ and parcel of sth** faire partie (intégrante) de qch ■ **in ~** en partie ■ **for the most ~** dans l'ensemble **b** (= episode) [of book, play] partie *f*; [of serial] épisode *m* ■ **a six-part serial** un feuilleton en six épisodes **c** [of machine] pièce *f* **d** (= measure) mesure *f* **e** (= role) rôle *m* ■ **to take ~ (in sth)** participer (à qch) **f** (= behalf) part *f* ■ **for my ~** pour ma part **g** (= place) ■ **in this ~ of the world*** dans le coin* **h** (US = parting in hair) raie *f* **2** adv (= partly) en partie ■ **she is ~ French** elle a des origines fran-

çaises **3** vt **a** [+ people, boxers] séparer **b** ■ **to ~ one's hair** se faire une raie **4** vi (= take leave of each other) se quitter ; (= break up) [couple, boxers] se séparer ; (= open up) [crowd, lips] s'ouvrir ■ **to ~ from sb** quitter qn ■ **to ~ with** [+ money] débourser ; [+ possessions] se défaire de ; [+ employee] se séparer de **5** comp ▸ **part exchange** (BR) reprise *f* ■ **to take a car in ~ exchange** reprendre une voiture ▸ **part of speech** partie *f* du discours ▸ **part payment** (= exchange) règlement *m* partiel ; (= deposit) arrhes *fpl*
→ *Pièges* PARTICIPATE

partial [ˈpɑːʃəl] adj **a** [success, explanation, eclipse] partiel **b** (= biased) partial ■ **to be ~ to sth** avoir un faible pour qch

partially [ˈpɑːʃəlɪ] adv (= partly) en partie ■ **to be partially-sighted** être malvoyant

participant [pɑːˈtɪsɪpənt] n participant(e) *m(f)* (*in* à)

participate [pɑːˈtɪsɪpeɪt] vi participer (*in* à) ;
→ *Pièges* PARTICIPATE

participation [pɑːˌtɪsɪˈpeɪʃən] n participation *f* (*in* à)

participle [ˈpɑːtɪsɪpl] n participe *m* ■ **past/present ~** participe *m* passé/présent

particle [ˈpɑːtɪkl] n particule *f*

particular [pəˈtɪkjʊləʳ] **1** adj **a** (gen) particulier ■ **for no ~ reason** sans raison particulière ■ **to pay ~ attention to sth** faire particulièrement attention à qch **b** (= fussy) exigeant **2** n **a** ■ **in ~** en particulier **b** (= detail) détail *m* **3** **particulars** npl (= information) détails *mpl* ; (= description) description *f* ; [of person] (= description) signalement *m* ; (= name, address) coordonnées *fpl*

particularly [pəˈtɪkjʊləlɪ] adv [good, bad, well, badly] particulièrement

particulate [pɑːˈtɪkjʊlət] **1** adj ■ **~ emissions** émissions *fpl* de particules ■ **fine ~ matter** particules *fpl* fines **2** **particulates** npl particules *fpl* dangereuses

parting [ˈpɑːtɪŋ] n **a** (= separation) séparation *f* **b** (BR) [of hair] raie *f*

partisan [ˌpɑːtɪˈzæn] n partisan(e) *m(f)*

partition [pɑːˈtɪʃən] **1** n **a** (also **partition wall**) cloison *f* **b** [of country] partition *f* **2** vt [+ property] diviser ; [+ country] diviser en deux ; [+ estate] morceler ; [+ room] cloisonner

partly [ˈpɑːtlɪ] adv en partie

partner [ˈpɑːtnəʳ] n **a** (gen) partenaire *mf* ; (in business) associé(e) *m(f)* ; (Dancing) cavalier *m*, -ière *f* ■ **~s in crime** complices *mpl* **b** (= boyfriend) compagnon *m* ; (= girlfriend) compagne *f*

partnership [ˈpɑːtnəʃɪp] n association *f* ■ **to go into ~** s'associer

partridge [ˈpɑːtrɪdʒ] n perdrix *f* ; (to eat) perdreau *m*

part-time [pɑːtˈtaɪm] **1** adj à temps partiel ■ **to have a ~ job** travailler à temps partiel **2** adv [work, study] à temps partiel

party [ˈpɑːtɪ] **1** n **a** (political) parti *m* ▸ **party line** (Pol) ligne *f* du parti ▸ **party politics** politique *f* de parti ; (pej) politique *f* politicienne **b** (= group of travellers, etc) groupe *m* **c** (= celebration) fête *f* ; (in the evening) soirée *f* ; (formal) réception *f* ■ **birthday ~** fête *f* d'anniversaire **d** (Law) partie *f* **2** vi * faire la fête

pass [pɑːs] **1** n **a** (= permit) [of journalist, worker] laissez-passer *m inv* ▸ **pass key** passe *m*, passe-partout *m inv* (for travel) carte *f* d'abonnement **b** (in mountains) défilé *m* **c** (in exam) mention *f* passable ■ **to get a ~ in history** être reçu en histoire ▸ **pass mark** moyenne *f* ▸ **pass rate** taux *m* de réussite **d** (Football) passe *f* **e** (= sexual advance) ■ **to make a ~ at sb*** faire du plat* à qn **2** vi **a** (= come, go) passer ■ **to let sb ~** laisser passer qn **b** [time] s'écouler ■ **three days had ~ed** trois jours s'étaient écoulés **c** (= go away) [pain, crisis] passer ; [danger] disparaître ; [memory] s'effacer **d** (in exam) être reçu (*in* en) **e** (= take place) se passer **f** (= be accepted) ■ **she could ~ for 20** on lui donnerait 20 ans ■ **will this do? – oh, it'll ~*** est-ce que ça convient ? – oh, ça peut aller ■ **he let it ~** il a laissé passer **g** (Cards) passer ■ **(I) ~!** (in games) (je) passe ! ; (fig) aucune idée ! **h** (Sport) faire une passe **3** vt **a** (= go past) [+ building, person] passer devant ; [+ barrier, frontier] passer ; (= overtake) doubler ; (Sport = go beyond) dépasser ■ **they ~ed each other on the way** ils se sont croisés en chemin **b** [+ exam] être reçu à **c** [+ time] passer ■ **just to ~ the time** pour passer le temps **d** (= hand over) (faire) passer ■ **please ~ the salt** faites passer le sel s'il vous plaît ■ **~ me the box** passez-moi la boîte **e** (= accept) [+ candidate] recevoir ; [+ proposal] adopter **f** (= utter) ■ **to ~ comment (on sth)** faire un commentaire (sur qch) ■ **to ~ judgement** prononcer un jugement **g** (= move) passer ■ **he ~ed his hand over his brow** il s'est passé la main sur le front **h** (Sport) [+ ball] passer **i** [+ forged money, stolen goods] écouler **j** (= excrete) ■ **to ~ water** uriner

▸ **pass away** vi (= die) décéder

▸ **pass by** **1** vi passer (à côté) ; [procession] défiler **2** vt sep ■ **life has ~ed me by** je n'ai pas vraiment vécu

▸ **pass down** vt sep transmettre (*to* à)

▸ **pass off** **1** vi (= take place) [events] se dérouler **2** vt sep faire passer ■ **to ~ something off as something else** faire passer une chose pour une autre

▸ **pass on** 1 vi a (= die) décéder b (= continue one's way) passer son chemin 2 vt sep (= hand on) [+ object] (faire) passer (*to* à) ; [+ news] faire circuler ; [+ message] transmettre

▸ **pass out** vi a (= faint) perdre connaissance ; (from drink) tomber ivre mort b (BR = complete training) (Police) finir son entraînement *(avec succès)* ; (Mil) finir ses classes *(avec succès)*

▸ **pass over** 1 vt sep [+ person, event, matter] ne pas mentionner ▪ **to ~ sth over in silence** passer qch sous silence 2 vt insep (= ignore) passer sous silence

▸ **pass round** vt sep [+ bottle] faire passer

▸ **pass up** vt sep (= forego) laisser passer

→ *Pièges* PASS

passable ['pɑːsəbl] adj a (= tolerable) assez bon b [road] praticable

passage ['pæsɪdʒ] n a (gen) passage *m* b (by sea) traversée *f* c (= corridor) couloir *m*

passageway ['pæsɪdʒweɪ] n passage *m* ; (indoors) couloir *m*

passbook ['pæsbʊk] n (= bank book) livret *m* (bancaire)

passcode ['pɑːs,kəʊd] n (to a building) digicode® *m* ; (to a device, computer system) code *m* d'accès

passenger ['pæsndʒəʳ] n (in train) voyageur *m*, -euse *f* ; (in boat, plane, car) passager *m*, -ère *f* ▸ **passenger seat** (in front of car) siège *m* du passager

passer ['pɑːsəʳ] n (Sport) passeur *m*, -euse *f*

passer-by ['pɑːsə'baɪ] n (pl **passers-by**) passant(e) *m(f)*

passing ['pɑːsɪŋ] 1 adj (= brief) passager ▪ **to bear only a ~ resemblance to sb** ne ressembler que vaguement à qn 2 n ▪ **in ~** en passant

passion ['pæʃən] n passion *f* (*for* de) ▸ **passion fruit** fruit *m* de la passion

passionate ['pæʃənɪt] adj (gen) passionné ; [speech] véhément

passionately ['pæʃənɪtlɪ] adv (gen) passionnément ; [argue, make love] avec passion ; [opposed] farouchement ▪ **to be ~ fond of sth** adorer qch

passive ['pæsɪv] 1 adj passif 2 n (Gram) passif *m* ▪ **in the ~** au passif

passkey ['pɑːskiː] n passe-partout *m inv*

Passover ['pɑːsəʊvəʳ] n pâque *f* (juive)

passport ['pɑːspɔːt] n passeport *m* ▸ **passport control** contrôle *m* des passeports

password ['pɑːswɜːd] n mot *m* de passe

past [pɑːst] 1 n passé *m* ▪ **in the ~** dans le passé ; (longer ago) autrefois 2 adj passé ▪ **in times ~** jadis ▪ **the ~ week** la semaine dernière ▪ **the ~ few days** ces derniers jours ▪ **all that is now ~** tout cela c'est du passé ▪ **~ president** ancien président *m* ▸ **past participle** participe *m* passé ▸ **past perfect** plus-que-parfait *m* ▸ **past tense** passé *m* ▪ **in the ~ tense** au passé 3 prep a (beyond in time) plus de ▪ **it is ~ 11 o'clock** il est 11 heures passées ▪ **half ~ three** (BR) trois heures et demie ▪ **quarter ~ three** (BR) trois heures et quart ▪ **at 20 ~ three** (BR) à 3 heures 20 b (= beyond in space) au delà de ▪ **just ~ the post office** juste après la poste c (= in front of) devant ▪ **he goes ~ the house every day** il passe tous les jours devant la maison d (= beyond limits of) ▪ **I'm ~ caring** j'ai cessé de m'en faire ▪ **he's a bit ~ it (now)*** il n'est plus dans la course* ▪ **I wouldn't put it ~ him** cela ne m'étonnerait pas de lui 4 adv devant ▪ **to go** or **walk ~** passer

pasta ['pæstə] n pâtes *fpl*

paste [peɪst] 1 n a (gen) pâte *f* ; (= spread) (meat) pâté *m* ; (fish) beurre *m* ; (vegetable, fruit) purée *f* b (= glue) colle *f* 2 vt coller

pastel ['pæstəl] 1 n pastel *m* 2 adj [shade] pastel *inv*

pasteurize ['pæstəraɪz] vt pasteuriser

pastille ['pæstɪl] n pastille *f*

pastime ['pɑːstaɪm] n passe-temps *m inv*

pastor ['pɑːstəʳ] n pasteur *m*

pastry ['peɪstrɪ] n (= mixture) pâte *f* ; (= cake) pâtisserie *f* ▸ **pastry chef, pastry cook** pâtissier *m*, -ière *f*

pasture ['pɑːstʃəʳ] n pâturage *m*

pasty[1] ['peɪstɪ] adj [face, complexion] terreux

pasty[2] ['pæstɪ] n (BR) ≈ petit pâté en croûte *(contenant généralement de la viande, des oignons et des pommes de terre)*

pat [pæt] 1 vt [+ object] tapoter ; [+ animal] caresser 2 n a (= tap) petite tape *f* b [of butter] noix *f* de beurre 3 adj [answer, remark] tout prêt ▪ **to know sth off ~** savoir qch sur le bout des doigts

patch [pætʃ] 1 n a (for clothes) pièce *f* ; (for inner tube) rustine® *f* ; (over eye) cache *m* ; [of nicotine, HRT] patch *m* ; (Computing) patch *m*, correctif *m* b [of colour] tache *f* ; [of sky] coin *m* ; [of land] parcelle *f* ; [of vegetables] carré *m* ; [of ice] plaque *f* ▪ **a damp ~** une tache d'humidité ▪ **he's got a bald ~** il a le crâne un peu dégarni ▪ **a bad ~** un moment difficile 2 vt [+ clothes] rapiécer ; [+ tyre] réparer

▸ **patch up** vt sep [+ clothes] rapiécer ▪ **they soon ~ed up their differences** ils se sont vite rabibochés*

patchwork ['pætʃwɜːk] n patchwork *m*

patchy ['pætʃɪ] adj inégal

pâté ['pæteɪ] n pâté *m*

patella [pə'telə] n (pl **patellae** [pə'teliː]) rotule *f*, patella *f* (SPÉC)

patent ['pætənt] **1** adj (= obvious) manifeste **2** n (= licence) brevet *m* d'invention **3** vt faire breveter

patent leather [ˌpeɪtənt'leðə'] n cuir *m* verni

patently ['peɪtəntlɪ] adv manifestement

paternal [pə'tɜːnl] adj paternel

paternity [pə'tɜːnɪtɪ] n paternité *f* ▸ **paternity leave** congé *m* de paternité ▸ **paternity suit** action *f* en recherche de paternité

path [pɑːθ] n **a** (= track) sentier *m* ; (in garden) allée *f* ▸ **path name** (Computing) nom *m* d'accès **b** [of bullet, hurricane] trajectoire *f* **c** (= course of action) voie *f*

pathetic [pə'θetɪk] adj **a** (= very sad) [sight, grief] pitoyable **b** (* = useless) [person, piece of work, performance] pitoyable

pathological [ˌpæθə'lɒdʒɪkəl] adj pathologique

pathology [pə'θɒlədʒɪ] n pathologie *f*

pathos ['peɪθɒs] n pathétique *m*

pathway [pɑːθweɪ] n **a** (in woods etc) sentier *m* ; (in garden) allée *f* **b** (fig) voie *f*

patience ['peɪʃəns] n **a** patience *f* ▪ **to lose one's ~** perdre patience **b** (BR Cards) réussite *f*

patient ['peɪʃənt] **1** adj patient **2** n patient(e) *m(f)*

patiently ['peɪʃəntlɪ] adv patiemment

patio ['pætɪəʊ] n patio *m* ▸ **patio heater** parasol *m* chauffant *(pour terrasse)*

patois ['pætwɑː] n inv patois *m*

patriot ['peɪtrɪət] n patriote *mf*

patriotic [ˌpætrɪ'ɒtɪk] adj patriotique ; [person] patriote

patriotism ['pætrɪətɪzəm] n patriotisme *m*

patrol [pə'trəʊl] **1** n patrouille *f* ▸ **patrol car** voiture *f* de police ▸ **patrol wagon** (US) fourgon *m* cellulaire **2** vt [+ district, town, streets] patrouiller dans **3** vi [troops, police] patrouiller

patrolman [pə'trəʊlmən] n (pl **-men**) (US) agent *m* de police

patrolwoman [pə'trəʊlˌwʊmən] n (pl **-women**) (US) femme *f* agent de police

patron ['peɪtrən] n **a** [of artist] protecteur *m*, -trice *f* ▸ **patron saint** saint(e) patron(ne) *m(f)* **b** (= customer) client(e) *m(f)*

patronage ['pætrənɪdʒ] n patronage *m*

patronize ['pætrənaɪz] vt **a** [+ person] traiter avec condescendance **b** [person] [+ shop, firm] se fournir chez ; [+ bar] fréquenter

patronizing ['pætrənaɪzɪŋ] adj condescendant

patter ['pætə'] **1** n **a** [of comedian] baratin* *m* ; [of salesman] boniment *m* **b** [of rain, hail] crépitement *m* **2** vi [rain] tambouriner (*on* contre)

pattern ['pætən] n **a** (on material, wallpaper) motif *m* **b** (for sewing) patron *m* ; (for knitting) modèle *m* **c** (= model) modèle *m* **d** (= standard) ▪ **behaviour ~** schéma comportemental ▪ **eating ~s** habitudes *fpl* alimentaires ▪ **to be part of a ~** faire partie d'un tout **e** [of sentence] structure *f*

patterned ['pætənd] adj à motifs

patty ['pætɪ] n petit pâté *m* (de viande hachée) ▸ **patty pan** n petit moule *m*

paunch [pɔːntʃ] n panse *f*

pauper ['pɔːpə'] n indigent(e) *m(f)*

pause [pɔːz] **1** n pause *f* ▪ **a ~ in the conversation** un bref silence (dans la conversation) **2** vi **a** (= stop) s'arrêter ▪ **they ~d for lunch** ils ont fait une pause déjeuner **b** (in speaking) marquer une pause ▪ **to ~ for thought** prendre le temps de réfléchir
→ *Pièges* PAUSE

pave [peɪv] vt [+ street] paver ▪ **to ~ the way (for)** ouvrir la voie (à)

pavement ['peɪvmənt] n **a** (BR) trottoir *m* ▸ **pavement café** (BR) café *m* avec terrasse *(sur le trottoir)* **b** (US = roadway) chaussée *f*

pavilion [pə'vɪlɪən] n **a** (= tent, building) pavillon *m* **b** (BR : Sport) pavillon *m* des vestiaires

paving ['peɪvɪŋ] n (also **stone**) pavé *m* ; (= flagstones) dalles *fpl* ▸ **paving stone** dalle *f* de pavage

pavlova [pæv'ləʊvə] n gâteau *m* meringué aux fruits

paw [pɔː] **1** n patte *f* **2** vt ▪ **to ~ the ground** [horse] piaffer

pawn [pɔːn] **1** n pion *m* **2** vt mettre en gage

pawnbroker ['pɔːnˌbrəʊkə'] n prêteur *m*, -euse *f* sur gages

pawnshop ['pɔːnʃɒp] n bureau *m* de prêteur sur gages

pawpaw ['pɔːpɔː] n papaye *f*

pay [peɪ] **1** n (gen) salaire *m* ; [of manual worker] paie *f*; [of soldier] solde *f* ▸ **pay as you earn, pay-as-you-go** (US) retenue *f* à la source de l'impôt sur le revenu ▸ **pay-as-you-throw** adj [charge, tax] proportionnel au poids des déchets ménagers ▸ **pay check** (US) **pay cheque** (BR) paie *f* ▸ **pay day** jour *m* de paie ▸ **pay increase** augmentation *f* de salaire ▸ **pay-per-click** adj de paiement par clic ▸ **pay-per-view** adj à la carte ▸ **pay phone** téléphone *m* public ▸ **pay talks** négociations *fpl* salariales ▸ **pay-TV** télévision *f* payante **2** vt (pret, ptp **paid**) **a** [+ person] payer (*to do* pour faire, *for doing* pour faire) ▪ **he paid them $20 for the ticket** il leur a acheté le billet pour 20 dollars ▪ **he paid them $20 for the work** il les a payés 20 dollars pour ce travail ▪ **I am paid monthly** je suis payé au mois **b** [+ money,

pa

bill] payer ; [+ deposit] verser ; [+ debt] s'acquitter de ■ **he paid $20 for the ticket** il a payé le billet 20 dollars ■ **he paid a lot for his suit** il a payé très cher son costume ■ **to ~ cash** payer comptant ■ **to ~ money into an account** verser de l'argent sur un compte ■ **to ~ the price (for sth)** (fig) payer le prix (de qch) ■ **to put paid to sb's hopes/chances** ruiner les espoirs/chances de qn c [+ interest] rapporter d ■ **to ~ sb a visit** rendre visite à qn 3 vi a (gen) payer ■ **to ~ for the meal** payer le repas ■ **you'll ~ for this!** vous (me) le payerez ! b (= be profitable) rapporter, être rentable ■ **crime doesn't ~** le crime ne paie pas

▸ **pay back** vt sep a (= repay loan) rembourser b (= get even with) ■ **to ~ sb back for doing sth** faire payer à qn qch qu'il a fait

▸ **pay in** vt sep verser (*to* à) ■ **to ~ in a cheque** déposer un chèque

▸ **pay off** 1 vi [risk, scheme, decision] être payant ; [patience] être récompensé 2 vt sep a [+ debts] s'acquitter de ; [+ loan] rembourser ■ **to ~ sb off** (= bribe) acheter qn b (= dismiss) licencier

▸ **pay out** 1 vi [insurance policy] rembourser 2 vt sep (= spend) débourser

▸ **pay up** vi payer

→ *Pièges* PAY

payable ['peɪəbəl] adj payable ■ **to make a cheque ~ to sb** faire un chèque à l'ordre de qn

payday ['peɪdeɪ] n jour *m* de paie

PAYE [,pi:eɪwaɪ'i:] n (BR) (abbr of **Pay As You Earn**) retenue *f* à la source de l'impôt sur le revenu

payee [peɪ'i:] n [of cheque] bénéficiaire *mf*

payment ['peɪmənt] n (gen) paiement *m* ; (into account) versement *m* ; (= monthly repayment) mensualité *f* ▸ **payment holiday** report *m* d'échéance (de prêt)

payroll ['peɪrəʊl] n (= list) registre *m* du personnel ■ **the factory has 60 people on the ~** l'usine compte 60 employés

payslip ['peɪslɪp] n bulletin *m* de salaire

paywall ['peɪwɔ:l] n (Internet) mur *m* (payant)

PC [pi:'si:] 1 n a (abbr of **personal computer**) PC *m* b (abbr of **Police Constable**) agent *m* de police 2 adj * (abbr of **politically correct**) politiquement correct

PCB [,pi:si:'bi:] n (abbr of **polychlorinated biphenyl**) PCB *m*

PE [pi:'i:] n (at school) (abbr of **physical education**) éducation *f* physique

pea [pi:] n pois *m* ■ **green ~s** petits pois *mpl*

peace [pi:s] n paix *f* ■ **at ~** en paix ■ **to make ~** faire la paix ■ **~ of mind** tranquillité *f* d'esprit ■ **leave him in ~** laisse-le tranquille ■ **I need a bit of ~ and quiet** j'ai besoin d'un peu de calme ▸ **peace offering** gage *m* de réconciliation ▸ **the peace process** le processus de paix ▸ **peace studies** études *fpl* sur la paix ▸ **peace talks** pourparlers *mpl* de paix ▸ **peace treaty** (traité *m* de) paix *f*

peaceful ['pi:sfʊl] adj a (= quiet) paisible ; [meeting] calme b (= not aggressive) pacifique ; [+ demonstration] non-violent

peacekeeper ['pi:s,ki:pər] n soldat *m* de la paix

peacekeeping ['pi:s,ki:pɪŋ] n maintien *m* de la paix ▸ **peacekeeping force** force *f* de maintien de la paix

peacetime ['pi:staɪm] n ■ **in ~** en temps de paix

peach [pi:tʃ] 1 n pêche *f* ■ **~ tree** pêcher *m* 2 adj (couleur) pêche *inv*

peacock ['pi:kɒk] n paon *m*

peak [pi:k] 1 n a (= summit) sommet *m* ; (= mountain) pic *m* b [of cap] visière *f* c (= high point) sommet *m* ■ **when demand was at its ~** quand la demande était à son maximum ■ **to be at the ~ of one's popularity** être au faîte de sa popularité ■ **at the ~ of condition** au meilleur de sa forme ▸ **peak hours** heures *fpl* d'affluence ▸ **peak rate** plein tarif *m* ▸ **peak season** pleine saison *f* ▸ **peak time** (BR : TV) heures *fpl* de grande écoute; (for traffic, train services) heures *fpl* de pointe 2 vi [sales, demand] atteindre son niveau maximum

peal [pi:l] 1 n ■ **~ of bells** (= sound) sonnerie *f* de cloches ; (= set) carillon *m* ■ **to go off into ~s of laughter** rire aux éclats 2 vi [bells] carillonner

peanut ['pi:nʌt] n (= nut) cacahuète *f* ; (= plant) arachide *f* ▸ **peanut butter** beurre *m* de cacahuètes

pear [pɛər] n poire *f* ■ **~ tree** poirier *m* ▸ **pear-shaped** en forme de poire ■ **to go pear-shaped*** partir en vrille*

pearl [pɜ:l] n perle *f* ▸ **pearl barley** orge *m* perlé ▸ **pearl necklace** collier *m* de perles

peasant ['pezənt] n paysan(ne) *m(f)*

peat [pi:t] n tourbe *f* ▸ **peat bog** tourbière *f*

pebble ['pebl] n galet *m*

pecan ['pi:kən] n (noix *f*) pacane *f*

peck [pek] 1 n a [of bird] coup *m* de bec b (= hasty kiss) bise *f* ■ **to give sb a ~ on the cheek** faire la bise à qn 2 vt [bird] donner un coup de bec à 3 vi ■ **to ~ at** [bird] [+ object, ground] picorer ; [+ person] donner un coup de bec à ■ **to ~ at one's food** [person] manger du bout des dents

pecking order ['pekɪŋɔ:dər] n ordre *m* hiérarchique

peckish* ['pekɪʃ] adj ▪ **to feel ~** avoir un petit creux*

peculiar [pɪ'kju:lɪə'] adj **a** (= odd) bizarre **b** (= unique) ▪ **~ to** propre à

peculiarity [pɪ,kjʊlɪ'ærɪtɪ] n **a** (= distinctive feature) particularité *f* **b** (= oddity) bizarrerie *f*

pedal ['pedl] **1** n pédale *f* ▸ **pedal bin** poubelle *f* à pédale **2** vi [cyclist] pédaler **3** vt [+ machine, cycle] appuyer sur les pédales de

pedalo ['pedələʊ] n pédalo® *m*

pedantic [pɪ'dæntɪk] adj pédant

peddle ['pedl] vt [+ goods] colporter ; [+ ideas] propager ; [+ drugs] faire le trafic de

peddler ['pedlə'] n [of drugs] revendeur *m*, -euse *f*

pedestal ['pedɪstl] n piédestal *m*

pedestrian [pɪ'destrɪən] **1** n piéton *m* ▸ **pedestrian crossing** (BR) passage *m* (pour) piétons ▸ **pedestrian precinct** (BR), **pedestrian zone** (US) zone *f* piétonne **2** adj (= prosaic) prosaïque

pedicab ['pedɪkab] n vélo-taxi *m*

pedicure ['pedɪkjʊə'] n pédicurie *f*

pedigree ['pedɪgri:] **1** n [of animal] pedigree *m* ; [of person] ascendance *f* **2** adj [dog, cattle] de race

pedlar ['pedlə'] n (door to door) colporteur *m* ; (in street) camelot *m*

pedophile ['pi:dəʊfaɪl] n pédophile *m*

pee* [pi:] **1** vi faire pipi* **2** n pipi* *m*

peek [pi:k] **1** n coup *m* d'œil (furtif) **2** vi jeter un coup d'œil (furtif) (*at* sur)

peel [pi:l] **1** n [of apple, potato] épluchure *f* ; [of orange] écorce *f* ; (grated) zeste *m* **2** vt [+ fruit] peler ; [+ potato] éplucher **3** vi [paint] s'écailler ; [skin, part of body] peler

peeler ['pi:lə'] n (couteau-)éplucheur *m*

peep [pi:p] **1** n **a** (= look) coup *m* d'œil **b** [of bird] pépiement *m* **2** vi **a** (= look) jeter un coup d'œil sur **b** [bird] pépier

peephole ['pi:phəʊl] n (in front door) judas *m*

Peeping Tom ['pi:pɪŋ,tɒm] n voyeur *m*

peeps* [pi:ps] npl gens *mpl*

peer [pɪə'] **1** vi (= look) ▪ **to ~ at sb** regarder qn ; (short-sightedly) regarder qn avec des yeux de myope ▪ **to ~ at a photograph** scruter une photographie **2** n pair *m* ▸ **peer group** pairs *mpl* ▸ **peer review** révision *f* par des collègues or par des pairs ▸ **peer-to-peer** de pair à pair

peerage ['pɪərɪdʒ] n (= rank) pairie *f* ; (= peers) pairs *mpl*

peerless ['pɪəlɪs] adj hors pair

peeved* [pi:vd] adj en rogne*

peg [peg] n (wooden) cheville *f* ; (metal) fiche *f* ; (for coat, hat) patère *f* ; (= tent peg) piquet *m* ; (BR also **clothes peg**) pince *f* à linge ▪ **to take sb down a ~ or two** remettre qn à sa place

pejorative [pɪ'dʒɒrətɪv] adj péjoratif

Pekin(g)ese [,pi:kɪ'ni:z] n (pl inv) (= dog) pékinois *m*

pelican ['pelɪkən] n pélican *m* ▸ **pelican crossing** (BR) passage *m* (pour) piétons *(avec feux de circulation)*

pellet ['pelɪt] n **a** (for gun) (grain *m* de) plomb *m* **b** [of animal food] granulé *m*

pelmet ['pelmɪt] n (wooden) lambrequin *m* ; (cloth) cantonnière *f*

pelt [pelt] **1** vt bombarder (*with* de) **2** vi ▪ **to ~ down the street** descendre la rue à toutes jambes ▪ **it's ~ing down*** il tombe des cordes* **3** n (= skin) peau *f* ; (= fur) fourrure *f*

pelvis ['pelvɪs] n bassin *m*

pen [pen] **1** n **a** (for writing) stylo *m* ▸ **pen friend** (BR), **pen pal** correspondant(e) *m(f)* **b** (for animals) enclos *m* **2** vt **a** (= write) écrire **b** (also **pen up**) [+ animals] parquer ; [+ people] enfermer

penal ['pi:nl] adj pénal

penalize ['pi:nəlaɪz] vt pénaliser

penalty ['penəltɪ] n (= punishment) peine *f* ; (= fine) pénalité *f* ; (Sport) pénalité *f* ; (Football) penalty *m* ▸ **penalty area, penalty box** surface *f* de réparation ▸ **penalty goal** but *m* sur penalty ▸ **penalty kick** (Football) penalty *m*; (Rugby) coup *m* de pied de pénalité

penance ['penəns] n pénitence *f*

pence [pens] npl of **penny**

penchant [pɑ̃:ʃɑ̃:ŋ] n penchant *m*

pencil ['pensl] n crayon *m* ▸ **pencil case** trousse *f* (d'écolier) ▸ **pencil sharpener** taille-crayon *m*

▸ **pencil in** vt sep [+ date, meeting] fixer provisoirement

→ *Pièges* CRAYON

pendant ['pendənt] n (on necklace) pendentif *m*

pending ['pendɪŋ] **1** adj en suspens **2** prep en attendant

pendulum ['pendjʊləm] n pendule *m* ; [of clock] balancier *m*

penetrate ['penɪtreɪt] vt [+ area, region, territory] pénétrer dans ; [+ defences, market] pénétrer ▪ **the bullet ~d his heart** la balle lui a perforé le cœur ▪ **sunlight cannot ~ the foliage** la lumière du soleil ne traverse pas le feuillage

penetrating ['penɪtreɪtɪŋ] adj pénétrant

penguin ['peŋgwɪn] n (in the Arctic) pingouin *m* ; (in the Antarctic) manchot *m*

penicillin [ˌpenɪ'sɪlɪn] n pénicilline *f*

peninsula [pɪ'nɪnsjʊlə] n péninsule *f*

penis ['piːnɪs] n pénis *m*

penitent ['penɪtənt] adj repentant

penitentiary [ˌpenɪ'tenʃərɪ] n (US = prison) prison *f*

penknife ['pennaɪf] n (pl **-knives**) canif *m*

pennant ['penənt] n fanion *m* ; (on boat) pavillon *m*

penniless ['penɪlɪs] adj sans le sou*

penny ['penɪ] n ((value) pl **pence**) ((coins) pl **pennies**) penny *m* ▪ **he hasn't a ~ to his name** il est sans le sou* ▪ **a ~ for your thoughts!*** à quoi penses-tu ? ▪ **the ~ dropped*** ça a fait tilt !* ▸ **penny whistle** flûtiau *m*

penny-pinching ['penɪpintʃɪŋ] **1** n économies *fpl* de bouts de chandelle **2** adj [person] pingre

pension ['penʃən] n **a** (= state benefit for old person) pension *f* ▪ **disability ~** pension *f* d'invalidité ▸ **pension book** fonds *m* de pension or de retraite ▸ **pension fund** ≈ titre de pension ▸ **pension provider** caisse *f* de retraite privée **b** (from company) retraite *f*

pensioner ['penʃənəʳ] n retraité(e) *m(f)*

⚠ ***pensioner*** ne se traduit pas par **pensionnaire**.

pensive ['pensɪv] adj pensif

pentagon ['pentəgən] n pentagone *m* ▪ **the Pentagon** (in US) le Pentagone

Pentecost ['pentɪkɒst] n Pentecôte *f*

penthouse ['penthaʊs] n appartement *m* de grand standing *(construit sur le toit d'un immeuble)*

pent-up ['pent'ʌp] adj [emotions, rage] refoulé ; [energy] contenu

penultimate [pɪ'nʌltɪmɪt] adj avant-dernier

peony ['pɪənɪ] n pivoine *f*

people ['piːpl] **1** npl **a** (= persons) gens *mpl*, personnes *fpl* ▪ **a lot of ~** beaucoup de gens ▪ **several ~** plusieurs personnes ▪ **she doesn't know many ~** elle ne connaît pas grand monde ▪ **~ say...** on dit... ▪ **they're nice ~** ce sont des gens bien ▪ **old ~** les personnes *fpl* âgées ; (less respectful) les vieux *mpl* ▪ **young ~** les jeunes *mpl* ▪ **French ~** les Français *mpl* **b** (= inhabitants, natives) [of a country] population *f* ; [of district, town] habitants *mpl* **2** n (= nation) peuple *m* ▪ **the American ~** le peuple américain

→ *Pièges* PERSON

pep* [pep] n entrain *m* ▸ **pep talk** paroles *fpl* d'encouragement

▸ **pep up*** vt sep [+ one's social life, love life] donner du piment à ; [+ party, conversation] animer

pepper ['pepəʳ] **1** n **a** (= spice) poivre *m* ▸ **pepper mill** moulin *m* à poivre **b** (= vegetable) poivron *m* ▪ **red/green ~** poivron *m* rouge/vert **2** vt (= season) poivrer ▪ **to ~ a speech with quotations** émailler un discours de citations

peppercorn ['pepəkɔːn] n grain *m* de poivre

peppermint ['pepəmɪnt] **1** n **a** (= sweet) pastille *f* de menthe **b** (= plant) menthe *f* poivrée **2** adj à la menthe

pepperoni [ˌpepə'rəʊnɪ] n *saucisson sec pimenté*

peppery ['pepərɪ] adj [food, taste] poivré

per [pɜːʳ] prep par ▪ **~ head** par personne ▪ **to drive at 100km ~ hour** rouler à 100 (km) à l'heure ▸ **per annum** par an ▸ **per cent** pour cent ▪ **a ten ~ cent discount/increase** un rabais/une augmentation de dix pour cent

perceive [pə'siːv] vt **a** (= notice) remarquer ; (= realize) s'apercevoir de **b** (= consider) percevoir **c** (= understand) [+ implication] percevoir, saisir

percentage [pə'sentɪdʒ] n pourcentage *m*

perceptible [pə'septəbl] adj perceptible

perception [pə'sepʃən] n **a** [of sound, sight] perception *f* **b** (= insight) perspicacité *f*

perceptive [pə'septɪv] adj [analysis, assessment] pénétrant ; [person] perspicace

perch [pɜːtʃ] **1** n **a** (= fish) perche *f* **b** [of bird] perchoir *m* **2** vi [bird, person] se percher

percolate ['pɜːkəleɪt] vi [coffee, water] passer (*through* par)

percolator ['pɜːkəleɪtəʳ] n percolateur *m*

percussion [pə'kʌʃən] n percussion *f*

peremptory [pə'remptərɪ] adj péremptoire

perennial [pə'renɪəl] **1** adj perpétuel ; [plant] vivace **2** n (= plant) plante *f* vivace

perfect **1** adj ['pɜːfɪkt] **a** (= ideal) parfait ▪ **nobody's ~** personne n'est parfait ▸ **perfect storm** n orage *m* parfait, *ensemble d'événements menant à la catastrophe* **b** (= complete) [idiot, pest] véritable ▪ **it makes ~ sense to me** cela me paraît tout à fait évident **2** n ['pɜːfɪkt] (Gram) parfait *m* **3** vt [pə'fekt] [+ technique, method] mettre au point ; [+ product, design] perfectionner ▪ **to ~ one's French** se perfectionner en français

Lorsque ***perfect*** est un verbe, l'accent tombe sur la deuxième syllabe. Lorsque c'est un adjectif, l'accent tombe sur la première.

perfection [pə'fekʃən] n perfection *f*

perfectionist [pə'fekʃənɪst] adj, n perfectionniste *mf*

perfectly ['pɜ:fɪktlɪ] adv parfaitement

perforate ['pɜ:fəreɪt] vt perforer ▸ **perforated line** pointillé *m*

perform [pə'fɔ:m] **1** vt [+ task, duty] accomplir ; [+ function] remplir ; [+ ceremony] célébrer ; [+ play, ballet, opera] interpréter **2** vi **a** [actor, musician, team] jouer ; [singer] chanter ; [dancer] danser **b** [machine, vehicle] marcher

performance [pə'fɔ:məns] n **a** (= show) spectacle *m* **b** (by actor etc) interprétation *f* ; [of act] numéro *m* ■ **the pianist gave a splendid ~** le pianiste a superbement bien joué **c** [of athlete, team] performance *f* ; [of economy, business] résultats *mpl* ; [of investment] rendement *m* **d** [of engine, vehicle] performance *f* **e** (= carrying out) exécution *f*

performer [pə'fɔ:mə^r] n artiste *mf*

performing [pə'fɔ:mɪŋ] adj ■ **the ~ arts** les arts *mpl* du spectacle ■ **~ artists** les gens *mpl* du spectacle

perfume **1** n ['pɜ:fju:m] parfum *m* **2** vt [pə'fju:m] parfumer

> Lorsque ***perfume*** est un verbe, l'accent tombe sur la deuxième syllabe. Lorsque c'est un nom, l'accent tombe sur la première.

perfunctory [pə'fʌŋktərɪ] adj [nod, greeting, kiss] rapide, pour la forme

perhaps [pə'hæps, præps] adv peut-être ■ **~ he is right** il a peut-être raison ■ **~ not** peut-être pas ; → *Pièges* PERHAPS

peril ['perɪl] n péril *m* ■ **at your ~** à vos risques et périls

perilous ['perɪləs] adj périlleux

perimeter [pə'rɪmɪtə^r] n périmètre *m* ▸ **perimeter fence** clôture *f*

period ['pɪərɪəd] n **a** (gen) période *f* ; (= stage: in career, development) époque *f* ■ **the post-war ~** (la période de) l'après-guerre *m* ■ **at that ~ in his life** à cette époque de sa vie **b** (= lesson) heure *f* de cours **c** (US = full stop) point *m* **d** (= menstruation) règles *fpl*

periodic [,pɪərɪ'ɒdɪk] adj périodique ▸ **periodic table** classification *f* périodique des éléments

periodical [,pɪərɪ'ɒdɪkəl] **1** adj périodique **2** n (journal *m*) périodique *m*

peripheral [pə'rɪfərəl] adj, n périphérique *m*

periphery [pə'rɪfərɪ] n périphérie *f*

periscope ['perɪskəʊp] n périscope *m*

perish ['perɪʃ] vi **a** (= die) périr (*from* de) ■ **~ the thought!** jamais de la vie ! **b** [rubber, food] s'abîmer

perishable ['perɪʃəbl] **1** adj périssable **2** **perishables** npl denrées *fpl* périssables

perjure ['pɜ:dʒə^r] vt ■ **to ~ o.s.** se parjurer

perjury ['pɜ:dʒərɪ] n parjure *m* ■ **to commit ~** se parjurer

perk [pɜ:k] **1** vi ■ **to ~ up** (= cheer up) se ragaillardir ; (after illness) remonter la pente ; (= show interest) s'animer **2** vt ■ **to ~ sb up** ragaillardir qn **3** n (= benefit) avantage *m* annexe

perky* ['pɜ:kɪ] adj (= cheerful) guilleret ; (= lively) vif

perm [pɜ:m] **1** n permanente *f* **2** vt ■ **to ~ sb's hair** faire une permanente à qn ■ **to have one's hair ~ed** se faire faire une permanente

permaculture ['pɜ:mə,kʌltʃə^r] n permaculture *f*

permalink ['pɜ:məlɪŋk] n permalien *m*

permanence ['pɜ:mənəns] n permanence *f*

permanent ['pɜ:mənənt] **1** adj permanent ■ **to have a ~ job** avoir un contrat à durée indéterminée ■ **~ address** adresse *f* fixe **2** n (US : = perm) permanente *f*

permanently ['pɜ:mənəntlɪ] adv **a** [change, live] définitivement ; [damage] de façon permanente **b** [open, closed] en permanence

permeate ['pɜ:mɪeɪt] **1** vt [ideas] se répandre dans **2** vi (= pass through) pénétrer ; (= spread) se répandre

permissible [pə'mɪsɪbl] adj [action] permis ; [behaviour, level, limit] acceptable

permission [pə'mɪʃən] n (gen) permission *f* ; (official) autorisation *f* ■ **without ~** sans permission ■ **with your ~** avec votre permission ■ **to give sb ~ to do sth** autoriser qn à faire qch ■ **to ask (sb's) ~ to do sth** demander (à qn) la permission de faire qch

permissive [pə'mɪsɪv] adj permissif

permit **1** n ['pɜ:mɪt] permis *m* ; (for entry) laissez-passer *m inv* **2** vt [pə'mɪt] permettre (*sb to do sth* à qn de faire qch), autoriser (*sb to do sth* qn à faire qch) **3** vi [pə'mɪt] permettre ■ **weather ~ting** si le temps le permet → *Pièges* PERMIT

> Lorsque ***permit*** est un verbe, l'accent tombe sur la deuxième syllabe. Lorsque c'est un nom, l'accent tombe sur la première.

pernicious [pɜ:'nɪʃəs] adj pernicieux

peroxide [pə'rɒksaɪd] n peroxyde *m* ; (for hair) eau *f* oxygénée ■ **~ blonde** blonde *f* décolorée

perp* [pɜ:p] n criminel(le) *m(f)*

perpendicular [,pɜ:pən'dɪkjʊlə^r] **1** adj perpendiculaire (*to* à) ; [cliff, slope] à pic **2** n perpendiculaire *f*

perpetrate ['pɜ:pɪtreɪt] vt perpétrer

perpetual [pə'petjʊəl] adj perpétuel

perpetuate [pə'petjʊeɪt] vt perpétuer

perpetuity [ˌpɜːpɪ'tjuːɪtɪ] n perpétuité *f*

perplex [pə'pleks] vt (= puzzle) rendre perplexe

perplexed [pə'plekst] adj perplexe

perplexing [pə'pleksɪŋ] adj embarrassant

persecute ['pɜːsɪkjuːt] vt (= oppress) persécuter ; (= annoy) harceler (*with* de)

persecution [ˌpɜːsɪ'kjuːʃən] n persécution *f*

perseverance [ˌpɜːsɪ'vɪərəns] n persévérance *f*

persevere [ˌpɜːsɪ'vɪə'] vi persévérer

Persia ['pɜːʃə] n Perse *f*

Persian ['pɜːʃən] **1** adj (ancient) perse ; (from 7th century onward) persan ▸ **Persian carpet** tapis *m* persan ▸ **Persian cat** chat *m* persan ▸ **Persian Gulf** golfe *m* Persique **2** n (= person) Persan(e) *m(f)* ; (ancient) Perse *mf*

persist [pə'sɪst] vi persister (*in doing sth* à faire qch)

persistence [pə'sɪstəns] n (= perseverance) persévérance *f* ; (= obstinacy) obstination *f* ; [of pain] persistance *f*

persistent [pə'sɪstənt] adj **a** (= persevering) persévérant ; (= obstinate) obstiné **b** (= continual) [smell] persistant ; [pain, cough] tenace ; [fears, doubts] continuel

person ['pɜːsn] n personne *f* ▪ **in ~** [go, meet, appear] en personne ▪ **he had a knife concealed about his ~** il avait un couteau caché sur lui ; → *Pièges* PERSON

personable ['pɜːsnəbl] adj bien de sa personne

personal ['pɜːsnl] adj (gen) personnel ; [habits] intime ; [remark, question] indiscret (-ète *f*) ▪ **his ~ life** sa vie privée ▪ **for ~ reasons** pour des raisons personnelles ▸ **personal ad*** petite annonce *f* personnelle ▸ **personal assistant** secrétaire *mf* de direction ▸ **personal call** (BR = private) appel *m* privé ▸ **personal care** aide *f* aux personnes âgées ▸ **personal computer** ordinateur *m* personnel ▸ **personal details** (= name, address) coordonnées* *fpl* ▸ **personal hygiene** hygiène *f* intime ▸ **personal identification number** code *m* confidentiel (personnel) ▸ **personal injury** dommage *m* corporel ▸ **personal organizer** organiseur *m* personnel ▸ **personal pronoun** pronom *m* personnel ▸ **personal shopper** *personne que l'on emploie pour se faire conseiller dans ses achats* ▸ **personal space** espace *m* vital ▸ **personal stereo** baladeur *m* ▸ **personal trainer** entraîneur *m* personnel

personality [ˌpɜːsə'nælɪtɪ] n personnalité *f* ▪ **a well-known television ~** une vedette du petit écran

personalize ['pɜːsənəˌlaɪz] vt personnaliser

personally ['pɜːsnəlɪ] adv personnellement ▪ **don't take it ~!** ne le prenez pas pour vous !

personify [pɜː'sɒnɪfaɪ] vt personnifier

personnel [ˌpɜːsə'nel] n personnel *m* ▸ **personnel department** service *m* du personnel ▸ **personnel manager** chef *mf* du personnel

perspective [pə'spektɪv] n **a** (Art) perspective *f* ▪ **in ~** en perspective **b** (= viewpoint) point *m* de vue

Perspex® ['pɜːspeks] n (BR) plexiglas® *m*

perspiration [ˌpɜːspə'reɪʃən] n transpiration *f*

perspire [pəs'paɪə'] vi transpirer

persuade [pə'sweɪd] vt persuader (*sb of sth* qn de qch) ▪ **to ~ sb to do sth** persuader qn de faire qch ▪ **to ~ sb not to do sth** dissuader qn de faire qch ▪ **she is easily ~d** elle se laisse facilement convaincre

persuasion [pə'sweɪʒən] n **a** (gen) persuasion *f* **b** (= belief) croyance *f* ; (religious) confession *f* ; (political) conviction *f* politique

persuasive [pə'sweɪsɪv] adj [person] persuasif ; [evidence, argument] convaincant

pert [pɜːt] adj [person] coquin

pertinent ['pɜːtɪnənt] adj pertinent

perturb [pə'tɜːb] vt perturber

Peru [pə'ruː] n Pérou *m*

peruse [pə'ruːz] vt [+ article, book] parcourir

pervade [pɜː'veɪd] vt [smell] se répandre dans ; [influence] s'étendre dans ; [ideas] pénétrer dans

pervading [pɜː'veɪdɪŋ] adj [uncertainty, influence] sous-jacent(e) ▪ **throughout the book there is a ~ sense of menace** tout au long du roman on ressent comme une menace sourde

pervasive [pɜː'veɪsɪv] adj [smell] pénétrant ; [ideas] répandu ; [gloom] envahissant ; [influence] omniprésent

perverse [pə'vɜːs] adj **a** (= twisted) [pleasure, desire] pervers **b** (= stubborn) têtu ; (= paradoxical) paradoxal

perversion [pə'vɜːʃən] n perversion *f*

pervert **1** vt [pə'vɜːt] (sexually) pervertir ; [+ justice, truth] travestir ▪ **to ~ the course of justice** entraver le cours de la justice **2** n ['pɜːvɜːt] pervers *m* sexuel

> Lorsque ***pervert*** est un verbe, l'accent tombe sur la deuxième syllabe. Lorsque c'est un nom, l'accent tombe sur la première.

perverted [pə'vɜːtɪd] adj pervers

pessimism ['pesɪmɪzəm] n pessimisme *m*

pessimist ['pesɪmɪst] n pessimiste *mf*

pessimistic [,pesɪ'mɪstɪk] adj pessimiste

pest [pest] n **a** (= animal) nuisible *m* **b** (* = person) casse-pied(s)* *mf*

pester ['pestə'] vt harceler

pesticide ['pestɪsaɪd] n pesticide *m*

pestle ['pesl] n pilon *m*

pet [pet] **1** n **a** (= animal) animal *m* de compagnie ▸ **pet food** aliments *mpl* pour animaux ▸ **pet shop** animalerie *f* **b** (* = favourite) chouchou(te)* *m(f)* ▪ **the teacher's ~** le chouchou* du professeur **c** (* : term of affection) mon chou* **2** adj **a** [lion, snake] apprivoisé ▪ **he's got a ~ rabbit** il a un lapin (domestique) **b** (* = favourite) favori(te) *m(f)* ▪ **~ hate** bête *f* noire **3** vt (= fondle) câliner

petal ['petl] n pétale *m*

peter out [,pi:tər'aʊt] vi [conversation] tarir ; [road] se perdre

petite [pə'ti:t] adj [woman] menue

petition [pə'tɪʃən] n pétition *f*

petrified ['petrɪfaɪd] adj pétrifié or paralysé de peur

petrochemical [,petrəʊ'kemɪkəl] **1** n produit *m* pétrochimique **2** adj pétrochimique

petrol ['petrəl] n (BR) essence *f* ▸ **petrol bomb** cocktail *m* Molotov ▸ **petrol can** bidon *m* à essence ▸ **petrol pump** pompe *f* à essence ▸ **petrol station** station-service *f* ▸ **petrol tank** réservoir *m* (d'essence)

> ⚠ ***petrol*** ne se traduit pas par **pétrole** ;
> → *Pièges* PETROL

petroleum [pɪ'trəʊlɪəm] n pétrole *m* ▸ **petroleum jelly** Vaseline® *f*

petrolhead* ['pɛtrəl,hɛd] n inconditionnel(le) *m(f)* de la voiture

petticoat ['petɪkəʊt] n (= underskirt) jupon *m* ; (= slip) combinaison *f*

petty ['petɪ] adj **a** (= small-minded) mesquin **b** (= trivial) sans importance ▸ **petty cash** petite caisse *f* ▸ **petty crime** (= illegal activities) petite délinquance *f*; (= illegal act) délit *m* mineur ▸ **petty criminal** petit malfaiteur *m*

petulant ['petjʊlənt] adj (by nature) irritable ; (on one occasion) irrité

> ⚠ ***petulant*** ne se traduit pas par **pétulant**.

pew [pju:] n banc *m* (d'église)

pewter ['pju:tə'] **1** n étain *m* **2** adj [pot] en étain

PG [pi:'dʒi:] (abbr of **Parental Guidance**) (film censor's rating) *accord parental souhaitable* ▪ **PG 13** (US) interdit aux moins de 13 ans

PGCE [,pi:dʒi:si:'i:] n (BR) (abbr of **Postgraduate Certificate in Education**) *diplôme d'aptitude pédagogique à l'enseignement*

phablet ['fæblɪt] n phablette *f*

phallic ['fælɪk] adj phallique

phantom ['fæntəm] n (= ghost) fantôme *m* ; (= vision) fantasme *m*

pharmaceutical [,fɑ:mə'sju:tɪkəl] **1** adj pharmaceutique **2** **pharmaceuticals** npl produits *mpl* pharmaceutiques

pharmacist ['fɑ:məsɪst] n pharmacien(ne) *m(f)*

pharmacy ['fɑ:məsɪ] n pharmacie *f*

phase [feɪz] n phase *f*

▸ **phase in** vt sep introduire progressivement

▸ **phase out** vt sep supprimer progressivement

PhD [,pi:eɪtʃ'di:] n (abbr of **Doctor of Philosophy**) (= qualification) doctorat *m* ; (= person) ≈ titulaire *mf* d'un doctorat

pheasant ['feznt] n faisan *m*

phenomena [fɪ'nɒmɪnə] npl of **phenomenon**

phenomenal [fɪ'nɒmɪnl] adj phénoménal

phenomenon [fɪ'nɒmɪnən] n (pl **phenomena**) phénomène *m*

phial ['faɪəl] n fiole *f*

philanderer [fɪ'lændərə'] n coureur *m* (de jupons)

philanthropist [fɪ'lænθrəpɪst] n philanthrope *mf*

philately [fɪ'lætəlɪ] n philatélie *f*

Philippines ['fɪlɪpi:nz] npl ▪ **the ~** les Philippines *fpl*

philistine ['fɪlɪstaɪn] **1** adj béotien **2** n béotien(ne) *m(f)*

philosopher [fɪ'lɒsəfə'] n philosophe *mf*

philosophical [,fɪlə'sɒfɪkəl] adj **a** (= relating to philosophy) philosophique **b** (= resigned) philosophe

philosophize [fɪ'lɒsəfaɪz] vi philosopher (*about, on* sur)

philosophy [fɪ'lɒsəfɪ] n philosophie *f*

phishing ['fɪʃɪŋ] n hameçonnage *m*

phlegm [flem] n mucosité *f*

phlegmatic [fleg'mætɪk] adj flegmatique

phobia ['fəʊbɪə] n phobie *f*

phoenix ['fi:nɪks] n phénix *m*

phone [fəʊn] **1** n téléphone *m* ▪ **on the ~** au téléphone ▸ **phone bill** facture *f* de téléphone ▸ **phone book** annuaire *m* (de téléphone) ▸ **phone booth** (in station, hotel) téléphone *m* public; (in street) cabine *f* téléphonique ▸ **phone box** (BR) cabine *f* téléphonique ▸ **phone call** appel *m* téléphonique ▸ **phone number** numéro *m* de

téléphone **2** vt ▪ **to ~ sb** téléphoner à qn **3** vi téléphoner
▸ **phone back** vt sep, vi rappeler
→ *Pièges* PHONE

phonecam ['fəʊnkæm] n mobile *m* avec APN intégré

phonecard ['fəʊnkɑːd] n (BR) télécarte® *f*

phone-in ['fəʊnɪn] n (BR) *émission où le public est invité à participer*

phonetics [fəʊ'netɪks] **1** n (= subject) phonétique *f* **2** npl (= symbols) transcription *f* phonétique

phoney, phony* ['fəʊnɪ] **1** adj [emotion] simulé ; [excuse, story] bidon* *inv* ; [person] pas franc (franche *f*) **2** n (= person) charlatan *m*

phosphate ['fɒsfeɪt] n phosphate *m*

phosphorescent [,fɒsfə'resnt] adj phosphorescent

phosphorus ['fɒsfərəs] n phosphore *m*

photo ['fəʊtəʊ] n photo *f* ▸ **photo album** album *m* de photos ▸ **photo booth** photomaton® *m* ▸ **photo finish** photo-finish *m*

photobomb* ['fəʊtəʊbɒm] vt s'incruster sur la photo de

photocard ['fəʊtəʊ'kɑːd] n carte *f* d'identité *(avec photo)*

photocopier ['fəʊtəʊ,kɒpɪə'] n photocopieur *m*, photocopieuse *f*

photocopy ['fəʊtəʊ,kɒpɪ] **1** n photocopie *f* **2** vt photocopier

Photofit® ['fəʊtəʊ,fɪt] n (BR) portrait-robot *m*

photogenic [,fəʊtə'dʒenɪk] adj photogénique

photograph ['fəʊtəgræf] **1** n photo *f* ▪ **in the ~** sur la photo ▸ **photograph album** album *m* de photos **2** vt prendre en photo
→ *Pièges* PHOTOGRAPH

photographer [fə'tɒgrəfə'] n photographe *mf* ; → *Pièges* PHOTOGRAPH

photographic [,fəʊtə'græfɪk] adj photographique

photography [fə'tɒgrəfɪ] n photographie *f* ;
→ *Pièges* PHOTOGRAPH

photojournalism [,fəʊtəʊ'dʒɜːnəlɪzəm] n photojournalisme *m*

photojournalist [foʊtoʊdʒɜː'nəlɪst] n photojournaliste *mf*, photoreporter *mf*

Photoshop® ['fəʊtəʊ,ʃɒp] **1** n Photoshop® **2** vt [+ picture] retoucher avec Photoshop, photoshoper

photosynthesis [,fəʊtəʊ'sɪnθɪsɪs] n photosynthèse *f*

phrasal verb [,freɪzəl'vɜːb] n verbe *m* à particule

phrase [freɪz] **1** n **a** (= sentence) expression *f* ; → **set** **b** (Mus) phrase *f* **2** vt [+ thought] exprimer ; [+ letter] rédiger

phrasebook ['freɪzbʊk] n guide *m* de conversation

physical ['fɪzɪkəl] **1** adj physique ▸ **physical education** éducation *f* physique ▸ **physical exercise** exercice *m* physique ▸ **physical therapist** (US) kinésithérapeute *mf* ▸ **physical therapy** (US) kinésithérapie *f* **2** n (* = medical test) examen *m* médical

physically ['fɪzɪkəlɪ] adv [restrain] de force ; [attractive, demanding] physiquement ; [possible, impossible] matériellement ▪ **he is ~ handicapped** il est handicapé physique

physician [fɪ'zɪʃən] n médecin *mf*

> ⚠ ***physician*** ne se traduit pas par **physicien.**

physicist ['fɪzɪsɪst] n physicien(ne) *m(f)*

physics ['fɪzɪks] n physique *f*

physiotherapist [,fɪzɪə'θerəpɪst] n kinésithérapeute *mf*

physiotherapy [,fɪzɪə'θerəpɪ] n kinésithérapie *f*

physique [fɪ'ziːk] n physique *m*

pianist ['pɪənɪst] n pianiste *mf*

piano ['pjɑːnəʊ] n piano *m*

pic* [pɪk] n (abbr of **picture**) (= photo) photo *f*

pick [pɪk] **1** n **a** (= tool) pioche *f* ; [of miner] pic *m* **b** (= choice) choix *m* ▪ **to take one's ~** faire son choix ▪ **take your ~** choisissez **c** (= best) meilleur *m* ▪ **the ~ of the bunch*** or **the crop** le meilleur de tous **2** vt **a** (= choose) choisir ▪ **to ~ sb to do sth** choisir qn pour faire qch **b** ▪ **to ~ one's way through** avancer avec précaution à travers ▪ **to ~ a fight** (physical) chercher la bagarre* ▪ **to ~ a quarrel with sb** chercher querelle à qn **c** [+ fruit, flower] cueillir ; [+ mushrooms] ramasser **d** (= pick at) ▪ **to ~ one's nose** se curer le nez ▪ **to ~ one's teeth** se curer les dents ▪ **to ~ a lock** crocheter une serrure ▪ **I had my pocket ~ed** on m'a fait les poches **e** (= remove) prendre ▪ **she bent to ~ something off the floor** elle s'est baissée pour ramasser quelque chose par terre **3** vi **a** (= choose) choisir **b** (= poke, fiddle) ▪ **to ~ at one's food** manger du bout des dents
▸ **pick on*** vt insep (= nag, harass) s'en prendre à
▸ **pick out** vt sep **a** (= choose) choisir **b** (= distinguish) repérer ; (in identification parade) identifier **c** (= highlight) ▪ **letters ~ed out in gold** caractères rehaussés d'or
▸ **pick up** **1** vi **a** (= improve) [conditions, weather] s'améliorer ; [prices, wages] remonter ; [business] reprendre **b** (= resume) reprendre **2** vt sep **a** (= lift) ramasser ▪ **to ~ o.s. up**

(after fall) se relever ▪ **he ~ed up the child** il a pris l'enfant dans ses bras ; (after fall) il a relevé l'enfant ▪ **he ~ed up the phone** il a décroché (le téléphone) ▪ **to ~ up the pieces** [of broken object] ramasser les morceaux ; (in relationship, one's life) recoller les morceaux **b** (= collect) (passer) prendre **c** [+ passenger, hitch-hiker] (in bus, car) prendre ; (in taxi) charger **d** [+ woman, man] lever* ▪ **he ~ed up a girl** il a levé* une fille **e** (= buy) dénicher ▪ **to ~ up a bargain in the sales** trouver une bonne affaire dans les soldes **f** [+ language, skill, information] apprendre ; [+ habit] prendre **g** [+ station, signal, programme] capter **h** (= take in) [+ suspect] interpeller **i** (= notice) [+ sb's error] relever **j** ▪ **to ~ sb up on sth** (= correct) reprendre qn sur qch **k** (= gain) ▪ **to ~ up speed** [car, boat] prendre de la vitesse **3** vt insep (* = earn) gagner ▪ **to ~ up the bill** payer la note ; (for expenses) payer la facture

pickaxe, pickax (US) [ˈpɪkæks] n pic *m*, pioche *f*

picket [ˈpɪkɪt] **1** n (during strike) piquet *m* de grève ▸ **picket line** piquet *m* de grève **2** vt ▪ **to ~ a factory** mettre un piquet de grève aux portes d'une usine **3** vi [strikers] organiser un piquet de grève

pickle [ˈpɪkl] **1** n (= relish) *sorte de chutney* ▪ **to be in a ~** (= awkward situation) être dans le pétrin* **2** **pickles** npl pickles *mpl* **3** vt (in vinegar) conserver dans du vinaigre

pick-me-up* [ˈpɪkmiːʌp] n remontant *m*

pickpocket [ˈpɪkˌpɒkɪt] n pickpocket *m*

pickup [ˈpɪkʌp] n (also **pickup truck**) pick-up *m*

picnic [ˈpɪknɪk] vb (pret, ptp **picnicked**) **1** n pique-nique *m* **2** vi pique-niquer

pictogram [ˈpɪktəˌɡræm] n pictogramme *m*

picture [ˈpɪktʃəʳ] **1** n **a** (gen) image *f* ; (= photograph) photo *f* ; (= painting) tableau *m* ; (= portrait) portrait *m* ; (= drawing) dessin *m* ▸ **picture book** livre *m* d'images **b** (= description) tableau *m* ; (in mind) image *f* ▪ **I get the ~*** j'ai compris ▪ **to put sb in the ~** mettre qn au courant ▪ **he is the** or **a ~ of health** il respire la santé **c** (= film) film *m* ▪ **to go to the ~s** aller au cinéma **2** vt (= imagine) s'imaginer

picturesque [ˌpɪktʃəˈresk] adj pittoresque

pie [paɪ] n tourte *f* ▪ **apple ~** tourte *f* aux pommes ▪ **pork ~** pâté *m* en croûte ▸ **pie chart** camembert* *m*

piece [piːs] n **a** (gen) morceau *m* ; [of ribbon, string] bout *m* ; (= item, part) morceau *m* ; (Chess) pièce *f* ; (Draughts) pion *m* ▪ **a ~ of paper** un morceau de papier ▪ **in ~s** (= broken) en morceaux ▪ **a ~ of clothing** un vêtement ▪ **a ~ of fruit** un fruit ▪ **a ~ of furniture** un meuble ▪ **the vase is still in one ~** le vase n'est pas cassé ▪ **we got back in one ~*** nous sommes rentrés sains et saufs ▪ **it fell to ~s** c'est tombé en morceaux ▪ **to take sth to ~s** démonter qch ▪ **to go to ~s*** (emotionally) craquer* ; [team] se désintégrer **b** (with abstract nouns) ▪ **a ~ of information** un renseignement ▪ **a ~ of advice** un conseil ▪ **I'll give him a ~ of my mind*** je vais lui dire ce que je pense **c** (= article) article *m* **d** (= coin) pièce *f*

▸ **piece together** vt sep [+ broken object] rassembler ; [+ story] reconstituer ; [+ facts] reconstituer

piecemeal [ˈpiːsmiːl] **1** adv (= bit by bit) petit à petit **2** adj au coup par coup

piecework [ˈpiːswɜːk] n travail *m* à la pièce

pier [pɪəʳ] n **a** (with amusements, in airport) jetée *f* **b** [of bridge] pile *f*

pierce [pɪəs] vt **a** (= make hole in) percer ▪ **to have ~d ears** avoir les oreilles percées **b** [sound, light] percer ; [cold, wind] transpercer

piercing [ˈpɪəsɪŋ] **1** adj [sound, voice, stare] perçant ; [cold, wind] glacial **2** n (= body art) piercing *m*

piety [ˈpaɪətɪ] n piété *f*

pig [pɪɡ] n **a** (= animal) cochon *m*, porc *m* **b** (* = person) (mean) vache‡ *f* ; (dirty) cochon(ne)* *m(f)* ; (greedy) goinfre *m*

pigeon [ˈpɪdʒən] n pigeon *m*

pigeonhole [ˈpɪdʒɪnˌhəʊl] **1** n casier *m* **2** vt (= classify) [+ person] étiqueter

piggyback [ˈpɪɡɪˌbæk] **1** n **a** ▪ **to give sb a ~** porter qn sur son dos **b** (by rail) ferroutage *m* **2** vt **a** (gen) porter sur son dos **b** (by rail) ferrouter

piggybank [ˈpɪɡɪbæŋk] n tirelire *f (surtout en forme de cochon)*

pigheaded [ˌpɪɡˈhedɪd] adj entêté

piglet [ˈpɪɡlɪt] n porcelet *m*

pigment [ˈpɪɡmənt] n pigment *m*

pigpen [ˈpɪɡpen] n (US) porcherie *f*

pigskin [ˈpɪɡskɪn] n (= leather) porc *m*

pigsty [ˈpɪɡstaɪ] n porcherie *f*

pigtail [ˈpɪɡteɪl] n [of hair] natte *f*

pike [paɪk] n (= fish) brochet *m*

pilchard [ˈpɪltʃəd] n pilchard *m*

pile [paɪl] **1** n **a** (= neat stack) pile *f* ; (= heap) tas *m* ▪ **~s of*** beaucoup de **b** (* = fortune) fortune *f* **c** (= post) pieu *m* de fondation ; [of bridge] pile *f* **d** [of carpet] poils *mpl* **2** **piles** npl (Med) hémorroïdes *fpl* **3** vt (= stack up) empiler

▸ **pile up** **1** vi [snow, leaves] s'amonceler ; [work, bills, debts, rubbish] s'accumuler **2** vt sep **a** [+ objects] empiler **b** [+ evidence, debts] accumuler

pile-up ['paɪlʌp] n carambolage *m*

pilfer ['pɪlfə'] vti chaparder*

pilgrim ['pɪlgrɪm] n pèlerin *m* ▸ **the Pilgrim Fathers** les (Pères *mpl*) pèlerins *mpl*

pilgrimage ['pɪlgrɪmɪdʒ] n pèlerinage *m*

pill [pɪl] n pilule *f* ■ **to be on the ~** prendre la pilule

pillage ['pɪlɪdʒ] **1** n pillage *m* **2** vt piller

pillar ['pɪlə'] n pilier *m* ▸ **pillar-box** (BR) boîte *f* aux lettres *(publique)*

pillion ['pɪljən] n [of motorcycle] siège *m* arrière ■ **to ride ~** monter derrière

pillow ['pɪləʊ] n oreiller *m* ▸ **pillow slip** taie *f* d'oreiller

pillowcase ['pɪləʊkeɪs] n taie *f* d'oreiller

pilot ['paɪlət] **1** n pilote *mf* ▸ **pilot light** veilleuse *f (de cuisinière, de chauffe-eau)* ▸ **pilot scheme** projet *m* pilote ▸ **pilot study** étude *f* pilote **2** vt piloter

pimento [pɪ'mentəʊ] n piment *m*

pimp [pɪmp] n souteneur *m*

pimple ['pɪmpl] n bouton *m*

PIN [pɪn] n (abbr of **personal identification number**) ■ **~ (number)** code *m* confidentiel (personnel)

pin [pɪn] **1** n **a** (gen) épingle *f* ; (also **drawing pin**) punaise *f* ; (= lapel badge) pin's *m*, épinglette *f* ■ **I've got ~s and needles (in my foot)** j'ai des fourmis (dans le pied) **b** [of plug] broche *f* ; [of hand grenade] goupille *f* **2** vt (= put pin in) [+ dress] épingler ; [+ papers] (together) attacher avec une épingle ; (to wall) fixer avec une punaise ■ **to ~ sb to the floor** clouer qn au plancher ■ **to ~ one's hopes on sth/sb** mettre tous ses espoirs dans qch/en qn ■ **they tried to ~ the crime on him*** ils ont essayé de lui mettre le crime sur le dos*

▸ **pin down** vt sep **a** [+ person] ■ **I couldn't ~ her down to a date** je n'ai pas réussi à lui faire fixer une date **b** (= identify) identifier ; [+ location, time] situer

pinafore ['pɪnəfɔː'] n tablier *m* ▸ **pinafore dress** robe *f* chasuble

pinball ['pɪnbɔːl] n (= game) flipper *m* ▸ **pinball machine** flipper *m*

pinch [pɪntʃ] **1** n **a** (= action) pincement *m* ; (= mark) pinçon *m* ■ **we're feeling the ~*** financièrement on le ressent ■ **at a ~, in a ~** (US) à la limite **b** (= small amount) pincée *f* ■ **you have to take his stories with a ~ of salt** il ne faut pas prendre ce qu'il raconte au pied de la lettre **2** vt **a** (= squeeze) pincer ; [shoes] serrer **b** (* = steal) piquer*

pincushion ['pɪn,kʊʃən] n pelote *f* à épingles

pine [paɪn] **1** n pin *m* ▸ **pine cone** pomme *f* de pin ▸ **pine needle** aiguille *f* de pin ▸ **pine nut** pignon *m* **2** vi se languir (*for* de)

▸ **pine away** vi dépérir

pineapple ['paɪn,æpl] n ananas *m* ▸ **pineapple juice** jus *m* d'ananas

ping [pɪŋ] **1** n bruit *m* métallique ; [of timer] sonnerie *f* **2** vi faire un bruit métallique ; [timer] sonner

ping-pong® ['pɪŋpɒŋ] n ping-pong *m* ■ **~ player** pongiste *mf*

pink [pɪŋk] **1** n (= colour) rose *m* **2** adj rose ■ **he turned ~ with embarrassment** il rougit de confusion

pinnacle ['pɪnəkl] n (Archit) pinacle *m* ; [of career, achievement] sommet *m*

pinpoint ['pɪnpɔɪnt] vt [+ place] localiser avec précision ; [+ problem] mettre le doigt sur

pinstripe ['pɪnstraɪp] n rayure *f* très fine ■ **~ suit** costume *m* rayé

pint [paɪnt] n **a** pinte *f*, ≈ demi-litre *(BR = 0,57 litre, US = 0,47 litre)* **b** (* BR = beer) pinte *f* (de bière)

pioneer [,paɪə'nɪə'] **1** n pionnier *m*, -ière *f* **2** adj [research, study] complètement nouveau (nouvelle *f*) **3** vt ■ **to ~ sth** être l'un des premiers à faire qch

pious ['paɪəs] adj **a** (= religious) pieux **b** (= sanctimonious) hypocrite

pip [pɪp] **1** n **a** [of fruit] pépin *m* **b** [of phone] top *m* ■ **the ~s*** le bip-bip* **2** vt (* : BR) ■ **to be ~ped at the post** se faire coiffer au poteau

pipe [paɪp] **1** n **a** (for water, gas) tuyau *m* ; (smaller) tube *m* ■ **sewage ~** égout *m* **b** (for smoking) pipe *f* ▸ **pipe dream** projet *m* chimérique **c** (= instrument) pipeau *m* ; [of organ] tuyau *m* **2** **pipes** npl (= bagpipes) cornemuse *f*

pipeline ['paɪplaɪn] n pipeline *m* ; (for oil) oléoduc *m* ; (for natural gas) gazoduc *m* ■ **in the ~** (* = planned or about to happen) prévu ; (= begun or about to be completed) en cours de réalisation

piper ['paɪpə'] n (= bagpiper) cornemuseur *m*, -euse *f*

piping ['paɪpɪŋ] **1** n **a** (in house) tuyauterie *f* **b** (Sewing) passepoil *m* **c** (on cake) décorations *fpl* (appliquées) à la douille **2** adv ■ **~ hot** très chaud

pique [piːk] **1** vt [+ person] froisser ; (stronger) piquer au vif **2** n dépit *m*

piracy ['paɪərəsɪ] n (on ships) piraterie *f* ; [of book, film, tape, video] piratage *m*

pirate ['paɪərɪt] **1** n pirate *m* ▸ **pirate copy** copie *f* pirate ▸ **pirate radio** radio *f* pirate ▸ **pirate ship** bateau *m* de pirates **2** vt pirater

pirouette [,pɪrʊ'et] **1** n pirouette *f* **2** vi faire la pirouette

Pisces ['paɪsiːz] n Poissons *mpl*

piss* [pɪs] **1** n pisse* *f* ■ **to take the ~ out of sb** charrier qn* **2** vi pisser*

▸ **piss off*** **1** vi foutre le camp* **2** vt [+ person] faire chier* ■ **I'm ~ed off** j'en ai ras le bol*

pissed* [pɪst] adj **a** (BR = drunk) bourré* **b** (US) ■ **~ at sb** (= annoyed) en rogne contre qn

pistachio [pɪs'tɑːʃɪəʊ] n pistache *f*

piste [piːst] n piste *f*

pistol ['pɪstl] n pistolet *m*

piston ['pɪstən] n piston *m*

pit [pɪt] **1** n **a** (= large hole) fosse *f* ; (= mine) mine *f* **b** (= small depression) (in metal, glass) petit trou *m* ; (on face) (petite) marque *f* **c** [of stomach] creux *m* **d** (BR : Theatre) (fauteuils *mpl* d')orchestre *m* **e** (= fruit-stone) noyau *m* **2** vt **a** ■ **to ~ sb against** (= make opponent of) opposer qn à ■ **to ~ o.s. against sb** se mesurer à qn ■ **to ~ one's wits against sb** jouer au plus fin avec qn **b** [+ surface] cribler ; [+ face, skin] marquer **c** [+ fruit] dénoyauter

pita ['pɪtə], **pita bread** ['pɪtəbred] n pain *m* pitta

pit bull ['pɪtbul] n pit-bull *m*

pitch [pɪtʃ] **1** n **a** (BR : Sport) terrain *m* **b** [of instrument, voice] ton *m* ; [of note, sound] hauteur *f* **c** (BR) [of trader] place *f* (habituelle) **d** (= argument) ■ **to make a ~ for sth** plaider pour qch **e** [of roof] degré *m* de pente **f** (= tar) poix *f* **2** vt **a** (= throw) [+ ball, object] lancer **b** [+ musical note] donner **c** (= set up) ■ **to ~ a tent** dresser une tente **3** vi **a** [ship] tanguer **b** (Baseball) lancer la balle

▸ **pitch in*** vi s'atteler au boulot* ■ **they all ~ed in to help him** ils s'y sont tous mis pour l'aider

pitch-black [pɪtʃ'blæk], **pitch-dark** [pɪtʃ'dɑːk] adj noir comme du charbon ■ **it's ~ outside** il fait noir comme dans un four dehors

pitcher ['pɪtʃəʳ] n **a** (= jug) cruche *f* **b** (Baseball) lanceur *m*, -euse *f*

pitchfork ['pɪtʃfɔːk] **1** n fourche *f* (à foin) **2** vt ■ **to ~ sb into a job*** parachuter* qn à un poste

piteous ['pɪtɪəs] adj pitoyable

pitfall ['pɪtfɔːl] n piège *m*

pith [pɪθ] n [of orange] peau *f* blanche

pithy ['pɪθɪ] adj (= terse) concis

pitiful ['pɪtɪfʊl] adj **a** (= touching) pitoyable **b** (= deplorable) lamentable

pitiless ['pɪtɪlɪs] adj impitoyable

pitta ['pɪtə], **pitta bread** ['pɪtəbred] n pain *m* pitta

pittance ['pɪtəns] n (= sum) somme *f* dérisoire ; (= income) maigre revenu *m* ; (= wage) salaire *m* de misère

pity ['pɪtɪ] **1** n **a** (= mercy, compassion) pitié *f* ■ **to have** or **take ~ on sb** avoir pitié de qn ■ **out of ~** par pitié **b** (= misfortune) ■ **it is a (great) ~** c'est (bien) dommage ■ **it's a ~ about the job** c'est dommage pour le travail ■ **what a ~!** quel dommage ! **2** vt [+ person] plaindre

pivot ['pɪvət] **1** n pivot *m* **2** vt (= turn) faire pivoter **3** vi (on axis) pivoter

pixel ['pɪksəl] n pixel *m*

pixelate ['pɪksəleɪt] vt pixéliser

pixie ['pɪksɪ] n lutin *m*

pizza ['piːtsə] n pizza *f* ▸ **pizza parlour** pizzeria *f*

placard ['plækɑːd] n affiche *f* ; (at demo) pancarte *f*

placate [plə'keɪt] vt apaiser

place [pleɪs] **1** n **a** (location) endroit *m* ■ **from ~ to ~** d'un endroit à l'autre ■ **Brighton is a nice ~ to live** Brighton est une ville où il fait bon vivre ■ **~ of birth/work** lieu *m* de naissance/de travail ■ **all over the ~*** (= everywhere) partout ■ **in ~s** (= here and there) par endroits ■ **to take ~** avoir lieu **b** (* = house) ■ **we were at Ann's ~** nous étions chez Ann ■ **your ~ or mine?** on va chez moi ou chez toi ? **c** (= job, seat, position, rank) place *f* ■ **(if I were) in your place...** (si j'étais) à votre place... ■ **to lose one's ~** (in queue) perdre sa place ; (in book) perdre sa page ■ **to take the ~ of sb/sth** prendre la place de qn/qch ■ **to take sb's ~** remplacer qn ■ **the team was in third ~** l'équipe était en troisième position ■ **my personal life has had to take second ~ to my career** ma vie privée a dû passer après ma carrière ■ **people in high ~s** les gens haut placés ■ **to put sb in his ~** remettre qn à sa place ■ **to be in ~** [object] être à sa place ; [measure, policy, elements] être en place ; [law, legislation] être en vigueur ■ **in ~ of** à la place de ■ **in the first ~** d'abord ■ **in the second ~** ensuite ■ **out of ~** [object, remark] déplacé ■ **I feel rather out of ~ here** je ne me sens pas à ma place ici **2** vt **a** (= put) mettre **b** (= rank) placer **c** (= classify) classer **d** (= make) [+ order, contract] passer ; [+ bet] engager **e** (= find job for) trouver un emploi pour **f** (= identify) situer **3** comp ▸ **place mat** set *m* (de table) ▸ **place-name** nom *m* de lieu ▸ **place setting** couvert *m*

→ Pièges PLACE

placebo [plə'siːbəʊ] n placebo *m*

placenta [plə'sentə] n placenta *m*

placid ['plæsɪd] adj placide

plagiarism ['pleɪdʒjərɪzəm] n plagiat *m*

plagiarize ['pleɪdʒjəraɪz] vt plagier

plague [pleɪg] **1** n **a** (= disease) peste *f* **b** (= scourge) fléau *m* ■ **a ~ of rats/locusts** une invasion de rats/de sauterelles **2** vt [person, fear] harceler ; (stronger) tourmenter ■ **to be ~d by bad luck** jouer de malchance ■ **~d by** [+ doubts, remorse] rongé par ; [+ nightmares] hanté par

plaice [pleɪs] n inv carrelet *m*

plaid [plæd] n (= cloth) tissu *m* écossais

plain [pleɪn] **1** adj **a** (= obvious, unambiguous) clair **b** (= absolute) pur (et simple) **c** (= simple) simple ■ **I like good ~ cooking** j'aime la cuisine simple ■ **~ rice** riz *m* nature ■ **it's ~ sailing from now on** maintenant tout va marcher comme sur des roulettes* **d** (= in one colour) uni ■ **~ white walls** murs *mpl* blancs unis **e** (= not pretty) quelconque ■ **she's rather ~** elle n'est pas jolie **2** adv (* = completely) tout bonnement ■ **(just) ~ stupid** tout simplement idiot **3** n plaine *f* ■ **the (Great) Plains** (US) la (Grande) Prairie **4** comp ▸ **plain chocolate** chocolat *m* à croquer ▸ **plain-clothes policeman** policier *m* en civil ▸ **plain flour** farine *f (sans levure)* ▸ **plain yoghurt** yaourt *m* nature

plainly ['pleɪnlɪ] adv **a** (= obviously) manifestement **b** [speak] clairement ; [see, hear] distinctement **c** [dressed] sans recherche

plaintiff ['pleɪntɪf] n plaignant(e) *m(f)*

plaintive ['pleɪntɪv] adj plaintif

plait [plæt] **1** n [of hair] tresse *f* **2** vt [+ hair, string] tresser

plan [plæn] **1** n **a** (= drawing, map) plan *m* **b** (= project) plan *m*, projet *m* ■ **~ of action** plan *m* d'action ■ **everything is going according to ~** tout se passe comme prévu ■ **to change one's ~s** changer d'idée **2** vt **a** (= devise and schedule) planifier **b** (= make plans for) [+ holiday, journey] planifier ; [+ essay] faire le plan de ; [+ campaign, attack] organiser **c** (= have in mind) avoir l'intention de ■ **to ~ to do sth** avoir l'intention de faire qch **3** vi faire des projets

▸ **plan on** vt insep (= intend) ■ **to ~ on doing sth** avoir l'intention de faire qch

→ *Pièges* MAP

plane [pleɪn] **1** n **a** (= aeroplane) avion *m* ■ **by ~** par avion **b** (= tool) rabot *m* **c** (= tree) platane *m* **d** (= surface) plan *m* **2** vt raboter

planet ['plænɪt] n planète *f*

planetarium [,plænɪ'tɛərɪəm] n planétarium *m*

plank [plæŋk] n planche *f*

plankton ['plæŋktən] n plancton *m*

planning ['plænɪŋ] n **a** (= organizing) planification *f* **b** (for town) urbanisme *m* ▸ **planning permission** permis *m* de construire

→ *Pièges* PLANNING

plant [plɑ:nt] **1** n **a** (growing) plante *f* ▸ **plant pot** pot *m* de fleurs **b** (= equipment) matériel *m* **c** (= factory) usine *f* **2** vt **a** [+ plants, bulbs] planter ; [+ field, garden] planter (*with* en) **b** (= place) [+ flag, kiss] planter ; [+ bomb] poser ; [+ spy] introduire

▸ **plant out** vt sep [+ seedlings] repiquer

plantation [plæn'teɪʃən] n plantation *f*

plaque [plæk] n **a** (= plate) plaque *f* **b** (on teeth) plaque *f* dentaire

plasma ['plæzmə] n plasma *m*

plaster ['plɑ:stəʳ] **1** n **a** (for wall, fracture) plâtre *m* ▸ **plaster cast** (for fracture) plâtre *m*; (for sculpture) moule *m* (en plâtre) ▸ **plaster of Paris** plâtre *m* à mouler **b** (BR : also **sticking plaster**) sparadrap *m* ■ **a (piece of) ~** un pansement adhésif **2** vt **a** [+ wall, fracture] plâtrer **b** (= cover) couvrir (*with* de)

plastered* ['plɑ:stəd] adj (= drunk) bourré‡

plasterer ['plɑ:stərəʳ] n plâtrier *m*

plastic ['plæstɪk] **1** n **a** (= substance) plastique *m* **b** (* = credit cards) cartes *fpl* de crédit **2** adj en (matière) plastique ▸ **plastic bag** sac *m* en plastique ▸ **plastic surgery** chirurgie *f* esthétique

Plasticine® ['plæstɪsi:n] n pâte *f* à modeler

plate [pleɪt] **1** n **a** (for food) assiette *f* ; (= platter) plat *m* **b** (on wall, door) plaque *f*; (also **number plate**) plaque *f* d'immatriculation **2** vt (with metal) plaquer ; (with silver) argenter

plateau ['plætəʊ] n plateau *m*

plate glass [pleɪt'glɑ:s] n verre *m* à vitre ▸ **plate-glass window** baie *f* vitrée

platform ['plætfɔ:m] n **a** (on oil rig, bus) plateforme *f* ; (for band, in hall) estrade *f* ; (at meeting) tribune *f* ; (in station) quai *m* ▸ **platform shoes** chaussures *fpl* à semelles compensées **b** (Computing) plateforme *f* **c** [of political party] plateforme *f* électorale

platinum ['plætɪnəm] n platine *m*

platonic [plə'tɒnɪk] adj platonique

platoon [plə'tu:n] n section *f*

platter ['plætəʳ] n **a** (= large dish) plat *m* **b** (= meal) assiette *f*

plausible ['plɔ:zəbl] adj plausible ; [person] convaincant

play [pleɪ] **1** n **a** (Sport) jeu *m* ■ **to come into ~** entrer en jeu ▸ **play-off** (after a tie) ≈ match de barrage *(départageant des concurrents à égalité)*; (US : for championship) match *m* de qualification ▸ **play on words** jeu *m* de mots **b** (Theatre) pièce *f* (de théâtre) **c** (Tech) jeu *m* **2** vt **a** [+ game, sport] jouer à ■ **to ~ chess** jouer aux échecs ■ **to ~ football** jouer au football ■ **to ~ a game** jouer à un jeu ; (of tennis) faire une partie ■ **don't ~ games with me!** ne vous moquez pas de moi ! ■ **to ~ ball with sb** (= cooperate) coopérer avec qn **b** [+ opponent] rencontrer **c** [+ chess piece, card] jouer **d** (Theatre) [+ part, play] jouer ■ **to**

~ a part in sth [person] prendre part à qch ; [quality, object] contribuer à qch ▪ **to ~ it safe** ne prendre aucun risque **e** (Mus) [+ instrument] jouer de ; [+ piece] jouer ; [+ record, CD] passer ▪ **to ~ the piano** jouer du piano **f** (= direct) [+ hose, searchlight] diriger **3** vi jouer ▪ **to ~ fair** (Sport) jouer franc jeu ; (fig) jouer le jeu ▪ **to ~ for time** essayer de gagner du temps ▪ **to ~ into sb's hands** faire le jeu de qn ▪ **to ~ with fire** jouer avec le feu

▸ **play along** vi ▪ **to ~ along with sb** entrer dans le jeu de qn

▸ **play back** vt sep [+ tape] réécouter

▸ **play down** vt sep [+ significance] minimiser ; [+ situation] dédramatiser

▸ **play on** vt insep [+ sb's emotions, good nature] jouer sur

▸ **play up** * **1** vi (= give trouble) [machine, child] faire des siennes* **2** vt sep (= give trouble to) ▪ **his leg is ~ing him up** sa jambe le tracasse

playboy ['pleɪbɔɪ] n playboy *m*

player ['pleɪəʳ] n **a** (Sport) joueur *m*, -euse *f* **b** (Mus) musicien(ne) *m(f)* ▪ **saxophone ~** joueur *m*, -euse *f* de saxophone

playful ['pleɪfʊl] adj [mood, tone] badin ; [person] enjoué ; [puppy, kitten] joueur

playground ['pleɪgraʊnd] n cour *f* de récréation

playgroup ['pleɪgru:p] n ≈ garderie *f*

playing ['pleɪɪŋ] n (Mus) interprétation *f*

playing card ['pleɪɪŋka:d] n carte *f* à jouer

playlist ['pleɪlɪst] **1** n (Rad, Mus) playlist(e) *f* **2** vt ajouter à sa (or une) playlist(e)

playmate ['pleɪmeɪt] n camarade *mf* de jeu

playpen ['pleɪpen] n parc *m (pour bébés)*

playroom ['pleɪrʊm] n salle *f* de jeux

playschool ['pleɪsku:l] n ≈ garderie *f*

plaything ['pleɪθɪŋ] n jouet *m*

playtime ['pleɪtaɪm] n récréation *f*

playwright ['pleɪraɪt] n auteur(e) *m(f)* dramatique

plaza ['plɑ:zə] n **a** (= square) place *f* **b** (US = motorway services) aire *f* de service

PLC, Plc, plc [ˌpi:el'si:] (BR) (abbr of **public limited company**) SARL *f*

plea [pli:] n **a** (= entreaty) appel *m* (*for* à) **b** (in court) ▪ **to enter a ~ of guilty/not guilty** plaider coupable/non coupable

plead [pli:d] (pret, ptp **pleaded** or **pled**) **1** vi **a** ▪ **to ~ with sb to do sth** supplier qn de faire qch **b** (in court) plaider ▪ **to ~ guilty/not guilty** plaider coupable/non coupable **2** vt **a** (= give as excuse) alléguer **b** ▪ **to ~ sb's case/cause** plaider la cause de qn

pleasant ['pleznt] adj **a** (= pleasing) agréable **b** (= polite) aimable

please [pli:z] **1** adv s'il vous (or te) plaît ▪ **yes ~** oui, merci **2** vi **a** (= think fit) ▪ **do as you ~!** faites comme vous voulez ! **b** (= satisfy, give pleasure) faire plaisir **3** vt (= give pleasure to) faire plaisir à ; (= satisfy) contenter ▪ **he is hard to ~** il est difficile à contenter ▪ **to ~ oneself** faire comme on veut

pleased [pli:zd] adj content (*with* de) ▪ **~ to meet you!*** enchanté !

pleasing ['pli:zɪŋ] adj agréable

pleasure ['pleʒəʳ] n plaisir *m* ▪ **to do sth for ~** faire qch pour le plaisir ▪ **to take great ~ in doing sth** prendre beaucoup de plaisir à faire qch ▪ **he's a ~ to work with** c'est un plaisir de travailler avec lui ▪ **my ~!** je vous en prie !

pleat [pli:t] **1** n pli *m* **2** vt plisser

plectrum ['plektrəm] n plectre *m*

pledge [pledʒ] **1** n (= promise) promesse *f* ; (= agreement) pacte *m* **2** vt **a** (= pawn) mettre en gage **b** (= promise) [+ one's help, support, allegiance] promettre ▪ **to ~ to do sth** s'engager à faire qch

plenary ['pli:nərɪ] **1** adj ▪ **(in) ~ session** (en) séance plénière ▪ **~ meeting** réunion *f* plénière **2** n séance *f* plénière

plentiful ['plentɪfʊl] adj [harvest, food] abondant ; [amount] copieux

plenty ['plentɪ] **1** n **a** (= a lot) ▪ **~ of** (= lots of) beaucoup de ; (= enough of) (bien) assez de ▪ **he's got ~ of friends** il a beaucoup d'amis ▪ **that's ~** ça suffit amplement **b** (= abundance) abondance *f* **2** adv * assez

pleurisy ['plʊərɪsɪ] n pleurésie *f*

pliable ['plaɪəbl] adj [material] flexible ; [character, person] malléable

pliant ['plaɪənt] adj malléable

pliers ['plaɪəz] npl (also **pair of pliers**) pince(s) *f(pl)*

plight [plaɪt] n situation *f* dramatique ▪ **in a sorry ~** dans un triste état

plimsoll ['plɪmsəl] n (BR) (chaussure *f* de) tennis *m*

plinth [plɪnθ] n plinthe *f* ; [of statue] socle *m*

PLO [ˌpi:el'əʊ] n (abbr of **Palestine Liberation Organization**) OLP *f*

plod [plɒd] vi (= trudge : also **plod along**) avancer d'un pas lourd

plonk* [plɒŋk] **1** n (BR = cheap wine) piquette* *f* **2** vt (also **plonk down**) poser (bruyamment)

plot [plɒt] **1** n **a** [of land] terrain *m* **b** (= conspiracy) complot *m* (*to do sth* pour faire qch) **c** [of story] intrigue *f* **2** vt **a** (= mark out) [+ course, route] déterminer ; [+ graph, curve] tracer point par point ; [+ progress, development] faire le graphique de **b** [+ sb's death,

pl

ruin] comploter **3** vi (= conspire) conspirer ▪ **to ~ to do sth** comploter de faire qch

plough, plow (US) [plaʊ] **1** n charrue *f* ▪ **the Plough** (= constellation) la Grande Ourse **2** vt [+ field] labourer ▪ **to ~ money into sth** investir gros dans qch **3** vi **a** [worker] labourer **b** ▪ **to ~ through the mud** avancer péniblement dans la boue ▪ **to ~ through a book** lire laborieusement un livre

ploughman ['plaʊmən] n (pl **-men**) laboureur *m* ▸ **ploughman's lunch** (BR) *assiette de fromage et de pickles*

plow [plaʊ] n (US) ⇒ **plough**

ploy* [plɔɪ] n stratagème *m* (*to do sth* pour faire qch)

pluck [plʌk] **1** vt [+ fruit, flower] cueillir ; [+ strings] pincer ; [+ bird] plumer ▪ **to ~ one's eyebrows** s'épiler les sourcils **2** n (= courage) courage *m*

▸ **pluck up** vt sep (= summon up) ▪ **he ~ed up the courage to tell her** il a trouvé le courage de lui dire

plucky* ['plʌkɪ] adj courageux

plug [plʌg] **1** n **a** [of bath, basin] bonde *f* **b** (electric) prise *f* (de courant) **c** (= spark plug) bougie *f* **2** vt **a** (= fill) [+ hole, crack] boucher ; [+ leak] colmater ▸ **plug-and-play** prêt à l'emploi ▸ **plug-in** qui se branche sur le secteur **b** (* = publicize) (on one occasion) faire de la pub* pour ; (repeatedly) matraquer*

▸ **plug in** vt sep [+ lead, apparatus] brancher

plughole ['plʌghəʊl] n trou *m* (d'écoulement)

plum [plʌm] **1** n (= fruit) prune *f* ▪ **~ tree** prunier *m* **2** adj **a** (= plum-coloured) prune *inv* **b** (* = best, choice) de choix ▪ **he has a ~ job** il a un boulot* en or

plumage ['plu:mɪdʒ] n plumage *m*

plumb [plʌm] **1** n ▪ **out of ~** hors d'aplomb **2** adj vertical **3** adv **a** (= exactly) en plein ▪ **~ in the middle of** en plein milieu de **b** (= absolutely) complètement **4** vt ▪ **to ~ the depths** toucher le fond

plumber ['plʌmə^r] n plombier *m*, -ière *f*

plumbing ['plʌmɪŋ] n plomberie *f*

plume [plu:m] n **a** (= large feather) (grande) plume *f* ; (on hat, helmet) plumet *m* ; (larger) panache *m* **b** [of smoke] panache *m*

plummet ['plʌmɪt] vi [aircraft] plonger ; [temperature, price, sales] chuter ; [morale] tomber à zéro

plump [plʌmp] **1** adj [person, child, hand] potelé ; [cheek] rebondi ; [arm, leg] dodu **2** vt (also **plump up**) [+ pillow] tapoter

plunder ['plʌndə^r] **1** n (= act) pillage *m* ; (= loot) butin *m* **2** vt piller

plunge [plʌndʒ] **1** n [of bird, diver] plongeon *m* ; (= steep fall) chute *f* ▪ **to take the ~** sauter le pas **2** vt plonger **3** vi (= dive) plonger ; [sales, prices, temperature] chuter ▪ **he ~d to his death** il a fait une chute mortelle ▪ **to ~ into recession** sombrer dans la récession

plunger ['plʌndʒə^r] n (for blocked pipe) ventouse *f*

pluperfect ['plu:'pɜ:fɪkt] n plus-que-parfait *m*

plural ['plʊərəl] **1** adj **a** [form, ending, person] du pluriel ; [verb, noun] au pluriel **b** [society] pluriel **2** n pluriel *m* ▪ **in the ~** au pluriel

plus [plʌs] **1** prep plus **2** adj ▪ **B ~** (= mark) B plus ▪ **we've sold 100 ~*** nous en avons vendu 100 et quelques **3** n plus *m* ▸ **plus-one*** accompagnateur *m*, -trice *f* ▸ **plus sign** signe *m* plus

plush [plʌʃ] adj (= sumptuous) somptueux ; [area] riche

Pluto ['plu:təʊ] n (= planet) Pluton *f*

plutonium [plu:'təʊnɪəm] n plutonium *m*

ply [plaɪ] **1** n (compound ending) ▪ **three-ply (wool)** laine *f* trois fils **2** vt [+ needle, tool, oar] manier ▪ **to ~ one's trade (as)** exercer son métier (de) ▪ **he plied them with drink** il ne cessait de remplir leur verre **3** vi ▪ **to ~ between** [ship, coach] faire la navette entre

plywood ['plaɪwʊd] n contreplaqué *m*

PM [pi:'em] **1** n **a** (BR) (abbr of **Prime Minister**) Premier *m*, -ière *f* ministre *m(f)* **b** (abbr of **private message**) MP *m* **2** vt envoyer un MP à

pm [pi:'em] (abbr of **post meridiem**) de l'après-midi ▪ **3pm** 3 heures de l'après-midi, 15 heures

PMS [ˌpi:em'es] n abbr of **premenstrual syndrome**

PMT [ˌpi:em'ti:] n abbr of **premenstrual tension**

pneumatic [nju:'mætɪk] adj pneumatique ▸ **pneumatic drill** marteau-piqueur *m*

pneumonia [nju:'məʊnɪə] n pneumonie *f*

PO [pi:'əʊ] n (abbr of **post office**) ▪ **PO Box 24** BP 24

poach [pəʊtʃ] vt **a** [+ game, fish] braconner ; [+ employee] débaucher **b** [+ food] pocher ▸ **poached egg** œuf *m* poché

poacher ['pəʊtʃə^r] n [of game] braconnier *m*, -ière *f*

pocket ['pɒkɪt] **1** n **a** poche *f* ▪ **to go through sb's ~s** faire les poches à qn ▪ **to be out of ~** en être de sa poche **b** (Billiards) blouse *f* **2** vt empocher **3** comp [torch, dictionary, edition] de poche ▸ **pocket calculator** calculette *f* ▸ **pocket-money** argent *m* de poche

pocketbook ['pɒkɪtbʊk] n (US) (= wallet) portefeuille *m* ; (= handbag) sac *m* à main

pocketknife ['pɒkɪtnaɪf] n (pl **-knives**) canif *m*

pockmarked ['pɒkmɑːkt] adj [face] grêlé ; [surface] criblé de trous

pod [pɒd] n [of bean, pea] cosse *f*

podcast ['pɒdkɑːst] vt podcaster

podcasting ['pɒdkɑːstɪŋ] n baladodiffusion *f*

podgy* ['pɒdʒɪ] adj grassouillet

podiatrist [pɒ'diːətrɪst] n (US) pédicure *mf*

podium ['pəʊdɪəm] n (pl **podia**) podium *m*

poem ['pəʊɪm] n poème *m*

poet ['pəʊɪt] n poète *mf*

poetic [pəʊ'etɪk] adj poétique

poetry ['pəʊɪtrɪ] n poésie *f*

poignant ['pɔɪnjənt] adj poignant

point [pɔɪnt] **1** n **a** (= sharp end) pointe *f* ▪ **a knife with a sharp ~** un couteau très pointu **b** (= dot) point *m* ; (= decimal point) virgule *f* (décimale) ▪ **three ~ six** (3.6) trois virgule six *(3,6)* **c** (in space, in time) point *m* ▪ **at this** or **that ~** (in space) à cet endroit ; (in time) à ce moment-là ▪ **at this ~ in time** à ce stade ▪ **to be on the ~ of doing sth** être sur le point de faire qch ▪ **up to a ~** jusqu'à un certain point **d** (= unit) (in score) point *m* ; (on thermometer) degré *m* **e** (= idea, argument) point *m* ▪ **to make a ~** faire une remarque ▪ **I take your ~** je vois ce que vous voulez dire **f** (= main idea) [of argument] objet *m* ▪ **that's not the ~** là n'est pas la question ▪ **that is beside the ~** cela n'a rien à voir ▪ **to come to the ~** [person] en venir au fait ▪ **to keep to the ~** ne pas s'éloigner du sujet **g** (= purpose) ▪ **what was the ~ of his visit?** quel était le but de sa visite ? ▪ **to make a ~ of doing sth** ne pas manquer de faire qch **h** (= use) ▪ **what's the ~?** à quoi bon ? ▪ **what's the ~ of waiting?** à quoi bon attendre ? ▪ **there's no ~ waiting** ça ne sert à rien d'attendre ▪ **I don't see any ~ in doing that** je ne vois aucun intérêt à faire cela **i** (= characteristic) caractéristique *f* ▪ **good ~s** qualités *fpl* ▪ **bad ~s** défauts *mpl* **j** (BR : Elec) (= power point) prise *f* (de courant) *(femelle)* **2 points** npl (BR : on railway) aiguillage *m* **3** vt **a** (= aim) pointer (*at* sur) ▪ **to ~ a gun at sb** braquer un revolver sur qn ▪ **he ~ed his finger at me** il a pointé le doigt sur moi ► **point-and-click** [browser, interface] pointer-cliquer *inv* **b** [+ toes] pointer **4** vi **a** [person] montrer du doigt ▪ **to ~ at sth/sb** désigner qch/qn du doigt **b** [signpost] indiquer la direction (*towards* de)

► **point out** vt sep **a** (= show) [+ person, object, place] indiquer **b** (= mention) faire remarquer ▪ **to ~ sth out to sb** faire remarquer qch à qn

point-blank [pɔɪnt'blæŋk] **1** adj [refusal] catégorique ▪ **at ~ range** à bout portant **2** adv [fire, shoot] à bout portant ; [refuse] catégoriquement ; [demand] de but en blanc

pointed ['pɔɪntɪd] adj **a** (= sharp) pointu **b** [remark, question, look] lourd de sous-entendus

pointer ['pɔɪntə'] n **a** (= stick) baguette *f* ; (on scale) curseur *m* **b** (= clue) indication *f* (*to* de) ; (= piece of advice) conseil *m*

pointless ['pɔɪntlɪs] adj (= useless) inutile ; [murder, violence] gratuit ▪ **it is ~ to complain** ça ne sert à rien de se plaindre

point of view [,pɔɪntəv'vjuː] n point *m* de vue ▪ **from that/my ~** de ce/mon point de vue

poise [pɔɪz] n (= composure) calme *m* ; (= self-confidence) assurance *f* ; (= grace) grâce *f*

poised [pɔɪzd] adj **a** (= ready) prêt **b** (= self-possessed) sûr de soi

poison ['pɔɪzn] **1** n poison *m* ► **poison gas** gaz *m* asphyxiant ► **poison ivy** sumac *m* vénéneux ► **poison-pen letter** lettre *f* anonyme (malveillante) **2** vt [+ person, food] empoisonner ; [+ air, water, land] contaminer

poisoning ['pɔɪznɪŋ] n empoisonnement *m* ▪ **alcoholic ~** éthylisme *m*

poisonous ['pɔɪznəs] adj [snake] venimeux ; [plant] vénéneux ; [gas, fumes, substance] toxique ; [remark, suspicion] pernicieux

poke [pəʊk] **1** n (= jab) (petit) coup *m (de canne, avec le doigt)* **2** vt (= jab with finger, stick) donner un coup à ; (= thrust) [+ stick, finger] enfoncer ▪ **to ~ the fire** tisonner le feu ▪ **he ~d me in the ribs** il m'a donné un coup de coude dans les côtes ▪ **to ~ one's head out of the window** passer la tête par la fenêtre **3** vi ▪ **to ~ through/up** dépasser

► **poke about***, **poke around*** vi farfouiller*

► **poke at** vt insep ▪ **he ~d at me with his finger** il m'a touché du bout du doigt ▪ **she ~d at her food with a fork** elle jouait avec sa nourriture du bout de sa fourchette

► **poke in** vt sep ▪ **to ~ one's nose in*** fourrer* son nez dans les affaires des autres

► **poke out** **1** vi (= stick out) dépasser **2** vt sep (= stick out) sortir

poker ['pəʊkə'] n **a** (for fire) tisonnier *m* **b** (Cards) poker *m* ► **poker-faced** au visage impassible

Poland ['pəʊlənd] n Pologne *f*

polar ['pəʊlə'] adj [region, explorer] polaire ► **polar bear** ours *m* polaire

polarize ['pəʊləraɪz] vt polariser

Pole [pəʊl] n (= Polish person) Polonais(e) *m(f)*

pole [pəʊl] n **a** (= rod) perche *f* ; (fixed) poteau *m* ; (for flag, tent) mât *m* ; (= telegraph pole) poteau *m* télégraphique ; (for vaulting, punting) perche *f* ▸ **pole vaulting** (Sport) saut *m* à la perche **b** (= ski stick) bâton *m* **c** [of the earth] pôle *m* ▪ **they are ~s apart** (fig) ils sont aux antipodes l'un de l'autre ▸ **the Pole Star** l'étoile *f* polaire

polecat ['pəʊlkæt] n putois *m*

polemic [pɒ'lemɪk] n (= argument) ▪ **a ~ against sth** un réquisitoire contre qch ▪ **a ~ for sth** un plaidoyer pour qch

polemical [pɒ'lemɪkəl] adj polémique

police [pə'li:s] **1** n police *f* ▸ **police car** voiture *f* de police ▸ **police constable** agent *m* de police ▸ **police dog** chien *m* policier ▸ **the police force** les forces *fpl* de l'ordre ▸ **police officer** agent *m* de police, policier *m*, -ière *f* ▸ **police station** poste *m* or commissariat *m* de police **2** vt **a** (with policemen) [+ place] maintenir l'ordre dans **b** [+ frontier, territory, prices] contrôler ; [+ agreements, controls] veiller à l'application de

→ *Pièges* POLICE

policeman [pə'li:smən] n (pl **-men**) (in town) policier *m* ; (in country) gendarme *m*

policewoman [pə'li:s,wʊmən] n (pl **-women**) policière *f*, femme *f* policier

policy ['pɒlɪsɪ] n **a** [of government] politique *f* ▪ **~ document** document *m* programmatique **b** (Insurance) police *f* (d'assurance)

polio ['pəʊlɪəʊ] n polio *f*

Polish ['pəʊlɪʃ] **1** adj polonais **2** n (= language) polonais *m*

polish ['pɒlɪʃ] **1** n **a** (for shoes) cirage *m* ; (for floor, furniture) encaustique *f* **b** (= act) ▪ **to give sth a ~** [+ shoes] cirer qch ; [+ doorknob, cutlery] astiquer qch **c** (= refinement) [of person] raffinement *m* ; [of style, performance] élégance *f* **2** vt [+ stones, glass] polir ; [+ shoes, floor, furniture] cirer ; [+ metal] astiquer ; [+ style, language] peaufiner ▪ **to ~ (up) one's French** se perfectionner en français

▸ **polish off*** vt sep [+ food, drink] finir ; [+ work, correspondence] expédier

polished ['pɒlɪʃt] adj **a** [surface, stone, glass] poli ; [floor, shoes] ciré ; [silver] brillant **b** (= refined) [person, manners] raffiné ; [style] poli ; [performer] accompli ; [performance] impeccable

polite [pə'laɪt] adj poli (*to sb* avec qn)

politely [pə'laɪtlɪ] adv poliment

political [pə'lɪtɪkəl] adj politique ▸ **political correctness** ▪ **in this age of ~ correctness** à l'heure du politiquement correct ▸ **political prisoner** prisonnier *m*, -ière *f* politique ▸ **political science** sciences *fpl* politiques

politically [pə'lɪtɪkəlɪ] adv politiquement ▸ **politically correct** politiquement correct

politician [,pɒlɪ'tɪʃən] n politicien(ne) *m(f)*, homme *m*, femme *f* politique

politicize [pə'lɪtɪsaɪz] vt politiser

politics ['pɒlɪtɪks] **1** n politique *f* **2** npl (= political ideas) opinions *fpl* politiques

polka ['pɒlkə] n polka *f* ▸ **polka dot** pois *m* ▪ **a polka-dot blouse** un chemisier à pois

poll [pəʊl] **1** n **a** (= opinion survey) sondage *m* ▪ **(public) opinion ~** sondage *m* d'opinion **b** ▪ **the ~s** (= election) scrutin *m* **2** vt [+ votes] obtenir ; [+ people] interroger

pollen ['pɒlən] n pollen *m*

pollinate ['pɒlɪneɪt] vt polliniser

polling ['pəʊlɪŋ] n élections *fpl* ▸ **polling booth** isoloir *m* ▸ **polling place** (US), **polling station** (BR) bureau *m* de vote

pollster ['pəʊlstə'] n sondeur *m*, -euse *f*

pollutant [pə'lu:tənt] n polluant *m*

pollute [pə'lu:t] vt polluer ; (fig) contaminer, polluer

pollution [pə'lu:ʃən] n pollution *f* ▪ **air ~** pollution *f* de l'air

polo ['pəʊləʊ] n (= sport) polo *m* ▸ **polo shirt** polo *m*

polo-neck ['pəʊləʊnek] **1** n col *m* roulé **2** adj (also **polo-necked**) à col roulé

poltergeist ['pɔ:ltəgaɪst] n esprit *m* frappeur

polyester [,pɒlɪ'estə'] **1** n polyester *m* **2** adj de or en polyester

polygamous [pɒ'lɪgəməs] adj polygame

polygamy [pɒ'lɪgəmɪ] n polygamie *f*

polyglot ['pɒlɪglɒt] adj, n polyglotte *mf*

Polynesia [,pɒlɪ'ni:zɪə] n Polynésie *f*

polystyrene [,pɒlɪ'staɪri:n] n polystyrène *m*

polytechnic [,pɒlɪ'teknɪk] n (in Britain) ≈ IUT *m*, ≈ Institut *m* universitaire de technologie

polythene ['pɒlɪθi:n] n (BR) polythène® *m* ▸ **polythene bag** sachet *m* en plastique

polyunsaturated [,pɒlɪʌn'sætʃə,reɪtɪd] adj polyinsaturé

pomegranate ['pɒmə,grænɪt] n (= fruit) grenade *f*

pomelo ['pɒmɪləʊ] n pomélo *m*

pommel ['pʌml] n pommeau *m*

pomp [pɒmp] n pompe *f*

pompom ['pɒmpɒm], **pompon** ['pɒmpɒn] n (= bobble) pompon *m*

pompous ['pɒmpəs] adj pompeux

pond [pɒnd] n mare *f* ; (artificial) bassin *m*

ponder ['pɒndə'] **1** vt réfléchir à **2** vi méditer (*over, on* sur)

ponderous ['pɒndərəs] adj lourd ; [speech] pesant et solennel

pong* [pɒŋ] n (BR) mauvaise odeur *f*

pontoon [pɒn'tu:n] n **a** (= bridge) ponton *m* ; (on aircraft) flotteur *m* **b** (BR : Cards) vingt-et-un *m*

pony ['pəʊnɪ] n poney *m* ▸ **pony trekking** randonnée *f* à cheval

ponytail ['pəʊnɪteɪl] n queue *f* de cheval

poodle ['pu:dl] n caniche *m*

pool [pu:l] **1** n **a** (= puddle, spilt liquid) flaque *f* (d'eau) ; (larger) mare *f* ; [of light] rond *m* **b** (= pond) (natural) étang *m* ; (artificial) bassin *m* ; (= swimming pool) piscine *f* **c** (= common fund) réserve *f* ; [of things owned in common] fonds *m* commun ; (= reserve) [of ideas, experience, ability] réservoir *m* ; [of advisers, experts] équipe *f* **d** (= game) billard *m* américain **2** **the pools*** npl (BR) ≈ le loto sportif **3** vt [+ resources] mettre en commun ; [+ efforts] unir

poolroom ['pu:lrʊm] n (salle *f* de) billard *m*

poor [pʊə'] **1** adj **a** (= not rich) pauvre **b** (= inferior) [sales, pay, harvest] maigre *before n* ; [work, worker, performance] piètre *before n* ; [light] faible ; [eyesight, visibility] mauvais ; [soil] pauvre ; [quality] médiocre **c** (= pitiable) pauvre ▪ **~ woman** la pauvre **2** **the poor** npl les pauvres *mpl*
→ *Pièges* POOR

poorly ['pʊəlɪ] **1** adj * souffrant **2** adv [perform, eat, sell] mal ▪ **~ lit/paid** mal éclairé/payé

pop [pɒp] **1** n **a** (= music) (musique *f*) pop *f* **b** (* = father) papa *m* **c** (= sound) [of cork] pan *m* **d** (* = drink) soda *m* **2** vt **a** [+ balloon] crever ; [+ cork] faire sauter ; [+ corn] faire éclater **b** (* = put) mettre **3** vi **a** [balloon] éclater ; [cork] sauter ▪ **my ears ~ped** mes oreilles se sont débouchées **b** (* = go) ▪ **I ~ped out to the shop** j'ai fait un saut au magasin ▪ **he ~ped into the café** il a fait un saut au café **4** adj [music, song, singer, group] pop *inv* ▸ **pop art** pop art *m* ▸ **pop socks** (BR) mi-bas *mpl (fins)* ▸ **pop star** pop star *f* ▸ **pop-up** (Computing) (fenêtre *f*) pop-up *m*; (= temporary shop) magasin *m* éphémère; (= temporary restaurant) restaurant *m* éphémère ▸ **pop-up book** livre *m* animé ▸ **pop-up menu** (Computing) menu *m* pop-up ▸ **pop-up window** fenêtre *f* surgissante or pop-up
▸ **pop in*** vi passer
▸ **pop out** vi [person] sortir ; [head] émerger
▸ **pop round*** vi passer

popcorn ['pɒpkɔ:n] n popcorn *m*

pope [pəʊp] n pape *m*

popgun ['pɒpgʌn] n pistolet *m* à bouchon

poplar ['pɒplə'] n peuplier *m*

poppy ['pɒpɪ] n (= flower) pavot *m* ; (growing wild) coquelicot *m* ▸ **Poppy Day** (BR) ≈ jour de l'Armistice ▸ **poppy seed** graine *f* de pavot

Popsicle® ['pɒpsɪkl] n (US) glace *f* à l'eau

popstrel ['pɒpstrəl] n *jeune et jolie pop star*

popular ['pɒpjʊlə'] adj (gen) populaire ; [style, model, place] prisé (*with* de) ; [name] en vogue

popularity [,pɒpjʊ'lærɪtɪ] n popularité *f* (*with* auprès de)

popularize ['pɒpjʊləraɪz] vt [+ sport, music, product] populariser ; [+ science, ideas] vulgariser

population [,pɒpjʊ'leɪʃən] n population *f*

populist ['pɒpjʊlɪst] adj, n populiste *mf*

porcelain ['pɔ:səlɪn] n porcelaine *f*

porch [pɔ:tʃ] n [of house, church] porche *m* ; (US = verandah) véranda *f*

porcupine ['pɔ:kjʊpaɪn] n porc-épic *m*

pore [pɔ:'] **1** n (in skin) pore *m* **2** vi ▪ **to ~ over** [+ book, map] étudier dans le détail

pork [pɔ:k] n porc *m* ▸ **pork chop** côte *f* de porc ▸ **pork pie** pâté *m* en croûte

porn* [pɔ:n] n, adj (abbr of **pornography**) porno* *m*

pornographic [,pɔ:nə'græfɪk] adj pornographique

pornography [pɔ:'nɒgrəfɪ] n pornographie *f*

porous ['pɔ:rəs] adj poreux

porpoise ['pɔ:pəs] n marsouin *m*

porridge ['pɒrɪdʒ] n porridge *m* ▪ **~ oats** flocons *mpl* d'avoine

port [pɔ:t] n **a** (= harbour) port *m* ▪ **~ of call** escale *f* **b** (Computing) port *m* **c** (= left side) bâbord *m* **d** (= wine) porto *m*

portable ['pɔ:təbl] **1** adj (gen) portatif ; [computer, television] portable **2** n (= computer) portable *m*

portal ['pɔ:tl] n (gen, Computing) portail *m*

portcullis [pɔ:t'kʌlɪs] n herse *f (de château fort)*

porter ['pɔ:tə'] n **a** (for luggage) porteur *m* **b** (US Rail = attendant) employé(e) *m(f)* des wagons-lits **c** (BR) (= doorkeeper) gardien(ne) *m(f)* ; (at university) appariteur *m* **d** [of hospital] brancardier *m*, -ière *f*

portfolio [pɔ:t'fəʊlɪəʊ] n **a** [of artist] portfolio *m* ; [of model] book *m* **b** [of shares] portefeuille *m*

porthole ['pɔ:thəʊl] n hublot *m*

portico ['pɔ:tɪkəʊ] n portique *m*

portion ['pɔ:ʃən] n (= share) portion *f* ; (= part) partie *f*

portly ['pɔ:tlɪ] adj corpulent

portrait ['pɔ:trɪt] n portrait *m*

portray [pɔ:'treɪ] vt (= depict) représenter

Portugal ['pɔ:tjʊgəl] n Portugal *m*

Portuguese [ˌpɔːtjʊˈgiːz] **1** adj portugais **2** n **a** (pl inv) Portugais(e) *m(f)* **b** (= language) portugais *m*

pose [pəʊz] **1** n pose *f* **2** vi (Art, Photo) poser ; (= show off) se donner des airs, faire le kéké* ▪ **to ~ as a doctor** se faire passer pour un docteur **3** vt (= present) [+ problem, question, difficulties] poser ; [+ threat] constituer

poser [ˈpəʊzəʳ] n **a** (= person) poseur *m*, -euse *f* **b** (* = problem) colle* *f*

poseur [pəʊˈzɜːʳ] n poseur *m*, -euse *f*

posh* [pɒʃ] adj **a** (= distinguished) chic **b** (pej) [person] snob *f inv* ; [neighbourhood, school] huppé

position [pəˈzɪʃən] **1** n **a** (gen) position *f* ; [of house, shop] emplacement *m* ▪ **to change the ~ of sth** changer qch de place ▪ **to change ~** changer de position **b** (= job) poste *m* **c** (= situation) place *f* ▪ **what would you do in my ~?** que feriez-vous à ma place ? ▪ **to be in a ~ to do sth** être en position de faire qch ▪ **he's in no ~ to decide** il n'est pas en position de décider **2** vt **a** (= adjust angle of) positionner **b** (= put in place) placer ; [+ house] situer ; [+ guards, policemen] poster ▪ **to ~ o.s.** se placer

positive [ˈpɒzɪtɪv] **1** adj **a** (= not negative) positif ▪ **he's very ~** il a une attitude très positive ▪ **~ discrimination** discrimination *f* positive **b** (= definite) [change, improvement] réel ▪ **proof ~** preuve *f* formelle **c** (= certain) [person] certain (*about, on, of* de) **2** adv ▪ **to test ~** être positif ▪ **to think ~** positiver

positively [ˈpɒzɪtɪvlɪ] adv **a** (= constructively, favourably) [act, contribute] de façon positive **b** (= absolutely) vraiment **c** (= definitely) [identify] formellement

posse [ˈpɒsɪ] n détachement *m*

possess [pəˈzes] vt posséder

possession [pəˈzeʃən] n **a** (= act, state) possession *f* ; [of drugs] détention *f* illégale ▪ **in ~ of** en possession de ▪ **he was in full ~ of his faculties** il était en pleine possession de ses facultés **b** (= object) bien *m* ▪ **all his ~s** tout ce qu'il possède

possessive [pəˈzesɪv] **1** adj possessif ▪ **to be ~ about sb/sth** être possessif avec qn/qch **2** n possessif *m*

possibility [ˌpɒsəˈbɪlɪtɪ] n **a** possibilité *f* ▪ **there is some ~/not much ~ of success** il y a des chances/peu de chances que ça marche **b** (= promise) perspectives *fpl*, potentiel *m* ▪ **she agreed that the project had possibilities** elle a admis que le projet avait un certain potentiel

possible [ˈpɒsəbl] adj possible ▪ **it is ~ that...** il est possible que... *+ subj* ▪ **to make sth ~** rendre qch possible, permettre ▪ **if (at all) ~** si possible ▪ **the best ~ result** le meilleur résultat possible ▪ **as far as ~** dans la mesure du possible ▪ **as much as ~** autant que possible ▪ **as soon as ~** dès que possible ; → <u>Pièges</u> PERMIT

possibly [ˈpɒsəblɪ] adv **a** (with can etc) ▪ **he did all he ~ could** il a fait tout son possible ▪ **it can't ~ be true!** ce n'est pas possible ! **b** (= perhaps) peut-être ▪ **~ not** peut-être que non

post [pəʊst] **1** n **a** (= mail service) poste *f* ; (= letters) courrier *m* ▪ **by ~** par la poste ▪ **by return (of) ~** par retour du courrier ▸ **post and packing** (= cost) frais *mpl* de port et d'emballage ▸ **post office** poste *f* ▸ **post-paid** port payé **b** (= job) poste *m* **c** (of wood, metal) poteau *m* ▪ **finishing ~** (Sport) ligne *f* d'arrivée **d** (on internet forum) billet *m*, post *m* **2** vt **a** [+ letter] poster, mettre à la poste **b** [+ notice, list] afficher **c** [+ results] annoncer ; (on Internet) poster ▪ **to keep sb ~ed** tenir qn au courant **d** [+ sentry, guard] poster **e** (= move) [+ soldier] poster ; [+ employee] affecter

post- [pəʊst] pref post- ▸ **post-fact, post-factual** (euph) post-factuel (euph) ▸ **post-truth (politics)** (euph) post-vérité *f* (euph) ▪ **post-1950** [event] postérieur à (l'année) 1950, d'après 1950 ; [occur] après 1950

postage [ˈpəʊstɪdʒ] n tarifs *mpl* postaux ▸ **postage paid** port payé *inv* ▸ **postage stamp** timbre-poste *m*

postal [ˈpəʊstəl] adj (gen) postal ; [application] par la poste ▪ **~ address** adresse *f* ▸ **postal order** (BR) mandat *m* (postal) ▸ **postal vote** (= paper) bulletin *m* de vote par correspondance ; (= system) vote *m* par correspondance

postbag [ˈpəʊstbæg] n (BR) sac *m* postal

postbox [ˈpəʊstbɒks] n boîte *f* à or aux lettres

postcard [ˈpəʊstkɑːd] n carte *f* postale

postcode [ˈpəʊstkəʊd] n (BR) code *m* postal

postdate [ˌpəʊstˈdeɪt] vt postdater

poster [ˈpəʊstəʳ] n affiche *f* ▸ **poster paint** gouache *f*

poste restante [ˌpəʊstˈrestɑ̃ːnt] n, adv poste *f* restante

posterior [pɒsˈtɪərɪəʳ] adj postérieur (-eure *f*) (*to* à)

posterity [pɒsˈterɪtɪ] n postérité *f*

postgraduate [ˈpəʊstˈgrædjʊɪt] **1** adj de troisième cycle (universitaire) **2** n (= student) étudiant(e) *m(f)* de troisième cycle

posthumous [ˈpɒstjʊməs] adj posthume

postman [ˈpəʊstmən] n (pl **-men**) facteur *m*

postmark [ˈpəʊstmɑːk] **1** n cachet *m* de la poste **2** vt timbrer

postmaster ['pəʊst,mɑːstə'] n receveur *m* des postes

postmistress ['pəʊst,mɪstrɪs] n receveuse *f* des postes

post-mortem [,pəʊst'mɔːtəm] n (also **post-mortem examination**) autopsie *f*

postnatal ['pəʊst'neɪtl] adj postnatal ► **post-natal depression** dépression *f* post-partum

postpone [pəʊst'pəʊn] vt reporter (*for* de, *until* à)

postscript ['pəʊsskrɪpt] n (to letter) post-scriptum *m inv*

post-traumatic ['pəʊsttrɔː'mætɪk] adj post-traumatique ► **post-traumatic stress disorder** syndrome *m* de stress post-traumatique

posture ['pɒstʃə'] **1** n posture *f* **2** vi prendre des poses

postwar ['pəʊst'wɔː'] adj [event] de l'après-guerre ; [government] d'après-guerre ■ **the ~ period** l'après-guerre *m*

postwoman ['pəʊst,wʊmən] n (pl **-women**) factrice *f*

posy ['pəʊzɪ] n petit bouquet *m* (de fleurs)

pot [pɒt] **1** n **a** (for flowers, jam) pot *m* ; (= piece of pottery) poterie *f* ; (for cooking) marmite *f* ; (= saucepan) casserole *f* ; (= teapot) théière *f* ; (= coffeepot) cafetière *f* ■ **~s and pans** batterie *f* de cuisine ► **pot luck** ■ **to take ~ luck** s'en remettre au hasard ► **pot plant** (BR) plante *f* verte ► **pot roast** rôti *m* braisé **b** (* = kitty) cagnotte *f* ■ **to have ~s of money*** rouler sur l'or ■ **to go to ~*** aller à vau-l'eau **c** (= cannabis) herbe* *f* **2** vt **a** [+ plant, jam] mettre en pot **b** (Snooker) mettre

potassium [pə'tæsɪəm] n potassium *m*

potato [pə'teɪtəʊ] (pl **~es**) n pomme *f* de terre ► **potato chips** (US), **potato crisps** (BR) chips *fpl* ► **potato-peeler** éplucheur légume(s) *m*

potbellied [,pɒt'belɪd] adj (from overeating) ventru ; (from malnutrition) au ventre ballonné

potent ['pəʊtənt] adj (gen) puissant ; [drink] fort

potential [pəʊ'tenʃəl] **1** adj potentiel **2** n potentiel *m* ■ **to have ~** être prometteur ; [building, area] offrir toutes sortes de possibilités

potentially [pəʊ'tenʃəlɪ] adv potentiellement

pothole ['pɒthəʊl] n **a** (in road) nid-de-poule *m* **b** (under ground) caverne *f*

potholing ['pɒt,həʊlɪŋ] n (BR) spéléologie *f* ■ **to go ~** faire de la spéléologie

potion ['pəʊʃən] n potion *f*

potpourri [pəʊ'pʊrɪ] n [of flowers] pot *m* pourri

potted ['pɒtɪd] adj ■ **~ meat** *rillettes de viande* ■ **~ plant** plante *f* d'appartement ■ **a ~ version of "Ivanhoe"*** un abrégé d'« Ivanhoé »

potter ['pɒtə'] **1** vi (also **potter about**) bricoler* **2** n potier *m*, -ière *f* ► **potter's wheel** tour *m* de potier

pottery ['pɒtərɪ] n (= craft, place) poterie *f* ; (= objects) poteries *fpl*

potty* ['pɒtɪ] **1** n pot *m* (de bébé) **2** adj (BR) [person] dingue* (*about* de) ; [idea] farfelu

pouch [paʊtʃ] n (= small bag) petit sac *m* ; (for money) bourse *f* ; (for tobacco) blague *f* ; [of kangaroo] poche *f* marsupiale

pouf(fe) [puːf] n (= stool) pouf *m*

poultice ['pəʊltɪs] n cataplasme *m*

poultry ['pəʊltrɪ] n volaille *f*

pounce [paʊns] **1** n bond *m* **2** vi bondir ■ **to ~ on** [+ prey] bondir sur ; [+ book, small object] se précipiter sur ; [+ idea, suggestion] sauter sur

pound [paʊnd] **1** n **a** (= weight) livre *f* (*= 453,6 grammes*) **b** (= money) livre *f* ■ **~ coin** pièce *f* d'une livre ► **pound shop** ≈ magasin « tout à un euro » **c** (for dogs, cars) fourrière *f* **2** vt [+ spices] piler ; [+ rocks] concasser ; [+ earth] pilonner ; [guns, bombs, shells] pilonner ■ **to ~ sth with one's fists** marteler qch à coups de poing **3** vi [heart] battre fort ; (with fear, excitement) battre la chamade ; [sea, waves] battre ■ **he ~ed on the door** il frappa de grands coups à la porte

pour [pɔː'] **1** vt [+ liquid] verser **2** vi **a** [water, blood] couler à flots (*from* de) **b** (= rain) ■ **it's ~ing*** il pleut à verse **c** (= serve tea, coffee) servir

► **pour away** vt sep [+ liquid, dregs] vider

► **pour in** **1** vi [water, sunshine, rain] se déverser ; [people] affluer ■ **letters ~ed in** il y a eu une avalanche de lettres **2** vt sep [+ liquid] verser

► **pour out** **1** vi [water] sortir à flots ; [people] sortir en masse **2** vt sep **a** [+ tea, coffee, drinks] servir (*for sb* à qn) ; [+ unwanted liquid] vider **b** [+ anger, emotion] donner libre cours à ; [+ troubles] épancher

pouring ['pɔːrɪŋ] adj **a** [sauce] liquide **b** ■ **(in) the ~ rain** (sous) la pluie battante

pout [paʊt] **1** n moue *f* **2** vi **a** (= pull a face) faire la moue **b** (US = sulk) bouder

poverty ['pɒvətɪ] n pauvreté *f* ; [of ideas, information] déficit *m* ► **poverty-stricken** [person, family] dans le dénuement

powder ['paʊdə'] **1** n poudre *f* ► **powder puff** houppette *f* ; (big, fluffy) houppe *f* ► **powder room** (= toilets) toilettes *fpl* (pour dames) **2** vt **a** [+ substance] réduire en poudre ▪ **~ed milk** lait *m* en poudre **b** [+ face, body] poudrer ▪ **to ~ one's nose** se poudrer

powdery ['paʊdərɪ] adj [snow] poudreux

power ['paʊəʳ] **1** n **a** (= ability) pouvoir *m* ; (= faculty) faculté *f* ▪ **he did everything within his ~ to help us** il a fait tout son possible pour nous aider ▪ **his ~s of persuasion** son pouvoir de persuasion ▪ **purchasing ~** pouvoir *m* d'achat **b** (= force) [of person, blow, sun] force *f* **c** (= authority) pouvoir *m* ▪ **to have ~ over sb** avoir autorité sur qn ▪ **to have sb in one's ~** avoir qn en son pouvoir ▪ **in ~** [party] au pouvoir ▪ **to come to ~** accéder au pouvoir ▪ **the ~s that be** les autorités *fpl* constituées **d** (= energy) énergie *f* ; (= output) rendement *m* ; (= electricity) électricité *f*, courant *m* **e** [of engine, device] puissance *f* **2** vt faire marcher **3** comp ▸ **power-assisted** assisté ▸ **power cut** (BR) coupure *f* de courant ▸ **power failure** panne *f* de courant ▸ **power line** ligne *f* à haute tension ▸ **power of attorney** procuration *f* ▸ **power point** (BR) prise *f* de courant ▸ **power station** centrale *f* (électrique) ▸ **power steering** direction *f* assistée ▸ **power supply** alimentation *f* électrique ▸ **power tool** outil *m* électrique
▸ **power down** vt sep [+ computer] éteindre
▸ **power up** vt sep [+ computer] allumer

powerboat ['paʊəbəʊt] n hors-bord *m*

powerful ['paʊəfʊl] adj [engine, computer, feeling] puissant ; [kick, person, smell] fort ; [influence, effect] profond ; [performance, argument] très convaincant

powerless ['paʊəlɪs] adj impuissant

pppn ['piː'piː'piː'en] (abbr of **per person per night**) pppn

PR [piː'ɑːʳ] n **a** (abbr of **public relations**) RP *fpl* **b** (abbr of **proportional representation**) RP *f*

practicable ['præktɪkəbl] adj réalisable

practical ['præktɪkəl] **1** adj (gen) pratique ; [idea, scheme] réalisable ▪ **for all ~ purposes** en pratique ▸ **practical joke** farce *f* **2** n (= exam) épreuve *f* pratique ; (= lesson) travaux *mpl* pratiques
→ *Pièges* PRACTICAL

practicality [,præktɪ'kælɪtɪ] **1** n [of person] sens *m* pratique ; [of test] facilité *f* de mise en œuvre ; [of suggestion] aspect *m* pratique **2** **practicalities** npl détails *mpl* pratiques

practically ['præktɪklɪ] adv (= almost) pratiquement ; (= from a practical point of view) d'un point de vue pratique

practice ['præktɪs] **1** n **a** (= habits) pratique *f* ▪ **it's common ~** c'est courant **b** (= exercises) exercices *mpl* ; (= training) entraînement *m* ; (= experience) expérience *f* ; (= rehearsal) répétition *f* ▪ **out of ~** rouillé *(fig)* **c** (as opposed to theory) pratique *f* ▪ **in ~** dans la pratique ▪ **to put sth into ~** mettre qch en pratique **d** [of law, medicine] exercice *m* ; (= business) cabinet *m* ; (= clients) clientèle *f* **2** vti (US) ⇒ **practise**

practise, practice (US) ['præktɪs] **1** vt **a** [+ meditation, one's religion] pratiquer ; [+ method] appliquer ▪ **to ~ what one preaches** prêcher par l'exemple ▪ **to ~ medicine/law** exercer la médecine/la profession d'avocat **b** (= exercise in) [+ violin, song, chorus] travailler ▪ **to ~ doing sth** s'entraîner à faire qch **2** vi **a** (Mus) s'exercer ; (Sport) s'entraîner ; [beginner] faire des exercices **b** [doctor, lawyer] exercer
→ *Pièges* PRACTISE

practised, practiced (US) ['præktɪst] adj [teacher, nurse] chevronné ; [eye, ear] exercé ; [performance] accompli

practising, practicing (US) ['præktɪsɪŋ] adj [doctor] exerçant ; [lawyer] en exercice ; [architect] en activité ; [Catholic, Buddhist] pratiquant

practitioner [præk'tɪʃənəʳ] n (= doctor) médecin *mf*

pragmatic [præg'mætɪk] adj pragmatique

prairie ['prɛərɪ] n prairie *f*

praise [preɪz] **1** n éloge(s) *m(pl)* ▪ **in ~ of** à la louange de **2** vt louer ▪ **to ~ sb for sth/for doing sth** louer qn pour qch/d'avoir fait qch

praiseworthy ['preɪz,wɜːðɪ] adj digne d'éloges

pram [præm] n (BR) landau *m*

prance [prɑːns] vi [horse, child] caracoler ; [dancer] cabrioler

prank [præŋk] n (= joke) farce *f*

prat* [præt] n (BR) con* *m*, conne* *f*

prattle ['prætl] **1** vi jaser ; [child] babiller **2** n bavardage *m*

prawn [prɔːn] n (BR) crevette *f* rose ▸ **prawn cocktail** cocktail *m* de crevettes ▸ **prawn cracker** beignet *m* de crevettes

pray [preɪ] **1** vi prier **2** vt prier (*that* pour que + *subj*)

prayer [prɛəʳ] n prière *f* ▪ **to say one's ~s** faire sa prière ▸ **prayer book** livre *m* de prières

pre- [priː] pref pré

preach [priːtʃ] **1** vi prêcher **2** vt [+ religion] prêcher ; [+ sermon] faire ; [+ patience] prôner

preacher ['priːtʃəʳ] n prédicateur *m* ; (US = clergyman) pasteur *m*

preamble [priː'æmbl] n préambule *m* ; (in book) préface *f*

prearrange ['priːə'reɪndʒ] vt organiser à l'avance

precarious [prɪ'kɛərɪəs] adj (= uncertain) précaire ; (= unsteady) [ladder] en équilibre instable

precaution [prɪ'kɔːʃən] n précaution *f* ▪ **as a ~** par précaution ▪ **to take ~s** prendre ses précautions

precede [prɪ'siːd] vt précéder

precedence ['presɪdəns] n (in rank) préséance *f* ; (in importance) priorité *f*

precedent ['presɪdənt] n précédent *m* ▪ **to set a ~** créer un précédent

preceding [prɪ'siːdɪŋ] adj précédent

precept ['priːsept] n précepte *m*

precinct ['priːsɪŋkt] n a (BR also **shopping precinct**) centre *m* commercial b (US : Police) circonscription *f* administrative ; (US : Pol) circonscription *f* électorale c (round cathedral) enceinte *f*

precious ['preʃəs] 1 adj précieux ▪ **his son is very ~ to him** il tient énormément à son fils ▪ **your ~ career** (iro) ta chère carrière ▸ **precious metal** métal *m* précieux ▸ **precious stone** pierre *f* précieuse 2 adv ▪ **~ few, ~ little** fort peu (de)

precipice ['presɪpɪs] n précipice *m*

precipitate 1 vt [prɪ'sɪpɪteɪt] précipiter 2 adj [prɪ'sɪpɪtɪt] précipité

> Lorsque ***precipitate*** est un verbe, la fin se prononce comme ***eight***. Lorsque c'est un adjectif, elle se prononce ***it***.

précis ['preɪsiː] n (pl **précis** ['preɪsiːz]) résumé *m*

precise [prɪ'saɪs] adj a (= exact) précis ▪ **at 4am to be ~** à 4 heures du matin pour être précis b (= meticulous) [person, manner] méticuleux

→ *Pièges* PRECISE

precisely [prɪ'saɪslɪ] adv précisément ▪ **10 o'clock ~** 10 heures précises ▪ **~!** exactement !

precision [prɪ'sɪʒən] n précision *f*

preclude [prɪ'kluːd] vt [+ doubt] dissiper ; [+ misunderstanding] prévenir ; [+ possibility] exclure ▪ **to be ~d from doing sth** être empêché de faire qch

precocious [prɪ'kəʊʃəs] adj précoce

preconceived ['priːkən'siːvd] adj [+ idea] préconçu

preconception ['priːkən'sepʃən] n idée *f* préconçue

precondition ['priːkən'dɪʃən] n condition *f* préalable

precursor [priː'kɜːsəʳ] n (= person, thing) précurseur *mf* ; (= event) signe *m* avant-coureur

predator ['predətəʳ] n prédateur *m*, -trice *f*

predatory ['predətərɪ] adj [animal, insect] prédateur (-trice *f*) ; [bird] de proie ; [habits] de prédateur(s) ; [person] rapace

predecessor ['priːdɪsesəʳ] n prédécesseur *mf*

predicament [prɪ'dɪkəmənt] n situation *f* difficile

predict [prɪ'dɪkt] vt prédire

predictable [prɪ'dɪktəbl] adj [behaviour] prévisible ; [person, story] sans surprise

prediction [prɪ'dɪkʃən] n prévision *f*

predictive [prɪ'dɪktɪv] adj prophétique ▸ **predictive text** n saisie *f* intuitive or prédictive

predispose ['priːdɪs'pəʊz] vt prédisposer

predominant [prɪ'dɒmɪnənt] adj prédominant

predominantly [prɪ'dɒmɪnəntlɪ] adv essentiellement

pre-eminent [priː'emɪnənt] adj prééminent

pre-empt [priː'empt] vt a [+ sb's decision, action] devancer b (= prevent) prévenir c [+ property] préempter

pre-emptive [priː'emptɪv] adj [attack, strike] préventif

preen [priːn] 1 vt [+ feathers, tail] lisser 2 vi [person] se pomponner

prefab* ['priːfæb] n (abbr of **prefabricated building**) préfabriqué *m*

preface ['prefɪs] n (to book) préface *f* ; (to speech) préambule *m*

prefect ['priːfekt] n a (BR : Scol) *élève des grandes classes chargé(e) de la discipline* b (= French official) préfet *m*, préfète *f*

prefer [prɪ'fɜːʳ] vt a préférer ▪ **I ~ Paris to London** je préfère Paris à Londres ▪ **to ~ doing sth** préférer faire qch ▪ **I much ~ Scotland** je préfère de beaucoup l'Écosse b (in court) ▪ **to ~ charges** porter plainte

→ *Pièges* PREFER

preferable ['prefərəbl] adj préférable

preferably ['prefərəblɪ] adv de préférence

preference ['prefərəns] n (= liking) préférence *f* ▪ **in ~ to sth** de préférence à qch ▪ **in ~ to doing sth** plutôt que de faire qch

preferential [prefə'renʃəl] adj [terms] préférentiel ; [treatment] de faveur

prefix ['priːfɪks] n [of word] préfixe *m* ; [of phone number] indicatif *m*

pregnancy ['pregnənsɪ] n grossesse *f* ; [of animal] gestation *f* ▸ **pregnancy test** test *m* de grossesse

pregnant ['pregnənt] adj enceinte ; [animal] pleine ; [silence] lourd de sens

preheat ['pri:'hi:t] vt préchauffer

prehistoric ['pri:hɪs'tɒrɪk] adj préhistorique

prejudice ['predʒʊdɪs] **1** n **a** (= bias) préjugés *mpl* ; (= particular instance) préjugé *m* **b** (= detriment) préjudice *m* **2** vt **a** [+ person] influencer **b** [+ chance] porter préjudice à

> ⚠ ***prejudice*** ne se traduit que rarement par **préjudice**.

prejudiced ['predʒʊdɪst] adj [person] plein de préjugés ▪ **to be ~ against sb/sth** avoir des préjugés contre qn/qch

preliminary [prɪ'lɪmɪnərɪ] **1** adj préliminaire ▪ **~ round** or **heat** épreuve *f* éliminatoire **2** n préliminaire *m*

preload [pri:'ləʊd] **1** vt (Computing) préinstaller **2** vi* se faire une préchauffe*

pre-loved [pri:'lʌvd] adj d'occasion

prelude ['prelju:d] n prélude *m* (*to* de)

premarital ['pri:'mærɪtl] adj avant le mariage

premature ['prematʃʊə'] adj [decision, birth] prématuré ▪ **~ baby** (enfant *mf*) prématuré(e) *m(f)*

premeditate [pri:'medɪteɪt] vt préméditer

premenstrual [pri:'menstrʊəl] adj prémenstruel

premier ['premɪə'] **1** adj premier **2** n (= Prime Minister) Premier ministre *mf* ; (= President) chef *mf* de l'État

premiere ['premɪεə'] n première *f*

premiership ['premɪəʃɪp] n (of Prime Minister) ▪ **during her ~** pendant qu'elle était Premier ministre ▪ **he staked his claim for the ~** il revendiquait le poste de Premier ministre

premise ['premɪs] **1** n (= hypothesis) prémisse *f* **2** **premises** npl locaux *mpl* ▪ **on the ~s** sur place

premium ['pri:mɪəm] **1** n prime *f* ▪ **to be at a ~** être précieux **2** adj [goods, brand] de qualité supérieure

premonition [,premə'nɪʃən] n pressentiment *m*

prenatal ['pri:'neɪtl] adj prénatal

preoccupation [pri:,ɒkjʊ'peɪʃən] n préoccupation *f*

preoccupy [pri:'ɒkjʊpaɪ] vt [+ person, mind] préoccuper ▪ **to be preoccupied** être préoccupé (*by, with* de)

pre-owned [pri:'əʊnd] adj d'occasion, de seconde main

prep* [prep] n (abbr of **preparation**) **a** (= homework) devoirs *mpl* ; (= period) étude *f* (surveillée) **b** (US) préparation *f (d'un(e) malade)*

prepaid ['pri:'peɪd] adj payé (d'avance)

preparation [,prepə'reɪʃən] n préparation *f* ▪ **~s** préparatifs *mpl* ▪ **in ~ for** en vue de

preparatory [prɪ'pærətərɪ] adj [work] préparatoire ; [measure, step] préliminaire ▪ **~ to sth/to doing sth** avant qch/de faire qch ▸ **preparatory school** (BR) école *f* primaire privée; (US) école *f* secondaire privée

prepare [prɪ'pεə'] **1** vt préparer **2** vi ▪ **to ~ for** (= make arrangements) [+ journey, event] prendre ses dispositions pour ; (= prepare o.s. for) [+ storm, meeting, discussion] se préparer pour ; [+ war] se préparer à ; [+ examination] préparer ▪ **to ~ to do sth** s'apprêter à faire qch

prepared [prɪ'pεəd] adj [person, country] prêt ; [statement, answer] préparé à l'avance ▪ **to be ~ to do sth** être disposé à faire qch

preposition [,prepə'zɪʃən] n préposition *f*

preposterous [prɪ'pɒstərəs] adj grotesque

prequel ['pri:kwəl] n préquel *m*, antépisode *m*

prerequisite ['pri:'rekwɪzɪt] n condition *f* préalable

prerogative [prɪ'rɒgətɪv] n prérogative *f*

Presbyterian [,prezbɪ'tɪərɪən] adj, n presbytérien(ne) *m(f)*

pre-school [,pri:'sku:l] adj préscolaire ; [child] d'âge préscolaire

prescribe [prɪs'kraɪb] vt prescrire (*sth for sb* qch à qn)

prescription [prɪs'krɪpʃən] n (= medicine) ordonnance *f* ▪ **on ~** sur ordonnance

presence ['prezns] n présence *f* ▪ **in the ~ of** en présence de ▸ **presence of mind** présence *f* d'esprit

present **1** adj ['preznt] **a** (= in attendance) présent **b** (= existing now) actuel ▸ **present-day** d'aujourd'hui ▸ **present perfect** passé *m* composé ▸ **present tense** présent *m* **2** n ['preznt] **a** (= present time) présent *m* ▪ **at ~** (= right now) actuellement ; (= for the time being) pour le moment **b** (= gift) cadeau *m* **3** vt [prɪ'zent] **a** ▪ **to ~ sb with sth, to ~ sth to sb** [+ prize, medal] remettre qch à qn **b** [+ tickets, documents] présenter ; [+ plan, account, proposal] soumettre ; [+ report] remettre ; [+ complaint] déposer ; [+ proof, evidence] apporter **c** (= constitute) [+ difficulties, features] présenter ; [+ opportunity] donner ; [+ challenge] constituer **d** [+ play, film, programme] passer ; (= act as presenter of) présenter

→ *Pièges* PRESENT

> Lorsque ***present*** est un verbe, l'accent tombe sur la deuxième syllabe. Lorsque c'est un adjectif ou un nom, l'accent tombe sur la première.

presentable [prɪ'zentəbl] adj présentable

presentation [ˌprezən'teɪʃən] n a (gen) présentation *f* b (= ceremony) remise *f* du cadeau, ≈ vin d'honneur

presenter [prɪ'zentə'] n (BR) présentateur *m*, -trice *f*

presently ['prezntlɪ] adv a (BR) (= in a moment) tout à l'heure ; (= some time later) peu de temps après b (= currently) actuellement

preservation [ˌprezə'veɪʃən] n (= protection) sauvegarde *f*; (= continuance, maintenance) maintien *m*

preservative [prɪ'zɜːvətɪv] n (agent *m*) conservateur *m*

> ⚠ ***preservative*** ne se traduit pas par **préservatif** ; → *Pièges* PRESERVATIVE

preserve [prɪ'zɜːv] 1 vt a (= keep, maintain) [+ building, traditions, manuscript] conserver ; [+ leather, wood] entretenir ; [+ dignity, sense of humour] garder ; [+ peace, standards] maintenir b (from harm) préserver (*from* de) c [+ fruit] mettre en conserve 2 n a (BR = jam) confiture *f* b (= prerogative) chasse *f* gardée

preset ['priː'set] vt (pret, ptp **preset**) programmer

preshrunk ['priː'ʃrʌŋk] adj irrétrécissable

preside [prɪ'zaɪd] vi présider ▪ **to ~ at** or **over a meeting** présider une réunion

presidency ['prezɪdənsɪ] n présidence *f*

president ['prezɪdənt] n (gen) président(e) *m(f)* ; (US) [of company] président-directeur *m* général, présidente-directrice *f* générale, PDG *mf*

presidential [ˌprezɪ'denʃəl] adj présidentiel

press [pres] 1 n a (= newspapers) presse *f* ▸ **press agency** agence *f* de presse ▸ **press agent** agent *m* de publicité ▸ **press conference** conférence *f* de presse ▸ **press officer** attaché(e) *m(f)* de presse ▸ **press release** communiqué *m* de presse ▸ **press secretary** ≈ porte-parole *mf* (du gouvernement) b (= printing press) presse *f* ; (= place) imprimerie *f* c (= apparatus) (for wine, olives) pressoir *m* ; (for gluing, moulding) presse *f* 2 vt a [+ button, switch] appuyer sur ; (= squeeze) [+ sb's hand] serrer b [+ grapes, olives, flowers] presser c (= iron) repasser d ▪ **to ~ sb to do sth** pousser qn à faire qch ▪ **to be ~ed for time** manquer de temps e [+ attack] poursuivre ; [+ advantage] pousser ▪ **to ~ charges (against sb)** porter plainte (contre qn) 3 vi (= exert pressure: with hand) appuyer ; [weight, burden] peser ; [debts, troubles] peser (*on sb* à qn) ▪ **to ~ for sth** faire pression pour obtenir qch
▸ **press ahead, press on** vi (in work, journey) continuer

pressing ['presɪŋ] adj (= urgent) urgent ; [invitation] pressant ; → *Pièges* PRESSING

press-stud ['presstʌd] n (BR) bouton-pression *m*

press-up ['presʌp] n (BR) traction *f*, pompe* *f*

pressure ['preʃə'] 1 n pression *f* ▪ **to put ~ on sb (to do sth)** faire pression sur qn (pour qu'il fasse qch) ▪ **to come under ~** subir des pressions ▪ **to be under ~** être sous pression* ▸ **pressure cooker** autocuiseur *m* ▸ **pressure group** groupe *m* de pression 2 vt ▪ **to ~ sb to do sth** faire pression sur qn pour qu'il fasse qch ▪ **to ~ sb into doing sth** forcer qn à faire qch

pressurize ['preʃəraɪz] vt ▪ **to ~ sb** faire pression sur qn

pressurized ['preʃəraɪzd] adj [cabin, container] pressurisé

prestige [pres'tiːʒ] 1 n prestige *m* 2 adj de prestige

prestigious [pres'tɪdʒəs] adj prestigieux

presumably [prɪ'zjuːməblɪ] adv sans doute

presume [prɪ'zjuːm] vt a (= suppose) présumer b (= take liberty) ▪ **to ~ to do sth** se permettre de faire qch

presumption [prɪ'zʌmpʃən] n a (= supposition) supposition *f* b (= audacity) présomption *f*

presumptuous [prɪ'zʌmptjʊəs] adj présomptueux

pre-teen [ˌpriː'tiːn] adj, n préadolescent(e) *m(f)*

pretence, pretense (US) [prɪ'tens] n a (= pretext) prétexte *m* ; (= claim) prétention *f* ▪ **under false ~s** sous des prétextes fallacieux b (= make-believe) ▪ **to make a ~ of doing sth** faire semblant de faire qch

pretend [prɪ'tend] 1 vt a (= feign) feindre ▪ **to ~ to do sth** faire semblant de faire qch b (= claim) prétendre 2 vi (= feign) faire semblant

> ⚠ ***pretend*** ne se traduit par **prétendre** que dans le sens de « revendiquer » ; → *Pièges* PRETEND

pretense [prɪ'tens] n (US) ⇒ **pretence**

pretentious [prɪ'tenʃəs] adj prétentieux

preterite ['pretərɪt] n prétérit *m*

pretext ['priːtekst] n prétexte *m* ▪ **on the ~ of doing sth** sous prétexte de faire qch

pretty ['prɪtɪ] 1 adj joli *before n* 2 adv (* = fairly) assez ▪ **it's ~ much the same thing** c'est à peu près la même chose

prevail [prɪ'veɪl] vi a (= gain victory) l'emporter b [conditions, attitude, fashion] prédominer ; [style] être en vogue c ▪ **to ~ (up)on sb to do sth** persuader qn de faire qch

prevailing [prɪ'veɪlɪŋ] adj **a** [wind] dominant **b** [conditions, situation] (today) actuel ; (at that time) à l'époque

prevalent ['prevələnt] adj répandu

prevaricate [prɪ'værɪkeɪt] vi tergiverser

prevent [prɪ'vent] vt empêcher (*sb from doing sth* qn de faire qch) ; [+ illness] prévenir

preventative [prɪ'ventətɪv] adj préventif

prevention [prɪ'venʃən] n prévention *f*

preventive [prɪ'ventɪv] adj préventif

preview ['pri:vju:] n [of film, show] avant-première *f* ; (= art exhibition) vernissage *m*

previous ['pri:vɪəs] adj (= immediately before) précédent ; (= sometime before) antérieur (-eure *f*) ▪ **the ~ day** la veille

previously ['pri:vɪəslɪ] adv auparavant ▪ **three months ~** trois mois plus tôt

prewar ['pri:'wɔ:ʳ] adj d'avant-guerre

prey [preɪ] **1** n proie *f* ▪ **bird of ~** oiseau *m* de proie **2** vi ▪ **to ~ on** [animal, person] s'attaquer à ▪ **something is ~ing on her mind** il y a quelque chose qui la tourmente

price [praɪs] **1** n prix *m* ▪ **to rise in ~** augmenter ▪ **to fall in ~** baisser ▪ **it's a high ~ to pay for it** c'est cher payer ▪ **they want peace at any ~** ils veulent la paix à tout prix ▪ **you can't put a ~ on friendship** l'amitié n'a pas de prix ▸ **price cut** réduction *f* ▸ **price list** tarif *m* ▸ **price range** gamme *f* de prix ▪ **within my ~ range** dans mes prix ▸ **price tag** étiquette *f*; (= cost) prix *m* **2** vt (= fix price of) fixer le prix de ; (= mark price on) marquer le prix de ; (= estimate value of) évaluer

→ *Pièges* PRIZE

priceless ['praɪslɪs] adj **a** [picture, contribution, gift] inestimable **b** (* = amusing) impayable*

pricey* ['praɪsɪ] adj cher

prick [prɪk] **1** n piqûre *f* **2** vt piquer ▪ **she ~ed her finger** elle s'est piqué le doigt

▸ **prick up** vt sep ▪ **to ~ (up) one's ears** [animal] dresser les oreilles ; [person] dresser l'oreille

prickle ['prɪkl] **1** n **a** [of plant] épine *f* **b** (= pricking sensation) picotement *m* **2** vt piquer **3** vi [skin, fingers] picoter

prickly ['prɪklɪ] adj **a** [plant] épineux **b** (= irritable) irritable **c** (= delicate) [subject] épineux

pride [praɪd] **1** n fierté *f* ; (= arrogance) orgueil *m* ▪ **to take ~ in** [+ children, achievements] être très fier de ; [+ house, car] prendre (grand) soin de ▪ **to take ~ in doing sth** mettre sa fierté à faire qch ▪ **she is her father's ~ and joy** elle est la fierté de son père **2** vt ▪ **to ~ o.s. on (doing) sth** être fier de (faire) qch

priest [pri:st] n prêtre *m* ; (= parish priest) curé *m*

priestess ['pri:stɪs] n prêtresse *f*

priesthood ['pri:sthʊd] n (= function) prêtrise *f* ▪ **to enter the ~** se faire prêtre

prim [prɪm] adj [person] collet monté *inv* ; [manner, expression] compassé ; [dress, hat] très correct

primarily ['praɪmərɪlɪ] adv (= chiefly) essentiellement

primary ['praɪmərɪ] **1** adj **a** (= first) primaire ▸ **primary colour** couleur *f* primaire **b** (= basic) [reason, concern] principal **2** n **a** (also **primary school**) école *f* primaire **b** (US = election) primaire *f*

primate ['praɪmeɪt] n (= ape) primate *m*

prime [praɪm] **1** adj **a** (= principal) primordial ; [concern, aim] premier ▸ **prime minister** Premier ministre *m* ▸ **prime number** nombre *m* premier ▸ **prime time** prime time *m*, heure(s) *f(pl)* de grande écoute **b** (= excellent) [site] exceptionnel ▪ **in ~ condition** en parfaite condition ▪ **of ~ quality** de première qualité **2** n (= peak) ▪ **in one's ~** dans la fleur de l'âge ▪ **he is past his ~** il n'est plus de première jeunesse **3** vt **a** [+ gun, bomb] amorcer **b** [+ surface for painting] apprêter **c** [+ person] mettre au courant

primer ['praɪməʳ] n **a** (= textbook) livre *m* élémentaire **b** (= paint) apprêt *m*

primeval [praɪ'mi:vəl] adj primitif ▪ **~ forest** forêt *f* primaire

primitive ['prɪmɪtɪv] adj, n primitif *m*

primrose ['prɪmrəʊz] **1** n primevère *f (jaune)* **2** adj jaune pâle *inv*

primula ['prɪmjʊlə] n primevère *f (espèce)*

prince [prɪns] n prince *m*

princess [prɪn'ses] n princesse *f*

principal ['prɪnsɪpəl] **1** adj principal **2** n [of school] chef *mf* d'établissement ; [of college] principal(e) *m(f)*

→ *Pièges* PRINCIPAL

principally ['prɪnsɪpəlɪ] adv principalement

principle ['prɪnsəpl] n principe *m* ▪ **in ~** en principe ▪ **on ~, as a matter of ~** par principe

print [prɪnt] **1** n **a** (= mark) [of hand, foot] empreinte *f*; (= finger print) empreinte *f* (digitale) **b** (= letters) caractères *mpl* ; (= printed material) texte *m* imprimé ▪ **out of ~** [book] épuisé ▪ **in ~** disponible (en librairie) **c** [of picture, photo] tirage *m* ; (= material, design) imprimé *m* **2** vt **a** [+ text, textile] imprimer ; [+ photo] tirer **b** (= write in block letters) écrire en majuscules **3** vi [machine] imprimer

▸ **print out** vt sep imprimer

printer ['prɪntəʳ] n **a** (= firm) imprimeur *m* **b** [of computer] imprimante *f*

printing ['prɪntɪŋ] n [of text] impression f ; (= block writing) écriture f en majuscules ▸ **printing press** presse f typographique

printout ['prɪntaʊt] n tirage m (papier)

prior ['praɪəʳ] **1** adj précédent ; [consent] préalable ▪ **~ to** antérieur à **2** adv ▪ **~ to** avant

prioritize [praɪ'ɒrɪtaɪz] **1** vt (= give priority to) donner la priorité à, prioriser **2** vi (= establish priorities) établir la liste des priorités, prioriser

priority [praɪ'ɒrɪtɪ] n priorité f ▪ **to have** or **take ~ over** avoir la priorité sur ▪ **you must get your priorities right** vous devez décider de vos priorités

priory ['praɪərɪ] n prieuré m

prise [praɪz] vt (BR) ▪ **to ~ the lid off a box** forcer le couvercle d'une boîte ▪ **to ~ a secret out of sb** arracher un secret à qn

prism ['prɪzəm] n prisme m

prison ['prɪzn] n prison f ▪ **in ~** en prison ▸ **prison camp** camp m de prisonniers ▸ **prison officer** gardien(ne) m(f) de prison ▸ **prison sentence** peine f de prison

prisoner ['prɪznəʳ] n prisonnier m, -ière f ; (in jail) détenu(e) m(f) ▪ **he was taken ~** il a été fait prisonnier ▸ **prisoner of war** prisonnier m, -ière f de guerre

pristine ['prɪstaɪn] adj (= unspoiled) virginal ▪ **in ~ condition** en parfait état

privacy ['prɪvəsɪ] n intimité f ▪ **in ~** sans être dérangé

private ['praɪvɪt] **1** adj **a** (= not public) privé ; [gardens] privatif **b** (= personal) [house, lesson, room] particulier ; [car, bank account, letter] personnel ▪ **in his ~ life** dans sa vie privée ▪ **it's not very ~ here** on n'est pas très tranquille ici ▪ **he's a very ~ person** c'est un homme très secret **2** n **a** (= soldier) simple soldat m **b** ▪ **in ~** en privé **3** comp ▸ **private detective** détective m privé ▸ **private enterprise** entreprise f privée ▸ **private eye*** privé* m ▸ **private property** propriété f privée ▸ **private school** école f privée ▸ **private sector** secteur m privé ▸ **private tuition** leçons fpl particulières

privately ['praɪvɪtlɪ] adv **a** (= in private) en privé **b** (= secretly) [think] dans son for intérieur **c** (= not through the state) ▪ **~ owned** privé

privatization [praɪvətaɪ'zeɪʃən] n privatisation f

privatize ['praɪvə,taɪz] vt privatiser

privet ['prɪvɪt] n troène m

privilege ['prɪvɪlɪdʒ] **1** n privilège m **2** vt (= favour) privilégier

privileged ['prɪvɪlɪdʒd] adj privilégié

privy ['prɪvɪ] adj ▪ **~ to sth** dans le secret de qch

prize [praɪz] **1** n prix m ▸ **prize draw** tombola f ▸ **prize fighter** boxeur m, -euse f professionnel(le) ▸ **prize-giving** distribution f des prix **2** adj (= prize-winning) primé **3** vt **a** attacher beaucoup de prix à ▪ **his most ~d possession was his car** la chose à laquelle il tenait le plus était sa voiture **b** ⇒ **prise**
→ *Pièges* PRIZE

prizewinner ['praɪz,wɪnəʳ] n lauréat(e) m(f) ; (in lottery) gagnant(e) m(f)

prizewinning ['praɪz,wɪnɪŋ] adj [essay, novel] primé ; [ticket] gagnant

pro [prəʊ] n **a** (* = professional) pro mf **b** (= advantage) ▪ **the ~s and cons** le pour et le contre

pro- [prəʊ] pref (= in favour of) pro

proactive [,prəʊ'æktɪv] adj proactif

probability [,prɒbə'bɪlɪtɪ] n probabilité f ▪ **in all ~** selon toute probabilité

probable ['prɒbəbl] adj probable

probably ['prɒbəblɪ] adv probablement ▪ **~ not** probablement pas ; → *Pièges* CERTAINLY

probation [prə'beɪʃən] n **a** (= penalty) mise f à l'épreuve ▪ **to be on ~** ≈ être en sursis avec mise à l'épreuve ; [minor] être en probation **b** [employee] ▪ **he is on ~** il a été engagé à l'essai, il est en période probatoire

probationary [prə'beɪʃnərɪ] adj probatoire ▪ **for a ~ period** pendant une période probatoire or d'essai

probe [prəʊb] **1** n **a** (= investigation) enquête f (*into* sur) **b** (Space) sonde f **2** vt **a** (= inquire into) [+ sb's subconscious] sonder ; [+ past] fouiller ; [+ causes, mystery] chercher à éclaircir ; [+ sb's activities] enquêter sur **b** (= explore) explorer ; [+ wound] sonder **3** vi (= inquire) faire des recherches

probity ['prəʊbɪtɪ] n probité f

problem ['prɒbləm] n problème m ▪ **no ~!*** pas de problème !* ▸ **problem family** famille f à problèmes ▸ **problem-free** sans problème ▸ **problem page** courrier m du cœur ▸ **problem-solving** résolution f de problèmes

problematic [,prɒblɪ'mætɪk] adj problématique

procedure [prə'siːdʒəʳ] n procédure f

proceed [prə'siːd] vi **a** (= go forwards) avancer ▪ **it is all ~ing according to plan** tout se passe comme prévu ▪ **before we ~ any further** avant d'aller plus loin ▪ **they ~ed with their plan** ils ont mis leur projet à exécution ▪ **to ~ to do sth** (= begin) se mettre à faire qch **b** (= act) procéder ▪ **you must ~ cautiously** il faut procéder avec prudence

pr

proceedings [prəˈsiːdɪŋz] npl **a** (= manoeuvres) opérations *fpl* ; (= ceremony) cérémonie *f* ; (= meeting) réunion *f* ; (= discussions) débats *mpl* **b** ▪ **legal ~** procès *m*

proceeds [ˈprəʊsiːdz] npl argent *m* (collecté), montant *m* des recettes

process [ˈprəʊses] **1** n **a** (natural) processus *m* ; (official) procédure *f* **b** ▪ **to be in the ~ of doing** être en train de faire **2** vt [+ raw materials, data] traiter ; [+ application] s'occuper de ▸ **processed foods** aliments *mpl* transformés ▸ **processed peas** petits pois *mpl* en boîte

procession [prəˈseʃən] n [of people, cars] cortège *m* ; (religious) procession *f*

processor [ˈprəʊsesəʳ] n **a** (Computing) processeur *m* **b** (also **food processor**) robot *m* ménager

proclaim [prəˈkleɪm] vt proclamer ; [+ one's love] déclarer

proclamation [ˌprɒkləˈmeɪʃən] n proclamation *f*

procrastinate [prəʊˈkræstɪneɪt] vi tergiverser

procure [prəˈkjʊəʳ] vt (= obtain for o.s.) se procurer ▪ **to ~ sth for sb** procurer qch à qn

prod [prɒd] vt piquer ▪ **to ~ sb into doing sth** pousser qn à faire qch

prodigal [ˈprɒdɪgəl] adj prodigue

prodigious [prəˈdɪdʒəs] adj prodigieux

prodigy [ˈprɒdɪdʒɪ] n prodige *m* ▪ **child ~** enfant *mf* prodige

produce **1** vt [prəˈdjuːs] **a** (= make) produire **b** (= bring out) [+ gift, gun] sortir ; [+ ticket, documents, witness] produire **c** (= cause) causer **d** [+ play] mettre en scène ; [+ film] produire ; [+ programme] réaliser **2** vi [prəˈdjuːs] produire **3** n [ˈprɒdjuːs] (= food) produits *mpl* agricoles
→ *Pièges* PRODUCE

> Lorsque ***produce*** est un verbe, l'accent tombe sur la deuxième syllabe. Lorsque c'est un nom, l'accent tombe sur la première.

producer [prəˈdjuːsəʳ] n **a** [of goods] producteur *m*, -trice *f* **b** [of film] producteur *m*, -trice *f* ; [of play] metteur *m*, -euse *f* en scène ; (Radio, TV) réalisateur *m*, -trice *f*

product [ˈprɒdʌkt] n produit *m* ; → *Pièges* PRODUCE

production [prəˈdʌkʃən] n **a** (= manufacturing) production *f* ▸ **production line** chaîne *f* de production **b** (= activity) [of play] mise *f* en scène ; [of film, programme] production *f* **c** (= work produced) (play) mise *f* en scène ; (film, programme) production *f*

productive [prəˈdʌktɪv] adj productif

productivity [ˌprɒdʌkˈtɪvɪtɪ] n productivité *f*

profane [prəˈfeɪn] **1** adj ▪ **~ language** jurons *mpl* **2** vt profaner

profess [prəˈfes] vt professer

profession [prəˈfeʃən] n profession *f* ▪ **she's a doctor by ~** elle est médecin de son état

professional [prəˈfeʃənl] **1** adj **a** (gen) professionnel ▪ **to turn ~** passer professionnel **b** (= of high standard) [job, work] de haute qualité **2** n professionnel(le) *m(f)*

professionalize [prəˈfeʃnəlaɪz] vt professionnaliser

professor [prəˈfesəʳ] n professeur *mf* (*titulaire d'une chaire*) ; → *Pièges* PROFESSOR

proficiency [prəˈfɪʃənsɪ] n grande compétence *f* (*in* en)

proficient [prəˈfɪʃənt] adj très compétent (*in* en)

profile [ˈprəʊfaɪl] n profil *m* ▪ **in ~** de profil ▪ **to keep a low ~** garder un profil bas

profiler [ˈprəʊfaɪləʳ] n profileur *m*, -euse *f*

profit [ˈprɒfɪt] **1** n profit *m* ▪ **to make a ~** faire un bénéfice ▪ **to sell sth at a ~** vendre qch à profit ▸ **profit-making** rentable ▸ **profit margin** marge *f* bénéficiaire **2** vi (= gain) ▪ **to ~ from sth** tirer profit de qch

profitability [ˌprɒfɪtəˈbɪlɪtɪ] n rentabilité *f*

profitable [ˈprɒfɪtəbl] adj (gen) rentable ; [meeting, discussion] profitable

profound [prəˈfaʊnd] adj profond

profuse [prəˈfjuːs] adj [vegetation, bleeding] abondant ; [thanks, apologies] profus

profusely [prəˈfjuːslɪ] adv [bleed, sweat] abondamment ▪ **to apologize ~** se répandre en excuses

profusion [prəˈfjuːʒən] n profusion *f*

progeny [ˈprɒdʒɪnɪ] n progéniture *f*

prognosis [prɒgˈnəʊsɪs] n (pl **prognoses** [prɒgˈnəʊsiːz]) pronostic *m*

program [ˈprəʊgræm] **1** n **a** (Computing) programme *m* **b** (US) ⇒ **programme** **2** vt **a** (Computing) programmer **b** (US) programmer (*to do* pour faire)

programme (BR), **program** (US) [ˈprəʊgræm] **1** n (gen) programme *m* ; (= broadcast) émission *f* **2** vt programmer (*to do* pour faire)

programmer [ˈprəʊgræməʳ] n (= person) programmeur *m*, -euse *f* ; (= device) programmateur *m*

progress **1** n [ˈprəʊgres] progrès *mpl* ▪ **we are making ~ in our investigations** notre enquête progresse ▪ **we have made no ~** nous n'avons fait aucun progrès ▪ **he is making ~** [student] il fait des progrès ;

[patient] son état s'améliore ▪ **while the meeting was in ~** pendant la réunion ▪ **the work in ~** les travaux en cours **2** vi [prə'gres] progresser **3** vt [prə'gres] (= advance) faire progresser

→ *Pièges* PROGRESS

> Lorsque ***progress*** est un verbe, l'accent tombe sur la deuxième syllabe. Lorsque c'est un nom, l'accent tombe sur la première.

progression [prə'greʃən] n progression *f*

progressive [prə'gresɪv] adj **a** (= gradual) progressif **b** [person, outlook] progressiste ; [age] de progrès

prohibit [prə'hɪbɪt] vt (= forbid) interdire ▪ **smoking is ~ed** il est interdit de fumer

prohibition [,prəʊɪ'bɪʃən] n **a** (gen) interdiction *f* **b** ▪ **Prohibition** prohibition *f*

project **1** n ['prɒdʒekt] **a** (= plan) projet *m* ; (= undertaking) opération *f* **b** [of pupil] dossier *m* ; [of student] mémoire *m* **c** (US = housing project) cité *f* **2** vt [prə'dʒekt] projeter **3** vi [prə'dʒekt] (= jut out) faire saillie ▪ **to ~ over sth** surplomber qch

> Lorsque ***project*** est un verbe, l'accent tombe sur la deuxième syllabe. Lorsque c'est un nom, l'accent tombe sur la première.

projectile [prə'dʒektaɪl] n projectile *m*

projection [prə'dʒekʃən] n projection *f*

projectionist [prə'dʒekʃənɪst] n projectionniste *mf*

projector [prə'dʒektə'] n projecteur *m*

proletarian [,prəʊlə'tɛərɪən] **1** n prolétaire *mf* **2** adj prolétarien

proletariat [,prəʊlə'tɛərɪət] n prolétariat *m*

proliferate [prə'lɪfəreɪt] vi proliférer

proliferation [prə,lɪfə'reɪʃən] n prolifération *f*

prolific [prə'lɪfɪk] adj prolifique

prologue ['prəʊlɒg] n prologue *m* (*to* à)

prolong [prə'lɒŋ] vt prolonger

prom* [prɒm] n **a** (BR : by sea) promenade *f* ▪ **the Proms** *concerts de musique classique où une grande partie du public est debout* **b** (US = dance) bal *m* d'étudiants (or de lycéens)

promenade [,prɒmɪ'nɑːd] n promenade *f*

prominence ['prɒmɪnəns] n **a** (= importance) importance *f* **b** [of structure, nose, feature] aspect *m* proéminent

prominent ['prɒmɪnənt] adj **a** (= important) important **b** [structure, nose] proéminent ; [cheekbones] saillant ; [pattern, markings] frappant ; [feature] marquant

promiscuous [prə'mɪskjʊəs] adj [person] de mœurs légères ▪ **~ behaviour** promiscuité *f* sexuelle

promise ['prɒmɪs] **1** n **a** (= undertaking) promesse *f* ▪ **to make sb a ~** faire une promesse à qn ▪ **to keep one's ~** tenir sa promesse **b** (= potential) promesse(s) *f(pl)* ▪ **he shows great ~** il a un grand avenir devant lui **2** vt (gen) promettre (*sb to do sth* à qn de faire qch) ▪ **I ~ you!** je vous le promets ! ▪ **he did say so, I ~ you** il l'a vraiment dit, je vous assure ▪ **this ~s to be difficult** ça promet d'être difficile **3** vi promettre ▪ **I ~!** je vous le promets !

promising ['prɒmɪsɪŋ] adj prometteur

promontory ['prɒməntrɪ] n promontoire *m*

promote [prə'məʊt] vt **a** [+ person] promouvoir ▪ **to be ~d** être promu **b** (= encourage) promouvoir ; [+ cause, language] défendre

promoter [prə'məʊtə'] n [of sport] organisateur *m*, -trice *f* ; [of cause] défenseur *mf*

promotion [prə'məʊʃən] n **a** (in job) promotion *f* **b** (Sport) passage *m* dans la division supérieure **c** [of plan, product, firm, campaign] promotion *f* ; [of cause, idea] défense *f*

promotional [prə'məʊʃənl] adj (Commerce) promotionnel

prompt [prɒmpt] **1** adj **a** (= speedy) rapide **b** (= punctual) ponctuel **2** adv ponctuellement ▪ **at 6 o'clock ~** à 6 heures pile **3** vt **a** [+ person] inciter (*to do* à faire) ; [+ protest, reaction] provoquer **b** [+ actor] souffler à **4** n **a** ▪ **to give sb a ~** [+ actor] souffler une réplique à qn **b** (Computing) (message *m* de) guidage *m*

prompter ['prɒmptə'] n **a** (Theatre) souffleur *m*, -euse *f* **b** (= teleprompter) téléprompteur *m*

promptly ['prɒmptlɪ] adv **a** (= without delay) rapidement **b** (= punctually) à l'heure **c** (= thereupon) aussitôt

promulgate ['prɒməlgeɪt] vt [+ law] promulguer ; [+ idea, doctrine] répandre

prone [prəʊn] adj **a** (= liable) enclin (*to do* à faire) **b** (= face down) (couché) sur le ventre

prong [prɒŋ] n [of fork] dent *f*

pronoun ['prəʊnaʊn] n pronom *m*

pronounce [prə'naʊns] vt **a** [+ letter, word] prononcer **b** (= declare) déclarer

pronounced [prə'naʊnst] adj prononcé

pronouncement [prə'naʊnsmənt] n déclaration *f*

pronto* ['prɒntəʊ] adv illico*

pronunciation [prə,nʌnsɪ'eɪʃən] n prononciation *f*

proof [pruːf] **1** n **a** (= evidence) preuve *f* ▸ **proof of identity** pièce(s) *f(pl)* d'identité **b** (= printed copy) épreuve *f* **c** [of alcohol] teneur

pr

f en alcool **2** adj ■ **~ against** [bullets, erosion] à l'épreuve de ; [temptation, suggestion] insensible à

proofread ['pru:fri:d] vt corriger les épreuves de

proofreader ['pru:f,ri:dəʳ] n correcteur *m*, -trice *f* d'épreuves

prop [prɒp] **1** n **a** (gen) support *m* ; (for wall) étai *m* ; (fig) soutien *m* (*to, for* de) **b** (theatrical) accessoire *m* **2** vt (= lean) [+ ladder, bike] appuyer ■ **he ~ped the door open with a book** il a maintenu la porte ouverte avec un livre

► **prop up** vt (= support) [+ régime] maintenir ; [+ organization] soutenir

propaganda [,prɒpə'gændə] n propagande *f*

propagate ['prɒpəgeɪt] vt propager

propel [prə'pel] vt **a** [+ vehicle] propulser **b** (= push) pousser

propeller [prə'peləʳ] n hélice *f*

propensity [prə'pensɪtɪ] n propension *f* (*to do sth* à faire qch)

proper ['prɒpəʳ] adj **a** (= suitable) convenable ; (= correct) correct ; (= appropriate) approprié **b** (= authentic) véritable ; (after noun) (= strictly speaking) proprement dit ■ **outside Paris ~** en dehors de Paris proprement dit ► **proper name, proper noun** nom *m* propre **c** (= seemly) [person, book, behaviour] convenable ■ **do as you think ~** faites comme bon vous semble

> ⚠ ***proper*** ne se traduit pas par **propre**, sauf lorsque l'on parle de ***proper name***, qui signifie « nom propre » ;
> → *Pièges* PROPER

properly ['prɒpəlɪ] adv (= correctly) [eat, behave, dress] correctement ; (= in a seemly way) convenablement ■ **he didn't do it ~** il ne l'a pas bien fait ; → *Pièges* PROPERLY

property ['prɒpətɪ] n **a** (= possessions) biens *mpl* **b** (= estate, house) propriété *f* ; (= lands) terres *fpl* ; (= buildings) biens *mpl* immobiliers **c** (= quality) propriété *f*
→ *Pièges* PROPERTY

prophecy ['prɒfɪsɪ] n prophétie *f*

prophesy ['prɒfɪsaɪ] vt prédire

prophet ['prɒfɪt] n prophète *m*

prophetic [prə'fetɪk] adj prophétique

proportion [prə'pɔ:ʃən] **1** n **a** (= ratio) proportion *f* ■ **in ~ to** en proportion de ■ **her weight is not in ~ to her height** son poids n'est pas proportionné à sa taille ■ **out of ~** hors de proportion ■ **out of ~ to** hors de proportion avec ■ **he's got it out of ~** il a exagéré **b** (= part) part *f*, partie *f* ■ **in equal ~s** à parts égales **2** **proportions** npl (= size) proportions *fpl* **3** vt proportionner

proportional [prə'pɔ:ʃənl] adj proportionnel (*to* à) ► **proportional representation** représentation *f* proportionnelle

proportionate [prə'pɔ:ʃənɪt] adj proportionnel

proposal [prə'pəʊzl] n **a** (= offer) proposition *f* ; [of marriage] demande *f* en mariage **b** (= plan) plan *m* (*for sth* de or pour qch, *to do sth* pour faire qch) ; (= suggestion) proposition *f* (*to do* de faire)

propose [prə'pəʊz] **1** vt **a** (= suggest) proposer (*doing* de faire) ; [+ toast] porter ; [+ candidate] proposer **b** (= have in mind) ■ **to ~ doing sth** compter faire qch **2** vi (= offer marriage) faire une demande en mariage ■ **he ~d to her** il l'a demandée en mariage
→ *Pièges* PROPOSE

proposition [,prɒpə'zɪʃən] n proposition *f* ■ **that's quite a different ~** ça c'est une tout autre affaire ■ **it's a tough ~** c'est une chose difficile

propound [prə'paʊnd] vt [+ theory, idea] proposer

proprietary [prə'praɪətərɪ] adj (= possessive) possessif ; (Computing) propriétaire ► **proprietary brand** (produit *m* de) marque *f* déposée

proprieties [prə'praɪətɪz] npl (= decency) convenances *fpl*

proprietor [prə'praɪətəʳ] n propriétaire *mf*

propulsion [prə'pʌlʃən] n propulsion *f*

pro rata [,prəʊ'rɑ:tə] adv au prorata

prosaic [prəʊ'zeɪɪk] adj (= banal) prosaïque (frm)

prose [prəʊz] n **a** prose *f* **b** (= translation) thème *m*

prosecute ['prɒsɪkju:t] **1** vt poursuivre (en justice) **2** vi (= take legal action) engager des poursuites judiciaires

prosecution [,prɒsɪ'kju:ʃən] n **a** (= act of prosecuting) poursuites *fpl* (judiciaires) **b** (= side) ■ **the ~** l'accusation *f*

prosecutor ['prɒsɪkju:təʳ] n ■ **(public) ~** ≈ procureur *mf* (de la République) ; (US) avocat *mf* de la partie civile

prospect **1** n ['prɒspekt] (= outlook) perspective *f* ; (= future) (perspectives *fpl* d')avenir *m* ; (= hope) espoir *m* ■ **the job has no ~s** c'est un emploi sans avenir ■ **he has little ~ of succeeding** il a peu de chances de réussir ■ **to have sth in ~** avoir qch en vue **2** vi [prə'spekt] prospecter

> Lorsque ***prospect*** est un verbe, l'accent tombe sur la deuxième syllabe. Lorsque c'est un nom, l'accent tombe sur la première.

prospective [prə'spektɪv] adj [son-in-law, buyer, deal] futur *before n* ; [customer] potentiel

prospectus [prə'spektəs] n prospectus *m*

prosper ['prɒspəʳ] vi prospérer

prosperity [prɒs'perɪtɪ] n prospérité *f*

prosperous ['prɒspərəs] adj prospère

prostate ['prɒsteɪt] n prostate *f*

prostitute ['prɒstɪtju:t] n prostituée *f* ▪ **male ~** prostitué *m*

prostitution [ˌprɒstɪ'tju:ʃən] n prostitution *f*

prostrate **1** adj ['prɒstreɪt] à plat ventre **2** vt [prɒs'treɪt] **a** ▪ **to ~ o.s.** se prosterner **b** (= overwhelm) accabler

> Lorsque *prostrate* est un verbe, l'accent tombe sur la deuxième syllabe. Lorsque c'est un adjectif, l'accent tombe sur la première.

prosumer [prə'sju:məʳ] n producteur-consommateur *m*, productrice-consommatrice *f*, prosommateur *m*, -trice *f*

protagonist [prəʊ'tægənɪst] n protagoniste *mf*

protect [prə'tekt] vt (gen) protéger ; [+ interests, rights] sauvegarder ▸ **protected species** espèce *f* protégée

protection [prə'tekʃən] n [of person, property] protection *f* (*from* or *against sth* contre qch) ; [of interests, rights] sauvegarde *f* ▸ **protection factor** [of sun cream] indice *m* de protection

protectionism [prə'tekʃənɪzəm] n protectionnisme *m*

protective [prə'tektɪv] adj [layer, attitude] protecteur (-trice *f*) ; [clothing, covering] de protection

protein ['prəʊti:n] n protéine *f*

protest **1** n ['prəʊtest] protestation *f* (*about* à propos de) ; (= demonstration) manifestation *f* ▪ **to do sth under ~** faire qch contre son gré ▪ **in ~** en signe de protestation ▸ **protest march** manifestation *f* **2** vt [prə'test] **a** (= declare) protester ; [+ loyalty] protester de **b** (US) protester contre **3** vi [prə'test] protester (*about* à propos de, *to sb* auprès de qn)

> Lorsque *protest* est un verbe, l'accent tombe sur la deuxième syllabe. Lorsque c'est un nom, l'accent tombe sur la première.

Protestant ['prɒtɪstənt] adj, n protestant(e) *m(f)*

protester [prə'testəʳ] n protestataire *mf* ; (on march, in demonstration) manifestant(e) *m(f)*

protocol ['prəʊtəkɒl] n protocole *m*

prototype ['prəʊtəʊtaɪp] n prototype *m*

protracted [prə'træktɪd] adj très long (longue *f*)

protrude [prə'tru:d] vi dépasser

protruding [prə'tru:dɪŋ] adj [chin] saillant ; [shelf, rock] en saillie ▪ **to have ~ teeth** avoir les dents qui avancent

proud [praʊd] adj [person] fier (*to do sth* de faire qch) ; (= arrogant) arrogant

proudly ['praʊdlɪ] adv fièrement

prove [pru:v] **1** vt prouver ▪ **he was ~d right** il s'est avéré qu'il avait raison ▪ **that ~s it!** c'est la preuve ! **2** vi [person, fact, object] se révéler ▪ **it ~d very useful** cela s'est révélé très utile

proven ['pru:vən, 'prəʊvən] **1** vb ptp of **prove** **2** adj [abilities] indubitable ▪ **a ~ method** une méthode qui a fait ses preuves

proverb ['prɒvɜ:b] n proverbe *m*

provide [prə'vaɪd] vt (= supply, equip) fournir (*sb with sth, sth for sb* qch à qn)
▸ **provide for** vi (financially) subvenir aux besoins de ; (family) entretenir ; (in the future) assurer l'avenir de

provided [prə'vaɪdɪd] conj à condition que *+ subj* ▪ **you can go ~ it doesn't rain** tu peux y aller à condition qu'il ne pleuve pas ▪ **you can go ~ you pass your exam** tu peux y aller à condition de réussir ton examen

providence ['prɒvɪdəns] n providence *f*

providing [prə'vaɪdɪŋ] conj ⇒ **provided**

province ['prɒvɪns] n province *f* ; (fig) domaine *m* (de compétence) ▪ **in the ~s** en province, en région

provincial [prə'vɪnʃəl] adj, n provincial(e) *m(f)*

provision [prə'vɪʒən] **1** n **a** (= supply) provision *f* **b** (= supplying) [of food, equipment] fourniture *f* ; [of housing, education] offre *f* ▪ **to make ~ for** [+ one's family, dependents] pourvoir aux besoins de ; [+ future] prendre des dispositions pour **c** (= stipulation) disposition *f* ▪ **the rules make no ~ for this** le règlement ne prévoit pas cela **2** **provisions** npl (= food) provisions *fpl*

provisional [prə'vɪʒənl] adj [arrangement, agreement, acceptance] provisoire

proviso [prə'vaɪzəʊ] n condition *f*

provocation [ˌprɒvə'keɪʃən] n provocation *f*

provocative [prə'vɒkətɪv] adj **a** (= aggressive) provocateur (-trice *f*) **b** (= seductive) [woman, movement, smile] provocant

provoke [prə'vəʊk] vt (= rouse) [+ person, reaction, anger] provoquer ▪ **to ~ sb into doing sth** inciter qn à faire qch ; → *Pièges* PROVOKE

pr

provost ['prɒvəst] n (BR : Univ) président(e) *m(f)* ; (US : Univ) ≈ doyen(ne) *m(f)* ; (Scot) maire *m*

prow [praʊ] n proue *f*

prowess ['praʊɪs] n prouesse *f*

prowl [praʊl] **1** vi (also **prowl about, prowl around**) rôder **2** n ▪ **to be on the ~** rôder

prowler ['praʊlə'] n rôdeur *m*, -euse *f*

proximity [prɒk'sɪmɪtɪ] n proximité *f* ▪ **in ~ to** à proximité de

proxy ['prɒksɪ] n **a** (= person) fondé(e) *m(f)* de pouvoir ▪ **by ~** par procuration **b** (Computing) proxy *m*, serveur *m* mandataire

prude [pru:d] n prude *f*

prudence ['pru:dəns] n prudence *f*

prudent ['pru:dənt] adj prudent

prudish ['pru:dɪʃ] adj pudibond

prune [pru:n] **1** n (= fruit) pruneau *m* **2** vt (to promote growth) [+ tree, bush] tailler ; (= thin out) élaguer

> ⚠ Le nom ***prune*** ne se traduit pas par le mot français **prune**.

pry [praɪ] **1** vi mettre son nez dans les affaires des autres **2** vt (US) ⇒ **prise**

PS [pi:'es] n (abbr of **postscript**) PS *m*

psalm [sɑ:m] n psaume *m*

pseudo- ['sju:dəʊ] pref pseudo-

pseudonym ['sju:dənɪm] n pseudonyme *m*

psyche ['saɪkɪ] n psychisme *m*

psychedelic [,saɪkə'delɪk] adj psychédélique

psychiatric [,saɪkɪ'ætrɪk] adj psychiatrique ; [illness] mental

psychiatrist [saɪ'kaɪətrɪst] n psychiatre *mf*

psychiatry [saɪ'kaɪətrɪ] n psychiatrie *f*

psychic ['saɪkɪk] **1** adj [phenomenon, powers] parapsychologique ; [person] télépathe **2** n médium *m*

psychoanalysis [,saɪkəʊə'nælɪsɪs] n psychanalyse *f*

psychoanalyst [,saɪkəʊ'ænəlɪst] n psychanalyste *mf*

psychological [,saɪkə'lɒdʒɪkəl] adj psychologique

psychologist [saɪ'kɒlədʒɪst] n psychologue *mf*

psychology [saɪ'kɒlədʒɪ] n psychologie *f*

psychomotor ['saɪkəʊ'məʊtə'] adj psychomoteur

psychopath ['saɪkəʊpæθ] n psychopathe *mf*

psychosis [saɪ'kəʊsɪs] n (pl **psychoses**) psychose *f*

psychosomatic ['saɪkəʊsəʊ'mætɪk] adj psychosomatique

psychotherapist ['saɪkəʊ'θerəpɪst] n psychothérapeute *mf*

psychotherapy ['saɪkəʊ'θerəpɪ] n psychothérapie *f*

psychotic [saɪ'kɒtɪk] adj, n psychotique *mf*

PTO [,pi:ti:'əʊ] (abbr of **please turn over**) TSVP

pub [pʌb] (BR) n ≈ café ; (in British or Irish context) pub *m* ▸ **pub-crawl*** ▪ **to go on a pub-crawl** faire la tournée des pubs

puberty ['pju:bətɪ] n puberté *f*

pubic ['pju:bɪk] adj pubien ▸ **pubic hair** poils *mpl* du pubis

public ['pʌblɪk] **1** adj public (-ique *f*) **2** n public *m* ▪ **in ~** en public ▸ **public-address system** (système *m* de) sonorisation *f* ▸ **public bar** (BR) bar *m* ▸ **public convenience** (BR) toilettes *fpl* publiques ▸ **public house** (BR) pub *m* ▸ **public housing** (US) logements *mpl* sociaux, ≈ HLM *m or f* ▸ **public library** bibliothèque *f* municipale ▸ **public opinion** opinion *f* publique ▸ **public opinion poll** sondage *m* d'opinion publique ▸ **Public Prosecutor** ≈ procureur (de la République) ▸ **public relations** relations *fpl* publiques ▸ **public school** (BR = private school) école *f* secondaire privée; (US = state school) école *f* secondaire publique ▸ **public speaking** art *m* oratoire ▸ **public television** (US) télévision *f* éducative (non commerciale) ▸ **public transport** transports *mpl* publics ▸ **public utility** entreprise *f* de service public
→ *Pièges* PUBLIC

publican ['pʌblɪkən] n (BR = pub manager) patron(ne) *m(f)* de pub

publication [,pʌblɪ'keɪʃən] n publication *f*

publicity [pʌb'lɪsɪtɪ] n publicité *f* ▪ **adverse ~** contre-publicité *f* ; → *Pièges* PUBLICITY

publicize ['pʌblɪsaɪz] vt **a** (= make known) divulguer **b** (= advertise) faire de la publicité pour

publicly ['pʌblɪklɪ] adv **a** (= in public) publiquement **b** (= by the public) ▪ **publicly-owned** du secteur public

publish ['pʌblɪʃ] vt publier ; [+ periodical] faire paraître ; [+ author] éditer

publisher ['pʌblɪʃə'] n éditeur *m*, -trice *f*

publishing ['pʌblɪʃɪŋ] n l'édition *f* ▸ **publishing house** maison *f* d'édition

pucker ['pʌkə'] **1** vi [face, feature, forehead] se plisser ; [garment] goder **2** vt [+ lips] plisser

pudding ['pʊdɪŋ] n **a** (= cooked dessert) ▪ **steamed ~** pudding *m* **b** (BR = dessert) dessert *m*

puddle ['pʌdl] n flaque *f*

puerile ['pjʊəraɪl] adj puéril

puff [pʌf] **1** n **a** [of air, wind, smoke] bouffée *f*; (from mouth) souffle *m* ▸ **puff paste** (US), **puff pastry** (BR) pâte *f* feuilletée **b** (= powder puff) houppe *f*; (small) houppette *f* **2** vi (= blow) souffler ; (= pant) haleter ▪ **he was ~ing and panting** il soufflait comme un phoque ▪ **to ~ at one's pipe** tirer des bouffées de sa pipe

▸ **puff out** vt gonfler ▪ **to ~ out one's cheeks** gonfler ses joues ▪ **to ~ out one's chest** gonfler sa poitrine

▸ **puff up** **1** vi [eye, face] enfler **2** vt sep (= inflate) gonfler

puffin ['pʌfɪn] n macareux *m*

puffy ['pʌfɪ] adj [eye, face] bouffi

pugnacious [pʌg'neɪʃəs] adj querelleur

puke‡ [pju:k] vi (also **puke up**) dégueuler‡ ▪ **I want to ~**‡ j'ai la gerbe*

pull [pʊl] **1** n **a** ▪ **to give sth a ~** tirer (sur) qch ▪ **the ~ of the current** la force du courant ▪ **it was a long ~ up the hill** la montée était longue pour arriver en haut de la colline ▪ **to have ~ with sb** avoir de l'influence auprès de qn **b** (= handle) poignée *f*; (= cord) cordon *m* **2** vt **a** (gen) tirer ▪ **to ~ a door shut** tirer une porte derrière soi ▪ **he ~ed her towards him** il l'attira vers lui ▪ **to ~ sb's hair** tirer les cheveux à qn ▪ **~ the other one!**‡ à d'autres ! ▪ **he didn't ~ his punches** il n'y est pas allé de main morte ▪ **to ~ one's weight** fournir sa part d'effort ▪ **to ~ to pieces** démolir ; [+ argument, film]* démolir ; [+ person]* éreinter **b** [+ trigger] presser **c** [+ tooth] arracher ; [+ cork] ôter ; [+ gun, knife] sortir **d** [+ muscle, tendon, ligament] se déchirer **e** (* = attract) [+ crowd] attirer **3** vi **a** (= tug) tirer (*at, on* sur) ▪ **he ~ed at her sleeve** il la tira par la manche **b** (= move) ▪ **the train ~ed into/out of the station** le train est entré en gare/est sorti de la gare ▪ **to ~ sharply to the left** [car, driver] virer brusquement à gauche **c** (= row) ramer (*for* vers)

▸ **pull apart** vt sep **a** (= pull to pieces) démonter ; (= break) mettre en pièces **b** (= separate) séparer **c** (= criticize) éreinter ; [+ argument, film] démolir

▸ **pull away** **1** vi [vehicle, train] démarrer ▪ **she suddenly ~ed away from him** elle se dégagea soudain de son étreinte **2** vt sep (= withdraw) retirer brusquement (*from sb* à qn) ; (= snatch) arracher (*from sb* à qn, des mains de qn)

▸ **pull back** **1** vi se retirer **2** vt sep (= withdraw) [+ object, troops] retirer (*from* de) ; [+ person] tirer en arrière (*from* loin de)

▸ **pull down** vt sep **a** [+ blind] baisser ; [+ menu] dérouler **b** (= demolish) démolir

▸ **pull in** **1** vi (= arrive) arriver ; (= enter) entrer ; (= stop) s'arrêter ▪ **when the train ~ed in (at the station)** quand le train est entré en gare **2** vt sep [+ rope] ramener ▪ **the film is certainly ~ing people in** il est certain que ce film attire les foules

▸ **pull off** **1** vt sep **a** (= remove) [+ gloves, shoes, coat] ôter **b** [+ plan, aim] réaliser ; [+ deal] conclure ; [+ hoax] réussir ▪ **he didn't ~ it off** il n'a pas réussi son coup **2** vt insep ▪ **to ~ off the road** [vehicle, driver] quitter la route

▸ **pull on** vt sep [+ gloves, coat, cover] enfiler ; [+ shoes] mettre

▸ **pull out** **1** vi **a** (= leave) [train, bus] démarrer **b** (= withdraw) se retirer **c** (to overtake) déboîter **2** vt sep **a** (= extract) arracher ; [+ cork] retirer ; [+ gun, knife] sortir **b** (= withdraw) [+ troops] retirer

▸ **pull over** vi [driver] ▪ **he ~ed over to let the ambulance past** il s'est rangé sur le côté pour laisser passer l'ambulance

▸ **pull through** vi (from illness) s'en tirer ; (from difficulties) s'en sortir

▸ **pull together** **1** vi (= cooperate) se serrer les coudes **2** vt sep ▪ **to ~ o.s. together** se ressaisir

▸ **pull up** **1** vi **a** (= stop) [vehicle] s'arrêter **b** (= draw level with) ▪ **he ~ed up with the leaders** il a rattrapé les premiers **2** vt sep **a** (= raise) [+ object] remonter ; (= haul up) hisser ; [+ chair] approcher **b** [+ weed] arracher **c** (= halt) arrêter ▪ **he ~ed himself up** il s'arrêta net

pulley ['pʊlɪ] n (= block) poulie *f*

pullover ['pʊl,əʊvə'] n pull *m*

pulp [pʌlp] **1** n **a** (= paste) pulpe *f* ▪ **to beat sb to a ~** passer qn à tabac* **b** ▪ **~ fiction** littérature *f* de gare **2** vt [+ fruit] réduire en purée ; [+ book] mettre au pilon

pulpit ['pʊlpɪt] n chaire *f*

pulsate [pʌl'seɪt] vi [vein] palpiter ; [blood] battre ; [music] vibrer

pulse [pʌls] **1** n [of person] pouls *m* ; [of current] vibration *f* ▪ **to take sb's ~** prendre le pouls de qn ▸ **pulse rate** pouls *m* **2** **pulses** npl (= food) légumes *mpl* secs **3** vt [+ air] pulser **4** vi [blood] battre ; [sound] vibrer

pulverize ['pʌlvəraɪz] vt pulvériser

puma ['pju:mə] n puma *m*

pumice ['pʌmɪs] n pierre *f* ponce

pummel ['pʌml] vt (in fight) rouer de coups ; (in massage) pétrir

pump [pʌmp] **1** n **a** (gen) pompe *f* **b** (= sports shoe) tennis *f* ; (= court shoe) escarpin *m* ; (= dancing shoe) chausson *m* **2** vt **a** [+ water] pomper (*out of, into* de, dans) ▪ **to ~ air into sth** gonfler qch ▪ **the heart ~s the blood round the body** le cœur fait circuler le sang dans le corps **b** (* = question) ▪ **to ~ sb for sth** essayer de soutirer qch à qn **c** [+ handle] actionner plusieurs fois ; [+ brake] pomper

pu

sur **3** vi [machine, person] pomper ; [heart] battre fort
▸ **pump up** vt sep [+ tyre, airbed] gonfler

pumpkin ['pʌmpkɪn] n citrouille *f*

pun [pʌn] **1** n calembour *m* **2** vi faire des calembour(s)

punch [pʌntʃ] **1** n **a** (= blow) coup *m* de poing ▪ **to give sb a ~** donner un coup de poing à qn ▸ **punch bag** (BR) sac *m* de sable ▪ **to use sb as a ~ bag** se servir de qn comme d'un punching-ball ▸ **punch-drunk** abruti ▸ **punch line** [of joke] chute *f* ▸ **punch-up*** bagarre *f* **b** (= punchiness) punch* *m* **c** (for tickets) poinçonneuse *f* ; (for holes in paper) perforateur *m* **d** (= drink) punch *m* **2** vt **a** (with fist) donner un coup de poing à ▪ **to ~ sb's nose/face** donner un coup de poing sur le nez/la figure de qn **b** [+ ticket] (by hand) poinçonner ; (automatically) composter ▪ **to ~ a hole in sth** faire un trou dans qch **3** vi cogner

punching bag [pʌntʃɪŋbæg] n (US) sac *m* de sable

punchy* [pʌntʃɪ] adj [person] qui a du punch* ; [remark, reply] incisif

punctual ['pʌŋktjʊəl] adj (= on time) ponctuel

punctuation [,pʌŋktjʊ'eɪʃən] n ponctuation *f* ▸ **punctuation mark** signe *m* de ponctuation

puncture ['pʌŋktʃə'] **1** n (in tyre) crevaison *f* ▪ **I've got a ~** j'ai (un pneu) crevé **2** vt [+ tyre] crever

pundit ['pʌndɪt] n expert(e) *m(f)*

pungent ['pʌndʒənt] adj [smell, taste, smoke] âcre ; [criticism, satire] mordant

punish ['pʌnɪʃ] vt punir (*for sth* de qch, *for doing* pour avoir fait)

punishing ['pʌnɪʃɪŋ] adj [speed, schedule, work] épuisant

punishment ['pʌnɪʃmənt] n punition *f*

punk [pʌŋk] **1** n **a** (also **punk rock**) punk *m* ; (also **punk rocker**) punk *mf* **b** (* US = ruffian) sale* petit voyou *m* **2** adj punk *inv*

punnet ['pʌnɪt] n (BR) barquette *f*

punt [pʌnt] n **a** (= boat) barque *f* à fond plat **b** (= Irish currency) livre *f* irlandaise

punter ['pʌntə'] n **a** (BR : Racing) parieur *m*, -euse *f* **b** (* = customer) client(e) *m(f)*

puny ['pju:nɪ] adj chétif

pupil ['pju:pl] n **a** (at school) élève *mf* **b** [of eye] pupille *f*

puppet ['pʌpɪt] n **a** (= doll) marionnette *f* ▸ **puppet show** spectacle *m* de marionnettes *fpl* **b** (= pawn) pantin *m* ▸ **puppet government** gouvernement *m* fantoche

puppy ['pʌpɪ] n chiot *m* ▸ **puppy fat*** rondeurs *fpl* d'adolescent(e)

purchase ['pɜ:tʃɪs] **1** n achat *m* ▸ **purchase order** bon *m* de commande **2** vt acheter (*sth from sb* qch à qn)

purchasing power ['pɜ:tʃəsɪŋ,paʊə'] n pouvoir *m* d'achat

pure [pjʊə'] adj pur ▪ **~ and simple** pur et simple

purebred ['pjʊəbred] adj de race

purely ['pjʊəlɪ] adv purement

purgatory ['pɜ:gətərɪ] n purgatoire *m*

purge [pɜ:dʒ] **1** n purge *f* **2** vt (gen) purger ; [+ traitors, bad elements] éliminer

purify ['pjʊərɪfaɪ] vt purifier

purist ['pjʊərɪst] adj, n puriste *mf*

puritan ['pjʊərɪtən] adj, n puritain(e) *m(f)*

puritanical [,pjʊərɪ'tænɪkəl] adj puritain

purity ['pjʊərɪtɪ] n pureté *f*

purl [pɜ:l] n maille *f* à l'envers

purloin [pɜ:'lɔɪn] vt dérober

purple ['pɜ:pl] **1** adj (bluish) violet ; (reddish) pourpre ; (lighter) mauve **2** n (= colour) (bluish) violet *m* ; (reddish) pourpre *m* ; (lighter) mauve *m*

purport [pɜ:'pɔ:t] vt(frm) ▪ **to ~ to be sth/sb** [person] prétendre être qch/qn

purpose ['pɜ:pəs] n (= aim) but *m* ▪ **to no ~** en vain ▪ **on ~** exprès ▸ **purpose-built** spécialement construit

purposeful ['pɜ:pəsfʊl] adj résolu

purr [pɜ:'] **1** vi ronronner **2** n ronronnement *m*

purse [pɜ:s] **1** n **a** (BR : for coins) portemonnaie *m* ; (= wallet) portefeuille *m* **b** (US = handbag) sac *m* à main **2** vt ▪ **to ~ one's lips** faire la moue

purser ['pɜ:sə'] n commissaire *mf* (de bord)

pursue [pə'sju:] vt **a** [+ studies, career] poursuivre ; [+ profession] exercer ; [+ course of action] suivre ; [+ inquiry, policy] mener **b** [+ matter] approfondir **c** (= chase after) poursuivre

pursuer [pə'sju:ə'] n poursuivant(e) *m(f)*

pursuit [pə'sju:t] n **a** (= search) [of happiness, truth, peace, power] recherche *f* ; [of excellence, wealth] poursuite *f* **b** (= chase) poursuite *f* ▪ **(to go) in ~ of sb** (se mettre) à la poursuite de qn **c** (= occupation) activité *f* ; (= pastime) passe-temps *m inv*

pus [pʌs] n pus *m*

push [pʊʃ] **1** n **a** (= shove) poussée *f* **b** (BR = dismissal) ▪ **to give sb the ~*** [employer] virer qn* ; [boyfriend, girlfriend] plaquer qn* **c** (= effort) gros effort *m* ; (= campaign) campagne *f* ▪ **at a ~*** à la rigueur **2** vt **a** (= press on) [+ door, person, car, pram] pousser ; [+ button] appuyer sur ; [+ stick, finger] enfoncer ■ **he ~ed him down the stairs** il l'a poussé dans l'escalier ■ **to ~ a door shut** fermer une porte (en la poussant) ■ **to ~ sb out** pousser qn dehors ■ **they ~ed him out of the car** ils l'ont poussé hors de la voiture ■ **to ~ sb/sth out of the way** écarter qn/qch **b** (= advance) [+ one's views] mettre en avant ; [+ claim] présenter avec insistance ; [+ plan] essayer d'imposer ; [+ product] pousser la vente de **c** (= pressure) pousser ■ **to ~ sb to do sth** pousser qn à faire qch ■ **to be ~ed for time/money** être à court de temps/d'argent **3** vi (= press) pousser ; (on bell) appuyer ■ **he ~ed past me** il m'a dépassé en me bousculant

▸ **push ahead** vi (= make progress) avancer à grands pas

▸ **push around** vt sep (* = bully) bousculer*

▸ **push aside** vt sep [+ person, chair] écarter (brusquement) ; [+ objection, suggestion] écarter

▸ **push away** vt sep [+ person, one's plate, sb's hand] repousser

▸ **push back** vi protester, se rebiffer* ■ **to ~ back against sth** s'insurger contre qch

▸ **push in** vi s'introduire de force ; (into queue) se faufiler

▸ **push off*** vi (= leave) filer*

▸ **push on** vi (in journey) pousser (*to* jusqu'à) ; (in work) persévérer

▸ **push over** vt sep **a** (= cause to topple) renverser **b** (= cause to fall off: over cliff, bridge) faire tomber

▸ **push through** vt sep [+ deal, decision] faire accepter

pushback ['pʊʃ,bæk] n réaction *f* négative

pushchair ['pʊʃtʃεə'] n (BR) poussette *f*

pusher ['pʊʃə'] n dealeur *m*, -euse *f*

pushover* ['pʊʃəʊvə'] n ■ **it was a ~** c'était un jeu d'enfant ■ **he's a ~** il se laisse facilement faire

push-up ['pʊʃʌp] n (US) traction *f*, pompe* *f*

pushy* ['pʊʃɪ] adj [person] arrogant

pussy ['pʊsɪ] n **a** (* = cat) minou* *m* **b** (** = female genitals) chatte** *f*

pussycat* ['pʊsɪkæt] n (= cat) minou* *m*

put ['pʊt] (ptp, pret **put**)

1 vt **a** (gen) mettre ■ **~ it in the drawer** mettez-le dans le tiroir ■ **to ~ an ad in the paper** passer une annonce dans le journal ■ **to ~ sb on a diet** mettre qn au régime ■ **to ~ one's arms round sb** enlacer qn ■ **he ~ his head round the door** il a passé la tête par la porte

b (= rank) placer

c (= express) dire ■ **I don't quite know how to ~ it** je ne sais pas trop comment le dire ■ **to ~ it bluntly** pour parler franc

d (= submit) [+ case, problem, suggestion] présenter ; [+ proposal] soumettre ; [+ question] poser

e (= invest) ■ **to ~ money into a company** placer de l'argent dans une société

f (= estimate) estimer ■ **they ~ the loss at £10,000** ils estiment à 10 000 livres la perte subie

2 vi ■ **to ~ into port** mouiller ■ **to ~ to sea** appareiller

▸ **put across** vt sep (= communicate) [+ ideas, intentions, desires] faire comprendre

▸ **put aside** vt sep **a** [+ object, food, money] mettre de côté **b** [+ differences, disagreement] oublier

▸ **put away** vt sep **a** (= put in proper place) [+ clothes, toys, books] ranger ; [+ car] rentrer **b** (* = confine in prison, mental hospital) enfermer

▸ **put back** vt sep **a** (= replace) remettre en place **b** (= retard) retarder **c** (= postpone) remettre (*to* à)

▸ **put by** vt sep [+ money] mettre de côté

▸ **put down** vt sep **a** [+ parcel, book, child] poser ; [+ passenger] déposer ■ **I couldn't ~ that book down** j'ai dévoré ce livre **b** (= pay) [+ deposit] verser (*on* pour) **c** (= suppress) [+ revolt, movement] réprimer **d** (* = criticize) critiquer ; (= denigrate) dénigrer **e** (= record) noter ■ **to ~ sth down in writing** mettre qch par écrit **f** (BR = have destroyed) [+ dog, cat] faire piquer ; [+ horse] faire abattre

▸ **put down to** vt sep (= attribute) mettre sur le compte

▸ **put forward** vt sep **a** (= propose) [+ suggestion] émettre ; [+ argument] avancer ; [+ plan] proposer **b** (= advance) [+ meeting, starting time] avancer (*by* de, *to, until* à)

▸ **put in** vt sep **a** (into container) mettre dedans ; [+ seeds] semer **b** (= insert) [+ word, paragraph] ajouter ; [+ remark] glisser **c** (= submit) ■ **to ~ in a request for sth** faire une demande de qch **d** (= install) [+ political party] élire ; [+ central heating, double glazing] faire installer **e** (= spend) [+ time] passer **f** (= work) travailler

▸ **put in for** vt insep [+ job] poser sa candidature à ; [+ promotion] demander

▸ **put off** vt sep **a** (= postpone) repousser ; [+ decision] différer ; [+ visitor] décommander ■ **to ~ sth off until January** remettre qch à janvier **b** (= discourage) dissuader ; (= repel) dégoûter ■ **it ~ me off my food** ça m'a coupé l'appétit **c** (= distract) déconcerter **d** (= fob off) ■ **he ~ her off with vague promises** il la faisait patienter avec de vagues promesses **e** [+ light, gas, radio, TV, heater] éteindre

▸ **put on** vt sep **a** [+ clothes, glasses, lotion] mettre ■ **to ~ on one's make-up** se maquiller **b** (= increase) [+ speed] augmenter ▪ **to ~ on weight** prendre du poids ▪ **he ~ on 3 kilos** il a pris 3 kilos c (= assume) [+ air, accent] prendre ▪ **to ~ it on** (= pretend) faire semblant d (= deceive) faire marcher* e (= organize) organiser ; [+ extra train, bus] mettre en service f (on phone) ▪ **~ me on to Mr Brown** passez-moi M. Brown g (= switch on) allumer ; [+ tape, CD, music] mettre ▪ **to ~ the brakes on** freiner ▪ **~ the kettle on** mets de l'eau à chauffer ▪ **I'll just ~ the potatoes on** je vais juste mettre les pommes de terre à cuire h [+ money] parier sur

▸ **put out** vt sep a (= put outside) [+ rubbish] sortir ; (= expel) [+ person] expulser b (= stretch out) [+ arm, leg] allonger ; [+ foot] avancer ; [+ tongue] tirer ; [+ shoots] produire c (= lay out in order) étaler d (= extinguish) éteindre e (= inconvenience) déranger ▪ **I don't want to ~ you out** je ne voudrais pas vous déranger ▪ **to be ~ out** être contrarié f (= issue) [+ announcement, statement] publier ; [+ warning] lancer ; [+ propaganda] faire g (= broadcast) passer h (= dislocate) [+ shoulder, back] se démettre i (Sport) (= eliminate) [+ team, contestant] éliminer ; (Baseball) [+ ball] mettre hors jeu

▸ **put through** vt sep a (= connect) [+ call] passer ; [+ caller] mettre en communication b (US) ▪ **to ~ sb through college** payer les études de qn c (= make suffer) ▪ **to ~ sb through hell** mener la vie dure à qn ▪ **they really ~ him through it*** ils lui en ont fait voir de dures*

▸ **put together** vt sep (= assemble) assembler ; [+ account] composer ; [+ team] constituer

▸ **put up** vt sep a (= raise) [+ hand] lever ; [+ flag] hisser ; [+ tent] monter ; [+ umbrella] ouvrir ; [+ notice] afficher ; [+ picture] accrocher ; [+ building] construire ; [+ fence, barrier] ériger b (= increase) augmenter ; [+ prices] faire monter c (= offer) [+ proposal] soumettre ; [+ resistance] opposer ▪ **to ~ up a fight** se battre d (= provide) fournir ▪ **to ~ up money for a project** financer un projet e (= lodge) héberger

▸ **put up to** vt sep (= incite) ▪ **to ~ sb up to doing sth** inciter qn à faire qch

▸ **put up with** vt insep supporter

putrid ['pju:trɪd] adj (= rotting) putride

putt [pʌt] **1** n putt *m* **2** vti putter

putty ['pʌtɪ] n mastic *m (ciment)*

puzzle ['pʌzl] **1** n a (= mystery) énigme *f* b (= word game) rébus *m* ; (= crossword) mots *mpl* croisés c (= jigsaw) puzzle *m* **2** vt rendre perplexe **3** vi ▪ **to ~ over** essayer de comprendre

puzzled ['pʌzld] adj perplexe

puzzling ['pʌzlɪŋ] adj curieux

pygmy ['pɪgmɪ] **1** n Pygmée *mf* **2** adj pygmée *f inv*

pyjamas [pɪ'dʒɑːməz] npl (BR) pyjama *m* ▪ **a pair of ~** un pyjama ; → Pièges PYJAMAS

pylon ['paɪlən] n pylône *m*

pyramid ['pɪrəmɪd] n pyramide *f*

Pyrex® ['paɪreks] n pyrex® *m*

python ['paɪθən] n python *m*

qQ

QR code [kju:ɑ:'kəʊd] n code *m* QR, flash-code *m*
quack [kwæk] **1** n **a** [of duck] coin-coin *m inv* **b** (= imposter, bogus doctor) charlatan *m* ; (hum = doctor) toubib* *m* **2** vi faire coin-coin
quad [kwɒd] n **a** abbr of **quadrangle** **b** abbr of **quadruplet** **c** **quad bike** quad *m*
quadrangle ['kwɒdræŋgl] n **a** (Math) quadrilatère *m* **b** (= courtyard) cour *f*
quadruped ['kwɒdrʊped] adj, n quadrupède *m*
quadruple **1** adj, n ['kwɒdrʊpl] quadruple *m* **2** vti [kwɒ'dru:pl] quadrupler
quadruplet [kwɒ'dru:plɪt] n quadruplé(e) *m(f)*
quagmire ['kwægmaɪə^r] n bourbier *m*
quail [kweɪl] n (= bird) caille *f*
quaint [kweɪnt] adj **a** (= picturesque) [place] pittoresque **b** (= old-fashioned) [custom, notion] désuet (-ète *f*)
quake [kweɪk] **1** vi [earth, person] trembler **2** n (abbr of **earthquake**) tremblement *m* de terre
quakeproof ['kweɪkpru:f] adj parasismique, antisismique
Quaker ['kweɪkə^r] n quaker(esse) *m(f)*
qualification [ˌkwɒlɪfɪ'keɪʃən] n **a** (= degree, diploma) diplôme *m* (*in* de) **b** (= limitation) réserve *f*
qualified ['kwɒlɪfaɪd] adj **a** (= trained) [staff, craftsman, pilot] qualifié ; [engineer, doctor, teacher] diplômé **b** (= limited) [support, approval] mitigé
qualifier ['kwɒlɪfaɪə^r] n (Sport) (= person) athlète *mf* qualifié(e) ; (= match) match *m* de qualification
qualify ['kwɒlɪfaɪ] **1** vt **a** (= make competent) ▪ **to ~ sb to do sth/for sth** qualifier qn pour faire qch/pour qch **b** (= modify) [+ support] mettre des réserves à ; [+ statement, opinion] nuancer **2** vi **a** (gen) remplir les conditions requises ; (= get qualifications) obtenir son diplôme (*in* en) ▪ **to ~ as a doctor/an engineer** obtenir son diplôme de médecin/d'ingénieur **b** (Sport) se qualifier
quality ['kwɒlɪtɪ] **1** n qualité *f* **2** adj de qualité
qualm [kwɑ:m] n (= scruple) doute *m* ; (= misgiving) appréhension *f*
quandary ['kwɒndərɪ] n dilemme *m* ▪ **to be in a ~** être pris dans un dilemme
quantify ['kwɒntɪfaɪ] vt quantifier
quantitative ['kwɒntɪtətɪv] adj quantitatif ▸ **quantitative easing** (Econ) assouplissement *m* quantitatif
quantity ['kwɒntɪtɪ] n quantité *f*
quantum ['kwɒntəm] n (pl **quanta**) quantum *m* ▸ **quantum leap** (fig) énorme bond *m* en avant ▸ **quantum physics** physique *f* quantique
quarantine ['kwɒrənti:n] **1** n quarantaine *f* *(pour raisons sanitaires)* ▪ **in ~** en quarantaine **2** vt mettre en quarantaine
quarrel ['kwɒrəl] **1** n (= dispute) querelle *f* ▪ **they've had a ~** (= argued) ils se sont disputés ; (= fallen out) ils se sont brouillés **2** vi se disputer ▪ **I cannot ~ with that** je n'ai rien à redire à cela
quarry ['kwɒrɪ] **1** n carrière *f* **2** vt [+ stone] extraire
quarter ['kwɔ:tə^r] **1** n **a** (= fourth part) quart *m* **b** (in expressions of time) quart *m* (d'heure) ▪ **a ~ of an hour** un quart d'heure ▪ **a ~ to seven, a ~ of seven** (US) sept heures moins le quart ▪ **a ~ past six, a ~ after six** (US) six heures un quart **c** [of year] trimestre *m* ; [of dollar] quart *m* de dollar, vingt-cinq cents *mpl* ; [of moon] quartier *m* **d** (= part of town) ▪ **the Latin ~** le Quartier latin **2** **quarters** npl (= military lodgings) quartiers *mpl* **3** vt (= divide into four) diviser en quatre (parts égales) **4** adj quart de ▸ **quarter final** (Sport) quart *m* de finale ▸ **quarter-finalist** (Sport) quart de finaliste *mf* ▸ **quarter-hour** (period of time) quart *m* d'heure ▸ **quarter note** (US) noire *f* ▸ **quarter-pounder** *hamburger contenant un steak haché d'environ 100 g*
quarterback ['kwɔ:təbæk] n (US : Football) stratège *m (souvent en position d'arrière)*
quarterly ['kwɔ:təlɪ] adj trimestriel
quartet(te) [kwɔ:'tet] n [of classical musicians] quatuor *m* ; [of jazz musicians] quartette *m*
quartz ['kwɔ:ts] n quartz *m*
quash [kwɒʃ] vt [+ decision, verdict] casser ; [+ rebellion] réprimer
quaver ['kweɪvə^r] n **a** (= musical note) croche *f* **b** (= voice tremor) chevrotement *m*
quay [ki:] n quai *m*
quayside ['ki:saɪd] n quai *m* ; (= whole area) quais *mpl*
queasy ['kwi:zɪ] adj (= nauseous) ▪ **to feel ~** avoir la nausée ▪ **it makes me (feel) ~** ça me donne la nausée
Quebec [kwɪ'bek] n Québec *m*
queen [kwi:n] n reine *f* ▪ **Queen Elizabeth** la reine Élisabeth ▸ **queen bee** reine *f* des abeilles ▸ **Queen Mother** reine *f* mère
queer [kwɪə^r] **1** adj **a** (= strange) bizarre ; (= suspicious) louche **b** (* = homosexual) homo* **2** n (* = homosexual) homo* *m*

quell [kwel] vt [+ rebellion] réprimer

quench [kwentʃ] vt ▪ **to ~ one's thirst** se désaltérer

query ['kwɪərɪ] **1** n (= question) question *f* ; (= doubt) doute *m* ; (Computing) requête *f* ▸ **query language** (Computing) langage *m* de requête or d'interrogation **2** vt [+ statement, motive, evidence] mettre en doute

quest [kwest] n quête *f* (*for* de) ▪ **in ~ of** en quête de

question ['kwestʃən] **1** n **a** (gen) question *f* ▪ **to ask sb a ~** poser une question à qn ▪ **there's no ~ of closing the shop** il n'est pas question de fermer le magasin ▪ **in ~** en question ▪ **out of the ~** hors de question ▪ **that is out of the ~** il n'en est pas question ▸ **question mark** point *m* d'interrogation **b** (= doubt) doute *m* ▪ **there is no ~ about it** cela ne fait aucun doute ▪ **to call sth into ~** remettre qch en question **2** vt **a** [+ person] interroger **b** [+ motive, account, sb's honesty] remettre en question

questionable ['kwestʃənəbl] adj [quality, taste] douteux ; [motive, behaviour, practice] suspect

questioning ['kwestʃənɪŋ] **1** n interrogation *f* **2** adj [nature] curieux

questionnaire [ˌkwestʃə'nɛə'] n questionnaire *m*

queue [kju:] (BR) **1** n [of people] queue *f*, file *f* (d'attente) ; [of cars] file *f* **2** vi [people, cars] faire la queue

quibble ['kwɪbl] vi chicaner (*over* sur)

quiche [ki:ʃ] n quiche *f*

quick [kwɪk] **1** adj **a** (= rapid) [train, movement, decision] rapide ; [recovery, answer] prompt ▪ **be ~!** dépêche-toi ! ▪ **we had a ~ meal** nous avons mangé en vitesse ▪ **he's a ~ worker** il travaille vite ▸ **quick fix** solution *f* miracle **b** (= lively) [mind] vif **2** adv vite ▪ **as ~ as a flash** avec la rapidité de l'éclair

→ *Pièges* RAPID

quicken ['kwɪkən] vt accélérer

quickly ['kwɪklɪ] adv **a** (= with great speed) [speak, work] vite **b** (= in short time) [die, embrace] rapidement ; (= without delay) [arrive, answer, react] sans tarder

quicksand(s) ['kwɪksænd(z)] n(pl) sables *mpl* mouvants

quick-tempered [kwɪk'tempəd] adj ▪ **to be ~** s'emporter facilement

quid⁑ [kwɪd] n pl inv (BR = pound) livre *f*

quiet ['kwaɪət] **1** adj **a** (= not loud) [voice] bas (basse *f*) ; [music] doux (douce *f*) ; [sound] léger **b** (= not noisy, not busy) [street, room, village, neighbour] calme **c** (= silent) ▪ **to be ~** [person] être silencieux ▪ **be ~!** silence ! ▪ **to keep ~** garder le silence **d** (= placid) [person] calme **e** (= discreet) [optimism] discret (-ète *f*) ▪ **to keep ~ about sth** (= not tell) ne pas ébruiter qch **f** (= untroubled) [night] paisible ; [life] tranquille **2** n **a** (= silence) silence *m* **b** (= peace) calme *m* **c** ▪ **on the ~*** en cachette

→ *Pièges* QUIET

quieten ['kwaɪətn] **1** vt [+ person, crowd] calmer **2** vi ▪ **~ down!** calmez-vous !

quietly ['kwaɪətlɪ] adv **a** [say, speak, sing] doucement **b** [move, come in] sans bruit **c** (= discreetly) discrètement

quilt [kwɪlt] n (= bed cover) courtepointe *f* ; (= duvet : also **continental quilt**) couette *f*

quilted ['kwɪltɪd] adj [dressing gown, bedspread] matelassé

quip [kwɪp] **1** n (= witty remark) bon mot *m* ; (= sarcasm) sarcasme *m* **2** vi railler

quirk [kwɜ:k] n bizarrerie *f*

quirky ['kwɜ:kɪ] adj [humour, style] décalé ; [person] excentrique

quit [kwɪt] **1** vt **a** (= leave) [+ place, job] quitter **b** (= stop) ▪ **to ~ doing sth** arrêter de faire qch **c** (Computing) quitter **2** vi (= give up) abandonner ; (= resign from job) démissionner

quite [kwaɪt] adv **a** (= entirely) tout à fait ▪ **~!** exactement ! ▪ **I ~ understand** je comprends très bien ▪ **not ~ as many as last week** pas tout à fait autant que la semaine dernière ▪ **that's ~ another matter** c'est une tout autre affaire ▪ **he was ~ right** il avait tout à fait raison **b** (= to some degree, moderately) plutôt, assez ▪ **~ a long time** assez longtemps ▪ **~ a few people** pas mal de monde ▪ **I ~ like this painting** j'aime assez ce tableau

→ *Pièges* QUIET

quits* [kwɪts] adj ▪ **to be ~ (with sb)** être quitte (envers qn)

quiver ['kwɪvə'] vi [person] frissonner (*with* de) ; [voice, lips] trembler ; [leaves] frémir

quiz [kwɪz] **1** n (pl **quizzes**) **a** (Radio, TV) quiz *m* ; (= puzzle) devinette *f* **b** (US : Scol) interrogation *f* rapide *(orale ou écrite)* **2** vt interroger (*about* au sujet de)

quizzical ['kwɪzɪkəl] adj [look] interrogateur (-trice *f*)

quota ['kwəʊtə] n quota *m*

quotation [kwəʊ'teɪʃən] n **a** (= passage cited) citation *f* ▸ **quotation marks** guillemets *mpl* ▪ **in ~ marks** entre guillemets **b** (= estimate) devis *m*

quote [kwəʊt] **1** vt **a** [+ author, poem, words] citer ; [+ reference number] donner ▪ **she said the text was, ~, unquote, "full of mistakes"** elle a dit que le texte était, je cite, « plein de fautes » **b** [+ price] indiquer **2** vi faire des citations **3** n **a** (= quotation) citation *f* **b** (= estimate) devis *m* **4** **quotes*** npl guillemets *mpl*

rR

rabbi [ˈræbaɪ] n rabbin *m*

rabbit [ˈræbɪt] n lapin *m* ▸ **rabbit hutch** clapier *m*

rabble [ˈræbl] n (= disorderly crowd) cohue *f*

rabies [ˈreɪbiːz] n rage *f*

RAC [ˌɑːreɪˈsiː] n (BR) (abbr of **Royal Automobile Club**) *société de dépannage*

raccoon [rəˈkuːn] n raton *m* laveur

race [reɪs] **1** n **a** (= competition) course *f* ▪ **the ~s** les courses *fpl* (de chevaux) ▪ **~ against time** course *f* contre la montre **b** (= species) race *f* ▪ **the human ~** la race humaine ▸ **race-hate** [attack, crime] racial ▪ **race-hate campaign** campagne *f* d'incitation à la haine raciale **2** vt **a** [+ person] faire la course avec **b** [+ horse, dog] faire courir **3** vi **a** (= compete) faire la course ▪ **to ~ against sb** faire la course avec qn **b** (= rush) courir à toute allure ▪ **to ~ in/out/across** entrer/sortir/traverser à toute allure ▪ **her pulse was racing** son pouls était très rapide

racecourse [ˈreɪskɔːs] n champ *m* de courses

racehorse [ˈreɪshɔːs] n cheval *m* de course

racetrack [ˈreɪstræk] n (US) champ *m* de courses ; (BR) piste *f*

racial [ˈreɪʃəl] adj (gen) racial ; [attack, prejudice] raciste

racing [ˈreɪsɪŋ] n courses *fpl* ; (also **horse-racing**) courses *fpl* de chevaux ▪ **motor ~** course *f* automobile ▸ **racing bike** vélo *m* de course ▸ **racing car** voiture *f* de course ▸ **racing driver** coureur *m*, -euse *f* automobile

racism [ˈreɪsɪzəm] n racisme *m*

racist [ˈreɪsɪst] adj, n raciste *mf*

rack [ræk] **1** n (for bottles, documents) casier *m* ; (for luggage) porte-bagage *m* ; (for dishes) égouttoir *m* ; (for vegetables) bac(s) *m(pl)* à légumes **2** vt ▪ **~ed by remorse** tenaillé par le remords ▪ **to ~ one's brains** se creuser la tête

racket [ˈrækɪt] n **a** (for sport) raquette *f* **b** (= noise) vacarme *m* **c** (= organized crime) trafic *m* ; (= dishonest scheme) escroquerie *f* ▪ **an extortion ~** un racket

racy [ˈreɪsɪ] adj (= risqué) leste ; [lively] plein de verve

radar [ˈreɪdɑːʳ] n radar *m*

radial [ˈreɪdɪəl] n (also **radial tyre**) pneu *m* à carcasse radiale

radiant [ˈreɪdɪənt] adj [person, smile, beauty] radieux ▪ **~ with joy** rayonnant de joie

radiate [ˈreɪdɪeɪt] vt [+ heat] émettre ▪ **he ~s enthusiasm** il respire l'enthousiasme

radiation [ˌreɪdɪˈeɪʃən] n (= radioactivity) radiation *f*

radiator [ˈreɪdɪeɪtəʳ] n radiateur *m*

radical [ˈrædɪkəl] adj, n radical *m*

radio [ˈreɪdɪəʊ] **1** n radio *f* ▪ **on the ~** à la radio ▸ **radio alarm (clock)** radio-réveil *m* ▸ **radio cassette (recorder)** (BR) radiocassette *m* ▸ **radio control** [of planes] radioguidage *m* ▸ **radio operator** opérateur *m* (radio *inv*) ▸ **radio station** station *f* de radio **2** vt [+ person] joindre par radio ▪ **to ~ a message** envoyer un message radio **3** vi ▪ **to ~ for help** appeler au secours par radio

radioactive [ˌreɪdɪəʊˈæktɪv] adj radioactif

radioactivity [ˌreɪdɪəʊækˈtɪvɪtɪ] n radioactivité *f*

radiological [ˌreɪdɪəˈlɒdʒɪkəl] adj radiologique

radiology [ˌreɪdɪˈɒlədʒɪ] n radiologie *f*

radiotherapy [ˌreɪdɪəʊˈθerəpɪ] n radiothérapie *f*

radish [ˈrædɪʃ] n radis *m*

radius [ˈreɪdɪəs] n rayon *m*

RAF [ˌɑːreɪˈef] n (BR) (abbr of **Royal Air Force**) RAF *f*

raffle [ˈræfl] n tombola *f* ▸ **raffle ticket** billet *m* de tombola

raft [rɑːft] n (= flat structure) radeau *m* ; (for logs) train *m* de flottage

rafting [ˈrɑːftɪŋ] n rafting *m*

rag [ræg] **1** n **a** (cloth) chiffon *m* ▸ **rag doll** poupée *f* de chiffon **b** (* = newspaper) torchon* *m* **2** **rags** npl (= old clothes) guenilles *fpl*

rage [reɪdʒ] **1** n rage *f* ▪ **fit of ~** accès *m* de fureur ▪ **to be all the ~** faire fureur **2** vi [person] être furieux (*against* contre) ; [battle, fire] faire rage

ragged [ˈrægɪd] adj **a** (= in tatters) [person] en haillons ; [clothes] en lambeaux **b** (= uneven) [edge, rock] déchiqueté

raging [ˈreɪdʒɪŋ] adj [pain] atroce ; [storm, wind] déchaîné ; [fire] violent ; [inflation] galopant ; [feminist, nationalist] fanatique ▪ **~ toothache** rage *f* de dents

raid [reɪd] **1** n (by the military) raid *m* ; (by police) descente *f* (de police) ; (with arrests) rafle *f* ▪ **air ~** raid *m* (aérien) **2** vt [army] faire une incursion dans ; [bomber] bombarder ; [police] faire une descente dans ; (BR) [thieves] braquer* ; [+ piggybank] puiser dans ; [+ fridge] dévaliser

raider ['reɪdəʳ] n (= thief) braqueur* *m* ; (= plane) bombardier *m* ; (Fin) raider *m*

rail [reɪl] n **a** (for train) rail *m* ■ **to go off the ~s** [person] dérailler* **b** (= bar) [of boat] bastingage *m* ; (= handrail) main *f* courante ; (for curtains) tringle *f*

railcard ['reɪlkɑːd] n carte *f* de chemin de fer ■ **Senior Citizen's ~** ≈ carte *f* de réduction Senior ■ **young person's ~** ≈ carte *f* de réduction Jeune

railing ['reɪlɪŋ] n **a** [of bridge] garde-fou *m* **b** (= fence : also **railings**) grille *f*

railroad ['reɪlrəʊd] **1** n (US) chemin *m* de fer **2** vt (* = force) ■ **to ~ sb into doing sth** forcer qn à faire qch sans qu'il ait le temps de réfléchir

railway ['reɪlweɪ] n (BR) chemin *m* de fer ▸ **railway line** (= route) ligne *f* de chemin de fer; (= track) voie *f* ferrée ▸ **railway station** gare *f*

rain [reɪn] **1** n pluie *f* ■ **in the ~** sous la pluie ▸ **rain check** ■ **I'll take a ~ check (on that)*** (US) ça sera pour une autre fois ▸ **rain shower** n douche *f* pluie **2** vi pleuvoir ■ **it is ~ing** il pleut ■ **it's ~ing heavily** il pleut à verse

rainbow ['reɪnbəʊ] n arc-en-ciel *m*

raincoat ['reɪnkəʊt] n imperméable *m*

raindrop ['reɪndrɒp] n goutte *f* de pluie

rainfall ['reɪnfɔːl] n (= shower) chute *f* de pluie ; (= amount) pluviosité *f*

rainforest ['reɪnfɒrɪst] n (also **tropical rainforest**) forêt *f* tropicale (humide)

rainstorm ['reɪnstɔːm] n pluie *f* torrentielle

rainwater ['reɪnwɔːtəʳ] n eau *f* de pluie

rainy ['reɪnɪ] adj [place] pluvieux ■ **the ~ season** la saison des pluies ■ **to save something for a ~ day** garder une poire pour la soif

raise [reɪz] **1** vt **a** (= lift) [+ arm, leg, object] lever ■ **to ~ a blind** (re)lever un store ■ **he didn't ~ an eyebrow** il n'a pas sourcillé ■ **to ~ one's glass to sb** lever son verre à la santé de qn ■ **don't ~ your voice to me!** ne hausse pas le ton quand tu me parles ! ■ **not a voice was ~d in protest** personne n'a élevé la voix pour protester ■ **to ~ sb's spirits** remonter le moral de qn ■ **to ~ sb's hopes** donner à espérer à qn **b** (= increase) [+ salary] augmenter ; [+ standard] élever ; [+ age limit] reculer ; [+ temperature] faire monter **c** (= build) édifier **d** (= produce) [+ problems] soulever **e** (= bring to notice) [+ question] soulever ; [+ objection] élever **f** [+ animals, children, family] élever **g** (= get together) [+ army, taxes] lever ; [+ money] se procurer **2** n (= pay rise) augmentation *f* (de salaire)

→ *Pièges* RAISE

raisin ['reɪzən] n raisin *m* sec

rake [reɪk] **1** n râteau *m* **2** vt [+ garden, leaves] ratisser **3** vi (= search) ■ **to ~ through** fouiller dans

▸ **rake in*** vt sep [+ money] amasser

▸ **rake up** vt sep [+ leaves] ratisser ■ **to ~ up the past** remuer le passé

rally ['rælɪ] **1** n [of people] rassemblement *m* ; (political) meeting *m* ; [of cars] rallye *m* ▸ **rally car** voiture *f* de rallye ▸ **rally driver** pilote *m* de rallye ▸ **rally driving** rallye *m* **2** vt [+ troops] rassembler ; [+ supporters] rallier ; [+ one's strength] retrouver **3** vi [sick person] récupérer

▸ **rally round** vi venir en aide

RAM [ræm] n (abbr of **random access memory**) RAM *f inv*

ram [ræm] **1** n bélier *m* **2** vt **a** (= push down) enfoncer *(avec force)* ; (= pack down) tasser (*into* dans) **b** (= crash into) [+ vehicle] emboutir

Ramadan ['ræmədæn] n ramadan *m*

ramble ['ræmbl] **1** n randonnée *f* (pédestre) **2** vi **a** (also **go rambling**) partir en randonnée *f* (pédestre) **b** (in speech : also **ramble on**) parler pour ne rien dire

rambler ['ræmbləʳ] n (BR) randonneur *m*, -euse *f*

rambling ['ræmblɪŋ] **1** adj [speech, letter] sans queue ni tête ; [person] qui divague **2** n ■ **to go ~** partir en randonnée

ramp [ræmp] n rampe *f*; (in road: for speed control) ralentisseur *m* ; (in garage) pont *m* de graissage

rampage [ræm'peɪdʒ] n ■ **to be** or **go on the ~** se déchaîner

rampant ['ræmpənt] adj ■ **to run ~** sévir

rampart ['ræmpɑːt] n rempart *m*

ramshackle ['ræm,ʃækl] adj délabré

ran [ræn] vb pret of **run**

ranch [rɑːntʃ] n ranch *m*

rancid ['rænsɪd] adj rance ■ **to go ~** rancir

rancour, rancor (US) ['ræŋkəʳ] n rancœur *f*

random ['rændəm] adj [selection] aléatoire ; [attack, killings] aveugle ■ **at ~** au hasard

randy* ['rændɪ] adj (BR) excité

rang [ræŋ] vb pret of **ring**

range [reɪndʒ] **1** n **a** [of mountains] chaîne *f* **b** (= distance covered) [of telescope, missile] portée *f* ; [of plane] rayon *m* d'action ■ **to be out of ~** être hors de portée ■ **within (firing) ~** à portée de tir **c** (= extent between limits) [of prices, salaries] fourchette *f* ; [of temperature] écarts *mpl* **d** (= selection) gamme *f* ▪ **a wide ~ of** un grand choix de **e** (= domain) [of influence] sphère *f*; [of knowledge] étendue *f* **f** (also **shooting range**) champ *m* de tir **g** (also **kitchen range**) cuisinière *f* **2** vt (= place in a row) [+ objects] ranger ; [+ troops] aligner **3** vi [discussion] s'étendre (*from... to* de... à, *over* sur) ; [opinions] aller (*from... to* de... à) ▪ **the temperature ~s from 18° to 24°** la température varie entre 18° et 24°

ranger ['reɪndʒəʳ] n **a** (also **forest ranger**) garde *mf* forestier, -ière *f* **b** (US = mounted patrolman) gendarme *m* à cheval

rank [ræŋk] **1** n **a** (= row) rang *m* ▪ **the ~ and file** (military) les hommes de troupe ; (= ordinary people) le commun des mortels ▪ **of political party** la base **b** (Mil) grade *m* **c** (= class) rang *m* (social) **2** adj **a** (= absolute) ▪ **a ~ outsider** un vrai outsider **b** (= pungent) fétide **3** vt classer **4** vi compter ▪ **he ~s among my friends** il compte parmi mes amis

rankle ['ræŋkl] vi rester sur le cœur (*with* à)

ransack ['rænsæk] vt (= pillage) [+ house, shop] saccager ; (= search) [+ room, drawer] fouiller de fond en comble

ransom ['rænsəm] n rançon *f* ▪ **to hold sb to ~** mettre qn à rançon ; (fig) exercer un chantage sur qn

ransomware ['rænsəmweəʳ] n logiciel *m* de rançon, rançongiciel *m*

rant [rænt] vi divaguer ▪ **to ~ and rave** tempêter ▪ **to ~ (and rave) at sb** fulminer contre qn

rap [ræp] **1** n **a** (= noise) petit coup *m* sec ; (= blow) tape *f* **b** (Mus) rap *m* ▸ **rap music** musique *f* rap **2** vt ▪ **to get one's knuckles ~ped** se faire taper sur les doigts* **3** vi **a** (= knock) frapper ▪ **to ~ at the door** frapper à la porte **b** (Mus) rapper

rape [reɪp] **1** n **a** (= crime) viol *m* **b** (= plant) colza *m* **2** vt violer

rapid ['ræpɪd] **1** adj rapide **2** **rapids** npl (in river) rapides *mpl*

→ *Pièges* RAPID

rapidly ['ræpɪdlɪ] adv rapidement

rapist ['reɪpɪst] n violeur *m*

rapper ['ræpəʳ] n rappeur *m*, -euse *f*

rapport [ræ'pɔːʳ] n rapport *m*

rapture ['ræptʃəʳ] n (= delight) ravissement *m* ▪ **to be in ~s about** [+ object] être ravi de ; [+ person] être en extase devant

rapturous ['ræptʃərəs] adj [applause] frénétique ; [reception, welcome] enthousiaste

rare [rɛəʳ] adj **a** (= uncommon, infrequent) rare ; [opportunity] unique **b** [meat] saignant ▪ **a very ~ steak** un bifteck bleu

rarely ['rɛəlɪ] adv rarement

raring* ['rɛərɪŋ] adj ▪ **to be ~ to go** être très impatient de commencer

rarity ['rɛərɪtɪ] n (= scarcity) rareté *f*; (= rare thing) chose *f* rare

rascal ['rɑːskəl] n (= scamp) polisson(ne) *m(f)*

rash [ræʃ] **1** n (= spots) éruption *f* **2** adj [person, behaviour, decision] imprudent

rasher ['ræʃəʳ] n (BR) (mince) tranche *f* (de bacon)

rasp [rɑːsp] **1** n (= tool) râpe *f*; (= noise) grincement *m* **2** vt (= speak) dire d'une voix râpeuse

raspberry ['rɑːzbərɪ] n (= fruit) framboise *f* ▸ **raspberry bush** framboisier *m*

Rastafarian [ˌræstə'fɛərɪən] n, adj rastafari *mf inv*

rat [ræt] n (= animal) rat *m* ; (pej = person) salaud‡ *m* ▸ **rat race** foire *f* d'empoigne

ratchet ['rætʃɪt] n rochet *m*

rate [reɪt] **1** n (= ratio) taux *m* ; (= speed) vitesse *f*, rythme *m* ▪ **birth/death ~** taux *m* de natalité/mortalité ▪ **~ of exchange** taux *m* de change ▪ **at this ~** à ce train-là ▪ **at any ~** en tout cas **2** **rates** npl (BR formerly = municipal tax) impôts *mpl* locaux **3** vt [+ object] évaluer (*at* à) ; (= consider) considérer (*as* comme) ▪ **I ~ him amongst my best pupils** je le considère comme l'un de mes meilleurs élèves

rather ['rɑːðəʳ] adv **a** (= for preference) plutôt ▪ **~ than wait, he went away** plutôt que d'attendre, il est parti ▪ **I would ~ wait here than go** je préférerais attendre ici plutôt que de partir ▪ **I would ~ you came yourself** je préférerais que vous veniez *subj* vous-même ▪ **I'd ~ not go** j'aimerais mieux ne pas y aller **b** (= more accurately) plutôt **c** (= to a considerable degree) plutôt ; (= to some extent) un peu ; (= slightly) légèrement ▪ **his book is ~ good** son livre est plutôt bon ▪ **that costs ~ a lot** cela coûte assez cher

ratify ['rætɪfaɪ] vt ratifier

rating ['reɪtɪŋ] **1** n (= assessment) évaluation *f* ; (in polls) indice *m* de popularité **2** **ratings** npl ▪ **the (TV) ~s** l'indice *m* d'écoute

ratio ['reɪʃɪəʊ] n rapport *m*, ratio *m*

ration ['ræʃən] **1** n (= allowance) ration *f* ▸ **ration book** carnet *m* de rationnement **2** **rations** npl (= food) vivres *mpl* **3** vt [+ goods, food, people] rationner

rational ['ræʃənl] adj [person, argument] raisonnable ; [being] doué de raison ; [explanation, decision] rationnel

rationale [ræʃə'nɑːl] n (= reasoning) raisonnement *m*

ra

rationalize ['ræʃnəlaɪz] vt **a** (= explain) [+ event, conduct] trouver une explication logique à ; (= justify) justifier après coup **b** [+ industry, production, problems] rationaliser

rattle ['rætl] **1** n **a** (= sound) [of vehicle] bruit *m* (de ferraille) ; [of chains] cliquetis *m* ; [of door] vibrations *fpl* **b** (for baby) hochet *m* **2** vi [box, object] faire du bruit ; [articles in box] s'entrechoquer ; [vehicle] faire un bruit de ferraille **3** vt **a** [+ box] agiter (avec bruit) **b** (* = alarm) [+ person] ébranler

rattlesnake ['rætlsneɪk] n serpent *m* à sonnette

raucous ['rɔːkəs] adj [person, crowd] bruyant ▪ **~ laughter** de gros rires

raunchy* ['rɔːntʃɪ] adj [person, clothing] sexy *inv* ; [story, film] torride

ravage ['rævɪdʒ] **1** vt ravager **2** **ravages** npl ravages *mpl*

rave [reɪv] **1** vi (= talk wildly) divaguer ; (= speak enthusiastically) parler avec enthousiasme (*about, over* de) **2** n (BR = party) rave *f* **3** comp ▸ **rave review*** critique *f* dithyrambique

raven ['reɪvn] n corbeau *m*

ravenous ['rævənəs] adj [animal, appetite] vorace ; [hunger] de loup ▪ **I'm ~*** j'ai une faim de loup

ravine [rə'viːn] n ravin *m*

raving ['reɪvɪŋ] **1** adj ▪ **~ lunatic*** fou *m* furieux, folle *f* furieuse **2** adv ▪ **to be ~ mad*** être fou furieux

ravioli [,rævɪ'əʊlɪ] n raviolis *mpl*

ravishing ['rævɪʃɪŋ] adj ravissant

raw [rɔː] adj **a** (= uncooked) cru **b** (= unprocessed) [cotton, sugar, data] brut ; [alcohol, spirits] pur ▸ **raw material** matière *f* première **c** [energy, talent] à l'état brut **d** (= sore) [hands] abîmé **e** (= inexperienced) inexpérimenté **f** (= cold) [night, day] glacial **g** (* = unfair) ▪ **he got a ~ deal** on ne lui a vraiment pas fait de cadeaux*

ray [reɪ] n **a** [of light, sun] rayon *m* ▪ **a ~ of hope** une lueur d'espoir **b** (= fish) raie *f*

raze [reɪz] vt (also **raze to the ground**) raser

razor ['reɪzə'] n rasoir *m* ▸ **razor blade** lame *f* de rasoir ▸ **razor-sharp** [blade] tranchant comme un rasoir; [person, mind] vif; [wit] acéré

Rd (in addresses) (abbr of **Road**) rue

RE [ɑːr'iː] n (BR) abbr of **religious education**

reach [riːtʃ] **1** n (= accessibility) ▪ **within ~** à portée ▪ **out of ~** hors de portée ▪ **out of sb's ~** hors de (la) portée de qn ▪ **within arm's ~** à portée de la main ▪ **within easy ~ of the sea** à proximité de la mer **2** vt [+ place, age, goal] atteindre ; [+ agreement, conclusion, compromise, decision] parvenir à **3** vi **a** [territory] s'étendre (*to, as far as* jusqu'à) **b** (= stretch out hand) tendre le bras (*for sth* pour prendre qch)

react [riː'ækt] vi réagir

reaction [riː'ækʃən] n réaction *f*

reactionary [riː'ækʃənrɪ] adj, n réactionnaire *mf*

reactive [riː'æktɪv] adj réactif

reactor [riː'æktə'] n réacteur *m*

read [riːd] (pret, ptp **read** [red]) **1** vt **a** [+ book, letter] lire ; [+ music, bad handwriting] déchiffrer ▪ **to ~ sb sth** lire qch à qn ▪ **to ~ sb's lips** lire sur les lèvres de qn **b** (= understand) comprendre ▪ **to ~ sb's palm** lire les lignes de la main à qn ▪ **to ~ sb's thoughts** lire (dans) la pensée de qn **c** (= study) étudier **d** [instruments] indiquer ▪ **the thermometer ~s 37°** le thermomètre indique 37° **2** vi lire ▪ **to ~ aloud** lire à haute voix ▪ **the article ~s well** l'article se lit bien

▸ **read out** vt sep [+ text] lire à haute voix

▸ **read through** vt sep (rapidly) parcourir ; (thoroughly) lire en entier

▸ **read up on** vt insep se renseigner sur

readable ['riːdəbl] adj (= interesting) agréable à lire ; (= legible) lisible

reader ['riːdə'] n (= person) lecteur *m*, -trice *f* ; (= device for e-books) liseuse *f*

readership ['riːdəʃɪp] n [of newspaper, magazine] nombre *m* de lecteurs

readily ['redɪlɪ] adv **a** [accept, agree, admit] volontiers **b** (= easily) ▪ **~ accessible** [place, data] facilement accessible

reading ['riːdɪŋ] n **a** (gen) lecture *f* ▸ **reading glasses** lunettes *fpl* pour lire ▸ **reading lamp, reading light** (on desk) lampe *f* de bureau; (in train, plane) liseuse *f* ▸ **reading list** bibliographie *f* ▸ **reading room** salle *f* de lecture **b** (from instrument) indications *fpl*

readjust [,riːə'dʒʌst] **1** vt [+ position of sth] rectifier ; [+ approach] modifier **2** vi se réadapter (*to* à)

ready ['redɪ] adj **a** (gen) prêt ▪ **to be ~ to do sth** être prêt à faire qch ▪ **~ for use** prêt à l'emploi ▪ **~, steady, go!** à vos marques ! prêts ? partez ! ▪ **to get ~** se préparer ▪ **to get ~ to do sth** s'apprêter à faire qch ▸ **ready cash** (argent *m*) liquide *m* ▸ **ready-made** [curtains] tout fait; [clothes] de confection ▸ **ready-to-wear** prêt à porter **b** (= prompt) [wit] vif ; [reply] prompt ; [answer, excuse] tout fait ; [market] tout trouvé

real [rɪəl] **1** adj (gen) vrai *before n* ; (= not fake) [leather, gold] véritable ▪ **in ~ life** dans la réalité ▪ **in ~ terms** en termes réels ▪ **for ~*** pour de vrai* ▸ **real estate** (US) immobilier *m* ▸ **real-estate agent** (US) agent *m* immobilier **2** adv (US*) vraiment ▪ **~ soon** sous peu

realism [ˈrɪəlɪzəm] n réalisme *m*

realist [ˈrɪəlɪst] adj, n réaliste *mf*

realistic [rɪəˈlɪstɪk] adj réaliste

reality [rɪˈælɪtɪ] n réalité *f* ▪ **take a ~ check!** sois réaliste ! ▸ **reality show** émission *f* de téléréalité ▸ **reality TV** téléréalité *f*

realization [ˌrɪəlaɪˈzeɪʃən] n **a** (= awareness) prise *f* de conscience **b** [of assets, hope, plan] réalisation *f*

realize [ˈrɪəlaɪz] vt **a** (= become aware of) se rendre compte de ; (= understand) comprendre **b** [+ ambition, hope, plan, assets] réaliser ; [+ price] atteindre

really [ˈrɪəlɪ] adv vraiment ▪ **not ~** pas vraiment ▪ **~?** (in doubt) vraiment ? ; (in surprise) c'est vrai ?

realm [relm] n (= kingdom) royaume *m* ; (fig) domaine *m*

realtor [ˈrɪəltɔːʳ] n (US) agent *m* immobilier

reap [riːp] vt (= harvest) moissonner ; [+ profit] récolter

reappear [ˌriːəˈpɪəʳ] vi réapparaître

rear [rɪəʳ] **1** n (= back part) arrière *m* ; (* = buttocks) derrière* *m* ▪ **at the ~ (of)** à l'arrière (de) ▪ **to bring up the ~** fermer la marche **2** adj de derrière, arrière *inv* ▸ **rear-view mirror** [of car] rétroviseur *m* ▸ **rear wheel** [of car] roue *f* arrière *inv* ▸ **rear-wheel drive** (= car) voiture *f* à traction arrière ▸ **rear window** [of car] vitre *f* arrière *inv* **3** vt [+ animal, family] élever **4** vi [horse] se cabrer

rearm [ˌriːˈɑːm] **1** vt réarmer **2** vi se réarmer

rearrange [ˌriːəˈreɪndʒ] vt réarranger

reason [ˈriːzn] **1** n **a** (= justification) raison *f* ▪ **the ~ for my leaving** la raison de mon départ ▪ **I want to know the ~ why** je veux savoir pourquoi ▪ **I have (every) ~ to believe that...** j'ai (tout) lieu de croire que... ▪ **for some ~ (or another)** pour une raison ou pour une autre ▪ **all the more ~ to call her** raison de plus pour l'appeler **b** (= mental faculty, common sense) raison *f* ▪ **that stands to ~** cela va sans dire ▪ **I will do anything within ~** je ferai tout ce qu'il est raisonnablement possible de faire **2** vi **a** (= think logically) raisonner **b** ▪ **to ~ with sb** raisonner qn

reasonable [ˈriːznəbl] adj **a** [person, behaviour, explanation] raisonnable **b** [standard, results] honnête

reasonably [ˈriːznəblɪ] adv **a** (= fairly) [happy, easy, safe] assez **b** (= sensibly) [behave] d'une façon raisonnable ; [say, expect] raisonnablement

reasoned [ˈriːznd] adj sensé

reasoning [ˈriːznɪŋ] n raisonnement *m*

reassess [ˌriːəˈses] vt [+ situation] réexaminer

reassurance [ˌriːəˈʃʊərəns] n **a** (emotional) réconfort *m* **b** (= guarantee) garantie *f*

reassure [ˌriːəˈʃʊəʳ] vt rassurer

reassuring [ˌriːəˈʃʊərɪŋ] adj rassurant

rebate [ˈriːbeɪt] n (= discount) rabais *m* ; (= money back) remboursement *m* ; (on tax, rates) dégrèvement *m* ; (on rent) réduction *f*

rebel **1** adj, n [ˈrebl] rebelle *mf* **2** vi [rɪˈbel] se rebeller

> Lorsque ***rebel*** est un verbe, l'accent tombe sur la deuxième syllabe. Lorsque c'est un nom, l'accent tombe sur la première.

rebellion [rɪˈbeljən] n rébellion *f*

rebellious [rɪˈbeljəs] adj rebelle

reboot [ˌriːˈbuːt] vt [+ computer] réinitialiser

rebound **1** vi [rɪˈbaʊnd] [ball] rebondir (*against* sur) **2** n [ˈriːbaʊnd] [of ball] rebond *m*

> Lorsque ***rebound*** est un verbe, l'accent tombe sur la deuxième syllabe. Lorsque c'est un nom, l'accent tombe sur la première.

rebrand [ˌriːˈbrænd] vt [+ product, company] changer l'image de

rebuff [rɪˈbʌf] n rebuffade *f*

rebuild [ˌriːˈbɪld] (pret, ptp **rebuilt**) vt rebâtir

rebuke [rɪˈbjuːk] **1** n reproche *m* **2** vt ▪ **to ~ sb for sth** reprocher qch à qn

recall **1** vt [rɪˈkɔːl] **a** (= summon back) rappeler ; [+ faulty products] (already sold) rappeler ; (in shop) retirer de la vente **b** (= remember) se rappeler (*that* que) **2** n [ˈrɪkɔl] rappel *m*

recant [rɪˈkænt] vt [+ statement] rétracter

recap* [rɪˈkæp] vi (abbr of **recapitulate**) ▪ **to ~,...** en résumé...

recapitulate [ˌriːkəˈpɪtjʊleɪt] vi récapituler

recapture [ˌriːˈkæptʃəʳ] **1** vt [+ animal, prisoner] reprendre ; [+ atmosphere, period] recréer **2** n [of town, territory] reprise *f* ; [of escapee, escaped animal] capture *f*

recede [rɪˈsiːd] vi [tide] descendre ; [danger] s'éloigner ; [gums] se rétracter ▪ **to have a receding hairline** avoir le front dégarni

receipt [rɪˈsiːt] n **a** (= receiving) réception *f* ▪ **to acknowledge ~ of** accuser réception de **b** (for payment) reçu *m* ; (for parcel, letter) accusé *m* de réception ; (for object purchased) ticket *m* de caisse

receive [rɪˈsiːv] vt recevoir ; [+ stolen goods] receler ▪ **his suggestion was well ~d** sa suggestion a reçu un accueil favorable ; → *Pièges* RECEIVE

re

received [rɪ'si:vd] adj [opinion] reçu ▸ **Received Pronunciation** prononciation *f* standard *(de l'anglais)*

receiver [rɪ'si:vəʳ] n **a** [of telephone] combiné *m* ▪ **to pick up the ~** décrocher ▪ **to put down the ~** raccrocher **b** (in bankruptcy) ▪ **to call in the (official) ~** placer la société en règlement judiciaire **c** (= radio set) (poste *m*) récepteur *m*

recent ['ri:snt] adj récent ▪ **in ~ years** ces dernières années

recently ['ri:sntlɪ] adv récemment ▪ **until (quite) ~** il n'y a pas si longtemps

receptacle [rɪ'septəkl] n récipient *m*

reception [rɪ'sepʃən] n (gen) réception *f*; (= welcome) accueil *m* ▸ **reception area** accueil *m*; [of hotel] réception *f* ▸ **reception desk** réception *f*

receptionist [rɪ'sepʃənɪst] n réceptionniste *mf*

receptive [rɪ'septɪv] adj réceptif (*to sth* à qch)

recess [rɪ'ses] n **a** (= parliamentary holidays) vacances *fpl* (parlementaires) ▪ **in ~** [+ parliament] en vacances **b** (= short break in school day) récréation *f* ▪ **the court is in ~** (US) l'audience est suspendue **c** ['ri:ses] (in wall) renfoncement *m* ▪ **in the ~es of his mind** dans les recoins de son esprit

> Lorsque ***recess*** signifie « vacances », l'accent tombe sur la deuxième syllabe. Lorsqu'il signifie « renfoncement », l'accent tombe sur la première.

recession [rɪ'seʃən] n récession *f*

recharge ['ri:'tʃɑ:dʒ] **1** vt [+ battery, gun] recharger **2** vi [battery] se recharger

rechargeable [rɪ'tʃɑ:dʒəbl] adj rechargeable

recipe ['resɪpɪ] n recette *f* ▪ **that would be a ~ for disaster** ça serait un désastre ▸ **recipe book** livre *m* de recettes

recipient [rɪ'sɪpɪənt] n [of letter] destinataire *mf*; [of cheque] bénéficiaire *mf*; [of award, decoration] récipiendaire *mf*

reciprocal [rɪ'sɪprəkəl] adj réciproque

recital [rɪ'saɪtl] n récital *m*

recite [rɪ'saɪt] vt [+ poetry] réciter

reckless ['reklɪs] adj (= heedless) insouciant ; (= rash) imprudent

reckon ['rekən] **1** vt **a** (= calculate) [+ time, points] compter ; [+ cost] calculer **b** (= judge) estimer **c** (* = think) penser **2** vi calculer, compter ▪ **I wasn't reckoning on having to do that** je ne m'attendais pas à devoir faire ça ▪ **he's a person to be ~ed with** c'est une personne avec laquelle il faut compter

reckoning ['reknɪŋ] n **a** (= calculation) calcul *m* **b** (= judgement) estimation *f*

reclaim [rɪ'kleɪm] vt [+ land] reconquérir ; (from forest, bush) défricher ; (from sea) assécher ; [+ identity, culture] se réapproprier ; (= demand back) réclamer (*sth from sb* qch à qn) ; [+ tax] se faire rembourser

recline [rɪ'klaɪn] **1** vt [+ arm, head] appuyer **2** vi [person] être allongé

reclining seat [rɪ'klaɪnɪŋ,si:t] n siège *m* inclinable

recluse [rɪ'klu:s] n reclus(e) *m(f)*

recognition [,rekəg'nɪʃən] n reconnaissance *f* ▪ **he has changed beyond ~** il est méconnaissable

recognizable ['rekəgnaɪzəbl] adj reconnaissable

recognize ['rekəgnaɪz] vt reconnaître (*by* à, *as* comme étant)

recoil [rɪ'kɔɪl] vi **a** [person] avoir un mouvement de recul (*from* devant) ▪ **to ~ in disgust** reculer de dégoût **b** [gun] reculer

recollect [,rekə'lekt] **1** vt se souvenir de **2** vi se souvenir

recollection [,rekə'lekʃən] n souvenir *m*

recommend [,rekə'mend] vt recommander (*sb to do sth* à qn de faire qch) ▪ **to come highly ~ed** être vivement recommandé ▪ **it is to be ~ed** c'est à conseiller

recommendation [,rekəmen'deɪʃən] n recommandation *f*

recompense ['rekəmpens] **1** n **a** récompense *f* ▪ **in ~ for** en récompense de **b** (for damage) ▪ **to seek ~** réclamer un dédommagement **2** vt **a** (= reward) récompenser (*for* de) **b** (= compensate) [+ person] dédommager

reconcile ['rekənsaɪl] vt [+ person] réconcilier (*to* avec) ; [+ two facts or ideas] concilier

reconciliation [,rekənsɪlɪ'eɪʃən] n réconciliation *f*

recondition [,ri:kən'dɪʃən] vt remettre à neuf or en état ▪ **~ing centre** (BR) or **center** (US) recyclerie *f*, ressourcerie *f*

reconfigure [,ri:kən'fɪgəʳ] vt reconfigurer

reconnaissance [rɪ'kɒnɪsəns] n reconnaissance *f*

reconsider [,ri:kən'sɪdəʳ] **1** vt [+ decision] reconsidérer ; [+ judgement] réviser **2** vi (= change one's mind) changer d'avis

reconstitute [,ri:'kɒnstɪtju:t] vt reconstituer

reconstruct [,ri:kən'strʌkt] vt [+ building] reconstruire ; [+ crime] reconstituer

record **1** vt [rɪ'kɔ:d] [+ facts, story, speech, music] enregistrer ; [+ event] (in journal, log) consigner **2** n ['rekɔ:d] **a** (= account, report) rapport *m* ; [of attendance] registre *m* ; [of meeting] procès-verbal *m* ■ **(public) ~s** archives *fpl* ■ **to keep a ~ of** consigner ■ **just to set the ~ straight** pour qu'il n'y ait aucune confusion possible ■ **this is strictly off the ~*** c'est strictement confidentiel **b** (= case history) dossier *m* ■ **(police) ~** casier *m* judiciaire ■ **he's got a clean ~** il a un casier (judiciaire) vierge ■ **this airline has a good safety ~** cette compagnie aérienne est réputée pour la sécurité de ses vols **c** (= recording) [of voice] enregistrement *m* **d** (musical) disque *m* ■ **to make a ~** graver un disque ▸ **record company** maison *f* de disques ▸ **record player** tourne-disque *m* **e** (Sport) record *m* ■ **to break the ~** battre le record ▸ **record-breaking** qui bat tous les records ▸ **record holder** détenteur *m*, -trice *f* du record, recordman *m*, recordwoman *f* ▸ **record time** ■ **to do sth in ~ time** faire qch en un temps record

> Lorsque ***record*** est un verbe, l'accent tombe sur la deuxième syllabe. Lorsque c'est un nom, l'accent tombe sur la première.

recorded [rɪ'kɔːdɪd] adj [music, message] enregistré ▸ **recorded delivery** (BR) (= service) ≈ recommandé *m (avec accusé de réception)*; (= letter, parcel) envoi *m* en recommandé ■ **to send sth by ~ delivery** ≈ envoyer qch en recommandé

recorder [rɪ'kɔːdə'] n (= musical instrument) flûte *f* à bec

recording [rɪ'kɔːdɪŋ] n [of sound, facts] enregistrement *m* ▸ **recording studio** studio *m* d'enregistrement

recount **1** vt [riː'kaʊnt] **a** (= relate) raconter **b** (= count again) recompter **2** n ['riːkaʊnt] [of votes] nouveau dépouillement *m* du scrutin

> Lorsque ***recount*** est un verbe, l'accent tombe sur la deuxième syllabe. Lorsque c'est un nom, l'accent tombe sur la première.

recoup [rɪ'kuːp] vt [+ losses] récupérer ■ **to ~ costs** rentrer dans ses fonds

recourse [rɪ'kɔːs] n recours *m* (*to* à)

recover [rɪ'kʌvə'] **1** vt [+ sth lost, one's appetite, reason] retrouver ; [+ goods, property] rentrer en possession de ■ **to ~ one's strength** reprendre des forces ■ **to ~ consciousness** revenir à soi **2** vi (after shock, accident) se remettre (*from* de) ; (from illness) se rétablir (*from* de) ; [economy, currency] se redresser ; [stock market] reprendre

recovery [rɪ'kʌvərɪ] n **a** (from illness) guérison *f*; (from operation) rétablissement *m* ▸ **recovery time** (Med) convalescence *f*; (Sport) temps *m* de récupération; (Computing) temps *m* de redémarrage **b** [of economy, market] reprise *f*; [of shares] remontée *f* **c** (= retrieval) récupération *f* **d** (= regaining) [of territory] reconquête *f* **e** [of expenses] remboursement *m* ; [of debt] recouvrement *m* ; [of losses] réparation *f*

recreate [ˌriːkrɪ'eɪt] vt recréer

recreation [ˌrekrɪ'eɪʃən] n **a** (= pleasure) détente *f* ▸ **recreation facilities** infrastructures *fpl* de loisirs ▸ **recreation ground** parc *m* **b** (= at school) récréation *f*

recreational [ˌrekrɪ'eɪʃənəl] adj de loisir ▸ **recreational drug** drogue *f* euphorisante ▸ **recreational vehicle** camping-car *m*

recrimination [rɪˌkrɪmɪ'neɪʃən] n récrimination *f*

recruit [rɪ'kruːt] **1** n recrue *f* **2** vt [+ member, soldier, staff] recruter

recruiter [rɪ'kruːtə'] n recruteur *m*, -euse *f*

recruitment [rɪ'kruːtmənt] n recrutement *m* ▸ **recruitment agency** agence *f* de recrutement

rectangle ['rekˌtæŋgl] n rectangle *m*

rectangular [rek'tæŋgjʊlə'] adj rectangulaire

rectify ['rektɪfaɪ] vt rectifier

rector ['rektə'] n **a** (religious) pasteur *mf* **b** (at university) ≈ recteur *m*, -trice *f*

recuperate [rɪ'kuːpəreɪt] **1** vi récupérer **2** vt [+ object] récupérer ; [+ losses] réparer

recur [rɪ'kɜː'] vi [error, event] se reproduire ; [illness, infection] réapparaître ; [opportunity, problem] se représenter

recurrence [rɪ'kʌrəns] n [of problem, event, idea] répétition *f*; [of headache, symptom, problem] réapparition *f*; [of opportunity] retour *m*

recurrent [rɪ'kʌrənt] adj (= recurring) récurrent

recycle [ˌriː'saɪkl] vt (gen) recycler ; [+ waste, water] retraiter

recycling [ˌriː'saɪklɪŋ] n recyclage *m* ▸ **recycling bin** (public) conteneur *m* de tri sélectif; (in kitchen) poubelle *m* de tri sélectif ▸ **recycling centre** (BR) or **center** (US) recyclerie *f*, ressourcerie *f* ▸ **recycling plant** usine *f* de retraitement

red [red] **1** adj rouge ; [hair] roux (rousse *f*) ■ **to turn ~** rougir ▸ **red card** (Football) carton *m* rouge ▸ **red carpet** tapis *m* rouge ■ **to roll out the ~ carpet for sb** dérouler le tapis rouge pour qn ▸ **Red Cross** Croix-Rouge *f* ▸ **red-faced** adj rougeaud; (= embarrassed) rouge de confusion ▸ **red-haired** roux (rousse *f*) ▸ **red-handed** ■ **to be caught red-handed** être pris la main dans le sac ▸ **red herring** ■ **that's a ~ herring** c'est pour brouiller les pistes ▸ **red-hot** brûlant; [news, information] de dernière minute ▸ **red light** (= traffic light) feu *m* rouge ▸ **red-light district** quartier *m* des prostituées ▸ **red pepper** poivron *m* rouge ▸ **red tape** paperasserie *f* administrative, bureaucratie *f* tatillonne ▸ **red-top** (BR) tabloïde *m*, journal *m* à sensation ▸ **red wine** vin *m* rouge **2** n rouge *m* ▪ **to be in the ~*** être dans le rouge

redcurrant [red'kʌrənt] n groseille *f*

redden ['redn] vi [person] rougir

reddish ['redɪʃ] adj rougeâtre ; [hair] tirant sur le roux

redecorate [,ri:'dekəreɪt] vt (= repaint) repeindre ; (= redesign) refaire la décoration de

redeem [rɪ'di:m] vt **a** (= buy back) racheter ; (from pawn) dégager **b** (= pay) [+ debt] amortir ; [+ mortgage] purger **c** (= cash in) [+ insurance policy] encaisser **d** (Rel) [+ sinner] racheter **e** (= compensate for) [+ failing, fault] racheter ▪ **to ~ o.s.** se racheter

redeeming [rɪ'di:mɪŋ] adj ▪ **to have some ~ features** avoir des qualités qui rachètent les défauts

redeploy [,ri:dɪ'plɔɪ] vt redéployer

redhead ['redhed] n roux *m*, rousse *f*

redial [,ri:'daɪəl] **1** vt [+ number] recomposer **2** vi recomposer le numéro

redid [,ri:'dɪd] vb pret of **redo**

redirect [,ri:daɪ'rekt] vt [+ letter, parcel] faire suivre ; [+ resources] réallouer

rediscover [,ri:dɪs'kʌvəʳ] vt redécouvrir

redneck* ['rednek] n rustre *m*, péquenaud(e)‡ *m(f)*

redo [,ri:'du:] (pret **redid**, ptp **redone**) vt refaire

redouble [,ri:'dʌbl] vt redoubler ▪ **to ~ one's efforts to do sth** redoubler d'efforts pour faire qch

redraft [,ri:'drɑ:ft] vt rédiger de nouveau

redress [rɪ'dres] **1** vt [+ situation] redresser ▪ **to ~ the balance (between)** rétablir l'équilibre (entre) **2** n réparation *f*

reduce [rɪ'dju:s] vt réduire (*to* à, *by* de) ; [+ price] baisser ; [+ swelling] résorber ▪ **to ~ speed** (in car) ralentir ▪ **to be ~d to begging** en être réduit à mendier ▪ **to ~ sb to tears** faire pleurer qn

reduction [rɪ'dʌkʃən] n réduction *f* ; [of prices, wages] baisse *f*

redundancy [rɪ'dʌndənsɪ] n (BR) licenciement *m* (économique) ▪ **voluntary ~** départ *m* volontaire

redundant [rɪ'dʌndənt] adj **a** (BR) licencié (pour raisons économiques) ▪ **to make sb ~** licencier qn (pour raisons économiques) **b** (= superfluous) [object] superflu ; [term, information] redondant

redux ['ri:dʌks] adj redux

redwood ['redwʊd] n (= tree) séquoia *m*

reed [ri:d] n (= plant) roseau *m* ; [of wind instrument] anche *f*

reef [ri:f] n récif *m* ▪ **coral ~** récif *m* corallien

reek [ri:k] **1** n puanteur *f* **2** vi puer ▪ **to ~ of sth** puer qch

reel [ri:l] **1** n [of thread, tape] bobine *f* ; (also **fishing reel**) moulinet *m* ; (= cinema film) bobine *f* ; (for camera) rouleau *m* **2** vi (= stagger) chanceler ; (drunkenly) tituber ▪ **my head is ~ing** la tête me tourne

▸ **reel in** vt sep ramener

▸ **reel off** vt sep [+ list] débiter

re-elect [,ri:ɪ'lekt] vt réélire

refectory [rɪ'fektərɪ] n réfectoire *m*

refer [rɪ'fɜ:ʳ] **1** vt [+ matter, question] soumettre (*to* à) ▪ **the doctor referred me to a specialist** le médecin m'a adressé à un spécialiste **2** vi **a** (= allude) (directly) faire référence (*to* à) ; (indirectly) faire allusion (*to* à) ▪ **he referred to her as his assistant** il l'a appelée son assistante **b** (= consult) se référer (*to sth* à qch)

referee [,refə'ri:] **1** n **a** (Sport) arbitre *mf* **b** (BR : giving a reference) personne *f* pouvant donner des références **2** vti arbitrer

reference ['refrəns] n **a** (= consultation) référence *f* (*to* à) ; (= in book) référence *f* ; (on map) coordonnées *fpl* ▸ **reference book** ouvrage *m* de référence ▸ **reference library** bibliothèque *f* d'ouvrages de référence ▸ **reference number** numéro *m* de référence **b** (= allusion) allusion *f* (*to* à) ▪ **with ~ to** en ce qui concerne **c** (= testimonial) ▪ **~(s)** références *fpl*

referendum [,refə'rendəm] n référendum *m*

refill **1** vt [ri:'fɪl] [+ glass, bottle] remplir à nouveau ; [+ pen, lighter] recharger **2** n ['ri:fɪl] recharge *f* ; (= cartridge) cartouche *f*

> Lorsque ***refill*** est un verbe, l'accent tombe sur la deuxième syllabe. Lorsque c'est un nom, l'accent tombe sur la première.

refine [rɪ'faɪn] vt **a** [+ crude oil, sugar] raffiner **b** [+ theory, technique] affiner ; [+ model, engine] perfectionner

refined [rɪ'faɪnd] adj **a** [food] traité ; [sugar, oil] raffiné **b** (= genteel) raffiné

refinement [rɪ'faɪnmənt] n **a** (= refining) [of crude oil, sugar] raffinage *m* **b** (in technique, machine) perfectionnement *m* (*in* de) **c** (= gentility) raffinement *m*

refinery [rɪ'faɪnərɪ] n raffinerie *f*

reflect [rɪ'flekt] **1** vt **a** [+ light, image] refléter **b** (= think) se dire (*that* que) **2** vi (= meditate) réfléchir (*on* à)

reflection [rɪ'flekʃən] n **a** (in mirror) reflet *m* **b** (= consideration) réflexion *f* ■ **on ~** à la réflexion **c** (= thoughts) ■ **~s** réflexions *fpl* (*on*, *upon* sur) **d** (= criticism) ■ **this is no ~ on...** cela ne porte pas atteinte à...

reflector [rɪ'flektə'] n réflecteur *m*

reflex ['ri:fleks] adj, n réflexe *m*

reflexive [rɪ'fleksɪv] adj [verb, pronoun] réfléchi

reflexology [,ri:flek'sɒlədʒɪ] n réflexologie *f*

reform [rɪ'fɔ:m] **1** n réforme *f* **2** vt [+ law, institution, service] réformer ; [+ person] changer **3** vi [person] s'amender

reformation [,refə'meɪʃən] n réforme *f*

reformed [rɪ'fɔ:md] adj **a** [alcoholic] ancien *before n* ; [criminal] repenti ; [spelling] réformé **b** [church] réformé

reformer [rɪ'fɔ:mə'] n réformateur *m*, -trice *f*

refrain [rɪ'freɪn] **1** vi s'abstenir (*from doing sth* de faire qch) **2** n (= chorus) refrain *m*

refresh [rɪ'freʃ] vt [drink, bath] rafraîchir ; [food] revigorer ; [sleep, rest] détendre ; (Computing) rafraîchir ■ **to feel ~ed** se sentir revigoré

refresher course [rɪ'freʃə,kɔ:s] n cours *m* de recyclage

refreshing [rɪ'freʃɪŋ] adj [honesty, approach, drink] rafraîchissant ; [change, news] agréable

refreshment [rɪ'freʃmənt] n **a** [of mind, body] repos *m* **b** ■ **(light) ~s** (= food, drink) rafraîchissements *mpl*

refrigerator [rɪ'frɪdʒəreɪtə'] n réfrigérateur *m*

refuel [,ri:'fjʊəl] **1** vi se ravitailler en carburant **2** vt ravitailler (en carburant)

refuge ['refju:dʒ] n refuge *m* (*from* contre) ■ **place of ~** asile *m* ■ **to take ~ in** se réfugier dans

refugee [,refjʊ'dʒi:] n réfugié(e) *m(f)* ▸ **refugee camp** camp *m* de réfugiés

refund **1** vt [rɪ'fʌnd] rembourser (*to sb* à qn) **2** n ['ri:fʌnd] remboursement *m* ■ **to get a ~** se faire rembourser

> Lorsque ***refund*** est un verbe, l'accent tombe sur la deuxième syllabe. Lorsque c'est un nom, l'accent tombe sur la première.

refurbish [,ri:'fɜ:bɪʃ] vt [+ building] remettre à neuf

refusal [rɪ'fju:zəl] n refus *m* (*to do sth* de faire qch)

refuse **1** vt [rɪ'fju:z] refuser (*sb sth* qch à qn, *to do sth* de faire qch) ; [+ offer, invitation] refuser **2** vi [rɪ'fju:z] refuser **3** n ['refju:s] (= rubbish) détritus *mpl*, ordures *fpl* ; (= industrial or food waste) déchets *mpl* ▸ **refuse collection** collecte *f* or ramassage *m* des ordures ▸ **refuse collector** éboueur *m*

> Lorsque ***refuse*** est un verbe, l'accent tombe sur la deuxième syllabe. Lorsque c'est un nom, l'accent tombe sur la première.

refute [rɪ'fju:t] vt réfuter

regain [rɪ'geɪn] vt [+ one's composure, balance] retrouver ; [+ one's health, sight] recouvrer ; [+ independence, territory] reconquérir ■ **to ~ one's strength** récupérer ■ **to ~ consciousness** reprendre connaissance

regal ['ri:gəl] adj royal

> ⚠ ***regal*** ne se traduit pas par le mot français **régal**.

regard [rɪ'gɑ:d] **1** vt (= consider) considérer (*as* comme) ■ **as ~s** en ce qui concerne **2** n **a** (= concern) ■ **to show no ~ for sb/sth** ne faire aucun cas de qn/qch ■ **out of ~ for sb/sth** par égard pour qn/qch ■ **in this ~** à cet égard ■ **with ~ to** en ce qui concerne **b** (= esteem) estime *f* ■ **to hold sb/sth in high ~** tenir qn/qch en haute estime **3** **regards** npl (in messages) ■ **give him my ~s** transmettez-lui mon bon souvenir ■ **(kindest) ~s** (as letter-ending) meilleurs souvenirs

> ⚠ Le nom anglais ***regard*** ne se traduit pas par le nom français **regard** et le verbe ***to regard*** ne se traduit pas par **regarder**.

regarding [rɪ'gɑ:dɪŋ] prep concernant

regardless [rɪ'gɑ:dlɪs] **1** adj ■ **~ of** [sb's feelings, fate] indifférent à ■ **~ of the consequences** sans se soucier des conséquences ■ **~ of cost** quel que soit le prix **2** adv ■ **he carried on ~** il a continué malgré tout

regatta [rɪ'gætə] n (one event) régate *f*

regenerate [rɪ'dʒenəreɪt] **1** vt régénérer **2** vi se régénérer

regent ['ri:dʒənt] n régent(e) *m(f)*

reggae ['regeɪ] n reggae *m*

régime [reɪ'ʒi:m] n régime *m*

regiment ['redʒɪmənt] n régiment *m*

regimental [,redʒɪ'mentl] adj [duties, insignia] régimentaire ; [life, headquarters] du régiment

region ['ri:dʒən] n région *f* ■ **in the ~ of 5kg** environ 5 kg

regional ['ri:dʒənl] adj régional

register ['redʒɪstə^r] **1** n (gen) registre *m* ; [of members] liste *f* ; (at school) cahier *m* d'appel ▪ **electoral ~** liste *f* électorale ▪ **~ of births, marriages and deaths** registre *m* d'état civil **2** vt **a** (= record formally) [+ fact, figure] enregistrer ; [+ birth, death, marriage] déclarer ; [+ vehicle] (faire) immatriculer **b** (= realize) se rendre compte de **c** (= show) [+ speed, quantity] indiquer ; [+ temperature] marquer **d** [+ letter] recommander ; [+ luggage] (faire) enregistrer **3** vi **a** (on electoral list, for course) s'inscrire ; (in hotel) signer le registre ▪ **to ~ with the police** se déclarer à la police **b** (* = be understood) être compris ▪ **it hasn't ~ed (with him)** il n'a pas saisi

registered ['redʒɪstəd] adj [voter] inscrit (sur les listes électorales) ; [student] inscrit ; [letter] recommandé ; [luggage] enregistré ; [nursing home, childminder] agréé ▸ **registered charity** ≈ association caritative reconnue d'utilité publique ▸ **registered company** société *f* inscrite au registre du commerce ▸ **registered post** ▪ **by ~ post** en recommandé ▸ **registered trademark** marque *f* déposée

registrar [,redʒɪ'strɑː^r] n **a** (Admin) (BR) officier *m* de l'état civil ▸ **registrar's office** bureau *m* de l'état civil **b** (Univ) (BR) secrétaire *mf* général(e) ; (US) responsable *mf* du service des inscriptions **c** (BR : in hospitals) chef *mf* de clinique

registration [,redʒɪ'streɪʃən] n **a** (= listing) [of voters] inscription *f* ▸ **registration fee** (for course) droits *mpl* d'inscription ▸ **registration number** (BR) numéro *m* d'immatriculation **b** (BR : Scol, also **registration period**) appel *m*

registry ['redʒɪstrɪ] n (= act, office) enregistrement *m* ; [of birth, death] bureau *m* de l'état civil ▸ **registry office** (BR) bureau *m* d'état civil

regress [rɪ'gres] vi régresser (*to* au stade de)

regression [rɪ'greʃən] n régression *f*

regret [rɪ'gret] **1** vt regretter (*doing sth, to do sth* de faire qch, *that* que *+ subj*) **2** n regret *m* (*for* de) ▪ **much to my ~** à mon grand regret ▪ **I have no ~s** je n'ai aucun regret

regretfully [rɪ'gretfəlɪ] adv **a** (= with regret) à regret **b** (= unfortunately) malheureusement

regrettable [rɪ'gretəbl] adj regrettable

regrettably [rɪ'gretəblɪ] adv malheureusement

regular ['regjʊlə^r] **1** adj **a** (gen) régulier ▪ **on a ~ basis** régulièrement ▪ **as ~ as clockwork** [person] réglé comme une horloge ; [occurrence] très régulier **b** (= habitual) [reader] assidu ▪ **a ~ customer/visitor** un(e) habitué(e) **c** (= customary) [event] habituel ; [partner] régulier **d** (US) (= ordinary) ordinaire ; [size] normal **2** n **a** (= soldier) soldat *m* de métier ; (= police officer) policier *m*, -ière *f* **b** (= habitual customer) habitué(e) *m(f)*

regularity [,regjʊ'lærɪtɪ] n régularité *f*

regularly ['regjʊləlɪ] adv régulièrement

regulate ['regjʊleɪt] vt réguler

regulation [,regjʊ'leɪʃən] n (= rule) règlement *m*

regulator ['regjʊleɪtə^r] n (= body) organisme *m* de contrôle ; (= person) régulateur *m*, -trice *f* ▪ **acidity ~** correcteur *m* d'acidité

rehabilitate [,riːə'bɪlɪteɪt] vt [+ disabled, ill person] rééduquer ; [+ ex-prisoner, drug user, alcoholic] réinsérer

rehabilitation ['riːə,bɪlɪ'teɪʃən] n [of disabled, ill person] rééducation *f* ; [of ex-prisoner, drug user, alcoholic] réinsertion *f*

rehearsal [rɪ'hɜːsəl] n répétition *f* (*for sth* de qch)

rehearse [rɪ'hɜːs] vt répéter

reign [reɪn] **1** n règne *m* **2** vi régner (*over* sur)

reigning ['reɪnɪŋ] adj [monarch] régnant ; [champion] en titre

reimburse [,riːɪm'bɜːs] vt rembourser (*sb for sth* qch à qn, qn de qch)

rein [reɪn] n ▪ **~s** rênes *fpl* ; [of horse in harness] guides *fpl* ▪ **to keep a tight ~ on sb/sth** tenir qn/qch en bride ▪ **to give (a) free ~ to** [+ anger, passions, one's imagination] donner libre cours à

reincarnation [,riːɪnkɑː'neɪʃən] n réincarnation *f*

reindeer ['reɪndɪə^r] n renne *m*

reinforce [,riːɪn'fɔːs] vt [+ wall, bridge] renforcer

reinforcement [,riːɪn'fɔːsmənt] n (= action) renforcement *m*

reinstate [,riːɪn'steɪt] vt [+ employee] rétablir dans ses fonctions

reiterate [riː'ɪtəreɪt] vt réitérer

reject **1** vt [rɪ'dʒekt] (gen) rejeter ; [+ candidate, manuscript] refuser ; [+ plea, advances] repousser **2** n ['riːdʒekt] article *m* de rebut

> Lorsque ***reject*** est un verbe, l'accent tombe sur la deuxième syllabe. Lorsque c'est un nom, l'accent tombe sur la première.

rejection [rɪ'dʒekʃən] n rejet *m*

rejoice [rɪ'dʒɔɪs] **1** vt réjouir **2** vi se réjouir (*at, over, in* de)

rejuvenate [rɪ'dʒuːvɪneɪt] vti rajeunir

rekindle [,riː'kɪndl] vt [+ hope, enthusiasm] ranimer

relapse [rɪ'læps] n rechute *f*

relate [rɪ'leɪt] **1** vt **a** (= recount) [+ story, details] relater **b** (= associate) établir un rapport entre **2** vi (= refer) se rapporter (*to* à)

related [rɪ'leɪtɪd] adj **a** (in family) [person] parent ; [animal, species, language] apparenté (*to sth* à qch) ▪ **he is ~ to Jane** il est parent de Jane **b** (= connected) ▪ **to be ~ to sth** être lié à qch ▪ **the two events are not ~** ces deux événements n'ont pas de rapport

relation [rɪ'leɪʃən] **1** n **a** (= person) parent(e) *m(f)* ; (= kinship) parenté *f* **b** (= relationship) relation *f* ▪ **in ~ to** par rapport à **2** **relations** npl (= dealings) relations *fpl*

relationship [rɪ'leɪʃənʃɪp] n **a** (= family ties) liens *mpl* de parenté **b** (= connection) rapport *m* ; (= relations) relations *fpl* ▪ **to have a ~ with sb** avoir une relation avec qn

relative ['relətɪv] **1** adj **a** (= comparative) [safety, comfort, weakness] relatif ▪ **with ~ ease** avec une relative facilité **b** (= respective) [importance, strengths] respectif **c** (= relevant) ▪ **the documents ~ to the problem** les documents relatifs au problème **2** n (= person) parent(e) *m(f)*

relatively ['relətɪvlɪ] adv relativement ▪ **~ speaking** comparativement

relax [rɪ'læks] **1** vt [+ grip, muscles, discipline] relâcher ; [+ restrictions] assouplir **2** vi (= rest) se détendre

relaxation [ˌriːlæk'seɪʃən] n **a** [of muscles, attention] relâchement *m* ; [of body] relaxation *f* ; [of restrictions] assouplissement *m* **b** (= recreation, rest) relaxation *f*

relaxed [rɪ'lækst] adj détendu

relaxing [rɪ'læksɪŋ] adj [holiday, place] reposant ; [massage, bath] relaxant

relay ['riːleɪ] **1** n relais *m* ▸ **relay race** course *f* de relais **2** vt [+ programme, information, message] relayer

release [rɪ'liːs] **1** n **a** (from captivity, obligation) libération *f* ; (from pain, suffering) délivrance *f* **b** (for sale, publication) [of goods] mise *f* en vente ; [of news] autorisation *f* de publier ; [of film, record] sortie *f* ; [of book] parution *f* **c** ▪ **new ~** (= record, CD) nouvel album *m* ; (= film) nouveau film *m* ; (= video) nouvelle vidéo *f* **2** vt **a** [+ person] libérer (*from* de) ; (from hospital) autoriser à sortir (*from* de) ; [+ captive animal] relâcher **b** [+ object, sb's hand, pigeon] lâcher **c** (= issue) [+ film] sortir ; [+ goods] mettre en vente

relegate ['relɪgeɪt] vt reléguer

relegation [relɪgeɪʃən] n (Sport) relégation *f* ▪ **to be in the ~ zone** être dans la zone de relégation or relégable

relent [rɪ'lent] vi se laisser fléchir ; (= reverse one's decision) revenir sur une décision

relentless [rɪ'lentlɪs] adj [pursuit, demands] incessant ; [pace, growth] implacable

relevant ['reləvənt] adj **a** (= pertinent) [information, question, remark] pertinent ▪ **to be ~ to sth** être en rapport avec qch **b** (= in question) [page, information] approprié ; [time, place, day] en question

reliability [rɪˌlaɪə'bɪlɪtɪ] n fiabilité *f*

reliable [rɪ'laɪəbl] adj fiable

reliably [rɪ'laɪəblɪ] adv [work, measure, date] de manière fiable ▪ **I am ~ informed that...** j'ai appris de source sûre que...

reliant [rɪ'laɪənt] adj ▪ **to be ~ on** dépendre de

relic ['relɪk] n relique *f*

relief [rɪ'liːf] n **a** (from pain, anxiety) soulagement *m* ▪ **to my ~** à mon grand soulagement **b** (= assistance) secours *m* ▸ **relief work** travail *m* humanitaire ▸ **relief worker** représentant *m* d'une organisation humanitaire

relieve [rɪ'liːv] vt **a** [+ person] soulager ▪ **to feel/look ~d** se sentir/avoir l'air soulagé ▪ **to ~ sb of a duty** décharger qn d'une obligation **b** [+ anxiety, pain] soulager ; [+ pressure] diminuer ; [+ boredom] dissiper ▪ **to ~ o.s.** (= urinate) se soulager **c** (= help) secourir **d** (= take over from) relayer

religion [rɪ'lɪdʒən] n religion *f*

religious [rɪ'lɪdʒəs] adj religieux ; [war] de religion

relinquish [rɪ'lɪŋkwɪʃ] vt [+ hope, power] abandonner ; [+ right] renoncer à (*to sb* en faveur de qn)

relish ['relɪʃ] **1** n **a** (= enjoyment) ▪ **to do sth with (great) ~** faire qch avec délectation **b** (= pickle) achards *mpl* **2** vt ▪ **I don't ~ the prospect of getting up at five** la perspective de me lever à cinq heures ne me réjouit pas

relocate [ˌriːləʊ'keɪt] **1** vt installer ailleurs ; [+ company] délocaliser ; [+ worker] (in a new place) transférer **2** vi [company] se délocaliser ; [worker] (in a new place) changer de lieu de travail

reluctance [rɪ'lʌktəns] n répugnance *f* (*to do sth* à faire qch)

reluctant [rɪ'lʌktənt] adj [person, animal] réticent (*to do sth* à faire qch) ; [acceptance] peu enthousiaste ; [praise, permission, response] donné à contrecœur

reluctantly [rɪ'lʌktəntlɪ] adv à contrecœur

rely [rɪ'laɪ] vi ▪ **to ~ (up)on sb/sth** compter sur qn/qch ▪ **I ~ on him for my income** je dépends de lui pour mes revenus

remain [rɪ'meɪn] vi **a** (= be left) rester ▪ **it ~s to be seen whether...** reste à savoir si... **b** (= stay) rester ▪ **to ~ silent** garder le silence

→ *Pièges* REMAIN

remainder [rɪˈmeɪndəʳ] n (= sth left over) reste *m* ; (= remaining people) autres *mfpl*

Remainer [rɪˈmeɪnəʳ] n (BR) *partisan du maintien du Royaume-Uni dans l'Union européenne*

remaining [rɪˈmeɪnɪŋ] adj [people, objects] restant ▪ **she's one of his few ~ friends** elle fait partie des rares amis qui lui restent

remains [rɪˈmeɪnz] npl [of meal] restes *mpl* ; [of building] vestiges *mpl* ▪ **human ~** restes *mpl* humains

remand [rɪˈmɑːnd] **1** vt ▪ **to ~ sb in custody** mettre qn en détention provisoire ▪ **to ~ sb on bail** mettre qn en liberté sous caution **2** n ▪ **to be on ~** (= in custody) être en détention provisoire ; (= on bail) être en liberté provisoire

remark [rɪˈmɑːk] **1** n (= comment) remarque *f* **2** vt (= say) remarquer **3** vi ▪ **he ~ed on it to me** il m'en a fait la remarque
→ *Pièges* REMARK

remarkable [rɪˈmɑːkəbl] adj remarquable (*for sth* par qch)

remarry [ˌriːˈmærɪ] vi se remarier

remedial [rɪˈmiːdɪəl] adj **a** [treatment] curatif **b** [class] de rattrapage ▪ **~ teaching** cours *mpl* de soutien

remedy [ˈremədɪ] **1** n remède *m* **2** vt remédier à

remember [rɪˈmembəʳ] **1** vt **a** (= recall) [+ person, date, occasion] se souvenir de, se rappeler ▪ **to ~ that...** se rappeler que... ▪ **I ~ doing it** je me rappelle l'avoir fait ▪ **I ~ed to do it** j'ai pensé à le faire ▪ **a night to ~** une soirée mémorable **b** (= commemorate) commémorer **c** (= give good wishes to) ▪ **~ me to your mother** rappelez-moi au bon souvenir de votre mère **2** vi se souvenir ▪ **not as far as I ~** pas que je me souvienne ▪ **if I ~ right(ly)** si je me souviens bien
→ *Pièges* REMEMBER

remembrance [rɪˈmembrəns] n souvenir *m* ▸ **Remembrance Day** (BR) ≈ Armistice *m*

remind [rɪˈmaɪnd] vt rappeler (*sb of sth* qch à qn, *sb that* à qn que) ▪ **to ~ sb to do sth** faire penser à qn à faire qch ; → *Pièges* REMEMBER

reminder [rɪˈmaɪndəʳ] n (= note, knot) mémento *m* ; (= letter) lettre *f* de rappel

reminisce [ˌremɪˈnɪs] vi raconter ses souvenirs ▪ **to ~ about sth** évoquer qch

reminiscent [ˌremɪˈnɪsənt] adj ▪ **to be ~ of sth** rappeler qch

remiss [rɪˈmɪs] adj (frm) négligent

remission [rɪˈmɪʃən] n rémission *f* ; [of prisoner] remise *f* de peine

remittance [rɪˈmɪtəns] n [of money] versement *m* ; (= payment) paiement *m*

remnant [ˈremnənt] n (= anything remaining) reste *m* ; [of cloth] coupon *m*

Remoaner* [rɪˈməʊnəʳ] n (BR) (pej) *partisan du maintien du Royaume-Uni dans l'Union européenne, déçu du résultat du référendum de 2016*

remonstrate [ˈremənstreɪt] vi protester (*against* contre) ▪ **to ~ with sb about sth** faire des remontrances à qn au sujet de qch

remorse [rɪˈmɔːs] n remords *m* (*at* de, *for* pour)

remorseful [rɪˈmɔːsfʊl] adj plein de remords

remorseless [rɪˈmɔːslɪs] adj [person] sans pitié

remortgage [riːˈmɔːgɪdʒ] vt renégocier son prêt immobilier sur

remote [rɪˈməʊt] **1** adj **a** [place] (= distant) éloigné ; (= isolated) isolé ; [time] lointain **b** (= slight) [possibility] vague ▪ **the odds of that happening are ~** il y a très peu de chances que cela se produise **c** (= aloof) [person] distant **2** n (also **remote control**) télécommande *f* ; (also **remote sensing**) télédétection *f*

remotely [rɪˈməʊtlɪ] adv **a** (= vaguely) ▪ **it isn't ~ possible that...** il est absolument impossible que... *+ subj* ▪ **I'm not ~ interested in art** l'art ne m'intéresse pas le moins du monde **b** (= from a distance) [control, detonate] à distance

remould, remold (US) [ˈriːməʊld] n (= tyre) pneu *m* rechapé

removable [rɪˈmuːvəbl] adj amovible

removal [rɪˈmuːvəl] n (= taking away) enlèvement *m* ; (BR) [of furniture, household] déménagement *m* ▸ **removal van** (BR) camionnette *f* de déménagement

remove [rɪˈmuːv] vt (gen) enlever (*from* de) ; [+ word, item on list, threat] supprimer ; [+ obstacle] écarter ; [+ doubt] chasser ▪ **to be far ~d from sth** être loin de qch

remover [rɪˈmuːvəʳ] n (for varnish) dissolvant *m* ; (for stains) détachant *m* ; (for paint) décapant *m*

remuneration [rɪˌmjuːnəˈreɪʃən] n rémunération *f* (*for* de)

Renaissance [rɪˈneɪsɑ̃ːns] n ▪ **the ~** la Renaissance

renaturalization [ˌriːˈnætʃərəlaɪzˈeɪʃən] n [of area] renaturalisation *f*

render [ˈrendəʳ] vt rendre

rendering [ˈrendərɪŋ], **rendition** [renˈdɪʃən] n [of music, play] interprétation *f*

renegade [ˈrenɪgeɪd] n renégat(e) *m(f)*

renew [rɪˈnjuː] vt renouveler

renewable [rɪˈnjuːəbl] adj [contract, energy] renouvelable

renewal [rɪˈnjuːəl] n renouvellement *m* ; [of hostilities] reprise *f* ; [of interest] regain *m*

renewed [rɪ'nju:d] adj ▪ **~ interest/enthusiasm** un regain d'intérêt/d'enthousiasme ▪ **to make ~ efforts to do sth** renouveler ses efforts pour faire qch

renounce [rɪ'naʊns] vt renoncer à

renovate ['renəʊveɪt] vt [+ house] rénover ; [+ historic building, painting] restaurer

renovation [,renəʊ'veɪʃən] n [of house] rénovation *f* ; [of historic building, painting] restauration *f*

renown [rɪ'naʊn] n renom *m*

renowned [rɪ'naʊnd] adj [artist, scientist] renommé (*for sth* pour qch)

rent [rent] **1** n [of house, room] loyer *m* ▪ **for ~** (US) à louer **2** vt **a** (= take for rent) louer **b** (also **rent out**) louer

> ⚠ ***rent*** ne se traduit pas par **rente**.

rental ['rentl] n (BR) **a** (= amount paid) [of house, land] (montant *m* du) loyer *m* ; [of television] (prix *m* de) location *f* **b** (= activity) location *f* ▸ **rental company** loueur *m*

renunciation [rɪ,nʌnsɪ'eɪʃən] n (frm) renonciation *f* (*of sth* à qch)

reoffend [,ri:ə'fend] vi récidiver

reorganization ['ri:,ɔ:gənaɪ'zeɪʃən] n réorganisation *f*

reorganize [,ri:'ɔ:gənaɪz] vt réorganiser

rep* [rep] n (abbr of **representative**) représentant(e) *m(f)* (de commerce)

repair [rɪ'pɛə'] **1** vt réparer **2** n **a** réparation *f* ; [of roof, road] réfection *f* ▪ **to be beyond ~** être irréparable **b** (= condition) ▪ **to be in good/bad ~** être en bon/mauvais état

repatriate [ri:'pætrɪeɪt] vt rapatrier

repay [ri:'peɪ] (pret, ptp **repaid**) vt [+ money, person] rembourser ; [+ debt] s'acquitter de ▪ **to ~ sb's kindness** payer de retour la gentillesse de qn

repayment [ri:'peɪmənt] n [of money] remboursement *m*

repeal [rɪ'pi:l] vt [+ law] abroger

repeat [rɪ'pi:t] **1** vt (= say again) répéter ; [+ demand, promise] réitérer ; [+ TV programme] rediffuser **2** n répétition *f* ; [of programme] rediffusion *f*

repeatedly [rɪ'pi:tɪdlɪ] adv à plusieurs reprises

repel [rɪ'pel] vt [+ enemy] repousser ; (= disgust) dégoûter

repellent [rɪ'pelənt] **1** adj (frm) [person, sight] repoussant ; [opinion] abject **2** n (also **insect repellent**) antimoustique *m*, insectifuge (frm) *m*

repent [rɪ'pent] **1** vi se repentir **2** vt se repentir de

repentant [rɪ'pentənt] adj ▪ **to be ~** se repentir

repercussion [,ri:pə'kʌʃən] n répercussion *f*

repertoire ['repətwɑ:'] n répertoire *m*

repetition [,repɪ'tɪʃən] n répétition *f*

repetitive [rɪ'petɪtɪv] adj [writing] plein de redites ; [work] répétitif

replace [rɪ'pleɪs] vt **a** (= put back) remettre à sa place **b** (= substitute) remplacer (*by, with* par)

replacement [rɪ'pleɪsmənt] n (= person) remplaçant(e) *m(f)* ; (= product) produit *m* de remplacement

replay **1** n ['ri:pleɪ] [of match] ▪ **the ~ is on 15 October** le match sera rejoué le 15 octobre **2** vt [ri:'pleɪ] [+ match] rejouer

> Lorsque ***replay*** est un verbe, l'accent tombe sur la deuxième syllabe. Lorsque c'est un nom, l'accent tombe sur la première.

replenish [rɪ'plenɪʃ] vt remplir de nouveau (*with* de)

replica ['replɪkə] n copie *f* exacte

replicate ['replɪ,keɪt] vt (= reproduce) reproduire

reply [rɪ'plaɪ] **1** n réponse *f* **2** vti répondre

report [rɪ'pɔ:t] **1** n (= account, statement) rapport *m* ; [of speech] compte rendu *m* ; (on TV, in the press) reportage *m* ; (official) rapport *m* (d'enquête) ; (on weather) bulletin *m* ▪ **school ~** (BR) bulletin *m* scolaire **2** vt **a** (= give account of) rapporter ▪ **a prisoner is ~ed to have escaped** un détenu se serait évadé **b** (= announce) annoncer **c** (= notify authorities of) [+ accident, crime, suspect] signaler ; [+ criminal, culprit] dénoncer ▪ **~ed missing** porté disparu **3** vi **a** (= give a report) faire un rapport (*on* sur) **b** (in hierarchy) ▪ **he ~s to the sales manager** il est sous les ordres du directeur des ventes **c** ▪ **to ~ for duty** se présenter au travail

> ⚠ Le nom anglais ***report*** ne se traduit pas par le mot français **report** et le verbe ***to report*** ne se traduit pas par **reporter**.

reporter [rɪ'pɔ:tə'] n journaliste *mf* ; (for television, radio) reporteur *m*, -trice *f*

repossess [,ri:pə'zes] vt saisir

reprehensible [,reprɪ'hensɪbl] adj répréhensible

represent [,reprɪ'zent] vt représenter

representation [,reprɪzen'teɪʃən] n représentation *f*

representative [,reprɪ'zentətɪv] **1** adj représentatif **2** n (gen) représentant(e) *m(f)* ; (US = politician) député(e) *m(f)*

repress [rɪ'pres] vt [+ feelings, smile] réprimer ; (Psych) refouler

repression [rɪ'preʃən] n a (political, social) répression f b (psychological) répression f ; (= denial) refoulement m

repressive [rɪ'presɪv] adj répressif

reprieve [rɪ'priːv] n (judicial) (lettres fpl de) grâce f ; (= delay) sursis m

reprimand ['reprɪmɑːnd] 1 n réprimande f 2 vt réprimander

reprint 1 vt [riː'prɪnt] réimprimer 2 n ['riːprɪnt] réimpression f

> Lorsque ***reprint*** est un verbe, l'accent tombe sur la deuxième syllabe. Lorsque c'est un nom, l'accent tombe sur la première.

reprisals [rɪ'praɪzəlz] npl représailles fpl ■ **to take ~** exercer des représailles

reproach [rɪ'prəʊtʃ] 1 n reproche m ■ **to be above** or **beyond ~** être irréprochable 2 vt faire des reproches à ■ **to ~ sb for having done sth** reprocher à qn d'avoir fait qch

reproachful [rɪ'prəʊtʃfʊl] adj réprobateur (-trice f)

reproduce [ˌriːprə'djuːs] 1 vt reproduire 2 vi [animals] se reproduire

reproduction [ˌriːprə'dʌkʃən] n reproduction f ▸ **reproduction furniture** copie(s) f(pl) de meuble(s) ancien(s)

reproductive [ˌriːprə'dʌktɪv] adj reproducteur m (-trice f)

reprove [rɪ'pruːv] vt [+ person] blâmer (*for* de)

reptile ['reptaɪl] n reptile m

republic [rɪ'pʌblɪk] n république f

republican [rɪ'pʌblɪkən] adj, n républicain(e) m(f)

repugnant [rɪ'pʌgnənt] adj répugnant ■ **to be ~ to sb** répugner à qn

repulse [rɪ'pʌls] vt repousser

repulsion [rɪ'pʌlʃən] n répulsion f

repulsive [rɪ'pʌlsɪv] adj repoussant

reputable ['repjʊtəbl] adj [person, company] de bonne réputation

reputation [ˌrepjʊ'teɪʃən] n réputation f ■ **to have a ~ for** être réputé pour

repute [rɪ'pjuːt] n réputation f ■ **of good ~** réputé

reputed [rɪ'pjuːtɪd] adj a (= supposed) soi-disant b (= esteemed) réputé

reputedly [rɪ'pjuːtɪdlɪ] adv à ce que l'on dit

request [rɪ'kwest] 1 n demande f ■ **at sb's ~** à la demande de qn ■ **on ~** sur demande 2 vt demander ■ **to ~ sth from sb** demander qch à qn ■ **to ~ sb to do sth** demander à qn de faire qch

require [rɪ'kwaɪə'] vt a (= need) [person] avoir besoin de ; [thing, action] requérir b (= demand) exiger ■ **as ~d by law** comme la loi l'exige

requirement [rɪ'kwaɪəmənt] n (= need) besoin m

requisite ['rekwɪzɪt] adj (frm) requis

requisition [ˌrekwɪ'zɪʃən] vt réquisitionner

reschedule [ˌriː'ʃedjuːl, (US)ˌriː'skedjuːl] vt [+ meeting, visit] changer l'heure (or la date) de

rescue ['reskjuː] 1 n (= help) secours mpl ; (= saving) sauvetage m ▸ **rescue party** équipe f de secours ▸ **rescue worker** secouriste mf 2 vt (= save) secourir

rescuer ['reskjʊə'] n sauveteur m, -euse f

resealable [ˌriː'siːləbl] adj [container] refermable

research [rɪ'sɜːtʃ] 1 n recherche(s) f(pl) ▸ **research and development** recherche f et développement m ▸ **research work** travail m de recherche ▸ **research worker** chercheur m, -euse f 2 vi faire des recherches (*into, on* sur) 3 vt [+ article, book] faire des recherches pour ■ **well-researched** bien documenté

→ *Pièges* RESEARCH

researcher [rɪ'sɜːtʃə] n chercheur m, -euse f ; (= documentaliste) recherchiste mf

resemblance [rɪ'zembləns] n ressemblance f (*to* avec)

resemble [rɪ'zembl] vt [person, thing] ressembler à ■ **they ~ each other** ils se ressemblent

resent [rɪ'zent] vt être contrarié par

resentful [rɪ'zentfʊl] adj [person, reply, look] plein de ressentiment ■ **to feel ~ towards sb (for doing sth)** en vouloir à qn (d'avoir fait qch)

resentment [rɪ'zentmənt] n ressentiment m

reservation [ˌrezə'veɪʃən] n a (= restriction) réserve f ■ **without ~** sans réserve b (= booking) réservation f ■ **to make a ~** réserver c (= area of land) réserve f ; (US) réserve f (indienne) d (BR) ■ **(central) ~** (on roadway) bande f médiane

reserve [rɪ'zɜːv] 1 vt réserver 2 n a réserve f ■ **to keep in ~** tenir en réserve b (= team) ■ **the ~s** l'équipe f de réserve

reserved [rɪ'zɜːvd] adj réservé

reservoir ['rezəvwɑː'] n réservoir m

reset [ˌriː'set] (pret, ptp **reset**) vt [+ clock, watch] mettre à l'heure ■ **to ~ the alarm** remettre l'alarme

reshuffle [ˌriː'ʃʌfl] n remaniement m ■ **cabinet ~** remaniement m ministériel

reside [rɪ'zaɪd] vi résider

residence ['rezɪdəns] n **a** (frm = house) résidence *f* **b** (= stay) séjour *m*, résidence *f* ■ **country of ~** pays *m* de résidence ▸ **residence permit** (BR) permis *m* de séjour

resident ['rezɪdənt] **1** n habitant(e) *m(f)* ; (in foreign country) résident(e) *m(f)* **2** adj [landlord] occupant ; [chaplain, caretaker] à demeure ■ **to be ~ in France** résider en France

residential [ˌrezɪ'denʃəl] adj **a** [area] d'habitation **b** (= live-in) [post, job, course] avec hébergement ; [staff] logé sur place

residual [rɪ'zɪdjʊəl] adj restant

residue ['rezɪdjuː] n résidu *m*

resign [rɪ'zaɪn] **1** vt **a** (= give up) [+ one's job] démissionner de **b** (= accept) ■ **to ~ o.s. to (doing) sth** se résigner à (faire) qch **2** vi démissionner (*from* de)

resignation [ˌrezɪg'neɪʃən] n **a** (from job) démission *f* **b** (mental state) résignation *f*

resigned [rɪ'zaɪnd] adj résigné (*to* à)

resilient [rɪ'zɪlɪənt] adj résistant

resist [rɪ'zɪst] vt résister à

resistance [rɪ'zɪstəns] n résistance *f* ▸ **resistance movement** résistance *f*

resit (BR Univ) **1** vt [ˌriː'sɪt] (pret, ptp **resat**) [+ exam] repasser, se représenter à **2** n ['riːsɪt] deuxième session *f*, session *f* de rattrapage

resize [ˌriː'saɪz] vt (Computing) [+ window] redimensionner

resolute ['rezəluːt] adj résolu

resolution [ˌrezə'luːʃən] n résolution *f* ■ **to make a ~** prendre une résolution

resolve [rɪ'zɒlv] **1** vt [+ problem, difficulty] résoudre ; [+ doubt] dissiper **2** vi se résoudre (*to do sth* à faire qch) **3** n résolution *f*

resonant ['rezənənt] adj [voice, room] sonore

resonate ['rezəneɪt] vi [sound] résonner ■ **that ~s with me** je suis tout à fait d'accord là-dessus

resort [rɪ'zɔːt] **1** n **a** (= recourse) recours *m* ■ **as a last ~** en dernier ressort **b** (= place) ■ **seaside ~** station *f* balnéaire ■ **winter sports ~** station *f* de sports d'hiver **2** vi ■ **to ~ to sth** avoir recours à qch

resound [rɪ'zaʊnd] vi retentir (*with* de)

resounding [rɪ'zaʊndɪŋ] adj [crash] sonore ; [success] retentissant

resource [rɪ'sɔːs] n ressource *f* ■ **left to his own ~s** livré à lui-même

resourceful [rɪ'sɔːsfʊl] adj [person] plein de ressources

respect [rɪ'spekt] **1** n **a** (= esteem) respect *m* ■ **out of ~ for...** par respect pour... ■ **with (due) ~ I think that...** sauf votre respect je crois que... **b** (= particular) ■ **in some ~s** à certains égards ■ **in many ~s** à bien des égards ■ **in one ~** d'un certain côté ■ **with ~ to** en ce qui concerne **2** **respects** npl (= regards) respects *mpl* **3** vt respecter

respectable [rɪ'spektəbl] adj [person, behaviour, amount] respectable ; [clothes] convenable

respectful [rɪ'spektfʊl] adj respectueux

respectfully [rɪ'spektfəlɪ] adv respectueusement ; [treat] avec respect

respective [rɪ'spektɪv] adj respectif

respectively [rɪ'spektɪvlɪ] adv respectivement

respiration [ˌrespɪ'reɪʃən] n respiration *f*

respiratory ['respərətərɪ] adj respiratoire ▸ **respiratory failure** n défaillance *f* respiratoire

respite ['respaɪt] n répit *m*

respond [rɪ'spɒnd] vi répondre (*to* à)

respondent [rɪ'spɒndənt] n **a** (in law) défendeur *m*, -deresse *f* **b** (in opinion poll etc) personne *f* interrogée *(qui a répondu)*

response [rɪ'spɒns] n réponse *f* ■ **in ~ to** en réponse à

responsibility [rɪˌspɒnsə'bɪlɪtɪ] n responsabilité *f* ■ **to take ~ for sth** prendre la responsabilité de qch

responsible [rɪ'spɒnsəbl] adj **a** (gen) responsable (*for* de) ■ **~ for doing sth** chargé de faire qch ■ **to hold sb ~ for sth** tenir qn responsable de qch **b** (= involving responsibility) ■ **a ~ job** un travail à responsabilité(s)

→ *Pièges* RESPONSIBLE

responsive [rɪ'spɒnsɪv] adj réceptif ; (Computing) interactif

rest [rest] **1** n **a** (= relaxation) repos *m* ■ **to have a ~** se reposer ■ **at ~** au repos ■ **to put sb's mind at ~** tranquilliser qn ▸ **rest area** aire *f* de repos **b** (= remainder) reste *m* ■ **the ~ of the money** le reste de l'argent ■ **the ~ of them** les autres ■ **the ~ of the books** les autres livres **2** vi **a** (= repose) se reposer **b** (= remain) ■ **~ assured that...** soyez certain que... ■ **they agreed to let the matter ~** ils ont convenu d'en rester là **c** (= lean) [person] s'appuyer ; [ladder] être appuyé **3** vt **a** (= relax) laisser reposer **b** (= lean) appuyer (*on* sur, *against* contre)

> ⚠ Le verbe ***rest*** ne se traduit pas par **rester**.

restaurant ['restərɔ̃ːŋ] n restaurant *m*

restful ['restfʊl] adj [holiday] reposant ; [place] paisible

restless ['restlɪs] adj agité

re

restoration [ˌrestəˈreɪʃən] n [of monument, work of art] restauration *f*

restore [rɪˈstɔːʳ] vt a (= give or bring back) rendre ; [+ confidence] redonner ; [+ order, calm] rétablir ■ **to ~ sb to power** ramener qn au pouvoir b (= repair) restaurer

restrain [rɪˈstreɪn] vt a [+ dangerous person] contenir b [+ one's anger, feelings] refréner

restrained [rɪˈstreɪnd] adj [person] maître (maîtresse *f*) de soi ; [tone, reaction] mesuré

restraint [rɪˈstreɪnt] n a (= restriction) limitation *f* (*on sth* de qch) ■ **without ~** sans contrainte b (= moderation) [of person, behaviour] modération *f*

restrict [rɪˈstrɪkt] vt limiter (*to* à)

restricted [rɪˈstrɪktɪd] adj [number, choice] restreint ; [access] (= forbidden to some people) réservé

restriction [rɪˈstrɪkʃən] n restriction *f* ■ **speed ~** limitation *f* de vitesse

restrictive [rɪˈstrɪktɪv] adj [measures] de restriction ; [law] restrictif

result [rɪˈzʌlt] n résultat *m* ■ **as a ~ of** à la suite de

▸ **result in** vt insep [+ changes, loss] entraîner ; [+ injury, death] occasionner

resume [rɪˈzjuːm] 1 vt [+ tale, activity, talks, work] reprendre ; [+ relations] renouer 2 vi [classes, work] reprendre

> ⚠ ***resume*** ne se traduit pas par **résumer** ; → Pièges RESUME

résumé [ˈreɪzjuːmeɪ] n résumé *m* ; (US, Austral) curriculum vitæ *m inv*

resumption [rɪˈzʌmpʃən] n reprise *f*

resurgence [rɪˈsɜːdʒəns] n résurgence *f*

resurrection [ˌrezəˈrekʃən] n résurrection *f*

resuscitate [rɪˈsʌsɪteɪt] vt [+ person] réanimer

> ⚠ ***resuscitate*** ne se traduit pas par **ressusciter**.

retail [ˈriːteɪl] 1 n (vente *f*) au détail *m* ▸ **retail price** prix *m* de détail 2 adv ■ **to buy/sell ~** acheter/vendre au détail

retailer [ˈriːteɪləʳ] n détaillant(e) *m(f)*

retain [rɪˈteɪn] vt (= keep) conserver ; (= hold) retenir ; [+ heat] conserver ; → Pièges RETAIN

retainer [rɪˈteɪnəʳ] n (= fee) acompte *m*

retaliate [rɪˈtælɪeɪt] vi riposter ■ **to ~ against** user de représailles contre

retaliation [rɪˌtælɪˈeɪʃən] n représailles *fpl*

retarded [rɪˈtɑːdɪd] adj (also **mentally retarded**) arriéré

retch [retʃ] vi avoir des haut-le-cœur

rethink (pret, ptp **rethought**) 1 vt [riːˈθɪŋk] repenser 2 n [ˈriːθɪŋk] ■ **we'll have to have a ~** nous allons devoir y réfléchir encore

> Lorsque ***rethink*** est un verbe, l'accent tombe sur la deuxième syllabe. Lorsque c'est un nom, l'accent tombe sur la première.

reticence [ˈretɪsəns] n réticence *f*

reticent [ˈretɪsənt] adj réservé ■ **~ about sth** réticent à parler de qch

retina [ˈretɪnə] n rétine *f*

retire [rɪˈtaɪəʳ] vi a (= withdraw) se retirer ; (in sport) abandonner b (= give up one's work) prendre sa retraite

retired [rɪˈtaɪəd] adj (= no longer working) à la retraite

retirement [rɪˈtaɪəmənt] n (= stopping work) retraite *f* ▸ **retirement age** âge *m* de la retraite ▸ **retirement home** maison *f* de retraite

retiring [rɪˈtaɪərɪŋ] adj (= shy) réservé

retort [rɪˈtɔːt] vt rétorquer

retrace [rɪˈtreɪs] vt ■ **to ~ one's steps** revenir sur ses pas

retract [rɪˈtrækt] vt a [+ offer, evidence] retirer ; [+ statement] revenir sur b [+ claws] rentrer

retrain [ˌriːˈtreɪn] 1 vt recycler 2 vi se recycler

retreat [rɪˈtriːt] 1 n a (= withdrawal) retraite *f* b (= place) ■ **a country ~** un endroit tranquille à la campagne 2 vi [army] battre en retraite

retribution [ˌretrɪˈbjuːʃən] n châtiment *m*

> ⚠ ***retribution*** ne se traduit pas par **rétribution**.

retrieval [rɪˈtriːvəl] n a (Computing) extraction *f* b [of object] récupération *f*

retrieve [rɪˈtriːv] vt [+ object] récupérer (*from* de) ; [+ information] extraire

retriever [rɪˈtriːvəʳ] n (= dog) retriever *m*

retrofuturism [ˌretrəʊˈfjuːtʃərɪzəm] n rétro-futurisme *m*

retrospect [ˈretrəʊspekt] n ■ **in ~** rétrospectivement

retrospective [ˌretrəʊˈspektɪv] adj [pay rise, legislation] rétroactif

retrovirus [ˈretrəʊˌvaɪərəs] n rétrovirus *m*

return [rɪˈtɜːn] 1 vi [person, vehicle] (= come back) revenir ; (= go back) retourner ; [symptoms, fears] réapparaître ■ **to ~ home** rentrer 2 vt a (= give back) rendre ; (= bring back) rapporter ; (= send back) renvoyer ■ **to ~ the favour** rendre la pareille b (= declare) ■ **to ~ a verdict of guilty on sb** déclarer qn coupable **3** n **a** (= coming, going back) [of person, illness, seasons] retour *m* ▪ **on my ~** à mon retour ▪ **many happy ~s!** bon anniversaire ! **b** (= giving back) retour *m* ; (= sending back) renvoi *m* **c** (BR) (also **return ticket**) (billet *m*) aller-retour *m* **d** (= recompense) (from land, business) rapport *m* ; (from investments) retour *m* ▪ **in ~** en revanche ▪ **in ~ for** en récompense de **e** ▪ **tax ~** (feuille *f* de) déclaration *f* d'impôts

→ *Pièges* RETURN

returnable [rɪ'tɜ:nəbl] adj [bottle, container] consigné ▪ **~ deposit** caution *f*

retweet [ri:'twi:t] **1** vt retweeter **2** n retweet *m*

reunification [ˌri:ju:nɪfɪ'keɪʃən] n réunification *f*

reunion [rɪ'ju:njən] n réunion *f* ; → *Pièges* MEETING

reunite [ˌri:ju:'naɪt] vt réunir

rev [rev] **1** n (abbr of **revolution**) tour *m* **2** vt [+ engine] monter le régime de

revamp* [ˌri:'væmp] vt [+ company] réorganiser ; [+ house] retaper*

reveal [rɪ'vi:l] vt révéler

revealing [rɪ'vi:lɪŋ] adj **a** (= telling) révélateur (-trice *f*) **b** [dress, blouse] (= low-cut) très décolleté

revel ['revl] vi (= delight) ▪ **to ~ in sth** se délecter de qch ▪ **to ~ in doing sth** prendre grand plaisir à faire qch

revelation [ˌrevə'leɪʃən] n révélation *f*

reveller, reveler (US) ['revlə'] n fêtard(e)* *m(f)*

revenge [rɪ'vendʒ] **1** n vengeance *f* ; (Sport) revanche *f* ▪ **to take ~ on sb for sth** se venger de qch sur qn ▪ **to get one's ~** se venger ▸ **revenge porn** *diffusion sur les réseaux sociaux de vidéos et de photos à caractère sexuel de son ex sans son consentement, afin de lui nuire après une rupture* **2** vt [+ murder] venger ▪ **to ~ o.s.** se venger (*on sb* de qn, *on sb for sth* de qch sur qn)

revenue ['revənju:] n [of state] recettes *fpl* ; [of individual] revenu *m*

reverberate [rɪ'vɜ:bəreɪt] vi [sound] se répercuter ; [protests] se propager

revere [rɪ'vɪə'] vt révérer

reverence ['revərəns] n vénération *f*

reverend ['revərənd] adj ▪ **the Reverend (Robert) Martin** le révérend (Robert) Martin

reversal [rɪ'vɜ:səl] n [of roles, trend] renversement *m* ; [of opinion] revirement *m*

reverse [rɪ'vɜ:s] **1** adj [situation, effect] inverse ▪ **in ~ order** dans l'ordre inverse **2** n **a** (= opposite) contraire *m* **b** (= back) [of coin, medal] revers *m* **c** (in vehicle) ▪ **in ~** en marche arrière ▸ **reverse gear** marche *f* arrière **3** vt **a** (= turn the other way round) renverser ▪ **to ~ the charges** (BR) téléphoner en PCV ▸ **reverse-charge call** (BR) appel *m* en PCV ▸ **reverse-engineer** reproduire par rétro-ingénierie ▸ **reverse engineering** rétro-ingénierie *f* **b** (= cause to move backwards) ▪ **to ~ one's car into the garage** rentrer dans le garage en marche arrière **4** vi (BR = move backwards) [car] faire marche arrière

reversing light [rɪ'vɜ:sɪŋlaɪt] n (BR) feu *m* de marche arrière

revert [rɪ'vɜ:t] vi (= return) revenir (*to* à)

review [rɪ'vju:] **1** n **a** [of situation, events] examen *m* ; [of wages, prices, contracts] révision *f* ; (= printed report) rapport *m* d'enquête ▪ **under ~** [salaries, policy] en cours de révision **b** [of book, film, play] critique *f* **2** vt **a** (= consider again) passer en revue **b** [+ book, play, film] faire la critique de

revise [rɪ'vaɪz] **1** vt réviser **2** vi (BR) réviser (*for* pour)

revision [rɪ'vɪʒən] n révision *f*

revitalize [ˌri:'vaɪtəlaɪz] vt redonner de la vitalité à

revival [rɪ'vaɪvəl] n [of custom, ceremony] résurgence *f*

revive [rɪ'vaɪv] **1** vt **a** [+ person] (from near death) réanimer **b** [+ interest] raviver ; [+ trade, business] relancer **2** vi [person] reprendre connaissance

revoke [rɪ'vəʊk] vt [+ law] abroger ; [+ order] révoquer ; [+ licence] retirer

revolt [rɪ'vəʊlt] **1** n révolte *f* **2** vi (= rebel) se révolter **3** vt révolter ▪ **to be ~ed by sth/sb** être révolté par qch/qn

revolting [rɪ'vəʊltɪŋ] adj (= repulsive) révoltant

revolution [ˌrevə'lu:ʃən] n révolution *f* ▪ **the French Revolution** la Révolution française

revolutionary [ˌrevə'lu:ʃnərɪ] adj, n révolutionnaire *mf*

revolutionize [ˌrevə'lu:ʃənaɪz] vt révolutionner

revolve [rɪ'vɒlv] **1** vt faire tourner **2** vi tourner

revolver [rɪ'vɒlvə'] n revolver *m*

revolving [rɪ'vɒlvɪŋ] adj [chair, bookcase, stand] pivotant ▸ **revolving door** (porte *f*) tambour *m*

revulsion [rɪ'vʌlʃən] n (= disgust) écœurement *m* (*at* devant)

reward [rɪ'wɔ:d] **1** n récompense *f* (*for* de) **2** vt récompenser (*for* de)

rewarding [rɪ'wɔ:dɪŋ] adj (financially) rémunérateur (-trice *f*) ; (mentally) gratifiant

rewild [ˌriːˈwaɪld] vt [+ area] ré-ensauvager

rewilding [ˌriːˈwaɪldɪŋ] vt [of area] ré-ensauvagement *m*

rewind [ˌriːˈwaɪnd] (pret, ptp **rewound**) vt [+ film, tape] rembobiner

rewire [ˌriːˈwaɪəʳ] vt ▪ **to ~ a house** refaire l'installation électrique d'une maison

reword [ˌriːˈwɜːd] vt [+ question] reformuler

rewrite [ˌriːˈraɪt] (pret **rewrote**, ptp **rewritten**) vt récrire

rhetoric [ˈretərɪk] n rhétorique *f*

rhetorical [rɪˈtɒrɪkəl] adj ▪ **~ question** question *f* rhétorique

rheumatism [ˈruːmətɪzəm] n rhumatisme *m*

Rhine [raɪn] n Rhin *m*

rhinoceros [raɪˈnɒsərəs] n rhinocéros *m*

Rhône [rəʊn] n Rhône *m*

rhubarb [ˈruːbɑːb] n rhubarbe *f*

rhyme [raɪm] **1** n **a** (= identical sound) rime *f* **b** (= poem) poème *m* **2** vi [word] rimer

rhythm [ˈrɪðəm] n rythme *m*

rhythmic(al) [ˈrɪðmɪk(əl)] adj [movement, beat] rythmique ; [music] rythmé

rib [rɪb] n (= bone) côte *f* ▸ **rib cage** cage *f* thoracique

ribbed [rɪbd] adj [cotton, sweater] à côtes

ribbon [ˈrɪbən] n [of hair, typewriter] ruban *m*

rice [raɪs] n riz *m* ▸ **rice pudding** riz *m* au lait

rich [rɪtʃ] **1** adj riche ▪ **~ people** les riches *mpl* ▪ **to get ~** s'enrichir **2** **riches** npl richesse(s) *f(pl)* **3** **the rich** npl les riches *mpl*

richly [ˈrɪtʃlɪ] adv [decorated, coloured] richement ; [of served] largement

richness [ˈrɪtʃnɪs] n richesse *f*

Richter scale [ˈrɪktəˌskeɪl] n ▪ **the ~** l'échelle *f* de Richter

rickety [ˈrɪkɪtɪ] adj [fence, stairs] branlant ; [furniture] bancal ; [vehicle] bringuebalant

rickshaw [ˈrɪkʃɔː] n (pulled by man) pousse-pousse *m inv* ; (pulled by bicycle) rickshaw *m*

ricochet [ˈrɪkəʃeɪ] **1** n ricochet *m* **2** vi ricocher

rid [rɪd] (pret, ptp **rid** or **~ded**) vt (of pests, disease) débarrasser ▪ **to get ~ of** se débarrasser de ; [+ boyfriend, girlfriend] laisser tomber*

riddance [ˈrɪdəns] n ▪ **good ~ (to bad rubbish)!*** bon débarras !*

ridden [ˈrɪdn] vb ptp of **ride**

riddle [ˈrɪdl] **1** n (= puzzle) devinette *f* ; (= mystery) énigme *f* **2** vt ▪ **~d with holes/bullets** criblé de trous/balles

ride [raɪd] vb (pret **rode**, ptp **ridden**) **1** n **a** (= outing) tour *m* ; (= distance covered) trajet *m* ▪ **to go for a ~ in a car** faire un tour en voiture ▪ **bike ~** tour *m* à vélo ▪ **a ~ on the merry-go-round** un tour de manège ▪ **to take sb for a ~** (= swindle) rouler qn* **b** (on horseback) promenade *f* à cheval **2** vi **a** (= ride a horse) monter à cheval ▪ **to go riding** faire du cheval **b** (= go on horseback/by bicycle/by motorcycle) aller à cheval/à bicyclette/en moto ▪ **he was riding on a bicycle/a camel** il était à bicyclette/à dos de chameau **c** (= continue) ▪ **we decided to let it ~** nous avons décidé de laisser les choses se faire **3** vt ▪ **to ~ a horse** monter à cheval ▪ **he was riding a motorbike/bicycle** il était en moto/à bicyclette ▪ **they had ridden 10km** ils avaient fait 10 km à cheval (or à bicyclette or en moto, etc)

▸ **ride on** vt insep (= depend on) dépendre de

▸ **ride out** vt sep surmonter ▪ **to ~ out the storm** surmonter la crise

rider [ˈraɪdəʳ] n (= person) [of horse] cavalier *m*, -ière *f* ; [of racehorse] jockey *m* ; [of motorcycle] motocycliste *mf*

ridge [rɪdʒ] n [of mountain] crête *f* ; (= chain of hills, mountains) chaîne *f*

ridicule [ˈrɪdɪkjuːl] **1** n raillerie *f* **2** vt ridiculiser

ridiculous [rɪˈdɪkjʊləs] adj ridicule

riding [ˈraɪdɪŋ] n (also **horse-riding**) équitation *f* ▸ **riding boots** bottes *fpl* de cheval ▸ **riding school** centre *m* équestre

rife [raɪf] adj ▪ **to be ~** [disease, corruption, unemployment] sévir

rifle [ˈraɪfl] **1** n (= gun) fusil *m* ; (for hunting) carabine *f* de chasse ▸ **rifle range** (outdoor) champ *m* de tir; (indoor) stand *m* de tir **2** vt [+ drawer, till] vider ▪ **she ~d (through) the papers** elle a feuilleté rapidement les documents

rift [rɪft] n (= disagreement) désaccord *m* ; (in political party) division *f*

rig [rɪg] **1** n (= oil rig) (on land) derrick *m* ; (at sea) plateforme *f* pétrolière **2** vt [+ election, competition] truquer ; [+ prices] fixer illégalement

right [raɪt]

1 adj **a** (= morally good) bien *inv* ▪ **it's not ~** ce n'est pas bien ▪ **you were ~ to refuse** vous avez eu raison de refuser ▪ **it is only ~ that...** il est normal que...

b (= accurate) juste, exact ▪ **the ~ time** (by the clock) l'heure exacte ▪ **is the clock ~?** est-ce que la pendule est à l'heure ? ▪ **I got all the answers ~** j'ai répondu juste à toutes les questions ▪ **to get one's facts ~** ne pas se tromper

♦ **to be right** [person] avoir raison ▪ **you're quite ~** vous avez parfaitement raison

♦ **to put right** [+ error, person] corriger ; [+ situation] redresser ; [+ sth broken] réparer

c (= correct) bon *before n* ■ **it is just the ~ size** c'est la bonne taille ■ **to get on the ~ side of sb*** s'attirer les bonnes grâces de qn

d (= best) meilleur (-eure *f*) ■ **the ~ man for the job** l'homme de la situation

e (= proper) ■ **to do sth the ~ way** faire qch comme il faut

f (= in proper state) ■ **I don't feel quite ~ today** je ne me sens pas très bien aujourd'hui ■ **to be in one's ~ mind** avoir toute sa raison

g (* BR = real) ■ **it's a ~ mess in there** c'est la pagaille* complète là-dedans ■ **he looked a ~ idiot** il avait vraiment l'air idiot

h (agreeing) ■ **~!** d'accord ! ■ **~, who's next?** bon, c'est à qui le tour ?

i (= opposite of left) droit ■ **on my ~ hand** sur ma droite

2 adv a (= directly) droit ■ **~ ahead of you** droit devant vous ■ **~ in front of you** sous vos yeux ■ **I'll be ~ back** je reviens tout de suite ■ **~ in the middle** en plein milieu ■ **~ from the start** dès le début

♦ **right away** (= immediately) tout de suite

♦ **right now** (= at the moment) en ce moment ; (= at once) tout de suite

b (= completely) tout ■ **~ round the house** tout autour de la maison ■ **to turn ~ round** faire volte-face

c (= correctly, well) bien ■ **if I remember ~** si je me souviens bien ■ **to guess ~** deviner juste

d (= opposite of left) à droite

♦ **right, left and centre*** (= everywhere) de tous côtés

3 n a (= moral) bien *m*

♦ **to be in the right** avoir raison

b (= entitlement) droit *m* ■ **to have a ~ to sth** avoir droit à qch ■ **to have the ~ to do sth** avoir le droit de faire qch ■ **he is within his ~s** il est dans son droit ■ **women's ~s** les droits *mpl* de la femme ■ **~ of appeal** droit *m* d'appel

♦ **by right** de droit

♦ **by rights** en toute justice

♦ **in one's own right** à part entière

c (= opposite of left) droite *f* ■ **to drive on the ~** conduire à droite ■ **on or to the ~ of the church** à droite de l'église ■ **the Right** (Pol) la droite

4 **rights** npl a (Commerce) droits *mpl* ■ **"all ~s reserved"** « tous droits réservés »

b ■ **to put or set sth to ~s** mettre qch en ordre ■ **to put the world to ~s** refaire le monde

5 vt a (= return to normal) [+ car, ship] redresser

b (= make amends for) [+ wrong] redresser ; [+ injustice] réparer

6 comp ▸ **right angle** angle *m* droit ■ **to be at ~ angles (to)** être perpendiculaire (à) ▸ **right-click** (Computing) faire un clic droit ▸ **right-hand** ■ **right-hand drive car** voiture *f* avec la conduite à droite ■ **his right-hand man** son bras droit *(fig)* ■ **the right-hand side** le côté droit ▸ **right-handed** [person] droitier ▸ **right of way** (across property) droit *m* de passage; (= priority) priorité *f* ▸ **right wing** n (Pol) droite *f* ▸ **right-wing** adj (Pol) de droite

→ *Pièges* RIGHT

righteous ['raɪtʃəs] adj a (frm = virtuous) intègre b (= self-righteous) moralisateur (-trice *f*)

rightful ['raɪtfʊl] adj [owner, heir] légitime

rightly ['raɪtlɪ] adv a (= correctly) avec raison b (= justifiably) à juste titre ■ **~ or wrongly** à tort ou à raison

rightsizing ['raɪt,saɪzɪŋ] n [of company] dégraissage *m* des effectifs

rigid ['rɪdʒɪd] adj a [material, structure] rigide b (= strict) [specifications, discipline] strict ; [system, person, attitude] rigide

rigmarole ['rɪgmərəʊl] n cinéma* *m*

rigorous ['rɪgərəs] adj rigoureux

rigour, rigor (US) ['rɪgəʳ] n rigueur *f*

rim [rɪm] n (gen) bord *m* ; [of wheel] jante *f* ; [of spectacles] monture *f*

rind [raɪnd] n [of orange, lemon] peau *f* ; (= grated zest) zeste *m* ; [of cheese] croûte *f* ; [of bacon] couenne *f*

ring [rɪŋ] **1** n a (= circular object) anneau *m* ; (for finger) bague *f* ■ **wedding ~** alliance *f* ■ **electric ~** plaque *f* électrique ■ **gas ~** brûleur *m* (de cuisinière à gaz) ▸ **ring binder** classeur *m* à anneaux ▸ **ring-fence** [+ money] allouer b (= circle) cercle *m* ■ **to run ~s round sb*** dominer qn de la tête et des épaules ▸ **ring road** (BR) rocade *f*; (motorway-type) périphérique *m* c (= group) coterie *f* ; [of spies] réseau *m* d (at circus) piste *f* ; (Boxing) ring *m* e (= sound) son *m* ; [of bell] sonnerie *f* f (= phone call) coup *m* de fil* ■ **to give sb a ~** passer un coup de fil* à qn **2** vi (pret **rang**, ptp **rung**) a [bell, alarm clock, telephone] sonner ■ **to ~ at the door** sonner à la porte b (= telephone) téléphoner **3** vt a (= sound) sonner ■ **his name ~s a bell*** son nom me dit quelque chose b (= phone) téléphoner à

▸ **ring back** vi, vt sep (BR) rappeler

▸ **ring up** vt sep a (BR = phone) téléphoner à b (on cash register) enregistrer

ringing ['rɪŋɪŋ] **1** adj ■ **a ~ sound** une sonnerie **2** n [of bell, telephone] sonnerie *f*

ri

ringleader ['rɪŋliːdəʳ] n meneur *m*, -euse *f*

ringtone ['rɪŋtəʊn] n (on mobile) sonnerie *f (de téléphone portable)*

rink [rɪŋk] n patinoire *f*

rinse [rɪns] 1 n a ▪ **to give sth a ~** rincer qch b (for hair) rinçage *m* 2 vt rincer

riot ['raɪət] 1 n (= uprising) émeute *f* ▪ **to run ~** [people, imagination] être déchaîné ▸ **riot police** les unités *fpl* antiémeute 2 vi faire une émeute

rioter ['raɪətəʳ] n émeutier *m*, -ière *f*

riotous ['raɪətəs] adj [party] très animé ; [comedy] délirant

RIP [ˌɑːraɪ'piː] (abbr of **rest in peace**) R.I.P.

rip [rɪp] 1 n déchirure *f* 2 vt déchirer ▪ **to ~ open a letter** ouvrir une lettre en hâte 3 vi [cloth] se déchirer ▪ **to let ~** se déchaîner ; (in anger) éclater *(de colère)*

▸ **rip off** vt sep a (= pull off) arracher (*from* de) b (* = steal) voler ; (= defraud) [+ customer] arnaquer*

▸ **rip up** vt sep déchirer

ripe [raɪp] adj [fruit] mûr ; [cheese] fait

ripen ['raɪpən] 1 vt (faire) mûrir 2 vi mûrir

rip-off* ['rɪpɒf] n ▪ **it's a ~!** c'est de l'arnaque !*

ripple ['rɪpl] n a (= movement) [of water] ride *f* b [of laughter] cascade *f* c (= ice cream) ▪ **raspberry ~** *glace à la vanille marbrée de glace à la framboise*

rise [raɪz] vb (pret **rose**, ptp **risen** ['rɪzn]) 1 n (= increase) (in temperature, prices) hausse *f* ; (BR : in wages) augmentation *f* ▪ **to give ~ to** [+ trouble] provoquer ; [+ speculation] donner lieu à ; [+ fear, suspicions] susciter 2 vi a (= get up) se lever ▪ **to ~ to one's feet** se mettre debout b (= go up, ascend) monter ; [balloon] s'élever ; [curtain, sun] se lever ; [dough] lever ; [prices] être en hausse ; [cost of living] augmenter ▪ **her spirits rose** son moral a remonté c (in society, rank) s'élever d (= rebel : also **rise up**) se soulever

→ *Pièges* RAISE

rising ['raɪzɪŋ] 1 n (= rebellion) soulèvement *m* 2 adj [sun] levant ; [prices, temperature] en hausse

risk [rɪsk] 1 n risque *m* ▪ **to take** or **run the ~ of doing** courir le risque de faire ▪ **you do it at your own ~** vous le faites à vos risques et périls ▪ **at the ~ of seeming stupid** au risque de paraître stupide ▪ **at ~** [person] en danger ▸ **risk-averse** adj frileux, trop prudent 2 vt risquer

→ *Pièges* RISK

risky ['rɪskɪ] adj [enterprise, deed] risqué

risqué ['riːskeɪ] adj [story, joke] osé

rite [raɪt] n rite *m*

ritual ['rɪtjʊəl] 1 adj rituel 2 n rituel *m*

rival ['raɪvəl] 1 n rival(e) *m(f)* 2 adj [firm, enterprise] rival 3 vt rivaliser avec (*in* de) ; (= equal) égaler (*in* en)

rivalry ['raɪvəlrɪ] n rivalité *f*

river ['rɪvəʳ] n rivière *f* ; (flowing into a sea) fleuve *m* ▪ **the ~ Seine** (BR), **the Seine ~** (US) la Seine

riverbank ['rɪvəbæŋk] n berge *f*

riverbed ['rɪvəbed] n lit *m* de rivière (or de fleuve)

riverside ['rɪvəsaɪd] n bord *m* de l'eau

riveting ['rɪvɪtɪŋ] adj fascinant

Riviera [ˌrɪvɪ'ɛərə] n ▪ **the (French) ~** la Côte d'Azur ▪ **the Italian ~** la Riviera italienne

road [rəʊd] n route *f* ; (in town) rue *f* ▪ **she lives across the ~ (from us)** elle habite en face de chez nous ▪ **to be on the ~** [salesman, theatre company] être en tournée ▪ **we've been on the ~ since this morning** nous voyageons depuis ce matin ▪ **on the ~ to success** sur le chemin du succès ▸ **road hog** chauffard* *m* ▸ **road map** carte *f* routière ▸ **road rage*** agressivité *f* au volant ▸ **road safety** sécurité *f* routière ▸ **road sign** panneau *m* indicateur or de signalisation ▸ **road tax** (BR) taxe *f* sur les véhicules à moteur

roadblock ['rəʊdblɒk] n barrage *m* routier

roadside ['rəʊdsaɪd] n bord *m* de la route

roadworthy ['rəʊdwɜːðɪ] adj conforme aux normes de sécurité

roam [rəʊm] 1 vt [+ countryside] parcourir ▪ **to ~ the streets** traîner dans les rues 2 vi errer

roaming ['rəʊmɪŋ] 1 n (Telec) itinérance *f* 2 adj ▸ **roaming worker** n travailleur *m*, -euse *f* nomade

roar [rɔːʳ] 1 vi [person, crowd] hurler ; [lion, wind] rugir ; [guns] gronder ; [engine, vehicle] vrombir ▪ **to ~ with laughter** rire à gorge déployée 2 n [of lion] rugissement *m* ; [of traffic] grondement *m* ; [of engine] vrombissement *m*

roaring ['rɔːrɪŋ] adj [lion, engine] rugissant ▪ **a ~ fire** (in hearth) une belle flambée ▪ **a ~ success** un succès fou* ▪ **to be doing a ~ trade (in sth)** faire des affaires en or (en vendant qch)

roast [rəʊst] 1 n rôti *m* 2 adj [pork, chicken] rôti ▪ **~ beef** rôti *m* de bœuf ▪ **~ chestnuts** marrons *mpl* chauds ▪ **~ potatoes** pommes *fpl* de terre rôties 3 vt [+ meat] (faire) rôtir ; [+ chestnuts] griller

rob [rɒb] vt (= steal from) [+ person] voler ; [+ shop, bank] dévaliser ; → *Pièges* ROB

robber ['rɒbəʳ] n voleur *m*, -euse *f*

robbery ['rɒbərɪ] n vol *m*

robe [rəʊb] n (gen) robe *f* ; (= dressing gown) peignoir *m*

robot ['rəʊbɒt] n robot *m*

robotics [rəʊ'bɒtɪks] n robotique *f*

robust [rəʊ'bʌst] adj (gen) robuste ; [material] résistant ; [object, design] solide

rock [rɒk] **1** vt **a** (= swing to and fro) [+ child] bercer **b** (= shake) ébranler **2** vi **a** (= sway gently) [cradle, person, ship] se balancer **b** (= sway violently) [person] chanceler ; [building] être ébranlé **3** n **a** (= substance) roche *f* **b** (= large mass, huge boulder) rocher *m* ▪ **as solid as a ~** solide comme un roc ▪ **their marriage is on the ~s*** leur couple est en train de sombrer ▸ **rock climbing** varappe *f* ▸ **rock face** paroi *f* rocheuse ▸ **rock salt** (for cooking) gros sel *m* **c** (BR = sweet) ≈ sucre *m* d'orge **d** (= music) rock *m* ▸ **rock-and-roll, rock 'n' roll** n (= music) rock (and roll) *m* ◊ adj [singer] de rock; [music] rock *inv* ▸ **rock star** rock star *f*

rock bottom [rɒk'bɒtəm] n ▪ **her spirits reached ~*** elle avait le moral à zéro* ▪ **prices were at ~** les prix étaient au plus bas

rockery ['rɒkərɪ] n rocaille *f*

rocket ['rɒkɪt] **1** n **a** (gen) fusée *f* ; (missile) roquette *f* **b** (= plant) roquette *f* **2** vi [prices] monter en flèche

rocking ['rɒkɪŋ] n balancement *m* ▸ **rocking chair** rocking-chair *m* ▸ **rocking horse** cheval *m* à bascule

rocky ['rɒkɪ] adj **a** [shore, mountain] rocheux ; [road, path] rocailleux ▸ **the Rocky Mountains** les (montagnes *fpl*) Rocheuses *fpl* **b** (* = precarious) [marriage, health] fragile

rod [rɒd] n **a** (wooden) baguette *f* ; (metallic) tringle *f* **b** (= fishing rod) canne *f* (à pêche)

rode [rəʊd] vb pret of **ride**

rodent ['rəʊdənt] n rongeur *m*

roe [rəʊ] n [of fish] œufs *mpl* de poisson

rogue [rəʊg] **1** n (= rascal) coquin *m* **2** adj [elephant, lion, male] solitaire ; [gene] aberrant ; [state, trader] voyou

role, rôle [rəʊl] n rôle *m* ▸ **role model** modèle *m* ▸ **role-play(ing)** (Psych) psychodrame *m*; (Scol) jeu *m* de rôle

roll [rəʊl] **1** n **a** [of cloth, paper] rouleau *m* ; [of banknotes] liasse *f* ; [of fat] bourrelet *m* **b** (= bread roll) petit pain *m* **c** (= movement) [of ship] roulis *m* ; [of sea] houle *f* **d** [of thunder, drums] roulement *m* **e** (= register) liste *f* ▸ **roll call** appel *m* **f** ▪ **to be on a ~*** (= prospering) avoir le vent en poupe **2** vi **a** (= turn over) rouler ▪ **tears were ~ing down her cheeks** les larmes coulaient sur ses joues ▪ **the horse ~ed in the mud** le cheval s'est roulé dans la boue ▪ **he's ~ing in it*** il roule sur l'or ▪ **she is trainer and manager ~ed into one** elle est entraîneur et manager tout à la fois **b** [film cameras] tourner **3** vt [+ barrel, ball] faire rouler ; [+ cigarette] rouler ; [+ pastry, dough] abaisser au rouleau ▪ **to ~ one's eyes** rouler des yeux ▪ **to ~ one's r's** rouler les r

▸ **roll about** vi [person, dog] se rouler par terre

▸ **roll in** vi [contributions, suggestions] affluer

▸ **roll on** vi [vehicle] continuer de rouler ▪ **~ on the holidays!*** (BR) vivement les vacances !

▸ **roll over** **1** vi [person, animal] (once) se retourner (sur soi-même) ; (several times) se rouler **2** vt sep [+ person, animal, object] retourner

▸ **roll up** vt sep [+ cloth, paper] rouler ▪ **to ~ up one's sleeves** retrousser ses manches

roller ['rəʊlə'] n (for roads) rouleau *m* compresseur ; (for painting) rouleau *m* (à peinture) ; (for hair) rouleau *m* ▸ **roller blade** n roller *m* ▸ **roller-blade** vi faire du roller ▸ **roller coaster** montagnes *fpl* russes ▸ **roller skate** n patin *m* à roulettes ▸ **roller-skate** vi faire du patin à roulettes

rollerblade ['rəʊlə,bleɪd] **1** n roller *m* **2** vi faire du roller

rolling ['rəʊlɪŋ] adj [countryside] vallonné ; [hills] onduleux

rolling pin ['rəʊlɪŋpɪn] n rouleau *m* à pâtisserie

rollover ['rəʊləʊvə'] n (BR : in lottery) remise *f* en jeu du prix

ROM [rɒm] n (abbr of **read-only memory**) mémoire *f* morte

Roma ['rəʊmə] n Rom *mf*

Roman ['rəʊmən] **1** n Romain(e) *m(f)* **2** adj romain ▸ **Roman Catholic** catholique *mf*

> ⚠ ***Roman*** ne se traduit pas par **roman**.

romance [rəʊ'mæns] n (= love story/film) roman *m*/film *m* sentimental ; (= love affair) idylle *f* ; (= love) amour *m*

Romanesque [,rəʊmə'nesk] adj (Archit) roman

> ⚠ ***Romanesque*** ne se traduit pas par le mot français **romanesque**.

Romania [rəʊ'meɪnɪə] n Roumanie *f*

romantic [rəʊ'mæntɪk] adj (gen) romantique ; [relationship] amoureux ; [novel, film] sentimental

roof [ru:f] n toit *m* ▪ **to hit the ~*** [person] piquer une crise* ▸ **roof rack** (esp BR) galerie *f* (de voiture)

rooftop ['ru:ftɒp] n toit *m*

rooibos ['rɔɪˌbɒs] n rooibos *m*

rookie* ['rʊkɪ] n bleu* *m*

room [rʊm] n **a** (in house) pièce *f* ; (in hotel) chambre *f* ▸ **room service** service *m* des chambres (d'hôtel) ▸ **room temperature** température *f* ambiante ■ **wine at ~ temperature** vin *m* chambré **b** (= space) place *f* ■ **to make ~ for sth** faire de la place pour qch ■ **there is ~ for improvement** ça laisse à désirer

roommate ['rʊmmeɪt] n colocataire *mf*

roomy ['rʊmɪ] adj [flat, car] spacieux

roost [ru:st] vi (= settle) se percher

rooster ['ru:stə'] n coq *m*

root [ru:t] **1** n racine *f* ; [of trouble] origine *f* ■ **to take ~** prendre racine ■ **to put down ~s in a country** s'enraciner dans un pays ■ **to get to the ~ of the problem** aller au fond du problème ▸ **root beer** (US) *boisson gazeuse à base d'extraits végétaux* ▸ **root vegetable** racine *f* (comestible) **2** vt ■ **a deeply ~ed belief** une croyance bien enracinée ■ **to stand ~ed to the spot** être cloué sur place

▸ **root for*** vt insep [+ team] encourager

▸ **root out** vt sep (= find) dénicher

rope [rəʊp] n corde *f* ■ **to know the ~s*** connaître toutes les ficelles* ▸ **rope ladder** échelle *f* de corde

▸ **rope in** vt sep ■ **to ~ sb in*** enrôler qn

rosary ['rəʊzərɪ] n chapelet *m*

rose [rəʊz] **1** n (= flower) rose *f* ▸ **rose garden** roseraie *f* **2** adj rose ■ **to see everything through rose-coloured spectacles** voir tout en rose **3** vb pret of **rise**

rosé ['rəʊzeɪ] n rosé *m (vin)*

rosebud ['rəʊzbʌd] n bouton *m* de rose

rosebush ['rəʊzbʊʃ] n rosier *m*

rosemary ['rəʊzmərɪ] n romarin *m*

roster ['rɒstə'] n tableau *m* (de service)

rostrum ['rɒstrəm] n tribune *f*

rosy ['rəʊzɪ] adj **a** (= pink) [colour] rosé ; [face] rose **b** (= optimistic) [view] optimiste ■ **to paint a ~ picture of sth** brosser un tableau idyllique de qch

rot [rɒt] **1** n pourriture *f* **2** vi pourrir

rota ['rəʊtə] n tableau *m* (de service) ■ **we set a ~ for the dishes** nous avons établi un roulement pour la vaisselle

rotary ['rəʊtərɪ] adj rotatif

rotate [rəʊ'teɪt] **1** vt (= revolve) faire tourner **2** vi tourner

rotation [rəʊ'teɪʃən] n rotation *f*

rotten ['rɒtn] adj **a** (= decayed) [wood, vegetable, egg] pourri ; [meat] avarié ; [fruit, tooth] gâté ▸ **rotten apple** (fig) brebis *f* galeuse **b** (= corrupt) véreux **c** (* = unpleasant) ■ **what ~ weather!** quel temps pourri !* ■ **what ~ luck!** quelle guigne !* ■ **to feel ~** (= ill) être mal fichu*

Rottweiler ['rɒtˌvaɪlə'] n rottweiler *m*

rouble, ruble (US) ['ru:bl] n rouble *m*

rough [rʌf] **1** adj **a** (= not smooth) [skin, cloth] rêche ; (harder) rugueux **b** (= unrefined) [person, speech, manners] rude **c** (* = difficult) [life] dur ■ **to have a ~ time** en voir de dures* **d** (BR = ill) ■ **to feel ~*** être mal fichu* **e** (= violent) [person, treatment] dur ■ **to be ~ with sb** (physically) malmener qn **f** [weather] gros (grosse *f*) ; [sea, crossing] agité **g** (= approximate) approximatif ■ **at a ~ guess** à vue de nez ■ **~ draft** brouillon *m* ■ **~ sketch** ébauche *f* **2** adv ■ **to sleep ~** coucher sur la dure **3** n (= ground) terrain *m* accidenté ; (Golf) rough *m* ■ **to take the ~ with the smooth** prendre les choses comme elles viennent **4** vt ■ **to ~ it*** vivre à la dure

roughage ['rʌfɪdʒ] n fibres *fpl*

rough-and-ready [ˌrʌfən'redɪ] adj [method] rudimentaire ; [person] fruste

roughly ['rʌflɪ] adv **a** (= violently) brutalement **b** (= crudely) grossièrement **c** (= approximately) à peu près ■ **~ speaking** en gros

roughshod ['rʌfʃɒd] adv ■ **to ride ~ over** [+ objection, person] faire peu de cas de

roulette [ru:'let] n roulette *f*

round [raʊnd]

1 adv **a** (= around) autour ■ **there was a wall all ~** il y avait un mur tout autour ■ **you can't get through here, you'll have to go ~** vous ne pouvez pas passer par ici, il faut faire le tour ■ **the long way ~** le chemin le plus long ■ **all year ~** pendant toute l'année

♦ **round and round** en rond ■ **to go ~ and ~** (looking for sth) tourner en rond

b (to sb's place) ■ **come ~ and see me** venez me voir ■ **I asked him ~ for a drink** je l'ai invité à (passer) prendre un verre chez moi

2 prep autour de ■ **the villages ~ Brighton** les villages autour de Brighton ■ **to go ~ an obstacle** contourner un obstacle ■ **to show sb ~ a town** faire visiter une ville à qn ■ **they went ~ the cafés looking for...** ils ont fait le tour des cafés à la recherche de... ■ **put a blanket ~ him** enveloppez-le dans une couverture ■ **~ about £800** 800 livres environ ■ **~ about 7 o'clock** vers 7 heures ■ **the house is just ~ the corner** la maison est au coin de la rue ; (= near) la maison est tout près ■ **she went ~ the corner** elle a tourné le coin de la rue

3 adj (= circular) rond ; (= rounded) arrondi ■ **~ number** chiffre *m* rond

4 n **a** (= circle) rond *m*, cercle *m*
b (BR : also **delivery round**) tournée *f* ▪ **to make one's ~(s)** [watchman, policeman] faire sa ronde ; [postman, milkman] faire sa tournée ; [doctor] faire ses visites ▪ **to do the ~s** [infection, a cold] faire des ravages ; [news, joke] circuler
c [of cards, golf, competition] partie *f* ; (Boxing) round *m* ; [of election] tour *m* ; [of talks, discussions] série *f*
d [of drinks] tournée *f*
5 vt (= go round) [+ corner] tourner ; [+ bend] prendre
6 comp ▸ **round-shouldered** voûté ▸ **round-table discussion** table *f* ronde ▸ **round-the-clock** 24 heures sur 24 ▸ **round trip** aller *m* et retour
▸ **round off** vt sep [+ speech, meal] terminer ; [+ debate, meeting] mettre fin à
▸ **round up** vt sep **a** (= bring together) [+ people] réunir ; [+ cattle] rassembler **b** [+ prices] arrondir (au chiffre supérieur)

roundabout ['raʊndəbaʊt] **1** adj détourné **2** n **a** (= in playground) tourniquet *m* **b** (at road junction) rond-point *m* (à sens giratoire)

rounded ['raʊndɪd] adj (= curved) [edge, hill] arrondi ; [breasts] rond ; [shoulders] voûté

rounders ['raʊndəz] n (BR) *sorte de baseball*

roundup ['raʊndʌp] n (= meeting) tour *m* d'horizon ; (= news summary) résumé *m* de l'actualité

rouse [raʊz] vt [+ feeling] exciter ; [+ suspicions] éveiller ▪ **to ~ sb to action** inciter qn à agir

rousing ['raʊzɪŋ] adj [applause] enthousiaste ; [speech] enthousiasmant ; [music] entraînant

rout [raʊt] **1** n (= defeat) déroute *f* **2** vt (= defeat) mettre en déroute

route [ru:t] **1** n itinéraire *m* ▪ **en ~ (for)** en route (pour) **2** vt (= plan route of) fixer l'itinéraire de ▪ **to ~ a train through Leeds** faire passer un train par Leeds

> ⚠ ***route*** ne se traduit pas par le mot français **route**, sauf dans l'expression ***en route (for)***.

routine [ru:'ti:n] **1** n **a** (gen) routine *f* **b** (= performance) numéro *m* ▪ **dance ~** numéro *m* de danse **2** adj **a** (= normal) de routine ▪ **on a ~ basis** de façon routinière **b** (= predictable) [report, problem, banter] banal

row¹ [rəʊ] **1** n [of objects, people] (beside one another) rang *m*, rangée *f* ; (behind one another) file *f* ; [of houses] rangée *f* ; [of cars] file *f* ▪ **in a ~** [stand, put things] en ligne ▪ **four failures in a ~** quatre échecs d'affilée **2** vt [+ boat] faire avancer à la rame ; [+ person, object] transporter en canot (*to* à) **3** vi ramer ; (Sport) faire de l'aviron

row² [raʊ] (BR) n **a** (= quarrel) dispute *f* ▪ **to have a ~ with sb** se disputer avec qn **b** (* = noise) vacarme *m*

rowdy ['raʊdɪ] adj [person, behaviour] chahuteur ; [party] un peu trop animé ; [demonstration] bruyant

rower ['rəʊəʳ] n rameur *m*, -euse *f*

rowing ['rəʊɪŋ] n (for pleasure) canotage *m* ; (Sport) aviron *m* ▸ **rowing boat** (BR) canot *m* (à rames) ▸ **rowing machine** rameur *m*

royal ['rɔɪəl] adj royal ▸ **the Royal Air Force** (BR) la Royal Air Force ▸ **royal blue** bleu roi *m inv* ▸ **royal family** famille *f* royale ▸ **the Royal Mail** (BR) *le service postal public britannique* ▸ **the Royal Navy** (BR) la marine nationale

royalist ['rɔɪəlɪst] adj, n royaliste *mf*

royalty ['rɔɪəltɪ] **1** n **a** (= position, dignity, rank) royauté *f* **b** (= royal person) membre *m* de la famille royale ; (= royal persons) (membres *mpl* de) la famille royale **2** **royalties** npl (from book) droits *mpl* d'auteur ; (from patent) royalties *fpl*

RSPCA [,ɑ:respi:si:'eɪ] n (BR) (abbr of **Royal Society for the Prevention of Cruelty to Animals**) ≈ SPA

RSVP [,ɑ:resvi:'pi:] (abbr of **please reply**) RSVP

rub [rʌb] **1** n ▪ **to give sth a ~** [+ furniture, shoes] donner un coup de chiffon à qch ; [+ sore place, one's arms] frotter qch **2** vt (gen) frotter ; (= polish) astiquer ▪ **to ~ one's hands/eyes** se frotter les mains/les yeux ▪ **to ~ sb (up) the wrong way** prendre qn à rebrousse-poil **3** vi [thing] frotter ; [person, cat] se frotter
▸ **rub down** vt sep [+ person] frictionner ; [+ wall, paintwork] (= clean) frotter ; (= sandpaper) poncer
▸ **rub in** vt sep [+ oil, liniment] faire pénétrer en frottant ▪ **don't ~ it in!*** ne retourne pas le couteau dans la plaie !
▸ **rub off** **1** vi [mark] partir ▪ **I hope some of his politeness will ~ off on to his brother*** j'espère qu'il passera un peu de sa politesse à son frère **2** vt sep [+ writing on blackboard] effacer ; [+ dirt] enlever en frottant
▸ **rub out** vt sep (= erase) effacer

rubber ['rʌbəʳ] **1** n **a** (= material) caoutchouc *m* **b** (BR = eraser) gomme *f* **c** (* US = condom) préservatif *m* **2** adj de or en caoutchouc ▸ **rubber band** élastique *m* ▸ **rubber dinghy** canot *m* pneumatique ▸ **rubber gloves** gants *mpl* en caoutchouc ▸ **rubber plant** caoutchouc *m (plante verte)* ▸ **rubber-stamp** vt approuver sans discussion ▸ **rubber tree** hévéa *m*

rubber-stamp ['rʌbəstæmp] vt tamponner ; (fig) approuver sans discussion

rubbery ['rʌbərɪ] adj caoutchouteux

rubbish ['rʌbɪʃ] **1** n **a** (= waste material) détritus *mpl* ; (BR = household rubbish) ordures *fpl* ; (* = worthless things) camelote* *f* ▸ **rubbish bin** (BR) poubelle *f* ▸ **rubbish dump** (BR : public) décharge *f* publique **b** (* = nonsense) bêtises *fpl* ▪ **that's ~** c'est n'importe quoi* **2** adj (* = useless) nul

rubble ['rʌbl] n [of ruined house, demolition site] décombres *mpl*

ruby ['ru:bɪ] n rubis *m*

rucksack ['rʌksæk] n sac *m* à dos

rudder ['rʌdə'] n gouvernail *m*

rude [ru:d] adj **a** (= impolite) [person, reply] impoli (*to sb* avec qn, *about sth* à propos de qch) ▪ **it's ~ to stare** c'est mal élevé de dévisager les gens **b** (= obscene) [noise] incongru ; [joke] grossier **c** (= unexpected) ▪ **to get a ~ awakening** être brutalement rappelé à la réalité

> ⚠ ***rude*** ne se traduit pas par le mot français **rude**.

rudimentary [,ru:dɪ'mentərɪ] adj rudimentaire

rudiments ['ru:dɪmənts] npl rudiments *mpl*

ruffian ['rʌfɪən] n voyou *m*

ruffle ['rʌfl] vt **a** (= disturb) [+ hair] ébouriffer **b** (= upset) froisser

rug [rʌg] n (on floor) petit tapis *m* ; (= blanket) couverture *f*

rugby ['rʌgbɪ] n rugby *m* ▸ **rugby league** rugby *m* à treize ▸ **rugby player** joueur *m*, -euse *f* de rugby ▸ **rugby union** rugby *m* à quinze

rugged ['rʌgɪd] adj **a** (= rough) [terrain] accidenté ; [coastline] déchiqueté **b** [person, features] rude

ruin ['ru:ɪn] **1** n **a** (= destruction) ruine *f* **b** (gen pl) (= remains) ruine(s) *f(pl)* ▪ **in ~s** en ruine **2** vt [+ reputation, hopes] ruiner ; [+ clothes] abîmer

ruined ['ru:ɪnd] adj [building, city, economy, career] en ruine ; [person] (morally) perdu ; (financially) ruiné

rule [ru:l] **1** n **a** (= guiding principle) règle *f* ▪ **it's against the ~s** c'est contraire au règlement ▪ **to play by the ~s** jouer selon les règles ▪ **~s and regulations** statuts *mpl* ▪ **as a (general) ~** en règle générale **b** (= authority) autorité *f* ▪ **under British ~** sous l'autorité britannique **c** (for measuring) règle *f* (graduée) **2** vt **a** [+ country] gouverner ; [+ person] dominer **b** [judge, umpire] décider (*that* que) **3** vi **a** (= reign) régner (*over* sur) **b** [judge] statuer

▸ **rule out** vt sep [+ possibility, date, person] écarter

ruled [ru:ld] adj [paper] réglé

ruler ['ru:lə'] n **a** (= sovereign) souverain(e) *m(f)* ; (= political leader) chef *mf* (d'État) **b** (for measuring) règle *f*

ruling ['ru:lɪŋ] **1** adj [class, body] dirigeant ; [party] au pouvoir **2** n décision *f*

rum [rʌm] n rhum *m*

Rumania [ru:'meɪnɪə] n Roumanie *f*

rumble ['rʌmbl] **1** n [of thunder] grondement *m* **2** vi [thunder] gronder ; [stomach] gargouiller

ruminate ['ru:mɪneɪt] vi ruminer ▪ **to ~ about sth** ruminer qch

rummage ['rʌmɪdʒ] vi (also **rummage about**) farfouiller* ▸ **rummage sale** (US) vente *f* de charité *(de bric-à-brac)*

rumour, rumor (US) ['ru:mə'] **1** n rumeur *f* (*that* selon laquelle) **2** vt ▪ **it is ~ed that...** le bruit court que... ▪ **he is ~ed to be in London** le bruit court qu'il est à Londres

rump [rʌmp] n [of animal] croupe *f* ▸ **rump steak** romsteck *m*

rumple ['rʌmpl] vt [+ clothes, paper] froisser ; [+ hair] ébouriffer

rumpus* ['rʌmpəs] n ▪ **to kick up a ~** faire du chahut

run [rʌn] (pret **ran**, ptp **run**)

1 n **a** (= act of running) course *f* ▪ **to go for a ~** aller courir ▪ **to make a ~ for it** se sauver

b (= outing) tour *m* ; (= journey) trajet *m* ; (= route) ligne *f*

c (= series) série *f* ▪ **a ~ of bad luck** une période de malchance

d (= period of performance) ▪ **the play had a long ~** la pièce a tenu longtemps l'affiche

e (= use) ▪ **they gave us the ~ of the garden** ils nous ont donné la jouissance du jardin

f (= track for skiing) piste *f*

g (= animal enclosure) enclos *m*

h (in tights) échelle *f*

i (Cricket) course *f* ▪ **to make a ~** marquer une course

j (Mil) (= raid, mission) raid *m* (aérien) ▪ **a bombing ~** un bombardement

k (set structures) ▪ **in the long ~** à long terme ▪ **things will sort themselves out in the long ~** les choses s'arrangeront avec le temps ▪ **on the ~** en cavale ▪ **to keep the enemy on the ~** harceler l'ennemi

2 vi **a** (gen) courir ▪ **to ~ down/off** descendre/partir en courant ▪ **to ~ for the bus** courir pour attraper le bus ▪ **she ran**

to meet him elle a couru à sa rencontre ▪ **it ~s in the family** [characteristic] c'est de famille ▪ **all sorts of thoughts were ~ning through my head** toutes sortes d'idées me venaient à l'esprit ▪ **feelings were ~ning high** les passions étaient exacerbées ▪ **tension was ~ning high** l'atmosphère était très tendue

b (= flee) prendre la fuite

c (= flow, leak) [river, tears, tap] couler ; [colour] déteindre ; [dye, ink] baver ▪ **to leave a tap ~ning** laisser un robinet ouvert ▪ **his nose was ~ning** il avait le nez qui coulait

d (= be candidate) être candidat ▪ **to ~ for President** être candidat à la présidence

e (= be) ▪ **I'm ~ning a bit late** je suis un peu en retard ▪ **inflation is ~ning at 3%** le taux d'inflation est de 3 %

f (= extend, continue) [play] être à l'affiche ; [film] passer ; [contract] être valide ▪ **the play has been ~ning for a year** la pièce est à l'affiche depuis un an

g [bus, train, coach, ferry] assurer le service ▪ **the buses are ~ning early/late/on time** les bus sont en avance/en retard/à l'heure

h (= function) [machine] marcher ; [factory] être en activité ▪ **to leave the engine ~ning** laisser tourner le moteur ▪ **this car ~s on diesel** cette voiture marche au gazole

i (= pass) [road, river] passer (*through* à travers) ; [mountain range] s'étendre ▪ **a wall ~s round the garden** un mur entoure le jardin

3 vt a (gen) courir ▪ **but if it really happened he'd ~ a mile*** mais si ça se produisait, il aurait vite fait de se débiner*

b (= transport) [+ person] conduire ▪ **he ran her home** il l'a ramenée chez elle

c (= operate) [+ machine] faire marcher ; [+ computer program] exécuter ▪ **this car is very cheap to ~** cette voiture est très économique

d (= organize) [+ business] diriger ; [+ shop] tenir ▪ **I want to ~ my own life** je veux mener ma vie comme je l'entends

e (= put, move) ▪ **to ~ one's finger down a list** suivre une liste du doigt ▪ **he ran the car into a tree** sa voiture est rentrée dans un arbre ▪ **to ~ one's eye over a page** jeter un coup d'œil sur une page ▪ **to ~ one's hand over sth** passer la main sur qch

f (= publish) publier

g (= cause to flow) faire couler ▪ **I'll ~ you a bath** je vais te faire couler un bain

▸ **run across** vt insep (= find) [+ object, quotation, reference] tomber sur

▸ **run after** vt insep courir après

▸ **run away** vi partir en courant ; (= flee) [person] se sauver ▪ **to ~ away from home** faire une fugue

▸ **run away with** vt insep a (= win easily) [+ race, match] gagner haut la main b ▪ **you're letting your imagination ~ away with you** tu te laisses emporter par ton imagination

▸ **run down** vt sep a (= knock over) renverser ; (= run over) écraser b (* = disparage) dire du mal de

▸ **run into** vt insep a (= meet) rencontrer par hasard b (= collide with) rentrer dans c (= amount to) s'élever à

▸ **run out** vi a [person] sortir en courant b (= come to an end) [lease, contract] expirer ; [supplies] être épuisé ; [period of time] être écoulé ▪ **when the money ~s out** quand il n'y aura plus d'argent ▪ **their luck ran out** la chance les a lâchés

▸ **run out of** vt insep [+ supplies, money] être à court de ; [+ patience] être à bout de ▪ **we're ~ning out of time** il ne nous reste plus beaucoup de temps ▪ **to ~ out of petrol** (BR) or **gas** (US) tomber en panne d'essence

▸ **run over**

1 vt insep (= recapitulate) reprendre ▪ **let's just ~ over it again** reprenons cela encore une fois

2 vt sep (in car) [+ person, animal] écraser

▸ **run through** vt insep a (= read quickly) parcourir b (= rehearse) [+ play] répéter

▸ **run up** vt sep [+ bills] accumuler ▪ **to ~ up debts** s'endetter

▸ **run up against** vt insep [+ problem, difficulty] se heurter à

runaway ['rʌnəweɪ] **1** n (= teenager, pupil) fugueur *m*, -euse *f* ; (= soldier) fuyard *m* ; (= prisoner) fugitif *m*, -ive *f* **2** adj [person] fugitif ; [horse] emballé ▪ **a ~ car/train** une voiture folle/un train fou ▪ **he had a ~ victory** il a remporté la victoire haut la main

run-down [rʌn'daʊn] adj [person] à plat* ; [building, area] délabré

rundown ['rʌndaʊn] n (= summary) ▪ **to give sb a ~ on sth*** mettre qn au courant de qch

rung [rʌŋ] **1** vb ptp of **ring** **2** n [of ladder] barreau *m*

runner ['rʌnəʳ] n a (= athlete) coureur *m*, -euse *f* ; (= smuggler) contrebandier *m*, -ière *f* ▸ **runner bean** (BR) haricot *m* grimpant ▸ **runner-up** (coming second) second(e) *m(f)* b (= sliding part) [of car seat, door] glissière *f* ; [of drawer] coulisseau *m*

running ['rʌnɪŋ] **1** n a [of machine] fonctionnement *m* b [of business] gestion *f* ; [of competition] organisation *f* ▸ **running costs** [of business] frais *mpl* de fonctionnement; [of machine] frais *mpl* d'entretien c ▪ **to be in the ~** avoir des chances de réussir ▪ **to be out of the ~** ne plus être dans la course **2** adj a (= flowing) [tap] ouvert b (= continuous)

■ ~ **battle** lutte *f* continuelle ▸ **running commentary** (Radio, TV) commentaire *m* suivi (*on sth* de qch) ▸ **running total** total *m* cumulé **3** adv ■ **(for) three years ~** pendant trois ans ■ **for the third year ~** pour la troisième année consécutive

runny* ['rʌnɪ] adj [sauce, honey] liquide ; [eyes] qui pleurent ■ **to have a ~ nose** avoir le nez qui coule

runt [rʌnt] n (= animal) avorton *m*

run-up ['rʌnʌp] n (= preparation) période *f* préparatoire (*to* à) ■ **in the ~ to the elections** en péride préélectorale

runway ['rʌnweɪ] n piste *f*

rupture ['rʌptʃəʳ] **1** n rupture *f* **2** vt rompre **3** vi se rompre

rural ['rʊərəl] adj rural

rurban ['rɜːbən] adj rurbain

ruse [ruːz] n ruse *f*

rush [rʌʃ] **1** n **a** (= rapid movement) ruée *f* ; [of crowd] bousculade *f* ■ **there was a ~ for the empty seats** il y a eu une ruée vers les places libres ■ **gold ~** ruée *f* vers l'or ▸ **rush hour** heures *fpl* de pointe **b** (= hurry) hâte *f* ■ **to be in a ~** être extrêmement pressé ▸ **rush job** travail *m* urgent **2** vi [person] se précipiter ; [car] foncer ■ **to ~ in/out/back** entrer/sortir/rentrer précipitamment ■ **the blood ~ed to his face** le sang lui est monté au visage ■ **to ~ into sth** faire qch à la hâte **3** vt [+ job, task] expédier ■ **to ~ sb to hospital** transporter qn d'urgence à l'hôpital
▸ **rush about, rush around** vi courir çà et là

rushed [rʌʃt] adj **a** (= hurried) [meal] expédié ; [decision] précipité ; [work] fait à la va-vite* **b** (= busy) [person] débordé ■ **to be ~ off one's feet** être (complètement) débordé

Russia ['rʌʃə] n Russie *f*

Russian ['rʌʃən] **1** adj russe **2** n **a** Russe *mf* **b** (= language) russe *m*

rust [rʌst] **1** n (on metal) rouille *f* **2** vt rouiller **3** vi se rouiller

rustic ['rʌstɪk] adj [scene, charm] champêtre ; [furniture, comfort] rustique

rustle ['rʌsl] **1** n [of leaves] bruissement *m* ; [of paper] froissement *m* **2** vi [leaves] bruire **3** vt [+ leaves] faire bruire ; [+ paper] froisser

rustler ['rʌsləʳ] n (= cattle thief) voleur *m* de bétail

rustproof ['rʌstpruːf] adj [metal, alloy] inoxydable

rusty ['rʌstɪ] adj rouillé

rut [rʌt] n ■ **to be (stuck) in a ~** [person] s'encroûter

ruthless ['ruːθlɪs] adj [person, treatment] impitoyable

rye [raɪ] n (= grain) seigle *m* ▸ **rye bread** pain *m* de seigle ▸ **rye whisky** whisky *m* (de seigle)

sS

S, s [es] n (abbr of **south**) S

Sabbath ['sæbəθ] n (Jewish) sabbat *m* ; (Christian) repos *m* dominical

sabbatical [sə'bætɪkəl] n congé *m* sabbatique ▸ **sabbatical year** année *f* sabbatique

saber ['seɪbəʳ] n (US) ⇒ **sabre**

sabotage ['sæbətɑːʒ] 1 n sabotage *m* 2 vt saboter

sabre, saber (US) ['seɪbəʳ] n sabre *m*

saccharin ['sækərɪn], **saccharine** ['sækəriːn] n saccharine *f*

sachet ['sæʃeɪ] n sachet *m*

sack [sæk] 1 n a (= bag) sac *m* b (* BR = dismissal) ▪ **to give sb the ~** renvoyer qn ▪ **to get the ~** être renvoyé 2 vt (* BR = dismiss) renvoyer

sacrament ['sækrəmənt] n sacrement *m*

sacred ['seɪkrɪd] adj sacré

sacrifice ['sækrɪfaɪs] 1 n sacrifice *m* 2 vt sacrifier (*to* à)

sacrilege ['sækrɪlɪdʒ] n sacrilège *m*

sacrilegious [ˌsækrɪ'lɪdʒəs] adj sacrilège

sacrosanct ['sækrəʊsæŋkt] adj sacro-saint

sad [sæd] adj triste ; [feeling] de tristesse ; [loss] douloureux ▪ **to make sb ~** rendre qn triste

sadden ['sædn] vt attrister

saddle ['sædl] 1 n selle *f* 2 vt a [+ horse] seller b ▪ **to ~ sb with sth*** [+ job, debts, responsibility] refiler* qch à qn

saddlebag ['sædlbæg] n sacoche *f*

sadism ['seɪdɪzəm] n sadisme *m*

sadistic [sə'dɪstɪk] adj sadique

sadly ['sædlɪ] adv a (= unhappily) tristement b (= unfortunately) malheureusement

sadness ['sædnɪs] n tristesse *f*

s.a.e. [ˌeseɪ'iː] n (BR) (abbr of **stamped addressed envelope**) enveloppe *f* affranchie à son nom et adresse

safari [sə'fɑːrɪ] n safari *m* ▸ **safari park** (BR) réserve *f* d'animaux

safe [seɪf] 1 adj a (= not risky) [substance, toy] sans danger ; [nuclear reactor] sûr, sans danger ; [place, vehicle] sûr ; [ladder, structure] solide ▪ **in a ~ place** en lieu sûr ▪ **to be in ~ hands** être en de bonnes mains ▪ **the water is ~ to drink** on peut boire cette eau sans danger ▪ **it's not ~ to go out after dark** il est dangereux de sortir la nuit b [choice, job] sûr ; [method] sans risque ; [limit, level] raisonnable ▪ **to be on the ~ side*** pour plus de sûreté c (= likely to be right) ▪ **it is ~ to say that...** on peut dire sans trop s'avancer que... ▪ **a ~ bet** (= wise choice) un bon choix d (= not in danger) [person] en sécurité ; (= no longer in danger) hors de danger ; [object] en sécurité ▪ **to be ~ from sth** être à l'abri de qch ▪ **~ and sound** sain et sauf ▪ **better ~ than sorry** (Prov) on n'est jamais trop prudent 2 n (for money, valuables) coffre-fort *m* 3 comp ▸ **safe-conduct** sauf-conduit *m* ▸ **safe deposit box** coffre-fort *m* à la banque ▸ **safe haven** refuge *m* ▸ **safe space** n espace *m* sécurisé ▸ **safe sex** rapports *mpl* sexuels sans risque; (with condom) rapports *mpl* sexuels protégés

safeguard ['seɪfgɑːd] 1 vt protéger 2 n protection *f*

safekeeping [ˌseɪf'kiːpɪŋ] n ▪ **I gave it to him for ~** je le lui ai confié

safely ['seɪflɪ] adv a (= without risk) en toute sécurité b (= without mishap) [return, land] sans encombre ; [arrive] bien c (= confidently) ▪ **I think I can ~ say that...** je pense pouvoir dire sans trop m'avancer que...

safety ['seɪftɪ] n sécurité *f* ▸ **safety belt** ceinture *f* de sécurité ▸ **safety chain** chaîne *f* de sûreté ▸ **safety-deposit box** (US) coffre-fort *m* à la banque ▸ **safety glass** verre *m* securit® ▸ **safety lock** serrure *f* de sécurité ▸ **safety measure** mesure *f* de sécurité ▸ **safety net** filet *m* ▸ **safety pin** épingle *f* de nourrice

saffron ['sæfrən] n safran *m*

sag [sæg] vi [roof, chair, floorboard] s'affaisser ; [cheeks, breasts] tomber

sage [seɪdʒ] n a (= plant) sauge *f* b (= wise person) sage *m*

Sagittarius [ˌsædʒɪ'tɛərɪəs] n Sagittaire *m*

sago ['seɪgəʊ] n sagou *m*

Sahara [sə'hɑːrə] n ▪ **the ~ (Desert)** le (désert du) Sahara

said [sed] vb pret, ptp of **say**

sail [seɪl] 1 n [of boat] voile *f* ▪ **to set ~** prendre la mer 2 vi a [boat] ▪ **the ship ~s at 3 o'clock** le navire part à 3 heures ▪ **the boat ~ed up the river** le bateau remonta la rivière b [person] ▪ **he goes ~ing every weekend** il fait de la voile tous les week-ends ▪ **to ~ away** partir en bateau ▪ **to ~ round the world** faire le tour du monde en bateau 3 vt a [+ ocean] voguer sur ▪ **he ~ed the Atlan-**

tic last year l'année dernière il a fait la traversée de l'Atlantique en bateau **b** [+ boat] naviguer ▪ **she ~ed her boat into the harbour** elle est entrée dans le port (en bateau) ▸ **sail through*** vt insep [+ exam] réussir haut la main

sailboard ['seɪlbɔːd] n planche *f* à voile

sailboarder ['seɪl,bɔːdəʳ] n véliplanchiste *mf*

sailboat ['seɪlbəʊt] n (US) voilier *m*

sailing ['seɪlɪŋ] n voile *f* ▸ **sailing boat** (BR) voilier *m*

sailor ['seɪləʳ] n marin *m*

saint [seɪnt] n saint(e) *m(f)* ▪ **All Saints' (Day)** la Toussaint ▸ **Saint Bernard** (= dog) saint-bernard *m* ▸ **Saint Patrick's Day** Saint-Patrick *f*

sake [seɪk] n ▪ **for the ~ of** pour ▪ **for my ~** pour moi ▪ **for God's ~** pour l'amour de Dieu ▪ **for your own ~** pour ton bien ▪ **to eat for the ~ of eating** manger pour manger ▪ **let's say for argument's ~ that...** disons que...

salad ['sæləd] n salade *f* ▪ **tomato ~** salade *f* de tomates ▸ **salad bowl** saladier *m* ▸ **salad cream** (BR) sauce *f* mayonnaise *(en bouteille)* ▸ **salad dressing** vinaigrette *f*

salamander ['sælə,mændəʳ] n salamandre *f*

salami [sə'lɑːmɪ] n salami *m*

salaried ['sælərɪd] adj salarié ▪ **a ~ employee** un(e) salarié(e)

salary ['sælərɪ] n salaire *m*

sale [seɪl] n **a** (= act) vente *f* ▪ **"for ~"** « à vendre » ▪ **to put sth up for ~** mettre qch en vente ▪ **on ~** (BR = being sold) en vente ; (US = on special offer) en promotion ▸ **sales assistant** (BR), **sales clerk** (US) vendeur *m*, -euse *f* ▸ **sales figures** chiffre *m* des ventes ▸ **sales manager** directeur *m*, -trice *f* commercial(e) ▸ **sales rep***, **sales representative** VRP *mf* **b** (with reductions) soldes *mpl* ▪ **the ~s** les soldes *mpl*

saleroom ['seɪlrʊm] n (BR) salle *f* des ventes

salesgirl ['seɪlzgɜːl] n vendeuse *f*

salesman ['seɪlzmən] n (pl **-men**) (in shop) vendeur *m* ; (= representative) VRP *m*

salesperson ['seɪlzpɜːsn] n vendeur *m*, -euse *f*

salesroom ['seɪlzrʊm] n (US) salle *f* des ventes

saleswoman ['seɪlzwʊmən] n (pl **-women**) (in shop) vendeuse *f* ; (= representative) VRP *m*

saliva [sə'laɪvə] n salive *f*

sallow ['sæləʊ] adj cireux ; [person] au teint cireux

salmon ['sæmən] n inv saumon *m*

salmonella [,sælmə'nelə] n salmonelle *f*

salon ['sælɒn] n salon *m*

saloon [sə'luːn] n **a** (BR : also **saloon car**) berline *f* **b** (= bar) bar *m*

salsa ['sɑːlsə] n salsa *f*

salt [sɔːlt] **1** n sel *m* ▪ **to rub ~ in the wound** retourner le couteau dans la plaie ▪ **to take sth with a pinch of ~** ne pas prendre qch au pied de la lettre ▸ **saltcellar** (BR), **salt shaker** (US) salière *f* ▸ **salt water** eau *f* salée **2** adj salé **3** vt saler

saltwater ['sɔːltwɔːtəʳ] adj [fish] de mer

salty ['sɔːltɪ] adj salé

salutary ['sæljʊtərɪ] adj salutaire

salute [sə'luːt] **1** n (with hand) salut *m* ; (with guns) salve *f* **2** vt saluer **3** vi faire un salut

salvage ['sælvɪdʒ] **1** n [of ship, cargo] sauvetage *m* ; (for re-use) récupération *f* **2** vt **a** (= save) sauver ; [+ pride, reputation] préserver **b** [+ ship, material, cargo] sauver **c** [+ objects for re-use] récupérer

salvation [sæl'veɪʃən] n salut *m* ▸ **the Salvation Army** l'Armée *f* du Salut

salve [sælv] vt [+ conscience] soulager

samba ['sæmbə] n samba *f*

same [seɪm] **1** adj même (as que) ▪ **the very ~ day** le jour même ▪ **that ~ day** ce même jour ▪ **it comes to the ~ thing** cela revient au même ▪ **at the ~ time** en même temps ▪ **in the ~ way** de même ▸ **same-sex** [partner, relationship, marriage] homosexuel ; [family] homoparental ▪ **same-sex parenting** homoparentalité *f* **2** pron ▪ **it's the ~ as...** c'est la même chose que... ▪ **do the ~ as your brother** fais comme ton frère ▪ **I would do the ~ again** si c'était à refaire, je recommencerais ▪ **~ again please*** (in bar) la même chose, s'il vous plaît ▪ **it's not the ~ at all** ce n'est pas du tout pareil ▪ **it's not the ~ as before** ce n'est plus comme avant ▪ **all the ~** (= anyway) quand même ▪ **it's all the ~ to me** cela m'est égal

sample ['sɑːmpl] **1** n (gen) échantillon *m* ; [of blood, tissue] prélèvement *m* **2** vt **a** [+ food, wine] goûter ; [+ lifestyle] goûter à **b** [+ opinion] sonder

sanatorium [,sænə'tɔːrɪəm] n (BR) sanatorium *m* ; (Scol) infirmerie *f*

sanctimonious [,sæŋktɪ'məʊnɪəs] adj moralisateur (-trice *f*)

sanction ['sæŋkʃən] **1** n sanction *f* **2** vt **a** (= approve) sanctionner **b** (= impose sanctions on) prendre des sanctions contre

sanctity ['sæŋktɪtɪ] n [of life] caractère *m* sacré ; [of property, marriage] inviolabilité *f*

sanctuary ['sæŋktjʊərɪ] n (= refuge) asile *m* ; (for wildlife) réserve *f*

sand [sænd] **1** n sable *m* ▸ **sand castle** château *m* de sable ▸ **sand dune** dune *f* (de sable) **2** vt (also **sand down**) poncer

sandal ['sændl] n sandale *f*

sandalwood ['sændlwʊd] n santal *m*

sandbag ['sændbæg] n sac *m* de sable

sandbank ['sændbæŋk] n banc *m* de sable

sander ['sændəʳ] n (= tool) ponceuse *f*

sandpaper ['sænd,peɪpəʳ] n papier *m* de verre

sandpit ['sændpɪt] n (for children) bac *m* à sable ; (= quarry) carrière *f* de sable

sandstone ['sændstəʊn] n grès *m*

sandstorm ['sændstɔːm] n tempête *f* de sable

sandwich ['sænwɪdʒ] **1** n sandwich *m* ▪ **cheese ~** sandwich *m* au fromage ▸ **sandwich board** panneau *m* publicitaire *(porté par un homme-sandwich)* ▸ **sandwich course** stage *m* de formation en alternance **2** vt ▪ **to be ~ed between** être pris en sandwich entre*

sandy ['sændɪ] adj **a** [soil, ground] sablonneux ; [beach] de sable ; [water, deposit] sableux **b** (= light-brown) couleur sable *inv* ; [hair, moustache] blond roux *inv*

sane [seɪn] adj **a** (= not mad) [person] sain d'esprit ; [behaviour] sain **b** (= sensible) sensé

sang [sæŋ] vb pret of **sing**

sanitarium [,sænɪ'tɛərɪəm] n sanatorium *m*

sanitary ['sænɪtərɪ] adj **a** (= clean) hygiénique **b** [conditions, services] sanitaire ▸ **sanitary napkin** (US), **sanitary towel** (BR) serviette *f* hygiénique

sanitation [,sænɪ'teɪʃən] n (in house) installations *fpl* sanitaires ; (= science) hygiène *f* publique

sanity ['sænɪtɪ] n [of person] santé *f* mentale

sank [sæŋk] vb pret of **sink**

Santa* ['sæntə], **Santa Claus** [,sæntə'klɔːz] n père *m* Noël

sap [sæp] **1** n (in plants) sève *f* **2** vt [+ strength, confidence] saper

sapling ['sæplɪŋ] n jeune arbre *m*

sapphire ['sæfaɪəʳ] n saphir *m*

Saran wrap® [sə'ræn ræp] n (US) Scellofrais® *m*

sarcasm ['sɑːkæzəm] n sarcasme *m*

sarcastic [sɑː'kæstɪk] adj sarcastique

sardine [sɑː'diːn] n sardine *f*

Sardinia [sɑː'dɪnɪə] n Sardaigne *f*

sardonic [sɑː'dɒnɪk] adj sardonique

sari ['sɑːrɪ] n sari *m*

SARS [sɒːs] n (abbr of **Severe Acute Respiratory Syndrome**) SRAS *m*

sartorial [sɑː'tɔːrɪəl] adj (frm) [elegance, habits, matters] vestimentaire

SAS [,eseɪ'es] n (BR) (abbr of **Special Air Service**) *commandos d'intervention de l'armée de l'air*

SASE [,eseɪes'iː] n (US) (abbr of **self-addressed stamped envelope**) enveloppe *f* affranchie à son nom et adresse

sash [sæʃ] n (on dress) large ceinture *f* à nœud ▸ **sash window** fenêtre *f* à guillotine

sassy* ['sæsɪ] adj (US) **a** (= cheeky) insolent **b** (= smart) chic

sat [sæt] vb pret, ptp of **sit**

Satan ['seɪtn] n Satan *m*

satanic [sə'tænɪk] adj satanique

satchel ['sætʃəl] n cartable *m*

satellite ['sætəlaɪt] n **a** satellite *m* ▸ **satellite dish** antenne *f* parabolique ▸ **satellite photograph** or **picture** photo satellite *f* ▸ **satellite television** télévision *f* par satellite **b** (US = dormitory town) ville *f* satellite

satin ['sætɪn] **1** n satin *m* **2** comp [dress] de or en satin ; [skin] de satin

satire ['sætaɪəʳ] n satire *f* (*on* de)

satiric(al) [sə'tɪrɪk(əl)] adj satirique

satirize ['sætəraɪz] vt faire la satire de

satisfaction [,sætɪs'fækʃən] n **a** (= pleasure) satisfaction *f* ▪ **is it to your ~?** est-ce que vous en êtes satisfait ? **b** (for wrong, injustice) ▪ **to get ~** obtenir réparation

satisfactory [,sætɪs'fæktərɪ] adj satisfaisant

satisfied ['sætɪsfaɪd] adj **a** (= content) satisfait (*with* de) **b** (= convinced) convaincu (*with par*)

→ *Pièges* SATISFIED

satisfy ['sætɪsfaɪ] vt **a** (gen) satisfaire ; [+ requirements, condition, demand] satisfaire à **b** (= convince) assurer (*sb that* qn que, *of* de)

satisfying ['sætɪsfaɪɪŋ] adj [life, work, career] satisfaisant ; [task, experience] gratifiant

satnav ['sætnæv] n (abbr of **satellite navigation**) GPS *m*

satsuma [,sæt'suːmə] n satsuma *f* *(sorte de mandarine)*

saturate ['sætʃəreɪt] vt saturer (*with* de)

saturation [,sætʃə'reɪʃən] n saturation *f* ▪ **to reach ~ point** arriver à saturation

Saturday ['sætədɪ] n samedi *m* ▪ **on ~** samedi ▪ **on ~s** le samedi ▪ **next/last ~** samedi prochain/dernier ▪ **every ~** tous les samedis ▪ **every other ~** un samedi sur deux ▪ **on ~ 23 January** le samedi 23 janvier ▪ **a week on ~** samedi en huit ▪ **~ night** samedi soir ; (overnight) la nuit de samedi

Saturn ['sætən] n (= planet) Saturne *f*

sauce [sɔːs] n sauce *f*

saucepan ['sɔːspən] n casserole *f*

saucer ['sɔːsəʳ] n soucoupe *f*

saucy* ['sɔːsɪ] adj **a** (= cheeky) impertinent ; [look] coquin **b** [joke, humour] grivois

Saudi ['saʊdɪ] **1** adj saoudien ▸ **Saudi Arabia** Arabie *f* Saoudite **2** n Saoudien(ne) *m(f)*

sauerkraut ['saʊəkraʊt] n choucroute *f*

sauna ['sɔːnə] n sauna *m*

saunter ['sɔːntəʳ] vi flâner ■ **to ~ in/along** entrer/marcher d'un pas nonchalant

sausage ['sɒsɪdʒ] n saucisse *f*; (pre-cooked) saucisson *m* ▸ **sausage roll** ≈ friand *m* à la viande

sauté ['səʊteɪ] vt [+ potatoes, meat] faire sauter ■ **~ed potatoes** pommes *fpl* sautées

savage ['sævɪdʒ] **1** adj (= violent) féroce ; [blow] brutal ; [temper] sauvage **2** n sauvage *mf* **3** vt [dog] attaquer férocement ; [critics] éreinter

→ *Pièges* SAVAGE

save [seɪv] **1** vt **a** (= rescue) sauver ■ **to ~ sb's life** sauver la vie à qn ■ **I couldn't do it to ~ my life** je serais incapable de le faire ■ **to ~ the day** sauver la mise ■ **to ~ face** sauver la face **b** (= store away) [+ money] mettre de côté ; [+ food, seat] garder **c** (= not spend, not take) [+ money, work] économiser ; [+ time] gagner ; (= avoid) éviter (*sb sth* qch à qn) ■ **you have ~d me a lot of trouble** vous m'avez évité bien des ennuis ■ **to ~ energy** faire des économies d'énergie ■ **he's saving his strength** il se ménage **d** ■ **to ~ a goal** arrêter un tir **e** [+ computer file] sauvegarder **2** vi (= save up) mettre de l'argent de côté ■ **to ~ on sth** économiser sur qch **3** n (Sport) parade *f* **4** prep (liter) sauf

saver ['seɪvəʳ] n épargnant(e) *m(f)*

saving ['seɪvɪŋ] **1** n [of time, money] économie *f* ; (in bank) épargne *f* **2** **savings** npl économies *fpl* ▸ **savings account** (BR) compte *m* d'épargne; (US) compte *m* de dépôt

saviour, savior (US) ['seɪvjəʳ] n sauveur *m*

savour, savor (US) ['seɪvəʳ] vt savourer

savoury, savory (US) ['seɪvərɪ] **1** adj (BR = not sweet) salé **2** n (= dish) mets *m* non sucré ; (on toast) canapé *m* chaud

saw[1] [sɔː] vb (pret **sawed**, ptp **sawed** or **sawn**) **1** vt scier **2** vi ■ **to ~ through a plank** scier une planche **3** n scie *f*

saw[2] [sɔː] vb pret of **see**

sawdust ['sɔːdʌst] n sciure *f*

sawmill ['sɔːmɪl] n scierie *f*

sawn [sɔːn] vb ptp of **saw**

sawn-off shotgun [ˌsɔːnɒf'ʃɒtgʌn] n (BR) carabine *f* à canon scié

saxophone ['sæksəfəʊn] n saxophone *m*

say [seɪ] (pret, ptp **said**) **1** vt **a** (gen) dire ; [+ poem] réciter ■ **to ~ yes/no to an invitation** accepter/refuser une invitation ■ **your father said no** ton père a dit non ■ **nothing was said about it** on n'en a pas parlé ■ **could you ~ that again?** tu peux répéter ? ■ **he always has a lot to ~ for himself** il a toujours quelque chose à dire ■ **it's easier said than done!** c'est plus facile à dire qu'à faire ! ■ **"yes" she said** « oui » dit-elle ■ **it ~s in the rules (that)** il est dit dans le règlement (que) ■ **it is said that...** on dit que... ■ **that's ~ing a lot** ce n'est pas peu dire ■ **it ~s a lot for his courage that he stayed** le fait qu'il soit resté en dit long sur son courage ■ **it goes without ~ing that...** il va sans dire que... **b** (= imagine) ■ **~ you won £10,000...** imaginons que tu gagnes 10 000 livres... ■ **~ for argument's sake that...** disons à titre d'exemple que... **c** (proposals) ■ **shall we ~ £5/Tuesday?** disons 5 livres/mardi ? ■ **what would you ~ to a round of golf?** si on faisait une partie de golf ? **d** [dial, thermometer] indiquer ■ **my watch ~s 10 o'clock** ma montre indique 10 heures **2** vi dire ■ **that is to ~** c'est-à-dire ■ **you don't ~!*** sans blague !* ■ **if there were, ~, 500 people** s'il y avait, mettons, 500 personnes ■ **as they ~** comme on dit ■ **it seems rather rude, I must ~** cela ne me paraît guère poli, je l'avoue ■ **it's not for me to ~** ce n'est pas à moi de le dire **3** n ■ **to have one's ~** dire ce qu'on a à dire ■ **to have no ~ in the matter** ne pas avoir voix au chapitre

→ *Pièges* SAY

saying ['seɪɪŋ] n dicton *m*

scab [skæb] n **a** [of wound] croûte *f* **b** (* = strikebreaker) briseur *m* de grève

scaffold ['skæfəld] n échafaud *m*

scaffolding ['skæfəldɪŋ] n échafaudage *m*

scald [skɔːld] **1** vt ■ **to ~ one's hand** s'ébouillanter la main ■ **to ~ o.s.** s'ébouillanter **2** n brûlure *f (causée par un liquide bouillant)*

scalding ['skɔːldɪŋ] **1** adj brûlant **2** adv ■ **~ hot** brûlant ; [weather] terriblement chaud

scale [skeɪl] **1** n **a** (= scope) échelle *f* ; (= size) importance *f* ■ **on a large/small ~** sur une grande/petite échelle **b** [of map] échelle *f* ■ **(drawn) to ~** à l'échelle ▸ **scale model** modèle *m* réduit **c** (on thermometer, ruler) échelle *f* graduée ; [of wages] barème *m* **d** (musical) gamme *f* **e** [of fish] écaille *f* **2** vt **a** [+ wall, mountain] escalader **b** [+ fish] écailler **c** [+ teeth] détartrer

▸ **scale down** vt sep réduire

scales [skeɪlz] npl balance *f*; (in bathroom) pèse-personne *m*

scallion ['skælɪən] n (US = spring onion) ciboule *f*

scallop ['skɒləp] n a (= shellfish) coquille *f* Saint-Jacques b (Sewing) ▪ **~s** festons *mpl*

scalp [skælp] 1 n cuir *m* chevelu 2 vt [+ person] scalper

scalpel ['skælpəl] n scalpel *m*

scam* [skæm] n arnaque* *f*

scamp* [skæmp] n galopin* *m*

scamper ['skæmpəʳ] vi [children] galoper ; [mice] trottiner

scampi ['skæmpɪ] npl scampis *mpl*

scan [skæn] 1 vt a (= examine closely) fouiller du regard b (= glance quickly over) [+ newspaper] feuilleter c [+ picture, document, barcode] scanner d [+ patient] passer au scanner e (with radar) balayer 2 n (= test) ▪ **(ultrasound) ~** échographie *f*

scandal ['skændl] n a (= disgrace) scandale *m* b (= gossip) ragots* *mpl*

scandalize ['skændəlaɪz] vt scandaliser ▪ **to be ~d by sth** être scandalisé par qch

scandalous ['skændələs] adj scandaleux

Scandinavia [ˌskændɪ'neɪvɪə] n Scandinavie *f*

Scandinavian [ˌskændɪ'neɪvɪən] adj scandinave

scanner ['skænəʳ] n a (= CAT scanner) scanner *m* ; (= ultrasound scanner) échographe *m* b (in supermarket) lecteur *m* de code-barres ; (in airport) portique *m* électronique

scantily ['skæntɪlɪ] adv ▪ **~ dressed** en petite tenue

scanty ['skæntɪ] adj (gen) maigre ; [knowledge] sommaire ; [swimsuit] minuscule

scapegoat ['skeɪpgəʊt] n bouc *m* émissaire

scapula ['skæpjʊlə] n (pl **~s** or **scapulae** ['skæpjʊləz or 'skæpjʊlaɪ, 'skæpjʊli:]) omoplate *f*, scapula *f* (SPÉC)

scar [skɑ:ʳ] 1 n cicatrice *f* 2 vt marquer d'une cicatrice ▪ **he was scarred for life** il a été marqué à vie

scarce [skɛəs] adj (gen) rare ; [resources] limité ▪ **to make o.s. ~*** s'éclipser

scarcely ['skɛəslɪ] adv a (= barely) à peine, guère ▪ **the landscape has ~ altered** le paysage n'a guère changé ▪ **I could ~ believe it** je pouvais à peine le croire ▪ **they were ~ ever apart** ils étaient presque toujours ensemble b (no sooner) à peine ▪ **~ had we sat down when the phone went** nous étions à peine assis que le téléphone a sonné

scarcity ['skɛəsɪtɪ] n pénurie *f*

scare [skɛəʳ] 1 n a (* = fright) ▪ **to give sb a ~** faire peur à qn b (about pollution, disease) alerte *f* ▪ **bomb ~** alerte à la bombe 2 vt effrayer

▸ **scare away, scare off** vt sep faire fuir

scarecrow ['skɛəkrəʊ] n épouvantail *m*

scared [skɛəd] adj effrayé ▪ **to be ~ (of)** avoir peur (de) ▪ **to be ~ stiff*** avoir une peur bleue

scaremonger ['skɛəˌmʌŋgəʳ] n alarmiste *mf*

scarf [skɑ:f] n (pl **scarves**) écharpe *f* ; (square) foulard *m*

scarlet ['skɑ:lɪt] adj, n écarlate *f* ▸ **scarlet fever** scarlatine *f*

Scart [skɑ:t] adj, n (also **Scart socket**) (prise *f*) péritel *f*

scarves [skɑ:vz] pl of **scarf**

scary* ['skɛərɪ] adj effrayant

scathing ['skeɪðɪŋ] adj cinglant (*about* au sujet de)

scatter ['skætəʳ] 1 vt a [+ crumbs, papers] éparpiller ; [+ chopped herbs, almonds] saupoudrer ; [+ toys, nails] répandre b [+ clouds, crowd] disperser ; [+ enemy] mettre en déroute 2 vi [clouds, crowd] se disperser

scatterbrained ['skætəbreɪnd] adj écervelé

scattered ['skætəd] adj [toys] éparpillé ; [buildings, trees] dispersé ; [population] disséminé ; [riots] sporadique ▪ **~ with sth** (= strewn with) parsemé de qch ; [+ nails, flowers, corpses] jonché de qch ▸ **scattered showers** averses *fpl* éparses

scavenge ['skævɪndʒ] 1 vt [+ object] récupérer ; [+ information] aller chercher 2 vi ▪ **to ~ in the dustbins (for sth)** faire les poubelles (pour trouver qch)

scavenger ['skævɪndʒəʳ] n a (= animal) charognard *m* b (= person) pilleur *m* de poubelles

SCE [ˌessi:'i:] n (abbr of **Scottish Certificate of Education**) *examen de fin d'études secondaires en Écosse*

scenario [sɪ'nɑ:rɪəʊ] n scénario *m* ▪ **worst-case ~** pire hypothèse *f*

scene [si:n] n a (= part of play) scène *f* ▪ **~ from a film** séquence *f* d'un film ▪ **the ~ is set in Paris** la scène se passe à Paris ▪ **to set the ~ for sth** préparer le terrain pour qch ▪ **behind the ~s** dans les coulisses b (= sight) spectacle *m* ; (= view) vue *f* ; (= happening) incident *m* c (= place) lieu *m* ▪ **the ~ of the crime** le lieu du crime ▪ **he needs a change of ~** il a besoin de changer d'air d (* = fuss) scène *f* ▪ **don't make a ~** ne fais pas d'histoire e (= sphere of activity) monde *m* ▪ **the political ~** la scène politique

scenery ['si:nərɪ] n a (= countryside) paysage *m* b (in theatre) décor(s) *m(pl)*

scenic ['si:nɪk] adj pittoresque

scent [sent] 1 n a (= odour, perfume) parfum *m* b (= animal's track) fumet *m* ; (fig) piste *f* 2 vt a [+ handkerchief, air] parfumer (*with* de) b (= smell) flairer

sceptic, skeptic (US) ['skeptɪk] adj, n sceptique *mf*

sceptical, skeptical (US) ['skeptɪkəl] adj sceptique (*about, of* sur)

schedule ['ʃedju:l, (US)'skedju:l] **1** n **a** [of work, duties] programme *m* ; [of planes] horaire *m* ; [of events] calendrier *m* ; (US = timetable) emploi *m* du temps ■ **to be ahead of ~** (in work) avoir de l'avance sur son programme ■ **our work has fallen behind ~** nous sommes en retard dans notre travail ■ **the work is on ~** les travaux avancent conformément au calendrier **b** (= list) liste *f* ; [of prices] tarif *m* **2** vt (gen pass) [+ meeting, talks] prévoir ■ **at the ~d time** à l'heure prévue ■ **as ~d** comme prévu ■ **~d flight** vol *m* régulier

scheme [ski:m] **1** n **a** (= plan) plan *m* (*to do sth* pour faire qch) ; (= project) projet *m* ; (= method) procédé *m* (*for doing sth* pour faire qch) **b** (= arrangement) combinaison *f* **2** vi [group] comploter ; [individual] intriguer

schism ['sɪzəm] n schisme *m*

schizophrenic [ˌskɪtsəʊ'frenɪk] adj, n schizophrène *mf*

schmaltzy* ['ʃmɔ:ltsɪ] adj à la guimauve*

scholar ['skɒlə'] n **a** (= academic) universitaire *mf* **b** (= scholarship holder) boursier *m*, -ière *f*

scholarly ['skɒləlɪ] adj [publication] spécialisé ; [approach, person] érudit ; [debate] d'érudits

scholarship ['skɒləʃɪp] n **a** (= award) bourse *f* **b** (= learning) érudition *f*

school [sku:l] n **a** (gen) école *f* ; (= secondary school) lycée *m* ; (up to 16 only) collège *m* ■ **at** or **in ~** à l'école ▸ **school leaver** (BR) jeune *mf* qui vient d'achever sa scolarité ▸ **school year** année *f* scolaire **b** (* US = university) fac* *f* **c** (= university faculty) faculté *f* **d** (= institute) institut *m* **e** [of fish] banc *m*

schoolbag ['sku:lbæg] n cartable *m*

schoolbook ['sku:lbʊk] n livre *m* de classe

schoolboy ['sku:lbɔɪ] n élève *m*

schoolchild ['sku:ltʃaɪld] n (pl **-children**) élève *mf*

schooldays ['sku:ldeɪz] npl années *fpl* de scolarité ■ **during my ~** quand j'étais encore à l'école

schoolgirl ['sku:lgɜ:l] n élève *f*

schooling ['sku:lɪŋ] n études *fpl*

schoolmaster ['sku:lˌmɑ:stə'] n professeur *m*

schoolmate ['sku:lmeɪt] n camarade *mf* de classe

schoolmistress ['sku:lˌmɪstrɪs] n professeur *f*

schoolteacher ['sku:lˌti:tʃə'] n (primary) professeur *mf* des écoles ; (secondary) professeur *mf*

schoolwork ['sku:lwɜ:k] n travail *m* scolaire

schooner ['sku:nə'] n (= ship) goélette *f*

sciatica [saɪ'ætɪkə] n sciatique *f*

science ['saɪəns] n science *f* ; (= school subject) sciences *fpl* ▸ **science fiction** science-fiction *f*

scientific [ˌsaɪən'tɪfɪk] adj scientifique ; → *Pièges* SCIENTIST

scientist ['saɪəntɪst] n scientifique *mf* ; → *Pièges* SCIENTIST

scintillating ['sɪntɪleɪtɪŋ] adj brillant

scissors ['sɪzəz] npl ciseaux *mpl*

sclerosis [sklɪ'rəʊsɪs] n sclérose *f* ; → **multiple**

scoff [skɒf] **1** vi (= mock) se moquer (*at* de) **2** vti (* = eat) bouffer*

scold [skəʊld] vt réprimander ; [+ child] gronder

scone [skɒn] n scone *m*

scoop [sku:p] **1** n **a** (for flour, sugar) mesure *f* ; (for ice cream) cuiller *f* à glace ■ **a ~ of ice cream** une boule de glace **b** (Press) scoop *m* **2** vt [+ prize, award] décrocher*

▸ **scoop out** vt sep ■ **he ~ed the sand out of the bucket** il a vidé le sable du seau ■ **~ the flesh out of the melon** évidez le melon

▸ **scoop up** vt sep ramasser

scoot* [sku:t] vi filer* ■ **to ~ in/out** entrer/sortir en coup de vent

scooter ['sku:tə'] n (= motorcycle) scooter *m* ; (child's) trottinette *f*

scope [skəʊp] n **a** [of law, regulation] portée *f* ; [of undertaking] envergure *f* ; [of powers, problem] étendue *f* ; [of changes] ampleur *f* **b** (= opportunity) possibilité *f* **c** (= competences, capabilities) compétences *fpl*

scorch [skɔ:tʃ] vt [+ fabric] roussir ; [+ grass] [fire] brûler ; [sun] roussir

scorching* ['skɔ:tʃɪŋ] adj [day] de canicule ; [heat] caniculaire ; [sand] brûlant ; [sun] de plomb

score [skɔ:'] **1** n **a** (Sport) score *m* ; (Cards) marque *f* ; (US = mark) note *f* **b** (= debt) ■ **to settle a ~ with sb** régler ses comptes avec qn **c** (= respect) ■ **on that ~** à ce sujet **d** (= mark) rayure *f* ; (deeper) entaille *f* **e** [of film] musique *f* **f** (= sheets of music) partition *f* **g** (= twenty) ■ **a ~** vingt ■ **there were ~s of mistakes** il y avait des dizaines de fautes **2** vt **a** [+ goal, point] marquer ; [+ success] remporter ■ **to ~ 70%** avoir 70 sur 100 **b** (= cut) rayer **3** vi (= win points) marquer un point (or des points) ; (= score goal) marquer un but (or des buts) ; (= keep the score) marquer les points

▸ **score out, score through** vt sep rayer

scoreboard ['skɔ:bɔ:d] n tableau *m* d'affichage *(des scores)*

scoreline ['skɔːlaɪn] n (Sport) score *m*

scorer ['skɔːrəʳ] n **a** (keeping score) marqueur *m*, -euse *f* **b** (= goal scorer) marqueur *m*, -euse *f* (de but)

scorn ['skɔːn] **1** n mépris *m* ■ **to pour ~ on sb/sth** traiter qn/qch avec mépris **2** vt [+ person, action] mépriser ; [+ advice, suggestion] dédaigner

scornful ['skɔːnfʊl] adj méprisant ■ **to be ~ of sb/sth** mépriser qn/qch

Scorpio ['skɔːpɪəʊ] n Scorpion *m*

scorpion ['skɔːpɪən] n scorpion *m*

Scot [skɒt] n Écossais(e) *m(f)*

Scotch [skɒtʃ] **1** n (also **Scotch whisky**) scotch *m* **2** adj écossais

scotch [skɒtʃ] vt [+ rumour] étouffer ; [+ plan, attempt] faire échouer

scot-free ['skɒt'friː] adv ■ **to get off ~** s'en tirer à bon compte

Scotland ['skɒtlənd] n Écosse *f*

Scots [skɒts] n, adj écossais *m*

Scotsman ['skɒtsmən] n (pl **-men**) Écossais *m*

Scotswoman ['skɒts,wʊmən] n (pl **-women**) Écossaise *f*

Scottish ['skɒtɪʃ] adj écossais

scoundrel ['skaʊndrəl] n fripouille *f* ; (stronger) crapule *f*

scour ['skaʊəʳ] vt **a** [+ pan, sink] récurer ; [+ floor] frotter **b** (= search) fouiller

scourer ['skaʊərəʳ] n (= pad) tampon *m* à récurer

scourge [skɜːdʒ] n fléau *m*

scout [skaʊt] **1** n **a** (in army) éclaireur *m* **b** (= boy scout) scout *m* **c** (= talent scout) découvreur *m*, -euse *f* de talents **2** vi aller en reconnaissance

▸ **scout around** vi ■ **to ~ around for sth** chercher qch

scoutmaster ['skaʊt,mɑːstəʳ] n chef *m* scout

scowl [skaʊl] **1** n air *m* renfrogné **2** vi se renfrogner ■ **to ~ at sb/sth** jeter un regard mauvais à qn/qch

scrabble ['skræbl] **1** vi **a** (= scrabble about) ■ **she ~d (about** or **around) in the sand for the keys** elle cherchait les clés dans le sable ■ **he ~d (about** or **around) for a pen in the drawer** il a fouillé dans le tiroir à la recherche d'un stylo **b** (= scramble) ■ **to ~ to do sth** chercher à faire qch au plus vite **2** n ■ **Scrabble®** (= game) Scrabble® *m*

scraggly* ['skræglɪ] adj (US) [beard, hair] hirsute ; [plant] difforme

scraggy ['skrægɪ] adj (= scrawny) maigre ; [hair, beard, fur] peu fourni et hérissé

scramble ['skræmbl] **1** vi **a** (= clamber) ■ **to ~ up/down** grimper/descendre péniblement ■ **they ~d over the rocks** ils ont escaladé les rochers en s'aidant des pieds et des mains ■ **to ~ for** [+ seats, jobs] se bousculer pour (avoir) **b** (BR) ■ **to go scrambling** faire du trial **2** vt [of message, signal] crypter **3** n ruée *f*

scrambled eggs [,scræmbld'egz] npl œufs *mpl* brouillés

scrambler ['skræmbləʳ] n (Telec, TV) brouilleur *m*

scrap [skræp] **1** n **a** [of paper, cloth] (petit) bout *m* ; [of conversation, information] bribe *f* ; [of news] fragment *m* ■ **~s** (= food remnants) restes *mpl* ▸ **scrap paper** (papier *m* de) brouillon *m* **b** (also **scrap iron**) ferraille *f* ■ **to sell a car for ~** vendre une voiture à la casse* ▸ **scrap dealer** ferrailleur *m* **c** (= fight) bagarre* *f* **2** vt (= get rid of) se débarrasser de ; [+ car, ship] envoyer à la ferraille ; [+ project] renoncer à **3** vi (= fight) se bagarrer*

scrapbook ['skræpbʊk] n album *m (de coupures de journaux)*

scrape [skreɪp] **1** n **a** (= noise) grattement *m* ; (= mark) éraflure *f* **b** (* = trouble) ■ **to get into a ~** s'attirer des ennuis **2** vt (= graze) égratigner ; (= just touch) effleurer ; (= clean) gratter ■ **to ~ one's knees** s'égratigner les genoux **3** vi (= make scraping sound) gratter ; (= rub) frotter

▸ **scrape by** vi (financially) vivoter

▸ **scrape out** vt sep [+ contents] enlever en grattant ; [+ pan] récurer

▸ **scrape through** vi (= get past) passer de justesse ; (= succeed) réussir de justesse

▸ **scrape together** vt sep [+ objects, money] rassembler (à grand-peine)

scraper ['skreɪpəʳ] n grattoir *m*

scrapheap ['skræphiːp] n tas *m* de ferraille

scraping ['skreɪpɪŋ] **1** adj [noise] de grattement **2** n ■ **~s** [of food] restes *mpl*

scrapyard ['skræpjɑːd] n dépôt *m* de ferraille ; (for cars) casse* *f*

scratch [skrætʃ] **1** n (on skin) égratignure *f* ; (on paint, car) éraflure *f* ; (on glass, record) rayure *f* ■ **to start from ~** partir de zéro* ■ **he didn't come up to ~** il ne s'est pas montré à la hauteur ▸ **scratch paper** (US) (papier *m* de) brouillon *m* **2** vt **a** (with nail, claw) griffer ; [+ varnish] érafler ; [+ record, glass] rayer **b** (to relieve itch) gratter ■ **to ~ one's head** se gratter la tête ■ **you ~ my back and I'll ~ yours** un petit service en vaut un autre **c** [+ meeting, match] annuler ; (Computing) effacer ; [+ competitor] scratcher **3** vi (with nail, claw) griffer ; (= to relieve itch) se gratter ■ **the dog was ~ing at the door** le chien grattait à la porte

▸ **scratch out** vt sep ▪ **to ~ sb's eyes out** arracher les yeux à qn

scratchcard ['skrætʃkɑːd] n (BR) carte *f* à gratter

scrawl [skrɔːl] **1** n gribouillage *m* **2** vt griffonner

scrawny ['skrɔːnɪ] adj maigre

scream [skriːm] **1** n **a** (gen) cri *m* ; (stronger) hurlement *m* **b** ▪ **he's a ~*** il est vraiment marrant* **2** vi [person] crier ; (stronger) hurler ; [siren, brakes, wind] hurler ▪ **to ~ at sb** crier après qn **3** vt hurler
→ *Pièges* CRY

scree [skriː] n éboulis *m (en montagne)*

screech [skriːtʃ] **1** n [of person, brakes] hurlement *m* ; [of tyres] crissement *m* **2** vi [person, brakes] hurler ; [tyres] crisser ; [singer, owl] crier **3** vt hurler

screen [skriːn] **1** n **a** (gen) écran *m* ▪ **on ~** (information, image) à l'écran ▪ **to work on ~** travailler sur écran ▸ **screen saver** économiseur *m* d'écran ▸ **screen writer** scénariste *mf* **b** (in room) paravent *m* ; [of trees] rideau *m* **2** vt **a** (= hide) masquer ; (= protect) protéger **b** [+ film] projeter **c** (= check) [+ candidates] présélectionner ▪ **to ~ sb for cancer** faire passer un test de dépistage du cancer à qn ▪ **to ~ one's calls** filtrer ses appels

screencast ['skriːnkɑːst] n screencast *m, enregistrement vidéo d'un écran d'ordinateur*

screening ['skriːnɪŋ] n **a** [of film] projection *f* **b** [of candidates] sélection *f* **c** (medical) examen *m* de dépistage

screenplay ['skriːnpleɪ] n scénario *m*

screenshot ['skriːnʃɒt] n capture *f* d'écran

screw [skruː] **1** n vis *f* **2** vt **a** (= fix) visser (*on* sur, *to* à) **b** (‡ = have sex with) baiser‡ **3** vi se visser

▸ **screw up** vt sep **a** [+ paper] chiffonner ; [+ handkerchief] tortiller ▪ **to ~ up one's eyes** plisser les yeux ▪ **to ~ up one's face** faire la grimace **b** (‡ = spoil) foutre en l'air‡

screwdriver ['skruːˌdraɪvəʳ] n tournevis *m*

scribble ['skrɪbl] **1** vi gribouiller **2** vt griffonner **3** n gribouillage *m*

scrimmage ['skrɪmɪdʒ] n mêlée *f*

scrimp [skrɪmp] vi lésiner ▪ **to ~ and save** économiser sur tout

script [skrɪpt] n **a** [of film] scénario *m* ; [of TV programme, play] texte *m* **b** (in exam) copie *f*

Scripture ['skrɪptʃəʳ] n Écriture *f* sainte

scriptwriter ['skrɪptˌraɪtəʳ] n scénariste *mf*

scroll [skrəʊl] **1** n [of parchment] rouleau *m* ; (= ancient book) manuscrit *m* **2** vt (Computing) ▪ **to ~ sth up/down** faire défiler qch vers le haut/le bas **3** comp ▸ **scroll bar** (Computing) barre *f* de défilement

scrollable ['skrəʊləbəl] adj déroulable

scrotum ['skrəʊtəm] n scrotum *m*

scrounge* [skraʊndʒ] **1** vt [+ meal] réussir à se faire offrir (*off sb* par qn) ▪ **to ~ money from sb** taper qn* **2** vi ▪ **he's always scrounging** c'est un parasite

scrounger* ['skraʊndʒəʳ] n parasite *m*

scrub [skrʌb] **1** n **a** ▪ **to give sth a good ~** bien nettoyer qch (avec une brosse) **b** (= brushwood) broussailles *fpl* **2** vt [+ floor] laver au balai-brosse ; [+ washing] frotter (à la brosse) ; [+ pan] récurer ▪ **to ~ one's hands** bien se nettoyer les mains **3** vi frotter

scrubbing brush ['skrʌbɪŋbrʌʃ] n (BR) brosse *f* à récurer

scruff [skrʌf] n ▪ **by the ~ of the neck** par la peau du cou

scruffy ['skrʌfɪ] adj [person, clothes] débraillé ; [building] miteux

scrum [skrʌm] n (Rugby) mêlée *f*

scrunch [skrʌntʃ] **1** vi ▪ **her feet ~ed on the gravel** ses pas crissaient sur le gravier **2** vt (= crush) écraser

scruple ['skruːpl] n scrupule *m*

scrutinize ['skruːtɪnaɪz] vt examiner minutieusement

scrutiny ['skruːtɪnɪ] n [of document, conduct] examen *m* minutieux ▪ **under his ~, she felt nervous** son regard scrutateur la mettait mal à l'aise

scuba diving ['skuːbəˌdaɪvɪŋ] n plongée *f* sous-marine (autonome)

scud [skʌd] **1** vi (also **scud along**) [clouds, waves] courir (à toute allure) ; [boat] filer (vent arrière) **2** n (Mil) ▪ **~ missile** scud *m*

scuff [skʌf] vt [+ shoes, furniture] érafler

scuffle ['skʌfl] **1** n bagarre *f* **2** vi se bagarrer

scull [skʌl] **1** n **a** (= oar) aviron *m* **b** (= boat) outrigger *m* **2** vi (with two oars) ramer ; (with single oar) godiller

scullery ['skʌlərɪ] n arrière-cuisine *f*

sculpt [skʌlp(t)] vt sculpter (*out of* dans)

sculptor ['skʌlptəʳ] n sculpteur *m*, -euse *f*

sculpture ['skʌlptʃəʳ] **1** n sculpture *f* **2** vti sculpter

scum [skʌm] n écume *f* ; (dirty) crasse *f* ▪ **the ~ of the earth** le rebut du genre humain

scupper* ['skʌpəʳ] vt (BR) [+ plan, negotiations] faire capoter*

scurrilous ['skʌrɪləs] adj [rumour, article] calomnieux

scurry ['skʌrɪ] vi courir précipitamment

scurvy ['skɜːvɪ] n scorbut *m*

scuttle ['skʌtl] **1** n (for coal) seau *m* (à charbon) **2** vi courir précipitamment **3** vt **a** [+ ship] saborder **b** [+ hopes, plans] faire échouer

scythe [saɪð] **1** n faux *f* **2** vt faucher

sea [siː] n mer *f* ▪ **by** or **beside the ~** au bord de la mer ▪ **by ~** par mer ▪ **to put to ~** prendre la mer ▪ **(out) at ~** en mer ▪ **I'm all at ~*** je nage complètement* ▸ **sea air** air *m* marin ▸ **sea bed** fonds *mpl* marins ▸ **sea bird** oiseau *m* marin ▸ **sea change** profond changement *m* ▸ **sea front** front *m* de mer ▸ **sea lane** voie *f* de navigation maritime ▸ **sea level** niveau *m* de la mer ▪ **100 metres above/below ~ level** 100 mètres au-dessus/au-dessous du niveau de la mer ▸ **sea lion** otarie *f* ▸ **sea salt** sel *m* de mer ▸ **sea shell** coquillage *m*

seafood ['siːfuːd] n fruits *mpl* de mer

seagull ['siːgʌl] n mouette *f*

seal [siːl] **1** n **a** (= animal) phoque *m* **b** (on document) sceau *m* ; (on envelope, package) cachet *m* ▪ **to give one's ~ of approval to sth** donner son approbation à qch **c** (on bottle, box, door, tank) joint *m* (d'étanchéité) **2** vt **a** [+ document] sceller ; [+ envelope, packet] fermer ; [+ jar] fermer hermétiquement **b** [+ area] boucler ; [+ border] fermer **c** [+ bargain] conclure ▪ **to ~ sb's fate** régler le sort de qn
▸ **seal off** vt sep (= close up) condamner ; [+ road, room] interdire l'accès de ; [+ area] boucler

seam [siːm] n **a** (Sewing) couture *f* **b** [of coal] filon *m*

seaman ['siːmən] n (pl **-men**) marin *m* ; (US Navy) quartier-maître *m* de 2e classe

seamy ['siːmɪ] adj [district] louche

séance ['seɪɑ̃ːns] n séance *f* de spiritisme

seaplane ['siːpleɪn] n hydravion *m*

sear [sɪə'] vt (= burn) brûler ; (Culin) griller

search [sɜːtʃ] **1** n **a** [of pocket, district, luggage] fouille *f* ; [of building] perquisition *f* ; (for lost person or thing) recherche(s) *f(pl)* ▪ **in ~ of** à la recherche de ▪ **the ~ for a cure** la recherche d'un remède ▸ **search party** équipe *f* de secours ▸ **search warrant** mandat *m* de perquisition **b** (Computing) recherche *f* ▸ **search engine** (Computing) moteur *m* de recherche **2** vt **a** [+ house, district, luggage] fouiller ; [police] [+ house] perquisitionner ; [+ pockets, drawer] fouiller (dans) (*for* pour essayer de retrouver) **b** [+ documents, records] examiner (en détail) (*for* pour trouver) ▪ **to ~ one's memory** essayer de se souvenir **3** vi chercher ▪ **to ~ for sth** chercher qch ; (Computing) rechercher qch ▪ **to ~ through sth** chercher dans qch
→ *Pièges* RESEARCH

searcher ['sɜːtʃə'] n chercheur *m*, -euse *f* (*for, after* en quête de)

searching ['sɜːtʃɪŋ] adj [look] inquisiteur (-trice *f*) ; [question] perspicace ; [examination] rigoureux

searchlight ['sɜːtʃlaɪt] n projecteur *m*

seashore ['siːʃɔː'] n rivage *m* ▪ **by** or **on the ~** au bord de la mer

seasick ['siːsɪk] adj ▪ **to be** or **feel ~** avoir le mal de mer

seasickness ['siːsɪknɪs] n mal *m* de mer

seaside ['siːsaɪd] n bord *m* de la mer ▪ **at the ~** au bord de la mer ▸ **seaside resort** station *f* balnéaire

season ['siːzn] **1** n saison *f* ▪ **"Season's greetings"** « Joyeux Noël et bonne année » ▪ **to be in ~** [food] être de saison ▪ **the hotel is cheaper out of ~** l'hôtel est moins cher en basse saison ▸ **season ticket** carte *f* d'abonnement **2** vt (with condiments) assaisonner ; (with spice) épicer

seasonal ['siːzənl] adj [work] saisonnier ; [fruit] de saison ▸ **seasonal affective disorder** dépression *f* saisonnière

seasoned ['siːznd] adj (= experienced) expérimenté

seasoning ['siːznɪŋ] n assaisonnement *m*

seat [siːt] **1** n **a** (= chair) siège *m* ; (Theatre, Cine) fauteuil *m* ; [of bicycle] selle *f* ▸ **seat belt** ceinture *f* de sécurité **b** (= place to sit) place *f* ▪ **to take a ~** s'asseoir **c** [of trousers] fond *m* **d** (on committee, of MP) siège *m* **2** vt [+ child] (faire) asseoir ; [+ dinner guest] placer ▪ **this table ~s eight** on peut tenir à huit à cette table

seating ['siːtɪŋ] n (= seats) sièges *mpl* ; (as opposed to standing room) places *fpl* assises

seatwork ['siːtwɜːk] n (US) travail *m* fait en classe

seaweed ['siːwiːd] n algue(s) *f(pl)*

seaworthy ['siːˌwɜːðɪ] adj en état de naviguer

sec* [sek] n (abbr of **second**) seconde *f*

secateurs [ˌsekə'tɜːz] npl (BR : also **pair of secateurs**) sécateur *m*

secede [sɪ'siːd] vi faire sécession

secession [sɪ'seʃən] n sécession *f*

secluded [sɪ'kluːdɪd] adj retiré ; [village] isolé

seclusion [sɪ'kluːʒən] n solitude *f*

second[1] ['sekənd] **1** adj **a** (one of many) deuxième ; (one of two) second ▪ **on the ~ floor** (BR) au deuxième étage ; (US) au premier étage ▪ **in the ~ place** deuxièmement ▪ **to be in ~ place** être en deuxième position ▪ **to be ~ to none** être sans égal ; for other phrases see **sixth** **b** (= additional) deuxième ▪ **to have a ~ home** avoir une résidence secondaire **c** (= another) second **2** adv **a** (one of many) deuxième ; (one of two) second ▪ **to come ~** (in poll, race, election) arriver deuxième (or second) **b** (= secondly) deuxièmement **3** n **a** (gen) deuxième *mf*, second(e) *m(f)* **b** (Boxing) soigneur *m* **c** (BR : Univ) ≈ licence avec mention **d** (also **second gear**) seconde *f* ▪ **in ~** en seconde **4** **seconds** npl **a** (= imperfect goods) articles *mpl* de second choix **b** (* = second helping) rab‡ *m* **5** vt **a** [+ motion] appuyer ; [+ speaker] appuyer la motion de **b** [sɪ'kɒnd] (BR) [+ employee] détacher **6** comp ▸ **second-class** adj [ticket] de seconde (classe); [food, goods] de qualité inférieure ▪ **second-class citizen** citoyen(ne) *m(f)* de deuxième ordre ▪ **second-class degree** (Univ) ≈ licence avec mention ▪ **second-class mail** (BR) courrier *m* à tarif réduit; (US) imprimés *mpl* périodiques ◊ adv ▪ **to travel second-class** voyager en seconde ▪ **to send sth second-class** envoyer qch en courrier ordinaire ▸ **second cousin** petit(e) cousin(e) *m(f) (issu(e) de germains)* ▸ **second-in-command** second *m*, adjoint *m* ▸ **second name** nom *m* de famille ▸ **second person** ▪ **the ~ person singular/plural** la deuxième personne du singulier/du pluriel ▸ **second-rate** [goods] de qualité inférieure; [work] médiocre; [writer] de seconde zone ▸ **second sight** ▪ **to have ~ sight** avoir le don de double vue ▸ **second thought** ▪ **without a ~ thought** sans hésiter ▪ **on ~ thoughts** (BR) or **thought** (US) réflexion faite ▪ **to have ~ thoughts (about sth)** (= change mind) changer d'avis (à propos de qch) ▪ **to have ~ thoughts about doing sth** (= be doubtful) se demander si l'on doit faire qch; (= change mind) changer d'avis et décider de ne pas faire qch

second² ['sekənd] n (in time) seconde *f* ▪ **just a ~!** une seconde !

secondary ['sekəndərɪ] adj secondaire ▸ **secondary school** établissement *m* d'enseignement secondaire

secondhand ['sekənd'hænd] **1** adj [clothes, car, shop] d'occasion ; [information, account] de seconde main **2** adv [buy] d'occasion

secondly ['sekəndlɪ] adv deuxièmement

secondment [sɪ'kɒndmənt] n (BR) ▪ **on ~** en détachement (*to* à)

secrecy ['si:krəsɪ] n secret *m* ▪ **in ~** en secret

secret ['si:krɪt] **1** n secret *m* ▪ **in ~** en secret **2** adj secret (-ète *f*) ▸ **secret agent** agent *m* secret ▸ **the Secret Service** (BR) les services *mpl* secrets; (US) les services *mpl* chargés de la protection du président

secretarial [,sekrə'tɛərɪəl] adj [course, work] de secrétariat ; [job] de secrétaire ; [skills] en secrétariat

secretary ['sekrətrɪ] n secrétaire *mf* ▸ **Secretary of State** (BR) ministre *mf* (*of, for* de); (US) secrétaire *mf* d'État, ≈ ministre des Affaires étrangères

secrete [sɪ'kri:t] vt **a** (= produce) sécréter **b** (= hide) cacher

secretive ['si:krətɪv] adj [person] secret (-ète *f*) ; [air, behaviour] mystérieux ; [organization] impénétrable ▪ **to be ~ about sth** faire mystère de qch

sect [sekt] n secte *f*

sectarian [sek'tɛərɪən] adj sectaire

section ['sekʃən] **1** n **a** (gen) section *f*; [of town] quartier *m* ▪ **the string ~** [of orchestra] les cordes *fpl* ▪ **the financial ~** (Press) les pages financières **b** [of report, article] passage *m* **c** (= cut) coupe *f* **2** vt (= divide) diviser ; (= cut) couper
▸ **section off** vt sep séparer

sectional ['sekʃənl] adj **a** (= factional) [interests] particulier ; [conflict] interne **b** [bookcase, furniture] modulaire

sector ['sektə'] n secteur *m*

secular ['sekjʊlə'] adj [school, education] laïque ; [music] profane

secure [sɪ'kjʊə'] **1** adj **a** [job, position] sûr ; [career, future] assuré ; [relationship] solide ; [environment] sécurisant **b** (= unworried) tranquille ▪ **to feel ~** se sentir en sécurité ▪ **to be financially ~** être à l'abri des soucis financiers ▸ **secure unit** (for young offenders) ≈ centre *m* d'éducation surveillée **c** [building, computer system] protégé ; [payment] sécurisé **d** [door, base, lock] solide ; [structure] stable **2** vt **a** (= get) obtenir **b** [+ rope] bien attacher ; [+ door, window] bien fermer **c** (= make safe) protéger ; [+ debt, loan] garantir

securely [sɪ'kjʊəlɪ] adv [fasten, fix] solidement ; [lock] bien ▪ **he remains ~ in power** il est solidement installé au pouvoir ▪ **~ established** solidement établi

security [sɪ'kjʊərɪtɪ] **1** n **a** (gen) sécurité *f* ▸ **security blanket** doudou *m* (baby talk) ▸ **security guard** garde *m* chargé de la sécurité; (transporting money) convoyeur *m* de fonds **b** (for loan) caution *f*, garantie *f* **2** **securities** npl valeurs *fpl*, titres *mpl*

sedan [sɪ'dæn] n (US = car) berline *f*

sedate [sɪ'deɪt] **1** adj [person] posé ; [place, event] tranquille **2** vt donner des sédatifs à

sedation [sɪ'deɪʃən] n ▪ **under ~** sous sédatifs

sedative ['sedətɪv] adj, n sédatif *m*

sedentary ['sedntrɪ] adj sédentaire

sediment ['sedɪmənt] n sédiment *m* ; (in liquids) dépôt *m*

seditious [sə'dɪʃəs] adj séditieux

seduce [sɪ'dju:s] vt séduire

seducer [sɪ'dju:səʳ] n séducteur *m*, -trice *f*

seductive [sɪ'dʌktɪv] adj séduisant

see [si:] (pret **saw**, ptp **seen**) **1** vt **a** (gen) voir ▪ **I can ~ him** je le vois ▪ **there wasn't a house to be seen** il n'y avait pas une maison en vue ▪ **there wasn't a soul to be seen** il n'y avait pas âme qui vive ▪ **to go and ~ sb** aller voir qn ▪ **how nice to ~ you!** ça me fait plaisir de vous voir ! ▪ **~ you!*** salut !* ▪ **~ you later!*** à tout à l'heure ! ▪ **~ you soon!** à bientôt ! ▪ **~ you on Sunday** à dimanche ▪ **I can't ~ myself doing that** je me vois mal faire cela ▪ **I must be ~ing things*** je dois avoir des visions ▪ **I'll ~ what I can do** je vais voir ce que je peux faire **b** (= understand) voir ▪ **the way I ~ it** à mon avis ▪ **do you ~ what I mean?** vous voyez ce que je veux dire ? ▪ **to ~ the joke** comprendre la plaisanterie **c** (= find) trouver ▪ **I don't ~ anything wrong with it** je n'y trouve rien à redire ▪ **I don't know what she ~s in him** je ne sais pas ce qu'elle lui trouve **d** (= accompany) accompagner ▪ **to ~ sb home/to the door** raccompagner qn jusque chez lui/jusqu'à la porte **e** (= ensure) s'assurer ▪ **~ that he has all he needs** veillez à ce qu'il ne manque de rien ▪ **~ that you have it ready for Monday** faites en sorte que ce soit prêt pour lundi **2** vi voir ▪ **let me ~** (= show me) fais voir ; (at window) laisse-moi regarder ▪ **cats can ~ in the dark** les chats voient clair la nuit ▪ **you can ~ for miles** on y voit à des kilomètres ▪ **I'll go and ~** je vais voir ▪ **as far as I can ~** à ce que je vois ▪ **I ~!** je vois ! ▪ **let's ~** voyons (un peu) ▪ **we'll soon ~** nous le saurons bientôt ▪ **can I go out? – we'll ~** est-ce que je peux sortir ? – on verra

▸ **see in** vt sep [+ person] faire entrer ▪ **to ~ the New Year in** fêter la nouvelle année

▸ **see off** vt sep ▪ **I saw him off at the station/airport** je l'ai accompagné à la gare/à l'aéroport ▪ **we'll come and ~ you off** on viendra vous dire au revoir

▸ **see out** vt sep [+ person] raccompagner à la porte

▸ **see through** **1** vt insep [+ behaviour, promises] ne pas se laisser abuser par ▪ **I saw through him at once** j'ai tout de suite vu clair dans son jeu **2** vt sep [+ project, deal] mener à terme ▪ **$50 should ~ you through** 50 dollars devraient vous suffire

▸ **see to** vt insep s'occuper de ▪ **to ~ to it that...** veiller à ce que... *+ subj*

→ *Pièges* LOOK

seed [si:d] n **a** (of plant) graine *f* ; (in apple, grape) pépin *m* ▸ **seed bank** grainothèque *f* **b** (= origin) germe *m* **c** (Tennis) tête *f* de série

seedless [si:dlɪs] adj sans pépins

seedling ['si:dlɪŋ] n plant *m*

seedy ['si:dɪ] adj minable

seeing ['si:ɪŋ] **1** n ▪ **~ is believing** (Prov) voir c'est croire **2** conj ▪ **~ that** étant donné que

seek [si:k] (pret, ptp **sought**) vt **a** (= look for) chercher ; [+ fame] rechercher **b** [+ advice, help] demander (*from sb* à qn) **c** (= attempt) chercher (*to do sth* à faire qch)

seem [si:m] vi **a** (gen) sembler ▪ **he ~s honest** il semble honnête, il a l'air honnête ▪ **I can't ~ to do it** je n'arrive pas à le faire ▪ **how did she ~ to you?** comment l'as-tu trouvée ? **b** (impers vb) sembler ▪ **it ~s she's right** il semble qu'elle ait raison ▪ **it ~s to me that...** il me semble que... ▪ **so it ~s** il paraît ▪ **it ~s not** il paraît que non ▪ **there ~s to be a mistake in this translation** je crois qu'il y a une erreur dans cette traduction

seemingly ['si:mɪŋlɪ] adv apparemment

seemly ['si:mlɪ] adj [behaviour] convenable ; [dress] décent

seen [si:n] vb ptp of **see**

seep [si:p] vi suinter

seesaw ['si:sɔ:] n (jeu *m* de) bascule *f*

seethe [si:ð] vi ▪ **to ~ with anger/rage** bouillir de colère/rage ▪ **the streets were seething with people** les rues grouillaient de monde

see-through ['si:θru:] adj transparent

segment ['segmənt] n (gen) segment *m* ; [of orange] quartier *m*

segregate ['segrɪgeɪt] vt séparer

segregation [,segrɪ'geɪʃən] n ségrégation *f*

segue ['segweɪ] **1** vi ▪ **to ~ into sth** enchaîner sur or avec qch ▪ **the band ~d from "These Foolish Things" into "Blue Moon"** après « These Foolish Things » l'orchestre a enchaîné avec « Blue Moon » **2** n (Mus) enchaînement *m* (*from* de, *into* à)

seismic ['saɪzmɪk] adj sismique ; [shift, changes] radical

seize [si:z] vt **a** (= grab) saisir ▪ **to ~ the opportunity to do sth** saisir l'occasion de faire qch **b** (= get possession of by force) s'emparer de ▪ **to ~ power** s'emparer du pouvoir **c** (= arrest) arrêter ; (= confiscate) saisir

▸ **seize up** vi [machine] se gripper ; [elbow, knee] se bloquer

▸ **seize upon** vt insep [+ opportunity, chance] saisir ; [+ idea] adopter

seizure ['si:ʒəʳ] n **a** [of goods, property] saisie *f* **b** (= heart attack) attaque *f*

seldom ['seldəm] adv rarement

select [sɪ'lekt] **1** vt [+ team, candidate] sélectionner (*from, among* parmi) ; [+ gift, book, colour] choisir (*from, among* parmi) **2** adj [audience] choisi ; [club] fermé ; [restaurant] chic *inv*

selection [sɪ'lekʃən] n sélection *f*; [of goods] choix *m*

selective [sɪ'lektɪv] adj sélectif

selector [sɪ'lektəʳ] n (= person) sélectionneur *m*, -euse *f*

self [self] n (pl **selves**) ▪ **her real ~** sa vraie personnalité ▪ **she's her old ~ again** elle est redevenue celle qu'elle était ▸ **self-absorbed** égocentrique ▸ **self-assurance** confiance *f* en soi ▸ **self-assured** sûr de soi ▸ **self-awareness** (prise *f* de) conscience *f* de soi ▸ **self-balancing scooter** gyroskate *m*, hoverboard *m* ▸ **self-catering** [flat] indépendant (avec cuisine); [holiday] en location ▸ **self-centred** égocentrique ▸ **self-coloured** (BR), **self-colored** (US) uni ▸ **self-composed** posé ▸ **self-confidence** confiance *f* en soi ▸ **self-confident** sûr de soi ▸ **self-conscious** (= shy) [person, manner] emprunté; (= aware of oneself or itself) [art, person] conscient (de son image) ▪ **to be self-conscious about sth** être gêné par qch ▸ **self-contained** [person] indépendant; (BR) [flat] indépendant ▸ **self-control** maîtrise *f* de soi ▸ **self-declared** autoproclamé ▸ **self-defeating** qui va à l'encontre du but recherché ▸ **self-defence** autodéfense *f* ▸ **self-destructive** [behaviour] autodestructeur (-trice *f*) ▸ **self-discipline** autodiscipline *f* ▸ **self-drive** adj (BR) sans chauffeur ▸ **self-driving** [car] autonome, sans chauffeur ▸ **self-effacing** effacé ▸ **self-employed** ▪ **to be self-employed** travailler à son compte ▪ **self-employed businessman** autoentrepreneur *m* ▸ **self-esteem** respect *m* de soi ▸ **self-evident** adj évident ▸ **self-explanatory** explicite ▸ **self-important** suffisant ▸ **self-indulgent** [book, film] complaisant ▪ **a self-indulgent lifestyle** un mode de vie hédoniste ▸ **self-interest** intérêt *m* (personnel) ▸ **self-made man** ▪ **he's a self-made man** il s'est fait tout seul ▸ **self-opinionated** entêté ▸ **self-pity** apitoiement *m* sur soi-même ▸ **self-portrait** autoportrait *m* ▸ **self-possessed** maître (maîtresse *f*) de soi ▸ **self-raising flour** (BR) farine *f* pour gâteaux *(avec levure incorporée)* ▸ **self-reliant** autonome ▸ **self-respect** respect *m* de soi ▸ **self-righteous** moralisateur (-trice *f*) ▸ **self-rising flour** (US) farine *f* pour gâteaux *(avec levure incorporée)* ▸ **self-rule** (Pol) autonomie *f* ▸ **self-sacrifice** abnégation *f* ▸ **self-satisfied** [person] content de soi; [smile] suffisant ▸ **self-service** libre-service *m* ▪ **self-service shop/restaurant** magasin *m*/restaurant *m* en libre-service ▸ **self-sufficient** autosuffisant ▸ **self-taught** autodidacte ▸ **self test** autotest *m*

selfie ['selfɪ] n selfie *m* ▪ **~ stick** perche *f* à selfie

selfish ['selfɪʃ] adj [person, behaviour, reason] égoïste ; [motive] intéressé

selfishness ['selfɪʃnɪs] n égoïsme *m*

selfless ['selflɪs] adj désintéressé

sell [sel] (pret, ptp **sold**) **1** vt (gen) vendre ; [+ stock] écouler ▪ **to ~ sth for $25** vendre qch 25 dollars ▪ **to ~ sb an idea*** faire accepter une idée à qn ▪ **to be sold on* sb/sth** être emballé* par qn/qch **2** vi se vendre
▸ **sell-by date** date *f* limite de vente
▸ **sell off** vt sep [+ stock] liquider ; [+ goods] solder ; [+ shares] vendre
▸ **sell out** **1** vi **a** (US = sell up) (business) vendre son affaire ; (stock) liquider son stock **b** (= be used up) ▪ **the tickets have sold out** les billets ont tous été vendus **c** [shopkeeper] ▪ **to ~ out of sth** (temporarily) être à court de qch **d** (= betray one's principles) renier ses principes **2** vt sep ▪ **this item is sold out** cet article est épuisé ▪ **the ballet was sold out** il n'y avait plus de billets pour le ballet
▸ **sell up** vi tout vendre

seller ['seləʳ] n vendeur *m*, -euse *f*

Sellotape® ['seləʊteɪp] (BR) n ruban *m* adhésif

sellout ['selaʊt] n **a** (play, film, concert) ▪ **the play was a ~** la pièce a été jouée à guichets fermés **b** (= betrayal) trahison *f*

selves [selvz] pl of **self**

semaphore ['seməfɔːʳ] n (with flags) signaux *mpl* à bras ; (for trains) sémaphore *m*

semblance ['sembləns] n semblant *m*

semen ['siːmən] n sperme *m*

semester [sɪ'mestəʳ] n semestre *m*

semicircle ['semɪsɜːkl] n demi-cercle *m*

semicolon [ˌsemɪ'kəʊlən] n point-virgule *m*

semi-detached [ˌsemɪdɪ'tætʃt] (BR) n, adj (also **semi-detached house**) maison *f* jumelée

semifinal [ˌsemɪ'faɪnl] n demi-finale *f*

seminar ['semɪnɑːʳ] n séminaire *m*

seminary ['semɪnərɪ] n (= priests' college) séminaire *m* ; (= school) petit séminaire *m*

semiprecious [ˌsemi'preʃəs] adj semiprécieux

semiskilled [ˌsemɪ'skɪld] adj [worker] spécialisé

semi-skimmed [ˌsemɪ'skɪmd] adj demi-écrémé

semolina [ˌseməˈliːnə] n semoule *f* ; (= pudding) gâteau *m* de semoule

senate ['senɪt] n sénat *m* ▪ **the Senate** le Sénat

senator ['senɪtəʳ] n sénateur *m*, -trice *f*

send [send] (pret, ptp **sent**) vt envoyer (*to sb* à qn) ▪ **I sent him a letter** je lui ai envoyé une lettre ▪ **~ her my regards** transmettez-lui mes amitiés ▪ **to ~ sb for sth** envoyer qn chercher qch ▪ **to ~ sb to do sth** envoyer qn faire qch ▪ **to ~ sb to bed** envoyer qn se coucher ▪ **to ~ sb home** renvoyer qn chez lui ▪ **he was sent to prison** on l'a envoyé en prison ▪ **to ~ sb to sleep** endormir qn ▪ **to ~ sb into fits of laughter** faire éclater qn de rire

▸ **send away** 1 vi ▪ **to ~ away for sth** commander qch par correspondance 2 vt sep a envoyer ; (= expel: from country, town) expulser ▪ **to ~ a radio away to be fixed** donner une radio à réparer b (= dismiss) [+ person] congédier

▸ **send back** vt sep renvoyer

▸ **send for** vt insep a [+ doctor, police] appeler ; (= send sb to get) faire appeler b (= order by post) commander par correspondance

▸ **send in** vt sep a [+ person] faire entrer ; [+ troops] envoyer b [+ resignation, report, application] envoyer

▸ **send off** 1 vi ▪ **to ~ off for sth** commander qch par correspondance 2 vt sep a [+ person] envoyer b (= say goodbye to) dire au revoir à c [+ letter, parcel, goods] envoyer d [+ player] expulser

▸ **send on** vt sep (BR) [+ letter] faire suivre ; [+ luggage] (in advance) expédier à l'avance ; (afterwards) faire suivre ; [+ object left behind] renvoyer

▸ **send out** 1 vi ▪ **to ~ out for sth** (= order by phone) commander qch par téléphone ; (= send sb to fetch) envoyer chercher qch 2 vt sep a [+ person] faire sortir b [+ leaflets] envoyer (par la poste) c [+ scouts, messengers] envoyer d (= emit) [+ smell, heat, smoke] répandre ; [+ light] diffuser ; [+ signal] émettre

▸ **send up** vt sep a [+ person, luggage] faire monter ; [+ spacecraft, flare] lancer ; [+ smoke] envoyer ; [+ prices] faire monter en flèche b * (BR) [+ person] (= make fun of) mettre en boîte* ; (= imitate) parodier

sender ['sendəʳ] n expéditeur *m*, -trice *f*

send-off ['sendɒf] n ▪ **they gave him a big ~** ils sont venus nombreux lui souhaiter bon voyage

senile ['siːnaɪl] adj sénile

senior ['siːnɪəʳ] 1 adj [employee] de grade supérieur ; [officer, position, rank] supérieur (-eure *f*) ▪ **a ~ official** un haut fonctionnaire ▸ **senior citizen** personne *f* du troisième âge ▸ **senior high school** (US) ≈ lycée 2 n a (in age) ▪ **he is three years my ~** il est mon aîné de trois ans b (US : Univ) étudiant(e) *m(f)* de licence ; (US : Scol) élève *mf* de terminale ▪ **the ~s** (BR : Scol) les grand(e)s *m(f)pl*

sensation [sen'seɪʃən] n sensation *f*

sensational [sen'seɪʃənl] adj a [event] sensationnel b [film, novel, newspaper] à sensation c (* = marvellous) sensationnel

sense [sens] 1 n a (= faculty, awareness) sens *m* ▪ **~ of hearing** ouïe *f* ▪ **~ of smell** odorat *m* ▪ **~ of sight** vue *f* ▪ **~ of taste** goût *m* ▪ **~ of touch** toucher *m* ▪ **~ of direction** sens *m* de l'orientation ▪ **he has no ~ of humour** il n'a pas le sens de l'humour b (= feeling) sentiment *m* c (= good sense) bon sens *m* ; (= reasonable quality) sens *m* ▪ **there's no ~ in (doing) that** cela n'a pas de sens ▪ **to see ~** entendre raison ▪ **to come to one's ~s** revenir à la raison d (= meaning) sens *m* ▪ **in a ~** dans un (certain) sens ▪ **to make ~** [words, speech] avoir du sens ▪ **it makes ~ to take precautions** c'est une bonne idée de prendre des précautions ▪ **to make ~ of sth** arriver à comprendre qch 2 vt a (= become aware of) sentir (intuitivement) ; [+ trouble, danger] pressentir b [machine, sensor device] détecter

senseless ['senslɪs] adj a (= stupid) stupide ; (stronger) absurde, insensé b (= unconscious) sans connaissance

sensibility [ˌsensɪ'bɪlɪtɪ] n sensibilité *f* ▪ **so as not to offend people's sensibilities** afin de ménager les susceptibilités

sensible ['sensəbl] adj a [person, decision, choice] raisonnable b [clothes, shoes] pratique

> ⚠ ***sensible*** ne se traduit pas par le mot français **sensible** ; → *Pièges* SENSIBLE

sensibly ['sensəblɪ] adv [act, decide] raisonnablement

> ⚠ ***sensibly*** ne se traduit pas par **sensiblement**.

sensitive ['sensɪtɪv] adj a (gen) sensible ; [situation, subject] délicat b (= easily offended) susceptible
→ *Pièges* SENSIBLE

sensitivity [ˌsensɪ'tɪvɪtɪ] n sensibilité *f*

sensitize ['sensɪtaɪz] vt sensibiliser

sensor ['sensəʳ] n détecteur *m*

sensory ['sensərɪ] adj des sens ; [organ, nerve] sensoriel

sensual ['sensjʊəl] adj sensuel

sensuous ['sensjʊəs] adj [voice, person] sensuel

sent [sent] vb pret, ptp of **send**

sentence ['sentəns] 1 n a (= words) phrase *f* b (= judgement) condamnation *f* ; (= punishment) peine *f* 2 vt ▪ **to ~ sb to five years**

condamner qn à cinq ans de prison ▪ **he was ~d to death** il a été condamné à mort

sentient ['senʃənt] adj sensible

sentiment ['sentɪmənt] n **a** (= feeling) sentiment *m* **b** (= view) point *m* de vue

sentimental [ˌsentɪ'mentl] adj sentimental

sentry ['sentrɪ] n sentinelle *f* ▸ **sentry box** guérite *f*

separate **1** adj ['seprɪt] [section, piece] séparé ; [existence, organization] indépendant ; [entrance, question, issue] autre ▪ **they sleep in ~ rooms** ils font chambre à part **2** npl ['seprɪt] **separates** (= clothes) vêtements *mpl* non coordonnés **3** vt ['sepəreɪt] (gen) séparer ; (= divide up) diviser (*into* en) ▪ **to ~ fact from fiction** distinguer la réalité de la fiction **4** vi ['sepəreɪt] se séparer

> Lorsque ***separate*** est un verbe, la fin se prononce comme ***eight***. Lorsque c'est un adjectif ou un nom, elle se prononce ***it***.

separated ['sepəreɪtɪd] adj [couple, person] séparé

separately ['seprətlɪ] adv séparément

separation [ˌsepə'reɪʃən] n séparation *f* (*from* d'avec)

sepia ['si:pjə] n sépia *f*

September [sep'tembə^r] n septembre *m* ▪ **the first of ~** le premier septembre ▪ **on the tenth of ~** le dix septembre ▪ **in ~** en septembre ▪ **at the beginning of ~** au début du mois de septembre ▪ **last/next ~** en septembre dernier/prochain

septic ['septɪk] adj septique ; [wound] infecté ▸ **septic tank** fosse *f* septique

septicaemia, septicemia (US) [ˌseptɪ'si:mɪə] n septicémie *f*

sequel ['si:kwəl] n **a** [of book, film] suite *f* **b** (= consequence) suite *f*, conséquence *f*

sequence ['si:kwəns] n **a** (= order) ordre *m* ▪ **in ~** par ordre **b** (= series) suite *f* ; (Cards) séquence *f* **c** (Cine, Computing) séquence *f*

sequencer ['si:kwənsə^r] n séquenceur *m*

sequin ['si:kwɪn] n paillette *f*

Serb [sɜ:b] **1** adj serbe **2** n Serbe *mf*

Serbia ['sɜ:bɪə] n Serbie *f*

serenade [ˌserə'neɪd] **1** n sérénade *f* **2** vt donner la sérénade à

serendipity [ˌserən'dɪpɪtɪ] n heureux hasard *m* ; (Sciences) sérendipité *f*

serene [sə'ri:n] adj serein

sergeant ['sɑ:dʒənt] n **a** (BR : Mil) sergent(e) *m(f)* ; (US Air Force) caporal(e)-chef *m(f)* ▸ **sergeant-major** (BR) sergent(e)-major *m(f)*; (US) adjudant(e)-chef *m(f)* **b** (Police) brigadier *m*, -ière *f*

serial ['sɪərɪəl] **1** n feuilleton *m* **2** adj (Computing) [access] séquentiel ; (Mus) sériel **3** comp ▸ **serial killer** tueur *m*, -euse *f* en série ▸ **serial number** [of goods, car engine] numéro *m* de série; [of banknote] numéro *m*

serialize ['sɪərɪəlaɪz] vt publier en feuilleton

series ['sɪərɪz] n (pl inv) série *f* ; → *Pièges* SERIES

serious ['sɪərɪəs] adj (gen) sérieux ; [injury, mistake, situation] grave ; [damage] important ; [loss] lourd ▸ **serious game** jeu *m* sérieux

seriously ['sɪərɪəslɪ] adv sérieusement ; [ill] gravement ; [wounded] grièvement ▪ **to take sth/sb ~** prendre qch/qn au sérieux

seriousness ['sɪərɪəsnɪs] n **a** [of situation, threat, loss, injury] gravité *f*; [of damage] ampleur *f* **b** [offer, character] sérieux *m* ; [of occasion] importance *f* **c** ▪ **in all ~** sérieusement

sermon ['sɜ:mən] n sermon *m*

serrated [se'reɪtɪd] adj [edge, blade] dentelé

serum ['sɪərəm] n sérum *m*

servant ['sɜ:vənt] n domestique *mf*

serve [sɜ:v] **1** vt **a** (= work for) servir **b** [object] servir (*as* de) ▪ **it will ~ my (**or **your, etc) purpose** cela fera l'affaire ▪ **it ~s him right** c'est bien fait pour lui **c** (in shop, restaurant) servir ▪ **are you being ~d?** est-ce qu'on s'occupe de vous ? **d** [+ food, meal] servir (*to sb* à qn) **e** [library, hospital] desservir ; [utility] alimenter **f** (in prison) ▪ **to ~ time** faire de la prison **g** (Tennis) servir **2** vi (gen) servir ; (= be useful) servir (*as* de), être utile **3** n (Tennis) service *m*

server ['sɜ:və^r] n **a** (Computing) serveur *m* ▸ **server farm** ferme *f* de serveurs **b** (Tennis) serveur *m*, -euse *f*

service ['sɜ:vɪs] **1** n **a** (= act of serving) service *m* ▪ **at your ~** à votre service ▪ **to be of ~ to sb** être utile à qn ▪ **this machine is out of ~** cette machine est hors service ▪ **15% ~ included** (BR : on bill) service compris 15 % **b** (= department, system) service *m* ▪ **social ~s** services *mpl* sociaux **c** (religious) service *m* **d** [of car] révision *f* ; [of household machine] service *m* après-vente **e** (Tennis) service *m* **2** **services** npl **a** (on motorway) ⇒ **service station** **b** ▪ **the (armed) ~s** les forces *fpl* armées **3** vt [+ car, washing machine] réviser ; [+ organization, group] offrir ses services à **4** comp ▸ **service area** aire *f* de services ▸ **service charge** service *m* ▸ **service engineer** n agent(e) *m(f)* de maintenance ▸ **service history** [of car] carnet *m* d'entretien ▸ **service provider** prestataire *m* de services ▸ **service station** station-service *f*
→ *Pièges* SERVICE

serviceable ['sɜ:vɪsəbl] adj **a** (= practical) fonctionnel **b** (= usable) utilisable

serviceman ['sɜːvɪsmən] n (pl **-men**) militaire *m*

servicewoman ['sɜːvɪsˌwʊmən] n (pl **-men**) militaire *f*

serviette [ˌsɜːvɪ'et] n (BR) serviette *f* (de table)

serving ['sɜːvɪŋ] n (= portion) portion *f*, part *f* ▸ **serving dish** plat *m* de service ▸ **serving spoon** grande cuillère *f (pour servir)*

sesame seeds ['sesəmɪˌsiːdz] npl graines *fpl* de sésame

session ['seʃən] n **a** (gen) séance *f* **b** (US = term) trimestre *m*

set [set] vb (pret, ptp **set**) **1** n **a** [of oars, keys, golf clubs, spanners] jeu *m* ; [of chairs, saucepans, weights] série *f* ; [of clothes] ensemble *m* ; [of dishes, plates] service *m* ■ **chess ~** jeu *m* d'échecs **b** (Tennis) set *m* **c** (also **TV set**) poste *m* de télévision ▸ **set-top box** (TV) décodeur *m* **d** (= group of people) bande *f* **e** (BR = class) groupe *m* de niveau **f** (Cine) plateau *m* ; (= scenery) décor *m* **2** adj **a** (= unchanging) [price, time, purpose] fixe ; [smile, jaw] figé ; [idea] (bien) arrêté ; [lunch] à prix fixe ■ **~ in one's ways** routinier ■ **the ~ menu** le menu ■ **~ phrase** expression *f* figée **b** (= prearranged) [time, date] fixé ; [book, subject] au programme **c** (= determined) ■ **to be ~ on (doing) sth** vouloir (faire) qch à tout prix ■ **to be (dead) ~ against sth** s'opposer (absolument) à qch **d** (= ready) prêt ■ **on your marks, get ~, go!** à vos marques, prêts, partez ! ■ **to be all ~ to do sth** être prêt à or pour faire qch **3** vt **a** (= put) [+ object] placer ■ **his stories, ~ in the Paris of 1890,...** ses histoires, situées dans le Paris de 1890,... **b** (= adjust) régler ; [+ alarm] mettre **c** [+ arm, leg] plâtrer ■ **to ~ sb's hair** faire une mise en plis à qn **d** [+ date, deadline, limit] fixer ■ **he has ~ a new record** il a établi un nouveau record **e** [+ task, subject] donner ; [+ exam, test] choisir les questions de ; [+ texts] mettre au programme **f** (= cause to be, do, begin) ■ **to ~ sth going** mettre qch en marche ■ **to ~ sb to do sth** faire faire qch à qn **4** vi **a** [sun, moon] se coucher ■ **the ~ting sun** le soleil couchant **b** [broken bone, limb] se ressouder ; [jelly, jam, concrete] prendre **c** (= start) ■ **to ~ to work** se mettre au travail

▸ **set about** vt insep **a** (= begin) se mettre à **b** (= attack) attaquer

▸ **set against** vt sep **a** [+ argument, fact] opposer **b** [+ person] monter contre

▸ **set apart** vt sep [+ person] distinguer

▸ **set aside** vt sep **a** (= keep) mettre de côté **b** [+ objection] ignorer ; [+ differences] oublier

▸ **set back** vt sep **a** [+ development, progress, clock] retarder **b** (* = cost) ■ **it ~ me back £1000** ça m'a coûté 1 000 livres

▸ **set down** vt sep **a** (= put down) [+ object] poser **b** (= record) noter ; [+ rules, guidelines] établir

▸ **set in** vi [complications, difficulties] survenir ■ **the rain has ~ in for the night** il va pleuvoir toute la nuit

▸ **set off** **1** vi (= leave) se mettre en route ■ **to ~ off on a journey** partir en voyage **2** vt sep **a** [+ bomb] faire exploser ; [+ firework] faire partir ; [+ alarm, riot] déclencher **b** (= enhance) mettre en valeur

▸ **set on** vt sep attaquer ■ **he ~ his dogs on us** il a lâché ses chiens sur nous

▸ **set out** **1** vi (= leave, depart) partir ■ **to ~ out to do sth** tenter de faire qch **2** vt sep [+ books, goods] exposer ; [+ chessmen, cakes] disposer ; [+ reasons, ideas] exposer

▸ **set up** **1** vi (= start business) s'établir **2** vt sep **a** (= place in position) mettre en place ■ **to ~ up camp** établir un camp **b** [+ organization] fonder ; [+ business, company, fund] créer ; [+ system, procedure] mettre en place ; [+ meeting] organiser ■ **to ~ up house** s'installer ■ **to ~ up shop** s'établir **c** (= equip) munir (*with* de) **d** (* = falsely incriminate) monter un coup contre ■ **I've been ~ up** je suis victime d'un coup monté

setback ['setbæk] n (= hitch) contretemps *m* ; (more serious) échec *m*

settee [se'tiː] n canapé *m*

setting ['setɪŋ] n **a** (= surroundings, background) cadre *m* **b** [of cooker, heater] réglage *m*

settle ['setl] **1** vt **a** (= sort out) régler ; [+ problem] résoudre ; (= fix) fixer **b** [+ debt] rembourser ; [+ bill, account] régler **c** [+ child, patient] installer **d** [+ nerves] calmer ; [+ doubts] dissiper **e** [+ land] (= colonize) coloniser ; (= inhabit) peupler **2** vi **a** [bird, insect] se poser **b** [sediment] se déposer **c** [dust] retomber ■ **to ~ on sth** [dust, snow] couvrir qch **d** (= get comfortable) ■ **to ~ into an armchair** s'installer (confortablement) dans un fauteuil ■ **to ~ into one's new job** s'habituer à son nouvel emploi **e** (= go to live) s'installer **f** (= pay) ■ **to ~ out of court** arriver à un règlement à l'amiable

▸ **settle down** vi (= take up residence) s'installer ; (= become calmer) se calmer ; (after wild youth) se ranger ; [emotions] s'apaiser ; [situation] s'arranger ■ **to ~ down to work** se mettre (sérieusement) au travail

▸ **settle for** vt insep se contenter de

▸ **settle in** vi s'adapter

▸ **settle on** vt insep se décider pour

▸ **settle up** vi régler (la note) ■ **to ~ up with sb** régler qn

settled ['setld] **1** vb pret, ptp of **settle** **2** adj **a** [weather, situation] stable **b** [social order, life] établi

settlement ['setlmənt] n **a** (= payment) règlement *m* **b** (= agreement) accord *m* **c** (= colonization) colonisation *f* ; (= colony) colonie *f* ; (= village) village *m*

settler ['setlə^r] n colon *m*

setup ['setʌp] n **a** (= way sth is organised) ▪ **what's the ~?** comment est-ce que c'est organisé ? ▪ **it's an odd ~** c'est une drôle de situation **b** (* = trick) coup *m* monté

seven ['sevn] number sept *m inv* ; for phrases see **six**

seventeen [ˌsevn'tiːn] number dix-sept *m inv* ; for phrases see **six**

seventeenth [ˌsevn'tiːnθ] adj, n dix-septième *mf* ; (= fraction) dix-septième *m* ; for phrases see **sixth**

seventh ['sevnθ] adj, n septième *mf* ; for phrases see **sixth**

seventieth ['sevntɪɪθ] adj, n soixante-dixième *mf* ; for phrases see **sixth**

seventy ['sevntɪ] number soixante-dix *m* ; for phrases see **sixty**

sever ['sevə^r] **1** vt [+ rope] couper ; [+ relations, communications] rompre **2** vi se rompre

several ['sevrəl] **1** adj plusieurs **2** pron plusieurs *mfpl* ▪ **~ of them** plusieurs d'entre eux (or elles)

severance pay ['sevərənspeɪ] n indemnité *f* de licenciement

severe [sɪ'vɪə^r] adj **a** (= serious) [problems, shortage, injury] grave ; [blow, loss] sévère ; [hardship, setback] sérieux ; [pain, frost] fort ; [climate, winter] rigoureux ; [cold] intense **b** (= strict) [person, expression, measure] sévère **c** [clothes] sévère

severity [sɪ'verɪtɪ] n [of problem, injury] gravité *f* ; [of punishment, criticism] sévérité *f* ; [of pain, storm] violence *f* ; [of winter] rigueur *f*

sew [səʊ] (pret **sewed**, ptp **sewn, sewed**) vti coudre

▸ **sew on** vt sep [+ button] coudre ; (= sew back on) recoudre

▸ **sew up** vt sep [+ tear, wound] recoudre ; [+ seam] faire

sewage ['sjuːɪdʒ] n eaux *fpl* usées ▸ **sewage works** champ *m* d'épandage

sewer ['sjʊə^r] n égout *m*

sewing ['səʊɪŋ] n (= activity) couture *f* ; (= piece of work) ouvrage *m* ▸ **sewing machine** machine *f* à coudre

sewn [səʊn] vb ptp of **sew** cousu

sex [seks] n sexe *m* ▪ **to have ~ (with sb)** avoir des rapports sexuels (avec qn) ▸ **sex appeal** sex-appeal *m* ▸ **sex discrimination** discrimination *f* sexuelle ▸ **sex maniac** obsédé(e) sexuel(le) *m(f)* ▸ **sex offender** délinquant(e) sexuel(le) *m(f)* ▸ **sex shop** sex-shop *m* ▸ **sex symbol** sex-symbol *m*

sexed [sɛkst] adj sexué

sexism ['seksɪzəm] n sexisme *m*

sexist ['seksɪst] adj sexiste

sext* [sekst] **1** n sexto *m* **2** vt envoyer un sexto à, sexter

sexual ['seksjʊəl] adj sexuel ▪ **~ discrimination/orientation** discrimination *f*/orientation *f* sexuelle ▪ **~ harassment** harcèlement *m* sexuel ▪ **~ intercourse** rapports *mpl* sexuels ▪ **~ reproduction** reproduction *f* sexuée

sexuality [ˌseksjʊ'ælɪtɪ] n sexualité *f*

sexually ['seksjʊəlɪ] adv sexuellement ▸ **sexually transmitted disease** maladie *f* sexuellement transmissible

sexy ['seksɪ] adj sexy* *inv*

shabby ['ʃæbɪ] adj **a** (= tatty) miteux ▸ **shabby chic** n shabby chic *m*, *décoration mêlant style campagnard et brocante* **b** [treatment, behaviour] mesquin

shack [ʃæk] n cabane *f*

shackle ['ʃækl] **1** vt enchaîner **2** **shackles** npl chaînes *fpl*

shade [ʃeɪd] **1** n **a** ombre *f* ▪ **in the ~** à l'ombre ▪ **to put sb/sth in the ~** éclipser qn/qch **b** [of colour] ton *m* ; [of opinion, meaning] nuance *f* **c** (= lampshade) abat-jour *m* **2** **shades*** npl lunettes *fpl* de soleil **3** vt [trees, parasol] donner de l'ombre à ▪ **he ~d his eyes with his hands** il s'abrita les yeux de la main

▸ **shade in** vt sep [+ painting] ombrer ; (= colour in) colorer (*in* en)

shading ['ʃeɪdɪŋ] n ombres *fpl*

shadow ['ʃædəʊ] **1** n ombre *f* ▪ **to cast a ~ over sth** projeter une ombre sur qch ; (fig) assombrir qch ▪ **he's only a ~ of his former self** il n'est plus que l'ombre de lui-même ▪ **to have dark ~s under one's eyes** avoir des cernes *mpl* sous les yeux ▪ **without a ~ of a doubt** sans l'ombre d'un doute **2** vt (* = follow) filer* **3** comp ▸ **shadow cabinet** (BR Pol) cabinet *m* fantôme ▸ **shadow minister** (BR Pol) ministre *m* fantôme

shady ['ʃeɪdɪ] adj **a** [place] ombragé **b** [person, behaviour] louche ; [lawyer, deal] véreux

shaft [ʃɑːft] n **a** [of arrow, spear] hampe *f* ; [of tool, golf club] manche *m* **b** ▪ **~ of light** rayon *m* de lumière **c** [of mine] puits *m* ; [of lift, elevator] cage *f* ; (for ventilation) conduit *m*

shaggy ['ʃægɪ] adj [hair, beard] hirsute ; [animal, fur] à longs poils hirsutes

shake [ʃeɪk] vb (pret **shook**, ptp **shaken**) **1** n **a** (= movement) ▪ **to give sth a ~** secouer qch **b** (= drink) milk-shake *m* **2** vt **a** [+ dice, rug, person] secouer ; [+ bottle, medicine, cocktail] agiter ; [+ house, windows] ébranler ; (= brandish) [+ stick] brandir ▪ **to ~ one's head** (in refusal) faire non de la tête ; (at bad news) secouer la tête ▪ **to ~ one's fist at sb** menacer qn du poing ▪ **to ~ sb's hand** serrer la main à qn ▪ **they shook hands** ils se sont serré la main **b** (= weaken) [+ confidence] ébranler **c** (= affect deeply) secouer **3** vi (= tremble) trembler (*with* de)

▸ **shake off** vt sep **a** ▪ **to ~ the dust/sand off sth** secouer la poussière/le sable de qch **b** (= get rid of) [+ cold, cough] se débarrasser de ; [+ habit] se défaire de ; [+ pursuer] semer*

▸ **shake up** vt sep **a** [+ bottle, medicine] agiter **b** (= affect deeply) secouer **c** (= reorganize) [+ firm, organization] réorganiser complètement

shaken ['ʃeɪkn] adj [person] secoué

shaker ['ʃeɪkəʳ] n (for cocktails) shaker *m* ; (for dice) cornet *m*

shaky ['ʃeɪkɪ] adj **a** [person] (from illness) chancelant ; (from nerves) tremblant **b** [legs] flageolant ; [hand] tremblant ; [handwriting] tremblotant **c** [table] branlant ; [building] instable **d** [argument] boiteux ; [knowledge] approximatif

shale gas ['ʃeɪlgæs] n gaz *m* de schiste

shall [ʃæl] modal vb **a** (in 1st pers future tense) ▪ **I ~ arrive on Monday** j'arriverai lundi ▪ **we ~ not be there before 6 o'clock** nous n'y serons pas avant 6 heures **b** (in 1st pers questions) ▪ **~ I open the door?** voulez-vous que j'ouvre *subj* la porte ? ▪ **~ we ask him to come with us?** si on lui demandait de venir avec nous ? ▪ **let's go in, ~ we?** entrons, voulez-vous ? **c** (indicating command) ▪ **you ~ obey me** vous m'obéirez

shallot [ʃə'lɒt] n échalote *f*

shallow ['ʃæləʊ] adj **a** (= not deep) peu profond ; [breathing] court ▪ **the ~ end** le petit bain **b** (= superficial) superficiel ; [conversation] futile

sham [ʃæm] **1** n (= pretence) comédie *f* ; (= person) imposteur *m* **2** adj faux (fausse *f*)

shambles ['ʃæmblz] n pagaille* *f*

shame [ʃeɪm] n **a** honte *f* ▪ **to put sb/sth to ~** faire honte à qn/qch **b** (= pity) dommage *m* ▪ **it's a ~** c'est dommage (*that* que *+ subj*) ▪ **what a ~!** (quel) dommage !

shamefaced ['ʃeɪmfeɪst] adj honteux

shameful ['ʃeɪmfʊl] adj honteux

shameless ['ʃeɪmlɪs] adj éhonté

shampoo [ʃæm'puː] **1** n shampooing *m* **2** vt [+ hair, carpet] shampouiner

shamrock ['ʃæmrɒk] n trèfle *m (emblème national de l'Irlande)*

shandy ['ʃændɪ] n (BR) panaché *m*

shan't [ʃɑːnt] ⇒ **shall not** ; → **shall**

shantytown ['ʃæntɪˌtaʊn] n bidonville *m*

shape [ʃeɪp] **1** n forme *f* ▪ **in the ~ of a cross** en forme de croix ▪ **to take ~** [object being made] prendre forme ; [project] prendre tournure ▪ **to be in good ~** [person] être en forme ▪ **in poor ~** mal en point ▪ **to be out of ~** (= misshapen) être déformé ; (= unfit) ne pas être en forme **2** vt [+ clay, wood] façonner ; [+ stone] tailler ; [+ statement, explanation] formuler ; [+ ideas, character] former

▸ **shape up** vi progresser ▪ **things are shaping up well** les choses prennent tournure

→ *Pièges* FORM

shaped [ʃeɪpt] adj ▪ **~ like a mushroom** en forme de champignon ▪ **heart-shaped** en forme de cœur

shapeless ['ʃeɪplɪs] adj informe

shapely ['ʃeɪplɪ] adj [woman, body] bien proportionné ; [legs] galbé

shard [ʃɑːd] n tesson *m* (de poterie)

share [ʃɛəʳ] **1** n **a** (= portion) part *f* ▪ **to pay one's ~** payer sa (quote-)part ▪ **he's had more than his fair ~ of misfortune** il a eu plus que sa part de malheurs **b** (on Stock Exchange) action *f* **2** vt partager (*among, between* entre) ▪ **they ~d the money** ils se sont partagé l'argent **3** vi partager ▪ **~ and ~ alike** à chacun sa part

▸ **share out** vt sep partager (*among, between* entre)

shareholder ['ʃɛəˌhəʊldəʳ] n actionnaire *mf*

shareware ['ʃɛəwɛəʳ] n shareware *m*

sharing ['ʃeərɪŋ] adj ▪ **~ economy** économie *f* de partage

shark [ʃɑːk] n requin *m*

sharp [ʃɑːp] **1** adj **a** [knife, razor, blade] (bien) aiguisé ; [piece of glass, edge] coupant **b** [pencil] bien taillé ; [needle, pin] très pointu ; [teeth, fingernails, beak] pointu ; [point] acéré ; [features] anguleux **c** [contrast, difference] net **d** [person] malin (-igne *f*) ; [intelligence, wit] vif ; [eyesight] perçant **e** [rise, fall] fort ; [increase, drop] brusque ; [bend] serré **f** [pain, wind, cold] vif **g** [words] cinglant ; [tone, voice] cassant ▪ **to have a ~ tongue** avoir la langue acérée **h** [smell] âcre ; [taste, sauce] (pleasantly) relevé ; (unpleasantly) âpre **i** (BR = quick) ▪ **look ~ about it!*** grouille-toi !* **j** [musical note] trop haut ▪ **C ~** do dièse **2** adv **a** [stop] brusquement ▪ **to turn ~ left/right** prendre un virage serré à gauche/à droite **b** [sing, play] trop haut **c** (= precisely) ▪ **at 8 o'clock ~** à 8 heures pile **3** n (Mus) dièse *m*

sharpen ['ʃɑːpən] vt (gen) aiguiser ; [+ pencil] tailler

sharpener ['ʃɑːpnəʳ] n (for knives) aiguisoir *m* ; (for pencils) taille-crayon *m*

sharply ['ʃɑ:plɪ] adv **a** (= abruptly) [drop, increase] brusquement ; [reduce] nettement **b** (= clearly) nettement **c** (= severely) [criticize] vivement ; [say, ask, reply] avec brusquerie

shatter ['ʃætə'] **1** vt [+ window] fracasser ; [+ health, hopes] ruiner ; [+ self-confidence] briser ; [+ faith] détruire **2** vi [glass, windscreen, cup] voler en éclats

shattered ['ʃætəd] adj **a** (= grief-stricken) anéanti ; (= overwhelmed) bouleversé **b** (* = exhausted) crevé*, décalqué*, explosé*

shattering ['ʃætərɪŋ] adj **a** (= devastating) [experience, news] bouleversant ; [blow, effect] dévastateur (-trice *f*) ; [defeat] écrasant **b** (* BR = exhausting) crevant*

shave [ʃeɪv] **1** n ▪ **to have a ~** se raser ▪ **to have a close ~** l'échapper belle **2** vt raser **3** vi se raser

▸ **shave off** vt sep ▪ **to ~ off one's beard** se raser la barbe

shaver ['ʃeɪvə'] n rasoir *m* électrique

shaving ['ʃeɪvɪŋ] n **a** (= piece of wood, metal) copeau *m* **b** (with razor) rasage *m* ▸ **shaving brush** blaireau *m* ▸ **shaving cream** crème *f* à raser

shawl [ʃɔ:l] n châle *m*

she [ʃi:] **1** pers pron elle ▪ **~ has come** elle est venue ▪ **here ~ is** la voici ▪ **~ is a doctor** elle est médecin ▪ **I'm younger than ~ is** je suis plus jeune qu'elle **2** n (* = female) femelle *f* ▪ **it's a ~** [animal] c'est une femelle ; [baby] c'est une fille

sheaf [ʃi:f] n (pl **sheaves**) [of corn] gerbe *f* ; [of papers] liasse *f*

shear [ʃɪə'] vb (pret **sheared**, ptp **sheared** or **shorn**) **1** **shears** npl cisaille(s) *f(pl)* **2** vt tondre

sheath [ʃi:θ] n (pl **~s** [ʃi:ðz]) [of dagger] gaine *f* ; [of sword] fourreau *m*

sheaves [ʃi:vz] pl of **sheaf**

she'd [ʃi:d] ⇒ **she had, she would** ; → **have, would**

shed [ʃed] (pret, ptp **shed**) **1** n (gen) abri *m* ; (larger) remise *f* ; (for farm equipment) hangar *m* **2** vt **a** [+ petals, leaves, fur] perdre ; [+ tears] verser ▪ **the snake ~s its skin** le serpent mue ▪ **to ~ blood** (one's own) verser son sang ; (other people's) faire couler le sang **b** (= give off) [+ light] diffuser ; [+ warmth, happiness] répandre ▪ **to ~ light on** éclairer

sheen [ʃi:n] n (on silk) lustre *m* ; (on hair) éclat *m*

sheep [ʃi:p] n (pl inv) mouton *m*

sheepdog ['ʃi:pdɒg] n chien *m* de berger

sheepish ['ʃi:pɪʃ] adj penaud (*about sth* de qch)

sheepskin ['ʃi:pskɪn] n peau *f* de mouton ▸ **sheepskin jacket** canadienne *f*

sheer [ʃɪə'] adj **a** [terror, boredom, stupidity] (à l'état) pur ; [carelessness] pur et simple ▪ **in ~ desperation** en désespoir de cause ▪ **by ~ luck** tout à fait par hasard **b** [tights, fabric] très fin **c** [cliff, rock] abrupt ▪ **a ~ drop** un à-pic

sheet [ʃi:t] n **a** (on bed) drap *m* **b** [of paper, notepaper] feuille *f* ; [of iron, steel] tôle *f* ; [of glass, metal, ice] plaque *f*

sheik(h) [ʃeɪk] n cheik *m*

shelf [ʃelf] (pl **shelves**) n **a** (gen) étagère *f* ; (in shop) rayon *m* ; (in oven) plaque *f* **b** (in rock) saillie *f* ; (underwater) écueil *m*

she'll [ʃi:l] ⇒ **she will** ; → **will**

shell [ʃel] **1** n **a** (gen) coquille *f* ; [of tortoise, crab] carapace *f* ; (on beach) coquillage *m* **b** [of building] carcasse *f* ; [of ship] coque *f* **c** (= bomb) obus *m* ; (US = cartridge) cartouche *f* ▸ **shell-shocked** (lit) commotionné ; (fig) abasourdi **2** vt **a** (= bomb) bombarder (d'obus) **b** [+ peas] écosser ; [+ nut, prawn] décortiquer

shellfish ['ʃelfɪʃ] **1** n (pl inv) (= lobster, crab) crustacé *m* ; (= mollusc) coquillage *m* **2** npl (to eat) fruits *mpl* de mer

shelter ['ʃeltə'] **1** n **a** (gen) abri *m* ▪ **to take ~** se mettre à l'abri ▪ **to take ~ from** s'abriter de **b** (for homeless) centre *m* d'accueil **2** vt (from wind, rain, sun, shells) abriter ; [+ fugitive] donner asile à ▪ **~ed from the wind** à l'abri du vent **3** vi s'abriter

sheltered ['ʃeltəd] adj **a** (= protected from weather) abrité **b** [life, environment] protégé

shelve [ʃelv] vt [+ plan, project] mettre en sommeil

shelves [ʃelvz] pl of **shelf**

shepherd ['ʃepəd] **1** n berger *m* ▸ **shepherd's pie** (BR) ≈ hachis Parmentier **2** vt ▪ **to ~ sb in** faire entrer qn ▪ **to ~ sb out** escorter qn jusqu'à la porte

sherbet ['ʃɜ:bət] n **a** (BR = powder) poudre *f* acidulée **b** (US = water ice) sorbet *m*

sheriff ['ʃerɪf] n (US) shérif *m*

sherry ['ʃerɪ] n xérès *m*, sherry *m*

she's [ʃi:z] ⇒ **she is, she has** ; → **be, have**

shield [ʃi:ld] **1** n (= armour) bouclier *m* ; [of machine] écran *m* de protection ; (against radiation, heat) écran *m* **2** vt protéger

shift [ʃɪft] **1** n **a** (= change) changement *m* (*in* de) **b** (= period of work) poste *m* ; (= workers) poste *m*, équipe *f* ▪ **to be on day/night ~** être (au poste) de jour/de nuit **c** (= gearshift) changement *m* de vitesse **d** (= dress) robe *f* droite **2** vt **a** (= move) déplacer ; [+ scenery] changer ; [+ stain] enlever ; [+ blame, responsibility] rejeter **b** (= change) changer **3** vi

(= change position) bouger ; [cargo, load] se déplacer ; [opinions, ideas] changer

shifting [ˈʃɪftɪŋ] adj [attitudes, pattern] changeant ; [population] instable

shifty* [ˈʃɪftɪ] adj sournois ; [look, eyes] fuyant

shilling [ˈʃɪlɪŋ] n (BR) shilling *m*

shilly-shally [ˈʃɪlɪ,ʃælɪ] vi hésiter

shimmer [ˈʃɪməʳ] vi miroiter

shin [ʃɪn] n tibia *m*

shine [ʃaɪn] vb (pret, ptp **shone**) **1** n éclat *m* **2** vi briller ▪ **the sun is shining** il fait soleil ▪ **her face shone with happiness** son visage rayonnait de bonheur **3** vt **a** ▪ **he shone his torch on the car** il a braqué sa lampe de poche sur la voiture **b** (pret, ptp **shone** or **~d**) [+ shoes] faire briller

shingle [ˈʃɪŋgl] n (on beach) galets *mpl* ; (on roof) bardeau *m*

shingles [ˈʃɪŋglz] n zona *m*

shiny [ˈʃaɪnɪ] adj brillant

ship [ʃɪp] **1** n bateau *m* ; (large) navire *m* **2** vt (= transport) transporter ; (= send) expédier ; (by ship) expédier par bateau

shipbuilding [ˈʃɪp,bɪldɪŋ] n construction *f* navale

shipment [ˈʃɪpmənt] n (= load) cargaison *f* ; (= delivery) expédition *f*

shipowner [ˈʃɪp,əʊnəʳ] n armateur *m*

shipping [ˈʃɪpɪŋ] n **a** (= ships collectively) navires *mpl* ; (= traffic) navigation *f* **b** (= transport charges) frais *mpl* de transport

shipshape [ˈʃɪpʃeɪp] adj bien rangé

shipwreck [ˈʃɪprek] **1** n (= event) naufrage *m* ; (= wrecked ship) épave *f* **2** vt ▪ **to be ~ed** faire naufrage ▪ **a ~ed sailor** un marin naufragé

shipyard [ˈʃɪpjɑːd] n chantier *m* naval

shire [ˈʃaɪəʳ] n (BR) comté *m*

shirk [ʃɜːk] **1** vt [+ work] s'arranger pour ne pas faire ; [+ obligation] se dérober à **2** vi tirer au flanc*

shirt [ʃɜːt] n (man's) chemise *f* ; (woman's) chemisier *m* ; (footballer's) maillot *m* ▸ **shirt sleeves** ▪ **in (one's) ~ sleeves** en bras de chemise

shit‡ [ʃɪt] vb (pret, ptp **shat**) **1** n merde‡ *f* ; (= nonsense) conneries‡ *fpl* **2** vi chier‡

shitty‡ [ʃɪtɪ] adj [person, mood, food] dégueulasse‡ ; [place, job] merdique‡

shiver [ˈʃɪvəʳ] **1** vi frissonner (*with* de) **2** n frisson *m*

shoal [ʃəʊl] n **a** [of fish] banc *m* **b** (= sandbank) banc *m* de sable

shock [ʃɒk] **1** n **a** (= impact) choc *m* ; [of earthquake, explosion] secousse *f* ▸ **shock absorber** amortisseur *m* **b** (electric) décharge *f* (électrique) **c** (to sensibilities) choc *m* ; (= feeling) horreur *f* **d** (= medical condition) choc *m* ▪ **to be in ~** être en état de choc **e** ▪ **a ~ of hair** une tignasse* **2** vt (= take aback) secouer ; (stronger) bouleverser ; (= disgust) dégoûter ; (= scandalize) choquer

shocking [ˈʃɒkɪŋ] adj **a** (= scandalous) choquant ; [sight, news] atroce ; [waste, price] scandaleux **b** (* BR = dreadful) épouvantable

shod [ʃɒd] vb pret, ptp of **shoe**

shoddy [ˈʃɒdɪ] adj [workmanship, goods, service] de mauvaise qualité ; [treatment] indigne

shoe [ʃuː] vb (pret, ptp **shod**) **1** n chaussure *f* ; (= horseshoe) fer *m* (à cheval) ▪ **I wouldn't like to be in his ~s** je n'aimerais pas être à sa place ▸ **shoe polish** cirage *m* ▸ **shoe shop** magasin *m* de chaussures ▸ **shoe size** pointure *f* **2** vt [+ horse] ferrer

shoebrush [ˈʃuːbrʌʃ] n brosse *f* à chaussures

shoehorn [ˈʃuːhɔːn] n chausse-pied *m*

shoelace [ˈʃuːleɪs] n lacet *m*

shoemaker [ˈʃuː,meɪkəʳ] n cordonnier *m*

shoestring [ˈʃuːstrɪŋ] n lacet *m* ▪ **to do sth on a ~** faire qch à peu de frais ▪ **~ budget** budget très serré ▸ **shoestring fries** or **potatoes** (US) pommes *fpl* paille

shone [ʃɒn] vb pret, ptp of **shine**

shoo [ʃuː] **1** excl (to animals) pscht ! ; (to person) ouste !* **2** vt (also **shoo away**) chasser

shook [ʃʊk] vb pret of **shake**

shoot [ʃuːt] vb (pret, ptp **shot**) **1** n **a** (= new growth) pousse *f* **b** (= chute) glissière *f* **c** (= photo assignment) séance *f* (de photos) ; (= filming session) séance *f* (de tournage) **2** vt **a** [+ animal] (= hunt) chasser ; (= kill) abattre ; [+ person] (= hit) atteindre d'une balle ; (= wound) blesser par balle(s) ; (= kill) abattre ; (= execute) fusiller **b** (= fire) [+ gun] tirer un coup de (*at* sur) ; [+ arrow] décocher (*at* sur) ; [+ bullet] tirer (*at* sur) ; [+ rocket, missile] lancer (*at* sur) **c** [+ look, glance] décocher ▪ **to ~ questions at sb** mitrailler qn de questions **d** [+ film, scene] tourner ; [+ photo] prendre **e** [+ rapids] franchir **3** vi **a** (= fire gun) tirer (*at* sur) ▪ **to go ~ing** (BR = hunt) chasser, aller à la chasse **b** (= move quickly) ▪ **to ~ in/past** entrer/passer en flèche ▪ **the pain went ~ing up his arm** la douleur au bras le lancinait **c** [footballer] tirer ▪ **to ~ at goal** shooter

▸ **shoot down** vt sep abattre

▸ **shoot up** vi **a** [flame, water] jaillir ; [rocket, price] monter en flèche **b** [tree, plant] pousser vite ; [child] bien pousser* **c** (* : Drugs) se shooter*

shooting [ˈʃuːtɪŋ] **1** n **a** (= shots) coups *mpl* de feu ; (continuous) fusillade *f* **b** (= act) (murder) meurtre *m* (avec une arme à feu) ;

(execution) exécution *f* **c** (= hunting) chasse *f* ▪ **pheasant ~** chasse *f* au faisan **d** [of film, scene] tournage *m* **2** adj [pain] lancinant ▸ **shooting star** étoile *f* filante

shop [ʃɒp] **1** n **a** magasin *m* ; (small) boutique *f* ▪ **to talk ~** parler boutique ▸ **shop assistant** (BR) vendeur *m*, -euse *f* ▸ **shop window** vitrine *f* **b** (= workshop, part of factory) atelier *m* ▸ **shop steward** (BR) délégué(e) *m(f)* syndical(e) **2** vi ▪ **to ~ at Harrods** faire ses courses chez Harrods ▪ **to go ~ping** (specific errands) faire les courses ; (leisurely browsing) faire les magasins ; faire du shopping*

shopbot ['ʃɒpbɒt] n comparateur *m* de prix

shopkeeper ['ʃɒp,ki:pəʳ] n commerçant(e) *m(f)*

shoplifter ['ʃɒp,lɪftəʳ] n voleur *m*, -euse *f* à l'étalage

shoplifting ['ʃɒp,lɪftɪŋ] n vol *m* à l'étalage

shopper ['ʃɒpəʳ] n (= person) personne *f* qui fait ses courses ; (= customer) client(e) *m(f)*

shopping ['ʃɒpɪŋ] n (= goods) achats *mpl* ▸ **shopping bag** sac *m* à provisions ▸ **shopping basket** panier *m* à provisions; (Internet) panier *m* ▸ **shopping cart** (US) caddie® *m*; (Internet) panier *m* ▸ **shopping centre, shopping complex** centre *m* commercial ▸ **shopping channel** chaîne *f* de téléachat ▸ **shopping trolley** (BR) caddie® *m*

shopsoiled ['ʃɒpsɔɪld] adj (BR) défraîchi

shore [ʃɔ:ʳ] n [of sea] rivage *m* ; [of lake] rive *f* ; (= coast) côte *f* ; (= beach) plage *f* ▪ **on ~** à terre

▸ **shore up** vt sep [+ building] étayer ; [+ argument] consolider

shoreline ['ʃɔ:laɪn] n littoral *m*

shorn [ʃɔ:n] vb ptp of **shear**

short [ʃɔ:t] **1** adj **a** (gen) court ; (= not tall) petit ▪ **the days are getting ~er** les jours raccourcissent ▪ **at ~ notice** à bref délai ▪ **a ~ time ago** il y a peu de temps **b** (= abbreviated) ▪ **PO is ~ for post office** « PO » est l'abréviation de « post office » ▪ **Fred is ~ for Frederick** Fred est le diminutif de Frederick **c** (= lacking) ▪ **to be ~ of sth** manquer de qch **d** (= curt) brusque ▪ **he was rather ~ with me** il m'a parlé assez sèchement **2** adv ▪ **to cut sth ~** écourter qch ▪ **we never went ~** nous n'avons jamais manqué du nécessaire ▪ **to run ~ of sth** se trouver à court de qch ▪ **I'm £2 ~** il me manque 2 livres ▪ **supplies are running ~** les provisions commencent à manquer ▪ **to stop ~** s'arrêter net ▪ **it's nothing ~ of robbery** c'est du vol, ni plus ni moins ▪ **I don't see what you can do ~ of asking him yourself** je ne vois pas ce que vous pouvez faire si ce n'est lui demander vous-même **3** n **a** (* = short-circuit) court-circuit *m* **b** (BR = drink) alcool *m* fort **c** ▪ **in ~** bref **4** **shorts** npl (= garment) (gen) short *m* ; [of footballer] culotte *f* ; (US = men's underwear) caleçon *m* ▪ **a pair of ~s** un short **5** vt court-circuiter **6** vi faire court-circuit **7** comp ▸ **short-change** ▪ **to short-change sb** (in shop) ne pas rendre assez à qn ▸ **short-circuit** n court-circuit *m* ◊ vt court-circuiter ◊ vi faire court-circuit ▸ **short cut** raccourci *m* ▸ **short-list** (BR) n liste *f* de(s) candidats sélectionnés ◊ vt présélectionner ▸ **short-lived** de courte durée ▸ **short-sighted** myope; [policy, measure] à courte vue ▸ **short-sleeved** à manches courtes ▸ **short-staffed** ▪ **to be short-staffed** manquer de personnel ▸ **short story** nouvelle *f* ▸ **short-tempered** coléreux ▸ **short-term** [parking] de courte durée; [loan, planning, solution] à court terme

→ *Pièges* SHORTS

shortage ['ʃɔ:tɪdʒ] n manque *m*

shortbread ['ʃɔ:tbred] n sablé *m*

shortcake ['ʃɔ:tkeɪk] n (US) ▪ **strawberry ~** tarte *f* sablée aux fraises

shortcoming ['ʃɔ:t,kʌmɪŋ] n défaut *m*

shortcrust pastry [,ʃɔ:tkrʌst'peɪstrɪ] n pâte *f* brisée

shorten ['ʃɔ:tn] **1** vt [+ book, programme, letter, skirt] raccourcir ; [+ visit, holiday] écourter **2** vi raccourcir

shortfall ['ʃɔ:tfɔ:l] n (in payments, profits, savings) montant *m* insuffisant (*in* de) ; (in numbers) nombre *m* insuffisant (*in* de) ▪ **there is a ~ of £5,000** il manque 5 000 livres

shorthand ['ʃɔ:thænd] n sténographie *f* ▸ **shorthand typist** sténodactylo *mf*

shortly ['ʃɔ:tlɪ] adv (= soon) bientôt ; (= in a few days) prochainement

shortwave ['ʃɔ:tweɪv] n ondes *fpl* courtes

shot [ʃɒt] n **a** (from gun) coup *m* (de feu) ▪ **he is a good/bad ~** il est bon/mauvais tireur ▪ **that was just a ~ in the dark** c'était dit à tout hasard ▪ **he was off like a ~** il est parti comme une flèche **b** (Football, Hockey) tir *m* ; (Golf, Tennis) coup *m* ; (= throw) lancer *m* ▪ **the biggest by a long ~** de loin le plus grand ▪ **she calls the ~s*** c'est elle qui commande **c** (= attempt) essai *m* ▪ **to have a ~ at sth** essayer de faire qch **d** (= photo) photo *f* ; (Cine) plan *m* **e** (= injection) piqûre *f* ▸ **shot put** lancer *m* du poids ▸ **shot putter** lanceur *m*, -euse *f* de poids

shotgun ['ʃɒtgʌn] n fusil *m* de chasse

should [ʃʊd] modal vb

a (= ought to) ▪ **I ~ go and see her** je devrais aller la voir ▪ **he ~ be there by now** il devrait être ici à l'heure qu'il est ▪ **you shouldn't**

be so pessimistic vous ne devriez pas être si pessimiste ■ **what ~ I do?** qu'est-ce que je dois faire ? ■ **~ I go too? – yes, you ~** est-ce que je dois y aller aussi ? – oui tu devrais ■ **you ~ have been a teacher** vous auriez dû être professeur ■ **I ~ have gone this morning** j'aurais dû y aller ce matin ■ **he ~ have finished by now** (= probably has) il doit avoir terminé à l'heure qu'il est ; (= but he hasn't) il aurait dû terminer à l'heure qu'il est

b (in indirect speech) ■ **he thought he ~ tell you** il a pensé qu'il devait vous le dire

c (= would) ■ **will you come? – I ~ like to** est-ce que vous viendrez ? – j'aimerais bien ■ **I shouldn't be surprised if he came** ça ne m'étonnerait pas qu'il vienne ■ **why ~ he suspect me?** pourquoi me soupçonnerait-il ? ■ **I ~ think there were about 40** je pense qu'il devait y en avoir une quarantaine

d (emphatic) ■ **how ~ I know?** comment voulez-vous que je le sache ? ■ **he's coming to apologize – I ~ think so too!** il vient présenter ses excuses – j'espère bien !

shoulder [ˈʃəʊldəˈ] **1** n épaule *f* ▸ **shoulder bag** sac *m* à bandoulière ▸ **shoulder blade** omoplate *f* ▸ **shoulder-length** mi-long ▸ **shoulder pad** épaulette *f (rembourrage)* ▸ **shoulder strap** [of garment] bretelle *f*; [of bag] bandoulière *f* **2** vt [+ responsibility] endosser

shouldn't [ˈʃʊdnt] (abbr of **should not**) → should

shout [ʃaʊt] **1** n cri *m* ▸ **shout-out** ■ **to give sb a shout-out** remercier or saluer qn (publiquement) **2** vt crier **3** vi crier ■ **to ~ for help** crier au secours ■ **to ~ at sb** crier après* qn → *Pièges* CRY

shouting [ˈʃaʊtɪŋ] n cris *mpl*

shove [ʃʌv] **1** n poussée *f* ■ **to give sb/sth a ~** pousser qn/qch **2** vt **a** (= push) pousser ; (= thrust) [+ stick, finger] enfoncer (*into* dans) ; (= jostle) bousculer ■ **to ~ sth in** faire entrer qch en le poussant ■ **to ~ sth/sb aside** pousser qch/qn de côté **b** (* = put) fourrer*, mettre **3** vi pousser

▸ **shove off** vi (in boat) pousser au large ; (= leave)* ficher le camp*

shovel [ˈʃʌvl] **1** n pelle *f* **2** vt [+ coal, grain] pelleter ; [+ snow, mud] enlever à la pelle

show [ʃəʊ] vb (pret **showed**, ptp **shown** or **~ed**) **1** n **a** (= exhibition) exposition *f*; (= trade fair) foire *f*; (= contest) concours *m* ■ **the Boat Show** le Salon de la Navigation ■ **on ~** exposé **b** (= play, concert) spectacle *m* ; (= film) séance *f* **c** (= display) démonstration *f* ■ **to make a ~ of doing sth** faire semblant de faire qch **2** vt **a** (gen) montrer ; (= exhibit) [+ goods for sale, picture, dog] exposer ; [+ film, slides] projeter ■ **he has nothing to ~ for it** ça n'a rien donné ■ **he's beginning to ~ his age** il commence à faire son âge ■ **it all goes to ~ that...** tout cela montre bien que... ■ **I'll ~ him!*** il va voir ! **b** (= indicate) [dial, clock] indiquer ■ **to ~ sb the way** indiquer le chemin à qn **c** (= escort) ■ **to ~ sb into the room** faire entrer qn dans la pièce ■ **to ~ sb to his seat** placer qn ■ **to ~ sb to the door** reconduire qn jusqu'à la porte ■ **to ~ sb round a house** faire visiter une maison à qn **3** vi [emotion] être visible ; [stain, scar] se voir ; [underskirt] dépasser ■ **it doesn't ~** cela ne se voit pas **4** comp ▸ **show business** show-business *m* ▸ **show-jumping** concours *m* hippique ▸ **show-off** frimeur *m*, -euse *f* ▸ **show-stopping*** sensationnel*

▸ **show in** vt sep faire entrer

▸ **show off** **1** vi frimer* ; [child] faire l'intéressant **2** vt sep [+ one's wealth, knowledge] faire étalage de

▸ **show out** vt sep raccompagner (jusqu'à la porte)

▸ **show up** **1** vi **a** (= stand out) [feature] ressortir ; [mistake] être visible ; [stain] se voir (nettement) **b** (* = arrive) se pointer* **2** vt sep **a** [+ visitor] faire monter **b** [+ fraud, impostor] démasquer ; [+ flaw, defect] faire ressortir **c** (= embarrass) faire honte à (en public)

showcase [ˈʃəʊkeɪs] **1** n vitrine *f* **2** vt présenter

showdown [ˈʃəʊdaʊn] n épreuve *f* de force

shower [ˈʃaʊəˈ] **1** n **a** [of rain] averse *f*; [of blows] volée *f*; [of stones] pluie *f*; [of insults] torrent *m* **b** (for washing) douche *f* ■ **to have a ~** prendre une douche ▸ **shower cap** bonnet *m* de douche ▸ **shower curtain** rideau *m* de douche **2** vt ■ **to ~ sb with gifts/praise** couvrir qn de cadeaux/de louanges **3** vi (= wash) se doucher

showerproof [ˈʃaʊəpruːf] adj imperméable

showground [ˈʃəʊgraʊnd] n terrain *m* de foire-exposition

showing [ˈʃəʊɪŋ] n [of film] projection *f*

shown [ʃəʊn] vb ptp of **show**

showpiece [ˈʃəʊpiːs] n (= fine example) fleuron *m*

showroom [ˈʃəʊrʊm] n salon *m* d'exposition

shrank [ʃræŋk] vb pret of **shrink**

shrapnel [ˈʃræpnl] n (= fragments) éclats *mpl* d'obus

shred [ʃred] **1** n [of cloth, paper] lambeau *m* ; [of truth] parcelle *f* ■ **not a ~ of evidence** pas la moindre preuve **2** vt [+ paper] déchiqueter ; [+ carrots] râper ; [+ cabbage, lettuce] couper en lanières

shredder [ˈʃredəˈ] n [of food processor] râpe *f* ; (also **paper shredder**) déchiqueteuse *f*

shrew [ʃruː] n (= animal) musaraigne *f*

shrewd [ʃru:d] adj [person] (= clear-sighted) perspicace ; (= cunning) astucieux ; (= clever) habile ; [plan] astucieux ; [assessment, investment, move] judicieux

shriek [ʃri:k] 1 n hurlement *m* ▪ **~s of laughter** de grands éclats *mpl* de rire 2 vti hurler

shrill [ʃrɪl] adj strident

shrimp [ʃrɪmp] n crevette *f*

shrine [ʃraɪn] n (= place of worship) lieu *m* saint ; (= tomb) tombeau *m* ; (fig) haut lieu *m*

shrink [ʃrɪŋk] (pret **shrank**, ptp **shrunk**) vi a [clothes] rétrécir ; [area] se réduire ; [person] rapetisser ; [wood] se contracter ; [quantity, amount] diminuer b (= flinch) se dérober (*from sth* devant qch, *from doing sth* devant l'idée de faire qch) ▪ **she shrank away from him** elle a eu un mouvement de recul

shrivel ['ʃrɪvl] vi [apple, body] se ratatiner ; [skin, leaf] se flétrir ; [steak] se racornir

shroud [ʃraʊd] 1 n (for corpse) linceul *m* 2 vt ▪ **~ed in mist/mystery** enveloppé de brume/de mystère

shrub [ʃrʌb] n arbrisseau *m* ; (small) arbuste *m*

shrubbery ['ʃrʌbərɪ] n massif *m* d'arbustes

shrug [ʃrʌg] 1 n haussement *m* d'épaules 2 vti ▪ **to ~ (one's shoulders)** hausser les épaules

▸ **shrug off** vt sep [+ warning, remark] ignorer

shrunk [ʃrʌŋk] vb ptp of **shrink**

shrunken ['ʃrʌŋkən] adj rabougri

shudder ['ʃʌdəʳ] 1 n (from cold) frisson *m* ; (from horror) frémissement *m* ; [of vehicle, ship, engine] vibrations *fpl* 2 vi (from cold) frissonner ; (from horror) frémir ; [engine] vibrer

shuffle ['ʃʌfl] 1 n (Cards) battage *m* ; (fig) réorganisation *f* 2 vt a ▪ **to ~ one's feet** traîner les pieds b [+ cards] battre ; [+ dominoes] mélanger ; [+ papers] remuer

shun [ʃʌn] vt fuir

shunt [ʃʌnt] vt [+ train] aiguiller

shut [ʃʌt] (pret, ptp **shut**) 1 vt fermer 2 vi fermer ▪ **the door ~** la porte s'est refermée

▸ **shut away** vt sep [+ person, animal] enfermer ; [+ valuables] mettre sous clé

▸ **shut down** 1 vi [business, shop, theatre] fermer (définitivement) 2 vt sep [+ business, shop, theatre] fermer (définitivement) ; [+ machine] arrêter

▸ **shut in** vt sep enfermer

▸ **shut off** vt sep a (= stop) couper b (= isolate) isoler (*from* de)

▸ **shut out** vt sep a ▪ **they had ~ him out** il a trouvé la porte fermée b (= block) [+ view] boucher ; [+ memory] chasser de son esprit

▸ **shut up** 1 vi (* = be quiet) se taire ▪ **~ up!** tais-toi ! 2 vt sep a [+ factory, business, theatre, house] fermer b [+ person, animal] enfermer c (* = silence) clouer le bec à*

shutdown ['ʃʌtdaʊn] n fermeture *f*

shutter ['ʃʌtəʳ] n (on window) volet *m* ; (on camera) obturateur *m*

shuttle ['ʃʌtl] n navette *f* ▸ **shuttle service** (service *m* de) navettes *fpl*

shuttlecock ['ʃʌtlkɒk] n volant *m* (de badminton)

shy [ʃaɪ] 1 adj [person, smile, look] timide ; [animal] craintif 2 vi [horse] faire un écart (*at* devant)

Siamese [ˌsaɪə'mi:z] adj siamois ▸ **Siamese cat** chat *m* siamois ▸ **Siamese twins** enfants *mpl* siamois

Siberia [saɪ'bɪərɪə] n Sibérie *f*

sick [sɪk] adj a (= ill) malade ▸ **sick bag** sac *m* vomitoire ▸ **sick bay** infirmerie *f* ▸ **sick leave** congé *m* de maladie ▸ **sick pay** indemnité *f* de maladie *(versée par l'employeur)* b ▪ **to be ~** (= vomit) vomir ▪ **to feel ~** (= nauseous) avoir mal au cœur ▪ **to make sb ~** faire vomir qn ; (= disgust) écœurer qn c (= fed up) ▪ **to be ~ of sb/sth/doing sth** en avoir marre* de qn/qch/faire qch ▪ **to be ~ and tired* of...** en avoir ras le bol* de... d [joke, humour] malsain

sickbed ['sɪkbed] n lit *m* de malade

sicken ['sɪkn] 1 vt rendre malade ; (fig) écœurer 2 vi tomber malade ▪ **to be sickening for sth** couver qch

sickening ['sɪknɪŋ] adj écœurant

sickle ['sɪkl] n faucille *f*

sickly ['sɪklɪ] 1 adj a (= unhealthy) [person, pallor] maladif b (BR = nauseating) [smell, colour, cake] écœurant 2 adv ▪ **~ sweet** [smell, taste] douceâtre

sickness ['sɪknɪs] n (= illness) maladie *f* ; (= vomiting) vomissements *mpl*

sickroom ['sɪkrʊm] n infirmerie *f*

side [saɪd] 1 n a [of person] côté *m* ; [of animal] flanc *m* ▪ **to sleep on one's ~** dormir sur le côté ▪ **he had the phone by his ~** il avait le téléphone à côté de lui ▪ **she remained by his ~** elle est restée à ses côtés ▪ **~ by ~** côte à côte b (as opposed to top, bottom) côté *m* ; [of mountain] versant *m* ; (inside) [of cave, ditch, box] paroi *f* c [of record] face *f* ; [of coin, cloth, sheet of paper] côté *m* ; [of matter, problem] aspect *m* ; [of sb's character] facette *f* ▪ **the right ~** [of garment, cloth] l'endroit *m* ▪ **the wrong ~** [of garment, cloth] l'envers *m* ▪ **right/wrong ~ out** [of jumper] à l'endroit/l'envers ▪ **right/wrong ~ up** dans le bon/mauvais sens d (= edge) bord *m* ▪ **by the ~ of the road** au bord de la route e (= part away from centre) côté *m* ▪ **on the other ~ of the street** de l'autre côté de la rue ▪ **he moved to one ~** il s'est écarté ▪ **to take sb on** or **to one ~** prendre qn à part ▪ **to put sth to** or **on one ~** mettre qch de côté ▪ **from ~**

to ~ d'un côté à l'autre **f** (= group) camp *m* ; (= team) équipe *f* ; (political) parti *m* ▪ **he's on our ~** il est dans notre camp **2** comp [door, panel, view] latéral ▸ **side dish** plat *m* d'accompagnement ▸ **side effect** effet *m* secondaire ▸ **side order** plat *m* d'accompagnement ▸ **side road** (BR) route *f* secondaire; (in town) petite rue *f*; (at right angle) rue *f* transversale ▸ **side show** (at fair) attraction *f* ▸ **side street** petite rue *f*

▸ **side against** vt insep ▪ **to ~ against sb** prendre parti contre qn

▸ **side with** vt insep ▪ **to ~ with sb** prendre parti pour qn

sidebar ['saɪdbɑ:ʳ] n barre *f* latérale

sideboard ['saɪdbɔ:d] n buffet *m*

sideboards (BR) ['saɪdbɔ:dz], **sideburns** ['saɪdbɜ:nz] npl pattes *fpl*

sidecar ['saɪdkɑ:ʳ] n side-car *m*

sidekick* ['saɪdkɪk] n acolyte *m*

sidelight ['saɪdlaɪt] n (BR) [of car] feu *m* de position, veilleuse *f*

sideline ['saɪdlaɪn] n **a** (Sport) (ligne *f* de) touche *f* ▪ **on the ~s** (Sport) sur la touche **b** (= job) activité *f* secondaire

sidelong ['saɪdlɒŋ] adj ▪ **to give sb a ~ glance** or **look** regarder qn de côté

sidestep ['saɪdstep] **1** vt éviter **2** vi faire un pas de côté ; (Boxing) esquiver

sidetrack ['saɪdtræk] vt [+ proposal] détourner ; [+ person] détourner de son sujet ▪ **to get ~ed** s'écarter de son sujet

sidewalk ['saɪdwɔ:k] n (US) trottoir *m*

sideways ['saɪdweɪz] **1** adv [glance, look] de côté ; [move] latéralement ; [stand] de profil ; [fall] sur le côté **2** adj [glance, movement] de côté

siding ['saɪdɪŋ] n (Rail) voie *f* d'évitement ; (for storing) voie *f* de garage

sidle ['saɪdl] vi ▪ **to ~ in** entrer furtivement ▪ **he ~d up to me** il s'est glissé jusqu'à moi

siege [si:dʒ] n siège *m* ▪ **to be under ~** [town] être assiégé

siesta [sɪ'estə] n sieste *f*

sieve [sɪv] **1** n (for flour, soil) tamis *m* ; (for liquids) passoire *f* **2** vt [+ fruit, vegetables, liquid] passer ; [+ flour] tamiser

sift [sɪft] **1** vt [+ flour, sugar] tamiser ; [+ evidence] passer au crible **2** vi ▪ **to ~ through sth** passer qch au crible

sigh [saɪ] **1** n soupir *m* ▪ **to heave a ~** pousser un soupir **2** vti soupirer ▪ **he ~ed with relief** il a poussé un soupir de soulagement

sight [saɪt] n **a** (= faculty) vue *f* ▪ **to know sb by ~** connaître qn de vue ▪ **at the ~ of...** à la vue de... ▪ **to catch ~ of sb/sth** apercevoir qn/qch ▪ **to lose ~ of sb/sth** perdre qn/qch de vue ▪ **I can't stand the ~ of blood** je ne peux pas supporter la vue du sang ▪ **I can't stand the ~ of him** je ne peux pas le voir ▪ **out of ~** hors de vue ▪ **to keep out of ~** ne pas se montrer ▪ **out of ~ out of mind** (Prov) loin des yeux loin du cœur *(Prov)* ▪ **at first ~** à première vue ▪ **it was love at first ~** ça a été le coup de foudre **b** (= spectacle) spectacle *m* ▪ **to see the ~s** (of town) visiter la ville ; (of country) visiter le pays **c** (on gun) mire *f* ▪ **to set one's ~s on sth** avoir des vues sur qch

sightseeing ['saɪtsi:ɪŋ] n tourisme *m* ▪ **to go ~** faire du tourisme ; (in town) visiter la ville

sightseer ['saɪtsi:əʳ] n touriste *mf*

sign [saɪn] **1** n **a** (gen) signe *m* ▪ **as a ~ of...** en signe de... ▪ **there's no ~ of him anywhere** on ne le trouve nulle part ▪ **there's no ~ of it anywhere** il a disparu ▸ **sign language** langage *m* des signes **b** (= notice) panneau *m* ; (on inn, shop) enseigne *f* **2** vt signer **3** vi **a** (gen) signer ▪ **to ~ to sb to do sth** faire signe à qn de faire qch **b** (= use sign language) parler par signes

▸ **sign off** vi **a** (Radio, TV) terminer l'émission **b** (at end of letter) terminer sa lettre

▸ **sign on** vi (for course) s'inscrire ; (BR : at employment office) pointer au chômage

▸ **sign up** **1** vi (for course) s'inscrire ; (for army) s'engager **2** vt [+ employee] embaucher

signal ['sɪgnl] **1** n signal *m* **2** vt [+ message] communiquer par signaux ▪ **to ~ sb on** faire signe à qn d'avancer **3** vi faire des signaux ; [driver] mettre son clignotant ▪ **to ~ to sb** faire signe à qn

signalman ['sɪgnəlmæn] n (pl **-men**) aiguilleur *m*

signatory ['sɪgnətərɪ] n signataire *mf* (*to* de)

signature ['sɪgnətʃəʳ] n signature *f* ▸ **signature tune** (BR) indicatif *m (musical)*

signet ring ['sɪgnɪt,rɪŋ] n chevalière *f*

significance [sɪg'nɪfɪkəns] n (= meaning) signification *f* ; (= importance) importance *f*

significant [sɪg'nɪfɪkənt] adj **a** significatif ▪ **a ~ number of people** un grand nombre de gens ▸ **significant other** partenaire *mf (dans une relation affective)* **b** [look] lourd de sens

significantly [sɪg'nɪfɪkəntlɪ] adv (= appreciably) considérablement

signify ['sɪgnɪfaɪ] vt (= mean) signifier ; (= indicate) dénoter

signpost ['saɪnpəʊst] n poteau *m* indicateur

Sikh [si:k] **1** n Sikh *mf* **2** adj sikh

silence ['saɪləns] **1** n silence *m* **2** vt [+ person] faire taire ; (by force) réduire au silence

silencer ['saɪlənsəʳ] n silencieux *m*

silent ['saɪlənt] adj **a** (= making no noise) silencieux ▪ **to fall ~** se taire ▸ **silent mode** [of mobile phone] mode *m* silencieux **b** (= saying

si

nothing) ■ **to be ~ (about sth)** garder le silence (sur qch) c (= taciturn) taciturne d [film, letter] muet

silhouette [ˌsɪluːˈet] n silhouette *f*

silicon [ˈsɪlɪkən] n silicium *m* ▸ **silicon chip** puce *f* électronique

silicone [ˈsɪlɪkəʊn] n silicone *f*

silk [sɪlk] 1 n soie *f* 2 comp [tie, shirt] de or en soie

silkworm [ˈsɪlkwɜːm] n ver *m* à soie

silky [ˈsɪlkɪ] adj soyeux

sill [sɪl] n [of window] rebord *m*

silly [ˈsɪlɪ] adj a (= foolish) bête b (= ridiculous) ridicule ■ **I feel ~** je me sens ridicule

silo [ˈsaɪləʊ] n (lit, fig) silo *m*

silt [sɪlt] n limon *m* ; (= mud) vase *f*

silver [ˈsɪlvəʳ] 1 n a (= metal) argent *m* ; (= silverware, cutlery) argenterie *f* b (= coins) monnaie *f* c (= medal) médaille *f* d'argent 2 adj (= made of silver) en argent ; (in colour) argenté ▸ **silver birch** bouleau *m* argenté ▸ **silver bullet** remède *m* miracle, panacée *f* ▸ **silver foil** papier *m* d'aluminium ▸ **the silver screen** le grand écran *m*

silversmith [ˈsɪlvəsmɪθ] n orfèvre *mf*

silverware [ˈsɪlvəwɛəʳ] n argenterie *f* ; (US) (= cutlery) couverts *mpl* ; (= trophies) trophées *mpl*

similar [ˈsɪmɪləʳ] adj semblable ■ **in a ~ way** à peu près de la même façon

similarity [ˌsɪmɪˈlærɪtɪ] n ressemblance *f* (*to* avec, *between* entre), similitude *f*

similarly [ˈsɪmɪləlɪ] adv [treat, behave] de la même façon ■ **~, we don't agree with...** de même, nous ne sommes pas d'accord avec...

simile [ˈsɪmɪlɪ] n comparaison *f*

simmer [ˈsɪməʳ] 1 vi [soup, stew] mijoter, cuire à feu doux ; [revolt, anger] couver 2 vt [+ soup, stew] faire mijoter

simper [ˈsɪmpəʳ] vti minauder

simple [ˈsɪmpl] adj a (= uncomplicated) simple ■ **the ~ life** la vie simple ■ **to make simple(r)** simplifier b (= mere) simple *before n* ■ **for the ~ reason that...** pour la simple raison que... c (* : mentally) [person] simplet

simple-minded [ˌsɪmplˈmaɪndɪd] adj simple d'esprit

simpleton [ˈsɪmpltən] n nigaud(e) *m(f)*

simplicity [sɪmˈplɪsɪtɪ] n simplicité *f*

simplify [ˈsɪmplɪfaɪ] vt simplifier

simplistic [sɪmˈplɪstɪk] adj simpliste

simply [ˈsɪmplɪ] adv a (gen) simplement b (= absolutely) ■ **you ~ must come!** il faut absolument que vous veniez *subj* !

simulate [ˈsɪmjʊleɪt] vt simuler

simulator [ˈsɪmjʊleɪtəʳ] n simulateur *m* ; (also **flight simulator**) simulateur *m* de vol

simulcast [ˈsɪməlkɑːst] vt diffuser simultanément à la radio et à la télévision

simultaneous [ˌsɪməlˈteɪnɪəs] adj simultané

sin [sɪn] 1 n péché *m* 2 vi pécher

since [sɪns]

1 conj a (in time) depuis que ■ **~ I have been here** depuis que je suis ici ■ **ever ~ I met him** depuis que je l'ai rencontré
b (= seeing as) puisque

2 adv depuis ■ **he has been my friend ever ~** il est mon ami depuis (ce moment-là)

3 prep depuis ■ **~ his arrival** depuis son arrivée ■ **I have been waiting ~ 10 o'clock** j'attends depuis 10 heures ■ **~ then** depuis (lors)

sincere [sɪnˈsɪəʳ] adj sincère (*about sth* à propos de qch)

sincerely [sɪnˈsɪəlɪ] adv a [hope, believe, regret] sincèrement b (in letters) ■ **Yours ~** (BR) ■ **~ yours** (US) Veuillez agréer, Monsieur (or Madame, etc), l'expression de mes salutations distinguées

sincerity [sɪnˈserɪtɪ] n sincérité *f*

sinew [ˈsɪnjuː] n tendon *m*

sinewy [ˈsɪnjʊɪ] adj (= muscular) mince et musclé

sinful [ˈsɪnfʊl] adj [world] impie ; [act, waste] honteux ; [pleasure, desire] coupable

sing [sɪŋ] (pret **sang**, ptp **sung**) 1 vt chanter ■ **to ~ sb's/sth's praises** chanter les louanges de qn/qch 2 vi chanter ; [ears] bourdonner

singe [sɪndʒ] vt brûler légèrement ; [+ cloth, clothes] roussir

singer [ˈsɪŋəʳ] n chanteur *m*, -euse *f*

singing [ˈsɪŋɪŋ] n chant *m*

single [ˈsɪŋgl] 1 adj a (= just one) seul ■ **in a ~ day** en un seul jour ■ **every ~ day** tous les jours sans exception b [knot, flower, thickness] simple ■ **a ~ sheet** (for bed) un drap pour un lit d'une personne ■ **in ~ file** en file indienne c (= unmarried) célibataire d (BR) ■ **~ ticket** aller *m* simple 2 n a (BR = ticket) aller *m* (simple) b (= record) ■ **a ~** un 45 tours c (also **single room**) chambre *f* individuelle 3 **singles** npl (Tennis) simple *m* 4 comp ▸ **single bed** lit *m* d'une personne ▸ **single cream** (BR) crème *f* fraîche liquide ▸ **single-handed** sans aucune aide ▸ **single market** marché *m* unique ▸ **single-minded** [person] résolu ▸ **single parent** père *m* (or mère *f*) célibataire ▸ **single-parent family** famille *f* monoparentale ▸ **single room** chambre *f* individuelle ▸ **single-sex** (BR) [school, education, class] non mixte

▸ **single out** vt sep (= pick out) choisir

singlet ['sɪŋglɪt] n (BR) maillot *m* de corps

singsong ['sɪŋsɒŋ] **1** n (BR) ▪ **to have a ~** chanter en chœur **2** adj ▪ **~ voice** voix *f* chantante

singular ['sɪŋgjʊlə'] **1** adj **a** [noun] singulier ; [verb] au singulier **b** (= exceptional) singulier **2** n (Gram) singulier *m* ▪ **in the ~** au singulier

sinister ['sɪnɪstə'] adj sinistre

sink [sɪŋk] (pret **sank**, ptp **sunk**) **1** vi **a** [ship, person, object] couler **b** (= subside) s'affaisser ; [level, river] baisser **c** (= fall) ▪ **to ~ into a deep sleep** sombrer dans un profond sommeil ▪ **my heart sank** j'ai eu un serrement de cœur **d** [prices, value] chuter **2** vt **a** [+ ship, business, project] couler ; [+ object] immerger ▪ **to be sunk in thought** être plongé dans ses pensées **b** [+ mine, well, foundations] creuser **3** n (in kitchen) évier *m* ; (US : in bathroom) lavabo *m*

▸ **sink in** vi **a** [water] pénétrer **b** [explanation] rentrer* ; [remark] faire son effet ▪ **as it hadn't really sunk in yet he...** comme il ne réalisait pas encore, il...

sinner ['sɪnə'] n pécheur *m*, -eresse *f*

sinuous ['sɪnjʊəs] adj sinueux

sinus ['saɪnəs] n (pl **~es**) sinus *m inv*

sinusitis [ˌsaɪnə'saɪtɪs] n sinusite *f*

sip [sɪp] **1** n petite gorgée *f* **2** vt boire à petites gorgées

siphon ['saɪfən] **1** n siphon *m* **2** vt siphonner

sir [sɜː'] n monsieur *m* ▪ **Dear Sir** (in letter) (Cher) Monsieur ▪ **Sir John Smith** sir John Smith

siren ['saɪərən] n sirène *f* ▸ **siren call** or **song** chant *m* des sirènes

sirloin ['sɜːlɔɪn] n aloyau *m* ▪ **~ steak** bifteck *m* dans l'aloyau

sister ['sɪstə'] n **a** (= sibling, nun) sœur *f* ▸ **sister-in-law** belle-sœur *f* **b** (BR = nurse) infirmière *f* chef

sit [sɪt] (pret, ptp **sat**) **1** vi **a** [person] s'asseoir ▪ **to be ~ting** être assis ▪ **~!** (to dog) assis ! ▪ **to ~ still** rester tranquille **b** [committee, assembly] siéger **2** vt **a** (= invite to sit) faire asseoir ▪ **he sat the child on his knee** il a assis l'enfant sur ses genoux **b** [+ exam] passer

▸ **sit about, sit around** vi rester assis (à ne rien faire)

▸ **sit back** vi ▪ **to ~ back in an armchair** se caler dans un fauteuil ▪ **just ~ back and listen to this** installe-toi bien et écoute un peu

▸ **sit down** **1** vi s'asseoir ▪ **to be ~ting down** être assis **2** vt sep asseoir ; (= invite to sit) faire asseoir

▸ **sit in** vi ▪ **to ~ in on a discussion** assister à une discussion (sans y prendre part) ▪ **to ~ in for sb** (= replace) remplacer qn

▸ **sit through** vt ▪ **to ~ through sth** assister à qch jusqu'au bout

▸ **sit up** vi **a** (= sit upright) se redresser ▪ **to be ~ting up** être assis **b** (= stay up) veiller ▪ **to ~ up late** se coucher tard

sitcom* ['sɪtkɒm] n sitcom *f*

site [saɪt] **1** n [of town, building] emplacement *m* ; (archaeological) site *m* ; (= building site) chantier *m* ; (= website) site *m* web **2** vt placer

sit-in ['sɪtɪn] n [of demonstrators] sit-in *m* ; [of workers] grève *f* sur le tas

sitter ['sɪtə'] n (for painting) modèle *m* ; (= baby-sitter) baby-sitter *mf*

sitting ['sɪtɪŋ] n [of committee, assembly] séance *f* ; (for portrait) séance *f* de pose ; (in restaurant etc) service *m* ▸ **sitting room** salon *m*

situate ['sɪtjʊeɪt] vt [+ building, town] placer ; [+ problem, event] situer ▪ **to be well/badly ~d** être bien/mal situé

situation [ˌsɪtjʊ'eɪʃən] n situation *f* ▪ **"~s vacant/wanted"** « offres/demandes d'emploi »

six [sɪks] number six *m inv* ▪ **he is ~ (years old)** il a six ans ▪ **he lives in number ~** il habite au (numéro) six ▪ **it's ~ (o'clock)** il est six heures ▪ **two ~es are twelve** deux fois six douze ▪ **there are ~** il y en a six ▪ **there are ~ of us** nous sommes six ▪ **it's ~ of one and half a dozen of the other*** c'est du pareil au même*

sixteen ['sɪks'tiːn] number seize *m inv*

sixteenth ['sɪks'tiːnθ] adj, n seizième *mf* ; (= fraction) seizième *m*

sixth [sɪksθ] **1** adj sixième ▪ **Charles the Sixth** Charles VI ▪ **the ~ of November** le six novembre ▸ **sixth form** (BR Scol) ≈ classes de première et terminale ▪ **lower/upper ~ form** ≈ classe de première/terminale ▸ **sixth sense** sixième sens *m* **2** n sixième *mf* ; (= fraction) sixième *m* **3** adv en sixième position ▪ **he came ~** il s'est classé sixième

sixtieth ['sɪkstɪɪθ] adj, n soixantième *mf* ; (= fraction) soixantième *m*

sixty ['sɪkstɪ] number soixante *m inv* ▪ **about ~** une soixantaine, environ soixante ▪ **there are ~** il y en a soixante ▪ **to be in one's sixties** avoir entre soixante et soixante-dix ans ▪ **in the sixties** (= 1960s) dans les années soixante

size [saɪz] n **a** (of person, animal, book, photo) taille *f* ; [of room, building, car, chair] dimensions *fpl* ; [of egg, fruit, jewel] grosseur *f* ; [of sum] montant *m* ; [of estate, park, country] étendue *f*; [of problem, operation] ampleur *f*; (= format) format *m* ▪ **the small/large ~** [of packet, tube] le petit/grand modèle **b** [of coat, skirt, dress, trousers] taille *f*; [of shoes] pointure *f*; [of shirt] encolure *f* ▪ **I take ~ 12** (in clothes) je prends du 40 ▪ **I take ~ 5** (in shoes) ≈ je chausse du 38

▸ **size up** vt sep [+ person] jauger ; [+ situation] mesurer

sizeable ['saɪzəbl] adj [amount, number, problem] assez important ; [object, building, estate] assez grand ; [majority] assez large

sizzle ['sɪzl] vi grésiller

skate [skeɪt] **1** n **a** (= for skating) patin *m* **b** (= fish) raie *f* **2** vi patiner ▪ **to go skating** (ice) faire du patin à glace ; (roller) faire du patin à roulettes

skateboard ['skeɪtbɔːd] **1** n planche *f* à roulettes **2** vi faire de la planche à roulettes

skateboarder ['skeɪtbɔːdəʳ] n skateur *m*, -euse *f*

skatepark ['skeɪtpɑːk] n skatepark *m*

skater ['skeɪtəʳ] n (ice) patineur *m*, -euse *f*; (rollerskater) personne *f* qui fait du patin à roulettes

skating ['skeɪtɪŋ] n (= on ice) patinage *m* ; (= rollerskating) patinage *m* à roulettes ▸ **skating rink** (ice) patinoire *f*; (roller) piste *f* de patinage

skeleton ['skelɪtn] n squelette *m* ▸ **skeleton key** passe-partout *m inv*

skeptic ['skeptɪk] n, adj (US) sceptique *mf*

sketch [sketʃ] **1** n **a** (= drawing) (rough) croquis *m* ; (preliminary) esquisse *f* ▸ **sketch pad** carnet *m* de croquis **b** (Theatre) sketch *m* **2** vi (roughly) faire des croquis **3** vt [+ view, castle, figure] (roughly) faire un croquis de ; (= make preliminary drawing) faire une esquisse de ; [+ map] faire à main levée

▸ **sketch out** vt sep [+ plans, proposals] ébaucher

sketchnote ['skɛtʃnəʊt] **1** n sketchnote *f*, note *f* visuelle **2** vt sketchnoter

sketchy ['sketʃɪ] adj [account, report, details] incomplet (-ète *f*) ; [knowledge] sommaire

skewed [skjuːd] adj **a** (= slanting) de travers **b** [conception, view] déformé ; [statistics] faussé

skewer ['skjʊəʳ] n (for roast) broche *f*; (for kebabs) brochette *f*

ski [skiː] **1** n ski *m* ▸ **ski boot** chaussure *f* de ski ▸ **ski jump** (= action) saut *m* à ski; (= place) tremplin *m* (de ski) ▸ **ski lift** remonte-pente *m inv* ▸ **ski pants** fuseau *m* (de ski) ▸ **ski pole** bâton *m* de ski ▸ **ski resort** station *f* de sports d'hiver ▸ **ski slope** piste *f* de ski ▸ **ski-suit** combinaison *f* (de ski) ▸ **ski tow** télésiège *m* **2** vi faire du ski, skier ▪ **to ~ down a slope** descendre une pente à ski

skibob ['skiːbɒb] n véloski *m*

skid [skɪd] **1** n [of car] dérapage *m* **2** vi [car, person] déraper

skier ['skiːəʳ] n skieur *m*, -euse *f*

skiing ['skiːɪŋ] n ski *m*

skilful ['skɪlfʊl] adj [person, player] habile (*at doing sth* à faire qch)

skill [skɪl] n **a** (= ability) habileté *f* **b** (in craft) technique *f* ▪ **~s** (acquired) compétences *fpl* ; (innate) aptitudes *fpl*

skilled [skɪld] adj **a** [person, driver] habile (*at doing* à faire) **b** [job, labour, worker] qualifié

skillful ['skɪlfʊl] adj (US) ⇒ **skilful**

skim [skɪm] **1** vt **a** [+ milk] écrémer ; [+ soup] écumer ▸ **skimmed milk** lait *m* écrémé **b** ▪ **to ~ the ground/water** raser le sol/la surface de l'eau **2** vi ▪ **to ~ across the water/along the ground** raser l'eau/le sol ▪ **the stone ~med across the pond** la pierre a ricoché sur l'étang ▪ **to ~ through a book** feuilleter un livre

skimp [skɪmp] vi lésiner ▪ **to ~ on** lésiner sur

skimpy ['skɪmpɪ] adj [meal] frugal ; [dress, bikini, underwear] minuscule

skin [skɪn] **1** n peau *f* ▪ **soaked to the ~** trempé jusqu'aux os ▪ **to be ~ and bone** n'avoir que la peau sur les os ▪ **to escape by the ~ of one's teeth** l'échapper belle ▸ **skin-deep** superficiel ▸ **skin diving** plongée *f* sous-marine **2** vt [+ animal] dépouiller ▪ **to ~ one's knee** s'écorcher le genou

skinny ['skɪnɪ] adj maigre

skintight [skɪn'taɪt] adj moulant

skip [skɪp] **1** n **a** (= jump) petit saut *m* **b** (BR = container) benne *f* **2** vi sautiller ; (with rope) sauter à la corde **3** vt [+ chapter, class, meal] sauter

skipper ['skɪpəʳ] n [of boat] skippeur *m*, -euse *f*; [of team]* capitaine *mf*

skipping ['skɪpɪŋ] n saut *m* à la corde ▸ **skipping rope** (BR) corde *f* à sauter

skirmish ['skɜːmɪʃ] n (military) escarmouche *f*; (fig) accrochage *m*

skirt [skɜːt] **1** n jupe *f* **2** vt (also **skirt round**) [+ town, obstacle] contourner ; [+ problem, difficulty] esquiver

skirting ['skɜːtɪŋ] n (BR) (also **skirting board**) plinthe *f*

skit [skɪt] n parodie *f* (*on* de) ; (Theatre) sketch *m* satirique

skittle ['skɪtl] n quille *f* ▪ **~s** (jeu *m* de) quilles *fpl*

skive* [skaɪv] (BR) vi (also **skive off**) tirer au flanc*

skulk [skʌlk] vi rôder ■ **to ~ in/away** entrer/s'éloigner furtivement

skull [skʌl] n crâne *m* ■ **~ and crossbones** (= emblem) tête *f* de mort ; (= flag) pavillon *m* à tête de mort

skullcap ['skʌlkæp] n calotte *f*

skunk [skʌŋk] n (= animal) mouffette *f*

sky [skaɪ] n ciel *m* ▸ **sky-blue** bleu ciel *inv* ▸ **sky-high** très haut; [prices] exorbitant ■ **the bridge was blown sky-high** le pont a volé en éclats

skydiving ['skaɪdaɪvɪŋ] n parachutisme *m* en chute libre

skylark ['skaɪlɑːk] n alouette *f*

skylight ['skaɪlaɪt] n lucarne *f*

skyline ['skaɪlaɪn] n horizon *m*

Skype® [skaɪp] **1** n Skype® **2** vt skyper

skyscraper ['skaɪskreɪpəʳ] n gratte-ciel *m inv*

slab [slæb] n [of stone, slate] bloc *m* ; (= paving stone) dalle *f* ; [of cake] morceau *m* ; [of chocolate] plaque *f*

slack [slæk] **1** adj **a** [rope] détendu ; [knot] desserré ; [hold] faible **b** (= not busy) [time, season, month] creux ; [market] déprimé **c** (= lax) [discipline, security] relâché ; [student, worker] peu sérieux **2** n (in rope) mou *m* **3** **slacks** npl pantalon *m*

slacken ['slækn] **1** vt [+ rope] relâcher ■ **to ~ one's pace** ralentir l'allure **2** vi [rope] se relâcher ; [trade] ralentir ; [enthusiasm, pressure] diminuer ; [person] se laisser aller

slag [slæg] n (= coal waste) scories *fpl* ▸ **slag heap** (at mine) terril *m*

slain [sleɪn] vb ptp of **slay**

slalom ['slɑːləm] n slalom *m*

slam [slæm] **1** n [of poetry] slam *m* **2** vt [+ door] claquer ; [+ lid] refermer violemment **3** vi **a** [door, lid] claquer **b** ■ **to ~ into sth** s'écraser contre qch **c** (poetry) slamer

▸ **slam down** vt sep poser brutalement ; [+ lid] rabattre brutalement

▸ **slam on** vt sep ■ **to ~ on the brakes** freiner à mort

slander ['slɑːndəʳ] **1** n calomnie *f* ; (Law) diffamation *f* **2** vt calomnier ; (Law) diffamer

slanderous ['slɑːndərəs] adj calomnieux ; (Law) diffamatoire

slang [slæŋ] n argot *m*

slant [slɑːnt] **1** n (= angle) inclinaison *f* ; (= point of view) point *m* de vue (*on* sur) **2** vi être incliné **3** vt [+ object] incliner ; [+ account, news] présenter avec parti pris

slanting ['slɑːntɪŋ] adj [line, rays] oblique ; [surface] incliné ; [handwriting] penché ; [eyes] bridé

slap [slæp] **1** n claque *f* ■ **a ~ in the face** une gifle **2** adv (* = completely) ■ **~ in the middle** en plein milieu ▸ **slap-bang** (BR) ■ **slap-bang into the wall** en plein dans le mur **3** vt **a** [+ person] donner une tape à ; (stronger) donner une claque à ■ **to ~ sb's face** gifler qn **b** (= put) flanquer* ; (= apply) mettre à la va-vite

slapdash* ['slæpdæʃ] adj [work] bâclé* ■ **in a ~ way** à la va-vite

slapstick ['slæpstɪk] n (also **slapstick comedy**) grosse farce *f*

slap-up* ['slæpʌp] adj (BR) ■ **~ meal** festin *m*

slash [slæʃ] **1** n (= cut) entaille *f* **2** vt **a** entailler ; (several cuts) taillader ■ **to ~ one's wrists** s'ouvrir les veines **b** [+ prices] casser

slat [slæt] n lame *f* ; (wooden) latte *f* ; [of blind] lamelle *f*

slate [sleɪt] **1** n ardoise *f* **2** vt (* BR = criticize) démolir*

slaughter ['slɔːtəʳ] **1** n massacre *m* ; [of animals for meat] abattage *m* **2** vt massacrer ; (= kill for meat) abattre

slaughterhouse ['slɔːtəhaʊs] n abattoir *m*

slave [sleɪv] **1** n esclave *mf* ▸ **slave trade** n traite *f* des Noirs **2** vi (also **slave away**) trimer*

slaver ['slævəʳ] vi (= dribble) baver

slavery ['sleɪvərɪ] n esclavage *m*

slay [sleɪ] (pret **slew**, ptp **slain**) vt (liter) tuer, occire (liter)

sleaze* [sliːz] n **a** (= corruption) corruption *f* **b** (= filth) sordidité *f*

sleazy* ['sliːzɪ] adj sordide ; [person] louche

sled [sled] n (US) traîneau *m* ; (child's) luge *f*

sledge [sledʒ] n traîneau *m* ; (child's) luge *f*

sledgehammer ['sledʒˌhæməʳ] n masse *f*

sleek [sliːk] adj [hair, fur] lustré ; [person] soigné

sleep [sliːp] vb (pret, ptp **slept**) **1** n sommeil *m* ■ **to go to ~** s'endormir ■ **my leg has gone to ~** j'ai la jambe engourdie **2** vi **a** (= be asleep) dormir ■ **to ~ like a log** dormir à poings fermés **b** (= spend night) coucher **c** (= have sex) ■ **to ~ with sb** coucher* avec qn

▸ **sleep in** vi faire la grasse matinée

▸ **sleep through** vt insep ■ **he slept through the storm** l'orage ne l'a pas réveillé

sleeper ['sliːpəʳ] n **a** (= person) ■ **to be a light/heavy ~** avoir le sommeil léger/lourd **b** (BR : Rail) (on track) traverse *f* ; (= berth) couchette *f* ; (= rail car) wagon-lit *m* ; (= train) train-couchettes *m*

sleeping ['sliːpɪŋ] adj [person] endormi ■ **(the) Sleeping Beauty** la Belle au bois dormant ▸ **sleeping bag** sac *m* de couchage

▸ **sleeping partner** (BR) (associé *m*) commanditaire *m* ▸ **sleeping pill** somnifère *m* ▸ **sleeping policeman** (BR) ralentisseur *m*

sleepless ['sli:plɪs] adj ▪ **(to have) a ~ night** (passer) une nuit blanche

sleepover ['sli:pəʊvəʳ] n [of child] nuit *f* chez un ami

sleepwalk ['sli:pwɔ:k] vi être somnambule

sleepy ['sli:pɪ] adj **a** [voice, look] endormi ▪ **to be ~** avoir sommeil **b** [village, town] somnolent

sleet [sli:t] **1** n neige *f* fondue **2** vi ▪ **it is ~ing** il tombe de la neige fondue

sleeve [sli:v] n [of garment] manche *f*; [of record] pochette *f*

sleeveless ['sli:vlɪs] adj sans manches

sleigh [sleɪ] n traîneau *m*

sleight [slaɪt] n ▪ **~ of hand** (= trick) tour *m* de passe-passe

slender ['slendəʳ] adj **a** [person] svelte ; [legs, waist] fin **b** [chance, majority, margin] faible ; [income, resources] maigre

slept [slept] vb pret, ptp of **sleep**

sleuth [slu:θ] n détective *m*

slew¹ [slu:] vb pret of **slay**

slew² [slu:] **1** vi [vehicle] déraper **2** n (US) ▪ **a ~ of...** un tas* de...

slice [slaɪs] **1** n **a** (gen) tranche *f*; [of lemon, cucumber, sausage] rondelle *f* ▪ **~ of bread and butter** tartine *f* beurrée **b** (= part) partie *f* **c** (= kitchen utensil) spatule *f* **2** vt **a** (gen) couper (en tranches) ; [+ sausage, cucumber] couper (en rondelles) ▪ **~d bread** du pain en tranches **b** [+ ball] slicer

slick [slɪk] **1** adj **a** (= efficient, skilful) habile ▪ **it was a ~ operation** ça a été rondement mené **b** [person] ▪ **he's really ~** il a du bagout* **c** [hair] lissé ; [road, surface] glissant **2** n (also **oil slick**) nappe *f* de pétrole ; (on beach) marée *f* noire

slide [slaɪd] vb (pret, ptp **slid**) **1** n **a** (in prices, temperature) baisse *f* (*in* de) **b** (in playground) toboggan *m* **c** (= photo) diapositive *f*; [of microscope] porte-objet *m* ▸ **slide show** diaporama *m* **d** (also **hair slide**) barrette *f* **2** vi glisser ▪ **to let things ~** laisser les choses aller à la dérive **3** vt (faire) glisser

sliding ['slaɪdɪŋ] adj [panel, door] coulissant ▪ **~ scale** échelle *f* mobile

slight [slaɪt] **1** adj **a** (= minor) léger *before n* ; [error, chance] petit ▪ **I haven't the slightest idea** je n'en ai pas la moindre idée ▪ **not in the slightest** pas le moins du monde **b** (= slim) menu **2** vt blesser **3** n (= insult) affront *m*

slightly ['slaɪtlɪ] adv légèrement

slim [slɪm] **1** adj **a** [person] mince **b** [majority, chance] faible **2** vi maigrir ; (= diet) suivre un régime amaigrissant

slime [slaɪm] n (= mud) vase *f*; (= sticky substance) matière *f* visqueuse ; (from snail) bave *f*

slimline ['slɪmlaɪn] adj **a** (= low-calorie) allégé, hypocalorique **b** [body, person, look] mince ; [device] ultramince, ultraplat ; [clothing] slim *inv*

slimming ['slɪmɪŋ] n amaigrissement *m* ▸ **slimming product** (produit *m*) amincissant *m*

slimy ['slaɪmɪ] adj **a** [substance, creature] visqueux **b** (BR) [person] mielleux

sling [slɪŋ] vb (pret, ptp **slung**) **1** n **a** (= weapon) fronde *f* **b** (for arm) écharpe *f* **2** vt **a** (= throw) lancer (*at* or *to sb* à qn, *at sth* sur qch) **b** (= hang) [+ hammock] suspendre

slingshot ['slɪŋʃɒt] n (US) lance-pierre *m*

slip [slɪp] **1** n **a** (= mistake) erreur *f* ▪ **~ of the tongue** lapsus *m* ▪ **to give sb the ~** fausser compagnie à qn **b** (= underskirt) combinaison *f* **c** ▪ **a ~ of paper** un bout de papier **2** vi (= slide) glisser ▪ **to let ~ an opportunity** laisser passer une occasion ▪ **he ~ped out of the room** il s'est glissé hors de la pièce ▪ **to ~ out of a dress** enlever (rapidement) une robe ▪ **to ~ into bad habits** prendre insensiblement de mauvaises habitudes **3** vt **a** (= slide) glisser ▪ **a ~ped disc** une hernie discale **b** (= escape from) échapper à ▪ **it ~ped my mind** cela m'était complètement sorti de la tête **4** comp ▸ **slip-ons, slip-on shoes** chaussures *fpl* sans lacets ▸ **slip road** (BR) bretelle *f* d'accès ▸ **slip-up*** cafouillage* *m*

▸ **slip away** vi partir discrètement

▸ **slip out** vi [person] sortir ▪ **the words ~ped out before he realized it** les mots lui ont échappé avant même qu'il ne s'en rende compte

▸ **slip up*** vi (= make mistake) se ficher dedans*

> ⚠ Le nom ***slip*** ne se traduit pas par le mot français **slip**.

slipper ['slɪpəʳ] n pantoufle *f*; (warmer) chausson *m*

slippery ['slɪpərɪ] adj glissant

slipshod ['slɪpʃɒd] adj [work, style] négligé

slipway ['slɪpweɪ] n cale *f* de lancement

slit [slɪt] vb (pret, ptp **slit**) **1** n (= opening) fente *f*; (= cut) incision *f* **2** vt (= make an opening in) fendre ; (= cut) inciser

slither ['slɪðəʳ] vi (= person) glisser ; [snake] onduler

sliver ['slɪvəʳ] n [of glass, wood] éclat *m* ; [of cheese, ham] lamelle *f*

slob* [slɒb] n plouc* *mf*

slobber ['slɒbəʳ] vi baver

sloe [sləʊ] n (= fruit) prunelle *f*

slog [slɒg] **1** n (= effort) gros effort *m* **2** vi (also **slog away**) travailler très dur ▪ **he ~ged up the hill** il a gravi péniblement la colline

slogan ['sləʊgən] n slogan *m*

slop [slɒp] **1** vt [+ liquid] (= spill) renverser ; (= tip carelessly) répandre **2** vi (also **slop over**) [water] déborder

slope [sləʊp] **1** n **a** [of roof, ground, surface] pente *f* **b** (= rising ground, gentle hill) côte *f* ; (= mountainside) versant *m* ▪ **on the (ski) ~s** sur les pistes (de ski) **2** vi [ground, roof] être en pente ; [handwriting] pencher

sloping ['sləʊpɪŋ] adj [ground, roof] en pente

sloppy ['slɒpɪ] adj **a** (= careless) négligé ; [thinking, logic] peu rigoureux **b** (= sentimental) à l'eau de rose

slosh* [slɒʃ] **1** vt (= spill) renverser ; (= apply lavishly) répandre **2** vi ▪ **water was ~ing everywhere** l'eau se répandait partout ▪ **to ~ through mud** patauger dans la boue

slot [slɒt] **1** n **a** (= slit) fente *f* ; (= groove) rainure *f* ▸ **slot machine** (for tickets) distributeur *m* (automatique); (in arcade) machine *f* à sous **b** (= space in schedule) créneau *m*, tranche *f* horaire **2** vt ▪ **to ~ one part into another** emboîter une pièce dans une autre **3** vi ▪ **this part ~s in here** cette pièce-ci s'emboîte ici

sloth [sləʊθ] n **a** (= idleness) paresse *f* **b** (= animal) paresseux *m*

slouch [slaʊtʃ] vi ▪ **she tends to ~** elle a tendance à ne pas se tenir droite ▪ **he ~ed out** il sortit en traînant les pieds, le dos voûté

slovenly ['slʌvnlɪ] adj négligé

slow [sləʊ] **1** adj lent ▪ **at a ~ speed** à petite vitesse ▪ **he's a ~ learner** il n'apprend pas vite ▪ **to be ~ to do sth** mettre du temps à faire qch ▪ **my watch is (ten minutes) ~** ma montre retarde (de dix minutes) ▸ **slow lane** (in France) voie de droite; (in Britain) voie de gauche ▸ **slow motion** ▪ **in ~ motion** au ralenti **2** adv (= slowly) lentement **3** vt (also **slow down**) [+ person] ralentir **4** vi (also **slow down**) ralentir ; [reactions] devenir plus lent

slowdown ['sləʊdaʊn] n ralentissement *m* ; (US) grève *f* perlée

slowly ['sləʊlɪ] adv lentement ▪ **~ but surely** lentement mais sûrement

sludge [slʌdʒ] n (= mud) boue *f* ; (= sewage) eaux *fpl* usées ; (= melting snow) neige *f* fondue

slug [slʌg] **1** n (= animal) limace *f* ; (= blow) coup *m* **2** vt (* = hit) frapper

sluggish ['slʌgɪʃ] adj lent ; [market, business] stagnant

sluice [slu:s] vt laver à grande eau ▸ **sluice gate** porte *f* d'écluse

slum [slʌm] n (= house) taudis *m* ; (= area) quartier *m* pauvre

slumber ['slʌmbəʳ] vi dormir paisiblement ▸ **slumber party** n (US) *soirée entre adolescentes qui restent dormir chez l'une d'entre elles*

slump [slʌmp] **1** n (in numbers, popularity, sales) forte baisse *f* (*in* de) ; (in prices) effondrement *m* (*in* de) **2** vi **a** [popularity, trade] baisser brutalement ; [prices, rates] s'effondrer **b** [person] s'écrouler (*into* dans, *onto* sur)

slung [slʌŋ] vb pret, ptp of **sling**

slur [slɜ:ʳ] **1** n (= stigma) atteinte *f* (*on* à) ; (= insult) insulte *f* **2** vt mal articuler

slush [slʌʃ] n (= snow) neige *f* fondue ; (= mud) gadoue *f* ; (= sentiment) sensiblerie *f* ▸ **slush fund** fonds *mpl* secrets

slut [slʌt] n (dirty) souillon *f* ; (* : immoral) salope* *f*

sly [slaɪ] **1** adj **a** (= crafty) [person, animal] rusé ; [smile, look, remark] narquois **b** (= underhand) [person, trick] sournois (pej) **2** n ▪ **on the ~** en cachette

smack [smæk] **1** n tape *f* ; (stronger) claque *f* ; (on face) gifle *f* **2** vt [+ person] donner une tape à ; (stronger) donner une claque à ; (on face) gifler ▪ **to ~ one's lips** se lécher les babines **3** vi ▪ **to ~ of sth** avoir des relents de qch **4** adv ▪ **~ in the middle*** en plein milieu

small [smɔ:l] adj (gen) petit ; [family, audience] peu nombreux ; [waist] mince ; [meal] léger ▪ **in ~ letters** en minuscules *fpl* ▪ **it's a ~ world!** le monde est petit ! ▪ **to get ~er** [population, amount] diminuer ; [object] rapetisser ▸ **small ads** (BR : in newspaper) petites annonces *fpl* ▸ **small change** petite monnaie *f* ▸ **small-size(d)** petit ▸ **small talk** papotage *m* ▸ **small-time** de troisième ordre

smallholding ['smɔ:lhəʊldɪŋ] n (BR) ≈ petite ferme *f*

smallpox ['smɔ:lpɒks] n variole *f*

smart [smɑ:t] **1** adj **a** (= not shabby) [hotel, restaurant, neighbourhood] chic *inv* ; [person, clothes, appearance] élégant ; [house, car] beau (belle *f*) **b** (= fashionable) à la mode **c** (= clever) [device, city] intelligent, connecté ▸ **smart card** carte *f* à puce ▸ **smart home** maison *f* connectée **d** (* = cheeky) culotté* **e** (= brisk) vif **2** vi [cut, graze] brûler ; [iodine] piquer ▪ **my eyes were ~ing** j'avais les yeux qui me piquaient

smarten up [ˌsmɑ:tən'ʌp] **1** vi s'arranger **2** vt sep [+ person] rendre plus élégant ; [+ house, room, town] embellir

sl

smartwatch ['smɑːtwɒtʃ] n montre *f* connectée, smartwatch *f*

smash [smæʃ] **1** n (= sound) fracas *m* ; (= blow) coup *m* violent ; (Tennis) smash *m* ▸ **smash-and-grab** cambriolage *m* (commis en brisant une devanture) ▸ **smash hit** ▪ **it was a ~ hit*** ça a fait un malheur* **2** vt **a** (= break) casser ; (= shatter) fracasser ▪ **to ~ sth to pieces** briser qch en mille morceaux ▪ **to ~ the ball** (Tennis) faire un smash ▪ **I'm going to ~ his face in!*** je vais lui exploser la tête !* **b** [+ hopes] ruiner ; [+ enemy, opponent] écraser ; [+ sports record] pulvériser* **3** vi se briser (en mille morceaux) ▪ **the car ~ed into the tree** la voiture s'est écrasée contre l'arbre

smashing* ['smæʃɪŋ] adj (BR) super*

smattering ['smætərɪŋ] n ▪ **he has a ~ of German/maths** il a quelques notions d'allemand/en maths

smear [smɪəʳ] **1** n **a** (= mark) trace *f* **b** (= defamation) diffamation *f* (*on, against* de) **c** (= for medical examination) frottis *m* **2** vt **a** (= wipe) ▪ **to ~ cream on one's hands** s'enduire les mains de crème ▪ **his hands were ~ed with ink** il avait les mains tachées d'encre **b** [+ reputation] salir

smell [smel] vb (pret, ptp **smelled** or **smelt**) **1** n odeur *f* ▪ **to have a good sense of ~** avoir l'odorat *m* très développé **2** vt sentir **3** vi ▪ **it ~s (bad)** ça sent mauvais ▪ **it doesn't ~** ça ne sent rien ▪ **it ~s of garlic** ça sent l'ail ▪ **to ~ good** sentir bon

smelly ['smelɪ] adj [person, feet, armpits] qui sent mauvais ; [breath] mauvais ; [cheese] qui sent fort

smelt [smelt] **1** vb pret, ptp of **smell** **2** vt [+ ore] fondre ; [+ metal] extraire par fusion

smile [smaɪl] **1** n sourire *m* **2** vi sourire (*at sb* à qn)

smiley ['smaɪlɪ] n smiley *m*, émoticone *m*

smiling ['smaɪlɪŋ] adj souriant

smirk [smɜːk] n (= self-satisfied smile) petit sourire *m* satisfait ; (= knowing smile) petit sourire *m* narquois

SMiShing ['smɪʃɪŋ] n smishing *m* ▪ **~ attack** attaque *f* sur téléphones portables

smithereens [ˌsmɪðəˈriːnz] npl ▪ **to smash sth to ~** briser qch en mille morceaux

smock [smɒk] n blouse *f*

smog [smɒg] n smog *m*

smoke [sməʊk] **1** n fumée *f* ▸ **smoke alarm, smoke detector** détecteur *m* de fumée ▸ **smoke ring** rond *m* de fumée ▸ **smoke screen** (Mil) écran *m* de fumée; (fig) paravent *m (fig)* **2** vti fumer ▪ **~d salmon** saumon *m* fumé

smoker ['sməʊkəʳ] n (= person) fumeur *m*, -euse *f* ▪ **he's a heavy ~** c'est un gros fumeur

smokestack ['sməʊkstæk] n cheminée *f (partie extérieure)*

smoking ['sməʊkɪŋ] n tabagisme *m* ▪ **"no ~"** « défense de fumer » ▪ **to give up ~** arrêter de fumer

> ⚠ ***smoking*** n'a pas le sens de « costume ».

smoky ['sməʊkɪ] adj [atmosphere, room] enfumé ; [fire] qui fume

smolder ['sməʊldəʳ] vi (US) ⇒ **smoulder**

smooch* [smuːtʃ] vi (= kiss) se bécoter* ; (= pet) se peloter‡ ; (= dance) se frotter l'un contre l'autre

smooth [smuːð] **1** adj **a** (= not rough) lisse **b** (= not lumpy) [sauce, mixture] onctueux **c** (= not harsh) [flavour, wine] moelleux ; [voice, sound] doux (douce *f*) **d** (= even) [flow, breathing] régulier ; [takeoff, landing] en douceur ; [sea crossing] calme ; [flight] sans problème ; [engine] qui tourne parfaitement ▪ **~ running** bon fonctionnement *m* **e** (= suave) [person, talk] mielleux (pej) ▪ **he's a ~ talker** c'est un beau parleur **2** vt [+ fabric, hair] lisser ; [+ wood] polir

▸ **smooth down** vt sep [+ hair, feathers, sheet] lisser ; [+ person] calmer

▸ **smooth out** vt sep [+ material, dress] défroisser ; [+ wrinkles, difficulties] faire disparaître

smother ['smʌðəʳ] vt **a** (= stifle) étouffer **b** (= cover) (re)couvrir (*with* de)

smoulder ['sməʊldəʳ] vi [fire, emotion] couver

smouldering ['sməʊldərɪŋ] adj **a** [fire] qui couve ; [ashes, rubble] fumant **b** [expression, look] provocant ; [emotion] qui couve

smudge [smʌdʒ] **1** n (on paper, cloth) (légère) tache *f* ; (in text, print) bavure *f* **2** vt [+ face] salir ; [+ print] maculer ; [+ paint, writing] étaler accidentellement **3** vi s'étaler

smug [smʌg] adj suffisant

smuggle ['smʌgl] vt [+ tobacco, drugs] passer en fraude ▪ **to ~ in/out** [+ goods] faire entrer/sortir en contrebande ; [+ letters, person, animal] faire entrer/sortir clandestinement

smuggler ['smʌgləʳ] n contrebandier *m*, -ière *f*

smuggling ['smʌglɪŋ] n contrebande *f*

smutty* ['smʌtɪ] adj cochon*

snack [snæk] n casse-croûte *m* ▸ **snack bar** snack(-bar) *m*

snag [snæg] **1** n inconvénient *m* ; (= problem) hic* *m* **2** vt [+ cloth, tights] faire un accroc à (*on sth* avec qch)

snail [sneɪl] n escargot *m* ▪ **to send sth by ~ mail** envoyer qch par la poste

snake [sneɪk] n serpent *m* ▸ **snake charmer** charmeur *m* de serpent ▸ **snakes and ladders** *sorte de jeu de l'oie*

snakebite ['sneɪkbaɪt] n morsure *f* de serpent

snakeskin ['sneɪkskɪn] n peau *f* de serpent

snap [snæp] 1 n a [of fingers, whip] claquement *m* ; [of sth shutting] bruit *m* sec ; [of twigs] craquement *m* ▸ **snap fastener** (on clothes) bouton-pression *m*; (on handbag, bracelet) fermoir *m* b (= cold weather) ▪ **a cold ~** une petite vague de froid c (= snapshot) photo *f* d (BR Cards) *sorte de jeu de bataille* 2 adj [judgement] irréfléchi ▪ **to make a ~ decision** prendre une décision très rapide 3 vi a (= break) se casser net b [whip] claquer ▪ **to ~ shut** se fermer avec un bruit sec c ▪ **to ~ at sb** [dog] essayer de mordre qn ; [person] parler à qn d'un ton brusque 4 vt a (= break) casser net b [+ whip] faire claquer ▪ **to ~ one's fingers** faire claquer ses doigts ▪ **to ~ sth shut** fermer qch d'un coup sec c (= take photo of) prendre en photo

▸ **snap out*** vi ▪ **to ~ out of** [+ gloom, self-pity] se sortir de ; [+ bad temper] contrôler ▪ **~ out of it!** secoue-toi !*

▸ **snap up** vt sep ▪ **to ~ up a bargain** se jeter sur une occasion

snappy ['snæpɪ] adj a [title, phrase, slogan] accrocheur (-euse *f*), percutant b (= snazzy) [clothes] chic *inv* c ▪ **make it ~!*** grouille-toi !* d [dog] hargneux

snapshot ['snæpʃɒt] n photo *f*

snare [snɛə'] 1 n piège *m* 2 vt prendre au piège

snarl [snɑːl] 1 n grondement *m* féroce 2 vi [dog] gronder en montrant les dents ; [person] parler hargneusement (*at sb* à qn)

snatch [snætʃ] 1 n (= small piece) fragment *m* ▪ **a ~ of conversation** des bribes *fpl* de conversation 2 vt [+ object, opportunity] saisir ; [+ sandwich, drink] avaler à la hâte ; (= steal) voler (*from sb* à qn), saisir ; (= kidnap) enlever ▪ **she ~ed the book from him** elle lui a arraché le livre 3 vi ▪ **to ~ at** [+ object, end of rope] essayer de saisir ; [+ opportunity, chance] saisir

snazzy* ['snæzi] adj chic *inv*

sneak [sniːk] vb (pret, ptp **sneaked** or (US) **snuck***) 1 n (* = underhand person) faux jeton* *m* ; (* BR = telltale) mouchard(e)* *m(f)* 2 adj [attack, visit] furtif ▪ **~ preview** (of film) avant-première *f* ; (gen) avant-goût *m* 3 vi ▪ **to ~ in/out** entrer/sortir furtivement 4 vt ▪ **to ~ a look at sth** regarder qch à la dérobée

▸ **sneak away, sneak off** vi s'éclipser

sneaker ['sniːkə'] n tennis *m*, basket *f*

sneaky* ['sniːkɪ] adj sournois

sneer [snɪə'] 1 vi sourire d'un air méprisant ▪ **to ~ at sb** se moquer de qn d'un air méprisant ▪ **to ~ at sth** tourner qch en ridicule 2 n (= laugh) ricanement *m* ; (= remark) sarcasme *m*

sneeze [sniːz] 1 n éternuement *m* 2 vi éternuer

snide [snaɪd] adj narquois

sniff [snɪf] 1 vi renifler ; (disdainfully) faire la grimace ▪ **to ~ at sth** [dog] flairer qch ; [person] renifler qch ; (fig) faire la grimace à qch ▪ **it's not to be ~ed at** ce n'est pas à dédaigner 2 vt [dog] flairer ; [person] [+ food, bottle] renifler ; [+ air, perfume, aroma] humer ▪ **to ~ glue/cocaine** sniffer de la colle/de la cocaïne

sniffer dog ['snɪfə,dɒg] n chien *m* renifleur

sniffle ['snɪfl] 1 n (= sniff) reniflement *m* ; (= slight cold) petit rhume *m* 2 vi renifler

snigger ['snɪgə'] 1 n petit rire *m* ; (cynical) ricanement *m* 2 vi pouffer de rire ; (cynically) ricaner

snip [snɪp] vt couper (à petits coups de ciseaux)

sniper ['snaɪpə'] n tireur *m* isolé

snippet ['snɪpɪt] n bribe *f* ; (Computing) snippet *m*

snivel ['snɪvl] vi (= whine) pleurnicher ; (= sniff) renifler

snob [snɒb] n snob *mf*

snobbery ['snɒbərɪ] n snobisme *m*

snobbish ['snɒbɪʃ] adj snob *f inv*

snooker ['snuːkə'] n (= game) snooker *m*

snoop [snuːp] vi se mêler des affaires des autres ▪ **to ~ around** fureter

snooty* ['snuːtɪ] adj snob *f inv*

snooze* [snuːz] 1 n petit somme *m* ▪ **afternoon ~** sieste *f* 2 vi faire un petit somme

snore [snɔː'] 1 n ronflement *m* 2 vi ronfler

snorkel ['snɔːkl] 1 n [of swimmer] tuba *m* 2 vi ▪ **to go ~ling** faire de la plongée (avec masque et tuba)

snorkelling ['snɔːkəlɪŋ] n plongée *f* (avec masque et tuba)

snort [snɔːt] 1 n [of person] grognement *m* ; [of horse] ébrouement *m* 2 vi [horse] s'ébrouer ; [person] (angrily) grogner ; (laughing) s'étrangler de rire

snout [snaʊt] n [of animal] museau *m* ; [of pig] groin *m*

snow [snəʊ] 1 n neige *f* ▸ **snow bank** congère *f* ▸ **snow-capped** couronné de neige ▸ **snow-white** blanc (blanche *f*) comme neige 2 vi neiger ▪ **it's ~ing** il neige

snowball ['snəʊbɔ:l] **1** n boule *f* de neige **2** vi faire boule de neige

snowbird* ['snəʊ,bɜ:d] n (US) **a** (= drug addict) accro* *mf* à la cocaïne (or à l'héroïne) **b** (= retired person) *retraité(e) qui va passer l'hiver dans un pays chaud*

snowboard ['snəʊbɔ:d] **1** n surf *m* des neiges **2** vi faire du surf des neiges

snowbound ['snəʊbaʊnd] adj bloqué par la neige

snowdrift ['snəʊdrɪft] n congère *f*

snowdrop ['snəʊdrɒp] n perce-neige *m or f*

snowed under [,snəʊd'ʌndəʳ] adj ■ **to be ~ with letters/work** être submergé de lettres/de travail

snowfall ['snəʊfɔ:l] n chute *f* de neige

snowflake ['snəʊfleɪk] n flocon *m* de neige

snowman ['snəʊmæn] n (pl **-men**) bonhomme *m* de neige

snowmobile ['snəʊmə,bi:əl] n (US) motoneige *f*

snowplough, snowplow (US) ['snəʊplaʊ] n chasse-neige *m*

snowshoe ['snəʊʃu:] n raquette *f*

snowstorm ['snəʊstɔ:m] n tempête *f* de neige

snowy ['snəʊɪ] adj [weather, winter] neigeux ; [region, landscape] enneigé ■ **a ~ day/morning** une journée/matinée de neige

SNP [esen'pi:] n (abbr of **Scottish National Party**) *parti indépendantiste écossais*

snub [snʌb] **1** n rebuffade *f* **2** vt [+ person] snober ; [+ offer] repousser **3** adj [nose] retroussé ■ **snub-nosed** au nez retroussé

snuck* [snʌk] vb (US) pret, ptp of **sneak**

snuff [snʌf] n tabac *m* à priser

snug [snʌg] adj **a** (= cosy) [house, bed, garment] douillet **b** (= close-fitting) bien ajusté

snuggle ['snʌgl] vi se blottir (*into sth* dans qch, *beside sb* contre qn)

▸ **snuggle up** vi se blottir (*to sb* contre qn)

so [səʊ]

1 adv **a** (= to such a degree) si ■ **so easy/quickly** si facile/rapidement

♦ **so... (that)** si... que

b (= very, to a great extent) tellement ■ **I'm so tired!** je suis tellement fatigué ! ■ **there's so much to do** il y a tellement à faire ■ **she so loved France** elle aimait tant la France

c (unspecified amount) ■ **so much per head** tant par tête

♦ **or so** environ ■ **a week or so** une semaine environ ■ **twenty or so** une vingtaine

d (= thus, in this way) ainsi ■ **so it was that...** c'est ainsi que... ■ **so be it** soit

e ♦ **so (that)** (= in order that) pour que *+ subj* ■ **I brought it so (that) you could read it** je l'ai apporté pour que vous puissiez le lire ■ **he arranged the timetable so that the afternoons were free** il a organisé l'emploi du temps de façon à laisser les après-midi libres

♦ **so as to do sth** pour faire qch ■ **he stood up so as to see better** il s'est levé pour mieux voir

♦ **so as not to do sth** pour ne pas faire qch

f (used as substitute for phrase, word) ■ **is that so?** ah bon ! ■ **if that is so...** s'il en est ainsi... ■ **I told you so!** je te l'avais bien dit ! ■ **I think so** je crois ■ **I hope so** j'espère ■ **so do I!, so have I!, so am I!** moi aussi ! ■ **if you do that so will I** si tu fais ça, j'en ferai autant ■ **so to speak** pour ainsi dire ■ **and so on (and so forth)** et ainsi de suite ■ **I'm not going, so there!** je n'y vais pas, là !

2 conj **a** (= therefore) donc ■ **he was late, so he missed the train** il est arrivé en retard et a donc manqué le train

b (exclamatory) ■ **so he's come at last!** il est donc enfin arrivé ! ■ **and so you see...** alors comme vous voyez... ■ **so what?*** et alors ?*

3 comp ▸ **so-and-so** ■ **Mr/Mrs So-and-so*** Monsieur/Madame Untel ▸ **so-called** soi-disant *inv* ▸ **so-so*** couci-couça*

soak [səʊk] **1** vt faire tremper (*in* dans) **2** vi tremper ■ **to put sth in to ~** faire tremper qch

▸ **soak in** vi pénétrer

▸ **soak through** **1** vi traverser **2** vt sep ■ **to be ~ed through** être trempé

▸ **soak up** vt sep absorber

soaking ['səʊkɪŋ] adj trempé

soap [səʊp] n savon *m* ▸ **soap (opera)** soap* *m*, feuilleton *m* ▸ **soap powder** lessive *f* (en poudre)

soapdish ['səʊpdɪʃ] n porte-savon *m*

soapsuds ['səʊpsʌdz] npl (= lather) mousse *f* de savon ; (= soapy water) eau *f* savonneuse

soapy ['səʊpɪ] adj savonneux

soar [sɔ:ʳ] vi [bird, aircraft] s'élever dans les airs ; [ball] voler (*over* par-dessus) ; [tower] s'élancer (vers le ciel) ; [prices, costs, profits] monter en flèche ; [spirits] remonter en flèche

sob [sɒb] **1** n sanglot *m* **2** vti sangloter

sober ['səʊbəʳ] adj **a** (= not drunk) sobre ; (= sobered-up) dessoûlé* **b** (= serious) [person, attitude] pondéré ; [expression] grave **c** (= plain) sobre

▸ **sober up** vi, vt sep dessoûler*

sobering ['səʊbərɪŋ] adj [experience] qui fait réfléchir ■ **it is a ~ thought** cela fait réfléchir

soccer ['sɒkəʳ] n football *m*

sociable ['səʊʃəbl] adj [person, mood] sociable

social ['səʊʃəl] adj social ► **Social Democrat** social-démocrate *mf* ► **social gaming** jeux *mpl* sociaux (en ligne) ► **social intelligence** intelligence *f* sociale, savoir-être *f* social or en société ► **social media** médias *mpl* sociaux ► **social science** sciences *fpl* sociales ► **social security** aide *f* sociale ■ **the Department of Social Security** (BR) ≈ la Sécurité sociale ► **social security benefits** prestations *fpl* sociales ► **social welfare** protection *f* sociale ► **social work** assistance *f* sociale ► **social worker** travailleur *m*, -euse *f* social(e) ; → **network**

socialism ['səʊʃəlɪzəm] n socialisme *m*

socialist ['səʊʃəlɪst] adj, n socialiste *mf*

socialite ['səʊʃəlaɪt] n mondain(e) *m(f)*

socialize ['səʊʃəlaɪz] vi (= be with people) fréquenter des gens, socialiser ; (= chat) bavarder

society [sə'saɪətɪ] n **a** (gen) société *f* **b** (= organized group) association *f*
→ *Pièges* SOCIETY

sociology [ˌsəʊsɪ'ɒlədʒɪ] n sociologie *f*

sock [sɒk] n chaussette *f* ► **sock puppet** (lit) marionnette-chaussette *f*; (Internet) faux nez *m*

socket ['sɒkɪt] n [of eye] orbite *f* ; (for light bulb) douille *f* ; (for plug) prise *f* de courant

> ⚠ ***socket*** ne se traduit pas par ***socquette***.

soda ['səʊdə] n **a** (= chemical) soude *f* **b** (also **soda water**) eau *f* de Seltz ■ **whisky and ~** whisky *m* soda ► **soda siphon** siphon *m* (d'eau de Seltz) **c** (US : = soda pop) soda *m*

sodden ['sɒdn] adj [ground] détrempé ; [clothes, paper] trempé (*with* de)

sodium ['səʊdɪəm] n sodium *m*

sofa ['səʊfə] n canapé *m* ► **sofa bed** canapé-lit *m*

soft [sɒft] **1** adj **a** [ground, snow, butter] mou (molle *f*) ; [fabric, skin, toothbrush] doux (douce *f*) ; [food, wood] tendre ; [bed, texture] moelleux ; [fur, hair, beard] soyeux ; [leather] souple **b** [rain, tap] léger **c** (= lenient) [person] indulgent ; [sentence] léger **d** (* = easy) [life, job] peinard* **e** [water] doux **2** comp ► **soft-boiled egg** œuf *m* à la coque ► **soft drinks** boissons *fpl* non alcoolisées ► **soft drugs** drogues *fpl* douces ► **soft-hearted** au cœur tendre ► **soft power** pouvoir *m* de convaincre, puissance *f* douce ► **soft skills** compétences *fpl* relationnelles ► **soft top** (= car) décapotable *f* *(toit non rigide)* ► **soft toy** (jouet *m* en) peluche *f*

softball ['sɒftbɔːl] n (US) softball *m*

soften ['sɒfn] **1** vt [+ butter, clay, ground] ramollir ; [+ leather] assouplir ; [+ skin, outline] adoucir ; [+ lighting] tamiser ; [+ sb's anger, effect] atténuer ; [+ resistance] réduire **2** vi [butter, clay, ground] se ramollir ; [leather] s'assouplir ; [skin] s'adoucir

softener ['sɒfnəʳ] n (= water softener) adoucisseur *m* ; (= fabric softener) produit *m* assouplissant

softie* ['sɒftɪ] n tendre *mf*

softly ['sɒftlɪ] adv [say, sing] doucement ; [walk] à pas feutrés ; [tap] légèrement ■ **a ~ spoken man** un homme à la voix douce

software ['sɒftˌwɛəʳ] n software *m*, logiciels *mpl* ► **software agent** agent *m* logiciel

softy* ['sɒftɪ] n tendre *mf*

soggy ['sɒgɪ] adj [ground] détrempé ; [vegetables, pasta] trop cuit ; [bread] ramolli

soil [sɔɪl] **1** n terre *f*, sol *m* **2** vt salir

solar ['səʊləʳ] adj solaire ► **solar eclipse** éclipse *f* de soleil ► **solar plexus** plexus *m* solaire

solarium [səʊ'lɛərɪəm] n solarium *m*

sold [səʊld] vb pret, ptp of **sell**

solder ['səʊldəʳ] **1** n soudure *f* **2** vt souder

soldering iron ['səʊldərɪŋˌaɪən] n fer *m* à souder

soldier ['səʊldʒəʳ] n soldat *m*

sole [səʊl] **1** n **a** (= fish) sole *f* **b** [of shoe, sock] semelle *f* ; [of foot] plante *f* **2** adj **a** (= single) seul **b** (= exclusive) [right, possession, supplier] exclusif ; [responsibility] entier ; [heir] universel ; [owner] unique

solemn ['sɒləm] adj [mood, occasion, promise, music] solennel ; [silence, expression, person] grave

solicit [sə'lɪsɪt] **1** vt solliciter (*sb for sth, sth from sb* qch de qn) **2** vi [prostitute] racoler

solicitor [sə'lɪsɪtəʳ] n (BR) (for sales, wills) ≈ notaire *mf* ; (in divorce, police, court cases) ≈ avocat(e) *m(f)* ; (US) *juriste-conseil attaché à une municipalité*

solid ['sɒlɪd] **1** adj **a** (= not liquid) solide **b** (= not hollow) [ball, block] plein ; [layer, mass] compact ; [rock, oak, gold] massif **c** (= continuous) [line] continu ; [rain] ininterrompu **d** (= substantial) [structure, basis, relationship] solide ; [meal] consistant **2** adv ■ **to be booked ~** être complet ■ **they worked for two days ~** ils ont travaillé deux jours de suite sans s'arrêter **3** n solide *m*
→ *Pièges* MASSIVE

solidarity [ˌsɒlɪ'dærɪtɪ] n solidarité *f*

solidify [sə'lɪdɪfaɪ] **1** vt solidifier **2** vi se solidifier

solidity [sə'lɪdɪtɪ] n solidité *f*

soliloquy [sə'lɪləkwɪ] n monologue *m*

solitaire [,sɒlɪ'tɛəʳ] n **a** (= stone, board game) solitaire *m* **b** (US : Cards) réussite *f*

solitary ['sɒlɪtərɪ] adj **a** [person, life] solitaire ▸ **solitary confinement** isolement *m* cellulaire **b** (= sole) seul

solitude ['sɒlɪtjuːd] n solitude *f*

solo ['səʊləʊ] **1** n solo *m* **2** adv en solo **3** adj solo *inv*

soloist ['səʊləʊɪst] n soliste *mf*

solstice ['sɒlstɪs] n solstice *m*

soluble ['sɒljʊbl] adj soluble

solution [sə'luːʃən] n **a** (to problem) solution *f* (*to* de) **b** (= liquid) solution *f*

solve [sɒlv] vt (gen) résoudre ; [+ murder, mystery] élucider

solvent ['sɒlvənt] **1** adj solvable **2** n solvant *m*

sombre, somber (US) ['sɒmbəʳ] adj sombre

some [sʌm]

1 adj **a** (= a certain amount of, a little) du, de la, de l' ▪ **~ tea/ice cream/water** du thé/de la glace/de l'eau ▪ **would you like ~ more meat?** voulez-vous encore un peu de viande ?

b (= a certain number of) des ▪ **~ cakes** des gâteaux ▪ **I found ~ small mistakes** j'ai trouvé de petites erreurs

c (indefinite) un, une ▪ **~ other day** un autre jour ▪ **~ time last week** la semaine dernière ▪ **~ day** un jour (ou l'autre)

d (as opposed to others) ▪ **~ children like school** certains enfants aiment l'école ▪ **~ people say that...** il y a des gens qui disent que...

e (= a considerable amount of) ▪ **it took ~ courage to do that!** il a fallu du courage pour faire ça ! ▪ **it's a matter of ~ importance** c'est une question assez importante

f (* in exclamations) ▪ **that was ~ party!** (admiring) ça a été une super fête !* ▪ **he says he's my friend – ~ friend!** (iro) il dit être mon ami – drôle d'ami !*

2 pron **a** (= as opposed to others) certain(e)s *m(f)pl* ▪ **~ of my friends** certains de mes amis ▪ **~ of them were late** certains d'entre eux étaient en retard

b (= not all) quelques-un(e)s *m(f)pl* ▪ **I don't want them all, but I'd like ~** je ne les veux pas tous mais j'en voudrais quelques-uns ▪ **I've still got ~ (of them)** j'en ai encore quelques-uns

c (= a certain amount or number: when object of the verb) en ▪ **I've got ~** j'en ai ▪ **have ~!** prenez-en !

d (= a part) une partie ▪ **put ~ of the sauce into a bowl** versez une partie de la sauce dans un bol ▪ **have ~ of this cake** prenez un peu de gâteau

3 adv (= about) environ ▪ **there were ~ twenty houses** il y avait environ vingt maisons

→ *Pièges* ANY

somebody ['sʌmbədɪ] pron quelqu'un ▪ **~ else** quelqu'un d'autre ▪ **we need ~ competent** il nous faut quelqu'un de compétent ▪ **~ or other** je ne sais qui ▪ **she thinks she's ~** elle se prend pour quelqu'un

somehow ['sʌmhaʊ] adv ▪ **~ or other** (= in some way) d'une manière ou d'une autre ; (= for some reason) pour une raison ou pour une autre

someone ['sʌmwʌn] pron ⇒ **somebody**

someplace ['sʌmpleɪs] adv (US) ⇒ **somewhere**

somersault ['sʌməsɔːlt] **1** n (gen) culbute *f* ; (by child) galipette *f* ; (by car) tonneau *m* **2** vi [person] faire la culbute ; [car] faire un tonneau

something ['sʌmθɪŋ] **1** pron quelque chose *m* ▪ **~ unusual** quelque chose d'inhabituel ▪ **would you like ~ to drink?** vous voulez boire quelque chose ? ▪ **I'd get her ~ else** je lui donnerai quelque chose d'autre ▪ **it's ~ else!*** (= incredible) c'est quelque chose ! ▪ **there's ~ about her I don't like** il y a chez elle quelque chose que je n'aime pas ▪ **there's ~ in what you say** il y a du vrai dans ce que vous dites ▪ **~ tells me that...** j'ai l'impression que... ▪ **that's always ~** c'est toujours ça ▪ **he's got flu or ~** il a la grippe ou quelque chose comme ça ▪ **he is ~ of a miser** il est plutôt avare **2** adv ▪ **he won ~ like $10,000** il a gagné quelque chose comme 10 000 dollars ▪ **there were ~ like 80 people there** il y avait dans les 80 personnes

sometime ['sʌmtaɪm] **1** adv **a** (in past) ▪ **~ last month** le mois dernier **b** (in future) un de ces jours ▪ **~ next year** (dans le courant de) l'année prochaine ▪ **~ or other it will have to be done** il faudra (bien) le faire un jour ou l'autre **2** adj (= former) ancien *before n*

sometimes ['sʌmtaɪmz] adv parfois, quelquefois

somewhat ['sʌmwɒt] adv un peu

somewhere ['sʌmwɛəʳ] adv quelque part ▪ **~ or other** quelque part ▪ **~ in France** quelque part en France ▪ **~ else** ailleurs

son [sʌn] n fils *m* ▸ **son-in-law** gendre *m*

sonar ['səʊnɑːʳ] n sonar *m*

sonata [sə'nɑːtə] n sonate *f*

song [sɒŋ] n chanson *f* ; [of birds] chant *m*

songbird ['sɒŋbɜːd] n oiseau *m* chanteur

sonic ['sɒnɪk] adj sonique ▸ **sonic boom** bang *m inv* supersonique

sonnet ['sɒnɪt] n sonnet *m*

soon [su:n] adv **a** (= before long) bientôt ; (= quickly) vite ▪ **see you ~!** à bientôt ! ▪ **quite ~** dans peu de temps ▪ **~ afterwards** peu après **b** (= early) tôt ▪ **too ~** trop tôt ▪ **how ~ can you get here?** quand pourrais-tu être là au plus tôt ? ▪ **I couldn't get here any ~er** je n'ai pas pu arriver plus tôt ▪ **no ~er said than done!** aussitôt dit aussitôt fait ! ▪ **the ~er we get started the ~er we'll be done** plus tôt nous commencerons plus tôt nous aurons fini ▪ **the ~er the better!** le plus tôt sera le mieux ! ▪ **~er or later** tôt ou tard ▪ **as ~ as** dès que ▪ **as ~ as possible** dès que possible ▪ **I'll do it as ~ as I can** je le fais dès que je peux **c** (expressing preference) ▪ **I'd ~er you didn't tell him** je préférerais que vous ne le lui disiez *subj* pas ▪ **I'd as ~ you...** j'aimerais autant que vous... *+ subj*

→ *Pièges* SOON

soot [sʊt] n suie *f*

soothe [su:ð] vt calmer

soothing ['su:ðɪŋ] adj [music] relaxant ; [voice, manner] apaisant ; [ointment] adoucissant

sophisticated [sə'fɪstɪkeɪtɪd] adj **a** (= advanced) sophistiqué **b** (= refined) raffiné **c** (= intelligent) averti

sophomore ['sɒfəmɔ:ʳ] n (US) étudiant(e) *m(f)* de seconde année

soporific [,sɒpə'rɪfɪk] adj soporifique

soppy* ['sɒpɪ] adj (BR) [person] fleur bleue *inv* ; [film, story] à l'eau de rose

soprano [sə'prɑ:nəʊ] n (= person) soprano *mf* ; (= voice) soprano *m*

sorbet ['sɔ:beɪ, 'sɔ:bɪt] n sorbet *m*

sorcerer ['sɔ:sərəʳ] n sorcier *m*

sordid ['sɔ:dɪd] adj sordide

sore [sɔ:ʳ] **1** adj **a** (= painful) douloureux ▪ **to have a ~ throat** avoir mal à la gorge ▪ **it's a ~ point** c'est un sujet qu'il vaut mieux éviter **b** (* = resentful) vexé **2** n plaie *f*

sorely ['sɔ:lɪ] adv [disappointed] profondément ▪ **reform is ~ needed** le besoin de réformes se fait durement sentir

sorority [sə'rɒrɪtɪ] n (US) association *f* d'étudiantes

sorrel ['sɒrəl] n oseille *f*

sorrow ['sɒrəʊ] n peine *f*

sorrowful ['sɒrəʊfʊl] adj triste

sorry ['sɒrɪ] adj **a** (= regretful) désolé ▪ **I was ~ to hear of your accident** j'ai été désolé d'apprendre que vous aviez eu un accident ▪ **I am ~ to have to tell you that...** je regrette d'avoir à vous dire que... ▪ **(I'm) ~ I'm late** je suis désolé d'être en retard ▪ **~!** pardon ! ▪ **~ to disturb you** excusez-moi de vous déranger ▪ **I'm ~ about the noise yesterday** je m'excuse pour le bruit hier **b** (= pitying) ▪ **to feel ~ for sb** plaindre qn ▪ **to feel ~ for o.s.** se plaindre (de son sort) **c** (= woeful) triste ▪ **to be in a ~ state** être dans un triste état

sort [sɔ:t] **1** n (gen) sorte *f*, genre *m* ; (= make) [of car, machine, coffee] marque *f* ▪ **all ~s of books** des livres de toutes sortes ▪ **this ~ of thing** ce genre de chose ▪ **a ~ of** une sorte de ▪ **I was ~ of frightened** j'avais un peu peur ▪ **it's ~ of blue** c'est plutôt bleu ▪ **this is wrong – nothing of the ~!** c'est faux – certainement pas ! ▪ **he is a painter of ~s** c'est une sorte de peintre ▪ **to be out of ~s** ne pas être dans son assiette* **2** vt trier

▸ **sort out** vt sep [+ ideas] mettre de l'ordre dans ; [+ problem, difficulties] régler

▸ **sort through** vt insep faire le tri dans

sorting ['sɔ:tɪŋ] n tri *m* ▸ **sorting office** (Post) centre *m* de tri

SOS [,esəʊ'es] n SOS *m*

sought [sɔ:t] vb pret, ptp of **seek**

sought-after ['sɔ:t,ɑ:ftəʳ] adj recherché

soul [səʊl] n **a** (gen) âme *f* ▪ **All Souls' Day** le jour des Morts ▪ **I didn't see a ~** je n'ai pas vu âme qui vive ▸ **soul-destroying** destructeur (-trice *f*); (= depressing) démoralisant ▸ **soul mate*** âme *f* sœur **b** (also **soul music**) (musique *f*) soul *f*

soulful ['səʊlfʊl] adj [voice, music] plein d'émotion ▪ **to have ~ eyes** avoir un regard émouvant

sound [saʊnd] **1** n son *m* ; [of sea, storm, breaking glass] bruit *m* ▪ **I don't like the ~ of it** (= it's worrying) je n'aime pas ça ▸ **sound barrier** mur *m* du son ▸ **sound card** (Computing) carte *f* son ▸ **sound effects** (Radio) bruitage *m* ▸ **sound system** (= hi-fi) chaîne *f* hi-fi; (for disco, concert) sono* *f* **2** vi **a** [bell] sonner ; [car horn, siren, trumpet] retentir **b** (= suggest by sound) ▪ **it ~s empty** (au son) on dirait que c'est vide ▪ **he ~s Australian** à l'entendre parler on dirait un Australien ▪ **she ~s tired** elle semble fatiguée **c** (= seem) sembler (être) ▪ **it ~s like a good idea** ça semble être une bonne idée **3** vt sonner ; [+ trumpet] sonner de ▪ **to ~ one's horn** klaxonner **4** adj **a** (= healthy) sain ; [structure] en bon état ; [heart] solide ; [investment] sûr ▪ **of ~ mind** sain d'esprit **b** [argument, evidence] solide ; [decision, advice] sensé ▪ **ecologically ~** écologique **5** adv ▪ **to be ~ asleep** dormir à poings fermés

▸ **sound out** vt insep [+ person] sonder (*about* sur)

→ *Pièges* NOISE

soundly ['saʊndlɪ] adv **a** (= thoroughly) [defeat] à plate(s) couture(s) **b** [sleep] profondément **c** [manage] de façon compétente

soundproof ['saʊndpru:f] adj insonorisé

soundtrack ['saʊndtræk] n bande-son *f*

soup [su:p] n soupe *f*; (thinner or sieved) potage *m* ■ **mushroom/tomato ~** soupe aux champignons/de tomate ▸ **soup plate** assiette *f* creuse ▸ **soup spoon** cuillère *f* à soupe

sour ['saʊə'] **1** adj **a** (gen) aigre ▸ **sour(ed) cream** crème *f* aigre **b** (= surly) revêche ; [comment] acerbe ▸ **sour grapes** dépit *m* **2** vt aigrir

source [sɔ:s] **1** n source *f* **2** vt [+ information, data] sourcer

sourdough ['saʊədəʊ] n (US) levain *m*

south [saʊθ] **1** n sud *m* ■ **to the ~ of** au sud de ■ **the South of France** le Sud de la France, le Midi **2** adj sud *inv* ■ **~ wind** vent *m* du sud ■ **~ coast** côte *f* sud ■ **in ~ Devon** dans le sud du Devon ▸ **South Africa** Afrique *f* du Sud ▸ **South African** adj sud-africain ◊ n Sud-Africain(e) *m(f)* ▸ **South America** Amérique *f* du Sud ▸ **South American** adj sud-américain ◊ n Sud-Américain(e) *m(f)* ▸ **south-east** n sud-est *m* ◊ adj sud-est *inv* ◊ adv vers le sud-est, au sud-est ▸ **South Pole** pôle *m* Sud ▸ **south-west** n sud-ouest *m* ◊ adj sud-ouest *inv* ◊ adv vers le sud-ouest, au sud-ouest **3** adv [go] vers le sud ; [be, lie] au sud, dans le sud ■ **to sail due ~** aller plein sud ■ **to go ~** (lit) aller vers le sud ; (US = decline) partir à vau-l'eau

southbound ['saʊθbaʊnd] adj [traffic] en direction du sud ; [carriageway] sud *inv*

southerly ['sʌðəlɪ] adj [wind] du sud ■ **in a ~ direction** en direction du sud

southern ['sʌðən] adj sud *inv*, du sud ■ **the ~ hemisphere** l'hémisphère *m* sud *inv* ▸ **southern-fried** (US) [chicken] pané et frit; [music, politics]* du Sud profond

southerner ['sʌðənə'] n **a** personne *f* du Sud **b** (US Hist) sudiste *mf*

southward ['saʊθwəd] **1** adj au sud **2** adv ■ **~(s)** vers le sud

souvenir [ˌsu:və'nɪə'] n souvenir *m (objet)* ; → *Pièges* SOUVENIR

sovereign ['sɒvrɪn] **1** n (= monarch) souverain(e) *m(f)* **2** adj souverain *after n* ▸ **sovereign debt** n dette *f* souveraine

sovereignty ['sɒvrəntɪ] n souveraineté *f*

soviet ['səʊvɪət] **1** n soviet *m* **2** adj soviétique ▸ **the Soviet Union** l'Union *f* soviétique

sow[1] [saʊ] n (= pig) truie *f*

sow[2] [səʊ] (pret **sowed**, ptp **sown** or **~ed**) vti semer

sown [səʊn] vb ptp of **sow**

soy [sɔɪ] n **a** (= soy sauce) sauce *f* de soja **b** (US = plant) soja *m*

soya ['sɔɪə] n (= plant) soja *m* ▸ **soya bean** graine *f* de soja

soz [sɒz] excl (abbr of **sorry**) (in emails, text messaging) dsl *(désolé)*

spa [spɑ:] n (= town) station *f* thermale ; (= spring) source *f* minérale

space [speɪs] **1** n **a** (gen) espace *m* ■ **he was staring into ~** il regardait dans le vide **b** (= room) place *f* ■ **to take up a lot of ~** prendre beaucoup de place **c** (= interval, period) espace *m* (de temps) ■ **in the ~ of one hour** en l'espace d'une heure **2** comp [journey, research, rocket] spatial ▸ **the Space Age** l'ère *f* spatiale ▸ **space bar** barre *f* d'espacement ▸ **space cadet**‡ allumé(e)‡ *m(f)* ▸ **space junk** déchets *mpl* spatiaux ▸ **space shuttle** navette *f* spatiale ▸ **space station** station *f* spatiale ▸ **space tourism** tourisme *m* spatial

▸ **space out** vt sep [+ chairs, words, visits] espacer ; [+ payments] échelonner (*over* sur)

spacecraft ['speɪskrɑ:ft] n vaisseau *m* spatial

spaceman ['speɪsmæn] n (pl **-men**) spationaute *m*

spaceship ['speɪsʃɪp] n vaisseau *m* spatial

spacesuit ['speɪssu:t] n combinaison *f* spatiale

spacing ['speɪsɪŋ] n espacement *m* ■ **in single/double ~** (Typo) en simple/double interligne

spacious ['speɪʃəs] adj [room, house, car] spacieux ; [garden] grand

spade [speɪd] n **a** (= tool) bêche *f*; (child's) pelle *f* **b** (Cards) pique *m*

spaghetti [spə'getɪ] n spaghettis *mpl* ; → *Pièges* SPAGHETTI

Spain [speɪn] n Espagne *f*

spam [spæm] **1** n (= unsolicited email) spam *m*, pourriel *m* **2** vt spammer

Spam® [spæm] n ≈ mortadelle *f*

spamming ['spæmɪŋ] n spamming *m*, envoi *m* de courriers indésirables or de pourriels (CAN)

span [spæn] **1** n **a** [of hands, bird, plane] envergure *f* ; [of bridge] travée *f* ; [of arch, roof] portée *f* **b** (in time) espace *m* (de temps) ; [of life] durée *f* **2** vt [bridge] enjamber ■ **her singing career ~s 50 years** sa carrière de chanteuse s'étend sur 50 ans

Spaniard ['spænjəd] n Espagnol(e) *m(f)*

spaniel ['spænjəl] n épagneul *m*

Spanish ['spænɪʃ] **1** adj espagnol **2** n (= language) espagnol *m*

spank [spæŋk] vt donner une fessée à

spanner ['spænə^r] n (BR) clé *f* (de serrage)

spar [spɑː^r] vi (Boxing) s'entraîner (à la boxe) ; (= argue) s'affronter verbalement

spare [spɛə^r] **1** adj **a** (= reserve) de réserve ; (= replacement) de rechange ; (= surplus) en trop ▪ **I've got a ~ ticket for the play** j'ai une place en plus pour la pièce de théâtre ▪ **there are two going ~*** il en reste deux **b** (= thin) [person, body] sec (sèche *f*) ▸ **spare part** pièce *f* de rechange ▸ **spare room** chambre *f* d'amis ▸ **spare time** temps *m* libre ▸ **spare tyre** roue *f* de secours; (* = fat) poignée *f* d'amour ▸ **spare wheel** roue *f* de secours **2** n (= part) pièce *f* de rechange ; (= wheel) roue *f* de secours **3** vt **a** (= do without) se passer de ▪ **can you ~ £10?** est-ce que tu aurais 10 livres à me passer ? ▪ **I can't ~ the time (to do it)** je n'ai pas le temps (de le faire) ▪ **I've only a few minutes to ~** je ne dispose que de quelques minutes ▪ **he had time to ~** il avait du temps devant lui ▪ **there are three to ~** il en reste trois **b** (= show mercy to) épargner ▪ **to ~ sb's feelings** ménager qn **c** [+ suffering, grief] épargner ▪ **he could have ~d himself the trouble** il s'est donné du mal pour rien ▪ **I'll ~ you the details** je vous fais grâce des détails **d** (= refrain from using) [+ one's strength, efforts] ménager ▪ **we have ~d no expense** nous n'avons pas reculé devant la dépense

sparing ['spɛərɪŋ] adj ▪ **to be ~ in one's use of sth** utiliser qch avec modération

spark [spɑːk] **1** n étincelle *f* ▸ **spark plug** bougie *f (de voiture)* **2** vt [+ rebellion, complaints, quarrel] provoquer ; [+ interest, enthusiasm] susciter (*in sb* chez qn)

sparkle ['spɑːkl] **1** n [of stars, dew, tinsel] scintillement *m* ; [of diamond] éclat *m* ; (in eye) étincelle *f* **2** vi [gem, glass, drops of water] étinceler ; [surface of water, snow] scintiller ; [wine] pétiller ; [eyes] pétiller (*with* de) ; [person] briller

sparkler ['spɑːklə^r] n cierge *m* magique

sparkling ['spɑːklɪŋ] adj (= fizzy) [wine] pétillant ; [water] (naturally) gazeux ; (artificially) gazéifié

sparrow ['spærəʊ] n moineau *m*

sparse [spɑːs] adj [population, hair, vegetation] clairsemé ; [furniture] rare

spartan ['spɑːtən] adj spartiate

spasm ['spæzəm] n spasme *m*

spastic (o.f., pej) ['spæstɪk] n handicapé(e) *m(f)* moteur *f inv*

spat [spæt] vb pret, ptp of **spit**

spate [speɪt] n (BR) **a** [of river] crue *f* **b** [of letters, orders] avalanche *f* ; [of bombings, attacks] série *f*

spatter ['spætə^r] vt (accidentally) éclabousser (*with* de) ; (deliberately) asperger (*with* de)

spatula ['spætjʊlə] n (= cooking utensil) spatule *f*

spawn [spɔːn] **1** n œufs *mpl* **2** vt pondre ; [+ ideas, prejudice] engendrer

spay [speɪ] vt enlever les ovaires de

speak [spiːk] (pret **spoke**, ptp **spoken**) **1** vi **a** (gen) parler (*to* à, *of*, *about*, *on* de) ▪ **he always ~s well of her** il dit toujours du bien d'elle ▪ **biologically/philosophically ~ing** biologiquement/philosophiquement parlant ▪ **~ing of holidays...** à propos de vacances... ▪ **so to ~** pour ainsi dire ▪ **to ~ for sb** (= be spokesman for) parler au nom de qn ; (= give evidence for) parler en faveur de qn ▪ **~ for yourself!*** parle pour toi !* ▪ **the facts ~ for themselves** les faits parlent d'eux-mêmes **b** (on phone) ▪ **who's ~ing?** qui est à l'appareil ? ; (passing on call) c'est de la part de qui ? ▪ **Paul ~ing** (c'est) Paul à l'appareil ▪ **~ing!** lui-même (or elle-même) ! **2** vt [+ language] parler

▸ **speak up** vi **a** (= talk more loudly) parler plus fort **b** ▪ **he's not afraid to ~ up** (= say what he thinks) il n'a pas peur de dire franchement ce qu'il pense ▪ **to ~ up for sb** défendre qn ▪ **to ~ up against sth** s'élever contre qch

speakeasy* ['spiːkiːzɪ] n (US Hist) bar *m* clandestin *(pendant la prohibition)*

speaker ['spiːkə^r] n **a** celui *m* (or celle *f*) qui parle ; (in dialogue, discussion) interlocuteur *m*, -trice *f* ; (in public) orateur *m*, -trice *f* ; (= lecturer) conférencier *m*, -ière *f* **b** ▪ **Speaker (of the House)** (BR) président(e) *m(f)* de la Chambre des communes ; (US) président(e) *m(f)* de la Chambre des représentants **c** ▪ **French ~** personne *f* qui parle français ; (as native or official language) francophone *mf* **d** (= loudspeaker) enceinte *f*

spear [spɪə^r] **1** n **a** (= weapon) lance *f* ▸ **spear gun** fusil *m* sous-marin **b** [of asparagus] pointe *f* **2** vt transpercer d'un coup de lance

spearhead ['spɪəhed] **1** n fer *m* de lance **2** vt [+ attack] être le fer de lance de ; [+ campaign] mener

spearmint ['spɪəmɪnt] **1** n (= plant) menthe *f* verte **2** adj [sweet] à la menthe ; [flavour] de menthe

special ['speʃəl] **1** adj (= exceptional:) (gen) spécial ; [meeting] extraordinaire ; [case, status] à part ; [interest, effort, attention] particulier ; [treatment] de faveur ▪ **take ~ care of it** fais-y particulièrement attention ▪ **what are you doing this weekend? – nothing ~** que fais-tu ce week-end ? – rien de spécial ▪ **it's nothing ~** ça n'a rien d'extraordinaire ▪ **she's very ~ to us** elle nous est très chère ▸ **special delivery** ▪ **by ~ delivery** en exprès

▸ **special effects** effets *mpl* spéciaux ▸ **special needs** npl ⊠col problèmes *mpl* de scolarité ▸ **special offer** promotion *f* **2** n ▪ **the chef's ~** la spécialité du chef ▪ **today's ~** (on menu) le plat du jour

specialist ['speʃəlɪst] **1** n spécialiste *mf* (*in* de) ▪ **a heart ~** un(e) cardiologue **2** adj [dictionary] spécialisé

speciality [ˌspeʃɪ'ælɪtɪ] n spécialité *f*

specialize ['speʃəlaɪz] vi se spécialiser

specially ['speʃəlɪ] adv **a** (= expressly) spécialement **b** (* = exceptionally) particulièrement **c** (= in particular) particulièrement

specialty ['speʃəltɪ] n (US) spécialité *f*

species ['spiːʃiːz] n (pl inv) espèce *f*

specific [spə'sɪfɪk] adj précis ▪ **he was very ~ on that point** il a été très explicite sur ce point ▪ **~ to sb/sth** propre à qn/qch

specifically [spə'sɪfɪkəlɪ] adv **a** (= especially) [design, relate to] tout spécialement ; [intend, plan] particulièrement **b** (= in particular) en particulier **c** (= explicitly) [mention, warn, recommend] expressément **d** (= uniquely) spécifiquement

specification [ˌspesɪfɪ'keɪʃən] n (= item in contract) stipulation *f* ▪ **~s** (for building, machine) spécifications *fpl* ; (in contract) cahier *m* des charges

specify ['spesɪfaɪ] vt préciser

specimen ['spesɪmɪn] n (= example) spécimen *m* ; [of blood, tissue] prélèvement *m* ; [of urine] échantillon *m*

speck [spek] n (= stain) petite tache *f*; [of dust, soot] grain *m*

speckled ['spekld] adj tacheté (*with sth* de qch)

spectacle ['spektəkl] n (= sight) spectacle *m* ▪ **to make a ~ of o.s.** se donner en spectacle

spectacles ['spektəkəlz] npl (BR) ▪ **(pair of) ~** lunettes *fpl*

spectacular [spek'tækjʊlə'] adj spectaculaire

spectator [spek'teɪtə'] n spectateur *m*, -trice *f*

specter ['spektə'] n (US) spectre *m*

spectre ['spektə'] n spectre *m*

spectrum ['spektrəm] n (pl **spectra**) spectre *m* ; [of ideas, opinions] éventail *m*

speculate ['spekjʊleɪt] vi spéculer (*about, on* sur, *whether* pour savoir si)

speculation [ˌspekjʊ'leɪʃən] n spéculation *f* (*about* sur) ▪ **it is the subject of much ~** cela donne lieu à bien des conjectures

sped [sped] vb pret, ptp of **speed**

speech [spiːtʃ] n **a** (= faculty) parole *f*; (= manner of speaking) façon *f* de parler ▪ **freedom of ~** liberté *f* d'expression ▪ **direct/indirect ~** (Gram) discours *m* direct/indirect ▸ **speech impediment** défaut *m* d'élocution **b** (= formal address) discours *m* (*on* sur)

speechless ['spiːtʃlɪs] adj ▪ **to be ~** être sans voix ▪ **~ with admiration/rage** muet d'admiration/de rage

speed [spiːd] vb (pret, ptp **sped**) **1** n **a** (= rate of movement) vitesse *f* ; (= rapidity) rapidité *f* ▪ **at top ~** à toute vitesse ▸ **speed bump** ralentisseur *m* ▸ **speed camera** radar *m* (automatique) ▸ **speed limit** limitation *f* de vitesse ▸ **speed limiter** régulateur *m* de vitesse ▸ **speed trap** radar *m* **b** [of film] sensibilité *f* **2** vi **a** (= move fast) ▪ **to ~ along** [person, vehicle] aller à toute vitesse **b** (= go too fast) conduire trop vite

▸ **speed up** (pret, ptp **speeded up**) **1** vi aller plus vite ; [car] accélérer **2** vt sep [+ production] accélérer ▪ **to ~ things up** activer les choses

speedboat ['spiːdbəʊt] n vedette *f*; (with outboard motor) hors-bord *m*

speeding ['spiːdɪŋ] n (in car) excès *m* de vitesse

speedometer [spɪ'dɒmɪtə'] n compteur *m* (de vitesse)

speedwalk ['spiːdwɔːk] n (US) tapis *m* roulant

speedway ['spiːdweɪ] n (= speedway racing) course(s) *f(pl)* de motos

speedy ['spiːdɪ] adj rapide

spell [spel] **1** n **a** (= magic) sortilège *m* ; (= magic words) formule *f* magique ▪ **to cast a ~ on sb** jeter un sort à qn ; (fig) envoûter qn ▪ **under sb's ~** envoûté par qn **b** (= period of work) tour *m* **c** (= brief period) (courte) période *f* ▪ **for a short ~** pendant un petit moment **2** vt (pret, ptp **spelt** or **~ed**) **a** (in writing) orthographier ; (aloud) épeler ▪ **how do you ~ it?** comment est-ce que cela s'écrit ? **b** [letters] donner ; (= mean) signifier ▪ **that would ~ disaster** ça serait la catastrophe **3** vi épeler ▸ **spell-checker** correcteur *m* orthographique

▸ **spell out** vt sep [+ consequences, alternatives] expliquer bien clairement (*for sb* à qn)

spellbound ['spelbaʊnd] adj envoûté

spelling ['spelɪŋ] n orthographe *f*

spelt [spelt] **1** n épeautre *m* **2** vb pret, ptp of **spell**

spend [spend] (pret, ptp **spent**) **1** vt **a** [+ money] dépenser **b** [+ time] passer ▪ **to ~ time on sth** passer du temps sur qch ▪ **to ~ time doing sth** passer du temps à faire qch **2** vi dépenser

→ *Pièges* PASS

spending ['spendɪŋ] n dépenses *fpl* ▸ **spending money** argent *m* de poche ▸ **spending spree** ▪ **to go on a ~ spree** faire des folies

spendthrift ['spendθrɪft] n dépensier *m*, -ière *f*

spent [spent] **1** vb pret, ptp of **spend** **2** adj [cartridge, match] utilisé ; [supplies] épuisé

sperm [spɜːm] n pl inv (single) spermatozoïde *m* ; (= semen) sperme *m* ▸ **sperm whale** cachalot *m*

sphere [sfɪəʳ] n sphère *f*

spherical ['sferɪkəl] adj sphérique

spice [spaɪs] **1** n épice *f* ; (fig) piment *m* **2** vt [+ food] épicer ; (fig) pimenter (*with* de)

spick-and-span ['spɪkən'spæn] adj impeccable

spicy ['spaɪsɪ] adj **a** [food, smell] épicé **b** [story] croustillant

spider ['spaɪdəʳ] n araignée *f* ▸ **spider's web** toile *f* d'araignée

spike [spaɪk] **1** n pointe *f* ; (= nail) clou *m* **2** vt **a** (= pierce) transpercer **b** * [+ drink] corser

spiky ['spaɪkɪ] adj [hair] hérissé ; [cactus] couvert d'épines

spill [spɪl] vb (pret, ptp **spilt** or **~ed**) **1** vt renverser **2** vi [liquid, salt] se répandre
▸ **spill over** vi [liquid] déborder

spillage ['spɪlɪdʒ] n déversement *m* accidentel ▪ **oil ~** marée *f* noire

spilt [spɪlt] vb pret, ptp of **spill**

spin [spɪn] vb (pret **spun**, ptp **spun**) **1** n **a** (= turning motion) tournoiement *m* ▪ **to go into a ~** [plane] tomber en vrille **b** (* = ride) petit tour *m* ▪ **to go for a ~** aller faire un petit tour **c** ▪ **to put a different ~ on sth*** présenter qch sous un angle différent ▸ **spin doctor** *spécialiste en communication chargé de l'image d'un parti politique* **2** vt **a** [+ wool] filer ; [+ thread] fabriquer ▪ **to ~ a yarn** raconter une histoire **b** [+ wheel, nut, revolving stand] faire tourner ; [+ ball] donner de l'effet à **c** (BR : also **spin-dry**) essorer (à la machine) ▸ **spin-dryer** (BR) essoreuse *f* **3** vi **a** (= spin wool) filer **b** (= turn) tourner ; [car wheel] patiner ; [ball] tournoyer ▪ **he spun round as he heard me come in** il s'est retourné vivement en m'entendant entrer ▪ **my head is ~ning** j'ai la tête qui tourne
▸ **spin out** vt sep faire durer ; [+ story] délayer

spinach ['spɪnɪdʒ] n (= plant) épinard *m* ; (= cut leaves) épinards *mpl*

spinal ['spaɪnl] adj [injury] à la colonne vertébrale ▸ **spinal column** colonne *f* vertébrale ▸ **spinal cord** moelle *f* épinière

spindly ['spɪndlɪ] adj grêle

spine [spaɪn] n **a** (= backbone) colonne *f* vertébrale ; [of fish] arête *f* centrale ▸ **spine-chilling** à vous glacer le sang **b** [of sea urchin, hedgehog] épine *f* **c** [of book] dos *m*

spineless ['spaɪnlɪs] adj sans caractère

spinney ['spɪnɪ] n (BR) bosquet *m*, petit bois *m*

spinning ['spɪnɪŋ] n (by hand) filage *m* ▸ **spinning wheel** rouet *m*

spin-off ['spɪnɒf] n (= advantage) avantage *m* inattendu ; (= product) sous-produit *m* ; (TV, Cine, Fin) spin-off *m inv*, version *f* dérivée ▪ **this series is a ~ from the film** cette série est tirée du film

spinster ['spɪnstəʳ] n célibataire *f*

spiral ['spaɪərəl] **1** adj en spirale ▸ **spiral staircase** escalier *m* en colimaçon **2** n spirale *f* **3** vi [smoke] monter en spirale ; [prices] monter en flèche

spire ['spaɪəʳ] n [of building] flèche *f*

spirit ['spɪrɪt] **1** n **a** (gen) esprit *m* **b** (= courage) courage *m* ; (= energy) énergie *f* ; (= vitality) entrain *m* **2** **spirits** npl **a** (= frame of mind) ▪ **to be in good ~s** avoir le moral ▪ **in high ~s** enjoué **b** (= drink) spiritueux *mpl*

spirited ['spɪrɪtɪd] adj [person] plein d'entrain ; [reply, attempt] courageux

spirit level ['spɪrɪt,levl] n niveau *m* à bulle

spiritual ['spɪrɪtjʊəl] **1** adj spirituel **2** n (= song) (negro-)spiritual *m*

spit [spɪt] vb (pret, ptp **spat**) **1** n **a** (= spittle) crachat *m* ; (= saliva) salive *f* **b** (for meat) broche *f* **c** (Geog) langue *f* (de terre) **2** vt cracher **3** vi cracher (*at sb* sur qn) ; [fire] crépiter ▪ **it was ~ting** (BR) il tombait quelques gouttes de pluie
▸ **spit out** vt sep [+ pip, pill] recracher

spite [spaɪt] **1** n méchanceté *f* ▪ **in ~ of** malgré **2** vt vexer

spiteful ['spaɪtfʊl] adj malveillant

spittle ['spɪtl] n salive *f*

splash [splæʃ] **1** n **a** (= sound) plouf *m* ; (= mark) éclaboussure *f* **b** (= small amount) ▪ **a ~ of** une goutte de ▪ **a ~ of colour** une tache de couleur **2** vt éclabousser (*sb/sth with sth* qn/qch de qch) ▪ **to ~ water on o.s.** s'asperger d'eau ▪ **the news was ~ed across the front page** la nouvelle faisait les gros titres **3** vi **a** [liquid, mud] faire des éclaboussures **b** [person, animal] patauger
▸ **splash out*** vi (BR = spend money) faire une folie ▪ **to ~ out on sth** faire une folie et s'acheter qch

spleen [spliːn] n (= organ) rate *f* ; (= bad temper) mauvaise humeur *f*

splendid ['splendɪd] adj (gen) splendide ; [meal, idea] merveilleux ; [example] superbe

splendour, splendor (US) ['splendəʳ] n splendeur *f*

splice [splaɪs] vt [+ rope, cable] épisser ; [+ film, tape] coller

spliff‡ [splɪf] n (Drugs) pétard* *m*

splint [splɪnt] n attelle *f*

splinter ['splɪntəʳ] **1** n [of glass, wood] éclat *m* ; (in finger) écharde *f* ► **splinter group** groupe *m* dissident **2** vt [+ wood] fendre ; [+ glass, bone] briser **3** vi [wood] se fendre ; [glass, bone] se briser

split [splɪt] vb (pret, ptp **split**) **1** n (at seam) fente *f* ; (= tear) déchirure *f* ; (in party) scission *f* ; (= difference) différence *f* **2** **splits** npl ■ **to do the ~s** faire le grand écart **3** vt **a** (= cleave) fendre ; [+ party] diviser ■ **to ~ sth open** ouvrir qch en le coupant en deux ■ **he ~ his head open** il s'est fendu le crâne ■ **to ~ hairs** couper les cheveux en quatre ■ **to ~ one's sides** se tordre de rire **b** (= share) (se) partager ■ **to ~ the difference** couper la poire en deux **4** vi **a** [wood, seam] se fendre ; [garment] se déchirer ; [organization] se diviser **b** (= divide) [people] se séparer ; [political party] se diviser **5** comp ► **split ends** fourches *fpl* ► **split-level house** maison *f* à deux niveaux ► **split second** fraction *f* de seconde

► **split up** **1** vi [meeting, crowds] se disperser ; [party] se diviser ; [couple] se séparer **2** vt sep [+ wood] fendre (*into* en) ; [+ money, work] partager (*among* entre) ; [+ group] diviser ; [+ friends] séparer

splodge [splɒdʒ] n éclaboussure *f*

splutter ['splʌtəʳ] vi (= spit) crachoter ; (= stutter) bredouiller

spoil [spɔɪl] vb (pret, ptp **spoiled** or **~t**) **1** vt **a** (= damage) abîmer **b** (= make less pleasurable) gâter ; [+ film] spoiler ■ **it ~ed the fun** ça a plombé l'ambiance* **c** (= pamper) gâter ■ **to ~ o.s.** se faire plaisir **2** vi **a** [food] s'abîmer **b** ■ **to be ~ing for a fight** chercher la bagarre* **3** **spoils** npl (= booty) butin *m*

spoilsport ['spɔɪlspɔːt] n trouble-fête *mf*

spoilt [spɔɪlt] **1** vb pret, ptp of **spoil** **2** adj [child] gâté ■ **to be ~ for choice** avoir l'embarras du choix

spoke [spəʊk] **1** n rayon *m* **2** vb pret of **speak**

spoken ['spəʊkən] vb ptp of **speak**

spokesman ['spəʊksmən] n (pl **-men**) porte-parole *m*

spokesperson ['spəʊks,pɜːsən] n porte-parole *mf*

spokeswoman ['spəʊks,wʊmən] n (pl **-women**) porte-parole *f*

sponge [spʌndʒ] **1** n **a** (for cleaning) éponge *f* ► **sponge bag** (BR) trousse *f* de toilette **b** (also **sponge cake**) gâteau *m* de Savoie **2** vt éponger **3** vi (* = cadge) ■ **to ~ on sb** vivre aux crochets de qn

sponsor ['spɒnsəʳ] **1** n [of concert, sports event] sponsor *m* ; [of trainee, negotiations, for charity] parrain *m* **2** vt [+ concert, sports event] sponsoriser ; [+ child, talks] parrainer ; [+ proposal] présenter ■ **~ed walk** *marche entreprise pour récolter des dons en faveur d'une œuvre de bienfaisance*

sponsorship ['spɒnsəʃɪp] n (= financial support) sponsoring *m*

spontaneous [spɒn'teɪnɪəs] adj spontané

spoof* [spuːf] n (= hoax) canular *m* ; (= parody) parodie *f* (*on* de)

spooky* ['spuːkɪ] adj sinistre

spool [spuːl] n bobine *f*

spoon [spuːn] n cuillère *f* ; (= spoonful) cuillerée *f* ► **spoon-feed** vt ■ **he expects to be spoon-fed** (fig) il s'attend à ce qu'on lui mâche le travail

spoonful ['spuːnfʊl] n cuillerée *f*

sporadic [spə'rædɪk] adj sporadique

spore [spɔːʳ] n spore *f*

sporran ['spɒrən] n (Scot) *bourse en peau portée avec le kilt*

sport [spɔːt] n **a** sport *m* ► **sport jacket** (US) veste *f* sport *inv* **b** (* = person) ■ **good ~** chic type* *m*, chic fille* *f*

sporting ['spɔːtɪŋ] adj **a** [event, activity, organization, career] sportif **b** (= fair) [gesture] généreux ; [person] chic* *inv* ■ **to have a ~ chance** avoir de bonnes chances

sports [spɔːts] adj sportif ► **sports car** voiture *f* de sport ► **sports day** (BR : Scol) réunion *f* sportive ► **sports drink** boisson *f* énergisante ► **sports ground** terrain *m* de sport ► **sports jacket** veste *f* sport *inv*

sportsman ['spɔːtsmən] n (pl **-men**) sportif *m*

sportsmanlike ['spɔːtsmənlaɪk] adj sportif

sportsmanship ['spɔːtsmənʃɪp] n sportivité *f*

sportswear ['spɔːtswɛəʳ] n vêtements *mpl* de sport

sportswoman ['spɔːtswʊmən] n (pl **-women**) sportive *f*

sporty* ['spɔːtɪ] adj [car] de sport ; [person] sportif ; [clothes] sport *inv*

spot [spɒt] **1** n **a** (= mark) tache *f* ; (= splash) éclaboussure *f* ; (= polka dot) pois *m* ; (on dice, domino) point *m* ■ **a few ~s of rain** (BR) quelques gouttes *fpl* de pluie **b** (= pimple) bouton *m* ; (= freckle) tache *f* de rousseur **c** (= small amount) ■ **a ~ of** un peu de ■ **there's been a ~ of trouble** il y a eu un petit problème **d** (= place) endroit *m* ■ **to be in a tight ~*** être dans le pétrin* ■ **on the ~** sur place ■ **he decided on the ~** il s'est décidé sur-le-champ ■ **he was killed on the ~** il a été tué sur le coup ► **spot check** contrôle *m* ponctuel **e** (* = part of TV or radio show) numéro *m* **2** vt [+ person, object, vehicle] apercevoir ; [+ bargain, mistake] repérer

spotless ['spɒtlɪs] adj [place, clothes] impeccable ; [reputation] sans tache

spotlight ['spɒtlaɪt] n (= lamp) (Theatre) projecteur *m* ; (in home) spot *m*

spotted ['spɒtɪd] adj [dress] à pois ; [animal] tacheté

spotty ['spɒtɪ] adj [person, face, skin] boutonneux

spouse [spaʊz] n époux *m*, épouse *f* ; (on legal documents) conjoint(e) *m(f)*

spout [spaʊt] **1** n [of teapot, jug] bec *m* ; (= stream of liquid) jet *m* **2** vi [liquid] jaillir (*from, out of* de) **3** vt **a** [+ smoke, lava] lancer un jet de **b** (* = recite) débiter

sprain [spreɪn] **1** n entorse *f* **2** vt [+ muscle] fouler ; [+ ligament] étirer ▪ **to ~ one's ankle** se faire une entorse à la cheville ; (less serious) se fouler la cheville

sprang [spræŋ] vb pret of **spring**

sprawl [sprɔːl] vi (= fall) s'étaler* ; (= lie) être affalé ; [plant] ramper (*over* sur) ; [town] s'étaler (*over* dans)

spray [spreɪ] **1** n **a** (gen) gouttelettes *fpl* ; (from sea) embruns *mpl* ; (from aerosol) pulvérisation *f* **b** (= aerosol) (bombe *f*) aérosol *m* ; (for scent) atomiseur *m* **c** [of flowers] gerbe *f* ; [of greenery] branche *f* **2** vt **a** [+ roses, garden, crops] pulvériser ; [+ room] faire des pulvérisations dans ; [+ hair] vaporiser (*with* de) ; (= spray-paint) bomber, peindre à la bombe **b** [+ water, scent] vaporiser ; [+ insecticide, paint] pulvériser

spread [spred] vb (pret, ptp **spread**) **1** n **a** [of fire, disease] propagation *f* ; [of idea, knowledge] diffusion *f* **b** (= edible paste) pâte *f* (à tartiner) ▪ **cheese ~** fromage *m* à tartiner **c** (* = meal) festin *m* **2** vt **a** (= spread out) [+ sheet, map, rug] étendre (*on sth* sur qch) ; [+ wings, sails] déployer ; [+ net] tendre ; [+ fingers, arms] écarter **b** [+ bread] tartiner (*with* de) ; [+ butter, face cream] étaler **c** (= distribute) [+ sand] répandre (*on, over* sur) ; [+ fertilizer] épandre (*over, on* sur) ; (= spread out) [+ objects, cards] étaler (*on* sur) **d** [+ disease] propager ; [+ germs] disséminer ; [+ rumours] faire courir ; [+ news] faire circuler ; [+ knowledge] diffuser ; [+ fear, indignation] semer ; (= spread out, in time) [+ payment, studies] étaler (*over* sur) ▪ **to ~ o.s. too thin** trop disperser ses efforts **3** vi **a** (= widen) [oil slick, weeds, fire, disease] s'étendre ; [news, rumour] se répandre ; [panic, indignation] se propager **b** (= extend) s'étendre (*over* sur) **c** [butter, paste] s'étaler
▸ **spread out** vi **a** [people, animals] se disperser **b** (= open out) [wings] se déployer ; [valley] s'élargir

spreadsheet ['spredʃiːt] n (= chart) tableau *m* ; (= software) tableur *m*

spree [spriː] n ▪ **to go on a (spending** or **shopping) ~** aller faire des folies

sprig [sprɪg] n brin *m*

sprightly ['spraɪtlɪ] adj alerte

spring [sprɪŋ] vb (pret **sprang**, ptp **sprung**) **1** n **a** (= leap) bond *m* **b** (for chair, mattress, watch) ressort *m* **c** [of water] source *f* ▪ **hot ~** source *f* chaude **d** (= season) printemps *m* ▪ **in ~** au printemps ▸ **spring-clean** n grand nettoyage *m* (de printemps) ◊ vt nettoyer de fond en comble ▸ **spring greens** chou *m* branchu ▸ **spring onion** (BR) ciboule *f* ▸ **spring roll** rouleau *m* de printemps **2** vi **a** (= leap) bondir ▪ **to ~ in/out/across** entrer/sortir/traverser d'un bond ▪ **to ~ to one's feet** se lever d'un bond ▪ **he sprang into action** il est passé à l'action ▪ **to ~ to mind** venir à l'esprit **b** (= originate) venir (*from* de) **3** vt [+ trap] faire jouer ▪ **to ~ a surprise on sb** surprendre qn ▪ **he sprang it on me** il m'a pris de court
▸ **spring up** vi [person] se lever d'un bond ; [flowers, weeds] surgir de terre ; [new buildings, settlements] pousser comme des champignons ; [problem] surgir

springboard ['sprɪŋbɔːd] n tremplin *m*

springtime ['sprɪŋtaɪm] n printemps *m*

springy ['sprɪŋɪ] adj [mattress, step] élastique ; [carpet] moelleux ; [ground] souple

sprinkle ['sprɪŋkl] vt ▪ **to ~ sth with water** asperger qch d'eau ▪ **to ~ a cake with sugar** saupoudrer un gâteau de sucre

sprinkler ['sprɪŋklə'] n (for lawn) arroseur *m*

sprint [sprɪnt] **1** n sprint *m* **2** vi (Sport) sprinter ; (gen) piquer* un sprint

sprinter ['sprɪntə'] n sprinteur *m*, -euse *f*

sprout [spraʊt] **1** n (on plant, branch) pousse *f* ; (from bulbs, seeds) germe *m* ▪ **(Brussels) ~** chou *m* de Bruxelles **2** vi **a** [bulbs, onions] germer **b** (= grow quickly) [plants, crops] bien pousser ; [child] grandir vite **c** (= appear) [mushrooms] pousser ; [weeds, new buildings] surgir de terre

spruce [spruːs] **1** n épicéa *m* **2** adj [person] pimpant ; [house] coquet
▸ **spruce up** vt sep [+ child] faire beau ; [+ house] refaire à neuf ▪ **to ~ o.s. up** se faire tout beau (toute belle *f*)

sprung [sprʌŋ] **1** vb ptp of **spring** **2** adj à ressorts

spry [spraɪ] adj alerte

spun [spʌn] vb pret, ptp of **spin**

spur [spɜː'] n éperon *m* ▪ **on the ~ of the moment** sous l'impulsion du moment
▸ **spur on** vt sep éperonner ▪ **to ~ sb on to do sth** inciter qn à faire qch ▪ **this spurred him on to greater efforts** ça l'a encouragé à redoubler d'efforts

spurious ['spjʊərɪəs] adj faux (fausse *f*) ; [claim] fallacieux

spurn [spɜːn] vt [+ help, offer] repousser ; [+ lover] éconduire

spurt [spɜːt] **1** n [of water] jet *m* ; [of enthusiasm, energy] regain *m* ; (= burst of speed) accélération *f* ■ **in ~s** par à-coups **2** vi [water, blood, flame] jaillir (*from* de) **3** vt [+ flame, lava, water] projeter

sputter [ˈspʌtəʳ] vi (= spit) crachoter ; (= stutter) bredouiller

spy [spaɪ] **1** n espion(ne) *m(f)* **2** vi faire de l'espionnage ■ **to ~ on sb** espionner qn **3** vt (= catch sight of) apercevoir

spycam [ˈspaɪˌkæm] n caméra *f* de surveillance

spying [ˈspaɪɪŋ] n espionnage *m*

spyware [ˈspaɪwɛəʳ] n espiogiciel *m*

squabble [ˈskwɒbl] vi se chamailler* (*over sth* à propos de qch)

squad [skwɒd] n [of policemen, workmen] groupe *m*, équipe *f* ■ **the England ~** (Sport) l'équipe *f* d'Angleterre

squadron [ˈskwɒdrən] n (in army) escadron *m* ; (in navy, air force) escadrille *f*

squalid [ˈskwɒlɪd] adj sordide

squall [skwɔːl] n (= rain) rafale *f* (de pluie) ; (at sea) grain *m*

squalor [ˈskwɒləʳ] n conditions *fpl* sordides

squander [ˈskwɒndəʳ] vt [+ time, money] gaspiller ; [+ fortune, inheritance] dilapider ; [+ opportunity] gâcher

square [skwɛəʳ] **1** n **a** (= shape) carré *m* ; [of chessboard, graph paper] case *f* ■ **we're back to ~ one*** on se retrouve à la case départ* **b** (in town) place *f* ; (with gardens) square *m* ■ **the town ~** la grand-place **c** (Math) carré *m* ■ **four is the ~ of two** quatre est le carré de deux **d** (* = person) ringard* *m* **2** adj **a** (in shape) carré **b** (Math) ■ **6 ~ metres** 6 mètres carrés ► **square root** racine *f* carrée **c** (= not indebted) ■ **to be all ~ (with sb)*** être quitte (envers qn) ■ **to get ~ with sb** (financially) régler ses comptes avec qn ; (= get even with) rendre la pareille à qn **d** (= honest) [dealings] honnête ► **square meal** repas *m* substantiel **e** * [person, attitude] ringard* **3** adv (= squarely) ■ **to hit sb ~ on the jaw** atteindre qn en pleine mâchoire ■ **~ in the middle** en plein milieu **4** vt **a** (= settle) [+ accounts] équilibrer ; [+ debts] régler **b** (Math) [+ number] élever au carré

► **square up** **1** vi régler ses comptes **2** vt sep [+ account, debts] régler

squash [skwɒʃ] **1** n **a** (BR) ■ **lemon/orange ~** citronnade *f*/orangeade *f* **b** (Sport) squash *m* **c** (= gourd) gourde *f* ; (US = marrow) courge *f* **2** vt écraser ■ **we were all ~ed together** nous étions très serrés

squat [skwɒt] **1** adj trapu **2** vi **a** [person] s'accroupir ; [animal] se tapir **b** (= occupy home) squatter **3** n (= home) squat *m*

squatter [ˈskwɒtəʳ] n squatteur *m*, -euse *f*

squawk [skwɔːk] n [of baby] braillement *m* ; [of parrot, person] cri *m* rauque

squeak [skwiːk] **1** n [of hinge, wheel] grincement *m* ; [of shoes] craquement *m* ; [of mouse] couinement *m* ; [of person] glapissement *m* **2** vi (= make sound) [hinge, wheel] grincer ; [shoe] craquer ; [mouse] couiner ; [person] glapir

squeaky [ˈskwiːkɪ] adj [hinge, wheel] grinçant ; [toy] qui couine ; [shoes] qui craque ; [voice] aigu (-guë *f*)

squeal [skwiːl] **1** n [of person, animal] cri *m* perçant ; [of brakes] hurlement *m* ; [of tyres] crissement *m* **2** vi [person, animal] pousser des cris perçants ; [brakes] hurler ; [tyres] crisser

squeamish [ˈskwiːmɪʃ] adj (= easily frightened) facilement effrayé ; (= easily disgusted) facilement dégoûté (*about sth* par qch)

squeeze [skwiːz] **1** n ■ **it was a tight ~** il y avait à peine la place ■ **credit ~** restrictions *fpl* de crédit **2** vt **a** (= press) [+ tube, lemon, sponge] presser ; [+ cloth] tordre ; [+ sb's hand, arm] serrer ■ **she ~d another sweater into the case** elle a réussi à caser* un autre pull dans la valise **b** (= extract) [+ water, juice, toothpaste] exprimer (*from, out of* de) **3** vi ■ **he ~d past me** il est passé devant moi en me poussant ■ **they all ~d into the car** ils se sont entassés dans la voiture

squelch [skweltʃ] vi ■ **to ~ through the mud** avancer en pataugeant dans la boue ■ **the water ~ed in his boots** l'eau faisait flic flac* dans ses bottes

squib [skwɪb] n pétard *m*

squid [skwɪd] n inv calmar *m*

squidgy* [ˈskwɪdʒɪ] adj (BR) visqueux

squiggle [ˈskwɪgl] n gribouillis *m*

squiggly [ˈskwɪglɪ] adj ondulé

squint [skwɪnt] **1** n ■ **to have a ~** loucher **2** vi **a** (due to eye condition) loucher **b** (= screw up eyes) ■ **he ~ed in the sunlight** le soleil lui a fait plisser les yeux **c** (= take a look) jeter un coup d'œil ■ **to ~ at sth** (obliquely) regarder qch du coin de l'œil ; (quickly) jeter un coup d'œil à qch

squire [ˈskwaɪəʳ] n châtelain *m*

squirm [skwɜːm] vi **a** [worm] se tortiller **b** [person] (from embarrassment) être dans ses petits souliers

squirrel [ˈskwɪrəl] n écureuil *m*

squirt [skwɜːt] **1** vt [+ water] faire gicler (*at, on, onto* sur, *into* dans) ; [+ detergent, oil] verser une giclée de **2** vi [liquid] gicler ■ **water ~ed out of the broken pipe** l'eau jaillissait du tuyau cassé

St n **a** (abbr of **Street**) rue *f* **b** (abbr of **Saint**) St(e) *m(f)* ■ **St Anne** Ste-Anne

stab [stæb] **1** n **a** (with knife) coup *m* de couteau ▪ **a ~ in the back** (fig) un coup bas ▪ **a ~ of pain** un élancement ▪ **a ~ of remorse** un remords lancinant ▸ **stab-wound** coup *m* de couteau **b** (* = attempt) ▪ **to have a ~ at (doing) sth** essayer (de faire) qch **2** vt (with knife) (= kill) tuer d'un coup de couteau ; (= wound) blesser d'un coup de couteau ; (= kill or wound with dagger) poignarder

stabbing ['stæbɪŋ] **1** n agression *f* (à coups de couteau) ▪ **there was another ~ last night** la nuit dernière une autre personne a été attaquée à coups de couteau **2** adj ▪ **~ pain** élancement *m*

stability [stə'bɪlɪtɪ] n stabilité *f*

stabilize ['steɪbəlaɪz] vt stabiliser

stable ['steɪbl] **1** adj stable **2** n (= building) écurie *f* ▪ **(riding) ~(s)** centre *m* équestre

stack [stæk] **1** n (= pile) tas *m* ▪ **~s* of** un tas* de **2** vt **a** (also **stack up**) [+ books, wood] entasser ; [+ dishes] empiler ▪ **the cards** or **odds are ~ed against me** tout joue contre moi **b** [+ supermarket shelves] remplir

stadium ['steɪdɪəm] n stade *m*

staff [stɑːf] **1** n **a** (= work force) personnel *m* ▸ **staff meeting** [of teachers] conseil *m* des professeurs ▸ **staff nurse** infirmier *m*, -ière *f* **b** (= stick) bâton *m* **2** vt [+ school, hospital] pourvoir en personnel

staffer ['stɑːfə'] n (US) (in journalism) membre *mf* de la rédaction ; (in organization) membre *mf* du personnel

staffroom ['stɑːfrʊm] n salle *f* des professeurs

stag [stæg] n (= deer) cerf *m* ▸ **stag night, stag party** enterrement *m* de la vie de garçon

stage [steɪdʒ] **1** n **a** (Theatre) scène *f* ▪ **on (the) ~** sur scène ▪ **to set the ~ for sth** préparer le terrain pour qch ▸ **stage fright** trac *m* ▸ **stage-manage** [+ event] orchestrer ▸ **stage name** nom *m* de scène ▸ **stage whisper** aparté *m* **b** (= platform: in hall) estrade *f* **c** (= point) [of journey] étape *f* ; [of operation, process, development] phase *f* ▪ **in ~s** par étapes ▪ **in the early ~s** au début ▪ **at this ~** à ce stade **2** vt [+ play] mettre en scène ▪ **to ~ a strike** (= organize) organiser une grève ; (= go on strike) faire la grève ▪ **that was no accident, it was ~d** ce n'était pas un accident, c'était un coup monté

> ⚠ Le nom ***stage*** ne se traduit pas par le mot français **stage** ; → *Pièges* STAGE

stagehand ['steɪdʒhænd] n machiniste *mf*

stagger ['stægə'] **1** vi chanceler ; (when drunk) tituber **2** vt **a** (= amaze) stupéfier **b** [+ visits, payments] échelonner ; [+ holidays] étaler

staggering ['stægərɪŋ] adj (= astounding) stupéfiant

stagnant ['stægnənt] adj stagnant

stagnate [stæg'neɪt] vi stagner

staid [steɪd] adj [person, appearance] collet monté *inv* ; [place] sclérosé

stain [steɪn] **1** n tache *f* ▸ **stain remover** détachant *m* **2** vt **a** (= mark) tacher ; [+ reputation] entacher **b** [+ wood] teinter ▸ **stained glass** verre *m* coloré ▸ **stained-glass window** vitrail *m*

stainless steel [ˌsteɪnlɪs'stiːl] n acier *m* inoxydable

stair [stɛə'] n (= step) marche *f* ; (also **stairs**) escalier *m*

staircase ['stɛəkeɪs] n escalier *m*

stairway ['stɛəweɪ] n escalier *m*

stairwell ['stɛəwel] n cage *f* d'escalier

stake [steɪk] **1** n **a** (for fence, tree) pieu *m* **b** (Betting) enjeu *m* ; (= share) intérêt *m* ▪ **at ~** en jeu ▪ **there is a lot at ~** l'enjeu est considérable **2** vt **a** (= bet) [+ money] miser ; [+ one's reputation, life] risquer **b** ▪ **to ~ one's claim to sth** revendiquer qch

▸ **stake out** vt sep [+ person, house] placer sous surveillance

stalactite ['stæləktaɪt] n stalactite *f*

stalagmite ['stæləgmaɪt] n stalagmite *f*

stale [steɪl] adj **a** [food] qui n'est plus frais (fraîche *f*) ; [bread, cake] rassis (rassie *f*) ; [air] confiné **b** [person] usé

stalemate ['steɪlmeɪt] n (Chess) pat *m* ; (= deadlock) impasse *f*

stalk [stɔːk] **1** n [of plant] tige *f* ; [of fruit] queue *f* ; [of cabbage] trognon *m* **2** vt [+ game, prey, victim] traquer ; [+ suspect] filer **3** vi ▪ **to ~ out/off** sortir/partir d'un air digne

stall [stɔːl] **1** n **a** (in church, cowshed) stalle *f* **b** (in market) éventaire *m* ; (in exhibition) stand *m* **c** (BR : Theatre) ▪ **the ~s** l'orchestre *m* **2** vi **a** [car] caler **b** ▪ **to ~ (for time)** essayer de gagner du temps **3** vt **a** [+ car] faire caler **b** [+ person] tenir à distance

stallion ['stæljən] n étalon *m* *(cheval)*

stalwart ['stɔːlwət] adj (= dependable) loyal ; [supporter, ally] inconditionnel

stamina ['stæmɪnə] n endurance *f*

stammer ['stæmə'] **1** n bégaiement *m* **2** vti bégayer

stamp [stæmp] **1** n **a** (for letter) timbre *m* ▸ **stamp collecting** philatélie *f* **b** (= tool) (for metal) poinçon *m* ; (= rubber stamp) tampon *m* ; (= date stamp) timbre dateur *m* **c** (on document) cachet *m* **2** vt **a** ▪ **to ~ one's foot** taper du pied ▪ **to ~ one's feet** (to keep warm) battre la semelle **b** (= stick a stamp on) affranchir ▸ **stamped addressed enve-**

lope (BR) enveloppe *f* affranchie à son nom et adresse **c** (= mark with stamp) tamponner ; [+ passport, document] viser ; [+ metal] poinçonner **3** vi taper du pied ■ **to ~ on an insect** écraser un insecte avec son pied

► **stamp out** vt sep [+ fire] éteindre avec les pieds ; [+ rebellion] écraser ; [+ custom, tendency, rhythm] marquer en frappant du pied

stampede [stæm'pi:d] **1** n [of animals, people] débandade *f* ; (= rush) ruée *f* **2** vi [animals, people] s'enfuir en désordre ; (= rush) se ruer

stance [stæns] n position *f*

stand [stænd] vb (pret, ptp **stood**) **1** n **a** (= position) position *f* ■ **to make a ~ against sth** lutter contre qch **b** (also **taxi stand**) station *f* (de taxis) **c** (for displaying goods) étal *m* ; (also **newspaper stand**) kiosque *m* à journaux ; (at trade fair) stand *m* **d** (= seating area) tribune *f* **e** (= witness stand) barre *f* ■ **to take the ~** venir à la barre **f** (= support) (for plant) guéridon *m* ; (for lamp) pied *m* (de lampe) ; (= music stand) pupitre *m* **2** vt **a** (= place) [+ object] mettre ■ **to ~ sth (up) against a wall** mettre qch debout contre un mur **b** (= tolerate) supporter ■ **I can't ~ (the sight of) her** je ne peux pas la sentir* ■ **she can't ~ being laughed at** elle ne supporte pas qu'on se moque *subj* d'elle **c** (= withstand) résister à **d** (* = pay for) payer **3** vi **a** (= be upright) [person, animal] être debout **b** (= rise : also **stand up**) se lever **c** (= be positioned) [person] être, se tenir ; [object, vehicle, tree] être, se trouver ; [town, building] se trouver ■ **they stood in a circle** ils se tenaient en cercle ■ **the man ~ing over there** cet homme là-bas ■ **as things ~ at the moment** dans l'état actuel des choses ■ **nothing ~s between you and success** rien ne s'oppose à votre réussite ■ **where do you ~ on this question?** quelle est votre position sur cette question ? ■ **to ~ in sb's way** barrer le passage à qn ; (fig) se mettre en travers du chemin de qn ■ **nothing now ~s in our way** maintenant la voie est libre ■ **to ~ in the way of sth** faire obstacle à qch ■ **to ~ to lose** risquer de perdre **d** (= tread) marcher ■ **you're ~ing on my foot** tu me marches sur le pied **e** (= measure) faire ■ **the tree ~s 30 metres high** l'arbre fait 30 mètres de haut **f** (= be mounted, based) reposer (*on* sur) **g** ■ **to ~ accused of murder** être accusé de meurtre ■ **to ~ clear** s'écarter ■ **I ~ corrected** au temps pour moi ■ **to ~ at** [thermometer, clock] indiquer ; [price, value] s'élever à ; [score] être de **h** (= remain undisturbed, unchanged) [liquid, mixture, dough] reposer ; [tea, coffee] infuser ■ **the offer still ~s** l'offre tient toujours **i** (BR = be candidate) se présenter ■ **to ~ for election** se présenter aux élections **4** comp ► **stand-alone** indépendant; [system] autonome

► **stand aside** vi se pousser ■ **to ~ aside in favour of sb** laisser la voie libre à qn

► **stand back** vi (= move back) reculer ; (from problem) prendre du recul

► **stand by** **1** vi **a** (= be onlooker) rester là (à ne rien faire) **b** (= be ready for action) [troops] être en état d'alerte ; [emergency services] être prêt à intervenir **2** vt insep **a** (= support) [+ friend] ne pas abandonner ; [+ colleague, spouse] soutenir **b** (= keep to) [+ promise] tenir ; [+ one's own decision] s'en tenir à

► **stand down** vi (= resign) démissionner

► **stand for** vt insep **a** (= represent) représenter ■ **what does UNO ~ for?** à quoi correspond l'abréviation UNO ? **b** (= defend) défendre **c** (= tolerate) tolérer

► **stand in** vi ■ **to ~ in for sb** remplacer qn

► **stand out** vi **a** (= protrude) faire saillie ; [vein] saillir **b** (= be conspicuous) ressortir **c** (= be outstanding) se distinguer

► **stand up** **1** vi **a** (= rise) se lever ■ **to be ~ing up** [person] être debout ; [tent, structure] tenir debout **b** (= resist challenge) tenir debout **2** vt sep **a** (= place upright) mettre **b** (* = fail to meet) [+ friend] faire faux bond à ; [+ boyfriend, girlfriend] poser un lapin à*

► **stand up for** vt insep [+ person, principle, belief] défendre ■ **to ~ up for o.s.** savoir se défendre

► **stand up to** vt insep [+ bully, superior] affronter ; [+ use, conditions] résister à

standard ['stændəd] **1** n (= norm) norme *f* ; (= criterion) critère *m* ; (intellectual) niveau *m* (voulu) ■ **to be up to ~** [person] être à la hauteur ; [thing] être de la qualité voulue ■ **his ~s are high** il est très exigeant ■ **to have high moral ~s** avoir un sens moral très développé **2** adj **a** (= regular) normal ; [model, design, feature] standard *inv* ; [product] ordinaire ■ **it's ~ practice** c'est une pratique courante **b** (= accepted) correct **c** [text, book] de référence **3** comp ► **standard class** seconde classe *f* ► **Standard Grade** (Scot Scol) ≈ épreuve du brevet des collèges ► **standard lamp** (BR) lampadaire *m* ► **standard of living** niveau *m* de vie ► **standard time** heure *f* légale

standardize ['stændədaɪz] vt standardiser ; [+ product, terminology] normaliser

stand-by ['stændbaɪ] **1** n (= person) remplaçant(e) *m(f)* ; (US = understudy) doublure *f* ■ **to be on ~** [troops, ambulances] être prêt à intervenir **2** adj [passenger, ticket] stand-by *inv*

stand-in ['stændɪn] n remplaçant(e) *m(f)*

standing ['stændɪŋ] **1** adj **a** [passenger] debout *inv* ► **standing ovation** ovation *f* (debout) ► **standing room** places *fpl* debout **b** [invitation] permanent ■ **it's a ~ joke** c'est un sujet de plaisanterie continuel ► **standing order** (at bank) virement *m* automatique **2** n **a** (= importance) [of person] rang *m* ; (= social status) standing *m* ; (= reputation) réputation *f* **b** (= duration) durée *f* ▪ **of long ~** de longue date

stand-offish [ˌstænd'ɒfɪʃ] adj distant

standpipe ['stændpaɪp] n colonne *f* d'alimentation

standpoint ['stændpɔɪnt] n point *m* de vue

standstill ['stændstɪl] n arrêt *m* ▪ **to come to a ~** [person, car] s'immobiliser ; [production] s'arrêter

stank [stæŋk] vb pret of **stink**

staple ['steɪpl] **1** adj (= food, diet, product) de base ; [crop] principal **2** n **a** (= chief commodity) produit *m* de base ; (= chief food) aliment *m* de base **b** (for papers) agrafe *f* ▸ **staple gun** pistolet *m* agrafeur ▸ **staple remover** ôte-agrafe *m* **3** vt (also **staple together**) [+ papers] agrafer

stapler ['steɪplə'] n agrafeuse *f*

star [stɑː'] **1** n **a** (in sky) étoile *f* ▪ **three-/five-star hotel** hôtel *m* trois/cinq étoiles ▸ **star attraction** attraction *f* phare ▸ **the Stars and Stripes** la Bannière étoilée ▸ **star sign** signe *m* du zodiaque **b** (= famous person) vedette *f* **2** vt [+ actor] avoir pour vedette **3** vi être la vedette

starboard ['stɑːbəd] **1** n tribord *m* **2** adj de tribord

starch [stɑːtʃ] **1** n (in food, for stiffening) amidon *m* ; (= starchy foods) féculents *mpl* **2** vt [+ collar] amidonner

stardom ['stɑːdəm] n vedettariat *m*

stare [stɛə'] **1** n regard *m* (fixe) **2** vi ▪ **to ~ at sb/sth** regarder qn/qch fixement ▪ **to ~ into space** regarder dans le vide

starfish ['stɑːfɪʃ] n (pl inv) étoile *f* de mer

stark [stɑːk] **1** adj **a** [beauty, building, décor] austère ; [landscape] désolé **b** [choice] difficile ; [warning, reminder] sévère ; [reality] dur **c** [terror] pur ▪ **to be in ~ contrast to sb/sth** contraster vivement avec qn/qch **2** adv ▪ **~ naked** tout nu

starlet ['stɑːlɪt] n starlette *f*

starlight ['stɑːlaɪt] n ▪ **by ~** à la lumière des étoiles

starling ['stɑːlɪŋ] n étourneau *m*

starry ['stɑːrɪ] adj étoilé ▸ **starry-eyed** [person] (= idealistic) idéaliste; (= innocent) innocent; (from wonder) éberlué; (from love) éperdument amoureux

starstruck ['stɑːstrʌk] adj ébloui *(devant une célébrité)*

start [stɑːt] **1** n **a** (= beginning) [of book, film, career] début *m* ; [of negotiations] ouverture *f* ; [of race] départ *m* ▪ **at the ~** au début ▪ **from the ~** dès le début ▪ **from ~ to finish** du début à la fin ▪ **to make a ~ (on sth)** commencer (qch) **b** (= advantage: Sport) avance *f* ▪ **to give sb a 10-metre ~** donner 10 mètres d'avance à qn **c** (= sudden movement) sursaut *m* ▪ **to give sb a ~** faire sursauter qn **2** vt **a** (= begin) commencer (*to do sth, doing sth* à faire qch) ; [+ task] entreprendre ; [+ bottle, jar, loaf of bread] entamer ▪ **to get ~ed (on sth)** commencer (qch) **b** (= originate, initiate) [+ discussion] commencer ; [+ conversation] engager ; [+ quarrel, reform, series of events] déclencher ; [+ fashion] lancer ; [+ phenomenon, institution] donner naissance à ; [+ custom, policy] inaugurer ▪ **to ~ a fire** (in grate) allumer un feu ; (accidentally) mettre le feu **c** (= cause to start) [+ engine, vehicle] mettre en marche ; [+ race] donner le signal du départ de **3** vi **a** (= begin) commencer ▪ **to ~ up in business** se lancer dans les affaires ▪ **to ~ again** tout recommencer ▪ **to ~ off by doing sth** commencer par faire qch ▪ **to ~ (off) with sth** commencer par qch ▪ **to ~ with** au début, pour commencer ▪ **~ing from** à partir de **b** (= leave) [person, ship] partir **c** (= get going) [car, engine, machine] démarrer **d** (= jump nervously) [person] sursauter ; [animal] tressaillir **4** comp ▸ **starting line** ligne *f* de départ ▸ **starting point** point *m* de départ ▸ **starting post** ligne *f* de départ

▸ **start off** vi, vt sep → **start**

▸ **start out** vi → **start**

▸ **start over** **1** vi repartir à zéro **2** vt recommencer

▸ **start up** vi, vt sep → **start**

starter ['stɑːtə'] n **a** (BR : in meal) hors-d'œuvre *m inv* **b** (on car, motorcycle) démarreur *m* **c** (for race) starter *m*

startle ['stɑːtl] vt (gen) faire sursauter ; [news, telegram] alarmer

startling ['stɑːtlɪŋ] adj surprenant

start-up ['stɑːtʌp] n **a** [of business] lancement *m* **b** (= new company) start-up *m*

startupper ['stɑːtˌʌpə'] n start-uppeur *m*, -euse *f*

starvation [stɑː'veɪʃən] n faim *f*

starve [stɑːv] **1** vt **a** affamer **b** (= deprive) priver (*sb of sth* qn de qch) **2** vi être affamé ▪ **to ~ to death** mourir de faim

starving ['stɑːvɪŋ] adj affamé ▪ **I'm ~!*** je meurs de faim !

state [steɪt] **1** n **a** (= condition) état *m* ▪ **in a good/bad ~ of repair** bien/mal entretenu ▪ **to be in a good/bad ~** [car, house] être en bon/mauvais état ; [person, marriage] aller bien/mal ▪ **he's not in a fit ~ to drive** il n'est pas en état de conduire ▪ **he got into a terrible ~ about it*** ça l'a mis dans tous ses états **b** (Pol) État *m* ▪ **the States*** les États-Unis *mpl* **2** vt (gen) décla-

st

rer ; [+ one's views, the facts] exposer ; [+ time, place] fixer ; [+ problem] énoncer **3** **comp** [business, secret] d'État ; [security, control, police] de l'État ; [education, school, sector] public ▸ **State Department** (US) Département *m* d'État, ≈ ministère des Affaires étrangères ▸ **state-owned** public

stately ['steɪtlɪ] **adj** [person] plein de dignité ; [building, pace] majestueux ▸ **stately home** (BR) manoir *m*

statement ['steɪtmənt] **n** **a** [of one's views, the facts] exposition *f* **b** (written, verbal) déclaration *f* ; (in law) déposition *f* ■ **official ~** communiqué *m* officiel **c** (= bank statement) relevé *m* de compte

state-of-the-art ['steɪtəvðiː'aːt] **adj** (= up-to-date) de pointe ; [computer, video] dernier cri

stateroom ['steɪtrʊm] **n** (BR) [of palace] grande salle *f* de réception ; [of ship, train] cabine *f* de luxe

statesman ['steɪtsmən] **n** (pl **-men**) homme *m* d'État

static ['stætɪk] **1** **adj** (= stationary) statique **2** **n** (also **static electricity**) électricité *f* statique ; (= interference) parasites *mpl*

station ['steɪʃən] **1** **n** **a** (for trains) gare *f* ; [of underground] station *f* ■ **bus ~** gare *f* routière ▸ **station master** chef *m* de gare **b** (= fire station) caserne *f* de pompiers ; (= police station) commissariat *m* (de police) ; (= radio station) station *f* de radio ; (= TV station) chaîne *f* de télévision **c** (= rank) condition *f* **2** **vt** [+ people] placer ; [+ guards, troops, ship] poster ; [+ tanks] installer
→ *Pièges* STATION

stationary ['steɪʃənərɪ] **adj** [vehicle] à l'arrêt ; [person, ship, target] immobile

stationer ['steɪʃənəʳ] **n** papetier *m*, -ière *f* ■ **~'s** papeterie *f*

stationery ['steɪʃənərɪ] **n** papeterie *f* ; (= writing paper) papier *m* à lettres

station wagon ['steɪʃnˌwægən] **n** (US) break *m*

statistic [stə'tɪstɪk] **n** statistique *f*

statistical [stə'tɪstɪkəl] **adj** (gen) statistique ; [error] de statistique

statistics [stə'tɪstɪks] **n** (= science) statistique *f*

statue ['stætjuː] **n** statue *f*

stature ['stætʃəʳ] **n** stature *f*

status ['steɪtəs] **n** **a** (= economic position) situation *f* ; (Admin, Law) statut *m* ■ **social ~** standing *m* ▸ **status symbol** signe *m* extérieur de richesse **b** (= prestige) prestige *m*

status quo [ˌsteɪtəs'kwəʊ] **n** statu quo *m inv*

statute ['stætjuːt] **n** loi *f*

statutory ['stætjʊtərɪ] **adj** légal ; [offence] défini par la loi

staunch [stɔːntʃ] **1** **vt** [+ flow] contenir ; [+ blood] étancher ; [+ wound] étancher le sang de **2** **adj** [supporter, Republican, Protestant] ardent ; [friend] loyal ; [ally] sûr

stave [steɪv] **vb** (pret, ptp **stove** or **~d**) **n** (Mus) portée *f*
▸ **stave off** **vt sep** [+ ruin, disaster, defeat] éviter ; [+ hunger] tromper ; [+ attack] parer

stay [steɪ] **1** **n** séjour *m* **2** **vt** **a** (= last out) [+ race] terminer ; [+ distance] tenir **b** (= check) arrêter ; [+ judgement] surseoir à **3** **vi** **a** (= remain) rester **b** (on visit) ■ **to ~ in a hotel** être à l'hôtel ■ **I'm ~ing with my aunt** je loge chez ma tante ■ **she ~ed for a few weeks** elle est venue passer quelques semaines **c** (= persevere) tenir ▸ **staying power** endurance *f*
▸ **stay in** **vi** **a** [person] rester à la maison **b** [nail, screw, tooth filling] tenir
▸ **stay out** **vi** **a** [person] (away from home) ne pas rentrer ; (= outside) rester dehors ■ **he ~ed out all night** il n'est pas rentré de la nuit **b** ■ **to ~ out of** [+ argument] ne pas se mêler de ; [+ prison] éviter ■ **to ~ out of trouble** se tenir tranquille
▸ **stay up** **vi** **a** [person] veiller ■ **to ~ up late** se coucher tard **b** (= not fall) [trousers] tenir
→ *Pièges* REMAIN

staycation [steɪ'keɪʃən] **n** vacances *fpl* passées à la maison

stead [sted] **n** ■ **to stand sb in good ~** rendre grand service à qn

steadfast ['stedfəst] (liter) **adj** **a** (= unshakable) inébranlable **b** (= loyal) loyal

steadily ['stedɪlɪ] **adv** **a** [increase, worsen, improve] régulièrement ; [breathe, beat] avec régularité ; [advance, rain] sans interruption **b** (= firmly) [walk] d'un pas ferme ; [hold, grasp] d'une main ferme

steady ['stedɪ] **1** **adj** **a** [supply, rain, income, pace] régulier ; [prices, job, market] stable ■ **~ boyfriend** petit ami *m* attitré **b** (= composed) [voice] ferme ; [nerves] solide ; [gaze] (= unflinching) calme **c** (= firm) [chair, table, boat] stable ; [hand] (in drawing) sûr ; (in holding) ferme ■ **to hold sth ~** maintenir fermement qch **d** (= dependable) [person] sérieux **2** **vt** [+ wobbling object] stabiliser ; [+ chair, table] (with hand) maintenir ; [+ nervous person, horse] calmer ■ **to ~ o.s.** se remettre d'aplomb ■ **to ~ one's nerves** se calmer les nerfs **3** **vi** [prices, market] se stabiliser

steak [steɪk] **n** (= beef) steak *m* ; [of fish] tranche *f*, darne *f* ▸ **steak and kidney pie** tourte *f* à la viande de bœuf et aux rognons ▸ **steak knife** couteau *m* à viande

steal [stiːl] (pret **stole**, ptp **stolen**) **1** **vt** voler (*from sb* à qn) ■ **to ~ a glance at...** jeter un coup d'œil furtif à... **2** **vi** **a** (= take) voler

b (= move silently) ■ **to ~ away/down** s'en aller/descendre à pas furtifs
→ *Pièges* ROB

stealthy ['stelθɪ] adj furtif

steam [sti:m] **1** n vapeur *f* ■ **to run out of ~** [speaker, worker, project] s'essouffler ■ **under one's own ~** par ses propres moyens ■ **to let off ~*** se défouler* ▸ **steam engine** (= train) locomotive *f* à vapeur ▸ **steam room** hammam *m* **2** vt (= cook) cuire à la vapeur **3** vi (= emit steam) fumer

▸ **steam up** vi [window, mirror] se couvrir de buée ; [bathroom] se remplir de buée

steamboat ['sti:mbəʊt] n bateau *m* à vapeur

steamer ['sti:məʳ] n **a** (= ship) bateau *m* à vapeur ; (= liner) paquebot *m* **b** (= saucepan) cuit-vapeur *m*

steamroller ['sti:mrəʊləʳ] n rouleau *m* compresseur

steamship ['sti:mʃɪp] n paquebot *m*

steel [sti:l] **1** n acier *m* **2** comp (= made of steel) [knife, tool] en acier ▸ **steel band** steel band *m*

steelworks ['sti:lwɜ:ks] n aciérie *f*

steely ['sti:lɪ] adj [look, stare] d'acier ; [determination] inébranlable

steep [sti:p] **1** adj **a** [slope, road, stairs] raide ; [hill] escarpé ; [cliff] abrupt ; [roof] en pente ; [climb] rude **b** (= great) [rise, fall] fort **c** (* = expensive) [price, fees] élevé **d** (BR = unreasonable) ■ **that's a bit ~*** c'est un peu raide* **2** vt (= soak) tremper

steeple ['sti:pl] n clocher *m*

steeplechase ['sti:pltʃeɪs] n steeple-chase *m*

steer [stɪəʳ] **1** vt [+ ship, car] diriger **2** vi [sailor] tenir la barre ■ **to ~ clear of sb/sth** éviter qn/qch **3** n bœuf *m*

steering ['stɪərɪŋ] n (= mechanism) direction *f* ▸ **steering wheel** volant *m*

STEM [stem] (abbr of **science, technology, engineering and mathematics**) *filières scientifiques et techniques*

stem [stem] **1** n [of flower, plant] tige *f* ; [of fruit, leaf] queue *f* ; [of glass] pied *m* **2** vt [+ flow, flood, river] endiguer ; [+ course of disease] enrayer ; [+ attack] juguler **3** vi ■ **to ~ from...** provenir de...

stench [stentʃ] n puanteur *f*

stencil ['stensl] **1** n pochoir *m* **2** vt peindre au pochoir

step [step] **1** n **a** (= pace) pas *m* ■ **to keep in ~** (in marching) marcher au pas ; (in dance) danser en mesure ■ **~ by ~** petit à petit **b** (stage) étape *f* (*towards* vers) ; (= measure) mesure *f* ■ **to take ~s (to do sth)** prendre des mesures (pour faire qch) **c** (= stair) marche *f* ■ **pair of ~s** (BR) escabeau *m* **d** (= step aerobics) step *m* **2** vi ■ **to ~ off sth** descendre de qch ■ **to ~ in a puddle** marcher dans une flaque ■ **to ~ on sth** marcher sur qch ■ **~ on it!*** grouille-toi !* ■ **to ~ over sth** enjamber qch

▸ **step aside** vi faire un pas de côté ; (fig) s'effacer

▸ **step back** vi faire un pas en arrière

▸ **step down** vi descendre (*from* de) ; (fig) se retirer (*in favour of sb* en faveur de qn)

▸ **step forward** vi faire un pas en avant ; (= show o.s., make o.s. known) se faire connaître ; (= volunteer) se présenter

▸ **step in** vi entrer ; (fig) intervenir

▸ **step out** vi (= go outside) sortir

▸ **step up** **1** vi ■ **to ~ up to sb/sth** s'approcher de qn/qch **2** vt sep [+ production, sales] augmenter ; [+ campaign] intensifier ; [+ attempts, efforts] multiplier

stepbrother ['step,brʌðəʳ] n demi-frère *m*

stepdad ['step,dæd] n beau-père *m*

stepdaughter ['step,dɔ:təʳ] n belle-fille *f*

stepfather ['step,fɑ:ðəʳ] n beau-père *m*

stepladder ['step,lædəʳ] n escabeau *m*

stepmother ['step,mʌðəʳ] n belle-mère *f*

stepmum ['step,mʌm] n belle-mère *f*

stepping stone ['stepɪŋstəʊn] n pierre *f* de gué ; (fig) marchepied *m* ■ **garden ~s** pas *m* japonais

stepsister ['step,sɪstəʳ] n demi-sœur *f*

stepson ['stepsʌn] n beau-fils *m*

stereo ['stɛərɪəʊ] **1** n (= hi-fi system) chaîne *f* stéréo *inv* ■ **in ~** en stéréo **2** adj en stéréo

stereotype ['stɛərɪətaɪp] n stéréotype *m*

sterile ['steraɪl] adj stérile

sterility [ste'rɪlɪtɪ] n stérilité *f*

sterilize ['sterɪlaɪz] vt stériliser

sterling ['stɜ:lɪŋ] **1** n livres *fpl* sterling *inv* **2** adj **a** [silver] fin **b** ■ **pound ~** livre *f* sterling *inv* **c** (BR = excellent) remarquable

stern [stɜ:n] **1** n arrière *m*, poupe *f* **2** adj sévère

steroid ['stɪərɔɪd] n stéroïde *m*

stethoscope ['steθəskəʊp] n stéthoscope *m*

stevia ['sti:vɪə] n stévia *m or f*

stew [stju:] **1** n ragoût *m* **2** vt [+ meat] (faire) cuire en ragoût ; [+ fruit] faire cuire

steward ['stju:əd] n (on ship, plane) steward *m* ; (at march, race) commissaire *m*

stewardess ['stjʊədes] n hôtesse *f*

stewing steak ['stju:ɪŋsteɪk] n bœuf *m* à braiser

stick [stɪk] vb (pret, ptp **stuck**) **1** n **a** (= length of wood) bâton *m* ; (= twig) brindille *f* ; (= walking stick) canne *f* ; (Hockey) crosse *f* ■ **to get hold of the wrong end of the ~** mal comprendre **b** [of dynamite, chalk, candy] bâton *m* ; [of chewing gum] tablette *f* ; [of celery] branche *f* ; [of rhubarb] tige *f* **2** **sticks** npl

(= firewood) petit bois *m* ▪ **(out) in the ~s*** en pleine cambrousse* **3** vt **a** (= thrust) [+ pin, fork] piquer ; [+ knife] planter **b** (with glue) coller **c** (* = put) mettre ▪ **he stuck his head through the window** il a passé la tête par la fenêtre **d** (* = tolerate) (BR) [+ job, person] supporter **4** vi **a** (= embed itself) [needle, spear] se planter **b** (= adhere) [glue] tenir ; [stamp, label] être collé ; [habit, name] rester ▪ **the eggs have stuck to the pan** les œufs ont attaché (à la poêle) **c** (= remain) rester ▪ **to ~ close to sb** rester aux côtés de qn, ne pas quitter ▪ **to ~ to one's promise** tenir parole ▪ **to ~ to one's principles** rester fidèle à ses principes ▪ **to ~ to the facts** s'en tenir aux faits ▪ **to ~ by sb** rester fidèle à qn ▪ **to ~ with** (= stay beside) rester avec ; (= stay loyal) rester fidèle à ; [+ activity, sport] s'en tenir à **d** (= get jammed) se coincer ; [machine, lift] tomber en panne **5** comp ▸ **stick insect** phasme *m* ▸ **stick shift** (US) levier *m* de vitesses ▸ **stick-up*** braquage *m*

▸ **stick in** vt sep **a** [+ needle, pin, fork] piquer ; (forcefully) planter ; [+ knife] enfoncer ; [+ photo in album] coller **b** ▪ **to get stuck in*** s'y mettre sérieusement

▸ **stick out** **1** vi (= protrude) dépasser ; [balcony] faire saillie ▪ **his ears ~ out** il a les oreilles décollées ▪ **it ~s out a mile*** ça crève les yeux **2** vt sep **a** [+ one's arm, head] sortir ▪ **to ~ one's tongue out** tirer la langue **b** (* = endure) ▪ **to ~ it out** tenir le coup

▸ **stick together** **1** vi **a** [labels, pages, objects] être collés ensemble **b** (= stay together) rester ensemble ; (= maintain solidarity) se serrer les coudes **2** vt sep coller (ensemble)

▸ **stick up** **1** vi **a** (= protrude) dépasser **b** ▪ **to ~ up for sb*** prendre la défense de qn ▪ **to ~ up for o.s.*** défendre ses intérêts **2** vt sep **a** [+ notice] afficher **b** ▪ **to ~ up one's hand** lever la main

sticker ['stɪkəʳ] n autocollant *m*

sticking plaster ['stɪkɪŋ,plɑːstəʳ] n sparadrap *m*

stickler ['stɪkləʳ] n ▪ **to be a ~ for** [+ discipline] être à cheval sur ; [+ grammar, spelling] être rigoriste en matière de

stickpin ['stɪkpɪn] n (US) épingle *f* de cravate

sticky ['stɪkɪ] adj **a** (BR = gummed) adhésif **b** [substance, object, fingers] collant ; [surface] gluant **c** (= sweaty) moite

stiff [stɪf] adj **a** (= rigid) [card, paper] rigide ; [material] raide ; [collar, brush, lock] dur **b** [person, limb, muscle] raide ; (from exercise) courbaturé ▪ **to have a ~ neck** avoir un torticolis ▪ **to keep a ~ upper lip** rester impassible **c** (* intensifier) ▪ **to be bored ~** s'ennuyer à mourir ▪ **to be scared ~** être mort de trouille* ▪ **worried ~** mort d'inquiétude **d** [penalty, sentence] sévère ; [competition, opposition] rude ; [climb] raide **e** (= formal) guindé **f** [whisky] bien tassé

stiffen ['stɪfn] (also **stiffen up**) **1** vt **a** [+ card, fabric] rigidifier **b** [+ limb] raidir ; [+ joint] ankyloser **c** [+ resolve] affermir **2** vi **a** [fabric] devenir raide **b** [limb, person] se raidir ; [joint] s'ankyloser **c** [resistance] se durcir

stifle ['staɪfl] vt étouffer ▪ **to ~ a yawn** réprimer un bâillement

stigma ['stɪgmə] n ▪ **the ~ attached to sth** la honte liée à qch

stile [staɪl] n échalier *m*

stiletto [stɪ'letəʊ] n (also **stiletto heel**) talon *m* aiguille

still [stɪl] **1** adv **a** (= up to this time) encore ▪ **he ~ hasn't arrived** il n'est encore pas arrivé ▪ **she ~ lives in London** elle vit toujours à Londres ▪ **I ~ don't understand** je ne comprends toujours pas **b** (stating what remains) encore ▪ **there's ~ time** on a encore le temps **c** (= nonetheless) tout de même **d** (= even) encore ▪ **he was ~ more determined after the debate** il était encore plus résolu après le débat **2** adj **a** (= motionless) immobile ▸ **still life** nature *f* morte **b** (= calm) calme **c** (BR = not fizzy) [orange] non gazeux ; [water] plat **3** adv ▪ **to keep ~** ne pas bouger ▪ **time stood ~** le temps s'est arrêté **4** n **a** (= picture) photo *f* de film **b** (= apparatus) alambic *m*

stillborn ['stɪlbɔːn] adj mort-né (mort-née *f*)

stilted ['stɪltɪd] adj guindé

stilts [stɪlts] npl échasses *fpl*

stimulant ['stɪmjʊlənt] adj, n stimulant *m*

stimulate ['stɪmjʊleɪt] vt stimuler

stimulating ['stɪmjʊleɪtɪŋ] adj stimulant

stimulus ['stɪmjʊləs] n (pl **stimuli** ['stɪmjʊlaɪ]) stimulant *m*

sting [stɪŋ] vb (pret, ptp **stung**) **1** n **a** (by bee, wasp, nettle) piqûre *f* **b** (in bee, wasp) dard *m* **2** vt [insect, nettle, antiseptic] piquer ; [remark] piquer au vif **3** vi [insect, nettle, antiseptic, eyes] piquer ; [remark] être cuisant ; [cut] brûler ▪ **the smoke made his eyes ~** la fumée lui picotait les yeux

stingball ['stɪŋbɔːl] n ▪ **~ grenade** grenade *f* de désencerclement

stinging nettle ['stɪŋɪŋnetl] n ortie *f*

stingy ['stɪndʒɪ] adj radin*

stink [stɪŋk] vb (pret **stank**, ptp **stunk**) **1** n puanteur *f* ▪ **to kick up a ~ (about sth)*** faire un esclandre (à propos de qch) **2** vi **a** (= smell) empester **b** (‡ = be very bad) [person, thing] être dégueulasse‡

stinking* ['stɪŋkɪŋ] **1** adj (= horrible) sale* *before n* ▪ **a ~ cold** un rhume carabiné* **2** adv ▪ **~ rich** bourré de fric*

stint [stɪnt] **1** n (= share of work) part *f* de travail **2** vt ▪ **to ~ o.s.** se priver **3** vi ▪ **to ~ on** [+ food, luxuries] lésiner sur

stipulate ['stɪpjʊleɪt] vt stipuler

stir [stɜː'] **1** n ▪ **to cause a ~** [person, book, news] faire sensation ; [bad news] faire des remous **2** vt **a** [+ tea, soup, mixture] remuer ; (quickly) agiter ▪ **to ~ o.s.*** se secouer **b** [+ imagination] stimuler ; [+ person] émouvoir **3** vi (= move) bouger

▸ **stir up** vt sep [+ memories, the past] réveiller ; [+ hatred] attiser ; [+ trouble] provoquer ; [+ person] secouer

stir-fry ['stɜːfraɪ] **1** vt faire sauter (en remuant) **2** adj [vegetables] sauté **3** n (= dish) *légumes (et viande) sautés*

stirrer ['stɜːrə'] n (= troublemaker) fauteur *m*, -trice *f* de troubles

stirrup ['stɪrəp] n étrier *m*

stitch [stɪtʃ] **1** n (Sewing) point *m* ; (Knitting) maille *f* ; (surgical) point *m* de suture ; (= sharp pain) point *m* de côté ▪ **to be in ~es*** se tordre de rire **2** vt [+ seam, hem] coudre ; [+ wound] suturer

stoat [stəʊt] n hermine *f*

stock [stɒk] **1** n **a** (= supply) réserve *f* ▪ **in ~** en stock ▪ **out of ~** épuisé ▪ **to take ~ of** [+ situation] faire le point de **b** (also **livestock**) bétail *m* **c** [of company] valeurs *fpl* ; (= shares) actions *fpl* ▪ **~s and shares** titres *mpl* ▸ **stock exchange** Bourse *f* ▸ **stock market** Bourse *f*, marché *m* financier ▸ **stock option** stock-option *f*, option *f* sur titres **d** (= descent) origine *f* **e** (for soup) bouillon *m* ▸ **stock cube** bouillon *m* Kub® **2** adj [argument, joke, excuse, response] classique ▪ **~ phrase** cliché *m* **3** vt **a** [+ shop] approvisionner (*with* en) ; [+ larder] remplir (*with* de) **b** (= have in stock) avoir, vendre

▸ **stock up** **1** vi s'approvisionner (*with, on* en, de, *for* pour) **2** vt sep [+ shop] approvisionner ; [+ freezer] remplir

stockade [stɒ'keɪd] n palissade *f*

stockbroker ['stɒkbrəʊkə'] n agent(e) *m(f)* de change

stockholder ['stɒkhəʊldə'] n (US) actionnaire *mf*

stocking ['stɒkɪŋ] n bas *m*

stockist ['stɒkɪst] n (= company) revendeur *m* ; (= person) revendeur *m*, -euse *f*

stockpile ['stɒkpaɪl] **1** vt [+ food] stocker ; [+ weapons] amasser **2** n stock *m*

stockroom ['stɒkrʊm] n réserve *f*

stocktaking ['stɒkteɪkɪŋ] n (BR) inventaire *m*

stocky ['stɒkɪ] adj [man] trapu ; [build] fort

stodgy ['stɒdʒɪ] adj [food] bourratif

stoical ['stəʊɪkəl] adj stoïque

stoke [stəʊk] vt (also **stoke up**) [+ fire] entretenir ; [+ furnace] alimenter

stole [stəʊl] **1** n (= shawl) étole *f* **2** vb pret of **steal**

stolen ['stəʊlən] vb ptp of **steal**

stolid ['stɒlɪd] adj impassible

stomach ['stʌmək] **1** n (Anat) estomac *m* ; (= belly) ventre *m* ▸ **stomach ache** mal *m* de ventre ▪ **to have (a) ~ ache** avoir mal au ventre **2** vt supporter

stomp [stɒmp] vi ▪ **to ~ in/out** entrer/sortir d'un pas lourd

stone [stəʊn] **1** n **a** (rock) pierre *f* ; (= pebble) caillou *m* ; (on beach) galet *m* ▪ **within a ~'s throw (of)** à deux pas (de) **b** (BR : in fruit) noyau *m* **c** (in kidney) calcul *m* **d** (BR = weight) *= 14 livres, = 6,348 kg* **2** vt **a** (= throw stones at) lancer des pierres sur **b** [+ olive] dénoyauter **3** adj [building, wall] en pierre ▸ **the Stone Age** l'âge *m* de pierre ▸ **stone-cold** complètement froid ▸ **stone-dead** raide mort

stoned* ['stəʊnd] adj défoncé* (*on sth* à qch)

stonemason ['stəʊnmeɪsən] n tailleur *m*, -euse *f* de pierre(s)

stonework ['stəʊnwɜːk] n maçonnerie *f*

stonking* ['stɒŋkɪŋ] adj, adv (BR) super*

stony ['stəʊnɪ] adj **a** [soil, path] pierreux ; [beach] de galets **b** [look, expression] dur ; [face] de marbre ; [silence] glacial

stood [stʊd] vb pret, ptp of **stand**

stooge [stuːdʒ] n laquais *m*

stool [stuːl] **1** n tabouret *m* **2** **stools** npl (= faeces) selles *fpl*

stoop [stuːp] **1** n (US) porche *m* **2** vi **a** (= be hunched) avoir le dos voûté **b** (= bend over) se pencher ; (fig) s'abaisser (*to sth* jusqu'à qch, *to do sth, to doing sth* jusqu'à faire qch)

stop [stɒp] **1** n **a** (gen) arrêt *m* ▪ **to come to a ~** [traffic, vehicle] s'arrêter ; [work, progress, production] cesser ▪ **to put a ~ to sth** mettre fin à qch **b** [of organ] jeu *m* ▪ **to pull out all the ~s** mettre le paquet* (*to do sth* pour faire qch) **2** vt **a** (= block) boucher **b** (= halt) arrêter ; [+ pain, worry, enjoyment] mettre fin à ▪ **to ~ sb short** arrêter qn net ; (= interrupt) interrompre qn **c** (= cease) arrêter (*doing sth* de faire qch) **d** (= interrupt) [+ activity] interrompre ; (= suspend) suspendre ; [+ allowance, privileges] supprimer ; [+ wages] retenir ▪ **to ~ a cheque** faire opposition à un chèque **e** (= prevent) empêcher (*sb doing sth* qn de faire qch, *sth happening* que qch n'arrive (subj)) **3** vi **a** [person, vehicle, machine] s'arrêter ▪ **he will ~ at nothing** il est prêt à tout **b** [production, music, pain, fighting] cesser ; [play, programme] se terminer

▸ **stop by*** vi s'arrêter en passant

▸ **stop off** vi s'arrêter

st

► **stop up** vt sep [+ hole, pipe, bottle] boucher

stopgap ['stɒpgæp] **1** n bouche-trou *m* **2** adj [measure, solution] provisoire

stoplight ['stɒplaɪt] n (US) (= traffic light) feu *m* rouge ; (= brake light) feu *m* de stop

stopover ['stɒpəʊvəʳ] n halte *f*

stoppage ['stɒpɪdʒ] n **a** (in traffic, work) arrêt *m* ; (= strike) arrêt *m* de travail ; [of wages, payment] suspension *f* **b** (= blockage) obstruction *f*

stopper ['stɒpəʳ] n bouchon *m*

stopwatch ['stɒpwɒtʃ] n chronomètre *m*

storage ['stɔːrɪdʒ] n [of goods, furniture] entreposage *m* ; [of heat, electricity] accumulation *f* ► **storage heater** radiateur *m* électrique à accumulation ► **storage space** espace *m* de rangement

store [stɔːʳ] **1** n **a** (= supply, stock) provision *f* ; [of learning, information] fonds *m* ▪ **to set great ~ by sth** faire grand cas de qch ▪ **to have sth in ~ for sb** réserver qch à qn **b** (BR = warehouse) entrepôt *m* ; (in office, factory) réserve *f* **c** (= shop) magasin *m* **2** vt (= keep or place in reserve) [+ food, fuel, goods, computer data] stocker ; [+ furniture] mettre au garde-meuble ; [+ crops] engranger ; [+ electricity, heat] accumuler ; [+ facts, information] enregistrer

> ⚠ Le nom ***store*** ne se traduit pas par le mot français **store**.

storekeeper ['stɔːˌkiːpəʳ] n (= shopkeeper) commerçant(e) *m(f)*

storeroom ['stɔːrʊm] n réserve *f*

storey ['stɔːrɪ] n étage *m* ▪ **on the 3rd** or (US) **4th ~** au troisième (étage)

stork [stɔːk] n cigogne *f*

storm [stɔːm] **1** n **a** tempête *f* ; (= thunderstorm) orage *m* **b** [of insults, abuse] torrent *m* ; [of protests, indignation] tempête *f* **2** vt prendre d'assaut **3** vi ▪ **he ~ed in/out** il est entré/sorti, furieux

stormy ['stɔːmɪ] adj **a** [weather, night] orageux ; [seas] démonté **b** [meeting, relationship] orageux ; [period] tumultueux

story ['stɔːrɪ] n **a** (= account) histoire *f* **b** (= article in press) article *m* **c** (US) étage *m*

storybook ['stɔːrɪbʊk] **1** n livre *m* d'histoires **2** adj [love affair] romanesque

storyteller ['stɔːrɪteləʳ] n conteur *m*, -euse *f* ; (* = fibber) menteur *m*, -euse *f*

stout [staʊt] **1** adj **a** (= fat) corpulent **b** (= sturdy) solide **c** [resistance, opposition] acharné **2** n (= beer) bière *f* brune

stove [stəʊv] n **a** (= heater) poêle *m* **b** (= cooker) (solid fuel) fourneau *m* ; (gas, electric) cuisinière *f* ; (small) réchaud *m*

stow [stəʊ] vt ranger ; [+ cargo] arrimer

stowaway ['stəʊəweɪ] n passager *m* clandestin, passagère *f* clandestine

straddle ['strædl] vt **a** [+ horse, cycle] enfourcher ; [+ chair] se mettre à califourchon sur **b** [+ two periods, two cultures] être à cheval sur

straggle ['strægl] vi **a** [plants] pousser tout en longueur **b** ▪ **to ~ in/out** entrer/sortir petit à petit

straggler ['strægləʳ] n traînard(e) *m(f)*

straight [streɪt] **1** adj **a** (= not curved) droit ; [hair] raide **b** (= frank) [answer, question] franc (franche *f*) **c** (= unambiguous) clair ▪ **to set sb ~ (about sth)** éclairer qn (sur qch) **d** (= tidy) ▪ **to put sth ~** mettre de l'ordre dans qch **e** (= consecutive) [victories, defeats] consécutif ▪ **for five ~ days** pendant cinq jours consécutifs **f** [whisky, vodka] sec (sèche *f*) **g** (= unsmiling) ▪ **to keep a ~ face** garder son sérieux **h** * [person] (= conventional) conventionnel ; (= heterosexual) hétéro* ; (= not criminal) honnête **2** n ▪ **the ~** [of racecourse, athletics track] la ligne droite ▪ **to keep to the ~ and narrow** rester dans le droit chemin **3** adv **a** (= in a straight line) [walk, stand, grow] droit ; [shoot] juste ▪ **to go ~ ahead** aller tout droit ▪ **he looked ~ ahead** il a regardé droit devant lui ▪ **to sit up ~** se redresser ▪ **to stand up ~** se redresser ▪ **the bullet went ~ through his chest** la balle lui a traversé la poitrine de part en part ▪ **to hang ~** [picture] être bien droit **b** (= directly) ▪ **~ after this** tout de suite après ▪ **to go ~ home** rentrer directement chez soi ▪ **he went ~ to London** (= without detour) il est allé directement à Londres ; (= immediately) il s'est immédiatement rendu à Londres ▪ **I may as well come ~ to the point** autant que j'en vienne droit au fait **c** (* = frankly) ▪ **give it to me ~** dis-le-moi carrément **d** (= neat) ▪ **to drink one's whisky ~** boire son whisky sec **e** (= clearly) ▪ **he couldn't think ~** il n'avait plus les idées claires **f** (= consecutively) ▪ **for five days ~** pendant cinq jours d'affilée **g** (set structures) ▪ **~ away** tout de suite ▪ **~ off** (= immediately) tout de suite ; (= without hesitation) sans hésiter ▪ **~ on** tout droit ▪ **~ out** (= without hesitation) sans hésiter ; (= frankly) franchement

straighten ['streɪtn] vt [+ wire, nail] redresser ; [+ hair] défriser ; [+ road] rectifier ; [+ tie, hat] ajuster ; [+ picture] redresser ; [+ room, papers] mettre de l'ordre dans

► **straighten out** vt sep [+ wire, nail] redresser ; [+ road] rectifier ; [+ situation] débrouiller ; [+ problem] résoudre ; [+ one's ideas] mettre de l'ordre dans

► **straighten up** **1** vi (= tidy up) ranger **2** vt sep [+ room, papers] mettre de l'ordre dans

straighteners ['streɪtnəˈz] n (for hair) lisseur *m*

straightforward [ˌstreɪtˈfɔ:wəd] adj (= frank) franc (franche *f*) ; (= simple) simple

strain [streɪn] **1** n **a** (Tech) tension *f* ▪ **to take the ~ off sth** diminuer la pression sur qch **b** (physical) effort *m* (physique) ; (= overwork) surmenage *m* ; (= tiredness) fatigue *f* **c** (= sprain) foulure *f* **d** (= breed) race *f* ; [of virus] souche *f* **2** vt **a** [+ rope, beam] tendre fortement ; [+ muscle] froisser ; [+ ankle] fouler ; [+ friendship, marriage] mettre à rude épreuve ; [+ resources, the economy] peser lourdement sur ▪ **to ~ one's back** se faire un tour de reins ▪ **to ~ one's eyes** s'abîmer les yeux ▪ **to ~ one's ears to hear sth** tendre l'oreille pour entendre qch **b** (in cooking) [+ liquid] passer ; [+ vegetables] égoutter **3** vi ▪ **to ~ to do sth** (physically) fournir un gros effort pour faire qch ; (mentally) s'efforcer de faire qch ▪ **to ~ at sth** (pushing/pulling) pousser/tirer qch de toutes ses forces ▪ **to ~ at the leash** [dog] tirer sur sa laisse
▸ **strain off** vt sep [+ liquid] vider

strained [streɪnd] adj **a** (= tense) [voice, relations, atmosphere] tendu **b** (= unnatural) [smile, laugh] forcé ; [manner] emprunté **c** [muscle] froissé ; [ankle] foulé **d** [baby food] en purée ; [vegetables] égoutté ; [liquid, soup, gravy] passé

strainer ['streɪnəˈ] n passoire *f*

strait [streɪt] n **a** (Geog) détroit *m* **b** ▪ **~s** situation *f* difficile ▪ **to be in financial ~s** avoir des ennuis d'argent

straitjacket ['streɪtdʒækɪt] n camisole *f* de force

strait-laced [streɪt'leɪst] adj collet monté *inv*

strand [strænd] **1** vt ▪ **the ship was ~ed** le bateau était échoué ▪ **to leave sb ~ed** laisser qn en rade* **2** n [of thread, wire] brin *m* ; [of rope] toron *m* ; [of fibrous substance] fibre *f* ; [of pearls] rang *m* ; (in narrative) fil *m* de l'histoire ▪ **a ~ of hair** une mèche

strange [streɪndʒ] adj **a** (= peculiar) étrange **b** (= unfamiliar) [country, city, house, language] inconnu (*to sb* à qn)

stranger ['streɪndʒəˈ] n (unknown) inconnu(e) *m(f)* ; (from another place) étranger *m*, -ère *f* ▪ **hello ~!** tiens, un(e) revenant(e) !*

strangle ['stræŋgl] vt étrangler ; [+ protests] étouffer

strap [stræp] **1** n [of leather] (thin) lanière *f* ; (broader) sangle *f* ; (on shoe) lanière *f* ; (on harness) courroie *f* ; (on garment) bretelle *f* ; (on shoulder bag, camera) bandoulière *f* ; (= watch strap) bracelet *m* **2** vt (= tie) attacher

strapless ['stræplɪs] adj [dress, bra] sans bretelles

strappy ['stræpɪ] adj [dress] à bretelles ; [sandals] à lanières

strata ['strɑ:tə] npl of **stratum**

stratagem ['strætɪdʒəm] n stratagème *m*

strategic [strə'ti:dʒɪk] adj stratégique

strategy ['strætɪdʒɪ] n stratégie *f*

stratum ['strɑ:təm] n (pl **strata**) strate *f* ▪ **social strata** les couches *fpl* sociales

straw [strɔ:] n paille *f* ▪ **to draw ~s** tirer à la courte paille ▪ **it was the last ~** ça a été la goutte d'eau qui a fait déborder le vase ▪ **that's the last ~!** ça c'est le comble !

strawberry ['strɔ:bərɪ] n (= fruit) fraise *f* ; (= plant) fraisier *m* ▪ **wild ~** fraise *f* des bois
▸ **strawberry blonde** blond vénitien *inv*
▸ **strawberry tree** arbousier *m*

stray [streɪ] **1** n animal *m* errant **2** adj **a** (= without owner) [dog, cat] errant ; [cow, sheep] égaré **b** (= loose) [bullet] perdu ; [hairs] épars **3** vi [person, animal] s'égarer ; [thoughts] vagabonder ▪ **to ~ from** [+ place, plan, subject] s'écarter de ; [+ course, route] dévier de

streak [stri:k] **1** n **a** (= band) raie *f* ; [of light] rai *m* ; [of blood, paint] filet *m* **b** (= tendency) tendance(s) *f(pl)* ▪ **a lucky ~** une période de chance ▪ **to be on a winning ~** (Sport) accumuler les victoires ; (Gambling) être dans une bonne passe **2** vt strier (*with* de) ▪ **his hair was ~ed with grey** ses cheveux commençaient à grisonner ▪ **she's had her hair ~ed** elle s'est fait faire des mèches **3** vi **a** (= rush) ▪ **to ~ in/out** entrer/sortir comme un éclair **b** (* = run naked) *courir tout nu en public*

streaky ['stri:kɪ] adj [pattern] strié ▸ **streaky bacon** (BR) bacon *m* entrelardé

stream [stri:m] **1** n **a** (= brook) ruisseau *m* **b** (= current) courant *m* **c** (= flow) flot *m* ; [of tears] torrent *m* **d** (BR : Scol) groupe *m* de niveau **2** vi [liquid] ruisseler ▪ **the fumes made his eyes ~** les émanations l'ont fait pleurer ▪ **cold air/sunlight ~ed through the window** l'air froid/le soleil entra à flots par la fenêtre ▪ **to ~ in/out** [people, cars] entrer/sortir à flots **3** vt (Internet) voir or visionner en temps réel or en streaming

streamer ['stri:məˈ] n (of paper) serpentin *m*

streaming ['stri:mɪŋ] **1** n (Scol) répartition *f* des élèves par niveaux ; (TV, Internet) streaming *m*, flux *m* **2** adj (BR) ▪ **to have a ~ cold** avoir un gros rhume

streamline ['stri:mlaɪn] vt [+ organization, process] rationaliser ; (= downsize) réduire les effectifs de

streamlined ['stri:mlaɪnd] adj **a** [plane, car] profilé ; [animal's body] (in air) aérodynamique ; (in water) hydrodynamique **b** [organization, system, process] rationalisé

st

street [stri:t] n rue *f* ▸ **street food** cuisine *f* de rue ▸ **street guide** plan *m* de la ville ▸ **street level** ▪ **at ~ level** au rez-de-chaussée ▸ **street map, street plan** plan *m* de la ville

streetcar ['stri:tkɑ:'] n (US) tramway *m*

streetlamp ['stri:tlæmp], **streetlight** ['stri:tlaɪt] n lampadaire *m*

streetwise ['stri:twaɪz] adj [child] conscient des dangers de la rue ; [worker, policeman] dégourdi

strength [streŋθ] n (gen) force *f* ; [of building, material, claim, currency] solidité *f* ; [of drink] teneur *f* en alcool ▪ **to go from ~ to ~** aller de succès en succès ▪ **~ of character** force de caractère ▪ **~ of will** volonté *f* ▪ **I know his ~s and weaknesses** je connais ses points forts et ses points faibles

strengthen ['streŋθən] **1** vt (gen) renforcer ; [+ muscle, limb, person] fortifier ; [+ currency] consolider **2** vi [muscle, limb] se fortifier ; [wind, desire] augmenter

strenuous ['strenjʊəs] adj [exercise, game, campaign] épuisant ; [efforts, opposition] acharné ; [protest, denial] vigoureux

stress [stres] **1** n **a** (= pressure) stress *m* ▪ **to be under ~** [person] être stressé ; [relationship] être tendu ▸ **stress test** test *m* de résistance; (Psych) test *m* de stress ▸ **stress-test** [+ person] soumettre à un test d'effort; [+ building, bridge] soumettre à un test de résistance; (Fin) soumettre à un test de résistance (bancaire) or à un stress test **b** (= emphasis) insistance *f* ▪ **to lay ~ on** insister sur **c** (on syllable) accent *m* **d** (on rope, cable) charge *f* **2** vt **a** (= emphasize) insister sur **b** [+ syllable] accentuer

stressful ['stresfʊl] adj stressant

stretch [stretʃ] **1** n **a** (= period of time) période *f* ▪ **for hours at a ~** des heures durant **b** [of land, water] étendue *f* ; [of river, road] partie *f* **c** ▪ **to be at full ~** [arms] être complètement tendu ; [person] donner son maximum **2** adj [garment, fabric] extensible ▸ **stretch limo*** limousine *f* extralongue ▸ **stretch mark** vergeture *f* **3** vt **a** [+ rope] tendre ; [+ elastic] étirer ; [+ shoe, glove] élargir ; [+ muscle] distendre ; [+ meaning] forcer **b** (= extend : also **stretch out**) [+ wing] déployer ; [+ rope, net] tendre ▪ **he ~ed his leg to ease the cramp** il a allongé la jambe pour soulager la crampe ▪ **I'm just going to ~ my legs*** (= go for a walk) je vais juste me dégourdir les jambes **c** [+ resources, supplies, income] mettre à rude épreuve **d** [+ athlete, student] pousser ▪ **to be fully ~ed** travailler à la limite de ses possibilités **4** vi **a** [person, animal] s'étirer **b** (= lengthen) s'allonger ; (= widen) s'élargir ; [elastic] s'étirer ; [fabric, garment] se détendre **c** (= extend) s'étendre

▸ **stretch out** **1** vi s'étendre **2** vt sep [+ arm, hand, foot] tendre ; [+ leg] étendre ; [+ net, rope] tendre

stretcher ['stretʃə'] n brancard *m*

stretchy ['stretʃɪ] adj extensible

strewn [stru:n] adj ▪ **to be ~ with** être jonché de

stricken ['strɪkən] adj [area, city, economy] sinistré ▪ **to be ~ by famine** être frappé par la famine ▪ **to be ~ with guilt** être pris d'un sentiment de culpabilité

strict [strɪkt] adj strict

strictly ['strɪktlɪ] adv strictement ▪ **~ speaking** à proprement parler ▪ **that's not ~ true** ce n'est pas tout à fait vrai

stride [straɪd] vb (pret **strode**) **1** n grand pas *m* ▪ **to take sth in one's ~** accepter qch sans sourciller **2** vi ▪ **to ~ along** avancer à grands pas

strident ['straɪdənt] adj **a** [sound, voice] strident **b** (= vociferous) véhément

strife [straɪf] n conflit *m*

strike [straɪk] vb (pret **struck**, ptp **struck**) **1** n **a** (= industrial action) grève *f* (*of, by* de) ▪ **to be (out) on ~** être en grève, faire grève ▪ **to go on ~** se mettre en grève **b** (= attack) attaque *f* **c** (Baseball, Bowling) strike *m* **2** vt **a** (= hit) [+ person, ball] frapper ; (= knock against) heurter ▪ **to ~ fear into sb** remplir qn d'effroi ▪ **to be struck dumb** (= amazed) être sidéré* **b** [+ oil, gold] découvrir ▪ **to ~ it rich** faire fortune **c** [+ coin, medal] frapper ; [+ match] frotter ▪ **to ~ a balance** trouver un équilibre ▪ **to ~ a bargain** conclure un marché **d** [clock] sonner **e** (= seem) sembler (*sb* à qn) ▪ **an idea suddenly struck him** une idée lui est soudain venue à l'esprit ▪ **to be struck by sth** (= impressed) être frappé(e) par qch **3** vi **a** (= hit) frapper ; (= attack) attaquer ; [disease, disaster] frapper **b** [clock] sonner **c** (= go on strike) faire grève (*for* pour obtenir, *against* pour protester contre)

▸ **strike back** vi riposter (*at sb* à qn)

▸ **strike down** vt sep abattre ; [disease] terrasser

▸ **strike off** **1** vi (= change direction) ▪ **he struck off across the fields** il a pris à travers champs **2** vt sep (= delete: from list) rayer ▪ **to be struck off** [doctor] être radié

▸ **strike out** **1** vi **a** (= hit out) se débattre **b** (= set off) ▪ **to ~ out for the shore** [swimmer] se mettre à nager vers le rivage **2** vt sep (= delete) rayer

▸ **strike up** **1** vi [band] commencer à jouer **2** vt sep [+ conversation] engager ; [+ friendship] lier

striker ['straɪkəʳ] n **a** (= worker) gréviste *mf* **b** (Football) buteur *m*, -euse *f*

striking ['straɪkɪŋ] adj (= noticeable) frappant ; (= attractive) d'une beauté saisissante

string [strɪŋ] vb (pret, ptp **strung**) **1** n (= cord) ficelle *f* ; [of violin, racket] corde *f* ; [of beads] rang *m* ; [of people, vehicles] file *f* ■ **a piece of ~** un bout de ficelle ■ **the ~s** (in orchestra) les instruments *mpl* à cordes ■ **to pull ~s for sb** pistonner* qn ▸ **string bean** (= vegetable) haricot *m* vert ▸ **string(ed) instrument** instrument *m* à cordes **2** vt [+ racket] corder ; [+ violin] monter ; [+ beads] enfiler

stringent ['strɪndʒənt] adj rigoureux

strip [strɪp] **1** n **a** (= narrow part) bande *f* ▸ **strip cartoon** (BR) bande *f* dessinée **b** (BR Sport = clothes) tenue *f* **c** (* = striptease) strip-tease *m* **2** vt **a** (= remove everything from) [+ person] déshabiller ; [+ room, house] vider ; (= take paint off) [+ furniture, door] décaper ■ **to ~ a bed** défaire un lit complètement **b** [+ wallpaper, decorations, old paint] enlever **c** (= deprive) [+ person, object] dépouiller **3** vi se déshabiller

▸ **strip down** vt sep [+ machine, engine] démonter complètement

▸ **strip off** vi se déshabiller complètement

stripe [straɪp] n **a** (of colour) rayure *f* **b** (on uniform) galon *m*

striped [straɪpt] adj à rayures

stripper ['strɪpəʳ] n (= woman) stripteaseuse *f* ■ **male ~** stripteaseur *m*

striptease ['strɪptiːz] n strip-tease *m*

strive [straɪv] (pret **strove**, ptp **striven** ['strɪvn]) vi (= try hard) s'efforcer (*to do sth* de faire qch)

strode [strəʊd] vb pret of **stride**

stroke [strəʊk] **1** n **a** (Cricket, Golf, Tennis) coup *m* ; (Swimming) mouvement *m* des bras *(pour nager)* ; (= style) nage *f* ; (in rowing) coup *m* de rame ■ **he hasn't done a ~ (of work)** il n'a rien fait ■ **~ of genius** trait *m* de génie ■ **~ of luck** coup *m* de chance ■ **at a ~** d'un (seul) coup **b** (= mark) [of pen, pencil] trait *m* ; [of brush] touche *f* **c** [of bell, clock] coup *m* **d** (Med) ■ **to have a ~** avoir une attaque **2** vt [+ person, animal] caresser

stroll [strəʊl] **1** n petite promenade *f* **2** vi se promener

stroller ['strəʊləʳ] n **a** (= person) promeneur *m*, -euse *f* **b** (US = push chair) poussette *f*

strong [strɒŋ] **1** adj **a** (gen) fort ; (= healthy) robuste ; [nerves, leg, shoes, dollar] solide ; [emotion, desire, protest] vif ; [reasons, evidence, candidate] sérieux ; [fabric, material] résistant ; [measures] énergique ; [solution] concentré ■ **his ~ points** ses points forts ▸ **strong-willed** déterminé ■ **to be strong-willed** avoir de la volonté **b** (in numbers) ■ **they were 100 ~** ils étaient 100 **2** adv ■ **to be going ~** [person] être toujours solide ; [car] marcher toujours bien ; [relationship] aller bien

strongbox ['strɒŋbɒks] n coffre-fort *m*

stronghold ['strɒŋhəʊld] n forteresse *f* ; (fig) bastion *m*

strongly ['strɒŋlɪ] adv (gen) fortement ; [criticize, protest] vivement ; [deny, condemn] vigoureusement ; [support, oppose] fermement ; [sense, believe] profondément ■ **to smell ~ of sth** avoir une forte odeur de qch

strongroom ['strɒŋrʊm] n chambre *f* forte

strove [strəʊv] vb pret of **strive**

struck [strʌk] vb pret, ptp of **strike**

structural ['strʌktʃərəl] adj **a** [change, problem, reform] structurel **b** [repair, damage, fault] au niveau de la structure

structure ['strʌktʃəʳ] **1** n structure *f* **2** vt structurer

struggle ['strʌgl] **1** n lutte *f* (*to do sth* pour faire qch) ; (= fight) bagarre *f* **2** vi lutter ; (= fight) se battre ; (= thrash around) se débattre ; (= try hard) se démener (*to do sth* pour faire qch) ■ **he was struggling to make ends meet** il avait beaucoup de mal à joindre les deux bouts ■ **he ~d to his feet** il s'est levé péniblement

strum [strʌm] vt [+ guitar] gratter de

strung [strʌŋ] vb pret, ptp of **string**

strut [strʌt] **1** vi (also **strut about, strut around**) se pavaner **2** n (= support) étai *m*

stub [stʌb] **1** n [of pencil] bout *m* ; [of cigarette, cigar] mégot *m* ; [of cheque, ticket] talon *m* **2** vt ■ **to ~ one's toe** se cogner le doigt de pied

▸ **stub out** vt sep écraser

stubble ['stʌbl] n (in field) chaume *m* ; (on chin) barbe *f* de plusieurs jours

stubborn ['stʌbən] adj **a** [person] têtu ; [resistance] acharné ; [refusal, insistence] opiniâtre **b** [stain] rebelle ; [cold] persistant

stuck [stʌk] **1** vb pret, ptp of **stick** **2** adj [person, machine] bloqué ■ **to be ~ for an answer** ne pas savoir quoi répondre ■ **I'm ~** (in puzzle, essay) je sèche* ■ **to get ~ in the mud** s'embourber

stuck-up* [stʌk'ʌp] adj bêcheur*

stud [stʌd] n **a** (= knob, nail) clou *m* ; (on football boots) crampon *m* **b** (= earring) clou *m* d'oreille **c** (also **stud farm**) haras *m* **d** (* = man) (bel) étalon* *m*

studded ['stʌdɪd] adj ■ **~ with** [+ jewels] parsemé de

student ['stjuːdənt] n étudiant(e) *m(f)* ▸ **student nurse** élève *mf* infirmier (-ière) ▸ **student teacher** professeur *mf* stagiaire ▸ **Student Union** association *f* d'étudiants

studio ['stju:dɪəʊ] n [of artist] atelier *m* ; (for recording) studio *m* ► **studio apartment, studio flat** (BR) studio *m (logement)*

studious ['stju:dɪəs] adj studieux

study ['stʌdɪ] **1** n **a** (gen) étude *f* **b** (= room) bureau *m* **2** vti étudier ▪ **to ~ for an exam** préparer un examen

stuff [stʌf] **1** n (* = miscellaneous objects) trucs* *mpl* ; (* = possessions) affaires *fpl* ▪ **put your ~ away** range tes affaires ▪ **what's this ~ in this jar?** qu'est-ce que c'est que ce truc* dans le pot ? ▪ **he knows his ~** il connaît son sujet **2** vt (= fill) [+ cushion, toy] rembourrer (*with* avec) ; [+ animal] empailler ; [+ sack, pockets] remplir (*with* de) ; [+ chicken, tomato] farcir (*with* avec) ; (= cram) [+ objects, clothes, books] fourrer ▪ **to ~ o.s.*** s'empiffrer*

stuffing ['stʌfɪŋ] n [of cushion, toy, chair] rembourrage *m* ; (to eat) farce *f*

stuffy ['stʌfɪ] adj **a** [room] mal aéré ; [atmosphere] étouffant **b** (= stick-in-the-mud) vieux jeu *inv* ; (= snobby) guindé

stumble ['stʌmbl] **1** n faux pas *m* **2** vi trébucher (*over* sur, contre), faire un faux pas ; (in speech) trébucher (*at, over* sur)

stumbling block ['stʌmblɪŋblɒk] n pierre *f* d'achoppement

stump [stʌmp] **1** n **a** [of tree] souche *f* ; [of limb, tail] moignon *m* ; [of tooth] chicot *m* ; [of pencil, chalk] bout *m* **b** (Cricket) piquet *m* **2** vt (* = puzzle) coller* ▪ **I was ~ed by the question** j'ai séché* sur la question

stun [stʌn] vt (physically) étourdir ; (= amaze) abasourdir

stung [stʌŋ] vb pret, ptp of **sting**

stunk [stʌŋk] vb ptp of **stink**

stunned [stʌnd] adj **a** (physically) assommé **b** (= flabbergasted) abasourdi (*by sth* de qch)

stunner* ['stʌnə^r] n (= girl) canon* *m*, bombe* *f* ; (= car, object) bijou *m* ▪ **their new album is a ~** leur dernier album est un bijou or d'enfer*

stunning ['stʌnɪŋ] adj **a** (* = impressive) formidable ; [woman] superbe **b** (= overwhelming) stupéfiant

stunt [stʌnt] **1** n (= feat) tour *m* de force ; [of stuntman] cascade *f* ; (in plane) acrobatie *f* ; (= publicity stunt) coup *m* de pub* **2** vt [+ growth] retarder ; [+ person, plant] retarder la croissance de

stunted ['stʌntɪd] adj [person] rachitique ; [plant] rabougri

stuntman ['stʌntmæn] n (pl **-men**) cascadeur *m*

stupefy ['stju:pɪfaɪ] vt stupéfier

stupendous [stju:'pendəs] adj incroyable

stupid ['stju:pɪd] adj **a** (= unintelligent) stupide ▪ **to make sb look ~** ridiculiser qn ▪ **it was ~ of me to refuse** j'ai été bête de refuser ▪ **to do something ~** faire une bêtise **b** (* : expressing annoyance) ▪ **I hate this ~ machine!** je déteste cette fichue* machine ! ▪ **you ~ idiot!** espèce d'idiot(e) !*

stupidity [stju:'pɪdɪtɪ] n stupidité *f*

stupor ['stju:pə^r] n stupeur *f* ▪ **in a drunken ~** abruti par l'alcool

sturdy ['stɜ:dɪ] adj [person] robuste ; [object, body] solide

sturgeon ['stɜ:dʒən] n esturgeon *m*

stutter ['stʌtə^r] **1** n bégaiement *m* **2** vti bégayer

sty [staɪ] n (for pigs) porcherie *f*

sty(e) [staɪ] n (on eye) orgelet *m*

style [staɪl] **1** n **a** (gen) style *m* **b** (= design) modèle *m* ; (= hairstyle) coiffure *f* ▪ **clothes in the latest ~** des vêtements du dernier cri **c** (= elegance) allure *f* ▪ **to live in ~** mener grand train ▪ **he does things in ~** il fait bien les choses **d** (= type) genre *m* **2** vt [+ dress, car] dessiner ▪ **to ~ sb's hair** coiffer qn

stylish ['staɪlɪʃ] adj [person, car, clothes, place] chic *inv* ; [performer, performance] de grande classe

stylist ['staɪlɪst] n (= hairdresser) coiffeur *m*, -euse *f*

suave [swɑ:v] adj doucereux

subconscious [ˌsʌb'kɒnʃəs] adj, n subconscient *m*

subcontinent [ˌsʌb'kɒntɪnənt] n sous-continent *m*

subcontract [ˌsʌbkən'trækt] vt sous-traiter

subcontractor [ˌsʌbkən'træktə^r] n sous-traitant *m*

subdirectory ['sʌbdɪˌrektərɪ] n sous-répertoire *m*

subdivide [ˌsʌbdɪ'vaɪd] **1** vt subdiviser (*into* en) **2** vi se subdiviser

subdue [səb'dju:] vt [+ people, country] assujettir ; [+ feelings, passions, desire] refréner

subdued [səb'dju:d] adj **a** (= morose) [person, mood] sombre **b** (= restrained) [reaction, response] prudent **c** (= quiet, dim) [colour] doux (douce *f*) ; [lighting] tamisé

subhead(ing) ['sʌbˌhed(ɪŋ)] n sous-titre *m*

subject **1** n ['sʌbdʒɪkt] **a** (gen) sujet *m* (*of, for* de) ; (studied at school or university) matière *f* ▪ **to get off the ~** sortir du sujet ► **subject matter** (= theme) sujet *m*; (= content) contenu *m* **b** (= citizen) sujet(te) *m(f)* **2** adj ['sʌbdʒɪkt] **a** ▪ **~ to** (= prone to) sujet à ; (to

VAT, tax, law) soumis à **b** ■ **~ to** (= depending on) sous réserve de ■ **"~ to availability"** [holiday, concert, flight] « dans la limite des places disponibles » **3** vt [səb'dʒekt] [+ country] soumettre ■ **to ~ sb to sth** faire subir qch à qn ■ **he was ~ed to much criticism** il a fait l'objet de nombreuses critiques

> Lorsque ***subject*** est un verbe, l'accent tombe sur la deuxième syllabe. Lorsque c'est un nom, l'accent tombe sur la première.

subjective [səb'dʒektɪv] adj subjectif

subjugate ['sʌbdʒʊgeɪt] vt subjuguer

subjunctive [səb'dʒʌŋktɪv] adj, n subjonctif *m* ■ **in the ~** au subjonctif

sublet [ˌsʌb'let] vb (pret, ptp **sublet**) vti sous-louer (*to* à)

sublime [sə'blaɪm] adj (gen) sublime ; [indifference, disregard] souverain *before n*

subliminal [ˌsʌb'lɪmɪnl] adj subliminal

submachine gun [ˌsʌbmə'ʃiːngʌn] n mitraillette *f*

submarine [ˌsʌbmə'riːn] n sous-marin *m*

submerge [səb'mɜːdʒ] **1** vt submerger ■ **to ~ sth in sth** immerger qch dans qch **2** vi s'immerger

submission [səb'mɪʃən] n **a** (= submissiveness) soumission *f* (*to* à) **b** [of documents, application] dépôt *m* ; [of thesis] présentation *f*

submissive [səb'mɪsɪv] adj soumis

submit [səb'mɪt] **1** vt **a** ■ **to ~ o.s. to sb/sth** se soumettre à qn/qch **b** (= put forward) [+ documents, proposal, report, evidence] soumettre (*to* à) **2** vi se soumettre (*to* à)

subnormal [ˌsʌb'nɔːməl] adj **a** (mentally) [person] attardé **b** [weight, height, temperature] inférieur (-eure *f*) à la normale

subordinate [sə'bɔːdɪnɪt] **1** adj [officer, position] subalterne (*to* à) **2** n subalterne *mf*

subpoena [sə'piːnə] **1** n citation *f* à comparaître **2** vt citer à comparaître

subprime ['sʌbpraɪm] adj [loan] à haut risque

sub-Saharan [sʌbsə'hɑːrən] adj subsaharien

subscribe [səb'skraɪb] vi ■ **to ~ to** [+ book, new publication, fund] souscrire à ; [+ newspaper, service] (= become a subscriber) s'abonner à ; (= be a subscriber) être abonné à ; [+ opinion, proposal] souscrire à

subscriber [səb'skraɪbəʳ] n (to fund, new publication) souscripteur *m*, -trice *f* (*to* de) ; (to newspaper, service) abonné(e) *m(f)* (*to* de)

subscription [səb'skrɪpʃən] n (to fund, charity) souscription *f* ; (to club) cotisation *f* ; (to newspaper, service) abonnement *m*

subsequent ['sʌbsɪkwənt] adj (= later in past) ultérieur (-eure *f*) ; (= in future) à venir

subsequently ['sʌbsɪkwəntlɪ] adv par la suite

subservient [səb'sɜːvɪənt] adj **a** (= submissive) [person, nation] asservi ■ **~ to** soumis à **b** (= servile) [person, manner, behaviour] servile

subset ['sʌbˌset] n sous-ensemble *m*

subside [səb'saɪd] vi [land, building] s'affaisser ; [flood, river] baisser ; [wind, anger] se calmer ; [threat] s'éloigner

subsidence ['sʌbsɪdns, səb'saɪdəns] n [of land, building] affaissement *m*

subsidiary [səb'sɪdɪərɪ] **1** adj **a** [role, aim, character] secondaire **b** [subject, course] optionnel **c** ■ **~ company** filiale *f* **2** n filiale *f*

subsidize ['sʌbsɪdaɪz] vt subventionner

subsidy ['sʌbsɪdɪ] n subvention *f*

substance ['sʌbstəns] n (gen) substance *f* ; (= solid quality) solidité *f* ; (= consistency) consistance *f*

substantial [səb'stænʃəl] adj **a** (= considerable) important ; [business] gros (grosse *f*) ; [house] grand **b** [object, structure] solide **c** [meal] substantiel

substantially [səb'stænʃəlɪ] adv **a** (= considerably) considérablement ■ **~ bigger/higher** nettement plus grand/plus haut **b** (= to a large extent) [correct, true, the same] en grande partie

substitute ['sʌbstɪtjuːt] **1** n (= person) remplaçant(e) *m(f)* (*for* de) ; (= thing) produit *m* de substitution (*for* de) **2** vt substituer (*A for B* A à B)

subtext ['sʌbtekst] n sens *m* caché

subtitle ['sʌbˌtaɪtl] **1** n sous-titre *m* **2** vt sous-titrer

subtle ['sʌtl] adj subtil (subtile *f*)

subtlety ['sʌtltɪ] n subtilité *f*

subtract [səb'trækt] vt soustraire (*from* de)

subtraction [səb'trækʃən] n soustraction *f*

suburb ['sʌbɜːb] n banlieue *f* ■ **in the ~s** en banlieue

suburban [sə'bɜːbən] adj **a** [street, community, train] de banlieue **b** [values, accent] banlieusard (pej) ■ **his ~ lifestyle** sa vie étriquée (pej)de banlieusard

suburbia [sə'bɜːbɪə] n banlieue *f*

subversive [səb'vɜːsɪv] adj subversif

subway ['sʌbweɪ] n (= underpass) passage *m* souterrain ; (= railway) métro *m*

succeed [sək'siːd] **1** vi **a** (= be successful) réussir ■ **to ~ in doing sth** réussir à faire qch **b** (= follow) succéder (*to* à) **2** vt succéder à

→ Pièges SUCCEED

success [sək'ses] n succès *m* ▪ **to meet with ~** avoir du succès ▪ **it was a ~** [holiday, meal, evening, attack] c'était réussi ; [play, record] ça a été un succès ▸ **success story** réussite *f*

successful [sək'sesfʊl] adj **a** [attempt, deal] couronné de succès ; [exam candidate] reçu ; [election candidate] victorieux ; [marriage] heureux ▪ **to be ~ in** or **at doing sth** réussir à faire qch ▪ **to be ~ in sth** (attempt, mission, exam) réussir qch **b** (= prosperous) [businessman, company] prospère ; [doctor, lawyer, academic] réputé ; [writer, painter, book, film] à succès ; [career] brillant

successfully [sək'sesfəlɪ] adv avec succès

succession [sək'seʃən] n succession *f* ▪ **in ~** successivement

successive [sək'sesɪv] adj successif ▪ **on four ~ days** pendant quatre jours consécutifs

successor [sək'sesəʳ] n successeur *mf* (*to, of* de)

succinct [sək'sɪŋkt] adj succinct

succulent ['sʌkjʊlənt] **1** adj succulent **2** n plante *f* grasse

succumb [sə'kʌm] vi succomber (*to* à)

such [sʌtʃ]

1 adj **a** (= of that sort) tel, pareil ▪ **~ a book** un tel livre ▪ **~ books** de tels livres ▪ **in ~ cases** en pareil cas ▪ **... or some ~ thing** ... ou une chose de ce genre ▪ **there's no ~ thing!** ça n'existe pas !

♦ **such as** tel que, comme ▪ **a friend ~ as Paul** un ami comme Paul ▪ **until ~ time as...** jusqu'à ce que... *+ subj*, en attendant que... *+ subj*

♦ **such and such** tel et tel ▪ **in such-and-such a street** dans telle et telle rue

b (= so much) tellement, tant ▪ **he was in ~ pain** il souffrait tellement ▪ **there was ~ a lot of noise that...** il y avait tellement de bruit que...

2 adv **a** (= so very) si ▪ **~ big boxes** de si grandes boîtes ▪ **~ a lovely present** un si joli cadeau ▪ **it was ~ a long time ago!** il y a si longtemps de ça !

b (in comparisons) aussi ▪ **I haven't had ~ good coffee for years** ça fait des années que je n'ai pas bu un aussi bon café

3 pron ▪ **rabbits and hares and such(like)*** les lapins, les lièvres et autres animaux de ce genre

♦ **as such** (= in that capacity) à ce titre ; (= in itself) en soi

suck [sʌk] **1** vt (gen) sucer ; (through straw) [+ drink] aspirer (*through* avec) ; [baby] [+ breast, bottle] téter ; [pump, machine] aspirer (*from* de) ▪ **to ~ one's thumb** sucer son pouce **2** vi ▪ **to ~ at** sucer ▪ **to ~ up to sb*** lécher les bottes* de qn ▪ **it ~s**‡ (US) c'est nul*

sucker ['sʌkəʳ] n **a** (= adhesive object) ventouse *f* **b** (* = person) poire* *f*

suckle ['sʌkl] **1** vt allaiter **2** vi téter

suction ['sʌkʃən] n succion *f* ▸ **suction pad** ventouse *f*

Sudan [sʊ'dɑːn] n ▪ **(the) ~** Soudan *m*

sudden ['sʌdn] adj (gen) soudain ; [attack] inattendu ; [inspiration] subit ▪ **all of a ~** soudain

suddenly ['sʌdnlɪ] adv soudain ▪ **to die ~** mourir subitement

suds [sʌdz] npl (= lather) mousse *f* de savon ; (= soapy water) eau *f* savonneuse

sue [suː] **1** vt poursuivre en justice (*for sth* pour obtenir qch) ▪ **to ~ sb for damages** poursuivre qn en dommages-intérêts **2** vi engager des poursuites ▪ **to ~ for divorce** entamer une procédure de divorce

suede [sweɪd] n daim *m*

suet [sʊɪt] n graisse *f* de rognon

suffer ['sʌfəʳ] **1** vt **a** (= undergo) subir ; [+ headaches, hunger] souffrir de **b** (= allow) [+ opposition, sb's rudeness, refusal] tolérer **2** vi souffrir ▪ **to ~ from** [+ rheumatism, heart trouble, the cold, hunger] souffrir de ; [+ deafness] être atteint de ; [+ flu, frostbite, bad memory] avoir

sufferer ['sʌfərəʳ] n (from illness) malade *mf* ▪ **asthma ~** asthmatique *mf*

suffering ['sʌfərɪŋ] n souffrance(s) *f(pl)*

suffice [sə'faɪs] (frm) vi suffire

sufficient [sə'fɪʃənt] adj [number, quantity] suffisant ▪ **~ time/money** suffisamment de temps/d'argent

sufficiently [sə'fɪʃəntlɪ] adv suffisamment

suffix ['sʌfɪks] n suffixe *m*

suffocate ['sʌfəkeɪt] vti étouffer

suffrage ['sʌfrɪdʒ] n droit *m* de vote ▪ **universal ~** suffrage *m* universel

suffragette [ˌsʌfrə'dʒet] n suffragette *f*

sugar ['ʃʊgəʳ] **1** n sucre *m* ▸ **sugar beet** betterave *f* à sucre ▸ **sugar bowl** sucrier *m* ▸ **sugar cane** canne *f* à sucre ▸ **sugar-free** sans sucre ▸ **sugar lump** morceau *m* de sucre ▸ **sugar pea** (pois *m*) mange-tout *m inv* **2** vt [+ food, drink] sucrer

sugary ['ʃʊgərɪ] adj **a** [food, drink] sucré **b** [person, voice] mielleux

suggest [sə'dʒest] vt **a** (= propose) suggérer ; (= hint) insinuer ▪ **I ~ that we go to the museum** je propose qu'on aille au musée **b** (= imply) suggérer

→ *Pièges* PROPOSE

suggestion [sə'dʒestʃən] n a (= proposal) suggestion *f* ; (= insinuation) insinuation *f* b (= trace) soupçon *m*, pointe *f*

suggestive [sə'dʒestɪv] adj suggestif

suicidal [ˌsʊɪ'saɪdl] adj suicidaire

suicide ['sʊɪsaɪd] n suicide *m* ▪ **to commit ~** se suicider

suit [su:t] 1 n a (for man) costume *m* ; (for woman) tailleur *m* ; [of racing driver, astronaut] combinaison *f* ▪ **~ of armour** armure *f* complète b (in court) procès *m* c (Cards) couleur *f* 2 vt a [arrangements, date, price, climate] convenir à ▪ **~ yourself!*** faites comme vous voulez ! b [garment, colour, hairstyle] aller à 3 vi convenir

suitable ['su:təbl] adj approprié ▪ **this dish is not ~ for diabetics** ce plat ne convient pas aux diabétiques ▪ **the film isn't ~ for children** ce n'est pas un film pour les enfants

suitably ['su:təblɪ] adv [behave] convenablement ; [equipped] comme il faut ▪ **I'm not ~ dressed for gardening** je ne suis pas habillé comme il faut pour jardiner ▪ **he was ~ impressed** il a été assez impressionné

suitcase ['su:tkeɪs] n valise *f*

suite [swi:t] n a (= furniture) mobilier *m* ; (= rooms) suite *f* b (= piece of music) suite *f*

suitor ['su:tə'] n prétendant *m*

sulfur ['sʌlfə'] n (US) soufre *m*

sulk [sʌlk] 1 n ▪ **to be in a ~** bouder 2 vi bouder

sulky ['sʌlkɪ] adj boudeur

sullen ['sʌlən] adj maussade

sulphur ['sʌlfə'] n soufre *m*

sultan ['sʌltən] n sultan *m*

sultana [sʌl'tɑ:nə] n (BR) raisin *m* de Smyrne

sultry ['sʌltrɪ] adj a [day, atmosphere] étouffant ; [weather, air, heat] lourd b (= sensual) sensuel

sum [sʌm] n (= total after addition) somme *f* ; (= calculation) calcul *m* ▸ **sum total** (= amount) somme *f* totale; (= money) montant *m* (global)
▸ **sum up** 1 vi récapituler 2 vt sep (= summarize) résumer

summarize ['sʌməraɪz] vt résumer

summary ['sʌmərɪ] 1 n résumé *m* 2 adj sommaire

summer ['sʌmə'] n été *m* ▪ **in (the) ~** en été ▸ **summer camp** (US) colonie *f* de vacances ▸ **summer holidays** grandes vacances *fpl* ▸ **summer school** université *f* d'été ▸ **summer time** (BR : by clock) heure *f* d'été

summerhouse ['sʌməhaʊs] n pavillon *m* d'été

summertime ['sʌmətaɪm] n (= season) été *m*

summery ['sʌmərɪ] adj [weather, temperature] estival ; [clothes] d'été

summit ['sʌmɪt] n sommet *m*

summon ['sʌmən] vt [+ doctor, police] appeler ; (to meeting) convoquer ▪ **to ~ sb to appear** (in court) citer qn à comparaître
▸ **summon up** vt sep [+ energy, strength] rassembler

summons ['sʌmənz] 1 n (pl **~es**) assignation *f* 2 vt [court] citer, assigner *(à comparaître)*

sumptuous ['sʌmptjʊəs] adj somptueux

sun [sʌn] 1 n soleil *m* ▪ **the ~ is shining** il fait soleil ▪ **in the ~** au soleil ▸ **sun dress** robe *f* bain de soleil ▸ **sun lamp** lampe *f* à bronzer ▸ **sun lotion** crème *f* solaire ▸ **sun-lounger** chaise *f* longue 2 vt ▪ **to ~ o.s.** [lizard, cat] se chauffer au soleil ; [person] prendre un bain de soleil

sunbathe ['sʌnbeɪð] vi se faire bronzer

sunbeam ['sʌnbi:m] n rayon *m* de soleil

sunbed ['sʌnbed] n (with sunray lamp) banc *m* solaire ; (for outdoors) chaise *f* longue

sunblock ['sʌnblɒk] n écran *m* solaire total

sunburn ['sʌnbɜ:n] n coup *m* de soleil

sunburned ['sʌnbɜ:nd], **sunburnt** ['sʌnbɜ:nt] adj (= tanned) bronzé ; (painfully) brûlé par le soleil ▪ **to get ~** prendre un coup de soleil

sundae ['sʌndeɪ] n sundae *m*, coupe *f* glacée Chantilly

Sunday ['sʌndɪ] n dimanche *m* ▸ **Sunday school** ≈ catéchisme *m* ; for other phrases see **Saturday**

sundial ['sʌndaɪəl] n cadran *m* solaire

sundown ['sʌndaʊn] n (US) coucher *m* de soleil

sundry ['sʌndrɪ] 1 adj divers ▪ **all and ~** tout le monde 2 **sundries** npl articles *mpl* divers

sunflower ['sʌnˌflaʊə'] n tournesol *m*

sung [sʌŋ] vb ptp of **sing**

sunglasses ['sʌnˌglɑ:sɪz] npl lunettes *fpl* de soleil

sunk [sʌŋk] vb ptp of **sink**

sunken ['sʌŋkən] adj [ship, treasure] englouti ; [garden, road] en contrebas ; [bath] encastré ; [eyes] enfoncé ; [cheeks] creux

sunlight ['sʌnlaɪt] n (lumière *f* du) soleil *m*

sunlit ['sʌnlɪt] adj ensoleillé

sunny ['sʌnɪ] adj a [day, room] ensoleillé ▪ **~ intervals** (BR) éclaircies *fpl* ▪ **eggs ~ side up** (US) œufs *mpl* sur le plat *(frits sans avoir été retournés)* b [smile] radieux ; [person] épanoui ; [personality, mood] enjoué

sunrise ['sʌnraɪz] n lever *m* de soleil

sunroof ['sʌnru:f] n (on car) toit *m* ouvrant

sunscreen ['sʌnskri:n] n écran *m* solaire

sunset ['sʌnset] n coucher *m* de soleil

sunshade ['sʌnʃeɪd] n (for eyes) visière *f* ; (in car) pare-soleil *m inv* ; (= parasol) ombrelle *f*

sunshine ['sʌnʃaɪn] n (lumière *f* du) soleil *m* ▪ **in the ~** au soleil

sunspot ['sʌnspɒt] n tache *f* solaire

sunstroke ['sʌnstrəʊk] n insolation *f*

suntan ['sʌntæn] n bronzage *m* ▪ **~ lotion/oil** crème/huile solaire

suntrap ['sʌntræp] n coin *m* très ensoleillé

super* ['su:pəʳ] adj (BR) super*

superannuation [ˌsu:pəˌrænjʊ'eɪʃən] n (BR = pension) pension *f* de retraite

superb [su:'pɜ:b] adj [view, weather, day] superbe ; [quality, opportunity] exceptionnel

Super Bowl ['su:pəbəul] n (US) *championnat de football américain*

supercilious [ˌsu:pə'sɪlɪəs] adj [person, smile] dédaigneux

superficial [ˌsu:pə'fɪʃəl] adj superficiel

superfluous [sʊ'pɜ:flʊəs] adj superflu

superfood ['su:pəˌfu:d] n superaliment *m*

superglue ['su:pəglu:] n colle *f* extraforte

superhero ['su:pəˌhɪərəʊ] n super-héros *m*

superhuman [ˌsu:pə'hju:mən] adj surhumain

superimpose [ˌsu:pərɪm'pəʊz] vt superposer (*on* à)

superintendent [ˌsu:pərɪn'tendənt] n **a** [of department] chef *mf* **b** [of police] ≈ commissaire *mf*

superior [sʊ'pɪərɪəʳ] **1** adj **a** (= better) supérieur **b** (= high-quality) de qualité supérieure **c** (= supercilious) [person] hautain ; [air] supérieur (-eure *f*) ; [smile] dédaigneux **d** (in hierarchy) supérieur (*to* à) **2** n supérieur(e) *m(f)*

superiority [sʊˌpɪərɪ'ɒrɪtɪ] n supériorité *f* (*to, over* par rapport à)

superlative [sʊ'pɜ:lətɪv] **1** adj **a** (= excellent) exceptionnel **b** [adjective] superlatif **2** n superlatif *m*

superman ['su:pəmæn] n (pl **-men**) surhomme *m* ▪ **Superman** (= fictional character) Superman

supermarket ['su:pəˌmɑ:kɪt] n supermarché *m*

supermodel ['su:pəmɒdl] n top-modèle *mf*

supernatural [ˌsu:pə'nætʃərəl] adj, n surnaturel *m*

superpower ['su:pəpaʊəʳ] n superpuissance *f*

supersede [ˌsu:pə'si:d] vt [+ belief, object, order] remplacer ; [+ person] supplanter

supersonic [ˌsu:pə'sɒnɪk] adj [aircraft, speed] supersonique ; [flight, travel] en avion supersonique

superstar ['su:pəstɑ:ʳ] n superstar *f*

superstition [ˌsu:pə'stɪʃən] n superstition *f*

superstitious [ˌsu:pə'stɪʃəs] adj superstitieux

superstore ['su:pəstɔ:ʳ] n (BR) hypermarché *m*

supertanker ['su:pəˌtæŋkəʳ] n supertanker *m*

supervise ['su:pəvaɪz] vt [+ person, worker] être le supérieur hiérarchique de ; [+ department, research] diriger ; [+ work] superviser ; [+ exam] surveiller

supervisor ['su:pəvaɪzəʳ] n (gen) surveillant(e) *m(f)* ; (in shop) chef *mf* de rayon ; (of thesis) directeur *m*, -trice *f* de thèse

supper ['sʌpəʳ] n (= main meal) dîner *m* ; (= snack) collation *f*

supple ['sʌpl] adj souple

supplement **1** n ['sʌplɪmənt] supplément *m* **2** vt ['sʌplɪˌment] [+ income] augmenter (*by doing sth* en faisant qch) ; [+ diet] compléter, complémenter

> Lorsque ***supplement*** est un verbe, la fin se prononce ***ant*** comme dans ***giant***. Lorsque c'est un nom, elle se prononce ***ent*** comme dans ***went***.

supplementary [ˌsʌplɪ'mentərɪ] adj supplémentaire

supplier [sə'plaɪəʳ] n fournisseur *m*

supply [sə'plaɪ] **1** n **a** (= stock) provision *f* ▪ **supplies** provisions *fpl*, réserves *fpl* ; (= food) vivres *mpl* **b** (= act of supplying) alimentation *f* ▪ **~ and demand** l'offre *f* et la demande **2** vt (= provide) fournir (*with sth* en qch)

> ⚠ Le verbe ***supply*** ne se traduit pas par **supplier**.

supply teacher [sə'plaɪˌti:tʃəʳ] n (BR) suppléant(e) *m(f)*

support [sə'pɔ:t] **1** n (= physical help) appui *m* ; (moral, financial) soutien *m* ; (= object) support *m* ▪ **he leaned on me for ~** il s'est appuyé sur moi ▪ **he spoke in ~ of the motion** il a parlé en faveur de la motion ▪ **in ~ of his theory** à l'appui de sa théorie ▸ **support band** (= rock group) groupe *m* en vedette américaine ▸ **support group** groupe *m* d'entraide **2** vt **a** (= hold up) [pillar, beam, person] soutenir **b** [+ theory, cause, party, candidate] (passively) être pour ; (actively) soutenir ; [+ sb's application] appuyer ; [+ action] soutenir ; [+ team] être supporter de **c** (financially) subvenir aux besoins de → *Pièges* SUPPORT

supporter [sə'pɔːtə'] n [of party] sympathisant(e) *m(f)* ; [of theory, cause] partisan(e) *m(f)* ; [of team] supporteur *m*, -trice *f*

supporting [sə'pɔːtɪŋ] adj **a** (= corroborating) [document, evidence] à l'appui **b** [role, part] second *before n* ■ **~ actor** second rôle *m* ■ **the ~ cast** les seconds rôles *mpl*

suppose [sə'pəʊz] **1** vt **a** (= imagine) supposer (*that* que *+ subj*) ; (= assume, postulate) supposer (*that* que *+ indic*) ■ **supposing** si *+ indic* ■ **supposing he can't do it?** et s'il ne peut pas le faire ? **b** (= believe) croire ; (= think) penser ■ **I ~ so** je suppose que oui ■ **I ~ not** je ne crois pas **c** ■ **to be ~d to do sth** être censé faire qch ■ **he isn't ~d to know** il n'est pas censé le savoir ■ **it's ~d to be a good film** c'est soi-disant un bon film **2** vi supposer

supposedly [sə'pəʊzɪdlɪ] adv prétendument

suppository [sə'pɒzɪtərɪ] n suppositoire *m*

suppress [sə'pres] vt [+ crime] mettre fin à ; [+ revolt, one's feelings] réprimer ; [+ facts, truth] étouffer ; [+ evidence] faire disparaître

suppressant [sə'presnt] n ■ **appetite ~** coupe-faim *m*

suppression [sə'preʃən] n [evidence, information, human rights] suppression *f* ; [protest, movement] répression *f* ; [democracy] étouffement *m*

supreme [sʊ'priːm] adj suprême

surcharge ['sɜːtʃɑːdʒ] n (= extra payment) surcharge *f* ; (= extra tax) surtaxe *f*

sure [ʃʊə'] **1** adj sûr ■ **he is ~ to come** il viendra sûrement ■ **I'm ~ he'll help us** je suis sûr qu'il nous aidera ■ **I'm not ~** je ne suis pas sûr ■ **I'm not ~ how/why/when** je ne sais pas très bien comment/pourquoi/quand ■ **he's ~ of success** il est sûr de réussir ■ **to be ~ of o.s.** être sûr de soi ■ **for ~** sans aucun doute ■ **do you know for ~?** êtes-vous absolument sûr ? ■ **to make ~ that** s'assurer que, vérifier que **2** adv **a** (* = certainly) ■ **he ~ was sick** il était vraiment malade ■ **will you do it? – ~!** le ferez-vous ? – bien sûr !* **b** ■ **~ enough** effectivement

surely ['ʃʊəlɪ] adv sûrement ■ **~ he didn't say that!** il n'a pas pu dire ça, tout de même ! ■ **~ not!** pas possible ! ■ **~!** (US = with pleasure) bien sûr ! ; → *Pièges* SURELY

surety ['ʃʊərətɪ] n caution *f*

surf [sɜːf] **1** n (= waves) vagues *fpl* déferlantes ; (= foam) écume *f* **2** vi (= go surfing) surfer **3** vt [+ waves] surfer sur ■ **to ~ the Net** surfer sur le net

surface ['sɜːfɪs] **1** n surface *f* ■ **on the ~** (= at first sight) à première vue ► **surface area** surface *f* **2** vt [+ road] revêtir (*with* de) **3** vi [swimmer, diver, whale] remonter à la surface ; [submarine] faire surface ; [news] se faire jour

surfboard ['sɜːfbɔːd] n planche *f* de surf

surfeit ['sɜːfɪt] n excès *m*

surfer ['sɜːfə'] n surfeur *m*, -euse *f* ; (* : Internet) internaute *mf*

surfing ['sɜːfɪŋ] n surf *m*

surge [sɜːdʒ] **1** n [of fear, enthusiasm] vague *f* **2** vi [crowd] déferler ■ **they ~d forward** ils se sont lancés en avant

surgeon ['sɜːdʒən] n chirurgien(ne) *m(f)*

surgery ['sɜːdʒərɪ] n **a** (= skill, study, operation) chirurgie *f* ■ **to have ~** se faire opérer **b** (BR = consulting room) cabinet *m*

surgical ['sɜːdʒɪkəl] adj chirurgical ► **surgical spirit** (BR) alcool *m* à 90 (degrés)

surly ['sɜːlɪ] adj revêche

surmise [sɜː'maɪz] vt conjecturer

surmount [sɜː'maʊnt] vt surmonter

surname ['sɜːneɪm] n nom *m* de famille

> ⚠ ***surname*** ne se traduit pas par **surnom** ; → *Pièges* SURNAME

surpass [sɜː'pɑːs] vt [+ person] surpasser (*in* en) ; [+ hopes, expectations] dépasser ■ **to ~ o.s.** se surpasser

surplus ['sɜːpləs] **1** n (pl **~es**) surplus *m* **2** adj en surplus

surprise [sə'praɪz] **1** n surprise *f* ■ **to my great ~** à ma grande surprise ■ **to take by ~** [+ person] prendre au dépourvu ; [+ fort, town] prendre par surprise **2** adj [defeat, decision, gift] inattendu ■ **~ attack/visit** attaque *f*/visite *f* surprise **3** vt surprendre ■ **I wouldn't be ~d if it snowed** cela ne m'étonnerait pas qu'il neige *subj*

su

surprised [sə'praɪzd] adj surpris

surprising [sə'praɪzɪŋ] adj surprenant

surprisingly [sə'praɪzɪŋlɪ] adv [big, sad] étonnamment ■ **~ enough,...** chose étonnante,...

surreal [sə'rɪəl] adj surréaliste *(fig)*

surrealism [sə'rɪəlɪzəm] n surréalisme *m*

surrealist [sə'rɪəlɪst] adj, n surréaliste *mf*

surrender [sə'rendə'] **1** vi se rendre (*to* à) **2** vt [+ town] livrer (*to* à) ; [+ firearms] rendre (*to* à) ; [+ stolen property, documents] remettre (*to* à) ; [+ one's rights, claims, powers, liberty] renoncer à **3** n (Mil) reddition *f* (*to* à)

surreptitious [,sʌrəp'tɪʃəs] adj [entry, removal] discret ; [movement] furtif

surrogate ['sʌrəgɪt] n substitut *m* ▸ **surrogate mother** mère *f* porteuse

surround [sə'raʊnd] **1** vt entourer ▪ **~ed by** entouré de ▪ **you're ~ed!** vous êtes cerné ! **2** n bordure *f* ; [of fireplace] encadrement *m*

surrounding [sə'raʊndɪŋ] **1** adj environnant **2** **surroundings** npl (= surrounding country) environs *mpl* ; (= setting) cadre *m*

surveillance [sɜː'veɪləns] n surveillance *f* ▪ **to keep sb under ~** surveiller qn

survey **1** n ['sɜːveɪ] **a** (= overview) vue *f* d'ensemble (*of* de) **b** (= investigation) étude *f* (*of* de) ; (of public opinion) sondage *m* **c** [of land, coast] levé *m* **d** (BR : in housebuying) expertise *f* **2** vt [sə'veɪ] **a** (= look around at) [+ view, crowd] embrasser du regard ; [+ prospects, trends] passer en revue **b** (= study) faire une étude de **c** [+ site, land] faire le levé de ; (BR) [+ house, building] expertiser

> ⚠ Le verbe ***survey*** ne se traduit pas par **surveiller**.

> Lorsque ***survey*** est un verbe, l'accent tombe sur la deuxième syllabe. Lorsque c'est un nom, l'accent tombe sur la première.

surveyor [sə'veɪəʳ] n (BR) [of property, buildings] expert(e) *m(f)* ; [of land, site] géomètre *mf*

survival [sə'vaɪvəl] n (= act) survie *f* ; [of custom, beliefs] survivance *f* ▸ **survival kit** trousse *f* de survie

survivalism [sə'vaɪvəlɪzəm] n survivalisme *m*

survivalist [sə'vaɪvəlɪst] n survivaliste *mf*

survive [sə'vaɪv] **1** vi survivre **2** vt survivre à

survivor [sə'vaɪvəʳ] n survivant(e) *m(f)*

susceptible [sə'septəbl] adj ▪ **to be ~ to sth** (= sensitive to sth) être sensible à qch ; (to disease) être prédisposé à qch

> ⚠ ***susceptible*** ne se traduit pas par le mot français **susceptible**.

sushi ['suːʃɪ] n sushi *m*

suspect **1** n ['sʌspekt] suspect(e) *m(f)* **2** adj ['sʌspekt] suspect **3** vt [səs'pekt] **a** (gen) soupçonner (*that* que) ▪ **I ~ed as much** je m'en doutais **b** (= have doubts about) douter de

> Lorsque ***suspect*** est un verbe, l'accent tombe sur la deuxième syllabe. Lorsque c'est un nom, l'accent tombe sur la première.

suspend [səs'pend] vt **a** (= hang) suspendre (*from* à) **b** (= stop temporarily) suspendre ; [+ bus service] interrompre provisoirement **c** [+ employee] suspendre (*from* de) ; [+ pupil, student] exclure temporairement

suspended sentence [sə'spendɪd,sentəns] n (Law) condamnation *f* avec sursis

suspender [səs'pendəʳ] **1** n (BR : for stockings) jarretelle *f* ▸ **suspender belt** (BR) porte-jarretelle(s) *m* **2** **suspenders** npl (US = braces) bretelles *fpl*

suspense [səs'pens] n incertitude *f* ; (in book, film) suspense *m*

suspension [səs'penʃən] n (gen) suspension *f* ; [of programme, service] interruption *f* provisoire ; [of student] exclusion *f* temporaire ▸ **suspension bridge** pont *m* suspendu

suspicion [səs'pɪʃən] n soupçon *m* ▪ **above ~** au-dessus de tout soupçon

suspicious [səs'pɪʃəs] adj **a** (= distrustful) méfiant ▪ **to be ~ of sb/sth** se méfier de qn/qch ▪ **to be ~ about sb/sth** avoir des soupçons sur qn/qch **b** (= causing suspicion) suspect ▪ **in ~ circumstances** dans des circonstances suspectes

sustain [səs'teɪn] vt **a** (= support) [+ life] maintenir ; [+ effort, theory] soutenir ; [+ pretence] prolonger **b** (= suffer) [+ attack, loss, damage] subir ; [+ injury] recevoir

sustainable [səs'teɪnəbəl] adj [rate, growth] viable ; [energy, forest, development] durable ; [resource] renouvelable ; [institution] pérenne

sustenance ['sʌstɪnəns] n alimentation *f*

suture ['suːtʃəʳ] n suture *f*

SUV [,esjuː'viː] n (US) (abbr of **sports utility vehicle**) SUV *m*

swab [swɒb] **1** n (= cotton wool) tampon *m* ; (= specimen) prélèvement *m* **2** vt nettoyer

swagger ['swægəʳ] vi se pavaner

swallow ['swɒləʊ] **1** n (= bird) hirondelle *f* **2** vi avaler **3** vt avaler ; [+ one's anger, pride] ravaler

swam [swæm] vb pret of **swim**

swamp [swɒmp] **1** n marécage *m* **2** vt inonder (*with* de)

swan [swɒn] n cygne *m*

swap* [swɒp] **1** n échange *m* **2** vt échanger (*A for B* A contre B) **3** vi échanger ▸ **swap over, swap round** vt sep, vi changer de place

swarm [swɔːm] **1** n [of bees] essaim *m* ; [of flying insects] nuée *f* **2** vi [bees] essaimer ▪ **to ~ in/out** [people] entrer/sortir en masse ▪ **to be ~ing with** grouiller de

swastika ['swɒstɪkə] n croix *f* gammée

swat [swɒt] vt écraser

sway [sweɪ] **1** n ▪ **to hold ~** [theory] prévaloir ; [person] avoir une grande influence **2** vi [tree, rope, hanging object] se balancer ; [tower block, bridge, train] osciller ; [person] (weak) chanceler ; (dancing) se balancer **3** vt

a [+ hanging object] balancer **b** (= influence) influencer

swear [swɛəʳ] (pret **swore**, ptp **sworn**) **1** vt jurer ▪ **she was sworn to secrecy** on lui a fait jurer le secret **2** vi **a** (= take an oath) jurer **b** (= curse) jurer (*at* contre)

▸ **swear in** vt sep [+ jury, witness, president] faire prêter serment à

swearword [ˈswɛəwɜːd] n juron *m*

sweat [swet] **1** n sueur *f* ▪ **to be in a cold ~** avoir des sueurs froides ▸ **sweat pants** (US) pantalon *m* de jogging **2** vi [person, animal] suer (*from* de)

sweatband [ˈswetbænd] n bandeau *m*

sweater [ˈswetəʳ] n pull-over *m*

sweatshirt [ˈswetʃɜːt] n sweat(-shirt) *m*

sweatsuit [ˈswetsuːt] n (US) survêtement *m*

sweaty [ˈswetɪ] adj [person, body] en sueur ; [hair, clothes] collant de sueur ; [hand, skin] moite (de sueur)

Swede [swiːd] n Suédois(e) *m(f)*

swede [swiːd] n rutabaga *m*

Sweden [ˈswiːdən] n Suède *f*

Swedish [ˈswiːdɪʃ] **1** adj suédois **2** n (= language) suédois *m*

sweep [swiːp] vb (pret, ptp **swept**) **1** n **a** (with broom) ▪ **to give a room a ~** donner un coup de balai dans une pièce **b** (= chimney sweep) ramoneur *m* **c** (= movement) ▪ **with one ~** d'un seul coup ▪ **with a ~ of his arm** d'un geste large **d** (= curve) [of coastline, hills, road, river] grande courbe *f* **2** vt (gen) balayer ; [+ chimney] ramoner ▪ **to ~ sth under the carpet** (fig) enterrer qch ▪ **a wave of panic swept the city** un vent de panique a soufflé sur la ville ▪ **the wave swept him overboard** la vague l'a jeté par-dessus bord ▪ **he swept her off her feet** (= she fell for him) elle a eu le coup de foudre pour lui **3** vi **a** (= pass swiftly) ▪ **to ~ in/out** entrer/sortir rapidement ▪ **the rain swept across the plain** la pluie a balayé la plaine **b** (= move impressively) ▪ **to ~ in/out** [person, procession] entrer/sortir majestueusement

▸ **sweep aside** vt sep [+ object, person, objection] repousser ; [+ difficulty, obstacle] écarter

▸ **sweep away** vt sep [flood, current, gale] entraîner ; [+ dust, snow, rubbish] balayer

▸ **sweep out** vt sep [+ room, rubbish] balayer

▸ **sweep up** vti balayer

sweeping [ˈswiːpɪŋ] adj **a** [gesture, movement] ample ; [curve] large ; [staircase] qui descend majestueusement **b** [change] radical ; [cuts, powers] considérable ; [victory] écrasant ; [statement, generalization] à l'emporte-pièce

sweepstake [ˈswiːpsteɪk] n sweepstake *m*

sweet [swiːt] **1** adj **a** [taste, food, drink] sucré ; [smell, cider, wine] doux (douce *f*) ▪ **to like ~ things** aimer les sucreries *fpl* **b** [face, smile] doux (douce *f*) ; [person] gentil (gentille *f*) **c** [child, dog, house, hat] mignon **d** [sound, voice, music] mélodieux ▪ **~ dreams!** fais de beaux rêves ! ▪ **to whisper ~ nothings in sb's ear** conter fleurette à qn **e** [air, breath] frais (fraîche *f*) ; [water] pur **f** (* = attracted) ▪ **to be ~ on sb** avoir le béguin* pour qn **2** n (= candy) bonbon *m* ; (BR = dessert) dessert *m* **3** comp ▸ **sweet-and-sour** [sauce] aigre-doux (aigre-douce *f*); [pork, chicken] à l'aigre-douce ▸ **sweet pea** pois *m* de senteur ▸ **sweet potato** patate *f* douce ▸ **sweet tooth** ▪ **to have a ~ tooth** aimer les sucreries

sweetbread [ˈswiːtbred] n ris *m* de veau (or d'agneau)

sweetcorn [ˈswiːtkɔːn] n maïs *m*

sweeten [ˈswiːtn] vt **a** [+ coffee, sauce] sucrer **b** [+ person, sb's temper, task] adoucir

sweetener [ˈswiːtnəʳ] n (for coffee, food) édulcorant *m*

sweetheart [ˈswiːthɑːt] n petit(e) ami(e) *m(f)* ▪ **yes ~** oui chéri(e)

sweetly [ˈswiːtlɪ] adv [smile, say, answer] gentiment ; [sing, play] mélodieusement

sweetness [ˈswiːtnɪs] n (to taste) goût *m* sucré ; (in smell) odeur *f* suave ; [of person, character] douceur *f*

sweetshop [ˈswiːtʃɒp] n (BR) confiserie *f* (*souvent avec papeterie, journaux et tabac*)

swell [swel] vb (pret **swelled**, ptp **swollen** or **~ed**) **1** vi **a** (also **swell up**) [ankle, arm, eye, face] enfler **b** (= increase) augmenter ; [music] monter **2** vt [+ sail] gonfler ; [+ sound] enfler ; [+ river, lake] grossir ; [+ number] grossir, augmenter **3** n [of sea] houle *f* **4** adj (* US = wonderful) super* *inv*

swelling [ˈswelɪŋ] n (= lump) bosse *f* ▪ **the ~ has gone down** ça a désenflé

swelter [ˈsweltəʳ] vi étouffer de chaleur

sweltering [ˈsweltərɪŋ] adj étouffant

swept [swept] vb pret, ptp of **sweep**

swerve [swɜːv] vi [vehicle] faire une embardée ; [driver] donner un coup de volant

swift [swɪft] **1** adj rapide **2** n (= bird) martinet *m*

swig* [swɪg] n lampée *f*

swill [swɪl] **1** n (for pigs) pâtée *f* **2** vt **a** (also **swill out**) [+ glass] rincer **b** (also **swill around**) [+ liquid] remuer

swim [swɪm] vb (pret **swam**, ptp **swum**) **1** n ▪ **to go for a ~** aller se baigner ; (in swimming baths) aller à la piscine **2** vi nager ▪ **to go ~ming** aller se baigner ; (in swimming baths) aller à la piscine ▪ **his head was ~ming** la tête lui tournait **3** vt [+ lake, river] traverser à la nage

swimmer ['swɪməʳ] n nageur *m*, -euse *f*

swimming ['swɪmɪŋ] n nage *f* ; (Sport) natation *f* ▸ **swimming cap** bonnet *m* de bain ▸ **swimming costume** (BR) maillot *m* de bain une pièce ▸ **swimming pool** piscine *f* ▸ **swimming pool specialist** or **manufacturer** pisciniste *m* ▸ **swimming trunks** maillot *m* de bain

swimsuit ['swɪmsuːt] n maillot *m* de bain

swimwear ['swɪmwɛəʳ] n maillots *mpl* de bain

swindle ['swɪndl] **1** n escroquerie *f* **2** vt escroquer

swindler ['swɪndləʳ] n escroc *m*

swine‡ [swaɪn] n (= person) salaud‡ *m*

swing [swɪŋ] vb (pret, ptp **swung**) **1** n **a** (= movement) balancement *m* ; [of pendulum] oscillations *fpl* ; (Boxing, Golf) swing *m* ▸ **swing door** porte *f* battante ▸ **swing voter** électeur *m*, -trice *f* indécis(e) **b** (in public opinion) revirement *m* **c** (= seat for swinging) balançoire *f* ▪ **(it's) ~s and roundabouts*** ce qu'on gagne d'un côté on le perd de l'autre **d** (also **swing music**) swing *m* **e** ▪ **to go with a ~** [evening, party] marcher du tonnerre* ▪ **to be in full ~** [party, campaign] battre son plein ▪ **to get into the ~ of things** se mettre dans le bain **2** vi **a** (= move to and fro) se balancer ; [pendulum] osciller ▪ **his arms were ~ing by his sides** il avait les bras ballants ▪ **the door swung open/shut** la porte s'est ouverte/s'est refermée **b** ▪ **to ~ into action** passer à l'action ▪ **music that ~s** musique *f* qui swingue **c** (= change direction) virer ▪ **to ~ round** [person] faire demi-tour **d** ▪ **to ~ at a ball** frapper une balle avec un swing ▪ **to ~ at sb** décocher un coup de poing à qn **3** vt **a** [+ one's arms, legs] balancer ; [+ object on rope] balancer ; (= brandish) brandir **b** (= turn) ▪ **he swung the car round the corner** il a viré au coin **c** ▪ **to ~ the vote (in sb's favour)** (= influence) faire pencher la balance (en faveur de qn)

swinging* ['swɪŋɪŋ] adj (= lively) animé ▸ **the Swinging Sixties** les folles années *fpl* soixante

swipe [swaɪp] **1** vt **a** [+ card] faire glisser *(dans un lecteur)* ▸ **swipe card** carte *f* magnétique **b** (* = steal) piquer* (*sth from sb* qch à qn) **2** vi ▪ **to ~ at** [+ ball] frapper très fort ; [+ person] donner une grande gifle à

swirl [swɜːl] **1** n tourbillon *m* **2** vi tourbillonner

swish [swɪʃ] **1** vt [+ whip, cane] faire siffler ▪ **it was ~ing its tail** il battait l'air de sa queue **2** vi [cane, whip] cingler l'air ; [skirts] bruire **3** adj (* BR = grand) [hotel, house] chic *inv*

Swiss [swɪs] **1** n (pl inv) Suisse *mf* ▪ **the ~** les Suisses *mpl* **2** adj suisse ▸ **Swiss army knife** couteau *m* suisse ▸ **Swiss chard** bette *f*

switch [swɪtʃ] **1** n **a** (electrical) interrupteur *m* **b** (= change) changement *m* ; (radical) revirement *m*, retournement *m* ; [of funds] transfert *m* (*from* de, *to* en faveur de) **c** (= whip) fouet *m* **2** vt **a** (= transfer) [+ one's support, attention] reporter (*from* de, *to* sur) **b** (= exchange) échanger ; (also **switch round**) [+ two objects, letters in word] intervertir ; [+ books, objects] changer de place **c** ▪ **to ~ the TV to another programme** changer de chaîne

▸ **switch off** **1** vi (= lose interest) décrocher* **2** vt sep (= turn off) éteindre ; [+ alarm, engine] arrêter

▸ **switch on** vt sep (= turn on) allumer ; [+ engine, machine] mettre en marche

▸ **switch over** vi (TV) changer de chaîne

switchback ['swɪtʃbæk] n montagnes *fpl* russes

switchboard ['swɪtʃbɔːd] n standard *m* ▸ **switchboard operator** standardiste *mf*

Switzerland ['swɪtsələnd] n Suisse *f*

swivel ['swɪvl] **1** vt (also **swivel round**) faire pivoter **2** vi pivoter, tourner ▸ **swivel chair** fauteuil *m* pivotant

swollen ['swəʊlən] **1** vb ptp of **swell** **2** adj [limb, foot, finger, face, jaw] enflé ; [eye, breasts, organ] gonflé ; [stomach] ballonné ; [river] en crue

swoon [swuːn] vi (= faint) se pâmer ; (with admiration) se pâmer d'admiration (*over sb/sth* devant qn/qch)

swoop [swuːp] **1** n (= attack) attaque *f* en piqué, descente *f* (*on* dans) ▪ **at** or **in one fell ~** d'un seul coup **2** vi [bird] piquer ; [aircraft] descendre en piqué ; [police] faire une descente

swop [swɒp] ⇒ **swap**

sword [sɔːd] n épée *f*

swordfish ['sɔːdfɪʃ] n (pl inv) espadon *m*

swore [swɔːʳ] vb pret of **swear**

sworn [swɔːn] **1** vb ptp of **swear** **2** adj [evidence, statement] donné sous serment ; [enemy] juré

swot* [swɒt] (BR) **1** n (= studious person) bûcheur *m*, -euse* *f* **2** vi (= study) bûcher*

▸ **swot up*** vi, vt sep ▪ **to ~ up (on) sth** potasser* qch

swum [swʌm] vb ptp of **swim**

swung [swʌŋ] vb pret, ptp of **swing**

sycamore ['sɪkəmɔːʳ] n sycomore *m*

syllable ['sɪləbl] n syllabe *f*

syllabus ['sɪləbəs] n programme *m* ▪ **on the ~** au programme

symbol ['sɪmbəl] n symbole *m*

symbolic [sɪm'bɒlɪk] adj symbolique

symbolism ['sɪmbəlɪzəm] n symbolisme *m*

symbolize ['sɪmbəlaɪz] vt symboliser

symmetrical [sɪ'metrɪkəl] adj symétrique

symmetry ['sɪmɪtrɪ] n symétrie *f*

sympathetic [ˌsɪmpə'θetɪk] adj **a** (= showing concern) [person, smile] compatissant **b** (= favourable) favorable **c** (= likeable) [character] sympathique

> ⚠ ***sympathetic*** ne se traduit que rarement par **sympathique** ; → *Pièges* SYMPATHETIC

sympathize ['sɪmpəθaɪz] vi compatir ▪ **I ~ with you in your grief** je compatis à votre douleur ▪ **I ~ with you** je comprends votre point de vue

sympathizer ['sɪmpəθaɪzə'] n sympathisant(e) *m(f)* (*with* de)

sympathy ['sɪmpəθɪ] n **a** (= pity) compassion *f* (*for* pour) **b** (= fellow feeling) solidarité *f* (*for* avec)

symphony ['sɪmfənɪ] n symphonie *f*

symposium [sɪm'pəʊzɪəm] n symposium *m*

symptom ['sɪmptəm] n symptôme *m*

synagogue ['sɪnəgɒg] n synagogue *f*

synchronize ['sɪŋkrənaɪz] vt synchroniser

syndicate ['sɪndɪkɪt] n syndicat *m*, coopérative *f* ; [of criminals] gang *m*, association *f* de malfaiteurs

syndrome ['sɪndrəʊm] n syndrome *m*

synonym ['sɪnənɪm] n synonyme *m*

synopsis [sɪ'nɒpsɪs] n (pl **synopses** [sɪ'nɒpsiːz]) synopsis *f*

syntax ['sɪntæks] n syntaxe *f*

synthesis ['sɪnθəsɪs] n (pl **syntheses** ['sɪnθəsiːz]) synthèse *f*

synthesizer ['sɪnθəsaɪzə'] n synthétiseur *m*

synthetic [sɪn'θetɪk] adj synthétique

syphon ['saɪfən] n ⇒ **siphon**

Syria ['sɪrɪə] n Syrie *f*

Syrian ['sɪrɪən] **1** adj syrien **2** n Syrien(ne) *m(f)*

syringe [sɪ'rɪndʒ] n seringue *f*

syrup ['sɪrəp] n sirop *m* ; (also **golden syrup**) mélasse *f* raffinée

system ['sɪstəm] n **a** (gen) système *m* ▪ **the railway ~** le réseau de chemin de fer ▸ **system disk** (Computing) disque *m* système ▸ **systems analyst** analyste *mf* en système ▸ **systems administrator** administrateur *m* système **b** (= the body) organisme *m*

systematic [ˌsɪstə'mætɪk] adj systématique ; [person] méthodique

tT

T, t [ti:] n (= letter) T, t *m* ▸ **T-bone steak** T-bone *m* ▸ **T-junction** intersection *f* en T ▸ **T-shirt** tee-shirt *m*

tab [tæb] n **a** (= part of garment) patte *f* ; (= loop on garment) attache *f* ; (= label) étiquette *f* ; (* US = bill) addition *f* ▪ **to keep ~s on*** [+ person] avoir à l'œil* **b** (on computer) ▪ **to set ~s** poser des tabulations ▪ **~ key** touche *f* de tabulation

tabby ['tæbɪ] n chat(te) *m(f)* tigré(e)

table ['teɪbl] **1** n **a** table *f* ▪ **to lay/clear the ~** mettre/débarrasser la table ▸ **table football** baby-foot *m* ▸ **table tennis** tennis *m* de table **b** [of facts, statistics] tableau *m* ; [of prices, fares, names] liste *f* ▪ **~ of contents** table *f* des matières **2** vt **a** (BR = present) [+ motion] déposer **b** (US = postpone) [+ motion] ajourner

tablecloth ['teɪblklɒθ] n nappe *f*

tablemat ['teɪblmæt] n napperon *m* ; (heat-resistant) dessous-de-plat *m inv*

tablespoon ['teɪblspu:n] n cuillère *f* à soupe ; (= tablespoonful) cuillerée *f* à soupe

tablet ['tæblɪt] n **a** (= medicine) comprimé *m* **b** [of wax, slate] tablette *f* **c** (= computer) tablette *f*

tabloid ['tæblɔɪd] n tabloïd *m*

taboo [tə'bu:] adj, n tabou *m*

tabulate ['tæbjʊleɪt] vt présenter sous forme de tableau

tacit ['tæsɪt] adj tacite

taciturn ['tæsɪtɜ:n] adj taciturne

tack [tæk] **1** n **a** (= nail) clou *m* ; (US = drawing pin) punaise *f* **b** ▪ **to change ~** changer de cap **c** (for horse) sellerie *f (articles)* **2** vt **a** (= nail) clouer **b** (Sewing) faufiler **3** vi [boat, crew] tirer un bord

▸ **tack on** vt sep (= add) ajouter (après coup)

tackle ['tækl] **1** n **a** (= ropes, pulleys) appareil *m* de levage ; (= gear, equipment) équipement *m* ▪ **fishing ~** matériel *m* de pêche **b** (Sport) tacle *m* **2** vt **a** [+ opposing player] tacler ; [+ thief, intruder] saisir à bras-le-corps **b** [+ task, problem] s'attaquer à ; [+ question] aborder

tacky ['tækɪ] adj **a** (* = tasteless) vulgaire **b** [paint, varnish] pas tout à fait sec ; [surface] collant

tact [tækt] n tact *m*

tactful ['tæktfʊl] adj [person, remark] plein de tact ; [hint, inquiry] discret (-ète *f*)

tactic ['tæktɪk] n tactique *f* ▪ **~s** la tactique

tactical ['tæktɪkəl] adj tactique

tactless ['tæktlɪs] adj [person] peu délicat ; [inquiry, reference] indiscret (-ète *f*)

tadpole ['tædpəʊl] n têtard *m*

taffeta ['tæfɪtə] n taffetas *m*

tag [tæg] n **a** (= label) étiquette *f* ; (Computing) balise *f* **b** (= quotation) citation *f* **c** (= game) ▪ **to play ~** jouer à chat

▸ **tag along** vi suivre

tail [teɪl] **1** n (gen) queue *f* ; [of shirt] pan *m* ▸ **tail coat** queue *f* de pie ▸ **tail end** [of season, conversation] fin *f*; [of procession] queue *f* ▸ **tail light** feu *m* arrière *inv* **2** **tails*** npl **a** (= jacket) queue *f* de pie **b** (side of coin) pile *f* **3** vt * [+ suspect] filer

▸ **tail off** vi [attendance, interest, numbers] diminuer

tailback ['teɪlbæk] n (BR) bouchon *m*

tailbone ['teɪl,bəʊn] n coccyx *m*

tailgate ['teɪlgeɪt] n hayon *m* (arrière)

tailor ['teɪlə'] **1** n tailleur *m*, -euse *f* ▸ **tailor-made** adj [garment] fait sur mesure ▪ **the job was tailor-made for him** le poste était taillé sur mesure pour lui **2** vt [+ garment] façonner ; [+ speech, product, service] adapter (*to*, *to suit* à)

tailpipe ['teɪlpaɪp] n (US) tuyau *m* d'échappement

tailwind ['teɪlwɪnd] n vent *m* arrière *inv*

taint [teɪnt] vt [+ food] gâter ; [+ water, air, atmosphere] polluer ; [+ sb's reputation] ternir

tainted ['teɪntɪd] adj [evidence] entaché de suspicion ; [reputation] terni

Taiwan [taɪ'wɑ:n] n Taïwan

T

take [teɪk] vb (pret **took**, ptp **taken**)

1 n **a** (for film) prise *f* de vue(s) ; (= recording) enregistrement *m*

b (US = takings) recette *f*

c (* = share) part *f*

d (* = view) point *m* de vue

2 vt **a** (gen) prendre ▪ **he took her in his arms** il l'a prise dans ses bras ▪ **do you ~ sugar?** vous prenez du sucre ? ▪ **I'll ~ a taxi** je prendrai un taxi ▪ **to ~ it upon o.s. to do sth** prendre sur soi de faire qch ▪ **to ~ sth from one's pocket** prendre qch dans sa poche ▪ **is this seat taken?** cette place est-elle prise ? ▪ **to ~ a seat** s'asseoir b (= subtract) soustraire (*from* de)

c (= capture) attraper ; [+ prize, degree] obtenir

d (= negotiate) [+ bend] prendre ; [+ fence] sauter

e (= sit) [+ exam, test] passer

f (= study) [+ subject] faire

g (= teach) [+ class, students] faire cours à

h (= tolerate) [+ behaviour, remark] accepter ■ **I can't ~ it any more** je n'en peux plus

i (= accept) [+ gift, payment, bribe, bet] accepter ; [+ news] supporter ■ **~ it from me!** croyez-moi (sur parole) ! ■ **~ it or leave it** c'est à prendre ou à laisser ■ **she took his death very badly** elle a été très affectée par sa mort

j (= assume) supposer ■ **I ~ it that...** je suppose que...

k (= require) prendre ■ **it ~s time** cela prend du temps ■ **it took me two hours to do it** j'ai mis deux heures (pour le faire) ■ **that ~s a lot of courage** cela demande beaucoup de courage ■ **he's got what it ~s!*** il est à la hauteur

l (= carry) porter ■ **he took her some flowers** il lui a apporté des fleurs ■ **~ his suitcase upstairs** montez sa valise ■ **he took her to the cinema** il l'a emmenée au cinéma ■ **to ~ sb to hospital** conduire qn à l'hôpital ■ **he took me home in his car** il m'a ramené dans sa voiture

3 vi [vaccination, plant cutting] prendre

► **take after** vt insep [+ person] tenir de

► **take apart** vt sep [+ machine, engine, toy] démonter

► **take away** vt sep a (= carry away) emporter ; (= lead away) emmener b (= remove) [+ object] retirer (*from sb* à qn, *from sth* de qch) ; [+ sb's child] enlever (*from sb* à qn) c (= subtract) soustraire

► **take back** vt sep a (= accept back) [+ person] reprendre b [+ book, goods] rapporter ; [+ person] raccompagner c (= recall) ■ **it ~s me back to my childhood** cela me rappelle mon enfance

► **take down** vt sep a [+ object from shelf] descendre ; [+ picture] décrocher ; [+ poster] enlever b (= dismantle) démonter c [+ notes, letter, details] prendre

► **take in** vt sep a (into building) [+ person] faire entrer b [+ homeless person, stray dog] recueillir c [+ skirt, waistband] reprendre d (= include) comprendre ■ **to ~ in a movie** aller au cinéma e (= understand) comprendre ■ **he hadn't fully taken in that she was dead** il n'avait pas vraiment compris qu'elle était morte f (* = deceive) avoir* ■ **I was taken in by his disguise** je me suis laissé prendre à son déguisement

► **take off**

1 vi [person] partir ; [aircraft, career, scheme] décoller

2 vt sep a (= remove) [+ garment, lid] enlever ■ **he took £5 off** il a fait une remise de 5 livres b (= lead away) emmener c (BR = imitate) imiter

► **take on** vt sep a [+ work, responsibility] se charger de ; [challenger in game, fight] accepter d'affronter b [+ employee] embaucher ; [+ passenger] embarquer ; [+ form, qualities] prendre c (= contend with) s'attaquer à

► **take out** vt sep a (= lead or carry outside) sortir ■ **he took her out to lunch** il l'a emmenée déjeuner b (from pocket, drawer) prendre (*from, of* dans) ; (= remove) retirer ; [+ tooth] arracher ; [+ appendix, tonsils] enlever ■ **that sort of work certainly ~s it out of you*** c'est vraiment un travail épuisant ■ **don't ~ it out on me!*** ne t'en prends pas à moi ! c [+ insurance policy] souscrire à

► **take over**

1 vi [dictator, army, political party] prendre le pouvoir ■ **to ~ over from sb** prendre la relève de qn

2 vt sep a (= assume responsibility for) [+ business, shop] reprendre b (= get control of) [+ company] prendre le contrôle de

► **take to** vt insep a (= conceive liking for) [+ person] se prendre de sympathie pour ; [+ game, action, study] prendre goût à ■ **I didn't ~ to him** il ne m'a pas beaucoup plu b (= start) ■ **to ~ to doing** se mettre à faire

► **take up** vt sep a [+ carpet] enlever ; [+ hem] raccourcir ; (after interruption) [+ one's work, book] reprendre ; [+ conversation, discussion, story] reprendre (le fil de) b (= occupy) [+ space, time] prendre ; [+ attention] occuper c (= start) [+ hobby, subject, sport] se mettre à ; [+ career] embrasser ; [+ challenge] relever ■ **I'd like to ~ you up on your offer** je voudrais accepter votre offre

---

takeaway ['teɪkəweɪ] n (BR = food shop) restaurant *m* de plats à emporter ; (= meal) repas *m* à emporter ■ **my ~ from this is that...** (= key point) ce que je retire (principalement) de tout ceci est que...

taken ['teɪkən] **1** vb ptp of **take** **2** adj a [seat, place] occupé b ■ **to be very ~ with sb/sth** être très impressionné par qn/qch

takeoff ['teɪkɒf] n [of plane] décollage *m* ; [of economy] démarrage *m* ; (= imitation) imitation *f*

takeout ['teɪkaʊt] n (US) (= food shop) magasin *m* de plats à emporter ; (= meal) repas *m* à emporter

takeover ['teɪkəʊvəʳ] n [of company] rachat *m* ► takeover bid offre *f* publique d'achat, OPA *f*

taking ['teɪkɪŋ] **1** n ■ **it is yours for the ~** tu n'as qu'à le prendre **2** **takings** npl (BR = earnings) recette *f*

talc [tælk], **talcum (powder)** ['tælkəm(ˌpaʊdəʳ)] n talc *m*

tale [teɪl] n histoire *f*

talent ['tælənt] n (= gift) don *m* ; (= ability) talent *m* ▸ **talent scout** découvreur *m*, -euse *f* de talents ▸ **talent show** concours *m* d'amateurs

talented ['tæləntɪd] adj talentueux

talisman ['tælɪzmən] n (pl **~s**) talisman *m*

talk [tɔ:k] **1** n **a** (gen) conversation *f*, discussion *f* ; (more formal) entretien *m* ▸ **talk show** talk-show *m* **b** (= informal lecture) communication *f* **c** (= rumours) ■ **there is ~ of his returning** il est question qu'il revienne ■ **it's just ~** ce ne sont que des on-dit ■ **it was all ~** tout ça c'était du vent* **2** **talks** npl (= negotiations) discussions *fpl* ■ **peace ~s** pourparlers *mpl* de paix **3** vi (= speak) parler (*about*, *of* de) ; (= chatter) bavarder ■ **who were you ~ing to?** à qui parlais-tu ? ■ **to ~ to o.s.** se parler tout seul ■ **he doesn't know what he's ~ing about** il ne sait pas ce qu'il dit ■ **~ing of films...** à propos de films... **4** vt **a** [+ a language] parler ■ **to ~ business/politics** parler affaires/politique ■ **to ~ nonsense** dire n'importe quoi **b** ■ **to ~ sb into doing sth** persuader qn de faire qch ■ **to ~ sb out of doing sth** dissuader qn de faire qch
▸ **talk over** vt sep [+ question, problem] discuter de

talkative ['tɔ:kətɪv] adj bavard

talker ['tɔ:kəʳ] n ■ **he's a great ~** (= very talkative) c'est un grand bavard

talkfest ['tɔ:kˌfɛst] n (US) longue discussion *f*

tall [tɔ:l] **1** adj [building, tree, window] haut ; [person] grand ■ **how ~ are you?** combien mesurez-vous ? ■ **he is six feet ~** ≈ il mesure 1 mètre 80 ■ **that's a ~ order!*** (= difficult) c'est beaucoup demander ! ▸ **tall story, tall tale** histoire *f* à dormir debout **2** adv ■ **to stand/walk ~** garder/marcher la tête haute
→ *Pièges* GRAND

tally ['tælɪ] **1** n (= count) compte *m* ■ **to keep a ~ of** tenir le compte de **2** vi concorder

talon ['tælən] n serre *f*

tambourine [ˌtæmbəˈri:n] n tambourin *m*

tame [teɪm] **1** adj **a** [animal, bird] apprivoisé **b** (= unexciting) insipide **2** vt [+ bird, wild animal] apprivoiser ; [+ lion] dompter

tamper ['tæmpəʳ] vi ■ **to ~ with** [+ machinery, car] toucher à *(sans permission)* ; [+ lock] essayer de crocheter ; [+ document, text, evidence] falsifier

tampon ['tæmpɒn] n tampon *m*

tan [tæn] **1** n bronzage *m* **2** adj brun clair **3** vt [+ leather] tanner **4** vi bronzer ■ **I ~ easily** je bronze facilement

tandem ['tændəm] n tandem *m*

tandoori [tænˈdʊərɪ] adj, n tandoori *m*

tang [tæŋ] n (= taste) goût *m* fort ; (= smell) odeur *f* forte

tangent ['tændʒənt] n tangente *f* ■ **to go off at a ~** partir dans une digression

tangerine [ˌtændʒəˈri:n] n mandarine *f*

tangible ['tændʒəbl] adj tangible

tangle ['tæŋgl] **1** n [of string, creepers, weeds] enchevêtrement *m* ; (= muddle) confusion *f* ■ **to get into a ~** [string, rope] s'entortiller ; [person, accounts] s'embrouiller **2** vt (also **tangle up**) emmêler ■ **~d** [string] entortillé ; [hair] emmêlé

tango ['tæŋgəʊ] n tango *m*

tangy ['tæŋɪ] adj acidulé

tank [tæŋk] n **a** (= container) réservoir *m* ; (for fermenting, processing) cuve *f* ; (for fish) aquarium *m* **b** (= vehicle) char *m* (d'assaut)

tankard ['tæŋkəd] n chope *f*

tanker ['tæŋkəʳ] n (= truck) camion-citerne *m* ; (= ship) pétrolier *m*

tanned [tænd] adj bronzé ; (= weatherbeaten) hâlé ■ **to get ~** bronzer

tannin ['tænɪn] n tanin *m*

Tannoy® ['tænɔɪ] n (BR) système *m* de sonorisation ■ **over the ~** par haut-parleur

tantalizing ['tæntəlaɪzɪŋ] adj [glimpse] attrayant ; [possibility] séduisant ; [offer, smell] alléchant

tantamount ['tæntəmaʊnt] adj ■ **it's ~ to justifying terrorism** ça revient à justifier le terrorisme ■ **it's ~ to heresy** c'est pratiquement de l'hérésie

tantrum ['tæntrəm] n crise *f* de colère ■ **to have** or **throw a ~** piquer une colère

tap [tæp] **1** n **a** (BR : for water) robinet *m* ■ **the hot/cold ~** le robinet d'eau chaude/froide ■ **beer on ~** bière *f* (à la) pression ▸ **tap water** eau *f* du robinet **b** (= knock) petit coup *m* **c** (= dance) claquettes *fpl* ▸ **tap-dancer** danseur *m*, -euse *f* de claquettes ▸ **tap-dancing** claquettes *fpl* **2** vt **a** [+ telephone] mettre sur écoute **b** [+ resources, supplies] exploiter **c** (= knock) taper (doucement) ; (repeatedly) tapoter ■ **to ~ one's foot** taper du pied **3** vi taper (doucement) ; (repeatedly) tapoter

tape [teɪp] **1** n **a** (magnetic) (= actual tape) bande *f* magnétique ; (= audio cassette) cassette *f* (audio *inv*) ; (= video cassette) cassette *f* vidéo *inv* ▸ **tape deck** platine *f* cassette ▸ **tape measure** mètre *m* à ruban ▸ **tape recorder** magnétophone *m* **b** (also **sticky**

tape) ruban *m* adhésif **2** vt **a** (with sticky tape) scotcher **b** (= record) enregistrer

taper ['teɪpəʳ] vi [column, trouser leg] finir en fuseau ; [hair] être effilé ; [structure, outline] se terminer en pointe

► **taper off** vi (= diminish) diminuer

tapestry ['tæpɪstrɪ] n tapisserie *f*

tapeworm ['teɪpwɜːm] n ténia *m*

tapioca [ˌtæpɪ'əʊkə] n tapioca *m*

tar [tɑːʳ] n goudron *m*

tarantula [tə'ræntjʊlə] n tarentule *f*

target ['tɑːgɪt] **1** n (gen) cible *f* ; (= objective) objectif *m* ▪ **to be on ~** [missile] suivre la trajectoire prévue ; [sales] correspondre aux objectifs ; [forecast] tomber juste ; (in timing) être dans les temps **2** vt **a** [+ enemy troops] prendre pour cible ; [+ missile, weapon] pointer **b** [+ market, audience] cibler ; [+ aid, benefits] affecter **3** adj [date, amount] prévu

tariff ['tærɪf] n tarif *m*

Tarmac® ['tɑːmæk] n **a** (BR = substance) bitume *m*, goudron *m* **b** ▪ **the tarmac** (= airport runway) la piste

tarnish ['tɑːnɪʃ] **1** vt ternir **2** vi [metal] se ternir

tarot ['tærəʊ] n ▪ **the ~** le(s) tarot(s) *m(pl)*

tarpaulin [tɑː'pɔːlɪn] n **a** (= fabric) toile *f* goudronnée **b** (= sheet) bâche *f* (goudronnée)

tarragon ['tærəgən] n estragon *m*

tart [tɑːt] **1** adj **a** [flavour] acidulé **b** [person, remark] acerbe **2** n **a** (= pastry) tarte *f* ; (small) tartelette *f* **b** (‡ = prostitute) pute‡ *f*

► **tart up**‡ vt sep (BR : pej) [+ house] retaper ▪ **to ~ o.s. up, to get ~ed up** se pomponner

tartan ['tɑːtən] **1** n tartan *m* **2** adj [garment, fabric] écossais

task [tɑːsk] n tâche *f* ► **task force** corps *m* expéditionnaire

tassel ['tæsəl] n gland *m* ; (= pompon) pompon *m*

taste [teɪst] **1** n goût *m* ▪ **to have (good) ~** avoir du goût ▪ **in good/bad ~** de bon/mauvais goût ▪ **would you like a ~ (of it)?** voulez-vous (y) goûter ? ▪ **to give sb a ~ of his own medicine** rendre à qn la monnaie de sa pièce ▪ **to have a ~ for...** avoir un penchant pour... ▪ **sweeten to ~** sucrer à volonté ▪ **it's a matter of ~** c'est affaire de goût ▪ **there's no accounting for ~** des goûts et des couleurs on ne discute pas ▪ **for my ~** à mon goût ► **taste bud** papille *f* gustative **2** vt **a** (= perceive flavour of) sentir (le goût de) **b** (= sample) [+ food, drink, power, freedom] goûter à ; (to test) [+ food] goûter ; [+ wine] (at table) goûter ; (at wine-tasting) déguster **3** vi ▪ **to ~ bitter** avoir un goût amer ▪ **to ~ of sth** avoir un goût de qch

tasteful ['teɪstfʊl] adj de bon goût

tasteless ['teɪstlɪs] adj (= in bad taste) de mauvais goût ; (= bland) fade

tasty ['teɪstɪ] adj [food] savoureux

tatters ['tætəz] npl lambeaux *mpl* ▪ **in ~** en lambeaux ▪ **his confidence was in ~** il avait perdu toute confiance en lui ▪ **his reputation was in ~** sa réputation était ruinée

tattoo [tə'tuː] **1** n **a** (on skin) tatouage *m* ► **tattoo machine** n dermographe *m* **b** (BR : Mil) parade *f* militaire **2** vt tatouer

tatty* ['tætɪ] adj (BR) [clothes] miteux (-euse *f*) ; [house, furniture, magazine] en mauvais état

taught [tɔːt] vb pret, ptp of **teach**

taunt [tɔːnt] vt railler

Taurus ['tɔːrəs] n Taureau *m*

taut [tɔːt] adj **a** (= tightly stretched) tendu **b** (= firm) ferme

tawdry ['tɔːdrɪ] adj **a** (= tacky) bon marché **b** (= sordid) sordide

tawny ['tɔːnɪ] adj (de couleur) fauve *inv* ► **tawny owl** hulotte *f*

tax [tæks] **1** n (on goods, services) taxe *f*, impôt *m* ; (on income) impôts *mpl* ► **tax avoidance** évasion *f* fiscale ► **tax collector** percepteur *m* ► **tax disc** (BR) vignette *f* (automobile) ► **tax evasion** fraude *f* fiscale ► **tax exile** exilé(e) *m(f)* fiscal(e) ► **tax-free** exonéré d'impôts ► **tax haven** paradis *m* fiscal ► **tax inspector** inspecteur *m*, -trice *f* des impôts ► **tax return** (feuille *f* de) déclaration *f* de revenus ► **tax year** année *f* fiscale **2** vt [+ goods] taxer ; [+ income, person] imposer ; [+ patience] mettre à l'épreuve ; [+ strength] éprouver

taxable ['tæksəbl] adj imposable

taxation [tæk'seɪʃən] n taxation *f* ; (= taxes) impôts *mpl*

taxi ['tæksɪ] **1** n taxi *m* ▪ **by ~** en taxi ► **taxi driver** chauffeur *m*, -euse *f* de taxi ► **taxi rank** (BR), **taxi stand** station *f* de taxis **2** vi [aircraft] rouler sur la piste

taximeter ['tæksɪmiːtəʳ] n compteur *m* (de taxi)

taxing ['tæksɪŋ] adj (mentally) ardu ; (physically) pénible

taxman* ['tæksmæn] n (pl **-men**) percepteur *m*

taxpayer ['tækspeɪəʳ] n contribuable *mf*

TB [tiː'biː] n abbr of **tuberculosis**

tea [tiː] n **a** thé *m* ; (herbal) infusion *f* ► **tea bag** sachet *m* de thé ► **tea break** (BR) pause thé *f* ► **tea cosy** (BR), **tea cozy** (US) couvrethéière *m* ► **tea lady** (BR) *dame qui prépare le thé pour les employés d'une entreprise* ► **tea leaf** feuille *f* de thé ► **tea party** thé *m (réception)* ► **the Tea Party** (US Pol) le Tea Party, *mouvement politique ultraconservateur* ► **tea service, tea set** service *m* à thé ► **tea strainer** passe-thé *m* ► **tea towel** (BR) torchon *m* **b** (BR) (= afternoon meal) thé *m* ; (= dinner) dîner *m*

teacake ['ti:keɪk] n (BR) petit pain *m* brioché

teach [ti:tʃ] (pret, ptp **taught**) **1** vt apprendre (*sb sth* qch à qn) ; [+ academic subject] enseigner (*sb sth* qch à qn) ▪ **to ~ sb (how) to do sth** apprendre à qn à faire qch ▪ **he ~es French** il enseigne le français ▪ **that will ~ him a lesson!** cela lui servira de leçon ! **2** vi enseigner

teacher ['ti:tʃəʳ] n (gen) professeur *mf* ; (in primary school) professeur *mf* des écoles, instituteur *m*, -trice *f* ; (= member of teaching profession) enseignant(e) *m(f)* ► **teacher training** (BR) formation *f* pédagogique (des enseignants) ; → Pièges PROFESSOR

teaching ['ti:tʃɪŋ] n enseignement *m* ► **teaching hospital** centre *m* hospitalier universitaire ► **teaching practice** (BR) stage *m* de formation des enseignants

teacup ['ti:kʌp] n tasse *f* à thé

teak [ti:k] n teck *m*

team [ti:m] n équipe *f* ► **team-mate** coéquipier *m*, -ière *f* ► **team spirit** esprit *m* d'équipe ► **team sport** sport *m* d'équipe
► **team up** vi [people] faire équipe

teamwork ['ti:mwɜ:k] n travail *m* d'équipe

teapot ['ti:pɒt] n théière *f*

tear[1] [tɛəʳ] vb (pret **tore**, ptp **torn**) **1** n (= rip) déchirure *f* **2** vt **a** (= rip) déchirer ▪ **to ~ a hole in...** faire un accroc à... ▪ **to ~ to pieces** [+ paper] déchirer en petits morceaux ; [+ prey] mettre en pièces ; [+ play, performance] éreinter ; [+ argument, suggestion] descendre en flammes* ▪ **to ~ open** [+ envelope] déchirer ; [+ letter] déchirer l'enveloppe de ▪ **to ~ a muscle/ligament** se déchirer un muscle/un ligament ▪ **to be torn between two things/people** être tiraillé entre deux choses/personnes ▪ **I'm very torn** j'hésite beaucoup (entre les deux) **b** (= snatch) arracher (*from sb* à qn, *off sth* de qch) ▪ **he tore it out of her hand** il le lui a arraché des mains **3** vi **a** [cloth, paper] se déchirer **b** (= rush) ▪ **to ~ out/down** sortir/descendre à toute vitesse
► **tear apart** vt sep déchirer
► **tear away** vt sep [+ paper, object] arracher (*from sb* à qn, *from sth* de qch) ▪ **I couldn't ~ myself away from it/him** je n'arrivais pas à m'en détacher/à me détacher de lui
► **tear down** vt sep [+ poster, flag] arracher ; [+ building] démolir
► **tear off** **1** vi (= leave quickly) partir à toute vitesse **2** vt sep **a** [+ label, wrapping] arracher **b** [+ one's clothes] enlever à la hâte
► **tear out** vt sep arracher ; [+ cheque, ticket] détacher ▪ **to ~ one's hair out** s'arracher les cheveux
► **tear up** vt sep [+ paper] déchirer

tear[2] [tɪəʳ] n larme *f* ▪ **in ~s** en larmes ▪ **close to ~s** au bord des larmes ▪ **to burst into ~s** fondre en larmes ► **tear gas** gaz *m* lacrymogène

tearaway ['tɛərəweɪ] n (BR) casse-cou *m*

teardrop ['tɪədrɒp] n larme *f*

tearful ['tɪəfʊl] adj [farewell] très émouvant ▪ **to be ~** [person] (= about to cry) être au bord des larmes ; (= in tears) être en larmes

tearoom ['tɪ:rʊm] n salon *m* de thé

teary ['tɪərɪ] adj larmoyant

tease [ti:z] **1** vt (playfully) taquiner ; (cruelly) tourmenter ; (sexually) allumer **2** n (= person) taquin(e) *m(f)* ; (sexual) allumeur *m*, -euse *f*

teaser ['ti:zəʳ] n (= problem) problème *m* (difficile) ; (= tricky question) colle* *f*

teashop ['ti:ʃɒp] n (BR) salon *m* de thé

teaspoon ['ti:spu:n] n cuillère *f* à café, petite cuillère *f*

teaspoonful ['ti:spu:nfʊl] n cuillerée *f* à café

teat [ti:t] n tétine *f*

teatime ['ti:taɪm] n (BR) heure *f* du thé

technical ['teknɪkəl] adj technique ► **technical college** (BR) collège *m* (d'enseignement) technique ► **technical drawing** dessin *m* industriel ► **technical institute** (US) ≈ institut *m* universitaire de technologie

technicality [,teknɪ'kælɪtɪ] n **a** (= detail) détail *m* technique **b** (= formality) formalité *f* **c** (= legal point) point *m* de procédure

technician [tek'nɪʃən] n technicien(ne) *m(f)*

technique [tek'ni:k] n technique *f*

techno ['teknəʊ] n, adj techno *f inv*

technocrat ['teknəʊkræt] n technocrate *mf*

technological [,teknə'lɒdʒɪkəl] adj technologique

technology [tek'nɒlədʒɪ] n technologie *f*

technophile ['teknəʊfaɪl] adj, n technophile *mf*

teddy (bear) ['tedɪ(bɛəʳ)] n (= toy) nounours *m* (baby talk), ours *m* en peluche

tedious ['ti:dɪəs] adj ennuyeux (-euse *f*)

tee [ti:] n tee *m*

teem [ti:m] vi ▪ **to ~ with** [river, street] grouiller de

teen* [ti:n] adj [movie, magazine, fashion] pour ados*

teenage ['ti:neɪdʒ] adj (gen) adolescent ; [idol, culture] des adolescents ; [magazine, fashion] pour adolescents

teenager ['ti:n,eɪdʒəʳ] n adolescent(e) *m(f)*

teens [ti:nz] npl adolescence *f* ■ **he is still in his ~** il est encore adolescent

teeny* ['ti:nɪ] adj (also **teeny-weeny**)* minuscule ■ **a ~ bit embarrassing** un petit peu gênant

tee-shirt ['ti:ʃɜ:t] n tee-shirt *m*

teeter ['ti:təʳ] vi [person] chanceler ; [pile] vaciller ▸ **teeter totter** (US) *jeu de bascule*

teeth [ti:θ] pl of **tooth**

teethe [ti:ð] vi ■ **to be teething** faire ses dents

teething ['ti:ðɪŋ] n poussée *f* des dents ▸ **teething troubles** (BR) difficultés *fpl* initiales

teetotaller, teetotaler (US) [ti:'təʊtləʳ] n personne *f* qui ne boit jamais d'alcool

TEFL ['tefl] n (abbr of **Teaching of English as a Foreign Language**) enseignement *m* de l'anglais langue étrangère

tel. (abbr of **telephone (number)**) tél

telebanking ['telɪ,bæŋkɪŋ] n télébanque *f*

telecommunications ['telɪkə,mju:nɪ'keɪʃənz] npl télécommunications *fpl*

telecommuter ['telɪkə,mju:təʳ] n télétravailleur *m*, -euse *f*

teleconference ['telɪkɒnfərəns] n téléconférence *f*

telegram ['telɪgræm] n télégramme *m*

telegraph pole ['telɪgrɑ:fpəʊl] n poteau *m* télégraphique

telemarketing ['telɪmɑ:kɪtɪŋ] n télémarketing *m*

telepathic [,telɪ'pæθɪk] adj télépathe

telepathy [tɪ'lepəθɪ] n télépathie *f*

telephone ['telɪfəʊn] **1** n téléphone *m* ■ **to be on the ~** (= speaking) être au téléphone ; (= have a telephone) avoir le téléphone (chez soi) ▸ **telephone book** annuaire *m* ▸ **telephone booth** (US), **telephone box** (BR) cabine *f* téléphonique ▸ **telephone call** appel *m* téléphonique ▸ **telephone directory** annuaire *m* ▸ **telephone number** numéro *m* de téléphone **2** vt [+ person] téléphoner à **3** vi téléphoner

telephonist [tɪ'lefənɪst] n téléphoniste *mf*

telephoto lens [,telɪfəʊtəʊ'lenz] n téléobjectif *m*

telesales ['telɪseɪlz] npl vente *f* par téléphone

telescope ['telɪskəʊp] n lunette *f* d'approche ; (astronomer's) télescope *m*

teleshopping ['telɪʃɒpɪŋ] n téléachat *m*

Teletext® ['telətekst] n télétexte® *m*

televise ['telɪvaɪz] vt téléviser

television ['telɪ,vɪʒən] n télévision *f* ■ **on ~** à la télévision ▸ **television licence** (BR) (certificat *m* de) redevance *f* télévision ▸ **television set** (poste *m* de) télévision *f*

teleworker ['telɪwɜ:kəʳ] n télétravailleur *m*, -euse *f*

teleworking ['telɪwɜ:kɪŋ] n télétravail *m*

telex ['teleks] **1** n télex *m* **2** vt envoyer par télex

tell [tel] (pret, ptp **told**) **1** vt **a** (gen) dire ■ **to ~ sb sth** dire qch à qn ■ **to ~ sb to do sth** dire à qn de faire qch ■ **he told me that he didn't want to come** il m'a dit qu'il ne voulait pas venir ■ **I told him what/how/why** je lui ai dit ce que/comment/pourquoi ■ **do as you are told** fais ce qu'on te dit ■ **I can't ~ you how grateful I am** je ne saurais vous dire à quel point je suis reconnaissant ■ **I told you so!** je te l'avais bien dit ! **b** (= relate) raconter ; [+ a lie, the truth, secret] dire ; [+ the future] prédire ■ **can you ~ the time?** sais-tu lire l'heure ? ■ **can you ~ me the time?** peux-tu me dire l'heure (qu'il est) ? ■ **his actions ~ us a lot about his motives** ses actes nous en disent long sur ses motifs ■ **she was ~ing him about it** elle lui en parlait **c** (= know) savoir ; (= distinguish) distinguer ■ **you can ~ he's clever** on voit bien qu'il est intelligent ■ **I can't ~ them apart** je ne peux pas les distinguer (l'un de l'autre) ■ **I can't ~ the difference** je ne vois pas la différence **2** vi **a** (= speak) parler (*of, about* de) ■ **to ~ on sb*** moucharder* qn **b** (= know) savoir ■ **I can't ~** je n'en sais rien ■ **you never can ~** on ne sait jamais **c** (= have an effect) se faire sentir

▸ **tell off*** vt sep (= reprimand) gronder (*for doing sth* pour avoir fait qch)

→ *Pièges* SAY

telling ['telɪŋ] **1** adj **a** (= revealing) révélateur (-trice *f*) **b** (= effective) efficace **2** n ■ **there's no ~ what he might do** impossible de dire ce qu'il pourrait faire ▸ **telling-off** engueulade‡ *f*

telltale ['telteɪl] adj [sign] révélateur (-trice *f*)

telly* ['telɪ] n (BR) (abbr of **television**) télé* *f*, téloche* *f* ■ **on ~** à la télé*

temerity [tɪ'merɪtɪ] n audace *f*

temp* [temp] (abbr of **temporary**) **1** n intérimaire *mf* **2** vi faire de l'intérim

temper ['tempəʳ] **1** n (= mood) humeur *f* ; (= fit of bad temper) crise *f* de colère ■ **to be in a ~** être en colère (*with sb* contre qn, *over* or *about sth* à propos de qch) ■ **to be in a good/bad ~** être de bonne/mauvaise humeur ■ **to lose one's ~** se mettre en colère **2** vt (= mitigate) tempérer

temperament ['tempərəmənt] n tempérament *m*

temperamental [ˌtempərəˈmentl] adj [person, behaviour] fantasque ; [machine] capricieux

temperate [ˈtempərɪt] adj [region, climate] tempéré ; [forest] de zone tempérée

temperature [ˈtemprɪtʃəʳ] n température *f* ▪ **to have a ~** avoir de la température or de la fièvre

tempestuous [temˈpestjʊəs] adj [relationship, meeting] orageux ; [period, time] agité ; [marriage, career] tumultueux ; [person] impétueux

template [ˈtemplɪt] n (gen) gabarit *m* ; (Computing) patron *m*

temple [ˈtempl] n **a** (= building) temple *m* **b** (= forehead) tempe *f*

temporarily [ˈtempərərɪlɪ] adv temporairement

temporary [ˈtempərərɪ] adj [job, resident, staff] temporaire ; [accommodation, solution] provisoire ; [relief, improvement] passager

tempt [tempt] vt tenter ▪ **to ~ sb to do sth** donner à qn l'envie de faire qch

temptation [tempˈteɪʃən] n tentation *f*

tempting [ˈtemptɪŋ] adj [offer, target] tentant ; [food, smell] appétissant

ten [ten] number dix ▪ **about ~ books** une dizaine de livres ▪ **the Ten Commandments** les dix commandements *mpl* ▸ **ten-gallon hat** ≈ chapeau de cow-boy ; for other phrases see **six**

tenable [ˈtenəbl] adj [argument] défendable

tenacious [tɪˈneɪʃəs] adj [person] tenace ; [offence, resistance] opiniâtre

tenacity [tɪˈnæsɪtɪ] n ténacité *f*

tenancy [ˈtenənsɪ] n location *f* ▪ **to take on the ~ of a house** prendre une maison en location ▸ **tenancy agreement** n contrat *m* de location

tenant [ˈtenənt] n locataire *mf*

tend [tend] **1** vi ▪ **to ~ to...** avoir tendance à... **2** vt (= take care of) [+ invalid] soigner ; [+ garden] entretenir

tendency [ˈtendənsɪ] n tendance *f* ▪ **to have a ~ to do sth** avoir tendance à faire qch

tender [ˈtendəʳ] **1** adj **a** [person, thoughts, gesture, food] tendre ; [body, skin] délicat ; [moment] de tendresse ▸ **tender-hearted** sensible **b** (= sore) [skin, bruise] sensible **2** vt (= proffer) offrir ; [+ resignation] donner **3** n soumission *f* (à un appel d'offres)

tenderize [ˈtendəraɪz] vt attendrir

tenderloin [ˈtendəlɔɪn] n filet *m*

tendinitis [ˌtendəˈnaɪtɪs] n tendinite *f*

tendon [ˈtendən] n tendon *m*

tendonitis [ˌtendəˈnaɪtɪs] n ⇒ **tendinitis**

tendril [ˈtendrɪl] n [of plant] vrille *f*

tenement [ˈtenɪmənt] n (= apartment) appartement *m* ; (= building) immeuble *m*

tenet [ˈtenət] n principe *m*

tennis [ˈtenɪs] n tennis *m* ▸ **tennis court** court *m* de tennis ▸ **tennis racket** raquette *f* de tennis ; → *Pièges* TENNIS

tenor [ˈtenəʳ] n (= singer) ténor *m*

tenpin bowling [ˌtenpɪnˈbəʊlɪŋ] n (BR) bowling *m* (à dix quilles)

tense [tens] **1** n temps *m* ▪ **in the present ~** au présent **2** adj tendu ▪ **to become ~** [person] se crisper **3** vt [+ muscles] contracter **4** vi [muscles, person, animal] se contracter

tension [ˈtenʃən] n tension *f*

tent [tent] n tente *f* ▸ **tent peg** (BR) piquet *m* de tente

tentacle [ˈtentəkl] n tentacule *m*

tentative [ˈtentətɪv] adj (= provisional) provisoire ; (= hesitant) hésitant ; [smile, attempt, suggestion] timide

tenterhooks [ˈtentəhʊks] npl ▪ **to be on ~** être sur des charbons ardents

tenth [tenθ] adj, n dixième *mf* ; (= fraction) dixième *m* ; for phrases see **sixth**

tenuous [ˈtenjʊəs] adj [link] ténu ; [relationship] subtil ; [existence] précaire ; [position, alliance] fragile

tenure [ˈtenjʊəʳ] n [of academic] titularisation *f* ; [of land, property] bail *m* ▪ **to have ~** [employee, teacher] être titulaire

tepid [ˈtepɪd] adj (= lukewarm) tiède

term [tɜːm] **1** n **a** (Scol, Univ) trimestre *m* ▪ **the autumn/spring/summer ~** le premier/second/troisième trimestre **b** (= period) période *f* ▪ **in the long ~** à long terme ▪ **in the medium/short ~** à moyen/court terme **c** (= word) terme *m* ; (= expression) expression *f* **2** **terms** npl (= conditions) conditions *fpl* ; [of contract] termes *mpl* ▪ **to be on good/bad ~s with sb** être en bons/mauvais termes avec qn ▪ **they're on friendly ~s** ils ont des rapports amicaux ▪ **to come to ~s with** [+ problem, situation] accepter **3** vt appeler ▪ **what he ~ed a revolution** ce qu'il appelait une révolution

terminal [ˈtɜːmɪnl] **1** adj **a** (= incurable) en phase terminale **b** (= insoluble) [problem, crisis, situation] sans issue **2** n **a** (for planes) aérogare *f* ; (for trains, coaches, buses) terminus *m inv* **b** [of computer] terminal *m*

terminate [ˈtɜːmɪneɪt] **1** vt mettre fin à ; [+ contract] résilier **2** vi [contract] se terminer ▪ **the train ~s at Glasgow** le train a pour terminus Glasgow

terminology [ˌtɜːmɪˈnɒlədʒɪ] n terminologie *f*

terminus [ˈtɜːmɪnəs] n terminus *m inv*

termite [ˈtɜːmaɪt] n termite *m*

terrace ['terəs] n (on hillside, patio) terrasse *f* ; (BR = row of houses) rangée *f* de maisons *(attenantes)* ▪ **the ~s** (BR : Sport) les gradins *mpl* ▸ **terrace house** (BR) maison *f* mitoyenne

terracotta ['terə'kɒtə] n terre *f* cuite

terrain [te'reɪn] n terrain *m (sol)*

terrestrial [tɪ'restrɪəl] adj **a** [life, event, animal] terrestre **b** [television, channel] hertzien ▪ **digital ~ radio** radio *f* numérique terrestre

terrible ['terəbl] adj (gen) terrible ; [experience, pain, injury] atroce ; [damage, poverty] effroyable ▪ **to feel ~** (= ill) se sentir mal ; (= guilty) s'en vouloir beaucoup

terribly ['terəblɪ] adv [important, upset, hard] extrêmement ; [difficult, disappointed, sorry] terriblement ; [behave] de manière lamentable ; [play, sing] terriblement mal

terrier ['terɪə'] n terrier *m*

terrific [tə'rɪfɪk] adj **a** (* = excellent) super* *inv* ▪ **you look ~** tu es superbe **b** (= very great) [amount] énorme ; [explosion] formidable ; [heat] épouvantable

terrify ['terɪfaɪ] vt terrifier ▪ **to be terrified of sth** avoir une peur folle de qch

terrifying ['terɪfaɪɪŋ] adj terrifiant

territory ['terɪtərɪ] n (= land) territoire *m*

terror ['terə'] n (= fear) terreur *f* ▪ **to live in ~ of sb/sth** vivre dans la terreur de qn/qch ▪ **that child is a ~*** cet enfant est une vraie petite terreur* ▸ **terror-stricken, terror-struck** épouvanté

terrorism ['terərɪzəm] n terrorisme *m*

terrorist ['terərɪst] n terroriste *mf*

terrorize ['terəraɪz] vt terroriser

terse [tɜːs] adj laconique

tertiary ['tɜːʃərɪ] adj tertiaire ▸ **tertiary college** n (BR) *établissement accueillant des élèves de terminale et dispensant une formation professionnelle* ▸ **tertiary education** n enseignement *m* supérieur

Terylene® ['terəliːn] (BR) n tergal® *m*

test [test] **1** n **a** (= trial) essai *m* ▸ **test drive** essai *m* sur route ▸ **test pilot** pilote *m* d'essai ▸ **test run** essai *m* **b** (on blood, urine) analyse *f* ; (of eyes, ears) examen *m* ▸ **test tube** éprouvette *f* ▸ **test-tube baby** bébé-éprouvette *m* **c** [of strength, personality] épreuve *f* ▪ **to put to the ~** mettre à l'épreuve **d** (for student, written) devoir *m* sur table ; (oral) interrogation *f* orale ; (for driver) examen *m* du permis de conduire ▪ **to pass one's (driving) ~** être reçu au permis **e** (Cricket, Rugby : also **test match**) test-match *m* **2** vt (gen) tester ; [+ blood, urine] faire une analyse (or des analyses) de ; [+ new drug] expérimenter ; [+ person] mettre à l'épreuve ▪ **to ~ sb on sth** (Scol, Univ) interroger qn sur qch

testament ['testəmənt] n testament *m*

testicle ['testɪkl] n testicule *m*

testify ['testɪfaɪ] **1** vt témoigner **2** vi témoigner ▪ **to ~ to sth** témoigner de qch

testimony ['testɪmənɪ] n (= statement) témoignage *m*

testing ['testɪŋ] adj (= difficult, trying) éprouvant ▸ **testing kit** n (kit *m* de) test *m* de dépistage

testosterone [te'stɒstərəʊn] n testostérone *f*

tetanus ['tetənəs] n tétanos *m*

tether ['teðə'] **1** n (for animal) longe *f* ▪ **to be at the end of one's ~** (= desperate) être au bout du rouleau* **2** vt [+ animal] attacher

text [tekst] **1** n texte *m* ▸ **text message** SMS *m*, texto® *m* ▸ **text neck** cervicalgie *f* des textos **2** vt envoyer un SMS or un texto à

textbook ['tekstbʊk] n manuel *m* scolaire

textile ['tekstaɪl] adj, n textile *m*

texture ['tekstʃə'] n texture *f* ; [of food] consistance *f*

Thailand ['taɪlænd] n Thaïlande *f*

Thames [temz] n Tamise *f*

than [ðæn, ðən] conj

a que ▪ **I have more ~ you** j'en ai plus que toi ▪ **he is taller ~ his sister** il est plus grand que sa sœur ▪ **you'd be better going by car ~ by bus** tu ferais mieux d'y aller en voiture plutôt qu'en autobus

b (with numerals) de ▪ **more/less ~ 20** plus/moins de 20 ▪ **more ~ once** plus d'une fois

thank [θæŋk] **1** vt remercier (*sb for sth* qn de or pour qch, *for doing sth* de faire qch, d'avoir fait qch) ▪ **~ you** merci ▪ **~ you very much** merci beaucoup ▪ **~ you for helping us** merci de nous avoir aidés ▪ **no ~ you** non merci ▸ **thank-you card** carte *f* de remerciements ▪ **~ goodness*** Dieu merci **2** **thanks** npl remerciements *mpl* ▪ **~s!** merci ! ▪ **~s a lot!** merci beaucoup ▪ **many ~s for all you've done** merci mille fois pour ce que vous avez fait ▪ **~s to...** grâce à...

thankful ['θæŋkfʊl] adj (= grateful) reconnaissant (*for* de) ; (= relieved) content

thankfully ['θæŋkfəlɪ] adv (= fortunately) heureusement

thanksgiving ['θæŋks,gɪvɪŋ] n action *f* de grâce(s) ▸ **Thanksgiving Day** (Can, US) Thanksgiving *m*

that [ðæt, ðət] (pl **those**)

1 dem adj **a** (unstressed) ce ; (masculine before vowel and silent h) cet, cette *f*, ces *mfpl* ▪ **~ noise** ce bruit ▪ **~ man** cet homme ▪ **~ idea**

cette idée ▪ **those books** ces livres ▪ **those houses** ces maisons

b (stressed, or as opposed to this, these) ce ...-là, cet ...-là, cette ...-là, ces ...-là ▪ **I mean THAT book** c'est de ce livre-là que je parle

♦ **that one** celui-là *m*, celle-là *f* ▪ **which video do you want? – ~ one** quelle vidéo veux-tu ? – celle-là

♦ **those ones** ceux-là *mpl*, celles-là *fpl*

2 dem pron **a** (singular) (= that thing, event, statement, person) cela, ça, ce ▪ **what's ~?** qu'est-ce que c'est que ça ? ▪ **~'s enough!** ça suffit ! ▪ **~'s fine** c'est parfait ▪ **who's ~?** qui est-ce ? ; (on phone) qui est à l'appareil ? ▸ **that is (to say)...** c'est-à-dire...

b (= that one, those ones) celui-là *m*, celle-là *f*, ceux-là *mpl*, celles-là *fpl* ▪ **a recession like ~** une récession comme celle-là ▪ **are those our seats?** est-ce que ce sont nos places ? ▪ **those are nice sandals** elles sont belles, ces sandales

3 rel pron **a** (subject of clause) qui ; (object of clause) que ▪ **the man ~ came to see you** l'homme qui est venu vous voir ▪ **the letter ~ I sent yesterday** la lettre que j'ai envoyée hier

b (with preposition) lequel *m*, laquelle *f*, lesquels *mpl*, lesquelles *fpl* ▪ **the pen ~ she was writing with** le stylo avec lequel elle écrivait ▪ **the box ~ you put it in** la boîte dans laquelle vous l'avez mis ▪ **the children ~ I spoke to** les enfants auxquels or à qui j'ai parlé ▪ **the girl/the book ~ I told you about** la jeune fille/le livre dont je vous ai parlé

4 conj que ▪ **he said ~ he had seen her** il a dit qu'il l'avait vue

5 adv (= so) si ▪ **it's not ~ important/bad** ce n'est pas si important/mal (que ça)

thatched [θætʃt] adj ▪ **~ roof** toit *m* de chaume ▪ **~ cottage** chaumière *f*

thaw [θɔː] **1** n dégel *m* **2** vt [+ frozen food] décongeler **3** vi [snow] fondre ; [+ ground] dégeler ; [frozen food] décongeler ; [person] (= get warmer, friendlier) se dégeler*

the [ðiː, ðə] def art **a** le, la, l' *(before vowel or silent h)*, les ▪ **of ~** du, de la, de l', des ▪ **to ~** au, à la, à l', aux ▪ **to play ~ piano** jouer du piano **b** (with names) ▪ **Charles ~ First** Charles premier

theatre, theater (US) [ˈθɪətəʳ] n **a** (gen) théâtre *m* ▪ **to go to the ~** aller au théâtre **b** (in hospital) salle *f* d'opération

theatregoer [ˈθɪətəgəʊəʳ] n habitué(e) *m(f)* du théâtre

theatrical [θɪˈætrɪkəl] adj théâtral

theft [θeft] n vol *m*

their [ðɛəʳ] poss adj leur *f inv* ; (plural) leurs ▪ **~ parents** leurs parents

theirs [ðɛəz] poss pron (masculine) le leur ; (feminine) la leur ; (plural) les leurs ▪ **your house is bigger than ~** votre maison est plus grande que la leur ▪ **a friend of ~** un de leurs amis

them [ðem, ðəm] pers pron pl **a** (direct object : people and things) les ▪ **he hates ~** il les déteste ▪ **look at ~!** regarde-les ! ▪ **have you seen my keys? I've lost ~** avez-vous vu mes clés ? je les ai perdues **b** (indirect object : people) leur ▪ **I'm going to phone ~ tomorrow** je vais leur téléphoner demain ▪ **what are you going to say to ~?** qu'est-ce que tu vas leur dire ? ▪ **write to ~** écrivez-leur ▪ **she sent ~ a card from Brittany** elle leur a envoyé une carte de Bretagne **c** (indirect object : things) en ▪ **can you give me my notes back? I need ~** est-ce que tu peux me rendre mes notes ? j'en ai besoin **d** (emphatic, with preposition) eux *m*, elles *f* ▪ **I knew it was ~!** je savais que c'était eux ! ▪ **without ~** sans eux (or elles)

theme [θiːm] n thème *m* ▸ **theme music** thème *m* musical; (= signature tune) indicatif *m* (musical) ▸ **theme park** parc *m* à thème

themselves [ðəmˈselvz] pers pron (reflexive) se ; (emphatic) eux-mêmes *mpl*, elles-mêmes *fpl* ; (after prep) eux, elles ▪ **they're enjoying ~** ils s'amusent bien ▪ **they saw it ~** ils l'ont vu eux-mêmes ▪ **they were talking amongst ~** ils discutaient entre eux ▪ **(all) by ~** tout seuls, toutes seules

then [ðen] adv **a** (= at that time) à l'époque ▪ **there and ~** sur-le-champ ▪ **from ~ on** depuis ▪ **by ~ I knew** à ce moment-là, je savais déjà ▪ **I'll have it finished by ~** je l'aurai fini d'ici là ▪ **since ~** depuis ▪ **between now and ~** d'ici là ▪ **until ~** jusque-là, jusqu'alors **b** (= next) puis **c** (= in that case) alors ▪ **~ it must be in the sitting room** alors ça doit être au salon **d** (= furthermore) et puis ♦ **then again** (= on the other hand) pourtant

thence [ðens] adv **a** (= from there) de là **b** (= therefore) par conséquent

theology [θɪˈɒlədʒɪ] n théologie *f*

theoretical [θɪəˈretɪkəl] adj théorique

theory [ˈθɪərɪ] n théorie *f* ▪ **in ~** en théorie

therapeutic [ˌθerəˈpjuːtɪk] adj thérapeutique

therapist [ˈθerəpɪst] n thérapeute *mf*

therapy [ˈθerəpɪ] n thérapie *f*

there [ðɛəʳ] **1** adv (place) y *before vb*, là ▪ **we shall soon be ~** nous serons bientôt arrivés ▪ **put it ~** posez-le là ▪ **down** or **over ~** là-bas ▪ **~ he is!** le voilà ! ▪ **~ you are** (= I've found you) (ah) vous voilà ! ; (offering sth) voilà ♦ **there is** il y a ♦ **there are** il y a ; → **be** **2** excl ▪ **~, what did I tell you?** alors,

th

qu'est-ce que je t'avais dit ? ▪ **~, ~, don't cry!** allons, allons, ne pleure pas !

thereabouts [ðɛərə'baʊts] adv (place) par là ; (= approximately) environ

thereafter [ðɛər'ɑːftəʳ] adv (frm) par la suite

thereby [ðɛə'baɪ] adv ainsi

therefore ['ðɛəfɔːʳ] conj donc

there's [ðɛəz] ⇒ **there is, there has** ; → **be, have**

thermal ['θɜːməl] adj a [underwear, socks] en Thermolactyl® b [spring, spa, treatment] thermal c [power, reactor, insulation] thermique ▸ **thermal imaging** thermographie *f*

thermometer [θə'mɒmɪtəʳ] n thermomètre *m*

Thermos® ['θɜːməs] n (also **Thermos flask**) thermos® *m or f inv*

thermostat ['θɜːməstæt] n thermostat *m*

thesaurus [θɪ'sɔːrəs] n thésaurus *m*

these [ðiːz] dem adj, dem pron pl of **this**

thesis ['θiːsɪs] n (pl **theses** ['θiːsiːz]) thèse *f*

they [ðeɪ] pers pron a ils *mpl*, elles *fpl* ; (stressed) eux *mpl*, elles *fpl* ▪ **~ have gone** ils sont partis, elles sont parties ▪ **there ~ are!** les voilà ! ▪ **~ are teachers** ce sont des professeurs ▪ **THEY don't know** eux, ils n'en savent rien b (= people in general) on ▪ **~ say that...** on dit que...

they'd [ðeɪd] ⇒ **they had, they would** ; → **have, would**

they'll [ðeɪl] ⇒ **they will** ; → **will**

they're [ðɛəʳ] ⇒ **they are** ; → **be**

they've [ðeɪv] ⇒ **they have** ; → **have**

thick [θɪk] 1 adj a (gen) épais (-aisse *f*) ; [pile, lenses, coat] gros (grosse *f*) ; [crowd] dense ; [hedge] touffu ▪ **to be 5cm ~** faire 5 cm d'épaisseur ▸ **thick-skinned** [person] peu sensible ▪ **he's very thick-skinned** il a la peau dure b (* BR = stupid) [person] bête c [accent] fort d ▪ **to be (as) ~ as thieves*** s'entendre comme larrons en foire 2 adv [cut] en tranches épaisses ; [spread] en couche épaisse ▪ **to lay it on ~*** forcer un peu la dose* 3 n ▪ **in the ~ of the crowd** au cœur de la foule ▪ **they were in the ~ of it** ils étaient en plein dedans ▪ **through ~ and thin** contre vents et marées

thicken ['θɪkən] 1 vt [+ sauce] épaissir 2 vi [crowd] grossir ; [sauce] épaissir

thicket ['θɪkɪt] n fourré *m*

thickness ['θɪknɪs] n (= layer) épaisseur *f*

thickset [θɪk'set] adj (and small) trapu ; (and tall) bien bâti

thief [θiːf] n (pl **thieves**) voleur *m*, -euse *f*

thigh [θaɪ] n cuisse *f*

thighbone ['θaɪbəʊn] n fémur *m*

thimble ['θɪmbl] n dé *m* (à coudre)

thin [θɪn] 1 adj a [person, face, legs, arms] maigre ; [lips, layer, slice, strip, sheet] mince ; [line] fin ; [cloth, garment] léger ; [mattress, wall] peu épais (-aisse *f*) ▪ **to get thin(ner)** [person] maigrir ▸ **thin-skinned** susceptible b (= runny) [liquid, oil] fluide ; [soup, sauce] clair c (= not dense) [air, atmosphere] raréfié ▪ **to vanish into ~ air** se volatiliser d [crowd] épars ; [hair, beard] clairsemé 2 adv [spread] en couche fine ; [cut] en tranches fines 3 vt [+ paint, sauce] délayer ; [+ trees] éclaircir

▸ **thin out** 1 vi [crowd, fog] se disperser 2 vt sep [+ seedlings, trees] éclaircir

thing [θɪŋ] n a (gen) chose *f* ▪ **the good ~s in life** les plaisirs *mpl* de la vie ▪ **the best ~ would be to refuse** le mieux serait de refuser ▪ **this is the latest ~ in computer games** c'est le dernier cri en matière de jeux électroniques ▪ **it's the in ~*** c'est le truc* à la mode ▪ **I must think ~s over** il faut que j'y réfléchisse ▪ **how's ~s?*** comment va ?* ▪ **as ~s are** dans l'état actuel des choses ▪ **for one ~, it doesn't make sense** d'abord ça n'a pas de sens ▪ **it's just one of those ~s** ce sont des choses qui arrivent ▪ **I hadn't done a ~ about it** je n'avais strictement rien fait ▪ **he knows a ~ or two** il s'y connaît ▪ **the ~ is, she'd already seen him** en fait, elle l'avait déjà vu b (= belongings) ▪ **~s** affaires *fpl* c (= person, animal) créature *f* ▪ **you poor ~!** pauvre petit(e) !

thingumajig* ['θɪŋəmɪdʒɪg], **thingummy(jig)*** ['θɪŋəmɪ(dʒɪg)] n (= object) truc* *m* ; (= person) Machin(e)* *m(f)*

think [θɪŋk] vb (pret, ptp **thought**) 1 vi a (gen) penser (*of, about* à) ; (= more carefully) réfléchir ▪ **let me ~** laissez-moi réfléchir ▪ **to ~ ahead** prévoir ▪ **to ~ aloud** penser tout haut ▪ **what are you ~ing about?** à quoi pensez-vous ? ▪ **I'm ~ing of resigning** je pense à donner ma démission ▪ **it's not worth ~ing about** ça ne vaut pas la peine d'y penser ▪ **I'll ~ about it** je vais y réfléchir ▪ **I can't ~ of her name** je n'arrive pas à me rappeler son nom b (= imagine) ▪ **to ~ (of)** imaginer ▪ **just ~!** imagine un peu ! c (= devise) ▪ **to ~ of** avoir l'idée de ▪ **I was the one who thought of inviting him** c'est moi qui ai eu l'idée de l'inviter ▪ **what will he ~ of next?** qu'est-ce qu'il va encore inventer ? d (= have as opinion) penser ▪ **to ~ well or a lot of sb/sth** penser le plus grand bien de qn/qch ▪ **he is very well thought of in France** il est très respecté en France ▪ **I don't ~ much of that idea** cette idée ne me dit pas grand-chose ▪ **to ~ better of doing sth** décider à la réflexion de ne pas faire qch 2 vt a

(= be of opinion, believe) penser, croire ▪ **I ~ so/not** je crois que oui/non ▪ **what do you ~?** qu'est-ce que tu (en) penses ? ▪ **I don't ~ he came** je crois qu'il n'est pas venu ▪ **I don't ~ he will come** je ne pense pas qu'il viendra ▪ **I thought so** or **as much!** je m'en doutais ! ▪ **what do you ~ of him?** comment le trouves-tu ? **b** (= conceive, imagine) (s')imaginer ▪ **~ what we could do with that house!** imagine ce que nous pourrions faire de cette maison ! **c** (= reflect) penser à ▪ **just ~ what you're doing!** pense un peu à ce que tu fais !

▸ **think over** vt sep [+ offer, suggestion] (bien) réfléchir à

▸ **think up** vt sep [+ plan, scheme, improvement] avoir l'idée de ; [+ answer, solution] trouver ; [+ excuse] inventer

think tank ['θɪŋktæŋk] n groupe *m* de réflexion

third [θɜːd] **1** adj troisième ▸ **third party** tierce personne *f*, tiers *m* ▸ **Third World** tiers-monde *m* **2** n **a** troisième *mf* ; (= fraction) tiers *m* ; for phrases see **sixth** **b** (Univ) (= degree) ≈ licence *f* sans mention **c** (also **third gear**) troisième (vitesse) *f* **3** adv **a** (in race, exam, competition) en troisième place ▪ **he came ~** il s'est classé troisième **b** (= thirdly) troisièmement

thirdly ['θɜːdlɪ] adv troisièmement

thirst [θɜːst] n soif *f* (*for* de)

thirsty ['θɜːstɪ] adj [person, animal, plant] assoiffé (liter) ▪ **to be ~** avoir soif

thirteen [θɜː'tiːn] number treize ; for phrases see **six**

thirteenth ['θɜː'tiːnθ] adj, n treizième *mf* ; (= fraction) treizième *m* ; for phrases see **sixth**

thirtieth ['θɜːtɪɪθ] **1** adj trentième **2** n trentième *mf* ; (= fraction) trentième *m* ; for phrases see **sixth**

thirty ['θɜːtɪ] number trente ; for phrases see **sixty**

this [ðɪs]

1 dem adj (pl **these**) **a** ce ; (masculine before vowel and silent h) cet, cette *f*, ces *pl* ▪ **whose are these books?** à qui sont ces livres ? ▪ **~ week** cette semaine

b (stressed, or as opposed to that, those, singular) ce…-ci, cette…-ci ; (plural) ces…-ci ▪ **I like ~ photo better than that one** je préfère cette photo-ci à celle-là

2 dem pron (pl **these**) **a** ceci, ce ▪ **what is ~?** qu'est-ce que c'est (que ceci) ? ▪ **whose is ~?** à qui appartient ceci ? ▪ **we were talking of ~ and that** nous bavardions de choses et d'autres ▪ **~ is my son** (in introduction) je vous présente mon fils ; (in photo) c'est mon fils ▪ **~ is Emma Brady** (on phone) Emma Brady à l'appareil ▪ **~ is what he showed me** voici ce qu'il m'a montré ▪ **~ is where we live** c'est ici que nous habitons

b (this one) celui-ci *m*, celle-ci *f*, ceux-ci *mpl*, celles-ci *fpl* ▪ **how much is ~?** combien coûte celui-ci (or celle-ci) ?

3 adv ▪ **it was ~ long** c'était long comme ça

thistle ['θɪsl] n chardon *m*

thong [θɒŋ] n [of whip] lanière *f*, longe *f*

thorn [θɔːn] n épine *f*

thorny ['θɔːnɪ] adj épineux

thorough ['θʌrə] adj **a** (= careful) [person, worker] méthodique ; [work, investigation, training] approfondi ; [review] complet (-ète *f*) **b** [knowledge] approfondi ; [understanding] profond **c** (= complete) ▪ **to make a ~ nuisance of o.s.** être totalement insupportable

thoroughbred ['θʌrəbred] n (= horse) (cheval *m*) pur-sang *m inv*

thoroughfare ['θʌrəfɛə'] n (= street) rue *f* ▪ **"no ~"** « passage interdit »

thoroughly ['θʌrəlɪ] adv **a** (= carefully) [examine] à fond ; [wash, mix] bien **b** (= completely) tout à fait ; [miserable, unpleasant] absolument

those [ðəʊz] dem adj, dem pron pl of **that**

though [ðəʊ] **1** conj bien que *+ subj* ▪ **~ it's raining** bien qu'il pleuve ▪ **strange ~ it may seem** si étrange que cela puisse paraître ▪ **as ~** comme si ▪ **it looks as though…** il semble que… *+ subj* **2** adv pourtant

thought [θɔːt] **1** vb pret, ptp of **think** **2** n **a** (gen) pensée *f* ; (= reflection) réflexion *f* ▪ **to be deep in ~** être perdu dans ses pensées ▪ **after much ~** après mûre réflexion ▪ **I didn't give it a moment's ~** je n'y ai pas pensé une seule seconde **b** (= idea) idée *f* ; (= intention) intention *f* ▪ **it's the ~ that counts** c'est l'intention qui compte

thoughtful ['θɔːtfʊl] adj **a** (= reflective) réfléchi ; (= absorbed by thoughts) pensif **b** (= considerate) prévenant ; [act, gesture] attentionné

thoughtless ['θɔːtlɪs] adj [act, behaviour, remark] inconsidéré ▪ **how ~ of you!** tu manques vraiment d'égards !

thousand ['θaʊzənd] **1** adj mille *inv* **2** n mille *m inv* ▪ **a ~** mille ▪ **one ~** mille ▪ **five ~** cinq mille ▪ **about a ~ (people)** un millier (de personnes) ▪ **~s of people** des milliers de gens

thousandth ['θaʊzəntθ] **1** adj millième **2** n millième *mf* ; (= fraction) millième *m*

thrash [θræʃ] vt **a** (= beat) rouer de coups **b** (* = defeat) écraser*

▸ **thrash about** vi se débattre

▸ **thrash out*** vt sep [+ problem, difficulty] (= discuss) débattre de ; (= solve) résoudre

thread [θred] **1** n fil *m* **2** vt [+ needle, beads] enfiler ■ **he ~ed his way through the crowd** il s'est faufilé à travers la foule

threadbare ['θredbɛə'] adj [rug, clothes] râpé

threat [θret] n menace *f* (*to* pour)

threaten ['θretn] vt menacer (*sb with sth* qn de qch, *to do sth* de faire qch)

threatening ['θretnɪŋ] adj menaçant ; [phone call, letter] de menaces

three [θri:] number trois *m inv* ▸ **three-dimensional** [object] à trois dimensions ; [picture] en relief ▸ **three-piece suit** (costume *m*) trois-pièces *m* ▸ **three-piece suite** salon *m* *(composé d'un canapé et de deux fauteuils)* ▸ **three-point turn** demi-tour *m* en trois manœuvres ▸ **three-quarters** trois quarts *mpl* ◇ adv ▸ **three-wheeler** (= car) voiture *f* à trois roues; (= tricycle) tricycle *m* ; for other phrases see **six**

threefold ['θri:fəʊld] **1** adj triple **2** adv ■ **to increase ~** tripler

thresh [θreʃ] vt battre

threshold ['θreʃhəʊld] n seuil *m*

threw [θru:] vb pret of **throw**

thrift [θrɪft] n économie *f* ▸ **thrift shop** *petite boutique d'articles d'occasion gérée au profit d'œuvres charitables*

thrifty ['θrɪftɪ] adj économe

thrill [θrɪl] n excitation *f* ■ **to get a ~ out of doing sth** se procurer des sensations fortes en faisant qch

thrilled [θrɪld] adj ravi

thriller ['θrɪlə'] n thriller *m*

thrilling ['θrɪlɪŋ] adj excitant

thrive [θraɪv] (pret **throve** or **~d**, ptp **thrived** or **thriven** ['θrɪvn]) vi [plant] pousser bien ; [business, businessman] prospérer ■ **he ~s on hard work** le travail lui réussit

thriving ['θraɪvɪŋ] adj [business, economy, community] prospère

throat [θrəʊt] n gorge *f* ■ **they are always at each other's ~(s)** ils sont toujours à se battre

throb [θrɒb] vi [voice, engine] vibrer ; [pain] lanciner ■ **my head is ~bing** j'ai des élancements dans la tête

throes [θrəʊz] npl ■ **in the ~ of** au beau milieu de ; [+ crisis, disease, war] en proie à

thrombosis [θrɒm'bəʊsɪs] n (pl **thromboses** [θrɒm'bəʊsi:z]) thrombose *f*

throne [θrəʊn] n trône *m*

throng [θrɒŋ] **1** n foule *f* **2** vi affluer (*round* autour de)

throttle ['θrɒtl] n (= accelerator) accélérateur *m* ■ **at full ~** (à) pleins gaz

through [θru:]

1 adv **a** ■ **the nail went (right) ~** le clou est passé à travers ■ **he's a Scot ~ and ~** il est écossais jusqu'au bout des ongles
b (BR : on phone) ■ **I'll put you ~ (to her)** je vous la passe
c (* = finished) ■ **I'm ~** ça y est (j'ai fini)*
2 prep **a** (= across) à travers ■ **to go ~ the woods** traverser les bois ■ **he went ~ the red light** il est passé au rouge ■ **to look ~ a telescope** regarder dans un télescope ■ **she looked ~ the window** elle a regardé par la fenêtre ■ **he has really been ~ it*** il en a vu de dures*
b (= throughout) pendant ■ **all ~ the film** pendant tout le film
c (US = to) ■ **(from) Monday ~ Friday** de lundi (jusqu')à vendredi
d (= by means of) par ■ **it was ~ him that I got the job** c'est par lui que j'ai eu le poste
3 adj [carriage, train, ticket] direct ▸ **through street** (US) rue *f* prioritaire

throughout [θrʊ'aʊt] **1** prep **a** (place) partout dans ■ **~ the world** dans le monde entier **b** (time) pendant, durant ■ **~ his life** durant toute sa vie **2** adv **a** (= everywhere) partout **b** (= the whole time) tout le temps

throuple ['θrʌpəl] n trouple *m*

throw [θrəʊ] vb (pret **threw**, ptp **thrown**) **1** n [of javelin, discus] jet *m* **2** vt **a** (= cast) lancer ; [+ dice] jeter ; [+ light, shadow] jeter ; [+ punch] lancer **b** (= violently) projeter ; (in fight) envoyer au tapis ; [+ horse rider] désarçonner **c** (= put suddenly) jeter ■ **to ~ a party*** organiser une fête (*for sb* en l'honneur de qn) **d** [+ switch] actionner **e** (* = disconcert) déconcerter

▸ **throw away** vt sep [+ rubbish] jeter ; [+ one's life, happiness, chance, talents] gâcher

▸ **throw out** vt sep **a** [+ rubbish] jeter ; [+ person] mettre à la porte ; (from army, club) expulser, renvoyer **b** (= make wrong) [+ calculations] fausser

▸ **throw up** **1** vi (* = vomit) vomir **2** vt sep **a** (into air) lancer en l'air **b** (* = vomit) vomir

throwaway ['θrəʊəweɪ] adj [bottle] non consigné ; [packaging] perdu ; [remark, line] qui n'a l'air de rien

throw-in ['θrəʊɪn] n (Sport) remise *f* en jeu

thrown [θrəʊn] vb ptp of **throw**

thru* [θru:] ⇒ **through**

thrush [θrʌʃ] n **a** (= bird) grive *f* **b** (= infection) muguet *m*

thrust [θrʌst] vb (pret, ptp **thrust**) **1** n poussée *f* ■ **the main ~ of his speech** l'idée maîtresse de son discours **2** vt **a** pousser violemment ; [+ finger, stick] enfoncer **b** [+ job, responsibility] imposer (*upon sb* à qn)

thruway ['θruːweɪ] n (US) voie *f* rapide

thud [θʌd] **1** n bruit *m* sourd **2** vi (impact) faire un bruit sourd (*on, against* en heurtant) ; (= fall) tomber avec un bruit sourd

thug [θʌg] n voyou *m*

thumb [θʌm] **1** n pouce *m* ▸ **thumb index** onglet *m* **2** vt **a** (also **thumb through**) [+ book, magazine] feuilleter **b** ▪ **to ~ a lift*** [hitchhiker] faire du stop*

thumbnail ['θʌmneɪl] n ongle *m* du pouce ▸ **thumbnail sketch** n esquisse *f*

thumbtack ['θʌmtæk] n (US) punaise *f*

thump [θʌmp] **1** n (= sound) bruit *m* sourd **2** vt [+ person] taper sur ; [+ door] cogner à **3** vi [heart] battre fort

thunder ['θʌndəʳ] **1** n tonnerre *m* ; [of hooves] retentissement *m* ; [of vehicles, trains] bruit *m* de tonnerre **2** vi tonner

thunderbolt ['θʌndəbəʊlt] n coup *m* de foudre

thunderclap ['θʌndəklæp] n coup *m* de tonnerre

thunderstorm ['θʌndəstɔːm] n orage *m*

thunderstruck ['θʌndəstrʌk] adj abasourdi

thundery ['θʌndərɪ] adj orageux

Thursday ['θɜːzdɪ] n jeudi *m* ; for phrases see **Saturday**

thus [ðʌs] adv (= consequently) par conséquent ; (= in this way) ainsi

thwart [θwɔːt] vt [+ plan] contrecarrer ; [+ person] contrecarrer les projets de

thx(s) (abbr of **thanks**) *merci*

thyme [taɪm] n thym *m*

thyroid ['θaɪrɔɪd] n thyroïde *f*

tiara [tɪ'ɑːrə] n [of Pope] tiare *f* ; [of lady] diadème *m*

tibia ['tɪbɪə] n tibia *m*

tic [tɪk] n tic *m* (nerveux) ▸ **tic-tac-toe** (US) ≈ (jeu *m* de) morpion *m*

tick [tɪk] **1** n **a** [of clock] tic-tac *m* **b** (* BR = instant) ▪ **in a ~, in two ~s** en moins de deux* **c** (= mark) ≈ croix ▪ **to put a ~ against sth** cocher qch **d** (= parasite) tique *f* **2** vt (BR) [+ name, item, answer] cocher ; (= mark right) marquer juste **3** vi [clock] faire tic-tac

▸ **tick off** vt sep **a** (BR) [+ name, item] cocher **b** (* BR = reprimand) passer un savon à* **c** (* US = annoy) embêter*

▸ **tick over** vi (BR) tourner au ralenti

ticker tape ['tɪkə,teɪp] n (US : at parades) ≈ serpentin *m*

ticket ['tɪkɪt] n **a** (gen) billet *m* ; (for bus, tube, cloakroom) ticket *m* ; (= label) étiquette *f* ; (for library) carte *f* ▸ **ticket collector, ticket inspector** contrôleur *m*, -euse *f* ▸ **ticket machine** distributeur *m* de titres de transport ▸ **ticket office** billetterie *f* **b** (for fine) PV* *m* **c** (US = list) liste *f* (électorale) ▪ **he is running on the Democratic ~** il se présente sur la liste des démocrates

ticketing ['tɪkɪtɪŋ] **1** n billetterie *f* **2** adj de billetterie

tickle ['tɪkl] **1** vt **a** [+ person] chatouiller **b** (* = delight) faire plaisir à ; (* = amuse) amuser ▪ **to be ~d pink** être aux anges **2** vi chatouiller **3** n chatouillement *m*

ticklish ['tɪklɪʃ] adj [person] chatouilleux

tidal ['taɪdl] adj [forces, waters] des marées ; [energy, power station] marémoteur ▸ **tidal wave** raz-de-marée *m inv*

tidbit ['tɪdbɪt] n (US) ⇒ **titbit**

tiddlywinks ['tɪdlɪwɪŋks] n jeu *m* de puce

tide [taɪd] n (sea) marée *f* ▪ **at high/low ~** à marée haute/basse

▸ **tide over** vt sep ▪ **to ~ sb over** dépanner qn

tidy ['taɪdɪ] **1** adj **a** (= neat) [house, room] bien rangé ; [garden] bien entretenu ; [hair, appearance, schoolwork] soigné ; [handwriting, pile, stack] net **b** [person] (in habits) ordonné **c** (* = sizeable) [sum, amount, profit] joli* **2** vt (also **tidy up**) ranger ▪ **to ~ o.s. up** s'arranger

tie [taɪ] **1** n **a** (= link) lien *m* ; (= restriction) entrave *f* **b** (= necktie) cravate *f* **c** (= draw) égalité *f* (de points) ; (= drawn match) match *m* nul ▸ **tie-break** (Tennis) jeu *m* décisif, tie-break *m* **2** vt **a** (= fasten) attacher ; [+ ribbon] nouer ; [+ shoes] lacer ▪ **to ~ a knot in sth** faire un nœud à qch **b** (= link) lier ; (= restrict) restreindre ▪ **I'm ~d to my desk all day** je suis cloué à mon bureau toute la journée **3** vi (= draw) (Sport) faire match nul ; (in competition, election) être ex æquo

▸ **tie down** vt sep ▪ **he didn't want to be ~d down** il ne voulait pas perdre sa liberté ▪ **we can't ~ him down to a date** nous n'arrivons pas à lui faire fixer une date

▸ **tie in** vi **a** (= be linked) être lié (*with* à) **b** (= be consistent) correspondre (*with* à)

▸ **tie up** vt sep **a** [+ parcel] ficeler ; [+ prisoner] ligoter ; [+ boat, horse] attacher **b** (= conclude) [+ business deal] conclure **c** [+ capital, money] immobiliser

tiepin ['taɪpɪn] n épingle *f* de cravate

tier [tɪəʳ] n (in stadium, amphitheatre) gradin *m* ; (= level) niveau *m* ; (= part of cake) étage *m*

tiff [tɪf] n prise *f* de bec*, brouille *f* ▪ **a lovers' ~** une querelle d'amoureux

tiger ['taɪgəʳ] n tigre *m* ▸ **tiger mother** mère *f* tigresse, *mère intransigeante et exigeante*

tight [taɪt] **1** adj **a** (gen) serré ▪ **too ~** [clothes, shoes, belt] trop serré **b** (= taut) tendu ▪ **to pull ~** [+ knot] serrer ; [+ string] tirer sur **c** (= firm) [grip] solide **d** (= strict) [restrictions, control, security] strict **e** (* = difficult) [situation] difficile ▪ **to be in a ~ corner** être dans une situation difficile **f** (* = drunk) soûl* **g** (* = stingy) radin* **2** adv [hold, grasp, tie] fermement ; [squeeze] très fort ; [screw] à fond ; [shut, seal] hermétiquement ▪ **hold ~!** accroche-toi ! ► **tight-fisted** avare ► **tight-fitting** ajusté ► **tight-knit** [community] soudé **3** **tights** npl collant *m* ▪ **a pair of ~s** un collant

tighten ['taɪtn] vt [+ rope] tendre ; [+ screw, grasp] resserrer ; [+ restrictions, control] renforcer ▪ **to ~ one's belt** se serrer la ceinture

tightly ['taɪtlɪ] adv **a** (= firmly) bien ▪ **to hold sb ~** serrer qn contre soi **b** (= rigorously) ▪ **to be ~ controlled** être strictement contrôlé

tightrope ['taɪtrəʊp] n corde *f* raide ► **tightrope walker** funambule *mf*

tile [taɪl] n (on roof) tuile *f* ; (on floor, wall) carreau *m*

tiled [taɪld] adj [roof] en tuiles ; [floor, room] carrelé

till [tɪl] **1** prep jusqu'à **2** n caisse *f* (enregistreuse) ► **till receipt** ticket *m* de caisse

tiller ['tɪlə'] n barre *f (du gouvernail)*

tilt [tɪlt] **1** n (= tip, slope) inclinaison *f* ▪ **at full ~** à toute vitesse **2** vt [+ object, one's head] incliner ▪ **to ~ one's chair back** se balancer sur sa chaise

timber ['tɪmbə'] n **a** (= wood) bois *m* d'œuvre ; (= trees collectively) arbres *mpl* **b** (= beam) madrier *m*

time [taɪm]

1 n **a** (gen) temps *m* ▪ **in ~** avec le temps ▪ **we've got plenty of ~** nous avons tout notre temps ▪ **free ~** temps libre ▪ **~ will tell** l'avenir le dira ▪ **for the ~ being** pour l'instant ▪ **it took me a long ~ to prepare this** j'ai mis beaucoup de temps à préparer ça ▪ **take your ~** prenez votre temps ▪ **I've no ~ for that sort of thing** (= too busy) je n'ai pas de temps pour ça ; (= not interested) ce genre d'histoire ne m'intéresse pas ▪ **I've no ~ for people like him** je ne supporte pas les gens comme lui ▪ **all the ~** (= always) tout le temps ; (= all along) depuis le début ▪ **in good ~** (= with time to spare) en avance ▪ **let me know in good ~** prévenez-moi suffisamment à l'avance

b (= period) ▪ **for a ~** pendant un certain temps ▪ **he is coming in two weeks' ~** il vient dans deux semaines ▪ **in next to no ~** en un rien de temps ▪ **a short ~** peu de temps ▪ **I waited for some ~** j'ai attendu assez longtemps ▪ **some ~ ago** il y a déjà un certain temps ▪ **some ~ next year** dans le courant de l'année prochaine

c (= period worked) ▪ **to work full ~** travailler à plein temps

d (= experience) ▪ **to have a bad ~ of it** en voir de dures* ▪ **to have a good ~** bien s'amuser

e (by clock) heure *f* ▪ **what ~ is it?** quelle heure est-il ? ▪ **it's ~ for lunch** c'est l'heure du déjeuner ▪ **it's ~ to go** il faut qu'on y aille ▪ **ahead of ~** en avance ▪ **behind ~** en retard ▪ **just in ~ (for sth/to do sth)** juste à temps (pour qch/pour faire qch) ▪ **on ~** à l'heure

f (= moment) moment *m* ▪ **there are ~s when...** il y a des moments où... ▪ **come any ~** venez quand vous voulez ▪ **he may come at any ~** il peut arriver d'un moment à l'autre ▪ **at that ~** à ce moment-là ▪ **at ~s** par moments ▪ **by the ~ I had finished, it was dark** le temps que je termine, il faisait nuit ▪ **from ~ to ~** de temps en temps ▪ **at this ~ of year** à cette époque de l'année ▪ **this ~ tomorrow** demain à cette heure-ci ▪ **this ~ last week** il y a exactement une semaine

g (= occasion) fois *f* ▪ **this ~** cette fois ▪ **(the) last ~** la dernière fois ▪ **one at a ~** un(e) par un(e)

h (multiplying) fois *f* ▪ **two ~s three** deux fois trois

i (Mus) mesure *f* ▪ **in ~** en mesure (*to, with* avec)

2 **times** npl temps *m*, époque *f* ▪ **to move with the ~s** [person] vivre avec son temps ; [company, institution] (savoir) évoluer ▪ **to be behind the ~s** être vieux jeu* *inv* ▪ **in medieval ~s** à l'époque médiévale

3 vt **a** (= choose time of) [+ visit] choisir le moment de

b (= count time of) [+ race, runner, worker] chronométrer ; [+ programme, piece of work] minuter

4 comp ► **time bomb** bombe *f* à retardement ► **time-consuming** adj qui prend du temps ► **time difference** décalage *m* horaire ► **time frame** n calendrier *m* ► **time lapse** laps *m* de temps ► **time limit** (= restricted period) limite *f* de temps; (= deadline) date *f* limite ► **time line** (= visual) frise *f* chronologique; [of project] calendrier *m* ► **time machine** machine *f* à remonter le temps ► **time-poor** adj ▪ **people are becoming increasingly time-poor** les gens ont de moins en moins de temps pour vivre ► **time off** ▪ **to take ~ off from work** prendre un congé ► **time-share** maison *f* (or appartement *m*) en multipropriété ► **time span** période *f* de temps ► **time switch** [of electrical apparatus] minuteur *m*; (for lighting) minuterie *f* ► **time zone** fuseau *m* horaire

timeless ['taɪmlɪs] adj intemporel

timely ['taɪmlɪ] adj opportun

timer ['taɪmə'] n minuteur *m*

timetable ['taɪmteɪbl] n (for bus, train) (indicateur *m*) horaire *m* ; (in school) emploi *m* du temps

timid ['tɪmɪd] adj (= shy) timide ; (= unadventurous) timoré

timing ['taɪmɪŋ] n timing *m* ■ **~ is crucial for a comedian** pour un comique, le timing est très important ■ **the ~ of the demonstration** le moment choisi pour la manifestation ■ **Ann, what perfect ~!** Ann, tu arrives au bon moment !

timpani ['tɪmpənɪ] npl timbales *fpl*

tin [tɪn] n **a** (= metal) étain *m* **b** ■ **~ (can)** boîte *f* (en fer-blanc) ▸ **tin-opener** (BR) ouvre-boîte *m* **c** (for storage) boîte *f* (de fer) ■ **cake ~** boîte *f* à gâteaux **d** (BR : for baking) moule *m* ■ **cake ~** moule *m* à gâteau ■ **roas ting ~** plat *m* à rôtir

tinfoil ['tɪnfɔɪl] n papier *m* (d')aluminium

tinge [tɪndʒ] **1** n teinte *f* ■ **with a ~ of sadness** avec un peu de tristesse **2** vt ■ **~d with** (colour) teinté de ; (feeling) empreint de

tingle ['tɪŋgl] **1** vi (= prickle) picoter ; (= thrill) vibrer **2** n (= sensation) picotement *m*

tinker ['tɪŋkəʳ] n (= gypsy) romanichel(le) *m(f)* (often pej)

▸ **tinker with** vi [+ machine, device] bricoler ; [+ contract, wording, report] remanier

tinkle ['tɪŋkl] **1** vi tinter **2** n tintement *m*

tinned [tɪnd] adj (BR) [fruit, tomatoes, salmon] en boîte ■ **~ food** conserves *fpl*

tinnitus [tɪ'naɪtəs] n acouphène *m*

tinsel ['tɪnsəl] n guirlandes *fpl* de Noël

tint [tɪnt] n teinte *f* ; (for hair) shampooing *m* colorant

tinted ['tɪntɪd] adj [glass, window] teinté

tiny ['taɪnɪ] adj tout petit

tip [tɪp] **1** n **a** (= end) bout *m* ; [of knife, tongue] pointe *f* ■ **it's on the ~ of my tongue** je l'ai sur le bout de la langue ■ **it's just the ~ of the iceberg** ce n'est que la partie visible de l'iceberg **b** (= money) pourboire *m* **c** (= advice) conseil *m* ▸ **tip-off** n ■ **to give sb a tip-off** donner un tuyau* à qn ; (police informant) donner* qn **d** (BR : for rubbish) décharge *f* ; (* = untidy place) dépotoir *m* **2** vt **a** [+ waiter, driver] donner un pourboire à **b** (= forecast) pronostiquer **c** (= tilt) pencher ; (= overturn) faire basculer ; (= pour) [+ liquid] verser (*into* dans, *out of* de) ; [+ load, rubbish] déverser **3** vi (= incline) pencher ; (= overturn) se renverser

▸ **tip out** vt sep [+ liquid, contents] vider ; [+ load] décharger

▸ **tip over** **1** vi (= tilt) pencher ; (= overturn) basculer **2** vt sep faire basculer

Tipp-Ex® ['tɪpeks] n Tipp-Ex® *m*, correcteur *m* liquide

tipsy ['tɪpsɪ] adj pompette*

tiptoe ['tɪptəʊ] **1** n ■ **on ~** sur la pointe des pieds **2** vi ■ **to ~ in/out** entrer/sortir sur la pointe des pieds

tiptop* ['tɪptɒp] adj de toute première qualité, super*

tirade [taɪ'reɪd] n diatribe *f*

tire ['taɪəʳ] **1** n (US) pneu *m* **2** vt fatiguer **3** vi se fatiguer ■ **he never ~s of telling us how...** il ne se lasse jamais de nous dire comment...

▸ **tire out** vt sep épuiser ■ **to be ~d out** être épuisé

tired ['taɪəd] adj **a** (= weary) fatigué ■ **to get ~** se fatiguer **b** (= bored) ■ **to be ~ of sb/sth** en avoir assez de qn/qch

tireless ['taɪəlɪs] adj [person] infatigable ; [work, efforts] inlassable

tiresome ['taɪəsəm] adj pénible

tiring ['taɪərɪŋ] adj fatigant

tissue ['tɪʃuː] n (in body) tissu *m* ; (= paper handkerchief) mouchoir *m* en papier ▸ **tissue paper** papier *m* de soie

tit [tɪt] n **a** (= bird) mésange *f* **b** ■ **~ for tat!** c'est un prêté pour un rendu ! **c** (‡ = breast) nichon‡ *m*

titanium [tɪ'teɪnɪəm] n titane *m*

titbit ['tɪtbɪt] n (= food) friandise *f* ; (= gossip) potin* *m*

titillate ['tɪtɪleɪt] vt titiller

title ['taɪtl] **1** n titre *m* ▸ **title deed** titre *m* de propriété ▸ **title holder** tenant(e) *m(f)* du titre ▸ **title role** rôle-titre *m* **2** vt [+ book] intituler

titter ['tɪtəʳ] vi rire sottement (*at* de)

to [tuː, tə]

1 prep **a** (direction, movement) à ■ **he went to the door** il est allé à la porte ■ **to go to school** aller à l'école ■ **we're going to the cinema** on va au cinéma ■ **she's gone to the toilet** elle est allée aux toilettes ■ **to go to town** aller en ville

♦ **to it** (= there) y ■ **I liked the exhibition, I went to it twice** j'ai aimé l'exposition, j'y suis allé deux fois

b (= towards) vers ■ **he turned to me** il s'est tourné vers moi

c (home, workplace) chez ■ **let's go to Jill's (house)** si on allait chez Jill ? ■ **to go to the doctor('s)** aller chez le médecin

d (with geographical names)

♦ **to** + feminine country/area en ■ **to England/Crete** en Angleterre/Crète ■ **to Iran/Israel** en Iran/Israël

♦ **to** + masculine country/area au ■ **to Japan/Kashmir** au Japon/Cachemire

ti

♦ **to** + plural country/group of islands aux ▪ **to the United States/the West Indies** aux États-Unis/Antilles

♦ **to** + town/island without article à ▪ **to London/Cuba** à Londres/Cuba

♦ **to** + masculine state/region/county dans ▪ **to Texas/Yorkshire** dans le Texas/le Yorkshire

e (= up to) jusqu'à ▪ **to count to 20** compter jusqu'à 20 ▪ **from Monday to Friday** du lundi au vendredi

f ▪ **to** + person (indirect object) à ▪ **to give sth to sb** donner qch à qn ▪ **the man I sold it to** l'homme à qui je l'ai vendu ▪ **he was speaking to me** il me parlait

g (in time phrases) ▪ **20 to two** deux heures moins 20

h (in ratios) ▪ **they won by four (goals) to two** ils ont gagné quatre (buts) à deux ▪ **two euros to the dollar** deux euros pour un dollar

i (= of) de ▪ **the key to the front door** la clé de la porte d'entrée

j (infinitive) ▪ **to be** être ▪ **to eat** manger ▪ **he refused to help me** il a refusé de m'aider ▪ **we're ready to go** nous sommes prêts à partir

k (infinitive expressing purpose) pour ▪ **we are writing to inform you...** nous vous écrivons pour vous informer que...

2 adv (= shut) ▪ **to push the door to** pousser la porte

toad [təʊd] n crapaud *m* ▸ **toad-in-the-hole** (BR) *saucisses cuites au four dans de la pâte à crêpes*

toadstool ['təʊdstu:l] n champignon *m* vénéneux

toast [təʊst] 1 n a (= bread) toast *m* b (= drink, speech) toast *m* 2 vt a (= grill) faire griller b (= drink toast to) [+ person] porter un toast à ; [+ event, victory] arroser (*with* à)

toaster ['təʊstəʳ] n grille-pain *m*

tobacco [tə'bækəʊ] n tabac *m*

tobacconist [tə'bækənɪst] n buraliste *mf*

tobacconist's [tə'bækənɪsts] n bureau *m* de tabac

toboggan [tə'bɒgən] n luge *f*

⚠ ***toboggan*** ne se traduit pas par le mot français **toboggan**.

today [tə'deɪ] adv, n aujourd'hui *m* ▪ **a week ~** aujourd'hui en huit ▪ **what day is (it) ~?** on est le combien aujourd'hui ?

toddler ['tɒdləʳ] n tout-petit *m*

toe [təʊ] 1 n [of foot] orteil *m* ; [of sock, shoe] bout *m* ▪ **big/little ~** gros/petit orteil *m* 2 vt ▪ **to ~ the party line** suivre la ligne du parti

TOEFL [təʊfəl] n (abbr of **Test of English as a Foreign Language**) *examen d'anglais pour les étudiants étrangers voulant étudier dans des universités anglo-saxonnes*

toenail ['təʊneɪl] n ongle *m* du pied

toffee ['tɒfɪ] n caramel *m*

tofu ['təʊ,fu:, 'tɒ,fu:] n tofu *m*

together [tə'geðəʳ] adv a (gen) ensemble ▪ **I've seen them ~** je les ai vus ensemble ▪ **they belong ~** [objects] ils vont ensemble ; [people] ils sont faits l'un pour l'autre ▪ **~ with** avec b (= simultaneously) en même temps ; [sing, play] à l'unisson c ▪ **to get it ~*, to get one's act ~*** s'organiser

togetherness [tə'geðənɪs] n (= unity) unité *f*

toil [tɔɪl] 1 n labeur *m* 2 vi (also **toil away**) peiner

toilet ['tɔɪlɪt] n toilettes *fpl* ▪ **to go to the ~** aller aux toilettes ▸ **toilet bag** trousse *f* de toilette ▸ **toilet paper** papier *m* hygiénique ▸ **toilet roll** rouleau *m* de papier hygiénique ▸ **toilet water** eau *f* de toilette

toiletries ['tɔɪlɪtrɪz] npl articles *mpl* de toilette

token ['təʊkən] 1 n (for telephone) jeton *m* ; (= voucher) bon *m* ▪ **as a ~ of** en témoignage de ▪ **by the same ~** de même 2 adj symbolique

told [təʊld] vb pret, ptp of **tell** ▪ **all ~** en tout

tolerable ['tɒlərəbl] adj a (= bearable) tolérable b (= adequate) assez bon

tolerance ['tɒlərəns] n tolérance *f*

tolerant ['tɒlərənt] adj [person, attitude] tolérant (*of* à l'égard de)

tolerate ['tɒləreɪt] vt tolérer ; (s) supporter

toll [təʊl] 1 vi [bell] sonner 2 n a (s) péage *m* ▸ **toll bridge** pont *m* à péage ▸ **toll road** route *f* à péage b ▪ **the war took a heavy ~ among the young men** la guerre a fait beaucoup de victimes parmi les jeunes ▪ **the ~ of dead has risen** le nombre des victimes a augmenté

tollbooth ['təʊlbu:ð] n poste *m* de péage

toll-free [tɒl'fri:] adj (US) [number] gratuit

tomato [tə'mɑ:təʊ, (US) tə'meɪtəʊ] n (pl **~es**) tomate *f* ▸ **tomato purée** purée *f* de tomates ▸ **tomato sauce** sauce *f* tomate ▸ **tomato soup** soupe *f* à la tomate

tomb [tu:m] n tombe *f*

tomboy ['tɒmbɔɪ] n garçon *m* manqué

tombstone ['tu:mstəʊn] n pierre *f* tombale

tombstoning* ['tu:mstəʊnɪŋ] n plongeon *m* extrême (depuis une falaise or une grue, etc)

tom cat ['tɒmkæt] n matou *m*

tomorrow [tə'mɒrəʊ] adv, n demain *m* ▪ **~ afternoon/morning** demain après-midi/matin ▪ **a week ~** demain en huit ▪ **~ is another day!** ça ira mieux demain !

ton [tʌn] n (= weight) tonne *f (BR = 1 016 kg ; CAN, US = 907 kg)* ▪ **metric ~** tonne *f (= 1 000 kg)* ▪ **~s of*** des tas de*

tone [təʊn] n **a** (gen) ton *m* ; [of answering machine] bip *m* ; [of musical instrument] sonorité *f* ▸ **tone-deaf** ▪ **to be tone-deaf** ne pas avoir d'oreille **b** (in colour) ton *m* ▪ **two-tone** en deux tons **c** [of muscles] tonus *m*

▸ **tone down** vt sep [+ criticism] atténuer ; [+ policy] modérer

▸ **tone up** vt sep [+ muscles] tonifier

tongs [tɒŋz] npl pinces *fpl*

tongue [tʌŋ] n langue *f* ▪ **to stick out one's ~** tirer la langue ▸ **tongue-in-cheek** ironique ▸ **tongue-tied** muet

tonic ['tɒnɪk] n **a** (medical) fortifiant *m* **b** (also **tonic water, Indian tonic**) Schweppes® *m* ▪ **gin and ~** gin tonic *m*

tonight [tə'naɪt] adv (before bed) ce soir ; (during sleep) cette nuit ; → *Pièges* TONIGHT

tonne [tʌn] n tonne *f*

tonsil ['tɒnsl] n amygdale *f*

tonsillitis [ˌtɒnsɪ'laɪtɪs] n angine *f*

too [tuː] adv **a** (= excessively) trop ▪ **it's ~ hard for me to explain** c'est trop difficile à expliquer ▪ **I'm not ~ sure about that** je n'en suis pas trop sûr **b** (= also) aussi ; (= moreover) en plus ▪ **I went ~** j'y suis allé aussi ▪ **he can swim ~** lui aussi sait nager

took [tʊk] vb pret of **take**

tool [tuːl] n outil *m*

toolbar ['tuːlbɑː'] n (Computing) barre *f* d'outils

toolbox ['tuːlbɒks] n boîte *f* à outils

toolkit ['tuːlkɪt] n trousse *f* à outils

toot [tuːt] **1** n [of car horn] coup *m* de klaxon® **2** vi klaxonner

tooth [tuːθ] n (pl **teeth**) dent *f* ▪ **to fight ~ and nail** se battre farouchement ▪ **to get one's teeth into sth** (fig) se mettre à qch pour de bon ▪ **to be fed up to the (back) teeth of sth*** en avoir ras le bol* de qch ▸ **tooth decay** carie *f* dentaire

toothache ['tuːθeɪk] n mal *m* de dents ▪ **to have ~** avoir mal aux dents

toothbrush ['tuːθbrʌʃ] n brosse *f* à dents

toothless ['tuːθlɪs] adj [person, smile] édenté

toothpaste ['tuːθpeɪst] n dentifrice *m*

toothpick ['tuːθpɪk] n cure-dent *m*

top [tɒp] **1** n **a** (= highest point) [of mountain, hill] sommet *m* ; [of tree] cime *f* ; [of ladder, stairs, page, pile] haut *m* ; [of list] tête *f* ▪ **at the ~ of** [+ hill] au sommet de ; [+ stairs, ladder, page] en haut de ; [+ list, division] en tête de ; [+ profession] au faîte de ▪ **to be at the ~ of the class** être premier de classe ▪ **at the ~ of one's voice** à tue-tête ▪ **on ~** dessus ▪ **take the plate on ~** prends l'assiette du dessus ▪ **he came out on ~** il a eu le dessus ▪ **on ~ of** sur ; (= in addition) en plus de ▪ **to be on ~ of the world** être aux anges ▪ **then on ~ of everything else...** et puis par-dessus le marché... ♦ **from top to bottom** [redecorate] complètement ; [clean] de fond en comble ; [cover] entièrement ♦ **to be over the top*** [film, book] dépasser la mesure ; [person] exagérer ; [act, opinion] être excessif **b** (= upper part, section) [of car] toit *m* ; [of bus] étage *m* supérieur ; [of box, container] dessus *m* **c** [of garment, bikini] haut *m* **d** (= cap, lid) [of box] couvercle *m* ; [of bottle, tube] bouchon *m* ; [of pen] capuchon *m* **2** adj **a** (= highest) [shelf, drawer] du haut ; [floor, storey] dernier ▪ **the ~ right-hand corner** le coin en haut à droite **b** (in rank) [management] supérieur ; (= best) meilleur ▪ **one of the ~ pianists** un des plus grands pianistes ▪ **a ~ job** un des postes les plus prestigieux ▪ **he was ~ in maths** il a été premier en maths ▪ **~ marks for efficiency** vingt sur vingt pour l'efficacité **c** (= maximum) ▪ **the vehicle's ~ speed** la vitesse maximale du véhicule ▪ **at ~ speed** à toute vitesse ▪ **a matter of ~ priority** une priorité absolue **3** vt **a** (= exceed) dépasser ▪ **and to ~ it all...** et pour couronner le tout... **b** (= be at top of) [+ list] être en tête de **4** comp ▸ **top-class** adj de première classe ▸ **top-end** adj haut de gamme *inv* ▸ **top hat** haut-de-forme *m* ▸ **top-heavy** adj [structure] trop lourd du haut ▸ **top-level** adj [meeting, talks, discussion] au plus haut niveau; [decision] pris au plus haut niveau ▸ **top-of-the-range** adj haut de gamme *inv* ▸ **top-rated** adj [hotel, restaurant, chef, etc] de premier ordre ▸ **top-secret** adj top secret (-ète *f*) ▸ **top-security wing** quartier *m* de haute sécurité ▸ **top-shelf** adj [product] de tout premier ordre ▸ **the top ten** (= songs) les dix premiers *mpl* du Top ▸ **top-up** (for mobile phone) recharge *f* (de carte prépayée) ▪ **top-up card** carte *f* de recharge *f* ▪ **can I give you a top-up?*** je vous ressers ?

▸ **top up** vt sep (BR) [+ cup, glass] remplir ; [+ mobile phone] recharger (en crédit) ▪ **I've ~ped up the petrol in the tank** j'ai rajouté de l'essence dans le réservoir

topaz ['təʊpæz] n topaze *f*

topic ['tɒpɪk] n sujet *m*

topical ['tɒpɪkəl] adj d'actualité

topless ['tɒplɪs] **1** adj [woman] (aux) seins nus **2** adv [sunbathe, pose, dance] seins nus

topping ['tɒpɪŋ] n (for pizza) garniture *f*

topple ['tɒpl] **1** vi (also **topple over**) tomber ; [pile] s'effondrer **2** vt renverser

topsy-turvy ['tɒpsɪ'tɜːvɪ] adj, adv sens dessus dessous

torch [tɔːtʃ] n torche *f*

tore ['tɔː'] vb pret of **tear**

torment **1** n ['tɔːment] supplice *m* **2** vt [tɔː'ment] [+ person] tourmenter ; [+ animal] martyriser

> Lorsque ***torment*** est un verbe, l'accent tombe sur la deuxième syllabe. Lorsque c'est un nom, l'accent tombe sur la première.

torn [tɔːn] vb ptp of **tear**

tornado [tɔː'neɪdəʊ] n tornade *f*

torpedo [tɔː'piːdəʊ] n (pl **~es**) torpille *f*

torrent ['tɒrənt] n torrent *m*

torrential [tɒ'renʃəl] adj torrentiel

torrid ['tɒrɪd] adj (= hot, passionate) torride

torso ['tɔːsəʊ] n torse *m* ; (Art) buste *m*

tortilla [tɔː'tiːə] n tortilla *f* ▸ **tortilla chip** *chips de maïs épicée*

tortoise ['tɔːtəs] n tortue *f*

tortoiseshell ['tɔːtəsʃel] n écaille *f* de tortue ▸ **tortoiseshell cat** chat *m* écaille et blanc

tortuous ['tɔːtjʊəs] adj tortueux

torture ['tɔːtʃə'] **1** n supplice *m* **2** vt torturer

Tory ['tɔːrɪ] **1** n Tory *mf*, conservateur *m*, -trice *f* **2** adj tory *inv*, conservateur (-trice *f*)

toss [tɒs] **1** n (= throw) lancement *m* ▪ **to win/lose the ~** gagner/perdre à pile ou face ; (Sport) gagner/perdre au tirage au sort **2** vt [+ ball, object] jeter ; [+ pancake] faire sauter ; [+ salad] remuer ; [horse] désarçonner ▪ **they ~ed a coin** ils ont joué à pile ou face ▪ **the boat was ~ed about by the waves** le bateau était ballotté par les vagues **3** vi **a** ▪ **he was ~ing and turning all night** il n'a pas arrêté de se tourner et se retourner toute la nuit **b** (also **toss up**) jouer à pile ou face

total ['təʊtl] **1** adj (gen) total ; [failure] complet (-ète *f*) ▪ **a ~ stranger** un parfait inconnu **2** n total *m* ▪ **in ~** au total **3** vt **a** (= add) faire le total de **b** (= amount to) s'élever à

totalitarian [ˌtəʊtælɪ'tɛərɪən] adj, n totalitaire *mf*

totally ['təʊtəlɪ] adv totalement

totter ['tɒtə'] vi chanceler

toucan ['tuːkən] n toucan *m*

touch [tʌtʃ] **1** n **a** (= sense of touch) toucher *m* **b** (= act of touching) contact *m* ▪ **at the ~ of a button** en appuyant sur un bouton ▪ **to have a nice ~** (Sport) avoir un bon toucher de balle ▸ **touch screen** écran *m* tactile ▸ **touch pad** pavé *m* tactile **c** (= detail) détail *m* ▪ **to put the finishing ~es to sth** mettre la dernière main à qch ▪ **to give sth a personal ~** mettre une note personnelle dans qch **d** (= small amount) ▪ **a ~ of** un petit peu de ▪ **a ~ of colour** une touche de couleur ▪ **a ~ of sadness** une pointe de tristesse **e** (= contact) ▪ **to be in ~ with sb** être en contact avec qn ▪ **to keep in ~ with sb** rester en contact avec qn ▪ **to get in ~ with sb** prendre contact avec qn ; (by phone) joindre qn ▪ **to lose ~ with sb** perdre le contact avec qn ▪ **to be out of ~ with** ne pas être au courant de ▪ **he's completely out of ~** il n'est plus dans le coup* **f** (Football, Rugby) touche *f* **2** vt **a** (= come into contact with) toucher ▪ **he ~ed it with his finger** il l'a touché du doigt ▪ **to ~ base with sb*** (US) reprendre contact avec qn **b** (= tamper with) toucher à **c** [+ food, drink] toucher à **d** (= move emotionally) toucher ▪ **we were very ~ed by your letter** nous avons été très touchés par votre lettre **e** (= reach) [+ level, speed] atteindre **3** vi **a** (= come into contact with) [ends, lands] se toucher **b** ▪ **to ~ on a subject** aborder un sujet

▸ **touch down** vi (= land) atterrir ; (Sport) aplatir (le ballon)

▸ **touch up** vt sep [+ painting, photo] retoucher

touch-and-go [ˌtʌtʃn'gəʊ] adj ▪ **it's ~ with him** il est entre la vie et la mort ▪ **it was ~ until the last minute** l'issue est restée incertaine jusqu'au bout

touchdown ['tʌtʃdaʊn] n atterrissage *m*

touched ['tʌtʃt] adj **a** (= moved) touché **b** (* = mad) toqué*

touching ['tʌtʃɪŋ] adj touchant

touchline ['tʌtʃlaɪn] n (Football) (ligne *f* de) touche *f*

touchpad ['tʌtʃpæd] n pavé *m* tactile

touch-sensitive ['tʌtʃˌsensɪtɪv] adj [screen, key] tactile, à effleurement

touch-type ['tʌtʃtaɪp] vi taper sans regarder le clavier

touchy ['tʌtʃɪ] adj (= easily annoyed) susceptible (*about sth* sur la question de qch) ; (= delicate) [subject, issue] délicat

tough [tʌf] adj **a** (= strong) [material] solide ; [meat] coriace **b** (= mentally strong) solide **c** (= hard) [resistance, struggle] acharné ; [task] pénible ; [problem] difficile ; [neighbourhood, person] dur ▪ **to have a ~ time of it*** en voir de dures* ▸ **tough cookie*** n dur(e) *m(f)* à cuire*

toughen ['tʌfn] vt [+ person] endurcir ; [+ material] renforcer

toupee ['tuːpeɪ] n postiche *m*

tour ['tʊə'] **1** n (= journey) voyage *m* ; (by team, musicians) tournée *f* ; [of town, museum] visite *f* ▪ **to go on a walking/cycling ~** faire une randonnée à pied/en bicyclette ▪ **on ~** [band] en tournée ▪ **~ of duty** période *f* de service ▸ **tour guide** (= person) guide *mf* ▸ **tour operator** (BR = travel agency) tour-opérateur *m* **2** vt [+ district, museum, factory] visiter ▪ **they are ~ing France** ils visitent la France ; [band, team] ils sont en tournée en France

touring ['tʊərɪŋ] adj [team] en tournée ▪ **~ company** (permanently) troupe *f* ambulante ; (temporarily) troupe *f* en tournée

tourism ['tʊərɪzəm] n tourisme *m*

tourist ['tʊərɪst] n touriste *mf* ▸ **tourist office** office *m* du tourisme

touristy* ['tʊərɪstɪ] adj (trop) touristique

tournament ['tʊənəmənt] n tournoi *m*

tourniquet ['tʊənɪkeɪ] n garrot *m*

tousled ['taʊzld] adj [hair] ébouriffé ; [person, appearance] échevelé

tout [taʊt] **1** n (BR also **ticket tout**) revendeur *m* de billets *(au marché noir)* **2** vt [+ wares] vendre ; (BR) [+ tickets] revendre *(au marché noir)* **3** vi racoler

tow [təʊ] **1** n **a** ▪ **to give sb a ~** remorquer qn ▸ **tow bar** barre *f* de remorquage ▸ **tow truck** dépanneuse *f* **b** (= ski tow) téléski *m* **2** vt [+ boat, vehicle] remorquer (*to, into* jusqu'à) ; [+ caravan, trailer] tracter

toward(s) [tə'wɔːd(z)] prep **a** (direction) vers **b** (time) vers ▪ **~(s) 10 o'clock** vers 10 heures **c** (of attitude, feelings) envers, à l'égard de ▪ **my feelings ~(s) him** mes sentiments envers lui or pour lui

towel ['taʊəl] n serviette *f* (de toilette) ; (= tea towel) torchon *m* ; (for hands) essuie-mains *m* ▸ **towel rail** porte-serviette *m*

towelette [,taʊə'let] n lingette *f*

towelling ['taʊəlɪŋ] **1** n tissu *m* éponge **2** adj [robe] en tissu éponge

tower ['taʊəʳ] **1** n tour *f* ▪ **church ~** clocher *m* ▸ **tower block** (BR) tour *f* (d'habitation) **2** vi [building, mountain, cliff] se dresser de manière imposante ▪ **he ~ed over her** il la dominait de toute sa hauteur

towering ['taʊərɪŋ] adj **a** (= tall) [building] imposant par sa hauteur **b** (= great) [achievement] grandiose ; [ambition] hors du commun

town [taʊn] n ville *f* ▪ **to go to ~** aller en ville ▸ **town centre** centre-ville *m* ▸ **town clerk** ≈ secrétaire *mf* de mairie ▸ **town council** conseil *m* municipal ▸ **town hall** ≈ mairie *f*, ≈ hôtel *m* de ville ▸ **town planning** (BR) urbanisme *m*

township ['taʊnʃɪp] n (in South Africa) township *m or f*

townspeople ['taʊnzpiːpl] npl citadins *mpl*

towpath ['təʊpɑːθ] n chemin *m* de halage

towrope ['təʊrəʊp] n câble *m* de remorque

toxic ['tɒksɪk] adj toxique ▸ **toxic assets** (Fin) produits *mpl* toxiques ▸ **toxic shock syndrome** syndrome *m* du choc toxique

toxin ['tɒksɪn] n toxine *f*

toy [tɔɪ] **1** n jouet *m* ▸ **toy car** petite voiture *f* ▸ **toy poodle** caniche *m* nain **2** vi ▪ **to ~ with** [+ object, sb's affections] jouer avec ; [+ idea] caresser ▪ **to ~ with one's food** manger du bout des dents

toyshop ['tɔɪʃɒp] n magasin *m* de jouets

trace [treɪs] **1** n trace *f* ▸ **trace element** oligoélément *m* **2** vt **a** (= draw) [+ curve, line] tracer ; (with tracing paper) décalquer **b** (= follow trail of) suivre la trace de ; (and locate) retrouver

traceability [,treɪsə'bɪlɪtɪ] n traçabilité *f*

traceable ['treɪsəbl] adj traçable

trachea [trə'kɪə] n trachée *f*

tracing paper ['treɪsɪŋ,peɪpəʳ] n papier *m* calque

track [træk] **1** n **a** (= trail) trace *f* ; (= route) trajectoire *f* ▪ **to be on the right ~** être sur la bonne voie ▪ **to be on the wrong ~** faire fausse route ▪ **to keep ~ of** [+ events] suivre le fil de ; [+ developments, situation] rester au courant de ; [+ person] rester en contact avec ▪ **keep ~ of the time** n'oubliez pas l'heure ▪ **to lose ~ of** [+ developments, situation] ne plus être au courant de ; [+ events] perdre le fil de ; [+ person] perdre de vue ▪ **to lose all ~ of time** perdre la notion du temps **b** (= path) sentier *m* **c** (Rail) voie *f* (ferrée) **d** (Sport) piste *f* **e** [of CD, computer disk] piste *f* ; [of long-playing record] plage *f* ; (= piece of music) morceau *m* **2** vt [+ animal, person, vehicle] suivre la trace de

▸ **track down** vt sep [+ lost object, reference] (finir par) retrouver

trackball ['trækbɔːl] n (Computing) trackball *f*

trackpad ['trækpæd] n (Computing) pavé *m* tactile

track record ['trækrekɔːd] n ▪ **to have a good ~** avoir fait ses preuves ▪ **to have a poor ~** avoir eu de mauvais résultats

tracksuit ['træksuːt] n (BR) survêtement *m*

tract [trækt] n [of land, water] étendue *f*

traction ['trækʃən] n traction *f* ▪ **to get ~** [idea] faire des adeptes

tractor ['træktəʳ] n tracteur *m* ▸ **tractor-trailer** (US) semi-remorque *m*

trade [treɪd] **1** n **a** (= commerce) commerce *m* ; (illegal) trafic *m* **b** (= job) métier *m* **c** (= swap) échange *m* **2** vi **a** [country] faire du commerce (*in* de) **b** [currency, commodity] ▪ **to be trading at** se négocier à **c** (= exchange) échanger **3** vt (= exchange) ▪ **to ~ A for B** échanger A contre B ▪ **to ~ places with sb** (US) changer de place avec qn **4** comp ▸ **trade fair** foire-exposition *f* ▸ **trade-in** reprise *f* ▸ **trade name** nom *m* de marque ▸ **trade secret** secret *m* de fabrica-

tion ▸ **trade talks** négociations *fpl* commerciales ▸ **trade union** syndicat *m*
▸ **trade in** vt sep [+ car, television] obtenir une reprise pour

trademark ['treɪdmɑːk] n marque *f* (de fabrique) ▪ **registered ~** marque *f* déposée

trader ['treɪdəʳ] n commerçant(e) *m(f)* ; (in shares) opérateur *m* financier

tradesman ['treɪdzmən] n (pl **-men**) commerçant *m*

trading ['treɪdɪŋ] n commerce *m* ; (on Stock Exchange) transactions *fpl*

tradition [trə'dɪʃən] n tradition *f*

traditional [trə'dɪʃənl] adj traditionnel

traffic ['træfɪk] vb (pret, ptp **trafficked**) **1** n **a** (on roads) circulation *f* ; (other) trafic *m* ▸ **traffic circle** (US) rond-point *m* ▸ **traffic jam** bouchon *m* ▸ **traffic lights** feux *mpl* de signalisation ▸ **traffic warden** (BR) contractuel(le) *m(f)* **b** (= illegal trade) trafic *m* (*in* de) **2** vi ▪ **to ~ in sth** faire le commerce de qch

trafficker ['træfɪkəʳ] n trafiquant(e) *m(f)* (*in* en)

tragedy ['trædʒɪdɪ] n tragédie *f*

tragic ['trædʒɪk] adj tragique

trail [treɪl] **1** n **a** [of blood, smoke] traînée *f* **b** (= tracks) trace *f* ; (Hunting) piste *f* **c** (= path) sentier *m* **2** vt **a** (= follow) suivre la piste de **b** (= drag) [+ object on rope, toy] tirer **3** vi **a** [object] traîner ▪ **they were ~ing by 13 points** (in competition) ils étaient en retard de 13 points **b** ▪ **to ~ along** (= move wearily) passer en traînant les pieds
▸ **trail away, trail off** vi [voice, music] s'estomper

trailblazer ['treɪlbleɪzəʳ] n pionnier *m*, -ière *f*

trailer ['treɪləʳ] n **a** (= vehicle) remorque *f* ; (US = caravan) caravane *f* **b** (= extract) bande-annonce *f*

train [treɪn] **1** n **a** train *m* ; (in underground) métro *m* ▪ **on the ~** dans le train ▸ **train set** train *m* électrique *(jouet)* ▸ **train spotter** (BR) passionné(e) *m(f)* de trains; (* = nerd) crétin(e)* *m(f)* ▸ **train-spotting** (BR) ▪ **to go train-spotting** observer les trains *(pour identifier les divers types de locomotives)* **b** (= procession) file *f* **c** (= series) suite *f* **d** [of dress] traîne *f* **2** vt **a** (= instruct) former ; [+ player] entraîner ; [+ animal] dresser ▪ **to ~ sb to do sth** apprendre à qn à faire qch ; (professionally) former qn à faire qch **b** [+ gun, camera, telescope] braquer **3** vi suivre une formation ; (Sport) s'entraîner

trained [treɪnd] adj (= qualified) qualifié ; [nurse, teacher] diplômé ; [animal] dressé ▪ **well-trained** [person] qui a reçu une bonne formation ; [animal] bien dressé

trainee [treɪ'niː] n stagiaire *mf*

trainer ['treɪnəʳ] **1** n entraîneur *m*, -euse *f* **2** **trainers** npl (BR) (= shoes) tennis *fpl* ; (high-tops) baskets *mpl*

training ['treɪnɪŋ] n (for job) formation *f* ; (Sport) entraînement *m* ; [of animal] dressage *m* ▸ **training shoes** (BR) tennis *fpl*; (high-tops) baskets *mpl*

traipse* [treɪps] vi ▪ **to ~ around** or **about** traîner

trait [treɪt] n trait *m (de caractère)*

traitor ['treɪtəʳ] n traître(sse) *m(f)*

trajectory [trə'dʒektərɪ] n trajectoire *f*

tram [træm] n (BR) tram(way) *m*

tramp [træmp] **1** n (= vagabond) vagabond(e) *m(f)* **2** vi (= walk heavily) marcher d'un pas lourd

trample ['træmpl] vti ▪ **to ~ underfoot** ▪ **to ~ on** piétiner ; (fig) bafouer

trampoline ['træmpəlɪn] n trampoline *m*

trampolinist [ˌtræmpə'liːnɪst] n trampoliniste *mf*

tramway ['træmweɪ] n (BR = rails) voie *f* de tramway

trance [trɑːns] n transe *f* ▪ **to go into a ~** entrer en transe

tranquil ['træŋkwɪl] adj paisible

tranquillizer, tranquilizer (US) ['træŋkwɪlaɪzəʳ] n tranquillisant *m*

transaction [træn'zækʃən] n transaction *f*

transatlantic ['trænzət'læntɪk] adj transatlantique ; (BR = American) américain

transcend [træn'send] vt transcender

transcribe [træn'skraɪb] vt transcrire

transcript ['trænskrɪpt] n transcription *f* ; (US) [of student] dossier *m* complet de la scolarité

transcription [træn'skrɪpʃən] n transcription *f*

transept ['trænsept] n transept *m*

transfer **1** vt [træns'fɜːʳ] **a** (= move) transférer **b** (= hand over) [+ power] faire passer ; [+ ownership] transférer ; [+ money] virer **c** (= copy) [+ design] reporter (*to* sur) **2** vi [træns'fɜːʳ] être transféré **3** n ['trænsfɜːʳ] **a** (= move) transfert *m* **b** [of money] virement *m* ; [of power] passation *f* **c** (= picture) décalcomanie *f*

> Lorsque ***transfer*** est un verbe, l'accent tombe sur la deuxième syllabe. Lorsque c'est un nom, l'accent tombe sur la première.

transferable [træns'fɜːrəbl] adj [ticket] transmissible ; [skills] réutilisable ▪ **"not ~"** (on ticket) « ne peut être ni cédé ni échangé »

transfixed [træns'fɪkst] adj ▪ **to be ~** être cloué sur place

transform [træns'fɔːm] vt transformer (*into* en) ; (= change) convertir (*into* en) ▪ **to be ~ed into...** se transformer en...

transformation [ˌtrænsfə'meɪʃən] n transformation *f* (*into sth* en qch)

transformer [træns'fɔːmə'] n (Elec) transformateur *m*

transfusion [træns'fjuːʒən] n transfusion *f* ▪ **blood ~** transfusion *f* sanguine

transgenerational [træns,dʒɛnə'reɪʃənl] adj transgénérationnel

transhumanism [træns'hjuːmə,nɪzəm] n transhumanisme *m*

transient ['trænzɪənt] adj passager

transistor [træn'zɪstə'] n transistor *m*

transit ['trænzɪt] n transit *m* ▸ **transit camp** camp *m* de transit ▸ **transit lounge** salle *f* de transit

transition [træn'zɪʃən] n transition *f*

transitional [træn'zɪʃənəl] adj de transition

transitive ['trænzɪtɪv] adj transitif

translate [trænz'leɪt] vt traduire (*from* de, *into* en) ; → *Pièges* TRANSLATE

translation [trænz'leɪʃən] n traduction *f* (*from* de, *into* en) ; (= exercise) version *f*

translator [trænz'leɪtə'] n traducteur *m*, -trice *f*

translucent [trænz'luːsnt] adj translucide

transmission [trænz'mɪʃən] n transmission *f* ; (US = gearbox) boîte *f* de vitesses

transmit [trænz'mɪt] vt transmettre ; [+ programme] émettre

transmitter [trænz'mɪtə'] n émetteur *m*

transparency [træns'pærənsɪ] n **a** transparence *f* **b** (BR = slide) diapositive *f* ; (for overhead projector) transparent *m*

transparent [træns'pærənt] adj transparent

transphobic [ˌtrænz'fəʊbɪk] adj transphobe

transpire [træns'paɪə'] vi (= become known) s'avérer ; (= happen) se passer

transplant **1** vt [træns'plɑːnt] transplanter ; [+ seedlings] repiquer **2** n ['trænsplɑːnt] transplantation *f*

> Lorsque ***transplant*** est un verbe, l'accent tombe sur la deuxième syllabe. Lorsque c'est un nom, l'accent tombe sur la première.

transport **1** n ['trænspɔːt] transport *m* ▸ **transport café** (BR) restaurant *m* de routiers **2** vt [træns'pɔːt] transporter

> Lorsque ***transport*** est un verbe, l'accent tombe sur la deuxième syllabe. Lorsque c'est un nom, l'accent tombe sur la première.

transportation [ˌtrænspɔː'teɪʃən] n (= act of transporting) transport *m* ; (US = means of transport) moyen *m* de transport ; [of criminals] transportation *f*

transpose [træns'pəʊz] vt transposer

transsexual [trænz'seksjʊəl] n transsexuel(le) *m(f)*

transvestite [trænz'vestaɪt] n travesti(e) *m(f)*

trap [træp] **1** n **a** (gen) piège *m* ▪ **to lay a ~** tendre un piège (*for sb* à qn) ▸ **trap door** trappe *f* **b** (= carriage) cabriolet *m* **2** vt **a** (= snare) prendre au piège **b** (= immobilize, catch) [+ person] immobiliser ; [+ object] coincer ▪ **to ~ one's finger in the door** se coincer le doigt dans la porte

trapeze [trə'piːz] n trapèze *m* ▸ **trapeze artist** trapéziste *mf*

trapper ['træpə'] n trappeur *m*, -euse *f*

trash [træʃ] n **a** (= refuse) ordures *fpl* ▸ **trash can** (US) poubelle *f* **b** (= worthless thing) camelote* *f* ; (= nonsense) inepties *fpl*

trauma ['trɔːmə] n trauma(tisme) *m*

traumatic [trɔː'mætɪk] adj traumatique ; [experience, effect, event, relationship] traumatisant

traumatize ['trɔːmətaɪz] vt traumatiser

travel ['trævl] **1** vi **a** (= journey) voyager **b** (= move) aller ; [machine part] se déplacer ▪ **news ~s fast** les nouvelles vont vite **2** vt ▪ **to ~ a country** parcourir un pays **3** n (= travelling) le(s) voyage(s) *m(pl)* ▸ **travel agency** agence *f* de voyages ▸ **travel agent** agent *m* de voyages ▸ **travel book** récit *m* de voyages ▸ **travel-sick** ▪ **to be travel-sick** avoir le mal des transports
→ *Pièges* JOURNEY

travelator ['trævəleɪtə'] n tapis *m* roulant

traveller, traveler (US) ['trævlə'] **1** n voyageur *m*, -euse *f* ▸ **traveller's cheque, traveler's check** (US) chèque *m* de voyage **2** **travellers** npl (BR = gypsies) gens *mpl* du voyage

travelling, traveling (US) ['trævlɪŋ] **1** n voyage(s) *m(pl)* **2** adj [actor, circus, exhibition] itinérant ; [bag] de voyage ; [expenses, allowance] de déplacement ▸ **travelling salesman** voyageur *m* de commerce, VRP *m*

travelogue, travelog (US) ['trævəlɒg] n (= talk) compte rendu *m* de voyage ; (= film) documentaire *m* (*sur un voyage*)

travesty ['trævɪstɪ] n parodie *f*

trawler ['trɔːlə'] n chalutier *m*

tray [treɪ] n plateau *m*

treacherous ['tretʃərəs] adj **a** (= disloyal) déloyal **b** [weather, road] dangereux ; [waters, current, tide] traître (traîtresse *f*)

treacle ['triːkl] (BR) n mélasse *f*

tread [tred] vb (pret **trod**, ptp **trodden**) **1** n **a** (= footsteps) pas *mpl* ; (= sound) bruit *m* de pas **b** [of tyre] bande *f* de roulement **2** vi marcher ■ **to ~ on sth** marcher sur qch **3** vt ■ **to ~ water** faire du surplace

treadle ['tredl] n pédale *f*

treadmill ['tredmɪl] n (for exercise) tapis *m* de jogging ■ **he hated the ~ of life in the factory** il détestait la routine du travail d'usine

treason ['tri:zn] n trahison *f*

treasure ['treʒəʳ] **1** n trésor *m* ► **treasure chest** malle *f* au trésor ► **treasure hunt** chasse *f* au trésor **2** vt **a** (= value greatly) tenir beaucoup à **b** (= keep carefully) garder précieusement ; [+ memory] conserver précieusement

treasurer ['treʒərəʳ] n trésorier *m*, -ière *f*

treasury ['treʒərɪ] n ministère *m* des Finances

treat [tri:t] **1** vt **a** (gen) traiter ■ **to ~ sb badly** mal traiter qn ■ **to ~ sth with care** faire attention à qch ■ **he ~ed the whole thing as a joke** il a pris tout cela à la plaisanterie **b** (medically) soigner ■ **to ~ sth with penicillin** soigner qch à la pénicilline **c** (= pay for) ■ **to ~ sb to sth** offrir qch à qn ■ **to ~ o.s. to sth** s'offrir qch **2** n (= pleasure) plaisir *m* ; (= present) cadeau *m* ■ **I want to give her a ~** je veux lui faire plaisir

treatment ['tri:tmənt] n traitement *m*

treaty ['tri:tɪ] n traité *m*

treble ['trebl] **1** adj **a** (= triple) triple **b** [voice] de soprano *(de jeune garçon)* ► **treble clef** clé *f* de sol **2** n **a** (= singer) soprano *mf* **b** (on stereo) aigus *mpl* **3** vti tripler

tree [tri:] n arbre *m* ► **tree house** cabane *f* (construite) dans un arbre ► **tree trunk** tronc *m* d'arbre

treetop ['tri:tɒp] n sommet *m* d'un arbre

trek [trek] **1** vi ■ **to go ~king** faire du trekking **2** n (= hike) trekking *m*, randonnée *f*

trellis ['trelɪs] n treillis *m*

tremble ['trembl] vi (gen) trembler ; (with excitement, passion) frémir ■ **to ~ with fear** trembler de peur ■ **to ~ with cold** grelotter

tremendous [trə'mendəs] adj **a** (= great, enormous) énorme ; [help, achievement, opportunity] extraordinaire ; [storm, heat, explosion] terrible ; [speed] fou (folle *f*) **b** (* = excellent) [person] génial* ; [goal, food] super*

tremendously [trə'mendəslɪ] adv [important] extrêmement ; [exciting] terriblement ; [improve, vary] considérablement ■ **they've done ~ well** ils s'en sont extrêmement bien tirés

tremor ['treməʳ] n tremblement *m*

trench [trentʃ] n tranchée *f* ► **trench coat** trench-coat *m*

trend [trend] **1** n (= tendency) tendance *f* ; (= fashion) mode *f* ■ **to set a ~** donner le ton ; (= fashion) lancer une mode ■ **to be on ~** être tendance or à la mode **2** vi **a** ■ **to ~ towards sth** [events, opinions] tendre vers qch ■ **to ~ downwards/upwards** [prices, unemployment] tendre à la baisse/à la hausse **b** (Social media) buzzer, créer or faire buzz

trendsetter ['trendsetəʳ] n (= person) personne *f* qui donne le ton (or qui lance une mode)

trendy* ['trendɪ] adj branché* ; [opinions, behaviour] à la mode

trepidation [,trepɪ'deɪʃən] n vive inquiétude *f*

trespass ['trespəs] vi entrer sans permission ■ **"no ~ing"** « entrée interdite »

trespasser ['trespəsəʳ] n intrus(e) *m(f) (dans une propriété privée)* ■ **"~s will be prosecuted"** « défense d'entrer sous peine de poursuites »

trestle ['tresl] n tréteau *m* ► **trestle table** table *f* à tréteaux

trial ['traɪəl] **1** n **a** (Law) procès *m* ■ **to be on ~** passer en jugement **b** (= test) essai *m* ■ **to be on ~** [+ machine, employee] être à l'essai ■ **by ~ and error** par essais et erreurs ■ **on a ~ basis** à titre d'essai ► **trial run** [of machine] essai *m*; (fig) galop *m* d'essai **c** (= hardship) épreuve *f* ; (= nuisance) souci *m* **2** vt (= test) tester

triangle ['traɪæŋgl] n triangle *m*

triangular [traɪ'æŋgjʊləʳ] adj triangulaire

triathlon [traɪ'æθlən] n triathlon *m*

tribal ['traɪbəl] adj tribal

tribe [traɪb] n tribu *f*

tribesman ['traɪbzmən] n (pl **-men**) membre *m* d'une tribu

tribulation [,trɪbjʊ'leɪʃən] n ■ **trials and ~s** tribulations *fpl*

tribunal [traɪ'bju:nl] n tribunal *m*

tributary ['trɪbjʊtərɪ] n (= river) affluent *m*

tribute ['trɪbju:t] n hommage *m* ■ **to pay ~ to...** (= honour) rendre hommage à...

triceps ['traɪseps] n inv triceps *m*

trick [trɪk] **1** n **a** (= dodge) ruse *f* ; (= joke) tour *m* ; [of conjurer, dog] tour *m* ; (= special skill) truc *m* ■ **a dirty ~** un sale tour ■ **to play a ~ on sb** jouer un tour à qn ■ **that will do the ~*** ça fera l'affaire ► **trick question** question piège *f* **b** (Cards) levée *f* **2** vt (= deceive) rouler* ; (= swindle) escroquer ■ **to ~ sb into doing** amener qn par la ruse à faire

trickery ['trɪkərɪ] n ruse *f*

trickle ['trɪkl] **1** n [of water, blood] filet *m* **2** vi [water] (= drop slowly) tomber goutte à goutte ; (= flow slowly) dégouliner ▪ **to ~ in/away** [people] entrer/s'éloigner lentement

tricky ['trɪkɪ] adj [task] difficile ; [problem, question, situation] délicat

tricycle ['traɪsɪkl] n tricycle *m*

tried and tested [ˌtraɪdənd'testɪd] adj ▪ **to be ~** avoir fait ses preuves

trifle ['traɪfl] **1** n **a** (= insignificant thing) bagatelle *f* ▪ **a ~** un peu **b** (= dessert) ≈ diplomate **2** vi ▪ **he's not to be ~d with** il ne faut pas le traiter à la légère

trifling ['traɪflɪŋ] adj insignifiant

trigger ['trɪgəʳ] **1** n [of gun] détente *f* ; [of bomb] détonateur *m* ▪ **to pull the ~** appuyer sur la détente ▸ **trigger warning** alerte *f* sur un contenu potentiellement choquant **2** vt (also **trigger off**) [+ explosion, alarm] déclencher ; [+ bomb] amorcer ; [+ reaction] provoquer

trigonometry [ˌtrɪgə'nɒmɪtrɪ] n trigonométrie *f*

trilby ['trɪlbɪ] n (BR) chapeau *m* mou

trillion ['trɪljən] n billion *m*

trilogy ['trɪlədʒɪ] n trilogie *f*

trim [trɪm] **1** adj **a** (= neat) bien tenu **b** (= slim) svelte ; [waist] mince **2** n (= haircut) coupe *f* (d')entretien **3** vt **a** (= cut) [+ beard] tailler ; [+ hair] rafraîchir ; [+ hedge] tailler (légèrement) **b** (= reduce) [+ costs] réduire **c** (= decorate) [+ hat, dress] orner (*with* de) ; [+ Christmas tree] décorer (*with* de)

trimester [trɪ'mestəʳ] n trimestre *m*

trimming ['trɪmɪŋ] **1** n (on garment) parement *m* **2** **trimmings** npl **a** (= pieces cut off) chutes *fpl* **b** ▪ **roast beef and all the ~s** du rosbif avec la garniture habituelle

trinity ['trɪnɪtɪ] n trinité *f*

trinket ['trɪŋkɪt] n (= knick-knack) babiole *f* ; (= jewel) colifichet *m*

trio ['trɪəʊ] n trio *m*

trip [trɪp] **1** n **a** (= journey) voyage *m* ; (= excursion) excursion *f* **b** (* : Drugs) trip* *m* **2** vi (= stumble : also **trip up**) trébucher (*on, over* contre, sur) **3** vt **a** (make fall : also **trip up**) faire trébucher ; (deliberately) faire un croche-pied **b** [+ mechanism] déclencher
▸ **trip switch** télérupteur *m*
▸ **trip over** vi trébucher
▸ **trip up** **1** vi (= fall) trébucher ; (= make a mistake) faire une erreur **2** vt sep faire trébucher ; (deliberately) faire un croche-pied à ; (in questioning) prendre en défaut
→ *Pièges* JOURNEY

tripe [traɪp] n **a** (= meat) tripes *fpl* **b** (* = nonsense) bêtises *fpl*

triple ['trɪpl] **1** adj triple **2** n (= amount, number) triple *m* ▸ **triple A rating** (Fin) triple A *m* **3** vti tripler

triplet ['trɪplɪt] n ▪ **~s** triplé(e)s *m(f)pl*

triplicate ['trɪplɪkɪt] n ▪ **in ~** en trois exemplaires

tripod ['traɪpɒd] n trépied *m*

trite [traɪt] adj banal

triumph ['traɪʌmf] **1** n triomphe *m* **2** vi triompher (*over* de)

triumphant [traɪ'ʌmfənt] adj **a** (= victorious) victorieux **b** (= exultant) triomphant

trivia ['trɪvɪə] npl futilités *fpl*

trivial ['trɪvɪəl] adj insignifiant

trod [trɒd] vb pret of **tread**

trodden ['trɒdn] vb ptp of **tread**

troll [trəʊl] n troll *m*

trolley ['trɒlɪ] n (BR) chariot *m* ; (also **tea trolley**) table *f* roulante ; (US = tramcar) tram *m*

trombone [trɒm'bəʊn] n (= instrument) trombone *m*

troop [tru:p] **1** n bande *f* ; [of scouts] troupe *f* ▪ **~s** (= soldiers) troupes *fpl* **2** vi ▪ **to ~ in** entrer en groupe

trophy ['trəʊfɪ] n trophée *m*

tropic ['trɒpɪk] n tropique *m* ▪ **in the ~s** sous les tropiques

tropical ['trɒpɪkəl] adj tropical

trot [trɒt] **1** n (= pace) trot *m* ▪ **on the ~*** de suite **2** vi trotter

trouble ['trʌbl] **1** n **a** (= difficulties) ennuis *mpl* ▪ **to be in ~** avoir des ennuis ▪ **to get into ~** s'attirer des ennuis ▪ **to make ~** causer des ennuis (*for sb* à qn) **b** (= bother) mal *m*, peine *f* ▪ **it's not worth the ~** cela n'en vaut pas la peine ▪ **to take the ~ to do sth** se donner la peine de faire qch ▪ **I don't want to put you to any ~** je ne veux pas vous déranger ▪ **it's no ~** cela ne me dérange pas **c** (= problem) problème *m* ; (= nuisance) ennui *m* ▪ **what's the ~?** qu'est-ce qui ne va pas ? ▪ **I have back ~** j'ai des problèmes de dos **d** (= unrest) agitation *f* ▸ **trouble spot** point *m* chaud **2** vt **a** (= worry) inquiéter ; (= inconvenience) gêner ; (= upset) troubler **b** (= bother) déranger

troubled ['trʌbld] adj **a** (= worried) inquiet (-ète *f*) **b** (= disturbed) [relationship] mouvementé ; [country] en proie à des troubles

troublemaker ['trʌblmeɪkəʳ] n fauteur *m*, -trice *f* de troubles

troubleshooter ['trʌblʃu:təʳ] n expert(e) *m(f)* (appelé(e) en cas de crise) ; (in conflict) médiateur *m*, -trice *f*

troublesome ['trʌblsəm] adj [person] pénible ; [pupil, question, task] difficile ; [cough, injury] gênant

trough [trɒf] n **a** (= depression) dépression *f* ; (fig) creux *m* **b** (= drinking trough) abreuvoir *m* ; (= feeding trough) auge *f*

troupe [truːp] n troupe *f*

trouser ['traʊzəʳ] (BR) n ■ **~s** (pl) pantalon *m* ■ **a pair of ~s** un pantalon ▸ **trouser suit** (BR) tailleur-pantalon *m* ; → *Pièges* TROUSERS

trout [traʊt] n inv truite *f*

trowel ['traʊəl] n (for plaster, cement) truelle *f* ; (for gardening) transplantoir *m*

truant ['trʊənt] n élève *mf* absent(e) sans autorisation ■ **to play ~** manquer or sécher* les cours, faire l'école buissonnière

⚠ ***truant*** ne se traduit pas par **truand**.

truce [truːs] n trêve *f*

truck [trʌk] n (= lorry) camion *m* ; (BR : Rail) wagon *m* à plateforme ▸ **truck driver** routier *m*, -ière *f*

trucker ['trʌkəʳ] n (US) routier *m*, -ière *f*

truculent ['trʌkjʊlənt] adj agressif

trudge [trʌdʒ] vi ■ **to ~ along** marcher en traînant les pieds

true [truː] **1** adj **a** (= correct) vrai ; [description, account] fidèle ■ **to come ~** [dream] se réaliser **b** (= real) véritable ; [cost] réel ■ **~ love** le grand amour **c** (= faithful) fidèle ■ **to be ~ to one's word** être fidèle à sa promesse ■ **~ to life** (= realistic) réaliste **2** n ■ **out of ~** [upright, wall] pas d'aplomb ; [surface] gondolé ; [join] mal aligné ; [wheel] voilé

truffle ['trʌfl] n truffe *f*

truly ['truːlɪ] adv **a** (= genuinely) vraiment ■ **well and ~** bel et bien **b** (= faithfully) fidèlement ■ **yours ~** (at end of letter) je vous prie d'agréer mes salutations distinguées

trump [trʌmp] n (Cards) atout *m* ▸ **trump card** (fig) carte *f* maîtresse

trumped up [ˌtrʌmpt'ʌp] adj ■ **a ~ charge** une accusation inventée de toutes pièces

trumpet ['trʌmpɪt] **1** n trompette *f* **2** vt trompeter

truncheon ['trʌntʃən] n matraque *f*

trunk [trʌŋk] **1** n [of tree] tronc *m* ; [of elephant] trompe *f* ; (= luggage) malle *f* ; (US = car boot) coffre *m* **2** **trunks** npl maillot *m* de bain

trunk road ['trʌŋkrəud] n (BR) (route *f*) nationale *f*

truss [trʌs] n bandage *m* herniaire
▸ **truss up** vt sep [+ prisoner] ligoter

trust [trʌst] **1** n **a** (= faith) confiance *f* ■ **to put one's ~ in sb/sth** faire confiance à qn/qch ■ **to take sth on ~** accepter qch les yeux fermés **b** (= fund) ≈ fondation ▸ **trust fund** fonds *m* en fidéicommis **c** (= cartel) trust *m* **2** vt **a** (= believe in) avoir confiance en ; [+ method, promise] se fier à **b** (= hope) espérer (*that* que) **3** vi ■ **to ~ in sb** se fier à qn ■ **I'll have to ~ to luck** il faudra que je m'en remette à la chance

trusted ['trʌstɪd] adj [friend, servant] fiable ; [method] éprouvé

trusting ['trʌstɪŋ] adj confiant

trustworthy ['trʌstˌwɜːðɪ] adj digne de confiance

truth [truːθ] n (pl **~s** [truːðz]) vérité *f* ■ **to tell you the ~,...** à vrai dire,...

truthful ['truːθfʊl] adj **a** (= honest) ■ **he's a very ~ person** il dit toujours la vérité **b** (= true) exact

try [traɪ] **1** n **a** (= attempt) essai *m*, tentative *f* ■ **to have a ~** essayer (*at doing sth* de faire qch) **b** (Rugby) essai *m* ■ **to score a ~** marquer un essai **2** vt **a** (= attempt) essayer (*to do sth* de faire qch) ; (= seek) chercher (*to do sth* à faire qch) ■ **to ~ one's best** faire de son mieux (*to do sth* pour faire qch) **b** (= sample) essayer **c** (= test, put strain on) mettre à l'épreuve ; [+ vehicle, machine] tester ■ **to ~ one's luck** tenter sa chance **d** [+ person, case] juger **3** vi essayer ■ **~ again!** recommence !
▸ **try on** vt sep [+ garment, shoe] essayer
▸ **try out** vt sep essayer ; [+ employee] mettre à l'essai

trying ['traɪɪŋ] adj [person] pénible ; [experience, time] éprouvant

tsar [zɑːʳ] n tsar *m*

tub [tʌb] n (gen) cuve *f* ; (for washing clothes) baquet *m* ; (for cream) pot *m* ; (also **bathtub**) baignoire *f*

tuba ['tjuːbə] n tuba *m*

tubby* ['tʌbɪ] adj rondelet

tube [tjuːb] n **a** (gen) tube *m* ; [of tyre] chambre *f* à air **b** ■ **the ~** (BR = underground) le métro ▸ **tube station** station *f* de métro

tuber ['tjuːbəʳ] n tubercule *m*

tuberculosis [tjʊˌbɜːkjʊ'ləʊsɪs] n tuberculose *f*

tubing ['tjuːbɪŋ] n **a** (= pipes) tubes *mpl* **b** (Sport) tubing *m*

tubular ['tjuːbjʊləʳ] adj tubulaire ▸ **tubular bells** carillon *m*

TUC [tiːjuː'siː] n (BR) (abbr of **Trades Union Congress**) confédération *f* des syndicats britanniques

tuck [tʌk] **1** n (Sewing) rempli *m* **2** vt mettre
▸ **tuck in** vt sep [+ shirt, flap] rentrer ; [+ bedclothes] border ■ **to ~ sb in** border qn

tuck-shop ['tʌkʃɒp] n (BR) *petite boutique où les écoliers peuvent acheter des pâtisseries, des bonbons etc*

Tuesday ['tjuːzdɪ] n mardi *m* ; for phrases see **Saturday**

tuft [tʌft] n touffe *f*

tug [tʌg] 1 n a (= pull) ▪ **to give sth a ~** tirer sur qch ▪ **I felt a ~ at my sleeve** j'ai senti qu'on me tirait par la manche b (also **tugboat**) remorqueur *m* 2 vt (= pull) [+ rope, sleeve] tirer sur ; (= drag) tirer 3 vi tirer fort (*at, on* sur)

tug-of-war [ˌtʌgəv'wɔːʳ] n tir *m* à la corde ; (fig) lutte *f* (acharnée)

tuition [tjʊ'ɪʃən] n cours *mpl* ▪ **private ~** cours *mpl* particuliers (*in* de) ▸ **tuition fees** droits *mpl* d'inscription

tulip ['tjuːlɪp] n tulipe *f*

tumble ['tʌmbl] vi (= fall) dégringoler ; [river, stream] descendre en cascade ; [prices] chuter

tumbledown ['tʌmbldaʊn] adj délabré

tumble-dryer ['tʌmbldraɪəʳ] n sèche-linge *m*

tumbler ['tʌmbləʳ] n (= glass) verre *m* (droit)

tummy* ['tʌmɪ] n ventre *m*

tumour, tumor (US) ['tjuːməʳ] n tumeur *f*

tumult ['tjuːmʌlt] n (= uproar) tumulte *m* ; (emotional) émoi *m*

tumultuous [tjuː'mʌltjʊəs] adj [events, period] tumultueux ; [applause] frénétique

tuna ['tjuːnə] n (also **tuna fish**) thon *m*

tune [tjuːn] 1 n a (= melody) air *m* ▪ **to change one's ~** changer de discours ▪ **to call the ~** (= give orders) commander b ▪ **to be in ~** [instrument] être accordé ▪ **to be out of ~** [instrument] être désaccordé ▪ **to sing in ~** chanter juste 2 vt [+ instrument] accorder ; [+ radio, TV] régler (*to* sur)

▸ **tune in** 1 vi se mettre à l'écoute (*to* de) 2 vt sep [+ radio, TV] régler (*to* sur)

▸ **tune up** vi [musician] accorder son instrument

tuneful ['tjuːnfʊl] adj mélodieux

tuner ['tjuːnəʳ] n (= radio) tuner *m*

tunic ['tjuːnɪk] n tunique *f*

Tunisia [tjuː'nɪzɪə] n Tunisie *f*

tunnel ['tʌnl] n tunnel *m*

turban ['tɜːbən] n turban *m*

turbine ['tɜːbaɪn] n turbine *f*

turbo ['tɜːbəʊ] n turbo *m*

turbot ['tɜːbət] n turbot *m*

turbulent ['tɜːbjʊlənt] adj a [water, sea] agité b [time, period] agité ; [history, events, career] tumultueux

tureen [tə'riːn] n soupière *f*

turf [tɜːf] n (= grass) gazon *m*

Turk [tɜːk] n Turc *m*, Turque *f*

Turkey ['tɜːkɪ] n Turquie *f*

turkey ['tɜːkɪ] n dinde *f*

Turkish ['tɜːkɪʃ] 1 adj turc (turque *f*) ▸ **Turkish bath** bain *m* turc ▸ **Turkish delight** loukoum *m* 2 n turc *m*

turmeric ['tɜːmərɪk] n curcuma *m*

turmoil ['tɜːmɔɪl] n agitation *f* ; (emotional) trouble *m*

turn [tɜːn] 1 n a [of wheel] tour *m* b (= bend) virage *m* ▪ **to take a ~ for the worse** s'aggraver ▪ **to take a ~ for the better** s'améliorer ▪ **at the ~ of the century** au début du siècle ▪ **this was a surprising ~ of events** les événements avaient pris une tournure inattendue ▪ **at every ~** à tout instant c (= fright) ▪ **it gave me quite a ~** ça m'a fait un sacré coup* d (= action) ▪ **to do sb a good ~** rendre un service à qn e (= attack) crise *f* f (= act) numéro *m* g (in game, queue) tour *m* ▪ **it's your ~** c'est votre tour, c'est à vous ▪ **in ~** (= one after another) à tour de rôle ▪ **to take it in ~(s) to do sth** faire qch à tour de rôle 2 vt a [+ handle, key, wheel, page] tourner b [+ mattress] retourner c (= direct) [+ car, object, attention] tourner (*towards* vers) ; [+ gun, searchlight] braquer d (= reach) [+ age, time] ▪ **as soon as he ~ed 18** dès qu'il a eu 18 ans e (= transform) transformer (*into* en) 3 vi a (= move round) tourner ; [person] se tourner (*to, towards* vers) ; (right round) se retourner ▪ **his stomach ~ed at the sight** le spectacle lui a retourné l'estomac b (= change direction) [person, vehicle] tourner ; (= reverse direction) faire demi-tour ; [road, river] faire un coude ; [tide] changer de direction ▪ **our luck has ~ed** la chance a tourné pour nous ▪ **he didn't know which way to ~** il ne savait plus où donner de la tête ▪ **to ~ against sb** se retourner contre qn ▪ **to ~ to sb** se tourner vers qn ; (for help) s'adresser à qn ▪ **to ~ to sth** (= resort) se tourner vers qch ▪ **he ~ed to drink** il s'est mis à boire ▪ **~ to page 214** voir page 214 ▪ **to ~ to the left** tourner à gauche c (= become) devenir ▪ **to ~ nasty/pale** devenir méchant/pâle ▪ **the weather has ~ed cold** le temps s'est rafraîchi ▪ **the whole thing ~ed into a nightmare** c'est devenu un véritable cauchemar d (= change) [weather] changer ; [leaves] jaunir

▸ **turn around** ⇒ **turn round**

▸ **turn away** 1 vi se détourner 2 vt sep (= send away) [+ spectator] refuser l'entrée à ; [+ immigrants] refouler

▸ **turn back** 1 vi [traveller] faire demi-tour ; (= reverse a decision) faire marche arrière 2 vt sep a (= send back) faire faire demi-tour à ; [+ demonstrators] faire refluer b [+ clock] retarder ; (hands of clock) reculer

▸ **turn down** vt sep a [+ heat, volume] baisser b [+ offer, candidate, volunteer] refuser

▸ **turn in** **1** vi (* = go to bed) aller se coucher **2** vt sep (= hand over) [+ wanted man] livrer (à la police) ▪ **to ~ o.s. in** se rendre

▸ **turn off** **1** vi [person, vehicle] tourner **2** vt insep [+ road] quitter **3** vt sep **a** [+ water, tap] fermer ; [+ radio, TV, gas, heater, light] éteindre ; [+ water, electricity, engine] couper **b** (* = repel) rebuter

▸ **turn on** **1** vt insep (= attack) attaquer **2** vt sep **a** [+ tap] ouvrir ; [+ gas, electricity, TV, heater, light] allumer ; [+ engine, machine] mettre en marche **b** (* = excite) exciter

▸ **turn out** **1** vi **a** (= come) venir **b** (= happen) se passer ▪ **it ~ed out nice** il a fait beau en fin de compte ▪ **to ~ out to be** s'avérer **2** vt sep **a** [+ light] éteindre **b** (= empty out) [+ pockets, suitcase] vider ; [+ room, cupboard] nettoyer à fond ; (= expel) [+ tenant] expulser **c** (= produce) fabriquer **d** ▪ **to be well ~ed out** être élégant

▸ **turn over** **1** vi **a** (= roll over) se retourner **b** (= change channel) changer de chaîne ; (= turn page) tourner la page **2** vt sep **a** [+ page] tourner ; [+ mattress, earth, playing card, tape] retourner **b** (= hand over) [+ person] livrer (*to* à)

▸ **turn round** **1** vi **a** [person] se retourner ; (= change direction) [person, vehicle] faire demi-tour ; (= rotate) [object] tourner ▪ **to ~ round and round** tourner sur soi-même **b** (= improve) se redresser **2** vt sep **a** (gen) tourner ; [+ person] faire tourner **b** (= make successful) redresser ▪ **to ~ things round** renverser la situation

▸ **turn up** **1** vi (= arrive) arriver ▪ **don't worry about your ring, I'm sure it will ~ up** ne t'en fais pas pour ta bague, je suis sûr que tu finiras par la retrouver **2** vt sep **a** [+ collar] relever ; [+ sleeve] retrousser ▪ **to have a ~ed-up nose** avoir le nez retroussé **b** (= find) [+ evidence] trouver **c** [+ radio, television] mettre plus fort ; [+ volume] monter

turnabout ['tɜːnəbaʊt] n volte-face *f inv*

turnaround ['tɜːnəraʊnd] n volte-face *f*

turncoat ['tɜːnkəʊt] n renégat(e) *m(f)*

turning ['tɜːnɪŋ] n (= road) route *f* (or rue *f*) latérale ▸ **turning point** tournant *m*

turnip ['tɜːnɪp] n navet *m*

turnout ['tɜːnaʊt] n (= attendance) assistance *f* ▪ **voter ~** (taux *m* de) participation *f* électorale

turnover ['tɜːnˌəʊvəʳ] n **a** [of stock, goods] rotation *f* ; (= total business done) chiffre *m* d'affaires **b** [of staff] renouvellement *m*

turnpike ['tɜːnpaɪk] n (US = road) autoroute *f* à péage

turnround ['tɜːnraʊnd] n ⇒ **turnaround**

turnstile ['tɜːnstaɪl] n tourniquet *m*

turntable ['tɜːnteɪbl] n [of record player] platine *f*

turn-up ['tɜːnʌp] n (BR) [of trousers] revers *m*

turpentine ['tɜːpəntaɪn] n (essence *f* de) térébenthine *f*

turquoise ['tɜːkwɔɪz] **1** n (= stone) turquoise *f* ; (= colour) turquoise *m* **2** adj (in colour) turquoise *inv*

turret ['tʌrɪt] n tourelle *f*

turtle ['tɜːtl] n tortue *f* marine ▪ **to turn ~** chavirer

tusk [tʌsk] n défense *f*

tussle ['tʌsl] **1** n (= struggle) lutte *f* ; (= scuffle) mêlée *f* **2** vi se battre

tutor ['tjuːtəʳ] n (= private teacher) professeur *m* (particulier) (*in* en) ; (BR : Univ) directeur *m*, -trice *f* d'études

tutorial [tjuː'tɔːrɪəl] n (Univ) travaux *mpl* dirigés (*in* de) ; (Computing, Internet) tutoriel *m* (*in* de)

tuxedo [tʌk'siːdəʊ], **tux*** ['tʌks] n (US) smoking *m*

TV* [ˌtiː'viː] n (abbr of **television**) télé* *f* ▸ **TV dinner** plateau-télé *m*

twaddle ['twɒdl] n âneries *fpl*

twang [twæŋ] n [of wire, string] son *m* (de corde pincée) ; (= tone of voice) ton *m* nasillard

tweak [twiːk] vt (= pull) [+ sb's ear, nose] tordre

tweed [twiːd] n tweed *m*

tweet [twiːt] **1** n (on Twitter) tweet *m* **2** vi tweeter

tweeter ['twiːtə] n (= loudspeaker) tweeter *m*, haut-parleur *m* d'aigus

tweetup* ['twiːtˌʌp] n tweetup *m*, réunion *f* de twittos

tweezers ['twiːzəz] npl (also **pair of tweezers**) pince *f* à épiler

twelfth [twelfθ] adj, n douzième *mf* ▪ **Twelfth Night** le jour des Rois ; for other phrases see **sixth**

twelve [twelv] number douze *m inv* ; for phrases see **six**

twentieth ['twentɪɪθ] adj, n vingtième *mf* ; for phrases see **sixth**

twenty ['twentɪ] number vingt *m* ▸ **twenty-four hours** vingt-quatre heures *fpl* ▪ **twenty-four hours a day** [open, available] vingt-quatre heures sur vingt-quatre ; for other phrases see **sixty**

twice [twaɪs] adv deux fois ▪ **~ a week** deux fois par semaine ▪ **~ as much, ~ as many** deux fois plus ▪ **she is ~ your age** elle a le double de votre âge

twiddle ['twɪdl] **1** vt [+ knob] tripoter ▪ **to ~ one's thumbs** se tourner les pouces **2** vi ▪ **to ~ with sth** tripoter qch

twig [twɪg] **1** n brindille *f* **2** vti (* BR = understand) piger*

twilight ['twaɪlaɪt] n crépuscule *m*

twin [twɪn] **1** n jumeau *m*, jumelle *f* **2** adj jumeau ▸ **twin beds** lits *mpl* jumeaux ▸ **twin-engined** bimoteur ▸ **twin town** (BR) ville *f* jumelée **3** vt [+ town] jumeler

twine [twaɪn] **1** n ficelle *f* **2** vi [plant, coil] s'enrouler

twinge [twɪndʒ] n ▪ **a ~ (of pain)** un élancement ▪ **a ~ of guilt** un (petit) remords

twinkle ['twɪŋkl] vi [star, lights] scintiller ; [eyes] pétiller

twirl [twɜːl] **1** vi (also **twirl round**) [dancer] tournoyer **2** vt (also **twirl round**) [+ cane, lasso] faire tournoyer ; [+ moustache] tortiller

twist [twɪst] **1** n (= coil) rouleau *m* ; (in road) tournant *m* ; [of events] tournure *f* ; [of meaning] distorsion *f* ▪ **the story has an unexpected ~ to it** l'histoire prend un tour inattendu **2** vt (= turn round on itself, deform) tordre ; (= coil) enrouler ; [+ top, cap] tourner ; [+ meaning] fausser ; [+ words] déformer ▪ **to ~ one's ankle** se tordre la cheville ▪ **to ~ sb's arm** (fig) forcer la main à qn ▪ **she can ~ him round her little finger** elle le mène par le bout du nez **3** vi [flex, rope] s'entortiller ▪ **the road ~s (and turns) through the valley** la route serpente dans la vallée

twisted ['twɪstɪd] adj **a** (= damaged) tordu ; [wrist, ankle] foulé **b** [tree, branch] tordu ; [limb] difforme ; [features] crispé **c** (= warped) tordu

twister* ['twɪstəʳ] n (US = tornado) tornade *f*

twit* [twɪt] n (BR = fool) crétin(e)* *m(f)*

twitch [twɪtʃ] **1** n (= nervous movement) tic *m* **2** vi [person, animal, hands] avoir un mouvement convulsif ; [mouth, cheek, eyebrow, muscle] se contracter (convulsivement)

Twitter® ['twɪtə] n Twitter® ▸ **Twitter storm** gros buzz *m* sur Twitter

twitter ['twɪtə] vi [bird] gazouiller

Twitterati* [ˌtwɪtə'rɑːtɪ] n twittos *mf inv*

Twitterer ['twɪtərəʳ] n twittos *mf inv*, utilisateur *m*, -trice *f* de Twitter®

Twittersphere* ['twɪtəˌsfɪə] n ▪ **the ~** la twittosphère

Twitterverse* ['twɪtəˌvɜːs] n ▪ **the ~** l'univers de Twitter®

two [tuː] number deux *m inv* ▪ **to cut sth in ~** couper qch en deux ▪ **they're ~ of a kind** ils se ressemblent ▪ **to put ~ and ~ together*** (fig) faire le rapport ▸ **two-faced** hypocrite ▸ **two-piece (swimsuit)** maillot *m* de bain deux pièces, bikini *m* ▸ **two-way** [switch] à va-et-vient; [street] à double sens; [traffic] dans les deux sens; [exchange, negotiations] bilatéral ▪ **two-way radio** émetteur-récepteur *m* ; for other phrases see **six**

twofold ['tuːfəʊld] **1** adj double **2** adv ▪ **to increase ~** doubler

twosome ['tuːsəm] n (= people) couple *m*

tycoon [taɪ'kuːn] n ▪ **(business) ~** magnat *m*

type [taɪp] **1** n **a** (gen) type *m* ; (= sort) genre *m* ; (= make of machine, coffee) marque *f* ; [of car, airplane] modèle *m* ▪ **he's not my ~*** ce n'est pas mon genre **b** (= letters collectively) caractères *mpl* **2** vti taper (à la machine)

typescript ['taɪpskrɪpt] n texte *m* dactylographié

typeset ['taɪpset] vt composer

typewriter ['taɪpraɪtəʳ] n machine *f* à écrire

typhoid ['taɪfɔɪd] n (fièvre *f*) typhoïde *f*

typhoon [taɪ'fuːn] n typhon *m*

typical ['tɪpɪkəl] adj typique ▪ **that's ~ of him** c'est bien de lui

typing ['taɪpɪŋ] n (= skill) dactylographie *f* ▸ **typing error** faute *f* de frappe

typist ['taɪpɪst] n dactylo *mf*

typography [taɪ'pɒgrəfɪ] n typographie *f*

tyranny ['tɪrənɪ] n tyrannie *f*

tyrant ['taɪrənt] n tyran *m*

tyre ['taɪəʳ] (BR) n pneu *m* ▸ **tyre pressure** pression *f* des pneus

tzar [zɑːʳ] n tsar *m*

uU

U, u [juː] n (BR = film) ≈ tous publics ▸ **U-bend** (in pipe) coude *m* ▸ **U-turn** demi-tour *m*

UBD ['juː'biː'diː] n use-by date DLC *f*

uberization [uːbəˌraɪ'zeɪʃən] n ubérisation *f*

uberize ['uːbəˌraɪz] vt ubériser

ubiquitous [juː'bɪkwɪtəs] adj omniprésent

UCAS ['juːkæs] n (BR) (abbr of **Universities and Colleges Admissions Service**) *service central des inscriptions universitaires*

uchronia [juː'krəʊnɪə] n uchronie *f*

udder ['ʌdəʳ] n mamelle *f*

UFO [ˌjuːe'fəʊ, 'juːfəʊ] n (abbr of **unidentified flying object**) ovni *m*

ugh [ɜːh] excl pouah !

ugly ['ʌglɪ] adj **a** (= unattractive) laid ; [wound, scar] vilain *before n* ▪ **~ duckling** vilain petit canard *m* **b** (= unpleasant) [habit] sale ▪ **to be in an ~ mood** être d'une humeur exécrable

UK [juː'kei] n (abbr of **United Kingdom**) le Royaume-Uni

Ukraine [juː'kreɪn] n ▪ **the ~** l'Ukraine *f*

ulcer ['ʌlsəʳ] n ulcère *m*

ulterior [ʌl'tɪərɪəʳ] adj ultérieur (-eure *f*) ▪ **~ motive** arrière-pensée *f*

ultimate ['ʌltɪmɪt] **1** adj **a** (= final) final ; [control, authority] suprême **b** (= best) suprême **c** (= original) [cause] fondamental **2** n **a** ▪ **the ~ in comfort** le summum du confort **b** (Sport) ultimate *m*, ultime-passe *f*

ultimately ['ʌltɪmɪtlɪ] adv (= finally) en fin de compte

ultimatum [ˌʌltɪ'meɪtəm] n ultimatum *m*

ultrasound ['ʌltrəsaʊnd] n ultrasons *mpl* ▸ **ultrasound scan** échographie *f*

ultraviolet [ˌʌltrə'vaɪəlɪt] adj ultraviolet

umbrage ['ʌmbrɪdʒ] n ▪ **to take ~** prendre ombrage (*at* de)

umbrella [ʌm'brelə] **1** n parapluie *m* ▪ **beach ~** parasol *m* **2** adj ▪ **~ organization** organisme *m* qui en chapeaute plusieurs autres

umpire ['ʌmpaɪəʳ] **1** n arbitre *mf* ; (Tennis) juge *mf* de chaise **2** vt arbitrer

umpteen* ['ʌmptiːn] adj des quantités de ▪ **I've told you ~ times** je te l'ai dit cent fois

umpteenth* ['ʌmptiːnθ] adj (é)nième

UN [juː'en] **1** n (abbr of **United Nations**) ONU *f* **2** comp [staff] onusien

unable ['ʌn'eɪbl] adj ▪ **to be ~ to do sth** ne pas pouvoir faire qch ; (= not know how to) ne pas savoir faire qch ; (= be incapable of) être incapable de faire qch

unabridged ['ʌnə'brɪdʒd] adj intégral

unacceptable ['ʌnək'septəbl] adj inacceptable

unaccompanied ['ʌnə'kʌmpənɪd] adj [person, luggage] non accompagné ; [singing] sans accompagnement

unaccounted ['ʌnə'kaʊntɪd] adj ▪ **two passengers are still ~ for** deux passagers sont toujours portés disparus

unaccustomed ['ʌnə'kʌstəmd] adj ▪ **to be ~ to (doing) sth** ne pas avoir l'habitude de (faire) qch

unachievable [ˌʌnə'tʃiːvəbəl] adj irréalisable ; [goal, objective] inatteignable

unadulterated ['ʌnə'dʌltəreɪtɪd] adj pur

unadventurous ['ʌnəd'ventʃərəs] adj peu audacieux (-euse *f*)

unaffected ['ʌnə'fektɪd] adj **a** (= sincere) naturel ; [behaviour, style] sans affectation **b** (= unchanged) non affecté

unafraid ['ʌnə'freɪd] adj ▪ **to be ~ of sth** ne pas avoir peur de qch

unaided ['ʌn'eɪdɪd] adv [walk, stand] tout(e) seul(e)

unaltered ['ʌn'ɒltəd] adj inchangé

unambiguous ['ʌnæm'bɪgjʊəs] adj sans ambiguïté

unanimous [juː'nænɪməs] adj unanime

unanimously [juː'nænɪməslɪ] adv [vote, elect, pass] à l'unanimité ; [condemn, agree] unanimement

unannounced ['ʌnə'naʊnst] **1** adj [visit] imprévu **2** adv [arrive, enter] sans prévenir

unanswered ['ʌn'ɑːnsəd] adj [letter, question] sans réponse ; [prayer] inexaucé ▪ **her letter remained ~** sa lettre est restée sans réponse

unappealing ['ʌnə'piːlɪŋ] adj peu attrayant

unappetizing ['ʌn'æpɪtaɪzɪŋ] adj peu appétissant

unapproachable ['ʌnə'prəʊtʃəbl] adj d'un abord difficile

unarmed ['ʌn'ɑːmd] adj [person] non armé

unashamed ['ʌnə'ʃeɪmd] adj [delight, admiration] non déguisé

unassisted ['ʌnə'sɪstɪd] adv ▪ **to do sth ~** faire qch sans aide

unassuming ['ʌnə'sjuːmɪŋ] adj sans prétentions

unattached ['ʌnə'tætʃt] adj [person] sans attaches

unattainable ['ʌnə'teɪnəbl] adj [place, objective, person] inaccessible

unattended ['ʌnə'tendɪd] adj [shop, luggage] laissé sans surveillance

unattractive ['ʌnə'træktɪv] adj [appearance, idea] peu séduisant ; [person, character] déplaisant

unauthorized ['ʌn'ɔːθəraɪzd] adj non autorisé

unavailable ['ʌnə'veɪləbl] adj indisponible

unavoidable [ˌʌnə'vɔɪdəbl] adj inévitable

unaware ['ʌnə'wɛə'] adj ▪ **to be ~ of sth** ignorer qch

unawares ['ʌnə'wɛəz] adv ▪ **to catch sb ~** prendre qn à l'improviste

unbalanced ['ʌn'bælənst] adj (mentally) déséquilibré

unbearable [ʌn'bɛərəbl] adj insupportable

unbeatable ['ʌn'biːtəbl] adj imbattable

unbecoming ['ʌnbɪ'kʌmɪŋ] adj [garment] peu seyant ; [behaviour] inconvenant

unbeknown(st) ['ʌnbɪ'nəʊn(st)] adj, adv ▪ **~ to...** à l'insu de...

unbelievable [ˌʌnbɪ'liːvəbl] adj incroyable

unbending [ʌn'bendɪŋ] adj [person, attitude] inflexible

unbias(s)ed [ʌn'baɪəst] adj impartial

unblock ['ʌn'blɒk] vt [+ sink, pipe] déboucher

unborn ['ʌn'bɔːn] adj ▪ **the ~ child** le fœtus

unbounded [ʌn'baʊndɪd] adj [joy] sans borne ; [energy, capacity] illimité

unbreakable ['ʌn'breɪkəbl] adj incassable

unbridled [ʌn'braɪdld] adj extrême

unbroken ['ʌn'brəʊkən] adj **a** (= intact) intact ; [record] non battu **b** (= continuous) [series, silence, sleep] ininterrompu

unbuckle ['ʌn'bʌkl] vt défaire

unburden [ʌn'bɜːdn] vt ▪ **to ~ o.s.** s'épancher (*to sb* avec qn)

unbutton ['ʌn'bʌtn] vt [+ jacket, shirt] déboutonner ; [+ button] défaire

uncalled-for [ʌn'kɔːldfɔː'] adj [criticism] injustifié ; [remark] déplacé

uncanny [ʌn'kænɪ] adj [atmosphere, feeling] étrange ; [resemblance, accuracy, knack] troublant

unceasing [ʌn'siːsɪŋ] adj incessant

unceremonious ['ʌnˌserɪ'məʊnɪəs] adj brusque

uncertain [ʌn'sɜːtn] adj incertain ▪ **he is ~ whether...** il ne sait pas au juste si... ▪ **in no ~ terms** en des termes on ne peut plus clairs

uncertainty [ʌn'sɜːtntɪ] n incertitude *f*

unchallenged ['ʌn'tʃælɪndʒd] **1** adj [authority, master] incontesté **2** adv ▪ **to go ~** [person, action] ne pas rencontrer d'opposition ; [comment] ne pas être relevé

unchanged ['ʌn'tʃeɪndʒd] adj inchangé

unchanging [ʌn'tʃeɪndʒɪŋ] adj immuable

uncharitable [ʌn'tʃærɪtəbl] adj peu charitable

uncivilized ['ʌn'sɪvɪlaɪzd] adj [conditions, activity] inacceptable ; [person, behaviour] grossier

uncle ['ʌŋkl] n oncle *m*

unclear [ˌʌn'klɪə'] adj **a** (= not obvious) [reason, message, instructions] obscur ▪ **it is ~ who/why...** on ne sait pas bien qui/pourquoi... **b** [picture, image] flou

uncluttered ['ʌn'klʌtəd] adj dépouillé

uncomfortable [ʌn'kʌmfətəbl] adj **a** (= feeling physical discomfort) ▪ **to be ~** (in chair, bed, room) ne pas être à l'aise **b** [chair, bed] inconfortable **c** (= feeling unease) [person] mal à l'aise **d** (= causing unease) [situation] inconfortable ; [feeling] désagréable ; [truth, fact] gênant

uncommon [ʌn'kɒmən] adj peu commun ▪ **it is not ~ for this to happen** il n'est pas rare que cela arrive

uncommunicative ['ʌnkə'mjuːnɪkətɪv] adj peu communicatif

uncomplicated [ʌn'kɒmplɪkeɪtɪd] adj simple

uncompromising [ʌn'kɒmprəmaɪzɪŋ] adj [person, attitude] intransigeant ; [demand, film] sans complaisance

unconcerned ['ʌnkən'sɜːnd] adj **a** (= uninterested) ▪ **to be ~** [person] ne pas se sentir concerné (*about* or *with sth* par qch) **b** (= unworried) [person] insouciant ▪ **to be ~ about** or **by sth** ne pas se soucier de qch

unconditional ['ʌnkən'dɪʃənl] adj [surrender, offer] sans condition(s) ; [love, support] inconditionnel

unconnected ['ʌnkə'nektɪd] adj (= unrelated) sans rapport

unconscionable [ʌn'kɒnʃnəbl] adj [behaviour] inadmissible ; [delays, demands] déraisonnable

unconscious [ʌn'kɒnʃəs] **1** adj **a** [patient] sans connaissance ▪ **to knock sb ~** assommer qn **b** (= unaware) ▪ **to be ~ of sth** ne pas être conscient de qch **c** [desire, bias] inconscient **2** n ▪ **the ~** l'inconscient *m*

unconsciously [ʌn'kɒnʃəslɪ] adv inconsciemment

unconstitutional ['ʌnˌkɒnstɪ'tjuːʃənl] adj inconstitutionnel

uncontested ['ʌnkən'testɪd] adj incontesté

uncontrollable [ˈʌnkənˈtrəʊləbl] **adj** incontrôlable ; [desire, emotion] irrépressible ; [bleeding] impossible à arrêter ▪ **he burst into ~ laughter** il a été pris d'un fou rire

uncontrollably [ˈʌnkənˈtrəʊləblɪ] **adv** [cry, shake] sans pouvoir s'arrêter

unconventional [ˈʌnkənˈvenʃənl] **adj** original ; [person, behaviour] non-conformiste ; [education, upbringing] non conventionnel

unconvinced [ˈʌnkənˈvɪnst] **adj** ▪ **to be ~ that...** ne pas être convaincu que... ▪ **to remain ~** n'être toujours pas convaincu

unconvincing [ˈʌnkənˈvɪnsɪŋ] **adj** peu convaincant

uncooked [ˈʌnˈkʊkt] **adj** cru

uncooperative [ˈʌnkəʊˈɒpərətɪv] **adj** peu coopératif

uncork [ˈʌnˈkɔːk] **vt** déboucher

uncountable [ˈʌnˈkaʊntəbl] **adj** ▪ **~ noun** nom *m* non dénombrable

uncouth [ʌnˈkuːθ] **adj** grossier

uncover [ʌnˈkʌvəʳ] **vt** découvrir

uncritical [ˈʌnˈkrɪtɪkəl] **adj** [person] peu critique ; [attitude, approach, report] non critique ; [acceptance, support] sans réserves

unctuous [ˈʌŋktjʊəs] **adj** onctueux

uncut [ˈʌnˈkʌt] **adj** **a** [grass, hair, nails] non coupé **b** (= unabridged) [film, novel] intégral

undead [ʌnˈdɛd] **npl** ▪ **the ~** les morts-vivants *mpl*

undecided [ˈʌndɪˈsaɪdɪd] **adj** [person] indécis (*about* or *on sth* à propos de qch) ; [question] non résolu

undemocratic [ˌʌndeməˈkrætɪk] **adj** antidémocratique

undeniable [ˌʌndɪˈnaɪəbl] **adj** indéniable

under [ˈʌndəʳ] **1** **prep** **a** (= beneath) sous ▪ **~ the table/umbrella** sous la table/le parapluie ▪ **it's ~ there** c'est là-dessous ▪ **~ it** dessous **b** (= less than) moins de ; (in rank, scale) au-dessous de ▪ **children ~ 15** enfants *mpl* de moins de 15 ans ▪ **the under-15s** les moins de 15 ans ▪ **in ~ two hours** en moins de deux heures **c** (= according to) selon ▪ **~ French law** selon la législation française **2** **adv** **a** (= beneath) en dessous **b** (= less) moins **3** **pref** (= insufficiently) sous- ▪ **undernourished** sous-alimenté ▪ **underused** sous-exploité

underachiever [ˌʌndərəˈtʃiːvəʳ] **n** élève *mf* sous-performant(e)

underage [ˌʌndərˈeɪdʒ] **adj** [person] mineur

underarm [ˈʌndərɑːm] **1** **adv** [throw, bowl] par en dessous ; [serve] à la cuillère **2** **adj** [deodorant] pour les aisselles ; [hair] des aisselles

underbrush [ˈʌndəbrʌʃ] **n** (US) sous-bois *m inv*

undercarriage [ˈʌndəkærɪdʒ] **n** train *m* d'atterrissage

underclass [ˈʌndəklɑːs] **n** quart-monde *m*

underclothes [ˈʌndəkləʊðz] **npl** sous-vêtements *mpl*

undercoat [ˈʌndəkəʊt] **n** [of paint] sous-couche *f*

undercover [ˌʌndəˈkʌvəʳ] **adj** secret (-ète *f*)

undercurrent [ˈʌndəˌkʌrənt] **n** (in sea) courant *m* (sous-marin) ; (feeling) courant *m* sous-jacent

undercut [ˌʌndəˈkʌt] (pret, ptp **undercut**) **vt** **a** (= sell cheaper than) vendre moins cher que **b** (= undermine) amoindrir

underdeveloped [ˈʌndədɪˈveləpt] **adj** [country] sous-développé

underdocumented [ʌnˈdɒkjʊˌmɛntɪd] **adj** (US) [person] sans papiers

underdog [ˈʌndədɒg] **n** ▪ **the ~** (= predicted loser) celui (or celle) que l'on donne perdant(e) ; (Pol) l'opprimé *m*

underdone [ˈʌndəˈdʌn] **adj** [food] pas assez cuit

underestimate [ˌʌndərˈestɪmeɪt] **vt** sous-estimer

underexposed [ˌʌndərɪksˈpəʊzd] **adj** sous-exposé

underfelt [ˈʌndəfelt] **n** [of carpet] thibaude *f*

underfoot [ˈʌndəˈfʊt] **adv** sous les pieds ▪ **to crush** or **trample sth ~** fouler qch aux pieds

underfunded [ˌʌndəˈfʌndɪd] **adj** ▪ **to be ~** [project] sous-financé

undergo [ˈʌndəˈgəʊ] (pret **underwent**, ptp **undergone**) **vt** (gen) subir ; [+ medical treatment, training] suivre

undergraduate [ˌʌndəˈgrædjʊɪt] **n** étudiant(e) *m(f) (de première ou deuxième année)*

underground [ˈʌndəgraʊnd] **1** **adj** **a** (below the ground) souterrain **b** [organization] clandestin ; [film] underground *inv* **2** **adv** ▪ **to go ~** [wanted man] entrer dans la clandestinité **3** **n** **a** (BR = railway) métro *m* **b** ▪ **the ~** (political) la résistance

undergrowth [ˈʌndəgrəʊθ] **n** broussailles *fpl*

underhand [ˌʌndəˈhænd], **underhanded** (US) [ˌʌndəˈhændɪd] **adj** sournois

underline [ˌʌndəˈlaɪn] **vt** souligner

underling [ˈʌndəlɪŋ] **n** sous-fifre* *m*

underlying [ˌʌndəˈlaɪɪŋ] **adj** sous-jacent

undermine [ˌʌndəˈmaɪn] **vt** [+ influence, power, authority] saper ; [+ health] miner ; [+ effect] amoindrir

underneath [ˈʌndəˈniːθ] **1** **prep** sous, au-dessous de **2** **adv** (en) dessous

underpaid [ˌʌndəˈpeɪd] **adj** sous-payé

underpants [ˈʌndəpænts] npl slip *m*

underpass [ˈʌndəpɑːs] n (for cars) passage *m* inférieur *(route passant sous un pont de chemin de fer ou une autre route)* ; (for pedestrians) passage *m* souterrain

underprivileged [ˌʌndəˈprɪvɪlɪdʒd] **1** adj défavorisé **2** **the underprivileged** npl les défavorisés *mpl*

underrated [ˌʌndəˈreɪtɪd] adj sous-estimé

underscore [ˌʌndəˈskɔːʳ] n tiret *m* bas

undershirt [ˈʌndəʃɜːt] n (US) maillot *m* de corps

undershorts [ˈʌndəʃɔːts] npl (US) caleçon *m*

underside [ˈʌndəsaɪd] n dessous *m*

underskirt [ˈʌndəskɜːt] n jupon *m*

understaffed [ˌʌndəˈstɑːft] adj en sous-effectif

understand [ˌʌndəˈstænd] (pret, ptp **understood**) **1** vt **a** [+ person, meaning] comprendre ▪ **I can't ~ a word of it** je n'y comprends rien ▪ **to make o.s. understood** se faire comprendre **b** (= believe) ▪ **I understood we were to be paid** j'ai cru comprendre que nous devions être payés ▪ **I ~ you are leaving today** il paraît que vous partez aujourd'hui **c** (= assume) ▪ **it was understood that he would pay** (= it was assumed) on supposait qu'il paierait ; (= it was agreed) il était entendu qu'il paierait **2** vi comprendre

understandable [ˌʌndəˈstændəbl] adj compréhensible

understandably [ˌʌndəˈstændəblɪ] adv (= of course) naturellement ; (= rightly) à juste titre

understanding [ˌʌndəˈstændɪŋ] **1** adj [person] compréhensif (*about* à propos de) ; [smile, look] compatissant **2** n **a** (gen) compréhension *f* **b** (= agreement) accord *m* ; (= arrangement) arrangement *m* ▪ **on the ~ that...** à condition que... **c** (= concord) entente *f*

understatement [ˈʌndəˌsteɪtmənt] n litote *f* ▪ **that's an ~** le mot est faible

understood [ˌʌndəˈstʊd] vb pret, ptp of **understand**

understudy [ˈʌndəstʌdɪ] n doublure *f*

undertake [ˌʌndəˈteɪk] (pret **undertook**, ptp **undertaken**) vt [+ task] entreprendre ; [+ responsibility] assumer ▪ **to ~ to do sth** se charger de faire qch

undertaker [ˈʌndəteɪkəʳ] n (BR) entrepreneur *m* des pompes funèbres ▪ **the ~'s** les pompes *fpl* funèbres

undertaking [ˌʌndəˈteɪkɪŋ] n **a** (= task, operation) entreprise *f* ▪ **it is quite an ~ (to do that)** ce n'est pas une mince affaire (que de faire cela) **b** (= promise) promesse *f*

undertone [ˈʌndətəʊn] n (= suggestion) sous-entendu *m* ▪ **to say sth in an ~** dire qch à mi-voix

underwater [ˈʌndəˈwɔːtəʳ] **1** adj sous-marin **2** adv sous l'eau

underway, under way [ˌʌndəˈweɪ] adj ▪ **to be ~** [talks, search, process] être en cours ▪ **to get ~** [talks, campaign] démarrer ; [process, reforms] être mis en œuvre

underwear [ˈʌndəwɛəʳ] n sous-vêtements *mpl*

underworld [ˈʌndəwɜːld] n **a** (= hell) ▪ **the ~** les enfers *mpl* **b** (criminal) ▪ **the ~** le milieu

underwriter [ˈʌndəˌraɪtəʳ] n (Insurance) assureur *m*

undesirable [ˈʌndɪˈzaɪərəbl] adj, n indésirable *mf*

undies* [ˈʌndɪz] npl dessous *mpl*

undiluted [ˈʌndaɪˈluːtɪd] adj **a** [concentrate] non dilué **b** [pleasure] sans mélange

undisciplined [ʌnˈdɪsɪplɪnd] adj indiscipliné

undisguised [ˈʌndɪsˈgaɪzd] adj non déguisé

undisputed [ˈʌndɪsˈpjuːtɪd] adj incontesté

undistinguished [ˈʌndɪsˈtɪŋgwɪʃt] adj (in character) quelconque ; (in appearance) peu distingué

undisturbed [ˈʌndɪsˈtɜːbd] adv [work, play, sleep] sans être dérangé

undivided [ˈʌndɪˈvaɪdɪd] adj ▪ **to require sb's ~ attention** exiger toute l'attention de qn

undo [ˈʌnˈduː] (pret **undid**, ptp **undone**) vt [+ button, knot, parcel] défaire ; [+ good effect] annuler ; [+ wrong] réparer ; (Computing) annuler

undoing [ˈʌnˈduːɪŋ] n ▪ **that was his ~** c'est ce qui a causé sa perte

undone [ˈʌnˈdʌn] **1** vb ptp of **undo** **2** adj [button, garment] défait ; [task] non accompli ▪ **to come ~** se défaire

undoubted [ʌnˈdaʊtɪd] adj indubitable

undoubtedly [ʌnˈdaʊtɪdlɪ] adv indubitablement

undress [ʌnˈdres] **1** vt déshabiller ▪ **to get ~ed** se déshabiller **2** vi se déshabiller

undue [ˈʌnˈdjuː] adj excessif

undulating [ˈʌndjʊleɪtɪŋ] adj [movement] ondoyant ; [line] sinueux ; [countryside] vallonné

unduly [ˈʌnˈdjuːlɪ] adv outre mesure

undying [ʌnˈdaɪɪŋ] adj éternel

unearth [ˈʌnˈɜːθ] vt déterrer

unearthly [ʌnˈɜːθlɪ] adj (= supernatural) surnaturel ▪ **at some ~ hour** à une heure indue

unease [ʌnˈiːz] n malaise *m* (*at*, *about* devant)

uneasy [ʌn'iːzɪ] adj [calm, truce] fragile ; [conscience] pas tranquille ; [person] (= ill-at-ease) mal à l'aise ; (= worried) inquiet (-ète *f*) (*at, about* devant, de), anxieux

uneducated ['ʌn'edjʊkeɪtɪd] adj [person] sans instruction

unemployable ['ʌnɪm'plɔɪəbl] adj inemployable

unemployed ['ʌnɪm'plɔɪd] **1** adj [person] sans emploi **2** **the unemployed** npl les sans-emplois *mpl*, les chômeurs *mpl*

unemployment ['ʌnɪm'plɔɪmənt] n chômage *m* ▸ **unemployment benefit** (BR), **unemployment compensation** (US) allocation *f* (de) chômage

unending [ʌn'endɪŋ] adj interminable

unenthusiastic ['ʌnɪnˌθuːzɪ'æstɪk] adj peu enthousiaste

unequalled [ʌn'iːkwəld] adj inégalé

unequivocal ['ʌnɪ'kwɪvəkəl] adj sans équivoque

unerring [ʌn'ɜːrɪŋ] adj [judgement, sense] infaillible ; [skill] sûr

UNESCO [juː'neskəʊ] n (abbr of **United Nations Educational, Scientific and Cultural Organization**) UNESCO *f*

uneven [ʌn'iːvən] adj **a** [surface] inégal ; [ground] accidenté ; [teeth] irrégulier **b** (= irregular) irrégulier **c** [quality, performance] inégal

uneventful ['ʌnɪ'ventfʊl] adj [day, journey] sans incidents ; [life] tranquille ; [career] peu mouvementé

unexceptional [ʌnɪk'sepʃənl] adj quelconque

unexpected ['ʌnɪks'pektɪd] adj inattendu

unexpectedly ['ʌnɪks'pektɪdlɪ] adv subitement ; [agree] contre toute attente ; [arrive] à l'improviste

unexploded ['ʌnɪks'pləʊdɪd] adj non explosé

unfailing [ʌn'feɪlɪŋ] adj [optimism] inébranlable ; [remedy] infaillible

unfair ['ʌn'fɛə'] adj injuste (*to sb* envers qn) ; [competition, tactics] déloyal ▸ **unfair dismissal** licenciement *m* abusif

unfaithful ['ʌn'feɪθfʊl] adj infidèle ▪ **she was ~ to him** elle l'a trompé

unfamiliar ['ʌnfə'mɪljə'] adj [place, person] inconnu ▪ **to be ~ with sth** mal connaître qch

unfashionable ['ʌn'fæʃnəbl] adj [dress, subject, opinion] démodé ; [district] peu chic *inv*

unfasten ['ʌn'fɑːsn] vt défaire

unfavourable, unfavorable (US) ['ʌn'feɪvərəbl] adj défavorable

unfeeling [ʌn'fiːlɪŋ] adj insensible

unfilled ['ʌn'fɪld] adj [post, vacancy] à pourvoir

unfinished ['ʌn'fɪnɪʃt] adj [task, essay] inachevé ▪ **we have some ~ business (to attend to)** nous avons des affaires à régler

unfit ['ʌn'fɪt] adj **a** (= not physically fit) en mauvaise condition physique ▪ **he is ~ for work** il n'est pas en état de travailler **b** (= incompetent) inapte (*for* à, *to do sth* à faire qch) ; (= unworthy) indigne (*to do sth* de faire qch) ▪ **~ for consumption** impropre à la consommation

unflagging [ʌn'flægɪŋ] adj [support] indéfectible ; [enthusiasm] inépuisable ; [interest] soutenu

unfold [ʌn'fəʊld] **1** vt [+ napkin, map] déplier **2** vi [flower] s'ouvrir ; [view, countryside] s'étendre ; [story] se dérouler

unfollow ['ʌn'fɒləʊ] vt (Social media) cesser de suivre

unforced [ʌn'fɔːst] adj ▪ **~ error** (Tennis) faute *f* directe

unforeseen ['ʌnfɔː'siːn] adj imprévu

unforgettable ['ʌnfə'getəbl] adj inoubliable ; (for unpleasant things) impossible à oublier

unforgivable ['ʌnfə'gɪvəbl] adj impardonnable

unfortunate [ʌn'fɔːtʃənɪt] adj malheureux ; [person] malchanceux

unfortunately [ʌn'fɔːtʃənɪtlɪ] adv malheureusement ▪ **an ~ worded remark** une remarque formulée de façon malheureuse

unfounded ['ʌn'faʊndɪd] adj sans fondement

unfriend ['ʌn'frend] vt (Internet) supprimer de sa liste d'amis

unfriendly ['ʌn'frendlɪ] adj [person, reception] froid ; [attitude, behaviour, remark] inamical ; (stronger) hostile

unfulfilled ['ʌnfʊl'fɪld] adj [promise] non tenu ; [ambition, prophecy] non réalisé ; [desire] insatisfait

unfurl [ʌn'fɜːl] **1** vt déployer **2** vi se déployer

unfurnished ['ʌn'fɜːnɪʃt] adj non meublé

ungainly [ʌn'geɪnlɪ] adj gauche

ungodly [ʌn'gɒdlɪ] adj ▪ **at some ~ hour** à une heure impossible

ungrateful [ʌn'greɪtfʊl] adj ingrat

unhappy [ʌn'hæpɪ] adj **a** (= sad) malheureux **b** (= discontented) [person] mécontent (*with* or *about sb/sth* de qn/qch, *at sth* de qch) **c** (= worried) ▪ **I am ~ about leaving him alone** je n'aime pas le laisser seul **d** (= regrettable) [experience] malheureux ; [situation] regrettable

unharmed ['ʌn'hɑːmd] adj indemne

unhealthy [ʌn'helθɪ] adj **a** (= harmful) [environment, habit] malsain **b** (= unwell) [person, economy] en mauvaise santé

unheard-of ['ʌn'hɜːdɒv] adj sans précédent

unheeded ['ʌn'hiːdɪd] adj ▪ **to go ~** être ignoré

unhelpful ['ʌn'helpfʊl] adj [person] peu serviable ; [remark, advice] inutile ; [attitude] peu coopératif

unhinged ['ʌn'hɪndʒd] adj [person, mind] déséquilibré

unhook ['ʌn'hʊk] vt (= take off hook) décrocher

unhurt ['ʌn'hɜːt] adj indemne

unhygienic ['ʌnhaɪ'dʒiːnɪk] adj peu hygiénique

unicorn ['juːnɪkɔːn] n licorne *f*

unidentified ['ʌnaɪ'dentɪfaɪd] adj non identifié ▸ **unidentified flying object** objet *m* volant non identifié

unification [ˌjuːnɪfɪ'keɪʃən] n unification *f*

uniform ['juːnɪfɔːm] **1** n uniforme *m* **2** adj [shape, size] identique ; [temperature] constant

unify ['juːnɪfaɪ] vt unifier

unifying ['juːnɪfaɪɪŋ] adj unificateur (-trice *f*)

unilateral ['juːnɪ'lætərəl] adj unilatéral

unimaginable [ˌʌnɪ'mædʒnəbl] adj inimaginable (*to sb* pour qn)

unimaginative ['ʌnɪ'mædʒnətɪv] adj [person, film] sans imagination ▪ **to be ~** [person, film] manquer d'imagination ; [food] manquer d'originalité

unimportant ['ʌnɪm'pɔːtənt] adj [person] insignifiant ; [issue, detail] sans importance

uninhabited ['ʌnɪn'hæbɪtɪd] adj inhabité

uninjured ['ʌn'ɪndʒəd] adj indemne

uninspiring ['ʌnɪn'spaɪərɪŋ] adj [person, book, film] sans intérêt

uninstall ['ʌnɪnˌstɔːl] vt (Computing) désinstaller

unintelligent ['ʌnɪn'telɪdʒənt] adj peu intelligent

unintentional ['ʌnɪn'tenʃnəl] adj involontaire

uninviting ['ʌnɪn'vaɪtɪŋ] adj peu attirant ; [food] peu appétissant

union ['juːnjən] n (gen) union *f* ; (= trade union) syndicat *m* ▸ **Union Jack** Union Jack *m inv* *(drapeau britannique)*

unique [juː'niːk] adj unique (*among* parmi) ▪ **~ to sb/sth** propre à qn/qch

unison ['juːnɪsn, 'juːnɪzn] n ▪ **in ~** en chœur

unit ['juːnɪt] n **a** (= one item) unité *f* **b** (= complete section) élément *m* **c** (= buildings) ensemble *m* **d** (= group of people) groupe *m* ; (in firm) unité *f* ▪ **family ~** groupe *m* familial

unite [juː'naɪt] **1** vt **a** (= join) unir **b** (= unify) unifier **2** vi s'unir (*in doing sth, to do sth* pour faire qch)

united [juː'naɪtɪd] adj uni ▸ **the United Kingdom** le Royaume-Uni ▸ **the United Nations** les Nations *f* unies ▸ **the United States** les États-Unis *mpl* ; → *Pièges* UNITED

unity ['juːnɪtɪ] n unité *f*

universal [ˌjuːnɪ'vɜːsəl] adj universel

universe ['juːnɪvɜːs] n univers *m*

university [ˌjuːnɪ'vɜːsɪtɪ] **1** n université *f* **2** comp [degree, town, library] universitaire ; [professor] d'université ▸ **university student** étudiant(e) *m(f)* (à l'université)

unjust ['ʌn'dʒʌst] adj injuste (*to sb* envers qn)

unjustified ['ʌn'dʒʌstɪfaɪd] adj [attack, reputation] injustifié

unkempt ['ʌn'kempt] adj [appearance] négligé ; [hair] mal coiffé

unkind [ʌn'kaɪnd] adj **a** [person, remark, behaviour] méchant (*to sb* avec qn) **b** (= adverse) cruel (*to sb* envers qn)

unknown ['ʌn'nəʊn] **1** adj inconnu **2** n ▪ **the ~** l'inconnu *m*

unlawful ['ʌn'lɔːfʊl] adj illégal ▸ **unlawful killing** homicide *m* volontaire *(sans préméditation)*

unleaded ['ʌn'ledɪd] adj [petrol] sans plomb

unleash ['ʌn'liːʃ] vt [+ dog] détacher ; [+ anger] déchaîner

unleavened ['ʌn'levnd] adj [bread] sans levain ; (Rel) azyme

unless [ən'les] conj à moins que... (ne) *+ subj*, à moins de *+ infinitive* ▪ **I'll take it, ~ you want it** je vais le prendre, à moins que vous (ne) le vouliez ▪ **I won't go ~ you do** je n'irai que si tu y vas toi aussi ▪ **~ I am mistaken** si je ne me trompe

unlike ['ʌn'laɪk] prep ▪ **~ his brother, he...** à la différence de son frère, il... ▪ **Glasgow is quite ~ Edinburgh** Glasgow ne ressemble pas du tout à Édimbourg

unlikely [ʌn'laɪklɪ] adj [happening, outcome] improbable ; [explanation] invraisemblable ; [friendship] inattendu ▪ **it is ~ that she will come** il y a peu de chances qu'elle vienne ▪ **she is ~ to succeed** elle a peu de chances de réussir

unlimited [ʌn'lɪmɪtɪd] adj illimité

unlisted ['ʌn'lɪstɪd] adj (US) [telephone number] qui ne figure pas dans l'annuaire

unlit ['ʌn'lɪt] adj [place] non éclairé

unload ['ʌn'ləʊd] vt [+ ship, cargo] décharger

unlock ['ʌn'lɒk] vt [+ door] ouvrir ; [+ mobile phone] déverrouiller, désimlocker ▪ **the door is ~ed** la porte n'est pas fermée à clé

unlucky [ʌn'lʌkɪ] adj **a** (= unfortunate) [person] malchanceux ; [coincidence, event] malencontreux ▪ **to be ~ in love** ne pas avoir de chance en amour **b** (= bringing bad luck) [number, colour] qui porte malheur

unmarked ['ʌn'mɑːkt] adj (= anonymous) [grave] sans nom ; [police car] banalisé

unmarried ['ʌn'mærɪd] adj [person] célibataire ; [couple] non marié

unmistakable ['ʌnmɪs'teɪkəbl] adj [voice, sound, smell, style] reconnaissable entre mille

unmitigated [ʌn'mɪtɪgeɪtɪd] adj ▪ **it was an ~ disaster** c'était une vraie catastrophe

unmoved ['ʌn'muːvd] adj ▪ **to be ~ (by sth)** rester indifférent (à qch)

unnatural [ʌn'nætʃrəl] adj **a** (= unusual) [calm, silence] anormal **b** (= abnormal, unhealthy) contre nature

unnecessary [ʌn'nesɪsərɪ] adj (gen) inutile ; [violence] gratuit

unnerving ['ʌn'nɜːvɪŋ] adj troublant

unnoticed ['ʌn'nəʊtɪst] adj inaperçu ▪ **to go ~ (by sb)** passer inaperçu (de qn)

unobtainable ['ʌnəb'teɪnəbl] adj **a** (= unavailable) ▪ **his number was ~** son numéro était impossible à obtenir **b** [goal, objective] irréalisable

unoccupied ['ʌn'ɒkjʊpaɪd] adj [house, seat] inoccupé ; [offices] vide

unofficial ['ʌnə'fɪʃəl] adj **a** (= informal) [visit] privé **b** (= de facto) [leader] non officiel **c** (= unconfirmed) [report] officieux

unorthodox ['ʌn'ɔːθədɒks] adj [person, behaviour, views] peu orthodoxe

unpack ['ʌn'pæk] **1** vt [+ suitcase] défaire ; [+ belongings] déballer **2** vi défaire sa valise

unpaid ['ʌn'peɪd] adj [worker, work] non rémunéré ; [leave] non payé ; [bill, rent] impayé

unpalatable [ʌn'pælɪtəbl] adj [food] immangeable ; (fig) désagréable

unparalleled [ʌn'pærəleld] adj [opportunity] sans précédent ; [success] hors pair ; [beauty] incomparable

unperturbed ['ʌnpə'tɜːbd] adj imperturbable

unplanned ['ʌn'plænd] adj [occurrence] imprévu ; [baby] non prévu

unpleasant [ʌn'pleznt] adj désagréable

unplug ['ʌn'plʌg] vt débrancher

unplugged ['ʌn'plʌgd] vt (Mus) acoustique

unpopular ['ʌn'pɒpjʊlə'] adj impopulaire (*with sb* auprès de qn)

unprecedented [ʌn'presɪdəntɪd] adj sans précédent

unpredictable ['ʌnprɪ'dɪktəbl] adj [person, behaviour] imprévisible ; [weather] incertain

unprepared ['ʌnprɪ'pɛəd] adj (= unready) ▪ **to be ~ (for sth/to do sth)** [person] ne pas être préparé (à qch/à faire qch)

unpretentious ['ʌnprɪ'tenʃəs] adj sans prétention(s)

unprincipled [ʌn'prɪnsɪpld] adj [person] peu scrupuleux

unprofessional ['ʌnprə'feʃənl] adj [person, attitude] peu professionnel

unprofitable ['ʌn'prɒfɪtəbl] adj [business] peu rentable

unprovoked ['ʌnprə'vəʊkt] adj [attack, violence] gratuit

unqualified ['ʌn'kwɒlɪfaɪd] adj **a** (= without qualifications) [person, staff, pilot] non qualifié **b** (= unmitigated) [success] total ; [support, approval] inconditionnel

unquestionably [ʌn'kwestʃənəblɪ] adv incontestablement

unquestioning [ʌn'kwestʃənɪŋ] adj [faith, love] absolu ; [support] inconditionnel

unravel [ʌn'rævəl] vt [+ knitting] défaire ; [+ mystery] éclaircir

unreal ['ʌn'rɪəl] adj irréel

unrealistic ['ʌnrɪə'lɪstɪk] adj irréaliste

unreasonable [ʌn'riːznəbl] adj [person, demands] déraisonnable ; [price, amount] excessif

unrecognizable ['ʌn'rekəgnaɪzəbl] adj [person, voice] méconnaissable

unrelated ['ʌnrɪ'leɪtɪd] adj **a** (= unconnected) [incident, event, case] sans rapport **b** (= from different families) ▪ **they are ~** ils n'ont aucun lien de parenté

unrelenting ['ʌnrɪ'lentɪŋ] adj [pressure, criticism] incessant ; [pain] tenace

unreliable ['ʌnrɪ'laɪəbl] adj [person, machine, data] peu fiable

unremarkable ['ʌnrɪ'mɑːkəbl] adj [person, face, place] quelconque

unremitting ['ʌnrɪ'mɪtɪŋ] adj [hostility, hatred] implacable ; [gloom] persistant

unrepeatable ['ʌnrɪ'piːtəbl] adj [offer, bargain] exceptionnel ▪ **what she said is ~** je n'ose répéter ce qu'elle a dit

unreserved ['ʌnrɪ'zɜːvd] adj (= wholehearted) sans réserve

unrest [ʌn'rest] n troubles *mpl* ▪ **industrial ~** mouvements *mpl* sociaux, grèves *fpl*

unrestricted ['ʌnrɪ'strɪktɪd] adj (= unlimited) sans restriction(s)

unrewarding ['ʌnrɪ'wɔːdɪŋ] adj [work, job, activity] ingrat ; [relationship] peu satisfaisant

unrivalled, unrivaled (US) [ʌn'raɪvəld] adj sans égal

unroll ['ʌn'rəʊl] vt dérouler

unruly [ʌn'ruːlɪ] adj indiscipliné

unsafe ['ʌn'seɪf] adj [structure, machine] dangereux ; [street] peu sûr

unsaid ['ʌn'sed] adj ▪ **some things are better left ~** il y a des choses qu'il vaut mieux taire

unsatisfactory ['ʌn,sætɪs'fæktərɪ] adj peu satisfaisant

unsatisfied ['ʌn'sætɪsfaɪd] adj insatisfait (*with sb/sth* de qn/qch)

unsavoury, unsavory (US) ['ʌn'seɪvərɪ] adj [person] peu recommandable ; [reputation] douteux ; [remark] de mauvais goût

unscathed ['ʌn'skeɪðd] adj indemne

unscrew ['ʌn'skruː] vt dévisser

unscrupulous [ʌn'skruːpjʊləs] adj sans scrupules

unseen ['ʌn'siːn] **1** adj (= not previously seen) [film, photos, diaries] inédit **2** adv [enter, leave] sans être vu (*by sb* par qn) **3** n (= translation test) version *f (sans préparation)*

unselfish ['ʌn'selfɪʃ] adj désintéressé

unsettled ['ʌn'setld] adj **a** (= uncertain) [situation, market, weather] instable ; [future] incertain **b** (= restless) [person, life] perturbé **c** (= unresolved) [issue] non résolu ; [conflict] non réglé

unsettling ['ʌn'setlɪŋ] adj perturbant

unshak(e)able ['ʌn'ʃeɪkəbl] adj inébranlable

unshaven ['ʌn'ʃeɪvn] adj mal rasé

unsightly [ʌn'saɪtlɪ] adj disgracieux

unskilled ['ʌn'skɪld] adj [work, worker] non qualifié

unsociable [ʌn'səʊʃəbl] adj [person] peu sociable

unsocial [ʌn'səʊʃəl] adj ▪ **to work ~ hours** travailler en dehors des heures normales

unsolicited ['ʌnsə'lɪsɪtɪd] adj [mail, phone call, advice] non sollicité ; [job application] spontané

unsophisticated ['ʌnsə'fɪstɪkeɪtɪd] adj [person, tastes, device] simple

unsound ['ʌn'saʊnd] adj **a** (= unreliable) [advice, evidence, reasoning] douteux **b** (= in poor condition) [building] en mauvais état

unspeakable [ʌn'spiːkəbl] adj [act, object, horror, food] innommable ; [pain, cruelty] indescriptible

unspoiled ['ʌn'spɔɪld], **unspoilt** ['ʌn'spɔɪlt] adj [countryside, view, village] préservé

unspoken ['ʌn'spəʊkən] adj [words, hope] inexprimé ; [criticism, message] implicite

unstable ['ʌn'steɪbl] adj instable

unsteady ['ʌn'stedɪ] adj **a** (= shaky) [person, voice, legs, gait] mal assuré **b** (= unsecured) [ladder, structure] instable

unstoppable ['ʌn'stɒpəbl] adj [momentum, progress, rise] irrépressible ; [force] irrésistible ▪ **she is ~** rien ni personne ne peut l'arrêter

unstuck ['ʌn'stʌk] adj ▪ **to come ~** [stamp, notice] se décoller ; * [plan] tomber à l'eau ; [person, team] commencer à avoir des problèmes

unsubscribe [ʌn'sʌbskraɪb] vi (Internet) se désabonner

unsubstantiated ['ʌnsəb'stænʃɪeɪtɪd] adj [rumour, allegation] sans fondement ; [story] non confirmé ; [claim] non fondé

unsuccessful ['ʌnsək'sesfʊl] adj infructueux ▪ **to prove ~** [search, negotiations] ne mener à rien ▪ **to be ~ in doing sth** ne pas réussir à faire qch

unsuccessfully ['ʌnsək'sesfəlɪ] adv sans succès

unsuitable ['ʌn'suːtəbl] adj [action, reply, clothes] inapproprié ; [language, attitude] inconvenant ▪ **he is ~ for the post** il ne convient pas pour ce poste ▪ **~ for children** déconseillé aux enfants

unsung ['ʌn'sʌŋ] adj [hero, heroine] méconnu

unsure ['ʌn'ʃʊə'] adj **a** (= doubtful) ▪ **I'm ~** je n'en suis pas sûr ▪ **to be ~ about sb/sth** ne pas être sûr de qn/qch ▪ **she is ~ what to do** elle ne sait pas trop quoi faire **b** (= lacking confidence) ▪ **to be ~ of o.s.** ne pas être sûr de soi

unsuspecting ['ʌnsəs'pektɪŋ] adj sans méfiance

unsweetened ['ʌn'swiːtnd] adj [tea, coffee] sans sucre ; [yoghurt] non sucré ; [fruit juice] sans sucre ajouté

unsympathetic ['ʌn,sɪmpə'θetɪk] adj [person, attitude, treatment] peu compatissant ▪ **~ to sb's needs/problems** indifférent aux besoins/problèmes de qn

untangle ['ʌn'tæŋgl] vt [+ wool, hair] démêler ; [+ mystery] débrouiller

untapped ['ʌn'tæpt] adj inexploité

untenable ['ʌn'tenəbl] adj [theory, argument] indéfendable ; [position, situation] intenable

unthinkable [ʌn'θɪŋkəbl] adj (= inconceivable) impensable

untidy [ʌn'taɪdɪ] adj (in appearance) [room, desk, hair] en désordre ; [person] négligé ; [work] brouillon ; (in habits) [person] désordonné

untie ['ʌn'taɪ] vt [+ shoelaces] dénouer ; [+ hands, person] détacher

until [ən'tɪl] **1** prep jusqu'à ▪ **~ now** jusqu'à maintenant ▪ **~ then** jusque-là ▪ **it won't be ready ~ tomorrow** ce ne sera pas prêt avant demain **2** conj (in future) jusqu'à ce que *+ subj*, en attendant que *+ subj* ; (in past) avant que *+ subj* ▪ **do nothing ~ you get my letter** ne faites rien avant d'avoir reçu ma lettre ▪ **wait ~ you get my letter** attendez d'avoir reçu ma lettre

untimely [ʌn'taɪmlɪ] adj [death] prématuré ; [remark] inopportun

untold ['ʌn'təʊld] adj [misery, suffering] indicible ▪ **it caused ~ damage** ça a causé d'énormes dégâts

untouched ['ʌn'tʌtʃt] adj **a** (= undamaged) [building, constitution] intact **b** (= unaffected) ▪ **~ by sth** non affecté par qch **c** (= not eaten or drunk) ▪ **he left his meal ~** il n'a pas touché à son repas

untoward [,ʌntə'wɔ:d] adj fâcheux

untroubled ['ʌn'trʌbld] adj (= serene) [person] serein ; [sleep] paisible

untrue ['ʌn'tru:] adj (= inaccurate) faux (fausse *f*) ; [person] infidèle

untruth ['ʌn'tru:θ] n contrevérité *f* ; (stronger) mensonge *m*

unused adj **a** ['ʌn'ju:zd] (= not utilized) [goods] inutilisé ; [land, building] inoccupé **b** ['ʌn'ju:st] (= unaccustomed) ▪ **to be ~ to (doing) sth** ne pas être habitué à (faire) qch

> Remarquez la différence de prononciation selon le sens de ***unused***.

unusual [ʌn'ju:ʒʊəl] adj [name] peu commun ; [circumstances, gift] inhabituel ▪ **nothing ~** rien d'inhabituel ▪ **it's not ~ for him to be late** il n'est pas rare qu'il soit en retard

unusually [ʌn'ju:ʒʊəlɪ] adv [large, quiet, cheerful] exceptionnellement

unveil [ʌn'veɪl] vt dévoiler

unwanted ['ʌn'wɒntɪd] adj [possessions] dont on ne veut plus ; [pregnancy, child] non désiré ▪ **to feel ~** se sentir rejeté ▪ **to remove ~ hair** enlever les poils superflus

unwary [ʌn'weərɪ] adj [visitor, reader] non averti ; [driver] non vigilant

unwavering [ʌn'weɪvərɪŋ] adj [devotion, resolve] inébranlable ; [voice] ferme

unwelcome [ʌn'welkəm] adj [visitor] importun ; [publicity] fâcheux

unwell ['ʌn'wel] adj [person] souffrant ▪ **to feel ~** ne pas se sentir bien

unwieldy [ʌn'wi:ldɪ] adj [tool, weapon] peu maniable

unwilling ['ʌn'wɪlɪŋ] adj **a** ▪ **to be ~ to do sth** ne pas être disposé à faire qch **b** (= reluctant) [accomplice, conscript] malgré soi

unwillingly ['ʌn'wɪlɪŋlɪ] adv à contrecœur

unwind ['ʌn'waɪnd] (pret, ptp **unwound**) **1** vt dérouler **2** vi (* = relax) se relaxer, décompresser*

unwise [ʌn'waɪz] adj imprudent

unwitting [ʌn'wɪtɪŋ] adj involontaire

unworkable ['ʌn'wɜ:kəbl] adj [plan, suggestion] irréalisable

unworldly ['ʌn'wɜ:ldlɪ] adj **a** (= unmaterialistic) détaché de ce monde **b** (= naive) naïf (naïve *f*)

unworried [ʌn'wʌrɪd] vt ▪ **to be ~** ne pas s'inquiéter (*about* de)

unworthy [ʌn'wɜ:ðɪ] adj [feeling] indigne ▪ **~ of sb/sth** indigne de qn/qch

unwrap ['ʌn'ræp] vt ouvrir

unwritten ['ʌn'rɪtn] adj [rule, agreement] tacite

unzip ['ʌn'zɪp] vt ouvrir (la fermeture éclair de) ; [file] dézipper

up [ʌp]

1 prep ▪ **to be up a tree/up a ladder** être dans un arbre/sur une échelle ▪ **up north** dans le nord

2 adv **a** (indicating direction, position) ▪ **up there** là-haut ▪ **up above (sth)** au-dessus (de qch) ▪ **he walked up and down (the street)** il faisait les cent pas (dans la rue) ▪ **the ladder was up against the wall** l'échelle était (appuyée) contre le mur ▪ **he threw the ball up in the air** il a jeté le ballon en l'air ▪ **up in the mountains** dans les montagnes ▪ **he's up in Leeds for the weekend** il est monté à Leeds pour le week-end ▪ **the monument is up on the hill** le monument se trouve en haut de la colline

b (indicating advantage) ▪ **Chelsea were three goals up** Chelsea menait par trois buts

c (set structures)

♦ **up to** (= as far as) jusqu'à ▪ **up to now** jusqu'à maintenant ▪ **up to here** jusqu'ici ▪ **up to there** jusque-là

♦ **to be up to (doing) sth** (= capable of) être capable de faire qch ▪ **she's not up to the job** elle n'est pas à la hauteur

♦ **to feel** or **be up to sth** (= strong enough for) être en état de faire qch ▪ **I just don't feel up to it** je ne m'en sens pas le courage

♦ **to be up to no good*** mijoter* un mauvais coup ▪ **what is he up to?** qu'est-ce qu'il fabrique ?* ▪ **he's up to something** il manigance quelque chose

♦ **to be up to sb** (= depend on) ▪ **it's up to you to decide** c'est à vous de décider ▪ **it's up to you** à vous de voir

3 n

♦ **ups and downs** des hauts *mpl* et des bas *mpl*

4 adj **a** (= out of bed) ▪ **to be up** être levé ▪ **get up!** debout ! ▪ **he was up all night writing the essay** il a passé toute la nuit sur cette dissertation ▪ **she was up and about at 7 o'clock** elle était debout dès 7 heures

b (= raised) ▪ **the blinds were up** les stores n'étaient pas baissés ▪ **"this side up"** (on parcel) « haut » ▪ **hands up, everyone who knows the answer** levez le doigt si vous connaissez la réponse ▪ **hands up!** (to gunman) haut les mains !

c (= increased) ▪ **to be up** [prices, salaries] avoir augmenté (*by* de)

d (= finished) ▪ **your time is up** (in exam, prison visit) c'est l'heure ; (in game) votre temps est écoulé ; (threat) vos jours sont comptés

e (* = wrong) ▪ **what's up?** qu'est-ce qui ne va pas ? ▪ **what's up with him?** qu'est-ce qu'il a qui ne va pas ?

5 comp ► **up-and-coming** [politician, businessman, actor] qui monte ► **up-to-the-minute** [news] dernier

upbeat* ['ʌpbi:t] adj optimiste

upbringing ['ʌpbrɪŋɪŋ] n éducation *f*

upcoming ['ʌpkʌmɪŋ] adj prochain

upcycle ['ʌp,saɪkəl] vt recycler par le haut

update **1** vt [ʌp'deɪt] mettre à jour **2** n ['ʌpdeɪt] mise *f* à jour

> Lorsque ***update*** est un verbe, l'accent tombe sur la deuxième syllabe. Lorsque c'est un nom, l'accent tombe sur la première.

upfront [ʌp'frʌnt] adj [person, attitude] franc (franche *f*)

upgrade [ʌp'greɪd] vt **a** (= improve) améliorer ; [+ software] se procurer une nouvelle version de ; [+ hardware] mettre à jour ; [+ passenger] faire voyager en classe supérieure **b** (= promote) [+ employee] promouvoir

upheaval [ʌp'hi:vəl] n bouleversement *m*

uphill **1** adv [ʌp'hɪl] ▪ **to go ~** monter **2** adj ['ʌp'hɪl] **a** (= up gradient) ▪ **~ walk** montée *f* **b** (= difficult) ▪ **it's an ~ struggle (trying to find a job)** ce n'est pas évident* (d'essayer de trouver un emploi)

> Lorsque ***uphill*** est un adverbe, l'accent tombe sur la deuxième syllabe. Lorsque c'est un adjectif, la première syllabe est également accentuée.

uphold [ʌp'həʊld] (pret, ptp **upheld**) vt [+ law] faire respecter

upholstery [ʌp'həʊlstərɪ] n (= covering) (cloth) tissu *m* d'ameublement ; (leather) cuir *m* ; (in car) garniture *f*

upkeep ['ʌpki:p] n [of house, garden] entretien *m*

uplifting [ʌp'lɪftɪŋ] adj exaltant

upload [ʌp'ləʊd] vt téléverser, charger

upmarket [,ʌp'mɑ:kɪt] adj (BR) [goods, car] haut de gamme *inv* ; [brand] prestigieux ; [newspaper] sérieux ; [area] chic

upon [ə'pɒn] prep sur

upper ['ʌpə'] **1** adj [floor, part, limit] supérieur (-eure *f*) ▪ **to have the ~ hand** avoir le dessus **2** n **a** [of shoe] empeigne *f* **b** (* = drug) stimulant *m*

upper-class [ʌpə' kla:s] adj aristocratique, de la haute société

uppermost ['ʌpəməʊst] adj [branches] du haut ▪ **safety was ~ in his mind** il pensait avant tout à la sécurité

upright ['ʌpraɪt] **1** adj **a** (= vertical) droit **b** (= honest) droit **2** adv [sit] droit ; [place] verticalement

uprising ['ʌpraɪzɪŋ] n soulèvement *m*

uproar ['ʌprɔ:'] n tumulte *m*

uproot [ʌp'ru:t] vt déraciner

upscale [ʌp'skeɪl] **1** adj classe* **2** vt [+ DVD] améliorer la définition de ▪ **he wants to ~ his car** il veut une voiture plus haut de gamme

upset **1** vt [ʌp'set] (pret, ptp **upset**) **a** [+ cup, milk] renverser **b** [+ plan] bouleverser ; [+ calculation] fausser ; [+ person] (= offend) vexer ; (= annoy) contrarier **2** adj **a** [ʌp'set] (= annoyed) vexé (*about sth* par qch) ; (= distressed) troublé (*about sth* par qch) ▪ **to get ~** (= annoyed) se vexer ; (= distressed) être peiné **b** ['ʌpset] ▪ **to have an ~ stomach** avoir l'estomac dérangé **3** n ['ʌpset] (= upheaval) désordre *m* ; (in plans) bouleversement *m* (*in* de) ; (emotional) chagrin *m* ▪ **to have a stomach ~** avoir une indigestion

> La position de l'accent diffère selon la catégorie grammaticale et le sens de ***upset***.

upsetting [ʌp'setɪŋ] adj bouleversant

upshot ['ʌpʃɒt] n aboutissement *m* ▪ **the ~ of it all was...** le résultat de tout cela a été...

upside down [,ʌpsaɪd'daʊn] adj, adv à l'envers ▪ **to hang ~** [person] être suspendu la tête en bas ▪ **my world (was) turned ~** ma vie a été bouleversée

upstairs **1** adv [ʌp'stɛəz] **a** (= to a higher floor) ▪ **to go ~** monter **b** (= on floor above) en haut **2** adj ['ʌpstɛəz] ▪ **an ~ window** une fenêtre à l'étage ■ **an ~ neighbour** un voisin du dessus

> Lorsque ***upstairs*** est un adverbe, l'accent tombe sur la deuxième syllabe. Lorsque c'est un adjectif, l'accent tombe sur la première.

upstart ['ʌpstɑːt] n parvenu(e) *m(f)*

upstream ['ʌp'striːm] adv [be] en amont (*from sth* de qch) ; [sail] vers l'amont ■ **to swim ~** [fish] remonter le courant ; [person] nager contre le courant

upsurge ['ʌpsɜːdʒ] n ■ **an ~ of interest** un regain d'intérêt

uptake ['ʌpteɪk] n (= understanding) ■ **to be quick on the ~** comprendre vite ■ **to be slow on the ~** être dur à la détente*

uptight* [ʌp'taɪt] adj **a** (= tense) [person] tendu **b** (= annoyed) [person] énervé (*about sth* par qch)

up-to-date [ˌʌptə'deɪt] adj **a** (= updated) [report, file] à jour **b** (= most recent) [assessment, information] très récent **c** (= modern) [attitude, person] à la page

uptown ['ʌp'taʊn] (US) **1** adv [live] dans les quartiers chics ; [go] vers les quartiers chics **2** adj ■ **~ New York** les quartiers *mpl* chics de New York

upturn **1** vt [ʌp'tɜːn] retourner ; (= overturn) renverser ■ **~ed nose** nez *m* retroussé **2** n ['ʌptɜːn] (= improvement) amélioration *f* (*in* de)

> Lorsque ***upturn*** est un verbe, l'accent tombe sur la deuxième syllabe. Lorsque c'est un nom, l'accent tombe sur la première.

upward ['ʌpwəd] adj **a** (= rising) ■ **to be on an ~ trend** [market] être à la hausse ; [economy] reprendre **b** (= to higher place) [stroke, look] vers le haut ■ **~ climb** ascension *f* ■ **~ mobility** ascension *f* sociale

upwardly mobile [ˌʌpwədlɪ'məʊbaɪl] adj ■ **to be ~** monter dans l'échelle sociale

upwards ['ʌpwədz], **upward** (US) ['ʌpwəd] adv ■ **to look ~** regarder vers le haut ■ **to climb ~** monter ■ **~ of** (= more than) plus de

uranium [jʊə'reɪnɪəm] n uranium *m*

Uranus [jʊə'reɪnəs] n Uranus *f*

urban ['ɜːbən] adj urbain ■ **~ legend** légende *f* urbaine

Urdu ['ʊəduː] n ourdou *m*

urge [ɜːdʒ] **1** n ■ **to have an ~ to do sth** éprouver une forte envie de faire qch **2** vt [+ person] pousser (*to do sth* à faire qch) ■ **to ~ caution on sb** recommander vivement la prudence à qn ■ **I ~d him not to go** je lui ai vivement déconseillé d'y aller

urgency ['ɜːdʒənsɪ] n ■ **a matter of ~** une affaire urgente ■ **with a note of ~ in his voice** avec insistance

urgent ['ɜːdʒənt] adj (gen) urgent ; [medical attention] d'urgence

urgently ['ɜːdʒəntlɪ] adv [need, seek] d'urgence

urinal ['jʊərɪnl] n (= place) urinoir *m* ; (= receptacle) urinal *m*

urinate ['jʊərɪneɪt] vi uriner

urine ['jʊərɪn] n urine *f*

URL [ˌjuːɑːr'el] n (abbr of **uniform resource locator**) URL *m*

urn [ɜːn] n (= vase) urne *f*

US [juː'es] n (abbr of **United States**) ■ **the US** les USA *mpl*

us [ʌs] pers pron nous ■ **he hit us** il nous a frappés ■ **give it to us** donnez-le-nous ■ **in front of us** devant nous ■ **let's go!** allons-y ! ■ **both of us** tous (or toutes) les deux ■ **several of us** plusieurs d'entre nous ■ **he is one of us** il est des nôtres

USA [ˌjuːes'eɪ] n (abbr of **United States of America**) ■ **the ~** les USA *mpl*

usage ['juːzɪdʒ] n (gen) usage *m* ; [of tool, machine] utilisation *f*

USB [ˌjuːes'biː] n (abbr of **Universal Serial Bus**) USB *m*

use **1** n [juːs] **a** (= act of using) utilisation *f* ■ **directions for ~** mode *m* d'emploi ■ **for your (own) personal ~** à votre usage personnel ■ **for general ~** à usage général ■ **for external ~ only** à usage externe ■ **in ~** [machine] en service ; [word] usité ■ **out of ~** (= broken down) en panne ■ **to fall out of ~** tomber en désuétude ■ **to make good ~ of sth** [+ time, money] faire bon usage de qch ; [+ opportunity, facilities] tirer parti de qch **b** (= way of using) ■ **it has many ~s** cela a de nombreux usages ■ **I've no further ~ for it** je n'en ai plus besoin **c** (= usefulness) utilité *f* ■ **oh, what's the ~?*** à quoi bon ? ■ **to be of ~** être utile (*for sth, to sth* à qch, *to sb* à qn) ■ **to be no ~** ne servir à rien ■ **he's no ~ as a goalkeeper** il est nul comme gardien de but ■ **there's no ~ you protesting** inutile de protester ■ **it's no ~, he won't listen** ça ne sert à rien, il ne veut rien entendre **d** (= ability to use, access) usage *m* ■ **to have the ~ of a garage** avoir l'usage d'un garage ■ **he gave me the ~ of his car** il m'a laissé me servir de sa voiture **2** vt [juːz] **a** (= make use of) [+ object, tool] se servir de, utiliser ; [+ opportunity] profiter de ; [+ force, method] employer ; [+ drugs] prendre ■ **I feel that I've been ~d** j'ai l'impression qu'on s'est servi de moi **b** (= use up) utiliser (tout) **3** aux vb [juːz] ■ **I ~d to swim every day** j'allais nager tous les jours ■ **things aren't what they ~d**

to be les choses ne sont plus ce qu'elles étaient

► **use up** [juːzˈʌp] vt sep [+ food] finir ; [+ one's strength, resources] épuiser ; [+ money] dépenser

> Lorsque ***use*** est un verbe, la fin se prononce **z**. Lorsque c'est un nom, elle se prononce **s**.

used adj [juːzd] **a** (= not fresh) [cup] sale ; [tissue, needle, condom] usagé **b** (= secondhand) [car, equipment] d'occasion **c** [juːst] (= accustomed) ▪ **to be ~ to sth** avoir l'habitude de qch ▪ **to be ~ to doing sth** avoir l'habitude de faire qch ▪ **to get ~ to sb/sth** s'habituer à qn/qch ▪ **to get ~ to doing sth** prendre l'habitude de faire qch

> La prononciation diffère selon le sens de ***used***.

useful [ˈjuːsfʊl] adj utile (*for, to sb* à qn)

useless [ˈjuːslɪs] adj **a** (= not useful) inutile (*to sb* pour qn) **b** (* = incompetent) nul* (nulle* *f*)

user [ˈjuːzəˈ] n [of service] usager *m*, -ère *f* ; [of dictionary, machine, tool] utilisateur *m*, -trice *f* ► **user-friendly** facile à utiliser; [computer] convivial ► **user-generated** collaboratif ► **user name** (Computing) nom *m* d'utilisateur ► **user's guide** guide *m* d'utilisation

usher [ˈʌʃəˈ] **1** n (in law court) huissier *m*, -ière *f* ; (in church, theatre) placeur *m*, -euse *f* ; (at public meeting) membre *mf* du service d'ordre **2** vt ▪ **to ~ sb into a room** introduire qn dans une salle

usherette [ˌʌʃəˈret] n ouvreuse *f*

USSR [ˌjuːesesˈɑːˈ] (abbr of **Union of Soviet Socialist Republics**) URSS *f*

usual [ˈjuːʒʊəl] adj habituel ▪ **more than ~** plus que d'habitude ▪ **as ~** (= as always) comme d'habitude

usually [ˈjuːʒʊəlɪ] adv d'habitude, généralement

usurp [juːˈzɜːp] vt usurper

utensil [juːˈtensl] n ustensile *m*

uterus [ˈjuːtərəs] n utérus *m*

utility [juːˈtɪlɪtɪ] n **a** (= usefulness) utilité *f* **b** (= public utility) service *m* public ► **utility room** buanderie *f*

utilize [ˈjuːtɪlaɪz] vt utiliser ; [+ resources, talent] exploiter

utmost [ˈʌtməʊst] **1** adj ▪ **it is of (the) ~ importance that...** il est de la plus haute importance que... *+ subj* **2** n ▪ **to do one's ~** faire tout son possible

utter [ˈʌtəˈ] **1** adj (gen) complet (-ète *f*), total ; [hopelessness, stupidity] profond **2** vt [+ word] prononcer ; [+ cry] pousser

utterly [ˈʌtəlɪ] adv complètement

U-turn [ˈjuːtɜːn] n (in car) demi-tour *m* ; (fig) volte-face *f*

vV

V, v [viː] **1** n **a** (abbr of **vide**) (= see) V, voir **b** (abbr of **versus**) vs **2** comp ▸ **V-necked** à col en V ▸ **V-sign** ■ **to give the V-sign** (for victory) faire le V de la victoire; (in Britain) *geste obscène*, ≈ bras *m* d'honneur

vacancy ['veɪkənsɪ] n **a** (in hotel) chambre *f* libre ■ **"no vacancies"** « complet » **b** (= job) poste *m* à pourvoir

vacant ['veɪkənt] adj **a** (= unoccupied) [hotel room, table, parking space] libre ; [post, job] à pourvoir ■ **"situations ~"** « offres d'emploi » **b** (= blank) [expression, look, stare] absent

vacate [və'keɪt] vt [+ room, seat, job] quitter

vacation [və'keɪʃən] n (US) vacances *fpl* ■ **on ~** en vacances ▸ **vacation pay** (US) congés *mpl* payés

> ⚠ ***vacation*** ne se traduit pas par le mot français **vacation**.

vaccinate ['væksɪneɪt] vt vacciner

vaccination [ˌvæksɪ'neɪʃən] n vaccination *f*

vaccine ['væksiːn] n vaccin *m*

vacillate ['væsɪleɪt] vi hésiter

vacuous ['vækjʊəs] adj (gen) inepte ; [look, stare] vide ; [expression, smile] niais

vacuum ['vækjʊm] **1** n **a** vide *m* ▸ **vacuum flask** (BR) bouteille *f* thermos® ▸ **vacuum-packed** emballé sous vide **b** (also **vacuum cleaner**) aspirateur *m* **2** vt [+ carpet] passer l'aspirateur sur ; [+ room] passer l'aspirateur dans

vagina [və'dʒaɪnə] n vagin *m*

vagrant ['veɪgrənt] n vagabond(e) *m(f)*

vague [veɪg] adj **a** (= unclear) vague *before n* ; [shape, outline] imprécis ■ **to be ~ about sth** [person] rester vague à propos de qch **b** (= absent-minded) [person] distrait

vaguely ['veɪglɪ] adv **a** (gen) vaguement **b** (= absently) [look, nod] d'un air distrait ; [smile] d'un air vague

vain [veɪn] adj **a** (= fruitless, empty) vain *before n* ; [threat] en l'air **b** (= conceited) [person] vaniteux **c** ■ **in ~** (= unsuccessfully) [try, wait, search for] en vain ; (= pointlessly) [die, suffer] pour rien ■ **it was all in ~** c'était peine perdue

valentine ['væləntaɪn] n ■ **(St) Valentine's Day** Saint-Valentin *f* ■ **she sent me a ~ (card)** elle m'a envoyé une carte pour la Saint-Valentin

valet **1** n ['væleɪ] (= servant) valet *m* de chambre ▸ **"valet parking"** « voiturier » **2** vt ['vælɪt] [+ car] nettoyer

> Lorsque ***valet*** est un verbe, la fin se prononce ***lit*** comme dans ***split***. Lorsque c'est un nom, elle se prononce comme ***lay***.

valiant ['væljənt] adj (liter) [person] vaillant (liter) ; [effort, attempt, fight] courageux

valid ['vælɪd] adj **a** [argument, reason, excuse] valable ; [question] pertinent **b** [ticket, passport, licence] valide ■ **no longer ~** périmé

valley ['vælɪ] n vallée *f*

valour, valor (US) ['vælə^r] n (liter) bravoure *f*

valuable ['væljʊəbl] **1** adj [jewellery, antique] de valeur ; [information, advice, lesson, time] précieux ; [experience] très utile **2** **valuables** npl objets *mpl* de valeur

valuation [ˌvæljʊ'eɪʃən] n estimation *f* ; (by expert) expertise *f*

value ['væljuː] **1** n valeur *f* ■ **of no ~** sans valeur ■ **to gain (in) ~** prendre de la valeur ■ **it's good ~ (for money)** le rapport qualité-prix est bon ■ **to get good ~ for money** en avoir pour son argent ▸ **value added tax** (BR) taxe *f* sur la valeur ajoutée **2** vt **a** (= estimate worth of) [+ house, jewels, painting] évaluer (*at* à) ; (by expert) expertiser **b** (= appreciate, esteem) [+ friendship, person] apprécier ; [+ liberty, independence] tenir à

valued ['væljuːd] adj [friend, customer] précieux ; [employee, commodity] apprécié

valve [vælv] n [of machine] valve *f* ; [of car engine] soupape *f*

vampire ['væmpaɪə^r] n vampire *m*

van [væn] n **a** (= vehicle) camionnette *f* **b** (BR = part of train) fourgon *m*

vandal ['vændəl] n vandale *mf*

vandalism ['vændəlɪzəm] n vandalisme *m*

vandalize ['vændəlaɪz] vt vandaliser

vanguard ['vængɑːd] n avant-garde *f* ■ **in the ~ of progress** à la pointe du progrès

vanilla [və'nɪlə] **1** n vanille *f* **2** adj [cream, ice] à la vanille

vanish ['vænɪʃ] vi disparaître

vanity ['vænɪtɪ] n vanité *f* ▸ **vanity box, vanity case** vanity-case *m*

vanquish ['væŋkwɪʃ] vt (liter) vaincre

vantage point ['vɑːntɪdʒˌpɔɪnt] n position *f* stratégique

vape ['veɪp] vti vapoter

vapour, vapor (US) ['veɪpəʳ] n vapeur *f* ; (on glass) buée *f* ▸ **vapour trail** traînée *f* de condensation

variable ['vɛərɪəbl] **1** adj variable ; [work] de qualité inégale **2** n variable *f*

variance ['vɛərɪəns] n ▪ **to be at ~ with sb about sth** être en désaccord avec qn sur qch

variation [ˌvɛərɪ'eɪʃən] n variation *f* ; (in opinions, views) changements *mpl*

varicose vein [ˌværɪkəʊs'veɪn] n varice *f*

varied ['vɛərɪd] adj varié

variety [və'raɪətɪ] n **a** variété *f* ▪ **a wide** or **great ~ of...** une grande variété de... ▪ **for a ~ of reasons** pour diverses raisons **b** (= type, kind) type *m* **c** (Theatre) variétés *fpl* ▸ **variety show** spectacle *m* de variétés

various ['vɛərɪəs] adj divers *before n*

varnish ['vɑːnɪʃ] **1** n vernis *m* **2** vt vernir

vary ['vɛərɪ] **1** vi varier ▪ **to ~ from sth** différer de qch **2** vt varier

vase [vɑːz] n vase *m*

vasectomy [væ'sektəmɪ] n vasectomie *f*

Vaseline® ['væsɪliːn] n vaseline® *f*

vast [vɑːst] adj énorme ▪ **the ~ majority** la grande majorité ▪ **~ sums (of money)** des sommes folles

VAT [viːeɪ'tiː, væt] n (BR) (abbr of **value added tax**) TVA *f*

vat [væt] n cuve *f*

Vatican ['vætɪkən] n Vatican *m* ▸ **Vatican City** cité *f* du Vatican

vault [vɔːlt] **1** n **a** (Archit) voûte *f* **b** (in bank) (= strongroom) chambre *f* forte ; (= safe deposit box room) salle *f* des coffres **c** (= burial chamber) caveau *m* **2** vi ▪ **to ~ over sth** sauter qch (d'un bond) **3** vt sauter (d'un bond)

vaulting horse ['vɔːltɪŋˌhɔːs] n cheval *m* d'arçons

vaunt [vɔːnt] vt vanter

VCR [ˌviːsiː'ɑːʳ] n abbr of **video cassette recorder**

VD [viː'diː] n (abbr of **venereal disease**) MST *f*

VDU [ˌviːdiː'juː] n abbr of **visual display unit**

veal [viːl] n veau *m*

veer [vɪəʳ] vi [wind] tourner ; [ship] virer (de bord) ▪ **to ~ (off to the) left/right** virer à gauche/droite

vegan ['viːgən] n, adj végétalien(ne) *m(f)* ; (using no products derived from animals) végane *m(f)*

veganism ['viːgənɪzəm] n végétalisme *m* ; (using no products derived from animals) véganisme *m*

vegeburger ['vedʒɪˌbɜːgəʳ] n hamburger *m* végétarien

vegetable ['vedʒtəbl] **1** n légume *m* **2** comp [oil, matter] végétal ▸ **vegetable garden** (jardin *m*) potager *m* ▸ **vegetable patch** carré *m* de légumes

vegetarian [ˌvedʒɪ'tɛərɪən] adj, n végétarien(ne) *m(f)*

vegetarianism [ˌvedʒɪ'tɛərɪənɪzəm] n végétarisme *m*

vegetate ['vedʒɪteɪt] vi végéter

vegetative ['vɛdʒɪtətɪv] adj végétatif

veggie* ['vedʒɪ] n **1** adj, n (= vegetarian) végétarien(ne) *m(f)* **2** n (= vegetable) légume *m*

vehement ['viːɪmənt] adj véhément

vehicle ['viːɪkl] n véhicule *m*

veil [veɪl] **1** n (gen) voile *m* ; (on hat) voilette *f* **2** vt [+ truth, facts] voiler ; [+ feelings] dissimuler

vein [veɪn] n (gen) veine *f* ; (in leaf) nervure *f* ▪ **in the same ~** dans la même veine

Velcro® ['velkrəʊ] n velcro® *m*

velocity [vɪ'lɒsɪtɪ] n vélocité *f*

velvet ['velvɪt] **1** n velours *m* **2** adj de or en velours

vendetta [ven'detə] n vendetta *f*

vending machine ['vendɪŋməʃiːn] n distributeur *m* automatique

vendor ['vendəʳ] n marchand(e) *m(f)* ▪ **ice-cream ~** marchand(e) *m(f)* de glaces

veneer [və'nɪəʳ] n placage *m* ; (fig) apparence *f*, vernis *m*

venerate ['venəreɪt] vt vénérer

venereal disease [vɪ'nɪərɪəldɪˌziːz] n maladie *f* vénérienne

Venetian [vɪ'niːʃən] adj vénitien ▸ **Venetian blind** store *m* vénitien

vengeance ['vendʒəns] n vengeance *f* ▪ **with a ~** pour de bon*

venison ['venɪsən] n venaison *f*, *viande de gros gibier*

venom ['venəm] n venin *m*

venomous ['venəməs] adj venimeux

vent [vent] **1** n (= duct) conduit *m* d'aération ▪ **to give ~ to** [+ feelings] laisser libre cours à **2** vt [+ one's anger] décharger

ventilate ['ventɪleɪt] vt [+ room] aérer ; [+ lungs, patient, tunnel] ventiler

ventilation [ˌventɪ'leɪʃən] n ventilation *f*

ventilator ['ventɪleɪtəʳ] n (for sick person) respirateur *m* ; (in room) ventilateur *m*

ventriloquist [ven'trɪləkwɪst] n ventriloque *mf*

venture ['ventʃəʳ] **1** n entreprise *f* ▸ **venture capital** capital *m* risque **2** vt [+ life, fortune, reputation] risquer ; [+ opinion, explanation, guess] hasarder ▪ **nothing ~d nothing**

gained (Prov) qui ne risque rien n'a rien *(Prov)* **3** vi se hasarder

venue ['venju:] n lieu *m (concert, rendez-vous, etc)*

Venus ['vi:nəs] n Vénus *f*

veranda(h) [və'rændə] n véranda *f*

verb [vɜ:b] n verbe *m*

verbatim [vɜ:'beɪtɪm] adv textuellement

verbose [vɜ:'bəʊs] adj verbeux

verdict ['vɜ:dɪkt] n verdict *m*

verge [vɜ:dʒ] n **a** (BR) [of road] accotement *m* **b** (= edge) bord *m* ▪ **on the ~ of doing sth** sur le point de faire qch ▪ **on the ~ of tears** au bord des larmes

▸ **verge on** vt insep friser

⚠ Le nom ***verge*** ne se traduit pas par le mot français **verge**.

verify ['verɪfaɪ] vt vérifier

vermin ['vɜ:mɪn] npl (= animals) (animaux *mpl*) nuisibles *mpl* ; (= insects) vermine *f* ; (pej = people) vermine *f*

verruca [vɛ'ru:kə] n verrue *f* (plantaire)

versatile ['vɜ:sətaɪl] adj [person] aux talents variés, plein de ressources ; [mind] souple ; [tool, vehicle, software] polyvalent

⚠ ***versatile*** ne se traduit pas par le mot français **versatile**.

verse [vɜ:s] n **a** [of poem] strophe *f* ; [of song] couplet *m* **b** (= poetry) vers *mpl* ▪ **in ~** en vers **c** [of Bible, Koran] verset *m*

versed [vɜ:st] adj (also **well-versed**) ▪ **to be (well-)~ in sth** être versé dans qch

version ['vɜ:ʃən] **1** n version *f* **2** vt versionner

versus ['vɜ:səs] prep **a** (in comparison) versus, par opposition à **b** (Sport, Law) contre

vertebra ['vɜ:tɪbrə] n (pl **vertebrae** ['vɜ:tɪbri:]) vertèbre *f*

vertebrate ['vɜ:tɪbrət] adj, n vertébré *m*

vertical ['vɜ:tɪkəl] adj vertical

vertigo ['vɜ:tɪgəʊ] n vertige *m*

very ['verɪ] **1** adv **a** (= extremely) très ▪ **not ~** pas très ▪ **I'm ~ sorry** je suis vraiment désolé ▪ **~ well** très bien ▪ **~ little** très peu ▪ **~ much** beaucoup ▪ **thank you ~ much** merci beaucoup **b** (= absolutely) tout(e) ▪ **~ last/first** tout dernier/premier ▪ **at the ~ most** tout au plus ▪ **at midday at the ~ latest** à midi au plus tard ▪ **the ~ latest technology** la toute dernière technologie **c** (for emphasis) ▪ **the ~ same day** le jour même ▪ **the ~ same hat** exactement le même chapeau **2** adj **a** (= exact) même ▪ **his ~ words** ses paroles mêmes ▪ **the ~ thing I need** exactement ce qu'il me faut **b** (= extreme) tout ▪ **at the ~ end** [of play, year] tout à la fin ; [of garden, road] tout au bout **c** (= mere) seul **d** (for emphasis) ▪ **before my ~ eyes** sous mes propres yeux

→ *Pièges* VERY

vessel ['vesl] n **a** (= ship) navire *m* **b** (= receptacle) récipient *m*

vest [vest] n **a** (BR) (= undergarment) tricot *m* de corps ; (= T-shirt) débardeur *m* **b** (US = waistcoat) gilet *m*

vested ['vestɪd] n ▪ **to have a ~ interest in** [+ business, company] être directement intéressé dans ; [+ market, development of business] être directement intéressé à

vestibule ['vestɪbju:l] n (= entrance) hall *m* d'entrée

vestige ['vestɪdʒ] n vestige *m*

vestry ['vestrɪ] n sacristie *f*

vet [vet] **1** n **a** (BR) vétérinaire *mf* **b** (* : US) ancien combattant *m* **2** vt (BR = check) vérifier ▪ **we have ~ted him thoroughly** nous nous sommes renseignés de façon approfondie à son sujet

veteran ['vetərən] **1** n (= experienced person) vétéran *m* ; (= soldier) ancien combattant *m* **2** adj (= experienced) expérimenté ▪ **a ~ car** une voiture d'époque *(avant 1919)*

veterinarian [,vetərɪ'nɛərɪən] n (US) vétérinaire *mf*

veterinary ['vetərɪnərɪ] adj vétérinaire ▸ **veterinary surgeon** (BR) vétérinaire *mf*

veto ['vi:təʊ] **1** n (pl **~es**) veto *m* **2** vt mettre or opposer son veto à

vexed [vekst] adj **a** (= annoyed) contrarié ▪ **~ with sb** fâché contre qn **b** (= difficult) [question, issue] délicat

VHS [,vi:eɪtʃ'es] n (abbr of **video home system**) VHS *m*

via ['vaɪə] prep **a** (= by way of) via, par **b** (= by means of) au moyen de

viable ['vaɪəbl] adj viable

viaduct ['vaɪədʌkt] n viaduc *m*

vibrant ['vaɪbrənt] adj [city] vivant ; [economy, community] dynamique ; [culture] plein de vitalité ; [colour] éclatant

vibrate [vaɪ'breɪt] vi (= quiver) vibrer (*with* de) ; (= resound) retentir (*with* de) ▸ **vibrate mode** [of mobile phone] mode *m* vibreur

vibration [vaɪ'breɪʃən] n vibration *f*

vicar ['vɪkəʳ] n pasteur *m (de l'Église anglicane)*

vicarage ['vɪkərɪdʒ] n presbytère *m (de l'Église anglicane)*

vicarious [vɪ'kɛərɪəs] adj [experience, enjoyment] vécu par procuration

vice- [vaɪs] pref vice- ▸ **vice-captain** capitaine *mf* adjoint(e) ▸ **vice-chancellor** [of university] ≈ président(e) *m(f)* d'université ▸ **vice-president** vice-président(e) *m(f)*

vice[1] [vaɪs] n **a** (= depravity) vice *m* **b** (= fault) défaut *m*

vice[2], **vise** (US) [vaɪs] n étau *m*

vice versa [ˌvaɪsɪˈvɜːsə] adv vice versa

vicinity [vɪˈsɪnɪtɪ] n (= nearby area) environs *mpl* ; (= closeness) proximité *f* ■ **in the ~** dans les environs, à proximité ■ **in the ~ of €100** aux environs de 100 €

vicious [ˈvɪʃəs] adj [person, attack, temper] brutal ; [animal] méchant ; [look] haineux ; [criticism, remark] méchant ► **vicious circle** cercle *m* vicieux

> ⚠ *vicious* ne se traduit par **vicieux** que dans l'expression ***vicious circle***.

victim [ˈvɪktɪm] n victime *f*

victimize [ˈvɪktɪmaɪz] vt persécuter

victor [ˈvɪktəʳ] n vainqueur *m*

Victorian [vɪkˈtɔːrɪən] adj victorien ; [attitude] d'un puritanisme victorien

victorious [vɪkˈtɔːrɪəs] adj victorieux

victory [ˈvɪktərɪ] n victoire *f* ■ **to win a ~ over...** remporter une victoire sur... ► **victory lap** tour *m* d'honneur

vicuña [vaɪˈkjuːnə] n (= animal, wool) vigogne *f*

video [ˈvɪdɪəʊ] **1** n (= film, medium) vidéo *f* ; (= machine) magnétoscope *m* ; (= cassette) cassette *f* vidéo *inv*, vidéocassette *f* ► **video blog** vidéoblog *m* ► **video camera** caméra *f* vidéo ► **video cassette** vidéocassette *f*, cassette *f* vidéo ► **video cassette recorder** magnétoscope *m* ► **video conference** visioconférence *f* ► **video game** jeu *m* vidéo *inv* ► **video library** vidéothèque *f* ► **video message** message *m* vidéo ► **video messaging** messagerie *f* vidéo ► **video nasty*** *vidéo à caractère violent ou pornographique* ► **video player** magnétoscope *m* ► **video recorder** magnétoscope *m* ► **video shop** vidéoclub *m* ► **video surveillance** vidéoprotection *f* **2** vt (from TV) enregistrer (sur magnétoscope) ; (with camcorder) filmer (en vidéo)

videocam [ˈvɪdɪəʊˌkæm] n caméscope *m*

videophone [ˈvɪdɪəʊfəʊn] n visiophone *m*

videotape [ˈvɪdɪəʊteɪp] **1** n bande *f* vidéo *inv* ; (= cassette) vidéocassette *f* **2** vt (from TV) enregistrer (sur magnétoscope) ; (with camcorder) filmer en vidéo

vie [vaɪ] vi rivaliser ■ **to ~ with sb for sth** rivaliser avec qn pour (obtenir) qch

Vienna [vɪˈenə] n Vienne

Vietnam, Viet Nam [ˈvjetˈnæm] n Vietnam *m*

view [vjuː] **1** n **a** (= sight) vue *f* ■ **to come into ~** apparaître ■ **hidden from ~** caché aux regards ■ **in full ~ of thousands of people** sous les yeux de milliers de gens ■ **to keep sth in ~** ne pas perdre qch de vue **b** (= photo) vue *f* **c** (= opinion) opinion *f* ■ **in my ~** à mon avis **d** (= way of looking at sth) vision *f* ■ **with this (aim) in ~** dans ce but ■ **in ~ of his refusal** étant donné son refus ■ **in ~ of the fact that...** étant donné que... ■ **with a ~ to doing** en vue de faire **2** vt **a** (= look at) voir **b** (= inspect) examiner ; [+ slides, video] visionner ; [+ object for sale] inspecter ; [+ house, flat] visiter **c** (= think of) considérer, envisager

viewer [ˈvjuːəʳ] n [of exhibition] spectateur *m*, -trice *f* ; (TV) téléspectateur *m*, -trice *f* ; (Internet) visiteur *m*, -euse *f*

viewfinder [ˈvjuːfaɪndəʳ] n viseur *m*

viewpoint [ˈvjuːpɔɪnt] n point *m* de vue

vigil [ˈvidʒɪl] n veille *f* ; (= demonstration) manifestation *f* silencieuse

vigilant [ˈvɪdʒɪlənt] adj vigilant

vigilante [ˌvɪdʒɪˈlæntɪ] n membre *mf* d'un groupe d'autodéfense

vigorous [ˈvɪgərəs] adj [exercise, defence] énergique ; [person, growth] vigoureux

vigour, vigor (US) [ˈvɪgəʳ] n (= strength) énergie *f* ; (= health) vitalité *f* ; (sexual) vigueur *f*

vile [vaɪl] adj **a** (= evil) infâme **b** (= unpleasant) exécrable ; [smell, taste] abominable

villa [ˈvɪlə] n (by sea) villa *f* ; (in country) maison *f* de campagne

village [ˈvɪlɪdʒ] n village *m* ► **village green** pré *m* communal ► **village hall** (BR) salle *f* des fêtes

villager [ˈvɪlɪdʒəʳ] n villageois(e) *m(f)*

villain [ˈvɪlən] n (= scoundrel) scélérat *m* ; (in drama, novel) traître(sse) *m(f)* ; (* = criminal) bandit *m*

vinaigrette [ˌvɪneɪˈgret] n vinaigrette *f*

vindicate [ˈvɪndɪkeɪt] vt (= prove right) ■ **this ~d him** cela a prouvé qu'il avait raison ■ **they are confident their decision will be ~d** ils sont sûrs que leur décision s'avérera judicieuse

vindictive [vɪnˈdɪktɪv] adj vindicatif

vine [vaɪn] n (producing grapes) vigne *f* ; (= climbing plant) plante *f* grimpante ► **vine leaf** feuille *f* de vigne

vinegar [ˈvɪnɪgəʳ] n vinaigre *m*

vineyard [ˈvɪnjəd] n vignoble *m*

vintage [ˈvɪntɪdʒ] **1** n [of wine] (= year) millésime *m* **2** adj **a** [champagne, port] millésimé ► **vintage wine** grand vin *m* **b** (= classic) [comedy, drama] classique ► **vintage car** voiture *f* d'époque *(construite entre 1919 et 1930)*

vinyl [ˈvaɪnɪl] n vinyle *m*

viola [vɪˈəʊlə] n alto *m*

violate ['vaɪəleɪt] vt **a** violer ; [+ principles, honour] bafouer ; [+ privacy] ne pas respecter **b** [+ holy place] profaner

violation [ˌvaɪə'leɪʃən] n **a** (gen) violation *f* **b** (US) (= minor offence) infraction *f* ; (on parking meter) dépassement *m*

violence ['vaɪələns] n violence *f*

violent ['vaɪələnt] adj (gen) violent ; [scenes] de violence ; [pain, dislike] vif ▪ **to have a ~ temper** être sujet à des colères violentes

violet ['vaɪəlɪt] **1** n (= flower) violette *f* ; (= colour) violet *m* **2** adj violet

violin [ˌvaɪə'lɪn] n violon *m*

violinist [ˌvaɪə'lɪnɪst] n violoniste *mf*

VIP [viːaɪ'piː] n VIP* *mf inv* ▸ **VIP lounge** salon *m* VIP

viper ['vaɪpə'] n vipère *f*

viral ['vaɪərəl] adj viral ▪ **to go ~** (Internet) devenir viral

virality [vaɪ'rælɪtɪ] n viralité *f*

virgin ['vɜːdʒɪn] **1** n (sexually inexperienced) (= girl) vierge *f* ; (= boy) puceau *m* ▪ **the Virgin (Mary)** la Vierge (Marie) **2** adj vierge

Virgo ['vɜːgəʊ] n Vierge *f*

virile ['vɪraɪl] adj viril

virtual ['vɜːtjʊəl] adj **a** (= near) quasi- ▪ **a ~ monopoly** un quasi-monopole ▪ **she was a ~ recluse** elle était quasiment recluse **b** (Computing) virtuel ▸ **virtual learning environment** espace *m* numérique de travail ▸ **virtual reality** réalité *f* virtuelle

virtually ['vɜːtjʊəlɪ] adv (= almost) pratiquement ; (Computing) virtuellement

virtue ['vɜːtjuː] n **a** (= good quality) vertu *f* **b** (= advantage) mérite *m*, avantage *m* **c** ▪ **by ~ of** en vertu de

virtuoso [ˌvɜːtjʊ'əʊzəʊ] n virtuose *mf*

virtuous ['vɜːtjʊəs] adj vertueux

virulent ['vɪrʊlənt] adj virulent

virus ['vaɪərəs] n (pl **~es**) virus *m*

visa ['viːzə] n visa *m*

vis-à-vis ['viːzəviː] prep [+ person] vis-à-vis de ; [+ thing] par rapport à

visceral ['vɪsərəl] adj [hatred] viscéral ; [thrill, pleasure] brut

viscose ['vɪskəʊs] n viscose *f*

viscount ['vaɪkaʊnt] n vicomte *m*

viscous ['vɪskəs] adj visqueux

vishing ['vɪʃɪŋ] n vishing *m*

visibility [ˌvɪzɪ'bɪlɪtɪ] n visibilité *f*

visible ['vɪzəbl] adj visible

vision ['vɪʒən] **1** n **a** (= eyesight) vue *f* ; (= foresight) vision *f* **b** (in dream, trance) vision *f* **2** vt (US) envisager

visionary ['vɪʒənərɪ] adj, n visionnaire *mf*

visit ['vɪzɪt] **1** n visite *f* ; (= stay) séjour *m* ▪ **to pay a ~ to** [+ person] rendre visite à ; [+ place] aller à **2** vt **a** (= go and see) [+ person] rendre visite à ; [+ town, museum, zoo] visiter **b** (= formally inspect) [+ place] inspecter
▸ **visit with** vt insep (US) (= visit) passer voir ; (= talk to) parler avec

visiting ['vɪzɪtɪŋ] adj [lecturer] invité ▸ **visiting card** (BR) carte *f* de visite ▸ **visiting hours** heures *fpl* de visite

visitor ['vɪzɪtə'] n (= guest) invité(e) *m(f)* ; (= tourist, on Internet) visiteur *m*, -euse *f* ▸ **visitors' book** livre *m* d'or

visor ['vaɪzə'] n visière *f*

vista ['vɪstə] n (= view) vue *f*

visual ['vɪzjʊəl] adj visuel ▸ **visual aid** support *m* visuel ▸ **the visual arts** les arts *mpl* plastiques ▸ **visual display unit** écran *m*

visualize ['vɪzjʊəlaɪz] vt [+ sth unknown] s'imaginer ; [+ sth familiar] se représenter

visually ['vɪzjʊəlɪ] adv visuellement ▪ **~ handicapped** or **impaired** malvoyant

vital ['vaɪtl] adj **a** (= crucial) essentiel ; [question, matter] fondamental ; [supplies, resources] vital ; [importance] capital ▸ **vital statistics** (BR) [of woman] mensurations *fpl* **b** (= dynamic) [person, institution] énergique **c** [organ, force, functions] vital

vitality [vaɪ'tælɪtɪ] n vitalité *f*

vitally ['vaɪtəlɪ] adv absolument ▪ **~ important** d'une importance capitale

vitamin ['vɪtəmɪn] n vitamine *f*

vivacious [vɪ'veɪʃəs] adj plein de vivacité

vivid ['vɪvɪd] adj [colour, imagination] vif ; [memory] très net ; [dream] pénétrant ; [description, language] vivant ; [example] frappant

vividly ['vɪvɪdlɪ] adv [remember] très distinctement ; [describe, express] de façon vivante ▪ **~ coloured** aux couleurs vives

vixen ['vɪksn] n renarde *f*

viz [viz] adv (= namely) c'est-à-dire

VLE [ˌviːel'iː] n (abbr of **virtual learning environment**) ENT *m*, espace *m* numérique de travail

vlog [vlɒg] n vidéoblog *m*, blog *m* vidéo

vlogger ['vlɒgə] n vidéoblogueur *m*, -euse *f*

vocabulary [vəʊ'kæbjʊlərɪ] n vocabulaire *m*

vocal ['vəʊkəl] **1** adj **a** (= using voice) vocal ▸ **vocal c(h)ords** cordes *fpl* vocales **b** (= outspoken) [opposition, protest] vif **2** **vocals** npl chant *m* ▪ **backing ~s** chœurs *mpl*

vocalist ['vəʊkəlɪst] n chanteur *m*, -euse *f* *(dans un groupe)*

vocation [vəʊ'keɪʃən] n vocation *f*

vocational [vəʊ'keɪʃənl] adj technique et professionnel ▪ **~ course** stage *m* de formation professionnelle

vociferous [vəʊ'sɪfərəs] adj véhément

vodka ['vɒdkə] n vodka *f*

vogue [vəʊg] n mode *f* ▪ **to be in ~** être en vogue

voice [vɔɪs] **1** n voix *f* ▪ **in a deep ~** d'une voix grave ▸ **voice box** larynx *m* ▸ **voice-activated** à commande vocale ▸ **voice-enabled** à commande vocale ▸ **voice mail** messagerie *f* vocale ▸ **voice-over** (commentaire *m* en) voix *f* off **2** vt (= express) exprimer

voicemail [vɔɪsmeɪl] n messagerie *f* vocale ; (= message) message *m* vocal

void [vɔɪd] **1** n vide *m* **2** adj **a** (= invalid) [agreement] nul (nulle *f*) **b** (= empty) ▪ **~ of** [charm, talent] dépourvu de ; [compassion, meaning] dénué de

volatile ['vɒlətaɪl] adj [situation, relationship, market] instable ; [person, personality] versatile

volcano [vɒl'keɪnəʊ] n (pl **~es**) volcan *m*

vole [vəʊl] n campagnol *m*

volition [vɒ'lɪʃən] n volonté *f*

volley ['vɒlɪ] **1** n **a** [of bullets] salve *f* **b** [of insults] bordée *f* **c** (Sport) volée *f* **2** vt [+ ball] prendre à la volée **3** vi volleyer

volleyball ['vɒlɪbɔːl] n volley(-ball) *m*

volt [vəʊlt] n volt *m*

voltage ['vəʊltɪdʒ] n tension *f*

voluble ['vɒljʊbl] adj volubile

volume ['vɒljuːm] n (gen) volume *m* ▪ **~ one** tome *m* un ▪ **in six ~s** en six volumes ▸ **volume control** bouton *m* de réglage du volume

voluminous [və'luːmɪnəs] adj volumineux

voluntarily ['vɒləntərɪlɪ] adv **a** (= willingly) volontairement **b** (= without payment) [work] bénévolement

voluntary ['vɒləntərɪ] adj **a** (= not compulsory) volontaire ; [attendance] facultatif **b** (= unpaid) [group, service] bénévole ▸ **voluntary work** travail *m* bénévole, bénévolat *m* ▸ **voluntary worker** bénévole *mf*

volunteer [ˌvɒlən'tɪəʳ] **1** n **a** (= person volunteering) volontaire *mf* **b** (= unpaid worker) bénévole *mf* **2** vt [+ information] fournir (spontanément) **3** vi ▪ **to ~ for sth** se porter volontaire pour (faire) qch, se proposer pour (faire) qch

voluptuous [və'lʌptjʊəs] adj voluptueux

vomit ['vɒmɪt] **1** n vomi *m* **2** vti vomir

voracious [və'reɪʃəs] adj vorace ; [reader] avide

vote [vəʊt] **1** n **a** (= ballot) vote *m* ▪ **~ of no confidence** motion *f* de censure **b** (= franchise) droit *m* de vote **c** (= vote cast) voix *f* ▪ **to count the ~s** (in election) dépouiller le scrutin ▸ **vote-catching*** (pej) électoraliste, attrape-voix **2** vt [+ bill, treaty] voter ▪ **he was ~d chairman** il a été élu président ▪ **I ~ we go to the cinema*** je propose que l'on aille au cinéma **3** vi voter ▪ **to ~ on sth** mettre qch au vote

▸ **vote down** vt sep rejeter (par un vote)

▸ **vote in** vt sep [+ law] voter ; [+ person] élire

▸ **vote out** vt sep [+ person] ne pas réélire

voter ['vəʊtəʳ] n électeur *m*, -trice *f*

voting ['vəʊtɪŋ] n vote *m*, scrutin *m*

vouch [vaʊtʃ] vi ▪ **to ~ for sb** se porter garant de qn

voucher ['vaʊtʃəʳ] n bon *m* (d'échange)

vow [vaʊ] **1** n vœu *m*, serment *m* **2** vt **a** (publicly) faire le serment (*to do* de faire, *that* que) ; [+ obedience, loyalty] faire vœu de **b** (to oneself) se jurer

vowel ['vaʊəl] n voyelle *f*

voyage ['vɔɪɪdʒ] n voyage *m* *(par mer ou dans l'espace)* ; (fig) voyage *m* ; → Pièges JOURNEY

voyeur [vwɑː'jɜːʳ] n voyeur *m*

voyeurism ['vwɑːjɜːˌrɪzəm] n voyeurisme *m*

VSO [ˌviːes'əʊ] n (BR) (abbr of **Voluntary Service Overseas**) ≈ coopération *f* technique

vulgar ['vʌlgəʳ] adj vulgaire

vulnerable ['vʌlnərəbl] adj vulnérable (*to sth* à qch)

vulture ['vʌltʃəʳ] n vautour *m*

wW

W, w ['dʌbljʊ] n a (abbr of **watt**) W b (abbr of **west**) O.

wacky* ['wækɪ] adj loufoque*

wad [wɒd] n [of cloth, paper] tampon *m* ; [of banknotes] liasse *f*

waddle ['wɒdl] vi se dandiner

wade [weɪd] vi a (= paddle) ▪ **to ~ through water/mud** marcher dans l'eau/la boue b (* = advance with difficulty) ▪ **I managed to ~ through his book** je suis péniblement venu à bout de son livre

wader ['weɪdəʳ] n (= boot) cuissarde *f*, botte *f* de pêcheur

wafer ['weɪfəʳ] n gaufrette *f* ; (in communion) hostie *f* ▸ **wafer-thin** fin comme du papier à cigarette

waffle ['wɒfl] 1 n a (* BR) (when speaking) verbiage *m*, langue *f* de bois ; (in essay) remplissage *m* b (to eat) gaufre *f* 2 vi* (when speaking) parler pour ne rien dire, pratiquer la langue de bois ; (in essay) faire du remplissage

waft [wɑːft] vi [sound, smell] flotter

wag [wæg] 1 vt remuer 2 vi [tail] remuer ; (excitedly) frétiller ▪ **the news set tongues ~ging** la nouvelle a fait jaser

wage [weɪdʒ] 1 n salaire *m* ▸ **wage earner** salarié(e) *m(f)* ▸ **wage packet** paie *f* 2 vt ▪ **to ~ war** faire la guerre (*on* à)

wager ['weɪdʒəʳ] 1 vt parier 2 n pari *m*

waggle ['wægl] 1 vt [+ pencil, branch] agiter ; [+ one's toes, fingers] remuer 2 vi [toes, fingers] remuer

wagon ['wægən] n (horse-drawn or ox-drawn) chariot *m* ; (= truck) camion *m* ; (BR : Rail) wagon *m* de marchandises ▪ **to be on the ~*** ne pas boire d'alcool

wail [weɪl] 1 n [of person] gémissement *m* ; [of baby] vagissement *m* ; [of siren] hurlement *m* 2 vi [person] gémir ; (= cry) pleurer ; [siren] hurler

waist [weɪst] n taille *f* ▸ **waist measurement, waist size** tour *m* de taille

waistband ['weɪstbænd] n ceinture *f*

waistcoat ['weɪstkəʊt] n (BR) gilet *m*

waistline ['weɪstlaɪn] n taille *f*

wait [weɪt] 1 n attente *f* ▪ **a three-hour ~** trois heures d'attente ▪ **to lie in ~** être à l'affût ▪ **to lie in ~ for** [bandits, guerrillas] tendre une embuscade à 2 vi a attendre ▪ **to ~ for sb/sth** attendre qn/qch ▪ **to ~ for sb to leave, to ~ until sb leaves** attendre que qn parte ▪ **to keep sb ~ing** faire attendre qn ▪ **I can't ~ to see him again!** je suis impatiente de le revoir ! ▪ **we'll have to ~ and see** on verra b [waiter] servir 3 vt a [+ one's turn] attendre ▪ **I ~ed two hours** j'ai attendu deux heures ▪ **could you ~ a moment?** vous pouvez patienter un moment ? ▪ **~ a moment** or **a minute!** un instant ! ; (interrupting) attendez une minute !* b ▪ **to ~ table** faire le service

▸ **wait about, wait around** vi attendre ; (= loiter) traîner

▸ **wait on** vt insep [servant, waiter] servir ▪ **she ~s on him hand and foot** elle est aux petits soins pour lui

▸ **wait up** vi (= not go to bed) ne pas aller se coucher ▪ **don't ~ up for me** ne m'attendez pas(, allez vous coucher)

→ *Pièges* WAIT

waiter ['weɪtəʳ] n serveur *m*

waiting ['weɪtɪŋ] n attente *f* ▸ **waiting list** liste *f* d'attente ▸ **waiting room** salle *f* d'attente

waitress ['weɪtrɪs] n serveuse *f*

waive [weɪv] vt [+ claim, right, privilege] renoncer à ; [+ condition, age limit] ne pas insister sur

wake [weɪk] vb (pret **woke**, ptp **woken, woke**) 1 n a [of ship] sillage *m* ▪ **in the ~ of** à la suite de b (over corpse) veillée *f* mortuaire 2 vi (also **wake up**) se réveiller ▪ **to ~ up to sth** se rendre compte de qch 3 vt (also **wake up**) réveiller

wakeboard ['weɪk,bɔːd] n wakeboard *m*

wakeboarding ['weɪk,bɔːdɪŋ] n wakeboard *m* ▪ **to go ~** faire du wakeboard

waken ['weɪkən] vti ⇒ **wake**

Wales [weɪlz] n pays *m* de Galles

walk [wɔːk] 1 n a (= stroll) promenade *f* ; (= ramble) randonnée *f* ▪ **to go for a ~** aller se promener ▪ **to take the dog for a ~** promener le chien ▪ **it's ten minutes' ~ from here** c'est à dix minutes d'ici à pied ▪ **it's only a short ~ to the shops** les magasins sont à deux pas ▪ **it was a ~ in the park*** (US) ça a été une promenade de santé* ▪ **people from all ~s of life** des gens de tous les horizons b (= way of walking) démarche *f* 2 vi a (gen) marcher ▪ **to ~ down to the village** descendre jusqu'au village ▪ **he was ~ing up and down** il marchait de long en large ▪ **she ~s in her sleep** elle est somnambule b (= go on foot) aller à pied ; (= go for a walk) aller se promener **3** vt **a** [+ distance] faire à pied **b** ▪ **to ~ the streets** se promener dans les rues **c** (= take) [+ dog] promener ▪ **to ~ sb home** raccompagner qn

▸ **walk into** vt insep **a** [+ trap, ambush] tomber dans **b** (= collide with) se cogner à

▸ **walk out** vi (= go out) sortir ; (= go away) partir ; (= go on strike) se mettre en grève

▸ **walk out on** vt insep quitter

▸ **walk up** vi (= approach) s'approcher (*to sb* de qn)

walkabout ['wɔ:kəbaʊt] n [of Aborigene] voyage *m* dans le bush ▪ **to go on a ~** (BR) [celebrity] prendre un bain de foule ▪ **to go ~*** [object] se volatiliser

walker ['wɔ:kə'] n **a** marcheur *m*, -euse *f* ; (for pleasure) promeneur *m*, -euse *f* **b** (= support frame) déambulateur *m* ; (for babies) trotteur *m*

walkie-talkie ['wɔ:kɪ'tɔ:kɪ] n talkie-walkie *m*

walking ['wɔ:kɪŋ] **1** n marche *f* à pied **2** adj ambulant ▸ **walking boot** chaussure *f* de marche ▸ **walking distance** ▪ **it is within ~ distance** on peut facilement y aller à pied ▸ **walking pace** ▪ **at a ~ pace** au pas ▸ **walking shoe** chaussure *f* de marche ▸ **walking stick** canne *f*

Walkman® ['wɔ:kmən] n baladeur *m*

walkout ['wɔ:kaʊt] n (= strike) grève *f* surprise

walkover* ['wɔ:kəʊvə'] n ▪ **it was a ~** (game) ça a été une victoire facile ; (exam) ça a été un jeu d'enfant

walkway ['wɔ:kweɪ] n (BR = path) sentier *m* pédestre ; (US = crossing) passage *m* pour piétons

wall [wɔ:l] n (gen) mur *m* ; (of tunnel, cave) paroi *f* ; (around city, castle) remparts *mpl* ▪ **to drive sb up the ~*** rendre qn dingue* ▪ **to go to the ~** [company] faire faillite ▸ **wall bars** espalier *m* ▸ **wall chart** planche *f* murale ▸ **wall-to-wall carpet** moquette *f*

wallaby ['wɒləbɪ] n wallaby *m*

walled [wɔ:ld] adj ▪ **~ garden** jardin *m* clos *(de murs en pierre)*

wallet ['wɒlɪt] n portefeuille *m*

wallflower ['wɔ:lflaʊə'] n giroflée *f* ▪ **to be a ~** (at dance) faire tapisserie

wallop* ['wɒləp] **1** n (= slap) torgnole* *f* **2** vt [+ person] flanquer une torgnole* à ; [+ ball, object] taper dans

wallow ['wɒləʊ] vi [person, animal] se vautrer ▪ **to ~ in self-pity** s'apitoyer sur son sort avec complaisance

wallpaper ['wɔ:lpeɪpə'] **1** n papier *m* peint **2** vt tapisser

wally* ['wɒlɪ] n (BR) andouille* *f*

walnut ['wɔ:lnʌt] n **a** (= nut) noix *f* ▪ **~ tree** noyer *m* **b** (= wood) noyer *m*

walrus ['wɔ:lrəs] n morse *m*

waltz [wɔ:ls] **1** n valse *f* **2** vi **a** (= dance) valser **b** ▪ **to ~ in** entrer avec désinvolture

wan [wɒn] adj blafard ▪ **a ~ smile** un pâle sourire

wand [wɒnd] n baguette *f* magique

wander ['wɒndə'] **1** vi **a** [person] errer ; (for pleasure) flâner ; [thoughts] vagabonder **b** (= stray) s'égarer ▪ **his attention ~ed** il était distrait ▪ **his mind is ~ing** (from fever, age) il divague **2** vt errer dans

wane [weɪn] vi décliner ; [moon] décroître

wangle* ['wæŋgl] vt (= get) se débrouiller pour avoir

waning ['weɪnɪŋ] adj [strength, popularity] déclinant ; [moon] décroissant

wannabe* ['wɒnəbi:] adj ▪ **a ~ Elvis** un type qui joue les Elvis* ▪ **a ~ writer** quelqu'un qui rêve de devenir écrivain

want [wɒnt] **1** n **a** (= lack) manque *m* ▪ **for ~ of...** faute de... **b** (= need, poverty) besoin *m* **2** vt **a** (= wish) vouloir ▪ **to ~ to do** vouloir faire, avoir envie de faire ▪ **to ~ sb** (sexually) désirer qn ▪ **to ~ sb to do sth** vouloir que qn fasse qch **b** (= seek) demander ▪ **you're ~ed on the phone** on vous demande au téléphone **c** (= need) avoir besoin de ▪ **the car ~s washing** la voiture a besoin d'être lavée

→ *Pièges* WANT

wanted ['wɒntɪd] adj [criminal] recherché ▪ **to be ~ by the police** être recherché par la police

wanton ['wɒntən] adj (= gratuitous) gratuit

war [wɔ:'] n guerre *f* ▪ **at ~** en guerre ▸ **war crime** crime *m* de guerre ▸ **war cry** cri *m* de guerre ▸ **war dance** danse *f* guerrière ▸ **war memorial** monument *m* aux morts ▸ **war-torn** déchiré par la guerre

warble ['wɔ:bl] vi [bird] gazouiller ; [person] roucouler

ward [wɔ:d] n **a** [of hospital] salle *f* **b** (BR : for election) section *f* électorale **c** (= person) pupille *mf* ▪ **~ of court** pupille *mf* sous tutelle judiciaire

▸ **ward off** vt sep (= avoid) éviter ; (= chase away) chasser ; [+ criticism, danger] écarter

warden ['wɔ:dn] n [of student hall, park, game reserve] gardien(ne) *m(f)* ; [of youth hostel] responsable *mf* ; (US = prison governor) directeur *m*, -trice *f*

warder ['wɔ:də'] n [of prison] surveillant(e) *m(f)*

wardrobe ['wɔ:drəʊb] n **a** (= cupboard) armoire *f* **b** (= clothes) garde-robe *f*

warehouse ['wɛəhaʊs] n entrepôt *m*

warfare ['wɔ:feə] n guerre *f*

warhead ['wɔ:hed] n ogive *f*

warlock ['wɔ:lɒk] n sorcier *m*

warm [wɔ:m] **1** adj **a** (gen) chaud ▪ **it's nice and ~ in here** il fait chaud ici ▪ **it's ~ today** il fait bon aujourd'hui ▪ **in ~ weather** par temps chaud ▪ **to keep sth ~** tenir qch au chaud ▪ **a ~ oven** un four moyen ▸ **warm-up** (Sport) échauffement *m*; (Theatre, TV) mise *f* en train **b** [smile, welcome, applause, person] chaleureux ▸ **warm-hearted** chaleureux **2** vt [+ room] réchauffer ; [+ water, food] faire (ré)chauffer ▪ **to ~ one's feet/hands** se réchauffer les pieds/les mains **3** vi **a** [room, bed] se réchauffer **b** ▪ **to ~ to an idea** s'enthousiasmer peu à peu pour une idée ▪ **I ~ed to him** je me suis pris de sympathie pour lui

▸ **warm up** **1** vi **a** [person, room] se réchauffer ; [water, food] chauffer **b** [engine, car] se réchauffer ; [athlete, dancer] s'échauffer **2** vt sep **a** [+ person] réchauffer ; [+ water, food] (faire) (ré)chauffer **b** [+ engine, car] faire chauffer

warmly ['wɔ:mlɪ] adv **a** [dress] chaudement **b** [recommend] chaudement ; [greet, smile, thank, applaud] chaleureusement

warmonger ['wɔ:ˌmʌŋgəʳ] n belliciste *mf*

warmth [wɔ:mθ] n chaleur *f*

warn [wɔ:n] vt prévenir ▪ **to ~ sb against doing sth** or **not to do sth** déconseiller à qn de faire qch ▪ **to ~ sb off** or **against sth** mettre qn en garde contre qch

warning ['wɔ:nɪŋ] n (= act) avertissement *m* ; (in writing) avis *m* ▪ **without ~** subitement ▪ **they arrived without ~** ils sont arrivés sans prévenir ▸ **warning light** voyant *m*

warp [wɔ:p] **1** vt [+ wood] voiler ▪ **he has a ~ed mind** il a l'esprit tordu **2** vi [wood] se voiler

warpath ['wɔ:pæθ] n ▪ **to be on the ~** chercher l'affrontement

warplane ['wɔ:pleɪn] n avion *m* de guerre

warrant ['wɒrənt] **1** n mandat *m* ; → **search** **2** vt (frm = justify) justifier

warranty ['wɒrəntɪ] n (= guarantee) garantie *f*

warren ['wɒrən] n (also **rabbit warren**) garenne *f*

warrior ['wɒrɪəʳ] n guerrier *m*, -ière *f*

Warsaw ['wɔ:sɔ:] n Varsovie

warship ['wɔ:ʃɪp] n bâtiment *m* de guerre

wart [wɔ:t] n verrue *f* ▪ **~s and all** avec tous ses défauts

warthog ['wɔ:thɒg] n phacochère *m*

wartime ['wɔ:taɪm] n ▪ **in ~** en temps de guerre

wary ['wɛərɪ] adj prudent ▪ **to be ~ about sb/sth** se méfier de qn/qch ▪ **to be ~ of doing sth** hésiter beaucoup à faire qch

was [wɒz] vb pret of **be**

wash [wɒʃ] **1** n **a** ▪ **to give sth a ~** laver qch ▪ **to have a ~** se laver ▪ **to have a quick ~** faire un brin de toilette **b** (= laundry) lessive *f* **2** vt **a** (gen) laver, faire sa toilette ▪ **to ~ one's hair/face** se laver les cheveux/le visage ▪ **to ~ the dishes** laver la vaisselle ▪ **to ~ one's hands of sth** se laver les mains de qch ▪ **to ~ one's hands of sb** se désintéresser de qn **b** ▪ **to be ~ed overboard** être emporté par une vague **3** vi **a** (= have a wash) [person] se laver ; [cat] faire sa toilette **b** (BR) ▪ **that just won't ~ !*** (= won't be accepted) ça ne prend pas !

▸ **wash away** vt sep [waves, sea, flood] (= carry away) emporter

▸ **wash down** vt sep **a** [+ deck, car] laver (à grande eau) ; [+ wall] lessiver **b** [+ medicine, pill] faire descendre ; [+ food] arroser

▸ **wash off** **1** vi partir au lavage ▪ **it won't ~ off** ça ne part pas **2** vt sep faire partir

▸ **wash out** vt sep **a** (= remove) [+ stain] faire partir au lavage **b** (= rinse) [+ bottle, pan] laver **c** ▪ **to look/feel ~ed out*** (= tired) avoir l'air/se sentir complètement lessivé*

▸ **wash up** **1** vi **a** (BR = wash dishes) faire la vaisselle **b** (US = have a wash) se débarbouiller **2** vt sep **a** (BR) [+ plates, cups] laver **b** [sea, tide] rejeter (sur le rivage) ; [river] rejeter (sur la berge) ▪ **to be (all) ~ed up*** [plan, marriage] être tombé à l'eau*

washable ['wɒʃəbl] adj lavable

washbag ['wɒʃbæg] n trousse *f* de toilette

washbasin ['wɒʃbeɪsn] n (BR) lavabo *m*

washcloth ['wɒʃklɒθ] n ≈ gant *m* de toilette

washer ['wɒʃəʳ] n **a** (in plumbing) rondelle *f* **b** (= washing machine) lave-linge *m* ▸ **washer-dryer** lave-linge *m* séchant **c** (for windscreen) lave-glace *m*

washing ['wɒʃɪŋ] n (= clothes) linge *m* ▪ **to do the ~** faire la lessive ▪ **to hang out the ~** étendre le linge ▸ **washing line** corde *f* à linge ▸ **washing machine** lave-linge *m* ▸ **washing powder** (BR) lessive *f* (en poudre) ▸ **washing-up** (BR) vaisselle *f (à laver)* ▪ **to do the washing-up** faire la vaisselle ▸ **washing-up bowl** bassine *f* ▸ **washing-up liquid** produit *m* pour la vaisselle

wash-out* ['wɒʃaut] n (= event) désastre *m* ; (= person) nul(le)* *m(f)*

washroom ['wɒʃrum] n toilettes *fpl*

wasn't ['wɒznt] ⇒ **was not** ; → **be**

wasp [wɒsp] n **a** guêpe *f* ▪ **~'s nest** guêpier *m* **b** ▪ **Wasp** or **WASP*** (US) (abbr of **White Anglo-Saxon Protestant**) wasp *mf (Anglo-Saxon blanc et protestant)*

wastage ['weɪstɪdʒ] n (gen) gaspillage *m* ; (as part of industrial process) déperdition *f*

waste [weɪst] **1** n **a** [of resources, food, money] gaspillage *m* ■ **to go to ~** être gaspillé ■ **what a ~!** quel gaspillage ! ■ **that machine was a ~ of money** cela ne valait vraiment pas la peine d'acheter cette machine ■ **it's a ~ of time** c'est une perte de temps ■ **it's a ~ of time doing that** on perd son temps à faire cela **b** (= waste material) déchets *mpl* ■ **household** or **kitchen ~** ordures *fpl* ménagères ► **waste disposal unit, waste disposer** broyeur *m* à ordures ► **waste ground** ■ **a piece of ~ ground** un terrain vague ► **waste pipe** (tuyau *m* de) vidange *f* **2** vt (gen) gaspiller ; [+ time] perdre ; [+ opportunity] laisser passer ■ **to ~ one's money** gaspiller son argent (*on sth* pour qch, *on doing sth* pour faire qch) ■ **you're wasting your time (trying)** tu perds ton temps (à essayer) ■ **to ~ no time in doing sth** ne pas perdre de temps à faire qch ■ **~ not want not** (Prov) il n'y a pas de petites économies

► **waste away** vi dépérir

wastebasket ['weɪstbɑ:skɪt] n corbeille *f* (à papier)

wastebin ['weɪstbɪn] n (BR) (= wastebasket) corbeille *f* à papier ; (in kitchen) poubelle *f*

wasted ['weɪstɪd] adj **a** [limb] (= emaciated) décharné ; (= withered) atrophié **b** (* : on drugs) défoncé* ; (* : on alcohol) bourré*

wasteful ['weɪstfʊl] adj [person] gaspilleur ; [process] peu économique

wasteland ['weɪstlænd] n (in town) terrain *m* vague ; (in countryside) désert *m*

wastepaper basket [ˌweɪst'peɪpəˌbɑ:skɪt] n corbeille *f* (à papier)

waster* ['weɪstə'] n (= good-for-nothing) propre *mf* à rien

watch [wɒtʃ] **1** n **a** (for telling time) montre *f* ► **watch strap** bracelet *m* de montre **b** (= act of watching) ■ **to keep ~** faire le guet ■ **to keep a close ~ on** or **over sb/sth** surveiller qn/qch de près **c** (= period of duty on ship) quart *m* ; (= soldiers) garde *f* **2** vt **a** [+ event, programme, TV, person] regarder ; [+ suspect, house, car] surveiller ; [+ birds, insects] observer ; [+ political situation, developments] suivre de près **b** (= take care of, keep an eye on) surveiller **c** (= be careful of, mind) faire attention à ■ **~ your head!** attention à ta tête ! ■ **~ you don't burn yourself** fais attention à ne pas te brûler **3** vi (gen) regarder ; (= be on guard) faire le guet ; (= pay attention) faire attention ■ **to ~ over** [+ person, thing] surveiller ■ **to ~ for sth/sb** (= wait for) guetter qch/qn

► **watch out** vi (= take care) faire attention

→ *Pièges* LOOK – OBSERVE

watchband ['wɒtʃbænd] n bracelet *m* de montre

watchdog ['wɒtʃdɒg] n (= dog) chien *m* de garde ■ **consumer ~** organisme *m* de protection des consommateurs

watchful ['wɒtʃfʊl] adj vigilant

watchmaker ['wɒtʃmeɪkə'] n horloger *m*, -ère *f*

watchman ['wɒtʃmən] n (pl **-men**) gardien *m* ; (also **night watchman**) veilleur *m* de nuit

watchword ['wɒtʃwɜ:d] n (= password) mot *m* de passe ; (= motto) mot *m* d'ordre

water ['wɔ:tə'] **1** n eau *f* ► **water bed** matelas *m* d'eau ► **water bottle** [of soldier, cyclist] bidon *m*; (smaller) gourde *f* ► **water heater** chauffe-eau *m inv* ► **water hole** point *m* d'eau ► **water lily** nénuphar *m* ► **water main** conduite *f* d'eau ► **water meter** compteur *m* d'eau ► **water pistol** pistolet *m* à eau ► **water polo** water-polo *m* ► **water rat** rat *m* d'eau ► **water-saving tap** (BR) or **faucet** (US) **head** économiseur *m* d'eau, mousseur *m* ► **water-ski** n ski *m* nautique *(objet)* ◊ vi faire du ski nautique ► **water-skiing** ski *m* nautique *(sport)* ► **water sports** sports *mpl* nautiques ► **water table** nappe *f* phréatique ► **water tank** réservoir *m* d'eau ► **water tower** château *m* d'eau **2** vi [eyes] pleurer ■ **my mouth was ~ing** j'en avais l'eau à la bouche **3** vt [+ plant, garden] arroser ; [+ animals] donner à boire à

► **water down** vt sep [+ milk, wine] couper (d'eau)

watercolour, watercolor (US) ['wɔ:təˌkʌlə'] n **a** (= painting) aquarelle *f* **b** (= paint) ■ **~s** couleurs *fpl* pour aquarelle ■ **painted in ~s** peint à l'aquarelle

watercress ['wɔ:təkres] n cresson *m*

waterfall ['wɔ:təfɔ:l] n chute *f* d'eau

waterfront ['wɔ:təfrʌnt] n (at docks) quais *mpl* ; (= sea front) front *m* de mer

watering can ['wɔ:tərɪŋˌkæn] n arrosoir *m*

waterlogged ['wɔ:təlɒgd] adj [land, pitch] détrempé ; [wood] imprégné d'eau

watermark ['wɔ:təmɑ:k] n (left by tide) laisse *f* de haute mer ; (left by river) ligne *f* des hautes eaux

watermelon ['wɔ:təmelən] n pastèque *f*

waterproof ['wɔ:təpru:f] **1** adj [material] imperméable ; [watch] étanche ; [mascara] résistant à l'eau **2** n (BR = coat, jacket) imperméable *m*

watershed ['wɔ:təʃed] n **a** (Geog) ligne *f* de partage des eaux **b** (= turning point) tournant *m*

watertight ['wɔ:tətaɪt] adj **a** [container] étanche **b** [excuse, plan, argument] inattaquable

waterway ['wɔ:təweɪ] n voie *f* navigable

waterwheel ['wɔːtəwiːl] n roue *f* hydraulique

waterworks ['wɔːtəwɜːks] npl (= system) système *m* hydraulique ; (= place) station *f* hydraulique

watery ['wɔːtərɪ] adj **a** [fluid, discharge, solution] aqueux **b** [tea, coffee] trop léger ; [soup, sauce] trop clair ; [paint, ink] trop liquide **c** [eyes] humide **d** [smile, sun, light] faible ; [sky, moon] délavé ; [colour] pâle

watt [wɒt] n watt *m*

wave [weɪv] **1** n **a** (at sea, on lake, on beach) vague *f* ; (on river, pond) vaguelette *f* ; (in hair, on surface) ondulation *f* ► **wave energy, wave power** énergie *f* houlomotrice **b** [of enthusiasm, strikes, protests] vague *f* **c** (= radio wave) onde *f* **d** (= gesture) geste *m* de la main **2** vi [person] faire signe de la main ; [flag] flotter (au vent) ; [branch] se balancer ; [grass, corn] onduler ▪ **to ~ to sb** (in greeting) saluer qn de la main ; (as signal) faire signe à qn **3** vt [+ flag, handkerchief] agiter ; [+ stick, sword] brandir ▪ **to ~ goodbye to sb** dire au revoir de la main à qn ▪ **to ~ sb on** faire signe à qn d'avancer ► **wave and pay** [card, transaction] sans contact

► **wave about, wave around** vt sep [+ object] agiter dans tous les sens ▪ **to ~ one's arms about** gesticuler

waveband ['weɪvbænd] n bande *f* de fréquences

wavelength ['weɪvleŋkθ] n longueur *f* d'ondes

waver ['weɪvəʳ] vi [flame, shadow] vaciller ; [voice] trembler ; [courage, loyalty] chanceler ; [person] (= weaken) flancher* ; (= hesitate) hésiter

wavy ['weɪvɪ] adj ondulé

wax [wæks] **1** n cire *f* ► **wax museum** musée *m* de cire **2** vt [+ floor, furniture] cirer ; [+ car] lustrer ▪ **to ~ one's legs** s'épiler les jambes à la cire **3** vi ▪ **to ~ and wane** croître et décroître ▪ **he ~ed lyrical about Louis Armstrong** il est devenu lyrique quand il a parlé de Louis Armstrong

waxwork ['wækswɜːk] n (= figure) personnage *m* en cire

waxy ['wæksɪ] adj cireux

way [weɪ]

1 n **a** (= route) chemin *m* ▪ **to ask the ~** demander son chemin (to pour aller à) ▪ **to lose one's ~** se perdre ▪ **to make one's ~ towards...** se diriger vers... ▪ **on the ~ to London we met...** en allant à Londres nous avons rencontré... ▪ **it's on the ~ to the station** c'est sur le chemin de la gare ▪ **he's on his ~** il arrive ▪ **the ~ in** l'entrée ▪ **the ~ out** la sortie ▪ **there's no other ~ out** (fig) il n'y a pas d'autre solution ▪ **to push one's ~ through a crowd** se frayer un chemin à travers une foule ▪ **he tried to talk his ~ out of it** il a essayé de s'en sortir avec de belles paroles ▪ **to be in the ~** (physically) barrer le passage ; (causing problems) gêner ▪ **to get out of the ~** s'écarter ▪ **to keep out of sb's ~** (= avoid sb) éviter qn ▪ **he went out of his ~ to help us** il s'est donné du mal pour nous aider ▪ **to make ~ for sb** faire place à qn ▪ **to make ~ for sth** ouvrir la voie à qch

b (= distance) ▪ **a little ~ off** pas très loin ▪ **to be a long ~ away** être loin ▪ **we've got a long ~ to go** (long journey) nous avons beaucoup de chemin à faire ; (= still far from our objective) nous ne sommes pas au bout de nos peines ; (= not got enough) nous sommes encore loin du compte ▪ **he had to walk all the ~ (to the hospital)** il a dû faire tout le chemin à pied (jusqu'à l'hôpital) ▪ **I'm with you all the ~*** (= entirely agree) je suis entièrement d'accord avec vous ; (= will back you up) je vous soutiendrai jusqu'au bout

c (= direction) ▪ **he went that ~** il est parti par là ▪ **which ~ did he go?** dans quelle direction est-il parti ? ▪ **he looked the other ~** il a regardé ailleurs ▪ **we went the wrong ~** nous avons pris le mauvais chemin ▪ **a piece of bread went down the wrong ~** j'ai (or il a, etc) avalé de travers ▪ **your jersey is the wrong ~ out** ton pull est à l'envers ▪ **"this ~ up"** « haut » ▪ **the right ~ up** dans le bon sens ▪ **the wrong ~ up** à l'envers

d (= manner) façon *f* ▪ **this/that ~** comme ceci/cela ▪ **to do sth the right/wrong ~** bien/mal faire qch ▪ **he has his own ~ of doing things** il a une façon bien à lui de faire les choses ▪ **that's the ~ he is** il est comme ça, c'est tout ▪ **it's the ~ things are** c'est la vie ! ▪ **to get** or **have one's own ~** en faire à son idée ▪ **you can't have it both ~s** il faut choisir ▪ **there are no two ~s about it*** il n'y a pas à tortiller* ▪ **no ~!*** pas question !

e (= means) moyen *m* ; (= method, technique) solution *f* ▪ **we'll find a ~ of doing it** nous trouverons bien un moyen de le faire ▪ **he has a ~ with people** il sait s'y prendre avec les gens ▪ **to have a ~ with words** manier les mots avec bonheur

f (= habit) ▪ **to get into/out of the ~ of doing sth** prendre/perdre l'habitude de faire qch ▪ **I know his little ~s** je connais ses petites habitudes ▪ **to mend one's ~s** s'amender

g (= respect, particular) ▪ **in some ~s** à certains égards ▪ **in more ~s than one** à plus d'un titre ▪ **he's right in a ~** il a raison dans un certain sens

2 adv ▪ **~ down below** tout en bas ▪ **~ up in the sky** très haut dans le ciel ▪ **it's ~ too big** c'est beaucoup trop grand

3 comp ▸ **way of life** mode *m* de vie ▸ **way to go*** excl bravo ▸ **way-out*** excentrique ▸ **ways and means** moyens *mpl* (*of doing sth* de faire qch)

wayside ['weɪsaɪd] n bord *m* de la route ▪ **to fall by the ~** [competitor, contestant] (= drop out) abandonner ; (= be eliminated) être éliminé ; [project, plan] tomber à l'eau

wayward ['weɪwəd] adj **a** [person] qui n'en fait qu'à sa tête **b** [hair] rebelle

WC ['dʌblju'siː] n W.-C. *mpl*

we [wiː] pers pron nous ▪ **we went to the pictures** nous sommes allés or on est allé au cinéma ▪ **we all make mistakes** tout le monde peut se tromper

weak [wiːk] adj (gen) faible ; [coffee, tea] léger ▪ **to have a ~ heart** avoir le cœur fragile ▪ **~ from** or **with hunger** affaibli par la faim ▪ **he went ~ at the knees at the sight of her** il s'est senti défaillir quand il l'a vue

weaken ['wiːkən] **1** vi [person] (in health) s'affaiblir ; (in resolution) faiblir ; (= relent) se laisser fléchir ; [structure, material, voice] faiblir ; [influence, power] diminuer **2** vt affaiblir

weakling ['wiːklɪŋ] n (physically) gringalet *m* ; (morally) faible *mf*

weakness ['wiːknɪs] n **a** [of person, character, signal] faiblesse *f* ; [of economy, regime, structure] fragilité *f* **b** (= weak point) [of person, system, argument] point *m* faible **c** (= defect) défaut *m* **d** (= liking) [of person] faible *m* (*for* pour)

wealth [welθ] n (= fact of being rich) richesse *f* ; (= money, possessions, resources) richesses *fpl* ▪ **a ~ of ideas** une abondance d'idées ▪ **a ~ of information** une mine d'informations

wealthy ['welθɪ] adj riche

wean [wiːn] vt sevrer

weapon ['wepən] n arme *f* ▸ **weapons-grade** [anthrax, small pox] utilisé comme arme; [uranium, material] (à usage) militaire

weaponize ['wepənaɪz] vt militariser ; (fig) transformer en arme

wear [wɛəʳ] vb (pret **wore**, ptp **worn**) **1** n **a** (= clothes) vêtements *mpl* ▪ **children's/ski ~** vêtements *mpl* pour enfants/de ski **b** (= use) usage *m* ▪ **~ and tear** usure *f* **2** vt **a** (= have on) porter ▪ **she was ~ing blue** elle était en bleu ▪ **I've nothing to ~** je n'ai rien à me mettre ▪ **to ~ lipstick** mettre du rouge à lèvres ▪ **to ~ perfume** se parfumer ▪ **she was ~ing make-up** elle (s')était maquillée **b** [+ smile] arborer ; [+ look] afficher ▪ **she wore a frown** elle fronçait les sourcils **c** (= rub) ▪ **to ~ a hole in sth** finir par faire un trou dans qch ▪ **the rug was worn thin** le tapis était usé jusqu'à la corde **d** (* BR = tolerate, accept) tolérer **3** vi **a** (= deteriorate with use) [garment, fabric, stone, wood] s'user ▪ **my patience is ~ing thin** je suis presque à bout de patience ▪ **that joke is starting to ~ a bit thin!** cette plaisanterie commence à être éculée ! **b** (= last) ▪ **to ~ well** faire de l'usage

▸ **wear away** **1** vi [wood, metal] s'user ; [cliffs, rock] être rongé ; [inscription, design] s'effacer **2** vt sep [+ wood, metal] user ; [+ cliffs, rock] ronger ; [+ inscription, design] effacer

▸ **wear down** **1** vi [heels, pencil] s'user ; [resistance, courage] s'épuiser **2** vt sep [+ materials, patience, strength] user ; [+ courage, resistance] miner

▸ **wear off** vi [colour, design, inscription] s'effacer ; [pain] disparaître ; [anger, excitement] passer ; [effects, anaesthetic] se dissiper

▸ **wear out** **1** vi [clothes, material, machinery] s'user ; [patience, enthusiasm] s'épuiser **2** vt sep **a** [+ shoes, clothes] user ; [+ one's strength, reserves, patience] épuiser **b** (= exhaust) [+ person, horse] épuiser ▪ **to ~ o.s. out** s'épuiser (*doing sth* à faire qch) ▪ **to be worn out** être exténué

wearable ['wɛərəbəl] adj [clothing] portable, facile à porter ; [technology, device, computer] portable

wearisome ['wɪərɪsəm] adj(frm) (= tiring) lassant ; (= boring) ennuyeux ; (= frustrating) frustrant

weary ['wɪərɪ] **1** adj (= tired) las (lasse *f*) **2** vi se lasser (*of sth* de qch)

weasel ['wiːzl] n belette *f*

weather ['weðəʳ] **1** n temps *m* ▪ **what's the ~ like?** quel temps fait-il ? ▪ **in good/bad ~** par beau/mauvais temps ▪ **to be under the ~*** être mal fichu* ▸ **weather-beaten** [person, face] hâlé ▸ **Weather Bureau** (US), **Weather Centre** (BR) Office *m* national de la météorologie ▸ **weather chart** carte *f* du temps ▸ **weather cock** girouette *f* ▸ **weather forecast** prévisions *fpl* météorologiques ▸ **weather station** station *f* météorologique ▸ **weather vane** girouette *f* **2** vt ▪ **to ~ the storm** tenir le coup

weatherman* ['weðəmæn] n (pl **-men**) météorologue *m* ; (on TV) présentateur *m* météo *inv*

weatherwoman* ['weðəˌwʊmən] n (pl **-men**) météorologue *f* ; (on TV) présentatrice *f* météo *inv*

weave [wiːv] **1** vt (pret **wove**, ptp **woven**) [+ threads, cloth, web] tisser **2** vi (pret, ptp gen **weaved**) se faufiler

web [web] n a [of spider] toile *f*; [of lies, deceit] tissu *m* b ▪ **the (World Wide) Web** le Web ▸ **web browser** navigateur *m* Internet ▸ **web buyer** web-acheteur *m*, -euse *f* ▸ **web page** page *f* web ▸ **web rage** *colère suscitée par les difficultés de navigation sur Internet*

webapp ['wɛb,æp] n appli *f* Web

webcam ['webkæm] n webcam *f*

webcast ['webkɑːst] n émission *f* diffusée sur le Web

webinar ['wɛbɪ,nɑː] n webinaire *m*, séminaire *m* en ligne

weblog ['weblɒg] n blog *m*

webmail ['webmeɪl] n webmail *m*, courrielleur *m*

webmaster ['webmɑːstə'] n webmestre *mf*

website ['websaɪt] n site *m* Web

webzine ['webziːn] n webzine *m*

we'd [wiːd] ⇒ **we had, we should, we would** ; → **have, should, would**

wed [wed] (pret **wedded**, ptp **wedded, wed**) 1 vt (= get married to) épouser 2 vi se marier

wedding ['wedɪŋ] n mariage *m* ▪ **silver/golden ~** noces *fpl* d'argent/d'or ▸ **wedding anniversary** anniversaire *m* de mariage ▸ **wedding dress** robe *f* de mariée ▸ **wedding reception** réception *f* de mariage ▸ **wedding ring** alliance *f* ; → Pièges MARRIAGE

wedge [wedʒ] 1 n a (for holding sth steady) cale *f* ▸ **wedge issue** sujet *m* clivant b (= piece) [of cake, cheese, pie] (grosse) part *f* 2 **wedges** npl (= shoes) chaussures *fpl* à semelles compensées 3 vt (= fix) [+ table, wheels] caler ; (= stick, push) enfoncer (*into* dans)

Wednesday ['wenzdeɪ] n mercredi *m* ; for phrases see **Saturday**

wee [wiː] 1 adj (Scot) or * petit 2 n (* = urine) pipi* *m* 3 vi (* = urinate) faire pipi*

weed [wiːd] 1 n a (= plant) mauvaise herbe *f* ; (* Drugs) herbe *f*, beu(h)* *f* ▸ **weed-killer** désherbant *m* b (* pej = person) mauviette *f* 2 vt désherber

weedy* ['wiːdɪ] adj (BR : pej) [person] chétif

week [wiːk] n semaine *f* ▪ **this ~** cette semaine ▪ **next/last ~** la semaine prochaine/dernière ▪ **a ~ today** aujourd'hui en huit

weekday ['wiːkdeɪ] n jour *m* de semaine

weekend ['wiːk'end] n week-end *m* ▪ **at the ~** le week-end

weekly ['wiːklɪ] 1 adj hebdomadaire 2 adv (= every week) chaque semaine ; (= per week) par semaine ▪ **paid ~** payé à la semaine 3 n (= magazine) hebdomadaire *m*

weep [wiːp] (pret, ptp **wept**) vti pleurer

weeping willow ['wiːpɪŋ'wɪləʊ] n saule *m* pleureur

wefie ['wɪfɪ] n groufie *m*, wefie *m*

weigh [weɪ] 1 vt peser ▪ **to ~ o.s.** se peser 2 vi ▪ **it was ~ing on her mind** ça la tracassait ▸ **weigh down** vt sep ▪ **he was ~ed down with parcels** il pliait sous le poids des paquets ▪ **to be ~ed down by** or **with responsibilities** être accablé de responsabilités ▸ **weigh up** vt sep (= consider) examiner ; (= compare) mettre en balance ; (BR = assess) [+ person, the opposition] jauger ▪ **to ~ up the pros and cons** peser le pour et le contre

weight [weɪt] n poids *m* ▪ **to put on** or **gain ~** grossir, prendre du poids ▪ **to lose ~** maigrir, perdre du poids ▪ **to carry ~** [argument, factor] avoir du poids (*with* pour) ; [person] avoir de l'influence ▸ **weight lifter** haltérophile *mf* ▸ **weight lifting** haltérophilie *f* ▸ **weight training** musculation *f (avec des poids)*

weighted ['weɪtɪd] adj (= biased) ▪ **~ in favour of/against sb** favorable/défavorable à qn

weighty ['weɪtɪ] adj (frm = serious) [matter, problem] grave ; [burden, responsibility] lourd

weir [wɪə'] n barrage *m*

weird [wɪəd] adj a (* = peculiar) bizarre b (= eerie) [sound, light] surnaturel

welcome ['welkəm] 1 adj [food, drink, change, visitor] bienvenu ; [decision, reminder, interruption] opportun ▪ **to be ~** [person] être le bienvenu (or la bienvenue) ▪ **they really make you feel ~** on y est vraiment bien accueilli ▪ **you're ~!** (answer to thanks) je vous en prie !, de rien ! ▪ **you're ~ to try** (giving permission) vous pouvez essayer ▪ **~!** bienvenue ! ▪ **~ back!** content de vous (or te) revoir ! ▪ **~ to our house!** bienvenue chez nous ! 2 n accueil *m* 3 vt (= greet, receive) accueillir ; (= greet warmly) accueillir chaleureusement ; (= bid welcome) souhaiter la bienvenue à ; [+ news, suggestion, change] se réjouir de

welcoming ['welkəmɪŋ] adj [person, smile, place] accueillant ; [atmosphere] chaleureux ; [banquet, ceremony, speech] d'accueil

weld [weld] vt souder ▪ **to ~ sth on to sth** souder qch à qch

welfare ['welfɛə'] n a (= well-being) bien-être *m* b (US) aide *f* sociale ▸ **welfare state** État-providence *m*

we'll [wiːl] ⇒ **we shall, we will** ; → **shall, will**

well [wel] 1 n (for water, oil) puits *m* 2 vi (also **well up**) [tears, emotion] monter 3 adv (compar **better**, superl **best**) (gen) bien ▪ **~ done!** bravo ! ▪ **everything is going ~** tout va bien ▪ **to do ~ at school** bien marcher à l'école

■ **he did very ~** il s'est bien débrouillé ■ **the patient is doing ~** le malade est en bonne voie ■ **it's ~ past 10 o'clock** il est bien plus de 10 heures ■ **~ and truly** bel et bien ■ **to think/speak ~ of** penser/dire du bien de ■ **as ~** (= also) aussi ; (= on top of all that) par-dessus le marché ■ **as ~ as his dog he has two rabbits** en plus de son chien il a deux lapins ■ **you might (just) as ~ say that...** autant dire que... ■ **you may as ~ tell me the truth** tu ferais aussi bien de me dire la vérité **4** excl (surprise) tiens ! ; (relief) ah bon !, eh bien ! ; (resignation) enfin ! ■ **~, what do you think of it?** alors qu'en dites-vous ? ■ **~, here we are at last!** eh bien ! nous voilà enfin ! **5** adj (compar **better**, superl **best**) **a** (gen) bien, bon ■ **all's ~ that ends ~** (Prov) tout est bien qui finit bien *(Prov)* **b** (= healthy) ■ **how are you? – very ~, thank you** comment allez-vous ? – très bien, merci ■ **to feel ~** se sentir bien ■ **to get ~** se remettre ■ **get ~ soon!** remets-toi vite ! **6** comp ▸ **well-advised** [action, decision] sage ■ **you would be well-advised to leave** vous auriez (tout) intérêt à partir ▸ **well-behaved** [child] sage; [animal] obéissant ▸ **well-being** bien-être *m* ▸ **well-built** [building] bien construit; [person] bien bâti ▸ **well-chosen** bien choisi ▸ **well-cooked** [food, meal] bien cuisiné; (= not rare) [meat] bien cuit ▸ **well-dressed** adj bien habillé ▸ **well-earned** bien mérité ▸ **well-educated** cultivé ▸ **well-fed** bien nourri ▸ **well-heeled*** nanti ▸ **well-informed** bien renseigné (*about* sur) ▸ **well-kept** [house, garden, hair] bien entretenu; [hands, nails] soigné; [secret] bien gardé ▸ **well-known** (= famous) célèbre ▸ **well-liked** très apprécié ▸ **well-made** bien fait ▸ **well-mannered** bien élevé ▸ **well-matched** [couple] bien assorti; [contest] équilibré; [competitors, players] de même niveau ▸ **well-meaning** [person] bien intentionné; [remark, action] fait avec les meilleures intentions ▸ **well-off** riche ■ **you don't know when you're well-off** tu ne connais pas ton bonheur ▸ **well-paid** bien payé ▸ **well-read** cultivé ▸ **well-timed** [remark, entrance] tout à fait opportun; [blow] bien calculé ▸ **well-to-do** aisé ▸ **well-wisher** ami(e) *m(f) (qui vous veut du bien)*; (unknown) admirateur *m*, -trice *f* ▸ **well-worn** [carpet, clothes] usagé; [phrase, expression] éculé

→ *Pièges* WELL

wellington ['welɪŋtən], **welly*** ['welɪ] n (BR) ■ **~s, ~ boots, wellies** bottes *fpl* de caoutchouc

wellness ['welnɪs] n (sentiment *m* de) bien-être *m*

Welsh [welʃ] **1** adj gallois ▸ **the Welsh Office** le ministère des Affaires galloises ▸ **Welsh rabbit, Welsh rarebit** toast *m* au fromage **2** n (= language) gallois *m* **3** **the Welsh** npl les Gallois *mpl*

Welshman ['welʃmən] n (pl **-men**) Gallois *m*

Welshwoman ['welʃwʊmən] n (pl **-women**) Galloise *f*

Wendy house ['wendɪˌhaʊs] n (BR) maison *f* miniature *(pour enfants)*

went [went] vb pret of **go**

wept [wept] vb pret, ptp of **weep**

we're [wɪəʳ] ⇒ **we are** ; → **be**

were [wɜːʳ] vb pret of **be**

weren't [wɜːnt] ⇒ **were not** ; → **be**

werewolf ['wɪəwʊlf] n (pl **werewolves** ['wɪəwʊlvz]) loup-garou *m*

west [west] **1** n ouest *m* ■ **the West** l'Occident *m* ; (in US) l'Ouest *m* **2** adj [coast, wing] ouest *inv* ■ **~ wind** vent *m* d'ouest ▸ **West Africa** Afrique *f* occidentale ▸ **the West Bank** la Cisjordanie ▸ **the West Country** (BR) le sud-ouest de l'Angleterre ▸ **the West End** (in London) le West End *(centre touristique et commercial de Londres)* ▸ **West Indian** adj antillais ◊ n Antillais(e) *m(f)* ▸ **the West Indies** les Antilles *fpl* **3** adv [go, travel, fly] vers l'ouest ; [be, lie] à l'ouest

westbound ['westbaʊnd] adj, adv [traffic, vehicles] en direction de l'ouest ; [carriageway] ouest *inv*

westerly ['westəlɪ] adj [wind] de l'ouest ■ **in a ~ direction** en direction de l'ouest

western ['westən] **1** adj (de l')ouest *inv* ■ **Western Europe** Europe *f* occidentale **2** n (= film) western *m*

westerner ['westənəʳ] n Occidental(e) *m(f)*

westernize ['westənaɪz] vt occidentaliser ■ **to become ~d** s'occidentaliser

Westminster ['westˌmɪnstəʳ] n Westminster *m (Parlement britannique)*

westward(s) ['westwəd(z)] **1** adj en direction de l'ouest **2** adv vers l'ouest

wet [wet] **1** adj **a** (gen) mouillé ; [cement, plaster, paint, ink] frais (fraîche *f*) ■ **to be ~ through** être trempé jusqu'aux os ■ **to get ~** se mouiller ■ **he's still ~ behind the ears*** (= immature) il est un peu jeune ; (= inexperienced) il manque d'expérience **b** [climate] humide ; [weather] pluvieux ■ **a ~ day** un jour de pluie **c** (* BR = spineless) ■ **he's really ~** c'est une chiffe molle **2** vt mouiller ■ **to ~ one's lips** se mouiller les lèvres

wetsuit ['wetsuːt] n combinaison *f* de plongée

we've [wiːv] ⇒ **we have** ; → **have**

whack [wæk] **1** n **a** (= blow) grand coup *m* ; (= sound) coup *m* sec **b** (* BR = share) part *f* **2** vt [+ thing, person] donner un grand coup (or des grands coups) à

whale [weɪl] n baleine *f* ▪ **we had a ~ of a time*** on s'est drôlement* bien amusé

whaling ['weɪlɪŋ] n pêche *f* à la baleine

whammy ['wæmɪ] n (US) mauvais sort *m*, poisse* *f* ▪ **double/triple ~*** double/triple coup *m* dur*

wharf [wɔːf] n (pl **wharves**) quai *m* *(pour marchandises)*

what [wɒt]

1 adj a (in questions and indirect speech) quel *m*, quelle *f*, quels *mpl*, quelles *fpl* ▪ **~ time is it?** quelle heure est-il ? ▪ **~ subjects did you choose?** quelles matières as-tu choisies ? ▪ **they asked me ~ kind of films I liked** ils m'ont demandé quel genre de films j'aimais ▪ **~ a nice surprise!** quelle bonne surprise ! ▪ **~ a nightmare!** quel cauchemar ! ▪ **~ a nuisance!** quelle barbe !* ▪ **~ a lot of people!** que de monde !

b (= all the) ▪ **I gave him ~ money I had** je lui ai donné tout l'argent que j'avais

2 pron a (used alone, or in emphatic position) quoi ▪ **~? I didn't get that** quoi ? je n'ai pas compris ▪ **he's getting married – ~!** il se marie – quoi ! ▪ **I've just thought of something – ~?** je viens de penser à quelque chose – à quoi ?

b (subject in direct questions) qu'est-ce qui ▪ **~'s happened?** qu'est-ce qui s'est passé ? ▪ **~'s for dinner?** qu'est-ce qu'il y a pour dîner ? ▪ **~'s the French for "pen"?** comment dit-on « pen » en français ? ▪ **~ is this called?** comment ça s'appelle ? ▪ **~'s that noise?** c'est quoi, ce bruit ? ▪ **~'s that?** (asking about sth) c'est quoi ? ; (= what did you say) comment ?

c (object in direct questions) qu'est-ce que, que, quoi *after prep* ▪ **~ did you do?** qu'est-ce que vous avez fait ?, qu'avez-vous fait ? ▪ **~ can we do?** qu'est-ce qu'on peut faire ?, que peut-on faire ? ▪ **~ were you talking about?** de quoi parliez-vous ?

d (= which in particular) quel *m*, quelle *f*, quels *mpl*, quelles *fpl* ▪ **~ are the advantages?** quels sont les avantages ?

e (= how much) combien ▪ **~ will it cost?** ça va coûter combien ?

f (in indirect questions, subject of verb) ce qui ; (object of verb) ce que ▪ **I wonder ~ will happen** je me demande ce qui va se passer ▪ **I wonder ~ they think** je me demande ce qu'ils pensent ▪ **tell us ~ you're thinking about** dites-nous à quoi vous pensez ▪ **I wonder ~ they need** je me demande de quoi ils ont besoin

g (in relative clauses) (= that which) (subject of verb) ce qui ; (object of verb) ce que ; (object of verb taking de) ce dont ; (object of verb taking à) ce à quoi ▪ **~ is done is done** ce qui est fait est fait ▪ **~ I don't understand is...** ce que je ne comprends pas c'est... ▪ **~ I need is...** ce dont j'ai besoin c'est... ▪ **it wasn't ~ I was expecting** ce n'est pas ce à quoi je m'attendais

h (set structures) ▪ **~ about people who haven't got cars?** et les gens qui n'ont pas de voiture ? ▪ **~ about going to the cinema?** si on allait au cinéma ? ▪ **he knows ~'s ~** il connaît son affaire

♦ **and what's more** et qui plus est

♦ **what for?** pourquoi ?

♦ **what if** et si

3 comp ▸ **what's-her-name*** Machine* *f* ▸ **what's-his-name*** Machin* *m* ▸ **what's-its-name*** machin* *m*

whatever [wɒt'evəʳ] 1 adj ▪ **~ book you choose** quel que soit le livre que vous choisissiez *subj* ▪ **~ money you've got** tout ce que tu as comme argent 2 adv ▪ **~ the weather** quel que soit le temps ▪ **nothing ~** absolument rien 3 pron a (= no matter what) quoi que *+ subj* ▪ **~ happens** quoi qu'il arrive ▪ **~ it may be** quoi que ce soit b (= anything that) tout ce que ▪ **we shall do ~ is necessary** nous ferons tout ce qu'il faudra ▪ **~ you say, sir** comme monsieur voudra c (* = what on earth) ▪ **~ did you do?** qu'est-ce que vous êtes allé faire là ! ▪ **~ did you say that for?** pourquoi êtes-vous allé dire ça ?

whatsoever [ˌwɒtsəʊ'evəʳ] adv ▪ **there's no doubt ~ about it** c'est indubitable ▪ **nothing ~** rien du tout

wheat [wiːt] n blé *m*

wheatgerm ['wiːtdʒɜːm] n germes *mpl* de blé

wheedle ['wiːdl] vt ▪ **to ~ sth out of sb** obtenir qch de qn par des cajoleries

wheel [wiːl] 1 n (gen) roue *f* ; [of trolley, toy] roulette *f* ; (= steering wheel) volant *m* 2 vt [+ trolley, cycle] pousser

▸ **wheel round** vi [person] se retourner (brusquement)

wheelbarrow ['wiːlbærəʊ] n brouette *f*

wheelchair ['wiːltʃɛəʳ] n fauteuil *m* roulant

wheel-clamp ['wiːlklæmp] n sabot *m* de Denver

wheeze [wiːz] 1 n (= breathing) respiration *f* bruyante 2 vi [person] (= breathe noisily) respirer bruyamment ; (= breathe with difficulty) avoir du mal à respirer ; [animal] souffler

whelk [welk] n bulot *m*

when [wen]

1 adv quand ▪ **~ did it happen?** quand cela s'est-il passé ?, ça s'est passé quand ? ▪ **I don't know ~ I'll see him again** je ne sais

pas quand je le reverrai ■ **~ does the train leave?** à quelle heure part le train ?

2 conj **a** (= at the time that) quand ■ **everything looks nicer ~ the sun is shining** tout est plus joli quand le soleil brille ■ **I'll do it ~ I have time** je le ferai quand j'aurai le temps ■ **he blushed ~ he saw her** il a rougi en la voyant

b (with day, time, movement) où ■ **on the day ~ I met him** le jour où je l'ai rencontré

c (= the time when) ■ **that's ~ Napoleon was born** c'est l'année où Napoléon est né ■ **that was ~ the trouble started** c'est alors que les ennuis ont commencé

d (= after) quand ■ **~ you read the letter you'll know why** quand vous aurez lu la lettre vous comprendrez pourquoi ■ **~ they had left he telephoned me** après leur départ il m'a téléphoné

e (= whereas) alors que

whenever [wen'evəʳ] **1** conj **a** (= at whatever time) quand **b** (= every time that) quand, chaque fois que **2** adv n'importe quand

where [wɛəʳ]

1 adv (= in or to what place) où ■ **~ do you live?** où est-ce que vous habitez ? ■ **~ are you going (to)?** où allez-vous ? ■ **~'s the theatre?** où est le théâtre ? ■ **~ are you from?** vous venez d'où ? ■ **I wonder ~ he is** je me demande où il est

2 conj où ■ **stay ~ you are** restez où vous êtes ■ **this is ~ the car was found** c'est là qu'on a retrouvé la voiture

whereabouts ['wɛərəbaʊts] **1** adv où (donc) ■ **~ did you put it?** où (donc) l'as-tu mis ? **2** n ■ **his ~ are unknown** personne ne sait où il se trouve

whereas [wɛər'æz] conj (= while) alors que

wherever [wɛər'evəʳ] **1** conj **a** (= no matter where) où que *+ subj* ■ **~ you go I'll go too** partout où tu iras, j'irai **b** (= anywhere) (là) où ■ **sit ~ you like** asseyez-vous où vous voulez **c** (= everywhere) partout où ■ **~ you see this sign** partout où vous voyez ce panneau **2** adv mais où donc ■ **~ did you get that hat?** mais où donc avez-vous déniché* ce chapeau ?

wherewithal ['wɛəwɪðɔːl] n moyens *mpl*, ressources *fpl* nécessaires

whet [wet] vt [+ desire, appetite, curiosity] aiguiser

whether ['weðəʳ] conj **a** (= if) si ■ **I don't know ~ or not it's true** je ne sais pas si c'est vrai ou non **b** (= regardless of) que *+ subj* ■ **~ you go or not** que tu y ailles ou non

which [wɪtʃ]

1 adj **a** (in questions and indirect speech) quel *m*, quelle *f*, quels *mpl*, quelles *fpl* ■ **~ card did he take?** quelle carte a-t-il prise ?, laquelle des cartes a-t-il prise ? ■ **I don't know ~ book he wants** je ne sais pas quel livre il veut ■ **~ one?** lequel (or laquelle) ?

b ■ **in ~ case...** auquel cas...

2 pron **a** (in questions) lequel *m*, laquelle *f* ■ **~ of these maps is the best?** quelle est la meilleure de ces cartes ?, laquelle de ces cartes est la meilleure ? ■ **~ have you taken?** lequel *m* (or laquelle *f*) avez-vous pris(e) ? ■ **~ of you (two) is taller?** lequel de vous deux est le plus grand ?, qui est le plus grand de vous deux ?

b (= the one or ones that) (subject) celui *m* (or celle *f* or ceux *mpl* or celles *fpl*) qui ; (object) celui (or celle *f* or ceux *mpl* or celles *fpl*) que ■ **show me ~ is the cheapest** montrez-moi celui qui est le moins cher ■ **I can't tell ~ is ~** je ne peux pas les distinguer

c (= that) (subject) qui ; (object) que ; (after prep) lequel *m* (or laquelle *f* or lesquels *mpl* or lesquelles *fpl*) ■ **the book ~ is on the table** le livre qui est sur la table ■ **the apple ~ you ate** la pomme que vous avez mangée ■ **opposite ~** en face duquel (or de laquelle) ■ **the book ~ I told you about** le livre dont je vous ai parlé

d (= and that) (subject) ce qui ; (object) ce que ; (after prep) quoi ■ **he said he knew her, ~ is true** il a dit qu'il la connaissait, ce qui est vrai

whichever [wɪtʃ'evəʳ] **1** adj **a** (= that one which) ■ **keep ~ one you prefer** gardez celui que vous préférez ■ **go by ~ route is the most direct** prenez la route la plus directe **b** (= no matter which) (subject) quel que soit... qui *+ subj* ; (object) quel que soit... que ■ **~ dress you wear, you'll look lovely** quelle que soit la robe que tu portes, tu seras ravissante **2** pron **a** (= the one which) (subject) celui *m* qui, celle *f* qui ; (object) celui *m* que, celle *f* que ■ **~ is best for him** celui *m* (or celle *f*) qui lui convient le mieux ■ **~ you choose will be sent to you at once** celui *m* (or celle *f*) que vous choisirez vous sera expédié(e) immédiatement **b** (= no matter which one) ■ **~ of the two books he chooses, it won't make a lot of difference** quel que soit le livre qu'il choisisse, cela ne fera pas beaucoup de différence

whiff [wɪf] n bouffée *f*

while [waɪl] **1** conj **a** (= during the time that) pendant que ■ **can you wait ~ I telephone?** pouvez-vous attendre pendant que je téléphone ? ■ **she fell asleep ~ reading** elle s'est

endormie en lisant **b** (= as long as) tant que **c** (= although) quoique *+ subj*, bien que *+ subj* **d** (= whereas) alors que **2** n ■ **a ~** quelque temps ■ **for a little ~** pendant un petit moment ■ **once in a ~** (une fois) de temps en temps
▸ **while away** vt sep (faire) passer

whilst [waɪlst] conj ⇒ **while**

whim [wɪm] n caprice *m* ■ **he did it on a ~** c'était un coup de tête

whimper ['wɪmpəʳ] **1** n gémissement *m* **2** vi [person, baby, dog] gémir

whimsical ['wɪmzɪkəl] adj [person] fantasque ; [idea] saugrenu ; [look] curieux

whine [waɪn] **1** n [of person, child, dog] gémissement *m* **2** vi [person, dog] gémir ; [engine] vrombir ■ **to ~ about sth** se lamenter sur qch

whinge* ['wɪndʒ] vi geindre* (*about* à propos de)

whip [wɪp] **1** n fouet *m* **2** vt **a** (= beat) fouetter ; [+ egg whites] battre en neige ▸ **whipped cream** crème *f* fouettée **b** (= seize) ■ **to ~ sth out of sb's hands** enlever brusquement qch des mains de qn
▸ **whip out** vt sep [+ knife, gun, purse] sortir brusquement (*from* de)

whiplash ['wɪplæʃ] n (in car accident) coup *m* du lapin*

whip-round* ['wɪpraund] n (BR) collecte *f*

whirl [wɜːl] **1** n tourbillon *m* **2** vi (= spin : also **whirl round**) [dust, water] tourbillonner ■ **my head is ~ing** j'ai la tête qui tourne

whirlpool ['wɜːlpuːl] n tourbillon *m*

whirlwind ['wɜːlwɪnd] n tornade *f*

whirr [wɜːʳ] vi [machinery] ronronner

whisk [wɪsk] **1** n (also **egg whisk**) fouet *m* ; (rotary) batteur *m* à œufs **2** vt **a** [+ cream] battre au fouet ; [+ egg whites] battre en neige **b** (= take) ■ **to ~ sth out of sb's hands** enlever brusquement qch des mains de qn

whisker ['wɪskəʳ] n [of animal] moustaches *fpl*

whiskey (Ir, US), **whisky** (BR, Can) ['wɪskɪ] n whisky *m*

whisper ['wɪspəʳ] **1** vti [person] chuchoter **2** n chuchotement *m*

whistle ['wɪsl] **1** n **a** (= sound) (made with mouth) sifflement *m* ; (= jeering) sifflet *m* ; (made with a whistle) coup *m* de sifflet ■ **to blow the ~** (lit) donner un coup de sifflet ; (fig) lancer l'alerte ▸ **whistle-blower** lanceur *m*, -euse *f* d'alerte **b** (= object) sifflet *m* ; (= musical instrument) pipeau *m* **2** vti siffler

white [waɪt] **1** adj blanc (blanche *f*) ■ **to turn ~** (with fear, anger) pâlir ; [hair] blanchir ▸ **white bread** pain *m* blanc ▸ **white Christmas** Noël *m* sous la neige ▸ **white coffee** (BR) café *m* au lait ▸ **white-collar job** emploi de bureau ▸ **the White House** la Maison-Blanche ▸ **white-knuckle** (= terrifying) terrifiant ▸ **white lie** pieux mensonge *m* ▸ **white paper** (Parl) livre *m* blanc ▸ **white sauce** sauce *f* blanche ▸ **white spirit** (BR) white-spirit *m* ▸ **white water** eau(x) *f(pl)* vive(s) ■ **white-water canoeing/rafting** canoë/rafting en eau(x) vive(s) ▸ **white wedding** mariage *m* en blanc ▸ **white wine** vin *m* blanc **2** n **a** blanc *m* **b** ■ **White** (= person of White race) Blanc *m*, Blanche *f*

whiteboard ['waɪtbɔːd] n tableau *m* blanc ■ **interactive ~** TBI *m*, tableau *m* blanc interactif

Whitehall ['waɪt,hɔːl] n Whitehall *m (siège des ministères et des administrations publiques)*

whiten ['waɪtn] vti blanchir

whiteness ['waɪtnɪs] n blancheur *f*

whitewash ['waɪtwɒʃ] **1** n **a** (for walls) lait *m* de chaux **b** (* Sport) raclée* *f* **2** vt **a** [+ wall] blanchir à la chaux **b** (* Sport) filer une raclée à*

whiting ['waɪtɪŋ] n inv (= fish) merlan *m*

Whitsun ['wɪtsn] n Pentecôte *f*

whittle ['wɪtl] vt [+ piece of wood] tailler au couteau
▸ **whittle down** vt sep [+ costs, amount] réduire

whiz(z) [wɪz] **1** n ■ **a computer/financial ~*** un as de l'informatique/des finances **2** vi ■ **to ~ past** passer à toute allure

whizzy* ['wɪzɪ] adj ultramoderne

who [huː] pron **a** (in questions) (qui est-ce) qui ; (after prep) qui ■ **~'s there?** qui est là ? ■ **~ are you?** qui êtes-vous ? ■ **who(m) did you speak to?** à qui avez-vous parlé ? ■ **~'s the book by?** le livre est de qui ? **b** (relative pronoun) qui ■ **my aunt ~ lives in London** ma tante qui habite à Londres

whodun(n)it* [,huː'dʌnɪt] n roman *m* (or film, etc) policier, polar* *m*

whoever [huː'evəʳ] pron **a** (= anyone that) quiconque ■ **~ finds it can keep it** celui qui le trouvera pourra le garder ■ **~ gets home first does the cooking** le premier rentré à la maison prépare à manger **b** (* : in questions = who on earth?) qui donc ■ **~ told you that?** qui donc vous a dit ça ?

whole [həʊl] **1** adj **a** (= entire) (+ singular noun) tout, entier ; (+ plural noun) entier ■ **the ~ road was like that** toute la route était comme ça ■ **~ villages were destroyed** des villages entiers ont été détruits ■ **the ~ world** le monde entier ■ **he swallowed it ~** il l'a avalé en entier **b** (= intact, unbroken) intact **2** n **a** (= the entire amount of) ■ **the ~ of the morning** toute la matinée ■ **the ~ of the time** tout le temps ■ **on the ~** dans l'ensemble **b** (= complete unit) tout *m* ▪ **as a ~** dans l'ensemble ▪ **the estate is to be sold as a ~** la propriété doit être vendue en bloc

wholefood(s) ['həʊlfu:d(z)] n(pl) (BR) aliments *mpl* complets

wholegrain ['həʊlgreɪn] adj [bread, flour] complet (-ète *f*)

wholehearted [,həʊl'hɑ:tɪd] adj [approval, admiration] sans réserve

wholemeal ['həʊlmi:l] adj (BR) [flour, bread] complet (-ète *f*)

wholesale ['həʊlseɪl] **1** adj [price] de gros **2** adv [buy, sell] en gros

wholesaler ['həʊlseɪlə'] n grossiste *mf*

wholesome ['həʊlsəm] adj [food, life, thoughts] sain

wholewheat ['həʊlwi:t] adj [flour, bread] complet (-ète *f*)

wholly ['həʊlɪ] adv totalement

whom [hu:m] pron **a** (in questions) qui ▪ **~ did you see?** qui avez-vous vu ? **b** (relative pronoun) ▪ **my aunt, ~ I love dearly** ma tante, que j'aime tendrement ▪ **my daughters, both of ~ are married** mes filles, qui sont toutes les deux mariées

whopping* ['wɒpɪŋ] adj énorme

whore‡ [hɔ:'] n (pej) putain‡ *f*

whose [hu:z] **1** poss pron à qui ▪ **~ is this?** à qui est ceci ? **2** poss adj **a** (in questions) à qui, de qui ▪ **~ hat is this?** à qui est ce chapeau ? ▪ **~ son are you?** vous êtes le fils de qui ? ▪ **~ fault is it?** c'est la faute de qui ? **b** (relative use) dont ▪ **the man ~ hat I took** l'homme dont j'ai pris le chapeau

why [waɪ] **1** adv pourquoi ▪ **~ did you do it?** pourquoi l'avez-vous fait ? ▪ **I wonder ~** je me demande pourquoi ▪ **~ not?** pourquoi pas ? ▪ **~ not phone her?** pourquoi ne pas lui téléphoner ? **2** conj ▪ **the reasons ~ he did it** les raisons pour lesquelles il a fait ça ▪ **that is ~ I never spoke to him again** c'est pourquoi je ne lui ai jamais reparlé

wick [wɪk] n mèche *f*

wicked ['wɪkɪd] adj **a** (= immoral) [person] mauvais ; [act, deed] malveillant **b** (= naughty) [child] vilain ; [sense of humour] plein de malice **c** (* = good) super*

wicker ['wɪkə'] **1** n (= substance) osier *m* **2** adj [basket, chair] en osier

wicket ['wɪkɪt] n (Cricket = stumps) guichet *m*

wide [waɪd] **1** adj (= broad) [road, river] large ; [selection] grand ▪ **it is 5 metres ~** ça fait 5 mètres de large ▸ **wide-awake** bien réveillé; (fig) éveillé ▸ **wide-eyed** (in naïveté) aux yeux grand ouverts ▸ **wide-ranging** [report, survey] de grande envergure; [interests] divers ▸ **wide screen** (Cine) écran *m* panoramique **2** adv ▪ **the bullet went ~** la balle est passée à côté ▪ **he stood with his legs ~ apart** il se tenait debout les jambes très écartées ▪ **to open one's eyes ~** ouvrir grand les yeux ▪ **~ open** [door, window] grand ouvert

widely ['waɪdlɪ] adv **a** (= generally) [available] généralement ; [used, regarded] largement ; [known] bien **b** (= much) [travel] beaucoup ▪ **to be ~ read** [reader] avoir beaucoup lu

widen ['waɪdn] vt [+ gap, road, river] élargir

widespread ['waɪdspred] adj [availability] courant ; [belief, opinion] très répandu ; [confusion] général

widget ['wɪdʒɪt] n gadget *m* ; (= thingummy) truc* *m* ; (Internet) widget *m*

widow ['wɪdəʊ] **1** n veuve *f* **2** vt ▪ **to be ~ed** [man] devenir veuf ; [woman] devenir veuve

widower ['wɪdəʊə'] n veuf *m*

width [wɪdθ] n largeur *f*

wield [wi:ld] vt **a** [+ sword] manier **b** [+ authority, control] exercer

wife [waɪf] (pl **wives**) n femme *f*, épouse *f*

Wi-Fi ['waɪ'faɪ] (abbr of **Wireless Fidelity**) wifi *m* ▪ **~ squatting** (= unauthorized use) piratage *m* de réseaux wifi ; (in café, etc) *utilisation abusive du wifi gratuit*

wig [wɪg] n perruque *f*

wiggle ['wɪgl] vt [+ toes] remuer ; [+ tooth] faire bouger

wild [waɪld] **1** adj **a** [animal, plant, countryside] sauvage **b** (= rough) [wind] violent ; [sea] démonté **c** (= unrestrained) [laughter, party] fou (folle *f*) ; [imagination] débordant ▪ **he was ~ in his youth** il a fait les quatre cents coups dans sa jeunesse ▪ **to make a ~ guess** risquer une hypothèse **d** (= excited, enthusiastic) fou (folle *f*) ▪ **to be ~ about sb/sth*** être dingue* de qn/qch ▪ **the audience went ~** le public s'est déchaîné **2** n ▪ **in the ~** dans la nature, à l'état sauvage ▪ **this plant grows in the ~** cette plante existe à l'état sauvage ▪ **he lives in the ~s of Alaska** il vit au fin fond de l'Alaska **3** comp ▸ **wild boar** sanglier *m* ▸ **wild flowers** fleurs *fpl* sauvages ▸ **wild-goose chase** n ▪ **he sent me off on a wild-goose chase** il m'a fait courir partout pour rien ▸ **the Wild West** (US) le Far West

wildebeest ['wɪldɪbi:st] n (pl **~s** or **~**) gnou *m*

wilderness ['wɪldənɪs] n étendue *f* sauvage

wildfire ['waɪldfaɪə'] n ▪ **to spread like ~** se répandre comme une traînée de poudre

wildlife ['waɪldlaɪf] n faune *f* et flore *f* ▸ **wildlife park** parc *m* naturel

wildly ['waɪldlɪ] adv **a** (= excitedly) [applaud] frénétiquement ; [talk] avec beaucoup d'agitation ; [behave] de façon extravagante

b (= extremely) [optimistic] follement ; [vary] énormément

wilful, willful (US) ['wɪlfʊl] adj (= deliberate) [destruction, ignorance] délibéré

will [wɪl]

1 modal vb **a** (future) ▪ **he ~ speak** il parlera ▪ **we'll come too** nous viendrons (nous) aussi ▪ **they ~ be here shortly** ils vont bientôt arriver ▪ **I'll help you if you like** je vais vous aider si vous voulez ▪ **I'll phone you tonight** je t'appelle or je t'appellerai ce soir ▪ **~ he come too? – yes he ~** est-ce qu'il viendra aussi ? – oui ▪ **you ~ come to see us, won't you?** vous viendrez nous voir, n'est-ce pas ?

b (future perfect) ▪ **the holiday ~ have done him good** les vacances lui auront fait du bien ▪ **he ~ have left by now** il sera déjà parti à l'heure qu'il est

c (habitual actions) ▪ **the car ~ do 150km/h** cette voiture fait du 150 km/h ▪ **thieves ~ often keep a stolen picture for years** les voleurs gardent souvent un tableau volé pendant des années

d (requests, orders) ▪ **~ you be quiet!** veux-tu (bien) te taire ! ▪ **~ you help me? – yes I ~** tu veux m'aider ? – oui, je veux bien

e (willingness, offers) ▪ **~ you have a cup of coffee?** voulez-vous prendre un café ? ▪ **won't you come with us?** vous ne voulez pas venir (avec nous) ? ▪ **the window won't open** la fenêtre ne veut pas s'ouvrir ▪ **she won't let me drive the car** elle ne veut pas me laisser conduire la voiture

f (= conjecture) ▪ **that ~ be the taxi** ça doit être le taxi ▪ **she'll be about forty** elle doit avoir quarante ans environ

2 vt (pret, ptp **willed**) **a** (= use willpower) ▪ **he was ~ing her to look at him** il l'adjurait intérieurement de le regarder

b (= bequeath) ▪ **to ~ sth to sb** léguer qch à qn

3 n **a** (= determination) volonté *f* ▪ **he has a ~ of his own** il sait ce qu'il veut ▪ **to do sth against sb's ~** faire qch contre la volonté de qn

b (= document) testament *m*

willing ['wɪlɪŋ] adj **a** (= prepared) ▪ **to be ~ to do sth** être disposé à faire qch **b** (= eager) [participant] enthousiaste ; [worker, partner] plein de bonne volonté

willingly ['wɪlɪŋlɪ] adv (= with pleasure) volontiers ; (= voluntarily) volontairement

willingness ['wɪlɪŋnɪs] n bonne volonté *f* ; (= enthusiasm) empressement *m* (*to do sth* à faire qch) ▪ **I was grateful for his ~ to help** je lui étais reconnaissant de son empressement à m'aider

willow ['wɪləʊ] n saule *m*

willpower ['wɪlpaʊəʳ] n volonté *f*

willy-nilly ['wɪlɪ'nɪlɪ] adv (= willingly or not) bon gré mal gré ; (= at random) au hasard

wilt [wɪlt] vi [flower] se faner ; [plant] se dessécher ; [person] s'affaiblir

wily ['waɪlɪ] adj [person] rusé

wimp* [wɪmp] n mauviette *f*

win [wɪn] vb (pret, ptp **won**) **1** n victoire *f* **2** vi gagner ▪ **a win-win situation** une situation gagnant-gagnant or où tout le monde gagne **3** vt **a** [+ war, match, competition] gagner **b** [+ prize, sum of money] gagner ; [+ victory] remporter ; [+ scholarship] obtenir **c** [+ fame, fortune] trouver ; [+ sb's friendship] gagner ; [+ sympathy, support] s'attirer ▪ **to ~ sb's love** se faire aimer de qn

▸ **win over, win round** vt sep [+ person] convaincre

wince [wɪns] vi (= flinch) tressaillir ; (= grimace) grimacer (de douleur)

winch [wɪntʃ] n treuil *m*

wind¹ [wɪnd] **1** n **a** (Meteo) vent *m* ▪ **to get ~ of sth** avoir vent de qch ▸ **wind-chimes** carillon *m* éolien ▸ **wind instrument** instrument *m* à vent ▸ **wind power** énergie *f* éolienne **b** (= breath) souffle *m* ▪ **to knock the ~ out of sb** [blow] couper le souffle à qn ; [fall, exertion] essouffler qn **c** (= flatulence) gaz *mpl* ▪ **to break ~** lâcher un vent **2** vt **a** ▪ **the blow ~ed him** le coup lui a coupé le souffle **b** ▪ **to ~ a baby** faire faire son rot* à un bébé

wind² [waɪnd] vb (pret, ptp **wound**) **1** vt **a** (= roll) [+ thread, rope] enrouler (*round* autour de) ; (= wrap) envelopper **b** [+ clock, watch] remonter **c** ▪ **he slowly wound his way home** il prit lentement le chemin du retour **2** vi ▪ **the road ~s through the valley** la route serpente dans la vallée

▸ **wind down** **1** vi (* = relax) se détendre **2** vt sep **a** [+ car window] baisser **b** [+ department, service] réduire progressivement (en vue d'un démantèlement éventuel)

▸ **wind up** **1** vi **a** [meeting, discussion] se terminer (*with* par) **b** ▪ **they wound up in Rotterdam*** ils se sont retrouvés à Rotterdam **2** vt sep **a** (= end) [+ meeting, speech] terminer (*with* par) ; [+ business] liquider **b** [+ car window] monter **c** [+ watch] remonter **d** (* BR = tease person) faire marcher*

windbreak ['wɪndbreɪk] n (for camping) pare-vent *m*

windcheater ['wɪndtʃiːtəʳ] n (BR) coupe-vent *m*

windfall ['wɪndfɔːl] n aubaine *f*

winding ['waɪndɪŋ] adj [road, path, river] sinueux ; [stairs, staircase] tournant

windmill ['wɪndmɪl] n moulin *m* à vent

window ['wɪndəʊ] n (gen) fenêtre *f* ; (in car, train) vitre *f* ; [of shop, café] vitrine *f* ; (in post office, ticket office) guichet *m* ▸ **window box** jardinière *f* ▸ **window cleaner** laveur *m*, -euse *f* de vitres ▸ **window display** devanture *f* ▸ **window frame** châssis *m* (de fenêtre) ▸ **window ledge** (inside) appui *m* de fenêtre ; (outside) rebord *m* de fenêtre ▸ **window pane** vitre *f*, carreau *m* ▸ **window seat** (in room) banquette *f* (située sous la fenêtre) ; (in vehicle) place *f* côté fenêtre ; (in plane) place *f* côté hublot ▸ **window-shopping** ▪ **to go window-shopping** faire du lèche-vitrines

windowsill ['wɪndəʊsɪl] n (inside) appui *m* de fenêtre ; (outside) rebord *m* de fenêtre

windpipe ['wɪndpaɪp] n trachée *f*

windscreen ['wɪndskriːn] n parebrise *m* ▸ **windscreen wiper** essuie-glace *m*

windshield ['wɪndʃiːld] n (US) parebrise *m* ▸ **windshield wiper** essuie-glace *m*

windsurfing ['wɪndsɜːfɪŋ] n planche *f* à voile *(sport)*

windy ['wɪndɪ] adj ▪ **a ~ day** un jour de vent ▪ **it's ~ today** il y a du vent aujourd'hui

wine [waɪn] n vin *m* ▸ **wine bar** bar *m* à vin(s) ▸ **wine box** cubitainer® *m* ▸ **wine list** carte *f* des vins ▸ **wine rack** casier *m* à bouteilles (de vin) ▸ **wine tasting** dégustation *f* (de vins) ▸ **wine vinegar** vinaigre *m* de vin ▸ **wine waiter** sommelier *m*, -ière *f*

wing [wɪŋ] **1** n aile *f* ▸ **wing mirror** (BR) rétroviseur *m* latéral **2** **the wings** npl (Theatre) les coulisses *fpl*

winger ['wɪŋəʳ] n ▪ **left/right ~** (Sport) ailier *m*, -ière *f* gauche/droit(e) ; (Pol) sympathisant(e) *m(f)* de gauche/droite

wingspan ['wɪŋspæn] n envergure *f*

wink [wɪŋk] **1** n clin *m* d'œil **2** vi [person] faire un clin d'œil (*to, at* à)

winner ['wɪnəʳ] n (in fight, argument) vainqueur *mf* ; (in game, competition) gagnant(e) *m(f)*

winning ['wɪnɪŋ] **1** adj **a** (gen) gagnant ▪ **the ~ goal** le but de la victoire **b** (= captivating) [smile, manner] charmeur **2** **winnings** npl (Betting) gains *mpl*

winter ['wɪntəʳ] n hiver *m* ▪ **in ~** en hiver ▸ **winter sports** sports *mpl* d'hiver

wint(e)ry ['wɪntrɪ] adj d'hiver

wipe [waɪp] **1** n ▪ **to give sth a ~** donner un coup de torchon à qch **2** vt **a** [+ table, dishes, floor] essuyer (*with* avec) ▪ **to ~ one's hands** s'essuyer les mains (*on* sur, *with* avec) ▪ **to ~ one's nose** se moucher **b** [+ tape, disk, video] effacer

▸ **wipe away** vt sep [+ tears] essuyer ; [+ marks] effacer

▸ **wipe out** vt sep [+ town, people, army] anéantir

wiper ['waɪpəʳ] n (for windscreen) essuie-glace *m*

wire ['waɪəʳ] **1** n **a** (= substance) fil *m* de fer ; (= piece of wire) fil *m* **b** (US = telegram) télégramme *m* **2** vt **a** [+ house] faire l'installation électrique de **b** (US = telegraph) télégraphier (*to* à)

wireless ['waɪəlɪs] **1** adj [technology, communication] sans fil ▪ **~ hotspot** borne *f* wifi **2** n († = radio) radio *f*

wiring ['waɪərɪŋ] n (in building) installation *f* électrique

wiry ['waɪərɪ] adj **a** [person] maigre et nerveux **b** [hair] rêche

wisdom ['wɪzdəm] n [of person] sagesse *f* ; [of action, remark] prudence *f* ▸ **wisdom tooth** dent *f* de sagesse

wise [waɪz] adj (= prudent) [person, decision] sage ; [choice, investment] judicieux ▪ **it would be ~ to accept** il serait judicieux d'accepter ▪ **I'm none the wiser** (= don't understand) ça ne m'avance pas beaucoup ▪ **nobody will be any the wiser** (= won't find out) personne n'en saura rien ▪ **to be ~ to sb*** voir clair dans le jeu de qn ▸ **wise guy*** petit malin* *m* ▸ **the Wise Men** (Bible : also **the Three Wise Men**) les Rois *mpl* mages

wisecrack ['waɪzkræk] n vanne* *f*

wish [wɪʃ] **1** vt **a** (= desire) désirer, souhaiter ▪ **I ~ you had left with him** je regrette que tu ne sois pas parti avec lui ▪ **I ~ I hadn't said that** je regrette d'avoir dit cela ▪ **I ~ I could!** si seulement je pouvais ! **b** (= desire for sb else) souhaiter ▪ **to ~ sb a happy birthday** souhaiter bon anniversaire à qn ▪ **I ~ you every happiness!** je vous souhaite d'être très heureux ! ▪ **~ me luck!** souhaite-moi bonne chance ! **2** vi faire un vœu ▪ **to ~ for sth** souhaiter qch **3** n **a** (= desire, will) désir *m* ▪ **he did it against my ~es** il l'a fait contre mon gré **b** (= specific desire) vœu *m* ▪ **to make a ~** faire un vœu **c** (= greeting) ▪ **he sends his best ~es** il vous fait ses amitiés ▪ **(with) best ~es for Christmas and the New Year** (nos) meilleurs vœux pour Noël et la nouvelle année ▪ **with best ~es from** bien amicalement

→ *Pièges* WISH

wishful ['wɪʃfʊl] adj ▪ **it's just ~ thinking!** c'est prendre ses désirs pour des réalités !

wishy-washy* ['wɪʃɪˌwɒʃɪ] adj [person, answer] mou (molle *f*) ; [taste, colour] fadasse*

wisp [wɪsp] n [of hair] fine mèche *f*

wistful ['wɪstfʊl] adj [person, look, mood] mélancolique

wit [wɪt] n **a** (= intelligence) ▪ **~(s)** esprit *m*, intelligence *f* ▪ **to have your ~s about you** avoir de la présence d'esprit ▪ **keep your ~s about you!** restez attentif ! ▪ **he was at his ~s' end** il ne savait plus que faire **b** (= wittiness) esprit *m* **c** (= person) homme *m* d'esprit, femme *f* d'esprit

witch [wɪtʃ] n sorcière *f* ▸ **witch doctor** sorcier *m (de tribu)*

witchcraft ['wɪtʃkrɑːft] n sorcellerie *f*

with [wɪð, wɪθ] prep

a (gen) avec ▪ **come ~ me!** viens avec moi ! ▪ **he had an argument ~ his brother** il s'est disputé avec son frère ▪ **she had her umbrella ~ her** elle avait emporté son parapluie ▪ **~ pleasure** avec plaisir ▪ **~ my whole heart** de tout mon cœur

♦ **to be with sb** être avec qn ; (= understand) suivre qn ▪ **I'll be ~ you in a minute** je suis à vous dans une minute ▪ **I'm ~ you all the way** je suis à fond avec vous

b (= on one's person) sur ▪ **I haven't got any money ~ me** je n'ai pas d'argent sur moi

c (= in the house of, working with) chez ▪ **she was staying ~ friends** elle habitait chez des amis ▪ **he lives ~ his aunt** il habite avec sa tante

d (in descriptions) (= that has, that have) ▪ **the man ~ the beard** l'homme à la barbe ▪ **the boy ~ brown eyes** le garçon aux yeux marron ▪ **passengers ~ tickets** voyageurs munis de billets

e (cause) de ▪ **she was sick ~ fear** elle était malade de peur

f (= in spite of) malgré

g (circumstances) ▪ **~ these words he left us** sur ces mots, il nous a quittés ▪ **~ that, he closed the door** sur ce, il a fermé la porte

withdraw [wɪθ'drɔː] (pret **withdrew**, ptp **withdrawn**) **1** vt [+ person, application, troops, statement] retirer ; [+ goods] retirer de la vente **2** vi **a** (= move away) [troops] se replier ; [person] se retirer **b** [candidate, competitor] se retirer, se désister

withdrawal [wɪθ'drɔːəl] n **a** (gen) retrait *m* ▪ **to make a ~** (from bank) effectuer un retrait ▸ **withdrawal slip** bordereau *m* de retrait **b** (after addiction) ▪ **to be suffering from ~** être en état de manque ▸ **withdrawal symptoms** symptômes *mpl* de manque

withdrawn [wɪθ'drɔːn] **1** vb ptp of **withdraw** **2** adj (= reserved) [person] renfermé

wither ['wɪðə^r] vi [plant] se flétrir

withhold [wɪθ'həʊld] (pret, ptp **withheld** [wɪθ'held]) vt [+ money from pay] retenir (*from sth* de qch) ; [+ payment, decision] différer ; [+ facts] cacher (*from sb* à qn)

within [wɪð'ɪn] **1** adv dedans, à l'intérieur **2** prep **a** (= inside) à l'intérieur de, dans **b** (= within limits of) ▪ **to live ~ one's means** vivre selon ses moyens ▪ **the coast was ~ sight** la côte était en vue **c** (in measurement, distances) ▪ **~ a kilometre of the house** à moins d'un kilomètre de la maison **d** (in time) ▪ **~ a week of her visit** moins d'une semaine après sa visite ▪ **I'll be back ~ the hour** je serai de retour d'ici une heure

without [wɪð'aʊt] prep (= lacking) sans ▪ **~ so much as a phone call** sans même un coup de téléphone ▪ **~ a doubt** sans aucun doute ▪ **~ fail** sans faute ; → Pièges WITHOUT

withstand [wɪθ'stænd] (pret, ptp **withstood** [wɪθ'stʊd]) vt résister à

witness ['wɪtnɪs] **1** n (= person) témoin *m* ▪ **to bear ~ to sth** témoigner de qch ▸ **witness box** (BR), **witness stand** (US) barre *f* des témoins **2** vt **a** (= see) être témoin de **b** (legally) [+ document] certifier l'authenticité de

witticism ['wɪtɪsɪzəm] n mot *m* d'esprit

witty ['wɪtɪ] adj [person] spirituel ; [speech, script] plein d'esprit

wives [waɪvz] pl of **wife**

wizard ['wɪzəd] n magicien *m* ▪ **she is a financial ~** elle a le génie de la finance ▪ **he is a computer ~** c'est un as* en informatique

wobble ['wɒbl] vi [jelly] trembler ; [cyclist, pile of rocks] vaciller ; [table, chair] être bancal

woe [wəʊ] n malheur *m*

wok [wɒk] n wok *m*

woke [wəʊk] vb pret of **wake**

woken [wəʊkn] vb ptp of **wake**

wolf [wʊlf] n (pl **wolves**) loup *m*
▸ **wolf down** vt engloutir

woman ['wʊmən] (pl **women**) n femme *f* ▪ **~ friend** amie *f* ▪ **~ doctor** femme *f* médecin ▪ **~ driver** conductrice *f* ▸ **women's liberation** libération *f* de la femme ▸ **Women's (Liberation) Movement** mouvement *m* de libération de la femme, MLF *m*

womanly ['wʊmənlɪ] adj féminin

womb [wuːm] n utérus *m*

women ['wɪmɪn] pl of **woman**

won [wʌn] vb pret, ptp of **win**

wonder ['wʌndə^r] **1** n **a** (= admiration) émerveillement *m* ; (= astonishment) étonnement *m* **b** (= wonderful person, thing) merveille *f* ▪ **it's a ~ that he didn't fall** c'est un miracle qu'il ne soit pas tombé ▪ **no ~!*** pas étonnant !* **2** vi (= reflect) penser **3** vt se demander ▪ **I ~ who he is** je me demande qui il est

wonderful ['wʌndəfʊl] adj merveilleux

wonderfully ['wʌndəfəlɪ] adv **a** (with adjective or adverb) merveilleusement **b** (with verb) merveilleusement bien

won't [wəʊnt] (abbr of **will not**) → **will**

woo [wuː] vt [+ woman] faire la cour à ; [+ voters] chercher à plaire à

wood [wʊd] n bois *m* ▪ **touch ~!*** je touche du bois ! ▪ **in the ~s** dans les bois ▪ **we're not out of the ~(s) yet** on n'est pas encore sorti d'affaire or du bois

wooded ['wʊdɪd] adj boisé

wooden ['wʊdn] adj **a** (= made of wood) en bois ▸ **wooden leg** jambe *f* de bois **b** (= unnatural) [acting] qui manque de naturel ; [actor] peu naturel

woodland ['wʊdlænd] n bois *mpl*

woodpecker ['wʊdpekəʳ] n pic *m*

woodwind ['wʊdwɪnd] n ▪ **the ~** (Mus) les bois *mpl*

woodwork ['wʊdwɜːk] n **a** (= carpentry) menuiserie *f* **b** (= skirting boards, window frames) boiseries *fpl*

woodworm ['wʊdwɜːm] n ver *m* du bois

wool [wʊl] n laine *f* ▪ **to pull the ~ over sb's eyes** duper qn

woollen, woolen (US) ['wʊlən] **1** adj [garment] en laine **2** **woollens** npl lainages *mpl*

woolly, wooly (US) ['wʊlɪ] adj **a** [material, garment, animal] laineux **b** [ideas, thinking, speech] confus

woot* [wuːt] excl ouais !*

word [wɜːd] **1** n **a** (gen) mot *m* ▪ **from the ~ go** dès le début ▪ **by ~ of mouth** de bouche à oreille ▪ **I'll have a ~ with him about it** je lui en toucherai un mot ▪ **I never said a ~** je n'ai rien dit du tout ▪ **a ~ of advice** un petit conseil ▪ **in a ~** en un mot ▪ **in other ~s** autrement dit ▪ **~ for ~** [repeat] mot pour mot ; [translate] mot à mot ▸ **word game** jeu *m* de lettres ▸ **word processing** traitement *m* de texte ▸ **word processor** traitement *m* de texte **b** (= news) nouvelles *fpl* ▪ **to send ~ that...** faire savoir que... ▪ **the ~ on the street is...** le bruit court que... **c** (= promise, assurance) parole *f* ▪ **I give you my ~** je vous donne ma parole ▪ **he is as good as his ~** on peut le croire sur parole **2** vt [+ document, protest] rédiger ▪ **a carefully ~ed letter** une lettre aux termes choisis

wore [wɔːʳ] vb pret of **wear**

work [wɜːk] **1** n **a** NonC travail *m* ▪ **to start ~** se mettre au travail ▪ **to go to ~** aller au travail ▪ **at ~** (= at place of work) au travail ▪ **to be out of ~** être au chômage ▸ **work experience** expérience *f* professionnelle ▸ **work load** charge *f* de travail ▪ **mental ~ load** charge *f* mentale ▸ **work permit** permis *m* de travail ▸ **work station** poste *m* de travail **b** (Art, Literat, Mus) œuvre *f* ; (= book on specific subject) ouvrage *m* ▪ **the complete ~s of Shakespeare** les œuvres *fpl* complètes de Shakespeare ▸ **work of art** œuvre *f* d'art **2** vi **a** (gen) travailler ▪ **he ~ed on the car all morning** il a travaillé sur la voiture toute la matinée ▪ **have you solved the problem? – we're ~ing on it** avez-vous résolu le problème ? – on y travaille **b** (= function) [machine, car, scheme] marcher ; [medicine] agir **3** vt **a** (= cause to work) [+ person, staff] faire travailler ; [+ lever, pump] actionner ; [+ machine] faire marcher **b** (= bring about) ▪ **to ~ wonders** [person] faire des merveilles ; [drug, medicine] faire merveille **c** (= manoeuvre) ▪ **he ~ed his hands free** il est parvenu à libérer ses mains ▪ **to ~ sth loose** parvenir à desserrer qch **d** (= shape) [+ metal, wood, dough, clay] travailler

▸ **work out** **1** vi **a** [plan, arrangement] marcher ▪ **it's all ~ing out as planned** tout se déroule comme prévu **b** [amount] ▪ **it ~s out at $50 per child** il faut compter 50 dollars par enfant **c** (= exercise) faire de la musculation **2** vt sep (= figure out) [+ problem, equation] résoudre ; [+ total] trouver ; [+ plan] mettre au point

▸ **work up** vt sep **a** (= rouse) ▪ **he ~ed the crowd up into a frenzy** il a déchaîné l'enthousiasme de la foule ▪ **to get ~ed up** s'énerver **b** (= develop) [+ trade, business] développer ▪ **I ~ed up an appetite carrying all those boxes** ça m'a mis en appétit de porter toutes ces caisses

→ *Pièges* WORK

workable ['wɜːkəbl] adj [solution, agreement] viable ; [suggestion, plan] réalisable

workaholic* [ˌwɜːkə'hɒlɪk] n bourreau *m* de travail

workbench ['wɜːkbentʃ] n établi *m*

workbook ['wɜːkbʊk] n (= exercise book) cahier *m* d'exercices

workday ['wɜːkdeɪ] n (esp US) ▪ **a ~ of eight hours** une journée de travail de huit heures ▪ **Saturday is a ~** on travaille le samedi

worker ['wɜːkəʳ] n travailleur *m*, -euse *f* ▪ **management and ~s** patronat *m* et ouvriers *mpl* ▪ **office ~** employé(e) *m(f)* de bureau

workforce ['wɜːkfɔːs] n [of region, country] travailleurs *mpl* ; [of company] personnel *m*

working ['wɜːkɪŋ] **1** adj **a** (= to do with work) [clothes, lunch, day, hours] de travail ; [population, life] actif ▸ **the working class** la classe ouvrière ▸ **working-class** [origins, accent] ouvrier **b** (= functioning) [model] qui marche

2 **workings** npl (= mechanism) mécanisme *m* ; [of government, organization] rouages *mpl*

workman ['wɜːkmən] (pl **-men**) n ouvrier *m*

workmanship ['wɜːkmənʃɪp] n [of craftsman] métier *m*

workmate ['wɜːkmeɪt] n camarade *mf* de travail

workout ['wɜːkaʊt] n séance *f* d'entraînement

workplace ['wɜːkpleɪs] n lieu *m* de travail

works [wɜːks] n (pl inv) (BR) (= factory) usine *f* ; (= processing plant) installations *fpl* ■ **the (whole) ~*** tout le tremblement*

worksheet ['wɜːkʃiːt] n feuille *f* d'exercices

workshop ['wɜːkʃɒp] n atelier *m*

workshy ['wɜːkʃaɪ] adj fainéant

worktop ['wɜːktɒp] n plan *m* de travail

workwear ['wɜːkˌwɛə] n vêtements *mpl* professionnels

world [wɜːld] n monde *m* ■ **he lives in a ~ of his own** il vit dans un monde à lui ■ **all over the ~** dans le monde entier ■ **it's the longest bridge in the ~** c'est le pont le plus long du monde ■ **I wouldn't do it for anything in the ~** je ne le ferais pour rien au monde ■ **there's a ~ of difference between...** il y a un monde entre... ■ **it did him the ~ of good** ça lui a fait énormément de bien ■ **out of this ~*** extraordinaire ▸ **the World Bank** la Banque mondiale ▸ **world champion** (Sport) champion(ne) *m(f)* du monde ▸ **world-class** [player, team] de niveau international ▸ **the World Cup** la Coupe du monde ▸ **world-famous** célèbre dans le monde entier ▸ **the World Health Organization** l'Organisation *f* mondiale de la santé ▸ **world power** puissance *f* mondiale ▸ **world record** record *m* du monde ▸ **the World Trade Organization** l'Organisation *f* mondiale du commerce ▸ **World War One** la Première Guerre mondiale ▸ **World War Two** la Deuxième Guerre mondiale ▸ **world-wide** adj mondial ◊ adv [be known] mondialement; [travel] partout dans le monde ▸ **the World Wide Web** le Web

worldly ['wɜːldlɪ] adj **a** (= earthly) [pleasures] de ce monde **b** (= materialistic) [person, attitude] matérialiste

worm [wɜːm] n ver *m* ▸ **worm-eaten** vermoulu

worn [wɔːn] **1** vb ptp of **wear** **2** adj [garment, carpet, tyre] usé ▸ **worn-out** [person] épuisé; [thing] usé; [idea] éculé

worried ['wʌrɪd] adj inquiet (-ète *f*) ■ **she is ~ about her future** elle s'inquiète pour son avenir ■ **I was ~ that he would find out the truth** j'avais peur qu'il découvre *subj* la vérité ■ **~ sick** fou d'inquiétude

worrier ['wʌrɪəʳ] n anxieux *m*, -euse *f*

worrisome ['wʌrɪsəm] adj préoccupant

worry ['wʌrɪ] **1** n souci *m* **2** vi se faire du souci, s'inquiéter (*about, over* au sujet de, pour) **3** vt (= make anxious) inquiéter

worrying ['wʌrɪɪŋ] adj inquiétant

worse [wɜːs] **1** adj compar of **bad, ill** **a** (in quality) [news, weather, smell, result] plus mauvais (*than* que), pire (*than* que) ■ **to get ~** [conditions] empirer ; [weather] se dégrader ■ **that would just make matters ~** cela ne ferait qu'aggraver les choses ■ **and, to make matters ~, he...** et pour ne rien arranger, il... ■ **he's none the ~ for his fall** sa chute ne lui a pas fait trop de mal ■ **he was looking somewhat the ~ for wear*** il n'était pas très frais **b** (in behaviour) pire **c** (in health) ■ **to be ~** aller plus mal ■ **to feel ~** se sentir plus mal **2** adv compar of **badly, ill** **a** (in quality, behaviour) [sing, play] plus mal ■ **you could do ~** vous pourriez faire pire **b** (= more intensely) ■ **it hurts ~ than ever** ça fait plus mal que jamais ■ **the ~ hit areas** les régions *fpl* les plus touchées **3** n pire *m*

worsen ['wɜːsn] vi empirer

worship ['wɜːʃɪp] **1** n **a** [of God, money, person] culte *m* ■ **place of ~** lieu *m* de culte ; (Christian) église *f* **b** (BR : in titles) ■ **Your Worship** (to magistrate) Monsieur le Juge **2** vt [+ God, idol] rendre un culte à ; [+ money] avoir le culte de ; [+ person] adorer

worst [wɜːst] **1** adj superl of **bad, ill** ■ **the worst...** le (or la) plus mauvais(e)..., le (or la) pire... ■ **the ~ film I've ever seen** le plus mauvais film que j'aie jamais vu **2** adv superl of **badly, ill** le plus mal ■ **~ of all,...** pire que tout,... ■ **the ~ hit areas** les régions les plus touchées **3** n pire *m* ■ **if the ~ comes to the ~** (BR), ■ **if ~ comes to ~** (US) en mettant les choses au pire ■ **it brings out the ~ in me** ça réveille en moi les pires instincts

worth [wɜːθ] **1** adj **a** (= equal in value to) ■ **to be ~** valoir ■ **how much is it ~?** ça vaut combien ? ■ **the book is ~ $10** ce livre vaut 10 dollars ■ **it's ~ a great deal to me** ça a beaucoup de valeur pour moi **b** (= deserving, meriting) ■ **it's ~ the effort** ça mérite qu'on fasse l'effort ■ **it was well ~ the trouble** ça valait la peine ■ **it's ~ reading** ça vaut la peine d'être lu ■ **the museum is ~ a visit** le musée vaut la visite ■ **it would be ~ (your) while to go and see him** vous gagneriez à aller le voir ■ **it's not ~ (my) while waiting for him** ça ne vaut pas le coup que je l'attende **2** n **a** (= value) valeur *f* **b** (= quantity) ■ **he bought £2 ~ of sweets** il a acheté pour 2 livres de bonbons

worthless ['wɜːθlɪs] adj [object] sans valeur ; [person] bon à rien

worthwhile [wɜːθˈwaɪl] adj [job] utile ; [cause] louable ; [contribution, investment] valable

worthy [ˈwɜːðɪ] adj (= deserving, meritorious) [person] méritant ; [motive, effort] louable ▪ **to be ~ of sb/sth** être digne de qn/qch

would [wʊd] modal vb

a (conditional) ▪ **he ~ do it if you asked him** il le ferait si vous le lui demandiez ▪ **I wouldn't worry, if I were you** à ta place, je ne m'inquiéterais pas ▪ **he ~ have done it if you had asked him** il l'aurait fait si vous le lui aviez demandé

b (indicating willingness) ▪ **I said I ~ do it** j'ai dit que je le ferais ▪ **if you ~ just listen** si vous vouliez bien écouter ▪ **he wouldn't help me** il n'a pas voulu m'aider ▪ **the car wouldn't start** la voiture ne voulait pas démarrer

c (in requests, offers) ▪ **~ you wait here please!** attendez ici s'il vous plaît ! ▪ **~ you close the window please** voulez-vous fermer la fenêtre, s'il vous plaît ▪ **~ you like some tea?** voulez-vous du thé ? ▪ **~ you like to go for a walk?** est-ce que vous aimeriez faire une promenade ?

d (past habit) ▪ **he ~ always read the paper before dinner** il lisait toujours le journal avant le dîner

e (inevitability) ▪ **you ~ go and tell her!** évidemment tu es allé le lui dire ! ▪ **it ~ have to rain!** évidemment il fallait qu'il pleuve !

f (conjecture) ▪ **it ~ have been about 8 o'clock when he came** il devait être 8 heures à peu près quand il est venu

would-be [ˈwʊdbiː] adj [assassin, thief] en puissance ▪ **~ emigrants** candidats *mpl* à l'émigration ▪ **~ actor/teacher** personne aspirant à devenir acteur/enseignant

wouldn't [ˈwʊdnt] (abbr of **would not**) → **would**

wound[1] [wuːnd] **1** n blessure *f* **2** vt blesser

wound[2] [waʊnd] vb pret, ptp of **wind**

wove [wəʊv] vb pret of **weave**

woven [ˈwəʊvən] vb ptp of **weave**

wrangle [ˈræŋgl] n querelle *f*

wrap [ræp] **1** vt (= cover) envelopper (*in* dans) ; [+ parcel, gift] emballer (*in* dans) ; [+ tape, bandage] enrouler (*round* autour de) **2** n (= shawl) châle *m*

▸ **wrap up** **1** vi (= dress warmly) s'emmitoufler ▪ **~ up well!** couvrez-vous bien ! **2** vt sep [+ object] envelopper ; [+ parcel] emballer ; [+ child, person] (in rug) envelopper

wrapper [ˈræpəʳ] n [of sweet, chocolate bar] papier *m* (d'emballage)

wrapping paper [ˈræpɪŋˌpeɪpəʳ] n (= brown paper) papier *m* d'emballage ; (= decorated paper) papier *m* cadeau

wreak [riːk] vt ▪ **to ~ havoc** causer des ravages

wreath [riːθ] n (pl **~s** [riːðz]) (also **funeral wreath**) couronne *f*

wreck [rek] **1** n **a** (= wrecked ship, car, train) épave *f* ; (= act, event) naufrage *m* **b** (= person) épave *f* ▪ **he looks a ~** on dirait une loque **2** vt [+ ship] provoquer le naufrage de ; [+ train, plane, car] [bomb] détruire ; [+ marriage] briser ; [+ plans] ruiner

wreckage [ˈrekɪdʒ] n (= wrecked ship, car, plane) épave *f* ; (= pieces from this) débris *mpl*

wrench [rentʃ] **1** n (= tool) clé *f* plate **2** vt ▪ **he ~ed the bag out of my hands** il m'a arraché le sac des mains

wrestle [ˈresl] **1** vi lutter (corps à corps) (*with sb* contre qn) ; (Sport) catcher (*with sb* contre qn) ▪ **to ~ with** [+ problem, one's conscience, sums] se débattre avec **2** vt [+ opponent] lutter contre

wrestler [ˈresləʳ] n (Sport) catcheur *m*, -euse *f*

wrestling [ˈreslɪŋ] n (Sport) catch *m*

wretch [retʃ] n (unfortunate) pauvre diable *m*

wretched [ˈretʃɪd] adj **a** [life, conditions] misérable **b** (* : expressing annoyance) fichu* ▪ **what ~ luck!** quelle déveine !*

wriggle [ˈrɪgl] **1** vt remuer **2** vi [worm, snake, eel] se tortiller ; [fish] frétiller ; [person] gigoter*

▸ **wriggle out** vi ▪ **to ~ out of doing sth** se dérober pour ne pas faire qch

wring [rɪŋ] vb (pret, ptp **wrung**) vt (= squeeze, twist) tordre ▪ **to ~ one's hands** se tordre les mains (de désespoir)

▸ **wring out** vt sep [+ wet clothes] essorer

wrinkle [ˈrɪŋkl] **1** n (on skin, fruit) ride *f* ; (in cloth) pli *m* **2** vi [nose] se plisser

wrist [rɪst] n poignet *m*

writ [rɪt] n assignation *f*

write [raɪt] (pret **wrote**, ptp **written**) **1** vt (gen) écrire ; [+ list, cheque] faire ; [+ prescription] rédiger ▸ **write-protected** protégé en écriture **2** vi écrire

▸ **write back** vi répondre

▸ **write down** vt sep écrire ; (= note) noter

▸ **write off** vt sep [+ debt] annuler ▪ **he wrote his car off* in the accident** il a complètement bousillé* sa voiture dans l'accident

▸ **write out** vt sep **a** [+ one's name and address] écrire ; [+ list] établir **b** (= copy) [+ notes, essay] mettre au propre

▸ **write up** vt sep [+ notes, diary] mettre à jour ; (= write report on) [+ happenings, developments] faire un compte rendu de

→ *Pièges* MARK

write-off ['raɪtɒf] n ▪ **to be a ~** [car] être irréparable

writer ['raɪtəʳ] n [of letter, book] auteur(e) *m(f)* ; (as profession) écrivain(e) *m(f)*

writhe [raɪð] vi se tordre

writing ['raɪtɪŋ] n a (= handwriting, sth written) écriture *f* ▪ **to put sth in ~** mettre qch par écrit ▸ **writing pad** bloc *m* de papier à lettres ▸ **writing paper** papier *m* à lettres b (= output of writer) écrits *mpl*

written ['rɪtn] 1 vb ptp of **write** 2 adj [test, constitution] écrit ; [confirmation] par écrit

wrong [rɒŋ] 1 adj a (= incorrect) [guess] erroné ; [answer, sum] faux (fausse *f*) ▪ **to say the ~ thing** dire ce qu'il ne faut pas dire ▪ **he got on the ~ train** il s'est trompé de train ▪ **he got the figures ~** il s'est trompé dans les chiffres ▪ **he got all his sums ~** toutes ses opérations étaient fausses ▪ **you've got it all ~*** (= misunderstood) vous n'avez rien compris ▪ **to be ~** se tromper ▪ **you are ~ to think that** tu as tort de penser cela ▪ **my watch is ~** ma montre n'est pas à l'heure b (= bad) mal *inv* ; (= unfair) injuste ▪ **it is ~ to lie** c'est mal de mentir ▪ **it was ~ of you to hit him** tu as eu tort de le frapper c (= exceptionable) ▪ **there's nothing ~ with (doing) that** il n'y a rien de mal à (faire) cela d (= amiss) ▪ **something's ~ (with him)** il y a quelque chose qui ne va pas (chez lui) ▪ **something's ~ with my watch** ma montre ne marche pas comme il faut ▪ **there's nothing ~ with it** [+ plan] c'est tout à fait valable ; [+ machine, car] ça marche très bien ▪ **there's nothing ~ with him** il va très bien ▪ **what's ~?** qu'est-ce qui ne va pas ? ▪ **what's ~ with you?** qu'est-ce que tu as ? ▪ **what's ~ with the car?** qu'est-ce qu'elle a, la voiture ? 2 adv [answer, guess] mal ▪ **you're doing it all ~** vous vous y prenez mal ▪ **you've spelt it ~** vous l'avez mal écrit ▪ **to go ~** (in calculations, negotiations) faire une erreur ; [plan] mal tourner ▪ **everything went ~** tout est allé de travers 3 n a (= evil) mal *m* b (= injustice) injustice *f* c ▪ **to be in the ~** avoir tort 4 comp ▸ **wrong-foot** (Sport) prendre à contre-pied ; (BR fig) prendre au dépourvu ▸ **wrong-headed** [person] buté; [idea] aberrant

wrongdoing ['rɒŋ,duːɪŋ] n méfaits *mpl*

wrongful ['rɒŋfʊl] adj [arrest] arbitraire ; [dismissal] abusif

wrongly ['rɒŋlɪ] adv [answer, guess, translate] mal ; [spell] incorrectement ; [believe, accuse, imprison] à tort

wrote [rəʊt] vb pret of **write**

wrought iron [,rɔːt'aɪən] n fer *m* forgé

wry [raɪ] adj [person, smile, remark] ironique

WWW n (abbr of **World Wide Web**) ▪ **the ~** le Web

xX

xenophobic [ˌzenəˈfəʊbɪk] adj xénophobe

Xmas [ˈeksməs, ˈkrɪsməs] n Noël *m*

X-ray [ˈeksˌreɪ] **1** n (= photograph) radiographie *f* **2** vt ▪ **to ~ sth** faire une radio de qch

xylophone [ˈzaɪləfəʊn] n xylophone *m*

yY

Y2K [ˌwaɪtuːˈkeɪ] (abbr of **Year 2000**) an *m* 2000

yacht [jɒt] n (motorboat) yacht *m* ; (with sails) voilier *m*

yachtsman [ˈjɒtsmən] n (pl **-men**) (in race, professional) navigateur *m*

Yale® [jeɪl] n (also **Yale lock**) serrure *f* à cylindre

yam [jæm] n **a** (= plant, tuber) igname *f* **b** (US = sweet potato) patate *f* douce

Yank‡ [jæŋk] n Amerloque‡ *mf*

yank [jæŋk] vt tirer d'un coup sec

yap [jæp] (pej) vi [dog] japper

yard [jɑːd] n **a** yard *(91,44 cm)*, ≈ mètre **b** [of farm, school] cour *f* **c** ▪ **builder's ~** chantier *m* de construction **d** (US = garden) jardin *m*

yardstick [ˈjɑːdstɪk] n (fig) élément *m* de comparaison

yarn [jɑːn] n fil *m*

yawn [jɔːn] **1** n bâillement *m* **2** vi [person] bâiller

yeah* [jɛə] particle ouais*

year [jɪəʳ] n **a** an *m*, année *f* ▪ **next/last ~** l'an *m* prochain/dernier, l'année *f* prochaine/dernière ▪ **this ~** cette année ▪ **three times a ~** trois fois par an ▪ **every ~** tous les ans, chaque année ▪ **financial ~** exercice *m* financier **b** (age) ▪ **he is six ~s old** il a six ans **c** (at school, university) année *f*

yearly [ˈjɪəlɪ] **1** adj annuel **2** adv (= every year) chaque année ▪ **twice ~** deux fois par an

yearn [jɜːn] vi (= feel longing) aspirer (*for* à)

yearning [ˈjɜːnɪŋ] n envie *f* (*for* de, *to do sth* de faire qch)

yeast [jiːst] n levure *f*

yell [jel] **1** n hurlement *m* **2** vti hurler ▪ **to ~ at sb** crier après qn

yellow [ˈjeləʊ] adj, n jaune *m* ► **Yellow Pages**® pages *fpl* jaunes®

yelp [jelp] **1** n [of dog] jappement *m* **2** vi japper

yes [jes] particle (answering affirmative question) oui ; (answering negative question) si ► **yes man*** béni-oui-oui* *m inv* ▪ **he's a ~ man** il dit amen à tout

yesterday [ˈjestədeɪ] **1** adv hier ▪ **~ afternoon/morning** hier après-midi/matin **2** n hier *m* ▪ **the day before ~** avant-hier

yet [jet]

1 adv **a** (gen) encore ▪ **not ~** pas encore ▪ **they haven't returned ~** ils ne sont pas encore de retour ▪ **are you coming? – not just ~** est-ce que vous venez ? – pas tout de suite ▪ **no one has come as ~** personne n'est encore arrivé ▪ **not for some time ~** pas avant un certain temps ▪ **~ more people** encore plus de gens ▪ **~ again** une fois de plus

b (= already: in questions) déjà ▪ **have you had your lunch ~?** avez-vous déjà déjeuné ?

c (= so far: with superlative) jusqu'ici ▪ **she's the best teacher we've had ~** c'est le meilleur professeur que nous ayons eu jusqu'ici

2 conj (= however) pourtant ; (= nevertheless) toutefois

Y-fronts® [ˈwaɪfrʌnts] npl (BR) slip *m*

yield [jiːld] **1** n rendement *m* **2** vt **a** (= produce) produire ; [+ profit] rapporter **b** (= surrender) [+ ground, territory] céder **3** vi céder (*to* devant, à)

yodel [ˈjəʊdl] vi iodler

yoga [ˈjəʊgə] n yoga *m*

yogurt [ˈjəʊgət] n yaourt *m*

yoke [jəʊk] n **a** (= dominion) joug *m* **b** [of dress, blouse] empiècement *m*

yolk [jəʊk] n [of egg] jaune *m* (d'œuf)

YOLO [ˈjəʊləʊ] loc (abbr of **you only live once**) YOLO, *on ne vit qu'une fois*

Yorkshire pudding [ˌjɔːkʃəˈpʊdɪŋ] n (BR) *pâte à crêpe cuite qui accompagne un rôti de bœuf*

you [juː] pers pron **a** ▪ **~ are very kind** vous êtes or tu es très gentil ▪ **I'll see ~ soon** je te or je vous verrai bientôt ▪ **this book is for ~** ce livre est pour toi or vous ▪ **she is younger than ~** elle est plus jeune que toi or vous ▪ **all of ~** vous tous ▪ **if I were ~** à ta or votre place ▪ **~ fool!** espèce d'imbécile ! **b** (= one, anyone) ▪ **~ never know** on ne sait jamais ▪ **how do ~ switch this on?** comment est-ce que ça s'allume ? ▪ **fresh air does ~ good** l'air frais (vous) fait du bien

you'd [juːd] ⇒ **you had, you would** ; → **have, would**

you'll [juːl] ⇒ **you will** ; → **will**

young [jʌŋ] **1** adj [person, tree] jeune ; [vegetable] nouveau (nouvelle *f*) ▪ **he is three years ~er than you** il a trois ans de moins que vous ▪ **my ~er brother** mon frère cadet ▪ **~ people** les jeunes *mpl* **2** npl (= people) ▪ **~ and old** les (plus) jeunes *mpl* comme les (plus) vieux *mpl*

youngster ['jʌŋstəʳ] n (= child) enfant *mf*

your [jʊəʳ] poss adj **a** (referring to one person) ton, ta, tes ; (polite form, plural form) votre, vos ▪ **~ book** ton or votre livre, votre livre à vous ▪ **~ table** ta or votre table ▪ **~ clothes** tes or vos vêtements ▪ **YOUR book** ton livre à toi, votre livre à vous **b** (= one's) son, sa, ses ▪ **exercise is good for ~ health** l'exercice est bon pour la santé

you're [jʊəʳ] ⇒ **you are** ; → **be**

yours [jʊəz] poss pron (referring to one person) le tien, la tienne, les tiens, les tiennes ; (polite form, plural form) le vôtre, la vôtre, les vôtres ▪ **this is my book and that is ~** voici mon livre et voilà le tien or le vôtre ▪ **this book is ~** ce livre est à toi or à vous ▪ **she is a cousin of ~** c'est une de tes or de vos cousines

yourself [jʊə'self] pers pron (pl **yourselves** [jʊə'selvz]) (reflexive: direct and indirect) te, vous, vous *pl* ; (after preposition) toi, vous, vous *pl* ; (emphatic) toi-même, vous-même, vous-mêmes *pl* ▪ **have you hurt ~?** tu t'es fait mal ?, vous vous êtes fait mal ? ▪ **are you enjoying yourselves?** vous vous amusez bien ? ▪ **by ~** tout seul

youth [juːθ] n **a** (= young age) jeunesse *f* **b** (= young person) jeune *mf* ▸ **youth club** maison *f* de jeunes ▸ **youth hostel** auberge *f* de jeunesse

youthful ['juːθfʊl] adj [person, looks] jeune ; [idealism, enthusiasm] juvénile

you've [juːv] ⇒ **you have** ; → **have**

Yugoslavia ['juːgəʊ'slɑːvɪə] n Yougoslavie *f*

yuppie* ['jʌpɪ] n yuppie *mf*

yurt [jʊət] n yourte *f*

zZ

zany ['zeɪnɪ] adj loufoque*

zap* [zæp] **1** vt (= delete) [+ word, data] supprimer **2** vi **a** (= move quickly) foncer **b** (TV) ▪ **to ~ through the channels** zapper

zeal [zi:l] n (= enthusiasm) zèle *m*

zealous ['zeləs] adj [person] zélé

zebra ['zebrə, 'zi:brə] n zèbre *m* ▸ **zebra crossing** (BR) passage *m* (pour) piétons

zenith ['zenɪθ] n zénith *m*

zero ['zɪərəʊ] n zéro *m* ▪ **15 degrees below ~** 15 degrés au-dessous de zéro ▸ **zero-emission** à taux d'émission zéro ▸ **zero-hour(s) contract** contrat *m* zéro heure, *contrat d'embauche ne stipulant aucun horaire ni durée minimum de travail*

▸ **zero in** vi ▪ **to ~ in on sth** (= move in on) se diriger droit sur qch ; (= concentrate on) se concentrer sur qch

zest [zest] n **a** (= gusto) entrain *m* **b** [of orange, lemon] zeste *m*

zigzag ['zɪgzæg] **1** n zigzag *m* **2** vi zigzaguer ▪ **to ~ through** traverser en zigzaguant

zilch [zɪltʃ] n que dalle‡

zinc [zɪŋk] n zinc *m*

zip [zɪp] **1** n **a** (BR) fermeture *f* éclair® **b** (Computing) zip *m*, fichier(s) *m(pl)* compressé(s) **2** vi ▪ **to ~ out/past** [car, person] sortir/passer comme une flèche **3** vt [+ file] zipper

▸ **zip up** vt sep [+ dress, bag] fermer avec une fermeture éclair®

zip code ['zɪpkəud] n (US) code *m* postal

zipper ['zɪpəʳ] n (US) fermeture *f* éclair®

Z-list ['zedlɪst] n, adj (pej) de troisième zone

zodiac ['zəʊdɪæk] n zodiaque *m*

zombie ['zɒmbɪ] n zombie *m*

zone ['zəʊn] n zone *f*

▸ **zone out** vi décrocher*

zoo [zu:] n zoo *m*

zoology [zəʊ'ɒlədʒɪ] n zoologie *f*

zoom [zu:m] vi ▪ **the car ~ed past us** la voiture est passée en trombe* ▸ **zoom lens** zoom *m*

▸ **zoom in** vi faire un zoom (*on* sur)

▸ **zoom out** vi faire un zoom arrière

zucchini [zu:'ki:nɪ] n inv (US) courgette *f*

La grammaire anglaise

sommaire

1. les verbes réguliers et irréguliers 1147
2. « s » à la fin du verbe 1147
3. comment traduire « verbe + infinitif » en anglais 1148
4. have, do et be : trois mots à double personnalité 1149
5. be conjugué : am / is / are / was / were 1150
6. do/does (auxiliaires) - pour « insister » 1151
7. do et have (verbes lexicaux) : questions et forme négative 1152
8. have got/has got 1152
9. have got/has got : formes négative et interrogative 1153
10. les modaux 1154
11. une famille de mots-outils : be/have/do et les modaux 1155
12. verbes à particule (« phrasal verbs ») (1) 1156
13. verbes à particule (2) 1157
14. verbes prépositionnels 1158
15. verbes à double complément 1159
16. les questions : comment poser une question en anglais 1160
17. les questions : rôle de **do** 1161
18. les questions : « mots interrogatifs » 1162
19. les questions : remarque importante 1163
20. la négation : comment dire « ne...pas... » en anglais 1164
21. la négation : rôle de **do** 1164
22. La forme interro-négative 1165
23. la forme en -ing (sens général) 1165
24. la forme en -ing (verbe + verbe en -ing) 1166
25. le présent simple : introduction 1168
26. le présent simple : négatif avec **don't / doesn't** 1168
27. le présent simple : poser des questions 1169
28. le présent en be + -ing : introduction 1170
29. le présent en be + -ing (actions en cours) 1171
30. le présent en be + -ing (activités de longue durée) 1172
31. le présent en be + -ing : restrictions d'emploi 1172
32. comment décrire une scène en anglais : rôle de **be** 1173
33. le present perfect : le présent lié au passé 1174
34. le present perfect : parler de son expérience de la vie 1174
35. le present perfect : « c'est comme ça depuis un moment » 1175
36. le present perfect : « jusqu'à présent » 1176
37. le present perfect : trucs et astuces 1177
38. le present perfect en be + -ing 1177
39. le prétérit simple 1179
40. le prétérit simple de be 1180
41. le prétérit en be + -ing 1181

42. comment traduire le passé composé en anglais 1182
43. comment traduire l'imparfait en anglais 1182
44. le past perfect simple 1183
45. le past perfect en be + -ing 1184
46. comment traduire le conditionnel en anglais 1185
47. le passif (notions de base) 1185
48. le passif (be + being + participe passé) 1186
49. le passif : temps et modes 1187
50. parler de l'avenir : emploi de **will** 1188
51. parler de l'avenir : be going to + BV 1189
52. l'avenir : présent simple et be + -ing 1189
53. prédiction, décision, programme 1190
54. be to + BV et **be (just) about to + BV** 1191
55. l'impératif 1192
56. les « tags » et les réponses courtes (1) 1192
57. les « tags » et les réponses courtes (2) 1193
58. les « tags » et les réponses courtes (3) 1194
59. les noms : singulier et pluriel 1195
60. les noms : dénombrables et indénombrables 1196
61. les articles : l'article zéro 1197
62. les articles : exemples importants de l'article zéro 1198
63. a/an, some, article zéro 1199
64. la relation « X de Y » 1200
65. la relation « X de Y » (autres solutions) 1201
66. adjectifs épithètes 1202
67. adjectifs attributs 1203
68. adjectifs et prépositions 1203
69. adjectifs substantivés 1205
70. adjectifs et substantifs de nationalité 1205
71. adjectifs et comparatifs 1208
72. adjectifs et superlatifs 1208
73. pronoms sujets et compléments 1210
74. déterminants et pronoms possessifs 1211
75. pronoms réfléchis 1212
76. masculin et féminin, mâle et femelle : he, she, it 1213
77. masculin et féminin, mâle et femelle : his, her, its 1214
78. masculin et féminin : it's his/it's hers... 1214
79. relatives : comment traduire « qui » et « que » 1215
80. relatives : détermination et apposition 1216
81. relatives : comment traduire « dont » 1217
82. adverbes : place dans la phrase 1218
83. discours direct et indirect : généralités 1220
84. discours direct et indirect : temps et modes 1222
85. discours direct et indirect : repères temporels 1222
86. discours direct et indirect : modaux 1223

1. les verbes réguliers et irréguliers

❑ En anglais, un verbe régulier a généralement un prétérit et un participe passé qui se terminent en **-ed.** Le verbe **want** devient **wanted** au prétérit (→ **voir fiche 39**), et son participe passé est également **wanted.**

❑ Voici quelques verbes réguliers :

base verbale	walk	live	play	ask
3e pers. du sg	walks	lives	plays	asks
prétérit	walked	lived	played	asked
participe passé	walked	lived	played	asked

❑ Un verbe irrégulier peut complètement changer lorsqu'il se conjugue. Le verbe **go**, par exemple, devient **went** au prétérit, et son participe passé est **gone.** Le verbe **be** a des formes diverses : **be, am, is, are, was, were, been.**

❑ Voici quelques verbes irréguliers :

base verbale	go	have	sing	buy
3e pers. du sg	goes	has	sings	buys
prétérit	went	had	sang	bought
participe passé	gone	had	sung	bought

Vous trouverez les principaux verbes irréguliers anglais en annexe.

2. « s » à la fin du verbe

❑ Il y a une règle très simple en anglais : au présent simple, quand on emploie la troisième personne du singulier, le verbe ou l'auxiliaire (sauf les modaux : **can, must,** etc.) prend un s. Voici quelques exemples : ***he*** *eat**s**, **she** read**s**, **it** smell**s**, **the house is** beautiful, **the dog** bark**s**.*

❑ Le verbe se termine toujours en s à la troisième personne du singulier au présent.

➲ *He **likes** cats.* › *Il aime les chats.*

➲ *My sister **hates** coffee.* › *Ma sœur déteste le café.*

❑ Aux formes négative et interrogative, le s s'ajoute à l'auxiliaire **do** qui sert à construire ces formes ; **do** devient ainsi **does :**

➲ *He **does**n't like cats.* › *Il n'aime pas les chats.*

➲ ***Does** he like cats?* › *Est-ce qu'il aime les chats ?*

Ne soyez pas tenté d'ajouter deux fois le s de la troisième personne ! *does he likes cats? est incorrect !

❑ Le **s** est aussi à la fin des auxiliaires **have** et **be** qui servent à construire les temps composés :

Have devient **has** :

➲ *Kevin **has** broken his arm.* › *Kevin s'est cassé le bras.*

Be devient **is** :

➲ *My Dad **is** reading the paper.* › *Mon père lit le journal.*

3. comment traduire « verbe + infinitif » en anglais

1 On emploie OBLIGATOIREMENT la base verbale (BV), c'est-à-dire la forme sans **to** du verbe (par exemple **watch, see, wait**).

- après les **modaux**

➲ *I can **see** you.* › *Je te vois.*

- après **let**

➲ *He let me **come**.* › *Il m'a laissé venir.*

- après **make**

➲ *He made me **stay**.* › *Il m'a obligé à rester.*

2 On emploie OBLIGATOIREMENT BV + **-ing** après les verbes suivants (il y en a d'autres, mais voici les plus courants) :

➲ *avoid do**ing*** (= *éviter de faire*)

➲ *enjoy do**ing*** (= *aimer faire quelque chose*)

➲ *finish do**ing*** (= *terminer de faire*)

➲ *imagine do**ing*** (= *imaginer faire*)

➲ *practise do**ing*** (= *s'entraîner à faire*)

➲ *risk do**ing*** (= *prendre le risque de faire*)

➲ *suggest do**ing*** (= *proposer de faire*)

➲ *stop do**ing*** (= *arrêter de faire*)

✎ **Stop** + **to** + base verbale existe, mais avec un sens particulier :

➲ *He stopped smoking.* › *Il a arrêté de fumer.*

➲ *He stopped to smoke.* › *Il s'est arrêté pour fumer.*

3 Avec **begin, start** et **continue,** vous pouvez employer soit **to** + BV, soit **-ing,** sauf après la forme en **be** + **-ing,** toujours suivie de **to** + BV :

- **begin** › *It began raining/It began to rain.* › *Il a commencé à pleuvoir.*
- **start** › *She started crying/She started to cry.* › *Elle a commencé à pleurer.*
- **continue** › *He continued talking/He continued to talk.*
  › *Il a continué à parler.*

❑ Avec les verbes suivants, les deux formes sont possibles mais la forme en BV + **-ing** est plus courante.

- **like** › *I like to shop/I like shopping.* › *J'aime faire les courses*
- **love** › *I love to sing/I love singing.* › *J'adore chanter.*
- **hate** › *I hate to dance/I hate dancing.* › *Je déteste danser.*

Quand **like, love** et **hate** sont employés avec **would** (contracté en **'d**), seule la forme **to** + BV est possible.

➲ *I'd like to go.* › *J'aimerais y aller.*

➲ *I'd love to see you.* › *J'aimerais beaucoup te voir.*

➲ *I'd hate to disturb him.* › *Je n'aimerais vraiment pas le déranger.*

4. have, do et be : trois mots à double personnalité

❑ **have, do** et **be** ont une double fonction :

- ils peuvent être des verbes « ordinaires », avec des sens bien particuliers (**have** = *avoir*, **do** = *faire*, **be** = *être*). Dans ce cas on les appelle des « verbes lexicaux ».
- ils peuvent être des « outils » qui aident à construire les phrases. Ce sont des auxiliaires. Ils n'ont pas de sens tout seuls, mais en se combinant avec d'autres mots, ils donnent un sens particulier à la phrase.

❑ **do** sert à construire les formes interrogative et négative (l'équivalent de *ne... pas*).

❑ **have** et **be** permettent de construire certains temps composés (comme *avoir* en français, qui permet de construire le passé composé *j'ai marché, il a bu...*).

❑ Un auxiliaire (A) peut s'associer à n'importe quel verbe (V) :

➲ *Do*(A) *you like*(V) *tea?* › *Est-ce que tu aimes le thé ?*

➲ *It has*(A) *stopped*(V) *raining.* › *Il a arrêté de pleuvoir.*

➲ *I am*(A) *reading*(V). › *Je suis en train de lire.*

❑ Les auxiliaires **do** et **have** peuvent s'associer avec les verbes **do** et **have** (tout comme en français l'auxiliaire *avoir* peut s'associer avec le verbe *avoir : j'ai*(A) *eu*(V) *peur*).

- Voici quelques exemples :

➲ *What do*(A) *you do*(V) *for a living?* › *Que faites-vous dans la vie ?*

➲ *Have*(A) *you had*(V) *your dinner?* › *As-tu dîné ?*

➲ *I don't*(A) *do*(V) *very much on Saturdays.*

➲ *Je ne fais pas grand-chose le samedi.*

➲ *Anne has*(A) *had*(V) *an accident.* › *Anne a eu un accident.*

- Voici des exemples où **do** auxiliaire s'associe avec **have** verbe lexical, et vice versa :

➲ *Do(A) birds have(V) ears?* › *Est-ce que les oiseaux ont des oreilles ?*

➲ *Have(A) you done(V) your homework?* › *As-tu fait tes devoirs ?*

❑ L'auxiliaire **be** peut s'associer avec le verbe **be** :

• **be** + **being** s'emploie pour décrire l'état ou l'attitude de quelqu'un à un moment donné :

➲ *Alison is(A) being(V) very patient.*
➲ *Alison fait preuve d'une grande patience en ce moment.*

➲ *Now you're(A) being(V) selfish!* › *Là, tu es égoïste !*

• **be** + **being** s'emploie pour former le passif, afin de parler de quelque chose qui est en train d'être fait, qui est en cours :

➲ *The car is being repaired.* › *La voiture est en cours de réparation.*

➲ *The towers are being built.* › *Les tours sont en cours de construction.*

5. be conjugué : am / is / are / was / were

❑ **am, is, are, was** et **were** sont les formes du verbe **be** (= *être*).

• présent

➲ *I **am** at home.*

➲ *He / she / it / William **is** late.*

➲ *You / we / they / my parents **are** happy.*

• prétérit

➲ *I / he / she / it / Laurie **was** at home.*

➲ *You / we / they / my parents **were** happy.*

❑ **be** ne se comporte pas tout à fait comme les autres verbes :

• À la forme négative, il est simplement suivi de **not** :

➲ *David **is not** French.* › *David n'est pas français.*

• À la forme interrogative, **be** se met avant le sujet indiqué ici par « S » :

➲ ***Is** David(S) French?*
➲ *Est-ce que David est français ?* › *Il est français, David ?* › *David est-il français ?* › *David est français ?*

➲ *Who **was** that(S)?*
➲ *Qui était-ce ?* › *Qui c'était ?* › *C'était qui ?*

➲ ***Am** I(S) late?*
➲ *Je suis en retard ?* › *Suis-je en retard ?* › *Est-ce que je suis en retard ?*

✎ Notez les différentes positions que le sujet peut occuper dans une question posée en français ; il n'y a qu'une seule façon de poser une question en anglais (l'ordre des mots est précis).

6. do/does (auxiliaires) - pour « insister »

❑ Le verbe do a deux fonctions importantes en anglais :

• D'une part, il peut avoir le sens de « faire » (I do the cooking = *Je fais la cuisine*). Dans ce cas, on dit que c'est un « verbe lexical ».

• D'autre part, il peut être un « outil », un auxiliaire (➾ **voir fiche 11**).

❑ L'auxiliaire do joue plusieurs rôles dans la construction d'une phrase :

• il permet de poser des questions ;

• il permet de former le négatif ;

• il permet d'insister sur ce qu'on dit.

❑ Dans ce qui suit, le sens des phrases est presque le même, sauf que dans la deuxième phrase on « insiste » sur ce qu'on dit. Notez les différentes traductions possibles de la nuance apportée par do :

➲ *I **like** pancakes.* › *J'aime les crêpes.*

➲ *I **do like** pancakes.* › *J'aime beaucoup les crêpes.*

➲ *David **loves** you.* › *David t'aime.*

➲ *David **does love** you!* › *David t'aime vraiment !*

➲ *Anna **walks** fast.* › *Anna marche vite.*

➲ *Anna **does walk** fast!* › *Décidément, Anna marche vite !*

➲ *It **snows** a lot here.* › *Il neige beaucoup ici.*

➲ *It **does snow** a lot here.* › *Il est vrai qu'il neige beaucoup ici.*

➲ *We **see** what you mean.* › *Nous voyons ce que tu veux dire !*

➲ *But we **do see** what you mean!* › *Mais si, nous voyons ce que tu veux dire !*

➲ ***Come** in!* › *Entrez !*

➲ ***Do come** in!* › *Entrez ! Je vous en prie !*

✎ À chaque fois, **do/does** est suivi de la base verbale (BV) : on dit he does love et non pas *he does loves, it does snow et non pas *it does snows.

Rappel : La « base verbale », c'est le verbe tel qu'on le trouve dans le dictionnaire : **love** est la base verbale, alors que **loves, loved** et **loving** sont des formes conjuguées du verbe **love.**

✎ L'auxiliaire **do** peut très bien s'employer avec le verbe lexical **do** ; on applique la même règle (**do/does** + base verbale **do**) :

➲ *You **do** a lot of cooking.* › *Tu fais beaucoup de cuisine.*

➲ *You **do do** a lot of cooking!* › *Tu fais vraiment beaucoup de cuisine !*

7. do et have (verbes lexicaux) : questions et forme négative

❑ **Do** et **have** peuvent être soit des verbes « ordinaires » (lexicaux), soit des auxiliaires (➜ **voir fiche 11**).

❑ Quand **do** n'est pas un auxiliaire (A) mais un verbe « ordinaire » (V) qui signifie « faire », on emploie l'auxiliaire **do** dans les questions et à la forme négative, au présent simple et au prétérit, comme avec n'importe quel autre verbe :

➲ *Paul does*(V) *the cooking.* › *Paul fait la cuisine.*

• Question :

➲ *Does*(A) *Paul do*(V) *the cooking?* › *Est-ce que Paul fait la cuisine ?*

*Does Paul the cooking? est incorrect !

• Forme négative :

➲ *Paul doesn't*(A) *do*(V) *the cooking.* › *Paul ne fait pas la cuisine.*

* Paul doesn't the cooking est incorrect !

❑ **don't** + BV est la forme négative de l'impératif. Il s'emploie aussi bien avec **do** verbe lexical qu'avec n'importe quel autre verbe :

➲ *Don't do that!* › *Ne fais pas ça !*

❑ Quand **have** n'est pas un auxiliaire (A) mais un verbe « ordinaire » (V) qui signifie « avoir », « prendre », « manger » ou « boire », on doit aussi employer l'auxiliaire **do** dans les questions et à la forme négative, au présent simple et au prétérit :

➲ *Paul has*(V) *a bath every night.* › *Paul prend un bain tous les soirs.*

• Question :

➲ *Does*(A) *Paul have*(V) *a bath every night?*
➲ *Est-ce que Paul prend un bain tous les soirs ?*

*Has Paul a bath? est incorrect !

• Forme négative :

➲ *Paul doesn't*(A) *have*(V) *a bath every night.*
➲ *Paul ne prend pas un bain tous les soirs.*

* Paul hasn't a bath est incorrect !

8. have got/has got

❑ En anglais, le verbe qui correspond généralement à *avoir* au sens de « posséder » est **have.**

➲ *I/you/we/they/* ***have*** *something.*
➲ *He/she/it* ***has*** *something.*

❑ Très souvent, le verbe **have,** quand il signifie « avoir, posséder », est suivi du mot **got,** surtout en anglais parlé.

➲ *I / you / we / they / **have got** something.*
➲ *He / she / it **has got** something.*

❑ **Have got** est souvent contracté en **'ve got,** et **has got** en **'s got** :

➲ *I'**ve got** a new bike.* › *J'ai un nouveau vélo.*
➲ *Émilie'**s got** three dogs.* › *Émilie a trois chiens.*
➲ *It's (= it is) a big house, but it'**s got** (= it has got) a small garden.*
➲ *C'est une grande maison, mais elle a un petit jardin.*

❑ Dans ces exemples, le mot **got** n'a pas de sens particulier. Les paires de phrases suivantes ont exactement le même sens :

➲ *I have a headache / I've got a headache.*
➲ *The car has four doors / The car's got four doors.*
➲ *You have three minutes / You've got three minutes.*

Quand **have** ne signifie pas « avoir, posséder », il n'est jamais suivi de **got** :

➲ *They **have** lunch at school.* › *Ils déjeunent au collège.*
➲ *I **have** a shower every morning.* › *Je prends une douche tous les matins.*

➡ **voir** : **have to / have got to.**

9. have got/has got : formes négative et interrogative

❑ Pour la forme négative, il suffit d'ajouter **not** entre **have / has** et **got** : *have not got ; has not got.*

❑ **Have not got** est généralement contracté en **haven't got. Has not got** est généralement contracté en **hasn't got.**

➲ *He'**s got** a skateboard, but he **hasn't got** a bike.*
➲ *Il a un skateboard, mais il n'a pas de vélo.*
➲ *His parents **haven't got** a car.* › *Ses parents n'ont pas de voiture.*

Les phrases suivantes ont exactement le même sens :

➲ *Spiders **don't have** wings = Spiders **haven't got** wings.*
➲ *Les araignées n'ont pas d'ailes.*
➲ *I **don't have** a job = I **haven't got** a job.* › *Je n'ai pas de travail.*
➲ *Janet **doesn't have** any brothers = Janet **hasn't got** any brothers.*
➲ *Janet n'a pas de frères.*

❑ Pour poser une question avec **have got,** on inverse le sujet et **have** :

➲ ***Has** he **got** a bike? (= **Does** he **have** a bike?)*
➲ *A-t-il un vélo ?*

➲ ***Have** his parents **got** a car? (= Do his parents **have** a car?)*
➲ *Est-ce que ses parents ont une voiture ?*

💣 Quand **have** ne signifie pas « posséder », il n'est pas suivi de **got**, et à la forme négative on emploie **do** :

➲ *They **don't have** lunch at school.* (seule possibilité)
➲ *Ils ne déjeunent pas au collège.*

➲ *I **don't have** a shower every morning.* (seule possibilité)
➲ *Je ne prends pas une douche tous les matins.*

❑ Forme interrogative :

➲ ***Do** they **have** lunch at school?* › *Est-ce qu'ils déjeunent au collège ?*

➲ ***Does** he **have** a shower every morning?*
➲ *Est-ce qu'il prend une douche tous les matins ?*

10. les modaux

❑ Un modal est un outil qui permet d'exprimer certaines choses. Les modaux sont **can, could, may, might, must, shall, should, will, would.**

❑ En fait, chaque modal a plusieurs fonctions : il faut éviter de penser, par exemple, que « **can**, c'est pouvoir » ou que « **will**, c'est le futur ». Ces mots ont bien d'autres emplois, bien d'autres fonctions.

1 Tous les modaux sont suivis de la base verbale (BV).

💣 Ne faites pas l'erreur d'ajouter **to** après un modal !

➲ *David **must** leave now.* › *David doit partir maintenant.*

➲ *You **can** phone me later.* › *Tu peux m'appeler plus tard.*

2 Dans les phrases affirmatives, le modal se met entre le sujet et le verbe :

➲ *I **will** see you tomorrow.* › *Je te verrai demain.*

➲ *Maria **could** see the car from her window.*
➲ *Maria voyait la voiture de sa fenêtre.*

3 Dans les phrases négatives, le modal est suivi de **not** :

➲ *I will **not** see you tomorrow.* › *Je ne te verrai pas demain.*

➲ *Maria could **not** see the car from her window.*
➲ *Maria ne voyait pas la voiture de sa fenêtre.*

❑ Une contraction se fait souvent entre le modal et **not** :

can	➤ **can't**	**could**	➤ **couldn't**
might	➤ **mightn't**	**must**	➤ **mustn't**
shall	➤ **shan't** (Attention, pas *shalln't !)	**should**	➤ **shouldn't**
will	➤ **won't** (Attention, pas *willn't !)	**would**	➤ **wouldn't**

✎ La forme **cannot** (en un mot) s'emploie surtout à l'écrit. On ne fait pas la contraction de **may not.**

4 Dans les questions, l'ordre sujet + modal est simplement inversé.

➲ ***Will*** *I see you tomorrow?* › *Est-ce que je te verrai demain ?*

➲ ***Could*** *Maria see the car from her window?*

➲ *Est-ce que Maria voyait la voiture de sa fenêtre ?*

➲ ***Might*** *it rain tomorrow, do you think?*

➲ *Il est possible qu'il pleuve demain, à ton avis ?*

➲ ***Would*** *anyone like some more cake?*

➲ *Quelqu'un voudrait-il encore du gâteau ?*

11. une famille de mots-outils : be/have/do et les modaux

1 Dans les phrases affirmatives, l'ordre est sujet (S) + outil (O) + verbe (V)

❑ Les « outils » se mettent entre le sujet et le verbe, même **do,** mais il n'apparaît qu'aux formes interrogative et négative, ou pour insister (➔ **voir fiche 06**). L'ordre est toujours S-O-V :

- conjugaison de **have :** présent **have/has** ; prétérit **had**

➲ *We(S) have(O) finished(V) our homework.*

➲ *Nous avons terminé nos devoirs.*

- conjugaison de **be :** present **am/is/are ;** prétérit **was/were**

➲ *Ben(S) is(O) reading(V) a magazine.* › *Ben lit une revue.*

- conjugaison de **do :** présent **do/does ;** prétérit **did**

➲ *I (S) like(V) ice cream.* › *J'aime les glaces.*

➲ *Dan(S) likes boxing(V).* › *Dan aime la boxe.*

➲ *Danny(S) walked to the house.* › *Danny a marché jusqu'à la maison.*

- modaux

➲ *I(S) will(O) see(V) you tomorrow.* › *Je te verrai demain.*

➲ *Sam(S) can(O) speak(V) Italian.* › *Sam parle italien.*

2 Dans les phrases négatives, on ajoute **not** entre l'outil et le verbe. L'ordre est « S-O-**not**-V » :

- auxiliaire **have**

➲ *We(S) haven't(O + not) finished(V) our work.*

➲ *Nous n'avons pas terminé notre travail.*

- auxiliaire **be**

➲ *Ben(S) isn't(O + not) reading(V) a magazine.* › *Ben ne lit pas une revue.*

- auxiliaire **do**

➲ *I(S) don't(O + not) like(V) ice cream.* › *Je n'aime pas les glaces.*

➲ *Dan(S) doesn't(O + not) like(V) boxing.* › *Dan n'aime pas la boxe.*

➲ *Danny(S) didn't(O + not) walk(V) to the house.*
➲ *Danny n'est pas allé à la maison à pied.*

- modaux

➲ *I(S) won't (= will(O) not) see(V) you tomorrow.*
➲ *Je ne te verrai pas demain.*

➲ *Sam(S) can't(O) speak(V) Italian.* › *Sam ne parle pas italien.*

3 Dans les questions, l'ordre sujet + outil est simplement inversé :

- auxiliaire **have**

➲ *Have(O) you(S) finished your work?* › *Avez-vous terminé votre travail ?*

- auxiliaire **be**

➲ *Is(O) Ben(S) reading a magazine?* › *Est-ce que Ben lit une revue ?*

- auxiliaire **do**

➲ *Do(O) you(S) like ice cream?* › *Est-ce que tu aimes les glaces ?*

➲ *Does(O) Dan(S) like boxing?* › *Est-ce que Dan aime la boxe ?*

➲ *Did(O) Danny(S) walk to the house?*
➲ *Est-ce que Danny est allé à pied jusqu'à la maison ?*

- modaux

➲ *Will(O) I(S) see you tomorrow?* › *Est-ce que je te verrai demain ?*

➲ *Can(O) Sam(S) speak Italian?* › *Est-ce que Sam parle italien ?*

12. verbes à particule (« phrasal verbs ») (1)

❑ En anglais, il existe une famille de verbes qui sont constitués de deux (parfois trois) mots. On les appelle souvent les verbes à particule ou phrasal verbs. Regardons d'abord quelques exemples :

➲ *David **put** his bags **down** near the door.*
➲ *David a posé ses bagages près de la porte.*

Put down est ici un verbe transitif qui signifie *poser quelque chose.*

➲ *If you don't know what the word means, **look** it **up** in a dictionary.*
➲ *Si tu ne sais pas ce que signifie le mot, cherche-le dans un dictionnaire.*

Look up est ici un verbe transitif qui signifie *chercher quelque chose dans un dictionnaire, une encyclopédie,* etc.

➲ ***Shut up!** I'm trying to work!* › *Tais-toi ! J'essaie de travailler !*

Shut up est ici un verbe intransitif qui signifie *se taire.*

➲ *What time do we have to **check in**?*
➲ *À quelle heure faut-il enregistrer ses bagages ?*

Check in est un verbe intransitif qui signifie ici *enregistrer ses bagages, dans un aéroport.*

❑ Dans ces exemples, on voit clairement que le sens du verbe à particule ne peut pas être deviné en le « décomposant ». Il doit être compris dans sa totalité. Dans le dernier exemple, **check in** est composé du mot **check** *(contrôler)* et **in** (qui exprime normalement un mouvement vers l'intérieur). Mais **check in** signifie ici *enregistrer ses bagages.*

❑ Le verbe à particule peut avoir un sens très différent de celui auquel on pourrait s'attendre en regardant les mots qui le constituent. Voici quelques exemples :

➲ *give out* peut signifier *distribuer*
➲ *get down* peut signifier *sortir de table*
➲ *pull out* peut signifier *abandonner la course*
➲ *pull over* peut signifier *garer sa voiture sur le côté*

13. verbes à particule (2)

❑ Il existe des verbes à particule qui sont intransitifs (= qui s'emploient sans complément d'objet), et d'autres qui sont transitifs (= qui s'emploient avec un complément d'objet). Voici deux exemples de verbes à particule intransitifs :

• **get up** = *se lever*

➲ *I **got up** early this morning.* › *Je me suis levé tôt ce matin.*

• **take off** = *décoller* (en parlant d'un avion)

➲ *We're going to **take off** in five minutes.*
➲ *On va décoller dans cinq minutes.*

❑ Quand on emploie un verbe à particule transitif, le complément d'objet se place souvent (mais pas toujours) entre le verbe et le deuxième élément :

➲ *The firemen **put** the fire **out**. = The firemen **put out** the fire.*
➲ *Les pompiers ont éteint l'incendie.*

❑ Quand le complément d'objet est un pronom **(me, him, her, it, us, you, them),** il doit toujours s'intercaler entre le verbe et le deuxième élément :

➲ *The firemen **put** it **out**.* (*The firemen put out it est incorrect !)
➲ *Les pompiers l'ont éteint.*

❑ Voici deux autres exemples :

- **put away** = *ranger*
  - ➲ *Have you **put** your things **away?** = Have you **put away** your things?*
  - ➲ *As-tu rangé tes affaires ?*
- **look up** = *chercher (un mot dans un dictionnaire)*
  - ➲ ***Look** the word **up** in your dictionary. = **Look up** the word in your dictionary.*
  - ➲ *Cherche le mot dans ton dictionnaire.*

❑ Dans les dictionnaires et les manuels, un verbe à particule qui peut être « séparé » par un complément d'objet est souvent dit **séparable** (généralement abrégé en **sép** dans les dictionnaires).

❑ Quand aucun complément ne peut se mettre entre le verbe et la particule, le verbe est dit **inséparable** (généralement abrégé en **insép** dans les dictionnaires). Dans certains dictionnaires, les verbes à particule inséparables sont signalés par l'abréviation fus, du mot anglais fused qui signifie « fusionné ».

14. verbes prépositionnels

❑ Comme les verbes à particule, les verbes prépositionnels sont constitués de plusieurs éléments (deux, en général).

❑ Comme les verbes à particule, on peut rarement deviner leur sens à partir des mots qui les constituent.

❑ À la différence des verbes à particule, les verbes prépositionnels sont toujours associés à un complément d'objet.

❑ Ce complément d'objet ne peut jamais se mettre entre le verbe et sa préposition. On ne peut pas dire *I looked the cats after, ni *I bumped Jerry into.

Voici quelques exemples :

- **look after** = *s'occuper de*
  - ➲ *Who is **looking after** your cats?*
  - ➲ *Who is **looking after** them?*
  - ➲ *Qui s'occupe de tes chats ?*
  - ➲ *Qui s'en occupe ?*
- **pay for** = *payer, régler*
  - ➲ *Have you **paid for** the drinks?*
  - ➲ *Have you **paid for** them?*
  - ➲ *Tu as réglé les consommations ?*
  - ➲ *Les as-tu réglées ?*

• **stand for** = *tolérer*

➲ *I won't **stand for** this behaviour!*
➲ *I won't **stand for** it!*
➲ *Je ne tolérerai pas ce comportement !*
➲ *Je ne le tolérerai pas !*

• **bump into** = *croiser*

➲ *I **bumped into** Jerry at the library.*
➲ *I **bumped into** him at the library.*
➲ *J'ai croisé Jerry à la bibliothèque.*
➲ *Je l'ai croisé à la bibliothèque.*

15. verbes à double complément

❑ Regardez d'abord cet exemple pour le verbe **give** :

➲ *I gave a present to my sister.* › *J'ai donné un cadeau à ma sœur.*

Il y a deux compléments d'objet dans cette phrase (**a present** et **my sister**). La phrase a exactement la même structure qu'en français.

❑ Mais en anglais il existe une autre façon de dire la même chose :

➲ *I gave my sister a present.*

Cette fois-ci, la structure n'est pas la même qu'en français. La préposition **to** est omise, et l'ordre des compléments n'est pas le même. Comparez :

➲ *Givethe dog a bone.* › *Donne un os au chien.*
➲ *Give the dog to Henry. = Give Henry the dog.*
➲ *Donne le chien à Henry.*

❑ Voici d'autres exemples de verbes à double complément :

• **bring**

➲ *I **brought** a newspaper to my father.*
➲ *I **brought** my father a newspaper.*
➲ *J'ai apporté un journal à mon père.*

• **buy**

➲ *George often **buys** presents for his sisters.*
➲ *George often **buys** his sisters presents.*
➲ *George achète souvent des cadeaux pour ses sœurs.*

Ici, c'est la préposition **for** qui est omise.

• **lend**

➲ *Can you **lend** some money to Alison?*
➲ *Can you **lend** Alison some money?*
➲ *Tu peux prêter de l'argent à Alison ?*

Les verbes **explain, recommend, suggest** et **describe** ne sont jamais suivis immédiatement d'un complément personnel **(me, him, her, us, you, them)** :

➲ *Can you **explain** the situation (to me)?*
➲ *Tu peux m'expliquer la situation ?*

(On ne dit pas *explain me the situation !)

➲ *They **recommended** a good restaurant (to us).*
➲ *Ils nous ont recommandé un bon restaurant.*

(On ne dit pas *They recommended us a good restaurant !)

➲ *Dave **suggested** an interesting solution (to me).*
➲ *Dave m'a suggéré une solution intéressante.*

(On ne dit pas *Dave suggested me... !)

➲ *Can you **describe** the man (to us)?*
➲ *Pouvez-vous nous décrire cet homme ?*

(On ne dit pas *Can you describe us... !)

✎ Avec ces verbes, to me, to us, etc., sont le plus souvent omis.

16. les questions : comment poser une question en anglais

❑ La structure suivante est à la base de beaucoup de phrases simples en anglais : sujet + « outil » + verbe ...

➲ *Bob can swim very well.* › *Bob sait très bien nager.*

➲ *I have eaten enough.* › *J'ai assez mangé.*

Rappel : les « outils » sont les auxiliaires **be, do, have** et les modaux **can, will, must,** etc. (➜ **voir fiche 10**).

❑ Pour la forme interrogative (pour poser une question), on inverse l'outil et le verbe :

➲ *Can Bob swim?* › *Bob sait-il nager ?*

➲ *Have you eaten enough?* › *As-tu assez mangé ?*

❑ On inverse **be** conjugué et le sujet :

➲ *Is she happy?* › *Est-elle heureuse ?*

➲ *Why are you crying?* › *Pourquoi pleures-tu ?*

Quand **have** est auxiliaire, on inverse **have** et le sujet pour poser la question :

➲ *You have finished.* ➝ *Have you finished?*
➲ *Tu as terminé.* *Est-ce que tu as terminé ?*

➲ *They've left.* ➤ *Have they left?*
➲ *Ils sont partis.* *Sont-ils partis ?*

Avec **have/has got,** c'est exactement le même principe :

➲ *He's got (= he has got) flu.* ➤ *Has he got flu?*
➲ *Il a la grippe.* *Est-ce qu'il a la grippe ?*
➲ *They have got a new car.* ➤ *Have they got a new car?*
➲ *Ils ont une nouvelle voiture.* *Est-ce qu'ils ont une nouvelle voiture ?*

✎ Mais quand **have** est un verbe lexical, on emploie **do/does** pour poser la question :

➲ *They have three dogs.* ➤ *How many dogs do they have?*
➲ *Ils ont trois chiens.* *Combien de chiens ont-ils ?*

17. les questions : rôle de do

Rappel : pour poser une question en anglais on inverse l'auxiliaire ou le modal **(be, have, do, will, could...)** et le sujet **(he, it, my father, the car...).**

➲ *My parents have arrived.* ➤ *Have my parents arrived?*
➲ *It will be too late.* ➤ *Will it be too late?*

❑ Quand il n'y a ni auxiliaire ni modal dans la phrase, on utilise l'auxiliaire **do/does**.

➲ *They go to the cinema every Saturday.*
➲ *Ils vont au cinéma tous les samedis.*

❑ Pour poser une question, on met l'auxiliaire devant le sujet (ici, **they**).

➤ ***Do they** go to the cinema every Saturday?*
➲ *Est-ce qu'ils vont au cinéma tous les samedis ?*
➲ *Vont-ils au cinéma tous les samedis ?*
➲ *Rabbits (do) **eat** carrots.* › *Les lapins mangent des carottes.*
➤ ***Do** rabbits **eat** carrots?*
➲ *Les lapins mangent-ils des carottes ?*
➲ *Est-ce que les lapins mangent des carottes ?*

❑ À la 3e personne du singulier, on utilise **does.**

➲ *John **likes** watching TV.* › *John aime regarder la télé.*

❑ Pour poser une question, on met l'auxiliaire devant le sujet (ici, **John**).

➤ ***Does** John like watching TV?*
➲ *Est-ce que John aime regarder la télé ?*

• Autres exemples :

➲ *Martin **knows** the truth.*
➲ *Martin sait la vérité.*

➛ ***Does** Martin know the truth?*
➲ *Est-ce que Martin sait la vérité ?*

➲ *The train **arrives** at 3 pm.*
➲ *Le train arrive à 15 h.*

➛ *When **does** the train arrive?*
➲ *À quelle heure arrive le train ?*

➲ *My friend **works** in Paris.*
➲ *Mon ami travaille à Paris.*

➛ *Where **does** your friend work?*
➲ *Où est-ce que ton ami travaille ?*

❑ Au prétérit, on utilise **did** :

➲ *The train **arrived** at 3 pm.*
➲ *Le train est arrivé à 15 h.*

➛ *When **did** the train arrive?*
➲ *À quelle heure le train est-il arrivé ?*

➲ *My friend **worked** in Paris.*
➲ *Mon ami travaillait à Paris.*

➛ *Where **did** your friend work?*
➲ *Où est-ce que ton ami travaillait ?*

➲ *Martin **knew** the truth*
➲ *Martin savait la vérité.*

➛ ***Did** Martin know the truth?*
➲ *Martin savait-il la vérité ?*

18. les questions : « mots interrogatifs »

❑ En anglais, les mots interrogatifs commencent par les lettres **wh-** (sauf **how**) : **who, what, why, where, when, which** + nom et **how.**

❑ Quand une question commence par l'un de ces mots, l'ordre de la phrase est : **wh-** + « outil » (auxiliaire/modal) + sujet + verbe

wh-	**« outil » (auxiliaire / modal)**	**sujet**	**verbe**
What	*are*	*you*	*doing?*
When	*do*	*they*	*arrive?*
How	*can*	*people*	*believe that?*
Who	*does*	*Tom*	*live with?*
Which key	*did*	*they*	*use?*

❑ Quand **who?, what?** ou **which?** + nom constituent le sujet de la phrase, on n'emploie pas **do** pour former les questions. Comparez :

- ➲ *Who did you see?* (**you** est sujet ici)
- ➲ *Qui as-tu vu ?*

- ➲ *Who saw you?* (**who** est sujet ici)
- ➲ *Qui t'a vu ?*

- ➲ *What did you do?* (**you** est sujet ici)
- ➲ *Qu'as-tu fait ?*

- ➲ *What happened?* (**what** est sujet ici)
- ➲ *Que s'est-il passé ?*

- ➲ *Which book do you prefer?* (**you** est sujet ici)
- ➲ *Quel livre préfères-tu ?*

- ➲ *Which book belongs to you?* (**which book** est sujet ici)
- ➲ *Quel livre est à toi ?*

19. les questions : remarque importante

❑ En français, il existe au moins trois façons de poser la même question :

- ➲ *Ton frère fume-t-il ?*
- ➲ *Est-ce que ton frère fume ?*
- ➲ *Il fume, ton frère ?*

- ➲ *Est-ce que les autruches peuvent voler ?*
- ➲ *Les autruches peuvent-elles voler ?*
- ➲ *Elles peuvent voler, les autruches ?*

- ➲ *As-tu froid ?*
- ➲ *Tu as froid ?*
- ➲ *Est-ce que tu as froid ?*

- ➲ *Ils ont oublié ?*
- ➲ *Ont-ils oublié ?*
- ➲ *Est-ce qu'ils ont oublié ?*

❑ En anglais, c'est beaucoup plus simple. Les questions se posent toujours de la même façon, avec l'outil, le sujet et le verbe ou l'adjectif dans le même ordre. Quand vous devez traduire une question en anglais, ne vous préoccupez pas de la manière dont la question est posée en français, ni de l'ordre des mots en français :

outil	**sujet**	**verbe/adjectif**
Does	*your brother*	*smoke?*
Can	*ostriches*	*fly?*
Are	*you*	*cold?*
Have	*they*	*forgotten?*

❑ Pour poser une question avec le verbe lexical **be,** on inverse **be** et le sujet :

➲ *Is Paul cold?*

➲ *Are spiders insects?*

20. la négation : comment dire « ne...pas... » en anglais

❑ La structure suivante est à la base de beaucoup de phrases simples en anglais :

sujet + « outil » + verbe

➲ *Bob can swim very well.* › *Bob sait très bien nager.*

➲ *I have eaten enough.* › *J'ai assez mangé.*

Rappel : les « outils » sont les auxiliaires **be, do, have** et les modaux **can, will, must,** etc.

❑ Pour mettre une telle phrase à la forme négative (là où en français on emploierait *ne... pas...*), on met simplement **not** entre l'outil et le verbe :

➲ *Bob* ***can't*** (= *can* + *not*) *swim very well.*

➲ *Bob ne sait pas très bien nager.*

➲ *I* ***haven't*** (= *have* + *not*) *eaten enough.*

➲ *Je n'ai pas assez mangé.*

✎ L'outil et **not** sont très souvent contractés (**can** + **not** = **can't** ; **have** + **not** = **haven't...**)

❑ On met **not** après **be** conjugué :

➲ *We* ***are*** *very happy.* › *Nous sommes très heureux.*

➲ *We* ***aren't*** *very happy.* › *Nous ne sommes pas très heureux.*

21. la négation : rôle de do

❑ Dans la fiche précédente, on a vu que la négation s'exprime en anglais en mettant **not** entre l'outil et le verbe :

➲ *Bob can't swim very well.* › *Bob ne sait pas très bien nager.*

➲ *I haven't eaten enough.* › *Je n'ai pas assez mangé.*

❑ Quand l'outil est **do,** à la forme négative on emploie **do/does/did** + **not** + base verbale :

➲ *Harry* ***likes*** *football.* › *Harry aime le football.*

➲ *Harry* ***doesn't like*** *football.* › *Harry n'aime pas le football.*

➲ *Rabbits* ***eat*** *carrots.* › *Les lapins mangent des carottes.*

➲ *Rabbits* ***don't eat*** *meat.* › *Les lapins ne mangent pas de viande.*

➲ *John **didn't like** watching TV.* › *John n'aimait pas regarder la télé.*

➲ *We **didn't** do the washing-up last night.*

➲ *Nous n'avons pas fait la vaisselle hier soir.*

22. La forme interro-négative

❑ L'interro-négation, c'est le fait d'employer une forme négative dans une question. Elle prend généralement la forme suivante : outil + **not** (contracté en **n't**) + sujet + verbe.

Rappel : les « outils » sont les auxiliaires **be, have, do** et les modaux **can, could, will, might, must, should.**

➲ *Why didn't you phone me?* › *Pourquoi ne m'as-tu pas téléphoné ?*

➲ *Can't you see I'm busy?* › *Tu ne vois pas que je suis occupé ?*

❑ Avec **be** conjugué, l'ordre est : **be** + **not** (contracté) + sujet

➲ *Aren't they hungry?* › *Ils n'ont pas faim ?*

➲ *Isn't it too expensive?* › *Ce n'est pas trop cher ?*

❑ En français, la forme négative est souvent employée sous forme de question pour formuler une demande :

➲ *Tu ne veux pas m'emmener à la gare ?*
(= emmène-moi à la gare s'il te plaît)

➲ *Vous ne voulez pas une glace ?*
(= ça vous dirait, une glace ?)

❑ En anglais, l'interro-négation n'a jamais cette fonction.

➲ *Don't you want to take me to the station?*

➲ *Tu ne veux pas m'emmener à la gare ?*
(= tu ne sembles pas le vouloir, et je trouve ça choquant)

➲ *Don't you want an ice cream?* › *Vous ne voulez pas de glace ?*
(= vous ne semblez pas en vouloir, et je trouve ça surprenant)

23. la forme en -ing (sens général)

La forme en **-ing (making, singing, going, being, understanding...)** a plusieurs rôles importants en anglais.

❑ La forme en **-ing** désigne souvent « le fait de faire quelque chose », « l'activité de... ». Elle est souvent utilisée comme titre de chapitre dans des livres pratiques, ou sur des panneaux de signalisation (surtout sous forme d'interdiction). Dans ces cas, l'équivalent de la forme en **-ing** en français est souvent l'infinitif. Voici quelques exemples :

- Activités :

➲ *My hobbies: **reading, going** out with friends, ...*
➲ *Mes loisirs : lire, sortir avec des amis, ...*

➲ ***Smoking** causes serious diseases.*
➲ *Fumer provoque des maladies graves.*

- Titres :

➲ *Chapter One: **Using** a microwave*
➲ *Chapitre 1 : se servir d'un four à micro-ondes*

➲ *Part three: **Asking** for advice in English*
➲ *Troisième partie : demander des conseils en anglais*

- Panneaux :

➲ NO **PARKING** › *Interdiction de stationner*

➲ NO **SMOKING** › *Défense de fumer*

❑ Quand l'activité en question est une activité très courante (un sport par exemple), la traduction française est souvent un nom :

➲ ***Skiing** is my favourite sport.* › *Le ski est mon sport préféré.*
➲ *I'm useless at **cooking.*** › *Je suis nul en cuisine.*

➜ **Pour** be + -ing, **voir fiches 28-31.**

24. la forme en -ing (verbe + verbe en -ing)

❑ Quand deux verbes se suivent, le deuxième verbe est à l'infinitif en français :

➲ *Évitez de tomber.*

➲ *J'envisage de l'acheter.*

➲ *Elle déteste se lever de bonne heure.*

❑ En anglais, après certains verbes, la forme en -ing est obligatoire. Dans ces cas, il faut résister à la tentation d'employer la base verbale avec to. Voici des exemples courants :

- **avoid** › *Avoid **talking** to the driver* (et non *avoid to talk).
  › *Évitez de parler au chauffeur.*
- **enjoy** › *I enjoyed **seeing** you* (et non *enjoyed to see).
  › *Cela m'a fait plaisir de te voir.*
- **consider** › *I'm considering **leaving** Paris* (et non *considering to leave).
  › *J'envisage de quitter Paris.*
- **be worth** › *It's not worth **going** now* (et non *not worth to go).
  › *Ça ne vaut pas la peine d'y aller maintenant.*

• **finish** › *They finished **painting** the gate* (et non *finished to paint).
› *Ils ont terminé de peindre le portail.*

• **prevent** › *They prevented him from **seeing** his daughter* (et non *prevented him to see).
› *Ils l'ont empêché de voir sa fille.*

• **imagine** › *I can't imagine **living** there* (et non *imagine to live).
› *Je ne me vois pas y habiter.*

❑ Avec les verbes de perception **feel, hear, listen to, see, watch,** la forme en **-ing** est employée pour désigner la perception d'une action en cours :

➲ *I watched him **playing** football.* › *Je l'ai regardé jouer au foot.*

➲ *We saw some planes **taking off.*** › *On a vu décoller des avions.*

➲ *I heard the phone **ringing.*** › *J'ai entendu le téléphone sonner.*

❑ Les verbes **begin, start** et **continue** peuvent être suivis soit de la forme en **-ing,** soit de **to** + base verbale, sauf quand ils sont eux-mêmes à la forme en **-ing :**

➲ *It started **snowing.** / It started **to snow.***
➲ *Il a commencé à neiger.*

➲ *They continued **talking.** / They continued **to talk.***
➲ *Ils ont continué à parler.*

MAIS

➲ *It's starting **to snow.*** (jamais *It's starting snowing)
➲ *Il commence à neiger.*

➲ *I'm beginning **to understand.*** (jamais *I'm beginning understanding)
➲ *Je commence à comprendre.*

❑ Les verbes **hate** *(détester),* **like** *(bien aimer)* et **love** *(aimer, adorer)* sont généralement suivis par la forme en **-ing :**

➲ *I love **painting.*** › *J'adore peindre.*

➲ *Harry hates **playing** rugby.* › *Harry déteste jouer au rugby.*

➲ *Do you like **telling** stories?* › *Tu aimes bien raconter des histoires ?*

Would like/love/hate est suivi de **to** + base verbale, jamais de **-ing :**

➲ *I'd like **to see** you* (et non *I'd like seeing you). › *J'aimerais te voir.*

Le verbe **stop** a un sens différent selon qu'il est suivi de **to** + verbe ou de **-ing :**

➲ *We stopped **to talk.*** › *Nous nous sommes arrêtés pour parler.*

➲ *We stopped **talking.*** › *Nous avons arrêté de parler.*

25. le présent simple : introduction

❑ Comparez :

➲ *On ne peut pas sortir parce qu'il pleut.*

➲ *Il pleut souvent en Irlande.*

❑ On voit qu'en français le présent *(il pleut)* peut être employé pour parler de ce qu'on observe au moment où on parle, et aussi pour exprimer une vérité plus générale qui n'est pas liée à un moment particulier.

❑ En anglais, il existe deux formes différentes pour exprimer ces deux choses :

• Pour parler de ce qui se passe au moment où on parle, on utilise généralement la forme **be** + **-ing** (➾ **voir fiches 28-31**).

• Pour parler de vérités générales ou de ce qui arrive habituellement, on emploie généralement le présent simple.

➲ *It often rains in Ireland* (présent simple – ça se passe régulièrement).

➲ *Il pleut souvent en Irlande* (mais pas obligatoirement au moment où j'en parle).

➲ *We can't go out because it's raining* (**be** + **-ing** – ça se passe au moment où je le dis).

➲ *On ne peut pas sortir parce qu'il pleut* (maintenant).

❑ Le présent simple, c'est « simple » : sujet + base verbale SAUF à la troisième personne, où on ajoute un **s** :

➲ *I / you / we / they* ***walk*** (c'est la base verbale)

➲ *he / she / it / my mother walk**s*** (base verbale + **s**)

26. le présent simple : négatif avec don't / doesn't

❑ En anglais, pour mettre une phrase au présent simple à la forme négative, on emploie **do/does** + **not** + base verbale :

• À toutes les personnes sauf la troisième personne du singulier, on emploie **do not** : I / you / we / they **do not** + base verbale

• À la troisième personne du singulier, on emploie **does not** : he / she / it / Paul **does not** + base verbale

❑ **do not** est souvent contracté en **don't,** et **does not** est souvent contracté en **doesn't :**

➲ *I* ***work*** *here.* ➛ *I* ***do not*** *work here.*
I ***don't*** *work here.*

➲ *Je travaille ici. Je ne travaille pas ici.*

➲ *Jane **likes** fish.* ➛ *Jane **does not** like fish.*
*Jane **doesn't** like fish.*

➲ *Jane aime le poisson.* *Jane n'aime pas le poisson.*

Attention aux points suivants :

• À la troisième personne du singulier (= avec **he, she, it** ou un nom), employez **doesn't** :

➲ *Mrs Taylor sometimes drinks wine, but she **doesn't** smoke.* (*...she don't smoke est incorrect !)

➲ *Mme Taylor boit parfois du vin, mais elle ne fume pas.*

➲ *Our dog **doesn't** like cats.* (*Our dog don't like cats est incorrect !)

➲ *Notre chien n'aime pas les chats.*

• **do/does not** sont suivis de la base verbale :

➲ *She smokes.* ➛ *She doesn't **smoke.***
(*She doesn't smokes est incorrect !)

➲ *Elle fume.* ➛ *Elle ne fume pas.*

➲ *Dan has a car.* ➛ *Dan doesn't **have** a car.*
(*...doesn't has... est incorrect !)

➲ *Dan a une voiture.* ➛ *Dan n'a pas de voiture.*

• **do/does not** peuvent être employés avec le verbe lexical **do** (= *faire*) :

➲ *I **do** the cooking.* ➛ *I **don't do** the cooking.*
(*I don't the cooking est incorrect !)

➲ *Je fais la cuisine.* ➛ *Je ne fais pas la cuisine.*

➲ *He **does** Spanish.* ➛ *He **doesn't do** Spanish.*
(*He doesn't Spanish est incorrect !)

➲ *Il fait de l'espagnol.* ➛ *Il ne fait pas d'espagnol.*

• Les mots **never** (= *jamais*), **nobody/no one** (= *personne*) et **nothing** (= *rien*) ne sont pas suivis de **do/does not**, car ces mots expriment déjà la négation :

➲ *We **never** go to the theatre.* › *Nous n'allons jamais au théâtre.*

➲ ***Nobody** speaks Spanish in my family.*

➲ ***No one** speaks Spanish in my family.*

➲ *Personne ne parle espagnol dans ma famille.*

➲ ***Nothing** happens when I push this button.*

➲ *Il ne se passe rien quand j'appuie sur ce bouton.*

27. le présent simple : poser des questions

❑ En anglais, pour mettre une phrase au présent simple à la forme interrogative, on emploie **do/does** suivi du sujet et de la base verbale :

do I / you / we / they / John and Susan... + base verbale ?

does he / she / it / John / the house + base verbale ?

❑ Apprenez à bien employer **do** et **does** :

➲ ***Do*** *you* ***work*** *on Saturdays? – No, I only work during the week.*

➲ *Est-ce que tu travailles le samedi ? – Non, je travaille seulement pendant la semaine.*

➲ *What* ***does*** *this word* ***mean?*** *– It means "small".*

➲ *Que signifie ce mot ? – Il signifie « petit ».*

➲ ***Does*** *it* ***rain*** *a lot in this region? – Yes, it rains all the time!*

➲ *Est-ce qu'il pleut beaucoup dans cette région ? – Oui, il pleut tout le temps !*

Attention aux points suivants :

• À la troisième personne du singulier, employez **does** :

➲ ***Does*** *Marie live near you?*

➲ *Est-ce que Marie habite près de chez toi ?*

➲ *Where* ***does*** *this train stop?*

➲ *Où est-ce que ce train s'arrête ?*

(« Marie », « this train » = troisième personne du singulier)

• **do/does** sont employés avec la base verbale dans les questions :

➲ *I know he likes coffee, but* ***does*** *he* ***like*** *tea?*
(*Does he likes est incorrect !)

➲ *Je sais qu'il aime le café, mais est-ce qu'il aime le thé ?*

• L'auxiliaire **do/does** peut être employé avec le verbe lexical **do** (= *faire*) :

➲ ***Do*** *you* ***do*** *judo?* › *Est-ce que tu fais du judo ?*

➲ *What* ***do*** *Jane and Guy* ***do*** *in the evening?*

➲ *Que font Jane et Guy le soir ?*

28. le présent en be + -ing : introduction

❑ La grammaire anglaise fait une différence très nette entre ce qui se passe régulièrement et ce qui se passe en ce moment.

❑ La **fiche 25** vous explique l'emploi du présent simple *(I go, Paul walks)* pour parler de choses qui se passent régulièrement.

❑ La forme **be** + **-ing** *(I am going, Paul is walking)* s'emploie quand on observe quelque chose qui se déroule au moment où on parle. C'est un peu comme si on disait « en ce moment... » au début de la phrase :

➲ *Je lis tout le temps.* ➤ *I read all the time.*

➲ (en ce moment) *Je lis des poèmes.* ➤ *I'm reading some poems.*

❑ Il est très important de faire la différence entre le présent simple et le présent en **be** + **-ing.** Le sens est totalement différent dans les deux cas :

• présent simple

➲ *What do you do?*

➲ *Qu'est-ce que tu fais (dans la vie), quelle est ta profession ?*

• présent en **be** + **-ing.**

➲ *What are you doing?*

➲ *Qu'est-ce que tu fais ? (là, au moment où je te pose la question)*

Avec certains verbes, on n'emploie pas **be** + **-ing.** ➾ **voir fiche 31**

be + **-ing** est également employé pour parler du futur et de ce qui est prévu (➾ **voir fiche 52**) et avec **always** (➾ **voir fiche 29**).

29. le présent en be + -ing (actions en cours)

❑ Nous l'avons vu dans les fiches précédentes, la forme **be** + **-ing** *(I am working, Paul is reading)* s'emploie généralement quand on observe quelque chose qui se déroule au moment où on parle.

Mais si c'est le cas, que fait-on des phrases suivantes, toutes deux correctes ?

➲ *Every time I see Alison, she**'s smiling.***

➲ *Every time I see Alison, she **smiles.***

❑ Ici, l'expression **every time** indique l'habitude. Alors quel est le rôle de la forme en **-ing** dans le premier exemple ? Elle est employée pour parler d'une action en cours :

➲ *Every time I see Alison, she**'s smiling.***

➲ *Chaque fois que je vois Alison, elle est en train de sourire.*(Elle sourit déjà avant que je n'arrive.)

➲ *Every time I see Alison, she **smiles.***

➲ *Chaque fois que je vois Alison, elle sourit.*
(Avant mon arrivée, elle ne sourit pas. Mais dès mon arrivée, elle se met à sourire !)

❑ Quand il est associé au mot **always, be** + **-ing** peut avoir une nuance affective (généralement un sentiment d'agacement ou de reproche) :

➲ *Andrew**'s** always **telling** stupid jokes.*

➲ *Andrew est toujours en train de raconter des blagues stupides.*

➲ *Andrew n'arrête pas de raconter des blagues stupides.*

➲ *You**'re** always **yawning!***

➲ *Tu es toujours en train de bâiller !*

➲ *Tu n'arrêtes pas de bâiller !*

30. le présent en be + -ing (activités de longue durée)

❑ **be** + **-ing** a une nuance particulière quand il est employé avec des verbes qui parlent d'activités de longue durée comme **live** *(vivre, habiter)*, **work** *(travailler)*, et **teach** *(enseigner)*.

❑ Avec ces verbes, l'emploi de **be** + **-ing** laisse penser que la situation dont on parle peut changer, qu'elle est peut-être temporaire. C'est comme si on disait à chaque fois « en ce moment... ».

Kate works here et *Kate is working here* se traduisent par *Kate travaille ici,* mais la deuxième phrase donne l'impression que Kate travaille ici en ce moment, de manière temporaire, qu'elle va certainement partir un jour.

Marc is living in Paris laisse penser que Marc vit à Paris en ce moment, mais qu'il va sans doute déménager un jour.

Mr Peterson is teaching English laisse supposer que M. Peterson enseigne l'anglais en ce moment, mais qu'il va peut-être enseigner une autre matière à l'avenir... ou changer de métier.

✎ On emploie presque toujours **be** + **-ing** avec le verbe **learn** au présent : on dit *He's learning English* et jamais **He learns English.*

31. le présent en be + -ing : restrictions d'emploi

❑ N'employez pas **be** + **-ing** avec les verbes suivants :

• **have** au sens de « avoir, posséder »

➲ *Ann **has (got)** a really nice boyfriend.* › *Ann a un copain très sympa.*

• **hate, like, love** quand on exprime ses goûts personnels

➲ *I **hate** spaghetti, but I **like** rice and I **love** mashed potatoes.*

➲ *Je déteste les spaghettis, mais j'aime bien le riz et j'adore la purée.*

• **need, prefer, want**

➲ *I **need** some help.* › *J'ai besoin d'aide.*

➲ *Do you **prefer** fresh or frozen peas?*

➲ *Tu préfères les petits pois frais ou congelés ?*

➲ *Alison **wants** a new bike.* › *Alison veut un nouveau vélo.*

• **believe, know, understand**

➲ *I **believe** you.* › *Je te crois.*

➲ *I **know** the answer!* › *Je connais la réponse !*

➲ *Yes, I **understand**.* › *Oui, je comprends.*

• **see** (= *voir, apercevoir*), **hear** (= *entendre*), **feel** (= *sentir avec la peau*), **taste** (= *sentir avec la langue*), **smell** (= *sentir avec le nez* ou *sentir bon/mauvais*)

➲ *I can **see** you!* › *Je te vois !*

➲ *Can you **taste** the garlic?* › *Tu sens l'ail ?*

➲ *It **smells** bad!* › *Ça sent mauvais !*

• **look like, seem**

➲ *That jacket **looks like** mine!* › *Ce blouson ressemble au mien !*

➲ *That **seems** unlikely!* › *Cela semble improbable !*

• Avec le verbe **be,** la forme **be** + **-ing** s'emploie dans deux cas bien particuliers :

- au passif (➾ **voir fiches 46-49**) :

➲ *The car **is being** cleaned.* › *La voiture est en train d'être nettoyée.*

➲ *We**'re being** filmed!* › *On nous filme !*

- suivi d'un adjectif, pour parler du comportement actuel de quelqu'un :

➲ *Now you**'re being** stupid!* › *Là, tu dis des bêtises !*

➲ *They**'re being** very patient.* › *Ils font preuve de beaucoup de patience.*

❑ En dehors de ces deux cas, **am/is/are/was/were being** n'est pas employé :

➲ *It **was** cold when we arrived in London.*

➲ *Il faisait froid quand on est arrivé à Londres.*

(*It was being cold est incorrect.)

32. comment décrire une scène en anglais : rôle de be

❑ Pour décrire une scène en anglais (par exemple, en regardant une image, en regardant autour de soi, ou en regardant par la fenêtre), le verbe **be** a un rôle fondamental.

• **be** peut jouer le même rôle que *être* en français :

➲ *It**'s** a picture of a castle.* › *C'est une image qui représente un château.*

• **there is/ there are** correspondent à *il y a :*

➲ ***There is** a flag on the roof.* › *Il y a un drapeau sur le toit.*

➲ ***There are** guards in front.* › *Il y a des gardes devant.*

• **be** + **-ing** nous permet de dire ce qui se passe dans la scène qu'on regarde :

➲ *It **is** rain**ing.*** › *Il pleut.*

➲ *The king **is** arriv**ing.*** › *Le roi arrive.*

💣 Le présent simple (➾ **voir fiche 25**) n'est pratiquement jamais employé pour décrire une scène qu'on est en train d'observer.

Exceptions : le verbe **be,** le verbe **have** quand il signifie « avoir, posséder », et les verbes **look** *(sembler, avoir l'air)* et **seem** *(sembler)* :

➲ *The castle **has** four towers. Each tower **has** eight windows.*

➲ *Le château a quatre tours. Chaque tour a huit fenêtres.*

➲ *The king **looks** very young. He **seems** very happy.*

➲ *Le roi a l'air très jeune. Il semble très heureux.*

33. le present perfect : le présent lié au passé

❑ Le present perfect (auxiliaire **have** + participe passé) n'a pas d'équivalent exact en français. Il ressemble au passé composé, mais c'est un piège car il n'a pas les mêmes fonctions. Le present perfect nous permet de lier le passé et le présent, et de parler des répercussions du passé dans le présent.

• Quand on dit *J'ai perdu ma bague hier,* la perte de la bague est située clairement dans le passé : le mot *hier* souligne ce fait. En anglais, pour parler du passé, on emploie le prétérit : *I lost my ring yesterday.*

• Mais quand on dit *Oh non ! J'ai perdu ma bague !* il y a un rapport évident avec le présent : vous vous rendez compte maintenant qu'elle est perdue. En anglais, il faut employer le present perfect dans ce cas : *Oh no! I've lost my ring!*

❑ Même si l'événement n'est pas très récent, le present perfect s'impose dès lors que vous parlez d'un état présent, dès qu'il s'agit d'un constat :

➲ *I'm sad because **I've lost** my ring.*

➲ *Je suis triste parce que j'ai perdu ma bague.*

➲ *We can't go to the island because the boat **has left**.*

➲ *On ne peut pas aller sur l'île parce que le bateau est parti.*

➲ *The cat**'s eaten** all the chicken!* › *Le chat a mangé tout le poulet !*

➲ ***I've finished** my work.* › *J'ai terminé mon travail.*

34. le present perfect : parler de son expérience de la vie

❑ Comparez :

➲ *J'ai entendu cette chanson pour la première fois quand j'avais seize ans.*

➲ *J'ai déjà entendu plusieurs versions de cette chanson.*

Dans ces deux phrases, on emploie la même forme – le passé composé – du verbe *entendre.* Mais le sens de ce *j'ai entendu* n'est pas tout à fait le même dans les deux cas.

• Dans la première phrase, vous vous souvenez de quelque chose de précis qui est arrivé à un moment donné dans le passé.

• Dans la deuxième phrase, vous ne parlez pas d'un moment précis mais de votre expérience en général. L'accent est mis sur le fait que vous avez entendu la chanson, et non pas sur le moment où vous l'avez entendue.

• Dans la première phrase, vous auriez pu remplacer *j'ai entendu* par le passé simple *j'entendis.* Dans la deuxième, le passé simple est impossible parce que vous ne situez pas l'action de manière précise dans le passé.

• Cette différence est très importante en anglais parce qu'elle nous conduit à employer deux formes différentes du verbe. Pour parler du passé, on emploie le prétérit. Pour parler de « l'expérience sans entrer dans le détail », on emploie le present perfect.

➲ *I **heard** that song for the first time when I was sixteen.*

➲ *J'ai entendu cette chanson pour la première fois quand j'avais seize ans.*

➲ *I **have** already **heard** several versions of that song.*

➲ *J'ai déjà entendu plusieurs versions de cette chanson.*

✎ Dès que vous introduisez un mot ou une expression qui situe les choses de façon précise dans le passé, vous devez toujours employer le prétérit et jamais le present perfect.

Exemples de mots et expressions qui marquent le passé (« marqueurs temporels ») : **yesterday, last year, when I was younger, last night, in the 1990s, first of all, earlier today...**

35. le present perfect : « c'est comme ça depuis un moment »

❑ Comparez :

➲ *Je suis à Paris en ce moment.*

➲ *Je suis à Paris depuis trois jours/depuis lundi.*

Dans ces deux exemples, on emploie la même forme – le présent simple – du verbe *être.* Mais le sens de ce *je suis* n'est pas tout à fait le même dans les deux cas.

• Dans la première phrase, vous donnez simplement une information sur le lieu où vous vous trouvez actuellement.

• Dans la deuxième phrase, vous parlez non seulement du fait que vous vous trouvez quelque part actuellement, mais du fait que vous y êtes depuis un certain temps. Vous exprimez un lien avec le passé (puisque vous évoquez le temps écoulé entre le moment de votre arrivée à Paris et aujourd'hui).

• Cette différence est très importante en anglais parce qu'elle nous conduit à employer deux formes différentes du verbe. Pour parler du présent sans précision de durée antérieure, on emploie le présent simple (comme en français) : *I am in Paris.*

• Mais dès que vous introduisez un lien avec le passé en précisant un laps de temps, vous devez employer le present perfect en anglais : *I have been in Paris for/since...*

➲ *I **am** in Paris at the moment.*
➲ *Je suis à Paris en ce moment.*

➲ *I **have been** in Paris for three days/since Monday.*
➲ *Je suis à Paris depuis trois jours/depuis lundi.*

• Autres exemples :

➲ *I **have lived** in France since 1990.*
➲ *J'habite en France depuis 1990.*
(*I live in France since 1990 est incorrect !)

➲ *Jenny **has known** George since she was three.*
➲ *Jenny connaît George depuis qu'elle a trois ans.*
(*Jenny knows George since she was three est incorrect !)

➲ *We **have been** friends for many years.*
➲ *Nous sommes amis depuis de nombreuses années.*
(*We are friends for many years est incorrect !)

➲ *I **have known** your father for a long time.*
➲ *Je connais ton père depuis longtemps.*
(*I know your father for a long time est incorrect !)

Souvenez-vous : présent français + *depuis* = present perfect + since ou for ! Mais attention : cela ne signifie pas qu'on doit employer le present perfect à chaque fois qu'il y a le mot *for* dans un énoncé !

36. le present perfect : « jusqu'à présent »

❑ Comparez :

➲ *Hier, je suis allé chez le coiffeur.*
➲ *Je suis allé chez le coiffeur trois fois cette année.*

Dans ces deux phrases, on emploie la même forme – le passé composé – du verbe *aller.* Mais le sens de ce *je suis allé* n'est pas tout à fait le même dans les deux cas.

• Dans la première phrase, vous vous souvenez de quelque chose de précis qui est arrivé à un moment donné dans le passé. Le mot *hier* est un marqueur temporel qui signale clairement le passé.

• Dans la deuxième phrase, vous dites combien de fois quelque chose est arrivé jusqu'à présent. L'expression *cette année* vous situe dans le présent, parce que l'année n'est pas terminée.

• Dans la première phrase, vous auriez pu remplacer *je suis allé* par le passé simple *j'allai*. Dans la deuxième, le passé simple est impossible parce que vous êtes en train de dire ce qui est vrai « à présent ».

• La deuxième phrase parle du présent, mais en évoquant des choses qui sont arrivées dans le passé.

• Cette différence est très importante en anglais parce qu'elle nous conduit à employer deux formes différentes du verbe. Pour parler du passé, on emploie le prétérit. Pour parler du présent en évoquant le passé, on emploie le present perfect.

➲ *Yesterday, I **went** to the hairdresser's.*
➲ *Hier, je suis allé chez le coiffeur.*
(= complètement achevé [hier] : c'est le passé)

➲ ***I've been** to the hairdresser's three times this year.*
➲ *Je suis allé chez le coiffeur trois fois cette année.*
(= jusqu'à présent, ça fait trois fois, cependant l'année n'est pas terminée)

MAIS

➲ *I **went** to the hairdresser's three times last year.*
➲ *Je suis allé chez le coiffeur trois fois l'année dernière.*
(l'année dernière, c'est fini, c'est le passé)

37. le present perfect : trucs et astuces

Voici quelques indications qui peuvent vous aider à faire moins d'erreurs avec le present perfect.

1 Le present perfect ressemble au passé composé français *(j'ai mangé/ I have eaten)*, mais c'est un piège ! Il ne fonctionne pas toujours de la même façon. Évitez à tout prix de traduire systématiquement le passé composé par le present perfect.

2 Le present perfect – comme son nom l'indique – parle du présent.

❑ Dès qu'il y a un mot dans la phrase qui indique le passé (comme *yesterday, last week, in 1990*), vous devez utiliser le prétérit (sauf avec **since** + marqueur temporel : *since yesterday, since last week...*).

3 présent + *depuis* = present perfect + **for** ou **since** :

➲ ***I've been** here **since** yesterday.* › *Je suis là depuis hier.*

➲ *He**'s worked** here **for** three months.* › *Il travaille ici depuis trois mois.*

38. le present perfect en be + -ing

Le present perfect en **be** + **-ing** a deux emplois importants.

1 Il permet de parler d'une activité qui est terminée mais dont on perçoit encore les traces ; ce sont ces « traces » qui constituent le lien présent/passé :

➲ *You've **been** smok**ing**, haven't you?* › *Tu as fumé, non ?*

(Je sens la fumée ; j'en déduis que tu étais en train de fumer à l'instant)

➲ *Who's **been** us**ing** my computer?* › *Qui a utilisé mon ordinateur ?*

(Je vois qu'il est mal éteint ; j'en déduis que quelqu'un s'en est servi tout récemment)

➲ *Look! It's **been** snow**ing**!* › *Regardez ! Il a neigé !*

(C'est tout blanc dehors ; j'en déduis qu'il a neigé)

➲ *She looks as if she's **been** cry**ing**.* › *On dirait qu'elle a pleuré.*

(Elle a les yeux tout rouges ; j'en déduis qu'elle a pleuré tout récemment)

✎ Notez que dans ce cas on emploie le passé composé en français. C'est un des rares cas où le passé composé et le present perfect sont équivalents !

2 Associé à un marqueur de durée comme **for, since, a long time, all day...,** ou avec la question **how long...?,** le present perfect en **be** + **-ing** permet de parler de la durée (jusqu'au moment présent) d'une activité qui est toujours en cours :

➲ *He's **been** sitt**ing** there since this morning.*

➲ *Il est assis là depuis ce matin.*

➲ *It's **been** snow**ing** for three hours.*

➲ *Cela fait trois heures qu'il neige. / Il neige depuis trois heures.*

➲ *I've **been** try**ing** to reach you all week!*

➲ *J'essaie de te joindre depuis le début de la semaine !*

➲ *How long have you **been** wait**ing**?*

➲ *Tu attends depuis combien de temps ? / Il y a combien de temps que tu attends ? / Ça fait combien de temps que tu attends ?*

Notez que dans ce cas on emploie le présent en français. Notez aussi les différentes façons de dire la même chose en français.

❑ Le present perfect simple met l'accent sur le résultat d'une action qui est accomplie ; le present perfect en **be** + **-ing** met l'accent sur l'activité elle-même (encore en cours ou toute récente). Cette nuance est difficile à rendre en français :

➲ *I**'ve** clean**ed** my room.* › *J'ai nettoyé ma chambre.*

(Résultat : c'est fini ; la chambre est propre)

➲ *I've **been** clean**ing** my room.* › *J'ai nettoyé ma chambre.*

(Activité : j'ai fait du rangement, mais ce n'est pas nécessairement terminé ; l'activité est soit encore en cours, soit toute récente)

➲ *Martin **has written** a letter.* › *Martin a écrit une lettre.*
(Résultat : c'est fini ; la lettre est prête à être envoyée)

➲ *Martin has **been** writ**ing** a letter.* › *Martin a écrit une lettre.*
(Activité : la lettre n'est pas nécessairement terminée ; peut-être Martin fait-il une pause avant de s'y remettre...)

❑ La forme en **-ing** n'est pas compatible avec certains verbes (➜ **voir fiche 31**). Ne l'employez pas avec le verbe *know,* par exemple :

➲ *I**'ve known** Josh for eight years.* › *Je connais Josh depuis huit ans.*
(*I've been knowing est impossible !)

39. le prétérit simple

❑ Le prétérit s'emploie pour parler du passé. Il se forme soit en ajoutant **-ed** à la base verbale (si le verbe est régulier), soit en transformant le verbe (s'il est irrégulier).

➲ *I walk to school.* (présent) › *Je vais à l'école à pied.*

➲ *I walk**ed** to school this morning.* (prétérit)
➲ *Je suis allé à l'école à pied ce matin.*

➲ *Kevin makes nice cakes.* (présent) › *Kevin fait de bons gâteaux.*

➲ *Kevin **made** some cakes yesterday.* (prétérit)
➲ *Kevin a fait des gâteaux hier.*

walked est le prétérit de **walk** (qui est un verbe régulier) ; **made** est le prétérit de **make** (qui est un verbe irrégulier).

❑ Le prétérit correspond très souvent au passé composé français :

➲ *I work**ed** yesterday.* › *J'ai travaillé hier.*

Le present perfect ressemble au passé composé dans sa formation mais il n'a pas les mêmes emplois. N'employez donc pas le present perfect (*I have walked..., Kevin has made...*) à la place du prétérit (➜ **voir fiche 33**). Beaucoup de gens tombent dans ce piège :

➲ *I saw Dan yesterday.* › *J'ai vu Dan hier.*

(Et non *I have seen Dan yesterday.)

❑ Pour la forme négative, employez **did** + **not** + base verbale :

➲ *I **didn't hear** the phone.* › *Je n'ai pas entendu le téléphone.*

➲ *Kevin **didn't make** any cakes yesterday.*
➲ *Kevin n'a pas fait de gâteaux hier.*

❑ Pour la forme interrogative, employez **did** + sujet + base verbale :

➲ ***Did** you hear the phone?* › *Tu as entendu le téléphone ?*

➲ ***Did** Kevin make any progress yesterday?*

➲ *Est-ce que Kevin a fait des progrès hier ?*

✎ Notez que **did** (= l'auxiliaire **do** au prétérit) est suivi de la base verbale :

➲ ***Did I make** a mistake?* › *Est-ce que j'ai fait une erreur ?*

(Et non *Did I made a mistake?)

✎ Notez aussi l'emploi de **did** (= l'auxiliaire **do** au prétérit) avec le verbe lexical **do** (= faire) :

➲ *What **did** you **do** in Paris?*

➲ *Qu'est-ce que vous avez fait à Paris ? / Qu'avez-vous fait à Paris ?*

(Et non *What did you in Paris?)

40. le prétérit simple de be

❑ Le prétérit du verbe **be** est :

I / he / she / it / Paul	**was**
We / you / they / my parents	**were**

💣 Le present perfect ressemble au passé composé dans sa formation mais il n'a pas les mêmes emplois. N'employez donc pas le present perfect (*I have been...*) à la place du prétérit (➾ **voir fiche 33**). Beaucoup de gens tombent dans ce piège :

➲ *I **was** ill last week.*

➲ *J'ai été malade la semaine dernière. / J'étais malade la semaine dernière.*

(Et non *I have been ill last week.)

❑ Pour la forme négative, employez **was not/were not,** souvent contractés en **wasn't/weren't.**

➲ *I **wasn't** late.*

➲ *Je n'ai pas été en retard. / Je n'étais pas en retard.*

➲ *We **weren't** very warm.*

➲ *On n'a pas eu très chaud. / On n'avait pas très chaud.*

❑ Pour la forme interrogative, employez **was/were** + sujet.

➲ ***Were** Mr and Mrs Anderson at the party?*

➲ *M. et Mme Anderson étaient-ils à la fête ?*

➲ *Est-ce que M. et Mme Anderson étaient à la fête ?*

➲ *Ils étaient à la fête, M. et Mme Anderson ?*

➲ ***Was*** *my phone switched on?*

➲ *Mon téléphone était-il allumé ?*

➲ *Est-ce que mon téléphone était allumé ?*

➲ *Il était allumé, mon téléphone ?*

✎ Notez qu'il y a toujours plusieurs façons en français de poser la même question, alors qu'en anglais il n'en existe qu'une seule (➾ **voir fiche 19**).

41. le prétérit en be + -ing

Le prétérit en **be** + **-ing** *(I was reading, they were waiting…)* a plusieurs fonctions.

1 Il s'emploie pour parler de quelque chose qui était en cours à un moment donné :

➲ *I went into the room. Harry* ***was*** *sitt**ing** near the window and his sister* ***was*** *read**ing** a book.*

➲ *Je suis entré dans la pièce. Harry était assis près de la fenêtre et sa sœur lisait un livre.*

Dans cet exemple, Harry était assis et sa sœur lisait quand je suis entré. On voit que **be** + **-ing** au prétérit est très utile pour décrire une scène au passé, quand on raconte une histoire par exemple.

2 Il s'emploie pour parler d'une action qui était en cours (*I was working :* prétérit en **be** + **-ing**) quand quelque chose s'est passé *(I heard a noise)* :

➲ *I* ***was*** *work**ing** on my computer when suddenly I heard a noise.*

➲ *Je travaillais sur mon ordinateur quand soudain j'ai entendu un bruit.*

3 Il s'emploie pour parler de quelque chose qui devait se passer, qui était prévu, une sorte de projet dans le passé :

➲ *I thought Jerry* ***was*** *arriv**ing** this morning. He said he* ***was*** *tak**ing** the 9 o'clock train.*

➲ *Je pensais que Jerry arrivait ce matin. Il a dit qu'il prenait le train de 9 heures.*

(Jerry devait arriver ce matin et il était prévu qu'il prenne le train de 9 heures).

💣 On voit dans tous ces exemples que la forme prétérit en **be** + **-ing** se traduit par l'imparfait en français. Mais attention ! L'imparfait se traduit uniquement par le prétérit en **be** + **-ing** quand il s'agit d'une action qui était en cours ou d'une action qui était prévue (➾ **voir fiche 43**).

✎ Avec certains verbes, on n'emploie pas **be** + **-ing** (➾ **voir fiche 31**).

42. comment traduire le passé composé en anglais

Il ne faut pas systématiquement traduire le passé composé par le present perfect ! Cette erreur très fréquente peut être évitée si on considère que le passé composé a deux valeurs :

1 Il sert à raconter des événements qui ont eu lieu dans le passé :

➲ *J'ai vu un très bon film hier.*

(Ici, je « raconte une histoire ». Le marqueur temporel *hier* situe l'action clairement dans le passé.)

2 Il sert à faire le bilan présent d'événements passés :

➲ *J'ai vu ce film trois fois.*

(Ici, je « fais le bilan ».)

❑ Pour raconter le passé en anglais, on emploie le prétérit (➔ **voir fiche 39**) :

➲ *I **saw** a very good film yesterday.* › *J'ai vu un très bon film hier.*

❑ Pour « faire le bilan » en anglais, on emploie le present perfect (➔ **voir fiche 34**) :

➲ ***I've seen** this film three times.* › *J'ai vu ce film trois fois.*

43. comment traduire l'imparfait en anglais

❑ L'imparfait se traduit souvent par le prétérit simple (➔ **voir fiche 39**) :

➲ *I lov**ed** him.* › *Je l'aimais.*

➲ *We **did**n't have much money.* › *Nous n'avions pas beaucoup d'argent.*

❑ La forme **used to** + base verbale est parfois possible. Elle s'emploie quand quelque chose était autrefois le cas, mais plus maintenant :

➲ *He **used to** drink a lot.* › *Avant, il buvait beaucoup.*

➲ *We **used to** live in Canada.* › *Nous habitions au Canada avant.*

❑ L'imparfait se traduit par le prétérit en **be** + **-ing** (*I was reading, Paul was driving...* ➔ **voir fiche 41**) quand il signale quelque chose qui était en cours ou quelque chose qui était prévu :

- Action en cours

➲ *We couldn't go out because it **was** rain**ing**.*

➲ *On n'a pas pu sortir parce qu'il pleuvait.*

➲ *I **was** wash**ing** my hair when the phone rang.*

➲ *Je me lavais les cheveux quand le téléphone a sonné.*

- Action prévue

➲ *He said he **was** com**ing**.*

➲ *Il a dit qu'il venait.*

➲ *I thought John **was** lend**ing** us his car.*

➲ *Je pensais que John nous prêtait sa voiture.*

❑ imparfait + *depuis* = past perfect + **for** ou **since** (➻ **voir fiche 44**) :

➲ *We **had** lived in Paris **for** three years/since 1998.*
➲ *Nous habitions à Paris depuis trois ans/depuis 1998.*

➲ *It **had** rained **for** seven days.* › *Il pleuvait depuis sept jours.*

✎ Le past perfect en **be** + **-ing** est souvent préférable ici (➻ **voir fiche 45**) :

➲ *It **had been** raining for seven days.* › *Il pleuvait depuis sept jours.*

44. le past perfect simple

❑ Le present perfect (➻ **voir fiches 33-37**) exprime un lien entre le présent et le passé. Le past perfect exprime le même type de lien, mais entre un moment passé et un autre moment qui lui est antérieur.

❑ Le past perfect (qui s'appelle aussi le pluperfect) correspond le plus souvent au plus-que-parfait français *(j'avais vu..., Sarah avait compris...)*. Il se forme avec l'auxiliaire **have** au prétérit (had), suivi du verbe au participe passé (walked, gone, said, made...) :

➲ *Dan **had told** us not to be late.*
➲ *Dan nous avait dit de ne pas être en retard.*

➲ *Somebody **had left** the door open.*
➲ *Quelqu'un avait laissé la porte ouverte.*

❑ imparfait + *depuis* = past perfect + **for** ou **since** :

➲ *We **had lived** in Paris **for** three years/since 1998.*
➲ *Nous habitions à Paris depuis trois ans/depuis 1998.*

➲ *It **had rained for** seven days.* › *Il pleuvait depuis sept jours.*

✎ Le past perfect en **be** + **-ing** est souvent préférable ici (➻ **voir fiche 45**) :

➲ *We **had been** living in Paris for three years/since 1998.*
➲ *Nous habitions à Paris depuis trois ans/depuis 1998.*

➲ *It **had been** raining for seven days.* › *Il pleuvait depuis sept jours.*

❑ Le past perfect est employé au discours indirect (➻ **voir fiche 84**) pour rapporter ce qui a été dit au present perfect :

- Direct

➲ *« I **have seen** this DVD before! », said Mark.*
➲ *« J'ai déjà vu ce DVD ! », dit Mark.*

- Indirect

➲ *Mark said that he **had seen** the DVD before.*
➲ *Mark a dit qu'il avait déjà vu le DVD.*

45. le past perfect en be + -ing

❑ Le past perfect en **be** + **-ing** exprime une activité en cours ou qui venait tout juste de s'achever à un moment donné du passé :

➲ *I **had been** read**ing** for half an hour when the phone rang.*

➲ *Je lisais depuis une demi-heure quand le téléphone a sonné.*

➲ *I don't know what they **had been** talk**ing** about when I arrived.*

➲ *Je ne sais pas ce dont ils avaient parlé quand je suis arrivé.*

➲ *I wasn't sure if he **had been** drink**ing**.*

➲ *Je n'étais pas certain qu'il avait bu.*

❑ Le past perfect en **be** + **-ing** met l'accent sur l'activité qui était en cours ou qui venait tout juste de s'achever, alors que le past perfect simple met l'accent sur le résultat d'une activité qui était terminée :

• Past perfect simple

➲ *The children **had eaten** all the sandwiches.*

➲ *Les enfants avaient mangé tous les sandwichs.*

(Action terminée. Résultat : plus de sandwichs !)

• Past perfect en **be** + **-ing**

➲ *The children **had been** eat**ing** for almost an hour.*

➲ *Les enfants mangeaient depuis presque une heure.*

(Action en cours : ils mangeaient encore)

• Past perfect simple

➲ *He **had spoken** to his Mum on the phone that morning.*

➲ *Il avait parlé à sa mère au téléphone ce matin-là.*

(Action terminée. Résultat : la conversation avait eu lieu)

• Past perfect en **be** + **-ing**

➲ *When I arrived, he **had been** speak**ing** to his mother.*

➲ *Quand je suis arrivé, il venait de parler à sa mère.*

(Action tout juste terminée : il venait tout juste de raccrocher)

❑ Le past perfect en **be** + **-ing** est employé au discours indirect (➻ **voir fiche 84**) pour rapporter ce qui a été dit au present perfect avec **be** + **-ing** :

• Direct

➲ ***"Have** you **been** smok**ing?"**, asked Anna.*

➲ *« Vous avez fumé ? », demanda Anna.*

• Indirect

➲ *Anna asked if we **had been** smok**ing**.*

➲ *Anna demanda si on avait fumé.*

46. comment traduire le conditionnel en anglais

❑ Le conditionnel présent en français s'exprime par une forme verbale (le conditionnel de *faire* est *je ferais, il ferait, nous ferions,* etc.). En anglais, le conditionnel présent se forme avec le modal **would** suivi de la base verbale :

➲ *He **would be** so happy if we invited him.*

➲ *Il serait tellement content si on l'invitait.*

➲ *What **would** you **do** if you lost your job?*

➲ *Que ferais-tu si tu perdais ton travail ?*

➲ *I'm sure he **wouldn't agree**.*

➲ *Je suis sûr qu'il ne serait pas d'accord.*

❑ Le conditionnel passé en français se forme avec *avoir/être* au conditionnel + participe passé *(il aurait été content, nous aurions pris le train, il serait venu...).* En anglais, le conditionnel passé se forme avec le modal **would** + **have** + participe passé :

➲ *Ben **would have liked** this film.* › *Ben aurait aimé ce film.*

➲ *What **would** you **have done?*** › *Qu'est-ce que tu aurais fait ?*

➲ *It **wouldn't have been** fair.* › *Cela n'aurait pas été juste.*

47. le passif (notions de base)

❑ La voix passive se forme avec **be** conjugué suivi du participe passé d'un verbe :

➲ *Passports **are checked** at the border.*

➲ *Les passeports sont contrôlés à la frontière.*

➲ *This house **was built** by my uncle.*

➲ *Cette maison a été construite par mon oncle.*

❑ Regardez dans chaque exemple les deux façons de dire la même chose :

➲ *Somebody **cleans** the office every evening.* (voix active)

➲ *Quelqu'un nettoie le bureau tous les soirs.*

➲ *The office **is cleaned** every evening.* (voix passive)

➲ *Le bureau est nettoyé tous les soirs.*

Ici, on a employé le passif au présent simple pour parler d'une action sans mentionner qui l'accomplit.

➲ *My Dad **made** this table.* (voix active)

➲ *Mon père a fabriqué cette table.*

➲ *This table **was made** by my Dad.* (voix passive)

➲ *Cette table a été fabriquée par mon père.*

❑ Le passif s'emploie pour changer la « focalisation » de la phrase :

• avec la voix passive, on se focalise sur la table et on dit ensuite qui l'a fabriquée ;

• avec la voix active, on se focalise sur mon père et on dit ensuite ce qu'il a fabriqué.

48. le passif (be + being + participe passé)

❑ Regardez dans chaque exemple les deux façons de dire la même chose :

➲ *Someone **is cleaning** the office.* (voix active)
➲ *Quelqu'un nettoie le bureau.*

➲ *The office **is being cleaned.*** (voix passive)
➲ *Le bureau est en train d'être nettoyé.*

Cet exemple montre l'emploi du passif avec **be** + **being.** Ici, il sert à parler d'une action en cours (le nettoyage d'un bureau) sans mentionner qui l'accomplit.

➲ *A mechanic **is repairing** my car.* (voix active)
➲ *Un mécanicien répare ma voiture.*

➲ *My car **is being repaired** by a mechanic.* (voix passive)
➲ *Ma voiture est en train d'être réparée par un mécanicien.*

❑ Ici, le passif s'emploie pour changer la « focalisation » dans l'énoncé :

• avec la voix active, on se focalise sur le mécanicien et on dit ensuite ce qu'il répare (= *la voiture*) ;

• avec la voix passive, on se focalise sur la voiture et on dit ensuite qui la répare (= *le mécanicien*).

❑ Le complément d'agent est parfois sous-entendu :

➲ *The house **is being renovated.** (...by a building firm)*
➲ *La maison est en cours de rénovation.*
(littéralement, « est en train d'être rénovée » *...par une entreprise de bâtiment)*

❑ Autres exemples :

➲ *My suit **is being cleaned.***
➲ *Mon costume est au nettoyage.*
(littéralement, « ...est en train d'être nettoyé »)

➲ *Innocent people **are being killed.***
➲ *On tue des innocents.*
(littéralement, « des innocents sont en train d'être tués »)

❑ La voix passive est beaucoup plus couramment employée en anglais qu'en français. Le mot *on* est souvent employé en français pour exprimer la même chose :

➲ *A school **is being built** here.* › *On construit une école ici.*

➲ *A lot of money **is being spent.*** › *On dépense beaucoup d'argent.*

➲ *A large banquet **is being prepared.*** › *On prépare un grand banquet.*

49. le passif : temps et modes

Pour bien comprendre le fonctionnement du passif, concentrez-vous d'abord sur ses emplois au présent simple et au prétérit simple. Voici comment il fonctionne avec les autres temps et modes.

1 le passif avec le présent simple :
(forme : **am/is/are** + participe passé)

➲ *This game **is played** by children all over the world.*

➲ *Ce jeu est joué par des enfants partout dans le monde.*

➲ ***I'm paid** every month.*

➲ *Je suis payé chaque mois. / On me paie chaque mois.*

2 le passif avec le prétérit simple :
(forme : **was/were** + participe passé)

➲ *Her dress **was made** by a top designer.*

➲ *Sa robe a été faite par un grand couturier.*

➲ *These earrings **were given** to me by my grandmother.*

➲ *Ces boucles d'oreilles m'ont été offertes par ma grand-mère.*

3 le passif avec le present perfect :
(forme : **has/have been** + participe passé)

➲ *The building **has been demolished.***

➲ *L'immeuble a été démoli. / On a démoli l'immeuble.*

➲ *We'**ve been robbed!*** › *On nous a volés !*

4 le passif avec **be** + **-ing** (présent) :
(forme : **am/are being** + participe passé)

➲ *My passport **is being renewed.***

➲ *Mon passeport est en cours de renouvellement.*

➲ *The animals **are being fed.***

➲ *On donne à manger aux animaux.*

➲ *Les animaux sont en train d'être nourris.*

5 le passif avec **be** + **-ing** (prétérit) :
(forme : **was/were being** + participe passé)

➲ *My car **was being cleaned.***

➲ *Ma voiture était en train d'être nettoyée.*

➲ *Ma voiture était au nettoyage.*

➲ *Several houses **were being repainted.***

➲ *Plusieurs maisons étaient en train d'être repeintes.*

➲ *On repeignait plusieurs maisons.*

50. parler de l'avenir : emploi de will

❑ Il n'y a pas de temps grammatical « futur » en anglais, mais il existe plusieurs façons différentes de parler de l'avenir. Le modal **will** en est une, mais il y a d'autres façons de parler de l'avenir et **will** n'exprime pas toujours l'avenir.

❑ **will** est très souvent employé pour parler d'un avenir dont on est quasiment certain. Il est souvent contracté en **'ll** après un pronom (I'll, you'll, he'll, it'll...).

➲ ***I'll** be sixteen next week.*

➲ *J'aurai seize ans la semaine prochaine.*

➲ *David **will** tell you how to get to the party.*

➲ *David t'expliquera comment aller à la fête.*

➲ *How many glasses **will** we need?*

➲ *On aura besoin de combien de verres ?*

➲ ***Will** Mark and Jason take the train?*

➲ *Mark et Jason prendront-ils le train ?*

❑ **will** est un modal (➾ **voir fiche 10**). La forme négative est **will not**, souvent contracté en **won't** :

➲ *Sorry, that **won't** be possible.*

➲ *Désolé, ce ne sera pas possible.*

❑ **will** est aussi employé à la première personne (I will, we will) quand on décide de faire quelque chose sur-le-champ, ou quand on exprime sa volonté de faire quelque chose.

✎ Notez qu'ici on ne prédit pas vraiment l'avenir :

➲ ***I'll** help you if you like.* (j'exprime ma volonté de t'aider)

➲ *Je t'aiderai si tu veux. / Je t'aide si tu veux.*

(*I help you serait incorrect ici.)

➲ ***I'll** have a salad and a steak.* (je décide ce que je vais prendre)

➲ *Je prendrai une salade et un steak. / Je prends une salade et un steak.*

(*I have serait incorrect ici.)

❑ En règle générale, on n'emploie pas **will** pour des choses qu'on a déjà décidé de faire (regardez la fiche suivante).

Ne confondez pas le conditionnel et le futur en français !

- Futur
  ➲ *Je viendrai.* › *I **will** come.*
- Conditionnel
  ➲ *Je viendrais.* › *I **would** come.*

51. parler de l'avenir : be going to + BV

❑ **be going to** + base verbale est employé quand on a décidé de faire quelque chose, quand la décision de faire quelque chose est déjà prise :

➲ *I'**m going to** have my hair cut this afternoon.*
➲ *Je vais me faire couper les cheveux cet après-midi.*
➲ *George **is going to** sell his house.* › *George va vendre sa maison.*
➲ ***Are** you **going to** tell me what happened?*
➲ *Tu vas me dire ce qui s'est passé ?*

Tout en « prédisant » l'avenir, ces phrases parlent d'une décision déjà prise (*tu vas me dire* = « tu as l'intention de me dire » ; *je vais me faire couper les cheveux* = « j'ai décidé de me les faire couper »).

✎ **I am going to...** est plus courant que **I will...** quand je raconte ce que je vais faire :

➲ *Tomorrow I'**m going to** write to my girlfriend.*
➲ *Demain je vais écrire à ma copine.*

❑ **be going to** + base verbale est aussi employé quand on prédit ce qui va se passer à partir d'indices au moment présent. Il s'agit le plus souvent d'un avenir immédiat.

➲ *It's cloudy : I think it'**s going to** rain.*
➲ *Il y a des nuages : je crois qu'il va pleuvoir.*
(indice) (prédiction)

➲ *Look! That boy **is going to** dive into the pool!*
➲ *Regarde ! Ce garçon va plonger dans la piscine !*
(indice) (prédiction)

Will serait impossible dans ces deux phrases ; pour un avenir immédiat prédit à partir d'indices présents, **going to** s'impose.

52. l'avenir : présent simple et be + -ing

❑ Le présent simple est parfois employé (comme en français) pour parler d'un avenir programmé, le plus souvent dans le cadre d'horaires ou de programmes officiels. On donne une information :

➲ *The President **arrives** in New York tomorrow morning.*

➲ *Le président arrive à New York demain matin.*

➲ *The train **leaves** in ten minutes.*

➲ *Le train part dans dix minutes.*

➲ *The film **begins** at eight.*

➲ *Le film commence à vingt heures.*

❑ **be** + **-ing** est également employé pour parler d'un avenir programmé, mais cette fois-ci il s'agit d'un programme non officiel ou personnel :

➲ *I'**m** see**ing** Jennifer tomorrow.*

➲ *Je vois Jennifer demain.*

➲ *What **are** you do**ing** this evening?*

➲ *Que fais-tu ce soir ?*

➲ *David **is**n't com**ing** to the concert with us.*

➲ *David ne vient pas au concert avec nous.*

53. prédiction, décision, programme

❑ Dans les fiches précédentes, nous avons vu que l'on peut parler de l'avenir en anglais de plusieurs façons différentes : **will, be going to,** présent simple, **be** + **-ing.** Il est difficile de rattacher un seul sens à chacune de ces expressions, car leur emploi n'est pas figé. Il dépend de la situation d'énonciation : qui parle à qui ? comment ? et pourquoi ?

❑ Quand on parle de l'avenir en anglais, il y a trois situations d'énonciation importantes qui déterminent le choix de l'expression :
- la prédiction
- la décision
- le programme

• La prédiction, c'est quand on fait une simple hypothèse sur l'avenir, ou quand on est vraiment sûr de ce qui va se passer. Dans ce cas on emploie soit **will** (sans nuance particulière), soit **be going to** (surtout si la prédiction porte sur un avenir proche à partir d'indices présents (➔ **voir fiche 51**) :

➲ *Sally **will** be very angry when she reads that note.*

➲ *Sally **is going to** be very angry when she reads that note.*

➲ *Sally sera très fâchée quand elle lira ce mot.*
(Sally sera fâchée, j'en suis certain)

➲ *Oh no, I think that tree **is going to** fall over!*

➲ *Oh non, je pense que cet arbre va tomber !*
(J'observe la scène et je dis ce qui va se passer maintenant)

• Le moment de la décision détermine également le choix entre **will** et **be going to,** surtout à la première personne (➻ **voir fiches 50 et 51**) :

➲ *I'**ll** help you find your ring, Grandma!*

➲ *Je vais t'aider à trouver ta bague, Grand-mère !*

(*I will :* décision prise sur-le-champ ; proposition d'aide spontanée)

➲ *I'**m going to** help Grandma find her ring.*

➲ *Je vais aider Grand-mère à trouver sa bague.*

(*I'm going to :* je parle d'une décision déjà prise)

• La notion de programme nous conduit à employer soit le présent simple, soit **be** + **-ing** (➻ **voir fiche 52**) :

➲ *The plane **leaves** at eleven o'clock.*

➲ *L'avion part à 11 h.*

(présent simple : horaire/programme officiel)

➲ *I'**m** see**ing** my cousin tomorrow.*

➲ *Je vois ma cousine demain.*

(**be** + **-ing** : programme personnel, justification donnée par celui qui parle).

54. be to + BV et be (just) about to + BV

1 be to + BV

❑ Cette expression, surtout employée en anglais écrit, s'emploie quand quelque chose est officiellement programmé. Son sens est ainsi très proche du présent simple employé pour parler de l'avenir (➻ **voir fiche 52**). Elle se traduit souvent en français par le verbe *devoir,* qui exprime ici « ce qui est prévu » :

➲ *The President **is to** make a speech this afternoon.*

➲ *Le Président doit faire un discours cet après-midi.*

➲ *The French **are to** vote on Sunday.*

➲ *Les Français doivent voter dimanche.*

2 be (just) about to + BV

❑ Cette expression est employée pour parler de quelque chose qui va arriver de façon imminente, qui est sur le point d'arriver :

➲ *I'**m about to** leave.* › *Je vais partir (tout de suite).*

➲ *The doors **are about to** close! Hurry up!*

➲ *Les portes vont fermer ! Dépêche-toi !*

❑ Le mot **just** permet d'insister sur le caractère imminent :

➲ *We'**re just about to** have dinner.* › *On va dîner (tout de suite).*

➲ *Be quiet! He'**s just about to** speak.*

➲ *Taisez-vous ! Il est sur le point de parler.*

55. l'impératif

1 L'impératif à la deuxième personne *(mange ! mangez !)*

❑ Pour dire à quelqu'un de faire quelque chose, on emploie généralement l'impératif. En français, l'impératif de *jouer* à la deuxième personne est *joue/jouez,* l'impératif de *manger* est *mange/mangez,* et l'impératif de *dire* est *dis/dites :*

➲ *Joue avec ta sœur !*
➲ *Mange tes haricots !*
➲ *Dites-moi à quelle heure vous voulez partir.*

❑ En anglais, l'impératif est toujours identique à la base verbale : pour play, l'impératif est play ; pour eat, l'impératif est eat :

➲ ***Play** tennis with me on Saturday!*
➲ *Joue au tennis avec moi samedi ! / Jouez au tennis avec moi samedi !*
➲ ***Eat** your carrots!*
➲ *Mange tes carottes ! / Mangez vos carottes !*

❑ Pour dire à quelqu'un de ne pas faire quelque chose, on emploie **do not** + base verbale. **Do not** est souvent contracté en **don't** :

➲ ***Don't eat** that!* › *Ne mange / mangez pas ça !*
➲ ***Don't say** that word!* › *Ne dis / dites pas ce mot !*

2 L'impératif à la première personne *(mangeons ! partons !)*

❑ L'impératif à la première personne sert à proposer de faire quelque chose.

➲ *Allons-y !*
➲ *Soyons réalistes !*

❑ En anglais, on emploie **let's** + base verbale :

➲ ***Let's leave** early!* › *Partons de bonne heure !*
➲ ***Let's go** to the cinema!* › *Allons au cinéma !*

❑ La forme négative est **let's not** + base verbale :

➲ ***Let's not worry** too much.* › *Ne nous inquiétons pas trop.*
➲ ***Let's not tell** him the truth.* › *Ne lui disons pas la vérité.*

56. les « tags » et les réponses courtes (1)

❑ En français, pour exprimer notre étonnement ou notre intérêt quand quelqu'un nous dit quelque chose, nous employons des expressions comme « Ah bon ? » ; « C'est vrai ? » ; « Vraiment ? ».

❑ En anglais, on peut soit employer l'adverbe **really?** (= *vraiment ?*), soit répondre de la façon suivante :

➲ *Alison : I've seen this film before.* › *J'ai déjà vu ce film.*

➲ *David : **Have you?*** › *Ah bon ?*

➲ *Alison : I'm cold!* › *J'ai froid !*

➲ *David : **Are you?** I'm hot!* › *Ah bon ? Moi, j'ai chaud !*

➲ *Alison : I don't like cauliflower.* › *Je n'aime pas le chou-fleur.*

➲ *David : **Don't you?** I love it!* › *Ah bon ? Moi, je l'adore !*

On voit comment l'auxiliaire de la première phrase **(have, be, do)** est repris dans la réponse.

❑ C'est le même fonctionnement avec les modaux, surtout **can/can't** et **will/won't** :

➲ *Alison : I can't swim.* › *Je ne sais pas nager.*

➲ *David : **Can't you?*** › *C'est vrai ?*

➲ *Alison : Harry will be sixteen tomorrow.* › *Harry aura 16 ans demain.*

➲ *David : **Will he?*** › *Vraiment ?*

❑ Quand il n'y a ni auxiliaire ni modal dans la première phrase, on « reprend » l'auxiliaire **do** qui est « caché » dans le verbe (➞ **voir fiche 17**) :

➲ *Alison : I travel a lot.* › *Je voyage beaucoup.*

➲ *David : **Do you?*** › *Ah bon ?*

➲ *Alison : Dad thinks you're funny.* › *Papa te trouve drôle.*

➲ *David : **Does he?*** › *Ah oui ?*

➲ *Alison : It rains all the time here.* › *Il pleut tout le temps ici.*

➲ *David : **Does it?*** › *Vraiment ?*

❑ Au passé, c'est la même chose mais avec **did** :

➲ *Alison : Phil called earlier.* › *Phil a appelé tout à l'heure.*

➲ *David : **Did he?*** › *Ah bon ?*

➲ *Alison : I bought a car yesterday.* › *J'ai acheté une voiture hier.*

➲ *David : **Did you?*** › *Ah oui ?*

57. les « tags » et les réponses courtes (2)

❑ En français, quand on parle à quelqu'un, on termine parfois la phrase par un mot ou une expression dont la fonction est de provoquer une réponse :

➲ *Elle est belle, non ?*

➲ *C'est super, tu ne trouves pas ?*

➲ *Tu ne fumes pas, toi, hein ?*

➲ *Il fait beau aujourd'hui, n'est-ce pas ?*

❑ En anglais, pour exprimer la même chose, on emploie ce qu'on appelle les « question tags ». Ce sont des petites questions qu'on ajoute à la fin de la phrase, dans lesquelles on reprend l'auxiliaire ou le modal de la première partie de la phrase **(be, can, will...),** suivi d'un pronom personnel **(I, you, he...) :**

• À la fin d'une phrase affirmative, on emploie un tag négatif :

➲ *You can swim,* ***can't you?*** › *Tu sais nager, n'est-ce pas ?*

➲ *He's Andrew's father,* ***isn't he?*** › *C'est le père d'Andrew, non ?*

• À la fin d'une phrase négative, on emploie un tag positif :

➲ *You can't swim,* ***can you?*** › *Tu ne sais pas nager, hein ?*

➲ *He isn't Andrew's father,* ***is he?***

➲ *Ce n'est pas le père d'Andrew, n'est-ce pas ?*

• Quand il n'y a ni auxiliaire ni modal dans la première partie de la phrase, on « reprend » l'auxiliaire **do** qui est « caché » dans le verbe :

➲ *You like sweet things,* ***don't you?*** › *Tu aimes les sucreries, n'est-ce pas ?*

➲ *It smells nice,* ***doesn't it?*** › *Ça sent bon, non ?*

➲ *The French played well,* ***didn't they?***

➲ *Les Français ont bien joué, tu ne trouves pas ?*

✎ Ces « tags » ne sont employés qu'à l'oral, dans le cadre d'un dialogue, car ils sont là pour provoquer une réponse. Leur emploi est assez difficile à maîtriser pour un étranger, mais il faut les apprendre pour parler anglais correctement.

58. les « tags » et les réponses courtes (3)

❑ En anglais, quand on répond **yes** ou **no** à une question, on ajoute souvent un tag :

➲ *Can you swim? – Yes, I* ***can.*** */No, I* ***can't.***

➲ *Tu sais nager ? – Oui. / Non.*

➲ *He's Andrew's father, isn't he? – Yes, he* ***is.*** */ No, he* ***isn't.***

➲ *C'est le père d'Andrew, non ? – Oui. / Non.*

➲ *Are you tired? – Yes, I* ***am.*** */ No, I'm* ***not.***

➲ *Tu es fatigué ? – Oui. / Non.*

➲ *The French played well, didn't they? – Yes, they* ***did.*** */ No, they* ***didn't.***

➲ *Les Français ont bien joué, n'est-ce pas ? – Oui. / Non.*

➲ *Do you like watching TV? – Yes, I **do.** / No, I **don't.***

➲ *Tu aimes regarder la télé ? – Oui. / Non.*

59. les noms : singulier et pluriel

❑ En anglais, comme en français, on forme généralement le pluriel d'un nom en y ajoutant un **-s** :

➲ *I've got three cat**s**.* › *J'ai trois chats.*

❑ Certains noms ont un pluriel irrégulier (comme *cheval* en français qui devient *chevaux*). Les plus courants sont :

➲ *a child (un enfant)* ➤ *some children (des enfants)*

➲ *a foot (un pied)* ➤ *two feet (deux pieds)*

➲ *a goose (une oie)* ➤ *lots of geese (plein d'oies)*

➲ *a man (un homme)* ➤ *several men (plusieurs hommes)*

➲ *a mouse (une souris)* ➤ *hundreds of mice (des centaines de souris)*

➲ *a tooth (une dent)* ➤ *my teeth (mes dents)*

➲ *a woman (une femme)* ➤ *ten women (dix femmes)*

❑ Certains noms ont un pluriel invariable (= identique au singulier) :

➲ *an aircraft (un avion)* ➤ *two aircraft (deux avions)*

➲ *a fish (un poisson)* ➤ *eight fish (huit poissons)*

➲ *a sheep (un mouton)* ➤ *a flock of sheep (un troupeau de moutons)*

➲ *a series (une série)* ➤ *different series (des séries différentes)*

➲ *a species (une espèce)* ➤ *many species (beaucoup d'espèces)*

❑ Les noms de famille prennent un **-s** au pluriel, à la différence du français :

➲ *The Harrison**s** are coming to visit us tomorrow.*

➲ *Les Harrison viennent nous voir demain.*

❑ Les noms qui désignent des objets « doubles » *(ciseaux, lunettes)* et des vêtements à deux jambes *(culotte, jean, pantalon, short, pyjama...)* sont toujours au pluriel en anglais. Pour dire *un jean, un pantalon*, etc., on emploie **a pair of** ou parfois **some** :

➲ *These **shorts** are too small.* › *Ce short est trop petit.*

➲ *They make really nice **shorts.*** › *Ils font de très jolis shorts.*

➲ *I need **a** new **pair of jeans.** / I need **some** new **jeans.***

➲ *J'ai besoin d'un nouveau jean.*

❑ Le pluriel **persons** est très rarement employé. Il faut toujours employer **people** comme pluriel de **person** :

➲ *Two **people** said they recognized her.*

➲ *Deux personnes ont dit qu'elles l'avaient reconnue.*

60. les noms : dénombrables et indénombrables

❑ En anglais, un nom dénombrable :
- peut être précédé de l'article *a/an* ou d'un chiffre
- peut se mettre au pluriel.

• Exemples :

➲ *door : a door, five doors*

➲ *woman : a woman, two women*

➲ *mistake : a mistake, too many mistakes*

❑ Un nom indénombrable désigne quelque chose qu'on ne compte pas normalement *(le sang, l'intelligence...).*

En anglais, un nom indénombrable :
- ne peut pas être précédé de l'article *a/an*
- ne peut pas être précédé d'un chiffre
- ne peut pas se mettre au pluriel.

• Exemples :

➲ *advice* › *le conseil* (*a piece of advice, some advice,* jamais **an advice/*advices*)

➲ *courage* › *le courage* (*some courage,* jamais *a courage)

➲ *information* › *l'information* (*a piece of information, some information,* jamais *an information/*informations)

➲ *luggage* › *les bagages* (*a piece of luggage, some luggage,* jamais *a luggage/*luggages)

➲ *news* › *les nouvelles* (*a piece of news, some news,* jamais *a news)

➲ *progress* › *le progrès* (*some progress,* jamais *a progress)

➲ *travel* › *les voyages* (jamais *a travel : *un voyage* = *a trip*)

➲ *work* › *le travail* (jamais *a work : *un travail* = *a job*)

➲ *money* › *l'argent* (jamais *a money, ni *moneys : on compte l'argent, mais le mot « argent » ne se met pas au pluriel !)

❑ Autres points importants :

• Les noms de langues sont indénombrables en anglais (English, Japanese, Portuguese, French...). On ne dit pas *he speaks a perfect English mais he speaks perfect English.

• Attention avec les noms abstraits. En français on peut parler d'un courage, d'une tristesse, d'un bonheur, mais en anglais les mots abstraits sont généralement indénombrables :

➲ *Il a fait preuve d'un grand courage.* › *He showed great courage.*

• Les noms de maladies sont généralement indénombrables en anglais :

➲ *Il a une hépatite.* › *He's got hepatitis.*

❑ Certains noms peuvent être soit dénombrables, soit indénombrables, mais avec des nuances de sens :

dénombrables	**indénombrables**
➲ a lamb, a chicken, a turkey ➲ *un agneau, un poulet, une dinde*	➲ lamb, chicken, turkey ➲ *de l'agneau, du poulet, de la dinde*
➲ a business ➲ *une affaire/une entreprise*	➲ business ➲ *les affaires*
➲ a coffee, a tea ➲ *un café, un thé*	➲ coffee, tea ➲ *du café, du thé*
➲ a stone ➲ *une pierre*	➲ stone ➲ *la pierre* (= la matière)
➲ a hair ➲ *un poil, un cheveu*	➲ hair ➲ *les cheveux*

61. les articles : l'article zéro

❑ Regardez ces deux phrases en français :

➲ *Je déteste les chats.*

➲ *Voilà les chats dont je te parlais.*

Dans la première phrase, *les chats* signifie « tous les chats ». Dans la deuxième, *les chats* désigne quelques chats en particulier (ceux dont je parlais).

En anglais, il est très important de saisir cette différence, parce que l'article **the** ne s'emploie pas tout à fait comme l'article *le/la/l'/les :*

➲ *Je déteste les chats.* › *I hate cats.*

➲ *Voilà les chats dont je te parlais.* › *There are the cats I told you about.*

❑ On parle de « l'article zéro » (ou « article Ø ») quand un nom n'est pas précédé de **the, a** ou **an.** En principe, pour parler de quelque chose en général, on emploie « l'article zéro » :

➲ *I hate dogs.*

➲ *Je déteste les chiens.* (tous les chiens, les chiens en général)

➲ *Love is wonderful.*

➲ *L'amour est merveilleux.* (l'amour en général)

➲ *The forces of Nature.*

➲ *Les forces de la Nature.* (la Nature en général)

➲ *Children usually dislike cabbage.*

➲ *En règle générale, les enfants n'aiment pas le chou.*

❑ L'article zéro est aussi employé quand on s'adresse à un groupe de la façon suivante :

➲ *Come in, children!* › *Entrez, les enfants !*

➲ *Hi, girls!* › *Salut les filles !*

62. les articles : exemples importants de l'article zéro

❑ Les noms de repas s'emploient généralement sans l'article **the** :

➲ *Dinner's ready!* › *Le dîner est prêt !*

➲ *Lunch will be served in the garden.*

➲ *Le déjeuner sera servi dans le jardin.*

Attention au mot **bed** *(lit)* : quand on parle du meuble, le mot **bed** peut être précédé d'un article *(the bed is made : le lit est fait).* Mais quand on parle d'aller se coucher, le mot **bed** ne prend pas d'article *(I'm going to bed : je vais me coucher ; he's in bed : il est au lit).*

Attention aux mots **church** *(église)*, **college** *(université)*, **hospital** *(hôpital)*, **jail** *(prison)*, **prison** *(prison)*, **school** *(école, collège, lycée)*, **university** *(université).* Avec l'article zéro, on met l'accent sur la fonction de l'endroit. L'emploi de **the** signifie qu'on parle plutôt du bâtiment :

➲ *Do you like school?*

➲ *Tu aimes l'école ?* (c'est-à-dire, les cours)

➲ *Do you like the school?*

➲ *Tu aimes l'école ?* (c'est-à-dire, le bâtiment, l'établissement)

✎ **be at school/at college/at university** signifie « être à l'école/à l'université » pour y faire ses études ; **be at the school/at the college/at the university** signifie simplement « être dans l'enceinte de l'établissement ».

✎ **go to hospital** signifie « aller à l'hôpital » parce qu'on est malade ; **go to the hospital** signifie y aller pour une autre raison (pour y travailler, pour rendre visite à quelqu'un...).

❑ Quand on parle de son poste ou de l'endroit où on travaille, on dit **work,** jamais *the work. Quand **work** signifie simplement « choses à faire », on peut employer l'article **the.**

Comparez :

➲ *Look at all the work I have to do this morning!*

➲ *Regarde tout le travail que je dois faire ce matin !*

➲ *Is the work finished?* › *Est-ce que le travail est terminé ?*

et

➲ *I'm late for work.* › *Je suis en retard pour le travail.*

➲ *Sam goes to work by bus.* › *Sam va au travail en bus.*

➲ *I need a new shirt for work.*

➲ *J'ai besoin d'une nouvelle chemise pour le travail.*

63. a/an, some, article zéro

❑ Le choix de **a** ou **an** dépend du son qui suit (on dit *an apple* mais *a big apple ; a boy* mais *an English boy)*.

✎ **a** et **an** correspondent généralement à l'article français *un(e)*, mais ne pensez surtout pas que *a = *un* et *an = *une* !

❑ Après **be** et **become,** les noms de métiers sont précédés de l'article **a/an** sauf quand il s'agit d'un poste important occupé par une seule personne :

➲ *She wants to* ***become a*** *nurse.* › *Elle veut devenir infirmière.*

➲ *My Dad* ***is a*** *farmer.* › *Mon père est agriculteur.*

➲ *Jerry is chairman of a large company.*

➲ *Jerry est président d'une grosse entreprise.*

❑ Quand *du/de la* signifie « une certaine quantité de », il se traduit généralement par **some,** mais l'article zéro est aussi possible :

➲ *They gave us* ***(some)*** *water.* › *Ils nous ont donné de l'eau.*

➲ *I need* ***(some)*** *more time.* › *Il me faut plus de temps.*

❑ Quand l'article *du/de la* ne signifie pas « une certaine quantité de », il se traduit par l'article zéro :

➲ *Cette tache ? Je pense que c'est du vin.*
➲ *That stain? I think it's wine.* (jamais *some wine)

➲ *C'est de la nourriture anglaise.*
➲ *It's English food.* (jamais *some food)

❑ Quand l'article *des* signifie *quelques,* il se traduit généralement par **some :**

➲ *Shall we buy your mother* ***some*** *flowers?*

➲ *On achète des fleurs pour ta mère ?* (« quelques fleurs »)

➲ **Some** *people came to the house.*
➲ *Des gens sont venus à la maison.* (« quelques personnes »)

❑ Quand *des* ne signifie pas *quelques,* il se traduit le plus souvent par l'article zéro. Comparez :

➲ *Those flowers are roses.* › *Ces fleurs sont des roses.*

➲ *I'm going to buy some roses.*
➲ *Je vais acheter des roses.* (« quelques roses »)

Regardez aussi some dans la partie alphabétique.

64. la relation « X de Y »

❑ En français, l'une des fonctions du mot *de* est de montrer une relation entre deux personnes, entre une personne et un objet, entre deux objets, etc. Cette relation est parfois une relation d'appartenance (*la voiture de Pierre* est la voiture qui appartient à Pierre), mais pas toujours :

➲ *les musées de France*
➲ *les romans de Balzac*
➲ *un vélo d'enfant*

❑ En anglais le mot **of** remplit la même fonction, mais avec certaines catégories de noms, le génitif s'impose. Le génitif se forme de la manière suivante :

• Pour un nom singulier ou pour un nom pluriel ne se terminant pas en **-s,** on ajoute **'s.**

- nom singulier

➲ *Paul'**s** bike* › *le vélo de Paul*

- nom pluriel ne se terminant pas en **-s**

➲ *the children'**s** bikes* › *les vélos des enfants*

• Pour un nom dont le pluriel se termine en **-s,** on ajoute l'apostrophe **'**

➲ *my sisters' school* › *l'école de mes sœurs*

❑ Quand un nom propre se termine en **-s** au singulier, on peut employer soit **'s,** soit l'apostrophe **'** toute seule :

➲ *Jesus'**s** disciples* ou *Jesus' disciples* › *les disciples de Jésus*

➲ *Mrs Andress'**s** daughter* ou *Mrs Andress' daughter*
➲ *la fille de Mme Andress*

❑ Le génitif s'emploie surtout avec les noms qui désignent des personnes ou des animaux :

➲ *Bob's clothes* (jamais *the clothes of Bob)

➲ *my mother's hair* (jamais *the hair of my mother)

➲ *the Smiths' house* (jamais *the house of the Smiths)

➲ *the dog's bone* (jamais *the bone of the dog)

❑ Avec les objets, le génitif s'emploie parfois, mais il est préférable de l'éviter :

➲ *the price **of** the house (le prix de la maison)*

➲ *the colour **of** the rocks (la couleur des rochers)*

➲ *the sound **of** the sea (le bruit de la mer)*

➲ *the speed **of** light (la vitesse de la lumière)*

❑ Avec les mots qui désignent les différentes « zones » d'un objet (le haut, le bas, le milieu, etc.), on emploie généralement **of** :

➲ *the top **of** the wardrobe* › *le haut de l'armoire*

➲ *the bottom **of** the sea* › *le fond de la mer*

➲ *the middle **of** the book* › *le milieu du livre*

❑ Avec les noms formés à partir d'adjectifs comme *the British, the French, the English, the poor,* le génitif n'est jamais employé :

➲ *the attitude of the British* (jamais *the British's attitude)

➲ *the situation of the poor* (jamais *the poor's situation)

❑ Quand un nom désignant une personne est suivi d'autres informations, le génitif est souvent impossible :

➲ *the woman's name* › *le nom de la femme*

mais

➲ *the name of the woman who babysits*

➲ *le nom de la femme qui fait du baby-sitting*

65. la relation « X de Y » (autres solutions)

❑ Dans la fiche précédente, nous avons vu que la construction X of Y s'emploie plutôt que le génitif **('s)** lorsque le nom Y ne désigne pas une personne :

➲ *the windows **of** the building* › *les fenêtres de l'immeuble*

➲ *animals **of** the African desert* › *les animaux du désert africain*

❑ Dans certains cas, la relation « X de Y » est exprimée en anglais au moyen d'un nom composé (= un nom suivi d'un autre nom) :

➲ *the **car keys*** › *les clés de la voiture*

➲ *the **bedroom carpet*** › *la moquette de la chambre*

➲ ***river fish*** › *les poissons de rivière*

➲ *a **skin disease*** › *une maladie de peau*

Ne soyez pas tenté de mettre le premier nom au pluriel !

➲ *a **car salesman*** › *un marchand de voitures*

➲ *a **shoe shop*** › *un magasin de chaussures*

(mais on dit **a clothes shop** parce que **clothes** est toujours au pluriel !)

❑ De même, quand un chiffre est employé dans un nom composé, le premier nom n'est jamais au pluriel :

➲ *a twenty-**kilometre** race* › *une course de vingt kilomètres*

➲ *a two-**hour** flight* › *un vol de deux heures*

➲ *a fifty-**euro** note* › *un billet de cinquante euros*

❑ Parfois, on peut employer soit X of Y soit un nom composé, mais cela en modifie le sens :

➲ *a cup **of** tea*	*a **teacup***
➲ *une tasse de thé*	*une tasse à thé*
➲ *a glass **of** wine*	*a **wineglass***
➲ *un verre de vin*	*un verre à vin*

66. adjectifs épithètes

❑ Les adjectifs en anglais ne prennent jamais la marque du pluriel. N'ajoutez jamais de **s** à la fin d'un adjectif anglais.

➲ *those **poor** farmers* › *ces pauvres agriculteurs*

➲ *some **other** people* › *d'autres personnes*

➲ ***different** solutions* › *différentes solutions*

❑ Un adjectif épithète est un adjectif qui est directement relié au nom. La plupart des adjectifs épithètes se mettent avant le nom en anglais :

➲ *a **big** house* › *une grande maison*

➲ *What **lovely** roses!* › *Quelles roses magnifiques !*

❑ Quand il y a plusieurs épithètes qui se succèdent, il faut suivre un ordre assez précis :

jugement	taille/valeur/âge	forme/couleur/nationalité/matière/fonction
➲ *a lovely*	*tall*	*thin Spanish man*
➲ *un Espagnol grand, mince et très sympa*		
➲ *a very*	*nice big*	*round wooden bowl*
➲ *un grand bol en bois rond très joli*		
➲ *two horrible*	*old*	*red folding chairs*
➲ *deux horribles vieilles chaises pliantes rouges*		

67. adjectifs attributs

❑ Un adjectif attribut est relié au nom au moyen d'un verbe. Les verbes les plus fréquents sont **appear, be, become, feel, look** et **seem. Smell, sound** et **taste** sont également des verbes courants.

➲ *I am **tired.*** (verbe « lien » = be) › *Je suis fatigué.*

➲ *You look **ill.*** (verbe « lien » = look) › *Tu as l'air malade.*

➲ *The sea appeared very **calm.*** (verbe « lien » = appear)

➲ *La mer semblait très calme.*

❑ Certains adjectifs anglais ne sont qu'attributs (c'est-à-dire qu'ils doivent être liés au nom au moyen d'un verbe). La plupart commencent par la lettre **a-** :

seulement attribut	épithète équivalente
➲ *I am **afraid.***	› *a **frightened** animal*
➲ *J'ai peur.*	› *un animal qui a peur*
➲ *He's **alive!***	› ***live** animals*
➲ *Il est vivant !*	› *des animaux vivants*
	› ***living** things*
	› *des choses vivantes*
➲ *Are you **alone?***	› *a **single** person*
➲ *Tu es seul ?*	› *une seule personne/ une personne seule*
	› *a **lonely** man*
	› *un homme qui se sent seul*
➲ *I feel **ashamed.***	› ***shameful** words*
➲ *J'ai honte.*	› *des paroles honteuses*
➲ *The baby is **asleep.***	› *a **sleeping** baby*
➲ *Le bébé dort.*	› *un bébé qui dort*
➲ *They're **awake.***	(pas d'équivalent)
➲ *Ils sont réveillés.*	
➲ *I'm **glad** to see you!*	› ***happy** people*
➲ *I'm **pleased** to see you!*	› *des gens heureux*
➲ *Je suis heureux de te voir.*	

✎ Les adjectifs **afraid** et **ashamed** correspondent à des noms en français (*avoir peur* = **be afraid** ; *avoir honte* = **be ashamed**).

68. adjectifs et prépositions

❑ Certains adjectifs, en anglais comme en français, peuvent ou doivent être suivis d'une préposition (P) et d'un complément (C) :

➲ *Il est très gentil avec (P) nous (C)*
➲ *Ils n'étaient pas conscients du (P) danger (C)*

❑ En anglais, la préposition qui suit un adjectif n'est pas toujours celle qu'attend un francophone (par exemple, *être responsable* ***de*** *quelque chose* = *be responsible* ***for*** *something*). Les exemples ci-dessous vous montrent quelle préposition employer en fonction de l'adjectif :

➲ *afraid, frightened, scared, terrified* ***of*** *something*
pour dire qu'on a peur de quelque chose

➲ *amazed, astonished, surprised* ***at, by*** *something*
pour dire qu'on est surpris/étonné par quelque chose

➲ *worried, sorry* ***about*** *something*
pour dire qu'on est inquiet *(worried)*, désolé *(sorry)* à cause de quelque chose

➲ *angry, annoyed, furious* ***about*** *something*
pour dire qu'on est en colère *(angry, furious)*, agacé *(annoyed)* à propos de quelque chose

➲ *kind, nice, rude* ***to*** *somebody*
➲ *gentil (kind, nice), impoli (rude) avec quelqu'un*

➲ *angry, annoyed, furious* ***with*** *somebody*
pour dire qu'on est en colère contre quelqu'un *(angry, furious)*, agacé *(annoyed)* par quelqu'un

➲ *delighted, happy, pleased, satisfied* ***with*** *something*
pour exprimer sa satisfaction, son bonheur à propos de quelque chose

➲ *bored, disappointed* ***with*** *something*
pour exprimer son ennui *(bored)*, sa déception *(disappointed)* à propos de quelque chose

➲ *aware, conscious* ***of*** *something*
pour dire qu'on est conscient de quelque chose

➲ *bad, brilliant, good, terrible, useless* ***at*** *something*
pour dire qu'on est doué *(brilliant, good)*, pas doué *(bad, terrible, useless)* pour quelque chose

➲ *different* ***from*** *something*
➲ *différent de quelque chose*

➲ *interested* ***in*** *something*
pour exprimer son intérêt en quelque chose

➲ *responsible* ***for*** *something*
➲ *responsable de quelque chose*

69. adjectifs substantivés

❑ Un adjectif substantivé est un adjectif qui s'emploie comme un nom. Les adjectifs substantivés en anglais désignent généralement des groupes ou des catégories de personnes ; par conséquent ils se comportent comme des pluriels, même s'ils ne portent pas la marque **s** du pluriel :

➲ *the poor/the rich* *(les pauvres/les riches)*

➲ *the unemployed* *(les chômeurs)*

➲ *the blind* *(les aveugles)*

➲ *the deaf* *(les sourds)*

➲ *the disabled* *(les handicapés)*

➲ *the old* *(les personnes âgées)*

➲ *the English/the French* *(les Anglais/les Français)*

✎ *Les jeunes* peut parfois être traduit par *the young,* mais l'expression *young people* est beaucoup plus courante.

💣 On ne dit jamais *the youngs, *the poors, etc. !

❑ Le verbe associé à un adjectif substantivé doit être au pluriel :

➲ *The poor in India* ***are*** *too poor to pay taxes.*

➲ *Les pauvres en Inde sont trop pauvres pour payer des impôts.*

➲ *The old* ***have*** *a lot of problems in winter.*

➲ *Les personnes âgées ont beaucoup de problèmes en hiver.*

❑ Pour parler d'un ou de plusieurs individus membres du groupe ou de la catégorie, on emploie l'adjectif + **man/woman/boy/girl/person...** (au pluriel, **men/women/boys/girls/people...**). Notez bien la traduction proposée entre parenthèses :

➲ *a poor person* *(un pauvre)*

➲ *an unemployed girl* *(une jeune chômeuse)*

➲ *a disabled woman* *(une handicapée)*

➲ *two deaf boys* *(deux jeunes sourds)*

➲ *three blind people* *(trois aveugles)*

❑ Comme en français, certaines notions abstraites peuvent également être désignées par un adjectif substantivé : *the sublime* *(le sublime)* ; *the unexpected* *(l'inattendu).*

70. adjectifs et substantifs de nationalité

❑ En anglais, tous les adjectifs et substantifs de nationalité s'écrivent toujours avec une majuscule (écrire *english, *italian, *chinese est toujours une erreur).

❑ Les adjectifs et substantifs de nationalité en anglais forment quatre grandes catégories. Il faut les apprendre pour ne pas vous tromper.

• Adjectifs en **-sh** ou **-ch**

comment dire « un(e)... » ou « plusieurs... »	**comment dire « les... »**
a **British** person/man/woman... two **British** boys/girls/people...	the **British**
an **Englishman,** an **Englishwoman,** an **English** person two **English** boys/girls/people...	the **English**
a **Frenchman,** a **Frenchwoman,** a **French** person two **French** boys/girls/people...	the **French**
a **Dutchman,** a **Dutchwoman,** a **Dutch** person two **Dutch** boys/girls/people... (Attention ! Dutch = *néerlandais*)	the **Dutch**
a **Irishman,** a **Irishwoman,** a **Irish** person two **Irish** boys/girls/people...	the **Irish**
a **Welshman,** a **Welshwoman,** a **Welsh** person two **Welsh** boys/girls/people...	the **Welsh**

On ne dit jamais *an English, *a French, *three British !

• Adjectifs en **-ese** + Swiss

comment dire « un(e)... » ou « plusieurs... »	**comment dire « les... »**
a **Chinese** person/man/woman... two **Chinese** boys/girls/people...	the **Chinese**
a **Japanese** person/man/woman... two **Japanese** boys/girls/people...	the **Japanese**
a **Portuguese** person/man/woman... two **Portuguese** boys/girls/people...	the **Portuguese**
a **Vietnamese** person/man/woman... two **Vietnamese** boys/girls/people...	the **Vietnamese**
a **Swiss** person/man/woman... two **Swiss** boys/girls/people...	the **Swiss**

• Adjectifs en **-an** et autres

comment dire « un(e)... » ou « plusieurs... »	comment dire « les... »
an **African,** two **Africans**	the **Africans**
an **American,** two **Americans**	the **Americans**
an **Australian,** two **Australians**	the **Australians**
a **Belgian,** two **Belgians**	the **Belgians**
a **Canadian,** two **Canadians**	the **Canadians**
a **European,** two **Europeans**	the **Europeans**
a **German,** two **Germans**	the **Germans**
an **Italian,** two **Italians**	the **Italians**
a **Thai,** two **Thais**	the **Thais**
a **Finn,** two **Finns**	the **Finns**
a **Pakistani,** two **Pakistanis**	the **Pakistanis**

Pour préciser qu'il s'agit d'une femme/une fille : a **German** woman, a **Thai** girl, a **Belgian** lady, etc.

• Cinq cas où l'adjectif et le substantif sont différents :

adjectif	comment dire « un(e)... » ou « plusieurs... »	comment dire « les... »
Arabic/Arab	an **Arab,** two **Arabs**	the **Arabs**
Danish	a **Dane,** two **Danes**	the **Danes**
Polish	a **Pole,** two **Poles**	the **Poles**
Scottish	a **Scot,** two **Scots**	the **Scots**
Spanish	a **Spaniard,** two **Spaniards**	the **Spanish**

Pour préciser qu'il s'agit d'une femme/une fille : an **Arab** woman, a **Scottish** girl, a **Spanish** lady, etc.

✎ Notez les formes à employer pour **Jewish** (= *juif*), **black, white** et **mixed-race** (= *métis*) :

comment dire « un(e)... » ou « plusieurs... »	comment dire « les... »
a **Jew,** two **Jews** a **Jewish** boy/girl/woman	the **Jews**
a **black** ou a **black** man/woman/person... two **blacks** ou two **black** men/women/people...	**black people**
a **white** ou a **white** man/woman/person... two **whites** ou two **white** men/women/people...	**white people**
a **mixed-race** boy/girl/man/woman/person... two **people of mixed-race**	**people of mixed race**

71. adjectifs et comparatifs

❑ Le comparatif nous permet de comparer, de parler de la différence qui existe entre des choses ou des personnes. Par exemple, le fait que je suis plus âgé que mon frère, le fait que les souris sont plus petites que les rats, le fait que tel ordinateur est moins puissant qu'un autre.

❑ En français, les mots *plus* et *moins* servent à faire ce genre de comparaisons. En anglais, les expressions **more** et **less** ont la même fonction :

➲ *The fireworks were **more** spectacular than last year.*

➲ *Le feu d'artifice était plus spectaculaire que l'année dernière.*

➲ *You're **less** patient than me.*

➲ *Tu es moins patient que moi.*

➲ *Children used to be **more** polite.*

➲ *Les enfants étaient plus polis autrefois.*

❑ **more** n'est pas employé avec les adjectifs qui n'ont qu'une seule syllabe. Dans ce cas, on ajoute **-er** à la fin de l'adjectif.

➲ *I'm old**er** than him.* › *Je suis plus vieux que lui.*

➲ *Can I try a small**er** size?* › *Je peux essayer une plus petite taille ?*

➲ *You look a lot thinn**er**!* › *Tu as l'air beaucoup plus mince !*

❑ **more** est employé avec tous les adjectifs qui ont deux syllabes ou plus, sauf :

- ceux qui se terminent par **-er** et **-y** *(cleverer, friendlier, happier, easier)*
- les mots **narrow** et **simple** *(narrower, simpler)*

❑ Les adjectifs **good, well** (= *en bonne santé*), **bad,** et **far** ont un comparatif irrégulier :

➲ *good* ➤ *better*

➲ *bad* ➤ *worse*

➲ *well* ➤ *better*

➲ *far* ➤ *farther* ou *further*

72. adjectifs et superlatifs

❑ Le superlatif en français correspond à l'expression *le plus* ou *le moins* + adjectif. Il permet de comparer un élément à tous les autres de la même catégorie.

❑ En anglais, il existe deux possibilités pour le superlatif de supériorité :

• L'expression **the most...** :

➲ *These are **the most** spectacular fireworks I've ever seen.*

➲ *C'est le feu d'artifice le plus spectaculaire que j'aie jamais vu.*

➲ *He's **the most** patient teacher in the school.*

➲ *C'est le prof le plus patient du collège.*

Un seul **the,** et l'ordre des mots n'est pas le même qu'en français. On ne dit pas *the teacher the most patient !

• **most** n'est pas employé avec les adjectifs qui n'ont qu'une seule syllabe. Dans ce cas, on ajoute **-est** à la fin de l'adjectif.

➲ *He's **the** old**est**.* › *C'est le plus âgé.*

➲ *Can I try **the** small**est** size?* › *Je peux essayer la plus petite taille ?*

❑ **most** est employé avec tous les adjectifs qui ont deux syllabes ou plus, sauf :

• ceux qui se terminent par **-er** et **-y** :

➲ *clever* ➛ *cleverest* › *(le plus) intelligent*

➲ *happy* ➛ *happiest* › *(le plus) heureux*

➲ *friendly* ➛ *friendliest* › *(le plus) sympathique*

➲ *easy* ➛ *easiest* › *(le plus) facile*

• les mots **narrow** *(étroit)* et **simple** *(simple)* (➛ *narrowest, simplest*)

❑ Les adjectifs **good** *(bon, bien)*, **bad** *(mauvais, mal)*, et **far** *(lointain, loin, éloigné)* ont un superlatif irrégulier :

➲ *good* ➛ *the best*

➲ *bad* ➛ *the worst*

➲ *far* ➛ *the farthest* ou *the furthest*

❑ L'expression **the least** correspond au français *le moins...* On l'appelle le « superlatif d'infériorité » :

➲ *This is **the least** easy exercise.*

➲ *C'est l'exercice le moins facile.*

➲ *He's **the least** friendly boy in the class.*

➲ *C'est le garçon le moins sympathique de la classe.*

✎ Notez l'emploi de **in** après un superlatif, là où en français on emploie *de :*

➲ *She's the oldest woman **in** the world.*

➲ *C'est la femme la plus âgée du monde.*

➲ *He's the shortest boy **in** the class.*

➲ *C'est le garçon le plus petit de la classe.*

✎ Notez comment on dit *le plus simple, le plus important,* etc. au sens de « la chose la plus simple/la plus importante » :

➲ ***The simplest thing** would be to leave the dog at home.*

➲ *Le plus simple serait de laisser le chien à la maison.*

➲ ***The most important thing** is to drink lots of water.*

➲ *Le plus important, c'est de boire beaucoup d'eau.*

➲ ***The best thing** would be to say nothing.*

➲ *Le mieux serait de ne rien dire.*

73. pronoms sujets et compléments

❑ En anglais, les pronoms personnels sujets sont :

I	*(je)*
you	*(tu, vous)*
he	(*il* « humain »)
she	(*elle* « humain »)
it	(*il* ou *elle* « non humain »)
we	*(nous)*
they	(*ils* ou *elles*)

❑ En anglais, les pronoms personnels compléments sont :

me	*(moi, me)*
you	*(toi, te, vous)*
him	(*lui* « humain »)
her	(*elle* « humain »)
it	(*lui* ou *elle* « non humain »)
us	*(nous)*
them	(*eux* ou *elles*)

💣 Il est important de faire la différence entre un pronom sujet **(I, he...)** et un pronom complément **(me, him...)**. Le schéma suivant peut vous aider :

sujet		**complément**
Qui a vu David ?		
Who saw David?		
I, you, he, she, it, we, they	*saw*	*David*
David a vu qui ?		
Who did David see?		
David	*saw*	*me, you, him, her, it, us, them*

74. déterminants et pronoms possessifs

❑ En anglais, les déterminants possessifs sont :

my *(mon, ma, mes)*
your *(ton/ta/tes, votre/vos)*
his (*son/sa/ses,* possesseur de sexe masculin)
her (*son/sa/ses,* possesseur de sexe féminin)
its (*son/sa/ses,* possesseur non humain)
our *(notre/nos)*
their *(leur/leurs)*

Ne confondez pas **its** (déterminant possessif) et **it's** (contraction de **it is**).

❑ En français, le choix entre *son* ou *sa* dépend du genre grammatical du nom (*son parapluie* parce que *parapluie* est masculin ; *sa chambre* parce que *chambre* est féminin). En anglais, le choix entre **his** et **her** dépend du sexe du possesseur :

➲ ***his** umbrella* = *son parapluie* (à lui)
➲ ***her** umbrella* = *son parapluie* (à elle)

its est employé quand le possesseur est une chose ou un animal :

➲ *The tree lost one of **its** branches in the storm.*
➲ *L'arbre a perdu une de ses branches dans l'orage.*
➲ *The rabbit went into **its** burrow.*
➲ *Le lapin est entré dans son terrier.*

❑ En anglais, les pronoms possessifs sont :

mine (*le mien, la mienne, les miens, les miennes ;* « à moi »)
his (*le sien, la sienne, les siens, les siennes ;* « à lui »)
hers (*le sien, la sienne, les siens, les siennes ;* « à elle »)
ours (*le nôtre, la nôtre, les nôtres ;* « à nous »)
yours (*le tien, la tienne, les tiens, les tiennes, le/la vôtre, les vôtres ;* « à toi, à vous »)
theirs (*le leur, la leur, les leurs ;* « à eux, à elles »)

✎ En anglais on n'emploie pas l'article **the** pour former le pronom possessif : *le mien* = **mine.**

Ne confondez pas **her, our, your, their** (déterminants possessifs *son/sa/ses, notre/nos,votre/vos, leur(s)...)* avec **hers, ours, yours, theirs** (pronoms possessifs *le sien/la sienne/les sien(ne)s, le/la nôtre, les nôtres, le vôtre, les vôtres, le(s) leur(s)...).*

➲ *That isn't **her** car, it's **ours!***

➲ *Ce n'est pas sa voiture (à elle), c'est la nôtre !*

➲ ***Your** flat seems smaller than **theirs.***

➲ *Ton appartement a l'air plus petit que le leur.*

75. pronoms réfléchis

❑ En français, la structure *se* + verbe peut avoir une valeur réfléchie ou une valeur réciproque :

• réfléchi

➲ *Le chat se léchait.* (action accomplie sur lui-même)

• réciproque

➲ *Les deux frères se regardaient.* (l'un l'autre, mutuellement)

❑ L'anglais fait une différence très nette entre les deux :

➲ *The cat was licking **itself.*** › *Le chat se léchait.*

➲ *The two brothers were looking at **each other.***

➲ *The two brothers were looking at **one another.***

➲ *Les deux frères se regardaient.*

La réciprocité est exprimée par **each other** ou **one another ;** le pronom réfléchi est un mot qui se termine toujours par **-self** ou **-selves.**

❑ Les pronoms réfléchis en anglais sont (en gras ici) :

➲ *I see**myself.*** › *Je me vois.*

➲ *You* (singulier) *see **yourself.*** › *Tu te vois/vous* (singulier) *vous voyez.*

➲ *He sees **himself.*** › *Il* (humain) *se voit.*

➲ *She sees **herself.*** › *Elle* (humain) *se voit.*

➲ *It sees **itself.*** › *Il/elle* (animal) *se voit.*

➲ *We see **ourselves.*** › *Nous nous voyons.*

➲ *You* (pluriel) *see **yourselves.*** › *Vous* (pluriel) *vous voyez.*

➲ *They see **themselves.*** › *Ils/elles se voient.*

➲ *One sees **oneself.*** › *On se voit.*

Le pronom réfléchi **oneself** est rarement employé dans la langue courante. Dans les dictionnaires et les manuels, il est employé pour « représenter » tous les pronoms réfléchis (**oneself** = **myself/yourself/himself...**).

❑ Tous les verbes pronominaux français ne se traduisent pas par un pronom réfléchi en anglais :

➲ *I feel ill.* › *Je me sens malade.*

(pas *I feel myself...)

➲ *Relax!* › *Détends-toi !*
(pas *relax yourself)

❑ Les pronoms réfléchis en anglais ont la même valeur que les pronoms français en *-même (moi-même, toi-même, vous-mêmes...)* :

➲ *Did you repair this* ***yourself?*** › *Tu as réparé ça toi-même ?*

➲ *I painted this picture* ***myself.*** › *J'ai peint ce tableau moi-même.*

❑ **by** + pronom réfléchi a le sens de *seul* (au sens de « sans la présence ou l'aide de quelqu'un d'autre ») :

➲ *I'm* ***by myself.*** › *Je suis seul.*

➲ *They live* ***by themselves.*** › *Ils habitent seuls.*

76. masculin et féminin, mâle et femelle : he, she, it

❑ En anglais, les noms n'ont généralement pas de genre grammatical. On dit *a big table (une grande table)* et *a big bag (un grand sac).*

Le choix entre **a** et **an** n'est pas une question de genre ; **an** est employé simplement quand le mot qui suit commence par une voyelle, pour faciliter la prononciation : *an apple, an elephant, an enormous table.*

❑ **he** (= *il*) et **she** (= *elle*) sont employés uniquement pour une personne, ou pour un animal dont on connaît le sexe :

• **he** (= *il*) pour un homme, un garçon ou un animal quand on sait que c'est un mâle.

➲ *I'm angry with my brother because* ***he*** *didn't help me.*

➲ *Je suis fâché contre mon frère parce qu'il ne m'a pas aidé.*

➲ *I don't like your dog because* ***he****'s silly.*

➲ *Je n'aime pas ton chien parce qu'il est idiot.*

• **she** (= *elle*) pour une femme, une fille ou un animal quand on sait que c'est une femelle.

➲ *Have you met Sam's mother?* ***She*** *is very nice.*

➲ *Tu as rencontré la mère de Sam ? Elle est très gentille.*

➲ *I like your dog because* ***she****'s very quiet.*

➲ *J'aime bien ta chienne parce qu'elle est très calme.*

• **it** (= *il/elle*) est employé pour tout ce qui n'a pas de sexe (pour tout ce qui n'est ni un être humain, ni un animal), et pour un animal quand on ne sait pas si c'est un mâle ou une femelle.

➲ *We threw the table away because* ***it*** *was broken.*

➲ *On a jeté la table parce qu'elle était cassée.*

➲ *They didn't like the dog because* ***it*** *was silly.*

➲ *Ils n'aimaient pas le chien parce qu'il était idiot.*

77. masculin et féminin, mâle et femelle : his, her, its

❑ En anglais, les noms n'ont généralement pas de genre grammatical, et les déterminants possessifs **his** et **her** reflètent le sexe de la personne (ou l'animal) qui possède :

***his** house* (= *sa maison* – à lui) – ***his** nose* (= *son nez* – à lui) si c'est à un homme ou à un garçon ou à un animal mâle
***her** house* (= *sa maison* – à elle) – ***her** nose* (= *son nez* – à elle) si c'est à une femme ou à une fille ou à un animal femelle

❑ **its** est employé pour tout ce qui n'a pas de sexe (pour tout ce qui n'est ni un être humain, ni un animal), et pour un animal quand on ne sait pas si c'est un mâle ou une femelle.

➲ *I like the book but I don't like **its** cover.*
➲ *J'aime bien le livre mais je n'aime pas sa couverture.*
➲ *The horse broke **its** leg.* › *Le cheval s'est cassé la jambe.*

❑ Pour des personnages imaginaires comme les monstres et les fantômes, on peut employer soit **its,** soit **his/her** si on a une idée du sexe du personnage :

➲ *Le fantôme a agité ses chaînes.*
➲ *The ghost shook **its** chains.* (je ne sais pas s'il s'agit d'un fantôme « homme » ou « femme »)
➲ *The ghost shook **his** chains.* (je sais qu'il s'agit d'un fantôme « homme »)
➲ *The ghost shook **her** chains.* (je sais qu'il s'agit d'un fantôme « femme »)

Ne confondez pas **its** déterminant possessif avec **it's,** qui est la contraction de **it is.**

78. masculin et féminin : it's his/it's hers...

❑ En français, on peut indiquer la possession par l'expression *à lui* quand le possesseur est de sexe masculin, et *à elle* quand le possesseur est de sexe féminin.

❑ En anglais, le pronom **his** correspond à l'expression *à lui,* et le pronom **hers** correspond à l'expression *à elle.*

➲ *This coat is **his.***
➲ *Ce manteau est à lui.*
➲ *Ce manteau est le sien.* (= il lui appartient à lui)

➲ *This coat is **hers.***
➲ *Ce manteau est à elle.*
➲ *Ce manteau est le sien.* (= il lui appartient à elle)

➲ *This house is* ***his.***
➲ *Cette maison est à lui.*
➲ *Cette maison est la sienne.* (= elle lui appartient à lui)

➲ *This house is* ***hers.***
➲ *Cette maison est à elle.*
➲ *Cette maison est la sienne.* (= elle lui appartient à elle)

➲ *These glasses are* ***his.***
➲ *Ces lunettes sont à lui.*
➲ *Ces lunettes sont les siennes.* (= elles lui appartiennent à lui)

➲ *These glasses are* ***hers.***
➲ *Ces lunettes sont à elle.*
➲ *Ces lunettes sont les siennes.* (= elles lui appartiennent à elle)

79. relatives : comment traduire « qui » et « que »

❑ *qui* et *que* sont des pronoms relatifs : ils introduisent une information relative à ce qui est dit dans la première partie de la phrase. En grammaire, la partie de la phrase qui précède le pronom relatif s'appelle l'« antécédent » :

antécédent	proposition relative entre crochets
Les amis	*[qui viennent ce soir] sont sympas.*
Tous les vêtements	*[que j'ai achetés] sont sur le lit.*

❑ En anglais, trois pronoms relatifs correspondent à *qui* et *que*. Il s'agit de **who, that** et **which.** À ces trois pronoms s'ajoute ce qu'on appelle le relatif zéro (représenté parfois par le symbole Ø). Le terme « relatif zéro » signifie simplement que le pronom relatif **who/that/which** est omis.

❑ **that** et **which** s'emploient quand l'antécédent n'est pas humain ; **that** est plus courant que **which** (mais regardez aussi la fiche suivante) :

➲ *The computer* ***that*** *I bought is very expensive.*
➲ *The computer* ***which*** *I bought is very expensive.*
➲ *L'ordinateur que j'ai acheté est très cher.*

❑ **who** et **that** s'emploient quand l'antécédent est humain :

➲ *The woman* ***who*** *was sitting on the bus looked very old.*
➲ *The woman* ***that*** *was sitting on the bus looked very old.*
➲ *La femme qui était assise dans le bus avait l'air très âgée.*

❑ Le pronom relatif peut être omis quand il est complément :

➲ *The computer* ***that*** *I bought is very expensive.* (**that** est complément)
➲ *The computer I bought is very expensive.* (relatif zéro)
➲ *L'ordinateur que j'ai acheté est très cher.*

➲ *The girl **who** David married is my best friend.* (**who** est complément)

➲ *The girl David married is my best friend.* (relatif zéro)

➲ *La fille que David a épousée est ma meilleure copine.*

❑ Pour savoir si un pronom relatif est sujet ou complément en anglais, regardez le mot qui vient après :

• Si le mot qui suit le pronom est un verbe ou un modal, le pronom est sujet :

➲ *The people **who** met Andrew work in London.* (**who** est sujet)

➲ *Les gens qui ont rencontré Andrew travaillent à Londres.*

• Si le mot qui le suit est un nom ou un pronom, le pronom est complément :

➲ *The people **who** Andrew met work in London.* (**who** est complément)

➲ *Les gens qu'Andrew a rencontrés travaillent à Londres.*

❑ Quand **who** est complément, il peut être remplacé par **whom,** mais ce mot est d'un usage très soutenu et n'est employé qu'à l'écrit :

➲ *The people **whom** Andrew met work in London.*

➲ *Les gens qu'Andrew a rencontrés travaillent à Londres.*

80. relatives : détermination et apposition

❑ Les pronoms relatifs *qui* et *que* ont deux rôles importants :

• Ils peuvent introduire une information essentielle sur l'antécédent : *Le garçon qui était avec nous est notre neveu.*

Dans ce cas, on dit que la proposition relative est déterminative.

• Ils peuvent introduire un simple complément d'information : *Le garçon, qui était très honnête, a fini par tout nous dire.*

Dans ce cas, on dit que la proposition relative est appositive. Notez comment on emploie des virgules pour souligner le caractère complémentaire de l'information.

❑ En anglais, seuls les pronoms **who** et **which** peuvent être employés dans des propositions appositives ; **that** et le relatif zéro sont impossibles :

• Quand l'antécédent est humain on emploie **who** :

➲ *My brother, **who** is a pilot, will be at the party.*

➲ *Mon frère, qui est pilote, sera à la fête.*

• Quand l'antécédent n'est pas humain on emploie **which** :

➲ *This car, **which** I bought in Germany, is very reliable.*

➲ *Cette voiture, que j'ai achetée en Allemagne, est très fiable.*

Comparez :

➲ *The young actors **who** I met at the theatre were very friendly.*

➲ *The young actors **that** I met at the theatre were very friendly.*

➲ *The young actors I met at the theatre were very friendly.* (relatif zéro)

➲ *Les jeunes acteurs que j'ai rencontrés au théâtre étaient très sympas.*

➲ *The young actors,* **who** *I met at the theatre, were very friendly.*

(apposition : **that** et relatif zéro sont impossibles ici)

➲ *Les jeunes acteurs, que j'ai rencontrés au théâtre, étaient très sympas.*

81. relatives : comment traduire « dont »

❑ Quand *dont* suivi de *le/la* + nom a un sens possessif, il se traduit par **whose.** À la différence de *dont,* **whose** n'est pas suivi d'un article :

➲ *Voilà le type dont le fils est champion de tennis.*
➲ *There's the guy* **whose** *son is a tennis champion.*

➲ *Ce pays, dont la population est majoritairement musulmane...*
➲ *This country,* **whose** *population is mainly Muslim...*

➲ *C'est la femme dont la voiture a été volée ?*
➲ *Is that the woman* **whose** *car was stolen?*

➲ *C'est un livre dont l'auteur est inconnu.*
➲ *It's a book* **whose** *author is unknown.*

➲ *Ces fleurs, dont j'ai oublié le nom, sentent très bon.*
➲ *These flowers,* **whose** *name I've forgotten, smell very nice.*

❑ Quand *dont* renvoie à un verbe suivi de la préposition *de,* il se traduit par les pronoms relatifs **who/that** (pour les personnes), **which/that** (pour les objets), ou (le plus souvent) par le relatif zéro. La préposition anglaise, s'il y en a une, est renvoyée à la fin de la phrase :

➲ *Voilà le garçon dont je t'ai parlé. (parler de)*
➲ *There's the boy* **that** *I told you about.*
➲ *There's the boy* **who** *I told you about.*
➲ *There's the boy I told you about.*

➲ *Voici la photo dont je suis la plus fière. (être fier de)*
➲ *This is the photo* **that** *I am most proud of.*
➲ *This is the photo* **which** *I am most proud of.*
➲ *This is the photo I am most proud of.*

❑ Quand *dont* est suivi d'une quantité, il se traduit par un quantifieur suivi de **of whom** (pour les personnes) ou **of which** (pour les objets) :

➲ *Elle est venue avec un groupe d'amis, dont trois sont chinois.*
➲ *She came with a group of friends, three* **of whom** *are Chinese.*

➲ *L'exposition présente 50 tableaux, dont beaucoup sont d'une valeur inestimable.*
➲ *The exhibition presents 50 paintings, many* **of which** *are priceless.*

(Quantifieurs : one, two, three, some, many, most, the majority...)

❑ Quand *dont* + nom a le sens de « y compris », il se traduit par **including...**

➲ *Trois femmes, dont ma mère...*
➲ *Three women, **including** my mother...*

➲ *Plusieurs livres, dont deux ou trois romans...*
➲ *Several books, **including** two or three novels...*

❑ L'expression *ce dont* se traduit généralement par **what.** La préposition, quand il y en a une, est renvoyée à la fin de la phrase :

➲ *C'est ce dont je te parlais.* › *It's **what** I was talking to you about.*

➲ *C'est ce dont je rêve.* › *It's **what** I dream about.*

➲ *C'est ce dont tous les enfants ont besoin.* › *It's **what** all children need.*

➲ *C'est ce dont j'ai envie.* › *It's **what** I would like.*

❑ L'expression *la manière dont.../la façon dont...* se traduit par **the way (that)... :**

➲ *Je n'aime pas la manière dont tu me parles.*
➲ *I don't like **the way (that)** you talk to me.*

➲ *Tout dépend de la façon dont c'est fait.*
➲ *It all depends on **the way (that)** it's done.*

82. adverbes : place dans la phrase

❑ Avec beaucoup d'adverbes anglais, l'ordre de la phrase est le même qu'en français :

➲ *I've never seen a rhinoceros.* › *Je n'ai jamais vu de rhinocéros.*

➲ *I live here.* › *J'habite ici.*

➲ *Do it today!* › *Fais-le aujourd'hui !*

✎ Certains adverbes s'insèrent dans la phrase selon l'ordre suivant :

• avec verbes sauf **be** conjugué

sujet	(+ « outil »)	+ adverbe	+ verbe
I		*never*	*understand.*
Mark	*will*	*always*	*help.*

• avec **be** conjugué

sujet	+ be	+ adverbe	
You	*are*	*often*	*late.*

Rappel : les « outils » sont les auxiliaires **have** et **do,** et les modaux **can, may, might, must, should** et **will.**

❑ Notez particulièrement les adverbes suivants :

➲ *He **really** hates cabbage.* › *Il déteste vraiment le chou.*

➲ *I **also** play the trumpet.* › *Je joue aussi de la trompette.*

➲ *Peter **never** smokes.* › *Peter ne fume jamais.*

➲ *People **sometimes** call me Tommy.*

➲ *Les gens m'appellent parfois Tommy.*

➲ *It **always** rains in April.* › *Il pleut toujours en avril.*

➲ *She **occasionally** drinks wine.* › *Elle boit du vin de temps en temps.*

➲ *We **usually** celebrate Christmas at home.*

➲ *D'habitude, nous fêtons Noël à la maison.*

➲ *I **often/rarely** go to the cinema.*

➲ *Je vais souvent/rarement au cinéma.*

➲ *My watch **still** works.* › *Ma montre marche encore.*

➲ *They might **never** be found.*

➲ *Ils ne seront peut-être jamais retrouvés.*

❑ Ces mêmes adverbes suivent **be** conjugué :

➲ *Peter was **also** at the party.* › *Peter était aussi à la fête.*

➲ *Harry is **often/sometimes/always** late.*

➲ *Harry est souvent/parfois/toujours en retard.*

❑ L'adverbe **well** se place généralement après le complément d'objet (comparez la place de *bien*) :

➲ *He imitates Chirac very **well.*** › *Il imite très bien Chirac.*

(*He imitates very well Chirac est incorrect !)

❑ **too** et **as well** (= *aussi, également*) se placent en fin de phrase :

➲ *I've got a cat, **too.*** › *J'ai aussi un chat.*

➲ *We went to Paris **as well.*** › *Nous sommes également allés à Paris.*

❑ L'adverbe **enough** se place après le mot qu'il modifie :

➲ *His explanation wasn't clear **enough.***

➲ *Son explication n'était pas assez claire.*

(*not enough clear est incorrect !)

➲ *He didn't walk fast **enough.*** › *Il n'a pas marché assez vite.*

(*not enough fast est incorrect !)

Ne pas confondre **enough** adverbe : *good enough (assez bon)* et **enough** quantifieur : *enough food (assez de nourriture).* Retenez ceci : adjectif/adverbe + **enough** mais **enough** + nom.

83. discours direct et indirect : généralités

❑ Quand on rapporte ce que dit quelqu'un en citant ses paroles entre guillemets, on appelle cela «le discours direct » :

➲ *David m'a dit : « N'y va pas ! »*
➲ *« Arrête ! », lui dit-elle.*

❑ Quand on rapporte ce que quelqu'un dit sans le citer directement, on appelle cela « le discours indirect » :

➲ *David m'a dit de ne pas y aller.*
➲ *Elle lui a dit d'arrêter.*

❑ En anglais, le verbe le plus employé pour le discours direct est **say (said, said)** :

➲ *David **said** « Don't go! »*
➲ *« Stop! », she **said**.*

❑ Selon la manière dont la personne parle, d'autres verbes sont possibles : **whisper** *(chuchoter)* ; **shout** *(crier)* ; **scream** *(hurler)...*

➲ *« Hurry up! », she **shouted**.* › *« Dépêche-toi ! » cria-t-elle.*
➲ *« Don't move! », **he whispered**.* › *« Ne bougez pas ! » chuchota-t-il.*
➲ *« Help! », **he screamed**.* › *« Au secours ! » hurla-t-il.*

Le verbe **tell** n'est jamais employé au discours direct.

❑ Les verbes les plus employés au discours indirect sont **tell** et **say** :

➲ *David **said** that I mustn't go.* (**Attention !** Jamais *said me !)
➲ *David **told** me not to go.*
➲ *David m'a dit de ne pas y aller.*
➲ *She **said** that I must stop.* (**Attention !** Jamais *said me !)
➲ *She **told** me to stop.*
➲ *Elle m'a dit d'arrêter.*

❑ Pour rapporter une question, on emploie le plus souvent le verbe **ask** :

• direct

➲ *« What are you eating? », **asked** Harry.*
➲ *« Que manges-tu ? », demanda Harry.*

• indirect

➲ *Harry **asked** what I was eating.*
➲ *Harry m'a demandé ce que j'étais en train de manger.*

✎ Toutes les parties de l'énoncé doivent être modifiées quand on rapporte ce que quelqu'un dit (*what are you eating?* devient *what I was eating* dans le dernier exemple).

❑ Quand la réponse attendue est *oui* ou *non*, **ask** est suivi de **if** ou **whether** au discours indirect :

• direct

➲ *« Are you hungry? », David **asked** Harry.*

➲ *« As-tu faim ? », demanda David à Harry.*

• indirect

➲ *David **asked** Harry **if** he was hungry.*

➲ *David **asked** Harry **whether** he was hungry.*

➲ *David a demandé à Harry s'il avait faim.*

❑ Quand une question rapportée contient le verbe lexical **be,** il faut faire attention à l'ordre des mots lorsqu'on transforme la phrase :

• direct

➲ *« Where'**s** the bathroom? », asked Jason.*

➲ *« Où est la salle de bain ? », demanda Jason.*

• indirect

➲ *Jason asked where the bathroom **was.***

➲ *Jason a demandé où était la salle de bain.*

(*Jason asked where was the bathroom est incorrect !)

• direct

➲ *« Who **is** that man? », asked Tom.*

➲ *« Qui est cet homme ? », demanda Tom.*

• indirect

➲ *Tom asked who the man **was.***

➲ *Tom a demandé qui était cet homme.*

(*Tom asked who was the man est incorrect !)

• direct

➲ *« Where **is** the dog? », asked Jason.*

➲ *« Où est le chien ? », demanda Jason.*

• indirect

➲ *Jason asked where the dog **was.***

➲ *Jason a demandé où était le chien.*

(*Jason asked where was the dog est incorrect !)

❑ D'autres verbes que **say/tell/ask** sont possibles au discours indirect, selon le type de situation :

admit that... (admettre/avouer que...)

point out that... (signaler que...)

wonder if... (se demander si...)

order somebody to... *(donner l'ordre à quelqu'un de...)*
warn somebody to... *(mettre quelqu'un en garde de...)*

84. discours direct et indirect : temps et modes

❑ Le temps grammatical est différent lorsqu'on dit quelque chose et lorsqu'on rapporte ce qui a été dit :

- direct
  ⊃ « *J'ai faim* », *dit-elle.* (*j'ai* = présent)
- indirect
  ⊃ *Elle a dit qu'elle avait faim.* (*elle avait* = imparfait)

❑ En anglais, le présent au discours direct devient le prétérit au discours indirect :

⊃ « *I'**m** hungry* », *she said.*
➤ *She said that she **was** hungry.*

❑ Le prétérit au discours direct devient le past perfect au discours indirect :

⊃ « *We **lost** the match* », *he said.*
➤ *He said that they **had lost** the match.*

❑ Le present perfect au discours direct devient le past perfect au discours indirect :

⊃ « ***I've lost*** *my bracelet* », *she said.*
➤ *She said that she **had lost** her bracelet.*

❑ Le futur avec **will** devient **would** :

⊃ « *Nobody **will** understand if you speak too fast, Kenny* », *he said.*
➤ *He told Kenny that nobody **would** understand him if he spoke too fast.*

❑ L'impératif devient **tell... to** + verbe

⊃ « ***Give*** *me the microphone, David!* », *she said.*
➤ *She **told** David **to** give her the microphone.*

85. discours direct et indirect : repères temporels

❑ Un repère temporel, c'est une expression qui permet de nous situer dans le temps. Les mots et expressions suivants sont des repères temporels : *maintenant, demain, il y a deux jours, la semaine prochaine...*

❑ Le repère temporel est différent pour celui qui parle et pour celui qui rapporte :

- direct
  ⊃ « *La livraison sera faite demain?* » *demanda-t-il.*

- indirect

  ➲ *Il a demandé si la livraison serait faite le lendemain.*

❑ En anglais, les repères temporels sont transposés de la façon suivante :

➲ *« I'm leaving **tomorrow/next week/next month/next year.** »*

➛ *He said he was leaving **the following day/week/month/year.***

➲ *« I saw the film **last Sunday/week/month/year.** »*

➛ *She said she had seen the film **the Sunday/week/month/year before.***

➛ *She said she had seen the film **the previous Sunday/week/month/year.***

➲ *« We met **two years ago.** »*

➛ *He said they had met **two years before.***

❑ Quand **now** signifie « tout de suite », il se transforme en **straight away** ou **immediately** au discours indirect :

➲ *« I'm going to phone David **now** », she said.*

➛ *She said she was going to phone David **straight away.***

➛ *She said she was going to phone David **immediately.***

❑ Quand **now** a le sens de « en ce moment » ou « désormais », il n'est généralement pas repris au discours indirect :

➲ *« Sarah is **now** at school. »*

➛ *She said that Sarah was at school.*

➲ *« I'm happy **now** », she said.*

➛ *She said she was happy.*

86. discours direct et indirect : modaux

❑ Les modaux **can, may** et **will** sont transposés de la façon suivante au discours indirect :

- **can** devient **could**

  ➲ *« **Can** I leave the room? », said Alan.*

  ➲ *« Je peux sortir ? », demanda Alan.*

  ➲ *Alan asked if he **could** leave the room.*

  ➲ *Alan a demandé s'il pouvait sortir.*

- **may** peut devenir **might** mais peut aussi ne pas se transformer

  ➲ *« It **may** be too late », said Anne.*

  ➲ *« Il est peut-être trop tard », dit Anne.*

  ➲ *Anne said it **might** be too late.*

  ➲ *Anne said it **may** be too late.*

  ➲ *Anne a dit qu'il était peut-être trop tard.*

- **will** devient **would**

  ➲ *« **I'll** help you », said Daniel.*

  ➲ *« Je vous aiderai », dit Daniel.*

  ➲ *Daniel said he **would** help us.*

  ➲ *Daniel a dit qu'il nous aiderait.*

- Les autres modaux **(could, might, must, should)** ne subissent aucune transformation au discours indirect :

  ➲ *«They **might** be late », said Carol.*

  ➲ *« Ils auront peut-être du retard », dit Carol.*

  ➲ *Carol said they **might** be late.*

  ➲ *Carol a dit qu'ils auraient peut-être du retard.*

TABLE DES MATIÈRES

Avant-propos	V
Phonétique du français	VI
Phonétique de l'anglais	VII
Abréviations	VIII
Dictionnaire français-anglais	**1**
Annexes	**511**
Aide-mémoire	512
Guide de conversation	521
Pièges à éviter	531
Communication en situation	593
Chiffres et unités	603
Dictionnaire anglais-français	**613**
La grammaire anglaise	**1143**

Achevé d'imprimer en mai 2020 en Italie par Grafica Veneta S.p.A.
N° d'éditeur : 10256085-10256089 - Dépôt légal : juin 2020